Springer-Lehrbuch



Weitere Bände in dieser Reihe
http://www.springer.com/series/1183

Springer-Lehrbuch

Weitere Bände in dieser Reihe
http://www.springer.com/series/1183

Jürgen Plate

# Das gesamte examensrelevante Zivilrecht

## Für Studenten und Rechtsreferendare

6. Auflage

Unter Mitarbeit von Anton Geier



Springer

Jürgen Plate
Fakultät für Rechtswissenschaft
Universität Hamburg
Deutschland



ISSN 0937-7433
Springer-Lehrbuch
ISBN 978-3-662-47319-1 ISBN 978-3-662-47320-7 (eBook)
DOI 10.1007/978-3-662-47320-7

Die Deutsche Nationalbibliothek verzeichnet diese Publikation in der Deutschen Nationalbibliografie; detaillierte bibliografische Daten sind im Internet über http://dnb.d-nb.de abrufbar.

Springer


Gedruckt auf säurefreiem und chlorfrei gebleichtem Papier

Springer Berlin Heidelberg ist Teil der Fachverlagsgruppe Springer Science+Business Media (www.springer.com)

# Vorwort

Die seit Generationen immer noch übliche „außeruniversitäre" Examensvorbereitung macht es für jedermann sichtbar, dass die universitäre Juristenausbildung an einer offenbar ewig währenden Vertrauenskrise leidet. Vielleicht hätte man diese Fehlentwicklung noch vor etwa zehn Jahren durch einige wenige organisatorische Maßnahmen und durch ein „mentales" Umbesinnen auf Seiten so mancher seinerzeit immer noch (da gibt es aber inzwischen einen Wandel zu verzeichnen!) ausbildungsfern eingestellter Lehrender und durch einige organisatorische Maßnahmen, also innerhalb des „Systems", kurieren können, also durch Veränderungen, die keinesfalls tief greifend oder gar utopisch gewesen wären und die bei gutem Willen unschwer und sogar „kostenneutral" realisierbar gewesen wären.[1] Aber immerhin hat man im letzten Jahrzehnt auf die Krise reagiert und das Studium umstrukturiert in ein je dreisemestriges Grund- und Hauptstudium und ein zweisemestriges Schwerpunktbereichsstudium, das der Ergänzung und Vertiefung der mit ihnen zusammenhängenden Pflichtfächer und der Spezialisierung und der Vermittlung interdisziplinärer und internationaler Bezüge dient. Das Grundstudium muss bis zum Ende des 4. Semesters mit der Zwischenprüfung abgeschlossen sein. Das Hauptstudium soll im 6. Semester abgeschlossen sein. Im 6. Semester und im 7. Semester soll das Schwerpunktbereichsstudium stattfinden und im 8. Semester mit der universitären Schwerpunktbereichsprüfung abgeschlossen werden. Nach dem Besuch eines – an inzwischen wohl jeder Universität angebotenen – universitären Vertiefungskurses zur Examensvorbereitung und nach möglichst vielen Examensübungsklausuren soll im 9. Semester die staatliche Pflichtfachprüfung stattfinden[2]. Diese löbliche und mit Zeitvorgaben versehene Strukturierung aber hat, was die Erarbeitung des Stoffs in den Pflichtfächern angeht, bisher nur wenig Einfluss auf die Art des Studierens gehabt. Als wäre es von den früheren Studierenden-Generationen ererbt: Es wird immer noch überwiegend „taktisch" studiert. Teils geschieht dies ohne ein rechtes Konzept außerhalb des akademischen Lehrbetriebs, weil andere Verpflichtungen dem Studium vorgehen (zuweilen, aber seltener als man hört und liest: müssen) oder weil man im Studium den Anschluss verloren hat. Diese Art zu studieren kostet unendlich viel Zeit; und oft kostet es einen auch die Motivation und den dafür nötigen

[1] Vergl. dazu Plate ZRP 2001, 139.

[2] Vergl. für die Fakultät für Rechtswissenschaft der Universität Hamburg: http://www.jura.uni-hamburg.de/erste-juristische-pruefung/.

„Schwung", das Studium überhaupt zu einem Abschluss zu bringen[3]. Aber auch unter denjenigen, die dem Curriculum folgend studieren, geht es vielen nur darum, die Zwischenprüfung in der vorgesehenen Zeit zu bestehen und das Hauptstudium möglichst bald abzuschließen. Wer so verfährt, also nur auf Effizienz setzt, bezahlt den teuren Preis einer fehlenden Wissenschaftlichkeit seiner Denk- und Arbeitsweise. Das rächt sich häufig bereits bei der Schwerpunktbereichsprüfung, in der man gerade, was die Fähigkeit zum methodisch sauberen wissenschaftlichen Arbeiten angeht, „Farbe bekennen" muss. Nach dieser Zäsur des universitären Examens treffen sich dann fast alle die das erste examinatorische Nadelöhr passiert habenden Glücklichen – bedingt durch die meist unterschiedliche Intensität des vorherigen Studiums allerdings zeitverschoben – schließlich beim Repetitor wieder, um sich dort mit ihrem natürlich häufig nur äußerst bruchstückhaftem rein exemplarisch erworbenen und oft längst wieder verschütteten Wissen und ihrer in vielen Fällen fast totalen wissenschaftlichen Orientierungslosigkeit auf das staatliche Examen vorzubereiten. Dass die universitären Examensvorbereitungskurse, die eine Alternative zum Besuch von privaten Repetitorien sein sollen, nicht im gewünschten Maße angenommen werden, zeigt sich daran, dass sich z. B. allein in Hamburg fünf kommerzielle juristische Repetitorien offenbar auf Dauer etabliert haben.

Dieses Buch will – beschränkt auf das Zivilrecht – durch einen didaktischen Kompromiss allen Studierenden eine Chance eröffnen, sich von Beginn an zwar einerseits gezielt und kompromisslos auf die Leistungsanforderungen, die das Studium mit sich bringt, vorzubereiten, dies andererseits aber unter Vermeidung der Gefahren, die ein ausschließlich auf das jeweils nächste Ziel hin ausgerichtetes und daher exemplarisches und wissenschaftsfreies Lernen mit sich bringt.

Außerdem soll das Buch solchen Studierenden eine Chance geben, die bislang fern der akademischen Ausbildung und des universitären Curriculums und auch ohne jedes tragfähige „private" Konzept studiert haben und im Begriff sind, die Übersicht völlig zu verlieren, den verlorenen Anschluss wieder zu finden, manchmal sogar „neu zu starten". Gerade von dieser „Zielgruppe" gab es in den letzten Jahren eine Vielzahl von Rückmeldungen, die zeigten, dass das Buch bei diesem Kreis gut „ankommt".

Und schließlich dient es auch der Wiederholung des gesamten zivilrechtlichen Stoffes in der Phase der Examensvorbereitung.

Geschrieben worden ist das Buch aus diesen Gründen zwar in erster Linie für Studierende, hat als Leser aber auch die dem materiellen Zivilrecht zuweilen doch recht entfremdeten Referendare vor Augen, vielleicht solche, die sich während ihrer Wahlstation in New York, Singapur oder Auckland nach deutschem Zivilrecht sehnen, oder solche jungen Juristen, die sich ohne juristische Zwischenbeschäftigung nach langer Wartezeit auf die Referendarzeit vorbereiten wollen. Gerade mit Lesern aus diesem Kreis hatte ich häufiger Kontakt und habe einen Einblick in deren Bedürfnislage gewonnen.

---

[3] Im Studienfach Rechtswissenschaft ist die Studienabbrecherquote mit 36 % (ermittelt auf der Basis des Abolventenjahrgangs 2002) nach dem Fach Sprach- und Kulturwissenschaften mit 45 % die zweihöchste überhaupt (http://www.studserv.de/studium/statistik.php).

Das Buch vermittelt durch eine inhaltlich kurz gefasste Darstellung, die von keiner einzigen Fußnote unterbrochen wird und keine konkreten nachlesbaren Querverweise auf die Wissenschaft oder Rechtsprechung enthält, das für das Studium, für die Referendarzeit und für die beiden Examina erforderliche zivilrechtliche „Basiswissen" und schult zugleich das Verständnis für die Zusammenhänge. Eingearbeitet sind mehr als 800 Fälle mit gegliederten Lösungsskizzen und viele in den Text eingestreute formlos gelöste Beispielsfälle.

Die Gliederungsstruktur des Buches ist abweichend von den universitären Lehrplänen nicht am Aufbau des Gesetzes bzw. den „Büchern" des BGB orientiert, sondern an den Aufbauerfordernissen einer Fallbearbeitung. In den Text integrierte ständige Wiederholungen und Mehrfach- „Verortungen" von Themen festigen das Wissen. Von anderer Ausbildungsliteratur unterscheidet sich das Buch dadurch, dass es zwar nicht auf wissenschaftliches Argumentieren, wohl aber weitestgehend auf eine aufwändige Darstellung von Kontroversen verzichtet und damit entsprechend den Anforderungen der universitären Leistungskontrollen, der ersten juristisch-praktischen Betätigung in der Referendarausbildung und der Examina die Bedeutung des Gesetzes für die Fallbearbeitung in den Vordergrund stellt.

Auf diese Weise will das Buch allen in der Ausbildung befindlichen jungen Juristen dabei helfen, jedenfalls dasjenige aktive „Basiswissen" zu erwerben, das man im Studium und im Examen für das Verständnis der eher wissenschaftlich orientierten universitären Lehre und später als Referendar für eine solide Rechtsanwendung in der Rechtspraxis benötigt. Das Buch will aber auch Querverbindungen aufzeigen und so dazu beitragen, dass der Leser eine strukturierte juristische Phantasie entwickelt, die ihn zu solchen Improvisationen befähigt, wie sie in der punktuellen Anforderung des Examens immer dann besonders nötig sind, wenn einen das Wissen „im Stich lässt". Mit dieser Ausstattung als „Bordmittel" kommt man im Examen (und dafür lernt der Studierende und der Referendar zunächst einmal) bestimmt genauso weit, wenn nicht weiter, als mit der pseudowissenschaftlichen Fassade auswendig gelernter aus der Wissenschaft und Rechtsprechung zusammengetragener „Streit-" oder „Meinungsstände", die man dann versucht, einer Klausurlösung „aufzupfropfen", dabei immer in der Gefahr schwebend, die „falsche Schublade" aufzuziehen. Dass man damit in Klausuren oft nicht weit kommt und dass derlei Präsentation von Wissen speziell in der mündlichen Prüfung bei den Prüfern abgelehnt wird, weil es dort um „Verständnisfragen" geht, wollen einem viele Studierende, die meinen, dort würde „Karteikartenwissen" abgefragt, hartnäckig nicht glauben. Das mag daran liegen, dass die außeruniversitäre Wissensvermittlung vor allem darin besteht, in den Kursen in durchaus gelungener Weise abstrakte Rechtsfragen zu erörtern und dann als Lehrmaterialien anzubieten.

Um jeglicher „Unterschätzung" dieses Buches vorzubeugen: Mit der Beschränkung des Lernziels soll umgekehrt nicht etwa einer bloßen Verschlichtung und einer Einseitigkeit das Wort geredet werden. Vielmehr werden dem Leser in dem hier vorliegenden Buch möglichst viele „klassische" Probleme mit allen ihren rechtlichen Facetten offen gelegt und ihm dann auch knapp begründete Lösungsangebote unterbreitet. Wer allerdings Vollständigkeit und Perfektion bei der Aufbereitung der „Meinungsstände" erwartet, der wird natürlich nicht zufrieden gestellt; dem soll aber auch gesagt werden, dass man sich als Lernender mit so „hoch geschraubten Zielen“ bei einer so komplexen Ausbildung wie der zu einem Volljuristen sehr leicht überfordern und in die Gefahr geraten kann, im Augenblick der punktuellen Anforderung des Examens das erlernte Wissen nicht abrufen zu können, weil es gerade nicht präsent ist.

Um weiteren Missverständnissen vorzubeugen: Dieses Buch hat umgekehrt auch nicht den Anspruch, das gesamte Examenswissen „in einer Nussschale“ zusammenzufassen, sondern bietet nur eine Grundlage, deren Beherrschung für ein erfolgreiches Studium, eine erfolgreiche Referendarausbildung und für gelungene Abschlüsse dieser Ausbildungsabschnitte erforderlich ist. Es vermittelt nicht mehr und nicht weniger als ein qualifiziertes „Basiswissen“. Zusätzliche Vertiefungen der Rechtskenntnisse und des Verständnisses, die anderswo (in Vorlesungen, Arbeitsgemeinschaften und durch die wissenschaftliche Literatur und von Entscheidungen der Obergerichte) vermittelt werden, sind natürlich unerlässlich.

Der Leser sollte sich aber auch immer wieder klar machen: Letztlich zählt bei Leistungskontrollen während des Studiums oder in der Referendarausbildung und vor allem im Examen nur das, was man aufgrund seines sicheren „aktiven Basiswissens“ jederzeit „abrufen“ kann, und das, was man aufgrund eines in methodischer Hinsicht geschulten Denkens daraus ableiten und ad hoc verwenden kann.

Dieses Buch ist auch für alle jungen Juristen, auch für die „Jüngsten“ unter ihnen, geschrieben worden. Denn es gibt gute Gründe dafür, sich bei der Ausbildung und daher auch beim Schreiben eines dazu dienenden Buches nicht allzu sehr davon lenken zu lassen, welchen Ausbildungsstand die Leser haben. Dieses Studium ist vom ersten bis letzten Tag gleich anspruchsvoll. Man kann sie mit dem Ersteigen eines Berges vergleichen, bei dem man unterwegs wertvolle Mineralien in seinem Rucksack zusammenträgt. Dieses Bild verliert viel von seiner Idylle, wenn man sich verdeutlicht, dass es nicht um das simple Erwandern einer Steigung geht, bei dem man leidlich bequem einen Hang (vom „Einfachen“ zum „Schwierigen“) hinaufsteigt, sondern um das vom ersten Schritt an immer die gleichen Kletterfähigkeiten verlangende Erklimmen einer senkrechten Gebirgswand hinauf zum „Berg der Erkenntnis“, allerdings mit zugleich immer schwerer werdendem Rucksack. Niemand, der diese Ausbildung beginnt, sollte sich daher der Illusion hingeben, am Anfang sei es noch „einfach“. Die Ausbildung ist vielmehr vom ersten Semester an außerordentlich anspruchsvoll und wird während des Studiums durch die sich steigernde Menge und die wachsende Verzahnung des Lernstoffes immer komplexer, und zugleich wächst ständig die „Absturzhöhe“. Hinzu kommt, dass es in den Zeiten des „Freischusses“ für viele Studierende auch noch einen recht engen zeitlichen Rahmen gibt, innerhalb dessen die erforderlichen Anstrengungen erbracht werden sollen. Andererseits würde es den Studierenden nichts nützen, das Tempo entscheidend zu verlangsamen. Zwar ist der „Zeitgewinn“ momentan bequem, aber er verlängert die Phase des Kletterns und die Arme und Beine werden immer lahmer; man verliert den Anschluss an die Mitkletterer, mit denen man zusammen in die Wand eingestiegen ist, und damit deren Hilfe und Zuspruch; so mancher seilt sich an und biwakiert irgendwo in der Felswand und beobachtet, wie Ströme von Bergsteigern an ihm vorbeiziehen. Aus allen diesen Gründen wird der Leser dieses Buches vor der vielfach verbreiteten gefährlichen Illusion, das Studium der Rechtswissenschaft sei am Anfang noch recht einfach, dadurch bewahrt, dass er hier zu Beginn nicht „erst einmal geschont“ wird. Es geht vielmehr gleich „richtig“ los – steil bergan! Das ist anstrengend, aber zugleich auch Ihre Chance. Ein Trost für Sie mag die aus eigenen unvergessenen früheren Lern- und späteren Lehrerfahrungen gewonnene Einsicht sein, dass man beim Erklimmen der „Bergwand“ immer trittsicherer wird; und oben angekommen sind bisher alle, die dieses Studium so ernst nehmen wie andere im „wirklichen Leben“ stehende junge Menschen z. B. ihren Beruf ernst nehmen müssen. Sehen Sie es also so, dass Ihr Jurastudium praktisch ein an jedem Morgen regelmäßig beginnender, an mindestens sechs Tagen in der Woche stattfindender „Fulltimejob“ ist mit Präsenzpflicht am „Arbeitsplatz“, mit häufigen Überstunden, mit nicht seltener Wochenendarbeit und – wenn es nicht gerade für den Lebensunterhalt unerlässlich ist – dem Verbot jeglicher „Nebentätigkeit“, auch wenn Ihre Kommilitonen es zum großen Teil anders sehen. Es verlangt nach Studierenden, die neugierig auf alles in der Ausbildung Angebotene sind, die regelmäßig in jede für sie vorgesehene Vorlesung, Übung und Arbeitsgemeinschaft gehen, die auch in der Lage sind durchzuhalten (und sei der Unterricht zuweilen auch noch so „langweilig“) und die nicht nur hin und wieder oder gar nur vor einer Klausur erscheinen und ansonsten überhaupt nicht oder jedenfalls gegen Ende des Semesters nicht mehr kommen. Wirklich erfolgreiche Jurastudenten mit einer vernünftigen Zukunftsperspektive sind weiterhin auch nicht diejenigen, die sich in den Lehrveranstaltungen systematisch „verstecken“, indem sie „sicherheitshalber“ im Hörsaal hinten sitzen oder die sich hinter permanentem „Mitschreiben“ verbergen, sondern diejenigen, die möglichst vorne sitzen, die sich ohne Rücksicht auf mögliche „Fehler“ bei jeder sich bietenden Gelegenheit mündlich beteiligen, die den Kontakt zu den Lehrenden suchen (ohne dabei distanzlos zu sein) und dabei nicht nur erkunden wollen, „was in der nächsten Klausur ‚drankommt‘“, die jede sich bietende Möglichkeit zum Klausurenschreiben nutzen, die regelmäßig und viel lesen (z. B. viele juristische Bücher, mindestens eine Zeitschrift, Gerichtsentscheidungen, mindestens eine Tageszeitung und auch „richtige“ Literatur – wie wäre es mal wieder mit Thomas Mann?) und die sich schließlich von diesen Empfehlungen auch nicht durch „Ratschläge“ anderer, gar älterer Semester mit angeblich so viel „Erfahrung“ (meistens sind diese Ratgeber die weniger Erfolgreichen, die Sie vielleicht auch nur unterbewusst „auf ihre Seite“ ziehen wollen) abbringen lassen.

Wenn der „Anfänger“ als Leser sich zu Beginn durch die Masse des Stoffes und durch das Neue, Fremde überfordert fühlt, so kann ihm Trost gespendet werden: Es gehört zum didaktischen Konzept des Buches, dass (fast) alles mindestens zweimal, meistens sogar dreimal und sogar noch häufiger in immer wieder anderen Zusammenhängen angesprochen wird, so dass man beim Lesen immer wieder auf „alte Bekannte“ trifft. Selbst die Fälle wiederholen sich zum Teil wortgleich. Das ist keine stereotype didaktische Technik, durch die Ihnen etwas „eingehämmert“ werden soll, sondern beruht auf der Erkenntnis, dass im Zivilrecht fast alle Fragen miteinander „verschränkt“ sind. Diese Eigenart macht dieses Rechtsgebiet einerseits so reizvoll in intellektueller Hinsicht, andererseits aber auch anspruchsvoll und daher so besonders schwierig.

Der „Nürnberger Trichter“ wird Ihnen allerdings nicht geboten: Sie müssen sich schon selbst von Anfang an bemühen, alles zu verstehen und das gerade frisch Erlernte auch möglichst gleich zu behalten. Vertrauen Sie nur nicht darauf, dass Sie das nötige Wissen schon „irgendwie“ und „irgendwann“, also quasi „von selbst“ erlangen werden; und leisten Sie sich nicht den Luxus, dasjenige gleich wieder zu vergessen, was Sie sich gerade eben mühsam erarbeitet haben, sondern „haken“ Sie es als nunmehr bekannt „ab“ und wenden Sie sich neuen Herausforderungen zu; anderenfalls fangen Sie immer wieder „bei Null“ an, was auf die Dauer äußerst frustrierend sein kann.

Das Studium der Rechtswissenschaft ist eine Ausbildung, bei der es ohne Fleiß und Stetigkeit bei der Arbeit keine wirklichen Erfolge gibt. Begabung allein nutzt da wenig. Die Erfahrung geht dahin, dass die wirklich Begabten unter den Studierenden gleichzeitig auch zu den Fleißigen gehören; sie verraten es nur nicht allen. Oft beruht die „Aura des Genialen“, die so viel Bewunderung und Neid auslöst, auch auf Fleiß. Schaffen Sie sich also durch Fleiß und Stetigkeit bei der Arbeit ganz bewusst ab heute eine „sichere Basis“. Vertrösten Sie sich nicht selbst mit dem Repetitor, der „später“ schon „alles richten“ wird. Machen Sie sich klar, dass der Repetitor in aller Regel auch nur eine den Einzelnen nicht persönlich fordernde größere Lehrveranstaltung („verstecken“ kann man sich auch dort!) bietet, die sich vom universitären Lehrbetrieb eigentlich nur unterscheidet durch das professionelle didaktische Engagement der Lehrenden, durch die meist sehr gut gelungenen, aber regelmäßig leider auch „überfütternden“ Unterrichtsmaterialien und durch die von Ihnen geleistete Bezahlung (die möglicherweise die entscheidende Ursache für den Lehrerfolg der Repetitoren ist; denken Sie einmal darüber nach).

Nicht nur der Inhalt, sondern auch die Art und Weise der Darstellung machen es möglich, das Buch zu jedem Zeitpunkt der Ausbildung entweder zum Erwerb erster Kenntnisse einzusetzen oder es jedenfalls als Vorlage für die Wiederholung zu benutzen. Gut dürfte es sich für private Arbeitsgemeinschaften eignen. Weil die Darstellung sich sehr stark an den Bedürfnissen der Fallbearbeitungstechnik orientiert und weil die in den Text integrierten Fälle klausurmäßig gelöst sind, sollte das Buch besonders bei der Vorbereitung auf die zur Leistungskontrolle während des Studiums zu schreibenden Klausuren und auf die Klausuren in beiden Examina nützlich sein. Wie bereits ausgeführt: Um kein Schubladenwissen, das im Ernstfall der schriftlichen Prüfung, der Klausur, oft nur zufällig abrufbar sein wird zu züchten, werden „Meinungsstände“ nur dann, wenn es wirklich unvermeidlich ist, referiert; in aller Regel wird die „herrschende Meinung“ zugrunde gelegt. Bei besonders repräsentativen Ansichten wird der jeweilige Hauptvertreter in Klammern dazu gesetzt. Das Buch sollte nur im Zusammenhang gelesen und durchgearbeitet werden. Eine tiefgestaffelte Gliederung und immer wieder eingestreute „Standortbestimmungen“ ermöglichen es dem Leser, sich zurecht zu finden und jederzeit wieder aus dem „Irrgarten“ des Zivilrechts zu entkommen. Um ein nur punktuelles Lesen und Lernen zu vermeiden, erhält das Buch ganz bewusst kein Stichwortverzeichnis; ein solches wäre übrigens angesichts der gewaltigen Stoffmasse und der vielfachen Verzahnung der einzelnen Rechtsfragen wenig transparent und unverhältnismäßig lang. Der Gesamtaufbau ist nicht (wie in einem die im Gesetz enthaltende Systematik und Teleologie herausarbeitenden Lehrbuch) „pyramidal"; der Text geht also nicht von „Grundlagen" (selbst wenn diese gelegt werden müssen) aus und führt bei sich immer mehr verfeinernder Begrifflichkeit zu einer „Spitze" hinauf, von der aus man staunend das Recht überblickt.

Ein bereits nach dem unmissverständlichen Titel dieses Buches „Das gesamte examensrelevante Zivilrecht" eigentlich gar nicht aufkommen dürfendes Missverständnis wäre es, anzunehmen, mit dem Titel würde angekündigt, das gesamte examensrelevante „Privatrecht", also über das „allgemeine Zivilrecht" (bekanntlich geregelt im BGB) hinausgehend auch noch das gesamte „Sonderprivatrecht" darzustellen, also z. B. auch das Arbeitsrecht, das gesamte Handelsrecht, vielleicht auch das gesamte Versicherungsvertragsrecht, den gewerblichen Rechtsschutz gar etc. etc. Nein, geboten wird Ihnen – und nicht mehr und nicht weniger besagt der Titel des Buches – „nur" (als wenn das nichts wäre) eine zusammenhängende Darstellung des gesamten examensrelevanten „allgemeinen Zivilrechts", und – dies gewissermaßen als „Zugabe" – des zum Verständnis hierfür nötigen „Sonderprivatrechts" (z. B. recht ausgiebig des Gesellschaftsrechts, des deutschen und des internationalen Handelsrechts etc. etc.). Das Buch enthält auch ausführliche Ausblicke in die Rechtswirklichkeit (z. B. in Gestalt des Zivilprozessrechts und des Zwangsvollstreckungsrecht), weil sich bei keinem jungen Juristen der (aus dem „elfenbeinernen Turm" stammende) Gedanke, nach einer erfolgreichen Fallbearbeitung, wie man sie im Studium erlernt hat, sei die Gerechtigkeit endgültig hergestellt, auch nur ansatzweise festsetzen darf.

Der „rote Faden", den jeder Leser benötigt, um ein so langes Buch in einem Zug durchzulesen (und das sollte er!), ist die Grundstruktur des bei der schriftlichen Fallbearbeitung einzuhaltenden Aufbaus, auch wenn sich dies nicht in jeder Hinsicht konsequent durchhalten lässt: Die Teile 10 bis 12 stehen – wie Ihnen im Text gründlich erläutert wird – außerhalb dieses Schemas. Das Werk, das vor Ihnen liegt, kann auch ein ständiger Begleiter („Vademecum") des Lernenden sein. Vielleicht spendet ja auch die Möglichkeit einer radikalen Zusammenfassbarkeit der Materie ein wenig Trost für die unter „Sumpfgefühlen" leidenden Studierenden speziell der mittleren Semester, wenn sie sehen, dass der Stoff doch irgendwie „überschaubar" ist.

Für manche Leser mag es übrigens gewöhnungsbedürftig sein, dass man sie zuweilen – vielleicht die „Einsamkeit des Lernens" belebend – ermuntert, anfeuert, ermahnt und auch tröstet. Das soll der Motivation dienen und hängt sicher mit der Vorgeschichte des Textes zusammen.

Nicht geht es in diesem Buch um die Entwicklung und Vermittlung eigener wissenschaftlicher Vorstellungen des Verfassers; „zitierfähig" ist das Buch daher nicht. Da stellt sich natürlich die Frage: „Und wo bleibt denn da die Rechtswissenschaft?" Leistet das Buch etwa der „Fachhochschulisierung" der Ausbildung Vorschub? Mitnichten: Es erhebt zwar keinen eigenen wissenschaftlichen Anspruch, will aber Studierenden und Referendaren das Wissen rechtswissenschaftlich argumentierend – also mittels der Methoden der „Wissenschaft vom objektiven Sinn positiver Rechtsordnungen", deren Arbeit in „Interpretation, Konstruktion und System" besteht[4] – vermitteln, indem es sich darum bemüht, unter Verwendung eben jener

[4] Radbruch, Rechtsphilosophie, 6. Aufl., Stuttgart, 1963, S. 209 f.

Kriterien ein sicheres „Basiswissen“ dafür zu verschaffen, dass man darauf aufbauend ein weiterreichendes „Überblickswissen“ erlangen kann, das dazu ermutigt und dazu befähigt, das Recht auch unter einem wissenschaftlichen Aspekt zu sehen und zu verstehen. Das Buch will also nicht konkurrieren mit wissenschaftliche Lehren enthaltenden Lehrbüchern (daher kommt übrigens der Begriff „Lehrbuch“), sondern will eine (ich wiederhole mich: dringend empfohlene) anderweitige Lektüre derartiger Werke nur vorbereiten bzw. ergänzen.

Für denjenigen, der nicht so recht weiß, wie er mit dem Buch arbeiten soll, seien einige Arbeitshinweise erlaubt: Lesen Sie das Buch ein erstes Mal „am Stück“ durch; lesen Sie dabei jeden Gesetzesparagraphen nach, auch wenn Sie ihn noch so gut zu kennen glauben; oder umgekehrt: lesen Sie die Vorschriften selbst dann, wenn Sie diese für Ausbildungszwecke für überflüssig halten. Bemühen Sie sich beim allerersten Durchlesen nicht allzu sehr, die Fälle selbstständig zu lösen, sondern „konsumieren“ Sie das Buch einfach nur, aber bitte produktiv, indem Sie möglichst alles „wie ein Schwamm“ in sich aufsaugen. Dies aber nur, wenn Sie sich selbst versprechen, später das Buch noch ein weiteres Mal in aller Gründlichkeit durchzuarbeiten. Den Teil 1 braucht man wohl nur ein einziges Mal zu lesen, zumal jeder Studierende recht frühzeitig eine individuelle auf ihn zugeschnittene Arbeitstechnik entwickelt haben dürfte. Wenn Sie (und das wird in der Regel wohl erst ab dem 5. oder 6. Semester der Fall sein) eine verlässlich und kontinuierlich tagende private Arbeitsgemeinschaft gegründet haben, eignet das Buch sich bestens dazu, es „portionsweise“ mit umschichtiger Einnahme der „Prüferrolle“, dann natürlich über sehr viele Monate verteilt, durchzuarbeiten. Im Übrigen kann ich nur dazu raten, den gesamten Text im Zusammenhang zu lesen; denn – wie gesagt – das gesamte Zivilrecht ist so sehr miteinander „verwoben“, dass es wenig Sinn macht, das Werk auf einzelne Themenkomplexe beschränkt zu verwenden.

Zu guter Letzt: Jeder, der dieses Studium aufnimmt, möge sich dessen bewusst sein, dass die auf ihn zukommenden Anforderungen und Anstrengungen mit denjenigen des viele Studierende allzu lange in falscher Sicherheit wiegenden bestandenen Abiturs überhaupt nicht vergleichbar sind. Er möge sich auch darüber im Klaren sein, dass die gegenwärtige Juristenausbildung Jahr für Jahr weit über 10.000 hoffnungsvolle junge Leute als „Volljuristen“ in das Berufsleben entlässt und dass hiervon die meisten auf den (am 1. Januar 2015) mit 164 565 zugelassenen Rechtsanwälten, davon allein in Hamburg niedergelassenen 10 218 Rechtsanwälten, gesättigten „Anwaltsmarkt“ drängen[5]. Da auch bei Freiberuflern der Trend zu immer längeren Lebensarbeitszeiten geht, wird die Gesamtzahl weiter ansteigen. Bei allen Zweifeln gegenüber des „Notenfetischismus“ der Personalpolitik muss man als junger Jurist leider damit leben, dass es heute ein Problem ist, als „junger“ (in Wahrheit bei unserem Ausbildungssystem etwa 30 Jahre: „alter“) Jurist mit „nur“ durchschnittlichen Examina (also „schlechter“ als ein „Doppel-VB“) in Ballungsgebieten einen Arbeitsplatz als jedenfalls: zunächst) angestellter Rechtsanwalt zu finden, dies selbst als Promovierter (Dr.) und/oder im Ausland Graduierter (LLM.). Da die Berufsperspektiven nicht besser werden, müssen Sie sich darauf einstellen,

[5] http://www.brak.de/w/files/04_fuer_journalisten/statistiken/grmgstatisitik2014_korr.pdf.

dass man in nächster Zeit Neueinstellungen noch mehr als bisher vom Vorhandensein zusätzlicher Qualifikationen, wie eine Spezialisierung in der Referendarzeit oder besondere, im Lande erworbene, Sprachkenntnisse, abhängig machen wird.

Diese Bemerkung soll Sie nicht abschrecken, sondern Sie dazu bewegen, nach Ihrer Entscheidung für dieses Studium damit und mit der abschließenden Referendarausbildung auch wirklich ernst zu machen, und sich nicht, wie leider immer noch viel zu viele Studierende, nach oft ein, zwei eifrig studierten ersten Semestern einfach treiben zu lassen oder später nach dem ersten Examen die Wartezeit auf die Referendarstelle ungenutzt verstreichen zu lassen.

Und schließlich die Antwort auf die Frage: Was ist eigentlich gegenüber der 5. Aufl. neu in dieser 6. Aufl.? Erneut sehr viel! Längere Passagen – speziell Teil 4, 5, 6– sind neubearbeitet, alle anderen Teile mindestens gründlich überarbeitet worden. Auch sind die vielen seit dem Frühjahr 2011 zu verzeichnenden Gesetzesänderungen eingearbeitet worden.

Als neuen Mitarbeiter gewinnen konnte ich Herrn Dr. Anton Geier, der die Bearbeitung folgender Passagen übernommen hat: Teil 2 A I 2, 3, Teil 3 A III 2, 3, Teil 3 B I, II, Teil 3 D I, Teil 4, Teil 5 B I und Teil 9.

Herrn Rechtsanwalt Dr. Mark-Oliver Otto, der ja von der 1. bis 4. Aufl. an dem Buch mitgearbeitet hatte und dessen „Handschrift" – ungeachtet der seitherigen Über- und Neubearbeitungen – in den Teilen 3, 4, 5 und 9 noch unverkennbar ist, danke ich für die infolge beruflicher Überlastung endgültig beendete Mitarbeit.

Wie schon immer bin ich an einem Kontakt zur Leserschaft lebhaft interessiert (j.plate@freenet.de oder j.plateplate@web.de).

Dies dürfte wohl die letzte, vom Unterzeichner federführend verfasste Auflage dieses Buches sein[6], dem ich noch viele weitere Auflagen und viele – auch weiterhin „interaktive" – Leser wünsche.

Ich widme diese Auflage meiner Frau Sybille Plate. Sie hat – veranlagt durch die juristischen Gene ihres genialen Urgroßvaters Ernst Friedrich Sieveking, ihrer Großväter Gustav Sieveking und Hermann Basedow und ihres Vaters Klaus Basedow – als Rechtsanwältin sowie als jahrzehntelange Arbeitsgemeinschaftsleiterin an der Fakultät für Rechtswissenschaft der Universität Hamburg bei den Studierenden über die Maßen geschätzt – so mancher Fall in diesem Buch stammt noch aus ihren Arbeitsgemeinschaften – nicht nur das Entstehen jeder der Auflagen diese Buches begleitet und gefördert, sondern auch geduldig hingenommen, dass während der jeweils in zeitraubenden Über- bzw. Neubearbeitungen bestehenden Herstellungsprozesse von Neuauflagen so mancher gemeinsame Theater- oder Kinobesuch ausfiel. Es ist an der Zeit, dass ich ihr dafür auch öffentlich danke.

Hamburg, im Frühsommer 2015 Jürgen Plate

[6] Für die Mitarbeit bei der Korrektur bedanken wir uns bei: Robika Afzal, Katharina Baumheier, Colin Blumauer, Marcel Zober, Robin Koza, Jonas Böhme, Jonas Brügmann, Defne Capar, Finja Dybeck, Henriette Höter, Denise Jacholke, Lea Köttering, Svenja Langenhagen, Tom Lasar, Ralf Lewandowski, Sarah Marquardt, Maria Panagiotopoulou, Nils Rüstmann, Lisa Schlichting, Ben Schlobsner, Hendrik Schwager, Lena Stapelfeldt, Karen Tiedemann, Franziska Wende, Nergis Zarifi.

# Inhaltsverzeichnis

# Teil 1. Die Bearbeitung juristischer Aufgabenstellungen

## A. Die Aufgabenstellung: Die Prüfung von Ansprüchen

Unser Einstieg ist – gewissermaßen als Kontrast zu dem auf eine konkrete Darstellung angelegten „Programm“ dieses Buches – sehr „theoretisch“. Wir beginnen nämlich mit einer Erläuterung der beiden Begriffe des privaten „**objektiven Rechts**“ und des privaten „**subjektiven Rechts**“. Warum, werden Sie alsbald verstehen.

Mit dem Begriff „**objektives Recht**“ wird genau das beschrieben, was der nachdenkliche Laie sich schon immer unter „Recht“ vorgestellt hat: Gemeint ist das, was man auch die „Rechtsordnung“ nennen kann. Es ist der Inbegriff der das Zusammenleben der Menschen bestimmenden Regeln, die nicht bloß als „Sitte“, als „allgemeine Übung“ oder als „Moral“ Geltung beanspruchen, sondern der Normen, die für alle Adressaten verbindlich sind und die mit Hilfe des Staates auch durchgesetzt werden können. Dass es – je nach Lebensbereichen – im deutschen Recht das „Öffentliche Recht“, das „Strafrecht“ und das „Zivilrecht“ gibt (ein Aufgliederung, die anderen Rechtsordnungen nicht unbedingt eigen ist) dürfte Ihnen geläufig sein; und dass wir uns mit dem Zivilrecht befassen werden, wissen Sie aus dem Titel des Buches. Was es mit dieser Aufgliederung in Rechtsbereiche auf sich hat, werden Sie alsbald erfahren.

Übrigens: Das „objektive Recht“ einerseits und die „Moral“, die „Sitte“ oder die unter Menschen herrschende „allgemeine Übung“ andererseits schließen sich inhaltlich nicht aus, sondern bilden sich schneidende Kreise. Denken Sie nur an das Strafrecht, wo diese Kreise zu einem großen Teil deckungsgleich sind! Aber auch im Zivilrecht – das wird ja unser Thema sein – finden Sie für diese Selbstverständlichkeit leicht eine Bestätigung (lesen Sie z. B. einmal



J. Plate, *Das gesamte examensrelevante Zivilrecht,* Springer-Lehrbuch,
DOI 10.1007/978-3-662-47320-7_1

die §§ 138 Abs. 1, 157, 826 und vor allem den § 242 BGB). Und: Bitte lesen Sie diese Vorschriften wirklich! Schieben Sie es nicht auf! Legen Sie fortan beim Lesen dieses Buches immer das Gesetz (am besten gleich den „Schönfelder" oder eine ähnlich umfassende Gesetzessammlung) daneben. Alle hier zitierten Normen sind wichtig.

Diese Normen sind regelmäßig vom Staat „gesetzt" worden: Als „**Gesetze**" durch die Legislative (lesen Sie die Artt. 70 ff. GG) und als „**Verordnungen**" durch die Exekutive (lesen Sie Art. 80 GG). Das solchermaßen gesetzte Recht nennt man (nach dem lateinischen Wort „ponere" = „setzen") auch das „**positive Recht**". Es ist „geschriebenes Recht" oder – wie man auch sagt – „kodifiziertes" Recht. Das ist das „Gesetz", von dem in Art 20 Abs. 3 GG die Rede ist. Wenn es dort aber heißt, dass u. a. die (Zivil-)Rechtsprechung nicht nur an das Gesetz, sondern auch an das „Recht" gebunden ist, wird zugleich deutlich, dass es nicht nur „gesetztes" bzw. „positives" bzw. „kodifiziertes" bzw. „geschriebenes" Recht gibt, sondern auch „ungeschriebenes" Recht. Dazu zählt man „allgemeine Rechtsgedanken", wie den Grundsatz „Verträge sind einzuhalten" (= „pacta sunt servanda") und das sogenannte „Richterrecht" aufgrund richterlicher Rechtsfortbildung. Auch das aufgrund eines dauernden und von einer Rechtsüberzeugung getragenen Verhaltens, also von der Rechtsgemeinschaft selbst gebildete „Gewohnheitsrecht" ist – wiewohl ungeschrieben – „Recht".

Ein solches System eines kodifizierten und durch Richterrecht sowie Gewohnheitsrecht ergänzten Rechts ist das, was wir als „objektives Recht" in Kontinentaleuropa vorfinden.

Daher ist uns Kontinentaleuropäern auch die Vorstellung ungewohnt, dass es andere Rechtsordnungen gibt, bei denen „ungeschriebenes Recht" im Vordergrund steht. Um ein diese Vorstellung versperrendes Vorurteil gar nicht erst aufkommen zu lassen, müssen wir jetzt einmal über den „nationalen Tellerrand" schauen: Die wichtigste Rechtsquelle des z. B. englischen Privatrechts (Vergleichbares gilt für den gesamten angelsächsischen Rechtskreis) ist das „**Common Law**", bei dem es sich um (von wem auch immer) vorgegebenes, also nicht um von einem Gesetzgeber „gesetztes" Recht handelt. Aufgedeckt, also sichtbar gemacht, wird das Common Law seit Jahrhunderten durch gerichtliche Entscheidungen von Einzelfällen, bei denen jede neue Entscheidung sich grundsätzlich und verbindlich an einer zeitlich vorangegangenen Entscheidung zu orientieren hat. Aber weil jeder neue Fall vom Tatsächlichen – und dazu gehört der Umstand einer sich ständig ändernden Welt – her gesehen anders gelagert ist als ein zuvor entschiedener Fall (was im Mittelalter ein Pferd war, ist heute zum Auto geworden), deckt der Richter nicht nur das vorgegebene Recht auf, sondern entwickelt es stets ein wenig fort. Wenn es Ihnen gelingen sollte, das schmale Buch von Konrad Zweigert „Rechtsfälle, Linksfälle" antiquarisch zu erstehen, nutzen Sie die Gelegenheit, um mittels dieser witzigen Darstellung das System des Common Law zu verstehen! So entsteht ein auf einem

System von Präjudizien basierendes Fallrecht, genannt „Case Law", bei dessen Herausbildung sich jede neue Entscheidung in einem bestimmten hierarchischen System nach einer vorhergehenden Entscheidung zu richten hat. Die Entscheidungen der oberen Gerichte verlieren ihre Bindungswirkung nur dadurch, dass sie durch eine spätere eigene Entscheidung oder durch die eines höheren Gerichts außer Kraft gesetzt werden oder wenn der Gesetzgeber die Entscheidung aufhebt. Das verleiht dem Rechtssystem des Common Law die nötige Beweglichkeit und macht eine Anpassung an die Gegenwart möglich und sichert diesem System zugleich die – in unserem Rechtssystem durch Gesetze geschaffene – in einem Rechtsstaat erforderliche Rechtssicherheit und Berechenbarkeit der Entscheidungen. Das „Common Law" kann nicht beseitigt werden; es dauert „ewig" fort. Nur in einzelnen Bereichen oder zu einigen Fragen können Gesetze („statutes") das Common Law abändern, was aus Modernisierungsgründen oft unvermeidlich ist. Das ist der eine Grund dafür, dass es im angelsächsischen Rechtskreis außer dem „Case Law" auch Gesetzesrecht („Statutory Law") gibt („Civil Law"). Der zweite Grund für vermehrtes Gesetzesrecht sind – jedenfalls in Großbritannien – sich an den nationalen Gesetzgeber wendenden europäischen Richtlinien. Genau genommen sind die europäischen Verordnungen, die unmittelbar geltendes Recht sind, ein Fremdkörper im angelsächsischen, aber letztlich akzeptabel sind, weil sie meist nur einzelne Fragen i.d. R wirtschaftsrechtlicher Art regeln. Auch in den USA gibt es zunehmend mehr Gesetzesrecht, das der Rechtsvereinheitlichung dienen soll.

Man muss kein großer Prophet sein um vorherzusagen, dass sich die beiden Rechtssysteme des kontinentalen „Civil Law" und des angelsächsischen „Common Law" einander annähern werden: Im kontinentaleuropäischen Rechtskreis wird das Richterecht bedeutsamer werden, ohne dass die Kodifikationen aufgegeben werden, während im angelsächsischen Rechtskreis ein Gesetzesrecht häufiger werden wird, das aber wohl stets nur ganz pragmatisch einzelne Fragen regeln, niemals aber in eine „alle Rechtsfragen" abstrakt regelnde systematische Kodifikation, wie z. B. die des BGB, einmünden wird.

Und das ist das Stichwort: Zurück zu unserem Rechtssystem, und zwar zum deutschen Zivilrecht! Das Erlernen des „objektiven Rechts" ist die eine Seite der juristischen Ausbildung. Für viele ist das eine abschreckende Vorstellung, weil man sich darunter ein „knochentrockenes" Paragraphenstudium vorstellt. Aber keine Sorge: Es geht bei der Juristenausbildung nicht um das Studium einer „toten Materie" und schon gar nicht um das Auswendiglernen von Paragraphen, wie man es befürchten könnte.

Denn Sie werden im Studium fast vom ersten Tag an mit der Aufgabe konfrontiert, die Regeln des „objektiven Rechts" auf bestimmte Lebenssachverhalte anzuwenden. Aus der ungeheuren Fülle des objektiven Rechts interessiert uns für dieses Buch („Das gesamte examensrelevante Zivilrecht") natürlich nur das „**private**" objektive Recht, also das objektive Recht, das die Beziehungen der Privaten untereinander regelt und das man kurzerhand „**Privatrecht**" nennt. Und hiervon interessieren uns, was das **gesetzte Recht** angeht, in **erster Linie** das im BGB geregelte und für jedermann, also für jeden „Bürger", geltende „**Bürgerliche Recht**"/„**Zivilrecht**", aber auch manche Bereiche des „**Sonderprivatrechts**", etwa das im HGB geregelte

Sonderprivatrecht der Kaufleute. Nur am Rande befassen wir uns dagegen mit dem **öffentlichen objektiven Recht**, also dem „**Öffentlichen Recht**", das in der Verfassung (Grundgesetz) und Gesetzen sowie Verordnungen die Rechtsverhältnisse zwischen den Bürgern und dem Staat und die Rechtsverhältnisse innerhalb eines Staates (z. B. die Staatsorganisation, die Beziehungen zwischen seinen Organen) bestimmt. Aber mittelbar interessiert es uns schon: Denn fraglos kann z. B. das Öffentliche Wirtschaftsrecht zwischen Privaten bestehende privatrechtliche Beziehungen deshalb beeinflussen, weil z. B. eine Nichtbeachtung von Bestimmungen des Öffentlichen Wirtschaftsrechts zur Nichtigkeit von Verträgen zwischen Privaten führen kann (§ 134 BGB). Zu denken ist z. B. an die Verletzung von Bestimmungen des Außenwirtschaftsrechts, die staatliche Eingriffe in den grenzüberschreitenden Warenhandel zulassen. Dass auch das Grundgesetz Bedeutung für das Privatrecht haben kann, zeigt z. B. Art. 9 Abs. 3 GG. Und auch das Strafrecht interessiert uns mittelbar. So können Strafgesetze nicht nur gesetzliche Verbote i.S.d. § 134 BGB sein, sondern z. B. auch „Schutzgesetz" i.S.d. § 823 Abs. 2 BGB. Außer dem gesetzten Recht hat uns natürlich auch das (juristisch hoch interessante, aber zum Glück quantitativ überschaubare) **Richterrecht** und gelegentlich auch das **Gewohnheitsrecht** zu interessieren.

Aber wir entfernen uns vom Thema: Das **weitere Ziel** dieser einführenden Passage war es, den Bedeutungsinhalt des Begriffs des **privaten „subjektiven Rechts"** zu erkennen. Dies sind sich aus dem privaten „objektiven Recht" ergebende, einem einzelnen am Rechtsleben Beteiligten als „Person", also als „Subjekt" (daher: „**subjektives** …"), ausschließlich zustehenden Be„recht"igungen (daher: „**… Recht**") in Gestalt von absoluten, weil jedermann gegenüber bestehenden Herrschaftsrechten (z. B. Eigentum), relativen Rechten (Anspruch) und Gestaltungsrechten (z. B. Kündigungsrecht). Gehen wir dazu ein wenig ins Detaisl.

Dass das private objektive Recht jedem Privaten in bestimmten Hinsichten eine nur ihm und keinem anderen, also **absolut**, zustehende „**Rechtsmacht**" verleiht, **mittels derer** er die **eigenen menschlichen Interessen befriedigen** kann, ist eine Erkenntnis, die Ihnen aufgrund eigener Erfahrung eigentlich schon immer klar war. Wir nennen diese Rechte **Herrschaftsrechte**. Das klassische Beispiel ist das **Eigentum**. Unzählige Male sind Sie schon Eigentümer von Sachen geworden. Das kann „originär" (=ursprünglich) erfolgt sein (lesen Sie z. B. § 950 BGB) oder „derivativ" (=abgeleitet) durch Übereignung seitens eines Voreigentümers geschehen sein (lesen Sie für bewegliche Sachen § 929 BGB und für Grundstücke §§ 873, 925 BGB). Vielleicht sind Sie auch als Erbe Eigentümer von Sachen des Erblassers geworden (lesen Sie § 1922 BGB). Machen Sie sich bitte jetzt bewusst, dass Sie als Eigentümer einer Sache die Rechtsmacht haben, mit ihr nach Belieben verfahren zu können, und zwar ausschließlich Sie und außer Ihnen kein anderer (§ 903 BGB). Das Eigentum ist aber nur ein Beispiel für Herrschaftsrechte. Sie werden noch vielen anderen Herrschaftsrechten hören. Eine knifflige Frage, an die wir uns jetzt einmal heranwagen, lautet, ob auch z. B. die Berechtigung aus einem Kaufvertrag eine Herrschaftsmacht gibt, so dass auch dieses Recht ein Herrschaftsrecht wäre. Sie ja in Ihrem Leben bestimmt schon abertausende von Kaufverträgen abgeschlossen, dies mit der Folge, dass Sie, und zwar ausschließlich Sie, eine Forderung (lesen Sie § 241 Abs. 1 S. 1 BGB) erlangt haben, nämlich als Käufer vom Verkäufer die Übereignung und Übergabe verlangen zu können (§ 433 Abs. 1 BGB) und umgekehrt in der Rolle des Verkäufers vom Käufer die Kaufpreiszahlung (§ 433 Abs. 2 BGB). Damit Sie aber nicht immer nur an Kaufverträge denken, aus denen sich eine Forderung ergibt, lesen Sie z. B. § 535 BGB und formulieren Sie einen entsprechenden Satz. Wer auf die Zielrichtung dieser Forderungen schaut, würde diese Rechte nicht als Herrschaftsrecht bezeichnen, weil das Recht nur eine Berechtigung gibt, von einem anderen etwas zu verlangen, es also nicht „absolut", sondern nur „relativ" wirkt. Wer aber im Auge hat, dass diese Forderungen ja stets nur einer einzigen Person zustehen, der hat keine Schwierigkeiten damit, auch die Forderung wegen der alleinigen Zuständigkeit für den jeweiligen Gläubiger ein Herrschaftsrecht anzusehen.

Auf jeden Fall aber sind Forderungen aus einem anderen Grunde subjektive Rechte. Wie gesagt: Als Käufer einer Sache können Sie aufgrund der erlangten Forderung vom Verkäufer die Übereignung und Übergabe der gekauften Sache verlangen (§ 433 Abs. 1 BGB), während Sie als Verkäufer vom Käufer die Zahlung des Kaufpreises verlangen können (§ 433 Abs. 2 BGB). Und wie war dies noch bei der Miete (§ 535 BGB)? Diese Rechtsmacht, Forderungen gegen eine andere Person geltend machen zu können, nennen wir einen „**Anspruch**" (lesen Sie § 194 Abs. 1 BGB). Eine Forderung ist also deshalb auf jeden Fall ein subjektives Recht. Ansprüche ergeben sich übrigens nicht nur aus Rechtsgeschäften, i.d. R aus Verträgen, wie z. B. aus einem Kauf- oder Mietvertrag, sondern auch aus dem Gesetz, z. B. zum Schutze eines einer Person absolut zustehenden Rechts, wie z. B. zum Schutze des vorgenannten Eigentums; lesen Sie dazu §§ 823 Abs. 1, 985.894, 1004 BGB. Lesen Sie übrigens auch wirklich alle Normen, die hier genannt werden – diese sollen nach und nach zu „guten Bekannten" werden, was unerlässlich ist, weil Sie Ihnen in Zukunft immer wieder begegnen werden!

Und schließlich haben Sie sicher auch schon diverse Male ein **Rechtsverhältnis gestaltet**, indem Sie vielleicht gerade neulich z. B. als Mieter oder Vermieter einen Mietvertrag durch eine von Ihnen erklärte Kündigung beendet haben (lesen Sie §§ 542 Abs. 1, 568 ff. BGB) oder als Arbeitgeber oder Arbeitnehmer ein Arbeitsverhältnis nach §§ 621 ff. BGB gekündigt. Sie werden später auch von einer Anfechtung (§§ 119 ff. BGB) oder einem Rücktritt (§§ 346 ff. BGB) hören. Auch ein solches „Gestaltungsrecht" steht nur Ihnen als Mieter oder als Vermieter bzw. als Arbeitnehmer oder Arbeitgeber etc. etc. und keinem anderen zu.

Es sei wegen der Wichtigkeit dieser Einsicht zusammenfassend wiederholt: Derartige, sich aus dem privaten „objektiven Recht" ergebende, dem einzelnen am Rechtsleben Beteiligten als „Person", also als „Subjekt", ausschließlich zustehenden Berechtigungen in Gestalt von absoluten, weil jedermann gegenüber bestehenden Herrschaftsrechten (z. B. Eigentum), oder relativen Rechten (Anspruch, der sich ergibt entweder aus einem Rechtsgeschäft, i.d. R einem Vertrag, oder aus dem Gesetz) oder Gestaltungsrechten (z. B. Kündigungsrecht) nennt man ein privates „**subjektives Recht**".

**Fassen wir** dies alles einmal **zusammen**:

1. Wir verstehen unter dem „**objektiven Recht**" die „**Rechtsordnung**". Das ist der Inbegriff aller für alle Rechtsgenossen verbindlichen und mit Hilfe des Staates durchsetzbaren Normen, die entweder als „positives Recht", als „Richterrecht" oder als „Gewohnheitsrecht" Geltung erlangt haben. Aus dem gesamten Spektrum des „objektiven Rechts" interessiert uns das **private objektive Recht**, also das „**Privatrecht**", und zwar in erster Linie nur das für jedermann geltende „**Bürgerliche Recht**"/„**Zivilrecht**", teilweise aber auch das „**Sonderprivatrecht**". Wir sind uns aber dessen bewusst, dass es auch das **Öffentliche Recht** und **Strafrech**t gibt und dass diese Rechtsgebiete durchaus Bedeutung für das Privatrecht haben können.
2. Soweit einem am Rechtsleben beteiligten Privaten durch das private objektive Recht „**Berechtigungen**" verliehen werden, kraft derer ausschließlich ihm eine „**Rechtsmacht**" zusteht, handelt es sich um **private „subjektive Rechte**". Dies können sein: **absolute Herrschaftsrechte**, wie z. B. das Eigentum als klassisches Beispiel, bei dem sich die Rechtsmacht aus § 903 BGB und aus gegenüber anderen Personen gegenüber bestehenden Ansprüchen (z. B. aus § 823 BGB, § 985 BGB, § 1004 BGB) ergibt; **relative Rechte**, wie Forderungen, aus denen sich die Rechtsmacht ergibt, Ansprüche, z. B. der Anspruch des Verkäufers gegen den Käufer auf Kaufpreiszahlung (§ 433 Abs. 2 BGB) oder aus Gesetz (z. B. aus § 823 BGB) geltend zu machen; oder schließlich **Gestaltungsrechte**, die z. B. die Möglichkeit geben, eine Willenserklärung anzufechten und sie damit rückwirkend zu „vernichten" (§§ 119 ff., 142 Abs. 1 BGB.
3. Wir erinnern uns an dieser Stelle daran, dass die Lektüre dieses Buches weitgehend sinnlos ist, wenn man nicht zugleich jede hier zitierte Rechtsnorm liest und zu verstehen versucht.

Wenn der eine oder andere Leser immer noch bemängelt, dass dies alles entgegen den vorherigen Versprechungen in Wahrheit doch nur „trockene" Wissenschaft sei und dass der Bezug zum wirklichen Leben nicht erkennbar sei, dem sei gesagt, dass man der anschließenden wie in einem „Zeitraffer" erfolgenden Beschreibung der Arbeit eines Juristen entnehmen kann, dass der Begriff des „**subjektiven Rechts**" exakt die Bewältigung der ihm gestellten Aufgabe beschreibt und dass das „**objektive Recht**" hierfür das Material zur Verfügung stellt. So nämlich sieht die Arbeit eines Juristen der einen „Fall" zu bearbeiten hat aus: **1**) Die **Aufgabe** besteht in der **Lösung sozialer Konflikte** durch die Anwendung von **Rechtsnormen**. **2**) Dazu werden Sie mit von Ihnen **zu bearbeitenden „Fällen**" konfrontiert. **3**) Diese „**Fälle**" sind Darstellungen von Lebenssachverhalten, in denen unter den Beteiligten ein sozialer Konflikt besteht; im Anschluss an den Sachverhalt finden Sie stets eine die Aufgabenstellung konkretisierende Frage („**Fallfrage**"). **4**) Üblicherweise wird in dieser „**Fallfrage**" danach gefragt, ob eine in dem mitgeteilten Lebenssachverhalt genannte Person von einer anderen Person ein bestimmtes Tun (z. B. die Zahlung einer Geldsumme, die Übereignung und Übergabe einer Sache) oder ein bestimmtes Unterlassen (z. B. kein Klavierspielen von 13,00–14,00 Uhr) verlangen kann; es wird also fast immer nach dem Bestehen von **Ansprüchen (§ 194 Abs. 1 BGB)** einer Person („Anspruchsteller") gegen eine andere Person („Anspruchsgegner") gefragt. **5**) Weil Ansprüche sich aus Schuldverhältnissen ergeben, muss nach den einen Anspruch begründenden Schuldverhältnissen gesucht werden. **6**) Diese können sich **aus** einem **Rechtsgeschäft**, i.d. R speziell aus einem **Vertrag**, oder aus dem **Gesetz** ergeben (§ 311 Abs. 1 BGB). **7**) Diese Prüfung kann zuweilen erfordern, dass (gewissermaßen als **Vorfrage**) zu untersuchen ist, ob einer der im Sachverhalt genannten Personen bestimmte „**(Herrschafts) Rechte**" an Gegenständen zustehen (also z. B.: ob eine Person Eigentümer einer Sache ist) oder ob bestimmte Rechtsverhältnisse durch die Geltendmachung von „**Gestaltungsrechten**" verändert worden sind (ob also z. B. ein Vertrag wirksam nach §§ 119 Abs. 1, 142 Abs. 1 BGB angefochten worden ist). **8**) Eine solche **Fallbearbeitung** ist durch eine ganz bestimmte **Systematik** geprägt, die auf eine im folgenden Kasten näher beschriebene, durch die Prozesse des „**Entstehens und Vergehens**" gekennzeichnete **innere Dynamik** der „**subjektiven Rechte**" zurückzuführen ist.

Die „subjektiven Rechte" **entstehen** zugunsten einer Person und können auf andere Personen **übergehen**; die „subjektiven Rechte" können auch **untergehen**; oder es kann ihre **Durchsetzbarkeit entfallen**.

Jetzt wissen Sie also, warum diese einleitende Passage erklären musste, was man unter den beiden zugegebenermaßen höchst abstrakten Begriffen des privaten „**objektiven Rechts**" und des privaten „**subjektiven Rechts**" versteht. Diese Begriffe sind der **Schlüssel** für die **Bearbeitung** von **Fällen** und umschreiben damit ziemlich präzise das klassische „Arbeitsfeld" des Juristen in der Ausbildung.

# B. Die Fallbearbeitung

## I. Die Technik der Fallbearbeitung

Die Technik der Fallbearbeitung, speziell die Einhaltung der Regeln der „Gutachtentechnik", ist für den angehenden Juristen etwas völlig Neues und muss von ihm anfangs mühsam erlernt werden. Es klingt bitter, ist aber wahr: Hier trennt sich häufig schon die „Spreu" vom „Weizen". Ohne Beachtung dieser Grundsätze würde es (das werden Sie den nächsten ca. 20 Seiten entnehmen) bei der Fallbearbeitung schnell zu einem „Darstellungschaos" kommen mit der Folge, dass der Leser (im Studium in erster Linie ja der Korrekturassistent, der diesen beauftragende Aufgabensteller oder im Examen der Prüfer) den Verfasser nicht versteht. Auch ist nur bei Einhaltung des sog. „Gutachtenstils" gewährleistet, dass ein vom Fallbearbeiter gefundenes Ergebnis kein bloßes Zufallsprodukt ist. Sie **müssen** also den sogleich darzustellenden **Regeln der „Gutachtentechnik" folgen**; und keine Sorge: Die „Gedankenfreiheit" bleibt dadurch völlig unberührt.

## 1. Die Arbeit am Sachverhalt

Jeder zu bearbeitende Fall besteht zunächst aus einem **Sachverhalt**. Der Sachverhalt ist **sakrosankt**; an ihm darf nicht „herumge/-bastelt/-deutelt" werden. Nur ganz selten ist eine „Auslegung des Sachverhalts" (die dann von Ihnen auch im Text des Gutachtens, dort am besten in einer Fußnote deutlich gemacht werden muss) erforderlich. Im Sachverhalt werden die **beteiligten Personen** häufig nur mit Buchstaben bezeichnet, die entweder neutral A, B, C etc., oder sachverhaltsbezogen, gelegentlich sogar in rechtlicher Hinsicht fallbezogen sein können, so dass die Beteiligten „V" (steht für „Verkäufer") oder „K" (steht für „Käufer"), „E" (steht für „Eigentümer") genannt werden. Wenn im Sachverhalt zur Abkürzung der Darstellung **Rechtsbegriffe** enthalten sind, wie „Kauf" oder „Eigentum", oder wenn von „sein(em)" Auto die Rede ist, dürfen Sie diese Rechtsbegriffe – aber nur wenn sie einfacher Art sind und wenn sie nicht nur eine „Parteiauffassung" widerspiegeln – unüberprüft als rechtlich zutreffend übernehmen. Die **Fallbearbeitung** setzt als **ersten Schritt** voraus, dass Sie den jeweiligen Sachverhalt wirklich verstanden haben. Der beste Test dafür ist, dass Sie – das geht natürlich nur bei einer Hausarbeit – versuchen, die Geschichte ohne jede rechtliche Bewertung einem Dritten, am besten einem verständigen Nicht-Juristen, ohne Zuhilfenahme des Textes zu erzählen. Wenn Sie verstanden werden, haben auch Sie den Sachverhalt verstanden. Es empfiehlt sich meist, den Sachverhalt durch eine **Skizze** darzustellen, dies insbesondere dann, wenn es sich um ein **Mehrpersonenverhältnis** handelt. Bei einer solchen Skizze ist weiterhin zu empfehlen, dass die Personen, die Ansprüche geltend machen, „oben" („Gläubigerebene") und diejenigen, gegen die Ansprüche geltend gemacht werden, „unten" stehen („Schuldnerebene"). Die zwischen den Beteiligten bestehenden rechtlichen Beziehungen sollten Sie durch verbindende Linien verdeutlichen und diese kurz kennzeichnen.

## 2. Die Fallfrage

Am Schluss eines jeden Sachverhalts findet/n sich stets eine oder mehrere **Fallfrage(n)**.

Meistens geht es bei der Fallfrage darum, ob eine oder mehrere der im Sachverhalt genannten Personen einen **Anspruch** gegen eine oder mehrere andere der im Sachverhalt genannten Personen hat (Sie entsinnen sich an § 194 Abs. 1 BGB: „… das Recht, von einem anderen ein Tun oder Unterlassen zu verlangen …"). Man kann dies eine **„materielle Anspruchs-Hausarbeit/Klausur"** nennen. Meist wird bei einer solchen Aufgabe eine/werden mehrere konkrete Fallfrage(n) gestellt, die dahingehend lautet(en), ob eine in der/den Fallfrage(n) bezeichnete Person, die man „Anspruchsteller" nennen kann, von einer anderen Person, die man „Anspruchsgegner" nennen kann, etwas, was man „Anspruchsgegenstand" nennen kann, verlangen kann (z. B. Zahlung von € 250,–/Unterlassen des Klavierspielens zwischen 12,00 und 15,00 Uhr). Warum übrigens sollte die Rede sein von einem „Anspruchsteller" sein und nicht von einem „Gläubiger", was doch viel professioneller klingt? Weil

Ihre Prüfung doch erst ergeben soll, ob der „Anspruchsteller“ tatsächlich ein „Gläubiger“ ist! Gelegentlich wird aber auch stattdessen nach der „Rechtslage“ gefragt: **„Wie ist die Rechtslage?“** Das ist besonders lästig für den Fallbearbeiter. Er muss dann nämlich die Fallfrage(n) zunächst selbst erarbeiten, indem er als erstes den Sachverhalt mit der Fragestellung, **„wer“** (welcher Anspruchsteller) möglicherweise **„was“** (welcher Anspruchsgegenstand) **„von wem“** (von welchem Inanspruchgenommenen) verlangen könnte, auszuwerten hat. Dazu muss man die im Sachverhalt genannten Beziehungen der Personen in **„Zweipersonenverhältnisse“** („wer“ kann „von wem“…) ordnen und sodann unter Berücksichtigung der wirtschaftlichen Interessen die **„Anspruchsziele“** der einzelnen Personen formulieren („… was“ verlangen?). Derartige sich aus einer konkreten Fallfrage ergebenden oder von Ihnen bei der Rechtslagen-Frage ins Auge zu fassenden Anspruchsziele können sein:

- **Herausgabe,**
- **Grundbuchberichtigung,**
- **Erfüllung,**
- **Schadensersatz,**
- **Rückgewähr,**
- **Ausgleich,**
- **Beseitigung** und/oder **Unterlassung** von **Störungen** und
- **Unterhalt.**

Wenn in einer Fallfrage zusätzlich gefragt wird, was eine der im Sachverhalt genannten Personen **„unternehmen“** kann, so soll hiermit meistens das Augenmerk des Bearbeiters auf die Frage gelenkt werden, ob sich für diese Person die **Ausübung** eines **Gestaltungsrechts** empfiehlt, also z. B. eine Anfechtungserklärung nach z. B. §§ 119 Abs. 1 Var. 1, 143 Abs. 1 BGB mit der Wirkung des § 142 Abs. 1 BGB oder die Erklärung eines Rücktritts (§§ 346 ff. BGB). Auch kann bei einer solchen Fragestellung vom Bearbeiter erwartet werden, zusätzlich die **Möglichkeit** einer **prozessualen Durchsetzung** des Anspruchs zu erörtern; meist wird dann aber eine ausdrückliche prozessuale Frage an Sie gerichtet (dazu sogleich mehr). Ganz **selten** wird Ihnen in einer juristischen Aufgabe **ausschließlich** die **Beantwortung** einer **Rechtsfrage** (z. B. „Wer ist Eigentümer des Autos?“ oder „Wie ist die dingliche Rechtslage bezüglich des Autos?“ oder „Wer ist der Erbe des E?“) abverlangt. Wir werden uns hier mit solchen Fallfragen nicht weiter befassen; gesonderte Ausführungen dazu sind auch wenig lehrreich; bei den Fallfragen nach Ansprüchen werden derartige Fragen im Übrigen ohnehin ständig „inzident“ (d. h. als Zwischenfrage) aufgeworfen.

Äußerst **wichtig** ist, dass Sie sich **genau** an die **Fallfrage halten** und nicht irgendwelche (sicher hochinteressanten) anderen Fragen beantworten, und dies dann auch noch in belehrender, also vermeintlich „wissenschaftlichen" Weise; Sie hätten dann „das Thema verfehlt", und das wäre – wie einst im Schulaufsatz – „absolut tödlich".

## 3. Die Suche nach den Anspruchsgrundlagen und die Technik der Subsumtion im Gutachtenstil

Wie geht es nach der Analyse der Fallfrage weiter? Jetzt beginnt die eigentliche „juristische" Arbeit:

- Bei einer Anspruchsklausur bzw. einer entsprechenden Aufgabenstellung bei einer Hausarbeit, auf die wir uns hier ja konzentrieren wollen, müssen Sie zunächst die zu erörternden „**Anspruchsgrundlagen**" ermitteln
- und dann untersuchen, ob deren **Voraussetzungen** gegeben sind.

Die Fallbearbeitung verlangt also zunächst von Ihnen, dass Sie das **gesamte materielle „objektive Recht**" (also das gesetzte Recht, das durch Rechtsfortbildung entstandene bzw. weiter entwickelte Recht und das Gewohnheitsrecht) danach **absuchen**, ob es dort eine „**Anspruchsgrundlage**" gibt. Damit ist eine **Norm** gemeint, aus der sich das **gegen** den **Inanspruchgenommenen** bzw. (wie man auch schreiben kann:) gegen den **Anspruchsgegner auf** einen bestimmten **Anspruchsgegenstand gerichtete Begehren** des **Anspruchstellers**, zusammenfassend auch das „Anspruchsziel" genannt, **rechtfertigen könnte**. Den in diesem Satz verwendeten Konjunktiv („könnte") müssen Sie bitterernst nehmen; Sie suchen also nicht etwa die Norm, aus der sich der „... Anspruch rechtfertigt" und dann die Begründung folgen lassen (etwa: „Denn..."), sondern eine Norm, aus der sich der „... Anspruch rechtfertigen könnte". Alles andere wäre eine schwere Verletzung des für Sie verpflichtenden „Gutachtenstils", nämlich der ausschließlich dem Richter vorbehaltene „Urteilsstil".

Diese **Suche** nach der „**Anspruchsgrundlage**" ist (betrachtet man allein den Umfang des BGB und rechnet das allein im „Schönfelder" oder einer anderen ähnlich umfassenden Gesetzessammlung enthaltene Sonderprivatrecht z. B. das HGB etc. etc. hinzu) eine auf den ersten Blick einigermaßen entmutigende Aufgabe. Zu Ihrem „Trost" sei gesagt, dass sich bei den Ihnen gestellten Aufgaben die Suche zunächst i.w. **auf** das **BGB „beschränkt**", bis Sie dann nach und nach „Anspruchsgrundlagen" aus anderen Gesetzen kennen lernen werden. Auch innerhalb des BGB reduziert sich das Spektrum der Möglichkeiten beträchtlich, wenn man sich darüber Rechenschaft ablegt, welche **Anspruchsziele überhaupt** nur in Betracht kommen.

Sie entsinnen sich hoffentlich: Man kann alle **denkbaren Anspruchsziele** auf folgende Fragestellungen reduzieren:

- **Herausgabe,**
- **Grundbuchberichtigung,**
- **Erfüllung,**
- **Schadensersatz,**
- **Rückgewähr,**
- **Ausgleich,**
- **Beseitigung** und/oder **Unterlassung** und
- **Unterhalt.**

Die Aufgabe, die in Betracht kommenden „**Anspruchsgrundlagen**" zu **suchen** und zu **finden**, erfordert es, dass man sich im Gesetz sehr gut auskennt und weiß, wo welche Anspruchsgrundlagen zu finden sind; das ist anspruchsvoll, da es bereits im BGB (auf das wir uns ja zunächst konzentrieren wollen) aber auch in zivilrechtlichen Nebengesetzen („Sonderprivatrecht") von Anspruchsgrundlagen „nur so wimmelt". Vielleicht ahnen Sie jetzt, warum es für Sie von „existentieller" Bedeutung ist, dass Sie parallel zur Durcharbeitung dieses Textes die hier zitierten Paragraphen im (hoffentlich) immer danebenliegenden Gesetz sofort nachlesen. Nur so kann es Ihnen gelingen, den Fundus an Ihnen bekannten Normen (zu denen ja auch die „Anspruchsgrundlagen" gehören) kontinuierlich auszubauen. Bei der Suche nach solchen Normen, die man „Anspruchsgrundlagen" nennt, **hilft** deren stets identische **Struktur**: Die „**Anspruchsgrundlagen**" sind solche Vorschriften, die für den Fall des Vorliegens der in ihnen aufgestellten bestimmter Voraussetzungen („**Voraussetzungstatbestand**") eine Rechtsfolge des Inhalts aussprechen, dass eine Person das Recht hat (lesen Sie jetzt § 194 Abs. 1 BGB!), von einer anderen Person ein bestimmtes Tun oder Unterlassen zu verlangen („**Rechtsfolgeteil**"). Erproben Sie dies selbst und identifizieren Sie z. B. die folgenden gängigen Normen als „Anspruchsgrundlagen": § 433 Abs. 1 S. 1 BGB, § 433 Abs. 2 BGB, § 535 Abs. 1 S. 1, § 535 Abs. 2 BGB, § 823 Abs. 1 BGB, § 1004 Abs. 1 BGB. Und seien Sie sich nicht zu schade, sondern bezeichnen Sie ganz exakt den „Voraussetzungstatbestand" und den „Rechtsfolgeteil". Die Mühe wird sich lohnen! Bei Ihrer **Suche** nach den in Betracht kommenden „**Anspruchsgrundlagen**" müssen Sie zunächst **nur** darauf schauen, ob die von Ihnen als „Anspruchsgrundlage" ins Auge gefasste Norm eine **Rechtsfolge** ausspricht, die **mit** dem **Anspruchsziel** des Anspruchstellers **in Einklang** steht. Sie sollten also zunächst nur auf den „Rechtsfolgetatbestand" blicken und den Voraussetzungstatbestand erst einmal ignorieren, denn sonst versperren Sie sich vorschnell den Blick für so manche interessante Möglichkeit einer Erörterung von Anspruchsgrundlagen. Falls Sie meinen, auf diese Weise nicht nur eine, sondern sogar **mehrere** solcher in Betracht kommender „**Anspruchsgrundlagen**" entdeckt zu haben, so dürfen Sie sich keinesfalls auf eine der „Anspruchsgrundlagen" beschränken, dürfen also „nicht die Rosinen aus dem Kuchen picken", weil Sie etwa nach einem ersten Blick in den „Voraussetzungstatbestand" meinen, dass die Voraussetzungen eine der Normen am einfachsten zu prüfen und zu bejahen sein werden. Wie gesagt: Der „Voraussetzungstatbestand“ geht Sie im Augenblick noch gar nichts an! Vielmehr sind von Ihnen alle von der Rechtsfolge her gesehen in Betracht kommenden „Anspruchsgrundlagen“ zu erörtern. Sie werden sich an die Vorstellung gewöhnen müssen, dass es durchaus so sein kann, dass keine der in Betracht kommenden „**Anspruchsgrundlagen**“ einschlägig ist, oder daran, dass ein und dasselbe Begehren des Anspruchstellers sich **aus mehreren** oder nur **aus einer** der in Betracht gezogenen „**Anspruchsgrundlagen**“ **rechtfertigt**. Gerade die letztere Denkmöglichkeit macht deutlich, wohin es führen kann, wenn man nur eine von mehreren Anspruchsgrundlagen prüft: Stellen Sie sich vor, dass die eine Norm nicht einschlägig ist, die andere aber sehr wohl – wenn Sie sich nur mit einer der Anspruchsgrundlagen befassen, würden Sie bei dieser Konstellation zu Unrecht das Vorliegen eines Anspruchs verneinen.

### a) Das Finden der Anspruchsgrundlage durch Orientierung an typischen Fallfragen

Bei der **konkreten Fallbearbeitung** wird man sich bei der Suche nach der Anspruchsgrundlage **an typischen Fallfragen orientieren** und – falls man mehrere in Betracht zu ziehende Anspruchsgrundlagen findet – diese in einer bestimmten **Reihenfolge prüfen**, so dass man bei den gedanklichen Vorarbeiten ein bestimmtes **Schema** wählen sollte.

#### aa) Anspruch auf Herausgabe von Sachen

Bei Fallfragen, bei denen es um die Herausgabe von Sachen geht, können zu untersuchen sein:

- **Herausgabeansprüche aus Vertrag** (bei Beendigung eines Schuldverhältnisses, das bis dahin zum Besitz einer Sache berechtigte, wie z. B. bei der Miete oder der Leihe, kann der Vermieter von dem Mieter Herausgabe aus § 546 Abs. 1 BGB oder der Verleiher von dem Entleiher Herausgabe aus § 604 BGB verlangen) – Ausführungen dazu finden sich in Teil 3;
- **Herausgabeansprüche aus Rücktritt** (z. B. kann bei Ausübung eines vereinbarten oder gesetzlichen Rücktrittsrechtes der Rücktrittsberechtigte vom Rücktrittsgegner nach §§ 346 ff. BGB Herausgabe einer Sache verlangen, die der Rücktrittsgegner z. B. aufgrund eines Kaufvertrages besaß oder zu Eigentum hatte) – Ausführungen dazu finden sich in den Teilen 3, 4; beim Verlöbnisrücktritt in Teil 11;
- **Herausgabeansprüche aus Geschäftsführung ohne Auftrag (z. B.** kann eine infolge einer auftraglos übernommenen Geschäftsführung erlangte Sache seitens des Geschäftsherrn vom Geschäftsführer nach §§ 677, 681 S. 2, 667 BGB herausverlangt werden) – Ausführungen dazu finden Sie in Teil 5;
- **sachenrechtliche Herausgabeansprüche** gibt es z. B. in §§ 861 Abs. 1; 1007 Abs. 1 und 2; 985, 986; 1065; 1227 BGB – Ausführungen dazu findet man in Teil 6;

- **Herausgabeansprüche aus Delikt** (z. B. kann ein Schadensersatzanspruch nach §§ 823 ff. BGB i.V.m. § 249 Abs. 1 BGB darauf gerichtet sein, dass z. B. ein Dieb dem Eigentümer eine diesem gestohlene Sache herauszugeben hat; dass dieser Anspruch mit einem Anspruch aus §§ 985.986 BGB „konkurriert", sei nur am Rande erwähnt; dazu haben Sie vorstehend etwas gelesen) – Ausführungen dazu stehen in Teil 7;
- **Herausgabeansprüche aus ungerechtfertigter Bereicherung** (z. B. kann jemand nach § 812 Abs. 1 S. 1 BGB zu Herausgabe einer Sache verpflichtet sein, der den Besitz an ihr durch Leistung eines anderen oder in sonstiger Weise ohne rechtlichen Grund erlangt hat) – Ausführungen dazu gibt es in Teil 8;
- **Herausgabeansprüche aus angemaßter Eigengeschäftsführung** (§§ 687 Abs. 2 S. 1, 681 S. 2, 667 BGB) – Ausführungen dazu findet man in Teil 5.
- **Spezialanspruchsgrundlagen** für Herausgabeansprüche sind z. B. für die Herausgabe von „Schuldscheinen" der § 371 S. 1 BGB; für die Herausgabe von Hausrat bei Getrenntleben (§ 1361a BGB) – Ausführungen dazu stehen in Teil 11; für die Herausgabe des Erbschaftsbesitzes der § 2018 BGB, 2130 BGB, einzelner Gegenstände bei einem Vermächtnis aus § 2174 BGB und eines Vertragserben bei beeinträchtigenden Schenkungen (§ 2187 BGB) – Ausführungen dazu stehen in Teil 12.

#### bb) Herausgabe von Kindern

Nur selten werden Sie der Frage begegnen, ob ein Personensorgeberechtigter die Herausgabe eines Kindes verlangen kann. Geregelt ist dies in § 1632 BGB – Ausführungen dazu finden sich in Teil 11.

#### cc) Anspruch auf Grundbuchberichtigung

Allein oder in Verbindung mit dem ja auch eine unbewegliche Sache betreffenden Herausgabeanspruch aus §§ 985, 986 BGB kann es je nach der Ihnen gestellten Fallfrage auch um einen Anspruch auf Grundbuchberichtigung gehen. Hier können zu prüfen sein

- ein **sachenrechtlicher Grundbuchberichtigungsanspruch** (§ 894 BGB) – Ausführungen dazu kann man in Teil 6 finden;
- ein möglicherweise zur **Grundbuchberichtigung** führender **sachenrechtlicher Beseitigungsanspruch** (§ 1004 BGB analog) – Ausführungen dazu stehen in Teil 6;
- sowie ein **bereicherungsrechtlicher Grundbuchberichtigungsanspruch** (§ 812 BGB) – Ausführungen dazu enthalten die Teile 6, 8.

#### dd) Primäre (Erfüllungs-) Ansprüche aus Rechtsgeschäften oder quasivertraglichen Rechtsbeziehungen

Wenn es um die Frage eines Anspruchs auf Erbringung einer Leistung aufgrund eines Rechtsgeschäftes oder eines quasivertraglichen gesetzlichen Schuldverhältnisses geht, ist in erster Linie zu denken

- an **vertragliche primäre (Erfüllungs-)Ansprüche**, und zwar aus einem gesetzlich typisierten Vertrag (z. B. §§ 433 Abs. 1; 433 Abs. 2 BGB; § 488 Abs. 1, § 535 BGB etc.; alle Anspruchsgrundlagen aus typisierten Verträgen hier aufzuzählen, würde wegen der drohenden Unübersichtlichkeit einer solchen Darstellung wenig Sinn machen) oder aus einem Vertrag eigener Art bzw. „sui generis" (§§ 311 Abs. 1, 241 Abs. 1 S. 1 BGB) – Ausführungen dazu finden sich in Teil 3;
- an **primäre (Erfüllungs-) Ansprüche aus einseitigen Rechtsgeschäften** (z. B. § 657 BGB) – Ausführungen dazu stehen in Teil 3;
- und an **vertragsähnliche primäre (Erfüllungs-)Ansprüche aus Gesetz** (der Anspruch aus § 179 Abs. 1 BGB – Ausführungen dazu stehen in Teil 5.

ee) Anspruch auf Ersatz eines Schadens
Wenn es um Schadensersatzansprüche geht, sind in Erwägung zu ziehen:

- **sekundäre Ansprüche** aus **Vertrag** und **einseitigen Rechtsgeschäften** wegen einer Pflichtverletzung des Schuldners, die sich darstellen kann als Nichtleistung trotz Möglichkeit zur Leistung, und die im Falle des Verzuges zu einem Anspruch auf Ersatz des Verzugsschadens führen kann (§§ 280 Abs. 1, 2, 286 Abs. 1 BGB) – Ausführungen dazu findet man in Teil 4– oder die einen Anspruch auf Schadensersatz statt der Leistung gewährt (§§ 280 Abs. 1, 3, 281 BGB) – Ausführungen dazu stehen in Teil 4; die Pflichtverletzung kann ferner sein die Herbeiführung eines von der Leistungspflicht befreienden Umstandes nach § 275 Abs. 1–3 BGB mit der Folge eines Schadensersatzanspruchs statt der Leistung oder Aufwendungsersatzanspruchs (§§ 275 Abs. 4, §§ 311a Abs. 2 oder 280 Abs. 1, 3, 283/284 BGB) – Ausführungen dazu stehen in Teil 4; Schadensersatz bei grundloser Verlöbnisauflösung und bei schuldhaft veranlasster Verlöbnisauflösung können dem anderen Teil und dessen Eltern sowie an deren Stelle handelnden Dritten (§§ 1298, 1299 BGB) zustehen – Ausführungen dazu liest man in Teil 11; schließlich kann Schadensersatz wegen der Verletzung einer sonstigen Pflicht, nämlich einer leistungsbezogenen Nebenpflicht oder einer Verhaltenspflicht verlangt werden (§§ 280 Abs. 1, 281 Abs. 1; 280 Abs. 1, 241 Abs. 2, 282 BGB) – Ausführungen dazu liest man in den Teilen 4, 5;
- **quasivertragliche Ansprüche auf Schadensersatz** bei einer Anfechtung aus § 122 BGB; bei einem Handeln als Vertreter ohne Vertretungsmacht nach § 179 Abs. 2 BGB; bei einer Pflichtverletzung bei Vertragsschluss nach §§ 280.311 Abs. 2, 241 Abs. 2; 311a Abs. 2 BGB) – Ausführungen dazu finden sich in Teil 5;
- Ansprüche des Kindes gegen seine Eltern aus einem **Fehlverhalten** bei **Ausübung der elterlichen Sorge** (§ 1664 BGB) – Ausführungen dazu sind in Teil 11 enthalten;
- Schadensersatzansprüche aus **Geschäftsführung ohne Auftrag** des Geschäftsherren gegen den Geschäftsführer im Falle des „Ausführungsverschuldens" nach §§ 280 Abs. 1, 677 BGB oder wegen einer Verletzung einer Pflicht aus §§ 681 S. 2, 666 bis 668 BGB oder wegen eines „Übernahmeverschuldens" nach § 678 BGB und Ansprüche des Geschäftsführers gegen den Geschäftsherrn aus §§ 677, 683, 670 BGB, wenn man bei bestimmten Fallkonstellationen einen Schaden als Aufwendung ansehen kann – Ausführungen dazu sind in Teil 5 enthalten;

- Ansprüche aus einem **Eigentümer-Besitzer-Verhältnis** (§§ 989, 990; 992, 823 BGB) – Ausführungen dazu finden sich in Teil 6;
- Ansprüche aus **Aufopferung** (§ 904 S. 2 BGB) – Ausführungen dazu finden sich in Teil 6;
- Ansprüche aus **Gefährdungshaftung** (§§ 231, 833 S. 1 BGB, § 7 Abs. 1 StVG, § 945 ZPO) – Ausführungen dazu enthalten die Teile 7, 3;
- Ansprüche aus **Delikt** (§§ 823 ff. BGB) – Ausführungen dazu enthält Teil 7;
- Ansprüche aus **angemaßter Geschäftsführung** (§§ 687 Abs. 2, 678 BGB) – Ausführungen dazu enthält Teil 5.

ff) Rückgewähransprüche aus Rücktritt

Ansprüche auf **Rückgewähr empfangener Leistungen** ergeben sich aus der Ausübung eines vereinbarten oder eines gesetzlichen Rücktrittsrechts z. B. aus §§ 346 ff., 323, 326 Abs. 5 BGB oder aus §§ 437 Nr. 2 bzw. 634 Nr. 3, 323, 326 Abs. 5 BGB – Ausführungen dazu enthält Teil 4.

gg) Ausgleichsansprüche

Ausgleichsansprüche können sein:

- ein Anspruch auf **Herausgabe des Erlangten aus Auftrag** (§§ 662, 667 BGB) – Ausführungen dazu kann man in Teil 3 finden;
- ein Anspruch aufgrund einer (nur) **obligatorischen Surrogation** (§ 285 BGB) – Ausführungen dazu stehen in den Teilen 3, 4;
- ein Anspruch des Geschäftsherrn gegen den Geschäftsführer aus einer **Geschäftsführung ohne Auftrag** (§§ 677, 681 S. 2, 667 BGB) – Ausführungen dazu stehen in Teil 5;
- ein Anspruch auf **Herausgabe von Nutzungen aus** einem **Eigentümer-Besitzer-Verhältnis** (§§ 987 ff. BGB) – Ausführungen dazu findet man in Teil 6– und bei einem **Erbschaftsanspruch** (§ 2020 BGB);
- ein Anspruch aus **ungerechtfertigter Bereicherung** (§§ 812 ff. BGB) – Ausführungen dazu finden Sie in Teil 8;
- und ein Anspruch aus **angemaßter Eigengeschäftsführung** (§§ 687 Abs. 2, 681 S. 2, 667) – Ausführungen dazu findet man in Teil 5.
- Ausgleichsansprüche ergeben sich weiter aus einer „cessio legis" in Verbindung mit dem **„übergegangenen Anspruch" (z. B.** §§ 268 Abs. 3, 426 Abs. 2, 774, 1143 Abs. 1, 1225 S. 1, 1607 Abs. 2 S. 2 BGB, § 6 EGFZG, § 67 VVG, § 110 SGB X) – Ausführungen dazu stehen in Teil 3, 6, 10.
- Ausgleichsansprüche sind auch die **Aufwendungsersatzansprüche** eines Geschäftsführers gegen den Geschäftsherrn, die sich ergeben können aus einem Auftrag (§§ 662, 670 BGB) – Ausführungen dazu enthält Teil 3; oder aus Geschäftsführung ohne Auftrag (§§ 677, 683 S. 1, 670 BGB) – dazu steht etwas in Teil 5; bei Ausübung für die Personen- und Vermögenssorge der Eltern nach § 1648 BGB und des Vormundes nach § 1835 BGB – Ausführungen dazu stehen in Teil 11; und Ansprüche auf **Verwendungsersatz** (§§ 994 ff. BGB) – Ausführungen dazu sind in Teil 6 zu finden.

hh) Unterlassungsansprüche

In Betracht kommen weiter Fallfragen, bei denen es um **Unterlassungsansprüche** geht; hier sind solche denkbar

- aus **Vertrag** (§§ 241 Abs. 1 S. 2, 311 Abs. 1 BGB) – Ausführungen dazu enthält Teil 3;
- oder aus **Gesetz** (§§ 241 Abs. 1 S. 2, 12, 862 Abs. 1 S. 2, 1004 Abs. 1 S. 2, 1027, 1065, 1134, 1227 BGB) – Ausführungen dazu finden sich u. a. in Teil 6.

ii) Unterhaltsansprüche

In Betracht kommen schließlich Fallfragen, bei denen es um **Unterhaltsansprüche** geht; hier sind solche denkbar

- aus **Verwandtschaft** (§§ 1601 ff. BGB) – Ausführungen dazu enthält Teil 11;
- oder aus **Ehe** (§§ 1360 ff. BGB) – Ausführungen dazu finden sich u. a. in Teil 11.

**b) Aufbau bei konkurrierenden Ansprüchen**

Bei der Fallbearbeitung gibt es unter den einzelnen von Ihnen in Betracht zu ziehenden konkurrierenden Anspruchsgrundlagen eine aus **rechtlichen Gründen gebotene Rangfolge** (so i.w. Diederichsen, Medicus, Brox):

- Man beginnt mit den **familienrechtlichen** und **erbrechtlichen Spezialansprüchen** (dargestellt in Teil 11 und Teil 12);
- es schließt sich an die Prüfung **vertraglicher Ansprüche** oder von Ansprüchen aus **einseitigen Rechtsgeschäften**, und zwar zunächst der **Primäransprüche** und dann der **Sekundäransprüche** (dargestellt in Teil 3, 4);
- **quasivertragliche Ansprüche** sind als nächstes zu prüfen, und zwar zunächst solche aus §§ 122, 179 BGB, dann nach § 311 Abs. 2 BGB aus einer Pflichtverletzung bei Vertragsverhandlungen (man nennt dies traditionell bedingt: „culpa in contrahendo"/„cic"=„Verschulden bei Vertragsschluss"), sodann die sich aus §§ 677 ff BGB ergebenden Ansprüche aus Geschäftsführung ohne Auftrag (dargestellt in Teil 5);
- es folgt die Prüfung der **sachenrechtlichen Ansprüche**, und zwar zunächst der **Primäransprüche** (Herausgabe nach §§ 985, 986 BGB, Grundbuchberichtigung nach § 894 BGB, Beseitigung oder Unterlassung gemäß § 1004 BGB, Duldung der Zwangsvollstreckung nach z. B. § 1147 BGB) und dann der **Sekundäransprüche**, zunächst die der Herausgabeansprüche und dann die sonstigen mit den Herausgabeansprüchen in einem Zusammenhang stehenden Folgeansprüche (dargestellt in Teil 6);
- dann erörtern Sie die **Aufopferungsansprüche**; (dargestellt in Teil 6);
- anschließend die **Gefährdungshaftungsansprüche** und **Deliktsansprüche** (dargestellt in Teil 7);
- die Erörterung der Ansprüche wegen **ungerechtfertigter Bereicherung** schließt sich an (dargestellt in Teil 8);

- und zuletzt kommt die Prüfung der Ansprüche aus **angemaßter Geschäftsführung** ohne Auftrag (dargestellt in Teil 5).

**Diese Rangfolge** bildet übrigens wegen der ihr innewohnenden rechtlichen Logik und wegen der notwendigen Gewöhnung des Lesers an die Aufbausystematik bei Anspruchskonkurrenzen **im Grundsatz** auch die Grundlage für den weiteren **Aufbau dieses Buches**. Wegen der für Sie geringeren Bedeutung, also als Ausdruck ihrer faktischen **Ausnahmestellung**, sind jedoch die **familien- und erbrechtlichen Spezialansprüche** im Rahmen der Darstellung in den Teilen 11 und 12 an den **Schluss** „verbannt" worden.

### c) Die Technik der Subsumtion der Anspruchsgrundlage im Gutachtenstil

Wer nun meint, er hätte für Bearbeitung des Falles durch das Finden und Sortieren der Anspruchsgrundlagen (**sub 3 a), 3 b)**) schon sehr viel geleistet, der irrt: Dies waren alles nur gedankliche Vorarbeiten, die von einem Bearbeiter eines Falles nicht einmal zu Papier gebracht werden, sondern nur auf dem „Schmierzettel" ihren Niederschlag finden dürfen.

Erst jetzt beginnt man als Bearbeiter des Falles mit der **Abfassung** des „**Gutachtens**", in dem die aufgeworfene Fallfrage wissenschaftlich fundiert zu beantworten ist.

Wer aber glaubt, er könne in freier Form, etwa in Gestalt eines „**gelehrten Aufsatzes**", seinen Gedanken freien Lauf lassen, der irrt schon wieder. Wie Sie bereits wissen, besteht Ihre Aufgabe darin, ein „**Gutachten**" zu verfassen, das ganz bestimmten **strengen formalen Regeln** gehorcht.

Das **Gutachten** wird nämlich im „**Gutachtenstil**" verfasst. Jeder ernsthafte **Verstoß gegen die** folgenden **Regeln** ist absolut **tödlich!** Wer das nicht beherrscht bzw. beachten will, weil man meint „darüber zu stehen", wird bei komplexen Fällen, wie Sie alsbald zu bearbeiten haben, mit Sicherheit versagen.

Die **Gutachtentechnik** verlangt von Ihnen eine **mehrschrittige Arbeitsweise**. Als erstes (**1. Schritt**) stellt der Bearbeiter **im ersten Satz seines Gutachtens** (jeder andere einleitende Satz ist verboten!) ein hypothetisches Ergebnis vorweg. Dies ist der sog. „**Obersatz**"; er enthält gewissermaßen eine „Oberhypothese".

Der **Inhalt** dieses ersten **Obersatzes** muss **vier Elemente** enthalten: „**Was will wer von wem woraus?**". Als Anfänger müssen Sie diese **Formel auswendig** dahersagen können!

Dazu wird das sich aus der Fallfrage ergebende Begehren („**was**") des Anspruchstellers („**wer**") gegen den Anspruchsgegner („**von wem**") in eine Beziehung zu einer möglichen Anspruchsgrundlage („**woraus**") gebracht, wobei das in Betracht gezogene Ergebnis in der Möglichkeitsform (Konjunktiv)bezeichnet wird, denn ob der Anspruch besteht, wollen Sie ja erst prüfen. Für die **Formulierung des Obersatzes** muss man sich schon ein wenig Zeit nehmen. Damit haben Sie dann aber auch **das** erste **Tor** für Ihre weiteren gutachterlichen Ausführungen **aufgestoßen**. Die **eigentliche juristische Arbeit** beginnt jetzt mit der Untersuchung, ob das von Ihnen durch die Formulierung des Obersatzes für immerhin möglich gehaltene Ergebnis zutrifft; wir nennen diesen Vorgang die **Anspruchsprüfung**. Dazu müssen Sie als Bearbeiter als Erstes die **Anspruchsgrundlage analysieren**. Sie wissen ja längst, dass diese, wie **jede** andere **Anspruchsgrundlage** die **folgende Struktur** hat:

- Sie besteht aus einem „**Voraussetzungstatbestand**" oder dem „**Tatbestand**" (wie wir ihn zukünftig verkürzend nennen werden)
- und einem „**Rechtsfolgeteil**".

Nachdem Sie diese beiden Elemente der Anspruchsgrundlage als solche erkannt haben, besteht Ihre **nächste Aufgabe** darin zu untersuchen, ob nach dem zu bearbeitenden Sachverhalt die Voraussetzungen des „**Tatbestandes**" erfüllt sind. Sie müssen dazu prüfen, ob der Sachverhalt „unter" (=„**sub**") den „Tatbestand", also unter die Voraussetzungen der Norm, zu „bringen" (=„**sumere**") ist; wir nennen diesen Arbeitsschritt daher auch „**Subsumtion**". Dazu müssen Sie zunächst (**2. Schritt**) nacheinander die einzelnen Merkmale des „Tatbestandes" der Anspruchsgrundlage bezeichnen und unmittelbar anschließend subsumieren, also nicht erst nach einer völlig sinnlosen quasi „programmatischen" Aufzählung sämtlicher Tatbestandsmerkmale in Gestalt einer reihigen Zusammenstellung, wie man sie häufig liest: „Der Anspruch des A gegen den B könnte sich aus § 823 Abs. 1 BGB ergeben. Dazu müsste eine in § 823 Abs. 1 BGB genannte geschützte Rechtsposition des A verletzt worden sein; der in Anspruch genommene B müsste sich durch ein Tun oder Unterlassen deliktisch relevant verhalten haben; zwischen dem Verhalten des B und der Verletzung der geschützten Rechtsposition müsste ein Zurechnungszusammenhang bestehen; die Verletzung müsste rechtswidrig sein; B müsste fahrlässig oder vorsätzlich gehandelt haben; und es müsste dem A ein Schaden entstanden sein", sondern das Vorliegen der Voraussetzungen des jeweils genannten Tatbestandsmerkmals untersuchen – d. h. prüfen, ob der Sachverhalt tatsächliche Umstände enthält, die den rechtlichen Voraussetzungen der Anspruchsgrundlage entsprechen – und sich dann (wenn es weitere gibt) dem nächsten Tatbestandsmerkmal zuzuwenden. Sie müssen also gleich anfangen zu subsumieren, und dies möglichst ge- und untergliedert: „Der Anspruch des A gegen den B könnte sich aus § 823 Abs. 1 BGB ergeben. 1. Dazu müsste durch die Zerstörung des Fahrrades eine in § 823 Abs. 1 BGB genannte geschützte Rechtsposition des A verletzt worden sein. a) Das könnte das Eigentum des A an dem Fahrrad sein. Eigentümer war einmal der E. aa) Der A könnte das Eigentum durch Übereignung nach § 929 S. 1 BGB erworben haben. Dann müssten sich E und A über den Eigentumsübergang geeinigt haben … etc. b) Die Zerstörung des Rades müsste eine Verletzung des Eigentums sein…. 2. Der B müsste sich deliktisch relevant verhalten haben … etc. 3… etc. etc.". Eine solche schrittweise und Merkmal für Merkmal voranschreitende Subsumtion ist die eigentliche Arbeit des Juristen. Auch sie erfolgt – wie Sie zuvor gelesen haben – wiederum im **Gutachtenstil**. Also werden auch die möglichen Ergebnisse der Subsumtion in Obersätze eingekleidet, und anschließend werden die darin aufgeworfenen Fragen von Ihnen beantwortet. Sprachlich dominiert hier der **Konjunktiv** (Möglichkeitsform). Weil das allerdings sprachlich gesehen auf die Dauer doch sehr einförmig klingt, kann man als stilistische Variante auch schreiben: „Zu prüfen/untersuchen etc. ist, ob der A gegen den B einen Anspruch aus § 823 Abs. 1 BGB hat … Voraussetzung dafür ist, dass …". Verfehlt ist dagegen die „beliebte" Einleitung eines Obersatzes mit „Fraglich ist, ob …" oder „Problematisch ist, ob …", weil dies dazu verlockt, die Bahnen der Subsumtion im Gutachtenstil zu verlassen und einen „Aufsatz" über Rechtsfragen zu schreiben. Ihnen werden, je länger Sie sich mit der Fallbearbeitung befassen, bald auch eigene stilistische Möglichkeiten zu Gebote stehen. Der **Indikativ** ist zunächst tabu, er ist erst dann wieder erlaubt, wenn Sie die Zwischen- oder Endergebnisse Ihrer Untersuchungen verkünden. Wenn Sie z. B. einen Anspruch des K gegen den V auf Übereignung und Übergabe einer Sache aus § 433 Abs. 1 BGB untersuchen und nach gründlicher Prüfung dazu kommen, dass zwar ein Angebot des K zum Abschluss eines Kaufvertrages vorliegt, der V es aber nicht angenommen hat und daher kein Kaufvertrag zustande gekommen ist, können Sie z. B. schreiben: „Also hat der V das Angebot des K zum Abschluss eines Kaufvertrages über den PKW nicht angenommen. Daher haben der V und der K keinen Kaufvertrag miteinander geschlossen. Mithin kann der K nicht von V die Übereignung und die Übergabe des PKW aus § 433 Abs. 1 BGB verlangen". (**3. Schritt**).

Dieser von uns fortan „**Gutachtenstil**" genannte Sprachstil unterscheidet sich von dem **für** den **Studierenden streng verbotenen** „**Urteilsstil**" dadurch, dass der Verfasser beim Urteilsstil „mit der Tür ins Haus fällt" und bereits im ersten Satz das Ergebnis der Subsumtion nennt und dann, typischerweise eingeleitet mit der Konjunktion „denn" oder „nämlich", seine Begründung dafür folgen lässt (z. B.: „Der K hat gegen den V keinen Anspruch auf Übereignung und Übergabe des PKW. Der Y hat nämlich das Angebot des X zum Abschluss des Kaufvertrags nicht angenommen. Denn …"). Der **Urteilsstil** wird **nur vom Richter** zur Begründung seiner Entscheidung (i.d. R seines „Urteils") verwendet.

Wie gesagt: Irgendwann (**im 3. Schritt**) wird eine **aufgeworfene Frage**, nicht selten mit einem „**Also**" oder einer stilistischen Variante, um das ewige „also zu vermeiden, vielleicht „**mithin**". eingeleitet, **beantwortet**, indem der Fallbearbeiter zu einem im Indikativ zu formulierenden Ergebnis kommt. Dies kann **bereits** ein **Endergebnis** sein: „Mithin hat der K gegen den V keinen Anspruch auf Zahlung des Kaufpreises in Höhe von € 250,–"). Wenn dies aber nur ein **Zwischenergebnis** ist („Also ist ein Kaufvertrag zwischen V und K zustande gekommen"), werden **weitere Arbeitsschritte** folgen, und zwar – wenn der Sachverhalt Anlass dazu bietet –

die Prüfung der Wirksamkeit des Vertrages anschließen, aus dem sich der Anspruch ergeben könnte, bzw. die Prüfung von Hindernissen, die dem Entstehen des Vertrages entgegenstehen könnten („Wirksamkeitshindernisse" bzw. „Nichtigkeitsgründe" bzw. „rechtshindernde Einwendungen") (**sub 4**); sodann kann es – wenn der Sachverhalt Anlass dazu bietet – um die Frage gehen, ob der Vertrag, aus dem sich der Anspruch ergeben könnte, wieder „beendet" worden oder, wie man auch liest, „kraftlos" geworden ist. Wenn Sie aufgrund dieser Prüfung dazu gekommen sind, dass keine Wirksamkeitshindernisse bestehen und keine Beendigungsgründe gegeben sind, dann können Sie in einer Fallbearbeitung schreiben, dass der Anspruch „besteht". Anderenfalls schreiben Sie, dass der Anspruch „nicht besteht". Dieser Satz vermittelt Ihnen „ein besonderes Glücksgefühl", denn Sie sind mit der Prüfung der Anspruchsgrundlage fertig. Wenn Sie aber den Anspruch bejaht haben, aber aufgrund des Sachverhalts einen Anlass dazu haben zu prüfen, ob der Anspruch z. B. aufgrund einer Erfüllung erloschen ist, dann (aber nur dann!), formulieren Sie Ihr Resultat als ein Zwischenergebnis des Inhalts, dass der Anspruch „entstanden ist" (**sub 5**). Aber auch in Fällen mit einem geschlossenen, wirksamen und nicht beendeten Vertrag gibt es überraschender Weise (allerdings auch sehr seltene!) Konstellationen, bei denen den Schuldner dennoch keine Leistungspflichten treffen, also kein Anspruch aus dem Vertrag „besteht/entstanden ist" (**sub 6**). Wenn Sie ein Zwischenergebnis formuliert haben, das lautet, dass der „Anspruch entstanden ist", geht die Arbeit weiter: Der nächste Arbeitsschritte befasst sich dann mit dem Schicksal des „entstandenen Anspruchs"; anders als die Erörterung der „Wirksamkeitshindernisse" und der „Beendigungsgründe" betrifft diese Prüfungsinstanz natürlich auch Ansprüche aufgrund anderer als rechtsgeschäftlicher Anspruchsgrundlagen, z. B. auch solche aus Gesetz. Es geht um die Erörterung, ob der Anspruch möglicherweise erloschen ist, z. B. durch Erfüllung (§ 362 Abs. 1 BGB), aber auch darum, ob der „entstandene Anspruch" wegen eines Übergangs der den Anspruch begründenden Forderung durch eine Zession auf einen anderen Gläubiger nach § 398 BGB nicht mehr dem Anspruchsteller zusteht (**sub 7** und **sub 8**). Wenn Sie schließlich Anlass dazu haben (aber nur dann!) zu prüfen, ob dem „bestehenden" oder dem „entstandenen und nicht erloschenen" Anspruch, gleich ob rechtsgeschäftlicher oder gesetzlicher Art, „rechtshemmende Einreden" entgegenstehen, dann lautet der, diese letzte Prüfung einleitende Obersatz entsprechend (**sub 9**). Nach dieser Vorstellung der vorgenannten für Sie möglich werden könnenden Themen (**sub 4– sub 9**) wenden wir uns nun diesen Fragen zu.

## 4. „Wirksamkeitshindernisse" bei Ansprüchen aus einem Rechtsgeschäft

Wenn Sie **prüfen**, ob sich ein **Anspruch aus** einem **Rechtsgeschäft**, **speziell** aus einem **Vertrag** ergibt, müssen Sie nach der Erörterung des Vertragsschlusses (aber natürlich nur dann, wenn aufgrund des Sachverhalts dazu eine Veranlassung besteht!) untersuchen, ob der Vertrag vielleicht unwirksam ist, weil „**Wirksamkeitshindernisse**" („**rechtshindernde Einwendungen**") gegeben sind. Das sind solche „von Amts wegen" (also ohne die Notwendigkeit eines Berufens des anderen Teils darauf) zu berücksichtigenden Umstände, die der Wirksamkeit eines Rechtsgeschäfts, also auch eines verpflichtenden Vertrags, entgegenstehen, obwohl dessen

Entstehungstatbestand vorliegt. Allen **Rechtsgeschäften,** speziell den **Verträgen**, können bestimmte **Wirksamkeitshindernisse** (auch wenn Sie anderswo und auch hier durch eine bewusste Doppelbezeichnung den Begriff „rechtshindernde Einwendungen" aufgrund von rechtshindernden Tatsachen lesen werden, wollen wir uns im Laufe der Darstellung nach und nach auf den Begriff „Wirksamkeitshindernisse" beschränken) entgegenstehen. Um die Wirksamkeitshindernisse, mit denen Sie sich bald befassen müssen, schon einmal kennenzulernen, sollten Sie bei dieser Gelegenheit einmal die §§ 104, 105; 106 ff.; 116–118; 125; 134; 138 BGB lesen. Dieser kurze Hinweis auf die Wirksamkeitshindernisse war natürlich nicht das letzte Wort zu diesem Thema; vielmehr werden wir darauf später noch ausgiebig eingehen (**Teil 3**).

Die Technik der Subsumtion von Wirksamkeitshindernissen bzw. rechtshindernden Einwendungen entspricht dem, was Sie soeben im Zusammenhang mit der Subsumtion der Anspruchsgrundlagen erlernt haben: Es müssen ggf. auch „**primäre, sekundäre, tertiäre** etc. **Hilfsnormen**" herangezogen werden und nacheinander mehrere **Unterhypothesen** aufgestellt werden. Deren Formulierung und die Subsumtion werden wieder einmal Ihnen zum eigenständigen Training überlassen.

### 5. „Beendigung" des Rechtsgeschäfts bei Ansprüchen aus einem Rechtsgeschäft

Wenn Sie **prüfen**, ob sich ein **Anspruch** aus einem **Rechtsgeschäft**, speziell einem **Vertrag** ergibt, müssen Sie nach der Erörterung des Vertragsschlusses und nach der anschließenden Feststellung, dass dem keine Wirksamkeitshindernisse bzw. rechtshindernden Einwendungen entgegenstehen (**sub 4**), prüfen, ob das Rechtsgeschäft, speziell der Vertrag, „**beendet**" ist. Denn ein Rechtsgeschäft, speziell auch ein geschlossener Vertrag, kann z. B. durch eine Anfechtung mit der Folge einer rückwirkenden Vernichtung nach §§ 119 ff., 142 Abs. 1 BGB, durch einen Rücktritt vom Vertrag mit der Folge einer Verwandlung des Vertrages in ein Rückgewährschuldverhältnis (§§ 346 ff. BGB), durch einen Aufhebungsvertrag (§§ 241 Abs. 1, 311 Abs. 1 BGB) oder schließlich durch einen Widerruf nach § 355 BGB wieder beendet werden (Medicus nennt das: „kraftlos werden"). Eine solche Prüfung von Beendigungsgründen stellen Sie aber natürlich nur dann an, wenn nach dem Sachverhalt dazu Veranlassung besteht. Auf die eben genannten Normen und die in ihnen enthaltenen Beendigungsgründe werden wir natürlich später noch ausgiebig eingehen. Dieser erste kurze Hinweis auf die Möglichkeit einer „Beendigung des Rechtsgeschäfts", speziell eines Vertrages, aus dem sich der Anspruch ergeben könnte, war natürlich nicht das letzte Wort zu diesem Thema; vielmehr werden wir darauf später noch ausgiebig eingehen (**Teil 3**).

Die hier vorgeschlagene Bildung der gesonderten Kategorie der „Beendigung von Rechtsgeschäften", namentlich von Verträgen, ist übrigens dogmatisch nicht zwingend. Denn man könnte die Fälle der Anfechtung eines anspruchsbegründenden Rechtsgeschäfts wegen der Rückwirkungsfiktion des § 142 Abs. 1 BGB auch als eines der „Wirksamkeitshindernisse" („rechtshindernde

Einwendungen") einordnen (so Brox) oder aber als „Erlöschensgrund" („rechtsvernichtende Einwendung") verorten (so Diederichsen). Den Rücktritt und den Widerruf könnte man ebenfalls ohne weiteres als „Erlöschensgründe" („rechtsvernichtende Einwendungen") ansehen (Brox). Hieran erkennen wir, dass die begriffliche Einordnung offenbar ergebnisneutral ist.

### 6. Verträge ohne Leistungspflicht

Das im Rahmen des vorstehenden Leitfadens zur Gutachtentechnik (**sub 3 c**) vorformulierte mögliche Endergebnis bzw. Zwischenergebnis („Also besteht/ist/der Anspruch/entstanden") ist das regelmäßige Resultat einer Prüfung eines Anspruchs aus einem Vertrag, bei der sich ergeben hat, dass der Vertrag geschlossen ist, dass ihm auch keine Wirksamkeitshindernisse entgegenstehen und schließlich dass er nicht beendet ist. Eigenartiger Weise gibt es aber gewisse Arten von Verträgen, die nur eine „unvollkommene Verbindlichkeit" begründen mit der Folge, dass aus ihnen, obwohl sie geschlossen, wirksam und nicht beendet sind, keine Ansprüche hergeleitet werden können. Das ist der Fall bei den praktisch gesehen völlig bedeutungslosen Spiel- und Wettverträgen (§ 762 BGB): „Durch Spiel oder durch Wette wird eine Verbindlichkeit nicht begründet". Darüber ein Wort zu verlieren, lohnt an sich nicht, schon gar nicht in dieser für Anfänger gedachten Einführung in die Fallbearbeitungstechnik. In dogmatischer Hinsicht sehr spannend sind jedoch bestimmte durchaus vorkommende Fälle, die Sie demnächst kennen lernen werden, bei denen die dogmatische Konstruktion eines „Vertrages ohne primäre Leistungspflicht" durchaus hilfreich ist und deswegen wird diese Fallkonstellation hier schon einmal angesprochen. Es handelt sich um die Fälle, bei denen bereits bei Vertragsschluss Leistungshindernisse i.S.d. § 275 BGB vorliegen, die den Schuldner von seiner Leistungspflicht befreien, also zum *Beispiel* um einen Fall wie diesen: Ein Verkäufer verkauft einem Käufer eine Sache, die bereits bei Vertragsschluss zerstört war; und jetzt verlangt der Käufer gestützt auf § 433 Abs. 1 BGB die Übereignung und Übergabe. Wenn wir uns dieser Frage gutachtenmäßig nähern, würden wir im Obersatz ausführen, dass der Anspruch des Käufers sich aus einem Kaufvertrag ergeben könnte (§ 433 Abs. 1 S. 1 BGB). Wir würden bei der schulmäßigen Prüfung untersuchen, ob der Vertrag geschlossen ist und ob dem (so hier die Vorgabe) geschlossenen Vertrag Wirksamkeitshindernisse entgegenstehen. Wenn wir feststellen, dass es solche Gründe nicht gibt und dass insbesondere der Vertrag nicht deswegen unwirksam ist, weil der Verkäufer wegen eines schon bei Vertragsschluss bestehenden Leistungshindernisses i.S.d. des § 275 Abs. 1 BGB nicht zu leisten braucht, denn es heißt in § 311a Abs. 1 BGB hierzu ausdrücklich: „Der Wirksamkeit eines Vertrages steht es nicht entgegen, dass der Schuldner nach § 275 Abs. 1 bis 3 nicht zu leisten braucht und das Leistungshindernis schon bei Vertragsschluss vorliegt", scheint der Anspruch aus § 433 Abs. 1 BGB gegeben zu sein. Andererseits besteht angesichts der klaren Regelung des § 275 BGB schon seit den Zeiten des römischen Rechts keinerlei Streit darüber, dass der Verkäufer trotz des wirksamen Kaufvertrages nicht zur Übereignung und Übergabe verpflichtet ist: „Impossibilium nulla est obligatio" (d. h. auf Unmögliches kann eine Verpflichtung nicht gerichtet sein). Die Frage ist jetzt, wie man dieses unstreitige Ergebnis dogmatisch bewältigt und aufbautechnisch in den Fallaufbau integriert. Allein deswegen wird dieses Thema hier, wo wir uns mit der Fallbearbeitungstechnik befassen, schon einmal angesprochen. Wir werden später in Teil 3 erörtern, ob man einen Vertrag, der trotz einer schon bei Vertragsschluss bestehenden Leistungsfreiheit des Schuldners nach § 275 BGB wirksam ist (§ 311a Abs. 1 BGB), als einen „Vertrag ohne primäre Leistungspflicht" bezeichnen kann. Das ist ein Lösungsvorschlag. Es soll schon hier nicht verschwiegen werden, dass es zum gleichen Ergebnis (keine primäre Leistungsverpflichtung) führende anders geartete Argumentationen folgenden Inhalts gibt: Der Vertrag sei von vornherein auf Schadensersatz aus § 311a Abs. 2 BGB gerichtet; oder: der primären Leistungsverpflichtung stünde eine „rechtsvernichtende Einwendung" entgegen. Ihnen wird (später, wenn Sie von den Din13gen mehr verstehen) eine „theoriefreie" und zugleich rechtlich zutreffende Lösung dieser Frage angeboten. Dem Anfänger sei zum Trost versichert, dass der Umfang dieser Ausführungen zu den „Verträgen ohne Leistungspflicht" im umgekehrt proportionalen Verhältnis zur Relevanz derartiger Verträge steht.

### 7. Die einen Anspruch betreffenden „Erlöschensgründe"

Der aufmerksame Leser weiß bereits, dass sich die beiden nächsten Arbeitsschritte (**sub 7** und **sub 8**) ausschließlich mit dem Schicksal eines von Ihnen in der bisherigen Fallbearbeitung als „entstanden" bezeichneten Anspruchs befassen; denn – anders als die Erörterung der rechtsgeschäftlich, meist vertraglich, begründeten Verpflichtungen entgegen stehen könnenden „Wirksamkeitshindernisse" (**sub 4**) und der „Beendigungsgründe" (**sub 5**) und der Frage, ob es „Verträge ohne primäre Leistungspflicht" gibt (**sub 6**) – geht es bei diesen beiden abschließenden Prüfungsinstanzen nur um das Schicksal des Anspruchs, und zwar (und das ist jetzt sehr wichtig:) aus welcher Anspruchsgrundlage er sich auch immer ergeben mag, ob aus einem Rechtsgeschäft, speziell einem Vertrag, wovon bisher meist die Rede war (z. B. Anspruch des K gegen den V auf Übereignung und Übergabe einer Sache aus § 433 Abs. 1 BGB), oder auch aus dem Gesetz, wovon auch schon die Rede war (z. B. Anspruch des gegen B wegen der Zerstörung eines Fahrrades aus § 823 Abs. 1 BGB). Das bedeutet ganz konkret, dass Sie immer dann, wenn Sie bei einer Fallbearbeitung das Zwischenergebnis formuliert haben, dass – es sei wiederholt: aus welcher Anspruchsgrundlage auch immer, vertraglicher oder gesetzlicher Art – ein „**Anspruch entstanden ist**", sich im Anschluss daran mit dem **Schicksal** des **entstandenen Anspruchs** befassen müssen. Als erstes müssen Sie – und das erörtern wir hier (**sub 7** und **sub 8**) – aber nur, wenn aufgrund des Sachverhalts ein Anlass dazu besteht (also nicht rein theoretisch!) –, in **Erwägung** ziehen, ob der **entstandene Anspruch** wieder **erloschen ist, m. a. W.** ob „**Erlöschensgründe**" bzw. den Anspruch betreffende „**rechtsvernichtende Einwendungen**" vorliegen. Diese möglichen Erlöschensgründe betreffen also (um es noch einmal zu sagen) nicht die Wirksamkeit oder das Fortbestehen eines Vertrages, aus dem der Anspruch entstanden ist, sondern betreffen ausschließlich das Schicksal des Anspruchs. Die einem Anspruch möglicherweise entgegenstehenden **von Amts wegen**, also **ohne**

**Berufung** des **Anspruchsgegners** darauf, zu berücksichtigenden **Erlöschensgründe** bzw. **rechtsvernichtenden Einwendungen** lassen sich, orientiert an den Anspruchsgrundlagen wie folgt typisieren (nach Medicus, der allerdings nicht zwischen Einwendungen und Einreden differenziert!) in solche, die

- **Einwendungen gegen alle Ansprüche** sind: Die Erfüllung und die Erfüllungssurrogate (§§ 362 ff., 372 ff., 387 ff. BGB) – Ausführungen dazu finden sich in Teil 3; der Erlassvertrag (§ 397 BGB); Treu und Glauben (§ 242 BGB: „dolo agit, qui petit, quod statim redditurus est", d. h. arglistig handelt, der etwas verlangt, was wieder herausgegeben werden muss; Verwirkung) – Ausführungen dazu finden sich in Teil 3.
- **Gegen fast alle Ansprüche gerichtet** sind weiterhin folgende **Einwendungen**: Der Verlust des geltend gemachten Anspruchs durch Abtretung/durch cessio legis (§§ 398 ff., 412 BGB – Ausführungen dazu finden Sie in den Teilen 3, 10; und sogleich sub 8); der Wegfall einer Schuldnerverpflichtung durch die Übernahme der Schuld durch einen anderen im Wege einer Schuldübernahme (§§ 414 ff. BGB, Ausführungen dazu findet man in den Teilen 3, 10); der Ausschluss einer Leistungspflicht bei Unmöglichkeit (§ 275 Abs. 1 BGB); dass man bei vertraglichen Ansprüchen im Fall eines bereits bei Vertragsschluss bestehenden Leistungshindernisses i.S.d. § 275 Abs. 1 BGB bei Zugrundelegung der Konstruktion eines „Vertrags ohne primäre Leistungspflicht" bereits das Vorliegen eines Anspruchs verneinen kann, und nicht auf ein Erlöschen des Anspruchs abstellen muss, haben Sie soeben **sub 6** gelesen; man kann in diesen Fällen aber auch ein Erlöschen bzw. das Vorliegen einer rechtsvernichtenden Einwendung annehmen – Ausführungen dazu stehen in Teil 3.
- **Nur gegen Vertragsansprüche** aus **gegenseitigen Verträgen** ist gerichtet die **Einwendung** des Entfallens des Anspruchs auf die Gegenleistung (§ 326 Abs. 1 S. 1 BGB) – Ausführungen dazu enthält Teil 3.
- Die **Einwendungen gegen Herausgabeansprüche** sind: § 863 BGB gegen § 861 Abs. 1 BGB; 1007 Abs. 3 S. 2 BGB gegen § 1007 Abs. 1 und 2 BGB; § 986 BGB gegen § 985 BGB – Ausführungen dazu finden sich in Teil 6.
- Die **Einwendungen gegen Grundbuchberichtigungsansprüche** (§ 986 BGB analog, aus § 242 BGB: „dolo agit …" und Verwirkung).
- Und schließlich bestehen bei **Bereicherungsansprüchen aus Leistungskondiktion** die **Einwendungen** aus §§ 814, 815, 817 S. 2 BGB und aus der Saldotheorie – Ausführungen dazu findet man in Teil 8.

Erschrecken Sie nicht: Sie müssen sich das an dieser Stelle noch nicht etwa einprägen; wir kommen später gründlich auf alles zurück. Aber lesen müssen Sie alle diese Vorschriften, wenn Sie Ihnen fremd sind!

## 8. Übergang eines Anspruchs auf Dritte

Zuweilen muss man bei der Fallbearbeitung auf die Frage eingehen, welche Bedeutung ein eventueller Übergang eines Anspruchs auf eine andere Person haben kann.

Dazu muss man sich **zwei** theoretisch **mögliche Auswirkungen** eines Übergangs eines Anspruchs verdeutlichen:

- Häufig sind Fälle, in denen ein Anspruch nicht von demjenigen, in dessen Person er entstanden ist (A), sondern von einer anderen Person (B) geltend gemacht wird. Man wird dann zunächst zu prüfen haben, ob der Anspruch in der Person A entstanden ist, und sodann, ob er auf die Person B übergegangen ist (z. B. durch Abtretung nach § 398 BGB oder durch Erbfall nach § 1922 BGB).
- Der Übergang eines Anspruchs von einer Person A auf eine andere Person B hat zugleich die Folge, dass der ursprünglich der Person A zustehende Anspruch diesem nicht mehr zusteht, also entfällt: Wenn nach der von Ihnen zu beantwortenden Fallfrage der A gegen den S einen Anspruch geltend macht, der zunächst in seiner Person entstanden ist und dann unter Lebenden (z. B. durch Zession nach § 398 BGB) auf die Person B übergegangen ist, hat das zur Folge, dass der Anspruch nicht mehr der Person A, sondern der Person B zusteht. Liegt es so, dann hat der Übergang des Anspruchs die Funktion eines „Erlöschensgrundes". Wenn also die Fallfrage dahin gehen sollte, ob der A gegen den S einen Anspruch hat, wäre dieser infolge der Zession erloschen. Daher hatten wir den Anspruchsübergang auch gerade zuvor (**sub 7**) bei den „Erlöschensgründen" bzw. „rechtsvernichtenden Einwendungen" eingeordnet.

Verschaffen wir uns bei dieser Gelegenheit schon einmal einen Überblick über diejenigen Konstellationen, in denen Ansprüche von einer Person auf eine andere Person übergehen können; haben Sie bitte den Mut, diese Vorschriften zu lesen, und versuchen Sie, diese auch zu verstehen; machen Sie sich keine Gedanken, wenn Sie sich als Anfänger dadurch überfordert fühlen; es geht nur um eine erste Bekanntschaft mit Normen, die später ihr täglich Brot sein werden.

- Ansprüche können **durch Rechtsgeschäft** nach § 398 BGB auf einen anderen übergehen. Vorstellbar ist auch ein Anspruchsübergang **kraft Gesetzes**, wir sagen dazu auch: „**cessio legis**": z. B. nach §§ 268 Abs. 3, 426 Abs. 2, 774 alle i.V.m. §§ 412, 399 ff. BGB – Ausführungen dazu findet man z. B. in den Teilen 3, 6, 10.
- Man kann eventuell bestehende vertragliche Ansprüche auch dadurch erlangen, dass man durch „dreiseitige Vereinbarungen" nach §§ 311 Abs. 1, 241 Abs. 1 BGB entweder **in** einen **Vertrag mit** einem **anderen eintritt** oder die **Rolle** eines der **Vertragspartners übernimmt**, und damit auch Inhaber eines aus dem Vertrag resultierenden Anspruchs wird – Ausführungen dazu findet man in Teil 10; Letzteres wird zuweilen auch vom Gesetz angeordnet (§§ 566, 578 und in § 613a BGB) – Ausführungen dazu findet man in Teil 3.
- Es gibt schließlich auch den Fall der **Universalsukzession**, der den Übergang des gesamten Vermögens (also auch von Ansprüchen) anordnet (§ 1922 BGB) – Ausführungen dazu findet man in Teil 12.

## 9. Die Ansprüchen entgegenstehenden „rechtshemmenden Einreden"

Wenn Sie bei einer jeden Anspruchsprüfung (also – wie gesagt – bei vertraglichen und gesetzlichen Ansprüchen) dazu gekommen sind, dass der Anspruch entstanden ist und nicht erloschen ist – steht die Frage, ob der Anspruchsgegner eine dem Anspruch entgegenstehende „rechtshemmende" Einrede mit der Folge geltend gemacht hat, dass der Anspruch trotz seines Bestehens (=entstanden und nicht erloschen) nicht durchsetzbar ist. Auf diese Frage gehen Sie bitte – wie immer – aber nur dann ein, wenn der Sachverhalt irgendeinen Anlass dazu bietet! Einreden sind **Gegenrechte**, die der Durchsetzung eines Anspruchs entgegenstehen, die aber **nicht „von Amts wegen"** berücksichtigt werden dürfen. Damit wird in etwas altertümlichem Deutsch zum Ausdruck gebracht, dass das Gericht (das „Amt") beim Vorliegen der Voraussetzungen einer rechtshemmenden Einrede nicht von sich aus die Durchsetzbarkeit des Anspruchs verneinen und die Klage abweisen darf, **sondern** nur dann, wenn die Einrede von dem in Anspruch genommenen Beklagten **geltend gemacht** wird. Eine Klage darf also nicht mit der Begründung abgewiesen werden, dass die z. B. Verjährungsfrist nach §§ 195 ff. BGB abgelaufen ist, sondern nur dann, wenn die Verjährungsfrist nach §§ 195 ff. BGB abgelaufen ist *und* wenn der beklagte Schuldner nach Eintritt der Verjährung erklärt hat, dass er die Leistung verweigere (§ 214 BGB). Nun könnten Sie dem entgegenhalten: „Was geht mich der Prozess an, ich bin doch kein Richter, sondern ein Student, der ein Gutachten schreiben soll". Das ist zutreffend, aber im übertragenen Sinne gelten die vorstehenden Ausführungen auch für Sie bei der Fallbearbeitung, bei der Sie sich als Fallbearbeiter in der Rolle eines dem Gericht zuarbeitender Gutachter sehen müssen. Auch Sie dürfen also das bloße Vorliegen der Voraussetzungen einer rechtshemmenden Einrede nicht zum Anlass nehmen, den Anspruch für nicht durchsetzbar zu erklären, sondern müssen prüfen, ob der Inanspruchgenommene deshalb die Leistung verweigert hat.

1. Man muss daher bei Unklarheiten durch eine Auslegung des Sachverhalts ermitteln, ob die Einrede erhoben worden ist. Dabei darf man aber nicht allzu streng sein.: So kann in der Leistungsverweigerung die Erhebung einer Einrede nach § 275 Abs. 2, 3 BGB liegen; oder die Erhebung der Einrede der Verjährung kann in einer Leistungsverweigerung unter Nennung von auf den Zeitablauf hinweisenden Gründen erblickt werden; oder man kann die Erhebung der Einrede eines Zurückbehaltungsrechts in einer „Aufrechnungserklärung" mit einer nicht zur Aufrechnung geeigneten ungleichartigen Gegenforderung sehen.
2. Wie Sie schon bei den Gestaltungsrechten gelernt haben, kann der Bearbeiter notfalls eine Berufung des Inanspruchgenommenen auf eine rechtshemmende Einrede alternativ unterstellen, wenn er erkennt, dass hier ein Bearbeitungsschwerpunkt liegt.

Die **Einreden** lassen sich in ähnlicher Weise wie die Einwendungen typisieren in solche, die

- **allen Ansprüchen entgegen stehen**: Das sind die von der Leistungspflicht befreienden Einreden des § 275 Abs. 2 und Abs. 3 BGB – Ausführungen dazu finden sich in Teil 3; das Zurückbehaltungsrecht nach §§ 273, 274 BGB – Ausführungen dazu finden sich in Teil 3; und die Einrede der Stundung – Ausführungen dazu finden sich in Teil 3;
- **fast allen Ansprüchen entgegen stehen**: Das sind die Einrede der Verjährung – Ausführungen dazu finden Sie in Teil 3– und die dauernden Einreden aus §§ 851, 821 BGB – Ausführungen dazu findet man in den Teilen 7, 8;
- **einem Anspruch aus einem gegenseitigen Vertrag entgegenstehen**: Das ist die Einrede aus §§ 320, 321 BGB – Ausführungen dazu stehen in Teil 3;
- **auch einem Kaufpreisanspruch entgegenstehen**: Zu erörtern ist, ob einem Kaufpreisanspruch nach §§ 320, 434 ff. BGB die Mängeleinrede entgegenstehen kann – Ausführungen dazu sind in den Teilen 3, 4 zu lesen;
- **dem Bürgen gegen den Gläubiger zustehen**: §§ 771, 768, 770 BGB – Ausführungen dazu liest man in Teil 3 und die dem **Eigentümer gegen den Hypothekar zustehen**: §§ 1137, 1157 BGB – Ausführungen dazu finden sich in Teil 6;
- **gegen Herausgabeansprüche aus §§ 985, 986 BGB bestehen**: Das sind die Einreden des unrechtmäßigen Besitzers gegen den Eigentümer (§§ 994 ff., 1000 S. 1 BGB) – Ausführungen dazu finden Sie in Teil 6.
- **gegen Grundbuchberichtigungsansprüche**: Das sind die Einreden des unrechtmäßigen Besitzers gegen den Eigentümer (§§ 994 ff., 1000 S. 1 BGB analog) – Ausführungen dazu enthält Teil 6.

Die rechtshemmenden Einreden können **vorübergehend** (z. B. §§ 273, 320, 1000 BGB) oder **dauernd** (z. B. § 214 Abs. 1 BGB) wirken.

## II. Hinweise zur Arbeitstechnik bei Hausarbeiten

Wenn der Bearbeiter den Sachverhalt einer Hausarbeit so sicher verstanden hat, dass er diesen – auch wenn er lang ist – ohne Zuhilfenahme des Textes einem Dritten vortragen kann, sollte er nur mit Hilfe des Gesetzes und unterstützt durch die Kenntnisse zur Fallbearbeitungstechnik, unter Einsatz der eigenen Rechtskenntnisse und mit viel juristischer Phantasie (also mit „Bordmitteln") in aller Ruhe einen **ersten Lösungsentwurf** in Gestalt eines ausformulierten gut durchgegliederten Textes entwickeln. Empfohlen wird, auch schon bei einer solchen ersten Lösungsskizze mit der Gutachtentechnik zu arbeiten. Zu achten ist schon in diesem frühen Stadium auf die Stringenz der Argumentation; auch sollte man stets „im Geiste" überprüfen, ob einem das Ergebnis auch „gerecht" erscheint (lassen Sie also Ihr „Rechtsgefühl" sprechen), ob es plausibel ist und ob es der Interessenlage entspricht. Dieser erste Entwurf ermöglicht es dem Bearbeiter nicht selten, später – wenn er Stellungnahmen zu Rechtsfragen abgeben muss – eigene Argumente zu finden, was oft nicht leicht fällt, wenn man inzwischen die in Lehre und Rechtsprechung geäußerten Ideen „großer Autoritäten“ zur Kenntnis genommen hat und sich davon nicht mehr frei machen kann.

Auf der Basis dieses ersten Entwurfes beginnt man als Fallbearbeiter mit der **wissenschaftlichen Vertiefung** durch die Heranziehung der Literatur und der Rechtsprechung. Wenn man dabei auf einen wissenschaftlichen **Meinungsstreit** stößt, sollte man die einzelnen Meinungen und die daraus bei der Bearbeitung des konkreten Falles jeweils resultierenden Ergebnisse fallbezogen, also keinesfalls abstrakt („wissenschaftlich“, wie viele irrtümlicherweise meinen, es machen zu müssen) knapp darstellen; falls die Ergebnisse für den zu bearbeitenden Fall identisch sind, kann man ohne weitere Diskussion der verschiedenen Ansichten und ohne Stellungnahme dieses Ergebnis zugrunde legen. Wenn man aber entweder mit allen diesen Meinungen und deren (übereinstimmenden) Ergebnissen für den Fall aus besserer Einsicht (das dürfte relativ selten der Fall sein) nicht einverstanden sein sollte oder wenn (und das ist die wahrscheinlichere Konstellation) die Meinungen im konkreten zu bearbeitenden Fall zu verschiedenen Ergebnissen führen, dann müssen Sie (mit eigenen Gründen versehen!!) Stellung nehmen: Entweder schließt man sich einer der Meinungen an oder man entwickelt eine eigene Lösung. Diese Darstellung und Diskussion erfolgt ebenfalls im Gutachtenstil.

Es ist dagegen völlig unsinnig, als erstes in großen Mengen und geradezu „blindlings“ Material zu sammeln und Fotokopien davon anzuhäufen, erst dann im Kopf ein Gedankengebilde zu schaffen und schließlich irgendwann später mit dem Schreiben zu beginnen. Das Chaos im Kopf und eine bald ausbrechende Panik sind auf diese Weise praktisch garantiert. Es empfiehlt sich vielmehr, möglichst **frühzeitig** (im Idealfall sofort, also noch am Ende des ersten Tages) damit zu beginnen, das Gutachten zu **schreiben**, und zwar so, wie wenn es die demnächst abzugebende endgültige Fassung wäre: Also im exakten, sauber ausformulierten Gutachtenstil, mit Gliederung, mit Fußnoten. Selbst mit der Anlegung eines Literaturverzeichnisses sollten Sie frühzeitig beginnen – glauben Sie nur nicht, dass Sie am Ende der Bearbeitungszeit dazu noch Zeit hätten; das Resultat derartiger Fehleinschätzung sind mir aus unzähligen Hausarbeiten der letzten Jahrzehnte gut bekannt. Nur wer seine Gedanken alsbald ausformuliert zu Papier bringt, weiß um deren Schwäche – wer hingegen anfänglich nur nachdenkt und nicht frühzeitig formuliert, betrügt sich selbst. Außerdem rinnt Ihnen wie jedem unter Zeitdruck arbeitenden Autor die Zeit nur so davon. Es beruhigt ungemein, wenn man sich durch das langsam fortschreitende Werk selbst das Gefühl vermittelt, produktiv zu sein.

# Teil 2. Grundbegriffe

Die folgenden **Grundbegriffe** bilden das **Fundament** für das **Verständnis des Bürgerlichen Rechts** und damit auch des gesamten Zivilrechts. Sie müssen Ihnen vertraut sein, bevor wir uns im Anschluss daran systematisch mit der Vermittlung aller derjenigen Kenntnisse befassen, die Ihnen dann eine Fallbearbeitung ermöglichen. Diese Erläuterung der Grundbegriffe erfolgt aber keineswegs abstrakt, sondern stets mit Blick auf unser Ziel, die Fallbearbeitung.

## A. Die Subjekte und Objekte des Bürgerlichen Rechts

Bisher haben wir uns an zwei grundlegenden Begriffen, ohne deren Beherrschung eine seriöse Fallbearbeitung völlig unmöglich ist, einfach „vorbeigemogelt". Wir haben uns nämlich bisher überhaupt keine Gedanken darüber gemacht,

- **wer** eigentlich als mögliches **„Rechtssubjekt"** in Betracht zu ziehen ist
- und **welche Objekte** Gegenstand von Rechten (wir nennen sie fortan kürzer **„Rechtsobjekte"**) sein können.

### I. Die Subjekte des Bürgerlichen Rechts („Rechtssubjekte")

Es sind ausschließlich die „Rechtsfähigen", die **„Träger von Rechten und Pflichten"** sein können. Das sind im **Zivilrecht**

- die **natürlichen Personen** (§ 1 BGB),
- Personenzusammenschlüsse oder Personenmehrheiten, wie die **juristischen Personen (z. B.** § 21 BGB) oder die **rechtsfähigen Personengesellschaften (z. B.** § 124 HGB) und
- die **Stiftungen** (§ 80 BGB).



J. Plate, *Das gesamte examensrelevante Zivilrecht,* Springer-Lehrbuch,
DOI 10.1007/978-3-662-47320-7_2

An dieser Stelle stoßen wir plötzlich auf einen **Grenzbereich** zum **Öffentlichen Recht**, nämlich auf die Frage, ob auch die durch Gesetz oder Hoheitsakt ins Leben gerufenen **juristischen Personen des öffentlichen Rechts** (z. B. **Körperschaften**, wie die „Bundesrepublik Deutschland" oder die „Freie und Hansestadt Hamburg" als personenbezogene Gebietskörperschaften oder ob die „Rechtsanwaltskammer" als rein personenbezogene Körperschaft des öffentlichen Rechts, oder ob die „ARD" als gleichermaßen personen- und sachbezogene **Anstalt** oder ob die **Stiftung** namens „Stiftung Preußischer Kulturbesitz" als vermögensbezogene Stiftung des öffentlichen Rechts) zugleich auch **Personen des Bürgerlichen Rechts** sein können.

Diese Frage ist berechtigt. Denn das Verhältnis zwischen den Bürgern und den genannten staatlichen Institutionen könnte ausschließlich durch das Öffentliche Recht geregelt sein und uns, die wir uns hier nur mit dem Bürgerlichen Recht befassen, daher nichts angehen. Das wäre jedoch ein Fehlschluss: Da der Staat und die genannten staatlichen Institutionen auch wie ein Bürger am Rechtsleben teilnehmen können (z. B. bei sog. „fiskalischen Geschäften", wie beim Materialeinkauf einer Behörde bei einem privaten Bürogroßhändler) oder weil der Staat einige Aufgaben wahlweise privat- oder öffentlich-rechtlich erfüllen kann, kann auch die Beziehung des Staates/einer staatlichen Institution zum Bürger durchaus **privatrechtlicher Natur** sein, dies mit der Folge, dass der Staat dann wie ein „Bürger" behandelt wird. Dass auch der Gesetzgeber dies so sieht, zeigt z. B. § 89 BGB, der die zivilrechtliche Haftung der juristischen Personen des öffentlichen Rechts für ihre Organe regelt.

- Daraus schließen wir, dass zu den Rechtsfähigen im Zivilrecht auch die **juristischen Personen des öffentlichen Rechts** gehören können. Auf diese werden wir aber nicht mehr gesondert eingehen.

## 1. Die Menschen („natürliche Personen")

Einzelne **Menschen** (=„natürliche Personen")

- erlangen die **Rechtsfähigkeit** nach § 1 BGB mit der Vollendung der Geburt und einem Augenblick des Lebens (=Lebendgeburt").
- Sie sind **„Träger von Rechten und Pflichten" („rechtsfähig")**, können also z. B. Eigentümer von Sachen sein oder Forderungen gegen Dritte haben oder ihrerseits Schuldner sein.
- Als Träger von Rechten und Pflichten können sie **Vermögen** bilden.
- Die **Handlungsfähigkeit** natürlicher Personen (die Fähigkeit, Rechte und Pflichten zu begründen) zeigt sich in der von ihrer Geschäftsfähigkeit (§§ 2, 104 ff. BGB) abhängigen Befähigung zu rechtsgeschäftlichem Handeln (Abgabe und Entgegennahme von Willenserklärungen, Vertragsschluss), in ihrer Befähi-

gung zu prozessieren (§ 51 ZPO), in ihrer Befähigung zu heiraten (§ 1303 BGB) und in ihrer Befähigung zu testieren (§ 2229 BGB).

- Natürliche Personen können durch ihr Verhalten **Schadensersatzpflichten** begründen (z. B. nach § 280 Abs. 1 BGB oder nach § 823 Abs. 1 BGB oder nach § 7 StVG).
- Natürliche Personen sind **aktiv** und **passiv parteifähig** (§ 50 Abs. 1 ZPO).
- Ihren **Gläubigern haftet** ihr **gesamtes Vermögen**.

### 2. Personenzusammenschlüsse bzw. Personenmehrheiten

Nicht selbstverständlich ist, dass all dies, was wir den natürlichen Personen attestiert haben, auch für **Personenzusammenschlüsse** bzw. **Personenmehrheiten** gelten soll.

Dabei hätten sich alle diejenigen der über diese Idee staunenden Leser, die Mitglied eines Sportvereins sind, längst einmal gefragt haben müssen, was für ein Rechtsgebilde ihr Verein eigentlich ist, und wieso dessen „Vorstand" zum *Beispiel* beim letzten Vereinsfest einen Mietvertrag über das Festzelt abschließen konnte (§ 535 BGB), durch den nur der „Verein", nicht aber die einzelnen Mitglieder berechtigt und verpflichtet wurden. Sie, als Mitglied, durften das Zelt nur betreten, weil Sie Mitglied des Vereins waren und aufgrund eines Teilhaberechtes (arge. § 38 BGB) diesem gegenüber berechtigt waren, die (gemieteten) Vereinseinrichtungen zu benutzen, nicht aber, weil Sie dem Vermieter des Zelts gegenüber berechtigt waren. Auch müssten zum *Beispiel* diejenigen, die Aktionäre einer leider wirtschaftlich kriselnden Aktiengesellschaft sind, sich schon einmal ängstlich gefragt haben, ob sie etwa persönlich mit ihrem privaten Vermögen für die Schulden des Unternehmens einstehen müssen; wäre das so, könnten Sie eigentlich nicht mehr ruhig schlafen. Die gleichen Fragen müssten die stellen, die schon einmal etwas von „Gemeinschaften" gehört haben, z. B. von einer „Erbengemeinschaft", oder von „Gesellschaften", z. B. von einer „offenen Handelsgesellschaft".

Der junge Jurist ahnt vielleicht, dass manche dieser Gebilde, von denen er eine mehr oder minder konkrete Vorstellung hat, durch irgendeine geheimnisvolle rechtliche Konstruktion von denjenigen natürlichen Personen, die sie tragen, ganz oder weitgehend verselbstständigt sind und dass sie auch eigenes Vermögen bilden können. Vielleicht hat er auch schon einmal beobachten können, dass sie in der Lage sind, im Rechtsleben so zu handeln wie natürliche Personen, und deshalb entsprechend berechtigt und verpflichtet werden können, während die „Mitglieder" oder die „Aktionäre" etc. durch ein solches Handeln persönlich nicht berechtigt und nicht verpflichtet werden, und dass sie im Streitfall auch klagen können oder verklagt werden können, ohne dass die Mitglieder oder die Aktionäre Partei des Prozesses wären. Dass dies bei anderen Arten dieser Organisationen anders oder zumindest zweifelhaft sein mag, dürften die wenigsten der sich erstmals mit dieser Materie befassenden jungen Juristen jemals überlegt haben.

Um die hiermit aufgeworfenen Fragen zu beantworten, wollen wir mit einer **Strukturanalyse** dieser **Personenzusammenschlüsse** bzw. **Personenmehrheiten** beginnen.

Eine Gruppe der rechtsfähigen Personenzusammenschlüsse sind **„juristische Personen"** (auch „Körperschaft"), die man auch **„Vereinigungen"** nennen kann, um sie von den Anstalten und Stiftungen abzugrenzen, welche üblicherweise auch als juristische Personen bezeichnet werden.

- **Unabhängigkeit vom Personenbestand:** Sie sind **gegenüber** den **Mitgliedern** bzw. den **Gründern** (das wird im Folgenden vernachlässigt) vollständig **verselbstständigt**. Und zwar so sehr, dass sie in ihrer Existenz vom jeweiligen Mitgliederbestand unabhängig sind, mit der Folge, dass bei ihnen ohne Änderung ihrer Identität ein Eintritt oder ein Ausscheiden von Mitgliedern möglich ist. Die Mitgliedschaft ist im Grundsatz frei **übertragbar**. Es gibt **keine Auflösungsgründe aus** der **Person** der einzelnen Mitglieder (Tod, Insolvenz). Es gibt juristische Personen mit nur einem einzigen Mitglied (z. B. die Einmann-GmbH).
- **Rechts- und Parteifähigkeit:** Sie können selbst **Träger von Rechten und Pflichten (rechtsfähig)** sein, also z. B. Eigentümer von Sachen sein oder Forderungen gegen Dritte haben oder ihrerseits Schuldner sein. Ihre Rechtsfähigkeit erlangen sie durch einen besonderen formalen staatlichen Akt, etwa die Eintragung in ein Register (z. B. der „eingetragene Verein" nach § 21 BGB durch Eintragung in das Vereinsregister) oder durch staatliche Verleihung (so der „wirtschaftliche Verein" nach § 22 BGB). Aus ihrer Rechtsfähigkeit folgt auch, dass sie **aktiv** und **passiv parteifähig** sind, also Partei in einem Prozess sein können (§ 50 Abs. 1 ZPO).
- **Eigenes Vermögen:** Sie können als Träger von Rechten und Pflichten **Vermögen bilden**. Dieses Vermögen steht nur der juristischen Person zu.
- **Handlungsfähigkeit nach außen und Willensbildung im Innern:** Sie sind auch **handlungsfähig**, indem sie durch ihre **Organe** wie eine natürliche Person nach **außen** am Rechtsleben teilnehmen und dabei verpflichtet und berechtigt werden können – etwa durch rechtsgeschäftliches (z. B. §§ 433, 26 Abs. 1 S. 2 BGB) oder aber auch deliktisches (z. B. §§ 823 Abs. 1, 31 BGB) Handeln ihrer Organe. Die **innere** Willensbildung vollzieht sich durch sog. **„Beschlüsse"**, bei denen, insoweit anders als bei Verträgen, auch die von der Mehrheit „überstimmte" Minderheit gebunden wird (z. B. §§ 28 Abs. 1, 32 Abs. 1 S. 1 BGB).
- **Haftung:** Für die **Verbindlichkeiten haftet** den **Gläubigern** aber nur das **Vermögen** der **juristischen Person**, und nicht das Vermögen der Mitglieder („Trennungsprinzip").

Diesen Musterprinzipien gehorchend gibt es folgende für Sie bedeutsame **„juristische Personen"**, allerdings mit unterschiedlicher Ausgestaltung der Übertragbarkeit der Mitgliedschaft:

- Der in §§ 21 ff. BGB geregelte **eingetragene Verein (eV)** ist der **„Grundtyp"** für alle anderen „juristischen Personen". Bei ihm ist die Mitgliedschaft nicht übertragbar und auch nicht vererblich (§ 38 BGB).
- Die im Aktiengesetz (AktG) geregelte **Aktiengesellschaft (AG)**. Diese Körperschaft ist gegenüber den Mitgliedern (Aktionäre) vollständig verselbstständigt.

Die Mitgliedschaft ist übertragbar, und zwar durch eine i. d. R. sogar formlose Übereignung der das Mitgliedschaftsrecht verbriefenden Aktie: „das Recht aus dem Papier folgt dem Recht am Papier", d. h. das Mitgliedschaftsrecht folgt dem Eigentumsrecht. Eine Aufspaltung von Eigentum an der Aktienurkunde und Mitgliedschaftsrecht wird durch § 952 Abs. 2 BGB ausgeschlossen. Sofern Aktien nicht mehr verbrieft werden (heute der Regelfall), erfolgt deren Übertragung nicht mehr durch Übereignung des Wertpapiers „Aktie" (§§ 929 ff. BGB) sondern durch Abtretung (§ 398 BGB). Die Aktie ist vererblich (§ 1922 BGB).

- Ähnlich liegt es bei der im GmbH-Gesetz (GmbHG) geregelten **Gesellschaft mit beschränkter Haftung (GmbH)**. Diese Körperschaft ist gegenüber den Mitgliedern („Gesellschafter") ebenfalls vollständig verselbstständigt. Auch bei ihr kann die Mitgliedschaft („Geschäftsanteil") übertragen werden. Jedoch ist anders als bei der AG die Übertragung der Geschäftsanteile formal erschwert: Das auf Abtretung der Geschäftsanteile gerichtete „Verpflichtungsgeschäft" und das hiervon getrennte in der Abtretung der Geschäftsanteile selbst liegende „Verfügungsgeschäft" bedürfen jeweils der notariellen Beurkundung (§ 15 Abs. 3, 4 GmbHG). Der Geschäftsanteil ist auch vererblich (§ 1922 BGB).

Für die allgemeine Ausbildung – die Wahlfachausbildung ausgenommen – bedeutungslos sind die **eingetragene Genossenschaft (eG**, früher: eGmbH) und der **Versicherungsverein auf Gegenseitigkeit (VVaG)**, über die Sie hier nichts weiter lesen werden. Gleiches gilt für die 2006 geschaffene **Europäische Genossenschaft** (Societas Cooperativa Europaea, **SCE**). Die seit 2004 existierende Europäische Aktiengesellschaft (Societas Europaea, **SE**) wird bei der deutschen AG mitbehandelt. Denn gemäß Art. 10 der SE-Verordnung (EG-Verordnung Nr. 2157/2001) wird eine SE in jedem Mitgliedstaat wie eine nach inländischem Recht gegründete Aktiengesellschaft behandelt, soweit sich aus der Verordnung selbst nicht ein anderes ergibt.

Der Begriff „juristische Person" ist für die **Vereinigungen** in didaktischer Hinsicht sehr glücklich gewählt. So ist ein **Vergleich** dieser **„juristischen Person"** mit der **„biologischen Person"** (= natürliche Person = Mensch) durchaus **lehrreich**, weil er die folgenden „Eselsbrücken" erlaubt:

a. Die **„Mitglieder"** der Vereinigungen entsprechen den einzelnen biologischen **„Zellen"** der natürlichen Person.
b. Der Wegfall von Mitgliedern durch **„Austritt"** aus der Vereinigung entspricht dem biologischen **„Zelltod"** bei der biologischen Person. Die Ergänzung der Mitgliederschaft durch **„Eintritt"** in die Vereinigung entspricht der **„Zellneubildung"** bei der biologischen Person. Dabei kommt es in beiden Konstellationen weder bei der juristischen noch bei der biologischen Person zu einem **„Wechsel in der Identität"**.
c. Juristische Personen **handeln** durch ihre **„Organe"**: nach innen durch die Mitgliederversammlung und nach außen durch den Vorstand und in geringem Umfang durch den Aufsichtsrat. Ebenso handelt auch der Mensch durch seine **biologischen „Organe"**: nach innen durch Willensbildung im Gehirn, nach außen durch Sprache, Gehör und Hände.

Die **andere Gruppe** der möglicherweise rechts-, vermögensbildungs-, und handlungsfähigen etc. **Personenzusammenschlüsse** bzw. **Personenmehrheiten** sind die **Gesamthandsgemeinschaften**. Sie sind keine „juristischen Personen" in Gestalt von Vereinigungen, wie wir Sie eben behandelt haben. Wie wir sogleich sehen werden, kann aber ein Teil von ihnen gleichwohl rechtsfähig, also Träger von Rechten und Pflichten sein. Von ihrer Struktur her sind die Gesamthandsgemeinschaften ein mehreren Personen gemeinschaftlich zustehendes **„Sondervermögen"**, an denen sie Anteile haben, wobei die Personen häufig einen **gemeinsamen Zweck** verfolgen. Im Gegensatz zu „juristischen Personen" sind sie in ihrer **Organisation** von dem Bestand ihrer Mitglieder abhängig **(„personenbezogen")**, so dass z. B. bei einer BGB-Gesellschaft (auch „Gesellschaft bürgerlichen Rechts" oder kurz **GbR** genannt) der Tod eines Gesellschafters prinzipiell zur Beendigung der Gesellschaft führt und ein Mitgliederwechsel von der Zustimmung aller Gesellschafter abhängig ist etc.

Diesem Musterprinzip folgend gibt es die folgenden **Gesamthandsgemeinschaften**:

- zum einen die **Personengesellschaften** (die BGB-Gesellschaft als deren Grundform, oHG = offene Handelsgesellschaft, KG = Kommanditgesellschaft sowie die im Rahmen dieser Strukturanalyse zu vernachlässigende PartG = Partnerschaftsgesellschaft und EWIV = Europäische Wirtschaftliche Interessenvereinigung)
- zum anderen die **eheliche Gütergemeinschaft**, die **Erbengemeinschaft** sowie die **Miturheber** eines urheberrechtlich geschützten Werkes.

Differenzieren muss man bei der Frage, ob die **Gesamthandsgemeinschaften**, **Träger von Rechten und Pflichten**, also **rechtsfähig** sein können und, falls ja, ob und inwieweit sie dann auch **handlungsfähig** sind: Mit Sicherheit **nicht rechtsfähig** sind die **eheliche Gütergemeinschaft** (§§ 1415 ff. BGB) und die **Miturheberschaft** (§ 8 UrhG). Auch die **Erbengemeinschaft** (§§ 2032 ff. BGB) ist nach bisheriger Auffassung nicht rechtsfähig; es gibt aber in der Literatur erste Tendenzen hin zur Anerkennung der Rechtsfähigkeit einer Erbengemeinschaft jedenfalls dann, wenn sie „unternehmenstragend" ist. Hinsichtlich der **Rechtsfähigkeit** von **Personengesellschaften** hat es in den letzten Jahren eine bedeutsame **richterliche Rechtsfortbildung** gegeben, die bis jetzt noch nicht ganz abgeschlossen ist: Ursprünglich war man sich darüber einig, dass auch die **Personengesellschaften** als Gesamthandsgemeinschaften nicht rechtsfähig seien. Bei der **oHG** und der **KG** bestand allerdings angesichts des § 124 HGB schon immer Anlass dazu, sie als rechtsfähig zu bezeichnen. Nach § 124 HGB bzw. §§ 161 Abs. 2, 124 HGB können sie nämlich „unter ihrer Firma Rechte erwerben und Verbindlichkeiten eingehen". Lesen Sie unbedingt den vollständigen Text aller zitierten Vorschriften! Gerade bei einer so enorm wichtigen Vorschrift wie § 124 HGB ist es im Klausurfall entscheidend, dass Sie sich im Gesetz zurechtfinden und den Wortlaut der Norm nicht in dieser Situation zum ersten Mal lesen! Nach Einführung der §§ 14 Abs. 2, 1059a Abs. 2 BGB bestand schließlich kein Zweifel mehr, dass es sich bei diesen beiden Gesellschaftsformen um Beispiele für die dort genannten „rechtsfähigen Personengesellschaften" handelt. Deutlich langwieriger war der Weg hin zur Anerkennung der Rechtsfähigkeit der **BGB-Gesellschaft** (§§ 705 ff. BGB), für die es ja keine dem § 124 HGB vergleichbare Norm gibt. Heute wird (ausgehend von Flume und K. Schmidt) von der inzwischen herrschenden Lehre und ihr folgend seit 2001 auch vom BGH die Ansicht vertreten, dass jedenfalls die BGB-**Außengesellschaft** Trägerin von Rechten und Pflichten ist, also ebenfalls eine „rechtsfähige Personengesellschaft" ist, und zwar „ohne als Gesamthandsgemeinschaft(en) den Status einer juristischen Person zu besitzen" (BGH). Inzwischen hat diese Rechtsfortbildung Eingang in das Gesetz gefunden: §§ 14 Abs. 2, 899a BGB, 47 Abs. 2 GBO.

Worin bestehen nun die Gemeinsamkeiten und Unterschiede zwischen den danach als rechtsfähig anzusehenden Gesamthandsgemeinschaften (BGB-Außengesellschaft, oHG, KG) und den juristischen Personen in Gestalt der Vereinigungen?

- **Abhängigkeit vom Personenbestand:** Ein Unterschied liegt in der Verselbstständigung der Vereinigungen von ihren Mitgliedern einerseits und der Personenbezogenheit der Personengesellschaften andererseits. Vereinigungen sind vom Wechsel der Mitglieder unabhängig und die Mitgliedschaft grundsätzlich frei übertragbar. Dagegen sind Personengesellschaften grundsätzlich vom Gesellschafterbestand abhängig, so dass z. B. der Tod eines BGB-Gesellschafters ein Auflösungsgrund ist (§ 727 BGB). Die Personenbezogenheit ist allerdings nicht in jeder Hinsicht zwingendes Recht; die Gesellschafter können z. B. im Gesellschaftsvertrag die Mitgliedschaft übertragbar und/oder vererblich machen, was in der Praxis meist erfolgt. Einmann-Personengesellschaften gibt es – im Gegensatz zu manchen juristischen Personen (z. B. Einmann-GmbH) – nicht.
- **Rechts- und Parteifähigkeit:** Wie wir soeben gesehen haben, können BGB-Außengesellschaften, oHG und KG, wie juristische Personen, **Träger von Rechten und Pflichten** sein. Aus ihrer Rechtsfähigkeit folgt auch, dass sie **aktiv** und **passiv parteifähig** sind, also Partei in einem Prozess sein können. Das ergibt sich für die oHG und KG aus §§ 124 Abs. 1/161, 124 Abs. 1 HGB und für die BGB-Außengesellschaft aus § 50 Abs. 1 ZPO aufgrund der zur Rechtsfähigkeit führenden richterlichen Rechtsfortbildung.
- **Eigenes Vermögen und gesamthänderische Bindung:** Wie die juristischen Personen in Gestalt der Vereinigungen können auch die rechtsfähigen Personengesellschaften Vermögen bilden, also z. B. Eigentümer von Sachen werden oder Forderungen gegen Dritte erlangen oder ihrerseits deren Schuldner werden. Bei Personengesellschaften ist dieses Vermögen aber zugleich ein **Sondervermögen**, das allen Mitgliedern „**zur gesamten Hand**" zusteht: Über das Gesellschaftsvermögen oder Teile desselben können nur alle Mitglieder gemeinsam verfügen (§ 719 BGB). Das bedeutet, dass ein einzelnes Mitglied nicht über seinen Anteil am Gesamthandsvermögen verfügen kann. Allerdings können die Mitglieder der Gesamthandsgemeinschaft hiervon durch Vereinbarung abweichen. Aus der gesamthänderischen Bindung folgt hingegen zwingend, dass ein Mitglied niemals

über seinen Anteil an den einzelnen Gegenständen der Gesamthand verfügen kann (wenn es einen solchen denn überhaupt gibt, worüber man streitet).

- **Handlungsfähigkeit nach außen und Willensbildung im Innern:** Wie die juristischen Personen in Gestalt der Vereinigungen sind auch die rechtsfähigen Personengesellschaften **nach außen handlungsfähig**. Sie handeln aber nicht durch Organe, sondern durch ihre geschäftsführenden und sie vertretenden Gesellschafter (bei der BGB-Gesellschaft nach §§ 709, 714 BGB durch alle Gesellschafter gemeinschaftlich, bei der oHG/KG i. d. R. nach § 125 HGB durch jeden persönlich haftenden Gesellschafter allein). Allerdings sind auch die Geschäftsführungs- und Vertretungsregeln nicht zwingendes Recht. Wie bei den juristischen Personen durch das Verhalten von Organen möglich, können bei den rechtsfähigen Personengesellschaften durch das Verhalten der geschäftsführenden Gesellschafter **Schadensersatzpflichten** der Gesellschaft begründet werden. Über die Zurechnungsnorm kann man unterschiedliche Ansichten haben: Bei Delikten soll § 31 BGB analog angewendet werden. Innerhalb bestehender Schuldverhältnisse möglicherweise auch § 31 BGB, vielleicht aber auch nach § 278 BGB. Die **innere Willensbildung** vollzieht sich auch bei den rechtsfähigen Personengesellschaften durch sog. **„Beschlüsse“**. Diese sind, insoweit anders als beim Abschluss von Verträgen, auch für die von der Mehrheit „überstimmte“ Minderheit verbindlich (z. B.: § 709 Abs. 1 BGB; § 119 Abs. 1 HGB).
- **Haftung:** Wie bei den juristischen Personen **haftet** den **Gläubigern** das **Gesellschaftsvermögen**. Aber anders als bei den juristischen Personen, bei denen das „Trennungsprinzip“ gilt, haften **akzessorisch** dazu **auch** die **Gesellschafter mit** ihrem **Privatvermögen**. Das ergibt sich für die oHG und KG aus §§ 128/161, 128 HGB und für die BGB-Außengesellschaft aus richterlicher Rechtsfortbildung (§ 128 HGB analog).

Von der Gesamthandsgemeinschaft abzugrenzen ist die **Bruchteilsgemeinschaft**, die nicht rechtsfähig ist. Bei einer solchen steht – anders als bei der Gesamthandsgemeinschaft – ein Recht (z. B. das Eigentum an einem Haus) mehreren gemeinschaftlich zu (§ 741 ff. BGB), und es gibt – anders als bei § 705 BGB oder § 105 HGB – keinen gemeinsamen Zweck, der über das gemeinsame „Haben“ des Rechts hinausgeht. Der entscheidende Unterschied liegt in der Rechtszuordnung. Bei der Gesamthand haben die Gesellschafter selbst nur einen Anteil an der Gesamthand aber kein Eigentum an dem Gegenstand; dieser steht im Alleineigentum (oder Alleininhaberschaft) der Gesellschaft. Die Bruchteilsgemeinschaft kennt hingegen keine derartige Verselbstständigung, sondern erschöpft sich darin, die Rechtszuständigkeit der Gemeinschafter an dem Gegenstand zu regeln: Jedem Gemeinschafter steht ein ideeller Bruchteil an dem Recht zu, über den er verfügen kann. Über das Recht selbst können nur alle gemeinsam verfügen (§ 747 BGB). Die **Miteigentumsgemeinschaft** ist der „Klassiker“ unter den Bruchteilsgemeinschaften. Ihre sachenrechtlichen Aspekte sind in den §§ 1008 ff. BGB gegenüber den insoweit nachrangigen §§ 741 ff. BGB speziell geregelt. Eine Sonderform der Bruchteilsgemeinschaften ist die **Wohnungseigentümergemeinschaft (WEG)**, die im Wohnungseigentumsgesetz (auch **WEG**) geregelt ist. Auch ihr wird von der herrschenden Lehre die Rechtsfähigkeit abgesprochen. Der BGH hingegen geht seit Juni 2005 von einer **Teilrechtsfähigkeit** der **WEG** aus, soweit sie bei der Verwaltung gemeinschaftlichen Eigentums am Rechtsverkehr teilnimmt.

Bevor wir uns den einzelnen Formen der Personenzusammenschlüsse widmen, ist schließlich noch die **Lehre von der fehlerhaften Gesellschaft** „vor die Klammer zu ziehen“, denn diese gilt für alle Gesellschaften. Der **Gesellschaftsvertrag** kann nach den allgemeinen Regeln **nichtig** sein, **z. B.** wegen der Nichteinhaltung der Form nach § 125 BGB (etwa weil § 311b Abs. 1 BGB gilt, wenn die Beitragspflicht auf die Einbringung eines Grundstücks gerichtet ist), wegen Sittenwidrigkeit nach § 138 BGB oder Gesetzesverstoßes nach § 134 BGB oder wenn er wegen Anfechtung nach §§ 119, 123, 142 BGB rückwirkend vernichtet worden ist. Ferner kann der Gesellschaftsvertrag wegen versteckten Dissenses oder fehlender Geschäftsfähigkeit nicht zustande gekommen sein. Wenn aber **die Gesellschaft** mit Zustimmung oder Duldung aller Beteiligter **in Vollzug gesetzt** worden ist, liegt eine sog. **„fehlerhafte Gesellschaft“** vor. Sie existiert also – wenn auch fehlerhaft. Die Gesellschaft soll nicht von Anfang an (ex-tunc) nichtig sein, denn dies hätte eine Rückabwicklung nach Bereicherungsrecht zur Folge, die i. d. R. impraktikabel wäre und im Einzelfall unangemessene Ergebnisse mit sich brächte. Die fehlerhafte Gesellschaft existiert, bis sie mit Wirkung für die Zukunft (ex-nunc) ihr Ende nach den Regeln der Auflösung und Abwicklung findet, die für die jeweilige Gesellschaftsart gelten. Zu denken ist insoweit an eine Kündigung aus wichtigem Grund nach § 723 Abs. 1 BGB.

Nach diesem Überblick geht es jetzt an die **„Feinarbeit“**. Achten Sie beim Durchlesen der folgenden Abschnitte vor allem auf die besonders klausurrelevanten Zurechnungsfragen! Diese stellen sich im Zusammenhang mit Vertretungsbefugnissen (wer ist gesetzlicher Vertreter?) und mit der Haftung der Personenzusammenschlüsse oder der für sie handelnden bzw. hinter ihnen stehenden Personen.

### a) Der eingetragene Verein (eV)

Der **eingetragene Verein** (§§ 21 ff. BGB) ist nach einer berühmten **Definition** des Reichsgerichts eine

- **auf Dauer** angelegte
- **Verbindung** einer großen Anzahl von **Personen**
- zur Erreichung eines **gemeinschaftlichen Zwecks**,
- die nach ihrer Satzung **körperschaftlich organisiert** ist,
- einen **Gesamtnamen** führt und
- auf einen **wechselnden Mitgliederbestand** angelegt ist.

Die Gründung setzt einen **„Gründungsvertrag“** von mindestens zwei Gründungsmitgliedern voraus, in dem sie sich über die Gründung als solche und über die Satzung einigen. Die **Satzung muss** den Zweck, den Namen und den Sitz (§ 57 BGB) enthalten und **soll** die Bestimmungen zur Mitgliedschaft und Organisation (§ 58 BGB) festlegen. Es besteht eine allerdings nach § 40 BGB und durch andere Bestimmungen (z. B. § 26 Abs. 1 BGB: „Der Verein muss einen Vorstand haben“)

eingeschränkte Satzungsautonomie. Der damit entstandene **„Vorverein"** ist ein nichtrechtsfähiger Verein (§ 54 BGB), der für das Gründungsverfahren als rechtsfähig behandelt wird. Das BGB unterscheidet in den Voraussetzungen für den Erwerb der Rechtsfähigkeit des Vereins danach, ob sein Zweck auf einen wirtschaftlichen Geschäftsbetrieb gerichtet ist **(„Wirtschaftsverein")** oder nicht **(„Idealverein")**.

Der **Idealverein** erlangt die **Rechtsfähigkeit**, indem er in das bei den Amtsgerichten geführte **Vereinsregister eingetragen (§ 21 BGB)** wird; diese Eintragung erfolgt aufgrund öffentlich beglaubigter Anmeldung durch den Vorstand (§§ 59 Abs. 1, 77 BGB) unter Beifügung der von mindestens 7 Mitgliedern (Repetitormerksatz, der am Titel einer früher jedem Abiturienten bekannten Novelle von Gottfried Keller orientiert ist: „Das Fähnlein der sieben Aufrechten") unterzeichneten Satzung sowie eines Nachweises über die Vorstandsbestellung (§§ 56, 59 Abs. 3 BGB). Der rechtsfähige Verein ist **aktiv** und **passiv parteifähig** (§ 50 Abs. 1 ZPO).

Bei einem – ganz selten vorkommenden – auf einen **wirtschaftlichen Geschäftsbetrieb** gerichteten **Vereinszweck** (z. B. die „Gema"=„Gesellschaft für musikalische Aufführungs- und mechanische Vervielfältigungsrechte") erlangt der Verein **(„Wirtschaftsverein")** die Rechtsfähigkeit nur durch eine zusätzliche staatliche Verleihung der Rechtsfähigkeit (sog. „Konzessionssystem", § 22 BGB). Warum hier eine solche Verwaltungsentscheidung nötig ist, leuchtet ohne weiteres ein: Ein Wirtschaftsverein bedeutet für die Gläubiger des Vereins, die sich nur an den meist „armen" Verein und nicht an die von ihm völlig unabhängigen Mitglieder halten können („Trennungsprinzip"), ein großes Risiko. Bei der Aktiengesellschaft und bei der Gesellschaft mit beschränkter Haftung besteht dieses Risiko zwar auch. Es wird aber immerhin „schlecht und recht" durch das Erfordernis eines garantierten Mindestvermögens (Grundkapital bzw. Stammkapital) ausgeglichen; einen solchen Gläubigerschutz gibt es beim „Wirtschaftsverein" nicht.

Die **Mitglieder** eines **eingetragenen Vereins** können **natürliche Personen** aber auch **juristische Personen** sein. So sind z. B. die Leichtathletik/Fußball betreibenden Sportvereine Mitglieder des DLV/DFB, also des jeweiligen „Dachverbandes" aller Leichtathletik/ Fußball betreibenden Sportvereine; diese wiederum sind Mitglieder des DSB als „Dachverband" der Sportverbände aller Sparten. Die Mitglieder **erwerben** die **Mitgliedschaft** am **eingetragenen Verein** durch eine **Beteiligung an** der **Gründung** oder durch einen späteren **Beitritt**. Der eingetragene Verein kann bei einer Monopolstellung und bei einem dringenden Bedürfnis eines Beitrittswilligen zu dessen Aufnahme verpflichtet sein (Kontrahierungszwang aus § 826 BGB ggf. auch nach den Normen des AGG; dazu später mehr). Die unübertragbare und unvererbliche (§ 38 BGB) **Mitgliedschaft endet** durch den **Austritt**, durch einen **Ausschluss**, durch den **Tod** des Mitglieds oder durch **Auflösung** des **eingetragenen Vereins**. Die Mitgliedschaft begründet Rechte und Pflichten:

- Die **„Mitgliedschaftsrechte"** (§ 38 BGB) sind **Teilhaberrechte**, gerichtet auf Nutzung des Vereinsvermögens und auf Teilnahme an den Veranstaltungen des Vereins, auf Vergünstigungen oder auf Dienste, die der Verein erbringt. Die Mitglieder haben auch **Mitverwaltungsrechte** (Teilnahme an der Mitgliederversammlung, Stimmrecht etc.). Die Mitglieder haben das **Recht** auf **Gleichbehandlung**.

- Die Mitglieder haben andererseits auch **Pflichten**. Allgemein bekannt ist z. B. die **Beitragspflicht**. Zu denken ist aber auch an eine Unterwerfung unter eine in der Satzung geregelte **Strafgewalt** entweder des Vereins selbst oder (unmittelbar oder gestuft) des Dachverbandes, dessen Mitglied der Verein ist, die sich auf diesem Wege auch auf die einzelnen Mitglieder des Vereins erstrecken kann. So kann es z. B. zu einer vereinsinternen Sperre eines Sportlers bei einer Beleidigung des Club-Trainers kommen oder zu einer Verbandssperre wegen Dopings.
- Über **Streitigkeiten zwischen** dem **Verein** und den **Mitgliedern** entscheiden im Grundsatz die staatlichen Gerichte. Nicht selten aber werden die Mitglieder von Vereinen oder Verbänden durch Satzungsregeln verpflichtet, Streitigkeiten nicht von staatlichen Gerichten, sondern von Vereins- oder Verbandsschiedsgerichten entscheiden zu lassen. Dann gelten die Vorschriften der ZPO über das Schiedsgerichtsverfahren entsprechend (§§ 1066, 1025 ff. ZPO). Wenn **„Vereinsstrafen"** durch die sog. **Vereinsgerichtsbarkeit** oder **Verbandsgerichtsbarkeit** (z. B. „Sportgericht" des DFB) überprüft werden können, sind derartige Gerichte keine Schiedsgerichte i.S.d. §§ 1025 ff. ZPO. Daher können deren Entscheidungen durch **staatliche Gerichte**, wenn auch nur **eingeschränkt**, **überprüft** werden; diese Prüfungskompetenz umfasst mindestens die Fragen, **a)** ob die Strafe überhaupt ihre Grundlage in der Satzung findet, **b)** ob die Satzung insoweit gesetzes- oder sittenwidrig ist, **c)** ob das in der Satzung vorgesehene Verfahren beachtet wurde und **d)** ob die Strafe offenbar unbillig und daher herabzusetzen ist. Im **Profisport** sind die verhängten Strafen häufig **Vertragsstrafen** (§§ 339 ff. BGB), die auch überprüft werden können (§ 343 BGB). Bei dieser Gelegenheit: Lesen Sie auch wirklich alle zitierten Paragraphen? Selbst dieser: § 343 BGB ist wichtig!

Die **Auflösung** eines **Vereins** z. B. durch Beschluss der Mitgliederversammlung (§§ 41, 74 Abs. 2 BGB) oder die Eröffnung des Insolvenzverfahrens über das Vereinsvermögen (§§ 42, 75 BGB) lässt den Verein zunächst bestehen. Der Vereinszweck ist jetzt aber nur noch auf die Liquidation gerichtet. Erst wenn diese beendet ist, **erlischt** der **Verein** (§ 49 Abs. 2 BGB).

Der Verein kann **Vermögen** erwerben, also z. B. Eigentümer von Sachen sein oder Forderungen gegen Dritte haben oder seinerseits Schuldner sein.

Die **Mitgliederversammlung** ist das **(Innen-)Organ** des **Vereins**, durch das der Wille des Vereins **nach innen** im Wege der Mehrheitsentscheidung gebildet wird (§ 32 BGB). Wissen Sie noch, worin der Unterschied zwischen einem „Vertrag" und einem „Beschluss" besteht? An einen Beschluss ist man auch gebunden, wenn man nicht einverstanden ist, ja sogar nicht einmal an der Beschlussfassung mitgewirkt hat.

Die Mitgliederversammlung bestellt widerruflich den **Vorstand** (§ 27 BGB); er ist das **(Außen-)Organ** des Vereins. Er führt die Geschäfte (§ 27 Abs. 3 BGB). Er hat die Stellung eines **gesetzlichen Vertreters** und vertritt den Verein nach außen gerichtlich und außergerichtlich (§ 26 Abs. 2 BGB). Neben dem Vorstand, den der Verein nach § 26 Abs. 1 BGB haben muss, bestehen nach der Satzung häufig weitere Vereinsorgane wie ein „Beirat“ oder ein sog. „erweiterter Vorstand“, welcher aber nicht mit dem Vorstand nach § 26 BGB verwechselt werden darf.

Was die Begründung von Rechten und Pflichten angeht, so wird bei **rechtsgeschäftlichem Handeln** der Verein **nach außen** durch den Vorstand vertreten (§ 26 Abs. 2 S. 1 BGB). Der Umfang ist grundsätzlich **unbeschränkt**. Eventuelle **Beschränkungen** der Vertretungsmacht (z. B. durch Satzungsänderung oder durch Mitgliederbeschluss) wirken gegenüber Dritten nur, wenn sie im Vereinsregister eingetragen sind oder dem Dritten bekannt sind (§§ 68, 70 BGB). Kein wirksames Organhandeln soll allerdings vorliegen, wenn das Geschäft **„ultra vires“** (=„offensichtlich außerhalb des Vereinszwecks“) liegt (Vorstand eines Schützenvereins kauft für den Verein ein Segelboot). Dann greifen §§ 177 ff. BGB ein: Der Dritte kann sich notfalls an den Vorstand halten (§ 179 BGB).

Aufgrund des **§ 31 BGB** ist der **eingetragene Verein** auch **deliktisch verantwortlich**, wenn der **Vorstand** einen **Deliktstatbestand** verwirklicht. Dasselbe gilt wenn ein **verfassungsmäßig berufener Vertreter** handelt, also eine Person, der durch die Satzung oder durch Handhabung und Betriebsregelung eine bedeutsame wesensmäßige Funktion der juristischen Person zur selbstständigen, eigenverantwortlichen Erfüllung übertragen worden ist. In beiden Fällen muss die Person „in Ausübung der Verrichtung“ und nicht nur in einem zufälligen örtlichen und zeitlichen Zusammenhang mit seinem Aufgabenkreis gehandelt haben: es muss ein sachlicher Zusammenhang mit dem Aufgabenkreis bestehen. Ein Verein ist aber auch dann deliktisch verantwortlich (§§ 823, 31 BGB), wenn der Vorstand einen Organisationsmangel zu vertreten hat, der darin besteht, dass für wichtige, dem Vorstand obliegende Aufgaben kein besonderer Vertreter bestellt wurde, wie § 30 BGB es ermöglicht **(„Organisationsverschulden“)**. Für **Verrichtungsgehilfen** wird nach §§ 831, 31 gehaftet. Den Verein trifft ggf. auch eine **Gefährdungshaftung**, z. B. als „Halter“ eines Kfz nach § 7 StVG, 31 BGB und eine Haftung für die Verletzung von **Verkehrssicherungspflichten**, z. B. für die mangelhafte Sicherung des Vereinsgeländes durch zu wenig Streuen im Winter.

Ob bei einer **verschuldensabhängigen nicht-deliktischen Schadensersatzhaftung** innerhalb bestehender Schuldverhältnisse (§§ 280 ff. BGB) die Stellung des Vorstandes als „gesetzlicher Vertreter“ auch zu einer **Verschuldenszurechnung** nach **§§ 278, 26 Abs. 1 S. 1 BGB** führt, ist zweifelhaft, letztlich aber eine müßige Frage, denn in jedem Fall erfolgt auch in solchen Zusammenhängen eine Zurechnung zumindest durch **§ 31 BGB**.

Der Verein, der für das Verhalten des Vorstandes einstehen muss, kann nach §§ 280 Abs. 1, 27 Abs. 3, 664 ff. BGB den Vorstand auf Schadensersatz in Anspruch nehmen, dies aber im Fall der Ehrenamtlichkeit nur bei Vorsatz und grober Fahrlässigkeit **(§ 31a BGB)**. Wenn der nicht vorsätzlich oder grob fahrlässig handelnde ehrenamtliche Vorstand von einem Dritten z. B. aus § 823 Abs. 1 BGB in Anspruch genommen wird, kann er Befreiung von dieser Verbindlichkeit seitens des Vereins verlangen **(§§ 31a Abs. 2, 257 BGB)**.

**Fall 1**

Der „TV Salto“ eV (TVS ) veranstaltet ein Sportfest. Der sich am Aufbau der Geräte beteiligende Vorsitzende des Vorstandes Volker (V) befestigt die Reckstange nicht richtig, so dass der als Mitglied zum TVS gehörige R. Eck (R) abstürzt und sich verletzt. Der nicht zum Vorstand gehörige Turnwart D. Ankwart (D) hatte den oberen Holm des Stufenbarrens nicht richtig montiert, so dass die vereinsfremde vom TVS eingeladene Turnerin Tina (T) deshalb stürzt und sich verletzt. Beide nehmen sie den TVS in Anspruch. Der ehrenamtlich tätige V wird ebenfalls in Anspruch genommen. Kann er Freistellung vom TVS verlangen?

1. Der Anspruch des Mitglieds R ergibt sich aus a) §§ 280 Abs. 1, 241 Abs. 2, 31 bzw. 278, 26 Abs. 2 S. 1 BGB, denn aufgrund der Mitgliedschaft zwischen dem TVS und seinem Mitglied R besteht nach § 241 Abs. 2 BGB die Pflicht, des Vereins gegenüber den Mitgliedern, Rücksicht auf deren Rechtsgüter (körperliche Integrität) zu nehmen. Der TVS muss für die schuldhafte Pflichtverletzung des V (je nach dem dazu eingenommenen Standpunkt) entweder nach § 31 BGB oder nach §§ 278, 26 Abs. 2 S. 1 BGB einstehen. b) Ferner ist der TVS dem R aus §§ 823 Abs. 1, 31 BGB zum Schadensersatz verpflichtet. 2. Das Nichtmitglied T hat a) ebenfalls einen Anspruch aus §§ 311 Abs. 1, 280 Abs. 1, 241 Abs. 2, 31 bzw. 278 BGB. Sie ist zwar kein Mitglied des TVS; dieser ist ihr aber aufgrund der von ihr angenommenen Einladung (Vertrag „sui generis“) zu dem Sportfest nach §§ 311 Abs. 1, 241 Abs. 2 BGB zur Erfüllung von Rücksichtspflichten verpflichtet. Auch wenn der D kein Vorstandsmitglied ist, muss der TVS für ihn einstehen, weil er als Turnwart „verfassungsmäßig berufener Vertreter“ des TVS ist. Dieser Begriff umfasst nämlich nicht nur satzungsmäßige Stellvertreter, sondern auch Vertreter „im untechnischen Sinn“, die nur kraft allgemeiner Betriebsregelung die Handhabung wichtiger Aufgabenbereiche selbstständig und eigenverantwortlich erfüllen. Mit dieser begrifflichen Ausdehnung will man die praktisch sehr wichtige Exkulpationsmöglichkeit nach § 831 Abs. 1 S. 2 BGB (lesen!) umgehen. Der TVS haftet (je nach dem dazu eingenommenen Standpunkt) entweder nach § 31 BGB oder nach § 278 BGB. b) Ferner ist der TVS der T aus §§ 823 Abs. 1, 31 BGB zum Schadensersatz verpflichtet. 3. Dass V aus § 823 Abs. 1 auch persönlich haftet, ergibt sich aus den vorstehenden Ausführungen. 4. Er kann nach § 31a Abs. 2 BGB Freistellung vom TVS verlangen.

**Fall 2**

Der Vorstand des „TV Salto“ eV (TVS) entrichtet die an den Vermieter V für das angemietete Vereinslokal zu zahlende Miete trotz einer kalendermäßigen Fälligkeitsvereinbarung nicht pünktlich. Der V verlangt vom TVS Verzugszinsen.

Der Anspruch ergibt sich entweder aus §§ 288, 286 Abs. 2 S. 1 Nr. 1, 278, 26 Abs. 2 S. 1 BGB oder aus §§ 288, 286 Abs. 2 S. 1 Nr. 1, 31 BGB. Die Zurechnung des schuldhaften Verhaltens von Organen des TVS innerhalb bestehender Schuldverhältnisse erfolgt wieder entweder über §§ 278, 26 Abs. 2 S. 1 BGB oder über § 31 BGB.

Den **Gläubigern** des Vereins **haftet nur** das **Vereinsvermögen**, nicht aber das Vermögen der einzelnen Mitglieder („Trennungsprinzip"). Dies ist für Gläubiger sehr gefährlich, weil „Ideal-Vereine" aus steuerlichen Gründen (Gemeinnützigkeit) oft über keinerlei oder nur wenig Vermögen verfügen. Sie wissen bereits, dass dieser Umstand letztlich auch der (vernünftige) Grund dafür ist, dass das Gesetz einem „wirtschaftlichen Verein" die Rechtsfähigkeit nur bei staatlicher Verleihung zukommen lässt. Dass der Geschädigte im Falle eines deliktischen Anspruchs auch den handelnden Vorstand in Anspruch nehmen kann, soll der Klarheit wegen noch einmal hervorgehoben werden. Und ich hoffe auch, dass Sie nicht etwa beim ehrenamtlichen Vorstand § 31a BGB als diesen Anspruch des Geschädigten ausschließende Norm verstehen! Welchen Inhalt hat diese noch?

### b) Die Aktiengesellschaft (AG) und die Societas Europaea (SE)

Die **Aktiengesellschaft** ist die typische Rechtsform für Großunternehmen mit großem Kapitalbedarf. Ihr Hauptvorteil ist nämlich die Möglichkeit einer direkten Beschaffung des Eigenkapitals auf dem Kapitalmarkt. Sie ist die einzige Gesellschaftsform, die einen Zugang zur Börse hat, dem gesetzlich vorgeschriebenen Markt beim Handel mit Kapitalanteilen. Beachten Sie aber bitte, dass die weitaus meisten Aktiengesellschaften nicht an der Börse notiert sind, also nicht aus diesem Grunde gegründet worden sind.

Die Aktiengesellschaft ist nach § 1 AktG eine **juristische Person** mit einem in Aktien zerlegten Kapital. Sie dient meistens gewerblichen Zwecken, muss dies aber nicht. Seit einiger Zeit ist es auch gestattet, in der Rechtsform der Aktiengesellschaft Rechtsanwaltsgesellschaften (Anwalts-AG) zu gründen (§§ 59cff. BRAO). Die Aktiengesellschaft kann **Vermögen** erwerben, also z. B. Eigentümerin von Sachen sein oder Forderungen gegen Dritte haben oder ihrerseits Schuldnerin sein. Die AG haftet nur mit diesem Gesellschaftsvermögen **(Kapitalgesellschaft)**. Aus Sicht der Mitglieder **(Aktionäre)**, ist deren Haftung auf das durch die Aktien verkörperte Kapital beschränkt. Der Ausschluss der persönlichen Haftung wird bei Aktiengesellschaften im Interesse der Gläubiger durch ein Grundkapital von 50.000 Euro kompensiert. Bei der Anwalts-AG erfolgt der Gläubigerschutz zudem durch eine zur Pflicht gemachte hohe Haftpflichtversicherungssumme.

Die Vorstufe zur Errichtung der AG kann eine **„Vorgründungsgesellschaft"** sein, die entweder eine BGB-Gesellschaft oder eine oHG ist. Sie löst sich mit Abschluss des Gesellschaftsvertrages auf (§ 726 BGB). Auch die **Entstehung** der Aktiengesellschaft setzt den Abschluss eines, allerdings notariell zu beurkundenden, Vertrags voraus, in dem die Satzung festgestellt wird (§ 23 AktG). Die Satzung einer Aktiengesellschaft darf – anders als der Gesellschaftsvertrag einer GmbH – von den Bestimmungen des AktG nur abweichen, wenn dies im Gesetz ausdrücklich zugelassen ist (§ 23 Abs. 5 AktG). Die Besonderheit ist, dass sich an der Feststellung der Satzung „eine oder mehrere Personen beteiligen" müssen (§ 2 AktG), also auch eine **„Einmann-Gründung"** möglich ist, bei der dieses Rechtsgeschäft dann kein Vertrag, sondern ein „einseitiges Rechtsgeschäft" ist. Die Satzung muss enthalten: Firma, Sitz, Gegenstand des Unternehmens, Höhe des Grundkapitals, Zerlegung des Grundkapitals in Nennbetragsaktien oder Stückaktien, Anzahl der

Vorstandsmitglieder (§ 23 AktG). Erfüllt die Satzung diese Mindestanforderungen nicht und ist die Gesellschaft gleichwohl gegründet worden, ist sie nicht ohne weiteres deshalb nichtig, sondern muss durch gestaltendes Urteil für nichtig erklärt werden (§ 275 AktG). Der erste Aufsichtsrat und durch diesen der erste Vorstand müssen bestellt werden (§ 30 AktG). Der von den Gründern zu erstellende schriftliche Gründungsbericht enthält Angaben über den Hergang der Gründung und ist von den Mitgliedern des Vorstands und des Aufsichtsrats zu überprüfen (§§ 32 ff. AktG). Wenn die Gründer die Aktien gegen Geld- oder Sacheinlagen (§§ 27 ff. AktG) übernommen haben, ist die Aktiengesellschaft **„errichtet"**. Die bei einer Mehrpersonen-Gründung dann bestehende **„Vorgesellschaft"** ist ein „eigenständiges, von ihren Gründern und Gesellschaftern verschiedenes körperschaftlich strukturiertes Rechtsgebilde mit eigenen Rechten und Pflichten" (BGH), die weder eine BGB-Gesellschaft noch ein Verein ist, sondern eine Gesamthandsgemeinschaft eigener Art. Sie ist partei- und insolvenzfähig und kann Trägerin eines Unternehmens sein. Zum Schutz des Rechtsverkehrs wird der für die AG gewählten Firmierung der Zusatz „in Gründung" oder „i.Gr." beigefügt. Wird jetzt, obwohl die Gesellschaft vor der Eintragung in das Handelsregister nicht besteht, von Organen im Namen der noch nicht entstandenen Gesellschaft gehandelt, so haftet der Handelnde „persönlich und solidarisch" (§ 41 Abs. 1 AktG). Eine Streitfrage ist, ob auch alle Gründer (Aktionäre) haften. Für die Erlangung der **Rechtsfähigkeit** der **Aktiengesellschaft** ist die **Eintragung** der **Aktiengesellschaft** in das **Handelsregister erforderlich** (§ 41 Abs. 1 S. 1 AktG). Diese erfolgt aufgrund einer von einem Notar öffentlich zu beglaubigenden Anmeldung durch alle Gründer, Vorstands- und Aufsichtsratsmitglieder nach Prüfung der Einhaltung der Gründungsvoraussetzungen. Auch wenn die Aktiengesellschaft praktisch ein „wirtschaftlicher Verein" – erinnern Sie noch § 22 BGB – ist, hängt ihre Rechtsfähigkeit nicht von staatlicher Genehmigung ab, weil der Gläubigergefährdung anderweit begegnet wird. Mit der Erlangung der Rechtsfähigkeit der AG erlischt die Vorgesellschaft. Die bei ihr entstandenen Rechte und Pflichten gehen im Wege der Gesamtrechtsnachfolge auf die Aktiengesellschaft über. Die entstandene Aktiengesellschaft ist unabhängig vom Gegenstand des von ihr betriebenen Geschäfts eine Handelsgesellschaft (§ 3 AktG) und damit **Formkaufmann**, d. h. Kaufmann allein wegen ihrer Rechtsform. Auf sie finden daher die für Kaufleute geltenden Vorschriften des HGB Anwendung (§ 6 HGB). Aus ihrer Rechtsfähigkeit folgt auch, dass die Aktiengesellschaft **aktiv** und **passiv parteifähig** ist (§ 50 Abs. 1 ZPO).

Zum **Mitglied**, genannt „Aktionär", wird man entweder durch **Beteiligung an** der **Gründung** oder durch den **Erwerb** einer oder mehrerer **Aktien** unter Lebenden oder von Todes wegen durch Erbfall.

Die **Aktie verbrieft** das **Mitgliedschaftsrecht**, das in einem Bündel von einzelnen Rechten besteht, nämlich in einem Anspruch auf **Gewinnteilhabe**, das Dividendenrecht (§§ 60 Abs. 1, 58 Abs. 4, 174 AktG), die Rechte auf **Auskunft** (§ 131 AktG), auf **Stimmabgabe** in der Hauptversammlung (§§ 118, 133 ff. AktG) und das Recht zur Geltendmachung der **Anfechtung** von **Hauptversammlungsbeschlüssen** durch Klage (§§ 241 ff., 243, 251, 254, 255 AktG) gibt.

Die **Auflösung** einer **Aktiengesellschaft** aufgrund der Auflösungsgründe des § 262 AktG lässt die Aktiengesellschaft zunächst bestehen. Der Gesellschaftszweck ist jetzt aber nur noch auf die Liquidation gerichtet. Erst wenn diese abgeschlossen ist, **erlischt** die **Aktiengesellschaft** (§ 273 AktG).

Wie jede juristische Person kann auch eine Aktiengesellschaft nur **durch** ihre **Organe handeln**.

- Die **Hauptversammlung** ist das oberste (Innen-)Organ der Aktiengesellschaft, in dem die Aktionäre ihre Rechte ausüben, soweit das Gesetz ihnen nicht noch andere Möglichkeiten einräumt (§ 118 Abs. 1 AktG). Die Aktionäre haben aber keinen unmittelbaren Einfluss auf die Geschäftsführung. Sie können nur über den von ihnen gewählten Aufsichtsrat auf die Unternehmenspolitik Einfluss nehmen. Bei besonders wichtigen Entscheidungen (Strukturentscheidungen) kann der Vorstand allerdings verpflichtet sein, einen Hauptversammlungsbeschluss herbeizuführen (vgl. § 119 Abs. 2 AktG).
- Der **Aufsichtsrat** ist zuständig für die Bestellung und Abberufung des Vorstandes (§ 84 AktG), für die Vertretung der Gesellschaft gegenüber Vorstandsmitgliedern (§ 112 AktG), für die laufende Überwachung seiner Geschäftsführung (§ 111 Abs. 1 AktG), für die Einberufung der Hauptversammlung, wenn das Wohl der Gesellschaft dies erfordert (§ 111 Abs. 3 AktG), für die Prüfung des Jahresabschlusses (§ 171 AktG) und für die Erhebung einer Anfechtungsklage gegen rechtswidrige Beschlüsse der Hauptversammlung (§ 245 Nr. 5 AktG). Auf diese Weise hat der Aufsichtsrat mittelbar Einfluss auf die Unternehmenspolitik und die Geschäftsführung.
- Der vom Aufsichtsrat bestellte **Vorstand**, der aus einer oder mehreren Personen bestehen kann, ist das (Außen-)Organ der AG. Durch ihn ist die Aktiengesellschaft **nach außen** handlungsfähig. Der Vorstand führt die Geschäfte der AG in eigener Verantwortung (§§ 76, 77 AktG); dies ist ein wesentlicher Unterschied im Vergleich zum weisungsgebundenen GmbH-Geschäftsführer. Der Vorstand ist im Verhältnis zu Dritten zur unbeschränkten und unbeschränkbaren **Vertretung** der AG berechtigt (§ 78 Abs. 1 AktG). Anders als bei der „ultra-vires-Doktrin" beim rechtsfähigen Verein gibt es keine Beschränkung der Vertretungsmacht des Vorstandes auf den Gesellschaftszweck.

Bei **verschuldensabhängigen nicht-deliktischen Schadensersatzansprüchen** innerhalb bestehender Schuldverhältnisse (§§ 280 ff. BGB) erfolgt die Zurechnung des schuldhaften Verhaltens des Vorstands entweder über **§§ 278 BGB, 76 ff. AktG** oder über **§ 31 BGB**; diese Problematik kennen Sie bereits. Bei einer **unerlaubten Handlung** eines Vorstandsmitgliedes oder eines verfassungsmäßigen Vertreters in Ausführung der von diesen Personen vorzunehmenden Verrichtungen kann der verletzte Dritte sich nach **§§ 823 ff., 31 BGB analog** an die AG halten. Natürlich haftet daneben auch das handelnde Vorstandsmitglied etc. persönlich aus den §§ 823 ff. BGB. Die Aktiengesellschaft träfe auch eine **Gefährdungshaftung**, z. B. als „Halter" eines Kfz nach § 7 StVG, 31 BGB analog und eine Haftung für die

Verletzung von **Verkehrssicherungspflichten**, z. B. bei Verletzungen aufgrund der erkennbar gefährlichen Beschaffenheit der Geschäftsräume.

Weil die Aktiengesellschaft und die Gesellschafter verschiedene Rechtspersönlichkeiten sind, **haftet** den **Gläubigern** nach § 1 Abs. 1 S. 2 AktG nur das Gesellschaftsvermögen und nicht auch das Privatvermögen der Gesellschafter (**„Trennungsprinzip"**). Die Aktionäre sind auch nicht zu Nachschüssen verpflichtet (§ 54 Abs. 1 AktG). Das hieraus resultierende Risiko für die Gläubiger wird bei der Aktiengesellschaft durch das **Erfordernis** eines für die Gläubiger **zu erhaltenden Grundkapitals** in Höhe von mindesten € 50.000,– (§ 7 AktG) kompensiert – aber nur geringfügig, denn bei einer Bargründung genügt es, dass 1/4 des Nennbetrags jeder Aktie eingezahlt wird,§ 36a Abs. 1 AktG, insgesamt also nur 12.500,– €. Zum Schutz der Gläubiger gibt es eine Reihe von Vorschriften, die das Grundkapital vor Schmälerungen bewahren sollen (lesen Sie hierzu: §§ 9, 66, 57, 150, AktG und § 266 Abs. 3 HGB). Dass dieser „Schutz" nicht weit reicht, dürfte jedermann erkennen. Wodurch wird die „Notbremse" gezogen? Durch § 19 InsO, nach dem bei juristischen Personen auch die Überschuldung Eröffnungsgrund für ein Insolvenzverfahren ist. Bei der **Anwalts-AG** wird der Ausschluss der persönlichen Haftung durch die Notwendigkeit einer Berufshaftpflichtversicherung mit einer Mindestversicherungssumme von € 2, 5 Millionen kompensiert; wird sie nicht abgeschlossen, haften die Gesellschafter persönlich (§ 59j Abs. 4 BRAO).

Seit dem Jahre 2004 gibt es aufgrund einer europäischen Verordnung innerhalb der Europäischen Union als neuen Gesellschaftstyp die **„Europäische Aktiengesellschaft"**, genannt **„Societas Europaea" (SE)**. Sie ermöglicht es den Wirtschaftstreibenden, Geschäfte in einer Holding (Gesellschaft, welche allein oder im Wesentlichen Beteiligungen an anderen Gesellschaften „hält") zusammenzufassen, anstatt für jedes Land eine eigene Gesellschaft gründen zu müssen, wie es bisher nötig war. Ferner werden grenzüberschreitende Käufe und Verkäufe von Unternehmen oder Unternehmensteilen (genannt Mergers & Acquisitions bzw. M&A-Unternehmenstransaktionen) vereinfacht. Welche Rechtsträger zur Gründung einer SE berechtigt sind, hängt von der jeweiligen Gründungsform ab. Zur Gründung einer SE durch Verschmelzung sind ausschließlich Aktiengesellschaften berechtigt. Eine Holding-SE kann durch Aktiengesellschaften und durch Gesellschaften mit beschränkter Haftung gegründet werden. Eine gemeinsame Tochter-SE kann von juristischen Personen oder von Personengesellschaften gegründet werden. Eine Gründung durch Umwandlung in eine SE ist wiederum nur Aktiengesellschaften möglich. Die SE ist eine juristische Person mit einem in Aktien zerlegten Grundkapital von mindestens € 120.000,–. Sie ist eine Handelsgesellschaft. Daher finden die für die Kaufleute geltenden und dem BGB als Spezialnormen vorgehenden Vorschriften des HGB Anwendung (§ 6 HGB). Die SE kann entweder, wie in Kontinentaleuropa üblich, eine dualistische Verwaltungsstruktur haben, die in Vorstand und Aufsichtsrat aufgeteilt ist, oder, wie im angelsächsischen Rechtsraum üblich, über eine monistisch strukturierte Verwaltung verfügen, bei der es nur einen Verwaltungsrat (Board of Directors) mit teils exekutiven und teils nicht exekutiven Managern gibt. Die vermutlich erste praktisch bedeutsame Umwandlung einer großen börsennotierten Aktiengesellschaft in eine SE war die Umwandlung der Münchener Allianz AG in die Allianz SE. Weitere bekannte Beispiele in Deutschland sind BASF, Dekra, E.ON, RWE, Porsche und Puma. Eine SE ist auch das Unternehmen MAN Diesel, Tochtergesellschaft des Maschinenbau-Konzerns MAN für die Sparte Dieselmotoren. Die Zahl der SE-Gründungen in Europa steigt konstant. Im Juli 2013 existierten nach Angaben des Europäischen Gewerkschaftsbundes 1865 europäische Aktiengesellschaften.

### c) Die Gesellschaft mit beschränkter Haftung (GmbH) und die Private Company Limited by shares (Limited, Ltd.)

Die **Gesellschaft mit beschränkter Haftung** (GmbH) ist eine typische Rechtsform für die Rechtsträgerschaft bei kleineren und mittleren Unternehmen.

Eine GmbH ist eine **juristische Person** mit einem in Geschäftsanteile zerlegten Stammkapital, also eine **Kapitalgesellschaft**. Ihre Geschäftsanteile können entweder von lediglich einem Gesellschafter (sog. „Einmann-GmbH") oder von mehreren Gesellschaftern gehalten werden (§ 1 GmbHG). Eine GmbH kann zu jedem erlaubten Zweck errichtet werden (§ 1 GmbHG). Meist ist es ein gewerblicher Zweck – es gibt aber auch die gemeinnützige GmbH (gGmbH). Seit einiger Zeit ist es auch gestattet, in der Rechtsform der GmbH Rechtsanwaltsgesellschaften (Anwalts-GmbH) zu gründen (§§ 59cff BRAO). Der Ausschluss der persönlichen Haftung wird durch eine zur Pflicht gemachte hohe Haftpflichtversicherungssumme kompensiert.

Die Vorstufe zur Errichtung einer GmbH ist sehr oft ein auf Abschluss eines Gesellschaftsvertrages gerichteter Vertrag, die eine **„Vorgründungsgesellschaft"** zur Folge hat – das kennen Sie schon von der Aktiengesellschaft. Auch die **Entstehung** der GmbH setzt den Abschluss eines notariell zu beurkundenden **Gesellschaftsvertrags**, oft **„Satzung"** genannt, voraus (§ 2 GmbHG). Wie bei der Aktiengesellschaft kann die GmbH durch eine oder mehrere Personen errichtet werden (§ 1 GmbHG). Die Satzung muss mindestens enthalten (§ 3 Abs. 1 GmbHG): Gegenstand, Firma, Sitz, Betrag des Stammkapitals (nach § 5 GmbHG mindestens € 25.000,–) und den Betrag der von jedem Gesellschafter zu leistenden Stammeinlage (§ 3 GmbHG). Erfüllt die Satzung diese Mindestanforderungen nicht und ist die Gesellschaft gleichwohl gegründet worden, ist sie nicht ohne weiteres nichtig, sondern muss durch gestaltendes Urteil für nichtig erklärt werden (§ 75 GmbHG).

Neuerdings kann nach § 5a GmbHG auch eine Gesellschaft mit einem Stammkapital gegründet werden, das den Betrag des Mindeststammkapitals nach § 5 GmbHG unterschreitet, aber mindestens € 1,– betragen muss, das aber aus den erzielten Gewinnen jeweils aufzustocken ist; dann aber muss die Firma abweichend von § 4 GmbHG die Bezeichnung **„Unternehmergesellschaft"** oder **„UG"** jeweils mit dem Klammerzusatz **„(haftungsbeschränkt)"** führen.

In der Phase zwischen dem Abschluss des Gesellschaftsvertrages und Eintragung in das Handelsregister besteht bei einer Mehrpersonen-Gründung eine **„Vorgesellschaft"**, auch **„Vor-GmbH"** genannt. Auch insoweit sei auf die Ausführungen zur Aktiengesellschaft verwiesen. Der Handelnde haftet gemäß § 11 Abs. 2 GmbHG persönlich. Entsprechend dem Streit bei der Vorgesellschaft einer Aktiengesellschaft wird auch bei dieser Vorgesellschaft diskutiert, ob auch die **Gesellschafter haften.** Die **„Vorgesellschaft"** bzw. **„Vor-GmbH"** ist natürlich nicht identisch mit der eventuell bestehenden **„Vorgründungsgesellschaft“**, so dass es keinen automatischen Übergang der Rechte und Verbindlichkeiten gibt. Erst mit der Eintragung in das Handelsregister **erlangt** die **GmbH** ihre **Rechtsfähigkeit**. (§§ 7, 11 Abs. 1 GmbHG). Die Anmeldung zur Eintragung in das Handelsregister, deren Inhalt § 8 GmbHG bestimmt, muss öffentlich beglaubigt werden. Sie setzt u. a. voraus, dass vor der Eintragung ein Geschäftsführer bestellt worden ist, dass auf jede Stammeinlage, die auf einen vollen Eurobetrag lauten muss, mindestens 25 % eingezahlt worden sind und dass der Gesamtbetrag der Einzahlungen mindestens die Hälfte des Mindeststammkapitals (also € 12.500,–) betragen muss (§ 7 Abs. 2 GmbHG). Das Stammkapital kann aus Bar- oder Sacheinlagen bestehen. Im Falle der Bargründung müssen zum Zeitpunkt der Eintragung in das Handelsregister ein Viertel der Einlagen, mindestens aber die Hälfte des gesetzlichen Mindeststammkapitals, also € 12.500,– eingezahlt sein. Soll zum Beispiel die Bargründung mit einem Stammkapital von € 100.000,– erfolgen, müssen mindestens € 25.000,– eingezahlt werden (§ 7 Abs. 2 GmbHG). In der Praxis erfolgt die Bargründung in der Weise, dass für die GmbH ein Konto bei einer Bank eröffnet wird, das zur freien Verfügung des Unternehmens steht. Der gegenüber dem Registergericht zu erbringende Nachweis der Einzahlung kann dann durch die Vorlage eines Kontoauszuges erfolgen. Sind anstelle einer Bareinlage Sacheinlagen geschuldet (also statt Geld bewegliche oder unbewegliche Sachen, Lizenzen, Unternehmen etc.) so bestehen zwei Besonderheiten: Zum einen muss eine Sacheinlage immer in voller Höhe erbracht werden, und zum anderen muss der Wert der Sacheinlage in einem Sachgründungsbericht nachgewiesen werden (§ 8 Abs. 1 Nr. 5 GmbHG). Bei der „Unternehmergesellschaft“ darf abweichend von § 7 Abs. 2 GmbHG die Anmeldung erst erfolgen, wenn das Stammkapital in voller Höhe eingezahlt ist, und Sacheinlagen sind ausgeschlossen (§ 5a GmbHG).

Wie bei der Aktiengesellschaft hängt die Rechtsfähigkeit der GmbH nicht von staatlicher Genehmigung ab. Zwischen der **Vor-GmbH** und der durch Eintragung entstandenen **GmbH** besteht **Identität**, so dass alle entstandenen Rechte und Pflichten ohne besondere Übertragung auf die GmbH übergehen. Mit der Eintragung der GmbH endet eine eventuelle Außenhaftung der Gesellschafter aus Verbindlichkeiten der Vor-GmbH, ebenso die Handelndenhaftung aus § 11 Abs. 2 GmbHG. Allerdings kann die Gesellschafter im Innenverhältnis eine Pflicht zum Ausgleich einer eventuellen Unterbilanz treffen, wenn der Wert der erbrachten Einlagen im Zeitpunkt der Eintragung gemindert ist. Kommt es nicht zur Eintragung der GmbH **(„unechte Vor-GmbH“)** haften die Gesellschafter, wenn sie den Geschäftsbetrieb fortsetzen, nach § 128 BGB analog. Die entstandene **GmbH** ist wie die Aktiengesellschaft **Formkaufmann**; auf sie finden daher die für Kaufleute geltenden Vorschriften des HGB Anwendung (§ 6 HGB, § 13 Abs. 3 GmbHG).

Zum **Gesellschafter** wird man durch **Beteiligung an** der **Gründung** oder durch den notariell zu beurkundenden **Erwerb des Geschäftsanteils** (§§ 398 BGB, 15 GmbHG). Neuerdings kann ein Erwerber eines Geschäftsanteils diesen oder ein Recht daran wirksam durch Rechtsgeschäft vom Nichtberechtigten erwerben. Dies setzt voraus, dass der Veräußerer als Inhaber des Geschäftsanteils in der im Handelsregister aufgenommenen Gesellschafterliste eingetragen ist (§ 16 Abs. 3

GmbHG). Dass dies in dogmatischer Hinsicht nicht selbstverständlich ist, werden Sie später erlernen. Zu den Rechten eines Gesellschafters an einem Geschäftsanteil gehören Vermögensrechte, wie z. B. ein Anspruch auf den Gewinnanteil (§ 29 GmbHG), und Mitverwaltungsrechte, wie z. B. Stimmrechte (§ 45 ff. GmbHG). Zu den Pflichten gehört z. B. die zur Erbringung der Stammeinlage einschließlich einer Ausfallhaftung (§ 24 GmbHG).

**Fall 3**

Der G1 und der G2 einigen sich am 1. Juli 2007 über die Gründung eines Unternehmens in der Rechtsform einer GmbH, die ein Hotel betreiben soll. Geplant ist, dass G1 Geschäftsführer wird. Am 15. Juli 2007 mietet der G1 für monatlich € 2000,– ein Gebäude für das Unternehmen bei X an und übernimmt es sofort. Am 1. September 2007 schließen G1 und G2 einen notariell beurkundeten Gesellschaftsvertrag. Hiernach beträgt das Stammkapital € 30.000,–. Jeder Gesellschafter übernimmt einen Geschäftsanteil in Höhe von € 15.000,–. Geschäftsführer soll G1 werden. Beide zahlen je € 10.000,– auf die übernommenen Geschäftsanteile ein. Danach kauft der G1 am 15. September 2007 bei Y mit Zustimmung des G2 erst einmal ein Auto für das Unternehmen für € 25.000,–. Am 1. Februar 2008 wird die GmbH in das Handelsregister eingetragen. 1. Der X will a) am 15. August 2007 b) am 15. September 2007 und c) am 15. Februar 2008 wissen, von wem er die noch nicht gezahlte Miete für den halben Monat Juli 2007 in Höhe von € 1000,– verlangen kann. 2. Der Y will a) am 1. Oktober 2007 und b) am 15. Februar 2008 wissen, von wem er die noch nicht gezahlten € 25.000,– verlangen kann.

1. Der Anspruch des X ergibt sich aus § 535 Abs. 2 BGB. a) Schuldner am 15. August 2007 ist aa) die aus G1 und G2 bestehende Vorgründungsgesellschaft als Mieterin. Sie ist grundsätzlich eine BGB-Gesellschaft, aber, wenn sie wie hier, bereits gewerblich tätig wird, eine oHG, so dass sie nach §§ 535 Abs. 2 BGB, 124 HGB schuldet. bb) Der Handelnde G1 haftet nicht nach §§ 535 Abs. 2 BGB, 11 Abs. 2 GmbHG, weil diese Vorschrift nur für die Vor-GmbH (also für die Phase nach Abschluss des notariell beurkundeten Gesellschaftsvertrages und vor Eintragung) gilt. cc) Der G1 und der G2 haften aber als Gesamtschuldner nach §§ 535 Abs. 2 BGB, 128 HGB. b) Schuldner am 15. September 2007, sind aa) weiterhin die Vorgenannten, die durch Zweckerreichung aufgelöste BGB-Gesellschaft bzw. oHG besteht als Gesellschaft in Liquidation fort und muss die Schulden der Gesellschaft erfüllen. bb) Nicht ist Schuldnerin die Vor-GmbH, denn die Vorgründungsgesellschaft ist eine eigenständige Gesellschaft, deren Rechte und Verbindlichkeiten nicht automatisch auf die Vor-GmbH übergehen. c) Für den Zeitpunkt des 15. Februar 2008 gilt nichts anderes. Insbesondere gehen die Rechte und Verbindlichkeiten der Vorgründungsgesellschaft nicht automatisch auf die GmbH über. 2. Der Anspruch des Y ergibt sich aus § 433 Abs. 2 BGB. a) Schuldner am 1. Oktober 2007 aa) ist die aus G1 und G2 bestehende Vor-GmbH. bb) Die Handelndenhaftung aus §§ 433 Abs. 2, 11 Abs. 2 GmbHG aaa) trifft den G1 als Person, die wie ein Geschäftsführer aufgetreten ist, bbb) nicht aber den

G2, der als Gesellschafter dem nur zugestimmt hat. cc) Ob es auch Gesellschafterhaftung gibt, ist umstritten: Einige lehnen dies völlig ab, andere (K. Schmidt) wollen § 128 HGB analog anwenden, der BGH kommt zur Ablehnung gekoppelt mit einer Verlustausgleichshaftung gegenüber der GmbH (also im Innenverhältnis). b) Schuldner am 15. Februar 2008 aa) ist anstelle der Vor-GmbH die mit ihr identische GmbH. bb) Die Handelndenhaftung des G1 aus § 11 Abs. 2 GmbHG erlischt. c) Wer eine persönliche Haftung aus § 128 HGB analog befürwortet hat, muss diese fortbestehen lassen.

Die **Auflösung** einer **GmbH** aufgrund der Auflösungsgründe des § 60 GmbHG lässt die GmbH zunächst bestehen. Der Gesellschaftszweck ist jetzt aber nur noch auf die Liquidation gerichtet. Erst wenn diese abgeschlossen ist, **erlischt** die **GmbH** (§ 74 GmbHG).

Die GmbH kann **Vermögen** erwerben (§ 13 Abs. 1 GmbHG), also z. B. Eigentümer von Sachen sein oder Forderungen gegen Dritte haben oder ihrerseits Schuldner sein.

Wie jede juristische Person kann eine GmbH nur **durch** ihre **Organe handeln**.

- Die Gesamtheit der Gesellschafter (**Gesellschafterversammlung**) ist das oberste (Innen-) Organ der GmbH. Sie fassen im Rahmen des Aufgabenkreises der Gesellschafter (§ 46 GmbHG) Beschlüsse in der Gesellschafterversammlung (§§ 47, 48 GmbHG).
- Die GmbH muss als **Außenorgan** mindestens einen **Geschäftsführer** haben (§ 6 Abs. 1 GmbHG). Dieser kann, muss aber nicht Gesellschafter sein (dann: „geschäftsführender Gesellschafter"). Die **Aufgaben** des **Geschäftsführers** bestehen darin, die Geschäfte der Gesellschaft zu führen und diese gegenüber Außenstehenden zu vertreten (§ 35 GmbHG). Die Geschäftsführungsbefugnis kann im Innenverhältnis durch den Gesellschaftsvertrag, eine Geschäftsordnung oder durch Beschluss der Gesellschafter beschränkt werden (§ 37 Abs. 1 GmbHG). Selbst Einzelanweisungen sind möglich. Dadurch können die Gesellschafter Einfluss auf die Unternehmenspolitik und auf das Tagesgeschäft nehmen. Insoweit unterscheidet sich die GmbH von der AG. Der Geschäftsführer **vertritt** die GmbH **unbeschränkt** und **unbeschränkbar** gegenüber Außenstehenden (§§ 6, 35 ff. GmbHG). Eine Beschränkung der Vertretungsmacht auf den Gesellschaftszweck gibt es anders als bei der „ultra-vires-Doktrin" bei dem Verein auch hier nicht.
- Auch bei der GmbH **kann** es einen **Aufsichtsrat** geben (§ 52 GmbHG), bei Gesellschaften mit mehr als 500 Mitarbeitern ist dies aufgrund des Gesetzes über die Drittelbeteiligung der Arbeitnehmer im Aufsichtsrat sogar vorgeschrieben. Die Aufgabe eines solchen Aufsichtsrats besteht in der Überwachung der Geschäftsführung, der Einberufung der Gesellschafterversammlung, der Entgegennahme des Berichts des Geschäftsführers, der Prüfung des Jahresabschlusses und der Vertretung der GmbH gegenüber dem Geschäftsführer. Sofern keine gesetzliche Pflicht zur Einrichtung eines Aufsichtsrates besteht, kann der Gesellschaftsvertrag die Kompetenzen des Aufsichtsrates grundsätzlich frei bestimmen.

Bei einer verschuldensabhängigen Schadensersatzhaftung innerhalb bestehender Schuldverhältnisse (§§ 280 ff. BGB) erfolgt die Zurechnung des schuldhaften Verhaltens des Geschäftsführers über §§ 278 BGB, 35 Abs. 1 GmbHG oder über § 31 BGB analog. Bei einer unerlaubten Handlung eines Geschäftsführers oder eines verfassungsmäßigen Vertreters, der in Ausführung der ihm zustehenden Verrichtungen gehandelt hat, kann der verletzte Dritte sich nach §§ 823 ff., 31 BGB analog an die GmbH halten. Natürlich haftet daneben auch der handelnde Geschäftsführer etc. persönlich aus den §§ 823 ff. BGB. Die GmbH träfe auch eine Gefährdungshaftung, z. B. als „Halter" eines Kfz nach § 7 StVG, 31 BGB analog und eine Haftung für die Verletzung von Verkehrssicherungspflichten, z. B. bei Verletzungen aufgrund der erkennbar gefährlichen Beschaffenheit der Geschäftsräume.

Die GmbH ist **aktiv** und **passiv parteifähig** (§ 13 Abs. 1 GmbHG).

Für Verbindlichkeiten der Gesellschaft haftet den Gläubigern nur das Gesellschaftsvermögen (§ 13 Abs. 2 GmbHG), das in der Regel das Stammkapital durch angesammelte Gewinne übersteigt. Weil die GmbH und die Gesellschafter verschiedene Rechtspersönlichkeiten sind, haftet den Gläubigern nur das Gesellschaftsvermögen und nicht auch das Privatvermögen der Gesellschafter (**„Trennungsprinzip"**). Anders als bei der Aktiengesellschaft kann eine Nachschusspflicht vereinbart werden (§§ 26 ff. GmbHG). Die Bezeichnung „Gesellschaft mit beschränkter Haftung" ist also – da die Gesellschaft selbst unbeschränkt haftet – irreführend und missverständlich. Der daraus resultierenden Gläubigergefährdung wird dadurch begegnet, dass die GmbH im Interesse der Gläubiger ein gesetzlich vorgegebenes **(Mindest-)Stammkapital** von € 25.000,– (§ 5 GmbHG) bzw. mindestens € 1,– (§ 5a GmbHG) hat, zu dessen Aufbringung sich die Gesellschafter bei ihrer Gründung verpflichten müssen und das während des Bestehens der GmbH geschützt und erhalten wird (§§ 30, 31 GmbHG, 266 Abs. 3 HGB). Dass dies nur einen unvollständigen Gläubigerschutz gewährt, erkennt man sofort. Aus diesem Grund besteht die Pflicht, bei Überschuldung einen Insolvenzantrag zu stellen (§ 19 InsO), um zumindest eine geordnete und gleichmäßige Teilbefriedigung der Gläubiger sicherzustellen. Haben die **Gesellschafter** ihre Einlage ordnungsgemäß erbracht, sind sie – auch im Falle einer Insolvenz der GmbH – frei (§ 13 Abs. 2 GmbHG). Ist die Einlage dagegen noch nicht in voller Höhe erbracht, müssen die Gesellschafter im Insolvenzfall lediglich den noch ausstehenden Differenzbetrag entrichten. Einen Zugriff auf das übrige Privatvermögen der Gesellschafter im Wege des **„Durchgriffs"** gibt es nur in extremen Ausnahmefällen. Keine solchen Ausnahmefälle sind die Gründung einer „Einmann-GmbH" oder einer „GmbH & Co KG" (dazu alsbald mehr). Eine Durchgriffshaftung besteht jedoch, wenn die Gesellschafter ihr Privatvermögen mit dem Vermögen der GmbH vermischen. Diskutiert wird auch, bei verschiedenen anderen Formen der missbräuchlichen Ausnutzung des Trennungsprinzips eine Direkthaftung der Gesellschafter anzunehmen (z. B. wenn eine GmbH von Anfang an mit wesentlich zu geringem Gesellschaftskapital ausgestattet wird, oder bei gezieltem Missbrauch der beschränkten Haftung der GmbH). Bei der Anwalts-GmbH wird der Ausschluss der persönlichen Haftung durch die Notwendigkeit einer Berufshaftpflichtversicherung mit einer Mindestversicherungssumme von € 5 Mio. kompensiert; wird sie nicht abgeschlossen, haften die Gesellschafter persönlich (§ 59j Abs. 4 BRAO).

Der GmbH steht nach §§ 30, 31 GmbHG ein Anspruch auf die Rückzahlung von verbotswidrig ausgezahltem Stammkapital zu. Bei einem sog. **„existenzvernichtenden Eingriff"** soll eine Schadensersatzhaftung des Gesellschafters, welcher den Eingriff vorgenommen hat, aus § 826 BGB gegenüber der Gesellschaft bestehen.

Zu unterscheiden ist hiervon die **Haftung** des **Geschäftsführers gegenüber** der **GmbH** aus § 43 Abs. 2 GmbHG, wenn dieser nicht die Sorgfalt eines ordentlichen Geschäftsmannes walten lässt. Nur bei deliktischem Verhalten (§ 826 BGB oder § 823 Abs. 2 BGB i.V.m. Schutzgesetzen aus dem GmbHG, die dem Gläubigerschutz dienen) oder im Fall der §§ 280 Abs. 1, 311 Abs. 3, 241 Abs. 2 BGB können auch Gläubiger Ansprüche gegen ihn haben.

**Fall 4**

Der G1 und der G2 sind Alleingesellschafter und Geschäftsführer einer GmbH, welche ein Hotel betreibt. Sie beauftragen das Malerunternehmen L.U. Edeke (L) mit der Renovierung des Hotels. L erlangt aufgrund seiner Tätigkeiten eine Forderung von € 60.000,– gegen die GmbH. G1 und G2 geraten in private wirtschaftliche Schwierigkeiten. Aus diesem Grund lassen sie sich – ohne hierfür eine werthaltige Gegenleistung zu erbringen – die wesentlichen Vermögenswerte der GmbH übertragen. Infolgedessen weist die Bilanz Aktiva von € 11.000,– und Passiva von € 175.000,– auf. L verlangt Zahlung von G1 und G2. Der Insolvenzverwalter der mittlerweile insolventen GmbH verlangt Zahlung von G1 und G2.

1. Ansprüche des L gegen G1 und G2 können sich ggf. aus §§ 823 Abs. 2 BGB i.V.m. § 263 StGB ergeben, sofern G1 und G2 bereits bei der Auftragserteilung an L davon ausgingen, dass sie der GmbH Vermögenswerte entziehen würden und dass die GmbH ihre Leistungspflicht nicht würde erfüllen können. Ist dies nicht der Fall bzw. nicht zu beweisen, so besteht keine Haftung von G1 und G2 gegenüber L. 2. Dem nach § 80 InsO aktiv legitimierten Insolvenzverwalter könnten Ansprüche a) aus §§ 43 Abs. 2, 3, 30, 31 GmbHG (sofern in der Übertragung der Vermögenswerte eine Rückzahlung von Stammkapital liegt, was vorliegend Tatfrage ist) oder b) aus § 826 BGB zustehen, wenn man in der Übertragung der Vermögenswerte einen sittenwidrigen Verstoß gegen die Pflicht zur Respektierung der Zweckbindung des Gesellschaftsvermögens sieht, (sog. „existenzvernichtenden Eingriff") und G1 und G2 vorsätzlich schädigend gehandelt haben.

Die in Artt. 49 ff. des Vertrags über die Arbeitsweise der Europäischen Union (AEUV) geregelte Niederlassungsfreiheit in der EU erlaubt es nach der Rechtsprechung des EuGH, dass EU-ausländische Gesellschaften ihren Verwaltungssitz unter Beibehaltung der Rechtsform in ein anderes EU-Land, also auch nach Deutschland, verlegen können und damit ihre gesamte Geschäftstätigkeit über eine Zweigniederlassung in jenem anderen Land ausüben können. Entschieden ist dies bisher nur für Kapitalgesellschaften (EuGH-Entscheidungen „Centros", „Überseering" und „Inspire Art"). Diese Rechtsprechung ist der Grund dafür, dass im Bereich des Mittelstandes die Geschäftstätigkeit in Deutschland zunehmend durch die englische **„Private Company Limited by shares"**, kurz **„Limited"** oder **„Ltd."**, anstatt durch eine GmbH betrieben wird. Die Gründung einer Ltd. ist im Vergleich zur GmbH deutlich einfacher und erfordert nur ein symbolisches für die Gläubiger zu erhaltendes Stammkapital (mindestens 1 Pfund). Der deutsche Gesetzgeber hat versucht, diesen „Wettbewerbsnachteil" durch § 5a GmbHG auszugleichen.

#### d) Die Gesellschaft bürgerlichen Rechts (BGB-Gesellschaft/GbR)

Die Gesellschaft bürgerlichen Rechts **entsteht** durch Abschluss eines **Gesellschaftsvertrages** (§ 705 BGB), dessen Partner natürliche und juristische Personen, auch eine oHG oder KG, neuerdings auch eine BGB-Gesellschaft selbst sein können. Das wesentliche Element des Gesellschaftsvertrages ist ein von den Gesellschaftern zu vereinbarender **„gemeinsamer Zweck"** (Gesellschaftszweck), zu dessen Förderung, insbesondere auch durch Beitragsleistung, sich die Gesellschafter **verpflichten**. Der Gesellschaftszweck kann jeder erlaubte Zweck sein. Voraussetzung ist nur, dass es sich tatsächlich um einen von sämtlichen Gesellschaftern gemeinsam verfolgten Zweck handelt. Sofern der Zweck der Gesellschaft den Betrieb eines Handelsgewerbes beinhaltet, verwandelt sich die BGB-Gesellschaft qua Gesetz in eine offene Handelsgesellschaft (§ 105 Abs. 1 HGB).

Wegen der Beschränkung auf nichtkaufmännische Unternehmungen sind die klassischen **Beispiele für BGB-Gesellschaften**:

- der berufliche Zusammenschluss von Nichtkaufleuten, meistens **Freiberuflern** (Anwaltssozietäten, Gemeinschaftspraxen),
- die **Bauherrengemeinschaft**,
- der geschlossene **Immobilienfonds**,
- der Zusammenschluss von Unternehmen zur Durchführung eines (meistens: Bau-)Vorhabens als **Arbeitsgemeinschaft** (sog. **„Arge"**),
- eine **„Interessengemeinschaft"** zur Zusammenarbeit in Forschung und Entwicklung,
- ein **„Konsortium"**, z. B. ein Zusammenschluss von Banken, um Mittel für einen Großkredit aufzubringen („Kreditkonsortium"), oder zur Emission von Aktien einer neu gegründeten Aktiengesellschaft („Emissionskonsortium")
- eine **Holding**,
- ein (zulässiges) **Kartell**.

Der Gesellschaftsvertrag ist **formfrei** (§ 311b Abs. 1 BGB gilt aber, wenn die Beitragspflicht auf die Einbringung eines Grundstücks gerichtet ist!). Er kann daher auch konkludent geschlossen werden. Bei der Frage nach dem Bestehen eines gemeinsamen Zwecks darf aber ein Bindungswille nicht einfach unterstellt werden. Entsprechend zurückhaltend sollte man mit der Annahme einer BGB-Gesellschaft daher bei **Wohngemeinschaften**, bei **Lotto-Spielgemeinschaften** oder bei **nichtehelichen** oder etwa gar bei **ehelichen Lebensgemeinschaften** sein. Der **Gesellschaftsvertrag** nach § 705 BGB hat eine **Doppelnatur**: Er ist zum einen ein schuldrechtlich verpflichtender und berechtigender Vertrag, und zum anderen dient er als organisationsrechtlicher Vertrag der Gründung einer Personenvereinigung. Als schuldrechtlicher Vertrag ist der Gesellschaftsvertrag kein gegenseitiger Vertrag, so dass §§ 320, 323 bis 326 BGB keine Anwendung finden. An die Stelle des Rücktrittsrechtes tritt das Kündigungsrecht nach § 723 BGB. Wissen Sie noch, was geschieht, wenn der Gesellschaftsvertrag nichtig ist und die Gesellschaft damit an einem **„Fehler"** leidet? Die Antwort darauf hatten wir „vor die Klammer gezogen".

Zum **Gesellschafter** wird man durch **Abschluss** des **Gesellschaftsvertrages**, durch eine (aufgrund einer vertraglich vereinbarten Abweichung von § 719 Abs. 1 Var. 1 BGB) vorgenommenen **Übertragung** des **Anteils** an der Gesellschaft und durch **Aufnahme** eines Gesellschafters.

Zur Rechtsfähigkeit der BGB-Gesellschaft wissen Sie längst:

- Es gibt BGB-Gesellschaften, die nach dem Gesellschaftsvertrag nicht als solche im Rechtsverkehr auftreten sollen. Dann handelt es sich um sog. **BGB-Innengesellschaften**. Bei ihnen gibt es keine Verbandsstruktur. Es besteht lediglich ein Schuldverhältnis. Nur einer der Gesellschafter handelt im eigenen Namen. Er muss aber den anderen gegenüber abrechnen. Diese Gesellschaften sind unstreitig nicht rechtsfähig.
- Das Gegenstück ist die sog. **BGB-Außengesellschaft**, die dadurch gekennzeichnet ist, dass sie Dritten gegenüber „als Gesellschaft" auftritt. Sie wissen bereits, dass in der Lehre überwiegend und seit dem Jahre 2001 auch vom BGH angenommen wird, dass die **BGB-Außengesellschaft** ein Träger von Rechten und Pflichten und damit eine **„rechtsfähige Personengesellschaft"** ist: **„Die Außengesellschaft bürgerlichen Rechts besitzt Rechtsfähigkeit, soweit sie durch Teilnahme am Rechtsverkehr eigene Rechte und Pflichten begründet"** (richterliche Rechtsfortbildung durch den BGH). Dass dies im Einklang mit den Vorstellungen des Gesetzgebers liegt, zeigt § 14 Abs. 2 BGB. Keine Probleme bestehen insoweit bei „unternehmenstragenden Gesellschaften" und ähnlichen Konstellationen einer wirtschaftlich tätigen BGB-Außengesellschaft. Es gibt aber auch Grenzfälle: Bei einer BGB-Gesellschaft, die sich im Halten und Verwalten eines Gegenstandes (meist ist es ein Grundstück) erschöpft und bei der eine Außenorganisation fehlt, spricht die Regelung des § 105 Abs. 2 HGB („… die nur eigenes Vermögen verwaltet") gegen eine rechtliche Einordnung als rechtsfähige BGB-Außengesellschaft. Aber: Ein minimaler, darüber hinausgehender Zweck macht sie zur rechtsfähigen BGB-Außengesellschaft, auch wenn es sich in Wahrheit um nichts anderes handelt als um eine in die Rechtsform der BGB-Gesellschaft gekleidete Vermögensgemeinschaft („gebundenes Miteigentum").

Das Vorliegen von **Auflösungsgründen** (§§ 726 ff. BGB) führt zur **Auseinandersetzung** des Gesellschaftsvermögens zwischen den Gesellschaftern (§§ 730 ff. BGB).

Soweit die **BGB-Gesellschaft** hiernach **rechtsfähig** ist, kann sie **Vermögen** erwerben (§ 124 Abs. 1 HGB analog). Sie kann Gläubigerin und Schuldnerin von rechtsgeschäftlichen und gesetzlichen Forderungen und Inhaberin von Rechten sein, namentlich auch Eigentümerin sein. Der Gesetzgeber hat in § 47 Abs. 2 S. 1 GBO bestimmt, dass ein Recht an einem Grundstück für eine Gesellschaft Bürgerlichen Rechts mit der Maßgabe eingetragen werden kann, dass alle – also nicht nur die vertretungsberechtigten Gesellschafter – einzutragen sind, z. B. so: „Gesellschaft Bürgerlichen Rechts bestehend aus A, B, C". Nach § 899a BGB wird in Ansehung des eingetragenen Rechts vermutet, dass diejenigen Personen Gesellschafter sind, die nach § 47 Abs. 2 S. 1 GBO im Grundbuch eingetragen sind. Diese im Jahre 2009 erfolgte Gesetzesergänzung ist ein gutes Beispiel dafür, dass eine Rechtsfortbildung letztlich nicht ohne den Gesetzgeber auskommt.

Die **Rechte** und **Pflichten** der **Gesellschafter** sind Sozialansprüche der Gesellschafter gegeneinander, wie z. B. auf Leistung von Beiträgen, Erfüllung von Geschäftsführerpflichten, Treuepflichten.

Was die Frage der **Handlungsfähigkeit** angeht, ist zwischen **„Innen-"** und **„Außenverhältnis"** zu unterscheiden.

- Mittels der Maßnahmen der **Geschäftsführung („Innenverhältnis")** soll der im Gesellschaftsvertrag bestimmte Gesellschaftszweck erreicht werden (§§ 709–713, 664–670 BGB). Zur Geschäftsführung sind grundsätzlich sämtliche Gesellschafter gemeinschaftlich berechtigt und verpflichtet (§ 709 Abs. 1 BGB); der Gesellschaftsvertrag kann andere, praktikablere Regelungen über die Geschäftsführung vorsehen, z. B. das Mehrheitsprinzip oder Einzelgeschäftsführung oder die Geschäftsführung durch gesellschaftsfremde Personen. Jeder Gesellschafter kann von den dazu verpflichteten Gesellschaftern die Führung der Geschäfte verlangen („actio pro socio").
- Das Gesetz räumt denjenigen denen die Geschäftsführung zusteht, „im Zweifel" auch die **Vertretungsmacht („Außenverhältnis")** ein (§ 714 BGB). Die Frage ist aber, wer dadurch vertreten wird: Sind es die Gesellschafter oder ist es die Gesellschaft? Die Frage ist untrennbar vermengt mit den im Folgenden gesondert erörterten Haftungsfragen und der Frage nach der Forderungsberechtigung bei der BGB-Außengesellschaft.

Konsequenterweise wird auch eine **aktiv**e und **passive Parteifähigkeit** der **BGB–Außengesellschaft** angenommen (§ 124 Abs. 1 HGB analog).

Unter dem Blickwinkel der Examensanforderungen stehen **im Zentrum** die im Folgenden gesondert erörterten **Fragen** nach **Schuld** und **Haftung** von **Gesellschaft** und **Gesellschaftern** und die zur **Forderungsberechtigung** der **Gesellschaft** und der **Gesellschafter**.

### aa) Schuld, Haftung und Schadensersatz bei der BGB-Außengesellschaft

#### (1) Schuld und Haftung bei rechtsgeschäftlich begründeten Verbindlichkeiten

Wenn man, wie hier vorgeschlagen, die **BGB-Außengesellschaft** als rechtsfähig ansieht, muss man konsequenterweise davon ausgehen, dass bei **rechtsgeschäftlich begründeten Verpflichtungen** nach § 714 BGB die **BGB-Außengesellschaft** vertreten wird, und dass nicht etwa die „anderen Gesellschafter" (wie es im Gesetz heißt) vertreten werden.

1. Das hat zum Einen zur Konsequenz, dass bei im Namen einer **BGB-Außengesellschaft** und mit einer für sie insoweit bestehenden Vertretungsmacht begründeten rechtsgeschäftlichen Verbindlichkeiten die **BGB-Gesellschaft schuldet** und dass den **Gläubigern** das **Gesellschaftsvermögen** haftet. Zum anderen folgt hieraus, dass ein Titel gegen die (parteifähige) Gesellschaft ausreicht. Dies gilt ungeachtet der Tatsache, dass das Gesetz für die Zwangsvollstreckung in das Gesellschaftsvermögen wegen der gesamthänderischen Bindung an sich einen Titel gegen alle Gesellschafter verlangt (§ 736 ZPO)
2. Darüber hinaus können die **Gläubiger** aber auch die **Gesellschafter persönlich** in Anspruch nehmen. Daraus resultieren Fragen über Fragen.
   a. Nach der heute herrschenden „Akzessorietätstheorie" ergibt sich die gesamtschuldnerische **Haftung** der **Gesellschafter** aus **§ 128 HGB analog**. Wir werden in diesem Zusammenhang zu erörtern haben, ob die Individualhaftung durch Vereinbarung wirksam ausgeschlossen werden kann. Der in eine BGB-Gesellschaft Eintretende haftet nach **§ 130 HGB analog** für Altverbindlichkeiten der Gesellschaft, wobei allerdings bei Verbindlichkeiten aus beruflichen Haftungsfällen diskutiert wird, § 8 Abs. 2 PartGG analog anzuwenden. Wenn zum *Beispiel* eine Person (G1) Verbindlichkeiten begründet und sich anschließend mit einer anderen Person (G2) zu einer BGB-Gesellschaft zusammenschließt, stellt sich die Frage, ob die BGB-Gesellschaft und damit auch der Gesellschafter G2 nach **§ 128 HGB analog** haftet.
   b. Wenn es sich bei der Schuld nicht um eine auf Geldzahlung gerichtete Forderung gegen die Gesellschaft handelt, stellt sich weiterhin die Frage ob die **Gesellschafter** nur **„haften"**, also lediglich mit ihrem Vermögen für die Erfüllung einstehen müssen, oder ob sie dem Gläubiger auch **„schulden"**, sie also auch zur Erfüllung verpflichtet sind. Ich hoffe, Sie erkennen den feinen, aber bedeutsamen Unterschied!
3. Der **Ausgleichsanspruch** eines Gesellschafters, der als Gesellschafter in Anspruch genommen worden ist, kann sich gegen die Gesellschaft richten (vgl. § 713 BGB) oder gegen die anderen Gesellschafter (vgl. § 426 BGB). Dazu werden Sie mehr in Teil 10 erfahren.

Dies alles, was Sie soeben gelesen haben, war nichts anderes als eine vertiefende Wiederholung des zuvor Erlernten, und es soll jetzt an Fällen erprobt werden:

**Fall 5**

Die Rechtsanwälte R1 und R2 betreiben als Sozien eine Anwaltskanzlei. Der R1, der nach dem Sozietätsvertrag der alleinige Geschäftsführer ist, kauft bei dem V „für die Sozietät" eine Computeranlage für € 20.000,–. Auf dem Briefbogen der Sozietät, auf dem das schriftliche Vertragsangebot des R1 für die Sozietät erklärt worden ist, steht hinter den Namen der Rechtsanwälte R1 und R2 der Zusatz: „Sozietät mit beschränkter Haftung". Der V will Bezahlung 1.) von „der Sozietät" und 2.) von dem wohlhabenden R2 und von dem später in die Sozietät aufgenommenen Junganwalt R3. Weiterhin will der V wissen, welches Vermögen ihm haftet und wie er seine Ansprüche im Prozess und in der Zwangsvollstreckung realisieren kann. 3.) Wie wäre es, wenn der R1 die Verbindlichkeit begründet hätte und erst dann mit dem R2 den Sozietätsvertrag geschlossen hätte? 4.) Ändert sich etwas, wenn R2 und R3 jeweils aufgrund arglistiger Täuschungen seitens des R1 zum Abschluss des Sozietätsvertrages bzw. zum Beitritt veranlasst worden sind und die „Anfechtung" erklärt haben?

1. Gegen „die Sozietät" könnte sich a) ein Anspruch aus §§ 433 Abs. 2, 164 BGB ergeben, wenn der R1 diese wirksam vertreten hätte: aa) Er hat in deren Namen gehandelt. bb) Weiterhin müsste er Vertretungsmacht gehabt haben. aaa) R1 und R2 bilden eine BGB-Gesellschaft nach § 705 BGB. Eine oHG kommt trotz der wirtschaftlichen Zielsetzung nicht in Betracht, denn die freiberufliche Tätigkeit stellt nach traditioneller Auffassung kein „Gewerbe" im Sinne des § 105 HGB dar. Bei einer BGB-Gesellschaft ist prinzipiell zwischen Geschäftsführung (Innenverhältnis, geregelt in §§ 709–713 BGB, vgl. bei der oHG §§ 114–117 HGB) und Vertretung (Außenverhältnis, geregelt in § 714 BGB, vgl. bei der oHG §§ 125–127 HGB) zu unterscheiden. Der R1 hat als geschäftsführender Gesellschafter Vertretungsmacht (§§ 164, 714 BGB), bbb) so dass „die Sozietät" verpflichtet worden wäre, wenn sie Trägerin von Rechten und Pflichten wäre und der geschäftsführende Gesellschafter sie vertreten hätte. Diese Frage ist umstritten: aaaa) Nach einer Ansicht vertritt der geschäftsführende Gesellschafter nur die Gesellschafter, so dass nur die Gesellschafter R1 und R2 dem V als Gesamtschuldner schulden (§§ 427, 714, 433 Abs. 2 BGB), nicht aber „die Sozietät". bbbb) Nach neuerer Ansicht (Flume, K. Schmidt und seit dem Jahre 2001 auch der BGH in richterlicher Rechtsfortbildung) wird angenommen, dass die BGB-Außengesellschaft als Trägerin von Rechten und Pflichten angesehen wird. Der Geschäftsführer vertritt also wirksam „die Sozietät". Daher hätte der V einen Anspruch auf Kaufpreiszahlung gegen die „Sozietät". b) Neuerdings wird die BGB–Außengesellschaft auch als parteifähig angesehen, so dass sie verklagt werden kann. Das ist zutreffend, denn wer rechtsfähig ist, ist auch parteifähig (§ 50 Abs. 1 ZPO). c) Dem Gläubiger haftet das nach § 718 BGB gesamthänderisch gebundene Gesellschaftsvermögen. Wenn der Gläubiger in dieses Vermögen vollstrecken will, bedarf es nach § 736 ZPO eines Titels gegen alle Gesellschafter. aa) Wenn man deshalb einen Titel gegen jeden einzelnen Gesellschafter

verlangt, dann wäre die neue Rechtsentwicklung, nach der die BGB-Außengesellschaft schuldet und auch verklagt werden kann, ohne praktischen Wert. Denn dann müsste ein Gläubiger, will er in das Gesellschaftsvermögen vollstrecken, doch alle Gesellschafter verklagen. bb) Daher ist man sich unter den Vertretern der neueren Ansicht einig, dass es für die Erfüllung des § 736 ZPO ausreichend ist, wenn ein Titel gegen „die Gesellschaft" als Partei vorliegt, und dass daher kein Titel gegen alle Gesellschafter zu verlangen ist; dafür spricht auch eine analoge Anwendung des § 124 Abs. 2 HGB. 2. Was die Frage der Inanspruchnahme der a) Gesellschafter, die bei Vertragsschluss Gesellschafter waren, angeht, aa) so ist i.E. unstreitig, dass diese (hier der R2) ebenfalls schulden; unterschiedlich ist nur die Begründung. aaa) Die eine Verpflichtungsfähigkeit der „Sozietät" verneinende Ansicht begründet die Gesamtschuld der Gesellschafter mit §§ 714, 427 BGB. bbb) Nach der neueren Ansicht wird die Gesamtschuld der einzelnen Gesellschafter wie folgt begründet: aaaa) Nach der (inzwischen überholten) Theorie von der „Doppelverpflichtung" soll der vertretungsberechtigte Gesellschafter einerseits die Gesamthand und andererseits die Gesellschafter verpflichten, letztere auch so, dass sie mit ihrem Privatvermögen haften. bbbb) Nach der heute herrschenden „Akzessorietätstheorie" ergibt sich die gesamtschuldnerische Haftung der Gesellschafter auch mit ihrem Privatvermögen aus § 128 HGB analog. cccc) Fraglich ist, ob eine Beschränkung der Haftung auf das Gesellschaftsvermögen möglich ist: aaaaa) Bei Verträgen mit Dritten kann dies durch eine vertragliche Beschränkung erfolgen. bbbbb) Umstritten ist, ob eine die Vollmacht des geschäftsführenden Gesellschafters beschränkende Regelung im Gesellschaftsvertrag zu einer derartigen Beschränkung im Außenverhältnis jedenfalls dann führt, wenn diese nach außen erkennbar ist. Teilweise wird dies abgelehnt, wenn es sich um eine „unternehmenstragende" BGB-Außengesellschaft handelt. Begründet wird dies mit der analogen Anwendung von § 128 HGB, der in seinem Satz 2 die gesamtschuldnerische Haftung der Gesellschafter gegenüber Dritten für unabdingbar erklärt. Wer im Gegensatz dazu die Abdingbarkeit bejaht, muss sich mit der Frage auseinandersetzen, ob dazu bereits die Bezeichnung als „Gesellschaft bürgerlichen Rechts mit beschränkter Haftung" oder gar als „GbRmbH" ausreicht (ob diese Bezeichnung auch firmenrechtlich wegen der Gefahr einer Verwechselung mit einer „GmbH" überhaupt zulässig ist, ist sehr zweifelhaft; man wird dies mit dem BGH verneinen müssen). Tendenziell genügt nicht ein bloßer Hinweis auf einem Briefbogen. b) Der Junganwalt R3 haftet vom Standpunkt der aa) früheren Meinung zur Rechtsnatur der BGB-Außengesellschaft nicht, bb) nach der neuen Ansicht haftet er analog § 130 HGB für die Altschulden. c) Die Gesellschafter sind unzweifelhaft als natürliche rechtsfähige Personen passiv parteifähig (§ 50 Abs. 1 ZPO). d) Wenn sie gesamtschuldnerisch haften, kann die Zwangsvollstreckung in ihr Vermögen betrieben werden. Zu ihrem Vermögen gehört auch der Gesellschaftsanteil. Hieraus resultieren weitere, den Rahmen dieser Darstellung sprengende vollstreckungs- und gesellschaftsrechtliche Fragen. 3. Wenn der R1 die Verbindlichkeit begründet hätte und erst dann die Sozietät mit R2 begründet hätte, könnte diese nach § 28 HGB analog haften und der R2 dafür nach § 128 HGB analog und der R3 nach § 130 HGB analog einstehen müssen. Dazu gibt es differenzierte Lösungsvorschläge: Einige (K. Schmidt) befürworten das vorgenannte Ergebnis. Andere wollen den § 128 HGB nicht analog anwenden, so dass nur R1 und die Sozietät haften würde (Canaris und bei Anwaltsgesellschaften auch der BGH). Andere wollen § 130 HGB nicht analog anwenden, so dass die Sozietät, der R1 und R2, nicht aber der R3 haften würde (BGH). 4. Wenn R2 und R3 jeweils aufgrund arglistiger Täuschungen seitens des R1 zum Abschluss des Sozietätsvertrages bzw. zum Beitritt veranlasst worden sind und die „Anfechtung" erklärt haben, ändert sich nichts: Für die Vergangenheit ist die aufgrund eines angefochtenen Gesellschaftsvertrags zustande gekommene, aber mit Zustimmung oder Duldung aller Beteiligter in Vollzug gesetzte Sozietät eine „fehlerhafte Gesellschaft". Diese ist nicht von Anfang an nichtig, sondern existiert so lange, bis sie gestützt auf die Nichtigkeits- bzw. Anfechtungsgründe mit Wirkung für die Zukunft ihr Ende nach den Regeln der Auflösung und Abwicklung, die für die Gesellschaftsart gelten, findet. Dies gilt auch für den fehlerhaften Beitritt des R3. Eine einmal entstandene Haftung entfällt also nicht.

**Fall 6**

Der Mandant M erteilt den Rechtsanwälten R1 und R2 auf einem beide Sozien nennenden Formular eine Prozessvollmacht für eine Strafverteidigung in einer Wirtschaftsstrafsache. Das Mandat wird von dem R2 bearbeitet, der R1 kennt die Sache nicht. Weil der R2 überlastet ist und nichts für den M tut, verlangt der M von dem R1 Bearbeitung des Mandats. Der R1 lehnt ab, weil er sich auf das Arbeitsrecht spezialisiert hat und nach dem Sozietätsvertrag ausschließlich die arbeitsrechtlichen Mandate bearbeitet.

1. Zunächst ist die Frage, ob dem M gegen R1 ein Anspruch zusteht, zu beantworten. Dazu kann auf die vorstehenden Ausführungen verwiesen werden: Vertragspartner des Mandanten ist die „Sozietät" und nicht der einzelne Rechtsanwalt. Dies gilt auch, wenn die Betreuung durch einen Rechtsanwalt vereinbart wird. Nach allen Ansichten sind die Gesellschafter dem Gesellschaftsgläubiger als Gesamtschuldner verpflichtet, nach h.M. nach § 128 HGB analog. 2. In diesem Zusammenhang stellt sich die Frage, ob, wenn die Verpflichtung – wie hier – nicht primär auf eine Geldzahlung gerichtet ist, die Gesellschafter „schulden" oder nur „haften", also nur für die Erfüllung einstehen müssen. Aus der Formulierung des § 128 HGB („Die Gesellschafter haften ...") kann man nichts herleiten. Folgende Möglichkeiten sind zu diskutieren: a) Wenn die Verpflichtung nur von allen Gesellschaftern erfüllt werden kann (z. B. die Übereignung einer verkauften Sache, die zum Gesellschaftsvermögen gehört; Abgabe von Willenserklärungen; unvertretbare Handlungen; Unterlassungsansprüche), ist die Verpflichtung eines einzelnen Gesellschafters ausgeschlossen. b) Darum geht es hier aber nicht. Daher sind die folgenden weiteren – allesamt vertretbaren – Denkmöglichkeiten zu erörtern: aa) Den Gesellschafter trifft nur bei Geldschulden eine Erfüllungspflicht, ansonsten ist er nur zum Schadensersatz in Geld verpflichtet („Haftungstheorie"): Der R1 müsste nicht tätig werden. bb) Alle Gesellschafter müssen erfüllen („Erfüllungstheorie"): Danach müsste R1 tätig werden. Der Erfüllungstheorie ist im Interesse der Gläubiger zu folgen; das Gesetz hätte sonst eine Beschränkung i.S.d. „Haftungstheorie" aussprechen

müssen. Allerdings soll dies nur gelten, wenn die Erfüllung den Gesellschafter in seiner gesellschaftsfreien Privatsphäre nicht wesentlich mehr als eine Geldleistung beeinträchtigt (z. B. bei Beschaffungspflichten): Hier aber muss der R1 tätig werden (er ist schließlich „Volljurist"!).

**Fall 7**

Zum Gesellschaftsvermögen einer aus den Gesellschaftern A, B, C bestehenden Gesellschaft Bürgerlichen Rechts gehört ein Grundstück. Der alleingeschäftsführende Gesellschafter A verkauft das Grundstück formgerecht an den K. Nach erfolgter Kaufpreiszahlung verlangt der K die Auflassung von A.

Der Anspruch des K gegen den A kann sich aus einem Kaufvertrag ergeben (§§ 433 Abs. 1 S. 1, 311b Abs. 1 S. 1 BGB). Wenn die Verpflichtung das Sondervermögen betrifft (z. B. die Übereignung einer verkauften Sache, die zum Gesellschaftsvermögen gehört; Abgabe von Willenserklärungen; unvertretbare Handlungen; Unterlassungsansprüche) schulden die Gesamthänder, hier also die Gesellschafter A, B und C, nur gemeinschaftlich zur gesamten Hand („Gesamthandsschuld"). Der K kann also die Auflassung nur von A, B und C verlangen.

(2) Schadensersatzverpflichtung der Gesellschaft und der Gesellschafter bei der BGB-Außengesellschaft

1. Bei verschuldensabhängigen Schadensersatzansprüchen innerhalb bestehender Schuldverhältnisse (§§ 280 ff. BGB) ist das schuldhafte Verhalten des Geschäftsführers der BGB-Außengesellschaft nach § 31 BGB analog oder nach § 278 BGB zuzurechnen. Hier gibt es noch eine interessante, sich zum Teil aus § 425 Abs. 2 BGB ergebende Frage, die wir daher erst in Teil 10 behandeln werden.
2. Bei Delikten der/des Geschäftsführer/s in Ausführung gesellschaftsrechtlicher Verpflichtungen
   a. kommt die neuere Ansicht zur Rechtsnatur der BGB-Außengesellschaft zwanglos zu einer **Verpflichtung der Gesellschaft** nach **§§ 823, 31 BGB analog** (so seit Frühjahr 2003 der BGH). Konsequenterweise wird man auch eine **Gefährdungshaftung** der BGB-Außengesellschaft, z. B. nach § 7 StVG, 31 BGB analog annehmen müssen.
   b. Eine **Eigenhaftung aus § 823 BGB** des handelnden Gesellschafters besteht selbstverständlich. Dagegen muss kein Gesellschafter für das deliktische **Verhalten** eines **Mitgesellschafters nach § 831 BGB** einstehen, weil die Gesellschafter untereinander nicht weisungsgebunden und damit nicht Verrichtungsgehilfen sind.
3. Nach **§ 128 HGB** analog „(haben) die Gesellschafter einer Gesellschaft bürgerlichen Rechts … grundsätzlich auch für gesetzlich begründete Verbindlichkeiten ihrer Gesellschaft persönlich und als Gesamtschuldner einzustehen" (so seit Frühjahr 2003 der BGH).

4. Zu diskutieren ist, ob auch **§ 130 HGB** entsprechend angewendet wird, namentlich auch bei einer deliktischen Haftung der Gesellschaft aus §§ 823 Abs. 1, 31 BGB.
5. Der **Ausgleichsanspruch** eines Gesellschafters, der als Gesellschafter in Anspruch genommen worden ist, kann sich gegen die Gesellschaft richten (vgl. § 713 BGB) oder gegen die anderen Gesellschafter (vgl. § 426 BGB). Dazu werden Sie mehr in Teil 10 erfahren.
6. Zu diskutieren ist, ob mit Rücksicht auf **§ 8 Abs. 2 PartGG** bei beruflichen Haftungsfällen von Rechtsanwälten besondere Regeln gelten.

Auch der vorangegangene Kasten diente lediglich der Wiederholung des von Ihnen bereits erlernten. Nun sollen Sie Ihr Wissen an folgenden Fällen praktisch anwenden:

**Fall 8**

Die Rechtsanwälte R1 bis R50 betreiben als Sozietät in Form einer BGB-Gesellschaft eine Rechtsanwaltskanzlei. Der R50 führt für den Mandanten M als Beklagten einen Prozess. Der Anspruch gegen den M in Höhe von € 100 Mio. ist begründet, aber verjährt. Der R50 übersieht dies. M wird daher rechtskräftig verurteilt. Die Haftpflichtversicherung deckt nur ein Risiko von € 10 Mio., eine Haftungsbeschränkungsvereinbarung wurde nicht abgeschlossen. 1.) Der M verlangt in Höhe der Differenz Schadensersatz von der Sozietät und von R1. 2.) Hätte das Haftungsrisiko auf den R50 beschränkt werden können? 3.) Erst nach dem Urteil gegen M wird der angestellte Jung-Anwalt Dr. LL.M. R51 „mit auf den Briefkopf" gesetzt; Sozius wird er aber nicht. Der M nimmt den stolzen R51, der gerade eine Familie gegründet hat, in Anspruch. Ist es aus mit dem Glück?

1. a) Der Anspruch gegen die Sozietät ergibt sich aus §§ 280 Abs. 1, 675, 611, 241 Abs. 2, 31/278 BGB. Vertragspartner des Mandanten ist die „Sozietät" und nicht der einzelne Rechtsanwalt, also nicht der R50. Dies auch, wenn die Betreuung durch einen bestimmten Rechtsanwalt vereinbart wird. Die „Sozietät" trifft die Schadensersatzpflicht, weil sie sich die als schuldhaft vermutete Pflichtverletzung des R50 zurechnen lassen muss (§ 31/§ 278 BGB) b) Der R1 muss nach § 128 HGB analog dafür einstehen. aa) Der stillschweigend abgedungene § 425 Abs. 2 BGB kommt ihm nicht zugute (dazu mehr in Teil 10). bb) Zu erörtern ist, ob § 8 Abs. 2 PartGG zugunsten des R1 analog angewendet werden kann. Hiernach hat neben der Partnerschaftsgesellschaft nur derjenige Partner persönlich einzustehen, der den Schadensersatzanspruch hat entstehen lassen. Die anderen sind kraft Gesetzes von der Haftung befreit. Die Vorschrift ist aber nicht analogiefähig, sondern mit der Rechtsform der PartG untrennbar verbunden. 2. Eine Haftungsbeschränkung durch vorformulierte Vertragsbedingungen auf einzelne Mitglieder einer Sozietät (hier R50) wäre nach § 51a BRAO möglich gewesen. 3. Zu erörtern ist eine Haftung des R51 nach § 130 HGB analog. a) Auch wenn

der R51 nicht Gesellschafter geworden ist, muss man diskutieren, ob § 130 HGB wegen des Rechtsscheins einer Gesellschafterstellung eingreift. b) Bejaht man dies, ist weiter fraglich, ob § 130 HGB auch auf Verpflichtungen der Sozietät aus beruflichen Haftungsfällen Anwendung findet, weil diese ausweislich des § 8 Abs. 2 PartGG eine Sonderrolle spielen.

bb) Forderungsberechtigung bei der BGB-Außengesellschaft

Auch für die **Forderungsberechtigung** ist die Frage, ob man die BGB-Außengesellschaft als rechtsfähig ansehen kann, von Bedeutung.

**Fall 9**

Die Rechtsanwälte A und B betreiben als Sozietät in Form einer BGB-Gesellschaft eine Rechtsanwaltskanzlei. Der A berät den Mandanten M. Dieser bleibt das Honorar von € 50.000,– schuldig. Der A, der nach dem Sozietätsvertrag alleiniger Geschäftsführer ist, macht den Anspruch nicht geltend, weil er mit M gemeinsam im Vorstand einer Partei sitzt und in dieser Eigenschaft auf M's Wohlwollen angewiesen ist, das ihm nach M's Worten nur sicher sein würde, wenn die Forderung niedergeschlagen wird. Der B will wissen, welche Rechte er hat.

1. Er könnte die Forderung der Sozietät aus §§ 675, 611 BGB geltend machen, wenn er – was nicht der Fall ist – deren Geschäftsführer wäre (§§ 709 ff. 714 BGB). 2. Erwägen könnte man, ob er die Forderung der Sozietät nach § 432 BGB auf Leistung an A und B gemeinschaftlich geltend machen könnte. a) Das wäre dann vorstellbar, wenn er zusammen mit dem A Gläubiger der Forderung wäre. Die Forderung ist Gesellschaftsvermögen (§ 718 Abs. 1 BGB). aa) Wenn man die neue Rechtsentwicklung ignoriert und annimmt, dass nicht „die Sozietät", sondern die Gesellschafter A und B in ihrer gesamthänderischen Verbundenheit Träger von Rechten und Pflichten sind (§§ 714, 718 BGB), würde wegen der Spezialität der §§ 709 ff. BGB der § 432 BGB gleichwohl weder unmittelbar noch analog anwendbar sein; dafür spricht auch ein Umkehrschluss aus § 2039 BGB. bb) Erst recht kann der B keine Leistung verlangen, wenn man für die volle Rechtsfähigkeit auf den unternehmenstragenden Charakter der BGB-Gesellschaft abstellt und ansonsten bloß Teilrechtsfähigkeit annimmt. Dann käme man hier zu dem Ergebnis, dass allein „die Sozietät" die Trägerin von Rechten und Pflichten ist. c) Danach aa) bliebe dem B nur das Recht, den A aus dem Gesellschaftsvertrag auf Erfüllung seiner Pflicht zur Geschäftsführung in Anspruch zu nehmen („actio pro socio"). bb) Das birgt Risiken (z. B. Verjährung) in sich und ist unzumutbar, wenn, wie hier, Geschäftsführer und Schuldner kollusiv zusammenwirken. d) In diesen beiden Fällen soll nach einer durchaus vertretbaren Ansicht dem nicht-geschäftsführenden Gesellschafter ein „Notgeschäftsführungsrecht" nach § 744 BGB analog zustehen.

### e) Die offene Handelsgesellschaft (oHG), Partnerschaftsgesellschaft, Europäische Wirtschaftliche Interessenvereinigung (EWIV)

Nach § 105 HGB ist „eine Gesellschaft, deren Zweck auf den Betrieb eines Handelsgewerbes unter gemeinschaftlicher Firma gerichtet ist, … eine offene Handelsgesellschaft, wenn bei keinem der Gesellschafter die Haftung gegenüber den Gesellschaftsgläubigern beschränkt ist". Die **offene Handelsgesellschaft (oHG) entsteht** bereits durch Abschluss eines **Gesellschaftsvertrages mit diesem Inhalt** (§ 105 Abs. 1 HGB). Sie ist im Ausgangspunkt eine „BGB-Gesellschaft mit wirtschaftlichem Zweck" (wissen Sie noch, weshalb der Zusammenschluss von Rechtsanwälten trotzdem nur zu einer BGB-Gesellschaft und nie zu einer oHG führen kann?). Die Gesellschaft wird als oHG grundsätzlich aber erst dann **nach außen wirksam**, wenn sie auch in das Handelsregister eingetragen worden ist (§ 123 Abs. 1 HGB). Betreibt sie aber bereits zuvor ein kaufmännisches Unternehmen im Sinne des § 1 HGB, so beginnt ihre Wirksamkeit Dritten gegenüber schon mit der Aufnahme des Geschäftsbetriebes (§ 123 Abs. 2 HGB).

Die einleitend dargestellten Grundsätze über die **„fehlerhafte Gesellschaft"** gelten auch hier.

Zum **Gesellschafter** wird man durch **Abschluss** des **Gesellschaftsvertrages**, durch eine (bei einer Abänderung des § 719 Abs. 1 Var. 1 BGB mögliche) vorgenommene **Übertragung** des **Anteils** an der Gesellschaft und durch **Aufnahme** als Gesellschafter.

Da die oHG unter ihrer Firma Rechte erwerben und Verbindlichkeiten eingehen, Eigentum und andere dingliche Rechte erwerben, vor Gericht klagen und verklagt werden kann (§ 124 Abs. 1 HGB), ist sie im Sinne des § 14 Abs. 2 BGB eine **„rechtsfähige Personengesellschaft"**. Sie kann Gläubigerin und Schuldnerin von rechtsgeschäftlichen und gesetzlichen Forderungen und Inhaberin von Rechten sein, namentlich auch Eigentümerin sein. Sie ist auch grundbuchfähig.

Das Vorliegen von **Auflösungsgründen** (§ 131 HGB) führt zur Liquidation der Gesellschaft (§§ 145 ff. HGB).

Die oHG kann als rechtsfähige Gesellschaft **Vermögen** bilden (§ 124 Abs. 1 HGB).

Die **Rechte** und **Pflichten** der Gesellschafter sind Sozialansprüche der Gesellschafter gegeneinander, wie z. B. auf Leistung von Beiträgen, Erfüllung von Geschäftsführerpflichten, Treuepflichten.

Was die **Handlungsfähigkeit** angeht, so unterscheiden wir wieder zwischen **Geschäftsführung** (Innenverhältnis) und **Vertretung** (Außenverhältnis). Im Grundsatz ist jeder Gesellschafter alleine zur Geschäftsführung (§§ 114 ff. HGB) und alleine zur Vertretung nach außen (§ 125 Abs. 1 HGB) befugt. Damit ist das Chaos programmiert. Allerdings sind diese Regelungen nicht zwingend; im Gesellschaftsvertrag kann etwa vereinbart werden, dass nur ein einziger Gesellschafter zur Geschäftsführung befugt oder zur Vertretung befugt ist. Auch **Nicht-Gesellschafter** können die Geschäfte führen und vertreten. Vertreten wird die oHG – nicht etwa deren Gesellschafter!

Die **rechtsgeschäftlich begründeten Verpflichtungen** richten sich gegen das **Gesellschaftsvermögen** (§ 124 HGB). Akzessorisch dazu **haften** die **Gesellschaf-**

**ter** für rechtsgeschäftliche unter der gemeinsamen Firma eingegangene Verbindlichkeiten oder daraus resultierende Ansprüche (§§ 280 ff., 346 ff., 812 ff. BGB) sowie für solche gesetzlichen Verbindlichkeiten, die an die gemeinschaftliche Zuständigkeit der Gesellschafter im Rahmen der Gesellschaft anknüpfen (z. B. die Haftung nach §§ 823 ff., 31 BGB). Sie haften den Gesellschaftsgläubigern unbeschränkbar und persönlich als Gesamtschuldner **(§§ 128 HGB, 421 BGB)**, und zwar **zwingend**, also unabdingbar. Wegen der „Akzessorietät" kann ein Gesellschafter bei einer Inanspruchnahme aus Gesellschaftsverbindlichkeiten dem Gläubiger auch solche **Einwendungen**, die ein (ebenfalls akzessorisch haftender) Bürge (vgl. §§ 768, 770 BGB) oder ein (ebenfalls akzessorisch haftender) Eigentümer gegen den Hypothekar (vgl. § 1137 BGB) hat, **entgegenhalten (§ 129 HGB)**. Wenn Ihnen das im Augenblick „zu hoch" ist, keine Sorge: Das wird später alles noch einmal wiederholt, so dass Sie es spätestens dann verstehen. Dieser tröstende Zuspruch soll Sie aber nicht davon abhalten, bei dieser Gelegenheit die §§ 768, 770, 1137 BGB zu lesen; denn Sie entrinnen diesen Vorschriften ohnehin nicht, und ein solches Querlesen fördert den ja angestrebten Durchblick! Die Ihnen von der Darstellung der BGB-Gesellschaft her bereits bekannte Frage, ob ein **Gesellschafter** (abweichend vom Wortlaut des § 128 HGB) nicht nur **„haftet"**, sondern auch **„schuldet"**, wird wie bei der BGB-Gesellschaft beantwortet.

**Fall 10**

Die A & B & C oHG, deren alleiniger geschäftsführender Gesellschafter der A ist, schließt, vertreten durch A, mit S einen Vertrag über ein diesem zu gewährendes ungesichertes, kurzfristiges, verzinsliches Darlehen über € 100.000,–. Das Darlehen soll von der A & B & C oHG eine Woche nach Vertragsschluss valutiert (also ausgezahlt) werden; der S soll es dann nach einem weiteren Monat tilgen und die Zinsen zahlen. Der S hat die A & B & C oHG zum Abschluss dieses Vertrages dadurch bewogen, dass er dem A unter Vorlage einer Abschrift des Testaments des Erblassers E und der Sterbeurkunde erklärt hat, in einem Monat eine Geldzahlung aus einem zu seinen Gunsten angeordneten Vermächtnis in Höhe von € 1.000. 000,– zu erhalten (§§ 2147, 2174 BGB). Der S wusste jedoch, dass der Nachlass überschuldet war und er keine Zahlung zu erwarten hatte. Als der A gleich nach Vertragsschluss Nachforschungen anstellt und erfährt, dass S ihn getäuscht hat, veranlasst er, dass keine Auszahlung an den S vorgenommen werden soll, spricht diesen aber noch nicht darauf an. Der S verlangt Zahlung von B und C.

a) Der B und der C sind nach §§ 488 Abs. 1 S. 1 BGB, 124, 128 HGB zur Zahlung verpflichtet, aa) weil die A & B & C oHG hierzu verpflichtet ist (§ 124 HGB) und die Verpflichtung nicht durch eine Anfechtung nach §§ 123 Abs. 1, 142 Abs. 1 beseitigt hat bb) und weil B und C bei einer primären Geldschuld als Gesamtschuldner – unstreitig – diesen Anspruch erfüllen müssen (§ 128 HGB). b). Fraglich ist jedoch, ob B und C Einwendungen gegen den Anspruch haben. Nach § 129 Abs. 2 HGB können sie die Leistung verweigern, weil der A & B & C oHG das Recht zusteht, das ihrer Verbindlichkeit zugrunde liegende Rechtsgeschäft (den Darlehensvertrag) nach § 123 Abs. 1 BGB wegen arglistiger Täuschung über die Kreditwürdigkeit des S anzufechten.

Was die Frage der Zurechnung schadensersatzbegründender Verhaltensweisen der geschäftsführenden Gesellschafter angeht, so ist bei **verschuldensabhängigen Schadensersatzansprüchen innerhalb bestehender Schuldverhältnisse** (§§ 280 ff. BGB) das Verhalten des Geschäftsführers der oHG dieser nach § 31 analog oder nach § 278 BGB zuzurechnen. Dass sich hier eine interessante, sich aus § 425 Abs. 2 BGB ergebende Frage stellt, die wir in Teil 10 behandeln werden, ist Ihnen bereits für die BGB-Außengesellschaft angekündigt worden. Bei **Delikten** wird nach der ganz herrschenden Meinung **§ 31 BGB** analog angewendet. Die Gesellschaft haftet also für eine unerlaubte Handlung, die ein geschäftsführungsbefugter Gesellschafter in Ausführung von Geschäftsführungsmaßnahmen oder von Vertretungshandlungen für die Gesellschaft begeht. Die Gesellschafter haften hierfür nach § 128 HGB als Gesamtschuldner. Konsequenterweise wird man auch eine **Gefährdungshaftung** der BGB-Außengesellschaft, z. B. nach § 7 StVG, 31 BGB analog annehmen müssen.

Aus § 124 Abs. 1 HGB ergibt sich die **aktive** und **passive Parteifähigkeit** der oHG.

Auch wenn es geradezu ein Wesensmerkmal einer Personengesellschaft, also auch einer oHG ist, dass der Personenkreis der Gesellschafter unverändert bleibt, kann die Möglichkeit der Übertragung des Gesellschafteranteils und des **Eintritts** neuer **Gesellschafter** vereinbart werden. Für den Fall des Eintritts haftet der neue Gesellschafter für Altschulden der Gesellschaft mit seinem Privatvermögen (§ 130 HGB).

Allein schon im Hinblick darauf, dass viele von Ihnen in wenigen Jahren Rechtsanwälte sein werden, ist ein kurzer Hinweis auf die seit dem Juli 1995 existierende Gesellschaftsform der **„Partnerschaftsgesellschaft"** durchaus angezeigt: Freiberufler, die bisher auf die Rechtsform der BGB-Gesellschaft, der GmbH oder der AG beschränkt waren, können sich jetzt auch zu einer Partnerschaftsgesellschaft zusammenschließen. Sie ist eine rechtsfähige Personengesellschaft im Sinne von § 14 Abs. 2 BGB, auf die Regeln der BGB-Gesellschaft (§ 1 Abs. 4 PartGG) und teilweise auch die der oHG Anwendung finden (§§ 4, 6, 7 PartGG). Hinsichtlich der Haftung der Gesellschaft verweist § 7 Abs. 2 PartGG auf § 124 HGB, so dass Verbindlichkeiten der Partnerschaft ausschließlich solche der Gesellschaft sind. Die Gesellschafter haften aber nach § 8 Abs. 1 PartGG den Gläubigern nach § 128 HGB. Die §§ 129, 130 HGB werden entsprechend angewendet (§ 8 Abs. 1 S. 2 PartGG). Für die akzessorische Haftung wegen fehlerhafter Berufsausübung gilt in § 8 Abs. 2 PartGG eine Besonderheit, auf die Sie schon in anderem Zusammenhang aufmerksam gemacht wurden – Sehen Sie sich hierzu nochmals Fall 8 an.

Die **Europäische Wirtschaftliche Interessenvereinigung (EWIV)** ist keine Gesellschaftsform, die als Rechtsträger eines Unternehmens in Betracht kommt. Denn eine EWIV darf keinen Gewinn für sich selbst erzielen wollen. Sie dient vielmehr allein dazu, die wirtschaftliche Betätigung ihrer Mitglieder dadurch zu unterstützen, dass sie der grenzüberschreitenden Kooperation von Wirtschaftstreibenden einen rechtlichen Rahmen gibt. Gedacht ist an gemeinschaftliche Vorhaben, zum Beispiel solche der Forschung und der Entwicklung, der Durchführung eines gemeinschaftlichen Inkasso, des Betriebs eines gemeinschaftlich genutzten Rechenzentrums etc. Ausdrücklich untersagt ist es, einer EWIV Leitungs- und Kontrollrechte über andere Unternehmen, etwa wie bei einer Holding, einzuräumen. Sie ist nach Eintragung in ein nationales Register rechtsfähig und als rechtsfähige Personengesellschaft anzusehen (§ 14 Abs. 2 BGB). Überwiegend gelten für sie die Regeln der oHG.

#### f) Die Kommanditgesellschaft (KG), GmbH & Co KG

Nach **§ 161 Abs. 1 HGB** ist „eine Gesellschaft, deren Zweck auf den Betrieb eines Handelsgewerbes unter gemeinschaftlicher Firma gerichtet ist, … eine **Kommanditgesellschaft**, wenn bei einem oder bei einigen Gesellschaftern die Haftung gegenüber den Gesellschaftsgläubigern auf den Betrag einer bestimmten Vermögenseinlage beschränkt ist (Kommanditisten), während bei dem anderen Teil der Gesellschafter eine Beschränkung der Haftung nicht stattfindet (persönlich haftende Gesellschafter)"; den persönlich haftenden Gesellschafter nennt man auch „Komplementär". Was das **Entstehen** der KG und das **Wirksamwerden nach außen** angeht, gelten die gleichen Regeln wie bei der oHG; insoweit kann daher auf die Darstellung zur oHG verwiesen werden.

Die einleitend dargestellten Grundsätze über die **„fehlerhafte Gesellschaft"** gelten auch hier.

Zum **Gesellschafter** wird man durch **Abschluss** des **Gesellschaftsvertrages**, durch eine (bei einer Abänderung des § 719 Abs. 1 Var. 1 BGB mögliche) vorgenommene **Übertragung** des **Anteils** an der Gesellschaft und durch **Aufnahme** eines Gesellschafters.

Die KG unterscheidet sich nach **§ 161 Abs. 1 HGB** von der oHG dadurch, dass bei ihr zwar auch **§ 128 HGB** Anwendung findet, demzufolge bekanntlich den Gesellschaftsgläubigern **„die Gesellschafter … für die Verbindlichkeiten der Gesellschaft als Gesamtschuldner persönlich (haften)"**, dass aber bei mindestens einem ihrer Gesellschafter, dem **Kommanditisten** nämlich, die **Haftung gegenüber den Gesellschaftsgläubigern** auf den Betrag einer bestimmten **Vermögenseinlage (Hafteinlage) beschränkt** ist (§§ 161 Abs. 1, 171 Abs. 1 HGB) und dass nach §§ 161 Abs. 1, 128 HGB **mindestens ein weiterer Gesellschafter den Gläubigern unbeschränkt haftet („persönlich haftender Gesellschafter" = Komplementär)**.

Die **Gesellschafter** einer KG bilden also **zwei unterschiedliche Gruppen** mit unterschiedlicher Rechtsstellung sowohl im Innen- als auch im Außenverhältnis.

- Die **Komplementäre** haben sowohl im Innen- als auch im Außenverhältnis die Rechtsstellung der Gesellschafter einer oHG: Allein ihnen steht die **Geschäftsführung** und die **Vertretung** der KG zu. Insoweit gelten die für die oHG bestehenden Regelungen, auf die verwiesen werden kann.
- Die **Kommanditisten** sind dagegen von der Geschäftsführung und der Vertretung der Gesellschaft ausgeschlossen (§§ 164, 170 HGB). Das ist ein Ausgleich

dafür, dass sie mit der auf ihre Einlage beschränkten Haftung ein deutlich geringeres Geschäftsrisiko tragen.

Da die KG unter ihrer Firma Rechte erwerben und Verbindlichkeiten eingehen, Eigentum und andere dingliche Rechte erwerben, vor Gericht klagen und verklagt werden kann (§§ 161, 124 Abs. 1 HGB), ist sie nach § 14 Abs. 2 BGB eine **„rechtsfähige Personengesellschaft"**. Sie kann Gläubiger und Schuldner von rechtsgeschäftlichen und gesetzlichen Forderungen und Inhaber von Rechten sein, namentlich auch Eigentümer sein. Sie ist auch grundbuchfähig.

Das Vorliegen von **Auflösungsgründen** (§ 131 HGB) führt zur Liquidation der Gesellschaft (§§ 145 ff. HGB).

Die KG kann als rechtsfähige Gesellschaft **Vermögen** bilden (§§ 161, 124 Abs. 1 HGB).

Hinsichtlich der **Handlungsfähigkeit** der KG haben Sie soeben alles Notwendige gelesen. Es ist auch hier die KG, die vertreten wird.

Zur Frage der **Haftung** von Gesellschaft und Gesellschaftern haben Sie das für Sie Wichtige bereits bei der oHG gelesen. Die einzige für Sie bedeutsame Besonderheit besteht darin, dass die persönliche **Haftung** der **Kommanditisten** nur bis zur Höhe der (im Handelsregister einzutragenden) Hafteinlage reicht (§ 171 Abs. 1 Hs. 1 HGB) und dass ihre persönliche Haftung erst durch die Leistung der Hafteinlage erlischt (§ 171 Abs. 1 Hs. 2 HGB).

**Fall 11**

Die A-KG besteht aus dem persönlich haftenden Gesellschafter A und den Kommanditisten B und C. Die Haftsumme beträgt jeweils € 50.000,–. Der B hat die Hafteinlage noch nicht gezahlt; der C hat gezahlt. Der A geht namens der Gesellschaft eine kurzfristige Darlehensverpflichtung bei der X-Bank in Höhe von € 100.000,– ein. Die X-Bank nimmt bei Fälligkeit den B und den C in Anspruch.

Der Anspruch ergibt sich aus §§ 488 Abs. 1 S. 2 BGB, 161 Abs. 2, 128, 171 Abs. 1, Hs. 1 HGB. a) Der Anspruch gegen den B ist aber summenmäßig beschränkt auf € 50.000,– (§ 171 Abs. 1 Hs. 1 HGB). b) Der Anspruch gegen den C ist erloschen (§ 171 Abs. 1 Hs. 2 HGB).

Gegen ihre persönliche Haftung können sich die Komplementäre und Kommanditisten nach **§ 129 HGB** verteidigen; auch insoweit kann auf die Darstellung zur oHG verwiesen werden.

Aus §§ 161 Abs. 1, 124 Abs. 1 HGB ergibt sich die **aktive** und **passive Parteifähigkeit** der KG.

Bei dem **Eintritt** eines weiteren **Gesellschafters** in die KG gilt der Ihnen ja schon bekannte § 130 HGB, wenn ein Komplementär eintritt; beim Eintritt eines Kommanditisten gilt § 173 HGB: Er haftet nach Maßgabe des § 171 Abs. 1 HGB auch für Altverbindlichkeiten. Wird ein Kommanditanteil abgetreten (was bei einer entsprechenden Vereinbarung im Gesellschaftsvertrag möglich ist), so kann sich der neu eintretende Kommanditist auf die Leistung der Hafteinlage durch seinen

Vorgänger nur berufen, wenn er als dessen Rechtsnachfolger im Wege der Sonderrechtsnachfolge eintritt – eine Gesamtrechtsnachfolge ergibt sich insbesondere aus § 1922 BGB oder aus bestimmten gesellschaftsrechtlichen Vorgängen, etwa bei Verschmelzung oder Aufspaltung von Gesellschaften sowie bei der Anwachsung des Anteils am Gesellschaftsvermögen bei Ausscheiden eines Gesellschafters (§ 738 BGB).

Die Bedeutung einer Kommanditgesellschaft besteht auch darin, dass man eine GmbH als einzigen persönlich haftenden Gesellschafter einsetzen kann. Man muss dies in der Firma durch die Bezeichnung **GmbH & Co KG** deutlich machen. Mit dieser Konstruktion vermeidet man die oft unerwünschte Komplementärhaftung mit einem Privatvermögen und hat gleichzeitig die Vorteile einer Personengesellschaft gegenüber einer Kapitalgesellschaft (steuerliche Vorteile, Erleichterung der Beschaffung von Eigenkapital durch Kommanditeinlagen, formfreie Übertragung der Kommanditanteile). Wenn die GmbH eine Einmann-GmbH ist und der einzige Gesellschafter der GmbH zugleich der einzige Kommanditist ist, also insgesamt nur eine einzige natürliche Person an der GmbH & Co. KG beteiligt ist, nennt man dies eine **Einheitsgesellschaft**. Das nicht selten vorkommende andere Extrem ist die **Publikums-KG**, bei der es eine große Zahl von Kommanditisten, die keinerlei Kontakt miteinander haben, und nur einen Komplementär, vorzugsweise eine GmbH, gibt. Die Geschäftsführung und die Vertretung liegen bei der GmbH, die durch ihre Organe handelt. Was die Haftung angeht, so haftet die Komplementärin (GmbH) für die Verbindlichkeiten der Kommanditgesellschaft (§§ 161, 124 HGB) in vollem Umfang persönlich (§§ 161, 128 HGB), wobei die Haftung von deren Gesellschafter nach Eintragung der GmbH in das Handelsregister nach § 13 Abs. 2 GmbHG ausgeschlossen ist. Die Kommanditisten haften nach Maßgabe des § 171 HGB beschränkt und gar nicht, wenn die Einlage erbracht ist.

**Fall 12**

Die A-GmbH & Co KG besteht aus dem persönlich haftenden Gesellschafter A-GmbH und den Kommanditisten B und C. Einziger Gesellschafter der A-GmbH ist deren Geschäftsführer A. Die A-GmbH & Co KG kauft bei V einen LKW für € 95.000,–. Weil die A-GmbH & Co KG mangels ausreichender Kapitalmittel den Kaufpreis nicht zahlt, nimmt V die Gesellschafter in Anspruch. Der Kommanditist B hat die von ihm geschuldete Einlage in Höhe von € 100.000,– in bar erbracht. C hat die von ihm geschuldete Einlage von € 100.000,– dadurch erbracht, dass er der A-GmbH & Co KG eine Forderung in gleicher Höhe gegen die X-GmbH abgetreten hat. Noch vor Geltendmachung dieser Forderung ist über das Vermögen der X-GmbH das Insolvenzverfahren eröffnet worden. Die A-GmbH & Co KG kann die Forderung nur in Höhe der Insolvenzquote von 5 % durchsetzen (nach Eisenhardt).

Der Anspruch 1. gegen die A-GmbH ergibt sich aus §§ 433 BGB, 161 Abs. 2, 128 HGB. 2. Der A haftet nicht (§ 13 Abs. 2 GmbHG). 3. Der Anspruch gegen den B aus §§ 433 BGB, 161 Abs. 2, 128 HGB ist erloschen (§ 171 Abs. 1 Hs. 2 HGB). 4. Der Anspruch gegen den C ist nur in Höhe von € 5000,– nach § 171

Abs. 1 Hs. 2 erloschen, denn ein Kommanditist wird nur in der Höhe des objektiven Wertes der Einlage von der Haftung frei. Der V kann ihn daher in Höhe von € 95.000,– in Anspruch nehmen.

Dass der Geschäftsführer (hier: Der A) der Komplementär-GmbH ungeschoren bleibt, obwohl er die Pflichten eines ordentlichen Kaufmanns verletzt hat, als er für die KG den LKW gekauft hat, obwohl diese nicht über die nötigen Geldmittel verfügte, ist unbefriedigend. Die Rechtsprechung erstreckt die **Geschäftsführerhaftung aus § 43 Abs. 2 GmbHG** auf den Geschäftsführer der Komplementärin einer KG.

### g) Der nicht-rechtsfähige Verein

Ebenso wie der eingetragene Verein (§§ 21 ff. BGB) ist der **nicht rechtsfähige Verein (§ 54 BGB)** eine auf Dauer angelegte Verbindung einer größeren Zahl von Personen zur Erreichung eines gemeinsame Zwecks, die der Satzung zufolge körperschaftlich organisiert ist, einen Gesamtnamen führt und auf einen wechselnden Mitgliederbestand angelegt ist (RG). Obwohl der nicht rechtsfähige Verein durch die körperschaftliche Struktur und das Angelegtsein auf einen wechselnden Mitgliederbestand gerade keine Gesellschaft ist „finden die Vorschriften über die Gesellschaft Anwendung". Diese bewusste Ignoranz des Gesetzgebers beruht auf dem eigenartigen rechtshistorischen Hintergrund des § 54 BGB. Der Gesetzgeber des Jahres 1900 hatte durch die Schaffung des § 54 BGB erreichen wollen, dass die seinerzeit als nicht-rechtsfähige Vereine organisierten Gewerkschaften die für sie ungefährlichere Rechtsform des eingetragenen Vereins wählen; als rechtsfähiger Verein hätten diese Organisationen nämlich einer staatlichen Kontrolle unterstanden. Gibt es heute noch nicht rechtsfähige Vereine? Außer – aus traditionellen Gründen – den **Gewerkschaften** hat die Rechtsprechung als nicht-rechtsfähige Vereine angesehen: **Studentenverbindungen**, **Kegelclub**s, **Skatclubs** und ähnliche Zusammenschlüsse.

Warum ist der nicht-rechtsfähige Verein eine für den Verein selbst, für seine Organe und für seine Mitglieder so außerordentlich gefährliche Rechtsform des Personenzusammenschlusses? Das zeigt sich, wenn man **§ 54 S. 2 BGB wortlautgetreu** anwenden würde. Denn danach

- haftet derjenige, der für den nicht-rechtsfähigen Verein handelt, mit seinem gesamten Vermögen persönlich;
- die Mitglieder des nicht-rechtsfähigen Vereins haften nach §§ 54 S. 1, 714, 427 BGB daneben als Gesamtschuldner ebenfalls mit ihrem gesamten Vermögen persönlich.
- Hinsichtlich der Geschäftsführung und Vertretung gelten nach § 54 S. 1 BGB die schwerfälligen (Einstimmigkeits-!)Regeln über die BGB-Gesellschaft, so dass regelmäßig eine Gesamtgeschäftsführung (§ 709 BGB) und eine Gesamtvertretung (§§ 709, 714 BGB) bestehen.

- Wegen der Personenbezogenheit führt das Ausscheiden nur eines Mitglieds durch Tod oder durch Kündigung zur Auflösung (§§ 723, 727 BGB).
- Die fehlende Rechtsfähigkeit erlaubt keine Vermögensbildung;
- alle Mitglieder sind Gesamthänder.
- Nach § 50 Abs. 2 ZPO a.F. war der nicht rechtsfähige Verein im Prozess nur passiv parteifähig.

Wenn man sich das vor dem Hintergrund der politischen Situation (Vermeidung nicht registrierter sozialdemokratischer Vereinigungen) um 1900 klarmacht, erkennt man sofort „die" hinter diesen Regelungen stehende „Absicht und ist verstimmt".

Durch Spezialgesetze, vor allem aber aufgrund einer verfassungskonformen Auslegung (Art. 9 GG) und aufgrund einer Orientierung an der Rechtsfortbildung bei der Gesellschaft Bürgerlichen Rechts sind die Gefahren für die Mitglieder, für die Organe und für den nicht rechtsfähigen Verein selbst aber inzwischen weitgehend entschärft worden.

Es gelten **anstelle** der **§§ 705 ff. BGB** die Normen der **§§ 21 ff. BGB** (so z. B. auch der wichtige § 31 BGB) mit Ausnahme derjenigen Vorschriften, die eine Rechtsfähigkeit voraussetzen.

Man wird sich spätestens nach der jetzt erfolgten Neufassung des § 50 Abs. 2 ZPO („Ein Verein, der nicht rechtsfähig ist, kann klagen und verklagt werden; in dem Rechtsstreit hat der Verein die Stellung eines rechtsfähigen Vereins") wohl dazu „durchringen" müssen, den nicht rechtsfähigen Verein **als teilrechtsfähig** anzusehen:

Hinsichtlich der Frage einer **Vermögensbildung** wird anstelle der bisher üblichen Ausweichlösung durch die Übertragung des Vermögens auf einen **Treuhänder** (natürliche Personen oder eigens gegründete GmbH bzw. AG) vorgeschlagen, den nicht-rechtsfähigen Verein als insoweit **teilrechtsfähiges Rechtssubjekt** anzusehen (wiederholen Sie noch einmal die Ausführungen zur BGB-Gesellschaft).

Auch hinsichtlich der **„Grundbuchfähigkeit"** des nicht-rechtsfähigen Vereins wird anstelle einer Eintragung eines Treuhänders (so die hergebrachte Lösung) die des nicht-rechtsfähigen Vereins als teilrechtsfähiges Rechtssubjekt propagiert. Man wird wohl a maiore ad minus § 47 Abs. 2 GBO anwenden müssen: „Soll ein Recht für eine Gesellschaft bürgerlichen Rechts eingetragen werden, so sind auch deren Gesellschafter einzutragen".

Der nicht-rechtsfähige Verein ist **passiv erbfähig**; angenommen wird weiter, dass der nicht-rechtsfähige Verein **Mitglied** anderer Körperschaften oder Gesellschaften sein kann.

Der nicht rechtsfähige Verein kann auch zwanglos als **Schuldner** angesehen werden. **Vertraglich** kann er gemäß § 26 BGB analog verpflichtet werden. Eine **deliktische Haftung** ergibt sich aus §§ 823 ff., 31 BGB analog bzw. aus 831 BGB.

Die Haftung aus Verpflichtungen des nicht rechtsfähigen Vereins ist auf das **Vereinsvermögen beschränkt.** Die einzelnen **Mitglieder** haften aber im Gegensatz zur BGB-Gesellschaft nicht akzessorisch für die Verbindlichkeiten des Vereins. Die Haftung kann durch die Satzung auch Dritten gegenüber wirksam **auf den Anteil am Vereinsvermögen beschränkt** werden.

Es bleibt also als einzig schwergewichtiger Nachteil die **persönliche Haftung** des **rechtsgeschäftlich Handelnden aus § 54 S. 2 BGB** übrig, die neben die Haftung des nicht-rechtsfähigen Vereins tritt. Sie umfasst auch Sekundäransprüche, z. B. auf Schadensersatz.

Bei einer Haftung aufgrund einer Geschäftsführungsbefugnis kann der Handelnde Aufwendungsersatz vom Verein nach **§ 670 BGB** geltend machen. Für ehrenamtliche Organe ist **§ 31a BGB entsprechend** anwendbar.

### 3. Die Stiftung

Bei der – begrifflich auch zu den „Juristischen Personen" gerechneten – nicht gesetzlich definierten **Stiftung** handelt es sich nicht um einen Personenzusammenschluss, also um keine „Körperschaft". Sie ist vielmehr eine „mit Rechtsfähigkeit ausgestattete, organisierte Einrichtung, die einen vom Stifter bestimmten Zweck mit Hilfe eines dazu gewidmeten Vermögens dauernd fördern soll" oder (kürzer gefasst): Die Stiftung ist ein **rechtsfähiges Vermögen**, dessen Erträge einem vom Stifter **bestimmten Zweck** dienen. Was den Zweck angeht, so gibt es für die Errichtung einer Stiftung i.w. zwei Gründe:

- Die Stiftung wird in erster Linie aus Gründen der **sozialen Unterstützung** geschaffen.
- Mittels der Rechtsform der Stiftung sind aber auch **besondere Gestaltungen der Erbfolge** möglich: Fehlt einem Unternehmen ein geeigneter Nachfolger, so kann eine Stiftung ein wirtschaftliches Lebenswerk eines Unternehmers über dessen Tod hinaus sichern; die Folge ist, dass die Erben nur die Erträge erhalten, sonst aber keinen Einfluss auf das Unternehmen haben.

Die **Stiftung entsteht** durch ein sog. **Stiftungsgeschäft** (nach § 81 BGB unter Lebenden: Schriftform/oder nach § 83 BGB von Todes wegen durch Testament oder Erbvertrag) und eine **staatliche Anerkennung** (§ 80 BGB).

Das **Außenorgan** einer Stiftung ist der Vorstand (§§ 86, 26 BGB).

Vorsorglich sollten wir jetzt eine kurze **Standortbestimmung** vornehmen: Im **1. Teil** wurden Sie „ins kalte Wasser geworfen", und haben erlernt, wie man juristische Aufgabenstellungen bewältigt, die für Sie als Student für die nächsten 4 bis 5 Jahre das „tägliche Brot" sein werden. Im **2. Teil** haben wir uns daran gemacht, einige juristische Grundbegriffe zu klären. Zunächst ging es darum, wer eigentlich die im Rechtsleben vorkommenden **Rechtssubjekte** sind. Dass dies in erster Linie die „natürlichen Personen" sind, war für Sie leicht zu verstehen. Dann aber wurde es für den Anfänger doch recht kompliziert: Noch nachvollziehbar war, dass es auch „juristische Personen" (Aktiengesellschaften, Gesellschaften mit beschränkter Haftung, eingetragene Vereine) gibt. Den Anfänger vielleicht etwas überfordernd waren die Ausführungen zu den „Gemeinschaften" und Gesellschaften, speziell zur BGB-Gesellschaft und zur Rechtsfähigkeit der BGB-Außengesellschaft, weiterhin zur Frage, ob und weshalb die Gesellschafter in Anspruch genommen werden können, und schließlich dazu, ob sie nur haften oder auch schulden etc. Auch das, was Sie zur oHG und KG und dann auch noch zum nichtrechtsfähigen Verein und zur Stiftung lesen mussten, wird Sie als „Anfänger" sicher zunächst sehr ge- oder sogar überfordert haben. **Verlieren Sie** aber bitte **nicht gleich den Mut**, wenn Sie nicht alles verstanden haben oder sich nicht alles merken konnten. Die Methode dieses Buches ist es, dieselben Fragen an den verschiedensten Stellen noch einmal zu erörtern, so dass Sie viele Gelegenheiten zur Wiederholung haben.

## II. Die Objekte von Rechten („Gegenstände")

Nachdem Sie nun (für den Anfang sicher übergenau) wissen, wer alles Subjekt von Rechten („Rechtssubjekt") sein kann, geht es jetzt darum, **auf welche Objekte** sich eine von der Rechtsordnung einem Rechtssubjekt verliehene Herrschaftsmacht **(„Berechtigung") beziehen** kann.

Diese Rechtsobjekte werden (vom Gesetz eigenartigerweise undefiniert!) als **„Gegenstände"** bezeichnet. Zu verstehen ist darunter alles, was Objekt von Rechten sein kann. Bei Palandt gibt es eine Liste der Normen, in denen der Begriff „Gegenstand" auftaucht: §§ 135, 161, 185, 747, 816, 2040 (wo er im Zusammenhang mit „Verfügungen" verwendet wird), 256, 260, 273, 285, 292, 453, 581, 2374 (wo er im Zusammenhang mit Verpflichtungen verwendet wird).

Man kann die Gegenstände einteilen in

- **körperliche Gegenstände** (das sind die „Sachen"),
- **Rechte** (das sind die „Forderungen", die „dinglichen Rechte" und die „Immaterialgüterrechte")
- und **sonstige Vermögensrechte** (z. B. Geschäftsgeheimnis, Kundschaft), nicht aber das **Vermögen** insgesamt.

## 1. Die Sachen

Die gesetzliche **Definition** der **„Sache"** ist zum Glück einfach, verständlich und einleuchtend; der Rechtsbegriff entspricht dem natürlichen Verständnis:

1. Sachen sind einzelne körperliche Gegenstände (§ 90 BGB).
2. „Körperlich" ist ein Gegenstand, wenn er räumlich abgegrenzt, sinnlich wahrnehmbar und faktisch beherrschbar ist.

Man unterteilt die Sachen (abgesehen von den uns hier zunächst nicht weiter interessierenden Differenzierungen in §§ 91 und 92 BGB in „vertretbare" und „nicht vertretbare", „verbrauchbare" und „nicht verbrauchbare Sachen")

- in **unbewegliche Sachen**; das sind Grundstücke (räumlich abgegrenzte Teile der Erdoberfläche, die amtlich vermessen und im Grundbuch gebucht sind) und – ihnen (in Sondergesetzen, z. B. im WEG) weitgehend gleichgestellt – die Eigentumswohnungen
- und in **bewegliche Sachen** (alle anderen Sachen).
- Die im **Schiffsregister eingetragenen Schiffe** werden ähnlich wie Grundstück behandelt; mit ihnen beschäftigen wir uns aber nicht weiter.

Das versteht jeder und bedarf bei voneinander **isoliert existierenden Sachen** und auch isoliert bleibenden Sachen keiner weiteren Erläuterung.

Wie ist es aber, wenn mehrere Sachen zusammengefügt werden?

Das Zusammenfügen kann i.w. zwei Folgen haben:

Oft entsteht dadurch **nur** eine **wirtschaftliche Einheit** mehrerer **einzelner Sachen** ohne jede unmittelbare Auswirkung auf die rechtliche Selbstständigkeit: Blume in der Vase (Peters).

Durch ein Zusammenfügen mehrerer Sachen kann aber auch eine **einheitliche zusammengesetzte Sache** entstehen, bei der die **einzelnen Sachen** deren **Bestandteile** sind: Topfpflanze (Peters). In juristischer Hinsicht ist bei diesen Konstellationen außerordentlich spannend und auch sehr praxisrelevant die sich im Anschluss daran stellende Frage, ob diese **Bestandteile** ihre **rechtliche Selbstständigkeit behalten** oder **verlieren**: Dies ist beim Einfügen oder Zusammenfügen von beweglichen Sachen davon abhängig, ob sie „wesentliche Bestandteile" der einheitlichen Sache geworden sind, denn **„wesentliche Bestandteile** (können) **nicht Gegenstand besonderer"** (gemeint sind: dinglicher) **„Rechte sein" (§ 93 BGB)**. Unter welchen Voraussetzungen eine Sache zum wesentlichen Bestandteil einer anderen Sache wird, werden Sie später noch erfahren. Aber schon jetzt wollen wir uns deutlich machen, welche weiteren Probleme sich daraus ergeben. Ähnlich wie beim Einfügen oder Zusammenfügen von beweglichen Sachen ist die Situation bei einer (wegen einer Unverhältnismäßigkeit) real **untrennbaren Vermengung** oder **Vermischung beweglicher Sachen (§ 948 BGB)**; es stellen sich die gleichen Fragen

Wer konsequent weiter denkt, stößt nämlich quasi automatisch auf die **beiden** (in den berühmten §§ 946–949 BGB beantworteten) **Anschlussfragen**, **wer** denn bei

**unterschiedlichen Eigentümern** der **Bestandteile** nach dem Zusammenfügen der **Eigentümer** der **einheitlichen Sache** ist (der eine/der andere/beide?) und was im Falle eines gesetzlichen Eigentumsverlustes aus daran bestehenden **Rechten Dritter** wird, und ob es Ausgleichsansprüche des u. U. sein Recht verlierenden Eigentümers eines Bestandteils gibt.

Die Neugierigen unter Ihnen können ja schon mal im Gesetz in den §§ 946 ff. BGB bis einschließlich § 951 BGB nachlesen. Die hier geregelten Rechtsfragen betreffen Zentralprobleme des Sachen- und des Bereicherungsrechts, die Wissenschaft und Rechtspraxis und später auch Sie beschäftigen werden.

## 2. Die Rechte

### a) Dingliche Rechte

Dass den – Ihnen ja mittlerweile zur Genüge bekannten – **Rechtssubjekten** (natürliche Personen, juristische Personen etc.) **Rechte** zustehen können, die **an Sachen** bestehen, weiß eigentlich jeder auch ohne ein vorheriges Jurastudium.

Unter einem solchen Sachenrecht („dingliches Recht") versteht man die unmittelbare Zuordnung von Sachen zu einem Rechtssubjekt, so z. B. in Gestalt

- (vielleicht, die Frage ist nämlich umstritten) des **Besitzes** (§§ 854 ff. BGB)
- des **Eigentums** (§ 903 BGB),
- und in Gestalt der sog. beschränkt dinglichen Rechte, wie
- eines **Verwertungssicherungsrechtes** (Pfandrecht: §§ 1204 ff. BGB; Hypothek und Grundschuld: §§ 1113 ff. BGB),
- einer **Grunddienstbarkeit** (§§ 1018 ff. BGB),
- eines **Nießbrauches** an **Sachen** (§§ 1030 ff. BGB),
- einer **beschränkt persönlichen Dienstbarkeit** (§§ 1090 ff. BGB),
- eines dingliches **Vorkaufsrechts** (§§ 1094 ff. BGB),
- einer **Reallast** (§§ 1105 ff. BGB)
- oder einer Vorstufe zu allem,
- nämlich der jeweiligen dazugehörigen **Anwartschaftsrechte** (ein Begriff, den Sie als Anfänger noch nicht verstehen werden, weil Sie darüber im Gesetz auch nichts finden, ihn aber gründlich kennen lernen werden).

Entsinnen Sie sich noch: Sie sollten, wenn Sie nur einigermaßen alle Klippen, die dieses Studium für Sie bereit hält, überwinden wollen, unbedingt dem Rat folgen, **alle** in diesem Buch **zitierten Paragraphen** beim **Lesen** im immer daneben liegenden **Gesetz nachzuschlagen**, durchzulesen und schon jetzt versuchen, sie zu verstehen.

### b) Forderung

Sie wissen inzwischen auch, dass eine **Forderung** das Recht ist, als Gläubiger „kraft eines Schuldverhältnisses …, von dem Schuldner eine Leistung zu fordern" **(§ 241 Abs. 1 S. 1 BGB)**, also z. B. als Käufer vom Verkäufer die Übergabe und die Übereignung einer Kaufsache (§ 433 Abs. 1 S. 1 BGB), z. B. als Verkäufer vom Käufer die Zahlung des Kaufpreises (§ 433 Abs. 2 BGB), als Darlehensgeber vom Darlehensnehmer z. B. die Rückzahlung des Darlehens (§ 488 Abs. 1 S. 2 BGB), als Schadensersatzgläubiger z. B. aus Delikt von einem Schadensersatzschuldner Schadensersatz (§§ 823 Abs. 1, 249 ff. BGB), als Eigentümer von dem nicht zum Besitz berechtigten Besitzer z. B. die Herausgabe einer Sache (§§ 985, 986 BGB), als Gestörtem von einem Störer Beseitigung der Störung (§§ 12, 862, 1004 BGB) und – und jetzt verstehen Sie auch **§ 241 Abs. 1 S. 2 BGB** („Die Leistung kann auch in einem Unterlassen bestehen") – z. B. aus den vorgenannten Normen (§§ 12, 862, 1004 BGB) auch Unterlassung von bevorstehenden Störungen zu verlangen.

### c) Immaterialgüterrechte

Die Immaterialgüterrechte spielen im Wirtschaftsleben eine so große Rolle, dass Sie jedenfalls eine Grundvorstellung davon haben sollten.

Zu den **„Immaterialgütern"** zählen von Menschen erbrachte geistige Leistungen, die geschützt werden als

- **Marken** (§ 3 MarkG),
- **Patente** (§§ 1 ff. PatG),
- **Geschmacksmuster** (§ 1 GeschmMG),
- **Gebrauchsmuster** (§§ 1, 11 GebrMG)
- oder als **künstlerische, literarische, wissenschaftliche Leistungen** (§ 15 UrhG).

Man bezeichnet die hieran bestehenden Immaterialgüterrechte gelegentlich auch als **„geistiges Eigentum"**. Sie werden in der Tat wie das Eigentum vor Störungen durch Beseitigungs- und Unterlassungsansprüche (vgl. § 1004 BGB) und vor Delikten als „sonstige Rechte" durch Schadensersatzansprüche (vgl. § 823 BGB) geschützt. Leisten wir uns einmal den „Luxus" und befassen wir uns mit den **Inhalten** dieser **„Immaterialgüterrechte"**; dies dient nicht nur der Verbesserung der Allgemeinbildung, sondern wird für uns später immer wieder einmal wichtig werden:

> Zeichen, die geeignet sind, Waren oder Dienstleistungen eines Unternehmens von anderen zu unterscheiden, sind **„Marken"** (§ 3 MarkG): Wörter, Personennamen, Abbildungen, Buchstaben, Zahlen, Hörzeichen, z. B. eine Erkennungsmelodie, dreidimensionale Gestaltungen einschließlich der Form einer Ware oder ihrer Verpackung, z. B. „Marsriegel", „Tobleroneriegel", sowie sonstige Aufmachungen einschließlich von Farben und Farbzusammenstellungen. Als Marke geschützt sind diese Zeichen nach § 4 MarkG aber nur, wenn sie Verkehrsgeltung haben, „notorisch bekannt sind" oder wenn sie in das Register beim Bundespatentamt eingetragen worden sind.

Ein **„Patent“** entsteht durch Erteilung des Patentamtes. Es wird erteilt auf Erfindungen, die neu sind, die eine „Erfindungshöhe“ aufweisen, die auf erfinderischer Tätigkeit beruhen und die gewerblich anwendbar sind (§ 1 PatG). Das Recht auf das Patent hat der Erfinder (§ 6 PatG). Aufgrund des erteilten Patentes hat der Inhaber für die Zeit der Schutzdauer (20 Jahre) das Recht zur ausschließlichen gewerblichen Benutzung (§ 9 PatG).

Als **„Gebrauchsmuster“** werden Erfindungen geschützt, die neu sind, auf einem erfinderischen Schritt beruhen und gewerblich anwendbar sind. Anders als beim Patent ist aber keine „Erfindungshöhe“ nötig; als „Gebrauchsmuster“ geschützt werden also die „kleineren Erfindungen“. Es entsteht durch die Eintragung in die Gebrauchsmusterrolle beim Patentamt.

Dem Urheber eines ästhetisch wirkenden neuen und eigentümlichen, flächigen oder räumlichen Musters (z. B. Form einer Thermoskanne, Fliesendekor), das von gewerblicher Bedeutung ist, steht nach der Eintragung in das Musterregister für 5 Jahre (verlängerbar auf 20 Jahre) ein **„Geschmacksmuster“** zu.

Der Urheber von Werken der Literatur, Wissenschaft und Kunst hat, wenn es sich um eine persönliche geistige Schöpfung handelt, die eine gewisse „Gestaltungshöhe“ aufweist, ein **„Urheberrecht“**.

## 3. Sonstige Rechte

### a) Vermögensrechte

Sonstige Rechte können Vermögensrechte sein, z. B.

- ein **Mitgliedschaftsrecht** (z. B. an einer Aktiengesellschaft, verbrieft durch eine Aktie);
- das sich aus einer von Art. 2 Abs. 1, Art. 1 Abs. 1, Abs. 3 GG legitimierten Rechtsfortbildung ergebende **„Allgemeine Persönlichkeitsrecht“** und seine spezielle Ausformungen z. B. in Gestalt des **„Namensrechts“** (§ 12 BGB) oder des **„Rechts am eigenen Bild“** (§ 22 KunstUrhG), wenn diese **entgeltfähig** sind, weil Rechtsgeschäfte vorstellbar sind, durch die man sich den Verzicht auf die Abwehr von Eingriffen in diese Rechte vergüten lässt. Dies kann zum einen deshalb von Bedeutung für Sie werden, weil unerlaubte Eingriffe in diese Rechte zu Ansprüchen aus § 823 Abs. 1 BGB wegen der Verletzung eines „sonstigen Rechts“ führen können (dazu mehr in Teil 7), mit der Folge, dass auch ein Vermögensschaden zu ersetzen wäre. Ferner können rechtsgrundlose Eingriffe in diese Rechte, wenn sie entgeltfähig sind, zu Ansprüchen aus § 812 Abs. 1 S. 1 Var. 2 BGB führen (dazu mehr in Teil 8).
- Darüber, ob die die Wirtschaftseinheit **„Unternehmen“** ein Rechtsobjekt ist, kann man streiten. Unter einem Unternehmen versteht man eine einem Rechtsfähigen als Unternehmensträger zustehende Zusammenfassung von einerseits „sächlichen“ Mitteln, z. B. Forderungen, dinglichen Rechten, Immaterialgüterrechten, Firma, Geschäftsgeheimnissen, Marktanteilen, Geschäftschancen, „good will“,

Kundschaft, Rechten aus Verträgen und andererseits „persönlichen" Mitteln, wie z. B. Arbeitsverträge mit den Arbeitnehmern, Kaufverträge mit Kunden etc. und Verbindlichkeiten, mittels derer dem Unternehmer als Rechtsträger dieses Vermögens eine wirtschaftliche Tätigkeit durch Produktion, durch Warenhandel oder durch gewerbliche Leistungen möglich wird. Für die Rechtsobjekt-Eigenschaft eines „Unternehmens" spricht, dass man es als solches verkaufen kann (§§ 433, 453 BGB). Andererseits kann man ein „Unternehmen" – etwa in Erfüllung eines Unternehmenskaufvertrages – nicht als solches an den Käufer übertragen, sondern entweder nur die das Unternehmen ausmachenden einzelnen Rechte an Sachen, an Forderungen etc. etc. nach §§ 929 ff. BGB (bewegliche Sachen), nach § 873, 925 BGB (Grundstücke), nach §§ 398 ff. (Forderungen); mangels irgendwelcher Spezialregelungen nach § 413 BGB (andere Rechte); durch eine Vertragsübernahme in Gestalt dreiseitiger Verträge (Verträge mit Dritten, wie Arbeitnehmern, Kunden etc.) etc. etc. (wir nennen dies einen „asset deal") oder bei einer juristischen Person oder rechtsfähigen Gesellschaft als Unternehmensträger durch Übertragung z. B. der Aktien bei der AG, z. B. der Geschäftsanteile bei der GmbH, der (wenn durch den Gesellschaftsvertrag möglich gemacht) der Gesellschaftsanteile bei der Gesellschaft etc. etc. (wir nennen dies einen „share deal"). Sie sehen: es gibt Argumente, die dafür sprechen, dass ein Unternehmen ein Vermögensrecht ist, und solche, die dagegen sprechen. Ob dieses theoretische Problem von praktischer Bedeutung ist, ist eine andere Frage. Immerhin – Sie werden in Teil 7 mehr darüber lernen – ist der „eingerichtete und ausgeübte Gewerbebetrieb" als „sonstiges Recht" i.S.d. § 823 Abs. 1 BGB geschützt.

- Unzweifelhaft ist das **„Vermögen"** kein Rechtsobjekt, sondern die Summe aller geldwerten Rechtsobjekte und sonstiger geldwerter Vorteile (Aktivvermögen) und Verbindlichkeiten (Passivvermögen) eines zur Vermögensbildung fähigen Rechtsfähigen. Deswegen ist – Sie werden es später in Teil 7 noch genauer erfahren – das „Vermögen" auch kein „sonstiges Recht" i.S.d. § 823 Abs. 1 BGB.

#### b) Nichtvermögenswerte sonstige Rechte

Es gibt auch sonstige Rechte, die keinen Vermögenswert haben. Denken Sie nur an die o.g. Persönlichkeitsrechte, wie das Allgemeine Persönlichkeitsrecht, das Namensrecht oder das Recht am eigenen Bild, das ja nicht für jeden „entgeltfähig" im vorgenannten Sinne ist. Wer von uns, die wir wahrscheinlich alle nicht gerade „prominent" sind, kann schon diese einem zustehenden Rechte „zu Geld machen"? Aber auch Familienrechte, z. B. die eheliche Lebensgemeinschaft, die nach Art. 6 GG i.V.m. § 1353 BGB als sonstiges Recht anzusehen ist, hat keinen Vermögenswert.

## B. „Rechtsgeschäfte", „rechtsgeschäftsähnliche Erklärungen", „Realakte"

Jedes **Rechtssubjekt** (also auch Sie als natürliche Person!) kann aufgrund seiner **„Privatautonomie"** (garantiert durch Art. 2 Abs. 1 GG) seine **Rechtsverhältnisse** grundsätzlich **eigenverantwortlich gestalten**. Als **rechtstechnisches Mittel** stellt das Gesetz zu diesem Zweck das **„Rechtsgeschäft"** zur Verfügung.

- Unter einem „**Rechtsgeschäft**" versteht man einen **Tatbestand**, der **mindestens eine Willenserklärung** (ein auf eine Rechtsfolge gerichteter, äußerlich erkennbarer Willensakt) und oft, aber nicht notwendig, **weitere Bestandteile** (z. B. die als Realakt anzusehende Übergabe bei einer Übereignung nach § 929 S. 1 BGB) enthält, an dessen Vorliegen das Gesetz **Rechtsfolgen** knüpft, **weil** diese **gewollt sind**.
- Verwechseln kann man sie leicht mit den **„rechtsgeschäftsähnlichen Erklärungen"**: Das sind Erklärungen, die Rechtsfolgen nach sich ziehen, dies aber nicht, weil die Herbeiführung der Rechtsfolgen gewollt ist, sondern weil das Gesetz die Rechtsfolgen auslöst.
- **„Realakte"** unterscheiden sich davon, nur dadurch, dass sie keine Erklärungen sind.

Die **rechtlichen Regeln** für die Rechtsgeschäfte werden im Zusammenhang mit dem Vertragsschluss dargestellt (sub Teil 3). Inwieweit diese auf die rechtsgeschäftsähnlichen Erklärungen und den Realakte anwendbar sind, wird im jeweiligen Kontext erörtert. Das war sehr abstrakt. Konkrete **Beispiele** für Rechtsgeschäfte, rechtsgeschäftsähnliche Handlungen und Realakte können Sie der sogleich im nächsten Kasten erfolgenden Systematisierung entnehmen.

1. Man kann die **Rechtsgeschäfte**
   a. **nach** den **daran Beteiligten** systematisieren:
   Es gibt einseitige Rechtsgeschäfte, die nur aus einer Willenserklärung bestehen: Die **Anfechtungserklärung** (§§ 119 ff., 143 Abs. 1 BGB), die **Kündigung** (z. B. eines Mietvertrages nach § 542 BGB), die Auslobung (§ 657 BGB), die **Aufgabe** des **Eigentums** (§§ 928, 959 BGB) die **Errichtung** eines **Testaments** (§ 2247 BGB) etc.
   Weiterhin gibt es mehrseitige Rechtsgeschäfte: Der ja schon oft erwähnte **Vertrag**, der aus **mindestens zwei** übereinstimmenden aufeinander bezogenen inhaltlich deckungsgleichen Willenserklärungen („Angebot" und „Annahme"), die ihrerseits wiederum einseitige „Rechtsgeschäfte" sind, besteht. Wie gesagt: In der Regel sind Verträge lediglich zweiseitige Rechtsgeschäfte, sie kommen aber auch als **mehrseitige** Verträge vor, z. B. bei den Ihnen ja schon bekannten Gesellschaftsverträgen zwischen den Gesellschaftern A, B und C nach § 705 BGB. Schließlich gibt es auch andere mehrseitige Rechtsgeschäfte, die Ihnen ja bereits bekannten der Willensbildung innerhalb von rechtlich organisierten Personenmehrheiten dienenden sog. **„Beschlüsse"**, bei denen, insoweit anders als bei Verträgen, auch die von der Mehrheit „überstimmte" Minderheit gebunden wird.

Bei einigen Rechtsgeschäften bedarf es für deren Wirksamkeit **zusätzlich** eines **weiteren Elements:** So muss z. B. bei der **Übereignung** nach §§ 929 ff. BGB zur „Einigung“, die nichts anderes ist als ein (dinglicher) Vertrag mit dem Inhalt, dass das Eigentum übergehen soll, ein „Vollzugsmoment“, wie eine Übergabe oder ein Übergabesurrogat (§§ 929 bis 931 BGB), hinzutreten; und bei **§ 873 Abs. 1 BGB** ist für das Wirksamwerden der dort genannten Verfügungen über Grundstücke und Grundstücksrechte zusätzlich zu der „Einigung“ eine (konstitutive!) Eintragung der Rechtsänderung in das Grundbuch als „Vollzugsmoment“ erforderlich.

b. Man kann die Rechtsgeschäfte auch **nach** ihrem **Inhalt** unterscheiden:

aa) Die **„Verpflichtungsgeschäfte“** sind solche Rechtsgeschäfte, durch die lediglich eine **Verpflichtung** einer Person, einer anderen Person eine Leistung zu erbringen, **entsteht**. Das sind i. d. R. Verträge (§ 311 Abs. 1 BGB). z. B. ein Kaufvertrag über eine Sache, § 433 BGB, aber auch einseitige Rechtsgeschäfte, die Verpflichtungen begründen, wie die Auslobung (§ 657 BGB) oder das Vermächtnis (§§ 2147, 2174 BGB).

bb) Die **„Verfügungsgeschäfte“** sind hingegen **Rechtsgeschäfte**, durch die ein bereits **bestehendes Recht** mit unmittelbarer Wirkung entweder übertragen (z. B. an den Käufer eine verkaufte bewegliche Kaufsache nach §§ 929 ff. BGB oder ein verkauftes Grundstück nach §§ 873, 925 BGB übereignet bzw. eine verkaufte Forderung nach § 398 BGB abgetreten) oder belastet (eine bewegliche Sache nach §§ 1204 ff. BGB verpfändet, an einem Grundstück nach §§ 1113 ff. BGB eine Hypothek **bestellt** oder eine Forderung nach §§ 1273 ff., 1279 ff. BGB verpfändet) oder **inhaltlich geändert** oder **aufgehoben** wird. Versuchen Sie diese oder eine ähnliche übliche oder „hausgemachte“ Definition der Verfügung auswendig zu lernen – sie zu formulieren und zu verstehen, ist spätestens ab heute unerlässlich!

cc) Gewissermaßen **„zwischen“** den Verpflichtungs- und Verfügungsgeschäften stehen die **„Treuhandgeschäfte“**: Es handelt sich um **Verfügungsgeschäfte**, durch die ein Recht (z. B. eine auf Geldzahlung gerichtete Forderung oder das Eigentum an einer Sache) durch den Rechtsinhaber als „Treugeber“ auf den „Treunehmer“ (=„Treuhänder“) übertragen wird, so dass dieser Vollrechtsinhaber wird (z. B. Eigentümer einer Sache, Gläubiger einer Forderung), er sich aber im Innenverhältnis durch einen schuldrechtlichen Vertrag dazu verpflichtet hat, von seiner durch das Verfügungsgeschäft erworbenen Rechtsmacht nur insoweit Gebrauch zu machen, als es mit dem Zweck des Geschäftes in Einklang steht. Der Zweck eines solchen Treuhandgeschäftes kann sein: Entweder die Sicherung einer Forderung des Treuhänders gegen den Treugeber oder gegen einen Dritten (eigennützige „Sicherungstreuhand" durch Sicherungszession, Sicherungsübereignung) oder die Verwaltung des Treugutes (fremdnützige „Verwaltungstreuhand" z. B. bei der „Inkassozession").

2. Eine **„rechtsgeschäftsähnliche Erklärung"** ist z. B. die Mahnung nach § 286 Abs. 1 S. 1 BGB oder z. B. die Tilgungsbestimmung seitens eines Schuldners, der gegenüber einem Gläubiger, der mehrere Forderung gegen ihn hat, bestimmt, welche der Forderungen durch seine nicht alle Forderungen abdeckende Leistung getilgt werden soll (§ 366 Abs. 1 BGB).
3. Als **Beispiel** für einen bloßen **„Realakt"** soll hier die zum Eigentumserwerb des Verarbeitenden führende Verarbeitung fremder Stoffe dienen (§ 950 BGB). Entsinnen Sie sich an die nicht lange zurückliegende Anregung, die §§ 946 ff. BGB zu lesen?
4. Diese Ausführungen waren für die **„Anfänger"** unter den Lesern wieder einmal ein wirklich „hartes Brot". Versuchen Sie gleichwohl mitzuhalten, lesen Sie alle zitierten Paragraphen gründlich nach und trösten Sie sich damit, dass alles, was hier angesprochen wird, später noch gründlich und viel konkreter abgehandelt wird. Dann aber soll Ihnen der Stoff nicht ganz fremd vorkommen. Es lernt sich leichter, wenn man schon etwas von dem, was einem dargestellt wird, „gehört" hat!

Auf die **einzelnen Voraussetzungen** von **Rechtsgeschäften** (speziell die Frage des Vorliegens des wichtigsten Bausteines eines Rechtsgeschäftes: der **„Willenserklärung"**) werden wir bei der wenig später in Teil 3 folgenden Darstellung zu den Voraussetzungen des **„Vertrages"** (dem wichtigsten aller Rechtsgeschäfte) gründlich eingehen. Nicht dagegen gesondert auf die **„rechtsgeschäftsähnlichen Erklärungen"** bzw. **„rechtsgeschäftsähnlichen Handlungen"**; diese werden nur im jeweils passenden Kontext angesprochen, z. B. dann, wenn es um die Frage geht, ob auf sie die Regeln für die Rechtsgeschäfte entsprechend anwendbar sind (z. B. die über die Geschäftsfähigkeit in den §§ 104 ff. BGB, die über den Zugang in §§ 130 ff. BGB oder die über die Stellvertretung in §§ 164 ff. BGB). Die **„Realakte"** werden in dogmatischer Hinsicht ähnlich „stiefmütterlich" behandelt werden.

## C. „Trennungs-" und „Abstraktionsprinzip"

So langsam rundet sich das Bild:

1. Sie wissen jetzt, wer die **Rechtssubjekte** sind, die rechtserheblich handeln können, und was alles als **Gegenstand** ein **Objekt** von **Rechten** sein kann.
2. Ferner haben Sie in einem ersten Einblick erfahren, dass die Rechtssubjekte ihre Rechtsverhältnisse durch das rechtstechnische Mittel des **Rechtsgeschäfts** selbst regeln können. Bei dieser Gelegenheit haben Sie gelernt, dass es zwei besonders wichtige Arten von Rechtsgeschäften gibt, nämlich die **„Verpflichtungs-"** und die **„Verfügungsgeschäfte"**:
   a. Die Rechtssubjekte können sich z. B. einem anderen Rechtssubjekt gegenüber dazu „verpflichten", über Gegenstände zu verfügen (z. B. nach § 433 Abs. 1 BGB bzw. §§ 433 Abs. 1, 453 BGB durch einen Kaufvertrag z. B. zur Übereignung und Übergabe einer beweglichen Sache bzw. zur Übertragung einer Forderung); wir nennen dies ein **„Verpflichtungsgeschäft"**.
   b. Sie haben weiter erkannt, dass man über Gegenstände auch „verfügen" kann (z. B. durch die Übereignung einer beweglichen Sache nach § 929 S. 1 BGB bzw. durch die Abtretung einer Forderung nach § 398 BGB); wir nennen dies ein **„Verfügungsgeschäft"**. Können Sie inzwischen die Definition für eine „Verfügung" auswendig? Sie sollten diese gerade eben gelernt haben!
3. Wenn ein Verfügungsgeschäft dazu dient, ein Verpflichtungsgeschäft zu erfüllen, dann nennen wir dieses Verfügungsgeschäft auch das **„Erfüllungsgeschäft"**. In diesem Zusammenhang stellt sich nun die Frage nach dem Verhältnis zwischen einem **„Verpflichtungs-"** und einem damit korrespondierenden verfügenden **„Erfüllungsgeschäft"**. Mit dieser für die Dogmatik des deutschen Zivilrechts (und damit für Ihre Ausbildung) außerordentlich bedeutsamen und – jedenfalls für den Anfänger; für den dieses Buch ja auch geschrieben ist – sehr anspruchsvollen Frage wollen wir uns jetzt befassen.

### I. Das „Trennungsprinzip"

Die beiden Begriffe „Verpflichtungsgeschäft" und „Erfüllungsgeschäft" sprechen für sich: Die Eingehung einer „Verpflichtung" muss schon vom Wortsinn her etwas anderes sein als die „Erfüllung" einer bestehenden Verpflichtung. Daher ahnt wohl jeder, dass das **„Verpflichtungsgeschäft"** und das der **Erfüllung** der Verpflichtung dienende **„Verfügungsgeschäft"** auch in rechtlicher Hinsicht streng voneinander getrennt werden sollten **(„Trennungsprinzip")**. In der Tat: Davon geht das **deutsche Recht** auch aus.

- Woher wissen wir das? Sie brauchen nur **§ 433 Abs. 1 S. 1 BGB** – also die Norm des BGB, die Sie inzwischen am besten kennen dürften – **mit Verstand** zu **lesen**: „Durch den Kaufvertrag wird der Verkäufer einer Sache" u. a. dazu *„verpflichtet"*, „dem Käufer … das *Eigentum* an der Sache zu *verschaffen*". Daraus folgt messerscharf, dass der Kaufvertrag selbst noch nicht zur Folge hat, dass, das, wozu der Verkäufer verpflichtet wird, unmittelbar eintritt. Denn dann hätte dort stehen müssen: „Durch den Kaufvertrag geht das Eigentum auf den Käufer über". Eine solche Norm finden Sie im BGB nicht. Damit ist eigentlich bereits alles zu diesem Thema gesagt. Das Problem für den juristischen Laien – und dazu müssen sich auch manche Anfänger noch zählen – besteht darin, dass sie meinen, diese Trennung von einem Verpflichtungs- und einem (anschließenden) der Erfüllung dienenden „Verfügungsgeschäft" widerspräche dem, was man im täglichen Leben wahrnimmt. Das aber trifft nur teilweise zu.
- Nicht trifft dies zu bei **„gestreckten Geschäften"**, also bei solchen Geschäften, bei denen zwischen dem „Verpflichtungs-" und dem seiner Erfüllung dienenden „Verfügungsgeschäft" ein zeitlicher Zwischenraum liegt. Das ist zum *Beispiel* der Fall bei der Veräußerung eines Grundstücks. Denn zwischen dem Abschluss des verpflichtenden Kaufvertrags nach §§ 433, 311b Abs. 1 BGB in den Amtsräumen des Notars und der für die Erfüllung erforderlichen Übereignung nach §§ 873 Abs. 1, 925 BGB durch die (u. U. zeitgleich mit dem Abschluss des Kaufvertrags erfolgende) Auflassung und durch die weiterhin erforderliche Eintragung in das Grundbuch vergeht wegen der komplizierten Eintragungsvoraussetzungen (lesen Sie doch schon mal §§ 13, 19, 20, 29, 39 GBO) und wegen der großen Arbeitsbelastung mancher Grundbuchämter notwendigerweise Zeit bis zu der das Erfüllungsgeschäft abschließenden Eintragung in das Grundbuch. Aber auch der Abschluss des Kaufvertrages über eine bewegliche Sache und die Erfüllung des Kaufvertrages können ein „gestrecktes Geschäft" sein, und dies auch im „täglichen Leben". Zum *Beispiel* verkauft Ihr Seminarnachbar Ihnen jetzt ein bei ihm zu Hause befindliches Buch; erfüllt werden soll der Vertrag aber erst morgen, wenn Sie das Geld und er das Buch dabei hat.
- Zuzugeben ist aber, dass bei Geschäften, bei denen, wie z. B. beim **„Handgeschäft des täglichen Lebens"** (Zeitungs- oder Brötchenkauf), das **„Verpflichtungs-"** und die beiden seiner Erfüllung dienenden **„Verfügungsgeschäfte"** (zwei Übereignungen nach §§ 929 ff. BGB: Lieferung von Zeitung oder Brötchen/Zahlung des als Kaufpreis geschuldeten Geldbetrages) rein äußerlich gesehen **zusammenfallen**, so dass in solchen Fällen das „Trennungsprinzip" Vorstellungsschwierigkeiten bereitet. Aber das spricht natürlich nicht gegen seine im Gesetz angeordnete Geltung! Der Jurist ist ohne weiteres in der Lage, den äußerlich einheitlich wirkenden Vorgang in seine rechtlichen Einzelteile zu zerlegen. Er arbeitet notfalls mit dem Zeitbegriff einer „logischen" oder „juristischen" Sekunde, so dass er auch eine zeitliche Aufeinanderfolge, die die Uhr nicht messen kann, konstruieren kann.

Das „Trennungsprinzip" ist kein dogmatisches Konstrukt lebensfremder Theoretiker, sondern beruht auf einer äußerst **sinnreichen** Idee. Allerdings ist zuzugeben, dass es Rechtsordnungen gibt, die das „Trennungsprinzip“ nicht kennen. So wird z. B. in **Frankreich** nach §§ 1138 Abs. 2, 1583 Code Civil eine aufgrund eines Kaufvertrages geschuldete Übereignung bereits durch den Abschluss des Kaufvertrags vollzogen: Der Käufer wird mit dem Abschluss des Kaufvertrags Eigentümer. Bei Grundstücken hat die auch dort erforderliche Eintragung in das Grundbuch dann nur eine deklaratorische Bedeutung. Die Vorzüge des Trennungsprinzips sind jedoch unübersehbar. Nur bei seiner Geltung ist der Verkauf von durch den Verkäufer noch herzustellender oder zu beschaffender Sachen möglich. Unverzichtbar ist das Trennungsprinzip auch beim Kauf von 2 Pfund Äpfeln auf dem Wochenmarkt, dem sog. „Gattungskauf“ (§§ 433, 243 BGB), denn allein durch den Kaufvertrag kann das Eigentum an den bei Kaufvertragsschluss vom Verkäufer ja noch gar nicht als „mittlerer Art und Güte“ entsprechend ausgesuchten Äpfeln nicht übergehen. Dass indes aus dem Trennungsprinzip bei gestreckten Geschäften auch Risiken für den jeweiligen Gläubiger (den „obligatorisch“ Berechtigten, z. B. den Käufer) erwachsen, liegt auf der Hand: Er muss nämlich befürchten, dass der Schuldner (z. B. der Verkäufer) nach der Begründung der Verpflichtung, die erst später erfüllt werden soll/kann, vertragsbrüchig wird und wirksam zugunsten einer anderen Person über den Gegenstand des Verpflichtungsgeschäftes verfügt. Es ist also möglich, dass zum *Beispiel* Ihr Seminarnachbar das gerade eben an Sie verkaufte Buch noch vor der für den nächsten Tag vorgesehenen Übereignung und Übergabe an Sie diese Verpflichtung ignorierend an jemand anderen (der z. B. „mehr bietet“) verkauft und den Vertrag zugunsten jener anderen Person auch erfüllt, indem er diesem das Eigentum verschafft und das Buch übergibt. Damit verletzt der obligatorisch Verpflichtete zwar seine Pflicht aus dem Verpflichtungsgeschäft und macht sich ggf. gegenüber dem Gläubiger, also Ihnen im genannten Beispiel, schadensersatzpflichtig (§§ 280 Abs. 1, 3, 283 BGB), Sie, der Gläubiger, verlieren aber nach § 275 Abs. 1 BGB Ihren Anspruch auf Erfüllung, an dem Ihnen häufig viel mehr liegt, als an einem Schadensersatzanspruch. Aber haben Sie denn überhaupt einen „Schaden“, wenn Sie das Buch nicht bekommen? Nur dann, wenn Sie bei einem anderen Verkäufer mehr bezahlen müssten Aber wenn das das Buch eine nur noch einmal existierende Rarität ist, dürften Sie keinen Schaden haben. An die durch das „Trennungsprinzip“ eröffnete Möglichkeit eines „Doppelverkaufs“ einer Sache müssen Sie sich, wenn Sie ganz junge Juristen sind, bestimmt erst einmal gewöhnen. Aber auch in jenen Rechtsordnungen, die das Eigentum durch den „Kaufvertrag übergehen lassen, wäre der Erstkäufer nicht geschützt, wenn es – wie i. d. R. der Fall – die Möglichkeit eines gutgläubigen Erwerbs des Eigentums durch den Zweitkäufer gibt.

### Fall 13

Der Galerist V stellt das ihm gehörende Bild des Malers L.I. Ebermann (M) „Lindenterrasse“ in seiner Verkaufsausstellung aus. Er verkauft es an den K1. Der V und der K1 vereinbaren, dass das Bild mit dem Schild „verkauft“ versehen wird, aber noch für einen Monat in der Ausstellung verbleiben soll und dass es erst nach Beendigung der Ausstellung Zug-um-Zug gegen Barzahlung an den K1 übereignet und übergeben werden soll. Einige Tage später interessiert sich der

Galeriebesucher K2 für den Erwerb des Bildes. Weil er einen höheren Kaufpreis bietet als der K1, kann der V nicht widerstehen und verkauft das Bild an den K2. Der K2 zahlt den Kaufpreis auch sofort in bar. Daraufhin übereignet der V es sogleich durch Einigung und Übergabe an den K2. Der K1 verlangt nach Ablauf des vereinbarten Monats Zug-um-Zug gegen Barzahlung die Übereignung und Übergabe von dem V, jedenfalls aber von K2 die Herausgabe und die Übereignung des Bildes an den V. Der K2 will das Bild behalten.

1. Der entstandene Anspruch des K1 gegen den V aus dem Kaufvertrag (§ 433 Abs. 1 S. 1 BGB) ist nach § 275 Abs. 1 BGB „ausgeschlossen". Denn die Erfüllung des Kaufvertrages (Übereignung und Übergabe) ist für V unmöglich, weil mittlerweile nicht mehr er, sondern der K2 Eigentümer (§ 929 S. 1 BGB) und Besitzer ist, und dieser nicht zur (Rück-)Übereignung und Herausgabe an den V bereit ist. Dass der K2 nach § 929 S. 1 BGB Eigentümer geworden ist, ergibt sich daraus, dass der V wirksam an K2 übereignen konnte, weil der Kaufvertrag V – K1 als bloßes „Verpflichtungsgeschäft" wegen des „Trennungsprinzips" nichts an der Eigentümerstellung des V geändert hatte; die „Bösgläubigkeit" des K2 (aufgrund des am Bild angebrachten Schildes mit der Aufschrift „verkauft") ändert natürlich nichts am Eigentumserwerb des K2, weil er vom Eigentümer erworben hat (das ist eine „böse Falle" für alle diejenigen, die gerade etwas über den „gutgläubigen Erwerb" etc. gelernt haben und meinen, das frisch Erlernte gleich anbringen zu müssen!!). 2. Zu prüfen ist, ob der K1 von dem K2 Herausgabe und Übereignung des Bildes an den V verlangen kann, um dann seinerseits den V aus § 433 Abs. 1 BGB in Anspruch zu nehmen. a) Ein solcher Anspruch könnte sich aus §§ 826, 249 Abs. 1 BGB ergeben, wenn der K2 dem K1 „in einer gegen die guten Sitten verstoßenden Weise ... vorsätzlich Schaden" zugefügt hätte. Dafür gibt der Sachverhalt aber nichts her. b) Ein Herausgabeanspruch aus §§ 823 Abs. 1, 249 Abs. 1 BGB besteht nicht, weil aa) mangels Eigentums des K1 keine Eigentumsverletzung vorliegt; bb) auch ist kein „sonstiges Recht" des K1 verletzt worden. Denn der infolge der Übereignung des Bildes seitens des V an den K2 nach § 275 Abs. 1 BGB „ausgeschlossene" und damit jetzt nicht mehr bestehende, also „verletzte" Anspruch des K1 gegen den V aus dem Kaufvertrag ist deshalb keine deliktisch geschützte Rechtsposition des § 823 Abs. 1 BGB i.S. eines „sonstigen Rechts", weil der Anspruch dem K1 lediglich ein Recht gegen den V gab. Es handelt sich also nur um ein „relatives" Recht; und ein solches ist kein „sonstiges Recht" i.S.d. § 823 Abs. 1 BGB, weil ein „sonstiges Recht" ein „absolutes" Recht, d. h. ein gegen jedermann wirkendes Recht sein muss. (Das alles werden wir natürlich im „Deliktsrecht" gründlich vertiefen!)

Dieser Fall wirft natürlich die Frage auf, ob und wie sich der Gläubiger eines Verpflichtungsgeschäfts **vor** derartigen **Vertragsbrüchen** des Schuldners **schützen** kann. Dies ist eine schon recht anspruchsvolle Frage, die wir im Einzelnen später an verschiedenen Stellen dieses Buches weiter vertiefen werden; hier erhalten Sie zunächst einen ersten Überblick. Man muss unterscheiden:

1. Bei Ansprüchen auf **Lieferung einer beweglichen Sache** (im letzten Fall des Anspruchs des K1 gegen den V) hat der obligatorisch Berechtigte nur bescheidene Sicherungsmöglichkeiten gegen einen Vertragsbruch (hier gegen die Übereignung seitens des V an den K2):
   a. Zwar kann der aus einem Verpflichtungsgeschäft Berechtigte mit dem Verpflichteten vereinbaren, dass diesem verboten wird, über die Sache zugunsten eines Dritten (etwa durch Übereignung) zu verfügen **(§ 137 BGB)**. Der Verstoß gegen ein solches **„rechtsgeschäftliches Veräußerungsverbot"** ändert aber nichts an der Wirksamkeit einer verbotswidrigen Veräußerung (hier: einer Übereignung an den K2). Warum? Weil es in § 137 S. 1 BGB heißt: „Die Befugnis zur Verfügung über ein veräußerliches Recht *kann nicht* durch ein Rechtsgeschäft ausgeschlossen oder beschränkt werden").
   b. Der K1 hätte bei ihm bekannt werdenden und gegenüber dem Gericht z. B. durch eine eidesstattliche Versicherung glaubhaft zu machenden vertragswidrigen Veräußerungsabsichten des V gegen diesen allenfalls im Wege der einstweiligen Verfügung (§§ 935 ff. ZPO) ein **„behördliches"** (also genauer: ein **„gerichtliches"**) **„Veräußerungsverbot"** erwirken können **(§§ 136, 135 Abs. 1 BGB, 935 ZPO)**; aber gegen einen (hinsichtlich des gerichtlichen Verbots!) gutgläubigen Dritterwerber wäre er gleichwohl nicht geschützt (§§ 135 Abs. 2, 932 ff. BGB).
2. Bei einem **Anspruch auf Übertragung** einer **Forderung** (z. B. beim Forderungskauf nach §§ 433, 453 BGB) kann eine vor der Erfüllung des Anspruchs vorgenommene Abtretung zugunsten eines Dritten durch die Vereinbarung eines Abtretungsverbots nach § 399 Var. 2 BGB („pactum de non cedendo") verhindert werden: Die Abtretung der Forderung entgegen dem „pactum de non cedendo" ist unwirksam; § 399 Var. 2 BGB ist also eine Ausnahme zu § 137 BGB. Da der Erwerber einer solchen unabtretbar gemachten Forderung in seinem guten Glauben an die Abtretbarkeit nur im Fall des § 405 BGB geschützt wird, „lebt" also ein Forderungskäufer „gefährlich"; es empfiehlt sich also als Käufer einer Forderung, sich vorher beim Schuldner der Abtretbarkeit zu versichern. Geschützt wird der Erwerber einer Forderung auch durch § 354a HGB. Dazu später mehr in Teil 10.
3. Derjenige, der ein **„obligatorisches" Recht** auf **dingliche Rechtsänderung an** einem **Grundstück** oder einem **Grundstücksrecht** hat (speziell der Grundstückskäufer) kann durch eine zu seinen Gunsten in das

Grundbuch eingetragene Vormerkung (§§ 883 ff. BGB) geschützt werden: Diese bewirkt, dass eine „vormerkungswidrige Verfügung" im Verhältnis zum durch die Vormerkung geschützten obligatorisch Berechtigten relativ unwirksam ist (§ 883 Abs. 2 BGB). Auch dazu später mehr in Teil 6.

4. Mittelbar kann ein jeder Gläubiger sich durch die Vereinbarung einer **Vertragsstrafe** mit dem Schuldner vor dessen Vertragsbrüchen schützen (§§ 339 ff. BGB).

## II. Das „Abstraktionsprinzip"

Die oben aufgeworfene Frage nach dem Verhältnis von „Verpflichtungs-" und „Erfüllungsgeschäft" zueinander ist durch das „Trennungsprinzip" noch nicht vollständig beantwortet. Denn Sie wissen immer noch nicht, ob die hiernach bestehende Trennung von Verpflichtungs- und Erfüllungsgeschäften im Fall des Nichtbestehens bzw. der Nichtigkeit des Verpflichtungsgeschäfts auch die Unwirksamkeit bzw. die Nichtigkeit des Erfüllungsgeschäfts nach sich zieht oder ob die beiden Geschäfte in rechtlicher Hinsicht „getrennte Wege" gehen und die Nichtigkeit des Verpflichtungsgeschäftes nicht unbedingt zugleich die Nichtigkeit des Verfügungsgeschäftes zur Folge hat.

Die Geltung des „Trennungsprinzips" ist also lediglich der Grund dafür, dass sich die soeben aufgeworfene zweite Frage überhaupt stellt.

Das uns interessierende **deutsche Recht** hat aus bestimmten rechtshistorisch erklärbaren und rechtspolitisch durchaus vertretbaren, aber keinesfalls zwingenden Gründen eine **Lösung** gewählt, die es in dieser Form in anderen Rechtsordnungen, die ebenfalls ein Trennungsprinzip haben (z. B. Österreich), nicht gibt. Die in Deutschland gefundene Antwort auf diese Frage beruht auf der Annahme, dass man Rechtsgeschäfte in kausale Rechtsgeschäfte und abstrakte Rechtsgeschäfte differenzieren kann.

Die **„kausalen Rechtsgeschäfte"** benötigen für ihre Wirksamkeit eine „causa", worunter man die Festlegung des Zwecks des Rechtsgeschäfts versteht. Diese bei den kausalen Rechtsgeschäften für die Wirksamkeit unerlässliche Zweckfestlegung ergibt sich aus dem Inhalt des Rechtsgeschäftes selbst, also – und das sind Musterbeispiele für kausale Rechtsgeschäfte – aus dem Inhalt des Kaufvertrags (§ 433 ff. BGB), des Mietvertrags (§§ 535 ff. BGB), des Darlehensvertrags (§ 488 BGB) etc. etc. Mit einem Blick erkennen Sie, dass dies die sog. „Verpflichtungsgeschäfte" sind.

Die **„abstrakten Rechtsgeschäfte"** hingegen benötigen für ihre Wirksamkeit keine „causa", also keine Zweckfestlegung. Abstrakte Rechtsgeschäfte sind z. B. die Übereignung nach §§ 929 ff. BGB bzw. §§ 873, 925 BGB oder auch die Forderungsübertragung, genannt „Zession“ (§§ 398 ff. BGB). Diese Vorschriften enthalten auch nichts über den Zweck einer Eigentumsübertragung oder einer Zession. Theoretisch kann also ohne jede Zweckbestimmung eine Sache übereignet, eine Forderung zediert werden. Und wiederum erkennen Sie mit einem Blick, dass dies die „Verfügungsgeschäfte“ sind.

Und da Sie ja keine weltfernen Dogmatiker sind, erkennen Sie auch mit einem Blick, dass es in der **Rechtswirklichkeit** so ist, dass die abstrakten Rechtsgeschäfte in aller Regel (denn wer übereignet/zediert ohne Zweckbestimmung?) einen rechtlichen Grund haben. Man sagt, dass beim Vorliegen einer solchen Zweckbestimmung dem abstrakten Rechtsgeschäft (Übereignung/Zession) ein „Rechtsgrund zugrunde liegt“. In der Regel handelt es sich bei diesen den Rechtsgrund legenden Zweckbestimmungen um die zwischen den Partnern des abstrakten Rechtsgeschäfts außerdem bestehenden (kausalen) Verpflichtungsgeschäfte. Dass es nicht nur Verpflichtungsgeschäfte sondern auch andere als Rechtsgrund anzusehende Möglichkeiten einer Zweckbestimmung gibt, werden Sie später im Bereicherungsrecht erfahren. Wir können das, was wir eben eingekleidet in das wichtigste Beispiel dafür gelernt haben, so beschreiben, dass das **„Verpflichtungsgeschäft“** (z. B. der Kaufvertrag) dem **„abstrakten (Erfüllungs-)Geschäft“** (z. B. die Übereignung der Kaufsache/Zession der verkauften Forderung) als **„Rechtsgrund“** zugrunde liegt.

Nunmehr stellt sich in aller Klarheit die **Frage**, welche **Folge** es **für** die **abstrakten Erfüllungsgeschäfte** hat, wenn **mangels** einer **Zweckbestimmung** der **Rechtsgrund fehlt.**

Rein **theoretisch** sind **zwei Antworten** möglich: Zum einen die, dass das abstrakte Erfüllungsgeschäft **ebenfalls unwirksam** ist, und zum anderen die, dass es *trotzdem wirksam ist*, was deshalb denkmöglich ist, weil es als abstraktes Geschäft keiner Zweckbestimmung bedarf.

Damit hatte der **Gesetzgeber** zwei Optionen. Da die zu findende Lösung des Problems nicht durch die Logik diktiert war, hing sie ausschließlich vom rechtspolitischen Willen des Gesetzgebers ab. Entschieden hat er sich für den schwierigeren Weg, für das **„Abstraktionsprinzip“**, das besagt, dass im Fall des Fehlens einer Zweckbestimmung das – ja ohne Zweckbestimmung existieren könnende – „abstrakte Rechtsgeschäft“ wirksam bleibt.

Aber woher weiß man, dass der Gesetzgeber sich für das „Abstraktionsprinzip“ entschieden hat? Eine Vorschrift, die dies explizit bestimmt, gibt es nicht. Aber es gibt eine versteckte Regelung. Lesen Sie **§ 138 Abs. 2 BGB**: Hiernach „(ist) nichtig … insbesondere ein Rechtsgeschäft, durch das jemand unter Ausbeutung der Zwangslage, der Unerfahrenheit, des Mangels an Urteilsvermögen oder der erheblichen Willensschwäche eines anderen sich oder einem Dritten für eine Leistung Vermögensvorteile *versprechen* oder *gewähren* lässt, die in einem auffälligen Missverhältnis zu der Leistung stehen“. Für den Fall des Nichtigkeitsgrundes Wucher wird also ausdrücklich formuliert, dass nicht nur das „Verpflichtungsgeschäft“ („… sich … versprechen … lässt“), sondern auch das dingliche Erfüllungsgeschäft zugunsten des Wucherers („… sich … gewähren … lässt“) für nichtig erklärt. Wenn dieses die Regel wäre, hätte derlei nicht angeordnet werden müssen. Es handelt sich also um eine Ausnahme von der Regel. Deshalb kann man den Umkehrschluss dahingehend ziehen, dass in allen anderen Fällen der Nichtigkeit eines Grundgeschäfts diese nicht auch die Nichtigkeit des abstrakten Verfügungsgeschäfts zur Folge hat.

Man fragt sich natürlich, welches **rechtspolitische Ziel** hinter dieser gesetzgeberischen Entscheidung steht:

Der Gesetzgeber hatte die Absicht, durch das „Abstraktionsprinzip" im Interesse der Sicherheit des Rechtsverkehrs, also im **„Verkehrsschutzinteresse"**, sicher zu stellen, dass der Erwerb von Rechten bei einer (aus welchem Grunde auch immer gegebenen) Unwirksamkeit des ihr zugrunde liegenden kausalen Verpflichtungsgeschäfts eintritt: So soll z. B. der Käufer einer Sache nicht befürchten müssen, dass der Verkäufer ihm das Eigentum deshalb nicht verschaffen kann, weil dieser bei einem vorherigen Erwerb der Sache von einem Lieferanten das Eigentum daran mangels wirksamen Kaufvertrags mit seinem Lieferanten nicht erworben hat.

1. Weil es jedoch (wie Sie in Teil 6 erfahren werden) einen, dem „Verkehrsschutz" dienenden Gutglaubensschutz nach §§ 932 ff./892 BGB gibt, aufgrund dessen man als „Gutgläubiger" vom Nichteigentümer das Eigentum erwerben kann, kann das „Abstraktionsprinzip" nicht mit dem Verkehrsschutzinteresse begründet werden.
2. Immerhin dient das „Abstraktionsprinzip" dem Verkehrsschutz beim Erwerb einer Forderung aufgrund eines Forderungskaufs. Das zeigt folgende Überlegung: Wenn z. B. der Gläubiger G eine ihm gegen den Schuldner S zustehende Darlehensforderung (§ 488 Abs. 1 S. 2 BGB) mit einem (aus welchem Grunde auch immer) unwirksamen Kaufvertrag an den A verkauft (§§ 433, 453 BGB) und die Forderung dann zur Erfüllung des Kaufvertrages an den A abtritt (§ 398 BGB), so erwirbt der A (wegen des „Abstraktionsprinzips"!) trotz der Unwirksamkeit des Kaufvertrages die Forderung, und er kann sie im Fall des Weiterverkaufs an den B auch wirksam an den B abtreten; ohne das „Abstraktionsprinzip" wäre dies nicht möglich gewesen, weil es einen gutgläubigen Erwerb von Forderungen nicht gibt (Umkehrschluss = „argumentum e contrario", fortan in diesem Buch abgekürzt als **„argec."**, aus § 405 BGB und § 1138 BGB) und daher ohne Geltung des „Abstraktionsprinzips" weder der A noch später der B die Forderung wirksam erworben hätten.

Nach **anderen Rechtsordnungen** teilen das Verpflichtungs- und Erfüllungsgeschäft ihr Schicksal miteinander, und zwar i. d. R. schon deshalb, weil sie das die Vorbedingung für das „Abstraktionsprinzip" liefernde „Trennungsprinzip" nicht kennen und deshalb die aufgrund eines Kaufvertrags geschuldete Übereignung durch den Kaufvertrag selbst herbeigeführt wird bzw. zu dem Kaufvertrag eine Übergabe/Eintragung in das Grundbuch hinzutreten muss. Auch in den Rechtsordnungen, in denen im Kaufvertrag die für die Übereignung nötige Einigung enthalten ist, gibt es kein Abstraktionsprinzip, weil (so z. B. in **Österreich**) auch das Verfügungsgeschäft „kausal" ist, also nur dann wirksam ist, wenn eine Zweckbestimmung durch ein gültiges Grundgeschäft besteht

## 1. Rückabwicklung nach § 812 Abs. 1 S. 1 Var. 1 BGB

Wenn aufgrund des Abstraktionsprinzips bei einem unwirksamen Verpflichtungsgeschäft (also z. B. bei einem nicht zustande gekommenen, oder nichtigen bzw. durch Anfechtung nach §§ 119 ff. BGB, 142 Abs. 1 BGB rückwirkend „vernichteten" Kaufvertrag über eine Sache) die jeweiligen der Erfüllung der vermeintlichen Verpflichtungen dienenden abstrakten Verfügungsgeschäfte (also z. B. die Übereignung der Kaufsache an den Käufer/die Übereignung des Kaufpreises an den Verkäufer) gleichwohl wirksam sind bzw. es auch bleiben, entsteht daraus ein rechtliches und wirtschaftliches **Ungleichgewicht**:

- Der **Käufer** und der **Verkäufer** haben **Vermögensvorteile** erlangt (der Käufer einer Sache ist Eigentümer und wegen der Übergabe Besitzer der Kaufsache/der Verkäufer ist Eigentümer des als Kaufpreis gezahlten Bargeldes geworden),
- **ohne** dass es für diese Vermögensverschiebung wegen des unwirksamen Kaufvertrags einen **rechtlichen Grund** gibt.
- Die **„Waage der Justitia"** ist also aus dem Gleichgewicht geraten. Dieser Zustand darf nicht von Dauer sein, wenn die Beteiligten dies nicht wollen; es muss daher die Möglichkeit einer Korrektur durch eine **„Rückabwicklung"** geben. Das hat auch der Gesetzgeber so gesehen.

- Die **Korrektur** der Konsequenzen des Abstraktionsprinzips erfolgt bei einem (aus welchem Grunde auch immer) unwirksamen Verpflichtungsgeschäft durch Ansprüche/den Anspruch aus **§§ 812 Abs. 1 S. 1 Var. 1, 818 ff. BGB**:
- Der Käufer/der Verkäufer haben trotz der Unwirksamkeit des Verpflichtungsgeschäfts jeder ein **„etwas"** („jeder vermögenswerte Vorteil") **erlangt**, nämlich (so unser Beispiel) der **Käufer** das Eigentum und den Besitz an der Kaufsache und der **Verkäufer** das Eigentum am als Kaufpreis gezahlten und damit übereigneten Bargeld oder bei bargeldloser Zahlung durch Überweisung eine Forderung gegen seine Bank, die Verkäufer-Bank,
- und zwar durch **„Leistung"** („bewusste, zweckgerichtete Mehrung fremden Vermögens") des jeweils anderen Teils, nämlich durch Leistung **des Verkäufers** (bewusste, dem Zweck einer der Erfüllung des Kaufvertrags dienende Übereignung und Übergabe der Kaufsache an den Käufer) und **Leistung des Käufers** (bewusste, der Zweck einer Erfüllung des Kaufvertrags dienende Übereignung des Kaufpreises an den Verkäufer),
- und dies jeweils ohne wirksame Zweckbestimmung, denn der Kaufvertrag als das kausale Verpflichtungsgeschäft ist nichtig, also **„ohne rechtlichen Grund"**, man sagt auch **„sine** (ohne) **causa"**,

- mit der Folge, dass der Verkäufer/Käufer das erlangte **etwas** an den jeweils anderen nach Maßgabe der §§ 812 Abs. 1, 818 Abs. 1, 2 BGB **herausgeben** muss, also die Kaufsache zurückübereignen und zurückgeben/den Kaufpreis zurückzahlen muss,
- allerdings grundsätzlich nur **bis zur Grenze der „Entreicherung“** (§ 818 Abs. 3 BGB). Ein Blick auf § 818 Abs. 3 BGB verdeutlicht, dass das „Abstraktionsprinzip“ damit erhebliche Risiken für den jeweiligen Gläubiger sich bringt.
- Wenn – so gesehen – zwei Ansprüche (des Käufers K und des Verkäufers V) einander gegenüber stehen, so entspricht dies der sog. „Zweikondiktioentheorie“, die aber zu absurden Ergebnissen führt, wenn einer (z. B. der K) wegen eines bei ihm eingetretenen Untergangs der Kaufsache entreichert wäre und deshalb keinem Anspruch aus § 818 Abs. 3 BGB ausgesetzt wäre, während er selbst den anderen Teil (den V), gesetzt den Fall, er (V) wäre nicht entreichert, erfolgreich auf Rückzahlung des Kaufpreises in Anspruch nehmen könnte. Das kann nicht richtig sein. Deshalb ist schon wenige Jahre nach dem Inkrafttreten des BGB vom Reichsgericht die bis heute herrschende „Saldotheorie“ entwickelt worden, nach der bei der Rückabwicklung gegenseitiger Verträge (z. B. eines Kaufvertrags) die bei dem Entreicherten (hier: K) entstandene Entreicherung wertmäßig von seinem eigenen Anspruch abzuziehen ist. Wären Kaufpreis und Kaufsache z. B. gleichwertig, hätte danach weder K noch V einen Anspruch aus § 812 Abs. 1 S. 1 Var. 1 BGB. Die Saldotheorie hat überdies zur Folge, dass nur noch ein einziger Bereicherungsanspruch besteht. Das ist derzeit noch „höhere Mathematik“ für die Anfänger – musste aber gesagt werden und wird später in Teil 8 ausgiebig behandelt werden.

**Fall 14**

Der V hat dem K telefonisch eine bestimmte Maschine zum Kauf für „€ 170.000,–“ angeboten; der K hat zu einem Preis von „€ 117.000,–“ angenommen. Beide hatten nicht richtig hingehört und meinten, sich geeinigt zu haben; der V zu einem Preis von € 170.000,–; der K zu einem Preis von € 117.000,–. Als der K nach erfolgter Übereignung und Übergabe der Maschine nur € 117.000,– zahlt und auf die Nachforderung des V, er möge weitere € 53.000,– zahlen, erklärt, man habe sich doch auf € 117.000,– geeinigt, verlangt der V unter Berufung auf das „Missverständnis“ Zug-um-Zug gegen Rückzahlung der erhaltenen € 117.000,– die Maschine von K zurück (nach Baur-Stürner).

Der Anspruch ergibt sich 1. nicht aus §§ 985, 986 BGB, denn der V hat das Eigentum an K verloren (§ 929 S. 1 BGB): a) Die Maschine ist übergeben worden. b) Die aa) Einigung zwischen dem V und dem K dahingehend, dass das Eigentum übergehen soll, bb) ist wirksam, aaa) denn hinsichtlich der Einigung besteht kein versteckter Dissens bbb) Allerdings aaaa) ist der Kaufvertrag wegen (versteckten) Dissenses über einen Hauptpunkt nicht zustande gekommen. bbbb) Nach dem „Abstraktionsprinzip“ ist aber die Einigung davon nicht betroffen. 2. Der V hat jedoch einen Anspruch aus § 812 Abs. 1 S. 1 Var. 1 BGB: a) Der K hat „etwas“, nämlich an der Maschine aa) das Eigentum bb) und den Besitz erlangt, b) dies durch Leistung (=„bewusste, zweckgerichtete Mehrung fremden Vermögens“) des V an K c) und wegen des Nichtbestehens des Kaufvertrages ohne Rechtsgrund. d) Also muss der K die Maschine an den V zurückübereignen und zurückübergeben, dies aber nur Zug-um-Zug gegen Rückzahlung der an den V gezahlten € 117.000,– (Saldotheorie).

**Fall 15**

Der V bietet dem K am 1. Juni 2002 schriftlich ein bestimmtes Auto im Werte von € 10.000,– und eine ihm gegen den S zustehende Darlehensforderung in Höhe von € 10.000,– (§ 488 Abs. 1 S. 2 BGB) für je € 8000,–, zahlbar am 1. Juli 2002, zum Kauf an. Der V hatte hinsichtlich des Kaufpreises für das Auto € 10.000,– und für die Forderung € 9000,– schreiben wollen, hatte sich aber aufgrund einer momentanen Ablenkung verschrieben. Der K erklärt sofort: „Einverstanden“. Am 3. Juni 2002 übergibt und übereignet der V dem K das Auto und tritt die Forderung gegen S an K ab. Als K am 1. Juli 2002 je € 8000,– in bar an den V zahlt, bemerkt dieser seinen Irrtum und erklärt die Anfechtung des Kaufvertrages. Der K hat die Forderung inzwischen an den Z, der den Irrtum des V durchschaut hatte, für € 9000,– verkauft und sie an diesen abgetreten. 1. Der V verlangt von dem K die Herausgabe des Autos und die Rückabtretung der Forderung, mindestens aber Wertersatz für die Forderung. Das Auto war bereits vor der Anfechtung durch einen von K nicht zu vertretenden Unfall völlig zerstört und verschrottet worden. 2. Der K verlangt die Rückzahlung der gezahlten € 16.000,–.

1. Herausgabeanspruch? a) Der V kann von dem K Herausgabe des Autos aa) nicht nach § 985 BGB verlangen, weil die wirksame rückwirkende Anfechtung des Kaufvertrags wegen eines „Erklärungsirrtums“ (§§ 119 Abs. 1, 142 Abs. 1 BGB) die Wirksamkeit der Übereignung nicht berührt („Abstraktionsprinzip“). bb) Der V könnte jedoch einen Anspruch aus § 812 Abs. 1 S. 1 Var. 1 BGB haben. aaa) Der K hat „etwas“ (=„jeder vermögenswerte Vorteil“) erlangt, nämlich das Eigentum und den Besitz an dem Auto. bbb) Er hat das „etwas“ durch eine Leistung des Anspruchstellers V erlangt. ccc) Der K hat das „etwas“ auch „ohne rechtlichen Grund“ erlangt, denn wegen der Rückwirkung der Anfechtung (§ 142 Abs. 1 BGB) ist davon auszugehen, dass der Rechtsgrund bereits ursprünglich fehlte. ddd) Der K ist dem V zur Herausgabe des „etwas“ (also zur Rückübereignung) verpflichtet. eee) Der Anspruch ist jedoch nach § 818 Abs. 3 BGB erloschen, weil der K „entreichert“ ist. b) Was die Forderung angeht, so kann der V von dem K aa) keine Rückabtretung aus § 812 Abs. 1 S. 1 Var. 1 BGB verlangen. Denn der K ist nicht mehr Inhaber der Forderung, weil der Z diese inzwischen nach § 398 BGB wirksam von K erworben hat; der K war nämlich trotz der Anfechtung Gläubiger der Forderung geblieben, weil die

Anfechtung wegen des „Abstraktionsprinzips" nur den Kaufvertrag zwischen V und K betraf, nicht aber die Zession der Forderung des V an K. Dass der Z die Anfechtbarkeit des Kaufvertrags kannte, steht seinem Forderungserwerb von einem Berechtigten (K) natürlich nicht entgegen (Vorsicht Falle!!). bb) V hat gegen den K aber nach §§ 812 Abs. 1 S. 1 Var. 1, 818 Abs. 2 BGB einen Anspruch auf Wertersatz in Höhe von € 10.000,–. (Ob diese Ergebnisse Bestand haben, wird sich übrigens erst bei der Beantwortung der 2. Fallfrage herausstellen). 2. Der K könnte gegen V einen Anspruch aus § 812 Abs. 1 S. 1 Var. 1 BGB gegen den V haben. a) Was die für das Auto gezahlten € 8000,– angeht, so steht im „auf den ersten Blick" dieser Anspruch zu, denn der V ist nicht nach § 818 Abs. 3 BGB entreichert, weil er das Geld ja noch hat. Aber das Ergebnis (= Der V erhält nichts zurück, weil das Auto bei K untergegangen ist. Der K erhält den Kaufpreis zurück.) ist ungerecht; daher soll nach der sog. „Saldotheorie" vom Bereicherungsanspruch des K gegen den V die bei ihm selbst eingetretene Entreicherung (in Höhe von € 10.000,–) abgezogen werden. Infolge dieser Differenzbildung reduziert sich der Anspruch des K auf minus € 2000,– (negativer Saldo). Also kann der K keine Zahlung verlangen. b) Hinsichtlich der für die Forderung gezahlten € 8000,– besteht kein Anlass zur Kürzung, denn insoweit ist der Anspruch des K gegen den V nicht durch „Entreicherung" nach § 818 Abs. 3 BGB entfallen. Die Frage ist allein, ob der Anspruch des V gegen den K aus §§ 812 Abs. 1 S. 1 Var. 1, 818 Abs. 2 BGB sich durch Saldierung „automatisch" um € 8000,– auf € 2000,– reduziert (so die „Saldotheorie") oder ob die Ansprüche einander gegenüber stehen (sog. „Zweikondiktionentheorie") und der Anspruch des V gegen den K erst durch Aufrechnung eines der beiden nach §§ 387 ff. BGB teilweise untergeht und sich deshalb nur auf € 2000,– beläuft. (Wie gesagt: Diese Überlegungen zur „Saldotheorie" und zur „Zweikondiktionentheorie" werden im Bereicherungsrecht gründlich erörtert werden).

### 2. Durchbrechungen des Abstraktionsprinzips

Aber auch hinsichtlich des Abstraktionsprinzips gilt leider wieder einmal der alte Grundsatz: **„keine Regel ohne Ausnahme"**. Das **Abstraktionsprinzip** wird nämlich zum Teil durch das **Gesetz durchbrochen**; auch kann seine Geltung durch eine **Parteivereinbarung ausgeschlossen** werden. Diese Problematik ist natürlich eine wahre Fundgrube für juristische Aufgabenstellungen.

- Eine **ausdrückliche gesetzliche Ausnahme** vom Abstraktionsprinzip ist die Anordnung der Nichtigkeit für solche Rechtsgeschäfte, durch die ein **Wucherer** sich „... für eine Leistung Vermögensvorteile ... **gewähren** lässt" (**§ 138 Abs. 2 BGB**). Sie entsinnen sich: Wir haben den Ausnahmecharakter dieser Norm als Argument für die Geltung des Abstraktionsprinzips im BGB verwendet.

**Fall 16**

Der über kein Barvermögen verfügende V benötigt für eine nur im Ausland mögliche und dort in bar zu bezahlende lebensrettende Operation seines dort lebenden Kindes sofort € 100.000,–. Die Krankenversicherung macht eine Vorschusszahlung von einem erst in einigen Wochen zu erwartenden medizinischen Gutachten abhängig. Der V ist Eigentümer eines riesigen Rohdiamanten im Marktwert von € 800.000,–. Als er ein durch Verpfändung oder Sicherungsübereignung zu sicherndes Bankdarlehen aufnehmen will, weigern sich die Banken, weil der V sein Eigentum an dem Stein nicht durch Urkunden beweisen kann. Daraufhin wendet der V sich an den reichen K, der schon lange ein Interesse daran bekundet hatte, den Edelstein ohne Rücksichten auf einen Eigentumsnachweis durch V zu erwerben. Als V ihm seine Lage schildert, erklärt der K, dass er ihm zwar kein Darlehen geben würde, dass er aber bereit sei, den Edelstein für € 100.000,– zu kaufen. Der V erklärt sich in seiner Verzweiflung einverstanden. Der V verkauft den Edelstein und erfüllt den Kaufvertrag durch Übereignung und Übergabe des Edelsteins Zug-um-Zug gegen Barzahlung von € 100.000,– an K. Als V nach Hause kommt, findet er ein Schreiben der Krankenversicherung vor, in dem es heißt, dass sie sich „ausnahmsweise unbürokratisch zur sofortigen Leistung des Vorschusses" bereit erkläre. Der V verlangt den Diamanten von K Zug-um-Zug gegen Rückzahlung der € 100.000,– heraus.

Der Anspruch ergibt sich aus § 985 BGB. a) Der K ist Besitzer des Diamanten. b) Der V ist Eigentümer des Diamanten geblieben, weil das Rechtsgeschäft, durch das sich ein Wucherer Vermögensvorteile „gewähren lässt" (Übereignung des Diamanten an K) nach § 138 Abs. 2 BGB nichtig ist. c) Der K hat kein Recht zum Besitz (§ 986 Abs. 1 S. 1 BGB), da auch der Kaufvertrag nichtig ist (§ 138 Abs. 2 BGB). d) Dem Herausgabeanspruch könnte ein Zurückbehaltungsrecht aus §§ 273, 812 Abs. 1 S. 1 Var. 1 BGB entgegenstehen. Ob dem Bereicherungsanspruch § 817 S. 2 BGB entgegensteht, kann offen bleiben, weil der V die Zug-um-Zug-Rückzahlung anbietet (§ 274 BGB).

In einer Reihe von Konstellationen führt eine sog. **„Fehleridentität"** zur Durchbrechung des „Abstraktionsprinzips" oder ist zu diskutieren.

- So wird eine **fehlende Geschäftsfähigkeit (§§ 104 ff. BGB)** in der Regel nicht nur das Verpflichtungs- sondern auch das der Erfüllung dienende abstrakte Verfügungsgeschäft betreffen und sie beide unwirksam machen.
- Was die Frage der Durchbrechung des Abstraktionsprinzips bei einer Nichtigkeit wegen **Sittenwidrigkeit (§ 138 Abs. 1 BGB)** angeht, so stellt sich vorab die Frage, ob man aufgrund eines Umkehrschlusses aus § 138 Abs. 2 BGB (der „Wuchertatbestand" ist ja nur ein Spezialfall der Sittenwidrigkeit) annehmen muss, dass Rechtsgeschäfte, durch die sich ein beim zugrunde liegenden Verpflichtungsgeschäft sittenwidrig Handelnder eine Leistung gewähren lässt, stets sittlich „wertneutral" und damit immer wirksam sind, also eine Durchbrechung des Abstraktionsprinzips unter dem Aspekt der Fehleridentität ausscheidet. Diese von der Logik an sich gebotene Konsequenz hat man jedoch nicht gezogen, sondern man hält die Sittenwidrigkeit eines Verfügungsgeschäfts jedenfalls dann für

denkmöglich, wenn sich der Makel der Sittenwidrigkeit gerade aus dem Zweck und aus der Wirkung des dinglichen Geschäfts ergibt.

**Fall 17**

Der Controller C des Versicherungsunternehmens U1 hat aufgedeckt, dass der Versicherungsvertreter V unter Verstoß gegen ein vertragliches Konkurrenzverbot auch für das Versicherungsunternehmen U2 Verträge vermittelt hat. Aufgrund eines „Stillhalteabkommens" mit dem C übereignet der V dem C nach § 929 S. 1 BGB seinen Mercedes-Geländewagen. Als die Vertragsverstöße des V auf anderem Wege dann doch ans Licht kommen, verlangt der V Herausgabe des Autos von C (nach Baur – Stürner).

Der Anspruch könnte sich aus § 985 BGB ergeben. a) Der C ist Besitzer. b) Der V müsste Eigentümer sein. aa) Der V war Eigentümer. bb) Er könnte das Eigentum am Auto an den C verloren haben. aaa) Die Voraussetzungen des § 929 S. 1 BGB liegen vor. bbb) Die Übereignung könnte nach § 138 Abs. 1 BGB nichtig sein. Die getroffene Vereinbarung ist sittenwidrig. Fraglich ist, ob die Übereignung hiervon betroffen ist oder ob sie „sittlich wertneutral" ist. Hier nimmt man an, dass sich der Makel der Sittenwidrigkeit gerade aus Zweck und Wirkung des dinglichen Geschäfts ergibt. Also ist der V Eigentümer geblieben. c) Der C hat kein Recht zum Besitz aus einem „Stillhalteabkommen" (Vertrag „sui generis" nach § 311 Abs. 1 BGB) bzw. einem Schenkungsvertrag (§§ 516, 986 BGB), denn der „Stillhalte"-Vertrag bzw. der Schenkungsvertrag ist ebenfalls nach § 138 Abs. 1 BGB sittenwidrig und nichtig. d) Umstritten ist die Frage, ob der Herausgabeanspruch des V gegen C nach § 817 S. 2 BGB analog „gesperrt" ist. Dafür spricht folgende Überlegung: Wenn man annähme, dass die Übereignung „sittlich wertneutral", also nicht nach § 138 Abs. 1 BGB nichtig wäre, dann wäre nur das der Übereignung zugrunde liegende Verpflichtungsgeschäft („Stillhalteabkommen" bzw. Schenkungsvertrag)) nach § 138 Abs. 1 BGB nichtig, und der V hätte lediglich einen Bereicherungsanspruch aus § 812 Abs. 1 S. 1 Var. 1 BGB gegen C, dem aber § 817 S. 2 BGB entgegenstünde (diese Vorschrift sperrt nicht nur den Anspruch aus § 817 S. 1 BGB, sondern – weil sie sonst leer liefe – auch den Anspruch aus § 812 Abs. 1 S. 1 Var. 1 BGB). Der V kann aber nicht dadurch besser gestellt werden, dass sogar das Verfügungsgeschäft nichtig ist und der C deshalb nach § 985 BGB zur Herausgabe verpflichtet wäre. So gesehen muss § 817 S. 2 BGB auch den Anspruch des V aus § 985 BGB „sperren".

- Ein besonders wichtiger Fall der zur Durchbrechung des Abstraktionsprinzips führenden Fehleridentität ist der einer **Anfechtung** nach **§ 123 BGB**.

**Fall 18**

Der Antiquitätenhändler Arthur (A) reist über Land und kauft den Bauern Möbel ab. Der Bauer Bolle (B) verkauft und übergibt und übereignet dem A gegen Zahlung von € 50,– einen wertvollen Barockschrank. Zu diesem Kaufvertrag war es deshalb gekommen, weil der A dem B in Kenntnis des wahren Wertes des Schrankes, der bei € 20.000,– liegt, erklärt hatte, der Schrank sei gerade noch „als Schuhschrank" oder zum „Einheizen brauchbar". Der B war deshalb froh, das „wurmstichige, alte Möbel" so kostengünstig „entsorgt" zu haben. Als einige Wochen später der Kunsthistoriker K, der schon seit Jahren regelmäßig „Ferien auf dem Bauernhof" bei B macht, nach dem Verbleib des „schönen Barockschranks, den er immer so sehr bewundert habe" fragt, beginnt der B zu verstehen. Er sucht seinen Rechtsanwalt R auf. Dieser verlangt unter Berufung auf die wahrheitswidrige Erklärung des A zum Wert des Schrankes von A Herausgabe an B. Der Barockschrank steht noch im Schaufenster des A (nach Baur-Stürner und Roald Dahl).

Der B hat gegen den A 1. einen Anspruch aus § 985 BGB, denn a) der B hat das Eigentum nicht verloren (§§ 929 S. 1, 123 Abs. 1, 142 Abs. 1 BGB). aa) Zwar liegt eine Übergabe vor, bb) aber keine wirksame Einigung. Die Einigung ist nämlich nach §§ 123 Abs. 1, 142 Abs. 1 BGB mit rückwirkender Kraft entfallen: aaa) Das Rückforderungsverlangen des R ist eine für den B wirkende Anfechtungserklärung (§§ 143, 164 Abs. 1 BGB). bbb) Der Anfechtungsgrund ergibt sich aus § 123 Abs. 1 BGB. aaaa) In der Erklärung des A liegt eine Täuschung. bbbb) Sie ist arglistig (Vorsatz, auf Abschluss eines Kaufvertrags und die Herbeiführung der Erfüllung durch Übergabe und Übereignung gerichtet). cccc) Doppelte Kausalität und dddd) Rechtswidrigkeit der Täuschung sind gegeben. eeee) Eine Anfechtung nach § 123 Abs. 1 BGB „schlägt" auf das dingliche Erfüllungsgeschäft „durch". Also entfällt die Einigung mit rückwirkender Kraft. b) Der A ist Besitzer. c) Er hat kein Recht zum Besitz (§ 986 Abs. 1 S. 1 BGB), weil der Kaufvertrag wirksam angefochten wurde. 2. Der B hat außerdem einen Anspruch aus § 812 Abs. 1 S. 1 Var. 1 BGB auf Rückgabe des Barockschranks. a) Der A hat zwar kein Eigentum, wohl aber den Besitz erlangt (s. o.), b) und zwar durch Leistung des B c) und ohne Rechtsgrund (s. o.).

**Variante**

Der A hat den Barockschrank inzwischen an den Sammler K, dem er die Hintergründe seines „Schnäppchens" bei B erzählt hatte, verkauft und übereignet und übergeben. B verlangt Herausgabe von K.

Der Anspruch ergibt sich aus § 985 BGB. a) K ist Besitzer. b) B hat das Eigentum nicht verloren, aa) nicht nach § 929 S. 1 BGB an A (s. o.) bb) und auch nicht nach § 932 Abs. 1 S. 1, Abs. 2 an K, denn K war nicht gutgläubig: Er kannte die Anfechtbarkeit und muss sich für den Fall der Anfechtungserklärung so behandeln lassen, wie wenn er das Nicht-Eigentum des A gekannt hätte (§ 142 Abs. 2 BGB). c) Der K hat auch kein Recht zum Besitz gegenüber B (§ 986 Abs. 1 BGB), aa) und zwar kein eigenes Recht zum Besitz (§ 986 Abs. 1 S. 1 Var. 1 BGB), bb) aber auch kein von A abgeleitetes Recht zum Besitz (§ 986 Abs. 1 S. 1 Var. 2 BGB), weil der Kaufvertrag, aus dem der A ein Recht zum Besitz haben könnte, nach § 123 Abs. 1 BGB wirksam angefochten worden ist (s. o. Grundfall), so dass der A gegenüber dem Eigentümer nicht zum Besitz berechtigt war, wie § 986 Abs. 1 S. 1 Var. 2 BGB es für ein abgeleitetes Recht zum Besitz des K voraussetzt.

**Fall 19**

Der V verkauft dem K eine schwer verkäufliche Sache für € 10.000,–. Der V soll nach dem Kaufvertrag die Sache sofort übergeben und übereignen, der K aber erst in 1 Monat zahlen. Darauf hat sich der V wegen der Schwerverkäuflichkeit der Sache eingelassen. Der K hat den V dadurch zu einer solchen Vereinbarung bewogen, dass er dem V unter Vorlage einer Abschrift des Testaments und der Sterbeurkunde des Erblassers E erklärt hat, dann eine Geldzahlung aus einem zu seinen Gunsten angeordneten Vermächtnis in Höhe von € 100.000,– zu erhalten (§§ 2147, 2174 BGB). Der K wusste jedoch, dass der Nachlass des E überschuldet war und er keine Zahlung zu erwarten hatte. Der V übereignet die Kaufsache an den K (§ 929 S. 1 BGB). Als nach Ablauf des Monats nicht gezahlt wird und der V Nachforschungen anstellt, die ergeben, dass der K ihn getäuscht hat, erklärt der V gegenüber dem K die Anfechtung aller seiner Willenserklärungen aus diesem Geschäft und verlangt Herausgabe der Sache.

Der Anspruch könnte sich aus § 985 BGB ergeben. a) Der K ist Besitzer. b) Der V müsste Eigentümer sein. aa) Der V war Eigentümer. bb) Er könnte das Eigentum an den K verloren haben. aaa) Die Voraussetzungen des § 929 S. 1 BGB liegen vor. bbb) Die Übereignung könnte nach §§ 123 Abs. 1, 142 Abs. 1 BGB nichtig sein. aaaa) Der K hat den V arglistig über seine Kreditwürdigkeit getäuscht. bbbb) Anerkannt ist, dass bei einer arglistigen Täuschung hiervon auch das „Verfügungsgeschäft" betroffen ist, weil der Verkäufer nur deshalb übereignet hat, weil er unter dem Einfluss der arglistigen Täuschung stand. c) Da auch der Kaufvertrag angefochten und daher nach §§ 123 Abs. 1, 142 Abs. 1 BGB nichtig ist, hat K auch kein Recht zum Besitz (§ 986 Abs. 1 S. 1 BGB).

- Bei der **Sicherungsübereignung** nach § 930 BGB kann es dann zu einer Durchbrechung des Abstraktionsprinzips kommen, wenn der die „causa" bildende Sicherungsvertrag zugleich das Besitzmittlungsverhältnis ist (dazu mehr in Teil 6).
- Die Geltung des **Abstraktionsprinzips** kann auch durch **Parteivereinbarung** ausgeschlossen werden, indem durch eine Vereinbarung ein **„Bedingungszusammenhang"** zwischen der Wirksamkeit des Verpflichtungsgeschäfts und des Verfügungsgeschäfts des Inhalts hergestellt wird, dass Voraussetzung für die Wirksamkeit des Verfügungsgeschäfts die Wirksamkeit des ihm zugrunde liegenden Verpflichtungsgeschäfts ist (§ 158 Abs. 1 BGB). Dass dies bei der Veräußerung von Grundstücken nicht möglich ist, ergibt sich aus §§ 873, 925 Abs. 2 BGB.
- Schließlich wird (i.E. allerdings allgemein ablehnend) diskutiert, ob in bestimmten Fallkonstellationen das Verpflichtungsgeschäft und das Verfügungsgeschäft dergestalt eine **„Geschäftseinheit"** bilden, dass nach **§ 139 BGB analog** die Nichtigkeit des Verpflichtungsgeschäfts im Zweifel die Nichtigkeit des abs-

trakten Verfügungsgeschäfts zur Folge hat. Ernsthaft diskutabel dürfte diese Konstruktion eigentlich nur für das „Handgeschäft des täglichen Lebens“ (z. B. Zeitungskauf am Kiosk) sein. Die Entscheidung des Gesetzgebers für das Abstraktionsprinzip spricht aber gegen das Vorliegen eines einheitlichen Rechtsgeschäfts, wie man es für § 139 BGB benötigt.

Den Anfängern unter den Lesern „schwirrt“ nach diesen ersten beiden Teilen des Buches sicher „der Kopf“. Sammeln Sie sich und machen sich klar, was Sie bisher erlernt haben und werfen Sie zugleich „einen Blick nach vorn“: Nachdem

- die **Technik der Bearbeitung von Fällen** erläutert worden ist und der Ablauf einer gutachtenmäßigen Prüfung verdeutlicht wurde (Subsumtion der Anspruchsgrundlage/Prüfung von Wirksamkeitshindernissen bei rechtsgeschäftlichen Anspruchsgrundlagen/Prüfung von Beendigungsgründen bei rechtsgeschäftlichen Anspruchsgrundlagen/Prüfung von einen Anspruch betreffenden Erlöschensgründen/Prüfung von einen Anspruch betreffenden rechtshemmenden Einreden), sind einige wesentliche Grundlagen gelegt worden, indem dargestellt wurde,
- was **subjektive Rechte** sind,
- wem als **Rechtssubjekt** die subjektive Rechte zustehen können,
- dass wir die **Objekte von Rechten** unter dem Oberbegriff **Gegenstände** zusammenfassen,
- was man unter **Rechtsgeschäften** versteht
- und welches Verhältnis zwischen einem **kausalen Verpflichtungs-** und einem **abstrakten Verfügungsgeschäft** besteht.

Damit haben wir jetzt so viel Material beisammen, dass wir uns nun (im Groben orientiert am – oben in dieser Zusammenfassung dargestellten – Ablauf einer Fallbearbeitung) dem Zivilrecht in seiner ganzen Breite zuwenden können.

# Teil 3. Rechtsgeschäftliche, speziell Vertragliche Primäransprüche

Bei der Fallbearbeitung bestimmt die **Fallfrage** das **Thema**. Innerhalb des durch die Fallfrage gesteckten Rahmens gehen Sie in folgender Reihenfolge vor und prüfen Ansprüche auf:

- **Herausgabe,**
- **Grundbuchberichtigung,**
- **Erfüllung,**
- **Schadensersatz,**
- **Rückgewähr,**
- **Ausgleich,**
- **Unterlassung** und/oder **Beseitigung** und
- **Unterhalt.**

Wenn bei der Beantwortung dieser Fallfragen jeweils **mehrere Anspruchsgrundlagen** in Betracht kommen, gibt es eine aus **rechtlichen Gründen gebotene Rangfolge** für deren Prüfung, die – wie Ihnen auch schon mehrfach gesagt worden ist – den Gesamtaufbau dieses Buches bestimmt.

Zunächst: **Familienrechtliche** (z. B. aus §§ 1298 f., 1301, 1361a, 1632, 1601ff., 1648, 1664 BGB) und **erbrechtliche Spezialansprüche** (z. B. aus §§ 2018, 2130, 2174, 2287 BGB) **(Teil 11** und **12)**;

dann: **Rechtsgeschäftliche**, speziell **vertragliche Ansprüche**, und zwar zunächst: **Primäransprüche** (Erfüllung), dann **Sekundäransprüche** (Leistungsstörungsrecht) **(Teile 3** und **4)**;

sodann: **Quasivertragliche Ansprüche** und zwar zunächst aus §§ 122, 179 BGB, dann aus Verschulden bei geschäftlichem Kontakt (§ 311 Abs. 2, 3 BGB), sodann die Ansprüche aus Geschäftsführung ohne Auftrag **(Teil 5)**;

anschließend: **Sachenrechtliche Ansprüche**, und zwar zunächst: **Primäransprüche** (Herausgabe, Grundbuchberichtigung, Duldung der Zwangsvoll-



J. Plate, *Das gesamte examensrelevante Zivilrecht*, Springer-Lehrbuch,
DOI 10.1007/978-3-662-47320-7_3

streckung, Beseitigung oder Unterlassung,), dann **Sekundäransprüche** bei Herausgabeansprüchen und sonstige Folgeansprüche **(Teil 6)**;
danach: **Aufopferungsansprüche**;
sodann: **Gefährdungshaftungsansprüche** und **Deliktsansprüche (Teil 7)**;
Nunmehr: **Ansprüche** wegen **ungerechtfertigter Bereicherung (Teil 8)**.

Und schließlich: **Ansprüche** aus **angemaßter Geschäftsführung ohne Auftrag (Teil 5)**.

Wie gesagt: Sie erkennen an diesem **Aufbauschema** zwanglos den **Aufbau des Buches** wieder – mit zwei Ausnahmen: Die ganz am Schluss abgehandelten (Teil 11 und 12) abgehandelten familien- und erbrechtlichen Spezialansprüche konnten beim besten Willen nicht schon zu Beginn dargestellt werden – jeder Leser hätte das Buch zu Recht sofort wieder zur Seite gelegt. Und die ganz am Schluss zu prüfenden Ansprüche aus Geschäftsanmaßung mussten aus Gründen des Sachzusammenhanges zusammen mit der GoA in Teil 5 dargestellt werden.

Wir werden uns also als erstes mit den **rechtsgeschäftlichen**, speziell **vertraglichen Ansprüchen** befassen, und zwar zunächst in diesem Teil 3 mit den auf Erfüllung gerichteten „Primäransprüchen" und sodann in Teil 4 mit den „Sekundäransprüchen".

Wenn wir uns – der Regel des § 311 Abs. 1 BGB folgend, **sogleich auf die vertraglichen verpflichtenden Schuldverhältnisse konzentrieren**, so geschieht dies aus Gründen der Übersichtlichkeit der Darstellung, die wir nicht weiter aufspalten wollen. Die wenigen, sich aus einem **einseitigen Rechtsgeschäft** ergebenden **rechtsgeschäftlichen Verpflichtungen**, wie z. B. die aus einer **Auslobung (z. B. § 657 BGB)**, werden wir hier einfach ignorieren.

In **Teil 1** haben Sie bei den Hinweisen zur Bearbeitung juristischer Aufgabenstellungen bereits allerlei zu den Voraussetzungen eines vertraglichen Anspruchs gelernt, nämlich: Dass das Bestehen eines vertraglichen „Primäranspruchs" (etwa eines Anspruchs des Käufers gegen den Verkäufer aus einem Kaufvertrag auf Übereignung und Übergabe der Kaufsache aus § 433 Abs. 1 S. 1 BGB oder des Verkäufers gegen den Käufer auf Zahlung des Kaufpreises aus § 433 Abs. 2 BGB) voraussetzt, dass ein **verpflichtender (Kauf-)Vertrag besteht** (also: dass er überhaupt **„zustande gekommen"** ist, dass **gegen** seine **Wirksamkeit keine Bedenken** bestehen und dass er **„nicht beendet"** ist), dass es sich **nicht** um einen der sehr seltenen **Verträge ohne primäre Leistungspflichten** handeln darf und dass ein schließlich von Ihnen damit als **„entstanden"** bezeichneter **Anspruch** auch **nicht erloschen** und

**nicht** in seiner **Durchsetzung gehemmt** sein darf. Vertragliche Primäransprüche stehen in der **Regel einem Vertragspartner** zu, **ausnahmsweise** aber können sie von vornherein **(originär)** auch einem **Dritten** zustehen (Vertrag zugunsten Dritter). Der **Klarstellung** halber sei verdeutlicht: Der Umstand, dass ein (auch ein vertraglicher) Anspruch nicht dem Vertragspartner, sondern **sekundär** einem Dritten zustehen kann (z. B. infolge einer Abtretung nach §§ 398 ff. BGB oder einer cessio legis § 412 BGB/infolge eines Erbfalls nach § 1922 BGB) wird hier in **Teil 3 sub B I** erstmals angesprochen, aber nicht sehr vertieft, weil dieser Vorgang (Gläubigerwechsel) ja das Schicksal aller Ansprüche – also nicht nur solcher vertraglicher Art, sondern auch gesetzlicher Art – sein kann, sondern erst in Teil 10 und Teil 12, wenn Sie über alle Ansprüche, also auch über die nicht-vertraglichen Ansprüche orientiert sind. Ebenso wird die Möglichkeit, dass (auch ein vertraglicher) Anspruch sich **sekundär** nicht mehr gegen Vertragspartner richtet, sondern gegen eine andere Person (z. B. infolge einer Schuldübernahme §§ 414 ff. BGB/wegen eines Erbfall nach § 1922 BGB), hier in **Teil 3 sub B I** angesprochen, aber nicht vertieft erörtert, weil dieser Vorgang (Schuldnerwechsel) ja auch bei Ansprüchen aus gesetzlichen Schuldverhältnissen, die Sie jetzt ja noch gar nicht kennen, auftreten kann, sondern ebenfalls erst in Teil 10 und Teil 12.

Damit steht auch der **Aufbau** dieses **Teils 3** fest. Er entspricht – wie Sie unschwer erkennen – i.w. dem Ihnen ja bereits bekannten (seinerseits auf die „innere Dynamik" subjektiver Rechte zurückzuführenden) Schema für die Fallbearbeitung und ist durch bestimmte thematische Schwerpunkte gekennzeichnet:

1. Der **Vertrag (sub A)**: Die Entstehung und die Inhalte verpflichtender Verträge **(sub I)**; Wirksamkeitshindernisse **(sub II)**; Beendigung des Vertrages **(sub III)**.
2. Der daraus resultierende **Anspruch (sub B)**: Das Erlöschen eines Anspruchs **(sub I)**; die der Durchsetzbarkeit eines Anspruchs entgegenstehenden „rechtshemmenden" Einreden **(sub II)**.
3. Zu „guter Letzt" wird Ihnen in diesem Teil 3 auch noch zugemutet, sich mit der praktischen Frage der **Durchsetzung von Ansprüchen (sub C)** zu befassen.

## A. Verpflichtende Verträge (Entstehung, Inhalte, Wirksamkeitshindernisse, Beendigung)

1. Unter einem **Vertrag** versteht man ein mindestens zweiseitiges Rechtsgeschäft, das sich aus mindestens zwei einander inhaltlich entsprechenden und mit Bezug aufeinander abgegebenen Willenserklärungen zusammensetzt.

**2.** Verträge können die unterschiedlichsten **Funktionen** haben, wie Ihnen die folgenden Beispiele zeigen:
Durch Verträge können z. B. „Schuldverhältnisse" begründet werden (§ 311 Abs. 1 BGB), wie z. B. ein Kaufvertrag mit den Rechten und Pflichten aus den §§ 433 ff. BGB **(„verpflichtende Verträge")**. Sie sind kausal.
Durch Verträge kann auch eine Forderung (§ 398 BGB) oder ein anderes Recht (§ 413 BGB) übertragen werden, der Übergang des Eigentums an beweglichen Sachen oder an Grundstücken herbeigeführt werden (§§ 929 ff. BGB/§§ 873, 925 BGB), ein Pfandrecht an einer beweglichen Sache bestellt werden (§§ 1204 ff. BGB), ein Grundstück mit einem Grundpfandrecht, z. B. einer Hypothek, belastet werden (§§ 873, 1113 ff. BGB) etc. **(„verfügende Verträge")**. Sie sind abstrakt.
Das war Ihnen bereits bekannt. Aber Verträge können noch mehr leisten: So kann durch einen Vertrag der **Güterstand einer Ehe** geregelt werden (=„Ehevertrag" in §§ 1415 ff. BGB).
Oder es kann durch einen Vertrag die **Erbfolge** bestimmt werden (§§ 2274 ff. BGB=„Erbvertrag").

Uns interessieren hier in Teil 3 ausschließlich die Verträge, durch die Schuldverhältnisse begründet werden, also die **„verpflichtenden Verträge" (§ 311 Abs. 1 BGB)**. Denn sie sind die **Rechtsquelle** der **vertraglichen Primäransprüche**.

## I. Die Entstehung und die Inhalte von verpflichtenden Verträgen

Wir wollen uns dem Thema der Entstehung und der Inhalte von verpflichtenden Verträgen vorsichtig, Schritt für Schritt nähern. Sie wissen ja, und dies kann nicht oft genug wiederholt werden: **Schuldverhältnisse** können **begründet** werden

- **entweder** durch das **Gesetz** (z. B. §§ 122, 179, 677 ff., 812 ff., 823 ff., 985 ff. BGB); das aber interessiert uns hier zunächst überhaupt nicht, denn wir wollen uns mit vertraglich begründeten Schuldverhältnissen befassen.
- **Oder** sie können durch ein **Rechtsgeschäft**, und zwar **regelmäßig** (§ 311 Abs. 1 BGB) **durch** das Rechtsgeschäft **„Vertrag"** zur Entstehung gelangen. Der Umstand, dass sich hinsichtlich der durch Rechtsgeschäft (insbesondere also durch Vertrag) begründeten Schuldverhältnisse **Regelungen im Gesetz** finden (z. B. die §§ 433 ff., 488 ff., 535 ff., 631 ff. BGB), macht diese Schuldverhältnisse natürlich nicht etwa zu „gesetzlichen Schuldverhältnissen", wie ganz junge Juristen zuweilen meinen, denn maßgeblich für die Einteilung in „gesetzliche" und „rechtsgeschäftliche" Schuldverhältnisse ist die Art und Weise der Entstehung des Schuldverhältnisses und (natürlich!) nicht der Umstand, dass es das Schuldverhältnis betreffende Regelungen im Gesetz gibt; wäre letzteres richtig, gäbe es überhaupt nur „gesetzliche" Schuldverhältnisse. Der Kaufvertrag ist also

trotz der Existenz gesetzlicher Regelungen in den §§ 433 ff. BGB ein rechtsgeschäftliches, weil rechtsgeschäftlich begründetes Schuldverhältnis! Sie müssen sich das so vorstellen, dass es sich bei diesen, die rechtsgeschäftlich begründeten Schuldverhältnisse betreffenden gesetzlichen Bestimmungen (z. B. in den §§ 433 ff. BGB) um teils zwingend geltende Normen, aber i. d. R. um durch abweichende Vereinbarungen abdingbare Vorschriften, also um bloße „Vorschläge" des Gesetzes, handelt, die die inhaltliche Ausgestaltung von Verträgen betreffen. Durch diese „Regelungs-Vorschläge" soll der Inhalt besonders typischer Vertragsverhältnisse (wie eben der Kauf oder die Miete etc. es sind) bestimmt werden, wenn den Parteien nicht Besseres einfällt, was dann ja vereinbaren können. So soll z. B. durch § 433 Abs. 1 BGB die Verpflichtung des Verkäufers zur Übergabe und Übereignung der Kaufsache und in § 433 Abs. 2 BGB die Verpflichtung des Käufers zur Kaufpreiszahlung ausgesprochen werden; oder es sollen bestimmte, z. B. für einen Kaufvertrag typische Konflikte unter den Vertragspartnern gelöst werden, indem in §§ 434 ff., 437 ff. BGB die Rechte des Käufers bei Lieferung einer mangelhaften Kaufsache bestimmt werden. Dies alles aber – dies sei wiederholt – nur für den Fall, dass die Vertragspartner nicht im Rahmen der durch „zwingendes Recht" gezogenen Grenzen den Inhalt des Vertrages anders ausgestalten als das Gesetz es vorsieht. Wer das erstmals verstanden hat, hat soeben einen „großen Schritt nach vorn" getan. Die meisten der Leser wussten dies natürlich schon längst.

Machen wir jetzt einen Plan: Es soll **in** dieser **Darstellung** also zunächst nur um die durch **Rechtsgeschäft**, und zwar – wegen der **Regel des § 311 Abs. 1 BGB** – speziell um die durch **verpflichtende Verträge begründeten Schuldverhältnisse** gehen. Unser erstes zentrales Thema wird die **Technik** des **Vertragsschlusses** sein.

Ganz wichtig ist es, dabei im Auge zu haben, dass die hier am Beispiel eines **verpflichtenden Vertrages** zu erörternde **Technik** des **Abschlusses** eines **Vertrages** sich **nicht** vom **Abschluss** der später zu erörternden **verfügenden Verträge unterscheidet**, sondern nur, was den Inhalt angeht, der sich natürlich unterscheidet: Hier geht es um Verpflichtungen, dort um Verfügungen.

Wenn wir dann also später in Teil 6 die Übereignung oder die Verpfändung beweglicher Sachen, die Übereignung oder Belastung von Grundstücken mit einer Hypothek etc. erörtern und dabei auf den Begriff „Einigung" stoßen (lesen Sie „spaßeshalber" einmal die §§ 929 ff., 1204 ff., 873, 925, 1113 ff. BGB), der nur ein anderes Wort für den dinglichen „Vertrag" ist, oder später in Teil 10 die Zession behandeln, müssen Sie alles das, was wir hier erlernen, sicher beherrschen! Wir werden nämlich später darüber kein Wort mehr verlieren.

## 1. Der Vertrag: Immer ein „Rechtsgeschäft" oder auch das Resultat „sozialtypischen Verhaltens"?

Unzweifelhaft kommt ein Vertrag, und damit auch der uns jetzt ausschließlich interessierende **„verpflichtende Vertrag"**,

- durch ein **Rechtsgeschäft** zustande; das ergibt sich aus § 311 Abs. 1 BGB; und damit befassen wir uns auch sogleich **(sub a)**.
- Aber die Juristen machen sich selbst und damit jetzt auch Ihnen das Leben nicht gerade leicht: Es gibt nämlich Rechtswissenschaftler, die wir nicht einfach ignorieren können, die diskutieren, ob ein „verpflichtender Vertrag" in manchen Fallkonstellationen gar kein Rechtsgeschäft voraussetzt, sondern das Resultat eines bestimmten **„sozialtypischen Verhaltens"** ist. Und deshalb müssen wir uns natürlich auch mit dieser These befassen **(sub b)**.

### a) Der Vertrag als Rechtsgeschäft

Aber lassen Sie sich durch diese letzte Bemerkung zunächst einmal nicht irritieren: Es bleibt dabei, dass ein **„verpflichtender Vertrag"** ein **Rechtsgeschäft** ist, das aus **mindestens zwei einander inhaltlich entsprechenden** und **mit Bezug aufeinander abgegebenen Willenserklärungen** besteht und daher auch **so zustande kommt**. Können Sie diese oder eine ähnlich Definition des Vertrages eigentlich schon auswendig?

Das **„Rechtsgeschäft"** ist offenbar der maßgebliche **„Oberbegriff"**. Und was ein „Rechtsgeschäft" ist, wissen Sie ja schon andeutungsweise aus Teil 2. Nun müssen wir ein wenig mehr ins Detail gehen.

#### aa) Das Rechtsgeschäft im Allgemeinen

Dass ein Rechtsgeschäft ein rechtstechnischer Behelf ist, durch den der Bürger seine Rechtsverhältnisse eigenverantwortlich regeln kann, haben Sie hier schon gelesen, als wir uns in Teil 2 einen ersten Überblick über einige Grundbegriffe verschafft hatten.

Es handelt sich bei dem **„Rechtsgeschäft"** um einen **Tatbestand**,

- der **mindestens eine** – beim **Vertrag** sind es **mindestens zwei** – **„Willenserklärung"** und oft, aber nicht notwendig, **weitere Bestandteile** enthält (z. B. ist bekanntlich für das Rechtsgeschäft der Übereignung einer beweglichen Sache nach § 929 S. 1 BGB zusätzlich eine „Übergabe" oder bei dem Rechtsgeschäft der Übereignung einer unbeweglichen Sache nach §§ 873 Abs. 1, 925 BGB zusätzlich eine „Eintragung" in das Grundbuch erforderlich),
- an den das Gesetz **Rechtsfolgen** knüpft, **weil diese** vom rechtsgeschäftlich Handelnden **gewollt sind**.

Sie wissen bereits, dass man bei der **Systematisierung** der **Rechtsgeschäfte** eine Unterscheidung nach den Beteiligten am Rechtsgeschäft treffen kann, also differenzieren kann zwischen den

**1.** **einseitigen** Rechtsgeschäften, z. B. der **Anfechtungserklärung** (§§ 119 ff., 143 Abs. 1 BGB), der **Kündigung** (z. B. eines Mietvertrages nach § 564 BGB), der eine Verpflichtung begründenden **Auslobung** (§ 657 BGB), der **Dereliktion** (§§ 928, 959 BGB) und der **Errichtung** eines **Testaments** (§ 2247 BGB).

**2.** Weiterhin gibt es **mehrseitige** Rechtsgeschäfte.

**a)** Im Vordergrund steht natürlich der **Vertrag**,

**aa)** der aus mindestens zwei übereinstimmenden aufeinander bezogenen Willenserklärungen („Angebot" und „Annahme") besteht und durch dieselben entsteht. Dass Verträge i. d. R. zweiseitige Rechtsgeschäfte sind, leuchtet jedem ein; sie kommen aber auch als mehrseitige Verträge (z. B. bei Gesellschaftsverträgen) vor.

**bb)** Sie wissen es schon: Bei einigen Rechtsgeschäften bedarf es außer eines Vertrages eines weiteren Elements: So muss z. B. bei einer Übereignung beweglicher Sachen nach §§ 929 ff. BGB zur Einigung, die ihrerseits ein „Vertrag" ist, eine Übergabe oder ein Übergabesurrogat hinzutreten; bei §§ 873 Abs. 1, 925 BGB ist für die dort genannten Verfügungen zusätzlich zu der Einigung die Eintragung in das Grundbuch nötig).

**b)** Schließlich gibt es auch andere mehrseitige Rechtsgeschäfte, die Ihnen ja schon bekannten sog. **„Beschlüsse"**, die uns hier aber nicht weiter interessieren werden.

Das **Gegenstück** zum **Rechtsgeschäft** ist der **Realakt**; darunter versteht man eine Willensbetätigung tatsächlicher Art, bei der die Rechtsfolge kraft Gesetzes eintritt, und nicht deshalb, weil sie gewollt ist: So **z. B.** die in § 433 Abs. 1 BGB geschuldete **Übergabe;** die für eine Übereignung nach § 929 S. 1 BGB nötige **Übergabe** (sind diese beiden „Übergaben" nicht eigentlich dieselben? Nein – das werden Sie noch lernen); eine **Besitzergreifung** nach § 854 Abs. 1 BGB; ein **Delikt** (§ 823 Abs. 1 BGB); oder eine **Verarbeitung** (§ 950 BGB).

Ein **„Zwitter"** sind die **geschäftsähnlichen Handlungen**, bei denen eine Willensäußerung Rechtsfolgen hat, die unabhängig vom Willen des sie Äußernden eintreten; das ist z. B. der Fall bei der einen Verzug begründenden Mahnung (§ 286 Abs. 1 S. 1 BGB) oder bei der Leistungsbestimmung durch einen Schuldner nach § 366 BGB.

Das bedeutsamste aller **Rechtsgeschäfte** ist natürlich der **Vertrag**, mit dem wir uns jetzt befassen.

#### bb) Der Vertrag als Rechtsgeschäft

Wenn wir jetzt im Folgenden erarbeiten, **wie** ein **„Vertrag als solcher"** durch Rechtsgeschäft **zustande kommt**, so müssen wir uns darüber im Klaren sein, dass es einen „Vertrag als solchen" natürlich gar nicht gibt. Es gibt immer nur Verträge mit einem ganz bestimmten Inhalt, also z. B. immer nur einen *Kauf*vertrag (§ 433 BGB), einen *Darlehens*vertrag (§ 488 BGB), einen *Miet*vertrag (§ 535 BGB), einen *Gesellschafts*vertrag (§§ 705 ff. BGB) etc. Einen, was den Inhalt angeht, Vertrag „eigener Art" oder – wie man „unter Juristen" sagt – *„sui generis"* (§ 311 Abs. 1 BGB) oder einen (uns hier, wo wir uns ja nur mit den verpflichtenden Verträgen befassen, ja eigentlich gar nicht interessieren sollenden, aber er soll ja nicht in Vergessenheit geraten!) z. B. zur Übereignung führenden Vertrag namens „Einigung" (lesen Sie noch einmal die Ihnen ja längst bekannten §§ 929 S. 1 bzw. 873, 925 BGB), der einen verfügenden Inhalt (z. B. das Eigentum soll übergehen) hat, oder einen „Ehevertrag" (§§ 1408 ff. BGB), einen „Erbvertrag" (§§ 2274ff BGB).

Trotzdem ist es natürlich aus didaktischen Gründen erlaubt, soweit es irgend geht vom zunächst Abstrakten hin zum Konkreten vorgehend, die Voraussetzung eines „Vertragsschlusses als solchen" herauszuarbeiten und später gesondert davon die möglichen Inhalte von Verträgen darzustellen.

Aber machen wir uns nichts vor: Dieser „schöne Plan" einer sauberen Trennung der Darstellung in eine Erläuterung der Voraussetzungen des „Vertragsschlusses als solchem", ohne bereits jetzt auf den Inhalt von Verträgen eingehen zu müssen, lässt sich nicht vollständig realisieren; selbst bei der Vermittlung der reinen Technik des Vertragsschlusses werden wir konkret werden müssen und für die Verträge, deren Zustandekommen wir untersuchen wollen, Verträge mit einem bestimmten (hier: verpflichtenden) Inhalt auswählen müssen. Das wird Ihnen bald einleuchten. Dabei machen wir uns das Leben aber zunächst leicht und entscheiden uns i. d. R. aus Gründen des besseren Verständnisses vorerst fast ausschließlich für den jedermann weitgehend bekannten und auch leicht verständlichen *Kauf*vertrag (§§ 433 ff BGB). Das ist üblich und zugleich gefährlich, weil das Denken der ganz jungen Juristen dadurch so sehr auf den Kaufvertrag ausgerichtet wird, dass sie es später schwer haben, sich auch andere Vertragstypen vorzustellen.

##### (1) Der Vertragsschluss nach den §§ 145 ff. BGB

Nach den in den §§ 145 ff. BGB zum Ausdruck gekommenen Vorstellungen des Gesetzes kommt ein **Vertrag** nach folgenden, zunächst **ganz einfach** zu **verstehenden**, sich aus der Definition des Rechtsgeschäftes „Vertrag" ergebenden **Grundregeln** zustande:

1. Diese oder eine ähnliche **Definition** können Sie sicher inzwischen kaum noch hören, aber sie wird Ihnen nicht erspart:
   „Unter einem Vertrag versteht man ein mindestens zweiseitiges Rechtsgeschäft, das sich aus mindestens zwei einander inhaltlich entsprechenden und mit Bezug aufeinander abgegebenen Willenserklärungen zusammensetzt".

**2.** Ein Vertrag **kommt** daher **zustande**
durch mindestens zwei auf den Abschluss eines Vertrages gerichtete **Willenserklärungen**, genannt **Angebot** und **Annahme** (arge. § 151 BGB: „Der Vertrag kommt durch die Annahme des Antrags zustande …").
Diese Willenserklärungen müssen **aufeinander bezogen sein**, und sie müssen **sich entsprechen**, d. h. sich **inhaltlich** decken, übereinstimmend, **deckungsgleich** bzw. **kongruent sein** – oder wie immer Sie dies sonst ausdrücken wollen (arge. § 150 BGB).

Wir werden uns, was die im Folgenden zu vertiefende Technik des Vertragsschlusses angeht, eines relativ komplexen **zweitaktigen Prüfungsschemas** bedienen müssen.

Diesem Schema zufolge geht es – vereinfacht gesagt – zunächst darum, das Vorliegen eines **Angebots** festzustellen **(sub 4a)**: Das setzt voraus, dass eine **auf Abschluss** eines **Vertrages gerichtete Willenserklärung** vorliegt, die in inhaltlicher Hinsicht **Bestimmtheitserfordernissen** genügen muss und die **nicht erloschen** sein darf.

Die weiterhin erforderliche **Annahme (sub 4c)** setzt das Vorliegen einer **auf** eine **Vertragsannahme gerichteten Willenserklärung** voraus, die **in Bezug auf** das **Angebot** abgegeben worden ist und mit ihm **inhaltlich übereinstimmt**.

(2) Vertrag durch „Zustimmung zu einem Entwurf"

Bevor wir uns an die soeben projektierte Arbeit machen, wollen wir uns den Luxus erlauben, eine sehr interessante Variante des rechtsgeschäftlichen Vertragsschlusses kennen zu lernen: Es gibt das jedermann bekannte Phänomen, dass häufig **andere Personen als** die **Parteien** einen Vertragsentwurf **erarbeiten** (z. B. ein Makler den von ihm vermittelten Miet- bzw. Kaufvertrag über eine Wohnung/ein Grundstück oder der einen solchen Kaufvertrag beurkundende Notar; das Gericht den Prozessvergleich) und dass die **Parteien** diesem **Entwurf** (oft sogar gleichzeitig) dann lediglich **zustimmen**. Dass dadurch ein Vertrag zustande kommt, ist vom Ergebnis her gesehen unzweifelhaft. Was aber das Zustandekommen angeht, so passt auf einen solchen Vertragsschluss das auf einer historischen Abfolge von Angebot und Annahme aufbauende Modell der §§ 145 ff. BGB (sub 4 a) und sub 4 c) nicht. Daher werden auf einen solchermaßen herbeigeführten Vertragsschluss die §§ 145 ff. BGB mit der Maßgabe angewendet, dass die Zustimmungserklärungen der Vertragspartner zu dem Vertragsentwurf als empfangsbedürftige Willenserklärung dem jeweils anderen Teil zugehen müssen.

### b) Der Vertrag (auch) als Resultat „sozialtypischen Verhaltens"?

Bevor es zur Erörterung eines Vertragsschlusses nach den §§ 145 ff. BGB kommt, auf die Sie wahrscheinlich schon längst gespannt warten, werden wir die eingangs aufgeworfene und aufgeschobene Frage zu beantworten haben, nämlich ob ein Vertrag auch anders als durch den Einsatz des rechtstechnischen Behelfs „Rechtsgeschäft" zustande kommen kann.

Anlass dazu, dies zu erörtern, besteht, weil in der Wissenschaft die Ansicht vertreten, mindestens jedoch diskutiert wird, dass/ob ein Vertrag auch durch ein sog. **„sozialtypisches Verhalten"** zustande kommen kann,

- wenn zur **Daseinsvorsorge erbrachte Leistungen**, für die **typischerweise** ein **Entgelt verlangt** wird,
- **in sozialtypischer Weise** in **Anspruch genommen** werden.

So wird die Ansicht vertreten, dass z. B. das bloße Benutzen eines öffentlichen Verkehrsmittels zum Zustandekommen eines Beförderungsvertrages (Werkvertrag nach §§ 631 ff. BGB) führen soll, ohne dass ein solcher Vertrag nach der Technik der §§ 145 ff. BGB (Angebot und Annahme) abgeschlossen worden sein müsse. Zur Begründung dessen wird gesagt, dass wegen der Anonymität des Massenverkehrs die Ableitung eines rechtsgeschäftlich konstruierten Vertragsschlusses mittels der §§ 145 ff. BGB mangels eines Empfängers der Erklärung des die Leistung in Anspruch nehmenden (z. B.) U-Bahn-Passagiers nur unter Verwendung gekünstelter Überlegungen möglich sei und dass bei einer Anwendung der §§ 145 ff. BGB die Möglichkeit bestünde, sich einem Zustandekommen des Vertrages und den daraus resultierenden Verpflichtungen durch eine dagegen ausgesprochene „Verwahrung" (z. B. durch die beim Besteigen des HVV-Buses Nr. 5 in Hamburg an der Station Grindelhof lauthals erfolgende Erklärung: „Ich zahle nicht") zu entziehen, ein Ergebnis sei, das nicht hingenommen werden könne, weil beim Massenverkehr für die Privatautonomie kein Raum sei.

Der „Vater dieses Gedankens" einer Umgehung dieser Normen mittels der Konstruktion des Vertragsschlusses durch sozialtypische Verhalten war übrigens i. d. R. der „Wunsch", auf diese Weise „Schwarzfahrer" auf Zahlung des sog. „erhöhten Fahrgeldes" heranzuziehen. Hierbei („erhöhtes Fahrgeld") handelt es sich um eine euphemistische Umschreibung des Begriffs „Vertragsstrafe" (§ 339 BGB), deren Verwirkung ein wirksames Vertragsstrafeversprechen, also einen entsprechenden Beförderungsvertrag, voraussetzt.

Allgemein abgelehnt wird ein solcher „Vertragsschluss durch sozialtypisches Verhalten" allerdings immer dann, sofern durch diese Konstruktion der gesetzlich gewollte Schutz nicht voll geschäftsfähiger Personen, speziell Minderjähriger durch die §§ 106 ff. BGB, umgangen würde. Und gerade auf diese Personengruppe, die in der Gruppe der „Schwarzfahrer" übermäßig repräsentiert ist, hatten es die Vertreter der Lehre vom sozialtypischen Verhalten abgesehen.

Weitere Fallgruppen bilden die nicht bei einem Versorger Angemeldeten, die Wasser, Elektrizität, Gas „ohne Vertrag" in Anspruch nehmen und daher nur aus §§ 812 Abs. 1 S. 1 Var. 1, 818 Abs. 2 BGB oder in anders gelagerten Fällen („Schwarzfahrer“) aus § 812 Abs. 1 S. Var. 2, 818 Abs. 2 BGB verpflichtet sind, also nur in Höhe der (noch vorhandenen, § 818 Abs. 3 BGB) Bereicherung. Berühmt geworden ist zum *Beispiel* der „Parkplatzfall“, in dem Mitte der 1950er Jahre ein Verkehrsteilnehmer die damals an einen privaten Parkplatzbewacher verpachtete Fläche des Hamburger Rathausmarktes ohne sich bei dem Parkwächter zu melden, also ohne zu bezahlen, in Anspruch genommen hatte, indem er sich auf den Gemeingebrauch berief (BGH). Das Gericht, das die Überlassung der Grundfläche als zulässige bloße Einschränkung des Gemeingebrauchs eingeordnet hatte, hatte auch das Zustandekommen eines vergütungspflichtigen Werkvertrags durch die Konstruktion eines „faktischen“ Vertrages, heute würde man sagen aufgrund „sozialtypischen Verhaltens“, bejaht.

Empfohlen wird Ihnen hier, die mit allgemeinen zivilrechtlichen Grundsätzen nicht in Einklang stehende Rechtsfigur eines „Vertragsschlusses durch sozialtypisches Verhalten“ mit der h.M. insgesamt abzulehnen. Die zur Begründung der Notwendigkeit der Entwicklung dieses Instituts geäußerten Sorgen sind stichhaltig. Der **Vertragsschluss im Massenverkehr** lässt sich nämlich **zwanglos** als **rechtsgeschäftlicher Vertragsschluss konstruieren**, und zwar wie folgt:

**1.** In der Zurverfügungstellung der (z. B. Beförderungs-) Leistung liegt ein schlüssiges **Angebot**, das dem **Kunden** auch **zugeht**. Der Kunde erklärt durch die Inanspruchnahme der Leistung schlüssig die **Annahme**; auf den **Zugang der Annahmeerklärung** hat der Anbieter verzichtet (§ 151 BGB).

**2.** Dem gegen diese Lehre vorgebrachten Bedenken, der Vertrag komme wegen des Prinzips der Privatautonomie immer dann nicht zustande, wenn der Kunde ausdrücklich erkläre, er wolle keinen Vertragsschluss herbeiführen bzw. kein Entgelt entrichten, kann man entgegengehalten, dass eine solche Vorbehalt (=„protestatio facto contraria“)
   **a)** wegen der nach § 157 BGB bei der Auslegung des Verhaltens zu berücksichtigenden Treuwidrigkeit (arge. §§ 612, 632 BGB) oder nach § 242 BGB (Soergel) rechtlich unbeachtlich sei;
   **b)** oder dass dann (eine sehr elegante Lösung) ein Vertrag nach § 162 BGB analog zustande komme (Medicus), weil eine treuwidrige Vereitelung eines Vertragsschlusses der treuwidrigen Vereitelung eines Bedingungseintritts gleichzusetzen sei.

### Fall 20

Der Millionär und Privatgelehrte F pflegt aus einer in seinen sozialwissenschaftlichen Werken publizierten und öffentlich in Reden oder Zeitungsinterviews geäußerten Grundüberzeugung heraus „niemals Fahrgeld in öffentlichen

Verkehrsmitteln", also auch nicht in der U-Bahn der Hamburger Hochbahn AG (HHA), zu bezahlen. Als er als „Schwarzfahrer" von einem Kontrolleur gestellt wird, verweigert er die Zahlung des in den (als wirksam zu unterstellenden und dem § 305a Nr. 1 BGB entsprechenden) „Allgemeinen Beförderungsbedingungen" der HHA vorgesehenen „erhöhten Fahrgelds", weil er – wie immer – beim Durchschreiten der „Sperre" lauthals und öffentlich hörbar erklärt habe, dass er „auch diesmal kein Entgelt für die Beförderung im öffentlichen Verkehrsmittel U-Bahn zahlen" werde.

Der Anspruch der HHA könnte sich aus § 339 S. 1 BGB ergeben. a) Die Voraussetzung dafür ist ein wirksamer Beförderungsvertrag zwischen F und dem Betreiber HHA. aa) Keine Probleme hätte insoweit die Lehre vom Vertragsschluss durch „sozialtypisches Verhalten"; danach käme der Vertrag mit der Inanspruchnahme der Leistung zustande. bb) Wenn man diese Lehre jedoch entsprechend dem Ihnen hier gemachten Vorschlag ablehnt und einen Beförderungsvertrag nach den §§ 145 ff. BGB konstruiert, aaa) läge ein Angebot der HHA in dem öffentlichen Anerbieten der Beförderung. bbb) Die aaaa) Annahmeerklärung des F läge im Betreten des Bahnhofs bzw. Besteigen des Zuges. bbbb) Fraglich ist, ob der Vorbehalt des F, kein Entgelt zahlen zu wollen, dem entgegensteht. aaaaa) Überwiegend wird ein solcher Vorbehalt für rechtlich unbeachtlich gehalten, und zwar entweder wegen des nach § 157 BGB bei der Auslegung des Verhaltens zu beachtenden Grundsatzes von Treu und Glauben (arge. §§ 612, 632 BGB) oder weil der Vorbehalt nach § 242 BGB unbeachtlich sei (Soergel); oder es soll § 162 BGB analog angewendet werden (Medicus). bbbbb) Wegen des Prinzips der Privatautonomie wird allerdings ein Vorbehalt auch als rechtlich beachtlich angesehen, so dass es danach zu keinem Vertragsschluss kommt. ccccc) Man wird im Ergebnis der h.M. (wirksamer Vertragsschluss) folgen müssen, weil man sonst zu impraktikablen Ergebnissen käme: aaaaaa) Das reguläre Fahrgeld könnte zwar u. U. wegen eines Anspruchs aus §§ 812 Abs. 1, S. 1 2. ), 818 Abs. 2 BGB verlangt werden, bbbbbb) das „erhöhte Beförderungsentgelt" jedoch deshalb nicht aaaaaaa) weil die Nichtentrichtung des Fahrgelds weder ein der HHA nach §§ 823 Abs. 2 BGB, 265a StGB zu ersetzender Schaden und das entgangene erhöhte Beförderungsentgelt ein daraus resultierender Folgeschaden wäre bbbbbbb) noch zu einer Bereicherung führt, die nach §§ 812 Abs. 1, S. 1 Var. 2, 818 Abs. 2 BGB auszugleichen wäre. Daher ist der Lösungsweg eines Vertragsschlusses durch konkludente Willenserklärungen vorzuziehen. b) Die Allgemeinen Beförderungsbedingungen sind aa) wirksam in den Vertrag einbezogen (§ 305a Nr. 1 BGB) und bb) laut Sachverhalt wirksam. c) Die Vertragsstrafe ist verwirkt (§ 339 S. 1 BGB).

## 2. Die Willenserklärung als solche

Und jetzt endlich: **Zurück zum Thema,** dem **rechtsgeschäftlich herbeigeführten Vertragsschluss.** Sie entsinnen sich:

Ein Vertrag kommt zustande
- durch **mindestens zwei auf den Abschluss eines Vertrages gerichtete Willenserklärungen, genannt Angebot und Annahme** (arge. § 151 BGB: „Der Vertrag kommt durch die Annahme des Antrags zustande …").
- Diese beiden Willenserklärungen müssen **aufeinander bezogen sein**
- und müssen sich **inhaltlich decken** (arge. § 150 BGB).

Weil mithin die **„Willenserklärung"** ein unerlässliches Element auch des Rechtsgeschäfts **„Vertrag"** ist, müssen wir uns zunächst Klarheit darüber verschaffen, was eigentlich eine Willenserklärung ist. Darum haben wir uns bisher schlichtweg „herumgedrückt".

An dieser Stelle scheint mir ein kurzer **Wegweiser durch** den **„Irrgarten" der Begriffe** angezeigt zu sein, damit Sie „nicht den Wald vor lauter Bäumen" aus dem Auge verlieren:

1. Das momentane **Thema** ist die **Darstellung von Schuldverhältnissen aus Verträgen**.
2. In diesem Zusammenhang interessiert uns zunächst das **Zustandekommen von** solchen **Verträgen**, die zu Schuldverhältnissen führen (§ 311 Abs. 1 BGB) und die wir bisher und fortan „verpflichtende" oder „obligatorische" Verträge genannt haben und nennen werden. Wir sind uns aber stets darüber im Klaren, dass es außer den zu Schuldverhältnissen führenden Verträgen auch andere Verträge mit anderen Rechtsfolgen gibt, m. a. W.: Die zu Schuldverhältnissen führenden Verträge sind nur ein Ausschnitt aus dem gesamten Spektrum der Möglichkeiten von Verträgen. Wir sind uns auch dessen bewusst, dass es nicht den „Vertrag als solchen" gibt. Weil wir aber nicht alles zugleich bearbeiten können, werden wir „abschichten" müssen und hier „gegen die Regeln der Kunst" zunächst das Zustandekommen von Verträgen im Allgemeinen behandeln. Erst später wird es um die Inhalte von Verträgen gehen, und zwar (hier in Teil 3) zunächst nur um die Inhalte verpflichtender Verträge. Durch diese Abschichtung („Vertragsschluss als solcher"/„Inhalte von verpflichtenden Verträgen") sind wir in der Lage, die hier zum Vertragsschluss gewonnenen Erkenntnisse später bei der Darstellung anderer als verpflichtender Verträge (z. B. der Zession nach § 398 ff., der Einigung bei §§ 929 ff. BGB oder der Auflassung nach §§ 873 Abs. 1, 925 BGB etc.) zu verwenden.
3. Verträge sind mindestens zweiseitige **Rechtsgeschäfte**, deren Bausteine mindestens die Willenserklärungen „Angebot" und „Annahme" sind; den Vertragsschluss durch „Zustimmung zu einem Entwurf" können wir hier zwanglos einordnen. Der Konstruktion des **„Vertragsschlusses durch sozialtypisches Verhalten"** erteilen wir eine Absage.

**4.** Ein Vertragsschluss setzt also das Vorliegen von **Willenserklärungen** voraus. Wir müssen uns daher Klarheit über diesen Rechtsbegriff verschaffen. Da Willenserklärungen aber nicht nur Bausteine von Verträgen, sondern auch von anderen Rechtsgeschäften sind (z. B. das einzige Element einer Anfechtungserklärung nach §§ 119 ff. BGB, einer Aufrechnungserklärung nach §§ 387 ff. etc.), werden wir uns zunächst wieder nur mit der **Willenserklärung als solcher** befassen und uns erst einmal diesen Rechtsbegriff erschließen; der Vorteil eines solchen erneut „abschichtenden" Vorgehens besteht darin, dass wir die gewonnenen Erkenntnisse später auf andere Willenserklärungen, als es das „Angebot" oder die „Annahme" sind (z. B. für die Anfechtungserklärung, die Aufrechnungserklärung, die Rücktrittserklärung, die Kündigungserklärung etc.), übertragen können: Die folgenden Ausführungen **sub 2** und sogleich **sub 3** betreffen nämlich alle denkbaren Willenserklärungen und nicht nur die auf den Abschluss eines Vertrages gerichteten Angebots- und Annahmeerklärungen; das schließt aber nicht aus, dass wir bei unseren Erörterungen zu den Willenserklärungen und bei den Fallbeispielen das Schwergewicht auf die zum Vertragsschluss führenden Willenserklärungen legen; denn dahin steuern die Ausführungen ja insgesamt, weil, wie Sie ja wissen, das momentane **Thema** dieses Buches die **Darstellung von Schuldverhältnissen aus Verträgen** ist.

**5.** Mit den für den Vertragsschluss erforderlichen **Willenserklärungen „Angebot" (sub 4a)** und **„Annahme" (sub 4c)** im Besonderen befassen wir uns dann im Anschluss daran.

### a) Der „äußere" und der „innere" Tatbestand einer Willenserklärung

Um das Vorliegen der uns im Augenblick am meisten interessierenden Willenserklärungen, nämlich das zu einem Vertragsschluss führende Willenserklärungs-„Pärchen", genannt „Angebot und Annahme", feststellen zu können, müssen wir in der Lage sein, den Begriff **Willenserklärung** zu verstehen.

Eine gesetzliche **Begriffsbestimmung** gibt es merkwürdigerweise nicht; für den Gesetzgeber stand offenbar fest, was eine Willenserklärung ist und was sie voraussetzt.

Für das **Vorliegen** einer **Willenserklärung**

**1.** ist in objektiver Hinsicht **(„äußerer Tatbestand" der Willenserklärung)** zweierlei erforderlich:

   **a)** Ein in einer **Erklärung** bestehender **„Kundgabeakt"**, der in einem ausdrücklichen oder in einem konkludenten menschlichen Verhalten, vielleicht sogar in einem Schweigen liegen kann,

   **b)** er auf die **Herbeiführung** von **Rechtsfolgen gerichtet** ist und nicht nur eine **lediglich soziale Relevanz** (wie z. B. eine Gefälligkeitszusage) haben soll.

Bei der Frage des Vorliegens eines (in methodischer Hinsicht nach §§ 133, 157 BGB durch „Auslegung") festzustellenden **„Rechtsfolgewillens"** muss differenziert werden:

**aa)** Bei den sog. **„empfangsbedürftigen" Erklärungen** (also z. B. auch und gerade bei den uns hier vordergründig interessierenden Erklärungen **„Angebot"** und **„Annahme"**) geht es im Interesse des schutzbedürftigen Dritten darum, ob die **Auslegung** des **Kundgabeaktes** den Schluss erlaubt, dass ein solcher Rechtsfolgewille besteht. Auf das „empirische Kriterium" der **subjektiven Vorstellungen** des **Erklärenden** zu dieser Frage **(§ 133 BGB: „wirklicher Wille")** kommt es bei dieser Auslegung nur dann an, wenn (was selten ist) der Empfänger einen Einblick in die wirklichen Vorstellungen des Erklärenden hatte; ansonsten ist das „normative Kriterium" der Vorstellungen eines **sorgfältigen „objektiven Empfängers" (§ 157 BGB)** dafür maßgeblich, ob ein Rechtsfolgewillen auf Seiten des Erklärenden gegeben ist.

**bb)** Bei den sog. **„nicht empfangsbedürftigen" Erklärungen** gibt es keinen schutzbedürftigen Dritten: Insoweit kann daher bei der Feststellung eines Rechtsfolgewillens auf das empirische Kriterium des wirklichen Willens des Erklärenden abgestellt werden.

**c)** Dass eine hinzugefügte **Erklärung**, keinen **Rechtsfolgewillen äußern zu wollen**, z. B. kein Fahrgeld, keine Vergütung für die Bewachung des Autos auf einem Parkplatz zahlen zu wollen, dem Vorliegen eines Rechtsfolgewillens nicht entgegensteht, haben Sie schon erfahren. Dazu lesen Sie mehr **sub b)**.

Hat die **Erklärung hiernach** einen **Rechtsfolgewillen**, muss weiter geprüft werden:

**2.** Zusätzliche Voraussetzung für das Vorliegen einer Willenserklärung ist ein **„innerer Tatbestand"**, wobei drei psychische Ebenen zu bedenken sind:

**a)** Unerlässlich für das Vorliegen einer Willenserklärung ist der **„Handlungswille"** des Erklärenden, also der Wille, bewusst zu handeln; dieser fehlt beim Agieren im Schlaf, in der Hypnose, bei Reflexbewegungen, bei unmittelbarem körperlichen Zwang (das sind natürlich alles reine „Lehrbuchbeispiele" ohne Bezug zum „wirklichen Leben"!).

**b)** Ein weiteres Erfordernis für das Vorliegen einer Willenserklärung könnte der Wille des Erklärenden sein, sich mit seiner Erklärung rechtserheblich zu verhalten **(„Erklärungsbewusstsein")**. Dieses Erfordernis ist nicht identisch mit dem zum objektiven Tatbestand gehörigen und im Wege der Auslegung zu ermittelnden Rechtsfolgewillen, dessen Fehlen bereits den objektiven Tatbestand entfallen lässt (s. o. Ziff. 1). Hier geht es darum, ob eine Willenserklärung nicht gegeben ist, wenn es trotz eines durch Auslegung ermittelten Rechtsfolgewillens am Willen fehlt, sich rechtserheblich zu verhalten.

Vorgeschlagen wird hier, es für das Vorliegen einer Willenserklärung für **ausreichend** anzusehen, wenn ein **„potentielles Erklärungsbewusstsein"** des Erklärenden vorhanden war.
Dazu lesen Sie mehr **sub b)**.

**c)** Die Frage, ob ein **„Geschäftswille"** – nämlich das zu wollen, was man erklärt hat, so dass der Geschäftswille fehlen würde, wenn eine andere Rechtsfolge erklärt wurde, als sie gewollt war – **für** das **Vorliegen** einer **Willenserklärung als solcher** erforderlich ist, löst das Gesetz differenziert:

- **aa)** Die Rechtsfolge eines **bewussten „Mangels im Geschäftswillen"** ist in den §§ 116–118 BGB geregelt.
  Dazu lesen Sie mehr **sub c)**.
- **bb)** Im wichtigen Fall einer **irrtumsbedingten Diskrepanz zwischen** dem **wirklichen Geschäftswillen** und dem **erklärten Geschäftswillen** sind die Rechtsfolgen durch das Recht zur Anfechtung in § 119 BGB geregelt.
  Dazu lesen Sie mehr **sub c)** und **sub III**.

### b) Der „äußere Tatbestand" einer Willenserklärung

Beginnen wir nach dieser „Vorschau" mit der Detailarbeit.

#### aa) Kundgabeakt

Der **„äußere Tatbestand"** einer jeden **Willenserklärung** besteht in einem **„Kundgabeakt"**. Wenn das Gesetz nichts Besonderes bestimmt, kann ein solcher Kundgabeakt in beliebiger Weise (z. B. durch Wort und Schrift oder durch Zeichen oder andere Verhaltensweisen, z. B. ein sog. „schlüssiges" oder „konkludentes" Verhalten) vollzogen werden. Selbst „Schweigen" kann ein Kundgabeakt sein, wenn das Gesetz dies als ausreichend ansieht (z. B. in § 516 Abs. 1 S. 2 BGB oder § 362 Abs. 1 HGB) oder wenn die Parteien dem Schweigen durch eine vorherige Vereinbarung die Bedeutung einer Willenserklärung gegeben haben. Auch nach § 242 BGB kann Schweigen die Bedeutung einer Willenserklärung haben. Ein berühmtes Beispiel, über das Sie noch mehr lesen werden, ist das nach § 346 HGB als Willenserklärung anzusehende „Schweigen auf ein kaufmännisches Bestätigungsschreiben".

#### bb) Rechtsfolgewillen

Sie wissen ja schon aus der vorangestellten Übersicht, dass zur Feststellung eines **„Rechtsfolgewillens"** die §§ 133, 157 BGB angewendet werden, obwohl diese Vorschriften sich vom Anwendungsbereich her eigentlich damit befassen, wie man ermittelt, welchen **Inhalt Willenserklärungen** (§ 133 BGB) bzw. **Verträge** (§ 157 BGB) haben, während es hier um die logisch vorrangige Frage geht, **ob überhaupt** eine **Willenserklärung** vorliegt. Gleichwohl zieht man die §§ 133, 157 BGB auch bei der Prüfung der Frage heran, ob überhaupt ein Angebot/eine Annahme vorliegt.

Im Interesse des schutzbedürftigen Dritten (nämlich i. d. R. des Empfängers einer „empfangsbedürftigen Willenserklärung“) muss durch eine **„normative“**, also objektivierte **objektivierte Auslegung** des Kundgabeaktes festgestellt werden, ob ein „Rechtsfolgewille“ besteht (arge. § 157 BGB). Wenn zum *Beispiel* der Referendar R1 dem sich hierfür bedankenden Referendar R2 angesichts des schönen Wetters, das im Sommer 2014 in Norddeutschland herrschte, an einem Mittwoch im Juli erklärte, er würde ihn am Sonnabend mit seinem Auto gegen anteilige Zahlung des Benzingeldes mit nach Timmendorf an die Ostsee nehmen und auch wieder zurückbefördern, dann aber am Sonnabendmorgen anruft, er habe es sich überlegt und möchte nach der gestrigen Erstsemester-Abschluss-Party der von ihm geleiteten AG lieber mit der Studentin S allein an die Ostsee fahren, dann hat der R2 mangels des Vorliegens eines von ihm, dem R2, angenommenen Angebots des R1 zum Abschluss eines Beförderungsvertrages keinen Anspruch darauf, nach Timmendorf hin- und zurück befördert zu werden und auch keinen Schadensersatzanspruch, wenn er nunmehr (teurer) mit der Bahn fährt.

Auf die **„empirisch“** feststellbaren **wirklichen subjektiven Vorstellungen** des Erklärenden kommt es nur dann an, wenn es keinen schutzbedürftigen Dritten gibt: Also bei „empfangsbedürftigen“ Erklärungen dann, wenn der Empfänger erkannt hat, was der Erklärende gemeint hat (hier: dass der Erklärende mit/ohne Rechtsfolgewillen gehandelt hat); und bei den „nicht empfangsbedürftigen“ Willenserklärungen sowieso (arge. § 133 BGB).

#### cc) „Verwahrung“

Wie Sie ja noch aus der Darstellung der Diskussion über die Möglichkeit des Zustandekommens eines Vertrages aufgrund „sozialtypischen Verhaltens“ wissen, stellt sich die Frage, welche rechtliche Relevanz die einem dem Kundgabeakt „beigefügte“ Erklärung hat, der Kundgabeakt dürfe nicht als äußerer Tatbestand einer Willenserklärung angesehen werden **(„Verwahrung“)**:

- Teils wird eine solche „Verwahrung“ für **rechtlich unbeachtlich** gehalten, und zwar entweder wegen des nach § 157 BGB bei der Auslegung des Verhaltens zu beachtenden Grundsatzes von Treu und Glauben (arge. §§ 612, 632 BGB) oder weil die „Verwahrung“ nach § 242 BGB unbeachtlich sei (Soergel); oder es soll § 162 BGB analog angewendet werden (Medicus).
- Wegen des Prinzips der Privatautonomie wird die „Verwahrung“ teils aber auch als **rechtlich beachtlich** angesehen, so dass es danach zu keinem Vertragsschluss kommt.

### c) Der „innere Tatbestand“ einer Willenserklärung

#### aa) Handlungswille

Die Frage, ob der Kundgabeakt von einem **„Handlungswillen“** getragen war, stellt sich äußerst selten; denn wer erklärt schon im Schlaf eine Kündigung eines Mietverhältnisses, oder wer ficht einen Vertrag unter Hypnose an, oder hebt infolge einer Reflexbewegung in der Auktion einen Arm, oder wer unterschreibt, weil ihm von einem anderen „die Hand geführt“ wird? Immerhin: Auf rechtstheoretischer Ebene gibt es zwei Ansichten zur Frage, ob der Handlungswille konstitutiv für eine Willenserklärung ist (so die h.M., der wir uns anschließen) oder ob es sich um eine Wirksamkeitsvoraussetzung handelt, so dass wir das Thema sub II. zu erörtern hätten.

### bb) Erklärungsbewusstsein

Hinsichtlich des **„Erklärungsbewusstseins"** ist zu differenzieren: **Fehlt** der **Rechtsfolgewille**, mangelt es am äußeren Erklärungstatbestand und deshalb an einer Willenserklärung. Davon war soeben die Rede. In unserem *Beispiel* hatte der R1 nach dem Maßstab der §§ 133, 157 BGB keinen Rechtsfolgewillen, so dass es deshalb an einer Willenserklärung in Gestalt eines Angebots zum Abschluss eines Beförderungsvertrages fehlte.

Besteht aber der **äußere Erklärungstatbestand**, fehlt es dem Erklärenden jedoch unbewusst am **Erklärungsbewusstsein**, wie zum *Beispiel* bei der Unterzeichnung eines Schreibens durch den überlasteten Chef C, der meint, eine Einladung zu einer Verkaufsausstellung seines Büromaschinenlieferanten B zu unterzeichnen, während er in Wahrheit ein die Annahme eines Kaufangebots für einen Computer unterschrieb. Hier existiert zwar der Kundgabetatbestand einer Willenserklärung, aber es fehlt dem C das Erklärungsbewusstsein. Diese Frage und die Folgen eines fehlenden Erklärungsbewusstseins werden seit dem Jahre 1899 an dem jedem deutschen Juristen bekannten Fall der **„Trierer Weinversteigerung"** erläutert.

**Fall 21**

Der K sucht eine Weinauktion, die in einem Lokal in der Stadt Trier stattfindet, auf, um sich diese Versteigerung anzusehen. Er betritt den Saal während der laufenden Versteigerung eines bestimmten Fasses in dem Moment, als der im eigenen Namen handelnde Auktionator V gerade ausruft: „Wer bietet mehr?", und hebt den Arm zur Begrüßung eines im Lokal sitzenden Bekannten, ein Gruß, der etwas länger andauert, weil der Bekannte ihn nicht sogleich wahrnimmt. Der V, der das Heben des Arms für ein Gebot hält, ruft daraufhin „… zum Ersten, zum Zweiten und zum Dritten" und erteilt den Zuschlag, indem er den „Hammer fallen" lässt. Der V nimmt den K auf Zahlung und Abnahme des gerade versteigerten Fasses in Anspruch. Der K weigert sich, weil er nicht habe bieten, sondern nur habe grüßen wollen (nach Hermann Isay; Beispielsfall in seinem Buch „Die Willenserklärung im Tatbestande des Rechtsgeschäfts").

1) Ein Anspruch des V gegen K aus einem Kaufvertrag (§ 433 Abs. 2 BGB) setzt den Abschluss eines Kaufvertrags voraus. a) Bei einer Versteigerung geht das Angebot stets vom Ersteigerer aus (arge. § 156 BGB). Zu prüfen ist daher, ob ein Angebot des K vorliegt, das der V angenommen hat. aa) Die erste Voraussetzung ist daher das Vorliegen einer als „Angebot" zu bezeichnenden Willenserklärung des K. aaa) Erforderlich ist in objektiver Hinsicht ein ausdrückliches oder konkludentes, also ein erkennbares Verhalten des K, das den Willen zum Ausdruck bringt, eine bestimmte Rechtsfolge herbeizuführen, also ein Verhalten, das für einen objektiven Betrachter als Kundgabe eines „Rechtsfolgewillens" (= der Wille zu einem bestimmten Rechtsgeschäft) zu verstehen ist. aaaa)

Das Heben des Armes in einer laufenden Auktion ist ein Kundgabeakt durch schlüssiges Handeln bbbb) und lässt den Schluss auf einen bei K bestehenden bestimmten Rechtsfolgewillen zu: nämlich dem Auktionator V ein Angebot zum Abschluss eines Kaufvertrages über ein bestimmtes Fass Wein zur nächst höheren Preisstufe zu machen („essentialia negotii"). bbb) Fraglich ist, ob auch die subjektiven Voraussetzungen für eine (Angebots-) Willenserklärung vorliegen. aaaa) Der „Handlungswille" lag vor. bbbb) Der K wollte aber grüßen und nicht kaufen; es fehlte ihm daher an dem Bewusstsein, rechtserheblich zu handeln (das „Erklärungsbewusstsein"). Nach einer Ansicht liegt deshalb kein Antrag vor, und zwar aus drei Gründen: (1) Anderenfalls verstieße man gegen die Privatautonomie; (2) Argument „a maiore ad minus" (=„erst-recht-Schluss") aus § 118 BGB: wenn nach dem Willen des Gesetzes schon dann keine Willenserklärung vorliegt, wenn „zum Scherz", also bewusst ohne jedes Erklärungsbewusstsein, deren Tatbestand gesetzt wird, dann müsse dies doch erst recht bei einer ohne Erklärungsbewusstsein unbewussten Setzung des objektiven Tatbestandes einer Willenserklärung gelten; (3) die Interessen des auf eine Willenserklärung Vertrauenden könnten durch § 122 BGB analog berücksichtigt werden. Nach h.M. (BGH) liegt dagegen eine Willenserklärung vor, wenn der Handelnde – wie hier – bei pflichtgemäßer Sorgfalt hätte erkennen können, dass er in objektiver Hinsicht den Erklärungstatbestand einer Willenserklärung gesetzt hat („potentielles Erklärungsbewusstsein"); er könne seine Fehlvorstellung durch Anfechtung nach §§ 119 Abs. 1, 142 Abs. 1 BGB mit der mittelbaren Folge des § 122 BGB korrigieren. (Auch wenn die verschiedenen Rechtsansichten – wie gleich gezeigt wird – sich in den Rechtsfolgen sehr ähneln, müssen Sie sich bei der Fallbearbeitung entscheiden!) Folgt man der erstgenannten Ansicht, führt mangels eines Antrags der Zuschlag des Auktionators nicht zum Vertragsschluss. (Allerdings müsste der K dem V nach § 122 BGB analog den Vertrauensschaden ersetzen; bei der Fallbearbeitung dürften Sie zwar zu Argumentationszwecken – Darstellung des Interessenkonflikts – auf § 122 BGB eingehen; Sie dürften jetzt aber nicht etwa einen Anspruch des V gegen K aus § 122 BGB prüfen, denn nach diesem Anspruch ist nicht gefragt!). Argumentiert man mit der h.M., liegt dagegen ein Antrag des K vor. bb) Dieses Angebot des K ist aaa) formuliert, bbb) abgegeben und ccc) zugegangen. cc) Es ist auch nicht widerrufen worden. b) Der V hat den Antrag durch den Zuschlag angenommen (§ 156 BGB). c) Der Antrag des K war auch nicht vor der Annahme des V nach §§ 146 ff. BGB erloschen. d) Die Annahme des V deckt sich inhaltlich mit dem Angebot. Danach wäre der Kaufvertrag geschlossen. 2) Der Vertrag könnte jedoch von K nach § 119 Abs. 1 Fall 2 BGB analog mit der unmittelbaren Folge des § 142 Abs. 1 BGB (rückwirkende „Vernichtung" des Angebots; dazu später mehr) angefochten worden sein und damit beendet sein. a) Die Anfechtungserklärung des K liegt in der mit der Erklärung, er habe nicht kaufen, sondern grüßen wollen, verbundenen Leistungsverweigerung b) Der Anfechtungsgrund des § 119 Abs. 1 Fall 2 BGB ist gegeben (s. o.). Der K ist daher nicht zur Abnahme und Kaufpreiszahlung verpflichtet (§ 142 Abs. 1 BGB). (Aus „schlechter" Erfahrung soll die bereits einmal ausgesprochene Warnung wiederholt werden: Bei der Fallbearbeitung dürften Sie keinen Anspruch aus § 122 BGB prüfen, wenn wie hier danach nicht gefragt ist!)

Zuweilen wird für das Vorliegen einer Willenserklärung auch auf die **Zurechenbarkeit** auf der Erklärendenseite (fehlt sie: keine Willenserklärung) und die **Erkennbarkeit** auf der Empfängerseite (nur wenn sie fehlt: keine Willenserklärung) abgestellt.

**Variante**

Der K war mit seinem Bekannten in einem Weinlokal verabredet. Der ortsfremde K wusste nicht, dass hier eine Auktion stattfand, und bemerkte beim Betreten des Lokals auch nicht, dass vom Wirt zur Unterhaltung der Gäste neben dem allgemeinen Lokalbetrieb eine Versteigerung abgehalten wurde. Als er das Lokal betrat, winkte er seinem Bekannten zum Gruß zu. Der aus § 433 Abs. 2 BGB in Anspruch genommene K weigert sich, weil er nicht habe bieten, sondern nur habe grüßen wollen. Und für den Fall eines Vertrages widerrufe er seine Willenserklärung, weil die Auktion eine Freizeitveranstaltung sei (nach Brox-Walker).

Hier ist es schwieriger: a) Nach einer Ansicht kann man das Heben der Hand mangels einer Zurechenbarkeit nicht als eine von einem „potentiellen Erklärungsbewusstsein" getragene Willenserklärung ansehen, so dass der K kein Angebot erklärt hätte. b) Nach a. A. soll es dagegen an einer Willenserklärung erst dann mangeln, wenn das Fehlen des Erklärungsbewusstseins des K für den Versteigerer V erkennbar war, was hier nicht der Fall war, so dass nach dieser Ansicht der K ein Angebot erklärt hätte, das der V angenommen hätte, und der Fall wie der Grundfall zu lösen wäre. c) Wer zu einem Vertragsschluss kommt, der muss erwägen, ob der K den Vertrag durch einen Widerruf nach §§ 312 Abs. 1 Nr. 2, 355 BGB beenden kann.

#### cc) Geschäftswille

Die weitere Frage ist, ob der Wille, nämlich das zu wollen, was man erklärt hat, **(„Geschäftswille")**, für das Vorliegen einer wirksamen Willenserklärung konstitutiv ist.

##### (1) Bewusstes Fehlen des Geschäftswillens

Bestimmte Konstellationen des **bewussten Fehlens** des **Geschäftswillens** sind **gesetzlich** geregelt (§§ 116–118 BGB), so dass wir uns zunächst damit befassen wollen.

Wenn der Erklärende **a)** keinen Geschäftswillen hat, er diesen Umstand aber geheim hält **(„geheimer Vorbehalt")** und der Erklärungsgegner den Vorbehalt nicht kennt – daher auch sehr einprägsam: **„böser Scherz"** genannt (Köhler) – dann ist die Willenserklärung wirksam (§ 116 S. 1 BGB: „Erklärungstheorie"). Kennt der Adressat den geheimen Vorbehalt des Erklärenden, ist er nicht schutzwürdig und die Willenserklärung ist nichtig (§ 116 S. 2 BGB: „Willenstheorie").

Wenn eine Willenserklärung **(b)** nicht ernstlich gemeint ist und dem Erklärenden deshalb der Geschäftswille fehlt, und der Erklärende sie in der Erwartung abgegeben hat, der Mangel an Ernstlichkeit werde nicht verkannt **(„Scherzerklärung")**, auch **„guter Scherz"** genannt (Köhler), ist die Willenserklärung nichtig (§ 118 BGB: „Willenstheorie"). Der auf ihre Gültigkeit vertrauende Adressat hat aber einen Schadensersatzanspruch (§ 122 Abs. 1 BGB).

Die für Sie einzig wichtige Konstellation eines fehlenden Geschäftswillens des Erklärenden **c)** ist der Fall der **„Scheinerklärung"**. **aa)** Eine im Einverständnis mit dem Adressaten nur zum Schein und daher ohne Geschäftswillen abgegebene empfangsbedürftige Willenserklärung, also das **„simulierte Geschäft"**, ist **nichtig** (§ 117 Abs. 1 BGB: „Willenstheorie"). Da die Nichtigkeit ja auch gegenüber Dritten besteht, stellt sich die Frage nach deren Schutz. Derjenige, der die vermeintliche Wirksamkeit des nichtigen Geschäfts Dritten gegenüber behauptet, kann sich auf die Nichtigkeit nicht berufen. Abgesehen davon ist an Schadensersatzansprüche aus §§ 823 Abs. 2 BGB i. V. m. § 263 StGB zu denken. Vielleicht auch § 826 BGB. Wenn durch das nach § 117 Abs. 1 BGB nichtige Rechtsgeschäft ein anderes Rechtsgeschäft verdeckt wird, so finden die für das **„dissimulierte Rechtsgeschäft"** geltenden Vorschriften Anwendung (§ 117 Abs. 2 BGB): Damit befassen wir uns jetzt in einem Fall, der früher einmal ein „Klassiker" in den Übungen im Bürgerlichen Recht für Anfänger war.

**Fall 22**

Der EV verkauft an den K ein ihm gehöriges Grundstück für € 1.000.000,–. Der EV und der K lassen jedoch vom Notar N, der dieses „Manöver" nicht durchschaut, als Kaufpreis nur € 800.000,– beurkunden (§§ 433, 311b Abs. 1 S. 1 BGB), um so Kosten zu sparen. Der K verlangt von EV Übereignung Zug-um-Zug gegen Zahlung von € 1.000.000,–.

Der Anspruch des K gegen den EV könnte sich aus einem Kaufvertrag zwischen beiden ergeben (§ 433 Abs. 1 S. 1 BGB), wenn ein solcher geschlossen worden wäre. a) Der von dem Notar beurkundete Kaufvertrag über einen Preis von € 800.000,– könnte nach § 117 Abs. 1 BGB nichtig sein. aa) Der EV und der K haben deckungsgleiche und einander entsprechende auf den Abschluss eines Kaufvertrags gerichtete empfangsbedürftige Willenserklärungen abgegeben. Es kann offen bleiben, wer von ihnen ein „Angebot" oder eine „Annahme" des Angebots erklärt hat. Vielleicht liegt es ja auch so, dass sie beide nur Zustimmungserklärungen zu einem „Vertragsentwurf" eines Dritten abgegeben haben (entsinnen Sie sich noch an diese Konstruktion eines Vertragsschlusses?). bb) Ihre jeweiligen Willenserklärungen haben sie, was den Kaufpreis angeht, einverständlich nur zum Schein abgegeben. Ihr mit dem Scheingeschäft angestrebtes Ziel (Kostenersparnis) konnten und wollten sie nur mit dem bloßen Schein eines auf diesen Preis (€ 800.000,–) lautenden Kaufvertrages erreichen. Daher ist ein („simulierter") Kaufvertrag mit dem Inhalt eines Preises von € 800.000,– nach § 117 Abs. 1 BGB nichtig. b) Wirksam könnte aber das „dissimulierte Geschäft" über € 1.000.000,– sein (§ 117 Abs. 2 BGB). Dann aber müssten dessen Wirksamkeitsvoraussetzungen gegeben sein; insbesondere müsste die Formvorschrift des § 311b Abs. 1 S. 1 BGB erfüllt sein, weil der Vertrag sonst nach § 125 S. 1 BGB nichtig wäre. aa) Die Preisabrede ist aaa) beurkundungspflichtig, weil es dabei um eine der „essentialia negotii", also um eine vertragsbestimmende Abrede geht. Da aber der von den Vertragspartnern gewollte („dissimulierte") Betrag von € 1.000.000,– nicht notariell beurkundet ist, wäre der Kaufvertrag nichtig.

bbb) Wenn allerdings die beurkundeten „€ 800.000,–" wegen der insoweit bestehenden Willensübereinstimmung von EV und K nach der „falsa demonstratio non nocet"-Regel (dazu später mehr) als (beurkundete) „€ 1.000.000,–" anzusehen wären, wäre dem Formerfordernis des § 311b Abs. 1 S. 1 BGB entsprochen. Damit würde man jedoch die Einhaltung der gesetzlichen Form des § 311b Abs. 1 S. 1 BGB der Disposition der Parteien unterwerfen, was nicht angeht. cc) Der Kaufvertrag ist daher nicht nach § 117 Abs. 2 BGB wirksam. Daher besteht kein Anspruch aus § 433 Abs. 1 S. 1 BGB.

**Variante**

Der K zahlt die € 1.000.000,– an den EV, und der K wird aufgrund einer Auflassung (§§ 873 Abs. 1, 925 BGB) als Eigentümer in das Grundbuch eingetragen. Der EV verlangt später Rückübereignung von K, weil ihn der Verkauf reut.

Der Anspruch könnte sich aus § 812 Abs. 1 S. 1 Var. 1 BGB ergeben. a) Der K hat das Eigentum an dem Grundstück erlangt, b) und zwar durch Leistung des EV (=„bewusste zweckgerichtete Mehrung fremden Vermögens") an den K. c) Fraglich ist, ob der EV an K ohne Rechtsgrund geleistet hat. aa) Dafür könnte sprechen, dass der Kaufvertrag nach den vorherigen Ausführungen (Grundfall) nach § 117 Abs. 1 BGB nichtig war. Nach § 311b Abs. 1, S. 2 BGB ist der Formmangel jedoch geheilt. Daher steht dem EV gegen K kein Anspruch aus § 812 Abs. 1 S. 1 Var. 1 BGB zu. bb) Möglicherweise ist der Kaufvertrag jedoch nach § 138 Abs. 1 BGB nichtig; das soll hier nicht weiter vertieft werden.

Rechtsgeschäfte können aber ihrerseits auch nur „scheinbar" ein „Scheingeschäft" sein – das ist jetzt ein Wortspiel: das **„scheinbare Scheingeschäft"** ist kein üblicher Ausdruck! – und zwar in diesen Konstellationen:

Wenn der Erklärungsempfänger **bb)** nicht erkannt hatte, dass der Erklärende seine Willenserklärung nur zum Schein abgegeben hat, sondern er das Rechtsgeschäft wirklich gewollt hat, dann ist das (von Seiten des Erklärenden) **misslungene Scheingeschäft** so zu behandeln, wie wenn der Erklärende eine Scherzerklärung abgegeben hätte, also wie ein „guter Scherz") nach § 118 BGB. Die Erklärung ist nichtig; der Empfänger wird nach § 122 BGB geschützt.

Nach § 117 BGB „nur zum Schein abgegeben" ist eine Willenserklärung dann nicht, wenn die Rechtsfolgen **(cc)** von den Beteiligten ernsthaft gewollt sind, wie z. B. beim **„Strohmanngeschäft"**, bei dem der „Strohmann" vom Hintermann (also im Innenverhältnis) freigestellt werden soll. Auch bei einem **„Umgehungsgeschäft"** ist das Geschäft (wenn auch nicht in allen seinen Konsequenzen) gewollt, so dass § 117 BGB nicht eingreift.

**Fall 23**

Auf Wunsch des kreditunwürdigen C. Reditor (C) schließt der S. Traw (S) mit der Glaub-Bank (B) einen Kreditvertrag. S soll die Valuta an C weiterleiten und das Darlehen einschließlich der Zinsen zurückzahlen, wobei der C dem S im

Innenverhältnis verspricht, ihn von allen Ansprüchen der B freizuhalten. Der S verlangt nach Abschluss des Darlehensvertrages mit der B, die von der Vereinbarung zwischen C und S nichts weiß und die Kreditwürdigkeit des S geprüft und bejaht hat, die Valutierung des Darlehens. Die B weigert sich, als dann doch alles herauskommt (nach BGH).

Der Anspruch aus § 488 Abs. 1 S. 1 BGB besteht, denn der Darlehensvertrag ist kein Scheingeschäft. Die Erklärungen des S sind ernst gemeint. Nur wenn der Strohmann auch im Außenverhältnis keine Haftung übernehmen sollte und wollte, liegt § 117 BGB vor.

(2) Unbewusstes Fehlen des Geschäftswillens

Bei einem **unbewussten Fehlen** des **Geschäftswillens** aufgrund eines Irrtums kann der Erklärende sich durch Anfechtung von der Erklärung lösen (§§ 119, 143, 142 Abs. 1 BGB). Wenn zum *Beispiel* der V dem K eine Sache zum Preis von € 110,– anbieten will, sich beim Schreiben der Email, in der er dies erklären will, aber vertippt und € 100,– schreibt und der K sein Einverständnis damit erklärt, dann kann der V sich von dem zum Preis von € 100,– zustande gekommenen Vertrag durch Anfechtung nach § 119 Abs. 1, 142 Abs. 1 BGB lösen. werden wir uns dann später befassen **(sub III)**.

### 3. Das „Wirksamwerden" von Willenserklärungen

Rechtsgeschäfte wie eine Anfechtung, eine Aufrechnung und natürlich auch wie der (uns am meisten interessierende) Vertragsschluss setzen nicht nur voraus, dass die dafür erforderlichen Willenserklärungen (beim Vertragsschluss: mindestens zwei Willenserklärungen, nämlich ein „Angebot" und eine „Annahme") als solche vorliegen, sondern natürlich auch, dass die ggf. vorliegenden Willenserklärungen wirksam geworden sind.

Für das **Wirksamwerden** von **Willenserklärungen** ist – mit der begriffsnotwendigen Ausnahme der wenigen Fälle, in denen ein „Schweigen" als eine Willenserklärung anzusehen ist – hinsichtlich der Voraussetzungen zu differenzieren zwischen nicht empfangsbedürftigen und empfangsbedürftigen Willenserklärungen.

Als Voraussetzung für das **Wirksamwerden** einer Willenserklärung ist

1. bei den **nicht empfangsbedürftigen Willenserklärungen** die **Entäußerung** ausreichend. **(sub a))**
2. **während** bei den **empfangsbedürftigen Willenserklärungen** (z. B. das Vertragsangebot nach § 145 BGB, die Anfechtungserklärung, die Vollmachtserteilung, die Genehmigung, die Aufrechnung etc.)
   - die **Abgabe (sub b) aa))** und
   - der **Zugang** erforderlich sind. **(sub b) bb)**
3. Für das **Schweigen** gilt dies alles nicht **(sub cc))**.

Nach dieser Themenübersicht geht es an die **Detailarbeit**!

### a) Die nicht empfangsbedürftige Willenserklärung: Abgabe

Wir beginnen mit der Ausnahme, denn die Zugangsbedürftigkeit einer Willenserklärung ist die praktische Regel.

Die **wenigen Ausnahmen**, in denen das Wirksamwerden nicht von einem Zugang abhängt **(„nicht empfangsbedürftige Willenserklärungen")**, sind:

- bei dem uns hier primär interessierenden **Vertragsschluss**: die **Annahmeerklärung** im Sonderfall des **§ 151 BGB**;
- ansonsten:
- das **Stiftungsgeschäft** nach **§ 81 BGB**;
- die **Auslobung** nach **§ 657 BGB**;
- die **Dereliktion** nach **§ 959 BGB**;
- und das **eigenhändige Testament** nach **§§ 2231, 2247 BGB**.

Für das **Wirksamwerden** einer nicht empfangsbedürftigen **Willenserklärung** ist die hierfür erforderliche Abgabe der Willenserklärung darin zu sehen, dass der Erklärende den Willen irgendwie außerhalb seiner Gedankenwelt endgültig formuliert hat, die Erklärung also nicht bloßer Gedanke geblieben ist. Manche nennen dies auch die **„Entäußerung"** der Willenserklärung.

### b) Die „empfangsbedürftigen" Willenserklärungen

Nun zur Regel, den empfangsbedürftigen Willenserklärungen.

Ob eine Willenserklärung **„empfangsbedürftig"** ist, ergibt sich meist daraus, dass das Gesetz davon spricht, dass sie einem anderen „gegenüber" abzugeben sei (z. B. in §§ 143 Abs. 1, 146, 167 Abs. 1, 182 Abs. 1, 388 BGB). Fast alle zu **formulierenden Willenserklärungen** sind auch **„empfangsbedürftig"**, bedürfen also eines „Empfanges", sollen sie wirksam werden; speziell gilt das auch für das **„Angebot"** und für die **„Annahme"**.

Für das **Wirksamwerden** der **empfangsbedürftigen Willenserklärungen** reicht die bloße Entäußerung des Willens nicht aus; vielmehr bedarf es

- einer **Abgabe** der Willenserklärung und
- eines **Zugangs** derselben.

Diese Merkmale sollen hier nun vertieft erörtert werden.

### aa) Abgabe der „empfangsbedürftigen Willenserklärungen"

Anders als bei der nicht empfangsbedürftigen Willenserklärung, bei der eine „Entäußerung" des Willens ausreichte, um sie „in die Welt zu setzen", ist bei der empfangsbedürftigen Willenserklärung deren **Abgabe** erforderlich. Sie ist die begriffsnotwendige Vorbedingung für den weiterhin erforderlichen Zugang, so dass man die Abgabe auch entsprechend definieren muss.

Für die **Abgabe** einer **empfangsbedürftigen Willenserklärung**, also z. B. auch für die Abgabe eines **Angebots** zum Abschluss eines Vertrages und die Abgabe von dessen **Annahme**, ist jeweils Voraussetzung, dass der Erklärende seinen **Willen in Richtung auf den Adressaten erkennbar endgültig geäußert** hat (Köhler). Das ist der Fall, wenn sie mit dem **Wissen** und **Wollen** des **Erklärenden** in einer solchen Weise **auf** den **Weg zum Empfänger** gebracht worden ist, dass **bei normalen Abläufen mit** dem **Zugang** der **Willenserklärung bei** dem **Adressaten gerechnet** werden kann.

- Unter **Anwesenden**, also bei unmittelbar hergestelltem Sprech- und Sichtkontakt, geschieht dies regelmäßig mit der **mündlichen** Äußerung gegenüber dem anderen Teil, auch am Telefon (§ 147 Abs. 1 S. 2 BGB analog), und muss in einer solchen Weise erfolgen, die es objektiv gesehen dem Empfänger ermöglicht, die Erklärung zu vernehmen, also zum *Beispiel* nicht mittels einer geflüsterten Erklärung auf einer lauten Party. Bei einer **verkörperten**, also z. B. schriftlichen **Erklärung**, reicht die Zurverfügungstellung aus, ohne dass der Empfänger Besitzer der verkörperten Erklärung werden müsste.
- Unter **Abwesenden** kommt es darauf an, dass die Erklärung mit dem Willen des Erklärenden dergestalt in den Verkehr gelangt ist, dass mit dem Zugang zu rechnen ist. Dazu muss diese zur Beförderung gegeben worden sein (Aushändigung an die den Postversand besorgende Sekretärin; Einwurf in den Briefkasten der Post; Absenden eines Fax; Anklicken des „Send"-Buttons beim Email-Versand).

In der Ausbildung werden gelegentlich Sachverhalte konstruiert, in denen eine entäußerte Erklärung **ohne** den **Willen** des Erklärenden **auf** den **Weg gebracht** worden sind; dann ist die Beantwortung der Frage, ob diese Erklärung „abgegeben" worden ist, besonders kompliziert und kann eine sehr aufwendige Fallbearbeitung nötig machen. Zur Illustration vorab ein simples *Beispiel*: Die Ehefrau F wirft ein von ihrem Ehemann M bereits ausgefüllte Bestellkarte der Fa. V in den Postbriefkasten. Die Karte geht zu; die Bestellung wird ausgeführt; der M hatte jedoch die Bestellkarte, weil er die Ware bereits billiger im Internet gekauft hatte, nicht absenden wollen. Die Frage ist, ob mangels Abgabe des Angebots kein Kaufvertrag zustande gekommen ist (nach Köhler). Erörtert wird dieses Problem üblicherweise für die Fallkonstellation der Frage einer Abgabe bei einer **Erklärung unter Abwesenden**. Es lassen sich natürlich – vielleicht etwas künstliche – Fälle konstruieren, bei denen derlei auch unter Anwesenden und auch bei mündlichen Erklärungen fraglich sein könnte.

**Fall 24**

Der Vermieter V beabsichtigt gegenüber seinem gewerblichen Mieter M1 den Mietvertrag über einen ihm gehörenden Lagerplatz mit Wirkung zum 31. Dezember 2002 zu kündigen, weil er den Platz ab 1. Januar 2003 zu einer höheren Miete dem M2, der eine entsprechendes Anmietinteresse geäußert hatte, vermieten will. Nach dem Inhalt des Mietvertrages zwischen dem V und dem M1 können die Parteien in jedem Jahr die Kündigung zum Jahresende erklären; dazu muss die Kündigung des Vermieters spätestens bis zum 30. November und die des Mieters bis zum 31. Juli erklärt werden. Der V verfasst ein Kündigungsschreiben am 29. November 2002 nach Büroschluss mit dem Inhalt: „Hiermit kündige ich den zwischen uns bestehenden Mietvertrag über den Lagerplatz fristgemäß zum 31. Dezember 2002" und legt es auf seinen Schreibtisch. Am Abend trifft der V zufällig mit M2 zusammen, der ihm erklärt, dass er den Lagerplatz doch nicht anmieten werde. Die Sekretärin S des V, die am nächsten Morgen wie immer lange vor dem V ins Büro gekommen ist, entdeckt auf dem Schreibtisch des Chefs das nicht abgesendete Kündigungsschreiben. Sie erkennt, dass die Erklärung noch am selben Tag zugehen muss, um wirksam zu werden. Da sie annimmt, dass der V die Absendung verschlampt hat und dass er heute nicht mehr ins Büro kommt, schickt sie das Kündigungsschreiben sofort mit einem Boten ab, der es noch am selben Tag um 11.00 Uhr gegen Quittung an M1 übergibt. Der Bote übergibt die Quittung an die Sekretärin, die sie ablegt. Der M1, der über die Kündigung hocherfreut war, weil er seinen Betrieb ohnehin zum Jahresende einstellen möchte und selbst nicht mehr hatte kündigen können, räumt den Lagerplatz zum 31. Dezember 2002. Jetzt erkundigt sich der V bei der Sekretärin nach dem Verbleib des Kündigungsschreibens und erfährt von ihr alles. Als der M1 im Januar 2003 keine Miete mehr zahlt, verlangt der V mit einem Schreiben vom 1. Februar 2003, in dem er erklärt, dass die Kündigung ohne sein Wissen und Wollen überbracht worden sei, die Miete für Januar 2003 von M1.

Der Anspruch könnte sich aus § 535 Abs. 2 BGB ergeben. Voraussetzung dafür ist das Bestehen eines Mietvertrages. a) Ein Mietvertrag ist abgeschlossen worden. b) Er könnte jedoch am 31. Dezember 2002 durch eine von V erklärte Kündigung beendet worden sein (§ 542 Abs. 1 BGB). aa) Fraglich ist, ob der V das Mietverhältnis gekündigt und damit beendet hat. aaa) Voraussetzung ist das Vorliegen einer als „Kündigung" zu bezeichnenden Willenserklärung. aaaa) In objektiver Hinsicht müsste gegeben sein ein ausdrückliches oder konkludentes, also ein erkennbares Verhalten, das auf einen Rechtsfolgewillen schließen lässt, indem es den Willen zum Ausdruck bringt, eine bestimmte Rechtsfolge herbeizuführen, also für einen objektiven Betrachter als Kundgabe eines „Rechtsfolgewillens" (= der Wille zu einem bestimmten Rechtsgeschäft) zu verstehen ist. aaaaa) Das Übersenden der Kündigungserklärung ist ein solcher Kundgabeakt. bbbbb) Es lässt den Schluss auf einen bestimmten Rechtsfolgewillen zu, nämlich das Mietverhältnis zu beenden. bbbb) Fraglich ist, ob auch die subjektiven Voraussetzungen für eine (Kündigungs-) Willenserklärung vorliegen. aaaaa) Der Handlungswille des V lag vor. bbbbb) Fraglich ist, ob bei V ein „Erklärungsbewusstsein“ vorlag. aaaaaa) Wer ein „aktuelles Erklärungsbewusstsein“ verlangt, könnte beim Vorliegen eines bloßen Entwurfs einer Willenserklärung das Vorliegen des Willens, eine rechtlich relevante Handlung vorzunehmen, verneinen. bbbbbb) Wenn man (wie hier vorgeschlagen wird) es für das Bestehen eines Erklärungsbewusstseins als ausreichend ansieht, dass bei pflichtgemäßer Sorgfalt zu erkennen war, dass der objektive Erklärungstatbestand einer Willenserklärung gesetzt worden ist („potentielles Erklärungsbewusstsein“), liegen die subjektiven Voraussetzungen einer Kündigung vor: Denn V hätte damit rechnen müssen, dass dem Schreiben die Bedeutung einer Kündigung zuerkannt wird. Daher liegt eine Kündigung des V vor. bbb) Die Erklärung müsste wirksam geworden sein. aaaa) Dazu müsste sie abgegeben worden sein. Das setzt voraus, dass der Erklärende mit Wissen und Wollen alles seinerseits Erforderliche dafür getan hat, dass die Kündigung wirksam werden kann, dass also bei normalen Abläufen mit dem Zugang der Willenserklärung gerechnet werden kann. aaaaa) Nach einer Ansicht liegt dann kein Wirksamwerden einer Willenserklärung vor, wenn sie – wie hier – nicht mit Wissen und Wollen des V in Richtung auf den Empfänger auf den Weg gebracht worden ist, sondern „abhanden“ gekommen ist; der Erklärende haftet (danach ist hier nicht gefragt!) aber auf Ersatz des Vertrauensschadens, und zwar (so die eine Ansicht) nach § 122 BGB analog (also ohne Verschulden), oder (so die andere Ansicht) nach §§ 280 Abs. 1, 241 Abs. 2, 311 Abs. 2 BGB (also verschuldensabhängig). bbbbb) Nach a. A. soll eine Abgabe vorliegen, wenn es – wie hier (die Erklärung war verkörpert; sie lag auf dem Schreibtisch; sie war erkennbar an die Einhaltung einer Frist gebunden; die Sekretärin war regelmäßig früher im Büro als der V) – voraussehbar und vermeidbar war, dass die Erklärung in den Verkehr gelangen würde; es soll aber eine Anfechtung nach § 119 Abs. 1 Fall 2 BGB analog mit der unmittelbaren Folge des § 142 Abs. 1 BGB und der mittelbaren Folge des § 122 BGB möglich sein. (Sie müssen sich also entscheiden. Woran erinnert Sie diese Kontroverse übrigens?) ccccc) Wenn Sie nach Abwägung aller Argumente aus Verkehrsschutzerwägungen dem zweiten Lösungsvorschlag folgen und – weil es für V voraussehbar und vermeidbar war, dass die Erklärung in den Verkehr gelangt ist – die Kündigung des V mithin als abgegeben anzusehen ist, bbbb) müssen Sie jetzt prüfen, ob – da die Kündigung eine empfangsbedürftige Willenserklärung ist – ein Zugang vorliegt; dazu folgt sogleich mehr; hier sei verraten, dass dies schon deshalb unzweifelhaft der Fall ist, weil die Willenserklärung den M1 erreicht hat. bb) Dass die Kündigungsfrist des § 580a BGB nicht eingehalten wurde, ist unbeachtlich, da diese Vorschrift abdingbar ist. cc) Die Kündigung könnte jedoch durch eine von V erklärte Anfechtung nach §§ 119 Abs. 1 Fall analog, 142 Abs. 1 BGB als von Anfang an nichtig anzusehen sein. aaa) Die Anfechtungserklärung gegenüber dem Anfechtungsgegner (§ 143 Abs. 1, 3 BGB) liegt in der Aufforderung zur Zahlung. bbb) § 119 Abs. 1 Fall 2 BGB wird analog angewendet. ccc) Aber die Anfechtung ist nicht unverzüglich nach Erkennen des Irrtums erfolgt (§ 121 Abs. 1 S. 1 BGB). Also ist das Mietverhältnis durch die Kündigung des V beendet.

bb) Zugang der empfangsbedürftigen Willenserklärungen

Die **empfangsbedürftigen Willenserklärungen**, und damit natürlich auch das **Angebot** zum Abschluss eines Vertrages und dessen **Annahme**, werden erst mit dem **Zugang (§ 130 Abs. 1 S. 1 BGB)** der Erklärung **wirksam**.

Das Wirksamwerden von empfangsbedürftigen Willenserklärungen kann unter zwei Aspekten problematisch sein: Es kann darum gehen, **ob** der **Empfänger** die **Willenserklärung überhaupt erhalten** hat, oder um die Frage, **ob** er die Willenserklärung **rechtzeitig erhalten** hat; wichtig ist das z. B. für die §§ 146 ff. BGB oder für fristgebundene Kündigungsrechte wie z. B. nach § 573c BGB.

Hinzu kommt, dass bis zum Zugang der Erklärende die **Gefahr des Untergangs** der Willenserklärung oder der **Verspätung** des Zugangs der Willenserklärung trägt, und der Erklärende seine Erklärung **widerrufen** kann (§ 130 Abs. 1 S. 2 BGB). Es stellt sich also aus verschiedensten Gründen die Frage, zu welchem Zeitpunkt eine „empfangsbedürftige Willenserklärung" zugegangen ist.

Eigenartigerweise fehlt es an einer gesetzlichen **Definition** hierfür. Die Rechtswissenschaft und Rechtspraxis haben dazu weitgehend verbindliche Regeln herausgearbeitet, die darauf basieren, dass **zu unterscheiden** ist zwischen dem **Zugang** einer Willenserklärung **unter Abwesenden** und ihrem **Zugang unter Anwesenden**.

**1.** Unter **Abwesenden**:

**a)** Bei **„verkörperten"** (i. d. R. schriftlichen) Willenserklärungen

**aa)** gibt es überhaupt keine Probleme, wenn die **Willenserklärung** dem **Empfänger** bzw. seinem in wirksam vertretenden **Empfangsvertreter (§ 164 Abs. 3 BGB) persönlich ausgehändigt** wurde. Dann liegt ein **Zugang** vor.

**bb)** Ist dies nicht der Fall, so ist allgemein anerkannt, dass eine „verkörperte" Willenserklärung unter Abwesenden dann zugegangen ist, wenn sie **dergestalt in** den **Machtbereich** des **Empfängers gelangt** ist, dass die **Kenntnisnahme unter regelmäßigen Umständen zu erwarten** ist und diese Kenntnisnahme **für den Empfänger zumutbar ist**.

Zum **Machtbereich** gehören die Wohnung und die Geschäftsräume sowie die zum Empfang von Erklärungen vorgehaltenen technischen Vorkehrungen (Postfach, Haus-/Geschäftsbriefkasten, Telefax, Fernschreiber, E-Mail-Postfach/Briefkasten) sowie die Inempfangnahme durch für einen Empfang von Willenserklärungen vorgesehene Hilfspersonen (Empfangsvertreter oder Empfangsbote, wie hierfür bestellte Mitarbeiter oder wie anwesende erwachsene Mitglieder des Haushalts; **aber**: andere Übermittler als diese eigens für die Inempfangnahme vorgesehenen Personen, wie z. B. ein Kind im Hause des Empfängers, sind die Boten des Erklärenden, so dass ein Zugang erst bei tatsächlicher

Übermittlung an den Empfänger erfolgt); auch durch den Einwurf eines Benachrichtigungsscheins in den Briefkasten ist das immer noch beim Postamt (!) lagernde Schreiben nicht in den Machtbereich des Empfängers gelangt. Stets muss der Absender den Zugang beweisen.

Die **Möglichkeit** der **Kenntnisnahme unter normalen und** dem **Empfänger zumutbaren Umständen** ist ausschließlich anhand genereller Erwägungen zu beurteilen. Maßgeblich ist, ob eine Nachschau bzw. eine Entgegennahme erwartet werden kann (**Faustformel**: In der **Privatsphäre** nicht am Nachmittag oder später/in der **Geschäftssphäre** nur zu Geschäftszeiten).

**b)** Bei **„nicht verkörperten"** (also i. d. R. mündlichen) **Erklärungen unter Abwesenden** sind häufig Mittelspersonen (Boten, Vertreter) oder technische Vorkehrungen (Anrufbeantworter) eingeschaltet. Hier kommt es darauf an, ob die eingeschalteten Personen Empfangsvertreter oder Empfangsboten des Empfängers sind (dann Zugang bei Vernehmung) oder Erklärungsvertreter oder Erklärungsboten des Erklärenden (dann Zugang bei Erhalt der Erklärung). Den Anrufbeantworter kann man einem Empfangsboten gleichstellen.

**2.** Gegenüber **Anwesenden** gilt für den **Zugang** bei **„verkörperten"** (i. d. R. schriftlichen) **Willenserklärungen** § 130 Abs. 1 S. 1 BGB entsprechend; bei **„nicht verkörperten"** (also i. d. R. mündlichen) **Erklärungen** (dazu zählt auch das Telefonat, arge. § 147 Abs. 1 S. 2 BGB) gilt die sog. **„Vernehmungstheorie"**: Ein Zugang ist gegeben, wenn die Erklärung vernommen (angehört) worden ist.

**3.** Bei **vom Empfänger geschaffenen Zugangshindernissen** ist wie folgt zu differenzieren:

Bei berechtigter **Annahmeverweigerung** seitens des Empfängers liegt kein Zugang vor, während bei unberechtigter Verweigerung der Annahmeerklärung der Zugang fingiert wird (§ 162 BGB analog oder § 242 BGB); letzteres gilt auch bei absichtlicher Zugangsverweigerung.

Bestehen überhaupt **keine Vorkehrungen für** den **Empfang** (ist z. B. kein Briefkasten vorhanden), ist ein Zugang nicht gegeben. Wenn es dem Erklärenden jedoch gelingt, seine Erklärung später zugehen zu lassen, wird die Rechtzeitigkeit fingiert (§ 242 BGB), wenn der Empfänger mit der Willenserklärung rechnen musste.

Kann man sich dem Erhalt von Willenserklärungen durch „Abtauchen" entziehen oder umgekehrt gefragt: Was machen Sie, wenn Ihnen der **Aufenthalt** des **Empfängers unbekannt** ist? Lesen Sie § 132 BGB.

**Fall 25**

Der Vermieter V beabsichtigt gegenüber seinem gewerblichen Mieter M1 den Mietvertrag über einen ihm gehörenden Lagerplatz mit Wirkung zum 31. Dezember 2010 zu kündigen, weil er den Platz ab 1. Januar 2011 zu einer höheren Miete dem M2, der eine entsprechende Absicht zum Abschluss eines Mietvertrages erklärt hatte, vermietet hatte. Nach dem Inhalt des Mietvertrages zwischen dem V und dem M1 können die Parteien in jedem Jahr die Kündigung zum Jahresende erklären; dazu muss die Kündigung des Vermieters spätestens bis zum 30. November und die des Mieters bis zum 31. Juli erklärt werden. Der V wirft am 30. November 2010 um 23.00 Uhr ein Kündigungsschreiben mit dem Inhalt: „Hiermit kündige ich den zwischen uns bestehenden Mietvertrag über den Lagerplatz fristgemäß zum 31. Dezember 2010“ in den Geschäftsbriefkasten des M1. Dort findet es der M1 am 1. Dezember 2010. Als der M1 nicht zum 31. Dezember 2010 geräumt hat, verlangt der V Herausgabe des Lagerplatzes.

Herausgabe könnte V von dem M1 1) aus § 546 Abs. 1 BGB verlangen. a) Zwischen V und M1 besteht ein Mietvertrag. b) Dieser könnte jedoch am 31. Dezember 2010 durch eine von V erklärte Kündigung beendet worden sein (§ 542 Abs. 1 BGB). aa) Der V hat die Kündigung des Mietverhältnisses erklärt. bb) Die Kündigung ist dem M1 auch zugegangen. cc) Fraglich ist, ob sie fristgerecht zugegangen ist. aaa) Dass die Frist des § 580a BGB nicht eingehalten ist, ist unbeachtlich, da diese Vorschrift abdingbar ist. bbb) Also müsste die Kündigungserklärung des V dem M1 am 30. November 2010 zugegangen sein. aaaa) Bei schriftlichen Willenserklärungen unter Abwesenden ist die Erklärung dann zugegangen, wenn sie dergestalt in den Machtbereich des Empfängers gelangt ist, dass die Kenntnisnahme unter normalen und ihm zumutbaren Umständen zu erwarten ist. bbbb) Das wäre in den Geschäftsräumen um 23.00 Uhr nicht der Fall. Die Kündigungserklärung wäre danach erst am nächsten Morgen, also am 1. Dezember 2010, zur üblichen Geschäftszeit, zugegangen, also erst nach Ablauf der Kündigungsfrist. Der Mietvertrag ist also nicht beendet, so dass der V keinen Anspruch aus § 546 Abs. 1 BGB gegen den M1 hat. 2) Ein Anspruch auf Herausgabe könnte sich aber aus §§ 985, 986 BGB ergeben. a) Der V ist Eigentümer des Lagerplatzes. b) Der M1 ist Besitzer. c) Der M1 hat aber ein Recht zum Besitz aus einem Mietvertrag (§§ 986 Abs. 1 S. 1, 535 Abs. 1 S. 1 BGB).

Warum haben wir soeben eigentlich § 546 BGB vor §§ 985, 986 BGB geprüft? Diese Frage können Sie deshalb selbst beantworten, weil Ihnen bereits mehrfach (in Teil 1 und zu Beginn dieses Teils 3) die bei der Fallbearbeitung zu beachtenden Aufbaugrundsätze (die ja auch gleichzeitig die Gliederungsstruktur des gesamten Buches bilden) vermittelt worden sind.

**Fall 26**

Der V bietet dem K unter Setzung einer Annahmefrist bis zum 1. Dezember 2010 eine Sache zum Kauf an. Der K wirft das Schreiben mit seiner Annahmeerklärung am 1. Dezember 2010 um 23.00 Uhr in den Geschäftsbriefkasten des V. Um 23.55 Uhr begibt sich der V, der noch einmal in seinem Büro nach dem Rechten sehen will, in seine Büroräume und findet den Brief des K. Der K verlangt Lieferung Zug-um-Zug gegen Kaufpreiszahlung. Der V weigert sich, weil ihn sein Angebot inzwischen reut.

Der Anspruch könnte sich aus einem Kaufvertrag zwischen dem V und dem K ergeben (§ 433 Abs. 1 S. 1 BGB). Dann müsste ein solcher geschlossen worden sein. a) Ein wirksames Angebot des V lag vor (dies soll hier nicht weiter vertieft werden). b) Der K hat es wirksam angenommen (auch dies soll hier nicht weiter vertieft werden). c) Zum Zeitpunkt des Zugangs der Annahmeerklärung dürfte der Antrag nicht erloschen sein. Das könnte nach §§ 146, 148 BGB der Fall sein, wenn der die Annahmefrist wahrende Zugang der Annahmeerklärung erst am 2. Dezember 2010 erfolgt ist. aa) Bei schriftlichen Willenserklärungen unter Abwesenden ist die Erklärung dann zugegangen, wenn sie dergestalt in den Machtbereich des Empfängers gelangt ist, dass die Kenntnisnahme unter normalen und dem Empfänger zumutbaren Umständen zu erwarten ist. Das wäre in den Geschäftsräumen um 23.00 Uhr des 1. Dezember 2010 nicht der Fall. Die Annahmeerklärung wäre danach erst am nächsten Morgen, also am 2. Dezember 2010, zur üblichen Geschäftszeit, zugegangen, also erst nach Ablauf der Annahmefrist, so dass der Antrag zu diesem Zeitpunkt bereits erloschen gewesen wäre. bb) Auf den Zeitpunkt der Möglichkeit der Kenntnisnahme unter normalen und dem Empfänger zumutbaren Umständen kommt es aber dann nicht an, wenn der Empfänger die Willenserklärung tatsächlich früher zur Kenntnis genommen hat, hier nämlich am 1. Dezember 2010 um 23.55 Uhr. d) Angebot und Annahme decken sich inhaltlich. Der Kaufvertrag ist also zustande gekommen. Der K kann Lieferung Zug-um-Zug gegen Kaufpreiszahlung verlangen. (Es wäre ein grober und unverzeihlicher Fehler, wenn Sie bei der Fallbearbeitung davon ausgehen, dass „bei realistischer Betrachtungsweise" der V nie zugeben würde, die Erklärung noch um 23.55 Uhr des 1. Dezember 2010 gelesen zu haben und dass der K die Rechtzeitigkeit der Annahme nie würde beweisen können. Der Sachverhalt ist bekanntlich sakrosankt, so unwahrscheinlich und lebensfremd er Ihnen auch zu sein scheint.)

**Fall 27**

Der V bietet dem K sein Auto, an dessen Erwerb der K schon lange interessiert war, durch einen Brief mit dem Inhalt an: „Ich biete Ihnen mein Auto (es folgt eine genaue Bezeichnung) für € 10.000,– zum Kauf an". Diesen Brief überbringt der V selbst. Er trifft aber den K nicht an; wohl aber dessen 10jährigen Sohn S, der verspricht, den Brief an seinen Vater auszuhändigen. Als der K nach Hause kommt, vergisst der S zunächst, den Brief an K auszuhändigen. Jetzt ruft der V (der es sich inzwischen anders überlegt hat) bei K an und erklärt, er wolle den Verkauf doch nicht mehr. Durch diesen Anruf, der dem K, weil der S ihn noch nicht informiert hatte, zunächst unverständlich war, wird der K aufmerksam, befragt seinen Sohn S und erhält jetzt den Brief des V ausgehändigt. Daraufhin ruft der K bei V an und erklärt, dass er das Angebot annehme. Der V lehnt ab. Kann der K Lieferung Zug-um-Zug gegen Kaufpreiszahlung verlangen?

Ein Anspruch des K gegen den V aus einem Kaufvertrag (§ 433 Abs. 1 S. 1 BGB) setzt den Abschluss eines Kaufvertrages voraus. a) Der V könnte dem K ein entsprechendes Angebot gemacht haben, das der K angenommen haben könnte. aa) Die aaa) den Erfordernissen eines Angebots entsprechende Erklärung des V (das wird hier nicht weiter vertieft) bbb) müsste wirksam geworden sein: aaaa) Die Erklärung ist von V abgegeben worden. bbbb) Fraglich ist, ob sie dem K auch zugegangen ist: Es handelte sich um eine „Erklärung gegenüber Abwesenden", denn der S war mangels eines Handelns in fremdem (seines Vaters K) Namen nicht dessen Empfangsvertreter (§ 164 Abs. 1, 3 BGB). aaaaa) Mangels entsprechender Ermächtigung des K war der S auch nicht Empfangsbote des K, sondern war ein Erklärungsbote des V, der von V dazu ermächtigt war, selbst auch bereit dazu war und auch dazu geeignet war (Zitat aus dem altehrwürdigen Repetitorium Foth: „Und ist das Büblein noch so klein, so kann es doch schon Bote sein"). Der Zugang ist daher nicht mit der Übergabe an den S erfolgt, bbbbb) sondern erst mit Übergabe des Briefes durch S an K. bbb) Die Erklärung des V müsste zu diesem Zeitpunkt noch bestehen. Das ist nicht der Fall, denn sie ist vor dem Zugang von V widerrufen worden (§ 130 Abs. 1 S. 2 BGB). bb) Die Annahmeerklärung des K ging also „ins Leere". b) Ein Vertragsschluss aa) aufgrund eines Angebots des K, das in der telefonischen Erklärung liegt (auch das wird hier nicht weiter vertieft), bb) ist deshalb nicht anzunehmen, weil der V keine Annahmeerklärung abgegeben hat.

**Fall 28**

Der V hat dem K befristet bis zum 30. November 2010 eine bestimmte Sache zum Kauf für einen Preis von € 10.000,– angeboten und dabei erklärt, dass die Annahme „per Einschreiben mit Rückschein" erfolgen müsse. Später reut den V sein Angebot, weil er den Preis zu niedrig findet. Der K entschließt sich zur Annahme des Angebots; er kündigt dies dem V telefonisch an und erklärt die Annahme dann in einem Schreiben, das er am 28. November 2010 „per Einschreiben mit Rückschein" an den V versendet. Der V, der einen Vertragsschluss verhindern will, ist aus diesem Grund bei der zur üblichen Zeit stattfindenden Postzustellung am 29. November 2010 bewusst nicht anwesend, so dass nur ein Benachrichtigungsschein in seinen Briefkasten geworfen wird, den der V dann nach seiner Rückkehr auch vorfindet. Weitere Einschreiben sind ihm an diesem Tag nicht zugestellt worden. Der V ist sich sicher, dass sich der Benachrichtigungsschein auf eine per Einschreiben an ihn versandte Annahmeerklärung des K bezieht und entscheidet sich dazu, das auf dem Postamt lagernde Einschreiben erst am 1. Dezember 2010 abzuholen. Am 1. Dezember 2010 verlangt der K von V telefonisch Lieferung Zug-um-Zug gegen Zahlung von € 10.000,–. Der V erklärt, er habe das Schreiben erst heute von der Post geholt; die Annahmeerklärung des K sei daher verspätet (nach Früh).

Der K könnte Lieferung aufgrund eines Kaufvertrages mit V verlangen (§ 433 Abs. 1 S. 1 BGB). a) Ein aa) Angebot (das wird hier nicht weiter vertieft) bb) ist aaa) abgegeben worden; bbb) es ist dem K zugegangen. b) Der K hat das Angebot aa) zwar nicht durch die telefonische „Ankündigung" einer Annahme angenommen, bb) wohl aber aaa) durch das Einschreiben (auch das wird hier nicht weiter vertieft) seine Annahme erklärt. bbb) Die Annahme ist wirksam geworden, aaaa) weil K sie abgesendet hat bbbb) und sie dem V auch zugegangen ist. cc) Ein Vertragsschluss setzt weiter voraus, dass bei Zugang der Annahme überhaupt noch ein annahmefähiger Antrag vorhanden ist. Hier könnte das Angebot des V nach §§ 146, 148 BGB erloschen sein. aaa) Fristablauf war nach § 188 Abs. 1 BGB mit Ablauf des 30. November 2010. bbb) Der Zugang der Annahme erfolgte aaaa) nicht am 29. November 2010 als der Benachrichtigungsschein in den Briefkasten V geworfen wurde, weil das Einschreiben selbst dadurch nicht in seinen Machtbereich gelangt ist, bbbb) sondern erst am 1. Dezember 2010 mit der Abholung des Schreibens, cccc) wenn man nicht doch aufgrund allgemeiner Erwägungen zu einem Zugang am 29. November 2010 kommt, weil der Empfänger (V) den Zugang bewusst verzögert hat: Nach einem Lösungsvorschlag dazu soll § 162 BGB analog angewendet werden, so dass die Rechtzeitigkeit fingiert wird; danach wäre die Annahmeerklärung spätestens am 30. November 2010 zugegangen. Nach a. A. kann der Erklärende, wenn er von der Verspätung erfährt, die Erklärung sofort nachholen; diese wirkt dann nach § 242 BGB zurück. Hier liegt die Wiederholung der Annahmeerklärung in dem telefonischen Lieferungsverlangen. Dass das telefonische Lieferungsverlangen nicht der vereinbarten Form (Annahme nicht per Einschreiben mit Rückschein) genügt, macht den Vertrag nicht nach § 125 S. 2 nichtig, weil die Einhaltung der Form „per Einschreiben mit Rückschein" keine Wirksamkeitsvoraussetzung ist; es geht um eine sog. „reine Übermittlungsform", die nur Beweiszwecken dient, deren Nichteinhaltung aber nicht zur Nichtigkeit führt. c) Angebot und Annahme decken sich inhaltlich. Danach ist der Kaufvertrag geschlossen und K hat einen Lieferungsanspruch Zug-um-Zug gegen Zahlung.

Der **Zugang** von Willenserklärungen **gegenüber Geschäftsunfähigen** oder beschränkt Geschäftsfähigen richtet sich nach § 131 BGB, so dass

- bei **Geschäftsunfähigen** der Zugang gegenüber dem gesetzlichen Vertreter erfolgen muss (§ 131 Abs. 1 BGB),
- während bei **beschränkt Geschäftsfähigen** die Grundsätze der Wirksamkeit von Willenserklärungen beschränkt Geschäftsfähiger (dazu später) entsprechend gelten (§ 131 Abs. 2 BGB).

**Fall 29**

Dem 17 jährigen Büchersammler K wird von dem Buchhändler V, der den K für volljährig hält, eine ganz seltene illustrierte Marquis de Sade-Gesamtausgabe, die der K schon seit einiger Zeit sucht, schriftlich zum Kauf für einen bestimmten

Preis angeboten. Das Angebot ist für eine Woche befristet. Am selben Tag ruft der V, dem ein anderer Kunde ein besseres Angebot unterbreitet hatte, den K an und erklärt, dass er das Angebot widerrufe. Der K begibt sich daraufhin zu dem V und erklärt die Annahme, bietet die sofortige bare Zahlung des Kaufpreises an und verlangt die Übereignung und Übergabe der noch im Laden befindlichen Gesamtausgabe. Der V weigert sich. Der K erzählt seinen Eltern sofort alles und diese sind mit dem Erwerb einverstanden, weil sie nicht wissen, wer Marquis de Sade war. Hat K einen Anspruch auf Lieferung Zug-um-Zug gegen Zahlung?

Der K könnte gegen V einen Anspruch aus einem Kaufvertrag haben (§ 433 Abs. 1 S. 1 BGB). a) Dazu müsste zwischen beiden ein Kaufvertrag geschlossen worden sein. aa) Der V hat aaa) ein Angebot erklärt (das wird hier nicht weiter vertieft). bb) Das Angebot müsste wirksam geworden sein. aaa) Der V hat es abgegeben. bbb) Es müsste dem K zugegangen sein: aaaa) Der Zugang als solcher ist erfolgt. bbbb) Fraglich ist, ob der Zugang bei K wirksam war. Nach § 131 Abs. 2 S. 1, Abs. 1 BGB wird die Willenserklärung erst dann wirksam, wenn sie dem gesetzlichen Vertreter zugeht. Anders ist dies aber, wenn die Willenserklärung dem Minderjährigen einen lediglich rechtlichen Vorteil bringt (§ 131 Abs. 2 S. 2 BGB): So liegt es bei einem Angebot zum Abschluss eines Vertrages, weil für den Minderjährigen keine Pflicht zur Annahme besteht. ccc) Das mithin wirksam gewordene Angebot des V könnte aber wirksam durch den V widerrufen worden sein. Nach § 130 Abs. 1 S. 2 BGB ist dies jedoch nur bis zum Zugang möglich. bb) Der K hat dieses Angebot angenommen (auch das wird hier nicht weiter vertieft). cc) Das Angebot war im Moment der Annahme nicht erloschen. dd) Das Angebot und die Annahme decken sich. Der Kaufvertrag ist also zustande gekommen. b) Dem Vertrag steht wegen der Genehmigung der Eltern nicht das Wirksamkeitshindernis der §§ 107, 108 Abs. 1, 184 BGB entgegen.

**Variante**

Der Buchhändler V hat die ihm schwer verkäuflich zu sein scheinende illustrierte Marquis de Sade-Gesamtausgabe, verbunden mit einem auf eine Woche befristeten Kaufangebot und einem Angebot, sogleich Eigentümer zu werden, auf Wunsch des K an diesen übersandt. Noch am Tage des Eingangs der Sendung bei K widerruft der V, weil sich nun doch ein anderer Interessent gefunden hat, der das Doppelte zu zahlen bereit ist und er das Buch an diesen Kunden verkaufen möchte. Der K erklärt die Annahme und bittet den V, ihm eine Rechnung zuzusenden. K's Eltern, denen er von dem Kauf erzählt hatte, verweigern ihre Genehmigung, weil sie wissen, wer der Marquis de Sade war. Dem K fehlt das Geld zum Erwerb des teuren Buches, so dass er nicht zahlt. Er behält das Buch gleichwohl. Der V, dem der andere Kunde „abgesprungen" ist, verlangt von K Bezahlung, zumindest aber Rückgabe des Buches.

1) Der Zahlungsanspruch könnte sich aus einem Kaufvertrag ergeben (§ 433 Abs. 2 BGB). Dann müssten V und K einen Kaufvertrag über das Buch zu dem von V genannten Preis abgeschlossen haben. Dieser ist wegen der Verweige-

rung der Genehmigung der Eltern unheilbar unwirksam (§§ 107, 108 BGB). 2) Ein Herausgabeanspruch des V gegen K könnte sich aus a) §§ 985, 986 BGB ergeben. aa) Der Inanspruchgenommene (K) ist Besitzer des Buches. bb) Der Anspruchsteller V müsste Eigentümer sein. aaa) Der V war Eigentümer. bbb) Der K könnte Eigentümer nach § 929 S. 1 BGB geworden sein. aaaa) Beide müssten sich über den Eigentumserwerb des K geeinigt (Einigung = Vertrag) haben: aaaaa) Der V hat gegenüber dem K ein entsprechendes Angebot, das Eigentum zu übertragen, erklärt. Dies ist dem K auch zugegangen, denn das Angebot zur Übereignung ist lediglich rechtlich vorteilhaft für den Erwerber K (§ 131 Abs. 2 S. 1 BGB). Der Widerruf ist verspätet (§ 130 Abs. 1 S. 2 BGB). bbbbb) Der K hat das Angebot angenommen. ccccc) Ein Eigentumsvorbehalt mit der Wirkung der §§ 929, 158 Abs. 1 BGB ist nicht vereinbart, weil sich der V das Eigentum nicht nach § 449 Abs. 1 BGB vorbehalten hat. Also ist K Eigentümer geworden. bbbb) Die Unwirksamkeit des Kaufvertrages steht dem nicht entgegen („Abstraktionsprinzip"). Der K hat also das Eigentum erworben, so dass ein Anspruch aus §§ 985, 986 BGB deshalb ausscheidet. b) Der V könnte jedoch einen Anspruch auf Rückübereignung aus § 812 Abs. 1 S. 1, Var. 1 BGB haben. aa) Der K hat als „etwas" das Eigentum und den Besitz an dem Buch erlangt, bb) und zwar durch Leistung des V an K und cc) ohne Rechtsgrund, weil der Kaufvertrag unwirksam ist. 3) Auch hier erkennen Sie hinsichtlich der Fallfrage 2 die Ihnen ja schon etwas vertrauten allgemeinen Aufbauregeln wieder: §§ 985, 986 BGB wird vor § 812 BGB geprüft.

Und schließlich: Der **Tod** oder die **Geschäftsunfähigkeit** des **Erklärenden** nach Abgabe einer Willenserklärung **beeinträchtigen nicht** die **Zugangsfähigkeit** einer Willenserklärung **(§ 130 Abs. 2 BGB)**.

### c) Das Schweigen

In seltenen Fällen kann ein **Schweigen** die **Bedeutung** einer **Willenserklärung** haben Diese Konstellationen werden hier zunächst nur aufgelistet, später noch ausgiebig erörtert:

- Es gibt eine Reihe von Normen, in denen das **Gesetz** einem Schweigen entweder die Bedeutung einer Annahme (§§ 416 Abs. 1 S. 2, 516 Abs. 2 S. 2 BGB, § 362 HGB; vgl. Sie übrigens diese Regelung einmal mit der des § 663 BGB und erklären Sie „sich selber" den Unterschied) oder die Bedeutung einer Ablehnung (§§ 108 Abs. 2 S. 2, 177 Abs. 2 S. 2, 415 Abs. 2 S. 2 BGB) beimisst.
- Auch können die Parteien eine **Vereinbarung** des Inhalts treffen, dass ein Schweigen eine bestimmte Bedeutung (Annahme oder Ablehnung) haben soll.
- Wenn trotz einer sich aus **„Treu und Glauben"** (§ 242 BGB) ergebenden Pflicht zum Widerspruch geschwiegen wird, kann auch dies im Zusammenhang mit einem Vertragsschluss die Bedeutung einer Annahmeerklärung haben;
- dies ist auch der Fall, wenn auf ein **kaufmännisches Bestätigungsschreiben** hin geschwiegen wird (§ 346 HGB).

- Diese vorstehenden Ausführungen (sub a) und sub b)) zu den Wirksamkeitsvoraussetzungen nicht empfangsbedürftiger oder empfangsbedürftiger Willenserklärungen gelten hier natürlich nicht, denn ein Schweigen wird weder entäußert noch kann es durch eine Abgabe und einen Zugang wirksam werden.

## 4. Der Vertragsschluss (Angebot, Annahme, Deckungsgleichheit)

Wichtig ist, dass Sie beim Lesen den „Ariadnefaden", der Sie aus dem juristischen Labyrinth, in das Sie sich mit der Aufnahme dieses Studiums hineinverirrt haben, herausführen soll, stets in der Hand behalten. Das gelingt nur, wenn Ihnen zu jedem Zeitpunkt klar ist, was und warum Sie es gerade jetzt erlernen.

Daher ist immer wieder einmal eine **Standortbeschreibung** vonnöten.

1. Sie befassen sich mit den Fragen der Voraussetzungen eines vertraglichen Primäranspruchs, damit Sie imstande sind, z. B. die folgende Fallfrage zu beantworten: „Kann der K von V Übereignung und Übergabe des Kfz des V Zug-um-Zug gegen Zahlung des Kaufpreises von € 10.000,– verlangen?" und die ersten beiden Sätze Ihres Gutachtens so lauten: „K könnte von V die Übereignung und die Übergabe von V's Auto nach § 433 Abs. 1 S. 1 BGB verlangen. Voraussetzung dafür ist der Abschluss eines Kaufvertrags zwischen V und K, mit dem der V dem K sein Auto zum Preise von € 10.000,– verkauft hat." Um diese Voraussetzung prüfen zu können, müssen Sie wissen, wie ein Vertrag, insbesondere ein verpflichtender Vertrag, hier speziell ein Kaufvertrag, überhaupt zustande kommt. Mittlerweile ist Ihnen bekannt, dass zum Abschluss eines Vertrages mindestens zwei übereinstimmende Willenserklärungen, Angebot und Annahme, vorliegen müssen. Daher haben wir uns **zunächst** dem Thema des **Wirksamwerdens von Willenserklärungen** zugewandt.
2. Die bisherigen Ausführungen zur Frage des Vorliegens und des Wirksamwerdens von Willenserklärungen betrafen die **Willenserklärungen im Allgemeinen**, also z. B. auch die Anfechtung, die Aufrechnung, die Kündigung etc. In dieses Spektrum gehören natürlich aber auch die (in den Beispielsfällen ja auch überwiegend behandelten) uns in erster Linie interessierenden, zum Abschluss eines Vertrages, speziell auch eines Kaufvertrags führenden **Willenserklärungen**, also das **„Angebot"** und die **„Annahme"**; denn Sie wissen ja: Für das Zustandekommen des Rechtsgeschäfts „Vertrag" müssen folgende **Voraussetzungen** erfüllt sein:
   Vorliegen müssen **mindestens zwei auf** den **Abschluss** eines **Vertrages gerichtete Willenserklärungen**, genannt **Angebot** und **Annahme** (arge. **§ 151 BGB**: „Der Vertrag kommt durch die Annahme des Antrags zustande, …").

Diese beiden Willenserklärungen müssen **aufeinander bezogen sein** und müssen sich **inhaltlich decken** (arge. § 150 BGB).

**3.** Wir werden uns jetzt **unserem Programm folgend** auf diese beiden Arten von Willenserklärungen, nämlich auf die zum **Abschluss** eines **Vertrages** führenden **Willenserklärungen (Angebot/Annahme) im Besonderen** konzentrieren, denn unser verkündetes **Ziel** (das wir nie aus dem Auge verlieren dürfen) ist ja das **Erlernen** der **Prüfung eines Vertragsschlusses**, und zwar zunächst eines Vertrages im Allgemeinen, und dann das Zustandekommen eines ein bestimmtes Schuldverhältnis begründenden Vertrages (z. B. eines Kaufvertrages, eines Darlehensvertrages, eines Mietvertrages, eines Werkvertrages etc.), aus dem sich Ansprüche ergeben könnten, im Besonderen.

**4.** Aber zuvor soll eine **Rechtstatsache** ins Spiel gebracht werden, die in anderen Zusammenhängen, aber auch für den Kaufvertrag von Bedeutung sein kann: Dem Vertragsschluss zeitlich vorausgehend gibt es eine **Anbahnungsphase**, die oft nur kurz und inhaltsleer sein kann und die daher anscheinend unbedeutend ist (Betreten des Bäckerladens, um ein Brötchen zu kaufen), die aber auch sehr lang und inhaltlich komplex sein kann (lange und komplizierte Vertragsverhandlungen). Die Frage ist, ob hieraus rechtliche Konsequenzen für den Vertrag resultieren und ob eine Sonderbeziehung zwischen den Vertragschließenden besteht.
Dass auch nach Abschluss und beiderseitiger Erfüllung eines Vertrages eine Sonderbeziehung bestehen kann, ist genauso interessant, soll uns aber hier zunächst nicht weiter beschäftigen.

### a) Vertragsanbahnung

Sie lasen es soeben: Einem Vertragsschluss geht voraus eine Vertragsanbahnungsphase, die in zeitlicher und sachlicher Hinsicht unterschiedliche Dimensionen haben kann. Ausführlich wollen wir hier nicht werden. Aber soviel sei gesagt:

Bei Vertragsverhandlungen kann die Grundlage für einen Vertragsschluss durch Schweigen auf ein kaufmännisches Bestätigungsschreiben gelegt werden. Wir kommen darauf bald zurück.

Sollten Vertragsverhandlungen stattgefunden haben, können diese zuweilen für die Auslegung eines später geschlossenen Vertrages nach §§ 133, 157 BGB von Bedeutung sein. Wir kommen auch darauf zurück.

Und außerdem begründet die Phase der Vertragsanbahnung – gleichgültig ob es zu einem Vertrag kommt oder nicht – eine Sonderbeziehung mit Rücksichtnahmepflichten, deren Verletzung zu einem Schadensersatzanspruch aus „culpa in contrahendo“=„cic“ (Verschulden bei Vertragsschluss) führen können (lesen Sie § 311 Abs. 2 BGB und § 241 Abs. 2 BGB, und lesen Sie auch sonst jede hier zitierte Vorschrift!). Das wird demnächst und in Zukunft eine der wichtigsten Anspruchsgrundlagen für Sie werden. Wir kommen später ausgiebig darauf zurück.

### b) Das Angebot

Wenn es jetzt um die genauere Bestimmung der Voraussetzungen der zu einem Vertragsschluss führenden Willenserklärungen (Angebot/Annahme), und zwar **zunächst** um das **„Angebot"**, geht, muss erst einmal mit einem **„klassischen" Vorurteil** aufgeräumt werden:

Die Rollen des Anbietenden und des Annehmenden sind z. B. beim Abschluss eines Kaufvertrages/Mietvertrages nicht etwa so verteilt, dass stets der zukünftige Verkäufer/Vermieter etc. anbietet und stets der potentielle Käufer/Mieter etc. annimmt. Das mag im täglichen Leben typischerweise so sein, muss aber nicht immer so liegen! Jeder der zukünftigen Vertragspartner kann das Angebot abgeben oder die Annahme erklären; die Rollen sind also nicht festgelegt. Die Rollen des Anbietenden und des Annehmenden können während der Fallbearbeitung sogar wechseln (vgl. die später noch genauer dargestellten Auswirkungen des § 150 BGB).

Wie Sie anlässlich der Erörterung der „Trierer Weinversteigerung" erfahren haben, sind die Rollen allerdings bei einer Versteigerung festgelegt (§ 156 BGB: hier kommt der Vertrag immer durch den Zuschlag zustande: Also der Ersteigerer bietet an, und der Versteigerer nimmt an).

Eine zum Vertragsschluss führende **Angebotserklärung**

- setzt wie **jede Willenserklärung 1)** in **objektiver Hinsicht** voraus: **a)** einen **objektiven Tatbestand**, also einen **Kundgabeakt**, **b)** mit dem der Wille zu einem bestimmten Rechtsgeschäft **(Rechtsfolgewillen)** geäußert wird, und zwar (beim Angebot:) der Wille zur Erklärung eines **auf den Abschluss** eines **Vertrages** gerichteten **Antrags**. Das bedeutet, **aa)** dass der **Inhalt des** abzuschließenden **Vertrages bb)** und – weil ein Vertrag ja „bindend" ist – auch das Vorhandensein eines **Rechtsbindungswillens** erklärt wird. Angesichts des Wortteils „... willens" könnte man auf den Gedanken kommen, dass es sich um ein subjektives Element handelt, was aber nicht der Fall ist, weil – wie Sie ja bereits wissen es sich um einen nach §§ 133, 157 BGB, also durch Auslegung des Kundgabeaktes zu ermittelnden – „Baustein" handelt weil – wie Sie ja bereits wissen – es sich um einen nach §§ 133, 157 BGB, also durch Auslegung des Kundgabeaktes zu ermittelnden „Baustein" handelt. **2)** In **subjektiver Hinsicht** sind in der Person des Antragenden erforderlich: ein **Handlungswille** und ein **mindestens potentielles Erklärungsbewusstsein**, während der **Geschäftswille** nur in den Fällen seines bewussten Fehlens (§§ 116–117 BGB) interessiert.
- Damit die **Angebotserklärung wirksam** wird, muss sich der Erklärende ihrer **entäußert** haben, also die Erklärung formuliert und abgegeben haben, und die Erklärung muss dem **anderen Teil zugegangen sein**.

Das alles ist nichts Neues für Sie. Wir können also nunmehr weitgehend **auf** den **vorstehenden** zu den Willenserklärungen im Allgemeinen **gewonnenen Erkennt-**

**nissen** aufbauen. Sie werden daher hier über die subjektiven Voraussetzungen des Angebots („Handlungswille“ und „mindestens potentielles Erklärungsbewusstsein“) und über die Fragen einer „Entäußerung“ und eines „Zugangs “ des Angebots nichts mehr lesen. Das würde eine überflüssige „Doppelung“ unserer Darstellung bedeuten, zumal wir bei der Darstellung dieser Fragen ohnehin weitgehend auf die vertraglichen Willenserklärungen „Angebot“ und „Annahme“ abgestellt hatten: Wer das alles schon wieder vergessen hat, muss leider zurück auf den Ausgangspunkt.

Allerdings: Bei der **Frage** des **Vorliegens** eines **Angebots** ergeben sich hinsichtlich des **objektiven Tatbestands** einige Besonderheiten. Dazu hatten wir – wie Sie sich bestimmt entsinnen – bisher folgende allgemeine und nunmehr für die Bestimmung des Vorliegens eines Angebots zu verfeinernde Kriterien ermittelt:

Bei der Frage, ob der **Kundgabeakt** einen **auf den Abschluss** eines **bestimmten Rechtsgeschäftes (hier: eines Vertrages)** gerichteten **„Rechtsfolgewillen“** äußert,

**a)** geht es in methodischer Hinsicht um eine **Auslegung** des **Kundgabeaktes**. Dabei werden die §§ 133, 157 BGB angewendet, auch wenn die Heranziehung dieser Normen auf den ersten Blick deshalb überrascht, weil es in diesem Stadium der Prüfung gar nicht um die Auslegung einer bestehenden Willenserklärung bzw. eines geschlossenen Vertrages geht, wofür diese beiden Vorschriften Regeln aufstellen, sondern um die Frage, ob überhaupt eine zu einem Vertragsschluss führende Willenserklärung („Angebot“) vorliegt:

- Auf die **subjektiven Vorstellungen** des **Erklärenden (§ 133 BGB: wirklicher Wille)** ist nur dann abzustellen, wenn der Empfänger erkannt hat, was der Erklärende gemeint hat;
- ansonsten ist **nicht** auf die wirklichen **(subjektiven) Vorstellungen** der Person, von der der Kundgabeakt stammt, also nicht auf die Sicht des Antragenden abzustellen; sondern es kommt auf die Vorstellungen eines **sorgfältigen objektiven Empfängers** an, also darauf, ob eine **objektivierte Auslegung** der **Erklärung** den Schluss erlaubt, dass ein auf den Abschluss eines Vertrages gerichteter Rechtsfolgewillen gegeben ist **(§ 157 BGB).**

**b)** Was durch die Auslegung zu ermitteln ist, dürfte allen klar sein – nämlich **(sub aa))** ob die Erklärung **vollständig** und **inhaltlich** so **bestimmt** ist, dass ein bloßes „Ja“ des Annehmenden zu einem Vertragsschluss führt, und **(sub bb))** ob der Erklärende sich binden will **(„Rechtsbindungswille“)**.

aa) Vollständigkeit und inhaltliche Bestimmtheit

Die **erste Voraussetzung** für das **Vorliegen eines** auf den Abschluss eines Vertrages gerichteten **Angebots** besteht also darin, dass die auf den Abschluss eines Vertrages gerichtete Willenserklärung **„vollständig“** und **„inhaltlich bestimmt“** sein muss.

(1) Vollständigkeit

Was die **Vollständigkeit** angeht, so müssen die wesentlichen Elemente des angestrebten Vertrages, die **Hauptpunkte („essentialia negotii")** im Angebot enthalten sein. Die dafür gegeben sein müssenden Mindesterfordernisse ergeben sich bei den vom Gesetz **„typisierten Verträgen"** aus dem Inhalt der jeweiligen „vertragsbestimmenden" Norm des Gesetzes. Dagegen müssen bei **nicht typisierten Verträgen** „alle Einzelheiten" des Inhalts im Angebot enthalten sein. Welches aber sind die im Gesetz „typisierten Verträge"? Lange können wir uns mit dieser Frage an dieser Stelle nicht aufhalten. Diese Frage betrifft nämlich an sich ein ganz anderes Thema, nämlich die des Inhalts von (hier: verpflichtenden) Verträgen; und zu gegebener Zeit werden Sie darüber noch sehr viel erfahren. Hier zunächst nur soviel: Das Gesetz hält im „Besonderen Teil" des Schuldrechts einen Vorrat von Normen bereit, durch die – falls den Vertragspartnern „nichts Besseres einfällt" – die Inhalte bestimmter einzelner Schuldverhältnisse typisiert geregelt sind, z. B. für den Kaufvertrag in den §§ 433 ff., für den Mietvertrag in §§ 535 ff. etc. Bei derartigen „typisierten Verträgen" ist aber nicht nur der Inhalt „*eines* (typischen) Kaufvertrages" oder „*eines* (typischen) Mietvertrages" geregelt, sondern es sind in den die einzelnen Vertragsarten definierenden Normen (z. B. in §§ 433 oder in 535 BGB) zugleich die vertragsbestimmenden „essentialia negotii" fixiert; der sonstige gesetzliche Vorrat an Regelungen gehört nicht zu den „essentialia negotii".

Merken Sie sich zunächst für das Erfordernis der **„essentialia negotii"** faustformelmäßig,

1. dass bei **Typenverträgen** die jeweilige vertragsbestimmende Norm entscheidend für den Mindestinhalt des Angebots ist.
   a) Beim **Kaufvertrag** z. B. ist die **vertragsbestimmende Norm** der § 433 BGB; und es müssen bestimmt sein: Die geschuldete **Leistung**, also der Kaufgegenstand; und die geschuldete **Gegenleistung**, also der Kaufpreis. Grundsätzlich müssen auch die **Vertragsparteien** bestimmt sein; diese müssen aber nicht in jedem Fall konkret benannt werden, denn ein Angebot an die „Allgemeinheit" (=an unbekannte Personen=„ad incertas personas") kann im Einzelfall ausreichend sein (so z. B. bei der Aufstellung eines mit Ware gefüllten Automaten). Erproben Sie Ihre Fähigkeiten jetzt an anderen Typenverträgen: Was sind die „essentialia negotii" beim Mietvertrag, beim Werkvertrag etc.?
   b) Alles Übrige kann, muss aber nicht im Angebot enthalten sein; das Gesetzesrecht ergänzt in den Folgenormen der §§ 434 ff., 536 ff., 632 ff. BGB nur den insoweit möglicherweise von den Parteien nicht ausgestalteten Vertrag.
2. Bei **nicht typisierten Verträgen** gibt es naturgemäß keine „vertragsbestimmenden" Normen, daher werden auch keine Normen „vorrätig" gehalten, die den Inhalt notfalls bestimmen. Also muss der gesamte Inhalt des

beabsichtigten Vertrages im Angebot enthalten sein. So muss z. B. für ein Angebot zum Abschluss eines im Gesetz nicht typisiert geregelten Leasingvertrages verlangt werden, dass in ihm „alle Einzelheiten“ des abzuschließenden Vertrages enthalten sind.
**Kleine Testfrage:** Warum sind Angebote zum Abschluss eines Kaufvertrags und dann die evtl. geschlossenen Kaufverträge im angelsächsischen Rechtskreis oft regelrechte Bücher? Weil es mangels einer Kodifikation keine typisierten Verträge gibt und daher der gesamte Inhalt des Vertrages im Angebot ausformuliert werden muss.

Die „essentialia negotii“ sind – wie gesagt – der „*Mindest*inhalt“ eines Angebots. Daher ist es dem Anbietenden unbenommen, zusätzlich zu den „essentialia negotii“ auch **Nebenpunkte** (Zahlungsmodalitäten, Gewährleistungsausschluss, Art und Weise der Verpackung etc. etc.) zum Inhalt des Angebots zu machen.

Dass die „essentialia negotii“ der Mindestinhalt des Angebots sein müssen, klingt so apodiktisch, dass man geneigt sein könnte anzunehmen, dass bei einer **inhaltlichen Unvollständigkeit** der **Erklärung** hinsichtlich der zu den **„essentialia negotii“** zählenden Punkte, also bei **anfänglichen „Regelungslücken“**, diese Erklärung unter keinen Umständen ein annahmefähiges Angebot sein könne: So ist es jedoch nicht, denn

- gelegentlich werden **inhaltlich unvollständige Erklärungen** bei **typisierten Verträgen durch** das **Gesetz ergänzt**: So hinsichtlich der Vergütungsverpflichtung als solcher und auch ihrer Höhe beim Dienstvertrag durch § 612 Abs. 1, 2 BGB oder beim Werkvertrag durch § 632 Abs. 1, 2 BGB. Bei nicht **typisierten Verträgen** kann in solchen Fällen nur eine **„ergänzende Auslegung“** einem unvollständigen Angebot zur Annahmefähigkeit verhelfen.

**Fall 30**

Der B bringt seine Schuhe zu dem bekannten Schuster K. L. Apper (A) in der Rothenbaumchaussee, um sie mit einer neuen Gummisohle versehen zu lassen. Der A erklärt damit sein Einverständnis und besohlt die Schuhe. Als der B die Schuhe abholt, ist er sehr zufrieden mit der Arbeit und nimmt die Schuhe entgegen. Der A verlangt € 15,– dafür; hierbei handelt es sich um die übliche Vergütung. Der B weigert sich aber, überhaupt eine Vergütung zu zahlen, weil über eine Vergütung als solche und auch nicht über deren Höhe gesprochen worden sei; er sei nur bereit, € 10,– für den Wert der Arbeit zu zahlen (§§ 812 Abs. 1 S. 1 Var. 1, 818 Abs. 2 BGB).

Der Anspruch des A gegen den B könnte sich aus einem Werkvertrag ergeben (§ 631 Abs. 1 BGB). a) Der B müsste ein Angebot zum Abschluss eines Werkvertrags gemacht haben. aa) Die objektiven Voraussetzungen einer solchen Erklärung liegen vor: In der Äußerung des B aaa) liegt ein Kundgabeakt, bbb) aus dem der Wille zu einem bestimmten Rechtsgeschäft („Rechtsfolgewillen") deutlich wird, und zwar zur Erklärung eines auf den Abschluss eines Vertrages gerichteten Antrags. aaaa) Die Vertragsparteien sollen nach der Erklärung des B sein: Zum einen er, der B, als Besteller, und zum anderen der A als Werkunternehmer. bbbb) Der Gegenstand des Vertrages aaa) ist die Besohlung eines bestimmten Paares von Schuhen mit einer Gummisohle. cccc) Die Entgeltlichkeit aaaaa) als solche gilt als von dem anbietenden B stillschweigend erklärt, weil die Herstellung des Werks den Umständen nach nur gegen Entgelt zu erwarten ist (§ 632 Abs. 1 BGB). bbbbb) Hinsichtlich der Höhe ist von dem anbietenden B die „übliche Vergütung" erklärt worden (§ 632 Abs. 2 BGB). bb) Die subjektiven Voraussetzungen werden mangels irgendwelcher Zweifel hieran nicht angesprochen, cc) ebenso wenig der Umstand, dass der B sich der Erklärung entäußert hat und dass sie dem A zugegangen ist. b) Der A hat das Angebot angenommen. c) Der Anspruch ist nach §§ 640, 641 BGB fällig.

- Wenn im Angebot ein „essentieller" Punkt des Vertrages bewusst oder unbewusst nicht genannt ist, so dass das Angebot eine **anfängliche Regelungslücke** aufweist, kann die Erklärung gleichwohl ein wirksames Angebot sein, wenn sich die Lücke durch ergänzende Auslegung schließen lässt.

**Fall 31**

Der B.O. v. Dien (B) möchte gern die Rekonstruktion des „Berliner Schlosses" erreichen. Er bittet den ihm bekannten weltberühmten freischaffenden Kunsthistoriker Prof. Kunzelmann (K) aus New York um ein Gutachten über die „kunsthistorische Bedeutung" des seinerzeit gesprengten Bauwerks, um so maßgeblich auf die bevorstehende städtebauliche Entscheidung bei der Gestaltung der Mitte Berlins Einfluss nehmen zu können. Der K verlegt seinen Wohnsitz nach Berlin, mietet ein Büro an, stellt zwei qualifizierte Kunsthistoriker ein und konzentriert sich persönlich ausschließlich auf diese Aufgabe. Nach 1-jähriger Arbeit liefert der K ein 500 Seiten langes Gutachten ab, in dem er zum Ergebnis kommt, dass das zerstörte Schloss kunsthistorisch unbeachtlich gewesen sei. Der K verlangt von B eine Vergütung in Höhe von € 200.000,–. Der von dem Ergebnis enttäuschte B weigert sich, dem K eine Vergütung zu zahlen, weil über eine Vergütung als solche und auch nicht über deren Höhe gesprochen worden sei (nach Peters).

Der Anspruch könnte sich 1) aus einem Werkvertrag ergeben (§ 631 Abs. 1, 2 BGB). a) Der B müsste ein Angebot zum Abschluss eines Werkvertrags gemacht haben. aa) Die Vertragsparteien sollen nach der Erklärung der B und der K sein. bb) Der Gegenstand des Vertrages ist ein Gutachten (§ 631 Abs. 2 BGB) über die „kunsthistorische Bedeutung" des zerstörten „Berliner Schlosses". cc) Die Entgeltlichkeit als solche gilt als stillschweigend erklärt, weil die Herstellung des Werks den Umständen nach nur gegen Entgelt zu erwarten ist (§ 632 Abs. 1 BGB). dd) Hinsichtlich der Höhe aaa) ist – weil es hierfür keine „übliche" Vergütung (§ 632 Abs. 2 BGB) gibt – von B nichts erklärt worden. bbb) Wenn sich die Lücke aber durch „ergänzende Vertragsauslegung“ nach § 157 BGB schließen lässt, dann liegt ein wirksames Angebot vor. Die Parteien hätten unter Berücksichtigung des Vertragszwecks redlicherweise („Treu und Glauben“) und unter Berücksichtigung der „Verkehrssitte“ vereinbart, dass K die Höhe der Vergütung nach §§ 315, 316 BGB nach „billigem Ermessen“ bestimmen kann. Daher liegt ein wirksames Angebot des B vor. b) Der K hat es angenommen. 2) Der K hat die Höhe der Vergütung a) durch Erklärung gegenüber B (§ 315 Abs. 2 BGB) b) auf € 200.000,– bestimmt; dieser Betrag entspricht unter Berücksichtigung der Umstände (berufliche Qualifikation des K, Bedeutung des Gutachtens, Aufwand) billigem Ermessen. c) Der Anspruch ist fällig (§§ 640, 641, 646 BGB).

**Übrigens** Bei **Regelungslücken**, die erst nachträglich evident werden, weil die Parteien eine sich später ergebende Entwicklung nicht vorhergesehen haben, darf man dagegen den **Vertragsschluss** als solchen natürlich **nicht** weiter **problematisieren**, sondern muss den **Vertrag** als geschlossen ansehen, muss dann aber den **Vertrag** zur Bestimmung seines Inhalts u. U. **ergänzend auslegen**. Dazu wird hier ein Fallbeispiel genannt; später – wenn es um den Inhalt von Verträgen geht – kommen wir darauf, dann unter dem Aspekt der „Vertragsauslegung“, noch einmal zurück. Ein kleiner „Vorgriff“ soll im folgenden Fall aber schon einmal riskiert werden.

**Fall 32**

Die in verschiedenen entfernten Stadtteilen Hamburgs niedergelassenen nachnamensgleichen Fachärzte für Kardiologie Dr. Sch 1 (Praxis in Eimsbüttel) und Dr. Sch 2 (Praxis in Eppendorf) vereinbaren mit Einverständnis der Patienten einen die jeweiligen Patientenkarteien einschließenden Tausch ihrer Privatpraxen, um so jeweils in der Nähe ihrer Wohnungen (Dr. Sch 1: Wohnsitz in Eppendorf/Dr. Sch 2: Wohnsitz in Eimsbüttel) praktizieren zu können. Der Dr. Sch 1 ist über den Zulauf an Patienten in Eppendorf enttäuscht und lässt sich nach kurzer Zeit wieder in der Nähe der alten Praxis im Stadtteil Eimsbüttel nieder. Seine früheren Patienten lassen sich sofort wieder von ihm behandeln und wenden sich von Dr. Sch 2 ab, so dass der Umsatz des Dr. Sch 2 geringer wird. Der Dr. Sch 2 verlangt Unterlassung von Dr. Sch 1 (nach BGH).

Der Anspruch könnte sich aus einer in einem Praxistauschvertrag getroffenen Vereinbarung ergeben. a) Der Praxistauschvertrag (§§ 480, 453 BGB) ist geschlossen. Der Vertrag verstößt wegen des Einverständnisses der Patienten auch nicht gegen § 134 BGB i. V. m. § 203 Abs. 1 Nr. 1 StGB. b) Die Parteien haben aber nichts dazu vereinbart, dass es ihnen untersagt ist, sich alsbald wieder in der Nähe ihrer alten Praxis niederzulassen. aa) Weil derartige Vereinbarungen bei Praxistauschverträgen allgemein üblich sind, gibt es in diesem Vertrag eine „Regelungslücke“. bb) Zu prüfen ist in einem solchen Fall zunächst, aaa) ob das dispositive Recht eine Regelung getroffen hat. Das ist nicht der Fall. bbb) Daher muss im Wege der „ergänzenden Vertragsauslegung“ ermittelt werden, was die Parteien in Anbetracht des gesamten Vertragszwecks unter Berücksichtigung von Treu und Glauben und der Verkehrssitte erklärt haben würden, wenn sie den offen gebliebenen Punkt ebenfalls geregelt hätten, ohne dass dadurch der Parteiwille verändert oder der Vertragsgegenstand erweitert wird. Hier hätten sie ein Niederlassungsverbot vereinbart, denn durch den Praxistausch sollte die ursprünglich zwischen den Tauschpartnern bestehende Neutralität im Wettbewerb unverändert bestehen bleiben.

(2) Inhaltliche Bestimmtheit

Voraussetzung für das Vorliegen eines annahmefähigen Angebots ist aber nicht nur die soeben behandelte notwendige Vollständigkeit der Erklärung, sondern auch eine bestimmte Qualität der **Bestimmtheit** des **Inhalts** der **Erklärung**:

Die **Willenserklärung „Angebot"** muss **inhaltlich so bestimmt** sein, dass ein **bloßes** „Ja" des Annehmenden zum **Vertragsschluss** führt.

- In der **Regel** hat der Anbieter den **Inhalt** des (zu schließenden) Vertrages durch die **konkretisierte** Erklärung der **essentialia negotii** genau **fixiert**; dann sollten Sie über die Frage der Bestimmtheit des Angebots keine unnötigen Worte verlieren.
- Ausreichend für die Bestimmtheit des Inhalts der Erklärung ist es aber auch, wenn die **essentialia negotii** zwar nicht konkretisiert sind, aber **durch** die **Umstände**, z. B. durch Vorverhandlungen, **bestimmbar** sind. Zur Illustration sollen folgende Beispiele dienen, wobei der Grundfall natürlich völlig lebensfremd ist:

**Fall 33**

Der V erklärt dem K: „Ich verkaufe an Dich". Der K sagt: „Ja". Der K verlangt daraufhin Lieferung von V.

Ein Anspruch auf Lieferung könnte sich aus einem Kaufvertrag ergeben (§ 433 Abs. 1 S. 1 BGB). Es liegt aber kein annahmefähiges Angebot des V vor, weil nur die Parteien, nicht aber der Kaufgegenstand noch der Kaufpreis bestimmt oder aus den Umständen bestimmbar sind. Auch können sie nicht durch Auslegung nach §§ 133, 157 BGB (dazu sogleich mehr) bestimmt werden.

**Variante**

Vor diesem Gespräch hatten sich der V und der K in Vorverhandlungen auf den Verkauf eines bestimmten gebrauchten Autos des V für einen Preis von € 10.000,– verständigt. V hatte sich jedoch bisher nicht entschlossen, ob er den Wagen wirklich verkaufen wollte. Dann erklärt der V gegenüber dem K: „Ich verkaufe an Dich". Der K sagt: „Ja". K verlangt daraufhin Lieferung.

Ein Anspruch auf Lieferung könnte sich aus einem Kaufvertrag ergeben (§ 433 Abs. 1 S. 1 BGB). a) Hier liegt ein annahmefähiges Angebot des V an K vor, weil nicht nur die Parteien, sondern auch der Kaufgegenstand und der Kaufpreis aus den Umständen (Vorverhandlungen) bestimmbar sind. b) Der K hat durch sein „Ja" das Angebot angenommen.

**Fall 34**

Der V ist Hochseefischer; er bietet dem K den gesamten Fang des am heutigen Tag in den Nordatlantik auslaufenden Fischdampfers „Neptun" zu den „in Cuxhaven am Tage der Rückkehr von der Reise für den Fang gezahlten Tagespreisen" zum Kauf an. K sagt: „Ja". Bei der Wiederankunft der „Neptun" in Cuxhaven beträgt der Cuxhavener Preis für den gesamten Fang € 100.000,–. Der K verlangt Lieferung Zug-um-Zug gegen Zahlung von € 100.000,–. Der V ist dazu nicht bereit, weil er für den Fisch in Bremerhaven € 110.000,– erzielen kann.

Ein Anspruch auf Lieferung Zug-um-Zug gegen Zahlung von € 100.000,– könnte sich aus einem Kaufvertrag ergeben (§ 433 Abs. 1 BGB). a) Es müsste ein annahmefähiges Angebot des V vorliegen. aa) Hier sind nur die Parteien bestimmt. bb) Der Kaufgegenstand und der Preis sind nicht bestimmt, wohl aber bestimmbar: aaa) Verkauft ist die „gesamte Ladung" bbb) zu dem „Cuxhavener Tagespreis am Tage der Rückkehr von der Reise"; beides lässt sich eindeutig bestimmen. b) Der K hat durch sein „Ja" das Angebot angenommen. Damit ist ein Kaufvertrag zustande gekommen. Der K hat einen Anspruch gegen den V auf Lieferung der Ladung Zug-um-Zug gegen Zahlung von € 100.000,–.

- Ein Angebot ist auch dann inhaltlich ausreichend bestimmt, wenn es möglich ist, die **essentialia negotii** durch eine **„erläuternde" Auslegung** nach §§ 133, 157 BGB zu ermitteln.

**Fall 35**

Nachbar 1 (N 1) will auf seinem Grundstück einen Gewerbebetrieb errichten. Im Baugenehmigungsverfahren legt Nachbar 2 (N 2), der unmittelbar neben dem projektierten Gebäude wohnt und der um die Wohnqualität durch das Tag und Nacht von dem Gebäude ausgehende Licht fürchtet, Widerspruch gegen eine dem N1 vom Bebauungsplan abweichend erteilte Baugenehmigung ein (kann man das überhaupt? Nachbarschutz im Verwaltungsrecht!). Der N1 und der N2 entschließen sich zur gütlichen Beilegung der Auseinandersetzung. Der N2 bietet dem N1 an, seinen Widerspruch zurückzunehmen, falls der N1 sich zur Zahlung eines Betrages von € 10.000,– und zur Unterlassung des „Einbaus von Fenstern" in die Werkshalle auf der zum Grundstück des N2 gelegenen Grundstücksseite verpflichtet. Der N1 erklärt sich einverstanden. Der N2 nimmt daraufhin den Widerspruch gegen die Baugenehmigung zurück und verlangt von N1 die Zahlung von € 10.000,–. Der N1 weigert sich, weil das Angebot des N2 inhaltlich zu unbestimmt gewesen sei; so sei nicht sicher, ob z. B. auch der Einbau von Glasbausteinen unter das Verbot falle (nach BGH).

Der Anspruch kann sich aus dem geschlossenen Vertrag „sui generis" ergeben (§§ 241 Abs. 1, 311 Abs. 1 BGB). a) Das Angebot des N2 müsste ausreichend bestimmt gewesen sein. Das Verbot des Einbaus von „Fenstern" bestimmt den Vertragsinhalt in ausreichender Weise: Der bei einer Auslegung nach §§ 133, 157 BGB zu berücksichtigende, sich aus der Vorgeschichte und den Vorverhandlungen ergebende Vertragszweck besteht darin, den Lichteinfall aus der Werkshalle zu verhindern; daher sind mit dem Begriff „Fenster“ alle baulichen Gestaltungen gemeint, die es mit sich bringen, dass Licht aus der Werkshalle auf das Grundstück des N2 fällt (das wären übrigens auch Glasbausteine). Das Angebot des N2 war daher ausreichend bestimmt. b) Der N1 hat das Angebot angenommen. Der N2 ist daher zur Zahlung verpflichtet.

- Auch die im Angebot enthaltene **Befugnis** zur **Bestimmung** des **Vertragsinhalts** durch **einen Schuldner**, der zur Leistung einer nur der **Gattung nach bestimmten Sache**, also einer **Sache „mittlerer Art und Güte“**, verpflichtet ist, reicht für die Annahme einer inhaltlichen Bestimmtheit aus (arge. § 243 BGB).

**Fall 36**

Der K interessiert sich für einen Kauf einer bestimmten Sorte von Brötchen bei Bäcker V. Der V erklärt, dass er dem K 10 Brötchen für insgesamt € 5,– verkaufen wolle. Der K sagt: „Ja“. Der V sucht 10 Brötchen aus seinem im Laden bereit liegenden Warenvorrat aus. Er verlangt von dem K € 5,– Zug- um-Zug gegen Lieferung an den K.

Ein Anspruch auf Zahlung könnte sich aus einem Kaufvertrag ergeben (§ 433 Abs. 2 BGB). a) Es müsste ein annahmefähiges Angebot des V vorliegen. aa) Die Parteien, bb) und der Preis sind bestimmt. cc) Der Kaufgegenstand ist nur der Gattung nach bestimmt; das reicht für das Vorliegen eines Angebots aus (arge. § 243 Abs. 1 BGB). b) K hat durch sein „Ja“ das Angebot angenommen. Damit ist ein Kaufvertrag zustande gekommen.

- Selbst die **Befugnis** einer **Partei** oder eines **Dritten** zur **Bestimmung von Leistung** und **Gegenleistung** ist für das Erfordernis der Bestimmtheit des Angebots ausreichend (arge. §§ 315 ff. BGB).

**Fall 37**

Der V hatte sich mit dem K über den Verkauf zweier bestimmter gebrauchter Autos (A1 und A2) geeinigt. Über den Preis hatten sie sich nicht verständigen können. Der V hatte daher erklärt, dass der Sachverständige S für das Auto A1 den im Gebrauchtwagenhandel marktüblichen Preis für dieses Fahrzeug und für das Auto A2, das als „Oldtimer“ keinen marktüblichen Preis habe, den Kaufpreis „nach billigem Ermessen“ bestimmen solle und dass diese Beträge dann als vereinbart gelten sollten. Der K sagte dazu: „Ja“. Der S ermittelt für A1 einen Preis von € 10.000,– als marktüblich im Gebrauchtwagenhandel und bestimmt den Preis für A2 auf € 100.000,–. Der V verlangt von K Zahlung von € 10.000,– und € 100.000,– Zug-um-Zug gegen Lieferung der Autos. Der K weigert sich, weil er das A1 nicht mehr erwerben will und weil der Preis für das Auto A2 zu hoch sei; er habe in einer Fachzeitschrift eine Annonce mit einem Angebot für ein vergleichbares Auto vergleichbarer Qualität für € 30.000,– gesehen. Wie wird das Gericht über die Klage des V entscheiden?

Die zulässige Klage wäre begründet, wenn dem V ein Anspruch auf Zahlung aus einem Kaufvertrag zusteht (§ 433 Abs. 2 BGB). a) Es müsste ein annahmefähiges Angebot des V vorliegen. aa) Die Parteien, bb) und der Kaufgegenstand sind bestimmt. cc) Der Kaufpreis soll durch S bestimmt werden. Das reicht für das Vorliegen eines Angebots aus (arge. §§ 317 Abs. 1, 319 BGB). b) K hat durch sein „Ja" das Angebot angenommen. damit ist ein Kaufvertrag zustande gekommen. c) Die Höhe des Kaufpreises aa) für das Auto A1 von € 10.000,– ergibt sich aus der Bestimmung durch den S (§ 317 Abs. 1 BGB). Insoweit ist die Klage begründet. bb) Die Bestimmung des Preises für das A2 mit € 100.000,– ist offenbar unbillig; die Bestimmung erfolgt durch das „gestaltende" Urteil des Gerichts (§ 319 Abs. 1 S. 2 Hs. 1 BGB). Mit dieser Maßgabe ist die Klage begründet.

bb) „Rechtsbindungswille"

Das **zweite Wirksamkeitskriterium** für das **Vorliegen** eines auf den Abschluss eines Vertrages gerichteten **Angebots** ist ein **„Rechtsbindungswille"** des **Erklärenden**. Auch dessen Vorhandensein muss – wie Sie ja wissen – durch Auslegung nach §§ 133, 157 BGB ermittelt werden. Warum das so ist und welche Grundsätze hierfür gelten, haben Sie gerade gelesen; wenn Sie sich Ihrer Sache nicht mehr so ganz sicher sind, blättern Sie zurück! Durch das Vorliegen eines Rechtsbindungswillens unterscheidet sich das Angebot

- von den nicht verpflichtenden Angeboten bloßer **„Gefälligkeiten"**,
- und von der sog. **„invitatio ad offerendum"** (=Aufforderung zur Abgabe eines Angebots).

(1) Gefälligkeiten

Der Rechtsbindungswille fehlt beim Angebot **bloßer Gefälligkeiten**. Für deren Vorliegen spricht bei einer Auslegung nach §§ 133, 157 BGB, wenn es sich um Fälle des Anerbietens handelt, wie sie im täglichen oder gesellschaftlichen Verkehr üblich sind, zum *Beispiel* das an eine andere Person gerichtete „Angebot", sie mit „auf einen Ausflug nach Timmendorf an der Ostsee" (sie entsinnen noch das Fall-Beispiel?) zu nehmen, oder sie „zum Essen" einzuladen etc. Hierbei handelt es sich um lediglich sozial verpflichtende „Offerten", die nicht von einem „Rechtsbindungswillen" getragen sind. Sagt also der dazu Eingeladene in einer solchen Situation: „Ja, vielen Dank" ist dadurch nicht etwa ein Werkvertrag zustande gekommen, durch den der großzügige „Anbieter" verpflichtet ist, den Eingeladenen mit auf den Ausflug zu nehmen oder für ihn zu kochen und ihn zu bewirten. Ein bei einer Auslegung nach §§ 133, 157 BGB für die Einordnung einer Erklärung als bloße Gefälligkeit sprechender Umstand kann auch ein „Blick auf die Folgen" sein: Wenn bei der Einordnung einer Erklärung als Willenserklärung eine unverhältnismäßige Haftung die Folge wäre, spricht dies für die Offerte einer bloßen Gefälligkeit. Ein in diesem Zusammenhang schwer zu entscheidender Fall ist das *Beispiel* eines „Auftrags" einer „Lottospielgemeinschaft" an einen sich dazu bereit erklärenden Mitspieler, den ausgefüllten Lottoschein zur Annahmestelle zu bringen: Wenn diese Erklärungen den Abschluss eines Auftrags"(-vertrags) nach §§ 662 ff. BGB zur Folge hätten, dann träfe den Beauftragten die Pflicht zur Ausführung, und die Verletzung einer solchen Pflicht (z. B. die nicht rechtzeitige Abgabe des Lottoscheines) würde im Fall eines nur deshalb nicht erzielten Gewinnes zu einem Schadensersatzanspruch der Mitspieler gegen den „Beauftragten" in möglicherweise ungeahnter Höhe (denken Sie nur an den „Jackpot") aus § 280 Abs. 1 BGB führen. Man wird daher einen „Rechtsbindungswillen" des „Beauftragten" verneinen und von einer zu nichts verpflichtenden bloßen Gefälligkeitszusage des Mitspielers ausgehen müssen.

(2) Grenzfälle

Die vorstehenden Fallkonstellationen sind aber letztlich doch von nur theoretischem Interesse, vom „Lottospieler-Gemeinschafts-Fall" einmal abgesehen. Sie werden kaum Gelegenheit haben, darüber nachzusinnen, ob ein Angebot zum Abschluss eines Vertrages daran scheitert, weil lediglich eine „Gefälligkeit" gewollt war. Ernst wird es für Sie aber dann, wenn es um die **Frage** geht, ob eine Erklärung/ ein Verhalten ein **Angebot** ist oder ob doch nur eine **„invitatio ad offerendum"** (eine „Einladung", besser eine: „Aufforderung zur Abgabe eines Angebots") vorliegt, und zwar bei folgenden Konstellationen:

- bei der Übersendung von **Katalogen**, der Auslage von **Speisekarten**, der Veröffentlichung von **Inseraten**,
- bei der Ausstellung von Ware im **Schaufenster**,
- bei der **Zusendung unbestellter Ware**, bei der Präsentation von Ware im **Selbstbedienungsgeschäft**, in **Warenautomaten** und an einer **SB-Tankstelle**, bei der **Freischaltung** einer **Internet-Seite**,

wobei Sie bei der Fallbearbeitung in diesen Fällen die Diskussion aber bitte nur dann beginnen, wenn sie fallrelevant ist, also wenn in den Katalogen etc. der **Vertragsgegenstand** (beim Kauf: die Ware) und die **Gegenleistung** (beim Kauf: der Preis) inhaltlich ausreichend **bestimmt** sind, also die „essentialia negotii" bezeichnet werden.

- Besonders vertrackt ist die Rechtslage bei einem **„freibleibenden Angebot"**, die man hier und im Rahmen des § 145 BGB erörtern kann,
- und bei einer **Option**
- sowie beim **Vorvertrag**.

Die Erklärungen in **Katalogen**, in **Speisekarten** und in **Inseraten** sind zweifelsfrei **lediglich „Werbung"**, also **kein Angebot**. Das ergibt sich aus der folgenden, bei der von Ihnen vorzunehmenden Untersuchung, ob ein Rechtsbindungswille vorliegt, anzustellenden sehr einfachen Überlegung: Die Erklärung richtet sich in diesen Fällen an eine unbestimmte Zahl von Personen. Wenn nicht nur eine, sondern mehrere aus dem Kreise der durch die Erklärung angesprochenen Personen die „Annahme" in Gestalt eines bloßen „Ja" mit der automatischen Folge eines jeweiligen Vertragsschlusses erklären würden, hätte dies zur Folge, dass die Nachfrage wahrscheinlich irgendwann den vorhandenen Vorrat übersteigt; bei einer Speziesschuld wäre dies sogar bereits bei zwei derartigen „Annahmeerklärungen" der Fall. Die Konsequenz wäre, dass der Erklärende infolge der zwangsläufig daraus resultierenden Unmöglichkeit zur Erfüllung einer Vielzahl von Verträgen automatisch nach §§ 280 Abs. 1, 3, 275 Abs. 1, 283 BGB oder nach §§ 311a Abs. 1, 2, 275 Abs. 1 BGB schadensersatzpflichtig wäre. Dass der Erklärende derartige ihm nachteilige Folgen nicht gewollt hat, weiß auch der **sorgfältige „objektive Empfänger“**, auf den es hier mangels einer Kenntnis des Willens für die Frage des „Rechtsbindungswillens“ ankommt **(§ 157 BGB)**. Also fehlt es in diesen Fällen unzweifelhaft an einem „Rechtsbindungswillen“ des die Erklärung Abgebenden. Immer wieder diskutiert wird die Frage, ob nicht jedenfalls die mit einer Preisauszeichnung versehene **Schaufensterauslage** ein „Angebot“ sein kann.

**Fall 38**

Im Schaufenster einer von der W-AG betriebenen besonders vornehmen Boutique ist am „Körper“ einer weiblichen Schaufensterpuppe ein Pullover mit der Preisauszeichnung „€ 1000,–“ ausgestellt, der der an einem Vormittag vorbeiflanierenden Frustkäuferin E.L. Libis (L) sehr gefällt und der ihr – wie sie sogleich erkennt – auch der Größe nach passen würde. Als die Verkäuferin zur L sagt, dass dieser Pullover leider nicht mehr auf Lager sei, verlangt die L Zug-um-Zug gegen Zahlung von € 1000,– Lieferung des Pullovers aus dem Schaufenster. Die Verkäuferin lehnt es ab, die Schaufensterpuppe zu entkleiden und den Pullover an die L zu übereignen und zu übergeben, weil dann das Schaufenster, in dem mit Rücksicht auf die empfindliche Kundschaft, neu dekoriert werden müsste, wozu man nicht bereit sei, und wofür außerdem heute kein Schaufensterdekorateur bereit stünde.

Der Anspruch könnte sich aus einem Kaufvertrag (§ 433 Abs. 1 S. 1 BGB) ergeben, wenn die Ausstellung des Pullovers nebst Preisauszeichnung im Schaufenster ein Angebot der W-AG zum Abschluss eines Kaufvertrages wäre, das dann die L durch Erklärung gegenüber der Verkäuferin (§§ 164 Abs. 3 BGB, 56, 6 Abs. 1 HGB, 3 Abs. 1 AktG) angenommen hätte. Ein Angebot der W-AG liegt jedoch nicht vor. a) Zwar ist der in der Ausstellung des Pullovers liegende Kundgabeakt aa) wegen der Konkretisierung des Kaufgegenstandes und der Preisauszeichnung inhaltlich vollständig („essentialia negotii“); dass ein Vertragspartner nicht bezeichnet wird, ist unbeachtlich, weil es sich um eine Erklärung an die Allgemeinheit handeln würde „ad incertas personas“ = an unbekannte Personen). bb) Die Erklärung ist auch inhaltlich ausreichend bestimmt. b) Diese Präsentation lässt aber nicht den Schluss auf einen Rechtsbindungswillen im Sinne eines Angebots der W-AG zu. Das ergibt eine Auslegung nach den §§ 133, 157 BGB: Nach der maßgeblichen Sicht eines sorgfältigen „objektiven Empfängers“ ist davon auszugehen, dass die W-AG sich mit der Schaufensterdekoration noch nicht binden wollte, sondern nur etwaige Interessenten zur Abgabe eines Angebots auffordern wollte („invitatio ad offerendum“). aa) Zur Begründung wird häufig ausgeführt, dass anderenfalls die W-AG jedem, der seinen Kaufwillen durch ein bloßes „Ja“ (= ich nehme das Angebot an) äußert, bei nicht vorhandener Ware am Lager zum Schadensersatz statt der Leistung nach §§ 280 Abs. 1, 3, 283 oder §§ 311a Abs. 2, 283 BGB verpflichtet wäre, und dass die W-AG, um dieses Ergebnis zu vermeiden, die Dekoration ständig an den Umfang der Lagerhaltung anpassen müsste. Dass ein Großanbieter von Waren dies nicht wolle, müsse sich ein „sorgfältiger objektiver Empfänger" sagen. Daher liege im Ausstellen der Ware im Schaufenster auch dann kein Angebot, wenn ein Preisschild angeheftet ist. Dem könnte man jedoch entgegenhalten, dass diese Einwände nicht zutreffen, wenn man die Präsentation von preisausgezeichneter Ware im Schaufenster als Angebot zum Verkauf nur dieses Einzelstückes auslegt. bb) Gegen die Annahme eines Rechtsbindungswillens spricht jedoch, dass ein „sorgfältiger objektiver Empfänger" sich sagen muss, dass der Aussteller von Waren nicht zu einer Umdekoration des Schaufensters auf den Kaufwunsch eines Kunden hin bereit ist, geschweige denn dazu, einen ganzen Tag lang eine unbekleidete Schaufensterpuppe im Schaufenster stehen zu haben.

In der **Zusendung** einer **preisausgezeichneten** vom Empfänger aber **nicht bestellten Ware** liegt fraglos ein Angebot zum Abschluss eines Kaufvertrags. Kompliziert ist es aber im Fall der Zusendung preisausgezeichneter unbestellter Ware **durch** einen **Unternehmer** (§ 14 BGB) **an** einen **Verbraucher** (§ 13 BGB). Hier könnte man aus der Vorschrift des **§ 241a Abs. 1 BGB**, die u. a. ja auch das Bestehen eines vertraglichen Anspruchs des Unternehmers gegen den Verbraucher aus § 433 Abs. 2 BGB verneint, folgern, dass die Zusendung gar kein Angebot zum Abschluss eines Kaufvertrags sei. Damit schösse man aber über das gsetzgeberische Ziel eines Ausschlusses eines vertraglichen Anspruchs hinaus, denn das Zustandekommen des Vertrages könnte ja auch durchaus einmal im Interesse des Verbrauchers liegen. Das aber würde man von vornherein verhindern, würde man bereits das Vorliegen eines Angebots verneinen. Denn wenn schon kein Angebot vorläge, könnte der Verbraucher es nicht annehmen, um einen Vertragsschluss herbeizuführen. Daher würde es der ratio legis des § 241a BGB am besten entsprechen, den Vertragsschluss an einer fehlenden Annahme des Verbrauchers scheitern zu lassen, indem man die bloße Ingebrauchnahme der Kaufsache oder deren Weiterveräußerung nicht als dafür ausreichend ansieht, sondern für eine Annahme verlangt, dass der Verbraucher entweder den Kaufpreis zahlt oder die Annahme ausdrücklich erklärt. Begründen kann man dies damit, dass es in der Norm heißt, dass durch die Lieferung unbestellter Sachen „ein Anspruch" gegen den Verbraucher „nicht begründet" werde. Fraglos kommen in **Selbstbedienungsläden** Kaufverträge zustande – aber wissen Sie auch, wie sie zustandekommen? Wenn die im Regal befindliche Ware preisausgezeichnet ist, und zwar entweder durch ein Preisetikett an der Ware selbst, oder durch ein die Strich-Codierung der Ware lesbar machendes bereit stehendes Lesegerät oder schließlich durch eine zur Strich-Codierung hinzutretende zusätzliche Preisauszeichnung am Regal, könnte – weil damit die „essentialia negotii" gegeben sind – in der Präsentation der Ware ein Angebot des Rechtsträgers des Geschäftes sein. Dass der Vertragspartner nicht bezeichnet ist, ist aus den im Fall zuvor genannten auch hier geltenden Gründen unerheblich („ad incertas personas"). Der dort geäußerte Einwand gegen einen Rechtsbindungswillen des Ladeninhabers ist hier jedoch nicht einschlägig. Denn hier kann es angesichts des Umstandes, dass sich die Erklärung ja nur auf die im Regal ausgelegte, also vorhandene und damit lieferbare Ware bezieht, nicht dazu kommen, dass der Geschäftsinhaber aus §§ 280 Abs. 1, 3, 283 BGB bzw. aus §§ 311a Abs. 1, 2, 275 Abs. 1 BGB deshalb auf Schadensersatz in Anspruch genommen werden kann, weil er die Ware nicht mehr vorrätig hat. Weil die Ware auch zum Verkauf bestimmt ist, entfällt hier auch das gegen ein Angebot sprechen könnende Argument, durch einen Kaufvertrag und seine daraus resultierende Erfüllung würde eine Dekoration entwertet. Man kann also in der Auslage der preisausgezeichneten Ware im Regal zwanglos ein „Angebot" des Geschäftsinhabers sehen. Allerdings wird man dann nicht annehmen dürfen, dass der Kunde ein solches Angebot bereits mit dem Legen der Ware in den Warenkorb annimmt, denn aus der Sicht eines sorgfältigen „objektiven" Empfängers der im Verhalten des Kunden liegenden Erklärung wird man nicht davon ausgehen können, dass der Kunde bereits zu diesem Zeitpunkt einen Rechtsbindungswillen hat, denn er will bis in die Kassenzone hinein seine Wahlfreiheit (Zurücklegen, Austauschen der Ware, dies speziell auch, wenn sie unverschuldet beschädigt oder zerstört wird) behalten; der Kaufvertrag soll erst mit der Vorlage der Ware in der Kassenzone zustande kommen. Ob aber bereits die Präsentation der Ware durch den Kunden an der Kasse die Annahme des Kunden ist, dürfte zweifelhaft sein, denn auch jetzt will der Kunde noch frei sein, sich umzuentscheiden. Und auch der Geschäftsinhaber möchte sicher nicht jedem die Ware an der Kasse präsentierenden Kunden verpflichtet sein. Denken Sie nur an den Alkoholisierten, der an der Kasse einige Flaschen Wodka vorlegt. Daher wird man annehmen müssen, dass es der Kunde ist, der durch die Präsentation der Ware an der Kasse das Angebot macht, welches dann durch das Eingeben der Stückzahl und des Preises oder der Warencodierung in die Kasse von dem Kassenpersonal, das den Inhaber vertritt (§ 164 BGB i. V. m. § 56 HGB), angenommen wird. Das Aufstellen von **Warenautomaten** und die Freigabe einer Zapfsäule bei einer **SB-Tankstelle** sind ein Angebot „ad incertas personas", allerdings bedingt durch das Vorhandensein von Ware/Treibstoff, durch das Funktionieren der Technik und durch eine korrekte Bedienung der Maschinerie durch den Kunden; in der Bedienung liegt die zum Vertragsschluss führende Annahmeerklärung. Der **Vertragsschluss bei** einer **Internet-Auktion** lässt sich auf unterschiedliche Weise konstruieren: Weil das Höchstgebot kein „Zuschlag" ist, kommt bei Internet-Auktionen der Vertrag nicht nach § 156 BGB zustande, sondern nach den §§ 145 ff. BGB durch „Angebot" und „Annahme". Angenommen wird, dass die Freischaltung der Angebotsseite ein verbindliches Angebot ist (§ 7 Nr. 1 der Allgemeinen Geschäftsbedingungen von e-Bay) und dass das Gebot die Annahme dieses Angebots ist (§ 7 Nr. 2 der Allgemeinen Geschäftsbedingungen von e-Bay); der Internet-Auktionator ist dann jeweils der Empfangsvertreter der Parteien (§ 164 Abs. 3 BGB). Der Vertragsschluss erfolgt allerdings unter der auflösenden Bedingung eines höheren Gebots in der Bietfrist (§ 158 Abs. 2 BGB) oder (so kann man es auch sehen) unter der aufschiebenden Bedingung, dass kein höheres Gebot innerhalb der Bietfrist abgegeben wird (§ 158 Abs. 1 BGB). Man kann den Vertragsschluss aber auch in sehr kunstvoller Weise so konstruieren, dass die Freischaltung der Internet-Seite die vorweg erklärte Annahme des bei Bietschluss vorliegenden höchsten Gebots ist. Rechtsdogmatisch anspruchsvoll ist die hier bisher noch unerörterte Frage, ob ein **„freibleibendes Angebot"** bereits ein Angebot oder nur eine „invitatio ad offerendum" ist. Wenn es sich um ein Angebot handelte, bei dem in Abweichung von § 130 Abs. 1 S. 2 BGB der Widerruf des Angebots bis zum Vertragsschluss möglich sein soll, könnte es seine

Funktion, dem Antragenden bis zum Vertragsschluss die Entscheidungsfreiheit zu belassen, dann nicht erfüllen, wenn der Empfänger sofort „Ja" sagt. Daher spricht mehr dafür, bei einem „freibleibenden Angebot" nach §§ 133, 157 BGB eine bloße „invitatio ad offerendum" anzunehmen, so dass der Empfänger durch seine „Annahme" das Angebot erklärt und der „freibleibend" Anbietende die zu einem Vertragsschluss führende Annahme erklären kann; es stellt sich dann die interessante und so oder so zu beantwortende Frage, ob das Schweigen des freibleibend Anbietenden auf die als Antrag anzusehende Angebotserklärung in Abweichung von der Regel, dass Schweigen keine Annahme bedeuten kann, zum Vertragsschluss führt. Die **Option** verschafft dem Optionsberechtigten die Möglichkeit mit dem insoweit schon gebundenen Optionsverpflichteten einen Vertrag abzuschließen. Entweder weil dieser einseitig oder in einem Angebotsvertrag festgelegt ein Angebot abgibt, an das er sich langfristig bindet und das der Optionsberechtigte annimmt. Oder man hat bereits einen durch eine Erklärung des Optionsberechtigten aufschiebend bedingten Hauptvertrag geschlossen. Dagegen ist der **Vorvertrag** ein beide zum Abschluss des Hauptvertrages verpflichtender Vertrag, der, was den Hauptvertrag angeht, inhaltlich so beschaffen sein muss, dass der Inhalt des Hauptvertrages mindestens bestimmbar sein muss, so dass auf Abschluss des Hauptvertrages geklagt werden kann und ein Vertragsschluss durch eine Zwangsvollstreckung nach § 894 ZPO ermöglicht wird.

#### c) Die Abschlussfreiheit

Nachdem wir nun wissen, unter welchen Voraussetzungen man vom Vorliegen eines Antrags (dem ersten „Baustein" eines Vertrages) ausgehen kann, müssen wir uns jetzt verdeutlichen, dass ein Antrag für den „anderen Teil" (zuweilen auch „Antragsgegner" genannt, also eine jenem *gegen*über stehende Person) für sich gesehen noch keinerlei Rechtsfolgen hat, sondern nur die Möglichkeit für den Antragsgegner begründet, diesen Antrag anzunehmen. Derjenige, dem gegenüber ein Antrag erklärt worden ist, ist also in seiner Entscheidung, ob er durch die Annahme den Vertragsschluss herbeiführen will, frei **(„Abschlussfreiheit")**.

Die bereits einmal erwähnte **Privatautonomie** gewährleistet nämlich nicht nur das bereits erwähnte **Vertragsprinzip** (§ 311 Abs. 1 BGB), sondern auch die **Vertragsfreiheit** mit ihren **„drei Freiheiten"**: die (hier interessierende) **Abschlussfreiheit**, die **Inhaltsfreiheit** (dazu später mehr) und die **Formfreiheit** (dazu später mehr).

Das **Prinzip** der **Abschlussfreiheit** ist aber in den Fällen eines gesetzlichen **„Kontrahierungszwangs"** durchbrochen, und zwar

- durch **ausdrückliche gesetzliche Bestimmungen** z. B. bei bestimmten Anbietern, nämlich **Monopolunternehmen** des öffentlichen Versorgungswesens (z. B. Energieversorgung: § 18 Abs. 1 EnergiewirtschaftsG; Transport: §§ 22, 47 PersonenbeförderungsG; Luftverkehr in den Grenzen der Zumutbarkeit: § 21 Abs. 2 LuftVG), bei Dienstleistern in der **Rechtspflege** (Pflichtverteidigung: §§ 48 ff. BRAO), bei **Versicherungsunternehmen** (§ 5 Abs. 2 PflVersG), und bei **marktbeherrschenden Unternehmen** (§ 20, 19 Abs. 4 GWB).
- Ein Kontrahierungszwang besteht auch, wenn die Ablehnung eines Vertragsschlusses durch Nichtannahme des Antrags eine vorsätzliche sittenwidrige Schädigung bedeuten würde (§ 826 BGB). Das ist der Fall beim **Angebot** von **Gütern** oder **Dienstleistungen** mit einer für den Antragenden **lebenswichtigen**, keinesfalls notwendigerweise überlebenswichtigen **Bedeutung**, also auch bei kulturellen Bedürfnissen, wenn es für ihn keine zumutbare Ausweichmöglichkeit gibt. Auch nach §§ 280 Abs. 1, 311 Abs. 2 BGB kann ein Kontrahierungszwang im Falle eines Verstoßes gegen ein zivilrechtliches Benachteiligungsverbot (§ 19 AGG) zu diskutieren sein.
- Zu erörtern kann sein, ob sich bei einem Verstoß gegen ein zivilrechtliches Benachteiligungsverbot (§ 19 AGG) ein **Abschlusszwang** aus **§ 21 AGG** ergeben kann. Da dort jedoch die Rechtsfolgen von Verstößen gegen Benachteiligungsverbote in Gestalt von Beseitigungs- und Unterlassungsansprüchen aus § 21 Abs. 1 AGG und Schadensersatzansprüchen aus § 21 Abs. 2 AGG abschließend geregelt sind und ein Kontrahierungszwang ausdrücklich nicht angeordnet worden ist, kann man nur **(a)** entweder durch die Konstruktion eines Folgenbeseitigungsanspruchs (§ 21 Abs. 1 AGG) **(b)** oder nach allgemeinen Grundsätzen zu einem Kontrahierungszwang kommen (§§ 280 Abs. 1, 311 Abs. 2, 249 Abs. 1 BGB; §§ 826, 249 BGB).
- Die **Rechtsfolge** eines **Kontrahierungszwanges** ist ein **Anspruch auf** den **Abschluss** eines **Vertrages** oder – falls der zum Vertragsabschluss Verpflichtete auf einen ihm gegenüber erklärten Antrag geschwiegen hat – ein Zustandekommen des Vertrages, weil Schweigen in einem solchen Fall nach § 242 BGB die Bedeutung einer Annahmeerklärung hat (dazu sogleich mehr).

**Fall 39**

Der „Verein der Theaterfreunde (VTF) eV." in der Kleinstadt Waldhagen (W) hat sich zum Ziel gesetzt, in W auf der einzigen Bühne der Stadt, in der Stadthalle, zuvor einstudierte Theaterstücke aufzuführen. Dazu ist ihm für die Aufführung des Jahres 2002 die Stadthalle an 6 Wochenenden mietweise zur Verfügung gestellt worden, um das Musical „Neues aus Waldhagen" aufzuführen. Der Altstar H.R. Einke (R) des deutschen Theaters, der sich in W zur Ruhe gesetzt hat, gründet nunmehr den „Verein der deutschen Theaterkunst (VTK) eV."; er möchte auf diese Weise Gelegenheit haben, zusammen mit einigen einzuladenden älteren Kollegen „auf seine alten Tage" noch ein wenig Theater zu spielen; er will Goethes „Faust" mit sich in seiner Paraderolle als Famulus nach dem Vorbild der berühmten Gründgens-Inszenierung der späten fünfziger Jahre aus dem Hamburger Schauspielhaus einstudieren. Der VTK bietet der Stadt W den Abschluss eines Mietvertrages für die Stadthalle zu den gleichen Vertragsbedingungen wie für den VTF an, um seine Einstudierungen an 6 anderen Wochenenden zu zeigen. Der hierfür zuständige Bürgermeister der Stadt W lehnt den Antrag des VTK ab, weil in W nur ein begrenzter kultureller Bedarf im Umfang von 6 Aufführungen im Jahr bestehe und weil das schauspielerische Können des R und seiner Kollegen die Niveauunterschiede zu der anderen nur mit Laienschauspielern besetzten Truppe zu deutlich machen würde. Hat der VTK gegen W einen Anspruch auf Überlassung der Stadthalle?

Der Anspruch könnte sich a) aus einem Mietvertrag ergeben (§ 535 Abs. 1 S. 1 BGB). Dann müsste ein Mietvertrag geschlossen worden sein. aa) Ein Antrag des VTK liegt vor. bb) Die Stadt W hat ihn jedoch nicht angenommen. b) Der VTK hat jedoch einen Anspruch auf Abschluss eines Mietvertrages aus §§ 826, 89, 31, 249 Abs. 1 BGB: aa) Die Monopolstellung der Stadt W verpflichtet sie dazu, den Antrag anzunehmen, wenn dem keine triftigen Gründe entgegenstehen: Hier ist die Ablehnung sittenwidrig (arge. Art. 5 Abs. 3 GG). Der Bürgermeister hat vorsätzlich gehandelt; dies ist der Gemeinde W nach §§ 89, 31 BGB zuzurechnen. bb) Der Schaden aaa) des VTK besteht in dem Nichtabschluss des Vertrages. bbb) Der Schaden ist nach § 249 Abs. 1 BGB durch Naturalrestitution (Abschluss eines Mietvertrages) zu ersetzen.

### d) Die Annahme

Die Annahmeerklärung muss sich natürlich **auf** das **Angebot beziehen**. Man sagt auch: Sie muss **mit** dem **Angebot „korrespondieren“**.

Weil auch die **Annahmeerklärung** eine **Willenserklärung** ist, können wir weitgehend auf den **vorstehend** gewonnenen Erkenntnissen aufbauen.

**Aber**: Es gibt einige zu beachtende **Besonderheiten**, die hier behandelt werden müssen.

#### aa) Objektiver Tatbestand

Ob der objektive Tatbestand einer vertraglichen Willenserklärung (hier der einer Annahme) vorliegt, wird – Sie entsinnen sich – wie folgt festgestellt:

1. Der **„Kundgabeakt“** kann in einer **ausdrücklichen Erklärung** oder in schlüssigem **(„konkludentem“) Verhalten** liegen. Ob das **Schweigen** des Antragsgegners auf einen Antrag eine **Annahmeerklärung** ist, entscheiden normative Überlegungen besonderer Art.
2. Bei der Frage, ob der sich **ausdrücklich**, **konkludent** oder **schweigend Erklärende** einen **auf** ein **bestimmtes Rechtsgeschäft** (hier: auf den Abschluss eines schuldrechtlich verpflichtenden Vertrages) gerichteten **Rechtsfolgewillen** hat, geht es in theoretischer Hinsicht um Ihnen längst bekannte Fragen mit den immer gleichen Antworten:

Auch hier werden – weil die Annahmeerklärung eine „empfangsbedürftige Willenserklärung“ ist – die §§ 133, 157 BGB angewendet:

- Auf die **subjektiven Vorstellungen** des **Erklärenden (§ 133 BGB: „wirklicher Wille“)** kommt es nur dann an, wenn der Empfänger, also der Antragende, erkannt hat, was der Erklärende, also der Antragsgegner, gemeint hat.
- Ansonsten ist **nicht** auf die wirklichen **(subjektiven) Vorstellungen** der Person, von der der Kundgabeakt stammt, also nicht auf die Sicht des „Antragsgegners“ abzustellen; sondern es kommt auf die Vorstellungen eines **sorgfältigen „objektiven Empfängers“** (hier des Antragenden) an, also darauf, ob eine **objektivierte Auslegung** der **Erklärung** den Schluss erlaubt, dass ein auf die Annahme des Angebots, also auf den Abschluss eines Vertrages gerichteter „Rechtsfolgewillen“ gegeben ist **(§ 157 BGB)**.

(1) Kundgabeakt

Im **Idealfall** besteht bei der Annahme eines Angebots der Kundgabeakt in einem knappen **„Ja“** oder in einem **„Einverstanden“**. Häufig liegt die Annahmeerklärung in einem **konkludenten Verhalten**, z. B. in einer Kaufpreiszahlung.

Das Zusenden preisausgezeichneter unbestellter Ware ist ein Angebot zum Abschluss eines Kaufvertrags. In einem solchen Fall sind **Zueignungs-** und **Gebrauchshandlungen** des **Empfängers** eine **konkludente Annahmeerklärung**, auf deren Zugang der anbietende Zusender verzichtet hat (§ 151 BGB; dazu später mehr).

**Fall 40**

Der mit dem Historiker Histo (H) bekannte Privatmann P, der schon häufiger Bücher an H verkauft hat, weiß, dass H ganz dringend ein sehr seltenes und wertvolles wissenschaftliches Werk über die Kriminalität im Mittelalter sucht. Als der P das Buch zufällig durch eine Erbschaft erlangt, übersendet er es verbunden mit einem Kaufangebot an den H. Der H arbeitet damit und stellt es in seine Bibliothek. Den Kaufpreis zahlt der H nicht. Der P verlangt Zahlung.

Ein Anspruch könnte sich aus einem Kaufvertrag ergeben (§ 433 Abs. 2 BGB). a) Der P hat dem H durch die Übersendung des Buches, verbunden mit der Nennung des Preises, zugleich aa) auch ein Angebot zum Abschluss des Kaufvertrages gemacht, bb) das dem H zugegangen ist. b) Der H hat aa) das Angebot durch die Ingebrauchnahme des Buches angenommen. bb) Die Annahmeerklärung ist dem P zwar nicht zugegangen; hierauf hat er aber verzichtet (§ 151 BGB). Also ist der Kaufvertrag zustande gekommen.

Anders liegt es, wenn es sich um die unbestellte Zusendung von preisausgezeichneter Ware durch einen Unternehmer (§ 14 BGB) an einen Verbraucher (§ 13 BGB) handelt und wenn man – wie hier vorgeschlagen wurde – davon ausgeht, dass darin ein Angebot des Unternehmers zu sehen ist. Aus dem Umstand, dass **§ 241a Abs. 1 BGB** bestimmt, dass hierdurch „ein Anspruch" gegen den Verbraucher „nicht begründet" wird, folgt, dass der Verbraucher auch unabhängig von einem Vertragsschluss berechtigt sein soll, die Sache zu benutzen und zu behalten. Daher können Zueignungs- und Gebrauchshandlungen aus der Sicht eines vernünftigen anbietenden Unternehmers nicht automatisch als Annahmeerklärung verstanden werden. Es fehlt nämlich insoweit an einem Rechtsbindungswillen (arge § 241a BGB). Vielmehr kommt der Vertrag in einem solchen Fall nur durch eine ausdrückliche Annahmeerklärung oder durch eine konkludente Handlung, wie eine Kaufpreiszahlung, zustande.

**Variante**

Wie wäre es, wenn P ein Buchhändler wäre: Kann der P von H 1) Zahlung, 2) mindestens aber a) Herausgabe oder Rückübereignung des Buches verlangen und b) Schadensersatz wegen eines von H, der beim Lesen eine Zigarre raucht und diese fallen lässt, verursachten Brandloches?

1) Im Hinblick auf § 241a BGB können bei einer Lieferung unbestellter Sachen durch einen Unternehmer an einen Verbraucher Zueignungs- und Gebrauchshandlungen mangels eines Rechtsbindungswillens nicht als Annahmeerklärung, auf deren Zugang nach § 151 BGB verzichtet wird, angesehen werden; der Vertrag kommt in einem solchen Fall nur durch ausdrückliche Annahmeerklärung oder durch eine konkludente Handlung, wie eine Kaufpreiszahlung, zustande. Da es daran fehlt, ist kein Vertrag zustande gekommen. 2) Der P könnte aber jedenfalls a) die Herausgabe oder die Rückübereignung des Buches verlangen. Dieser Anspruch besteht jedoch ungeachtet der Frage, ob der H Eigentümer oder nur Besitzer des Buches geworden ist, nicht, denn in § 241a Abs. 1 BGB heißt es: „… wird ein Anspruch nicht begründet". aa) Daraus wird abgeleitet, dass dem unbestellt Zusendenden nicht nur keine vertraglichen Ansprüche, sondern auch keine gesetzlichen Ansprüche zustehen sollen, also auch kein aaa) Herausgabeanspruch aus § 985 BGB bzw. bbb) kein Anspruch auf Rückübereignung und Besitzverschaffung aus § 812 Abs. 1 S. 1 Var. 1 BGB, bb) während andere annehmen, dass derartige Ansprüche bestehen sollen, wenn dadurch keine schutzwürdigen Belange des Verbrauchers (H) beeinträchtigt würden, was man hier ohne weiteres annehmen kann. b) Dass den Verbraucher keinerlei Aufbewahrungs- und Erhaltenspflichten treffen, ist völlig unbestritten, so dass je nach Standpunkt keine Ansprüche aus §§ 989, 990 BGB bzw. § 823 Abs. 1 BGB oder §§ 280 Abs. 1, 241 Abs. 2 BGB bestehen können.

Was die schwierige Frage angeht, ob ein **Schweigen** eine **Annahmeerklärung** sein kann, so wissen Sie längst: Einen Rechtssatz des Inhalts „qui tacet consentire videtur" (wer schweigt, wird so behandelt bzw. angesehen, wie wenn er zustimmt, kurz:

„wer schweigt, stimmt zu") gibt es nicht. Umgekehrt ist aber auch die pauschale Aussage unzutreffend, dass Schweigen das Gegenteil einer „Erklärung" sei, also auch keine Willenserklärung, mithin auch keine Annahmeerklärung sein könne. Vielmehr ist richtig, dass es Einzelfälle gibt, in denen ein **Schweigen** als **zustimmende Willenserklärung (Annahme)** angesehen werden kann, nämlich solche,

- in denen das **Gesetz** einem **Schweigen** die **Bedeutung** einer **Zustimmung** (§§ 416 Abs. 1 S. 2, 516 Abs. 2, BGB, 362 HGB) beimisst;
- ferner solche, in denen es eine **Vereinbarung** gibt, nach deren Inhalt ein **Schweigen** die **Bedeutung** eines **„Ja"** haben soll;
- und Fälle, in denen **entgegen** einer sich aus **„Treu und Glauben"** (§ 242 BGB) ergebenden **Pflicht** zum **Widerspruch** geschwiegen wird und in denen daher ein **Schweigen „Ja" bedeutet**.
- Gleiches gilt, wenn auf ein sog. **„kaufmännisches Bestätigungsschreiben"** geschwiegen wird (§ 346 HGB).

Das wussten Sie schon. Gehen wir jetzt „der Reihe nach" ins Detail: Die beiden ersten Fälle bereiten keine Schwierigkeiten, wohl aber die beiden letzten Konstellationen, auf die wir jetzt eingehen:

Gemeint ist mit der **(a)** vorletzten Fallgruppe, dass unter folgenden Voraussetzungen gemäß **§ 242 BGB**

- das **Schweigen** des ursprünglich Antragenden **auf** eine **verspätete Annahme**, die nunmehr als **neues Angebot** gilt (§ 150 Abs. 1 BGB), als **Annahme** gewertet werden kann (hier muss schon einmal auf die – gleich im Anschluss vertieft erörterte – Frage des Erlöschens eines Angebots vorgegriffen werden; Sie sollten diesen kleinen „Sprung nach vorn" aber durchaus „verkraften" können!).

**Fall 41**

Der Galerist V bietet dem Kunsthändler K am Montag, den 7. Oktober 2002, per Fax ein bestimmtes, ganz seltenes und sehr gesuchtes Bild, das der K bereits bei V besichtigt hatte, zum Kauf zu einem bestimmten Preis an. Der K, der das Bild mit Gewinn an einen bereits auf das Bild „wartenden" Interessenten weiterverkaufen kann, entscheidet sich auf der Stelle für den Erwerb; er sendet noch am gleichen Tag, also am 7. Oktober 2002, einen dann am Vormittag des Mittwoch, den 9. Oktober 2002, zugestellten Brief mit der Annahmeerklärung an den V und bittet um sofortige Lieferung Zug-um-Zug gegen Zahlung des Preises. Der V, der bereits am Dienstag, den 8. Oktober 2002, einen anderen Käufer gefunden hatte und der das Bild an diesen Zug-um-Zug gegen Kaufpreiszahlung übereignet und übergeben hatte, reagierte auf das Schreiben des K nicht mehr. Der K verlangt von dem V Lieferung oder – falls der Anspruch ausgeschlossen sein sollte – Schadensersatz.

Ein Anspruch des K gegen V 1) auf Lieferung aus § 433 Abs. 1 BGB a) setzt den Abschluss eines Kaufvertrages voraus. aa) Ein aaa) Angebot des V aaaa) lag vor. bbbb) Es war ausreichend bestimmt. bbb) Es ist dem K zugegangen. bb) Der K hat das Angebot aaa) angenommen; bbb) die Annahmeerklärung ist dem V auch zugegangen. cc) Das Angebot könnte jedoch bereits erloschen gewesen sein, als dem V die Annahmeerklärung des K zuging, aaa) und zwar nach §§ 146, 147 Abs. 2 BGB. Die Annahmefrist des § 147 Abs. 2 BGB berechnet sich so, dass zu einer angemessenen Überlegungszeit (diese ist gewahrt, denn K entscheidet sich „auf der Stelle") diejenige Zeit, die für den Transport der Annahmeerklärung zu erwarten war (bei Verwendung des gleichen Erklärungsmittels wie beim Antrag), hinzugerechnet werden muss. Da der K ein anderes deutlich langsameres Transportmittel verwendet hatte als der V, war die Annahmefrist des § 147 Abs. 2 BGB am 9. Oktober 2002 überschritten. Das Angebot des V war daher erloschen. bbb) § 149 BGB greift nicht ein. dd) Die verspätete Annahme des K ist daher nach § 150 Abs. 1 BGB ein neuer Antrag des K. ee) Diesen neuen Antrag hat der V aaa) nicht ausdrücklich bbb) und auch nicht konkludent angenommen. ccc) Das Schweigen des V auf das neue Angebot des K könnte aber wie eine Annahmeerklärung behandelt werden: Grundsätzlich hat Schweigen allerdings gerade nicht die Bedeutung einer Annahmeerklärung. Ein Schweigen kann aber nach § 242 BGB als Annahmeerklärung anzusehen sein, wenn es treuwidrig ist, dass der Empfänger eines neuen Angebots i. S. d. § 150 Abs. 1 BGB dem anderen Teil nicht erklärt, dass er den Vertrag im Hinblick auf die Verspätung der Annahmeerklärung nicht mehr abschließen will. Das ist jedenfalls dann anzunehmen, wenn erkennbar ist, dass der andere Teil, weil er (wie hier der K als Kunsthändler) mit potentiellen Abnehmern auf Klarheit angewiesen ist und die Fristüberschreitung geringfügig ist. Also ist der Vertrag zustande gekommen und der Anspruch ist entstanden. b) Der Vertrag ist jedoch ein solcher ohne eine primäre Leistungspflicht, weil der Anspruch aufgrund eines vor Vertragsschluss liegenden Umstandes nach § 275 Abs. 1 BGB ausgeschlossen ist. 2) Der K könnte jedoch einen Anspruch aus § 311a Abs. 2 BGB haben (dazu später mehr).

- Weiterhin soll das Schweigen des ursprünglich Antragenden auf einen neuen Antrag des anderen Teils i. S. d. **§ 150 Abs. 2 BGB** (dazu sogleich mehr), bei einer nur **geringfügigen Abweichung** der Annahmeerklärung vom ursprünglichen Antrag nach § 242 BGB als Annahmeerklärung des ursprünglich Antragenden angesehen werden können.
- Darüber hinaus hat der BGH – gegen die eine Vergewisserung des Antragenden für zumutbar haltende Lehre (Medicus) – sogar ein Schweigen auf einen **Antrag**, der in allen wichtigen Punkten den **Vorverhandlungen entsprach**, als Annahme angesehen.
- Hat eine ein Angebot ergänzende **„Freiklausel"** („ich biete das Auto für € 10.000,– freibleibend zum Kauf an") die rechtliche Konsequenz, dass wegen der Verwendung der Freiklausel lediglich eine **„invitatio ad offerendum"** vorliegt, und „nimmt" der andere Teil das „Angebot an", so handelt es sich bei dieser „Annahme" in Wahrheit um den Antrag. Lehnt der „freibleibend" Anbietende diesen Antrag nicht ab, so ist der Vertrag zustande gekommen.

- Wie Sie bereits wissen, bedeutet beim Bestehen einer **Kontrahierungspflicht** ein Schweigen des zum Vertragsabschluss Verpflichteten auf ein Angebot die Zustimmung, so dass dadurch der Vertrag zustande gekommen ist.
- Dagegen gehört hierher **nicht** das Zustandekommen eines Vertrages nach **§ 151 BGB** (typischer **Anfängerfehler**!!!); dazu sogleich mehr.

Das waren die Fallgruppen zur vorletzten Fallgruppe (nach § 242 BGB kann Schweigen die Bedeutung einer Annahmeerklärung haben). Jetzt wenden wir uns der letzten Fallgruppe zu. **(b)** Durch eine Rechtsfortbildung ist der ursprünglich für das Handelsrecht, jetzt auch im Bürgerlichen Recht inzwischen als **Gewohnheitsrecht** geltende (und sogar einmal im Gesetz erwähnte: lesen Sie § 1031 Abs. 2 ZPO!) Rechtssatz entwickelt worden, dass beim Schweigen auf ein sog. **„kaufmännisches Bestätigungsschreiben"** ein Vertrag unter folgenden Voraussetzungen zustande kommen kann: Es müssen **Verhandlungen** stattgefunden haben, die **in** dem **Bestätigungsschreiben** seitens des Absenders gegenüber dem Empfänger als **endgültiger Vertragsschluss dargestellt** werden. Der **Absender** muss von der **Richtigkeit** des bestätigten Sachverhalts **überzeugt** sein. Der Absender und der Empfänger müssen **Kaufleute** oder jedenfalls **ähnlich** einem **Kaufmann** am Geschäftsleben teilnehmende Personen sein. Der **Empfänger** hat dem Inhalt **nicht unverzüglich widersprochen**. Liegt es so, kommt der Vertrag mit dem Inhalt des Bestätigungsschreibens zustande.

(2) Rechtsbindungswille

Zur Frage des natürlich ebenfalls gegeben sein müssenden **Rechtsbindungswillens** des **Annehmenden** gibt es in theoretischer Hinsicht keine Besonderheiten.

Zur Illustration der Relevanz des Rechtsbindungswillens auch für die Annahmeerklärung soll noch einmal auf das Thema des Vertragsschlusses beim Kauf im **Selbstbedienungsladen** eingegangen werden:

Wenn man (was – wie oben dargestellt – ohne weiteres vertretbar ist) dazu kommt, dass in einer Auslage von preisausgezeichneter Ware im Regal eines Selbstbedienungsladens ein Angebot zum Abschluss eines Kaufvertrages seitens des Geschäftsinhabers liegt, wird man in der Tatsache, dass der Kunde die Ware in den Warenkorb legt, keine Annahmeerklärung des Kunden sehen können. Warum nicht? Das ist oben bereits im Wege eines methodisch notwendig gewesenen Vorgriffs („Blick auf die Folgen") erklärt worden. Der Kaufvertrag soll also erst mit der Vorlage der Ware in der Kassenzone zustande kommen. Sie entsinnen sich hoffentlich an die Argumente: Aus der Sicht eines **sorgfältigen objektiven Empfängers** ist es so, dass der Kunde bis in die „Kassenzone" hinein die Wahlfreiheit (Zurücklegen, Austauschen der Ware) behalten möchte; daran ist aus naheliegenden Gründen auch der Betreiber des Selbstbedienungsladens interessiert. Sie wissen dazu bereits, dass die Annahmeerklärung des Kunden noch nicht einmal in der Präsentation der Ware an der Kasse durch den Kunden zu sehen ist, denn auch jetzt will der Kunde noch frei sein, sich umzuentscheiden, ohne vertragsbrüchig zu werden. Und auch der Geschäftsinhaber möchte aus naheliegenden Gründen sicher nicht jedem Kunden, der die Ware an der Kasse präsentiert, schon deshalb verpflichtet sein. Daher wird man annehmen müssen, dass es der Kunde ist, der durch die Präsentation der Ware an der Kasse das Angebot macht, welches dann durch das Eingeben der Stückzahl und des Preises oder der Warencodierung in die Kasse von dem Kassenpersonal, das den Inhaber vertritt (§ 164 BGB i. V. m. § 56 HGB), angenommen wird.

Und auch die Konstellation des **§ 241a BGB**, bei der wir das Zusenden preisausgezeichneter unbestellter Ware als Angebot ansehen wollen, ist in diesem Zusammenhang erwähnenswert: Wie wir bereits in anderem Zusammenhang – und zwar bisher im zwar sachbezogen richtigen, aber im dogmatisch „falschen" Kontext – erörtert haben, sind bloße Zueignungs- und Gebrauchshandlungen mangels Rechtbindungswillens nicht als Annahmeerklärungen anzusehen.

bb) Wirksamwerden der Annahme

Die Annahme **wird** wie jede empfangsbedürftige Willenserklärung **wirksam** durch **Abgabe** und durch **Zugang (§ 130 Abs. 1 S. 1 BGB)**. Dazu wissen Sie eigentlich schon alles.

Was aber den **Zugang** der **Annahmeerklärung** angeht, so gibt es eine „berühmt-berüchtigte" **Ausnahme** zu **§ 130 Abs. 1 S. 1 BGB**, nämlich den **§ 151 BGB**, in dem es heißt: „Der Vertrag kommt durch die Annahme des Antrags zustande, ohne dass die Annahme erklärt zu werden braucht, wenn …". Hierbei handelt es sich – wie Sie längst wissen – **nicht** etwa (wie man bei vordergründigem Lesen der Vorschrift denken könnte!) um die gesetzliche Regelung eines Falles, in dem ein **Schweigen** des Annehmenden ausnahmsweise einmal **als Annahme** angesehen wird (!), **sondern** – wie gesagt – um den Fall einer **Ausnahme** zu **§ 130 Abs. 1 BGB**. Man kann auch sehr feinsinnig sagen, dass in dieser Norm auf die Abgabe und auf den Zugang verzichtet wird (Bork).

Es muss bei **§ 151 BGB**

1. nämlich eine **Annahmeerklärung** vorliegen!!
   Es muss daher der **objektive Tatbestand** einer Annahmeerklärung vorliegen, also ein **Kundgabeakt** und ein **Rechtsfolgewille**. In subjektiver Hinsicht muss diese Annahmeerklärung nicht nur – wie jede Willenserklärung – von einem **Handlungswillen** getragen sein, sondern anders als sonst (weil nämlich der Empfänger hier nicht schutzbedürftig ist) auch von einem **Erklärungsbewusstsein**. Andere meinen, der Annehmende müsse seine Erklärung im Fall des fehlenden Erklärungsbewusstseins nach § 119 BGB anfechten und den Anbietenden dann nach § 122 BGB schadlos stellen (Bork).
2. Die Besonderheit bei § 151 BGB besteht darin, dass die **Abgabe** und damit der **Zugang** jener unerlässlichen Annahmeerklärung unter den gesetzlichen Voraussetzungen des § 151 BGB **entbehrlich** ist, also „… wenn eine solche Erklärung nach der Verkehrssitte nicht zu erwarten ist oder Antragende auf sie verzichtet hat", nämlich:
   Wenn nach der **Verkehrssitte** ein Zugang der Annahmeerklärung nicht zu erwarten ist, z. B. bei einem Kauf im Versandhandel, bei dem das Angebot in der Bestellung des Kunden und die Annahmeerklärung in der Aufgabe

der Ware zum Versand liegt, so dass der Vertrag zu diesem Zeitpunkt und nicht erst beim Erhalt der Ware durch den Kunden zustande kommt, oder wenn der **Antragende** (auch schlüssig) auf einen Zugang **verzichtet** hat. Das ist z. B. der Fall (a) bei der Ingebrauchnahme unbestellt zugesandter Waren. Hier dürfen Sie natürlich nicht in die Falle tappen, mittels des § 151 BGB einen Kaufvertrag allein durch Ingebrauchnahme oder Weiterveräußerung einer von einem Unternehmer an einen Verbraucher preisausgezeichnet unbestellt zugesandter Ware zustande kommen zu lassen, denn arge. § 241a BGB fehlt es dann einem Rechtsbindungswillen, also am objektiven Tatbestand einer Annahmeerklärung. (b) Ein weiteres klassisches Beispiel ist das Zustandekommen eines Beherbergungsvertrags dadurch, dass nach einer per Fax übersandten Hotelzimmerbestellung eine Eintragung in das für Zimmerreservierungen vorgesehene Reservierungsbuch des Hotels erfolgt.

**Fall 42**

Der mit dem Historiker Histo (H) bekannte Privatgelehrte P, der schon häufiger Bücher von H geliehen hat und auch Bücher an H verkauft hat, erinnert sich, als er ein ganz seltenes wissenschaftliches Buch über Henker im Mittelalter erbt, daran, dass der H dieses Buch schon immer gesucht hat, und schickt es, verbunden mit einem Verkaufsangebot, an den H. Der H, der annimmt, der P sende ihm endlich ein bei ihm schon vor langer Zeit entliehenes Buch zurück, liest den beigefügten Brief gar nicht erst, sondern stellt das Buch ohne weiteres Hinsehen in das „Henker und Folterer"-Regal seiner Bibliothek. Der P verlangt Zahlung des Kaufpreises. Der H weigert sich, weil er niemals habe kaufen wollen.

Ein Anspruch könnte sich aus einem Kaufvertrag ergeben (§ 433 Abs. 2 BGB). a) Der P hat dem H durch die Übersendung des Buches, verbunden mit der Nennung des Preises, zugleich aa) auch ein Angebot zum Abschluss des Kaufvertrages gemacht, bb) das dem H zugegangen ist. b) Der H hat aa) bei objektiver Betrachtungsweise das Angebot durch eine Betätigung des Annahmewillens (die Ingebrauchnahme des Buches) angenommen. bb) Diese Annahmeerklärung ist dem P zwar nicht zugegangen; hierauf hat er aber verzichtet (§ 151 BGB). cc) Für einen Vertragsschluss nach § 151 BGB aaa) ist aber ein wirklich existierender Annahmewille (also ein Erklärungsbewusstsein) erforderlich. Da es bei H daran fehlt, ist kein Kaufvertrag zustande gekommen. bbb) Wer trotz fehlenden Erklärungsbewusstseins eine Annahme bejaht und dem Annehmenden die Anfechtung nach § 119 BGB eröffnet, kommt wegen der in der Leistungsverweigerung liegenden Anfechtungserklärung zum gleichen Resultat. Nach einem Anspruch des P aus § 122 BGB ist nicht gefragt.

### e) Fortbestehen des Angebots

Inzwischen (denken Sie nur an den bereits von Ihnen bearbeiteten Bilder-Kauf-Fall) wissen Sie längst, dass ein Vertragsschluss rein technisch gesehen nicht nur voraussetzt, dass ein Angebot durch eine korrespondierende Annahmeerklärung angenommen worden ist, sondern weiterhin, dass das **Angebot bei Zugang** der korrespondierenden **Annahmeerklärung noch existent** war. Nur dann ist es überhaupt „annahmefähig"; ansonsten geht die Annahmeerklärung „ins Leere".

Wir müssen uns also der Frage der **„Lebensdauer"** eines **Antrags** zuwenden.

Vorab dazu die folgende **Übersicht**.

Die Annahmefähigkeit des Angebots entfällt durch das Erlöschen des Antrags

**wie bei jeder empfangsbedürftigen Willenserklärung**, also ganz allgemein und unabhängig von der Natur der Erklärung als Angebot **(„willenserklärungsspezifisch")**, infolge eines **Widerrufs** der **Angebotserklärung** bis zu deren Zugang (§ 130 Abs. 1 S. 2 BGB); hierzu finden Sie alles Nötige bei den allgemeinen Ausführungen zum Erlöschen von Willenserklärungen, so dass wir hier darauf nicht erneut eingehen,

sowie **speziell bei Angeboten („angebotsspezifisch")** bei einem **Widerruf** eines **unter Ausschluss der Gebundenheit erklärten Antrags** (§ 145 BGB), bei der **Ablehnung** eines **Antrags** (§ 146 Fall 1 BGB und § 150 Abs. 2 BGB), infolge **Zeitablaufs** (§§ 146, 147 ff. BGB) und (ausnahmsweise) aufgrund des **Todes** oder der **Geschäftsunfähigkeit des Anbieters** (§ 153 BGB).

Was die **Erlöschensgründe** für **vertragliche Willenserklärungen im Besonderen**, also die **„angebotsspezifischen"** Erlöschensgründe, angeht, auf die wir uns hier jetzt konzentrieren wollen,

- so ist ein **Antrag in der Regel nach** seinem **Zugang bindend (§ 145 Hs. 1 BGB)**. In zwei Konstellationen kann er über die zeitlichen Grenzen der „willenserklärungsspezifischen" Widerrufsmöglichkeit des § 130 Abs. 1 S. 2 BGB hinaus widerruflich sein: **a)** Zum einen kann der Antragende die Gebundenheit ausschließen. **b)** Ferner ist ein Antrag widerruflich, wenn auch der Vertrag auf dessen Abschluss das Angebot gerichtet ist, einseitig widerruflich wäre oder wenn dieser nach den Regeln des § 313 BGB (Wegfall der Geschäftsgrundlage) aufhebbar wäre. **c)** Wenn man – entgegen dem Ihnen hier gemachten Lösungsvorschlag – ein **„freibleibendes" Angebot** nicht als „invitatio ad offerendum", sondern bereits als Angebot ansieht, dann kommt der Vertrag durch die Annahme des Empfängers zustande. Wenn man dem freibleibend Anbietenden aber seine Freiheit erhalten will, müsste man einen Widerruf sogar noch nach der Annahme als möglich ansehen („Widerrufsvorbehalt"). Das sind keine glücklichen Konstruktionen; Sie sollten daher entsprechend dem obigen Vorschlag bei einem „freibleibenden Angebot“ im Zweifel vom Vorliegen einer „invitatio ad offerendum“ ausgehen.

- Eine zum Erlöschen des Antrags führende **Ablehnung** des **Antrags (§ 146 Fall 1 BGB)** ist ihrerseits eine empfangsbedürftige Willenserklärung des Empfängers. Wird durch den Empfänger später gleichwohl (z. B. aus Reue) die Annahme erklärt, liegt hierin ein (neues) Angebot desjenigen, der zuvor abgelehnt hatte (das ist übrigens gesetzlich nicht geregelt!), das dann zur Herbeiführung eines Vertragsschlusses vom ursprünglich Anbietenden angenommen werden muss.
- Eine **„Annahme unter Erweiterungen ... gilt als ...“** (Fiktion) eine zum Erlöschen des Angebots führende **„Ablehnung“**, allerdings mit der Besonderheit, dass man in ihr einen „neuen Antrag“ **(§ 150 Abs. 2 BGB)** zu sehen hat, so dass in einem derartigen Fall nunmehr zu prüfen ist, ob der vormals Antragende diesen neuen Antrag angenommen hat.
- Am wichtigsten sind für Sie die Fälle des **Erlöschens** des Angebots **durch Zeitablauf (§ 146 BGB** i. V. m. **§§ 147–149 BGB)**; in diesen Fällen gibt es wiederum die Besonderheit, dass in der verspäteten Annahme ein neues Angebot liegt **(§ 150 Abs. 1 BGB)**, dessen eventuelle Annahme Sie dann zu prüfen haben.

**Arbeitstechnischer Hinweis:** Gehen Sie bei der Untersuchung, ob ein Antrag nach §§ 146, 147–149 BGB erloschen ist, nach folgendem Prüfungsschema vor:

- Liegt eine **Fristbestimmung** vor? Frist: §§ 146, 148 BGB; bei Überschreitung unter Abwesenden: § 149 BGB; wenn nein: § 150 Abs. 1 BGB.
- Ist das **Angebot** unter **Anwesenden** gemacht? Frist: §§ 146, 147 Abs. 1 BGB; bei Überschreitung: § 150 Abs. 1 BGB.
- Ist das **Angebot** unter **Abwesenden** gemacht? Frist: §§ 146, 147 Abs. 2 BGB; bei Überschreitung: § 149 BGB; wenn nein: § 150 Abs. 1 BGB.
- Die **Frage, ob eine Fristüberschreitung** vorliegt, hängt vom Zugang der Erklärung ab. Ausführungen dazu finden sich vorstehend bei den Darlegungen zu den Willenserklärungen im Allgemeinen.

Das Schema wird jetzt wie folgt **vertieft erörtert**:

- Leicht zu verstehen ist die Konstellation eines Erlöschens nach **§§ 146, 148 BGB** wegen des **Ablaufs** einer vom **Antragenden gesetzten Annahmefrist**. Wenn die Annahmefrist trotz einer für den Empfänger erkennbar rechtzeitigen Absendung – nämlich bei regelmäßiger Beförderung den rechtzeitigen Zugang möglich machend – überschritten ist (z. B. wegen sich einer aus dem Poststempel erkennen lassenden irregulär langen Beförderung durch die Post), so hat der Empfänger die Verspätung anzuzeigen **(§ 149 S. 1 BGB)**; bei schuldhafter Verzögerung der Absendung der Anzeige „gilt die Annahme als nicht verspätet“ **(§ 149 S. 2 BGB)**, was übrigens wieder ein Fall einer Fiktion ist. Kennen Sie übrigens die klassische Definition des Begriffs „Fiktion“? „Gesetzliche Lüge“! Ist die Annahme verspätet erklärt, greift **§ 150 Abs. 1 BGB** ein: Es liegt ein neues Angebot des verspätet Annehmenden vor.

- Wird bei einem nicht fristgebundenen **Angebot** unter **Anwesenden**, wozu auch die Situation eines am Telefon oder mittels einer sonstigen technischen Einrichtung von Person zu Person (Videokonferenz, Chat) gemachten Angebots zählt (§ 147 Abs. 1 S. 2 BGB), dieses nicht sofort (d. h. nach kurzer Überlegungszeit) angenommen, so erlischt das Angebot **(§§ 146 Fall 2, 147 Abs. 1 BGB)**. Ein Fall der – theoretisch auch hier geltenden – Ausnahmeregelung des § 149 BGB ist hier praktisch nicht vorstellbar. Bei einer Verspätung gilt **§ 150 Abs. 1 BGB**: Es liegt ein neues Angebot des verspätet Annehmenden vor.
- Wird bei einem nicht fristgebundenen **Angebot** unter **Abwesenden** dieses nicht innerhalb der Frist des § 147 Abs. 2 BGB angenommen, so erlischt das Angebot **(§§ 146 Fall 2, 147 Abs. 2 BGB)**. Ist die Annahmefrist trotz für den Empfänger erkennbar rechtzeitiger Absendung versäumt worden, so hat der Empfänger die Verspätung anzuzeigen **(§ 149 S. 1 BGB)**; bei schuldhafter Verzögerung der Absendung der Anzeige „gilt die Annahme als nicht verspätet" **(§ 149 S. 2 BGB)**. Ist die Annahme verspätet, greift **§ 150 Abs. 1 BGB** ein: Es liegt ein neues Angebot des verspätet Annehmenden vor. Wie aber berechnet man die **Frist des § 147 Abs. 2 BGB**? Dazu müssen Sie den Fall bearbeiten.

**Fall 43**

Der Galerist V bietet dem Kunsthändler K am Montag, den 7. Oktober 2002, per Fax ein bestimmtes ganz seltenes und sehr gesuchtes Bild, das der K bereits bei V besichtigt hatte, zum Kauf zu einem bestimmten Preis an. Der K, der das Bild mit Gewinn an einen bereits auf das Bild „wartenden" Interessenten weiterverkaufen kann, entscheidet sich auf der Stelle für den Erwerb; er sendet noch am gleichen Tag, also am 7. Oktober 2002, einen dann am Vormittag des Mittwoch, den 9. Oktober 2002, zugestellten Brief mit der Annahmeerklärung an V und bittet um sofortige Lieferung Zug-um-Zug gegen Zahlung des Preises. Der V, der bereits am Dienstag, den 8. Oktober 2002, einen anderen Käufer gefunden hatte und das Bild an diesen Zug-um-Zug gegen Kaufpreiszahlung übereignet und übergeben hatte, lehnt die Lieferung unter Hinweis darauf ab. K will Lieferung, jedenfalls aber Schadensersatz.

Ein Anspruch des K gegen V 1) auf Lieferung aus § 433 Abs. 1 S. 1 BGB setzt den Abschluss eines Kaufvertrages voraus. a) Ein aa) Angebot des V aaa) lag vor. bbb) Es war ausreichend bestimmt. bb) Es ist dem K zugegangen. b) Der K hat das Angebot aa) angenommen; bb) die Annahmeerklärung ist dem V auch zugegangen. cc) Das Angebot könnte jedoch bereits erloschen gewesen sein, als die Annahmeerklärung des K zuging, aaa) und zwar nach §§ 146, 147 Abs. 2 BGB. Die Annahmefrist berechnet sich so, dass zu einer angemessenen Überlegungszeit (diese ist gewahrt, denn K entscheidet sich „auf der Stelle") die Zeit, die für den Transport der Annahmeerklärung zu erwarten war (bei Verwendung des gleichen Erklärungsmittels wie beim Antrag), hinzugerechnet werden muss. Da der K ein anderes deutlich langsameres Transportmittel verwendet hat, ist die Annahmefrist des § 147 Abs. 2 BGB am 9. Oktober 2002 überschritten. Das Angebot des V war daher erloschen. bbb) § 149 BGB greift nicht ein. c) Die verspätete Annahme ist daher nach § 150 Abs. 1 BGB ein neuer Antrag des K. d) Diesen hat der V abgelehnt. Also ist kein Kaufvertrag zustande gekommen und ein Lieferungsanspruch besteht nicht. 2) Da ein Schadensersatzanspruch aus §§ 280 Abs. 1, 3, 283 bzw. 311a Abs. 2 BGB das Bestehen eines Schuldverhältnisses (hier: eines Kaufvertrages) voraussetzt, besteht er nicht.

**Variante**

Der V hatte nicht geantwortet.

a) Dass ein Schweigen des V auf ein neues Angebot i. S. d. § 150 Abs. 1 BGB nach § 242 BGB als Annahme gewertet werden kann, haben Sie sicher noch in Erinnerung. aa) Also ist der Kaufvertrag zustande gekommen und der Anspruch entstanden. bb) Es handelt sich jedoch um einen Vertrag ohne primäre Leistungspflicht, denn der Anspruch ist nach § 275 Abs. 1 BGB aufgrund eines bereits vor Vertragsschluss bestehenden Umstandes ausgeschlossen. b) Der K könnte jedoch einen Anspruch aus § 311a Abs. 2 BGB haben (dazu später mehr).

**Variante**

Der V hatte per Brief angeboten; der Brief ist am nächsten Tag zugestellt worden. Die nach sofortiger positiver Entscheidung des K noch am gleichen Tag verfasste und per Brief abgesandte Annahmeerklärung kommt wegen eines Sortierfehlers der Post erst drei Tage nach der Absendung bei V an. Der Absendetag ist durch einen deutlich lesbaren Poststempel für V zu erkennen. Der V rührt sich nicht. K verlangt nach einer Woche Lieferung. V weigert sich, weil er inzwischen einen anderen Käufer gefunden hat und den Kaufvertrag mit diesem auch bereits erfüllt hat.

a) Hier ist die Annahme zwar verspätet und das Angebot wäre eigentlich nach §§ 146, 147 Abs. 2 BGB erloschen, als die Annahmeerklärung zugegangen ist. Sie gilt („Fiktion“ = gesetzliche Lüge) jedoch als nicht verspätet (§ 149 S. 1, 2 BGB), sondern als rechtzeitig zugegangen, so dass der Antrag des V bei Zugang noch nicht nach §§ 146, 147 Abs. 2 BGB erloschen war. aa) Der Kaufvertrag ist zustande gekommen. Er ist auch trotz der vor Vertragsschluss eingetretenen Leistungshindernisses aus § 275 Abs. 1 BGB wirksam. bb) Gleichwohl besteht kein Anspruch aus § 433 Abs. 1 S. 1 BGB, weil er nach § 275 Abs. 1 BGB ausgeschlossen ist.

- Die Vorschrift des **§ 153 BGB** bestimmt, dass in der **Regel** der **Tod** oder die **Geschäftsunfähigkeit** des **Antragenden** an der Annahmefähigkeit nichts ändert. (Versuchen Sie den Unterschied der Regelungen der §§ 153 und 130 Abs. 2 BGB zu verstehen und mit eigenen Worten zu beschreiben!).

### f) Deckungsgleichheit („Kongruenz") von Angebot und Annahme

Die sich auf das Angebot beziehende **Annahmeerklärung** muss mit dem **Angebot vollständig deckungsgleich (= „kongruent")** sein, m. a. W.: Es muss **„Konsens"** bestehen (arge. **§ 150 Abs. 2 BGB**). Fehlt ein solcher Konsens, besteht also ein **„Dissens"**, ist – teils aufgrund **allgemeiner Rechtsgrundsätze**, teils unter Heranziehung der **Auslegungsregeln der §§ 154, 155 BGB** – von Ihnen zu entscheiden, ob der Vertrag zustande gekommen ist.

In vielen Fällen – und zwar den meisten – besteht überhaupt kein Anlass, das zu problematisieren. Wenn **unzweifelhaft Deckungsgleichheit** besteht, verlieren Sie bitte **kein Wort** mehr über diese Frage.

#### aa) Auslegung von Willenserklärungen, speziell: die Ermittlung der Deckungsgleichheit („Kongruenz") von Angebot und Annahme

Ob eine **Deckungsgleichheit („Kongruenz")** und damit **„Konsens"** besteht, wird **durch Auslegung** von **Angebot** und **Annahme** ermittelt.

##### (1) Die Auslegung von Willenserklärungen

Die Rechtsgrundlage für die Auslegung von Willenserklärungen sind die §§ 133, 157 BGB. Die im Wortlaut dieser Normen getroffene „Zuständigkeitsregelung", nach der für die Auslegung von Willenserklärungen (also auch von Angebot und Annahme) der § 133 BGB („psychologische" Erforschung des „wirklichen Willens") und für die Auslegung von Verträgen der § 157 BGB („normative" Auslegung nach „Treu und Glauben mit Rücksicht auf die Verkehrssitte") anwendbar ist, ist – wie Sie ja schon wissen – verfehlt. Vielmehr sind den Grundsätzen beider Normen folgend die nachstehenden **Auslegungsregeln** für **Willenserklärungen** entwickelt worden.

1. Bei nicht empfangsbedürftigen **Willenserklärungen**, die sich **nicht unmittelbar an Personen richten**, (was hier, bei der Inhaltsbestimmung von Angebot und Annahme, nicht der Fall ist) kommt es ausschließlich auf den **wirklichen (den subjektiven) Willen** des Erklärenden an **(§ 133 BGB)**. Dies erfolgt durch **„natürliche Auslegung"**. Dabei ist vom Wortlaut auszugehen. Wenn aber Anzeichen dafür bestehen, dass der Wortlaut vom allgemeinen Sprachgebrauch abweicht, kommt es auf ihn nicht an. Das klassische Beispiel für eine solche, ausschließlich auf Ermittlung des wirklichen Willens gerichtete Auslegung von Willenserklärungen, die sich nicht unmittelbar an Personen richten, ist die letztwillige Verfügung, u. a. das Testament: Zu ermitteln ist der wirkliche, also der subjektive, Erblasserwille. Wenn es zum *Beispiel* im Testament des Erblassers heißt: „Mein alleiniger Erbe soll mein Sohn sein", so ist damit der zeitlebens bei ihm lebende Neffe, den er stets „Sohn" genannt hat, gemeint, auch wenn es einen leiblichen nichtehelichen Sohn gibt, von dem er nichts gewusst hatte. Wenn wir schon dabei sind: Bei der Auslegung letztwilliger Verfügungen gibt es eine – nachrangig nach § 133 BGB heranzuziehende – Auslegungsregel in § 2084 BGB, nach der, wenn „der Inhalt einer letzt-

willigen Verfügung verschiedene Auslegungen zu(lässt),..im Zweifel diejenige Auslegung vorzuziehen ist, bei welcher die Verfügung Erfolg haben kann".

**2.** Bei **empfangsbedürftigen Willenserklärungen**, um die es hier geht, muss **differenziert** werden.
   **a)** Wenn der jeweilige **Empfänger** einer Willenserklärung **nicht geschützt** werden muss, weil er den wirklichen Willen des Erklärenden kennt, geht es um die von **§ 133 BGB** geforderte **Erforschung des „wirklichen Willens"** des Erklärenden durch eine **„natürliche Auslegung"**, so dass – selbst wenn dieser innere Wille deshalb unerklärt bleibt, weil er im Wortlaut nicht auftaucht – dieser maßgeblich ist.
   **b)** Wenn es jedoch einen **schutzwürdigen Empfänger** von empfangsbedürftigen Willenserklärungen gibt, muss nach einer **„normativen Auslegung" (§ 157 BGB)** als Inhalt der Willenserklärung dasjenige zugrunde gelegt werden, was der Erklärungsempfänger nach Treu und Glauben unter Berücksichtigung der Verkehrssitte verstehen durfte und musste.

**3.** Letzteres (Ziff. 2) gilt auch bei solchen **nicht empfangsbedürftigen Willenserklärungen**, die für **einen unmittelbar angesprochenen Kreis von Personen gedacht** sind, wie z. B. bei der Auslobung (§ 657 BGB), wobei es im Falle einer nötig werdenden normativen Auslegung darauf ankommt, wie der angesprochene Kreis von Personen die Auslobung nach Treu und Glauben unter Berücksichtigung der Verkehrssitte verstehen durfte und musste.

**4.** Bei der Auslegung von Willenserklärungen stellt sich die Frage, ob außerhalb ihrer selbst liegende Umstände herangezogen werden, z. B. auf Vorverhandlungen. Natürlich, Tatsachen dieser Art sind oft sogar die wichtigste Quelle für die Auslegung! Aber, wie sieht es bei **Willenserklärungen** aus, die **formgebunden** sind (z. B. § 311 b Abs. 1 BGB oder § 766 BGB oder §§ 873, 925 BGB); muss man sich in derlei Fällen auf die formalisierte Erklärung (auf die Urkunde) beschränken und außerhalb ihrer selbst liegende Umstände ignorieren?
   **a)** Wenn die **Formvorschrift** den **Interessen Dritter** oder dem **Allgemeininteresse dient**, dann beschränkt sich die Auslegung auf die Urkunde. Das ist der Fall z. B. bei der nach § 29 GBO formalisierten Auflassung §§ 873, 925 BGB. Diese ist für das Grundbuchamt (§ 20 GBO) und für Dritte (alle, die wissen wollen, wer Eigentümer eines veräußerten Grundstücks wird) von Bedeutung. Wenn also bei der Auflassungserklärung des Übereigners das zu übereignende Grundstück falsch bezeichnet wird, so ist der Inhalt der Erklärung nicht das wirklich Gewollte, auch wenn der Erwerber weiß, welches Grundstück der Übereigner gemeint hat, es sei denn dies ergibt sich für Dritte erkennbar aus der Urkunde.

**b)** Ansonsten **(keine Schutzbedürftigkeit Dritter oder der Allgemeinheit),** also z. B. bei § 311b Abs. 1 BGB, kann der Inhalt auch durch Heranziehung von außerhalb der Urkunde liegenden Umständen ermittelt werden, wenn dieser in der Urkunde zumindest „angedeutet" ist, wobei man sehr großzügig ist **(„Andeutungstheorie")**.

(2) Die Auslegung von Angebot und Annahme

Das bedeutet für die hier interessierenden Willenserklärungen „Angebot" und „Annahme" Folgendes:

- In den seltenen Fällen, in denen **kein Schutzbedürfnis** für den **Erklärungsempfänger** besteht, ist nach **§ 133 BGB** der **„wirkliche Wille"** des Erklärenden zugrundezulegen. Das ist der Fall, wenn der **Erklärungsempfänger** weiß, was der Erklärende wirklich will. Das ist speziell dann der Fall wenn **beide Parteien** einen **Vertragsgegenstand übereinstimmend falsch bezeichnen** (das kommt bei Waren- und Währungsbezeichnungen gelegentlich vor). Dann kommt der Vertrag mit dem Inhalt, so wie er von den Parteien gewollt war, zustande: **„falsa demonstratio non nocet"** (=eine falsche Bezeichnung schadet nicht). Aber selbst wenn der wirkliche Wille sich nicht in der Erklärung widerspiegelt, ist das von beiden Gewollte für den Inhalt maßgeblich. Wenn zum *Beispiel* der V dem K das auf dem Dampfer Jessica verladene Walfleisch als „Haakjöringsköd" (norweg.: Haifischfleisch) zum Kauf anbietet, dann hat er – wenn der K weiß, dass es sich um Walfleisch handelt – Walfleisch angeboten (RG). Woher wissen wir eigentlich, was u. U. beide Seiten übereinstimmend gewollt haben? Oft aus den Vorverhandlungen. Vielleicht entsinnen Sie sich, dass wir – bevor wir mit der Erörterung der rechtlichen Voraussetzungen für einen Vertragsschluss – überlegt hatten, welche Bedeutung die Vorverhandlungen haben können. Unter anderem waren Sie auf deren Bedeutung für die Auslegung hingewiesen worden.

**Fall 44**

Der US-Amerikaner V hatte eine Kaufsache zu einem Preis von „1 Million Dollar" angeboten. Der Kanadier K hatte „Ja" gesagt. Als der V Zug-um-Zug gegen Lieferung der Ware die Zahlung von US$ 1 Mio. und die Abnahme der Ware verlangte, lehnte der K ab. Der V klagt gegen K auf Zahlung des Kaufpreises von US$ 1 Million und Abnahme der Ware Zug-um-Zug gegen Lieferung. Der K weiß aufgrund der Vorverhandlungen, bei denen beide immer nur von US-Dollar gesprochen und dies auch beide gewollt hatten, dass der V sich im Augenblick des Vertragsschlusses versprochen und „US-Dollar" gemeint hatte. (Gehen Sie wieder von einer wirksamen Vereinbarung der Anwendung deutschen Rechts aus.)

Der Vertrag ist – weil es bei dieser Fallkonstellation allein auf den inneren Willen ankommt – mit einer Preisvereinbarung über US$ 1 Mio. zustande gekommen.

Zur Erarbeitung der Lösung empfiehlt sich folgende **Tabelle als Arbeitshilfe**, die – wenn Sie ein wenig geübt sind – „in Ihrem Kopf" entsteht.

| | Antrag des V | Annahme des K | Kongruenz/Inkongruenz der Erklärungen |
|---|---|---|---|
| **Nach § 133 BGB maßgeblicher wirklicher Wille** | „Preis: 1 Million US-Dollar"; bestimmte Ware, Vertragspartner: V und K | „Ja", „1 Million US-Dollar" | *Kongruenz* = voller **Konsens = Vertragsschluss** |
| **Erklärter Wille** (nach §§ 133, 157 BGB: objektivierter Empfängerhorizont) | Unbeachtlich | Unbeachtlich | Unbeachtlich |
| **Kongruenz/Inkongruenz von Wille und Erklärung** | Unbeachtlich | Unbeachtlich | |

- Solche Fälle, in denen die Parteien einander richtig verstanden haben, so dass das Gewollte als erklärt anzusehen ist, sind jedoch selten. **Meistens** läuft es auf das Erfordernis einer **„erläuternden Auslegung"** hinaus. Bei ihr kommt es wegen der Schutzbedürftigkeit des jeweiligen Empfängers für die Inhaltsbestimmung der Willenserklärung darauf an, wie der Erklärungsempfänger sie nach Treu und Glauben unter Berücksichtigung der Verkehrssitte verstehen durfte; abgestellt wird also auf den **„objektivierten Empfängerhorizont"**.

**Fall 45**

Ein Kanadier aus Toronto als Käufer (K) und ein US-Amerikaner als Verkäufer (V) verhandeln in New York über den Abschluss eines Kaufvertrags über eine in New York befindliche bestimmte Ware, die der V dann nach Deutschland an die dortige Niederlassung des K liefern soll und die von dem K dort bezahlt werden soll. Der V hatte die Kaufsache zu einem Preis von „1 Millionen US-Dollar" angeboten. Der K, der nur für „1 Million kanadische Dollar" hatte kaufen wollen, hatte deshalb „Nein" sagen wollen, sich jedoch versprochen und versehentlich „Ja" gesagt. Als der von V Zug-um-Zug gegen Lieferung der Ware auf Zahlung von „ 1 Million US-Dollar" und auf Abnahme der Ware in Anspruch genommene K jegliche Leistung ablehnt, klagt der V vor einem deutschen Gericht auf Zahlung des Kaufpreises von US$ 1 Mio. und Abnahme der Ware Zug-um-Zug gegen Lieferung der Ware. Der V und der K hatten die Anwendbarkeit deutschen Rechts vereinbart und zugleich die Anwendung des UN-Kaufrechts (CISG) ausgeschlossen.

1) Zunächst müssen wir wissen, welches Recht anwendbar ist für die Beurteilung der Frage, ob zwischen V und K ein Kaufvertrag abgeschlossen worden ist. Dies entscheidet das deutsche Gericht, vor dem geklagt wird, nach den Regeln des (deutschen: das IPR ist nationales Recht!) sog. „Internationalen Privat-

rechts" (IPR). a) In Deutschland ergibt sich das anzuwendende Recht aa) nach Art. 3 Nr. 2 EGBGB vorrangig aus völkerrechtlichen Vereinbarungen. Hier muss man bedenken, dass bei einem nicht privaten Zwecken dienenden Kauf, der grenzüberschreitende Sachverhalte betrifft und deshalb Kontakt zu mindestens einem Vertragsstaat (hier sind dies: Vereinigten Staaten von Amerika, Kanada und Deutschland) hat und dessen Gegenstand Waren (= bewegliche Sachen) und ähnliche Gegenstände sind, jedes in Betracht zu ziehende nationale Recht hinsichtlich des Abschlusses einschließlich der Förmlichkeiten und hinsichtlich der Rechte und Pflichten aus dem Kaufvertrag durch das UN-Kaufrecht (CISG) ersetzt wäre. Die Anwendung des UN-Kaufrechts (CISG) ist aber abdingbar (Art. 6 CISG). Daher scheint also allein wegen der generellen Abdingbarkeit des UN-Kaufrechts (CISG) alles klar zu sein. Aber Vorsicht: Eine bloße Vereinbarung der Anwendung deutschen Rechts würde nicht automatisch zur Anwendung des deutschen materiellen Zivilrechts (BGB oder HGB) führen, denn zum deutschen nationalen Recht gehört auch das UN-Kaufrecht (CISG). Hier aber haben die Parteien aufgepasst und alles richtig gemacht: Sie haben zusätzlich zur Vereinbarung der Geltung deutschen Rechts auch die Anwendung des UN-Kaufrechts (CISG) ausdrücklich ausgeschlossen. b) Daher ist nach Art. 3 Nr. 1 lit. b EGBGB für die Frage des anzuwendenden Rechts einschlägig die EG-Verordnung über das auf vertragliche Schuldverhältnisse anzuwendende Recht vom 17. Juni 2008 („Rom I"). aa) Möglich ist, dass die Parteien das anzuwendende Recht gewählt haben (Art. 3 Abs. 1 Rom I). Das ist hier nicht zu erkennen. bb) Mangels einer Rechtswahl unterliegt nach Art. 4 Abs. 1 lit. a Rom I beim Warenkauf der Vertrag, was die Fragen des Zustandekommens, der Wirksamkeit (Art. 10 Rom I), der Auslegung, des Erlöschens und der Nichtigkeitsfolgen (Art. 12 Abs. 1 Rom I) angeht, dem Recht des Staates, in dem der Verkäufer seinen gewöhnlichen Aufenthaltsort hat. Daher ist hier deutsches Recht anzuwenden, nämlich das BGB. 2) Ein Anspruch des V gegen den K auf Zahlung des Kaufpreises und Abnahme der Ware aus einem Kaufvertrag (§ 433 Abs. 2 BGB) setzt den Abschluss eines Kaufvertrags voraus. a) Es könnte ein Angebot des V vorliegen. aa) Voraussetzung ist das Vorliegen einer als „Angebot" zu bezeichnenden Willenserklärung. aaa) In objektiver Hinsicht liegt ein ausdrückliches erkennbares Verhalten, das den Willen des V zum Ausdruck bringt, einen Vertragsschluss durch Erklärung eines Angebots herbeizuführen, vor. Es lässt den Schluss auf einen bestimmten Rechtsfolgewillen zu: nämlich dem K ein Angebot zum Abschluss eines Kaufvertrages über eine bestimmte Ware für „1 Million US-Dollar" Kaufpreis zu machen („essentialia negotii"). bbb) Auch die subjektiven Voraussetzungen für eine (Angebots-) Willenserklärung (Handlungswille, Erklärungsbewusstsein) liegen vor. Aber Sie wissen ja: Darauf gehen Sie „im Ernstfall" der Klausur in einem Fall wie diesem, in dem diese Punkte überhaupt nicht diskussionswürdig sind, nicht ein. bb) Das Angebot ist auch wirksam geworden, weil es formuliert, abgegeben und dem K zugegangen ist. cc) Es ist von dem V auch nicht widerrufen worden. b) Der K hat das Angebot angenommen, indem er „Ja" gesagt hat. c) Der Antrag des V war nicht vor der Annahme des K nach §§ 146 ff. BGB erloschen. d) Die Annahme des K deckt sich inhaltlich mit dem Angebot des V, denn die Annahmeerklärung („Ja") des K bezieht sich auf den gesamten Inhalt des Antrags des V. Danach wäre der Kaufvertrag geschlossen und der Anspruch entstanden. 3) Der Vertrag kann jedoch von K nach § 119 Abs. 1 Fall 2 BGB mit der unmittelbaren Folge des § 142 Abs. 1 BGB (dazu später mehr) angefochten werden, wie es hier durch die Erklärung des K, nicht zahlen und abnehmen zu wollen, geschehen ist (§ 143 Abs. 1, 2 BGB), so dass der K nicht zur Abnahme und Kaufpreiszahlung verpflichtet ist. (Bei der Fallbearbeitung dürften Sie nicht auf § 122 BGB eingehen, weil nach diesem Anspruch nicht gefragt ist!). Übrigens: Lassen Sie sich bitte von dem aus „Rationalisierungsgründen" teilweise bewusst gewählten „Urteilsstil" dieser Lösungsskizze nicht „infizieren". Sie müssen Ihre Lösung natürlich im „Gutachtenstil" abfassen!

Zur Erarbeitung der Lösung empfiehlt sich folgende **Tabelle als Arbeitshilfe**:

| | Antrag des V | Annahme des K | Kongruenz/Inkongruenz der Erklärungen |
|---|---|---|---|
| **Innerer Wille** | „Preis: 1 Million US-Dollar; bestimmte Ware, Vertragspartner: V und K" | Ablehnung („Nein") | *Inkongruenz* = unbeachtlich |
| **Erklärter Wille** (nach §§ 133, 157 BGB: objektivierter Empfängerhorizont) | „Preis: 1 Million US-Dollar; bestimmte Ware, Vertragspartner: V und K" | Annahme („Ja") | *Kongruenz* = **voller Konsens = Vertragsschluss** |
| **Kongruenz/Inkongruenz von Wille und Erklärung** | *Kongruenz* | *Inkongruenz* = **Anfechtbarkeit** | |

**Variante**

Der US-Amerikaner V hatte die Kaufsache zu einem Preis von „1 Million Dollar" angeboten. Der Kanadier K, der dies als „1 Million kanadische Dollar" verstanden hatte, hatte deshalb „Ja" gesagt. Als der V Zug-um-Zug gegen Lieferung der Ware die Zahlung von US$ 1 Mio. und die Abnahme der Ware verlangte, lehnte der K ab. Der V klagt gegen K auf Zahlung des Kaufpreises von US$ 1 Mio. und Abnahme der Ware Zug-um-Zug gegen Lieferung. (Gehen Sie wieder von einer wirksamen Vereinbarung der Anwendung deutschen Rechts aus.)

Ein Anspruch des V gegen K auf Zahlung des Kaufpreises und Abnahme der Ware aus einem Kaufvertrag (§ 433 Abs. 2 BGB) setzt 1) den Abschluss eines Kaufvertrags voraus. a) Es könnte ein aa) Angebot des V vorliegen. aaa) In objektiver Hinsicht liegt ein ausdrückliches erkennbares Verhalten, das den Willen des V zum Ausdruck bringt, einen Vertragsschluss durch Erklärung eines Angebots herbeizuführen, vor. Es lässt den Schluss auf einen bestimmten Rechtsfolgewillen, nämlich dem K ein Angebot zum Abschluss eines Kaufvertrages über eine bestimmte Ware für „1 Million US-Dollar" zu machen („essentialia negotii"), zu. bbb) Auch die subjektiven Voraussetzungen für eine (Angebots-) Willenserklärung (Handlungswille, Erklärungsbewusstsein) liegen vor. Dass Sie darauf in einem Fall wie diesem in einer Klausur nicht eingehen, wissen Sie inzwischen. bb) Das Angebot des V ist auch wirksam geworden, weil es formuliert, abgegeben und zugegangen ist. cc) Es ist nicht widerrufen worden. b) Der K hat das Angebot angenommen, indem er „Ja" gesagt hat. c) Der Antrag des V war nicht vor der Annahme des K nach §§ 146 ff. BGB erloschen. d) Das Angebot und die Annahme müssen sich inhaltlich decken. Dazu müssen sie nach §§ 133, 157 BGB ausgelegt werden. Wenn es schutzwürdige Personen gibt (z. B. bei empfangsbedürftigen Willenserklärungen, insbesondere natürlich bei Angebot und Annahme) muss der Inhalt der Erklärung in erster Linie durch eine „normative Auslegung" ermittelt werden: Es soll darauf ankommen, wie der jeweilige Erklärungsempfänger, und zwar der K bzw. der V die Willenserklärung des jeweils anderen Teils nach Treu und Glauben unter Berücksichtigung der Verkehrssitte verstehen durfte, also auf den jeweiligen „objektivierten Empfängerhorizont". aa) Was den Antrag des V angeht, so kommt man unter Berücksichtigung der gesamten Umstände (V ist US-Amerikaner, die Verhandlungen fanden in New York statt, die Ware lagerte in New York) zum Ergebnis, dass der Erklärungsempfänger K die Willenserklärung des V nach Treu und Glauben unter Berücksichtigung der Verkehrssitte so verstehen durfte, dass V erklärt hat: Kaufvertrag V – K über eine bestimmte Ware zu „1 Million US-Dollar". bb) Das „Ja" des K bezieht sich auf den gesamten Inhalt des Antrags des V und aus der objektivierten Sicht des Erklärungsempfängers V durfte dieser sie dahingehend verstehen, dass K sich mit „ 1 Million US-Dollar" einverstanden erklärt hat. cc) Das Angebot und die Annahme decken sich also vollständig. Danach wäre der Kaufvertrag geschlossen und der Anspruch aus § 433 Abs. 2 BGB entstanden. 2) Der Vertrag kann jedoch von K nach § 119 Abs. 1 Fall 2 BGB mit der unmittelbaren Folge des § 142 Abs. 1 BGB (dazu später mehr) angefochten werden, wie es hier durch die Erklärung des K, nicht zahlen und abnehmen zu wollen, geschehen ist (§ 143 Abs. 1, 2 BGB), so dass der K nicht zur Abnahme und Kaufpreiszahlung verpflichtet ist. (Bei der Fallbearbeitung dürften Sie nicht auf § 122 BGB eingehen, weil nach diesem Anspruch nicht gefragt ist!)

Zur Erarbeitung der Lösung empfiehlt sich wieder folgende **Tabelle als Arbeitshilfe**:

| | Antrag des V | Annahme des K | Kongruenz/Inkongruenz der Erklärungen |
|---|---|---|---|
| **Innerer Wille** | „Preis: 1 Million US-Dollar; bestimmte Ware, Vertragspartner: V und K" | „Ja", „1 Million kanadische Dollar" | *Inkongruenz* = unbeachtlich |
| **Erklärter Wille** (nach §§ 133, 157 BGB: objektivierter Empfängerhorizont) | „Preis: 1 Million US-Dollar; bestimmte Ware, Vertragspartner: V und K" | „Ja", „1 Million US-Dollar" | *Kongruenz* = **voller Konsens = Vertragsschluss** |

| | Antrag des V | Annahme des K | Kongruenz/Inkongruenz der Erklärungen |
|---|---|---|---|
| **Kongruenz/Inkongruenz von Wille und Erklärung** | *Kongruenz* | *Inkongruenz* = **Anfechtbarkeit** | |

Das war der Grundsatz, dem zufolge bei der Inhaltsbestimmung einer Willenserklärung wegen der Schutzbedürftigkeit des jeweiligen Empfängers auf den „objektivierten Empfängerhorizont" abgestellt werden soll, es also darauf ankommen soll, wie der Erklärungsempfänger die Willenserklärung nach Treu und Glauben unter Berücksichtigung der Verkehrssitte verstehen durfte (§ 157 BGB). Problematisch sind die Fälle, in denen es **für** den **Erklärenden unerkennbar** ist, dass seine Erklärung vom **objektiven Empfängerhorizont anders** zu **verstehen** war, **als** sie **gemeint** war. Hier geht es darum, wer das Risiko für die Fehlvorstellung des Erklärenden trägt.

**Fall 46**

Ein „Spaßvogel" tauscht in dem Restaurant „La Mirabelle" des W in Hamburg-Rotherbaum unbemerkt die am unbesetzten Nachbartisch ausliegende Speisekarte durch eine von ihm vorher täuschend ähnlich gefälschte Speisekarte aus, bei der zwar die Speisen unverändert bleiben, wohl aber die Preise deutlich niedriger als auf den echten Speisekarten angezeigt werden. Der die von ihm angebetete Daisy dorthin ausführende Gustav Gans (G) bestellt das „Abendmenü", das aus „gebratener Gänseleber", einer „ganzen Ente a la Dagobert" und „Rote Grütze" sowie einer Flasche „Gänsewein" besteht und das nach der Preisauszeichnung auf der dem G vorliegenden (gefälschten) Speisekarte € 80,– kosten soll. Nach den sonst ausliegenden echten Speisekarten kostet das Menü € 100,–. Der Wert des Menüs beträgt € 90,–. Als W die Rechnung über € 100,– präsentiert, kommt es zu dem von dem „Spaßvogel" erhofften Streit zwischen W und G. Der W verlangt Zahlung von € 100,– (nach v. Ihering).

Der Anspruch könnte sich aus einem „Bewirtungsvertrag" (Kombinationsvertrag, der sich zusammensetzt aus Elementen eines Miet- und Dienstvertrages sowie eines Vertrages über die Lieferung neu herzustellender beweglicher Sachen) über das Abendmenü ergeben (§§ 535 Abs. 2, 611 S. 1, 651 Abs. 1, 433 Abs. 2 BGB). a) Die Speisekarte ist kein Angebot, sondern eine bloße „invitatio ad offerendum"; denn kein Gastwirt will sich für den Fall mangelnder Vorräte, z. B. an „Gänseleber", dem Risiko einer vertraglichen Verpflichtung, die „gebratene Gänseleber" servieren zu müssen, ohne Gänseleber vorrätig zu haben, aussetzen, sondern er möchte dem Gast in einem solchen Fall die Standardfloskel der Gastronomie: z. B. „Bratwurst" oder „Hummer ist leider aus" entgegenhalten können. Es fehlt also bei der Auslage einer Speisekarte am „Rechtsbindungswillen" des Gastwirtes. b) Das Angebot aa) gibt daher der Gast G ab. bb) Aus der Sicht eines „objektiven Empfängers" durfte der W die Bestellung des G so verstehen, dass dieser das „Abendmenü" für „€ 100,–" bestellen wollte. c) Die Annahmeerklärung aa) des W besteht im Servieren der Speisen. bb) Aus der Sicht aaa) eines „objektiven Empfängers" erklärte W damit die Annahme zu € 80,–. Damit bestünde kein Konsens und kein Vertrag (Larenz); der W hätte einen Anspruch auf Zahlung eines Wertersatzes von € 90,– aus §§ 812 Abs. 1 S. 1 Var. 1 818 Abs. 2 BGB. bbb) Dieses Ergebnis wird von einigen für unangemessen gehalten, und es werden zur „Ergebniskorrektur" die üblichen Auslegungskriterien dahingehend ergänzt, dass bei für den Anbietenden, hier für den G, unerkennbaren auslegungsrelevanten Umständen die Annahmeerklärung aus dem Sinn des Angebots bestimmt werden muss, so dass man zu einem Konsens zwischen G und W in Höhe von € 80,– käme (Canaris, Medicus). Dafür spricht immerhin, dass W, nicht aber der G das Risiko dafür trägt, dass auf den Tischen seines Lokals nur gültige, von ihm und nicht von „Spaßvögeln" stammende Speisekarten ausliegen. Die Folge ist allerdings, dass der W den Vertrag nach § 119 Abs. 1 BGB anfechten könnte; das wird er aber wohl im Hinblick auf § 122 BGB unterlassen.

Wenn die Auslegung dazu führt, dass **kein voller Konsens** besteht, dürfen Sie nicht sofort zum Dissens kommen, sondern müssen prüfen, ob zwischen den Parteien jedenfalls das für einen Vertragsschluss erforderliche **Mindestmaß** an **Übereinstimmung** besteht. Das kann sich aus einer **„ergänzenden" Auslegung** der **Annahmeerklärung** oder aus einer **entsprechenden Anwendung der §§ 315 ff. BGB** ergeben.

**Fall 47**

Der V will 10 Stück einer bestimmten Ware zum Stückpreis von € 10,– verkaufen und erklärt dies gegenüber dem K. Der K will 15 Stück zu diesem Stückpreis kaufen und erklärt dies auch. Der K verlangt daraufhin 15, jedenfalls aber 10 Stück Zug-um-Zug gegen Zahlung von € 10,– pro Stück. Der V verweigert jegliche Leistung mangels eines Vertragsschlusses (nach Kropholler)

Der Anspruch des K gegen den V könnte sich aus einem Kaufvertrag ergeben (§ 433 Abs. 1 S. 1 BGB). a) Ein Mindestmaß an Übereinstimmung besteht hinsichtlich von 10 Stück der Ware zum Preis von € 10,– das Stück; insoweit besteht daher ein Kaufvertrag. b) Hinsichtlich der weiteren 5 Stück besteht ein „offener Dissens", und es gilt § 150 Abs. 2 BGB (dazu sogleich mehr).

(3) Resultat (Konsens/Dissens)

Die solchermaßen vorgenommene Auslegung von Angebot und Annahme kann zum Ergebnis haben, dass die beiden Willenserklärungen sich inhaltlich decken (Konsens). Dann ist ein Vertrag geschlossen. Wenn aber ein Dissens besteht, so müssen Sie Ihre Arbeit fortsetzen.

bb) Offener Dissens

Wenn Sie dazu kommen, dass keine Einigung besteht, so kann es sich um einen sog. **„offenen Dissens"** handeln, wenn die **Parteien** sich dessen **bewusst** sind, dass sie sich **nicht über alle Punkte geeinigt** haben und dass die noch lückenhafte Vereinbarung vervollständigt werden muss. Was die Rechtsfolgen angeht, so ist zu differenzieren.

(1) Offener Dissens über Hauptpunkte

Weil die **Hauptpunkte** eines Vertrages (das sind bei den Typenverträgen die essentialia negotii und evtl. von den Parteien zu Hauptpflichten erhobene Nebenpflichten; bei den nicht typisierten Verträgen sind dies alle zur Durchführung erforderlichen Punkte) nicht zur Disposition der Vertragschließenden stehen bzw. weil es auch insoweit kein die Erklärungsdefizite ergänzendes Gesetzesrecht gibt, ist für das Zustandekommen eines Vertrages eine **Einigung der Parteien** hierüber **unerlässlich.**

Die Folge ist, dass bei einem **offenen Einigungsmangel** über **Hauptpunkte** bereits **„aus der Natur des Vertrages"** heraus **niemals** ein **Vertrag zustande** kommt. Dies ist ein allgemeiner, sich aus der Logik ergebender Rechtsgrundsatz, für den es keine gesetzliche Regelung gibt; man geht zur Begründung dieses Ergebnisses auch nicht auf § 154 BGB ein.

**Fall 48**

Der V einigt sich am 1. Dezember 2002 mit dem K1 über den Verkauf eines in einem von V gemieteten Lagerhaus untergebrachten Warenlagers zu einem Preis von € 100.000,–. Der V muss – wie in den Verhandlungen deutlich wird – das Lagerhaus bis zum 31. Januar 2003 geräumt herausgeben und will in dem Kaufvertrag vereinbaren, dass der K1 das Warenlager am 15. Januar 2003 übernimmt; der K1 erklärt dazu, dass er selbst erst am 30. Januar 2003 ein Lager für die Einlagerung der Waren zur Verfügung habe. Am 15. Dezember 2002 verlangt der K1 von dem V Zug-um-Zug gegen Zahlung der € 100.000,– Lieferung, weil er überraschend schon jetzt eine Lagerhalle anmieten konnte. Der V lehnt ab, weil er inzwischen an den K2 verkauft hat, der zur Abnahme am 15. Januar 2003 bereit war.

Der K1 könnte Lieferung verlangen, wenn zwischen ihm und V ein Kaufvertrag geschlossen worden wäre (§ 433 Abs. 1 S. 1 BGB). Es lag ein offener Dissens über einen Hauptpunkt (an sich ist die Abnahmepflicht des Käufers aus § 433 Abs. 2 BGB zwar eine Nebenpflicht; hier ist sie aber von den Parteien zur Hauptpflicht erhoben worden); nach allgemeinen Grundsätzen kommt bei einem offenen Dissens über einen Hauptpunkt kein Vertrag zustande.

(2) Offener Dissens über Nebenpunkte

Wenn über **Nebenpunkte**, über die auch nur **eine der Parteien eine Vereinbarung** treffen wollte, **bewusst keine Übereinstimmung** erzielt worden ist, kommt lediglich **im Zweifel kein Vertrag** zustande (§ 154 BGB).

**Fall 49**

Der V bietet dem K eine bestimmte Sache zum Preis von € 10.000,– zum Kauf an; geliefert werden soll am 1. November 2002. Der K erklärt, er sei einverstanden, wolle aber den Kaufpreis in zwei aufeinander folgenden monatlichen Raten beginnend mit dem Monat der Lieferung zu je € 5000,– zahlen. Der V erwidert dazu, dass man darüber noch reden müsse. Dazu kommt es nicht mehr. Der K verlangt dann am 1. November 2002 unter Vorlage von € 5000,– die gesamte Lieferung von V; der V nimmt den Betrag an, liefert aber nicht (nach Peters).

Der Lieferungsanspruch aus einem Kaufvertrag (§ 433 Abs. 1 S. 1 BGB) setzt den Abschluss eines Kaufvertrages voraus. a) Eine Einigung über die „essentialia negotii" liegt vor. b) Bezüglich der Zahlungsmodalitäten liegt keine Einigung vor. Das ist den Parteien auch bewusst. Da es nur um einen Nebenpunkt geht, ist der Vertrag nicht ohne weiteres, aa) sondern nur im Zweifel nicht geschlossen (§ 154 Abs. 1 BGB). bb) Wirksam wäre er, wenn die Parteien sich erkennbar binden wollten. Dafür sprechen die Erklärung des V und das Leistungsbegehren des K sowie die Invollzugsetzung des Vertrages durch Zahlung und Entgegennahme. cc) Die Frage ist, wie die verbliebene Lücke geschlossen wird, ob also der K die gesamte Lieferung verlangen kann. In Betracht kommen die Möglichkeiten aaa) Eine nachträgliche Einigung, durch die die Lücke geschlossen wird, ist hier nicht erkennbar. bbb) Auch eine Vereinbarung dahingehend, dass das Gericht die Lücke schließen soll (Bork), wurde hier nicht getroffen. ccc) Für eine ergänzende Vertragsauslegung fehlen Anhaltspunkte im Sachverhalt. ddd) Hier würde daher dem Lieferungsanspruch § 320 BGB entgegenstehen.

#### cc) Versteckter Dissens

Beim **„versteckten Dissens"** liegt es so, dass mindestens eine der Parteien sich nicht dessen bewusst ist, dass man sich nicht über alle Punkte geeinigt hat. Hier gilt folgendes.

#### (1) Versteckter Dissens über Hauptpunkte

Sie wissen ja schon: Weil die **Hauptpunkte** (zur Wiederholung: das sind bei Typenverträgen die essentialia negotii und evtl. von den Parteien zu Hauptpflichten erhobene Nebenpflichten; bei nicht typisierten Verträgen sind es alle zur Durchführung erforderlichen Punkte) nicht zur Disposition der Parteien stehen bzw. es kein ergänzendes Gesetzesrecht gibt, müssen die Parteien sich über sie geeinigt haben.

Daher kommt auch bei einem **versteckten Einigungsmangel** über **Hauptpunkte** „aus der Natur des Vertrages" **kein Vertrag** zustande. Dies ist ein allgemeiner, sich aus der Logik ergebender Rechtsgrundsatz, für den es keine gesetzliche Regelung gibt. Man geht zur Begründung dieses Ergebnisses auch nicht etwa auf § 155 BGB ein; das wäre sogar ein grober Fehler.

**Fall 50**

Ein Kanadier als Käufer (K) und ein US-Amerikaner als Verkäufer (V) verhandeln in London über den Abschluss eines Kaufvertrags über eine teils dort und teils in Kanada befindliche bestimmte Ware, die dann an die Niederlassung des K in Deutschland geliefert und hier auch bezahlt werden soll. Der V hatte die Kaufsache zu einem Preis von „1 Million Dollar" angeboten und meinte, dass dies von K als „1 Million US-Dollar" verstanden worden war. Der K, der nur für

„1 Million kanadische Dollar" hatte kaufen wollen und auch meinte, dies von V gehört zu haben, hatte deshalb „Ja" gesagt. Beide meinten sie, sich geeinigt zu haben. Als der V von dem K Zug-um-Zug gegen Lieferung die Zahlung von US$ 1 Mio. und Abnahme verlangte, lehnte K ab. V klagt vor einem deutschen Gericht auf Zahlung des Kaufpreises von US$ 1 Mio. Zug-um-Zug gegen Lieferung. (Gehen Sie wieder von einer wirksamen Vereinbarung der Anwendung deutschen Rechts aus.)

Unter Zugrundelegung des Maßstabes des objektivierten Empfängerhorizontes muss – mangels irgendwelcher anderen objektiven Anhaltspunkte – davon ausgegangen werden, dass jeder der Erklärenden seine eigene Währung erklärt hat. Trotz der Vorstellung von einer Einigung ist mangels Feststellbarkeit übereinstimmender Erklärungsinhalte kein Vertrag zustande gekommen.

| | Antrag des V | Annahme des K | Kongruenz/ Inkongruenz der Erklärungen |
|---|---|---|---|
| **Innerer Wille** | „Preis: 1 Million US-Dollar; bestimmte Ware, Vertragspartner: V und K" | „1 Millionkanadische Dollar, bestimmte Ware, Vertragspartner: V und K" | *Inkongruenz* = **kein Vertragsschluss** |
| **Erklärter Wille** (nach §§ 133, 157 BGB: objektivierter Empfängerhorizont) | „Preis: 1 Million US-Dollar; bestimmte Ware, Vertragspartner: V und K" | „1 Millionkanadische Dollar, bestimmte Ware, Vertragspartner: V und K" | *Inkongruenz* = **kein Vertragsschluss** |
| **Kongruenz/Inkongruenz von Wille und Erklärung** | *Kongruenz* | *Kongruenz* | |

(2) Versteckter Dissens über Nebenpunkte

Betrifft die von den Vertragschließenden **unerkannte unvollständige Einigung** nur **einzelne Nebenpunkte**, über die auch nur einer von ihnen eine Vereinbarung hatte treffen wollen, kommt ein Vertrag über das Vereinbarte dann zustande, wenn die Parteien sich nach dem **hypothetischen Parteiwillen** darauf auch ohne Regelung der Nebenpunkte verständigt hätten, also eine Teilwirksamkeit gewollt hätten (**§ 155 BGB**). Die bestehende Lücke wird geschlossen durch das dispositive Recht und durch eine ergänzende Vertragsauslegung. Soweit eine hypothetische Einigung nicht festgestellt werden kann, gilt **§ 150 Abs. 2 BGB**.

**Fall 51**

Der V vermietet dem M eine Parterre-Wohnung in seinem Haus auf dem Oberland der Nordseeinsel Helgoland. Man verhandelt darüber, ob der M auch zur Eisbeseitigung und Schneeräumung auf dem Gehweg vor dem Haus verpflichtet sein soll. Der M und der V erzielen darüber keine Einigung und handeln zunächst einmal die übrigen Punkte des Vertrages aus; die Frage der Eisbeseitigung und der Schneeräumung auf dem öffentlichen Weg vor dem Haus zu Verkehrssicherungszwecken, über die sie sich an sich noch hatten verständigen wollen, wird in der Vorstellung, sich über alles geeinigt zu haben, dann doch vergessen, und der Mietvertrag wird unterzeichnet. Der M ist im Winter nicht auf der Insel und hatte auch keine Vorkehrungen für die Eis- und Schneebeseitigung getroffen. Als bei einem ersten winterlichen Schneefall kein Schnee beseitigt worden war und sich Nachbarn bei dem V beschwert hatten, stellte sich heraus, dass man sich beim Vertragsschluss über die Schnee- und Eisbeseitigung nicht geeinigt hatte. 1) Der V, der sich über die Beschwerden der Nachbarn sehr geärgert hatte, verlangte von M Räumung der Wohnung. 2) Könnte der V beim nächsten Schneefall Schneebeseitigung von M verlangen?

1) Der V könnte Räumung a) nach § 985 BGB verlangen. aa) Der V ist Eigentümer. bb) Der M ist Besitzer. cc) Zu prüfen ist, ob der M ein Recht zum Besitz gegen den V hat (§ 986 Abs. 1 BGB). Dieses könnte sich aus § 535 Abs. 1 S. 1 BGB ergeben, wenn ein Mietvertrag zwischen V und M bestünde. aaa) Eine entsprechende Einigung über die „essentialia negotii" liegt vor. bbb) Keine Einigung ist über die Frage einer Schneeräumungspflicht erzielt worden aaaa) Dies ist keine Hauptpflicht, bbbb) sondern eine Nebenpflicht, über die man sich meinte, geeinigt zu haben. Der Vertrag wäre danach nur dann wirksam, wenn anzunehmen ist, dass der Vertrag auch ohne Einigung über diesen Punkt geschlossen worden wäre (§ 155 BGB). Davon ist auszugehen, weil es auf Helgoland nur äußerst selten einmal so nachhaltig friert und schneit (Meeresklima, Golfstrom), dass zu Verkehrssicherungszwecken Schnee geräumt und Eis beseitigt werden muss. Also besteht ein Mietvertrag zwischen V und M, und der M hat ein Recht zum Besitz gegenüber dem V. b) Auch ein Anspruch aus § 812 Abs. 1 S. 1 Var. 1 BGB entfällt, weil der M die Wohnung mit Rechtsgrund besitzt (§ 535 BGB). 2) Im Wege der ergänzenden Vertragsauslegung käme man wegen der Üblichkeit einer solchen Überbürdung dieser Verkehrssicherungspflicht in Norddeutschland auf den Parterremieter zu einer Schneeräumungspflicht.

Ein **Scheitern** des **Vertragsschlusses** nach § 155 BGB kann jedoch zur Konsequenz haben, dass derjenige, der einen Dissens durch schuldhaftes Verhalten verursacht hat, aus **§§ 280 Abs. 1, 311 Abs. 2, 241 Abs. 2 BGB** auf Schadensersatz in Höhe des negativen Interesses haftet.

**Variante des US-Amerikaner-Kanadier-Falles**

Der V hat – wie bei früheren Geschäften zwischen ihnen üblich – in der Vorstellung eines zustande gekommenen Vertrages die Ware an K's Niederlassung in Deutschland versandt; dadurch sind ihm hohe Kosten entstanden. Der V macht diese Kosten als Schadensersatz geltend. (Gehen Sie wieder von einer wirksamen Vereinbarung der Anwendung deutschen Rechts aus.)

Der Anspruch a) ergibt sich dem Grunde nach aus §§ 280 Abs. 1, 311 Abs. 2 Nr. 1, 241 Abs. 2 BGB. Denn durch die Aufnahme von Vertragsverhandlungen ist zwischen dem V und dem K ein vertragsähnliches Schuldverhältnis entstanden, das zur Rücksicht verpflichtet. Diese Pflicht hat der K durch seine missverständliche Ausdrucksweise schuldhaft verletzt. b) Der Höhe nach wird das negative Interesse geschuldet: Der V kann von K verlangen, so gestellt zu werden, wie wenn er ihn nie gesehen hätte. Den V trifft jedoch wegen seiner eigenen missverständlichen Ausdrucksweise ein Mitverschulden, das nach § 254 Abs. 1 BGB zu einer angemessenen Schadensteilung führt (=jeder zur Hälfte).

dd) Neues Angebot (§ 150 Abs. 2 BGB)

In den Fällen, in denen wegen eines offenen oder versteckten Einigungsmangels der Vertrag nicht zustande kommt oder nur teilweise zustande kommt, sollen die hierfür verantwortlichen Annahmeerklärungen nach § 150 Abs. 2 BGB ein neues Angebot sein.

**Fall 52**

Der K bestellte bei V eine von diesem schon seit Jahren hergestellte Sache zum Kauf für € 800,–, weil er von einem früheren Kauf her wusste, dass V eine solche Sache für € 800,– zu verkaufen pflegte. Der V übersendet dann die Ware mit einer Rechnung über € 850,– und einem Begleitschreiben des Inhalts, dass eine Verteuerung der Arbeitskosten und des Materials leider eine Preiserhöhung notwendig gemachte hätten. Der K zahlt € 800,– und nimmt die Ware in Gebrauch. Der V verlangt Zahlung von € 50,–.

Der Anspruch des V gegen den K könnte sich aus einem Kaufvertrag ergeben (§ 433 Abs. 2 S. 1 BGB). a) Der Kaufvertrag zum Preise von € 850,– könnte aa) aufgrund eines Angebots des K, das der V angenommen hat, zustande gekommen sein. aaa) Der K hat zum Kauf für einen Preis von € 800,– angeboten. bbb) Der V hat zum Preis von € 850,– angenommen. Danach wäre kein Kaufvertrag zustande gekommen. bb) Zustande gekommen sein könnte ein Kaufvertrag über einen Preis von € 850,– aber dadurch, dass aaa) die abgeänderte Annahmeerklärung des V ein neues Angebot zu einem Kauf für € 850,– ist (§ 150 Abs. 2 BGB), bbb) wenn der K es angenommen hätte. Die Annahmeerklärung des K ist in der widerspruchslosen Ingebrauchnahme der Sache zu sehen. b) § 241a BGB steht dem nicht entgegen, denn auch wenn der geforderte Preis von der Bestellung abweicht, ist die Zusendung nicht unbestellt erfolgt.

ee) Korrektur des § 150 Abs. 2 BGB durch § 242 BGB?

Stellen Sie sich zum *Beispiel* vor, dass der A dem B nach vorherigen Vertragsverhandlungen, die zum Ergebnis hatten, dass ein schriftlicher Vertrag geschlossen werden sollte, einen noch nicht von ihm noch nicht unterschriebenen „Vertrag“ übersendet, der B dann die von A formulierten Fälligkeitsregelungen mit gleicher Schriftart und damit schlecht erkennbar zu seinen Gunsten verändert und den „Vertrag“ unterschrieben an A zurückschickt, ohne auf die Veränderung hinzuweisem, und der A, der die Veränderung nicht erkannte, dem B eine von ihm unterschriebene Ausfertigung zurückschickt. Ist ein Vertrag zustandegekommen (nach BGH und Korch)?

Wenn man in der Zusendung des „Vertrages" (das ist angesichts der in den Verhandlungen vorgesehehen Schriftlichkeit ein Problem, denn es fehlt die Unterschrift des A!) einen Antrag zum Abschluss eines Vertrages sieht, so läge in der Zurücksendung des unterschriebenen geänderten Angebots „eine Annahme unter Erweiterungen, Einschränkungen oder sonstigen Änderungen…", die als „Ablehnung verbunden mit einem neuen Antrag" anzusehen wäre (§ 150 Abs. 2 BGB). Zustandgekommen wäre ein Vertrag dann, wenn der A diesen neuen Antrag angenommen hätte Erörtern müsste man hier, ob der B eigentlich ein Erklärungsbewusstsein hatte. Damit wäre der Vertrag mit dem, was die Fälligkeitsregelungen angeht, von B formulierten Inhalt zustandegekommen.

Dieses Ergebnis befriedigt nicht, so dass man es nach § 242 BGB korrigieren kännte: Der B hätte die von ihm vorgenommenen Änderungen im Antrag dem A bekanntmachen müssen. Da dies nicht geschehen sei, komme eus der Sicht eines objektiven Betrachters der Vertrag mit dem von A formulierten Inhalt zustande. (BGH).

Man kann dies aber auch anders sehen: Die Lösung des BGH sei eine Fiktion eines Vertrages, der erkennbar nie mit diesem Inhalt geschlossen worden sei. Vielmehr sei der der Vertrag als mit dem von B formulierten Inhalt geschlossen anzusehen und dem A die Möglichkeit gegeben, sich nach § 119 BGB bzw. (hier:) § 123 Abs. 1 BGB von diesem Vertrag zu lösen und ggf. Schasdensersatz nach §§ 280 Abs. 1, 241 Ans. 2, 311 Abs. 2 BGB zu verlangen (Korch).

## 5. Der Abschluss des Kaufvertrages nach dem UN-Kaufrecht (CISG)

Bei einem **internationalen Kauf** wird das sonstige nationale Recht hinsichtlich des Vertragsschlusses einschließlich der Förmlichkeiten und hinsichtlich der Rechte und Pflichten aus dem Kaufvertrag durch das zu nationalem Recht gewordene **UN-Kaufrecht (CISG)** ersetzt.

Ein **„Internationaler Kauf"** ist gegeben, wenn ein **Vertrag** vorliegt, bei dem die Leistungspflichten denen der **Art. 1–3, 30 ff., 43 ff. CISG** entsprechen, das heißt,

- ein Kauf vorliegt, der in der Weise Kontakt zu mindestens einem Vertragsstaat hat, dass die Parteien ihre Niederlassung in verschiedenen Staaten haben und diese Staaten entweder Vertragsstaaten sind oder das Internationale Privatrecht zur Anwendung des Rechts eines Vertragsstaates führt,
- durch den der eine Teil verpflichtet ist, Waren (bewegliche Sachen) und ähnliche Gegenstände (z. B. Computerprogramme), nicht aber Luftfahrzeuge oder Wertpapiere, zu übereignen und zu übergeben oder sonst zu übertragen, oder sich verpflichtet, eine noch herzustellende oder zu erzeugende Sache zu liefern, wenn nicht der Besteller einen wesentlichen Teil der erforderlichen Stoffe bereitzustellen hat oder der Vertrag wesentlich durch Dienstleistungselemente geprägt wird,
- und der andere Teil verpflichtet ist, dafür eine Gegenleistung in Geld (den Kaufpreis) zu zahlen,
- und dieser Vertrag nicht privaten Zwecken dient.

Das UN-Kaufrecht enthält **besondere Regelungen** über den **Abschluss** des **Kaufvertrages**. Diese ähneln zum Glück so sehr dem (uns in dieser Hinsicht inzwischen ja vertrauten) BGB, dass der deutsche Jurist das Recht des internationalen Warenhandels in dieser Hinsicht zwanglos beherrschen kann.

**1.** Nötig sind zwei auf den Abschluss eines Vertrages gerichtete Willenserklärungen, genannt **Angebot** und **Annahme** (Art. 14, 18 CISG):

**a)** Ein **„Angebot"** (= ein „Vorschlag zum Abschluss eines Kaufvertrages") setzt wie im deutschen Recht u. a. voraus, dass die Erklärung, um als Angebot zum Abschluss eines Vertrages, hier eines Kaufvertrages, angesehen werden zu können, in **inhaltlicher Hinsicht** so bestimmt sein muss, dass sie **mindestens** die sog „essentialia negotii" enthält. Dies sind: **a)** die **Ware** und deren **Menge**; sie müssen durch eine ausdrückliche oder stillschweigende Festsetzung oder durch eine Ermöglichung einer Festsetzung bestimmt werden (Art. 14 Abs. 1 CISG); **b)** der **Kaufpreis**, der entweder festgesetzt sein muss oder dessen Festsetzung ermöglicht wird (Art. 14 Abs. 1 CISG), wozu ein „Preisrahmen" für bestimmte Qualitäten oder eine Klausel, die eine Anpassung an die Marktentwicklung vorsieht, ausreichen; **c)** und der **Vertragspartner**.

Weiterhin muss der Anbietende aus der Sicht eines „objektiven Dritten" den Willen haben, sich rechtlich zu binden (**Rechtsbindungswillen)**. Das ist dann der Fall, wenn die Erklärung ausdrücklich oder stillschweigend den Willen des Anbietenden zum Ausdruck bringt, im Falle der Annahme gebunden zu sein; ein „Vorschlag zum Abschluss eines Kaufvertrages", der nicht an eine Person oder mehrere bestimmte Personen gerichtet ist, ist kein Angebot, sondern nur die Aufforderung, ein Angebot abzugeben, wenn nicht das Gegenteil vom Vorschlagenden deutlich zum Ausdruck gebracht wird (Art. 14 Abs. 2 CISG).

**b)** Die **Annahme** wird in der Regel ausdrücklich oder durch ein konkludentes Verhalten (z. B. die Annahme der Ware) erklärt. Dagegen führen ein **Schweigen** oder eine **bloße Untätigkeit** in der Regel nicht zum Vertragsschluss (Art. 18 Abs. 1 CISG).

**2.** Ähnlich wie bei § 130 Abs. 1 BGB werden das **Angebot** und die **Annahme** im **Regelfall** (Art. 15 Abs. 1 CISG) mit dem **„Empfang"** (= **Zugang) wirksam**.

**a)** Ein **Zugang** liegt vor, wenn die Erklärung an der postalischen Anschrift der Niederlassung des Empfängers abgegeben wird und damit in dessen Machtbereich gelangt ist (Art. 24 CISG).

**b)** Eine Annahme kann **ausnahmsweise** auch **durch Ausführungshandlungen** (Absendung der Ware, Kaufpreiszahlung) wirksam werden, wenn dies unter den Parteien entstandenen Gepflogenheiten oder Gebräuchen entspricht (Art. 18 Abs. 3 CISG); diese Regelung entspricht dem § 151 BGB.

c) Vor dem Wirksamwerden der Erklärung kann das **Angebot** noch **zurückgenommen** werden, wenn die Rücknahmeerklärung vor oder gleichzeitig mit dem Angebot zugeht (Art. 15 Abs. 2 CISG). Auch die **Annahme** kann **zurückgenommen** werden, wenn die Rücknahmeerklärung dem Anbietenden vor oder in dem Zeitpunkt zugeht, in dem die Annahme wirksam geworden wäre (Art. 22 CISG).

**3.** Die **Annahme muss rechtzeitig erklärt** werden (Art. 18 Abs. 2 CISG), was ähnlich wie in den §§ 146, 148, 147 BGB nicht der Fall ist, wenn die Annahme nicht innerhalb der **Annahmefrist** (Art. 20 CISG) erklärt worden ist (Art. 18 Abs. 2 S. 2 CISG).
Wenn keine Annahmefrist gesetzt ist, wird die Annahme weiterhin nicht wirksam, wenn sie nicht innerhalb einer **angemessenen Frist**, für deren Bemessung die Umstände des Geschäfts und die Übermittlungsart des Anbietenden maßgeblich sind und die durchaus einmal 3 Wochen dauern kann, zugeht (Art. 18 Abs. 2 S. 2 CISG).
Der Anbietende kann eine hiernach verspätete Annahme wirksam werden lassen, wenn er den Annehmenden in diesem Sinne unterrichtet (§ 21 Abs. 1 CISG); eine verspätete Annahmeerklärung besteht daher (anders als nach § 150 Abs. 1 BGB!) nicht als Gegenangebot fort (arge. Art. 21 Abs. 1 CISG).

**4.** Der Vertragsschluss setzt weiter voraus, dass das **Angebot nicht erloschen** ist. Ein solches Erlöschen ist auf zweifache Weise möglich:
Der Anbieter kann (anders als nach § 145 BGB) das Angebot vor Abschluss des Vertrages **widerrufen**, wenn der Widerruf vor Absendung der Annahmeerklärung erklärt wird (Art 16 Abs. 1 CISG), es sei denn, es ist unwiderruflich.
Das Angebot erlischt (ähnlich wie bei § 146 BGB) auch durch **Ablehnung** (Art. 17 CISG); das bedeutet, dass der Empfänger des Angebots dieses nicht mehr annehmen kann, wenn er es einmal abgelehnt hat.

**5.** Die Annahme muss mit dem Angebot **„deckungsgleich"** sein (Art. 19, 21 CISG). Die Deckungsgleichheit muss durch **Auslegung** ermittelt werden (Art. 8 CISG): Dabei wird auf den übereinstimmenden „wirklichen" Willen der Parteien abgestellt. Ist der subjektive Wille nicht erkennbar, kommt es auf den „Empfängerhorizont" einer vernünftigen Person an; der Maßstab ist der „gute Glaube" im „internationalen Handelsverkehr". Bei einer **abweichenden Annahmeerklärung** liegt wie bei § 150 Abs. 2 BGB ein neues (Gegen-) Angebot vor (Art. 19 Abs. 1 CISG). Der Vertrag kommt in einem solchen Fall erst dann zustande, wenn der (frühere) Anbieter dieses neue Angebot seinerseits annimmt. Die Annahme liegt bei unwesentlichen Änderungen bereits im Schweigen des Ursprungsanbieters (Art. 19 Abs. 2 CISG). Bei wesentlichen Änderungen (nach Art. 19 Abs. 3 CISG: Preis, Bezahlung, Qualität, Menge, Ort und Zeit der Lieferung etc.) bedarf es einer erklärten Annahme.

### 6. Hinausschieben/Ende der Wirksamkeit eines Rechtsgeschäfts, speziell eines Vertrages durch eine Bedingung

Nachdem Sie nun (meist am Beispiel des Kaufvertrages dargestellt) über den Vertragsschluss eigentlich alles wissen, wäre es an der Zeit, sich der gesamten Breite möglicher Inhalte von Verträgen, speziell von (den uns hier interessierenden) schuldrechtlich verpflichtenden Verträgen zuzuwenden, damit Sie sich endlich von der Vorstellung, es gäbe nur Kaufverträge, emanzipieren.

Aber bevor wir uns daran machen, müssen Sie noch erfahren, dass man die Wirksamkeit/das Fortbestehen eines Rechtsgeschäfts, speziell auch die eines Vertrages und ganz speziell auch die eines schuldrechtlich verpflichtenden (z. B. Kauf-)Vertrages vom Eintritt eines zukünftigen ungewissen Ereignisses, nämlich von einer „Bedingung" abhängig machen kann.

Eine **Bedingung** ist eine durch Rechtsgeschäft vorgenommene Bestimmung, durch welche die Rechtswirkung eines Rechtsgeschäfts von einem **„zukünftigen ungewissen Ereignis"** (auswendig lernen!) abhängig gemacht wird **(§§ 158–162 BGB)**. Sie **wirkt** entweder **aufschiebend (§ 158 Abs. 1 BGB)** oder **auflösend (§ 158 Abs. 2 BGB)**.

Zu unterscheiden ist die Bedingung von der **Befristung**: Bei dieser handelt es sich um eine Nebenabrede, bei der die Rechtswirkung eines Rechtsgeschäfts von einem **zukünftigen gewissen Ereignis (Anfangs-** oder **Endtermin)** abhängig gemacht wird **(§§ 163, 158 ff. BGB analog)**. Von der Befristung zu unterscheiden ist wiederum die **Betagung** einer Forderung z. B. durch eine die Fälligkeit der Forderung hinausschiebende Stundung: Eine Forderung auf Lieferung aus einem **befristeten** Kaufvertrag besteht vor Eintritt des Anfangstermins noch gar nicht, während bei einer **Betagung** durch Stundung die Forderung aus einem Kaufvertrag bereits besteht, aber noch nicht fällig ist. Auch die **„Rechtsbedingung"** ist **keine Bedingung**; hierunter versteht man eine gesetzliche Voraussetzung für die Wirksamkeit eines Rechtsgeschäfts.

Machen Sie sich bitte das „Vergnügen" und definieren Sie jetzt „aus dem Stand", was man unter einer aufschiebenden/auflösenden „Bedingung", einer „Befristung" durch einen Anfangs-/Endtermin und was man unter einer „Betagung" einer Forderung durch eine Stundung und schließlich, was man unter einer Rechtsbedingung versteht. Haben Sie die „Prüfung" bestanden?

Zurück zur **Bedingung i. S. d. §§ 158 ff. BGB**: Das zukünftige ungewisse **Ereignis** kann jeglicher Art sein, auch das Handeln eines Dritten. Die für das Vorliegen einer Bedingung notwendige **Ungewissheit** des Eintritts des Ereignisses kann auf einem Zufall oder auf freiem Belieben einer Person, bei aufschiebenden Bedingungen sogar auf freiem Belieben einer Partei des Rechtsgeschäfts, z. B. eines der Vertragspartner („Potestativ-" oder „Wollensbedingung") beruhen, allerdings nur bei Bedingungen, deren Eintritt vom Willen eines Berechtigten, nicht aber eines Verpflichteten abhängt. Der „Klassiker" einer solchen Wollensbedingung ist § 449 BGB. Bei einer vom Willen des Verpflichteten abhängigen „Bedingung" besteht mangels eines aktuellen Rechtsbindungswillens kein Rechtsgeschäft. Es muss ein **zukünftiges** Ereignis sein, darf also nicht in der Vergangenheit oder in der Gegenwart liegen. Wenn ein bereits entschiedener Umstand, der den Parteien unbekannt ist, zur „Bedingung" erhoben wird, gelten die §§ 158 ff. BGB entsprechend. Eine auflösende „Wollensbedingung" muss man i. d. R. als Vorbehalt eines Rücktrittsrechts auslegen (§§ 346 ff. BGB).

Die Bedingung kann grundsätzlich als **Nebenbestimmung allen Rechtsgeschäften** – also natürlich auch **allen Verträgen** – beigegeben werden. Wichtige **Ausnahmen („bedingungsfeindliche" Rechtsgeschäfte)** sind jedoch

- die **Auflassung** nach **§ 925 Abs. 2 BGB** (für die „fortgeschrittenen Leser": es gibt daher auch keinen Eigentumsvorbehalt beim Erwerb eines Grundstücks; lesen Sie § 449 BGB; dazu später mehr);
- der **§ 388 S. 2 BGB** (die **Aufrechnung** mit der Unterausnahme der Prozessaufrechnung, dazu später mehr);
- und **andere Gestaltungsrechte** (Anfechtung, Kündigung und Rücktritt).
- Was ist der **Grund** für die **„Bedingungsfeindlichkeit"** dieser Rechtsgeschäfte? Bei § 925 Abs. 2 BGB besteht die „ratio legis" darin, dass sich aus Gründen der Rechtsklarheit und Rechtssicherheit die Frage, wer Eigentümer eines Grundstücks ist, nur aus der Auflassung und der darauf basierenden Grundbucheintragung (lesen Sie § 20 GBO) ergeben soll und nicht abhängig sein soll von einem für niemanden vorhersagbaren und sich vor allem nicht aus dem Grundbuch ergebenden „künftigen ungewissen Ereignis". Auch bei der Aufrechnung und anderen Gestaltungsrechten verlangen die Rechtsklarheit und die Rechtssicherheit nach einer Bedingungsfeindlichkeit.

Für die **Fallbearbeitung** ist die Bedingung von erheblicher Bedeutung
1. bei der **aufschiebend bedingten Übereignung** infolge eines **Eigentumsvorbehalts** (§§ 929, 158 Abs. 1, 449 Abs. 1 BGB)
2. und bei für den Fall der Erfüllung der gesicherten Forderung **auflösend bedingt vereinbarten Sicherungsgeschäften** (Sicherungszession, Sicherungsübereignung),
   also gar nicht so sehr für die Frage der Rechtswirksamkeit der uns in diesem Teil 3 interessierenden schuldrechtlich verpflichtenden Verträge; trotzdem befassen wir uns hier ausgiebig mit dem Bedingungsrecht. Für Sie bedeutet das allerdings, dass wir demnächst vom Pfad abweichen und uns mit sachenrechtlichen Fragen befassen werden. Sie werden dieses „juristische Abenteuer" aber mit Sicherheit schadlos überstehen.

### a) Die Wirkung der Bedingung

Und wie wirkt nun eine Bedingung?

- Bei der aufschiebenden Bedingung **tritt** die **Rechtswirkung** des Rechtsgeschäfts erst infolge des Ereignisses **ein**;
- bei der auflösenden Bedingung **endet** die bereits eingetretene **Rechtswirkung** des Rechtsgeschäfts infolge des Ereignisses;
- das alles wussten Sie schon; die Frage ist allein: **ex nunc** oder **ex tunc**?

Der Eintritt des „künftigen ungewissen Ereignisses", also der **Bedingungseintritt** wirkt **„ex nunc"**, also vom Zeitpunkt des Eintritts des Ereignisses an, und **nicht „ex tunc"**, also nicht rückwirkend. Das ist doppelt begründbar: Lesen Sie den **§ 158 BGB** und nehmen Sie den Wortlaut ernst; außerdem ergibt sich die ex-nunc-Wirkung aus einem **Umkehrschluss** aus **§ 159 BGB**. Denn gäbe es eine Rückwirkung, wäre die Norm des § 159 BGB überflüssig. Dass § 159 BGB allerdings gar nicht zur Rückwirkung führt, ist ein anderes Thema, auf das wir gleich eingehen.

Eine hochinteressante **Ausnahme** vom Prinzip der ex-nunc-Wirkung ist der Eintritt der Wirksamkeit eines für einen Minderjährigen nicht lediglich rechtlich vorteilhaften Vertrages nach der „berühmten" Ausnahmeregelung des **§ 110 BGB** („Taschengeld-Paragraph"): Hiernach „(gilt) ein von einem Minderjährigen ohne Zustimmung des gesetzlichen Vertreters" und an sich nach § 107 BGB schwebend unwirksam „geschlossener Vertrags als von Anfang an wirksam, wenn der Minderjährige die vertragsmäßige Leistung mit Mitteln bewirkt, die ihm zu diesem Zweck oder zu freier Verfügung von dem Vertreter oder mit dessen Zustimmung von einem Dritten überlassen worden sind". Um den Minderjährigen vor schädigenden Belastungen seines Vermögens zu schützen, wird die Norm so gelesen, dass das Verpflichtungsgeschäft erst dann als wirksam behandelt wird, „wenn der Minderjährige die vertragsmäßige Leistung mit Mitteln bewirkt" *hat*, „die ihm … überlassen worden sind". Bei Teilzahlungsgeschäften ist das erst dann der Fall, wenn die letzte Teilzahlung erbracht wird. Aber ab wann wird der Vertrag wirksam? Im Wege einer **atypischen Bedingungskonstruktion** nimmt man an, dass die Wirksamkeit des Verpflichtungsgeschäfts durch die vollständige Erfüllung aufschiebend bedingt ist, wobei diese entgegen §§ 158 Abs. 1, 159 BGB aufgrund der Fiktion des § 110 BGB („gilt als von Anfang an wirksam") „ex tunc" (zurück) wirkt. Daher wird bei einem Teilzahlungskauf eines Minderjährigen der Vertrag mit Zahlung der letzten Rate rückwirkend auf den Zeitpunkt des Vertragsschlusses wirksam.

Keine Ausnahme vom Prinzip der ex-nunc-Wirkung ist dagegen – und das war oben schon angedeutet worden – die **Vereinbarung** einer **ex-tunc-Wirkung** des **Bedingungseintritts**. Eine solche Vereinbarung hat nach § 159 BGB gerade keine rückbeziehende Wirkung, sondern nur eine schuldrechtliche Folge des Inhalts, dass die Parteien aufgrund einer solchen Vereinbarung einander verpflichtet sind, sich so zu stellen, wie wenn die Rechtsfolge zu dem in der Vereinbarung vorgesehenen Zeitpunkt eingetreten wäre.

Der anschließende sehr interessante Fall wird Ihnen als Anfänger viel abverlangen, weil wir einen ersten (angekündigten und daher nicht überraschenden!) Exkurs in das Kreditsicherungsrecht und Sachenrecht riskieren. Sie erfahren jetzt erstmals etwas über den **„Eigentumsvorbehalt"**, von dem Sie jedoch immerhin laienhafte Vorstellungen haben dürften. Stellen Sie sich also zum *Beispiel* vor, dass ein Verkäufer (V) und ein Käufer (K) einen Kaufvertrag über eine bewegliche Sache schließen wollen und dass der V zu einer Vorleistung bereit ist: Er will die Kaufsache sofort liefern, während der K den Kaufpreis erst später begleichen soll. Warum sollte der V so unvernünftig sein? Weil er den wegen Geldmangels zögernden K nur so zum Abschluss des Kaufvertrages bewegen kann! Natürlich will und soll der V nach dem Willen beider Vertragsparteien für den Fall, dass der K seiner Kaufpreiszahlungsverpflichtung nicht nachkommt, gesichert sein. Eines der in Betracht kommenden und in der Rechtspraxis außerordentlich häufig verwendeten Sicherungsmittel ist der „Eigentumsvorbehalt": Im Kaufvertrag, in dem der V sich zur Vorleistung an den K verpflichtet, wird vereinbart, dass der V sich das Eigentum bis zur vollständigen Zahlung des Kaufpreises vorbehält. Das hat in rechtlicher Hinsicht zur Folge, dass eine ohne gleichzeitigen (Zug-um-Zug) Erhalt des Kaufpreises durch den V an den K erfolgende Übereignung der Kaufsache nach den §§ 929 ff. BGB „im Zweifel … unter der aufschiebenden Bedingung vollständiger Zahlung des Kaufpreises" erfolgt (§§ 449 Abs. 1, 929 ff., 158 ff. BGB). Wenn der K später aus welchem Grunde auch immer den Kaufpreis nicht oder nicht vollständig zahlen sollte, kann der V nach § 323 BGB vom Kaufvertrag zurücktreten und dann (vgl. § 449 Abs. 2 BGB) die Kaufsache nach §§ 985, 986 BGB von K herausverlangen, denn der V ist mangels Bedingungseintritts (vollständige Kaufpreiszahlung durch K) Eigentümer der Kaufsache geblieben, während der K lediglich deren Besitzer geworden und geblieben ist und der jetzt infolge des zur Beendigung des Kaufvertrags führenden Rücktritts des V vom Kaufvertrag auch kein Recht zum Besitz aus dem Kaufvertrag mehr hat. Diese ersten in eine beispielhafte Fallkonstellation eingekleideten Informationen zum „Eigentumsvorbehalt" reichen zunächst einmal dafür aus, dass Sie die folgenden Fälle nachvollziehen können. Wir wollen aber ganz sicher gehen: Weil die zuvor skizzierte Fallkonstellation für das „wirkliche Leben" und für die Ausbildung so ungeheuer wichtig ist und weil Sie durch die Gemengelage von Schuld- und Sachenrecht gerade als „Anfänger" so besonders „gefordert" werden, sollten Sie das Weiterlesen unterbrechen und sich wieder einmal selbst einen kleinen „stummen" Vortrag über das soeben Gelesene und vielleicht auch schon Gelernte halten. Erst dann sollten Sie den folgenden Fall bearbeiten!

**Fall 53**

Der V verkauft eine Kuh an den K. Im Kaufvertrag verpflichtet der V sich zur Vorleistung an K nach Erhalt einer Anzahlung in Höhe der Hälfte des Kaufpreises und behält sich bis zur vollständigen Zahlung des Kaufpreises das Eigentum vor. Die zweite Hälfte des Kaufpreises soll binnen weiteren 3 Monaten gezahlt werden. Im Kaufvertrag ist weiter vereinbart, dass mit dem Eintritt der Bedingung die an ihren Eintritt geknüpften Folgen auf den Zeitpunkt des Abschlusses des Vertrages zurückwirken sollen. Der K zahlt vereinbarungsgemäß unmittelbar nach dem Vertragsschluss die Hälfte des Kaufpreises an, und der V liefert dem K die Kuh. Bei K kalbt die Kuh. Dann zahlt der K den restlichen Kaufpreis. Der V verlangt von dem K das Kalb heraus (nach Giesen).

Der V könnte Herausgabe aus §§ 985, 986 BGB verlangen. a) Der K ist Besitzer des Kalbes. b) Der V müsste Eigentümer sein; dies könnte er nach § 953 BGB geworden sein: aa) Dann müsste das Kalb ein Erzeugnis sein. Es ist eine „Frucht" der Kuh, die als „Muttersache" (§ 99 Abs. 1 BGB) anzusehen ist. bb) Die „Frucht" (das Kalb) ist von der „Muttersache" (der Kuh) getrennt worden. cc) Der V müsste bei der Trennung der „Frucht" (Kalb) von der „Muttersache“ (Kuh) Eigentümer der Muttersache (Kuh) gewesen sein: aaa) Ursprünglich war der V Eigentümer der Kuh. bbb) Die Lieferung der Kuh aaaa) ist eine Übereignung nach § 929 S. 1 BGB. bbbb) Die Wirkung der Übereignung der Kuh an den K war aber aufschiebend bedingt durch die vollständige Bezahlung des Kaufpreises (§§ 929 S. 1, 449 Abs. 1, 158 Abs. 1 BGB), so dass der V bis zu diesem Zeitpunkt Eigentümer der Kuh blieb. Mit dem Eintritt der Bedingung ist K „ex nunc“ Eigentümer geworden. Die Vereinbarung einer Rückwirkung hat keine dingliche Wirkung (arge. § 159 BGB). Also ist der V bei der Trennung Eigentümer der Kuh gewesen und damit nach § 953 BGB Eigentümer des Kalbes geworden. c) Der K könnte jedoch ein Recht zum Besitz haben (§ 986 Abs. 1 BGB). Dieses könnte sich aus § 242 BGB ergeben, wenn der K gegen den V einen Anspruch darauf hätte, dass der V ihm das Kalb übereignet, denn dann müsste der V das an ihn herausgegebene Kalb sogleich wieder an K herausgeben; das Herausgabeverlangen des V wäre dann treuwidrig und ihm stünde der Einwand der Arglist entgegen (§ 242 BGB: „dolo agit ...“). Ein Anspruch auf Übereignung des Kalbs ergibt sich aa) entweder aus § 159 BGB bb) oder aus §§ 446 S. 2, 100, 99 BGB. denn die Trächtigkeit der Kuh war beiderseits bekannt und auch in die Kaufpreiskalkulation eingeflossen.

Ihnen ist natürlich klar, dass wir uns mit diesem Fall doch recht weit von unserem eigentlichen Thema entfernt haben:

Wir sind ja eigentlich damit befasst, uns die Voraussetzungen eines Vertragsschlusses, speziell natürlich eines verpflichtenden Vertrages zu erarbeiten. Und dabei sind wir darauf gestoßen, dass die Wirksamkeit eines Rechtsgeschäftes und damit auch die eines Vertrages vom Eintritt eines künftigen ungewissen Ereignisses (Bedingung) abhängig sein kann. Und zur Illustration der Wirkung einer Bedingung haben wir jetzt einen Fall gebildet, bei dem es ausgerechnet nicht um einen bedingten verpflichtenden Vertrag, sondern um eine aufschiebend bedingte Übereignung einer Kaufsache („Eigentumsvorbehalt“) ging. Es wird Ihnen also allerhand Flexibilität zugemutet und zugetraut. Übrigens: Über den Eigentumsvorbehalt werden Sie hier noch so viel lesen, dass Ihnen diese kleine (Vorab-) Einführung in diesen Themenkreis nur helfen wird.

Und keine Sorge: Wir finden den Weg zu unserem Thema zurück!

**Fall 54**

Der V verkauft dem K am 1. November 2003 ein ihm gehöriges und von diesem bisher genutztes Auto unter der aufschiebenden Bedingung, dass es ihm, dem V, gelingt, bis zum 1. Dezember 2003 für sich einen neuen Wagen zu erwerben. Gleichzeitig bestellt der V bei einem Händler einen neuen Wagen. Da der V sich in der Zwischenzeit auf einer Auslandsreise befindet und er den an K verkauften Wagen nicht benötigt, überlässt er das verkaufte Auto bereits jetzt dem K. Der V behält aber die Zulassungsbescheinigung Teil 2 bei sich; der Kaufpreis soll bei Bedingungseintritt gezahlt werden. Schon auf der ersten Fahrt verunglückt der K schuldlos mit der Folge eines Totalschadens. Am 30. November 2003 wird dem V der Neuwagen geliefert. Der V verlangt Zahlung des Kaufpreises von K (nach Köhler).

Der Anspruch könnte sich aus einem Kaufvertrag ergeben (§ 433 Abs. 2 BGB). a) Der Kaufvertrag ist geschlossen. Die aufschiebende Bedingung ist eingetreten (§ 158 Abs. 1 BGB). Damit ist der Anspruch entstanden. b) Er könne aa) nach § 326 Abs. 1, S. 1, Hs. 1 BGB entfallen sein. aaa) Der Kaufvertrag ist ein gegenseitiger Vertrag, denn die Hauptleistungspflichten (Lieferung/Zahlung) stehen im Gegenseitigkeitsverhältnis zueinander (= „do ut des = „ich gebe, damit Du gibst"). bbb) Der V müsste von seiner Leistungsverpflichtung nach § 275 Abs. 1–3 BGB befreit sein. Er schuldete nach § 433 Abs. 1 S. 1 BGB Übergabe und Übereignung. Er hatte diese Pflicht noch nicht erfüllt, so dass sie noch besteht, denn es fehlte – wie sich aus dem Einbehalt des Kfz-Briefes ergibt – jedenfalls noch an einer Übereignung an den K. Diese Übereignung ist ihm nach dem Totalschaden nicht mehr möglich, der Anspruch des K ist ausgeschlossen (§ 275 Abs. 1 BGB). Danach wäre der Anspruch des V gegen den K auf die Gegenleistung (Kaufpreiszahlung) entfallen. bb) Er könnte jedoch fortbestehen, wenn die Gegenleistungs- (= Preis-) Gefahr bereits vor Eintritt der Unmöglichkeit auf den K übergegangen ist. Dies könnte nach § 446 S. 1 BGB der Fall sein: aaa) Das Auto ist zwar an den K übergeben worden, bbb) der K war jedoch aaaa) noch nicht der Käufer des Autos, weil die Bedingung zu diesem Zeitpunkt noch nicht eingetreten war (§ 158 Abs. 1 BGB). bbbb) Weil jedoch die Übergabe eine vorweggenommene Teilerfüllung des Kaufvertrages war, wird in derartigen Fällen angenommen, dass die Parteien stillschweigend eine Rückwirkungsvereinbarung i. S. d. § 159 BGB geschlossen haben, so dass der K den V so zu stellen hat, als wäre ihm eine bereits verkaufte Sache übergeben worden. Danach ist der K also gem. §§ 433 Abs. 2, 159, 446 S. 1 BGB zur Kaufpreiszahlung an V verpflichtet.

#### b) Die Schwebezeit

Der bedingt Berechtigte ist in der Schwebezeit in einer unsicheren Situation. Den bestehenden Risiken trägt das Gesetz in mehrfacher Hinsicht Rechnung.

##### aa) Treuwidrige Vereitelung des Eintritts der Bedingung (§ 162 BGB)

Vereitelt eine Partei den Bedingungseintritt treuwidrig, so wird der **Bedingungseintritt fingiert (§ 162 BGB)**. Zur „Illustration" dessen müssen Sie sich leider schon wieder mit einem Fall einer aufschiebend bedingten Übereignung („Eigentumsvorbehalt") „quälen". Das ist aber eine gute Vorbereitung „für später", denn die meisten Bedingungsrechts-Fälle, mit denen Sie in der Ausbildung und im Examen zu tun haben dürften, betreffen sachenrechtliche Rechtsgeschäfte.

**Fall 55**

Der Viehhändler V verkauft an den K am 1. Oktober 2002 eine Kuh unter Eigentumsvorbehalt. Nach einer Anzahlung in Höhe der Hälfte des Kaufpreises, sollen die Kaufpreisraten dem V nach dem Kaufvertrag zufolge jeweils am ersten Tag eines Monats um 12.00 Uhr in dessen Büro in bar gezahlt werden; die letzte Rate ist am 1. Dezember 2003 fällig. Wie vereinbart wird die Kuh nach Abschluss des Kaufvertrages und Erhalt der Anzahlung an K geliefert. Der K begibt sich am 1. Dezember 2003, wie auch schon in den Monaten zuvor, den Vereinbarungen entsprechend zu V's Büro, um nunmehr die letzte Rate zu zahlen. Der V hat inzwischen erfahren, dass die Kuh trächtig ist, und er lässt den K daher nicht ein, so dass der K unverrichteter Dinge gehen muss. Jetzt wirft die Kuh ein Kalb. Der V verlangt das Kalb von dem K heraus.

Der V könnte von K Herausgabe des Kalbes aus §§ 98. 9865 BGB verlangen. a) Der K ist Besitzer des Kalbes. b) Der V müsste Eigentümer sein; dies könnte er nach § 953 BGB geworden sein: aa) Dann müsste das Kalb ein Erzeugnis sein. Es ist eine „Frucht" der Kuh als „Muttersache" (§ 99 Abs. 1 BGB). bb) Die „Frucht" (das Kalb) ist von der „Muttersache" (der Kuh) getrennt worden. cc) Der V müsste bei der Trennung der „Frucht" (Kalb) von der „Muttersache" (Kuh) Eigentümer derselben gewesen sein: aaa) Ursprünglich war der V Eigentümer der Kuh. bbb) Die Wirkung der in der Lieferung liegenden Übereignung an den K war aufschiebend bedingt durch die vollständige Bezahlung des Kaufpreises (§§ 929 S. 1, 449 Abs. 1, 158 Abs. 1 BGB), so dass der V bis zu diesem Zeitpunkt Eigentümer blieb. aaaa) Die Bedingung ist nicht durch Zahlung der letzten Rate gem. § 158 Abs. 1 BGB eingetreten, weil der K den Kaufpreis nicht entrichtet hatte, bbbb) wohl aber wird der Bedingungseintritt gem. § 162 BGB fingiert, weil der V den Eintritt der Bedingung treuwidrig vereitelt hat. Mit dem Eintritt der Bedingung ist der K „ex nunc" Eigentümer der Kuh und damit auch des Kalbes (§ 953 BGB) geworden. Daher hat der V keinen Herausgabeanspruch gegen den K.

**Fall 56**

Der V verkauft am 1. November 2003 dem K ein dem V gehöriges und von diesem bisher genutztes Auto – einen „Oldtimer", an dem er sehr hängt, den er sich aber nicht mehr leisten kann – unter der aufschiebenden Bedingung, dass es ihm gelingt, bis zum 1. Dezember 2003 einen passenden neuen Wagen zu erwerben. Im Nachhinein erscheint es dem V so, dass der K ein ihm äußerst unsympathischer Mensch ist, dem er deshalb das Auto nicht gönnt. Der V entschließt sich daher dazu, entgegen seiner bisherigen Absicht dazu, einfach keinen neuen Wagen zu kaufen und fortan Fahrrad zu fahren. Der K verlangt am 1. Dezember 2003 Lieferung Zug-um-Zug gegen Zahlung des Kaufpreises.

Der Anspruch könnte sich aus einem Kaufvertrag ergeben (§ 433 Abs. 1 S. 1 BGB). a) Der V und der K haben einen Kaufvertrag unter einer aufschiebenden (Wollens-) Bedingung geschlossen. b) Die Bedingung (Anschaffung eines neuen Wagens durch V) ist aa) nicht eingetreten, so dass der Vertrag nicht nach § 158 Abs. 1 BGB wirksam geworden ist. bb) Er könnte jedoch nach § 162 BGB wirksam geworden sein: § 162 BGB findet jedoch auf Wollensbedingungen keine Anwendung; denn es ist gerade Sinn und Zweck der Bedingung, dass das Wirksamwerden des Rechtsgeschäfts von der Willkür des V abhängen soll.

#### bb) Einwirkungen auf die Rechtsstellung des bedingt Berechtigten (§§ 161, 160 BGB)

##### (1) Zwischenverfügungen und Verfügungen im Wege der Zwangsvollstreckung

Sie haben es ja hoffentlich inzwischen eingesehen: Man kann das Bedingungsrecht nicht ohne die Erörterung bedingter Verfügungen, speziell der durch die vollständige Zahlung des Kaufpreises aufschiebend bedingten Übereignung beweglicher Sachen („Eigentumsvorbehalt"), begreifen. Wir sind also plötzlich weit weg vom Thema der „Vertraglichen Primäransprüche" mitten im Sachenrecht gelandet. Da der „Sündenfall" längst eingetreten ist, „sündigen" wir jetzt auch munter weiter. Auch hier gilt wieder, dass Sie sich als Anfänger keine Sorgen machen müssen: Alles, was wir hier besprechen, wird später an den verschiedensten Stellen wiederholt und vertieft.

Sie haben soeben mit dem „Eigentumsvorbehalt" die wichtigste Konstellation einer bedingten Verfügung kennen gelernt. Da Sie ja hoffentlich noch erinnern, dass man unter einer Verfügung die unmittelbare rechtsgeschäftliche Einwirkung auf ein bestehendes Recht durch Übertragung, Belastung, inhaltliche Änderung und Aufhebung versteht, ist Ihnen natürlich auch klar, dass es noch andere Beispiele für eine bedingte Verfügung gibt. So ist die Abtretung einer Forderung nach § 398 BGB ebenfalls eine Verfügung; und sie kann natürlich ebenfalls unter einer Bedingung erfolgen (§§ 398, 158 ff. BGB). Bei einer solchen **bedingten Verfügung** (also z. B. bei einer durch die vollständige Zahlung des Kaufpreises aufschiebend bedingten Übereignung beweglicher Sachen, also bei dem Ihnen ja schon gut bekannten „Eigentumsvorbehalt", oder bei einer aufschiebend bedingten Abtretung einer Forderung) gibt es nun eine sehr interessante Frage, mit der Sie noch viele Male beschäftigt sein werden: Es kann der (z. B. aufschiebend) bedingt **Verfügende** in der Schwebezeit, also in der Zeit vor Eintritt der (aufschiebenden) Bedingung, eine **Zwischenverfügung** über das ihm ja noch immer zustehende Recht zugunsten einer anderen Person, also (wie die Juristen sagen) zugunsten eines „Dritten", z. B. durch eine Abtretung oder eine Übereignung **vornehmen**, durch die die von der Bedingung abhängige Wirkung zum Nachteil des ja nur (aufschiebend) bedingt Berechtigten vereitelt oder beeinträchtigt werden würde.

Hierzu gilt Folgendes:

- Diese Zwischenverfügung ist **zunächst wirksam**, da sie ja (wir befinden uns zeitlich vor dem Bedingungseintritt!) vom (immer noch) Berechtigten vorgenommen worden ist.
- **Aber**: Zum **Schutze** des **bedingt Berechtigten** erklärt das Gesetz diese **Zwischenverfügung**, die den Rechtserwerb des bedingt Berechtigten zu verhindern scheint, im **Falle** des **Eintritts** der **Bedingung** mit **ex-nunc-Wirkung**, also **nicht ex-tunc-Wirkung (!)**, für **„insoweit unwirksam**, als sie **die von der Bedingung abhängige Wirkung vereiteln** oder **beeinträchtigen würde" (§ 161 Abs. 1, 2 BGB)**. Das entspricht genau dem Interesse des bedingt Berechtigten.
- Aber das soeben vorgestellte Ergebnis entspricht nicht dem Interesse des Dritten, des Erwerbers z. B. der Forderung oder des Eigentums an einer beweglichen Sache. Schließlich hat er die Forderung/das Eigentum vom Gläubiger der Forderung/vom Eigentümer der Sache erworben. Er darf (das erkennen wir mit einem Blick) deshalb zumindest nicht schlechter stehen als derjenige, der von einem Nichtberechtigten z. B. die Forderung/das Eigentum erworben hätte; deshalb erklärt das Gesetz zum **Schutz** des **Erwerbers** die evtl. bestehenden **Vorschriften** über den **Erwerb** vom **Nichtberechtigten** für entsprechend (warum nur „entsprechend"? Weil der Zwischenverfügende ja Berechtigter war!) **anwendbar (§ 161 Abs. 3 BGB)**. Und zu welchen Ergebnissen führt dies? Zu unterschiedlichen: Denn bei einer Zwischenverfügung eines Zedenten zum Nachteil eines bedingt berechtigten Zessionars gilt § 161 Abs. 3 BGB nicht, weil es den gutgläubigen Erwerb einer Forderung nicht gibt und weil daher auch keine entsprechend anwendbaren Vorschriften über den Erwerb vom Nichtberechtigten existieren. Warum nicht? Erinnern Sie sich noch an das Argument eines Umkehrschlusses aus § 405 BGB; und der besonders Gebildete weist sogar auf einen Umkehrschluss aus § 1138 BGB hin. Dazu später mehr. Der Zweit-Zessionar erwirbt die Forderung also nicht. Der Zweit-Erwerber des Eigentums aber wird durch die für entsprechend anwendbar erklärten §§ 932 ff. BGB geschützt.

**Fall 57**

Der Gläubiger Z'dent tritt eine ihm gegen den Schuldner S zustehende fällige Darlehensforderung unter einer aufschiebenden Bedingung an den Z'ar 1 ab. Dann tritt der Gläubiger Z'dent sie unbedingt an den Z'ar 2 ab. Als dann die Bedingung eintritt, verlangt der Z'ar 2 und auch der Z'ar 1 Zahlung von S. Der S hatte aber bereits an Z'ar 2 gezahlt, weil der Z'dent ihm die Abtretung an diesen angezeigt hatte. Kann Z'ar 1 sich notfalls auch an Z'ar 2 halten?

1a) Der Z'ar 2 könnte von S Zahlung aus §§ 488 Abs. 1 S. 2, 398 S. 2 BGB verlangen, wenn er Gläubiger der Forderung geworden wäre. aa) Gläubiger war zunächst der Z'dent. bb) Durch die aufschiebend bedingte Abtretung an Z'ar 1 hat sich vor Eintritt der Bedingung an der Gläubigerstellung des Z'dent nichts geändert (§ 158 Abs. 1 BGB). cc) Der Z'ar 2 ist durch die unbedingte Abtretung seitens des Gläubigers Z'dent an ihn aaa) neuer Gläubiger des S geworden. bbb) Diese Abtretung ist jedoch aaaa) nach § 161 Abs. 1 BGB mit dem Eintritt der Bedingung ex nunc unwirksam geworden. bbbb) Weil es keinen gutgläubigen Erwerb von Forderungen gibt (argec. § 405 BGB), findet § 161 Abs. 3 BGB zugunsten des

Z'ar 2 keine Anwendung. Daher ist der Z'ar 2 nicht Gläubiger geworden. b) Der Z'ar 1 ist durch den Bedingungseintritt Gläubiger geworden; er kann Zahlung von S verlangen. c) Der S ist aber nach §§ 407, 408 durch die Zahlung an Z'ar 2 frei geworden. 2) Z'ar 1 kann von Z'ar 2 Zahlung u. a. aus § 816 Abs. 2 BGB verlangen.

**Fall 58**

Der V verkauft dem K1 eine Hifi-Anlage unter Eigentumsvorbehalt und übereignet und übergibt sie dem Käufer. Der K1 zahlt die Kaufpreisraten vertragsgemäß. Weil die Anlage einen Defekt hat, bringt der K1 sie vor der Zahlung der letzten Rate zu V zur Mängelbeseitigung. Der V, der in Geldnot ist, veräußert die reparierte Anlage jetzt an den K2 und übergibt und übereignet sie diesem nach § 929 S. 1 BGB. Nunmehr zahlt der K1, der davon nichts weiß, die letzte Rate an den V. Als der K1 die Anlage wieder bei V abholen will, erfährt er alles. Der K1 verlangt von dem K2 Herausgabe der Anlage.

Der Anspruch könnte sich aus § 985 BGB ergeben. a) Der K2 ist Besitzer. b) Der K1 müsste Eigentümer sein. aa) Eigentümer war der V. bb) Durch die Übereignung an den K1 hat sich vor Eintritt der Bedingung (§§ 929 S. 1, 449 Abs. 1, 158 Abs. 1 BGB) an der Eigentümerstellung des V nichts geändert. cc) Der K2 ist durch die Übereignung an ihn aaa) Eigentümer geworden (§ 929 S. 1 BGB). bbb) Diese Übereignung aaaa) wäre jedoch nach § 161 Abs. 1 BGB mit dem Eintritt der Bedingung ex nunc unwirksam geworden, bbbb) wenn der K2 nicht nach § 161 Abs. 3, 932 BGB geschützt würde. Die Voraussetzungen liegen vor; § 935 BGB steht dem nicht entgegen, weil die Sache weder dem K1 (er gab den unmittelbaren Besitz freiwillig auf) noch seinem Besitzmittler V (auch er gab den unmittelbaren Besitz freiwillig auf) abhandengekommen ist. Damit ist der K2 Eigentümer geworden und dem K1 steht kein Herausgabeanspruch gegen den K2 zu.

- Konsequenterweise werden vom Gesetz **Verfügungen** im Wege der **Zwangsvollstreckung** (man nennt sie auch **„Zwangsverfügungen“**) den rechtsgeschäftlichen Zwischenverfügungen gleichgestellt (§ 161 Abs. 1 S. 2 BGB).

(2) Vereitelung des Bedingungseintritts

Nach **§ 160 BGB** hat ein bedingt Berechtigter für den Fall der Vereitelung oder der Beeinträchtigung des von der Bedingung abhängigen Rechts im Falle des Bedingungseintritts einen auf das positive Interesse gerichteten Schadensersatzanspruch gegen den anderen Teil.

Zum Abschluss dieser sich mit der Bedingung befassenden Passage noch ein der Schärfung des Bewusstseins dienender Hinweis: Ihnen ist bestimmt aufgefallen, dass wir uns fast nur mit der „aufschiebenden Bedingung“ befasst haben, also die „auflösende Bedingung“ ein wenig ignoriert haben – dies geschah ohne jeden „Hintersinn“ allein aus praktischen Gründen und um Sie nicht zu überfordern.

Jetzt werfen wir aber nach einem Rückblick den „Blick nach vorn“:

**I.** Damit Sie angesichts der vielen Details das Wesentliche nicht aus dem Auge verlieren, müssen Sie sich zunächst **durch einen Blick zurück** vergegenwärtigen, in welchem Zusammenhang alles, was Sie hier gerade erarbeiten, steht.
Dazu wird die vorstehend vorgenommene **Ableitung des Vertragsschlusses** nach dem BGB noch einmal knapp zusammengefasst und in den Gesamtzusammenhang („Fallbearbeitung“) eingeordnet. Stellen Sie sich dabei selbst auf die Probe und versuchen Sie, zu jedem dieser Punkte beim Lesen ein „inneres Mini-Referat“ zu halten, mit dem Sie sich selbst beweisen, dass Sie alles verstanden haben und auch alles sicher erinnern; gelingt dies nicht, müssen Sie leider „zurück auf Los“! Betrügen Sie sich nur nicht selbst. Das rächt sich bitter!

**1)** Gefragt wird am Schluss des Ihnen für eine zu bearbeitende Hausarbeit/Klausur mitgeteilten Sachverhalts meistens nach einem **Anspruch** (§ 194 BGB) einer Person (Anspruchsteller) gegen eine andere Person (Anspruchsgegner). **2)** Ein Anspruch ergibt sich aus einem **Schuldverhältnis** (§ 241 Abs. 1 BGB). **3)** Schuldverhältnisse können sich aus dem **Gesetz** (z. B. § 823 Abs. 1 BGB) oder aus einem **Rechtsgeschäft** (§ 311 Abs. 1 BGB) ergeben, und zwar i. d. R. aus einem **verpflichtenden Vertrag**, zuweilen auch aus einem **einseitigen verpflichtenden Rechtsgeschäft**. Uns interessieren im Augenblick nur rechtsgeschäftliche Ansprüche aus Verträgen. **4)** Der **Vertragsschluss als solcher** verlangt mindestens zwei einander inhaltlich entsprechende und mit Bezug aufeinander abgegebene Willenserklärungen. (Angebot/Antrag und Annahme). **5)** Das **Angebot** ist eine **Willenserklärung**. Die Willenserklärung **„Angebot“** verlangt **a)** wie jede Willenserklärung einen „Kundgabeakt“, der **in objektiver Hinsicht** als Kundgabe eines **auf** den **Abschluss eines Vertrages** gerichteten **„Rechtsfolgewillens“** verstanden werden muss. Die Voraussetzungen sind: **aa)** in inhaltlicher Hinsicht die Erklärung der **„essentialia negotii“** des herbeizuführenden Vertrags und **bb)** das Vorliegen eines **„Rechtsbindungswillens“**. **b)** Wie bei jeder Willenserklärung muss der Erklärende **in subjektiver Hinsicht** den Handlungswillen und mindestens das „potentielle“ Erklärungsbewusstsein haben. **6)** Das Angebot ist eine **empfangsbedürftige Willenserklärung** (§ 130 BGB); **a)** Das **„Angebot“** muss daher **abgegeben b)** und dem Erklärungsempfänger **zugegangen** sein. **7)** Die **Annahmeerklärung** muss sich **auf** das **Angebot beziehen. 8)** Durch die Annahmeerklärung muss das Angebot angenommen werden. Die **„Annahme“** verlangt **a)** wie jede Willenserklärung einen „Kundgabeakt“, der **in objektiver Hinsicht** als Kundgabe eines **auf den Abschluss eines Vertrages** gerichteten „Rechtsfolgewillens“ verstanden werden muss. Die Voraussetzungen sind: **aa)** in inhaltlicher Hinsicht das Einverständnis mit den im Angebot erklärten „essentialia negotii“ **(aus-**

**drücklich: „Ja"/„konkludent"/„Schweigen")** und **bb)** das Vorliegen eines „Rechtsbindungswillens". **9)** Die Annahmeerklärung ist eine **empfangsbedürftige Willenserklärung** (§ 130 BGB); **a)** die Annahme muss daher **abgegeben b)** und dem Antragenden als Erklärungsempfänger **zugegangen** sein (Ausnahme § 151 BGB). **10)** Das **Angebot muss** bei Zugang der Annahmeerklärung **noch bestehen** (§ 130 Abs. 1 S. 2 bzw. §§ 145, 146 ff. BGB). **11)** Das Angebot und die Annahme müssen **deckungsgleich** sein. **12)** Sie haben auch gesehen, dass das Zustandekommen des **„Internationalen Kaufvertrags"** nach dem UN-Kaufrecht (CISG) besonderen Regeln folgt, welche sich i.E. aber i.w. mit dem deutschen Recht decken. **13)** Wie bei jedem Rechtsgeschäft, kann die Wirksamkeit des Vertrages durch eine **aufschiebende Bedingung** hinausgeschoben oder durch eine **auflösende Bedingung** beendet werden. **14)** Dass wir uns bei all dem praktisch **„selbst betrogen"** haben, indem wir uns, was den Inhalt angeht, auf den Kaufvertrag, mit dem sich selbst der Anfänger aus vielfältiger täglicher Erfahrung gut auskennt, konzentriert haben. Dass es damit nicht sein Bewenden haben kann, wissen Sie auch schon. Demnächst werden Sie ausgiebig über die anderen Verträge und deren Inhalte informiert werden.

Außerdem ist die Fokussierung auf die verpflichtenden Verträge nur aus didaktischen Gründen vertretbar. Verlieren Sie bitte nicht aus dem Auge, dass es auch **verfügende Verträge**, wie z. B. die Ihnen ja schon ein wenig bekannte Abtretung (§ 398 BGB) oder die z. B. für die Übereignung unerlässliche Einigung (§§ 929 ff. BGB, §§ 873, 925 BGB) gibt; mit verfügenden Verträgen werden wir uns später noch zur Genüge befassen müssen. Zur „Erinnerung" daran haben sich die von Ihnen zuletzt bearbeiteten, ja schon recht schwierigen Fälle zum Bedingungsrecht fast ausschließlich damit befasst.

**II.** In besonderer Weise müssen Sie sich einer soeben bereits angeklungenen sehr wichtigen Überlegung, die die meisten jungen Juristen überhaupt nicht reflektieren, bewusst sein:
Darauf, dass Sie jetzt mit der Technik des Abschlusses eines „Vertrages als solchem" vertraut sind, dürfen Sie sich leider „nichts einbilden". Für die Fallbearbeitung nützt Ihnen das alles noch gar nichts. Denn einen „Vertrag als solchen", speziell einen „verpflichtenden Vertrag als solchen", gibt es, wie Sie ja wissen, gar nicht, sondern es gibt nur Kauf-, Schenkungs-, Werk-, Mietverträge etc.

**1.** Weil Ihnen fast jeder zu bearbeitende Fall abverlangt, dass Sie einen Anspruch des Anspruchstellers gegen den Anspruchsgegner in der Gutachtentechnik zu prüfen haben, bedeutet das bekanntlich rein arbeitstechnisch für Sie, dass Sie immer zunächst einen Obersatz zu formulieren haben, der – wenn Sie, wie es sich gehört, mit den „vertraglichen Ansprüchen" beginnen – z. B. lauten kann: „Der A könnte gegen B einen Anspruch auf Zahlung von … aus einem X-Vertrag haben (§ Y BGB)". Niemals aber dürfen Sie schreiben: „Der A könnte gegen B einen Anspruch auf Zahlung von … aus einem Vertrag haben" haben, manche schreiben auch gerne verkürzt und besonders „professionell" klingen sollend „… aus Vertrag haben"; denn – um es zum wiederholten Male zu sagen – es gibt keinen Anspruch aus einem „Vertrag als solchem". Spätestens jetzt wissen Sie, dass Sie bei der Prüfung, ob ein Vertrag vorliegt, in Wahrheit immer prüfen müssen, ob z. B. ein „Kaufvertrag", ein „Mietvertrag", ein „Darlehensvertrag" oder ein „Leasingvertrag" etc. geschlossen wurde. Sie werden sich entsinnen, dass wir in unseren bisherigen Fällen den einleitenden Obersatz ja auch immer so formuliert haben: „Der V könnte gegen den K einen Anspruch auf Zahlung von € 10.000,– aus einem *Kauf*vertrag haben (§ 433 Abs. 2 BGB)".

**2.** Der aufmerksame Leser hat dies natürlich längst bemerkt, denn auch wir haben bei unseren bisherigen Fällen immer nur mit Verträgen, die bestimmte Inhalte haben, gearbeitet, und nicht mit Verträgen „als solchen". Das geschah nicht etwa der Farbigkeit der Darstellung wegen, sondern allein deshalb, weil schon die Technik des Vertragsschlusses es voraussetzt, dass man das Zustandekommen eines Vertrages mit einem bestimmten Inhalt prüft. Denn die für das Vorliegen eines rechtswirksamen Angebots unerlässlichen „essentialia negotii" konnten überhaupt nur formuliert werden, wenn man bei der Prüfung des Vertragsschlusses einen ganz bestimmten Vertragsinhalt vor Augen hat.

**3.** Bevor Sie also Ihren „Obersatz" formulieren, müssen Sie daher die sich jetzt anschließende Darstellung, die Ihnen die in Betracht zu ziehenden Inhalte von verpflichtenden Verträgen vorstellt, durchgearbeitet haben.

Genau genommen hätte diese Passage schon vor der Technik des Vertragsschlusses abgehandelt worden sein müssen, damit Sie über die jeweiligen „essentialia negotii" orientiert gewesen wären; damit wäre aber die Gesamtdarstellung äußerst kopflastig geworden.

Oder man hätte bei jedem einzelnen in Betracht zu ziehenden Vertrag dessen Inhalt und den Vertragsschluss zugleich darstellen können. Ein solches Vorgehen würde aber dem „Ausklammerungsprinzip" des BGB zuwiderlaufen, demzufolge der Abschluss eines (wie gesagt: gar nicht existierenden) „Vertrages als solchem" im Allgemeinen Teil des BGB, und zwar i.w. in den §§ 145 ff. BGB, geregelt ist. Der in Betracht zu ziehende Inhalt von Verträgen ist dagegen den anderen Büchern des BGB zu entnehmen, und zwar z. B. der Inhalt der (uns hier interessierenden) verpflichtenden Verträge i.w. dem „Besonderen Schuldrecht".

Wir haben für unsere Darstellung einen Kompromiss gewählt: Wir haben uns zunächst die Technik des Abschlusses eines „Vertrages" (fast immer am Beispiel des uns allen inzwischen schon vertrauten Kaufvertrags) erarbeitet, und wir werden uns jetzt dem gesamten Spektrum der in Betracht zu ziehenden Möglichkeiten von Verträgen in inhaltlicher Hinsicht zuwenden.

4. Die **jetzt zu beantwortende Frage** lautet also: Woraus kann sich der Inhalt des ein Schuldverhältnis begründenden Vertrages eigentlich ergeben?
Der Vertragsinhalt kann sich aus **gesetzlichen Typisierungen** ergeben; das ist der Fall beim Kaufvertrag; Handelskaufvertrag; Werkvertrag; Frachtvertrag; Dienstvertrag; Leihvertrag; Mietvertrag; Auftrag; Kommissionsvertrag; Verwahrungsvertrag; Lagervertrag; Darlehensvertrag; Bürgschaftsvertrag; Gesellschaftsvertrag etc. Ferner sind **Mischungen** in Gestalt von **Kombinationen** oder **Verschmelzungen** aus typisierten Verträgen vorstellbar (denken Sie an den „Bewirtungsvertrag", den Sie in einem Restaurant schließen, der ein sich aus Elementen eines Miet- und Dienstvertrages sowie eines Vertrages über die Lieferung neu herzustellender beweglicher Sachen zusammensetzender Kombinationsvertrag ist). Es gibt auch gesetzlich nicht geregelte **„verkehrstypische Verträge"**, die teilweise auch **„moderne Vertragstypen"** genannt werden, wie Factoring; Leasing, Schuldbeitrittsvertrag; Garantievertrag; Patronatsvertrag.
Die **gesetzlichen Typisierungen** können z.Tl. **zwingendes Recht** enthalten. Die meisten Bestimmungen sind aber **abdingbar**, so dass die Vertragsfreiheit es den **Parteien** ermöglicht, entweder durch **Individualvereinbarungen** oder durch **Allgemeine Geschäftsbedingungen (AGB)** oder durch eine **Mischung** aus beidem den **Vertragsinhalt** selbst **festzulegen**.
Zu jedem Vertrag kann auch ein **Vorvertrag** geschlossen werden.
Diese den vorherigen Stoff zusammenfassenden und einen Blick nach vorn werfenden Ausführungen kündigen Ihnen zugleich auch **unsere nächsten Themen** an.

## 7. Festlegung des Vertragsinhalts durch Typisierung (gesetzliche „Vertragstypen" oder „Mischverträge"/„verkehrstypische Verträge" bzw. „moderne Vertragstypen")

Für das Vorliegen eines schuldrechtlich verpflichtenden Vertrages reicht das bloße Übereinstimmen der Willenserklärungen der Parteien, „zu kaufen/mieten/leasen etc. und verkaufen/vermieten/verleasen etc. zu wollen", nicht aus. Vielmehr muss der „Rechtsfolgewille" der Parteien in jedem Einzelfall auf einen **inhaltlich bestimmten Vertrag** gerichtet sein. Dazu müssen das **Angebot und die Annahme** inhaltlich die wesentlichen Elemente des angestrebten Vertrages – **„essentialia negotii"** genannt – enthalten. Wenn Sie bei der Fallbearbeitung feststellen, dass ein geschlossener Vertrag der Definition einer der **gesetzlich typisierten Vertragsarten** im 8. Abschnitt des 2. Buches **des BGB (Schuldrecht Besonderer Teil)** oder im Fall des internationalen Kaufes der Definition des **Art. 2 UN-Kaufrecht (CISG)** oder den Definitionsnormen der gesetzlich typisierten Vertragsarten im **4. Buch des HGB** entspricht, so können Sie davon ausgehen, dass sich sein Inhalt, vorbehaltlich einer davon abweichenden individualvertraglich oder durch Allgemeine Geschäftsbedingungen getroffenen Vereinbarung, nach diesen gesetzlichen Typisierungen richtet. Möglich ist aber auch, dass **Mischverträge** bestehen, bei denen mehrere **Typen** miteinander **kombiniert** oder miteinander **verschmolzen** werden können.

Es gibt aber auch gesetzlich ungeregelte (z. B. Factoring, Leasing, Schuldbeitritt, der Garantie) bzw. im Gesetz nur erwähnte, aber nicht definierte (z. B. das Finanzierungsleasing in §§ 499 ff. BGB) sog. **„verkehrstypische Verträge"**, die teilweise sogar **„moderne Vertragstypen"** genannt werden (Martinek). Wenn ein Vertrag diesen durch die Rechtspraxis entwickelten Vorgaben entspricht, richtet sich sein Inhalt nach den Parteivereinbarungen, nach den Bestimmungen des Allgemeinen Schuldrechts und nach ihm ähnlichen gesetzlich typisierten Verträgen.

Jetzt kommt etwas **sehr Wichtiges**: Wenn Sie bei der Fallbearbeitung vor der Frage nach der **Zuordnung** des in Rede stehenden **Vertrages zu** den einzelnen, im Gesetz als „Besondere Schuldverhältnisse" (des BGB: Kauf, Miete, Werkvertrag etc.; des HGB: Kommissionsvertrag, Lagervertrag etc.; des UN-Kaufrechts) **typisierten Verträgen** oder zu den durch die Rechtspraxis gebildeten **„verkehrstypischen Verträgen"** bzw. **„modernen Vertragstypen"** stehen, sollten Sie zuerst erwägen, ob für die Bearbeitung des Falles eine solche **rechtliche Einordnung** nicht völlig **gleichgültig** ist: So kommt es z. B. bei einem Anspruch auf Schadensersatz wegen einer Verletzung von Rücksichtspflichten aus einem Vertrag aus §§ 280 Abs. 1, 241 Abs. 2 BGB überhaupt nicht darauf an, ob der Erwerb eines schlüsselfertigen Hauses ein Kaufvertrag oder ein Werkvertrag ist, denn die Rücksichtspflichten aus § 241 Abs. 2 BGB bestehen unabhängig davon, welche Rechtsnatur der Vertrag hat.

Wenn es aber auf die rechtliche Einordnung ankommt, sollten Sie weiterhin vorab prüfen, ob nicht der **Sachverhalt** diese Frage bereits beantwortet hat: Wenn nämlich dort die Rede von einem „Kaufvertrag" ist oder davon, dass V dem K eine Sache „verkauft" hat, sollten sie nicht „päpstlicher als der Papst" sein und das Bestehen eines Kaufvertrags Ihrer Bearbeitung zugrundelegen.

In allen anderen Fällen müssen Sie jedoch prüfen, ob der von Ihnen als geschlossen angesehene Vertrag **unter** die die **Vertragstypen definierenden Normen**, auch **„Definitionsnormen"** genannt, **(z. B.** § 433, 488, 516, 535, 611, 631 BGB, Art. 1, 2 UN-Kaufrecht, CISG, § 383 HGB etc.) zu **subsumieren** ist. Bei verbleibenden Unklarheiten (z. B. ob der Vertrag mit einem Pianisten ein Dienst- oder Werkvertrag ist), kann auch die Frage maßgeblich sein, ob die der Definitionsnorm im Gesetz nachfolgenden **Normen** für oder gegen eine bestimmte Einordnung sprechen. Sie können sich ja einmal fragen, ob das Gewährleistungsrecht des Werkvertragsrechts für einen Konzertpianisten, für einen Chirurgen oder für einen Prozessanwalt „passt".

Wenn Elemente mehrerer Typen gegeben sind, ist zu erwägen, ob ein **Mischvertrag** vorliegt, bei dem mehrere **Typen** miteinander **kombiniert** werden oder miteinander **verschmolzen** worden sind.

Gehört der Vertrag im vorgenannten Sinne nicht zu den typisierten Verträgen, ist zu prüfen, ob er den **Merkmalen** der **„verkehrstypischen Verträge"** bzw. denen der **„modernen Vertragstypen"** entspricht.

Wenn eine Inhaltsbestimmung auf diesem Wege nicht möglich ist, dann müssen Sie prüfen, ob der **Vertragsinhalt durch die Parteien festgelegt** worden ist (**sub 8**).

### a) Der Kaufvertrag

**Definieren** kann man aufgrund der **§§ 433, 453 BGB** einen **Kaufvertrag** so, dass ein solcher vorliegt, wenn sich eine Person (der Verkäufer) vertraglich verpflichtet, einer anderen Person (dem Käufer) einen Kaufgegenstand (Sachen, Rechte bzw. Teilzeitwohnrechte oder sonstige Gegenstände) gegen eine Geldzahlung des Käufers als Gegenleistung zu verschaffen (zu übereignen und zu übergeben oder sonst zu übertragen).

Normalerweise ist die Beantwortung der Frage, ob ein Kaufvertrag vorliegt, sehr einfach und sollte von Ihnen bei einer Fallbearbeitung auch nicht „künstlich" zu einem Problem „hochstilisiert" werden. Wenn ernsthafte Zweifel bestehen (z. B. kann beim Erwerb eines schlüsselfertigen Hauses u. U. ein Werkvertrag vorliegen), muss die Einordnung aufgrund einer Subsumtion des Definitionstatbestandes des Kaufvertrages und notfalls unter Zuhilfenahme der Folgenormen geprüft werden.

Der Kaufvertrag ist in den **§§ 433–479 BGB** typisiert geregelt. Der erste Untertitel (§§ 433–453 BGB) enthält die für Sie in erster Linie bedeutsamen **allgemeinen Regeln**, der zweite Untertitel enthält für Sie weniger relevante **besondere Arten des Kaufes** und der dritte Untertitel die durch die Schuldrechtsreform eingefügten Regelungen zum **Verbrauchsgüterkauf**.

- Beim **Sachkauf (§ 433 BGB)** kommen als Kaufsache **bewegliche** und **unbewegliche Sachen** und wegen § 90a BGB auch die insoweit den beweglichen Sachen gleichgestellten **Tiere** in Betracht.
- Auf den **Kauf** von **Rechten** oder von **„sonstigen Gegenständen"** werden nach **§§ 453 Abs. 1, 433 BGB** die Vorschriften über den Sachkauf entsprechend angewendet.

Natürlich regeln die **§§ 433 ff. BGB nur** die **schuldrechtliche Seite** des Umsatzgeschäftes Kauf.

Nach dem **Trennungsprinzip** folgt **das Erfüllungsgeschäft** anderen Regeln:

Die beim Sachkauf vom Verkäufer geschuldete **Übereignung** und **Übergabe** von **Sachen** richtet sich nach den Regeln des Sachenrechts, also eine Übereignung beweglicher Sachen nach §§ 929 ff. BGB und eine Übereignung von Grundstücken nach §§ 873, 925 BGB, und die weiterhin geschuldete Übergabe nach den §§ 854 ff. BGB.

Eine beim Forderungskauf geschuldete **Übertragung** von **Forderungen** erfolgt nach den §§ 398 ff. BGB.

Eine beim Rechtskauf oder Kauf sonstiger Gegenstände geschuldete **Übertragung** von **Rechten** oder sonstiger Gegenstände geschieht nach §§ 413, 399 ff. BGB.

#### aa) Der Abschluss des Kaufvertrages

Der Abschluss des Kaufvertrages weist keine Besonderheiten gegenüber dem Ihnen jetzt ja gut bekannten Vertragsschluss „als solchem" auf. Das kann Sie nicht sehr überraschen, weil unser „Musterbeispiel" für den Vertragsschluss fast ausschließlich der Kaufvertrag war.

Die **„essentialia negotii"**, über die Einigkeit bestehen muss, sind der **Kaufgegenstand**, der **Kaufpreis** und (mit Einschränkungen) auch die **Vertragsparteien**.

Zum einen können der **Kaufgegenstand Sachen** sein (§ 433 Abs. 1 BGB). Das sind körperliche Gegenstände (§ 90 BGB).

Ein Kaufvertrag über **bewegliche Sachen** ist formfrei. Er kann geschlossen werden über eine ganz bestimmte Sache, z. B. einen Gebrauchtwagen, oder über eine Antiquität **(„Stückkauf")**, oder über eine „nur der Gattung nach bestimmt(e)" Sache, z. B. einen Neuwagen, Brötchen beim Bäcker **(„Gattungskauf")**. Die Sache muss beim Kaufvertragsschluss noch nicht existieren. Mit beweglichen Sachen gleichbehandelt werden Tiere (§ 90a BGB).

Ein Kaufvertrag über ein **Grundstück** bedarf zu seiner Wirksamkeit der notariellen Beurkundung (§ 311b Abs. 1 S. 1 BGB); ist die Form nicht gewahrt, ist der Kaufvertrag nichtig (§ 125 BGB), der Mangel der Form ist aber nach § 311b Abs. 1 S. 2 BGB heilbar durch Auflassung (§§ 873, 925 BGB) und Eintragung in das Grundbuch (§ 873 BGB, §§ 13, 19, 20, 29, 39 GBO). Möglich ist auch der Kauf von **Sachgesamtheiten**, wie zum Beispiel ein Haus mit Inventar.

Ein **Kaufgegenstand** können auch übertragbare **„Rechte und sonstige Gegenstände"** sein (§ 453 Abs. 1 BGB). Beim Verkauf von **„Rechten"** ist der Vertrag i. d. R. formfrei. Zu denken ist in erster Linie an den Verkauf von Forderungen; verkauft werden können aber auch andere übertragbare Rechte, wie z. B. ein Grundpfandrecht, also eine hypothekarisch gesicherte Forderung (§§ 1113 ff. BGB), eine Grundschuld (§§ 1191 ff. BGB) oder ein (übertragbar sein müssender) Gesellschaftsanteil an einer Personengesellschaft, eine Aktie etc. Aber auch ein Rechtskauf kann formbedürftig sein: Erinnern Sie sich an § 15 Abs. 4 GmbHG (und vergleichen Sie ihn mit § 15 Abs. 3 GmbHG; worum geht es da?). Ebenfalls verkäuflich sind **„sonstige Gegenstände“**, womit alle vermögenswerten Positionen, die Gegenstand **des wirtschaftlichen Tauschverkehrs** sein können, gemeint sind: z. B. ein Unternehmen; Anwalts- und Arztpraxen; Energie (Strom und Wärme); Ideen, Erfindungen; Software (sofern sie nicht auf den Erwerber zugeschnitten ist: Werkvertrag!).

Als geschuldeter **Kaufpreis** muss eine Gegenleistung in **Geld** vereinbart werden. Wird eine andere Leistung als Gegenleistung geschuldet (z. B. Sache oder Recht), liegt kein Kaufvertrag, sondern ein **Tauschvertrag** vor (§§ 480, 433 ff. BGB).

#### bb) Rechte und Pflichten beim Sachkauf

Das **Leitbild** für den Lernenden ist der **Verkauf** von **Sachen**.

##### (1) Verkäuferpflichten und deren Erfüllung

Es gibt beim Sachkauf drei Pflichten des Verkäufers aus § 433 Abs. 1 BGB.

Wie wohl inzwischen jeder der Leser weiß, ist durch einen **Kaufvertrag** über **Sachen** der **Verkäufer** dazu **verpflichtet**, **(a)** dem Käufer das **Eigentum** an der Sache zu **verschaffen (§ 433 Abs. 1 S. 1 BGB)**.

Die sich automatisch anschließende **Frage**, **wie** der Verkäufer diese Pflicht erfüllt, also wie das **Eigentum übertragen** wird, ist aufgrund des „Trennungsprinzips“ im **Sachenrecht** geregelt. Wir riskieren also wieder einmal einen Vorgriff, der niemanden verwirren darf. Wir werden später alles noch einmal und dann en Detail erörtern. Dann aber werden es diejenigen unter Ihnen, die schon jetzt Vorarbeiten geleistet haben, einen entscheidenden Verständnisvorsprung haben.

An **beweglichen Sachen** verschafft der Verkäufer dem Käufer das Eigentum nach § 929 S. 1 BGB durch Einigung und Übergabe; in einem Sonderfall durch bloße Einigung (§ 929 S. 2 BGB);, und ansonsten durch Einigung und ein an die Stelle der Übergabe tretendes „Übergabesurrogat“ (§§ 929 S. 1, 930/931 BGB). Bevor Sie jetzt weiterlesen, lesen Sie diese einzelnen Tatbestände, die die Übereignung beweglicher Sachen regelnden Normen und versuchen Sie zu jeder Norm ein primitives Beispiel zu bilden – notfalls werfen Sie dazu einen Blick in die einschlägige Literatur! Bei **Grundstücken** erfolgt die Übereignung durch eine Einigung (§ 873 Abs. 1 BGB) in der Form des Ihnen schon bekannten (jetzt bitte ganz genau zu lesenden!) § 925 Abs. 1 BGB („Auflassung“) und die Eintragung in das Grundbuch (§ 873 Abs. 1 BGB).

Die **„Normalfälle“**, in denen zum *Beispiel* der Eigentümer V eines juristischen Lehrbuchs dieses nach bestandenem Examen an den Käufer K verkauft, bereiten keinerlei Schwierigkeiten. Der V ist nach § 433 Abs. 1 S. 1 BGB aus dem Kaufvertrag verpflichtet, dem K das Buch nach den §§ 929 ff. BGB zu übereignen und – dazu alsbald mehr – es ihm nach §§ 854 ff. BGB zu übergeben; der K ist nach § 433 Abs. 2 BGB verpflichtet, den Kaufpreis an den V zu zahlen und das Buch diesem abzunehmen. Das ist so simpel, dass wir über derlei Fälle hier kein Wort verlieren wollen, sondern uns gleich etwas **verzwickteren Fragen** zuwenden wollen. So ist Ihnen ja bekannt, dass die Verpflichtung zur Eigentumsübertragung beim Eigentumsvorbehalt modifiziert ist. Wissen Sie noch, wozu der Verkäufer bei einem Eigentumsvorbehalt verpflichtet ist? Lesen Sie § 449 BGB und wagen Sie sich an folgenden Fall heran. Er ist für den Anfänger ein hartes Brot, aber die Bearbeitung (mit Hilfe einschlägiger Literatur) lohnt, denn der Fall wird Ihnen wieder begegnen.

**Fall 59**

Der Kaufmann V veräußert an den K eine ihm gehörige Sache für € 1000,– unter Vereinbarung eines Eigentumsvorbehalts. Der K zahlt nur € 200,–. Nach 4 Jahren beruft sich der auf Zahlung des Restkaufpreises in Anspruch genommene K auf die inzwischen eingetretene Verjährung (§§ 195, 214 Abs. 1 BGB). Der V erklärt jetzt den Rücktritt vom Vertrag nach § 323 Abs. 1 BGB und verlangt die Sache zurück.

Der Anspruch könnte sich aus §§ 985, 986 BGB ergeben. a) K ist Besitzer der Sache. b) Der V müsste Eigentümer sein. Die Übereignung ist aufschiebend bedingt (§§ 929 S. 1, 158 Abs. 1, 449 Abs. 1 BGB), und die Bedingung ist nicht eingetreten. Also ist V Eigentümer. c) Zu prüfen ist, ob der K ein Recht zum Besitz hat: Ein solches ergibt aus §§ 986 Abs. 1, 433 Abs. 1 S. 1 BGB oder aus § 986 Abs. 1 S. 1 BGB wegen eines dem K zustehenden Anwartschaftsrechts. aa) Solange wie der Kaufvertrag besteht und der V nicht nach § 323 Abs. 1 BGB zurückgetreten ist, kann die Herausgabe nicht verlangt werden (§ 449 Abs. 2 BGB.) bb) Zu prüfen ist daher, ob der V wirksam vom Vertrag zurückgetreten ist; denn dann wäre der Kaufvertrag in ein Rückgewährschuldverhältnis umgewandelt worden, und es würde kein Recht zum Besitz aus § 433 Abs. 1 BGB mehr bestehen, oder das Anwartschaftsrecht wäre erloschen, weil die Bedingung nicht mehr eintreten kann. aaa) Ist der Anspruch auf Leistung verjährt, ist auch ein Rücktritt ausgeschlossen, wenn der Schuldner sich auf die Verjährung beruft (§ 218 Abs. 1 BGB). Danach hätte der K unter jedem denkbaren Aspekt ein Recht zum Besitz. bbb) Ausnahmsweise aaaa) kann ein Rücktritt jedoch auch dann erfolgen, wenn ein Eigentumsvorbehalt besteht und der gesicherte Anspruch verjährt ist (§ 216 Abs. 2 S. 2 BGB). bbbb) Die Voraussetzungen des § 323 Abs. 1 BGB sind erfüllt.

Wenn der Käufer schon Eigentümer der verkauften Sache ist, ist ein Anspruch auf Übereignung wegen der Unmöglichkeit der Übereignung ausgeschlossen (§ 275 Abs. 1 BGB). Da der die Unmöglichkeit der Übereignung begründende Umstand bereits bei Vertragsschluss bestand, stellt sich zunächst die Frage, ob der Kaufvertrag überhaupt wirksam ist. Nach § 311a Abs. 1 BGB steht das anfängliche Leistungshindernis der Wirksamkeit des Vertrages nicht entgegen. Der Anspruch auf Übergabe besteht daher weiter.

**Fall 60**

Dem K wird ein Gemälde gestohlen. Nach 9 Jahren entdeckt er es bei dem Kunsthändler V. Weil er sehr an dem Bild hängt, kauft er das Bild. Er verlangt nach der Kaufpreiszahlung Übereignung und Verschaffung des Besitzes.

Der Anspruch a) auf Übereignung und Übergabe kann sich aus einem Kaufvertrag ergeben (§ 433 Abs. 1 S. 2 BGB). aa) Der Wirksamkeit des Kaufvertrages steht es nicht entgegen, dass der V nach § 275 Abs. 1 BGB nicht zur Übereignung verpflichtet ist (der K ist nach § 935 BGB immer noch Eigentümer); denn nach § 311a Abs. 1 BGB „steht es der Wirksamkeit eines Vertrages (...) nicht entgegen, dass der Schuldner nach § 275 Abs. 1 bis 3 nicht zu leisten braucht und das Leistungshindernis schon bei Vertragsschluss vorliegt". bb) Der Anspruch aaa) auf Übereignung ist allerdings nach § 275 Abs. 1 BGB ausgeschlossen. bbb) Gleichwohl schuldet der V die Übergabe. b) Die Übertragung des Besitzes kann der K aber auch nach §§ 985, 986 BGB verlangen.

Auch wenn nicht der Verkäufer, sondern ein Dritter Eigentümer der Kaufsache ist, kann der Verkäufer dem Käufer das Eigentum verschaffen, und zwar entweder durch eine von dem Verkäufer veranlasste Übertragung des Eigentums durch den Dritten an den Käufer, oder durch die Herbeiführung der Einwilligung/Genehmigung des Dritten in eine vom Verkäufer vorgenommene Übereignung an den Käufer nach §§ 929 ff., 185 Abs. 1, 2 S. 1 BGB, oder schließlich durch einen gutgläubigen Erwerb des Eigentums des Käufers vom Nichteigentümer (dem Verkäufer) nach §§ 932–935 BGB bzw. § 366 HGB bei beweglichen Sachen und § 892 BGB bei Grundstücken. Das werden Sie alles in Teil 6 erlernen.

Die weiterhin **(b)** vom Verkäufer einer Sache **geschuldete Übergabe (§ 433 Abs. 1 S. 1 BGB)** der **Kaufsache** erfordert eine **Besitzverschaffung**.

Manche junge Juristen fragen sich, warum § 433 Abs. 1 BGB eigentlich bestimmt, dass der Verkäufer die „Übergabe" schuldet, wo doch für die geschuldeten Übereignung ohnehin eine Übergabe nötig ist (§ 929 S. 1 BGB). Die Frage ist rasch beantwortet: Der Käufer soll in den Genuss der gekauften Sache kommen, der ohne Besitzerlangung nicht möglich ist; und nicht jede Übereignung setzt den Besitzübergang voraus: Bei beweglichen Sachen gibt es schließlich auch die Möglichkeit einer Übereignung ohne Übergabe (§§ 929 S. 1, 930 BGB und §§ 929 S. 1, 931 BGB); und bei der Übereignung von Grundstücken ist gar keine Übergabe vonnöten (§§ 873, 925 BGB).

Die sich automatisch anschließende **Frage**, **wie** der Verkäufer diese Pflicht erfüllt, also wie der **Besitz übertragen** wird, ist ebenfalls im **Sachenrecht** geregelt. Mit der Übergabe ist i. d. R. die Verschaffung des unmittelbaren Besitzes (§ 854 Abs. 1 BGB) gemeint; der mittelbare Besitz (§ 868 BGB) reicht dann aus, wenn ein Dritter im Besitz der Sache ist, aber nicht, wenn der Verkäufer unmittelbarer Besitzer bleibt. Auch dazu werden Sie mehr in Teil 6 erfahren. Der so bestimmte Umfang der Besitzverschaffungspflicht des Verkäufers ist natürlich nicht zwingendes Recht, sondern kann abbedungen werden.

**Fall 61**

Der V verkauft eine in seinem Schaufenster stehende große Bodenvase an den K.H. Agen (K), der gerade wieder einmal umzieht und die Vase erst nach dem Umzug in der neuen Wohnung aufstellen will. Der K zahlt schon jetzt den Kaufpreis. Nach den getroffenen Vereinbarungen soll die Vase bis zum Umzug des K als Dekorationsstück im Schaufenster des V stehen bleiben; so lange soll der V die Vase für den K verwahren. Weil die S. Enga, mit der der K zusammen ziehen will, die Vase überhaupt nicht mag, verkauft der K seinen Anspruch gegen den V aus § 433 Abs. 1 S. 1 BGB an den angehenden Ehemann H. Elge (H), der die Vase seiner Frau zur Hochzeit schenken will, und tritt ihm den Anspruch gegen den V ab. Der H verlangt Lieferung oder Herausgabe von V (nach Medicus).

Der Anspruch des H gegen den V könnte sich 1) aus §§ 433 Abs. 1 S. 1, 398 BGB ergeben. a) Er ist in der Person des K entstanden (§ 433 Abs. 1 BGB) und an den H abgetreten worden (§ 398 BGB). b) Der H hätte ihn jedoch nicht erworben, wenn der Anspruch schon vor der Abtretung durch Erfüllung erloschen wäre (§ 362 Abs. 1 BGB). Dann müsste durch den Schuldner V bei K der Leistungserfolg herbeigeführt worden sein. aa) Der K hat nach § 930 BGB das Eigentum erlangt. bb) Der K hat aber aaa) keinen unmittelbaren, sondern nur mittelbaren Besitz erlangt; das soll – solange der V (wie hier) noch den unmittelbaren Besitz hat – für eine Übergabe i. S. d. § 433 Abs. 1 BGB nicht ausreichen (Medicus). bbb) Nach a. A. soll bei abweichender Vereinbarung auch die Verschaffung des mittelbaren Besitzes ausreichen; das ist wohl zutreffend und hier aufgrund einer Auslegung auch als von den Parteien vereinbart anzusehen, weil die Verwahrung durch den V vorwiegend in K's Interesse lag. Also ist der Anspruch aus § 433 Abs. 1 S. 1 BGB durch Erfüllung erloschen und konnte nicht nach § 398 BGB abgetreten werden. 2) Gleichwohl hat der H gegen den V einen Anspruch auf Herausgabe. Man wird die Abtretung nach §§ 133, 157 BGB „ergänzend" dahingehend auslegen müssen, dass der K zumindest den Herausgabeanspruch gegen V abgetreten hat a) zwar nicht den Anspruch aus § 985 BGB, denn dieser ist nicht abtretbar, weil er nicht vom Eigentum durch Abtretung „abgelöst" werden kann, b) wohl aber den aus dem Verwahrungsvertrag (§§ 688, 695 BGB).

**Fall 62**

Der V verkauft dem K sein Fahrrad, das er – wie der K auch weiß – an den D verliehen hat. Der K verlangt nach erfolgter Kaufpreiszahlung von dem V die Erfüllung seines Anspruchs aus § 433 Abs. 1 S. 1 BGB.

Der V kann dem K a) das Eigentum verschaffen (§ 931 BGB. b) Die Pflicht zur Übergabe (=Verschaffung des unmittelbaren Besitzes) ist stillschweigend abbedungen.

Weiterhin trifft den Verkäufer **(c)** die **Pflicht**, dem Käufer die Sache **frei** von **Sach- und Rechtsmängeln** zu verschaffen **(§ 433 Abs. 1 S. 2 BGB)**. Dieser inhaltlich so einleuchtende und harmlos klingende Satz hat es aber „in sich": Weil das Gesetz damit die Verpflichtung des Verkäufers zur Lieferung „frei von Sach- und Rechtsmängeln" zur Leistungspflicht erhebt, hat der Käufer auch einen primären Leistungsanspruch aus § 433 Abs. 1 S. 2 BGB auf die Sach- und Rechtsmängelfreiheit.

Wann eine Kaufsache **„frei von Sachmängeln"** ist, bestimmt § 434 BGB. Die Voraussetzungen für die **Rechtsmängelfreiheit** enthält § 435 BGB.

An sich müssten wir jetzt die Voraussetzungen dieser Vorschriften erörtern. Das „ersparen" wir uns hier.

Denn eine Prüfung des primären Anspruchs (und nur die primären Ansprüche interessieren uns hier) aus § 433 Abs. 1 S. 2 BGB wird Ihnen bei der Fallbearbeitung selten abverlangt werden.

Die Sachverhaltsgestaltungen und die daran anknüpfenden Fragestellungen werden vielmehr meist so aussehen, dass der Käufer den Sachmangel/Rechtsmangel erst nach der an ihn erfolgten Übergabe der Kaufsache (Gefahrübergang nach § 446 S. 1 BGB) bemerkt, und er daher vom Verkäufer gar nicht mehr die Erfüllung seines auf Sach- und Rechtsmängelfreiheit gerichteten primären Leistungsanspruchs aus § 433 Abs. 1 S. 2 BGB verlangen kann, sondern statt dessen Leistungsstörungsansprüche in Gestalt von Gewährleistungsrechten geltend machen muss, und daher Nacherfüllung nach §§ 437 Nr. 1, 439 BGB verlangt oder nach §§ 437 Nr. 2, 323/326 Abs. 5 BGB vom Kaufvertrag zurücktritt bzw. nach §§ 437 Nr. 2, 441 BGB die Kaufpreisschuld mindert und die daraus resultierenden Ansprüche auf Rückabwicklung bzw. Rückzahlung geltend macht oder Schadensersatz nach §§ 437 Nr. 3, 280 ff., 311a Abs. 2 BGB fordert. Oder Sie werden zu prüfen haben, ob der Käufer auch vor Gefahrübergang diese eben genannten Leistungsstörungsansprüche geltend machen kann. Alle diese Ansprüche werden wir gesondert bei den Ansprüchen aufgrund von „Leistungsstörungen" in Teil 4 erörtern. Dort werden Sie dann auch ausgiebig davon unterrichtet werden, unter welchen Voraussetzungen eine Kaufsache „frei von Sachmängeln/Rechtsmängeln" ist bzw. wann sie „sach- bzw. rechtsmangelhaft" ist. Haben Sie also noch Geduld!

Nur an zwei ganz einfach gelagerten, also keine Problematisierung der Sachmängel- bzw. Rechtsmängelfreiheit erforderlich machenden Fallbeispielen soll der **primäre Anspruch** des Käufers **aus § 433 Abs. 1 S. 2, 434/435 BGB** auf eine sach- und rechtsmängelfreie Lieferung „illustriert" werden.

**Fall 63**

Der K kauft bei dem V einen gebrauchten Sessel für sein Wohnzimmer. Bei der Anlieferung stellt der K fest, dass einer der Füße abgebrochen ist, so dass der Sessel kippelt. Der K weist den Sessel zurück und verlangt die Lieferung des Sessels mit vier Füßen.

Der Anspruch ergibt sich aus §§ 433 Abs. 1 S. 2, 434 BGB.

**Fall 64**

Der V verkauft dem K formgerecht (§ 311b Abs. 1 BGB) ein Grundstück, das mit einer Hypothek zur Sicherung einer Darlehensforderung der Glaub-Bank gegen den V belastet ist, die im Grundbuch irrtümlich gelöscht war. Als der K noch vor der Übergabe und vor seiner Eintragung in das Grundbuch davon erfährt, verlangt er die Löschung der Hypothek.

Der Anspruch ergibt sich aus §§ 433 Abs. 1 S. 2, 435 BGB.

**Variante**

Die Hypothek war im Grundbuch irrtümlich gelöscht. Als K nach seiner Eintragung in das Grundbuch, aber vor der Übergabe des Grundstücks davon erfährt, verlangt er die Befreiung vom Rechtsmangel.

Der Anspruch ist ausgeschlossen, weil der K das Grundstück gutgläubig lastenfrei erworben hat (§ 892 BGB).

**Variante**

Der K hat im Kaufvertrag wegen des günstigen Zinssatzes mit Genehmigung der Glaub-Bank die Schuld und die Hypothek unter Anrechnung auf den Kaufpreis übernommen. Noch vor der Übergabe und vor seiner Eintragung im Grundbuch reut ihn dies, weil es günstigere Finanzierungsmöglichkeiten gibt, und er verlangt Löschung der Hypothek.

Der K kann keine Löschung verlangen, weil er das Recht im Kaufvertrag übernommen hat und das Grundstück daher frei von Rechtsmängeln ist (§ 435 S. 1 BGB).

(2) Käuferpflichten und deren Erfüllung

Es gibt zwei Pflichten des Käufers aus § 433 Abs. 2 BGB.

Zum Einen **(a) schuldet** der **Käufer** nach § 433 Abs. 2 BGB im Zweifel mit sofortiger Fälligkeit (§ 271 BGB) die **Zahlung** des **Kaufpreises**.

Er erfüllt diese nach der gesetzlichen Regelung des § 433 Abs. 2 BGB durch **Barzahlung**, also durch Übereignung des als Sache anzusehenden baren Geldes (Geldmünzen und Geldscheine) nach §§ 929 ff. BGB, häufig aber **bargeldlos**, z. B. durch Überweisung, durch die der Verkäufer aber nicht das Eigentum an barem Geld erlangt, sondern etwas anderes erhält, nämlich eine Forderung gegen seine Bank (§ 780 BGB). Daher handelt es sich bei dieser Zahlung um eine Leistung „an Erfüllungs statt" (§ 364 Abs. 1 BGB). Hierzu ist der Käufer nur deshalb berechtigt, weil der Verkäufer sich damit einverstanden erklärt hat, indem er z. B. sein Girokonto auf der Rechnung angegeben hat. Die Kaufpreisschuld ist erst mit der stornierungsfesten Gutschrift auf dem Konto des Verkäufers erfüllt.

Des Weiteren **(b) schuldet** der **Käufer** die **Abnahme** der gekauften Sache (§ 433 Abs. 2 BGB). Überlegen Sie selbst, was der rechtspolitische Hintergrund für die Regelung einer Verpflichtung des Käufers zur Abnahme der gekauften Sache ist. Wer keine Phantasie hat, möge an den sog. „Räumungsverkauf" denken.

(3) Der Kaufvertrag: Ein „gegenseitiger Vertrag"

Stellen Sie sich zum *Beispiel* vor: Ein Verkäufer (V) hat einem Käufer (K) eine bewegliche Sache verkauft. Der K verlangt gestützt auf § 433 Abs. 1 S. 1 BGB Lieferung, hat aber kein Geld dabei, um seine Zahlungsverpflichtung aus § 433 Abs. 2 BGB zu erfüllen. Dies ist Ihnen im täglichen Leben vielleicht auch schon einmal passiert. Was würden Sie als Verkäufer V tun? Sie würden die Erfüllung Ihrer Leistungsverpflichtung verweigern, bis der Käufer „Zug-um-Zug" seine Zahlungsverpflichtung erfüllt. Wo ist aber bestimmt, dass Sie ein derartiges Leistungsverweigerungsrecht haben? Der Gesetzgeber hat diese Selbstverständlichkeit in **§§ 320, 322 BGB** geregelt. Bereits aus der Überschrift des 2. Titel „Gegenseitiger Vertrag" und aus dem Wortlaut des § 320 BGB entnehmen Sie, dass Voraussetzung für dieses Leistungsverweigerungsrecht ist, dass die Verpflichtungen des Verkäufers und Käufers im **„Gegenseitigkeitsverhältnis"** zueinander stehen.

Dazu wollen wir uns **bei dieser Gelegenheit** einen kurzen **Überblick** über die **Arten denkbarer schuldrechtlicher Verpflichtungen aus Rechtsgeschäften** verschaffen, ein Thema, das für junge Juristen allein schon wegen mancher „verwechselungsträchtiger" Begriffe außerordentlich lästig ist. Das zeigt die in Vorlesungen und in Übungen auf die Frage, was eigentlich ein „gegenseitiger Vertrag" sei, immer wieder vernommene völlig sinnlose Antwort: Ein „gegenseitiger Vertrag" sei „ein zweiseitiger Vertrag". Sinnlos ist diese Antwort natürlich schon deshalb, weil Verträge immer (mindestens) „zweiseitig" sind. Also bringen wir Ordnung ins „Begriffschaos":

1. Es gibt **einseitig verpflichtende Schuldverhältnisse** aus **Rechtsgeschäften**, meistens aus **Verträgen**, aber auch aus **einseitigen Rechtsgeschäften**: z. B. aus einem Schenkungsvertrag (§ 516 BGB) oder aus einem Bürgschaftsvertrag (§ 765 BGB), aus einer „Auslobung" (§ 657 BGB) oder aus einem „Vermächtnis" (§§ 2147, 2174 BGB). Verdeutlichen Sie also: Einseitig verpflichtende Schuldverhältnisse können sich aus Verträgen und aus einseitigen Rechtsgeschäften ergeben.
2. Es gibt ferner **zweiseitig verpflichtende Schuldverhältnisse** aus **Verträgen**, wobei die Verpflichtungen daraus entweder **(a)** im **„Gegenseitigkeitsverhältnis"** zueinander stehen oder **(b) „unvollkommen zweiseitig"** sind. Die Unterscheidung treffen Sie im „Subtraktionsverfahren": Sie prüfen zunächst, ob ein „Gegenseitigkeitsverhältnis" vorliegt; hierfür ist wesentlich, dass „die eine Verpflichtung um der anderen willen" eingegangen wird; am besten kann man dies durch Heranziehung des lateinischen Rechtssatzes: **„do ut des"** = „ich gebe, *damit* du gibst," ermitteln. Besteht hiernach kein Gegenseitigkeitsverhältnis, liegt ein „unvollkommen zweiseitig verpflichtender Vertrag" vor, **(c)** sofern nicht ein aus beiden Elementen zusammengesetzter Vertrag gegeben ist.
   Das bedeutet konkret:

**a)** Der **Kaufvertrag** (§ 433 BGB) ist z. B. ein **„gegenseitiger Vertrag“**: Denn der Käufer verpflichtet sich zur Bezahlung des Kaufpreises, *damit* der Verkäufer die Kaufsache in mangelfreiem Zustand übereignet und sie übergibt. Der Verkäufer verpflichtet sich zur mangelfreien Übereignung und Übergabe, *damit* der Käufer den Kaufpreis bezahlt. Übrigens: die Abnahmepflicht steht i. d. R. nicht im Gegenseitigkeitsverhältnis zu den Verkäuferpflichten, ausnahmsweise aber doch, z. B. beim Räumungsverkauf, beim Kauf verderblicher Ware.

**b)** Kein gegenseitiger Vertrag ist der **Leihvertrag** (§ 598 BGB): Ein Verleiher verpflichtet sich nicht zur unentgeltlichen Überlassung des Gebrauchs (§ 598 BGB), *damit* er die Sache zurück erhält (§ 604 BGB). Ginge es ihm bei der Überlassung darum, könnte er sie gleich behalten. Der Leihvertrag ist daher ein **„unvollkommen zweiseitig verpflichtender Vertrag“**.

**c)** Der **Mietvertrag** (§ 535 BGB) enthält im Gegenseitigkeitsverhältnis zueinander stehende Verpflichtungen, nämlich die Überlassungsverpflichtung des Vermieters aus § 535 Abs. 1 S. 1 BGB und die Verpflichtung des Mieters zur Zahlung der Miete (§ 535 Abs. 1 S. 2 BGB). Denn der Vermieter überlässt die Mietsache dem Mieter, *damit* er die Miete erhält; und umgekehrt zahlt der Mieter die Miete, *damit* ihm die Mietsache überlassen wird. Nicht im Gegenseitigkeitsverhältnis steht dagegen die Rückgabeverpflichtung des Mieters (§ 546 BGB), denn der Vermieter verpflichtet sich nicht zur Überlassung, *damit* er die Mietsache zurück erhält. Ginge es ihm darum, als er die Sache dem Mieter überließ, hätte er sie gleich behalten können.

Also: **Beim Kaufvertrag** stehen die Lieferungs- und Zahlungsverpflichtungen eines Verkäufers und eines Käufers im **Gegenseitigkeitsverhältnis** zueinander. Seltener sind die Fälle, in denen zwischen der Lieferungs- und Abnahmeverpflichtung ein Gegenseitigkeitsverhältnis besteht; es kommt aber doch vor (z. B. bei Räumungsverkäufen, Verkauf verderblicher Ware etc.). Das Vorliegen eines Gegenseitigkeitsverhältnisses bedeutet, dass dem Käufer gegen den Zahlungsanspruch des Verkäufers und dass dem Verkäufer gegen den Lieferungsanspruch des Käufers jeweils die Einrede des nichterfüllten Vertrages zusteht (§ 320 BGB), dies jeweils mit der Folge, dass Verkäufer und Käufer einen Anspruch auf eine Zug-um-Zug-Erfüllung haben (§ 322 BGB). Zwingendes Recht ist das aber nicht.

**Fall 65**

Der V hat an den K eine Sache verkauft, die er diesem am 21. April 2002 liefern soll. Als der V an diesem Tag bei K erscheint um zu liefern, will sich dieser zwar die Sache übereignen und übergeben lassen, hat aber den Kaufpreis gerade „nicht zur Hand“. Der V will dem K die Sache daher nicht überlassen. Der K will wissen, ob er einen durchsetzbaren Anspruch auf Übereignung und Übergabe der Sache hat.

Der Anspruch kann sich aus einem Kaufvertrag ergeben (§ 433 Abs. 1 S. 1 BGB) a) Ein Kaufvertrag ist geschlossen. b) Möglicherweis steht dem V jedoch ein Leistungsverweigerungsrecht aus § 320 Abs. 1 BGB zu. aa) Der Kaufvertrag zwischen V und K ist ein gegenseitiger Vertrag. Jede Partei erbringt ihre Leistung, um die Leistung der Gegenseite zu erhalten. bb) Dem V steht ein fälliger Gegenanspruch auf Zahlung des Kaufpreises zu (§ 433 Abs. 2, 271 Abs. 1 BGB), der im Gegenseitigkeitsverhältnis zur Lieferverpflichtung des V steht. cc) Der V ist nicht zur Vorleistung verpflichtet und dd) ist seinerseits selbst vertragstreu. ee) Im Ergebnis kann daher der V die Leistung verweigern. Er muss an K nur Zug-um-Zug gegen Zahlung des Kaufpreises übereignen und übergeben (§ 322 BGB).

**Variante**

Vereinbart war „Zahlung nach Rechnungserhalt".

In einem solchen Fall (oder bei einer konkludent vereinbarten Vorleistungspflicht des Verkäufers) hat der Verkäufer die Einrede aus § 320 BGB nicht.

Die Einrede aus § 320 BGB ist allerdings nicht gegeben, wenn der jeweilige Schuldner leistungsfrei geworden ist, oder umgekehrt formuliert: Die Einrede aus § 320 BGB besteht nur, solange derjenige, der die Einrede geltend macht, seinerseits noch einen Leistungsanspruch hat.

**Fall 66**

Der V hat dem K eine Sache verkauft. Nach Vertragsschluss, aber vor Erfüllung wird die Sache von einem Blitz getroffen. Der V verlangt Kaufpreiszahlung. Der K verweigert die Zahlung.

Der Anspruch des V gegen den K könnte sich aus einem Kaufvertrag ergeben (§ 433 Abs. 2 BGB). a) Ein Kaufvertrag ist geschlossen, also ist der Anspruch entstanden. b) Dem Anspruch des V könnte die Einrede des nichterfüllten Vertrages entgegenstehen (§ 320 BGB). aa) In der Verweigerung der Kaufpreiszahlung durch K könnte die Einrede des nichterfüllten Vertrages (§ 320 BGB) zu sehen sein. bb) Da aber der Leistungsanspruch des die Einrede geltend machenden K nach § 275 BGB Abs. 1 BGB ausgeschlossen ist, ist die Einrede aus § 320 BGB nicht gegeben. c) Vielmehr ist der Anspruch des V gegen den K aus § 433 Abs. 2 BGB entfallen (§ 326 Abs. 1 S. 1 BGB; dazu sogleich und später mehr).

#### cc) Rechte und Pflichten beim Kauf von Rechten (§§ 433, 453 BGB)

##### (1) Verkäuferpflichten und deren Erfüllung

Beim **Rechtskauf (§§ 453 Abs. 1, 433 BGB)** treffen den Verkäufer mindestens zwei, zuweilen auch drei von ihm zu erfüllende Pflichten.

In erster Linie **(a)** trifft den **Verkäufer** die primäre **Pflicht** zur **Übertragung des** verkauften **Rechts**.

Vor Augen hat man als Lernender den **Forderungskauf**, wenn zum *Beispiel* der Gläubiger G1 seine Forderung aus einem Darlehensvertrag (§ 488 Abs. 1 S. 2 BGB) gegen den Darlehensnehmer S an den G2 verkauft (§§ 433, 453 BGB).

Ein spezieller Fall des Rechtskaufes ist das gesetzlich nicht typisierte, aber als verkehrstypisches Geschäft anzusehende **„echte Factoring"**: Hierbei verkauft der Gläubiger einer gegen einen Schuldner bestehenden Forderung (Factorer) diese Forderung an den Käufer (Factor). Der Verkäufer und Zedent soll sie sodann an den Käufer und Zessionar zum Zwecke des Einzugs übertragen; und dem Verkäufer und Zedenten soll vom Käufer und Zessionar Zug-um-Zug ein Geldbetrag, der sich aus dem Nennwert abzüglich eines Abschlags (sog. „Delkredere") errechnet, gutgeschrieben werden. Wenn – so beim hier interessierenden sog. „echten Factoring" – der Factor das Risiko der Erfüllung der Forderung tragen soll, also sowohl für die Verität (Existenz der Forderung) als auch für die Bonität (Leistungsfähigkeit des Schuldners) einstehen soll, handelt es sich um einen **Forderungskauf**. Wenn dagegen der Factor (meist eine Bank) das Risiko der Leistungsfähigkeit des Schuldners (sog. Bonität) nicht übernehmen soll und die Gutschrift zugunsten des Factorers daher nicht endgültig sein, sondern unter dem Vorbehalt der Erfüllung durch den Schuldner erfolgen soll, handelt es sich um ein Kreditgeschäft, bei dem im Falle der Nichterfüllung durch den Schuldner eine Rückbelastung des Factorers um die Gutschrift und eine Rückübertragung der Forderung auf ihn erfolgen soll **(„unechtes Factoring")**. Wir kommen darauf später noch einmal zurück.

Ein Spezialfall des Rechtskaufs ist ein **Teilzeit-Wohnrechtevertrag (Time-Sharing)**. Durch einen solchen Teilzeit-Wohnrechtevertrag verpflichtet sich der Verkäufer, dem Käufer gegen Zahlung eines Gesamtpreises das Recht zu verschaffen, ein Wohngebäude zeitweise zu Erholungs- und Wohnzwecken zu nutzen; oder er verspricht durch einen solchen Teilzeit-Wohnrechtevertrag die Verschaffung eines solchen Rechts. Die Besonderheit der §§ 481 ff. BGB besteht darin, dass Verbraucherschutzvorschriften gelten, wenn der Verkäufer ein Unternehmer (§ 14 BGB) und der Käufer ein Verbraucher ist (§ 13 BGB) und das Recht für die Dauer von mindestens 3 Jahren verschafft werden soll: Der Vertrag bedarf dann der Schriftform, für deren Einhaltung die elektronische Form nicht ausreicht, und zusätzlich der Aushändigung einer Vertragsabschrift (§ 484 BGB). Und dem Käufer steht ein Widerrufsrecht nach §§ 485, 355 BGB zu.

Verkaufen kann man aber auch **andere Rechte**, wie beschränkt dingliche Rechte, also z. B. eine Hypothek oder ein Nießbrauch oder ein Erbbaurecht.

Der Kaufvertrag wird **durch** den **Verkäufer erfüllt** durch Übertragung des verkauften Rechts auf den Käufer, also z. B. beim Forderungskauf durch Zession nach § 398 BGB; beim Kauf einer Hypothek nach §§ 398, 1153, 1154 BGB etc.; beim Teilzeit-Wohnrechtevertrag (Time-Sharing) nach § 481 Abs. 2 BGB; und wenn es keine Spezialregelung für die Rechtsübertragung gibt, nach § 413 BGB. Wenn das verkaufte Recht zum Besitz berechtigt (z. B. ein Teilzeit-Wohnrechtevertrag, ein Nießbrauch nach §§ 1036 Abs. 1, 1059 BGB), dann ist der Verkäufer natürlich auch zur Besitzverschaffung verpflichtet (§§ 453 Abs. 1, 433 Abs. 1 BGB).

Wenn das zu verschaffende Recht **(b)** auch zum **Besitz** einer Sache berechtigt, wie z. B. Teilzeit-Wohnrecht nach § 481 Abs. 2 BGB oder ein Erbbaurecht nach § 1 ErbbauRG, muss vom Verkäufer auch dieser übertragen werden.

Verschafft werden muss **(c)** vom Verkäufer das Recht auch **frei von Rechtsmängeln** und, wenn das verkaufte Recht zum Besitz einer Sache berechtigt (z. B. Teilzeit-Wohnrecht oder ein Erbbaurecht nach § 1 ErbbauRG) sogar zur **sachmangelfreien** Übertragung des Rechts **(§§ 453 Abs. 1, 433 Abs. 1 S. 2, 434 BGB).**

(2) Käuferpflichten und deren Erfüllung

Diese ergeben sich aus **§§ 433 Abs. 2, 453 BGB**. Eine Besonderheit besteht beim „echten Factoring". Dem Verkäufer und Zedenten („Factorer") soll vom Käufer und Zessionar („Factor") Zug-um-Zug ein Geldbetrag, der sich aus dem Nennwert abzüglich eines Abschlags (sog. „Delkredere") – und das ist der Kaufpreis – errechnet, gutgeschrieben werden.

(3) Gegenseitiger Vertrag

Auch dieser Vertrag ist ein gegenseitiger Vertrag **(§ 320 BGB).**

dd) Rechte und Pflichten beim Kauf von sonstigen Gegenständen, z. B. Unternehmenskauf (§§ 433, 453 BGB)

(1) Verkäuferpflichten und deren Erfüllung

Beim **Unternehmenskauf (§§ 453 Abs. 1, 433 BGB)** treffen den Verkäufer mindestens zwei, zuweilen auch drei von ihm zu erfüllende Pflichten.

Ein **Unternehmen**, jener – so kann man es definieren, und Sie müssen sich diese oder eine andere tragfähige Definition einprägen – **(a)** als Wirtschaftseinheit auftretende Inbegriff von sächlichen und persönlichen Mitteln, der der Gewinnerzielung und Maximierung des Nutzens dient, kann durch den Rechtsträger als „sonstiger Gegenstand" verkauft werden (§§ 453 Abs. 1, 433 BGB).

Hier gibt es zwei Techniken des Verkaufs, die die entsprechenden Pflichten des Verkäufers beschreiben.

- Verkauft werden können die einzelnen Wirtschaftsgüter, die das Unternehmen insgesamt oder die einen selbstständigen Teil des Unternehmens ausmachen **(„asset deal")**. Der Kaufvertrag muss diese Wirtschaftsgüter dann im Einzelnen bezeichnen. Ein solcher Kaufvertrag ist grundsätzlich formfrei möglich, wenn aber z. B. – was häufig der Fall sein dürfte – zum Unternehmen bzw. Unternehmensteil ein dem Verkäufer gehörendes Geschäftsgrundstück gehört, muss der Vertrag insoweit notariell beurkundet werden (§ 311b Abs. 1 BGB).
- Erfolgt die Veräußerung eines Unternehmens, dessen Rechtsträger eine juristische Person ist (Aktiengesellschaft, GmbH), durch Verkauf von Anteilsrechten **(„share deal")**, also z. B. von Aktien oder GmbH-Anteilen, so wird ein Kaufvertrag über diese Anteile abgeschlossen.
- Welche Lösung ist eleganter? Die Antwort liefert spätestens die sogleich darzustellende Art und Weise der Erfüllung.

Zur **Erfüllung** der **Verpflichtung** des Verkäufers erfolgt sie beim **asset deal** durch eine Übertragung der einzelnen verkauften Gegenstände: also z. B. durch die Übergabe und die Übereignung der verkauften beweglichen Sachen (jedes Auto, jede Maschine, jeder Computer, jeder Bleistift etc.) nach §§ 929 ff. BGB, der Grundstücke nach §§ 873, 925 BGB; die Übertragung der verkauften Forderungen erfolgt nach § 398 ff. BGB, die der anderen Rechte nach den jeweiligen Spezialnormen für die Übertragung (eine Hypothek nach §§ 1153, 1154 BGB), sonst nach § 413 BGB; Verträge, z. B. ein Mietvertrag über das angemietete Geschäftsgrundstück, werden durch eine Vertragsübertragung (z. B. ein dreiseitiger Vertrag zwischen Vermieter, Verkäufer und Käufer) übertragen. Sollen auch Schulden übernommen werden, richtet sich dies nach §§ 414 ff. BGB. Hier sollten Sie auch einmal die §§ 17 ff. HGB, speziell die §§ 21 ff. HGB und ganz speziell den § 25 HGB lesen! Beim **share deal** geschieht die Erfüllung des Kaufvertrages durch Übertragung der Anteilsrechte. Die zum Unternehmen gehörenden Gegenstände müssen nicht zum Zwecke der Erfüllung im Einzelnen übertragen werden, denn an ihnen ist die juristische Person, an deren Identität sich durch die Veräußerung der Anteile bekanntlich nichts ändert, berechtigt.

Auch beim **asset deal** muss, **b)** wenn der verkaufte und zu übertragende Gegenstand zum **Besitz** einer Sache berechtigt, auch dieser übertragen werden.

Verschafft werden muss der Kaufgegenstand **c) frei** von **Rechtsmängeln.**

Für **d) Sachmängel** haftet der Verkäufer beim **asset deal** sowieso. Aber auch beim **share deal** haftet der Verkäufer für Sachmängel, wenn der Käufer nahezu alle Anteile erwirbt, also das Unternehmen beherrscht. Wenn der Käufer allerdings keine beherrschende Stellung erlangt, handelt es sich um einen reinen Rechtskauf ohne Sachmängelhaftung. Dies ist jedoch „graue Theorie“, denn man wird davon ausgehen dürfen, dass im Kaufvertrag die gesetzlichen Regeln durch individualvertragliche Vereinbarungen weitgehend ersetzt werden, wobei man die Arglist-Grenze des § 444 BGB sehen muss.

#### (2) Käuferpflichten und deren Erfüllung

Hier gibt es keine Besonderheiten. Der Kaufpreis wird nach **§§ 433 Abs. 2, 453 BGB** geschuldet.

#### (3) Gegenseitiger Vertrag

Das gilt auch für das Thema des Kaufvertrags als gegenseitiger Vertrag: Der Vertrag ist ein gegenseitiger Vertrag **(§ 320 BGB)**.

### ee) „Vertrag über die Lieferung neu herzustellender beweglicher Sachen“, „Werklieferungsvertrag“

> Nach **§ 651 BGB** „(finden) auf einen Vertrag, der die Lieferung herzustellender oder zu erzeugender beweglicher Sachen zum Gegenstand hat, … die Vorschriften über den Kauf Anwendung“.

Auf einen **Vertrag** über die **Lieferung neu herzustellender beweglicher Sachen** findet das Kaufrecht Anwendung, und zwar auch dann, wenn andere als vertretbare Sachen, also z. B. ein Maßanzug oder Reiseprospekte, herzustellen sind und man den Vertrag dann einen **„Werklieferungsvertrag“** nennt. Daher kann weitgehend auf die vorstehenden Ausführungen zum Kaufvertrag Bezug genommen werden. Die für Sie wesentliche Folge ist, dass sich das Gewährleistungsrecht nach den §§ 434 ff. BGB richtet, wobei der unter bestimmten Voraussetzungen (beim Kaufvertrag: Kenntnis des Käufers/hier: des Bestellers) Gewährleistungsansprüche ausschließende § 442 Abs. 1 S. 1 BGB auch dann Anwendung findet, wenn der Mangel auf den vom Besteller gelieferten Stoff zurückzuführen ist (§ 651 S. 2 BGB). Bei einer Herstellung nicht vertretbarer Sachen werden allerdings die anzuwendenden §§ 434 ff. BGB durch die §§ 642, 643, 645, 649, 650 BGB ergänzt (§ 651 S. 3 BGB). Die durch § 651 BGB ausgesprochene und sehr weitreichende Anwendbarkeit des Kaufvertragsrechts **reduziert** den **Anwendungsbereich** des **Werkvertragsrechts** auf die Herstellung unbeweglicher Sachen (Hausbau auf dem Grundstück des Bestellers), Reparaturarbeiten und die Herstellung unkörperlicher Werke (Gutachtenerstattung).

#### ff) Vorkaufsrecht, Exkurs: Vormerkung

Das in §§ 463 ff. BGB geregelte **obligatorische Vorkaufsrecht** wird unter Studenten zu Lernzwecken üblicherweise als **„doppelt bedingter Kauf"** definiert: Der Kaufvertrag zwischen dem Vorkaufsberechtigten und dem Vorkaufsverpflichteten kommt zustande durch den Abschluss eines Kaufvertrages des Vorkaufsverpflichteten über den Kaufgegenstand mit einem Dritten (§ 463 BGB) – erste Bedingung – und durch die „Erklärung gegenüber dem Verpflichteten" (§ 464 Abs. 1 S. 1 BGB) – zweite Bedingung.

Der Vorkaufsberechtigte kann sich also den käuflichen Erwerb einer Kaufsache für den Fall ermöglichen, dass der Verkaufsverpflichtete sie an einen Dritten veräußert. Im Verhältnis zum Dritten gesichert ist der Erwerb des Vorkaufsberechtigten jedoch nicht, denn wenn der Vorkaufsverpflichtete den Kaufvertrag mit dem Dritten erfüllt, also die Kaufsache übergibt und übereignet, ist dieses Erfüllungsgeschäft wirksam und bleibt auch wirksam und der Anspruch des Vorkaufsberechtigten gegen den Vorkaufsverpflichteten aus § 433 Abs. 1 BGB ist ausgeschlossen (§ 275 Abs. 1 BGB). Dass der Vorkaufsverpflichtete sich gegenüber dem Vorkaufsberechtigten schadensersatzpflichtig macht, weil er den mit dem Vorkaufsberechtigten zustandegekommenen Kaufvertrag nicht erfüllen kann (§§ 275 Abs. 4, 280 Abs. 1, 3, 283 BGB), ist für den Vorkaufsberechtigten, dem ja – das ist ja der Sinn und Zweck eines Vorkaufsrechts – am Erwerb der Kaufsache gelegen ist, meist ohne Interesse. Und umgekehrt wird der Vorkaufsverpflichtete eventuelle Schadensersatzansprüche des Vorkaufsberechtigten häufig in Kauf nehmen, wenn es sich wegen eines „guten Geschäfts" mit einem Dritten oder aus anderen Gründen für ihn immer noch „lohnt", die Pflichten aus dem Vorkaufsvertrag zu verletzen. Und außerdem wird der Vorkaufsberechtigte oft gar keinen Schaden haben. Das Vorkaufsrecht ist von **besonderer praktischer Bedeutung**, wenn es dem Vorkaufsberechtigten um den **Erwerb** eines **Grundstücks** geht. Stellen Sie sich zum *Beispiel* vor, dass ein Grundeigentümer (E 1) das ihm benachbarte Grundstück des E 2 für den Fall eines Verkaufs des Grundstücks durch E 2 an einen Dritten selbst erwerben möchte, um seinen Gewerbetrieb erweitern zu können, und zu diesem Zweck mit E 2, der – aus welchem Grunde auch immer – dazu bereit ist, einen Vorkaufsvertrag abschließt. Da man sich aber – wie Sie soeben erkannt haben – als Vorkaufsberechtigter „für" ein lediglich **„obligatorisches Vorkaufsrecht"** im wahrsten Sinne des Wortes „nicht viel kaufen kann", sieht das Gesetz bei der Vereinbarung eines Vorkaufsrechts zum Erwerb unbeweglichen Sachen die Möglichkeit eines **„dinglichen Vorkaufsrechts"** vor: Ein Grundstück kann mit einem dinglichen Vorkaufsrecht dergestalt belastet werden, dass derjenige (**„subjektiv-dinglich"**: eine bestimmte Person/oder **„objektiv-dinglich"**: der jeweilige Eigentümer eines anderen Grundstücks), zu dessen Gunsten die Belastung mit einem Vorkaufsrecht erfolgt, dem jeweiligen Eigentümer gegenüber zum Vorkauf berechtigt ist (§ 1094 BGB). Das Rechtsverhältnis zwischen dem Vorkaufsberechtigten und dem Vorkaufsverpflichteten richtet sich dann zwar auch nach den §§ 463 ff. BGB. Das Besondere an einem dinglichen Vorkaufsrecht ist aber die **vormerkungsgleiche Wirkung** des **dinglichen Vorkaufsrechts**, aufgrund derer Verfügungen des Vorkaufsverpflichteten, die den Erwerb des Vorkaufsberechtigten vereiteln, unwirksam werden, wenn das Vorkaufsrecht ausgeübt wird (§§ 1098 Abs. 2, 883 Abs. 2 und 3, 888 BGB). Auf diese Weise erlangt der dinglich Vorkaufsberechtigte die erstrebte Sicherheit. Wenn der E 1 und der E 2 sich also auf ein nicht nur „obligatorisches" sondern auch „dingliches" Vorkaufsrecht einigen und dies dann auch bestellt wird, so ist der E 1 vor einer abweichenden Verfügung (z. B. Übereignung an den Dritten) nach § 883 Abs. 2 BGB geschützt. Versuchen Sie jetzt schon einmal diese Norm, mit der Sie noch viel zu tun haben werden, zu verstehen. Bei dieser Gelegenheit leisten wir uns einen sich an dieser Stelle geradezu aufdrängenden **Exkurs** zum Thema der **Sicherung eines schuldrechtlichen Anspruchs auf dingliche Rechtsänderung an Grundstücken** durch eine **Vormerkung**: Dem mitdenkenden Leser dürfte inzwischen mit Sicherheit klar geworden sein, dass nicht nur der Vorkaufsberechtigte, sondern in erster Linie natürlich auch der Käufer eines Grundstücks ein Sicherungsinteresse vor vertragswidrigen Verfügungen eines Verkäufers haben wird. Denn auch der Käufer eines Grundstücks ist durch den bloßen Kaufvertrag (§§ 433, 311b Abs.1 BGB) vor abweichenden Verfügungen des Verkäufers, die diesem bis zum naturgemäß zeitlich späteren (lesen Sie §§ 873, 925 BGB und die §§ 13, 19, 20, 29 GBO) Eigentumserwerb des Käufers jederzeit möglich sind, nicht geschützt. Schadensersatzansprüche, die der Käufer dann aus §§ 275 Abs. 4, 280 Abs. 1, 3, 283 BGB gegen den Verkäufer hätte, interessieren ihn oft wenig. In vielen Fällen hat er gar keinen Schaden. Außerdem hat der Käufer eines ihm unbelastet („lastenfrei") verkauften Grundstücks auch ein Interesse daran, dass der Verkäufer das Grundstück nicht mehr dinglich belastet, also z. B. keine Hypothek/Grundschuld an dem Grundstück bestellt. Geholfen werden kann dem Käufer aber durch die Bestellung einer Vormerkung. Wir hätten über das Thema der dinglichen Sicherung eines schuldrechtlichen Anspruchs auf dingliche Rechtsänderung (namentlich den des Käufers auf den Eigentumserwerb) schon bei der Darstellung des Kaufvertrags einige Worte verlieren können, aber die Ausführungen zum Vorkaufsrecht, bei der wir uns jetzt befinden, sind ein noch besserer Moment, sich – jetzt vom Thema „Vorkaufsrecht" losgelöst – erste Kenntnisse zum **Sicherungsmechanismus** der **Vormerkung** zu verschaffen. Dieses Institut ist von ungeheurer lebens- und ausbildungspraktischer

Bedeutung und ist bei vielen jungen Juristen „gefürchtet". Dabei ist es im Kernbereich absolut problemlos zu verstehen und daher auch schon hier s darstellbar. Stellen Sie sich zum *Beispiel* vor, der V verkauft formgerecht ein ihm gehöriges Grundstück lastenfrei an den K (§§ 433 Abs. 1, 311b Abs. 1 S. 1 BGB). Die Erfüllung durch Übergabe und Übereignung an den K durch Auflassung und Eintragung in das Grundbuch (§§ 873 Abs. 1, 925 BGB) soll vereinbarungsgemäß erst in 3 Monaten erfolgen, weil der K den Kaufpreis erst dann aufbringen kann. Der V, der ja Eigentümer und Besitzer des Grundstücks bleibt, könnte in dieser Zeit z. B. das Grundstück an einen anderen Kaufinteressenten verkaufen und übereignen oder z. B. einer Bank zur Sicherung einer Darlehensforderung, die die Bank gegen den Verkäufer hat, an dem Grundstück eine Hypothek (§§ 1113 ff. BGB) oder eine Grundschuld (§§ 1191 ff. BGB) bestellen. Um den K davor zu schützen, also dessen schuldrechtlichen Anspruch auf den Eigentumserwerb als solchen und auch auf den unbelasteten, also rechtsmangelfreien Eigentumserwerb zu sichern, kann zu seinen Gunsten eine Vormerkung in das Grundbuch eingetragen werden (lesen Sie §§ 883 Abs. 1, 885 BGB). Jetzt stellen Sie sich bitte Folgendes vor: **(a)** *„Vereitelnde Verfügung"*: Der V verkauft und übereignet das Grundstück an einen X, bevor der K Eigentümer geworden ist. Diese Übereignung ist auch im Fall des Bestehens einer Vormerkung zwar im Verhältnis zu allen auf der Welt wirksam, aber aufgrund der Vormerkung im Verhältnis zu K unwirksam (§ 883 Abs. 2 BGB), so dass, wenn der K nach 3 Monaten von dem V Zug-um-Zug gegen Zahlung des Kaufpreises die Auflassung verlangt, sein Anspruch gegen den V aus §§ 433 Abs. 1, 311b Abs. 1 S. 1 BGB nicht nach § 275 Abs. 1 BGB ausgeschlossen ist. Der K kann also von dem V die Auflassung verlangen und den Anspruch daraus notfalls auch prozessual durch Klage und aufgrund des rechtskräftigen Urteils im Wege der Zwangsvollstreckung durchsetzen (lesen Sie § 894 ZPO und bewundern Sie die elegante Lösung des Gesetzes!). Um Eigentümer des Grundstücks zu werden, muss der K allerdings zusätzlich auch seine Eintragung als Eigentümer in das Grundbuch bewirken. Die Voraussetzungen hierfür (lesen Sie §§ 13, 19/20, 29, 39 GBO) kann er weitgehend problemlos erfüllen, nur nicht die des § 39 GBO: Denn nicht der freiwillig oder über § 894 ZPO an ihn auflassende V, sondern der X ist im Grundbuch als letzter Eigentümer eingetragen („voreingetragen"); daher wird das Grundbuchamt von K zu Recht die Zustimmung des X zur Eintragung des K als Eigentümer verlangen. Auf diese Zustimmungserklärung des X hat der K einen Anspruch (lesen Sie § 888 BGB); notfalls kann er sie gegen X prozessual und im Wege der Zwangsvollstreckung erwirken (lesen Sie noch einmal § 894 ZPO). Auf diese Weise ist es dem K möglich, Eigentümer zu werden. **(b)** *„Beeinträchtigende Verfügung"*: Oder stellen Sie vor, dass der V nach dem Verkauf das Grundstück mit einer Hypothek/Grundschuld zugunsten der Bank B belastet, obwohl er es nach dem Kaufvertrag lastenfrei an den K zu übereignen hat. Diese Belastung ist trotz des Bestehens der Vormerkung zwar gegenüber allen auf der Welt wirksam. Aber aufgrund seiner Vormerkung kann der K von der B Zustimmung zur Löschung der Hypothek verlangen (§§ 888, 883 Abs. 2 BGB) und die Erklärung auch erzwingen (§ 894 ZPO). Wenn Sie in der Lage sind, diese beiden einfachen Geschichten „nachzuerzählen" und die genannten Normen dazu in Bezug zu setzen, haben Sie den Kernbereich dessen, was eine „Vormerkung" ist, verstanden. Während für manches gestresste ältere Semester oft schon das Wort „Vormerkung" ein Anlass für Panik-Attacken ist, dürften Sie als neugieriger und sich frühzeitig für derlei Dinge interessierender Jungstudent fortan keinerlei Probleme mehr mit der „Vormerkung" haben! Dass dies noch nicht alles zum Thema „Vormerkung" war, soll aber nicht verschwiegen werden. Damit befassen Sie sich dann später. Zurück zum dinglichen Vorkaufsrecht; hier liegt es genauso: Verfügt der Vorkaufsverpflichtete zugunsten eines Dritten, indem er diesem das Grundstück übereignet, so ist diese Übereignung im Falle der Ausübung des Vorkaufsrechts durch den Vorkaufsberechtigten zwar im Verhältnis zu allen auf der Welt wirksam, aber im Verhältnis zum Vorkaufsberechtigten unwirksam (§§ 1098 Abs. 2, 883 Abs. 2 BGB), so dass der Vorkaufsberechtigte vom Vorkaufsverpflichteten die Auflassung und vom Dritten die Zustimmung zu seiner Eintragung verlangen kann. Zur beeinträchtigenden Verfügung eines Vorkaufsverpflichteten können Sie sich nun selbst ein Beispiel ersinnen. Kleine Kontrollfrage: Trifft es nicht die Dritten unangemessen hart, wenn die zu ihren Gunsten getroffenen Verfügungen nach § 883 Abs. 2 BGB bzw. nach §§ 1098 Abs. 2, 883 Abs. 2 BGB unwirksam sind? Nein, denn die Vormerkung oder das dingliche Vorkaufsrecht ergeben sich aus dem Grundbuch! Man ist also gewarnt.

#### gg) Verbrauchsgüterkauf

Als **„Verbrauchsgüterkauf"** wird **definiert** ein Kaufvertrag über eine bewegliche Sache zwischen einem Verbraucher (§ 13 BGB) als dem Käufer und einem Unternehmer (§ 14 BGB) als dem Verkäufer, und zwar auch, wenn der Vertrag neben dem Verkauf die Erbringung einer Dienstleistung durch den Unternehmer zum Gegenstand hat, es sei denn, es handelt sich um den Kauf gebrauchter Sachen auf einer öffentlichen Versteigerung, an der der Verbraucher selber teilnehmen kann **(§ 474 Abs. 1, Abs. 2 S. 2 BGB)**.

Der Verbrauchsgüterkauf ist wegen seiner großen Praxisrelevanz auch von größter Bedeutung für die Ausbildung, und zwar speziell in folgender Hinsicht: Die Leistungszeit für den Unternehmer bemisst sich nach **§ 474 Abs. 3 BGB** für den Fall fehlender Vereinbarung nicht nach § 271 BGB („sofort"), sondern muss spätestens unverzüglich, jedenfalls innerhalb von 30 Tagen erfolgen, kann aber auch sofort überbracht werden. Wegen der zwingenden Regelung des **§ 474 Abs. 4 BGB** findet der den Übergang der **Preisgefahr** beim Versendungskauf regelnde **§ 447 BGB**, dessen große Bedeutung Sie noch in Teil 4 kennenlernen werden, nur Anwendung, wenn der Käufer die dort genannten Transportpersonen beauftragt hat und der Unternehmer ihm diese nicht benannt hat.. Und wegen der („halb"-) zwingen Wirkung des **§ 475 BGB** gibt es u. a. **keinerlei Gewährleistungsausschluss**, und zwar nicht auch beim Verkauf gebrauchter Sachen; das ist besonders wichtig für den Gebrauchtwagenhandel. Weiterhin führt die **Beweislastumkehr** des **§ 476 BGB** (nach ihr wird vermutet, dass die Sache bereits bei Gefahrübergang mangelhaft war) zu einer garantieähnlichen Haftung des Verkäufers. Nach **§ 474 Abs. 5 S. 1 BGB** hat der Verbraucher für den Fall der Nacherfüllung durch den Unternehmer nach § 439 BGB zwar die mangelhafte Kaufsache wieder herauszugeben, aber entgegen § 346 Abs. 1, 2 Nr. 1 BGB nicht auch noch die aus der Kaufsache gezogenen Nutzungen oder deren Wert zu ersetzen. Weitere Einzelheiten zum Gewährleistungsrecht vermitteln Ihnen die Ausführungen zu den Leistungsstörungen.

#### hh) Handelskauf (HGB)

> Der **Handelskauf** ist in den §§ 373 ff. HGB geregelt und wird **definiert** als ein Kaufvertrag über Waren (das sind: bewegliche Sachen) oder über Wertpapiere, der entweder für einen der Vertragspartner oder für beide Vertragspartner ein Handelsgeschäft ist.

Um festzustellen, ob ein **Handelskauf vorliegt**, aber auch in anderen Zusammenhängen (z. B. für den uns bald interessierenden § 350 HGB) müssen Sie nach dieser Definition also wissen, was ein **Handelsgeschäft** ist. Hierunter versteht man das **Geschäft** eines **Kaufmannes**, das **zum Betrieb** seines **Handelsgewerbes** gehört **(§ 343 HGB)**. Dazu muss man zweierlei prüfen:

Zunächst geht es daher darum zu wissen, **wer** ein **Kaufmann** ist:

- Nach **§ 1 Abs. 1 HGB** ist **Kaufmann** diejenige **Person**, die ein **Handelsgewerbe betreibt**. Ein **Handelsgewerbe** ist jeder Gewerbebetrieb, also jede auf Gewinnerzielung und planmäßige Wiederholung gerichtete selbstständige Tätigkeit, die nicht rein wissenschaftlicher, künstlerischer oder freiberuflicher Art ist, wie die eines Rechtsanwalts oder Arztes, „es sei denn, dass (Umkehr der Beweislast!) das Unternehmen nach Art oder Umfang einen in kaufmännischer Weise eingerichteten Geschäftsbetrieb nicht erfordert“ **(§ 1 Abs. 2 HGB)**. Als Handelsgewerbe gilt auch ein gewerbliches Unternehmen, dessen Firma in das Handelsregister eingetragen ist **(§ 2 HGB)**. Im Fall der Eintragung einer Firma in das Handelsregister kann nicht geltend gemacht werden, dass das unter der Firma betriebene Gewerbe kein Handelsgewerbe ist **(§ 5 HGB)**.
- **Kaufmann** ist nach **§ 6 Abs. 1 HGB** auch eine **Handelsgesellschaft**, z. B. eine oHG (§ 105 HGB).
- Eine **Kapitalgesellschaft** hat **kraft** ihrer **Rechtsform** – also auch wenn § 1 Abs. 2 HGB nicht vorliegt, z. B. wegen eines ideellen Zwecks der Kapitalgesellschaft – die Eigenschaften eines **Kaufmanns** (z. B. **§ 6 Abs. 2 HGB** i. V. m. § 13 Abs. 3 GmbHG).

Die zweite Voraussetzung dafür, dass ein Geschäft eines Kaufmanns ein **„Handelsgeschäft“** ist, besteht darin, dass es **zum Betrieb** seines **Handelsgewerbes** gehören muss (§ 343 HGB). Man erkennt sofort, dass es bei dieser Frage um das Thema der **Abgrenzung** der **Handelsgeschäfte** von den **„Privatgeschäften“** eines Kaufmanns, die natürlich außerhalb des Handelsrechts stehen, geht. Nach **§ 344 Abs. 1 HGB** gibt es bei den Rechtsgeschäften eines Kaufmanns eine gesetzliche **Vermutung für** das Vorliegen eines **Handelsgeschäfts** („Die von einem Kaufmann vorgenommenen Rechtsgeschäfte gelten im Zweifel als zum Betrieb seines Handelsgewerbes gehörig“). Diese Vermutung ist zwar **widerlegbar**, dies aber nur begrenzt durch die **Fiktion eines Handelsgeschäfts** in **§ 344 Abs. 2 HGB** („Die von einem Kaufmann gezeichneten Schuldscheine gelten als im Betrieb seines Handelsgewerbes gezeichnet, sofern nicht aus der Urkunde sich das Gegenteil ergibt“).

Wenn also aufgrund dieser Voraussetzungen feststeht, dass ein **Kaufmann** einen **zum Betrieb** seines **Handelsgewerbes** gehörenden **Kaufvertrag** geschlossen hat, finden auf diesen die von den Regeln des BGB-Kaufes abweichenden Sonderregeln der §§ 373 ff. HGB Anwendung. Die **Besonderheiten** des **Handelskaufes** betreffen im wesentlichen Fragen des Besonderen Schuldrechts (z. B. das Gewährleistungsrecht). Daher ist für Sie besonders wichtig, dass beim **beiderseitigen** (= Verkäufer *und* Käufer sind Kaufmann) **Handelskauf**

- den Käufer nach § 377 HGB nach der Ablieferung eine **Untersuchungs-** und **Mängelanzeigepflicht** trifft, wobei die Unterlassung der Anzeige eine Genehmigungsfiktion zur Folge hat, sofern der Mangel nicht unerkennbar war (§ 377 Abs. 2 HGB).
- Unterbleibt die unverzügliche Anzeige eines sich **später zeigenden Mangels**, gilt die Ware auch in Ansehung dieses Mangels als genehmigt (§ 377 Abs. 3 HGB)
- Es sei denn der **Verkäufer** hat den **Mangel arglistig verschwiegen**.

#### ii) Der Internationale Kauf (UN-Kaufrecht, CISG)

Sie entsinnen sich: Ein **„Internationaler Kauf“** ist gegeben, wenn ein **Vertrag** vorliegt, bei dem die Leistungspflichten denen der **Art. 1–3, 30 ff., 43 ff. CISG** entsprechen, das heißt,

- ein Kauf vorliegt, der in der Weise Kontakt zu mindestens einem Vertragsstaat hat, dass die Parteien ihre Niederlassung in verschiedenen Staaten haben und diese Staaten entweder Vertragsstaaten sind oder das Internationale Privatrecht zur Anwendung des Rechts eines Vertragsstaates führt,
- durch den der eine Teil verpflichtet ist, Waren (= bewegliche Sachen) und ähnliche Gegenstände (z. B. Computerprogramme), nicht aber Luftfahrzeuge oder Wertpapiere, zu übereignen und zu übergeben oder sonst zu übertragen, oder sich verpflichtet, eine noch herzustellende oder zu erzeugende Sache zu liefern, wenn nicht der Besteller einen wesentlichen Teil der erforderlichen Stoffe bereitzustellen hat oder der Vertrag wesentlich durch Dienstleistungselemente geprägt wird,
- und der andere Teil verpflichtet ist, dafür eine Gegenleistung in Geld (den Kaufpreis) zu zahlen
- bei dem dieser Vertrag nicht privaten Zwecken dient.

Bei einem solchen Kaufvertrag wird das jeweilige nationale Recht hinsichtlich des Vertragsschlusses einschließlich der Förmlichkeiten und hinsichtlich der Rechte und Pflichten aus dem Kaufvertrag durch den typisierten Inhalt des UN-Kaufrechts (CISG) ersetzt. Zunächst sollen uns hier nur die **Primärpflichten** von **Verkäufer und Käufer** interessieren, die sich wie folgt zusammenfassen lassen.

- Den **Verkäufer** trifft die Pflicht zur Lieferung und Übereignung (Art. 30 CISG) vertragsgemäßer Ware (Art. 35 CISG), und zwar vorbehaltlich anderer Vereinbarungen beim praktisch regelmäßig vorliegenden „Beförderungsverkauf" am Ort der Übergabe an den ersten Beförderer (Art. 31 lit. a CISG). Bei einer Vereinbarung „Lieferung frei Haus" muss eine Auslegung ergeben, ob damit die Vereinbarung einer Bringschuld oder nur eine Kostentragungsregelung gemeint ist.
- Der **Käufer** ist zur Abnahme und Kaufpreiszahlung verpflichtet (Art. 53 CISG), und zwar, vorbehaltlich anderer Vereinbarungen (die z. B. noch nicht in der Angabe einer Bankverbindung liegen soll), anders als beim deutschen Recht nach §§ 269, 270 Abs. 4 BGB, am Sitz des Verkäufers (Art. 57 Abs. 1 lit. a CISG).
- Die Leistungen müssen, vorbehaltlich der Vereinbarung einer Vorleistungspflicht, **Zug-um-Zug** erbracht werden (arge. Art. 58 CISG).
- Für die **Übereignung** gibt es keine Regelung im CISG (Art. 4 CISG). Welches Recht hierfür anzuwenden ist, bestimmt das Internationale Privatrecht: Regelmäßig ist das Recht der „lex rei sitae" (das Recht der „belegenen Sache", also das Recht des Landes, in dem sich die Sache befindet) anzuwenden.

Der Käufer erwirbt also das Eigentum **je nach** der dazu geltenden **Rechtsordnung**

- etwa bereits mit **Kaufvertragsschluss,**
- oder erst nach einer **zusätzlichen Übergabe** der Kaufsache,
- oder (wie im deutschen Recht) aufgrund des „Trennungsprinzips" erst nach einem **gesonderten Übereignungsgeschäft** nach den §§ 929 ff. BGB.

Beim Verkauf beweglicher Sachen kommt es sehr häufig dazu, dass der Käufer den Kaufpreis noch beschaffen muss und daher noch nicht zahlen kann, dass er aber die Sache schon nutzen soll, und zwar um damit das für die Kaufpreiszahlung nötige Geld zu verdienen. Dem können die Vertragspartner bekanntlich nach dem BGB dadurch Rechnung tragen, dass die noch nicht erfüllte Kaufpreisforderung durch einen **Eigentumsvorbehalt** gesichert wird; das ist auch bei einem Kauf nach UN-Kaufrecht möglich (Art. 6 CISG). Die **sachenrechtlichen Fragen**, ob der Käufer automatisch mit der vollständigen Bezahlung des Kaufpreises das Eigentum erlangt und ob er in der „Schwebezeit" ein sog. „Anwartschaftsrecht" erlangt, richten sich nach dem nationalen Sachenrecht (Art. 4 CISG), also in der Regel nach dem Recht der „lex rei sitae".

### b) Werkvertrag

Der Vertrag, durch den sich der eine Teil (Unternehmer) zur Herstellung eines bestimmten Arbeitsergebnisses in Gestalt eines individuellen Werks (Erfolg) verpflichtet und durch den sich der andere Teil (Besteller) im Austausch dazu zur Entrichtung einer Vergütung verpflichtet, ist in **§ 631 BGB** als **Werkvertrag** definiert.

#### aa) Abschluss des Werkvertrages

Der Abschluss eines Werkvertrages weist keine Besonderheiten auf. Die **„essentialia negotii"**, über die Einigkeit bestehen muss, sind das **„versprochene Werk"** und (mit Einschränkungen) die **Vergütung** und die **Vertragsparteien**.

Was ein **„versprochenes Werk"** sein kann, ergibt sich aus §§ 631 Abs. 2, 675 BGB.

- Es kann einerseits (und das assoziiert man meistens wegen des Wortes „Werk") die **Herstellung** oder **Veränderung einer Sache** … sein" (§ 631 Abs. 2 Var. 1 BGB). **Aber Vorsicht**: Da nach § 651 S. 1 BGB „auf einen Vertrag, der die Lieferung herzustellender oder zu erzeugender beweglicher Sachen zum Gegenstand hat, die Vorschriften über den Kauf Anwendung (finden)", reduziert sich der Anwendungsbereich des Werkvertragsrechts bei Verträgen, die die Herstellung oder Veränderung einer Sache betreffen, auf die Fälle der Herstellung von Bauwerken und auf die Fälle der reinen Reparaturarbeiten; alles andere sind „Verträge über die Lieferung herzustellender oder zu erzeugender beweglicher Sachen", auf die überwiegend das Kaufrecht angewendet wird (§ 651 BGB). Wenn man sich verdeutlicht, dass die Herstellung von Bauwerken sich meistens nach Allgemeinen Geschäftsbedingungen, namentlich der VOB, richtet, erkennt man, dass das Werkvertragsrecht, was die Herstellung von Sachen angeht, kaum noch Bedeutung hat.
- Weiterhin kann „Gegenstand des Werkvertrags (…) auch ein **anderer durch Arbeit** oder **Dienstleistung herbeizuführender Erfolg** sein", wie z. B. die Bauplanung, die Bauleitung und die Bauaufsicht (Architektenvertrag), die Beförderung von Gütern oder Personen, das Freischleppen eines Schiffes (Schleppvertrag), die Erstellung eines Sachverständigengutachtens (§ 631 Abs. 2 Var. 2 BGB).
- Schließlich kommen als Gegenstand eines Werkvertrags auch **Geschäftsbesorgungen** in Betracht (arge. § 675 BGB); das sind „selbstständige Tätigkeiten wirtschaftlicher Art, für die ursprünglich der Geschäftsherr selbst zu sorgen hatte, die ihm aber durch einen anderen (Geschäftsführer) abgenommen werden" (z. B. Vermögensverwaltung, Steuerberatung, Rechtsberatung).

Trotz dieser einfach klingenden Grundsätze kann es zu **Abgrenzungsschwierigkeiten** kommen.

1. Die **Abgrenzung** zum **Kaufvertrag** über eine **Sache** ist allerdings meist kein sehr großes Problem. Denn der grundlegende Unterschied ist evident: Bei einem Kaufvertrag wird i. d. R. die Lieferung einer bereits vorhandenen Sache geschuldet, während bei einem Werkvertrag der Unternehmer ein Werk herzustellen hat. **a)** Wenn der Unternehmer sich auch zur Lieferung verpflichtet hat, findet nach § 651 S. 1 BGB auf einen Vertrag über die Lieferung neu herzustellender beweglicher Sachen Kaufrecht Anwendung, und zwar selbst dann, wenn der Besteller den Stoff geliefert hat; bei unvertretbaren Sachen wird das Kaufrecht durch das Werkvertragsrecht ergänzt (§ 651 S. 3 BGB). **b)** Bei Verträgen über die Lieferung schlüsselfertiger Fertighäuser besteht nach der Schuldrechtsreform wohl kein Bedürfnis mehr dafür, den Erwerb eines fertigen Hauses oder einer Eigentumswohnung vom Bauträger oder Bauherrn rechtlich als Werkvertrag einzuordnen, da das Gewährleistungsrecht des Kaufrechts in §§ 437 Nr. 1, 439 BGB nunmehr einen Nacherfüllungsanspruch kennt. Aber selbst wenn man Verträge über den Erwerb eines fertigen Hauses oder einer Eigentumswohnung vom Bauträger oder Bauherrn rechtlich als Werkvertrag einordnet, bedarf der Werkvertrag nach § 311b Abs. 1 BGB der notariellen Beurkundung. **c)** Auch der Kauf mit Montageverpflichtung ist nunmehr ein Kaufvertrag (arge. § 434 Abs. 2 BGB).
2. Bedeutsamer ist die ebenfalls bereits angesprochene **Grenzziehung zum Dienstvertrag**:
   **a)** Die **Faustformel** bei der Abgrenzung eines Werkvertrages nach §§ 631 ff. BGB (geschuldet ist ein Erfolg) und eines Dienstvertrages nach den §§ 611 ff. BGB (geschuldet ist das Bemühen um einen Erfolg durch Tätigkeit), ist die Fragestellung, wer das Risiko für das Eintreten des Erfolges tragen soll; beim Werkvertrag ist das der Verpflichtete, beim Dienstvertrag der Berechtigte. Die „Faustformel" hilft aber nicht immer.
   **b)** Daher ist als weiterhin maßgeblich für das Vorliegen eines Werkvertrages zu beachten, dass der **Verpflichtete** die **Macht haben** muss, den **Erfolg** zu **bewirken**: So schuldet der mit der Erstellung eines Bauwerks beauftragte Bauunternehmer und/oder der mit dem Entwurf und der Bauaufsicht beauftragte Architekt die Erstellung des Bauwerks als Erfolg (reiner Werkvertrag); der Chirurg schuldet zwar die Implantation einer Endoprothese, nicht aber die Genesung des Patienten (Mischvertrag aus Werk- und Dienstvertrag); der Prozessanwalt schuldet nur die Prozessführung (Geschäftsbesorgungsvertrag mit rein dienstvertraglichem Charakter).
   **c)** Und schließlich sollte man zur rechtlichen Qualifizierung die Kontrollfrage stellen, ob die **Folgenormen** (z. B. das Gewährleistungs-

recht des Werkvertragsrecht) auf das Rechtsverhältnis **„passen“**: Bei der Einordnung eines Vertrages mit einem Pianisten würde nach den o.g. Kriterien für einen Werkvertrag sprechen, dass der Pianist es im wahrsten Sinne des Wortes „in der Hand hat“, den Erfolg (fehlerfreies Spielen) herbeizuführen, also als Verpflichteter das Risiko für den Erfolgseintritt trägt und sein Eintritt auch in seiner Macht liegt. Trotzdem dürfte ein Dienstvertrag vorliegen, weil die der Definitionsnorm des § 631 BGB nachfolgenden Vorschriften einer solchen Einordnung widersprechen: Bei einer Einordnung als Werkvertrag nämlich könnte der „Besteller“ von dem Pianisten als „Unternehmer“ nach §§ 633, 634 Nr. 1, 635 Abs. 1 BGB die Nacherfüllung durch Herstellung eines „neuen Werkes“ verlangen, falls dieser sich „verspielt“.

**d)** Für die **Abgrenzung** ist **nicht maßgeblich** die Art der Berechnung der Vergütung, denn den „Stundenlohn“ gibt es sowohl bei Werk- als auch Dienstverträgen. Auch kommt es nicht darauf an, ob selbstständig oder unselbstständig gearbeitet wird.

Im Werkvertrag muss weiterhin vereinbart sein, dass „der Besteller zur Entrichtung der vereinbarten **Vergütung** verpflichtet“ ist. Die Vergütung wird meist (aber muss nicht: z. B. bei „Kompensationsgeschäften“) in Geld bestehen. Ist die **Vergütungspflicht als solche** nicht vereinbart, „gilt sie als stillschweigend vereinbart, wenn die Herstellung des Werkes den Umständen nach nur gegen eine Vergütung zu erwarten ist“ (§ 632 Abs. 1 BGB). Diese Fiktion kann nicht – wie bei einer Vermutung – widerlegt werden. Sie gilt aber nicht beim Kostenvoranschlag; dieser „ist im Zweifel nicht zu vergüten“ (§ 632 Abs. 3 BGB). Wenn „die **Höhe** der **Vergütung** nicht bestimmt (ist)“, so ist entweder eine „taxmäßige Vergütung“ oder die „übliche Vergütung“ als vereinbart anzusehen (§ 632 Abs. 2 BGB).

#### bb) Primäre Rechte und Pflichten aus dem Werkvertrag

Die primären **Rechte** und **Pflichten** von **Besteller** und **Unternehmer** aus einem **Werkvertrag** lassen sich wie folgt zusammenfassen.

- Der **Herstellungsanspruch** des **Bestellers ergibt** sich zwanglos aus dem Vertrag. Er ist nach § 631 Abs. 1 BGB gerichtet auf **Herstellung** des **versprochenen Werkes**, und zwar auch **frei** von **Mängeln**. Die **Leistungsgefahr** ist geregelt in § 275 BGB, die **Gegenleistungsgefahr** in § 326 BGB und in den §§ 644, 645 BGB. Die Bestimmungen über das **Gewährleistungsrecht** finden sich in den §§ 633 ff. BGB.
- Der sich aus § 631 Abs. 1 BGB ergebende **Anspruch** des **Unternehmers** auf den Werklohn **(„Vergütung“)** ist als solcher häufig nur „stillschweigend“ vereinbart (§ 632 Abs. 1 BGB). Der **Höhe nach** ergibt er sich i. d. R. **aus dem Vertrag**, sonst aus einer **„Taxe“**, oder er richtet sich nach der **„üblichen Vergütung“** (§ 632 Abs. 2 BGB). Der Anspruch des Unternehmers auf den Werklohn ist **fällig**

mit der **Abnahme** bzw. beim Vorliegen eines **Abnahmesurrogats** oder auch bei **Vollendung** des **Werkes** (§§ 640, 641, 641a, 646 BGB). Unter der **„Abnahme“** des Werkes versteht man die „**körperliche Hinnahme** verbunden mit der **Anerkennung** des Werkes **als im Wesentlichen vertragsgemäß**“ (nach Heck). Wenn die körperliche Entgegennahme wegen der Natur des Werkes (z. B. Umgraben eines Gartens, Baumfällen) ausgeschlossen ist, reicht die **Billigung** aus. Der Besteller ist nach § 640 Abs. 1 BGB verpflichtet, das vertragsgemäß hergestellte Werk **abzunehmen**; die Abnahme darf nur wegen wesentlicher Mängel verweigert werden (arge. § 640 Abs. 1 S. 2 BGB). Unterlässt der Besteller die Abnahme trotz einer Verpflichtung dazu, steht ihr eine **„hypothetische Abnahme“** in den Fällen gleich, in denen das Werk hätte abgenommen werden müssen (§ 640 Abs. 1 S. 3 BGB). Ist nach der Beschaffenheit des Werkes die Abnahme ausgeschlossen, tritt an ihre Stelle die **„Vollendung des Werkes“** (§ 646 BGB). Wenn man das so liest, könnte einem der Gedanke kommen, dass zum *Beispiel* der Werkunternehmer in solchen Fällen, in denen er die Zahlung des Werklohns verlangt und sich der Besteller weigert, das Werk abzunehmen, zwei Prozesse gegen den Besteller führen muss, und zwar zunächst einen Prozess auf Abnahme, die in der Zwangsvollstreckung nach § 894 ZPO erwirkt werden würde, und danach einen Prozess auf den erst dann fälligen Werklohn. So „unpraktisch“, wie es scheint, sind die Juristen dann aber doch nicht: Es ist vielmehr allgemein anerkannt, dass der Unternehmer direkt auf die Werklohnzahlung klagen kann und dass in diesem Prozess „inzident“ geprüft wird, ob das Werk hätte abgenommen werden müssen. Übrigens kann der Unternehmer auch schon **vor Fälligkeit** von dem Besteller **Abschlagszahlungen** verlangen (§ 632a BGB).

- Diese Herstellungs- und Vergütungsverpflichtungen (und zwar auch die Abnahmeverpflichtung) stehen zueinander im **„Gegenseitigkeitsverhältnis“** i. S. d. §§ 320 ff. BGB. Der **Übergang** der **„Preisgefahr“** ist in §§ 644, 645 BGB geregelt.

**Fall 67**

Der B bestellt bei dem U den Bau einer Brücke. Der U errichtet die Brücke fehlerfrei. Einen Tag, bevor der B zur Abnahme der Brücke erscheint, wird die Brücke durch ein Erdbeben zerstört. Der B verlangt den Neubau, der U Zahlung der Vergütung.

1) Der Anspruch auf Neuerrichtung der Brücke kann sich aus § 631 Abs. 1 BGB ergeben. a) Die Voraussetzungen der Norm liegen vor. b) Der Anspruch ist aa) nicht nach § 275 Abs. 1 BGB ausgeschlossen, da vor der Abnahme eines Werkes niemals Unmöglichkeit vorliegt. bb) § 275 Abs. 2, 3 BGB liegen nicht vor. Der U muss daher noch einmal leisten. 2) Der Anspruch auf Werklohn kann sich ebenfalls aus § 631 Abs. 1 BGB ergeben. a) Die Voraussetzungen der Norm liegen vor. b) Die Vergütung wird nach § 641 Abs. 1 BGB aber erst mit der Abnahme fällig. Eine Abnahme ist aber noch nicht erfolgt; auch ist der B zum gegenwärtigen Zeitpunkt nicht zu einer Abnahme verpflichtet. Der U hat daher (noch) keinen Anspruch auf Werklohn.

**Variante**

Beim Abnahmetermin bemängelt der B Kleine in der Tat bestehende optische Fehler an der Brücke (uneinheitlicher Farbanstrich des Brückengeländers) und verweigert die Abnahme. Der U setzt dem B eine Frist von 3 Tagen zur Abnahme, die B ungenutzt verstreichen lässt. Am darauf folgenden Tag kommt es zu dem Erbeben, und die Brücke stürzt ein. 1) Der B verlangt Neuerrichtung, 2) der U seinen Werklohn.

1) Der Anspruch des B gegen U auf Neuherstellung hat sich durch die Abnahme (hier fingiert nach § 640 Abs. 1 S. 3 BGB) in einen Anspruch auf Nacherfüllung (§§ 633, 634 Nr. 1, 635 BGB) verwandelt. Die Nacherfüllung ist jedoch durch die Zerstörung des Werkes nach fingierter Abnahme unmöglich (arge. § 644 BGB) geworden und damit ausgeschlossen (§ 275 Abs. 1 BGB). Der U muss daher keine neue Brücke errichten. 2) Der Anspruch auf die Vergütung ist a) aus aa) § 631 Abs. 1 BGB entstanden. bb) Er ist auch nach § 641 Abs. 1 S. 1 BGB fällig, aaa) zwar nicht wegen einer Abnahme (§ 640 Abs. 1 S. 1 BGB), bbb) wohl aber wegen eines Fristablaufs und einer deshalb eingetretenen Abnahmefiktion, da der Besteller beim Vorliegen nur unwesentlicher Mängel zur Abnahme verpflichtet war und die ihm gesetzte angemessene Frist abgelaufen ist (§ 640 Abs. 1 S. 3 BGB). b) Der Anspruch könnte aa) nach § 326 Abs. 1 S. 1 BGB erloschen sein; bb) die „Preisgefahr“ ist aber nach § 644 BGB auf B übergegangen.

### c) Reisevertrag

Das gesetzlich typisierte Reisevertragsrecht kommt zur Anwendung, wenn sich ein Reiseveranstalter verpflichtet, dem Reisenden eine **„Gesamtheit von Reiseleistungen“** („Reise“ = „Pauschalreise“) zu erbringen (§ 651a Abs. 1 S. 1 BGB) und dieser sich verpflichtet, dem Reiseveranstalter den vereinbarten **„Reisepreis“** zu zahlen (§ 651a Abs. 1 S. 2 BGB).

Der Reisevertrag ist, wie sich aus der Titelüberschrift vor §§ 631 ff. BGB ergibt („Werkvertrag und ähnliche Verträge“), ein dem Werkvertrag ähnlicher Vertrag. Der rechtspolitische Hintergrund für die Schaffung des Sonderrechts für „Pauschalreisen“ ist der Verbraucherschutz. Für den Abschluss des Reisevertrages gelten keine Besonderheiten.

- Durch den Reisevertrag ist der **Reiseveranstalter** verpflichtet, dem Reisenden eine **„Gesamtheit von Reiseleistungen“** („Reise“ = „Pauschalreise“) zu erbringen (§ 651a Abs. 1 S. 1 BGB). Der Reiseveranstalter ist nicht identisch mit dem „Reisebüro“! Dieses ist nur ein Handelsvertreter i. S. d. §§ 84 ff. HGB. Auch die sog. „Leistungsträger“, die die einzelnen Reiseleistungen erbringen, wie die Hotels, die für die Unterbringung sorgen, und die Fluggesellschaften, die den Transport besorgen, sind keine „Reiseveranstalter“; vielmehr schließt der Reiseveranstalter mit ihnen einen Vertrag zugunsten des Reisenden, der diesen wiederum ein eigenes Forderungsrecht nach § 328 Abs. 1 BGB gegen den „Leistungsträger“ verschafft.

- Der Reiseveranstalter ist dem **Reisenden** (das ist derjenige, der mit dem Reiseveranstalter den Reisevertrag abschließt oder ein Dritter, der nach § 651b BGB in den Vertrag eingetreten ist) verpflichtet, diesem eine **„Gesamtheit von Reiseleistungen (Reise)“** zu erbringen **(„Pauschalreise“)**. Der Reisende hat den vereinbarten Reisepreis zu entrichten.

**Kein Reisevertrag** ist daher
- die **Individualreise** oder
- die **Vermietung** eines **Kfz**, auch wenn die Anmietung einer **Reise** dient.

Bei der Buchung einer **Ferienunterkunft ohne** jede **weitere Leistung** läge demnach auch kein Reisevertrag vor. Dennoch hat die Rechtsprechung in diesem Fall § 651f BGB entsprechend angewandt.

### d) Frachtvertrag

Wenn die Beförderung von Gütern zu Lande, zu Wasser und in der Luft zum Betrieb eines gewerblichen, nicht notwendig kaufmännischen, Unternehmens gehört und ein Vertrag geschlossen wird, durch den sich ein solcher Frachtführer verpflichtet, die Güter zum Bestimmungsort zu befördern und dort an den Empfänger abzuliefern, liegt ein **Frachtvertrag** nach **§§ 407 ff. HGB** vor. Besondere Frachtverträge sind der **Umzugsvertrag**, bei dem die Pflichten des Frachtführers auch das Ab- und Aufbauen der Möbel sowie das Ver- und Entladen des Umzugsgutes umfassen (451 ff. HGB), mit relativ zwingenden Vorschriften zugunsten eines Verbrauchers (§ 451h HGB), Frachtverträge mit **verschiedenartigen Beförderungsmitteln** (§§ 452 ff. HGB) und der **Frachtvertrag** über die **Beförderung** von **Gütern** zur **See** (§§ 556 ff. HGB) auf die wir hier nicht weiter eingehen.

Der Frachtvertrag **(§§ 407 ff. HGB)** ist der Sache nach ebenfalls ein Werkvertrag, weil jeweils ein Erfolg geschuldet wird. Die **§§ 631 ff. BGB** sind aber nicht anwendbar, wenn die Güterbeförderung zum Betrieb eines gewerblichen Unternehmens gehört, sondern nur dann wenn sie gelegenheitsweise vorgenommen wird.

Am Frachtvertrag sind i. d. R. **beteiligt** der **Absender**, der **Frachtführer** und der **Empfänger**.

- Geschlossen wird der **Frachtvertrag** zwischen dem Frachtführer, der die Beförderung übernimmt, und dem Absender. Ausgestellt wird auf Verlangen des Frachtführers durch den Absender ein **Frachtbrief** (§ 408 HGB), der kein Wertpapier ist, aber, wenn er von den Vertragspartnern unterzeichnet ist, den Abschluss und Inhalt des Frachtvertrages und die Übernahme des Gutes beweist (§ 409 HGB). Der Frachtführer stellt einen **Ladeschein** aus (§ 444 HGB), der denselben Inhalt hat und die gleichen Vermutungen wie dieser beinhaltet. Der Frachtführer ist zur Ablieferung des Gutes nur gegen Rückgabe des Ladescheins verpflichtet. Der Ladeschein ist, wenn er als **Orderladeschein** ausgestellt wurde, auch ein Wertpapier und kann durch Indossament übertragen werden (§ 363 Abs. 2 HGB). Nach § 448 HGB ist er ein Traditionspapier, so dass die Übergabe des Scheins der Übergabe des Frachtgutes entspricht, was die Übereignung des „rollenden etc." Gutes auf dem Transport nach § 929 S. 1 BGB ermöglicht (dazu mehr in Teil 6).

- Der **Frachtführer** ist dem Absender **verpflichtet**, das **Gut** zu **befördern** und **abzuliefern** (§ 407 Abs. 1 HGB).
- Der **Empfänger** ist **gegenüber** dem **Frachtführer berechtigt,** nach der Ankunft die **Rechte aus** dem **Frachtvertrag** gegen die Erfüllung der Verpflichtungen aus dem Frachtvertrag geltend zu machen (§ 421 Abs. 1 HGB). Der Frachtvertrag ist daher ein Vertrag zugunsten Dritter (§§ 328 ff. BGB).
- Der **Frachtführer** hat nach § 420 Abs. 1 S. 1 HGB einen **Anspruch auf** die **Vergütung** (=„Fracht") gegen den Absender (§ 407 Abs. 2 HGB) und gegen den sein Ablieferungsrecht geltend machenden Empfänger in Höhe der noch geschuldeten „Fracht" (§ 421 Abs. 2 HGB); des Weiteren hat er gegen den Absender einen Anspruch auf Ersatz von Aufwendungen (§ 420 Abs. 1 S. 2 HGB). Also noch einmal: Die „Fracht" ist die Vergütung und nicht etwa das beförderte Gut – eine Verwechselung der Begriffe wäre peinlich.
- Der **Frachtführer** schuldet dem **Absender** Schadensersatz für einen in zu vertretender Weise entweder von ihm selbst oder von **„seinen Leuten"** (§ 428 HGB: das sind *alle*, also auch die an der Transportbesorgung unbeteiligten, Beschäftigte des Frachtführers, selbst wenn sie – anders als der insoweit engere § 278 BGB – nur „bei Gelegenheit" gehandelt haben) herbeigeführte(n) Verlust oder Beschädigung des Gutes oder für eine Versäumung der Lieferzeit (§ 425 Abs. 1 HGB), es sei denn die Pflichtverletzung beruht auf Umständen, die auch bei größter Sorgfalt unvermeidbar waren (§ 426 HGB). Die Norm erinnert also an § 278 BGB, zugleich aber auch an § 831 BGB.

**Fall 68**

Der Großhändler, Verkäufer und Absender Abs (A) schließt mit dem Frachtführer Fracht (F) einen Frachtvertrag, aufgrund dessen der F Frachtgut (100 Computer) zum Einzelhändler, Käufer und Empfänger Empf (E) am Bestimmungsort befördern und abliefern soll (Bringschuld). Der Kaufpreis soll nach Ankunft der Ware von dem E bezahlt werden; dann soll auch das Eigentum auf ihn übergehen. Vor der Verladung auf den LKW lagert der F das Frachtgut in seiner Frachthalle ein. Dort entwendet der verlässliche Buchhalter Buch (B) des F, der sich an einem Sonntag mit seinem Generalschlüssel zu Diebstahlszwecken auf das Firmengelände und in die Halle begeben hat, einen Computer „für den Hausgebrauch". Der A nimmt den F auf Schadensersatz in Anspruch.

Der Anspruch des A gegen F ergibt sich 1) aus § 425 Abs. 1 HGB. Der F muss sich das schuldhafte Verhalten „seiner Leute“ zurechnen lassen (§ 428 HGB), also auch das des B, der in seinem Betrieb beschäftigt ist; dass dieser an der Besorgung des Transportes unbeteiligt ist und auch nur bei Gelegenheit seiner beruflichen Tätigkeit gehandelt hat, ist (anders als bei § 278 BGB) unbeachtlich. 2) Ein deliktischer Anspruch aus a) § 823 Abs. 1 BGB entfällt, weil den Abs an dem Diebstahl kein Verschulden trifft. b) Es besteht auch kein Anspruch aus § 831 BGB, weil der B nur bei Gelegenheit und nicht in Erfüllung einer ihm übertragenen Verpflichtung gehandelt hat.

- Ist das Frachtgut beschädigt, verspätet abgeliefert worden oder verloren gegangen, so kann der **Empfänger**, obwohl er ja nicht Partner des Frachtvertrages ist, die **Ansprüche aus** dem **Frachtvertrag** in **eigenem Namen** geltend machen (§§ 425, 421 Abs. 1 S. 2 HGB); das ist ein gesetzlich geregelter Fall der **„Drittschadensliquidation“**, so dass im Transportrecht kein Anlass mehr für die Anwendung des durch Rechtsfortbildung entwickelten Instituts der „Drittschadensliquidation“ (dazu später mehr) besteht.

**Variante**

Es handelt sich um eine Schickschuld; die Ware soll auf Verlangen des Käufers Empf zu ihm versandt werden. Abs und Empf wollen wissen, ob sie Ansprüche gegen den F haben.

1) Der Abs hat a) keinen Anspruch aus §§ 425 Abs. 1, 428 HGB, weil er wegen § 447 BGB keinen Schaden hat. b) Zu den deliktischen Ansprüchen: s. Grundfall. 2) Der Empf hat, a) obwohl nicht Vertragspartner des F, gegen diesen einen Anspruch aus §§ 425 Abs. 1, 428, 421 Abs. 1 S. 2 HGB. b) Ansprüche aus Delikt (§§ 823 Abs. 1, 831 BGB) entfallen schon deshalb, weil der Empf noch nicht Eigentümer der Ware war.

### e) Dienst- und Arbeitsvertrag

Der „gemeinsame Nenner“ von Dienst- und Arbeitsvertrag ist das Bestehen eines Vertrages, der die Verpflichtung zur Leistung von Diensten gegen Entgelt beinhaltet.

#### aa) Dienstvertrag

Ein Vertrag, durch den der eine Teil zur selbstständigen und eigenverantwortlichen Leistung von Diensten, der andere Teil zur Zahlung einer Vergütung als Gegenleistung verpflichtet wird, ist nach der **Definition** des § 611 BGB ein **Dienstvertrag**.

Der **Abschluss** des **Dienstvertrages** weist keine Besonderheiten auf. Die **„essentialia negotii“** eines Dienstvertrages sind der **Inhalt** der **Dienstpflicht** und (beschränkt) die **Vergütung** als solche und deren Höhe. Gegenstand des Dienstvertrages können **„Dienste jeder Art“** sein (§ 611 Abs. 2 BGB), also eine Tätigkeit, nicht aber die Herbeiführung eines angestrebten „Erfolges“, denn dann läge ein Werkvertrag vor. Zur theoretisch einfachen, aber praktisch komplizierten Abgrenzung von Dienst- und Werkvertrag sollte man in erster Linie darauf abstellen, wer das Risiko für das Eintreten des angestrebten Erfolges trägt: Beim Werkvertrag ist das der Verpflichtete, beim Dienstvertrag der Berechtigte. Weiterhin ist für das Vorliegen eines Werk- und nicht eines Dienstvertrages kennzeichnend, dass der Verpflichtete die Macht hat, den Erfolg zu bewirken. Schließlich sollte man bei einer nötig werdenden Auslegung die Kontrollfrage stellen, ob die jeweiligen Folgenormen wie z. B. das Gewährleistungsrecht des Werkvertragsrechts überhaupt auf das Rechtsverhältnis „passen“. Falls die **Vergütungspflicht** als solche nicht vereinbart ist, gilt die Fiktion des § 612 Abs. 1 BGB. Bei nicht vereinbarter Höhe der Vergütung gilt § 612 Abs. 2 BGB. Wer diese Vorschriften brav nachliest, erkennt die Parallele zu § 632 BGB.

Eine ganz wichtige (Ihnen eigentlich auch schon geläufige – Sie sehen, das Versprechen nach permanenter in den Text eingebauter Wiederholung wird eingehalten!) Besonderheit bei Dienstverträgen ist die **„Beschränkung der Nichtigkeitsfolgen“** bei einem nichtigen bzw. durch Anfechtung „vernichteten“ (§§ 119 ff., 142f. BGB) Dienstvertrag, wenn der scheinbar Verpflichtete bereits Dienstleistungen erbracht hat, der Vertrag also „in Vollzug“ gesetzt worden ist, als man die Nichtigkeit „entdeckt“ hatte: Um die in solchen Fällen an sich angezeigte Rückabwicklung nach Bereicherungsrecht (§§ 812 ff. BGB), die insbesondere wegen des § 818 Abs. 3 BGB zu ungerechten Ergebnissen für den vermeintlich Dienstverpflichteten führen würde, zu verhindern, wird angenommen, dass der nichtige Vertrag für die bereits erbrachten Dienste als wirksam behandelt wird, so dass der (ja nur: scheinbar) Dienstverpflichtete vertragliche Ansprüche auf die Vergütung hat und nicht auf Ansprüche aus §§ 812 ff. BGB angewiesen ist; im Arbeitsrecht hat dies vor allem auch zur Folge, dass der Arbeitnehmer seine sich aus dem scheinbar wirksamen Arbeitsvertrag ergebenden besonderen Rechte (Urlaubsanspruch, Lohnfortzahlung etc.) behält. Dies gilt allerdings nicht bei einer Nichtigkeit des Vertrages nach § 138 Abs. 1 BGB oder § 134 i. V. m. mit einem Strafgesetz als Verbotsgesetz. Hier warten schwierige Probleme in den § 812 ff. BGB auf Sie (Teil 8). Umgekehrt hat natürlich der scheinbar Dienstberechtigte ebenfalls vertragliche Ansprüche gegen den scheinbar Dienstverpflichteten. Letzteres gilt aber nicht, wenn der Dienstvertrag wegen fehlender Geschäftsfähigkeit des Dienstverpflichteten (§§ 106, 107 BGB) unwirksam ist; dann geht der „Minderjährigenschutz“ vor. **Testen Sie sich** bei dieser Gelegenheit einmal **selbst**: Wissen Sie noch, bei welcher Art von Verträgen ebenfalls eine „Beschränkung der Nichtigkeitsfolgen“ bei einer ursprünglichen Nichtigkeit bzw. einer durch Anfechtung herbeigeführten Nichtigkeit (§§ 119 ff., 142f. BGB) angenommen wird? Bei Gesellschaftsverträgen!

Eine weitere Besonderheit des Dienstvertrages ist, dass es sich in der Regel um ein **Dauerschuldverhältnis** handelt. Dauerschuldverhältnisse zeichnen sich bekanntlich dadurch aus, dass bei ihnen **nicht nur** ein **einmaliger Leistungsaustausch geschuldet** ist, sondern dass die sich aus dem Schuldverhältnis ergebenden Rechte und Pflichten dauernd bestehen. Die **Beendigung** eines solchen Dauerschuldverhältnisses erfolgt durch **Kündigung**; das gilt auch für den Dienstvertrag: Eine Kündigung ist bei einem Dienstvertrag nach den §§ 621–625 BGB nur unter Einhaltung der dort genannten Fristen möglich. Mit sofortiger Wirkung kann entweder beim Vorliegen eines wichtigen Grundes (§ 626 BGB, Spezialregelung zu § 314 BGB) und bei besonderen Vertrauensstellungen (§ 627 BGB) gekündigt werden. Dabei können dann aber Ansprüche nach § 628 BGB entstehen.

Was die **primären Rechte und Pflichten** aus einem Dienstvertrag angeht,

- so wird nach § 611 Abs. 1 BGB von einem Dienstverpflichteten nur eine selbstständige und eigenverantwortliche **Tätigkeit** (=Bemühen um einen Erfolg) geschuldet, nicht aber der Arbeitserfolg der Tätigkeit selbst (das wäre nur bei einem Werkvertrag der Fall!) geschuldet, und zwar im Zweifel persönlich (§ 613 BGB). Welche Tätigkeit konkret geschuldet wird, ergibt sich aus dem Vertrag, wird aber durch das Weisungsrecht des Dienstberechtigten **(„Direktionsrecht")** konkretisiert. Bleibt der Dienstverpflichtete untätig, kann der Dienstberechtigte auf Erfüllung klagen. Allerdings ist ein auf die Tätigkeit des Dienstverpflichteten gerichteter titulierter Anspruch (also ein Urteil mit dem Tenor: „Der Beklagte wird verurteilt, am 19. April 2004 zwischen 8.00 und 12.00 Uhr Reinigungsarbeiten in der Gastwirtschaft des Klägers … nach dessen Weisungen vorzunehmen") regelmäßig nicht durch eine Zwangsvollstreckung erzwingbar (lesen Sie § 888 Abs. 3 ZPO), dies aber ausnahmsweise doch bei einem als „vertretbare Handlung" geschuldeten Tun (also bei einer auch von einem anderen erbringbaren Tätigkeit, wie es z. B. einfache Reinigungsarbeiten wären) durch eine Zwangsvollstreckung nach § 887 ZPO (Ersatzvornahme) erzwingbar. Entscheiden Sie hier selbst: Vollstreckbar oder nicht? Umgekehrt ist ein Beschäftigungsanspruch des Dienstverpflichteten gegen den Dienstberechtigten nach § 888 ZPO vollstreckbar.

**Fall 69**

Der A vereinbart mit dem Zweirad-Mechanikermeister B, dass der B die nicht mehr zu betätigende Gangschaltung am Fahrrad des A gangbar macht. Vereinbart wird ein Stundenlohn von € 30,–. Der B befasst sich damit 3 h. Die Gangschaltung funktioniert gleichwohl nicht. Der B verlangt € 90,– von A. Der A verweigert die Bezahlung.

Der Anspruch könnte sich a) aus § 611 Abs. 1 BGB ergeben. Es ist aber kein Dienst- sondern ein Werkvertrag vereinbart, da der B das Risiko für den Erfolg (Gangbarkeit der Gangschaltung) übernommen hat. b) Der Anspruch aus § 631 Abs. 1 BGB ist mangels Abnahme bzw. mangels der Voraussetzungen für eine „hypothetische Abnahme" nicht fällig (§§ 640f. BGB).

**Variante**

Der B hatte die Arbeit am Rad des Kunden A dem M, einem gelernten Zweirad-Mechaniker, der für € 10,– pro Stunde gelegentlich bei ihm aushilft, übertragen. Dieser befasst sich erfolglos 8 h mit dem Rad des A. Als er € 80,– verlangt, weigert sich der B.

Der Anspruch ergibt sich aus § 611 Abs. 1 BGB. Zwischen dem B und dem M war ein Dienstvertrag vereinbart, denn der M hat nicht das Risiko des Erfolges seiner Tätigkeit übernommen, sondern sich nur dazu verpflichtet, unter B's fachlicher Anleitung und unter der Verwendung von dessen Betriebsmitteln (Werkstatt, Werkzeug) zu arbeiten.

**Fall 70**

Der Gastwirt B und der gelernte Gebäudereiniger M, der türkischer Staatsangehöriger ist, hatten vereinbart, dass der M jeden Montag zur Arbeit kommt, um Reinigungsarbeiten in dem durch den Wochenend-Betrieb verdreckten Lokal durchzuführen. Der M erschien am Montag, den 24. Februar 2004, nicht zur Arbeit, weil er inzwischen eine unter Strafandrohung ergangene Aufforderung der türkischen Armee erhalten hatte, sich binnen 3 Tagen zu einer Militärübung an der irakischen Grenze einzufinden, und deshalb sofort in die Türkei ausgereist war. Statt seiner hatte er seinen Freund F, der gelegentlich beim Putzen aushilft, zur Erfüllung seiner Arbeit geschickt und dem B mitgeteilt, dass er seinen Vertrag nach seiner Rückkehr wieder persönlich erfüllen wolle. Der B erhebt Klage gegen den M, der während der Zeit seiner Abwesenheit durch seine von ihm generalbevollmächtigten Eltern vertreten wird, auf Leistung mit dem Ziel, einen Titel ggf. im Weg der Ersatzvornahme nach § 887 ZPO durchzusetzen, um einen gelernten Gebäudereiniger tätig werden zu lassen.

Der Anspruch des B gegen den M auf Erbringung der Dienste aus einem von M ausdrücklich nicht gekündigten Dienstvertrag (§ 611 Abs. 1 BGB) ist a) zwar nicht durch die Stellung eines „Ersatzmannes" erfüllt (§ 613 BGB), b) er besteht aber gleichwohl nicht, denn der M hat zu Recht seine Leistung nach § 275 Abs. 3 BGB verweigert.

- Der Dienstberechtigte schuldet die vereinbarte **Vergütung** nach erbrachter Leistung der Dienste (§§ 611 Abs. 1, 614 BGB). Beim Fehlen vertraglicher Abreden gilt nach § 612 Abs. 1 BGB (=„Fiktion"=„gesetzliche Lüge") „eine Vergütung als stillschweigend vereinbart, wenn die Dienstleistung den Umständen nach nur gegen eine Vergütung zu erwarten ist"; hinsichtlich der Höhe ist die als vereinbart anzusehende „Taxe", die „taxmäßige" oder die „übliche" Vergütung geschuldet (§ 612 Abs. 2 BGB). Der zur Dienstleistung Verpflichtete behält seinen Anspruch auf die Vergütung, wenn er für eine „verhältnismäßig nicht erhebliche Zeit ohne sein Verschulden an der Dienstleistung verhindert ist" (§ 616 BGB). Der Dienstberechtigte muss als **Nebenpflicht Schutzmaßnahmen** treffen (§ 618 BGB).

**Variante**

Der M war in der Vergangenheit viermal für den B tätig geworden. Über eine Vergütung war bei Abschluss des Dienstvertrages nichts besprochen worden. Als die von M bevollmächtigten Eltern in seinem Namen die Zahlung der Vergütung für die Vergangenheit verlangen, verweigert der B die Bezahlung mit der Begründung, es sei keine Vereinbarung über die Vergütung getroffen worden.

Nach § 612 Abs. 1 BGB wird fingiert, dass eine Vergütung als solche vereinbart ist. Hinsichtlich der Höhe ist dann auf § 612 Abs. 2 BGB abzustellen.

**Variante**

Der B erklärt die Anfechtung, weil er nicht gewusst habe, dass bei Fehlen einer Vergütungsvereinbarung eine Vergütung als vereinbart gilt.

Es handelt sich hierbei um einen unbeachtlichen Rechtsfolgenirrtum.

bb) Arbeitsvertrag

Der **Arbeitsvertrag** ist ein schuldrechtlicher Vertrag, durch den der eine Teil zur Leistung von Diensten als **„abhängige Tätigkeit"**, der andere Teil zur Leistung einer Vergütung verpflichtet ist.

Die sich dabei im Einzelfall stellende Frage, ob eine „abhängige Tätigkeit" besteht, kann nicht durch Anwendung einer starren Abgrenzungsformel, sondern nur aufgrund einer Gesamtbetrachtung beantwortet werden, bei der folgende **Indikatoren für** ein bestehendes **Arbeitsverhältnis** des Beschäftigten sprechen können:

1. **Materielle Kriterien:**
   - **Weisungsgebundene Arbeit**, die ohne Möglichkeit der freien Zeiteinteilung verrichtet werden muss.
   - **Eingliederung** des Beschäftigten in einen Betrieb.
   - Tätigkeit von **gewisser Dauer**.
2. **Formelle Kriterien:**
   - Erhalt **fester Bezüge**.
   - **Lohnfortzahlung** im Krankheitsfall oder während des Urlaubs.
   - **Abfuhr** von **Lohnsteuer** und **Sozialbeiträgen**.
   - Bezeichnung als **„Arbeitnehmer"**.
   - Führung von **Personalunterlagen**.

Die vorstehenden Ausführungen zum Dienstvertrag können Sie auf den Arbeitsvertrag übertragen. Die Besonderheit des Arbeitsvertrages besteht darin, dass das Individual-Arbeitsrecht von dem Gedanken durchdrungen ist, den Arbeitnehmer als den tendenziell schwächeren Vertragspartner zu schützen. Diesen Schutz verschafft der Gesetzgeber ihm **teils** im **BGB**, teils durch eine Vielzahl von **Nebengesetzen**, indem er das allgemeine Dienstvertragsrecht des BGB variiert. Für den Dienstverpflichteten ist es daher stets vorteilhaft, wenn ein Arbeitsvertrag vorliegt. In prozessualer Hinsicht werden Streitigkeiten von den Arbeitsgerichten entschieden.

- Für Sie besonders wichtig sind aus dem BGB der **§ 613a BGB** („Betriebsübergang bricht nicht Arbeitsverhältnis"), der **§ 619a BGB** (von § 280 Abs. 1 S. 2 BGB abweichende Umkehr der Beweislast) und der **§ 623 BGB** (Schriftformerfordernis für Kündigung und Auflösungsvertrag).
- Nach dem **AGG** werden **Beschäftigte** (§ 6 AGG) vor Benachteiligungen aus Gründen der Rasse, wegen ihrer ethnischen Herkunft, ihres Geschlechts, ihrer Religion oder Weltanschauung, einer Behinderung, ihres Alters oder der sexuellen Identität geschützt (§§ 1, 7 AGG), es sei denn es liegen die Fälle einer zulässigen unterschiedlichen Behandlung vor (§§ 8, 9, 10 AGG). Der Arbeitgeber **hat Maßnahmen** zum Schutze vor Benachteiligungen zu treffen (§§ 1, 12 AGG). **Arbeitsplatzausschreibungen** dürfen keine Benachteiligung i. S. d § 7 AGG enthalten (§ 11 AGG). Bei einem Verstoß gegen § 12 AGG gibt es ein Leistungsverweigerungsrecht für Beschäftigte (§ 14 AGG). Ferner haben Beschäftigte bei einem Verstoß gegen das Benachteiligungsverbot (§ 7, 11, 12 AGG) Ansprüche auf Entschädigung und Schadensersatz gegen den Arbeitgeber (§ 15 AGG).
- Das **Entgeltfortzahlungsgesetz (EFZG)** verpflichtet den Arbeitgeber, dem Arbeitnehmer an Feiertagen und bei Krankheit das Entgelt für eine bestimmte Zeit fortzuzahlen; interessant für die Fallbearbeitung ist die „cessio legis" in § 6 EFZG i. V. m. §§ 412, 399 ff. BGB.
- Im zum kollektiven Arbeitsrecht gehörenden **Betriebsverfassungsgesetz** findet sich eine Pflicht, vor einer Kündigung den Betriebsrat anzuhören. Weitere Sonderregeln finden sich im
- **Kündigungsschutzgesetz**, durch das das Kündigungsrecht ganz erheblich eingeschränkt wird, z. B. durch die Pflicht zur Anhörung des Betriebsrates bei einer Kündigung, deren Verletzung die Kündigung unwirksam macht,
- ferner durch das **Mutterschutzgesetz**
- und im **Schwerbehindertengesetz**.
- Von einer gewissen Klausurrelevanz ist die Frage nach der Reichweite der sich aus § 113 BGB ergebenden **„Sphärengeschäftsfähigkeit"** eines Minderjährigen. Nicht selten ist in Grundstudiums-Klausuren die Frage zu erörtern, ob „Ausbildungsverträge" zu den dort genannten „Dienst- und Arbeitsverhältnissen" gerechnet werden können: Man wird das wegen des in einem Ausbildungsvertrag liegenden „Erziehungsauftrages" verneinen müssen.

Der Inhalt von Arbeitsverträgen folgt aber nicht nur Individualvereinbarungen und Gesetzen, sondern im Fall der Tarifgebundenheit von Arbeitgebern und Arbeitnehmern nach § 3 Tarifvertragsgesetz (TVG) auch bestehenden **„Tarifverträgen“**, deren Rechtsnormen, wenn sie den Inhalt, den Abschluss oder die Beendigung von Arbeitsverhältnissen ordnen, unmittelbar und zwingend zwischen den beiderseits Tarifgebundenen gelten, die unter den Geltungsbereich des Tarifvertrags fallen (§ 4 TVG). Im Fall der „Allgemeinverbindlichkeitserklärung“ erfassen die Rechtsnormen des Tarifvertrags in seinem Geltungsbereich auch die bisher nicht tarifgebundenen Arbeitgeber und Arbeitnehmer (§ 5 TVG). Neuerdings gibt es in vielen Branchen auch einen „gesetzlichen Mindestlohn“.

### f) Schenkung

Das **Gesetz definiert** in **§ 516 Abs. 1 BGB** die **Schenkung** so: „Eine Zuwendung, durch die jemand aus seinem Vermögen einen anderen bereichert, ist Schenkung, wenn beide Teile darüber einig sind, dass die Zuwendung unentgeltlich erfolgt“. Bei einer unentgeltlichen Zuwendung sind in rechtlicher Hinsicht zu unterscheiden die formfrei gültige **„Handschenkung“** (§ 516 Abs. 1 BGB) und das formbedürftige (notarielle Beurkundung) **„Schenkungsversprechen“** (§ 518 BGB).

Der **Gegenstand** der Schenkung, sei es nun eine Handschenkung (§ 516 BGB) oder ein Schenkungsversprechen (§ 518 BGB), ist jeweils eine **Zuwendung**: Darunter versteht man eine Bereicherung des Vermögens des Beschenkten durch die Übereignung einer Sache oder durch eine Rechtsübertragung (§ 516 Abs. 1 BGB), nicht aber durch die Erbringung von Dienstleistungen (das wäre nämlich ein Auftrag nach §§ 662 ff. BGB) oder durch eine Gebrauchsüberlassung (das wäre eine Leihe nach §§ 598 ff. BGB) oder durch Kapitalnutzung (das wäre ein zinsloses Darlehen nach § 488 BGB) bei gleichzeitiger Entreicherung des Vermögens des Schenkers, wobei der zugewendete Vorteil nicht notwendig im Vermögen des Schenkers gestanden haben muss.

Die Zuwendung muss jeweils **unentgeltlich** erfolgt sein bzw. erfolgen sollen, was der Fall ist, wenn die Parteien sich einig sind, dass der Zuwendung keine Gegenleistung gegenüber steht, die Zuwendung also nicht im Gegenseitigkeitsverhältnis zu einer Gegenleistung steht, und sie auch nicht abhängig von der Erbringung einer Gegenleistung ist und sie auch nicht der Erwirkung einer Gegenleistung dient. Eine Unentgeltlichkeit ist selbst dann gegeben, wenn eine Gegenleistung aus dem Wert der Zuwendung selbst (Schenkung unter Auflage nach §§ 525 ff. BGB) oder wenn sie zur Belohnung („remuneratorische Schenkung“) erbracht wird. Wenn bei einem **entgeltlichen Geschäft** ein **objektives Missverhältnis** zwischen dem **Wert der Leistung** und dem **Wert der Gegenleistung** besteht, kann eine **Auslegung** ergeben, **a)** dass die Parteien die Entgeltlichkeit des gesamten Geschäftes vereinbart haben, so dass überhaupt keine Schenkung, sondern z. B. ein Kaufvertrag vorliegt („Kauf zum Freundschaftspreis“). **b)** Wenn die Auslegung aber ergibt, dass der die Gegenleistung übersteigende Mehrwert der Zuwendung unentgeltlich zugewendet werden soll, liegt ein teils entgeltliches Geschäft (z. B. Kauf) und teils eine Schenkung vor (Typenverschmelzungsvertrag: „gemischte Schenkung“), wobei auf den entgeltlichen Teil z. B. die §§ 433 ff. BGB und auf den unentgeltlichen Teil die §§ 516 ff. BGB angewendet werden.

Wie kann geschenkt worden sein/zu schenken sein?

Entweder kann ein Schenkungsvertrag hinsichtlich einer bereits erfolgten Zuwendung bzw. hinsichtlich zugleich mit einer Zuwendung geschlossen werden **(„Handschenkung“)**. In einem solchen Fall erschöpft sich die Bedeutung des Vertrages in der **Einigung über** die **Unentgeltlichkeit** der Zuwendung. Der Schenkungsvertrag gemäß **§ 516 BGB** begründet also **keinen Anspruch** und ist bei der Fallbearbeitung niemals als Anspruchsgrundlage zu nennen. Durch den Schenkungsvertrag i. S. d § 516 BGB wird nur ein Rechtsgrund für die Zuwendung geschaffen und ein Bereicherungsanspruch des Zuwendenden gegen den Zuwendungsempfänger aus § 812 Abs. 1 S. 1 Var. 1 BGB ausgeschlossen. Es gilt dann der alte Kinderspruch: „Geschenkt ist geschenkt, wiederholen ist gestohlen“. Der dahin führende **Vertragsschluss** folgt den §§ 145 ff. BGB mit der Besonderheit des § 516 Abs. 2 S. 2 BGB: In der Zuwendung ohne den Willen des Bedachten liegt ein Angebot zum Abschluss eines Schenkungsvertrags. Erfolgt keine Annahme (selten!), so kann der Zuwendende dem Bedachten eine Annahmefrist setzen; schweigt der Bedachte hierauf, gilt die Schenkung als angenommen.

Oder man „verspricht“ in dem Vertrag eine unentgeltliche Zuwendung. Dieser **„Schenkungsversprechen“** genannte Vertrag ist trotz des so „einseitig“ klingenden Wortes „Schenkungs*versprechen*“ keinesfalls ein einseitiges Rechtsgeschäft, sondern ein Vertrag, durch den seitens des sich einseitig verpflichtenden Schenkers „eine Leistung schenkweise versprochen wird“ **(§ 518 Abs. 1 S. 1 BGB)**. Hierbei handelt es sich also um eine auf einen primären Leistungsanspruch gerichtete **Anspruchsgrundlage**. Der zum Schenkungsversprechen führende **Vertragsschluss** folgt den §§ 145 ff. BGB mit der Besonderheit der Formvorschrift des § 518 Abs. 1 BGB: Zwar bedarf nicht der Vertrag, wohl aber das „Versprechen“, also die zum Vertragsschluss führen sollende **Willenserklärung** des **Schenkers**, zu seiner Wirksamkeit der **notariellen Beurkundung**; dadurch soll der eine Schenkung Versprechende davor gewarnt werden, dass er im Begriff ist, sich zu einer unentgeltlichen Zuwendung zu verpflichten. Der (evtl.) Formmangel führt zur Nichtigkeit eines Vertrages (§ 125 BGB), wird aber (ex nunc!) geheilt „durch die Bewirkung der versprochenen Leistung“ (§ 518 Abs. 2 BGB). Das ist sicher dann der Fall, wenn die Zuwendung erfolgt ist. Ausreichen soll sogar auch, dass der Schenker alles getan hat, was zur Herbeiführung des Leistungserfolgs von seiner Seite erforderlich ist.

Zur Abgrenzung zu einer **Schenkung von Todes wegen** finden Sie ausführliche Darlegungen in Teil 12 dieses Buches.

### g) Der Auftrag(svertrag)

Das vom Gesetz als **„Auftrag"** bezeichnete und in den §§ 662 ff. BGB typisierte Vertragsverhältnis wird dahingehend **definiert**, dass sich der Beauftragte durch den Auftrag gegenüber dem Auftraggeber verpflichtet, ein Geschäft unentgeltlich zu besorgen.

In terminologischer Hinsicht hätte der „Auftrag" vom Gesetzgeber eigentlich besser als „Auftragsvertrag" bezeichnet werden sollen; denn die (zwar „stilistisch elegantere") **Bezeichnung „Auftrag"** ist geeignet, den juristischen Neuling zu **verwirren**.

- Sie **suggeriert** nämlich eine (nicht bestehende: es geht schließlich um einen Vertrag!) **Einseitigkeit** der Begründung der Verpflichtung,
- und sie begründet zudem die **Gefahr** von **Verwechslungen,** so wird z. B. im Geschäftsleben häufig eine zu einem Vertragsschluss führende Annahmeerklärung i. S. d. §§ 145 ff. BGB umgangssprachlich als „Auftrag" bezeichnet, wenn es heißt „Ich erteile Ihnen hiermit den Auftrag zur Reparatur meines Autos".
- Auf die Spitze getrieben wird die **begriffliche Verwirrung** allerdings vom Gesetzgeber, wenn er in § 663 BGB bereits das Angebot zum Abschluss eines Auftrags(vertrages) einen „Auftrag" nennt!

#### aa) Der Abschluss eines Auftrags(-vertrages)

Schon die Prüfung, ob ein **Auftrag(-svertrag) geschlossen** worden ist, darf nicht unterschätzt werden. Der **Auftrag(-svertrag)** setzt wie jeder andere Vertrag auch

- zunächst die Erklärung eines **Angebots** mit dem Inhalt des § 662 BGB – wie gerade gelesen: „Auftrag" genannt – voraus, das von einer der beiden Seiten erklärt werden kann. Was den Inhalt des Angebots und damit den Inhalt des ggf. geschlossenen Vertrages angeht, müssen Sie wissen, dass der Begriff **„Geschäftsbesorgung"** i. S. d. § 662 BGB sehr weit verstanden wird; es kann dabei um ein vom Beauftragten geschuldetes **rechtsgeschäftliches Handeln** (Kauf eines Autos) oder auch um von ihm geschuldete **Realakte** (Blumengießen während des Urlaubes) gehen. Wenn aber das Gesetz die Rechtsverhältnisse derartiger unentgeltlicher Geschäftsbesorgungen anderweitig geregelt hat, gehen diese Bestimmungen als **lex specialis** den §§ 662 ff. BGB vor: Wenn also zum Beispiel eine Sache unentgeltlich verwahrt werden soll, gelten die Regelung über die Verwahrung (§§ 688 ff. BGB).
- Desweiteren ist die Erklärung der **Annahme** des Antrags erforderlich, die auf den Antrag bezogen sein und mit ihm deckungsgleich sein muss. **a)** Das **schein**t alles **völlig unproblematisch** zu sein, dass die eingangs ausgesprochene Warnung, die Frage des Vertragsschlusses nicht zu unterschätzen, überzogen zu sein scheint. **b)** Aber: Die Frage, ob ein Auftrag(svertrag) zustande gekommen ist,

ist **schwierig** zu beantworten, wenn einer „zur Besorgung gewisser Geschäfte öffentlich bestellte(r)n" oder „sich öffentlich erboten" habenden Person ein Antrag – Sie wissen inzwischen: ein „Auftrag" – zum Abschluss eines Auftrags(-vertrages) zugegangen ist und die dem vorgenannten Personenkreis angehörende Person schweigt. Wir wissen alle, dass „Schweigen" auf einen Antrag nur unter besonderen Voraussetzungen eine Annahme bedeutet und zum Vertragsschluss führt. Hier könnte dies der Fall sein. Denn in § 663 BGB ist bestimmt, dass einen solchen „Geschäftsbesorger" die Obliegenheit zur unverzüglichen Anzeige einer Ablehnung eines „Auftrags" trifft. Wer nun aber annehmen sollte, dass eine Verletzung dieser Obliegenheit zum Vertragsschluss führt, begeht einen schweren Fehler. Denn der Vertrag kommt nicht durch ein Schweigen des „Geschäftsbesorgers" zustande. Vielmehr hat der Antragende gegen ihn lediglich nach §§ 280 Abs. 1, 311 Abs. 2, 241 Abs. 2, 663, 251 Abs. 1 BGB einen Schadenersatzanspruch. Ein noch schwererer Fehler wäre es übrigens, wenn man über §§ 280 Abs. 1, 663, 249 Abs. 1 BGB (Stichwort: „Naturalrestitution") einen Vertragsschluss „herbeizaubern" möchte!! Das scheint aber alles viel Lärm um nichts zu sein, denn die praktische Bedeutung der Regelung des § 663 BGB scheint auf den ersten Blick sehr gering zu sein (um nicht zu sagen: überhaupt nicht gegeben zu sein), da es doch keine Person geben dürfte, die öffentlich zur unentgeltlichen Geschäftsbesorgung bestellt ist oder sich dazu öffentlich erbietet. Wo also liegt die Bedeutung dieser Norm? Sie werden alsbald erfahren, dass auf den entgeltlichen Geschäftsbesorgungsvertrag (§ 675 Abs. 1 BGB)u. a. die Vorschrift des § 663 BGB anwendbar ist. Und jetzt erkennt man sofort die immense praktische Bedeutung des § 663 BGB z. B. für Notare, Rechtsanwälte und Steuerberater. Eine in der Ausbildung geradezu klassische Fragestellung ist der Vergleich mit der Rechtslage im **Handelsrecht**; denn dort kommt es nach **§ 362 HGB** bei einer ähnlichen Konstellation zum Vertragsschluss! Warum gilt der weiter reichende § 362 HGB nicht für Notare, Rechtsanwälte und Steuerberater? Weil sie als Amtspersonen bzw. „Freiberufler" keine Kaufleute sind!

- Bei der Prüfung des Abschlusses eines Auftrags(-vertrages) ist stets besonders kritisch zu prüfen, ob bei demjenigen, der sich im Antrag oder in der Annahme hin bereit erklärt hat, ein Geschäft unentgeltlich zu besorgen, überhaupt ein entsprechender **„Rechtsbindungswille"** bestand. Wenn zum *Beispiel* jemand auf Bitten eines anderen diesem verspricht, ihn unentgeltlich mit dem Auto mitzunehmen, so kann dies natürlich ein nach § 662 BGB zur Mitnahme im Auto verpflichtender Auftrag(-svertrag) sein. Denkbar ist aber auch, dass lediglich eine rechtlich unverbindliche bloße Gefälligkeitszusage vorliegt. Diese Frage ist – wie Sie schon wissen – bereits bei der Frage des Vorliegens eines Vertragsschlusses unter dem Aspekt des „Rechtsbindungswillens" zu erörtern. Erinnern Sie noch an das in diesem Kontext bereits besprochene *Beispiel* des Referendars, dem von einem Referendarkollegen eine Autofahrt nach Timmendorf an der Ostsee zugesagt wurde, dem dann aber doch abgesagt wurde, weil der Kollege lieber allein mit einer Studentin aus der von ihm geleiteten Erstsemester-AG dorthin fahren wollte? Argumente für und gegen einen Rechtsbindungswillen sind vor allem die nach dem objektiven Empfängerhorizont zu beurteilende **Bedeutung**

**der Angelegenheit für** den **Auftraggeber** und umgekehrt das nach dem objektiven Empfängerhorizont zu beurteilende **Risiko für** den **Beauftragten**. Schöpfen Sie bei der Auslegung in solchen Fällen den Sachverhalt voll aus. Das alles ist nichts Neues für Sie.

Ein Ihnen zu dieser Frage schon bekannter und rechtspraktisch relevanter Fall ist die **Lottospielergemeinschaft** A, B, C, bei der sich der A auf Bitten der anderen bereit erklärt hat, die ausgefüllten Scheine zur Annahmestelle bringen, dies dann aber vergisst. Als sich herausstellt, dass auf einen der Lottoscheine der „Jackpot" mit einem Millionengewinn gefallen wäre, nehmen B und C den A aus §§ 280 Abs. 1, 3, 283 BGB in Anspruch.

Sie wissen es bereits: Hier liegt wegen des hohen Haftungsrisikos, dem sich der A bei vernünftiger Auslegung seines Versprechens nicht aussetzen wollte, kein „Rechtsbindungswille" zum Abschluss eines Auftrags(-vertrages) vor; gegeben ist ein bloßes Gefälligkeitsversprechen; daher besteht kein vertraglicher Schadensersatzanspruch.

Der Auftrag ist kein sehr stabiles Vertragsverhältnis. Es gibt vielmehr allerlei besondere **Beendigungsgründe**; allerdings sollen den Vertragspartnern durch die Beendigung des Auftrags möglichst keine Nachteile entstehen (§§ 671–674 BGB):

- So kann der Auftrag **vom Auftraggeber jederzeit widerrufen** und **vom Beauftragten jederzeit gekündigt** werden (§ 671 BGB).
- Der Auftrag **erlischt im Zweifel** durch den **Tod des Beauftragten,** er **kann aber,** wenn es vereinbart ist, **fortbestehen** (§ 673 BGB).
- Der **Auftrag erlischt im Zweifel nicht** durch den **Tod** oder durch eine **Geschäftsunfähigkeit** des **Auftraggebers**, er **kann aber**, wenn es vereinbart ist, **deshalb** erlöschen (§ 672 BGB).

#### bb) Primäre Rechte und Pflichten aus einem Auftrag(-svertrag)

Aus dem Auftrag(-svertrag) ergeben sich **Rechte** und **Pflichten** für **beide Vertragspartner**; diese stehen allerdings **nicht** im **Gegenseitigkeitsverhältnis** zueinander; es handelt sich vielmehr um einen **unvollkommen zweiseitig verpflichtenden Vertrag**. Beweisen Sie dies selbst! Dazu müssen Sie allerdings erinnern, was für ein bestehendes „Gegenseitigkeitsverhältnis" maßgeblich ist? Typisch hierfür ist eine Beziehung mit dem Inhalt eines „do ut des" = „ich gebe, *damit* Du gibst". Das alles hatten Sie vor Kurzem gelernt, so dass Sie sich zur Selbstkontrolle einen kleinen Vortrag halten sollten und ggf. – wenn dies nicht gelingt – zurückblättern, um alles zu wiederholen, denn hier geht es um Basiswissen auf einer ganz niedrigen Basis.

Diese Rechte und Pflichten lassen sich wie folgt zusammenfassen:

1. Der **Auftraggeber** hat **gegen** den **Beauftragten**
   a) einen Anspruch auf **Ausführung** des **Auftrags** (§ 662 BGB). Schuldhafte Verletzungen dieser Pflicht führen nach den allgemeinen Regeln (§ 280 Abs. 1–3 BGB) zu einem Schadensersatzanspruch. Die Ausführung muss **persönlich** (§ 664 BGB) und **gemäß** den **Weisungen** des Auftraggebers erfolgen (arge. § 665 BGB), wobei der Beauftragte unter den Voraussetzungen des § 665 BGB von den ihm erteilten Weisungen abweichen darf.
   b) Weiterhin hat der Auftraggeber einen **Anspruch** auf **Herausgabe des** durch den Auftrag **Erlangten (§ 667 BGB)**. Dieser umfasst alles, was der Beauftragte
      - **zur Ausführung** des **Auftrages erhalten** (z. B. nicht benötigte Zahlungsmittel, eine Vollmachtsurkunde) hat
      - oder **alles**, was er **in Ausführung** des **Auftrages erlangt** hat, z. B. Ansprüche gegen Dritte oder Rechte oder tatsächliche Positionen an Sachen: Ist er im Rahmen einer mittelbaren Stellvertretung Eigentümer einer Sache geworden, so muss er diese dem Auftraggeber übereignen und übergeben; hat er mit Vollmacht im fremden Namen gehandelt, so muss er sie nur übergeben, da der Auftraggeber dann ja bereits Eigentümer – wie? z. B. nach §§ 929 S. 1, 930, 164 ff. BGB oder nach § 929 S. 1, 164 ff. BGB, wobei die Übergabe an den Beauftragten als Geheißperson des Auftraggebers erfolgt sein müsste (später in Teil 6 mehr dazu-) geworden ist, und der Beauftragte nur noch den Besitz hat. Wer beim Verkauf in mittelbarer Stellvertretung den Kaufpreis erlangt hat, muss diesen herausgeben.
2. Der **Beauftragte** hat **gegen** den **Auftraggeber** einen **Anspruch** auf **Ersatz** aller **Aufwendungen (§ 670 BGB)**. Aufwendungen sind alle freiwilligen Vermögenseinbußen. Sie sind dem Beauftragten zu ersetzen, wenn er sie den Umständen nach für erforderlich halten durfte; es kommt also nicht darauf an, ob sie tatsächlich erforderlich waren. Dieses Risiko trägt der Auftraggeber!

Wenn Ihnen dies alles z.Zt. noch etwas theoretisch vorkommt, müssen Sie sich keine Sorgen machen: Sie werden dem Auftragsrecht noch an den verschiedensten Stellen dieses Buches begegnen und Gelegenheit zur Anwendung der §§ 662 ff. BGB haben. Immerhin sollen hier schon einmal zur Konkretisierung des Gesetzes drei **„klassische Klausurprobleme“** vorgestellt werden:

Die **gegenüber** dem **Auftraggeber** bestehende **Herausgabepflicht** des **Beauftragten aus § 667 BGB** ist gerichtet auf alles, **was** der **Beauftragte** im **wirtschaftlichen Zusammenhang** mit der **Ausführung** des **Auftrags erlangt** hat. Wenn also der Beauftragte etwas eingekauft hat, muss er den Kaufgegenstand herausgeben; wenn er etwas verkauft haben sollte, muss er den erlangten Kaufpreis herausgeben.

Das ist alles recht leicht zu verstehen. Wenden wir uns daher originelleren Fragestellungen zu: So gehören zu dem „Erlangten" i. S. d. § 667 BGB eigenartigerweise auch vom Beauftragten erlangte „**Schmiergelder**", weil die Vorschrift des § 667 BGB insgesamt gewährleisten soll, dass der Beauftrage aus der Ausführung des Auftrags keinerlei, also auch keine vertragswidrig erlangten Vorteile behält.

**Fall 71**

Der sich zur Ruhe setzen wollende Röntgenologe Dr. A beauftragt seinen Bekannten B mit dem Verkauf eines in der Stadt S ansonsten noch nicht vorhandenen gebrauchten Kernspin-Tomographen. Für den Erwerb interessieren sich die beiden anderen einzigen Röntgenärzte Dr. X und Dr. Ray. Beide Ärzte bieten als Kaufpreis € 500.000,–. Um den B zu einem Verkauf an ihn und nicht an Dr. Ray zu bewegen, zahlt der Dr. X, der in der Stadt unbedingt das Monopol für diese Diagnosetechnik erlangen möchte, an den B einen Betrag von € 10.000,– „Schmiergeld". Der B verkauft daher an Dr. X das Gerät für € 500.000,–. Als der B dem Dr. A stolz von seinem Verkaufserfolg berichtet, verlangt der Dr. A, der inzwischen von Dr. Ray alles erfahren hat, von B Herausgabe von € 510.000,–.

Der Anspruch ergibt sich aus §§ 662, 667 BGB. Er umfasst nicht nur den Kaufpreis, sondern auch das erhaltene „Schmiergeld", denn die Vorschrift soll insgesamt gewährleisten, dass der Beauftrage aus der Ausführung des Auftrags keinerlei Vorteil behält.

Die Frage, ob der **Aufwendungsersatzanspruch** des **Beauftragten gegen** den **Auftraggeber** aus **§ 670 BGB** auch den Ersatz von **Schäden** umfasst, spielt bei vielen juristischen Aufgabenstellungen eine zentrale Rolle. Wenn man „Aufwendungen" als „freiwillige Vermögenseinbußen" definiert, können Schäden, die ja gerade keine freiwilligen, sondern „unfreiwillige Vermögenseinbußen" sind, begrifflich gesehen nicht unter den Aufwendungsbegriff fallen. Weil es jedoch für unbillig gehalten wird, den ja schließlich unentgeltlich tätig werdenden Beauftragen alle im Zusammenhang mit der Ausführung des Auftrags stehenden Schäden an eigenen Rechtsgütern selbst tragen zu lassen, werden diese jedenfalls dann als „Aufwendungen" angesehen, wenn sie als „typisches Risiko" der geschuldeten Geschäftsbesorgung angesehen werden können; gestützt wird diese Lösung auch durch eine **Analogie** zu **§ 110 HGB**.

**Fall 72**

Der S.T. Rizz (R) ist auf Bitten des Herrchens H damit einverstanden, für ein Wochenende auf dessen „Kampfhund" Tassilo aufzupassen. Beim Gassigehen wird der R von dem sich über den vorbeilaufenden Kater Purgi erregenden und um sich schnappenden Tassilo gebissen. Der R verlangt von H Ersatz des Schadens.

1) Der Anspruch des R gegen H könnte sich aus §§ 662, 670 BGB ergeben. a) Zwischen R und H besteht ein Auftrag (§ 662 BGB); denn im Hinblick auf

das Erfordernis der regelmäßigen Versorgung und Beaufsichtigung eines Haustieres im Allgemeinen und eines „Kampfhundes" im Besonderen liegt nicht nur eine bloße Gefälligkeit des R vor. b) Fraglich ist, ob die Verletzung des R eine Aufwendung ist. Aufwendungen sind freiwillige Vermögensopfer. Hier hat der R seine körperliche Unversehrtheit aber nicht freiwillig geopfert. Es liegt vielmehr ein Schaden, also ein unfreiwilliges Vermögensopfer, vor. Es ist jedoch anerkannt, dass nach § 670 BGB auch solche Schäden als Aufwendungen zu ersetzen sind, die Ausdruck eines typischen Risikos der übernommenen Tätigkeit sind. Daher kann der R Schadensersatz von H verlangen. 2) In Anspruchskonkurrenz dazu besteht ein Anspruch aus § 833 S. 1 BGB. 3) Ein weiterer deliktischer Anspruch aus § 823 Abs. 1 BGB scheitert jedenfalls am fehlenden Verschulden des H.

**Variante**

Der R ist gebissen worden, weil er Tassilo, der nicht „bei Fuß" gehen wollte, durch wütendes Anschreien erschreckt hatte.

Da den R als Beauftragten ein Mitverschulden an dem erlittenen Schaden trifft, ist sein Anspruch a) aus § 670 BGB gemäß § 254 Abs. 1 BGB analog zu kürzen. b) Dies gilt auch für einen Anspruch aus § 833 S. 1 BGB.

Eine „beliebte" Streitfrage ist, ob seitens des Beauftragten Aufwendungsersatz für solche geleisteten **Dienste** verlangt werden kann, die **zum Gewerbe** oder **zum Beruf** des **Beauftragten** gehören. Dagegen spricht das die Vorschriften der §§ 662 ff. BGB beherrschende Prinzip der Unentgeltlichkeit des Auftrags. Man wird jedoch gleichwohl erörtern müssen, ob sich nicht aus § 1835 Abs. 3 BGB analog ein Aufwendungsersatzanspruch ergibt. Dabei sollte man im Auge haben, dass bei einem Aufwendungsersatzanspruch infolge einer Geschäftsführung ohne Auftrag aus §§ 677, 683, 670 BGB die Analogie zu § 1835 Abs. 3 BGB sogar überwiegend befürwortet wird – dazu später mehr in Teil 5.

**Fall 73**

Der Röntgenologe Dr. A, der wegen einer plötzlichen Erkrankung seine Tätigkeit aufgeben musste, bittet den mit ihm befreundeten B, ihm bei dem Verkauf seines gebrauchten Kernspin-Tomographen für € 500.000,– zu helfen. Der B, der hauptberuflich einen Kundendienst für radiologische Diagnosegeräte betreibt und auch die Geräte des Dr. A wartet, erklärt seine Bereitschaft dazu. Durch seine Tätigkeit kennt der B den Interessenten Dr. X, an den der A das Gerät dann später auch verkauft. Das von B in seiner Freizeit geführte Gespräch mit Dr. X, bei dem er seine besonderen Kenntnisse von dem zu verkaufenden Gerät des Dr. A einbringt und bei dem er Dr. X auch von der Qualität des Geräts und der Angemessenheit des Preises überzeugt, dauert 2 h. Der B verlangt von dem A als Aufwendungsersatz € 500,–. Dies entspricht der Vergütung für 2 Kundendienststunden.

Der Anspruch könnte sich aus §§ 662, 670 BGB i. V. m. § 1835 Abs. 3 BGB analog ergeben. Dagegen, dass auch Aufwendungsersatz für die eigene berufliche Tätigkeit verlangt werden kann, könnte aber sprechen, dass dies dem Prinzip der Unentgeltlichkeit zuwiderlaufen würde. Beide Ansichten sind vertretbar.

#### cc) Verweisungen auf das Auftragsrecht

Wie bereits angesprochen: Der Leser mag sich gewundert haben, warum wir uns so ausgiebig mit dem Auftragsrecht befassen. Denn es kommt doch in unserer „egoistischen" Selfie-Welt recht selten vor, dass jemand „altruistisch", also unentgeltlich für einen anderen tätig wird, geschweige denn sich dazu sogar vertraglich verpflichtet. In der Tat: Die eigentliche **rechtspraktische Bedeutung** des **Auftragsrechts** liegt in den zahlreichen **Verweisungen auf** das **Auftragsrecht in anderen Regelungsbereichen**.

Hier sind insbesondere zu nennen:

- Die (entgeltlichen) **Geschäftsbesorgungsverträge** (§§ 675 ff. BGB),
- die **Geschäftsführung ohne Auftrag** (§§ 677 ff. BGB),
- die **Geschäftsanmaßung** (§ 687 Abs. 2 BGB),
- das **Gesellschaftsrecht** (§ 713 BGB, § 110 HGB),
- das **Vereinsrecht** (§ 27 Abs. 3 BGB) oder
- das Handelsrecht mit dem **Kommissionsvertrag** (§§ 383 ff., 385 Abs. 2, 396 HGB).
- Mittelbare Bedeutung hat das Auftragsrecht auch für das **Stellvertretungsrecht** (§§ 164 ff. BGB). Sie werden noch sehen, dass der Fortbestand einer Vollmacht vom Fortbestand des ihr zugrunde liegenden Rechtsgeschäftes abhängt (§ 168 S. 1 BGB), und nicht selten ist das einer Vollmacht zugrunde liegende Rechtsgeschäft ein Auftrag. Sie wissen ja inzwischen, dass im Auftragsrecht in §§ 672–674 BGB ein Fortbestehen des Auftragsverhältnisses in bestimmten Fällen angeordnet wird, so dass in diesen Fällen über § 168 S. 1 BGB auch die Vollmacht fortbesteht.

### h) Entgeltliche Geschäftsbesorgungsverträge, Zahlungsdienste

#### aa) Entgeltliche Geschäftsbesorgungsverträge

> Wenn aufgrund eines Dienst- oder eines Werkvertrages seitens des Dienstverpflichteten bzw. seitens des Unternehmers im Interesse des Dienstberechtigten bzw. des Bestellers als den jeweiligen „Geschäftsherrn" eine „selbstständige Tätigkeit wirtschaftlicher Art, für die ursprünglich der Geschäftsherr selbst zu sorgen hatte" („Geschäftsbesorgung") zu leisten ist, dann liegt ein **„entgeltlicher Geschäftsbesorgungsvertrag"** vor **(§ 675 BGB)**.

Die **Praxisrelevanz** wird Ihnen klar, wenn Sie denken an

- einen **Anwaltsvertrag** oder **Steuerberatervertrag,**
- einen **Baubetreuungsvertrag,**
- einen **Vermögensverwaltungsvertrag,**
- einen **Schiedsrichtervertrag** oder **Schiedsgutachtervertrag,**
- oder an einen **Treuhandvertrag.**

Auf derartige Verträge finden nach **§ 675 BGB** die Auftragsregeln der **§§ 663, 665–670, 672–674 BGB entsprechende Anwendung**. Hier ist kein Raum für eine breite Darstellung; nur hin und wieder gehen wir auf einzelne Frage zu diesen Verträgen ein – z. B. beim Anwalts- und Steuerberatervertrag und bei Treuhandverhältnissen. Ansonsten ist die **Klausurrelevanz** gering. Ein guter **Rat**: Um sich zu „allgemein-zu-bilden" sollten Sie bei Google diese Vertragsarten als Suchwort eingeben, und Sie werden durchaus seriöse Informationen finden, bis hin zu „Musterverträgen", die man ja mal überfliegen kann.

- **Wichtig** und auch für Sie relevant ist, dass es zu § 675 BGB Sonderregeln gibt. Das wird jetzt unser Thema sein.

> Bei **bestimmten Geschäftsbesorgungsverträgen** gehen z. B. die speziellen Vorschriften über den **Zahlungsdienstevertrag** (§§ 675cff. BGB) der allgemeinen Regelung des § 675 BGB vor. Hierauf gehen wir sogleich noch genauer ein.

bb) Zahlungsdienste

Bekanntlich ist bei Geldschulden der Schuldner (z. B. ein Käufer nach § 433 Abs. 2 BGB) im Grundsatz zur Bargeldzahlung verpflichtet, also zur Übereignung von Zahlungsmitteln (Geldscheinen und Münzen) nach §§ 929 ff. BGB. Von einer gewissen Grenze an ist eine solche Abwicklung des Zahlungsverkehrs natürlich unrealistisch. Im Gegenteil: Wer heute eine Schuld in Höhe von € 10.000,– oder mehr in bar begleicht, steht a priori im Verdacht, über „Schwarzgeld" (unversteuerte Einnahmen) oder durch Straftaten erlangtes Geld zu verfügen und dieses Geld „waschen" zu wollen (was übrigens nach § 261 StGB strafbar wäre). In der Regel werden daher heute schon aus diesem Grunde größere Geldbeträge bargeldlos gezahlt. Weil die Diskussion der Frage, auf welche Weise bargeldlos gezahlt werden kann, sehr gut in den hier erörterten Zusammenhang gehört, soll uns jetzt (quasi in einer „erholsamen" Unterbrechung der Darstellung der „Besonderen Schuldverhältnisse") der für die Praxis und bei der Fallbearbeitung z. B. im Bereicherungsrecht und als zivilrechtliche Vorfrage übrigens nicht selten auch im Strafrecht besonders bedeutsame **bargeldlose Zahlungsverkehr** beschäftigen.

Das **Zahlungsdiensterecht** regelt den gesamten bargeldlosen Zahlungsverkehr, nämlich die Zahlung durch **Überweisungen**, durch **(Kredit-)Kartenzahlungen** (damit werden wir uns etwas genauer befassen), ferner (und das erörtern wir nicht) die Zahlung durch **Online-Banking**, durch das **Lastschriftverfahren**, sowie die Dienste, die **Bareinzahlungen** und **Barabhebungen** auf bzw. von Zahlungskonten ermöglichen. Nach § 675c Abs. 1 BGB sind auf einen Geschäftsbesorgungsvertrag, der die Erbringung von Zahlungsdiensten zum Gegenstand hat, die §§ 663, 665 bis 670 und 672 bis 674 BGB entsprechend anwendbar, soweit sich aus den §§ 675 c ff BGB nicht anderes ergibt.

(1) Die bargeldlose Zahlung durch Überweisung

Die Besorgung einer bargeldlosen Zahlung durch Überweisung ist die Erbringung eines Zahlungsdienstes (§ 675c BGB). Sie bestimmt sich nach den Regeln des **Zahlungsdienstevertrages** zwischen Zahlungsdienstleister und Zahlungsdienstnutzer (§§ 675ff BGB).

Der Zahlungsdienstevertrag kann ein ad hoc geschlossener, einen einzigen Zahlungsvorgang betreffender **Einzelzahlungsvertrag** sein (§ 675f Abs. 1 BGB), der zustande kommt durch ein Angebot des Zahlungsdienstnutzers, das typischerweise mit einem konkreten Zahlungsauftrag zusammenfallen wird, und einer Annahmeerklärung des Zahlungsdienstleisters, die sich nach § 151 BGB oder sogar nach § 362 HGB richten und auf diese Weise den Vertrag zustande kommen lassen wird.

Beim längerfristigen **Zahlungsdiensterahmenvertrag** (§ 675f Abs. 2 BGB) wird der Zahlungsdienstleister zusätzlich verpflichtet, für den Zahlungsdienstnutzer ein Konto zu führen. Der **Girovertrag**, um den es hier vorrangig gehen wird, ist ein gemischter Vertrag, dessen Schwerpunkt beim Zahlungsdiensterahmenvertrag liegt. Das **Girokonto** ist ein Zahlungskonto (§ 675f Abs. 2 S. 1 BGB).

Durch den **Zahlungsdienstevertrag** wird ein Zahlungsdienstleister verpflichtet, für den Zahlungsdienstnutzer Zahlungsvorgänge auszuführen (§§ 675f Abs. 2 S. 1, 675o Abs. 2 BGB).

Ein **Zahlungsvorgang** ist jede Bereitstellung, Übermittlung oder Abhebung eines Geldbetrags, unabhängig von der zugrunde liegenden Rechtsbeziehung zwischen Zahler und Zahlungsempfänger (§ 675f Abs. 3 S. 1 BGB).

Für die Wirksamkeit eines Zahlungsvorgangs gegenüber dem Zahler ist eine **„Autorisierung“** seitens des Zahlers erforderlich (§ 675j Abs. 1 S. 1 BGB). Darunter versteht man eine Zustimmung (§ 182 BGB). Warum hat man hier den dem deutschen Recht bislang fremden Begriff „Autorisierung“ gewählt? Der Grund ist, dass das Gesetz die Umsetzung einer EU-Richtlinie ist, an deren Formulierung Juristen „aller Herren Länder“ Europas mitgewirkt haben.

In erster Linie erfolgt die **Autorisierung** durch einen wirksamen **Zahlungsauftrag**. Darunter versteht man jeden Auftrag, den ein Zahler seinem Zahlungsdienstleister zur Ausführung eines Zahlungsvorgangs entweder unmittelbar oder mittelbar über den Zahlungsempfänger erteilt (§ 675f Abs. 3 S. 2 BGB). Zu denken z. B. an eine Überweisung, die man im allgemeinen Sprachgebrauch häufig „Überweisungsauftrag“ nennt. Wenn ein Zahlungsdiensterahmenvertrag besteht, handelt es sich bei der Überweisung um eine Weisung nach § 665 BGB. Die Autorisierung kann aber auch konkludent erfolgen.

Die für die Wirksamkeit eines Zahlungsvorgangs gegenüber dem Zahler maßgebliche **Autorisierung** kann vom Zahler so lange **widerrufen** werden, wie der Zahlungsauftrag widerruflich ist (§§ 675j Abs. 2 S. 1, 675p BGB). Nicht mehr widerrufen kann er die Autorisierung, wenn sie dem Zahlungsdienstleister zugegangen ist (§§ 675p Abs. 1, 130 BGB).

Der Zahlungsdienstleister des Zahlers muss dafür sorgen, dass der Zahlungsbetrag spätestens am Ende des auf den Zugangszeitpunkt des Zahlungsauftrags folgenden Geschäftstags beim Zahlungsdienstleister des Zahlungsempfängers eingeht (§ 675s Abs. 1 S. 1 BGB), und zwar ungekürzt (§ 676q Abs. 1 BGB).

Nachdem der Betrag auf dem Konto des Zahlungsdienstleisters des Empfängers eingegangen ist, ist der Zahlungsdienstleister verpflichtet, dem Zahlungsempfänger den Zahlungsbetrag **unverzüglich verfügbar** zu machen (§§ 675f Abs. 2 S. 1, 675t Abs. 1 S. 1 BGB).

Im Fall einer im Valutaverhältnis rechtsgrundlosen Leistung des Zahlers an den Empfänger ist der Anspruch aus §§ 675f Abs. 2 S. 1, 675t Abs. 1 S. 1 und 2 BGB sowie aus §§ 675c Abs. 1, 667 BGB das erlangte „Etwas", das der Zahler vom Empfänger nach § 812 Abs. 1 S. 1 Var. 1 BGB kondizieren kann. Wenn die Gutschrift bereits erfolgt ist, gilt jedoch § 780 BGB, so dass dieser Anspruch das „etwas" wäre. Dazu mehr in Teil 8.

Der Zahlungsdienstleister hat gegen den Zahler bei einem autorisierten Zahlungsvorgang einen **Anspruch** auf **Erstattung** seiner **Aufwendungen** (§§ 675c Abs. 1, 670, 675u S. 1 BGB). Bei Ausführung eines nicht autorisierten Zahlungsvorgangs, hat der Zahlungsdienstleister dem Zahler den Zahlungsbetrag unverzüglich zu erstatten bzw. bei Belastung eines Zahlungskontos des Zahlers dieses Zahlungskonto wieder auf den Stand zu bringen, auf dem es sich ohne die Belastung durch den nicht autorisierten Zahlungsvorgang befunden hätte (§ 675u S. 2 BGB). Ausgeschlossen ist dieser Anspruch jedoch, wenn der Zahlungsdienstnutzer die Nicht-Autorisierung nicht innerhalb von 13 Monaten nach dem Tag der Belastung angezeigt hat (§ 676b Abs. 2 S. 1 BGB). Andere Anspruchsgrundlagen, die auf dieselbe Rechtsfolge (Erstattung des Zahlungsbetrages oder der Zinsen und Entgelte) gerichtet sind, sind ausgeschlossen (§ 675z S. 1 BGB), insbesondere Ansprüche aus ungerechtfertigter Bereicherung. Nicht ausgeschlossen ist jedoch z. B. der Anspruch gem. § 280 Abs. 1 BGB auf Ersatz von Folgeschäden, die nicht von § 675u BGB erfasst sind. Die Sie nicht selten in Klausuren beschäftigende Frage wird sein, ob der Zahlungsdienstleister sich im Fall einer nicht autorisierten Zahlung aus § 812 Abs. 1 S. 1 Var. 1 BGB oder aus § 812 Abs. 1 S. 1 Var. 2 BGB oder gar nicht halten kann. Dazu werden Sie mehr in Teil 8 erfahren.

Schließlich stellt sich auch die Frage einer **Haftung** des **Zahlungsdienstleisters** bei nicht erfolgter oder fehlerhafter Ausführung eines Zahlungsauftrages. In diesem Fall kann der Zahler von seinem Zahlungsdienstleister im Fall eines vom Zahler ausgelösten Zahlungsvorgangs die unverzügliche und ungekürzte Erstattung des Zahlungsbetrags verlangen (§ 675y Abs. 1 S. 1 BGB). Wenn ein Zahlungskonto des Zahlers mit dem Betrag belastet wurde, muss dieses Zahlungskonto auf den Stand gebracht werden, auf dem es sich ohne den fehlerhaft ausgeführten Zahlungsvorgang befunden hätte, inklusive der Erstattung etwaiger vom Zahler gezahlter Sollzinsen oder ihm entgangener Habenzinsen (§ 675y Abs. 1 S. 2 BGB). Der Zahlungsdienstnutzer kann weiterhin von seinem Zahlungsdienstleister die Erstattung der Zinsen und Entgelte verlangen, die der Zahlungsdienstleister zur Durchführung oder Entgegennahme des Zahlungsauftrags erhoben hat (§ 675y Abs. 4 BGB). Diese Ansprüche des Zahlungsdienstnutzers sind verschuldensunabhängig. Zu beachten ist jedoch die Ausschlussfrist von 13 Monaten (§ 676b Abs. 2 S. 1 BGB). Ebenso wie für den Fall eines nicht autorisierten Zahlungsvorgangs sind nach § 675z S. 1 BGB andere Anspruchsgrundlagen, die auf dieselbe Rechtsfolge (Erstattung des Zahlungsbetrages oder der Zinsen und Entgelte) gerichtet sind, neben den Ansprüchen aus § 675y BGB ausgeschlossen. Nicht ausgeschlossen sind jedoch Ansprüche aus § 280 Abs. 1 BGB auf Ersatz von Schäden, die nicht von § 675y BGB erfasst sind, wie z. B. Folgeschäden, die nicht im Verhältnis zwischen Zahlungsdienstnutzer und Zahlungsdienstleister entstanden sind (Verzugsschäden oder entgangener Gewinn).

(2) Die bargeldlose Zahlung durch Zahlungskarte

Auch die **Kartenzahlung** ist die Erbringung eines Zahlungsdienstes (§ 675c BGB). Auch sie bestimmt sich nach den Regeln des **Zahlungsdienstevertrages** (§§ 675 ff. BGB). Die rechtliche Grundlage für die bargeldlose Zahlung durch die Verwendung von **Zahlungskarten** (und zur Abhebung von Geldern bei institutsfremden Geldautomaten) ist ein Geschäftsbesorgungsvertrag zwischen dem Kartenaussteller und einem Karteninhaber (§ 675 BGB). Dieser kann durch eine **Zusatzvereinbarung** zu einem **Girovertrag** (z. B. bei der „Master-Card") oder **selbstständig** durch einen **„anderen Geschäftsbesorgungsvertrag"** mit einem Kartenaussteller (z. B. mit „American Express") geschlossen werden.

Eine Zahlung mittels einer Zahlungskarte verläuft in **rechtstechnischer Hinsicht** wie folgt:

1. Die **rechtliche Grundlage** bildet die folgende Konstellation eines sog. **„Dreiecksverhältnisses"**:
   a) Durch das **„Deckungsverhältnis"** (**„Emissionsvertrag"** als Geschäftsbesorgungsvertrag nach § 675 BGB) sind der **„Kartenaussteller"** und der **„Karteninhaber"** miteinander verbunden.
   b) Im **„Valutaverhältnis"** hat der **Gläubiger des Karteninhabers** einen Zahlungsanspruch (i. d. R. einen Anspruch auf Zahlung eines Kaufpreises oder Werklohnes oder einen Anspruch aus einem Bewirtungsvertrag) gegen den **Karteninhaber**.
   C) Im **„Zuwendungsverhältnis"** besteht ein **Rahmenvertrag** zwischen dem **Kartenaussteller** und dem **Gläubiger** des **Karteninhabers, aa)** der den **Gläubiger des Karteninhabers** dazu verpflichtet, **Kartenzahlungen des Karteninhabers** zu akzeptieren (**„Akquisitionsvertrag"**; daher nennt man den Vertragspartner des Kartenausstellers auch dessen **„Vertragsunternehmen") bb)** und durch den das **„Vertragsunternehmen"** eine **Forderung auf Zahlung gegen den Kartenaussteller** erwirbt (§ 780 BGB).

   Nachdem wir die Grundlagen, am besten durch Anfertigung einer Skizze, verstanden haben, wenden wir uns jetzt dem **tatsächlichen Ablauf** zu:
2. Der Karteninhaber geht (z. B. als Käufer) gegenüber dem Vertragsunternehmen (z. B. einem Verkäufer) im Valutaverhältnis eine Verpflichtung (z. B. auf Kaufpreiszahlung aus einem Kaufvertrag § 433 Abs. 2 BGB) ein.

3. Wenn der Verkäufer aufgrund eines Rahmenvertrages im Zuwendungsverhältnis ein Vertragsunternehmen des Kartenausstellers ist und der Käufer dies vom Verkäufer erfährt, kann sich der Käufer als Karteninhaber dazu entschließen, „mit der Karte" zu zahlen. Er unterzeichnet dazu entweder einen Belastungsbeleg (Belegverfahren) oder er übermittelt dem Vertragsunternehmen telefonisch, elektronisch oder mündlich seine Kartendaten (belegloses Verfahren).
4. Dadurch erteilt der Käufer als Karteninhaber dem Kartenaussteller eine im Rahmen des im Deckungsverhältnis geschlossenen Emissionsvertrages verbindliche und wegen des Zahlungscharakters unwiderrufliche Weisung (§§ 675, 665 BGB) des Inhalts, dass der Kartenaussteller die Verpflichtung des Karteninhabers aus dem Valutaverhältnis gegenüber dem Verkäufer als Vertragsunternehmen tilgt.

Was die im Deckungsverhältnis bestehende Rechtsbeziehung zwischen dem Karteninhaber und Kartenaussteller angeht, so liegt ein **Zahlungsdiensterahmenvertrag** vor, bei dem der Kartenaussteller ein Zahlungsdienstleister und der Karteninhaber ein Zahlungsdienstenutzer in der Gestalt des Zahlers ist. Und nach den vorstehenden Ausführungen ist Ihnen inzwischen geläufig, dass nach § 675j Abs. 1 S. 1 BGB ein Zahlungsvorgang gegenüber dem Zahler nur wirksam ist, wenn er diesen **autorisiert**, ihm also zugestimmt hat. Dass diese Autorisierung auch mithilfe eines sog. Zahlungsauthentifizierungsinstruments erteilt werden kann, ergibt sich aus § 675j Abs. 1 S. 4 BGB. Darunter versteht man die EC-Karte mit PIN oder die Kreditkarte mit Unterschrift oder PIN. Dass zu diesen Verfahren auch das (hier ja nicht dargestellte) Onlinebanking unter Nutzung von PIN und TAN oder das Telefonbanking mit Passwort gehört, soll hier nur angemerkt werden. Für den Fall, dass ein **nicht autorisierter Zahlungsvorgang** auf der Nutzung eines Zahlungsauthentifizierungsinstruments beruht, ergeben sich Besonderheiten hinsichtlich der Haftung. Grundsätzlich hat bei fehlender Autorisierung der Zahlungsdienstleister gegen den vermeintlichen Zahler keinen Anspruch auf Erstattung seiner Aufwendungen (§§ 675c Abs. 1, 670, 675u S. 1 BGB). Wenn aber der nicht autorisierte Zahlungsvorgang auf dem Einsatz eines verloren gegangenen, gestohlenen oder sonst abhanden gekommenen Zahlungsauthentifizierungsinstruments beruhte (§ 675v Abs. 1 S. 1 BGB) oder wenn der Schaden infolge einer sonstigen missbräuchlichen Verwendung eines Zahlungsauthentifizierungsinstruments entstanden ist und der Zahler die personalisierten Sicherheitsmerkmale nicht sicher aufbewahrt hat (§ 675v Abs. 1 S. 2 BGB), dann hat der Zahlungsdienstleister gegen den Zahler im Grundsatz einen Gegenanspruch auf Ersatz des ihm hierdurch entstandenen Schadens bis zu einem Betrag von € 150,– („Selbstbeteiligung"). In voller Höhe haftet der Zahler, wenn er in betrügerischer Absicht gehandelt hat oder wenn er grobfahrlässig handelnd die Pflichten aus § 675 l BGB oder vereinbarte Bedingungen für die Ausgabe und Nutzung eines Zahlungsauthentifizierungsinstruments verletzt hat und so den Schaden herbeigeführt hat (§ 675v Abs. 2 BGB). Die Ansprüche des

Zahlungsdienstleisters aus § 675v Abs. 1 und 2 BGB bestehen jedoch nicht, wenn der Schaden nach Anzeige gem. § 675 l S. 2 BGB (also der Pflicht zur Anzeige des Verlusts, des Diebstahl, der missbräuchlichen Verwendung oder der sonstigen nicht autorisierten Nutzung eines Zahlungsauthentifizierungsinstruments) entstanden ist und für einen Schaden aus § 675v Abs. 1 BGB nicht, wenn der Zahlungsdienstleister seiner Pflicht gemäß § 675 m Abs. 1 Nr. 4 BGB nicht nachgekommen ist (§ 675v Abs. 3 S. 2 BGB). Diese Haftungsausschlüsse gelten aber nicht, wenn der Zahler in betrügerischer Absicht gehandelt hat (§ 675v Abs. 3 S. 3 BGB). Die Regelungen in § 675v BGB sind abschließend. Insbesondere hat der Zahlungsdienstleister keinen Schadensersatzanspruch aus § 280 BGB. Pflichten in Bezug auf Zahlungsauthentifizierungsinstrumente treffen auch den Zahlungsdienstleister (§ 675 m Abs. 1 BGB). Insbesondere ist der Zahlungsdienstleister verpflichtet, jede Nutzung des Zahlungsauthentifizierungsinstruments zu verhindern, sobald der Zahler eine Anzeige gem. § 675 l S. 2 BGB erstattet hat (§ 675 m Abs. 1 S. 1 Nr. 4 BGB). Wenn die Frage der Autorisierung eines ausgeführten Zahlungsvorgangs im Rechtsstreit zwischen den Parteien streitig ist, hat der Zahlungsdienstleister nachzuweisen, dass eine Authentifizierung erfolgt ist (§ 675w S. 1 BGB), d. h. dass die für die Ausführung des Zahlungsvorgangs vereinbarten Besitz- und Wissenskomponenten (z. B. Kreditkarte und PIN) vorgelegen haben. Die Aufzeichnung der Nutzung des Zahlungsauthentifizierungsinstruments einschließlich der Authentifizierung reicht allerdings allein nicht aus, um nachzuweisen, dass der Zahler den Zahlungsvorgang autorisiert, dass er in betrügerischer Absicht gehandelt, dass eine oder mehrere Pflichten aus § 675l BGB verletzt oder dass er vorsätzlich oder grob fahrlässig gegen eine oder mehrere Bedingungen für die Ausgabe und Nutzung des Zahlungsauthentifizierungsinstruments verstoßen hat (§ 675w S. 3 BGB). Mit dieser Regelung soll verhindert werden, dass bereits die Tatsache einer Aufzeichnung des Einsatzes eines Zahlungsauthentifizierungsinstruments einschließlich der Authentifizierung ausreicht, um den Aufwendungsersatzanspruch oder einen Schadensersatzanspruch des Zahlungsdienstleisters zu begründen. Vielmehr muss in jedem Einzelfall geprüft werden, ob ein Aufwendungsersatzanspruch des Zahlers und kein Gegenanspruch des Zahlungsdienstleisters besteht.

### i) Mä/aklervertrag, Handelsmakler

Durch den Mä/aklervertrag verpflichtet sich der Auftraggeber, dem Makler „für den Nachweis der Gelegenheit zum Abschluss eines Vertrages einen Mäklerlohn zu zahlen, … wenn der Vertrag infolge des Nachweises oder infolge der Vermittlung des Mäklers zustande kommt“ **(§ 652 BGB)**. Wer gewerbsmäßig für andere Personen die Vermittlung von Verträgen über die Anschaffung und Veräußerung von Waren, Wertpapieren, Versicherungen etc. betreibt, ohne von ihnen aufgrund eines Vertragsverhältnisses ständig damit betraut zu sein, ist ein Handelsmakler **(§ 93 Abs. 1 HGB)**.

Der vom Gesetz immer noch **„Mäklervertrag“** genannte Maklervertrag **(§§ 652 ff. BGB)** ist ein einseitig verpflichtender besonderer Geschäftsbesorgungsvertrag. Von Bedeutung ist er für Immobilienverkaufsgeschäfte, Wohnungsvermietungsgeschäfte und Kreditgeschäfte.

- Aus einem Mä/aklervertrag ist nur der **Auftraggeber** als der Vertragspartner des Maklers, **verpflichtet**: Er muss für den Nachweis der Gelegenheit zum Abschluss eines Vertrages einen Mäklerlohn („Courtage“) zahlen. Der Mäklerlohn gilt als stillschweigend vereinbart, wenn die dem Makler übertragene Leistung den Umständen nach nur gegen eine Vergütung zu erwarten ist (§ 653 BGB). Das bedeutet natürlich nicht, dass ein Makler auch ohne Vertrag (quasi „aufgedrängt“) einen Vergütungsanspruch hätte. Es muss sich vielmehr um eine dem **„Makler übertragene Leistung“** handeln, so dass der Satz gilt: Kein Anspruch eines Maklers ohne Mä/aklervertrag. Die Höhe richtet sich nach einer Vereinbarung, sonst nach der Taxe oder nach der Üblichkeit (§ 653 BGB). Der Anspruch entsteht jedoch nur, wenn der Vertrag „infolge“ der Tätigkeit (Nachweis oder Vermittlung) „des Mäklers zustande kommt“; daher gilt der Satz: **„Maklers Müh ist oft umsonst“**. Übrigens: Fortan nennen wir den Mä/akler nur noch „Makler“.
- Der **Makler** ist daher auch **nicht zu** einer **Tätigkeit verpflichtet**.

Diese gesetzliche **Regelung ist** natürlich **abdingbar;** davon wird auch sehr häufig Gebrauch gemacht, und zwar wie folgt: Sehr häufig wird – abweichend von der gesetzlichen – Regel nicht der Vertragspartner des Maklers (z. B. der ihn beauftragende Grundstücksverkäufer oder Wohnungsvermieter), sondern ein **Dritter** (z. B. der Grundstückskäufer oder der Wohnungsmieter) **zur Zahlung** des **Maklerlohnes** (ganz oder zum Teil) **verpflichtet**; dies erfolgt in Gestalt einer die Courtage auf den Käufer, Mieter etc. „überbürdenden“ Nebenabrede im späteren Kaufvertrag bzw. Mietvertrag, also „im Innenverhältnis“. Wenn der Makler – so die praktische Regel – einen eigenen Anspruch gegen den Käufer, Mieter etc. erhalten soll, wird man diese Nebenbestimmung als Vertrag zugunsten Dritter (zugunsten des Maklers) ausgestalten (§ 328 BGB). Dies ist seit 1. Juni 2015 durch **§ 2** Ziff. 1a des **Gesetzes zur Regelung der Wohnungsvermittlung** für Wohnraummietverträge **verboten**, so dass eine Überbürdungvereinbarung unwirksam (§ 134 BGB) wäre, wenn durch sie der Wohnungssuchende verpflichtet wird, ein vom Vermieter oder einem Dritten geschuldetes Vermittlungsentgelt zu zahlen“.

- Es kann auch ein **unabhängig vom Erfolg** bestehender **Aufwendungsersatzanspruch** des **Maklers** vereinbart werden, so dass „Maklers Müh“ doch nicht „umsonst“ war (§ 652 Abs. 2 BGB). Der Makler kann schließlich das für ihn bestehende beträchtliche Risiko, die Kausalität zwischen seiner Tätigkeit und dem Vertragsschluss nicht beweisen zu können, durch eine Vereinbarung des Inhalts abwenden, dass der Anspruch auf den **Maklerlohn lediglich** den **Erfolgseintritt als solchen** voraussetzt.

- Auch kann vom Leitbild des Maklervertrages abweichend der **Makler** durch eine Vereinbarung **zur Tätigkeit verpflichtet** werden, so dass dann ein **„Maklerdienstvertrag"** vorliegt, auf den zusätzlich zu den §§ 652 ff. BGB die §§ 611 ff. BGB angewendet werden. Eine Tätigkeitspflicht des Maklers besteht auch beim **„Alleinauftrag"**; allerdings ohne dass damit automatisch eine Vergütungsverpflichtung einhergeht.

Ist der Makler gewerbsmäßig tätig, ist er also ein **Handelsmakler**, früher „Agent" (daher stammt auch der Begriff „Agentur") genannt, so finden auf die Vermittlung von Verträgen über die Anschaffung und Veräußerung von Waren, von Wertpapieren, von Versicherungen etc. die Vorschriften der §§ 93 ff. HGB Anwendung, nicht aber im Falle anderer Geschäfte, insbesondere nicht im Falle von Geschäften über unbewegliche Sachen (§ 93 Abs. 2 HGB). Die §§ 93 ff. HGB gelten nach § 93 Abs. 3 HGB auch für solche gewerblich tätigen Makler, die deshalb nicht Kaufmann sind (vgl. § 1 Abs. 2 HGB), weil das Unternehmen „nach Art und Umfang einen in kaufmännischer Weise eingerichteten Geschäftsbetrieb nicht erfordert." Deswegen gehört der Handelsmakler-Vertrag anders als der im „Besonderen Schuldrecht" des BGB geregelte „Mäklervertrag" auch nicht zu den „Besonderen Schuldverhältnissen" des HGB, den Handelsgeschäften (§§ 343 ff. HGB), sondern ist in den Vorschriften über den „Handelsstand" geregelt. Interessant ist, dass der Lohnanspruch vorbehaltlich anderer Vereinbarungen von beiden Parteien je zur Hälfte zu tragen ist (§ 99 HGB). Zu viel der Worte: Die Branche der Handelsmakler stirbt aus.

### j) Kommissionsvertrag

Besser als das Gesetz in **§ 383 HGB** kann man den **Kommissionsvertrag** nicht **definieren**: „Kommissionär ist, wer es gewerbsmäßig übernimmt, Waren oder Wertpapiere für Rechnung eines anderen (des Kommittenten) im eigenen Namen zu kaufen oder zu verkaufen". Diese Definition passt (gekürzt um das Wort: „gewerbsmäßig") auch für den bekanntlich nicht im BGB typisierten Kommissionsvertrag mit einem nicht gewerbsmäßig handelnden (Gelegenheits-)Kommissionär, auf den §§ 675, 662 BGB und §§ 611 ff. oder 631 ff. BGB Anwendung finden.

Ist Ihnen persönlich schon einmal das „Kommissionsgeschäft" begegnet? Sagen Sie nicht vorschnell „Nein"! Denken Sie nur an die – allerdings im Zeitalter der immer mehr um sich greifenden Internet-Versteigerungen – etwas in den Hintergrund tretenden „second-hand"-Läden für Kleidung oder Sportartikel: Wenn Sie abgelegte Designermode-Artikel oder ein Paar gebrauchte Ski verkaufen wollen, dann können Sie diese Sachen in ein solches Geschäft geben und dessen Inhaber damit beauftragen, diese Sachen „im eigenen Namen", aber „für" Ihre „Rechnung" zu verkaufen. Nimmt dieser Ihr Angebot an, kommt zwischen Ihnen als „Kommittent" und dem Geschäftsinhaber als „Kommissionär" ein „Kommissionsvertrag" zustande. Zugleich erklären Sie die Einwilligung zu einer Übereignung (§§ 929 ff., 185 Abs. 1 BGB) und zur Übergabe der zu verkaufenden Sachen an einen Dritten als Käufer. Im Falle eines Verkaufes der Sache durch den Kommissionär als Verkäufer an den Dritten als Käufer („Ausführungsgeschäft") wird Ihnen dann der vom Käufer an den „Kommissionär" als Verkäufer gezahlte Verkaufserlös abzüglich einer für den Kommissionär bestimmten Provision ausgezahlt. Wenn Sie sich umgekehrt in der Rolle eines Käufers (also als „Dritter") in ein solches Geschäft begeben, um z. B. ein bereits getragenes Abendkleid zu erwerben, dann schließen Sie als Käufer mit dem im eigenen Namen handelnden Inhaber des Geschäftes als Verkäufer („Kommissionär") einen Kaufvertrag („Ausführungsgeschäft") ab, und der Inhaber erfüllt den Kaufvertrag durch Übereignung der gekauften Sachen (§§ 929 S. 1, 185 Abs. 1 BGB) und Übergabe an Sie Zug-um-Zug gegen Zahlung des Kaufpreises. Das somit auch in Ihrem Lebenskreis vorkommende Kommissionsgeschäft ist von praktisch erheblicher Bedeutung,

- wenn einem Verkäufer oder einem Käufer die eigene **Verkaufs-** oder **Einkaufsorganisation fehlt**,
- wenn der **Kommissionär** besondere **Marktkenntnisse** hat
- oder wenn man bei bestimmten Geschäften nicht nach außen auftreten möchte, so beim **Wertpapierhandel**, im **Gebrauchtwagenhandel** und im **Kunsthandel**. Speziell **Auktionshäuser** versteigern fremde Kunstgegenstände nicht im Namen des Einlieferers, sondern als dessen „Kommissionär" im eigenen Namen für dessen Rechnung.

Wie Sie aus den einführenden Bemerkungen wissen, sind die Beteiligten des Kommissionsgeschäftes der **„Kommittent"** als (Kommissions)Vertragspartner des **„Kommissionärs"** und der **„Dritte"** als Vertragspartner des Kommissionärs im sog. „Ausführungsgeschäft". Sinnvoll wäre es, wenn Sie sich bei entsprechenden Fällen eine Zeichnung von diesem „Dreiecksverhältnis" machen würden.

- Zwischen dem Kommittenten und dem Kommissionär wird der **Kommissionsvertrag** geschlossen; es handelt sich der Sache nach um einen besonders ausgestalteten Geschäftsbesorgungsvertrag, auf den beim **gewerbsmäßig handelnden Kommissionär** die §§ 383 ff. HGB Anwendung finden; verbleibende Lücken werden durch §§ 675, 662 ff. BGB und §§ 611 ff. BGB oder 631 ff. BGB geschlossen. Beim nicht gewerbsmäßig handelnden **(Gelegenheits-)Kommissionär** gelten nur die §§ 675, 662 ff. BGB und §§ 611 ff. BGB oder 631 ff. BGB
- **Zwischen** dem **Kommissionär** und dem **Dritten** wird das **Ausführungsgeschäft** vorgenommen. Beim Ausführungsgeschäft handelt der Kommissionär (je nach Art der Kommission: als Käufer oder als Verkäufer) gegenüber dem Dritten (je nach Art der Kommission als: Verkäufer oder als Käufer) im eigenen Namen für fremde (des Kommittenten) Rechnung, also nicht etwa als „Stellvertreter", sondern als sog. „mittelbarer Stellvertreter". Das begründet Risiken für den Kommissionär: Ist er Verkaufskommissionär, so trifft ihn die Sach- und Rechtsmängelhaftung. Die i. d. R. als Verkaufskommissionäre handelnden Auktionshäuser

pflegen deshalb die Gewährleistung gegenüber dem Ersteigerer auszuschließen. Weil hierdurch im Ergebnis der Einlieferer (Kommittent) auf Kosten des sich nicht von ihm, sondern von dem Auktionshaus (Verkaufskommissionär) „betrogen“ fühlenden Ersteigerers (Dritter) geschützt wird, pflegen die Auktionshäuser (Verkaufskommissionär) ihre Ansprüche gegen den Einlieferer (Kommittent) aus einer mit dem Einlieferer vereinbarten kaufrechtlichen Gewährleistung an den Ersteigerer (Dritter) abzutreten. Das allerdings würde zu einer gerade nicht gewollten Offenlegung der Person des Einlieferers (Kommittenten) führen. Um dies zu vermeiden, verpflichten sich die Auktionshäuser (Verkaufskommissionär) nicht selten gegenüber dem Ersteigerer (Dritter) dazu, deren eventuelle Gewährleistungsansprüche gegen den Einlieferer (Kommittent) geltend zu machen. Oder das Auktionshaus (Verkaufskommissionär) zahlt den Kaufpreis Zug-um-Zug gegen Rückübereignung und Rückgabe des Kommissionsgutes freiwillig an den Ersteigerer (Dritter) zurück und nimmt dann den Einlieferer (Kommittent) in Anspruch. Sie merken sicher, dass hier der gestalterischen Phantasie kaum Grenzen gesetzt sind. Die Ausarbeitung derartiger Verträge ist die klassische Arbeit des beratend tätigen Rechtsanwalts.

- Der **gewerbsmäßig** handelnde **Kommissionär** hat **im Verhältnis zum Kommittenten** das „übernommene Geschäft mit der Sorgfalt eines ordentlichen Kaufmannes auszuführen“, sich also um den Abschluss eines Ausführungsgeschäfts zu bemühen, und dabei „das Interesse des Kommittenten wahrzunehmen und dessen Weisungen zu befolgen“ (§ 384 Abs. 1 HGB). Beim nicht gewerbsmäßig handelnden **(Gelegenheits-)Kommissionär** gilt insoweit § 665 BGB. Aus dem Ausführungsgeschäft resultieren **Pflichten zur Abwicklung**: Den **gewerbsmäßig handelnden Kommissionär** treffen Anzeige- und Rechenschaftspflichten und die Pflicht zur Herausgabe des Erlangten (§ 384 Abs. 2 HGB). Er hat entweder aufgrund einer entsprechenden Vereinbarung oder nach 396 Abs. 1 HGB einen i. d. R. erst bei Ausführung des Geschäftes fälligen (§ 396 Abs. 1 HGB) **Anspruch auf Provision**. Den **(Gelegenheits-) Kommissionär** treffen die gleichen Pflichten aus §§ 675, 666, 667 BGB. Einen Provisionsanspruch hat er aus §§ 675, 611, 613 BGB.
- Was die **Rechte** des **Kommittenten** aus dem **Ausführungsgeschäft** angeht, so kann der Kommittent bei einem **Kommissionsvertrag mit** einem **gewerbsmäßig handelnden Kommissionär (§§ 383 ff. HGB)** bei einer **Verkaufskommission** diese Rechte (§ 433 Abs. 2 BGB) erst nach einer gemäß § 398 BGB vorzunehmenden Abtretung des Anspruchs des Kommissionärs gegen den Dritten an den Kommittenten geltend machen (§ 392 Abs. 1 HGB). Bei einer **Einkaufskommission** steht das Eigentum an der vom Kommissionär gekauften Sache zunächst dem Kommissionär zu; der Kommittent wird erst nach einer Übereignung seitens des Kommissionärs an ihn zum Eigentümer. Die daraus resultierenden **Gefahren für** den **Kommittenten** liegen auf der Hand: Er trägt das Risiko einer möglichen zwischenzeitlichen Insolvenz des Kommissionärs oder einer Einzelzwangsvollstreckung von Gläubigern des Kommissionärs in das bei der Einkaufskommission erworbene Kommissionsgut oder bei der Verkaufskommission in die zunächst dem Kommissionär zustehende Forderung aus dem Ausfüh-

rungsgeschäft bzw. in den bereits an ihn gezahlten Kaufpreis. Ferner besteht das Risiko, dass der Kommissionär seiner gegenüber dem Kommittenten bestehenden Verpflichtung aus dem Innenverhältnis, dem Kommissionsvertrag, zuwiderlaufend das (Einkaufs-)Kommissionsgut anderweit übereignet oder die aus einer Verkaufskommission stammende Forderung abtritt oder dass der Dritte hiergegen die Aufrechnung erklärt oder dass der Kommissionär über den an ihn ausgezahlten Kaufpreis vertragswidrig verfügt. Wenn von Ihnen – und das müssten ehrlicherweise die allermeisten sein – diese diversen „Risikolagen" nicht sofort verständlich geworden sind, machen Sie sich Zeichnungen dazu. Das kostet Zeit, die Sie sich aber unbedingt nehmen müssen. Das Thema ist wichtig und schwierig. Zugleich trainiert die Befassung mit diesen Fragen das juristische Denken. Und zum Trost kann ich Ihnen versprechen, dass Sie alle Fragen noch manche weitere Male an anderen Stellen dieses Buches zu durchdenken haben, so dass Sie sicher sein können, dass auch alles wiederholt wird. Die im Augenblick in erster Linie interessierenden **Gefahren** für den Kommittenten werden wie folgt weitgehend, aber nicht vollständig **„gebannt"**; um das zu verstehen, brauchen Sie die Skizzen und die Vertrautheit mit allen nachstehend aufgeführten Vorschriften, so dass Sie das Gesetz lesen müssen – und wenn Ihnen eines der Themen völlig neu ist (z. B. Zwangsvollstreckung, Insolvenz, Aufrechnung) versuchen Sie Ihr Bestes! Es lohnt sich und ist nicht unzumutbar, zumal Ihnen ja die Lösungswege nachstehend aufgezeigt werden: **a)** Bei der **Verkaufskommission** **aa)** bleibt der Kommittent Eigentümer des Kommissionsgutes bis zur Übereignung an den Dritten; die Übereignung an den Dritten zur Erfüllung des Kaufvertrages zwischen dem Kommissionär und dem Dritten („Ausführungsgeschäft") erfolgt aufgrund einer Zustimmung des Kommittenten nach §§ 929 ff., 185 BGB; das für den Kommittenten bestehende Risiko einer der Innenverhältnisbindung zuwiderlaufenden Verfügung, also z. B. einer nach §§ 932 ff. BGB wirksamen Übereignung eines sich als Eigentümer des Kommissionsgutes ausgebenden Kommissionärs, lässt sich allerdings nicht abwenden (arge. § 137 BGB); damit „muss" der Kommittent „leben". **bb)** Nach dem Verkauf an den Dritten („Ausführungsgeschäft") steht die **aaa)** Kaufpreisforderung vor einer Abtretung an den Kommittenten zwar dem im eigenen Namen handelnden Kommissionär zu (§§ 433 Abs. 2 BGB, 392 Abs. 1 HGB), sie gilt aber auch ohne Abtretung an den Kommittenten nach § 398 BGB im Verhältnis zwischen dem Kommittenten und dem Kommissionär oder dessen Gläubigern bereits als Forderung des Kommittenten (§ 392 Abs. 2 HGB), so dass der Kommittent die Forderung in der Insolvenz des Kommissionärs aussondern kann (§ 47 InsO) und sich der Kommittent in der Einzelzwangsvollstreckung eines Gläubigers des Kommissionärs gegen eine Forderungspfändung mit der Drittwiderspruchsklage aus § 771 ZPO erfolgreich wehren kann; auch vor einer der Innenverhältnisbindung zuwiderlaufenden Abtretung der Forderung aus dem Kaufvertrag mit dem Dritten („Ausführungsgeschäft") ist der Kommittent durch § 392 Abs. 2 HGB geschützt, weil es einen gutgläubigen Erwerb von Forderungen nicht gibt. Eine Aufrechnung des Dritten mit einer Gegenforderung gegen eine noch nicht an den Kommittenten abgetretene Forderung des Kommissionärs aus dem „Ausführungsgeschäft" wird dagegen nicht durch § 392 Abs. 2 HGB verhindert, weil der Dritte als privilegierter Aufrechnungsgläubiger nicht zu den „Gläubigern“ i. S. d. des § 392 Abs. 2 HGB gerechnet wird (BGH). **bbb)** Eine interessante Frage ist es, ob bei einer Barzahlung des Kaufpreises seitens des Dritten als Käufer an den im eigenen Namen handelnden Verkaufskommissionär als Verkäufer, der dadurch nach § 929 BGB Eigentümer des Geldes wird, der Kommittent durch eine analoge Anwendung des § 392 Abs. 2 HGB im Verhältnis zu Gläubigern des Kommissionärs in der Weise geschützt wird, dass er in einer Insolvenz des Kommissionärs nach § 47 InsO aussondern kann oder bei einer Einzelzwangsvollstreckung in das Vermögen des Kommissionärs nach § 771 ZPO klagen kann. Man wird hier in der Tat eine Lücke im Gesetz konstatieren müssen, denn § 392 Abs. 2 HGB regelt die Frage nicht, ob der im Fall der Zahlung an die Stelle der Kaufpreisforderung tretende Kaufpreis dem Kommittenten zusteht, und es stellt einen Wertungswiderspruch dar, den Kommittenten im Hinblick auf die dem Kommissionär zustehende Kaufpreisforderung vor dem Zugriff von Gläubigern zu schützen, diesen Schutz aber mit dem Einzug der Forderung entfallen zu lassen. Andererseits hat der Gesetzgeber dieses anzustrebende Ergebnis eines sich am durch Einzug der Forderung erlangten Erlöses fortsetzenden Schutzes offenbar nicht herbeiführen wollen, denn sonst hätte er anlässlich der Einführung der §§ 422 Abs. 2, 457 S. 2 HGB im Jahre 1998 den § 392 Abs. 2 HGB dementsprechend anpassen können. Es handelt sich also nicht um eine die analoge Anwendung des § 392 Abs. 2 HGB rechtfertigende, „planwidrige Lücke“. Der Kommittent muss sich daher das Geld möglichst rasch (z. B. durch eine ante/i/zipierte Übereignung nach § 930 BGB) übereignen lassen, um bei einer nachfolgenden Einzelzwangsvollstreckung oder Eröffnung des Insolvenzverfahrens als Eigentümer aus § 771 ZPO bzw. § 47 InsO vorgehen zu können. Bei einer bargeldlosen Zahlung auf das Konto des Kommissionärs, steht diesem die Forderung gegen seine Bank zu, so dass ein Schutz des Kommittenten vor einer Insolvenz des Kommissionärs durch § 47 InsO oder einer Einzelzwangsvollstreckung von Kommissionärsgläubigern durch § 771 ZPO nur durch vorherige Weiter-Überweisung an den Kommittenten möglich ist. Am Rande gefragt: Können Sie sich eine Sachverhaltskonstellation vorstellen, in der das bare Geld noch vor einer Einzahlung auf ein Konto bzw. bevor es ausgegeben worden ist etc. dem Zugriff eines Gläubigers des Kommissionärs durch den Gerichtsvollzieher ausgesetzt ist? Zum *Beispiel* bei einer Auktion durch den Kommissionär unmittelbar nach Zahlung des Kaufpreises durch den ersteigernden Dritten, so dass der Gerichtsvollzieher praktisch im Auktionsraum anwesend sein müsste. **b)** Wenn der Kommittent bei der **Einkaufskommission aa)** vor einer Insolvenz über das Vermögen des Kommissionärs durch Aussonderung (§ 47 InsO) oder einer Einzelzwangsvollstreckung in das Vermögen des Kommissionärs durch Drittwiderspruchsklage (§ 771 ZPO) geschützt sein will, muss er sich so schnell wie möglich die mit seinen Geldmitteln eingekauften Sachen ante/i/zipiert nach § 930 BGB übereignen lassen. Dazu werden Sie später noch so manches zu erlernen haben. **bb)** Die dem Einkaufskommissionär zur Erfüllung des Ausführungsgeschäftes vorgeschossenen (vgl. § 669 BGB) Geldmittel werden allerdings im Zweifel nicht an den Kommissionär übereignet, sondern nur verbunden mit einer die Übereignung an den dritten Verkäufer ermöglichenden Verfügungsbefugnis (§§ 929ff., 185 Abs. 1 BGB) überlassen, so dass jedenfalls insoweit keine Risiken aus einer Insolvenz des Kommissionärs (arge. § 47 InsO) oder einer gegen ihn gerichteten Einzelzwangsvollstreckung (arge. § 771 ZPO) drohen. **c)** Wie Sie ja wissen, finden bei einem **Kommissionsvertrag mit einem Gelegenheitskommissionär** die §§ 675, 662 ff. BGB und die §§ 611 ff. oder die §§ 631 ff. BGB Anwendung. Für den Kommittenten bestehen die gleichen Risiken wie beim Kommissionsvertrag nach §§ 383 ff. HGB; allerdings hilft hier **nicht (!!) § 392 Abs. 2 HGB**. Da Sie jetzt den „Durchblick" haben, können Sie selbst einmal versuchen, die oben aufgeworfenen Fragen für den „Gelegenheitskommissionär" zu beantworten. Halten Sie sich also selbst einen kleinen Vortrag. Denjenigen, die sich durch diese Kurzanalyse der Risiken für den Kommittenten und deren mögliche Überwindung im Augenblick noch überfordert fühlen, wird noch einmal „Trost gespendet" werden: Wir werden auf all diese Fragen in den verschiedensten Zusammenhängen immer wieder zurückkommen.

### k) Mietvertrag, Pachtvertrag, Leasingvertrag

In den §§ 535 ff. BGB ist der Vertrag über die entgeltliche Gebrauchsgewährung einer Sache typisiert **(Mietvertrag)**; kommt auch das Recht auf den Fruchtgenuss hinzu, handelt es sich um einen **Pachtvertrag**. Nicht gesetzlich geregelt, aber immerhin in den §§ 499 ff. BGB erwähnt, ist der **Leasingvertrag**.

1. Die **Systematik** der **gesetzlichen Regelung** über die **Miet-** und **Pachtverträge** ist gewöhnungsbedürftig. Sie sollten, um sich die Suche nach den einschlägigen Normen zu erleichtern, sich jedenfalls die **Ordnung der „Untertitel"** einprägen.

   **Untertitel 1: Allgemeine Vorschriften** für (alle) **Mietverhältnisse** (§§ 535–548 BGB).

   **Untertitel 2: Mietverhältnisse** über **Wohnraum**; diese werden vom Gesetz wegen ihrer praktischen Relevanz vorangestellt.

   Kapitel 1: Allgemeine Vorschriften (§§ 549–555 BGB)

   Kapitel 2: Die Miete

   Unterkapitel: Vereinbarungen über die Miete (§§ 556–556b BGB)

   Unterkapitel: Regelungen über die Miethöhe (§§ 557–561 BGB)

   Kapitel 3: Vermieterpfandrecht (§§ 562–562d BGB)

   Kapitel 4: Wechsel der Vertragsparteien (§§ 563–567b BGB)

   Kapitel 5: Beendigung des Mietverhältnisses

Unterkapitel: Allgemeine Vorschriften (§§ 568–572 BGB)

Unterkapitel: Mietverhältnisse auf unbestimmte Zeit (§§ 573–574c BGB)

Unterkapitel: Mietverhältnisse auf bestimmte Zeit (§§ 575–575a BGB)

Unterkapitel: Werkwohnungen (§§ 576–576b BGB)

Kapitel 6: Besonderheiten bei der Bildung von Wohnungseigentum an vermieteten Wohnungen

**Untertitel 3**: Mietverhältnisse über **andere Sachen** (§§ 578–580a BGB).

**Untertitel 4**: **Pacht** (§§ 581–584b BGB)

**Untertitel 5**: **Landpacht** (§§ 585–597 BGB)

Bei der **Fallbearbeitung** geht man so vor, dass man **zunächst im speziellsten Bereich** nach einer gesetzlichen Regelung sucht. Sofern man hier nicht fündig wird, schaut man **in** dem **einem** jedem **Kapitel** jeweils **vorangestellten allgemeinen Teil** nach. Sofern sich auch hier nichts findet, greift man auf die **allgemeinen Vorschriften** für **Mietverhältnisse** zurück. Wenn man auch dort nichts findet, so sucht man im **Allgemeinen Schuldrecht** und dann im **Allgemeinen Teil** des **BGB**.

**2.** Wie bereits gesagt: Nicht geregelt ist der **„Leasingvertrag"**.

Wir erproben dieses Vorgehen einmal an einem ganz einfachen Fall; an diesem Beispiel kann man sehen, wie der Gesetzgeber in mehreren Ebenen Regelungen „vor die Klammer" gezogen hat:

**Fall 74**

Der V vermietet an den von München nach Hamburg verzogenen M eine Wohnung in einem Mietshaus. Noch vor Übergabe der Wohnung an den M brennt es in dem Dachstuhl des Hauses, so dass die Wohnung durch Löschwasser bis zu ihrer Reparatur unbewohnbar ist. Der V verlangt dennoch die vereinbarte Miete von M. Der M verlangt Schadensersatz, weil er zwischenzeitlich wohnungslos ist und sich für eine höhere Miete in einem „Boarding House" einmieten muss. Welche Anspruchsgrundlagen kommen in Frage?

1) Zunächst schauen wir im Untertitel 2) „Mietverhältnisse über Wohnraum" nach. Dort finden sich für unsere Fragen keine Normen. 2) Als nächstes suchen wir in den allgemeinen Vorschriften für Mietverhältnisse. a) Was den Anspruch des V auf Zahlung der Miete angeht, aa) ergibt sich dieser aus § 535 Abs. 2 BGB. bb) Die Frage, ob die Unbewohnbarkeit den Anspruch entfallen lässt, ist dort allerdings nicht geregelt. b) Für den Anspruch des M auf Schadensersatz finden sich zwar Anspruchsgrundlagen (§§ 536 und 536 a) BGB), die wir auch prüfen kön-

nen. Sie führen jedoch nicht zum Erfolg, da stets eine Überlassung der Mietsache (vgl. § 536 Abs. 1 BGB) verlangt wird, die in unserem Fall nie erfolgt ist. 3) Völlig erschöpft von der Suche müssen wir nun doch wieder auf das uns ja schon ein wenig bekannte „Allgemeine Schuldrecht" zurückgreifen. a) Dort verrät uns § 326 Abs. 1 S. 1 1.HS BGB, dass M die Miete nicht zahlen muss b) und dass sein Schadenersatzanspruch sich nach §§ 280 Abs. 1, 3, 275 Abs. 1, 4, 283 BGB bestimmt.

#### aa) Mietvertrag

Auch hier liefert wieder das Gesetz in **§ 535 Abs. 1 S. 1, Abs. 2 BGB** die beste **Definition**: „Durch den Mietvertrag wird der Vermieter verpflichtet, dem Mieter den Gebrauch der Mietsache während der Mietzeit zu gewähren" und: „Der Mieter ist verpflichtet, dem Vermieter die vereinbarte Miete zu entrichten".

##### (1) Vertragsschluss und seine Beendigung

Was den **Abschluss** eines **Mietvertrages** angeht, so gilt nichts Besonderes: Mietverträge werden, wie alle anderen Verträge auch, grundsätzlich **formfrei** durch zwei aufeinander bezogene deckungsgleiche Willenserklärungen, **Angebot** und **Annahme**, geschlossen. Der **Vermieter** ist sehr oft zugleich auch **Eigentümer** der **Mietsache**, **muss** dies aber **nicht** sein; auch ein **Mieter** kann bekanntlich als Vermieter eine Sache **(unter-) vermieten**. Eine **Formvorschrift** für Mietverträge über Wohnraum bei einer Vertragsdauer von über einem Jahr enthält § 550 BGB. Sie gilt über § 578 BGB auch für alle Mietverträge über Grundstücke. Bei Nichteinhaltung der Schriftform sind diese Verträge aber nicht etwa nichtig, sondern sind als für auf unbestimmte Zeit geschlossene Verträge anzusehen. Sie sind dann im Rahmen der gesetzlichen Bestimmungen kündbar. Der Sinn dieser Regelung liegt insbesondere darin, den Erwerber eines vermieteten Grundstücks vor unliebsamen Überraschungen in Gestalt eines nur mündlich vereinbarten langfristigen Mietvertrages zu schützen, wenn er nach der sogleich dargestellten Bestimmung des § 566 BGB („Kauf bricht nicht Miete") durch Erlangung des Eigentums zum Vertragspartner der Mieter wird.

Die **Vertragspartner** eines **Mietvertrages** sind und bleiben im Grundsatz diejenigen, die als Vermieter und Mieter den Mietvertrag geschlossen haben. Bei Mietverträgen über dem **Vermieter gehörige Grundstücke** und **Wohn-** und **Geschäftsräume** gilt aber aus Gründen des sozialen Schutzes und des Vertrauensschutzes im Falle der **Veräußerung** (bei einer Übereignung aufgrund von: Kauf, Tausch, Schenkung, Vermächtnis; und durch Zuschlag bei einer Zwangsversteigerung nach § 90 ZVG) der **Mietsache** nach **erfolgter Überlassung** an den **Mieter** nach § 566 BGB, dass der Erwerber im Wege einer **gesetzlichen Vertragsübernahme** an die Stelle des bisherigen Vermieters tritt **(„Kauf bricht nicht Miete")**. Wenn also zum *Beispiel* der Vermieter EV von Wohnraum in seinem Haus dieses an den K verkauft und übereignet, so kann der K von dem Mieter M, dem der Wohnraum von EV überlassen worden ist, nicht Herausgabe nach §§ 985, 986 BGB verlangen, weil der M gegenüber dem neuen Eigentümer K, der nunmehr ja auch sein Vermieter geworden ist (§ 566 BGB) ein Recht zum Besitz aus § 535 BGB hat. Der Veräußerer (EV) kann sich umgekehrt aber auch nicht durch die Veräußerung mit der Folge des § 566 BGB seiner Pflichten aus dem Mietverhältnis mit dem Mieter (M) entledigen, sondern haftet als bisheriger Vermieter nach § 566 Abs. 2 S. 1 BGB wie ein selbstschuldnerischer Bürge dafür, dass der Erwerber (K) seine Pflichten erfüllt. Diese Weiterhaftung des Veräußerers (EV) findet ihr Ende, wenn der Mieter (M), nachdem er durch eine Mitteilung des ehemaligen Vermieters und Veräußerers von der Veräußerung Kenntnis erlangt hatte, nicht zum nächstmöglichen Zeitpunkt kündigt. Wie sieht es aber aus, wenn zum Beispiel der EV dem M ein Auto für 6 Monate vermietet hat und es während der Mietzeit an den K verkauft und nach §§ 929, 931 BGB wirksam übereignet hat. Kann der K von M Herausgabe verlangen? Nein, aber dem Anspruch aus §§ 985, 986 BGB steht das Besitzrecht des M aus § 535 BGB nicht deshalb zu, weil § 566 BGB eingreift, sondern nach § 986 Abs. 2 BGB.

Eine **Gebrauchsüberlassung** an **Dritte**, speziell eine **„Untervermietung“**, führt nicht zu einer Rechtsbeziehung zwischen dem (Haupt-)Vermieter und Untermieter. Der **Untermieter** hat eine ganz **schwache Stellung**.

Zum Einen ist die Untervermietung nur zulässig beim Vorliegen einer **Erlaubnis des (Haupt-)Vermieters** (§ 540 BGB), auf deren Erteilung der Mieter bei vermietetem Wohnraum bei einem nachträglich entstehenden berechtigten Interesse des Mieters einen Anspruch hat (§ 553 BGB). Bei einer ungenehmigten, also unberechtigten Untervermietung hat der Untermieter UM zum *Beispiel* auch bei einem bestehenden (Haupt-)Mietvertrag gegenüber dem Eigentümer-(Haupt-)Vermieter EV kein Recht zum Besitz. Lesen Sie § 986 Abs. 1 S. 2 BGB, wonach der mittelbare Besitzer (§ 868 BGB) – hier der M – dazu berechtigt sein muss, dem Besitzer UM die Sache zu überlassen, damit dieser ein Recht zum Besitz hat. Als „Mitbewohner“ einer Wohnung, die ein anderer gemietet hat, sollten Sie sich also vergewissern, ob es Untermieterlaubnis des (Haupt-)Vermieters gibt oder jedenfalls berechtigte Gründe i. S. d. § 553 BGB, die zu einem Anspruch darauf führen würden. Aber auch die Erlaubnis einer Gebrauchsüberlassung führt nicht zu einer vertraglichen Beziehung zwischen dem Vermieter und dem Dritten („Untermieter“). Weil mithin eine solche Vertragsbeziehung niemals besteht, muss zum *Beispiel* der Untermieter UM, der daher kein eigenes Recht zum Besitz sondern nur ein aus der Besitzberechtigung des Mieters M abgeleitetes Recht zum Besitz aus § 986 Abs. 1 BGB gegenüber dem (Haupt-)Vermieter EV hat, ständig befürchten, dass der (Hauptmiet-)Vertrag zwischen dem Eigentümer-Vermieter (EV) und dem (Haupt-)Mieter (M) endet, z. B. durch wirksame Kündigung oder Aufhebung des Vertrages, denn dann hat er, der UM, nach § 986 Abs. 1 BGB kein aus einer Besitzberechtigung des M herrührendes abgeleitetes Recht zum Besitz gegenüber dem EV, und der EV kann von ihm Herausgabe aus § 985 BGB verlangen. In Anspruchskonkurrenz dazu steht ein Anspruch des Hauptvermieters gegen den Dritten, also auch gegen den Untermieter, aus § 546 Abs. 2 BGB. Letzterer Anspruch aus § 546 Abs. 2 BGB steht übrigens auch einem eventuellen Nichteigentümer-Hauptvermieter zu (diese Vorschrift ist geradezu für ihn geschaffen worden; lesen Sie auch bei der Gelegenheit § 604 Abs. 4 BGB). Wenn also zum Beispiel der UM ohne Einverständnis des M an den UUM untervermietet hätte, so könnte der M keine Ansprüche aus §§ 985, 986 BGB geltend machen, weil er ja nicht der Eigentümer ist; und – mangels einer vertraglichen Beziehung zu UUM – auch keinen Anspruch aus § 546 Abs. 1 BGB. Dafür ist der § 546 Abs. 2 BGB erforderlich gewesen. Machen Sie sich, um das alles zu verstehen, wieder eine Zeichnung – am besten als Dreieck. Es handelt sich um Basiswissen. Wem das alles aber jetzt noch „zu hoch" ist, weil die mietrechtlichen Fragen untrennbar mit sachenrechtlichen Problemen vermengt sind, der sei wiederum damit getröstet, dass alles wenig später noch einmal in Fälle eingekleidet geboten wird und dass in Teil 6 grundlegend alles noch einmal erläutert wird. Sehen Sie im Augenblick die vorstehenden Ausführungen jedenfalls als praktische **„Lebenshilfe"** an. Sie sollten sich – zum Beispiel als „Mitbewohner" einer Wohnung, die ein anderer gemietet hat – stets der Untermieterlaubnis beim (Haupt-)Vermieter vergewissern, und sich außerdem dessen bewusst sein, dass Ihre **Stellung** als **Untermieter** damit **steht und fällt**, dass der **(Haupt-)Mietvertrag** noch **besteht**.

Das Fehlen einer vertraglichen Beziehung zwischen dem (Haupt)Vermieter und dem Drittem, dem der Gebrauch überlassen worden ist, also speziell dem Untermieter, hat zur Folge, dass der (Haupt-)Vermieter keine vertraglichen Schadensersatzansprüche gegen den Dritten hat, sondern nur gegen den Mieter. Dabei lässt das Gesetz den Mieter für den Dritten einstehen: Also muss bei erlaubter oder unerlaubter Gebrauchsüberlassung an einen Dritten, speziell an einen Untermieter, der Mieter im Verhältnis zum (Haupt-)Vermieter nach **§ 540 Abs. 2 BGB** für alle im Rahmen des Mietverhältnisses begangenen schuldhaften Handlungen des Dritten, also des Untermieters, durch die der Dritte, also der Untermieter, die Grenzen des Hauptmietvertrages nicht einhält, Schadensersatz leisten (z. B. bei der vorsätzlichen Herbeiführung einer Explosion in der Mietwohnung durch einen Untermieter). Warum hat der Gesetzgeber eigentlich den § 540 Abs. 2 BGB trotz des § 278 BGB geschaffen? Mangels eines Mietvertrages hat aber umgekehrt auch der Dritte, also auch der Untermieter, keine vertraglichen Ansprüche gegen den (Haupt-)Vermieter, z. B. aus § 536a BGB; auch ist er grundsätzlich nicht in den Schutzbereich des Mietvertrages zwischen (Haupt-)Vermieter und Mieter einbezogen.

Sie merken hoffentlich, dass Rechtswissenschaft sehr lebensnah sein kann.

Bei der nach § 535 Abs. 1 S. 1 BGB dem Mieter vom Vermieter zum Gebrauch zu überlassenden **„Mietsache"** muss es sich um eine **bewegliche Sache** oder um eine **unbewegliche Sache** oder um **Sachteile** handeln.

**Mietsachen** können daher sein:

- **Wohnräume** (§§ 535–548; 549–577 a; 536 Abs. 4; 547 Abs. 2 BGB);
- **Geschäftsräume** (§§ 535–548; nach § 578 BGB die: §§ 550, 552 Abs. 1, 554 Abs. 1–4, 562–562d, 566–567b, 569 Abs. 1, 2, 570; nach § 579 Abs. 2 BGB: der § 579 Abs. 2 BGB; §§ 580, 580a Abs. 2, 4 BGB);
- **sonstige Räume**, die nicht Wohn- oder Geschäftsräume sind, wie z. B. ein Stellplatz in einer Sammelgarage (§§ 535–548; nach § 578 BGB die: §§ 550, 552 Abs. 1, 554 Abs. 1–4, 562–562d, 566–567b, 569 Abs. 1, 2, 570; nach § 579 Abs. 2 BGB: der § 579 Abs. 2 BGB; §§ 580, 580a Abs. 1, 4 BGB);
- **Grundstücke** (§§ 535–548; nach § 578 BGB die: §§ 550, 552 Abs. 1, 554 Abs. 1–4, 562–562d, 566–567b, 569 Abs. 1, 2, 570; 579 Abs. 1, 580, 580a Abs. 1, 4 BGB;
- **bewegliche Sachen** (§§ 535–548; 579 Abs. 1 S. 1; 580; 580a Abs. 3, 4 BGB).

Die vom Mieter als Gegenleistung für die Überlassung der Mietsache zu entrichtende **„Miete"** (früher „Mietzins" genannt) ist in der Regel Geld; es können aber auch Sach- oder Dienstleistungen geschuldet sein. Die Höhe der Miete wird i. d. R. frei vereinbart. Bei durch den sozialen Wohnungsbau geschaffenem Wohnraum („Sozialwohnungen") gibt es eine Preisbindung. Und seit dem Jahre 1. Juni 2015 ist nach § 556d Abs. 1 BGB die Höhe der Miete bei Neuvermietungen reguliert: „Wird ein Mietvertrag über Wohnraum abgeschlossen, der in einem durch Rechtsverordnung nach Absatz 2 bestimmten Gebiet mit einem angespannten Wohnungsmarkt liegt, so darf die Miete zu Beginn des Mietverhältnisses die ortsübliche Vergleichsmiete (§ 558 Absatz 2) höchstens um 10 Prozent übersteigen". Die Höhe der vorher erzielten Miete darf erreicht werden, auch wenn sie bereits über der ortsüblichen Vergleichsmiete liegt. Die überhöhte gezahlte Miete kann nach einer formalisierten Rüge zurückgefordert werden. Ansonsten ist die Wirksamkeit der vereinbarten Miethöhe zuweilen an § 138 BGB und § 134 BGB i. V. m. § 5 des Wirtschaftsstrafgesetzbuchs (WiStG) nichtig. Sollte die Miete hiernach überhöht sein, besteht ein Rückforderungsanspruch gegen den Vermieter aus § 812 Abs. 1 S. 1 Var. 1 BGB. Eine praktisch und auch theoretisch sehr interessante Frage ist es, ob die einmal vereinbarte Miete unverändert bestehen bleibt oder ob und wie es ggf. zu einer **Veränderung** der **Miethöhe** kommen kann: Auszugehen ist davon, dass getroffene vertragliche Vereinbarungen nicht einseitig verändert werden können. Zu denken ist daher rechtstheoretisch an einen den Inhalt des Mietvertrages ändernden **„Abänderungsvertrag"**, an die Vereinbarung einer **„Staffelmiete"** oder einer **„Indexmiete"** (vgl. für Wohnraummietverträge § 557 Abs. 1, 2 BGB). Sind derartige Vereinbarungen nicht getroffen worden oder wird kein Änderungsvertrag geschlossen, kann der Vermieter den Weg der sog. **„Änderungskündigung"** wählen: Dazu kündigt er den Mietvertrag „ordentlich" und verbindet diese Kündigung mit einem Angebot zum Neuabschluss des Mietvertrages mit einer höheren Miete. Wenn der Mieter sein Einverständnis damit erklärt, wird ein neuer Mietvertrag abgeschlossen; ansonsten ist der Mieter zur Rückgabe verpflichtet (§ 546 BGB und möglicherweise auch § 985 BGB). Aber Vorsicht: Bei **Wohnraummietverträgen** kommt eine Kündigung zum Zwecke der Mieterhöhung, also eine **Ände-**

**rungskündigung, nicht in Betracht**: Der Vermieter kann vielmehr „Mieterhöhungen *nur* nach Maßgabe der §§ 558 bis 560 verlangen" (§§ 557 Abs. 3, 558b Abs. 4 BGB), also in einem förmlichen **Mieterhöhungsverfahren**. Dieses setzt dreierlei voraus: Eine über 15 Monate unveränderte Miete; ein „Mieterhöhungsverlangen" des Vermieters bis zur „ortsüblichen Vergleichsmiete", die sich aus einem eventuell vorhandenen „Mietspiegel", einer „Mietdatenbank", aus einem Sachverständigengutachten oder aus benannten „Vergleichswohnungen" ergeben kann (vgl. dazu §§ 558 Abs. 2, 558c BGB), aber nicht über die „Kappungsgrenze" hinaus (§ 558 Abs. 3 BGB); und eine daraufhin erklärte „Zustimmung" des Mieters zur Mieterhöhung, die ersetzt werden kann durch ein auf die Klage des Vermieters ergangenes Urteil (§ 558b Abs. 1–3 BGB i. V. m. § 894 ZPO). Die erhöhte Miete wird dann 3 Monate nach Zugang des Mieterhöhungsverlangens geschuldet (§ 558b Abs. 1 BGB). Eine Mieterhöhung ist auch möglich bei „Modernisierungen" der Mietsache (§ 559 ff. BGB).

Ein **Mietverhältnis** kann durch einen **Aufhebungsvertrag**, durch eine **Befristung** oder natürlich – wie jedes „Dauerschuldverhältnis" – durch **Kündigung** (eine einseitige, empfangsbedürftige Willenserklärung) für die Zukunft **beendet werden** (§ 542 Abs. 1 BGB).

- Der **Aufhebungsvertrag** ist jederzeit möglich.
- Bei einer **Befristung** endet das Mietverhältnis nach § 542 Abs. 2 BGB vorbehaltlich einer vorherigen Aufhebung oder außerordentlichen Kündigung oder einer vertraglichen Verlängerung (wichtiger Fall: stillschweigende Verlängerung nach § 545 BGB). Bei einem Mietverhältnis über **Wohnraum** ist eine Befristung nur erschwert möglich (§ 575 BGB).
- Ansonsten endet das Mietverhältnis durch **Kündigung**, und zwar durch eine **ordentliche** befristete Kündigung (§ 542 Abs. 1 BGB), die bei Mietverhältnissen über **Wohnraum** aus sozialen Erwägungen für den Vermieter stark erschwert ist (§§ 573 ff. BGB: zusätzlich erforderliches „berechtigtes Interesse" aufgrund von Vertragsverletzungen, Eigenbedarf), oder durch eine **außerordentliche befristete** Kündigung (§§ 540 Abs. 1 S. 2, 544, 563 Abs. 4, 563a Abs. 2, 564 BGB) oder – besonders wichtig – durch eine **außerordentliche fristlose** Kündigung (§ 543 Abs. 1 BGB).
- Zur **Folge** hat die Beendigung eine **Pflicht** des **Mieters** bzw. des **Untermieters** zur **Herausgabe** der Mietsache aus § 546 Abs. 1, 2 BGB und ggf. nach § 985 BGB.

(2) Rechte und Pflichten

Aus einem **bestehenden** oder einem **beendeten Mietverhältnis** gibt es eine Reihe von **Rechten** und **Pflichten** des **Mieters** und des **Vermieters** und u. U. auch eines **Dritten,** speziell eines **„Untermieters"**, die Ihnen nicht nur aus lebenspraktischen Erwägungen geläufig sein müssen, sondern auch deshalb, weil sich hieraus eine Vielzahl von **klassischen** klausurrelevanten **Anspruchsgrundlagen** ergeben.

**1.** Die einander gegenüber stehenden **Pflichten** der **Parteien** eines **Mietvertrages (Mieter/Vermieter)** lassen sich wie folgt zusammenfassen:

**a)** Durch den Mietvertrag wird der **Vermieter verpflichtet**:
- Zur **Überlassung** der Mietsache **zum Gebrauch** an den **Mieter** in **gebrauchsfähigem Zustand** (§ 535 Abs. 1 S. 1, 2 BGB) und auch zur **Erhaltung** im **gebrauchsfähigen Zustand** (§ 535 Abs. 1 S. 2 BGB),
- bei **Sach-** und **Rechtsmängeln** zur **Mängelbeseitigung** (§ 535 Abs. 1 S. 2 BGB), zur **Zurückzahlung** zuviel gezahlter Miete wegen einer geminderter Miete (§§ 536 Abs. 1, 812 Abs. 1 S. 1 Var. 1), zur Leistung von **Schadensersatz** (ggf. auch an in den Schutzbereich des Mietvertrages einbezogene Personen) nach § 536a Abs. 1 BGB, zur Leistung von **Aufwendungsersatz** für die Mängelbeseitigung (§ 536a Abs. 2 BGB)
- zum Ersatz notwendiger **Verwendungen** an den Mieter (§§ 539 Abs. 1, 683, 684 BGB),
- zur **Duldung** der **Wegnahme bestimmter Einrichtungen**, auch wenn diese nach den §§ 946 ff. BGB in das Eigentum des Vermieters übergegangen sind (§ 539 Abs. 2 BGB)
- und zur **Zurückzahlung** noch **nicht abgewohnter** im Voraus entrichteter **Miete** (§ 547 BGB).

**b)** Der Mieter ist verpflichtet:
- Zur **Zahlung** der **Miete** (§ 535 Abs. 2 BGB),
- zur ausschließlichen **Verwendung** der Mietsache **zum vereinbarten Gebrauch** (§§ 538, 540, 541, 543 Abs. 2 S. 1 Nr. 2 BGB),
- zur **Anzeige** von **Mängeln** der Mietsache an den Vermieter (§ 536c BGB),
- zur **Duldung** von **Instandsetzungsarbeiten** (§§ 555 a Abs. 1, 555d Abs. 1 BGB);
- zur **Unterlassung** des **vertragswidrigen Gebrauchs** bei unerlaubter Überlassung der Mietsache an einen Dritten, speziell an einen „Untermieter" (§ 541 BGB),
- zur **Rückgabe** der **Mietsache** bei Beendigung des Mietverhältnisses (nach § 546 BGB und nach § 985 BGB, wenn der Vermieter der Eigentümer sein sollte), und zwar bei einer Überlassung an einen Dritten, also insbesondere bei einer Untervermietung, bei Beendigung des Hauptmietvertrages nach § 546 Abs. 2 BGB gegenüber dem Hauptvermieter, selbst wenn dieser nicht Eigentümer sein sollte. Weiteres dazu, speziell was Ansprüche bei einer Überlassung an Dritte angeht, ist Ihnen ja schon bekannt.

**c)** Im **Gegenseitigkeitsverhältnis** stehen nur die **Pflichten zur mangelfreien Überlassung** *und* die **zur Zahlung** der Miete.

**2.** Im Verhältnis des **(Haupt-)Vermieters** zu einem **Dritten, dem die Mietsache** vom Mieter **überlassen worden ist,** insbesondere zu einem **„Untermieter"**,

**a)** können sich **keine Ansprüche aus** einem **Mietvertrag** ergeben, denn es gibt keine vertraglichen Verbindungen zwischen beiden. Daher hat der (Haupt-)Vermieter keine vertraglichen Schadensersatzansprüche gegen den Dritten, sondern nur solche gegen den Mieter, wobei der Mieter für den Dritten einstehen muss (§ 540 Abs. 2 BGB). Umgekehrt hat auch der Dritte keinen Anspruch aus § 536a BGB gegen den (Haupt-)Vermieter; und der Dritte ist grundsätzlich nicht in den Schutzbereich des Mietvertrages zwischen (Haupt-)Vermieter und Mieter einbezogen.

**b)** Der **(Haupt-)Vermieter** kann aber **kraft Gesetzes von dem Dritten,** regelmäßig also von dem „Untermieter", die **Herausgabe der Mietsache** verlangen:

**aa)** Wenn der (Haupt-) Mietvertrag besteht, aber die Gebrauchsüberlassung an den Dritten nicht berechtigt ist,

**aaa)** kann der Eigentümer-(Haupt-)Vermieter nach § 985 BGB von dem Dritten Herausgabe nach Maßgabe des § 986 Abs. 1 S. 2 BGB verlangen, weil der Dritte kein Recht zum Besitz gegenüber dem Eigentümer-(Haupt-)Vermieter hat.

**bbb)** Der Nichteigentümer-(Haupt-)Vermieter kann nur nach § 546 Abs. 2 BGB Herausgabe von dem Dritten verlangen. Dazu muss er das Mietverhältnis beenden (vgl. § 543 Abs. 1, 2 S. 1 Nr. 2 BGB).

**bb)** Wenn der (Haupt)Mietvertrag nicht mehr besteht,

**aaa)** ist der Dritte dem Eigentümer-(Haupt-)Vermieter mangels eines abgeleiteten Rechtes zum Besitz (§ 986 Abs. 1 S. 1 Var. 2 BGB) nach § 985 BGB und auch nach § 546 Abs. 2 BGB zur Herausgabe verpflichtet, wenn das (Haupt-)Mietverhältnis endet, und zwar insbesondere endet aufgrund einer außerordentlichen fristlosen Kündigung aus wichtigem Grund (§ 543 Abs. 2 S. 1 Nr. 2 BGB). Bei einer Beendigung durch Kündigung durch den (Haupt-)Vermieter gelten die §§ 573, 574 BGB nicht zugunsten des Dritten.

**bbb)** Dem Nichteigentümer-(Haupt-)Vermieter ist der Dritte nur nach § 546 Abs. 2 BGB zur Herausgabe verpflichtet.

Wir können dies alles hier natürlich nicht in aller Gründlichkeit behandeln, sondern müssen einige **Schwerpunkte** setzen:

Was die **Pflichten** des **Vermieters** angeht, so steht im Vordergrund die **Verpflichtung** zur **Gebrauchsüberlassung**: Der Vermieter muss dem Mieter die Mietsache **tatsächlich** zum Gebrauch **überlassen** (§§ 854, 866 BGB) und dies auch in einem zum **vertragsgemäßen Gebrauch geeigneten Zustand** (§ 535 Abs. 1 S. 1, und S. 2 Var. 1 BGB), wobei sich die Pflichten aus speziellen Vereinbarungen im Mietvertrag ergeben oder sich nach der Üblichkeit (z. B. Wohnräume müssen beheizbar sein) richten. Die Mietsache muss auch im **vertragsgemäßen Zustand erhalten** werden (§ 535 Abs. 1 S. 2 Var. 2 BGB): Die Erhaltungspflicht betrifft einerseits die Überlassungspflicht; d. h. dem Mieter darf der Besitz nicht wieder entzogen werden, auch darf er in seinem Recht zum Gebrauch nicht gestört werden, und zwar weder vom Vermieter noch von Dritten (soweit der Vermieter hierauf Einfluss hat). Weiterhin muss der Vermieter die Mietsache durch Reparaturen in Stand halten; eine völlig zerstörte Mietsache (dann greift § 275 Abs. 1 BGB ein) muss aber nicht wieder aufgebaut werden. Die Pflicht zur Gebrauchserhaltung kann, was die Instandsetzungspflicht angeht, abbedungen werden (z. B. durch „Überbürdung" der „Schönheitsreparaturen" auf den Mieter; bei einer formularmäßigen Verpflichtung des Mieters zu turnusmäßigen Schönheitsreparaturen und gleichzeitig zu einer Rückgabe in renoviertem Zustand ist die Klausel wegen der Summierung der beiden Pflichten insgesamt nichtig nach § 307 BGB).

Die **Pflicht** des **Mieters** zur **Zahlung** der **Miete** muss **„pränumerando"**, also zu Beginn des vereinbarten Mietzeitabschnitts, erfüllt werden (§ 556b Abs. 1 BGB). Die Zahlungspflicht besteht auch dann, wenn der Mieter aus persönlichen Gründen verhindert ist, die Mietsache zu gebrauchen (§ 537 Abs. 1 S. 1 BGB). Bei Beendigung des Mietverhältnisses muss der Mieter die **Mietsache** an den Vermieter aufgrund einer vertraglichen Herausgabeverpflichtung **herausgeben** (§ 546 Abs. 1 BGB); sollte der Vermieter auch der Eigentümer sein, konkurriert damit ein (während des Bestehens des Mietvertrages nach § 986 BGB nicht bestehender!!) Herausgabeanspruch aus § 985 BGB. Ganz unumstritten ist das übrigens nicht: Es gibt auch eine Ansicht (Raiser), derzufolge bei einem bestehenden vertraglichen Herausgabeanspruch der Anspruch aus § 985 BGB aufgrund einer Gesetzeskonkurrenz entfällt (dazu lesen Sie später mehr). Zur Herausgabe an den (Haupt-) Vermieter verpflichtet ist aber auch ein Dritter, dem der Mieter die Sache zum Gebrauch überlassen hat, also i. d. R. an einen eventuellen „Untermieter" (§ 546 Abs. 2 BGB); diese Vorschrift ist wichtig, weil anderenfalls kein Anspruch des (Haupt-) Vermieters gegen den Dritten bestünde, wenn der (Haupt-) Vermieter nicht der Eigentümer ist.

**Fall 75**

Der Eigentümer EV vermietet eine ihm gehörige Sache an den M und überlässt sie ihm. Das Mietverhältnis endet. Der EV verlangt Herausgabe von dem M.

a) Der Anspruch ergibt sich aus § 546 Abs. 1 BGB. b) Weiterhin besteht ein Anspruch auf Herausgabe aus § 985 BGB, wenn man – wie hier empfohlen wird – der Ansicht, dass ein Anspruch aus § 985 BGB aus Gründen der Gesetzeskonkurrenz ausscheidet, nicht folgt, denn: aa) Der EV ist Eigentümer der Sache, bb) der M Besitzer, cc) und er hat kein Recht zum Besitz aus §§ 986 Abs. 1, 535 Abs. 1 BGB, da der Mietvertrag beendet ist.

**Fall 76**

Der E verliert eine ihm gehörige Sache. Der A findet sie und vermietet sie an den B. Das Mietverhältnis A – B endet. Der A und der E wollen wissen, ob sie Herausgabe von B verlangen können.

1) Der A kann a) Herausgabe nach § 546 Abs. 1 BGB verlangen, b) nicht aber aus § 985 BGB, denn er ist nicht der Eigentümer. 2) Der E kann a) nicht Herausgabe aus § 546 Abs. 1 BGB verlangen, denn er ist nicht der Vermieter, b) wohl aber nach § 985 BGB, denn aa) er ist der Eigentümer (wer hier etwa bedacht oder nur reflexhaft eine Prüfung des „gutgläubigen Erwerbs" des B unter Einschluss einer Erörterung des § 935 BGB vornimmt oder auch nur daran denkt, zeigt, dass er noch keinen rechten „Durchblick" hat! – aber: wie sollte er diesen als Anfänger jetzt schon haben?). b) Der B ist Besitzer, c) und er hat kein Recht zum Besitz aus § 986 BGB („kleine Verständnistestfrage am Rande": Hätte der B während des Bestehens des Mietvertrages ein „Recht zum Besitz" gegenüber dem E???).

**Fall 77**

Der A hat vom Eigentümer EV eine diesem gehörige Mietsache gemietet und sie an den B „untervermietet". Der B hat sie dann an den C „unter-untervermietet". Nach Beendigung des Mietvertrages A – B verlangt der A Herausgabe von C.

Der A hat a) in vertraglicher Hinsicht aa) keinen Anspruch aus § 546 Abs. 1 BGB, da zwischen A und C kein Mietvertrag besteht, bb) wohl aber aus § 546 Abs. 2 BGB. (Das ist geradezu der Musterfall zu § 546 Abs. 2 BGB, der geschaffen wurde, um einem Hauptvermieter, der seinerseits nicht zugleich der Eigentümer ist, einen quasivertraglichen Anspruch auf Herausgabe zu geben. b) Ein Anspruch aus § 985 BGB besteht mangels des Eigentums des A nicht.

(3) Veränderungen auf der „Vermieterebene"

Wegen der besonderen Klausurrelevanz soll hier noch einmal auf dieses Thema eingegangen werden.

- Wenn eine vom Eigentümer-Vermieter vermietete und an den Mieter überlassene **bewegliche Sache** während der Mietzeit von dem Eigentümer-Vermieter nach § 931 BGB an einen Dritten übereignet wird und dieser Herausgabe nach § 985 BGB verlangt, hat der Mieter ein Recht zum Besitz aus §§ 986 Abs. 2, 535 Abs. 1 BGB.
- Wenn vom Eigentümer-Vermieter vermieteter und an den Mieter überlassener **Wohnraum** vom Eigentümer-Vermieter nach Überlassung an den Mieter an einen Dritten veräußert wird, „so tritt der Erwerber anstelle des Vermieters in die sich während der Dauer seines Eigentums aus dem Mietverhältnis ergebenden Rechte und Pflichten ein" **(§ 566 Abs. 1 BGB)**. Das gilt auch für die Vermietung von **Grundstücken** und **anderen** (also i. d. R. Geschäfts-) **Räumen (§ 578 BGB)**. Dass die Regelung des § 566 BGB auch bei einem Eigentümerwechsel durch Zuschlag bei einer Zwangsversteigerung (§ 90 ZVG) gilt, ist Ihnen schon bekannt. Der § 566 BGB findet entsprechende Anwendung, wenn ein Nießbraucher ein Grundstück über die Dauer des Nießbrauchs hinaus vermie-

tet hat (§ 1056 BGB) oder ein Vorerbe ein Grundstück über den Zeitpunkt des Nacherbfalls hinaus vermietet hat (§§ 2135, 1056 BGB): Der Mietvertrag besteht dann zwischen dem Mieter und dem Grundstückseigentümer (§ 1056 BGB) bzw. dem neuen Eigentümer (§ 2135 BGB). Der bisherige Vermieter scheidet aus dem Mietverhältnis aus; er haftet aber weiter. Das ist selbstverständlich für alle **bereits entstandenen Ansprüche** gegen ihn. Für **künftig entstehende Ansprüche** haftet er befristet bis zum ersten Kündigungstermin nach § 566 Abs. 2 BGB wie ein selbstschuldnerischer Bürge für die Verpflichtungen des neuen Vermieters. Auch hinsichtlich einer Mietsicherheit tritt der Erwerber als neuer Vermieter an die Stelle des ehemaligen Vermieters, den allerdings weiterhin die Rückgewährverpflichtung trifft (§ 566a BGB). Die §§ 566b – e BGB regeln die Auswirkung des Vermieterwechsels auf die Wirksamkeit von das Mietverhältnis betreffenden Rechtsgeschäften zwischen dem ehemaligen Vermieter und dem Mieter im Verhältnis zum Erwerber und neuen Vermieter, und dies mit dem Ziel, bereits vorgenommene Verfügungen und Rechtsgeschäfte über die Miete aufrecht zu erhalten, auch wenn dem ehemaligen Vermieter keine Verfügungsmacht mehr über die Miete zusteht. Wissen Sie übrigens noch, wo es eine vergleichbare Regelung zu § 566 BGB gibt? § 613a BGB! Eine kleine Frage „am Rande": Aus welchen beiden Gründen halten Sie eigentlich die Überschrift des § 566 BGB „Kauf bricht nicht Miete" (sie ist immerhin „amtlich" und daher Bestandteil des Gesetzes!!) für misslungen?

Wer sich dies alles nicht merken will/kann, wird in der juristischen Ausbildung bald „ein ernstes Problem" haben! Daher einige „Kontrollfälle":

**Fall 78**

Der Eigentümer EV vermietet sein Auto für einen Monat an den M und überlässt dem M das Auto. Nach einer Woche verkauft der EV das Auto an den K. Weil der K sofort in bar zahlt, übereignet der V dem K das Auto am gleichen Tag nach §§ 929, 931 BGB (haben Sie § 931 BGB schon einmal gelesen?). Der K verlangt sofort Herausgabe von M.

Ein Anspruch a) aus § 546 Abs. 1 BGB besteht natürlich schon deshalb nicht, weil zwischen K und M kein Mietvertrag besteht; denn § 566 BGB gilt nicht bei der Vermietung beweglicher Sachen. b) In Betracht kommt aber ein Anspruch aus § 985 BGB: aa) Der K ist Eigentümer nach §§ 929, 931 BGB geworden. bb) Der M ist Besitzer. cc) Der K hat aaa) kein Recht zum Besitz aus § 986 Abs. 1 BGB, bbb) wohl aber aus §§ 986 Abs. 2, 535 Abs. 1 BGB, und zwar bis zur Beendigung des Mietvertrages (hier durch Zeitablauf).

**Fall 79**

Der Eigentümer EV vermietet dem M eine Wohnung in einem ihm gehörigen Mietshaus und überlässt sie ihm. Dann verkauft (§§ 433, 311b Abs. 1 BGB) und übereignet er nach Zahlung des Kaufpreises das Haus an den K (§§ 873, 925 BGB). Der K verlangt Herausgabe von M.

a) Dem K könnte ein Anspruch auf Herausgabe aus § 985 BGB zustehen: aa) Er ist Eigentümer des Hauses geworden. bb) Der M ist Besitzer. cc) Aber er hat ein Recht zum Besitz (§ 986 Abs. 1 S. 1 Var. 1, 535, 566 BGB). b) Ein Anspruch aus § 546 Abs. 1 BGB des K gegen den M besteht nicht, weil der Mietvertrag nicht beendet ist. (Ist Ihnen aufgefallen, dass diese Lösungsskizze in gröbster Weise die *Aufbauregeln verletzt* hat? An sich hätte zunächst der „vertragliche Herausgabeanspruch" aus § 546 Abs. 1 BGB geprüft werden müssen; im Rahmen von dessen Prüfung hätte dann mittels des § 566 BGB verdeutlicht werden müssen, wieso überhaupt der K und nicht der EV „Vermieter" ist. Der hier gewählte „verbotene" Weg machte es aber leichter, den § 566 BGB zu „illustrieren" – dies war nur auf Kosten eines „Fehlers" möglich. Sie dürfen ihn natürlich nicht begehen!)

#### bb) Der Leasingvertrag, der Finanzierungsleasingvertrag, der Mietkauf

Der **Leasingvertrag** ist gesetzlich **nicht typisiert** und daher auch **nicht definiert**, sondern ist ein sog. **„verkehrstypischer Vertrag"** oder, wie man auch sagt, ein **„moderner" Vertragstyp**, der dadurch gekennzeichnet ist, dass der Leasinggeber dem Leasingnehmer eine von diesem ausgesuchte Sache oder Sachgesamtheit für eine bestimmte Zeit, oft mit Verlängerungsoption, gegen ein ratenweise zu zahlendes Entgelt zum Gebrauch überlässt; der Leasingnehmer trägt (abweichend vom Mietvertrag und Mietkauf) die Gefahr des Untergangs, der Mangelhaftigkeit und der Instandhaltung; ihm werden allerdings die Gewährleistungsrechte des Leasinggebers gegen den Hersteller/Lieferanten abgetreten. Kombiniert wird dies meist, aber nicht notwendig mit einer Kaufoption für den Leasingnehmer.

Der Grundgedanke des Leasingvertrages besteht darin, dass es allein die Nutzung eines Wirtschaftsgutes ist, die Werte schafft, nicht das Eigentum daran. Die Leasinggeber erwerben die Wirtschaftsgüter und stellen sie den Leasingnehmern zum vorübergehenden Gebrauch gegen ratenweise zu zahlende Beträge zur Verfügung. Den **Leasingvertrag** kann man als einen **atypischen Mietvertrag** oder als einen Vertrag „sui generis" (§§ 311 Abs. 1, 241 Abs. 1 BGB) einordnen.

Die interessanteste Variante des Leasingvertrages ist das im BGB nicht (mehr) erwähnte **„Finanzierungsleasing"**: Es geht um folgende Konstellation: **a)** Der erste Schritt ist, dass entweder der Leasinggeber das Leasinggut selbst erwirbt oder dass zunächst der (spätere) Leasingnehmer das Leasinggut erwirbt und es dann an den Leasinggeber veräußert. **b)** In jedem Fall überlässt der Leasinggeber das Leasinggut gegen Entgelt dem Leasingnehmer. Durch das Entgelt und auch durch eine anschließende Verwertung werden die vom Leasinggeber bei der Anschaffung gemachten Aufwendungen und Kosten amortisiert. Das ratenweise gezahlte Entgelt errechnet sich nach dem Anschaffungswert zuzüglich der Kosten, der Vorfinanzierungszinsen, des Kreditrisikos und eines Gewinns des Leasinggebers.

Es handelt sich beim **„Finanzierungsleasing"** wirtschaftlich gesehen um einen **Sachkredit**. Daher finden auch die bei Finanzierungshilfen seitens eines Unternehmers (§ 14 BGB) die den Verbraucher (§ 13 BGB) und den Existenzgründer (§ 512 BGB) schützen sollenden Vorschriften (nämlich nach § 506 Abs. 3 BGB, allerdings eingeschränkt durch § 506 Abs. 4 BGB, die §§ 506 Abs. 1, 2, 507, 508 BGB), auf die wir noch eingehen werden, Anwendung. Die **Vorzüge** des Finanzierungsleasings sind

- **für** den **Leasingnehmer**, dass er moderne Investitionsgüter ohne massiven Einsatz von Eigenkapital nutzen kann, und indirekte Vorteile steuerlicher Art genießt (Minderung der Ertragssteuern durch Passivierung der Mietzinsverpflichtung und keine Aktivierung der geleasten Sache oder Sachgesamtheit als Wirtschaftsgut),
- und **für** den **Leasinggeber** eine günstige Kapitalnutzung.

Der **Mietkauf** ist im Gegensatz dazu ein Mietvertrag, bei dem der Vermieter die Gefahr, die Gewährleistung und die Instandhaltung trägt, mit Ankaufsmöglichkeit für den Mieter.

#### cc) Pachtvertrag

Auch hier entnehmen wir die **Definition** am besten dem Gesetz: „Durch den Pachtvertrag wird der Verpächter verpflichtet, dem Pächter den Gebrauch des verpachteten Gegenstandes und den Genuss der Früchte, soweit sie nach den Regeln der ordnungsgemäßen Wirtschaft als Ertrag anzusehen sind, während der Pachtzeit zu gewähren. Der Pächter ist verpflichtet, dem Verpächter die vereinbarte Pacht zu entrichten" **(§ 581 Abs. 1 BGB)**.

Zu dem in den §§ 581 ff. BGB typisierten **Pachtvertrag** sind nur wenige Worte nötig: Denn es gilt i.w. das Ihnen mittlerweile im hier erforderlichen Ausmaß bekannt gemachte Mietrecht (§ 581 Abs. 2 BGB). Die Besonderheit ist, dass, weitergehend als bei der Miete, der Pächter das Recht hat, auch die Früchte (§ 99 BGB) zu ziehen, und dass man nicht nur Sachen, sondern Gegenstände und daher auch Rechte pachten kann, also z. B. geistige Ausschließlichkeitsrechte, oder ein Unternehmen, das ja bekanntlich eine einem Rechtsfähigen als Unternehmensträger zustehende Zusammenfassung ist von einerseits „sächlichen“ Mitteln, z. B. Forderungen, dinglichen Rechten, Immaterialgüterrechten, der Firma, Geschäftsgeheimnissen, Marktanteilen, Geschäftschancen, dem „good will“, der Kundschaft, Rechten aus Verträgen und andererseits „persönlichen“ Mitteln, wie z. B. Arbeitsverträge mit den Arbeitnehmern, Kaufverträge mit Kunden etc. und Verbindlichkeiten, mittels derer dem Unternehmer als Rechtsträger dieses Vermögens eine wirtschaftliche Tätigkeit durch Produktion, durch Warenhandel oder durch gewerbliche Leistungen möglich wird. Das Risiko, Erträge zu erzielen, liegt beim Pächter, wenn nicht durch eine partiarische Vertragsgestaltung (z. B. Umsatzpacht) eine andere Regelung getroffen wurde.

### l) Leihvertrag

Die beste **Definition** liefert wieder das Gesetz: „Durch den Leihvertrag wird der Verleiher einer Sache verpflichtet, dem Entleiher den Gebrauch der Sache unentgeltlich zu gestatten“ **(§ 598 BGB)**.

Beim Leihvertrag besteht eine Verpflichtung des **Verleihers** zur unentgeltlichen Gebrauchsüberlassung an den Entleiher **(§ 598 BGB)**. Wenn man nun meinen sollte, es gäbe wegen der Unentgeltlichkeit keine vertraglichen Leistungsstörungsansprüche gegen den Verleiher, so irrt man, denn: Bei Rechtsmängeln oder Fehlern der Sache, die das Gebrauchsinteresse des Entleihers verletzen, haftet der Verleiher, wenn auch nur bei Arglist **(§ 600 BGB)**. Bei Verletzung des Erfüllungsinteresses des Entleihers (bei Unmöglichkeit, Verzug und Schlechterfüllung und Verletzung von vorvertraglichen Rücksichtspflichten aus § 241 Abs. 2 BGB) bestehen Ansprüche aus **§§ 280 ff. BGB**, dies aber nur bei Vorsatz und grober Fahrlässigkeit (§ 599 BGB). Bei Schäden, die sich nicht aus der Verletzung des Erfüllungsinteresses ergeben, also bei „Mangelfolgeschäden“, z. B. der Überlassung eines nicht verkehrssicheren Kraftfahrzeugs, haftet der Verleiher aber nach dem Maßstab des § 276 BGB, während die Haftung des Verleihers aus **§§ 823 ff. BGB** nach § 599 BGB beschränkt sein soll. Anders als bei der Miete muss die Sache dem Entleiher seitens des Verleihers aber nicht in vertragsgemäßem Zustand überlassen werden und muss auch nicht von diesem in einem gebrauchsfähigen Zustand erhalten werden. Kein Wunder: Der Gebrauch ist schließlich unentgeltlich!

Der **Entleiher** darf den vertragsmäßigen Gebrauch der Sache nicht überschreiten, vor allem darf er die Sache nicht unerlaubt „unterverleihen“ **(§ 603 BGB)**. Er muss sie sorgfältig aufbewahren, und er trägt die gewöhnlichen Erhaltungskosten. Nach Ablauf der Leihe durch Zeitablauf, durch Zweckerfüllung oder durch Rückforderung nach Gebrauchsmöglichkeit oder ansonsten jederzeit besteht eine Rückgabepflicht des Entleihers aus **§ 604 Abs. 1–3 BGB** und auch eines eventuellen Unterentleihers aus **§ 604 Abs. 4 BGB**. Werfen Sie bei dieser Gelegenheit noch einmal einen Blick auf § 546 Abs. 2 BGB und machen sich noch einmal klar, welchen Normzweck die beiden Vorschriften haben: Sie begründen einen quasivertraglichen Herausgabeanspruch auch für diejenigen Vermieter und Verleiher, die nicht Eigentümer der überlassenen Sache sind und die daher keinen Anspruch aus § 985 BGB gegen einen Dritten, dem der Gebrauch überlassen worden ist, also gegen den „Untermieter" und „Unterentleiher", haben. Der Entleiher haftet dem Verleiher natürlich unbeschränkt aus den **§§ 280 ff.** oder den **§§ 823 ff. BGB**.

#### m) Verwahrungsvertrag

Wer vertraglich verpflichtet ist, „eine ihm von dem Hinterleger übergebene bewegliche Sache" ent- oder unentgeltlich „aufzubewahren", hat einen **Verwahrungsvertrag** geschlossen (so die **Definition** in **§§ 688, 689 BGB**).

Der **Verwahrer** ist dem **Hinterleger beweglicher Sachen** vertraglich zur **Gewährung** von **Raum** *und* **zur Aufbewahrung** bei gleichzeitiger Übernahme der Obhut verpflichtet (§ 688 BGB). Die **Abgrenzung** zum **Mietvertrag** ist oft fallentscheidend.

**Fall 80**

Der E. Talp (E) hat mit dem B. Lock (B) vereinbart, dass er sein Auto in der Tiefgarage seines benachbarten Hotels Elysium gegen ein monatliches Entgelt abstellen darf. Das Auto wird aus der Garage gestohlen. Der E verlangt Schadensersatz von B, weil er die Tiefgarage nicht ausreichend überwacht habe.

Der Anspruch könnte sich aus §§ 280 Abs. 1, 241 Abs. 2 BGB ergeben. Den B trifft aber keine Bewachungspflicht, weil hier ein Mietvertrag gegeben ist.

Der Verwahrer muss dem Hinterleger die verwahrte Sache jederzeit (auch bei vereinbarter Dauer der Verwahrung!) **herausgeben** (§ 695 BGB).Der Verwahrer hat – wenn vereinbart oder wenn die Verwahrung nach den Umständen nur gegen Entgelt zu erwarten ist (§ 689 BGB) – einen **Vergütungsanspruch**. Der Verwahrungsvertrag ist dann auch ein gegenseitiger Vertrag. Im Gegenseitigkeitsverhältnis steht aber nicht die Herausgabeverpflichtung.

Wenn vertretbare Sachen in der Art hinterlegt werden, dass das Eigentum auf den Verwahrer übergehen und dieser verpflichtet werden soll, Sachen von gleicher Art, Güte und Menge zurückzugewähren, so finden bei Geld (z. B. beim Sparvertrag) die Vorschriften über den Gelddarlehensvertrag (§§ 700, 488 BGB), bei vertretbaren Sachen (§ 91 BGB: „bewegliche Sachen, die im Verkehr nach Zahl, Maß oder Gewicht bestimmt zu werden pflegen" = 10 Eier und 1 Pfund Mehl) die Vorschriften über den Sachdarlehensvertrag Anwendung (§§ 700, 91, 607 BGB).

### n) Lagervertrag

Nach der gesetzlichen **Definition** des **Lagervertrages** in **§ 467 HGB** liegt ein solcher vor, wenn „die Lagerung und Aufbewahrung zum Betrieb eines" kaufmännisch betriebenen „gewerblichen Unternehmens gehört" und durch den Vertrag der „Lagerhalter verpflichtet (wird), das Gut zu lagern und aufzubewahren", und der „Einlagerer" dazu, die vereinbarte Vergütung zu zahlen.

Der in den **§§ 467 ff. HGB** typisierte **Lagervertrag** ist wie bei der Verwahrung nach §§ 688 ff. BGB dadurch gekennzeichnet, dass der **Lagerhalter** für Güter (bewegliche Sachen) nicht nur Räume zur Verfügung stellt (dann: Miete!), sondern gewerbsmäßig durch Gewährung von Raum die Lagerung und Aufbewahrung bei gleichzeitiger Übernahme einer Obhutspflicht durchführt und auch nicht Eigentümer wird (anders aber: § 469 Abs. 2 HGB). Den Lagerhalter trifft die Pflicht zur (persönlichen: § 691 BGB) ordnungsgemäßen **Aufbewahrung** und **Obhut** (§ 467 Abs. 1 HGB). Auch wenn eine Frist vereinbart ist, hat der Lagerhalter das Gut jederzeit auf Verlangen auszuhändigen (§ 473 Abs. 1 HGB). Über die Verpflichtung zur Auslieferung kann ein **Lagerschein** ausgestellt werden. Zur Geltendmachung des verbrieften Rechts ist dessen Vorlage erforderlich (§§ 475cff. HGB). Ist er an Order ausgestellt (§ 363 Abs. 2 HGB) ist er auch ein Traditionspapier, was eine erleichterte Übereignung des lagernden Gutes ermöglicht (§ 929 S. 1 BGB i. V. m. § 475 g HGB). Der **Einlagerer** schuldet das Lagergeld als **Vergütung** (§ 467 Abs. 2 HGB).

### o) Der Vergleich

Geradezu klassisch ist die (sog. **Klammer-)Definition** des **Vergleichs** in **§ 779 BGB**: „Ein Vertrag, durch den der Streit oder die Ungewissheit der Parteien über ein Rechtsverhältnis im Wege gegenseitigen Nachgebens beseitigt wird (Vergleich)..."

Der **Vergleich** ist nach § 779 BGB ein **Vertrag**, durch den die Parteien den Streit oder die Ungewissheit über ein zwischen ihnen existierendes, zu ihrer Disposition stehendes (also z. B. nicht eine Ehe) Rechtsverhältnis beenden, und zwar durch gegenseitiges Nachgeben, an das nur geringe Anforderungen gestellt werden: Ausreichend ist „jedes Opfer", typisch daher ein Verzicht auf einen Teil eines Anspruchs, eine Teilzahlungsabrede, die Stundung eines fälligen Anspruchs, nicht aber ein bloßes Anerkennen eines Anspruchs.

Der Vergleich schafft i. d. R. keine neue Schuld anstelle der alten Schuld (es liegt also **keine** Schuld-„Umschaffung", also keine **„Novation"** vor), sondern er **verändert** nur die bereits bestehende **Schuld** in **Inhalt und Umfang**.

Die den Vergleich definierende Norm enthält merkwürdigerweise zugleich einen Nichtigkeitsgrund (trägt also praktisch den „Todeskeim" in sich): Der Vergleich ist nach **§ 779 Abs. 1 BGB** ganz oder teilweise (§ 139 BGB) **unwirksam**, wenn der gemeinsam als feststehend angesehene Sachverhalt oder wenn bestimmte als vorhanden angenommene Rechtsverhältnisse (z. B. das Bestehen eines wirksamen Kaufvertrages oder das Eigentum einer Person) der Wirklichkeit nicht entsprechen und der Streit oder die Ungewissheit bei Kenntnis der Sachlage nicht entstanden sein würden. Die Dogmatiker unter Ihnen erkennen sofort: Das ist ein gesetzlich geregelter Fall des Fehlens der Geschäftsgrundlage, so dass für § 313 BGB kein Raum mehr ist.

Ein Vergleich kann natürlich auch nach den allgemeinen Regeln nichtig sein bzw. durch Anfechtung (§§ 119 ff. BGB) vernichtbar sein: Aber – und dass ist eine **tückische Falle** – eine Anfechtung eines Vergleichs wegen eines Irrtums über diejenigen Tatsachen, die sich auf den umstrittenen oder ungewissen und durch den Vergleich erledigten Punkt beziehen, ist natürlich nicht möglich.

Ein lediglich schuldrechtliche Ansprüche ergebender Vergleich ist oft nicht ausreichend, denn aus ihm müsste mit dem Resultat eines Titels (§ 704 ZPO) geklagt werden. Die Streitenden möchten daher erreichen, dass bereits der Vergleich ein „Vollstreckungstitel" ist. Dieses Ziel lässt sich auf mehreren Wegen ermöglichen: Wenn beim Abschluss des Vergleiches Anwälte beteiligt sind, kann ein **Anwaltsvergleich** geschlossen werden, der die Zwangsvollstreckung aus dem Vergleich ermöglicht (§§ 796a ff ZPO): Hierzu ist eine von den Parteien und deren Rechtsanwälten unterschriebene Vergleichsurkunde erforderlich, in der sich der Schuldner der sofortigen Zwangsvollstreckung unterwirft. Dieser Vergleich kann dann bei einem Amtsgericht niedergelegt werden. Er wird, wenn aus ihm vollstreckt werden soll, durch das Prozessgericht für vollstreckbar erklärt. Der Vergleich kann aber auch vom örtlich zuständigen Notar in Verwahrung genommen und von diesem für vollstreckbar erklärt werden (§ 796c ZPO). Diese den Vergleich für vollstreckbar erklärenden Beschlüsse sind Vollstreckungstitel (§ 794 Abs. 1 Nr. 4b ZPO). Aber auch ohne die Einschaltung von Rechtsanwälten kann man einen vollstreckbaren außergerichtlichen **Vergleich** zwischen den Parteien **vor** einer **„Gütestelle**" schließen (§ 794 Abs. 1 Nr. 1 ZPO). Wenn es bereits zu einem Rechtsstreit gekommen sein sollte, kann im Prozess jederzeit ein **Prozessvergleich** geschlossen werden, durch den ein Rechtsstreit gütlich beendet werden soll. Dieser hat eine prozessrechtlich-materiellrechtliche **„Doppelwirkung"** oder **„Doppelnatur"**: Außer seiner materiell-rechtlichen Wirkung (Veränderung der Schuld in Inhalt und Umfang) beendet er auch die Rechtshängigkeit. Daher lässt die Unwirksamkeit des Prozessvergleichs nach § 779 BGB oder seine Beendigung nach §§ 119 ff., 142 Abs. 1 BGB die Rechtshängigkeit wieder aufleben, so dass das Verfahren fortzusetzen ist und das Gericht durch Endurteil entscheiden muss (§ 300 ZPO). Der Prozessvergleich ist selbstverständlich auch ein Vollstreckungstitel (§ 794 Abs. 1 Nr. 1 ZPO).

### p) Schuldversprechen, Schuldanerkenntnis

#### aa) Konstitutives abstraktes Leistungsversprechen (Schuldversprechen, Schuldanerkenntnis)

Ein Vertrag, durch den „eine Leistung in der Weise versprochen wird, dass das Versprechen die Verpflichtung selbstständig begründen soll (Schuldversprechen)…" oder „durch den das Bestehen eines Schuldverhältnisses anerkannt wird (Schuldanerkenntnis)…" ist nach der gesetzlichen **(Klammer-) Definition** in **§§ 780, 781 BGB** entweder als **„Schuldversprechen"** oder als **„Schuldanerkenntnis"** zu bezeichnen.

Bei den **Leistungsversprechen** in Gestalt eines **Schuldversprechens (§ 780 BGB)** oder eines **Schuldanerkenntnisses (§ 781 BGB)** geht es um schuldrechtlich verpflichtende Verträge, in denen ohne Vereinbarung eines Vertragszwecks, also „abstrakt", ein Anspruch begründet wird. Anders als bei den sonstigen verpflichtenden Verträgen ist ein solcher Vertrag also ohne eine ihm immanente Zweckvereinbarung wirksam. Ich hoffe, Sie entsinnen sich noch an den Ihnen erläuterten Gegensatz von kausalen und abstrakten Rechtsgeschäften, durch die das Abstraktionsprinzip überhaupt erst nachvollziehbar ist.

Die **Schuldanerkenntnisse** oder **Schuldversprechen begründen** konstitutiv eine **Forderung**. Sie bedürfen zu ihrer Wirksamkeit der **Form** einer **schriftlichen Erteilung** der **Willenserklärung** des **Versprechenden** oder des **Anerkennenden** (§§ 780, 781, 126 BGB) oder einer **notariellen Beurkundung** (§ 126 Abs. 4 BGB) oder einer **gerichtlichen Protokollierung** (§ 127a BGB); nicht ausreichend ist die elektronische Form (§ 780 S. 2 BGB); formfrei möglich ist ein Anerkenntnis aufgrund einer Abrechnung eines Kaufmanns bei laufender Rechnung (§ 355 HGB) oder aufgrund einer Abrechnung oder eines Vergleichs (§ 782 BGB).

Der **Gegenstand** des Anerkenntnisses oder des Versprechens nach §§ 780, 781 BGB ist in der Regel die Verpflichtung zur Zahlung einer Geldsumme. **Beispiele** für ein **Schuldversprechen** sind z. B. das Leistungsversprechen in einer Inhaberschuldverschreibung (§ 793 Abs. 1 BGB) und für ein **Schuldanerkenntnis** das wegen § 782 BGB formfreie Saldoanerkenntnis einer Bank.

Wenn **bereits** eine **Grundverpflichtung besteht**, stellt sich allerdings die Frage, ob ein „Schuldanerkenntnis" oder ein „Schuldversprechen" überhaupt eine neue abstrakte vertragliche Verpflichtung i. S. d. §§ 780, 781 BGB entstehen lassen soll. Denn was sollen zwei nebeneinander bestehende Verpflichtungen zwischen denselben Parteien? Ihre Begründung würde nicht einmal die Wirkung einer Erfüllung der bereits bestehenden Verpflichtung haben (§ 364 Abs. 2 BGB). Die zur Beantwortung dieser Frage allgemein anerkannte und daher maßgebliche Auslegungsregel geht dahin, dass in solchen Fällen nur dann eine Verpflichtung aus den §§ 780, 781 BGB begründet werden soll, wenn nach dem Willen der Parteien der Schuldner losgelöst von der anderen Verbindlichkeit allein aufgrund seines Leistungswillens schulden soll. Ist das der Fall, hat der Gläubiger einen zweiten gleichlautenden Anspruch erlangt.

Beim **Fehlen** einer vorgesehenen **Grundverpflichtung** ist das (ja abstrakte!!) Schuldversprechen oder Schuldanerkenntnis natürlich nicht unwirksam. Es kann dann nur **kondiziert** werden (§ 812 Abs. 1, 2 BGB), oder es kann dem Gläubiger die **„Einrede der ungerechtfertigten Bereicherung"** aus §§ 821, 812 Abs. 1, 2 BGB entgegengehalten werden.

#### bb) Deklaratorisches Schuldversprechen oder Schuldanerkenntnis, beweiserleichterndes Anerkenntnis

Wenn bereits eine Grundverpflichtung besteht und die Auslegung ergibt, dass keine weitere Verpflichtung begründet werden soll, so ist an ein lediglich **deklaratorisches Schuldversprechen** zu denken, wenn die Parteien durch den Vertrag nur den Inhalt eines zwischen ihnen bestehenden aber umstrittenen Schuldverhältnisses festlegen wollen, oder an das Vorliegen eines lediglich **deklaratorischen Schuldanerkenntnisses**, dessen Bedeutung nur in einer **Schuldbestätigung** mit der Folge eines **Einwendungsausschlusses** besteht. Die einfache Erklärung des Schuldners, er werde auf seine Schuld leisten, wie z. B. die eines Unfallbeteiligten, der sich für schadensersatzpflichtig hält, schafft keinen materiellrechtlichen Anspruch, sondern ist eine bloße Absichts- und Wissenserklärung. Hierbei handelt es sich lediglich um ein **beweiserleichternd wirkendes** einfaches **Anerkenntnis** mit der Folge einer Beweislastumkehr ohne jeden rechtsgeschäftlichen Verpflichtungswillen.

### q) Kreditgeschäfte, Verbraucher- und Existenzgründerschutz

Der Begriff **„Kredit"** kommt von (lat.) **„credere"** (d. h. vertrauen, glauben). Ein Kreditgeschäft ist die (i. d. R. entgeltliche) Zurverfügungstellung eines Vermögensvorteils auf Zeit durch den Kreditgeber an den Kreditnehmer, der später von diesem ausgeglichen werden muss (vgl. §§ 488 Abs. 1, 607 BGB). Darauf, dass dies dann auch geschieht, „vertraut" oder daran „glaubt" der Kreditgeber. Jetzt wissen Sie übrigens auch, warum ein Forderungsberechtigter „Gläubiger" heißt! Vereinbart werden kann eine Zinspflicht. Der **Darlehensgeber** kann das **Risiko**, dass der Darlehensnehmer das Darlehen nicht tilgen und vereinbarte Zinsen nicht zahlen kann, dadurch mindern, dass er die Gewährung des Darlehens von der Bestellung von Sicherheiten abhängig macht (z. B. einer Bürgschaft oder eines Grundpfandrechts wie eine Hypothek etc. etc.). Darüber werden Sie in anderen Zusammenhängen mehr erfahren. Umgekehrt bestehen auch für den **Kreditnehmer** beträchtliche **Risiken**: Es ist eine psychologische Binsenweisheit, dass die Verlockung des „leichten Geldes" und die Langfristigkeit einer Darlehensschuld bei geschäftsunerfahrenen Menschen die Hemmungen schwächen kann. Die Regelungen zum Kreditgeschäft sind daher im BGB praktisch untrennbar vermengt mit der Frage des Verbraucher- und Existenzgründerschutzes, mit denen wir uns hier gründlich befassen werden. Weil diese Regelungen eine „beliebte" Fundgrube für juristische Aufgabenstellungen sind, werden die anschließenden Ausführungen zu den Kreditgeschäften recht ausführlich sein.

Verschaffen wir uns zunächst einmal einen ersten Überblick. Behalten Sie dabei die Vorstellung des (fürsorglichen) **deutschen Gesetzgebers** von den offenbar stets unglaublich leichtsinnigen und unerfahrenen „Verbrauchern" und „Existenzgründern" im Auge. Der (ermutigende) **europäische Gesetzgeber** hingegen sieht in Verbrauchern an sich mündige Teilnehmer am Rechtsverkehr, die allerdings auf umfassende Information und einen rechtlichen Schutz vor überraschenden Rechtsfolgen angewiesen sind, um sich auf dem europäischen Binnenmarkt „sorgenfrei und entspannt" betätigen zu können. Letztere Sichtweise ist auch für den deutschen Rechtsanwender immer relevanter, denn eine zunehmende Zahl verbraucherschützender Regeln beruht auf europäischen Richtlinien und müssen deshalb auch im Sinne des europäischen Gesetzgebers ausgelegt werden. Sie werden merken, dass sich diese beiden unterschiedlichen **Leitbilder** von Verbrauchern im Gesetz wiederfinden.

**Klassisch** ist eine Kreditgewährung durch ein **Gelddarlehen** (i. d. R. durch eine Bank, aber auch privat gewährt); Ausführungen zum Gelddarlehen als solches finden Sie **sub aa) (1)**.

Aber, wir wollen ja „gefahrenbewusst" sein. Machen wir uns also noch einmal klar, dass bei einem Gelddarlehen für den Verbraucher und für den Existenzgründer **zwei** jetzt zu konkretisierende **Risiken** bestehen:

1. **Risiko**: Wenn **Verbraucher** (§ 13 BGB) oder **Existenzgründer** (§ 512 BGB) **bei** einem **Unternehmer** (§ 14 BGB) langfristige Zahlungsverpflichtungen eingehen, indem sie ihren **Kreditbedarf** durch ein **Gelddarlehen** decken, sind sie wegen der strukturellen Ungleichwertigkeit eines Verbrauchers oder eines Existenzgründers und eines Unternehmers schon bei der **Vertragsgestaltung** besonders **schutzwürdig**. Dem trägt das Gesetz dadurch Rechnung, dass es in den §§ 491–498 BGB unabdingbar und unumgehbar (§ 511 BGB) Schutzvorschriften geschaffen hat, die den Bestimmungen der §§ 488–490 BGB vorgehen; diese sollen den **Schutz** eines Verbrauchers oder Existenzgründers vor dem **Risiko langfristiger Zahlungsverpflichtungen** durch **drei Maßnahmen („Information", „Form" und „Widerrufsrecht")** gewährleisten.

Der Verbraucher-/Existenzgründerschutz beim **Gelddarlehen** ist hier **sub aa) (2)** unter der Überschrift „Verbraucherdarlehensvertrag" dargestellt.

2. **Risiko**: Ein Vertrag über die Lieferung einer Ware oder die Erbringung anderer Leistungen und ein mit einer anderen Person abgeschlossener „Verbraucherdarlehensvertrag", welcher der Finanzierung dieses Geschäftes dient, bilden gemeinsam ein sog. **„verbundenes Geschäft"**. Dann stellt sich die Frage, ob die verbraucherschützenden Regelungen betreffend den „Verbraucherdarlehensvertrag" auch für die Ansprüche aus dem dadurch finanzierten Geschäft gelten und ob umgekehrt die eventuell bestehenden verbraucherschützenden Rechte bezüglich des finanzierten Geschäfts (z. B. Verträge, die außerhalb von Geschäftsräumen geschlossen wurden) für die Ansprüche aus dem Verbraucherdarlehensvertrag gelten und schließlich die Frage, ob Einwendungen aus dem finanzierten Geschäft den Ansprüchen aus dem Verbraucherdarlehensvertrag entgegenstehen.

Der Verbraucher-/Existenzgründerschutz bei einem sog. **„verbundenen Geschäft"** („Verbraucherdarlehensvertrag" – Vertrag über Lieferung einer Ware oder die Erbringung anderer Leistungen) wird **sub aa) (3)** erörtert. Das waren die mit dem Gelddarlehen verbundenen Fragen des Verbraucherschutzes.

Sie müssen sich aber darüber im Klaren sein, dass in der modernen Wirtschaft ein Kredit sehr häufig nicht als Gelddarlehen gewährt wird, sondern (und dies besonders gern an Verbraucher) in Gestalt von **„Finanzierungshilfen"**. Ausführungen zu den Finanzierungshilfen finden sich **sub bb) (1)**.

Auch hier werden wir die o.g. beiden Risiken ins Auge fassen müssen:

1. **Risiko**: Nicht nur bei der Aufnahme eines Gelddarlehens, sondern auch bei **Finanzierungshilfen** sind **Verbraucher** (§ 13 BGB) und **Existenzgründer** (§ 512 BGB) wegen der strukturellen Ungleichwertigkeit ihrer Lage im Vergleich zu der des **Unternehmers** (§ 14 BGB) besonders **schutzwürdig**. Sie sollen deshalb vor dem Verlockungseffekt: „Heute kaufen, morgen bezahlen" ebenso geschützt werden, wie wenn die Kreditgewährung durch ein Verbraucher-/Existenzgründerdarlehen erfolgt wäre. In den §§ 506 – 509 BGB werden daher die Vorschriften über das Verbraucherdarlehen, allerdings vorbehaltlich einiger Sonderregeln, für entsprechend anwendbar erklärt, und zwar unabdingbar und unumgehbar (§ 511 BGB). Der Schutz erfolgt beim **Teilzahlungsgeschäft** durch die Ihnen ja schon bekannten **drei Maßnahmen („Information", „Form"** und **„Widerrufsrecht")**, beim **Finanzierungsleasing** allerdings nur durch **zwei Maßnahmen („Form"** und **„Widerrufsrecht")**.

Ausführungen zum **Verbraucher-/Existenzgründerschutz** bei **anderen Finanzierungshilfen** finden Sie **sub bb) (2)**.

Was das Ihnen ja ebenfalls schon bekannte **2. Risiko** angeht, wird zu erörtern sein, ob es auch bei einem durch eine andere Finanzierungshilfe kreditierten Vertrag bei einem Auseinanderfallen zwischen Kreditgeber und einem die Lieferung einer Ware oder die Erbringung anderer Leistungen Schuldenden ein Bedarf zum Schutz des Verbrauchers besteht, wie er bereits zuvor beim Gelddarlehen skizziert wurde. Versuchen Sie jetzt bitte selbst die (hier dann zu beantwortende) Fragestellung möglichst konkret zu formulieren. Notfalls wiederholen Sie das, was wenig zuvor beim Gelddarlehen zu dieser Problematik zu lesen war.

Diese Frage, ob also ein **Verbraucher-/Existenzgründerschutz** bei einem **„verbundenen Geschäft"** auch bei einem durch eine andere Finanzierungshilfe kreditierten Vertrag über Lieferung einer Ware oder die Erbringung anderer Leistungen besteht, wird **sub bb) (3)** erörtert.

Der „allgegenwärtige" Verbraucherschutz führt natürlich auch zu ganz **verzwickten Konkurrenzproblemen**. Das betrifft das Zusammenspiel der – Ihnen sogleich bekannt zu machenden – Widerrufsrechte bei einem Verbraucherkreditvertrag oder anderen Finanzierungshilfen mit denen aus Verträgen, die außerhalb von Geschäftsräumen geschlossen wurden. Die Konkurrenzprobleme liegen auf der Hand, wenn man sich klarmacht, dass die Fristberechnungen für die Ausübbarkeit des Widerrufs unterschiedlich erfolgen. Das ist keineswegs nur „graue Theorie", denn es ist ohne weiteres vorstellbar, dass Verbraucherdarlehensverträge oder Verträge, bei denen Finanzierungshilfen gewährt werden, außerhalb von Geschäftsräumen geschlossen werden. Die Problematik der Konkurrenz von **Schutzvorschriften für** die **Kreditierung** einerseits und den **Widerrufsrechten**, die sich aus den Verträgen selbst ergeben (außerhalb von Geschäftsräumen geschlossene Verträge, Fernabsatzvertrag, Teilzeit-Wohnrechtevertrag) andererseits, wird **sub cc)** dargestellt.

Der **„Ratenlieferungsvertrag"** (**§§ 505 ff. BGB**) hat mit unserem Thema, den Kreditgeschäften, unmittelbar nichts zu tun. Hierbei geht es um Verträge, bei denen die Leistung in Form von „Teilleistungen" („ratenweise") erbracht wird, also nicht um eine Kreditierung einer Gegenleistung. Gleichwohl wird der „Ratenlieferungsvertrag" vom Gesetz im unmittelbaren Anschluss an die Finanzierungshilfen geregelt. Das macht insofern Sinn, weil auch durch „Ratenlieferungsverträge" ähnlich wie bei den Finanzierungshilfen langfristige Zahlungsverpflichtungen begründet werden. Dieser innere Zusammenhang veranlasst auch uns dazu, hier **sub dd)** den Ratenlieferungsvertrag zu erörtern.

Für Sie weitgehend bedeutungslos ist der **„Sachdarlehensvertrag"**, der schließlich **sub ee)** skizziert wird.

#### aa) Das Gelddarlehen (§ 488 BGB)

Beim Gelddarlehen wird – so die gesetzliche **Definition** – „der Darlehensgeber durch den **Darlehensvertrag** verpflichtet, dem Darlehensnehmer einen Geldbetrag in vereinbarter Höhe zur Verfügung zu stellen" **(§ 488 Abs. 1 S. 1 BGB)** und „der Darlehensnehmer" dazu, „einen geschuldeten Zins zu zahlen und bei Fälligkeit das zur Verfügung gestellte Darlehen zurückzuerstatten" **(§ 488 Abs. 1 S. 2 BGB)**.

Das Gelddarlehen ist von größter wirtschaftlicher Bedeutung. Denken Sie dabei weniger an die Ihnen aus dem täglichen Leben geläufigen Alltagsdarlehen unter Bekannten („Kannst Du mir mal bis morgen 10 Euro leihen?"), die meist geringe Beträge zum Gegenstand haben und i. d. R. kurzfristig und zinslos sind. Wirtschaftlich bedeutsam sind vielmehr die Darlehen von „Kreditinstituten" (Banken), von Wirtschaftsunternehmen (z. B. von Brauereien an Gastronomen), die des Staates (z. B. zur Wirtschaftsförderung durch die „Kreditanstalt für Wiederaufbau"). Wirtschaftlich geht es bei einem Gelddarlehen um die Zurverfügungstellung einer **Kapitalnutzung auf Zeit**.

##### (1) Das Gelddarlehen als solches

Der **Abschluss** des **Darlehensvertrages** setzt wie jeder andere Vertrag zwei aufeinander bezogene inhaltlich korrespondierende Willenserklärungen namens Angebot und Annahme voraus (§§ 145 ff. BGB). Sie sind von ihrem Inhalt her darauf gerichtet, dass dem Darlehensnehmer ein Geldbetrag zur Verfügung gestellt werden soll und dass vom Darlehensnehmer ein entsprechender Geldbetrag bei Fälligkeit zurückgezahlt werden soll. Gegenstand der Einigung ist auch, ob und ggf. in welcher Höhe Zinsen zu entrichten sind.

Es ist auch möglich, dass die Parteien nach §§ 311 Abs. 1, 488 BGB vereinbaren, dass eine aus einem anderen Grund bestehende Geldschuld des Darlehensnehmers gegenüber dem Darlehensgeber (z. B. eine bereits bestehende Kaufpreisschuld aus § 433 Abs. 2 BGB) als Darlehen geschuldet werden soll **(„Vereinbarungsdarlehen")**. Dabei wird dann ggf. durch Auslegung (§§ 133, 157 BGB) zu ermitteln sein, was aus der anderen (z. B. der Kaufpreis) Schuld wird: Zu denken ist an ein Bestehenbleiben der alten Schuld mit allen evtl. bereits vorhandenen Sicherungsrechten; oder an eine Ersetzung der alten Schuld („Novation"), die mit dem Verlust aller evtl. bereits bestehender Sicherungsrechte einhergehen würde.

In juristischen Prüfungen wird häufig zu erörtern sein, ob der **Darlehensvertrag** nach **§ 138 BGB** wegen **Sittenwidrigkeit** bzw. wegen **Wuchers nichtig** ist. Besonders beliebt ist dabei folgende Sachverhaltskonstellation, die ein umfassendes und damit aus Prüfersicht aussagekräftiges Gutachtenprogramm zur Folge hat: Typischerweise wird in der Klausur ein objektiv sittlich anstößiges Darlehen vorliegen (z. B. hochverzinsliche Verbraucherkreditverträge bei einem auffälligen Missverhältnis zwischen Leistung und Gegenleistung, etwa bei 100-%iger Überschreitung des Marktzinses), dessen Wirksamkeit nur noch von § 138 BGB abhängt. Der Wuchertatbestand des **§ 138 Abs. 2 BGB** scheitert allerdings regelmäßig an den fehlenden bzw. nicht feststellbaren strengen subjektiven Voraussetzungen, namentlich das bewusste Ausnutzen einer Zwangslage. Hieran schließt sich im Gutachten die Frage an, ob die Voraussetzungen des von der Rechtsprechung entwickelten **„wucherähnlichen Geschäfts“** vorliegen. Im Unterschied zu § 138 Abs. 2 BGB setzt der subjektive Tatbestand hierbei lediglich voraus, dass der Darlehensgeber sich leichtfertig der Einsicht verschließt, dass der Darlehensnehmer den hohen Zinssatz nur aufgrund seiner wirtschaftlich schwächeren Lage akzeptiert. Es ist wichtig, sich solche prüfungstypischen Sachverhaltskonstellationen zu merken – und gleichzeitig vorsichtig zu bleiben, denn sie sind nur typisch und nicht zwingend! Ist der Darlehensvertrages nichtig, stellt sich die Frage nach der Rückzahlungsverpflichtung des „Darlehens“nehmers: Wegen der Nichtigkeit des Vertrages ergibt sich der Anspruch sicher nicht aus § 488 Abs. 1 S. 2 BGB, sondern – wenn überhaupt – nur aus § 812 Abs. 1 S. 1 Var. 1 BGB; im Zusammenhang damit ergibt sich die weitere Frage, ob und ggf. in welchem Umfang dieser Anspruch nach § 817 S. 2 BGB gesperrt ist. Eine weitere in engem Zusammenhang damit stehende, juristisch außerordentlich „knifflige“ Frage geht dahin, ob ein solcher („Wucher“)-„Darlehens“geber überhaupt einen Zinsanspruch hat, und wenn ja, in welcher Höhe er besteht. Für den erfahrenen Studenten sind diese Themen natürlich Selbstverständlichkeiten, für den „Anfänger“ aber große Geheimnisse, die an dieser Stelle noch nicht gelüftet werden sollen. Weil es dabei um eine Frage der Unwirksamkeit eines (hier des Darlehens-) Vertrages wegen eines entgegenstehenden „Wirksamkeitshindernisses“ geht, werden wir getreu unserem Plan in jenem Zusammenhang darauf zurückkommen. Haben Sie also noch ein wenig Geduld.

Die sich aus einem wirksamen **Gelddarlehensvertrag** ergebenden **Rechte** und **Pflichten** sind leicht überschaubar:

Wenn kein Vereinbarungsdarlehen vorliegt, hat der **Darlehensgeber** „dem Darlehensnehmer einen **Geldbetrag** in vereinbarter Höhe **zur Verfügung zu stellen**“ **(§ 488 Abs. 1 S. 1 BGB)**. Wie dies zu geschehen hat, ergibt sich aus dem Darlehensvertrag. So kann die Verpflichtung darauf gerichtet sein, die Darlehensvaluta zu übereignen oder sie bargeldlos zu zahlen. Diese Zahlung kann dann an den Darlehensnehmer selbst (§ 362 Abs. 1 BGB) oder durch Leistung an einen Dritten, z. B. zur Tilgung einer anderen (z. B. Kaufpreis-) Schuld aus (§§ 362 Abs. 2, 185 BGB), erfolgen. Es kann aber auch die Verpflichtung des Darlehensgebers bestehen, einen Dritten (gegen den wiederum der Darlehensgeber eine Forderung hat) anzuweisen, an den Darlehensnehmer (§ 362 Abs. 1 BGB) oder wiederum an einen Dritten, dem der Darlehensnehmer verpflichtet ist, zu leisten (§§ 362 Abs. 2, 185 BGB). Auch kann der Darlehensgeber verpflichtet sein, dem Darlehensnehmer einen Gegenstand zu übertragen, damit dieser ihn veräußern und den Erlös als Darlehen behalten soll.

Der **Darlehensnehmer** ist **verpflichtet,** bei Fälligkeit das **zur Verfügung gestellte Darlehen zurückzuerstatten (§ 488 Abs. 1 S. 2 BGB),** und zwar

- zum **vereinbarten Fälligkeitstermin** (§ 488 Abs. 3 S. 1 BGB);
- oder bei vereinbarten Zinsen nach **Kündigung durch** den **Darlehensgeber** mit einer **Kündigungsfrist** von 3 **Monaten** (§ 488 Abs. 3 S. 1, 2 BGB);
- oder nach Ausübung eines **„Sonderkündigungsrechts“** des **Darlehensnehmers**, das gegeben ist bei Vereinbarung eines festen Zinssatzes für einen bestimmten

Zeitraum (bei Privatdarlehen nach § 489 Abs. 4 S. 1 BGB: unabdingbar!) unter den Voraussetzungen des § 489 Abs. 1 BGB und bei variablem Zinssatz jederzeit, dann mit dreimonatiger Frist (§ 489 Abs. 2 BGB); eine solche Kündigung „gilt" allerdings „als nicht erfolgt", wenn die Rückzahlung nicht binnen 2 Wochen nach Wirksamwerden der Kündigung erfolgt (§ 489 Abs. 3 BGB);
- oder nach Ausübung eines außerordentlichen **„Vorfälligkeitskündigungsrechts"** durch den **Darlehensnehmer**, gekoppelt mit einer Verpflichtung zur Zahlung einer „Vorfälligkeitsentschädigung" (§ 490 Abs. 2 BGB).
- **Außerordentlich kündigen** kann der **Darlehensgeber** bei einer **Verschlechterung** der **Vermögensverhältnisse** des **Darlehensnehmers** oder einer **Entwertung der Sicherheiten** (§ 490 Abs. 1 BGB) und der **Darlehensnehmer** bei **„berechtigten Interessen"** (§ 490 Abs. 2 BGB).

Sie müssen dieses subtile System der fälligkeitsbegründenden Umstände natürlich nicht aktiv beherrschen! Schließlich machen Sie keine Banklehre, sondern studieren „nur" Jura. Es reicht, wenn Sie wissen, dass ein Darlehen zum vereinbarten Fälligkeitstermin oder nach Kündigung fällig ist und dass die Einzelheiten in den §§ 488 bis 490 BGB geregelt sind.

Auch muss der **Darlehensnehmer** als **Entgelt** die **geschuldeten** – wenn es vereinbart ist (nie vergessen: es gibt auch „zinslose" Darlehen!) – **Zinsen** zahlen **(§ 488 Abs. 1 S. 2 BGB)**. Ein vereinbarter Zins ist **nach Ablauf je eines Jahres**, sonst **bei** der **Rückerstattung** (§ 488 Abs. 2 BGB) zu entrichten. Alternative oder dazu tretende Formen der Entgeltleistungen sind die Erhöhung des Rückzahlungsbetrages; das **„Disagio"** (Verminderung des Auszahlungsbetrages durch vorherigen Abzug: dabei wird das Disagio als vorausbezahlter Zins angesehen, was wiederum die Grundlage für die Vereinbarung eines niedrigeren Nominalzinssatzes sein kann; so werden die Rückzahlungsraten niedrig gehalten); die Beteiligung am mit dem Darlehen erwirtschafteten Gewinn **(„partiarisches Darlehen")**, das abzugrenzen ist von der **„stillen Gesellschaft"**; „erweitern" Sie doch zwischenzeitlich Ihren „Horizont" und lesen Sie einmal in den §§ 230 ff. HGB.

#### (2) Der Verbraucher-/Existenzgründerschutz bei Gelddarlehen („Verbraucherdarlehensvertrag")

Weil das Gelddarlehen für den privaten Kreditnehmer ein so ungeheuer gefährliches Geschäft ist, sind die Regelungen dazu im BGB praktisch untrennbar vermengt mit den Vorschriften zum Verbraucher- und Existenzgründerschutz. Diese beruhen auf europäischen Richtlinien – insbesondere die Verbraucherkreditrichtlinie 2008/48/EG vom 23. April 2008 sowie die relativ junge Verbraucherrechte-Richtlinie 2011/83/EU, deren Umsetzungsregelungen auf nach dem 13. Juni 2014 geschlossene Verträge Anwendung finden. Die nationalen Vorschriften zur Umsetzung der Richtlinien sind stets richtlinienkonform, also unter Berücksichtigung des Inhalts und der Zielsetzung der jeweiligen Richtlinie auszulegen. Bei der Zurverfügungstellung von Geldmitteln aufgrund eines **entgeltlichen (Geld-) Darlehensvertrages** zwischen einem **Unternehmer (§ 14 BGB)** als **Darlehensgeber** einerseits und einem **Verbraucher (§ 13 BGB)** oder einem **Existenzgründer (§ 512 BGB)** als **Darlehensnehmer** andererseits (**„Verbraucherdarlehensvertrag“**) finden auf ihn die §§ 491 ff. BGB Anwendung.

Allerdings werden nach § 491 Abs. 2 Nr. 1–5 BGB die **Kleinkredite** (bis zu einem Betrag von € 199, 99,–), die Kredite von **Pfand-** und **Leihhäusern**, zinsfreie oder kostengünstige **Dreimonatskredite**, die **Arbeitgeber-** und die **Wohnungsbauförderungskredite** vollständig aus dem Anwendungsbereich des Verbraucherdarlehensrechts ausgenommen. Gleiches gilt für den Fall, dass Verbraucher- bzw. Existenzgründerdarlehensverträge in einem **gerichtlichen Protokoll** aufgenommen oder **notariell beurkundet** sind.

Im Übrigen aber gelten die §§ 492–505 BGB mit folgenden schwerpunktmäßigen Regelungen (**Schutz** durch die „Trias“: **„Information“**, **„Form“** und **„Widerruf“**):

- Mit **Ausnahme** des **geduldeten Überziehungskredits** (§ 505 Abs. 4 BGB) bedarf der Verbraucher- bzw. Existenzgründerdarlehensvertrag nach §§ 492 Abs. 1, 512 BGB der **Schriftform** bzw. **elektronischer Form** (§ 126a BGB), eines der **Information** des Darlehensnehmers dienenden bestimmten **Mindestinhaltes** (§§ 492 Abs. 2 i. V. m. Art. 247 §§ 6–13 EGBGB) und der **Zurverfügungstellung** einer Abschrift der Vertragserklärungen durch den Darlehensgeber (§ 492 Abs. 3 S. 1 BGB). Dieser Mindestinhalt umfasst auch eine Widerrufsbelehrung (Art. 247 § 6 Abs. 2 EGBGB). Wenn die **Schriftform insgesamt nicht eingehalten** ist oder wenn **die Angaben nach § 492 Abs. 2 BGB fehlen**, ist der **Vertrag nichtig** (§§ 494 Abs. 1, 512 BGB). Der **Formmangel** wird durch Empfang oder Inanspruchnahme des Darlehens **geheilt**, wodurch allerdings die Pflichten des Darlehensnehmers aus dem Vertrag (z. B. Zinsminderung bei unrichtiger Information über den effektiven Jahreszins) gemildert werden (§ 494 Abs. 2–6 BGB). Gemäß § 494 Abs. 7 BGB muss der Darlehensgeber dem Darlehensnehmer im Falle einer Anpassung nach Abs. 2–6 eine korrigierte Abschrift des Vertrags zur Verfügung stellen.
- Die die Informationspflicht einschließende Formvorschrift des § 492 Abs. 1 BGB erfasst in Ausnahme zu § 167 Abs. 2 BGB auch die **Vollmacht** zum **Abschluss** eines **Verbraucher-** bzw. **Existenzgründerdarlehensvertrages** (§§ 492 Abs. 4 BGB, 512). Eine solche Vollmacht ist wegen faktischer Unerfüllbarkeit der Informationspflicht letztlich unerteilbar (was auch das rechtspolitische Ziel des Gesetzgebers war!). Dieser Form unterliegen allerdings nicht die Prozessvollmacht und die notariell beglaubigte Vollmacht (§§ 492 Abs. 4 S. 2 BGB). Da somit auch die **Vollmacht** zum Abschluss eines **Verbraucher-** bzw. **Existenzgründerdarlehensvertrages formbedürftig** ist, stellt sich die Frage, ob eine **Heilung** nach der Regelung des § 494 Abs. 2 BGB oder nur bei Auszahlung des Darlehens an den Darlehensnehmer selbst analog §§ 177, 182 BGB erfolgen kann und ob hierfür eine nach § 182 Abs. 2 BGB formfrei mögliche Genehmigung ausreicht. **Übrigens**: Warum sind eigentlich die notariell beurkundete Vollmacht und die Prozessvollmacht aus dem § 492 Abs. 4, S. 2 BGB ausgenommen worden? Um die vollständige Vermögensverwaltung durch einen Generalbevollmächtigten zu ermöglichen, bei der die Erteilung von Vertretungsmacht üblicher-

weise durch eine notariell beurkundete Vollmacht erfolgt, und um einen Prozessvergleich eines lediglich schriftlich zu bevollmächtigenden Rechtsanwalts (lesen Sie § 80 ZPO) zu ermöglichen. Denken Sie immer an die drei Funktionen, die Formerfordernisse haben können (Beweis, Übereilungsschutz und Beratung). In diesen beiden Fällen ist die rechtliche Beratung über die Risiken des Verbraucher- bzw. Existenzgründerdarlehens gewährleistet.

**Fall 81**

Der Verbraucher V (§ 13 BGB) erteilt dem X mündlich Vollmacht, bei Unternehmer U (§ 14 BGB) einen mit 5 % verzinslichen Kredit über € 5000,– mit einer Laufzeit von 1 Jahr aufzunehmen und das Geld als Empfangsbote für ihn, den V, entgegenzunehmen. Der Darlehensvertrag wird geschlossen und das Darlehen durch Auszahlung an X, der das Geld als Empfangsbote für V entgegennimmt und dann an V aushändigt, valutiert. Nach 1 Jahr zahlt der V € 5000,– zurück; er verweigert aber die im Vertrag vereinbarte Zinszahlung. Der U verlangt daher die Zahlung von € 250,– von V.

Der geltend gemachte Zinsanspruch könnte sich aus einem Darlehensvertrag ergeben (§ 488 Abs. 1 S. 2 BGB). a) X und U haben einen Darlehensvertrag geschlossen. b) Der Vertrag würde für und gegen V wirken, aa) wenn X den V wirksam vertreten hätte (§ 164 Abs. 1 BGB). aaa) Der X hat eine eigene Willenserklärung abgegeben. bbb) Er hat im Namen des V gehandelt. ccc) Er müsste Vertretungsmacht gehabt haben. Die Vollmacht aaaa) ist dem X intern erteilt worden (§ 167 Abs. 1 BGB). bbbb) Weil es sich um einen Verbraucherdarlehensvertrag handelt (§ 491 Abs. 1 BGB), aaaaa) bedarf die Vollmacht aber nach § 492 Abs. 4 BGB (abweichend von der Regel des § 167 Abs. 2 BGB) der Form des § 492 Abs. 1 und 2 BGB. Danach wäre die Vollmacht nach § 494 Abs. 1 BGB nichtig, und der X hätte als Vertreter ohne Vertretungsmacht gehandelt, als er den Vertrag abschloss, und der Darlehensvertrag wäre schwebend unwirksam (§ 177 Abs. 1 BGB), bbbbb). Etwas anderes könnte gelten, wenn der Mangel der Form der Vollmacht nach § 494 Abs. 2 BGB dadurch geheilt wäre, dass das Geld an den X als Empfangsboten des V ausgezahlt worden ist. Das ist vom Gesetzgeber abgelehnt worden, weil so der Schutz des § 492 Abs. 4 S. 1 BGB umgangen werden könnte. Danach hat der X als Vertreter ohne Vertretungsmacht gehandelt und der Darlehensvertrag wäre schwebend unwirksam. bb) Der Vertrag könnte aber dadurch rückwirkend wirksam geworden sein, dass der V das Geld in Empfang genommen hat und dadurch das vollmachtlose Handeln wirksam gemacht hätte (§§ 177 Abs. 1, 182 Abs. 1, 184 Abs. 1 BGB). aaa) Der Gesetzgeber hat angenommen, dass aaaa) in der Entgegennahme des Geldes durch den vollmachtlos vertretenen Darlehensnehmer eine konkludente Genehmigung des Vertrages läge (§§ 177 Abs. 1 BGB) bbbb) und zwar – was nach § 182 Abs. 1 BGB möglich ist – durch Erklärung gegenüber dem X. ccc) Fraglich ist jedoch, ob die Genehmigung der Form des § 492 BGB bedarf. Das wird man – analog der Rechtsprechung des BGH zu §§ 177 Abs. 1, 182 Abs. 2, 311b Abs. 1 BGB – verneinen müssen. dddd) Der Vertrag wäre danach mit Rückwirkung (§ 184 Abs. 1 BGB) zustande gekommen. bbb) Dagegen wird eingewandt (v. Bülow), dass eine Genehmigung nach § 184 Abs. 1 BGB den Vertrag in vollem Umfang wirksam macht, während bei einer verbraucherdarlehensrechtlichen Heilung die Ansprüche des Darlehensgebers immerhin geschmälert würden (§ 494 Abs. 2–6 BGB). ccc) Dieses Argument „schüttet aber das Kind mit dem Bade aus"; man sollte besser bei einer Genehmigung durch eine „heilungsähnliche Inempfangnahme" § 494 Abs. 2 S. 2 BGB analog anwenden, so dass sich wegen der fehlenden Zinssatzangaben in der Vollmacht der Zinssatz auf den gesetzlichen Zinssatz ermäßigt. Der U darf schließlich nicht dadurch, dass man eine Heilung des Formmangels im Interesse des V angenommen hat, besser gestellt werden als bei einer Heilung des Vertrages. c) Daher besteht ein Zinsanspruch, aber nur in der Höhe des § 494 Abs. 2 S. 2 BGB.

- Dem Darlehensnehmer steht beim Verbraucher- und Existenzgründerdarlehen nach § 495 BGB weiterhin das **Widerrufsrecht** aus **§ 355 BGB** zu. Gemäß § 355 Abs. 2 BGB beträgt die Frist 14 Tage – und zwar einheitlich für alle Widerrufsrechte, soweit das Gesetz nicht ein anderes bestimmt. § 356b BGB regelt den Fristlauf (Beginn und Länge) speziell für den Verbraucherdarlehensvertrag und knüpft dabei an die soeben dargestellten Formerfordernisse an: Der Fristbeginn setzt das Zurverfügungstellen der Vertragsurkunde, einer Abschrift derselben oder des schriftlichen Antrags zum Vertragsschluss voraus, § 356b Abs. 1 BGB. § 356b Abs. 2 BGB regelt den Beginn der Widerrufsfrist bei nachgeholten Pflichtangaben und verlängert die Widerrufsfrist in solchen Fällen auf einen Monat. Im Falle einer Anpassung des Vertrags nach § 494 Abs. 2–6 BGB haben wir vorhin gesehen, dass der Darlehensgeber dem Darlehensnehmer gemäß § 494 Abs. 7 BGB eine korrigierte Abschrift des Vertrags zur Verfügung stellen muss. In diesem Fall beginnt die Frist gemäß § 356b Abs. 3 BGB erst mit dieser Zurverfügungstellung.
- Bei einem in Ratenzahlungen zu tilgenden **Teilzahlungsdarlehen** ist eine **Gesamtfälligkeitsstellung** nur unter den **Voraussetzungen des § 498 BGB möglich**. So wird verhindert, dass die gesamte Restschuld schon bei einem geringfügigen Rückstand zu zahlen ist. Die Norm ist das „Mittel im Kampf gegen den modernen Schuldturm".

Wegen der **Relevanz** für die **Fallbearbeitung** muss schon hier darauf hingewiesen werden: Die Verbraucher- und Existenzgründer-Schutzvorschriften **(§§ 491 ff./512, 491 ff. BGB)** mit der Folge eines Widerrufsrechts nach §§ 491, 495, 355 BGB

- gelten entsprechend für die Schuldübernahme nach §§ 414 ff. BGB
- und wohl auch für den Schuldbeitritt zu einer Verpflichtung eines Darlehensnehmers, und zwar mit Sicherheit dann, wenn der Beitretende einer Schuld aus einem Verbraucher-/Existenzgründerdarlehensvertrag beitritt;

denn der Schuldbeitritt hat ja eine vertragliche Mithaftung wie die eines Darlehensnehmers zur Folge. Man wird wegen der Schutzwürdigkeit die §§ 491 ff. BGB wohl auch dann anwenden müssen, wenn nur der Beitretende ein Verbraucher/Existenzgründer ist.

Für die **Bürgschaft** ist die Anwendung der §§ 491 ff. BGB allerdings sehr zweifelhaft, weil eine Bürgschaft keine Verpflichtung aus einem „Darlehensvertrag" begründet. Wenn man eine Analogie befürwortet, so nur in den Fällen, in denen die Hauptschuld ein Verbraucher/Existenzgründerdarlehen ist, und nicht nur deshalb, weil der Bürge ein Verbraucher/Existenzgründer ist.

Wer sich unter „Schuldbeitritt" oder „Bürgschaft" nichts vorstellen kann, braucht nicht lange zu warten; im Anschluss an die Kreditgeschäfte werden wir uns mit Kreditsicherungsverträgen befassen.

(3) Der Verbraucher-/Existenzgründerschutz bei einem „verbundenen Geschäft"

Geschäfte, die die Lieferung einer Ware oder die Erbringung anderer Leistungen zum Gegenstand haben, werden häufig in einen **Erwerbsvertrag (z. B.** in einen Kaufvertrag des K mit V) und einen **Darlehensvertrag (z. B.** des K mit der B-Bank) **aufgespalten**.

Die Frage ist, ob dadurch der Verbraucher-/Existenzgründerschutz gefährdet ist, wenn der Käufer K ein Verbraucher (§ 13 BGB) ist und die Kredit gewährende B-Bank und der Verkäufer V Unternehmer (§ 14 BGB) sind.

- Wenn die Verträge über die Lieferung oder Leistungserbringung und die Darlehensverträge **wirtschaftlich getrennt** sind (zum *Beispiel* beim klassischen Fall, bei dem der Verbraucher K ein „Anschaffungsdarlehen" bei „seiner" B-Bank aufnimmt und mit der in Empfang genommenen Valuta als Käufer bei dem Unternehmer V als Verkäufer im Wege des Vertragsschlusses außerhalb von Geschäftsräumen eine Anschaffung tätigt und sie mit den Geldmitteln aus dem Darlehen bezahlt), dann werden diese wirtschaftlich getrennten Verträge auch rechtlich getrennt behandelt: Der Widerruf des Kaufvertrages durch K nach §§ 312, 355 BGB und des Darlehensvertrages nach §§ 495, 355 BGB hat keine Bedeutung für den jeweils anderen Vertrag; auch können Einwendungen des K gegen V aus dem Kaufvertrag nicht der B-Bank entgegengehalten werden.
- Es handelt sich aber um **„verbundene Verträge"** im Sinne des § 358 Abs. 3 S. 1 BGB, wenn ein **„Verbraucher"**- bzw. **„Existenzgründerdarlehensvertrag"** und ein **Vertrag** über die **Lieferung** einer **Ware** oder die **Erbringung** einer **anderen Leistung durch einen Unternehmer (§ 14 BGB)** an einen **Verbraucher (§ 13 BGB)** bzw. **Existenzgründer (§ 512 BGB)** dadurch miteinander verknüpft sind, dass das Darlehen ganz oder teilweise der Finanzierung des anderen Vertrages dient und beide Verträge eine **wirtschaftliche Einheit** bilden. Eine wirtschaftliche Einheit liegt insbesondere vor, wenn zum *Beispiel* die Finanzierung der Gegenleistung des Verbrauchers durch den Unternehmer selbst

geleistet wird oder ein Dritter Darlehensgeber sich im Zusammenhang mit dem Abschluss des Darlehensvertrags des Unternehmers bedient.

Die Rechtsprechung hatte schon immer unter Heranziehung des § 242 BGB Wege gefunden, einen Darlehensnehmer vor einer rein „technischen" Aufspaltung von Darlehensvertrag und finanziertem Geschäft bei „verbundenen Verträgen" zu schützen. Nunmehr ist diese Frage in den **§§ 358f. BGB** einheitlich gesetzlich geregelt.

Die gesetzliche Regelung besteht in einer

**1a) Erstreckung des Widerrufs**

- seitens eines **Verbrauchers** als Partner eines Vertrages über die Lieferung einer Ware oder über die Erbringung einer anderen Leistung durch einen Unternehmer **(nach §§ 355, 312 g Abs. 1 Var. 2 BGB bei Fernabsatzverträgen** und **nach §§ 355, 485 bei Teilzeit-Wohnrechtsverträgen)** auf den damit **verbundenen Verbraucherdarlehensvertrag (§ 358 Abs. 1 BGB)**;
- umgekehrt erstreckt sich der **Widerruf des Verbraucherdarlehensvertrags** nach § 495 Abs. 1 BGB auch **auf den verbundenen Vertrag** über die Lieferung einer Ware oder über die Erbringung einer anderen Leistung.

**b)** Die aus dem Widerruf resultierende **Rückabwicklung** des verbundenen Vertrages wie die des widerrufenen Vertrages nach **§ 355 Abs. 1 S. 1, Abs. 3 BGB**.

**2.** Weiterhin wird bei Verträgen eines Verbrauchers mit einem Unternehmer ein Einwendungsdurchgriff angeordnet (§ 359 BGB), es sei denn das Entgelt liegt unter € 200,– oder das Darlehen dient dem Erwerb von Finanzinstrumenten (§ 359 Abs. 2 BGB). Der Verbraucher kann die Darlehensrückzahlung verweigern, soweit Einwendungen aus dem verbundenen Vertrag gegenüber dem Unternehmer, mit dem er den verbundenen Vertrag geschlossen hat, zur Verweigerung der Leistung berechtigen würden. Wenn der Verbraucher Nacherfüllung verlangen kann, gilt dies aber nur, wenn die Nacherfüllung fehlgeschlagen ist (§ 359 S. 3 a. E. BGB).

### Fall 82

Der Koof (K) kauft am 1. August 2014 bei dem ein Einrichtungsgeschäft betreibenden Hendel (H), der den K zu Hause aufsucht, eine komplette Wohnzimmereinrichtung (bestehend aus einem Sofa, zwei Sesseln, einem Fernsehsessel, einem Couchtisch, einer eichenen Schrankwand, einem Bücherschrank mit eingearbeiteten Buchrücken, einer Anrichte, einem Perserteppich, einem künstlichen Kamin, einem Zimmerspringbrunnen, einigen Ölbildern für die Wände, einem Zimmerkühlschrank für Bierflaschen, einem Flachbildfernseher und einer Musikanlage) zum Preis von € 15.000,–. Im Kaufvertrag wird der K über sein Widerrufsrecht nach §§ 312 g, 355 BGB belehrt. Das Geld zur Bezahlung des Kaufpreises hat der K allerdings nicht. Der H und der K sind sich daher einig, dass der Kaufpreis finanziert werden soll. Der H steht in ständiger Geschäftsverbindung mit der Teilzahlungsbank TZB und hat auch die Kreditantragsformulare vorrätig. Der K bevollmächtigt den H in der Form des § 492 Abs. 4 BGB zum Abschluss eines Darlehensvertrages, der durch Auszahlung der Valuta an den H erfüllt werden soll. Die in Monatsbeträgen zu erfüllende Rückzahlungsverpflichtung und die Zinsverpflichtung sollen durch die Sicherungsübereignung der Einrichtungsgegenstände an die TZB gesichert werden. Der Darlehens- und Sicherungsübereignungsvertrag wird schon am nächsten Tag durch den für K handelnden H in der Form des § 492 Abs. 1 und 2 BGB mit der TZB unter Beachtung des § 492 Abs. 2, 3 BGB abgeschlossen und auch durch Auszahlung an den H erfüllt. Das Wohnzimmer wird schon am Tage danach durch Angestellte des H eingerichtet. Dem K gefällt die Einrichtung jetzt plötzlich nicht mehr, weil er sich in seinem ohnehin schon kleinen Wohnzimmer kaum noch bewegen kann. Daher erklärt er mündlich den Widerruf gegenüber dem H und stellt dem H die gekauften Sachen wieder zur Verfügung. Die TZB verlangt nach einem Monat die erste Darlehensrate.

Der Anspruch könnte sich aus einem Darlehensvertrag ergeben (§ 488 Abs. 1 S. 2 BGB). a) Der Vertrag ist wirksam geschlossen (§§ 488, 13, 14, 91, 492 Abs. 1, 164 Abs. 1, 492 Abs. 4 BGB). Das Darlehen ist durch die Auszahlung an H valutiert worden (§§ 362 Abs. 2, 185 BGB) b) Der Vertrag könnte jedoch durch den erklärten Widerruf beendet sein. aa) Der K hat nicht den Darlehensvertrag nach §§ 495 Abs. 1, 355 BGB widerrufen, sondern den Kaufvertrag nach §§ 312b, 312 g Abs. 1, 355 BGB. bb) Wenn der Kaufvertrag und der Darlehensvertrag „verbundene Verträge" nach § 358 Abs. 3 BGB wären, wäre der K durch den wirksamen Widerruf des Kaufvertrags nicht mehr an den Darlehensvertrag gebunden (§ 358 Abs. 1 BGB). Der Widerruf des Kaufvertrags müsste wirksam sein. Das Widerrufsrecht ist nicht nach § 312 g Abs. 3 BGB ausgeschlossen; es liegt nämlich kein Teilzahlungsgeschäft vor, da ein Dritter (die TZB) als Darlehensgeber beteiligt ist (vgl. § 506 Abs. 3 BGB). Ferner wurde die Frist des § 355 Abs. 2 eingehalten. Die Widerrufserklärung unterliegt nach § 355 Abs. 1 S. 2 BGB keinem Formerfordernis (anders noch § 355 Abs. 1 S. 2 BGB in der bis zum 13. Juni 2014 geltenden Fassung) und konnte daher mündlich erfolgen. Somit ist der Widerruf des Kaufvertrags wirksam. Dieser Widerruf erfasst auch den Verbraucherdarlehensvertrag, wenn die beiden Verträge i. S. d. § 358 Abs. 3 verbunden sind. Dies ist der Fall, wenn der Verbraucherdarlehensvertrag und der Warenkaufvertrag durch einen Unternehmer (§ 14 BGB) an einen Verbraucher (§ 13 BGB) dadurch miteinander verknüpft sind, dass das Darlehen ganz oder teilweise der Finanzierung des anderen Vertrages dient und beide Verträge eine wirtschaftliche Einheit bilden. Eine wirtschaftliche Einheit ist insbesondere im Falle einer Mitwirkung des Unternehmers bei einer Drittfinanzierung – wie vorliegend – anzunehmen, § 358 Abs. 3 S. 2 Var. 2 BGB). Auch im Übrigen sind die Voraussetzungen von § 358 Abs. 3 BGB erfüllt. Somit ist der Darlehensvertrag durch den Widerruf des Kaufvertrags gemäß § 358 Abs. 1 BGB beendet und die TZB-Bank hat keinen Anspruch aus § 488 Abs. 1 S. 2 BGB.

## Fall 83

Der Verbraucher Koof (K) kauft am 1. Juni 2002 bei Händler und Unternehmer Hendel (H) ein neues Auto zum Preis von € 20.000,–. Das Geld zur Bezahlung des Kaufpreises hat der K nicht. Der H und der K sind sich einig, dass der gesamte Kaufpreis finanziert werden soll. Der H steht in ständiger Geschäftsverbindung mit der Teilzahlungsbank TZB und hat auch die Kreditantragsformulare vorrätig. Der K bevollmächtigt den H in der Form des § 492 Abs. 4 BGB zum Abschluss eines Darlehensvertrages, der durch Auszahlung der Valuta an H erfüllt werden soll. Die in Monatsbeträgen zu erfüllende Rückzahlungsverpflichtung und die Zinsverpflichtung sollen durch die Sicherungsübereignung des Autos an die TZB gesichert werden. Der Darlehens- und Sicherungsübereignungsvertrag wird durch den für K handelnden H in der Form des § 492 Abs. 1 und 2 BGB unter Beachtung des § 492 Abs. 3 BGB mit der TZB abgeschlossen und auch durch Auszahlung an H erfüllt. Das Auto hat einen reparablen Schaden an der Heizung, dessen Beseitigung der H grundlos ablehnt. Der K zahlt daher die am 15. Juli 2002 geschuldete 1) Rate aus dem Darlehensvertrag nicht an die TZB. Die TZB verlangt Zahlung.

Der Anspruch könnte sich aus einem Darlehensvertrag ergeben (§ 488 Abs. 1 S. 2 BGB). a) Der Vertrag ist wirksam geschlossen (§§ 488, 13, 14, 491, 492 Abs. 1 und 2, 164 Abs. 1, 492 Abs. 4 BGB). Das Darlehen ist durch die Auszahlung an H valutiert worden (§§ 362 Abs. 2, 185 BGB). b) Dem Anspruch könnte die Einrede des nicht erfüllten Vertrages entgegenstehen (§§ 434, 433 Abs. 1 S. 2, 320 BGB). aa) Dieser Anspruch bestünde gegenüber dem H als Verkäufer. bb) Fraglich ist, ob K auch der TZB gegenüber diese Einrede erheben kann. aaa) Wenn ein Verbraucherdarlehensvertrag und ein Vertrag über den Verkauf einer Ware oder die Erbringung einer anderen Leistung durch einen Unternehmer (§ 14 BGB) an einen Verbraucher (§ 13 BGB) dadurch miteinander verknüpft sind, dass das Darlehen ganz oder teilweise der Finanzierung des anderen Vertrages dient und beide Verträge eine wirtschaftliche Einheit bilden (was insbesondere bei einer Finanzierung der Gegenleistung des Verbrauchers durch den Unternehmer selbst oder einer Mitwirkung des Unternehmers bei einer Drittfinanzierung der Fall ist), dann sind sie ein „verbundener Vertrag" (§ 358 Abs. 3 S. 1, 2 BGB). bbb) Die Folge ist ein Einwendungsdurchgriff bei Verträgen mit einem Entgelt über € 199,99 (§ 359 Abs. 1 S. 1, Abs. 2 Var. 2 BGB): Der Verbraucher kann die Darlehensrückzahlung verweigern, soweit ihn Einwendungen aus dem verbundenen Vertrag gegenüber dem Unternehmer, mit dem er den verbundenen Vertrag geschlossen hat, zur Verweigerung der Leistung berechtigen würden. Wenn der Verbraucher Nacherfüllung verlangen kann, gilt dies aber nur, wenn die Nacherfüllung i. S. d. § 440 BGB fehlgeschlagen ist, also nicht, wenn sie noch möglich ist und es auch keine zwei erfolglosen Nachbesserungsversuche gegeben hat (§ 359 Abs. 1 S. 3 a. E. BGB). Da hier die geschuldete Nacherfüllung (§§ 437 Nr. 1, 439 BGB) nicht fehlgeschlagen ist, kann der K die Zahlung an die TZB nicht verweigern.

#### bb) Die Deckung des Kreditbedarfs durch Finanzierungshilfen

Damit sind Ihnen das wichtigste Kreditgeschäft, das Gelddarlehen nämlich, und der damit im Zusammenhang zu sehende Verbraucher- und Existenzgründerschutz schon ein wenig vertraut.

Eine Kreditgewährung kann aber auch anders als durch Zurverfügungstellung von Geldmitteln auf Zeit erfolgen. Möglich ist auch ein Kredit, bei dem es überhaupt nicht zu Vermögensverschiebungen kommt, nämlich durch die Gewährung von **„Finanzierungshilfen"**.

##### (1) Die Finanzierungshilfen als solche

Sie sollten sich ein Bild von den im Folgenden skizzierten **„Finanzierungshilfen"** machen:

- Das Ihnen ja bereits im Zusammenhang mit Kaufverträgen vorgestellte **„unechte Factoring"** ist ein „verkehrstypischer Vertrag" bzw. ein „moderner Vertragstyp", der der Finanzierung dient: Aufgrund eines i. d. R. auf Dauer angelegten Vertrages lässt der Factor sich von einem Klienten dessen Forderungen aus Warenlieferungen etc. abtreten, um sie gegen ein Entgelt einzuziehen. Er erbringt für den Klienten Dienstleistungen (Buchhaltung, Einziehung der Forderung). Wie auch beim Diskontgeschäft bevorschusst der Factor den Klienten bereits vor der Einziehung der Forderung. Anders als bei dem als Forderungskauf anzusehenden „echten Factoring", bei dem der Factor das Risiko der Uneinbringlichkeit der Forderung übernimmt (was er sich durch eine Provision, die bei der Entgeltberechnung einkalkuliert wird, vergüten lässt), behält sich beim unechten Factoring der Factor ein Rückgriffsrecht gegen den Klienten vor. Es handelt sich also um ein Kreditgeschäft, denn der Vorschuss muss durch die erfolgreiche Forderungseinziehung seitens des Kreditgebers wieder zurückgezahlt werden. Soweit sie nicht erfolgreich ist, muss der Klient die Rückzahlung des Vorschusses „aus eigener Tasche" leisten.
- Unter einem **Zahlungsaufschub** i. S. d. § 506 Abs. 1 BGB versteht man ein Hinausschieben der Fälligkeit zugunsten des Verbrauchers durch Stundung. Dass eine solche Vereinbarung möglich ist, zeigt § 271 BGB.
- Bei einem Ihnen ja auch schon ein wenig bekannten **Finanzierungsleasingvertrag** erwirbt der Leasinggeber selbst das Leasinggut und überlässt es dem Leasingnehmer. Der Leasingnehmer hat durch das zu leistende Entgelt (ggf. auch durch eine anschließende Verwertung) für die Vollamortisation der vom Leasinggeber bei der Anschaffung gemachten Aufwendungen und Kosten einzustehen; er trägt also das Investitionsrisiko. Das ratenweise gezahlte Entgelt errechnet sich nach dem Anschaffungswert zuzüglich der Kosten, der Vorfinanzierungszinsen, des Kreditrisikos und eines Gewinns des Leasinggebers. Es handelt sich wirtschaftlich um einen Sachkredit. Haben Sie den Unterschied zum Mietvertrag verstanden? Vergleichen Sie sonst einmal § 535 BGB und § 506 Abs. 2 Nr. 1 bis 3 BGB.
- Die **Teilzahlungsgeschäfte** sind nach § 506 Abs. 3 BGB „Verträge, die die Lieferung einer bestimmten Sache oder die Erbringung einer bestimmten anderen Leistung gegen Teilzahlungen zum Gegenstand haben" (§§ 507, 508 BGB). Unter „Teilzahlungen" versteht man mehrere, nacheinander fällig werdende Zahlungs-

beträge. Wenn die „Lieferung einer bestimmten Sache" geschuldet wird, handelt es sich um einen Kaufvertrag; soweit es um „die Erbringung einer bestimmten anderen Leistung" geht, ist an kreditierte Reiseverträge, Ausbildungsverträge oder Partnerschaftsvermittlungen gedacht.

(2) Der Verbraucher-/Existenzgründerschutz bei Finanzierungshilfen (Zahlungsaufschub, Finanzierungsleasingvertrag, Teilzahlungsgeschäft)

Nimmt ein **Verbraucher/Existenzgründer** bestimmte **Finanzierungshilfen** (nämlich: einen Zahlungsaufschub, ein Finanzierungsleasing, oder eine Teilzahlung) **entgeltlich** in Anspruch, soll er vor dem Verlockungseffekt: „Heute kaufen, morgen bezahlen" ebenso geschützt werden, wie wenn die Kreditgewährung durch ein Verbraucher-/Existenzgründer- Gelddarlehen erfolgt wäre.

Rechtstechnisch ist dies so gelöst:

**1.** Nach **§§ 506 Abs. 1, 512 BGB**, werden – mit Ausnahme des § 492 Abs. 4 BGB (dessen ratio nur auf den „umgehungsträchtigen" Verbraucher- bzw. Existenzgründerdarlehensvertrag zutrifft) – die Vorschriften des Verbraucherdarlehensvertrages auch für alle **entgeltlichen Finanzierungshilfen** (den Zahlungsaufschub, die Finanzierungsleasingverträge und das Teilzahlungsgeschäft) eines Verbrauchers oder Existenzgründers mit einem Unternehmer für anwendbar erklärt, es sei denn es geht um Verträge wie Darlehensverträge im Sinne von § 491 Abs. 2 und 3 BGB.

**2.** Das gilt uneingeschränkt für die entgeltliche Finanzierungshilfe in Gestalt des **Zahlungsaufschubs** (§§ 506, 512 BGB)

**3.** In **§§ 506 Abs. 2, 512 BGB** geht es um das ebenfalls zu den Finanzierungshilfen zählende **Finanzierungsleasing**.

- **a)** Zunächst werden in § 506 Abs. 2 Nr. 1 bis 3 BGB die Merkmale eines von bloßen Gebrauchsüberlassungsverträgen (die nicht zu den Finanzierungshilfen zählen) abzugrenzenden **Finanzierungsleasingverträge** eines Verbrauchers oder Existenzgründers aufgestellt.
- **b)** Sodann wird geregelt, dass im Fall der Entgeltlichkeit der Finanzierungshilfe auf Verträge nach § 506 Abs. 2 Nr. 3 BGB die §§ 500 Abs. 2 BGB und 502 BGB nicht gelten.

**4.** In § 506 Abs. 3 BGB geht es um Teilzahlungsgeschäfte

- **a)** Zunächst wird in § 506 Abs. 3 BGB klargestellt, dass Verträge, die die Lieferung einer bestimmten Sache oder die Erbringung einer bestimmten anderen Leistung durch Unternehmer an Verbraucher gegen Teilzahlungen zum Gegenstand haben **(Teilzahlungsgeschäfte)**, eine Finanzierungshilfe sind.
- **b)** Sodann wird geregelt, dass im Fall der Entgeltlichkeit (das folgt aus § 506 Abs. 1 BGB) der Finanzierungshilfe nach § 506 Abs. 3 BGB die §§ 507 und 508 BGB gelten.

**aa)** Gemäß § 507 Abs. 2 S. 1 BGB (ggf. i. V. m. § 512 BGB) ist das Teilzahlungsgeschäft nichtig, wenn die **Schriftform** des § 492 Abs. 1 BGB oder die **Informationspflichten** nach Art. 247 §§ 3, 6, 12 EGBGB verletzt wurden. Die Rechtsfolge des Formmangels ist kompliziert geregelt: Die in § 506 Abs. 1 BGB zunächst für alle Finanzierungshilfen angeordnete Anwendung des § 494 BGB wird durch §§ 506 Abs. 3, 507 Abs. 1 S. 1 BGB hinsichtlich des § 494 Abs. 1 bis 3 und 6 S. 3 BGB wieder aufgehoben. Im Ergebnis gelten deshalb die eigenständigen Regelungen in § 507 Abs. 2 BGB und daneben die (nicht für unanwendbar erklärten) §§ 494 Abs. 4 bis 6 S. 1 und 2 und Abs. 7 BGB. Geheilt werden kann der Formmangel mit verändertem Inhalt der Leistungspflicht des Verbrauchers nach §§ 507 Abs. 2 S. 2, 512 BGB, wenn dem Verbraucher bzw. dem Existenzgründer die Leistung übergeben worden ist oder die Leistung erbracht worden ist. Bei einem Teilzahlungsgeschäft, das gleichzeitig ein Fernabsatzgeschäft i. S. d. § 312b BGB ist, gelten die Formerfordernisse des 492 Abs. 1 BGB nicht, wenn der Verbraucher vom Unternehmer die Informationen rechtzeitig in Textform erhält (§§ 507 Abs. 1 S. 2, 126b, 512 BGB).

**bb)** Bei **Zahlungsverzug** gibt es ein Rücktrittsrecht nur unter den Voraussetzungen der §§ 498 Abs. 1, 507 BGB (§§ 508 Abs. 2 S. 1, 512 BGB). Die Rechtsfolgen des Rücktritts ergeben sich aus § 508 S. 3, 4 BGB und im Übrigen aus den §§ 346 ff. BGB.

**cc)** Die **Wiederansichnahme** der Sache durch den Unternehmer aufgrund des Teilzahlungsgeschäfts gilt im Zweifel als Ausübung des Rücktrittsrechts (§§ 508 S. 5, 512 BGB).

#### (3) Der Verbraucher-/Existenzgründerschutz bei einem „verbundenen Geschäft"

Auch wenn in §§ 506 ff. BGB für Finanzierungshilfen, nämlich für den Zahlungsaufschub, für Teilzahlungsgeschäfte und für Finanzierungsleasingverträge die Vorschriften der §§ 358, 359 BGB für **„verbundene Verträge"** als anwendbar erklärt werden, scheint diese Verweisung ins Leere zu gehen. Denn diese Finanzierungshilfen sind ihrerseits bereits Bestandteil des finanzierten Geschäftes, so dass es an einem anderen „verbundenen Vertrag" fehlt. Was die Rechtswissenschaft und die Rechtspraxis aus dieser Verweisung „machen werden", bleibt der zukünftigen Entwicklung vorbehalten.

### cc) Konkurrenz verschiedener Widerrufsrechte

In diesem Zusammenhang muss schließlich eine Frage angesprochen werden, die nicht unmittelbar mit dem Thema Kreditgeschäfte zusammenhängt:

Zwischen den sich aus **Verbraucherdarlehensverträgen** und **Finanzierungshilfen** ergebenden **Widerrufsrechten** und den anderen **verbraucherschützenden**

**Widerrufsrechten (bei außerhalb von Geschäftsräumen geschlossenen Verträgen, Fernabsatzverträgen, Teilzeit-Wohnrechteverträge)** kann es zu einem **Konkurrenzverhältnis** kommen, das nach der Konkurrenzregel des § 312 g Abs. 3 BGB gelöst wird: Hiernach treten die Widerrufsrechte eines Verbrauchers aus § 312 g Abs. 1 BGB (außerhalb von Geschäftsräumen geschlossene Verträge und Fernabsatzverträge) zurück; die Regeln über den Widerruf von Verbraucherdarlehensverträgen oder mit sonstigen Finanzierungshilfen versehenen Verträgen (§§ 495, 506–512 BGB) sowie das Widerrufsrecht aus § 305 KAGB sind also vorrangig. Die „ratio legis" ist, dass auf diese Weise die Sonderregeln für die Widerrufsfrist und die Belehrungsanforderungen Geltung erlangen sollen. Allerdings muss sich aus den speziellen Regelungen auch im konkreten Fall ein Widerrufsrecht ergeben, denn es darf keine Schutzlücke entstehen. Wenn deshalb z. B. aufgrund der Bagatellgrenze in § 491 Abs. 2 Nr. 1 BGB kein Widerrufsrecht besteht, bleibt es bei dem Widerrufsrecht aus § 312 g Abs. 1 BGB.

#### dd) Ratenlieferungsvertrag

Keine Kreditgewährung ist die Lieferung in Teilleistungen, die sukzessive Belieferung oder der wiederkehrende Erwerb oder Bezug von Sachen. Hierauf gerichtete **Ratenlieferungsverträge** eines Verbrauchers/Existenzgründers mit einem Unternehmer (§§ 510 Abs. 1 S. 1 Nr. 1–3, 512 BGB) haben jedoch langfristige Zahlungsverpflichtungen zur Folge, vor denen der Verbraucher/Existenzgründer, wie beim Verbraucherdarlehensvertrag und bei der Inanspruchnahme von Finanzierungshilfen durch **„Information** in **bestimmter Form"** und durch **„Widerruf"** geschützt werden soll.

- Der Vertrag bedarf, vorbehaltlich der Abrufbarkeit und sofortiger Speicherbarkeit der Vertragsbestimmungen und der AGB, der **Schriftform** und einer **Mitteilung des Vertragsinhaltes** in **Textform** (§§ 510 Abs. 1, 512 BGB).
- Der Verbraucher oder der Existenzgründer hat grundsätzlich ein **Widerrufsrecht** aus §§ 510 Abs. 2, 355, 512 BGB bei Ratenlieferungsverträgen. Dies gilt nicht, wenn der Ratenlieferungsvertrag im Fernabsatz oder außerhalb von Geschäftsräumen geschlossen wurde – dann gilt nur § 312 g BGB. Das Widerrufsrecht besteht gemäß § 510 Abs. 3 BGB ferner dann nicht, wenn der Vertrag nach § 491 Abs. 2 oder 3 BGB vom Anwendungsbereich der §§ 491 ff. BGB ausgenommen ist.

#### ee) Sachdarlehensvertrag (§ 607 BGB)

Beim **Sachdarlehen** wird – so die gesetzliche **Definition** – „(der Darlehensgeber) durch den Sachdarlehensvertrag verpflichtet, dem Darlehensnehmer eine vereinbarte vertretbare Sache", nicht aber Geld (§ 607 Abs. 2 BGB), „zu überlassen" **(§ 607 Abs. 1 S. 1 BGB)**. Spätestens bei Rückerstattung der überlassenen Sache (§ 609 BGB) „(ist) der Darlehensnehmer zur Zahlung eines Darlehensentgelts und bei Fälligkeit", und zwar zum vereinbarten Fälligkeitstermin oder nach Kündigung **(§ 608 Abs. 1 BGB)**, „zur Rückerstattung von Sachen gleicher Art, Güte und Menge verpflichtet" **(§ 607 Abs. 1 S. 2 BGB)**.

Der Sachdarlehensvertrag wird Studierenden meist mit dem Beispiel bekannt gemacht, dass ein Wohnungsnachbar sich am Sonntag von einem anderen Wohnungsnachbarn „3 Eier leiht", um damit einen Kuchen zu backen. Dass dies trotz der Wortwahl keine „Leihe" i. S. d. §§ 598 ff. BGB ist, wird daran deutlich, dass später nicht etwa die soeben „entliehenen" Eier, sondern natürlich 3 andere Eier (gleicher Art, Güte und Menge) zurückzugeben sein sollen. Die überlassenen Eier sollen ja schließlich in einem Kuchen verbacken und nicht wieder zurückgegeben werden. Es handelt sich also um einen Sachdarlehensvertrag. Praktische Bedeutung hat der Sachdarlehensvertrag etwa beim „Wertpapierdarlehensvertrag". Auch wird auf ihn beim Summenverwahrungsvertrag verwiesen (§ 700 BGB).

### r) Überblick über die Möglichkeiten einer Kreditsicherung

Wir haben gerade diverse Möglichkeiten vertraglich eingeräumter Kredite kennen gelernt. Es ist eine banale Erkenntnis, dass das bloße Vertrauen eines Kreditgebers, der Kreditnehmer werde den zur Verfügung gestellten Vermögensvorteil vereinbarungsgemäß ausgleichen und auch die vereinbarten Zinsen zahlen, diesen i. d. R. kaum veranlassen wird, einen Kredit zu gewähren. Der Kreditgeber wird sich vielmehr gegen das Risiko der zukünftigen Leistungsunwilligkeit und der zukünftigen Leistungsunfähigkeit des Kreditnehmers absichern wollen. Es gilt der Satz: **„Kein Kredit ohne Sicherheit"**.

Bei der Frage der **Kreditsicherungsmittel** ist an folgende Möglichkeiten zu denken:

Es gibt zum einen die **„Personalsicherheiten"** (persönliche Kreditsicherung): Die **Bürgschaft** ist eine **unselbstständige Hilfsverpflichtung** zur Sicherung einer fremden Schuld. Sie ist das typische Mittel einer persönlichen Kreditsicherung (§§ 765 ff. BGB). Wie ein Bürge haftet auch der Auftraggeber beim **Kreditauftrag** (§ 778 BGB). Das Ziel der Kreditsicherung kann aber auch durch einen **Schuldbeitritt** und durch einen **Garantievertrag** erreicht werden; beides ist gesetzlich nicht geregelt. In allen diesen Fällen haftet der Kreditsicherer mit seinem ganzen Vermögen. Das Versprechen (i. d. R. das einer Muttergesellschaft), einen Schuldner (i. d. R. eine Tochtergesellschaft) mit Geldmitteln auszustatten, nennt man **„Patronatserklärung"**; auch hierüber gibt es keine gesetzlichen Regelungen.

Die andere Kategorie der Kreditsicherungsmittel sind die **„Realsicherheiten"** (sachliche Kreditsicherung): Ein Kredit kann auch durch Verwertungsrechte, bei denen ein bestimmter Vermögensgegenstand (Sache, Forderung) als Sicherheit dient, gesichert werden. So durch Verwertungsrechte an beweglichen Sachen, wie es das **Pfandrecht** (§§ 1204 ff. BGB) und die **Sicherungsübereignung** sind, durch Verwertungsrechte an Forderungen in Gestalt eines Pfandrechts (§§ 1273 ff., 1279 ff. BGB) und in Gestalt der gesetzlich nicht geregelten **Sicherungszession**, ferner durch Verwertungsrechte an Grundstücken wie bei der **Hypothek** (§§ 1113 ff. BGB) und der **(Sicherungs-)**

**Grundschuld** (§§ 1191 ff. BGB, als solche seit 2008 erwähnt in § 1192 Abs. 1a BGB).

Der in §§ 449, 929, 158 Abs. 1 BGB geregelte **Eigentumsvorbehalt** ist anders als die vorgenannten Realsicherungsrechte kein Sicherungsrecht i. S. eines Verwertungsrechtes, sondern ein Sicherungsrecht, durch das ein Herausgabeanspruch des vorleistenden Eigentümer-Verkäufers einer beweglichen Sache gegen den Käufer aus § 985 BGB mit dinglicher Wirkung und daher anderen Gläubigern des Käufers in der Einzelzwangsvollstreckung und in der Insolvenz den Zugriff unmöglich machend (§ 771 ZPO, § 47 InsO!), gesichert wird.

Von diesen Möglichkeiten sind wir hier (vergessen Sie nicht: wir sind bei der Frage der Ansprüche aus vertraglichen Schuldverhältnissen und nicht im Sachenrecht!) zunächst allein an solchen Sicherungsrechten interessiert, die zu Ansprüchen aus einem Vertrag führen; und das sind: Die **Bürgschaft** (dazu mehr **sub t)**), der **Schuldbeitritt** (dazu mehr **sub u)**) und der **Garantievertrag** (dazu mehr **sub v)**). Den **Kreditauftrag** (§ 778 BGB) und die „im wirklichen Leben" nicht seltene **„Patronatserklärung"** (Absicherung eines Kredits einer „Tochtergesellschaft" durch Zusage der „Muttergesellschaft" gegenüber dem Kreditgeber, die „Tochtergesellschaft" bei der Erfüllung der Verbindlichkeiten aus dem Kreditvertrag zu unterstützen) vernachlässigen wir hier weitgehend. Dazu nur soviel: Beim „Patronat" bestehen Ansprüche der Gläubiger gegen den Sicherungsgeber nur bei einer „harten" Patronatserklärung (z. B.: „Wir werden die Tochtergesellschaft so ausstatten, dass sie ihren Verbindlichkeiten nachkommen kann"), nicht aber aus einer „weichen" Patronatserklärung (z. B.: „Wir betrachten die Schulden unserer Tochter seit jeher wie eigene Verbindlichkeiten"). Die „harte" Patronatserklärung ist ein zwischen dem Gläubiger und der Mutter geschlossener unechter Vertrag zugunsten der Tochter, aufgrund dessen die Tochter keinen Anspruch gegen die Mutter erwirbt. Wie die Muttergesellschaft ihre Verpflichtung gegenüber dem Gläubiger erfüllt, bleibt ihr überlassen; denkbar ist z. B. eine Kapitalerhöhung oder ein Gesellschafterdarlehen an die Tochtergesellschaft. Dass wir die **Realsicherheiten** (wissen Sie noch, was man darunter versteht?) natürlich erst später im Zusammenhang mit den sachenrechtlichen Ansprüchen erörtern, versteht sich. Das gilt aus Gründen des Sachzusammenhanges auch für die Sicherungsrechte an Forderungen, obwohl diese ja keine Sachen sind. Wie sehr der Sachzusammenhang für den Aufbau dieser Gesamtdarstellung auch beim Erlernen der Möglichkeiten einer Kreditsicherung von Bedeutung ist, haben Sie hoffentlich bereits bemerkt, als Sie über den Eigentumsvorbehalt, der ja eigentlich ein „sachenrechtliches Thema" ist, schon sehr viel im Zusammenhang mit der Erörterung der §§ 158 ff. BGB (also im „Allgemeinen Teil") und bei der Darstellung des Kaufvertrags (also im „Schuldrecht") erfahren haben – das wirkliche Leben richtet sich eben nicht nach dem Aufbau des BGB!

### s) Die Bürgschaft

Die gesetzliche **Definition** der Bürgschaft in **§ 765 Abs. 1 BGB** lautet: „Durch den **Bürgschaftsvertrag** verpflichtet sich der Bürge gegenüber dem Gläubiger eines Dritten, für die Erfüllung der Verbindlichkeit des Dritten einzustehen".

Die Bürgschaft ist für die Kreditpraxis sehr bedeutend, weil sie einen Kreditgeber deshalb in besonderer Weise dazu motivieren kann, einem Kreditnehmer einen Kredit zu gewähren, weil sich der **Bürge** durch den Bürgschaftsvertrag **verpflichtet**, mit seinem **gesamten Vermögen**, also in erster Linie mit allen ihm gehörenden beweglichen oder unbeweglichen Sachen, mit allen ihm zustehenden Forderungen, Rechten etc., aber auch mit seinen sonstigen Vermögensgegenständen **für** die **Erfüllung** der **Schuld** des **Kreditnehmers einzustehen**.

Damit hat der Gläubiger einerseits einen Anspruch gegen den Schuldner der gesicherten Hauptforderung und andererseits eine Forderung gegen den Bürgen aus dem Bürgschaftsvertrag; er kann sich somit aus dem gesamten Vermögen zweier Personen befriedigen.

Der **Unterschied** zu den **zur Verwertung berechtigenden Sicherungsrechten** aufgrund einer Sicherungsübereignung, einer Hypothek bzw. einer Sicherungsgrundschuld oder einer Sicherungszession etc. ist **evident**: In diesen Fällen stellt der Sicherungsgeber lediglich einen einzigen Gegenstand seines Vermögens (bewegliche Sache, Grundstück, Forderung etc.) als Sicherungsobjekt zur Verfügung. Allerdings sagt die „Opferbereitschaft" des Bürgen noch nichts aus über die Qualität der von ihm gebotenen Sicherheit; denn in erster Linie ist dafür entscheidend, wie vermögend, wie liquide und wie zahlungsbereit der Bürge im Augenblick seiner Inanspruchnahme ist. Man darf auch nicht aus dem Auge verlieren, dass der Gläubiger nur obligatorisch und nicht dinglich am Vermögen des Bürgen berechtigt ist und daher keine bessere Stellung als andere Gläubiger des Bürgen hat, dass ihm insbesondere in der Einzelzwangsvollstreckung kein Schutz, wie durch § 771 ZPO gewährt wird und dass er in vollem Umfang das Insolvenzrisiko auch des Bürgen trägt, weil er nicht etwa durch § 47 InsO geschützt wird. Das ist bei den Verwertungssicherungsrechten anders. Der beste Bürge ist unter diesem Aspekt daher ein besonders „reicher" Bürge, am besten eine inländische Großbank. Wenn diese sich dann auch unwiderruflich und selbstschuldnerisch (§§ 771, 773 Abs. 1 Nr. 1 BGB; dazu später mehr) verbürgt hat, ist solcher Bürge ein sog. „tauglicher Bürge", durch dessen Stellung man z. B. in den Fällen der §§ 257 S. 2, 551 BGB Sicherheit leisten kann (lesen Sie dazu einmal die §§ 232 Abs. 2, 239 BGB). Noch „attraktiver" ist die Bürgschaft für den Gläubiger, wenn sich ein Bürge zusätzlich „auf erstes Anfordern" verbürgt (dazu später mehr).

Aus der **Sicht** eines **Bürgen** gibt es i.w. folgende Gründe dafür, das gewaltige Risiko, das eine Bürgschaft für ihn mit sich bringen kann (Zitat aus der grandiosen

Schuldrechtsvorlesung im Wintersemester 1962, gehalten von Konrad Zweigert: „Ein Jurist bürgt nicht!"), auf sich zu nehmen:

- Es können sein **„Kreditbürgschaften"**, die oft aus rein emotionalen Gründen eingegangene Gefälligkeitsbürgschaft, speziell unter Familienangehörigen, sind,
- oder Bürgschaften zur Sicherung von Ansprüchen des Bestellers bei einem Werkvertrag z. B.: zur Sicherung seines Rückforderungsanspruchs, wenn der Besteller durch eine Anzahlung eine Vorleistung erbracht hat **(„Anzahlungsbürgschaft")**, oder zur Sicherung seines Erfüllungsanspruchs **(„Erfüllungsbürgschaft")** oder zur Sicherung von Gewährleistungsansprüchen **(„Gewährleistungsbürgschaft")**,
- oder Bankbürgschaften zum Zwecke der **Sicherheitsleistung** (§ 232 Abs. 2 BGB z. B. im Fall des § 257 S. 2 BGB oder des § 551 BGB).

aa) Rechtliche Konstruktion der Bürgschaft

Die **Beteiligten** sind der **Gläubiger,** der **Hauptschuldner** und der **Bürge**.

- In erster Linie muss natürlich ein **Bürgschaftsvertrag** zwischen dem Gläubiger der gesicherten Hauptforderung und dem Bürgen bestehen **(sub (1))**.
- Gegeben sein muss (weil die Bürgschaft „akzessorisch" ist) eine dem Gläubiger gegen den Hauptschuldner zustehende zu sichernde **Hauptforderung (sub (2))**.
- Nicht konstitutiv für die Wirksamkeit des Bürgschaftsvertrags, aber i. d. R. gegeben ist eine entweder ausdrückliche oder durch Auslegung zu ermittelnde **Sicherungsabrede** zwischen dem Gläubiger und dem Schuldner **(sub (3))**.
- Ebenfalls nicht konstitutiv für die Wirksamkeit des Bürgschaftsvertrags, aber i. d. R. gegeben ist im **„Innenverhältnis" zwischen** dem **Hauptschuldner** und dem **Bürgen** ein **Rechtsverhältnis**, aufgrund dessen der Bürge die Bürgschaftsverpflichtung eingegangen ist **(sub (4))**.

(1) Der Bürgschaftsvertrag

Der **Anspruch** des **Gläubigers gegen** den **Bürgen** aus **§ 765 BGB** setzt voraus, dass zwischen ihnen ein **Bürgschaftsvertrag** geschlossen ist.

> Bei der Prüfung des Vorliegens eines **Bürgschaftsvertrages** geht es um folgende zentrale Fragestellungen:
>
> - Wer sind die **Abschlusspartner** des Bürgschaftsvertrages?
> - **Vertretung** beim Abschluss des Bürgschaftsvertrages?
> - Was ist der **Inhalt** der Bürgschaftserklärung?
> - Gibt es spezifische Gründe für die **Nichtigkeit** des Bürgschaftsvertrages?
> - Müssen die **Verbraucherschutzvorschriften** angewendet werden?
> - Welche **Form** muss die Bürgschaftserklärung bzw. ein zu ihr hinführendes Rechtsgeschäft haben?

Was die Frage der **Abschlusspartner** eines **Bürgschaftsvertrages** angeht, so wird er

- entweder **zwischen** dem **Gläubiger** und dem **Bürgen** abgeschlossen. Das ist die klassische Konstellation; aber auch hier kann es Probleme geben, die nicht im juristischen Labor erfunden werden, sondern die „das Leben schreibt", wie der folgende Fall lehrt.

**Fall 84**

Der V hat gegen K eine am 1. September 2002 fällige Kaufpreisforderung aus im Jahre 2002 erfolgten Stahllieferungen. Als der K auf einen momentanen finanziellen Engpass hinweist, erklärt der V sich gegen Stellung eines selbstschuldnerischen Bürgen zu einer Stundung für 6 Monate bereit. Der K verhandelt daraufhin mit der B-Bank AG (B-Bank) über den Abschluss eines „Avalkreditvertrages", aufgrund dessen die B-Bank bis zu einer Höhe von € 1.000.000,– die selbstschuldnerische Bürgschaft für die Kaufpreisforderung des V übernehmen soll. Der Prokurist P der B-Bank wird während der Vertragsverhandlungen damit beauftragt, an den V zu schreiben, um die genaue Höhe der Forderung zu erfragen. Der P geht davon aus, dass der Bürgschaftsvertrag bereits geschlossen ist, und schreibt am 8. September 2002 an den V: „Wir haben die selbstschuldnerische Bürgschaft für Ihre Forderung in Höhe von € 1.000.000,– gegen den K übernommen. Wir bitten um die Aufgabe der Höhe der Forderung". Unter dem 10. September 2002 schreibt der V zurück: „Wir haben zur Kenntnis genommen, dass Sie die selbstschuldnerische Bürgschaft uns gegenüber in Höhe von € 1.000.000,– übernommen haben". Am 24. September 2002 schreibt die B-Bank zurück: „Wir haben keine Bürgschaft übernommen". Nachdem der V die B-Bank auf den Widerspruch zu ihrem Schreiben vom 8. September 2002 hingewiesen hatte, erwiderte die B-Bank unter dem 6. November 2002, dass das Schreiben vom 8. September 2002 auf einem Irrtum des P beruhe. Als K nach 6 Monaten nicht zahlt, nimmt der V die B-Bank in Anspruch (nach BGH).

Der Anspruch ergibt sich aus § 765 BGB, a) wenn zwischen V und der B-Bank ein wirksamer Bürgschaftsvertrag zustande gekommen ist (§ 765 BGB). aa) In dem Schreiben vom 8. September 2002 könnte ein der B-Bank nach §§ 164 BGB, 48 HGB zurechenbares Angebot zum Abschluss eines Bürgschaftsvertrages zu sehen sein, das der V durch sein Schreiben vom 10. September 2002 angenommen hätte. Bedenken dagegen erweckt der Umstand, dass dem für die B-Bank handelnden P das aktuelle Erklärungsbewusstsein fehlte. aaa) Der BGH hat angenommen, dass es sich um ein der B-Bank nach §§ 164 Abs. 1 BGB, 48 ff.HGB zurechenbares Angebot handele, weil auch bei fehlendem Erklärungsbewusstsein eine Erklärung als Willenserklärung anzusehen sei, wenn sie vom Empfänger nach Treu und Glauben und mit Rücksicht auf die Verkehrssitte als Willenserklärung aufgefasst werden durfte („potentielles Erklärungsbewusstsein"). bbb) Gegen das Vorliegen eines Angebots zum Abschluss eines Bürgschaftsvertrages spricht, dass die Erklärung einen bereits bestehenden Vertrag zum Inhalt hat („…

*haben … übernommen.*") und keinen Vertrag zustande kommen lassen will. b) Wenn man dieses Bedenken nicht teilt, muss man prüfen, ob – was bei dem Vorliegen einer Willenserklärung aufgrund „potentiellen Erklärungsbewusstseins" möglich sein soll – die B-Bank den Vertrag wirksam nach §§ 119 Abs. 1 analog, 166 Abs. 1 BGB angefochten hat. aa) Der BGH hat dies für die Erklärung vom 24. September 2002 verneint, weil nicht erklärt worden sei, dass die Erklärung wegen des Willensmangels keine Geltung haben sollte; bb) und die Erklärung vom 6. November 2002 sei verspätet gewesen (§ 121 BGB).

- Möglich ist aber auch ein **Vertragsschluss** nach §§ 765, 328 BGB **zwischen** einem **Versprechensempfänger** (i. d. R. der Hauptschuldner) und einem **Versprechenden** (Bürge) **zugunsten** eines **Dritten** (Gläubiger). Mit dem in den §§ 328ff. BGB geregelten Vertrag zugunsten Dritter sollen Sie hier an sich noch verschont werden, weil Ihnen dieses komplizierte Institut später in ganz anderem Zusammenhang vermittelt werden soll, aber ein *Beispiel* könnte die Konstellation zumindest verdeutlichen: Der S möchte bei G ein Darlehen aufnehmen, um damit eine Erfindung zu vermarkten. Der G macht dies von der „Stellung eines Bürgen" und von der Unterwerfung des S unter die sofortige Zwangsvollstreckung abhängig. Daraufhin bittet der S seinen wohlhabenden Freund B um eine Bürgschaft, der einverstanden ist und in Schriftform mit dem S vereinbart, dem G gegenüber als selbstschuldnerischer Bürge für die zukünftige Darlehensforderung des G gegen S in Höhe von € 100.000,– einzustehen. Der S legt – so ist es mit B abgesprochen – die Urkunde dem G vor, der daraufhin den Darlehensvertrag abschließt und nach Unterwerfung des S unter die sofortige Zwangsvollstreckung nach § 794 Abs. 1 Nr. 5 ZPO das Darlehen valutiert. Als S bei Fälligkeit nicht zahlt, weil er nicht mit dem Geld gewirtschaftet hat, sondern es verprasst hat, nimmt der G sofort den B in Anspruch. Der B weigert sich; zumindest müsste der G bei S einen Vollstreckungsversuch machen. Der Anspruch ergibt sich aus §§ 765 Abs. 1, 2 BGB. 766, 328 BGB. Der Vertrag ist nach §§ 765 Abs. 1, 2, 328 BGB zwischen B und S geschlossen worden. Die Form des § 766 BGB ist auf jeden Fall deshalb gewahrt, weil der G die Urkunde auf Veranlassung des B erhalten hat; ob dies erforderlich war, und ob nicht bereits die Erteilung der Urkunde an den S ausreicht, kann offenbleiben. Aufgrund des § 328 BGB ist der G Gläubiger des Anspruchs geworden. Auf die Einrede der Vorausklage hat B verzichtet (§§ 771, 773 BGB). Dass demgegenüber zum *Beispiel* allein im Abschluss eines „Avalkreditvertrages" zwischen einem Schuldner und einer Bank noch kein Bürgschaftsvertrag zugunsten des Gläubigers zu sehen ist, werden Sie noch sehen.

Wir wollen uns jetzt auf die „klassische" Konstellation eines **Bürgschaftsvertrages zwischen** dem **Gläubiger** und dem **Bürgen** und auf die weiteren bereits oben genannten am häufigsten zu diskutierenden **Fragen (Vertretung, Inhalt der Bürgschaftserklärung, Nichtigkeitsgründe, Verbraucherschutz, Form)** konzentrieren. Wie bei jedem Vertrag kann man auch beim Abschluss eines Bürgschaftsvertrages durch einen Boten oder durch einen Vertreter handeln (§ 164 BGB).

Insbesondere kann bei einem solchen zwischen dem Gläubiger und dem Bürgen abgeschlossenen Vertrag der **Hauptschuldner** der **Bote** oder der **Vertreter** des **Bürgen** sein.

**Fall 85**

Der GBV ist Generalbevollmächtigter des Bü. Dieser hat nach der Vollmachtserteilung dem GBV den Abschluss von Bürgschaftsverträgen untersagt. Der GBV schließt im eigenen Namen für sich selbst handelnd einen Darlehensvertrag mit G ab. Zur Sicherung der Zahlungspflichten hieraus schließt er im Namen des Bü einen Vertrag über eine selbstschuldnerische Bürgschaft mit dem G in der Form des § 766 BGB. Der G hätte wissen müssen, dass der Bü dem GBV den Abschluss von Bürgschaftsverträgen untersagt hat. Der G nimmt den Bü in Anspruch. Der Bü verweigert die Leistung (nach BGH).

Der Anspruch ergibt sich aus § 765 BGB, wenn zwischen G und Bü ein wirksamer Bürgschaftsvertrag zustande gekommen ist (§§ 765, 766, 164 Abs. 1 BGB). a) Eine Hauptverbindlichkeit besteht (§ 488 Abs. 1 S. 2 BGB). b) Die zum Abschluss eines Bürgschaftsvertrages aa) nötigen Willenserklärungen haben der G und der GBV abgegeben. bb) Die Willenserklärung des GBV entspricht der Form des § 766 BGB. cc) Der GBV müsste den Bü wirksam vertreten haben. aaa) Er hat im fremden Namen bbb) mit Vertretungsmacht gehandelt. Das Verbot des Bü Bürgschaftsverträge abzuschließen, schränkt die Vollmacht nicht ein; es handelt sich lediglich um eine im Innenverhältnis wirkende Weisung i. S. d. § 665 BGB. ccc) Der Vertrag ist nicht nach § 181 BGB nichtig, da der GBV nur auf der Seite des Bü tätig geworden ist, ddd) wohl aber liegt ein Fall des Missbrauchs der Vertretungsmacht vor, der – weil G diesen hätte erkennen können – zur schwebenden Unwirksamkeit (§ 177 BGB analog) und wegen der Verweigerung der Genehmigung seitens des Bü zur Nichtigkeit führt.

**Fall 86**

Der V hat gegen den K eine fällige Kaufpreisforderung in Höhe von € 100.000,–. Als der K nicht zahlen kann, erklärt sich der V gegen Stellung eines selbstschuldnerischen Bürgen zur Stundung der Forderung für 6 Monate bereit. Der K schließt mit der B-Bank AG einen „Avalkreditvertrag" des Inhalts ab, dass die B-Bank die selbstschuldnerische Bürgschaft für die Kaufpreisforderung des V übernimmt. Als K nach 6 Monaten nicht zahlt, nimmt der V die B-Bank in Anspruch (nach BGH).

Der Anspruch ergibt sich aus § 765 BGB, wenn zwischen dem V und der B-Bank AG ein wirksamer Bürgschaftsvertrag zustande gekommen ist (§ 765 BGB). a) Hier könnte der Vertrag nach §§ 765, 328 BGB zustande gekommen sein; der Form des § 766 BGB bedurfte er nach §§ 350, 6 HGB, 3 AktG nicht. b) Im Abschluss eines Avalkreditvertrages zwischen einem Schuldner und einer Bank liegt aber kein Bürgschaftsvertrag zugunsten des Gläubigers, sondern nur eine Verpflichtung der Bank gegenüber ihrem Kunden, einen Bürgschaftsvertrag abzuschließen. Ein solcher ist bisher aber nicht abgeschlossen worden.

In **inhaltlicher Hinsicht** muss die **Willenserklärung** des **Bürgen** alle **wesentlichen Merkmale** der **Bürgschaft** („essentialia negotii") umfassen; das sind

- zum Einen die zu sichernde **Hauptforderung,** die **inhaltlich bestimmt** sein muss. Sie bestimmt den Umfang des vom Bürgen übernommenen Risikos. Das ist **problematisch**, wenn unklar ist, für welche von **mehreren** in **Betracht kommenden Verbindlichkeiten** der Bürge sich verbürgt hat; hier hilft die Auslegung des Bürgschaftsvertrages. Bei **Verbindlichkeiten**, die **„unübersehbar"** sind, wie im Fall einer Bürgschaft „für alle nur irgendwie denkbaren künftigen Verbindlichkeiten" wird man die inhaltliche Bestimmtheit verneinen müssen; ausreichend sein dürfte aber eine sachliche Begrenzung auf Forderungen „aus einer Geschäftsverbindung" oder eine Bürgschaft für „alle gegenwärtigen und künftigen Forderungen einer Bank gegen den Hauptschuldner".
- Enthalten muss sie ferner den **Gläubiger** der Hauptschuld, der u. U. aus der Bezeichnung der Hauptschuld bestimmt werden kann,
- sowie den **Hauptschuldner**, der ebenfalls u. U. aus der Bezeichnung der Hauptschuld bestimmt werden kann.
- Enthalten muss sie die **Erklärung** des **Bürgen**, für die Erfüllung der Hauptschuld als **Bürge** für eine **fremde Schuld** einstehen zu wollen,
- wobei es bestimmte **Sonderformen** gibt: **a)** Eine **Ausfallbürgschaft**: Der Ausfallbürge kann nur in Anspruch genommen werden, wenn der Schuldner „ausgefallen" ist, also wenn keine Zahlung erlangt worden ist und wenn bestellte Sicherheiten nicht zur Befriedigung geführt haben. **b)** Eine **Teilbürgschaft**: Die Teilbürgen stehen nur für einen Teil der Forderung ein. **c)** Eine **Höchstbetragsbürgschaft**: Der Höchstbetragsbürge haftet für die Erfüllung der gesamten Forderung, aber nur bis zu einem bestimmten Betrag. **d)** Eine **Mitbürgschaft**: Die Mitbürgen stehen für dieselbe Verbindlichkeit als Gesamtschuldner ein (§ 769 BGB). **e)** Eine **Nachbürgschaft**: Der Nachbürge bürgt für die Erfüllung durch den Hauptbürgen. **f)** Eine **Rückbürgschaft**: Der Rückbürge steht für die Erfüllung der Regressverbindlichkeit des Hauptschuldners ein, indem er sich für den Rückgriffsanspruch des Bürgen gegenüber dem Hauptschuldner verbürgt. Wenn der Bürge an den Gläubiger gezahlt hat, sichert er den Rückgriffsanspruch aus dem Innenverhältnis (z. B. aus § 670 BGB) und den nach § 774 Abs. 1 S. 1 BGB auf den Bürgen durch eine cessio legis übergegangenen Zahlungsanspruch des Gläubigers gegen den Hauptschuldner. Mit einer Zahlung des Rückbürgen an den Bürgen erlangt der Rückbürge über § 774 Abs. 1 S. 1 BGB diese beiden Ansprüche des Bürgen gegen den Hauptschuldner. **g)** Eine **Zeitbürgschaft**; diese Bezeichnung hat eine doppelte Bedeutung: **aa)** Der Zeitbürge steht für alle Verbindlichkeiten des Hauptschuldners, die innerhalb einer bestimmten Frist entstehen, ein; **bb)** oder der selbstschuldnerische Bürge wird frei, wenn der Gläubiger seine Inanspruchnahme nicht innerhalb einer bestimmten Zeit anzeigt (§ 777 BGB).

Ein nach korrespondierender deckungsgleicher **Annahmeerklärung** zustande gekommener **Bürgschaftsvertrag** soll dann nach **§ 138 Abs. 1 BGB nichtig** sein können, wenn ein

- **krasses Missverhältnis zwischen** der **Verpflichtung** des Bürgen und seiner Leistungsfähigkeit besteht,
- es sich bei dem Bürgen um **einen vermögens-** und **einkommenslosen** bzw. **einkommensschwachen Angehörigen** handelt
- und andererseits der **Gläubiger kein berechtigtes Interesse** an der Bürgschaft hat,
- **es sei denn** es besteht ein im Bürgschaftsvertrag ausgewiesener **besonderer Haftungszweck:** z. B. ein zu erwartender Vermögenszuwachs des Bürgen (bei einer zu erwartenden Erbschaft könnte dem aber § 311b Abs. 4 BGB entgegenstehen) oder bevorstehende Vermögensverschiebungen des Hauptschuldners auf den Bürgen.

Ansonsten aber steht allein der Umstand, dass die Bürgschaftsforderung die wirtschaftliche Leistungskraft des Bürgen überfordert, der Wirksamkeit des Bürgschaftsvertrages nicht entgegen; die **Bürgschaft** eines **lediglich „Armen“** ist nicht allein deshalb sittenwidrig und nach § 138 Abs. 1 BGB nichtig.

**Fall 87**

Auf Wunsch ihres Vaters S, der bei der G-Sparkasse eine Erweiterung seines Kreditlimits für einen Geschäftskredit beantragt hatte, hatte die B mit der G-Sparkasse einen Vertrag über eine Höchstbetragsbürgschaft über € 100.000,– formgerecht abgeschlossen. Die 21 jährige B besaß kein Vermögen und verdiente als ungelernte Fließbandarbeiterin monatlich € 1150,–. Der Sachbearbeiter der Sparkasse kannte diese Umstände, hatte aber vor dem Vertragsschluss erklärt, sie, die B, gehe keine große Verpflichtung ein, er brauche ihre Unterschrift „nur für die Akten“. Später geriet der S in Vermögensverfall, und die G-Sparkasse nahm die B in Anspruch (nach BGH).

Ein Anspruch aus § 765 BGB besteht deshalb nicht, weil der Bürgschaftsvertrag nach § 138 Abs. 1 BGB nichtig ist. Hierzu gibt es unterschiedliche Argumente: a) Entweder wird gesagt, Sittenwidrigkeit sei gegeben, weil die Privatautonomie (Art. 2 Abs. 1 GG) aufgrund der strukturellen Unterlegenheit wegen des nach seinem Inhalt ungewöhnlich belastenden Bürgschaftsvertrages und wegen des offensichtlich unangemessenen Interessensausgleichs nicht mehr bestehe (BVerfG). b) Oder man argumentiert mit dem BGH rein zivilrechtlich mit § 138 Abs. 1 BGB, indem man den Bürgschaftsvertrag aa) entweder schon deshalb für sittenwidrig hält, aaa) weil wegen der Höhe der Bürgschaft die nur geringe finanzielle Leistungskraft des Bürgen überstiegen ist und dieser krass überfordert wird und weil beim Abschluss des Bürgschaftsvertrages die Entscheidungsfreiheit des Bürgen wegen seiner persönlichen Nähe zum Schuldner in vom Gläubiger zurechenbar beeinflusster Weise ausgenutzt worden ist. bbb) Das kann hier auch nicht dadurch kompensiert werden, dass der Gläubiger ein berechtigtes Interesse an der Bürgschaft hat, weil nichts dafür spricht, dass der Schuldner eine Vermögensverlagerung auf den Bürgen beabsichtigt oder dass beim Bürgen ein Vermögenszuwachs bevorsteht. bb) Oder man begründet die Sittenwidrigkeit damit, dass der Gläubiger das Haftungsrisiko des Bürgen „verniedlicht" („nur für die Akten") hat. cc) Oder man geht „auf Nummer sicher" und addiert beide Gründe.

Die Frage, ob die **Verbraucherschutzvorschriften** auf die Bürgschaft anwendbar sind, haben wir

- hinsichtlich der **§§ 491 ff. BGB** bereits erörtert und eine Analogie nur für die Fälle in Erwägung gezogen, in denen die Hauptschuld ein Verbraucher-/Existenzgründerdarlehen ist; dann kann dem Bürgen ein Widerrufsrecht nach §§ 491, 495, 355 BGB zustehen.
- Wenn der Hauptschuldner ein Verbraucher ist (§ 13 BGB) und die Hauptschuld außerhalb von Geschäftsräumen begründet wird (§ 312 Abs. 1 BGB), dann soll, wenn auch der Bürge Verbraucher ist und auch die Übernahme der Bürgschaft außerhalb von Geschäftsräumen erfolgt, der Bürge ein **Widerrufsrecht** nach **§§ 312g Abs. 1 Var. 1, 355 BGB** haben.

Die **Bürgschaftserklärung** (also **nur die Willenserklärung** des **Bürgen** und nicht die des Gläubigers!!) bedarf zum Zwecke des Schutzes des Bürgen vor „Übereilung" grundsätzlich einer **Form**:

Die Bürgschaftserklärung und auch eine eventuelle spätere Erweiterung der Verpflichtung des Bürgen bedürfen in **doppelter Hinsicht** der **Form**: Sie muss **schriftlich** (§ 126 BGB) erklärt werden; dazu gehört, dass **alle wesentlichen Inhalte** (Person des Gläubigers, des Hauptschuldners, die zu sichernde Forderung und der Wille, sich verbürgen zu wollen) schriftlich vorliegen. Das Formerfordernis gilt auch für Verpflichtungen des Bürgen gegenüber dem Gläubiger (i. d. R. durch einen Vorvertrag) zum Abschluss eines Bürgschaftsvertrages, weil sonst § 766 BGB umgangen werden könnte. Denn aus dem Vorvertrag kann auf den Abschluss des Hauptvertrages geklagt werden. Und die Zwangsvollstreckung vollzieht sich nach § 894 ZPO, demzufolge die Willenserklärung des verurteilten Bürgen durch das rechtskräftige Urteil fingiert wird, und zwar als formwirksam fingiert wird. Sie drücken sich doch nicht um die Lektüre des § 894 ZPO herum?! Bei der Einschaltung eines Vertreters muss § 167 Abs. 2 BGB zum Zwecke der Formwahrung in Fällen der Blankoausstellung einer Bürgschaftsurkunde teleologisch reduziert werden, wobei allerdings § 172 Abs. 2 BGB zum Schutze des Gläubigers angewendet werden kann. Auch die Genehmigung vollmachtlosen Handelns nach § 177 BGB muss entgegen der Regel des § 182 Abs. 2 BGB der Formvorschrift des § 766 BGB gehorchen. Ein **Formmangel** führt nach **§ 125 BGB** zur **Nichtigkeit**. Die Berufung auf einen **versehentlichen Formmangel** seitens des Bürgen ist jedoch nach **§ 242 BGB** bei „schlechthin untragbaren" Ergebnissen (zu denken wäre daran, dass der Bürge über einen langen Zeitraum hinweg Vorteile aus dem Kredit genossen hat) unzulässig. Allerdings sollte man im Fall der bewussten Nichtbeachtung der Form, wenn sich die Parteien also bewusst nicht dem Recht stellen, mangels eines Rechtsfolgewillens dem Gläubiger keinen Erfüllungsanspruch zuzusprechen. Bei Nichtwahrung der Form ist eine **Heilung** des **Formmangels** möglich (§ 766 S. 3 BGB). Dies ist nicht die einzige Vorschrift des BGB, bei der ein Formmangel geheilt wird. Der wichtigste war der Ihnen lange bekannte § 311b Abs. 1 S. 2 BGB: Bei einem Verpflichtungsvertrag über Grundstücke wird der „ohne Beobachtung dieser Form" (welcher?) „geschlossene Vertrag ...seinem ganzen Inhalt nach wirksam, wenn die Auflassung" (was ist das? lesen Sie §§ 873, 925 BGB) „und die Eintragung in das Grundbuch" (lesen Sie §§ 13, 19, 20, 29, 39 GBO) „erfolgen". Weniger wichtig ist § 518 Abs. 2 BGB. Die Formbedürftigkeit nach § 766 BGB hat auch Bedeutung für die **Auslegung** der **Bürgschaftserklärung**; sie richtet sich nämlich grundsätzlich nach dem Wortlaut der Urkunde; außerhalb der Urkunde befindliche Tatsachen sind nur maßgeblich, wenn diese in der schriftlichen Erklärung einen Ausdruck gefunden haben („Andeutungstheorie"). Von dem Formerfordernis des § 766 BGB macht **§ 350 HGB** eine Ausnahme bei der **Bürgschaft** eines **Kaufmannes**.

Der **Zugang** einer solchen, i. d. R. den Antrag enthaltenden, **Bürgschaftserklärung** des Bürgen beim Gläubiger tritt erst dann ein, wenn sie dem Gläubiger **„erteilt"** worden ist. Dazu muss die Bürgschaftsurkunde dem Gläubiger wenigstens vorübergehend ausgehändigt worden sein **(§ 766 S. 1 BGB)**. In der Praxis behält der Gläubiger die Bürgschaftserklärung und „gibt die Bürgschaft" (gemeint ist die Urkunde) dann, wenn die Forderung getilgt worden ist, „zurück".

Die **Annahmeerklärung** des **Gläubigers** kann konkludent (z. B. durch das Behalten der Bürgschaftsurkunde) und formlos abgegeben werden; ein Zugang ist dann nicht mehr erforderlich (§ 151 BGB).

**Fall 88**

Der S will einen privaten Kredit über € 100.000,– mit einer Laufzeit von 2 Jahren zu einem Zinssatz von 8 % zu einem noch nicht bestimmten Zeitpunkt bei einem seiner Bekannten aufnehmen. Der B ist bereit, dafür zu bürgen. Er stellt dem S eine von ihm unterschriebene Urkunde aus, in der es heißt: „Ich bürge selbstschuldnerisch für einen von S bei ... aufzunehmenden Kredit über € 100.000,– mit einer Laufzeit von 2 Jahren zu einem Zinssatz von 8 %". Er erklärt dem S mündlich, dass er ihn bevollmächtige, den Bürgschaftsvertrag mit dem jeweiligen Kreditgeber abzuschließen. Der S nimmt bei G einen Kredit über € 100.000,– mit einer Laufzeit von 2 Jahren zu einem Zinssatz von 8 % auf und schließt unter Vorlage der von ihm durch Einsetzung des Namens des G als Gläubiger vervollständigten Urkunde im Namen des B mit dem G einen dem Inhalt der so vervollständigten Urkunde entsprechenden Bürgschaftsvertrag ab. Der G nahm an, dass sein Name bereits von dem B in die Urkunde eingetragen worden sei. Als das Darlehen nach den 2 Jahren Laufzeit nicht getilgt wird, nimmt der G den B in Anspruch (nach BGH).

Der Anspruch könnte sich aus einem Bürgschaftsvertrag (§ 765 BGB) ergeben. a) Eine fällige Hauptforderung besteht. b) Es müsste ein Bürgschaftsvertrag zwischen B und dem G bestehen. Das wäre nach §§ 164, 765 BGB der Fall, wenn der S den B wirksam vertreten hätte. aa) Der S hat im Namen des B gehandelt. bb) Er müsste Vollmacht gehabt haben und im Rahmen der Vollmacht gehandelt haben. aaa) Es ist eine Innenvollmacht erteilt worden (§ 167 Abs. 1 Var. 1 BGB). bbb) Die Vollmachtserteilung zum Abschluss eines Bürgschaftsvertrages bedarf aber (entgegen der Regel des § 167 Abs. 2 BGB) der Schriftform, weil sonst der Schutzzweck des § 766 BGB ausgehöhlt würde; die Vollmacht müsste schriftlich sein und den Gläubiger, den Hauptschuldner und die gesicherte Forderung bezeichnen (BGH). Danach hätte der S keine Vollmacht zum Abschluss des Bürgschaftsvertrages. ccc) Der BGH nimmt jedoch an, dass der B sich nach § 172 Abs. 2 BGB gegenüber dem gutgläubigen G so behandeln lassen muss, als wenn er den S wirksam bevollmächtigt hätte.

**Fall 89**

Der G ist einziger Gesellschafter der G-GmbH (sog. „Ein-Mann-GmbH“; vgl. dazu §§ 1, 7 Abs. 2 S. 3, 8 Abs. 2 S. 2, 19 Abs. 4 S. 1, 35 Abs. 4, 48 Abs. 3 GmbHG). Er schuldet der B-Bank € 100.000,– aus einem fälligen privaten Anschaffungsdarlehen, das er wegen eines finanziellen Engpasses z.Zt. nicht tilgen kann. Als die Bank Zahlung verlangt, verspricht er die Stellung eines Bürgen gegen Stundung des Darlehens für 6 Monate. Die B-Bank erklärt sich dazu bereit. Im Auftrag des G ruft der Prokurist P der G-GmbH bei der B-Bank an und erklärt, dass die G-GmbH für die Schuld des G bürgen werde; der zu Bankgeschäften ermächtigte Sachbearbeiter SB der B-Bank erklärt sein Einverständnis und erklärt anschließend gegenüber dem G, dass die Forderung für 6 Monate gestundet sei. Als G nach Ablauf von 6 Monaten nicht gezahlt hat, nimmt die B-Bank die G-GmbH in Anspruch.

Der Anspruch kann sich aus § 765 BGB ergeben. a) Die Hauptschuld ergibt sich aus § 488 Abs. 1 S. 2 BGB. b) Fraglich ist, ob ein wirksamer Bürgschaftsvertrag geschlossen worden ist: aa) Das Angebot der G-GmbH ist durch P als deren Vertreter erklärt worden (§ 164 BGB); er hatte Vertretungsmacht und hat in deren Rahmen gehandelt (§§ 48 f. HGB; der Abschluss eines Bürgschaftsvertrages gehört zum Betrieb *eines* – § 49 HGB – Handelsgewerbes). Der Wirksamkeit würden §§ 766, 125 BGB entgegenstehen, wenn nicht § 350 HGB gilt; dazu müsste die Bürgschaft für die G-GmbH ein Handelsgeschäft gewesen sein (§ 343 HGB); das setzt folgendes voraus: Die G-GmbH müsste Kaufmann sein; das ist sie nach §§ 6 Abs. 2 HGB, 13 Abs. 3 GmbHG („Formkaufmann“). Der Abschluss des Bürgschaftsvertrages müsste „zum Betrieb *seines* Handelsgewerbes gehören“; dafür spricht die Vermutung des § 344 Abs. 1 HGB. Also ist der Bürgschaftsvertrag formwirksam. bb) Die Annahme hat der Sachbearbeiter SB der B-Bank wirksam für die B-Bank erklärt (§§ 164 BGB, 54 HGB). c) Kann die G-GmbH sich verteidigen (allgemeine Ausführungen dazu folgen später)? aa) Die Einrede der Vorausklage nach § 771 BGB entfällt nach § 349 HGB. bb) Die Bürgin (G-GmbH) kann die Einrede des Hauptschuldners G aus der Stundung (§ 768 BGB) nach Ablauf der 6 Monate nicht mehr erheben.

**Fall 90**

Eine englische „Limited"-Gesellschaft (L) schließt als Verkäuferin durch ihren gesetzlichen Vertreter in Spanien einen Liefervertrag über 3000 Jeans mit der deutschen G-GmbH, einer „Einmann-GmbH", als Käuferin. Auf Drängen des Alleingesellschafters G der G-GmbH wird vereinbart, dass die L vorleistet. Zur Sicherung der Kaufpreisforderung der L gegen die G-GmbH gibt der G vor einem deutschen Notar eine selbstschuldnerische Bürgschaftserklärung ab und faxt diese an den Ort des Vertragsschlusses in Spanien. Zur Aushändigung einer Ausfertigung der Urkunde an den Vertreter der L kommt es nicht. Nach erfolgter Lieferung nimmt die L wegen Ausbleibens der Zahlung den G auf Zahlung in Anspruch (nach BGH).

1) Der Anspruch der L gegen den G könnte sich aus § 765 BGB ergeben. a) Da der Sachverhalt einen Auslandsbezug hat, muss geprüft werden, welches Recht anwendbar ist. aa) UN-Kaufrecht (CISG) gilt für die Bürgschaft nicht. bb) Nach Art. 28 Abs. 2 S. 1 EGBGB gilt deutsches Recht, da ein Bürgschaftsvertrag „die engsten Verbindungen mit dem Staat aufweist, in dem die Partei, welche die charakteristische Leistung zu erbringen hat, im Zeitpunkt des Vertragsabschlusses ihren gewöhnlichen Aufenthalt … hat"; das ist Deutschland. b) Der Bürgschaftsvertrag müsste daher nach deutschem Recht wirksam geschlossen worden sein. aa) Zwei auf den Abschluss eines Bürgschaftsvertrages gerichtete übereinstimmende Willenserklärungen liegen vor. bb) Fraglich ist, ob die Erklärung des G formgerecht ist. aaa) Wendet man auch hierauf deutsches Recht an, aaaa) so würde die Erklärung des G nicht der Formvorschrift des § 766 BGB („Erteilung in schriftlicher Form") entsprechen. Denn diese Norm setzt die Aushändigung der handschriftlich unterzeichneten Urkunde voraus. Eine Abschrift, Kopie, Fax etc. reicht grundsätzlich nicht. Daher ist die Form des § 766 nicht gewahrt. bbbb) Auch ist das Formerfordernis aaaaa) nach dem Wortlaut des § 350 HGB nicht entbehrlich, da der Alleingesellschafter G einer GmbH kein Kaufmann ist; denn nicht er, sondern die G-GmbH betreibt das Handelsgewerbe (§ 1 HGB). bbbbb) Allerdings sollte man erwägen, auch die Alleingesellschaftern/Geschäftsführer im Hinblick auf teleologische Überlegungen in § 350 HGB einzubeziehen; denn diese Personen sind ebenso geschäftsgewandt wie die Gesellschaften, deren Organe sie sind. Es ist daher durchaus vertretbar, das Argument aus dem Wortlaut („wer ein Handelsgewerbe betreibt") zurücktreten zu lassen und § 350 HGB anzuwenden. cccc) Wer dies anders sieht, müsste erwägen, ob die Berufung auf den Formmangel wegen Treuwidrigkeit nach § 242 BGB unzulässig ist. Man wird dies aber verneinen müssen, weil nach § 242 BGB der Formmangel nur dann unbeachtlich ist, wenn ein Bürge über einen langen Zeitraum hinweg Vorteile aus dem Kredit genossen hat. Danach ist die Bürgschaft nach deutschem Recht unwirksam. bbb) Die Frage ist jedoch, ob hinsichtlich der Form der Bürgschaft nach Art 11 Abs. 2, 3 EGBGB spanisches Recht als „Ortsrecht" anwendbar ist. Nimmt man dies an, dann muss man (in der Praxis üblicherweise durch ein Gutachten des Max-Planck-Instituts für Ausländisches und Internationales Privatrecht in Hamburg) klären, ob nach spanischem Recht die Form gewahrt ist. 2) Der Anspruch könnte sich aber auch aus §§ 778, 765 Abs. 1 BGB ergeben. a)

Dazu müsste ein formfrei möglicher Kreditauftrag des Alleingesellschafters an die L zugunsten der GmbH aa) entweder vereinbart sein bb) oder aufgrund einer Umdeutung des formnichtigen Bürgschaftsvertrages nach § 140 BGB gegeben sein. b) Die Übernahme einer Vorleistungspflicht durch die L ist jedenfalls eine Finanzierungshilfe i. S. d. § 778 BGB. Entscheidend ist, ob der Alleingesellschafter G einen Anspruch gegen den Beauftragten auf Kreditgewährung an den Dritten erwerben wollte und sich umgekehrt selbst verpflichten wollte. c) Die Folge wäre eine bürgenähnliche Haftung des G.

(2) Die Hauptschuld, „Akzessorietätsprinzip"

Es muss weiterhin eine durch die Bürgschaft gesicherte **Hauptschuld** gegeben sein. Diese Abhängigkeit der Bürgschaftsverpflichtung von der Hauptschuld nennen wir das **„Akzessorietätsprinzip"**. Dass diese Hauptverbindlichkeit keinesfalls eine Geldforderung sein muss, wissen Sie längst. Natürlich stehen **Darlehensansprüche** im Vordergrund, aber es gibt auch die **Anzahlungs-**, die **Erfüllungs-** und die **Gewährleistungsbürgschaft** bei Werkverträgen zugunsten des Bestellers zur Sicherung von dessen Ansprüchen gegen den Unternehmer bei einer Vorleistung zur Sicherung des Rückzahlungsanspruchs, zur Sicherung des Herstellungsanspruchs und zur Sicherung von Gewährleistungsansprüchen. Und dass eine Bürgschaft auch eine Möglichkeit zur **Sicherheitsleistung** ist, wissen Sie vielleicht auch schon (§§ 232 Abs. 2, 239 BGB).

Mit dem **Bestehen/Nicht(mehr)bestehen** der **Hauptschuld „steht und fällt"** die **Bürgschaft** (§ 765 Abs. 1 BGB). Wenn die gesicherte Hauptforderung **noch nicht besteht**, ist dies jedoch im Grundsatz unbeachtlich, denn die gesicherte **Forderung kann** auch **künftig** oder **bedingt** sein (§ 765 Abs. 2 BGB); vor Eintritt der Bedingung oder vor Entstehung der Forderung ist die Bürgschaft allerdings „gegenstandslos" oder – wie auch gesagt wird – „schwebend unwirksam". Was ist der Grund dafür, dass hier (und auch in § 1113 Abs. 2 BGB oder § 1204 Abs. 2 BGB) das jeweilige Sicherungsrecht für eine künftige oder eine bedingte Forderung „übernommen/bestellt werden" kann? Stellen Sie sich den Ablauf und die Interessenlage bei der Vornahme z. B. eines Kreditgeschäfts vor: Ein Kreditgeber ist i. d. R. ein vorsichtiger Mensch, und er wird den ihn ja zur Valutierung verpflichtenden Darlehensvertrag vernünftiger Weise erst dann abschließen, wenn aus seiner Sicht die Kreditsicherung gewährleistet ist. Da aber rein technisch gesehen eine Zug-um-Zug-Abwicklung von Darlehensvertrag und Sicherungsgeschäft generell, namentlich bei Verträgen, an denen unterschiedliche Personen beteiligt sind, und vor allem bei gestreckten Tatbeständen, wie z. B. bei einer Hypothekenbestellung, nahezu unvorstellbar ist, wird der Darlehensgeber den Darlehensvertrag erst dann abschließen bzw. das Darlehen erst dann valutieren wollen, wenn bereits ein wirksamer Bürgschaftsvertrag vorliegt oder wenn die Hypothek oder das Pfandrecht wirksam bestellt sind. Das ist durch die Möglichkeit eines Bürgschaftsvertrages, einer Pfandbestellung einer Hypothekenbestellung für künftige oder bedingte Forderungen machbar.

Von besonderer Klausurrelevanz ist die Frage, ob im Fall der **Nichtigkeit** der **Hauptverbindlichkeit** die Bürgschaft wegen des Akzessorietätsprinzips entfällt oder ob in scheinbarer Ausnahme vom Akzessorietätsprinzip ein anstelle der an sich gesichert werden sollenden Hauptforderung eventuell bestehender **Bereicherungsanspruch** durch die **Bürgschaft gesichert** ist. Methodisch handelt es sich um eine durch **Auslegung** zu beantwortende Fragestellung:

- Teils wird angenommen, dass es für die Antwort auf diese Frage darauf ankommen soll, dass der Bürge gewusst hat oder jedenfalls damit gerechnet hat, dass der Darlehensvertrag nichtig ist; in einem solchen Fall soll man seine Erklärung so auslegen können, dass er sich auch für einen Bereicherungsanspruch verbürgen wollte.
- Nach anderer Ansicht sollen die Grundsätze über die ergänzende Vertragsauslegung darüber entscheiden, ob der Bürge sich auch für die Bereicherungsschuld verbürgt hat.

Besonders bedeutsam ist diese Frage für die Fälle einer **Verbürgung** für den Rückzahlungsanspruch bei einem nach § 138 Abs. 1 oder Abs. 2 BGB nichtigen Darlehensvertrag **(„Wucherdarlehen")**, bei dem die **Valutierung erfolgt** ist.

**Fall 91**

Der G gewährt dem S ein Darlehen aufgrund eines wegen des völlig überhöhten Zinssatzes nach § 138 Abs. 1 BGB sittenwidrigen Darlehensvertrages, für dessen Rückzahlung der B sich formwirksam verbürgt hat. Der G nimmt den S nach Ablauf der vereinbarten Zeit auf Rückzahlung der Valuta in Anspruch.

a) Ein Anspruch aus § 488 Abs. 1 S. 2 BGB steht ihm wegen der Nichtigkeit des Vertrages gem. § 138 Abs. 1 BGB nicht zu, b) wohl aber nach § 812 Abs. 1 S. 1 Var. 1 BGB, dem – wie Sie hoffentlich wissen (wenn nicht: keine Sorge, das alles behandeln wir gründlich im Bereicherungsrecht (!) – der § 817 S. 2 BGB nicht entgegensteht.

**Variante**

Wie vor. Der S ist in Vermögensverfall geraten. Der G nimmt den B in Anspruch.

Entscheidend ist, ob die Auslegung des Bürgschaftsvertrages ergibt, dass B sich im Falle der Nichtigkeit des Darlehensvertrages zur Sicherung eines eventuellen Bereicherungsanspruchs verbürgen wollte. (Die gleiche Problemstellung gibt es auch bei der Hypothek; dazu später mehr). a) Gegen eine „automatische" Zuerkennung eines Anspruchs aus § 765 BGB spricht wohl die wertende Überlegung, dass zwar der Bereicherungsanspruch nicht durch § 817 S. 2 BGB gesperrt werden kann, dem Wucherer aber darüber hinaus kein vertraglicher Anspruch zuerkannt werden darf. b) Maßgeblich ist daher eine Auslegung im Einzelfall, bei der für eine Haftung des Bürgen sprechen soll, wenn er sich entgeltlich verbürgt hat (also z. B. als Kaufmann), während eine Gefälligkeitsbürgschaft eher nicht einen eventuellen Bereicherungsanspruch erfassen soll.

Eine interessante Ausnahme vom Akzessorietätsprinzip bilden die Fälle des Wegfalls des Schuldners wegen dessen Vermögenslosigkeit: Wenn der Hauptschuldner eine Handelsgesellschaft ist und diese nach durchgeführter **Liquidation** der **Handelsgesellschaft** wegen Vermögenslosigkeit gelöscht wird, bleibt die Verpflichtung des Bürgen als selbstständige Verpflichtung erhalten. Das illustriert der folgende Fall.

**Fall 92**

Der G. Laube (G) hat eine Kaufpreisforderung gegen die S.C. Hulte-GmbH (S-GmbH), für die sich der der B.U. Erge (B) verbürgt hat. Die inzwischen überschuldete S-GmbH kann die Forderung nicht erfüllen. Nach Ablehnung der Eröffnung des Insolvenzverfahrens wird sie aufgelöst und schließlich wegen Vermögenslosigkeit nach § 141a FGG von Amts wegen im Handelsregister gelöscht. Der G verlangt von B Zahlung. Weil die Forderung gegen die S-GmbH ohne deren Löschung verjährt wäre, beruft sich der B darauf (nach BGH und Peters).

Der Anspruch aus § 765 BGB a) ist entstanden. b) Er könnte wegen eines Wegfalls der gesicherten Hauptforderung infolge der Löschung der GmbH entfallen sein. aa) Denn es gibt wegen des Prinzips der Akzessorietät grundsätzlich keine Bürgschaft ohne Hauptforderung (arge. §§ 765, 767 BGB). bb) Aber hier muss man eine Ausnahme vom Prinzip der Akzessorietät machen, da der Wegfall der Hauptforderung gerade auf der Vermögenslosigkeit des Hauptschuldners beruht, gegen die die Bürgschaft den Gläubiger sichern soll. c) Der Bürge könnte die gegen die Hauptforderung gegebene Einrede der Verjährung nach §§ 768 Abs. 1 S. 1, 214 BGB gegen den ihn aus der Bürgschaft in Anspruch nehmenden Gläubiger geltend machen. aa) Der dagegen erhobene Einwand, dass eine erloschene Hauptforderung nicht verjähren könne, soll wie folgt zerstreut werden können: Der Bestand der Forderung sei keine Voraussetzung für die Geltendmachung der Verjährungseinrede. Denn wenn sie erhoben werde, würde in der Rechtspraxis nicht mehr geprüft, ob die Forderung tatsächlich bestehe. Ob man in den Fällen wie dem hier gegebenen, in denen feststeht, dass die Forderung nicht mehr besteht, anders entscheiden müsse, könne offen bleiben. Denn der im Interesse des Gläubigers angenommene Fortbestand der Bürgschaft trotz Wegfalls der Forderung dürfe nicht dazu führen, die Bürgschaft als eine selbstständige, nicht-akzessorische Forderung, unbegrenzt aufrecht zu erhalten. bb) Dagegen wird ins Feld geführt, dass die Berufung auf eine Verjährung nur dann zulässig sein könne, wenn der Gläubiger die Möglichkeit habe, deren Eintritt durch eine Rechtsverfolgung gegen den Schuldner i. S. d. § 204 BGB (z. B. Klageerhebung) zu verhindern. Dass die Möglichkeit, den Eintritt der Verjährung zu verhindern, das begriffsnotwendige Korrelat einer Verjährung ist, ergebe sich aus § 206 BGB. Weil eine verjährungshemmende Rechtsverfolgung wegen der

Löschung der GmbH nicht möglich sei, sei die Berufung auf eine Verjährung seitens des Bürgen nicht zulässig.

**Variante**

Wie wäre es, wenn die S.C. Hulte-GmbH (S-GmbH) eine Ein-Mann-GmbH mit S.C. Hulte (H) als einzigem Gesellschafter und Geschäftsführer der GmbH wäre und dieser die Bürgschaft übernommen hätte (nach Peters)?

Hier steht man vor der durch Auslegung zu beantwortenden Frage, ob eine Bürgschaft oder ein Schuldbeitritt gegeben ist. 1) Kommt man zu einer Bürgschaft, läge in der Bürgschaft zugleich ein Anerkenntnis der Hauptschuld, das einen Neubeginn der Verjährung zur Folge hat (§ 212 BGB). 2) Nimmt man einen Schuldbeitritt an, für den immerhin spräche, dass der H als einziger Gesellschafter ein „eigenes unmittelbares wirtschaftliches Interesse" an der Erfüllung der Verbindlichkeit der GmbH hatte, gilt nicht der § 768 BGB, sondern § 425 Abs. 1, 2 BGB.

Was den **Umfang** der **Bürgenhaftung** angeht, so ist nach § 767 Abs. 1 S. 1 BGB **„für** die **Verpflichtung** des **Bürgen …** der **jeweilige Bestand** der **Hauptverbindlichkeit maßgebend"**. Vermindert sich die Hauptschuld oder erlischt die Hauptschuld, so teilt die Bürgschaftsverpflichtung deren Schicksal: Sie vermindert sich oder sie erlischt ebenfalls. Erhöht sich die Hauptschuld, so führt allerdings eine rechtsgeschäftliche Erweiterung, an der der Bürge nicht beteiligt ist, nicht zur Erhöhung der Bürgschaftsschuld (§ 767 Abs. 1 S. 3 BGB). Das versteht sich von selbst – dies liefe ja auf einen von „Vertrag zu Lasten eines Dritten" hinaus. Eine durch Allgemeine Geschäftsbedingungen bestimmte Erstreckung der Haftung auf alle bestehenden oder künftigen Forderungen aus der Geschäftsbeziehung des Gläubigers mit dem Hauptschuldner ist wegen der künftigen Forderungen nach § 307 Abs. 2 Nr. 1 BGB und wegen der gegenwärtigen Forderungen nach § 307 Abs. 1 BGB unwirksam. Dagegen erstreckt sich eine gesetzliche Erweiterung „durch Verschulden oder Verzug des Hauptschuldners" auch auf die Bürgschaftsverpflichtung (§ 767 Abs. 1 S. 2 BGB): So führt z. B. eine gesetzliche Erhöhung (z. B. durch einen Anspruch auf Ersatz des Verzögerungsschadens neben der Leistung aus §§ 280 Abs. 1, 2, 286 BGB) zu einer Erhöhung der Bürgschaftsschuld. Der Bürge haftet auch für die Kosten zur Durchsetzung der Hauptforderung (§ 767 Abs. 2 BGB).

Das Prinzip der „Akzessorietät" hat naturgemäß Auswirkungen auf die **Abtretbarkeit** von **Hauptforderung** und **Bürgschaftsforderung** und auf die **Folgen** einer **Abtretung**. Keine Frage ist, dass die **Hauptforderung**, die durch eine Bürgschaft gesichert wird, **abgetreten** werden kann. Die Rechte aus der für sie bestellten Bürgschaft gehen im Regelfall auf den neuen Gläubiger über (§ 401 Abs. 1 BGB). Zwingend ist dieser **„Mitlauf"** allerdings nicht, denn entweder können der Gläubiger und der Bürge durch ein „pactum de non cedendo" vereinbaren (§ 399 Var. 2 BGB), dass die Forderung gegen den Bürgen nicht durch Abtretung auf den neuen Gläubiger übergehen soll. Oder der Zedent und der Zessionar können vereinbaren, dass nur die gesicherte Forderung („isoliert"), nicht aber die Rechte aus der Bürgschaft auf den neuen Zessionar übergehen soll; denn § 401 BGB ist kein zwingendes Recht. Eine interessante Frage ist, was aus der Bürgschaft wird, wenn die Hauptforderung abgetreten wird und die Rechte aus der Bürgschaft aus den vorgenannten Gründen nicht auf den neuen Gläubiger übergehen. Und umgekehrt stellt sich die Frage, ob der **Gläubiger** seine **Forderung gegen** einen **Bürgen „isoliert" abtreten** kann, oder ob dem das Akzessorietätsprinzip entgegensteht.

**Fall 93**

Der G1 veräußert und tritt seine durch eine selbstschuldnerische Bürgschaft des Bü gesicherte Darlehensforderung an den G2 ab, wobei er für die Bonität der Forderung eintritt. Der Übergang der Rechte aus der Bürgschaft war durch Vertrag zwischen G1 und dem Bü ausgeschlossen. Als der S bei Fälligkeit nicht zahlt, verlangt der G1 von dem Bü Zahlung an den G2. Der Bü zahlt an den G2 und nimmt seinerseits den S in Anspruch.

Der Anspruch des Bü gegen den S könnte sich aus §§ 774 Abs. 1, 488 BGB ergeben. Dann müsste der Bü Bürge geblieben sein und als solcher den Gläubiger befriedigt haben. Voraussetzung dafür ist, dass die Verpflichtung aus dem Bürgschaftsvertrag trotz der Unabtretbarkeit der Bürgschaftsverpflichtung noch bestand. a) Wenn man annimmt, dass die Bürgschaftsforderung nach § 1250 Abs. 2 BGB analog erloschen ist (BGH), dann bestünde der Anspruch nicht. b) Man kann aber auch annehmen, dass es – wegen der Haftung des G1 für die Bonität des S – Fälle gibt, in denen ein praktisches Bedürfnis für das Fortbestehen der Bürgschaftsverpflichtung besteht, und dass aus dem Akzessorietätsprinzip kein automatisches „Identitätserfordernis" von Forderungs- und Bürgschaftsgläubiger abzuleiten sei (argec. § 1153 BGB); dann muss man hier von einem Fortbestehen der Bürgschaftsverpflichtung des Bü ausgehen. Der Bü hätte daher einen Regressanspruch gegen den S, wenn er auf Verlangen des G1 an den G2 leistet.

**Fall 94**

Der Bü hat sich gegenüber dem G1 für einen Darlehensanspruch gegen die A, B – oHG verbürgt. Die A, B – oHG wird wegen Gesellschaftsinsolvenz liquidiert. Der G1 tritt seinen Anspruch gegen den Bü an den G2 ab. Der G2 nimmt den Bü in Anspruch.

a) Man könnte wegen des Wegfalls des Hauptschuldners und dem damit verbundenen Untergang der Hauptschuld einen Untergang der Bürgschaftsverpflichtung annehmen. b) Weil aber die Bürgschaftsverpflichtung gerade für den Fall der Insolvenz des Hauptschuldners begründet wurde, kann sie nicht aus diesem Grunde untergehen, sondern muss ungeachtet der dogmatischen Bedenken gegen eine isolierte Abtretbarkeit der Rechte des Gläubigers gegen einen Bürgen als selbstständiger Anspruch bestehen bleiben.

(3) Sicherungsabrede

Wie bereits ausgeführt: Zusätzlich zum Abschluss eines Bürgschaftsvertrages und dem Bestehen einer Hauptschuld ist eine entweder ausdrücklich vereinbarte oder, was Abschluss und Inhalt angeht, durch Auslegung zu ermittelnde **Sicherungsabrede** zwischen dem Gläubiger und dem Schuldner für die Wirksamkeit des Bürgschaftsvertrags zwar nicht konstitutiv, aber i. d. R. gegeben.

Aus ihr ergibt sich die **Verpflichtung** zur **Stellung** einer **Bürgschaft**.

Durch die Sicherungsabrede wird ferner der durch den Bürgschaftsvertrag zu erzielende **Sicherungszweck festgelegt**, der wiederum Auskunft darüber gibt, unter welchen Voraussetzungen der Gläubiger im Verhältnis zum Hauptschuldner (nicht im Verhältnis zum Bürgen, der aber über § 768 BGB Einwendungen und Einreden des Hauptschuldners geltend machen kann; dazu sogleich mehr!) den Bürgen in Anspruch nehmen darf.

Ist der **Sicherungsvertrag unwirksam** oder **fehlt** es am **Sicherungszweck** oder **kann** der **Sicherungszweck nicht** mehr **eintreten**, hat der Schuldner diverse Ansprüche gegen den Gläubiger, nämlich einen Anspruch auf Herausgabe der Bürgschaftsurkunde i. d. R. an den Bürgen, einen Anspruch auf Nichtinanspruchnahme des Bürgen. Und sollte der Gläubiger den Bürgen in Anspruch genommen haben und dieser bereits geleistet haben, kann der Schuldner Rückzahlung an den Bürgen fordern.

(4) Innenverhältnis Hauptschuldner- Bürge

Ebenfalls nicht konstitutiv für die Wirksamkeit des Bürgschaftsvertrages ist das **„Innenverhältnis“** zwischen dem Bürgen und dem Hauptschuldner. Das Innenverhältnis (auch „Avalverhältnis“ genannt) legt den **Rechtsgrund** für die **Bürgschaftserteilung**. Weil das Innenverhältnis für das Rechtsverhältnis des Bürgen zum Gläubiger unerheblich ist, kann der Bürge aus ihm auch keinerlei Einwendungen gegenüber dem Gläubiger geltend machen. Es kann eine Rechtsquelle für **Regressansprüche** sein oder aber auch einen **Regress ausschließen**.

Bürgschaften können **unentgeltlich** übernommen werden.

Dann ist das Innenverhältnis entweder ein **Auftrag**, der sich nach §§ 662 ff. BGB richtet. Dann hätte der an den Gläubiger leistende Bürge neben dem Regressanspruch aus §§ 774, 412, 399 ff. BGB auch noch einen Aufwendungsersatzanspruch aus § 670 BGB gegen den Schuldner.

Wenn das Innenverhältnis wegen des **Verzichts auf** den **Rückgriff** aber eine **Schenkung** i. S. d. § 516 BGB ist, gibt es natürlich keinen Regressanspruch aus dem vertraglichen Innenverhältnis und auch nicht aus §§ 774, 412, 399 ff. BGB – dazu später mehr.

Es gibt aber auch **entgeltlich** übernommene Bürgschaften, z. B. bei Bürgschaften einer Bank, bei der man das Innenverhältnis, das ein Geschäftsbesorgungsvertrag nach § 675 BGB ist, **„Avalkreditvertrag“** nennt. Der Schuldner hätte dann „Avalzinsen“ zu zahlen. Ein Regress ergäbe sich dann aus dem Innenverhältnis aus §§ 675, 670 BGB und aus §§ 774, 412, 399ff. BGB. Ich hoffe Sie erinnern sich noch: Der bloße Abschluss eines „Avalkreditvertrages“ des Hauptschuldners mit z. B. „seiner“ Bank ist kein Bürgschaftsvertrag zugunsten des Gläubigers aus

§§ 765 ff, 328 BGB, sondern verpflichtet die Bank nur zum Abschluss eines Bürgschaftsvertrages mit dem Gläubiger.

bb) Die Verteidigung des Bürgen

Der **Bürge** kann sich **gegen** den ihn in Anspruch nehmenden **Gläubiger** auf unterschiedliche Weisen **verteidigen**, und zwar

- mit die **Hauptschuld betreffenden Einwendungen („schuldnerbezogene Einwendungen")**,
- mit eigenen **Einwendungen** und **Einreden** des **Bürgen** aus dem **Verhältnis zum Gläubiger („bürgenbezogene Einwendungen und Einreden")**,
- mit den **Einreden** des **Hauptschuldners gegen** die **Forderung („schuldnerbezogene Einreden")**,
- mit sich aus **Gestaltungsrechten** des **Hauptschuldners** hinsichtlich der **Hauptforderung** ergebenden **Einreden (der „Gestaltbarkeit")**,
- mit einer sich aus der **Aufrechnungsmöglichkeit** des **Gläubigers** ergebenden **Einrede (der „Aufrechnungsbefugnis")**
- und mit der Einrede der **Vorausklage**.

(1) Die Hauptschuld betreffende Einwendungen („schuldnerbezogene Einwendungen")

Aus dem Grundsatz der **Akzessorietät** folgt, dass der Bürge sich auf die der **Hauptschuld** entgegenstehenden **„Wirksamkeitshindernisse" (rechtshindernde Einwendungen)** oder auf die die Hauptschuld beseitigenden **Beendigungsgründe (rechtsvernichtende Einwendungen)** sowie auf die den gesicherten Anspruch betreffenden **„Erlöschensgründe"** berufen kann **(„schuldnerbezogene Einwendungen")**. Diese Begriffe sind Ihnen derzeit noch fremd. Sie werden Ihnen erst **sub II, III** und **sub B** vorgestellt werden. Hier eine kurze Erläuterung dazu: Bei den Rechtsgeschäften, speziell Verträgen entgegenstehenden „Wirksamkeitshindernissen" geht es z. B. um Mängel in der Geschäftsfähigkeit, Formmängel, Nichtigkeit nach §§ 134, 138 BGB. Unter „Beendigungsgründen" verstehen wir die Anfechtung, den Rücktritt, den Widerruf, die Kündigung und einen Aufhebungsvertrag **(sub II, III)**. Trotz wirksamen und nicht beendeten Rechtsgeschäfts, speziell Vertrages, kann ein daraus resultierender Anspruch oder ein Anspruch aus einem gesetzlichen Anspruch erloschen sein oder undurchsetzbar sein **(sub B)**.

**Fall 95**

Der Bü hat sich formwirksam und unter Verzicht auf die Einrede der Vorausklage gegenüber dem V für eine Kaufpreisschuld des K bei dem V verbürgt. Als der K bei Fälligkeit der Kaufpreisforderung nicht zahlt, weil er mit einer ihm gegen den V zustehenden gerade fällig gewordenen Gegenforderung aufgerechnet hat, nimmt der V den Bü in Anspruch.

Der Anspruch könnte sich aus 765 Abs. 1 BGB ergeben. a) Der Bürgschaftsvertrag ist geschlossen. Eine Hauptforderung bestand. b) Der Anspruch ist jedoch untergegangen, weil die Hauptforderung durch die wirksame Aufrechnung seitens des K erloschen ist (§§ 387 ff.˒ 389 BGB). Also besteht mangels Hauptschuld keine Bürgschaftsverpflichtung.

Ein **Verzicht** des Hauptschuldners auf die **Einwendungen** oder die **Bestätigung** eines **nichtigen Vertrages** führt zur Entstehung einer bisher unwirksam gewesenen Hauptschuld und wirkt daher nicht gegen den Bürgen.

(2) Einwendungen und Einreden des Bürgen aus dem Verhältnis zum Gläubiger („bürgenbezogene Einwendungen und Einreden")

Selbstverständlich ist, dass der Bürge sich mit eigenen Einwendungen und Einreden aus der Beziehung zum Gläubiger verteidigen kann **(„bürgenbezogene Einwendungen** und **Einreden“)**.

1. Was die **„bürgenbezogenen Einwendungen“** angeht,
   - hat man in erster Linie an die bereits erörterten **„Wirksamkeitshindernisse“** der Nichtigkeit des Bürgschaftsvertrages wegen einer Formnichtigkeit **(§§ 766, 125 BGB)**, eines Verstoßes gegen **§ 138 Abs. 1 BGB** zu denken,
   - ferner an die **„Beendigung“** des Bürgschaftsvertrages, z. B. durch Widerruf oder durch Anfechtung
   - weiterhin an das **„Erlöschen“** der Bürgschaftsverpflichtung durch Erfüllung oder Erfüllungssurrogate (z. B. die Aufrechnung), durch Zeitablauf (§ 777 BGB) und an die Fälle, in denen der Gläubiger ohne Zustimmung des Bürgen eine den Regress verstärkende Sicherung aufgibt (§ 776 BGB),
   - und schließlich an die bürgschaftsrechtsspezifische Einwendung aus § 418 Abs. 1 S. 1 BGB im Fall eines **Schuldnerwechsels** nach §§ 414 ff. BGB.

   Bei einer den Regressanspruch des Bürgen aus §§ 774, 401 BGB entwertenden **Aufgabe** von **Sicherheiten** wird der Bürge frei (§ 776 BGB); das ist ein gesetzlich geregelter Fall der **„Störung der Geschäftsgrundlage“**. Eine **„Störung der Geschäftsgrundlage“ (§ 313 BGB)**, weil der Bürge für den Gläubiger erkennbar erwartet hatte, der Hauptschuldner werde zahlen oder andere Sicherheiten würden zur Befriedigung des Gläubigers führen, kann der Bürge natürlich nicht geltend machen, denn die Leistungsfähigkeit des Hauptschuldners bzw. die Werthaltigkeit anderer Sicherheiten gehört zur Risikosphäre des Bürgen.
2. Hinsichtlich der **„bürgenbezogenen Einreden“** gibt es **keine Besonderheiten** gegenüber anderen Verpflichtungen aus Schuldverhältnissen.

**Fall 96**

Der Bü verbürgt sich selbstschuldnerisch gegenüber dem G für eine Darlehensschuld des S. Der Bü ist dabei davon ausgegangen, dass der S Eigentümer eines unbelasteten Mehrfamilienhauses ist. Er hat sich insoweit auch durch Einsicht in das Grundbuch Gewissheit verschafft. Als er von dem G aus der Bürgschaft in Anspruch genommen wird, stellt sich heraus, dass das Grundbuch unrichtig ist: Der S war nicht der Eigentümer. Der Bü erklärt daher gegenüber dem G die Anfechtung des Bürgschaftsvertrages wegen eines Irrtums über die Vermögensverhältnisses des S.

Ein Anspruch des G gegen Bü aus dem Bürgschaftsvertrag bestünde nicht, wenn der Bü den Vertrag wirksam nach §§ 119 Abs. 2, 142 Abs. 1 BGB angefochten hätte. Ein Irrtum über die Vermögensverhältnisse des Hauptschuldners ist aber gerade nicht verkehrswesentlich für einen Bürgschaftsvertrag, weil der Bürge das Risiko der Vermögenslosigkeit des Hauptschuldners übernommen hat.

**Variante**

Wie wäre es, wenn der S gewusst hätte, dass das Grundbuch unrichtig war und den Bü gerade durch Vortäuschung einer infolge vorhandenen Grundeigentums begründeten Bonität für den Abschluss des Bürgschaftsvertrages gewonnen hätte.

Ein Anspruch des G gegen Bü aus dem Bürgschaftsvertrag bestünde nicht, wenn der Bü den Vertrag wirksam nach §§ 123 Abs. 1, 142 Abs. 1 BGB angefochten hätte. a) Der S hat den Bü arglistig und rechtswidrig getäuscht. Die Täuschung war doppelt kausal für den Irrtum des Bü und für den Abschluss des Bürgschaftsvertrages mit G. b) Allerdings war der S Dritter und der G gutgläubig, so dass die arglistige Täuschung dem gutgläubigen G nicht zurechenbar war (§ 123 Abs. 2 S. 1 BGB).

**Fall 97**

Der Bü hat sich formwirksam und unter Verzicht auf die Einrede der Vorausklage gegenüber dem V für eine Kaufpreisschuld des K bei dem V verbürgt. Als der K bei Fälligkeit der Kaufpreisforderung nicht zahlt, nimmt der V den Bü in Anspruch. Dieser zahlt nicht, sondern rechnet mit einer ihm gegen den V zustehenden gerade fällig gewordenen Gegenforderung auf.

Der Anspruch des V gegen den Bü aus § 765 BGB ist nach §§ 387 f., 389 BGB erloschen.

#### (3) Einreden des Hauptschuldners gegen die Forderung („schuldnerbezogene Einreden")

Was die **Einreden** des **Hauptschuldners** gegen die gesicherte **Hauptforderung** angeht, so musste der Gesetzgeber im Interesse des Bürgen handeln, um den Bürgen von willkürlichen Entscheidungen des Hauptschuldners, die Einreden zu erheben oder sie nicht geltend zu machen, unabhängig zu machen. Der Gesetzgeber hat sich zum Zwecke der Lösung des Problems dahingehend entschieden, dass der Bürge die dem **Hauptschuldner gegen** die **Forderung** zustehenden **Einreden („schuldnerbezogene Einreden")** geltend machen kann **(§ 768 BGB)**.

Hier müssen Sie aber scharf aufpassen:

1. § 768 BGB meint wirklich nur die „Einreden", **nicht** etwa **Gestaltungsrechte** des Hauptschuldners, wie Rücktritt, Aufrechnung oder Anfechtung; die Ausübung dieser Rechte bleiben dem Hauptschuldner vorbehalten (arge. § 770 Abs. 1 BGB); dazu mehr **sub (4)**.
2. Und der Grund dafür, dass es in § 768 BGB auch **nicht** etwa um **Einwendungen**, z. B. wegen der Nichtentstehung oder des Erlöschens der Schuld geht, ist das Akzessorietätsprinzip, auf das der Bürge sich in derartigen Fällen berufen kann. Hier haben Sie bereits alles **sub (1)** erfahren.

Klassische **Beispiele** für **Einreden i. S. d. § 768 BGB** sind ein **Zurückbehaltungsrecht** des Hauptschuldners (§ 273 BGB); die **Einrede** des **nichterfüllten Vertrages** (§ 320 BGB); die **Einrede** der **ungerechtfertigten Bereicherung** (arge § 821 BGB), wenn die Bürgschaft der Erfüllung einer Sicherungspflicht dienen soll, es aber an einer wirksamen Sicherungsabrede fehlt; die Einrede wegen einer dem Hauptschuldner bewilligten **Stundung** der Forderung; die **Mängeleinreden** des Hauptschuldners (§ 438 Abs. 4 S. 2 BGB und § 634a Abs. 4 S. 2 BGB); der Anspruch auf Vertragsanpassung aus § 313 BGB.

Die dogmatisch interessanteste **Einrede** ist die der **Verjährung** nach §§ 768, 214 BGB. Hier stellt sich die Frage, welche Vorkehrungen der Gläubiger treffen muss, um die Einrede aus §§ 768, 214 Abs. 1 BGB zu vermeiden. Wenn bei einer nicht selbstschuldnerischen Bürgschaft die gesicherte Forderung tituliert sein sollte, braucht der Gläubiger wegen §§ 197, 771 S. 2 BGB nichts zu befürchten. Ansonsten muss er klagen, um die Wirkung der §§ 197 Abs. 1 Nr. 3, 771 S. 2 BGB auszulösen. Gleiches gilt im Prinzip auch bei der selbstschuldnerischen Bürgschaft. Man sollte jedoch erwägen, ob man den Gläubiger bei einer nicht titulierten Forderung wirklich zu einer Klage gegen den Hauptschuldner veranlassen sollte.

**Fall 98**

Der Bü hat sich formwirksam und unter Verzicht auf die Einrede der Vorausklage (§§ 771, 773 Abs. 1 Nr. 1 BGB) gegenüber dem V für eine Kaufpreisschuld des K bei dem V verbürgt. Als K bei Fälligkeit der Kaufpreisforderung nicht zahlt, nimmt der V den Bü klagweise in Anspruch. Der Bü beruft sich auf die nach Klagerhebung eingetretene Verjährung der Hauptschuld (nach BGH und Peters).

Der Anspruch ergibt sich aus § 765 BGB. Der Bü könnte jedoch nach §§ 768, 214 BGB die Zahlung verweigern. a) Grundsätzlich gilt § 768 BGB, wenn die Verjährung nach Übernahme der Bürgschaft eintritt, so dass der Bürge sich hiernach auf §§ 768, 214 BGB berufen könnte. b) Fraglich ist, ob der Umstand, dass der Bü ein selbstschuldnerischer Bürge (§§ 771, 773 Abs. 1 Nr. 1 BGB) ist, der Möglichkeit der Erhebung der Einrede aus §§ 768, 214 BGB entgegensteht. aa) Wäre das nicht der Fall, würde das den Gläubiger, der die Erhebung der Einrede der Verjährung durch den Bürgen verhindern will, praktisch zu der ihm eigentlich durch den Verzicht auf die Einrede der Vorausklage erlassenen Klagerhebung mit den Konsequenzen zunächst des 197 Abs. 1 Nr. 3 BGB (30-jährige Verjährung infolge rechtskräftiger Verurteilung) und der „Nebenwirkung" des § 771 S. 2 BGB (Hemmung durch die „Vorausklage") „zwingen". bb) Das aber kann nicht der Sinn der Verbesserung seiner Rechtsstellung gegenüber einem „selbstschuldnerischen Bürgen" sein: Zur Abwehr der Folgen des § 768 BGB kann nicht mehr von ihm verlangt werden, als eine Inanspruchnahme des Bürgen i. S. d. § 204 BGB zur unverjährten Zeit, also vor Eintritt der Verjährung der Hauptforderung.

**Variante**

Wie wäre es, wenn die Forderung des V gegen den K schon bei Abschluss des Bürgschaftsvertrages verjährt gewesen wäre (nach BGH)?

Der Anspruch ergibt sich aus § 765 BGB. a) Die Tatsache der Verjährung lässt die Hauptschuld bestehen. b) Der Bürge soll sich nicht auf die Verjährung der Hauptschuld berufen können.

**Variante**

Der B verweigert die Zahlung, weil der V bisher nicht an K geleistet hat.

Der Anspruch ergibt sich aus § 765 BGB; der Bü kann jedoch nach §§ 768, 320 BGB die Zahlung verweigern.

**Variante**

Der Bü zahlt, obwohl er weiß, dass der V nicht an K geliefert hat. Dann nimmt der Bü den K in Anspruch.

Der Anspruch ergibt sich aus § 774 Abs. 1, 433 Abs. 2 BGB. Der K kann jedoch nach §§ 412, 404, 320 BGB die Zahlung verweigern.

(4) Sich aus Gestaltungsrechten des Hauptschuldners ergebende Einreden („Einrede der Gestaltbarkeit")

Sie haben soeben gelernt, dass der § 768 BGB dem Bürgen erlaubt, die „dem Hauptschuldner zustehenden Einreden geltend zu machen". Dagegen ist es dem Bürgen nicht gestattet, **Gestaltungsrechte des Hauptschuldners**, wie Rücktritt, Aufrechnung oder Anfechtung auszuüben. Dies bleibt dem Hauptschuldner vorbehalten. Damit wäre der Bürge der „Gnade des Hauptschuldners" ausgesetzt und müsste hoffen, dass dieser sich dazu entschließt, die z. B. nach §§ 119 ff., 142 Abs. 1 BGB anfechtbare Hauptverbindlichkeit auch anzufechten. Weil es ein Wertungswiderspruch wäre, wenn der Bürge, der zu Verteidigungszwecken die der Hauptforderung entgegenstehenden Einreden des Hauptschuldners geltend machen kann, sich nicht auch auf die die Hauptforderung zu Fall bringenden Gestaltungsrechte des Hauptschuldners berufen dürfte, hat der Gesetzgeber es ihm ermöglicht, sich gegen die Inanspruchnahme seitens des Gläubigers mit der Einrede zu verteidigen, dass der Hauptschuldner die Möglichkeit hat, die **Hauptverbindlichkeit anzufechten (§ 770 Abs. 1 BGB)**.

Wie aber ist es beim Vorliegen anderer im Falle ihrer Ausübung die Hauptforderung untergehen lassender Gestaltungsrechte des Hauptschuldners? Da der § 770 Abs. 1 BGB einen allgemeinen Rechtsgedanken enthält (nach Canaris ist die Befugnis des § 770 Abs. 1 BGB Ausdruck der „konstitutionellen Schwäche der Hauptforderung"), ist allgemein anerkannt, dass die Befugnis zur Leistungsverweigerung nach § 770 Abs. 1 BGB generell auf **alle Gestaltungsrechte** des **Hauptschuldners** (in erster Linie ist an den **Rücktritt** zu denken) erweitert wird **(„Einrede der Gestaltbarkeit")**.

(5) Sich aus der Aufrechnungsmöglichkeit des Gläubigers ergebende Einrede („Einrede der Aufrechnungsbefugnis")

Auch kann der Bürge sich damit gegen den ihn in Anspruch nehmenden Gläubiger verteidigen, dass er die Leistung an den Gläubiger verweigern darf, wenn der **Gläubiger** die **Möglichkeit** hat, sich **durch Aufrechnung gegenüber** dem **Schuldner** zu **befriedigen (§ 770 Abs. 2 BGB)**; diese Verteidigungsmöglichkeit ist (ähnlich wie bei der „Einrede der Vorausklage") Ausdruck der „Subsidiarität" der Haftung des Bürgen (Canaris).

Ein typisches **Klausurproblem** ist, ob auch eine bloß **einseitige Aufrechnungsmöglichkeit** z. B. aufgrund eines vereinbarten oder gesetzlichen (§ 393 BGB) Aufrechnungsverbots für § 770 Abs. 2 BGB ausreicht.

- Wenn infolgedessen **nur** der **Gläubiger** (also *nicht* der *Schuldner*) **aufrechnen kann**, würde dies nach dem Wortlaut des § 770 Abs. 2 BGB der Einrede der Aufrechenbarkeit nicht entgegenstehen. Dagegen wird jedoch zum Teil eingewandt, dass das „Akzessorietätsprinzip" es gebiete, den Bürgen genauso haften zu lassen wie den Schuldner: Wenn also der Schuldner nicht aufrechnen kann, dann soll hiernach auch der Bürge sich nicht auf das Leistungsverweigerungsrecht des § 770 Abs. 2 BGB berufen dürfen. Für § 129 Abs. 3 HGB ist dies sogar allgemein anerkannt: Der Gesellschafter einer oHG soll sich nicht auf § 129 Abs. 3 HGB berufen dürfen, wenn nur der Gesellschaftsgläubiger aufrechnen kann, nicht aber die oHG. Dem kann jedoch für die Bürgschaft nicht gefolgt werden: Bei der Haftung des Gesellschafters aus § 128 HGB geht es um die Wahrung des Prinzips des Gläubigerschutzes bei der oHG, das auch im Interesse des Gesellschafters selbst besteht; denn er profitiert von der besonderen Kreditwürdigkeit der oHG. Der Bürge hingegen ist eine besondere Hilfsverpflichtung eingegangen. Er verdient **weitgehende Schonung** durch das **Subsidiaritätsprinzip**.
- Wenn **nur** der **Schuldner** (*nicht* aber der *Gläubiger*) **aufrechnen kann**, steht dem Bürgen nach dem Wortlaut des § 770 Abs. 2 BGB die Einrede der Aufrechenbarkeit nicht zu.

**Fall 99**

Der G hat eine Forderung über € 10.000,– aus einem Darlehen gegen den HS, für die sich der Bü wirksam selbstschuldnerisch verbürgt hat. Aus Verärgerung darüber, dass der HS das Darlehen bei Fälligkeit nicht getilgt hat, zerstört der G das Auto des HS, das einen Wert von € 10.000,– hat, indem er es entwendet und am Hamburger Fischmarkt bei der Fischauktionshalle über die Kante der Kaimauer in die Elbe rollen lässt. Dann nimmt der G den Bü in Anspruch, der die Zahlung jedoch unter Hinweis auf den Gegenanspruch des HS gegen den G und eine sich daraus ergebende beiderseitige Aufrechnungsmöglichkeit verweigert.

Dem Anspruch des G gegen den Bü aus § 765 BGB könnte a) § 770 Abs. 1 BGB entgegenstehen, wenn man die Aufrechnungsmöglichkeit des HS als Gestaltungsrecht i. S. d. § 770 Abs. 1 BGB ansieht; dagegen spricht jedoch, dass die Berufung auf eine Aufrechnungsmöglichkeit als Verteidigungsmittel des Bürgen gesondert in § 770 Abs. 2 erfasst ist; b) eine Verteidigung des Bü durch Berufung auf die Einrede der Aufrechnungsbefugnis des G aus § 770 Abs. 2 BGB aa) ist deshalb zweifelhaft, weil der G wegen § 393 BGB nicht aufrechnen kann („der Schuft darf nicht aufrechnen"); bb) fraglich ist, ob sich dieser Umstand zum Vorteil des G (der durch § 393 BGB ja „bestraft" werden soll) und zum Nachteil des („unschuldigen") Bü auswirken darf und ob man nicht über den Wortlaut des § 770 Abs. 2 BGB hinaus in Analogie zu § 770 Abs. 1 BGB eine Verteidigung des Bürgen zulassen sollte; die h.M. lehnt dies ab, weil die ratio legis des § 770 Abs. 2 nicht die einer „konstitutionellen Schwäche" der Hauptschuld sei, sondern das „Subsidiaritätsprinzip" (Canaris).

(6) Vergleich der Verteidigungsmöglichkeiten aus §§ 768, 770 BGB mit § 129 HGB und § 1137 BGB

Die Ihnen nunmehr bekannten diversen Verteidigungsmöglichkeiten des Bürgen sind eine gute Gelegenheit zur Wiederholung einer zentralen Frage aus dem Recht der Personengesellschaften. Ich hoffe, Sie erinnern sich: **Recht ähnlich** wie die Verteidigungsmöglichkeiten des Bürgen ausgestaltet sind die **Verteidigungsmöglichkeiten** des **persönlich haftenden Gesellschafters** einer **oHG/KG**, also des **„Komplementärs"**, wegen einer ihn nach **§ 128 HGB** als **Gesamtschuldner** treffenden **Verbindlichkeit** der **Gesellschaft (§ 124 HGB)** aus **§ 129 HGB**:

Der **§ 129 Abs. 1 HGB** entspricht dem **§ 768 BGB**;
der **§ 129 Abs. 2 HGB** dem **§ 770 Abs. 1 BGB**;
und der **§ 129 Abs. 3 HGB** entspricht dem **§ 770 Abs. 2 BGB** (dort stellt sich ebenfalls das zuvor erörterte Problem bei nur einseitiger Aufrechnungsbefugnis, und zwar entweder nur des Gläubigers: dann auch keine Einrede der Aufrechnungsbefugnis/oder nur des Schuldners, nicht des Gläubigers: dann bei § 393 BGB gleicher Streit wie bei der Bürgschaft).

Riskieren wir einen kleinen „Vorgriff": Auch die Verteidigung des **Eigentümers** eines mit einer **Hypothek belasteten Grundstücks** ist ähnlich wie bei der Bürgschaft geregelt (§ 1137 BGB; dazu später mehr bei den sachenrechtlichen Ansprüchen).

(7) Einrede der Vorausklage (der erfolglosen Zwangsvollstreckung)

Der Grundsatz der „Subsidiarität" der Bürgschaft (vgl. bereits § 770 Abs. 2 BGB) verlangt weiterhin, dass der Gläubiger den Bürgen erst nach einem (nur einmaligen) **erfolglosen Zwangsvollstreckungsversuch** (es reicht also nicht eine bloße „Voraus*klage*") gleich aus welchem Titel (z. B.: also nicht etwa nur aus einem Titel nach § 704 ZPO, sondern auch aus einem Titel aus § 794 ZPO) gegen den Hauptschuldner in Anspruch nehmen darf. Die „Einrede der Vorausklage" ist allerdings praktisch bedeutungslos, weil der Gläubiger i. d. R. eine Kreditgewährung von einem Verzicht des Bürgen darauf (§ 773 Abs. 1 Nr. 1 BGB) abhängig machen wird und dieser deshalb mit dem Gläubiger eine entsprechende Vereinbarung treffen wird **(„selbstschuldnerische Bürgschaft")**. Ein **Kaufmann**, für den die Bürgschaft ein **Handelsgeschäft** ist, ist kraft Gesetzes ein selbstschuldnerischer Bürge **(§ 349, 343, 344 HGB)**.

cc) Die Inanspruchnahme des Bürgen

In der Praxis stellt sich nun die Frage, unter welchen Voraussetzungen der Gläubiger den Bürgen in Anspruch nehmen kann.

Für den **Regelfall** gelten keine Besonderheiten: Die Inanspruchnahme des Bürgen erfolgt im **Bürgschaftsfall**. Der Gläubiger muss im Bestreitensfall die Voraussetzungen des Bürgschaftsfalls beweisen. Der Bürge kann sich dagegen ggf. durch die vorgenannten **Verteidigungsmittel** zur Wehr setzen.

Das ist für den Gläubiger lästig und zeitraubend; denn er muss bei einem zahlungsunwilligen Bürgen einen möglicherweise mühsamen Rechtsstreit führen und sich mit den gesamten Verteidigungsmitteln, die Sie gerade eben kennen gelernt haben, auseinandersetzen. Für die Rechtspraxis hat man daher die **Bürgschaft „auf erstes Anfordern"** erfunden. Sie ist für den Gläubiger sehr praktisch, aber für den Bürgen äußerst gefährlich. Denn:

- Bei einer solchen Bürgschaft muss der **Gläubiger** in Gestalt einer an den Bürgen gerichteten **Zahlungsaufforderung** lediglich **behaupten**, der **Bürgschaftsfall** sei **eingetreten** und die Bürgschaftsforderung sein **fällig**. Die Zahlungsaufforderung ist i. d. R. im Bürgschaftsvertrag formalisiert. Der Bürge kann dann zwar geltend machen, der Bürgschaftsvertrag sei nicht wirksam zustande gekommen; er kann sich aber nicht mit **Verteidigungsmitteln**, die sich **auf** die **Hauptforderung beziehen**, wehren, kann also z. B. nicht vorbringen, die Hauptforderung sei nicht entstanden oder sei erloschen. Allerdings soll bei offensichtlicher und liquider Beweisbarkeit von Einwendungen z. B. des Nichtbestehens der Hauptforderung **ausnahmsweise** § 242 BGB („dolo agit, qui petit …") dem Anspruch aus § 765 BGB entgegenstehen. Der Bürge muss also (ähnlich wie der Garant, dazu später mehr) – von der zuletzt genannten Ausnahme abgesehen – zunächst an den Gläubiger zahlen. Er muss auch vorher keine Rücksprache mit dem Schuldner nehmen. Ob der **Bürge** auch mit einer **Forderung**, die er **gegen den Gläubiger** hat, **aufrechnen** kann, ist zweifelhaft. Man wird dies bejahen können, wenn die Gegenforderung nicht mit der Hauptschuld zusammenhängt, wenn sie unbestritten bzw. rechtskräftig festgestellt ist und wenn die Funktion der Bürgschaft auf erstes Anfordern nur eine Sicherungsfunktion haben soll, nicht aber den Gläubiger so stellen soll, wie wenn an ihn gezahlt worden wäre, wie es z. B. bei einer Mietkaution in Gestalt einer Bürgschaft der Fall wäre.

- Der Bürge kann dann nach erfolgter Zahlung an den Gläubiger gegen diesen nur noch einen **Rückforderungsanspruch** aus § 812 Abs. 1 S. 1 Var. 1 BGB geltend machen. Hier stellen sich interessante prozessuale und materiellrechtliche Fragen: Geschützt wird der Bürge im **Rückforderungsprozess** durch eine **Umkehr** der **Beweislast**: An sich hätte er die Voraussetzungen des § 812 Abs. 1 S. 1 Var. 1 BGB darzulegen und im Bestreitensfall zu beweisen, namentlich dass er ohne Rechtsgrund geleistet hat. Es ist aber so, dass der (beklagte) Gläubiger das Entstehen und die Fälligkeit der gesicherten Forderung beweisen, der (klagende) Bürge, der sich auf eine Leistung des Hauptschuldners und damit ein Erlöschen der Bürgschaftsschuld und seine Verteidigungsmittel, z. B. eine Verjährung beruft (ohne dass § 214 Abs. 2 BGB gilt, wenn der Bürge unter Vorbehalt gezahlt hat), diese Tatsachen beweisen muss. Muss der Bürge in materiellrechtlicher Hinsicht das **„Entreicherungsrisiko"** (§ 818 Abs. 3 BGB) aus der Person des Gläubigers tragen? Das hängt davon ab, ob die §§ 819, 818 Abs. 4 BGB vorliegen. Eine interessante **Frage** ist, ob auch der **Hauptschuldner** diesen **Rückforderungsanspruch** auf **Leistung an sich** geltend machen kann. Dies kann man dem Sicherungsvertrag mit dem Gläubiger, in dem der Schuldner sich zur Stellung eines Bürgen verpflichtet hat, dann entnehmen, wenn der Bürge beim Hauptschuldner Regress (§ 774 BGB; dazu sogleich mehr) genommen hat.
- Für den Bürgen ist dieser Weg der (evtl. ja prozessual und in der Zwangsvollstreckung durchzusetzenden) Rückforderung deshalb nachteilig, weil er im Prozess die (stets unangenehme) **Klägerrolle** einnehmen und damit das **Prozess-** inklusive des **Prozesskostenrisikos** tragen muss und weil ihn selbst im Falle des Obsiegens das **Zwangsvollstreckungsrisiko** und auch das **Insolvenzrisiko** aus der Person des Gläubigers trifft.
- Ob angesichts dieser gravierenden Nachteile für den ja ohnehin schon schwer leidenden Bürgen allein aufgrund der gewählten Bezeichnung „Bürgschaft auf erstes Anfordern" überhaupt eine solche automatisch als vereinbart anzusehen ist, ist eine Frage der **Auslegung**. Man wird sie als einfache Bürgschaft auslegen müssen, wenn der Gläubiger davon ausgehen muss, dass der Bürge mit Bürgschaften dieser Art nicht vertraut ist und er den Bürgen auch nicht über die Risiken aufgeklärt hat.

Gelten die – demnächst zu besprechenden – §§ 305 ff. BGB für den Bürgschaftsvertrag, weil ein Formular des Gläubigers verwendet worden ist, so ist die **Übernahme** einer **Bürgschaft auf erstes Anfordern** nur möglich, wenn die Übernahme derartiger Bürgschaften zum Geschäftsbereich des Bürgen gehört und er deshalb das Risiko einschätzen kann – das sind eigentlich nur Banken und Versicherungen.

Gelten die §§ 305 ff. BGB nicht, weil ein Formular des Bürgen verwendet worden ist, kann eine Bürgschaft auf erstes Anfordern auch von anderen Personen übernommen werden.

#### dd) Regressanspruch des Bürgen gegen den Hauptschuldner, insbesondere: Regress-Konkurrenz bei mehrfacher Sicherung durch akzessorische Sicherungsrechte

Jetzt stehen wir vor der Frage nach einem Regressanspruch des Bürgen gegen den Hauptschuldner, wenn der **Bürge** seine Leistung deshalb an den Gläubiger erbracht hat, weil er dazu verpflichtet war.

##### (1) Das „Ob" eines Regresses

Das **„Ob"** des Regresses ist im Regelfall kein Problem: Natürlich kann der Bürge Regress nehmen, denn schließlich soll er, der dem Hauptschuldner ja nur „hilfreich zur Seite getreten ist", jedenfalls im Grundsatz nicht endgültig „auf der Schuld sitzen bleiben" (!).

Anders ist es nur, wenn im Innenverhältnis nicht nur eine Unentgeltlichkeit der Bürgschaftsübernahme (das wäre ja auch ein Auftrag mit der Regressmöglichkeit aus § 670 BGB und des § 774 BGB – dazu sogleich), sondern eine Schenkung in dem Sinne vereinbart war, dass auch der Regressanspruch aus §§ 774, 412, 399 ff. BGB nicht gegeben ist (§§ 774 Abs. 1 S. 3, 516 BGB).

##### (2) Das „Wie" eines Regresses

Interessant ist daher vor allem das **„Wie"** des Rückgriffs. Das Gesetz eröffnet **zwei Regresswege** für den Bürgen,

- und zwar einmal aus der bekanntlich i. d. R. bestehenden Rechtsbeziehung zwischen dem Bürgen und dem Hauptschuldner **(„Innenverhältnis")**, die entweder ein Auftrag oder (bei Entgeltlichkeit, z. B. bei Banken als Bürgen) ein Geschäftsbesorgungsvertrag sein wird, gem. §§ 662, 670/§§ 675, 670 BGB.
- Daneben besteht ein **cessio-legis-Regress nach §§ 774 Abs. 1 S. 1, 412, 399 ff. BGB**: Durch die Leistung des Bürgen wird der Schuldner nicht von seiner Schuld befreit, er braucht nur die von ihm geschuldete Leistung infolge der des Bürgen nicht mehr an den Gläubiger zu erbringen, sondern muss nunmehr an den Bürgen leisten. Zu diesem Zwecke ordnet das Gesetz an, dass die Forderung des Gläubigers auf den Bürgen übergeht, „soweit der Bürge den Gläubiger befriedigt".
- Und damit scheint der Bürge – vom vorgenannten Schenkungs-Fall, der selten sein dürfte, einmal abgesehen – stets Regress nehmen zu können. Aber es gibt **Grenzen** des **Regresses**: Versetzen Sie sich einmal in die Person des Schuldners, wenn der Bürge geleistet hat, obwohl er nicht hätte leisten müssen, weil die Hauptschuld entweder nicht bestand oder weil der Bürge sich gegen den Gläubiger hätte verteidigen können. Zwar kann der vom Gläubiger in Anspruch genommene Bürge ohne Zustimmung des Schuldners an den Gläubiger leisten. Aber aus dem Innenverhältnis ergibt sich (§ 242 BGB) die Pflicht, soweit es ihm zumutbar ist, sämtliche von ihm zu beweisende Verteidigungsmittel (Sie kennen diese jetzt ja) geltend zu machen. Notfalls muss er sich dazu auch beim Schuldner erkundi-

gen. Dies aber natürlich nicht bei der Bürgschaft auf erstes Anfordern. Wenn der Bürge hiernach zu Unrecht an den Gläubiger geleistet hat, steht dem sich aus dem Innenverhältnis (§§ 662, 670 BGB/675, 670 BGB) ergebenden Aufwendungsersatzanspruch die Schranke des § 670 BGB entgegen, denn dann durfte er die „Aufwendungen,… den Umständen nach" nicht „für erforderlich halten". Und auch auf den sich aus §§ 774, 412, 399 ff. BGB ergebenden Rückgriffsanspruch hätte eine Leistung an den Gläubiger, die nicht hätte erfolgen müssen, Auswirkungen: Bestand die Hauptforderung nicht, so kann sie nicht auf den Bürgen übergehen. Hätte der Schuldner sich gegen den Gläubiger verteidigen können, so stehen diese Verteidigungsmittel dem Schuldner gegen Bürgen nach §§ 774, 412, 404 BGB zu. Dies sogar dann, wenn der Bürge verurteilt worden war, denn die Rechtskraft des Urteils aus einem Rechtsstreit Gläubiger-Bürge wirkt nur „inter partes" und erstreckt sich nicht auf das Rechtsverhältnis Bürge-Schuldner. Und außerdem hat der Hauptschuldner nach § 774 Abs. 1 S. 3 BGB die Einwendungen aus dem Innenverhältnis gegen den Bürgen, kann also geltend machen, dass der Bürge nicht an den Gläubiger hätte leisten müssen, weil er die sich aus § 242 BGB ergebende Pflicht, soweit es ihm zumutbar ist sämtliche von ihm zu beweisende Verteidigungsmittel geltend zu machen, verletzt habe.

- Problematisch ist das **Verhältnis** der beiden **Regresswege zueinander**: **a)** Man kann entweder annehmen, dass es nur einen einzigen mehrfach begründeten Regressanspruch des Bürgen gegen den Schuldner gibt. **b)** Oder man nimmt das Bestehen zweier selbstständiger Ansprüche an, zwischen denen der Bürge die Wahl hat. Der Unterschied besteht darin, dass nur bei der zweitgenannten Lösung die Einwendungen/Einreden aus dem Gläubiger-Hauptschuldner-Verhältnis (z. B. aus § 320 BGB) einem Regressanspruch aus dem Innenverhältnis unmittelbar entgegengehalten werden können. Es ergeben sich aber gleichwohl hinsichtlich der Verteidigungsmittel des Schuldners keine ergebnisrelevanten Unterschiede.

**Fall 100**

Der Bü hat sich im Auftrag des Käufers K gegenüber dem Verkäufer V formwirksam und unter Verzicht auf die Einrede der Vorausklage für die Erfüllung einer Kaufpreisschuld des K verbürgt. Als der K bei Fälligkeit der Kaufpreisforderung nicht an den V zahlt, nimmt der V den Bü in Anspruch. Der Bü zahlt, obwohl der V, wie Bü wusste, noch nicht an K geliefert hatte. Dann nimmt der Bü den K in Anspruch.

1) Wenn man annimmt, dass es nur einen einzigen mehrfach begründeten (§§ 662, 670/774 BGB) Regressanspruch gibt, würde diesem Regressanspruch die gegen die Hauptschuld bestehende Einrede des § 320 BGB aus §§ 774, 412, 404 BGB entgegenstehen. 2) Nimmt man dagegen das Bestehen zweier selbstständiger Ansprüche an, kann sich (je nach Wahl des Bü) der Anspruch ergeben aus a) § 774 Abs. 1, 412, 399 ff.· 433 Abs. 2 BGB: Der K kann jedoch nach §§ 412, 404, 320 BGB die Zahlung verweigern. b) Der Anspruch kann sich auch ergeben aus § 662, 670 BGB: Der Anspruch besteht nicht, weil der Bü die Aufwendungen nach den Umständen nicht für erforderlich halten durfte; er hätte gegenüber dem V nach §§ 768, 320 BGB die Leistung verweigern dürfen.

- Bei einer Bürgschaft für **Gesamtschuldner** soll es für den Regressanspruch in erster Linie darauf ankommen, **a)** ob der Bürge sich für alle Gesamtschuldner verbürgt hat; dann tritt der Bürge an die Stelle des Gläubigers, und er kann (z. B. bei einer Bürgschaft für ein Darlehen) nach §§ 774 Abs. 1 S. 1, 412, 399 ff., 421, 488 Abs. 1 S. 2 BGB gegen alle Gesamtschuldner vorgehen. **b)** Wenn der Bürge sich nur für einen der Gesamtschuldner verbürgt hat, **aa)** kann er Regress bei dem **Gesamtschuldner** nehmen, **für den** er sich **verbürgt** hat; **bb)** gegen einen **anderen Gesamtschuldner** kann er Regress nehmen, **aaa)** wenn der Gesamtschuldner (hätte er geleistet) in vollem Umfang gegenüber dem/den anderen Gesamtschuldner/n nach § 426 BGB ausgleichsberechtigt wäre, denn wäre die Forderung auf den Gesamtschuldner, für den der Bürge gebürgt hat, übergegangen (§ 426 Abs. 2 BGB), und der Bürger darf nicht schlechter stehen als der Schuldner; **bbb)** nicht dagegen kann er gegen den/die anderen Gesamtschuldner Regress nehmen, wenn der Schuldner, für den der Bürge gebürgt hat, im Innenverhältnis allein diesem/n gegenüber zur Leistung an den Gläubiger verpflichtet war. **ccc)** Wenn der/die andere/n Gesamtschuldner jedoch **Schuldbeitretender** war/en, dann gelten Sonderregeln.

**Fall 101**

Der G hat dem S1 ein Darlehen gegeben. Als der G den Kredit kündigen will, bittet der S1, der gerade kein Geld hat, seine beiden Freunde Bü und S2 um Hilfe: Nachdem daraufhin der Bü durch Vertrag mit G die selbstschuldnerische Bürgschaft übernommen hat und eine Woche später der S2 der Schuld ebenfalls durch Vertrag mit dem G beigetreten ist, wird der Darlehensvertrag durch Vereinbarung mit G verlängert. Als das Darlehen später notleidend wird, nimmt der G den Bü in Anspruch, der auch zahlt. Der Bü nimmt jetzt den S2 in Anspruch (nach Reinicke-Tiedtke).

1) Nach den oben dargestellten Grundsätzen hätte der Bü keinen Regressanspruch, da der S1, für den sich der Bü verbürgt hat, dem anderen Gesamtschuldner (S2), hätte dieser gezahlt, nach § 426 Abs. 1 S. 1 BGB im vollen Umfang ausgleichspflichtig gewesen wäre. 2) Das Ergebnis ist nicht hinnehmbar, weil umgekehrt der S 2, hätte er an G gezahlt, den Bü aus §§ 426 Abs. 1 S. 1, Abs. 2, 412, 401, 765 BGB in voller Höhe in Anspruch hätte nehmen können. 3) Daher wird man davon ausgehen müssen, dass die beiden Sicherungsgeber hinsichtlich des Regresses wie Mitbürgen nach §§ 774 Abs. 2, 426 Abs. 1 BGB behandelt werden.

- Dem Regressanspruch des Bürgen gegen den Hauptschuldner (wie immer man diesen auch konstruiert) stehen aber stets die **Einwendungen** aus dem **Rechtsverhältnis** zwischen dem **Hauptschuldner** und dem **Bürgen** entgegen (§ 774 Abs. 1 S. 3 BGB).

**Fall 102**

Der B.U.E. Nemann (Bü) verbürgt sich für seinen Sohn S.O. Nemann (S ) für eine Darlehensforderung des G gegen S und vereinbart mit dem S, dass er bei ihm keinen Rückgriff nehmen werde, wenn er aus der Bürgschaft in Anspruch genommen werde und an G zahle. Nachdem der G den Bü in Anspruch genommen hat und dieser gezahlt hat, verlangt der Bü, der sich inzwischen mit dem S zerstritten hat, Zahlung von S (nach Reinicke-Tiedtke).

1) Einem Anspruch des Bü gegen S aus § 774 Abs. 1 S. 1 BGB steht § 774 Abs. 1 S. 3 BGB entgegen: a) Es ist vereinbart worden, dass der Bü keinen Rückgriff nehmen werde. b) Die Formnichtigkeit (§§ 518 Abs. 1, 125 BGB) dieses Schenkungsversprechens ist durch die Bewirkung der Leistung (Begründung der Bürgschaftsschuld) geheilt worden (§ 518 Abs. 2 BGB). 2) Aus dem Innenverhältnis (Schenkungsvertrag) gibt es keinen Regressanspruch.

- Wie Sie ja schon wissen, kann der Rückgriffsanspruch des Bürgen durch eine **„Rückbürgschaft"** gesichert werden. Der Rückbürge verbürgt sich für den Rückgriffsanspruch des Bürgen gegenüber dem Hauptschuldner und steht damit für die Erfüllung der Regressverbindlichkeit des Hauptschuldners ein: Wenn der Bürge B an den Gläubiger gezahlt hat, sichert der Rückbürge den Rückgriffsanspruch aus dem Innenverhältnis (z. B. aus § 670 BGB) und den nach § 774 Abs. 1 S. 1 BGB auf den Bürgen übergegangenen Zahlungsanspruch des Gläubigers gegen den Hauptschuldner. Im Falle einer Zahlung an den Bürgen erlangt der Rückbürge über § 774 Abs. 1 S. 1 BGB diese beiden Ansprüche des Bürgen.
- Nach §§ 774 Abs. 1 S. 1 BGB hat der Bürge nach §§ 412, 401 BGB einen Zugriff auf andere Sicherheiten **(„Nebenrechte")**; dies gilt für die in § 401 BGB genannten akzessorischen Sicherungsrechte und wegen der „Bürgschaftsähnlichkeit" analog § 401 BGB auch für den Schuldbeitritt. Der Übergang von Sicherungsrechten führt zusätzlich zu einer komplizierten **Konkurrenzproblematik**, die ein äußerst beliebtes Thema für Klausuren ist.

**Fall 103**

Der B hat sich für eine Forderung des G gegen den S in Höhe von € 150.000,– verbürgt, und der E hat zur Sicherheit eine Hypothek an seinem Grundstück über € 100.000,– bestellt. Bei Fälligkeit zahlt der S nicht. Was wäre dem B bzw. dem E zu raten (nach Canaris)?

1) Für beide drängt es sich auf den ersten Blick auf, als erster von beiden an den Gläubiger zu zahlen, was dem Bürgen als persönlichem Schuldner des G aus § 765 BGB ohne weiteres (§ 271 BGB) und dem nicht schuldenden Eigentümer aufgrund seines Befriedigungsrechts aus § 1142 BGB möglich ist. Die Folge wäre für beide ein Regress nach § 774 BGB (Bürge) bzw. § 1143 Abs. 1 S. 1 BGB (Eigentümer) jeweils i. V. m. §§ 412, 401 BGB, so dass die Regressforderung des zuerst Zahlenden durch die vom anderen gestellte Sicherung gesichert wäre. Die Konsequenz wäre also ein Tilgungs- „Wettlauf" zwischen B

und E. Allgemein anerkannt ist, dass auf eine solche „Zufallslösungen" produzierende Weise das Kollisionsproblem nicht bewältigt werden kann. Außerdem würde der Regress davon abhängen, wen der Gläubiger = Sicherungsnehmer zuerst in Anspruch nimmt. 2) Es gibt zwei Lösungsversuche: a) Die früher h.M. bevorzugte stets den Bürgen, der in voller Höhe Regress nehmen sollte; zur Begründung berief man sich auf § 776 BGB; dafür spricht auch, dass der Bürge „mehr riskiert" hat, indem er sein gesamtes Vermögen, ein Realsicherer aber nur ein einziges Vermögensobjekt als Sicherung zur Verfügung gestellt hat, so dass das größere „Opfer" des Bürgen honoriert werden muss. b) Die heute h.L. und Rechtsprechung will jedoch das Ausfallrisiko auf alle Sicherungsgeber verteilen und wendet dazu §§ 774 Abs. 2, 426 BGB analog an, so dass (wenn nichts anderes bestimmt ist!) der zuerst Leistende in voller Höhe den Regressanspruch gegen den persönlichen Schuldner und anteilig das andere Sicherungsrecht erwirbt bzw. einen anteiligen Ausgleichsanspruch gegen den anderen, nicht in Anspruch genommenen Sicherungsgeber erlangt. Der Rückgriff erfolgt prinzipiell nach Kopfteilen; wenn dagegen – wie hier – die Risikotragung unterschiedlich ist, muss die Aufteilung daran gemessen werden (hier: 3:2): Danach haftet dem in Anspruch genommenen Bürgen das Grundstück in Höhe von 3 der 5 Anteile, also in Höhe von € 60.000,–, während der in Anspruch genommene E € 100.000,– abzüglich des Eigenanteils von € 60.000,–, also € 40.000,– vom Bürgen B erstattet verlangen kann. Daher macht es lediglich für den E Sinn, eine eventuell drohende Zwangsvollstreckung nach § 1142 BGB abzuwenden.

**Fall 104**

Der G hat dem S 1 ein Darlehen gegeben. Als der G den Kredit kündigen will, bittet der S 1, der gerade kein Geld hat, seine beiden Freunde Bü und S 2 um Hilfe: Nachdem daraufhin der Bü durch Vertrag mit G die selbstschuldnerische Bürgschaft übernommen hat und eine Woche später der S 2 der Schuld ebenfalls durch Vertrag mit G beigetreten ist, wird der Darlehensvertrag durch Vereinbarung mit G verlängert. Als das Darlehen später notleidend wird, nimmt der G den Bü in Anspruch, der auch zahlt. Der Bü nimmt jetzt den S 2 in Anspruch (nach Reinicke-Tiedtke).

Die beiden Sicherungsgeber werden hinsichtlich des Regresses wie Mitbürgen nach §§ 774 Abs. 2, 426 Abs. 1 BGB behandelt.

- Bei **nicht akzessorischen Sicherungsrechten** (Sicherungsgrundschuld, Sicherungseigentum, Sicherungszession, Eigentumsvorbehalt) greift die „Automatik" der §§ 774 Abs. 1 S. 1, 412, 401 BGB nicht ein; es besteht aber ein schuldrechtlicher Anspruch des Bürgen gegen den Gläubiger auf Übertragung der Sicherungsrechte.

**Fall 105**

Der V hat eine ihm gehörige Sache an K unter Eigentumsvorbehalt veräußert. Die Kaufpreisforderung ist durch eine selbstschuldnerische Bürgschaft des Bü gesichert. Als der K den Kaufpreis nicht zahlt, nimmt der V den Bü in Anspruch, der auch zahlt. Der Bü und der K wollen wissen, welche Rechte sie haben.

a) Was die Rechte des Bü angeht, aa) geht nach §§ 774 Abs. 1 S. 1, 412, 399 ff., 433 Abs. 2 BGB die Kaufpreisforderung des V gegen den K auf ihn über. bb) Außerdem kann aus dem Innenverhältnis Regress genommen werden, also u. U. nach §§ 662, 670 BGB. b) Das (vorbehaltene) Eigentum des V an der Kaufsache geht jedoch nicht nach § 401 BGB auf den Bü über. Nach § 242 BGB oder §§ 412, 401 BGB analog ist der V jedoch verpflichtet, dem Bü das Eigentum an der Kaufsache zu verschaffen. Diese Übereignung erfolgt nach § 931 BGB. Erfüllt der K den Regressanspruch, indem er an Bü zahlt, geht das Eigentum auf ihn über.

**Fall 106**

Die G-Bank hat eine Darlehensforderung gegen den S, die gesichert ist durch eine selbstschuldnerische Bürgschaft des Bü und eine Sicherungsübereignung des S mit der Maßgabe, dass der G-Bank die Übertragung des Sicherungseigentums an einen Zessionar gestattet ist. Als das Darlehen notleidend wird, zahlt der Bü an die G-Bank. Der Bü will sich an den S halten und notfalls das Sicherungsgut verwerten.

1) Was den Regress angeht, a) so steht die Darlehensforderung dem Bü zu (§§ 774, 412, 399 ff., 488 Abs. 1 S. 2 BGB). b) Außerdem kann aus dem Innenverhältnis Regress genommen werden, also u. U. nach §§ 675, 670 BGB. 2) Das Sicherungseigentum a) ist nicht nach den §§ 774, 412, 401 BGB auf den Bü übergegangen. b) Vielmehr müssen die Dinge wie folgt gestaltet werden, damit Bü das Sicherungsgut erlangt und verwerten kann: Die G-Bank muss im Verhältnis zu Bü (§ 242 BGB bzw. §§ 412, 401 BGB analog) und darf im Verhältnis zu S (wegen einer hier ausdrücklich erklärten, sonst jedenfalls bei fehlender entgegenstehender Erklärung des Sicherungsgebers nach §§ 157, 242 BGB anzunehmenden Gestattung im Sicherungsvertrag) das Sicherungseigentum nach § 931 BGB an den Zessionar Bü (§§ 774, 412, 399 ff., 488 Abs. 1 S. 2 BGB) übertragen. aa) Der Bü kann die Sache von S nach § 985 BGB herausverlangen; § 986 Abs. 2 BGB steht nicht entgegen, weil der S nach Eintritt des Verwertungsfalls (das Darlehen war notleidend) kein Recht zum Besitz mehr hatte, sondern die Verwertung des Sicherungsgutes dulden musste. bb) Erfüllt der S durch Zahlungen an den Bü den Regressanspruch, dann wird der S Eigentümer nach Maßgabe des Sicherungsvertrages: entweder durch automatischen Rückfall oder durch eine gesonderte Rückübereignung. (Für die Mutigen und die Neugierigen unter Ihnen: Warum war es eigentlich wichtig, dass eine „Gestattung" des Sicherungsgebers vorliegt? Für die Wirksamkeit der Übereignung an den Bü als solche ist sie bedeutungslos, denn der Sicherungsnehmer war Eigentümer und ein Verbot wäre nach § 137 BGB unbeachtlich. Aber: wenn der Bü zum Zwecke

der Verwertung die Herausgabe verlangt und die Übereignung an ihn nicht „gestattet“ war, dann stünde dem Anspruch § 986 Abs. 2 BGB entgegen! Aber: das ist „höhere Mathematik“, mit der Sie erst später vertraut gemacht werden).

- Etwas schwer verständlich ist **§ 774 Abs. 1 S. 2 BGB** („Der Übergang kann nicht zum Nachteil des Gläubigers geltend gemacht werden“): Er bezieht sich **a)** z. B. auf die Fallkonstellation einer vom Bürgen erbrachten Teilleistung; in einem solchen Fall soll der Bürge sich erst nach dem Gläubiger aus weiteren eventuell gestellten Sicherheiten befriedigen dürfen. **b)** Besonders klausurrelevant ist die sich aus § 774 Abs. 1 S. 2 BGB ergebende Beschränkung der Aufrechnungsmöglichkeit des Hauptschuldners gegen den Bürgen.

**Fall 107**

Der G hat gegen den S eine Darlehensforderung in Höhe von € 1000,–, die durch eine selbstschuldnerische Bürgschaft des Bü und durch ein Pfandrecht gesichert ist. Der Bü zahlt € 700,– an G. Wie ist die Rechtslage? (nach Brox-Walker).

In Höhe von € 700,– geht die Darlehensforderung des G gegen S nach §§ 774 Abs. 1 S. 1, 412, 488 Abs. 1 S. 2 BGB, insoweit gesichert durch das Pfandrecht auf den Bü über (§§ 774 Abs. 1, S. 1, 412, 401, 1204 BGB). Dem G steht weiterhin ein Pfandrecht in Höhe von € 300,– zu; es ist nach § 774 Abs. 1 S. 2 BGB vorrangig gegenüber dem des Bü. Führt die Verwertung zu einem Erlös von € 400,–, erhält der G € 300,– und der Bü nur € 100,–.

**Fall 108**

Der Bü hat sich im Auftrag des K formwirksam und unter Verzicht auf die Einrede der Vorausklage gegenüber dem V für eine Kaufpreisschuld des K bei dem V verbürgt. Dem K steht gegen den V eine Gegenforderung zu, mit der er nicht aufrechnet; dem Bü ist die Aufrechnungsmöglichkeit des K nicht bekannt. Als der K bei Fälligkeit der Kaufpreisforderung nicht zahlt, nimmt der V den Bü in Anspruch. Der Bü zahlt und nimmt den K in Anspruch. Der K rechnet jetzt gegenüber dem Bü mit der ihm gegen V zustehenden Forderung auf (nach Reinicke-Tiedtke).

1) Der Bü hat gegen K einen Regressanspruch aus a) § 670 BGB und b) aus § 774 Abs. 1 S. 1 BGB. 2) Der Anspruch kann durch die erklärte Aufrechnung erloschen sein. a) An sich steht dem K gegenüber dem Bü nach §§ 774 Abs. 1 S. 1, 412, 406 BGB eine Aufrechnungsmöglichkeit zu. b) Dem steht jedoch § 774 Abs. 1 S. 2 BGB entgegen, weil der Forderungsübergang einen Nachteil für den Bü bedeuten würde: Denn die Folge einer wirksamen Aufrechnung der Regressschuld wäre ein rückwirkender Wegfall der gesicherten Hauptforderung und damit der Bürgschaftsschuld, so dass der Bürge den V nur aus § 812 Abs. 1 S. 1 Var. 1 BGB in Anspruch nehmen und unverdient das Entreicherungs- und Insolvenzrisiko aus der Person des V tragen müsste.

### ee) Befreiungsanspruch des Bürgen gegen den Hauptschuldner

Wenn einem Bürgen, der sich im Auftrag des Hauptschuldners verbürgt hat, nach einer Befriedigung des Gläubigers ein Regressanspruch gegen den Hauptschuldner zustehen würde, dieser Anspruch aber durch eine Veränderung der Verhältnisse gefährdet ist (z. B. durch eine wesentliche Vermögensverschlechterung des Hauptschuldners, eine wesentliche Rechtsverfolgungserschwerung etc.), dann kann der Bürge vom Hauptschuldner Befreiung von der Bürgschaftsschuld verlangen **(§ 775 BGB)**. Kleine „Scherzfrage": Kann der Bürge auch im Falle einer wesentlichen Verschlechterung der Vermögensverhältnisse des Hauptschuldners nach § 313 BGB vom Gläubiger Befreiung von der Bürgschaftsschuld verlangen?

### t) Schuldbeitrittsvertrag

Eine weitere, der Bürgschaft in Vielem vergleichbare Möglichkeit der persönlichen Kreditsicherung ist der gesetzlich nicht typisierte **Schuldbeitritt** (gelegentlich auch sehr missverständlich „Schuldmitübernahme" oder „kumulative Schuldübernahme" genannt).

Der Schuldbeitritt ist gesetzlich **nicht typisiert** und auch nirgends **definiert**. Er zählt jedoch zu den **verkehrstypischen Verträgen**. Bei einem Schuldbeitritt tritt der Beitretende neben dem bisherigen Schuldner in das Schuldverhältnis ein, so dass ein **Gesamtschuldverhältnis** zwischen **Ursprungsschuldner** und dem **Schuldbeitretendem** entsteht.

Der vertragliche Schuldbeitritt dient wie die Bürgschaft als **Kreditsicherungsmittel**, so dass es zu durchaus anspruchsvollen Abgrenzungsproblemen zur Bürgschaft kommen kann.

Bei dieser Gelegenheit ein kurzer (zugegebenermaßen sehr begrenzt in diesen Zusammenhang passender!) Hinweis: Es gibt auch einen **gesetzlichen Schuldbeitritt**, und zwar in der höchst interessanten Regelung des **§ 25 HGB**. Diese Vorschrift geht von der Konstellation aus, dass ein Handelsgeschäft unter Lebenden unter Fortführung der Firma bzw. mit Nachfolgezusatz übernommen wird (vgl. § 22 HGB). Die Rechtsfolge ist u. a. ein (bei Eintragung im Handelsregister abdingbarer: § 25 Abs. 2 HGB) Schuldbeitritt des Erwerbers des Handelsgeschäfts hinsichtlich der Geschäftsverbindlichkeiten des Veräußerers. Wie alles, was hier auch „am Rande" mitgeteilt wird: es ist wichtig! Sie müssen also die §§ 22 ff. HGB – am besten das gesamte Firmenrecht des HGB – im Gesetz nachlesen und sich dazu Ihre Gedanken machen.

#### aa) Die rechtliche Konstruktion des Schuldbeitritts

Es gibt zwei Möglichkeiten der **rechtlichen Konstruktion** eines Schuldbeitritts:

- entweder schließen der **Gläubiger** und der der **Schuld** des Ursprungsschuldners **Beitretende** einen Vertrag des o.g. Inhalts **(§ 414 BGB analog)**;
- oder es wird zwischen dem ursprünglichen **Schuldner** und dem der **Schuld Beitretenden** ohne Mitwirkung des Gläubigers ein **Vertrag zugunsten** des **Gläubigers** abgeschlossen **(§ 328 BGB)**.
- Die Rechtsfolge ist eine selbstständige von der Schuld des ursprünglichen Schuldners unabhängig bestehende Verpflichtung, so dass der ursprüngliche Schuldner und der Schuldbeitretende **Gesamtschuldner** sind.

##### (1) Abgrenzung von Bürgschaft und Schuldbeitritt

Bei der Fallbearbeitung kann sich die im Einzelfall sehr anspruchsvolle Aufgabe stellen, im Wege einer **Auslegung** zu ermitteln, ob eine **Bürgschaft** oder ein **Schuldbeitritt** vereinbart ist.

Um diese Auslegung möglich zu machen, ist ein struktureller **Vergleich** von **Schuldbeitritt** und **Bürgschaft** hilfreich:

- Der **Schuldbeitritt** ist anders als die Bürgschaft **nicht akzessorisch**;
- der **Schuldbeitretende** steht für eine **eigene**, der **Bürge** für eine **fremde Schuld** ein;
- identisch ist der **Zweck**, weil **beide** Institute der **Sicherung** einer Forderung dienen;
- was das **Risiko** angeht, so ist **teils** die **Bürgschaft** wegen der automatischen Erweiterung der Schuld (§ 767 Abs. 1 S. 2, BGB) riskanter, **teils** der **Beitritt**, weil die §§ 768, 770, 771 BGB nicht gelten und der Beitretende nur die bereits bestehenden Einwendungen hat, wobei bei späteren Veränderungen die §§ 422–425 BGB gelten;
- es gibt einen **Innenverhältnis-Regress** bei beiden Instituten (z. B. aus § 670 BGB sowie beim Schuldbeitritt zusätzlich aus § 426 Abs. 1 BGB), und ähnlich ausgestaltet ist der **cessio-legis-Regress** nach **§ 774 BGB** bei der Bürgschaft bzw. **§ 426 Abs. 2 BGB** beim Schuldbeitritt.

Bei einer **Bilanz** dieses **Vergleichs** steht der Schuldbeitretende eher schlechter da als der Bürge. Gleichwohl ist der **Schuldbeitritt formfrei** vereinbar; **§ 766 BGB gilt nicht**.

Wie gesagt: Bei der Prüfung, welches der beiden Sicherungsmittel von den Parteien vereinbart worden ist, geht es methodisch um eine Frage der **Auslegung**, bei der folgendes zu bedenken ist:

Keinesfalls (das wäre ein **„Zirkelschluss"** und damit ein **schwerer Kunstfehler!**) darf man aus der Tatsache, dass die Parteien die von Ihnen auszulegende Vereinbarung formlos (also nicht in der Form des § 766 BGB) abgeschlossen haben, den Schluss ziehen, dass von den Parteien ein Schuldbeitritt gewollt war.

Maßgeblich sind vielmehr diese Kriterien:

1. Bei einer durch **Rechtskundige** bzw. von **rechtlich Erfahrenen** gewählten klaren Bezeichnung („Bürgschaft"/„Schuldbeitritt") ist der **Wortlaut** maßgeblich.
2. Bei **verbleibenden Unklarheiten** (der Unterschied der Rechtsinstitute ist den Parteien nicht bekannt; es werden mehrdeutige Formulierungen verwendet: „ich komme für die Schuld des … auf", der Gläubiger „soll durch die Nichtzahlung des … keinen Schaden erleiden") soll für die **Auslegung erheblich** sein der Umstand, dass ein Schuldbeitretender eine eigene Verbindlichkeit begründen will und nicht – wie der Bürge – für eine fremde Verbindlichkeit einstehen will: Ob dies gewollt ist, soll daran erkennbar sein, dass **„ein eigenes unmittelbares Interesse an** dem **Schuldverhältnis und** der **Erfüllung** der **Schuld"** besteht. Generationen von jungen Juristen vor Ihnen haben es gelernt, mit Hilfe dieser einfachen Formel einen Weg aus dem Auslegungs-Irrgarten zu finden.
3. Und wenn auch diese Abgrenzungsformel nicht weiter hilft (schließlich kann durchaus auch ein Bürge einmal „ein eigenes wirtschaftliches Interesse" an der Erfüllung der Hauptschuld haben!), soll **im Zweifel** eine **Bürgschaft** gewollt sein.

**Fall 109**

Der V steht in einer ständigen Geschäftsbeziehung zur K-GmbH. Die K-GmbH ist eine sog. „Ein-Mann-GmbH". Einziger Gesellschafter und Geschäftsführer ist der K. Als die K-GmbH eine unbestrittene Kaufpreisforderung des V aus einem Kaufvertrag in Höhe von € 1.000.000,– bei Fälligkeit nicht bezahlt, weil sie über keine ausreichenden Geldmittel verfügt, ruft der K, der einen Insolvenzantrag des V befürchtet, am 1. November 2002 bei V an und erklärt, dass die K-GmbH in Erfolg versprechenden Kreditverhandlungen mit der B-Bank stehe und dass er deshalb um Stundung bis zum 29. November 2002 bitte; er werde „persönlich für die noch offene Forderung des V einstehen", wenn sich der V mit diesem Vorschlag einverstanden erkläre. Der V erklärt sein Einverständnis mit allem. Obwohl die B-Bank der K-GmbH rechtzeitig einen Kredit über € 2.000.000,– gewährt, zahlt die K-GmbH nicht an den V, sondern befriedigt andere Gläubiger. Der V nimmt den K persönlich in Höhe der Forderung in Anspruch.

1) Ein Anspruch aus § 765 BGB besteht nicht, weil die Form des § 766 BGB nicht eingehalten wurde. Nach §§ 343 f., 350 HGB formfrei wirksam wäre die Bürgschaft nicht, weil zwar die K-GmbH Kaufmann ist (§ 6 HGB i. V. m. § 13

Abs. 3 GmbHG), nicht aber deren Geschäftsführer. 2) Der Anspruch würde sich aus einem Schuldbeitritt des K aus §§ 421, 414 BGB analog ergeben, wenn ein – ja bekanntlich formfrei möglicher – Schuldbeitrittsvertrag zwischen V und K geschlossen worden ist. Dazu muss die getroffene Vereinbarung ausgelegt werden. Der K hatte als einziger Gesellschafter ein „eigenes unmittelbares wirtschaftliches Interesse" an der Erfüllung der Verbindlichkeit, so dass ein Schuldbeitrittsvertrag als gewollt anzunehmen ist. (Noch einmal: Warum konnte man die Frage nicht wegen §§ 350, 343 f., 6 Abs. 2 HGB, 13 Abs. 3 GmbHG offen lassen? Weil die GmbH zwar Kaufmann ist, nicht aber deren Geschäftsführer.)

**Fall 110**

Der Sohn S ist in finanzieller Not und kann einen Kredit der G-Bank nicht bei Fälligkeit bezahlen. Sein Vater V begleitet ihn zu einer Besprechung mit der G-Bank. Dem zuständigen Sachbearbeiter erklärt er, dass die Bank sich „felsenfest darauf verlassen" könne, dass die Schuld „in einem Monat, notfalls auch von ihm" bezahlt werde. Als der S nicht zahlt, hält die G-Bank sich an V.

Hier besteht kein eigenes unmittelbares Interesse des V an dem Schuldverhältnis; daher war eine Bürgschaft gewollt, so dass der Vertrag nach §§ 766, 125 BGB nichtig ist.

(2) Schuldbeitrittsvertrag zwischen Gläubiger und Beitretendem

In **konstruktiver** Hinsicht kann ein **Schuldbeitrittsvertrag** durch einen Vertrag zwischen dem Gläubiger und dem der Schuld Beitretenden vereinbart werden. Dazu gelten folgende Regeln:

- Bei einem solchen nach **§ 414 BGB analog** möglichen **Vertrag** zwischen dem **Gläubiger** und dem **Beitretenden a)** kann **aa)** das Angebot des der ursprünglichen Schuld Beitretenden **bb)** vom Gläubiger angenommen werden durch ein „nach außen hervortretendes Verhalten, aus dem sich der Annahmewille unzweideutig ergibt" (BGH); zugehen muss es nach der Verkehrssitte nicht (§ 151 BGB). **b)** Fraglich ist, ob in der Mitteilung eines Schuldbeitrittsvertrages zwischen Schuldner und Beitretendem (dazu sogleich) durch den Beitretenden an den Gläubiger auch ein Angebot zum Abschluss eines Schuldbeitrittsvertrages zwischen Beitretendem und Gläubiger liegt.
- Ist die ursprüngliche Schuld, zu der der Beitritt erfolgt, eine Schuld aus einem **Verbraucherdarlehensvertrag** (§§ 491, 13 BGB) oder ist jedenfalls der **Beitretende** ein **Verbraucher** (§ 13 BGB), so steht dem Beitretenden ein **Widerrufsrecht** nach **§§ 491, 495, 355 BGB** zu.
- Wenn der Schuldner ein Verbraucher ist (§ 13 BGB) und die Schuld außerhalb von Geschäftsräumen begründet wird (§ 312b BGB), dann soll, wenn auch der Beitretende Verbraucher ist und auch der Beitritt außerhalb von Geschäftsräumen erfolgt, der Beitretende ein **Widerrufsrecht** nach **§§ 312 g Abs. 1 Var. 1, 355 BGB** haben.

- Die Schuld, zu der der Beitritt erfolgt, muss als **gegenwärtige** oder **künftige Schuld** bestehen; ansonsten ist der Beitritt nichtig.
- Der Schuldbeitritt kann aus den gleichen Gründen wie bei der Bürgschaft nach § 138 Abs. 1 BGB wegen **Sittenwidrigkeit** nichtig sein.
- Der Vertrag ist **a) grundsätzlich formfrei wirksam**: § 766 BGB ist nicht entsprechend anwendbar. **b)** Allerdings kann sich ein **Formerfordernis aa)** aus z. B. § 311b Abs. 1 BGB analog ergeben, wenn ein Schuldbeitritt zu einer Kaufpreiszahlungsverpflichtung aus einem Grundstücksverkauf erfolgt, obwohl der Beitretende sich nicht zum Erwerb des Grundstücks verpflichtet. **bb)** Ist die Schuld, zu der der Beitritt erfolgt, eine Schuld aus einem **Verbraucherdarlehensvertrag** (§§ 491, 13 BGB) oder ist jedenfalls der **Beitretende** ein **Verbraucher** (§ 13 BGB), so bedarf der Schuldbeitrittsvertrag jedenfalls der Schriftform **(§ 492 BGB)**; die Heilungsvorschrift des **§ 494 Abs. 2 BGB**, die nur den Verbraucher vor Rückzahlungsansprüchen schützen soll, nicht aber den Gläubiger, ist auf den Schuldbeitritt nicht entsprechend anwendbar. Schließlich hat der Schuldbeitretende das Darlehen nicht „empfangen" und einen Vorteil davon, sondern steht dem Schuldner und Empfänger nur zur Seite. Allenfalls kann nach **§ 242 BGB** die Berufung auf den Formmangel eine unzulässige Rechtsausübung sein, wenn zum *Beispiel* eine GmbH als Darlehensnehmer, für deren Schuld ein Gesellschafter als Verbraucher im Wege des Schuldbeitritts einsteht, längere Zeit aus dem valutierten Darlehen beträchtlichen Vorteil gezogen hat, und der Darlehensgeber den Vorteil im Vertrauen auf die Wirksamkeit des Schuldbeitrittsvertrages erbracht hat (BGH).

Fraglich ist, welche **Einwendungen** der Beitretende **gegenüber** dem **Gläubiger** hat.

- Einwendungen **aus** dem **Verhältnis zum Schuldner** hat der Beitretenden nach **§ 417 Abs. 2 BGB analog** nicht,
- wohl aber nach **§ 417 Abs. 1 BGB analog** die **Einwendungen** des **Schuldners gegenüber** dem **Gläubiger**, die zu dem Zeitpunkt gegeben bzw. in dem Schuldverhältnis angelegt waren („Wurzeltheorie"), zu dem der Schuldbeitritt zustande gekommen ist.

(3) Schuldbeitrittsvertrag zwischen Schuldner und dem der Schuld Beitretenden

Der **Schuldbeitrittsvertrag** kann auch durch einen **Vertrag zwischen** dem **Schuldner und** dem der **Schuld Beitretenden** geschlossen werden. Dazu gelten folgende Regeln:

- Ein solcher **Schuldbeitrittsvertrag** kann nach **§ 328 BGB** als **Vertrag zugunsten Dritter** zwischen dem Schuldner (als „Versprechensempfänger") und dem Beitretenden (als „Versprechendem") geschlossen werden. Der hieran unbeteiligte Gläubiger (der „Dritte") hat, wenn er diese Begünstigung nicht wünscht, das Zurückweisungsrecht aus § 333 BGB. Ob ein Schuldbeitritt oder nur eine Erfüllungsübernahme gewollt ist, muss durch **Auslegung** ermittelt werden (§ 328

Abs. 2 BGB). Schon wieder (zuletzt bei der Bürgschaft) werden Sie mit dem Vertrag zugunsten Dritter (§§ 328 ff BGB) konfrontiert, ohne hier bisher viel darüber erfahren zu haben. Bald ist es aber soweit!

- Ist die ursprüngliche Schuld, zu der der Beitritt erfolgt, eine Schuld aus einem **Verbraucherdarlehensvertrag** (§§ 491, 13 BGB) oder ist jedenfalls der **Beitretende** ein **Verbraucher** (§ 13 BGB), so steht dem Beitretenden ein **Widerrufsrecht** nach **§§ 491, 495, 355 BGB** zu.
- Wenn der Schuldner ein Verbraucher ist (§ 13 BGB) und die Schuld außerhalb von Geschäftsräumen begründet wird (§ 312b BGB), dann soll, wenn auch der Beitretende Verbraucher ist und auch der Beitritt außerhalb von Geschäftsräumen erfolgt, der Beitretende ein **Widerrufsrecht** nach **§§ 312 g Abs. 1 Var. 1, 355 BGB** haben.
- Sie **wissen längst**, dass der Schuldbeitrittsvertrag als solcher **formfrei** geschlossen werden kann, dass es aber Ausnahmen gibt (z. B. § 311b Abs. 1 BGB analog); und Sie wissen ferner – wenn die ursprüngliche Schuld, zu der der Beitritt erfolgt, eine Schuld aus einem **Verbraucherdarlehensvertrag** (§§ 491, 13 BGB) ist oder wenn jedenfalls der **Beitretende** ein **Verbraucher** (§ 13 BGB) ist – der Schuldbeitrittsvertrag jedenfalls der Schriftform (§ 492 BGB) bedarf und dass die Heilungsvorschrift des § 494 Abs. 2 BGB, die nur den Verbraucher vor Rückzahlungsansprüchen, an den auch ausgezahlt worden ist, nicht aber den Gläubiger schützen soll, ist auf den Schuldbeitritt nicht entsprechend anwendbar so dass allenfalls § 242 BGB helfen kann. Wie gesagt: das hatten Sie gerade erst gelesen, so dass dies nur eine Wiederholung ist.

So könnte man denken, die beiden möglichen Varianten des Schuldbeitritts liefen auf rein rechtstechnische Unterschiedlichkeiten hinaus. So ist es aber nicht. Denn, was die **Einwendungen** des Beitretenden angeht, steht sich der Gläubiger bei dieser Art des Schuldbeitritts durch einen Vertrag zwischen dem Schuldner und dem Schuldbeitretendem zugunsten des Gläubigers (§ 328 BGB) schlechter als bei einem Schuldbeitritt durch einen Vertrag zwischen Gläubiger und Schuldbeitretendem nach § 414 BGB analog. Anders als bei einem Schuldbeitritt nach § 414 BGB analog, bei dem § 417 Abs. 2 BGB analog angewendet wurde, muss sich der Gläubiger hier nach **§ 334 BGB** die Einwendungen aus dem Deckungsverhältnis (dem Vertrag zwischen dem Beitretenden und dem Schuldner) entgegenhalten lassen. Man wird allerdings zu prüfen haben, ob im Einzelfall der Gedanke des Vertrauensschutzes zu einem Einwendungsausschluss führt (z. B. durch Anzeige des Schuldbeitritts seitens des Beitretenden, die übrigens auch als Angebot zu einer Schuldübernahme durch Vertrag mit dem Gläubiger verstanden werden kann).

#### bb) Schuldner und Schuldbeitretender als Gesamtschuldner

Sie wissen jetzt, wie der Schuldbeitritt begründet wird. Sie wissen auch bereits, dass dem Gläubiger aufgrund des Schuldbeitritts der Schuldner und der Schuldbeitretende als Gesamtschuldner haften (§ 421 BGB). Das ist die erste Gelegenheit, sich ein wenig mit der Gesamtschuld zu befassen. Sie sollten inzwischen Vertrauen in die Gesamtdarstellung gefasst haben: Diese erste Befassung mit diesem Thema ist nur ein an dieser Stelle unerlässlicher Vorgriff auf später folgende Erörterungen, also mit Sicherheit nicht „das letzte Wort“ dazu (mehr dazu in Teil 10). Dieser tröstliche Hinweis ist aber kein „Freibrief“ für Sie, die nächste Passage einfach zu „überschlagen“ – im Gegenteil: Sie sollten sich konzentrieren und alles „mitnehmen“, was Sie jetzt schon verstehen und sich merken können! Also: **Was** unter einer „Gesamtschuld“ zu verstehen ist, definiert das Gesetz unüberbietbar präzise in § 421 BGB: „Schulden mehrere in der Weise, dass jeder die ganze Leistung zu bewirken verpflichtet, der Gläubiger die Leistung aber nur einmal zu fordern berechtigt ist (Gesamtschuldner)…“. Ich bin fast geneigt, Ihnen anzuraten diese extrem wichtige Definition auswendig zu lernen. Das Thema, **ob** eine „Gesamtschuld“ genannte Konstellation gegeben ist, regelt das Gesetz in den verschiedensten Zusammenhängen, also keinesfalls nur in den §§ 421 ff. BGB, sondern verstreut über das BGB – z. B. in §§ 421, 427, 431, 769, 840, 2058 BGB. Versuchen Sie sich von jeder dieser Konstellationen ein lebenspraktisches Bild zu machen: Sie können sich zum *Beispiel* zu § 427 BGB den Fall vorstellen, dass M1 und M2 gemeinsam bei V als „Mitmieter“ eine Wohnung mieten (§ 535 BGB); dann sind sie beide Mieter und schulden die Miete als Gesamtschuldner (§§ 535 Abs. 2, 427 BGB). Das **Wie,** also z. B. die Frage nach dem **Schicksal** der Ansprüche des Gläubigers gegen die Gesamtschuldner, beurteilt sich nach **§§ 422–426 BGB**. Darauf werfen wir jetzt „ein Auge“.

(1) Außenverhältnis

Beim Außenverhältnis, also dem Rechtsverhältnis zwischen dem Gläubiger und den Gesamtschuldnern, hier also dem Ursprungsschuldner und dem seiner Schuld Beitretenden, ist zu unterscheiden zwischen **„individueller“** und **„genereller“ Wirkung**.

> Die **Erfüllung** durch einen Gesamtschuldner wirkt für und gegen den anderen Gesamtschuldner (§ 422 BGB).
>
> Der **Gläubigerverzug**, den ein Gesamtschuldner herbeigeführt hat, wirkt ebenfalls für und gegen den anderen Gesamtschuldner (§ 424 BGB).
>
> Ob ein **Erlass** individuell oder generell wirkt, ist eine Frage der Auslegung (§ 423 BGB).
>
> Alle **anderen Tatsachen** wirken (vorbehaltlich einer anderen Bestimmung) nur für und gegen den Gesamtschuldner, in dessen Person sie eintreten (§ 425 BGB).

Die Tatsache, dass Ansprüche eines Gläubigers sich gegen Gesamtschuldner richten, hindert nicht ihre **Abtretung**. Bei der Abtretung der beiden Forderungen (also der Hauptschuld und der zur Sicherheit begründeten Verpflichtung des Beitretenden) sind folgende Konstellationen zu unterscheiden. **Zuvor** ein kleiner **Exkurs**: Auch über die „Zession“ bzw. Abtretung, die hier demnächst weiter vertieft werden wird und zu der Sie dann in Teil 10 alles Wissenswerte erfahren, müssen einige z.Tl. erinnernde Worte fallen: Der Gläubiger einer Forderung kann diese durch verfügenden Vertrag (§ 398 BGB) auf einen anderen übertragen. Der die Forderung Abtretende heißt „Zedent" oder (gerne auch auf Deutsch) „Altgläubiger" und der Erwerber heißt „Zessionar" bzw. „Neugläubiger". Der Schuldner wirkt nicht mit; er muss sogar nichts davon wissen, dass die Forderung abgetreten wird („stille Zession"). Zum Schutze des nicht beteiligten und hinsichtlich der Zession oft sogar „kenntnislosen" Schuldners gibt es Schuldnerschutzvorschriften (§§ 406 ff. BGB). Verhindern kann ein Schuldner die Abtretung nur im Fall des § 399 Var. 2 BGB, zu dem es wieder eine tückische Ausnahmevorschrift gibt: § 354a HGB. Es handelt sich bei der Abtretung um ein abstraktes Rechtsgeschäft, das also ohne jegliche Zweckvereinbarung (also „isoliert") wirksam vorgenommen werden kann. Meist wird es aber eine Zweckvereinbarung geben, z. B. einen Kaufvertrag (§§ 433, 453 BGB) oder einen Sicherungsvertrag bzw. eine „Zweckvereinbarung" bei der Sicherungszession. Schließlich gibt es auch noch einen gesetzlichen Forderungsübergang „cessio legis" (§ 412 BGB), z. B. nach §§ 426 Abs. 2, 774 BGB, die Sie gerade erst kennen gelernt hatten bzw. jetzt kennenlernen. Das soll zunächst reichen. Nach diesem Exkurs geht es weiter mit der einführenden Darstellung zum Recht der Gesamtschuld. Der letzte Satz davor lautete: „Bei der Abtretung der beiden Forderungen (also der Hauptschuld und der zur Sicherheit begründeten Verpflichtung des Beitretenden) sind folgende Konstellationen zu unterscheiden"; es sind diese:

- Wenn der Gläubiger einer Forderung, zu deren Sicherung ein anderer als Gesamtschuldner beigetreten ist, wenn also ein Fall des uns gerade interessierenden „Schuldbeitritts" vorliegt, diese Konstellation bei der Zession offen legt, und **Zedent** und **Zessionar** sich dahin **einigen**, dass **nur eine** der **beiden Forderungen abgetreten** werden soll, dann erwirbt der Zessionar auch nur diese eine ihm abgetretene Forderung: und zwar entweder nur die gesicherte Forderung oder die der Sicherung dienende Forderung gegen den Beitretenden. Wenn sie sich darauf **einigen**, dass **beide Forderungen abgetreten** werden sollen, dann erwirbt der Zessionar auch beide Forderungen. Wenn einer der Schuldner an den neuen Gläubiger leistet, so tritt die Wirkung des § 422 BGB ein: auch der andere Schuldner wird frei.
- Wenn der Gläubiger aber bei dieser Konstellation eines Schuldbeitritts diese bei der Abtretung nicht offen legt und er daher **nur** die **Forderung gegen** den **Schuldner**, **nicht aber ausdrücklich** auch die **Forderung gegen** den **Beitretenden überträgt**, dann stellt sich die Frage, ob die Forderung gegen den Schuldbeitretenden gleichwohl auf den Zessionar übergeht. Im **Ergebnis** ist man sich einig, dass in einem solchen Fall die der Sicherheit dienende Forderung gegen den Beitretenden ebenfalls auf den Zessionar übergeht; die Herleitung des Resultats ist nicht einheitlich: Man kann das Ergebnis entweder mit einer (ergänzenden) Vertragsauslegung oder (besser) mit einer **Analogie zu** der einen „Mitlauf" anordnenden Vorschrift des **§ 401 BGB** begründen. Woraus rechtfertigt sich die Analogie? Aus der Rechtsähnlichkeit des Schuldbeitritts mit der in den Beispielskatalog des § 401 BGB aufgenommenen akzessorischen Bürgschaft. Es gilt also auch hier, dass, wenn einer der Schuldner an den neuen Gläubiger leistet, die Wirkung des § 422 BGB eintritt: auch der andere Schuldner wird frei.

(2) Innenverhältnis

Vom **Augenblick** der **Entstehung** der **Gesamtschuld an** sind die Gesamtschuldner einander zum einen aus dem i. d. R. zugrunde liegenden **vereinbarten Innenverhältnis** (z. B. bei dem uns hier interessierenden „Schuldbeitritt" nicht selten ein Auftrag nach § 662 BGB oder ein Geschäftsbesorgungsvertrag nach § 675 BGB) und zum anderen aus dem bei einer jeden Gesamtschuld bestehenden **gesetzlichen Innenverhältnis** (§ 426 Abs. 1 S. 1 BGB) verpflichtet, dafür Sorge zu tragen, dass keiner von ihnen seitens des Gläubigers in größerem Umfang, als es das Innenverhältnis bestimmt, in Anspruch genommen wird.

Das bedeutet, dass die Gesamtschuldner gegeneinander einen **Anspruch** auf **Befriedigung** des **Gläubigers** entsprechend den nach dem Innenverhältnis geschuldeten Anteilen haben; und sie können von dem jeweils anderen in Höhe des von diesem zu erbringenden Anteils **Befreiung von** ihrer im Außenverhältnis gegenüber dem Gläubiger bestehenden **Schuld** verlangen.

Die **Anspruchsgrundlagen** für einen solchen Befreiungsanspruch gegen den jeweils anderen Gesamtschuldner sind zum einen ein Anspruch **aus** dem **vereinbarten Innenverhältnis** der Gesamtschuldner z. B. bei einem bestehenden Auftrag oder Geschäftsbesorgungsvertrag die **§§ 662/675, 670, 257 BGB** und zum anderen ein Anspruch **aus** dem **gesetzlichen Innenverhältnis** zwischen den Gesamtschuldner aus **§§ 426 Abs. 1 S. 1, 257 BGB**.

Was den **Umfang** dieses i. d. R. auf zwei Anspruchsgrundlagen beruhenden **Anspruchs** angeht,

- so ist dafür z. B. bei einem Schuldbeitritt, mit dem wir uns hier ja besonders befassen, hinsichtlich des **Anspruchs auf Befreiung** aus dem **vereinbarten Innenverhältnis** bei einem zugrunde liegenden Auftrag/Geschäftsbesorgungsvertrag aus §§ 662/675, 670, 257 BGB der Sinn und Zweck des Schuldbeitritts maßgeblich: Wenn der Beitretende mit seinem Schuldbeitritt **nur** einen **Sicherungszweck** erfüllen soll, dann ist der Schuldner gegenüber dem der Schuld Beitretenden in voller Höhe zur Leistung an den Gläubiger verpflichtet. Wenn aber der andere Gesamtschuldner deshalb ein **„eigenes wirtschaftliches Interesse"** an der Schuldtilgung hatte, weil er Mit-Vertragspartner, z. B. Mitmieter oder Mitdarlehensnehmer ist, kann der Anspruch auf Befreiung einen ganz anderen Umfang haben, möglicherweise sogar ganz entfallen.
- Für den in Anspruchskonkurrenz dazu bestehenden **Anspruch auf Befreiung** aus dem **gesetzlichen Innenverhältnis** (§ 426 Abs. 1 S. 1 BGB) gilt nichts anderes. Zwar scheinen hiernach auf den ersten Blick beide Gesamtschuldner einander stets zu gleichen Anteilen („Kopfteilen") zur Befreiung verpflichtet zu sein. Sie dürfen aber niemals die im Gesetz gemachte Einschränkung: „… soweit nicht ein anderes bestimmt ist" übersehen. Eine solche anderweitige Bestimmung ergibt sich z. B. aus dem vereinbarten Innenverhältnis. Daher sind die beiden Ansprüche deckungsgleich.

### cc) Regressanspruch des Beitretenden gegen den Hauptschuldner, insbesondere: Regress-Konkurrenz bei mehrfacher Sicherung durch akzessorische Sicherungsrechte

Wenn einer der Gesamtschuldner aufgrund seiner im Verhältnis zum Gläubiger („Außenverhältnis“) bestehenden Verpflichtung, die ganze Leistung zu erbringen (§ 421 BGB), mehr leistet als er im konkreten Einzelfall nach dem Innenverhältnis leisten muss, dann versteht es sich von selbst, dass er gegen den/die anderen Gesamtschuldner einen Regressanspruch hat. Das gilt natürlich auch bei einem Gesamtschuldverhältnis zwischen Hauptschuldner und dem der Schuld Beitretenden.

- Der Schuldbeitretende hat daher einen Anspruch gegen den Hauptschuldner aus dem **vereinbarten Innenverhältnis** (bei einem Auftrag auf Aufwendungsersatz aus §§ 662, 670 BGB);
- weiterhin hat der Schuldbeitretende gegen den Hauptschuldner einen Anspruch aus dem **gesetzlichen Innenverhältnis** (§ 426 Abs. 1 S. 1 BGB);
- und schließlich geht kraft Gesetzes die Forderung des Gläubigers insoweit auf den Schuldbeitretenden über **(„cessio legis“)**, als er nach § 426 Abs. 1 S. 1 BGB Ausgleich verlangen kann (z. B. aus §§ 426 Abs. 2, 481 Abs. 2/535 BGB, wenn die Ursprungsschuld eine Darlehensforderung/eine Forderung aus einem Mietvertrag war).
- Was konkret den Regress beim hier vorrangig interessierenden Schuldbeitritt angeht, **a)** so versteht es sich von selbst, dass der an den Gläubiger leistende Hauptschuldner keinen Regress nach § 426 Abs. 1 und 2 BGB beim Schuldbeitretenden nehmen kann; insoweit ist infolge des Sinn und Zwecks des Schuldbeitritts „... ein anderes bestimmt“. **b)** Umgekehrt ist es selbstverständlich, dass der an den Gläubiger leistende Schuldbeitretende nach dem Willen der Parteien (Schuldner, Beitretender) nicht auf der Schuld „sitzen bleiben“ soll, sondern vom Hauptschuldner, dessen Schuld er beigetreten ist, Ausgleich verlangen kann.
- Was den **Umfang** dieser **Regressansprüche** angeht, so kann auf die vorstehenden Ausführungen zum Umfang des Befreiungsanspruchs Bezug genommen werden; für den Regressanspruch gilt nichts anderes. Können Sie noch erinnern, welche Regeln dazu gelten? Es kam auf den „Sinn und Zweck“ des Schuldbeitritts an. Wer sich jetzt nicht erinnert, muss leider einige Seiten zurückblättern und alles noch einmal lesen!
- Wegen des cessio-legis-Regresses aus § 426 Abs. 2 BGB gehen nach §§ 412, 401 BGB auch die **Sicherheiten** (Bürgschaft, Pfandrecht, Hypothek), die der Schuldner dem Gläubiger bestellt hat, auf den Schuldbeitretenden über. Bei nicht akzessorischen Rechten (Sicherungsgrundschuld, Sicherungseigentum, Sicherungszession, Eigentumsvorbehalt) besteht ein schuldrechtlicher Anspruch auf Übertragung. Hieraus ergibt sich das Ihnen schon bekannte **Konkurrenzproblem** unter mehreren Sicherungsgebern.

**Fall 111**

Der G hat dem S1 ein Darlehen gegeben. Als der G den Kredit kündigen will, bittet der S1, der gerade kein Geld hat, seine beiden Freunde Bü und S2 um Hilfe: Nachdem der Bü die selbstschuldnerische Bürgschaft übernommen hat und eine Woche später der S2 der Schuld durch Vertrag mit G beigetreten ist, wird der Darlehensvertrag durch Vereinbarung mit G verlängert. Als das Darlehen später notleidend wird, nimmt der G den S2 in Anspruch, der auch zahlt. Der S2 nimmt jetzt den Bü in Anspruch (nach Reinicke-Tiedtke).

Die beiden Sicherungsgeber werden hinsichtlich des Regresses wie Mitbürgen nach §§ 774 Abs. 2, 426 Abs. 1 BGB behandelt.

### u) Garantievertrag

Auch der **Garantievertrag** ist gesetzlich nicht typisiert und auch sonst nicht definiert. Er gehört ebenfalls zu den **verkehrstypischen Verträgen**. Durch einen Garantievertrag sichert ein Garant die Erbringung einer Leistung zu, zu der ein anderer verpflichtet ist.

Soweit ein solcher **Garantievertrag** der **Kreditsicherung dient** (Canaris: „Interzessions"-)Garantievertrag weist er äußere Ähnlichkeiten mit der Bürgschaft und mit dem Schuldbeitritt auf. Daher muss nicht selten durch **Auslegung** ermittelt werden, ob ein **Garantievertrag**, eine **Bürgschaft** oder ein **Schuldbeitritt** vereinbart ist.

- Einzelne **Strukturelemente** dieser drei Institute können bedeutsame **Auslegungskriterien** sein: So ist **typisch für** eine **Garantie**, dass die Schuld des Garanten vom Fortbestand oder zuweilen sogar von der Entstehung der gesicherten Forderung unabhängig (also nicht-akzessorisch) ist und dass der Garant an der Erfüllung der gesicherten Schuld typischerweise ein besonders intensives wirtschaftliches Eigeninteresse hat.
- Demgegenüber ist der **Wortlaut** nur bei geschäftsgewandten Personen von Bedeutung.
- Bei verbleibenden **Zweifeln** ist eine **Bürgschaft** gewollt.

Man wird erwägen müssen, ob **§ 766 BGB** und **§ 774 BGB** und auch **§ 401 BGB** auf den **Garantievertrag entsprechend anwendbar** sind.

### v) Schuldrechtliche Verträge ohne primäre Leistungspflicht

Zu guter Letzt kann Ihnen nicht der Hinweis darauf erspart werden, dass der Gesetzgeber auch einige **schuldrechtliche Verträge typisiert** hat, die **keine Leistungspflicht** begründen.

aa) § 516 BGB

So liegt es – ein wenig verkappt – bei der **Handschenkung (§ 516 BGB)**. Hierbei handelt es sich bekanntlich um einen schuldrechtlichen Vertrag. Dieser Vertrag verpflichtet aber zu nichts (argec. § 518 BGB). Die Bedeutung des § 516 BGB erschöpft sich darin, der Rechtsgrund für eine bereits vollzogene oder gleichzeitig bewirkte unentgeltliche Zuwendung zu sein, so dass der Erwerb nicht nach § 812 Abs. 1 S. 1 Var. 1 BGB zurückgefordert werden kann (kondiktionsfest ist). Sie wissen ja: Der Kindermund tut hier einen Rechtssatz kund („Geschenkt ist geschenkt, wiederholen ist gestohlen"). Dass demgegenüber ein **Schenkungsversprechen i. S. d. § 518 Abs. 1 BGB** natürlich ein Vertrag mit primärer Leistungspflicht ist, ist Ihnen hoffentlich bewusst.

bb) Naturalobligationen

Ferner gibt es die **„unvollkommene Verbindlichkeiten"** oder **„Naturalobligationen"**.

So wird bei einem Vertrag über eine **„Heiratsvermittlung" (§ 656 BGB)** „durch das Versprechen eines Lohnes für den Nachweis der Gelegenheit zur Eingehung einer Ehe eine Verbindlichkeit nicht begründet".

Ferner heißt es in **§ 762 BGB** gleichlautend: „Durch **Spiel** oder **Wette** wird eine Verbindlichkeit nicht begründet …".

Nun könnte man meinen, dass der Umstand, dass bei Verträgen über die Heiratsvermittlung und durch Spiel- und Wettverträge „eine Verbindlichkeit nicht begründet wird" zur Folge hat, dass die Zahlungen an den Heiratsvermittler und vom Lotterieeinnehmer zurückverlangt werden könnten, weil ohne rechtlichen Grund geleistet worden sei (§ 812 Abs. 1 S. 1 Var. 1 BGB), und dies vielleicht sogar dann, wenn man inzwischen glücklicher Ehepartner/Lotteriegewinner ist! So ist es aber nicht! Dass gleichwohl das jeweils Geleistete nicht zurückgefordert werden kann, ergibt sich aus **§ 656 Abs. 1 S. 2 BGB bzw. aus § 762 Abs. 1 S. 2 BGB**, in denen es jeweils heißt: „Das aufgrund …" des Versprechens/des Spieles oder der Wette „… Geleistete kann nicht deshalb zurückgefordert werden, weil eine Verbindlichkeit nicht bestanden hat".

Umgekehrt wird dieser Satz sehr leicht dahin missverstanden, dass eine Rückforderung überhaupt ausgeschlossen ist. Beachten Sie aber, dass ein Rückforderungsanspruch nur ausgeschlossen ist, wenn der jeweilige Vertrag auch zustande gekommen ist, wirksam ist und auch nicht beendet ist. Wenn also ein Minderjähriger ohne Zustimmung der gesetzlichen Vertreter einen Ehemäklervertrag abschließt und den vereinbarten Lohn zahlt, kann er diesen, vertreten durch seine gesetzlichen Vertreter, selbstverständlich nach § 812 Abs. 1 S. 1 Var. 1 BGB zurückverlangen; denn § 656 Abs. 1 S. 2 BGB schließt den Rückforderungsanspruch nur bei einem wirksamen Vertrag aus; der hier interessierende Vertrag ist aber nach §§ 107, 108 BGB wegen der endgültigen Verweigerung der Genehmigung nichtig. Gleiches gilt, wenn die Lotterie behördlich nicht erlaubt und der Spielvertrag daher nach §§ 134 BGB i. V. m. § 284 StGB nichtig ist.

**w) Mischverträge unter Verwendung der Vertragstypen**

Die im Besonderen Schuldrecht des BGB geregelten Vertragstypen des BGB sind kein abschließender Katalog der denkbaren verpflichtenden Verträge. Aufgrund der im Schuldrecht geltenden **Vertragstypenfreiheit** sind andere Gestaltungen möglich und im Rechtsleben auch sehr verbreitet. So kann man die vorhandenen typisierten Verträge mischen. Die geltenden Regeln entnimmt man den jeweiligen Elementen.

Hierbei kann man **vier Fallgruppen** unterscheiden.

- **Typischer Vertrag** mit **andersartiger Nebenleistung**: Eine der Parteien schuldet neben der Hauptleistung eines typischen Vertrages eine andersartige Nebenleistung.

**Zum Beispiel**: Kauf einer Computeranlage mit dazugehöriger Schulung der Mitarbeiter.

- **Kombinationsvertrag**: Ein Vertragspartner schuldet Hauptleistungen aus verschiedenen Vertragstypen.

**Zum Beispiel**: **a)** Der „Beherbergungsvertrag“ enthält Elemente der Miete, des Dienstvertrages, des Kaufes und des Werkvertrages; Schwerpunkt dürfte die Miete sein. **b)** Der „Bewirtungsvertrag“ setzt sich zusammen aus Elementen eines Miet- und Dienstvertrages sowie eines Vertrages über die Lieferung neu herzustellender beweglicher Sachen.

- **Gekoppelter Vertrag**: Die Parteien tauschen Leistungen aus, die zu verschiedenen Vertragstypen gehören.

**Zum Beispiel**: Der Mieter soll keine Miete zahlen, sondern stattdessen Hausmeisterleistungen erbringen.

- **Typenverschmelzungsvertrag**: Die von einer Partei geschuldeten Leistungen aus verschiedenen Vertragstypen sind untrennbar miteinander verbunden.

**Zum Beispiel**: **a)** Verkauf einer Sache weit unter Wert („Freundschaftskauf“). **b)** Der in einem Vergleich geschlossene Kaufvertrag.

### x) Bestimmung des typisierten Vertragsinhalts durch Auslegung

aa) Bestimmung des Inhalts der durch Gesetz typisierten Verträge
Die mit dieser Überschrift aufgeworfene Frage nach der **Inhaltsbestimmung** eines **gesetzlich typisierten Vertrages** durch **Auslegung** läuft auf eine **Gesetzesauslegung** hinaus, also z. B. der §§ 433 ff BGB, der 535 ff BGB etc. etc.

Das mag für den ganz jungen Juristen eine deshalb desillusionierende Vorstellung sein, weil er vielleicht inzwischen die Vorstellung entwickelt haben mochte, dass das Gesetz so perfekt beschaffen ist, dass sein Inhalt ohne weiteres erkennbar ist und nicht der Auslegung bedürfe. Das ist in der Tat das ehrgeizige Ziel von Kodifikationen, wie der des BGB, die es sich zum Ziel gesetzt haben, jeden denkbaren Konfliktfall zu erfassen und zu regeln. Alte Kodifikationen – z. B. das preußische ALR – hatten diesen Ehrgeiz. Das ALR regelte nicht nur das allgemeine Zivilrecht, das Familien- und Erbrecht, sondern auch das Staats- und sonstige öffentliche Recht und auch das Strafrecht und dazu gehörige Rechtsbereiche – das alles in über 19,000 zum großen Teil kasuistisch formulierten Vorschriften; jeder mögliche Fall sollte erfasst sein, Lücken sollte es nicht geben. Das hatte Vorteile in Gestalt der Rechtssicherheit; umgekehrt war der Richter strikt an das Gesetz des absolutistischen Gesetzgebers, nicht aber – wie heute – an Recht und Gesetz gebunden (vergl. Art. 20 Abs. 3 GG).

Bei der Schaffung späterer Kodifikationen – z. B. der des BGB – ging man anders vor: An die Stelle der Kasuistik trat die Abstraktion der Rechtssätze, die im Zuge der Subsumtion nicht selten auszulegen waren, um es möglich zu machen zu erkennen, ob ein Sachverhalt von einer bestimmten Norm erfasst ist oder nicht. Das macht es unumgänglich den Inhalt des Gesetzes durch Gesetzesauslegung zu bestimmen und auch das „Recht“ anzuwenden, und änderte damit auch die Rolle des Richters.

Um Ihnen dies zu ermöglichen, soll Ihnen hier in aller Kürze ein Überblick über die bei der Gesetzesauslegung einzuhaltende **Methodik** und die möglichen **Rechtsfolgen** einer **Gesetzesauslegung** vermittelt werden.

Weil die Möglichkeit einer Auslegung des Gesetzes endet, wenn das Gesetz sich als „lückenhaft“ erweist, werden wir uns im Anschluss daran auch mit den Möglichkeiten einer **Schließung gesetzlicher Lücken** befassen müssen.

Sie können sich vielleicht vorstellen, dass diese in wissenschaftlicher Hinsicht zur **„Methodenlehre“** gehörenden Fragen in der Wissenschaft in hohem Maße kontrovers sind. Die „Klassiker“ der modernen Methodenlehre im Zivilrecht sind Larenz, Esser (beide Autoren leben nicht mehr) und Canaris, der das Werk von Larenz fortgesetzt hat. Angesichts der ja sehr beschränkten Zielsetzung dieses Buches, wird auch dieser Überblick sich auf „Bewährtes“ konzentrieren und Ihnen schwerpunktmäßig die mehr konservativen Vorstellungen von Larenz vermitteln.

Noch eine letzte Bemerkung, bevor wir konkreter werden. Ich hoffe, Sie sind sich dessen bewusst, dass die hier an dieser Stelle unserer Darstellung besprochene Frage der Gesetzesauslegung und zur Methode, gesetzliche Lücken zu schließen, sich natürlich nicht etwa auf unser gerade erörtertes Thema (Bestimmung des Vertragsinhalts gesetzlich typisierter Verträge) beschränkt, sondern dass diese Themen auch in den anderen großen Rechtsbereichen (Öffentliches Recht und Strafrecht) eine große Rolle spielt – namentlich im Strafrecht angesichts des Grundsatzes „nullum crimen sine lege“ – und dass die hier gewonnenen Erkenntnisse nicht unbedingt übertragbar sind (im Strafrecht gibt es z. B. keine Lückenschließung durch Analogie zu Lasten des Beschuldigten).

(1) Gesetzesauslegung

Bei der Gesetzesauslegung ist **nicht** der **subjektive Wille** des **historischen Gesetzgebers**, sondern der **„im Gesetzeswortlaut objektivierte Wille des Gesetzgebers“** (BVerfG) zu erforschen.

Die dabei zu verwendenden **Methoden** sind in einer bestimmten Reihenfolge anzuwenden.

- Der **erste Schritt** ist die Erschließung des Wortsinns der Norm **(„sprachlich-grammatikalische Auslegung“)** durch die Zugrundelegung des allgemeinen Sprachgebrauchs, des besonderen Sprachgebrauchs der Juristen im Allgemeinen oder im gerade auszulegenden Gesetz.
- Der **zweite Schritt** besteht in der Heranziehung des Bedeutungszusammenhanges, in dem die Norm steht, und zwar des Gesetzes, dem die Norm entstammt, und bei aufgrund einer EU-Richtlinie erlassenen Gesetzen der entsprechenden EU-Richtlinie **(„systematische Auslegung“)**.
- Der **dritte Schritt** ist die Berücksichtigung des Gesetzeszwecks **(„ratio legis“)**, der sich vor allem aus den Vorstellungen der bei der Gesetzgebung beteiligten Personen (z. B. aus einem Regierungsentwurf nebst der Begründung, wie etwa beim „Schuldrechtsmodernisierungsgesetz“ in der Drucksache 14/6040 der 14. Wahlperiode des Deutschen Bundestages) und aus der sonstigen Entstehungsgeschichte erschließt, wobei diese historischen Normvorstellungen im Lauf der Zeit gegenüber den sich aus der Gesamtrechtsordnung ergebenden „objektiv-teleologischen Kriterien“ zurücktreten **(„teleologische Auslegung“)**.
- Als **vierter Schritt** sind **allgemeine Rechtsprinzipien** zur Vermeidung von Wertungswidersprüchen zu berücksichtigen.
- Als **fünfter Schritt** gilt das Gebot einer engen Auslegung von sog. **„Ausnahmevorschriften"**.
- Der **sechste Schritt** verlangt eine **„verfassungskonforme“** Auslegung.

Diese einzelnen Schritte stehen in einem bestimmten Zusammenhang zueinander. Lässt der **Wortsinn** einer Norm, von dem auszugehen ist, mehrere Deutungen zu, so stehen Sie vor der Alternative, die Norm restriktiv (auf den engeren Wortsinn beschränkt) oder extensiv (die weite Bedeutung des Wortes einbeziehend) anzuwenden. Um sich in dem einen oder anderen Sinne zu entscheiden, ist die Norm zunächst **systematisch** auszulegen. Wenn diese Überlegungen Sie dazu führen, dass Sie zwischen mehreren dem Wortsinn und dem Bedeutungszusammenhang nach jeweils möglichen Deutungen zu entscheiden haben, müssen Sie derjenigen Interpretation den Vorzug geben, bei der der Zweck der Norm **(ratio legis)**, den Sie dann durch eine **teleologische Auslegung** ermitteln müssen, am ehesten erreicht wird. Wenn sich dabei ergibt, dass die auszulegende Vorschrift auf einem **allgemeinen Rechtsprinzip** beruht, muss mit Rücksicht darauf ein Wertungswiderspruch vermieden werden: „Gleiches muss

Gleich" und „Ungleiches muss ungleich" behandelt werden (arge. Art. 3 GG). Als **Ausnahmevorschriften** erkannte Normen müssen eng ausgelegt werden. Einen Vorrang vor allem hat eine **„verfassungskonforme Auslegung"**; so gebieten z. B. Art. 1, 2 GG die Anerkennung der Leibesfrucht oder auch des „nondum conceptus" als eines in seiner Gesundheit verletzbaren „anderen" i. S. d. § 823 Abs. 1 BGB.

(2) „Lücken" im Gesetz

Die Möglichkeit einer Auslegung des Gesetzes endet allerdings, wenn das Gesetz sich als „lückenhaft" erweist, denn ein „Nichts" ist der Auslegung nicht zugänglich. Es gibt **zwei Konstellationen** der **Lückenhaftigkeit** des Gesetzes.

Zum einen kann es sich ergeben, dass im Gesetz eine Bestimmung fehlt und dass diese „Lücke" im Widerspruch zum durch teleologische und historische Auslegung ermittelten Regelungsplan des Gesetzes steht **(„planwidrige Lücke")**.

Diese können teilweise **„gesetzesimmanent"** geschlossen werden.

Zuweilen ist dies dadurch möglich, dass man die Grenze des möglichen Wortsinns sprengend, eine gesetzliche Regelung, die für einen oder für mehrere bestimmte Sachverhalte getroffen worden ist, auf den Ihnen vorliegenden Sachverhalt überträgt, weil der geregelte und der ungeregelte Sachverhalt einander „rechtsähnlich" sind. Man nennt dies eine **„Analogie"**, und zwar – im Falle der Anwendung einer für einen ähnlichen Sachverhalt im Gesetz enthaltenen Regel auf den nicht geregelten Sachverhalt – eine **„Einzelanalogie"** (z. B. Anwendung des § 119 Abs. 1 BGB im Falle einer trotz fehlenden Erklärungsbewusstseins wegen eines „potentiellen Erklärungsbewusstseins" bestehenden Willenserklärung) und – bei der Ableitung eines allgemeinen Grundsatzes aus mehreren, im Gesetz für ähnliche Sachverhalte übereinstimmend gegebenen Regeln, der auf den nicht geregelten Sachverhalt angewandt werden kann – eine **„Gesamtanalogie"** (z. B. die Ableitung eines allgemeinen Beseitigungs- und Unterlassungsanspruchs bei Störungen „absoluter" Rechtsgüter oder Rechte aus §§ 12, 862, 1004, 1065, 1227 BGB analog). Ob zwei Sachverhalte, einer geregelt und einer ungeregelt, einander „rechtsähnlich" sind, entscheidet sich danach, ob sie in den für die rechtliche Wertung maßgeblichen Hinsichten übereinstimmen. Zu einer Analogie kann man sogar „gedrängt" sein, wenn eine Norm für einen bestimmten Sachverhalt eine Rechtsfolge ausspricht, die nach dem Gesetzeszweck für den Ihnen vorliegenden gesetzlich nicht geregelten Sachverhalt „erst-recht" gelten muss; dann muss die Rechtsfolge dieser Norm auch für jenen ungeregelten Sachverhalt angenommen werden. Man nennt dies einen „a maiore ad minus"- oder „erst-recht"-Schluss. Wenn die Lücke darin besteht, dass der Gesetzgeber es planwidrig unterlassen hat, die Unanwendbarkeit einer Norm bei bestimmten Sachverhalten anzuordnen, wird die Lücke im Wege der **„teleologischen Reduktion"** dadurch geschlossen, dass die Norm mit der Begründung für unanwendbar erklärt wird, dass ihre Anwendung in bestimmten Fällen im Widerspruch zur „ratio legis" steht (z. B. wird § 167 Abs. 2 BGB bei einer unwiderruflichen Vollmacht zum Erwerb eines Grundstücks nicht angewendet, indem man die Norm „teleologisch reduziert" und eine notarielle Beurkundung der Vollmachtserteilung verlangt). In den methodischen Zusammenhang der teleologischen Reduktion ordnet man auch die **richtlinienkonforme Rechtsfortbildung** ein. Das Parade*beispiel* hierfür ist der „Quelle-Fall": Eine Käuferin kaufte für ihren privaten

Gebrauch bei der Beklagten ein sogenanntes „Herd-Set" zum Preis von € 524,90. Als es sich als mangelhaft erwies und die Reparatur nicht möglich war, wurde ihr ein fehlerfreies „Herd-Set“ geliefert. Für die Nutzung verlangte der Verkäufer nach § 439 Abs. 4 BGB, der im Einklang mit § 474 BGB a. F. stand, eine Vergütung. Der BGH hat dazu entschieden, dass der von der Rechtsprechung des Gerichtshofs der Europäischen Gemeinschaften geprägte Grundsatz der richtlinienkonformen Auslegung von den nationalen Gerichten über eine Gesetzesauslegung im engeren Sinne hinaus auch verlangt, das nationale Recht, wo dies nötig und möglich ist, richtlinienkonform fortzubilden. Eine solche richtlinienkonforme Rechtsfortbildung im Wege der teleologischen Reduktion setzt eine verdeckte Regelungslücke im Sinne einer planwidrigen Unvollständigkeit des Gesetzes voraus; eine solche planwidrige Unvollständigkeit kann sich daraus ergeben, dass der Gesetzgeber in der Gesetzesbegründung ausdrücklich seine Absicht bekundet hat, eine richtlinienkonforme Regelung zu schaffen, die Annahme des Gesetzgebers, die Regelung sei richtlinienkonform, aber fehlerhaft ist. Hiernach war § 439 Abs. 4 BGB im Wege der richtlinienkonformen Rechtsfortbildung in Fällen des Verbrauchsgüterkaufs (§ 474 Abs. 1 S. 1 BGB) einschränkend anzuwenden, so dass die in § 439 Abs. 4 BGB in Bezug genommenen Vorschriften über den Rücktritt (§§ 346 bis 348 BGB) in diesen Fällen nur für die Rückgewähr der mangelhaften Sache selbst gelten können, hingegen nicht zu einem Anspruch des Verkäufers gegen den Käufer auf Herausgabe der gezogenen Nutzungen oder auf Wertersatz für die Nutzung der mangelhaften Sache führen können. Die gesetzliche Regelung steht nämlich entgegen der Annahme des Gesetzgebers nicht im Einklang mit Art. 3 der Richtlinie 1999/44/EG des Europäischen Parlaments und des Rates vom 25. Mai 1999 zu bestimmten Aspekten des Verbrauchsgüterkaufs und der Garantien für Verbrauchsgüter. Nach Art. 3 Abs. 2 der Richtlinie hat der Verbraucher bei Vertragswidrigkeit des Verbrauchsgutes entweder Anspruch auf die unentgeltliche Herstellung des vertragsgemäßen Zustands durch Nachbesserung oder Ersatzlieferung oder auf angemessene Minderung des Kaufpreises oder auf Vertragsauflösung. Art. 3 Abs. 3 S. 1 der Richtlinie bestimmt, dass der Verbraucher vom Verkäufer die unentgeltliche Nachbesserung des Verbrauchsgutes oder eine unentgeltliche Ersatzlieferung verlangen kann, sofern dies nicht unmöglich oder unverhältnismäßig ist. Diese dem Verkäufer auferlegte Verpflichtung, die Herstellung des vertragsgemäßen Zustands des Verbrauchsguts unentgeltlich zu bewirken, solle den Verbraucher vor drohenden finanziellen Belastungen schützen, die ihn davon abhalten könnten, seine Ansprüche geltend zu machen. Das bedeute, dass jede finanzielle Forderung des Verkäufers im Rahmen der Erfüllung seiner Verpflichtung zur Herstellung des vertragsmäßigen Zustands des Verbrauchsguts ausgeschlossen sei, also auch ein Anspruch auf Herausgabe von Nutzungen oder ein Wertersatz des vertragswidrigen Verbrauchsgut. Dieses „breitwandige“ Referat der BGH-Entscheidung ist an sich entbehrlich, hat doch bekanntlich inzwischen der Gesetzgeber mit § 474 Abs. 2 S. 1 BGB n.F. reagiert. Aber die Entscheidung ist in methodischer Hinsicht äußerst lehrreich und eine Art Präzedenzfall, so dass sie bekannt sein muss. Das Gegenstück zur Lückenfüllung durch Analogie ist deren Verbot aufgrund eines **„Umkehrschlusses“**: Aus der Tatsache der gesetzlichen Regelung eines oder mehrerer bestimmter Sachverhalte und aus der Nichtregelung ähnlicher Sachverhalte, kann, wenn die „ratio legis“ eine Gleichstellung nicht will, geschlossen werden, dass eine Übertragung der getroffenen Regelung gerade nicht erfolgen soll. Wenn das Gesetz gelegentlich die Heilung des Formmangels infolge einer nachfolgenden Erfüllung zulässt (§§ 311b Abs. 1, S. 2, 518 Abs. 2, 766 S. 3 BGB) erfolgt dies nur ausnahmsweise und ist nicht Ausdruck eines analogiefähigen Prinzips.

Damit haben Sie diejenigen Konstellationen einer Lückenhaftigkeit des Gesetzes kennen gelernt, in denen eine „gesetzesimmanente Rechtsfortbildung“ erfolgen kann.

Wenn dies deshalb nicht möglich sein sollte, weil die **Lückenhaftigkeit** durchaus dem **gesetzlichen Plan entspricht**, andererseits aber die Schließung der Lücke erforderlich ist, weil entweder ein „unabweisbares Bedürfnis des Rechtsverkehrs“ hiernach verlangt oder weil die „Natur der Sache“ oder ein „vorrangiges rechtsethisches Prinzip“ oder ein „Verfassungsprinzip“ es erfordert, dann ist dies nur durch eine **Rechtsfortbildung „extra legem“** möglich und muss auch geschehen: Auf diesem methodischen Wege sind wegen eines dazu drängenden „unabweisbaren Bedürfnisses des Rechtsverkehrs“ z. B. die „juristischen Erfindungen“ des **„eingerichteten und ausgeübten Gewerbebetriebs“** als „sonstiges Recht“ i. S. d. § 823 Abs. 1 BGB, der **„Anscheinsvollmacht“**, der **„Drittschadensliquidation“**, der **„Sicherungsübereignung“**, der **Sicherungszession**, der **Sicherungsgrundschuld** und des **„Anwartschaftsrechts**“ gemacht worden; die weitgehende **Gleichstellung** der **Außen-GbR mit rechtsfähigen Gesellschaften**, des **nichtrechtsfähigen Vereins mit** den **juristischen Personen** sind als eine „auf die Natur der Sache“ zurückzuführende Rechtsfortbildung anzusehen; die Anerkennung des **Allgemeinen Persönlichkeitsrechts** und der Rechtsfolgen seiner deliktischen Verletzung beruht auf „Verfassungsprinzipien“ (Art. 1, 2 GG) und war deshalb geboten (Art. 1 Abs. 3 GG).

bb) Bestimmung des Inhalts von „verkehrstypischen Verträgen"

Die Inhalte der nicht durch das Gesetz, sondern durch die Verkehrsüblichkeiten typisierten „verkehrstypischen Verträge“ erschließen sich aus den ihnen ähnlichen Typenverträgen (z. B. durch Anwendung des Mietrechts auf den Leasingvertrag) und den Gebräuchen des Rechtsverkehrs.

Es ist an der Zeit, dass Sie sich wieder einmal verdeutlichen, in welchem **größeren Zusammenhang** alle **diese Ausführungen stehen**.

Sie sind dabei, die Voraussetzungen für das Bestehen primärer rechtsgeschäftlicher, speziell vertraglicher Ansprüche kennen zu lernen, und zwar die Voraussetzungen für das Vorliegen eines Vertrages.

Nachdem wir uns zunächst damit befasst hatten, die Technik des Abschlusses eines Vertrages als solche zu erarbeiten, haben wir uns dann klar gemacht, dass es einen „Vertrag als solchen“ gar nicht gibt. (Genau genommen hatten wir dies schon bei diesen Ausführungen festgestellt, denn wir haben uns einen Vertrag „ausgesucht“, an dem wir z. B. das Zustandekommen etc. dargestellt haben, nämlich den Kaufvertrag.)

Ein Vertrag muss nämlich einen Inhalt haben, also als (hier interessierender) verpflichtender Vertrag ein „Kaufvertrag“, ein „Mietvertrag“, ein „Werkvertrag“ etc. sein oder als (uns später interessierender) verfügender Vertrag eine „Einigung“ i. S. d. des § 929 BGB, des § 1204 BGB, des § 873 BGB etc. sein.

Was die verpflichtenden Verträge angeht, so haben Sie gelernt, dass im Grundsatz die **gesetzlichen Typisierungen** den Inhalt derjenigen Verträge bestimmen, die sich – orientiert an der Definition und an den inhaltsbestimmenden Normen – in diese Typen einordnen lassen. Die vorstehenden Ausführungen haben Ihnen einen ziemlich ausführlichen Überblick über die infolge gesetzlicher Typisierungen möglichen Inhalte von verpflichtenden Verträgen gegeben („Kaufvertrag“, „Mietvertrag“ etc.). Abschließend hat sich ergeben, dass es nicht nur gesetzlich typisierte Verträge gibt, sondern auch einige durch die Rechtspraxis entwickelte **„verkehrstypische Verträge“**, auch genannt „moderne Typisierungen“. Auch deren Inhalte haben Sie kennen gelernt, wie z. B. den eines Leasingvertrags oder eines Garantievertrags. Schließlich gibt es auch **„Mischverträge“**.

Zuletzt haben Sie gesehen, dass zur weiteren **Inhaltsbestimmung** der gesetzlich typisierten Verträge eine Gesetzesauslegung und zur Inhaltsbestimmung der verkehrstypischen Verträge eine Orientierung an vergleichbaren Typenverträgen und an den Gebräuchen des Rechtsverkehrs nötig werden kann.

### 8. Festlegung des Vertragsinhalts durch die Parteien (Individualverträge, Allgemeine Geschäftsbedingungen): „Inhaltsfreiheit“

Durch die vorstehende Darstellung mag man veranlasst sein anzunehmen, dass der Inhalt von vertraglichen Schuldverhältnissen bei den Typenverträgen ausschließlich durch das ggf. auszulegende oder gar fortzubildende Gesetz bestimmt wird und dass sich bei „verkehrstypischen Verträgen“ deren Inhalt aus vergleichbaren Typenverträgen und aus den Gebräuchen des Rechtsverkehrs ergibt.

Das aber ist ein Irrtum, denn die **Vertragsfreiheit** ermöglicht es den Vertragspartnern, den Inhalt eines schuldrechtlich verpflichtenden Vertrages frei und abweichend von den soeben erlernten gesetzlichen und sonstigen Typisierungen auszugestalten **(„Inhaltsfreiheit“)**. Um das zu verstehen, muss man sich beizeiten einen Überblick über das Phänomen der Vertragsfreiheit verschaffen.

- Sie kennen bereits die zur **Vertragsfreiheit** zählende, im Schuldrecht durch einige Fälle des „Kontrahierungszwangs“ eingeschränkte **Abschlussfreiheit**, bei der es um die Freiheit hinsichtlich des **„Ob“** und des **„Mit-wem“** des **Vertragsschlusses** geht.

- Um die Abschlussfreiheit geht es jetzt freilich nicht, sondern um die Freiheit der **inhaltlichen Ausgestaltung**, also um die Freiheit des „**Wie**" des Vertrages; hiermit werden wir uns nunmehr befassen.
- Wir werden übrigens später noch weitere Auswirkungen der Vertragsfreiheit kennen lernen, so die **Formfreiheit** von Verträgen und die **Freiheit** zur **Änderung** und **Aufhebung** von Verträgen.
- Diese **„sechs Freiheiten"** sind aber **nicht unbegrenzt**, sondern vom Gesetz von **Rechtsgebiet zu Rechtsgebiet unterschiedlich** ausgestaltet. Um dies besser zu verstehen, schauen wir über den „Tellerrand" der uns gerade beschäftigenden verpflichtenden Verträge hinaus.

Zur besseren Übersicht soll eine den Begriff der **Vertragsfreiheit erläuternde Tabelle** dienen.

| | Schuldrecht | Sachen-recht | Familien-recht | Erbrecht |
|---|---|---|---|---|
| *Abschlussfreiheit („ob")* | Ja, aber Einschränkung durch „Kontrahierungszwang" | Ja | Ja | Ja |
| *Abschlussfreiheit („mit wem")* | Ja, aber Einschränkung durch „Kontrahierungszwang" | Ja | Ja | Ja |
| *Inhaltsfreiheit („wie")* | Ja, aber Einschränkung durch „zwingendes Recht" und durch die „Inhaltskontrolle" von AGB in §§ 307 ff. BGB | Nein | Nein | Nein |
| *Formfreiheit* | Ja, aber Einschränkung durch „Formzwang" | Nein | Nein | Nein |
| *Änderungsfreiheit* | Ja | Nein | Nein | Ja |
| *Aufhebungsfreiheit* | Ja | Ja | Nein | Ja |

Angesichts der soeben gewonnenen Erkenntnis, nach der für die Parteien die Möglichkeit besteht, schuldrechtlich verpflichtende Verträge als „Individualverträge" abzuschließen und die Inhalte der Verträge selbst oder durch in sie einzubeziehende „Allgemeine Geschäftsbedingungen" festzulegen, könnte man nun auf den Gedanken kommen, dass es in der Rechtswirklichkeit und Ausbildungspraxis kaum Verträge geben wird, für deren Inhalt die Ihnen ja nun bekannten gesetzlichen Typisierungen bzw. die verkehrstypischen Inhalte von entscheidender Bedeutung wären, und dass Sie sich daher den Inhalt der letzten weit über hundert Seiten **(sub A I 7)** umsonst erarbeitet hätten. Das Gegenteil ist zum Glück richtig!

- **Überwiegend** geht es jedenfalls in der juristischen Ausbildung um solche schuldrechtlich verpflichtenden Verträge, die den Definitionen der im Besonderen Schuldrecht gesetzlich typisierten Verträge zuzuordnen sind und die sich in inhaltlicher Hinsicht **ausschließlich nach** den **gesetzlichen Lösungsvorschlägen** richten.

- Wenn eine individuelle Gestaltung des Inhalts durch Individualvereinbarung oder durch in den Vertrag einbezogene Allgemeine Geschäftsbedingungen vorgenommen wird, so beschränkt sie sich meist auf einige wenige Abweichungen von den Regelungsvorschlägen der gesetzlichen Typisierung z. B. beim Leistungsstörungsrecht (speziell zum Gewährleistungsrecht) bzw. der verkehrstypischen Typisierung. Daher sind die allermeisten schuldrechtlich verpflichtenden Verträge – wenn sie nicht ohnehin ausschließlich den Regelungsvorschlägen der Typisierungen folgen – solche Verträge, deren Inhalt teils durch **das Gesetz** bzw. durch die **Verkehrstypizität** und teils durch den Inhalt der **Individualvereinbarung** oder durch den der einbezogenen **Allgemeinen Geschäftsbedingungen** bestimmt wird.

### a) Schranken der „Inhaltsfreiheit"

Der vorstehenden Tabelle haben Sie bereits entnommen, dass das Prinzip der „Inhaltsfreiheit" auch bei schuldrechtlich verpflichtenden Verträgen nicht unbegrenzt gilt. Es gibt gesetzliche Beschränkungen durch **„zwingendes Recht"** und durch Bestimmungen, durch die bei einer Verwendung **Allgemeiner Geschäftsbedingungen** die Einbeziehung überraschender Klauseln ausgeschlossen ist und durch die der Inhalt von Allgemeinen Geschäftsbedingungen kontrolliert wird.

**1.** Der Gesetzgeber hat den Schutz eines strukturell schwächeren oder eines sozial schutzwürdigen Vertragspartners zuweilen durch **„zwingende"** (unabdingbare) oder **„halbzwingende"** (zum Nachteil einer Partei unabdingbare) **Normen** gewährleistet.

**2.** Für Sie besonders wichtig sind folgende, Ihnen schon zum Teil bekannte Bestimmungen:

**a)** Sie haben schon davon gelesen, dass beim sog. **Verbrauchsgüterkauf** das **gesetzlich typisierte Gewährleistungsrecht** des **Kaufrechts** praktisch **zwingendes Recht** ist; denn in § 475 BGB wird „halbzwingend" bestimmt, dass sich der Unternehmer-Verkäufer auf eine **vor** der **Mitteilung** eines **Mangels** der Kaufsache an den Verbraucher-Käufer getroffene und **zum Nachteil** des **Verbraucher-Käufers von** den **§§ 433–435, 437, 439–443 BGB abweichende Vereinbarung nicht berufen** darf. Die Konsequenz daraus ist u. a., dass es auch beim Kauf gebrauchter Sachen keinen Gewährleistungsausschluss gibt. Das ist besonders dramatisch beim Gebrauchtwagenhandel. Darauf werden wir später noch einmal eingehen.

**b)** Bekannt ist Ihnen schon, dass im **Mietrecht** nach § 573 Abs. 1 S. 2, Abs. 4, S. 2 BGB die Änderungskündigung eines Mietverhältnisses über Wohnraum zum Zwecke der Mieterhöhung „halbzwingend" verboten ist.

**c)** Auch wissen Sie bereits, dass im Recht des **Dienstvertrags** nach § 619 BGB die Bestimmungen über die Fürsorgepflicht des Dienstberechtigten (§§ 617, 618 BGB) nicht im Voraus aufhebbar oder beschränkbar sind.

**d)** Auch die Regeln über die Grenzen der Möglichkeit einer **Einbeziehung** von **Allgemeinen Geschäftsbedingungen** in den Vertrag und hinsichtlich der **Inhaltskontrolle** von **Allgemeinen Geschäftsbedingungen** sind Schranken der Inhaltsfreiheit von Verträgen. Darauf werden wir alsbald sehr gründlich eingehen.

### b) Festlegung des Vertragsinhalts durch Individualvereinbarung

#### aa) Festlegung durch Individualvereinbarung im Geltungsbereich des BGB

Der Inhalt eines schuldrechtlich verpflichtenden Vertrages kann – natürlich nur in den soeben angedeuteten Grenzen der „Inhaltsfreiheit" – durch **individuelle Vereinbarung** bestimmt werden.

Dazu gehört es auch, dass aufgrund einer individuellen Vereinbarung der **Vertragsinhalt einseitig** durch die **Vertragsparteien** oder durch **Dritte bestimmt** werden kann.

- Das ist z. B. bei Kaufverträgen über „Gattungssachen" (statistisch die Regel beim Alltagsgeschäft) eine Selbstverständlichkeit, über die man sich gar keine besonderen Gedanken zu machen pflegt: Wenn der Schuldner eine der **Gattung** nach bestimmte Sache zu leisten hat, ergibt sich ein **Bestimmungsrecht für** den **Schuldner** aus § 243 BGB; darauf kommen wir später noch genauer zurück.
- In dogmatischer Hinsicht wesentlich origineller ist das von den Vertragspartnern zu vereinbarende **Leistungsbestimmungsrecht** für **Vertragsparteien** nach § 315 BGB oder gar für **Dritte** nach den §§ 317 ff. BGB, bei dem die Leistungsbestimmung nach bestimmten Kriterien (z. B. „marktüblicher Preis") oder „im Zweifel … nach billigem Ermessen zu treffen ist". Die Entscheidung, die ein dazu bestimmter Dritter trifft, ist übrigens kein für die staatlichen Gerichte unnachprüfbarer Schiedsspruch i. S. d. der §§ 1025 ff. ZPO, sondern ein im Rahmen der Vorgaben der § 317 ff. BGB gerichtlich nachprüfbares „Schiedsgutachten".

**Fall 112**

Der V hatte sich mit dem K über den Verkauf eines bestimmten gebrauchten Autos geeinigt. Über den Preis hatten sie sich nicht verständigen können. Der V hatte daher erklärt, dass der Sachverständige S den marktüblichen Preis bestimmen sollte. Der K sagte dazu: „Ja". Der S ermittelt einen Preis von € 10.000,– als marktüblich. Der V verlangt daraufhin von dem K Zahlung von € 10.000,– Zug-um-Zug gegen Lieferung des Autos.

Ein Anspruch auf Zahlung könnte sich aus einem Kaufvertrag ergeben (§ 433 Abs. 2 BGB). a) Es müsste ein annahmefähiges Angebot des V vorliegen. aa)

Die Parteien, bb) und der Kaufgegenstand sind bestimmt. cc) Der Kaufpreis soll durch S bestimmt werden. Das reicht für das Vorliegen eines Angebots aus (arge. § 317 Abs. 1 BGB). b) K hat durch sein „Ja" das Angebot angenommen. damit ist ein Kaufvertrag zustande gekommen. c) Die Höhe des Kaufpreises ergibt sich aus der Bestimmung durch S (§ 317 Abs. 1 BGB).

#### bb) Festlegung durch Individualvereinbarung im Geltungsbereich des UN-Kaufrechts (CISG)

Zur nach Art. 6 CISG auch für das UN-Kaufrecht (CISG) anerkannten **Vertragsfreiheit** gehört es, dass die **Vertragspartner** den **Inhalt** des **Kaufvertrags frei gestalten** können, wenn kein „zwingendes Recht" gegeben ist. Sie müssen daher auch bei der Inhaltsbestimmung eines Kaufvertrages, der dem UN-Kaufrecht unterliegt, zunächst prüfen, ob die Parteien einen bestimmten **Vertragsinhalt durch** eine **Individualvereinbarung festgelegt** haben. Es gilt also nichts anderes als im Zivilrecht des BGB.

### c) Festlegung des Vertragsinhalts durch Allgemeine Geschäftsbedingungen (AGB)

Das moderne Wirtschaftsleben bringt es mit sich, dass im **geschäftlichen Massenverkehr** notwendigerweise eine Vielzahl von gleichartigen Einzelverträgen, die jeweils eine Vielzahl von Regelungen erforderlich machen, geschlossen werden müssen.

Der Inhalt solcher Verträge wird sehr häufig nicht den gesetzlich typisierten Regeln überlassen, andererseits aber auch nicht individuell von den Parteien durch Vereinbarungen bestimmt, sondern durch die Verwendung von einseitig gestellten **„Allgemeinen Geschäftsbedingungen"** (die wir hier mit der üblichen Abkürzung **AGB** bezeichnen wollen) festgelegt. Auf diese Weise kann,

- **abgesehen von** den stets individuell zu fixierenden **„essentialia negotii"**,
- entweder der **gesamte Inhalt** des **Vertrages** durch AGB festgelegt werden, soweit dem nicht zwingendes Recht entgegensteht,
- oder auch nur ein Teil des Vertragsinhalts fixiert werden, indem man Individualvereinbarungen und AGB-Regelungen miteinander mischt, z. B. durch sog. **„Besondere Zusatzvereinbarungen"**.

Zweifellos besteht ein Interesse der Wirtschaftstreibenden daran, Verträge durch AGB inhaltlich zu gestalten. Nur so konnte und kann man im BGB nicht geregelte Vertragstypen (Leasing, Factoring – diese hatten wir hier besprochen – ferner Automatenaufstellungsverträge, Bauträgerverträge etc.) entwickeln. Anzuerkennen ist auch, dass speziell im Massengeschäft ein Bedürfnis nach einer Standardisierung von Verträgen dahingehend besteht, dass alle Verträge den gleichen Inhalt haben. Von Bedeutung ist das nicht nur für die Vereinfachung der Geschäftsabläufe, sondern auch für die Entwicklung und die Herstellung von Massenprodukten, wie sie das Wirtschaftsleben beherrschen. Ein weiteres Motiv für die Verwendung von

AGB besteht darin, Geschäftsrisiken vom Verwender der AGB auf die Kunden abzuwälzen. Dadurch kann die Ausgewogenheit der Vor- und Nachteile eines Vertrages, die kennzeichnend für das BGB ist, gestört sein. Die Verwender von AGB haben keine Probleme, die von ihnen aus den vorgenannten Gründen gewollten Vertragsinhalte durch die Verwendung von AGB durchzusetzen, denn selbst wenn der Vertragspartner vom „Kleingedruckten" Kenntnis nimmt, versteht er oft die Tragweite und Bedeutung der Klauseln nicht (intellektuelle Unterlegenheit). Abgesehen davon würde er, selbst wenn er die AGB zur Kenntnis nähme und verstünde und sie als ihn unangemessen benachteiligend durchschauen würde, auf die angebotene Leistung nicht verzichten, weil er auf sie angewiesen ist und auch nicht auf andere Anbieter ausweichen kann, weil diese ebenfalls – oft identische, ihn jedenfalls gleichermaßen benachteiligende – AGB verwenden (wirtschaftliche Unterlegenheit).

- Aus diesen Gründen hat der Gesetzgeber vorgeschrieben, bei Anwendung von AGB-Klauseln die Fragen zu prüfen, ob **AGB vorliegen**, ob sie **wirksam in** den **Vertrag einbezogen** sind und ob sie einer **Inhaltskontrolle** standhalten, wobei wir differenzieren für Verträge, die dem **BGB unterfallen (sub aa))**, und die Kaufverträge nach dem **UN-Kaufrecht (sub bb))**.

#### aa) Festlegung des Vertragsinhalts durch Allgemeine Geschäftsbedingungen (AGB) im Geltungsbereich des BGB

Auch für Sie wird sich bei einer Fallbearbeitung, bei der es darum geht, ob Ansprüche aus einem schuldrechtlich verpflichtenden Vertrag gegeben sind, dessen Vertragsinhalt durch AGB bestimmt wird, daher i. d. R. die Aufgabe stellen, in **drei** großen **Arbeitsschritten**

- zunächst zu **prüfen, ob** überhaupt **AGB verwendet** werden,
- und wenn ja, **ob** und ggf. mit **welchem Inhalt** sie **Vertragsinhalt** geworden sind **(Einbeziehung)**,
- und schließlich eine **Inhaltskontrolle** der AGB vorzunehmen.

Abgesehen davon befasst sich die **Rechtspraxis** mit den AGB noch unter zwei weiteren Aspekten, die für Ihre Fallbearbeitung allerdings bedeutungslos ist:

1. **Verbraucherschutzrecht**: Nach § 1 Unterlassungsklagengesetz (UnterlassungsklagenG) können bestimmte Sachwalter (Verbraucherschutzvereine, Industrie- und Handelskammern, Handwerkskammern) bei einer Verwendung oder Empfehlung unzulässiger AGB Unterlassungsansprüche geltend machen. (Gleiches gilt nach § 2 UnterlassungsklagenG übrigens auch bei Zuwiderhandlungen gegen andere Verbraucherschutzgesetze: Verbraucherverträge nach §§ 312 ff. BGB, Verbrauchsgüterkauf § 474 BGB, Verbraucherkreditgeschäft nach §§ 491 ff. BGB).
2. **Kartellrecht**: Unternehmen, die aufgrund einer Vereinbarung einheitliche AGB verwenden, bilden dadurch ein „Konditionenkartell". Wenn die

AGB-Regelung nicht Preise und Preisbestandteile zum Gegenstand hat, können diese Vereinbarungen vom Kartellverbot des § 1 GWB freigestellt werden durch Anmeldung bei der Kartellbehörde und Nicht-Widerspruch derselben (§ 9 GWB).

(1) Vorliegen von AGB

Die erste **Voraussetzung** dafür, dass der Vertragsinhalt durch AGB festgelegt wird, ist, dass **überhaupt AGB** vorliegen.

Unter **AGB** versteht man nach **§ 305 Abs. 1 BGB**:

- **vorformulierte** (durch den Verwender selbst oder durch eine andere Person, z. B. der „Hamburger Mietvertrag für Wohnraum" durch den „Grundeigentümer-Verband Hamburg"), und zwar vollständig und – weil schriftlich oder digital gespeichert – jederzeit abrufbare
- **Vertragsbedingungen** (einschließlich einseitig zu erfolgender Kundenerklärungen, wie Vollmachtserteilung, oder bloße Zustimmungen: z. B. zur Abgabe von Taschen im Supermarkt),
- die für eine von vornherein unbestimmte **Vielzahl** von **Verträgen** (Planung der Verwendung seitens des Vorformulierers für mindestens drei Verträge; vorgesehen sind,
- die von **einer Vertragspartei (Verwender)** der **anderen Vertragspartei** bei Abschluss eines Vertrages **gestellt** worden sind,
- und die nach § 305 Abs. 1 S. 3 BGB **nicht ausgehandelt** worden sind, was der Verwender zu beweisen hätte.
- wobei es für die **Qualität** als **AGB nicht** auf **Äußerlichkeiten ankommt**, also nicht darauf, ob sie äußerlich gesonderter Bestandteil eines Vertrages sind oder ob sie in die Vertragsurkunde aufgenommen werden, welchen Umfang sie haben, in welcher Schriftart sie verfasst sind und welche Form der Vertrag hat.

Dagegen finden auch beim Vorliegen von AGB die §§ 305 ff. BGB keine bzw. nur eingeschränkte Anwendung in den Fällen der **Ausschlusstatbestände** des § 310 Abs. 4 BGB (Familien-, Erb-, Gesellschafts- und Arbeitsrecht).

(2) Einbeziehung der AGB

Das **Stellen** der **AGB** macht sie natürlich noch nicht zum **Vertragsbestandteil**. Dies werden sie erst durch **Einbeziehung (§§ 305 Abs. 2 ff. BGB)**. Und dafür reicht das bloße Einverständnis der anderen Vertragspartei mit der Geltung der AGB nicht aus. Vielmehr ist eine **Einbeziehungsvereinbarung** erforderlich, an die – abhängig davon, ob die AGB gegenüber Personen, die nicht Unternehmer i. S. d. § 14 BGB sind, oder Personen die Unternehmer sind – unterschiedliche Voraussetzungen gestellt werden.

Das bedeutet im Einzelnen Folgendes:

1. Zur **Einbeziehung** von **AGB**, die **gegenüber** Personen, die **nicht Unternehmer** i. S. d. **§ 14 BGB** sind, gelten sollen (argec. § 310 Abs. 1 S. 1 BGB), werden die §§ 145 ff. BGB modifiziert:
   a) Es muss **bei diesem**, also nicht danach und auch bei einem früheren **Vertragsschluss** einen **ausdrücklichen Hinweis** des **Verwenders** oder, wenn dies nur unter unverhältnismäßigen Schwierigkeiten möglich ist, einen **deutlich sichtbaren Aushang** in einer Weise geben, die **im Augenblick** des **Vertragsschlusses** (also nicht erst auf der Rechnung oder dem Lieferschein etc.) der anderen Vertragspartei **in zumutbarer Weise** die **Kenntnisnahme ermöglicht** (§ 305 Abs. 2 Nr. 1 und 2 BGB: Verständlichkeit der Formulierungen; mühelose Lesbarkeit; unter Anwesenden reicht das Aushängen oder Ausliegen aus, aber wohl kaum im Fall umfangreicher AGB bei „Eilgeschäften"; bei Abwesenden ist eine Übermittlung nötig), oder in anderer Weise z. B. bei genehmigten Beförderungsbedingungen (§ 305a BGB);
   b) ferner muss ein **Einverständnis** der **anderen Vertragspartei** mit ihrer Geltung gegeben sein (§§ 305 Abs. 2 a. E., 305a Abs. 1 BGB). **aa)** Das ist i. d. R. beim Vorliegen von **lit a)** der Fall, wenn der andere Teil sich auf den Vertrag einlässt. **bb)** Im Fall von in einer schriftlichen Annahmeerklärung („Auftragsbestätigung") erstmals mitgeteilten AGB, was nach § 150 Abs. 2 BGB als Ablehnung und zugleich neues Angebot anzusehen wäre, ist ein Schweigen darauf kein Einverständnis; auch die Entgegennahme der Leistung ist kein Einverständnis.
   c) Nach § 305 Abs. 3 BGB kann unter Beachtung des § 305 Abs. 2 BGB für eine bestimmte Art von Rechtsgeschäften auch im Voraus eine die Einbeziehung zur Folge habende **Rahmenvereinbarung** geschlossen werden, wie z. B. im Bankverkehr.
2. Bei der Frage einer **Einbeziehung** von **AGB** in Verträge unter **Unternehmern i. S. d. § 14 BGB**, finden nach § 310 Abs. 1 S. 1 BGB die Vorschriften des § 305 Abs. 2, 3 BGB keine Anwendung. Es gelten vielmehr die §§ 145 ff. BGB,
   a) so dass für eine Einbeziehung auch durch eine **konkludente Vereinbarung**, ausreicht. Auch kann im kaufmännischen Verkehr durch das Schweigen auf ein erstmals bestimmte AGBs als Vertragsinhalt bezeichnendes **Bestätigungsschreiben** deren Geltung vereinbart werden, wobei aber auch unter Unternehmern die **Möglichkeit** der **Kenntnisnahme** bestehen muss.
   b) Wenn **beide Seiten AGBs verwenden**, die inhaltlich miteinander kollidieren, **aa)** so führt § 150 Abs. 2 BGB zu keinem sachgerechten Ergebnis, wenn die Parteien den Vertrag trotzdem zustande kommen lassen wollen und nicht eindeutig erklären, dass nur ihre AGBs gelten sollen; dazu reichen sog. „Abwehrklauseln" nicht aus. **aaa)** Der Ver-

trag kommt zustande, wenn der Empfänger der Annahmeerklärung nicht unverzüglich widerspricht oder (und zwar: erst recht), wenn die Parteien den Vertrag durchführen. **bbb)** Der Vertragsinhalt richtet sich nach den AGB, soweit diese inhaltlich übereinstimmen. Abweichende AGB gelten auch, soweit von einem stillschweigenden Einverständnis mit deren Geltung auszugehen ist, weil die Klauseln den Schweigenden nur begünstigen. Verbleibende Lücken werden durch das Gesetz bzw. evtl. vorliegende Vereinbarungen geschlossen. **bb)** Wenn beide Parteien aber eindeutig nur ihre AGB gelten lassen wollen, greift § 150 Abs. 2 BGB ein: Die modifizierte Annahmeerklärung ist eine Ablehnung mit neuem Angebot. Eine Annahme dieses neuen Angebots liegt nur in der vorbehaltlosen Vertragserfüllung (nach Köhler).

**3.** **Nicht** zum **Vertragsbestandteil** werden nach **§ 305c Abs. 1 BGB überraschende Klauseln**, also solche „Bestimmungen in Allgemeinen Geschäftsbedingungen, die nach den Umständen, insbesondere nach dem äußeren Erscheinungsbild des Vertrages, so ungewöhnlich sind, dass der Vertragspartner des Verwenders mit ihnen nicht zu rechnen braucht (...)". Das ist der Fall, wenn der Kunde, dessen Erwartungen sich nach den Möglichkeiten des jeweiligen Kundenkreises sowie nach den Begleitumständen des Vertrages (z. B. Vertragsverhandlungen) bestimmen, von dem Inhalt der AGB überrumpelt und überrascht werden.

#### (3) Inhaltsbestimmung und Inhaltskontrolle der AGB

Sind die AGB nach den vorstehenden Ausführungen in den Vertrag einbezogen **(1. Arbeitsschritt)**, werden Sie bei der Fallbearbeitung häufig veranlasst sein, die Wirksamkeit einer einschlägigen Klausel **(„Inhaltskontrolle")** prüfen zu müssen **(3. Arbeitsschritt)**. Die in den **§§ 307–309 BGB** geregelte **„Inhaltskontrolle"** bedeutet (und das wissen Sie ja schon) nichts anderes als eine **Beschränkung** der **„Inhaltsfreiheit"** von Verträgen, also der Privatautonomie.

Davor steht aber die Inhaltsbestimmung, denn Sie müssen vor der Inhaltskontrolle wissen, welchen Inhalt Sie überhaupt kontrollieren **(2. Arbeitsschritt)**.

**1.** Die der Inhaltskontrolle mithin logisch vorrangige **Inhaltsbestimmung (2. Arbeitsschritt)** erfolgt durch Auslegung, bei der die allgemeinen Auslegungsregeln (§§ 133, 157 BGB) zurücktreten müssen:

**a)** Weil AGB für eine Vielzahl von Verträgen bestimmt sind, müssen sie objektiv, also unabhängig vom Einzelfall, ausgelegt werden. Es ist also nicht der Parteiwille zu erforschen, sondern, ausgehend von der Verständnismöglichkeit eines rechtlich nicht vorgebildeten Durchschnittskunden deren **„typischen Sinn"** zu **ermitteln**. Abzustellen ist auf das Verständnis von verständigen und redlichen, durchschnittlichen Vertragspartnern unter Berücksichtigung der Interessen der normalerweise beteiligten Verkehrskreise (BGH).

**b)** Bei einem Widerspruch zwischen einbezogenen AGB und **Individualabreden** haben letztere den Vorrang **(§ 305b BGB)**. Bei **Bestätigungsklauseln** („mündliche Nebenabreden bedürfen für ihre Wirksamkeit schriftlicher Bestätigung") könnten dies ein Hinweis auf die insoweit fehlende Vertretungsmacht des Verkäufers i. S. d. § 54 Abs. 3 HGB sein. Man könnte aber auch an § 127 BGB denken.

**c)** Nach **§ 305c Abs. 2 BGB** ist bei unbehebbarem Zweifel und mindestens zwei möglichen Auslegungsergebnissen an sich das Ergebnis. Wenn es aber um die Frage der Inhaltsbestimmung für die **Wirksamkeitskontrolle** geht, kann bei mehrdeutigen AGB i. S. d. § 305c Abs. 2 BGB der Maßstab der **„kundenfeindlichsten Auslegung"** anzulegen sein, nämlich dann, wenn dieser zur Unwirksamkeit führt und wenn das nach § 306 Abs. 2 BGB anwendbare dispositive Recht (dazu sogleich) dem Kunden günstiger ist.

**2.** Die **Inhaltskontrolle (3. Arbeitsschritt)** vollzieht sich wiederum in bestimmten „Unter"-Schritten:

**a)** Bei einer **Verwendung gegenüber Personen**, die **nicht Unternehmer** sind, erfolgt die Inhaltskontrolle nach §§ 307–309 BGB in dieser Reihenfolge:

**aa)** **zunächst** (weil spezieller gegenüber § 307 BGB und strikter als § 308 BGB) nach **§ 309 BGB**: dort gibt es einen **Katalog** von Klauselverboten **ohne Wertungsmöglichkeit**;

**bb)** **dann** (weil strikter als § 307 BGB) nach **§ 308 BGB**: dort gibt es einen **Katalog** von Klauselverboten **mit Wertungsmöglichkeit**;

**cc)** **schließlich** nach **§ 307 BGB**: Das ist eine **Generalklausel**, nach der AGB-Bestimmungen unwirksam sind bei entgegen den Geboten von Treu und Glauben „unangemessener Benachteiligung", die gegeben ist **a)** im Falle der **Unklarheit** und **Unverständlichkeit** der Bestimmung (§ 307 Abs. 1 S. 2 BGB) **b)** oder beim Vorliegen von den **Regelbeispielen** (bei „Verbraucherverträgen" nach § 310 Abs. 3 Nr. 3 BGB auch unter Berücksichtigung der den Vertragsschluss begleitenden Umstände): **aa)** § 307 Abs. 2 Nr. 1 BGB: **Abweichung** von in den **Vertragstypen des BGB als „Leitbild"** enthaltenen **wesentlichen Grundgedanken** der dispositiven gesetzlichen Regelung; **bb)** und § 307 Abs. 2 Nr. 2 BGB: Beseitigung von **„Kardinalpflichten"** des Verwenders).

**b)** Bei einer **Verwendung gegenüber** weniger schutzbedürftigen Personen (**Unternehmern** i. S. d. § 14 BGB, **juristischen Personen des öffentlichen Rechts** oder gegenüber **öffentlich-rechtlichen Sondervermögen)** beschränkt sich die Inhaltskontrolle nach § 310 Abs. 1 S. 1 BGB nur auf § 307 BGB, wobei die Klauselverbote der §§ 308 und 309 BGB als Wertungskriterien zu berücksichtigen sind.

3. Das alles ist sehr kompliziert. Daher soll auch ein wenig **Trost** gespendet werden: Weil durch den (neuen) **§ 475 BGB beim „Verbrauchsgüterkauf"** das **Kaufrecht** praktisch **zwingendes Recht** wird, spielt die Inhaltskontrolle eine deutlich geringere Rolle als früher.

(4) Rechtsfolgen im Falle einer Nicht-Einbeziehung oder einer Unwirksamkeit von AGB

Soweit hiernach nach § 305 Abs. 2 BGB oder § 305c Abs. 1 BGB entweder die AGB insgesamt oder soweit einzelne Klauseln nicht Vertragsbestandteil geworden oder unwirksam sind, ist der Vertrag (abweichend von der Regel des § 139 BGB) nicht insgesamt nichtig (§ 306 Abs. 1 BGB), sondern bleibt im **Regelfall** im Übrigen wirksam und richtet sich inhaltlich nach den gesetzlichen Vorschriften (§ 306 Abs. 2 BGB). Fehlt eine gesetzliche Regelung, muss die Lücke durch Auslegung ggf. durch ergänzende Vertragsauslegung geschlossen werden. Der Vertrag ist allerdings **ausnahmsweise insgesamt unwirksam**, wenn das Festhalten an ihm trotz der nach § 306 Abs. 2 BGB vorgesehenen Änderung zu einer unzumutbaren Härte für eine Vertragspartei führen würde (§ 306 Abs. 3 BGB). Dann ist Ihre Prüfung beendet.

bb) Festlegung des Vertragsinhalts durch Allgemeine Geschäftsbedingungen im Geltungsbereich des UN-Kaufrechts (CISG)

Auch bei Kaufverträgen, die dem UN-Kaufrecht unterliegen, wird der Inhalt von Verträgen häufig nicht von den Parteien durch eine Individualvereinbarung bestimmt, sondern durch die Verwendung von **„Standardbedingungen" (Formularbedingungen, Allgemeine Geschäftsbedingungen = AGB)** festgelegt. Hier gilt im Prinzip das gleiche Prüfungsschema wie nach dem BGB:

1. Zu untersuchen ist auch hiernach zunächst, ob die AGB **Vertragsbestandteil** geworden sind; hierfür ist eine **Einbeziehung** erforderlich.
   Dazu ist Voraussetzung,
   **a)** dass sie dem anderen Teil **zugänglich** sind, indem auf der Vorderseite des Auftragsformulars auf sie hingewiesen wird und sie auf der Rückseite abgedruckt sind
   **b)** und dass sie **verständlich** sind, also in der Vertragssprache abgefasst sind.

2) Die **Inhaltskontrolle** richtet sich nach dem nationalen Recht. Allerdings wird der Maßstab für eine Unzulässigkeit der Abweichung vom normierten oder durch Präjudizen gebildeten Recht durch die Normen des CISG und nicht des nationalen Rechts gesetzt.

### d) Die („erläuternde" und „ergänzende") Auslegung von Verträgen mit individuell oder durch Verwendung von AGB vereinbartem Inhalt

Man darf sich keine Illusionen machen: Eine Vereinbarung über den Inhalt des Vertrages ist wertlos, wenn keine Klarheit über deren Bedeutung besteht. Um diese Klarheit zu gewinnen, muss der Vertrag nicht selten ausgelegt werden.

Die Notwendigkeit einer **Auslegung** von **Rechtsgeschäften** (nicht zu verwechseln mit der Auslegung von Gesetzen, selbst wenn diese wie bei der Auslegung der gesetzlichen Bestimmungen zu den einzelnen Vertragstypen auch den Inhalt von Rechtsgeschäften bestimmen!) ist uns als **Aufgabenstellung** schon an mehreren Stellen begegnet, **a)** nämlich zunächst bei der Frage, **ob** überhaupt eine **Willenserklärung** (also auch, ob ein Angebot und/oder ob eine Annahme) vorliegt, **b)** und sodann bei der Frage, ob eine für einen Vertragsschluss erforderliche **Willensübereinstimmung** gegeben ist. Beide Fragen betrafen Vorfragen zum **Vertragsschluss als solchen**. **c)** Jetzt geht es um die **Ermittlung** des **Inhalts** eines **geschlossenen Vertrages**.

#### aa) Die „erläuternde Vertragsauslegung"

Wenn sich bei einer Vertragsbestimmung, über deren Geltung sich die Parteien im vorgenannten Sinne einig waren, deren Tragweite nicht eindeutig aus den (es sei wiederholt: aus den übereinstimmenden, denn sonst bestünde wegen Dissenses kein Vertrag!) Erklärungen der Vertragsparteien erkennen lässt, dann soll insoweit der **Inhalt** des **Vertrages** durch eine **„erläuternde Vertragsauslegung"** bestimmt werden, indem man aus dem Wortlaut den übereinstimmenden Wille ermittelt.

Wer die vorstehenden Zeilen, insbesondere den Satzteil „...(es sei wiederholt: aus den übereinstimmenden, denn sonst bestünde wegen Dissenses kein Vertrag!)..." einfach so hingenommen hat, hat ein sich hier zeigendes **methodisches Problem** verdrängt:

Man kann nämlich zwanglos die Frage nach der Inhaltsbestimmung eines Vertrages durch „erläuternde Vertragsauslegung", um die es hier gehen soll, als eine in Wahrheit bereits bei der Prüfung der Willensübereinstimmung (und nur dort!) zu lösende Aufgabe ansehen („erläuternde Auslegung von Willenserklärungen") und damit die Inhaltsbestimmung eines Vertrages durch Auslegung als einen arbeitstechnisch bereits längst abgeschlossenen Vorgang betrachten, so dass für eine „erläuternde Vertragsauslegung" kein Raum mehr wäre. Manches spricht in der Tat dafür, dass man die Frage der Feststellung des Vorliegens einer „Einigung" der Vertragschließenden und die Frage des „Inhalts" ihrer Einigung überhaupt nicht voneinander trennen kann; denn bei der Prüfung, ob die beiden Willenserklärungen „Angebot" und „Annahme" übereinstimmen, hat man bereits notgedrungen ihren jeweiligen Inhalt und damit bereits auch den Inhalt der in Gestalt eines Vertrages erzielten Einigung ermittelt. Und die Auslegungsregeln für die zu einem Vertragsschluss führenden Rechtsgeschäfte „Angebot" und „Annahme" sind bekanntlich nicht allein dem § 133 BGB, sondern ja auch der (eigentlich für die Auslegung von Verträgen geschaffenen) Norm des § 157 BGB zu entnehmen.

Es gibt daher auch Literatur, in der der Leser überhaupt nur Informationen zur „*erläuternden Auslegung* von *Willenserklärungen*", speziell der vertraglichen Willenserklärungen, aber ganz konsequent nichts zur „*erläuternden Vertragsauslegung*" erhält.

Umgekehrt wird aber in der Literatur (vgl. z. B. Larenz-Wolff) auch eine von der Frage des Vertragsschlusses gesondert vorzunehmende *„erläuternde Vertragsauslegung" über die „Tragweite einer Vertragsbestimmung, über die die Parteien sich einig waren"*, gefordert.

Weil das so ist und weil es nicht die Aufgabe dieses Buches ist, eine so komplizierte (und in der Wissenschaft eigenartigerweise nicht ausdrücklich problematisierte) methodische Frage zu beantworten, werden auch wir uns mit der „erläuternden Vertragsauslegung" befassen.

Für eine **„erläuternde Auslegung"** von **Individualabreden** sind die §§ 133, 157 BGB maßgeblich. Hier geht es, wie wir seit der Erörterung der Auslegung von Willenserklärungen wissen, nur dann um den **„wirklichen Willen"**, wenn der Erklärungsempfänger erkennt, was der Erklärende gewollt hat, sonst aber um den **normativ** zu ermittelnden **Willen**. Dabei ist die Bedeutung maßgeblich, die aus der Sicht des Empfängers nach Treu und Glauben unter Berücksichtigung der Verkehrssitte zugrundezulegen ist, wobei sich der „Ausleger" in der Rolle eines objektiven Betrachters befindet, der „ex post" alles kennt, was für den jeweiligen Empfänger erkennbar war.

**Fall 113**

Nachbar 1 (N 1) will auf seinem Grundstück einen Gewerbebetrieb errichten. Im Baugenehmigungsverfahren legt Nachbar 2 (N 2), der die Herabsetzung der Wohnqualität durch von dem Gebäude des Gewerbetriebs ausgehendes Licht befürchtet, Widerspruch gegen eine dem N1 abweichend vom Bebauungsplan erteilte Baugenehmigung ein. Er nimmt den Widerspruch zurück, nachdem der N1 sich zur Zahlung eines Betrages von € 10.000,– und zur Unterlassung des Einbaus von „Fenstern" in die Werkhalle auf der zum Grundstück des N2 hin gelegenen Grundstücksseite verpflichtet hatte und dem N1 widrigenfalls einen Anspruch auf Beseitigung zuerkannt hatte. Der N1 erbaut zur erforderlichen Beleuchtung der Halle mit Tageslicht diese Außenwand aus Glasbausteinen. Der N2 verlangt die Entfernung der Glasbausteine (nach BGH).

Der Anspruch kann sich aus dem geschlossenen Vertrag „sui generis" ergeben (§§ 311 Abs. 1, 241 Abs. 1 BGB). a) Der Vertrag ist durch zwei übereinstimmende, aufeinander bezogene Willenserklärungen geschlossen; danach kann der N2 die Beseitigung des Einbaus von „Fenstern" verlangen. b) Fraglich ist, ob unter „Fenstern" auch „Glasbausteine" zu verstehen sind. Dabei ist nach §§ 133, 157 BGB die Bedeutung maßgeblich, die aus der Sicht des Empfängers nach Treu und Glauben unter Berücksichtigung der Verkehrssitte zugrundezulegen ist, wobei sich der „Ausleger" in der Rolle eines objektiven Betrachters befindet, der „ex post" alles kennt, was für den jeweiligen Empfänger erkennbar war. Entscheidend ist der auf diese Weise ermittelte Vertragszweck, der dahin geht, den Lichteinfall aus der Werkhalle zu verhindern. Da Licht auch durch Glasbausteine nach außen dringen kann, ist auch deren Einbau verboten, und sie sind zu beseitigen.

#### bb) Die „ergänzende Vertragsauslegung"

Sie werden sich entsinnen, dass wir bereits bei der Frage des Vertragsschlusses einer anfänglichen Regelungslücke dadurch Rechnung getragen haben, dass wir dann das Vorliegen eines Angebots problematisiert haben und ein solches nur dann angenommen haben, wenn die Regelungslücke durch ergänzende Auslegung geschlossen werden kann. Wählt man diesen Aufbau, dann spielt die „ergänzende Vertragsauslegung" nur bei solchen Fällen eine Rolle, bei denen sich erst nach Vertragsschluss eine Situation ergibt, an die die Parteien nicht gedacht haben.

Wenn also die Vertragsparteien beim Vertragsschluss an eine **später eingetretene Situation nicht gedacht** haben, sie also zu einer sich deshalb stellenden Frage keinen Rechtsfolgewillen gebildet hatten, weist der Vertrag eine **„Regelungslücke"** auf. Dann wird die unvollständige objektive Regelung aus dem Sinnzusammenhang des Vertrages ergänzt **(„ergänzende Vertragsauslegung")**. Bei **lückenhaften Individualabreden** wird die unvollständige Regelung aus dem Sinnzusammenhang ergänzt.

**Fall 114**

Die in verschiedenen entfernten Stadtteilen Hamburgs niedergelassenen nachnamensgleichen Fachärzte für Kardiologie Dr. Sch 1 (Praxis in Eimsbüttel) und Dr. Sch 2 (Praxis in Eppendorf) vereinbaren mit Einverständnis der Patienten einen die Patientenkartei einschließenden Tausch ihrer Privatpraxen, um so jeweils in der Nähe ihrer Wohnungen (Dr. Sch 1: Wohnsitz in Eppendorf/Dr. Sch 2: Wohnsitz in Eimsbüttel) praktizieren zu können. Der Dr. Sch 1 ist über den Zulauf an Patienten in Eppendorf enttäuscht und lässt sich nach kurzer Zeit wieder in der Nähe der alten Praxis im Stadtteil Eimsbüttel nieder. Seine früheren Patienten lassen sich sofort wieder von ihm behandeln und wenden sich von Dr. Sch 2 ab, so dass der Umsatz des Dr. Sch 2 geringer wird. Der Dr. Sch 2 verlangt Unterlassung von Dr. Sch 1 (nach BGH).

Der Anspruch könnte sich a) aus einem Praxistauschvertrag ergeben (§§ 480, 453 BGB). Der Vertrag verstößt wegen des Einverständnisses der Patienten nicht gegen § 134 BGB i. V. m. § 203 Abs. 1 Nr. 1 StGB. b) Die Parteien haben nicht vereinbart, dass es ihnen untersagt ist, sich wieder in der Nähe der alten Praxis niederzulassen. Weil derartige Vereinbarungen bei Praxistauschverträgen allgemein üblich sind, gibt es in diesem Vertrag eine „Regelungslücke" aa) Zu prüfen ist in einem solchen Fall zunächst, ob das dispositive Recht eine Regelung getroffen hat. Das ist nicht der Fall. bb) Daher muss ermittelt werden, was die Parteien in Anbetracht des gesamten Vertragszwecks unter Berücksichtigung von Treu und Glauben und der Verkehrssitte erklärt haben würden, wenn sie den offen gebliebenen Punkt ebenfalls geregelt hätten, ohne dass dadurch der Parteiwille verändert oder der Vertragsgegenstand erweitert wird. Hier hätten sie ein Niederlassungsverbot vereinbart, denn durch den Tausch sollte die ursprünglich zwischen den Tauschpartnern bestehende Neutralität im Wettbewerb unverändert bestehen bleiben.

Auch soll eine ergänzende Auslegung von **lückenhaften AGB** möglich sein, dies aber nicht zum Zwecke der Vermeidung einer Inhaltskontrolle unbilliger Klauseln.

#### e) Auslegung und Form bei Verträgen („Andeutungstheorie")

Bei der **Auslegung** von **formbedürftigen Verträgen** können Umstände außerhalb der Urkunde berücksichtigt werden. Nach erfolgter Auslegung ist zu prüfen, ob die Form gewahrt ist. Die **Regel** ist, dass der durch Auslegung ermittelte Vertragsinhalt im Vertrag (also formwirksam) „angedeutet" ist **(„Andeutungstheorie")**. Umgekehrt gewendet: Der Inhalt des Vertrages darf also nicht aus Umständen hergeleitet werden, die ausschließlich außerhalb des (formwirksamen) Vertrages liegen. Eine **Ausnahme** macht der BGH jedoch ganz generell bei unabsichtlichen Falschbezeichnungen, bei denen nach „falsa demonstratio non nocet"-Regel das Gewollte gilt.

**Fall 115**

Der V ist Eigentümer der nebeneinander liegenden „Reihenvillen" Ackerbrunnenstraße 3 und 5 in Hamburg-Rotherbaum. Der V bewohnt das viel schönere Haus Nr. 3. Der V und der K sind sich einig, dass K das Haus Nr. 5 käuflich erwerben soll. Im notariell beurkundeten Kaufvertrag und in der Auflassung wird aufgrund eines von den Parteien und vom Notar nicht bemerkten Versehens das verkaufte und aufgelassene Hausgrundstück mit der Grundbuchbezeichnung des Hauses Nr. 3 versehen. Im Kaufvertrag verpflichtet sich der K, die die Hintergärten der beiden Häuser optisch und akustisch abschirmende Hecke nicht zu beseitigen. Der K wird auch als Eigentümer des Hauses Nr. 3 eingetragen. Kann V von K die Zustimmung zur Grundbuchberichtigung verlangen, wenn K, dem das Haus Nr. 3 verständlicherweise viel besser gefällt, diese verweigert? Kann K zumindest. von V die Übereignung des Hauses Nr. 5 verlangen? (nach BGH)

1) Nach § 894 BGB wäre das Grundbuch zu berichtigen, a) wenn der eingetragene K nicht der Eigentümer geworden wäre, wofür eine Auflassung des Hauses Nr. 3 und dessen Eintragung in das Grundbuch erforderlich wäre (§§ 873, 925 BGB). Hier fehlt es an einer wirksamen Auflassung des Hauses Nr. 3. Denn nach dem Grundsatz der „falsa demonstratio non nocet" betrifft die Einigung i. S. d. § 873 BGB das Haus Nr. 5 und nicht das Haus Nr. 3. Deswegen ist K nicht der Eigentümer des Hauses Nr. 3 geworden. Daher könnte V Grundbuchberichtigung verlangen. b) Anders wäre es nur, wenn dem K ein Anspruch auf Übereignung des Hauses Nr. 3 aus § 433 Abs. 1 S. 1 BGB zustünde (§ 242: „dolo petit, qui petit,…"). Aber auch im Kaufvertrag ist keine Einigung über den Verkauf des Hauses Nr. 3 erzielt worden, denn nach dem Grundsatz „falsa demonstratio non nocet" hat man den Verkauf des Hauses Nr. 5 vereinbart. 2) Die weitere Frage ist, ob K zumindest die Übereignung des Hauses Nr. 5 verlangen kann, auf dessen Verkauf man sich nach dem Vorstehenden im Kaufvertrag geeinigt hatte. Zweifel bestehen deshalb, weil der Verkauf des Hauses Nr. 3 und nicht der des Hauses Nr. 5 notariell beurkundet worden ist (§ 311b Abs. 1 BGB). Der BGH hält es aber im Fall der „falsa demonstratio" für ausreichend, wenn das objektiv Erklärte (hier: Verkauf des Hauses Nr. 3) notariell beurkundet ist. Die Warn- und Schutzfunktion des § 311b Abs. 1 BGB sind in der Tat gewahrt. Allerdings nicht die Beweissicherungsfunktion des § 311b Abs. 1 BGB. Das hält die Rechtsprechung in Fällen dieser Art für generell unschädlich, während die Vertreter der Andeutungstheorie fordern, dass das tatsächlich Gewollte im notariell beurkundeten Vertrag angedeutet sein muss. Das wäre hier der Fall, weil die nicht beseitigt werden dürfende Hecke auf dem Grundstück des Haus Nr. 5 steht. Daher kann K die Übereignung des Hauses Nr. 5 nach beiden Rechtsansichten verlangen.

## 9. Vorvertrag

Wenn dem Abschluss eines Vertrages noch tatsächliche und/oder rechtliche Hindernisse entgegenstehen, gleichwohl aber eine beiderseitige oder auch nur einseitige Bindung der Parteien auf Abschluss des Vertrages herbeigeführt werden soll, können die Parteien einen **„Vorvertrag"** abschließen, dessen Inhalt darin besteht, dass entweder beide sich oder dass nur eine von ihnen sich dazu verpflichten/t, einen **„Hauptvertrag" miteinander abzuschließen**.

Regelmäßig begründet ein solcher Vorvertrag natürlich lediglich einen **Anspruch auf** den **Abschluss** des **„Hauptvertrages"**; gelegentlich aber – wenn der Abschluss des Hauptvertrages eine bloße Formalität ist – ergibt sich bereits aus ihm ein **unmittelbarer Erfüllungsanspruch** auf die aufgrund eines an sich noch abzuschließenden verpflichtenden „Hauptvertrages" zu erbringende Leistung.

Erforderlich ist, dass die Parteien sich über alle wesentlichen Punkte des Hauptvertrages so geeinigt haben, dass der Inhalt des Hauptvertrages zumindest bestimmbar ist. Denn nur so kann zulässigerweise auf Abschluss des Hauptvertrages geklagt und die Vollstreckung nach § 894 ZPO durch das rechtskräftige Urteil ersetzt werden. Der Vorvertrag bedarf regelmäßig der Form des Hauptvertrages, weil sonst das Formerfordernis umgangen werden könnte. Man könnte nämlich sonst aus einem formlosen Vorvertrag auf Abgabe der für den Abschluss des Hauptvertrags nötigen Willenserklärung der Gegenseite klagen und das rechtskräftige Urteil würde nach

§ 894 ZPO nicht nur die nach dem materiellen Recht notwendige Willenserklärung, sondern auch die erforderliche Form ersetzen.

## 10. Abänderung des Inhalts von Verträgen

### a) Abänderungsvertrag

Es ist eine Binsenweisheit, dass das Prinzip der Vertragsfreiheit es erlaubt, bestehende Verträge ihrerseits durch Verträge inhaltlich zu ändern. Interessant ist aber, dass eine Vertragspartei sogar zu einer Abänderung verpflichtet sein kann: Wie Sie ja bereits wissen, kann der Vermieter aufgrund eines „Mieterhöhungsverlangens" vom Mieter die Zustimmung zur Erhöhung der Miete bis zur „ortsüblichen Vergleichsmiete", die mancherorts aus einem sog. „Mietspiegel" ablesbar ist, verlangen (§§ 558 ff. BGB). Obsiegt der Vermieter in einem Prozess, gilt die Zustimmungserklärung des beklagten Mieters nach § 894 ZPO mit der Rechtskraft des Urteils als abgegeben.

Kommt es zum Abschluss eines Änderungsvertrages, verändert dieser nur den Inhalt des Vertrages; das vom Änderungsvertrag nicht erfasste ursprüngliche Schuldverhältnis bleibt hingegen unverändert. Daher bleiben auch die akzessorischen Sicherungsrechte bestehen. Anders liegt es bei der (seltenen) „Novation", bei der das bestehende Schuldverhältnis durch ein neues ersetzt wird.

### b) Abänderung des Vertragsinhalts durch Anpassung wegen „Störung der Geschäftsgrundlage"

Erstmals beim Auftreten der Hyperinflation nach dem ersten Weltkrieg ergab sich die Frage, wie mit Verträgen umgegangen werden soll, wenn die Umstände sich so erheblich verändern, dass eine der Vertragsparteien unbillig belastet würde, müsste sie den Vertrag erfüllen.

*Spinnerei-Fall (nach RG)*: Der A war Gesellschafter einer oHG, die eine Vigogne- (=Strumpfgarn aus Wolle) Spinnerei betrieb. Die oHG wurde liquidiert und die Spinnerei im Zuge der Liquidation dem A übertragen. Am 21. Mai 1919 verkaufte er diese zum Preis von Reichsmark 600.000,– an den B im Wege eines (nach heutigem Sprachgebrauch) „asset deal". Die Parteien vereinbarten, dass die Spinnerei am 1. Januar 1920 in Erfüllung des Anspruchs aus (nach heutigem Recht) §§ 433 Abs. 1, 453 BGB an B übertragen (beim „asset deal" muss jeder einzelne Vermögensgegenstand nach §§ 433, 453 BGB verkauft und nach §§ 929 ff. BGB und/oder §§ 398 ff. bzw. § 413 BGB etc. dinglich wirksam übertragen werden) und übergeben werden sollte und dass der Kaufpreis in 2 gleichen Raten am 1. Januar 1920 und am 1. Januar 1921 bezahlt werden sollte. Im Herbst 1919 hatte eine galoppierende Inflation eingesetzt, in deren Folge die Reichsmark bis zum Januar 1920 um mehr als 80 % an Wert verlor. Als nunmehr der B Erfüllung verlangte, weigerte sich A.

Ein zum Ausschluss der Leistungspflicht führender Fall von Unmöglichkeit **(§ 275 Abs. 1 BGB)** liegt in einem solchen Fall offenkundig nicht vor. Auch greift **§ 275 Abs. 2 BGB** (unterstellt, diese Regelung hätte es seinerzeit bereits gegeben) nicht ein, da sich am Aufwand für den A nichts geändert hat, sondern ausschließlich das Verhältnis Leistung zu Gegenleistung betroffen ist. Auch ein zur Anfechtung des Kaufvertrages berechtigender Eigenschaftsirrtum im Sinne des **§ 119 Abs. 2 BGB** lag bei Vertragsschluss nicht vor. Zukünftige Entwicklungen sind nämlich keine Eigenschaften (=wertbildende Faktoren) des Vertragsgegenstandes. Weil das BGB zu jener Zeit kein Rechtsinstitut zur Verfügung stellte, um einen Ausgleich der Parteiinteressen in einem solchen Fall zu ermöglichen, entschloss sich das Reichsgericht dazu, durch richterliche Rechtsfortbildung „auszuhelfen". Es übernahm die von der Wissenschaft bereits entwickelte Lehre vom **„Wegfall der Geschäftsgrundlage"**, die das Prinzip, dass Verträge stets einzuhalten sind („pacta sunt servanda") modifizierte und bei schweren Störungen der Geschäftsgrundlage den betroffene Vertragspartnern das Recht gab, eine **Vertragsanpassung** zu verlangen, oder wenn diese nicht möglich war, vom Vertrag **zurückzutreten**.

Seit dem 1. Januar 2002 ist die in **§ 313 BGB** geregelte „Störung der Geschäftsgrundlage" in Kraft. Es handelt sich, was die Voraussetzungen angeht, um eine „sehr vorsichtig" formulierte Norm.

Sie enthält nämlich **keine präzise Begriffsbestimmung** dessen, **was** eigentlich eine **„Geschäftsgrundlage"** ist. Das Gesetz spricht insoweit nur von „Umstände(n)" bzw. von „wesentlichen Vorstellungen", die „zur Grundlage des Vertrages geworden sind"; es unterscheidet damit lediglich zwischen der „objektiven Geschäftsgrundlage" in § 313 Abs. 1 BGB und der „subjektiven Geschäftsgrundlage" in § 313 Abs. 2 BGB.

Immerhin beschreibt das Gesetz in **§ 313 Abs. 1 BGB** präzise die **Voraussetzungen** der **Störung** der **„objektiven"** und in **§ 313 Abs. 2 BGB** die **Voraussetzungen** der **Störung** der **„subjektiven" Geschäftsgrundlage,** und benennt **in § 313 Abs. 3 BGB** auch die **möglichen Rechtsfolgen:** Ein **Anspruch auf Anpassung** des Vertrages und ausnahmsweise ein **Rücktrittsrecht**.

#### aa) Objektive und subjektive Geschäftsgrundlage

Unter der **„objektiven Geschäftsgrundlage"** kann man verstehen: Alle Umstände und allgemeinen Verhältnisse, deren Vorhandensein oder Fortdauer objektiv erforderlich sind, um den Vertrag entsprechend den Absichten der Parteien als sinnvolle Regelung erscheinen zu lassen. Als **„subjektive Geschäftsgrundlage"** kann man bezeichnen: Die beim Geschäftsabschluss zutage tretende und vom etwaigen anderen Teil in ihrer Bedeutsamkeit erkannte und nicht beanstandete Vorstellung eines Teils oder die gemeinsame Vorstellung der mehreren Beteiligten vom Sein oder vom Eintritt gewisser Umstände, auf deren Grundlage sich der Geschäftswille aufbaut. Die Umstände oder Vorstellungen dürfen **nicht** (z. B. als Bedingung oder Rechtsgrund) **Vertragsinhalt** geworden sein.

#### bb) Störungen der Geschäftsgrundlage

Die die Geschäftsgrundlage ausmachenden Umstände müssen sich „nach Vertragsschluss schwerwiegend verändert (haben)".

Die „klassische“ Fallgruppe einer **Störung** der **„objektiven Geschäftsgrundlage“** ist die **„Äquivalenzstörung“**, bei der das Verhältnis von Leistung und Gegenleistung durch unvorhersehbare Umstände unausgewogen wird. Die rechtshistorischen Vorbilder für die Bildung dieser Fallgruppe sind grundlegende soziale Umwälzungen durch Katastrophen, durch überraschende großpolitische Ereignisse (Kriege), durch erhebliche Änderungen des politischen Systems oder der weltwirtschaftlichen Lage (z. B. mit einem unvorhergesehenen Geldwertverfall im Gefolge wie beim „Vigogne- Spinnerei“-Fall).

Die Fallgruppen einer **Störung** der **„subjektiven Geschäftsgrundlage“** sind vielfältiger und können z. B. bestehen

- in einem **gemeinschaftlichen Motivirrtum**,
- in einem **einseitigen**, von der **anderen Partei widerspruchslos hingenommenen Irrtum**
- oder in einer **Störung** des **Verwendungszweckes**, bei der eine Leistung zwar noch erbracht werden kann, sie ihren Zweck allerdings nicht mehr erfüllen kann.
- Wenn man annimmt, dass im Fall einer **lediglich „wirtschaftlichen Unmöglichkeit“** § 275 Abs. 2 BGB nicht gelten soll, wäre dies ein weiterer Fall der **Störung** der **subjektiven Geschäftsgrundlage** nach § 313 Abs. 2 BGB (Canaris sieht dies sogar als die „entscheidende Pointe“ des § 275 Abs. 2 BGB an).

### c) Rechtsfolgen: Vertragsanpassung/Rücktritts- bzw. Kündigungsrecht

In erster Linie besteht ein **Anspruch** auf **Anpassung** an die geänderten Umstände. Bei fehlender Anpassungsmöglichkeit kann der benachteiligte Teil gemäß § 313 Abs. 3 BGB vom Vertrag **zurücktreten** oder bei Dauerschuldverhältnissen **kündigen**. Der Rücktritt oder die Kündigung sind jedoch nur als ultima ratio zulässig, eine Fortführung des Vertragsverhältnisses darf dann unter keinen Umständen mehr zumutbar sein.

#### aa) Vertragsanpassung

Wenn die Parteien den Vertrag nicht geschlossen hätten oder wenn sie ihn mit anderem Inhalt geschlossen hätten, sofern sie die Veränderung der zur Grundlage des Vertrages gewordenen Umstände vorhergesehen hätten, oder sofern sie vorausgesehen hätten, dass ihre zur Grundlage des Vertrages gewordenen wesentlichen Vorstellungen sich als falsch entpuppen würden, „so kann Anpassung des Vertrages verlangt werden, soweit einem Teil unter Berücksichtigung aller Umstände des Einzelfalls, insbesondere der vertraglichen oder gesetzlichen Risikoverteilung, das Festhalten am unveränderten Vertrag nicht zugemutet werden kann“ (§ 313 Abs. 1, 2 BGB). Wegen des Erfordernisses der Unzumutbarkeit für „einen Teil“ gibt es daher z. B. dann keine Anpassung, wenn beide Parteien wissen, dass es sich um ein spekulatives Geschäft handelt, wie z. B. bei Termingeschäften. Eine Anpassung des Vertrages, kann z. B. durch Herabsetzung der Schuld, durch Stundung, oder durch eine Teilung des Risikos erfolgen.

§ 313 Abs. 1 BGB gewährt einen Anspruch auf Vertragsanpassung. Wenn man dies wörtlich nimmt, müsste erst eine Klage auf Vertragsanpassung erhoben werden und nach deren Erfolg eine weitere Klage auf die diesem Inhalt entsprechende Leistung. Es ist davon auszugehen, dass sich die Ansicht durchsetzen wird, nach der direkt in einer Klage auf die Leistung geklagt werden kann. Dies war auch der Standpunkt des Reformgesetzgebers.

**Fall 116**

Ein Architekt gibt sein Geschäft auf und führt nur noch einen alten Beratungsvertrag mit der Grundstücksgesellschaft G fort. Sein Entgelt aus diesem Vertrag beträgt € 5000,– pro Jahr „zuzüglich Mehrwertsteuer". Einige Zeit nach der Geschäftsaufgabe weist die Gesellschaft den Architekten darauf hin, dass er wegen seines mittlerweile zu geringen Umsatzes nicht mehr umsatzsteuerpflichtig sei, weshalb die Zahlung des Umsatzsteueranteils entfallen könne. Der A meint, das Gesamthonorar sei fest vereinbart und müsse weiterhin gezahlt werden (nach Kittner).

In diesem Fall kann die G von dem A ggf. die Anpassung des Vertrages nach § 313 Abs. 1 BGB verlangen. a) Zwischen G und A besteht ein Vertrag. b) Fraglich ist, ob die Umsatzsteuerpflicht des A Geschäftsgrundlage geworden ist. Hier ergibt die Vertragsauslegung, dass die Parteien durch die Vereinbarung „zuzüglich Mehrwertsteuer" nur eine tatsächlich den A treffende Steuerlast auf die G umlegen wollten. Dieser Umstand der Umsatzsteuerpflicht ist für die Willensbildung beider Parteien erheblich und damit Geschäftsgrundlage. c) Durch die Geschäftsaufgabe hat sich die Geschäftsgrundlage nachhaltig verändert. d) Die Fortführung des Vertrages in seiner ursprünglichen Form ist der G nicht zumutbar. e) Die G kann daher Anpassung des Vertrages verlangen.

bb) Rücktritts- bzw. Kündigungsrecht

Sofern eine Vertragsanpassung nicht möglich oder einem Teil nicht zumutbar ist, kann der benachteiligte Teil vom Vertrag zurücktreten (§ 313 Abs. 3 BGB) bzw. bei einem Dauerschuldverhältnis kündigen. Die Abwicklung richtet sich nach den Rücktrittsregeln.

**Fall 117**

Der V verkauft im Jahre 2002 an den K für € 1.000.000,– Anlagenteile, die dieser dann in den Irak liefern soll, was der V auch weiß. Nach Abschluss des Vertrages verhängen die Vereinten Nationen ein Embargo über den Irak, aufgrund dessen keine Lieferungen mehr erfolgen dürfen. Ein Ende des Embargos ist nicht abzusehen. Der K hat für die Teile keine andere Verwendung und will sie daher nicht abnehmen und insbesondere auch nicht bezahlen. Der V meint, Verträge müsse man nun einmal einhalten und verlangt den Kaufpreis und die Abnahme.

Der Kaufpreis- und Abnahmeanspruch folgt aus § 433 Abs. 2 BGB. a) Ein Kaufvertrag ist wirksam geschlossen, der Anspruch daher entstanden. b) Der

Kaufpreis- und Abnahmeanspruch ist nicht nach § 326 Abs. 1 S. 1 BGB erloschen, da die Erfüllung der Lieferverpflichtung nicht nach § 275 Abs. 1 BGB unmöglich geworden oder nach § 275 Abs. 2 BGB erschwert ist. Schließlich ist die Lieferung an K nach wie vor möglich. Unmöglich ist nur die Weiterlieferung in den Irak, deren Möglichkeit jedoch nicht Vertragsbestandteil ist. c) Der Anspruch kann aber durch einen Rücktritt des K erloschen sein (§ 346 Abs. 1 BGB). Durch den Rücktritt kann sich der Vertrag in ein Rückgewährschuldverhältnis umgewandelt haben, wodurch noch nicht erfüllte Leistungspflichten erlöschen. aa) Der Rücktritt wurde von K konkludent erklärt. bb) Notwendig ist ein Rücktrittsgrund. In Betracht kommt § 313 Abs. 3 S. 1 BGB. Dazu muss eine „Störung der Geschäftsgrundlage" vorliegen. aaa) Zwischen V und K besteht ein Kaufvertrag. bbb) Eine Tatsache muss Geschäftsgrundlage geworden sein. In Betracht kommt die Annahme, dass die Weiterlieferung der Kaufsache in den Irak möglich ist. Hier wissen sowohl V als auch K, dass mit dieser Tatsache das Geschäft steht und fällt. Die Möglichkeit der Weiterlieferung ist daher Geschäftsgrundlage. ccc) Die Geschäftsgrundlage ist durch das Embargo nachhaltig verändert worden und ddd) die Vertragserfüllung dem K unzumutbar, da er die Teile nicht brauchen kann. eee) Eine Anpassung des Vertrages ist nicht möglich, weswegen der Rücktritt möglich ist (§ 313 Abs. 3 S. 1 BGB). Ein Rücktrittsgrund ist daher gegeben. c) Der Rücktritt greift durch, weswegen der Anspruch erloschen ist. V kann daher von K keine Kaufpreiszahlung verlangen.

**Fall 118**

Für den Krönungszug von Edward VII. im Jahre 1905 hatte der Engländer V an den deutschen Vertragspartner M Fensterplätze in der Straße Mall in London vermietet. Wegen eines starken Regens fiel der Krönungszug aus. Der M erklärte dem V daher, dass er die Fensterplätze nicht in Anspruch nehmen würde und erschien nicht. Der V verlangte den Mietzins von M und klagte, als dieser die Zahlung verweigert, in Deutschland. Durch Einsatz einer „Zeitmaschine" transportieren wir den Fall in die Gegenwart und denken an das Krönungsjubiläum von Königin Elizabeth II. im Jahre 2003. Unterstellen Sie, dass die Anwendung deutschen Rechts wirksam vereinbart worden ist.

1) Die Anwendung deutschen Rechts ergibt sich aus Art. 27 Abs. 1 EGBGB. 2) Der Anspruch könnte sich aus § 535 Abs. 2 BGB ergeben. a) Der Anspruch ist entstanden. b) Er könnte erloschen sein nach § 326 Abs. 1 S. 1 BGB, wenn eine Unmöglichkeit vorläge (§ 275 Abs. 1 BGB). Dies soll nach einer Ansicht der Fall sein, da die Mietsache (der Fensterplatz) nur durch den Zweck (Stattfinden des Krönungszugs) Verkehrswert erlangt habe. b) Nach a. A. ist der Mietzinsanspruch wegen eines Mangels der Mietsache gemindert (§ 536 Abs. 1 S. 1 BGB). c) Nach einer weiteren Ansicht soll allerdings eine Auslegung des Vertrages ergeben, dass die Gegenleistung nur bei Erreichen des Zwecks des Vertrages geschuldet sei (Schlechtriem). d) Nach h.M. (Larenz) kommt dagegen in einem solchen Fall der Zweckstörung nur eine „Störung der Geschäftsgrundlage" in Betracht: aa) Ein Fall der Unmöglichkeit sei nicht gegeben, denn der Vermieter verspricht nicht die Zweckerreichung. Aus diesem Grunde führe auch eine Auslegung nicht weiter. Gegen einen Mangel spreche, dass der Mietsache die Tauglichkeit zum

vertraglich vorausgesetzten Gebrauch nicht fehle. bb) „Geschäftsgrundlage ist die beim Geschäftsabschluss zutage tretende und vom etwaigen Gegner in ihrer Bedeutsamkeit erkannte und nicht beanstandete Vorstellung eines Beteiligten oder die gemeinsame Vorstellung der mehreren Beteiligten vom Sein oder vom Eintritt gewisser Umstände, auf deren Grundlage der Geschäftswille sich aufbaut“: Der geänderte tatsächliche Umstand war für den M bei Abschluss des Geschäftes in diesem Sinne von entscheidender Bedeutung. Denn nur bei einem Stattfinden des Krönungszuges würde es zu einer Inanspruchnahme der Räumlichkeiten des V kommen. Das hatte auch der Vermieter V erkannt. cc) Eine Vertragsanpassung war nicht möglich. Daher kann M kündigen (§ 313 Abs. 3 BGB) Der M hat die Kündigung auch erklärt.

Angesichts des gewaltigen Textvolumens, das Sie bisher bewältigt haben, müssen Sie sich zwischenzeitlich immer einmal klar machen, **womit** Sie sich im Augenblick eigentlich **befassen**: Es geht um die **Prüfung** von **primären Leistungsansprüchen** aus **verpflichtenden Verträgen**.

**1.** Dazu mussten Sie **a)** zunächst erfahren, wie ein „Vertrag als solcher“ abgeschlossen wird. **b)** Sie haben sich dann verdeutlicht, dass die dazu gewonnenen Erkenntnisse einem bei der Fallbearbeitung nur wenig helfen, weil es den „Vertrag als solchen“ überhaupt nicht gibt, sondern immer nur (die folgenden Beispiele sind wegen des Sachzusammenhanges beschränkt auf das Schuldrecht!) z. B. einen Kauf-, Darlehens-, Miet-, Werk-, Dienst-, Bürgschaftsvertrag etc., also auch nur Ansprüche „... aus einem Kaufvertrag (§ 433 Abs. 1 S. 2 BGB)“, „... aus einem Darlehensvertrag (§ 488 Abs. 1 S. 2 BGB) etc., also nur Ansprüche aus Verträgen mit einem bestimmten Inhalt. Um für die sich daher notwendigerweise an die Erörterung der bloßen Technik des Vertragsschlusses (§§ 145 ff. BGB) anschließende Prüfung, ob der in der Fallbearbeitung zu erörternde Vertrag ein Kauf-, Darlehens-, Miet-, Werk-, Dienst-, Bürgschaftsvertrag etc. ist, gewappnet zu sein, muss man konkrete Vorstellungen davon haben, welchen Inhalt schuldrechtlich verpflichtende Verträge, deren Zustandekommen von Ihnen zu untersuchen ist, überhaupt haben. Denn nur aus dem Inhalt, speziell aus der Definitionsnorm oder aus dem „Kerninhalt“ des zu prüfenden Vertrages lässt sich erschließen, worin die „essentialia negotii“ bestehen, die bereits in dem Angebot zum Abschluss eines Vertrages zumindest enthalten sein müssen, damit es überhaupt als ein wirksames Angebot zum Abschluss eines solchen Vertrages angesehen werden kann. Das war der Grund dafür, warum wir uns im Anschluss an die Erarbeitung der Voraussetzungen für den Abschluss eines Vertrages „als solchen“ mit den Fragen nach den Inhalten von verpflichtenden Verträgen befasst haben. In Lehrbüchern für juristische Anfänger werden in diesem Zusammenhang gemeinhin nur Ausführungen zum Kaufvertrag gemacht. Das führt zu einer frühzeitigen Fixierung der jungen Juristen auf diesen Vertragstyp und zu einer Ausblendung der Inhalte aller anderen möglichen verpflichtenden Verträge mit der teilweise grotesken Folge, dass die

Klausuren von juristischen Anfängern nicht selten stereotyp z. B. mit dem Obersatz: „Der X könnte von Y Zahlung der € 1000,– aus einem Kaufvertrag haben (§ 433 Abs. 2 BGB)" beginnen, auch wenn es ersichtlich um einen Mietvertrag oder Werkvertrag etc. ging. Das ist die Wahrheit! Um diese „frühstudentische Prägung" zu vermeiden, ist Ihnen vorstehend ein großes Spektrum möglicher Inhalte verpflichtender Verträge präsentiert worden. Das war sicher für manchen Leser ein hartes Brot, aber hilfreich war es mit Sicherheit. Genau genommen waren Sie erst, nachdem Sie sich dies alles erarbeitet haben, in der Lage, bei der Fallbearbeitung den „Obersatz" korrekt zu formulieren, wie z. B. „Der G könnte gegen den Bü einen Anspruch auf Zahlung von € 100.000,– aus einem Bürgschaftsvertrag haben (§ 765 BGB)". Dass der Inhalt von Verträgen natürlich nicht nur gesetzlich typisiert ist, sondern sich auch zusätzlich oder nur aus Individualabreden und aus AGB ergeben kann und dass man ihn zuweilen durch Auslegung ermitteln muss, rundete diese Passage ab.

**2.** Guten Gewissens können Sie sich jetzt wieder dem Thema des Vertragsschlusses zuwenden. Wir werden als erstes die Frage erörtern, ob man einen Kauf-, Miet-, Werk-, Bürgschaftsvertrag etc. durch Einschaltung von „Mittelspersonen" abschließen kann.

## 11. Bei Rechtsgeschäften, insbesondere auch Vertragsabschlüssen, mitwirkende Personen (Schwerpunkt: Vertretung)

Zunächst sollten Sie sich anhand von alltäglichen Wahrnehmungen bewusst machen, dass Rechtsgeschäfte sehr häufig gerade nicht von denjenigen oder gegenüber denjenigen Personen, für oder gegen die die Rechtsgeschäfte wirken sollen, vorgenommen werden, sondern dass bei der Vornahme von Rechtsgeschäften, speziell auch bei dem Abschluss von Verträgen, also auch bei den uns hier in erster Linie interessierenden verpflichtenden Verträgen, sehr häufig andere Personen beteiligt sind, deren Handeln eine „Drittwirkung" hat: Wenn Sie z. B. in Tante Emmas Laden einkaufen, werden Sie nicht immer von der Inhaberin Tante Emma persönlich, sondern vielleicht von der bei ihr als Verkäuferin angestellten Nichte bedient; oder wenn Sie Kleidung in einem Kaufhaus der „Warenhaus AG" kaufen, tritt Ihnen bekanntlich nicht der Vorstandsvorsitzende entgegen, sondern ein dort angestellter Verkäufer. Trotzdem kommt ein Kaufvertrag mit Tante Emma bzw. mit der „Warenhaus AG" zustande (§§ 433, 164 Abs. 1, 3 BGB, 56 HGB).

Die uns im Folgenden interessierenden „Mittelspersonen", die mit „Drittwirkung" bei der Vornahme von Rechtsgeschäften, speziell beim Abschluss von Verträgen, insbesondere von verpflichtenden Verträgen, mitwirken können, sind

- **Vertreter**,
- **Organe juristischer Personen**,
- **Ehegatten**,
- **mittelbare Stellvertreter**,
- **Boten**
- und **Testamentsvollstrecker** oder **Insolvenzverwalter**.

Als erstes verschaffen wir uns einmal einen **Überblick über** die **Wirkungen** des **rechtsgeschäftlichen Handelns** dieser „Mittelspersonen“ und lernen dabei, diese zu unterscheiden.

Das Institut der **Vertretung**, mit dem wir beginnen wollen, ermöglicht es dem „Vertretenen“, sich einer „Mittelsperson“ in Gestalt eines „Vertreters“ zu bedienen, und zwar

- ausweislich der Einordnung der §§ 164 ff. BGB in **„Abschn. 3: Rechtsgeschäfte“** bei der Herbeiführung grundsätzlich **aller Rechtsgeschäfte**, seien es Verträge oder einseitige Rechtsgeschäfte, soweit es um die Zurechnung der zum Tatbestand eines jeden Rechtsgeschäfts gehörenden **Willenserklärungen** geht, sowie bei Erklärungen enthaltenden **rechtsgeschäftsähnlichen Handlungen**, und zwar
- bei deren **Abgabe** (durch einen **„aktiven Vertreter“** oder **„Erklärungsvertreter“**: § 164 Abs. 1 BGB) und
- bei deren **Empfang** (durch einen **„passiven Vertreter“** oder **„Empfangsvertreter“**: § 164 Abs. 3 BGB).

**Fall 119**

Der V und der K beabsichtigen, einen Kaufvertrag über das Auto des V zu schließen. Weil sie selbst nicht sachkundig sind, entschließen sie sich beide unabhängig voneinander dazu, den Vertrag jeweils durch eine Mittelsperson abschließen zu lassen. Der V erteilt dem A durch Erklärung gegenüber dem A die Vollmacht zum Verkauf des Autos zu einem Preis nicht unter € 10.000,–. Der K erteilt dem B durch Erklärung gegenüber dem B die Vollmacht zum Kauf des Autos zu einem Preis nicht über € 10.000,–. Nach gemeinsamer Besichtigung und entsprechenden Vorverhandlungen bietet der im Namen des V handelnde A mündlich dem im Namen des K handelnden B das Auto des V zum Preis von € 10.000,– zum Kauf an; der B erklärt sofort: „Ja“. Der K verlangt daraufhin von dem V Lieferung Zug-um-Zug gegen Zahlung von € 10.000,–.

Der Anspruch könnte sich aus einem Kaufvertrag ergeben (§ 433 Abs. 1 S. 1 BGB). a) Es könnte ein für und gegen den V wirkendes Angebot vorliegen. aa) Der A hat ein wirksames Angebot erklärt. Diese Erklärung wirkt für und gegen den V (§§ 164 Abs. 1, 167 Abs. 1 BGB). bb) Die Erklärung ist dem B zugegangen (§ 130 Abs. 1 BGB). Dieser Zugang wirkt für und gegen den K (§§ 164 Abs. 3, 167 Abs. 1 BGB). b) Es könnte weiterhin eine für und gegen den K wirkende Annahmeerklärung vorliegen. aa) Der B hat die Annahme erklärt („Ja“). Diese Erklärung wirkt für und gegen den K (§§ 164 Abs. 1, 167 Abs. 1 BGB). bb) Die Erklärung ist dem A zugegangen (§ 130 Abs. 1 BGB).

Dieser Zugang wirkt für und gegen den V (§§ 164 Abs. 3, 167 Abs. 1 BGB). c) Die Erklärung des A war nicht erloschen, als der B die Annahme erklärte (§ 147 Abs. 1 BGB). d) Die Erklärungen decken sich auch. Also ist ein Kaufvertrag zwischen V und K zustande gekommen. Der K kann von V Lieferung Zug-um-Zug gegen Zahlung von € 10.000,– verlangen.

**Variante**

Wie wäre es, wenn V und K minderjährig wären und A und B die jeweiligen Elternpaare wären.

V und K wären dann von A und B gesetzlich vertreten (§§ 164 Abs. 1, 3, 1629 Abs. 1 BGB).

Auch **Organe** einer **juristischen Person** sind „Mittelspersonen", die bei der **aktiven** oder **passiven** Vornahme von **Rechtsgeschäften** oder **geschäftsähnlichen Handlungen** mit Drittwirkung handeln, weil die juristische Person als solche dazu nicht in der Lage ist.

In Wahrheit ist ein rechtsgeschäftliches Organhandeln natürlich – wie Sie längst wissen – **kein** Fall einer **„Drittwirkung"**, denn es handelt hier die juristische Person selbst durch ihr Außen-„Organ" (z. B. den Vorstand) und nicht – wie bei der Vertretung – das Organ als eine von dem Vertretenen unabhängige Person. Aber immerhin: Nach dem Gesetz haben die Organe „die Stellung" gesetzlicher Vertreter **(§ 26 Abs. 1 S. 2 Hs. 2 BGB)**, aber eben auch nur „die Stellung", d. h. sie sind nicht der gesetzliche Vertreter.

**Variante (zum Autokauf-Fall)**

Wie wäre es, wenn V-eV und K-eV eingetragene Vereine wären und A und B die jeweiligen Vorstände wären?

V-eV und K-eV wären dann so zu behandeln, wie wenn sie von A und von B gesetzlich vertreten würden (§§ 164 Abs. 1, 3, 26 Abs.1 S. 2 Hs. 2 BGB).

Wenn es in § 1357 BGB heißt: „Jeder **Ehegatte** ist berechtigt, Geschäfte zur angemessenen Deckung des Lebensbedarfs der Familie mit Wirkung auch für den anderen Ehegatten zu besorgen" und dass „durch solche Geschäfte ... beide Ehegatten berechtigt und verpflichtet (werden), es sei denn ...", dann ist diese Rechtsfolge, die unabhängig davon eintritt, ob der Handelnde sich als verheiratete Person zu erkennen gibt oder zu erkennen ist, eine Form der **„Drittwirkung"**, die im Ergebnis der einer Vertretung sehr nahe kommt. Gleichwohl ist aufgrund des § 1357 BGB natürlich **keiner** der Ehegatten **der Vertreter** des jeweils **anderen Ehepartners**, denn es ist gleichgültig, ob der handelnde Ehepartner im eigenen oder in fremdem Namen auftritt. Das schließt natürlich nicht aus, dass Ehegatten auch bei Geschäften zur angemessenen Deckung des Lebensbedarfs der Familie einander vertreten können, so dass die §§ 164 ff. BGB anwendbar werden. Anscheinend „unsterblich" ist die Benennung dieser juristischen Konstruktion des § 1357 BGB als **„Schlüsselgewalt“**, obwohl diese Bezeichnung völlig verfehlt ist, weil ja „jeder Ehegatte“ die Drittwirkung herbeiführen kann, und nicht nur die den Haushalt verwaltende Ehefrau, wie es früher einmal der Fall war.

**Fall 120**

Der mit der halbtags als Bürokraft berufstätigen E verheiratete berufslose Student K kauft ohne Wissen der E bei dem V einen Kühlschrank, ohne diesem zu sagen, dass er verheiratet ist. Weil E und K aufgrund ihres luxuriösen Lebensstils (teure Wohnungseinrichtung, zwei Autos, Luxus-Reisen etc.) über ihre Verhältnisse leben, können sie sich den Kühlschrank nicht leisten. Vereinbart ist, dass der Kaufpreis erst nach Erfüllung des Kaufvertrags durch V zu zahlen ist. Der Kühlschrank wird in Anwesenheit des K aufgestellt. Als dieser nicht zahlen kann, sucht der V die E am Arbeitsplatz auf und verlangt Zahlung des Kaufpreises.

Der Anspruch könnte sich aus §§ 433 Abs. 2, 1357 Abs. 1 S. 2, 421 BGB ergeben, a) wenn der von K getätigte Kauf ein Geschäft zur angemessenen Deckung des Lebensbedarfs ist. Der Kühlschrank dient der Aufbewahrung von Lebensmitteln und damit der Deckung des Lebensbedarfs, wie es der Fall ist beim Lebensmittel-, Kleider-, Möbelkauf oder beim Abschluss von Elektrizitäts-, Gas- oder Wasserversorgungsverträgen. Angemessen ist das Geschäft auch, weil im Rahmen des § 1357 BGB, der dem Gläubigerinteresse dient, außer Betracht bleiben muss, dass der tatsächliche Lebensstil von E und K nicht den Einkommensverhältnissen entspricht, denn der Gläubiger kann nur den tatsächlichen Lebensstil kennen, aber nicht die finanzielle Unterdeckung erkennen. Wenn die Eheleute einverständlich über ihre Verhältnisse leben, müssen sie solidarisch dafür aufkommen (BGH). b) V müsste jedoch nach der getroffenen Vereinbarung den Kaufvertrag erfüllt haben. Die Lieferung ist nur an K erfolgt. Aus dem Kaufvertrag werden nach § 1357 BGB beide Ehegatten berechtigt. Wer, was die Gläubigerrolle angeht, zwischen den Ehegatten eine Mitgläubigerschaft annimmt, müsste für eine Erfüllung eine Lieferung an beide Ehegatten verlangen (§ 432 BGB). Meist wird Gesamtgläubigerschaft angenommen, so dass V erfüllt hat (§ 428 BGB).

Eine mittelbare **„Drittwirkung“** hat auch die leider in terminologischer Hinsicht leicht mit der Vertretung verwechselbare, aber inhaltlich ganz anders strukturierte und Ihnen längst bekannte sog. **„mittelbare Stellvertretung“**. Bei ihr liegt es bekanntlich so, dass der „mittelbare Stellvertreter“ aufgrund eines mit dem „mittelbar Vertretenen“ geschlossenen Vertrages (z. B. aufgrund eines Auftrages, Geschäftsbesorgungsvertrages oder eines Kommissionsvertrages) mit einem „Dritten“ im eigenen Namen handelnd ein Geschäft für Rechnung des „mittelbar Vertretenen“ führt und das daraus Erlangte dann an den „mittelbar Vertretenen“ herausgibt. Die „mittelbare Stellvertretung“ beschränkt sich also auf das jeweilige „Innenverhältnis“. Unser **„Musterbeispiel“** für die **„mittelbare Stellvertretung“** wird das Ihnen ja bereits geläufige **Kommissionsgeschäft** sein. Das „Innenverhältnis“, innerhalb dessen die „mittelbare Stellvertretung“ wirkt, ist die Rechtsbeziehung zwischen dem Kommittenten und dem Kommissionär.

- Da die „mittelbare Stellvertretung“ im BGB nicht geregelt ist, greift man bei der **„Gelegenheitskommission“** für das Innenverhältnis (zwischen dem „mittelbar“ Vertretenen und dem „mittelbaren Stellvertreter“) bekanntlich auf das Auftragsrecht (§§ 662 ff. BGB) oder bei einer Entgeltlichkeit der Gelegenheitskommission auf das Recht des Geschäftsbesorgungsvertrages (§ 675 BGB) zurück.
- Im **HGB** gibt es für die **„gewerbsmäßige Kommission“** den in den §§ 383 ff. HGB typisierten Kommissionsvertrag.

Noch einmal für diejenigen, die sich immer noch unsicher fühlen: Mit „Vertretung“ i. S. d. §§ 164 ff. BGB hat das alles absolut nichts zu tun!

**Fall 121**

Der V hat inseriert, dass er sein Auto für € 10.000,– verkaufen will. Der K will es erwerben. Da er weiß, dass V das Auto an jeden, nur nicht an ihn verkaufen will, weil sie beide verfeindet sind, vereinbart der K mit dem B, dass dieser das Auto des V für € 10.000,– als sein „Strohmann“ bei dem V kauft und es dann an ihn, den K, „herausgibt“. Dazu stattet der K den B mit einem Vorschuss in Höhe von € 10.000,– aus. Der B sucht den V als Kaufinteressent auf, und der V erklärt gegenüber B ein Angebot zum Abschluss eines Kaufvertrages zum Preise von € 10.000,– über sein Auto. Der B erwidert sofort mit „Ja“, ohne dem V zu sagen, dass er im o.g. Sinne von K beauftragt ist. Dann zahlt der B den Kaufpreis mit dem ihm von K vorgeschossenen Geld. Sodann verrät der B dem V, dass er von K zum Kauf beauftragt worden ist und dass er diesem das Auto herausgeben werde. Daraufhin weigert sich der V, das Auto an K bzw. an B zu liefern. 1) Der K verlangt von V Übereignung und Übergabe des Autos. 2) Kann der B von V Übereignung und Übergabe verlangen?

1) Ein Anspruch des K gegen den V könnte sich aus einem zwischen beiden geschlossenen Kaufvertrag ergeben (§§ 433 Abs. 1 S. 1, 164 BGB). a) Der V hat ein Angebot erklärt b) Der B hat es angenommen. Da B aber im eigenen Namen und nicht als Vertreter des K gehandelt hat, wirkt diese Erklärung nicht nach § 164 BGB für und gegen den K. c) Daher ist kein Kaufvertrag zwischen V und K zustande gekommen. 2) Der B hat einen Anspruch gegen V auf Übereignung und Übergabe aus einem zwischen beiden geschlossenen Kaufvertrag. § 117 BGB steht dem nicht entgegen, weil der „Strohmann“ B das Geschäft ernstlich gewollt hat.

**Variante**

Der V hat das Auto an B übereignet und übergeben. Der K verlangt von ihm „Herausgabe“ des Autos.

Der Anspruch ergibt sich aus §§ 662, 667 BGB.

Auch kann man sich bei der Abgabe und beim Empfang von Willenserklärungen oder geschäftsähnlichen Erklärungen eines **Boten** bedienen, der entweder **„Erklärungs-“** oder **„Empfangsbote“** sein kann. Der Bote gibt im Unterschied zum Vertreter keine eigene Willenserklärung oder geschäftsähnliche Erklärung ab, sondern überbringt eine fertige Willenserklärung oder geschäftsähnliche Erklärung des Geschäftsherrn an einen anderen; oder er nimmt eine solche für den Geschäftsherrn entgegen und leitet sie an ihn weiter. Wer das Anschauliche schätzt, möge sich den „reitenden Boten“ oder den „Fahrradkurier“, der die Willenserklärung in einer umgehängten Tasche mit sich trägt, vorstellen. Die **„Drittwirkung“** seines Handelns hat selbstverständlich mit Vertretung ebenfalls nichts zu tun.

**Fall 122**

Der V aus Hamburg und der K aus Kiel haben sich darauf verständigt, schriftlich einen Kaufvertrag über das Auto des V zum Preise von € 10.000,– zu schließen; den Vertragsinhalt haben sie bereits entworfen. Der Vertrag soll durch Austausch der jeweils von ihnen unterzeichneten Vertragsurkunden zustande kommen. Weil sie keine Zeit haben, die Urkunden persönlich auszutauschen, schickt der V den A mit der von ihm unterzeichneten Vertragsurkunde und der K den B mit der von ihm unterzeichneten Vertragsurkunde. Der A und der B treffen sich in Neumünster und tauschen die Urkunden aus. Noch bevor der B wieder in Kiel ist, verlangt der K von dem V Lieferung Zug-um-Zug gegen Zahlung von € 10.000,–.

Der Anspruch könnte sich aus einem Kaufvertrag ergeben (§ 433 Abs. 1 S. 1 BGB). Der V und der K haben jeweils durch die Erklärungsboten A und B wirksam das Angebot bzw. die Annahme (wer von ihnen was erklärt hat, kann offen bleiben) erklärt. Die aufeinander bezogenen Erklärungen sind deckungsgleich. Die Erklärungen des jeweils anderen Teils sind dem V und dem K durch eine Inempfangnahme der jeweiligen Empfangsboten A und B zugegangen. Das Angebot war im Augenblick der Annahme nicht erloschen. Also ist der Kaufvertrag schon in Neumünster geschlossen. K hat den geltend gemachten Anspruch.

Der **Testamentsvollstrecker** (§§ 2197 ff., 2205 BGB) oder der **Insolvenzverwalter** (§§ 56 ff., 80 InsO) sind keine Vertreter, sondern **„Amtspersonen“**, die aufgrund eigenen Rechts fremde Rechte wahrnehmen.

Grenzen wir jetzt das **Thema** der **„Drittwirkung“** ein:

1. Der **Schwerpunkt** der folgenden Darstellung liegt beim **Recht der Stellvertretung (§§ 164 ff. BGB)**. Die „Drittwirkung“ des Handelns anderer Personen wie Organe, Ehepartner, mittelbare Stellvertreter, Boten, Amtspersonen spielen aber weiterhin eine bedeutende Rolle im Verlauf der weiteren Darstellung.
2. Im Vordergrund wird dabei die Bedeutung des Vertretungsrechts für den Vertragsschluss stehen, also bei der **Zurechnung von** zum **Abschluss** eines **Vertrages führenden Willenserklärungen**, des Angebots und der Annahme. Dass auch andere Willenserklärungen (z. B. eine Kündigung) und „geschäftsähnliche Handlungen“ (z. B. eine Mahnung) nach den §§ 164 ff. BGB zugerechnet werden, wird in diesem Buch in den verschiedensten Zusammenhängen vermittelt werden.

### a) Überblick über das Recht der Stellvertretung

Bei der Stellvertretung sind **drei Rechtsverhältnisse** zu unterscheiden:

- Das Rechtsverhältnis zwischen dem **Vertretenen** und dem **Vertreter** (das sog. **„Innenverhältnis“**);
- das Verhältnis zwischen dem **Vertretenen** und dem **Dritten** (das sog. **„Außenverhältnis“**);
- und schließlich das unbenannte Verhältnis zwischen dem **Vertreter** und dem **Dritten**, dem gegenüber der Vertreter handelt bzw. der gegenüber dem Vertreter handelt.

**1.** Damit Sie ja **nicht „die Orientierung verlieren“**, sollten Sie sich bitte noch einmal den **Gesamtaufbau** unserer **Darstellung** vor Augen führen: Wir haben – entsprechend dem Aufbau der Fallbearbeitung – damit begonnen, primäre Ansprüche aus vertraglichen Schuldverhältnissen zu erörtern. Wir haben bisher gelernt, wie ein Vertrag, also auch der uns ja im Moment beschäftigende schuldrechtlich verpflichtende Vertrag rein technisch gesehen abgeschlossen wird und welche Inhalte schuldrechtlich verpflichtende Verträge haben können.

**2.** Jetzt wollen wir uns mit der Frage befassen,

**a)** ob ein solcher schuldrechtlich verpflichtender Vertrag durch die Einschaltung eines Stellvertreters zwischen dem von ihm Vertretenen und einem Dritten herbeigeführt werden kann. Geregelt ist dies in den §§ 164 ff. BGB. Aber stimmt das wirklich? Schließlich heißt es doch in §§ 164 ff. BGB, dass „eine Willenserklärung, … unmittelbar für und gegen den Vertretenen (wirkt)“. Was hat das also mit der Herbeiführung eines „Vertragsschlusses“ zu tun? Das ist natürlich eine „rhetorische“ (d. h. eine sich selbst beantwortende) „Frage“, denn Verträge sind Rechtsgeschäfte, die bekanntlich wiederum durch zwei aufeinander bezogene, sich deckende „Willenserklärungen“, Angebot und Annahme, zustandekommen. Also sind natürlich die §§ 164 ff. BGB maßgeblich!

**b)** Aber immer wieder müssen Sie daran erinnert werden, bei der Beschäftigung mit einem Detail **nicht** das **„große Ganze“ aus** dem **Auge zu verlieren**: Unsere „Fixierung“ auf den Vertragsschluss, speziell den Abschluss des verpflichtenden Vertrages, bedeutet nicht etwa, dass die §§ 164 ff. BGB nur für das Zustandekommen von derartigen Verträgen oder Verträgen von Bedeutung wären.

**aa)** Wir bleiben uns dessen bewusst, dass es in § 164 Abs. 1 BGB um die **Zurechnung** von **Willenserklärungen** in ihrer Funktion als Zurechnungsnorm für grundsätzlich **alle Rechtsgeschäfte** geht, also nicht nur bei Verträgen, sondern auch bei einseitigen Rechtsgeschäften, heißt es doch in § 164 Abs. 1 BGB: „Eine *Willenserklärung*, … wirkt unmittelbar für und gegen den Vertretenen". Also sind die Erkenntnisse, die wir hier gewinnen, natürlich für den Baustein „Willenserklärung" eines jeden Rechtsgeschäfts, also nicht nur für die zum Abschluss eines Kaufvertrags nach § 433 BGB oder einer Einigung i. S. d. §§ 929 S. 1, 873 BGB führenden Willenserklärungen maßgeblich, sondern auch für eine Kündigung, eine Anfechtung etc. Sie werden sogar sehen, dass die §§ 164 ff. BGB darüber hinaus für die **Zurechnung** der zu den **„geschäftsähnliche Handlungen"** zählenden **Verhaltensweisen**, wie z. B. eine Mahnung nach § 286 Abs. 1 BGB, von Bedeutung sind.

**bb)** Wenn es heißt, dass die §§ 164 ff BGB für alle Rechtsgeschäfte, und damit **auch für alle Verträge** gilt, schließt das auch **dingliche Verträge in §§ 929 ff BGB, 873, 925 BGB** etc. etc. ein. Seien Sie also, auch wenn wir hier nun den verpflichtenden Vertrag behandeln, gedanklich offen.

Die **Voraussetzungen** für ein im **„Außenverhältnis"** (wissen Sie noch, was das ist? Die Beziehung zwischen dem Vertretenen und dem Dritten!) **wirksames Vertreterhandeln** bei der (aktiven) **Abgabe** einer **Willenserklärung**, also auch der vertraglichen Willenserklärungen „Angebot" und „Annahme", oder der Vornahme geschäftsähnlicher Handlungen sind nach **§ 164 Abs. 1 S. 1 BGB** die Folgenden:

- **Anwendbarkeit** der §§ 164 ff. BGB und **Zulässigkeit** der Stellvertretung **(sub b)),**
- **eigenes Handeln** des **Vertreters** gegenüber einem Dritten **(sub c)),**
- Handeln **im Namen** des **Vertretenen (sub d)),**
- mit **Vertretungsmacht (sub e)),**
- **im Rahmen** der Vertretungsmacht **(sub f)),**
- **kein** Verstoß gegen **§ 181 BGB (sub g)).**
- Die **Rechtsfolge** ist eine unmittelbare (Dritt-)Wirkung der abgegebenen Willenserklärung für und gegen den Vertretenen.
- Die Aufzählung dieser Merkmale ist zugleich das grobe **Prüfungsschema** für die Fallbearbeitung und die **Gliederung** der jetzt **unmittelbar nachfolgenden Darstellung**.

Beim (passiven) **Empfang** einer **Willenserklärung** oder bei der Entgegennahme einer geschäftsähnlichen Handlung gelten diese Voraussetzungen entsprechend **(§ 164 Abs. 3 BGB)**, so dass Sie hierzu keine besonderen die Voraussetzungen zusammenfassenden Ausführungen finden werden.

**b) Anwendbarkeit der §§ 164 ff. BGB und Zulässigkeit der Stellvertretung**

Die **§§ 164 ff. BGB** sind **anwendbar**

- auf die zur **Entstehung** eines **Rechtsgeschäft** erforderliche **Abgabe** und auf einen diesem Ziel dienenden **Empfang** von **Willenserklärungen** (bekanntlich interessiert uns das hier, wo es um die Herbeiführung des Rechtsgeschäfts „Vertrag“ geht, in erster Linie) und analog auf die **Vornahme** und die **Entgegennahme** von **geschäftsähnlichen Handlungen** (das werden wir in anderen Zusammenhängen vertiefen: z. B. bei der Frage, ob durch einen Vertreter gemahnt und damit ein Schuldnerverzug nach § 286 BGB begründet werden kann).
- Die §§ 164 ff. BGB sind jedoch **unanwendbar** für **a)** die Frage einer Zurechnung von **Realakten**, wie z. B. die Besitzergreifung nach § 854 Abs. 1 BGB oder eine Übergabe nach § 929 S. 1 BGB (hier helfen aber § 854 Abs. 2 BGB, § 855 BGB und § 868 BGB). **b)** Auch ein **Verschulden** wird natürlich nicht über § 164 BGB zugerechnet, sondern **aa)** innerhalb **bestehender Schuldverhältnisse aaa)** bei **Organen** juristischer Personen (z. B. Vorstand eines eV) ausschließlich über (je nach dem vertretenen Standpunkt:) § 31 BGB oder über §§ 31, 278 BGB oder über § 278 BGB **bbb)** und ansonsten über § 278 BGB **(„Erfüllungsgehilfe“)** und über § 428 HGB **(„Leute“)**. **bb)** Auch **deliktisches Verhalten** kann selbstverständlich nicht über §§ 164 ff. BGB zugerechnet werden. **aaa)** Bei juristischen Personen gilt bei **Organen** insoweit § 31 BGB. **bbb)** Außerdem gibt es eine Einstandspflicht des „Geschäftsherrn“ für deliktisches Verhalten von **„Verrichtungsgehilfen“** aus § 831 BGB, wobei es sich allerdings in Wahrheit um eine Haftung für vermutetes eigenes Verschulden des „Geschäftsherrn“ handelt. Das werden Sie noch alles genauestens lernen! Aber trotzdem haben Sie natürlich noch einmal alle eben zitierten Vorschriften mit „Sinn und Verstand“ gelesen! Oder? Sie müssen, was diese zentralen Normen angeht, immer sicherer im Umgang mit ihnen werden, und das gelingt nur, wenn man sie immer und immer wieder liest und sich seine Gedanken dazu macht, kleine Fälle bildet etc. etc. Eine total passive, rein konsumierende Haltung wäre wirklich von größtem Übel.

Aber zurück zum Thema: Nachdem damit die Frage der Anwendbarkeit der §§ 164 ff. BGB klargestellt ist, geht es jetzt um die der Zulässigkeit der Stellvertretung. Die **Zulässigkeit** der **Stellvertretung** ist im Rahmen der Anwendbarkeit der §§ 164 ff. BGB im **Grundsatz** stets **gegeben**. Deshalb geht man bei der Fallbearbeitung nur bei den wenigen **Ausnahmen** auf die Frage der Zulässigkeit der Stellvertretung ein: so bei der Unanwendbarkeit der §§ 164 ff. BGB auf **höchstpersönliche Willenserklärungen** wie z. B. letztwillige Verfügungen, §§ 2064, 2274 BGB, oder bei einer **rechtsgeschäftlich vereinbarten Höchstpersönlichkeit** bzw. einem vereinbarten **Ausschluss** der **Möglichkeit** einer **Stellvertretung**.

### c) Eigenes wirksames Handeln des Vertreters, Abgrenzung zum Botenhandeln

Voraussetzung dafür, dass wir eine Person **„Vertreter“** i. S. d. §§ 164 ff. BGB nennen können, ist deren **„eigenes Handeln“** bei der Abgabe oder bei dem Empfang von Willenserklärungen oder bei der Vornahme von geschäftsähnlichen Handlungen oder deren Entgegennahme. Im Gegensatz dazu ist diejenige Person, die eine fertige Willenserklärung oder geschäftsähnliche Handlung eines anderen (nur) ausspricht oder anhört, kein Vertreter, sondern nur ein **„Bote“**.

Die **Abgrenzung** des **„Vertreters"** vom **„Boten"** erfolgt nach sehr einfachen **Kriterien**.

- Der **Vertreter** handelt **mit Entscheidungsfreiheit**, der **Bote** handelt **ohne Entscheidungsfreiheit**.
- Der **Maßstab** für die Beurteilung, **ob** eine Person mit **Entscheidungsfreiheit** gehandelt hat, ist deren **Auftreten** gegenüber dem jeweiligen Dritten und **nicht** etwa eine sich aus dem Innenverhältnis ergebende **Befugnis** zum entscheidungsfreien Handeln gegenüber dem Dritten. **a)** Bei einer **Abgabe** von Willenserklärungen oder bei einer Vornahme geschäftsähnlicher Handlungen kommt es für die Frage der Entscheidungsfreiheit darauf an, ob aus der Sicht des Dritten eine Möglichkeit der Mittelsperson zur **Einflussnahme auf** den **Inhalt** bestand, oder ob bei einem (ja auch vorstellbaren) **Vertreter mit „gebundener Marschroute"** jedenfalls eine Möglichkeit einer solchen Mittelsperson **zur Entscheidung über** das **„ob"** der Abgabe der Willenserklärung oder über das **„ob"** der Vornahme der geschäftsähnlichen Handlung bestand. **b)** Bei der **Entgegennahme** einer Willenserklärung oder einer geschäftsähnlichen Handlung ist maßgeblich, ob die Mittelsperson die Willenserklärung als ihr zugedacht empfangen hat; die Frage reduziert sich darauf, ob sie aus der Sicht des Dritten eine **Entscheidungsfreiheit über** das **„ob"** der Entgegennahme hatte.

Bei der Beurteilung eines **funktionswidrigen Verhaltens** der „Mittelsperson" gelten folgende Regeln (Medicus):

1. Wenn die Mittelsperson nach dem Innenverhältnis nur **Bote** sein sollte, sich aber **als Vertreter geriert**, so rechnet man – sofern die Mittelsperson sich im Rahmen des ihr Aufgetragenen („Botenmacht") hält – ihre Erklärung dem Auftraggeber zu; bei weisungswidrigem Verhalten gelten die §§ 177 ff. BGB.
2. Wenn die Mittelsperson nach dem Innenverhältnis **Vertreter** sein sollte, sich aber **als Bote geriert**,
   a) erfolgt eine **Zurechnung** der **Willenserklärung**, wenn sie sich **innerhalb** der **„Vertretungsmacht"** bewegt;
   b) **überschreitet** die **Mittelsperson** die **„Vertretungsmacht"**
      aa) **unbewusst** (=handelt sie also subjektiv richtig), gilt § 120 BGB (=**Zurechnung der Willenserklärung**, aber **Anfechtung**);
      bb) **überschreitet** die Mittelsperson die „Vertretungsmacht" **bewusst** (=handelt sie also subjektiv unrichtig), erfolgt **keine Zurechnung**, und der Dritte hat Ansprüche gegen den Bevollmächtigenden aus §§ 280 Abs. 1, 311 Abs. 2 BGB i. V. m. § 278 BGB und gegen den falschen Boten aus § 179 BGB analog.
3. Als vereinfachende **„Faustformel"** kann man sich einprägen: Handelt die Person **trotz** der **Funktionswidrigkeit** doch **innerhalb** ihrer **„Kompetenz"**, erfolgt eine **Zurechnung**.

Hinsichtlich der **Wirksamkeitsvoraussetzungen** der **eigenen Willenserklärung** des **Vertreters** gibt es kaum Besonderheiten. Allerdings muss der **Vertreter** nicht voll geschäftsfähig sein (§ 165 BGB). Er darf aber nicht **geschäftsunfähig** i. S. d. § 104 sein (argec. § 165 BGB); und er darf auch **nicht** im Zustand des **§ 105 Abs. 2 BGB** handeln.

Der Grund für diese Regelung leuchtet sowohl in dogmatischer als auch in rechtspolitischer Hinsicht ohne weiteres ein: Der Vertreter gibt eine eigene Willenserklärung ab, die dann für und gegen den Vertretenen wirkt.

Die Willenserklärungen von **Geschäftsunfähigen** sind nichtig (§ 105 Abs. 1 BGB), existieren also praktisch nicht; daher kann es in solchen Fällen schon aus logischen Gründen kein wirksames Vertreterhandeln geben. Gleiches gilt für ein Handeln im Zustand des § 105 Abs. 2 BGB.

Dagegen sind die Willenserklärungen von **beschränkt Geschäftsfähigen** ohne Zustimmung des gesetzlichen Vertreters dann wirksam, wenn der beschränkt Geschäftsfähige durch sie lediglich rechtliche Vorteile erlangt (§ 107 BGB). Da ein Vertreterhandeln in rechtlicher Hinsicht nur für und gegen den Vertretenen wirkt, ist es also für den Vertreter zwar rechtlich nicht nachteilig, aber auch nicht lediglich rechtlich vorteilhaft, sondern „neutral". Wenn man über den Wortlaut des § 107 BGB hinaus auch neutrale Geschäfte eines Minderjährigen wegen deren Unschädlichkeit für den Minderjährigen für nicht zustimmungsbedürftig ansieht, versteht sich die weitere Aussage des § 165 BGB, dass die Wirksamkeit der Willenserklärung nicht dadurch beeinträchtigt wird, dass der „Vertreter in der Geschäftsfähigkeit beschränkt ist", von selbst. An sich war die Regelung des § 165 BGB sogar überflüssig, wenn man im Rahmen des § 107 BGB rechtlich neutrale Geschäfte eines Minderjährigen für wirksam hält. Weil aber dazu auch ein anderer Standpunkt vertretbar ist, hat der Gesetzgeber vorsorglich die Wirksamkeit des Vertreterhandelns eines beschränkt Geschäftsfähigen ausdrücklich angeordnet. Nur wenn es für einen beschränkt geschäftsfähigen Vertreter heikel wird, nämlich bei der Haftung aus § 179 BGB, wird er geschützt (§ 179 Abs. 3 S. 2 BGB); dazu später mehr.

Demgegenüber kann übrigens der **Bote,** mit dem wir uns hier immer nur am Rande gewissermaßen als „Vergleichsobjekt" befassen, sogar **geschäftsunfähig** sein; denn er spricht ja nur eine fremde Willenserklärung aus/hört sie an, so dass es schon rein begrifflich gar nicht um das Vorliegen von Wirksamkeitsvoraussetzungen von Willenserklärungen gehen kann, also auch § 105 Abs. 1 BGB gar nicht zu diskutieren ist: Es gilt der – schon erwähnte – Merkvers aus dem altberühmten Repetitorium Foth: **„Und ist das Büblein noch so klein, so kann es doch schon Bote sein"**.

### d) Handeln im Namen des Vertretenen („Offenheits- oder Offenkundigkeitsprinzip")/Abgrenzung zum „Vertrag zugunsten Dritter"

Ein wirksames **„Vertreterhandeln"** setzt weiterhin voraus, dass es für den „Dritten", dem gegenüber die Mittelsperson rechtsgeschäftlich oder rechtsgeschäftsähnlich handelt, **als solches „offenkundig"** ist. Genauer gesagt, dass die Mittelsperson **„im Namen des Vertretenen" (§ 164 Abs. 1 S. 1 BGB)** handelt und dass dies auch für den Dritten **erkennbar (§ 164 Abs. 2 BGB)** ist.

Der rechtspolitische Grund hierfür leuchtet ohne weiteres ein: Für den Dritten muss (z. B. beim Vertragsschluss) zweifelsfrei sein, mit wem er den Vertrag schließt: Mit dem ihm gegenüber Handelnden oder mit einer anderen dahinter stehenden ihm vielleicht sogar unbekannten Person (einem Vertretenen). Denn der Dritte will sich natürlich ein Bild von der Leistungsfähigkeit und Vertrauenswürdigkeit der Person machen, mit der der Vertrag abgeschlossen wird. Und auch sonst wollen Sie als Dritter wissen, für und gegen wen Willenserklärungen wirken, die Sie jemandem gegenüber abgegeben oder für und gegen wen der Empfang von Willenserklärungen wirkt.

Wie aus dem Vorstehenden deutlich wird: Maßgeblich dafür, **ob** eine Person im **fremden Namen handelt**, ist **nicht dessen wirklicher Wille**, sondern wie der andere Teil das **Verhalten der Person verstehen durfte**; dies kann

- sich aus einem **ausdrücklichen** Verhalten der handelnden Person (§ 164 Abs. 1 S. 2 Var. 1 BGB) ergeben
- oder nach § 164 Abs. 1 S. 2 Var. 2 BGB auch **aus** den **Umständen** (so handelt bei den sog. „betriebsbezogenen Geschäften" ein Arbeitnehmer stets im Namen des Inhabers, wer immer dieser auch ist).

**Fall 123**

Die V ist in der Boutique „Ann-Sue", die der Inhaberin Anna S. Use (U) gehört, halbtags als Verkäuferin angestellt. Alle zum Verkauf stehenden Waren gehören der U. Die K macht in der Vorweihnachtszeit einen Einkaufsbummel und kauft in der Boutique einen Pullover und bezahlt ihn. Die V, die als einzige Person im Geschäft tätig ist, tut gegenüber der Kundin K so, als ob ihr die Boutique gehöre. Die K zahlt den Kaufpreis. Sie vereinbart mit der V, dass der Pullover bis zum Ende des Einkaufsbummels der K für diese im Geschäft verwahrt wird, und dass die K schon jetzt das Eigentum an dem Pullover erhalten soll. Als die K am Nachmittag den Pullover abholen will, ist die Inhaberin U selbst anwesend. Die K verlangt unter Vorlage des Kassenzettels die Herausgabe. Die U weigert sich, weil sie inzwischen den auch ihr sehr gut stehenden und passenden Pullover als „Weihnachtsgeschenk" für sich persönlich beiseitegelegt hat.

Der Anspruch der K gegen die U kann sich ergeben aus 1) einem Kaufvertrag (§ 433 Abs. 1 S. 1 BGB). a) Zwischen U und K müsste ein Kaufvertrag geschlossen worden sein. aa) Die U persönlich und die K haben keine Vertrag geschlossen, bb) wohl aber aaa) haben die V und die K. entsprechende Willenserklärungen ausgetauscht. bbb) Dieser Vertragsschluss würde für und gegen die U wirken, wenn die V sie wirksam vertreten hätte (§ 164 BGB). aaaa) Die V hat eine eigene Willenserklärung abgegeben. bbbb) Sie hat zwar nicht ausdrücklich im Namen der U gehandelt. Da sie aber für ein Unternehmen (die Boutique „Ann-Sue") gehandelt hat, hat sie für den jeweiligen Inhaber gehandelt, auch wenn der Vertragspartner unrichtige Vorstellungen über dessen Person hat (§ 164 Abs. 1 S. 2 BGB). Also hat die V für die U gehandelt. cccc) Die V müsste Vertretungsmacht der U gehabt haben. Diese ist ihr nach § 167 BGB erteilt worden; zumindest gilt jedoch § 56 HGB. Also ist ein wirksamer Kaufvertrag zwischen der U und der K geschlossen worden. b) Der Lieferungsanspruch der K gegen die U ist aa) erfüllt nur hinsichtlich des Anspruchs auf Übereignung (§ 362 BGB), bb) nicht aber hinsichtlich der ebenfalls geschuldeten Übergabe. 2) Auch hat die K gegen die U einen Anspruch auf Herausgabe aus § 695 BGB, denn a) V und K haben einen Verwahrungsvertrag geschlossen (§ 688 BGB), der aus den vorgenannten Gründen auch für und gegen die U wirkt (§ 164 BGB). b) Die Hinterlegerin K kann die hinterlegte Sache jederzeit zurückfordern. 3) Herausgabe kann sie auch nach § 985 BGB verlangen. a) Die U ist Besitzerin. b) Die K müsste das Eigentum am Pullover erlangt haben. aa) Die U war die Eigentümerin. Die K könnte es durch eine Übereignung der U an sie erlangt haben (§§ 929, 930 BGB). aaa) Was die Einigung angeht, aaaa) so haben sich nicht die U und die K geeinigt, bbbb) wohl aber aaaaa) die V und die K. bbbbb) Diese Einigung würde für und gegen die U wirken, wenn die V sie wirksam vertreten hätte (§ 164 BGB). aaaaaa) Die V hat bei der Einigung i. S. d. § 929 BGB eine eigene Willenserklärung abgegeben. bbbbbb) Sie hat zwar nicht ausdrücklich im Namen der U gehandelt. Da sie aber für ein Unternehmen (die Boutique „Ann-Sue") gehandelt hat, hat sie für den jeweiligen Inhaber gehandelt, auch wenn der Vertragspartner unrichtige Vorstellungen über dessen Person hat (§ 164 Abs. 1 S. 2 BGB). Also hat die V für die U gehandelt. ccccc) Die V müsste Vertretungsmacht der U gehabt haben. Diese ist ihr nach § 167 BGB erteilt worden; zumindest gilt jedoch § 56 HGB. Also liegt eine wirksame Einigung zwischen U und K vor. bbb) Die Übergabe könnte nach § 930 BGB durch ein Besitzmittlungsverhältnis ersetzt worden sein, kraft dessen die U den Pullover für die K besitzt. aaaa) Hier ist von V und K ein Verwahrungsvertrag geschlossen worden (§ 688 BGB). bbbb) Dieser wirkt aus den vorgenannten Gründen auch für und gegen die U (§ 164 BGB). Also ist die K Eigentümerin des Pullovers geworden. c) Die U hat kein Recht zum Besitz (§ 986 BGB), und zwar auch nicht aus dem Verwahrungsvertrag (arge. § 695 BGB).

Wenn der **Handelnde** den **Willen** hat, **als Vertreter** zu handeln, sein Handeln aber aufgrund seines Auftretens nicht als das eines in fremdem Namen Handelnden angesehen werden kann, wenn also die **Wirkungen** von Willenserklärungen oder geschäftsähnlicher Handlungen den **Handelnden** entgegen dessen Vorstellungen (also: irrig) selbst **treffen**, dann stellt sich die Frage, ob er die Willenserklärung **wegen** eines **Inhaltsirrtums anfechten** kann. Beantwortet wird sie in **§ 164 Abs. 2 BGB**.

**Fall 124**

Der durch den A gemäß § 167 Abs. 1 Var. 1 BGB zum Ankauf einer Sache des B wirksam bevollmächtigte V („Innenvollmacht") bietet im Rahmen der ihm erteilten Vollmacht handelnd dem B den Abschluss eines Kaufvertrages an. Dabei wollte der V für den A handeln, ohne das jedoch gegenüber dem B deutlich zu machen; auch die Umstände ergaben nicht, dass der V für den A handeln wollte. Als der B keine Zahlung erhält, verlangt er von dem V Zahlung des Preises Zug-um-Zug gegen Lieferung. Der V erklärt die Anfechtung seiner Willenserklärung mit der Begründung, dass er sich über die Wirkung seines Handelns geirrt habe.

Der V müsste den Kaufpreis aufgrund eines Kaufvertrags nach § 433 Abs. 2 zahlen, wenn er Käufer wäre. a) Mangels Handelns in fremdem Namen wirkt die Angebotserklärung des V für ihn selbst; und die Annahmeerklärung des B ist ihm gegenüber erklärt worden. Der Vertrag ist also zwischen dem B und dem V zustande gekommen. b) Die seitens des V erklärte Anfechtung könnte jedoch dazu geführt haben, dass die Angebotserklärung rückwirkend nichtig wäre (§ 142 Abs. 1 BGB). Als Anfechtungsgrund käme § 119 Abs. 1 BGB in Betracht. aa) Ein Inhaltsirrtum läge vor: Der V hat gewollt, dass das Angebot für und gegen den A wirkt; er hat aber mangels ausdrücklichen oder jedenfalls schlüssigen Verhaltens, für A handeln zu wollen, erklärt, dass das Angebot für und gegen ihn selbst wirkt. Also besteht eine Diskrepanz zwischen dem wirklichen und dem erklärten Geschäftswillen des V. bb) Die Anfechtung wegen eines derartigen Inhaltsirrtums ist jedoch nach § 164 Abs. 2 BGB ausgeschlossen; der Ausschluss der Anfechtung ist geradezu Sinn und Zweck des § 164 Abs. 2 BGB.

Es gibt aber auch die **umgekehrte Konstellation**: Der Handelnde, der im eigenen Namen handeln will, aber versehentlich im fremden Namen auftritt, wird bei bestehender Vertretungsmacht der Vertretene berechtigt und verpflichtet (§ 164 BGB). Wenn aber der Handelnde (wovon bei einer solchen Fallkonstellation meistens auszugehen sein dürfte) keine Vertretungsmacht hatte und auch keine Genehmigung nach §§ 177 Abs. 1, 182 Abs. 1, 184 Abs. 1 BGB durch den Vertretenen erklärt worden ist, droht dem Handelnden eine Haftung aus § 179 BGB. Jetzt stellt sich für ihn die Frage, ob er die irrig im fremden Namen abgegebene Willenserklärung anfechten kann, um sich so der Haftung aus § 179 Abs. 1 BGB zu entziehen. Eine solche Anfechtung soll aber ebenfalls an § 164 Abs. 2 BGB scheitern. Die Anwendung des § 164 Abs. 2 BGB auf solche Fälle erscheint aber doch recht zweifelhaft zu sein, weil – wie soeben gezeigt – § 164 Abs. 2 BGB eine ganz andere Funktion hat.

Sehr „beliebt" sind im Anfängerbereich der juristischen Ausbildung solche Fälle, in denen der Handelnde **nicht „in fremdem Namen"** gehandelt hat, sondern **„unter fremdem Namen"** aufgetreten ist. In diesen Fällen ist zu unterscheiden zwischen zwei Fallgruppen.

- Die eine ist die einer **bloßen Namenstäuschung**, die dann gegeben ist, wenn der Handelnde sich durch die **Verwendung** eines **falschen Namens** lediglich falsch benennt, aber damit nicht über seine Identität täuscht, also z. B. einen unzutreffenden Namen benutzt („Müller" nennt sich aus Eitelkeit „v. Müller"): § 164 BGB findet dann keine Anwendung, es liegt immer ein Eigengeschäft des Handelnden „Müller" vor;
- In der anderen Fallgruppe geht es um eine **Identitätstäuschung**, die vorliegt, wenn der andere Teil aufgrund des Auftretens des Handelnden davon ausgehen durfte, ein Rechtsgeschäft mit derjenigen Person vorzunehmen, die den vom Handelnden zu Unrecht verwendeten Namen wirklich trägt. Hier sollen die §§ 164 ff. BGB entsprechende Anwendung finden. Eine solche Identitätstäuschung liegt auch vor, wenn eine Person bei einer Internet-Auktion (z. B. bei e-Bay) den „Mitgliedsnamen" (die Kennung) eines anderen verwendet. Denn die Person, deren Kennung man sich bedient, soll nicht etwa anonym bleiben, sondern wird von dem Auktionator nach Auktionsende aufgrund der Kennung identifiziert. Dass es dem Vertragspartner bei seinem Vertragsschluss auf eben diese Person als Vertragspartner ankommt, ergibt sich daraus, dass der hinter der Kennung stehenden Person aufgrund eines Bewertungssystems des Auktionators eine bestimmte Bonität zugeschrieben wird, die den Vertragspartner zum Abschluss des Vertrages motivieren soll.

**Fall 125**

Der Opernliebhaber O. Groj (O) möchte unbedingt eine Karte für die ausverkauften Wagner-Festspiele in Bayreuth erwerben, um sich dort von den Anstrengungen seiner rechtshistorischen Forschungen zu erholen. Er bestellte diese bei der Festspiel-Verwaltung unter dem Namen des Alt-Wagnersängers „René Kollo" (K) und fügt das Geld gleich bei; aus dem Kontingent für VIP's wurde dem O die letzte dort für VIPs überhaupt vorhandenen Karte mit der Maßgabe zugeteilt, dass er sich die Karte im Büro abholen könne. Als der weltberühmte K dort eine Karte bestellte, flog alles auf. Der K genehmigte die zum Vertragsschluss führende Erklärung des O und verlangte von der Festspiel-Verwaltung die Zuteilung der Karte für sich.

Dem K steht gegen den durch die Festspielverwaltung vertretenen Festspielbetreiber ein Anspruch aus einem verkehrstypischen „Theaterbesuchsvertrag" (§ 311 Abs. 1 BGB) zu. a) Zwar haben O und der Festspielbetreiber diesen Vertrag geschlossen. b) Der O hat dabei aber den K wirksam vertreten, so dass der Vertrag für und gegen den K wirkt. (§ 164 BGB). aa) Zwar hat der O im eigenen Namen gehandelt, als er sich des Namens des „René Kollo" bediente. Weil hier aber eine Identitätstäuschung vorliegt, ist das Handeln des O unter dem Namen des „René Kollo“ als Handeln im Namen des Renè Kollo anzusehen. bb) Der O hatte allerdings keine Vertretungsmacht des René Kollo, so dass der Vertrag zwischen René Kollo und der Festspielverwaltung schwebend unwirksam war (§ 177 Abs. 1 BGB). Nach der auch der Festspiel-Verwaltung gegenüber erklärbaren Genehmigung gemäß §§ 177 Abs. 1, 182 Abs. 1, 184 Abs. 1 BGB ist der Vertrag rückwirkend als mit René Kollo abgeschlossen anzusehen.

Erinnern Sie noch, warum für eine Drittwirkung nach § 164 BGB ein Handeln „in fremdem Namen“ erforderlich ist? Das Offenkundigkeitsprinzip dient dem Schutz des Dritten. Er muss wissen, zu wem eine rechtsgeschäftliche/geschäftsähnliche Beziehung hergestellt wird. Wenn aber der Dritte nicht schutzbedürftig ist, kann auf das Erfordernis eines **Handelns in fremdem Namen** verzichtet werden. Das ist beim klassischen Beispiel des **„Geschäfts für den, den es angeht“** der Fall, wenn

- die „Mittelsperson“ **für** einen nach objektiven Kriterien **bestimmbaren Vertretenen handeln will („Fremdwirkungswillen“)**, ohne dies jedoch zu erkennen zu geben,
- und es dem **„Dritten“ gleichgültig** ist, **mit wem** das **Geschäft abgeschlossen** wird. Das ist typischerweise der Fall bei den sog. **„Bargeschäften des täglichen Lebens“**.
- Die Rechtsfolge besteht darin, dass das (Rechts-)**„Geschäft“** für und gegen denjenigen wirkt, **„den es angeht“**.

**Fall 126**

Der sich am Vormittag eines sonnigen Tages im Mai 2002 im BGB-Seminar im Rechtshaus in der Schlüterstraße zur Vorbereitung auf die 1) Klausur zum Großen BGB-Schein, die an diesem Tag um 14 Uhr ct. in Hörsaal B des Hauptgebäudes der Universität Hamburg geschrieben werden sollte, noch schnell mit dem damals „neuen“ Leistungsstörungsrecht befassende Student H. Agen (S1) bittet den bereits perfekt vorbereiteten Studenten H. Elge (S2) darum, ihm auf dem Weg zum Kaffeetrinken einen BGB-Text mit dem „neuen Schuldrecht“ bei der Filiale der Buchhandlung M. Auke (A) in der Schlüterstraße zu kaufen. Der S1 gibt dem S2 dafür auch das Geld zur Bezahlung des Kaufpreises. Der S2 begibt sich zu der Filiale des Buchladens A, wo die Textausgabe allerdings wegen der großen Nachfrage nicht vorrätig ist. Weil dem S2 von der Verkäuferin zugesagt wird, dass noch ein Gesetzestext im Hauptgeschäft vorhanden sei und bis 13.00 Uhr von dort herbeigeschafft worden sein würde, kauft der S2 das Buch schon jetzt, bezahlt auch gleich den Kaufpreis mit dem ihm von dem S1 überlassenen Geld und lässt sich einen Beleg mit dem handschriftlichen Vermerk der Verkäuferin: „dtv-BGB-Textausgabe. Bezahlt. Lieferung ab 13.00 Uhr“ geben. Um 13.55 Uhr betreten der S1 und der S2 auf dem Weg zur Klausur das Geschäft. Jetzt bemerkt der S2 zu seinem Entsetzen, dass er seinen Gesetzestext mit dem „neuen Schuldrecht“ zu Hause vergessen hat. Weil er sich an die Bemerkung der Verkäuferin am Morgen erinnerte, derzufolge wegen der gewaltigen Nachfrage überhaupt nur noch ein einziger Gesetzestext im Hauptgeschäft vorhanden sei, tritt er sehr forsch auf die Verkäuferin zu, legt den Beleg vor und verlangt die „heute Vormittag von mir gekaufte BGB-Textausgabe". Jetzt merkt der S1, welches Spiel der S2 gerade spielt, und verlangt seinerseits Lieferung des Gesetzestextes. Das Geschäft hat tatsächlich nur diese eine Ausgabe vorrätig. 1) Hat der S1 gegen A einen Anspruch auf Lieferung an sich? 2) Wäre A durch eine im Hinblick auf die Vorlage des handschriftlichen Vermerks an den S2 erfolgte Lieferung frei geworden?

1) Der S1 hätte einen Anspruch aus einem Kaufvertrag (§ 433 Abs. 1 BGB), wenn der S2 nach § 164 Abs. 1 BGB den Kaufvertrag mit Wirkung für S1 abgeschlossen hätte. a) Der S2 hat nicht ausdrücklich und auch nicht schlüssig im Namen des S1 gehandelt. Auf das Merkmal des Handelns in fremdem Namen wird jedoch verzichtet, wenn der Handelnde – wie hier der S2– subjektiv die Wirkungen des Geschäfts für den Vertretenen herbeiführen wollte („Fremdwirkungswillen") und wenn es sich – wie hier – um ein „Bargeschäft des täglichen Lebens" handelt. Dann ist es nämlich dem Dritten (A) gleichgültig, mit wem er den Vertrag abschließt; das Geschäft soll „mit Wirkung für den, den es angeht" zustande kommen. Das ist der S1. b) Voraussetzung ist jedoch eine Vertretungsmacht des S2; diese ist hier als Innenvollmacht erteilt worden (§ 167 BGB). Also hat der S1 den Lieferungsanspruch. Wer gegen diese Lösung protestiert, weil der S 1 die Voraussetzungen eines „Geschäfts für den es angeht" nicht beweisen kann, hat unter „praktischen Gesichtspunkten" natürlich recht. 2) Hier könnte man an § 793 Abs. 1 S. 2 BGB oder an § 370 BGB analog denken.

Von besonderer Bedeutung ist das „Geschäft für den, den es angeht" bei der **Übereignung (§ 929 ff. BGB)**. Der Vertretene kann bei einem Geschäft für den, den es angeht, unmittelbar nach §§ 929 ff., 164 BGB zum Eigentümer werden; es gibt also, anders als bei der „mittelbaren Stellvertretung" keinen „Durchgangserwerb" des Vertreters (das ist wichtig für den Fall einer zwischenzeitlichen Insolvenz des Vertreters oder einer Pfändung im Wege der Einzelzwangsvollstreckung von Gläubigern des Vertreters in dessen Vermögen). Beachten müssen Sie dabei aber, dass dies für die Übereignungsfälle der §§ 929, 930, 164 und 929, 931, 164 BGB zwanglos möglich ist, nicht jedoch bei einem Eigentumserwerb nach §§ 929 S. 1, 164 BGB, weil die hierfür erforderliche „Übergabe" i. d. R. ein Realakt ist, für den § 164 BGB bekanntlich nicht gilt. Hier muss eine andere Konstruktion ergänzend eingreifen.

**Fall 127**

Der Angström (A) ist am Hotel des R. Abbit (R) als Einkäufer angestellt. Als in Abwesenheit des im Urlaub befindlichen R für ein plötzlich bestelltes Bankett zusätzliches Silbergeschirr benötigt wurde, kaufte der A die fehlenden Stücke bei John Silver (S) für € 2000,–, ohne sich als Mitarbeiter des R zu erkennen zu geben. Den Kaufpreis verauslagte der A aus eigenen Mitteln und zahlte ihn sogleich in bar an S. Der S, dem das ihm einst von Trelawney geschenkte Silber gehörte, gab ihm das Geschirr mit. Der Glaub (G), der eine titulierte Forderung in Höhe von € 3000,– gegen den A hat, hatte diesen Kauf zufällig wahrgenommen. Er beauftragte den Eilgerichtsvollzieher, und dieser pfändete gegen den Protest des A, Eigentümer des Silbers sei nicht er, sondern der R, das Geschirr (§§ 808 ff. ZPO). Der R und der A wollen wissen, ob sie etwas gegen die Zwangsvollstreckung unternehmen können (nach K. Schmidt, Stevenson und Updike).

1) Der R hätte mit einer Drittwiderspruchsklage (§ 771 ZPO) Erfolg, wenn ihm „ein die Veräußerung hinderndes Recht" an dem Silber zustünde. Dazu müsste er, der R, und nicht der A Eigentümer des Geschirrs geworden sein. Das ist der Fall, denn der R hat das Eigentum daran von dem S erworben (§§ 929 S. 1, 164 Abs. 1 BGB, 1, 54 HGB, 855 BGB): a) Was die Einigung angeht, aa) so hat der A eine eigene Willenserklärung abgegeben. bb) Er hat den R nach den Grundsätzen über das „Geschäft für den, den es angeht" bei der Einigung auch ohne Handeln im Namen des R vertreten: Der A wollte für den nach objektiven Kriterien (Anschaffung für das Bankett im Hotel des R) bestimmbaren R als Vertretenen rechtsgeschäftlich handeln; dem S war es gleichgültig, an wen er übereignet, weil es sich um ein „Bargeschäft des täglichen Lebens" handelt. cc) Vertretungsmacht für R hatte der A nach §§ 1, 54 HGB. b) Die Übergabe erfolgte an den R, weil A dessen Besitzdiener war (§ 855 BGB). Der R hat also das Eigentum sofort erworben, so dass ihm ein „die Veräußerung hinderndes Recht" an dem Geschirr zustand. 2) Der R a) könnte Erinnerung einlegen (§ 766 ZPO): Dieser sich gegen die „Art und Weise der Zwangsvollstreckung" richtende Rechtsbehelf (§ 766 ZPO) ist jedoch erfolglos, weil der Gerichtsvollzieher nach § 808 ZPO die „im Gewahrsam des Schuldners befindlichen körperlichen Sachen" pfänden kann, ohne dass es auf die dingliche Rechtslage (Eigentum des Schuldners A) ankäme. b) Unbegründet wäre auch eine Drittwiderspruchsklage des A (§ 771 ZPO), denn nicht er, sondern der R war Eigentümer des Silbers.

Das Erfordernis eines „Handelns in fremdem Namen" ist also (von der Ausnahme des „Geschäfts für den, den es angeht" einmal abgesehen) die für das Eintreten der Fremdwirkung entscheidende Vorbedingung: Wer nicht in fremdem Namen handelt, wird aufgrund eines **„Eigengeschäfts"** selbst Vertragspartner. Das scheint alles recht unproblematisch zu sein, aber eine **„Fremdwirkung"** kann auch dadurch erzeugt werden, dass ein Dritter aufgrund eines von dem Versprechenden und dem Versprechensempfänger im eigenen Namen abgeschlossenen **Vertrages zugunsten** eines **Dritten** einen eigenen Anspruch erlangt (§ 328 BGB).

Wenn man sich das verdeutlicht, dann steht man plötzlich vor der Frage, wie sich die **Drittwirkung** nach **§§ 164 ff. BGB** und die nach **§§ 328 ff. BGB** voneinander **unterscheiden lassen**. Stellen Sie sich folgende alltägliche Konstellationen vor: Eltern lösen ein Bahnticket für ihr minderjähriges Kind; eine Versicherung beauftragt einen Anwalt für einen Versicherungsnehmer. Hier könnte das Kind von den Eltern oder der Versicherungsnehmer von dem Versicherer vertreten worden sein (§ 164 BGB), so dass das Kind wegen der Vertretungsmacht der Eltern

(§ 1629 BGB) Vertragspartner des Beförderungsvertrages oder der das Handeln der Versicherung genehmigende Versicherungsnehmer (§§ 177, 182 BGB) Partner des Anwaltsvertrages wären. Es könnte aber auch jeweils zwischen den Eltern und der Bahn AG oder zwischen der Versicherung und dem Rechtsanwalt ein (später noch ausführlich behandelter) Vertrag zugunsten des Kindes bzw. zugunsten des Versicherungsnehmers geschlossen worden sein (§ 328 Abs. 1 BGB). Wegen der jeweils gegebenen „Drittwirkung" sind daher die **Vertretung** eines **Dritten** (§§ 164 ff. BGB) und der **Vertrag zugunsten** eines **Dritten** (§ 328 Abs. 1 BGB) durchaus „verwechslungsfähig". Der rechtstheoretische Unterschied besteht darin, dass der nach § 164 BGB vertretene Dritte selbst Vertragspartner wird, während beim echten Vertrag zugunsten Dritter (§ 328 BGB) dem Dritten lediglich ein Forderungsrecht zusteht. Die **Abgrenzung** ist danach vorzunehmen, ob der Handelnde das Handeln im fremden Namen nach außen deutlich gemacht hat. Ansonsten ist ein Handeln im eigenen Namen anzunehmen und damit ein Vertrag zugunsten Dritter. Das alles ist für solche Leser, die das Buch nicht zum Zwecke der Wiederholung durcharbeiten, schwer zu verstehen, weil der Vertrag zugunsten Dritter (§§ 328 ff BGB) zwar schon zuvor diverse Male eine Rolle gespielt hat, so dass Sie Gelegenheit hatten, sich einzuarbeiten, das Institut aber systematisch hier noch gar nicht behandelt wurde. Binnen Kurzem ist es soweit, und dann werden Sie sich hoffentlich an die Passage zuvor erinnern.

1. Festgehalten werden soll hier, dass eine Person, die die **drei ersten Voraussetzungen** wirksamen Vertreterhandelns erfüllt, die also
   - bei **anwendbarem** Vertretungsrecht **zulässigerweise**
   - eine **eigene Willenserklärung** abgibt bzw. **geschäftsähnliche Handlung vornimmt**/eine **Willenserklärung** bzw. **geschäftsähnliche Handlung empfängt**
   - und dabei **im Namen** des **Vertretenen** handelt

   bereits „**Vertreter**" genannt werden muss, ohne dass es hierfür auf das Bestehen einer Vertretungsmacht ankommt, denn anderenfalls gäbe es nicht die Rechtsfigur des „Vertreters ohne Vertretungsmacht" (das wird „gerne" übersehen!).
2. Die **Fremdwirkung** eines Vertreterhandelns hängt allerdings ab
   - vom Vorliegen der **Vertretungsmacht** als solcher
   - und davon, dass der **Vertreter auch im Rahmen der Vertretungsmacht** (also von ihr gedeckt) gehandelt hat.

### e) Vertretungsmacht

In den meisten im Zusammenhang mit den §§ 164 ff. BGB zu bearbeitenden Aufgabenstellungen geht es vor allem um die Frage, ob dem Vertreter eine **Vertretungsmacht** zusteht. Wir wissen inzwischen längst, dass diese sich ergeben kann

- zum einen aus dem **Gesetz** oder aus einer **Organstellung**. Wenn die sich aus einer Organstellung ergebende Macht, die juristische Person zu berechtigen und zu verpflichten, als **„Vertretungsmacht** kraft **Organschaft"** (z. B. aus §§ 26 Abs. 1 S. 1 Hs. 2, 86 S. 1 BGB) und damit als Fall der „Vertretungsmacht" bezeichnet wird (Medicus), machen wir uns das zu eigen, auch wenn diese Formulierung in begrifflicher Hinsicht nicht den von uns bisher vertretenen Vorstellungen entspricht, weil wir bislang das Handeln eines Organs einer juristischen Person stets als einen Fall des Eigenhandelns der juristischen Person eingeordnet haben. Weil aber die **Organe** juristischer Personen nach den zitierten gesetzlichen Vorschriften in jedem Fall die **„... Stellung** eines **gesetzlichen Vertreters ..."** haben, steht der Begriff einer „Vertretungsmacht kraft Organschaft" in sprachlicher Hinsicht natürlich in Einklang mit dem Gesetz. Die Darstellung dazu leitet die Ausführungen zur Vertretungsmacht ein **(sub aa))**.
- Weiterhin und in erster Linie für Sie bedeutsam kann sich eine Vertretungsmacht ergeben aus einem **Rechtsgeschäft** (nach der berühmten Klammer-Definition in **§ 166 Abs. 2 S. 1 BGB** genannt: **„Vollmacht"**), die **sub bb))** dargestellt wird.
- Eine vollmachtsähnliche Vertretungsmacht kann sich aus der **Setzung** eines **Rechtsscheins** ergeben, so bei der Vertretungsmacht durch Kundgabe einer vermeintlichen Innenvollmacht gem. §§ 171 Abs. 1, 172 Abs. 2 BGB **(sub cc))** oder einer Anscheinsvollmacht **(sub dd))**.
- Dass sich aus einer rechtsgeschäftlich erlangten Stellung als **Gesellschafter** einer **Personengesellschaft** eine Vertretungsmacht ergibt bzw. ergeben kann, ist Ihnen längst bekannt **(sub ee))**.

#### aa) Gesetzliche Vertretungsmacht, „Vertretungsmacht kraft Organschaft"

##### (1) Verleihung der Vertretungsmacht durch das Gesetz, Organstellung

Bei der gesetzlichen Vertretung wird dem Vertreter die **Vertretungsmacht durch** das **Gesetz verliehen**.

Die **klassischen Beispiele** für die gesetzliche Vertretungsmacht sind

- die (Gesamt) Vertretungsmacht der **Eltern (§§ 1626, 1629 BGB)** und die Vertretungsmacht des **Vormundes (§ 1793 Abs. 1 S. 1 BGB)**.

Dass bei einer solchen gesetzlichen Vertretungsmacht Risiken für das Vermögen der gesetzlich Vertretenen bestehen, liegt auf der Hand. Denken Sie nur an die Machenschaften des Dr. Bartolo, des Vormundes der Rosina in Rossinis „Barbier von Sevilla"/Mozarts „Figaros Hochzeit"!! Deshalb hat der Gesetzgeber diese beschränkt.

1. Für **besonders gefährliche Geschäfte** (u. a. bei Interessenkonflikten und bei In-sich-Geschäften nach § 181 BGB, nicht aber bei „lediglich rechtlich vorteilhaften Geschäften") ist die Vertretungsmacht von Eltern und Vormündern ausgeschlossen (§§ 1795, 1629 Abs. 2/1795 BGB); in solchen Fällen muss ein Ergänzungspfleger bestellt werden (§ 1909 BGB).

2. Manche Geschäfte von Eltern und Vormündern, die man für das Kind oder Mündel als besonders **gefährliche Geschäfte** ansehen kann, bedürfen zu dessen Schutz der **vormundschaftsgerichtlichen Genehmigung** (§§ 1643, 1821, 1822/1820 ff. BGB, z. B. Verfügungen über Grundstücke).
3. Die **Haftung des** von den Eltern oder dem Vormund gesetzlich vertretenen und auf diese Weise verpflichtet gewordenen **Minderjährigen** oder **Mündels** ist allerdings **beschränkt** auf das bei Eintritt der Volljährigkeit bzw. bei Ende der Vormundschaft vorhandene Vermögen des Kindes oder des Mündels (§§ 1629a Abs. 1 S. 1, 1793 Abs. 2 BGB). Der dahinter stehende Rechtsgedanke ist klar: Auf diese Weise soll der Minderjährige bzw. das Mündel davor bewahrt werden, durch das vielleicht abenteuerliche Vertreterhandeln seiner Eltern oder des Vormunds für sein ganzes Leben unzumutbar belastet zu werden. Die Haftungsbeschränkung ist nach dem Muster der Herbeiführung der Beschränkung der Erbenhaftung (dazu erfahren Sie mehr in Teil 12) ausgestaltet. Bei der Pflegschaft gilt dies nicht (§ 1915 Abs. 3 BGB).

- Eine gesetzliche Vertretungsmacht haben auch der **Betreuer (§ 1902 BGB)** und der **Pfleger**, den man sich als **N**achlass-, **E**rgänzungs-, **G**ebrechlichkeits-, **A**bwesenheits-, **L**eibesfrucht-, **U**nbekannten-, **S**ammelvermögens**pfleger (NEGALUS; §§ 1909–1914, 1960 Abs. 2, 1915 Abs. 1, 1793 Abs. 1 S. 1 BGB)** denken muss. Wie gesagt: Hier gilt (anders als bei den Eltern und dem Vormund) nach § 1915 Abs. 3 BGB die Beschränkung der Minderjährigenhaftung aus §§ 1793 Abs. 2 BGB, 1629a BGB nicht.
- Die **Organe** juristischer Personen sind dagegen keine gesetzlichen Vertreter, sondern haben nur die **„… Stellung** eines **gesetzlichen Vertreters …"** (§ 26 Abs. 1 S. 1, Hs. 2. BGB; erinnern Sie sich noch, warum es heißt: „… die Stellung …"?); damit sind die §§ 164–166 Abs. 1 BGB entsprechend anwendbar. Wir haben uns dazu entschlossen, hierfür den Begriff **„Vertretungsmacht** kraft **Organschaft"** zu akzeptieren.

Die das **Außenverhältnis** betreffende **gesetzliche Vertretungsmacht** und das das jeweilige Vertreterhandeln dem Vertreter erlaubende **Innenverhältnis** müssen sich vom Umfang her nicht decken: Im Innenverhältnis zu ihrem Kind haben die Eltern als dessen gesetzliche Vertreter „… die elterliche Sorge … zum Wohl des Kindes auszuüben" (§ 1627S. 1 BGB). Aber auch wenn die Eltern hiergegen verstoßen, indem sie Gegenstände des Kindesvermögens unter Wert veräußern, sind die von ihnen vorgenommenen Rechtsgeschäfte nach außen Dritten gegenüber wirksam. Hieraus resultiert das (noch darzustellende) Problem, ob bei einem von dem Dritten erkannten oder für den Dritten erkennbaren Verstoß des Vertreters gegen die Innenverhältnisbindung das Vertreterhandeln unwirksam ist (**„Missbrauch** der **Vertretungsmacht"**).

(2) Ende der gesetzlichen Vertretungsmacht, Schutz des „guten Glaubens an den Fortbestand" einer gesetzlichen Vertretungsmacht, „Vertretungsmacht kraft Organschaft"

Die gesetzliche Vertretungsmacht **endet** mit dem Wegfall der gesetzlichen Voraussetzungen: z. B. die der Eltern mit der Vollendung des 18. Lebensjahres des Kindes. Der **gute Glaube an** den **Fortbestand der gesetzlichen Vertretungsmacht** wird nicht geschützt. Anders ist es bei der **„Vertretungsmacht kraft Organschaft"** (vgl. z. B. § 68 BGB).

bb) Rechtsgeschäftlich erteilte Vertretungsmacht („Vollmacht"): Erteilung, Erlöschen, Anfechtung

Bei der „**Vollmacht**" handelt es sich um die **„durch Rechtsgeschäft erteilte Vertretungsmacht"** (berühmte **Klammerdefinition in § 166 Abs. 2 S. 1 BGB**).

> Was den **Aufbau** der gesetzlichen Bestimmungen zur Vertretung und Vollmacht in **Titel 5** angeht, so markiert **§ 166 Abs. 2 BGB** zugleich auch gesetzestechnisch eine **Zäsur**:
>
> Die **§§ 164–166 Abs. 1 BGB** gelten für Vertreterhandeln mit gesetzlicher oder gewillkürter Vertretungsmacht;
>
> die **§§ 166 Abs. 2–176 BGB** gelten nur für die mit rechtsgeschäftlich erteilter Vertretungsmacht Handelnden;
>
> die **§§ 177–181 BGB** betreffen dann wieder ein Vertreterhandeln aufgrund gesetzlicher oder gewillkürter Vertretungsmacht.

(1) Die rechtsgeschäftliche Erteilung der Vollmacht nach § 167 BGB, Duldungsvollmacht

Die Erteilung der „Vollmacht" erfolgt

- durch **a) einseitiges Rechtsgeschäft**, und zwar durch eine **ausdrückliche** (zwingend bei der Prokuraerteilung, § 48 HGB: ausdrückliche Erklärung eines Vollkaufmanns) oder **konkludente Willenserklärung**. Sie kann **aa) empfangsbedürftig** sein. Das ist der Fall, **aaa)** wenn sie sich an den zu Bevollmächtigenden (§ 167 Abs. 1 Var. 1 = **„Innenvollmacht"**) **bbb)** oder an den Geschäftsgegner (§ 167 Abs. 1 Var. 2 = **„Außenvollmacht"**) richtet. **cc)** Sie ist – so wird gesagt – aber nicht notwendig empfangsbedürftig, sondern kann sich auch **an** die **Öffentlichkeit** richten. Das soll aus der Überlegung folgen, dass nach § 171 Abs. 1 Var. 1 BGB die „öffentliche Bekanntmachung", die keine Willenserklärung, sondern eine geschäftsähnliche Handlung sei, die Wirkung einer Vollmachtserteilung habe (dazu später mehr). Eine an die Öffentlichkeit gerichtete Willenserklärung müsse daher erst recht die gleiche Wirkung haben können. Dem stünden auch weder die Interessen des Vertreters (der ja durch eine Bevollmächtigung als solche keine Nachteile habe) noch die Interessen derjenigen, denen gegenüber der Vertreter handeln könne, entgegen, denn auch diese seien nicht schutzbedürftig. **b)** Ein weiteres Element muss nicht hinzutreten. Namentlich bei der

Erteilung der **Prokura** nach § 48 HGB ist die nach § 53 Abs. 1 HGB außerdem erforderliche Eintragung in das Handelsregister nur deklaratorischer Natur und nicht etwa „konstitutiv".

- Auch kann durch Duldung seitens des Vertretenen eine als **„Duldungsvollmacht"** bezeichnete Vollmacht durch eine im „Dulden" des Vertreterhandelns liegende konkludente Willenserklärung **rechtsgeschäftlich** (z. B. Medicus) oder, wie ebenfalls vertretbar ist, **fingiert rechtsgeschäftlich** (z. B. Peters) erteilt werden, wenn folgende Voraussetzungen gegeben sind: **a)** Der Vertreter ist während eines gewissen Zeitraums häufig im Namen des Vertretenen aufgetreten (objektiver Tatbestand); **b)** weiterhin kennt und duldet der voll geschäftsfähige Vertretene dieses Verhalten (Zurechnungstatbestand); **c)** das rechtsgeschäftliche Handeln des Dritten muss auf dem Rechtsschein einer Vollmacht beruhen; **d)** und schließlich muss der Dritte in Bezug auf eine Bevollmächtigung des Vertreters gutgläubig sein (subjektiver Tatbestand). Man kann, was ebenfalls vertretbar ist, die rechtsgeschäftliche Natur der „Duldungsvollmacht" wegen des fehlenden objektiven Erklärungstatbestandes aber auch bestreiten und sie als einen Fall der **Rechtsscheinvollmacht** ansehen. Der dogmatischen Phantasie sind also kaum Grenzen gesetzt.

**Fall 128**

Der Waldeigentümer Engel (E) hat den Förster Meier-Beckum (FMB) damit beauftragt, die in seinem Wald bei Renedabmoor nötigen Forstarbeiten (Holzeinschlag, Aufforstung, Herrichtung der Wege) durch Subunternehmer durchzuführen. Der FMB rechnet jährlich ab und berechnet dem E für seine Nebentätigkeit einen Festbetrag. Das in seinem Auftrag geschlagene Holz pflegt der FMB schon seit Jahren im Namen des E an den Holzhändler Holst (H) zu verkaufen und den jeweils von H in bar gezahlten Kaufpreis im Namen des E entgegenzunehmen und dann ohne entsprechende Absprache mit E für sich zu behalten, weil er meint, nur so sei er für seine aufwendige Tätigkeit angemessen bezahlt. Der E weiß von diesen für eigene Rechnung vorgenommenen Verkäufen des FMB, beanstandet diese aber nicht gegenüber FMB oder gegenüber H, weil er es sich mit FMB nicht verderben will. Als FMB wieder einmal 100 Festmeter Holz, die er auf einem Lagerplatz im Wald aufgestellt hatte, im Namen des E an H verkauft hat, dann aber nicht liefern kann, weil das Holz durch einen von FMB schuldhaft verursachten Brand vernichtet wurde, verlangt der H von E Schadensersatz. Der E erklärt gegenüber H, er habe den FMB nicht zu diesem Geschäft bevollmächtigt.

Der Anspruch des H gegen den E könnte sich aus §§ 280 Abs. 1, 3, 278, 283, 249 ff. BGB ergeben, wenn a) ein Kaufvertrag zwischen E und H zustande gekommen wäre. aa) Der FMB und der H haben einen Kaufvertrag geschlossen. bb) Dieser würde für und gegen den E wirken, wenn der FMB den E wirksam vertreten hätte (§ 164 Abs. 1 BGB). aaa) Der FMB hat im Namen des E gehandelt. bbb) Er hat eine eigene Willenserklärung (Angebot oder Annahme) abgegeben. ccc) Der FMB müsste Vertretungsmacht haben. Der E hat ihm aaaa) ausdrücklich keine Vollmacht erteilt. bbbb) Es besteht aber eine Duldungsvollmacht. Denn: aaaaa) Der FMB hat jahrelang im Namen des E Holz verkauft und die Kaufverträge erfüllt sowie den Kaufpreis kassiert. bbbbb) Der voll geschäftsfähige E kannte und duldete dieses Verhalten. ccccc) Der H handelte mit Rücksicht auf Duldung dddd) und war in Bezug auf eine Bevollmächtigung des FMB durch E gutgläubig. Damit hat der E dem FMB (schlüssig oder fingiert) Vollmacht erteilt. b) Die weiteren Voraussetzungen der §§ 280 Abs. 1, 3, 278 Abs. 1, 283, 249 ff. BGB liegen vor.

Üblicherweise wird die Vollmacht einer einzelnen Person erteilt **(Einzelvollmacht)**. Denkbar ist aber auch eine **Gesamtvertretungsmacht**, wie sie als gesetzliche Vertretungsmacht nicht selten vorkommt (vgl. § 1629 Abs. 1 S. 2 BGB), bei der das Handeln aller Vertreter Voraussetzung für die Drittwirkung ist. Da der gemeinsame Auftritt aller Gesamtvertreter recht unpraktisch ist, kann auch einer von ihnen allein handeln, wenn alle gemeinsam ihn dazu ermächtigt haben. Vorstellbar ist auch, dass seitens eines – hierzu allerdings vom Vertretenen bevollmächtigt sein müssenden Hauptvertreters – ein **Untervertreter** eingeschaltet wird, wobei zwei Konstruktionen denkbar sind, zu der Sie sich bitte selbst jeweils einen schlichten (Merk-)Fall ersinnen:

- Entweder wird der Untervertreter durch den im eigenen Namen handelnden Hauptvertreter zur Vertretung des Hauptvertreters bevollmächtigt. Wenn der Untervertreter dann als **„Vertreter des Hauptvertreters"** auftritt, stellt sich die umstrittene Frage, ob die Wirkungen seines Handelns dann unmittelbar den Geschäftsherrn treffen oder ob sie erst den Hauptvertreter und damit nur mittelbar den Geschäftsherrn treffen.
- Oder der Untervertreter wird seitens des Hauptvertreters im Namen des Geschäftsherrn zur Vertretung des Geschäftsherrn bevollmächtigt, so dass die Wirkungen deshalb den Geschäftsherrn unmittelbar treffen **(„Vertreter des Vertretenen")**.

Die **Vollmacht** kann auch **„postmortal"** (d. h. über den Tod hinaus) bestellt werden. Bei Rechtsgeschäften seitens eines über den Tod hinaus Bevollmächtigten wird der jeweilige Erbe vertreten. Diese Möglichkeit einer „postmortalen" Bevollmächtigung ist praktisch von allergrößter Bedeutung: Durch eine einen Erbschein praktisch ersetzende (mindestens) notariell beglaubigte oder durch eine (und das ist bei zum Nachlass gehörigem Grundeigentum vorzuziehen) sogar notariell beurkundete und von den Schranken des § 181 BGB befreiend erteilte postmortale Generalbevollmächtigung eines (zukünftigen) Erben durch den (zukünftigen) Erblasser ist in vielen Fällen die nicht selten sehr umständliche und zeitraubende sowie kostenträchtige Erbscheinerteilung (vgl. §§ 2353 ff. BGB) überflüssig. Voraussetzung ist natürlich ein absolutes Vertrauensverhältnis zwischen dem zukünftigen Erblasser und dem zukünftigen Erben!

Vor allem dann, wenn eine **Vollmacht** auch dem Interesse des Bevollmächtigten oder dem eines Dritten dient, wird sie nicht selten **unwiderruflich** erteilt. Dies ist generell möglich (arge. § 168 S. 2 BGB), soll aber bei Generalvollmachten auf Grenzen stoßen, weil dadurch die Freiheit des Vollmachtgebers in sittenwidriger Weise eingeschränkt wäre (§ 138 Abs. 1 BGB). Aber auch sonst wird man einen Widerruf „aus wichtigem Grund" stets zulassen müssen (arge. §§ 626, 723, 314 BGB). Wenn eine Vollmacht nur im Interesse des Bevollmächtigten besteht, kann sie auch bei einer Bezeichnung als „unwiderruflich" durch den Vollmachtgeber widerrufen werden, ohne dass ein wichtiger Grund vorliegt.

Die **Erteilung** einer **Vollmacht** ist ein in der **Regel formfreies Rechtsgeschäft** (§ 167 Abs. 2 BGB); bemerkenswert sind folgende **Ausnahmen**:

- **Kraft Gesetzes formbedürftige Vollmachten** sind: **a)** Die Vollmacht zum Abschluss eines **Verbraucherdarlehensvertrages** (nach § 492 Abs. 4 BGB: mit Ausnahme einer notariell beurkundeten Vollmacht ist **Schriftform** (§ 126 BGB) mit den Mindestangaben des § 492 Abs. 1 und 2 BGB erforderlich; damit ist sie praktisch unerteilbar!); **b)** die Prozessvollmacht (Schriftform: § 80 Abs. 1 ZPO, aber nach § 492 Abs. 4 S. 2 BGB nicht in der Form des § 492 Abs. 1 und 2 BGB; das ist z. B. bedeutsam für Prozessvergleiche); **c)** die Vollmacht zur Stimmrechtsausübung (i. d. R. der Depotbank erteilt) in der Hauptversammlung bedarf der Schriftform (§§ 134 ff. AktG); **d)** der **öffentlichen Beglaubigung** (§ 129 BGB) bedürfen die Vollmacht zur Erbschaftsausschlagung (§ 1945 Abs. 3 BGB), zum Abschluss eines GmbH-Gesellschaftsvertrages (§ 2 Abs. 2 GmbHG), oder eine Bevollmächtigung zur Stellung von Anträgen an das Grundbuchamt (§§ 29, 30, 31 GBO).
- Als **gesetzlich ungeregelte Ausnahmen** vom Prinzip der Formfreiheit des § 167 Abs. 2 BGB merken Sie sich die folgenden Fallkonstellationen, in denen eine Vollmacht **notariell beurkundet** bzw. **schriftlich erteilt** werden muss:

**Fall 129**

Der K erteilt dem V unwiderruflich eine schriftliche Vollmacht zum käuflichen Erwerb eines Grundstücks des E. Unter Vorlage dieser Vollmacht schließt der V, dabei im Namen des K handelnd, mit dem E als Verkäufer einen von dem Notar N (derselbe wird dies in der Realität, wenn er nicht von Sinnen ist, aus den in der Fall-Lösung dargestellten Gründen natürlich nie und nimmer tun!) beurkundeten Kaufvertrag (lesen Sie wieder einmal den so wichtigen § 311b Abs. 1 S. 1 BGB und vergessen Sie jetzt nie wieder dessen Inhalt!), der auch die Auflassung (lesen Sie §§ 873, 925 BGB und vergessen Sie nie wieder deren Inhalt!) enthält. Der E verlangt die Zahlung des Kaufpreises von K.

Der E könnte gegen den K aus einem Kaufvertrag (§ 433 Abs. 2 BGB) einen Anspruch auf Kaufpreiszahlung haben, wenn ein Kaufvertrag zustande gekommen ist. a) Der V und der E haben einen Kaufvertrag abgeschlossen. b) Der Vertrag wäre mit Wirkung für und gegen K abgeschlossen worden, wenn der K wirksam von dem V vertreten worden wäre (§ 164 Abs. 1 BGB): aa) Der V hat eine auf den Abschluss eines Kaufvertrages gerichtete Willenserklärung im Namen des K abgegeben. bb) Er müsste Vertretungsmacht gehabt haben.

Hier kommt nur eine von dem K erteilte Vollmacht in Betracht. aaa) Die erteilte Innenvollmacht bbb) könnte nach §§ 311b Abs. 1 S. 1, 125 BGB nichtig sein: aaaa) An sich ist die Erteilung einer Vollmacht formfrei möglich (§ 167 Abs. 2 BGB). bbbb) Wenn aber die Vollmachtserteilung für den Vertretenen eine ebenso starke Bindung wie das Geschäft selbst herbeiführt und daher bei einer formfrei erteilbaren Vollmacht die Warnfunktion der Formvorschrift (hier § 311b Abs. 1 S. 1 BGB) leer liefe, dann soll der die Formfreiheit der Vollmacht aussprechende § 167 Abs. 2 BGB „teleologisch (=nach dem Norm-Zweck=„telos"=Ziel) „reduziert" werden. So liegt es hier; die Vollmacht ist entgegen dem Wortlaut des § 167 Abs. 2 BGB formbedürftig, weil eine unwiderrufliche Vollmacht zum Erwerb eines Grundstücks den Vollmachtgeber ebenso bindet, wie das durch die Vollmacht ermöglichte nach § 311b Abs. 1 BGB formbedürftige Geschäft selbst. Da hier die Vollmacht formfrei erteilt worden ist, ist sie nach § 125 BGB nichtig. Der K ist daher nicht wirksam von V vertreten worden. Daher ist kein Kaufvertrag zwischen K und E zustande gekommen.

**Fall 130**

Der S will einen privaten Kredit über € 100.000,– mit einer Laufzeit von 2 Jahren zu einem Zinssatz von 8 % zu einem noch nicht bestimmten Zeitpunkt bei einem seiner Bekannten aufnehmen. Der B ist bereit, dafür zu bürgen. Er stellt dem S eine von ihm unterschriebene Urkunde aus, in der es heißt: „Ich bürge selbstschuldnerisch für einen von S bei … aufzunehmenden Kredit des S über € 100.000,– mit einer Laufzeit von 2 Jahren zu einem Zinssatz von 8 %". Er erklärt dem S mündlich, dass er ihn bevollmächtige, den Bürgschaftsvertrag mit dem jeweiligen Kreditgeber abzuschließen und dessen Namen in die Bürgschaftserklärung einzufügen. Der S nimmt bei G einen Kredit über € 100.000,– mit einer Laufzeit von 2 Jahren zu einem Zinssatz von 8 % auf und schließt unter Vorlage der von ihm durch Einsetzung des Namens des G als Gläubiger vervollständigten Urkunde im Namen des B mit dem G einen dem Inhalt der so vervollständigten Urkunde entsprechenden Bürgschaftsvertrag ab. Der G nahm an, dass sein Name bereits von dem B in die Urkunde eingetragen worden sei. Als das Darlehen nach den 2 Jahren Laufzeit nicht getilgt wird, nimmt der G den B in Anspruch (nach BGH).

Der Anspruch könnte sich aus einem Bürgschaftsvertrag (§ 765 BGB) ergeben. a) Eine fällige Hauptforderung besteht. b) Es müsste ein Bürgschaftsvertrag zwischen B und dem G bestehen. Das wäre nach §§ 164, 765 BGB der Fall, wenn der S den B wirksam vertreten hätte. aa) Der S hat im Namen des B gehandelt. bb) Er müsste Vollmacht gehabt haben und im Rahmen der Vollmacht gehandelt haben. aaa) Es ist eine Innenvollmacht erteilt worden (§ 167 Abs. 1 Var. 1 BGB). bbb) Die Vollmachtserteilung zum Abschluss eines Bürgschaftsvertrages bedarf aber (entgegen der Regel des § 167 Abs. 2 BGB) der Schriftform, weil sonst der Schutzzweck des § 766 BGB ausgehöhlt würde; die Vollmacht müsste schriftlich sein und den Gläubiger, den Hauptschuldner und die gesicherte Forderung bezeichnen (BGH). Danach hätte der S keine Vollmacht zum Abschluss des Bürgschaftsvertrages. ccc) Der BGH nimmt jedoch an, dass der B sich nach § 172 Abs. 2 BGB gegenüber dem gutgläubigen G so behandeln lassen muss, als ob er den S wirksam bevollmächtigt hätte.

Das **Verhältnis zwischen** der **Vollmacht und** einem „ihrer Erteilung zugrunde liegenden Rechtsverhältnis" (vgl. § 168 S. 1 BGB), kurz: **„Grundgeschäft"** genannt, ist kompliziert.

- Man muss sich, was die **Erteilung** angeht, die Vollmacht „losgelöst" von einem Grundverhältnis denken: Die Vollmacht ist also, was ihre Erteilung angeht, **„abstrakt"**. **a)** Das wäre nicht weiter bedeutsam, weil dies doch nur besagt, dass für eine Vollmacht ein Grundverhältnis nicht notwendig ist, die Vollmacht also „isoliert" erteilt werden kann. Kommt so etwas vor? Nicht oft, aber doch z. B. in solchen Fällen, in denen weitblickende Ehepartner einander gegenseitig, oder in denen Eltern ihren Kindern und vernünftigerweise auch umgekehrt diese ihren Eltern eine Generalvollmacht und speziell auch Bankvollmachten, und dies alles „über den Tod hinaus", erteilen, damit für den Fall von Krankheit oder Unfällen und im Extremfall über den Tod hinaus die laufenden Angelegenheiten der Vollmachtgeber und im Extremfall die des Erben, der der Bevollmächtigte dann ja meistens selbst ist, besorgt werden können. Wissen Sie noch, warum auch der potentielle Erbe „über den Tod" hinaus bevollmächtigt werden sollte? Denken Sie daran, dass sonst ein Erbschein vonnöten ist, dessen Erteilung durchaus kompliziert und teurer sein kann als die Vollmacht. Sie sollten wirklich einmal überlegen, ob Sie in Ihrem familiären Umfeld Vorkehrungen dieser Art anregen sollten. Mit einem solchen sehr sinnvollen Vorschlag können Sie den Grundstein für Ihre Funktion als „Familienjurist" legen. Allerdings, es sei wiederholt: Wenn dem kein Grundgeschäft zugrunde liegt, muss die „Basis" hierfür natürlich ein völliges und zudem berechtigtes Vertrauen zwischen Vertretenem und Vertreter zueinander sein. **b)** Viel wichtiger ist aber die weitere sich aus der Abstraktheit der Vollmacht ergebende Rechtsfolge, dass nämlich ein (regelmäßig ja gegebenes) Grundgeschäft und der Umfang einer Vollmacht sich (sofern sich nicht der Umfang der Vollmacht aus dem Grundgeschäft bestimmt) inhaltlich nicht decken müssen, insbesondere dass eine Vollmacht viel weiter reichen kann als das der Vollmacht zugrunde liegende „Innenverhältnis" es erlaubt. Das ist z. B. dann der Fall, wenn das Innenverhältnis den Vertreter dazu verpflichtet, von der Vollmacht nur unter bestimmten Umständen oder nur in bestimmter Weise Gebrauch zu machen. Hieraus erwächst die (später zu beantwortende) Frage, ob bei einem Verstoß gegen diese Innenverhältnisbindung ein solcher „Missbrauch" der Vollmacht Auswirkungen auf die Wirksamkeit des Rechtsgeschäfts hat bzw. zu Schadensersatzansprüchen des Vertretenen gegen den Vertreter führt.
- Eigenartigerweise gilt dieses „Abstraktionsprinzip" nicht in jeder Hinsicht. So hängt das **Fortbestehen** der Vollmacht vom Grundgeschäft ab, so dass eine Vollmacht – ist sie erst einmal entstanden – **„kausal"** ist (§ 168 S. 1 BGB).

(2) Das Erlöschen der „Vollmacht", Schutz des „guten Glaubens an den Fortbestand" einer erloschenen Vollmacht
Das Erlöschen der Vollmacht

- „bestimmt sich" – Sie haben es gerade eben gelesen – nach § 168 S. 1 BGB „nach dem ihrer Erteilung zugrunde liegenden Rechtsverhältnis" (**„Grundverhältnis"**): Die Vollmacht erlischt daher mit der Beendigung des Auftrags (§§ 662 ff. BGB) oder des Geschäftsbesorgungsvertrages (§ 675 BGB) oder der Gesellschaft bürgerlichen Rechts (§§ 705ff. BGB), es sei denn die Fortdauer wird nach §§ 169, 673 ff., 729 BGB fingiert; sie erlischt weiterhin auch mit der Beendigung eines Arbeitsvertrages eines z. B. angestellten Verkäufers (§§ 611 ff. BGB).
- Nach § 168 S. 2 BGB erlischt die Vollmacht weiterhin durch einen **Widerruf** des Vollmachtgebers. Der Widerruf kann (weil nach § 168 S. 3 BGB der § 167 Abs. 1 BGB entsprechend angewendet wird) entweder gegenüber dem Vertreter oder gegenüber dem Dritten erklärt werden, und zwar ohne Rücksicht darauf, wie die Vollmacht ursprünglich einmal erteilt worden war; daher kann z. B. eine Innenvollmacht durch einen „externen" Widerruf gegenüber dem Dritten erlöschen; es gelten dann – dazu sogleich – aber die den Dritten in seinem Vertrauen auf den Fortbestand der Vollmacht schützen sollenden §§ 170, 173 BGB. Möglich ist auch ein Widerruf nach § 171 Abs. 2 BGB analog durch öffentliche Bekanntmachung. Eine etwa **„unwiderruflich"** erteilte **Vollmacht**, was bis zur Grenze des § 138 Abs. 1 BGB möglich ist, kann, wie Sie ja schon wissen, stets **aus wichtigem Grund widerrufen** werden (§§ 626, 723, 314 BGB analog); und wenn eine als „unwiderruflich" bezeichnete **Vollmacht nur** im **Interesse** des **Bevollmächtigten** besteht, kann sie durch den Vollmachtgeber auch dann widerrufen werden, ohne dass ein wichtiger Grund vorliegt.
- Auch kann die Vollmacht aufgrund eines **einseitigen Verzichts** des **Vertreters** erlöschen.
- Schließlich kann auch der **Inhalt** der **Vollmacht** selbst das Erlöschen derselben zur Folge haben: Durch eine auflösende Bedingung oder eine Befristung oder durch eine Zweckerreichung, z. B. wenn die Vollmacht nur für ein bestimmtes Rechtsgeschäft erteilt worden ist.

Dem **Vertrauen** des **Rechtsverkehrs in** die **Fortdauer** der nach außen kundgetanen und sodann beendeten **Vollmacht** wird in der Weise Rechnung getragen, dass nach den §§ 168, 170–173 BGB die **Vertretungsmacht zugunsten** insoweit **Gutgläubiger bestehen bleibt**, und zwar

- bei einer **Außenvollmacht**, bis das Erlöschen dem Dritten vom Vollmachtgeber angezeigt ist (§ 170 BGB),
- bei **besonderer Kundgebung** einer **Innenvollmacht** bis zur Beseitigung des durch den Kundgebungstatbestand verursachten Rechtsscheins (§ 171 Abs. 2 BGB) und
- bei **Aushändigung** einer **Vollmachtsurkunde** bis zur Rückgabe oder Kraftloserklärung der Urkunde (§ 172 Abs. 2 BGB), dies
- **aber** (wie gesagt) alles **nur zugunsten Gutgläubiger** (§ 173 BGB);

und im Fall einer nach § 53 HGB in das Handelsregister einzutragenden **Beendigung der Bevollmächtigung** eines **Prokuristen**, aber auch nur **zugunsten eines Gutgläubigen** (§ 15 HGB).

**Fall 131**

Der A erteilt dem V eine Generalvollmacht durch Erklärung ihm gegenüber und stellt eine Vollmachtsurkunde darüber aus. Diese Urkunde wird aber gar nicht erst an den V ausgehändigt, weil der A die Vollmacht alsbald deshalb wieder widerruft, weil er meint, Anlass dazu zu haben, dem V zu misstrauen. Der in der Tat vertrauensunwürdige V stiehlt dem A die Urkunde, von deren Existenz er weiß und deren Aufbewahrungsort er kennt. Er kauft dann im Namen des A handelnd unter Vorlage der Urkunde bei dem B, der den V für bevollmächtigt hält, ein Auto. Der B verlangt von A Bezahlung und Abnahme.

Ein Anspruch des B gegen A ergäbe sich aus einem Kaufvertrag (§ 433 Abs. 2 BGB), wenn der a) zwischen V und B geschlossene Kaufvertrag b) für und gegen den A wirken würde. Das wäre der Fall, wenn V den A wirksam vertreten hätte (§§ 164 ff. BGB): aa) V hat eine eigene vertragliche Willenserklärung (Angebot oder Annahme) abgegeben und bb) im Namen des A gehandelt. cc) V müsste Vertretungsmacht gehabt haben: aaa) V hatte Vertretungsmacht (§ 167 BGB); bbb) diese ist aber erloschen (§ 168 BGB). ccc) Fraglich ist, ob sie zugunsten des gutgläubigen B fortbestand (§§ 172 Abs. 2, 173 BGB): aaaa) B war gutgläubig. bbbb) V hatte die Urkunde aaaaa) vorgelegt; bbbbb) sie war auch aaaaaa) echt – eine Fälschung würde nicht reichen –; bbbbbb) sie war aber dem V nicht „ausgehändigt" worden, weil der V sie eigenmächtig an sich genommen hat; das begründet (vgl. die Wertung des § 935 BGB) keinen Rechtsschein i. S. d. § 172 Abs. 2 BGB.

(3) Anfechtung der Vollmacht

Ist die **Vollmacht anfechtbar erteilt** worden, so stellt sich die Frage, ob die Erteilung der Vollmacht wie jedes andere Rechtsgeschäft auch durch den Vollmachtgeber angefochten werden kann. Die Frage klingt einfach, ist aber kompliziert und kann nicht pauschal beantwortet werden. Die Antwort hängt von einer Abwägung der Interessen (Berücksichtigung des Irrtums, Vertrauensschutz, Insolvenzrisiko) der Beteiligten (Vertretener, Vertreter und Dritter) ab.

Immerhin gibt es auch eine **unproblematische Konstellation**: Denn eine **Anfechtung** einer **Vollmacht vor Gebrauchmachung** ist ohne weiteres möglich, weil zu diesem Zeitpunkt niemand ein berechtigtes Interesse an ihrem Fortbestand hat. Der Anfechtungsgegner ist derjenige, dem gegenüber die Vollmacht erteilt worden ist (§ 143 Abs. 3 S. 1 BGB). Die Möglichkeit einer Anfechtung ist jedoch wegen der ohnehin gegebenen jederzeitigen Widerrufsmöglichkeit des Vollmachtgebers (§ 168 BGB) und wegen der bei einer bisher nicht betätigten Vollmacht uninteressanten Rückwirkung der Anfechtung (§ 142 Abs. 1 BGB) nur von theoretischer Bedeutung.

Dagegen soll eine **Anfechtung** einer **bereits betätigten Vollmacht** nach einer der dazu vertretenen Ansichten **generell ausscheiden**, wobei teilweise immerhin die

**Anfechtbarkeit** des **Vertretergeschäfts** gegenüber dem Dritten zugelassen wird (Brox). Nach anderen Ansichten soll es für einen solchen Ausschluss der Anfechtbarkeit **keine tragfähigen Gründe** geben. Denn bei der Anfechtung einer **bereits betätigten Außenvollmacht** werde der Dritte ausreichend durch §§ 170, 173 BGB geschützt. Und bei einer anfechtbar erteilten **bereits betätigten Innenvollmacht** sei die „gesetzeskonforme Lösung" die einer Anfechtung der Vollmacht durch den Vertretenen gegenüber dem Vertreter (§ 143 Abs. 3 S. 1 BGB) mit der Folge einer Haftung des Vertreters (nunmehr nach § 142 Abs. 1 BGB: „Vertreter ohne Vertretungsmacht") aus § 179 BGB (i. d. R.: § 179 Abs. 2 BGB) gegenüber dem Dritten und einem Rückgriff des Vertreters gegen den Vertretenen (§ 122 BGB). Demgegenüber wird vorgeschlagen, die bereits betätigte Innenvollmacht hinsichtlich der Anfechtung wie eine Außenvollmacht zu behandeln (Flume): Der Vertretene muss dann die Vollmacht gegenüber dem Dritten anfechten (§ 143 Abs. 3 S. 1 analog BGB). Die Folge einer solchen Anfechtung der Vollmacht durch den Vertretenen gegenüber dem Dritten wäre eine Haftung des Vertretenen aus § 122 BGB gegenüber dem Dritten. So vermeidet man bei der Abwicklung im Falle einer Insolvenz des Vertreters auftretende ungereimte Ergebnisse: Denn bei einer Anfechtung einer Vollmacht gegenüber dem Vertreter hätte dies zur Folge, dass der Vertreter (nunmehr nach § 142 Abs. 1 BGB: Vertreter ohne Vertretungsmacht) dem Dritten nach § 179 BGB haften müsste und dass der Vertreter sich dafür beim Vertretenen nach § 122 BGB erholen könnte. Ist diese „Kette" jedoch wegen einer Insolvenz des aus § 179 BGB haftenden Vertreters (nach § 142 Abs. 1 BGB: Vertreter ohne Vertretungsmacht) unterbrochen, wäre der Dritte auf die Insolvenzquote angewiesen.

**Fall 132**

Der Eigen (E) entschließt sich Ende Dezember 2001 dazu, im Januar 2002 sein Auto durch den Veit (V) zu verkaufen. Der E stellt sich als zu erzielenden Preis einen Betrag von € 2000,– vor. In einem am 31. Dezember 2001 aufgesetzten Schreiben an den V, mit dem er diesen mit dem Verkauf beauftragt und ihn zum Verkauf bevollmächtigt, verschreibt er sich und schreibt nach „alter Gewohnheit": „*DM* 2000,–" anstelle von „€ 2000,–". Der V wundert sich deshalb nicht über die Währungsbezeichnung, weil die „DM" noch bis zum 28. Februar 2002 als Zahlungsmittel Geltung hatte, und er schließt im Namen des E am 5. Januar 2002 einen Kaufvertrag über das Auto des E zum Preis von „DM 2000,–" mit dem Koof (K). Als der K daraufhin von dem E Lieferung des Autos Zug-um-Zug gegen Zahlung von „DM 2000,–" verlangt, erkennt der E seinen Irrtum. Er erklärt die Anfechtung der Vollmacht gegenüber V und gegenüber K. Kann K Lieferung von E verlangen; kann er jedenfalls Schadensersatz von E verlangen? Kann K sich notfalls auch an V halten und kann dieser sich ggf. bei E erholen?

1) Ein Lieferungsanspruch des K gegen E entfällt a) nach einem Lösungsvorschlag aufgrund der Anfechtung der Vollmacht gegenüber K und V (§§ 119 Abs. 1, 142 Abs. 1, 143 Abs. 2 und Abs. 3 S. 1 BGB) b) Wer dagegen annimmt, dass die Vollmacht nur gegenüber dem V angefochten werden kann (§ 143 Abs. 3, S. 1 BGB), kommt zum gleichen Ergebnis, weil aa) die Vollmacht rück-

wirkend unwirksam geworden ist und kein Rechtscheintatbestand (speziell nicht §§ 172 Abs. 1, 173 Abs. 1 BGB) vorliegt, bb) so dass der V ohne Vertretungsmacht gehandelt hat (§ 177 BGB). 2) Der K hat a) bei der Lösung der erst genannten Ansicht einen Anspruch auf Ersatz des negativen Vertrauensinteresses aus § 122 BGB gegen den E. b) Wer auf den Wegfall der Vertretungsmacht aufgrund der Anfechtung gegenüber dem V abstellt, aa) kommt zu einer Schadensersatzhaftung des V aus § 179 Abs. 2 BGB gegenüber K; bb) der V kann sich insoweit bei E nach § 122 BGB erholen.

Wenn man – wie Ihnen hier vorgeschlagen wurde – eine **„Duldungsvollmacht"** als **konkludent erteilte Vollmacht** ansieht, muss man auch deren Anfechtbarkeit wegen eines „Irrtums über die Konkludenz des Handelns" bejahen.

**Fall 133**

Der Waldeigentümer Engel (E) hat den Förster Meier-Beckum (FMB) damit beauftragt, die nötigen Forstarbeiten (Holzeinschlag, Aufforstung, Herrichtung der Wege) durch Subunternehmer durchzuführen. Der FMB rechnet jährlich ab und berechnet dem E für seine Nebentätigkeit einen Festbetrag. Der FMB pflegt das in seinem Auftrag geschlagene Holz ohne entsprechende Absprache mit E schon seit Jahren im Namen des E an den Holzhändler Holst (H) zu verkaufen und den jeweils von H in bar gezahlten Kaufpreis im Namen des E entgegenzunehmen und dann für sich zu behalten, weil er meint, nur so sei er für seine aufwendige Tätigkeit angemessen bezahlt. Der E weiß von diesen für eigene Rechnung vorgenommenen Verkäufen des FMB, beanstandet diese aber nicht gegenüber FMB oder gegenüber H, weil er es sich mit FMB nicht verderben will. Nachdem der FMB wieder einmal 100 Festmeter Holz, die er auf einem Lagerplatz im Wald aufgestellt hatte, im Namen des E gegen sofortige Barzahlung an H verkauft hat, und der H gerade das Holz verladen will, kommt der E, der zufällig zusammen mit FMB den Wald inspiziert, dazu. Der E untersagt dem H den Abtransport mit der Begründung, er habe den FMB nicht zu diesem Geschäft bevollmächtigt. Als der H auf die jahrelange Praxis der Holzverkäufe durch den in E's Namen handelnden FMB an ihn hinweist, erklärt der E, dass er nicht gewusst habe, dass aus seinem Verhalten auf die Erteilung einer Vollmacht geschlossen werden könne; deshalb erkläre er vorsorglich gegenüber dem H die Anfechtung des Kaufvertrages und gegenüber FMB die Anfechtung einer eventuellen Vollmacht jeweils wegen Irrtums.

Der Anspruch des H gegen E würde sich aus § 433 Abs. 1 S. 1 BGB ergeben, wenn 1) ein Kaufvertrag zwischen E und H zustande gekommen wäre. a) FMB und H haben einen Kaufvertrag geschlossen. b) Dieser würde für und gegen den E wirken, wenn der FMB, den E wirksam vertreten hätte (§ 164 Abs. 1 BGB). aa) Der FMB hat im Namen des E gehandelt. bb) Er hat eine eigene Willenserklärung (Angebot oder Annahme) abgegeben. cc) FMB müsste Vertretungsmacht haben. E hat ihm aaa) ausdrücklich keine Vollmacht erteilt. bbb) Es besteht aber eine Duldungsvollmacht: aaaa) Der FMB hat jahrelang im Namen des E Holz verkauft und die Verträge erfüllt bzw. jeweils den Kaufpreis entgegengenommen. bbbb) Der voll geschäftsfähige E kannte und duldete dieses Verhalten. cccc) Der H war in Bezug auf eine Bevollmächtigung des FMB gutgläubig. Damit hat der E dem FMB (schlüssig oder fingiert) Vollmacht erteilt. 2) Der E hat a) den Kaufvertrag gegenüber H und b) die Duldungsvollmacht jeweils wirksam wegen eines „Irrtums über die Konkludenz des Handelns" angefochten (§§ 119 Abs. 1, 142 Abs. 1, 143 Abs. 2 und Abs. 3 S. 1 BGB). Er ist daher nicht zur Lieferung verpflichtet.

In den beiden Fällen hat der Vertretene sehr listig die Anfechtung gegenüber dem Vertreter und gegenüber dem Vertragspartner erklärt. Er ist „auf Nummer Sicher gegangen", weil er offenbar nicht wusste, wer eigentlich der richtige **Anfechtungsgegner** ist. Wir wollen es jetzt aber genau wissen: Bei **nicht betätigter Vollmacht** ist der Anfechtungsgegner derjenige, dem gegenüber sie erteilt worden ist (§ 143 Abs. 3 S. 1 BGB); das wussten Sie schon. Und Sie wussten auch, dass eine solche Anfechtungsmöglichkeit wegen der jederzeitigen Widerrufsmöglichkeit letztlich „auf dem Papier" steht. Ist die **Vollmacht betätigt**, soll durch die Anfechtung der Vollmacht letztlich das Vertretergeschäft beseitigt werden; daher ist der Anfechtungsgegner der Geschäftsgegner (§ 143 Abs. 2 BGB).

#### cc) Vertretungsmacht durch fehlerhafte Kundgabe einer Innenvollmacht gem. §§ 171 Abs. 1, 172 Abs. 2, 173 analog BGB (Erteilung, Beendigung, Anfechtung)

##### (1) Erteilung von Vertretungsmacht durch fehlerhafte Kundgabe einer Innenvollmacht gem. §§ 171 Abs. 1, 172 Abs. 1 BGB

**Bisher** hat uns die Erteilung, die Beendigung und die Anfechtung einer durch einseitiges Rechtsgeschäft erteilten Vollmacht (§ 167 BGB) beschäftigt. Diese kann ausdrücklich, was zwingend der Fall ist bei der Prokuraerteilung (§ 48 HGB), oder durch schlüssige empfangsbedürftige Willenserklärung als „Innenvollmacht" gegenüber dem zu Bevollmächtigenden (§ 167 Abs. 1 Var. 1 BGB) oder als „Außenvollmacht" gegenüber dem Geschäftsgegner (§ 167 Abs. 1 Var. 2 BGB) erteilt werden. Sie ist – wie sich gezeigt hat – aber nicht notwendig im vorgenannten Sinne empfangsbedürftig, sondern kann sich auch an die Öffentlichkeit richten (arge. § 171 Abs. 1 Var. 1 BGB). Ein weiteres Element muss nicht hinzutreten, auch nicht bei der Erteilung der Prokura nach § 48 HGB; hier ist die nach § 53 Abs. 1 HGB erforderliche Eintragung in das Handelsregister nur deklaratorischer Natur.

Aber **jetzt verlassen** wir die **eingefahrenen Bahnen** des **Gesetzes**. Stellen Sie sich zum *Beispiel* vor, dass einer Person namens V von der Person namens B zwar keine Vollmacht nach § 167 BGB (Innenvollmacht/Außenvollmacht/Vollmacht durch Erklärung an die Öffentlichkeit) erteilt worden ist und dass auch kein Fall der Erteilung einer Vollmacht an den V durch Duldung seitens des B vorliegt, dass aber die Person B gleichwohl durch besondere Mitteilung an Dritte oder durch öffentliche Bekanntmachung oder durch Aushändigung einer Vollmachtsurkunde an den V kundgegeben hat, sie, die Person B, habe dem V eine Vollmacht erteilt. Kommt derlei vor? Zu denken wäre an eine nach § 134 BGB i. V. m. § 3 RDG nichtige Vollmacht, deren Bestehen nach § 171 Abs. 1 BGB oder nach §§ 172 Abs. 1,

171 Abs. 1 BGB kundgegeben worden ist. Zur Klarstellung: Es geht nicht um die Situation einer erteilten und zugleich kundgemachten Innenvollmacht, sondern es geht um Kundgabe einer nicht bestehenden Vollmacht. Und dass §§ 171 Abs. 1 und § 172 Abs. 1 BGB – anders als § 170 BGB – auch diesen Sachverhalt erfasst, macht der Wortlaut des Gesetzes deutlich. Wenn nun diese Person V mit einem Dritten namens D, der an das Bestehen der Vollmacht glaubt, im Namen des angeblichen Vollmachtserteilers B ein Rechtsgeschäft vornimmt, so muss vom Ergebnis her gesehen der hinsichtlich der Bevollmächtigung gutgläubige D in seinem Vertrauen auf das Bestehen der Vollmacht des V geschützt werden. Und in der Tat: So hat es das Gesetz auch in § 171 Abs. 1 BGB bzw. §§ 172 Abs. 1, 171 BGB jeweils i. V. m. dem analog anzuwendenden § 173 BGB bestimmt.

In dogmatischer Hinsicht kann man ein derartiges Verhalten des B als die **Erteilung einer** der **Außenvollmacht ähnelnden Vertretungsmacht** ansehen. Akzeptiert man diese **Umdeutung** einer **fehlerhaften Mitteilung über** eine **Innenvollmacht** in eine **Vollmachtserteilung sui generis** sind folgende **Voraussetzungen für** das Bestehen einer hieraus resultierenden **Vertretungsmacht** vonnöten:

- Vorliegen muss die **Erfüllung** der **Kundgebungstatbestände** des **§ 171 Abs. 1 BGB** (besondere Mitteilung oder öffentliche Bekanntmachung einer vermeintlichen internen Bevollmächtigung) und des **§ 172 Abs. 1 BGB** (Aushändigung einer Vollmachtsurkunde über eine vermeintliche interne Bevollmächtigung, die dem Dritten vorgelegt wird), also eine bloße **„Kundgabe einer vermeintlichen Innenvollmacht"**.
- Da die Verwirklichung der Kundgebungstatbestände der §§ 171 Abs. 1, 172 Abs. 1 BGB, keine „**Willen***s*erklärungen" sind, sondern „**Wissens**erklärungen", genügt **nicht** ein bloßer Zugang nach **§ 130 Abs. 1 BGB** wie bei einer rechtsgeschäftlichen Vollmachtserteilung, **sondern** es ist eine **Erlangung** der **Kenntnis des Kundgebungstatbestandes** erforderlich.
- Der **Dritte** muss **gutgläubig** sein **(§ 173 BGB analog)**

## Fall 134

Der Produzent Prince (P) beabsichtigt, der Vera (V) demnächst eine Verkaufsvollmacht für die von ihm hergestellten Kosmetikprodukte einzuräumen. Der P versendet schon vorab an seine Kunden,u. a. auch an den K1 und den K2, ein Rundschreiben mit dem Inhalt, dass er „der Vera (V) eine Vollmacht zum Verkauf seiner Produkte erteilt" habe. Der Brief mit dem Rundschreiben wird dem K1 von der Post wie an jedem Tag um 10.00 Uhr des 27. Mai 2002 in den Firmenbriefkasten geworfen. Der Lehrling des K1 leert den Briefkasten aus Trägheit aber erst am Nachmittag, so dass der K1 den Brief erst um 17.00 Uhr liest. Die V, die von P's Absicht, ihr eine Verkaufsvollmacht zu erteilen, weiß, hatte schon um 12.00 Uhr im Namen des P mit dem K1 einen Kaufvertrag geschlossen. Der K1 hatte den Vertrag abgeschlossen, weil er an die Vertretungsmacht der V deshalb geglaubt hatte, weil in der Branche schon lange das Gerücht kursierte, die V hätte Verkaufsvollmacht. Der K2 liest den Brief am 27. Mai

2002 um 11.00 Uhr. Er ist gut befreundet mit dem P und weiß, dass dieser der V die Vollmacht erst am 1. Juni 2002 erteilen will. Gleichwohl schließt er um 12.15 Uhr mit der im Namen des P auftretenden V einen Kaufvertrag, weil er damit rechnet, dass P ihn genehmigen werde. Als der K1 und der K2 Erfüllung der Kaufverträge verlangen, weigert der P sich, weil die V, die sich schon einmal bei den Kunden beliebt machen wollte, zu Preisen etwas unter dem Marktpreis verkauft hatte. Damit hätte sie sich allerdings im Rahmen der zu erteilenden Vollmacht gehalten, weil diese eine Gewährung von Rabatt vorgesehen hatte. Gleichwohl hatte der P sich darüber geärgert.

Der K1 und der K2 können von P keine Lieferung verlangen, weil die Kaufverträge nicht für und gegen P wirken. a) Die V hatte nämlich keine Vertretungsmacht. aa) Nach § 167 BGB ist der V keine Vollmacht erteilt worden. bb) Die Erklärung des P in dem Rundschreiben begründete keine Vertretungsmacht der V nach §§ 171 Abs. 1, 173 analog BGB, und zwar aaa) zugunsten des K1 nicht, weil es sich hierbei nicht um eine Vollmachtserteilung durch einseitige Willenserklärung, für die ein Zugang i. S. d. § 130 BGB schon (der um 10.00 Uhr vorgelegen hätte) ausreichen würde, handelt, sondern um die Erteilung einer Vertretungsmacht, für die die Erlangung der Kenntnis Voraussetzung ist; Kenntnis hatte der K1 aber erst um 17.00 Uhr erlangt, als der Kaufvertrag bereits geschlossen war. bbb) Der K2 hatte zwar, wie erforderlich, Kenntnis erlangt; er war jedoch bösgläubig i. S. d. § 173 BGB, der auf § 171 Abs. 1 BGB entsprechend angewendet wird. b) Die V war daher Vertreterin ohne Vertretungsmacht (§ 177 BGB). Weil der P die Genehmigung verweigert hat, sind die Verträge mit K1 und K2 unwirksam.

#### (2) Beendigung der Vertretungsmacht

Wie schon zuvor bei der nach § 167 BGB erteilten Vollmacht stellt sich jetzt die Frage nach der Beendigung einer nach §§ 171 Abs. 1, 172 Abs. 2, 173 analog BGB erteilten Vollmacht.

Eine Vertretungsmacht, die deshalb besteht, weil nach §§ 171 Abs. 1 bzw. 172 Abs. 1, 171 BGB eine **vermeintliche Innenvollmacht kundgegeben** worden **ist** und weil der **Dritte**, dem gegenüber rechtsgeschäftlich bzw. rechtsgeschäftsähnlich gehandelt worden ist, hinsichtlich der Vollmachtserteilung **gutgläubig** war (§ 173 BGB analog), wird **beendet** durch den Widerruf der Kundgebung nach § 171 Abs. 2 BGB bzw. durch die Rückgabe oder Kraftloserklärung der Vollmachtsurkunde nach § 172 Abs. 2 BGB.

#### (3) Anfechtung der Vertretungsmacht

Und schließlich müssen wir auch die Frage nach der Möglichkeit einer Anfechtung beantworten.

Da das Schutzbedürfnis des Rechtsverkehrs bei einer nach §§ 171 Abs. 1 bzw. 172 Abs. 1, 171 BGB aufgrund der **Kundgabe** einer vermeintlichen Innenvollmacht, die zu einer **gutgläubigen Dritten** gegenüber bestehenden Vertretungsmacht führt (§ 173 BGB analog), nicht größer ist als bei der rechtsgeschäftlichen Erteilung einer Außenvollmacht, ist sie – auch wenn es sich bei der Kundgebung nur um eine „Wissens-“ und nicht um eine „Willenserklärung“ handelt – **anfechtbar** (Flume).

**Fall 135**

Der Produzent Prince (P) beabsichtigt, der Vera (V) demnächst eine Verkaufsvollmacht einzuräumen. Der P versendet schon vorab an seine Kunden,u. a. auch dem K, ein Rundschreiben über die Erteilung einer Vollmacht. Infolge eines Schreibfehlers teilt er mit, dass er „dem Xaver (X) Vollmacht zum Verkauf seiner Produkte erteilt“ habe. Der K erhält das Rundschreiben. Weil in der Branche schon lange das Gerücht kursierte, der X würde eine Verkaufsvollmacht für P erhalten, glaubte K an die Vollmachtserteilung und gratulierte dem ihm gut bekannten X zu diesem Vertrauensbeweis des P. Der X schließt sofort einen Kaufvertrag mit K ab. Als K von P Erfüllung des Kaufvertrages verlangt, weigert der P sich, weil der X unter Marktpreis verkauft hatte, und ficht seine Mitteilung wegen des ihm unterlaufenen Irrtums an.

Einen Lieferungsanspruch gegen P aus einem Kaufvertrag (§ 433 Abs. 1 S. 1 BGB) hat der K nicht, weil der P seine Mitteilung wirksam angefochten hat (§§ 119 Abs. 1, 142 Abs. 1 BGB).

dd) Anscheinsvollmacht

Letztlich ist der Schutz des Rechtsverkehrs durch die Ihnen soeben vorgestellte eigentümliche Konstruktion einer Erteilung von Vertretungsmacht durch Kundgabe einer vermeintlichen Innenvollmacht gemäß §§ 171 Abs. 1 bzw. 172 Abs. 1, 171 BGB i. V. m. 173 BGB analog zwar erweitert, aber doch noch unzureichend.

Denn der Rechtsverkehr wird hierdurch in seinem guten Glauben an das Bestehen einer Vollmacht nur bei der willentlichen Erfüllung ganz bestimmter Rechtsscheintatbestände (Kundgebung, Aushändigung einer Vollmachtsurkunde) seitens des Vertretenen geschützt. Hierbei handelt es sich aber nur um einen schmalen Ausschnitt aus dem Spektrum der Konstellationen, in denen der Rechtsverkehr eines Schutzes bedarf.

Um diese unbefriedigende Situation zu verbessern, hat man im Wege der Rechtsfortbildung das Institut der sog. **„Anscheinsvollmacht“** entwickelt:

- Wenn der Vertreter wiederholt und häufig im Namen des Vertretenen auftritt **(objektiver Rechtsscheintatbestand)**,
- und wenn der voll geschäftsfähige **Vertretene** zwar **von** diesem **Verhalten nichts weiß**, es **aber hätte erkennen** und **verhindern können („Fahrlässigkeit“)**,
- und wenn der **Rechtsschein** für das rechtsgeschäftliche Handeln des Dritten gegenüber dem Vertreter **ursächlich ist** (was voraussetzt, dass der Dritte selbst oder über Dritte Kenntnis vom Rechtsscheintatbestand hat),
- und wenn der Dritte gem. § 173 BGB analog gutgläubig in Bezug auf eine Bevollmächtigung **(subjektiver Tatbestand)** ist,
- dann besteht die **Rechtsfolge** darin, dass das Rechtsgeschäft für und gegen den Vertretenen wirkt, **als ob** eine **Vollmacht** erteilt worden wäre; nach anderer Ansicht (Medicus) kann der Dritte nach seiner Wahl entweder den **Vertretenen** aus **§§ 280 Abs. 1, 311 Abs. 2, 241 Abs. 2 BGB** auf den Ersatz des Vertrauensscha-

dens (der Dritte kann verlangen so gestellt zu werden, wie wenn er den Vertreter nie gesehen hätte) oder den **Vertreter** aus **§ 179 BGB** in Anspruch nehmen.

**Fall 136**

Der Waldeigentümer Engel (E) hat den Förster Meier-Beckum (FMB) damit beauftragt, die nötigen Forstarbeiten (Holzeinschlag, Aufforstung, Herrichtung der Wege) durch Subunternehmer durchzuführen. Der FMB rechnet jährlich ab. Der FMB pflegt das in seinem Auftrag geschlagene Holz schon seit Jahren im Namen des E an den Holzhändler Holst (H) zu verkaufen und behält das Geld für sich. E weiß von diesen Verkäufen nichts. In der Abrechnung des F taucht der Posten „Einnahmen aus Holzverkauf" niemals auf. Der E glaubt, das Holz sei in Deutschland unverkäuflich und der Holzeinschlag werde durch F zum Zwecke der „Entsorgung" verschenkt. Als FMB wieder einmal 100 Festmeter Holz, die er auf einem Lagerplatz im Wald aufgestellt hat, im Namen des E verkauft hat, aber nicht liefern kann, weil das Holz durch einen von FMB schuldhaft verursachten Brand vernichtet wurde, verlangt der H von E Schadensersatz.

Der Anspruch des H gegen E könnte sich aus §§ 280 Abs. 1, 3, 275 Abs. 1, 283, 278, 249 BGB ergeben, wenn 1) ein Kaufvertrag zwischen E und H zustande gekommen wäre. a) FMB und H haben einen Kaufvertrag geschlossen. b) Dieser würde für und gegen den E wirken, wenn der FMB den E wirksam vertreten hätte (§ 164 Abs. 1 BGB). aa) Der FMB hat im Namen des E gehandelt. bb) Er hat eine eigene Willenserklärung (Angebot oder Annahme) abgegeben. cc) FMB müsste Vertretungsmacht haben aaa) E hat ihm aaaa) ausdrücklich keine Vollmacht und bbbb) eine solche auch nicht durch Duldung (schlüssig oder fingiert) erteilt, weil er von dem Verhalten des FMB nichts wusste. bbb) In Betracht kommt aber eine Anscheinsvollmacht des FMB: aaaa) Der FMB ist wiederholt und häufig im Namen des Vertretenen aufgetreten. bbbb) Der voll geschäftsfähige E weiß zwar von diesem Verhalten nichts, hätte es aber erkennen und verhindern können, wenn er sich mit der Frage des Verbleibs des Holzes und geleisteter Zahlungen befasst hätte. cccc) Der Rechtsschein war für das Handeln des H ursächlich, denn er kannte das Vertreterhandeln des FMB. dddd) Der H war gem. § 173 BGB analog gutgläubig in Bezug auf eine Bevollmächtigung des FMB durch E. Nach h.M. besteht die Rechtsfolge darin, dass das Rechtsgeschäft für und gegen den Vertretenen wirkt, wie wenn eine Vollmacht erteilt worden wäre. Also ist ein Kaufvertrag zwischen E und H zustande gekommen. 2) Die weiteren Voraussetzungen der §§ 280 Abs. 1, 3, 278, 283, 249 ff. BGB liegen vor.

ee) Vertretungsmacht aus der Stellung als Gesellschafter

Sie wissen bereits, dass die rechtsgeschäftlich erlangte **Stellung** als **Gesellschafter** es mit sich bringt, dass

- bei der **GbR** entweder (so die gesetzliche Regel) alle Gesellschafter zusammen oder (so die Rechtspraxis) der oder die durch den Gesellschaftsvertrag dazu bestimmte/n geschäftsführungsbefugte/n Gesellschafter ermächtigt ist/

sind, die als rechtsfähig anzusehende **GbR-Außengesellschaft** zu vertreten oder bei der **GbR-Innengesellschaft** die anderen Gesellschafter zu vertreten (**§ 714 BGB**), und dass
- bei der **oHG/KG** die einzelnen persönlich haftenden Gesellschafter (wenn sie nicht zugunsten eines oder einiger Gesellschafter durch den Gesellschaftsvertrag von der Vertretung ausgeschlossen sind) zur Vertretung der Gesellschaft ermächtigt sind (**§ 125 HGB**).

#### f) Handeln im Rahmen der Vertretungsmacht

Wie bereits einleitend gesagt, handelt der Vertreter nicht bereits deshalb mit Vertretungsmacht, weil ihm Vertretungsmacht erteilt worden ist und diese noch besteht. Gerade junge Juristen vergessen es bei der Fallbearbeitung häufig im Gefühl der Euphorie, die vielleicht schwierige Prüfung des Vorliegens einer Vertretungsmacht glücklich überstanden zu haben, nunmehr auch zu untersuchen, ob der Vertreter überhaupt im Rahmen der Vertretungsmacht gehandelt hat.

Denn erforderlich ist natürlich auch bei bestehender Vertretungsmacht, dass das **konkrete Rechtsgeschäft** von der **Vertretungsmacht gedeckt** ist, m. a. W.: Der **Vertreter** muss, um die Wirkung des § 164 BGB auszulösen, **innerhalb** der **bestehenden Vertretungsmacht** handeln. Dazu muss der Umfang in **sachlicher** (für welche Geschäfte?) und in **persönlicher** (wem gegenüber?) Hinsicht bestimmt werden.

##### aa) Gesetzliche Vertretungsmacht

Der **Umfang** der **Vertretungsmacht** ergibt sich bei **gesetzlicher Vertretungsmacht** aus dem Gesetz. Zu beachten sind einige Schranken.

So können grundsätzlich keine Schenkungen durch **Eltern** (§ 1641 BGB), **Vormünder** (§ 1804 BGB) und **Pfleger** (§ 1915 BGB) mit Wirkung gegen die Vertretenen vorgenommen werden.

Wenn man wie hier das rechtsgeschäftliche Handeln von Organen juristischer Personen nach außen, z. B. das des Vorstandes eines eingetragenen Vereins wegen des Wortlauts des § 26 Abs. 2 S. 1 BGB („Stellung eines gesetzlichen Vertreters") dem Vertretungsrecht zuordnet (**„Vertretungsmacht kraft Organschaft")**, muss man von einer grundsätzlich unbeschränkten Vertretungsmacht ausgehen, die allerdings – auch wenn die „ultra vires"-Lehre im deutschen Recht nicht gilt – in Ausnahmefällen beschränkt sein soll, wenn das Geschäft offensichtlich außerhalb des Vereinszwecks liegt.

##### bb) Rechtsgeschäftlich erteilte Vertretungsmacht („Vollmacht"):

Bei der rechtsgeschäftlich erteilten Vertretungsmacht (Sie wissen ja: der **Vollmacht**) ergibt sich der **Umfang** der Vertretungsmacht

- aus dem **Erteilungsgeschäft**. Meist wird der **sachliche Umfang** und der **persönliche Wirkungsbereich** der Vollmacht dadurch genau bestimmt sein; es gibt dabei alle Möglichkeiten im Spektrum zwischen einer **„Spezialvollmacht"** bis hin zu einer **„Generalvollmacht"** (die übrigens keinesfalls „unbeschränkt" ist, sondern die auch ihre Grenzen hat: So hat der Generalbevollmächtigte für außergewöhnliche, den Vertretenen schädigende Geschäfte keine Vollmacht; auch ist die Erteilung einer den Vollmachtgeber vollständig „verdrängenden Vollmacht" nicht möglich). Gibt das Erteilungsgeschäft keine Auskunft über den Umfang der Vollmacht, ist die Vollmachtserteilungserklärung – ggf. unter Heranziehung des (an sich „abstrakten"!) Grundverhältnisses – auszulegen.
- In einigen Fällen bestimmt das **Gesetz** die **sachliche Reichweite** der Vollmacht: Durch die Erteilung der **Prokura** bevollmächtigt ein Kaufmann den Prokuristen unbeschränkbar zu allen Arten von gerichtlichen und außergerichtlichen Geschäften und Rechtshandlungen, die der Betrieb **irgendeines – nicht etwa dieses**, von seinem Prinzipal betriebenen!!! – **Handelsgewerbes** mit sich bringt, allerdings mit Ausnahme von Veräußerungen und Belastungen von Grundstücken (**§ 49 HGB**). Ihnen sollte das Generationen von Juristen vor Ihnen bekannte *Beispiel* fortan auch geläufig sein: Der Prokurist eines Bauunternehmers kann für diesen wirksam den Weinhandel betreiben, also Wein ein- und verkaufen. Nach **§§ 54 ff. HGB** ist der (beschränkbare, aber auch über die Vollmacht eines Prokuristen hinaus erweiterbare) Umfang der **Handlungsvollmacht** gesetzlich bestimmt. Nach **§ 56 HGB** gelten Angestellte in einem Laden oder Warenlager als zu Verkäufen und Inempfangnahme von Waren ermächtigt. Sonstige Beschränkungen der Handlungsvollmacht braucht ein Dritter nur dann gegen sich gelten zu lassen, wenn er sie kannte oder kennen musste (§ 54 Abs. 3 HGB), was der Fall sein könnte bei einer „Bestätigungsklausel" in AGB. Entsinnen Sie noch an deren Mehrdeutigkeit? Der **persönliche Wirkungsbereich** einer Vollmacht ist z.Tl. gesetzlich bestimmt (§§ 171 Abs. 1, 172 Abs. 2 BGB). Was die Vollmacht von geschäftsführenden Gesellschaftern angeht, so wird der Umfang in **§ 714 BGB** dahingehend bestimmt, dass sie besteht, „… soweit einem Gesellschafter die Befugnis zur Geschäftsführung zusteht …", also durch die §§ 709 ff. BGB. In **§ 126 HGB** bzw. **§§ 161, 164, 126 HGB** ist (unbeschränkbar) die Vertretungsmacht des Gesellschafters einer oHG bzw. des Komplementärs einer KG geregelt: „… erstreckt sich auf alle gerichtlichen und außergerichtlichen Geschäfte und Rechtshandlungen einschließlich der Veräußerung und Belastung von Grundstücken sowie der Erteilung und des Widerrufs einer Prokura".

Wenn der innerhalb der Grenzen seiner Vertretungsmacht handelnde Vertreter eventuelle Bindungen aus dem Innenverhältnis (die sich z. B. aus dem der Vollmacht zugrundeliegenden Vertrag selbst ergeben oder aus Weisungen des Vollmachtgebers, wie denen eines Arbeitgebers aufgrund seines „Direktionsrechtes" aus § 106 GewO oder eines Auftraggebers aus § 665 BGB) missachtet, wird bei einer **beschränkbaren Vertretungsmacht** (und das ist die Regel!) zu prüfen sein, ob eine bestehende Innenverhältnisbindung den Umfang der Vertretungsmacht inhaltlich bestimmt oder ob im Fall einer nachträglichen einschränkenden Weisung oder Ausübung des Direktionsrechtes auch die Vollmacht teilweise eingeschränkt werden sollte (§ 168 BGB). Eine Weisung an einen **Generalbevollmächtigten**, ein bestimmtes Geschäft oder bestimmte Arten von Geschäften zu unterlassen, also z. B. keine Bürgschaftsverträge abzuschließen, dürfte keine nach außen wirkende Vollmachtsbeschränkung sein, sondern sich in ihrer Wirkung auf das Innenverhältnis beschränken. Auch in den Fällen der **kraft Gesetzes unbeschränkbaren Vertretungsmacht** (Prokurist, Gesellschafter einer oHG, Komplementär einer KG) hat eine Beschränkung nur Bedeutung für das Innenverhältnis.

Bei einem einer bloßen Innenverhältnisbindung zuwiderlaufenden **Missbrauch der Vertretungsmacht** durch den Vertreter stellt sich jedoch die **Frage**, ob es Fallkonstellationen gibt, bei denen ein solcher Missbrauch der Vertretungsmacht nicht nur eine Verletzung des Innenverhältnisses darstellt, sondern auch zur Folge hat, dass das **Rechtsgeschäft** dem **Vertretenen nicht zugerechnet** wird. Bei ihrer Beantwortung darf man nicht nur die Interessen des vertretenen Geschäftsherrn sehen, sondern muss auch die schutzwürdigen Interessen des Dritten, dem gegenüber der Vertreter handelt, im Auge haben.

- In der **Regel** ist mit Rücksicht auf die schutzwürdigen Interessen des Dritten der Missbrauch der Vertretungsmacht **für** das **Außenverhältnis unbeachtlich**. Der Vertretene hat lediglich aus dem Innenverhältnis gegen den missbräuchlich handelnden Vertreter einen **Schadensersatzanspruch aus §§ 280 Abs. 1, 241 Abs. 2, 249 ff. BGB** gerichtet auf **Freistellung** von den nachteiligen Auswirkungen des Missbrauchs der Vertretungsmacht.
- Umgekehrt führt ein **kollusives Zusammenspiel** des missbräuchlich handelnden Vertreters mit dem Drittem **zum Zwecke** der **Schädigung** des **Vertretenen** zur Nichtigkeit des Rechtsgeschäfts nach § 138 Abs. 1 BGB.
- Die am schwierigsten zu beurteilende Fallgruppe ist – wie immer – die zwischen den beiden eben genannten Extremen einzuordnende „Mittellage“: Wenn der Vertreter seine **Vertretungsmacht missbraucht** und wenn der **Dritte dies erkennt** oder der **Missbrauch** für ihn so **offenkundig war**, dass er sich ihm aufgrund ihm bekannter Umstände wegen ihrer objektiven Evidenz aufdrängen musste (wenn also **„begründete Zweifel“** am Bestehen der Vertretungsmacht entstehen mussten), steht der Wirksamkeit des Vertreterhandelns der **Einwand** der **unzulässigen Rechtsausübung entgegen (§ 242 BGB)** und **§ 177 BGB** soll **entsprechend** angewendet werden. Wenn allerdings der Vertretene den Missbrauch wegen fehlender Kontrolle des Vertreters ermöglicht hat, sollen die Folgen des Geschäfts analog § 254 BGB geteilt werden.

**Fall 137**

Prokrust (P) ist Prokurist des Kaufmann Klaas Klever (K), der in seinem Großunternehmen „First Klass“ Landmaschinen für die ganze Welt herstellt. Der P ist dort für den Einkauf von Zulieferprodukten für Mähdrescher zuständig. Der K kauft durch den P schon seit Jahren Zulieferteile u. a. auch bei dem Kleinbetrieb des Veit (V) ein. Zwischen P und V ist aufgrund dieser engen Geschäftskontakte auch eine persönliche Freundschaft entstanden. Der Kundendienst des V, der sich den K hierdurch als Kunden erhalten wollte, ist außerordentlich großzügig. Als er aber einmal eine Nachbesserung zu Recht wegen Unverhältnismäßigkeit verweigerte (§ 439 Abs. 3 BGB), war der K, der ein Unternehmer vom „alten Schrot und Korn" ist und der sich in seinem Unternehmen um alles kümmert, darüber so verärgert, dass er den P anwies, fortan nicht mehr bei V einzukaufen. Der P war entsetzt, weil sein Freund V weitgehend von dem Geschäft mit K abhängig geworden war. Als er dem V eröffnete, dass er auf Weisung des K fortan woanders einkaufen müsse, gelang es dem um seine Existenz fürchtenden V, den P dazu zu überreden, sich um die Anweisung des K nicht zu kümmern, sondern weiterhin bei ihm, dem V, einzukaufen, indem er versprach, fortan alle Forderungen des K zu erfüllen. Der mitleidige P kaufte daher zum Marktpreis abzüglich des seit Beginn der Geschäftsbeziehung üblichen Rabatts von 10 % für € 10.000,– Zulieferteile bei V. Als der K sich die von P abgeschlossenen Verträge ansah, erkannte er, dass er von P hintergangen worden war. Als der V Bezahlung und Abnahme der Ware verlangt, weigert sich der K.

Ein Anspruch des V gegen K auf Zahlung von € 10.000,– und Abnahme könnte sich aus einem Kaufvertrag ergeben (§ 433 Abs. 2 BGB). a) V und P aa) haben einen Kaufvertrag geschlossen. bb) Dieser Vertrag wäre nach § 138 Abs. 1 BGB nichtig, wenn V und P kollusiv zum Nachteil des K zusammengewirkt hätte. Zwar haben sich V und P darauf verständigt, einen Vertrag abzuschließen, obwohl dieser den Weisungen des Geschäftsherrn K zuwiderlief. Dies geschah jedoch nicht in Schädigungsabsicht: Die für K bisher objektiv vorteilhafte Geschäftsbeziehung ist lediglich fortgesetzt worden. b) Der Kaufvertrag würde jedoch nur dann für und gegen K wirken, wenn er von P wirksam vertreten worden wäre (§ 164 Abs. 1 BGB). aa) P hat eine eigene Willenserklärung bb) im Namen des K abgegeben. cc) Er hatte auch aaa) Vertretungsmacht (§§ 167 Abs. 1 BGB, 48 HGB). bbb) Fraglich ist, ob er auch im Rahmen der Vertretungsmacht gehandelt hat. aaaa) Das Geschäft mit V liegt im gesetzlich bestimmten Rahmen der Vertretungsmacht (§ 49 HGB), bbbb) Die ihm erteilte Weisung ist keine Dritten gegenüber wirksame Beschränkung (§ 50 HGB). dd) Gleichwohl aaa) könnte der V so zu behandeln sein, wie wenn der P keine Vertretungsmacht gehabt hätte (§§ 242, 177 BGB), weil der P als der Vertreter des K seine Vertretungsmacht missbraucht hat und der V dies erkannt hat. bbb) Der BGH verlangt jedoch bei gesetzlich unbeschränkter Vertretungsmacht (Prokurist, Komplementär einer oHG/KG) ein Handeln bewusst zum Nachteil des Vertretenen. aaaa) Daran könnte man hier zweifeln, weil eine Schädigungsabsicht fehlt. bbbb) Wenn man allerdings den Nachteil im evidenten Weisungsverstoß sieht (Palandt), läge ein rechtlich relevanter Missbrauch vor. Der P hat daher wie ein Vertreter ohne Vertretungsmacht gehandelt, so dass der Kaufvertrag schwebend unwirksam war (§ 177 BGB analog). dd) Da K die Genehmigung verweigert hat, ist der Kaufvertrag nicht zwischen V und K zustande gekommen.

cc) Vertretungsmacht durch fehlerhafte Kundgabe einer Innenvollmacht gem. §§ 171 Abs. 1, 172 Abs. 2, 173 analog BGB

Bei der Vertretungsmacht aufgrund Kundgabe vom Bestehen einer nicht existierenden Innenvollmacht, ergibt sich der Umfang der Vertretungsmacht aus dem Inhalt der Mitteilung **(§§ 171 Abs. 1, 173 BGB analog)** bzw. aus dem Inhalt der Vollmachtsurkunde **(§ 172 Abs. 1, 173 BGB analog)**.

dd) Anscheinsvollmacht

Bei der Vertretungsmacht aufgrund einer **Anscheinsvollmacht** ergibt sich der Umfang der Vertretungsmacht aus dem **Ausmaß des** zurechenbar gegenüber einem gutgläubigen Dritten gesetzten **Rechtsscheins**.

ee) Vertretungsmacht aus der Stellung als Gesellschafter

Bei der **GbR** bestimmt der Umfang der Geschäftsführungsbefugnis (§ 709 BGB) über den Umfang der Vertretungsmacht von Gesellschaftern (vgl. § 714 BGB). Bei der **oHG/KG** erstreckt sich die Vertretungsmacht der Gesellschafter auf alle gerichtlichen und außergerichtlichen Geschäfte und Rechtshandlungen einschließlich der Veräußerung und Belastung von Grundstücken sowie der Erteilung und des Widerrufs einer Prokura. Eine Beschränkung des Umfangs der Vertretungsmacht ist Dritten gegenüber unwirksam (§§ 125, 126 HGB).

**g) Kein Verstoß gegen § 181 BGB**

Wenn ein und derselbe Vertreter auf beiden Seiten eines Rechtsgeschäfts mitwirkt **(„Mehrvertretung")** oder wenn ein Vertreter mit sich selbst und einem von ihm vertretenen „Dritten" ein Rechtsgeschäft vornimmt **(„Selbstkontrahieren")** und ihm dies **nicht** ausnahmsweise **erlaubt** ist, dann überschreitet der Vertreter seine Vertretungsmacht **(§ 181 BGB)**; er handelt dann als **Vertreter ohne Vertretungsmacht**, so dass das **Geschäft schwebend unwirksam** ist (§ 177 BGB).

Das (ausnahmsweise gegebene) **Erlaubtsein** eines **„In-sich-Geschäfts"** kann nach § 181 BGB

- entweder auf einer **„Gestattung"** beruhen (durch ein einseitiges Rechtsgeschäft oder durch das Gesetz, z. B. in § 125 Abs. 2 HGB)
- oder bei einem Vertreterhandeln in **„Erfüllung einer Verbindlichkeit"** gegeben sein.

Maßgeblich für das **Erlaubniserfordernis** einer Mehrvertretung ist **grundsätzlich eine** rein **formal** bestehende zur Mehrvertretung/zum Selbstkontrahieren führende Personenidentität, und **nicht** das Bestehen einer **Interessenkollision**, denn § 181 BGB ist nach seiner „ratio legis" nur eine reine Ordnungsvorschrift. Trotzdem – und das ist angesichts der ratio legis (Ordnungsvorschrift) der Norm nicht unbedingt logisch – wendet man **§ 181 BGB** dann **nicht** an, wenn im **konkreten Einzelfall keine Interessenkollision** besteht **(„teleologische Reduktion"** des § 181 BGB).

**Fall 138**

Nach der Bundestagswahl 2002 nimmt der E aufgrund von noch in der Wahlnacht abgegebenen politischen Aussagen eines maßgeblichen Politikers an, dass die Freibeträge für die Erbschafts- und Schenkungsteuer bei Grundstücken drastisch herabgesetzt werden sollen. Er und seine Frau F entschließen sich, dem zuvorzukommen und ihrem 17 jährigen Sohn S ein dem E gehöriges Grundstück zu schenken. Sie begeben sich noch am nächsten Tag zum Notar. Der E will mit dem Sohn S (den er und seine Frau vertreten) einen notariell beurkundeten Schenkungsvertrag abschließen. Würden Sie als Notar dies für möglich halten?

Der Vertragsschluss a) in notariell beurkundeter Form (§§ 311b Abs. 1, S. 1; 516 Abs. 1, 518 Abs. 1 BGB) wäre an sich ohne weiteres möglich. b) Fraglich ist aa) zunächst, ob der S wirksam von E und F vertreten werden kann. aaa) Nach §§ 164 Abs. 1, 1629 BGB hätten die Eltern die gesetzliche (Gesamt)Vertretungsmacht für den S. bbb) Die Vertretungsmacht könnte aber nach §§ 1629 Abs. 2, S. 1, 1795 Abs. 2, 181 BGB dahingehend beschränkt sein, dass die Mitwirkung eines (Ergänzungs-)Pflegers nach § 1909 BGB erforderlich wäre. Das wäre der Fall, wenn ein nicht erlaubter Fall der Mehrvertretung gegeben wäre (§ 181 BGB). aaaa) Rein formal liegen die Voraussetzungen des § 181 BGB vor, denn der E ist einerseits als Vertragspartei und andererseits auf Seiten des von ihm mitvertretenen S rechtsgeschäftlich tätig. Auch liegt keine Gestattung, für die ein Ergänzungspfleger nach § 1909 BGB erforderlich wäre, vor; auch handelt der E nicht in Erfüllung einer Verbindlichkeit, etwa zur Erfüllung seiner Unterhaltspflicht; vielmehr soll hier eine solche Verbindlichkeit in Gestalt eines Schenkungsvertrages ja erst begründet werden. bbbb) Andererseits besteht keine Interessenkollision, weil der vertretene S lediglich rechtliche Vorteile i. S. d. § 107 BGB aus der Schenkung hat, denn es gibt keine unmittelbar aus dem Geschäft herrührenden Verpflichtungen. In einem solchen Fall soll § 181 BGB nicht angewendet werden („teleologische Reduktion"). bb) Aus den genannten Gründen bedarf es auch keiner (ggf. durch einen Ergänzungspfleger auszusprechenden) Genehmigung mit Rücksicht auf § 107 BGB.

**Umgekehrt** jedoch wird bei **bestehender Interessenkollision ohne** gleichzeitig bestehende zur Mehrvertretung/zum Selbstkontrahieren führende **Personenidentität** i. S. d. des **§ 181 BGB nicht** allein deshalb **analog** angewendet.

**Fall 139**

Der Bürge (B) hat dem Nimm (N) eine notariell beurkundete Generalvollmacht erteilt. Der N benötigt einen Kredit und schließt im eigenen Namen handelnd mit Gib (G) als Darlehensgeber einen Darlehensvertrag (§ 488 BGB) und schließt weiterhin – insoweit im Namen des B handelnd – zur Sicherung des Rückzahlungs- und Zinsanspruchs des G gegen ihn zwischen dem G als Gläubiger und dem B als Bürgen formgerecht (§ 766 BGB) und unter Verzicht auf die Einrede der Vorausklage (§§ 771, 773 Abs. 1 Nr. 1 BGB) einen Bürgschaftsvertrag ab. Als das Darlehen notleidend wird, nimmt der G den B in Anspruch. Der B verweigert die Zahlung unter Berufung auf eine bei N bestehende Interessenkollision (nach RG).

Der Anspruch des G gegen B könnte sich aus einem Bürgschaftsvertrag zwischen G und B ergeben (§ 765 BGB). a) Voraussetzung ist eine Hauptforderung des G; diese ergibt sich aus dem Darlehensvertrag G – N (§ 488 Abs. 1 S. 2 BGB). b) Ferner muss zwischen dem Gläubiger G und dem B ein Bürgschaftsvertrag geschlossen sein. aa) Dessen Voraussetzungen (§ 765 BGB) liegen an sich vor. bb) Fraglich ist allein, ob der N den B wirksam vertreten hat. aaa) Die Voraussetzungen der §§ 164 ff. BGB liegen vor; insbesondere handelt der N auch nicht außerhalb der Grenzen einer Generalvollmacht, denn es handelt sich nicht um ein außergewöhnliches, den Vertretenen schädigendes Geschäft, bei dem auch der Generalbevollmächtigte keine Vollmacht hätte. bbb) Zu prüfen ist, ob die von N im Namen des B abgegebene Willenserklärung nach §§ 181, 177 BGB schwebend unwirksam ist. aaaa) Ein Fall der Mehrvertretung liegt nicht vor, bbbb) wohl aber eine Interessenkollision bei N. Das allein aber reicht nicht aus, um eine erlaubnispflichtige Mehrvertretung anzunehmen. c) Der N hat überdies auf die Einrede der Vorausklage verzichtet (§ 773 Abs. 1 Nr. 1 BGB). Der B muss also an G zahlen.

### h) Vertretung ohne Vertretungsmacht bei Verträgen und einseitigen Rechtsgeschäften

Handelt beim (hier ja in erster Linie interessierenden) **Vertragsschluss** ein Vertreter **ohne Vertretungsmacht**, weil sie ihm gar nicht oder jedenfalls nicht so weitreichend, wie er gehandelt hat, erteilt worden ist, so finden die **§§ 177, 178 BGB** Anwendung. Das Geschäft ist schwebend unwirksam (§ 177 Abs. 1 BGB) und seine Wirksamkeit hängt von der Genehmigung des Vertretenen (§§ 182, 184 BGB) ab. Gleiches soll (wie bereits ausgeführt) bei einem Fall des **Missbrauchs** der **Vertretungsmacht** und im Falle des **§ 181 BGB** gelten. Zunächst trägt also der Dritte, mit dem der Vertreter das Rechtsgeschäft vornimmt, das Risiko, dass der Vertreter keine Vertretungsmacht hat. Daher ist es sinnvoll, sich beim Kontrahieren mit einem Vertreter stets die Vertretungsmacht z. B. durch eine Vollmachtsurkunde nachweisen zu lassen oder sich durch eine Nachfrage beim Vertretenen ihrer zu vergewissern. Der Dritte kann sich jedoch ggf. beim Vertreter ohne Vertretungsmacht schadlos halten.

Der durch einen Vertreter ohne Vertretungsmacht **Vertretene** oder der **Geschäftsgegner** können den **Schwebezustand beenden**, und zwar

- der **Vertretene** durch: eine rückwirkende **Genehmigung** (§§ 177 Abs. 1, 182, 184 Abs. 1 BGB), die gegenüber dem Vertreter oder dem Geschäftsgegner zu erklären ist (§§ 177 Abs. 1, 182 Abs. 1 BGB) oder durch die **Verweigerung derselben**;
- der **Geschäftsgegner** durch: eine **Aufforderung** zur **Genehmigung** (§ 177 Abs. 2 BGB), die – bei Nichterklärung – als Fiktion einer Verweigerung angesehen wird, oder durch einen Widerruf (§ 178 BGB).

**Fall 140**

Der Grundeigentümer E erteilt dem V durch schriftliche Erklärung ihm gegenüber eine unwiderrufliche Vollmacht zum Verkauf seines Grundstücks. Der V schließt im Namen des E mit K einen notariell beurkundeten Kaufvertrag, der von der Vollmacht gedeckt ist. Der K verlangt Auflassung von E. Obwohl der E inzwischen gegenüber dem V mündlich erklärt hatte, dass er mit dem Kaufvertrag einverstanden sei, erklärte er jetzt, weil er den Vertrag und die Genehmigung mittlerweile bereut, gegenüber K, dass er die V gegenüber erklärte Genehmigung widerrufe.

Ein Anspruch des K gegen E könnte sich aus einem Kaufvertrag ergeben (§ 433 Abs. 1 S. 1 BGB). a) Der V und der K haben einen formwirksamen Kaufvertrag geschlossen (§§ 433, 311b Abs. 1 BGB). b) Der Vertrag würde für und gegen E wirken, wenn V den E wirksam vertreten hätte (§ 164 Abs. 1 BGB). aa) V hat eine eigene Willenserklärung abgegeben. bb) Er hat im Namen des E gehandelt. cc) Er müsste Vertretungsmacht haben. aaa) Die Vollmacht ist intern erteilt (§ 167 Abs. 1 BGB). bbb) Sie bedarf aber – abweichend von der Regel des § 167 Abs. 2 BGB – als unwiderrufliche Vollmacht der notariellen Beurkundung (§ 311b Abs. 1 BGB). Erinnern Sie noch die Begründung dafür und die dazu führende dogmatische Konstruktion? Daher hat V als Vertreter ohne Vertretungsmacht gehandelt, als er den Vertrag abschloss; der Kaufvertrag ist schwebend unwirksam (§ 177 Abs. 1 BGB). dd) Der Vertrag könnte durch die Erklärung gegenüber dem V rückwirkend wirksam geworden sein (§§ 177 Abs. 1, 182 Abs. 1, 184 Abs. 1 BGB). aaa) E hat den Vertrag genehmigt (§§ 177 Abs. 1 BGB) bbb) und zwar – was nach § 182 Abs. 1 BGB möglich ist – gegenüber dem V. ccc) Fraglich ist, ob die Genehmigung der Form des § 311b Abs. 1 BGB bedarf; das hält der BGH wegen des Wortlauts des § 182 Abs. 2 BGB nicht für erforderlich. ddd) Der gegenüber K erklärte Widerruf der Genehmigung ist unbeachtlich, denn die Genehmigung kann nicht widerrufen werden (argec. § 183 BGB). eee) Der Vertrag ist daher mit Rückwirkung (§ 184 Abs. 1 BGB) zustande gekommen. Also kann der K die Auflassung von E verlangen.

**Fall 141**

Der Verbraucher V (§ 13 BGB) erteilt dem X mündlich Vollmacht, bei Unternehmer U (§ 14 BGB) einen mit 5 % verzinslichen Kredit über € 5000,– mit einer Laufzeit von 1 Jahr aufzunehmen und das Geld als Empfangsbote für ihn, den V, entgegenzunehmen. Der Darlehensvertrag wird geschlossen und das Darlehen durch Auszahlung an X, der das Geld als Empfangsbote für V entgegennimmt und dann an V aushändigt, valutiert. Nach 1 Jahr zahlt der V € 5000,– zurück; er verweigert aber die im Vertrag vereinbarte Zinszahlung. Der U verlangt daher die Zahlung von € 250,– von V.

Der geltend gemachte Zinsanspruch könnte sich aus einem Darlehensvertrag ergeben (§ 488 Abs. 1 S. 2 BGB). a) X und U haben einen Darlehensvertrag geschlossen. b) Der Vertrag würde für und gegen V wirken, aa) wenn X den V wirksam vertreten hätte (§ 164 Abs. 1 BGB). aaa) Der X hat eine eigene Willenserklärung abgegeben. bbb) Er hat im Namen des V gehandelt. ccc) Er müsste Vertretungsmacht gehabt haben. Die Vollmacht aaaa) ist dem X intern erteilt worden (§ 167 Abs. 1 BGB). bbbb) Weil es sich um einen Verbraucherdarlehensvertrag handelt (§ 491 Abs. 1 BGB), aaaaa) bedarf die Vollmacht aber nach § 492 Abs. 4 BGB (abweichend von der Regel des § 167 Abs. 2 BGB) der Form des § 492 Abs. 1–2 BGB. Danach wäre die Vollmacht nach § 494 Abs. 1 BGB nichtig, und der X hätte als Vertreter ohne Vertretungsmacht gehandelt, als er den Vertrag abschloss, und der Darlehensvertrag wäre schwebend unwirksam (§ 177 Abs. 1 BGB), bbbbb) wenn nicht der Mangel der Form der Vollmacht nach § 494 Abs. 2 BGB dadurch geheilt wäre, dass das Geld an den X als Empfangsboten des V ausgezahlt worden ist. Das ist vom Gesetzgeber abgelehnt worden, weil so der Schutz des § 492 Abs. 4 BGB umgangen werden könnte. Danach hat der X als Vertreter ohne Vertretungsmacht gehandelt und der Darlehensvertrag wäre schwebend unwirksam. bb) Der Vertrag könnte aber dadurch rückwirkend wirksam geworden sein, dass der V das Geld in Empfang genommen hat und dadurch das vollmachtlose Handeln wirksam gemacht hätte (§§ 177 Abs. 1, 182 Abs. 1, 184 Abs. 1 BGB). aaa) Der Gesetzgeber hat angenommen, dass aaaa) in der Entgegennahme des Geldes durch den vollmachtlos vertretenen Darlehensnehmer eine konkludente Genehmigung des Vertrages läge (§§ 177 Abs. 1 BGB) bbbb) und zwar – was nach § 182 Abs. 1 BGB möglich ist – durch Erklärung gegenüber dem X. ccc) Fraglich ist jedoch, ob die Genehmigung der Form des § 492 Abs. 4, Abs. 1–2 BGB bedarf. Das wird man – analog der Rechtsprechung des BGH zu §§ 177 Abs. 1, 182 Abs. 2, 311b Abs. 1 BGB – verneinen müssen. dddd) Der Vertrag wäre danach mit Rückwirkung (§ 184 Abs. 1 BGB) zustande gekommen. bbb) Dagegen wird eingewandt (v. Bülow), dass eine Genehmigung nach § 184 Abs. 1 BGB den Vertrag in vollem Umfang wirksam macht, während bei einer verbraucherdarlehensrechtlichen Heilung die Ansprüche des Darlehensgebers immerhin geschmälert würden (§ 494 Abs. 2 BGB). ccc) Dieses Argument „schüttet aber das Kind mit dem Bade aus"; man sollte besser bei einer Genehmigung durch eine „heilungsähnliche Inempfangnahme" § 494 Abs. 2 S. 2 BGB analog anwenden, so dass sich wegen der fehlenden Zinssatzangaben in der Vollmacht der Zinssatz auf den gesetzlichen Zinssatz ermäßigt. Das ist anzunehmen, denn der U darf nicht dadurch, dass man eine Heilung des Formmangels angenommen hat, besser gestellt werden als bei einer Heilung des Vertrages. c) Daher besteht ein Zinsanspruch, aber nur in der Höhe des § 494 Abs. 2 S. 2 BGB.

Nimmt ein Vertreter ein **einseitiges Rechtsgeschäft** ohne Vertretungsmacht vor, ist es grundsätzlich **nichtig (§ 180 BGB)**; jedoch finden die §§ 177 ff. BGB Anwendung, wenn derjenige, gegenüber dem ein solches Rechtsgeschäft vorzunehmen war, die behauptete Vertretungsmacht nicht beanstandet hat oder damit einverstanden war, dass der Vertreter ohne Vertretungsmacht gehandelt hat **(§ 180 S. 2 BGB)**, oder wenn ein einseitiges Rechtsgeschäft gegenüber einem Vertreter ohne Vertretungsmacht mit dessen Einverständnis vorgenommen wird **(§ 180 S. 3 BGB)**.

Wird der Vertrag oder das in Rede stehende einseitige Rechtsgeschäft, auf das ausnahmsweise § 177 BGB entsprechend anwendbar ist, nicht wirksam, weil die Genehmigung verweigert wird oder weil die Verweigerung fingiert wird, kann der **Dritte** sich nach **§ 179 Abs. 1 BGB an** den **Vertreter** ohne Vertretungsmacht **halten** und **nach** seiner **Wahl** von ihm

- **a) Erfüllung (§ 179 Abs. 1 BGB)** verlangen, **b)** wodurch umgekehrt der **Vertreter ohne Vertretungsmacht kraft Gesetzes** die tatsächliche **Stellung** eines **Vertragspartners** erlangt und seinerseits **Erfüllung** fordern kann und ihm die Einrede aus **§ 320 BGB** und die Rechte aus **§§ 323 ff BGB** aus **§ 437 BGB** zustehen, und er auch allen **Ansprüchen** aus dem **gescheiterten Vertrag** ausgesetzt ist, z. B. aus **§§ 280 ff BGB** wegen Schlechterfüllung und aus einem **Rückgewährschuldverhältnis**, dies sogar im Falle eines am Fehlen der Vertretungsmacht gescheiterten **Vertrages zugunsten** eines **Dritten** gegenüber dem **Dritten**,
- oder **Schadensersatz** wegen **Nichterfüllung (§ 179 Abs. 1 BGB)** oder aber auch nur
- **Vertrauensschadensersatz (§ 179 Abs. 2 BGB)** verlangen,
- es sei denn, dass die **Ausnahmetatbestände** des **§ 179 Abs. 3 BGB** eingreifen.

Bei der **Untervertretung** kann

- die **Untervollmacht fehlen**; dann **haftet** der **Untervertreter nach § 179 BGB**;
- **fehlt** es an einer **Hauptvollmacht**, so haftet der **Untervertreter, wenn** er die **Stellung als Untervertreter verschweigt**, nicht aber bei Offenlegung derselben.

### i) Wirkung des Vertreterhandelns

#### aa) Unmittelbare Wirkung für und gegen den Vertretenen, insbesondere beim Vertragsschluss

Für uns, die wir uns mit dem Vertragsschluss – das ist das Thema dieses Teils 3 sub A – befassen, steht, was die Frage der Wirkung des Vertreterhandelns angeht, im Mittelpunkt, was in **§ 164 Abs. 1 S. 1 Abs. 3 BGB** als Rechtsfolge formuliert wird:

Wenn ein Vertreter mit Vertretungsmacht durch Abgabe oder Empfang einer Willenserklärung rechtsgeschäftlich oder rechtsgeschäftsähnlich handelt, dann treffen die Wirkungen unmittelbar den Vertretenen (§ 164 Abs. 1 S. 1, Abs. 3 BGB): Der Vertreter „repräsentiert" den Vertretenen **(„Repräsentationstheorie")**.

Dass es **durch** das **Handeln** des **Vertreters** (der ja auf Seiten nur des einen Vertragspartners oder nur auf Seiten des anderen Vertragspartners oder gar auf beiden Seiten handeln kann) **zu** einem **Vertragsschluss zwischen** dem **Vertretenen und** einem **Dritten** kommen kann, wissen wir längst. Wir wollen uns jetzt Rechenschaft ablegen, **wie** dies **konstruktiv** erfolgt.

Bei der **Fallbearbeitung** gibt es theoretisch zwei Möglichkeiten der Darstellung:

1. Man kann die beiden Willenserklärungen „Angebot" und „Annahme" getrennt betrachten und prüfen, ob sie jeweils für und gegen den Vertretenen wirken.
2. Übersichtlicher, weil man die Frage nach dem Vertragsschluss und die nach der Wirksamkeit der Vertretung nicht miteinander verquicken muss, ist es in den meisten Fällen, wenn Sie zunächst prüfen, ob die Voraussetzungen eines Vertragsschlusses zwischen dem handelnden Vertreter und dem Dritten, als ob diese die Vertragspartner wären, gegeben sind, und wenn Sie erst im Anschluss daran prüfen, ob das Handeln des Vertreters für und gegen den/die jeweiligen Vertretenen wirkt.
3. Wir haben in unseren Lösungsskizzen beide Methoden verwendet. Ergebnisrelevant ist die Entscheidung für die eine oder die andere Aufbaumethode nicht.

bb) Andere Folgen des Vertreterhandelns: „Willensmängel" und „Kenntnis und Kennenmüssen" gewisser Umstände (§ 166 BGB).

Dass ein wirksames Vertreterhandeln auch noch andere bedeutsame Folgen als die Zurechnung von Willenserklärungen hat, soll – wenn auch nur allenfalls mittelbar bzw. gar nicht in den Zusammenhang des Vertragsschlusses gehörig – bereits erwähnt werden.

DasGesetz geht davon aus, dass „rechtlichen Folgen einer Willenserklärung durch Willensmängel oder durch die Kenntnis oder das Kennenmüssen gewisser Umstände" bei einem eingeschalteten Vertreter „beeinflusst werden" können (§ 166 Abs. 1 BGB). Das mögen Sie mittlerweile beim Durchlesen der Normen der §§ 164 ff. BGB, das ich unterstelle, gelesen haben und sich gefragt haben, wofür das denn interessant sein mag.

Hier ist die Antwort:

- **„Willensmängel"** und das **„Kennen"** oder das **„Kennenmüssen"** von „Umständen" können von **mittelbarer Bedeutung** sein für das Zustandekommen oder die Wirksamkeit eines **Vertrages**: „Willensmängel" können zur Anfechtung und damit rückwirkenden Vernichtung eines Vertrages führen (§§ 119 ff., 142 Abs. 1 BGB) und ein Beispiel für eine Wirksamkeitsrelevanz einer „Kenntnis ... gewisser Umstände" sind die subjektiven Voraussetzungen des Ihnen ja ebenfalls geläufigen § 138 BGB.
- Ein **„Kennen"** oder ein **„Kennenmüssen"** von Umständen können aber auch Bedeutung haben für Fragen, die mit dem Vertragsschluss nichts zu tun haben, so für Fragen nach der Zurechnung der Kenntnis von Sachmängeln (§ 442 Abs. 1 S. 1 BGB), der Zurechnung einer Bösgläubigkeit (z. B. §§ 892, 932 ff. BGB) oder der Zurechnung der Kenntnis des Fehlens des rechtlichen Grundes (§ 819 BGB).

Und jetzt können Sie die Ihnen ja vielleicht wirklich gekommene Frage, **warum es auf wessen Person** bei der Frage ankommt, ob ein „Willensmangel" oder ob ein „Kennen" bzw. ein „Kennenmüssen" von solchen „Umständen" vorliegt (auf die Person des Vertreters, der gehandelt hat, oder auf die Person des Vertretenen, den die Wirkungen des Rechtsgeschäfts treffen?), dogmatisch einordnen.

Auf den ersten Blick scheint die Antwort sehr einfach zu sein: Da wir ja wissen, dass es nach der „**Repräsentationstheorie**" der Vertreter ist, der i. S. d. § 164 BGB handelt, kommt es natürlich **im Grundsatz** auf die **Person** des **Vertreters** an **(§ 166 Abs. 1 BGB)**, und nicht auf die Person des Vertretenen.

Würde man diesen Grundsatz mit aller Konsequenz ausnahmslos umsetzen, könnte das allerdings zu **unbilligen Ergebnissen** führen; daher gibt es gesetzliche und durch die Rechtswissenschaft und Rechtspraxis entwickelte **Korrekturen** dieses Grundsatzes:

- Wenn man nämlich gemäß dem Grundsatz des § 166 Abs. 1 BGB bei **Willensmängeln** nur auf die Person des Vertreters abstellen würde, so würde bei einem weisungsgebundenen Vertreterhandeln aufgrund einer Vollmacht **(„Vertreter mit gebundener Marschroute")** übersehen werden, dass bei dieser Konstellation das Geschäft ausschließlich auf dem Willen des Vertretenen beruht; daher muss man hinsichtlich solcher Willensmängel, die nur beim Vertretenen bestehen, ausnahmsweise auch auf die **Person** des **Vertretenen** abstellen. Zur Begründung dessen hat man **§ 166 Abs. 2 BGB analog** angewendet, obwohl die „ratio legis" des § 166 Abs. 2 BGB (Schutz des Geschäftsgegners vor einem „vorgeschickten" Vertreter) hier nun wirklich nicht einschlägig ist. Von der Rechtsprechung ist daher z. B. entschieden worden, dass der Vertretene dann, wenn er durch eine arglistige Täuschung eines anderen dazu veranlasst wurde, einem gutgläubigen bevollmächtigten Vertreter eine Weisung zum Abschluss des Geschäftes zu erteilen, das Geschäft selbst nach § 123 Abs. 1 BGB anfechten kann. Mehr dazu **sub (1)**.
- Wenn man weiterhin gemäß dem Grundsatz des § 166 Abs. 1 BGB für die **„Kenntnis** oder das **Kennenmüssen gewisser Umstände"** ausschließlich auf die Person des Vertreters abstellen würde, wäre es möglich, dass ein „bösgläubiger" (also die Kenntnis habender oder haben müssender) Vertretener sich „hinter einem gutgläubigen Vertreter verstecken" könnte, indem er diesen gewissermaßen „vorschickt". Daher musste das Gesetz jedenfalls **für** ein **weisungsgebundenes Vertreterhandeln** aufgrund einer Vollmacht von der Regel des § 166 Abs. 1 BGB, dass es hinsichtlich des Kennens und des Kennenmüssens auf die Person des Vertreters ankommt, **Ausnahmen** machen und in diesen Fällen auf die **Person** des **Vertretenen abstellen (§ 166 Abs. 2 BGB)**. Die Rechtswissenschaft und die Rechtspraxis haben herausgearbeitet, dass für das „Kennen" und für das „Kennenmüssen" von „Umständen" **nicht nur** bei **weisungsgebundenem Vertreterhandeln** auf die Person des Vertretenen abzustellen ist, sondern auch dann, wenn das Geschäft eines bevollmächtigten Vertreters deshalb auf einem Willensentschluss des Vertretenen beruht, weil der **Vertreter von** dem **Vertretenen zu** dem **Geschäft veranlasst** worden ist bzw. weil der **Vertretene**

**trotz Kenntnis** der maßgeblichen Umstände **nicht eingreift und** das Geschäft **nicht verhindert**. Mehr dazu **sub (2)**.

(1) Willensmängel und Anfechtung

Sie wissen jetzt: Wenn bei einer von einem Vertreter mit Wirkung für und gegen den Vertretenen (§ 164 Abs. 1 BGB) abgegebenen Willenserklärung **Willensmängel** vorliegen, die sich als **Anfechtungsgründe** darstellen, kommt es für eine **Anfechtung durch** den **Vertretenen**

- zwar im Grundsatz darauf an, dass der Willensmangel beim Vertreter vorliegt **(§ 166 Abs. 1 BGB)**;
- ausnahmsweise soll aber nach **§ 166 Abs. 2 BGB** analog beim Einsatz eines weisungsgebunden handelnden bevollmächtigten Vertreters (man nennt ihn: **„Vertreter mit gebundener Marschroute"**) auf das Vorliegen eines Willensmangels beim Vertretenen abgestellt werden.

**Fall 142**

Der V will an den durch den X vertretenen K sein Auto verkaufen und erklärt gegenüber dem für den K auftretenden X: „Ich biete mein Auto zum Preis von € 12.000,– zum Kauf an". Der X verhört sich und meint „€ 11.000,–" gehört zu haben. Der X, der eine Vollmacht für einen Kauf bis zu einem Preis von € 12.000,– hatte, erklärt deshalb in der Vorstellung, damit ein Angebot des V zum Preise von € 11.000,– anzunehmen, „Ja". Als der V von K Zahlung von € 12.000,– Zug-um-Zug gegen Lieferung verlangt, stellt sich das Missverständnis des X heraus. Der K erklärt, dass er wegen des Versehens des X die Zahlung und Abnahme verweigere.

Der Anspruch des V gegen K könnte sich aus einem Kaufvertrag ergeben (§ 433 Abs. 2 BGB). a) Der Kaufvertrag ist geschlossen (§§ 433 Abs. 1, 164 Abs. 1, 3 BGB). b) Er ist jedoch durch die Anfechtungserklärung als von Anfang an nichtig anzusehen (§§ 119 Abs. 1, 166 Abs. 1, 142 Abs. 1 BGB).

**Fall 143**

Der V will dem K sein Auto verkaufen. Bei den Vertragsvorverhandlungen erklärt er dem K, dass das Auto mit einem „neuen Austauschmotor" ausgestattet sei, obwohl er nur eine Generalüberholung des Motors vorgenommen hatte. Der K erteilt daraufhin dem dazu bereiten X den Auftrag und die Vollmacht, das Auto für € 12.000,– zu kaufen. Der V erklärt gegenüber dem für K auftretenden X, der von der in Wahrheit nicht erfolgten Ausstattung mit einem Austauschmotor nichts ahnend war und sich insofern auch keine Gedanken darüber machte, welche Art Motor vorhanden war: „Ich biete mein Auto zum Preis von € 12.000,– zum Kauf an". Der X erklärt: „Einverstanden". Nach Barzahlung des Kaufpreises durch den K und Lieferung durch den V stellt der K fest, dass der Motor nur generalüberholt ist. Der K erklärt die Anfechtung des Vertrages wegen arglistiger Täuschung und verlangt Rückzahlung der zufällig noch unvermischt bei dem V vorhandenen € 12.000,–. Der V weigert sich; jedenfalls aber ist er nur zur Rückzahlung Zug-um-Zug gegen Rückübereignung des Autos bereit.

Der Anspruch des K gegen den V könnte sich 1) aus § 985 BGB ergeben. a) Der K müsste Eigentümer der € 12.000,– sein. aa) Der K hatte das Geld an V übereignet (§ 929 S. 1 BGB). bb) Die Übereignung könnte nach §§ 123 Abs. 1, 142 Abs. 1 BGB als von Anfang an nichtig anzusehen sein. aaa) Der K hat die Anfechtung erklärt. bbb) Der Anfechtungsgrund des § 123 Abs. 1 BGB („arglistige Täuschung") aaaa) setzt eine Täuschung voraus. Der V hat den K über die Ausstattung des Autos mit einem „Austauschmotor" getäuscht. aaaaa) Allerdings ist nicht der X, auf dessen Vorstellung es nach dem Wortlaut des § 166 Abs. 1 BGB ankommt, getäuscht worden, bbbbb) sondern der von ihm vertretene K. Auch wenn § 166 Abs. 2 BGB Willensmängel nicht erwähnt und an sich nicht dem Schutz des Vertretenen dienen soll, wird die Vorschrift wegen der vorhandenen gesetzlichen Lücke auf einen Fall wie den vorliegenden analog angewendet. Wenn der Vertretene (der K) durch eine arglistige Täuschung dazu veranlasst wurde, dem bevollmächtigten gutgläubigen Vertreter (X) eine Weisung zum Abschluss des Geschäftes zu erteilen, kann dieser das vom Vertreter vorgenommene Rechtsgeschäft nach § 123 Abs. 1 BGB anfechten. bbbb) Die Täuschung des V war „doppelt kausal" auch für die zum Abschluss des Einigungsvertrages hinsichtlich der Übereignung des Kaufpreises führende Willenserklärung des K. ccc) Die Täuschung des V war arglistig, weil vorsätzlich. Also war die Übereignung des als Kaufpreis gezahlten Geldes nichtig (§§ 123 Abs. 1, 166 Abs. 2 analog, 142 Abs. 1 BGB). Der K war (noch) Eigentümer des Geldes. b) Der V ist Besitzer des Geldes. c) Der V dürfte kein Recht zum Besitz haben (§ 986 BGB). aa) Das Recht zum Besitz könnte sich aus § 433 Abs. 2 BGB ergeben. Der Kaufvertrag ist jedoch ebenfalls wirksam angefochten worden (§§ 123 Abs. 1, 142 Abs. 1, 166 Abs. 2 BGB analog, 142 Abs. 1 BGB). Also hat der K einen Anspruch auf Herausgabe des Geldes gegen V. bb) Ob ein Anspruch auf Rückübereignung des Autos aus § 812 Abs. 1 S. 1 Var. 1 BGB des V gegen den K wegen des daraus resultierenden Zurückbehaltungsrechts (§§ 273, 274 BGB) ein Recht zum Besitz i. S. d. § 986 BGB begründet, ist umstritten. d) Wer ein Recht des V zum Besitz aus § 986 BGB verneint, müsste dem V aber ein Herausgabeverweigerungsrecht aus §§ 273, 812 Abs. 1 S. 1 Var. 1 BGB zuerkennen, das zur Zug-um-Zug-Verurteilung des V führen würde (§ 274 BGB). 2) Des Weiteren hat der a) K gegen den V einen Anspruch aus § 812 Abs. 1 S. 1 Var. 1 BGB auf Herausgabe des Geldes. aa) Der V hat als „etwas" den Besitz erlangt, bb) durch Leistung des K an V und cc) wegen der wirksamen Anfechtung des Kaufvertrages auch ohne Rechtsgrund. b) Jedoch kann er Herausgabe nur Zug-um-Zug gegen Rückübereignung des Autos verlangen, und zwar aa) nach der Saldotheorie bb) und auch nach der Zweikondiktionentheorie gemäß §§ 812 Abs. 1 S. 1 Var. 1 BGB, 273, 274 BGB. 3) Schließlich kann der K von V Herausgabe a) aufgrund eines deliktischen Schadensersatzanspruchs verlangen: § 823 Abs. 1 BGB, § 823 Abs. 2 BGB i. V. m. 263 StGB, § 826 BGB, jeweils i. V. m. § 249 Abs. 1 BGB. b) Ein Zurückbehaltungsrecht aus §§ 812 Abs. 1 S. 1 Var. 1 BGB (Leistungskondiktion"), 273, 274 BGB scheitert daran, dass § 393 BGB („Der Schuft darf nicht aufrechnen") analog auf § 273 BGB angewendet wird.

In aller **Regel** kann nur der **Vertretene** (bei entsprechender Reichweite der Vertretungsmacht auch vertreten durch den Vertreter) die Anfechtung **erklären**, weil allein ihn die Rechtsfolgen treffen.

Wenn aber der Vertreter ein **Vertreter ohne Vertretungsmacht** war und ohne Anfechtung des Vertrages nach § 179 BGB in Anspruch genommen werden kann, ist es erwägenswert, **ausnahmsweise** dem **Vertreter** eine evtl. gegebene **Anfechtungsmöglichkeit** in der Weise zuzusprechen, dass er sie ausüben kann, um sich auf diese Weise einer Inanspruchnahme aus § 179 BGB zu entziehen.

(2) Die Kenntnis oder das Kennenmüssen gewisser Umstände

Die Bedeutung des § 166 Abs. 1 BGB für **„die Kenntnis oder das Kennenmüssen gewisser Umstände"** ist Ihnen ja schon einleitend vermittelt worden. Versuchen Sie sich zu erinnern.

1. Für die uns hier ja am meisten interessierende **Frage des Vertragsschlusses selbst** kommt es nur selten auf ein Kennen oder ein Kennenmüssen von Umständen an; ein Beispiel sind die subjektiven Voraussetzungen des § 138 BGB.
2. Bedeutsamer ist das Kennen und Kennenmüssen gewisser Umstände für **andere Rechtswirkungen**, z. B. für die Frage eines Ausschlusses von Gewährleistungsrechten aufgrund einer Kenntnis des Käufers von den Sachmängeln (§ 442 Abs. 1 S. 1 BGB), weiterhin für die Frage der Gutgläubigkeit des Erwerbers bei dem Erwerb des Eigentums an Grundstücken bzw. Rechten an Grundstücken und an beweglichen Sachen (§§ 892, 932 ff. BGB), bei der Frage der Kenntnis des Fehlens des rechtlichen Grundes (§ 819 BGB).

Um Ihnen davon einen konkreten ersten Eindruck zu verschaffen, soll dazu sogleich ein Beispiel aufgezeigt werden. Wenn es mit unserem eigentlichen Thema – dem Abschluss von Verträgen, speziell verpflichtenden Verträgen – nichts zu tun hat, soll Sie das bitte nicht verängstigen: Wir gehen später auf alle diese Fragen noch einmal sehr gründlich ein.

**Fall 144**

Der V hat sich von E ein diesem gehörendes Fahrrad geliehen und will es dem K verkaufen. Zum Zwecke des käuflichen Erwerbs des Rades hat der K seinem Angestellten X einerseits zum Abschluss des Kaufvertrages und andererseits zur Mitwirkung an der beiderseitigen Erfüllung des Vertrages Vollmacht durch Erklärung ihm gegenüber erteilt. Dem X ist bekannt, dass nicht der V sondern der E Eigentümer des Rades ist. Der K hingegen weiß dies nicht und hätte dies auch nicht wissen können. Der X schließt im Namen des K den Kaufvertrag, zahlt den ihm von K überlassenen Kaufpreis in bar. Der V einigt sich mit dem X weiterhin über die Übereignung des Fahrrades an den K; und der X nimmt danach das Rad für K entgegen und stellt es bei sich in den Keller, um es demnächst an den K auszuhändigen. Noch bevor der X das Rad an K weitergibt, verlangt E Herausgabe des Rades von dem K. Der K kann beweisen, dass X ein stets verlässlicher Mitarbeiter war.

Der Anspruch könnte sich 1) aus § 985 BGB ergeben. a) Der E müsste Eigentümer des Rades sein. aa) Er war Eigentümer. bb) Durch das Verleihen an den V ist der E Eigentümer geblieben (lesen Sie bei der Gelegenheit der Bearbeitung dieses Falles wieder einmal die §§ 598 ff. BGB durch). cc) Der E könnte das Eigentum durch eine Übereignung des V an den K verloren haben (§§ 929 S. 1, 164 ff.· 855, 932 Abs. 1 S. 1 BGB). aaa) Voraussetzung ist eine Einigung. aaaa) Der V hat eine zu einem solchen Vertrag führen sollende Willenserklärung abgegeben. bbbb) Der K selbst hat keine Willenserklärung abgegeben, wohl aber der X. cccc) Der Einigungsvertrag wäre zwischen V und K geschlossen worden, wenn K wirksam von X vertreten worden wäre (§ 164 Abs. 1 BGB). aaaaa) Der X hat im Namen des K gehandelt. bbbbb) Ihm war durch Erklärung ihm gegenüber Vertretungsmacht erteilt worden (§ 167 Abs. 1 BGB). ccccc) Der X hat im Rahmen der Vertretungsmacht gehandelt. Also ist ein Einigungsvertrag zwischen V und K zustande gekommen. bbb) Die Übergabe aaaa) ist nicht durch Übertragung der tatsächlichen Sachherrschaft von V auf K erfolgt. bbbb) Der K könnte den Besitz nur durch Übertragung der tatsächlichen Sachherrschaft erlangt haben. aaaaa) Nach § 164 Abs. 1 BGB kann Besitz nicht erworben werden, weil es sich dabei um einen Realakt handelt (arge. § 854 Abs. 1 BGB) und nicht um eine Willenserklärung oder um eine geschäftsähnliche Handlung. bbbbb) Der X ist aber als Angestellter des K der Besitzdiener des K (§ 855 BGB). Also hat K den Besitz erlangt. ccc) Der V war aber nicht Eigentümer des Fahrrades. Daher könnte K das Eigentum nur gutgläubig nach § 932 Abs. 1 S. 1 BGB erlangt haben. aaaa) Der den gutgläubigen Eigentumserwerb ausschließende Tatbestand des § 935 BGB liegt nicht vor, weil die Sache weder dem E noch dem die Sache für ihn besitzenden V abhandengekommen (=unfreiwilliger Besitzverlust) ist, denn sowohl der E als auch der V haben den Besitz freiwillig aufgegeben. bbbb) Es liegt ein aaaaa) rechtsgeschäftlicher Erwerb bbbbb) im Sinne eines Verkehrsrechtsgeschäfts vor. ccccc) Die aaaaaa) Vermutung der Gutgläubigkeit bbbbbb) wäre durch die Bösgläubigkeit des X (§ 932 Abs. 2 BGB) widerlegt, wenn dessen Kenntnis dem K zugerechnet werden müsste. Das ist nach § 166 Abs. 1 BGB der Fall. Also hat K kein Eigentum erworben. b) Der K ist Besitzer des Rades, auch wenn es sich nicht in seinem Gewahrsam befindet (§ 855 BGB). c) Der K dürfte kein Recht zum Besitz gegenüber E haben (§ 986 Abs. 1 BGB). aa) Ein eigenes Recht zum Besitz hat er nicht. bb) K könnte ein abgeleitetes Recht zum Besitz haben. aaa) Der K hat ein Recht zum Besitz im Verhältnis zu V aus dem Kaufvertrag; dieser ist wirksam, auch wenn die verkaufte Sache nicht dem V, sondern dem E gehört und dieser der Erfüllung des Kaufvertrages (Übereignung) an K – wie das Herausgabeverlangen zeigt – nicht zustimmt (§ 311a Abs. 1 BGB). bbb) Dieses Recht kann der K jedoch nicht dem E entgegenhalten, weil der V nicht zum Verkauf an K befugt war (arge § 986 Abs. 1 S. 2 BGB). Also kann der E von

K Herausgabe verlangen. 2) Weiterhin besteht ein Anspruch aus §§ 1007 Abs. 1, 166 Abs. 1, 855 BGB. 3) Ein Herausgabeanspruch aus §§ 831 Abs. 1 S. 1, 249 Abs. 1 BGB scheitert am Entlastungsbeweis (§ 831 Abs. 1 S. 2 BGB).

### 12. Der Vertrag zugunsten Dritter

Bisher war es für Sie selbstverständlich, dass der primäre Gläubiger (also einen Forderungsübergang z. B. nach §§ 398, 412, 1922 BGB hinweg gedacht) eines Anspruchs aus einem verpflichtenden Vertrag der jeweilige Vertragspartner des Schuldners ist. Das ist in der Tat die häufigste, aber beileibe nicht die einzig denkbare Konstellation. Mit der konstruktiv sehr interessanten – und Ihnen schon mehrfach bekannt gemachten – Rechtsfigur des **Vertrages zugunsten Dritter** trägt das Gesetz dem Bedürfnis der Vertragspartner Rechnung, ein **Forderungsrecht** aus einem verpflichtenden **Vertrag zwischen** einem **Versprechenden (VSP) und** einem **Versprechensempfänger (VE)** einem **Dritten (D)** in der Weise **zuzuwenden**, dass der „**Dritte unmittelbar** das **Recht erwirbt**, die **Leistung** zu **fordern**" (**§ 328 Abs. 1 BGB**). Die Rechtsfolge dieses Instituts besteht also darin, dass ein Dritter, wiewohl nicht Vertragspartner des Schuldners, **von vornherein** und daher **nicht abgeleitet (originär** und **nicht derivativ) Gläubiger** eines **Anspruchs** aus einem verpflichtenden Vertrag ist, den andere Personen (VE und VSP) geschlossen haben.

**Verwechseln Sie** also den **Vertrag zugunsten Dritter nicht** mit der Ihnen ja schon andeutungsweise bekannten **Zession** (§ 398 ff. BGB), durch die ein Dritter (Zessionar) Gläubiger eines Anspruchs (z. B. aus einem verpflichtenden Vertrag) werden kann, indem ein Ursprungsgläubiger (Zedent) sie an ihn überträgt. Auch hat der Vertrag zugunsten Dritter **nichts mit** einem **Austausch** eines **Vertragspartners** zu tun.

Man fragt sich natürlich, was die **Gründe** dafür sein können, dass die Parteien eines Vertrages diese rechtstechnisch bestehende Möglichkeit, einem Dritten ein Forderungsrecht zuzuwenden, wählen:

- Denkbar ist z. B., dass sich die Beteiligten eines Vertrages auf diese Weise eine **Abkürzung** des **Leistungsweges** ermöglichen wollen.

So lassen sich folgende Wege einer **Abkürzung des Leistungsweges** denken: Der Versprechensempfänger (VE) kauft eine Ware bei dem Versprechenden (VSP) und verkauft sie sogleich weiter an den Dritten (D). Die **Abwicklung der** beiden **Kaufverträge** kann dann so erfolgen,

**1.** dass der Verkäufer VSP die Ware aufgrund seiner Verpflichtung aus § 433 Abs. 1 S. 1 BGB an den Käufer VE liefert und der sie dann aufgrund seiner Verpflichtung als Verkäufer aus § 433 Abs. 1 S. 1 BGB weiter an den Käufer D liefert („Leistungskette"). Hier wird der Leistungsweg nicht abgekürzt.

2. Man kann aber auch an folgende Abwicklung denken: Der VE weist den VSP an, direkt an D zu liefern; oder VE und VSP vereinbaren die Direktlieferung an den D. Der D erlangt keinen eigenen Anspruch gegen den VSP. Der VSP liefert dann an den D (Fälle der „Durchlieferung" oder „Direktlieferung").
   Der „Leistungskette", der „Durchlieferung" und der „Direktlieferung" werden Sie im Bereicherungsrecht beim „Training" des Leistungsbegriffs wieder begegnen.
3. Schließlich (und nur dabei handelt es sich um die uns im Folgenden interessierende Konstruktion eines „Vertrags zugunsten eines Dritten") können der VSP und der VE einen Vertrag des Inhalts schließen, dass der D „unmittelbar das Recht erwirbt" die Lieferung von dem VSP zu fordern (§§ 433 Abs. 1 S. 1, 328 Abs. 1 BGB).

- Ein Bedürfnis dafür, dass ein anderer als ein Vertragspartner unmittelbar das Recht erwerben soll, eine Leistung zu fordern, kann sich auch aus **Versorgungserwägungen** ergeben; denken Sie z. B. an einen Lebensversicherungsvertrag, bei dem der „Bezugsberechtigte" eine andere Person ist als der Versicherungsnehmer (§ 159 VVG).
- Dass Schuldner und Bürge einen **Bürgschaftsvertrag zugunsten** des **Gläubigers** (§§ 765, 329 BGB) schließen können, oder dass Gläubiger und Schulübernehmer **eine Schuldübernahme zugunsten** des **Schuldners** vereinbaren können (§ 414 BGB), haben Sie schon erfahren.

Ob es auch **verfügende Verträge zugunsten Dritter** gibt, etwa eine Übereignung nach §§ 929 S.1, 328 BGB, werden wir noch sehen.

### a) Rechtliche Konstruktion des verpflichtenden Vertrages zugunsten Dritter

Bei einem zu einem beliebigen verpflichtenden Vertrag **(„Grundvertrag")** hinzutretenden **„Vertrag zugunsten Dritter"** geht es um den Richtungswechsel der sich aus dem „Grundvertrag" ergebenden Verpflichtung. Der **Schuldner (Versprechender=VSP)** verpflichtet sich, eine aus dem Grundvertrag geschuldete Leistung an einen vom **Gläubiger (Versprechensempfänger=VE)** verschiedenen **Dritten (=D)** zu erbringen.

Ob auch andere Vertragsarten als verpflichtende Verträge als Vertrag zugunsten Dritter ausgestaltet werden können, ist umstritten.

Entscheidend ist nun, wie sich der Richtungswechsel vollziehen soll: Dazu muss man zwischen zwei Arten von Verträgen mit Drittwirkung unterscheiden, die leider (und das verwirrt manchen Lernenden unnötig) sehr ähnlich und damit verwechslungsfähig benannt werden; es sind zum einen der **„echte Vertrag zugunsten Drit-**

**ter"** und zum anderen der **„unechte Vertrag zugunsten Dritter"**. Der Unterschied betrifft das Verhältnis zwischen dem Versprechenden und dem Dritten.

- Beim **„echten Vertrag zugunsten Dritter"** erhält der Dritte einen eigenen Anspruch gegen den Versprechenden, er erwirbt nach § 328 Abs. 1 BGB „unmittelbar das Recht, die Leistung zu fordern".
- Ein **„unechter Vertrag zugunsten eines Dritten"** liegt vor, wenn dem Dritten „das Recht, die Leistung zu fordern" nicht zugewendet werden soll, sondern nur der Versprechensempfänger vom Versprechenden die Erbringung der Leistung an den Dritten verlangen kann und der Versprechende mit befreiender Wirkung an den Dritten leisten kann.
- **Nur** der **„echte Vertrag zugunsten eines Dritten"** ist ein **„Vertrag zugunsten Dritter" i. S. d. §§ 328 ff. BGB**. Das BGB enthält in den §§ 328 ff. BGB einige **Auslegungsregeln** zur Abgrenzung der beiden vorgenannten Vertragsarten.
- Es gibt natürlich **nicht „den" Vertrag zugunsten Dritter „als solchen"**. In den §§ 328 ff. BGB ist nämlich kein gesonderter Vertragstyp geregelt. Vielmehr geht es um eine vom Regelfall abweichende Aufteilung der Gläubigerbefugnisse aus einem (beliebigen) Grundvertrag (systematisch spricht hierfür auch die Einordnung der §§ 328 ff. BGB in das Allgemeine Schuldrecht und nicht bei den einzelnen Vertragstypen). Es gibt daher nur einen „Kaufvertrag etc. zugunsten eines Dritten". Dementsprechend ist auch die **Anspruchsgrundlage** zu formulieren, die niemals allein „§ 328 Abs. 1 BGB" lauten kann, sondern immer nur z. B. **„§§ 433 Abs. 1, 328 Abs. 1 BGB"**. Wir nennen diese sich aus dem Grundvertrag und dem Vertrag zugunsten Dritter zusammensetzende vertragliche Beziehung zwischen dem Versprechensempfänger (VE) und dem Versprechenden (VSP) künftig das **„Deckungsverhältnis"**; das Gesetz nennt es in den §§ 328 ff. BGB den **„Vertrag"**. Der Anspruch des Dritten (D) gegen den Versprechenden (VSP) entstammt allein dem Deckungsverhältnis. Die Rechtsbeziehung zwischen dem Versprechensempfänger (VE) und dem Dritten (D), aus der sich ergibt, aus welchem (Rechts-)Grund der Dritte den Anspruch zugewandt bekommt und behalten darf, nennen wir das **„Valutaverhältnis"**. Und die Beziehung zwischen dem Versprechenden (VSP) und dem Dritten (D) nennen wir das **„Zuwendungsverhältnis"**.

Aus der Tatsache, dass es beim Vertrag zugunsten Dritter nur um einen „Richtungswechsel" hinsichtlich des Anspruchs des Versprechensempfängers VE gegen den Versprechenden VSP geht, folgt zugleich, dass sich durch einen Vertrag zugunsten Dritter am Fortbestand des Grundvertrages zwischen Versprechendem VSP und Versprechensempfänger VE nichts ändert; der Versprechende und der Versprechensempfänger sind und bleiben die Partner des Grundvertrages. Der Vertrag zugunsten Dritter führt also nicht etwa zu einer „Vertragsübertragung". Der VE hat daher auch nach § 335 BGB im Zweifel weiterhin das Recht, die Leistung an den Dritten zu fordern; im Rechtsstreit handelt es sich um einen Fall der „gesetzlichen Prozessstandschaft".

### b) Primärer Anspruch des Dritten

Sie wissen es ja inzwischen, aber mancher Leser kann es vielleicht nicht oft genug hören: Es gibt nicht „den" Vertrag zugunsten Dritter „als solchen" und daher auch keinen „Anspruch" des Dritten (D) gegen den Versprechenden (VSP) „aus § 328 Abs. 1 BGB". Wer also seine schriftliche Arbeit mit dem Obersatz beginnt: „Der D könnte von dem VSP Zahlung in Höhe von € 1000,– aus § 328 Abs. 1 BGB" verlangen, hat praktisch schon „verloren".

Vielmehr bezieht sich der Vertrag zugunsten eines Dritten immer zugleich auf einen Grundvertrag (z. B. Kaufvertrag, Darlehensvertrag etc.) zwischen dem Versprechenden (VSP) und dem Versprechensempfänger (VE) und der Obersatz müsste bei einem Kaufvertrag als Grundvertrag daher lauten: „Der D könnte von dem VSP Übereignung und Übergabe des PKW aus §§ 433 Abs. 1 S. 1, 328 Abs. 1 BGB verlangen".

Bei der Prüfung von Ansprüchen des Dritten gegen den Versprechenden sollten folgende **Prüfungspunkte** berücksichtigt werden:

Wirksamer **Grundvertrag** zwischen dem Versprechenden und dem Versprechensempfänger **(sub aa))**.

Eine **Auslegung des Vertrages** muss ergeben, dass dem **Dritten ein eigenes Forderungsrecht** aus dem Grundvertrag zusteht **(sub bb))**.

**Keine Ausübung des Zurückweisungsrechts** durch den Dritten gem. § 333 BGB **(sub cc))**.

#### aa) Wirksamer Grundvertrag im Deckungsverhältnis

Da der Anspruch des Dritten (D) daraus resultiert, dass ihm ein aus einem Grundvertrag herrührendes Forderungsrecht des Versprechensempfängers (VE) gegen den Versprechenden (VSP) zugewendet wird, steht und fällt sein Anspruch mit einem Anspruch des Versprechensempfängers gegen den Versprechenden. Die Voraussetzung dafür ist ein **wirksamer Grundvertrag** im **Deckungsverhältnis** zwischen dem Versprechensempfänger (VE) und dem Versprechenden (VSP). Das ergibt sich mittelbar daraus, dass das Gesetz in § 334 BGB bestimmt, dass der Versprechende (VSP) sich auch gegenüber dem Dritten (D) auf Einwendungen aus dem Deckungsverhältnis berufen kann. Dass dagegen das Bestehen oder die Wirksamkeit des Valutaverhältnisses zwischen dem Versprechensempfänger (VE) und dem Dritten (D) ohne jede Bedeutung für die Frage eines Anspruchs des Dritten gegen den Versprechenden sind, ist selbstverständlich, denn der Anspruch des Dritten (D) gegen den Versprechenden (VSP) entstammt allein dem Deckungsverhältnis; das Valutaverhältnis zwischen dem Dritten (D) und dem Versprechensempfänger (VE) liefert nur den Rechtsgrund dafür, warum der Dritte im Verhältnis zum Versprechensempfänger (VE) den Anspruch erlangt und die an ihn erbrachte Leistung im Verhältnis zum Versprechensempfänger behalten darf. Die für das Bereicherungsrecht höchst bedeutsame Frage, wer an den Dritten geleistet hat, wird uns später noch ausgiebig beschäftigen.

Daher prüfen wir, wenn es um einen Anspruch des D gegen den VSP geht, nur ob **im Deckungsverhältnis** ein **wirksamer Grundvertrag** zwischen dem Versprechensempfänger (VE) und dem Versprechenden (VSP) **geschlossen** ist, und berücksichtigen dabei die **„Wirksamkeitshindernisse" (= „rechtshindernde Einwendungen")**, wie die **Einwendungen** der **§§ 105, 125, 134, 138 BGB**, sowie die **vertragsbeendenden Umstände**, wie z. B. einer **Anfechtung** mit der Folge des § 142 Abs. 1 BGB oder eines **Rücktritts**.

**Dagegen** gehört **nicht** hierher die **Prüfung** der einen **Anspruch zum Erlöschen bringenden Umstände** wie die Erfüllung durch eine Leistung an den Versprechensempfänger oder entsprechende Erfüllungssurrogate, da ja die Leistung nach den Grundsätzen des Vertrages zugunsten Dritter allein dem Dritten zugutekommen soll. Der Versprechende wird also durch eine Leistung an den Versprechensempfänger nicht befreit. Auch ist es dem Versprechenden nicht möglich, die Aufrechnung mit einer Forderung gegen den Versprechensempfänger zu erklären.

bb) Echter Vertrag zugunsten Dritter

Der zwischen dem Absender (VE) und Frachtführer (VSP) geschlossene **Frachtvertrag** ist ein **„geborener" Vertrag zugunsten** eines **Dritten** (§§ 407 ff. HGB), nämlich zugunsten des Empfängers (D), der einen eigenen Ablieferungsanspruch gegen den Frachtführer (SSP) hat (§ 421 HGB). Ob **in anderen Fällen** die Vertragspartner (VE und VSP) den Abschluss eines „echten" oder eines „unechten" Vertrages zugunsten eines Dritten abgeschlossen haben, ist eine Frage der Auslegung des „Vertrages" (also des „Deckungsverhältnisses"). Das Gesetz hat dazu **Auslegungsregeln** zur Verfügung gestellt, die die **§§ 133, 157 BGB ergänzen**:

- Nach **§ 328 Abs. 2 BGB** soll bei der Auslegung in erster Linie auf eine „besondere Bestimmung" der Parteien abgestellt werden. Fehlt es an einer solchen, dann soll „aus den Umständen, insbesondere aus dem Zweck des Vertrages zu entnehmen" sein, „ob der Dritte das Recht erwerben … soll".

**Fall 145**

Zum 7. Geburtstag ihres Enkels E hat seine schon damals recht gebrechliche und in wirtschaftlicher Hinsicht wenig gesichert lebende Großmutter G bei der S-Sparkasse ein Sparbuch angelegt, in das der Name des E eingetragen wird; sie behält das Buch jedoch zunächst in Besitz, beabsichtigt aber, es dem E, wenn er volljährig geworden ist, auszuhändigen. Die G zahlt jährlich unter großen persönlichen Opfern DM 600,– und später € 300,– ein. Weil der E in der Pubertät eine in ihren Augen schlechte Entwicklung genommen hat, behält sie auch nach dem 18. Geburtstag des E das Sparbuch für sich. Als der inzwischen 20-jährige E sie einmal besucht und – während sie Kaffee kocht – neugierig in ihren Sachen herumstöbert, entdeckt er das Sparbuch mit seinem Namen und verlangt es von der G heraus. Diese weigert sich.

Der E könnte einen Anspruch auf Herausgabe des Sparbuchs aus § 985 BGB haben. a) Die G ist Besitzerin des Sparbuchs. b) Der E müsste Eigentümer des

Sparbuchs sein. Ein Sparbuch ist ein „Schuldschein" i. S. d. § 952 BGB, d. h. „das Recht an dem Papier folgt", anders als bei Inhaberschuldverschreibungen i. S. d. § 793 BGB, „dem Recht aus dem Papier". Entscheidend dafür, ob E Eigentümer des Sparbuchs ist, ist also, ob er Inhaber der Forderung aus dem „Sparvertrag" ist (rechtlich ein Darlehensvertrag nach § 488 BGB oder ein „unregelmäßiger Verwahrungsvertrag" nach §§ 700, 488 BGB). aa) Das hängt zunächst davon ab, wie die G beim Abschluss des Vertrages aufgetreten ist. Hat sie dabei als Vertreterin des E ohne Vertretungsmacht gehandelt, ist der Vertrag nach § 177 Abs. 1 BGB zunächst schwebend unwirksam, ist dann aber durch eine im Herausgabeverlangen des E zu sehende Genehmigung des E gegenüber G (§§ 177 Abs. 1, 182 Abs. 1, 184 Abs. 1) von Anfang an wirksam geworden, so dass E Gläubiger geworden wäre. Allerdings spricht das Auftreten der G beim Ausfüllen des Kontoeröffnungsantrags (irrelevant ist, dass der Name des E in das Buch eingetragen wurde) dafür, dass sie im eigenen Namen gehandelt hat. Eine Stellvertretung liegt mithin nicht vor. bb) Der E wäre dennoch Gläubiger geworden, wenn die S und die G einen Sparvertrag zugunsten des E als Drittem vereinbart hätten und verabredet hätten, dass dem E ein eigenes Forderungsrecht gegen die S zustehen soll (§§ 488 bzw. 700, 488, 328 Abs. 1 BGB: echter Vertrag zugunsten Dritter). Ob ein solcher echter Vertrag zugunsten Dritter vorliegt, ist durch Auslegung (§§ 133, 157, 328 Abs. 2 BGB) des Sparvertrages als Deckungsverhältnis eines möglichen Vertrages zugunsten Dritter zu ermitteln. Für einen echten Vertrag zugunsten Dritter könnte der auf E lautende Name im Sparbuch sprechen. Allerdings hat dieser Umstand wegen § 808 BGB kaum Bedeutung für die Ausübung des Gläubigerrechts und ist daher nur ein sehr schwaches Indiz dafür, dass eine Gläubigerstellung des E gewollt war. Dafür, dass die G Gläubigerin bleiben wollte, sprechen die Umstände, wie ihre schwierige wirtschaftliche Lage und (entscheidend) die Tatsache, dass sie Besitzerin des Sparbuchs geworden und geblieben ist. Somit liegt kein echter Vertrag zugunsten Dritter vor und die G ist Gläubigerin. Sie ist damit Eigentümerin am Sparbuch. E hat damit keinen Herausgabeanspruch gegen die G.

- Sie sind schon einmal darauf aufmerksam gemacht worden, dass die **Vertretung** eines **Dritten** und der **Vertrag zugunsten** eines **Dritten** aufgrund der „Drittwirkung" als „gemeinsamer Nenner" durchaus „verwechslungsfähig" sind. Denken Sie zum *Beispiel* an folgende Fälle: Eltern lösen ein Bahnticket für ihr Kind. Eine Versicherung beauftragt einen Anwalt für ihren Versicherungsnehmer. Der Unterschied besteht in rechtlicher Hinsicht darin, dass ein vertretener Dritter selbst zum Vertragspartner wird, während beim echten Vertrag zugunsten Dritter dem Dritten lediglich ein Forderungsrecht zusteht. Die Abgrenzung ist danach vorzunehmen, ob der Handelnde nach außen im fremden Namen gehandelt hat; dann liegt eine Vertretung vor. Ansonsten ist ein Handeln im eigenen Namen anzunehmen und damit ein Vertrag zugunsten Dritter.
- Eine **„negative"**, also gegen das Vorliegen eines „echten" Vertrages zugunsten Dritter sprechende **Auslegungsregel** enthält **§ 329 BGB**: Wenn sich der Verspre-

chende in einem Vertrag mit dem Versprechensempfänger dazu verpflichtet, an einen Dritten, der ein Gläubiger des Versprechensempfängers ist, zu leisten, um diesen zu befriedigen, ohne dabei die Schuld zu übernehmen, „so ist im Zweifel nicht anzunehmen", dass der Dritte „unmittelbar das Recht erwerben soll, die Befriedigung von ihm zu fordern". Vielmehr soll hierdurch im Zweifel nur ein Recht des Versprechensempfängers begründet werden, vom Versprechenden die Bewirkung der Leistung an den Dritten zu verlangen („unechter Vertrag zugunsten eines Dritten"). Sie wissen ja längst, dass wir eine derartige Vereinbarung eine **„Erfüllungsübernahme"** nennen. Nur am Rande sei erwähnt: Ein weiterer wichtiger Fall einer „Erfüllungsübernahme" ist eine an der fehlenden Genehmigung des Gläubigers gescheiterte Schuldübernahme durch einen Vertrag zwischen Schuldner und Schuldübernehmer (§ 415 Abs. 3 BGB).

**Fall 146**

Der D hat eine Forderung gegen den VE aus einem Kaufvertrag vom 27. Mai 2003 in Höhe von € 100,–, die am 5. August 2003 fällig ist. Am 1. Juni 2003 schließt der VE als Darlehensgeber mit dem VSP als Darlehensnehmer einen Darlehensvertrag über ein zinsloses Darlehen in Höhe von € 100,– ab; in diesem Vertrag ist vereinbart, dass der VSP das ebenfalls am 5. August 2003 fällige Darlehen an den D zurückzahlt. Der D, der von dieser Vereinbarung erfahren hat, verlangt am 5. August 2003 von VSP Zahlung von € 100,–.

Der Anspruch würde sich aus §§ 488 Abs. 1 S. 2, 328 Abs. 1 BGB ergeben, wenn der VE und der VSP einen Darlehensvertrag mit einer Rückzahlungsverpflichtung zugunsten des D geschlossen hätten; die Zweifelsregelung des § 329 BGB ergibt jedoch, dass keine solche Vereinbarung getroffen wurde; vielmehr hat es der VSP lediglich im Verhältnis zu dem VE übernommen, dessen Verbindlichkeit bei D zu erfüllen („Erfüllungsübernahme").

- Bei **Lebensversicherungs-** und **Leibrentenverträgen**, deren Bezugsberechtigte Dritte sind, liegt dagegen im Zweifel ein echter Vertrag zugunsten Dritter vor (§ 330 BGB und § 328 BGB i. V. m. § 159 VVG). Dem liegt der Gedanke zugrunde, dass die Versorgung eines Dritten nur dann ausreichend gewährleistet ist, wenn dieser einen eigenen Anspruch erhält.
- Im Hinblick auf den allgemeinen Rechtsgedanken, der § 330 BGB und § 328 BGB i. V. m. § 159 VVG zugrunde liegt, wird man ganz allgemein sagen können, dass bei **Verträgen**, die die **Versorgung** eines **Dritten** dadurch **sicherstellen sollen,** dass dem Dritten Forderungsrechte zustehen sollen, im Zweifel ein echter Vertrag zugunsten Dritter vorliegt.

**Fall 147**

Der alternde VE hat eine Ehefrau F und eine Geliebte D, von der die F nichts weiß und auch nach dem Tod des VE nichts erfahren soll. Der fürsorgliche VE will beide versorgt sehen. Deshalb setzt er seine Frau F als alleinige Erbin ein und legt bei der VSP-Sparkasse ein Sparkonto auf den Namen der D an. Mit dem Sachbearbeiter der Sparkasse wird vereinbart, dass die VSP – Sparkasse nach dem Tod des VE die D von dem Sparkonto unterrichten soll. So geschieht es: Der VE verstirbt, und die VSP-Sparkasse benachrichtigt die bei dem ihr genannten Kontostand von € 150.000,– hocherfreut reagierende D. Derweil findet die F das Sparbuch im Nachlass des VE. Die F ruft bei der D an und widerruft alle Erklärungen ihres Mannes im Zusammenhang mit der Errichtung des Sparbuchs. Die D verlangt von der F Herausgabe des Sparbuchs (nach BGH).

Der Anspruch der D gegen die F auf Herausgabe des Sparbuchs könnte sich aus § 985 ergeben. a) Die F ist im Besitz des Sparbuchs. b) Die D müsste Eigentümerin des Sparbuchs sein. Wie Sie ja wissen, „folgt" nach § 952 BGB bei einem Sparbuch „das Recht an dem Papier dem Recht aus dem Papier". Eigentümer ist also derjenige, der Inhaber der Forderung aus § 488 Abs. 1 S. 2 BGB bzw. §§ 700, 488 Abs. 1 S. 2 BGB ist. aa) Zu seinen Lebzeiten war der VE Forderungsinhaber und damit Eigentümer des Sparbuchs. bb) Mit dem Tode wird aaa) die D Gläubigerin nach §§ 488 Abs. 1 S. 2, 328 Abs. 1 BGB bzw. §§ 700, 488 Abs. 1 S. 2, 328 Abs. 1 BGB. bbb) Vereinzelt wird allerdings angenommen, das Deckungsverhältnis sei nach § 125 BGB nichtig wegen Nichteinhaltung der Form des § 2301 BGB. Nach ganz überwiegender Ansicht betrifft die Formvorschrift des § 2301 BGB nicht das Deckungsverhältnis, sondern nur das Valutaverhältnis. Danach ist ohne Rücksicht auf die Voraussetzungen des § 2301 BGB die D Gläubigerin und Eigentümerin des Sparbuchs geworden. c) Fraglich ist jedoch, ob die F ein Recht zum Besitz hat. Ein solches könnte sich aus § 242 BGB („dolo agit, qui petit quod statim redditurus est") ergeben, wenn die an sich zur Herausgabe verpflichtete F das Sparbuch sogleich wieder zurückverlangen könnte. Einen solchen Anspruch könnte die F gegen die D aus § 812 Abs. 1 S. 1 Var. 1 BGB haben. aa) Die D hat „etwas" – das Eigentum am Sparbuch – erlangt. bb) Geleistet hat zwar nicht die F, wohl aber der VE, dessen Leistung der F zugerechnet wird (§ 1922 BGB). cc) Die Leistung müsste ohne Rechtsgrund erfolgt sein; der Rechtsgrund muss im „Valutaverhältnis" gegeben sein. In Betracht kommt ein Schenkungsvertrag zwischen VE und der D (§ 516 BGB). aaa) Das Angebot des VE ist mittels der VSP-Sparkasse als Botin erklärt worden und der D zugegangen, was nach § 130 Abs. 2 BGB auch nach dem Tod des VE möglich ist. Der danach erfolgte Widerruf der F war daher verspätet (arge. § 130 Abs. 1 S. 2 BGB). Die D hat das Angebot konkludent angenommen, denn sie reagierte „hocherfreut". Dies konnte sie auch noch, denn das Angebot war nicht durch den zwischenzeitlichen Tod erloschen (§ 153 BGB). Auf den Zugang der Annahmeerklärung bei der F hat der VE verzichtet, so dass der Vertrag nach § 151 BGB ohne Zugang der Annahmeerklärung zustande kommen konnte. bbb) Möglicherweise ist der Vertrag aber wegen Formunwirksamkeit nichtig. aaaa) Der in Betracht zu ziehende Formmangel des § 518 Abs. 1 BGB ist gem. § 518 Abs. 2 BGB geheilt durch den mit dem Todesfall noch vor dem Zustandekommen des Schenkungsvertrages erfolgten Erwerb der Forderung durch die D. Damit liegt ein wirksames Valutaverhältnis vor, die Leistung erfolgte mithin mit Rechtsgrund. Damit steht der F gegen die D kein Recht zum Besitz aus § 242 BGB zu. Sie muss das Sparbuch an die D herausgeben. bbbb) Eine weitere Frage ist, ob das Valutaverhältnis eine Verfügung von Todes wegen ist und daher wegen der Nichteinhaltung der Form letztwilliger Verfügungen nach §§ 2301 Abs. 1, 125 BGB nichtig ist. aaaaa) Man kann dem § 2301 BGB die Funktion zuerkennen, die Umgehung des Erbrechts und seiner Formvorschriften durch ein Ausweichen in die Konstruktion eines Vertrages zugunsten Dritter zu vermeiden. Daher wird in der Lehre in solchen Fällen die Nichtigkeit des Schenkungsvertrages wegen fehlender Testamentsform oder Erbvertragsform (§§ 2231 ff., 2276 ff. BGB) angenommen. Eine Anwendung des § 2301 Abs. 2 BGB wird verneint, weil nicht der Erblasser zu Lebzeiten, sondern der Erbe das Vermögensopfer erbracht habe. bbbbb) Die Rechtspraxis argumentiert dagegen, dass bei einem Vertrag zugunsten Dritter, der die Versorgung des Dritten sicherstellen soll (so hier), nach dem Willen des Gesetzes gem. § 331 BGB die Forderung mit dem Tode des VE entstehen soll. Damit sei § 331 BGB als lex specialis zu § 2301 BGB anzusehen, so dass die Norm keine Anwendung findet. Damit ist auch unter diesem Aspekt das Valutaverhältnis wirksam, die Leistung erfolgte mithin mit Rechtsgrund. Damit steht der F gegen die D kein Recht zum Besitz aus § 242 BGB zu. Sie muss das Sparbuch an die D herausgeben.

cc) Keine Ausübung eines Zurückweisungsrechts des Dritten

Durch eine einseitige empfangsbedürftige Willenserklärung gegenüber dem Versprechenden kann der Dritte sein bereits angefallenes Recht zurückweisen (§ 333 BGB). Er wird dadurch vor einem aufgedrängten Rechtserwerb geschützt.

So, und jetzt müssen alle diejenigen, die das Buch bis zu dieser Stelle durchgelesen haben, vor allem aber diejenigen, die es auch durchgearbeitet haben, einmal **tief Luft holen**. Sie haben jetzt fast vierhundert Seiten hinter sich. Und was wissen Sie bis jetzt?

Zunächst haben Sie gelernt, wie man schriftliche **juristische Aufgaben** bewältigt. Sie wissen weiterhin, welche **Personen** Rechtsträger sein können, was die **Gegenstände** von **Rechten** sind und was **Rechtsgeschäfte** sind. Sie wissen, was ein **Anspruch** ist, dass ein solcher sich **aus** einem **rechtsgeschäftlichen Schuldverhältnis**, speziell einem **verpflichtenden Vertrag** oder aus dem **Gesetz** ergeben kann. Wir haben uns dann auf die verpflichtenden Verträge und die daraus resultierenden primären Ansprüche konzentriert. Dazu mussten wir das **Zustandekommen** von **Verträgen** überhaupt und von verpflichtenden Verträgen speziell, erlernen. Dies und die möglichen **Inhalte** von **Verträgen** sind inzwischen längst keine Geheimnisse mehr für Sie. Und Sie haben zuletzt gelernt, dass Verträge, speziell auch die uns in erster Linie interessierenden verpflichtenden Verträge, durch die Einschaltung von Mittelspersonen, speziell ist hier an die **Vertreter** zu denken, zustande kommen können. Und schließlich haben Sie gelernt, dass **Verträge zugunsten Dritter** auch Dritten einen Anspruch zuwenden können.

Aber seien wir ehrlich: Sehr „weit" sind Sie trotz des ungeheuren Pensums noch nicht. Sie könnten „guten Gewissens" noch nicht einmal unsere selbst gestellte erste Aufgabe, die Prüfung eines primären Leistungsanspruchs aus einem verpflichtenden Vertrag bewältigen, denn Sie wissen bisher noch nichts über die „Wirksamkeitshindernisse" und nichts über die Gründe, die zur „Beendigung" eines Vertrages führen können etc.

Also: Die Arbeit geht weiter! Ihr Wissen wird zunehmen, und zwar nicht langsam und kontinuierlich, sondern in einem sich ständig erweiternden Ausmaß, etwa so, wie wenn man einen kleinen Schneeball einen Abhang herunterrollt und er sich binnen Kurzem zu einer großen Schneekugel entwickelt.

## II. „Wirksamkeitshindernisse"

Nachdem Sie also nun den Entstehungstatbestand eines Rechtsgeschäfts, speziell eines Vertrages, speziell auch den eines verpflichtenden Vertrages, kennen gelernt haben, müssen wir uns jetzt den Umständen zuwenden, die man als sog. **„Wirksamkeitshindernisse"** oder als **„rechtshindernde Einwendungen"** oder **„Nichtigkeitsgründe"** bezeichnet.

Das sind solche „von Amts wegen" (also ohne die Notwendigkeit eines Berufens des anderen Teils darauf) zu berücksichtigende Umstände, die der Wirksamkeit eines Rechtsgeschäfts, speziell auch der eines Vertrages, entgegenstehen, obwohl dessen Entstehungstatbestand vorliegt.

Es sind dies: ganz bestimmte Defizite in der Person des Erklärenden (§§ 104 ff. BGB); der Formmangel (§§ 125 ff. BGB); die Gesetzeswidrigkeit (§ 134 BGB), die Sittenwidrigkeit und der Wucher (§ 138 BGB) sowie das Scheingeschäft (§ 117 BGB).

Wir haben von diesen **Wirksamkeitshindernissen** das **Scheingeschäft** (§ 117 BGB) bereits bei der Fragestellung des **inneren Tatbestandes** einer **Willenserklärung** besprochen, so dass wir darauf hier nicht weiter eingehen.

Bei den **anderen** zuvor zitierten **Wirksamkeitshindernissen** haben wir deren Darstellung bis zu diesem Zeitpunkt aufgeschoben und erörtern sie nur bezogen auf das Rechtsgeschäft Vertrag.

### 1. Defizite in der Person des Erklärenden

Das Vorhandensein der Fähigkeit, eigenverantwortlich zu entscheiden, ist die Voraussetzung für eine wirksame Willenserklärung des Erklärenden, des zentralen Bausteins eines jeden Rechtsgeschäfts, und damit auch eines jeden Vertrages sind, der bekanntlich durch mindestens zwei auf einander bezogene sich inhaltlich decken Willenserklärungen (Angebot und Annahme) zustandekommt.

Das Gesetz geht davon aus, dass der Mensch grundsätzlich diese Fähigkeit aufweist. Die Ausnahmen müssen daher von demjenigen, der sich darauf beruft, bewiesen werden. Das ist nicht nur für Verteilung der Beweislast im Prozess von Bedeutung, sondern auch für die Fallbearbeitung: Sie dürfen nämlich nur dann, wenn aufgrund des Sachverhaltes Anlass dazu besteht, erörtern, ob eine Willenserklärung unwirksam ist, weil es bestimmte persönliche Defizite gibt.

### a) Bewusstlosigkeit oder vorübergehende Störungen der Geistestätigkeit

Eine im **Zustand** der **Bewusstlosigkeit (z. B.** bei einer u. U. alkohol- drogenbedingten hochgradigen Bewusstseinstrübung, aber nicht beim gänzlichen Fehlen des Bewusstseins, weil es dann bereits mangels eines Handlungswillens an einer Willenserklärung fehlt) oder eine im Zustand der die **freie Willensbildung ausschließenden** (arge § 104 Nr. 2 BGB) **vorübergehenden Störung** der **Geistestätigkeit** (z. B. in bestimmten Stadien einer hochgradigen Zuckerkrankheit) **abgegebene Willenserklärung** ist **nichtig (§ 105 Abs. 2 BGB)**. Diese zweite Fallgruppe ist selten, weil der Zustand meistens nicht vorübergehender Natur, sondern ein Dauerzustand ist, so dass i. d. R. § 104 Nr. 2 BGB eingreift.

Menschen, die sich in einem solchen Zustand befinden, sind (das ist eine „klassische“ Fehlvorstellung junger Juristen, die gerade etwas über „Geschäftsfähigkeit“ gelernt haben) übrigens nicht etwa „geschäftsunfähig“. Daher können ihnen gegenüber Willenserklärungen wirksam abgegeben werden und auch zugehen (argec. § 131 BGB).

### b) Das Fehlen der vollen Geschäftsfähigkeit

Kraft seiner Geschäftsfähigkeit kann der Mensch Rechtsgeschäfte selbständig wirksam vornehmen. Die **Regel** ist die **volle Geschäftsfähigkeit**; die **Geschäftsunfähigkeit** (§ 104 BGB) oder die **beschränkte Geschäftsfähigkeit** (§§ 106–113 BGB) sind die **Ausnahmen**.

#### aa) Geschäftsunfähigkeit des unter 7 Jahre alten Minderjährigen und des geistig Kranken

Nach **§ 104 BGB** sind **geschäftsunfähig** mit der **Folge der Nichtigkeit** ihrer Willenserklärungen **(§ 105 Abs. 1 BGB)**:

- die **unter 7 Jahre** alten Menschen (§ 104 Nr. 1 BGB) und
- die sich bei Abgabe der Willenserklärung in einem die freie Willensbildung ausschließenden Zustand befindenden **geistig Kranken** (§ 104 Nr. 2 BGB).

Die **Geschäftsunfähigen** bedürfen für wirksame Willenserklärungen **stets** eines **gesetzlichen Vertreters**; eine dies Erfordernis relativierende **Sonderregelung** findet sich jetzt in § 105a BGB. Wer die gesetzlichen Vertreter sind, ergibt sich nicht aus dem Allgemeinen Teil des BGB, sondern aus dem **4. Buch des BGB**, dem sog. **„Familienrecht“** (Teil 11):

- Bei den nach § 104 Nr. 1 BGB Geschäftsunfähigen – das sind die **unter 7 Jahre** alten **Minderjährigen** – sind die gesetzlichen Vertreter die **Eltern** als **Gesamtvertreter** (§§ 1626, 1629 Abs. 1 BGB) oder in den Konstellationen des § 1680 BGB der jeweils **verbliebene Elternteil**. In manchen Fällen ist (wie Sie bereits wissen) die Vertretung durch die Eltern ausgeschlossen (§§ 1629 Abs. 2, 1795 Abs. 1, 2, 181 BGB), und es bedarf dann eines (Ergänzungs-) Pflegers; zuweilen (bei besonders riskanten Geschäften) muss sogar das Vormundschaftsgericht mitwirken (§§ 1643, 1821, 1822 BGB). Steht der Minderjährige nicht unter elterlicher Sorge, ist gesetzlicher Vertreter der **Vormund** (§ 1793 BGB); auch für diesen gilt das Genehmigungserfordernis für riskante Geschäfte (§§ 1821, 1822 BGB – Sie wissen ja: die „Dr. Bartolo-Paragraphen“).
- Der gesetzliche Vertreter der nach § 104 Nr. 2 BGB Geschäftsunfähigen – also der **geistig kranken Volljährigen** – ist der **Betreuer** (§ 1902 BGB); er wird unter den Voraussetzungen des § 1896 Abs. 1 BGB (durch eine psychische Krankheit oder eine körperliche, geistige oder seelische Behinderung bedingte vollständige oder teilweise Unfähigkeit zur Besorgung der eigenen Angelegenheiten) für bestimmte Aufgabenkreise (§ 1896 Abs. 2 BGB) bestellt. Nach § 1903 BGB kann ein „Einwilligungsvorbehalt“ angeordnet werden; das entspricht hinsichtlich der Rechtsfolgen in etwa der früher möglichen „Entmündigung“.

Um **kein Missverständnis aufkommen zu lassen**: Die Bestellung eines Betreuers führt nicht etwa zur Geschäftsunfähigkeit des Betreuten! Ob Geschäftsunfähigkeit besteht, beurteilt sich allein nach § 104 Nr. 2 BGB, so dass in manchen Fällen, insbesondere bei den „lucida intervalla“ (=„lichten Momenten“), die Handlungsmöglichkeiten verdoppelt sind: Der Betroffene ist bei einem „lucidum intervallum“ geschäftsfähig und kann zugleich vom Betreuer vertreten werden.

**Fall 148**

Der 6-jährige K erhält von den Eltern € 1,–, damit er sich – wie schon häufiger zuvor – an einem der heißen Tage des Sommers 2003 bei dem benachbarten Kiosk des V ein Eis kaufen kann. Der K sagt höflich zu V:„Ich möchte gerne 2 Kugeln Erdbeereis für einen Euro kaufen“. Der V sagt „Ja“ und gibt dem K das Eis; dann greift der K in die Hosentasche, um die Münze hervorzuholen. Infolge dieser Bewegung hält er die Eistüte nicht mehr ganz senkrecht und die beiden Kugeln fallen zu Boden und zerschmelzen. Vor Schreck läuft der K nach Hause. Der V verfolgt ihn und verlangt von dem K, vertreten durch dessen Eltern, die Zahlung von € 1,–. Die Eltern verweigern für den K die Bezahlung.

Der Anspruch könnte sich aus einem Kaufvertrag ergeben (§ 433 Abs. 2 BGB). a) Der Anspruch könnte entstanden sein. Zwei aufeinander bezogene, auf den Abschluss eines Kaufvertrages über 2 Kugeln Erdbeereis zum Preis von € 1,– gerichtete und sich deckende Willenserklärungen, Angebot und Annahme, liegen vor. aa) Hinsichtlich der Willenserklärung des V („Ja") gibt es nichts zu bedenken. bb) Was die Worte des K („Ich möchte gerne 2 Kugeln Erdbeereis für einen Euro kaufen") angeht, ist an Folgendes zu denken: aaa) Weil der K geschäftsunfähig ist (§ 104 Nr. BGB), ist die Willenserklärung (versteht man sie als seine, des K, Willenserklärung) nichtig, so dass durch sie ein Kaufvertrag nicht zustande gekommen ist. bbb) Der Vertrag könnte aber zustande gekommen sein, wenn seine Eltern ihn beim Abschluss des Kaufvertrages vertreten hätten (§§ 164 Abs. 1, 1626, 1629 Abs. 1 BGB). aaaa) Seine Eltern müssten eine eigene Willenserklärung über den Kauf von „2 Kugeln Erdbeereis für einen Euro" abgegeben haben. Diese Erklärung haben sie durch den K als ihren Boten abgegeben. bbbb) Die Eltern müssten diese (von K überbrachte) Willenserklärung im Namen des K abgegeben haben. Das kann man den Umständen entnehmen (§ 164 Abs. 1 S. 2 BGB). cccc) Die Eltern hatten Vertretungsmacht (§§ 1626, 1629 Abs. 1 BGB). Also ist der Kaufvertrag zustande gekommen und der Kaufpreisanspruch entstanden. b) Der Anspruch könnte nach § 326 Abs. 1 S. 1 BGB erloschen sein. aa) Der noch nicht durch Erfüllung seitens des V erloschene (eine Übereignung des Eises soll im Zweifel erst nach der noch nicht erfolgten Übereignung des Kaufpreises an V erfolgen) Anspruch auf Übereignung ist durch das Zubodenfallen und Zerschmelzen der Eiskugeln ausgeschlossen (§ 275 Abs. 1 BGB): Denn die ursprüngliche Gattungsschuld ist auf das „eingetütete" Eis konkretisiert worden (§ 243 Abs. 2 BGB), und dem V ist die Lieferung dieses konkreten Eises unmöglich. bb) Der K dürfte den Umstand, aufgrund dessen der V nicht leisten muss, nicht zu vertreten haben (§ 326 Abs. 2 S. 1 BGB). Der K aaa) hat zwar fahrlässig gehandelt. Nach §§ 276 Abs. 1 S. 2, 828 Abs. 1 BGB ist er hierfür aber nicht verantwortlich. bbb) Fraglich ist jedoch, ob er sich ein Verschulden seiner gesetzlichen Vertreter anlasten lassen muss (§§ 278 S. 1, 1626, 1629 Abs. 1 BGB). Das würde voraussetzen, dass es bei objektiver Betrachtungsweise vorhersehbar war, dass es bei der Vertragsabwicklung wegen des Ungeschicks dieses Kindes dazu kommen kann, dass die Kaufsache noch vor der Erfüllung untergeht. Die „Zug-um-Zug-Abwicklung" (§ 320 BGB) beim Eiskauf ist bekanntlich „unfallträchtig"; man wird aber davon ausgehen müssen, dass die Eltern bei einem „erfahrenen Eiskäufer", wie K es ist, davon ausgehen konnten, dass er während des Bezahlvorgangs das Eis nicht zu Boden fallen lassen wird. Danach wäre der Anspruch des V erloschen. cc) Hier war aber die Preisgefahr bereits auf K übergegangen, so dass K doch zahlen muss (§ 446 S. 1 BGB).

#### bb) Verträge volljähriger Geschäftsunfähiger (§ 105a BGB)

Zum Zwecke der Verbesserung der sozialen Integration erwachsener geistig Behinderter hat der Gesetzgeber im Jahre 2002 durch **§ 105a BGB** bestimmt, dass – vorbehaltlich einer „erheblichen Gefahr für die Person oder das Vermögen des

Geschäftsunfähigen" – immer dann, wenn „ein volljähriger Geschäftsunfähiger ein Geschäft des täglichen Lebens, das mit geringwertigen Mitteln bewirkt werden kann, (tätigt), … der von ihm geschlossene Vertrag in Ansehung von Leistung und … Gegenleistung als wirksam (gilt), soweit Leistung und Gegenleistung bewirkt sind".

Dies bedeutet, dass

- **zwar** einerseits der von dem Geschäftsunfähigen geschlossene **Vertrag nichtig** ist,
- dass **aber** andererseits der Vertrag **partiell** (in Ansehung von Leistung und Gegenleistung) **als wirksam gilt** (Sie wissen ja eine Fiktion ist eine „gesetzliche Lüge"), soweit Leistung und Gegenleistung bewirkt sind.

Damit ist ausgeschlossen, dass die bewirkten Leistungen zurückgefordert werden können, und zwar weder aus § 812 Abs. 1 S. 1 Var. 1 BGB noch aus §§ 985, 986 BGB.

**Fall 149**

Die an einer schweren rezidivierenden manisch-depressiven Erkrankung leidende, in einer Behindertenwohngemeinschaft lebende 30-jährige K kauft bei V als Weihnachtsgeschenk für ihre Nachbarin und beste Freundin, die körperbehinderte N1, die einen Kater namens „Herr Paul" hat, für € 30,– eine Dose mit Katzenfutter der Marke „Katz-Gourmet de luxe". Die K bezahlt den Kaufpreis aus ihrem monatlichen Taschengeld von € 100,–. Der V verpackt ihr die Dose in Weihnachtspapier und händigt sie an die K aus. Als der Betreuer B das Paket am Vormittag des 24. Dezember bei K sieht und die K stolz über den Inhalt berichtet, ist er verärgert über diese Verschwendung. Der B fordert den V, bei dem die K schon häufiger in aus seiner Sicht verschwenderischer Weise eingekauft hatte, auf, den Kaufvertrag rückgängig zu machen. Der V, der Schwierigkeiten befürchtet, verlangt von K unter einem Vorwand Herausgabe der Dose Zug-um-Zug gegen Rückzahlung von € 30,–.

Der Anspruch könnte sich aus 1) § 812 Abs. 1 S. 1 Var. 1 BGB und aus § 985 BGB ergeben. Auf die Einzelheiten dieser Anspruchsgrundlagen (wir haben sie zwar schon häufiger angewendet, vielleicht lesen Sie diese aber noch einmal nach!!) braucht hier nicht weiter eingegangen zu werden, 2) denn die Rückforderungsansprüche sind ausgeschlossen: a) Ein Anspruch aus §§ 812 Abs. 1 S. 1 Var. 1, 104 Nr. 2, 105 Abs. 1 BGB ist durch § 105a S. 1 BGB gesperrt, denn der „geschlossene Vertrag", und damit ist unzweifelhaft der Kaufvertrag gemeint, gilt in Ansehung von Leistung und Gegenleistung als wirksam, soweit aa) – wie hier geschehen – Leistung und Gegenleistung bewirkt sind, bb) wenn – wie hier – ein volljähriger Geschäftsunfähiger cc) ein Geschäft des täglichen Lebens, wie es bei einem Anstandsgeschenk unter Freunden gegeben ist, dd) das – wie hier – mit geringwertigen Mitteln bewirkt werden kann. ee) Der Ausnahmetatbestand des § 105a S. 2 BGB greift nicht ein. b) Hier kann offen bleiben, ob das Gesetz die (partielle) Wirksamkeit nur des schuldrechtlichen Vertrages fingiert oder auch die des dinglichen Vertrages; denn es muss aus teleologischen Gründen davon ausgegangen werden, dass die Rückforderungssperre auch einen eventuellen Herausgabeanspruch aus § 985 BGB erfasst, anderenfalls liefe die Norm leer.

cc) Beschränkte Geschäftsfähigkeit der über 7 Jahre alten Minderjährigen

Die Rechtsgeschäfte, also auch die **auf** den **Abschluss** eines **Vertrages** gerichteten **Willenserklärungen** („Angebot" und „Annahme") eines **beschränkt Geschäftsfähigen** – das sind die zwischen 7 und 18 Jahre alten **Minderjährigen** (§§ 2, 106 BGB) – sind nur unter **besonderen Voraussetzungen wirksam**. Die sog. „Sphärengeschäftsfähigkeit" ist eine relativ bedeutungslose Konstellation, jedenfalls die aus § 112 BGB **(sub (1))**; ansonsten sind die §§ 107 ff. BGB maßgeblich **(sub (2))**.

(1) Sphärengeschäftsfähigkeit (§§ 112, 113 BGB)

In den Fällen der Ausnahmetatbestände der **„Sphärengeschäftsfähigkeit"** (Bötticher) der **§§ 112, 113 BGB** ist der Minderjährige voll geschäftsfähig und kann daher allein wirksame Verträge schließen.

Praktisch bedeutsam ist allein die (von uns schon in den verschiedensten Zusammenhängen angesprochene) Bestimmung des **§ 113 BGB**, nach der dem zur Eingehung von Dienst- und Arbeitsverhältnissen durch die gesetzlichen Vertreter „ermächtigten" beschränkt geschäftsfähigen Minderjährigen für diesen Bereich die volle Geschäftsfähigkeit zusteht. Eine „berühmte" und in Anfängerklausuren „strapazierte" (Unter-)**Ausnahme** zu § 113 BGB sind die Ausbildungsverträge, bei denen der Erziehungsgedanke dominiert und es daher nicht um eine entgeltliche Leistung von Arbeit und Diensten geht.

**Fall 150**

Der 17-jährige Azubi A kündigt fristgemäß den von ihm im Einverständnis mit seinen Eltern mit Meister M geschlossenen Ausbildungsvertrag durch Erklärung gegenüber M. Der A, den die Kündigung reut, kommt dann gleichwohl weiter zur Ausbildung und verlangt die Ausbildungsvergütung von M.

Der Anspruch des A gegen M könnte sich aus §§ 611 BGB i. V. m. § 3 Abs. 2 BerBG ergeben. Der Vertrag ist wirksam geschlossen worden (§§ 611, 106, 107, 1629 BGB, 3 Abs. 2 BerBG). Fraglich ist, ob der Vertrag wirksam von A gekündigt worden ist. Die Kündigung ist trotz des § 113 BGB nicht ohne Zustimmung der gesetzlichen Vertreter möglich, weil es sich um einen Ausbildungsvertrag handelt; die wegen des Verlustes des Anspruchs auf Ausbildung und Zahlung der Ausbildungsvergütung nicht lediglich rechtlich vorteilhafte (§ 107 BGB) Kündigung ist nichtig (§ 111 BGB).

**Variante**

Der A kommt nicht mehr zur Ausbildung. Kann der M von A die Weiterarbeit verlangen und ggf. in der Zwangsvollstreckung erzwingen?

a) Ja: s. zuvor. b) Nein: Lesen Sie § 888 Abs. 2 ZPO und amüsieren Sie sich bei dieser Gelegenheit über die Perfektion des Gesetzgebers, der im gleichen Zusammenhang auch Urteile auf Eingehung der Ehe und auf Herstellung der ehelichen Lebensgemeinschaft (suchen Sie einmal nach den Anspruchsgrundlagen, auf denen solche Urteile beruhen! Diese existieren!) der Durchsetzung durch Zwangsvollstreckung entzieht (wer hätte das gedacht?!).

Eine **Beschränkung** der **Haftung** des „sphärengeschäftsfähigen" Minderjährigen auf das bei Eintritt der Volljährigkeit vorhandene Vermögen wie bei den nach §§ 107, 108, 111 BGB wirksamen Geschäften (§ 1629a Abs. 1 BGB) gibt es **bei §§ 112, 113 BGB** übrigens **nicht** (vgl. § 1629a Abs. 1 BGB): Der Minderjährige ist nämlich „sphären**geschäftsfähig"**.

(2) Wirksamkeit wegen lediglich rechtlicher Vorteilhaftigkeit (§§ 107 ff. BGB)

Ansonsten sind die Willenserklärungen eines Minderjährigen, also auch die auf den Abschluss eines Vertrages gerichteten Willenserklärungen, nur **wirksam**, wenn sie dem Minderjährigen **lediglich rechtliche Vorteile** bringen (§§ 107, 108 BGB). Dabei geht es im Grundsatz nur um die **rechtlichen Wirkungen**, so dass rechtliche Nachteile, gleich ob sie kraft Rechtsgeschäfts oder kraft Gesetzes entstehen, das Geschäft schwebend unwirksam machen, wobei aber neuerdings (BGH, systemwidrig!) solche den Minderjährigen kraft Gesetzes treffenden persönlichen Verpflichtungen unbeachtlich sein sollen, die ihrem Umfang nach begrenzt und wirtschaftlich derart unbedeutend sind, dass sie wegen des unerheblichen Gefährdungspotentials eine Verweigerung der Genehmigung durch den gesetzlichen Vertreter oder durch den Ergänzungspfleger nicht rechtfertigen könnten. Im Grundsatz ist die Wirksamkeit der Verpflichtungs- und Erfüllungsgeschäfte nach dem **„Trennungsprinzip"** getrennt zu prüfen; **ausnahmsweise** soll eine **„Gesamtbetrachtung"** erfolgen, wenn durch eine isolierte Betrachtung der Schutz des § 107 BGB umlaufen wird.

1. **Regel („Trennungsprinzip")**: Wenn ein 11-Jähriger von einem Erwachsenen die „Blaue Mauritius" für € 50,– kauft, dann ist der Kaufvertrag schwebend unwirksam, weil den beschränkt Geschäftsfähigen die Pflicht zur Kaufpreiszahlung trifft (§ 107 BGB). Die zum Zwecke der Erfüllung erfolgende Übereignung der Briefmarke ist wirksam, weil zugunsten des beschränkt Geschäftsfähigen ein Recht übertragen wird.
2. **Ausnahme („Gesamtbetrachtung")**: Wenn einem 11-Jährigen von den Eltern ein Grundstück geschenkt wird, das mit einer persönliche Pflichten begründenden Reallast belastet ist (§ 1108 BGB), so wäre der Schenkungsvertrag wirksam, weil die persönliche Verpflichtung nur ein mittelbarer

Nachteil aus dem Schenkungsvertrag ist, während die Übereignung wegen des unmittelbaren Nachteils schwebend unwirksam wäre (§ 107 BGB). Die Eltern könnten aber gleichwohl das Erfüllungsgeschäft (§§ 873, 925 BGB) wirksam als Vertreter des Kindes als Erwerber (§ 1629 BGB) mit sich selbst als Übereignende vornehmen, ohne dass ein Ergänzungspfleger (§ 1909 BGB) nötig wäre, weil kein Verstoß gegen das Verbot des § 181 BGB vorliegt, denn das Geschäft besteht ausschließlich in der Erfüllung einer Verbindlichkeit aus dem Schenkungsvertrag (§ 181 Hs. 2 BGB). Um dieses Resultat zu verhindern, fordert der BGH eine Gesamtbetrachtung von dinglichem und schuldrechtlichem Geschäft: Ein sich erst aus dem dinglichen Geschäft ergebender rechtlicher Nachteil (dazu sogleich mehr im folgenden Kasten unter Ziff. 2: Reallast, Wohnungseigentum, vermietetes Grundeigentum), soll den Schenkungsvertrag schwebend unwirksam machen, so dass die Übereignung nicht in Erfüllung einer Verbindlichkeit erfolgt, also § 181 BGB doch eingreift, also § 1909 BGB anzuwenden ist.

**Nicht lediglich rechtlich vorteilhaft** sind nur die Rechtsgeschäfte, die **unmittelbar rechtliche Pflichten begründen** oder **Rechte aufheben** oder **mindern**.

Folgende **Beispiele** sollten Ihnen bekannt sein:

1. **Verpflichtungsgeschäfte**:Bei **gegenseitigen Verträgen** (z. B. Kauf, Miete) oder **unvollkommen zweiseitig verpflichtenden Verträgen** (Leihe, Verwahrung, Auftrag) gibt es stets unmittelbare rechtliche Nachteile für einen minderjährigen Vertragspartner. Bei dem einseitig verpflichtenden **Schenkungsvertrag** gibt es für den Beschenkten hingegen nur rechtliche Vorteile, es sei denn, es wird an den Minderjährigen unter einer Auflage geschenkt (§ 525 BGB).
2. **Dingliche Geschäfte**:Der **Eigentumserwerb** ist grundsätzlich rechtlich nur vorteilhaft. Beim Erwerb des **Eigentums an einem Grundstück** begründen die (Grund) Steuerpflichtigkeit und öffentlich-rechtliche Lasten keinen Nachteil, wenn sie ihrem Umfang nach begrenzt und wirtschaftlich derart unbedeutend sind, dass sie unabhängig von Umständen des Einzelfalls eine Verweigerung der Genehmigung durch den gesetzlichen Vertreter oder durch den Ergänzungspfleger nicht rechtfertigen könnten. **Dingliche Belastungen**, die nicht persönlich verpflichten (Hypothek), sind kein Nachteil, weil nur mit dem Grundstück gehaftet wird (§ 1147 BGB); ebenso dürfte eine Schenkung eines Grundstücks mit einem Nießbrauchsvorbehalt rechtlich lediglich vorteilhaft sein, weil das sonstige Vermögen des Minderjährigen nicht betroffen ist. Wenn eine dingliche Belastung aber persönliche Pflichten begründet (Reallast: § 1108 BGB), liegt ein rechtlicher Nachteil vor. Auch aus dem **Erwerb dinglicher Rechte her-**

**rührende persönliche Verpflichtungen** schließen einen lediglich rechtlichen Vorteil aus:

**a)** z. B. beim **Erwerb** von **Wohnungseigentum** die Pflichten aus § 10 Abs. 8 S. 1 Hs. 1 WEG, wonach jeder Wohnungseigentümer einem Gläubiger nach dem Verhältnis seines Miteigentumsanteils für Verbindlichkeiten der Gemeinschaft der Wohnungseigentümer, die während seiner Zugehörigkeit zur Gemeinschaft entstanden oder während dieses Zeitraums fällig geworden sind, haftet und die Pflichten aus § 16 Abs. 2 WEG zur Tragung von Lasten des gemeinschaftlichen Eigentums sowie der Kosten der Instandhaltung, Instandsetzung, sonstigen Verwaltung und eines gemeinschaftlichen Gebrauchs des gemeinschaftlichen Eigentums nach dem Verhältnis seines Anteils (BGH);

**b)** und – leicht übersehen – beim **Erwerb** eines **vermieteten Hauses** die Pflichten aus dem Mietvertrag nach §§ 566, 535 BGB: wissen Sie noch, was in dem „hochberühmten" § 566 BGB steht?).

**3.** Bei **Leistungen an einen minderjährigen Gläubiger** zum Zwecke der Erfüllung einer Verpflichtung (z. B. des Verkäufers an einen minderjährigen Käufer) kommt es zu einem eigenartigen Ergebnis: **a)** Die Übereignung einer geschuldeten Sache, z. B. Zahlung des Kaufpreises, die Rückzahlung der Darlehensvaluta und der Zinsen bei Fälligkeit eines einem Minderjährigen zustehenden z. B. ererbten Darlehensanspruchs ist dinglich wirksam; **b)** die Erfüllungswirkung tritt gleichwohl mangels „Empfangszuständigkeit" nicht ein.

**4.** Wem hier wieder einiges fremd war, der muss sich zwar sagen lassen, dass von allem bisher schon einmal die Rede war, es sei ihm aber wieder einmal **„Trost gespendet"**: Wir werden uns mit allem noch gründlich befassen.

**„Neutrale"** (also weder lediglich rechtlich nachteilige noch rechtlich vorteilhafte) **Geschäfte** sind dagegen **wirksam**, obwohl sie mangels eines Vorteils streng genommen nicht „lediglich rechtlich vorteilhaft sind". Das hatte Sie bereits der § 165 BGB (in dem der Gesetzgeber „sicherheitshalber" eine Regelung getroffen hat) gelehrt: „Die Wirksamkeit einer von oder gegenüber einem Vertreter abgegebenen Willenserklärung wird nicht dadurch beeinträchtigt, dass der Vertreter in seiner Geschäftsfähigkeit beschränkt ist".

**Fall 151**

Der minderjährige V verkauft, übereignet und übergibt eine von ihm bei E geliehene Sache an den gutgläubigen K. Der E verlangt von K Herausgabe (nach Medicus und Kropholler).

1) Der Anspruch könnte sich aus § 985 BGB ergeben. a) K ist Besitzer. b) Der E müsste Eigentümer sein: aa) Er war es. bb) Die leihweise Überlassung an

den V ändert daran nichts. cc) Die Übereignung des V an den K könnte zu einem Eigentumserwerb des K nach §§ 929 S. 1, 932 Abs. 1 BGB geführt haben. aaa) Der aaaa) Grundtatbestand des § 929 S. 1 BGB ist gegeben. Fraglich ist, ob die eine Einigung (dinglicher Vertrag mit dem Inhalt, dass das Eigentum übergeht) zum Ziel haben sollende vertragliche WE des K nach § 107 BGB schwebend unwirksam ist. Nach h.M. führt die Veräußerung einer fremden Sache zu keinem rechtlichen Nachteil i. S. d. § 107 BGB: Die Übereignung einer fremden Sache hat keinen Rechtsverlust für den minderjährigen V zur Folge. Eventuelle nachteilige mittelbare Folgen (Verpflichtung des V gegenüber dem E zur Zahlung von Schadensersatz aus §§ 280 Abs. 1, 3, 283 und § 823 Abs. 1, 2 i. V. m. § 246 StGB oder zur Herausgabe des durch die Verfügung Erlangten aus § 816 Abs. 1 S. 1 BGB oder aus §§ 687 Abs. 2, 681 S. 2, 667 BGB) bleiben bei § 107 BGB außer Betracht. Rechtliche Vorteile gibt es auch keine. Das Rechtsgeschäft ist „neutral" und damit wirksam. bbbb) Der Tatbestand des § 932 BGB ist gegeben. cccc) § 935 BGB liegt nicht vor. Danach hätte K das Eigentum erworben. bbb) Nach anderer, wohl vorzugswürdiger Ansicht (Medicus) führt das Ergebnis zu einem Wertungswiderspruch: Der K wird so besser gestellt, als er stünde, wenn der V Eigentümer wäre; er hätte dann kein Eigentum erlangt. Nach dieser Ansicht ist E Eigentümer geblieben. c) Der K hat kein Recht zum Besitz. 2) Unterstellt, der K wäre Eigentümer geworden (so die h.M), stellt sich die Frage, ob ein Anspruch aus § 816 Abs. 1 S. 2 BGB des E gegen den K bestünde (dazu später mehr).

#### (3) Nicht lediglich rechtlich vorteilhafte Geschäfte

Bei nicht lediglich rechtlich vorteilhaften Geschäften muss nach **§§ 107, 183 BGB** für deren Wirksamkeit eine **Einwilligung** der/des gesetzlichen Vertreter(s) (=der Eltern gemeinschaftlich nach § 1626 BGB oder eines Elternteils nach § 1680 BGB bzw. des Vormunds nach § 1793 BGB) vorliegen.

Die **Einwilligung** ist eine **vorher erklärte Zustimmung** (Legaldefinition in § 183 S. 1 BGB), die das Rechtsgeschäft „ex nunc" („von nun an"=vom Augenblick der Einwilligung an) wirksam macht. Vorstellbar sind hier:

- eine **Spezialeinwilligung** (=für ein bestimmtes Rechtsgeschäft), die sich auf das abzuschließende Geschäft **beziehen** muss,
- oder eine **Generaleinwilligung** (=für noch nicht individualisierte Rechtsgeschäfte), die nicht etwa in einer bloßen Mittelüberlassung gesehen werden kann (argec. § 110 BGB, der sonst überflüssig wäre!) und die – wenn sie gegeben ist – eng ausgelegt werden muss, um den Grundgedanken des Minderjährigenschutzes zu wahren, wobei zu beachten ist, dass eine (den Minderjährigen „quasi vollgeschäftsfähig" machende) **unbeschränkte Generaleinwilligung** unzulässig ist.

**Fall 152**

Die Eltern E haben ihrem Sprössling S zum 13. Geburtstag € 25,– für einen Nachmittag auf dem gerade stattfindenden Volksfest „Hamburger Dom" geschenkt. Das Fahrgeld für die Hin- und Rückfahrt mit der U-Bahn soll er zunächst verauslagen; sie wollen es ihm dann später erstatten. Der S sagt sich jedoch, dass er mit dem Fahrgeld lieber die Geister- anstelle der U-Bahn bezahlen will und fährt „schwarz". Der Kontrolleur K schnappt ihn und verlangt das „erhöhte" Fahrgeld von € 25,–. Sie sind als inzwischen arrivierter Rechtsanwalt zufällig im Zug und mischen sich ein. „Das Kind" erklärt sich zu Ihrem „Klienten". Welchen Rechtsrat erteilen sie dem S (nach Grisham und Erich Kästner)? Unterstellen Sie, dass ein wirksamer Beförderungsvertrag Voraussetzung für die Verpflichtung zur Zahlung des erhöhten Fahrgeldes ist und dass die Einbeziehung der AGB wirksam wäre und die AGB einer Inhaltskontrolle standhalten würden.

Die Verpflichtung des S gem. § 339 BGB zur Zahlung besteht nur dann, wenn ein wirksamer Beförderungsvertrag geschlossen ist. Da der S minderjährig ist und der Abschluss des Beförderungsvertrags auch nicht lediglich rechtlich vorteilhaft ist (§ 107 BGB), hängt die Wirksamkeit von der Einwilligung der E ab (§ 107 BGB). Nach einer Ansicht soll die Einwilligung der gesetzlichen Vertreter mit der Benutzung eines öffentlichen Verkehrsmittels und deshalb auch mit dem Abschluss eines Beförderungsvertrages nicht für den Antritt einer „Schwarzfahrt" gelten; die Einwilligung der Eltern (stillschweigend) sei nur unter der Bedingung einer bezahlten Fahrt erteilt worden. Nach anderer (wegen § 162 BGB analog vorzugswürdigen) Ansicht soll es allein darauf ankommen, ob die Eltern mit der Benutzung der U-Bahn einverstanden waren. Das ist hier der Fall. Also ist das „erhöhte" Beförderungsentgelt geschuldet. (Machen Sie also großzügig ein Geschenk, bezahlen Sie Ihrem „Klienten" die € 25,– und retten Sie den Geburtstag)!

Die **Haftung** des **Minderjährigen beschränkt sich** allerdings **auf** das **bei Eintritt** der **Volljährigkeit vorhandene Vermögen** des **Kindes** (§ 1629a Abs. 1 S. 1, Hs. 2 BGB). So soll der Minderjährige davor bewahrt werden, durch den Leichtsinn seiner Eltern für sein ganzes Leben unzumutbar belastet zu werden. Die Haftungsbeschränkung ist nach dem Muster der Herbeiführung der Beschränkung der Erbenhaftung ausgestaltet (dazu mehr in Teil 12).

Die Vorschrift des **§ 110 BGB** behandelt einen besonderen Fall der Einwilligung, der im Verhältnis zur generellen Einwilligung nachrangig ist. Gelesen werden muss die Vorschrift also folgendermaßen: „Ein von dem Minderjährigen ohne ausdrückliche Zustimmung des gesetzlichen Vertreters geschlossener Vertrag gilt als von Anfang an wirksam, wenn …". Denn es handelt sich bei der Regelung des § 110 BGB um einen **Spezialfall** (konkludent durch Überlassung von Mitteln) der **Einwilligung i. S. d. § 107 Fall 2 BGB**. Dem **Erziehungsgedanken** entspringt das Erfordernis, dass die Leistung bewirkt worden sein muss „mit Mitteln …, die ihm", dem Minderjährigen, „zu diesem Zweck oder zu freier Verfügung von dem Vertreter oder mit dessen Zustimmung von einem Dritten überlassen worden sind".

Typischerweise ist das Taschengeld ein solches „Mittel“, das dem Minderjährigen zu **„freier Verfügung überlassen“** worden ist. Bei der Überlassung von (Geld)Mitteln durch einen „Dritten“ – Schenkung der Patentante oder dem Minderjährigen belassenes Arbeitseinkommen – kommt es für die Anwendbarkeit des § 110 BGB hingegen auf eine Zustimmung der gesetzlichen Vertreter des Inhalts, dass es zur „freien Verfügung“ eingesetzt werden darf, an. Ob Surrogate (Lehrbuchbeispiel: Autokauf eines Minderjährigen mit Geld aus einem Lottogewinn, wobei der Einsatz mit Taschengeld bezahlt wurde) dazu gehören, beurteilt sich aus dem Erziehungszweck.

Die **Wirksamkeit** tritt bei § 110 BGB – anders als bei § 107 Var. 2 BGB – aber **erst mit** der **Leistungsbewirkung** ein. Der Sinn und Zweck der Vorschrift besteht nämlich zwar einerseits darin, den Minderjährigen bis zu einer gewissen Grenze eigenverantwortlich rechtsgeschäftlich handeln zu lassen. Um den Minderjährigen aber andererseits vor schädigenden Belastungen seines Vermögens zu schützen, wird das Verpflichtungsgeschäft erst dann als wirksam behandelt, wenn er „die vertragsmäßige Leistung mit Mitteln **bewirkt**...“ **hat**, „...die ... überlassen worden sind“. Die in der Mittelüberlassung zu sehende Einwilligung ist also insofern enger als die sonstige Einwilligung, weil sie nicht zur Folge hat, dass der Minderjährige zu einer Leistung verpflichtet bleibt. In dogmatischer Hinsicht trägt man dem durch eine **atypische Bedingungskonstruktion** Rechnung: Die Wirksamkeit des **Verpflichtungsgeschäfts** ist **durch die vollständige Erfüllung aufschiebend bedingt**, wobei diese entgegen §§ 158 Abs. 1, 159 BGB aufgrund der Fiktion des § 110 BGB („gilt als von Anfang an wirksam“) **ex tunc** (=zurück) **wirk**t. Die Folge ist, dass bei unteilbaren Geschäften (z. B. bei einem Teilzahlungskauf) der gesamte Vertrag erst mit Zahlung der letzten Rate rückwirkend auf den Zeitpunkt des Vertragsschlusses wirksam wird. Dagegen sind teilbare Geschäfte, wie z. B. ein Mietvertrag, jeweils für den Zeitraum, für den der Minderjährige die Leistung bewirkt hat, wirksam.

Fehlt es an einer Einwilligung oder ist ein vom Minderjährigen geschlossener Vertrag nicht nach § 110 BGB wirksam, ist ein **Vertrag „schwebend unwirksam“**; und es bedarf für seine Wirksamkeit einer sich auf das abgeschlossene Geschäft beziehenden **Genehmigung (§§ 108, 109, 184 Abs. 1 BGB)**, die nach **§ 184 Abs. 1 BGB ex tunc** wirkt.

**Fall 153**

Der 16-jährige M kauft vom Händler V ein Fahrrad für € 200,–. Seine Eltern hatten ihm für diesen Kauf € 200,– zum Geburtstag geschenkt. Der K zahlt aus dem ihm überlassenen Geld € 10,– an. Die Restzahlung soll bei der in zwei Wochen zu erwartenden Lieferung erfolgen. Der M kann die Zeit nicht abwarten und kauft bei einem anderen Händler ein vergleichbares Rad für € 190,–, das nach sofortiger Barzahlung mit dem ihm überlassenen Geld sogleich an den M übereignet und übergeben wird. Nach Anlieferung des Fahrrades bei V verlangt dieser von M Zahlung von € 190,– Zug-um-Zug gegen Lieferung. Die Eltern verweigern die Genehmigung des Vertrages, weil der M ja nun ein Fahrrad hat.

Der Anspruch könnte sich aus einem Kaufvertrag ergeben (§ 433 Abs. 2 BGB). Der Kaufvertrag a) ist nicht nach § 110 BGB wirksam, weil der M die Leistung an V nicht bewirkt hat. Dieser Fall zeigt die Bedeutung des § 110 BGB: Der nicht lediglich rechtlich vorteilhafte Vertrag, für den das Geld bestimmt war, bleibt schwebend unwirksam, wenn der Minderjährige das Geld verliert oder anderweitig verbraucht. b) Der Vertrag des M mit dem V, der für den M nicht lediglich rechtlich vorteilhaft ist, aa) könnte allerdings dann doch wirksam sein, wenn in der Geldüberlassung zugleich eine Einwilligung für den Kauf des Rades bei V läge. Zwar ist es in der Tat theoretisch möglich, dass die Mittelüberlassung zugleich eine Einwilligung ist. Angesichts des § 110 BGB kann man dies aber nur annehmen, wenn es dafür besondere Anhaltspunkte gibt. Diese sind hier nicht erkennbar. bb) Wegen der Verweigerung der Genehmigung ist der Vertrag des M mit V nichtig.

**Variante**

Der M hat kein Geld von den Eltern bekommen und kauft das Fahrrad von V ohne deren Einwilligung. Um die von V eingeforderte Genehmigung der Eltern zu erlangen, täuscht er ihnen einen Kaufpreis von € 180,– vor. Die Eltern genehmigen den Vertragsschluss dem M gegenüber (§ 182 BGB). V verlangt von M Zahlung von € 200,– Zug-um-Zug gegen Lieferung.

Der Anspruch könnte sich aus einem Kaufvertrag ergeben (§ 433 Abs. 2 BGB). Der Kaufvertrag ist jedoch nach §§ 107, 108 Abs. 1, 184 Abs. 1 BGB schwebend unwirksam, weil die Eltern nicht wirksam genehmigt haben. Ihre Erklärung bezog sich wegen der Fehlinformation des M nicht auf den von M mit V abgeschlossenen Vertrag.

**Während** des **Schwebezustandes** kann der Vertragspartner des Minderjährigen den Vertrag widerrufen, wenn er nicht gewusst hat, dass sein Vertragspartner beschränkt geschäftsfähig war oder wenn der beschränkt Geschäftsfähige das Vorliegen einer Einwilligung vorgetäuscht hat (§ 109 BGB). Beendet werden kann der Schwebezustand nach § 108 BGB, indem der Vertragspartner den gesetzlichen Vertreter zur Genehmigung mit der Folge des § 108 Abs. 2 BGB auffordert: Die Genehmigung kann, anders als § 182 BGB es vorsieht, fortan nur noch gegenüber dem Vertragspartner erklärt werden; wird sie binnen 2 Wochen nicht erklärt, gilt sie als verweigert.

Wenn die **Genehmigung verweigert** wird, ist der Vertrag von Anfang an unwirksam. Wird die Genehmigung erteilt, ist der Vertrag von Anfang an wirksam; der inzwischen volljährig Gewordene kann die Genehmigung (auch schlüssig, z. B. durch Fortsetzung des Vertrages) **erklären.**

**Fehlt bei einem einseitigen Rechtsgeschäft die Einwilligung**, ist das Rechtsgeschäft **nichtig** (§ 111 S. 1 BGB).

## 2. Formmangel

**Prinzipiell** sind alle **Willenserklärungen** – und damit alle Rechtsgeschäfte – **formfrei**. Es gibt aber ein breites Spektrum von **Ausnahmen** in Gestalt von **gesetzlichen Formvorschriften**; außerdem kann das Erfordernis zur Einhaltung einer **Form** von den Parteien **vertraglich vereinbart** worden sein.

- Die **Rechtsfolge** der Nichteinhaltung der **gesetzlichen Form** ist die **Nichtigkeit** des Rechtsgeschäfts (§ 125 S. 1 BGB), während die Nichteinhaltung einer **vereinbarten Form** nur **im Zweifel** zur **Nichtigkeit** führt (§ 125 S. 2 BGB).
- Gelegentlich lässt das Gesetz (ausnahmsweise, daher besteht kein analogiefähiges Prinzip!) eine **Heilung des Formmangels** durch eine nachfolgende Erfüllung zu (§§ 311b Abs. 1, S. 2, 518 Abs. 2, 766 S. 3 BGB).

### a) Arten der Form

Man kann im Wesentlichen folgende Arten von Formen unterscheiden:
So gibt es **gesetzlich vorgeschriebene** Formen.

- Bestimmte Erklärungen müssen **bei gleichzeitiger Anwesenheit vor** einer **zuständigen Stelle** abgegeben werden (z. B. die Auflassung nach § 925 Abs. 1 BGB oder die Eheschließung nach § 1310 Abs. 1 BGB).
- Einer **notariellen Beurkundung** bedürfen eine Vielzahl von Verträgen, z. B. nach **§ 311b Abs. 1 BGB** „ein Vertrag, durch den sich der eine Teil verpflichtet, das Eigentum an einem Grundstück zu übertragen oder zu erwerben". Unter einer hierfür erforderlichen **„notariellen Beurkundung"** versteht man nach § 128 BGB i. V. m. § 8 BeurkG folgenden Vorgang: Die Willenserklärung(en) wird (werden) von dem (n) Beteiligten in einer Verhandlung vor einem Notar abgegeben und von diesem schriftlich festgehalten („Niederschrift"); die Niederschrift wird vorgelesen und von dem (n) Beteiligten genehmigt.
- Nach § 1154 Abs. 1 S. 2 BGB kann bei der Übertragung einer Briefhypothek der neue Gläubiger (Zessionar) vom alten Gläubiger (Zedent) die öffentliche Beglaubigung (§ 129 BGB) der an sich nur schriftlich sein müssenden (§ 126 BGB) Abtretungserklärung verlangen (§ 1154 Abs. 1 S. 1 BGB; die ratio legis ist der § 1155S. 3 BGB); bestimmte Erklärungen gegenüber dem Grundbuchamt bedürfen nach §§ 29 GBO, 129 BGB der **öffentlichen Beglaubigung**. Bei ihr wird die Unterschrift unter einer eine Erklärung enthaltenden Urkunde durch einen Notar als echt bezeugt, indem dieser sich von der Identität des Erklärenden überzeugt (Personalausweis) und in einem Beglaubigungsvermerk festhält, dass die in ihm namentlich angeführte Person und der Erklärende identisch sind (§ 129 BGB i. V. m. §§ 39 f. BeurkG).
- Zuweilen verlangt das Gesetz auch die Einhaltung der **Schriftform**. Hierfür ist nach § 126 Abs. 1 BGB ein geschriebener Text und eine eigenhändige Namensunterschrift erforderlich. Sie kann u. U. nach § 126a BGB durch eine elektronische Signatur ersetzt werden (aber z. B. nach § 766 S. 2 BGB nicht bei der Bürgschaftserklärung).

- Hinzutreten zur Schriftform müssen z.Tl. auch **zusätzliche Umstände**, so bei bestimmten Verbraucherverträgen: Beim Verbraucherdarlehensvertrag ist nach § 492 Abs. 2 BGB erforderlich die Schriftform mit Mindestangabepflichten nach Art 247, §§ 6–13 EGBGB und die Zurverfügungstellung einer Abschrift (ebenso nach § 506 Abs. 1 BGB beim Zahlungsaufschub, nach §§ 506 Abs. 3, 507 BGB beim Teilzahlungsgeschäft und nach § 510 Abs. 2 BGB beim Ratenlieferungsvertrag); für die Bürgschaftserklärung wird zusätzlich die „Erteilung" der Bürgschaftserklärung (=willentliche Zurverfügungstellung der Originalurkunde zugunsten des Gläubigers) verlangt.
- Bei der Testamentsform des **eigenhändigen Testaments** muss dieses eigenhändig geschrieben und unterschrieben werden (§ 2247 Abs. 1 BGB): Diese Form verlangt insoweit mehr als die Schriftform, als zusätzlich eine „Eigenhändigkeit" des Textes und der Unterschrift verlangt werden; nicht aber ist – wie bei der Schriftform – eine Unterschrift mit dem Namen nötig (als Unterschrift reicht: „Dein Onkel"), was allerdings für die Rechtspraxis nicht anzuraten ist, weil (z. B. beim Vorhandensein mehrerer Onkel) nur mühsam aufzuklärende Identifikationsfragen auftauchen können.
- Auch kann die **„Textform"** nötig sein (§ 554 Abs. 3 BGB). Für die Textform reicht eine in einer Urkunde o.ä. enthaltene Erklärung, aus der sich die Person des Erklärenden ergibt und in der der Abschluss der Erklärung erkennbar gemacht ist (§ 127 BGB).

Das waren die wesentlichen gesetzlich vorgeschriebenen Formvorschriften. Bei einer **„gewillkürten Form"**, also bei einer durch Vereinbarung geschaffenen Notwendigkeit zur Einhaltung einer Form, kann man die vorstehend beschriebenen gesetzlichen Erklärungsformen wählen, oder man kann selbst erdachte Formen (nicht selten z. B. eine Übermittlungsform: „per Boten" oder „per Einschreiben") vorsehen: So kann in einem Mietvertrag vereinbart sein, dass die Kündigung „schriftlich" oder „per Einschreiben" erfolgen soll.

### b) Gesetzlich vorgeschriebene Form bei § 311b Abs. 1 und bei § 518 Abs. 1 BGB

Aus dem Spektrum der gesetzlich vorgeschriebenen Formen greifen wir uns hier die für Sie in der Ausbildung wichtigsten Konstellationen heraus

- die Form des **§ 311b Abs. 1 S. 1 BGB** (Erforderlichkeit der notariellen Beurkundung bei vertraglicher Verpflichtung zur Übertragung oder zum Erwerb von Grundstücken), also z. B. bei Grundstückskaufverträgen mit einer auf Übertragung von Eigentum oder von Miteigentumsanteilen an Grundstücken oder Anwartschaftsrechten an Grundstücken gerichteten Verpflichtung oder z. B. Gesellschaftsverträge mit einer entsprechenden Einlageverpflichtung bzw. Verträge einer entsprechenden Erwerbsverpflichtung)
- und die Form des **§ 518 Abs. 1 BGB** (Erforderlichkeit der notariellen Beurkundung des Schenkungsversprechens, nicht etwa der Handschenkung des § 516 BGB, so dass der Notar nicht beim Weihnachtsfest dabei sein muss!). Wissen Sie noch, wo-

rin die Bedeutung des § 516 BGB zu sehen ist? Es geht bei der zu einem „Handschenkung" genannten Schenkungsvertrag führenden Einigung darüber, dass eine Zuwendung unentgeltlich ist, darum, dass eine bereits erfolgte/zeitgleich erfolgende Zuwendung nicht mangels eines Rechtsgrundes nach § 812 Abs. 1 S. 1 Var. 1 BGB zurückverlangt werden kann: „Geschenkt ist geschenkt – wiederholen ist gestohlen", lautet der Kindervers, der dies sehr anschaulich illustriert.

Die ebenfalls für Sie wichtige Formvorschrift des **§ 766 BGB** (Schriftform und Erteilung der Bürgschaftserklärung) besprechen wir nicht erneut; diese ist Ihnen bereits bei der Darstellung des Bürgschaftsvertrages ausreichend verdeutlicht worden. Die **übrigen gesetzlichen Formerfordernisse** wurden bereits und werden noch in anderen, jeweils passenden Zusammenhängen besprochen.

aa) Umfang der Formpflicht bei §§ 311b Abs. 1, 518 Abs. 1 BGB

Keiner besonderen Darstellung bedarf es, dass in den Fällen des § 311b Abs. 1 BGB und des § 518 Abs. 1 BGB jeweils der **Vertrag selbst**, also z. B. der Grundstückskaufvertrag oder das vertragliche Schenkungsversprechen bei der Vertragsschenkung („Schenkungsversprechen"), der notariellen Beurkundung bedarf, und zwar ganz bestimmt die Vereinbarung der jeweiligen **„essentialia negotii"**, aber auch solche **Nebenabreden**, ohne die die Parteien den Vertrag nicht geschlossen hätten.

Interessant ist aber die Konstellation einer **Verbindung eines** hiernach **formbedürftigen Vertrages mit** einem anderen, als solchem **formfrei** möglichen **Vertrag**. Dann ist der formfreie Vertrag ebenfalls formbedürftig, wenn die Geschäfte miteinander „stehen und fallen".

**Fall 154**

Der Bauunternehmer V und der K schließen schriftlich einen Vertrag, der den V dazu verpflichtet, nach den Plänen des K auf einem dem V gehörigen Grundstück ein Einfamilienhaus für € 300.000,– zu errichten und das Hausgrundstück nach Fertigstellung gegen Zahlung von weiteren € 200.000,– an den K zu übergeben und zu übereignen. Der V verlangt nach Fertigstellung des Rohbaus, der einen Wert von 1/3 der Gesamtvergütung hat, eine Abschlagzahlung von € 100.000,–.

Der Anspruch auf Abschlagzahlung könnte sich aus einem Werkvertrag ergeben (§ 632a BGB). Die Parteien haben einen Vertrag geschlossen, der sich aus einem Werk- und einem Kaufvertrag zusammensetzt (Warum eigentlich kein Vertrag über die Lieferung neu herzustellender beweglicher Sachen nach § 651 BGB?? Lesen Sie § 651 BGB gründlich: „... Lieferung herzustellender oder zu erzeugender *beweglicher Sachen* ..."). Der Kaufvertrag ist nach §§ 311b Abs. 1, 125 BGB nichtig. Da beide Verträge so eng miteinander verbunden sind, dass sie miteinander stehen und fallen, ist auch der Werkvertrag nichtig. Der V hat daher keinen Anspruch aus § 632a BGB gegen K.

Nicht nur die nach § 311b Abs. 1 BGB oder nach § 518 Abs. 1 BGB formbedürftigen Verpflichtungsgeschäfte, sondern auch solche **Rechtsgeschäfte**, die **bei wirt-**

**schaftlicher Betrachtungsweise** einem solchen **Verpflichtungsvertrag gleichgestellt** werden müssen, bedürfen der Form des § 311b Abs. 1 BGB oder nach § 518 Abs. 1 BGB. Die Hauptbeispiele sind der **Vorvertrag** und die **unwiderrufliche Veräußerungs-** oder **Erwerbsvollmacht**.

**Fall 155**

Der ein Im- und Exportgeschäft betreibende Geschäftsmann S beabsichtigt, bei der G-Bank einen Kredit mit 5-jähriger Laufzeit mit 6 %-iger Verzinsung in Höhe € 1.000.000,– aufzunehmen. In den Kreditverhandlungen verlangt die B-Bank die Stellung eines selbstschuldnerischen Bürgen. Der S ruft aus den Räumen der G-Bank den B an, der sich ihm gegenüber zu einer Bürgschaft für dessen Geschäftstätigkeit bereit erklärt hatte. Der B verpflichtet sich telefonisch gegenüber dem Prokuristen P der G-Bank dazu, einen Bürgschaftsvertrag zur Sicherung eines Darlehens des S über € 1.000.000,– mit 5-jähriger Laufzeit und 6 %-iger Verzinsung abschließen zu wollen. Der P veranlasst deshalb die Auszahlung des Darlehens. Als der B erfährt, dass der S die Darlehensvaluta gar nicht für seine Geschäftstätigkeit, sondern für waghalsige Börsenspekulationen einsetzen will, weigert er sich, den Bürgschaftsvertrag mit der G-Bank abzuschließen.

Ein Anspruch der G-Bank gegen B auf Abschluss eines Bürgschaftsvertrages könnte sich aus einem Vorvertrag ergeben (§§ 311 Abs. 1, 765, 164 BGB, 48 f. HGB). Wenn dem Abschluss eines Vertrages noch tatsächliche und rechtliche Hindernisse entgegenstehen, gleichwohl aber eine beiderseitige oder auch nur einseitige Bindung der Parteien auf Abschluss des Vertrages herbeigeführt werden soll, können die Parteien einen „Vorvertrag“ abschließen, dessen Inhalt darin besteht, dass sie beide oder einer von ihnen verpflichtet sind/ist, einen anderen verpflichtenden Vertrag („Hauptvertrag“, hier einen Bürgschaftsvertrag) abzuschließen. Regelmäßig begründet ein solcher Vorvertrag lediglich einen Anspruch auf Abschluss des „Hauptvertrages“. Der Vorvertrag bedarf, weil ansonsten eine Formvorschrift umgangen werden könnte, der Form des Hauptvertrages, hier also der des § 766 S. 1 BGB (Schriftform und Erteilung der Willenserklärung des zukünftigen Bürgen). Weil diese Form nicht eingehalten ist, ist der Vorvertrag nichtig (§ 125 BGB).

Ein zusätzliche Erweiterung der Formpflicht wird leicht übersehen: Auch solche Verträge, die das nach § 311b Abs. 1 BGB oder nach § 518 Abs. 1 BGB formbedürftige Geschäft nachträglich ändern **(„Änderungsverträge“)** bedürfen der vorgeschriebenen Form. Ein **Aufhebungsvertrag**, der bei bereits vollzogenem Kaufvertrag Rückübertragungs- bzw. Rückerwerbsverpflichtungen begründet, ist formbedürftig. Gleiches soll gelten, wenn der Käufer ein Anwartschaftsrecht durch eine bindende Auflassung (§§ 925, 873 Abs. 2 BGB) und die Stellung des Eintragungsantrags durch den Käufer bzw. Eintragung einer Auflassungsvormerkung erworben hat. Nicht formbedürftig ist der noch nicht vollzogene Kaufvertrag.

**Fall 156**

Der V verkauft dem K formgerecht eine Eigentumswohnung in einem 30 Jahre alten Hochhaus für € 90.000,– und verschweigt dabei, dass ihm bereits durch den Verwalter eröffnet worden ist, dass demnächst Fassadenrenovierungen notwendig sind, die zu Belastungen für die Wohnungseigentümer in Höhe von je € 20.000,– führen werden. Der K zahlt den Kaufpreis; zu seinen Gunsten wird eine von dem V bewilligte Auflassungsvormerkung in das Grundbuch eingetragen. Nach dem Inhalt des Kaufvertrags trägt der K nunmehr die Nutzungen und die Lasten der Wohnung. Als der K auf der alsbald danach anberaumten Wohnungseigentümerversammlung von den geplanten Baumaßnahmen hört, verlangt er von dem V eine Rückzahlung eines Teils des Kaufpreises in Höhe von € 10.000,–. Der V und der K schließen einen schriftlichen Vertrag, in dem der V sich zur Rückzahlung des Kaufpreises in Höhe von € 10.000,–. verpflichtet und in dem der K auf die Geltendmachung von Gewährleistungsrechten oder einer Anfechtung des Kaufvertrags verzichtet. Der K verlangt die Zahlung von € 10.000,– von V.

Der Anspruch besteht nicht, weil die Vereinbarung als Abänderung des Kaufvertrages der Form des § 311b Abs. 1 BGB bedurft hätte und mangels dieser Form nach § 125 S. 1 BGB nichtig ist.

bb) Heilung eines Formmangels

Nach **§ 311b Abs. 1 S. 2 BGB** wird der **Formmangel** durch **Auflassung** und **Eintragung** in das **Grundbuch** (also nicht ausschließlich „durch Eintragung" in das Grundbuch, wie häufig vereinfachend gesagt wird!) mit **ex-nunc-Wirkung geheilt**, wenn die Parteien übereinstimmend die Veräußerung oder den Erwerb noch wollen mit der Folge, dass der Vertrag dann „seinem ganzen Inhalt nach", also einschließlich eventueller formnichtiger Nebenabreden, wirksam wird.

**Fall 157**

Der Auftraggeber AG vereinbart mit dem Auftragnehmer AN mündlich, dass dieser unentgeltlich für den AG ein Grundstück vom Eigentümer E käuflich erwirbt. Der AN schließt mit dem E einen Kaufvertrag über das Grundstück in eigenem Namen. Es wird daraufhin von E an den AN übereignet. Der AG verlangt von dem AN Übereignung an sich und bietet dem AN den verauslagten Kaufpreis sowie die ihm entstandenen Kosten an. Der AN, der inzwischen Gefallen an dem Grundstück gefunden hat, weigert sich (nach BGH).

Der Anspruch des AG gegen AN könnte sich aus § 667 BGB ergeben, wenn ein wirksamer Auftrag bestünde. a) Ein solcher Vertrag (§ 662 BGB) ist geschlossen worden. b) Er könnte jedoch nach §§ 311b Abs. 1, S. 1, 125 BGB formnichtig sein. aa) Teilweise wird angenommen, aaa) dass der Auftrag formbedürftig sei, weil durch diesen Vertrag eine den Auftragnehmer AN durch die Ausführung des Auftrags bedingte Verpflichtung zur Herausgabe nach § 667 BGB (also eine Übereignungsverpflichtung) entstünde. Danach wäre der Auftrag nichtig

(§§ 311b Abs. 1, S. 1, 1, 125 BGB). bbb) Der Formmangel wäre nicht nach § 311b Abs. 1 S. 2 BGB durch die Übereignung des E an AN geheilt. bb) Der BGH hält aber aaa) lediglich die Begründung der Erwerbsverpflichtung des Beauftragten (AN) für formbedürftig; danach wäre der Auftrag zwar zunächst auch formnichtig nach §§ 311b Abs. 1, S. 1, 125 S. 1 BGB. bbb) Durch den Erwerb des Grundstücks durch den AN wäre der Formmangel jedoch geheilt (§ 311b Abs. 1, S. 2 BGB). Danach müsste der AN das Grundstück an AG übereignen.

**Fall 158**

Der V verkauft in notariell beurkundeter Form sein Grundstück „lastenfrei" für € 1.000.000,– an den K bei gleichzeitiger Bewilligung einer Auflassungsvormerkung zugunsten des K durch V; im Kaufvertrag werden allerdings aufgrund einer ohne Wissen des Notars getroffenen Abrede nur € 800.000,– beurkundet, um so Kosten und Grunderwerbsteuern „zu sparen". Sodann bestellt V der B-Bank zur Sicherung eines Darlehens eine Hypothek von € 500.000,–. Der K, der davon nichts erfährt, zahlt wie vereinbart den gesamten Kaufpreis von € 1.000.000,– an den V. Die Auflassung wird formgerecht erteilt, und der K wird als Eigentümer im Grundbuch eingetragen. Der K verlangt von der B-Bank die Zustimmung zur Löschung der Hypothek.

1) Aus § 894 BGB ergibt sich der Anspruch nicht, weil auch bei einer (evtl.) vormerkungswidrigen Verfügung des V (dazu sogleich) das Grundbuch nicht unrichtig wird. 2) In Betracht kommt daher nur ein Anspruch aus § 888 BGB. a) Dann müsste eine wirksame Vormerkung bestanden haben: aa) Sie ist – wie erforderlich – im Grundbuch eingetragen. bb) Eine Bewilligung des V als Eigentümer liegt vor. cc) Erforderlich ist weiterhin ein wirksamer schuldrechtlicher Anspruch gerichtet auf dingliche Rechtsänderung: In Betracht kommt hier ein Anspruch aus einem Kaufvertrag zwischen beiden (§ 433 Abs. 1 S. 1 BGB), wenn ein solcher zwischen beiden geschlossen worden wäre. aaa) Der von dem Notar beurkundete Kaufvertrag über einen Preis von € 800.000,– könnte nach § 117 Abs. 1 nichtig sein. aaaa) Der V und der K haben beide entsprechende, auf den Abschluss eines Kaufvertrags gerichtete empfangsbedürftige Willenserklärungen abgegeben. bbbb) Ihre Willenserklärungen haben sie einverständlich mit diesem Inhalt aber nur zum Schein abgegeben. Ihr mit dem Scheingeschäft angestrebtes Ziel (Kostenersparnis) konnten und wollten sie mit dem bloßen Schein eines auf diesen Preis lautenden Kaufvertrages erreichen. Daher ist ein Kaufvertrag mit dem Inhalt eines Preises von € 800.000,– nichtig. bbb) Wirksam sein könnte aber das „dissimulierte Geschäft" über € 1.000.000,– (§ 117 Abs. 2 BGB). Dann aber müssten dessen Wirksamkeitsvoraussetzungen gegeben sein; insbesondere müsste die Formvorschrift des § 311b Abs. 1 S. 1 BGB erfüllt sein, weil der Vertrag sonst nach § 125 S. 1 BGB nichtig wäre. aaaa) Die Preisabrede ist aaaaa) beurkundungspflichtig, weil es dabei um eines der „essentialia negotii", also um eine vertragsbestimmende Abrede geht. Da nicht der gewollte Betrag von € 1.000.000,– beurkundet ist, wäre der Kaufvertrag nichtig. bbbbb) Wenn allerdings die beurkundeten „€ 800.000,–" nach der „falsa demonstratio

non nocet“-Regel als beurkundete „€ 1.000.000,–“ anzusehen wären, wäre dem Formerfordernis des § 311b Abs. 1 S. 1 BGB entsprochen. Damit würde man jedoch die Einhaltung der gesetzlichen Form des § 311b Abs. 1 S. 1 BGB der Disposition der Parteien unterwerfen, was nicht angeht. Nur beiderseitige irrtümliche Falschbezeichnungen können nach dem Grundsatz „falsa demonstratio non nocet“ einen Verstoß gegen § 311b Abs. 1 S 1 BGB unbeachtlich machen. Der Kaufvertrag ist daher nicht nach § 117 Abs. 2 BGB wirksam. bbbb) Der Formmangel ist jedoch nach § 311b Abs. 1 S. 2 BGB geheilt. b) Die Verfügung (Belastung des Grundstücks) müsste vormerkungswidrig sein (§§ 888, 883 Abs. 2 BGB): aa) Verkauft worden war das Grundstück „lastenfrei“. bb) Vormerkungswidrig wäre die Verfügung des V aber nur dann, wenn z.Zt. der Verfügung die Vormerkung bestanden hätte: diese war zunächst unwirksam, weil der Kaufvertrag formnichtig war (Akzessorietät!); dann ist sie – mit der Heilung der Nichtigkeit des Kaufvertrages – wirksam geworden, aber nur „ex nunc“ (keine rückwirkende Kraft der Heilung!); daher bestand bei der Verfügung keine Vormerkung. K kann nicht die Zustimmung zur Löschung der Hypothek von der B-Bank verlangen. (Die „Moral von der Geschicht'“: Hände weg von „Schwarzgeschäften“!).

Als **„Heilungsfälle“** merken Sie sich bitte

- außer dem soeben dargestellten **§ 311b Abs. 1 S. 2 BGB** folgende Beispiele:
- Bei der Schenkung wird das **formnichtige Schenkungsversprechen** durch die „Bewirkung der geschuldeten Leistung“ geheilt **(§ 518 Abs. 2 BGB)**.
- Auch heilt die Erfüllung der Hauptverbindlichkeit durch den Bürgen den **formnichtigen Bürgschaftsvertrag (§ 766 S. 3 BGB)**.
- Gleiches gilt mit inhaltlichen Modifikationen der Verpflichtungen beim **Verbraucherdarlehensvertrag (§ 494 Abs. 2 BGB)**; nach **§§ 506 Abs. 1, 494 Abs. 2 BGB** beim **Zahlungsaufschub** und **sonstigen Finanzierungshilfen**; aber nach § 507 BGB **nicht** beim **Teilzahlungsgeschäft** und auch nicht nach § 510 Abs. 2 BGB beim **Ratenlieferungsvertrag**.
- Allen diesen Heilungsfällen darf man aber **kein allgemeines „Heilungsprinzip“** des Inhalts, dass „Erfüllung den Formmangel heilt“ entnehmen!

#### cc) Unbeachtlichkeit des Formmangels

Ein bedeutsames praktisches und klausurwichtiges Problem ist die Fragestellung, ob die **Nichtbeachtung** der **Form** nach **§ 242 BGB unbeachtlich** sein kann. Zu unterscheiden ist diese Frage von dem Problem, ob die Nichtaufklärung über das Formerfordernis zu einem Schadensersatzanspruch aus §§ 280 Abs. 1, 311 Abs. 1, 241 Abs. 2 BGB führen kann. Zur Illustration gehen wir nun doch auf den Bürgschaftsvertrag ein.

**Fall 159**

Der B hat sich in Kenntnis der Formvorschrift des § 766 BGB und wissend, dass diese auf ihn als Privatmann Anwendung findet, durch mündliche Erklärung dem G gegenüber, der den B aufgrund bewusst falscher Angaben des B irrig für einen Kaufmann gehalten hat (vgl. §§ 1, 350, 343, 344 HGB), zur Sicherung eines Rückzahlungs- und Zinsanspruchs aus einem noch nicht valutierten Darlehensvertrag zwischen dem Darlehensnehmer S und dem Darlehensgeber G verbürgt. Der B hat die falschen Angaben gemacht, um seinerseits als besonders solvent zu gelten und um auf diese Weise dem ihm gut bekannten S das von diesem dringend benötigte Darlehen zu verschaffen. Daraufhin hat der G das Darlehen valutiert, was er bei Kenntnis der Nichtigkeit der Bürgschaft nicht getan hätte. Als über das Vermögen des S das Insolvenzverfahren eröffnet wird, hält der G sich an B. Dieser beruft sich auf den Formmangel und auf die Einrede der Vorausklage (nach Medicus).

Der G könnte einen Anspruch gegen B aus § 765 BGB haben. a) Eine Hauptforderung besteht (§ 488 Abs. 1 S. 2 BGB). b) Es müsste ein Bürgschaftsvertrag geschlossen worden sein. aa) Der Vertrag ist geschlossen. bb) Er müsste formwirksam sein. aaa) Auszugehen ist davon, dass der Vertrag nach §§ 766 S. 1, 125 BGB nichtig ist, weil auch nicht die §§ 1, 350, 343, 344 HGB eingreifen. bbb) Möglich ist, dass die Berufung auf den Formmangel seitens des B unbeachtlich ist (§ 242 BGB). Dazu sind folgende Fallgruppen denkbar: aaaa) In dem (hier nicht gegebenen) Fall der bewussten Nichtbeachtung der Form (= die Parteien stellen sich bewusst nicht dem Recht) sollte man mangels eines Rechtsfolgewillens keinen Erfüllungsanspruch zusprechen. bbbb) Bei versehentlicher Nichtbeachtung der Form (hier ebenfalls nicht gegeben) soll bei „schlechthin untragbaren" Ergebnissen, z. B. dann, wenn der Bürge über einen langen Zeitraum hinweg Vorteile aus dem Kredit genossen hat, der Formmangel unbeachtlich sein (BGH), oder es soll ein Schadensersatzanspruch aus §§ 280 Abs. 1, 311 Abs. 2, 241 Abs. 2 BGB auf das negative Interesse gegeben sein (h.L.). cccc) In den Arglistfällen (so hier!) besteht Einigkeit, dass der Vertrag als wirksam behandelt wird, wobei teilweise dem Betroffenen ein Wahlrecht (analog dem Anfechtungsrecht, das der arglistig Getäuschte ausüben kann, aber nicht ausüben muss) zwischen Erfüllung und Schadensersatz eingeräumt wird. Hier hat der G Erfüllung verlangt. c) Ob auch die Berufung auf die Einrede der Vorausklage (§ 771 BGB) nach § 242 BGB ausgeschlossen ist (vgl. § 349 HGB), kann offen bleiben, da in jedem Fall § 773 Abs. 1 Nr. 3 BGB dieselbe ausschließt.

### c) Vereinbarte („gewillkürte") Form

Die Parteien können die **Einhaltung** einer **Form frei vereinbaren** und das durch ihre Vereinbarung selbst geschaffene Formerfordernis (sehr wichtig!) auch selbst **formlos jederzeit konkludent** wieder **aufheben** (daher ist i.E. jede formwidrige spätere Vertragsänderung i. d. R. im Ergebnis wirksam! Eine „Heilungsregelung" musste der Gesetzgeber daher gar nicht erst ins Auge fassen).

Die **Folge** eines **Verstoßes** gegen eine gewillkürte Form ist **nicht** etwa **„automatisch"** die **Nichtigkeit** des Rechtsgeschäfts. Vielmehr muss die **Auslegung** ergeben, ob Nichtigkeit die von den Parteien gewollte Rechtsfolge ist (§ 125 S. 2 BGB); dazu gelten folgende Regeln:

- **Nichtigkeit** soll gegeben sein, wenn die Einhaltung der Form Wirksamkeitsvoraussetzung sein soll;
- **keine Nichtigkeit** liegt vor, wenn die Form lediglich der Klarstellung und Beweissicherung dienen soll.

**Fall 160**

V und K schließen einen Kaufvertrag und vereinbaren ein Rücktrittsrecht für den K, das dieser „bis zum 1. Juli 2002 schriftlich per Einschreiben ausüben" kann. Beide erfüllen den Vertrag. Der K drückt dem V die von ihm unterschriebene Rücktrittserklärung am 30. Juni 2002 in die Hand und verlangt Rückzahlung des Kaufpreises Zug-um-Zug gegen Rückübereignung und Rückgabe der Kaufsache.

Der Anspruch kann sich aus §§ 346 Abs. 1 S. 1, 348 BGB ergeben, wenn K wirksam von dem Kaufvertrag zurückgetreten ist. a) Das Rücktrittsrecht ist vereinbart. b) Der Rücktritt aa) ist erklärt und innerhalb der Frist zugegangen. bb) Er könnte nach § 125 S. 2 BGB nichtig sein. Dazu muss die Formvorschrift ausgelegt werden. aaa) Die Schriftform ist konstitutiv. bbb) Die „Übermittlungsform" dient nur Beweiszwecken. Also ist die formwidrige Erklärung des Rücktritts nicht nichtig.

### 3. Gesetzliches Verbot

Ein weiteres „Wirksamkeitshindernis" („rechtshindernde Einwendung") ist die Nichtigkeit eines Rechtsgeschäfts und damit auch die Nichtigkeit eines (uns ja bekanntlich hier in erster Linie interessierenden) verpflichtenden Vertrages wegen eines Verstoßes gegen ein gesetzliches Verbot. Ein **gesetzliches Verbot** kann **in allen Gesetzen i. S. d. Art. 2 EGBGB (=jede Rechtsnorm)** ausgesprochen werden: **also** in EU-Normen, im GG, in Gesetzen im formellen Sinne, in Rechtsverordnungen und in Satzungen und Tarifverträgen, **nicht** dagegen in Vereinssatzungen, AGBs, durch die Verkehrssitte oder einen Handelsbrauch.

- Man denkt bei Rechtsnormen, die eine Nichtigkeitsfolge aussprechen, automatisch sofort an § 134 BGB. Das ist zuweilen ein wenig vorschnell. Denn es gibt durchaus „Verbotsgesetze", die die Nichtigkeitsfolge selbst (also ohne, dass man auf § 134 BGB einzugehen hätte) aussprechen, so z. B. **Art. 9 Abs. 3 GG** (Nichtigkeit von der Koalitionsfreiheit zuwider laufende Abreden) und **§ 444 BGB** (unwirksamer Ausschluss des Gewährleistungsrechts bei Arglist und Garantieübernahme).
- In der Regel wird es aber in der Tat auf **§ 134 BGB** ankommen. Hiernach sind alle gegen ein gesetzliches Verbot verstoßenden Rechtsgeschäfte nichtig. Die Frage, ob ein Gesetz ein „Verbotsgesetz" i. S. d. § 134 BGB ist, kann durchaus

knifflig sein, denn keinesfalls sind gesetzlich verbotene Rechtsgeschäfte stets nichtig: Entscheidend ist vielmehr, ob eine **Gesetzesauslegung** ergibt, dass ein dem Verbotsgesetz **entgegenstehendes Rechtsgeschäft wirkungslos** sein soll. Dazu ist abzustellen auf Sinn und Zweck der Bestimmung: Indiziell bedeutsam ist vor allem, wem gegenüber das Verbot ausgesprochen worden ist. Richtet sich das Verbot gegen beide Geschäftspartner, ist im Zweifel von Nichtigkeit auszugehen; ist es nur für einen Teil verboten, kommt es für die Nichtigkeit darauf an, ob es schlechthin verboten ist.

**Fall 161**

Der durch eine private Grundstücksverwaltung in Mietsachen erfahrene Steuerberater St entwirft für seinen Mandanten M eine Räumungsklage gegen einen Mieter einer ihm gehörigen Wohnung, die er selbst nutzen möchte. Der St verlangt das dafür vereinbarte Honorar.

Der Anspruch des St könnte sich aus 1) §§ 631, 675 BGB ergeben. a) Der Geschäftsbesorgungsvertrag ist geschlossen. b) Er ist jedoch nach § 134 BGB i. V. m. §§ 3, 5 RDG nichtig, weil die Rechtsberatung durch St keine erlaubte Nebenleistung ist. Es geht um eine Besorgung fremder Rechtsangelegenheiten; diese „darf nur" von Personen mit behördlicher Erlaubnis betrieben werden, ist also verboten. Auch wenn sich das Verbot nur an einen der Vertragspartner (St) richtet, ist der Vertrag nichtig, weil dem Sinn und Zweck des Gesetzes nur durch Nichtigkeit des Geschäftsbesorgungsvertrages entsprochen werden kann. 2) In Betracht kommt aber ein Anspruch aus §§ 677, 683, 670 BGB. Dazu später mehr. 3) Der St könnte auch einen Anspruch aus § 812 Abs. 1 S. 1 Var. 1 BGB haben. Dazu und zu der in Betracht zu ziehenden „Sperre" aus § 817 S. 2 BGB später mehr.

**Fall 162**

Der V verkauft an den K ein von einem Freund kopiertes Computerspiel für € 5,–. Die von V gebrannte CD-Rom ist defekt. Der K verlangt Lieferung einer neuen CD-Rom.

Der Anspruch kann sich aus §§ 651 S. 1 oder 311 Abs. 1, 241 Abs. 1, 437 Nr. 1, 434 Abs. 1 S. 2 Nr. 2, 439 Abs. 1 BGB ergeben. a) aa) Weil der V die CD selbst herstellt, findet, da es sich dabei um eine bewegliche Sache handelt und sich der V auch zur Lieferung verpflichtet hat, Kaufvertragsrecht Anwendung (§ 651 S. 1 BGB); der Gewährleistungsanspruch könnte sich dann aus §§ 651 S. 1, 437 Nr. 1, 439 Abs. 1 BGB ergeben. bb) Wenn man dagegen beim Softwareerwerb das Vorliegen eines urheberrechtlichen Vertrages eigener Art (=„sui generis") annehmen wollte, könnte sich der Anspruch dann aus §§ 311 Abs. 1, 241, 437 Nr. 1, 434 Abs. 1 S. 2 Nr. 2, 439 Abs. 1 BGB analog ergeben. b) Fraglich ist jedoch in jedem Fall, ob der Vertrag überhaupt wirksam ist. Er wäre nach § 134 BGB nichtig, wenn das Geschäft gegen ein gesetzliches Verbot verstößt. Hier kommt § 96 Abs. 1 UrhG als Verbotsgesetz in Betracht, wonach rechtswidrig hergestellte Vervielfältigungsstücke von urheberrechtlich geschützten Werken nicht verbreitet werden dürfen. Computerprogramme sind nach §§ 69a ffUrhG urheberrechtlich geschützt. Der Vertrag verstößt somit gegen ein gesetzliches Verbot und ist nichtig. Ein Anspruch des K besteht daher nicht.

### 4. Sittenwidrigkeit und Wucher

Ein weiteres von Ihnen zu beachtendes „Wirksamkeitshindernis" („rechtshindernde Einwendung") ist die Nichtigkeit eines Rechtsgeschäfts, speziell eines verpflichtenden Vertrages, weil es sittenwidrig ist oder ein Wuchergeschäft ist (§ 138 BGB).

#### a) Sittenwidrigkeit (§ 138 Abs. 1 BGB)

Bei der Prüfung

**I.** der **Voraussetzungen** des **§ 138 Abs. 1 BGB**

**1.** geht man stets von der berühmten Formel des Reichsgerichts aus, derzufolge **sittenwidrig** ist, was dem **„Anstandsgefühl aller billig und gerecht Denkenden" widerspricht**. Sie ist nämlich keinesfalls so vage und verschwommen, wie ihr gerne nachgesagt wird, und sie hat auch keinen rechtshistorisch gesehen ihrerseits verwerflichen Hintergrund; vielmehr enthält sie in **rechtlicher Hinsicht akzeptable** und durchaus **konkrete Beurteilungskriterien** für die Frage der Sittenwidrigkeit:

- In **„qualitativer" Hinsicht** besagt die Formel, dass kein subjektiver Maßstab angelegt werden darf, sondern die „herrschende Rechts- und Sozialmoral" (Larenz) und ergänzend dazu die „Wertentscheidungen des Grundgesetzes" (Medicus) maßgeblich sind;
- weiterhin fordert sie dazu auf, in **„quantitativer" Hinsicht** auf die „durchschnittlichen Anschauungen" abzustellen (BGH);
- schließlich macht sie deutlich, dass hinsichtlich des **Zeitpunkts** der Beurteilung auf die Vornahme des Rechtsgeschäfts abzustellen ist, es sei denn die Anschauungen wandeln sich und lassen bei einer späteren Abwicklung das Geschäft (wichtiger Fall: testamentarische Einsetzung der Geliebten!) sittengemäß werden.

**2.** Aus der Fragestellung, ob das Rechtsgeschäft dem „Anstandsgefühl aller billig und gerecht Denkenden" widerspricht, sind **Fallgruppen** hervorgegangen, bei denen von der Sittenwidrigkeit von Rechtsgeschäften (hier nur aufgeführt bei Verträgen und letztwilligen Verfügungen) auszugehen ist.

**a)** Nach § 138 Abs. 1 BGB sittenwidrig wegen des **gegen** den **Vertragspartner gerichteten Zwecks** sind z. B.

- bei Sicherungsgeschäften: **Knebelungsverträge**;
- Verträge unter **Ausnutzung** von **Monopolstellungen**;

- **wucherähnliche Verträge** (speziell hochverzinsliche Verbraucherkreditverträge bei einem auffälligen Missverhältnis zwischen Leistung und Gegenleistung z. B. bei 100%-iger Überschreitung des Marktzinses, wenn der Darlehensgeber sich zugleich leichtfertig der Einsicht verschließt, dass der Darlehensnehmer den hohen Zinssatz nur aufgrund seiner wirtschaftlich schwächeren Lage akzeptiert);
- der Abschluss von **Bürgschaftsverträgen**, die **a)** entweder den Bürgen so sehr überfordern dass die Privatautonomie nicht mehr besteht (Art. 2 Abs. 1 GG), **b)** oder bei denen die Höhe der Bürgschaft eine nur geringe finanzielle Leistungskraft des Bürgen so sehr übersteigt, dass dieser krass überfordert wird, **c)** oder bei denen beim Abschluss des Bürgschaftsvertrages die wegen einer persönlichen Nähe des Bürgen zum Schuldner gegebene Einschränkung der Entscheidungsfreiheit des Bürgen in einer dem Gläubiger zurechenbar beeinflussten Weise ausgenutzt worden ist **d)** oder schließlich bei Bürgschaftsverträgen, bei deren Abschluss der Gläubiger das Haftungsrisiko „verniedlicht".

**b)** Sittenwidrig wegen des **gemeinschafts-** oder **drittwidrigen** Zwecks sind:

- der Abschluss von Verträgen unter **Verletzung** von **Regeln des Standesrechts** (z. B. Vereinbarung eines Erfolgshonorars mit einem Strafverteidiger);
- **gemeinschaftswidrige Verträge**;
- **auf** die **Schädigung Dritter gerichtete Verträge** (speziell bei Sicherungsgeschäften: Übersicherung, Gläubigerbenachteiligung oder Verleitung zum Vertragsbruch bei Sicherungsgeschäften).

**c)** Sittenwidrig **wegen des Inhalts** sind:

- Verträge in der **Sexualsphäre**;
- den **Kulturgüterschutz** (und zwar auch ausländischer Staaten!) verletzende Verträge;
- vertragliche **Kommerzialisierung** von **Entscheidungen**, die frei bleiben müssen;
- Verträge, die in die **Ehe-** und **Familienordnung** eingreifen;
- und **zurücksetzende Verfügungen von Todes wegen**.
- **Natürlich** unterfällt dem § 138 Abs. 1 BGB **nicht** die **bloße Anfechtbarkeit** wegen **arglistiger Täuschung** bzw. **rechtswidriger Drohung**; denn dann wäre § 123 BGB überflüssig!!

**3.** Umstritten ist, ob für § 138 Abs. 1 BGB die **objektive Sittenwidrigkeit** ausreicht oder ob eine **Kenntnis** der **Umstände** hinzukommen muss. Richtig ist wohl, dass bei Sittenverstößen, die sich gegen den Geschäftsgegner richten, ein in subjektiver Hinsicht einseitiger Verstoß des anderen Teils ausreicht; bei allgemeinheits- oder drittwidrigen Sittenverstößen müssen jedoch beide Seiten die zur Sittenwidrigkeit führenden Umstände kennen. Bei einer durch den Inhalt des Rechtsgeschäfts begründeten Sittenwidrigkeit reicht die objektive Sittenwidrigkeit für die Nichtigkeitsfolge aus. **Keinesfalls** ist das **Bewusstsein** der **Sittenwidrigkeit** erforderlich.

**II.** Auf der **Rechtsfolgenseite** ist die Konsequenz

1. eine **Nichtigkeit** des **Grundgeschäfts** und **nicht** auch eine Nichtigkeit des **(argec. § 138 Abs. 2 BGB: „sittlich wertneutralen")** dinglichen **Erfüllungsgeschäfts**. Das ist die **Regel**. Es kommt daher normalerweise hinsichtlich bereits erbrachter Leistungen (nur) zu einer Rückabwicklung über § 812 Abs. 1 S. 1 Var. 1 BGB mit der möglichen Sperre aus § 817 S. 2 BGB (dazu später mehr).
2. Wenn **aber** der **Sittenverstoß gerade** in der **Herbeiführung** des **Erfolges** liegt; dann ist **ausnahmsweise** (auch) das dingliche Erfüllungsgeschäft nichtig.

Hier einige **Beispiele** zur Illustration:

**Fall 163**

Auf Wunsch ihres Vaters S, der bei der G-Sparkasse (GSP) eine Erweiterung seines Kreditlimits für einen Geschäftskredit beantragt hatte, hatte die B mit der G-Sparkasse einen Vertrag über eine Höchstbetragsbürgschaft über € 100.000,– formgerecht abgeschlossen. Die 21-jährige B besaß kein Vermögen, hatte keinen Beruf erlernt und war arbeitslos. Die B hatte sich nur zur Bürgschaft bereitgefunden, weil ihr Vater gesagt hatte, es wäre sein Ruin, an der er zugrunde gehen würde, wenn die Kreditlinie nicht erweitert würde und weil der Sachbearbeiter der GSP gesagt hatte, das wolle sie, die B, doch wohl nicht wollen, zumal die Übernahme der Bürgschaft doch nur eine „reine Formalität" sei.

Ein Anspruch aus § 765 BGB besteht deshalb nicht, weil der Bürgschaftsvertrag nach § 138 Abs. 1 BGB nichtig ist., und zwar aufgrund diverser Gründe, die jeder für sich die Sittenwidrigkeit begründet hätten: a) Sittenwidrigkeit ist gegeben, weil die G-Sparkasse beim Abschluss des Vertrages ein so starkes Übergewicht hat, dass sie den Vertragsinhalt faktisch einseitig bestimmen kann und damit die Privatautonomie (Art. 2 Abs. 1 GG) nicht mehr besteht. b) Hinzu kommt, dass B angesichts seiner Vermögens- und Einkommenslosigkeit durch die Bürgschaft krass überfordert war. c) Zum Abschluss des Bürgschaftsvertrages war es nur gekommen, weil man die persönliche Nähe der B zum Schuldner S und die daraus resultierende Einschränkung der Entscheidungsfreiheit der B in einer dem Gläubiger zurechenbar beeinflussten Weise ausgenutzt hatte und (d) weil der Gläubiger GSP das Haftungsrisiko „verniedlicht" hatte.

**Fall 164**

Der V verkauft der K, die damit ihren Ehemann vergiften will, gegen Rechnung Rattengift. Die K hält ihre Tat für erforderlich, weil der Ehemann ein Ungeheuer ist und weil sie seit Jahrzehnten von ihm psychisch und physisch misshandelt worden ist und sie von niemandem Hilfe erhalten hat. Der V weiß von dem Plan und hält die Tat ebenfalls für geboten. Nach der Tat, die sofort von der K selbst durch eine Anzeige bei der Polizei aufgedeckt worden ist, verlangt der V von der K den Kaufpreis oder jedenfalls einen Wertersatz. Die K weigert sich (nach Kropholler).

Der Anspruch könnte sich 1) aus einem Kaufvertrag ergeben (§ 433 Abs. 2 BGB). a) Dieser ist geschlossen. b) Er könnte nichtig sein (§ 138 Abs. 1 BGB). aa) Der als solcher nicht sittenwidrige Vertrag ist wegen des gegen das Leben eines Dritten gerichteten Zwecks objektiv sittenwidrig; bb) der V und die K kannten die zur Sittenwidrigkeit führenden Umstände. cc) Das fehlende Bewusstsein der Sittenwidrigkeit ist unmaßgeblich. 2) Ein Anspruch auf Wertersatz könnte sich aus §§ 812 Abs. 1 S. 1 Var. 1, 818 Abs. 2 BGB ergeben. a) Die K müsste „etwas" (= jeder Vorteil) erlangt haben. Sie hat entweder aa) das Eigentum und den Besitz an dem Gift erlangt; wenn man jedoch die Übereignung nach § 929 S. 1 BGB ebenfalls für sittenwidrig und nach § 138 Abs. 1 BGB nichtig halten sollte, weil sich die Sittenwidrigkeit gerade in der Übereignung manifestiert, hat die K (mindestens) den Besitz an dem Gift erlangt. (Sie müssen sich bei der Fallbearbeitung entscheiden und dürfen die Frage nicht alternativ beantworten!) b) Die K hat das „etwas" (Eigentum und/oder Besitz) durch Leistung (= bewusste und zweckgerichtete Mehrung fremden Vermögens) des Anspruchstellers V erlangt. c) Es bestand kein Rechtsgrund (§ 138 Abs. 1 BGB). d) Danach müsste die K dem V Wertersatz leisten, weil der Bereicherungsgegenstand von der K nicht mehr herausgegeben werden kann. e) Der Anspruch ist jedoch nach § 817 S. 2 BGB ausgeschlossen (dazu später mehr).

**Fall 165**

Der Controller C des Versicherungsunternehmens U1 hat aufgedeckt, dass der Versicherungsvertreter V unter Verstoß gegen ein vertragliches Konkurrenzverbot auch für das Versicherungsunternehmen U2 Verträge vermittelt hat. Der C verpflichtet sich gegen die unentgeltliche Übereignung nach § 929 S. 1 BGB eines dem V gehörenden Geländewagens zum Stillhalten. Als später die Vertragsverstöße des V auf anderem Wege „ans Licht kommen", verlangt der V Herausgabe des Autos von C (nach Baur-Stürner).

Der Anspruch des V gegen den C könnte sich aus § 985 BGB ergeben. a) Der C ist Besitzer. b) Der V müsste Eigentümer sein. aa) Der V war Eigentümer. bb) Er könnte das Eigentum an C verloren haben. aaa) Die Voraussetzungen des § 929 S. 1 BGB liegen vor. bbb) Die Übereignung könnte nach § 138 Abs. 1 BGB nichtig sein. Die getroffene Vereinbarung ist sittenwidrig. Fraglich ist, ob die Übereignung hiervon betroffen ist oder ob sie „sittlich wertneutral" ist. Hier nimmt man an, dass sich der Makel der Sittenwidrigkeit gerade aus

Zweck und Wirkung des dinglichen Geschäfts ergibt. Also ist der V Eigentümer geblieben. c) Der C hat kein Recht zum Besitz (§ 986 BGB). d) Umstritten ist die Frage, ob der Herausgabeanspruch nach § 817 S. 2 BGB analog „gesperrt" ist. Dafür spricht folgende Überlegung: Wenn man annähme, dass die Übereignung „sittlich wertneutral" wäre, dann wäre nur das Verpflichtungsgeschäft (Schenkungsvertrag nach § 516 BGB) nach § 138 Abs. 1 nichtig, und der V hätte nur einen Bereicherungsanspruch aus § 812 Abs. 1 S. 1 Var. 1 BGB gegen den C; diesem Anspruch stünde aber § 817 S. 2 BGB entgegen (diese Vorschrift sperrt nicht nur den Anspruch aus § 817 S. 1 BGB, sondern – weil sie sonst leer liefe – auch den aus § 812 Abs. 1 S. 1 Var. 1 BGB; dazu später mehr). Der V kann aber nicht dadurch besser gestellt werden, dass nicht nur das Verpflichtungsgeschäft, sondern auch das Verfügungsgeschäft nichtig ist.

**Fall 166**

Die zeitweise in St. Petersburg und Ekaterinenburg in Russland lebende E. Cila (E) hat bei ihrer Rückkehr nach Deutschland eine wertvolle Ikone unter Verletzung eines russischen Ausfuhrverbotes eingeführt. In Deutschland hat sie dann mit dem Händler A.N. Tiquarius (A), der von dem russischen Ausfuhrverbot weiß, einen Kaufvertrag über die Ikone zu einem Kaufpreis von € 50.000,– geschlossen. Als der A die Abnahme und die Bezahlung verweigert, will die E wissen, ob sie einen Anspruch auf Zahlung Zug-um-Zug gegen Lieferung der Ikone hat.

Ein Anspruch kann sich aus einem Kaufvertrag ergeben (§ 433 Abs. 2 BGB) a) Der A hat zwar mit der E einen Kaufvertrag geschlossen. b) Der Vertrag könnte aber nichtig sein. aa) Nach § 134 BGB ist er nicht nichtig. Dass die E gegen ein in Russland geltendes gesetzliches Verbot verstoßen hat, ist für die deutschen Gerichte unbeachtlich. Denn durchgesetzt werden können wirtschaftspolitische Eingriffsregelungen grundsätzlich nur durch die jeweiligen nationalen (also russischen) Behörden bzw. Gerichte und nicht durch die deutschen Gerichte; ein Staat macht sich nämlich grundsätzlich nicht zum „Büttel eines fremden Staates". bb) Der Vertrag könnte jedoch nach § 138 Abs. 1 BGB nichtig sein. Ausnahmsweise sind deutsche oder andere nationale Gerichte bereit, wirtschafts- und außenpolitischen Eingriffsregelungen fremder Staaten bei der rechtlichen Beurteilung hiergegen verstoßender Rechtsbeziehungen Privater Rechnung zu tragen, wenn hinsichtlich der Wertungen, die hinter der ausländischen Regelung stehen, Übereinstimmung besteht. Der BGH hat daher entschieden, dass ein gegen ausländisches Recht verstoßender Vertrag über die Lieferung von Kunstgegenständen sittenwidrig und damit nach § 138 Abs. 1 BGB nichtig ist, weil über den Kulturgüterschutz und über das Recht eines Ursprungslandes, die Ausfuhr heimischer Kunst zu verbieten, Übereinstimmung bestehe. Hierfür reicht die objektive Sittenwidrigkeit aus.

### b) Wucher (§ 138 Abs. 2 BGB)

Der **Wucher (§ 138 Abs. 2 BGB)** ist ein Sonderfall der Sittenwidrigkeit (arge: „Nichtig ist **insbesondere** … “).

1. Die **Voraussetzungen** lassen sich in **drei „Ebenen“** aufteilen (Bork); es sind:
   - Die „**Ebene** des **Rechtsgeschäfts**“: Vorliegen muss ein **Austauschgeschäft (-vertrag)**, bei dem in **objektiver Hinsicht** ein **„auffälliges Missverhältnis zwischen Leistung** und **Gegenleistung“** (Faustregel nach BGH: 100% oder mehr über dem Marktpreis) besteht;
   - die „**Ebene** des **Schwachen**“: Eine **Zwangslage**, eine **Unerfahrenheit**, ein **Mangel an Urteilsvermögen** oder eine **erhebliche Willensschwäche**;
   - die **„Ebene** des **Starken“**: Hinzukommen muss **subjektiv die Kenntnis** *und* die **Ausnutzung** der **Defizite** durch den anderen Teil.

   Sie wissen ja schon: Speziell wegen der Schwierigkeit der Feststellung dieser Umstände auf den „drei Ebenen“ ist die „Wucherähnlichkeit“ als Nichtigkeitsgrund i. S. d. § 138 Abs. 1 BGB entwickelt worden, die z. B. bei hochverzinslichen Verbraucherkrediten im Falle eines auffälligen Missverhältnisses zwischen Leistung und Gegenleistung (z. B. bei 100%-iger Überschreitung des Marktzinses) dann, wenn der Darlehensgeber sich zugleich leichtfertig der Einsicht verschließt, dass der Darlehensnehmer den hohen Zinssatz nur aufgrund seiner wirtschaftlich schwächeren Lage akzeptiert, zur Nichtigkeit führt.
2. Die **Rechtsfolge** des § 138 Abs. 2 BGB ist
   **a)** die Nichtigkeit des Grundgeschäfts**n) und** (!) die des Verfügungsgeschäfts zugunsten des Wucherers (arge.: „… sich **versprechen** oder **gewähren** lässt …“); wir haben hier also einen **Durchbrechungsfall** des **„Abstraktionsprinzips“**.

**Fall 167**

Der verarmte V ist der Mieter des K. Weil er seine Miete schon seit zwei Monaten nicht mehr bezahlt hat und der K ihm fristlos gekündigt hat, verkauft der V, um dadurch Geldmittel zur Zahlung des rückständigen Mietzinses und der Nutzungsentschädigung zu erlangen und um so seine alsbaldige Obdachlosigkeit zu vermeiden, dem K auf dessen Vorschlag ein ihm gehöriges Gemälde von Kallmorgen „Hafenarbeiter auf dem Weg zur Arbeit“ im Werte von € 20.000,– für € 2000,–. Der Vertrag wird von beiden erfüllt. Unmittelbar danach macht der V eine Erbschaft von € 1.000.000,–. Der V verlangt das an K übereignete Bild zurück. Der K weigert sich, will aber jedenfalls die noch unvermischt mit anderem Geld (natürlich total lebensfremd!) in bar bei V vorhandenen € 2000,– zurück (nach Peters).

1) Der V kann das Bild nach § 985 BGB heraus verlangen. Denn der Kaufvertrag und das dingliche Verfügungsgeschäft (Übereignung des Bildes an den Wucherer) sind wegen Wuchers nichtig (§ 138 Abs. 2 BGB). 2) Was den von K gegen den V geltend gemachten Anspruch auf Herausgabe der noch unvermischt mit anderem Geld in bar bei V vorhandenen € 2000,– angeht, a) so ist die Übereignung des Geldes durch den Wucherer K an den Bewucherten V wirksam, denn nichtig ist nur das Verfügungsgeschäft des Bewucherten (was der Wucherer „... sich gewähren lässt"), nicht aber die Übereignung an den Bewucherten; daher besteht insoweit kein Anspruch aus § 985 BGB. b) Der K könnte einen Anspruch aa) aus § 812 Abs. 1 S. 1 Var. 1 BGB haben; bb) dem könnte § 817 S. 2 BGB entgegenstehen (dazu später mehr).

Auch wenn der Wuchertatbestand des § 138 Abs. 2 BGB ein Spezialfall der Sittenwidrigkeit des § 138 Abs. 1 BGB ist, spielt er in der Praxis – insbesondere auch beim „Wucherdarlehen" – eine geringere Rolle, weil es meist an den subjektiven Voraussetzungen fehlt, so dass es dann letztlich doch maßgeblich auf die Voraussetzungen des § 138 Abs. 1 BGB ankommt.

### 5. Teilnichtigkeit

Die **Regel ist eindeutig:** Wenn ein Teil eines Rechtsgeschäfts nichtig ist (=Teilnichtigkeit), dann ist **im Zweifel** das **gesamte Rechtsgeschäft nichtig (§ 139 Hs. 1 BGB)**.

Die **Ausnahme** hiervon formuliert **§ 139 Hs. 2 BGB** dahingehend, dass der nicht von der Nichtigkeit erfasste Teil des Rechtsgeschäfts **ausnahmsweise** dann **wirksam** ist, wenn das **Rechtsgeschäft** auch **ohne** den **nichtigen Teil vorgenommen** worden **wäre**. Dies setzt in **objektiver Hinsicht** zweierlei voraus, nämlich **objektiv** die **Einheitlichkeit** und die **Teilbarkeit** des Rechtsgeschäfts, und in **subjektiver Hinsicht** einen **mutmaßlichen Fortgeltungswillen**. Im Einzelnen:

Die **Einheitlichkeit** eines **Rechtsgeschäfts** beruht auf einem sich aus den Erklärungen der Parteien unter Berücksichtigung der Verkehrssitte ergebenden „Einheitlichkeitswillen" der Parteien des Inhalts, dass entweder Teile eines Rechtsgeschäfts, speziell Teile eines Vertrages, oder dass einzelne äußerlich getrennte Rechtsgeschäfte, selbst voneinander getrennte Verträge unterschiedlichen Typs, „miteinander stehen und fallen" (BGH). Nicht ausreichend, aber indiziell für einen Einheitlichkeitswillen ist eine äußere Verbindung oder ein wirtschaftlicher Zusammenhang. Zum **Beispiel** können **Teile** eines **einheitlichen Rechtsgeschäfts** sein die Vereinbarung über die Höhe einer Rechtsanwaltsvergütung oder einer Miete und der übrige Inhalt eines Anwalts- oder eines Wohnungsmietvertrages. Als **Beispiel** für die **Einheitlichkeit** zweier **äußerlich getrennter Rechtsgeschäfte** sei genannt ein Mietvertrag über eine Wohnung und ein Kaufvertrag zwischen dem Vermieter/Verkäufer und Mieter/Käufer über den käuflichen Erwerb eines vom Mieter zur Einrichtung vorgesehenen antiken Möbelstücks beim Vermieter.

Die weiterhin erforderliche **Teilbarkeit** des **Rechtsgeschäftes** ist gegeben, wenn der verbleibende Teil des Rechtsgeschäfts für sich gesehen als selbstständiges Rechtsgeschäft Bestand haben kann. Das wäre bei einem Dissens hinsichtlich des

Wohnungsmietvertrages für den verbleibenden Kaufvertrag über das antike Möbelstück der Fall. Sollte bei einem Anwaltsvertrag die Vereinbarung einer Rechtsanwaltsvergütung wegen eines Verstoßes gegen das (Text-)Formerfordernis des § 3a des Rechtsanwaltsvergütungsgesetzes (RVG) nach § 125 BGB nichtig sein oder sollte in einem Wohnungsmietvertrag die Vereinbarung der Miete nach § 134 BGB i. V. m. § 5 WirtschaftsstrafG (=mehr als 20 % über der ortsüblichen Miete) oder wegen Mietwuchers nach § 138 Abs. 2 BGB nichtig sein, so kann der Vertrag in einen erlaubten und einen verbotenen bzw. sittenwidrigen und sittenkonformen Teil zerlegt werden. Dagegen soll im Fall einer Nichtigkeit nach § 138 Abs. 1, 2 BGB aufgrund einer Vereinbarung von „Wucherzinsen" keine Teilbarkeit gegeben sein, weil gegen eine teilweise Aufrechterhaltung des Geschäfts spricht, dass dann das Geschäft des Wucherers risikolos wäre, eigentlich ein „generalpräventives" und damit „zivilrechtsfremdes" Argument.

Damit werden wir uns ausgiebig in Teil 8 B VII befassen, wenn es dort um die Frage eines Rückforderungsanspruchs sittenwidrig oder verboten empfangener Leistungen geht.

Die nach § 139 BGB regelmäßig eintretende Rechtsfolge der Gesamtnichtigkeit gilt ausnahmsweise dann nicht, wenn nach dem mutmaßlichen Parteiwillen (RG: wie hätten die Parteien bei Kenntnis der Teilnichtigkeit nach Treu und Glauben und unter Berücksichtigung der Verkehrssitte entschieden?) ein **mutmaßlicher Fortgeltungswille** anzunehmen ist. Das wäre der Fall, wenn das im vorgenannten **Beispiel** erwähnte antike Möbelstück auch für die Einrichtung einer anderen Wohnung geeignet wäre und nicht auf die Mietwohnung „zugeschnitten" wäre.

**Fall 168**

Der V vermietet der M. Ata (M), die mit dem Gedanken des Erwerbes spielt, ein wegen der allgemein schwierigen wirtschaftlichen Lage schwer verkäufliches Haus auf der Wattseite der Insel Sylt auf unbestimmte Zeit zu einem jährlich im Voraus zu zahlenden und wegen der Kaufabsichten der M deutlich unter der Ortsüblichkeit liegenden Jahresmietzins von € 20.000,–. In dem schriftlichen Mietvertrag ist vereinbart, dass die M – sofern sie nicht bis zum 31. Dezember 2002 Gegenteiliges erklärt – das Haus für € 900.000,– abzüglich des Jahresmietzinses kauft. Abgelenkt durch die Vorbereitungen für die Sylvester-Feier vergisst die M, die sich letztlich doch nicht auf Dauer an das Haus binden will, die an sich beabsichtigte Erklärung, nicht kaufen zu wollen, abzugeben. Der V erklärt am 1.1.2003 mit einer notariell beurkundeten Erklärung die Annahme des Angebots der M zum Abschluss eines Kaufvertrags und verlangt von der M als Kaufpreis € 880.000,– Zug-um-Zug gegen die Auflassung, jedenfalls aber € 20.000,– Mietzins für das Jahr 2003 (nach Peters).

1) Dem V steht kein Anspruch gegen die M auf Zahlung eines Kaufpreises zu, da ein formwirksamer Kaufvertrag nicht vorliegt (§§ 433, 311b Abs. 1 S. 1, 125 BGB). 2 Ein Anspruch auf Zahlung von € 20.000,– könnte der V aus einem Mietvertrag haben (§ 535 Abs. 2 BGB. a) Ein Mietvertrag ist zustande gekommen. b) Der Mietvertrag könnte jedoch nach §§ 433, 311b Abs. 1 S. 1, 125,

139 BGB nichtig sein. aa) Dann müsste die (nichtige) Ankaufsverpflichtung und der Mietvertrag ein einheitliches Geschäft sein. Das ist der Fall, weil die beiden Geschäfte „miteinander stehen und fallen sollen" (BGH). Denn die Parteien verfolgen mit dem Geschäft die Vorbereitung des Verkaufes des Grundstücks. bb) Die Geschäfte sind teilbar, weil der wirksame Teil (Mietvertrag) für sich allein einen Sinn macht. cc) Nach der Regel des § 139 BGB wäre von einer Gesamtnichtigkeit auszugehen. Nach dem mutmaßlichen Parteiwillen hätten die Parteien den Mietvertrag auch in Kenntnis der Nichtigkeit der Ankaufsverpflichtung geschlossen: Die M, weil sie das Haus als Mieter für unbestimmte Zeit bewohnen wollte; der V weil das Haus ohnehin schwer verkäuflich war. Daher ist der Mietvertrag wirksam und die M zur Zahlung von € 20.000,– verpflichtet. c) Nach § 556b Abs. 1 BGB ist der Mietzins „pränumerando" (=im Voraus) fällig.

Eine beliebte Streitfrage ist es, ob das Verpflichtungsgeschäft und das dingliche Erfüllungsgeschäft ein einheitliches Geschäft mit der möglichen Folge einer **Durchbrechung** des **Abstraktionsprinzips** nach **§ 139 BGB** sein können.

**Fall 169**

Der K aus Hamburg will am Kiosk des V am Bahnhof Zoo in Berlin eine „Bild"-Zeitung kaufen, legt eine 2-€-Münze auf den Tresen und sagt: „Eine BZ". Der V händigt ihm eine „BZ" aus und legt das entsprechende Wechselgeld dazu. Jetzt bemerkt der K seinen Irrtum und erklärt dem V, dass er mit der Bezeichnung „BZ" die „Bild-Zeitung" gemeint habe. In diesem Augenblick kommt ein Dieb und reißt dem K die Zeitung („BZ"), die dieser noch in den Händen hält, weg. Der K läuft dem D nach, stellt ihn und verlangt Herausgabe der Zeitung.

1) Der K könnte gegen D einen Anspruch aus § 985 BGB haben. a) Der D ist Besitzer der „BZ". b) Der K müsste Eigentümer der „BZ" sein. a) Eigentümer war der V. b) Er hat sie aa) an den K nach § 929 S. 1 BGB übereignet. bb) Die Übereignung könnte unwirksam geworden sein. aaa) Der K hat den Kaufvertrag wirksam wegen eines Inhaltsirrtums (=er wusste nicht, was er sagt) angefochten (§§ 119 Abs. 1, 143 Abs. 1, 142 Abs. 1 BGB), so dass der Kaufvertrag rückwirkend entfallen ist. bbb) Fraglich ist, ob dadurch auch die Übereignung unwirksam geworden ist. aaaa) Dagegen spricht das Abstraktionsprinzip. bbbb) Dies könnte jedoch nach § 139 BGB durchbrochen sein: aaaaa) Hier wäre zu diskutieren, ob das Grund- und das dingliche Vollzugsgeschäft eine Einheit i. S. d. § 139 BGB bilden. Das soll nach der Lehre „grundsätzlich" nicht der Fall sein; eine rechtsgeschäftliche Durchbrechung soll allenfalls durch die Vereinbarung eines Bedingungszusammenhanges von Verpflichtungs- und Erfüllungsgeschäft möglich sein. Die Rechtsprechung ist bei „besonderen Umständen", für die „konkrete Anhaltspunkte" vorliegen müssen (z. B. Kaufvertrag und – nach § 925 Abs. 2 BGB bedingungsfeindliche – Auflassung), großzügiger; hier – bei einem „Handgeschäft des täglichen Lebens", bei dem ohnehin schwer zwischen Verpflichtungs- und Verfügungsgeschäften zu unterscheiden ist, könnte man vielleicht ebenfalls eine solche Ausnahme annehmen. Nimmt man das an, bbbbb)

ist das Geschäft wohl auch als teilbar anzusehen, weil nach Abtrennung des unwirksamen Teils (Kaufvertrag) ein wirksamer Rest (Übereignung), der für sich gesehen einen Sinn machen würde, vorläge. cccc) Da die Parteien das verbleibende Geschäft (Übereignung) nicht ohne einen wirksamen Kaufvertrag gewollt hätten, ist von einer Gesamtnichtigkeit auszugehen. Danach ist der V Eigentümer geblieben, so dass schon deshalb ein Anspruch des K gegen den D aus § 985 BGB entfällt. 2) Der K hat aber gegen den D einen Anspruch aus §§ 858, 859 Abs. 2, 861 Abs. 1 BGB 3) und aus § 1007 Abs. 1 BGB.

Das Rechtsgeschäft besteht unabhängig von § 139 BGB fort, wenn nach dem ausdrücklichen Willen der Parteien eine **Geltungserhaltungsvereinbarung** für den Fall **der teilweisen Unwirksamkeit** getroffen wurde. Eine Fortgeltung kann auch ungeachtet eines Fortgeltungswillens der Parteien eintreten, wenn es der **Zweck** der **Verbotsnorm** gebietet: So besteht ein insoweit als teilbar erachteter Vertrag beim Verstoß gegen Preisvorschriften, wie im Fall der nach § 125 BGB i. V. m. § 3a RVG nichtigen Honorarvereinbarung oder von Miethöhebestimmungen (§ 134 BGB i. V. m. § 5 WirtschaftsstrafG) zu dem zulässigen Betrag fort, wenn dieser normativ bestimmt ist. Es gibt auch **Sonderregeln** zu **§ 139 BGB**, wie z. B. § 276 Abs. 3 BGB oder § 306 Abs. 1 BGB.

## III. Beendigung (Anfechtung, Rücktritt, Widerruf, Kündigung, Aufhebung)

Sie wissen seit geraumer Zeit, wie ein **Vertrag geschlossen** wird **(sub I)**, und Sie kennen jetzt auch die der **„Wirksamkeit“** von Rechtsgeschäften und damit auch von Verträgen entgegenstehenden **„Hindernisse“ (sub II)**. Ein **geschlossener** und **wirksamer Vertrag** kann aber auch wieder beendet werden. Die wichtigsten Fälle der „Beendigung“ eines Rechtsgeschäftes im Allgemeinen bzw. eines Vertrages im Speziellen sind die **Anfechtung** von Rechtsgeschäften, ferner der einen Vertrag in ein Rückgewährschuldverhältnis umwandelnde **Rücktritt**, der **Widerruf** bei „Verbraucherverträgen“, die **Kündigung** von Dauerschuldverhältnissen und der **Aufhebungsvertrag**. Die Beendigungswirkung wird also teils durch ein gestaltendes Rechtsgeschäft (Anfechtung, Rücktritt, Widerruf, Kündigung) und teils durch einen kontradiktorischen (Aufhebungs-) vertrag herbeigeführt.

### 1. Die erklärte Anfechtung

Derjenige, der ein wirksam gewordenes Rechtsgeschäft, z. B. ein Angebot zum Abschluss eines Vertrages, abgegeben hat, kann sich natürlich nicht einfach (z. B. aus „Reue“) von seiner zu diesem Rechtsgeschäft führenden Willenserklärung wieder „lossagen“ mit der Folge, dass der aufgrund des Angebots und der Annahme desselben zustande gekommene Vertrag, infolge einer solchen **„Lossagung“** wieder beendet wäre. Dann wären der allgemeinen Rechtsunsicherheit „Tür und Tor geöffnet“. Das zeigt bereits sehr deutlich, dass auch der Gesetzgeber es den Parteien nur in solchen Fällen, in denen die „Einzelfallgerechtigkeit“ es aus besonderen

Gründen zwingend gebietet, möglich machen durfte, sich von wirksam gewordenen Willenserklärungen wieder zu lösen.

Die Fallkonstellationen, in denen er dies zugelassen hat, sind die einer irrtumsbedingten Diskrepanz zwischen dem Inhalt der „Willenserklärung" und dem „Geschäftswillen" und ferner bei einer unlauteren Einschränkung der Entschließungsfreiheit des Erklärenden.

Sie wissen längst, dass das Gesetz hier einen Kompromiss gefunden hat. Es gibt im Prinzip der „Rechtssicherheit" den Vorzug vor der „Einzelfallgerechtigkeit": Die „Willenserklärung" hat zunächst Geltung! Zugleich aber gibt es im Interesse der „Einzelfallgerechtigkeit" dem Irrenden oder dem Unfreien unter bestimmten Voraussetzungen (lesen Sie die §§ 119 ff. BGB) die Möglichkeit, seine „Willenserklärung" durch gestaltende Anfechtungserklärung (§ 143 BGB) mit rückwirkender Kraft (§ 142 Abs. 1 BGB) zu „vernichten".

Was hat das mit unserem Thema zu tun? Da „Willenserklärungen" die Bausteine von „Rechtsgeschäften" sind, so ist infolge der Anfechtung einer anfechtbaren Willenserklärung zugleich das „anfechtbare Rechtsgeschäft angefochten" (§ 142 Abs. 1 BGB), also auch das wichtigste aller Rechtsgeschäfte: der Vertrag. Und dies geschieht rückwirkend.

Wer eine bildhafte Vorstellung für dieses Resultat benötigt, stelle sich die gedankliche Pyramide – Willenserklärung; Rechtsgeschäft; speziell Angebot/Annahme; Vertrag – vor: Die Willenserklärung ist Baustein eines jeden Rechtsgeschäfts, speziell auch der Rechtsgeschäfte Angebot/Annahme, und diese wiederum führen zum Vertragsschluss. Wenn aus dieser Pyramide (man kann auch an eine Dosenpyramide beim Dosenwerfen denken) einer der untersten Bausteine – die/eine der Willenserklärung/en, die zu den/einem der Rechtsgeschäfte/n Angebot/Annahme geführt hat/haben – herausgezogen wird, stürzt die Dosenpyramide in sich zusammen und wird so behandelt, wie wenn sie nie gestanden hätte.

Wenn ein geschlossener verpflichtender (unser Thema!) **Vertrag** aufgrund einer **erklärten Anfechtung** (§§ 119–123, 143, 142 Abs. 1 BGB) **von Anfang an** als **nichtig** anzusehen ist und daher **„wieder beendet ist"** (Medicus: von ihm haben wir die Terminologie übernommen), **kann** natürlich auch **kein Anspruch** aus einem verpflichtenden Vertrag **bestehen**.

Wenn wir uns hier auf die **Beendigung** einer **Vertragsbeziehung** als Folge einer **erklärten Anfechtung** konzentrieren, ist das natürlich – wie wir uns immer wieder klarmachen müssen – eine **inhaltliche Verkürzung**, denn die Anfechtung (sie ist im Allgemeinen Teil des BGB geregelt) ist nicht nur für das Rechtsgeschäft „Vertrag" und seine Bausteine, die Willenserklärungen „Angebot" und „Annahme", und auch nicht nur für die Beendigung daraus resultierender verpflichtender und damit anspruchsbegründender Verträge geschaffen worden, sondern für alle nur denkbaren „Willenserklärungen" (lesen Sie z. B. § 119 Abs. 1 BGB: „Wer bei der Abgabe einer Willenserklärung …") bzw. alle „Rechtsgeschäfte" (lesen Sie § 142 Abs. 1 BGB: „Wird ein anfechtbares Rechtsgeschäft angefochten, so ist es als von Anfang an nichtig anzusehen“) und auch für geschäftsähnliche Handlungen. Unsere zunächst erfolgende Beschränkung auf die Anfechtung schuldrechtlich verpflichtender Verträge bzw. ihrer Bausteine lässt sich nur aus Gründen der Ökonomie der Darstellung rechtfertigen: Es geht hier in Teil 3 nun einmal in erster Linie um Thema der Ansprüche aus schuldrechtlich verpflichtenden Verträgen. Ich denke, man kann Ihnen und Sie können es sich zutrauen, die anschließende Darstellung und die gefundenen Ergebnisse auf die Anfechtung anderer „Willenserklärungen“ bzw. „Rechtsgeschäfte“, als es verpflichtende Verträge bzw. ihre rechtsgeschäftlichen Bausteine (Angebot und Annahme) sind, zu übertragen.

Bei der **Anfechtung** und ihren **Rechtsfolgen** geht es also **rechtspolitisch** gesehen um die **Lösung** eines **Widerstreits** zwischen

- dem Prinzip der **Rechtssicherheit** (das Vertrauen der Allgemeinheit, speziell des Geschäftsgegners, auf den Bestand des Rechtsgeschäfts) einerseits
- und dem Prinzip der **individuellen Gerechtigkeit** (Berücksichtigung des persönlichen Versehens bei Abgabe der Willenserklärung oder der Wirkung einer unlauteren Beeinflussung des Erklärenden hierauf) andererseits.

Diesen **Konflikt löst** das **Gesetz** auf eine ganz bestimmte Weise: Bei grundsätzlich allen Willenserklärungen, bei denen die Erklärung des Geschäftswillens fehlerhaft (Irrtum) war, oder bei deren Abgabe der Erklärende unfrei war (Täuschung oder Drohung), kann der Erklärende seine Willenserklärung innerhalb bestimmter Fristen durch gestaltende Willenserklärung gegenüber bestimmten Personen rückwirkend „vernichten“.

Vorab soll auf ein **Formulierungsproblem** bei der **Fallbearbeitung** hingewiesen werden, dass sich Ihnen nach den vorstehenden Ausführungen längst bekannt ist:

Bei den hier in erster Linie interessierenden Verträgen, speziell den verpflichtenden Verträgen, wird die Anfechtung im Gutachten häufig mit der Formulierung geprüft: „Der Anspruch des K gegen den V aus einem Kaufvertrag (§ 433 Abs. 1 S. 1 BGB) könnte deshalb nicht bestehen, weil der Kaufvertrag infolge der von V erklärten Anfechtung als von Anfang an nichtig anzusehen ist und damit beendet ist (§§ 119 Abs. 1 Var. 1, 142 Abs. 1 BGB)“. Das ist – obwohl genau genommen die Anfechtung die zum Vertragsschluss führende Willenserklärung des V (Angebot oder Annahme) betrifft – so üblich und auch akzeptabel.

Man muss sich – wenn man dies so schreibt – nur immer dessen bewusst sein, dass es in Wahrheit die zum Vertragsschluss führenden Rechtsgeschäfte „Angebot" oder „Annahme", in Wahrheit sogar deren Bausteine namens „Willenserklärungen" sind, die von der Anfechtung mit der Wirkung des § 142 Abs. 1 BGB betroffen sind, und dass der „Vertrag" deshalb „als von Anfang an nichtig anzusehen ist", weil es nach der Anfechtung des „Angebots" oder der Anfechtung der „Annahme" und dessen/deren rückwirkendem Wegfall mangels der Existenz zweier übereinstimmender Willenserklärungen („Angebot" und „Annahme") an den beiden unerlässlichen „Bausteinen" eines jeden Vertrages fehlt, so dass es i.E. in der Tat zutreffend ist, zu formulieren, dass z. B. „der Kaufvertrag als von Anfang nichtig anzusehen und damit beendet ist (§§ 119 Abs. 1 Var. 1, 142 Abs. 1 BGB)".

Folgendes **Prüfungsschema** ist grundsätzlich einzuhalten; es bildet zugleich die **Gliederung** der **folgenden Darstellung**. Zu prüfen sind in dieser Reihenfolge:

- **Anwendbarkeit** des **Anfechtungsrechts (sub a)),**
- **Zulässigkeit** der **Anfechtung (sub b)),**
- **Anfechtungsgrund (sub c)),**
- **Anfechtungserklärung (sub d))** und die
- **Anfechtungsfolgen (sub e)).**

### a) Anwendbarkeit des Anfechtungsrechts

#### aa) Unmittelbarer Anwendungsbereich: Willenserklärungen/Rechtsgeschäfte, Grenzfälle

Es geht nach dem Wortlaut des Gesetzes in §§ 119–123 BGB bzw. § 142 Abs. 1 BGB bei der Anfechtung um die **Beseitigung** von **„Willenserklärungen"/ „Rechtsgeschäften"**.

Worum es sich bei **„Willenserklärungen"/„Rechtsgeschäften"** handelt, muss hier nicht erneut vertieft oder wiederholt werden. Angesprochen werden müssen aber einige **Grenzfälle**.

Ob auch das **Schweigen** dazu zählt, ist fraglich. Man bejaht dies jedenfalls dann, wenn das Schweigen eine echte Willenserklärung (sog. „beredtes Schweigen") ist, aber nicht, wenn es vom Gesetz als Ablehnung fingiert wird (§§ 108 Abs. 2 S. 2, 177 Abs. 2 S. 2, 415 Abs. 2 S. 2 BGB).

Entsprechend angewendet werden die §§ 119 ff. BGB daher nur auf diejenigen **fingierten Willenserklärungen**, die eine Zustimmung bedeuten.

Die §§ 119 ff. gelten auch für **„geschäftsähnliche Handlungen"** (wie eine Mahnung oder Fristsetzung, Erteilung von Vertretungsmacht nach §§ 171 Abs. 1, 172 Abs. 1 BGB).

#### bb) § 119 Abs. 1 BGB analog bei fehlendem, aber potentiellem Erklärungsbewusstsein

Gelernt haben wir, dass darüber hinaus nach h.M. **§ 119 Abs. 1 BGB analog** angewendet wird in den Fällen, in denen trotz fehlenden Erklärungsbewusstseins wegen eines für ausreichend erachteten **„potentiellen Erklärungsbewusstseins"** das Bestehen einer Willenserklärung angenommen wurde („Trierer Weinversteigerung") und in den Fällen, in denen trotz einer nicht gewollten Abgabe bei einem gleichwohl **zurechenbar veranlassten Inverkehrbringen** einer **Erklärung** das Wirksamwerden einer Willenserklärung angenommen wurde („Sekretärinnen-Fall"). In diesen Kontext passt zum *Beispiel* auch der Fall, in dem ein Internetkunde aus reiner Neugier, also ohne Kaufabsicht, eine vielleicht prekäre Internetseite mit Bildern, die er zu Hause besser nicht vorzeigen möchte, durchstöbert und schließlich – nicht etwa um zu kaufen, aber „um noch mehr zu sehen" – das Bestellfeld anklickt. Hier fehlt ihm das Erklärungsbewusstsein. Wenn aber – wie üblich – die Internetseite des Anbieters den Bestellvorgang unmissverständlich ausgestaltet hat, ist von einem potentiellen Erklärungsbewusstsein des Kunden auszugehen, so dass die Willenserklärung als abgegeben anzusehen ist und der Kunde sich von ihr durch Anfechtung nach § 119 Abs. 1 BGB lösen kann. Hilfe bieten kann in derlei – zuweilen peinlich zu werden drohenden – Situationen die Regelung des § 312i BGB, nach der Korrekturen von Eingabefehlern vorgesehen sein müssen. Ist dies jedoch nicht der Fall, besteht ein Anspruch des Kunden aus §§ 311 Abs. 2, 280 BGB auf Schadensersatz mit der Konsequenz, dass der Einwand „dolo agit..." (wer kann den Satz fortsetzen?) aus § 242 BGB einem eventuellen Anspruch aus § 122 BGB analog entgegensteht.

#### cc) Keine Anfechtung von Rechtsscheintatbeständen

Die Grenze der Anwendbarkeit der Anfechtungsregeln ist aber erreicht bei **Rechtsscheintatbeständen**: Diese können nicht durch Anfechtung beseitigt werden; umstritten ist dies allerdings hinsichtlich eines „Irrtums über die Konkludenz des Handelns" (ich hoffe, Sie erinnern sich an die damit zusammenhängende Problematik der systematischen Einordnung der Duldungsvollmacht!).

### b) Zulässigkeit der Anfechtung

Die §§ 119 ff. BGB werden verdrängt

- im **Eherecht** durch die Möglichkeit der **Aufhebung** einer **Ehe** nach §§ 1313, 1314 Abs. 2 Ziff. 2–4, 1315 Abs. 1 Ziff. 4, 1316 ff. BGB, die anfängliche Ehemängel betreffen und die bitte nicht mit der in den §§ 1564 ff. BGB geregelten **Scheidung** einer Ehe, die nur aus nachträglich entstandenen Gründen möglich ist, verwechselt werden darf,
- im **Arbeits-** und **Gesellschaftsrecht** bei bereits in Vollzug gesetzten anfechtbaren Arbeits- und Gesellschaftsverträgen durch die Hilfskonstruktion des **„faktischen Vertrags"** bzw. durch eine **„Beschränkung** der **Nichtigkeitsfolgen"** einer erfolgten Anfechtung,
- und im **Erbrecht** durch die **§§ 2078 ff., 2281 ff. BGB**.

**Ausgeschlossen** ist die Anfechtung, wenn ein anfechtbares Rechtsgeschäft vom Anfechtungsberechtigten „bestätigt" worden ist **(§ 144 Abs. 1 BGB)**.

Darüber hinaus kann speziell **ausgeschlossen** sein eine **Anfechtung** nach **§ 119 BGB** in den folgenden Fallkonstellationen:

- Eine Anfechtung nach § 119 Abs. 1 BGB ist dann nicht möglich, wenn eine Person im eigenen Namen gehandelt hat, aber im fremdem Namen hat handeln wollen **(§ 164 Abs. 2 BGB)**.

**Fall 170**

Der durch A nach § 167 Abs. 1 Var. 1 BGB zum Ankauf einer Sache von B wirksam bevollmächtigte V bietet im Rahmen der erteilten Vollmacht dem B den Abschluss eines Kaufvertrages an. Dabei wollte er für A handeln, ohne das jedoch gegenüber dem B deutlich zu machen; auch die Umstände ergaben nicht, dass der V für A handeln wollte. Als der B keine Zahlung erhält, verlangt er von V Zahlung des Kaufpreises Zug-um-Zug gegen Lieferung. Der V erklärt die Anfechtung seiner Willenserklärung mit der Begründung, dass er sich über die Wirkung seines Handelns geirrt habe.

Der V müsste aus einem Kaufvertrag gem. § 433 Abs. 2 BGB zahlen, wenn er Käufer wäre. a) Mangels Handelns in fremdem Namen wirkt die von V abgegebene Angebotserklärung für und gegen ihn selbst (§ 164 Abs. 2 BGB); und die Annahmeerklärung des B ist ihm gegenüber erklärt worden. Der Vertrag ist also zwischen dem V und dem B zustande gekommen. b) Die von V erklärte Anfechtung könnte jedoch dazu geführt haben, dass die Angebotserklärung rückwirkend als nichtig anzusehen wäre (§ 142 Abs. 1 BGB). Als Anfechtungsgrund käme § 119 Abs. 1 BGB in Betracht. aa) Ein Inhaltsirrtum läge vor: Der V hat gewollt, dass das Angebot für und gegen den A wirkt; er hat aber erklärt, dass es für und gegen ihn selbst wirkt. bb) Die Anfechtung wegen eines derartigen Inhaltsirrtums ist jedoch nach § 164 Abs. 2 BGB ausgeschlossen; der Ausschluss der Anfechtung ist geradezu Sinn und Zweck des § 164 Abs. 2 BGB.

- Hinsichtlich eines bei der Fallbearbeitung nicht selten zentralen Konkurrenzproblems, nämlich des **Verhältnisses** einer **Anfechtbarkeit** nach **§ 119 Abs. 2 BGB** wegen eines Irrtums über die Mangelfreiheit **zu** einem **Gewährleistungsrecht** aus einem **Kaufvertrag** oder **Werkvertrag** wegen eben dieses Mangels soll hier zunächst ganz bewusst nur angedeutet werden, dass der Gesetzgeber anlässlich der Schuldrechtsreform 2002 den bisher von der Rechtspraxis für den Zeitraum nach Gefahrübergang angenommenen Vorrang des Gewährleistungsrechts bei Sachmängeln vor einer Anfechtung nach § 119 Abs. 2 BGB für völlig selbstverständlich angesehen hat. Der Gesetzgeber hält es sogar für nahe liegend, dass die Rechtsprechung sich dahin entwickeln wird, dass eine Anfechtung durch den Käufer wegen eines Irrtums über die Mangelfreiheit sogar schon vor Gefahrübergang, also generell, ausgeschlossen sein soll. Auch bei den (durch § 435 BGB den Sachmängeln gleichgestellten) Rechtsmängeln könnte nach den Vorstellungen des Gesetzgebers im Hinblick auf die gleiche Verjährungsregelung fortan – vorbehaltlich einer sich anders entscheidenden Rechtsprechung – die Anfechtung generell ausgeschlossen sein. der Gesetzgeber hat also die Rechtsentwicklung offengelassen! Alles Weitere hierzu werden Sie demnächst im Zusammenhang mit einigen Fällen und vor allem in Teil 4 erfahren.

- Ob **§ 119 BGB** angewendet werden kann, wenn alle (wegen der i. d. R. gegebenen Zweiseitigkeit der meisten Verträge: also beide) Vertragspartner irren (**„all-"** bzw. **„beiderseitiger Irrtum"**), ist umstritten. Teilweise werden – um die Konsequenzen des § 122 BGB nicht auf den einen, rein zufällig zuerst die Anfechtung erklärenden Beteiligten abzuwälzen – die ja neuerdings in **§ 313 BGB** kodifizierten Regeln über die **„Störung der Geschäftsgrundlage"** angewendet (Larenz). **Dagegen** wird zu Recht eingewandt, dass i. d. R. nur derjenige anfechten wird, der seine Interessen beim Vertragsschluss vernachlässigt hat, und dass er es dann auch verdient, den daraus entstandenen Nachteil (§ 122 BGB) zu tragen (Medicus).

**Fall 171**

Der V verkauft dem K einen Ring, den beide als „vergoldet" ansehen, obwohl er in Wahrheit massiv ist, für € 10,–. Der Vertrag wird beiderseits erfüllt. Als sich heraus stellt, dass der Ring massiv golden ist und der angemessene Kaufpreis € 100,– beträgt, verlangt der V 1) die Zahlung von weiteren € 90,– (nach Medicus) 2) und hilfsweise Herausgabe des Ringes Zug-um-Zug gegen Rückzahlung der € 10,–.

1) Der V könnte einen Anspruch auf Zahlung von € 90,– aus einem hinsichtlich des Kaufpreises nach den Regeln über die „Störung der Geschäftsgrundlage" angepassten (§ 313 Abs. 2, 1, 3 BGB) Kaufvertrag verlangen (§ 433 Abs. 2 BGB). 2) Wer sich dem nicht anschließt, kommt zu einem Anspruch aus § 812 Abs. 1 S. 1 Var. 1 BGB. a) Der K hat das Eigentum und den Besitz an dem Ring, also ein „etwas", erlangt, b) durch Leistung des Anspruchstellers V an K. c) Da der V den Kaufvertrag nach § 119 Abs. 2 BGB mit der Folge des § 142 Abs. 1 BGB wirksam angefochten hat (Auslegung des Herausgabeverlangens), d) hat der K aa) das Erlangte herauszugeben bb) und zwar nach der „Saldotheorie" Zug-um-Zug gegen Rückzahlung des Kaufpreises (€ 10,–). e) Warum ist hier nicht von einer Spezialität des Gewährleistungsrechts auszugehen? Weil der Verkäufer Ansprüche geltend macht!

### c) Anfechtungsgrund

Wir hatten es bereits einleitend gesagt: Derjenige, der eine Willenserklärung abgegeben hat, kann sich natürlich nicht einfach aus „Reue", z. B. weil er als Verkäufer dem Käufer die Kaufsache plötzlich nicht mehr gönnt etc., von ihr „lossagen", um den Vertrag „zu Fall zu bringen". Dann wären der Rechtsunsicherheit „Tür und Tor geöffnet" und der Grundsatz „pacta sunt servanda" hätte keine Gültigkeit mehr. Es gibt also **kein „Reurecht"**, sondern **nur** ein **„Anfechtungsrecht"** mit **ganz be-**

**stimmten Anfechtungsgründen** (nämlich bei Abgabe der Willenserklärung vorliegende bestimmte Arten des Irrtums und bestimmte Arten der unlauteren Eingriffe in die Willensentschließungsfreiheit), bei deren Vorliegen der Gesetzgeber eine rechtspolitische Notwendigkeit gesehen hat, eine Anfechtungsmöglichkeit zuzulassen. Ansonsten bleibt der Erklärende aus Gründen der Rechtssicherheit an seine Erklärung gebunden.

Also noch einmal: Die Ermöglichung einer Anfechtung durch den Gesetzgeber war keine durch die Logik gebotene Notwendigkeit, sondern eine rein rechtspolitisch begründete Wollensentscheidung.

aa) § 119 BGB (Anfechtung wegen Erklärungs-, Inhalts-, Eigenschaftsirrtums)

Bei den Ausführungen zur Ermittlung der für einen Vertragsschluss notwendigen Kongruenz von Willenserklärungen haben Sie erfahren, dass die **Feststellung** der **Deckungsgleichheit** in **Fällen** eines **nicht übereinstimmenden wirklichen Willens** dadurch geschieht, dass das Gesetz nach §§ 133, 157 BGB im Interesse der Sicherheit des Rechtsverkehrs verlangt, den **Inhalt** einer **vertraglichen Willenserklärung** ohne Rücksicht auf den inneren Geschäftswillen des jeweiligen Erklärenden **normativ** durch **Anlegung** des **Maßstabes** eines **objektivierten Empfängerhorizontes** zu ermitteln, dass das Gesetz aber einem hiervon **abweichenden** unerklärt gebliebenen wirklichen **Geschäftswillen** des Erklärenden dadurch Rechnung trägt, dass der **Erklärende** bei ganz bestimmten Fehlerquellen, nämlich in den Fällen **des Erklärungs-, des Inhalts-** (§ 119 Abs. 1 BGB) und **des Eigenschaftsirrtum** (§ 119 Abs. 2 BGB), seine dadurch beeinflusste **Willenserklärung** durch **Anfechtung rückwirkend beseitigen** kann (§ 142 Abs. 1 BGB).

Daraus folgt zugleich, dass Fehlvorstellungen im Bereich der einer Formulierung der Willenserklärung vorgelagerten Willensbildung **(„Motivirrtum")** unbeachtlich sind; dies ergibt i.ü. auch ein Umkehrschluss aus § 119 Abs. 2 BGB, wenn man dort den Irrtum über eine „verkehrswesentliche Eigenschaft" als Fall eines ausnahmsweise beachtlichen Motivirrtums ansieht.

Bei den Ausführungen zur Ermittlung der für einen Vertragsschluss notwendigen Kongruenz von Willenserklärungen haben Sie erfahren, dass die **Feststellung** der **Deckungsgleichheit** in **Fällen** eines **nicht übereinstimmenden wirklichen Willens** dadurch geschieht, dass das Gesetz nach §§ 133, 157 BGB im Interesse der Sicherheit des Rechtsverkehrs verlangt, den **Inhalt** einer **vertraglichen Willenserklärung** ohne Rücksicht auf den inneren Geschäftswillen des jeweiligen Erklärenden **normativ** durch **Anlegung** des **Maßstabes** eines **objektivierten Empfängerhorizontes** zu ermitteln, dass das Gesetz aber einem hiervon **abweichenden** unerklärt gebliebenen wirklichen **Geschäftswillen** des Erklärenden dadurch Rechnung trägt, dass der **Erklärende** bei ganz bestimmten Fehlerquellen, nämlich in den Fällen des **Erklärungs-**, des **Inhalts-** (§ 119 Abs. 1 BGB) und des **Eigenschaftsirrtum** (§ 119 Abs. 2 BGB), seine dadurch beeinflusste **Willenserklärung** durch **Anfechtung rückwirkend beseitigen** kann (§ 142 Abs. 1 BGB). Daraus folgt zugleich, dass Fehlvorstellungen im Bereich der einer Formulierung der Willenserklärung vorgelagerten Willensbildung **(„Motivirrtum")** unbeachtlich sind; dies ergibt i.ü. auch ein Umkehrschluss aus § 119 Abs. 2 BGB, wenn man dort den Irrtum über eine „verkehrswesentliche Eigenschaft" als Fall eines ausnahmsweise beachtlichen Motivirrtums ansieht.

Die Anfechtungsgründe des § 119 BGB setzen voraus:

- Einen im vorgenannten Sinne **rechtlich relevanten Irrtum** des Erklärenden und
- eine **„Kausalität"** des Irrtums für die Willenserklärung.

(1) Erklärungsirrtum

Der **Erklärungsirrtum (§ 119 Abs. 1 Var. 2 BGB)** kommt in der Praxis relativ selten vor, wird aber gerade bei von Anfängern zu bearbeitenden Fällen durchaus häufig ins Spiel gebracht. Er bereitet keine großen Schwierigkeiten.

Ein Erklärungsirrtum liegt vor, wenn der **Erklärende „nicht weiß, was er sagt" (Irrtum bei der Erklärungshandlung)**. Es geht dabei um die Fälle des **Versprechens** oder **Verschreibens** bei der Abgabe der Willenserklärung, aber auch den Fall eines Eingabefehlers bei einer **Bestellung im Internet**.

**Fall 172**

Der V bietet dem K am 1. Januar 2002 eine bestimmte Sache für „*DM* 1000,–" zum Kauf an, obwohl er „*€* 1000,–" hatte schreiben wollen. K sagt: „Einverstanden" und verlangt Lieferung Zug-um-Zug gegen Zahlung von DM 1000,–. V weigert sich unter Hinweis darauf, dass er sich verschrieben habe.

Ein Anspruch des K auf Lieferung aus einem Kaufvertrag (§ 433 Abs. 1 S. 1 BGB) könnte ist bestehen, a) weil ein Kaufvertrag mit dem Inhalt (Kaufvertrag zwischen V als Verkäufer und K als Käufer über eine bestimmte Sache zum Preis von DM 1000,– zustande gekommen ist b) und keine Wirksamkeitshindernisse bestehen. c) Der Kaufvertrag ist jedoch durch die von V erklärte Anfechtung nach §§ 119 Abs. 1 Var. 2, 142 Abs. 1 BGB als von Anfang an nichtig (und damit als „beendet") anzusehen.

Bei einer in der Praxis durchaus vorkommenden **Fehlvorstellung** über den **Inhalt** einer vom Erklärenden in der Meinung, den (in Wahrheit ganz anderen) Inhalt zu kennen, **ungelesen unterschriebenen Urkunde** soll eine **Anfechtung nicht möglich** sein, weil bei der Unterzeichnung einer Urkunde, von deren Inhalt man ganz bewusst keine Kenntnis genommen hat, kein „Irrtum" (unbewusste Diskrepanz zwischen Erklärung und Willen) vorliegt. **Ausnahmsweise** kann der Erklärende dann bei einer Fehlvorstellung vom Inhalt einer ungelesen unterschriebenen Urkunde anfechten, wenn er aufgrund eines Umstandes, der einem Fehler in der Erklärungshandlung durch Verschreiben sehr ähnlich ist, falsche Vorstellungen vom Inhalt der Urkunde entwickelt hatte; z. B. dann, wenn man eine abweichend vom eigenen Diktat geschriebene Willenserklärung im Vertrauen auf die zutreffende Übernahme des diktierten Textes ungelesen unterschreibt.

Keine Anfechtung soll möglich sein bei der Unterzeichnung eines **abredewidrig ausgefüllten Blanketts**, von dem der Empfänger annehmen musste, dass die Erklärung vom Erklärenden stammt (§ 172 Abs. 2 BGB analog); wohl aber, wenn der Ausfüllende sich bei der Ausfüllung irrt (§ 166 Abs. 1 BGB analog).

(2) Inhaltsirrtum

In den Fällen eines **Inhaltsirrtums (§ 119 Abs. 1 Var. 1 BGB)** weiß der Erklärende im Unterschied zum Erklärungsirrtum zwar, „was er sagt", aber er, **„der Erklärende weiß nicht, was er damit sagt"** (Irrtum über die Bedeutung der Erklärung wegen einer Diskrepanz zwischen dem „Geschäftswillen" und dem „Inhalt der Willenserklärung"). Dass es überhaupt zu einer solchen Diskrepanz kommen kann, hängt damit zusammen, dass bei der Ermittlung des Inhalts der Willenserklärung bekanntlich auf den objektivierten Empfängerhorizont abgestellt werden wird (§§ 133, 157 BGB), wenn es keine Übereinstimmung des wirklichen Willens gibt.

Die **Fallgruppen,** in denen ein Inhaltsirrtum **rechtlich beachtlich** ist bzw. **zu diskutieren** ist, sind:

- Der Irrtum über die Bedeutung und Tragweite der Erklärung **(„Verlautbarungsirrtum")**;
- der Irrtum über den Geschäftsgegner, die Geschäftsart und den Geschäftsgegenstand **(„Identitätsirrtum")**;
- der Irrtum über die Kalkulation **(„Kalkulationsirrtum")**;
- und der Irrtum über die **Rechtsfolgen** der angefochtenen Erklärung **(„Rechtsfolgenirrtum")**;
- mit Sicherheit ist hingegen **rechtlich unbeachtlich** der **„Motivirrtum"**.

Im Einzelnen gilt dazu Folgendes:

Der **„Verlautbarungsirrtum"**, bei dem sich der Erklärende über die Bedeutung und Tragweite seiner Erklärung irrt (meist weil er bestimmte Fachausdrücke nicht richtig beurteilt), ist stets beachtlich.

**Fall 173**

Waldeigentümer Engel (E) bietet dem Städter Stadler (S) „bereits im Wald an der Wegkreuzung lagernde und vom Käufer abzuholende 10 Festmeter Kiefernholz" zum Preis von € 100,– zum Kauf an. Der S sagt: „Einverstanden" und zahlt den Kaufpreis durch Überweisung von seinem Konto bei der S-Bank auf E's Konto bei der E-Bank. Als der S dann das Holz aus dem Wald holen will, erkennt er, dass es sich bei den „10 Festmeter Kiefernholz" um einen Stapel zersägtes Holz mit den Maßen 5 Meter × 1 Meter × 2 Meter handelt, während er sich unter „10 Festmeter Kiefernholz" einen „genau 10 m langen festen Kiefernstamm" vorgestellt hatte. Da der S mit einem 10m langen festen Stamm eine Balancierstrecke für einen Trimm-Dich-Pfad hatte herstellen wollen, verweigert er die Abnahme und verlangt den Kaufpreis zurück.

Der Anspruch könnte sich aus §§ 812 Abs. 1 S. 1 Var. 1, 818 Abs. 2 BGB ergeben. a) Der E hat durch die Überweisung eine Forderung gegen seine E-Bank (Gutschrift: „abstraktes Schuldversprechen" nach § 780 BGB) erlangt, b) und zwar (unter Einschaltung 1) der S-Bank, 2) der Verrechnungsstelle der Banken und 3) der E-Bank als Leistungsgehilfen) durch Leistung des S. c) Die Leistung müsste ohne Rechtsgrund erbracht worden sein. aa) Ein Kaufvertrag ist geschlossen; nach §§ 133, 157 BGB ist unter „Festmeter" das beim Holzverkauf übliche Raummaß (Kubikmeter = Meter x Meter x Meter./. der Hohlräume zwischen den Stämmen) zu verstehen, so dass die Willenserklärungen sich auch insoweit decken. bb) Der S hat den Vertrag jedoch aaa) wirksam nach § 119 Abs. 1 Var. 1 BGB wegen eines Inhaltsirrtums (er wusste nicht, was er mit dem Fachausdruck „Festmeter" sagte) angefochten, bbb) und zwar rechtzeitig (§ 121 BGB) und ccc) gegenüber dem richtigen Anfechtungsgegner (§ 143 Abs. 1, 2 BGB), so dass ddd) der Vertrag als von Anfang an unwirksam anzusehen ist (§ 142 Abs. 1 BGB). d) Da die erlangte Gutschrift nicht herausgegeben werden kann, hat der E dem S in Höhe von € 100,– Wertersatz zu leisten (§ 818 Abs. 2 BGB).

Beim ebenfalls stets beachtlichen **Identitätsirrtum** geht es um Fehlvorstellungen über den Geschäftsgegner, die Geschäftsart oder den Geschäftsgegenstand.

Speziell beim **Irrtum über den Kaufgegenstand** muss man allerdings sorgfältig zwischen einem beachtlichen **Identitätsirrtum** (dazu der folgende „Pferdekauf-Fall") und einem im Rahmen des § 119 Abs. 1 BGB unbeachtlichen **Beschaffenheitsirrtums** (dazu der darauf folgende „Zucker/Salz-Fall") unterscheiden.

**Fall 174**

Der K will bei dem Pferdehändler V ein Pferd erwerben. Ihm sticht ein edler Schimmel, der ganz allein auf der Koppel an der Einfahrt zu V's Hof steht, ins Auge. Er sieht sich das Pferd genauer an und beschließt, es zu kaufen. Der K und der V einigen sich ohne weitere Besichtigung im Büro des V über den Kauf „des auf der Koppel bei der Einfahrt stehenden Schimmels" zu einem bestimmten Preis. Der K zahlt den vereinbarten Preis sofort in bar. Als der V zur Verladung des gekauften Pferdes hinzukommt, sieht er zu seinem Entsetzen, dass auf der Koppel sein wertvolles Privatpferd „Feder" steht, das er zu dieser Tageszeit wie gewöhnlich im Stall stehend gewähnt hatte, das aber heute ausnahmsweise ohne sein Wissen von einem Pferdepfleger schon vorzeitig auf die besagte Koppel getrieben worden war. Der V hatte beim Vertragsschluss über den Verkauf „des auf der Koppel stehenden Schimmels" an einen anderen Schimmel namens „Bianco", ein vergleichsweise plumpes Pferd, gedacht, der nach seiner Vorstellung zu dieser Tageszeit wie gewöhnlich auf der besagten Koppel hätte stehen sollen. Weil der V sein Pferd „Feder" um jeden Preis behalten will, erklärt er die Anfechtung des Kaufvertrages. Der K verlangt Lieferung des Pferdes „Feder".

Der Anspruch des K gegen den V könnte sich aus einem Kaufvertrag (§ 433 Abs. 1 S. 1 BGB) ergeben. a) Der V und der K haben einen Kaufvertrag über „Feder" geschlossen. b) Dieser könnte jedoch durch eine Anfechtung seitens des V als von Anfang an nichtig anzusehen sein (§§ 119 Abs. 1, 142 Abs. 1 BGB). aa) Der V müsste einen Anfechtungsgrund haben. Hier kommt ein als Inhaltsirrtum beachtlicher Identitätsirrtum des V in Betracht: Der V hat (als Angebot oder als Annahme, was dahinstehen kann) nach §§ 133, 157 BGB mit seiner Erklärung, den Schimmel auf der Koppel an der Einfahrt verkaufen zu wollen, erklärt, dass der Schimmel „Feder" verkauft werden solle. Gewollt hatte er jedoch den Verkauf von „Bianco". Weil er zwar wusste, was er sagte, aber nicht wusste, was er damit sagte, liegt ein beachtlicher Inhaltsirrtum vor (§ 119 Abs. 1 BGB). bb) Die Anfechtung ist aaa) durch die Erfüllungsverweigerung unter Berufung auf den Irrtum erklärt worden, bbb) und zwar rechtzeitig (§ 121 BGB) und ccc) gegenüber dem richtigen Anfechtungsgegner (§ 143 Abs. 1, 2 BGB). cc) Die Wirkung der Anfechtung besteht in der rückwirkend eintretenden Nichtigkeit der vertraglichen Willenserklärung des V, sei es nun das Angebot oder die Annahme (§ 142 Abs. 1 BGB); damit entfällt ein „Baustein" für den Kaufvertrag. Der K hat daher keinen Anspruch auf Lieferung des Schimmels „Feder".

**Fall 175**

Der K will Salz kaufen und sucht dazu den „Tante-Emma"-Laden des V auf, zeigt auf einen ganz bestimmten, auf dem Regal mit den Salzsäcken stehenden, mit einem für Salz üblichen Preis ausgezeichneten Sack und erklärt, er möchte „diesen Sack" kaufen. Gegen Zahlung des Kaufpreises händigt ihm der V auch diesen Sack in der Vorstellung, er enthalte Salz, aus. In Wahrheit enthält der Sack Zucker. Der K zahlt den am Regal angezeigten Preis und geht. Als der V später feststellt, dass in dem Sack Zucker war, verlangt er den Sack mit dem Zucker von K zurück.

Dem V könnte ein Anspruch aus § 812 Abs. 1 S. 1 Var. 1 BGB gegen K zustehen. a) Der K hat „etwas" – den Besitz und (weil die eventuell erklärte und ggf. noch zu prüfende Anfechtung wegen des „Abstraktionsprinzips" die Wirksamkeit der Übereignung unberührt lassen würde) auch das Eigentum an dem Sack Zucker – erlangt, b) und zwar durch Leistung (=bewusste zweckgerichtete Mehrung fremden Vermögens) des Anspruchstellers V. c) Diese Leistung müsste ohne Rechtsgrund erfolgt sein. aa) Der Rechtsgrund könnte ein Kaufvertrag sein; dieser ist geschlossen. bb) Möglicherweise ist der Kaufvertrag durch eine von V erklärte Anfechtung nach §§ 119 Abs. 1, 2, 142 Abs. 1 BGB als von Anfang an nichtig anzusehen. Was den Anfechtungsgrund angeht, könnte man aaa) an § 119 Abs. 1 Var. 1 BGB (Inhaltsirrtum) denken: aaaa) Hier liegt allerdings kein beachtlicher Irrtum über die Identität der Kaufsache vor, denn es ist genau der Sack, den V sich als Kaufgegenstand vorgestellt hatte, an den K verkauft worden. bbbb) Ein Inhaltsirrtum läge aber dann vor, wenn man mit der Lehre von der „Sollbeschaffenheit" annähme, der V hätte mit seiner Erklärung, den von ihm bezeichneten Sack an K verkaufen zu wollen, zusätzlich erklärt, dass der Sack „Zucker“ enthält; dass dies zusätzlich erklärt worden ist, könnte sich nach §§ 133, 157 BGB aus dem tatsächlichen Inhalts des Sacks ergeben. Wenn man dies annimmt, dann wäre ein rechtlich relevanter Inhaltsirrtum gegeben, weil der V ja hatte erklären wollen, einen Sack mit dem Inhalt „Salz“ verkaufen zu wollen. In der Tat gibt es eine Lehre (entwickelt von Raape), die meint, dass – weil ein Gegenstand von seinen Eigenschaften nicht getrennt werden könne – die Eigenschaften eines Vertragsgegenstandes stets Bestandteile des erklärten rechtsgeschäftlichen Willens seien und dass daher Fehlvorstellungen von den Beschaffenheitsmerkmalen ein Inhaltsirrtum seien. Diese Lehre ist jedoch nicht haltbar. Die Beschaffenheitsmerkmale einer Sache gehören nämlich nicht zum Inhalt einer Willenserklärung; vielmehr wird die Identität einer bestimmten Sache ausschließlich durch ihre räumliche Lage festgelegt; anders mag es bei einer Gattungsschuld sein. Die Vorstellungen von der Beschaffenheit einer bestimmten Kaufsache sind vielmehr nur ein Motiv für den Entschluss, sie zu kaufen oder zu verkaufen. Die Lehre von der „Sollbeschaffenheit“ kommt überdies zu einer dogmatisch nicht akzeptablen Vermengung des § 119 Abs. 1 BGB mit § 119 Abs. 2 BGB, weil die Anfechtung dann ohne die einschränkende Voraussetzung der „Verkehrswesentlichkeit“ der Eigenschaft möglich wäre. Schließlich spricht gegen diese Lehre, dass man ihr zufolge im Falle eines Irrtums des Käufers eine zeitlich weiträumig mögliche (§ 121 BGB) Anfechtung nach § 119 Abs. 1 BGB wegen Fehlvorstellungen des Käufers über die Beschaffenheit neben den nach § 438 BGB kurz verjährenden Gewährleistungsrechten aus §§ 434 ff. BGB zuließe. Anders mag es – wie gesagt – bei einem (hier nicht gegebenen) Gattungskauf sein, da bei einem solchen Kauf der Kaufgegenstand erst durch die Vorstellungen der Parteien von seinen Eigenschaften bestimmt wird, so dass die Eigenschaften Bestandteile des rechtsgeschäftlichen Willens wären und eine Fehlvorstellung ein Inhaltsirrtum wäre; das Problem ist dann jedoch, dass stets ein beiderseitiger Irrtum vorliegt, der nach den Regeln über die „Störung der Geschäftsgrundlage“ behandelt wird (§ 313 BGB). Hier kommt jedenfalls § 119 Abs. 1 BGB bzw. eine „Störung der Geschäftsgrundlage“ nicht in Betracht, bbb) wohl aber der Anfechtungsgrund des § 119 Abs. 2 BGB: Dazu folgen sogleich Ausführungen.

Ein **Rechtsfolgenirrtum** ist als bloßer **Motivirrtum** unbeachtlich, wenn der Erklärende sich über eine Rechtsfolge irrt, die allein kraft Gesetzes, nicht aber aufgrund des Willens des Erklärenden eintritt.

**Fall 176**

Der V verkauft dem K eine Sache. Als dem V die Erfüllung unmöglich wird, weil er die Sache fahrlässig zerstört hat, nimmt der K ihn aus §§ 280 Abs. 1, 3, 283, 249 ff. BGB auf Schadensersatz in Anspruch. Der V ficht den Vertrag jetzt an, weil ihm diese Rechtsfolge unbekannt war (nach Medicus).

Hier kommt eine Anfechtung nicht in Betracht, weil die Rechtsfolge, über die der V sich geirrt hat, ausschließlich kraft Gesetzes eintritt.

Der Irrtum über die Rechtsfolgen kann aber auch ein rechtlich beachtlicher **Inhaltsirrtum** sein, wenn sich die Rechtsfolge aus dem Inhalt seiner Erklärung ergibt.

**Fall 177**

Der V verkauft ein seetüchtiges Segelboot an den K, und zwar „nebst Zubehör". Die auf dem Boot befindliche Rettungsinsel hält der V jedoch für nicht mitverkauft. Als er erfährt, dass nach § 97 BGB die Rettungseinrichtungen als mitverkauft anzusehen sind, ficht der V den Vertrag an (nach Kropholler).

Die Rettungsinsel ist als „Zubehör" i. S. d. § 97 BGB mitverkauft. Dass V die Insel nicht als Zubehör angesehen hat, berechtigt nach § 119 Abs. 1 BGB zur Anfechtung: denn bei einem Irrtum über den Inhalt eines Begriffs, der gesetzlich definiert ist, ist ein Inhaltsirrtum gegeben.

Ein **Kalkulationsirrtum** soll nach der Rechtsprechung ausnahmsweise dann kein unbeachtlicher Motivirrtum, sondern ein beachtlicher Inhaltsirrtum sein, wenn diejenige Kalkulation „offen" gelegt und zum Gegenstand der Vertragsverhandlungen gemacht worden ist, die zur Abgabe der wegen eines Irrtums bei der Kalkulation angefochtenen Willenserklärung geführt hat („externer Kalkulationsirrtum"). War die Kalkulation jedoch nicht erkennbar („interner Kalkulationsirrtum"), ist der Irrtum als bloßer Motivirrtum unbeachtlich.

Stets unbeachtlich ist ein **bloßer Motivirrtum.** Insoweit hält das Gesetz das Vertrauen des Geschäftsgegners für höherwertig als die Individualgerechtigkeit.

**Fall 178**

Der K kauft bei V eine Sache, die er dem D zum Geburtstag schenken will. Als sich herausstellt, dass er nicht eingeladen ist, ficht er den Kaufvertrag an.

Hier deckt sich der Wille des K, die Sache zu kaufen, mit der entsprechenden (Angebots- oder Annahme-) Erklärung des V. Dass der Wille aufgrund einer fehlerhaften Vorstellung auf der Motivationsebene („Motivirrtum") gebildet worden ist, ist rechtlich unbeachtlich.

Neben diesem typischen Schulbeispiel sollten Sie sich als **Beispiele** für einen **unbeachtlichen Motivirrtum** merken: Den Irrtum über den **Wert** eines Gegenstandes und den Irrtum über **die Kaufkraft** des **Geldes**. Eine dogmatisch interessante Frage ist, ob der nach § 119 Abs. 2 BGB rechtlich relevante Irrtum über verkehrswesentliche Eigenschaften ein vom Gesetz ausnahmsweise anerkannter Motivirrtum ist (dazu sogleich).

(3) Eigenschaftsirrtum

Der **Eigenschaftsirrtum** wird unter bestimmten Voraussetzungen als beachtlich angesehen **(§ 119 Abs. 2 BGB)**.

Für die weitere Erörterung sollen vorab einige weitgehend unstreitige **Grundbegriffe** klargestellt werden:

1. Unter **„Sachen“** versteht man die **Vertragsgegenstände**; auf die Definition des § 90 BGB kommt es in diesem Zusammenhang nicht an.
2. Die **„Eigenschaften“** von Sachen sind ihnen unmittelbar anhaftende oder von ihnen ausgehende, gegenwärtige und dauerhafte Umstände physischer, tatsächlicher, wirtschaftlicher, sozialer oder rechtlicher Art, die den Wert zu bestimmen pflegen **(wertbildende Faktoren)**.
   **Merken** Sie sich: der **Wert** oder der **Marktpreis** einer Sache ist niemals ein wertbildender Faktor, also **keine Eigenschaft**; denn er haftet der Sache nicht unmittelbar, gegenwärtig und dauerhaft an, sondern ist das Ergebnis von Angebot und Nachfrage. Dies ist eine „sehr beliebte Fehlerquelle“!
3. Unter **„Personen“** versteht man diejenigen, auf die sich das Rechtsgeschäft bezieht; in der Regel ist das der Geschäftsgegner, es kann aber auch ein Dritter sein. Die **„Eigenschaften“** von Personen sind deren natürliche Merkmale, rechtliche oder tatsächliche Verhältnisse, die auf die Wertschätzung Einfluss haben können.

Wie Sie ja längst wissen: Bei der Prüfung des § 119 Abs. 2 BGB dürfen Sie nicht voreilig sein. Denn im Fall eines Sach- oder Rechtsmangels einer Kaufsache gehen die **§§ 434 ff. BGB** als **Spezialnormen** einer **Irrtumsanfechtung durch** den **Käufer** nach § 119 Abs. 2 BGB vor. Die bereits genannten „klassischen“ Argumente dafür sind: Ließe man die Anfechtung des Käufers zu, könnte er hierdurch die regelmäßige Verjährungsfrist des § 438 Abs. 1 Nr. 3 BGB, die kürzer ist als die Anfechtungsfrist des § 121 BGB, und auch einen eventuell bestehenden Ausschluss der Gewährleistungsrechte bei grob fahrlässiger Unkenntnis des Mangels umgehen. Als weiteres Argument kommt hinzu, dass der Verkäufer (weil der Käufer nach § 439 BGB beim Vorliegen eines Mangels vorrangig nur Nacherfüllung verlangen kann) ein Recht auf die „zweite Andienung“ hat, ein Recht, das ihm der Käufer durch eine Anfechtung nach § 119 Abs. 2 BGB nehmen könnte. Fraglich ist, von welchem Zeitpunkt an der Vorrang des Gewährleistungsrechts und der gleichzeitige Ausschluss des § 119 Abs. 2 BGB gilt: Die Gewährleistungsrechte bestehen vom Augenblick des Gefahrübergangs an, also i. d. R. vom Zeitpunkt der Übergabe an (§ 446 BGB). Daher spricht viel dafür, jedenfalls vorher eine Anfechtung noch zuzulassen. Wie bereits schon einmal angesprochen: Der RegE hält es dagegen für nahe liegend, „die Anfechtung wegen eines Eigenschaftsirrtums als von vornherein ausgeschlossen anzusehen“, meint aber, dass die Frage der Rechtsprechung überlassen bleiben soll. Die moderne Dogmatik beginnt dahin zu tendieren, das Anfechtungsrecht auch schon für die Zeit vor Gefahrübergang auszuschließen (Palandt). Man kann nur hoffen, dass Sie dies alles sorgfältig gelesen haben: Das gilt natürlich alles nur für die Anfechtung durch den Käufer! Der **Verkäufer kann** selbstredend **nach § 119 Abs. 2 BGB anfechten**, denn für ihn gibt es keine das Anfechtungsrecht ausschließende Konkurrenzsituation zu den §§ 434 ff. BGB. Allerdings: Unzulässig ist die Anfechtung nach § 119 Abs. 2 BGB, wenn der Verkäufer sich hierdurch den Gewährleistungsrechten des Käufers entziehen will. Die klassischen Fälle hierfür sind diejenigen, in denen der Wert eines verkauften Kunstwerks aufgrund einer anderen Herkunft, als sie die Parteien angenommen hatten, deutlich über dem gezahlten Kaufpreis liegt. Auch wenn es in diesen Fällen regelmäßig so liegt, dass sowohl der Verkäufer als auch der Käufer sich über eine verkehrswesentliche Eigenschaft der Kaufsache geirrt haben („Doppelirrtum"), soll § 119 Abs. 2 BGB und nicht § 313 BGB (Fehlen der Geschäftsgrundlage) gelten. Erklärt der Verkäufer die Anfechtung nach § 119 Abs. 2 BGB, ist er aus § 122 BGB zum Ersatz des Vertrauensschadens verpflichtet. Das war natürlich nicht das „letzte Wort" zu diesen Fragen; Sie werden im Zusammenhang mit der Darstellung des Gewährleistungsrechts des Käufers aus den §§ 434 ff. BGB hiermit erneut konfrontiert werden. Wie gesagt: Das war Ihnen eigentlich schon längst bekannt. Weil dieses Thema aber für die Fallbearbeitung so ungeheuer wichtig ist, war die „Zwischenwiederholung" sicher nicht unschädlich.

Wenn Sie das Konkurrenzproblem „überwunden" haben, besteht die zentrale Frage bei der Prüfung des § 119 Abs. 2 BGB im Rahmen einer Fallbearbeitung regelmäßig darin, zu beurteilen, ob die Eigenschaft, über die der Anfechtende unrichtige Vorstellungen hatte, überhaupt **verkehrswesentlich** ist. Bei der Feststellung der Verkehrswesentlichkeit stehen sich i.w. zwei **unterschiedliche** Standpunkte – die **objektive** oder die **subjektive** Betrachtungsweise – gegenüber.

- Die **objektive Theorie** stellt zur Bestimmung der Verkehrswesentlichkeit auf die objektiven Verkehrsanschauungen ab; nach ihr ist § 119 Abs. 2 BGB also genau genommen ein gesetzlich anerkannter Fall des Motivirrtums.
- Die **subjektive Theorie** verlangt für die Verkehrswesentlichkeit, dass die Eigenschaft Vertragsinhalt geworden ist; nach ihr ist der § 119 Abs. 2 BGB daher ein Unterfall des nach § 119 Abs. 1 BGB anerkannten Inhaltsirrtums.
- Schließlich gibt es auch eine **differenzierende Sichtweise**, derzufolge bei **typischen Eigenschaften** die Verkehrsanschauung und bei **untypischen Eigenschaften** der Vertragsinhalt über die Verkehrswesentlichkeit entscheidet.

**Fall 179**

Der K, der einen echten Barockleuchter erwerben will, kauft in dem Laden des V, der echte Antiquitäten und auch Imitate feilbietet, zu einem sehr niedrigen Preis einen Leuchter in barockem Stil, den er für echt hält, der aber in Wahrheit unecht ist. Der K findet noch vor der Übergabe und der Übereignung an ihn heraus, dass der Leuchter unecht ist und will sich vom Kaufvertrag durch Anfechtung lösen (nach Larenz).

a) § 119 Abs. 1 BGB scheidet nach den vorstehenden Ausführungen zur Lehre von der Sollbeschaffenheit aus. b) In Betracht kommt aa) nach dem hier gemachten Vorschlag vor Gefahrübergang zulässigerweise bb) eine Anfechtung nach § 119 Abs. 2 BGB. aaa) Die Echtheit der Kaufsache, über die der K sich geirrt hat, ist ein wertbildender Faktor, also eine Eigenschaft einer Sache. bbb) Sie müsste verkehrswesentlich sein: aaaa) Nach der objektiven Theorie (Larenz) ist die objektive Verkehrsauffassung maßgeblich. Selbst wenn man bei der Ermittlung der objektiven Verkehrsauffassung auf die konkreten Umstände abstellt (Kauf beim Trödler) muss man hier zur Verkehrswesentlichkeit kommen, da der Trödler auch mit echter Ware handelt. bbbb) Nach der subjektiven Theorie (Begründer: Flume) kommt es auf die „Geschäftswesentlichkeit" (Medicus) an; danach wäre die Echtheit nur dann verkehrswesentlich, wenn sich die Wesentlichkeit ausdrücklich oder stillschweigend aus den Erklärungen der Parteien oder aus dem Geschäftstyp ergibt, kurz gesagt: Wenn die Wesentlichkeit im Rechtsgeschäft „angeklungen" ist. Das ist hier aus folgenden Gründen nicht der Fall: Der K hat nicht ausdrücklich gegenüber V erklärt, dass er einen echten Leuchter suche; der V handelt sowohl mit echten Kunstgegenständen als auch mit Imitaten; der Preis spricht ebenfalls dagegen, dass der Erklärende die Vorstellung von der Echtheit seiner vertraglichen Willenserklärung zugrunde gelegt hat, so dass sie zu deren Inhalt geworden ist. cccc) Nach der zwischen typischen und untypischen Eigenschaften differenzierenden Sicht ist – weil die Echtheit keine typische Eigenschaft eines Leuchters in barockem Stil ist – eine Verkehrswesentlichkeit nur gegeben, wenn die Eigenschaft Vertragsinhalt geworden ist, was – wie zuvor ausgeführt – nicht der Fall ist.

**Fall 180**

Der V verkauft dem K eine Sache auf Kredit. Der B hat auf Bitten des K zur Sicherung der Kaufpreisforderung einen Bürgschaftsvertrag mit V geschlossen. Als sich herausstellt, dass der K wider Erwarten des B vermögenslos ist, erklärt der B die Anfechtung des Bürgschaftsvertrages gegenüber V.

In Betracht kommt eine Anfechtung nach § 119 Abs. 2 BGB wegen eines Irrtums über eine verkehrswesentliche Eigenschaft einer Person (hier des K). a) Unter einer „Person" i. S. d. § 119 Abs. 2 BGB versteht man denjenigen, auf den sich das Rechtsgeschäft bezieht. Das kann bei einem Bürgschaftsvertrag der Hauptschuldner sein. Die Zahlungsfähigkeit des Hauptschuldners ist auch ein wertbildender Faktor, weil hiervon das Risiko des Bürgen, in Anspruch genommen zu werden, und auch die Qualität eines evtl. Regressanspruches (§ 774 BGB) abhängt. b) Verkehrswesentlich ist die Eigenschaft (Leistungsfähigkeit des Hauptschuldners) jedoch nicht: sie ist es aa) weder objektiv, denn für den Geschäftstyp der Bürgschaft ist es gerade typisch, dass der Hauptschuldner leistungsunfähig ist, bb) noch ist sie „geschäftswesentlich", denn dass es für die Übernahme der Bürgschaft auf die Leistungsfähigkeit des Bürgen ankommt, ist im Geschäft nicht als wesentlich „angeklungen". cc) Da die Leistungsfähigkeit eines Hauptschuldners auch nicht typisch für die Bürgschaft ist, hätte sie nach der differenzierenden Theorie vereinbart worden sein müssen, um als verkehrswesentlich angesehen werden zu können.

**Fall 181**

Der K, der einen echten Barockleuchter erwerben will, kauft in dem Laden des V einen Leuchter in barockem Stil, den er für echt hält, für € 10.000,–. Bevor der Vertrag erfüllt wird, äußert ein Bekannter den Verdacht, dass der gekaufte Leuchter ein Imitat sei. Der V ist nicht bereit, den Leuchter zurückzunehmen, weil er aufgrund einer Expertise von seiner Echtheit überzeugt ist. Um einem Rechtsstreit aus dem Weg zu gehen, einigen sich der V und der K darüber, dass der Kaufpreis mit Rücksicht auf die umstrittene Echtheit € 5000,– betragen soll. Gegen Barzahlung von € 5000,– übergibt und übereignet der V den Leuchter. Jetzt stellt sich heraus, dass der Leuchter eine auch für einen Fachmann kaum erkennbare Fälschung im Werte von € 500,– ist. Der K erklärt die Anfechtung des Vertrages und verlangt Rückzahlung der erhaltenen € 5000,– Zug-um-Zug gegen Rückgabe des Leuchters.

Der Anspruch könnte sich aus § 812 Abs. 1 S. 1 Var. 1 BGB ergeben. a) Der K hat das Eigentum an den € 5000,– erlangt, b) und zwar durch Leistung des V. c) Fraglich ist, ob ohne Rechtsgrund geleistet wurde: Rechtsgrund war ein durch einen Vergleich abgeänderter Kaufvertrag (§§ 779, 433 BGB). aa) Dieser Vergleich ist nicht nach § 779 BGB unwirksam, weil nicht etwa der „als feststehend zugrunde gelegte Sachverhalt (nicht) der Wirklichkeit ... entsprach", sondern sich der streitige Sachverhalt (Echtheit des Leuchters) anders darstellte, als die Parteien es angenommen hatten. bb) Der Vertrag könnte von K wirksam angefochten worden sein, so dass er als von Anfang an als nichtig anzusehen wäre (§ 142 Abs. 1 BGB). aaa) Die Anfechtung ist erklärt worden (§ 143 Abs. 1, 2 BGB). bbb) Es müsste ein Anfechtungsgrund aus §§ 119 Abs. 2 BGB gegeben sein: Ein Irrtum, der sich auf einen durch den Vergleich erledigten umstrittenen oder ungewissen Punkt bezieht, ist aber nicht „verkehrswesentlich" i. S. d. § 119 Abs. 2 BGB. Denn der Vergleich ist gerade deshalb geschlossen worden, um diesen umstrittenen Punkt (mögliche Unechtheit des Leuchters) zu erledigen.

**Variante**

Wie wäre es, wenn der V gewusst hätte, dass der Leuchter eine Fälschung ist.

Dann wäre der Anspruch aus § 812 Abs. 1 S. 1 Var. 1 BGB gegeben, weil der Vergleich durch eine Anfechtung nach §§ 123 Abs. 1 („arglistige Täuschung"), 142 Abs. 1 BGB als von Anfang an nichtig anzusehen wäre (a) Die Anfechtung ist erklärt worden. b) Die Täuschung lag in der Behauptung, von der Echtheit überzeugt zu sein. Unbeachtlich ist, dass diese Erklärung sich auf den Streitpunkt, der durch den Vergleich beseitigt werden sollte, bezieht. c) Die Täuschung war rechtswidrig. d) Der K hatte sich geirrt. e) Der V hatte – weil vorsätzlich und auf den Abschluss des Vergleichs gerichtet – den K „arglistig" getäuscht. f) Die Täuschung war auch für den Irrtum des K und den Vergleichsschluss (und daher „doppelt") kausal.

(4) Anfechtbarkeit wegen falscher Übermittlung (§ 120 BGB)

Wenn eine **Willenserklärung** durch eine zur Übermittlung verwendete Person (i. d. R. ein Bote, auch ein Dolmetscher) **unbewusst falsch übermittelt** wird, kann der Erklärende die solchermaßen verfälschte Willenserklärung nach § 120 BGB mit der Folge des § 142 Abs. 1 BGB anfechten. Bei **bewusster Falschübermittlung** ist die Willenserklärung für denjenigen, dessen Erklärung überbracht, bzw. übertragen werden soll, „automatisch" unverbindlich.

(5) Kausalität zwischen Irrtum und angefochtener Willenserklärung

Der Maßstab für die (häufig vernachlässigte) Prüfung der sog. **„Kausalität"** (genau genommen wird eine Bewertung gefordert) **zwischen** dem **rechtlich relevanten Irrtum** und der **angefochtenen Willenserklärung** ist die Fragestellung, ob der Irrende die Willenserklärung bei Kenntnis der Sachlage und bei verständiger Würdigung des Falles nicht abgegeben haben würde (§ 119 Abs. 1 a. E. BGB). Das gilt auch für § 120 BGB, der auf § 119 BGB verweist.

(6) Vertrauensschutz für den Erklärungsempfänger?

Über die weiteren Voraussetzungen einer Anfechtung (vor allem die nach § 143 BGB unerlässliche „Anfechtungserklärung") und auch über die Rechtsfolgen einer erklärten Anfechtung, nämlich die rückwirkende Beseitigung der Willenserklärungen (§§ 119 f., 142 Abs. 1 BGB) werden Sie noch allerlei erfahren. Im Augenblick könnte Sie die Vorstellung irritieren, dass es infolge einer erklärten Anfechtung mit der Rechtsfolge einer rückwirkenden Beseitigung der Willenserklärung zu einem Konflikt zwischen dem Interesse des Erklärenden und dem Interesse der sonst am Rechtsverkehr Beteiligten, die auf den Bestand der Willenserklärung vertrauen, kommt. Hierzu zunächst nur wenige Worte, mehr dazu lesen Sie in Teil 5.

Bei nicht empfangsbedürftigen Willenserklärungen wird es einen solchen Widerstreit der Interessen nicht geben.

Ganz anders liegt es aber bei empfangsbedürftigen Willenserklärungen: Der Empfänger der angefochtenen Willenserklärung hat ein virulentes Interesse am Schutz seines Vertrauens auf den Bestand der Willenserklärung. Dieses Vertrauen ist auch berechtigt, denn nicht er, der Empfänger, ist für den Anfechtungsgrund „verantwortlich", sondern der sich „irrende" Erklärende: Der Erklärende ist es, der sich verschrieben, versprochen hat; der Erklärende hat nicht gewusst, was er mit seiner Erklärung gesagt hat; und der Erklärende hat sich über verkehrswesentliche Eigenschaften geirrt. Wenn das Gesetz gleichwohl in den Fällen einer Anfechtung nach §§ 119f. BGB das Vertrauen des Empfängers auf den Bestand des Erklärten „auf dem Altar der Individualgerechtigkeit opfert", musste er einen Ausgleich schaffen, wie es dann in § 122 BGB auch geschehen ist: „… wenn die Erklärung einem anderen gegenüber abzugeben war, diesem, anderenfalls jedem Dritten den Schaden zu ersetzen, den der andere oder der Dritte dadurch erleidet, dass er auf die Gültigkeit der Erklärung vertraut, jedoch nicht über den Betrag des Interesses hinaus, welches der andere oder der Dritte an der Gültigkeit der Erklärung hat". Sie erkennen sofort, dass es sich um eine der wenigen Anspruchsgrundlagen handelt, die es im Allgemeinen Teil des BGB gibt (lesen Sie außerdem noch: § 160 oder § 179 BGB). Es geht zudem um einen Schadensersatzanspruch ohne ein Verschuldenserfordernis. Gerichtet ist der Anspruch auf das negative Vertrauensinteresse: Der Anspruchsteller kann verlangen so gestellt zu werden, wie er stünde, wenn er den anderen Teil „nie gesehen hätte" (Bork). Interessant ist, dass ein eventuelles Mitverschulden des

Anspruchsinhabers, das darin besteht, dass „der Beschädigte den Grund … der Anfechtbarkeit kannte oder infolge von Fahrlässigkeit nicht kannte (kennen musste)", nicht im Wege einer Schadensteilung berücksichtigt wird, sondern dass dieses nur zum Ausschluss der Schadensersatzpflicht führt (§ 122 Abs. 2 BGB). Wenn der Anfechtungsgegner den Irrtum durch schuldloses Handeln herbeigeführt haben sollte, greift § 122 Abs. 2 BGB nicht ein. Dann aber kann § 254 BGB, für den jetzt wieder Raum ist, eine Herabsetzung des Schadensersatzanspruchs erfordern.

Am Rande sei daran erinnert: § 122 BGB gilt auch in dem seltenen Fall einer Nichtigkeit nach § 118 BGB („Scherzgeschäft") und analog in den Fällen, in denen man entgegen der h.M. wegen fehlenden aktuellen Erklärungsbewusstseins („Trierer Weinversteigerung") das Vorliegen einer Willenserklärung verneint, oder in den Fällen, in denen man bei einem nicht gewollten, aber zurechenbar veranlassten Inverkehrbringen einer Erklärung deren Abgabe verneint („Sekretärinnen-Fall"). Wie gesagt: Das hatten Sie alles schon gelernt!

#### bb) § 123 BGB (Anfechtung wegen arglistiger Täuschung und rechtswidriger Drohung)

Ging es bei den Anfechtungstatbeständen der §§ 119, 120 BGB darum, einer auf bestimmte Weise zustande gekommenen Diskrepanz zwischen Geschäftswillen und Erklärung Rechnung zu tragen, so besteht die **Funktion** einer **Anfechtung** wegen **arglistiger Täuschung (§ 123 Abs. 1 Var. 1, Abs. 2 BGB)** und wegen **rechtswidriger Drohung (§ 123 Abs. 1 2. Fall BGB) darin**, ein Rechtsgeschäft zu beseitigen, das darauf beruht, dass der eine Willenserklärung Abgebende in bestimmter Weise unlauter (nämlich infolge einer arglistigen Täuschung bzw. einer rechtswidrigen Drohung) in seiner **Entschließungsfreiheit beeinflusst** worden war.

Was die **Konkurrenzen** angeht,

- kann es zu einer solchen mit **§ 138 Abs. 1 BGB** kommen, wenn man eine arglistige Täuschung oder eine rechtswidrige Drohung als „Sittenwidrigkeit" mit der automatischen Nichtigkeitsfolge ansieht. Im Falle einer solchen Gleichsetzung von bloßer Anfechtbarkeit nach § 123 BGB mit einer Sittenwidrigkeit müsste man aber § 123 BGB wegen seiner zusätzlichen Voraussetzungen (z. B. Kausalität, Erklärung, Frist) dem § 138 Abs. 1 BGB vorgehen lassen, weil § 123 BGB sonst leer liefe.
- Nicht als lex specialis vorgehen soll dagegen der § 123 BGB einem **Anspruch** des arglistig Getäuschten oder rechtswidrig Bedrohten aus §§ 823 Abs. 2 BGB, 263/240 StGB, 249 Abs. 1 BGB auf Naturalrestitution in Gestalt einer **Befreiung** von Verpflichtungen aus einem durch Betrug oder Nötigung herbeigeführten Vertrag.
- Nicht ausgeschlossen wird eine Anfechtung nach § 123 BGB durch infolge derselben Tatsachen gegebene **Gewährleistungsrechte**. Zu beachten ist aber, dass – sofern wirksam angefochten worden ist – mangels eines Vertrages (dieser ist nach §§ 123, 142 Abs. 1 BGB als von Anfang an nichtig anzusehen) kein Gewährleistungsrecht mehr besteht. Man muss sich also gut überlegen, ob man als arglistig über die Mangelfreiheit Getäuschter in seinem Zorn voreilig die Anfechtung wegen arglistiger Täuschung erklärt!

(1) Anfechtung wegen arglistiger Täuschung
Die Anfechtung wegen **arglistiger Täuschung** ist die für die Fallbearbeitung bedeutendere Konstellation des § 123 Abs. 1 BGB.

Die Anfechtung wegen arglistiger Täuschung setzt voraus:
- Eine **Täuschung** durch Tun/Unterlassen
- über **Tatsachen**;
- die **Rechtswidrigkeit** der Täuschung,
- einen **kausal** auf die Täuschung zurückzuführenden **Irrtum**
- und eine **kausal** auf den Irrtum zurückzuführende **Willenserklärung**;
- ferner die **Arglist** der Täuschung
- und eine Täuschung durch die **richtige Person**.

Unter einer **Täuschung** versteht man ein **auf Irreführung gerichtetes Verhalten** durch die Erregung oder durch die Aufrechterhaltung eines Irrtums. Täuschen kann man durch **Tun** oder durch **Unterlassen.** Zur Unterscheidung kann man – wie auch sonst (z. B. bei § 823 Abs. 1 BGB oder bei § 13 StGB) – die althergebrachte Formel des Reichsgerichts in Strafsachen heranziehen, die einen auffordert, nach dem **„Schwerpunkt der Vorwerfbarkeit"** zu fragen. Bei einem Unterlassen muss – damit es rechtlich relevant ist – eine **Rechtspflicht zum Tun** gegeben sein. In diesem Zusammenhang ist es nicht selten so, dass **§ 242 BGB** bestimmt, dass bei einem Verschweigen seitens des Erklärenden der andere Teil nach Treu und Glauben redlicherweise Aufklärung verlangen kann, und dies auch dann, wenn der Erklärungsgegner sich seinerseits unschwer Kenntnis verschaffen kann:

- Bei gestellten **Fragen**, die – um zulässig zu sein – in einem **sachlichen Zusammenhang** mit dem Rechtsgeschäft stehen müssen und **nicht die Privatsphäre betreffen** dürfen, sind die darauf gegebenen Antworten zutreffend und vollständig zu geben, so zum *Beispiel* bei der Frage nach der Unfallfreiheit eines zum Verkauf angebotenen Autos.
- **Aber** auch **ohne Fragen** müssen besonders wichtige Umstände, die für die Willensbildung des anderen Teils offensichtlich von ausschlaggebender Bedeutung sind, offenbart werden, wenn dies nach der Verkehrssitte zu erwarten ist, wie zum *Beispiel* beachtliche Mängel einer Kaufsache oder den Vertragszweck gefährdende oder zu vereiteln drohende Umstände, so dass zum *Beispiel* ein Mietvertrag nach § 123 Abs. 1 BGB anfechtbar ist, wenn der – einkommenlose und verarmte – Mieter bei Vertragsschluss verschwiegen hat, dass die geschuldete Miete 90 % des Nettoeinkommens ausmacht, was übrigens auch nach § 119 Abs. 2 BGB zur Anfechtung berechtigen würde. Wozu ist im letzten Beispiel die Anfechtbarkeit nach § 123 Abs. 1 BGB dann noch interessant? Denken Sie an § 122 BGB, der bei § 123 BGB nicht gilt.
- In untrennbarem Zusammenhang damit steht, dass die Täuschung weiterhin **rechtswidrig** sein muss, also nicht von der Rechtsordnung erlaubt sein darf.

Dieses Merkmal leitet man daraus ab, dass bei der 2. Alternative des § 123 Abs. 1 BGB die Rechtswidrigkeit (der „Drohung“) vorausgesetzt wird und es „a maiore ad minus“ bei der 1. Alternative (der „Täuschung“) nicht anders sein könne. Verneint wird deshalb die Rechtswidrigkeit einer Täuschung, wenn bei Abschluss eines Vertrages aufgrund einer unzulässigerweise gestellten Frage über eine Tatsache getäuscht worden ist. So ist die Falschbeantwortung erlaubt („Recht zur Lüge“) bei einer Frage nach Vorstrafen bei Abschluss eines Kaufvertrags oder wenn nach einer Schwangerschaft beim Einstellungsgespräch gefragt wird.

Getäuscht worden sein muss über **Tatsachen**. Daher sind bloße irreführende Werturteile („ich biete Ihnen mein fabelhaftes Auto zum Kauf an“) keine arglistige Täuschung i. S. d. § 123 Abs. 1 BGB, auch wenn es sich in Wahrheit bei dem Auto nur „um Schrott“ handelt.

**Fall 182**

Der Atnels (A) verkauft eine Eigentumswohnung in einem Altbau in der Fürst-Bismarck-Straße an die J. v. Puttkammer (J). In diesem Haus waren vor 10 und vor 5 Jahren jeweils in den Holzbalken unterhalb von zu anderen Wohnungen gehörenden Fußböden durch „Schwamm“ (ein Holz und andere Baumaterialien zerstörender trotz Beseitigung von Schäden immer wiederkehrender Pilz) entstandene Schäden durch eine Fachfirma beseitigt worden. Im notariell beurkundeten Kaufvertrag sichert der A der J zu, dass „kein Schwamm vorhanden“ sei. Die J erfährt dann von den früheren Schwammschäden. Als der A Zahlung des Kaufpreises Zug-um-Zug gegen Auflassung und Übergabe der Wohnung verlangt, weigert sich die J und ficht den Kaufvertrag wegen „arglistiger Täuschung“ an.

Der A könnte gegen die J einen Anspruch auf Kaufpreiszahlung Zug-um-Zug gegen Auflassung und Übergabe der Wohnung aus einem Kaufvertrag (§ 433 Abs. 2 BGB) haben. a) Der Kaufvertrag ist geschlossen (§§ 433, 311b Abs. 1 S. 1 BGB, § 4 Abs. 3 WEG). b) Er könnte aber wegen der erklärten Anfechtung nach §§ 123 Abs. 1, 142 Abs. 1 BGB als von Anfang an nichtig anzusehen sein. aa) Die J hat den Kaufvertrag angefochten, und zwar rechtzeitig (§ 124 BGB) und gegenüber dem A als dem richtigen Anfechtungsgegner (§ 143 Abs. 1, 2 BGB. bb) Der A müsste die J getäuscht, aaa) also sie über Tatsachen irregeführt haben. Hier kommt nur eine Täuschung durch Unterlassen in Betracht. aaa) Der A hat es unterlassen, auf die früheren Schwammschäden hinzuweisen. bbb) Eine Pflicht zur Aufklärung bestand aus § 242 BGB, weil auch ohne Fragen beachtliche Mängel der Kaufsache offenbart werden müssen. Ein früher behandelter Schwammschaden an der Balkenlage zwischen den Wohnungen ist – wenn (wie hier) ein Rückfallrisiko besteht – ein erheblicher Mangel des mitgekauften Gemeinschaftseigentums (§ 1 Abs. 2 WEG). cc) Erlaubt war das Verschweigen nicht. dd) „Doppelte Kausalität“ liegt vor, weil der Irrtum der J und der Abschluss des Kaufvertrages auf der Täuschung beruhen. ee) Der A hat aaa) zwar nicht mit direktem Vorsatz, bbb) wohl aber mit bedingtem Vorsatz geschwiegen und dies, um den Abschluss des Kaufvertrages mit der J nicht zu gefährden. Der Kaufvertrag ist also als von Anfang an unwirksam anzusehen (142 Abs. 1 BGB). Ein Anspruch des A auf Zahlung des Kaufpreises Zug-um-Zug gegen Auflassung ist nicht gegeben.

Es muss weiterhin eine **(„doppelte") Kausalität** bestehen: Zum einen muss die **Täuschung kausal zu** einem **Irrtum** geführt haben. Und zum anderen muss die angefochtene **Willenserklärung kausal auf** dem **Irrtum** beruhen, was der Fall ist, wenn der Erklärende die Willenserklärung überhaupt nicht, nicht zu diesem Zeitpunkt oder nicht mit diesem Inhalt abgegeben hätte, wozu aber ausreicht, dass der Entschluss zur Abgabe er Willenserklärung neben anderen Beweggründen durch die Täuschung mitbestimmt worden ist, so dass zum *Beispiel* der vom Verkäufer V dem Käufer K verschwiegene Schwammbefall, der zur irrigen Vorstellung des K von einer Schwammfreiheit des gekauften Altbauhauses in der Ackerbrunnenstraße geführt hat, berechtigt ihn zur Anfechtung auch dann, wenn er auch wegen der guten Lage des Hauses zum Kauf bewogen wurde.

Der Begriff der **Arglist** setzt **Vorsatz** einschließlich des **dolus eventualis** voraus: Der Täuschende muss wissen oder es (speziell bei einer Erklärung „ins Blaue hinein") billigend in Kauf nehmend für möglich halten, dass seine Angaben unrichtig sind oder er die zu offenbarende Wahrheit verschweigt, und er muss weiterhin wissen oder es billigend in Kauf nehmend für möglich halten, dass die Täuschung zu einem Irrtum geführt hat und dass der Erklärende seine Erklärung ohne die Täuschung nicht abgegeben hätte.

**Fall 183**

Der Autohändler V kauft ein Auto bei D zwecks Weiterveräußerung. Der D sichert ihm zu, dass der Wagen einen Austauschmotor habe; in Wahrheit ist der Motor nur generalüberholt. Der V glaubt der Zusage des D und überprüft sie nicht weiter. Dann verkauft er den Wagen an den K und sichert auch ihm zu, dass der Wagen einen Austauschmotor habe. Der Vertrag wird beiderseits erfüllt; der K zahlt den Preis durch Überweisung seiner K-Bank an den V auf dessen Konto bei der V-Bank. Der zunächst gutgläubig gewesene K ficht den Vertrag ausdrücklich wegen „arglistiger Täuschung" an, als er die Wahrheit über den Motor herausfindet, und verlangt von dem V Rückzahlung des Kaufpreises Zug-um-Zug gegen Rückübereignung und Rückgabe des Wagens.

Der Anspruch könnte sich aus §§ 812 Abs. 1 S. 1 Var. 1, 818 Abs. 2 BGB ergeben. a) Der V hat durch die Überweisung eine Forderung (Gutschrift: „abstraktes Schuldversprechen" nach § 780 BGB) gegen seine V-Bank erlangt, b) und zwar durch Leistung des K, vorgenommen durch Einschaltung seiner K-Bank, der Verrechnungsstelle der Banken und der V-Bank als Leistungsgehilfen. c) Die Leistung des K müsste ohne Rechtsgrund erbracht worden sein. Rechtsgrund könnte der Kaufvertrag sein. aa) Der Vertrag ist zustande gekommen. bb) Fraglich ist, ob der K ihn wirksam nach § 123 BGB angefochten hat. aaa) Der K hat die Anfechtung erklärt, und zwar rechtzeitig (§ 124 BGB) und gegenüber dem richtigen Anfechtungsgegner (§ 143 Abs. 1, 2 BGB). bbb) Der V hat den K über Tatsachen irregeführt; ccc) erlaubt war dies nicht. ddd) „Doppelte Kausalität" liegt vor. eee) Der V hat den K auch „arglistig", aaaa) zwar nicht mit direktem Vorsatz, bbbb) wohl aber mit bedingtem Vorsatz (BGH: „ins Blaue hinein" handelnd) getäuscht, um so den Kaufvertrag zustande zu bringen. Daher ist der Kaufvertrag als von Anfang an unwirksam anzusehen (142 Abs. 1 BGB). d) Da die erlangte Gutschrift nicht herausgegeben werden kann, hat V dem K in Höhe des Kaufpreises Wertersatz zu leisten (§ 818 Abs. 2 BGB), und zwar Zug-um-Zug gegen Rückübereignung und Rückgabe des Wagens („Saldotheorie").

Bei lediglich **fahrlässigen** Irreführungen soll nach einer sehr zweifelhaften Rechtsprechung des BGH entgegen in der Wissenschaft dazu vertretenen Ansichten ein Aufhebungsanspruch aus **§§ 280 Abs. 1, 311 Abs. 2, 249 Abs. 1 BGB** gegeben sein (dazu lesen Sie später mehr).

Was die **Person** des **Täuschenden** angeht, so wird es in den meisten Fällen so sein, dass der Empfänger der wegen arglistiger und rechtswidriger Täuschung angefochtenen Willenserklärung identisch ist mit demjenigen, der die arglistige Täuschung verübt hat. Das aber muss nicht so sein. Denn es heißt im Gesetz hinsichtlich des in Betracht kommenden Täuschers völlig personenneutral: „Wer … durch arglistige Täuschung … bestimmt worden ist". Für die Vornahme einer nach § 123 Abs. 1 BGB relevanten arglistigen Täuschung kommt offenbar jedermann in Betracht. Und wenn man sich dies erst einmal klargemacht hat, wird es interessant: Stellen Sie sich einmal vor, dass Sie im Schaufenster des Antiquitätenladens A.N. Tiques (A) inmitten allerlei Gerümpel einen für € 1000,– käuflich zu erwerbenden hübschen silbernen Leuchter in barockem Stil entdecken und dass plötzlich ein etwas schäbig, aber gleichwohl vornehm gekleideter älterer Herr neben Ihnen auftaucht und sich als „Freiherr v. Hagen" (FvH) vorstellt und in traurigem Ton erzählt, dass in eben dem Licht dieses Leuchters im Wasserschloss seiner Vorfahren bei Tecklenburg einst der durchreisende Goethe seinem Vorfahren aus den „Wahlverwandtschaften" vorgelesen habe; er habe vor einigen Jahren aus unverschuldeter wirtschaftlicher Not das Schloss nebst dem Inventar, zu dem auch dieser echte barocke Leuchter gehört habe, verkaufen müssen. Vor einer Woche habe er nun den Leuchter zufällig hier im Schaufenster entdeckt. Ein Kauf dieses Leuchters sei ein „Schnäppchen", weil er in Wahrheit „viele Tausende" wert sei. Aber er könne ihn sich nicht mehr leisten. Dann zieht FvH den Hut und geht weiter. In Wahrheit ist der Leuchter ein Imitat im Werte von € 800,– und FvH ist ein guter Freund des verarmten A. Um diesem Kunden zuzuführen, stellt er sich auf Spaziergängen gelegentlich neben Kaufinteressenten, die in das Schaufenster des A sehen, und schwindelt diesen etwas vor, um sie zum Kauf zu veranlassen. Er handelt aus Mitleid mit A und ohne dessen Wissen. Sie aber – ungebildet, wie Sie sind, und daher nicht wissend, dass Goethe nur einmal im Jahre 1792 in dieser Gegend, nämlich in Münster, war, und dass die „Wahlverwandtschaften" erst im Jahre 1809 erschienen waren – gehen FvH auf den Leim und kaufen bei dem A den Leuchter nach einigem Handeln für € 800,–. Später verrät Ihnen ein Kenner, dass Leuchter dieser Art in den Niederlanden in Antikwerkstätten hergestellt werden. Sie wollen den Kaufvertrag gegenüber dem A wegen arglistiger Täuschung anfechten. Wenn Sie jetzt nicht mehr als getäuschter Kunde, sondern als Jurist über diesen Fall nachdenken, dann erkennen Sie sofort, dass zwar einerseits der Tatbestand des § 123 Abs. 1 BGB gegeben ist, dass aber andererseits eine Person, der gegenüber eine Erklärung abgegeben worden ist (hier: der A), nicht uneingeschränkt darunter „leiden" darf, dass der Erklärende (hier: der Kunde) seine Willenserklärung anfechten kann, nur weil er von „irgendjemandem" (hier: von dem FvH) arglistig und rechtswidrig getäuscht worden ist und seine Willenserklärung auf der Täuschung beruht. Auch bei einer arglistigen Täuschung verdient der Empfänger einer Willenserklärung (A) Vertrauensschutz. Das Gesetz trägt dem nicht durch einen Vertrauensschadensersatzanspruch, sondern dadurch Rechnung, dass es den Kreis derjenigen, die außer dem Erklärenden selbst rechtlich relevant täuschen können, eingrenzt. Die **Täuschung** muss daher, um rechtlich erheblich zu sein, **von der „richtigen" Person verübt** werden. Wer ist das? Die Antwort darauf liefert **§ 123 Abs. 2 BGB**.

1. Wie Sie den vorstehenden Bemerkungen entnommen haben, kann bei **nicht empfangsbedürftigen Willenserklärungen** die arglistige Täuschung von jeder denkbaren Person ausgehen.
2. Bei **empfangsbedürftigen Willenserklärungen**
   **a)** ist die arglistige Täuschung stets relevant, wenn sie (was die praktische Regel sein dürfte) vom **Erklärungsempfänger** selbst stammt; denn dieser ist dann, wenn er arglistig täuscht, nicht schutzbedürftig. Das ist in unserem Beispiel nicht der Fall, weil der Erklärungsempfänger A den erklärenden Käufer nicht arglistig getäuscht hat.
   **b)** Wenn die arglistige Täuschung aber von einer **anderen Person, als** es **der Erklärungsgegner** ist (das ist hier der FvH), herrührt, dann stellt sich aus den vorgenannten Gründen die Frage nach der Zurechnung der Täuschung; hier gibt es zwei Konstellationen, die unterschieden werden müssen:
      - Steht die andere **Person**, die den Erklärenden arglistig getäuscht hat, **„im Lager"** des Erklärungsempfängers, so erfolgt eine automatische Zurechnung. „Im Lager" des Erklärungsempfängers stehen dessen Vertreter mit Vertretungsmacht; der Vertreter ohne Vertretungsmacht nach Genehmigung; nach § 278 BGB analog der „Verhandlungsgehilfe" ohne Abschlussvollmacht. Das gilt nicht für FvH, der eigenmächtig gehandelt hat.
      - Wenn aber die andere Person außerhalb dieses Personenkreises steht, also ein **„Dritter"** ist, wie z. B. der Schuldner, der den Bürgen durch Täuschung über seine angeblich gesicherten Vermögensverhältnisse zum Abschluss des Bürgschaftsvertrags veranlasst hat, so kommt es für die Zurechnung darauf an, ob der Erklärungsgegner hinsichtlich der arglistigen Täuschung bösgläubig ist **(§ 123**

**Abs. 2 S. 1 BGB)**. Weil der A hinsichtlich der „verkaufsfördernden" Aktion des hiernach als „Dritten" anzusehenden FvH gutgläubig war, muss er sich dessen arglistige Täuschung nicht zurechnen lassen.

**3.** Wenn die Erklärung nicht schon nach § 123 Abs. 1 BGB oder nach § 123 Abs. 2 S. 1 BGB anfechtbar ist, so kann sie dennoch gegenüber demjenigen angefochten werden, der aus der Willenserklärung unmittelbar ein Recht erwirbt **(§ 123 Abs. 2 S. 2 BGB)**. Der wichtigste Fall ist der des Ihnen ja bekannten **Vertrages zugunsten Dritter**. Hier gibt es alternativ diese Möglichkeiten der arglistigen Täuschung des Versprechenden: **a)** Die Täuschung durch den Versprechensempfänger, die ist ein Fall des § 123 Abs. 1 BGB, **b)** während die Täuschung durch den „berechtigten Dritten" bzw. eine „in seinem Lager" stehende Person ein Fall des § 123 Abs. 2 S. 1 BGB ist. **c)** Für den Fall einer Täuschung durch einen „Vierten" wird für eine Anfechtung gegenüber dem „berechtigten Dritten" i. S. d. § 328 BGB (§ 143 Abs. 2 Var. 2 BGB) nach § 123 Abs. 2 S. 2 BGB vorausgesetzt, dass der „berechtigte Dritte" die Täuschung kannte oder kennen musste.

**Fall 184**

Der vermögenslose DN will bei DG ein Darlehen aufnehmen. Der DG verlangt die Stellung eines Bürgen. Der DN bittet den Bü um Übernahme der Bürgschaft. Als der Bü zögert, behauptet der DN, er sei Eigentümer eines Mietshauses, und er zeigt dem Bü zum Beleg einen von ihm geschickt gefälschten Grundbuchauszug. Daraufhin übernimmt der Bü formwirksam die selbstschuldnerische Bürgschaft. Der Darlehensvertrag wird geschlossen und das Darlehen durch Auszahlung an DN valutiert. Weil DN die Rückzahlungsverpflichtung nicht erfüllt, nimmt der DG den Bü in Anspruch. Jetzt erfährt der Bü von der Vermögenslosigkeit des DN und erklärt die Anfechtung des Bürgschaftsvertrages.

a) § 119 Abs. 2 BGB greift nicht ein, weil eine Fehlvorstellung des Bürgen über die Leistungsfähigkeit des Hauptschuldners kein Irrtum über eine verkehrswesentliche Eigenschaft einer Person (des Hauptschuldners) ist. b) Möglich ist aber eine Anfechtung nach § 123 Abs. 1 BGB aa) Die Voraussetzungen des § 123 Abs. 1 BGB liegen aufgrund einer rechtswidrigen und arglistigen Täuschung des DN, die „doppelt kausal" war, vor. bb) Da aber der DN „Dritter" ist und weil der DG die Täuschung des „Dritten" nicht kannte oder nicht kennen musste, kann die Täuschung dem DG nicht zugerechnet werden (§ 123 Abs. 2 S. 1 BGB).

**Fall 185**

Der V will eines seiner Mietshäuser verkaufen. Als der K Interesse zeigt, verweist er ihn an den mit der Verwaltung seiner Mietshäuser betrauten Hausverwalter HV, der ihm das Haus in allen Einzelheiten zeigen und ihm auch die Mietverträge vorlegen werde. Der HV möchte sich einerseits gegenüber dem V unentbehrlich machen und hofft andererseits, dass ein neuer Eigentümer ihn mit der Verwaltung betrauen wird. Er entschließt sich deshalb heimlich dazu, durch Manipulationen in den Mietverträgen diese „vermieterfreundlich" auszugestalten (z. B. durch eine Erhöhung der Miete auf die Beträge, die gerade erst im Wege eines Mieterhöhungsverfahrens nach §§ 557 ff. BGB geltend gemacht werden, zu denen die Mieter aber noch keine Zustimmungserklärung abgegeben haben); auch behauptet er wahrheitswidrig gegenüber dem K bei der Besichtigung, dass eine gerade durchgeführte Inspektion der Gasheizungszentrale (Brenner, Steuerung, Pumpen) ergeben habe, dass die Anlage ohne größere Reparaturen noch 10 Jahre betrieben werden könne; in Wahrheit war ihm am Tag zuvor von der im Hause tätigen Heizungsfirma wegen irreparabler Verschleißschäden dringend nahe gelegt worden, noch vor Beginn der Heizperiode eine völlig neue Zentrale zu installieren, weil sie den Belastungen eines mit Beginn der Heizperiode nötigen Dauerbetriebes nicht einmal einen Tag lang gewachsen wäre. Rein äußerlich wirkt die Anlage allerdings fehlerfrei; sie sprang auch sofort an und lief eine Stunde lang, als der HV dem K den Betrieb demonstrierte. Der HV hatte diese schlechte Nachricht auch dem V verschwiegen, um einen möglichen Verkauf an K nicht zu gefährden. Der K kauft das Grundstück am 1. Juli 2002 formwirksam „wie besehen". Das Haus wird ihm am 15. September 2002 nach der bargeldlos durch Überweisung erfolgten Zahlung des Kaufpreises übergeben und aufgelassen; der „Verrechnungstag" ist der 1. Oktober 2002. Am 1. Oktober 2002 stellt sich heraus, dass die Mietverträge manipuliert waren und dass die Mieterhöhungsverlangen nicht der Form und dem Inhalt des § 558a BGB entsprachen. Ferner versagte am 1. Oktober 2002 aufgrund des bereits festgestellten Verschleißschadens die Heizung bei ihrem ersten Einsatz und musste erneuert werden. Der V erklärt sich außerstande, diese Mängel zu beseitigen. Am 1. Dezember 2002 wird der K als Eigentümer in das Grundbuch eingetragen. Der K erklärt den Rücktritt und verlangt Rückzahlung des Kaufpreises Zug-um-Zug gegen Rückübereignung des Hauses.

Der Anspruch ergibt sich aus §§ 433 Abs. 1 S. 2, 434 Abs. 1 S. 2 Nr. 1, 437 Nr. 2, 323 Abs. 1 und Abs. 2 Nr. 1, 346 ff. BGB. a) Bei Gefahrübergang (§ 446 S. 1 BGB: Übergabe an den K) hatte die Kaufsache aa) einen Defekt an der Heizung, aufgrund dessen sich das Haus nicht für die nach dem Vertrag vorausgesetzte Beschaffenheit (Wohnraumvermietung) eignete (§ 434 Abs. 1 S. 2 Nr. 1 BGB). bb) Dagegen ist die Kaufsache nicht deshalb fehlerhaft, weil ihr bei Gefahrübergang eine vereinbarte Beschaffenheit fehlte (434 Abs. 1 S. 1 BGB): Zwar ist die Miethöhe bei einem Mietshaus ein wertbildender Faktor und damit ein Beschaffenheitsmerkmal; es ist aber insoweit keine Beschaffenheitsvereinbarung getroffen worden. b) Das Gewährleistungsrecht ist nicht wirksam nach § 444 BGB ausgeschlossen worden. aa) Nach § 444 BGB ist ein Ausschluss unwirksam, wenn der V den Mangel arglistig verschwiegen hätte. Den V traf eine Pflicht zur Aufklärung aus § 242 BGB, weil auch ohne Fragen beachtliche Mängel der Kaufsache (Nichtbeheizbarkeit eines Mietshauses) offenbart werden müssen. Hier aber wusste der V nichts von dem Mangel. Fraglich ist, ob er sich die Arglist des HV zurechnen lassen muss (§ 123 Abs. 2 S. 1 BGB analog). bb) Diese Frage kann offen bleiben, weil die Klausel „verkauft wie besehen" nur die Haftung für solche Mängel ausschließt, die bei ordnungsgemäßer Besichtigung ohne Zuziehung eines Sachverständigen wahrnehmbar waren. Da der Mangel nicht so offenbar war, dass er ohne sachverständige Beratung erkennbar war, ist das Gewährleistungsrecht nicht ausgeschlossen worden. c) Der K ist vom Vertrag zurückgetreten. Einer Fristsetzung bedurfte es nach § 323 Abs. 2 Nr. 1 BGB nicht.

**Variante**

Wie wäre es, wenn der K noch am 2. Oktober 2002 gegenüber dem V die „Anfechtung" des Kaufvertrages erklärt und hierauf gestützt die Rückzahlung des Kaufpreises Zug-um-Zug gegen Rückübereignung und Rückgabe des Grundstücks verlangt hätte?

Der Anspruch könnte sich aus § 812 Abs. 1 S. 1 Var. 1 BGB ergeben. a) Der V hat durch die durch Überweisung erfolgte bargeldlose Zahlung des Kaufpreises eine Forderung gegen seine Bank (Kontogutschrift) erlangt, b) und zwar durch Leistung des K. c) Der Rechtsgrund war der Kaufvertrag; er könnte mit rückwirkender Kraft durch die erklärte Anfechtung entfallen sein (§§ 119 Abs. 2 oder § 123, 142 Abs. 1 BGB). aa) Der K hat die Anfechtung gegenüber dem richtigen Anfechtungsgegner rechtzeitig erklärt (§§ 121, bzw. 124, 143 BGB). bb) Es müsste ein Anfechtungsgrund gegeben sein. aaa) Was den Irrtum über den Zustand der Heizungsanlage angeht, aaaa) so könnte dieser nach § 119 Abs. 2 BGB zur Anfechtung berechtigen. Eine Anfechtung wegen eines Irrtums über verkehrswesentliche Eigenschaften nach § 119 Abs. 2 BGB ist, soweit (so hier) die §§ 434, 437 BGB anwendbar sind, also nach Gefahrübergang (§ 446 S. 1 BGB: Übergabe ab K), ausgeschlossen. Das Mängelgewährleistungsrecht ist das speziellere Recht; anderenfalls würde z. B. das Nacherfüllungsrecht des Verkäufers aus § 439 BGB „unterlaufen werden" können; auch würde § 438 BGB durch die Fristenregelung der § 121 BGB umgangen werden können. bbbb) Der Verkäufer verdient jedoch bei einer arglistigen Täuschung keinen Schutz, und es besteht daher kein Grund den Käufer auf die Rechte aus § 437 BGB zu beschränken; daher ist der Anfechtungsgrund des § 123 Abs. 1 BGB zu prüfen: Der K ist aaaaa) zwar nicht dadurch, dass der V ihm nichts vom Erfordernis des Neueinbaus einer Heizungszentrale erzählt hat, arglistig durch Unterlassen getäuscht worden; denn der V wusste von diesem Erfordernis nichts, hatte also nicht vorsätzlich gehandelt. bbbbb) Wohl aber ist der K von HV rechtswidrig und arglistig getäuscht worden; denn dieser wusste, dass den V objektiv eine Pflicht zur Aufklärung des K über die Notwendigkeit des Neubaus einer Heizungszentrale aus § 242 BGB traf, weil auch ohne Fragen beachtliche Mängel der Kaufsache (Nichtbeheizbarkeit eines Mietshauses) offenbart werden müssen. Die Täuschung war auch „doppelt kausal" für den Kaufvertrag. Diese Täuschung muss der V sich zurechnen lassen, weil der HV nicht Dritter, sondern als Verhandlungsgehilfe bei der Vorbereitung des Kaufvertragsschlusses eine „Person seines Vertrauens" war. bbb) Was den Irrtum über den Inhalt der Mietverträge (Höhe der Miete) angeht, so gelten die vorstehenden Ausführungen entsprechend: Denn die Miethöhe ist bei einem Mietshaus ein wertbildender Faktor und damit ein Beschaffenheitsmerkmal, so dass aaaa) das Mängelgewährleistungsrecht einer Anfechtung nach § 119 Abs. 2 BGB zwar vorgeht, bbbb) nicht aber einer solchen nach § 123 Abs. 1 BGB. aaaaa) Hier hat zwar auch nicht der gutgläubige V arglistig getäuscht, bbbbb) wohl aber der HV, und der V muss sich nach § 123 Abs. 2 S. 1 BGB diese Täuschung zurechnen lassen, weil der HV nicht „Dritter", sondern als Verhandlungsgehilfe des V zu dessen „Lager" gehörte (§ 278 BGB analog). Daher hat der K den Kaufvertrag wirksam angefochten. Der Kaufvertrag ist mit rückwirkender Kraft als nichtig anzusehen (§ 142 Abs. 1 BGB). Der K hat daher den Kaufpreis ohne Rechtsgrund überwiesen. d) Der V ist nach §§ 812 Abs. 1 S. 1 Var. 1, 818 Abs. 2 BGB aa) zum Wertersatz verpflichtet, bb) dies aber nur Zug-um-Zug gegen Rückübereignung und Rückgabe des Grundstücks („Saldotheorie").

(2) Rechtswidrige Drohung

Die Anfechtung einer Willenserklärung wegen **widerrechtlicher Drohung** (§ 123 Abs. 1 Var. 2 BGB) setzt voraus, dass eine **Drohung** vorliegt, unter man das das Inaussichtstellen des Eintritts eines künftigen Übels, auf dessen Eintritt der Drohende jedenfalls vorgibt, Einfluss zu haben, für den Fall, dass der Bedrohte die geforderte Willenserklärung nicht abgibt. Meistens liegt ein **Tun** vor. Wenn aber die Beseitigung eines bereits bestehenden Übels davon abhängig gemacht wird, dass eine Willenserklärung abgegeben wird, besteht eine widerrechtliche Drohung durch **Unterlassen** dann, wenn eine Rechtspflicht zum Tun besteht, was die Beseitigung des Übels angeht, so zum Beispiel im Fall des von Dr. M mit der gegenüber dem Patienten P ausgesprochenen Drohung, eine medizinische Behandlung anderenfalls abzubrechen, erwirkten Verkauf eines Grundstücks (nach Köhler).

Der Erklärende muss durch die Drohung zur Abgabe bestimmt worden sein; es muss also **Kausalität** bestehen, wozu ausreicht, dass der Erklärende durch die Drohung mitbestimmt wurde.

Die Drohung **rechtswidrig war**. Die Rechtswidrigkeit wird wie bei **§ 240 Abs. 2 StGB** nach den Grundsätzen über die **„Zweck-Mittel-Relation"** geprüft, so dass eine solche gegeben ist,

- wenn entweder nur das **Drohungsmittel** rechtswidrig war, wie zum *Beispiel* bei der Androhung einer Körperverletzung, um jemanden zur Annahme eines Angebots zum Abschluss eines Kaufvertrags über dessen Auto zu bewegen,
- oder wenn nur der **Zweck** rechtswidrig war, wie zum *Beispiel* das Ankündigen einer prozessualen Geltendmachung einer bestehenden Darlehensforderung, um jemanden zur Annahme eines Angebots zum Abschluss eines gesetzlich verbotenen Kaufvertrags über Kriegswaffen zu bewegen,

- oder wenn **zwischen** dem **Mittel und** dem **Zweck** kein „innerer Zusammenhang" bestand, also zum *Beispiel* beim Ankündigen einer prozessualen Geltendmachung einer bestehenden Darlehensforderung, um jemanden zur Annahme eines Angebots zum Abschluss eines Kaufvertrags über dessen Auto zu bewegen.

**Fall 186**

Der Arbeitnehmer AN unterschlägt bei seinem Arbeitgeber AG € 100.000,–. Als alles herauskommt, vereinbaren AN und AG eine ratenweise Tilgung der Schadensersatzschuld, mit der Maßgabe, dass die Raten am ersten Tag eines jeden Monats fällig sind und bei nicht rechtzeitiger Zahlung auch nur einer Rate die gesamte jeweilige Restforderung sofort fällig ist. Für die Erfüllung dieser Verpflichtung hat sich auf Verlangen des AG die erfolgreich im Berufsleben stehende Ehefrau F des AN formwirksam selbstschuldnerisch verbürgt. Sie hat sich dazu bereitgefunden, weil der AG erklärt hat, er würde sonst die Straftat des AN sofort bei der Polizei anzeigen. Als der AN schon die erste Rate nicht bei Fälligkeit entrichtet, stellt der AG die gesamte Forderung fällig und nimmt die F in Anspruch. Die F erklärt die Anfechtung des Bürgschaftsvertrages wegen rechtswidriger Drohung (nach BGH und Zweigert).

Ein Anspruch des AG gegen die F könnte sich aus einem Bürgschaftsvertrag ergeben (§ 765 BGB). a) Der Bürgschaftsvertrag aa) ist formwirksam (§ 766 S. 1 BGB) geschlossen worden. bb) Es bestand eine Hauptforderung (§ 823 Abs. 1, 2 BGB i. V. m. § 246 Abs. 2 StGB, 311 BGB). b) Ein Fall einer nach Art. 2 GG bzw. nach § 138 Abs. 1 BGB nichtigen „Verwandtenbürgschaft" besteht nicht. c) Fraglich ist, ob die F den Bürgschaftsvertrag mit der Folge der rückwirkenden Unwirksamkeit wirksam angefochten hat (§§ 123 Abs. 1, 142 Abs. 1 BGB). aa) Die Anfechtung ist fristgerecht gegenüber dem Anfechtungsgegner erklärt worden. bb) Eine Drohung (=das Inaussichtstellen eines künftigen Umstands, auf dessen Eintritt der Drohende jedenfalls vorgibt, Einfluss zu haben), die sich als ein „Übel" (=Nachteil mit der Folge einer psychischen Zwangslage: Strafanzeige gegen den Ehemann) darstellt, liegt vor. cc) Die Drohung war für die Abgabe der Willenserklärung kausal. dd) Die Drohung müsste auch rechtswidrig gewesen sein. Dieses Merkmal wird wie bei § 240 Abs. 2 StGB nach den Grundsätzen der Zweck-Mittel-Relation geprüft, so dass Rechtswidrigkeit gegeben ist, wenn aaa) das Drohungsmittel rechtswidrig war (was hier angesichts des § 158 StPO nicht der Fall ist). bbb) Auch der Zweck (Erlangung von Schadensersatz) war nicht rechtswidrig. ccc) Fraglich ist, ob deshalb von einer Rechtswidrigkeit auszugehen ist, weil zwischen dem Mittel und dem Zweck kein „innerer Zusammenhang" bestand: Hier ist die Bürgin F unter Ausnutzung ihrer Angst um die Zukunft eines ihr emotional verbundenen Menschen zum Abschluss des Bürgschaftsvertrages veranlasst worden. Daher war die Drohung rechtswidrig. (Anders wäre es, wenn sie selbst von dem unterschlagenen

Geld Vorteile gehabt hätte). Die F hat den Bürgschaftsvertrag daher wirksam mit der Folge rückwirkender Unwirksamkeit angefochten.

Bei **Drohungen Dritter** gibt es kein **Zurechnungsproblem** wie bei der arglistigen Täuschung: Es ist gleichgültig, wer Drohender ist. Das ist bemerkenswert, denn hier wird das Vertrauen eines Erklärungsempfängers, der nicht selbst gedroht hat, der sich die Drohung eines anderen nicht zurechnen lassen muss und der hinsichtlich der Drohung nicht bösgläubig war, ohne jede Kompensation (§ 122 BGB gilt ja nicht!) „auf dem Altar der Individualgerechtigkeit geopfert".

(3) Treuwidrigkeit (§ 242 BGB)

Treuwidrig ist die Anfechtung nach § 123 BGB nicht, weil der Berechtigte andere Rechtsbehelfe (z. B. ein Rücktrittsrecht, einen Schadensersatzanspruch) nicht geltend gemacht hat. Wohl aber kann sie dann nach § 242 BGB unzulässig sein, wenn der Anfechtungsgrund nicht mehr von Bedeutung ist.

#### d) Anfechtungserklärung

Die Anfechtung ist ein **Gestaltungsrecht;** sie muss daher

- **erklärt** werden, und zwar
- vom **Anfechtungsberechtigten**
- **fristgerecht** und
- gegenüber dem richtigen **Anfechtungsgegner**,
- und sie darf **nicht** wegen einer **Bestätigung** ausgeschlossen sein

**Ob** die **Anfechtung erklärt** worden ist, ergibt oft nur eine **Auslegung** nach **§§ 133, 157 BGB**: Diese muss unzweideutig ergeben, dass das Rechtsgeschäft beseitigt werden soll, was nicht der Fall wäre, wenn gleichzeitig „angefochten" und „Schadensersatz statt der Leistung" gefordert wird – beides schließt einander begrifflich aus. Wenn für den Anfechtungsberechtigten auch ein Rücktritt vom Vertrag in Betracht kommt, muss derjenige Rechtsbehelf als gewollt angenommen werden, der die gewünschte Rechtsfolge am ehesten verwirklicht. Der Anfechtungsgrund muss dem Anfechtungsgegner mitgeteilt werden, damit dieser die Möglichkeit einer Überprüfung der Gründe hat. Die Anfechtung ist formfrei, auch wenn das Rechtsgeschäft, das angefochten wird, einer Form bedarf. Wenn Anfechtungsgründe aus § 119 Abs. 2 BGB und zugleich aus § 123 Abs. 1 S. 1 Var. 1 BGB gegeben sind, muss die Auslegung ergeben, auf **welchen Anfechtungsgrund** die Erklärung gestützt werden soll. Wichtig ist dies für § 122 BGB, der bei § 123 BGB nicht gilt. Notfalls kann eine Anfechtung nach § 123 BGB sogar „nachgeschoben" werden (dazu sogleich). Die Auslegung muss ggf. auch ergeben, **welches Rechtsgeschäft** bei **anfechtbarem Grundgeschäft** und bei ebenfalls **anfechtbarem Verfügungsgeschäft** (bei „Fehleridentität"), also ob nur ersteres oder zugleich auch das dingliche Geschäft, angefochten worden ist.

Zur **Anfechtung berechtigt** ist der **Erklärende**. Im **Vertretungsfalle** kann der Vertretene, der dazu Vertretungsmacht haben muss, anfechten oder sich dabei durch den die anfechtbare Erklärung abgegeben habenden Vertreter oder durch einen anderen Vertreter vertreten lassen. Wenn der Vertreter aber ursprünglich keine Vertretungsmacht hatte und deshalb nach § 179 BGB in Anspruch genommen werden kann, kann es einen Sinn machen, ihm selbst eine evtl. gegebene Anfechtungsmöglichkeit zu geben, damit er sich der Inanspruchnahme entziehen kann.

Die **Fristen** ergeben sich aus §§ 121 bzw. 124 BGB: Unterscheiden Sie hier bitte unbedingt die **Anfechtungsfristen** (§§ 119, 121 BGB: unverzüglich/§§ 123, 124 BGB: 1 Jahr) und die **Ausschlussfrist** (stets: 10 Jahre).

Der maßgebliche **Anfechtungsgegner** wird durch **§ 143 BGB** bestimmt. Bei einem **Vertrag** (das ist der wichtigste Fall) ist dies „der andere Teil" (§ 143 Abs. 1, 2 BGB). Daran ändert übrigens auch nichts die Abtretung eines Anspruchs nach § 398 BGB, denn die Abtretung führt nicht etwa dazu, dass der Zessionar Vertragspartner würde. Wer dies annehmen sollte, verwechselt die „Zession" mit einer „Vertragsübernahme". Wenn der Vertragspartner und damit der Anfechtungsgegner „abgetaucht" und unauffindbar ist, kann natürlich trotzdem die Anfechtung (wie übrigens auch jede andere Willenserklärung) ihm gegenüber erklärt werden (lesen Sie den praktisch durchaus wichtigen § 132 BGB). Bei einer Anfechtung nach § 123 Abs. 2 S. 2 BGB im Fall einer Täuschung durch einen „Vierten" ist der Anfechtungsgegner der „berechtigte Dritte" i. S. d. § 328 BGB (§ 143 Abs. 2 Var. 2 BGB). Bei den (hier: vergessen Sie nicht, uns interessiert i.w. der Vertrag, speziell der verpflichtende Vertrag) **einseitigen Rechtsgeschäften** gelten § 143 Abs. 3, 4 BGB.

Wegen der Seltenheit am Schluss dargestellt, aber – weil logisch vorrangig – zu Beginn zu prüfen, ist die Frage, ob die Anfechtung wegen einer **Bestätigung** nach **§ 144 BGB ausgeschlossen** ist. das ist der Fall, wenn ein anfechtbares Rechtsgeschäft vom Anfechtungsberechtigten für möglicherweise gehalten wird und durch einseitige und nicht empfangsbedürftige Willenserklärung auf das Anfechtungsrecht verzichtet wird. Dieser Verzicht wird nur selten ausdrücklich erklärt und daher meist nur konkludent und kann dann auch nur durch Auslegung zutage gefördert werden, wobei – weil man i. d. R. nicht auf dieses Recht verzichtet, weil man sich meist – die Anfechtungsfrist ausnutzend – entscheiden kann, ob man das Recht ausüben will. Eine strenge Auslegung ist geboten, um dem Anfechtungsberechtigten nicht diese Option zu nehmen. Im Fall der Anfechtbarkeit wegen rechtswidriger Drohung ist dies z. B. nur anzunehmen, wenn die Zwangslage weggefallen ist. Beispiele **für** eine Bestätigung sind die Erfüllung eines anfechtbaren Vertrages, die Annahme der Gegenleistung. Dagegen ist die Erklärung eines Rücktritts oder ein Schadensersatzverlangen keine konkludente Bestätigung; auch die Weiterbenutzung einer anfechtbar gemieteten Sache soll aber auch nach vier Monaten noch nicht als Bestätigung anzusehen sein, wenn nur die Nebenkosten bezahlt wurden. Die erklärte Bestätigung ist ein **Verzicht**, aber **keine Neuvornahme** und daher ggf. auch **formfrei**, auch wenn das anfechtbare Geschäft formbedürftig ist.

#### e) Anfechtungsfolgen

Die Anfechtung hat zur Folge

- **primär** die rückwirkende Nichtigkeit
- und **sekundär** u. U. Schadensersatzansprüche.

- **Mittelbar** hat die Tatsache einer Anfechtung auch Auswirkungen auf die Beurteilung der Frage der Gutgläubigkeit eines hinsichtlich der „Anfechtbarkeit" Bösgläubigen.
- Auch kann es infolge einer Anfechtung **Auswirkungen auf** bereits **nichtige Rechtsgeschäfte** geben.

Der Reihe nach: Die **primäre Folge** der Anfechtung ist die **rückwirkende Nichtigkeit** der angefochtenen Willenserklärung (**§ 142 Abs. 1 BGB**): Das „Rechtsgeschäft … ist … als von Anfang an nichtig anzusehen". Der Anfechtende kann die **Anfechtung auf** einen **Teil** des **Rechtsgeschäfts beschränken**, wenn das Rechtsgeschäft teilbar ist (arge. § 139 BGB). Das **Anfechtungsrecht** begründet aber **kein „Reurecht"**: Wenn der Anfechtungsgegner dem Anfechtungsberechtigten unverzüglich nach der Anfechtung erklärt, das Geschäft so gelten zu lassen, wie der Anfechtungsberechtigte es sich vorgestellt habe, dann ist damit **nach § 242 BGB** die **Nichtigkeitsfolge abgewendet**. Auch dies wäre keine Neuvornahme, so dass kein Formerfordernis besteht.

**Fall 187**

Variante zum Schimmel-Kauf-Fall („Feder"/„Bianco"): Der K erklärt sich einverstanden, den Schimmel „Bianco" anstelle von „Feder" Zug-um-Zug gegen Zahlung des für „Feder" vereinbarten Preises zu erwerben. Der immer noch verärgerte V verweigert gleichwohl unter Berufung auf die Anfechtung die Lieferung.

Der K hat gegen den V einen Anspruch auf Lieferung von „Bianco" aus einem Kaufvertrag (§ 433 Abs. 1 BGB). Denn wenn der Anfechtungsgegner dem Anfechtungsberechtigten unverzüglich nach der Anfechtung erklärt, das Geschäft so gelten zu lassen, wie er dies sich vorgestellt habe, dann ist damit nach § 242 BGB die Nichtigkeitsfolge abgewendet.

Von einer aus §§ 119 ff., 142 Abs. 1 BGB resultierenden rückwirkenden **Nichtigkeit** von **verpflichtenden Verträgen**

- ist grundsätzlich **nur** das **Grundgeschäft** betroffen.
- Bei §§ 123 Abs. 1, 142 Abs. 1 BGB ist aber regelmäßig auch das **dingliche Verfügungsgeschäft anfechtbar**, denn der Verfügende (z. B. der aufgrund eines Kaufvertrags vorgeleistet habende Verkäufer) hätte nicht verfügt (an den Käufer übereignet), wenn er nicht (z. B. über die Zahlungsfähigkeit des Käufers) getäuscht worden wäre bzw. bedroht worden sein würde; es muss dann jeweils durch Auslegung ermittelt werden, ob auch das dingliche Verfügungsgeschäft angefochten worden sein soll.

**Fall 188**

Der V verkauft dem K eine schwer verkäufliche Sache für € 10.000,–. Nach dem Inhalt des Kaufvertrages soll der V sie sofort an den K übergeben und übereignen, der K aber erst in 1 Monat den Kaufpreis zahlen. Der K hat den V zu einer solchen Vereinbarung dadurch bewogen, dass er dem V unter Vorlage einer Abschrift des Testaments des Erblassers E und einer diesen betreffenden Sterbeurkunde erklärt hat, dann eine Geldzahlung aus einem zu seinem Gunsten angeordneten Vermächtnis in Höhe von € 100.000,– zu erhalten (§§ 2147, 2174 BGB). Der K wusste jedoch bereits zu diesem Zeitpunkt, dass der Nachlass überschuldet war und dass er keine Zahlung zu erwarten hatte. Der V übergibt bereits jetzt mit Rücksicht auf die Erklärungen des K und die Schwerverkäuflichkeit der Kaufsache diese an K und übereignet sie ihm nach § 929 S. 1 BGB. Als der K nach Ablauf des Monats nicht gezahlt hat und der V aufgrund von Nachforschungen erfährt, dass der K ihn getäuscht hatte, erklärt der V gegenüber dem K die Anfechtung aller seiner Willenserklärungen aus diesem Geschäft und verlangt Herausgabe der Sache.

Der Anspruch könnte sich 1) aus § 985 BGB ergeben. a) Der K ist Besitzer. b) Der V müsste Eigentümer sein. aa) Der V war Eigentümer. bb) Er könnte das Eigentum an den K verloren haben. aaa) Die Voraussetzungen des § 929 S. 1 BGB liegen vor. bbb) Die Übereignung könnte nach §§ 123 Abs. 1, 142 Abs. 1 BGB rückwirkend als nichtig anzusehen sein. Der V hat die „Anfechtung aller seiner Willenserklärungen aus diesem Geschäft", also auch derjenigen, die zur Einigung i. S. d. § 929 S. 1 BGB geführt hat, erklärt. Der Tatbestand des § 123 Abs. 1 BGB liegt vor. Anerkannt ist, dass bei einer arglistigen Täuschung hiervon auch das „Verfügungsgeschäft" betroffen ist, weil der Verkäufer nur deshalb übereignet hat, weil er unter dem Einfluss der arglistigen Täuschung stand. c) Da auch der Kaufvertrag angefochten und daher nach §§ 123 Abs. 1, 142 Abs. 1 BGB nichtig ist, hat K auch kein Recht zum Besitz (§ 986 BGB). 2) Dem V steht auch ein Anspruch aus § 812 Abs. 1 S. 1 Var. 1 BGB zu: a) Der K hat zwar (wie soeben gesehen) nicht das Eigentum, wohl aber den Besitz an der Kaufsache erlangt, b) und zwar durch Leistung des V c) und wegen der erklärten Anfechtung auch des Kaufvertrages ohne Rechtsgrund (§§ 123 Abs. 1, 142 Abs. 1 BGB).

Bei einigen Willenserklärungen führt – wegen der faktischen Undurchführbarkeit einer bereicherungsrechtlichen Rückabwicklung – eine Anfechtung häufig nur zu einer Nichtigkeit „ex nunc" **(Beschränkung der Nichtigkeitsfolgen)**. So soll bei der Anfechtung von bereits (auch nur teilweise) erfüllten **Dienst-** oder **Arbeitsverträgen** und bei bereits in Vollzug gesetzten (also nicht bloß zur Invollzugsetzung verpflichtenden) **Gesellschaftsverträgen**

- **für** die **Vergangenheit** von einer Wirksamkeit des Vertrages ausgegangen werden, so dass z. B. bei Arbeitsverträgen Ansprüche auf das vertragliche Entgelt oder auf Urlaub bestehen. Wenn dieses Phänomen zuweilen als „faktischer Vertrag" bezeichnet wird, ist das keine sehr glückliche Terminologie.

- Dagegen besteht **für** die **Zukunft** keinerlei Bindung.

Die **sekundäre Folge** bei einer Anfechtung einer empfangsbedürftigen Willenserklärung nach **§§ 119, 120 BGB** ist, wie Sie ja inzwischen längst wissen, ein vom Verschulden des Anfechtenden unabhängiger **Anspruch** des **Anfechtungsgegners** auf **Ersatz** des **negativen Vertrauensinteresses** bis zur Grenze des positiven Interesses **(§ 122 BGB)**. Warum ist dies nicht auch bei der Anfechtung nicht empfangsbedürftiger Willenserklärungen und nicht auch bei einer Anfechtung nach § 123 BGB bestimmt worden? Lesen Sie zunächst sorgfältig den § 122 BGB und erinnern sich dann an unsere kurz zuvor angestellten Überlegungen zu eben dieser Frage!!

Zu § 122 BGB wissen Sie eigentlich längst alles; daher nur noch wenige Worte: Nach § 122 Abs. 1 BGB kann der Anfechtungsgegner verlangen, so gestellt zu werden, wie er stünde, wenn er gewusst hätte, dass die Willenserklärung nicht wirksam war **(Faustformel** nach Bork: **„wie wenn er den Anfechtenden nie gesehen hätte")**. Der Anspruch kann jedoch nach § 122 Abs. 2 BGB (lex specialis zu § 254 Abs. 1 BGB) ausgeschlossen (also: „alles oder nichts") sein, wenn der Anfechtungsgegner den Anfechtungsgrund kannte bzw. kennen musste.

Übrigens soll **daneben** auch eine Inanspruchnahme des Anfechtenden aus **§§ 280, 311 Abs. 2 BGB möglich** sein; denn die Voraussetzungen und Folgen der beiden Ansprüche sind unterschiedlich: Bei **§§ 280, 311 Abs. 2 BGB** kommt es auf ein (vermutetes) Verschulden des Anfechtenden an; der Anspruch ist auf das unbegrenzte negative Interesse gerichtet; § 254 Abs. 1 BGB greift ein. Dazu werden Sie an anderer Stelle noch mehr lesen!

**Mittelbar** wirkt sich im Falle einer erklärten Anfechtung mit der Folge des § 142 Abs. 1 BGB eine Kenntnis bzw. ein Kennenmüssen vom Anfechtungsgrund, also von der Anfechtbarkeit eines Rechtserwerbes, aus auf die Beurteilung der eventuell relevanten Frage über die Gutgläubigkeit hinsichtlich des Nichtrechts **(§ 142 Abs. 2 BGB)**. Einzelheiten dazu finden sich wegen des Sachzusammenhanges an diversen anderen Stellen dieses Buches (z. B. bei §§ 818 Abs. 4, 819 oder bei § 932 BGB). Gleichwohl riskieren wir hier wieder einmal einen Vorgriff

**Fall 189**

Dem E gehören zwei sich sehr ähnelnde Schmuckstücke S1 und S2, wobei S2 wertvoller ist als S1) Der E verkauft das Schmuckstück S1 an den K. Nach Zahlung des Kaufpreises durch K will der E dem K das Schmuckstück S1 zum Zwecke der Erfüllung des Kaufvertrags übergeben und übereignen. Er vergreift sich dabei jedoch und übereignet und übergibt dem K das Schmuckstück S2) Der K bemerkt das Versehen, korrigiert den E aber nicht. Dann verkauft und übereignet und übergibt der K das Schmuckstück an den X, dem er lachend von der Verwechselung des E erzählt hatte. Als der E das Schmuckstück S2 bei dem X entdeckt, verlangt er von dem X die Herausgabe.

Der Anspruch kann sich aus § 985 ergeben. a) Der X ist Besitzer. b) Der E müsste Eigentümer sein. aa) Er war Eigentümer. bb) Er hat aaa) das Eigentum an dem Schmuckstück S2 an den K übertragen (§ 929 S. 1 BGB). bbb) Die Übereignung könnte jedoch nach §§ 119, 142 Abs. 1 BGB wegen einer Anfechtung der zur Einigung führenden Willenserklärung des E rückwirkend unwirksam geworden sein. aaaa) Zwar liegt in der Person des E ein zur Anfechtung berechtigender Irrtum i. S. d. § 119 Abs. 1 BGB vor, und zwar je nach Fallgestaltung ein Inhaltsirrtum (wenn der E zwar wusste, was er erklärte, aber nicht wusste, was er damit erklärte) oder ein Erklärungsirrtum (wenn er nicht wusste, was er erklärte). bbbb) Der E hat jedoch seine zur Einigung führende Willenserklärung nicht gegenüber dem K angefochten. Also ist der K Eigentümer geworden und der E hat das Eigentum verloren. Der E hat daher keinen Anspruch aus § 985 BGB auf Herausgabe gegen den X.

**Variante**

Der E hat die Anfechtung seiner zur Einigung führenden Willenserklärung rechtzeitig (§ 121 BGB) gegenüber dem K (§ 143 Abs. 1, 2 BGB) erklärt.

Der Anspruch kann sich aus § 985 ergeben. a) Der X ist Besitzer. b) Der E müsste Eigentümer sein. aa) Er war Eigentümer. bb) Er hat aaa) das Eigentum an dem Schmuckstück S 2 an den K übertragen (§ 929 S. 1 BGB). bbb) Die Übereignung könnte jedoch nach §§ 119, 142 Abs. 1 BGB wegen einer Anfechtung der zur Einigung führenden Willenserklärung des E rückwirkend unwirksam geworden sein. aaaa) Dem E ist bei der Übereignung des Schmuckstücks S2 ein zur Anfechtung berechtigender Irrtum i. S. d. § 119 Abs. 1 BGB unterlaufen, und zwar je nach Fallgestaltung ein Inhaltsirrtum (wenn der E zwar wusste, was er erklärte, aber nicht wusste, was er damit erklärte) oder ein Erklärungsirrtum (wenn er nicht wusste, was er erklärte). bbbb) Der E hat seine zur Einigung führende Willenserklärung auch wirksam angefochten. Also ist der K nicht Eigentümer geworden. (*Kontrollfrage*: Beruht dieses Zwischenergebnis nicht auf einer Verletzung des „Abstraktionsprinzips"? Nein: Der zur Anfechtung berechtigende Irrtum des E und die Anfechtung betrafen die zur Übereignung des E an den K führende Einigung und nicht den der Übereignung zugrunde liegenden Kaufvertrag des E mit K, der übrigens „irrtumsfrei" war!) cc) Der X könnte das Eigentum von K erworben haben. aaa) Der X hat das Eigentum nicht nach § 929 S. 1 BGB erworben, weil der K Nicht-Berechtigter war, denn er war nicht der Eigentümer und auch nicht zur Übereignung befugt. bbb) Der X könnte das Eigentum gutgläubig erworben haben. aaaa) Es liegt ein rechtsgeschäftlicher Erwerb (Übereignung), bbbb) im Sinne eines Verkehrsrechtsgeschäfts (nicht innerhalb eines Gesamtvermögens) vor. cccc) Der zu § 929 S. 1 BGB gehörende Gutglaubenstatbestand ist § 932 Abs. 1 S. 1 BGB: Er verlangt nicht mehr als dddd) Gutgläubigkeit bei der Vollendung des am fehlenden Eigentum des Übereigners gescheiterten Rechtserwerbs. aaaaa) Der an sich vermutete gute Glaube des Erwerbers („... es sei denn ...") bbbbb) ist jedoch widerlegt, weil der Erwerber X die Anfechtbarkeit des Eigentumserwerbs des K kannte und weil der E die Anfechtung auch erklärt hat (§ 142 Abs. 2 BGB). Also hat der X kein

Eigentum erworben. c) Der X hat auch kein Recht zum Besitz gegenüber dem E (§ 986 BGB). Also muss er das Schmuckstück S 2 herausgeben.

Sogar **nichtige Rechtsgeschäfte** können durch wirksame Anfechtung „noch einmal vernichtet" werden (juristischer „overkill"), wenn dies aus wertenden Überlegungen geboten ist (Lehre von den **„Doppelwirkungen im Recht"**, begründet von Kipp in der Festschrift für Martitz im Jahre 1911):

- So ist anerkannt, dass **nach § 119 BGB wirksam angefochtene** und daher bereits als nichtig anzusehende (§ 142 Abs. 1 BGB) **Rechtgeschäfte** ein weiteres Mal **nach § 123 BGB angefochten** werden können, um so die für den Anfechtungsberechtigten nachteilige Rechtsfolge des § 122 Abs. 1 BGB zu vermeiden.

**Fall 190**

Der V hat an den K eine Sache verkauft und ihn dabei arglistig über bestimmte Eigenschaften der Sache getäuscht. Als der K feststellt, dass er sich über verkehrswesentliche Eigenschaften geirrt hat, ficht er nach § 119 Abs. 2 BGB den Kaufvertrag an. Es kommt zur Rückabwicklung und V verlangt von K den Ersatz des ihm entstandenen Vertrauensschadens (§ 122 BGB). Nunmehr entdeckt der K, dass er von V arglistig getäuscht worden ist und erklärt die Anfechtung nach § 123 Abs. 1 BGB.

Dies soll nach der Lehre von den „Doppelwirkungen im Recht" möglich sein, um den ungünstigen Folgen des Nichtigkeitsgrundes (§§ 119 Abs. 2, 142 Abs. 1, 122 BGB) zu entgehen; bei Anfechtung wegen arglistiger Täuschung wird bekanntlich kein Vertrauensschadensersatz geschuldet.

- Auch der **Minderjährigenschutz** verlangt nach der Möglichkeit einer Anfechtung eines unwirksamen Geschäfts. Das demonstriert eine „Fortschreibung" des soeben bearbeiteten Falles.

**Fall 191**

Der minderjährige M verkauft an den ihn arglistig täuschenden K eine ihm gehörende Sache ohne Zustimmung seiner Eltern, die dann später auch die Genehmigung verweigern. Der M übergibt und übereignet die Sache in Erfüllung des Kaufvertrages an den K. Der K übereignet die Sache weiter an den X, der die arglistige Täuschung des K kannte, nicht aber die Minderjährigkeit des M. Der M, vertreten durch seine gesetzlichen Vertreter, erklärt gegenüber K die Anfechtung des Kaufvertrags mit K und auch der Übereignung an K wegen arglistiger Täuschung und verlangt von dem X Herausgabe der Sache.

Der Anspruch kann sich aus § 985 ergeben. a) Der X ist Besitzer. b) Der M müsste Eigentümer sein. aa) Er war Eigentümer. bb) An den K hat er das Eigentum nicht verloren (§§ 107, 108 Abs. 1 BGB). cc) Er könnte das Eigentum jedoch an den X durch die Übereignung K an X verloren haben (§§ 929 S. 1, 932 Abs. 1 S. 1, 932 Abs. 2 BGB): aaa) Der Grundtatbestand des § 929 S. 1 BGB ist gegeben. bbb) Der X müsste gutgläubig gewesen sein; die Kenntnis der Anfechtbarkeit des Eigentumserwerbs des K könnte ihn nach § 142 Abs. 2 BGB bösgläubig gemacht haben: aaaa) Eine Anfechtung nach § 123 Abs. 1 BGB würde auch die Übereignung an K erfassen (anerkannter Fall der Durchbrechung des Abstraktionsprinzips!), so dass die Kenntnis der Anfechtbarkeit der Kenntnis vom Nichteigentum des K gleichstehen würde, bbbb) dies aber nur – sehr wichtig! -, wenn eine Anfechtung erfolgt ist (§ 142 Abs. 2 BGB): Der M hat die Anfechtung wegen arglistiger Täuschung mit Zustimmung der gesetzlichen Vertreter erklärt. Die Voraussetzungen der Anfechtung nach § 123 Abs. 1 BGB wegen arglistiger Täuschung liegen vor. Fraglich ist aber, ob eine bereits nichtige (die endgültige Verweigerung der Genehmigung seitens der gesetzlichen Vertreter führt zur Nichtigkeit) Willenserklärung angefochten werden kann. Dies bejaht die Lehre von den „Doppelwirkungen im Recht", der zufolge auch nichtige Geschäfte angefochten werden können, wenn es die Interessenlage gebietet: Das wird für die vorliegende Fallkonstellation bejaht, weil es nicht angehen kann, den arglistig getäuschten Minderjährigen unter der ihn schützen sollenden Minderjährigkeit leiden zu lassen, indem man ihm die den § 142 Abs. 2 BGB auslösende Anfechtung versagt. Er würde sonst schlechter gestellt als ein voll Geschäftsfähiger. Also war der X bösgläubig. Er hat kein Eigentum erworben. c) Der X hat kein Recht zum Besitz gegenüber dem M (§ 986 BGB). Daher kann der M Herausgabe verlangen.

#### f) Auf Vertragsaufhebung gerichtete Schadensersatzansprüche Irregeführter, Getäuschter und Bedrohter

Wir haben bereits in anderem Zusammenhang gesehen, dass die einen Vertragsschluss zur Folge habende fahrlässige Irreführung zu einem Schadensersatzanspruch aus §§ 311 Abs. 1 Ziff.1, 241 Abs. 2, 280 Abs. 1 BGB führen könnte. Erst recht gilt das für die arglistige Täuschung und die rechtswidrige Drohung, deren Folge ein Vertragsschluss ist. Außerdem ist der arglistig Getäuschte u.U. ein Betrogener, so dass ein Schadensersatzanspruch aus §§ 823 Abs. 2 i. V. m. § 263 StGB in Betracht kommt; und der rechtswidrig Bedrohte ist u.U. ein Erpresster, so dass man einen Schadensersatzanspruch aus §§ 823 Abs. 2 BGB i. V. m. § 253 StGB denken kann. Alle diese Ansprüche könnten zu einem Schadensersatzanspruch führen, der gerichtet sein könnte auf Beseitigung des Vertrages durch die Verpflichtung des Irreführenden, Täuschenden und Drohenden zur vertraglichen Aufhebung desselben (Naturalrestitution nach § 249 Abs. 1 BGB).

Das aber setzt voraus, dass bereits der Abschluss eines Vertrages ein Schaden ist. Dies wird man nicht pauschal sagen können, sondern nur dann, wenn er wirtschaftlich nachteilig oder unvernünftig ist (BGH). Das wird vielfach in den vorliegenden Konstellationen der Fall sein.

Dies vorausgesetzt wird man die Frage, ob man über § 249 Abs. 1 BGB zur Aufhebungsverpflichtung kommen kann, deshalb problematisieren müssen, weil in den Fällen der Anfechtbarkeit nach § 123 BGB zumindest die Befristung in § 124 BGB unterlaufen werden könnte. Und im Falle der fahrlässigen Irreführung wird zu bedenken sein, dass man die strengen Voraussetzungen des Arglisterfordernisses in § 123 Abs. 1 BGB umgehen könnte, wenn man über § 249 Abs. 1 BGB zur Vertragsaufhebung käme.

## 2. Der Rücktritt

Die Erklärung (§ 349 BGB) eines **vertraglich vorbehaltenen** oder eines **gesetzlichen Rücktritts** von einem **schuldrechtlich verpflichtenden Vertrag** verwandelt diesen in ein Rückgewährschuldverhältnis (§§ 346 ff. BGB). Die Rechtsfolge besteht zum einen darin, dass bereits erbrachte Leistungen und die gezogenen Nutzungen zurückzugewähren sind (§ 346 Abs. 1 BGB), und zum anderen darin, dass noch nicht erbrachte Leistungen nicht mehr geschuldet werden. Damit **„beendet"** i. S. d. der hier verwendeten Terminologie der **Rücktritt** einen **verpflichtenden Vertrag**.

Der wirksame Rücktritt hat **drei Voraussetzungen**: erstens muss ein vertraglicher oder gesetzlicher **Rücktrittsgrund** bestehen (hierzu sogleich mehr). Zweitens bedarf es einer **Rücktrittserklärung** gemäß § 349 BGB; es handelt sich nämlich um ein Gestaltungsrecht, welches durch einseitige, empfangsbedürftige Willenserklärung ausgeübt wird. Drittens darf der **Rücktritt nicht ausgeschlossen** sein. Dies betrifft etwa vertragliche Rücktrittsrechte, bei denen eine Ausschlussfrist vereinbart wurde oder bei denen die gemäß § 350 BGB gesetzte Frist zur Ausübung des Rücktrittsrechts abgelaufen ist. Auch bei den gesetzlichen Rücktrittsrechten gibt es wichtige Ausschlussgründe (z. B. § 323 Abs. 5 und 6), über die Sie bei der Abhandlung der einzelnen gesetzlichen Rücktrittsgründe Näheres erfahren werden.

Machen Sie sich im Hinblick auf die **Fallbearbeitung** noch einmal die **„Doppelfunktion des Rücktritts"** deutlich:

1. **Erlöschen der Leistungspflichten:** Aus der Umwandlung des verpflichtenden Vertrages in ein Rückgewährschuldverhältnis folgt logisch zwingend, dass die **„Primärverpflichtungen" nicht mehr bestehen**. Der Rücktritt führt also zur **Beendigung** des (ursprünglichen) **Vertrages**. Das ist auch der Grund dafür, warum wir den Rücktritt auch an dieser Stelle, wo es um die Beendigung von verpflichtenden Verträgen geht, darstellen.
2. **Entstehung von Rückgewährpflichten:** Aus dem Rücktritt folgen zudem **„Sekundäransprüche"**, nämlich ein **Rückgewähranspruch** nach § 346 Abs. 1 BGB und weitere Ansprüche zur Rückabwicklung des Vertrags nach §§ 346 ff. BGB.
   Wir konzentrieren uns hier auf die Funktion des Rücktritts als „vertragsbeendendes" Institut. Die „eigentliche" Darstellung zum Rücktrittsrecht werden Sie im Zusammenhang mit den sich aufgrund des Rücktritts ergebenden **„Sekundäransprüchen"** in Teil 4 finden.

### a) Vertragliches Rücktrittsrecht

Vertragliche Rücktrittsrechte („Rücktrittsvorbehalt") sind relativ selten; sie können **ausdrücklich** oder **konkludent** vereinbart werden. Ist ein **Rücktrittsrecht** des Verwenders in **Allgemeinen Geschäftsbedingungen** vorgesehen, ist es unwirksam, wenn der Verwender das Recht hat, „sich ohne sachlich gerechtfertigten und im Vertrag angegebenen Grund von seiner Leistungspflicht zu lösen" (§ 308 Nr. 3 BGB).

**Fall 192**

Der V verkauft an den K eine Sache. Der K ist sich bei Vertragsschluss nicht ganz sicher, ob er die Sache wirklich haben möchte. Der V ist daher damit einverstanden, dass der K eine Woche Zeit erhält, die Sache zu testen. Innerhalb dieser Woche soll dem K ein Rücktrittsrecht zustehen. Als der V nach zwei Tagen die Kaufpreiszahlung verlangt, erklärt der K den Rücktritt.

Ein Anspruch des V gegen den K auf Kaufpreiszahlung könnte sich aus einem Kaufvertrag ergeben (§ 433 Abs. 2 BGB). a) Der Kaufvertrag ist geschlossen; also ist der Kaufpreisanspruch entstanden. b) Dem Anspruch könnte der erklärte Rücktritt entgegenstehen, weil hierdurch der Vertrag beendet sein könnte. aa) Der V und der K haben ein Rücktrittsrecht vertraglich vereinbart (§ 346 Abs. 1 Var. 1 BGB). bb) Der Rücktritt ist durch den K innerhalb der vereinbarten Frist erklärt worden (§ 349 BGB). cc) Also hat sich der Kaufvertrag in ein Rückgewährschuldverhältnis verwandelt und der Anspruch auf Kaufpreiszahlung besteht nicht mehr.

### b) Gesetzliche Rücktrittsrechte

Folgende gesetzliche Rücktrittsrechte müssen Sie kennen:

- § 313 Abs. 3 BGB bei „Störung der Geschäftsgrundlage";
- § 321 Abs. 2 S. 2, 3 BGB bei der sog. „Unsicherheitseinrede";
- §§ 323, 326 Abs. 5 BGB als solche bzw. i. V. m. §§ 437 Nr. 2, 634 Nr. 3 BGB bei Nicht- und Schlechtleistungen;
- § 324 BGB im Fall der Verletzung einer „Rücksichtspflicht" aus § 241 Abs. 2 BGB, §§ 438 Abs. 4 S. 3, 634a Abs. 4, S. 3 BGB im Fall der Einrede des Rücktritts durch Käufer oder Besteller.

Lesen Sie die in diesem Buch zitierten Vorschriften eigentlich immer gleich durch und versuchen Sie diese dann auch gleich zu verstehen? Das ist nicht nur für das Verständnis dieses Buchs wichtig. Wer sich davor drückt, vor dem wird sich nach und nach ein riesiger Berg völlig unbekannter Normen auftürmen, der später unvermeidlich dann doch noch erklommen werden muss – dann aber mit weitaus größeren Schwierigkeiten, die Sie sich lieber ersparen sollten.

Hier interessieren uns zunächst nur die **gesetzlichen Rücktrittsrechte** aus **§ 326 Abs. 5 BGB** und aus **§ 323 BGB**. Dass dies nicht das „letzte Wort" zu diesem Thema ist, werden Sie in Teil 4 feststellen.

aa) Wegen Unmöglichkeit (§ 326 Abs. 5 BGB)
Wenn der Schuldner aus einem gegenseitigen Vertrag nach § 275 Abs. 1 – 3 BGB leistungsfrei wird, soll der Gläubiger generell die Möglichkeit haben, vom ganzen Vertrag zurückzutreten **(§ 326 Abs. 5 BGB)**. Die Ausübung des Rücktrittsrechts durch eine Rücktrittserklärung (§ 349 BGB) hat zur Folge, dass der **Vertrag beendet** ist und dass es damit zum **Wegfall** einer **primären vertraglichen Leistungsverpflichtung** kommt. Dies gilt für die Primärleistungsansprüche und für die Nacherfüllungsansprüche aus **§§ 437 Nr. 2, 440, 326 Abs. 5 BGB** bzw. aus **§§ 634 Nr. 3, 636, § 326 Abs. 5 BGB**.

- Die **Bedeutung** des **Rücktritts** als **Beendigungsgrund** für den Vertrag und damit auch für die **primären Leistungsverpflichtungen** ist aber bei dieser Konstellation recht **gering**. Denn – wie Sie demnächst erfahren werden – entfällt in diesen Fällen in aller Regel die primäre vertragliche Leistungsverpflichtung (nämlich der Anspruch auf die Erbringung der Gegenleistung) schon automatisch nach § 326 Abs. 1 S. 1 Hs. 1 BGB, so dass für einen Rücktritt nach § 326 Abs. 5 BGB keine Notwendigkeit mehr besteht.
- **Wichtig** ist die **Beendigungsfunktion** des Rücktritts wiederum dann, wenn **wegen § 326 Abs. 1 S. 2 BGB** das Rücktrittsrecht nach **§ 326 Abs. 1 S. 1 BGB nicht angewendet** werden kann. Das ist dann der Fall, wenn ein Verkäufer mangelhaft geliefert hat und ihm die Erfüllung des Nacherfüllungsanspruchs des Käufers (§§ 434, 437 Nr. 1, 439 BGB) nach § 275 Abs. 1–3 BGB unmöglich ist. § 326 Abs. 1 S. 2 BGB soll die Aushebelung der kaufrechtlichen Gewährleistungsregeln verhindern, namentlich des Vorrangs der Nacherfüllung. Ein weiterer Fall, in welchem es eines Rücktritts bedarf sind die Fälle **teilweiser Unmöglichkeit**. In diesen Fällen erlöschen die Leistungspflicht nach § 275 Abs. 1 BGB und der Gegenleistungsanspruch nach § 326 Abs. 1 S. 1 BGB zunächst nur soweit automatisch, wie die Leistung unmöglich ist. Will der Gläubiger der unmöglichen Leistung vollständig von dem Vertrag frei werden, so ist dies nach **§§ 326 Abs. 5, 323 Abs. 5 BGB** durch einen Rücktritt möglich, wenn an der restlichen Leistung kein Interesse mehr besteht.

**Fall 193**

Der V verkauft dem K eine Sache, die dann vor Erfüllung des Vertrages durch den V infolge eines Zufalls verbrennt. Der V verlangt Zahlung des Kaufpreises von K.

Der Anspruch könnte sich aus einem Kaufvertrag ergeben (§ 433 Abs. 2 BGB). a) Der V und der K haben einen Kaufvertrag abgeschlossen. Der Anspruch ist also entstanden. Fraglich ist, ob der Anspruch nachträglich erloschen ist. b) Der Kaufvertrag ist schon mangels einer Rücktrittserklärung nicht durch einen Rücktritt nach §§ 326 Abs. 5, 349 BGB in ein Rückgewährschuldverhältnis umgewandelt worden. c) Der Anspruch auf die Gegenleistung ist jedoch entfallen, weil dem V die Leistung (Lieferung der Kaufsache) unmöglich geworden ist und der Lieferungsanspruch ausgeschlossen ist (§§ 326 Abs. 1 S. 1 HS. 1, 275 Abs. 1 BGB). Der K braucht deshalb nicht den Rücktritt zu erklären, um sich von seiner Leistungsverpflichtung (Kaufpreiszahlung) zu befreien.

**Fall 194**

Der V verkauft dem K einen gebrauchten Wagen. Der Wagen hatte – wie sich bald nach der Übergabe herausstellt – einen technischen Defekt, der nur durch den Einbau eines nicht mehr erhältlichen Ersatzteils behoben werden kann. Der K hatte den Kaufpreis noch nicht gezahlt. Der V verlangt den Kaufpreis.

Der Anspruch könnte sich aus einem Kaufvertrag ergeben (§ 433 Abs. 2 BGB). a) Der Kaufvertrag ist geschlossen; also ist der Anspruch entstanden. b) Er könnte aa) nach §§ 326 Abs. 1 S. 1, 434, 437 Nr. 1, 439, 275 Abs. 1 BGB entfallen sein. Dem aber steht § 326 Abs. 1 S. 2 BGB entgegen.

**Variante**

Der K hatte dem V eine fruchtlos verstrichene Frist von 2 Wochen zur Beseitigung des Mangels gesetzt. Als der V den Kaufpreis verlangt, erklärt der K den Rücktritt.

Der Anspruch könnte sich aus einem Kaufvertrag ergeben (§ 433 Abs. 2 BGB). a) Der Kaufvertrag ist geschlossen. b) Er könnte aber durch einen Rücktritt beendet sein. aa) Ein Rücktrittsrecht des K aaa) aus §§ 433, 434 Abs. 1, 437 Nr. 2, 323, 346 BGB ist wegen der Unbehebbarkeit des Mangels nicht gegeben, denn deshalb existiert kein für § 323 BGB erforderlicher Anspruch auf Nacherfüllung. Dieser ist nach § 275 Abs. 1 BGB erloschen (Merke: § 323 ist bei Unmöglichkeit nur i. V. m. § 326 Abs. 5 BGB anwendbar). bbb) Dem K steht aber ein Rücktrittsrecht aus §§ 433, 434 Abs. 1, 437 Nr. 2, 326 Abs. 5 BGB, 275 Abs. 1, 346 BGB zu. bb) Der Rücktritt ist erklärt worden (§ 349 BGB). cc) Der Kaufvertrag ist dadurch in ein Rückgewährschuldverhältnis umgewandelt und damit beendet worden. Der K schuldet mithin keine Kaufpreiszahlung mehr. Er hätte übrigens gemäß § 326 Abs. 5 HS. 2 BGB gar keine Frist setzen müssen.

#### bb) Wegen Nicht-/Schlechtleistung (§ 323 BGB)

Auch die Nicht- und die Schlechtleistung begründen ein Rücktrittsrecht (**§ 323 BGB**). Dessen Ausübung durch Rücktrittserklärung (§ 349 BGB) hat zur Folge, dass der **Vertrag beendet** ist und es damit zum **Wegfall** einer **primären vertraglichen Leistungsverpflichtung** kommt. Außerdem entstehen Rückabwicklungspflichten (Zweite Funktion des Rücktritts) nach §§ 346 ff. BGB, die wir aber – wie gesagt – an dieser Stelle vernachlässigen. § 323 BGB gilt auch für die **Rücktrittsrechte** aus **§§ 437 Nr. 2, 440, 323 BGB** bzw. aus **§§ 634 Nr. 3, 636, 323 BGB**.

**Fall 195**

Der V ist aus einem Kaufvertrag vom 27. Mai 2002 verpflichtet, dem K am 1. Juni 2002 die verkaufte Ware zu liefern. Der V liefert nicht, verlangt aber Zahlung des Kaufpreises von dem K. Der K setzt dem V ergebnislos eine Frist von 10 Tagen und erklärt dann den Rücktritt.

Der Anspruch könnte sich aus einem Kaufvertrag ergeben (§ 433 Abs. 2 BGB). a) Der Kaufvertrag ist geschlossen. b) Infolge eines erklärten Rücktritts könnte der Vertrag beendet sein. aa) Das Rücktrittsrecht ergibt sich aus § 323 Abs. 1 BGB – und zwar nicht über den Umweg des § 437 BGB, denn dessen Voraussetzungen (Mangel bei Gefahrübergang) sind nicht erfüllt. aaa) Dem K stand ein am 1. Juni 2002 fälliger Leistungsanspruch zu, § 271 Abs. 2 BGB. bbb) Der V hat die Leistung bei Fälligkeit nicht erbracht. ccc) Der K hat ihm ergebnislos eine angemessene Nachfrist gesetzt. ddd) § 323 Abs. 6 BGB liegt nicht vor. bb) Der K hat den Rücktritt erklärt (§ 349 BGB). cc) Der Kaufvertrag ist dadurch in ein Rückgewährschuldverhältnis umgewandelt und damit beendet worden. Der K schuldet mithin keine Kaufpreiszahlung mehr.

**Fall 196**

Der V verkauft dem K einen gebrauchten Wagen. Der Wagen hatte – wie sich bald nach Übergabe herausstellt – einen technischen Defekt, der nur durch den Einbau eines leicht erhältlichen Ersatzteils behoben werden kann. Der K hatte den Kaufpreis noch nicht gezahlt, sondern dem V eine fruchtlos verstrichene Frist von 2 Wochen zur Beseitigung des Mangels gesetzt. Als der V den Kaufpreis verlangt, erklärt der K den Rücktritt.

Der Anspruch könnte sich aus einem Kaufvertrag ergeben (§ 433 Abs. 2 BGB). a) Der Kaufvertrag ist geschlossen. b) Er könnte aber durch einen Rücktritt beendet sein. aa) Der Rücktritt ist erklärt worden. bb) Das Rücktrittsrecht ergibt sich aus §§ 433, 434 Abs. 1, 437 Nr. 2, 323, 346 BGB. cc) Der Kaufvertrag ist dadurch in ein Rückgewährschuldverhältnis umgewandelt und damit beendet worden. Der K schuldet mithin keine Kaufpreiszahlung mehr.

#### cc) Rücktrittsrecht wegen einer Nebenpflichtverletzung (§ 324 BGB)

Ein Rücktrittsrecht besteht schließlich auch in den Fällen von Nebenpflichtverletzungen (§ 324 BGB). Es handelt sich aber um ein weniger klausurrelevantes Rücktrittsrecht. Hinsichtlich der Rechtsfolge gilt auch hier: Im Falle der Rücktrittserklärung (§ 349 BGB) ist der **Vertrag beendet** und damit eine **primäre vertragliche Leistungsverpflichtung entfallen**.

**Fall 197**

Der Küchenhändler V verkauft dem K eine von V zu montierende Einbauküche nebst Großgeräten, zu denen auch eine in der Küche einzubauende Waschmaschine gehört. Der V liefert die Teile an; diese muss er durch das aufwändig restaurierte Jugendstiltreppenhaus im Hause des K transportieren. Trotz mehrfacher Aufforderungen des K, beim Transport durch das Treppenhaus äußerst vorsichtig zu sein, werden schon bei der ersten Anlieferung durch Unachtsamkeiten der Mitarbeiter des V das vergoldete schmiedeeiserne Treppengeländer beschädigt. Als dann auch noch die Waschmaschine auf einer Sackkarre antransportiert wird und dabei unersetzliche Fußbodenfliesen im Eingangsbereich des Hauses erheblich beschädigt werden, verweigert der K dem V und seinen Leuten den weiteren Zutritt in sein Haus. Der V verlangt Abnahme und Bezahlung.

Der Anspruch könnte sich aus einem Kaufvertrag ergeben (§§ 433 Abs. 2 BGB). a) Der Kaufvertrag ist als Kaufvertrag mit Montageverpflichtung (also kein gemischter Kauf- und Werkvertrag: arge. § 434 Abs. 2 S. 1 BGB) geschlossen. b) Einem Anspruch des V gegen K könnte ein erklärter Rücktritt als vertragsbeendend entgegenstehen. aa) Das Rücktrittsrecht ergibt sich aus §§ 324, 241 Abs. 2 BGB. aaa) Der Kaufvertrag V – K ist ein gegenseitiger Vertrag. bbb) Der V hat gegenüber K Pflichten aus § 241 Abs. 2 BGB verletzt, namentlich die Pflicht zur Achtung des Eigentums des K. ccc) Dem K ist das Festhalten am Vertrag unzumutbar. bb) Der Rücktritt ist erklärt (§ 349 BGB). cc) Dadurch ist der Kaufvertrag, der er in ein Rückgewährschuldverhältnis umgewandelt worden ist, beendet worden. Der K schuldet mithin keine Abnahme und keine Kaufpreiszahlung.

### 3. Widerrufsrecht bei Verbraucherverträgen

Der gesetzlich zugelassene **Widerruf nach § 355 BGB** bei Verträgen mit besonderen Risiken wirkt gemäß § 355 Abs. 1 S. 1, Abs. 3 S. 1 BGB ebenfalls **vertragsbeendend** (vergleichen Sie den Wortlaut von § 355 Abs. 1 S. 1 BGB und § 346 Abs. 1 BGB).

Bei **Verträgen** mit **besonderen Risiken** steht besonders **gefährdeten Vertragspartnern** ein **Widerrufsrecht** gegenüber Unternehmern (§ 14 BGB) nach **§ 355 BGB** zu:

- dem **Verbraucher** (§ 13 BGB) nach §§ 312b, 312 g Abs. 1 Var. 1 BGB bei **außerhalb von Geschäftsräumen geschlossenen Verträgen**;
- dem **Verbraucher** (§ 13 BGB) nach §§ 312c, 312 g Abs. 1 Var. 2 BGB bei **Fernabsatzverträgen**;
- dem **Verbraucher** (§ 13 BGB) nach §§ 481, 485 BGB bei **Teilzeit-Wohnrechteverträgen**;
- dem **Verbraucher** oder **Existenzgründer** (§§ 13, 512 BGB) nach §§ 491, 495 Abs. 1 BGB beim **Verbraucherdarlehensvertrag**;
- dem **Verbraucher** oder **Existenzgründer** (§§ 13, 512 BGB) nach §§ 506, 495 Abs. 1 BGB bei **sonstigen Finanzierungshilfen**, insbesondere beim **Zahlungsaufschub** (§ 506 Abs. 1 BGB), beim **Finanzierungsleasingvertrag** (§ 506 Abs. 2 BGB) und beim **Teilzahlungsgeschäft** (§ 506 Abs. 3 BGB);
- dem **Verbraucher** oder **Existenzgründer** (§§ 13, 512 BGB) nach § 510 Abs. 1, 2 BGB bei **Ratenlieferungsverträgen**.

Wir beschränken uns bei unserer Darstellung auf die vertragsbeendenden Folgen des Widerrufsrechts hinsichtlich der Verbraucherverträge mit besonderen Vertriebsformen **(außerhalb von Geschäftsräumen geschlossene Verträge, Fernabsatzverträge, e-commerce-Verträge)**. Auf die sonstigen gefährdenden Verträge soll hier nicht weiter eingegangen werden. Denn teils dürften sie für die Ausbildung weniger bedeutsam sein **(Teilzeit-Wohnrechtevertrag)** und teils sind sie Ihnen bereits ausführlich dargestellt worden **(Verbraucherkreditvertrag)**.

Es entspricht recht idyllischen **überkommenen Vorstellungen**, dass ein Vertragsschluss über entgeltliche Leistungen oder die Bestimmung zu einem solchen Vertragsschluss zwischen einem Kunden und einem Unternehmer regelmäßig im Geschäftslokal des Unternehmers erfolgt, das der Kunde eigens aus nur diesem Grunde aufgesucht hat, so dass er sich voll hierauf konzentrieren kann.

Die Methoden des Vertriebes haben sich gerade in den **letzten Jahrzehnten** einschneidend verändert:

- Es ist immer üblicher geworden, dass ein Kunde zum Abschluss eines Vertrages über entgeltliche Leistungen mit einem Unternehmer an seinem Arbeitsplatz, in seiner Privatwohnung, auf Freizeitveranstaltungen, in Verkehrsmitteln oder im Bereich öffentlicher Verkehrsflächen aufgefordert wird. Es handelt sich um **außerhalb von Geschäftsräumen geschlossene Verträge** i. S. v. **§ 312b BGB**.
- Nach schon länger zurückliegenden Anfängen durch das „Versandgeschäft" (die Versandhäuser „Quelle" und „Otto" begannen damit in der unmittelbaren Nachkriegszeit) ging und geht der Trend weiter hin zum Fernabsatz. Ein **Fernabsatzvertrag** i. S. d. **§ 312c BGB** liegt vor, wenn ein Verbraucher (§ 13 BGB) und ein Unternehmer (§ 14 BGB)einen Vertrag über eine Warenlieferung (bewegliche Sachen, Strom-, Gas-, Wasser-, Fernwärmelieferung) oder eine Dienstleistung (Werkverträge, Geschäftsbesorgungsverträge, Maklerverträge, Bürgschafts- und Sicherungsverträge) unter ausschließlicher Verwendung von Fernkommunikationsmitteln (Briefe, Kataloge, Telefonate, Telekopien, EMails, Rundfunk, über Tele- und Mediendienste = „e-commerce") abschließen.

Diese Formen des Vertriebes bringen **erhebliche Risiken** für einen **Verbraucher** bzw. einen Kunden mit sich:

- Bei **„außerhalb von Geschäftsräumen geschlossenen Verträgen"** besteht die Gefahr der „Überrumpelung" des Verbrauchers durch den Unternehmer;
  - Bei den **„Fernabsatzverträgen"** kennt der Verbraucher die Waren und Dienstleistungen nur aus den Informationen, die ihm durch den Unternehmer im Wege der Fernkommunikation übermittelt werden; auch können die Techniken der zum Vertragsschluss eingesetzten Fernkommunikationsmittel den einzelnen Verbraucher überfordern. Speziell der Einsatz von **„Tele- und Mediendiensten" (e-commerce)** zum Vertragsschluss durch einen Unternehmer begründet für jeden Kunden, also nicht nur für Verbraucher, Risiken, die sich aus der Technik dieser Dienste ergeben.

Diese Risiken will das Gesetz durch **Verbraucher-** bzw. **Kundenschutzvorschriften** abmildern:

1. Bei **„außerhalb von Geschäftsräumen geschlossenen Verträgen"** und bei **„Fernabsatzverträgen"** hat der Verbraucher nach **§ 312 g Abs. 1 BGB** ein 14-tägiges **Widerrufsrecht** gemäß § 355 BGB. Dabei ist zweierlei zu beachten:
   a) Das Widerrufsrecht gilt nicht bei den in **§ 312 g Abs. 2 BGB** aufgelisteten Verträgen, es sei denn die Parteien haben dies ausdrücklich vereinbart.
   b) Nach der **Konkurrenzregel des § 312 g Abs. 3 BGB** genießen die Regeln über den Widerruf von Verbraucherdarlehensverträgen oder mit sonstigen Finanzierungshilfen versehenen Verträgen (§§ 495, 506–512 BGB) Vorrang. Die Widerrufsrechte aus § 312 g Abs. 1 BGB treten insoweit zurück. Ferner ist das Widerrufsrecht aus § 305 KAGB gegenüber dem Widerrufsrecht (nur) bei außerhalb von Geschäftsräumen geschlossenen Verträgen vorrangig.
2. Bei **„außerhalb von Geschäftsräumen geschlossenen Verträgen"** und bei **„Fernabsatzverträgen"** unterliegt der Unternehmer vorvertraglichen Informationspflichten (§ 312d BGB i. V. m. Art. 246a EGBGB), aus denen sich Einzelheiten des Vertrages, insbesondere auch die Identität des Vertragspartners ergeben müssen.
3. Bei **Verträgen** im **elektronischen Geschäftsverkehr** zwischen einem Unternehmer und einem Kunden (egal ob Verbraucher oder nicht) gelten **vorvertragliche** Pflichten zur Ausgestaltung des **technischen Ablaufs** von Bestellungen und zur Erteilung von bestimmten **Informationen**. Dabei enthält **§ 312i BGB** das Pflichtenprogramm für **alle Verträge im „e-commerce"** und **§ 312j BGB** zusätzliche Pflichten für Verträge, bei denen ein **Verbraucher** Kunde ist.
4. Werden die vorvertraglichen Pflichten aus §§ 312d, 312i, 312j BGB nicht erfüllt, so kommt es zu diesen **Rechtsfolgen**:
   a) Wird die **Informationspflicht aus § 312d** i. V. m. Art. 246a § 1 Abs. 2 S. 1 Nr. 1, Art. 246b § 2 Abs. 1 EGBGB (diese enthalten insbesondere die Widerrufsbelehrung) verletzt, so **beginnt die Widerrufsfrist** gemäß Art. 356 Abs. 3 S. 1 BGB **nicht zu laufen**, bevor die Information nachgeholt wird.
   b) Verstößt der Unternehmer gegen seine Informations- und technischen Gestaltungspflichten gegenüber Verbrauchern aus **§ 312j Abs. 3 BGB** ordnet **§ 312j Abs. 4 BGB** an, dass der **Vertrag nicht zustande kommt**. Das hieße, dass der Verbraucher den Unternehmer nicht am Vertrag festhalten könnte. Nach verbreiteter Auffassung geht diese Rechtsfolge aber zu weit und verstößt deshalb gegen die Verbraucherrechterichtlinie. In Art. 8 Abs. 2 der Verbraucherrechterichtlinie heißt es lediglich, dass der Verbraucher durch den Vertrag nicht gebunden

ist. **§ 312j Abs. 4 BGB** ist daher **richtlinienkonform so auszulegen, dass nur der Verbraucher nicht gebunden** ist, der Unternehmer aber wohl.

c) Im Übrigen und auch im Falle einer Verletzung der **Informationspflichten nach §§ 312i Abs. 1, 312j Abs. 1, 2 BGB** sieht das Gesetz keine unmittelbare Sanktion vor. Soweit die Informationspflichten Leistungspflichten begründen (etwa Art. 246b § 2 Abs. 2 EGBGB) besteht ein Anspruch auf Erfüllung. Ein Verstoß gegen Informationspflichten begründet allerdings grundsätzlich kein Leistungsverweigerungsrecht gegenüber dem Zahlungsanspruch des Unternehmers. Im Falle der Nichterfüllung oder der nicht vollständigen Erfüllung der **Informationspflicht aus § 312e Abs. 1 BGB** i. V. m. Art. 246 § 3 EGBGB kann der **Vertragsschluss** daran **scheitern**, dass die „essentialia negotii" (Leistungsgegenstand, Gegenleistung, Vertragspartner) nicht bestimmt waren.

d) Eine **Nichterfüllung** der vorvertraglichen Pflichten gerichtet auf Zurverfügungstellung technischer Mittel zur Erkennung und Berichtigung von Eingabefehlern (insbesondere § 312e Abs. 1 Nr. 1 BGB) oder zur vorvertraglichen Information (insbesondere §§ 312i, 312j BGB) kann eine **Pflichtverletzung** sein, die zu einem **Schadensersatzanspruch aus §§ 280 Abs. 1, 311 Abs. 2 BGB** führt. Infolgedessen kann der Kunde nach § 249 Abs. 1 BGB die Befreiung von einem kausal hierauf beruhenden Vertrag verlangen.

Aber, wie gesagt: Wir wollen nicht aus dem Auge verlieren, dass es in diesem Teil 3 um die primären Ansprüche aus verpflichtenden Verträgen geht und dass wir uns daher ganz auf die **Rechtsfolgen des Widerrufs** für die primäre Leistungsverpflichtung konzentrieren.

Der **Widerruf** kann durch den Verbraucher seit der letzten Gesetzesnovelle **formlos** (früher Textform nach § 126b BGB), auch konkludent durch Rücksendung der Sache innerhalb von **14 Tagen erklärt** werden (§ 355 Abs. 2 S. 1 BGB). Diese Frist wird durch rechtzeitige Absendung der Erklärung gewahrt (§ 355 Abs. 1 S. 5 BGB). Die **Frist beginnt grundsätzlich bei Vertragsschluss** (§ 355 Abs. 2 S. 2 BGB), soweit nicht ein anderes bestimmt ist (so etwa in §§ 356 Abs. 2, 356a-c BGB). Etwas anderes gilt bei Verletzung bestimmter Informationspflichten (vgl. schon oben im Kasten) – dann beginnt die Frist nicht zu laufen, bevor die Information nachgeholt wird (Art. 356 Abs. 3 S. 1 BGB). Spätestens **erlischt** das Widerrufsrecht zwölf Monate und vierzehn Tage nach dem Erhalt der Ware bzw. dem sonst in § 356 Abs. 2 BGB oder § 355 Abs. 2 S. 2 festgelegten Zeitpunkt (§ 356 Abs. 3 S. 2 BGB). Im Unterschied zur Rechtslage vor dem 12. Juni 2014 kommt es bei unterbliebener oder nicht ordnungsgemäßer Widerrufsbelehrung nicht mehr zu einem „ewigen Widerrufsrecht"; vielmehr gilt die Höchstfrist aus § 356 Abs. 3 S. 2 BGB. Bei Dienstleistungs- und Finanzdienstleistungsverträgen und bei Verträgen über nicht verkörperte digitale Inhalte erlischt das Widerrufsrecht unter den in § 356 Abs. 4 und 5 BGB bestimmten Voraussetzungen vorzeitig.

Der **Widerruf** hat folgende **rechtliche Konsequenzen**:

- Man kann den Widerruf rechtstheoretisch entweder als Wirksamkeitshindernis oder als nachträglichen Beendigungsgrund für Verträge einordnen. Der BGH geht davon aus, dass der **Vertrag** bei **Ablauf** der **Widerrufsfrist wirksam wird**; die Erklärung des Widerrufs begründe deshalb eine „rechtshindernde Einwendung". Sieht man dies so, dann muss man das Widerrufsrecht bei den **„Wirksamkeitshindernissen"** prüfen. In dieser Darstellung wird aber das **Widerrufsrecht** als **„vertragsbeendender" Umstand** angesehen; bis zur Ausübung des Widerrufrechts ist der Vertrag demnach – wie bei einem Rücktritt – „schwebend wirksam". Dafür spricht der systematische Zusammenhang mit dem „Rücktritt". Dieser äußert sich durch die gemeinsame Einordnung von Widerruf und Rücktritt im Buch 2 Titel 5 und weiterhin durch den ähnlichen Wortlaut und Inhalt von § 355 Abs. 1 S. 1, Abs. 3 BGB einerseits und § 346 Abs. 1 BGB andererseits. In der vor dem 12. Juni 2014 gültigen Gesetzesfassung wurde für die Rechtsfolgen des Widerrufs sogar grundsätzlich auf die Rücktrittsregelungen verwiesen. **a)** Bei der uns hier interessierenden Frage nach dem Schicksal des primären Leistungsanspruchs aus einem Vertrag wollen wir also für die Zwecke dieser Darstellung davon ausgehen, dass der Widerruf zur **Beendigung** des **Vertrages** führt. **b)** Nicht unerwähnt bleiben soll, dass bei bereits erbrachter Leistung die **Rückabwicklung** nach den besonderen Modalitäten der **§ 355 Abs. 3 BGB und §§ 357–357c BGB** erfolgt. Ein klausurträchtiges Thema ist dabei die Haftung des Verbrauchers nach § 357 Abs. 7 BGB für die Verschlechterung des Kaufgegenstands bei einem Verbrauchsgüterkauf. Diese Haftung ist schärfer als beim Rücktritt. Nachdem der Widerruf nicht auf einer Vertragsverletzung des Unternehmers beruht, ist diese Differenzierung auch gerechtfertigt.

**Fall 198**

Die Rentnerin Rita Rüstig (R) kauft und bezahlt anlässlich einer von Viffig (V) für € 5,– veranstalteten Verkaufsfahrt in den Harz „mit Kaffee und Kuchen satt" eine Warmhalte-Kaffeekanne eines chinesischen Fabrikats im Verkaufswert von € 20,– zum Preis von € 60,–. Über ein Widerrufsrecht wird die R nicht belehrt. Die R hatte nur € 55,– dabei. Sie gibt dem großzügigen V ihre Adresse und einigt sich mit ihm darauf, dass sie die restlichen € 5,– bei der nächsten Ausflugsfahrt, an der sie sicher wieder teilnehmen werde, zahlen werde. Am Tag darauf lässt die R die Kanne versehentlich beim Abwaschen fallen, so dass sie zerspringt. Aus gesundheitlichen Gründen nimmt die R fortan an keiner weiteren Verkaufsfahrt teil. Die R, die inzwischen von ihrer Freundin den wahren Verkaufswert erfahren hatte, erklärt jetzt den Widerruf des Vertrages. 1) Nach 7 Monaten verlangt der V von der R die € 5,–. 2) Die R ihrerseits verlangt von dem V Rückzahlung der € 55,– 3) Der V verlangt von der R Wertersatz für die Kanne (nach Köhler).

1) Der Zahlungsanspruch des V a) wäre aus einem Kaufvertrag entstanden (§ 433 Abs. 2 BGB) und zunächst nur in Höhe von € 55,– erloschen (§ 362 Abs. 1 BGB), b) wenn dieser Kaufvertrag nicht nach §§ 433, 13, 14, 312b, 312 g Abs. 1 Var. 1, 355 Abs. 1 S. 1 BGB durch einen erklärten Widerruf beendet ist: aa) Die R hat den Widerruf erklärt (§ 355 Abs. 1 S. 2 BGB). bb) Sie müsste zum Widerruf berechtigt sein. Ein Widerrufsrecht könnte sich aus §§ 312b, 312 g Abs. 1 BGB ergeben: Der V war Unternehmer (§ 14 BGB). Die R war Verbraucherin (§ 13 BGB). Die R ist zum Abschluss eines Vertrages über eine entgeltliche Leistung auf einem Ausflug bestimmt worden, der vom V organisiert wurde, um bei Verbrauchern für den Verkauf von Waren oder die Erbringung von Dienstleistungen zu werben und mit diesen entsprechende Verträge abzuschließen (§ 312b Abs. 1 Nr. 4 BGB). cc) Der Widerruf muss aaa) allerdings innerhalb von 14 Tagen erklärt werden (§ 355 Abs. 2 BGB). bbb) Die Frist beginnt bei dem vorliegenden Verbrauchsgüterkauf (§ 474 BGB) grundsätzlich mit Erhalt der Ware (§ 356 Abs. 2 Nr. 1 lit. a BGB). Allerdings ist die Widerrufsbelehrung unterblieben, sodass die Frist nicht zu laufen beginnt und das Widerrufsrecht erst 12 Monate und 14 Tage nach Erhalt der Ware erlischt (§ 356 Abs. 3 S. 1, 2 BGB). Somit erfolgte der Widerruf hier fristgemäß. dd) Folglich entfällt die Kaufpreiszahlungspflicht gemäß § 355 Abs. 1 S. 1 BGB. 2) Der Rückzahlungsanspruch ergibt sich aus §§ 433, 355 Abs. 3 S. 1, 312b Abs. 1 Nr. 4, 312g Abs. 1 Var. 1, 357 BGB. 3) Wertersatz für die Kanne aus §§ 433, 355 Abs. 3 S. 1, 357 Abs. 7, 312b Abs. 1 Nr. 4, 312 g Abs. 1 Var. 1 BGB schuldet die R nicht, weil sie nicht nach § 357 Abs. 7 Nr. 2 BGB i. V. m. Art. 246a § 1 Abs. 2 S. 1 Nr. 1 EGBGB über ihr Widerrufsrecht belehrt wurde.

- Bei **verbundenen Verträgen** (§ 358 Abs. 3 BGB) befreit der wirksame **Widerruf** des **Liefervertrages** den Verbraucher auch von der Bindung an einen mit dem Vertrag verbundenen Verbraucherdarlehensvertrag (§ 358 Abs. 1 BGB). Im Falle eines wirksamen **Widerrufs** des **Darlehensvertrages** nach §§ 495, 355 ist der Verbraucher an einen mit dem Vertrag verbundenen Lieferungsvertrag nicht gebunden (§ 358 Abs. 2 S. 1 BGB). Bei einer **Konkurrenz** der Widerrufsrechte genießen die Regeln über den Widerruf von Verbraucherdarlehensverträgen oder mit sonstigen Finanzierungshilfen versehenen Verträgen (§§ 495, 506–512 BGB) gemäß **§ 312 g Abs. 3 BGB** Vorrang. Die Widerrufsrechte aus § 312 g Abs. 1 BGB treten insoweit zurück. Kommt Ihnen das unbekannt vor? Dann wiederholen Sie unbedingt **Fall 87**!

## 4. Beendigung von Dauerschuldverhältnissen (Zeitablauf, Kündigung)

Die bisherigen Beispiele hatten stets Verträge zum Gegenstand, die durch einen **einmaligen Leistungsaustausch** erfüllt wurden. Es gibt aber auch Vertragsverhältnisse, die auf eine längere Dauer ausgerichtet sind, die sog. **Dauerschuldverhältnisse**. Sie zeichnen sich dadurch aus, dass **Leistungen über** einen **längeren Zeitraum zu erbringen sind**, wie z. B. Miet-, Leasing-, Leih-, Darlehens-, Dienst-, Verwahrungs-, Gesellschafts-, Franchising-, Automatenaufstellungs-, Bierbezugs- oder

Versicherungsverträge. Sie begründen während ihrer Laufzeit ständig neue Leistungspflichten (gerichtet auf ein dauerndes Verhalten oder die Erbringung wiederkehrender Leistungen), leistungsbezogene Nebenpflichten und Schutzpflichten, so dass eine „ständige Pflichtanspannung" besteht.

Auf ein Dauerschuldverhältnis passen manche Regelungen des Allgemeinen Schuldrechts nicht. So ist es zum Beispiel praktisch nicht möglich, einen durchgeführten Mietvertrag nach 5jähriger Laufzeit im Falle eines gem. §§ 324, 349 BGB erklärten Rücktritts nach den §§ 346 ff. BGB zurück abzuwickeln. Deswegen ist ein **Rücktritt nach Invollzugsetzung** des **Dauerschuldverhältnisses ausgeschlossen.** Es besteht aber stattdessen die Möglichkeit einer **Kündigung**, die das Schuldverhältnis für die Zukunft beendet, bereits erbrachte Leistungen und Gegenleistungen jedoch unberührt lässt. Das Kündigungsrecht ist im Besonderen Schuldrecht an vielen Stellen speziell geregelt.

**Dauerschuldverhältnisse** können **beendet** werden

- durch **Zeitablauf** (vgl. z. B. §§ 488 Abs. 3, 575 f., 604 Abs. 1, 620 Abs. 1, 723 BGB)
- durch **besondere Beendigungsgründe** (vgl. z. B. § 604 Abs. 2, 3 BGB)
- oder durch **ordentliche Kündigung** (vgl. z. B. §§ 488 Abs. 3, 568 ff., 605, 620 Abs. 2, 723 BGB)
- oder durch **Kündigung** aus **wichtigem Grund** (vgl. z. B. die **Spezialvorschriften** wie §§ 543, 569, 626, 723 BGB).
- Auch wenn es für ein bestimmtes Schuldverhältnis keine speziellen Regelungen für eine **Kündigung aus wichtigem Grund** geben sollte, also z. B. bei Franchising-, Automatenaufstellungs-, Bierbezugs- oder bei Versicherungsverträgen, ist gleichwohl eine solche Kündigung unabdingbar gegeben, kurz gesagt: Für alle Dauerschuldverhältnisse besteht stets die Möglichkeit einer **Kündigung aus wichtigem Grund (§ 314 Abs. 1 BGB)**. Sollte der wichtige Grund, was praktisch der Regelfall sein dürfte, in der Verletzung einer Pflicht aus dem Vertrag bestehen, so ist vor der Kündigung eine Fristsetzung oder Abmahnung erforderlich (§ 314 Abs. 2 BGB). Genauso wie beim Rücktritt kann neben der Kündigung Schadensersatz verlangt werden (§ 314 Abs. 4 BGB).

Die **Kündigung** kann man nach folgendem **Schema prüfen**. Beachten Sie die Parallelität zur Prüfung des Rücktritts:

1. Bestehen eines **Kündigungsrechtes**, und zwar eines
   - ordentlichen oder außerordentlichen Kündigungsrechts, wobei
   - Spezialnormen im Besonderen Schuldrecht vorrangig sind;
2. **kein Ausschluss** der Kündigung (auch hier wieder spezielle Ausschlussgründe im Besonderen Schuldrecht).
3. Wirksame **Kündigungserklärung** (dies kann auch der 1. Prüfungspunkt sein)

**Fall 199**

Der S ist begeisterter Sportler. Er ist daher ständiger Benutzer des von F betriebenen Fitnessstudios (F). In dem Studio ist er „Mitglied" geworden, zahlt daher ein monatliches Nutzungsentgelt und kann so oft trainieren, wie er möchte. Bei einem Training verletzt sich der S schwer, da ein Gerät nicht ordnungsgemäß gewartet worden ist. Der hierfür zuständige Trainer hatte, um Kosten zu sparen, die Wartung unterlassen. Der S hat nunmehr die Freude am Sport verloren. Er kündigt daher seine „Mitgliedschaft" fristlos, kurz nachdem er aus dem Krankenhaus entlassen wurde. F verlangt weiterhin das vereinbarte Entgelt für die Studionutzung.

Der Anspruch kann sich aus einem „Studionutzungsvertrag", einem Vertrag „sui generis" (=eigener Art) ergeben (§§ 311 Abs. 1, 241 Abs. 1, 278 BGB). a) Der Anspruch auf das Nutzungsentgelt ist durch Vertragsschluss entstanden. b) Er könnte aber für die Zeit nach der Kündigung des S erloschen sein. Hier kommt eine Kündigung aus wichtigem Grund nach § 314 Abs. 1 BGB in Betracht. aa) Der S hat den Vertrag gekündigt. bb) Dazu muss ein Dauerschuldverhältnis vorliegen. Ein Dauerschuldverhältnis zeichnet sich dadurch aus, dass während der Vertragslaufzeit ständig neue Vertragspflichten hinzukommen und dass das Zeitelement eine wesentliche Bedeutung für den Leistungsumfang hat. So liegt es bei einem „Studionutzungsvertrag", denn der Betreiber muss das Studio ständig betriebsbereit halten, und der Nutzer muss monatlich zahlen. cc) Weiterhin muss ein wichtiger Grund vorliegen. Ein solcher liegt vor, „wenn dem kündigenden Teil unter Berücksichtigung aller Umstände des Einzelfalls und unter Abwägung der beiderseitigen Interessen die Fortsetzung des Vertragsverhältnisses bis zur vereinbarten Beendigung oder bis zum Ablauf der vereinbarten Kündigungsfrist nicht zugemutet werden kann". Als Beispiel nennt das Gesetz in § 314 Abs. 2 BGB „eine Verletzung einer Pflicht aus dem Vertrag". Hier liegt eine Verletzung von Pflichten aus § 241 Abs. 2 BGB vor; die der F sich zurechnen lassen muss (§ 278 BGB). Die erforderliche umfassende Abwägung ergibt, dass dem S ein Festhalten am Vertrag unzumutbar ist. Der Sorgfaltsverstoß war besonders grob und erschütterte das Vertrauen des S in die Verkehrssicherheit der Sportgeräte des F. Ein wichtiger Grund liegt daher vor. dd) Da der wichtige Grund in der Verletzung einer Sorgfaltspflicht nach §§ 241 Abs. 2, 278 BGB bestand, hätte der S dem F möglicherweise vorher eine Frist setzen oder ihn abmahnen müssen (§ 314 Abs. 2 S. 1 BGB). Nach § 314 Abs. 2 S. 2 BGB wird jedoch auf § 323 Abs. 2 Nr. 3 BGB verwiesen. Dort ist eine Fristsetzung dann nicht erforderlich, wenn besondere Umstände vorliegen, die unter Abwägung der beiderseitigen Interessen den sofortigen Rücktritt rechtfertigen. Dies dürfte hier wegen der schweren Verletzung und der groben Nachlässigkeit des F der Fall sein. ee) Die Kündigung ist unmittelbar nach der Entlassung aus dem Krankenhaus und daher innerhalb einer angemessenen Frist erfolgt. Der S muss daher kein weiteres Entgelt zahlen.

**Variante**

Der S verlangt nach Erklärung der Kündigung Schadensersatz und Schmerzensgeld wegen seiner Verletzungen.

Der Anspruch ergibt sich aus 1) §§ 280 Abs. 1 S. 1, 241 Abs. 2, 278 BGB und ist gerichtet auf Schadensersatz und Schmerzensgeld (§ 253 Abs. 2 BGB). Nach § 314 Abs. 4 BGB schließt die erklärte Kündigung die Möglichkeit, Schadensersatz zu fordern, nicht aus (vgl. die Parallele zum Rücktritt, § 325 BGB). 2) Weiterhin kommt ein Anspruch aus § 831 BGB in Betracht.

### 5. Der Aufhebungsvertrag

Auf die gleiche Weise wie ein Vertrag geschlossen werden kann, kann er auch wieder aufgehoben werden (arge. § 311 Abs. 1 BGB). Dazu müssen nicht viele Worte gemacht werden. In der Systematik der Fallbearbeitung ist der Aufhebungsvertrag ein weiterer Fall der **Beendigung** eines (hier interessierend: **verpflichtenden) Vertrages** mit der Folge, dass kein vertraglicher Anspruch bestehen kann. Auch wenn der Aufhebungsvertrag ein „actus contrarius" des aufgehobenen Vertrages ist, ist er nicht etwa das „Spiegelbild" des aufgehobenen (hier: verpflichtenden) Vertrages. Was z. B. die Frage der Formbedürftigkeit eines Aufhebungsvertrages, durch den ein nach § 311b Abs. 1 BGB formbedürftiger Vertrag aufgehoben wird, angeht, so darf nicht automatisch § 311b Abs. 1 BGB angewendet werden, sondern es muss differenziert werden: Der bereits durch Auflassung und Eintragung in das Grundbuch (§§ 873, 925 BGB) vollzogene Grundstückskaufvertrag kann nur durch einen ebenfalls der Form des § 311b Abs. 1 BGB entsprechenden Aufhebungsvertrag beendet werden, weil er die Vertragspartner entweder aufgrund einer im Aufhebungsvertrag getroffenen Vereinbarung oder kraft Gesetzes nach § 812 Abs. 1 S. 2 Var. 1 BGB zu einer Rückübereignung und zum Rückerwerb verpflichtet; gleiches soll gelten, wenn der Käufer jedenfalls ein Anwartschaftsrecht durch bindende Auflassung (§§ 925, 873 Abs. 2 BGB) und Stellung des Eintragungsantrags durch den Käufer bzw. Eintragung einer Auflassungsvormerkung erworben hat. Dagegen kann der noch nicht vollzogene Kaufvertrag formfrei aufgehoben werden.

1. Leisten wir uns wieder einmal einen **„Rückblick"**: Die **bisherige Darstellung** lässt sich wie folgt skizzieren:
   - Wenn Sie im Rahmen eines Sachverhalts eine **Fallfrage** zu beantworten haben,
   - verlangt diese von Ihnen in aller Regel, dass Sie durch Subsumtion einer Anspruchsgrundlage prüfen müssen, ob eine Person (Anspruchsteller) gegen eine andere Person (Anspruchsgegner) einen **„Anspruch"** (das Recht, ein Tun oder Unterlassen zu verlangen) hat.
   - Ein Anspruch ergibt sich stets aus einem **Schuldverhältnis**. Die gesetzliche Regelung dieses Schuldverhältnisses enthält die Norm,

aus der sich der geltend gemachte Anspruch möglicherweise ergibt (**„Anspruchsgrundlage“**).

- Rein aufbautechnisch bedingt standen **a)** im Vordergrund die Ansprüche aus rechtsgeschäftlich begründeten Schuldverhältnissen, und zwar in erster Linie die aus einem verpflichtenden Vertrag zwischen Anspruchsteller und Anspruchsgegner (§ 311 Abs. 1 BGB), während Ansprüche aus einseitigen Rechtsgeschäften (z. B. aufgrund einer Auslobung nach § 657 BGB) außer Betracht blieben. **b)** Die Erörterung von vertragsähnlichen Ansprüchen und **c)** Ansprüchen aus gesetzlich begründeten Schuldverhältnissen erfolgt erst später.
- Daher ging es zuerst um die **Prüfung** des **Vorliegens** eines **verpflichtenden Vertrages**, und zwar zunächst um die **Technik** des **Vertragsschlusses** und dann, weil es einen „Vertrag als solchen“ nicht gibt, um die möglichen **Inhalte** der **verpflichtenden Verträge**.
- Bei Rechtsgeschäften, speziell auch beim Vertragsschluss, können Mittelspersonen **(Vertreter, Boten)** mitwirken.
- Die Wirkung von Rechtsgeschäften, speziell auch die von Verträgen, können vom Vorliegen bestimmter künftiger ungewisser Ereignisse **(Bedingungen)** abhängig sein.
- Der Wirksamkeit von Rechtsgeschäften und damit speziell auch von Verträgen können **„Wirksamkeitshindernisse“** (= **„rechtshindernde Einwendungen“)** entgegenstehen: Defizite in der Person des Erklärenden (Geschäftsunfähigkeit/beschränkte Geschäftsfähigkeit); Formmängel, Gesetzeswidrigkeit; Sittenwidrigkeit; Wucher.
- „Gegenrechte“ des Anspruchsgegners (Anfechtung, Rücktritt, Widerruf bei Verträgen mit besonderen Risiken, Kündigung oder die Aufhebung des Vertrages) oder ein Aufhebungsvertrag können zur **Beendigung** des Rechtsgeschäfts, speziell auch des Vertrages, führen.
- Wenn Sie an die **Fallbearbeitung** denken, **a)** so kann Ihre Anspruchsprüfung bereits auf dieser Wegstrecke zu einem **Endergebnis** führen, **aa)** wenn z. B. kein Vertrag geschlossen ist: „Also besteht zwischen A und B kein Kaufvertrag. Daher steht dem A gegen den B kein Anspruch auf Zahlung von …/auf Übereignung und Übergabe von … zu“, oder weil er zwar geschlossen ist, aber ihm Wirksamkeitshindernisse entgegenstehen, oder weil er zwar geschlossen ist, ihm auch keine Wirksamkeitshindernisse entgegenstehen, wohl aber Beendigungsgründe vorliegen. **bb)** Aber es kann auch so sein, dass Ihre Prüfung dazu geführt hat, dass zwischen A und B z. B. ein Kaufvertrag besteht, dass keine Wirksamkeitshindernisse gegeben sind, dass keine Beendigungsgründe vorliegen und dass der Anspruch damit also entstanden ist. Wenn Sie dann nach dem Sachverhalt auch keinerlei Anlass zur Prüfung haben, ob es sich um einen Vertrag ohne primäre Leistungspflicht handelt, oder ob der Anspruchs erloschen ist oder ob ihm Einreden, die

zur Undurchsetzbarkeit des Anspruchs führen, entgegenstehen (dazu sogleich **sub B**), dann kann Ihr Endergebnis lauten: „Also steht dem A gegen den B ein Anspruch auf Zahlung von .../auf Übereignung und Übergabe von ... zu." **b)** So einfach liegt es aber nicht immer. **aa)** Denn in einigen wenigen Fällen haben Sie Anlass zu untersuchen, ob der Vertrag keine primären Leistungspflichten begründet. Wenn Sie das verneinen, berechtigt Sie die Feststellung eines zustande gekommenen und wirksamen und nicht beendeten verpflichtenden Vertrages meist nur zur Formulierung eines **Zwischenergebnisses**: „Also besteht zwischen A und B ein Kaufvertrag. Damit ist ein **Anspruch** des A gegen den B auf Zahlung von .../auf Übereignung und Übergabe ... aus § 433 Abs. 2 BGB/aus § 433 Abs. 1 BGB **entstanden**". **bb)** Jetzt geht es nur noch darum, ob der entstandene Anspruch erloschen ist oder ob ihm Einreden entgegenstehen, die zur Undurchsetzbarkeit führen. Und dann haben Sie zu prüfen, ob der entstandene Anspruch erloschen ist oder ob ihm Einreden entgegenstehen.

2. Daher wird jetzt der **„Blick nach vorn gerichtet"**: Im Folgenden werden wir uns mit dem **Schicksal** des **Anspruchs aus einem verpflichtenden Vertrag** befassen. Und natürlich haben wir dabei ständig das **Schicksal gesetzlicher Ansprüche** mit im Auge! Und daher ist die Überschrift sub B auch ganz bewusst so gefasst, dass dem Leser deutlich wird, dass die folgenden Ausführungen auch Ansprüche aus gesetzlichen Schuldverhältnissen betreffen können.

## B. Der Anspruch, und zwar aus allen Schuldverhältnissen

Gehen Sie jetzt also bitte davon aus, dass die bisherige Fallbearbeitung Sie noch **nicht** zu einem **Endergebnis** des Inhalts, dass mangels eines bestehenden Vertrages kein Anspruch besteht, **geführt hat**, sondern davon, dass Sie lediglich festgestellt haben, dass ein Anspruch aus einem Rechtsgeschäft, namentlich einem Vertrag (§ 311 Abs. 1 BGB), entstanden ist – und zwar, weil der Vertrag wirksam geschlossen worden ist, weil ihm keine Wirksamkeitshindernisse entgegen stehen und weil er nicht beendet ist – dass Sie aber Anlass haben, zu untersuchen, ob der deshalb **„entstandene Anspruch"** vielleicht gar nicht zur Leistung verpflichtet. Die dazu jetzt (sub B) folgende Passage dieses Buches befasst sich aber nicht mehr nur noch mit vertraglichen Ansprüchen, an die Sie bisher gedacht hatten, sondern mit Ansprüchen aus allen Schuldverhältnissen, also allen rechtsgeschäftlichen und gesetzlichen Schuldverhältnissen. Sie lesen richtig: Jetzt geht es nicht mehr nur um den rechtsgeschäftlichen, speziell vertraglichen Anspruch, sondern um alle Ansprüche, also auch um die aus einem einseitigen Rechtsgeschäft (z. B. § 657 BGB oder aus §§ 2047, 2074 BGB) und aus gesetzlichen Schuldverhältnissen, mit denen wir uns, was die Voraussetzungen angeht, ja noch in Teil 5, Teil 6, Teil 7, Teil 8, Teil 11, und Teil 12 befassen werden

Für den, der es nicht glauben will, noch einmal: Jetzt, wo es um das rechtliche Schicksal von Ansprüchen aus Schuldverhältnissen geht, dürfen Sie also nicht mehr nur noch solche Ansprüche vor Augen haben, die sich aus einem Rechtsgeschäft, namentlich aus einem Vertrag (§ 311 Abs. 1 BGB), ergeben, sondern müssen **alle rechtsgeschäftlichen begründeten Ansprüche** und auch die **Ansprüche** aus **gesetzlichen Schuldverhältnissen** im Blickfeld haben.

Aber wir wollen das „Kind nicht mit dem Bade ausschütten": Nicht alle Normen, die das Schicksal von entstandenen Ansprüchen regeln, gelten für rechtsgeschäftliche und gesetzliche Ansprüche gleichermaßen.

Was unsere Darstellung zum Schicksal von Ansprüchen angeht, werden – da Sie jedoch in diesem Buch bisher kaum gesetzliche Schuldverhältnisse und daraus resultierende Ansprüche kennengelernt haben – unsere Beispiele i. d. R. zunächst weiterhin solche sein, die Ansprüche aus rechtsgeschäftlichen, i. d. R. vertraglichen Schuldverhältnissen, betreffen.

Wenn Sie also bei der Fallbearbeitung meinen einen Anlass dazu zu haben, müssen Sie jetzt bei der Fallbearbeitung Ihre **Prüfung** mit der Fragestellung fortsetzen, ob der aufgrund eines wirksamen und nicht beendeten verpflichtenden Vertrages **entstandene Anspruch**,

- möglicherweise **nicht mehr besteht**, weil er **erloschen ist (sub II)**,
- oder ob er zwar noch besteht, aber nicht durchgesetzt werden kann, weil ihm **rechtshemmende Einreden** entgegenstehen **(sub III)**.
- Das sind die beiden klassischen Fragen, wenn es um das Schicksal eines Anspruchs aus einem verpflichtenden Vertrag geht. Vorangestellt werden muss aber die **logisch vorrangige Frage**, ob es auch **verpflichtende Verträge ohne primäre Leistungspflicht** gibt und ob ggf. ein solcher vorliegt **(sub I)**.
- Dies alles erörtern Sie aber bitte nicht „blindlings" bei jeder Fallbearbeitung, sondern wirklich **nur**, **wenn** der **Sachverhalt** Ihnen zu einer derartigen Prüfung einen **Anlass bietet**.

## I. Vertrag ohne primäre Leistungspflicht (§ 311a Abs. 1 BGB)

Es ist schon überraschend: Nun haben Sie sich über hunderte von Seiten hinweg mit den Voraussetzungen für das Zustandekommen von verpflichtenden Verträgen mit deren möglichen Inhalten, den in Betracht zu ziehenden entgegenstehenden Wirksamkeitshindernissen sowie mit möglichen Beendigungsgründen vertraut gemacht. Jetzt erfahren Sie, dass es verpflichtende Verträge gibt, die zwar „zustande gekommen", „wirksam" und nicht „beendet" sind, die aber gleichwohl keine primäre Leistungspflicht begründen.

Wer ein sorgfältiger Leser ist und ein gutes Gedächtnis hat, kann über diese These nicht erstaunt sein. Denn wir haben schon früher auf die Möglichkeit hingewiesen, dass es Verträge gibt, die keine primäre Leistungspflicht haben. Bei den meisten Lesern wird aber die Erinnerung daran „verschüttet" sein. Deshalb nähern wir uns diesem Thema noch einmal ganz vorsichtig und weit ausholend mit einem *Beispiel*: Verkäufer (V) verkauft dem Käufer (K) eine ganz bestimmte Sache („Speziesschuld"/„Stückschuld"). Allerdings ist die Sache ohne Wissen des V und des K kurz vor dem Vertragsschluss verbrannt. K verlangt nun aus dem Kaufvertrag gemäß § 433 Abs. 1 S. 1 BGB Lieferung der Sache von V, Zug-um-Zug gegen Zahlung des Kaufpreises. Es stellt sich nun die Frage, ob der Kaufvertrag besteht, also ob er zustande gekommen ist, ob ihm „Wirksamkeitshindernisse" („rechtshindernde Einwendungen") entgegenstehen oder ob er nachträglich beendet wurde. Bei diesen Fragen bewegen Sie sich inzwischen auf „vertrautem Terrain". Wenn Sie zum Ergebnis kommen sollten, dass ein wirksamer und nicht beendeter Kaufvertrag vorliegt, könnten Sie veranlasst sein, Ihr Zwischenergebnis dahingehend zu formulieren, dass der „Anspruch auf Lieferung entstanden ist". Dabei hätten Sie allerdings außer Acht gelassen, dass der V schon bei Abschluss des Kaufvertrages außer Stande war, diese Verpflichtung aus dem Kaufvertrag zu erfüllen: die zu übereignende und zu übergebende Sache existierte ja nicht mehr. Womöglich wissen Sie bereits, dass in einem solchen Fall der Lieferungsanspruch deshalb ausgeschlossen ist. Wie sollte es auch anders sein, denn es gilt der berühmte römisch-rechtliche Rechtssatz: „Impossibilium nulla est obligatio" (d. h. „auf etwas Unmögliches kann eine Verpflichtung nicht gerichtet sein"). Im Gesetz hat diese Regel ihren Niederschlag in **§ 275 Abs. 1 BGB** gefunden: „Der Anspruch auf Leistung ist ausgeschlossen, soweit diese für den Schuldner oder für jedermann unmöglich ist". Die Frage ist, ob nicht in solchen Fällen, in denen „das Leistungshindernis schon bei Vertragsschluss vorliegt", bereits der verpflichtende Kaufvertrag nicht besteht, weil ihm ein „Wirksamkeitshindernis" („rechtshindernde Einwendung") entgegensteht. So abwegig ist die Frage nicht, denn in der Tat galt bis zum 31. Dezember 2001 der § 306 BGB a. F., in dem es hieß: „Ein auf eine unmögliche Leistung gerichteter Vertrag ist nichtig". Nach „altem Recht" bestünde also gar kein Kaufvertrag. Nunmehr aber heißt es in § 311a Abs. 1 BGB genau gegenteilig: „Der Wirksamkeit eines Vertrages steht es nicht entgegen, dass der Schuldner nach § 275 Abs. 1 bis 3 BGB nicht zu leisten braucht und das Leistungshindernis schon bei Vertragsschluss vorliegt". Was hat sich der Gesetzgeber bei dieser Kehrtwende um 180° gedacht? In der Begründung des Regierungsentwurfs lesen Sie dazu u. a.: „Die Anordnung der Wirksamkeit des Vertrages in § 311a Abs. 1 BGB steht nicht in Widerspruch zu § 275 Abs. 1 BGB. Allerdings gilt diese Vorschrift auch für die anfängliche Unmöglichkeit. Ein Anspruch auf die Primärleistung kommt daher hier von vornherein nicht in Betracht. Das ist jedoch keineswegs unvereinbar mit der Wirksamkeit des Vertrags, sondern bedeutet lediglich, dass hier ein Vertrag ohne primäre Leistungspflicht entsteht, was seit langem eine anerkannte dogmatische Kategorie darstellt. Dieser bildet die Grundlage für einen etwaigen Surrogationsanspruch nach § 285 und vor allem für Ersatzansprüche nach § 311a Abs. 2". Nach diesen Ausführungen in der Begründung des Regierungsentwurfs besteht also tatsächlich in den Fällen einer anfänglichen, also schon bei Vertragsschluss vorliegenden, Unmöglichkeit zwar ein verpflichtender Vertrag, aber eben ein **„Vertrag ohne primäre Leistungspflicht"**.

Das scheint auf den ersten Blick eine künstliche juristische Konstruktion des Gesetzgebers zu sein. So ist es aber nicht; sie passt durchaus in die „dogmatische Landschaft": Es gibt nämlich sog. „unvollkommene Verbindlichkeiten", auch „Naturalobligationen" genannt, bei denen es vergleichbar liegt: Bei einem Vertrag über eine **„Heiratsvermittlung"** (§ 656 BGB) wird „durch das Versprechen eines Lohnes für den Nachweis der Gelegenheit zur Eingehung einer Ehe eine Verbindlichkeit nicht begründet". In § 762 BGB heißt es gleichlautend: „Durch **Spiel oder Wette** wird eine Verbindlichkeit nicht begründet. ...". Sie entsinnen sich vielleicht jetzt daran, dass diese Verträge allein den Sinn haben, dass das gleichwohl Geleistete nicht zurückgefordert werden kann (lesen Sie: §§ 656 Abs. 1 S. 2 und 762 Abs. 1 S. 2 BGB).

Einigen mag die dogmatische Einordnung einer von vornherein nach § 275 BGB ausgeschlossenen Verbindlichkeit als „unvollkommene Verbindlichkeit" nicht zusagen. Das (unstreitige) Ergebnis, dass der primäre Erfüllungsanspruch ausgeschlossen ist (§ 275 Abs. 1 BGB) bzw. dass der Schuldner die Leistung verweigern kann (§ 275 Abs. 2, 3 BGB), ließe sich dogmatisch auch anders begründen: man kann auch sagen, der nach § 311a Abs. 1 BGB für wirksam erklärte **Vertrag** ist von vornherein nicht auf die primäre Leistungspflicht, sondern **nur auf** die **Leistung** von **Schadensersatz gerichtet** ist (z. B. Canaris). Am einfachsten ist es, wenn man von einem ganz normalen Vertrag mit Leistungspflichten ausgeht, bei dem Anspruch auf Leistung eine **rechtsvernichtende Einwendung** entgegensteht.

Das klingt alles recht simpel.

In der Tat: Keine großen Schwierigkeiten bereiten die Fälle, in denen das Leistungshindernis eine bei Vertragsschluss bestehende Unmöglichkeit ist (§ 275 Abs. 1 BGB).

Wenn aber ein Fall des § 275 Abs. 2 oder 3 BGB gegeben ist, tun sich dogmatische Hürden auf, die genommen werden müssen, bevor man sich dazu entschließt, das Vorliegen eines wirksamen Vertrages ohne Leistungsverpflichtung anzunehmen. In § 311a Abs. 1 BGB heißt es nämlich, dass das „Leistungshindernis" bei Vertragsschluss vorliegen muss. Worin besteht aber das Leistungshindernis bei § 275 Abs. 2, 3 BGB? In den die Leistungserschwerung ausmachenden Umständen, die zur Leistungsverweigerung berechtigen, oder in der Erklärung der Leistungsverweigerung? Würde man die Erklärung der Leistungsverweigerung als das „Leistungshindernis" ansehen, dann gäbe es gar keine anfänglichen Leistungshindernisse, denn die Leistungsverweigerung kann der Vertragsschuldner naturgemäß erst nach dem Abschluss des Vertrages erklären. Aus der Tatsache, dass der Gesetzgeber nicht nur den Fall des § 275 Abs. 1 BGB, sondern auch die beiden Fälle des § 275 Abs. 2, 3 BGB in den § 311a Abs. 1 BGB aufgenommen hat, folgt, dass er offenbar unter dem „Leistungshindernis" i. S. d. § 311a Abs. 1 BGB die **die Leistungserschwerung ausmachenden Umstände** gemeint hat. In der Fallbearbeitung sollten Sie aber auf diese dogmatische Frage überhaupt nicht eingehen;

Sie müssen nämlich nicht „päpstlicher als der Papst“ (=der Gesetzgeber) sein und brauchen daher im Hinblick auf den Wortlaut des Gesetzes lediglich zu schreiben, dass z. B. **„ein Anspruch des K gegen den V auf Übereignung und Übergabe aus § 433 Abs. 1 S. 1 BGB ausgeschlossen ist (§ 275 Abs. 1 BGB)“** oder dass **„der V die Übereignung und Übergabe verweigern kann (§ 275 Abs. 1 BGB/§ 275 Abs. 2BGB)“**. Was die weitere Darstellung zur Konstellation der schon bei Vertragsschluss vorliegenden Leistungshindernisse angeht, so steht man als Autor vor einem gewissen **Dilemma**: Rein aufbaulogisch gesehen müsste eigentlich jetzt an dieser Stelle des Buches eine ausführliche Darstellung der Voraussetzungen § 275 Abs. 1–3 BGB erfolgen. Das geschieht nicht. Denn die Fälle der Befreiung eines Schuldners von seiner primären Leistungspflicht wegen anfänglich vorliegender Leistungshindernisse sind außerordentlich selten vorkommende Konstellationen. Wer geht schon eine vertragliche Verpflichtung zu einer Leistung ein, die schon bei Vertragsschluss unerbringbar ist und wann geschieht dies schon aus Versehen? Die meisten Fälle, bei denen Sie sich mit dem Wegfall einer primären Leistungspflicht aus den Gründen des § 275 Abs. 1–3 BGB zu befassen haben, sind daher ohne Zweifel solche mit erst nachträglich entstehenden Leistungshindernissen. Das ist der Grund, warum wir die Erörterung des § 275 BGB schwerpunktmäßig „nach hinten verschieben“, indem wir diese Norm erst im Zusammenhang mit dem nachträglichen Wegfall eines entstandenen primären Leistungsanspruchs erörtern. Gleichwohl sollen einige Beispiele die Konstellation illustrieren, bei der infolge eines „schon bei Vertragsschluss“ vorliegenden Leistungshindernisses ein Vertrag ohne primäre Leistungspflicht besteht.

**Fall 200**

Der V verkauft dem K ein einzigartiges Kunstwerk, das eine Sekunde vor Vertragsschluss verbrannt ist. Der K verlangt Lieferung des Kunstwerks von V.

Der Anspruch könnte sich aus einem Kaufvertrag ergeben (§ 433 Abs. 1 S. 1 BGB. a) V und K haben einen Kaufvertrag abgeschlossen. b) Der Anspruch des K gegen den V auf Lieferung der Kaufsache ist jedoch nach § 275 Abs. 1 BGB ausgeschlossen, weil die Leistung jedermann (also „objektiv“) anfänglich unmöglich ist. Für die Klausur nicht mehr relevant: c) Der Umstand, dass das Leistungshindernis schon bei Vertragsschluss vorlag, steht der Wirksamkeit des Vertrages nicht entgegen; es handelt sich um einen „Vertrag ohne primäre Leistungspflicht“ nach § 311a Abs. 1 BGB.

**Variante**

Der V verkauft dem K eine Sache, die er zuvor bereits an den D verkauft und übereignet und übergeben hatte. Der D ist nicht bereit, die Sache an den V zurück zu geben bzw. zurück zu übereignen. Der K verlangt Lieferung der Sache von V.

Der Anspruch könnte sich aus einem Kaufvertrag ergeben (§ 433 Abs. 1 S. 1 BGB). a) Der Kaufvertrag ist geschlossen. b) Der Anspruch des K gegen den V auf Lieferung der Kaufsache ist jedoch gemäß § 275 Abs. 1 BGB ausgeschlossen, denn, weil sich der Verkäufer das Eigentum und den Besitz am Leistungsgegenstand nicht verschaffen kann und daher nicht an K übereignen und übergeben kann. Für die Klausur nicht mehr relevant: c) Der Umstand, dass das Leistungshindernis schon bei Vertragsschluss vorlag, steht der Wirksamkeit des Vertrages nicht entgegen; es handelt sich um einen „Vertrag ohne primäre Leistungspflicht" nach § 311a Abs. 1 BGB.

**Variante**

V ist Millionär und verkauft dem K für € 900,– einen Diamantring im Werte von € 1000,–. Tags zuvor hatte der V den Ring seiner Freundin F geliehen. Die F hatte noch vor Vertragsschluss mit einem Nebenbuhler des V eine Ruderboottour auf der Alster unternommen, wobei ihr der Ring über Bord gefallen war. Die F hatte es bisher aufgrund der Gesamtumstände nicht gewagt, dem V den Verlust zu beichten. Der Ring wäre nur wiederzubeschaffen, wenn man die Alster trocken legen ließe und den Schlamm durchsuchte, was mit – auch den V überfordernden – Kosten in Höhe von € 500 Mio. verbunden wäre. Der K verlangt Lieferung des Ringes von V. Der V lehnt die Lieferung ab (nach Heck und RegE).

Der K könnte einen Anspruch gegen den V aus einem Kaufvertrag haben (§ 433 Abs. 1 S. 1 BGB). a) Der Kaufvertrag ist zustande gekommen; er ist wirksam und nicht beendet. b) Die Frage ist, ob ein Lieferungsanspruch entstanden ist. aa) Das wäre mit Sicherheit nicht der Fall, wenn ein Fall anfänglicher Unmöglichkeit vorläge (§ 275 Abs. 1 BGB). Da eine Bergung des Ringes technisch möglich wäre, liegt keine Unmöglichkeit vor. Die Frage ist, ob der Umstand, dass dem Schuldner V die Leistung „wirtschaftlich unmöglich" ist, zum Ausschluss des Leistungsanspruchs führt. Ein Umkehrschluss aus § 275 Abs. 2 BGB zeigt, dass es keine Unmöglichkeit aus wirtschaftlichen Gründen gibt; die „wirtschaftliche Unmöglichkeit" soll allenfalls ein Fall der „Störung der Geschäftsgrundlage" (§ 313 BGB) sein (Canaris). bb) Fraglich ist ferner, ob ein Fall des § 275 Abs. 2 BGB vorliegt, bei dem das „Leistungshindernis" bei Vertragsschluss vorliegt. Die Verschaffung des Rings hätte einen i. S. d. § 275 Abs. 2 S. 1 BGB unverhältnismäßigen Aufwand erfordert (Missverhältnis zwischen dem Leistungsinteresse des K im Werte von € 1000,– und den Bergungskosten von € 500 Mio.). Der V hat die Leistung daher nach § 275 Abs. 2 BGB zu Recht verweigert. cc) Für die Klausur nicht relevant aber für unsere Zwecke zu klären bleibt die Frage, ob dieser Umstand dazu führen würde, dass ein Kaufvertrag ohne primäre Leistungspflicht besteht. aaa) Wenn man das Recht, nach § 275 Abs. 2 BGB die Leistung zu verweigern als „Leistungshindernis" ansieht, läge ein Kaufvertrag ohne primäre Leistungsverpflichtung vor. bbb) Wenn man aber als „Leistungshindernis" erst die nach Vertragsschluss erklärte Leistungsverweigerung des V ansieht, wäre der Anspruch des K gegen den V zwar entstanden, aber nach § 275 Abs. 2 BGB durch die Leistungsverweigerung erloschen.

Diese gekünstelten Fälle (die wir auch noch um vergleichbar seltene Fälle anfänglicher rechtlicher Unmöglichkeit verlängern könnten) machen deutlich, wie theoretisch die Konstellation eines Ausschlusses einer primären vertraglichen Leistungspflicht aufgrund anfänglicher Leistungshindernisse ist. Wie gesagt: Mit § 275 BGB werden wir uns „erst richtig“ befassen, wenn es um die Frage geht, ob ein „entstandener Anspruch“ wegen eines nach Vertragsschluss entstandenen Leistungshindernisses nach § 275 Abs. 1–3 BGB entfallen ist. Haben Sie also noch ein wenig Geduld.

Dennoch sei an dieser Stelle gesagt, dass Sie § 311a BGB unbedingt kennen müssen – auch wenn Beispiele hierfür weitgehend konstruiert sind. Denn es kommt in Klausuren immer wieder vor, dass Sie einen Schadensersatzanspruch statt der Leistung wegen Unmöglichkeit prüfen müssen. Hier müssen Sie die Abgrenzung zwischen §§ 280 Abs. 1, 3, 283 BGB einerseits und § 311a Abs. 2 BGB andererseits beherrschen. Dies gelingt Ihnen nur, wenn Sie wissen, welche Fälle unter § 311a BGB fallen und welche nicht. Verstehen Sie das soeben Erlernte daher auch als Merkposten für die spätere Auseinandersetzung mit dem Schadensersatz bei Verletzung einer Pflicht aus Schuldverhältnissen.

Wir wenden uns jetzt wieder der **„Realität der Fallbearbeitung“** zu, also den Fällen, in denen ein **Anspruch „entstanden ist“**, weil ein schuldrechtlich verpflichtender Vertrag zustande gekommen ist, weil dem Vertrag keine Wirksamkeitshindernisse entgegen stehen, er auch nicht beendet ist und der Vertrag auch primäre Leistungspflichten begründet ist. Nun kann sich **aus** dem **Sachverhalt** ein **Anlass ergeben** zu **prüfen**, ob der **Anspruch erloschen (sub II)** ist oder ob ihm **Einreden (sub III)** entgegen stehen, die zur Undurchsetzbarkeit des Anspruchs führen.

## II. Das Erlöschen des Anspruchs

Vorab soll das **Programm der folgenden Darstellung** genau bestimmt werden:

1. Bei der Prüfung der rechtlichen Möglichkeiten des Erlöschens von Ansprüchen wollen wir mit der **Erfüllung** und den **Erfüllungssurrogaten** (also z. B. der Aufrechnung) beginnen **(sub 1.)**.
2. Sodann werden wir **(sub 2.)** das **Erlöschen** von **Ansprüchen** infolge von Leistungsstörungen und ähnlich wirkenden Ereignissen erörtern, und zwar das Erlöschen von **auf** die **Erfüllung** einer **primären Leistungspflicht** gerichteten **Ansprüchen** und bei Ansprüchen aus gegenseitigen Verträgen auch die Frage des Erlöschens von **Gegenleistungsansprüchen**.
3. Von geringerer Bedeutung ist der dann angesprochene **Erlassvertrag (sub 3.)**.
4. Einem Anspruch, also auch einem vertraglichen Anspruch, können schließlich sog. **Ausübungsschranken** entgegenstehen **(sub 4.)**.
5. Schließlich kann ein Anspruch auch **durch** eine **Zession** oder eine **Schuldübernahme „erlöschen“**.

**a)** Bei einer **Zession** (§§ 398 ff. BGB) sprechen wir von einem „Erlöschen" des Anspruchs, weil er nach erfolgter Abtretung nicht mehr dem Anspruchsteller zusteht, sondern einer anderen Person (§ 398 S. 2 BGB). Das Gleiche gilt für eine „cessio legis".

**b)** Bei einer **befreienden Schuldübernahme** (§§ 414, 415 BGB) besteht der Anspruch des Anspruchstellers gegen den Anspruchsgegner deshalb nicht mehr und wird daher als „erloschen" angesehen, weil nachträglich ein anderer die Schuld des Anspruchsgegners diesen befreiend übernommen hat.
Diese Institute (Zession, Schuldübernahme) werden hier aber nur kurz und auch ausschließlich unter dem Aspekt des Erlöschens eines Anspruchs **(sub 5.)** angesprochen und dann später in einem anderen Zusammenhang vertieft behandelt (Teil 10).

## 1. Erlöschen des Anspruchs durch Erfüllung und Aufrechnung

### a) Erlöschen des Anspruchs durch Erfüllung

Der **Regelfall** des **Erlöschens** eines **Anspruchs** aus einem **rechtsgeschäftlichen**, insbesondere aus einem **vertraglichen Schuldverhältnis**, mit dem wir uns hier befassen, oder auch aus einem **gesetzlichen Schuldverhältnis** (an das wir, wo es jetzt nur um das Schicksal des Anspruchs geht, auch denken müssen!) ist die **Erfüllung (§ 362 BGB)**.

Dieser Satz scheint auf den ersten Blick im Widerspruch zum Wortlaut des § 362 BGB zu stehen, wo es heißt: „Das Schuldverhältnis erlischt …". Der Wortlaut des Gesetzes ist in der Tat missverständlich. Diese Formulierung bedeutet nämlich nicht etwa, dass durch die Erfüllung das „Schuldverhältnis i.w.S." (also z. B. der Kaufvertrag) „erlischt", sondern dass nur das „Schuldverhältnis i.e.S." (also der Anspruch des Käufers auf Übergabe und Übereignung/der Anspruch des Verkäufers auf Zahlung des Kaufpreises) „erlischt".

Nicht alle der bei der **Prüfung der Erfüllung** zu erörternden **Voraussetzungen** ergeben sich unmittelbar aus dem Wortlaut des § 362 BGB. Folgendes **Prüfungsschema** (das zugleich die **Gliederung** für die folgenden Ausführungen ist) erscheint sinnvoll zu sein:

- Der **Schuldner** oder ein **Dritter** führt **(sub aa))**
- **beim Gläubiger** oder einem **Dritten (sub bb))**
- am **Erfolgsort** zur **rechten Zeit** den geschuldeten **Leistungserfolg** oder einen **anderen Erfolg** herbei, **(sub cc)),**
- wobei der **Erfolg bewirkt** sein muss **(sub dd)),**
- der **Zweck Erfüllung** sein muss **(sub ee))**
- und der Gläubiger die **Empfangszuständigkeit** haben muss **(sub ff))**.

aa) Erfüllung durch den Schuldner oder einen Dritten

Der Wortlaut des § 362 Abs. 1 BGB ist hinsichtlich der Frage, **wer** die Leistung zu erbringen hat, neutral.

Offenbar wird stillschweigend vom Gesetz vorausgesetzt, dass der **Schuldner selbst** oder (wenn der Schuldner nicht höchstpersönlich leisten muss) durch Einschaltung anderer Personen, die wir **Leistungsgehilfen** nennen, zu erfüllen hat; das ist so selbstverständlich, dass das Gesetz dazu „schweigen" konnte.

**Fall 201**

Der V hat eine Wohnung an den M vermietet. Der M hat zwei Zimmer der Wohnung erlaubterweise (lesen Sie: § 553 BGB) an seine Freunde A und B untervermietet. Als der M für „den LLM" nach Warwick in England geht, beauftragt er den sich damit einverstanden erklärenden A (§ 662 BGB), für diese Zeit die Miete an den V zu bezahlen, was der A für den vereinbarten Zeitraum auch tut. Der A zahlt weiterhin die aus dem Untermietvertrag geschuldete Miete an den M. 1) Kann der V später trotzdem von M die Zahlung der Miete verlangen? 2) Kann der A den verauslagten Betrag von M verlangen?

1) Der Anspruch des V gegen M aus § 535 Abs. 2 BGB ist a) entstanden, b) aber durch Erfüllung seitens des M (der sich des damit beauftragten A bedient hat) erloschen (§ 362 Abs. 1 BGB); ein Dritter hat hier also nicht geleistet. 2) Der A kann von M Aufwendungsersatz nach § 670 BGB verlangen.

Anstelle des Schuldners **können** aber auch **Dritte** leisten, wobei zwischen den Fällen der **bloßen Möglichkeit eines** jeden **Dritten**, anstelle des Schuldners die Leistung zu bewirken **(§ 267 Abs. 1 BGB)**, und den Fällen, in denen ein Dritter ein **Recht** dazu hat, also ihm ein **„Ablösungsrecht"** bzw. **„Befriedigungsrecht"** z. B. nach §§ 268, 1142, 1225, 1249 BGB zusteht, unterschieden werden muss.

In diesen Fällen einer befreienden Leistung eines Dritten zur Erfüllung einer fremden Verbindlichkeit stellt sich die später in anderen Zusammenhängen immer wieder erörterte (bei Einstandspflichten Dritter für den Schuldner z. B. des Bürgen, Privat-Versicherers, Sozialversicherers, Arbeitgebers, Unterhaltsverpflichteten) hochinteressante Anschlussfrage, ob der leistende **Dritte beim Schuldner „Regress"** („Rückgriff") nehmen kann.

Wir beginnen mit der Fallkonstellation einer **„bloßen Möglichkeit"** zur **Tilgung fremder Schulden**: In der **Regel** kann anstelle des Schuldners ein (wir nennen ihn hier fortan für den „Hausgebrauch" so) **„allgemeiner" Dritte** nach **§ 267 Abs. 1 BGB befreiend** an den Gläubiger leisten. Das sind „wir alle". Auch Sie, die Sie dies gerade lesen, können – aus welchem Motiv oder gar aufgrund welchen Rechtsgrundes auch immer – als Dritter die Schulden Ihres gegenwärtigen Sitznachbarn in der Bibliothek tilgen. Es gibt hiervon nur zwei **Ausnahmen**, in denen ein Dritter nicht befreiend die Leistung bewirken kann, nämlich

- wenn eine **höchstpersönliche** („in Person" zu leistende) **Schuld** besteht (§ 267 Abs. 1 S. 1 BGB)
- oder wenn der **Gläubiger** die Leistung **ablehnt** *und* der **Schuldner widerspricht** (§ 267 Abs. 2 BGB).

**Fall 202**

Der M hat es unterlassen, für die Weiterzahlung des Mietzinses Vorsorge zu treffen; daraufhin entschließt sich der A zur Zahlung an den V. 1) Kann der V nach der Rückkehr des M von diesem erneut Zahlung verlangen? 2) Kann der A von M Zahlung verlangen?

1) Fraglich ist, ob M nach §§ 362 Abs. 1, 267 BGB von der Mietzinsschuld aus § 535 Abs. 2 BGB frei geworden ist. Dritter ist, wer mit dem Willen, auf eine fremde Schuld zu leisten, geleistet hat. Der A ist also Dritter. Da der M nicht in Person zu leisten hatte (§ 267 Abs. 1 S. 1 BGB) und kein gemeinsamer Widerspruch von Gläubiger V und Schuldner M der Erfüllungswirkung entgegensteht (§ 267 Abs. 2 BGB), ist M frei geworden. 2) Beim Regressanspruch des A empfiehlt es sich – wie bei jedem Regressanspruch – folgendes Prüfungsschema gedanklich durchzuspielen: Gibt es einen Regressanspruch aus einem Innenverhältnis entweder aus einem Vertrag zwischen dem Schuldner und dem Dritten (z. B. §§ 662, 670 BGB) oder aus dem Gesetz (§ 426 Abs. 1 BGB)?/einen Ausgleichsanspruch aufgrund einer „cessio legis" (z. B.: §§ 268 Abs. 3, 426 Abs. 2, 774, 1143 BGB, 67 VVG, 116 SGB X, 6 EFZG)?/einen sonstigen gesetzlichen Ausgleichsanspruch (z. B. §§ 677, 683, 670; 687 Abs. 2, 681 S. 2, 670 BGB)?/einen Anspruch des Regress nehmenden Dritten gegen den Gläubiger auf Abtretung seiner Ansprüche gegen den Schuldner (§§ 255, 285 BGB)?/oder einen Anspruch aus § 812 Abs. 1 S. 1 Var. 2 BGB („Kondiktion in sonstiger Weise") mit dem zusätzlichen Problem der „aufgedrängten Bereicherung"? Sie erkennen schon aus dieser Zusammenstellung, wie anspruchsvoll diese Fragestellung ist. Wir sparen uns die Antworten solange auf, bis wir mehr dazu wissen.

Bestimmte **(„besondere") Dritte** sind privilegiert: Sie haben nicht nur die Möglichkeit, die befreiende Leistung anstelle des Schuldners an den Gläubiger zu bewirken, wie es i. d. R. nach § 267 BGB der Fall ist, sondern ein **Recht** zur **Befreiung** des **Schuldners** und werden beim Regress durch eine „cessio legis" bevorzugt; man nennt sie auch **„Ablösungsberechtigte"** bzw. **„zur Befriedigung Berechtigte"**.

So kann Dritten ein Ablösungsrecht aus **§ 268 BGB** zustehen, wenn der **Gläubiger** die **Zwangsvollstreckung in** einen dem **Schuldner gehörigen Gegenstand** „betreibt" und ein anderer, also **ein „Dritter"**, **Gefahr** läuft, ein **Recht an dem Gegenstand** zu **verlieren**. Um im speziellen Fall einer bevorstehenden Zwangsvollstreckung nach § 1147 BGB in das mit einer Hypothek/Grundschuld belastete Grundstück die Kosten der Zwangsvollstreckung zu vermeiden, verlagert

§ 1150 BGB den Zeitpunkt für die Möglichkeit einer Ablösung nach § 268 BGB, die nach dessen Wortlaut erst ab dem „Betreiben" derselben besteht, vor auf den Moment des „Verlangens der Befriedigung aus dem Grundstück". Es wird wieder einmal schwierig. Aber mit ein wenig Einsatz und Geduld mit sich selbst werden Sie alles verstehen; und Sie dürfen sicher sein, dass Sie sich mit diesem Problem und mit diesem Fall nicht zum letzten Mal befasst haben.

**Fall 203**

Der V hat in einem ihm gehörenden Haus auf der „richtigen" Seite der Elbchaussee dem sehr wohlhabenden 60jährigen M eine Wohnung mit Elbblick zu einem festen Mietzins für 20 Jahre vermietet. Zur Sicherung einer gegen den V bestehenden Darlehensforderung der Bank B-Bank (B) hat der V der B eine Hypothek an dem Grundstück bestellt (§ 1113 BGB); der V hat sich weiterhin gegenüber der B formgerecht der sofortigen Zwangsvollstreckung unterworfen (§§ 794 Abs. 1 Nr. 5, 800 ZPO). Schon kurz nach Abschluss des Mietvertrages wird die Forderung fällig, und die B verlangt Zahlung von dem V und, als diese nicht erfolgt, Befriedigung aus dem Grundstück. Der M, der die Wohnung unbedingt behalten will, befürchtet im Falle einer Zwangsvollstreckung in das Grundstück (§ 1147 BGB), dass ein eventueller Ersteigerer den Mietvertrag begründet mit einem Eigenbedarf kündigen wird. 1) Sind die Sorgen des M berechtigt? 2) Was kann M machen?

1) Zu den Sorgen des M: Ein Ersteigerer wird nach § 90 ZVG durch Zuschlag neuer Eigentümer. An sich gilt nun – obwohl keine „freiwillige Verfügung" über einen Vertragsgegenstand vorliegt – nach einhelliger Ansicht § 566 BGB, so dass M wegen der Befristung des Mietvertrages auch bei einem Eigenbedarf des Ersteigerers eine Fortsetzung des Mietverhältnisses verlangen könnte (§ 574 BGB). Aber § 57a ZVG ermöglicht aus Gründen des Gläubigerschutzes (wieso? Anderenfalls könnte ein Grundstück an einen „Strohmann" – z. B. einen „verlässlichen" Familienangehörigen – zum Schein langfristig und billig vermietet werden und so „versteigerungsfest" werden, weil niemand ein derartiges Grundstück wird ersteigern wollen) eine Kündigung nach dem Ablauf der gesetzlichen Fristen (§ 573c BGB). 2) Abwendungsmöglichkeit für M: a) Der M könnte die B unter den Voraussetzungen des § 267 BGB mit der Regressfolge der §§ 677, 683 oder der §§ 684 S. 1, 812 oder § 812 Abs. 1 S. 1 Var. 2 BGB befriedigen; das ist aber – wegen der (theoretischen) Möglichkeit eines gemeinsamen Widerspruchs und wegen der Schwäche des Regresses (u. U. „nur" § 812 BGB mit der möglichen Folge des nach § 818 Abs. 3 BGB zu tragenden Entreicherungsrisikos) – nicht die optimale Lösung für einen Dritten, wie den M. b) Der Gesetzgeber hat bestimmten Dritten in Fällen eines drohenden Rechtsverlustes eine gegenüber § 267 BGB verbesserte Rechtsstellung gegeben, nämlich ein sog. „Ablösungsrecht": Hier kommt aufgrund des Verlangens der B-Bank nach Befriedigung aus dem Grundstück ein Ablösungsrecht aus §§ 1150, 268 Abs. 1 S. 2 BGB in Betracht. Der Regress ergibt sich dann aus § 268 Abs. 3 BGB. Was ist daran vorteilhaft? Die (allerdings nur niedrigen) Schranken des § 267 BGB gelten nicht;

vor allem aber erfolgt der Regress im Wege einer „cessio legis", bei dem nach §§ 268 Abs. 3, 412, 399 ff.· 401 BGB auch die Sicherungsrechte (hier die Hypothek) auf den ablösungsberechtigten Dritten übergehen.

Es gibt noch **weitere Ablösungsrechte** bzw. **Befriedigungsrechte**, auf die wir später genauer eingehen werden: So kann im Fall der drohenden Zwangsvollstreckung in ein Grundstück aufgrund einer Hypothek (§ 1147 BGB) der Eigentümer (besonders interessant für den vom Schuldner personenverschiedenen Eigentümer) nach **§ 1142 BGB** den Gläubiger befriedigen. Hingewiesen werden soll noch auf **§ 1249 BGB**. Wir werden dies alles später weiter vertiefen. Im Augenblick haben Sie zu der uns hier interessierenden Frage genügend Kenntnisse.

bb) Leistung an den Gläubiger oder einen Dritten

Anders als bei der soeben erörterten Frage, wer zur Erfüllung verpflichtet ist, nimmt das Gesetz dazu, **an wen** geleistet werden muss bzw. werden kann, um die Wirkung des § 362 BGB auszulösen, ausdrücklich Stellung.

So hebt das Gesetz in § 362 Abs. 1 BGB die Selbstverständlichkeit hervor, dass **an den Gläubiger** geleistet werden muss. Es ist auch die praktische Regel, dass an den Gläubiger geleistet wird.

Ohne Frage wirkt aber auch eine Leistung **an** einen **Dritten** befreiend, wenn der Gläubiger damit einverstanden ist, wenn er also seine (vorherige) **Einwilligung** (§§ 362 Abs. 2, 185 Abs. 1 BGB) oder seine (nachträgliche) **Genehmigung** (§§ 362 Abs. 2, 185 Abs. 2 S. 1 Var. 1 BGB) erklärt hat.

Daraus, dass der Gesetzgeber in § 362 Abs. 2 BGB eine Verweisung auf § 185 BGB für erforderlich gehalten hat, lässt sich übrigens folgern, dass die zum Untergang des Anspruchs führende Entgegennahme einer Leistung zum Zwecke der Erfüllung keine „Verfügung" ist, denn anderenfalls wäre die Anwendung des § 185 BGB selbstverständlich und müsste nicht eigens angeordnet werden! Ein weiterer Beleg dafür, dass die zu einem Erlöschen eines Anspruchs führende Inempfangnahme einer Leistung keine Verfügung ist, ist die Existenz des § 816 Abs. 2 BGB, der anderenfalls angesichts des § 816 Abs. 1 S. 1 Var. 1 BGB überflüssig wäre. Was ist denn eigentlich eine „Verfügung"? Können Sie diesen Begriff definieren? Wer die Antwort nicht kennt, möge sich selbst darum kümmern! Und wer diese Aufforderung ignoriert kann binnen Kurzem oder gar im Examen in größte Schwierigkeiten geraten.

Frei wird der Schuldner auch dann, wenn das **Gesetz** eine **befreiende Leistung an** einen **Nichtgläubiger** deshalb zulässt, weil der Rechtsschein einer fort-/bestehenden Gläubigerschaft besteht und der Schuldner gutgläubig auf die Gläubigerstellung des „Scheingläubigers" vertraut; wir wollen diese Konstellationen für den „Hausgebrauch" fortan die **„Legitimationsfälle"** nennen.

**Fall 204**

Der E ist Eigentümer eines Fahrrades und leiht es dem L. Als der L mit dem Rad herumfährt, kommt es dazu, dass der D das Rad rechtswidrig und schuldhaft beschädigt. Der D zahlt sofort die € 50,– ausmachenden Reparaturkosten an den sich als Eigentümer ausgebenden L, weil er ihn für den Eigentümer und Schadensersatzgläubiger hält. Der L lässt die Reparatur jedoch nicht ausführen und behält das Geld für sich. Als er das Rad zurückgibt, verweist er den E wegen der Beschädigung an den D. Hat der E gegen D einen Anspruch auf Schadensersatz in Höhe von € 50,–?

a) Der E hatte gegen den D einen Anspruch aus §§ 823 Abs. 1, 249 Abs. 2 S. 1 BGB. b) Fraglich ist, ob er nach § 362 BGB durch die Zahlung des D an L erloschen ist: aa) Der Schuldner (D) hat geleistet. bb) Er hat aber nicht an den Gläubiger (E), sondern an einen Nichtgläubiger (L) geleistet. cc) Ein Fall der §§ 362 Abs. 2, 185 BGB liegt nicht vor. bbb) Der D ist jedoch nach § 851 BGB frei geworden.

**Fall 205**

Der V hat gegen den K eine Kaufpreisforderung aus dem Verkauf einer Sache. Er verkauft die Forderung an den X (§§ 433, 453 BGB) und tritt sie dem X „still" (d. h.: ohne dem Schuldner K etwas davon zu sagen) ab. Dann verlangt der V von dem K Zahlung, wobei er die zwischenzeitlich erfolgte Zession an den X verschweigt; Der K zahlt an den V, weil er ihn für den Gläubiger hält. Später verlangt der X unter Berufung auf die Zession Zahlung von dem K. Der K verweigert die Zahlung, weil er – wie er sagt – bereits „befreiend" an den V geleistet habe.

a) Der aus § 433 Abs. 2 BGB entstandene Anspruch des V gegen den K ist aa) aufgrund des den Rechtsgrund bildenden Kaufvertrages V – K (§§ 433 Abs. 2, 453 BGB) bb) durch die Zession auf den X übergegangen (§ 398 BGB). b) Ist K durch Erfüllung (§ 362 BGB) frei geworden? aa) Der Schuldner (K) hat geleistet, bb) jedoch nicht an den Gläubiger (X), sondern an einen Nichtgläubiger (V); hier ist der K nach § 407 Abs. 1 BGB frei geworden, dies aber nur, wenn er (wie hier) diesen Schutz in Anspruch nehmen will.

Die für Sie in Zukunft maßgeblichen **Schuldnerschutzvorschriften** dieser Art sind **§§ 370, 407–409, 793 Abs. 1 S. 2, 807, 808, 851, 2367 BGB, 56, 354a S. 2 HGB** (selbst bei Kenntnis der Abtretung). Lesen Sie bitte jede dieser Vorschriften in Ruhe durch und versuchen Sie, sich ein Bild von der jeweiligen Fallkonstellation zu machen. Wem diese „exotischen" Normen zunächst fremd bleiben, möge nicht gleich an sich selbst zweifeln. Wir kommen auf alles diverse Male zurück, so dass sich Ihre Kenntnisse nach und nach herausbilden und festigen werden. Wie Sie ja wissen, gilt das nicht nur für den hier gerade erörterten Fragenkreis, sondern für fast alles, was Sie in diesem Buch lesen. Sie dürfen daher niemals zu früh aufgeben, wenn Sie irgendetwas nicht sogleich verstehen und sich nicht einprägen können, sondern müssen stetig und beharrlich weiter arbeiten!

Im **Rechtsverhältnis** zwischen dem **Gläubiger** und dem **Scheingläubiger**, an den befreiend geleistet worden ist, gibt es folgende von Ihnen zu erörternde **Ausgleichsansprüche** des Gläubigers gegen den Scheingläubiger,

1. und zwar auf **Herausgabe des Erlangten**
   - aus einer (eventuell bestehenden) **rechtsgeschäftlichen Sonderbeziehung** zwischen dem wahren Gläubiger und dem Scheingläubiger;
   - aus **§ 285 BGB analog**,
   - aus **§§ 687 Abs. 2, 681 S. 2, 667 BGB**,
   - aus **§ 816 Abs. 2 BGB**, der dem Gläubiger einen Ausgleichsanspruch gegen den Scheingläubiger gibt;
2. und auf **Schadensersatz**
   - aus **§§ 280 Abs. 1, 241 Abs. 2 BGB,**
   - möglicherweise auch aus **§ 823 Abs. 1 BGB,**
   - aus **§ 826 BGB,**
   - und schließlich aus **§§ 687 Abs. 2, 678 BGB**.

**Variante**

Der X verlangt von dem V einen Ausgleich dafür, dass der K dem X gegenüber frei geworden ist (Schadensersatz oder Herausgabe des Erlangten).

1) Ansprüche auf Schadensersatz: a) Vertragliche Ansprüche? aa) Nicht aus §§ 280 Abs. 1, 3, 283 BGB, denn der V hat durch die Zession den Kaufvertrag erfüllt; bb) aber aus §§ 280 Abs. 1, 241 Abs. 2 BGB, weil der V sich nicht als Gläubiger der Forderung hätte ausgeben dürfen, und er deshalb eine dem X gegenüber aus dem Kaufvertrag bestehende Nebenpflicht (§ 242 BGB) bei vermutetem Verschulden verletzt hat. b) Gesetzliche Ansprüche aa) können sich ergeben aus §§ 823 Abs. 1, 249 Abs. 2 S. 1 BGB wegen eines Eingriffs in die Forderungszuständigkeit als sonstiges Recht (umstritten); bb) auch aus § 826 BGB kann ein Schadensersatzanspruch gegeben sein; cc) schließlich kommt ein Anspruch aus §§ 687 Abs. 2, 678 BGB in Betracht. 2) Ferner stehen dem Gläubiger X gegen den Dritten V auch Ansprüche auf Herausgabe des Erlangten zu: a) Ergeben könnte sich der Anspruch aus § 285 BGB; aa) dagegen spricht jedoch, dass der V seine Leistung mit der Abtretung erbracht hat und die spätere unberechtigte Geltendmachung der Forderung und die Leistungsannahme keine Unmöglichkeit zur Folge hat. bb) Man kann aber daran denken, § 285 BGB analog anzuwenden; Weitere Ansprüche ergeben sich b) aus § 816 Abs. 2 BGB und c) aus §§ 687 Abs. 2, 681 S. 2, 667 BGB.

cc) Am Erfolgsort muss zur rechten Zeit der geschuldete Leistungserfolg oder ein anderer Leistungserfolg erbracht werden

Damit die Herbeiführung des Leistungserfolges oder eines anderen Leistungserfolges zur Erfüllung führt, muss sie am **Erfolgsort** erbracht werden:

- Bei der **Bringschuld** liegt der Erfolgsort beim Gläubiger,
- bei der **Holschuld** beim Schuldner und
- bei der **Schickschuld** beim Gläubiger.

Welche dieser generell in Betracht kommenden Arten einer Schuld **(„Bringholschick")** im Einzelfall vorliegt, bestimmt die Auslegung mit der Auslegungsregel des § 269 BGB.

Vom **Erfolgsort** zu unterscheiden ist der **Leistungsort**. Letzterer ist entscheidend dafür, wo die (vor allem die zur Konkretisierung einer Gattungsschuld nötige) **Leistungshandlung** des Schuldners vorgenommen werden muss. Mit der Frage der das Schuldverhältnis, genauer: den Anspruch, zum Erlöschen bringenden „Erfüllung", die uns hier ausschließlich interessiert, hat dieser Leistungsort nichts zu tun. Der Gesetzgeber unterscheidet leider in begrifflicher Hinsicht nicht zwischen Erfolgs- und Leistungsort, sondern nennt auch den Leistungsort missverständlich „Erfüllungsort" (vgl. § 447 BGB).

Die Leistung muss **zur rechten Zeit** erfolgen. Dazu bestimmt § 271 Abs. 1, 2 BGB, als **Regel** dass „der Schuldner (die Leistung) **sofort** bewirken kann", wenn **(ausnahmsweise)** „... eine Zeit für die Leistung weder bestimmt noch aus den Umständen zu entnehmen ist" und dass, sofern „eine Zeit bestimmt (ist), ... im Zweifel anzunehmen (ist), dass ... der Schuldner sie vorher bewirken kann". Wieso eigentlich nur „im Zweifel"? Ist es dem Gläubiger nicht stets recht, wenn der Schuldner seine Leistung noch vor Ablauf der Leistungszeit erbringt? Nein! Denken Sie nur an ein hochverzinsliches für einen längeren Zeitraum befristet gewährtes Darlehen bei sinkenden Marktzinsen: Hier hat der Darlehensgeber und Gläubiger des Rückzahlungsanspruchs ein Interesse an den Zinsen. Aber alles hat seine Grenzen: Lesen Sie bei der Gelegenheit auch einmal § 489 BGB.

dd) Inhalt der Leistung

Der Schuldner muss für eine Erfüllung nicht die Leistungshandlung erbringen, sondern einen **Leistungserfol**g. Mit dem für eine Erfüllung zu erbringenden Leistungserfolg dürfen nicht die vom Schuldner zu erbringenden **„Leistungshandlungspflichten"** verwechselt werden; diese spielen in ganz anderen später darzustellenden Zusammenhängen eine Rolle (z. B. bei der Frage, ob eine Gattungsschuld konkretisiert worden ist). Natürlich ist in erster Linie der **geschuldete Leistungserfolg** zu erbringen **(sub (1))**. Zuweilen kann er aber auch einen **anderen Leistungserfolg** erbringen und wird dadurch frei **(sub (2))**. In diesen Zusammenhang gehören die Fälle der **Inzahlungnahme (sub (3))**.

(1) Erbringung des geschuldeten Leistungserfolges

Die zentrale Frage ist meistens, **welcher Leistungserfolg** geschuldet ist – also was als **„schuldgerechter Erfolg"** (Medicus) anzusehen ist. Das **ergibt** sich zwanglos aus der jeweiligen **Anspruchsgrundlage**:

Betrachten wir dazu das „klassische Beispiel" des Kaufvertrages: Beim **Kauf einer Sache** wird aus einem **Kaufvertrag (§ 433 Abs. 1 BGB) geschuldet**:

**1.** vom **Verkäufer**:
   **a)** die **Übereignung** der verkauften Sache (§ 433 Abs. 1 S. 1 BGB),
   **b)** ihre **Übergabe** (§ 433 Abs. 1 S. 1 BGB),
   **c)** sowie deren **Sach-** und **Rechtsmängelfreiheit** (§ 433 Abs. 1 S. 2 BGB);

**2. vom Käufer**:
   **a)** die Zahlung des Kaufpreises, also die **Übereignung des Geldes** (§ 433 Abs. 2 BGB)
   **b)** und „die gekaufte Sache **abzunehmen**".

Und um zwei andere Beispiele zu nennen: Der Darlehensnehmer ist nach **§ 488 Abs. 1 S. 2 BGB** verpflichtet, „einen geschuldeten Zins zu zahlen und bei Fälligkeit das zur Verfügung gestellte Darlehen zurückzuerstatten"; beim Werkvertrag hat der Unternehmer die „Herstellung des versprochenen Werkes" zu leisten (§ 631 Abs. 1 BGB) etc.

**Fall 206**

Der K sucht sich bei dem Möbelhändler V einen gebrauchten Sessel für sein Wohnzimmer aus. Der V und der K schließen einen Kaufvertrag über den Sessel und vereinbaren, dass der V ihn liefert. Als V den Sessel anliefert, stellt K fest, dass einer der Füße abgebrochen ist, so dass der Sessel kippelt. Der K weist den Sessel zurück und verlangt die Lieferung des Sessels mit vier Füßen.

Der Anspruch könnte sich 1) aus einem Kaufvertrag ergeben (§ 433 Abs. 1 S. 2 BGB). a) Der Kaufvertrag ist geschlossen. Der Anspruch ist also entstanden b) Der Anspruch könnte erloschen sein (§ 362 Abs. 1 BGB). aa) Dann müsste der Schuldner V bb) beim Gläubiger K cc) den schuldgerechten Erfolg herbeigeführt haben. Das ist nicht der Fall, weil der Sessel nicht frei von Sachmängeln ist (§§ 433 Abs. 1 S. 2, 434 Abs. 1 S. 2 Nr. 2 BGB). Die geschuldete Leistung ist also nicht erbracht worden. Der K hat einen Anspruch auf Lieferung eines Sessels mit vier Füßen. 2) Warum ergibt sich dieser Anspruch nicht aus §§ 437 Nr. 1, 439 BGB? Weil die Gefahr noch nicht auf den K übergegangen ist (§ 446 S. 1 BGB).

Es gibt aber auch Schuldverhältnisse, bei denen der Leistungserfolg in einer **Tätigkeit** besteht: so z. B. beim Dienstvertrag (§ 611 BGB).

Als Leistungserfolg kann auch ein **bloßes Unterlassen** geschuldet sein (§ 241 Abs. 1 S. 2 BGB), z. B. **vertraglich** geschuldet aus § 311 Abs. 1 BGB (kein Klavierspielen zwischen 13.00 und 15.00 Uhr; kein Konkurrenzunternehmen am gleichen Ort zu eröffnen; ein bestimmtes wettbewerbswidriges Verhalten zu unterlassen etc.) oder **gesetzlich** geschuldet aus §§ 1004, 862 BGB.

Bei einem **Auskunftsanspruch** (z. B. aus § 666 BGB – über § 681 S. 2 BGB auch bei der GoA nach §§ 677f BGB und der Geschäftsanmaßung nach § 687 Abs. 1 BGB geltend – sowie aus diversen familienrechtlichen und erbrechtlichen Auskunftsanspruchsgrundlagen und schließlich aus § 242 BGB, wenn in einer Rechtsbeziehung eine der Beteiligten entschuldbar über den Umfang seines Rechts im Ungewissen ist und der andere Teil unschwer Auskunft erteilen kann)muss die Auskunft den Inhalt haben, die man benötigt, um den Anspruch gelten zu machen; sie muss schriftlich erteilt werden. Der Leistungserfolg schließt aber nicht die inhaltliche Richtigkeit ein. Um diese sicherzustellen kann man eine Versicherung an Eides statt verlangen (§§ 259 Abs. 260 Abs. 2 BGB).

(2) Erbringung eines anderen Leistungserfolges

Der Schuldner wird aber nicht nur dann frei, wenn er den geschuldeten Leistungserfolg erbringt, sondern auch dann, wenn der Gläubiger mit einer **anderen als dem geschuldeten Leistungserfolg** einverstanden ist **(§ 364 Abs. 1 BGB)**: Leistung **„an Erfüllungs statt“**.

Ein praktisch häufiger Fall ist in diesem Zusammenhang die anstelle der **an sich geschuldeten Barzahlung** erfolgende **unbare Zahlung durch Überweisung**: Durch sie verschafft der Schuldner dem Gläubiger anstelle des an sich geschuldeten Eigentums am Geld (Sie wissen ja „Bargeld lacht“) eine Forderung in Höhe des geschuldeten Betrages gegen dessen Bank (§ 675t Abs. 1 S. 1 BGB bzw. nach erfolgter Gutschrift aus § 780 BGB). Darin liegt keine Erfüllung nach § 362 BGB, wohl aber – jedenfalls im Falle einer stornierungsfesten Gutschrift auf dem Bankkonto des Gläubigers – eine den Schuldner befreiende „Leistung an Erfüllungs statt“, sofern das dafür nötige Einverständnis des Gläubigers vorliegt. In der Praxis sieht man die Zustimmung dazu z. B. in der Angabe des Kontos des Gläubigers durch diesen (z. B. auf einer Rechnung).

Dagegen liegt „im Zweifel“ (Auslegungsregel!) dann keine den Schuldner befreiende Leistung an Erfüllungs statt vor, wenn der **Schuldner** zum Zwecke der Befriedigung des Gläubigers diesem gegenüber eine **neue Verbindlichkeit übernimmt (§ 364 Abs. 2 BGB)**; man nennt das eine **„Leistung erfüllungshalber“**. Eine solche liegt z. B. vor, wenn der Schuldner einer **Geldschuld** dem Gläubiger einen von ihm ausgestellten **Scheck** überträgt.

**Fall 207**

Der V verkauft dem K am späten Freitagnachmittag sein Fahrrad für € 100,–. Der V liefert gleich und der K zahlt im Einverständnis mit dem V durch Hingabe eines Schecks, den der V – weil die Banken schon geschlossen haben – erst am Montag vorlegen kann. Am Abend will der V ins Kino gehen. Weil er kein Bargeld hat, ruft er den K an und verlangt – gestützt auf § 433 Abs. 2 BGB – von dem K Barzahlung aus dem geschlossenen Kaufvertrag. Der K weigert sich, weil er dem V den Scheck gegeben habe.

a) Der Anspruch ist entstanden. b) Er ist auch nicht durch Erfüllung erloschen. aa) Denn der Schuldner hat bb) dem Gläubiger cc) nicht aaa) die geschuldete Leistung (§ 433 Abs. 2: Zahlung) erbracht; bbb) die Begebung des Schecks war nur eine nicht zur Erfüllung führende Leistung erfüllungshalber, weil der K dadurch „zum Zwecke der Befriedigung des Gläubigers diesem gegenüber eine neue Verbindlichkeit" aus Art. 12 ScheckG (Rückgriffshaftung des Ausstellers; dazu später mehr) übernommen hat; die Kaufpreisforderung ist daher nicht erloschen (§ 364 Abs. 2 BGB). b) Dem daher weiterhin bestehenden Anspruch aus § 433 Abs. 2 BGB steht jedoch ein Einwand aus einer stillschweigend getroffenen Vereinbarung entgegen, dass V erst aus dem Scheck versuchen muss, Befriedigung zu erlangen; bis dahin gilt die Forderung als gestundet.

Wenn sich die Forderung aus der „zum Zwecke der Befriedigung des Gläubigers diesem gegenüber" eingegangenen neuen „Verbindlichkeit" nicht gegen den Schuldner, sondern gegen einen Dritten richtet, greift § 364 Abs. 2 BGB seinem Wortlaut nach nicht ein. Gleichwohl ist auch dann von einer Leistung erfüllungshalber auszugehen, so z. B. bei der Verwendung einer **Geldkarte**.

Bei einer als Geldkarte verwendeten ec-Karte erwirbt das Unternehmen, das die Karte akzeptiert, einen Garantieanspruch gegen den Kartenaussteller aufgrund einer mit diesem abgeschlossenen Rahmenvereinbarung; der Kartenaussteller seinerseits hat zum Ausgleich einen Aufwendungsersatzanspruch gegen den Karteninhaber (vgl. dazu §§ 675f,675c Abs. 1, 670 BGB).

**Variante**

Der V ist ein Händler, und K „zahlt" mit einer ec-Karte.

a) Der Anspruch ist nicht erloschen, b) aber gestundet.

(3) „Inzahlungnahme"

In der „Klausurpraxis" sehr „beliebt" ist die für den Kfz-Neuwagenhandel sehr bedeutsame **„Inzahlungnahme"** des bisherigen Gebrauchtwagens des Käufers.

Vereinbaren der Verkäufer und der Käufer, dass der Verkäufer bereit ist, den Altwagen des Käufers für einen bestimmten Betrag in Zahlung zu nehmen, liegt darin eine sog. **Ersetzungsbefugnis**, die es dem Käufer ermöglicht, einen Teil des Kaufpreises für den Neuwagen durch die Überlassung des alten gebrauchten Fahrzeugs zu entrichten. Macht er davon Gebrauch, so erlischt der Teil des Kaufpreises nach **§ 364 Abs. 1 BGB**.

Wenn nun entweder der Neuwagen oder der Altwagen Sachmängel aufweisen oder deren Lieferung unmöglich ist, stellt sich die Frage, wie sich diese Leistungsstörungen auf den Kaufvertrag und die daraus resultierenden Rechte und Pflichten auswirken. Anerkanntermaßen erfolgt die Hingabe des Gebrauchtwagens unter einem konkludenten Ausschluss der Sachmängelgewährleistung, aber nur soweit es um übliche Verschleiß- und Gebrauchsmängel geht.

Der folgende Fall und eine Reihe von Varianten sollen die einzelnen Fragen exemplarisch aufzeigen:

**Fall 208**

Der K ist Eigentümer eines gebrauchten Opel Omega. Er möchte jedoch gern stattdessen einen Sportwagen fahren und begibt sich deshalb zum Autohändler V, der ihn zum Kauf eines Audi TT überredet. Dieser soll € 30.000,– kosten. Der V ist bereit, den gebrauchten Opel Omega, den K ja nicht mehr braucht und selbst nur schwer verkaufen kann, für € 2000,– „in Zahlung" zu nehmen. Der V und der K werden sich einig. Einige Tage später soll der Audi TT Zug-um-Zug gegen den Opel Omega und Zahlung von € 28.000,– übereignet und übergeben werden. Bevor es dazu kommt, wird der Opel Omega durch einen von K nicht verschuldeten Unfall völlig zerstört. Der V verlangt von K daher Zug-um-Zug gegen die Lieferung des Audi TT Zahlung von € 30.000,–.

Der Anspruch kann sich aus einem Kaufvertrag ergeben (§ 433 Abs. 2 BGB). Ein Kaufvertrag setzt eine Einigung bezüglich eines Austausches von zu übereignender und zu übergebender Ware gegen Geld voraus. Hier sollte jedoch als ein Teil des Kaufpreises der Wagen „in Zahlung" gegeben werden. Fraglich ist daher, ob dennoch ein Kaufvertrag vorliegt. Die Abrede lässt sich in der Weise auslegen, dass der Käufer zwar berechtigt ist, den Gebrauchtwagen an Stelle eines Teils des Kaufpreises hinzugeben, dass er dazu jedoch nicht verpflichtet ist. Er kann stattdessen auch den vollen Kaufpreis bezahlen. Ihm steht somit eine „Ersetzungsbefugnis" hinsichtlich der Kaufpreisverpflichtung zu. Ein Kaufvertrag nach § 433 BGB liegt also vor, der Anspruch auf den Kaufpreis aus § 433 Abs. 2 BGB ist somit entstanden. Fraglich ist, ob sich der Untergang des Gebrauchtwagens darauf auswirkt. Denkbar ist das Vorliegen einer Unmöglichkeit, mit der Folge, dass der Anspruch des V gegen K ausgeschlossen ist (§ 275 Abs. 1 BGB). Wie aber soeben festgestellt, liegt eine bloße dem K zustehende Ersetzungsbefugnis vor. Da der K auch den Kaufpreis in voller Höhe bezahlen kann, liegt keine ihn nach § 275 Abs. 1 BGB befreiende Unmöglichkeit zur Erfüllung der Zahlungsverpflichtung vor. In Ausnahmefällen gewährt die Rechtsprechung allerdings dem Neuwagenkäufer die Möglichkeit, sich wegen einer Störung der Geschäftsgrundlage vom Vertrag zu lösen (§ 313 Abs. 3 BGB). Notwendig ist dafür aber, dass der Neuwagenkäufer deutlich gemacht hat, dass er den Neuwagenkauf nur durch die Inzahlunggabe des Gebrauchtfahrzeugs finanzieren konnte. Dies war hier nicht der Fall. Der V kann daher Zug-um-Zug gegen Lieferung € 30.000,– von K verlangen.

**Variante**

Der Opel Omega war, was K wusste, ein Unfallwagen. Dies hatte er dem V verschwiegen. Der V stellte diesen Umstand aber einige Tage nach der Übernahme des Fahrzeugs bei einer Routineuntersuchung fest. Der V verlangt von dem K Zahlung von weiteren € 2000,– Zug-um-Zug gegen Rückgabe des Opel Omega an K.

a) Die in Betracht zu ziehende Anspruchsgrundlage ist § 433 Abs. 2 BGB. aa) Ein wirksamer Kaufvertrag liegt vor, so dass der Anspruch entstanden ist. bb) Der Anspruch kann jedoch nach § 364 Abs. 1 BGB erloschen sein. Dazu muss eine Leistung an Erfüllungs statt vorliegen, die der Gläubiger angenommen hat. Die Inzahlungnahme gibt dem Käufer das Recht, anstelle des Kaufpreises den Gebrauchtwagen zu übereignen und zu übergeben. Es liegt daher eine Leistung an Erfüllungs statt vor, die V angenommen hat. Der Anspruch ist daher erloschen. b) Der Anspruch kann sich aber aus § 433 Abs. 2 BGB i. V. m. §§ 365, 437 Nr. 2, 323, 326 Abs. 5, 346 Abs. 1 BGB ergeben. Hier lag eine Leistung an Erfüllungs statt vor, so dass der Leistende wie ein Verkäufer Gewähr leisten muss. Fraglich ist daher, ob der V gleichwohl von K die Zahlung des Kaufpreises in Höhe von weiteren € 2000,– verlangen kann. Zwar ist durch die Leistung an Erfüllungs statt die ursprüngliche Kaufpreisforderung erloschen. Durch einen Rücktritt des V soll diese Forderung (nach h.M. automatisch) wieder aufleben. aa) Der Rücktritt wurde konkludent durch das Rückforderungsverlangen des V erklärt. bb) Als Rücktrittsgrund kommt eine ursprüngliche Unmöglichkeit der Nacherfüllung in Betracht (§ 326 Abs. 5 BGB). Ein Anspruch auf Nacherfüllung bestand hier von Anfang an nicht, da der Mangel unbehebbar war. Ein Rücktrittsgrund ist daher gegeben. Ein Ausschluss der Gewährleistung, der bei Inzahlungnahme in der Regel konkludent vereinbart ist, scheitert jedenfalls an der Kenntnis des K (§ 444 BGB). c) Ein Ausschluss des Rücktrittsrechts liegt nicht vor. V kann daher Zug-um-Zug gegen Rückgabe des Opel Omega die Zahlung von weiteren 2000,– € verlangen.

**Variante**

Der V verlangt Zahlung von Schadensersatz in Höhe von € 2500,–. Denn für diesen Betrag hätte er den Opel Omega weiterverkaufen können, wenn dieser mangelfrei gewesen wäre.

Der Anspruch könnte sich aus §§ 433, 365, 437 Nr. 3, 311a Abs. 2 BGB ergeben. Die Voraussetzungen liegen vor. Man könnte jedoch in der Parteivereinbarung einen konkludenten Ausschluss der Haftung auf Schadensersatz statt der Leistung sehen. Wenn man diese von der Literatur vertretene Ansicht gutheißt, muss man den Anspruch verneinen.

**Variante**

Der V will den Opel Omega behalten, verlangt aber Zahlung von weiteren € 1000,– , weil der Opel Omega durch den Unfallvorschaden nur die Hälfte wert sei.

Die Lösung ergibt sich aus §§ 433, 365, 437 Nr. 2, 441 Abs. 4 BGB. Soweit die hier berechtigte Minderung durchgreift, lebt der ursprüngliche Kaufpreisanspruch wieder auf. Der K muss daher noch € 1000,– nachzahlen.

**Variante**

Der Opel Omega ist in gutem Zustand, doch hat der speziell für K ausgesuchte (=Stückschuld) Audi TT einen unbehebbaren erheblichen Mangel. Der K verlangt den von ihm bezahlten Kaufpreis (=€ 28.000,–) und den bereits übereigneten und übergebenen Opel Omega heraus.

Der Anspruch ergibt sich aus §§ 433, 437 Nr. 2, 434 Abs. 1 S. 2 Nr. 2, 323 Abs. 5 S. 2, 326 Abs. 5, 346 Abs. 1 BGB. a) Die Voraussetzungen eines Rücktrittsrechts des K wegen des Sachmangels liegen vor. b) Der Umfang des Anspruchs umfasst die Wiederherstellung des status quo ante, also vor dem Leistungsaustausch. K kann daher € 28.000,– und die Herausgabe des von ihm übereigneten und übergebenen Opel Omega verlangen.

**Variante**

Der Opel Omega ist mittlerweile verkauft. Der K verlangt daher Wertersatz.

Bezüglich des Opel Omega steht dem K ein Anspruch auf Wertersatz nach §§ 437 Nr. 2, 326 Abs. 5, 346 Abs. 2 Nr. 2 BGB zu.

**Variante**

Der V hat den Mangel des Audi TT, der nach Vertragsschluss eintrat, verschuldet. Der K verlangt von ihm die gezahlten € 30.000,– zurück. Seinen Opel-Omega will er nicht mehr wiederhaben, da er bereits anderswo günstig einen Sportwagen gekauft hat.

Hier kommt als Anspruchsgrundlage §§ 437 Nr. 3, 434, 280 Abs. 1, 3, 283 BGB in Betracht. a) Die Voraussetzungen eines Schadenersatzanspruches statt der Leistung liegen wegen der von V zu vertretenden unbehebbaren Mangelhaftigkeit des Audi TT vor. b) Die Schadenshöhe bestimmt sich danach, wie der Geschädigte ohne die Pflichtverletzung des Schädigers stehen würde („Differenzhypothese"). Fraglich ist, ob wie beim Rücktritt nur Rückzahlung von € 28.000,– und Rückübereignung und Übergabe des Opel Omega oder Zahlung von € 30.000,– verlangt werden kann. Diese Frage ist nach der Rechtsprechung zum alten Schuldrecht dahingehend zu beantworten, dass ein Anspruch darauf besteht, den gleichen wirtschaftlichen Erfolg zu erreichen. Demnach hätte der Neuwagenkäufer bei erfolgreicher Durchführung des Geschäftes seinen Altwagen zum Gegenwert von € 2000,– eingetauscht und ihm wäre insbesondere ein zwischenzeitlicher Wertverlust erspart geblieben. Demnach soll er Zahlung von € 30.000,– verlangen können.

ee) Bewirken des Erfolgseintritts

Sehr leicht übersehen wird, dass ein **bloßer Erfolgseintritt** für eine **Erfüllung nicht ausreicht**. Der **Erfolg** muss vielmehr auch **bewirkt** worden sein.

(1) Kein Bewirken Erfolgs bei zufälligem Eintritt

Tritt der Erfolg z. B. durch Zufall ein (ein Regenguss führt zu der geschuldeten Bewässerung eines Feldes; aufgrund einer Springflut/durch Hochwasser infolge der Schneeschmelze kommt das bei der Insel Scharhörn in der Elbmündung/an der Loreley am Rhein aufgelaufene und eigentlich aufgrund eines Schleppvertrages, § 631 ff. BGB, freizuschleppende Schiff von allein frei), liegt ein Fall der Unmöglichkeit der Erbringung der geschuldeten Leistung vor (dazu später mehr). Wer neugierig ist, wird aber sofort die Frage aufwerfen, ob im *Beispiel* der Reeder des Hochseeschleppers/Eigner des Rheinschleppers mangels Erfüllung weiterhin aus dem Schleppvertrag verpflichtet bleibt und ob er die Vergütung verlangen kann. Dazu einige wenige Hinweise: Der fortbestehende Anspruch aus § 631 Abs. 1 BGB ist ausgeschlossen (§ 275 Abs. 1 BGB), denn die Herbeiführung des Erfolges ist unmöglich, wenn das freizuschleppende Schiff schon freigekommen ist. Der Anspruch auf die vereinbarte Vergütung (§ 631 Abs. 1 BGB) wäre nach § 326 Abs. 1 S. 1 Hs. 1 BGB erloschen, wenn nicht ausnahmsweise die „Gegenleistungsgefahr" auf den Schuldner übergegangen wäre; dazu können Sie ja einmal die §§ 644, 645 BGB lesen und sich fragen, ob man diese nicht vielleicht analog anwenden kann (dazu später mehr). Zu denken ist auch an eine Lösung nach § 313 BGB.

(2) Bewirken des Erfolgseintritts bei mehreren Forderungen des Gläubigers gegen den Schuldner

Hat der Gläubiger nicht nur eine Forderung gegen den Schuldner auf Erbringung einer Leistung gleichen Inhalts – i. d. R. wird es sich um Geldforderungen handeln – und führt der Schuldner einen Leistungserfolg herbei, der nicht dem Gesamterfolg entspricht, schuldet also zum *Beispiel* der Käufer K dem Verkäufer V einen Betrag in Höhe von € 100,–,– aus Kaufvertrag 1 und einen Betrag in Höhe von € 200,– aus Kaufvertrag 2 und zahlt er nicht € 300,–, sondern € 150,– in bar, so stellt sich die Frage, welche der beiden geschuldeten Leistungserfolge bewirkt worden sind. Grundsätzlich ist es Sache des Schuldners durch eine ausdrückliche/konkludenten und anfechtbare (BGH) Tilgungsbestimmung darüber zu entscheiden, welche Forderung getilgt werden sollte **(§ 366 Abs. 1 BGB).** Fehlt es an einer Bestimmung, entscheidet das Gesetz nach **§ 366 Abs. 2 BGB** in dieser Reihenfolge: Fälligkeit; geringere Sicherheit für den Gläubiger; Lästigkeit für den Schuldner; Alter der Schuld; verhältnismäßige Aufteilung (Repetitormerksatz: „Fällig, sicher, aber lästig ist das ältere Verhältnis"). In Abweichung dazu bestimmt **§ 367 Abs. 1 BGB**, dass bei geschuldeter Hauptleistung nebst Zinsen eine insgesamt nicht ausreichende Zahlung zuerst auf die Zinsen und dann auf die Hauptschuld angerechnet wird, und dass bei einer abweichenden Bestimmung durch den Schuldner der Gläubiger die Leistung ablehnen darf (§ 367 Abs. 2 BGB). Bei Verbraucherkrediten ist die zwingende (§ 511 BGB) Regelung des **§ 497 Abs. 2 BGB** lex specialis zu § 367 BGB: Die Anrechnung erfolgt zunächst auf die Kosten der Rechtsverfolgung, dann auf den nach § 497 Abs. 1 BGB geschuldeten Betrag und dann erst auf die Zinsen, weil der – das ist die ratio legis – der Zinsrückstand unverzinslich ist (§ 289 S. 1 BGB) und Schadensersatz nur bis zur Höhe des gesetzlichen Zinssatzes geschuldet ist (§ 497 Abs. 2 S. 2 BGB).

ff) Der Zweck muss Erfüllung sein

Dieses Merkmal ist i. d. R. unproblematisch, denn wenn die **geschuldete Leistung** erbracht wird, geschieht dies **im Zweifel** zum **Zwecke** der **Erfüllung**. Daher sollte es nur dann erörtert werden, wenn der Sachverhalt es erfordert.

**Fall 209**

Der S schuldet dem ihm flüchtig bekannten G aus einem zinslosen Darlehen € 100,–. Zufällig hat am Tage der vereinbarten Fälligkeit des Darlehens der G Geburtstag. Er hat sich von seinen Gästen eine finanzielle Unterstützung für eine Weltreise gewünscht. Der S ist auch eingeladen. Er übergibt dem G nach der Gratulation einen Briefumschlag, in dem € 100,– sind. Am nächsten Tag bedankt sich der G bei S für das „schöne Geschenk" und fordert den S auf, nunmehr das Darlehen zurückzuzahlen. Zu Recht?

Der Anspruch könnte sich aus § 488 Abs. 1 S. 2 BGB ergeben. a) Die Voraussetzungen sind: Darlehensvertrag, Valutierung, Fälligkeit. Der Anspruch ist danach entstanden. b) Der Anspruch könnte durch Erfüllung erloschen sein (§ 362 Abs. 1 BGB). aa) Der Schuldner S hat bb) beim Gläubiger G cc) den Leistungserfolg des § 488 Abs. 1 S. 2 BGB bewirkt. dd) Der Zweck muss die Erfüllung der Darlehensverpflichtung gewesen sein: aaa) Nach den früheren „Vertragstheorien" müsste dazu der für eine Erfüllung vorausgesetzte sog. „Erfüllungsvertrag" nach §§ 133, 157 BGB ausgelegt werden; diese Theorien sind jedoch aus folgenden Gründen zu verwerfen: Die „reine Vertragstheorie" verlangt den Abschluss eines „Erfüllungsvertrages"; folgte man dieser Lehre, wäre eine Unterlassungsschuld (vgl. § 241 Abs. 1 S. 2 BGB) nicht erfüllbar. Nach der „modifizierten Vertragstheorie" soll jedenfalls bei einem für die Erfüllung erforderlichen Vertrag wie bei einer nach § 433 Abs. 1 S. 1 BGB u. a. geschuldeten Übereignung ein „Erfüllungsvertrag" mit dem Inhalt, dass die Schuld durch die Übereignung erlöschen soll, geschlossen werden; dagegen sprechen der hiervon nichts enthaltende Wortlaut des § 362 BGB und die Möglichkeiten der einseitigen Leistungsbestimmung durch den Schuldner in § 366 Abs. 1, 367 Abs. 2 BGB (das sind Argumente, die natürlich auch gegen die „reine" Vertragstheorie" sprechen). bbb) Daher ist heute herrschend die Theorie von der „realen Leistungsbewirkung": Danach soll es für die Erfüllung bei gleichzeitiger Zulassung von Tilgungsbestimmungen durch den Schuldner allein auf die reale Leistungsbewirkung ankommen. Die Zuordnung der Leistung zur Schuld leitet diese Lehre daraus ab, ob sie objektiv der geschuldeten Leistung entspricht. Danach wäre hier Erfüllung gegeben; denn eine besondere Tilgungsbestimmung ist nicht zu erkennen. ccc) Eine andere vielleicht zu favorisierende Lehre (Gernhuber) verlangt primär für die Erfüllung auch die

„reale" Bewirkung der Leistung, fordert aber zusätzlich eine auslegungsfähige und im Streitfall auch nach § 133 BGB analog auszulegende geschäftsähnliche Zweckbestimmung (Theorie der „finalen Leistungsbewirkung"); maßgeblich bei einer solchen Auslegung wäre hier, ob S schenken (dagegen spricht die für ein Geschenk an einen flüchtigen Bekannten eher untypische Höhe des Betrages) oder erfüllen wollte (dafür spricht die mit der Darlehensschuld identische Höhe des Betrages und die Zahlung am Fälligkeitstage). Hier wären angesichts des etwas „dürren" Sachverhalts beide Lösungen vertretbar.

gg) Empfangszuständigkeit des Gläubigers

Eine weitere **ungeschriebene Voraussetzung** für die Erfüllung ist die **Empfangszuständigkeit** des Gläubigers. Auch hiermit sollte man sich bei der Fallbearbeitung nur dann befassen, wenn der Sachverhalt ernsthaft Anlass dazu bietet.

Dieser Anlass besteht bei dem dafür „klassischen" Fall einer Leistung des Schuldners an einen **minderjährigen Gläubiger**, ohne dass die Zustimmung des gesetzlichen Vertreters zur Herbeiführung der Erfüllungswirkung vorliegt.

**Fall 210**

Der G hatte eine am 1. Juni 2002 fällige Forderung gegen S aus einem Darlehen in Höhe von € 10.000,–. Am 30. März 2002 verstirbt der G; sein Alleinerbe ist der 17 jährige Sohn E des G. Am 1. Juni 2002 zahlt der S ohne Wissen der Mutter M des E an den von ihm für volljährig gehaltenen E die € 10.000,–. Dieser gibt das Geld innerhalb weniger Tage in Spielhallen aus. Dann beichtet er der M alles. Diese verlangt namens ihres Sohnes von S Zahlung in Höhe von € 10.000,–. Zu Recht?

1) Der Anspruch des E gegen den S ist gem. § 488 Abs. 1 S. 2 BGB entstanden und nach § 1922 BGB auf ihn übergegangen. 2) Fraglich ist, ob er nach § 362 Abs. 1 BGB erloschen ist: a) Der Schuldner S hat b) an den Gläubiger E gezahlt. c) Er müsste damit den Leistungserfolg des §§ 488 Abs. 1 S. 2, 929 S. 1 BGB (Übereignung von € 10.000,–) herbeigeführt haben: aa) Die dafür erforderliche Übergabe liegt vor. bb) In der Zahlung und Entgegennahme liegt ein Vertrag i. S. einer dinglichen Einigung. Fraglich ist, ob diese – weil nicht lediglich rechtlich vorteilhaft – mangels einer Zustimmung der Mutter als gesetzlicher Vertreterin (§ 1680 Abs. 1 BGB) schwebend unwirksam ist (§ 107 BGB). Die Übereignung ist für sich gesehen lediglich rechtlich vorteilhaft; ein rechtlicher Nachteil könnte jedoch darin liegen, dass ein Eigentumserwerb eine Erfüllungswirkung und damit einen Forderungsverlust, also einen rechtlichen Nachteil, zur Folge hätte. Daher wird die Ansicht vertreten, für den Eigentumserwerb sei die Zustimmung des gesetzlichen Vertreters nötig. Nach anderer Auffassung muss jedoch wegen des Abstraktionsprinzips die Frage der Wirksamkeit der Übereignung unabhängig von der durch sie herbeigeführten Erfüllungswirkung beurteilt werden, so dass die Übereignung als lediglich rechtlich vorteilhaft angesehen werden muss; dem ist beizupflichten. Daher ist der E Eigentümer geworden und der Leistungserfolg ist eingetreten. d) Der Zweck war Erfüllung (nach der zuvor abgelehnten

„Vertragstheorie" wäre allerdings der den Zweck festlegende Erfüllungsvertrag an § 107 BGB gescheitert!). e) Unstreitig ist, dass man auch ohne Zugrundelegung einer Vertragstheorie die Interessen des Minderjährigen nach den Grundsätzen des § 107 BGB zu beachten hat. aa) Allerdings soll nach einer der dazu vertretenen Ansichten die Erfüllung durch Leistung an den minderjährigen Gläubiger auch ohne Zustimmung des gesetzlichen Vertreters eintreten, weil eine Gesamtbetrachtung zeige, dass dem Minderjährigen nur Vorteile entstünden. bb) Ansonsten wird jedoch eine Erfüllungswirkung verneint, weil dem E die „Empfangszuständigkeit" (Larenz), die der gesetzliche Vertreter wegen der ihm nach § 1626 Abs. 1 BGB obliegenden „Vermögenssorge" habe, fehle: Erfüllung tritt danach erst ein, wenn der Leistungsgegenstand an den gesetzlichen Vertreter gelangt sei bzw. dieser der Erfüllungswirkung zugestimmt habe (§ 107 BGB analog). Das ist hier nicht der Fall. Der S muss also (noch einmal) zahlen.

**Variante**

Der E hatte aufgrund von auf der Berufsschule erworbenen Rechtskenntnissen gewusst, dass Leistungen an ihn als minderjährigen Gläubiger nicht zur Erfüllung führen können. Der S meint, eine Gegenforderung in Höhe von € 10.000,– zu haben, und erklärt gegenüber dem E, vertreten durch die M, die Aufrechnung. Hat E weiterhin einen Zahlungsanspruch?

Der Anspruch könnte nach §§ 387–389 BGB erloschen sein, wenn die Voraussetzungen der Aufrechnung (Erklärung der Aufrechnung, Wechselseitigkeit, Gleichartigkeit, Durchsetzbarkeit der „Gegenforderung", Erfüllbarkeit der „Hauptforderung", kein Aufrechnungsausschluss) gegeben sind. Problematisch ist hier allein die Frage, ob der S eine Gegenforderung gegen den E hat: a) In Betracht kommt eine solche aus § 812 Abs. 1 S. 1 Var. 1 BGB aa) Der E hat etwas (Eigentum an € 10.000,–) erlangt (s. o.), bb) durch Leistung des Anspruchstellers S und cc) ohne Rechtsgrund („sine causa"), weil der Zweck (Erfüllung) nicht eingetreten ist (s. o.), dd) so dass aaa) gem. § 818 Abs. 2 BGB ein Zahlungsanspruch des S gegen den E in Höhe von € 10.000,– gegeben wäre. bbb) Der E ist jedoch u. U. entreichert (§ 818 Abs. 3 BGB); das an ihn gezahlte Geld oder ein Gegenwert befindet sich nicht mehr in seinem Vermögen. Fraglich ist jedoch, ob er sich hierauf berufen kann, weil er den Mangel des rechtlichen Grundes (fehlende Erfüllungswirkung) gekannt hat (§§ 818 Abs. 4, 819 BGB). Das Problem ist, was ein Minderjähriger i. S. d. des § 819 BGB „kennen" kann? Man könnte hier wieder auf § 107 BGB abstellen, möglicherweise aber auch auf den Maßstab des § 828 BGB; dazu später mehr. b) Zu erörtern wäre auch ein Gegenanspruch aus §§ 823 Abs. 2 BGB, 263 StGB, 828 Abs. 2 S. 1 BGB.

Im Falle der **Insolvenz** des Gläubigers ist allein der **Insolvenzverwalter** nach **§ 80 InsO** empfangszuständig, so dass der Schuldner bei Leistung an den Gläubiger, über dessen Vermögen das Insolvenzverfahren eröffnet worden ist, ohne Zustimmung des Insolvenzverwalters nicht frei wird. Allerdings wird ein Schuldner, der die Eröffnung des Insolvenzverfahrens nicht kannte, nach § 82 S. 1 InsO frei; seine

Gutgläubigkeit wird vermutet, wenn er vor der öffentlichen Bekanntmachung der Eröffnung des Insolvenzverfahrens (§ 30 InsO) geleistet hat.

Wo sind wir gerade im System der Fallbearbeitung? Bei der Prüfung des Schicksals von **Ansprüchen** aus zur Leistung verpflichtenden **Rechtsgeschäften**, also i. d. R. schuldrechtlichen Verträgen (§ 311 Abs. 1 BGB), oder aus **gesetzlichen Schuldverhältnissen**,

1. und zwar unter dem Aspekt des **Erlöschens** durch **„Erfüllung"**. Als Ergebnis der Lektüre der letzten Seiten sollte zumindest das Ihnen vermittelte „Rohprüfungsschema" einer Erfüllungsprüfung, das zugleich die Gliederung des Textes war, sofort „abrufbar" sein: **a)** Der Schuldner oder ein Dritter **b)** führt beim Gläubiger oder einem Dritten **c)** den geschuldeten Erfolg oder einen anderen Erfolg herbei, **d)** wobei der Zweck die Erfüllung eines Anspruch ist und **e)** der Gläubiger „empfangszuständig" ist. Wenn Sie diese einzelnen Merkmale vor Ihrem „geistigen Auge" vorbeiziehen lassen, werden Ihnen mit Sicherheit auch viele von den vorher erarbeiteten Details wieder in den Sinn kommen.
2. Als nächstes werden wir uns mit einem „Erfüllungssurrogat", nämlich mit der **„Aufrechnung"** befassen, über die Sie ja gerade etwas gelesen haben.

### b) Erlöschen des Anspruchs durch Aufrechnung

Die **Aufrechnung** hat folgende **Funktionen**:

- Sie ist, wie gesagt, in erster Linie ein **„Erfüllungssurrogat"** (§§ 387–389 BGB), das dem Schuldner die **Tilgung erleichtert**;
- entgegen § 266 BGB ermöglicht die Aufrechnung **Teilleistungen**;
- weiterhin hat sie eine **Befriedigungsfunktion** (Tilgung einer Forderung ohne Prozess und ohne Zwangsvollstreckung **(„Privatvollstreckung")**
- und eine **„Sicherungsfunktion"** (bevorzugte Behandlung des zur Aufrechnung Berechtigten in der Insolvenz durch § 94 ff. InsO).

Die **Voraussetzungen** einer **Aufrechnung** ergeben sich aus folgendem **Prüfungsschema** (das wiederum zugleich die **Gliederung** für die anschließenden Ausführungen ist).

**Erklärung** der Aufrechnung; **(sub aa))**

**Wechselseitigkeit**, z.Tl. auch **„Gegenseitigkeit"** genannt, von „Hauptforderung" und „Gegenforderung"; welche der beiden Forderungen man „Hauptforderung" und welche „Gegenforderung" nennt, ist gleichgültig; **in dieser Darstellung** wird als „Gegenforderung" stets die Forderung des Aufrechnenden („mit der aufgerechnet wird"/„die aufgerechnet wird") bezeichnet; **(sub bb))**

**Gleichartigkeit**; **(sub cc))**
**Durchsetzbarkeit** der „Gegenforderung"; **(sub dd))**
**Erfüllbarkeit** der „Hauptforderung"; **(sub dd))**
**(noch)** zum Zeitpunkt der **Aufrechungserklärung (sub ee)**
**Kein Ausschluss** der Aufrechnung; **(sub ff))**
**Wirkung** der Aufrechnung. **(sub gg))**
**Nicht** wird vorausgesetzt eine **„Konnexität"** von Forderung und Gegenforderung wie beim Zurückbehaltungsrecht aus §§ 273, 274 BGB.

aa) Erklärung der Aufrechnung

Die bloße Aufrechnungslage (man sagt auch: „Aufrechenbarkeit") bewirkt für sich gesehen grundsätzlich nichts; der zur Aufrechnung Berechtigte muss vielmehr die **Aufrechnung erklären** (**§ 388 S. 1 BGB**), wenn die Wirkung des § 389 BGB herbeigeführt werden soll. Ob eine Aufrechnungserklärung vorliegt, müssen Sie durch Auslegung ermitteln (§§ 133, 157 BGB). Kommen Sie dazu, dass es an einer Aufrechnungserklärung fehlt, prüfen Sie gar nicht erst weiter. Wenn Sie bei den Vorarbeiten erkennen, dass eine **Aufrechnungserklärung vorliegt**, so können Sie diese auch **zuletzt prüfen**.

Die Aufrechnung ist nach **§ 388 S. 2 BGB** aus Gründen der Rechtssicherheit **bedingungsfeindlich** und **befristungsfeindlich**; der Gläubiger der Hauptforderung (=die Forderung, gegen die die Aufrechnung erklärt wird) soll nämlich nicht dadurch „verunsichert" werden, dass die Wirkung der Aufrechnung von „künftigen ungewissen Ereignissen" abhängt.

Dem § 388 S. 2 BGB wird der allgemeine Grundsatzentnommen, dass alle Gestaltungsrechte (z. B. Anfechtung, Kündigung, Rücktrittserklärung) bedingungs- und befristungsfeindlich sind.

Dagegen ist die sog. **„Rechtsbedingung"** keine der Wirksamkeit einer Aufrechnungserklärung entgegenstehende Bedingung; denn insoweit geht es nicht um eine Abhängigkeit von einem „künftigen *ungewissen* Ereignis", denn die Rechtslage ist immer „*gewiss*", auch wenn wir Sie vielleicht nicht immer richtig kennen, weil wir sie falsch beurteilen.

In diesen Zusammenhang gehört auch die Frage der Möglichkeit einer **„Hilfsaufrechnung" im Prozess**, bei der der Beklagte (der sich primär anderweitig gegen die Klage wehrt) „hilfsweise" (nämlich für den Fall seiner ansonsten erfolgenden Verurteilung) durch eine Aufrechnung mit einer Gegenforderung verteidigt. Auch hier besteht keine einer Aufrechnung entgegenstehende Rechtsunsicherheit, da der Richter die Aufrechnung nur im Falle der ansonsten sicher erfolgenden Verurteilung berücksichtigt. In **§ 45 Abs. 3 GKG** ist die Hilfsaufrechnung übrigens anerkannt, so dass sich die Diskussion um die Zulässigkeit erledigt haben dürfte.

Eine kleine Frage **zum Nachdenken**: Kann sich der Richter einen „faulen Tag machen“ und – wenn er erkennt, dass er zur Feststellung, ob die Klage Erfolg hat oder nicht, eine komplizierte und Zeit kostende Beweisaufnahme durchzuführen hätte, während die zur Aufrechnung gestellte Gegenforderung zweifelsfrei besteht – die Klage mit der Begründung abweist, dass auf jeden Fall die erklärte Aufrechnung die Klagforderung zum Erlöschen bringen würde? Das nahm einmal die **„Klagabweisungstheorie“** an. Ihr dürfen Sie auf keinen Fall folgen, denn sonst verlöre der Beklagte seine Gegenforderung (§ 389 BGB), auch wenn die Klage unbegründet wäre. Der Richter muss also Beweis erheben **(„Beweiserhebungstheorie“)**.

Weil bei Bedingungen, deren Eintritt in der Macht des Aufrechnungsgegners liegt **(„Potestativbedingungen“)**, keine Rechtsunsicherheit über die Wirkung der Aufrechnung entstehen kann, bestehen keine Bedenken gegen die Zulässigkeit einer durch eine Wollensbedingung bedingten Aufrechnungserklärung.

**Fall 211**

Der Verkäufer V beliefert den K mit von K für € 5000,– gekauften Möbeln. Beim Transport durch das Treppenhaus zerkratzt der V durch sein Ungeschick die Wandfarbe. Der K erklärt gegen die Kaufpreisforderung die Aufrechnung mit seinem Schadensersatzanspruch in Höhe der Reparaturkosten von € 500,– für den Fall, dass der V nicht binnen 10 Tagen die Ausbesserung selbst vornimmt. Der V unternimmt nichts und verlangt von K, der nach Ablauf der 10 Tage nur € 4500,– gezahlt hat, die Zahlung von weiteren € 500,–.

Der Anspruch des V gegen den K könnte sich aus einem Kaufvertrag ergeben (§ 433 Abs. 2 BGB). a) Der Anspruch ist in Höhe von € 5000,– entstanden. b) Er könnte erloschen sein. aa) In Höhe von € 4500,– ist er nach § 362 Abs. 1 BGB erloschen. bb) In Höhe von weiteren € 500,– könnte er nach §§ 387, 388, 389 BGB erloschen sein. aaa) Dem V stand ein (Rest-) Anspruch in Höhe von € 500,– aus § 433 Abs. 2 BGB gegen den K zu; der K hat gegen den V einen Anspruch aus § 823 Abs. 1 BGB und aus § 280 Abs. 1 BGB, jeweils i. V. m. § 249 Abs. 2 S. 1 BGB in Höhe von € 500,–; damit ist die Voraussetzung der Gegenseitigkeit gegeben. bbb) Gleichartigkeit ist gegeben, ccc) auch die Durchsetzbarkeit der Gegenforderung ddd) und die Erfüllbarkeit der Hauptforderung. eee) Die Aufrechnung ist auch erklärt worden, allerdings unter einer Bedingung; deren Erfüllung stand aber in der Macht des V, so dass die Bedingung zulässig war. fff) Die (Rest-) Forderung ist daher erloschen, insoweit als die Forderungen sich decken (hier gleich groß).

In diesen Zusammenhang gehört wieder einmal ein kleiner **Exkurs**: Soeben lasen Sie, dass die bloße „Aufrechenbarkeit" rechtlich nichts bewirke, sondern dass eine Aufrechnung stets erklärt werden müsse. Das ist hinsichtlich der uns in erster Linie interessierenden Wirkung des § 389 BGB zutreffend. Aber: „Die ganze Wahrheit" ist es doch nicht, denn

1. die bloße **Aufrechenbarkeit einer Forderung** begründet immerhin in bestimmten Konstellationen die **Einrede der Aufrechenbarkeit**, und zwar für
   **a)** den **Bürgen** (§ 770 Abs. 2 BGB)
   **b)** und die („bürgenähnlichen") **Drittverpfänder** bei der **Hypothek** und dem **Pfandrecht** (§§ 1137 Abs. 1 S. 1, 1211 Abs. 1 S. 1 BGB),
   **c)** den **persönlich haftenden Gesellschafter einer oHG** bzw. den **Komplementär einer KG** (§ 129 Abs. 3 HGB bzw. §§ 161 Abs. 3, 129 Abs. 3 HGB) und
   **d)** den **Miterben** (BGH: §§ 770 Abs. 2 BGB, 129 Abs. 3 HGB analog).
2. Die Aufrechnungslage begründete jedoch **keine Einrede** der **Aufrechenbarkeit** im Sinne einer **dauernden Einrede i. S. d. § 813 BGB**, so dass ein zur Aufrechnung berechtigter Schuldner, der die Aufrechnung nicht erklärt hat, die von ihm auf die Schuld erbrachte Leistung nicht etwa zurückfordern kann.

bb) Wechselseitigkeit

Als nächste Voraussetzung einer wirksamen Aufrechnung prüfen Sie stets die **„Wechselseitigkeit"** oder **„Gegenseitigkeit"** von Forderung und Gegenforderung. Das **Prinzip** der **Wechselseitigkeit** bzw. **Gegenseitigkeit** bereitet grundsätzlich **keine Schwierigkeiten**: Der Gläubiger der „Hauptforderung" ist Schuldner der „Gegenforderung" und umgekehrt ist der Gläubiger der „Gegenforderung" zugleich Schuldner der „Hauptforderung". Wer sich das nicht vorstellen kann, möge eine Zeichnung fertigen. Von Bedeutung sind allein die **Durchbrechungen** des Wechselseitigkeits- bzw. Gegenseitigkeitsprinzips.

1. Bei einer Zession kann der Schuldner mit einer Forderung gegen den Zedenten gegenüber dem Zessionar aufrechnen, und zwar: **a)** überdauert nach **§ 406 BGB 1) Fallgruppe** eine zum Zeitpunkt der Zession der Hauptforderung vorhandene Möglichkeit des Schuldners, mit einer Gegenforderung gegenüber dem Zedenten aufzurechnen, in der Weise die Zession der Hauptforderung und damit den Gläubigerwechsel, dass der Schuldner nunmehr gegenüber dem Zessionar aufrechnen kann. **b)** Darüber hinaus kann nach **§ 406 BGB 2) Fallgruppe** der Schuldner sogar mit einer erst nach der Zession erworbenen gegen den Zedenten bestehenden Gegenforderung gegenüber dem Zessionar aufrechnen, wenn nicht einer der Ausnahmetat-

bestände („... es sei denn, dass ...“, die nur bei entsprechendem Anlass zu prüfen sind!) des § 406 eingreift. Einzelheiten dazu werden Sie später erfahren.

2. Nach **§ 407 Abs. 1 BGB** kann bei einer „stillen Zession“ der in Bezug auf die Tatsache der Zession gutgläubige Schuldner weiterhin gegenüber dem Zedenten mit einer gegen ihn bestehenden Gegenforderung mit Wirkung gegen den Zessionar aufrechnen.
3. Es können sogar außerhalb der Gläubiger-Schuldner-Beziehung stehende **dritte Personen** aufrechnen, und zwar
   **a)** Ablösungsberechtigte oder Befriedigungsberechtigte (z. B. §§ 268 Abs. 2, 1142 Abs. 2 BGB).
   **b)** Möglich ist auch die **Aufrechnung** mit einer **einem Dritten zustehenden**, also fremden **Forderung**, wenn der Dritte als Gläubiger der „Gegenforderung“ nach § 185 Abs. 1 BGB seine Einwilligung zur Aufrechnung erteilt oder diese nach § 185 Abs. 2 S. 1 Var. 1 BGB genehmigt.

cc) Gleichartigkeit

Problemlos ist das weitere Erfordernis der **Gleichartigkeit** der **geschuldeten Leistungen**. Die Forderungen müssen auf gattungsgleiche Leistungsgegenstände gerichtet sein, so dass eine Aufrechnung mit „Äpfeln gegen Birnen“ nicht möglich ist. Wird mit einer „ungleichartigen Gegenforderung“ aufgerechnet, so ist zu überlegen, ob hier nicht mindestens ein Zurückbehaltungsrecht (§ 273 BGB) geltend gemacht werden soll.

dd) Durchsetzbarkeit der Gegenforderung, Erfüllbarkeit der Hauptforderung,

Die **Gegenforderung muss durchsetzbar** sein, d. h. sie muss **bestehen** (also nicht nur künftig oder aufschiebend bedingt sein), sie muss auch **fällig** (§ 271 BGB: im Zweifel sofort) und **einredefrei** sein (§ 390 S. 1 BGB; beachten Sie die Ausnahme aufgrund der sich im Gesetz immer wieder zeigenden „Schwäche der Einrede der Verjährung“ in § 215 BGB: Die Verjährung der Gegenforderung ist unschädlich, wenn sie zum Zeitpunkt der erstmaligen Aufrechnungsmöglichkeit unverjährt war).

Die **Hauptforderung** muss auch **erfüllbar** sein; das ist sie nach § 271 BGB im Zweifel sofort. Kennen Sie Ausnahmen? Lesen Sie einmal die §§ 488 ff. BGB und versuchen Sie sich zu erinnern, warum der Darlehensnehmer eines verzinslichen Darlehens seine Schuld nicht sofort tilgen kann.

ee) Noch zum Zeitpunkt der Aufrechnungslage

Auch wenn die Aufrechnung auf den Zeitpunkt zurückwirkt, zu dem die Aufrechnungslage erstmals bestand (§ 389 BGB – dazu gleich mehr), bedeutet dies nicht, dass die Aufrechnungslage, die einmal bestanden hat, später entfallen sein kann. Sie muss im Augenblick der Abgabe der Aufrechnungserklärung noch vorliegen (BGH).

### ff) Kein Ausschluss der Aufrechnung

Schließlich darf die **Aufrechnung nicht ausgeschlossen** sein. Ausgeschlossen sein kann die Aufrechnung

- durch **vertragliche Aufrechnungsverbote**, z. B. durch die Handelsklausel „netto Kasse gegen Dokumente“: Klar ist, dass „netto Kasse“ auch ein Verbot der Aufrechnung beinhaltet: Das Geld soll nicht nur ohne Abzug („netto“), sondern auch „in die Kasse“ gelangen. Aber, was versteht man unter dem Zusatz „gegen Dokumente“? Gemeint sind damit z. B. der Frachtbrief oder das Konnossement. Dabei handelt es sich um Wertpapiere, die den Anspruch gegen den Frachtführer oder den Verfrachter auf Auslieferung der zur Beförderung übernommenen Güter verbriefen (wir kommen darauf später zurück). Ein vertragliches Aufrechnungsverbot enthält auch § 391 Abs. 2 BGB. Bedeutsame **gesetzliche Schranken** für **vertragliche Aufrechnungsverbote** finden sich in §§ 556b Abs. 2 BGB, 309 Nr. 3 BGB.
- Es gibt auch **gesetzliche Aufrechnungsverbote**: **a)** Ohne Bedeutung für Sie dürften die Aufrechnungsverbote aus §§ 392, 394 und 395 BGB sein. Machen Sie sich aber zumindest einmal Gedanken über die jeweilige ratio legis. **b)** Ein praktisch seltenes, aber dogmatisch interessantes und damit klausurrelevantes Aufrechnungsverbot ist der Tatbestand des **§ 393 BGB** (die Hauptforderung ergibt sich aus einer vorsätzlich begangenen unerlaubten Handlung), der eine „Privatrache“ des Gläubigers (= Schuldners dieser Gegenforderung) unterbinden soll (einprägsame Formulierung des legendären Hamburger Repetitors Busch: „Der Schuft darf nicht aufrechnen“); die Vorschrift sperrt auch die Aufrechnung gegen einen konkurrierenden vertraglichen Schadensersatzanspruch. Wenn allerdings sowohl der **Gläubiger** als auch der **Schuldner** jeweils **aus vorsätzlich begangener unerlaubter Handlung Schadensersatz** schulden, entfällt diese „ratio legis“.

**Fall 212**

Der G hat gegen den S eine Darlehensforderung in Höhe von € 1 Mio.; der Rückzahlungsanspruch ist durch eine wirksam vereinbarte selbstschuldnerische Bürgschaft des B gesichert. Aus Wut darüber, dass der S nicht zahlt, brennt der G das Haus des S nieder, so dass diesem ein Schaden in Höhe von genau € 1 Mio. entsteht. Dann nimmt er den B aus dem Bürgschaftsvertrag in Anspruch.

Die Anspruchsgrundlage ist § 765 BGB. Die Voraussetzungen für eine Inanspruchnahme des Bürgen sind: a) Wirksamer Bürgschaftsvertrag (§ 765 BGB); hier laut Sachverhalt gegeben. b) Hauptforderung; hier laut Sachverhalt gegeben (§ 488 Abs. 1 S. 2 BGB). c) Keine Verteidigungsmöglichkeiten des Bürgen: aa) Die Einrede der Vorausklage (§ 771 BGB) ist wirksam durch Vereinbarung ausgeschlossen (§ 773 Abs. 1 Nr. 1 BGB). bb) Von den Einreden der §§ 768, 770 BGB kommt hier § 770 Abs. 2 BGB in Betracht; danach muss *der Gläubiger* die Möglichkeit einer Befriedigung durch Aufrechnung haben; hier steht der Aufrechnung seitens des G aber § 393 BGB entgegen. Das Problem ist, ob

§ 770 Abs. 2 BGB auch dann gegeben ist, wenn nur der Hauptschuldner aufrechnen kann oder ob es andere dogmatische Hilfskonstruktionen gibt, die dem B „helfen" könnten (das wissen Sie sicher alles noch aus der Darstellung des Bürgschaftsrechts, oder??).

- Und schließlich kann sich in **Treuhandverhältnissen** ein Aufrechnungsverbot auch aus **§ 242 BGB** ergeben, wenn die Gegenforderung des Treuhänders gegen den Treugeber, mit der er aufgerechnet hat, aus einem anderen Rechtsverhältnis stammt.

**Fall 213**

Der E beauftragt den Uhrmacher U eine Taschenuhr im eigenen Namen für Rechnung des E zu verkaufen. Nach erfolgtem Verkauf verlangt E von U Herausgabe des Erlöses in Höhe von € 1000,– abzüglich der vereinbarten Provision von € 100,–. Der J erklärt zum Zwecke der Tilgung der Forderung des E mit einer Gegenforderung aus einer unbezahlten Rechnung für eine frühere Reparatur einer Standuhr. In Höhe von € 100,– und mit einer Forderung aus Aufwendungsersatz für die Anreise zur Versteigerung in Höhe von € 50,– und zahlt € 800,– aus. Der E verlangt Zahlung von € 100,– (nach BGH und Lange)

Die Anspruchsgrundlage ist §§ 765, 667 BGB. a) Die Forderung beläuft sich auf € 900,–.b) Getilgt ist sie aa) nach § 362 Abs. 1 BGB in Höhe von € 800,–. bb) In Höhe von € 100,– könnte sie nach § 389 BGB durch Aufrechnung mit aaa) einer Gegenforderung aus § 631 BGB in Höhe von € 100,– und einer Gegenforderung aus §§ 675, 670 BGB in Höhe von € 50,– erloschen sein. Die Voraussetzungen für eine Aufrechnung liegen vor. bb) Sie könnte jedoch nach § 242 BGB ausgeschlossen sin. Bei Treuhandverhältnissen (Auftrag, Geschäftsbesorgungsvertrag, GoA) ist die Aufrechnung des Treuhänders (U) gegen Herausgabeansprüche des Treugebers (E) mit Forderungen, die in keinem Zusammenhang mit dem Treuhandverhältnis stehen, unvereinbar mit den Pflichten eines Treunehmers und damit ausgeschlossen, so dass die Aufrechnung in Höhe von € 100,– ins Leere geht, während die Aufrechnung mit dem Anspruch aus § 670 BGB möglich ist. Der E hat daher einen Anspruch in Höhe von € 50,– b) Was halten Sie von einem konkludent geltend gemachten Zurückbehaltungsrecht des U gegen den Anspruch des E aus §§ 273, 274 BGB? Eine fällige durchsetzbare konnexe Gegenforderung besteht. Aber es könnte auch hier § 242 BGB sperren.

gg) Wirkung der Aufrechnung

Die **Wirkung** der **Aufrechnung** besteht darin, dass nach **§ 389 BGB** die Haupt- und Gegenforderung rückwirkend („ex tunc", und zwar rückbezogen auf den Eintritt der Aufrechnungslage) erlöschen. In dieser **Tilgungsfunktion** liegt die Hauptbedeutung der Aufrechnung. Die Forderungen erlöschen, **„soweit sie sich decken"**; die Forderungen müssen also nicht gleich hoch sein. Deshalb ist § 389 BGB eine Ausnahme von § 266 BGB (Verbot von Teilleistungen). Es gibt eine Reihe von daraus resultierenden **Nebenfolgen**: So kann aufgrund der Rückwirkung der Aufrechnung eine wegen einer Nichterfüllung oder wegen einer nicht gehörigen Erfüllung an sich verwirkte Vertragsstrafe (§ 339 BGB) oder eine Verzugsfolge entfallen.

**Fall 214**

Der G hat eine kalendermäßig bestimmte, am 1. Dezember 2002 fällige Kaufpreisforderung gegen den S in Höhe von € 1000,–. Der S zahlt nicht, sondern erklärt am 1. Januar 2003 mit einer in gleicher Höhe bestehenden, bereits am 15. November 2002 fällig gewesenen Gegenforderung gegen den G, die er von G's Gläubiger X gekauft und sich hat abtreten lassen, die Aufrechnung. Der G verlangt von S für den Monat Dezember 2002 Verzugszinsen.

Der Anspruch könnte sich aus § 288 Abs. 1 BGB ergeben. Voraussetzung ist, dass S am 1. Januar 2003 einen Monat lang im Verzug war. a) Die Voraussetzungen der §§ 286 Abs. 1 S. 1, Abs. 2 Nr. 1, Abs. 4, 285, 288 Abs. 2 BGB liegen an sich vor; b) durch eine wirksam erklärte, auf den 1. Dezember 2002 zurückwirkende Aufrechnung wären sie jedoch entfallen: aa) Die Aufrechnung ist erklärt worden. bb) Der Gegenseitigkeit steht nicht entgegen, dass S die Gegenforderung von X erworben hat; cc) die Gegenforderung ist fällig (15. November 2002); dd) die Hauptforderung ist erfüllbar (1. Dezember 2002); ee) die Aufrechnung ist nicht ausgeschlossen. Die Forderung des G gegen S ist also nach § 389 BGB „ex tunc" erloschen. Also entfällt der Verzug.

Die Möglichkeit, durch die bloße Erklärung der Aufrechnung mit einer Gegenforderung die Hauptforderung ganz oder teilweise zum Erlöschen zu bringen, bedeutet, dass man in diesem Umfang seine Gegenforderung ohne Prozess und ohne Zwangsvollstreckung **(„Privatvollstreckung")** durchsetzen kann. Wieso das? Der Aufrechnende erlangt durch die Aufrechnungserklärung mit der Wirkung des § 389 BGB die Befreiung von der gegen ihn bestehenden Forderung. Wie liegt es aber, wenn der Gläubiger der Hauptforderung, gegen die mit der Gegenforderung aufgerechnet wurde, die Gegenforderung bestreitet oder die Berechtigung zur Aufrechnung aus Rechtsgründen in Zweifel zieht; muss man dann als Inhaber der Gegenforderung nicht doch prozessieren und anschließend die Zwangsvollstreckung betreiben? Nein: Man kann geduldig warten, bis der Gläubiger der Hauptforderung seine Forderung (ggf. prozessual) geltend macht und kann sich dagegen mit dem Hinweis auf die bereits erklärte Aufrechnung verteidigen. Auf diese Weise hat man als Aufrechnungsberechtigter den gewaltigen Vorteil, in der viel bequemeren Rolle des Beklagten zu sein. Erinnern Sie noch das Institut der „Bürgschaft auf erstes Anfordern", bei der es ebenfalls zu einer derartigen bequemen Auswechselung der Parteirollen kommt?

Schließlich ist der Aufrechnungsgläubiger in der Insolvenz des Gläubigers der Hauptforderung bevorzugt **(„Sicherungsfunktion")**: Wenn der Insolvenzschuldner gegen den Insolvenzgläubiger eine Gegenforderung hat, die der Insolvenzverwalter gegen ihn geltend macht, ist der Insolvenzgläubiger nicht durch die Eröffnung des Insolvenzverfahrens daran gehindert, die Aufrechnung zu erklären **(§ 94 InsO)**. Dadurch wird der Insolvenzgläubiger in vollem Umfang befriedigt und erhält nicht nur die Insolvenzquote. Lesen Sie **§ 95 InsO** und versuchen Sie durch einen Vergleich mit den §§ 387 ff. BGB herauszufinden, wodurch der Aufrechnungsgläubiger privilegiert wird.

## 2. Erlöschen von primären Erfüllungsansprüchen infolge von Leistungshindernissen und ähnlichen Ereignissen

**Ansprüche** aus **Schuldverhältnissen, die** auf die **Erfüllung** einer **primären Leistungspflicht** gerichtet sind, können erlöschen.

Das Erlöschen kann darauf beruhen, dass dem Anspruch **Leistungshindernisse nach § 275 BGB** oder ähnlich wirkende Ereignisse entgegenstehen, die ihn entfallen lassen **(sub a)**. In Einzelnen sind dies:

- **§ 275 Abs. 1Var. 1, 2 BGB: Unmöglichkeit** zur **Erbringung** der **Leistung** für jedermann (objektiv) oder den konkreten Schuldner (subjektiv);
- **§ 275 Abs. 2 BGB: Einrede des grob unverhältnismäßigen Aufwands** (auch **„faktische"** oder **„praktische" Unmöglichkeit** genannt) bei einem groben Missverhältnis zwischen Leistungsaufwand und Leistungsinteresse;
- **§ 275 Abs. 3 BGB: Einrede der Unzumutbarkeit persönlicher Leistungen** (auch **„persönliche" Unmöglichkeit** genannt);
- **§ 281 Abs. 4 BGB:** Ein **Schadensersatzverlangen statt der Leistung** nach erfolglos gesetzter Frist zur Nacherfüllung.
- **§ 300 Abs. 2 BGB**: Ein Leistungsanspruch entfällt auch, wenn eine **der Gattung nach geschuldete Sache** zu einem Zeitpunkt **untergeht**, in dem der Gläubiger in **Annahmeverzug** war, ohne dass dieser Umstand zu einer Konkretisierung geführt hätte.
- **§ 51 BGB:** Die Erhebung der **Einrede** des **Notbedarfs** nach einem Schenkungsversprechen **(§ 519 BGB)** – ein seltener Fall.

Infolge des Erlöschens des Leistungsanspruchs nach § 275 Abs. 1–3 BGB können gemäß **§ 326 Abs. 1 S. 1 BGB** ferner auch die **Gegenleistungsansprüche** des Gläubigers aus **gegenseitigen Verträgen** erlöschen bzw. gar nicht erst entstehen **(sub b)**. Ausnahmsweise erlöschen sie allerdings dann nicht, wenn der Gläubiger des Gegenleistungsanspruchs aufgrund gesetzlicher oder vertraglicher Bestimmung die **„Gefahr"** trägt. Im Gesetz steht diese Folge leider nicht ausdrücklich, weil in z. B. §§ 446, 447 BGB nur von der Gefahrtragung die Regel ist. Daher müssen Sie diesen Schluss selbst ziehen (Sie prüfen: Gegenleistungsanspruch entstanden? Anspruch grundsätzlich erloschen nach § 326 Abs. 1 S. 1 BGB? Anspruch ausnahmsweise nicht nach § 326 Abs. 1 S. 1 BGB erloschen, weil eine Ausnahme innerhalb von § 326 BGB oder eine besondere Gefahrtragungsregel eingreift?). Wichtige gesetzliche Gefahrtragungsregeln sind für das Kaufrecht in §§ 446, 447 BGB und für das Werkvertragsrecht in §§ 644, 645 BGB enthalten. Diese haben Sie bereits kennengelernt.

Man erkennt bereits an dieser Aufstellung, dass einige der vorgenannten **Normen** nicht auf alle Schuldverhältnisse anwendbar sind. Die **Anwendbarkeit** hängt bisweilen davon, ob es sich um ein rechtsgeschäftliches Schuldverhältnis (anstelle eines gesetzlichen) bzw. um einen bestimmten Vertragstyp handelt. Darauf wird im Folgenden jeweils gesondert hingewiesen.

Noch ein Hinweis zur **Terminologie bei § 275 Abs. 2 und 3 BGB**: Die üblich gewordenen Bezeichnungen einer „faktischen" (oder: „praktischen") bzw. „persönlichen Unmöglichkeit" sind in didaktischer Hinsicht wenig glücklich. Es geht hier gerade nicht um Fälle der „Unmöglichkeit" im Sinne des § 275 Abs. 1 BGB. Außerdem begründen § 275 Abs. 2 und 3 BGB im Gegensatz zu § 275 Abs. 1 BGB keinen Erlöschensgrund, sondern nur ein Leistungsverweigerungsrecht. Wir sprechen deshalb besser bei § 275 Abs. 2 BGB von der Einrede des grob unverhältnismäßigen Aufwands und bei § 275 Abs. 3 BGB von der Einrede der Unzumutbarkeit persönlicher Leistungen.

### a) Das Erlöschen von primären Erfüllungsansprüchen infolge von Leistungshindernissen (§ 275 BGB) und ähnlich wirkenden Ereignissen (§§ 300 Abs. 2, 281 Abs. 4, 519 BGB)

Zu Beginn soll Ihnen eine **Übersicht** als **Wegweiser** den Einstieg ermöglichen.

- Ein auf die Erfüllung einer primären Leistungspflicht gerichteter Anspruch **„ist ausgeschlossen"**, soweit und solange **jedermann** oder dem **Schuldner** die **Leistung unmöglich** ist (§ 275 Abs. 1 BGB) **(sub aa))**.
- Der Schuldner hat ein **Leistungsverweigerungsrecht**, wenn die Leistung theoretisch zwar möglich ist, sie aber einen **unverhältnismäßigen Aufwand** erfordert („faktische" oder „praktische" Unmöglichkeit, § 275 Abs. 2 BGB) oder bei **Unzumutbarkeit persönlicher Leistung** („persönliche" Unmöglichkeit, § 275 Abs. 3 BGB) **(sub bb) (1) und (3))**.
- Der nicht unter § 275 Abs. 2 BGB fallende Fall einer schweren oder existenzbedrohenden Belastung kann nur als in erster Linie zur Anpassung und nicht zu einer Befreiung des Schuldners führenden **Störung der Geschäftsgrundlage** nach **§ 313 BGB** angesehen werden **(sub bb) (2))**.
- Ein Leistungsanspruch entfällt auch, wenn eine der Gattung nach geschuldete Sache zu einem Zeitpunkt untergeht, in dem der Gläubiger in Annahmeverzug war, ohne dass dieser Umstand zu einer Konkretisierung geführt hätte **(§ 300 Abs. 2 BGB) (sub cc))**.
- Ein Leistungsanspruch entfällt schließlich, wenn ein Gläubiger **Schadensersatz statt der Leistung** aus § 281 Abs. 1 BGB verlangt hat **(§ 281 Abs. 4 BGB) (sub dd))**.

Um **Missverständnissen vorzubeugen**, ordnet § 275 Abs. 4 BGB **klarstellend** an, dass dem Gläubiger, der nach §§ 275 Abs. 1–3 BGB einen Anspruch verliert, bestimmte **Sekundäransprüche** zustehen. Damit befassen wir uns aber erst in Teil 4, wenn es um die Ansprüche des Gläubigers gegen den leistungsfreien Schuldner geht. Nur auf einen der Sekundäransprüche (§ 285 BGB) gehen wir schon vorab ein **(sub bb) (4))**.

Ein anspruchsvolles Programm: Machen Sie sich also an die Arbeit und dies im Bewusstsein, dass dies teilweise eine Vorbereitung auf das Leistungsstörungsrecht ist, das Sie dann in Teil 4 erwartet.

aa) Ausschluss der Leistungspflicht nach § 275 Abs. 1 BGB („Der Anspruch auf Leistung ist ausgeschlossen")

(1) Grundfälle der Unmöglichkeit

Die **Voraussetzung** für einen **Ausschluss** des **Anspruchs** aus einem **Rechtsgeschäft** oder aus **Gesetz**, durch **§ 275 Abs. 1 BGB** ist **„Unmöglichkeit"** in dem Sinne, dass die Leistung nicht erbracht werden kann. Dabei werden die **„objektive"** (für jedermann bestehende) **Unmöglichkeit** und die **„subjektive"** (die nur für den Schuldner bestehende) **Unmöglichkeit** (zuweilen auch „Unvermögen" genannt) einander gleichgestellt. Die Unmöglichkeit kann auf einem **tatsächlichen** oder **rechtlichen Umstand** beruhen.

Um das gesetzliche Konzept besser zu verstehen, beschränken wir uns anfangs auf Konstellationen, bei denen sich die Frage nach dem Vorliegen von Unmöglichkeit quasi von selbst beantwortet.

Die **Rechtsfolge** des **§ 275 Abs. 1 BGB** ist, dass der **Anspruch „ausgeschlossen ist"**, also **nicht entsteht** oder **entfällt.** Es handelt sich hier (wie schon mehrfach betont) um eine **Einwendung** (also um einen „von Amts wegen", also auch dann zu berücksichtigenden Ausschlussgrund, wenn der Schuldner sich nicht auf ihn beruft).

**Fall 215**

Der V verkauft dem K eine Sache, die nach Vertragsschluss aber vor Erfüllung verbrennt. Der K verlangt Lieferung der Sache von dem V.

Der Anspruch könnte sich aus einem Kaufvertrag ergeben (§ 433 Abs. 1 S. 1 BGB). a) Der V und der K haben einen Kaufvertrag abgeschlossen. Der Anspruch des K ist daher entstanden, b) aber nach § 275 Abs. 1 BGB erloschen (nachträglich „ausgeschlossen"), weil die Leistung jedermann (also „objektiv") nachträglich unmöglich geworden ist.

**Fall 216**

Der V verkauft dem K eine Sache, die nach Vertragsschluss aber vor Erfüllung von einem unbekannten Dieb gestohlen wird. Die Suche nach dem Dieb ist aussichtslos. Der K verlangt Lieferung der Sache von dem V.

Der Anspruch könnte sich aus einem Kaufvertrag ergeben (§ 433 Abs. 1 S. 1 BGB). a) Der Kaufvertrag ist geschlossen. Der entstandene Anspruch könnte b) nach § 275 Abs. 1 BGB erloschen („ausgeschlossen") sein. aa) Dem V ist zwar die Übereignung nach § 931 BGB durch Abtretung des Herausgabeanspruchs gegen den D (u. a. aus §§ 823 Abs. 1, 249 Abs. 1 BGB) bzw. durch bloße Einigung möglich (§ 931 BGB, dazu später mehr); bb) der V kann aber die Kaufsache nicht – wie von § 433 Abs. 1 S. 1 BGB ebenfalls vorausgesetzt – an den K übergeben, da ihm die Übergabe unmöglich geworden ist, so dass der Anspruch des K gegen den V erloschen („ausgeschlossen") ist.

**Fall 217**

Der V verkauft dem K eine ihm gehörige Sache. Nach Vertragsschluss aber vor Erfüllung verkauft er sie an den D und übereignet und übergibt sie diesem. Der D ist nicht bereit, die Sache an den V zurück zu geben bzw. zurück zu übereignen. Der K verlangt Lieferung der Sache von dem V.

Das Ergebnis ist identisch mit dem des vorherigen Falles: Der entstandene Anspruch des K gegen den V aus dem Kaufvertrag (§ 433 Abs. 1 BGB) ist nach § 275 Abs. 1 BGB ausgeschlossen und damit erloschen, weil sich der Schuldner das Eigentum und den Besitz am Leistungsgegenstand nicht verschaffen und daher die Sache nicht an K übereignen und übergeben kann.

**Fall 218**

Der V verkauft dem K eine ihm gehörige Sache. Nach Vertragsschluss, aber vor Erfüllung verkauft er sie an den D und übereignet und übergibt sie ihm. Der D ist nur gegen einen Aufpreis von 20 % dazu bereit, die Sache an den V zurück zu verkaufen und zu übereignen und zu übergeben. Der V verweigert deshalb gegenüber dem K die Leistung. Der K verlangt Lieferung der Sache von dem V.

Ein Anspruch des K gegen den V aus dem Kaufvertrag (§ 433 Abs. 1 BGB) ist a) entstanden, b) und aa) nicht nach § 275 Abs. 1 BGB ausgeschlossen, weil sich der Schuldner den Leistungsgegenstand verschaffen kann. bb) Der V könnte aber die Leistung nach § 275 Abs. 2 BGB verweigern, aa) wenn er dies – was der Fall ist – erklärt hätte bb) und wenn die Verschaffung einen i. S. d. § 275 Abs. 2 S. 1 BGB unverhältnismäßigen Aufwand erfordern würde. Das ist bei dem von D verlangten Aufpreis von 20 % im Hinblick auf § 275 Abs. 2 S. 2 BGB jedoch nicht der Fall (zum Maßstab vgl. unten). Also kann der K Lieferung verlangen.

Was den **Umfang** des **Wegfalls der Leistungspflicht** angeht, so ist der Anspruch aber nur ausgeschlossen, „soweit" Unmöglichkeit besteht. Wenn bei einer teilbaren Leistung nur eine Teilunmöglichkeit vorliegt, greift § 275 Abs. 1 BGB auch nur wegen des unmöglichen Teils ein; im Übrigen bleibt der Schuldner zur Leistung verpflichtet. Allerdings muss man im Auge haben, dass auch eine teilweise Unmöglichkeit die Konsequenzen einer vollständigen Unmöglichkeit haben kann, sofern die Teilleistung für den Gläubiger nicht von Interesse ist (vgl. §§ 323 Abs. 5 S. 1, 281 Abs. 1 S. 2 BGB).

**Fall 219**

Der V schuldet dem K aus einem Kaufvertrag die Lieferung von 10 gleichwertigen antiken Porzellanvasen (Stückschuld!). Davon werden 5 nach Vertragsschluss zerstört. Der Kaufpreis für alle Vasen zusammen beträgt € 100.000,–. Der K verlangt Lieferung von dem V.

Der Lieferanspruch könnte sich aus einem Kaufvertrag ergeben (§ 433 Abs. 1 S. 1 BGB). a) Der entstandene Anspruch des K gegen den V aus dem Kaufvertrag (§ 433 Abs. 1 BGB) b) könnte wegen der 5 zerstörten Vasen (also teilweise) nach § 275 Abs. 1 BGB „ausgeschlossen" und damit entfallen sein. Nach § 275 Abs. 1 BGB ist der Anspruch bei einer teilbaren Leistung ausgeschlossen, „soweit" die Leistung unmöglich ist. Der Käufer kann also nur noch 5 Vasen verlangen.

**Fall 220**

Der V verkauft eine eigens durch den Hersteller H für ihn hergestellte, technisch komplizierte Sache an den K. Dem V wird von H aufgrund einer zwischen H und V bestehenden Vereinbarung zu Recht verboten, die Gebrauchsanweisung an den K auszuhändigen, weil anderenfalls ein Betriebsgeheimnis des H verraten würde. Der K verlangt die Gebrauchsanweisung von dem V.

Der Anspruch auf Aushändigung der Gebrauchsanweisung ergibt sich aus einer leistungsbezogenen Nebenpflicht des Kaufvertrags, die einen Verkäufer dazu verpflichtet, der Vorbereitung, der Durchführung und der Sicherung der Hauptleistung dienende Nebenpflichten zu erbringen (insbesondere Gebrauchsanweisungen bei aus technischen Gründen schwer zu bedienenden Sachen auszuhändigen). Aus rechtlichen Gründen ist die Erfüllung dieser Pflicht unmöglich und daher der Anspruch darauf ausgeschlossen (§ 275 Abs. 1 BGB).

(2) Sonderfälle und Abgrenzungsfragen zur Unmöglichkeit

Zur „Entschärfung" der Problematik des § 275 Abs. 1 BGB hatten wir uns zunächst auf Fälle konzentriert, bei denen das Vorliegen des Leistungshindernisses „Unmöglichkeit" durch den Sachverhalt praktisch vorgegeben wurde.

Das darf Sie nicht dazu verführen, die Frage der rechtlichen Einordnung eines Leistungshindernisses als einen Fall der „Unmöglichkeit" oder des „Unvermögens" zu unterschätzen. Die Unmöglichkeit bzw. das Unvermögen setzt eine Unbehebbarkeit des Umstandes, der an der Leistung hindert, voraus. Eine knappe **Übersicht** soll zeigen, wie vielfältig die **Konstellationen** sind, bei denen von einer **Unmöglichkeit** auszugehen ist.

1. Eine **naturgesetzlich begründete (physische) Unmöglichkeit** kann gegeben sein:
   a) beim **Untergang** eines geschuldeten Leistungsgegenstandes: eine zu übereignende und zu übergebende Sache ist infolge Zerstörung nicht mehr existent; oder sie ist nach einem Diebstahl unwiederbringlich verloren und kann z. B. deshalb einem Käufer zwar übereignet (§ 931 BGB) aber nicht übergeben werden; eine abzutretende Forderung ist bereits erloschen; eine Werkleistung ist technisch nicht realisierbar;
   b) bei einer derartigen **Verschlechterung** eines geschuldeten Leistungsgegenstandes, dass er sich bei wirtschaftlicher Betrachtungsweise als ein anderer Leistungsgegenstand darstellt, es sei denn es besteht ein Nacherfüllungsanspruch nach z. B. § 439 BGB;
   c) im Falle des **Todes** eines zu einer höchstpersönlichen Leistung verpflichteten Schuldners.
   d) Bei der **Gattungsschuld** und beim **Werkvertrag** gibt es Besonderheiten, denen gesondert Rechnung getragen wird **(sub (3))**.
2. Eine Unmöglichkeit kann ferner gegeben sein als Folge eines **Zeitablaufs** bei **absolutem Fixgeschäft**. Bei diesem ist die Leistungszeit nicht nur festgelegt worden, sondern die Parteien waren sich auch einig, dass der Vertrag mit der Einhaltung/Nichteinhaltung der Leistungszeit „stehen und fallen" soll, was z. B. der Fall ist bei der Bestellung einer **Hochzeitstorte zum Hochzeitstag** oder **zeitgebundenen Miet-, Arbeitsverträgen**, bei denen die Leistung nicht nachholbar ist. In der Regel liegt aber ein **relatives Fixgeschäft** vor, bei dem eine Leistung außerhalb des vereinbarten Erfüllungszeitraums nicht völlig sinnlos für den Gläubiger ist, so dass bei Zeitüberschreitung keine Unmöglichkeit der Leistungserbringung gegeben ist. Das relative Fixgeschäft hat nur Folgen für eine etwaige Fristsetzung (vgl. § 323 Abs. 2 Nr. 2 BGB).
3. Eine **nicht zurücknehmbare Zuwiderhandlung** bei einer **Unterlassungsschuld** führt zur Unmöglichkeit.
4. Bestimmte **rechtliche Gründe**, z. B. die Nichtherbeiführbarkeit des Erfolges,
   a) weil ein Recht (z. B. Eigentum) nicht verschafft werden kann, weil
      aa) ein (die Zustimmung verweigernder) **Dritter Eigentümer** einer z. B. zu übereignenden Sache ist und er unter keinen Umständen (sonst aber ggf. § 275 Abs. 2 BGB) zur Übereignung bereit ist,
      bb) der **Gläubiger bereits Eigentümer** der an ihn zu übereignenden Sache war oder es von einem Dritten erlangt hat.
   b) Manchmal **stehen Rechtsnormen** der **Leistungserbringung entgegen**, z. B. verbietet ein inländisches/ausländisches Einfuhrverbot für bestimmte Waren die Übereignung (§ 134 BGB/§ 138 BGB), ein

„pactum de non cedendo“ führt zur Unwirksamkeit einer Zession (§ 399 BGB).

5. **Zweckstörungen** (man kann sie auch bei der Fallgruppe physischer Unmöglichkeit einordnen) sollen ebenfalls zur Unmöglichkeit führen können,
   **a)** wenn der **Zweck bereits erreicht ist** (das freizuschleppende Schiff ist durch eine Springflut freigekommen; der Assistenzarzt hat die vom Chefarzt geschuldete Operation bereits erfolgreich vorgenommen) oder
   **b)** **wenn** der **Zweck unerreichbar ist** (der zu behandelnde Patient ist bereits tot).
6. Bei einer **Geldschuld** muss man unterscheiden:
   **a)** Im Fall einer (regelmäßig gegebenen) **Geldsummenschuldaa)** kann **§ 275 Abs. 1 BGB** nicht gelten. **aaa)** Eine für jedermann bestehende Unmöglichkeit kann nicht bestehen, weil Geld immer existiert. **bbb)** Auch gibt es keinen denkbaren Fall, bei dem es so liegt, dass jedenfalls dem konkreten Schuldner die Leistung von Geld unmöglich wäre. Das gilt selbst für den Fall der Insolvenz des Schuldners. Allerdings ist der dazu in der Ausbildung zur (Schein-)Begründung üblicherweise verwendete **Satz („Geld hat man zu haben“)** absolut sinnlos. Es geht ja darum, ob die Leistung möglich ist und nicht darum, ob man sie möglich machen muss. Entscheidend ist vielmehr folgende rein **normative Überlegung**: Bei einer Insolvenz eines Schuldners kommt es (auf Antrag) zum Insolvenzverfahren über das Vermögen des Schuldners; die durch die Rechtsordnung geschaffene Möglichkeit eines Insolvenzverfahrens setzt also begrifflich voraus, dass (trotz einer Insolvenz, also trotz fehlenden Geldes) Ansprüche gegen den (Insolvenz-) Schuldner bestehen. Daher ist es auch einem wirtschaftlich leistungsunfähigen Schuldner im Rechtssinne (also: „normativ“) „möglich“ eine Geldschuld zu bezahlen!
      **bb)** **Eine Ausnahme** ist die seltene Konstellation, bei der eine auf Geldzahlung gerichtete Leistungspflicht auf den **erfolglos angebotenen Geldbetrag beschränkt (§ 300 BGB)**; dann ist eine Unmöglichkeit vorstellbar.
   **b)** Eine scheinbare Ausnahme sind die Fälle, in denen Ansprüche **aus §§ 662, 667; 677, 681 S. 2, 667; 687 Abs. 2, 681 S. 2, 667; 696; 285; 812 BGB** auf die Herausgabe von Geld gerichtet sind. Dann liegt in Wahrheit keine Geldsummen-, sondern eine Stückschuld vor, so dass die allgemeinen Grundsätze gelten.
7. Eine nach § 275 Abs. 1 BGB zu berücksichtigende **Unmöglichkeit muss dauernd sein** und darf nicht nur vorübergehend sein; allerdings ist auch eine vorübergehende Unmöglichkeit wie eine dauernde Unmöglichkeit zu behandeln, wenn der Vertragszweck nicht mehr erreicht werden kann und ein Festhalten am Vertrag unzumutbar ist.

8. **Wirtschaftliche Gründe**, die zu einer **Leistungserschwerung** führen, sind niemals als Fall einer Unmöglichkeit i. S. d. § 275 Abs. 1 BGB anzusehen, sondern sind allenfalls als „faktische" (oder „praktische") Unmöglichkeit nach **§ 275 Abs. 2 BGB** zu berücksichtigen **(sub bb) (1))** oder als „Störung der Geschäftsgrundlage" **(§ 313 BGB) (sub bb) (2))**.
9. **Persönliche Gründe**, die zu einer **Leistungserschwerung** führen, sind niemals als Fall einer Unmöglichkeit i. S. d. § 275 Abs. 1 BGB anzusehen, sondern allenfalls als „persönliche" Unmöglichkeit nach **§ 275 Abs. 3 BGB** zu berücksichtigen **(sub cc (3))**.

(3) Besonderheiten bei der Gattungsschuld (Gattungskauf) und beim Werkvertrag

Ausgespart hatten wir zwei Problemkreise, denen wir uns jetzt widmen: Den Fragen einer Unmöglichkeit i. S. § 275 Abs. 1 BGB bei der Gattungsschuld und beim Werkvertrag. Bei der **Gattungsschuld** handelt es sich um eine sehr prüfungs- und praxisrelevante Fallgestaltung, insbesondere in der Konstellation des **„Gattungskaufs"**: bei der Gattungsschuld schuldet der Schuldner (beim Kauf: der Verkäufer hinsichtlich der Lieferungspflicht) dem Gläubiger (beim Kauf: dem Käufer) nicht die Lieferung einer bestimmten Sache (Stückschuld), sondern eine „der Gattung nach bestimmte Sache" (§ 243 Abs. 1 BGB). Die Gattung kann im Vertrag beispielsweise durch einen bestimmten Produkttyp („VW Golf") oder durch einen bestimmten Lagerbestand („Matratzen Typ B solange der Vorrat reicht") definiert werden. Im letzteren Fall spricht man von der **„beschränkten Gattungsschuld"** oder **„Vorratsschuld"** auf die wir später noch einmal ausführlich zurückkommen. **Unmöglichkeit** liegt **bei** einer solchen **Gattungsschuld** zunächst dann vor, wenn die **ganze Gattung nicht** mehr **existiert** (alle VW-Golfs auf der Welt sind zerstört; der gesamte Lagerbestand ist verbrannt). Das ist fast nur theoretisch vorstellbar. Unmöglichkeit liegt bei einer Gattungsschuld ferner vor, wenn sich die Leistungsverpflichtung des Schuldners (Verkäufer) auf einen bestimmten Leistungsgegenstand beschränkt, der untergegangen ist. Die Beschränkung einer Gattungsschuld auf einen konkreten Gegenstand ist nach dem Wortlaut des Gesetzes der Fall, wenn „der Schuldner das zur Leistung einer solchen Sache seinerseits Erforderliche getan" hat (§ 243 Abs. 2 BGB); wir nennen diesen Vorgang auch **„Konkretisierung"** der Gattungsschuld.

Die **„Konkretisierung"** bei einer Gattungsschuld tritt ein

1. nach § **243 Abs. 1, 2 BGB**,
   - **a)** wenn der Schuldner aus der Gattung eine **Sache „mittlerer Art und Güte"** ausgesucht hat und **ausgesondert** hat (z. B. im Lagerhaus die an einen bestimmten Kunden zu übereignende Sache markiert)
   - **b)** **und** der Schuldner in Bezug auf diese Sache „mittlerer Art und Güte" die von ihm **nach** dem **Vertrag geschuldete „Leistungshandlung"**

vorgenommen hat; er hat sie so anzubieten, dass der Gläubiger bei Verweigerung der Annahme in Annahmeverzug geraten würde. Wann ist das der Fall?

**aa)** Im gesetzlichen (Regel-)Fall einer sogenannten **„Holschuld"** (§ 269 Abs. 1 BGB) muss der Gläubiger die geschuldete Leistung beim Schuldner abholen. Der Schuldner ist daher lediglich verpflichtet, die ausgesonderte Sache **bereit zu halten** und dem Gläubiger **wörtlich anzubieten** (§ 295 S. 1 Var. 2 BGB), wobei umstritten ist, ob hierfür eine Mitteilung über die Aussonderung gemacht werden muss oder ob eine Aufforderung zur Abholung unter Einräumung einer Abholungsfrist ausreicht. Das **wörtliche Angebot** ist **entbehrlich**, wenn für das Abholen ein Zeitpunkt nach dem Kalender bestimmt ist (§ 296 S. 1 BGB) oder der Gläubiger ernsthaft (§ 295 S. 1 Var. 1 BGB) und endgültig erklärt hat, die Leistung nicht anzunehmen, weil das Anbieten dann eine leere Förmelei wäre (§ 242 BGB). Unerheblich ist auch, dass der Gläubiger ggf. an der Annahme gehindert ist. Kommen Sie nun aber nicht auf die Idee, in dem Bereitstellen läge bereits eine Erfüllung i. S. d. § 362 Abs. 1 BGB! Zur Erfüllung muss der Verkäufer übereignen und übergeben, was er aber nicht getan hat – unterscheiden Sie stets zwischen der **Leistungshandlung**, um die es hier geht, und dem **Leistungserfolg**, den der Tatbestand von § 362 Abs. 1 BGB für das Erlöschen des Anspruchs voraussetzt. Wenn man es ganz genau nimmt, muss für eine Konkretisierung zusätzlich noch die für die Abholung **genannte Frist** auch **abgelaufen** sein (umstritten).

**bb)** Bei der **Bringschuld** kommt es erst dann zur Konkretisierung, wenn der Schuldner die Sache zur Wohnung oder zur geschäftlichen Niederlassung des Gläubigers **gebracht** und sie ihm **tatsächlich angeboten** hat.

**cc)** Bei der **Schickschuld** ist der Schuldner lediglich verpflichtet, die Versendung der Sache zu besorgen. Daher muss der Schuldner sie für die Konkretisierung an eine **sorgfältig ausgewählte Transportperson übergeben** haben.

**dd)** Woher wissen Sie denn nun, ob eine Hol-, Bring- oder Schickschuld gegeben ist? Das verraten Ihnen die **§§ 269, 270 BGB**: **aaa)** In erster Linie ergibt sich dies aus einer Parteivereinbarung (§ 269 Abs. 1 S. 1 Var. 1 BGB). **bbb)** Haben die Parteien den Leistungsort nicht bestimmt, kommt es auf die Umstände, insbesondere auf die Natur des Schuldverhältnisses an (§ 269 Abs. 1 S. 1 Var. 2 BGB), wobei auf die Verkehrssitte (§ 157 BGB) und ggf. den Handelsbrauch (§ 346 HGB) abzustellen ist: Bei Geschäften des täglichen Lebens ist der Leistungsort beim Schuldner (Holschuld). Übernimmt der Verkäufer etwa bei betagten Kunden die Anlieferung von Lebensmitteln, liegt eine Bringschuld vor. Werden Waren im Handelsverkehr übersandt, liegt eine Schickschuld vor. **ccc)** Selbst wenn die Versendung einer Ware auf Kosten des Schuldners erfolgt, liegt im Zweifel keine Bringschuld vor (§ 269 Abs. 3 BGB), sondern eine Schickschuld; das ist in vielen Klausurkonstellationen eine wichtige Auslegungshilfe. **ddd)** Bei Geldschulden gilt nichts anderes (§ 270 Abs. 4 BGB); der scheinbar für eine Bringschuld sprechende § 270 Abs. 1 BGB betrifft lediglich die Gefahrtragung.

**2.** Dass es in einem Sonderfall (Untergang im Annahmeverzug des Gläubigers ohne zugleich vorliegende Konkretisierung) zu einem Erlöschen des Leistungsanspruchs kommen kann, ergibt sich aus § 300 Abs. 2 BGB und wird gesondert erörtert **(sub cc))**.

**Fall 221**

Der Kartoffelhändler V verkaufte am Montag, den 15. September 2014 an den K zehn Zentner Kartoffeln der Sorte „Hansa". Vereinbart war, dass er sie am nächsten Tag, Dienstag, den 16. September 2014, ab 12 Uhr für den K zur Abholung bereithält. Der V, der bei Vertragsschluss noch nicht über eine entsprechende Menge Kartoffeln verfügt, besorgte zehn Zentner Kartoffeln der Marke „Hansa" von guter Qualität und stellt sie zum vereinbarten Zeitpunkt in Säcke verpackt für K zur Abholung bereit. Kurz nach 12 Uhr werden die Kartoffeln aus irgendeinem Grund vernichtet. Der K verlangt Lieferung von V.

Der Anspruch auf Lieferung könnte sich aus einem Kaufvertrag ergeben (§ 433 Abs. 1 S. 1 BGB). a) Ein Kaufvertrag ist geschlossen, also ist auch ein Anspruch auf Lieferung entstanden. b) Der Anspruch könnte jedoch nach § 275 Abs. 1 BGB ausgeschlossen sein. Dann müsste dem V die Übereignung und die Übergabe unmöglich geworden sein. aa) Dies ist deshalb problematisch, da der V dem K ursprünglich nicht speziell die zerstörten Kartoffeln, sondern nur irgendwelche Kartoffeln der Sorte „Hansa" mittlerer Art und Güte geschuldet hat (§ 243 Abs. 1 BGB: sog. „Gattungsschuld"). Dem V wäre es auch jetzt noch ohne weiteres möglich, zehn Zentner Kartoffeln der Marke „Hansa" mittlerer Art und Güte zu besorgen. bb) Die Schuld des V hätte sich aber nach § 243 Abs. 2 BGB auf die bereits von ihm beschafften und am Dienstag, den 14. September 2004, 12 Uhr, zur Abholung bereit gehaltenen Kartoffeln „konkretisiert", wenn der V alles getan hätte, was von seiner Seite zur Erfüllung seiner Leistungspflicht notwendig war. Der V hat die Kartoffeln ausgesondert und bereitgestellt. Die Frage, ob der Schuldner V davon dem K eine Mitteilung hätte machen müssen oder ob er ihn unter Einräumung einer Abholungsfrist zur Abholung hätte auffordern müssen (§ 295 BGB), kann hier offen bleiben, denn hier war ein fester Zeitpunkt für die Abholung vereinbart. Der V sollte die Kartoffeln am Dienstag, den 14. September 2014, um 12 Uhr zur Abholung ausgesondert haben und zur Abholung bereithalten. Daher beschränkte sich der Anspruch von diesem Zeitpunkt an auf die ausgesonderten und bereit gestellten zehn Zentner Kartoffeln (§ 296 BGB). Nach deren Zerstörung liegt (objektive) Unmöglichkeit gemäß § 275 Abs. 1 Var. 2 BGB vor. Ein Anspruch auf Lieferung ist nach § 275 Abs. 1 BGB ausgeschlossen.

**Fall 222**

Der Elektrohändler H ist vertraglich verpflichtet, der Seniorin K einen Fernseher zu liefern und ihn ihr anzuschließen. Der H fährt mit einem einwandfreien, fabrikneuen Fernseher zu K. Die K ist zum vereinbarten Termin nicht anwesend, so dass der H unverrichteter Dinge wieder zurückfahren muss. Infolge eines Unfalls auf der Rückfahrt wird der Fernseher zerstört. Die K verlangt Lieferung.

Der Anspruch könnte sich aus einem Kaufvertrag ergeben (§ 433 Abs. 1 S. 1 BGB). a) H und K haben einen Kaufvertrag geschlossen. Die Montageverpflichtung des H ändert nichts an dieser rechtlichen Einordnung (arge. § 434 Abs. 2 S. 1 BGB). b) Der Anspruch könnte nach § 275 Abs. 1 BGB ausgeschlossen sein. aa) Zwar ist dem H weiterhin die Lieferung eines Fernsehers möglich. Die Lieferungsverpflichtung könnte sich jedoch auf den zu der K gebrachten Fernseher konkretisiert haben (§ 243 Abs. 2 BGB). aaa) Der Fernseher war „mittlerer Art und Güte". bbb) Der H hat seine Leistungshandlung erbracht: Es handelte sich um eine „Bringschuld". Der H ist zur Wohnung der K gefahren und hat dieser dort den Fernseher angeboten. Damit ist die Konkretisierung eingetreten. bb) Die Leistung dieses Fernsehers ist dem H nicht mehr möglich. Der Leistungsanspruch der K ist also ausgeschlossen (§ 275 Abs. 1 BGB).

Sorgfältig unterscheiden muss man die Gattungsschuld von der oben bereits angesprochenen **„beschränkten Gattungsschuld"** oder **„Vorratsschuld"**: Damit sind Fälle gemeint, in denen der Lieferant zwar aus einer Gattung liefern muss, aber beide Parteien davon ausgehen, dass die Lieferung aus einem eigenen Bestand bzw. aus eigener Produktion des Schuldners erfolgen soll. Wenn nun dessen gesamte Vorräte oder seine gesamte Produktion vernichtet werden, ist er nicht verpflichtet, aus anderen Beständen die geschuldeten Stücke zu beschaffen, auch wenn ihm dies möglich sein sollte. In solchen Fallgestaltungen wird von Ihnen aber stets eine gründliche Argumentation verlangt, mit der Sie das Vorliegen einer beschränkten Gattungsschuld dartun. Eine „klassische" Konstellation der beschränkten Gattungsschuld ist die, bei der der Lieferant ein „Urproduzent" ist, also z. B. der Fall der Verpflichtung eines Bauern zur Lieferung von Kartoffeln; wie die Auslegung des Kaufvertrags mit Rücksicht auf die Umstände ergibt, ist die Lieferschuld beschränkt auf Kartoffeln aus seiner Ernte.

- Ist also bei einer Vorratsschuld der **Vorrat untergegangen**, ist der Anspruch im Umfang des Untergangs wegen Unmöglichkeit ausgeschlossen (§ 275 Abs. 1 BGB).

**Fall 223**

Der V hat 100 Kühe. 40 Kühe davon hat er an den K verkauft, wobei vereinbart wurde, dass es Kühe aus dem Bauernhof des V sein sollen. Bei einem Feuer in seinem Stall kommen 80 Tiere ums Leben. Der K verlangt die Lieferung von 40 Kühen.

Der Anspruch könnte sich aus einem Kaufvertrag ergeben (§ 433 Abs. 1 S. 1 BGB). a) Der Kaufvertrag ist geschlossen. b) Der entstandene Anspruch des K ist nach § 275 Abs. 1 BGB insoweit erloschen („ausgeschlossen"), als Unmöglichkeit besteht. aa) Es handelt sich um eine Vorratsschuld. bb) Durch den Tod von 80 Tieren reduziert sich der Vorrat auf 20 Tiere. Insoweit ist der V zur Lieferung in der Lage und verpflichtet, im Übrigen liegt Unmöglichkeit mit der Folge des Ausschlusses des Anspruchs vor. Daher kann der K nur die Lieferung von 20 Kühen verlangen.

- Besonders spannend sind die Fälle, in denen der **Vorrat** für **mehrere Gläubiger gedacht** ist, der Vorrat aber nur teilweise untergegangen ist, so dass er für die volle Erfüllung an einige Gläubiger ausreichen würde, während andere keine Erfüllung erhielten: Hier könnte man nach dem Prioritätsprinzip den Ausgang des „Wettlaufs" der Gläubiger oder das „Gutdünken" des Schuldners darüber entscheiden lassen, wem gegenüber der Schuldner zur Erfüllung verpflichtet ist und wessen Ansprüche ausgeschlossen sind (275 Abs. 1 BGB). Weil aber diese Lösungen zu willkürlichen Ergebnissen führen, sollte man die Gläubiger einer Vorratsschuld nach § 242 BGB als „Gefahrengemeinschaft" begreifen (wie z. B. bei der „Großen Haverei" im Seerecht nach Würdinger) und eine anteilige Berechtigung der Gläubiger am verbliebenen Vorrat annehmen.

**Fall 224**

Der V hat 100 Kühe. 40 hat er an K1, 20 an K2 und 40 an K3 verkauft. Bei einem Feuer in seinem Stall kommen 50 Tiere ums Leben. Der K1 verlangt Lieferung von 40 Kühen.

Der Anspruch könnte sich aus einem Kaufvertrag ergeben (§ 433 Abs. 1 S. 1 BGB). a) Der Kaufvertrag ist geschlossen. b) Der entstandene Anspruch des K1 ist nicht nach § 275 Abs. 1 BGB erloschen („ausgeschlossen"), denn 40 Kühe waren noch vorhanden. c) Da man die Gläubiger einer Vorratsschuld nach § 242 BGB als „Gefahrengemeinschaft" wie z. B. bei der „Großen Haverei" im Seerecht begreifen muss, hat jeder von ihnen nur einen anteiligen Anspruch auf Lieferung aus dem verbliebenen Vorrat: der K1 und der K3 auf je 20 Kühe und der K2 auf 10 Kühe.

Überraschenderweise verhält es sich beim **Werkvertrag** im Hinblick auf die Unmöglichkeit ähnlich wie bei der Gattungsschuld: Geschuldet wird ein „Werk" (die Herbeiführung eines Erfolges), so dass eine „Unmöglichkeit" gedanklich erst dann vorstellbar ist, wenn entweder das Werk überhaupt nicht mehr hergestellt werden kann oder wenn sich die Leistung auf einen bestimmten Erfolg „konkretisiert" hat; diese „Konkretisierung" tritt ein durch die **„Abnahme"** des Werkes. Darunter versteht man

- *entweder* die **„körperliche Hinnahme** verbunden mit der **Anerkennung** des Werkes **als im Wesentlichen vertragsgemäß**" (nach Heck);
- *oder*, wenn die körperliche Entgegennahme wegen der Natur des Werkes ausgeschlossen ist (z. B. Umgraben eines Gartens, Baumfällen), die bloße **Billigung des Werkes;**
- *oder*, es tritt, wenn „… nach der Beschaffenheit des Werkes die Abnahme ausgeschlossen (ist), … an die Stelle der Abnahme die **Vollendung des Werkes**" (§ 646 BGB).

Die Abnahme ist eine – wie Sie eben gesehen haben – für den Werkunternehmer existenzielle Frage. Deswegen steht dem Werkunternehmer auch ein im Gegenseitigkeitsverhältnis stehender **Anspruch** auf **Abnahme** zu (§ 640 Abs. 1 S. 1 BGB). Die Abnahme darf vom Besteller nur wegen wesentlicher Mängel verweigert werden (arge. § 640 Abs. 1 S. 2 BGB) und kann ggf. **fingiert** werden (§ 640 Abs. 1 S. 3 BGB). Bevor Sie sich an die Bearbeitung der beiden folgenden Fälle machen, soll fairerweise darauf hingewiesen werden, dass diese sich nicht nur mit dem Schicksal des Anspruchs des Bestellers befassen, sondern auch mit dem Gegenleistungsanspruch des Werkunternehmers auf die Vergütung, also mit einer Frage, die wir systematisch erst sub bb)) bearbeiten werden. Aber es schadet nicht, schon einmal einen ersten „Blick über den Zaun zu werfen" über den man ohnehin bald klettern muss. Der aufmerksame Leser wird sich schon bei den vorangegangenen Fällen des Ausschlusses einer Leistungspflicht gefragt haben, ob „das Ergebnis so stehen bleiben" kann. Muss der Käufer/Werkbesteller den Kaufpreis/Werklohn immer noch zahlen, obwohl der Verkäufer/Werkunternehmer nach § 275 BGB nicht mehr liefern muss?

**Fall 225**

Der B bestellt bei dem U den Bau einer Brücke. Der U errichtet die Brücke fehlerfrei. Einen Tag bevor der B zur Abnahme der Brücke erscheint, wird die Brücke durch ein Erdbeben zerstört. Der B verlangt den Neubau, der U Zahlung der Vergütung

1) Der Anspruch auf Neuerrichtung der Brücke kann sich aus § 631 Abs. 1 BGB ergeben. a) Die Voraussetzungen der Norm liegen vor. b) Der Anspruch ist aa) nicht nach § 275 Abs. 1 BGB erloschen („ausgeschlossen"), da vor der Abnahme eines noch herstellbaren Werkes niemals Unmöglichkeit vorliegt. bb) Auch § 275 Abs. 2, 3 BGB liegen nicht vor. U muss daher noch einmal leisten. 2) Der Anspruch auf Werklohn kann sich a) ebenfalls aus § 631 Abs. 1 BGB ergeben. Die Voraussetzungen der Norm liegen vor. Die Vergütung wird nach § 641 Abs. 1 BGB aber erst mit der Abnahme fällig. Eine Abnahme ist aber noch

nicht erfolgt; auch ist der B zum gegenwärtigen Zeitpunkt nicht zu einer Abnahme verpflichtet. U hat daher jetzt noch keinen Anspruch auf den Werklohn.

**Variante**

Beim Abnahmetermin bemängelt der B kleine und in der Tat bestehende optische Fehler an der Brücke (uneinheitlicher Farbanstrich des Brückengeländers) und verweigert die Abnahme. Der U setzt dem B eine Frist von 3 Tagen zur Abnahme, die B ungenutzt verstreichen lässt. Am darauf folgenden Tag kommt es zu dem Erdbeben, und die Brücke stürzt ein. 1) Der B verlangt Neuerrichtung, 2) der U seinen Werklohn.

1) Der Anspruch des B gegen U auf Neuherstellung hat sich durch die Abnahme (hier fingiert nach § 640 Abs. 1 S. 3 BGB) in einen Anspruch auf Nacherfüllung (§§ 633, 634 Nr. 1, 635 BGB) verwandelt. Die Nacherfüllung ist jedoch durch die Zerstörung des Werkes nach (fingierter) Abnahme unmöglich (arge. § 644 BGB) geworden und damit „ausgeschlossen" (§ 275 Abs. 1 BGB). Der U muss daher keine neue Brücke errichten. 2) Der Anspruch auf die Vergütung ist a) aus aa) § 631 Abs. 1 BGB entstanden. bb) Er ist auch nach § 641 Abs. 1 S. 1 BGB fällig, aaa) zwar nicht wegen einer Abnahme (§ 640 Abs. 1 S. 1 BGB), bbb) wohl aber wegen eines Fristablaufs und einer deshalb eingetretenen Abnahmefiktion, da der Besteller beim Vorliegen nur unwesentlicher Mängel zur Abnahme verpflichtet war und die ihm gesetzte angemessene Frist abgelaufen ist (§ 640 Abs. 1 S. 2 BGB). b) Der Anspruch könnte aa) nach § 326 Abs. 1 S. 1 BGB erloschen sein; bb) die „Preisgefahr" ist aber nach § 644 BGB auf B übergegangen. Er muss deshalb den Werklohn zahlen, obwohl er keinen Anspruch mehr auf die Herstellung eines neuen Werks hat.

#### bb) Das Leistungsverweigerungsrecht des Schuldners bei unverhältnismäßigem Aufwand oder Unzumutbarkeit persönlicher Leistung (§ 275 Abs. 2, 3 BGB)

Anders als bei § 275 Abs. 1 BGB geht es bei **§ 275 Abs. 2, 3 BGB** nicht um Fälle von „Leistungshindernissen", die dem Schuldner die Leistung unmöglich machen, sondern die es ihm aus **wirtschaftlichen** oder aus **persönlichen** Gründen **lediglich erschweren**, die an sich mögliche Leistung zu erbringen.

Bei der „Unmöglichkeit" i. S. d. § 275 Abs. 1 BGB ist schon aus logischen Gründen klar, dass der Anspruch auf die Leistung ganz oder teilweise „ausgeschlossen" sein muss – das wussten schon die „alten Römer" und so heißt es in der „Celsus-Regel": „impossibilium nulla est obligatio"; d. h. auf etwas Unmögliches kann eine Verpflichtung nicht gerichtet sein. Dagegen versteht es sich überhaupt nicht von selbst, dass auch ein in einer bloßen Erschwerung liegendes „Leistungshindernis" zum „Ausschluss der Leistungspflicht" führen soll. Dazu bedurfte es einer entsprechenden rechtspolitischen Entscheidung des Gesetzgebers.

Diese Entscheidung hat der Gesetzgeber bei der Schuldrechtsreform in der Tat getroffen: Der Schuldner soll sich in bestimmten Fällen einer extremen „Leistungserschwerung" von der Leistungsverpflichtung befreien können. Es geht dabei um Fälle, in denen zwar die Leistung erbracht werden kann, aber

- die Erbringung der Leistung einen **unverhältnismäßigen Aufwand** erfordert, also „faktisch"/„praktisch" unmöglich ist **(§ 275 Abs. 2 BGB) (sub (1)),**
- wobei man aber die Fälle ausgrenzen muss, die sich wegen einer **Störung der Geschäftsgrundlage** nach **§ 313 BGB** beurteilen **(sub (2)),**
- oder bei **Unzumutbarkeit einer persönlichen Leistungserbringung (§ 275 Abs. 3 BGB) (sub (3))**.

Die üblich gewordenen Bezeichnungen einer „faktischen" (oder: „praktischen") bzw. „persönlichen Unmöglichkeit" sind in didaktischer Hinsicht wenig glücklich, weil es eben gerade nicht um Fälle der „Unmöglichkeit" im Sinne des § 275 Abs. 1 BGB geht. Im Unterschied zu § 275 Abs. 1 BGB ist die **Rechtsfolge des § 275 Abs. 2, 3 BGB** außerdem nicht etwa ein automatisches Entfallen der Leistungspflicht, sondern es besteht nur ein **Leistungsverweigerungsrecht** des **Schuldners**, das dieser durch die **Erhebung** einer **Einrede** auch geltend machen muss, um leistungsfrei zu werden. So gesehen passt auch die amtliche Überschrift des § 275 BGB („Ausschluss der Leistungspflicht") nur für § 275 Abs. 1 BGB, demzufolge der Anspruch in der Tat „ausgeschlossen" ist, nicht aber für § 275 Abs. 2 und 3 BGB; der Gesetzgeber hätte besser einen übergreifenden Begriff, wie z. B. „Leistungsbefreiung" wählen sollen.

Aus welchen **rechtpolitischen Erwägungen** hat der Gesetzgeber in den Fällen des § 275 Abs. 2, 3 BGB den Anspruch nicht als „automatisch" ausgeschlossen gesehen, sondern hat dem Schuldner eine zu einem Leistungsverweigerungsrecht führende Einrede zuerkannt? Dem Schuldner soll die Möglichkeit verbleiben, die Leistungshindernisse zu überwinden, um seine Leistungsbereitschaft, die vielleicht für weitere Geschäfte von Bedeutung ist, zu beweisen und um (das ist vielleicht nur bei § 275 Abs. 3 BGB vorstellbar) den Gegenleistungsanspruch zu behalten.

> Die Einreden nach § 275 Abs. 2 und 3 BGB hätte man somit auch im Zusammenhang mit den anderen Einreden am Ende dieses Teils darstellen können. Wegen der **Sachnähe** zu **§ 275 Abs. 1 BGB** werden sie jedoch hier mit abgehandelt.

Was den **Umfang** des **Leistungsverweigerungsrechts** angeht, so besteht es nur insoweit, als die Unverhältnismäßigkeit oder persönliche Unzumutbarkeit besteht. Wenn das Leistungsverweigerungsrecht bei einer teilbaren Leistung nur teilweise ausgeübt werden kann, greift § 275 Abs. 2, 3 BGB auch nur insoweit ein; wegen des noch möglichen Teils bleibt der Schuldner zur Leistung verpflichtet. Allerdings muss man im Auge haben, dass auch bei einer teilweisen Unmöglichkeit wegen des Vertragszwecks eine vollständige Unmöglichkeit gegeben sein kann (z. B. wenn statt Eigentum und Besitz an einer Sache nur der Besitz verschafft werden kann). Daher ist eine Teilunmöglichkeit letztlich nur dann gegeben, wenn die noch mögliche Teilleistung für den Gläubiger weiterhin von Interesse ist.

1. Wir hatten uns schon klargemacht, dass für die Fallbearbeitung die Prüfung der **Erhebung** einer **Einrede** nach § 275 Abs. 2, 3 BGB meist keine Probleme bereitet, weil der Sachverhalt ergibt, dass der Schuldner die Leistung verweigert.
2. **Allerdings:** Bei der (noch zu erörternden) **Prüfung** eines Anspruchs des Gläubigers auf **Rückforderung** einer von ihm **bereits erbrachten Gegenleistung** in Fällen des § 275 Abs. 2 und 3 BGB (§ 326 Abs. 4 BGB) bzw. bei der Prüfung des **Gegenleistungsanspruchs** des Schuldners bei gegenseitigen Verträgen (§ 326 Abs. 1–4 BGB) darf man die Notwendigkeit der Erhebung der Einrede aus § 275 Abs. 2, 3 BGB keinesfalls übersehen. Diese Gefahr ist sehr groß, weil der Wortlaut des § 326 Abs. 1 BGB („Braucht der Schuldner nach § 275 Abs. 1 bis 3 nicht zu leisten, ...") das Erfordernis einer Erhebung der Einrede leider nicht ausdrücklich erwähnt.

(1) Die Unverhältnismäßigkeit nach § 275 Abs. 2 BGB („faktische"/„praktische" „Unmöglichkeit")

Das Leistungsverweigerungsrecht des **§ 275 Abs. 2 BGB** knüpft an die grobe Unverhältnismäßigkeit der Leistungserbringung an. Um welches Verhältnis geht es?

Der Schuldner kann nach § 275 Abs. 2 S. 1 BGB in denjenigen Fällen die Leistung verweigern, in denen ein **grobes Missverhältnis zwischen** dem für die Erbringung der Leistung nötigen Aufwand des Schuldners **(Leistungsaufwand)** und dem Nutzen der Leistung für den Gläubiger **(Leistungsinteresse)** besteht.

**Fall 226**

Der Millionär V verkauft bei einer Ruderbootfahrt auf der Alster an den K einen Diamantring im Werte von € 1000,– zum Preis von € 900,–. Der Ring fällt dem V sodann über Bord. Der Ring wäre nur wiederzubeschaffen, wenn man die Alster trocken legen ließe und den Schlamm durchsuchte, was mit – auch den V überfordernden – Kosten in Höhe von € 500 Mio. verbunden wäre. Der K verlangt Lieferung des Ringes. Der V lehnt die Lieferung ab (nach Heck und RegE).

Der Anspruch könnte sich aus einem Kaufvertrag ergeben (§ 433 Abs. 1 S. 1 BGB). a) Der V und der K haben einen Kaufvertrag abgeschlossen. b) Der aa) entstandene Lieferungsanspruch ist bb) nicht nach § 275 Abs. 1 BGB erloschen („ausgeschlossen") und damit entfallen, denn eine Bergung des Ringes aaa) wäre technisch möglich. bbb) Die Frage ist, ob der Umstand, dass dem Schuldner V die Leistung „wirtschaftlich unmöglich" ist, zum Ausschluss des Leistungsanspruchs führt. Ein Umkehrschluss aus § 275 Abs. 2 BGB zeigt, dass es keine Unmöglichkeit aus wirtschaftlichen Gründen gibt; die „wirtschaftliche Unmöglichkeit" soll allenfalls ein Fall der „Störung der Geschäftsgrundlage" (§ 313 BGB) sein (Canaris). cc) Gleichwohl ist der V nicht zur Lieferung des Ringes verpflichtet. aaa) Denn ihm steht ein – von ihm auch geltend gemachtes – Leistungsverweigerungsrecht wegen grober Unverhältnismäßigkeit der Leistungserbringung („faktischer Unmöglichkeit"). Eine Leistung durch den Schuldner V würde einen Aufwand erfordern, der in einem groben Missverhältnis zum Leistungsinteresse des Gläubigers (€ 1000,–) K steht, so dass kein vernünftiger Gläubiger Erfüllung verlangen würde (§ 275 Abs. 2 S. 1 BGB). bbb) Weil der V die Lieferung abgelehnt hat, hat er von seinem Leistungsverweigerungsrecht auch Gebrauch gemacht.

**Variante**

Wie wäre es, wenn der V den Ring nach dem Verkauf an K mit den an K gerichteten Worten: „Den wirst Du nie bekommen" in die Alster geworfen hätte?

Nach § 275 Abs. 2 S. 2 BGB ist bei der Bestimmung des Ausmaßes der dem Schuldner zuzumutenden Anstrengungen auch zu berücksichtigen, ob der Schuldner (V) das Leistungshindernis zu vertreten hat. Allerdings dürfte eine Abwägung ergeben, dass auch in einem solchen Fall der V ein Leistungsverweigerungsrecht aus § 275 Abs. 2 S. 1 BGB hat. Haben Sie als aufmerksamer Leser wieder ein „schlechtes Gefühl" bei diesem Ergebnis? Schon jetzt sei verraten: relevant wird das Vertretenmüssen aber im Hinblick auf den Bestand der Gegenleistungspflicht nach § 326 Abs. 2 S. 1 BGB.

Einen **schweren Fehler** beginge, wer für § 275 Abs. 2 BGB auf ein grobes Missverhältnis zwischen dem für die Erbringung der Leistung nötigen **Aufwand** des **Schuldners** und seinem **eigenen Nutzen** daraus (die erwartete Gegenleistung) abstellt. Besteht insoweit ein Missverhältnis, können allenfalls die Regeln über die „Störung der Geschäftsgrundlage" (§ 313 BGB) gelten.

**Fall 227**

Der V verkauft eine bestimmte Menge eines von ihm zu importierenden sehr knappen Rohstoffs an K, der sie für seinen Betrieb unbedingt benötigt, zum Preis von € 30,–/Einheit. Der Einkaufspreis betrug bei Vertragsschluss € 20,–/Einheit. Durch unvorhersehbare politische Veränderungen steigt der Weltmarktpreis und damit der Einkaufspreis für V auf € 80,–/Einheit. K verlangt Lieferung Zug-um-Zug gegen Zahlung eines Preises von € 30,–/Einheit. V verweigert die Leistung, indem er die Lieferung von einer Zahlung von € 120,–/Einheit abhängig macht oder für den Fall einer Nichtanpassung des Vertrages den Rücktritt erklärt (nach Medicus).

Der Anspruch könnte sich aus einem Kaufvertrag ergeben (§ 433 Abs. 1 S. 1 BGB). a) Der V und der K haben einen Kaufvertrag abgeschlossen. b) Die aa) Erfüllung des entstandenen Lieferanspruchs bb) ist nicht nach § 275 Abs. 1 BGB ausgeschlossen. Denn aus der Tatsache, dass der Gesetzgeber die Fälle der „faktischen" (oder: „praktischen") Unmöglichkeit wegen wirtschaftlichen Leistungserschwerung in § 275 Abs. 2 BGB geregelt hat, muss gefolgert werden, dass der Gesetzgeber in § 275 Abs. 1 BGB lediglich an die Fälle gedacht hat, in denen der Schuldner sich den Leistungsgegenstand überhaupt nicht verschaffen kann. cc) Der V könnte seine Leistung möglicherweise nach § 275 Abs. 2 BGB verweigern: in der Tat würde seine Leistung zwar einen Aufwand (Beschaffung für € 80,–/Stück) erfordern, der in einem groben Missverhältnis zum eigenen Interesse an der Gegenleistung (€ 30,–/Stück) liegt, weil V einen Verlust von € 50,–/Stück erleiden würde. Das ist aber unbeachtlich, weil es auf ein grobes Missverhältnis zwischen dem Leistungsinteresse des Gläubigers K und dem Aufwand des Schuldners V ankommt. Ein solches Missverhältnis gibt es jedoch nicht, weil der K, wollte er sich die Leistung anderweit beschaffen, ebenfalls € 80,–/Stück bezahlen müsste.

Wann liegt ein derartiges von § 275 Abs. 2 BGB gefordertes **„grobes Missverhältnis"** vor, bei dem die **„Opfergrenze"** für den Schuldner **überschritten** ist? Lesen Sie das Gesetz genau: Das wäre der Fall, wenn die „Leistung einen Aufwand erfordern würde, der unter Beachtung des Inhalts des Schuldverhältnisses und der Gebote von Treu und Glauben in einem groben Missverhältnis zu dem Leistungsinteresse des Gläubigers steht", wobei nach § 275 Abs. 2 S. 2 BGB für das Ausmaß der dem Schuldner zumutbaren Anstrengungen ein Vertretenmüssen des Schuldners für das Leistungshindernis berücksichtigt werden muss. Um gleich einem hieraus möglichen Missverständnis vorzubeugen: § 275 Abs. 2 S. 2 BGB erlaubt nicht etwa umgekehrt den Schluss, dass ein Schuldner, den kein Verschulden an dem ihn befreienden Leistungshindernis trifft, keinerlei Anstrengungen zur Erbringung der Leistung zu unternehmen braucht!

**Fall 228**

Nach der „Wende" soll ein Grundstücks in Ostdeutschland saniert werden, welches mit Wohnblocks bebaut ist, die früher der Unterkunft für Soldaten der sowjetischen Armee gedient hatten. Die Eigentümerin A, ein gewerbliches Wohnungsunternehmen, baute im Einverständnis mit dem damaligen Eigentümer des Nachbargrundstücks B auf diesem eine 70 Meter lange und 4 Meter Breite gepflasterte Zufahrt. Dieser Weg hatte in DDR-Zeiten zuvor als Zufahrt gedient. Allerdings wurde für die A nie eine Grunddienstbarkeit bestellt (der Anspruch hierauf hätte sich aus § 116 Abs. 1 Sachenrechtsbereinungsgesetz ergeben). Nachdem B sein Grundstück an den C verkauft und übereignet hatte, verlangte der C von A die Beseitigung der Pflasterung und Herausgabe des Grundstücks, soweit es den Bewohnern der Wohnblocks als Zufahrt dient. Ohne die Inanspruchnahme des Grundstücks des C hätte der A mit hohen Kosten Alternativen schaffen müssen, um die Bewirtschaftung des Grundstücks in der bisherigen Weise aufrecht zu erhalten (nach BGH).

1) C hat als Eigentümer gegen A einen Anspruch auf Herausgabe des Grundstücks (§ 985 BGB) und auf Beseitigung der zusätzlichen Eigentumsbeeinträchtigung durch die Pflasterung (§ 1004 BGB) 2) Diesem Anspruch steht kein Recht zum Besitz des A (§ 986 BGB) bzw. keine Duldungspflicht des C (§ 1004 Abs. 2 BGB) entgegen, a) und zwar nicht aus der Vereinbarung des A mit B, weil diese die nicht gegenüber dem C wirkt, b) und auch nicht, was den Anspruch aus

§ 1004 BGB angeht, speziell aus den §§ 904 ff. BGB. 3) Der Anspruch könnte jedoch nach § 275 Abs. 2 BGB ausgeschlossen sein, a) der auch gegenüber § 985 BGB und § 1004 BGB wirkt. b) Hier geht es bei der Bestimmung der „Opfergrenze" um folgende Wertungskriterien: aaa) Maßgeblich sind der „Inhalt des Schuldverhältnisses", hier – weil keine sonstigen schuldrechtlichen Beziehungen bestehen – um das Schuldverhältnis aus §§ 1004 Abs. 1, 985 BGB. Aus den §§ 904 ff. BGB tritt das Interesse des Eigentümers an der Beseitigung einer Störung nur unter besonderen Umständen zurück, weil sich aus § 912 BGB ergibt, dass allenfalls ein (hier nicht vorliegender) Überbau mit einem Gebäude hinzunehmen sein kann. Die Pflasterung eines Weges über eine Grundstücksgrenze hinweg ist damit nicht vergleichbar. bb) Möglicherweise kann sich C aber aufgrund der „Gebote von Treu und Glauben" nicht auf seinen Anspruch berufen, vgl. § 242 BGB. Wenn der A nur mit hohen Kosten Alternativen schaffen kann, um die Bewirtschaftung des Grundstücks in der bisherigen Weise aufrecht zu erhalten, muss andererseits gesehen werden, dass die Inanspruchnahme eines fremden Grundstücks grundsätzlich nicht dazu dienen kann, um Aufwendungen zu ersparen. Daher greift der auf den Rechtsgedanken von § 242 BGB gestützte Missbrauchseinwand nicht ein. Der Anspruch des C gegen A besteht.

**Fall 229**

Der V verkauft dem K ein Auto, das dem D gehört und ihm gestohlen worden war. Der V, der das Auto geerbt hatte, hatte es immer für sein eigenes Auto gehalten. Das Eigentum des D stellt sich erst nach Abschluss des Kaufvertrags und vor der Lieferung an K heraus. Der D ist bereit, den Wagen für das Dreifache seines gemeinen Wertes an den V zu verkaufen und zu übereignen. Als der K Lieferung des Autos von dem V Zug-um-Zug gegen Kaufpreiszahlung verlangt, weigert sich der V (nach Canaris).

Der Anspruch des K gegen den V aus dem Kaufvertrag (§ 433 Abs. 1 BGB) ist a) nicht nach § 275 Abs. 1 BGB wegen Unmöglichkeit der Übereignung an K „ausgeschlossen"; denn der Schuldner V kann sich das Eigentum an dem Leistungsgegenstand verschaffen und den Wagen sodann an K übereignen. Aus der Tatsache, dass der Gesetzgeber die Fälle der durch eine Beschaffung des Leistungsgegenstandes (z. B. durch Erwerb bei einem Dritten) behebbaren Unmöglichkeit in § 275 Abs. 2 BGB geregelt hat, muss gefolgert werden, dass der Gesetzgeber in § 275 Abs. 1 BGB lediglich an die Fälle gedacht hat, in denen der Schuldner sich den Leistungsgegenstand überhaupt nicht verschaffen kann. b) In Konstellationen wie diesen, soll allenfalls § 275 Abs. 2 BGB angewendet werden. Der Anspruch könnte daher aa) aufgrund der Leistungsverweigerung des V bb) einer Einrede ausgesetzt sein, aaa) wenn die Leistung einen i. S. d. § 275 Abs. 2 S. 1 BGB unverhältnismäßigen Aufwand erfordern würde. Das ist bei der Höhe des von D verlangten Preises der Fall, denn kein vernünftiger Gläubiger erwartet die Leistung, weil unter Beachtung des Inhalts des Schuldverhältnisses und der Gebote von Treu und Glauben ein solcher Aufwand in einem groben Missverhältnis zu dem Leistungsinteresse des Gläubigers steht. Zu verlangen ist allenfalls, dass er den Marktpreis und ggf. etwas mehr aufwendet, nicht aber das Dreifache des Marktpreises. bbb) Der höhere Anforderungen stellende § 275 Abs. 2 S. 2 BGB greift nicht ein, weil der V das Leistungshindernis nicht zu vertreten hat.

**Variante**

Wie wäre es, wenn der V gewusst hätte, dass sein Großvater, dessen Alleinerbe er geworden ist, den Wagen gestohlen hatte, er aber (völlig!) rechtsirrig angenommen hätte, dass er durch den Erbfall das Eigentum erlangt hätte (nach Kropholler).

Wenn der Schuldner aufgrund einer (hier nicht gegebenen) Kenntnis der Rechtslage oder aufgrund eines (hier gegebenen) schuldhaften Irrtums über die Rechtslage die Kaufsache veräußert hat, dann sind von ihm nach § 275 Abs. 2 S. 2 BGB erhöhte Anstrengungen zu erwarten, so dass vertretbar angenommen werden kann, dass er dem K zur Leistung verpflichtet bleibt.

### (2) Störung der Geschäftsgrundlage

Nicht § 275 Abs. 2 BGB unterliegt der Fall einer schweren Belastung aufgrund eines groben Missverhältnisses zwischen dem für die Erbringung der Leistung nötigen Aufwand des Schuldners und seinem eigenen Nutzen daraus. Diese Konstellationen können allenfalls eine „Störung der Geschäftsgrundlage" (§ 313 BGB) begründen.

Der „Not-Anker" des § 313 BGB kommt in juristischen Prüfungen eher selten vor. Sie sollten deshalb bei seiner Annahme zurückhaltend sein und die **Voraussetzungen** der Norm jedenfalls **akribisch** durchprüfen: 1) Nachträgliche Änderung vertragswesentlicher Umstände oder wesentlicher Parteivorstellungen i. S. d. Abs. 2 (Objektives Element); 2) Die Parteien hätten den Vertrag bei Voraussehen dieser Änderungen nicht (so) geschlossen (Hypothetisches Element); 3) Unzumutbarkeit des Festhaltens am unveränderten Vertrag (Normatives Element). Der Schwerpunkt der Prüfung liegt beim normativen Element, dass unter Berücksichtigung der vertraglichen und gesetzlichen Risikoverteilung zu konkretisieren ist. Beachten Sie auch unbedingt, dass die Rücktritts- bzw. Kündigungsmöglichkeit in § 313 Abs. 3 BGB subsidiär zum Anpassungsanspruch ist.

Im eben bearbeiteten **Rohstoff-Importfall**, in dem wir ja nicht zu einem Ausschluss des Anspruchs aus § 275 Abs. 1, 2 BGB gekommen waren, stellt sich die Frage, ob der V wegen der Störung der Geschäftsgrundlage nach § 313 BGB eine Anpassung der Vergütung verlangen kann bzw. ob er vom Vertrag zurücktreten kann. Objektive Geschäftsgrundlage war ein Einkaufspreis von € 20,–/Einheit, der für V zu einem Gewinn von € 10,–/Einheit geführt hätte. Dadurch, dass der Einkaufspreis nunmehr € 80,–/Einheit beträgt, also auf das Vierfache, so dass das Geschäft zu einem Verlust von € 50,–/Einheit führen würde, ist das Verhältnis von Leistung und Gegenleistung aus dem Gefüge geraten („Äquivalenzstörung"). Für eine zur Erhöhung der Gegenleistung führende Vertragsanpassung nach § 313 Abs. 1 BGB wie auch für ein Rücktritts- oder Kündigungsrecht nach § 313 Abs. 3 BGB ist jeweils Voraussetzung, dass der belasteten Partei (V) das Festhalten am Vertrag unter

Berücksichtigung aller Umstände nicht zugemutet werden kann. Es kommt dabei entscheidend auf die vertragliche oder gesetzliche Risikoverteilung an. Hier könnte man gut argumentieren, dass der Verkäufer beim Verkauf von ihm selbst zu importierender weltmarktabhängiger knapper Rohstoffe das Risiko der plötzlichen unvorhersehbaren Verteuerung zu tragen hat.

(3) Die Unzumutbarkeit der persönlichen Leistungserbringung (§ 275 Abs. 3 BGB)
In **§ 275 Abs. 3 BGB** geht es um Fälle der **Unzumutbarkeit** der Erbringung **persönlicher Leistungen**. Der Schuldner einer **höchstpersönlich zu erfüllenden Leistungsverpflichtung** aus Dienst- bzw. Arbeitsverträgen, Werkverträgen und Geschäftsbesorgungsverträgen ist dabei an der Erbringung der Leistung **verhindert**. In Abgrenzung zu § 275 Abs. 1 BGB ist die Leistung aber theoretisch noch möglich. Hinzukommen muss schließlich, dass bei einer **Abwägung** von Leistungshindernis und Leistungsinteresse dem Schuldner **nicht zugemutet** werden kann, die Leistung trotz des Hindernisses zu erbringen. Wichtig: Dieses Leistungshindernis gilt nur für Ansprüche aus rechtsgeschäftlichen, namentlich vertraglichen (§ 311 Abs. 1 BGB) Schuldverhältnissen, **nicht** jedoch für **gesetzliche Schuldverhältnisse**.

**Fall 230**

Die für einen Charles-Gounod-Abend von der Staatsoper (S ) engagierte Sängerin Castafiore (C) weigert sich trotz eines ausverkauften Hauses aufzutreten, weil ihr Ehemann, Captain Haddock (H), an diesem Abend an einer plötzlich aufgetretenen lebensgefährlichen Komplikation seines alkoholmissbrauchsbedingten Leberleidens erkrankt ist.

Der Anspruch der S gegen die C könnte sich aus einem Dienstvertrag ergeben (§ 611 BGB). a) Der Vertrag ist geschlossen. b) Der Anspruch der S könnte aa) nach § 275 Abs. 1 BGB ausgeschlossen und damit erloschen sein, wenn man hier einen Fall der subjektiven Unmöglichkeit annähme. Eine Fallkonstellation wie diese soll jedoch – wie § 275 Abs. 3 BGB zeigt – nicht unter § 275 Abs. 1 BGB fallen und automatisch zum Ausschluss des Anspruchs führen, bb) sondern dem Schuldner allenfalls ein Leistungsverweigerungsrecht nach § 275 Abs. 3 BGB geben. Voraussetzung dafür ist, dass dem Schuldner unter Abwägung des Leistungsinteresses des Gläubigers und des Leistungshindernisses auf Seiten des Schuldners nicht zugemutet werden kann, die Leistung zu erbringen. Das ist bei einem Fall, wie er hier vorliegt, anerkannt (ähnlich entschied das BAG über den Fall einer Verweigerung der Arbeitsleistung wegen eines Antritts eines Wehrdienstes im ausländischen Heimatstaat, weil bei Nichterfüllung der Wehrpflicht die Todesstrafe drohte).

**Variante**

Wie wäre es, wenn die Komplikation auf einen Alkoholexzess des H am Vortage zurückzuführen ist, den die C im Wissen um die möglicherweise lebensgefährlichen Komplikationen initiiert hatte?

Hier stellt sich die Frage, ob bei einem Leistungsverweigerungsrecht nach § 275 Abs. 3 BGB wie bei § 275 Abs. 2 BGB unter Heranziehung des § 275 Abs. 2 S. 2 BGB das Verschulden der Schuldnerin C am Leistungshindernis bei der Abwägung zu berücksichtigen ist. Nach dem Regierungsentwurf, der noch die beiden Fälle des § 275 Abs. 2, 3 BGB in Abs. 2 als Satz 1 (der heutige Abs. 2) und als Satz 2 (der heutige Abs. 3) zusammengefasst hatte, wäre in der Tat zu erwägen gewesen, ob der damalige § 275 Abs. 2 S. 3 BGB (das ist der heutige § 275 Abs. 2 S. 2 BGB) auch auf die Fälle des heutigen Absatzes 3 anwendbar ist. Die jetzige redaktionelle Ausgestaltung lässt diese Annahme nicht mehr zu, so dass es bei der Prüfung des Leistungsverweigerungsrechtes aus § 275 Abs. 3 BGB nicht auf ein Verschulden des Schuldners am Leistungshindernis ankommen kann. Haben Sie wieder „ein schlechtes Gefühl" bei diesem Ergebnis? Dann müssen Sie sich immer die Frage stellen, ob das Gesetz an anderer Stelle für ein gerechtes Ergebnis sogt: Sehr wohl wird nämlich das Verschulden bei der Beurteilung von Schadensersatzansprüchen relevant: bei §§ 280 Abs. 1, 3, 283 BGB oder – allerdings mit einem anderen Bezugspunkt – bei § 311a Abs. 2 S. 2 BGB. Dass diese Ansprüche in dieser Konstellation parallel bestehen können, stellt § 275 Abs. 4 BGB klar. Hierzu mehr in Teil 4.

**Fall 231**

Der A arbeitet als Anwalt in einer großen Kanzlei. a) Als der A an einem Tag an einer schweren Erkältung leidet, möchte er die Erbringung seiner Arbeitsleistung verweigern. b) Einige Tage später ist aus der Erkältung eine akute Lungenentzündung geworden, die im stationär im Krankenhaus behandelt werden muss. Als A bei seinem Vorgesetzten anruft, verlangt dieser, dass A dennoch zur Arbeit erscheint, da bald mehrere Fristen ablaufen und ein wichtiger Gerichtstermin ansteht. A verweigert dies am Telefon.

a) Der A ist aufgrund des Arbeitsvertrages grundsätzlich zur Erbringung der Arbeitsleistung verpflichtet. aa) Unmöglichkeit nach § 275 Abs. 1 BGB liegt nicht vor, da der A trotz seiner Erkältung zur Arbeitsleistung imstande wäre. bb) A kann die Leistung jedoch nach § 275 Abs. 3 BGB verweigern.

#### (4) § 275 Abs. 4 BGB: Anspruch auf Herausgabe des Ersatzes (§ 285 BGB)

Die vorstehenden Ausführungen zur Leistungsbefreiung des Schuldners nach § 275 Abs. 1–3 BGB könnten den **naiven Leser** dazu veranlassen anzunehmen, der von seiner Leistungspflicht befreite Schuldner könne sich jetzt „bequem zurücklehnen", weil er aller Sorgen ledig sei. Um diesem **Missverständnis vorzubeugen**, hat das Gesetz in § 275 Abs. 4 BGB **klarstellend angeordnet**, dass dem **Gläubiger**, der nach §§ 275 Abs. 1–3 BGB einen Anspruch verliert, bestimmte **Sekundäransprüche** zustehen – insbesondere auf Schadensersatz statt der Leistung. Mit diesen Sekundäransprüchen befassen wir uns im Grundsatz zwar erst in Teil 4.

Bei einer Vorschrift machen wir jedoch eine Ausnahme: Zu den Normen, auf die § 275 Abs. 4 BGB verweist, gehört auch § 285 BGB. Hiernach kann der Gläubiger vom nach § 275 Abs. 1–3 BGB leistungsfrei gewordenen Schuldner die Herausgabe eines vom Schuldner erlangten Surrogates (**„stellvertretendes commodum“**) verlangen. Wir sprechen diesen Anspruch hier bereits einmal an, weil die Norm ja u. a. anordnet, dass beim Vorliegen ihrer Voraussetzungen „das als Ersatz Empfangene“ herauszugeben ist, und erörtern ihn dann im Leistungsstörungsrecht vertiefend.

Dass wir die Norm des § 285 BGB schon jetzt ansprechen, hat auch einen didaktischen Vorzug: dieser Abschnitt wird Ihnen nämlich das Verständnis des § 326 BGB erleichtern, die ja das Schicksal des Gegenleistungsanspruchs bei gegenseitigen Verträgen betrifft, wenn der Schuldner leistungsfrei geworden ist. Zu **§ 326 BGB** kommen wir **sub b)**.

**Fall 232**

Der V verkauft dem K für € 900,– eine Sache im Werte von € 1000,–, die eine Sekunde vor (oder nach) Vertragsschluss verbrannt ist. Die Sache ist bei der V-Versicherung gegen Feuer versichert. K verlangt Abtretung des Anspruchs des V gegen die V-Versicherung auf Zahlung von € 1000,–.

Der Anspruch könnte sich aus §§ 275 Abs. 4, 285 BGB ergeben. a) Der V schuldete dem K Lieferung aus einem Kaufvertrag (§ 433 Abs. 1 BGB). b) Der V braucht die Leistung jedoch nicht zu erbringen, weil der Anspruch des K deshalb „ausgeschlossen“ ist, weil die Leistungsverpflichtung deshalb nicht besteht, weil sie jedermann anfänglich (nachträglich) unmöglich ist (§ 275 Abs. 1 BGB). c) Der V hat für den geschuldeten Gegenstand einen Ersatzanspruch erlangt (Anspruch aus § 1 Abs. 1 S. 1 VVG). Dessen Abtretung kann der K verlangen.

cc) Sonderproblem: Übergang der Leistungsgefahr nach § 300 Abs. 2

Wie wir oben gesehen haben, trägt der Gläubiger bei der Stückschuld und bei der „konkretisierten Gattungsschuld“ die Leistungsgefahr: Er kann nicht mehr die Leistung verlangen, weil der Anspruch ausgeschlossen ist (ob er die Gegenleistung, also i. d. R. die Zahlung, erbringen muss, ist eine andere Frage, nämlich die der Gegenleistungsgefahr!). Bei einer bestimmten Fallkonstellation soll der Gläubiger bei einer **Gattungsschuld** die Leistungsgefahr auch schon vor einer Konkretisierung tragen müssen, nämlich vom Augenblick des **Annahmeverzuges** an (§ 300 Abs. 2 BGB). Es versteht sich, dass diese Konstellation **nur** bei **rechtsgeschäftlichen Ansprüchen** vorkommt. Bei dem folgenden Fall geht es übrigens nicht nur um das Schicksal des Leistungs-, sondern (gewissermaßen zur „Einstimmung“) auch um das des Gegenleistungsanspruchs, einem Thema, dem wir uns sogleich (sub b)) zuwenden werden.

**Fall 233**

Der K hat bei dem V ein Fernsehgerät Marke „08/15“ (Gattungskauf) gekauft, das von dem V geliefert und bei dem K zu Hause aufgestellt und angeschlossen werden soll (Bringschuld!). Der V ruft den K an und teilt ihm mit, dass er das Gerät gern am übernächsten Tag liefern und anschließen würde; bei dieser Gelegenheit könne der K dann auch den Kaufpreis bezahlen. Der K teilt mit, dass er zwar das Gerät gern hätte; er weigert sich aber, den Kaufpreis am übernächsten Tag bereit zu halten. Der V macht sich zwei Tage später dennoch auf den Weg zu K. Bei einem Verkehrsunfall, den der V nicht verschuldet hat, wird der Fernseher zerstört. Der K verlangt die Lieferung eines Fernsehers der Marke „08/15" von V, was dieser ablehnt. Der V will stattdessen seinerseits den Kaufpreis von K (nach Brox-Walker).

1) Der Anspruch des K gegen V auf Lieferung eines Fernsehers der Marke „08/15" könnte sich aus einem Kaufvertrag ergeben (§ 433 Abs. 1 S. 1 BGB). a) Der Kaufvertrag ist geschlossen. b) Der Anspruch könnte jedoch nach aa) § 275 Abs. 1 BGB „ausgeschlossen" und damit erloschen sein, wenn die Leistung unmöglich geworden ist. Hier handelt es sich um eine sog. „Gattungsschuld", bei der Unmöglichkeit aaa) grundsätzlich erst eintritt, wenn die gesamte Gattung nicht mehr existiert, was hier nicht der Fall ist, bbb) oder wenn die Gattungsschuld nach § 243 Abs. 2 BGB auf einen bestimmten Fernseher der Marke „08/15" konkretisiert worden ist mit der Folge, dass sich der Anspruch auf diese eine Sache beschränkt. Dazu muss der Schuldner das seinerseits Erforderliche getan haben: Vereinbart war Lieferung und Anschluss eines Fernsehgerätes Marke „08/15". Es handelte sich daher um eine „Bringschuld". Also muss der Schuldner die Ware aussuchen, zum Gläubiger bringen und sie ihm tatsächlich anbieten. Hier war der V niemals mit dem Fernseher bei K angelangt, so dass er das seinerseits Erforderliche noch nicht getan hat. Eine Konkretisierung nach § 243 Abs. 2 BGB scheidet daher aus. ccc) Nach § 300 Abs. 2 BGB geht jedoch bei einer Gattungsschuld die Leistungsgefahr auf den Gläubiger in dem Augenblick über, in dem sich der Gläubiger im Annahmeverzug befindet. Im Annahmeverzug befindet sich der Gläubiger, wenn er die ihm vom Schuldner „angebotene Leistung nicht annimmt" (§ 293 BGB). Dazu ist grundsätzlich ein tatsächliches Angebot erforderlich (§ 294 BGB), das hier nicht vorliegt. Nach § 295 S. 1 BGB genügt jedoch auch ein wörtliches Angebot, wenn der Gläubiger sich ernsthaft und endgültig weigert, die Leistung anzunehmen. Auch dies war vorliegend nicht der Fall, da K sehr wohl den Fernseher annehmen wollte. Nach § 298 BGB reicht es jedoch auch aus, wenn der Gläubiger zwar die Leistung annehmen, seine Gegenleistung aber nicht erbringen will. Dies war hier der Fall. Es lag also Annahmeverzug vor. Nach § 300 Abs. 2 BGB ist damit die Leistungsgefahr hinsichtlich der angebotenen Sache auf den Gläubiger K übergegangen. Er kann daher nach der nunmehr eingetretenen Unmöglichkeit keine neue Leistung verlangen. Der Anspruch aus § 433 Abs. 1 S. 1 BGB ist erloschen. 2) (Hier betreten Sie „Neuland") Der Kaufpreisanspruch des V gegen K kann sich aus einem Kaufvertrag ergeben (§ 433 Abs. 2 BGB) a) Der Kaufvertrag ist geschlossen. b) Der Anspruch auf Zahlung des Kaufpreises könnte erloschen sein nach aa) § 326 Abs. 1 S. 1 BGB, da dem V die Leistung nach § 275 Abs. 1 BGB unmöglich geworden ist. bb) Nach der Ausnahmevorschrift des § 326 Abs. 2 S. 1 Alt. 2 BGB. bleibt der Anspruch aber bestehen, wenn sich der Gläubiger zum Zeitpunkt der Unmöglichkeit nach § 300 Abs. 2 BGB im Annahmeverzug befindet. Dies war hier der Fall. Der K bleibt also zur Zahlung des Kaufpreises verpflichtet.

dd) Ausschluss des Anspruchs auf die Leistung nach § 281 Abs. 4 BGB

Hin und wieder sind Vorgriffe unerlässlich. Das gesamte Zivilrecht lässt sich leider nicht derart „pyramidenförmig" darstellen, dass jede Fragestellung sich aus vorher dargestellten Grundlagen beantworten lässt.

Sie werden in Teil 4 erfahren, dass ein Gläubiger unter bestimmten Voraussetzungen „Schadensersatz statt der Leistung" verlangen kann, wenn der Schuldner seine Leistung nicht erbringt, obwohl er sie erbringen könnte (§§ 280 Abs. 1, 3, 281 BGB).

Sie werden sogleich erkennen, dass dies auch von Bedeutung ist für die hier diskutierte Frage, ob und ggf. unter welchen Voraussetzungen der Gläubiger seinen Anspruch auf die Erbringung der ihm seitens des Schuldners primär geschuldeten Leistung verliert.

Wenn der Gläubiger eines Anspruchs aus einem (rechtsgeschäftlichen oder gesetzlichen) Schuldverhältnis **Schadensersatz statt der Leistung** gemäß **§ 281 Abs. 1 BGB verlangt**, erlischt damit der Anspruch auf die Leistung **(§ 281 Abs. 4 BGB)**.

Diese Regelung ist letztlich nur eine Klarstellung einer Selbstverständlichkeit: Wer Schadensersatz **„statt der Leistung"** verlangt, kann nicht weiterhin die Leistung verlangen. Ansonsten würde er ja doppelt befriedigt.

Aber ganz so einfach, wie es scheint, ist die Norm nicht:

Klarmachen muss man sich nämlich, dass der Schadensersatzanspruch nach §§ 280 Abs. 1, 3, 281 BGB in der Regel den Ablauf einer Nachfrist voraussetzt. Mit deren erfolglosen Ablauf entsteht der Schadensersatzanspruch. Zugleich bleibt bis dahin – und das verkennt man leicht – der Erfüllungsanspruch zunächst bestehen, der Gläubiger kann also in dieser Phase immer noch Erfüllung oder Schadensersatz verlangen (BGH).

Die Wirkung des § 281 Abs. 4 BGB (Anspruchsverlust) tritt erst ein, wenn der Gläubiger „Schadensersatz **verlangt** hat". Bei diesem Verlangen handelt es sich um eine **geschäftsähnliche Handlung**, auf die die Regeln über das Rechtsgeschäft entsprechend anwendbar sind (Kennen Sie noch den Unterschied zwischen Willenserklärungen und geschäftsähnlichen Handlungen? Willenserklärungen sind auf die Unmittelbare Herbeiführung einer Rechtsfolge gerichtet, wobei diese Kraft des autonomen Willens des Erklärenden eintritt. Bei geschäftsähnlichen Handlungen ergibt sich die Rechtsfolge unmittelbar aus dem Gesetz und tritt unabhängig vom Willen des Erklärenden ein). Durch das Schadensersatzverlangen soll der Schuldner Klarheit darüber erlangen, von welchem Zeitpunkt an er „nur noch" Schadensersatz schuldet.

- Mit Sicherheit ist ein **Schadensersatzverlangen** i. S. d. § 281 Abs. 4 BGB in einer **Schadensersatzklage** des Gläubigers zu sehen.
- Umgekehrt ist sicher, dass für ein „Verlangen" jedenfalls **nicht ausreichend** ist, wenn der Gläubiger lediglich erklärt, seine Rechte in Zukunft „bis hin zum Scha-

densersatz geltend machen“ zu wollen oder „mit der Prüfung eines Schadensersatzanspruchs einen Rechtsanwalt beauftragt“ zu haben (RegE).

- Es gibt aber auch andere Ereignisse, bei denen die Antwort nicht so leicht fällt: Wie ist es z. B., wenn „auf Leistung, hilfsweise Schadensersatz“ geklagt wird? Sie wissen ja, dass es um eine geschäftsähnliche Handlung geht, bei der die Regeln über Willenserklärungen entsprechend gelten – damit auch die Regeln zur Inhaltsermittlung im Wege der Auslegung, §§ 133, 157 BGB.

ee) Einrede des Notbedarfs (§ 519 BGB)

Zu „guter Letzt“ noch eine kleine Besonderheit. Sie erinnern sich vielleicht noch: Aufgrund eines formgültigen Schenkungsversprechens („Vertragsschenkung“ nach § 518 BGB) hat der Beschenkte einen primären Erfüllungsanspruch. Der Schenker kann außer nach § 275 BGB durch die Erhebung der Einrede des „Notbedarfs“ von seiner Erfüllungspflicht frei sein (§ 519 BGB). Voraussetzung ist eine nur drohende Notlage: es genügt, wenn der angemessene Unterhalt des Schenkers oder die Erfüllung seiner Unterhaltspflichten „gefährdet“ ist. Zweck der Vorschrift ist es, den Schenker durch seine Freigebigkeit nicht in die Gefahr des wirtschaftlichen Ruins gelangen zu lassen (vgl. auch § 528 BGB).

### b) Bei gegenseitigen Verträgen: Das Entfallen des Gegenleistungsanspruchs bei Ausschluss der Leistungspflicht nach § 275 BGB

Die **vorstehenden Ausführungen** betrafen das Schicksal des primären Leistungsanspruchs des Gläubigers der unmöglich gewordenen Leistung, also die Frage: Wen trifft die **„Leistungsgefahr?“**

**Jetzt** geht es um das Schicksal des Anspruchs des leistungsfrei gewordenen Schuldners gegen den Gläubiger auf die „Gegenleistung“, also um die Frage: „Wer trägt die **Gegenleistungsgefahr“**? Diese Ausführungen betreffen natürlich ausschließlich **Ansprüche** aus **verpflichtenden Verträgen**, und zwar **„gegenseitigen Verträgen“**, denn nur bei ihnen gibt es eine Verpflichtung zur Erbringung einer „Gegenleistung“.

Es handelt sich um ein äußerst **prüfungsrelevantes Thema**! Sie sollten sich mit der Funktionsweise der §§ 326, 275 BGB intensiv im Vorfeld von Prüfungen auseinandersetzen, weil Sie sonst im Klausurfall leicht den Überblick verlieren. Oftmals ist die Fallfrage in den hier relevanten Konstellationen nur auf das Schicksal des Gegenleistungsanspruchs bezogen, um Sie zu einer Inzidentprüfung zu zwingen: z. B. „Hat V einen Anspruch auf Kaufpreiszahlung?“ In diesem Fall hätten Sie ggf. zu prüfen: Anspruch durch Abschluss des Kaufvertrags entstanden? Anspruch nach § 326 Abs. 1 S. 2 Hs. 2 BGB grundsätzlich erloschen, weil der Leistungsanspruch auf Lieferung der Kaufsache nach § 275 BGB ausgeschlossen war? Bestehenbleiben des Anspruchs aufgrund einer gesetzlichen Ausnahme von § 326 Abs. 1 S. 2 Hs. 2 BGB?

Also noch einmal ganz konkret: Die hier aufgeworfene Frage lautet, ob beim gegenseitigen Vertrag (z. B. bei einem Kaufvertrag) der Gläubiger des auf Übereignung und Übergabe gerichteten Leistungsanspruchs (der Käufer) die von ihm geschuldete Gegenleistung (Kaufpreis) erbringen muss, obwohl der Schuldner des Leistungsanspruchs (Verkäufer) nach § 275 Abs. 1–3 BGB „leistungsfrei" geworden ist. Umgekehrt gewendet geht es darum, ob der „leistungsfreie" Schuldner (Verkäufer) seinen Gegenleistungsanspruch (Kaufpreis) behält.

Wie Sie längst wissen, sind **gegenseitige Verträge** i. S. d. §§ 320 ff. BGB solche Verträge, bei denen die Leistungs- und die Gegenleistungspflicht im „Gegenseitigkeitsverhältnis" („Synallagma") zueinander stehen; dazu gibt es eine ganz eindeutige **Definition**.

Für die Gegenseitigkeit ist entscheidend, dass die eine Leistung um der anderen Leistung willen erbracht werden muss, bzw. dass „gegeben wird, damit der andere Teil gibt" (= **„**do ut des**"** = „ich gebe, damit du gibst").

**Gegenseitige Verträge sind** z. B. der Kaufvertrag, der Werkvertrag, der Mietvertrag. Zu beachten ist, dass bei gegenseitigen Verträgen nicht unbedingt alle Verpflichtungen im Gegenseitigkeitsverhältnis zueinander stehen: So steht z. B. die Rückgabeverpflichtung des Mieters nach § 546 BGB nicht im Gegenseitigkeitsverhältnis zur Überlassungsverpflichtung des Vermieters nach § 535 Abs. 1 BGB; denn niemand vermietet, damit er die Mietsache zurück erhält (sonst könnte er sie ja gleich behalten)!

**Kein gegenseitiger Vertrag** ist z. B. der Auftrag (§§ 662 ff. BGB): Daher steht der Anspruch des Auftraggebers auf Besorgung des Geschäfts (§ 662 BGB) nicht im Gegenseitigkeitsverhältnis zum Aufwendungsersatzanspruch des Beauftragten (§ 670 BGB). Die Schenkung ist regelmäßig kein gegenseitiger Vertrag; eine Analogie der §§ 320 ff. BGB kommt aber in Betracht, wenn die Schenkung unter einer „wertgleichen" Auflage erfolgt ist. Auch die Leihe ist z. B. kein gegenseitiger Vertrag; erklären Sie es sich selbst! Man nennt diese Verträge **„unvollkommen zweiseitige Verträge"**.

aa) Regel: Der Anspruch auf die Gegenleistung entfällt (§ 326 Abs. 1 S. 1 Hs. 1 BGB)

Als **Regel** gilt, dass der **Anspruch** des **Schuldners** der **Leistung** (z. B. des Verkäufers) **auf** die **Gegenleistung (z. B.** Kaufpreis) **entfällt**, wenn der **Schuldner leistungsfrei** wird **(§ 326 Abs. 1 S. 1 Hs. 1, 275 Abs. 1–3 BGB)**.

Man sieht hier förmlich die **„Wage der Justitia"** vor sich!

Über die in **§ 275 Abs. 1–3 BGB** geregelten Voraussetzungen der Leistungsfreiheit des Schuldners verlieren wir hier selbstredend kein Wort mehr (wenn Sie bei § 275 BGB unsicher geworden sind, dann wiederholen Sie die letzten 20 Seiten noch einmal!). Wir gehen jetzt nur noch auf die **weiteren Erfordernisse** des **§ 326 Abs. 1 S. 1 Hs. 1 BGB** ein.

(1) Von keiner Vertragspartei (Zufall) oder nur vom Schuldner zu vertretendes Leistungshindernis (§ 275 Abs. 1–3 BGB)
Nach § 326 Abs. 2 BGB besteht der Anspruch auf Gegenleistung fort, wenn der Gläubiger allein oder weit überwiegend für das Leistungshindernis verantwortlich ist. Im Umkehrschluss folgt hieraus für § 326 Abs. 1 S. 1 Hs. 1 BGB, dass entweder **keine** der **Vertragsparteien** (z. B. weder Verkäufer noch Käufer) die Unmöglichkeit zu verantworten haben darf (Zufall) oder dass **nur** der **Schuldner** (z. B. der Verkäufer) die Unmöglichkeit zu verantworten haben darf. Was den Schuldner angeht, reicht es für das Fortbestehen des Anspruchs aus, dass er weit überwiegend für das Leistungshindernis verantwortlich ist (§ 326 Abs. 2 S. 1 BGB).

**Fall 234**

Der V verkauft dem K eine Sache, die eine Sekunde nach Vertragsschluss verbrannt ist. V verlangt Zahlung des Kaufpreises von K.

Der Anspruch könnte sich aus einem Kaufvertrag ergeben (§ 433 Abs. 2 BGB). a) Der V und der K haben einen Kaufvertrag abgeschlossen. Der Anspruch ist also entstanden. b) Der Anspruch ist jedoch entfallen, weil dem V die Leistung (Lieferung der Kaufsache) unmöglich ist und der Lieferungsanspruch „ausgeschlossen" ist (§§ 326 Abs. 1 S. 1 Hs. 1, 275 Abs. 1 BGB).

**Fall 235**

Der V verkauft dem K eine Sache, die eine Sekunde vor Vertragsschluss von einem unbekannten Dieb gestohlen wurde. Die Suche nach dem Dieb ist aussichtslos. V verlangt Zahlung des Kaufpreises von K.

Der Anspruch könnte sich aus einem Kaufvertrag ergeben (§ 433 Abs. 2 BGB) a) V und K haben einen Kaufvertrag abgeschlossen. Der Anspruch aus § 433 Abs. 2 BGB ist also entstanden. b) Der Anspruch ist jedoch entfallen, weil dem V die Leistung (Lieferung der Kaufsache) unmöglich ist und der Lieferungsanspruch „ausgeschlossen" ist (§§ 326 Abs. 1 S. 1 Hs. 1, 275 Abs. 1 BGB).

**Fall 236**

Der V verkauft dem K eine ursprünglich ihm, dem V gehörige Sache. Mittlerweile hat V, sie an D verkauft und übereignet. D ist nicht bereit, an K zu übereignen bzw. an den V zurückzuübereignen. Der V verlangt Zahlung des Kaufpreises von K.

Der Anspruch könnte sich aus einem Kaufvertrag ergeben (§ 433 Abs. 2 BGB). a) V und K haben einen Kaufvertrag abgeschlossen. Der Anspruch aus § 433 Abs. 2 BGB ist also entstanden. b) Der Anspruch ist jedoch nach § 326 Abs. 1 S. 1 BGB entfallen, weil dem V die Leistung (Lieferung der Kaufsache) unmöglich ist und der Lieferungsanspruch „ausgeschlossen" ist (§ 275 Abs. 1 BGB).

**Fall 237**

Der Millionär V verkauft bei einer Ruderbootfahrt auf der Alster an den K einen Diamantring im Werte von € 1000,– für € 900,–. Der Ring fällt sodann über Bord. Der Ring wäre nur wiederzubeschaffen, wenn man die Alster trocken legen ließe und den Schlamm durchsuchte, was mit – auch für V unerschwinglichen – Kosten in Höhe von € 500 Mio. verbunden wäre. V verlangt die Zahlung des Kaufpreises.

Der Anspruch könnte sich aus einem Kaufvertrag ergeben (§ 433 Abs. 2 BGB). a) V und K haben einen Kaufvertrag abgeschlossen. Der Anspruch ist also entstanden. b) Der Anspruch könnte jedoch entfallen sein, weil der V leistungsfrei geworden ist (§§ 326 Abs. 1 S. 1 Hs. 1, 275 Abs. 1, 2 BGB). aa) Der Lieferanspruch ist aaa) nicht nach § 275 Abs. 1 BGB „ausgeschlossen", denn eine Bergung des Ringes aaaa) wäre technisch möglich. bbbb) Ein Umkehrschluss aus § 275 Abs. 2 BGB zeigt im Übrigen, dass es keine Unmöglichkeit i. S. d. Abs. 1 aus wirtschaftlichen Gründen gibt. bbb) Gleichwohl ist der V nicht zur Lieferung des Ringes verpflichtet. aaaa) Denn ihm steht ein – von ihm auch geltend gemachtes – Leistungsverweigerungsrecht wegen Unverhältnismäßigkeit der Leistungserbringung („faktischer Unmöglichkeit") zu, weil eine Leistung durch den Schuldner V einen Aufwand erfordern würde, der in einem groben Missverhältnis zum Leistungsinteresse des Gläubigers K steht, so dass kein vernünftiger Gläubiger Erfüllung verlangen würde (§ 275 Abs. 2 S. 1 BGB). bbb) Ob der V die Einrede erhoben hat, ist Tatfrage. Wenn (was etwas unrealistisch ist) nicht, ist der Kaufpreisanspruch nicht nach §§ 326 Abs. 1 S. 1 Hs. 1, 275 Abs. 2 S. 1 BGB erloschen. c) K kann jedoch die Zahlung nach § 320 BGB verweigern bis V ihm den Ring übereignet und übergibt.

**Variante**

Als K die Lieferung des Ringes verlangt, lehnt V (was realistisch ist) ab.

Der Kaufpreisanspruch ist jetzt nach §§ 326 Abs. 1 S. 1 Hs. 1, 275 Abs. 2 BGB erloschen.

(2) Gänzliche oder teilweise Leistungsfreiheit

- Die vorstehenden Fälle betrafen die Konstellation der in **§ 326 Abs. 1 S. 1 Hs. 1 BGB** gemeinten **gänzlichen Leistungsfreiheit** infolge einer der Tatbestände des § 275 Abs. 1–3 BGB, bei der der Anspruch des Schuldners auf die Gegenleistung insgesamt entfällt. Das war für Sie sehr bequem.
- Man muss sich aber dessen bewusst sein, dass es keineswegs der Regelfall ist, dass der Schuldner infolge der Vorschriften des § 275 Abs. 1–3 BGB gänzlich leistungsfrei wird. Es gibt auch die Konstellation der **„Teilunmöglichkeit"**. Die Auswirkungen einer teilweisen Leistungsfreiheit auf die Gegenleistungsverpflichtung regeln **§§ 326 Abs. 1 S. 1, Hs. 2., 441 Abs. 3 BGB**. Wenn sich bei teilbaren Leistungen das Leistungshindernis nur auf einen Teil der Leistung

erstreckt, wird der Gläubiger nur teilweise frei und zwar im Wege der Minderung des Anspruchs (§§ 326 Abs. 1 S. 1, Hs. 2, 441 Abs. 3 BGB); der Gläubiger kann aber zurücktreten, wenn er an der Teilleistung kein Interesse hat (§§ 326 Abs. 5 BGB i. V. m. § 323 Abs. 1, 5 BGB). Allerdings ist zu beachten, dass auch bei einer teilweisen Unmöglichkeit wegen des Vertragszwecks eine vollständige Unmöglichkeit gegeben sein kann. Dann entfällt der Gegenanspruch vollständig und für die Minderung nach §§ 326 Abs. 1 S. 1 Hs. 2, 441 Abs. 3 BGB ist kein Raum.

**Fall 238**

Der V schuldet dem K aus einem Kaufvertrag die Lieferung von 10 gleichwertigen antiken Porzellanvasen (Stückschuld!). Davon werden 5 nach Vertragsschluss zerstört. Der Kaufpreis für alle Vasen zusammen beträgt € 100.000,–. Der K verlangt Lieferung, der V den Kaufpreis.

1) Hinsichtlich des Lieferungsanspruches des K aus § 433 Abs. 1 S. 1 BGB gilt § 275Abs. 1 BGB: „Der Anspruch auf Leistung ist ausgeschlossen, *soweit* diese für den Schuldner … unmöglich ist". Der Käufer kann also nur noch 5 Vasen verlangen. 2) Der Anspruch des V auf die Gegenleistung mindert sich, da eine Teilleistung nach § 326 Abs. 1 S. 1 Hs. 2 BGB vorliegt, nach Maßgabe des § 441 Abs. 3 BGB: Diese Norm beinhaltet die folgende sehr einfache Berechnungsformel: „Preis der gesamten Leistung: Preis der Teilleistung (x) = Umfang der gesamten Leistung: Umfang der Teilleistung". Wenn Sie diese Gleichung nach „x auflösen", ergibt sich als geschuldeter Preis der Betrag von € 50.000,–.

- Kein Fall des teilweise Freiwerdens von der Leistungsverpflichtung des § 326 Abs. 1 S. 1 Hs. 2 BGB mit der automatischen Folge des § 441 Abs. 3 BGB ist der Fall der „qualitativen Unmöglichkeit", bei dem ein **nicht vertragsgemäß leistender Schuldner** eine **Nacherfüllungsverpflichtung nach § 275 Abs. 1-Abs. 3 BGB** nicht **erbringen kann** bzw. **nicht erbringen muss** – insbesondere in Form der Nachlieferung noch fehlender Kaufsachen. Hier schließt das Gesetz in § 326 Abs. 1 S. 2 BGB die Anwendung des § 326 Abs. 1 S. 1 BGB ausdrücklich aus. Versuchen wir die **„ratio legis"** dieser Ausnahme von § 326 Abs. 1 S. 1 BGB zu verstehen: Liefert zum *Beispiel* ein Verkäufer mangelhaft, so steht dem Käufer ein Nacherfüllungsanspruch zu (§§ 434, 437 Nr. 1, 439 BGB). Dieser Nacherfüllungsanspruch ist wegen § 433 Abs. 1 S. 2 BGB ein primärer Leistungsanspruch. Wenn der Verkäufer von der Pflicht zur Erfüllung des Nacherfüllungsanspruchs nach § 275 Abs. 1–3 BGB befreit wäre, so könnte man versucht sein, eine Teilunmöglichkeit anzunehmen. Die Folge wäre eine Minderung der Kaufpreiszahlungsverpflichtung kraft Gesetzes über § 326 Abs. 1 Hs. 2 BGB i. V. m. § 441 Abs. 3 BGB. Das aber soll nicht möglich sein. Vielmehr soll eine Minderung nur unter den spezialgesetzlichen Voraussetzungen der §§ 437 Nr. 2 BGB und § 638 BGB möglich sein. Der Käufer kann die Inanspruchnahme in diesen Fällen also nur dadurch abwehren, dass er nach §§ 434, 437 Nr. 2, 323/326 Abs. 5 BGB vom Vertrag zurücktritt.

**Fall 239**

Der V verkauft dem K einen gebrauchten Wagen. Der Wagen hatte – wie sich bald nach Übergabe herausstellt – einen technischen Defekt, der nur durch den Einbau eines nicht mehr erhältlichen Ersatzteils behoben werden kann. Der K hatte den Kaufpreis noch nicht gezahlt. Der V verlangt den Kaufpreis.

Der Anspruch könnte sich aus einem Kaufvertrag ergeben (§ 433 Abs. 2 BGB). a) Der Kaufvertrag ist geschlossen; also ist der Anspruch entstanden. b) Er könnte nach §§ 326 Abs. 1 S. 1, 434, 437 Nr. 1, 439, 275 Abs. 1 BGB automatisch erloschen sein. Dem aber steht § 326 Abs. 1 S. 2 BGB entgegen.

**Variante**

Der K hatte dem V eine fruchtlos verstrichene Frist von 2 Wochen zur Beseitigung des Mangels gesetzt. Als der V den Kaufpreis verlangt, erklärt der K den Rücktritt.

Der Anspruch könnte sich aus einem Kaufvertrag ergeben (§ 433 Abs. 2 BGB). a) Der Kaufvertrag ist geschlossen. b) Er könnte aber durch einen Rücktritt beendet sein. aa) Dem K steht ein Rücktrittsrecht aus §§ 433, 434 Abs. 1, 437 Nr. 2, 326 Abs. 5 BGB, 275 Abs. 1, 346 BGB zu. bb) Der Rücktritt ist erklärt worden (§ 349 BGB) cc) die Fristsetzung war nach § 326 Abs. 5 BGB entbehrlich. dd) Dadurch ist der Kaufvertrag beendet worden, weil er in ein Rückgewährschuldverhältnis umgewandelt worden ist. Der K schuldet mithin keine Kaufpreiszahlung mehr.

bb) Ausnahmen: Verantwortlichkeit des Gläubigers für die Unmöglichkeit/ Annahmeverzug des Gläubigers (§ 326 Abs. 2 S. 1 BGB)

Das, was Sie bisher gelesen haben, war aus der Sicht des Gläubiger der nach § 275 BGB nicht zu erfüllenden Verpflichtung erfreulich: Er musste seine Gegenleistung (z. B. Kaufpreiszahlungspflicht nach § 433 Abs. 2 BGB) nicht erbringen.

Aber das war noch nicht das letzte Wort hierzu: **Abweichend von** der **Regel** des § 326 Abs. 1 S. 1 BGB entfällt nach **§ 326 Abs. 2 S. 1 BGB** der Anspruch des Schuldners auf die Gegenleistung nicht (z. B. muss der Käufer zahlen, obwohl er keine Gegenleistung erhält)

- nach **§ 326 Abs. 2 S. 1 Var. 1 BGB**, wenn der **Gläubiger für** den die **Leistungsfreiheit nach § 275 Abs. 1–3 BGB** begründenden Umstand **allein** oder **weit überwiegend verantwortlich** ist **(sub (1))**
- oder nach **§ 326 Abs. 2 S. 1 Var. 2 BGB** wenn ein solcher Umstand, den der Schuldner nicht zu vertreten hat, zu einer Zeit eintritt, zu der der **Gläubiger** im **Annahmeverzug** war **(sub (2))**.
- Eine hintersinnige Frage lautet, ob der Gläubiger die vorgenannten Normen, die ihn in Ausnahme zur Regel des § 326 Abs. 1 BGB zur Erbringung der Gegenleistung verpflichten (sub (1) und (2)), **durch einen Rücktritt nach § 326 Abs. 5 BGB umgehen** kann **(sub (3))**.

- Ferner erlischt der Anspruch auf die Gegenleitung nach **§§ 326 Abs. 3, 285 BGB** nicht, wenn der **Gläubiger** des **Leistungsanspruchs** vom Schuldner das **„stellvertretende commodum"** verlangt **(sub (4))**
- und in den **Fallkonstellationen**, bei denen es aus rechtspolitischen Gründen geboten ist, auf den **Gläubiger** die **Preisgefahr übergehen** zu lassen, ihn also die Gegenleistung auch dann erbringen zu lassen, auch wenn er die Leistung seinerseits nicht erhält; es handelt sich um Fälle der teleologischen Reduktion von § 326 Abs. 1 S. 1 BGB **(sub (5))**.

(1) § 326 Abs. 2 S. 1 Var. 1 BGB: Verantwortlichkeit des Gläubigers für die Leistungsfreiheit des Schuldners nach § 275 Abs. 1–3 BGB

In rechtspolitischer Hinsicht leuchtet die Regelung des **§ 326 Abs. 2 S. 1 Var. 1 BGB**, ohne weiteres ein, nach der ein leistungsfrei gewordener Gläubiger seine Gegenleistung erbringen muss, wenn er für den die Leistungsfreiheit nach § 275 Abs. 1–3 BGB begründenden Umstand allein oder weit überwiegend verantwortlich ist. Aber der „dogmatische Teufel steckt" – wie immer – „im Detail". Wie feinsinnig der Gesetzgeber hier gearbeitet hat, wird deutlich an dem Wort „verantwortlich". Warum ist nicht von „Verschulden" oder „zu vertreten" die Rede? Weil es keine Norm gibt, die besagt, unter welchen Voraussetzungen ein Gläubiger etwas zu vertreten hat. Wer hier protestiert und auf § 276 BGB verweist, der irrt. Lesen Sie § 276 BGB! Mit der Schuldrechtsreform ist dieser dem BGB bisher fremde Begriff der **„Verantwortlichkeit"** eingeführt worden. Aber der Gesetzgeber hat sich gescheut, eine Vorschrift zu schaffen, aus der sich ergibt, wofür ein Gläubiger „verantwortlich" ist und für wessen verantwortliches Verhalten man als Gläubiger einstehen muss. Die einzigen Normen, die vergleichbare Fragen betreffen sind die altbekannten §§ 276 ff. BGB, inklusive der Norm, die bestimmt, dass man sich auch das Verschulden anderer Personen zurechnen lassen muss (§ 278 BGB). Es gibt also eine Lücke im Gesetz, die zu schließen wir aufgefordert sind. In Betracht kommt die **analoge Anwendung der §§ 276 ff. BGB** oder das Abstellen auf die **Risikosphären der Parteien („Sphärentheorie")**. Nach heutigem Meinungsstand wird überwiegend der erstgenannte Weg beschritten. Bei diesem ist allerdings zu beachten, dass immerhin die vertraglichen Risikosphären auch gemäß § 276 Abs. 1 BGB (Inhalt des Schuldverhältnisses) zu berücksichtigen sind. Dies mildert den Streit erheblich ab.

- Man nimmt an, dass der Gläubiger in folgenden Konstellationen das zur Leistungsbefreiung nach § 275 Abs. 1–3 BGB führende **Leistungshindernis** zu **verantworten** hat, so dass der gegen ihn gerichtete Anspruch auf die Gegenleistung nach § 326 Abs. 2 S. 1 Fall 1 BGB bestehen bleibt: **a)** Das soll zum einen der Fall sein bei einer **vertraglichen** (auch konkludent möglichen) **Risikoübernahme** durch den Gläubiger, **b)** zum anderen dann, wenn der **Gläubiger Pflichten gegenüber** dem **Schuldner verletzt**, wodurch diesem die Erfüllung der Leistungspflicht unmöglich gemacht worden ist, **(aa)** und zwar entweder dadurch, dass der Gläubiger rechtswidrig und schuldhaft eine allgemeine ihm gegenüber dem Schuldner bestehende deliktische Pflicht verletzt hat, wie z. B. im Fall der Beschädigung/Zerstörung des noch dem Schuldner gehörenden Leistungsgegenstandes, **(bb)** oder dadurch, dass der Gläubiger schuldhaft gegen vertragliche Pflichten (z. B. ein unberechtigtes Lossagen von einem Vertrag) oder gegen Rücksichtspflichten aus § 241 Abs. 2 BGB (Mitwirkungs-, Sorgfalts- und Obhutspflichten) verstoßen hat. **(c)** Und schließlich hat der Gläubiger ein zur Unmöglichkeit führendes Leistungshindernis zu vertreten, wenn er dem **Schuldner** die **Erbringung** der **Leistung unmöglich** macht, z. B. durch die Selbstvornahme einer vom Schuldner zu erbringenden Nacherfüllung durch den Gläubiger. In all diesen Fällen gilt § 278 BGB, wonach sich der Gläubiger das Verhalten seines Erfüllungsgehilfen zurechnen lassen muss.

**Fall 240**

V schuldet dem K aus einem Kaufvertrag die Lieferung einer Vase. Vor der Übereignung zerstört der K die Vase mutwillig. Der K verlangt Lieferung, der V Bezahlung.

1) Der Lieferanspruch des K gegen V (§ 433 Abs. 1 BGB) ist nach § 275 Abs. 1 BGB wegen Unmöglichkeit der Leistungserbringung erloschen („ausgeschlossen"). 2) Der Kaufpreisanspruch des V gegen K (§ 433 Abs. 2 BGB) a) wäre nach § 326 Abs. 1 S. 1 Hs. 1, 275 BGB grundsätzlich entfallen. b) Hier jedoch ausnahmsweise nicht, da §§ 326 Abs. 2 S. 1, BGB i. V. m. § 276 BGB analog eingreift. K muss daher (natürlich) zahlen.

- Diskutiert wird die Frage, ob man in den Fällen einer Unmöglichkeit aufgrund einer Zweckerreichung zur Feststellung einer die Gegenleistungspflicht aufrecht erhaltenden (§ 326 Abs. 2 S. 1 BGB) Verantwortung des Gläubigers für das Leistungshindernis, aufgrund dessen der Schuldner nach § 275 Abs. 1 BGB nicht zu leisten braucht, auch mit der Begründung kommen kann, dass das Leistungshindernis aus der Sphäre des Gläubigers stammt **(„Sphärentheorie")**. Dies würde in den berühmten **Schlepperfällen** dazu führen, dass der Anspruch auf die Gegenleistung bestehen bleibt. Sie entsinnen sich vielleicht noch an das im Zusammenhang mit der Frage der Erfüllung besprochene *Beispiel*: Das bei der Insel Scharhörn in der Elbmündung/an der Loreley am Rhein aufgelaufene Schiff soll auf Grundlage eines Schleppvertrages, § 631 ff. BGB, freigeschleppt werden. Aufgrund einer Springflut kommt das Schiff aber von allein frei. In diesem Fall liegt eine Unmöglichkeit zur Erbringung der geschuldeten Leistung aufgrund einer „Zweckerreichung" vor, so dass der Reeder des Hochseeschleppers/Eigner des Rheinschleppers den Anspruch aus § 631 Abs. 1 BGB nicht erfüllen muss, weil er „ausgeschlossen" ist (§ 275 Abs. 1 BGB). Der hier interessierende Anspruch auf die vereinbarte Vergütung (§ 631 Abs. 1 BGB) wäre nach § 326 Abs. 1 S. 1 Hs. 1 BGB erloschen, wenn nicht ausnahmsweise die „Gegenleistungsgefahr" auf den Schuldner übergegangen wäre. Dazu käme man, wenn man annähme, dass der Gläubiger den leistungshindernden Umstand allein deshalb zu verantworten habe, weil er aus seiner „Sphäre" stammt. In dieser Weite wird die „Sphärentheorie" heute wohl nicht mehr vertreten, sondern nur dadurch eingeschränkt, dass man ggf. die **§§ 537, 615, 645 BGB analog** anwendet mit der

Konsequenz, dass der Gläubiger die Gegenleistung schuldet, aber abziehen darf, was der Schuldner erspart bzw. böswillig zu erwerben unterlässt. Man würde also mit dieser Rechtsfolge § 645 BGB analog auf den Abschleppfall anwenden.

**Fall 241**

Der P hat für sich und seine Frau S eine Flugreise nach Chile gebucht. Am Tage vor der Abreise wird ihnen von der Fluggesellschaft F mitgeteilt, dass die chilenischen Behörden für die Einreise einen Nachweis einer Impfung gegen Typhus verlangen; daher macht auch die F den Transport von einem Impfnachweis abhängig. Der P und die S können wegen eines akuten grippalen Infektes nicht geimpft werden. Sie treten daher vom Vertrag mit F zurück. Die F verlangt die volle Vergütung (nach BGH).

Der Anspruch der F gegen den P und die S kann sich aus §§ 631, 649, BGB ergeben. a) Der Anspruch ist aus §§ 631, 649 BGB entstanden. b) Er könnte aber erloschen sein. aa) Der Anspruch der F ist grundsätzlich nach §§ 326 Abs. 1 S. 1 Hs. 1, 275 BGB erloschen, weil die F nach § 275 Abs. 1 BGB wegen des Einreiseverbots von ihrer Transportverpflichtung frei geworden ist. bb) Der Anspruch würde aber fortbestehen, wenn der P und die S die Unmöglichkeit zu verantworten haben. aaa) Wenn es hierfür auf aaaa) eine Risikoübernahme durch den Gläubiger bbbb) oder auf ein pflichtwidriges Verhalten des Gläubigers (§ 276 BGB analog) ankommt, also auf eine schuldhafte deliktische Verletzung oder auf eine schuldhafte Verletzung von Mitwirkungs-, Sorgfalts- und Obhutspflichten, läge keine Verantwortlichkeit des Gläubigers i. S. d. § 326 Abs. 2 S. 1 BGB vor, so dass der Anspruch nicht nach § 326 Abs. 2 S. 1 Var. 1 BGB fortbesteht, sondern entfallen wäre. bbb) Folgt man der „Sphärentheorie", aaaa) so wären alle auch unverursachten und unverschuldeten Leistungshindernisse nach § 275 BGB vom Gläubiger zu verantworten, wenn sie nur aus seiner Sphäre stammen. Dann müssten der P und die S dafür einstehen, dass sie die gesundheitlichen Voraussetzungen für die Reise nicht geschaffen haben. Sie müssten zahlen. bbbb) Hier hat der BGH § 645 Abs. 1 BGB analog angewendet und der F eine Teilvergütung zugesprochen.

(2) § 326 Abs. 2 S. 1 Var. 2: Annahmeverzug des Gläubigers

Der Anspruch auf die Gegenleistung bleibt entgegen § 326 Abs. 1 S. 1 Hs. 1 BGB auch dann bestehen, wenn sich der Gläubiger zum Zeitpunkt der zur Leistungsbefreiung führenden Unmöglichkeit im **Annahmeverzug** befindet **(§ 326 Abs. 2 S. 1 Var. 2 BGB)**. Geregelt sind die Voraussetzungen des Annahmeverzuges in den **§§ 293 ff. BGB**. Danach müssen Sie prüfen, ob die Leistung dem Gläubiger so angeboten wurde, wie dies erforderlich war. Das hängt davon ab, welche Leistungshandlung der Schuldner zu erbringen hat. Sie erinnern sich: Es gibt Hol-, Schick- und Bringschulden und die dafür maßgeblichen Auslegungsregeln finden sich in den §§ 269f. BGB.

**Fall 242**

Der Kartoffelhändler V verkauft an den K zehn Zentner Kartoffeln aus der Lüneburger Heide der Sorte „Hansa". Vereinbart ist, dass er sie am nächsten Tag ab 12 Uhr für den K zur Abholung bereithält. Der V, der bei Vertragsschluss noch nicht über eine entsprechende Menge verfügte, besorgte zehn Zentner Kartoffeln der Marke „Hansa" von guter Qualität und stellte sie in Säcke verpackt für K zur Abholung bereit. Kurz vor 12 Uhr werden die für K bei V bereit gehaltenen Kartoffeln aus irgendeinem Grund vernichtet. V verlangt Zahlung des Kaufpreises.

a) Anspruch des V gegen K ist nach § 433 Abs. 2 BGB entstanden. b) Er ist aber nach Zerstörung der konkretisierten Gattungsschuld gemäß §§ 326 Abs. 1 S. 1 Hs. 1, 275, 243 Abs. 2 BGB entfallen.

**Variante**

Wie wäre es, wenn der K nicht, wie vereinbart, um 12 Uhr erschienen ist und die Kartoffeln um 17 Uhr durch einen Zufall (= kein Vertretenmüssen des V oder des K) vernichtet worden sind?

a) Ein Anspruch auf Kaufpreiszahlung ist nach § 433 Abs. 2 BGB entstanden. b) Er könnte aa) nach §§ 326 Abs. 1 S. 1 Hs. 1, 275 Abs. 1, 243 Abs. 2 BGB entfallen sein. aaa) Die Konkretisierung ist eingetreten: Der V hat das „seinerseits Erforderliche getan": Er hat die Kartoffeln „mittlerer Art und Güte" bereitgestellt und damit dem K angeboten. Dies reicht als Leistungshandlung aus, da nach der ausdrücklichen Vereinbarung und sonst auch nach § 269 Abs. 1 BGB eine Holschuld vorliegt. Damit ist die Leistungspflicht des V nach § 275 Abs. 1 BGB „ausgeschlossen". Danach wäre gemäß § 326 Abs. 1 S. 1 BGB auch der Gegenleistungsanspruch entfallen. bbb) Möglicherweise greift aber die Ausnahme nach § 326 Abs. 2 S. 1 Var. 2 BGB ein. Dazu muss sich der K im Annahmeverzug befunden haben, was anhand der §§ 293 ff. BGB zu prüfen ist. Vorliegend musste V die geschuldete Leistung dem K anbieten. Dies hat er durch Aussondern und Bereitstellen getan (Holschuld!). Daher befand sich K ab 12.00 Uhr im Annahmeverzug, womit die Voraussetzungen des § 326 Abs. 2 S. 1, Var. 2 BGB erfüllt sind. K trägt ab dem Zeitpunkt des Annahmeverzugs die Leistungsgefahr und muss daher zahlen, obwohl er keine Kartoffeln erhält!

Wem dieses Ergebnis unbillig vorkommt, dem sei gesagt, dass der K, wenn er die Lieferung rechtzeitig abgeholt hätte, auch als Eigentümer bei zufälligem Untergang als Träger der „Sachgefahr" („casum sentit dominus") den Schaden selbst zu tragen gehabt hätte. Der in seiner Sphäre liegende Annahmeverzug soll ihn nicht besser stellen. Daher ordnet § 326 Abs. 2 S. 1 Var. 2 BGB einen Gefahrübergang an. Lesen Sie auch noch einmal § 446 S. 3 BGB, wo der Gesetzgeber für den Kaufvertrag seinen Standpunkt noch einmal bekräftigt und gleichzeitig auch verdeutlicht, dass der Käufer, an den die Sache (vor Erfüllung) übergeben worden ist, die Sachgefahr trägt.

Interessant wird der Fall übrigens erst dann, wenn V faulige Kartoffeln, also nicht solche „mittlerer Art und Güte" (§ 243 Abs. 1 BGB) bereitgestellt hätte. Dann würde zum einen der Leistungsanspruch nicht nach § 275 Abs. 1 BGB ausgeschlossen sein; und hinsichtlich des Gegenleistungsanspruches würde § 326 Abs. 2 S. 1 Var. 2 BGB nicht eingreifen, da der Annahmeverzug nach § 293 voraussetzt, dass die Leistung

- zur **richtigen Zeit** (im Zweifel sofort, § 271 Abs. 1 BGB)
- am **richtigen Ort** (Hol-, Bring- oder Schickschuld, vgl. § 269 BGB)
- in **richtiger Art und Weise** (!) angeboten wird.

Letzteres wäre aber nicht der Fall wegen der nicht „mittlerer Art und Güte" entsprechenden Qualität. Gliedern Sie ruhig einmal die Lösung bei dieser Sachlage und staunen Sie über das völlig andere Ergebnis!

(3) Umgehung durch Rücktritt nach § 326 Abs. 5 BGB?

Sie haben gerade gelernt, dass der Anspruch auf die Gegenleistung in bestimmten Fällen nicht nach §§ 326 Abs. 1 S. 1 Hs. 1, 275 BGB erlischt, und zwar in den Fällen der überwiegenden Verantwortlichkeit des Gläubigers für die Unmöglichkeit (§ 326 Abs. 2 S. 1 Var. 1 BGB) und des Annahmeverzuges (§ 326 Abs. 2 S. 1 Var. 2 BGB).

Der Gläubiger könnte daran denken, durch einen ihn von der Zahlungsverpflichtung befreienden **Rücktritt** nach **§ 326 Abs. 5 BGB** die Konsequenz dieser Normen zu umgehen. Aber **§ 326 Abs. 5 BGB verweist** auf **§ 323 BGB**, der in Abs. 6 einen entsprechenden Ausschluss enthält. Nicht erwähnt werden dort allerdings die Gefahrübergangsvorschriften des Besonderen Teils (§§ 446 f., 644 f.). Man muss diese aber analog auch bei § 323 Abs. 6 BGB berücksichtigen, um einen Wertungswiderspruch zu vermeiden. Wenn also trotz Unmöglichkeit der Leistung ausnahmsweise der Gegenleistungsanspruch wegen einer besonderen Gefahrtragungsregel nicht erlischt, dann muss auch das Rücktrittsrecht ausgeschlossen sein.

(4) §§ 326 Abs. 3, 285 BGB: Stellvertretendes commodum

Wenn der **Gläubiger** des **Leistungsanspruchs** vom Schuldner das **„stellvertretende commodum"** heraus verlangt (§ 285 Abs. 1 BGB), gebietet es die „Gerechtigkeit", dass in einem solchen Fall der Anspruch auf die Gegenleistung entgegen der Regel des § 326 Abs. 1 S. 1 BGB fortbesteht **(§ 326 Abs. 3 BGB)**; denn anderenfalls würde der Gläubiger das „stellvertretende commodum" ohne jede Gegenleistung erlangen können.

**Fall 243**

Der V verkauft dem K für € 900,– eine Sache im Werte von € 1000,–, die eine Sekunde vor Vertragsschluss verbrannt ist. Die Sache ist bei der V-Versicherung gegen Feuer versichert. Der V tritt dem K auf dessen Verlangen seinen Anspruch gegen die V-Versicherung auf Zahlung von € 1000,– ab. Der V verlangt Zahlung des Kaufpreises von K.

Der Anspruch auf Zahlung des Kaufpreises könnte sich aus einem Kaufvertrag ergeben (§ 433 Abs. 2 BGB). a) Der V und der K haben einen Kaufvertrag abgeschlossen, der Anspruch ist also entstanden. b) Der Anspruch könnte jedoch aa) entfallen sein, weil dem V die Leistung (Lieferung der Kaufsache) unmöglich war (§§ 326 Abs. 1, 275 Abs. 1 BGB). bb) Er würde jedoch fortbestehen, wenn der K nach § 285 BGB Abtretung des Anspruchs des V gegen die Versicherung verlangen würde (§§ 326 Abs. 3, 285 Abs. 1 BGB): aaa) Der V schuldete dem K Lieferung aus einem Kaufvertrag (§ 433 Abs. 1 BGB). bbb) Der V braucht die Leistung jedoch nicht zu erbringen, weil der Anspruch des K deshalb „ausgeschlossen" ist, weil die Leistung jedermann anfänglich unmöglich war, so dass keine Leistungspflicht bestand (§ 275 Abs. 1 BGB). ccc) Der V hat für den geschuldeten Gegenstand einen Ersatzanspruch erlangt (§ 1 Abs. 1 S. 1 VVG). d) Der K hat den Anspruch auf Abtretung aus § 285 BGB auch geltend gemacht. Also besteht der Kaufpreisanspruch des V gegen den K fort.

Der vorstehende Fall zwang Sie zu einer **Inzidentprüfung** des § 285 BGB, da nur nach den Ansprüchen des V gefragt war. Sofern Sie nach der Fallfrage beide „Seiten" zu prüfen haben, bietet es sich an, mit den **Ansprüchen** des **Gläubigers** der unmöglichen Leistung **anzufangen** (dessen Primäranspruch erlischt nach § 275 Abs. 1 BGB, zugleich steht ihm ein Anspruch aus § 285 BGB zu) und **danach** die **Gegenansprüche des Schuldners** zu **prüfen** (Der Anspruch aus § 433 Abs. 2 BGB erlischt nicht nach § 326 Abs. 1 S. 1 BGB sondern bleibt nach § 326 Abs. 3 BGB bestehen, wenn der Anspruch nach § 285 BGB geltend gemacht wurde). Vermeiden sie Inzidentprüfungen, denn die hiermit einhergehende Unübersichtlichkeit ist eine Fehlerquelle.

(5) §§ 446, 447/644, 654 BGB: Gefahrübergang

Besonders wichtige Ausnahmen von der Regel des § 326 Abs. 1 S. 1 BGB sind die **Fallkonstellationen**, bei denen es aus rechtspolitischen Gründen geboten ist, den **Gläubiger** die **Preisgefahr** tragen zu lassen, ihn also die Gegenleistung auch dann erbringen zu lassen, wenn er die Leistung seinerseits nicht erhält.

- Die **klassischen Fälle** sind beim **Kaufvertrag § 446 S. 1, 3** (vgl. auch § 326 Abs. 2 S. 1 Var. 2 BGB) und **§ 447 BGB**: Der Käufer soll vom Augenblick der **Übergabe** einer verkauften **Sache** an ihn die Preisgefahr tragen **(§ 446 S. 1 BGB)**, denn schließlich kann der Käufer von nun an die Nutzungen ziehen (§ 446 S. 2 BGB) und kann die Sache vor dem zufälligen Untergang besser bewahren als der Schuldner, der genau genommen gar keine Möglichkeit mehr, die Sache zu schützen. Dass der Käufer vom **Annahmeverzug** an so behandelt werden muss, wie wenn ihm die Sache übergeben worden ist, er also die Preisgefahr tragen muss, versteht sich von selbst (**§ 326 Abs. 2 S. 1 Var. 2 BGB**); daher war mit **§ 446 S. 3 BGB** auch nur eine Klarstellung dahingehend nötig, dass dies auch beim Kaufvertrag gilt. Auch beim sehr **klausurrelevanten Ver-**

**sendungskauf** ist es angemessen, den Käufer, in dessen Interesse die Versendung erfolgt, die Gegenleistungsgefahr tragen zu lassen **(§ 447 Abs. 1 BGB)**. Denn beim Versendungskauf (§ 447 BGB) übernimmt der Verkäufer mit der Versendung Aufgaben, die nach der Wertung des § 269 BGB eigentlich dem Käufer obliegen; dann soll auch der Käufer die Gefahr der zufälligen Verschlechterung der Sache während des Transports tragen. Beim Verbrauchsgüterkaufvertrag (§§ 433, 474 BGB: Kauf einer beweglichen Sache durch einen Verbraucher von einem Unternehmer mit Ausnahme des Erwerbs gebrauchter Sachen in einer öffentlichen Versteigerung, an der der Verbraucher persönlich teilnehmen kann) gilt § 447 BGB nicht (§ 474 Abs. 2 S. 2 BGB).

**Fall 244**

Der V verkauft dem K eine Sache und behält sich im Kaufvertrag das Eigentum vor. Zum Zwecke der Vertragserfüllung übergibt der V dem K die Sache und übereignet sie bedingt. Eigentümer bleibt einstweilen der V (Eigentumsvorbehalt gem. §§ 929 S. 1, 158 Abs. 1, 449 BGB). Bei K schlägt der Blitz in die Sache ein, so dass diese vollständig verbrennt. Der V will den restlichen Kaufpreis von K.

Der Anspruch aus § 433 Abs. 2 BGB ist aufgrund des Abschlusses des Kaufvertrages entstanden. a) Er könnte jedoch nach §§ 326 Abs. 1 S. 1 Hs. 1, 275 Abs. 1 BGB entfallen sein. Dessen Voraussetzungen liegen vor. Danach wäre der Anspruch entfallen, b) wenn nicht eine der Ausnahmen zu § 326 Abs. 1 S. 1 BGB eingreift. Hier kommt § 446 S. 1 BGB in Betracht. Dem K ist die Kaufsache übergeben worden. Also muss der K zahlen.

**Fall 245**

Der Antiquitätenhändler V in Hamburg-Eppendorf verkauft dem Antiquitätenhändler K aus Hamburg-Winterhude eine provenzalische Standuhr. Da K's Lieferwagen defekt ist, kann er die Uhr nicht transportieren. Der V und der K vereinbaren, dass der V seinen Freund F beauftragt, die Uhr zu K zu bringen. F unternimmt dies als Freundschaftsdienst für V unentgeltlich. Der F ist ein zuverlässiger Fahrer, mit dem der V bisher nur gute Erfahrungen gemacht hat. Die Uhr wird auf den Kleinlaster des F verladen. Auf der Krugkoppelbrücke fährt der F zu schnell, er gerät ins Schleudern, der Wagen durchbricht die Brückenmauer und stürzt in die Alster, wo die Uhr unauffindbar im Jahrhunderte alten Schlamm versinkt. 1) Der V verlangt von dem K die noch nicht erfolgte Bezahlung. 2) Der K möchte wissen, ob er sich an F halten kann, wenn er den Kaufpreis zahlen muss.

1) Der Anspruch des V gegen den K auf den Kaufpreis a) ist aus einem Kaufvertrag entstanden (§ 433 Abs. 2 BGB). b) Der Anspruch könnte aa) nach § 326 Abs. 1 S. 1 Hs. 1 BGB entfallen sein): aaa) Der Kaufvertrag ist ein gegenseitiger Vertrag. bbb) Dem Schuldner V ist die Leistungsverpflichtung aus § 433 Abs. 1 BGB unmöglich geworden; er kann nicht übereignen und übergeben;

der Anspruch ist ausgeschlossen (§ 275 Abs. 1 BGB). Danach wäre die Kaufpreisforderung des V entfallen, bb) wenn nicht eine der Ausnahmen eingriffe: aaa) Der K hat die Unmöglichkeit nicht zu vertreten, so dass § 326 Abs. 2 S. 1 Var. 1 BGB nicht eingreift. bbb) Hier käme ein Übergang der Gegenleistungsgefahr auf den K aus § 447 Abs. 1 BGB in Betracht. Die Voraussetzungen sind aaaa) Versendung vom Leistungsort an einen anderen Ort, bbbb) dies auf Verlangen des Käufers, cccc) Übergabe an die Transportperson, dddd) Untergang durch Verwirklichung des typischen Transportrisikos. eeee) Der Untergang ist auch weder von V noch von K zu vertreten: aaaaa) Den K trifft kein Verschulden, bbbbb) und auch nicht den V, denn aaaaaa) ihn trifft kein (Auswahl) Verschulden; bbbbbb) auch muss er sich das Verhalten des F nicht nach § 278 BGB zurechnen lassen, weil dieser nicht im Pflichtenkreis des V tätig war (Schickschuld = Holschuld mit Versendungsabrede); anders soll es sein, wenn es sich bei dem F um Personal des V gehandelt hätte. Also muss der K an den V zahlen. 2) Die zweite Fallfrage beantworten wir hier nicht, sondern erst in Teil 4 und beim Schadensersatzrecht (Teil 9). Auf die Probleme sei jedoch hingewiesen: a) Die Sonderregelung des § 421 HGB gilt nicht, weil der F unentgeltlich handelt (vgl. § 407 Abs. 2 HGB). b) Sonstige vertragliche Ansprüche hat der K mangels Vertrages mit F nicht. Da der K auch nicht Eigentümer ist, hat er keinen Anspruch aus § 823 Abs. 1 BGB. c) Wohl aber hat der V vertragliche und deliktische Ansprüche, denn er ist der Vertragspartner des F und war der Eigentümer. Der V hat jedoch wegen § 447 BGB keinen Schaden. d) Die durch Rechtsfortbildung gefundene Lösung besteht darin, dass der V den Schaden des „Dritten“ (K) „liquidieren“ kann („Drittschadensliquidation“). Näheres erfahren sie in Teil 4.

- Auch beim **Werkvertrag** ist die Gefahrtragung hinsichtlich der Gegenleistung grundsätzlich in § 326 BGB geregelt. Werkvertragliche Sonderregeln, kraft derer die **Gegenleistungsgefahr** schon vorher auf den Besteller übergeht, sind: **§ 644 Abs. 1 S. 1 BGB** (bei Abnahme/Fertigstellung), **§ 644 Abs. 1 S. 2 BGB** (bei Annahmeverzug des Bestellers); **§§ 644 Abs. 2, 447 BGB** (bei Versendung); **§ 645 BGB** (Untergang aufgrund eines Mangels des vom Besteller gelieferten Stoffes oder aufgrund einer Anweisung des Bestellers) und die Grundsätze der **„Sphärentheorie“**.

**Fall 246**

Der B bestellt bei dem U den Bau einer Brücke. Der U errichtet diese auch mangelfrei. Beim Abnahmetermin bemängelt der B kleine optische Fehler an der Brücke und verweigert die Abnahme. Der U setzt dem B eine Frist von 3 Tagen zur Abnahme, die B ungenutzt verstreichen lässt. Am darauf folgenden Tag kommt es zu dem Erdbeben, und die Brücke stürzt ein. 1) Der B verlangt Neuerrichtung, 2) der U seinen Werklohn.

1) Der Anspruch des B gegen U auf Neuherstellung hat sich durch die Abnahme (hier fingiert nach § 640 Abs. 1 S. 3 BGB) in einen Anspruch auf Nacherfüllung (§§ 633, 634 Nr. 1, 635 BGB) verwandelt. Die Nacherfüllung ist jedoch durch die Zerstörung des Werkes nach fingierter Abnahme unmöglich

(arge. § 644 BGB) geworden und damit „ausgeschlossen“ (§ 275 Abs. 1 BGB). Der U muss daher keine neue Brücke errichten. 2) Der Anspruch auf die Vergütung ist a) aus aa) § 631 Abs. 1 BGB entstanden. bb) Er ist auch nach § 641 Abs. 1 S. 1 BGB fällig, aaa) zwar nicht wegen einer Abnahme (§ 640 Abs. 1 S. 1 BGB), bbb) wohl aber wegen eines Fristablaufs und einer deshalb eingetretenen Abnahmefiktion, da der Besteller beim Vorliegen nur unwesentlicher Mängel zur Abnahme verpflichtet war und die ihm gesetzte angemessene Frist abgelaufen ist (§ 640 Abs. 1 S. 3 BGB). bb) Der Anspruch könnte aaa) nach § 326 Abs. 1 S. 1 BGB erloschen sein; bbb) die „Preisgefahr“ ist aber nach § 644 BGB auf B übergegangen.

**Fall 247**

Der Schneider U arbeitet für den B einen Anzug um. Nach Fertigstellung der Arbeiten bringt er den mangelfrei umgearbeiteten Anzug zur Anprobe und Abnahme zu B nach Hause. Der B ist nicht anwesend, so dass U den Anzug einer Haushilfe des B aushändigt. Bevor der B den Anzug anprobieren kann, wird er infolge eines noch in der Zeit der Abwesenheit des B durch Schweißarbeiten auf dem Dach verursachten Brandes in B’s Wohnung zerstört. Der U will die vereinbarte Vergütung.

a) Der Anspruch ist entstanden (§ 631 Abs. 1 BGB). b) Er ist aa) nicht nach § 362 Abs. 1 BGB erloschen, da jedenfalls nicht an den Gläubiger B geleistet wurde. Er könnte bb) nach § 326 Abs. 1 S. 1 Hs. 1 BGB erloschen sein; dessen Voraussetzungen liegen vor, weil die Umarbeitung des Anzugs infolge des Untergangs nicht mehr möglich ist (§ 275 Abs. 1 BGB) Danach wäre der Anspruch des U entfallen, cc) wenn nicht eine der Ausnahmen des §§ 326 Abs. 1 S. 1 Hs. 1, 275 BGB eingreift. aaa) Zwar hat der B die Unmöglichkeit nicht zu vertreten, so dass § 326 Abs. 2 S. 1 Hs. 1 BGB nicht eingreift. bbb) Die Gegenleistungsgefahr könnte aber bereits auf den B übergegangen sein, als die Unmöglichkeit eintrat: aaaa) Eine Abnahme durch B liegt mangels einer auch nur stillschweigenden Erklärung, dass das Werk als im wesentlichen (in der Hauptsache) als vertragsgemäße Erfüllung angesehen werde, nicht vor. bbbb) Nach der h.M. soll die Gegenleistungsgefahr jedoch auch bereits dann auf den Besteller übergehen, wenn das zufällige Ereignis, das zum Untergang geführt hat, seinen Ursprung in der Sphäre des Bestellers hat („Sphärentheorie“, die man aus § 645 BGB analog ableiten kann). Das wäre hier der Fall: Der B schuldet die Vergütung. Folglich muss B zahlen, obwohl er keinen neuen Anzug erhält.

- Zu guter Letzt noch eine **kleine Kontrollfrage**, um ihr Verständnis des Vorrangegangenen zu testen: Was halten Sie von der Idee des Gläubigers, sich seiner bestehenden Gegenleistungspflicht in den Fällen des Übergangs der Gegenleistungs- bzw. Preisgefahr durch einen Rücktritt nach § 326 Abs. 5 BGB zu entziehen? Wenig, denn wir hatten gesehen, dass man in einem solchen Fall § 323 Abs. 6 BGB analog anwenden sollte (s. o. sub (3)).

#### c) Bei gegenseitigen Verträgen: Gesetzlich ungeregelter Fall der beiderseits zu vertretenden Unmöglichkeit

Die Regel des § 326 Abs. 1 S. 1 BGB betrifft allein die Konstellation der von keiner der Vertragsparteien oder der nur vom Schuldner zu vertretenden Unmöglichkeit. Ungeregelt geblieben ist die Konstellation einer beiderseits zu vertretenden Unmöglichkeit. Was die hier allein interessierende Frage nach dem Schicksal des Gegenleistungsanspruchs angeht, werden verschiedene Lösungsvorschläge unterbreitet: Trotz der Mitverantwortlichkeit des Gläubigers fällt der Gegenleistungsanspruch des Schuldners nach § 326 Abs. 1 S. 1 BGB insgesamt weg, weil ein Fall weit überwiegender Verantwortlichkeit nicht gegeben ist (§ 326 Abs. 2 BGB). Nach anderen bleibt der Gegenleistungsanspruch gekürzt gem. § 254 BGB analog bestehen. Eine andere Rechtsmeinung schließlich lässt den Schuldner den Anspruch auf die Gegenleistung verlieren; er hat jedoch gegen den Gläubiger einen gekürzten Schadensersatzanspruch aus §§ 280 Abs. 1, 241 Abs. 2, 254 BGB. Das dürfte vorzugswürdig sein. Wir kommen später in Teil 4 darauf zurück.

#### d) Bei gegenseitigen Verträgen: Das Erlöschen im Falle der Geltendmachung eines Anspruchs aus § 281 Abs. 1 BGB

Die Frage, was aus dem Anspruch auf die **Gegenleistung** wird, wenn der Gläubiger Schadensersatz statt der Leistung aus § 281 Abs. 1 BGB verlangt, wird vom Gesetz zwar nicht ausdrücklich beantwortet. Jedoch kann die Lösung aus dem Ihnen ja bereits bekannten § 281 Abs. 4 BGB erschlossen werden.

Nach dieser Vorschrift entfällt der Anspruch auf die Leistung, sobald der Gläubiger Schadenersatz statt der Leistung verlangt hat. Daraus kann für die uns hier interessierende Frage, was aus dem Anspruch auf die Gegenleistung wird, folgender Schluss gezogen werden: Wenn hiernach schon der Leistungsanspruch des vertragstreuen Gläubigers untergeht, dann muss erst recht der Anspruch des vertragsuntreuen Schuldners auf die Gegenleistung erlöschen. Wir wollen uns dies zunächst nur merken. Darauf kommen wir zurück, wenn wir wissen, unter welchen Voraussetzungen ein solcher Schadenersatz gefordert werden kann.

#### e) „Arbeitsausfall" (§ 615 BGB)

Im **Dienstvertragsrecht** gibt es beim „Arbeitsausfall“ Konstellationen, bei denen es für die Frage, ob die Vergütung zu bezahlen ist, auf eine **Abgrenzung** von **Annahmeverzug** und **Unmöglichkeit** ankommt. Im ersteren Fall (Vorliegen von Annahmeverzug) wäre die Vergütung weiterhin zu entrichten (§ 615 S. 1 BGB), während im letzteren Fall (Unmöglichkeit) der Anspruch erlöschen würde (§ 326 Abs. 1 S. 1 BGB).

Für das **Arbeitsrecht** hat der Gesetzgeber in **§ 615 S. 3 BGB** eine Lösung gefunden, die das Ergebnis nicht von der jeweiligen dogmatischen konstruktiven Einordnung der Ursachen für den „Arbeitsausfall“ abhängig macht: Der Arbeitnehmer kann ohne Nachleistungsverpflichtung die Vergütung verlangen, wenn „der Arbeitgeber das Risiko des Arbeitsausfalls trägt“.

**Fall 248**

Durch einen Blitzschlag in eine Überlandleitung bricht die Stromversorgung für den gewerblichen Betrieb des AG zusammen, so dass die Maschinen, an denen der Student S und der Arbeitnehmer AN beschäftigt sind, für einen Tag ausfallen. Der AG schickt den S und den AN nach Hause. Sie verlangen von dem AG volle Bezahlung für den ausgefallenen Tag.

1) Der Anspruch des S könnte sich aus § 611 BGB ergeben. a) Entfallen wäre der Vergütungsanspruch nach §§ 326 Abs. 1 S. 1 Hs. 1, 275 BGB, wenn eine Unmöglichkeit der von S zu erbringenden Dienste vorläge. b) Läge indessen ein Annahmeverzug des AG vor, hätte der S einen Anspruch auf Vergütung ohne Nacharbeitsverpflichtung (§ 615 S. 1 BGB). Für Unmöglichkeit spricht, dass eine geschuldete Dienstleistung einer absoluten Fixschuld nahe kommt, weil die Arbeit zu einem bestimmten Zeitpunkt geschuldet wird und spätere Nacharbeit mit der ursprünglichen Arbeit im Einzelfall nicht zu vergleichen ist. Allerdings kann allein der Umstand, dass die Dienstleistung in einem bestimmten Zeitraum nicht erbracht werden kann, noch nicht die Unmöglichkeit begründen; vielmehr muss auf die „Nachholbarkeit" der Dienstleistung im Einzelfall abgestellt werden. Daher soll bei Stromausfall, Ausfall von Maschinen bei festgelegten Arbeitsabläufen nicht die Möglichkeit der Nachholung bestehen, und es würde rein begrifflich gesehen in der Tat Unmöglichkeit vorliegen. Danach wäre hier der Vergütungsanspruch des S untergegangen. 2) Was den AN angeht, so gilt § 615 S. 3 BGB. Hiernach ist die Frage des Erlöschens oder des Weiterbestehens der Verpflichtung des Arbeitgebers zur Zahlung der Vergütung unabhängig von der Einordnung der Leistungsstörung als „Unmöglichkeit" oder „Annahmeverzug" so geregelt, dass immer dann, wenn der Arbeitgeber das „Risiko des Arbeitsausfalls trägt", § 615 S. 1, 2 BGB entsprechend angewendet wird. Zur Beurteilung dieser Frage a) hat man früher eine Lösung durch die „Sphärentheorie" gesucht: Das Gegenleistungsrisiko muss danach derjenige tragen, aus dessen Sphäre das Leistungshindernis stammt. b) Heute wird mehr auf die typischen Fallgruppen – Tragung des „Betriebsrisikos" und des „Arbeitskampfrisikos" – abgestellt (BAG): aa) Das Betriebsrisiko (um das es hier geht), trägt stets der Arbeitgeber, also bei Betriebsstörungen aufgrund von z. B. Auftragsmangel, Ausfall von Betriebs- und Hilfsstoffen, Feuer, Wetterereignissen, behördlichen Interventionen bei Smog etc. bb) Beim Arbeitskampf wird unterschieden zwischen Teilstreik im selben Betrieb (die Arbeitnehmer tragen das Risiko) und der Situation einer Fernwirkung eines Streiks von außerhalb des Kampfgebiets (es kommt auf einen organisatorischen Zusammenhang zwischen den kämpfenden Parteien und dem betroffenen Betrieb an); gleiches gilt sinngemäß für die Aussperrung. Weil hier der AG das Risiko des Arbeitsausfalls trägt, kann der AN die Vergütung ohne Nacharbeitsverpflichtung verlangen.

### 3. Der Erlassvertrag

Ein **Anspruch** aus einem **Rechtsgeschäft**, speziell aus verpflichtendem **Vertrag**, aber auch ein solcher aus **Gesetz**, entfällt ferner durch einen Erlassvertrag (§ 397

Abs. 1 BGB); bei einem Erlassvertrag zwischen dem Gläubiger und einem Gesamtschuldner entscheidet die Auslegung darüber, ob der Erlass nur zwischen den Partnern des Erlassvertrages oder auch zugunsten der übrigen Schuldner wirkt (§ 423 BGB).

## 4. Rechtsmissbrauch

Der Anwendung eines Rechts, also auch der Geltendmachung eines **Anspruchs** aus **Rechtsgeschäft**, speziell aus einem verpflichtenden **Vertrag**, oder aus **Gesetz**, steht die sich aus **§ 242 BGB** ergebende **„Einwendung der unzulässigen Rechtsausübung"** entgegen (es handelt sich also um eine einen Anspruch zum Erlöschen bringende „rechtsvernichtende Einwendung", so dass eine Berufung hierauf nicht erforderlich ist!), weil die Geltendmachung des Rechtes durch § 242 BGB immanent beschränkt ist.

- Die zur Unzulässigkeit der Rechtsausübung führende Treuwidrigkeit kann darin liegen, dass **arglistig erlangte Rechte geltend** gemacht werden; dies im Einzelnen hier darzustellen, macht wenig Sinn; über den gesamten Text dieses Buches verteilt werden Sie Beispiele hierfür finden; denken Sie z. B. an den bereits erörterten „Missbrauch der Vertretungsmacht". Übrigens: Die wörtliche Übersetzung des lateinischen Begriffs **„exceptio doli"** lautet **„Einrede der Arglist"**; dies könnte einen auf den Irrweg führen, es handele sich hier um eine (nur nach Erhebung zu berücksichtigende) „Einrede"; es ist und bleibt eine Einwendung! Denn die Geltendmachung des Rechtes ist durch § 242 BGB immanent beschränkt.
- Eine Unzulässigkeit der Rechtsausübung kann aber auch darin zu sehen sein, dass **Rechte** in **treuwidriger Weise geltend gemacht werden**. Ein Beispiel dafür ist die Geltendmachung von Rechten nach Ablauf einer langen Zeit, wenn die späte Geltendmachung aufgrund besonderer Umstände treuwidrig ist **(„Verwirkung")**. Unzulässig ist die Rechtsausübung auch, wenn der Anspruchsteller eine Sache heraus verlangt, die er gleich wieder zurückgeben müsste **(„dolo agit, qui petit, quod statim redditurus est")**.

**Fall 249**

Der V verkauft dem K eine Sache, die er zuvor der B-Bank zur Sicherheit für eine Darlehensforderung (§ 488 BGB) übereignet (§ 930 BGB) hatte, unter Eigentumsvorbehalt für € 50.000,– und übergibt und übereignet sie ihm zum Zwecke der Erfüllung des Kaufvertrags (§§ 929 S. 1, 158 Abs. 1, 449 BGB). Als das Darlehen notleidend wird, will die B-Bank das Sicherungseigentum, so wie es der Sicherungsvertrag vorsieht, verwerten, und sie verlangt zunächst Herausgabe der Sache von dem V und – als V erklärt hatte, dass er die Sache an den K veräußert habe – Herausgabe von diesem. Der K hat noch eine letzte Kaufpreisrate von € 500,– zu entrichten.

Ein Herausgabeanspruch der B-Bank gegen K könnte sich aus § 985 BGB ergeben. a) Die B-Bank müsste Eigentümerin sein. aa) Sie hatte das Eigentum nach § 930 BGB erlangt bb) und auch nicht nach §§ 929, S. 1, 932 Abs. 1 S. 1, Abs. 2 BGB an den K verloren, denn die Bedingung (vollständige Bezahlung des Kaufpreises durch K an V) war noch nicht eingetreten. b) Der K ist Besitzer der Sache. c) Der K dürfte kein Recht zum Besitz haben (§ 986 BGB). aa) Ein von dem V abgeleitetes Recht zum Besitz hatte der K nicht, denn die Weiterveräußerung des Sicherungsgutes ohne Einverständnis der B-Bank war dem V nicht gestattet (arg e § 603 S. 2 BGB). bb) Ein eigenes Recht zum Besitz könnte sich aus einem „Anwartschaftsrecht" an der Sache ergeben. Ein Anwartschaftsrecht hätte der K, wenn von einem mehrgliedrigen Erwerbstatbestand (hier § 929 BGB) schon so viele Merkmale verwirklicht wären, dass es allein in der Hand des Erwerbers liegt, den Vollrechtserwerb herbeizuführen, und der Vollrechtsinhaber den Rechtserwerb nicht mehr einseitig verhindern kann; das ist nach h.M. beim Erwerb nach §§ 929, 158 Abs. 1, 449 BGB wegen der Regelung des § 161 Abs. 1 BGB der Fall. Der Anwartschaftsrechtsinhaber hat eine Rechtsstellung, die der BGH als „wesensgleiches minus des Vollrechts" bezeichnet. aaa) Der K hatte das Anwartschaftsrecht nach §§ 929 S. 1, 932 Abs. 1 S. 1, Abs. 2 BGB gutgläubig von V erworben; § 935 BGB steht dem Erwerb nicht entgegen, weil die B-Bank den Besitz nicht unfreiwillig verloren hat. bbb) Die Frage ist aber, ob ein Anwartschaftsrecht ein eigenes Recht zum Besitz i. S. d. § 986 BGB gegen den Eigentümer gibt. Wer dies bezweifelt, d) muss mit dem BGH prüfen, ob das Herausgabeverlangen der B-Bank gegen § 242 verstößt, weil der Anspruchsteller eine Sache heraus verlangt, die er gleich wieder (nämlich nach Zahlung der letzten Rate) an den dann zum Eigentümer gewordenen K zurückgeben müsste („dolo agit, qui petit, quod statim redditurus est"). Das wäre hier der Fall. Also hat die B-Bank keinen Herausgabeanspruch gegen K.

Unzulässig ist auch eine **„schikanöse" Rechtsausübung**, die dann gegeben wäre, wenn die Rechtsausübung nur den Zweck haben kann, einem anderen einen Schaden zuzufügen **(§ 226 BGB)**.

### 5. Verlust des Anspruchs durch Forderungsübergang und Schuldübernahme

Der Verlust eines Anspruchs aus einem **Rechtsgeschäft**, speziell aus verpflichtendem **Vertrag**, aber auch aus **Gesetz**, kann sich jedoch noch unter einem anderen Aspekt ergeben, der Ihnen vielleicht einigermaßen überraschend vorkommt. Sowohl der **Forderungsübergang** als auch die **Schuldübernahme** können den Verlust eines Anspruchs zur Folge haben:

- Wenn nämlich eine dem Anspruchsteller gegen den Anspruchsgegner zustehende Forderung durch vertragliche oder gesetzliche Zession (Abtretung) auf eine andere Person übergeht, so steht sie nicht mehr dem Anspruchsteller (dem Zedenten der ursprünglich ihm zustehenden Forderung), sondern nunmehr dem Zessionar als dem neuen Gläubiger zu; so gesehen führt der **Forderungsübergang** also in der Tat zum **Verlust** des **Anspruchs** des Anspruchstellers.

- Bei dem „Gegenstück" zur Zession, der Schuldübernahme, richtet sich die Forderung nicht mehr gegen den Anspruchsgegner als dem Alt-Schuldner, sondern gegen den Neu-Schuldner; so gesehen führt auch die **Schuldübernahme** zum **Verlust** des **Anspruchs**.

Wir werden uns daher, beschränkt auf diesen Aspekt, kurz mit der Zession und der Schuldübernahme befassen müssen. Eine gründliche Behandlung dieser beiden Institute findet sich dann später in Teil 10.

#### a) Verlust des Anspruchs durch Forderungsübergang

Ein Forderungsübergang kann

- die Folge einer rechtsgeschäftlichen Abtretung **(„Zession")** sein (§ 398 BGB)
- oder die Folge eines durch das Gesetz angeordneten Forderungsübergangs sein z. B. in §§ 268 Abs. 3, 426 Abs. 2, 774 BGB u. v. a. m. **(„cessio legis")**.

Wie gesagt: Eine geschlossene Darstellung zur „Zession" finden Sie in Teil 10. Durch den folgenden Fall soll daher auch nur „illustriert" werden, wieso der Anspruchsteller durch eine Zession einen Anspruch verlieren kann.

**Fall 250**

Der Veit (V) verkauft dem Koof (K) eine Sache für € 1000,–. Der V liefert an den K und tritt dann seinen Anspruch auf Zahlung des Kaufpreises an Zar (Z) ab. Der V verlangt Zahlung von € 1000,– von dem K.

Der Anspruch könnte sich aus einem Kaufvertrag ergeben (§ 433 Abs. 2 BGB). a) Der Kaufvertrag ist geschlossen; also ist der Anspruch des V gegen K entstanden. b) Der Anspruch ist jedoch infolge des Abtretungsvertrages nach § 398 S. 2 BGB auf Z übergegangen, so dass er dem V nicht mehr zusteht.

#### b) Verlust des Anspruchs durch Schuldübernahme

Die in den **§§ 414 ff. BGB** geregelte **Schuldübernahme** ist das **logische Gegenstück** zum **Forderungsübergang**: An die Stelle des „Altschuldners" tritt der „Neuschuldner". Weil der Gläubiger damit seinen bisherigen Schuldner verliert, führt die Schuldübernahme zum Erlöschen eines Anspruchs gegen den bisherigen Schuldner.

Das Gesetz stellt zwei **rechtstechnisch unterschiedliche** Wege zur Herbeiführung einer Schuldübernahme zur Verfügung, bei denen – anders als bei der Zession wegen der Abhängigkeit des Werts der Forderung von der Person des Schuldners – die Mitwirkung des Gläubigers vonnöten ist,

- nämlich zum einen die relativ selten verwendete Technik des **§ 414 BGB**: Der übernehmende **Neuschuldner** und der **Gläubiger** schließen ohne Mitwirkung des Altschuldners (warum entbehrlich?) einen **Schuldübernahmevertrag**.

- Weiterhin gibt es als Regelfall den Weg des **§ 415 BGB**: hier schließen der **Alt-** und der **Neuschuldner** den **Schuldübernahmevertrag**; die Mitwirkung des Gläubigers besteht hier in dessen Genehmigung nach §§ 182, 184 BGB (Besonderheit in § 416 Abs. 1 S. 2 BGB) nach vorheriger Anzeige (Besonderheit in § 416 Abs. 1 S. 1, 2, 3 BGB) der Schuldübernahme durch Alt- oder Neuschuldner.

Eine geschlossene Darstellung zur „Schuldübernahme" finden Sie in Teil 10. Auch hier soll durch einen ganz einfachen Fall nur „illustriert" werden, inwieweit eine Schuldübernahme einen Anspruch entfallen lässt.

**Fall 251**

Der V verkauft dem K ein ihm gehöriges Grundstück, das mit einer Hypothek zugunsten der G-Bank belastet ist. Der K übernimmt im Kaufvertrag die gesicherte Schuld und die Hypothek unter Anrechnung auf den Kaufpreis. Der K wird als neuer Eigentümer im Grundbuch eingetragen. Der V zeigt der G-Bank die Schuldübernahme schriftlich mit dem Hinweis des § 416 Abs. 2 S. 2 BGB an. Die G-Bank erklärt eine Woche später, dass sie die Übernahme genehmige. Bei Fälligkeit zahlt der K nicht an die G-Bank. Daraufhin verlangt die G-Bank von V Zahlung.

Der Anspruch der G-Bank aus § 488 Abs. 1 S. 2 BGB a) gegen den V ist entstanden b) aber richtet sich nach §§ 415, 416 BGB nicht mehr gegen V, so dass die G-Bank keinen Anspruch mehr gegen den V auf Zahlung hat; sie kann sich nur noch an den K halten. Zur *Klarstellung* sei gesagt: Selbstverständlich kann die B-Bank nach § 1147 BGB von K Duldung der Zwangsvollstreckung verlangen.

## III. Die zur Undurchsetzbarkeit des Anspruchs führenden Einreden

Anders als die Einreden aus § 275 Abs. 2, 3 BGB lassen die **Einreden** der **Verjährung**, des **Zurückbehaltungsrechts** des **nichterfüllten Vertrages** und der **Mangelhaftigkeit** den Anspruch unberührt, sondern haben nur eine die Ansprüche betreffende **rechtshemmende Wirkung**, die letzten beiden **nur bei Ansprüchen** aus **bestimmten Verträgen**, die ersten beiden **bei allen Ansprüchen**. Dass Einreden im Gegensatz zu den Einwendungen **nicht „von Amts wegen"** zu berücksichtigen sind, sondern erst, wenn der **Schuldner** sich auf sie **beruft** (er muss ein„reden"), wissen Sie bereits von der Erörterung der Einreden aus § 275 Abs. 2, 3 BGB; Gleiches gilt natürlich auch hier (z. B. bei § 214: BGB: „... der Schuldner (ist) berechtigt, die Leistung zu verweigern."). Ob sich im Einzelfall der Anspruchsgegner auf die Einrede berufen hat, ist bei der Fallbearbeitung jeweils durch Auslegung zu ermitteln; meist liegt ein solches Verhalten in der im Sachverhalt erwähnten Zurückweisung des Anspruchs.

Auch wenn Einreden ihre Wirkung erst entfalten, wenn man sich auf sie beruft, kann bei einer Fallbearbeitung zu erörtern sein, ob sie auch unabhängig davon gewisse Wirkungen haben. Es stellt sich die Frage, ob bereits das bloße Vorliegen eines Einredetatbestandes dem Eintritt des Verzuges entgegensteht: Bei einem Zurückbehaltungsrecht des Schuldners **(§ 273 BGB)** reicht das Vorliegen des Einredetatbestands nicht aus und der Verzug entfällt erst wegen fehlender **Durchsetzbarkeit** des Anspruchs, wenn der Schuldner sich vor oder bei Eintritt der Verzugsvoraussetzungen auf das Zurückbehaltungsrecht beruft; der Grund ist, dass der Gläubiger damit die Möglichkeit hat, das Zurückbehaltungsrecht abzuwenden (§ 273 Abs. 3 BGB). **Anders** (sehr wichtig!) liegt es **bei § 320 BGB**: hier reicht das bloße Bestehen der Einrede zum Verzugsausschluss aus. Dazu später mehr.

Die schwerpunktmäßige **Konzentration** auf die **Einreden** der **Verjährung**, des **Zurückbehaltungsrechts,** des **nichterfüllten Vertrages** und der **Mangelhaftigkeit** darf Ihnen nicht den Blick versperren: Es gibt noch weitere für Sie bedeutsame Einreden, nämlich die Einrede der **„unerlaubten Handlung“** (die gegen eine deliktisch=i. d. R. betrügerisch erlangte Forderung bestehende Einrede aus § 853 BGB) und die Einrede der **„ungerechtfertigten Bereicherung“** (die gegen eine wirksam, aber rechtsgrundlos erlangte Forderung bestehende Einrede aus § 821 BGB).

## 1. Die Einrede der Verjährung

### a) Das Leistungsverweigerungsrecht

Unter der Verjährung versteht man den Ablauf von Zeit, durch den der Schuldner eines Anspruchs ein Leistungsverweigerungsrecht erhält. Es heißt in § 214 BGB: **„Nach Eintritt der Verjährung ist der Schuldner berechtigt, die Leistung zu verweigern“**. Diese Einrede dient der Sicherung des Rechtsfriedens und dem Schutz des Schuldners. Alle Ansprüche unterliegen grundsätzlich der Verjährung **(§ 194 Abs. 1 BGB)**; ausnahmsweise unverjährbar sind bestimmte in § 194 Abs. 2 BGB genannte familienrechtliche Ansprüche sowie der Grundbuchberichtigungsanspruch und dazu gehörige Ansprüche (§ 898 BGB).

Sie müssen daher – aber bitte nur, wenn ein Anlass dazu besteht (!) – am Ende jeder Anspruchsprüfung untersuchen, ob der Anspruch verjährt ist und ob, weil die Verjährung ja (nur) eine Einrede begründet **(§ 214 Abs. 1 BGB)**, diese auch geltend gemacht worden ist.

Man kann eine **Verjährung** so **prüfen**:

1. Geht es überhaupt um einen **Anspruch** (§ 194 Abs. 1 BGB), **der verjähren kann** (Ausnahmen: die Fälle des § 194 Abs. 2 BGB und des § 898 BGB: der Grundbuchberichtigungsanspruch und dazu gehörige Ansprüche)?
2. Ist die **Verjährungsfrist abgelaufen**?

**a)** Dauer der Verjährungsfrist:
**aa)** regelmäßige Verjährungsfrist: 3 Jahre (§ 195 BGB);
**bb)** Ausnahmen davon:
**aaa)** § 196 BGB (10 Jahre: Ansprüche auf Rechte an Grundstücken: z. B. Übertragung von Eigentum etc.), **bbb)** § 852 BGB (10 Jahre: Anspruch auf Herausgabe eines durch unerlaubte Handlung erlangten Vermögensvorteils); **ccc)** § 197 BGB (30 Jahre: Herausgabeansprüche aus dem Eigentum und anderen dinglichen Rechten, nicht aber Beseitigungs- und Unterlassungsansprüche aus § 1004 BGB; familienrechtliche Ansprüche mit Ausnahme von Unterhaltsansprüchen; erbrechtliche Ansprüche; titulierte Ansprüche), **ddd)** §§ 438, 634a BGB (differenzierte Fristenregelungen bei Gewährleistungsansprüchen, sie werden bei der Darstellung dieser Ansprüche in Teil 4 dargestellt).

**b)** Beginn der Verjährungsfrist:
**aa)** **Bei regelmäßiger Verjährungsfrist**: objektiv (Anspruch entstanden) + subjektiv (Kenntnis oder grobfahrlässige Unkenntnis von anspruchsbegründenden Umständen und Schuldner) mit dem Schluss des Jahres, in dem die beiden Umstände kumulativ vorliegen (§ 199 BGB).
**bb)** Bei anderen Verjährungsfristen
**aaa)** mit der **Entstehung des Anspruchs** (§ 200 BGB), soweit nicht ein anderer Verjährungsbeginn bestimmt ist,
**bbb)** wie in §§ 201, 438 Abs. 2, 634a Abs. 2, 852 BGB
**ccc)** oder bei **Unterlassungsansprüchen**, die immer mit der Zuwiderhandlung beginnen (§§ 199 Abs. 5, 200, 201 BGB).

**c)** **Begrenzung der Regelverjährung** durch **Höchstfristen**: Wegen des subjektiv bestimmten Beginns der Regelverjährung musste der Gesetzgeber Höchstfristen bestimmen, die von einem objektiv bestimmbaren Augenblick an ohne Rücksicht auf ihre Entstehung und/oder die Kenntnis oder grobfahrlässige Unkenntnis laufen; anderenfalls wären Konstellationen vorstellbar, bei denen ein Anspruch nie verjährt. Die Höchstfristen sind je nach Art des Anspruchs bestimmt worden; sie betragen:
**aa)** Bei **Schadensersatzansprüchen wegen Verletzung von Leib und Leben:** 30 Jahre (§ 199 Abs. 2 BGB),
**bb)** bei Ansprüchen auf **Herausgabe eines durch unerlaubte Handlung erlangten Vermögensvorteils**: 30 Jahre von dem den Schaden auslösenden Ereignis an (§ 852 BGB),
**cc)** bei **sonstigen Schadensersatzansprüchen**: 10 Jahre nach der Entstehung oder in 30 Jahren von dem den Schaden auslösenden Ereignis an (§ 199 Abs. 3 BGB);

**dd)** bei **sonstigen Ansprüchen** beträgt die Höchstfrist 10 Jahre (§ 199 Abs. 4 BGB).

**d) Hemmung, Ablaufhemmung, Neubeginn**: Im Falle der Verjährungshemmung bleibt der jeweilige Zeitraum (§§ 203–208 BGB: Verhandlungen, Rechtsverfolgung, bei Leistungsverweigerungsrechten, bei höherer Gewalt, bei familiären Gründen, häusliche Gemeinschaft bei Verletzung der sexuellen Selbstbestimmung) bei der Berechnung der Frist unberücksichtigt (§ 209 BGB). Der Ablauf der Verjährung ist gehemmt bei Defiziten in der Geschäftsfähigkeit und dem Fehlen eines gesetzlichen Vertreters (§ 210 BGB) und in Nachlassfällen (§ 211 BGB). Die Verjährung beginnt neu bei einem Anerkenntnis und bei der Vornahme von Vollstreckungshandlungen (§ 212 BGB).

3. **Abweichende Vereinbarungen** sind in den Grenzen der §§ 202, 475 Abs. 2 (Verbrauchsgüterkauf) und § 309 Nr. 8bff. BGB (bei AGB) möglich.
4. Verjährung bei **Anspruchskonkurrenz**: Grundsätzlich werden konkurrierende Ansprüche auch hinsichtlich der Verjährung unabhängig voneinander behandelt. Sollte jedoch für einen der konkurrierenden Ansprüche eine kurze Verjährung gelten, kann der Zweck der Norm es gebieten, auch einen damit konkurrierenden Anspruch gleichermaßen „kurz" verjähren zu lassen. So soll z. B. § 548 Abs. 1 S. 1 BGB (Ersatzansprüche des Vermieters gegen den Mieter wegen Veränderung oder Verschlechterung der Mietsache aus §§ 280 Abs. 1, 3, 283 BGB verjähren in sechs Monaten nach Rückgabe der Mietsache) auch für einen Anspruch aus § 823 Abs. 1 BGB wegen einer Eigentumsverletzung gelten, weil durch § 548 BGB eine rasche Auseinandersetzung der Beteiligten herbeigeführt werden soll und mit dem Anspruch aus §§ 280 Abs. 1, 3, 283 BGB i. d. R. ein Anspruch aus § 823 Abs. 1 BGB konkurriert.
5. Ist die **Einrede erhoben** worden? (§ 214 Abs. 1 BGB). Dies kann z. B. in einer Leistungsverweigerung zu sehen sein oder von Ihnen als Möglichkeit unterstellt werden, so dass Sie auf die Prüfung der Verjährung nicht verzichten sollten, wenn Sie meinen, dass der Schuldner sich nicht auf die Einrede der Verjährung berufen hat.

#### b) Keine Auswirkungen der Verjährung auf dingliche Sicherungsrechte, auf die Aufrechenbarkeit und auf die Geltendmachung eines Zurückbehaltungsrechts

Auch wenn der Schuldner eines Anspruchs ein Leistungsverweigerungsrecht hat, kann sich der **Gläubiger aus** einem dafür bestehenden **dinglichen Sicherungsrecht** befriedigen: So kann man nach § 216 Abs. 1 BGB trotz Verjährung des jeweils gesicherten Anspruchs die Duldung der Zwangsvollstreckung aus einer Hypothek (§ 1147 BGB) verlangen; oder man kann die Verwertung eines Pfandrechts durch Pfandverkauf (§§ 1228 ff. BGB) betreiben; oder man kann die Verwertung einer zur Sicherung übereigneten Sache bzw. einer zur Sicherung abgetretenen Forderung

(§ 216 Abs. 2 S. 1 BGB) vornehmen; oder man kann die Herausgabe einer unter Eigentumsvorbehalt und daher aufschiebend bedingt übereigneten beweglichen Sache verlangen (§ 216 Abs. 2 S. 2 BGB).

In § 216 Abs. 2 BGB sind übrigens – und das ist eine kleine **dogmatische Sensation** – die **„Sicherungszession“** und die **„Sicherungsübereignung“** erwähnt: Hier werden also die beiden durch Rechtsfortbildung entwickelten Institute gesetzlich anerkannt! In diesen Kontext passt auch der neue § 1192 Abs. 1a BGB, in dem die **Sicherungsgrundschuld** erwähnt wird. Kennen Sie noch andere **„Legalisierungen“** von **Rechtsfortbildungen**? Erinnern Sie noch §§ 14 Abs. 2, 899a BGB, § 47 Abs. 2 GBO hinsichtlich der Außen-GbR. Denken Sie auch an § 313 BGB, der die Störung der Geschäftsgrundlage normiert.

Bei der Aufrechnung und beim Zurückbehaltungsrecht steht die Verjährung einer Gegenforderung weder der Möglichkeit, mit ihr aufzurechnen, noch der Möglichkeit zur Ausübung eines Zurückbehaltungsrechts entgegen, wenn der Gegenanspruch zu dem Zeitpunkt noch nicht verjährt war, als erstmals aufgerechnet oder die Leistung verweigert werden konnte (§ 215 BGB).

### 2. Das Zurückbehaltungsrecht (§ 273 BGB)

Durch die Geltendmachung des Zurückbehaltungsrechts **kann** der **Schuldner**

- die **Durchsetzbarkeit** des gegen ihn bestehenden Anspruchs bis zur Erbringung einer ihm vom Gläubiger geschuldeten Leistung **einschränken**
- und zugleich auf den Gläubiger **Druck ausüben**, den zur Zurückbehaltung berechtigenden Gegenanspruch zu erfüllen.

1. Die **Voraussetzungen** des § 273 BGB lassen sich ganz grob durch fünf Merkmale (**G, F, K, kA, E**) kennzeichnen:
   **a)** Es muss ein **Gegenanspruch** (**G**) bestehen;
   **b)** der Gegenanspruch des Schuldners muss **fällig** sein (**F**);
   **c)** er kann **rechtsgeschäftlicher** oder **gesetzlicher** Art sein;
   **d)** weiterhin muss **Konnexität (K)** zwischen dem Anspruch und dem Gegenanspruch bestehen;
   **e)** es darf **kein Ausschluss** (**kA**) des Zurückbehaltungsrechts vorliegen;
   **f)** das Zurückbehaltungsrecht muss durch Erhebung der **Einrede** (**E**) geltend gemacht werden.
2. Die **Rechtsfolge** (§ 274 BGB) ist, dass der Schuldner dem Gläubiger seine Leistung nur noch Zug-um-Zug gegen Erbringung der Leistung des Gläubigers schuldet.

Es muss also ein **Gegenseitigkeitsverhältnis** i. S. d. **§ 273 BGB** bestehen: Beide Parteien müssen einen rechtsgeschäftlichen/gesetzlichen Anspruch gegen den jeweils anderen haben. Falls es sich um zwei Ansprüche aus ein und demselben gegenseitigen Vertrag handelt, gilt jedoch § 320 BGB (dazu sogleich).

Der **Gegenanspruch** des Schuldners gegen den Gläubiger muss **fällig** sein. Er muss also entstanden und durchsetzbar sein. Daher kommen bedingte oder künftige sowie einredebehaftete Ansprüche des Schuldners nicht in Betracht. Die Verjährung des Gegenanspruchs ist dagegen unschädlich, wenn der Gegenanspruch zu dem Zeitpunkt, zu dem die Zurückbehaltung erstmals möglich war, unverjährt war (§ 215 BGB).

**Gleichartig** müssen die Leistungsinhalte der **Ansprüche nicht** sein, so dass also – anders als bei der Aufrechnung – wegen eines „auf Lieferung von Birnen" gerichteten Gegenanspruchs die Erfüllung eines Anspruchs „auf Lieferung von Äpfeln" verweigert werden kann, aber auch ein Lieferungsanspruch aus Kaufvertrag und ein Zahlungsanspruch aus einem Darlehensvertrag reichen aus.

Aber der Anspruch und der Gegenanspruch müssen **„aus demselben rechtlichen Verhältnis"** herrühren (**„konnex"** sein). Anerkannt ist, dass dafür ein **„einheitliches Lebensverhältnis"** im **natürlichen, wirtschaftlichen Sinne** ausreicht.

**Fall 252**

Der E lässt eine ihm gehörige Sache entgeltlich durch den V verwahren. Der V ist unaufmerksam. Daher kann der D die Sache stehlen. Der E verlangt von dem V wegen des Verlustes der Sache Schadensersatz statt der Leistung. Der V verweigert die Leistung, weil der E ihm zuvor seinen Anspruch aus §§ 823 Abs. 1, 249 ff. BGB gegen den D abtreten müsse.

Der Anspruch des E gegen den V a) ergibt sich aus §§ 688, 695, 280 Abs. 1, 3, 283, 249 ff. BGB. b) Der V kann die Leistung nach § 273 BGB verweigern, weil er aa) einen Gegenanspruch auf Abtretung des Anspruchs des E gegen den D aus §§ 823 Abs. 1, 249 ff. BGB hat (§ 255 BGB). bb) Der Gegenanspruch ist fällig (§ 271 BGB). c) Dass Konnexität besteht, ergibt § 255 BGB: „… ist zum Ersatz nur gegen Abtretung der Ansprüche verpflichtet …". cc) Das Zurückbehaltungsrecht ist nicht ausgeschlossen. dd) Die Einrede ist erhoben worden. ee) Rechtsfolge: § 274 BGB (Zahlung „Zug-um-Zug" gegen Abtretung).

Das **Zurückbehaltungsrecht** darf **nicht ausgeschlossen** sein. Derartige Ausschlussgründe sind teils **gesetzlich** angeordnet (z. B. in § 175 BGB). Ausschlusstatbestände können auch **vertraglich** vereinbart werden, allerdings nicht durch Allgemeine Geschäftsbedingungen (§ 309 Nr. 2b BGB). Auch bei **Aufrechnungsverboten** ist ein Zurückbehaltungsrecht ausgeschlossen, so z. B. auch bei § 393 BGB, so dass auch die Regel gilt, dass „der Schuft … nicht zurückbehalten" darf. Schließlich kann auch aus Gründen der **„Natur des Schuldverhältnisses"** ein Zurückbehaltungsrecht ausgeschlossen sein.

**Fall 253**

Der G hat dem S zwei Darlehen gegeben (D 1: € 1000,– fällig am 31. März 2002/D 2: € 2000,– fällig am 1. April 2002). Der S zahlt das D1 am 20. Februar 2002 zurück und verlangt am 2. April 2002 den von ihm für das Darlehen D1 ausgestellten Schuldschein für D1 zurück. Der G beruft sich auf ein Zurückbehaltungsrecht weil der S das D2 nicht am 1. April 2002 zurückgezahlt hat.

a) Der S hat gegen den G einen Anspruch auf Rückgabe des Schuldscheins aus § 371 BGB. b) Dem könnte jedoch § 273 BGB mit der Folge des § 274 BGB entgegenstehen. aa) Der G hat einen fälligen Gegenanspruch aus § 488 Abs. 1 S. 2 BGB. bb) Es besteht Gegenseitigkeit. cc) Beide Ansprüche entstammen bei natürlicher wirtschaftlicher Betrachtungsweise einem einheitlichen Lebensverhältnis. dd) Das Zurückbehaltungsrecht ist jedoch aus Gründen „der Natur des Schuldverhältnisses" ausgeschlossen. Der Rückgabeanspruch aus § 371 BGB soll den Schuldner vor erneuter Inanspruchnahme schützen. Dieser Zweck würde vereitelt, wenn der Gläubiger den Schuldschein weiter in Besitz behalten dürfte.

Das Zurückbehaltungsrecht muss **einredeweise geltend gemacht** werden; „von Amts wegen" wird es nicht berücksichtigt. Das gilt auch, um einen Verzug abzuwenden (dazu später mehr).

Die **Wirkung** ist, dass der Schuldner seine Leistung nur noch im Austausch mit der seitens des Gläubigers geschuldeten Leistung erbringen muss; im **Prozess** bedeutet dies aber keine Klageabweisung, sondern eine **Zug-um-Zug-Verurteilung** (§ 274 BGB).

### 3. Die Einrede des nichterfüllten Vertrages (§ 320 BGB)

Eine besondere Einrede ergibt sich bei **gegenseitigen Verträgen**. Sie wissen es spätestens seit der Befassung mit § 326 BGB: Diese Verträge sind dadurch gekennzeichnet, dass es sich um **mehrseitig verpflichtende Verträge** handelt, bei denen alle oder auch nur einzelne Verpflichtungen aus dem Vertrag in einem „Gegenseitigkeitsverhältnis" zueinander stehen: d. h. die eine Leistung wird um der anderen willen erbracht (= **„do ut des"** = „ich gebe, damit du gibst" = „Synallagma"). Das klassische Beispiel ist der Kaufvertrag: Der Verkäufer verpflichtet sich zur Lieferung, um den Kaufpreis zu erhalten; der Käufer verpflichtet sich zur Kaufpreiszahlung, um Lieferung zu erhalten. Rechtlich hat dies u. a. zur Folge, dass die im Gegenseitigkeitsverhältnis zueinander stehenden Leistungsverpflichtungen **grundsätzlich „Zug um Zug"** erbracht werden müssen und dass jeder der beiden Schuldner bis zur Erbringung der Gegenleistung des anderen Schuldners die „Einrede des nicht erfüllten Vertrages" erheben kann (§ 320 Abs. 1 S. 1 BGB).

Im Gegenseitigkeitsverhältnis stehen nur die **Hauptleistungspflichten**, also nicht Nebenleistungspflichten oder gar Rücksichtspflichten aus § 241 Abs. 2 BGB. Wohl aber bleibt § 320 BGB anwendbar, wenn der eine Hauptleistungspflicht betreffende Gegenleistungsanspruch sich in einen **Sekundäranspruch umgewandelt** hat (z. B. in einen Anspruch auf Schadensersatz statt der Leistung nach §§ 280

Abs. 1, 3, 281–283 BGB nach oder auf Herausgabe des Ersatzgegenstands nach §§ 326 Abs. 3, 285 BGB).

Die Gegenforderung muss **bestehen** und **fällig** sein. Die Verjährung steht dem § 320 BGB nicht entgegen, wenn die Verjährung erst nach Entstehen der Hauptforderung, gegen die die Einrede erhoben wird, eingetreten ist **(§ 215 BGB)**.

Die **Gegenleistung** darf **noch nicht vollständig erbracht** sein, wobei der Grund dafür gleichgültig ist.

Als ungeschriebene aber einleuchtende Voraussetzung muss der **Schuldner** selbst **vertragstreu** sein. Lehnt er die Erbringung seiner eigenen Leistung endgültig ab oder befindet er sich im Schuldnerverzug, so kann er die Einrede des nichterfüllten Vertrages nicht erheben. Das ergibt sich aus der ratio legis des § 320 BGB: die Einrede stellt ein Druckmittel des Schuldners zur Durchsetzung seines eigenen Anspruchs dar; es verstieße aber gegen § 242 BGB, ihm ein der Herbeiführung der Leistungserbringung dienendes Leistungsverweigerungsrecht zu geben, wenn er den Vertrag selbst nicht erfüllen will.

Die **Folge** einer wirksamen Berufung des Schuldners auf diese **Einrede im Prozess** ist **nicht** etwa die **Klagabweisung**, sondern eine **Zug-um-Zug-Verurteilung des** Schuldners **(§ 322 Abs. 1 BGB)**. Entsprechend müssten Sie bei der Fallbearbeitung das Ergebnis formulieren (z. B.: „Der A hat gegen B einen Kaufpreisanspruch in Höhe von € 1000,– Zug-um-Zug gegen Übergabe und Übereignung des Autos.“).

**Fall 254**

Der V hat dem K eine Sache verkauft, die er diesem am 21. April 2015 liefern soll. Als er sich an diesem Tag mit der Sache zu K begibt, will dieser zwar die Sache entgegennehmen, hat aber den Kaufpreis gerade „nicht zur Hand“. V will dem K die Sache nicht überlassen. K will wissen, ob er einen durchsetzbaren Anspruch auf Übereignung und Übergabe der Sache hat.

Der Anspruch kann sich aus einem Kaufvertrag ergeben (§ 433 Abs. 1 S. 1 BGB) a) Ein Kaufvertrag ist geschlossen. b) Möglicherweise steht dem V jedoch ein Leistungsverweigerungsrecht aus § 320 Abs. 1 BGB zu. aa) Der Kaufvertrag zwischen V und K ist ein gegenseitiger Vertrag. Jede Partei erbringt ihre Leistung, um die Leistung der Gegenseite zu erhalten. bb) Dem seinerseits vertragstreuen V steht ein wirksamer und fälliger Gegenanspruch auf Zahlung des Kaufpreises, einer Hauptleistungspflicht, zu (§ 433 Abs. 2, 271 Abs. 1 BGB), der im Gegenseitigkeitsverhältnis zur noch nicht erbrachten Lieferverpflichtung des V, ebenfalls einer Hauptleistungsverpflichtung, steht. cc) Der V ist nicht zur Vorleistung verpflichtet dd) und ist selbst vertragstreu. ee) Im Ergebnis kann daher V die Leistung verweigern. Er muss an K nur Zug-um-Zug gegen Zahlung des Kaufpreises übereignen und übergeben (§ 322 BGB).

**Variante**

Vereinbart war „Zahlung nach Lieferung und Rechnungserhalt“.

In einem solchen Fall (oder bei einer konkludent vereinbarten Vorleistungspflicht des Verkäufers) hat der Verkäufer die Einrede aus § 320 BGB nicht.

**Fall 255**

Der K sucht bei V einen gebrauchten Sessel für sein Wohnzimmer aus. Als V den Sessel anliefert, stellt K fest, dass einer der Füße abgebrochen ist, so dass der Sessel kippelt. K nimmt den Sessel nicht entgegen. Der V verlangt sofortige Kaufpreiszahlung. Der K verweigert die Zahlung unter Hinweis auf den fehlenden Sesselfuß.

Der Anspruch könnte sich aus einem Kaufvertrag ergeben (§ 433 Abs. 2 BGB). a) Der Kaufvertrag ist geschlossen. Der Anspruch ist also entstanden b) Dem Anspruch steht die Einrede des nicht erfüllten Vertrages entgegen (§ 320 BGB) aa) Der Kaufvertrag zwischen V und K ist ein gegenseitiger Vertrag. bb) Dem K steht ein fälliger Gegenanspruch auf Lieferung einer mangelfreien Sache aus § 433 Abs. 1 S. 2 BGB zu; insbesondere ist K nicht zur Vorleistung verpflichtet. Der Anspruch steht im Gegenseitigkeitsverhältnis zur Zahlungsverpflichtung des K. cc) K ist selbst vertragstreu. dd) Im Ergebnis kann daher K die Leistung verweigern. Er muss an V nur Zug-um-Zug gegen Lieferung einer mangelfreien Sache zahlen (§ 322 BGB). Sie sollten zur Selbstkontrolle überlegen, warum dieser Fall nicht beim nächsten Gliederungspunkt Ziff. 4 unter der Überschrift „Einrede der Mangelhaftigkeit“ eingeordnet worden ist: Weil in diesem Fall noch kein Gefahrübergang vorliegt.

Die **Abwicklung** einer **Zug-um-Zug-Verurteilung** soll Sie zunächst nicht weiter interessieren. Sie erfolgt entweder freiwillig oder – wenn der Anspruch zwangsweise durchgesetzt werden muss – in der Zwangsvollstreckung: Der Gläubiger muss dem Schuldner die Leistung spätestens mit der Vollstreckungshandlung (ggf. durch den Gerichtsvollzieher) in einer den Annahmeverzug begründenden Weise anbieten.

**Von** den bisher erlernten **Regeln zur Einrede** aus **§ 320 BGB** wird dann eine **Ausnahme** gemacht, wenn einer der **Schuldner vorzuleisten** hat (§ 320 Abs. 1 S. 1 a. E. BGB); eine Unterausnahme hiervon ist § 321 BGB im Fall einer Vermögensverschlechterung. Vorleistungsverpflichtungen ergeben sich aus Vereinbarung oder aus Gesetz (z. B. muss beim Mietvertrag der Mieter nach § 556b Abs. 1 BGB vorleisten; beim Dienstvertrag muss der Dienstverpflichtete nach § 614 BGB vorleisten).

### 4. Vertrag zugunsten Dritter: Einreden des Versprechenden

Beim Vertrag zugunsten Dritter (§§ 328 ff BGB) kann nach § 334 BGB der Versprechende sich auch mit Einreden aus dem Deckungsverhältnis, wie etwa mit Einreden nach § 273 BGB und § 320 BGB gegen den Anspruch des Dritten verteidigen. § 334 BGB ist aber abdingbar, so dass im Deckungsverhältnis die Verteidigungsmöglichkeiten des Versprechenden erweitert oder eingeschränkt werden können. Dies kann auch stillschweigend geschehen.

**Fall 256**

Die Fluggesellschaft Ovoklup-Air (OA) vercharterte an den Reiseveranstalter „Lackners Lustige Reisen“ GmbH (LL) 100 Plätze eines Fluges von St. Petersburg nach Hamburg am 5. August 2003. Die Flugscheine sollte und hatte dann auch die LL im eigenen Namen ausgestellt. Am 5. August 2003 verweigern die Mitarbeiter der OA dem D, der bei dem Reisebüro Ecila Etalp (E) eine Pauschalreise zur 300-Jahrfeier nach St. Petersburg mit Rückflug nach Hamburg mit dem gecharterten Flugzeug gebucht und bezahlt hatte, den Rückflug. Als Grund wird genannt, dass die LL der OA den Flug nicht bezahlt habe. Kann der D von OA Beförderung verlangen (nach BGH)? Unterstellen Sie die Anwendung deutschen Rechts.

Ein Anspruch des D auf Beförderung könnte sich aus dem zwischen der OA und der LL geschlossenen Chartervertrag ergeben, wenn es sich hierbei um einen echten Vertrag zugunsten des D handelt (§§ 631 Abs. 1, 328 Abs. 1 BGB). a) Die OA hat mit der LL als „Grundvertrag“ einen Chartervertrag abgeschlossen. Dieser verpflichtete die OA, die ihr von LL benannten Reisenden an einem bestimmten Tag von St. Petersburg nach Hamburg zu fliegen. b) Weiter müsste dem D aus diesem Vertrag ein eigenes Forderungsrecht zustehen (echter Vertrag zugunsten Dritter). Ob nur der LL dieses Recht zustehen sollte oder ob auch D einen eigenen Anspruch erwerben sollte, ist im Wege der Auslegung zu ermitteln (§ 328 Abs. 2 BGB). Aus dem Zweck des Chartervertrages ergibt sich, dass die Beförderung des Reisenden sicherzustellen ist. Es ist daher interessengemäß, dem Reisenden einen eigenen unmittelbaren Beförderungsanspruch zu gewähren. Der Chartervertrag stellt mithin einen echten Vertrag zugunsten des D dar. c) Weiter hat D den Beförderungsanspruch nicht nach § 333 BGB zurückgewiesen. d) Möglicherweise könnte aber die OA die Beförderung gem. §§ 320, 334 BGB verweigern, weil die LL die Vergütung aus dem Chartervertrag nicht an die OA gezahlt hat. aa) Grundsätzlich kann der Versprechende (OA) auch dem Dritten (D) gegenüber die Einreden aus dem Deckungsverhältnis entgegenhalten. Hierzu gehört auch die Einrede des nichterfüllten Vertrages nach § 320 BGB. bb) Möglicherweise könnte aber die nicht zwingende Vorschrift des § 334 BGB stillschweigend abbedungen worden sein. Aufgrund der Tatsache, dass der Reisende auf die Zahlung durch seinen Reiseveranstalter keinen Einfluss hat und die Zahlung somit allein in den Risikobereich des Versprechensempfängers fällt, ist nach dem Zweck des Vertrages, bei dem der Reisende von einem einredefreien Beförderungsanspruch ausgeht, zugunsten des Reisenden stillschweigend von einer Abbedingung des § 334 BGB auszugehen. Damit steht dem D ein durchsetzbarer Beförderungsanspruch gegen die OA zu.

Nachdem Sie nun auf hunderten von Seiten gelernt haben, durch ein Rechtsgutachten zu beurteilen, ob einem Anspruchsteller ein primärer vertraglicher Anspruch zusteht, sollten Sie jetzt für eine kurze Zeit einmal den „elfenbeinernen Turm" verlassen und einen Blick in die Rechtswirklichkeit werfen, um kurz und bündig zu erfahren, wie man eigentlich einen Anspruch durchsetzt. Hier wird wieder viel Neues auf Sie „einstürmen". Aber auch der „Anfänger" sollte sich nicht sperren: Dem „Mutigen (und ich meine auch: dem Neugierigen) gehört die Welt" und nicht dem „Übervorsichtigen". Außerdem sollten Sie sich als Anfänger darüber im Klaren sein, dass selbst fortgeschrittenere Studierende meist nicht die geringsten Vorstellungen davon haben, wie Ansprüche in der Rechtswirklichkeit durchgesetzt werden. Sie sind also mit ihrem Vorstellungsdefizit „in bester Gesellschaft".

## C. Die Durchsetzung von Ansprüchen

Nunmehr ist also der geeignete Augenblick gekommen, den Fortgang der bisher rein materiellrechtlichen Darstellung zu unterbrechen, um zu erfahren, **wie** ein **Anspruch** in der Rechtswirklichkeit **durchgesetzt wird**, wie also z. B. der Inhaber eines Herausgabeanspruchs aus § 546 Abs. 1 BGB oder aus § 985 BGB diesen durchsetzen kann oder wie der Verkäufer (§ 433 Abs. 2 BGB) oder der Darlehensgeber (§ 488 Abs. 1 S. 2 BGB) „zu seinem Geld kommt", wenn der jeweils Inanspruchgenommene nicht freiwillig erfüllt.

Sie können davon ausgehen, dass ein bestehender Anspruch in aller Regel auch **freiwillig erfüllt** wird, weil, Gott sei Dank, meistens die Vernunft siegt. Wenn ein geltend gemachter Anspruch **nicht erfüllt** wird, so beruht dies meistens auf folgenden Gründen:

- Zwischen dem Anspruchsteller und Anspruchsgegner besteht **Streit** darüber, **ob überhaupt** ein Anspruch gegeben ist, weil entweder der **Sachverhalt** unter den Parteien **umstritten** ist und/oder weil sie **unterschiedlicher Auffassung über** maßgebliche **Rechtsfragen** sind,
- oder einfach nur deshalb, weil der Inanspruchgenommene **nicht leisten will**;
- nicht selten wird ein Anspruch deshalb nicht erfüllt, weil der Schuldner wegen seiner vielen anderen Schulden **nicht leisten kann**.

Immer dann stellt sich die Frage, wie der Anspruchsteller den von ihm geltend gemachten Anspruch verwirklichen kann. Wenn wir uns auf die beiden Möglichkeiten (Durchsetzung mit staatlicher Hilfe, private Durchsetzung) konzentrieren, sparen wir die dogmatisch gesehen dazwischen liegenden Möglichkeiten eines **modernen Konfliktmanagements** (ADR: Mediation, Schlichtung/Schiedsgerichtsverfahren) aus. Interessenten können dazu etwas in der 3. Auflage finden. Entfallen ist auch die Darstellung des Insolvenzrechts; es hat sich zu einer Spezialmaterie entwickelt, die sich nicht auf zwei Seiten darstellen lässt. Die auch für Studenten wesentlichen Normen, wie z. B. § 47 InsO oder §§ 80 ff. InsO oder § 94 InsO werden im jeweiligen Zusammenhang verdeutlicht.

## I. Die Durchsetzung von Rechten mit staatlicher Hilfe

Die Realisierung von Forderungen ist (von einigen Ausnahmen abgesehen) keine „Privatsache" des Anspruchstellers. Niemand darf die verbindliche Feststellung des Bestehens eines Anspruchs, die Durchsetzung seines vermeintlichen Anspruchs „in die eigene Hand nehmen". Der Staat hat das Gewaltmonopol. Gerade deshalb ist er zur Wahrung des Rechtsfriedens verpflichtet, eine Justiz bereitstellen. Aus **Art. 19 Abs. 4, 20 Abs. 3 GG** leitet sich ein **Justizgewährungsanspruch** des Bürgers gegen den Staat ab.

Die Zuerkennung und die Abwehr von Ansprüchen erfolgt im sog. **„Erkenntnisverfahren"**; dieses wird von den Gerichten als Träger der **rechtsprechenden Gewalt** des Staates (**„Judikative"**, Art. 92 GG) durchgeführt. Es ist primär die Aufgabe der **vollziehenden Gewalt** des Staates **(„Exekutive")**, den im Erkenntnisverfahren zuerkannten Anspruch im **„Vollstreckungsverfahren"** ggf. mit Zwang durchzusetzen. Ergeben sich in diesem zweiten Stadium Streitigkeiten, so werden sie wiederum von den Gerichten entschieden. Sie fungieren hier einerseits als Kontrollinstanz für das Handeln der Exekutiven und überwachen die Art und Weise der Vollstreckung. Andererseits können sie auch hier wieder als Streitbeileger zwischen Privaten fungieren, denn auch im Vollstreckungsstadium kann es zu Streitigkeiten zwischen den Beteiligten über den Streitgegenstand kommen (vgl. etwa §§ 767, 771 ZPO).

Weshalb und wie intensiv müssen Sie sich in Ihrer juristischen Ausbildung mit dem Zivilverfahrensrecht auseinandersetzen? In universitären juristischen Prüfungen ist das Prozessrecht nur selten ein Schwerpunkt – abgesehen von Semesterabschlussklausuren bei ZPO-Vorlesungen oder bei Schwerpunktbereichsklausuren des Bereichs Rechtspflege in Zivilsachen. Jedoch werden die materiellrechtlichen Probleme immer häufiger in bestimmte prozessuale Konstellationen „eingekleidet". So kann etwa im Rahmen einer Drittwiderspruchsklage gemäß § 771 ZPO der Schwerpunkt der Prüfung darauf liegen, ob dem Kläger tatsächlich ein „die Veräußerung hinderndes Recht", etwa das Eigentum, zusteht. Außerdem enthalten juristische Prüfungen gelegentlich sogenannte „prozessuale Zusatzfragen". Es handelt sich um eng umrissene prozessrechtliche Fallfragen, die meist an das vorangegangene materiellrechtliche Gutachten anknüpfen: z. B. wird um gutachterliche Stellungnahme zur Zulässigkeit der Klage eines Beteiligten im Fall gebeten. Hier können Sie in der Prüfung „dankbare" Punkte sammeln: Der Korrektor liest die Bearbeitung der prozessualen Zusatzfrage meist am Ende. Sie können deshalb mit einer guten Leistung an dieser Stelle auch einen guten letzten Eindruck hinterlassen, der nicht zu unterschätzen ist. Hinzu kommt, dass derartige Fragen meist mit geringem Aufwand, namentlich mit wenigen Grundkenntnissen und etwas Gesetzeslektüre zu bewältigen sind. Im Einzelfall sollten Sie in der schriftlichen Prüfung deshalb sogar erwägen, die prozessuale Zusatzfrage zuerst zu bearbeiten. In der universitären Ausbildung müssen Sie deshalb „Berührungsängste“ mit dem Prozessrecht ablegen und sich einen soliden Überblick vom Zivilverfahren und den typischen Klausurproblemen verschaffen. Im Referendariat bilden das Prozessrecht und hiermit zusammenhängende praktische Probleme typischerweise einen Schwerpunkt der Prüfungen – wenn auch nicht den einzigen. Für Referendare kann die folgende Übersicht nur als grobe Einführung dienen und die Lektüre umfangreicherer Lehrmaterialien keinesfalls ersetzen.

## 1. Das Erkenntnisverfahren

Der Übersichtlichkeit halber konzentrieren wir uns im Rahmen dieses Buches auf das „Verfahren im ersten Rechtszug“ (erste Instanz). Das Rechtsmittelverfahren (zweite und dritte Instanz bzw. Berufung und Revision) wird nur sehr knapp dargestellt. Von den „besonderen Verfahren“ werden hier nur der Arrest und die einstweilige Verfügung dargestellt. Diese Verfahren des einstweiligen Rechtsschutzes sind eigentlich besondere Formen des Erkenntnisverfahrens. Gleichwohl behandeln wir sie aus didaktischen Gründen erst nach der Darstellung des Vollstreckungsverfahrens.

Also **konzentrieren wir uns** jetzt voll auf das **„Verfahren im ersten Rechtszug“**: Derjenige, der einem anderen gegenüber einen zivilrechtlichen Anspruch geltend macht, muss sich spätestens bei der Weigerung des Inanspruchgenommenen zur Leistung darüber Gedanken machen, ob und wie er seinen Anspruch zwangsweise durchsetzen kann. Aus bestimmten taktischen, Ihnen bald einleuchtenden Gründen, wird er den **Anspruchsgegner** zunächst **außergerichtlich** zur **Leistung aufgefordert** haben, bevor er gerichtliche Hilfe in Anspruch nimmt.

### a) Mahnverfahren

Wenn sich der Anspruchsteller dazu entschließt, gerichtliche Hilfe in Anspruch zu nehmen, sollte er zunächst das **Mahnverfahren** ins Auge fassen (§§ 688ff. ZPO). Es handelt sich um eine oftmals schnelle und kostensparende Alternative zum gewöhnlichen Zivilprozess. Dabei wird auf Antrag des Gläubigers ein Mahnbescheid erlassen, ohne dass geprüft wird, ob ihm der Zahlungsanspruch tatsächlich zusteht. Wehrt sich der Schuldner nicht, kann nach dem Mahnbescheid ein Vollstreckungsbescheid ergehen, auf dessen Grundlage, wie aus einem Urteil heraus vollstreckt werden kann.

Bevor wir uns den Einzelheiten zuwenden, sollten sie sich die **rechtlichen und tatsächlichen Grenzen** des Mahnverfahrens vergegenwärtigen. **Rechtlich** ist ein Mahnverfahren nur zulässig (§ 688 ZPO), wenn es sich um einen Anspruch auf Zahlung einer bestimmten Geldsumme handelt, bei dem die Geltendmachung nicht von einer noch nicht erbrachten Gegenleistung abhängig sein darf (also nicht z. B. um Ansprüche auf Herausgabe, Übereignung, Grundbuchberichtigung etc. oder Zug-um-Zug-Ansprüche). Bei Rückzahlungsansprüchen aus einem Verbraucherkreditvertrag gelten die Einschränkungen des § 688 Abs. 2 Nr. 1 ZPO. Weiterhin ist ein Mahnverfahren ausgeschlossen, wenn die Zustellung des Mahnbescheids durch öffentliche.

Bekanntmachung erfolgen müsste. In **tatsächlicher Hinsicht** ist zu beachten, dass ein Mahnverfahren in der Regel nur zweckmäßig ist, wenn der Anspruchsteller davon ausgeht, dass der Anspruchsgegner gegen den Anspruch keine tatsächlichen oder rechtlichen Einwände erheben wird, sondern nur deshalb nicht zahlt, weil er nicht zahlen will oder z.Zt. nicht zahlen kann. Andernfalls kann man sich das Mahnverfahren sparen, denn wehrt sich der Inanspruchgenommene, kommt es ohnehin zu einem normalen Klageverfahren. Abschließend zum Anwendungsbereich des Mahnverfahrens sei auch darauf hingewiesen, dass bei grenzüberschreitenden Streitigkeiten in der EU die Einleitung eines **Europäischen Mahnverfahrens** nach der Verordnung (EG) Nr. 1896/2006 des Europäischen Parlaments und des Rates vom 12. Dezember 2006 in Betracht kommt. Hierfür gelten gemäß dem Hinweis des § 688 Abs. 4 ZPO die §§ 1087–1096 ZPO.

Das Verfahren beginnt mit dem **Antrag** auf Erlass eines Mahnbescheides beim Amtsgericht des eigenen Wohnsitzes auf einem amtlichen Vordruck bzw. im Internet über http://www.mahngerichte.de/. Nach rein formeller Prüfung des Antrags wird dem Antragsgegner ein **Mahnbescheid zugestellt**. Wird innerhalb von 2 Wochen kein **Widerspruch** eingelegt, wird der Mahnbescheid für vollstreckbar erklärt und heißt dann **Vollstreckungsbescheid**. Dieser steht einem für vorläufig vollstreckbar erklärten Versäumnisurteil gleich (§ 700 Abs. 1 ZPO) und ist ein Vollstreckungstitel (§§ 704, 796 ZPO). Wird gegen den **Mahnbescheid Widerspruch** eingelegt, was noch bis zur Verfügung des Vollstreckungsbescheides möglich ist (§ 694 ZPO), und beantragt eine Partei die Durchführung des streitigen Verfahrens, so wird die Sache an das zuständige Gericht abgegeben (§ 696 ZPO). Dieses führt dann das Streitverfahren durch (§ 697 ZPO). Gegen den **Vollstreckungsbescheid**, der ja einem für vorläufig vollstreckbar erklärten Versäumnisurteil gleich steht, kann ein **Einspruch** eingelegt werden, der ebenfalls dazu führt, dass der Rechtsstreit an das zuständige Gericht abgegeben wird (§§ 338ff. ZPO i. V. m. § 700 ZPO). Ein verspäteter Widerspruch gegen den Mahnbescheid gilt als Einspruch gegen den Vollstreckungsbescheid (§ 694 Abs. 2 ZPO). Sie erkennen, dass das Mahnverfahren einem Anspruchsteller außerordentlich schnell einen Vollstreckungstitel verschaffen kann. Jedoch werden dem Anspruchsgegner gleich mehrere Chancen gegeben, dies zu verhindern: er kann gegen den Mahnbescheid Widerspruch oder gegen den späteren Vollstreckungsbescheid Einspruch einlegen. In beiden Fällen geht das Verfahren (auf Antrag) in ein normales Klageverfahren über.

### b) Zulässigkeit der Klage

Ein Mahnverfahren kann, wie geschildert, unter rechtlichen Gesichtspunkten oder Zweckmäßigkeitserwägungen nicht in Betracht kommen: z. B. weil der Anspruch nicht den Voraussetzungen des § 688 ZPO genügt oder weil der Anspruchsgegner bereits vorprozessual den Anspruch in tatsächlicher oder rechtlicher Hinsicht bestritten hat. Dann wird der Anspruchsteller gegen den Anspruchsgegner Klage erheben müssen (§ 253 ZPO). Wir konzentrieren uns hier – wie angekündigt – auf das erstinstanzliche Verfahren.

Das Gericht prüft zunächst die Zulässigkeit der Klage. Es weist die Klage ohne in der Sache zu entscheiden als unzulässig zurück, wenn folgende **„Zulässigkeitsvoraussetzungen“** fehlen:

- Die **deutsche Gerichtsbarkeit** ist die völkerrechtliche Befugnis, Rechtsprechungsgewalt über bestimmte Personen auszuüben; sie wird durch völkerrechtliche Verträge und Völkergewohnheitsrecht begrenzt; der deutschen Gerichtsgewalt nicht unterworfen sind die Exterritorialen, §§ 18–20 GVG. Der deutsche Richter fragt also: „darf ich überhaupt hoheitlich tätig werden?". Dies sollten Sie in der Klausur aber nur bei konkretem Anlass prüfen, etwa wenn ausländische Diplomaten an einem Rechtsstreit beteiligt sind oder es um den Verkauf eines Botschafts- oder Konsulatsgebäudes geht.
- Die **Rechtswegzuständigkeit** betrifft die zuständige Kategorie von Gerichten gemäß der verfassungsrechtlichen Ordnung, wie sie insbesondere durch das GVG ausgestaltet ist. Der **ordentliche Gerichtsweg** ist gemäß § 13 GVG für die hier interessierenden bürgerlichen Streitigkeiten grundsätzlich gegeben, während beispielsweise verwaltungsrechtliche Klagen gemäß § 40 VwGO bei dem Verwaltungsgericht erhoben werden müssen. Dieser Prüfungspunkt sollte nur bei Abgrenzungsproblemen zu anderen Rechtswegen erörtert werden – etwa im Falle eines Amtshaftungsprozesses, vgl. Art. 34 S. 3 GG.
- Die **Internationale Zuständigkeit** betrifft die Frage, die Gerichte welchen konkreten Staates über den Rechtsstreit zu entscheiden haben. Die wichtigsten internationalen Zuständigkeitsregeln finden sich für Zivil- und Handelssachen in der **Brüssel Ia** Verordnung/EuGVVO (Verordnung EG Nr. 1215/2012) und für bestimmte familienrechtliche Angelegenheiten im Ehe- und Kindschaftsrecht in der **Brüssel IIa** Verordnung/EuEheVO (Verordnung EG Nr. 2201/2003). Im Gegensatz zur Prüfung der Gerichtsbarkeit fragt der deutsche Richter hier: „muss dieser Rechtsstreit mit Auslandsberührung gerade von deutschen Gerichten entschieden werden?". Die internationale Zuständigkeit ist in Prüfungen natürlich nur bei einem konkreten Auslandsbezug anzusprechen.
- Die **sachliche Zuständigkeit** folgt aus §§ 23 ff., 71 ff. GVG. Sie ist teils streitwertabhängig (bis € 5000,– Amtsgericht, darüber Landgericht) und teils streitwertunabhängig (z. B.: Mietsachen immer beim AG; Fiskussachen immer beim LG).
- Die **örtliche Zuständigkeit** beurteilt sich nach §§ 12 ff. ZPO und punktuellen Sonderregelungen, insb. § 20 StVG.
- Die **funktionelle Zuständigkeit** gibt an, welches Organ bzw. welcher Spruchkörper innerhalb eines Gerichts zuständig ist (z. B. Kammer für Handelssachen nach §§ 94f. GVG; Rechtspflegerzuständigkeit nach dem RPflG)
- **Kläger/Beklagter** müssen **aktiv/passiv parteifähig** (**§ 50 ZPO**: Fähigkeit vor Gericht Partei eines Rechtsstreits zu sein) und **aktiv/passiv prozessfähig** sein (**§§ 51 ff. ZPO**: Fähigkeit der Partei oder eines Bevollmächtigten wirksam Prozesshandlungen vorzunehmen). In Verfahren vor dem LG, OLG und BGH gilt gemäß **§ 78 ZPO** Anwaltszwang: nur der Rechtsanwalt ist in diesen Fällen **„postulationsfähig"**.
- Den **formalen Mindestinhalt** der **Klage** bestimmt **§ 253 ZPO:** Partei + Gericht + Streitgegenstand. Der **Streitgegenstand** wird nach heute ganz herrschender Auffassung **„zweigliedrig"** bestimmt: **„Antrag + Sachverhalt = Streitgegenstand."** Der Kläger muss dabei einen so genau formulierten Antrag stellen,

dass aus einem entsprechend dem Antrag formulierten Urteilstenor (§ 308 ZPO), die Zwangsvollstreckung möglich ist. Außerdem muss er den Sachverhalt vortragen, aus dem sich seiner Meinung nach der Antrag rechtfertigt. Sind auch Rechtsnormen nötig, zumindest die Nennung der Anspruchsgrundlage? Nein: „Iura novit curia“ (= Das Gericht kennt das Recht). Aber verboten sind Rechtsausführungen nicht und im Anwaltsprozess üblich, vor allem wenn vorprozessual i.w. über Rechtsfragen gestritten wurde.

- Der Kläger muss ein **Rechtsschutzbedürfnis** haben. Problematisch – und immer anzusprechen – ist dies bei der Feststellungsklage nach § 256 ZPO, für die ein „rechtliches Interesse“ verlangt wird. Im Übrigen fehlt es am Rechtsschutzbedürfnis, wenn es für die Durchsetzung des geltend gemachten Anspruchs einen **„einfacheren und gleich wirksamen Weg“** gibt.
- Im Einzelfall kann die **Klagebefugnis** oder **Prozessführungsbefugnis** des Klägers zweifelhaft sein, z. B. wenn der dazu vom Rechtsinhaber ermächtigte Kläger im Wege der „gewillkürten Prozessstandschaft“ ein „fremdes Recht in eigenem Namen“ prozessual geltend macht. Dies setzt dreierlei voraus: eine wirksame Bevollmächtigung durch den Rechtsinhaber, ein schutzwürdiges Interesse des Klägers und keine Benachteiligung des Beklagten. Den wichtigsten Fall der gesetzlichen Prozessstandschaft finden Sie in § 265 ZPO; denken Sie aber auch an das BGB und lesen Sie z.B. § 335 BGB.
- Weiterhin darf der Klage keine **anderweitige Rechtshängigkeit** oder **ein rechtskräftiges Urteil** entgegenstehen („ne bis in idem“ = nicht zweimal in derselben Sache). Maßgeblich dafür ist, ob eine Identität des jeweiligen Streitgegenstandes besteht, ob also Antrag und Sachverhalt kongruent sind.
- Unzulässig kann eine Klage auch sein, wenn ein nach **§ 15a EGZPO** i. V. m. landesrechtlichen Vorschriften vorgeschriebener **Einigungsversuch** vor einer Gütestelle nicht stattgefunden hat.

#### c) Anhängigkeit und Rechtshängigkeit

Der Rechtsstreit ist mit Einreichung der Klage **„anhängig“**. Die **Rechtshängigkeit** tritt erst bei Zustellung der Klageschrift ein (§§ 261 Abs.1, 253 Abs. 1 ZPO). Die Zustellung erfolgt gemäß den §§ 166 ff. ZPO normalerweise unter Einschaltung der Post. Sie soll vom Gericht erst nach Zahlung eines Gerichtskostenvorschusses von Amts wegen veranlasst werden (lesen Sie die § 114 ff. ZPO, § 12 Abs. 1 GKG). Die Rechtshängigkeit hat prozessuale aber auch wichtige materiellrechtliche Folgen: §§ 262 ZPO, 204 Abs. 1 Nr. 1, 818 Abs. 4, 989 BGB.

#### d) Güteverhandlung, Früher erster Termin und schriftliches Vorverfahren

Der Vorsitzende des Gerichts bestimmt i. d. R. zugleich mit der Zustellung die weitere **Verfahrensweise** (§ 272 Abs. 2 ZPO). Der Rechtsstreit soll nach dem gesetzlichen Leitbild in einem „umfassend vorbereiteten … (Haupttermin)“ erledigt werden (§ 272 Abs. 1 ZPO). Dazu wird vom Vorsitzenden entweder ein „früher erster Termin“ (§§ 272 Abs. 2, 275 ZPO) oder ein „schriftliches Vorverfahren“ veranlasst (§§ 272 Abs. 2, 276 ZPO). Wie auch immer: Der Beklagte erhält rechtliches Gehör (§§ 275 Abs. 1 S. 1, 276 Abs. 1 S. 2 ZPO: „Frist zur Klageerwiderung“), und es soll immer eine mündliche Verhandlung stattfinden: entweder ein „früher erster Termin" oder ein „Haupttermin". Zum Zwecke der **gütlichen Beilegung** des **Rechtsstreits** geht der mündlichen Verhandlung eine Güteverhandlung voraus, zu der die Parteien persönlich gehört werden sollen (§ 278 Abs. 2 bis 5 ZPO). Dies geschieht meist im selben Termin, unmittelbar vor Beginn der streitigen mündlichen Verhandlung. Keine Güteverhandlung ist erforderlich wenn bereits ein Einigungsversuch vor einer Gütestelle stattgefunden hat oder eine Güteverhandlung erkennbar aussichtslos erscheint.

### e) Sachverhaltsermittlung durch das Gericht

Scheitert die Güteverhandlung und kommt es weder hier noch später in der mündlichen Verhandlung zu einer gütlichen Beilegung des Rechtsstreits durch einen Prozessvergleich(§ 278 Abs. 1 ZPO), so muss der Rechtsstreit entschieden werden. Welchen Sachverhalt hat das Gericht dabei zugrunde zu legen, wenn die Parteien über ihn uneinig sind? Während Ihnen als Studierende in universitären Prüfungen und im 1. Staatsexamen regelmäßig ein feststehender Sachverhalt präsentiert wird, muss das Gericht (und der Referendar) diesen erst noch mühsam aus dem Parteivorbringen herausarbeiten. In tatsächlicher Hinsicht ist **Grundlage** für die **Entscheidung** zunächst der von den Parteien übereinstimmend vorgetragene **„unstreitige" Sachverhalt**. Unstreitig sind auch Tatsachen, die von einer Partei vorgetragen und von der anderen Seite nicht ausdrücklich oder konkludent bestritten werden (§ 138 Abs. 2, 3 ZPO). Auch im Fall des unzulässigen Bestreitens gilt die betreffende Tatsache als unstreitig (vgl. sie z. B. § 138 Abs. 4 ZPO). Im Falle des zulässigen und rechtlich erheblichen Bestreitens der Tatsachen eines Parteivortrags durch den jeweiligen Gegner muss das Gericht in die Beweisaufnahme eintreten und sodann den **„erwiesenen" Sachverhalt** zugrunde legen (Näheres hierzu in den nächsten beiden Abschnitten).

Gelingt es dem Beweislastpflichtigen nicht, seine durch den Gegner in rechtserheblicher Weise bestrittenen Behauptungen zu beweisen, spielen diese Behauptungen des Beweislastpflichtigen für die Entscheidung des Gerichts keine Rolle: diese Tatsachen sind nicht erwiesen. Das ist ein ganz wichtiger Punkt! Das Gericht ermittelt nicht etwa den Sachverhalt „von Amts wegen", wie z. B. im Strafverfahren, Verwaltungsprozessverfahren oder im FGG-Verfahren, also in Verfahren, in denen jeweils der „Untersuchungsgrundsatz" bzw. die „Inquisitionsmaxime" gilt). Sondern es gilt im Zivilprozess der **„Beibringungsgrundsatz"**: Die Parteien tragen jeder für sich den Sachverhalt aus ihrer Sicht vor und müssen sich dabei jeweils auch zum Tatsachenvortrag der Gegenseite nach § 138 Abs. 2 ZPO erklären. Wie wir gerade gesehen haben, muss dies zum einen „substantiiert" erfolgen: ein „bloßes Bestreiten" reicht also nicht; nur nach § 138 Abs. 4 ZPO ist ein bloßes „Bestreiten mit Nichtwissen" zulässig, nämlich bei tatsächlichen Behauptungen der anderen Partei, die weder eigene Handlungen noch Gegenstand von eigenen Wahrnehmungen der jeweiligen Gegenpartei sind. Zum anderen müssen sich die Parteien wahrheitsgemäß erklären (§ 138 Abs. 1 ZPO). Eine nicht auf diese Weise (substantiiert bzw. zulässigerweise „mit Nichtwissen") bestrittene Tatsache gilt nach § 138

Abs. 3 ZPO als zugestanden: Das bedeutet, dass die Behauptung der Gegenseite so behandelt wird, als ob sie unbestritten und damit unstreitig ist.

Sie merken schon: **§ 138 ZPO** ist eine der wichtigsten Normen des Zivilprozessrechtes überhaupt! Wer mitgedacht hat, der weiß jetzt auch, dass der bloße Vortrag von Rechtsmeinungen, die denen der anderen Partei widersprechen, kein (bestreitender) Tatsachenvortrag ist; hierbei handelt es sich nur um eine Art „Plädoyer", welches das Gericht in den ersten Instanzen (Amtsgericht und Landgericht) oft nur mäßig interessiert. Denn es gilt – es sei wiederholt – die alte Rechtsweisheit: „iura novit curia" (=„das Gericht kennt das Recht", und nicht etwa die Parteien oder ihre Anwälte, wie man ironisch – und oft völlig überzogen urteilend – fortsetzen könnte). In der Berufungsinstanz und besonders in der Revisionsinstanz vor dem BGH sind die Rechtsansichten der Rechtsanwälte natürlich schon bedeutsamer; schließlich sind die beim BGH auftretenden Rechtsanwälte besonders qualifiziert und nur beim BGH zugelassen.

#### f) Relationstechnik

Die soeben dargestellten Grundregeln der gerichtlichen Sachverhaltsermittlung sowie die rechtliche Würdigung unter Berücksichtigung der Darlegungs- und Beweislast bewältigt das Gericht mit Hilfe der sog. **Relationstechnik** (von lat.: „referre" = berichten), die so „klassisch" eigentlich nur von Referendaren und von Berichterstattern bei den Obergerichten verwendet wird:

Im ersten Schritt **(„Prozessstation")** prüft das Gericht die Zulässigkeit der Klage; insbesondere auch die Zuständigkeit (Der Richter fragt zunächst: „Wieso ich?"). Ist die Klage unzulässig, wird sie durch Prozessurteil ohne Sachentscheidung abgewiesen. Ein solches Prozessurteil hat nur eingeschränkte Rechtskraft, denn über den „Streitgegenstand" (=Antrag+Sachverhalt) ist überhaupt nicht entschieden worden. Der Kläger kann daher, nach evtl. Beseitigung des die fehlende Zulässigkeit begründenden Umstandes erneut klagen, ohne dass dieser Klage der Einwand der Rechtskraft entgegengehalten werden könnte. Deswegen gibt es auch selten eine „forsche" Klagabweisung durch Prozessurteil. Vielmehr muss das Gericht nach § 139 ZPO Zweifelsfragen frühzeitig angehen und ggf. den Kläger durch einen rechtlichen Hinweis auf die Unzulässigkeit der Klage hinweisen.

Im zweiten Schritt **(„Klägerstation")** prüft das Gericht die Schlüssigkeit der Klage. Dabei unterstellt es die vom Kläger vorgetragenen Tatsachen als wahr und prüft, ob diese den Tatbestand einer Anspruchsgrundlage ausfüllen, deren Rechtsfolge das vom Kläger mit seinem Antrag verfolgte Begehren deckt. Ist die Klage unschlüssig, wird sie als unbegründet abgewiesen. Aber auch dies in der Praxis erst nach einem rechtlichen Hinweis gem. § 139 ZPO.

Ist die Klage schlüssig, so erfolgt im dritten Schritt **(„Beklagtenstation")** die sog. Erheblichkeitsprüfung: hierbei prüft das Gericht, ob der Beklagte zulässigerweise Tatsachen bestreitet oder in schlüssiger Weise Einwendungen oder Einreden vorbringt, die die Schlüssigkeit der Klage in Frage stellen. Ist das Vorbringen des Beklagten zur Verteidigung gegen die Klage nicht erheblich oder nicht in schlüssiger Weise vorgetragen, so wird das Gericht i. d. R. auch insoweit einen rechtlichen Hinweis nach § 139 ZPO erteilen und nicht etwa der Klage überraschend stattgeben. Kläger- und Beklagtenstation können sich durch den Austausch von Argumenten und ergänzendem Vorbringen wiederholen (der Kläger reagiert auf das Beklagtenvorbringen ggf. mit der „Duplik", der Beklagte mit einer „Replik" usw.).

Sie werden bemerkt haben, dass § 139 ZPO eine die Schärfen der Relationstechnik abmildernde Funktion hat. Aber nur der relationstechnisch gut vorbereitete Richter (bzw. der für ihn tätig werdende Referendar) ermöglicht einen Sinnvollen Umgang mit § 139 ZPO.

Ist nach den wechselseitigen Einlassungen das Klägervorbringen weiterhin schlüssig und das Bestreiten bzw. der Tatsachenvortrag des Beklagten noch erheblich, so tritt das Gericht im dritten Schritt in die Beweisaufnahme ein **(„Beweisstation")**. Aufgrund der unterschiedlichen Tatsachenvorträge der Parteien muss das Gericht sich eine eigene Überzeugung über den Sachverhalt machen (hierzu sogleich im nächsten Abschnitt). Wer als Richter nicht sauber relationstechnisch vorbereitet ist, „schwimmt" spätestens hier!

Wird die **Klage als unbegründet abgewiesen** – weil sie schon unschlüssig war oder weil der erhebliche Beklagtenvortrag bewiesen wurde – und erwächst dieses Urteil in Rechtskraft, so kann der Kläger nicht noch ein weiteres Mal klagen. Dem steht der Einwand der Rechtskraft entgegen. Sie erinnern sich, dass dieser die erneute Klage unzulässig macht.

### g) Beweisaufnahme

Stehen sich ein schlüssiges Klägervorbringen und ein erhebliches Beklagtenvorbringen gegenüber, muss der Sachverhalt durch eine Beweisaufnahme aufgeklärt werden.

Grundsätzlich trägt immer die Partei die Beweislast für die tatsächlichen Voraussetzungen einer Norm, wenn diese ihr günstig ist. Ausnahmen ergeben sich insbesondere aufgrund spezieller Beweislastregelungen im Gesetz – z. B. in dem für Sie in Teil 4 wichtig werdenden § 280 Abs. 1 S. 2 BGB oder in § 932 Abs. 1 BGB: „…, es sei denn …".

Die hiernach beweispflichtige Partei muss den Beweis durch Benennung zulässiger **Beweismittel** antreten (§§ 371 ff. ZPO: **SAPUZ**=**S**achverständigengutachten, **A**ugenschein, **P**arteivernehmung, **U**rkundenbeweis, **Z**eugenbeweis). Das Gericht erlässt dann einen **Beweisbeschluss** (§§ 358 ff. ZPO), mit dem die Beweisaufnahme angeordnet wird. Dieser enthält den Beweisführer, das Beweisthema und das (von der beweispflichtigen Partei benannte und ggf. auch das von der anderen Partei „gegenbeweislich" benannte) Beweismittel und ordnet die Beweisaufnahme an.

Die Kosten für die Beweisaufnahme muss die Partei, die den Beweis angetreten hat, vorschießen. Das kann bei einem in Auftrag zu gebenden Sachverständigengutachten oder bei einer Vernehmung eines auswärtigen oder gar ausländischen Zeugen mit Reise- und Übernachtungskosten sehr teuer werden. Wer hier eine „soziale Härte" befürchtet, sollte erneut die §§ 114 ff. ZPO lesen bzw. sich überlegen, eine Rechtsschutzversicherung abzuschließen.

Durch die **Beweisaufnahme** muss der Beweispflichtige das Gericht zwar von der Richtigkeit seiner Behauptung überzeugen. Das Gericht ist – im Gegensatz zum Verfahren der Beweiserhebung – bei seiner Überzeugungsbildung nicht an formale

Beweisregeln gebunden (etwa nach dem Motto: 3 Zeugen sind mehr wert als 1 Zeuge). Es würdigt die Beweise vielmehr „frei" **(§ 286 ZPO)**. Das heißt aber nicht etwa: „willkürlich"; die **Beweiswürdigung** muss vielmehr in den Entscheidungsgründen rational und sachlich begründet sein. Es ist auch nicht so, als wäre das Gericht, was den Sachverhalt angeht, auf die Beweisantritte der Parteien angewiesen. Das könnte zu unbefriedigenden Ergebnissen führen. Vielmehr kann das Gericht in gewissem Rahmen von Amts wegen bei der Sachverhaltsaufklärung mitwirken, indem es etwa das persönliche Erscheinen einer Partei, die Urkundenvorlegung, die Aktenübermittlung, die Inaugenscheinnahme oder die Begutachtung durch Sachverständige anordnet (§§ 141–145 ZPO).

Die Beweisaufnahme soll nach dem **gesetzlichen Leitbild** möglichst in einem **„Haupttermin"** stattfinden, an dessen Schluss sogleich die Entscheidung verkündet wird. Dieses Ideal wird selten verwirklicht, meist finden mehrere Termine statt. Bei mehreren Terminen werden alle diese Termine als ein einziger Termin behandelt („Einheitlichkeit der mündlichen Verhandlung"). Grundsätzlich gilt das **Mündlichkeitsprinzip** (§ 128 Abs. 1 ZPO).

Ist die Beweisaufnahme abgeschlossen, wird das Gericht seine Entscheidung aufgrund des bewiesenen Sachverhalts treffen oder seine Entscheidung damit begründen, dass der beweispflichtige Kläger/Beklagte seine Behauptung nicht beweisen konnte.

#### h) Dispositionsmaxime

Da es im Zivilprozess um die Durchsetzung privater Rechte mit staatlicher Hilfe geht, können auch die Parteien über die Eckpunkte des Verfahrens weitgehend bestimmen **(„Dispositionsmaxime")**:

Das beginnt damit, dass der Kläger das Verfahren nach seinem Belieben einleitet; er kann auch die erhobene Klage ändern (§§ 263 f. ZPO), sie zurücknehmen (§ 269 ZPO) oder einen Verzicht erklären (§ 306 ZPO). Das Gericht darf sich bei seiner Entscheidung nur im Rahmen eines Antrags bewegen, also zwar weniger, aber niemals mehr oder gar etwas anderes, als vom Kläger beantragt war, zuerkennen (§ 308 Abs. 1 ZPO).

Umgekehrt kann auch der Beklagte den „Anspruch" (gemeint ist der Anspruch im prozessualen Sinn = Streitgegenstand) anerkennen, und das Gericht muss dann auf Antrag des Klägers gegen den Beklagten ein Anerkenntnisurteil aussprechen, auch wenn es erkennt, dass die Klage unbegründet war (§ 307 ZPO). Wenn Sie das verstanden haben, wissen Sie bereits als Student mehr als so mancher Referendar!

#### i) Säumnis der Partei in der mündlichen Verhandlung

Das Gericht kann unter bestimmten Voraussetzungen ein **„Versäumnisurteil"** erlassen. Wir erörtern hier nur den Fall der Säumnis einer Partei in der mündlichen Verhandlung (lesen Sie aber § 331 Abs. 3 ZPO zur unterlassenen Verteidigungsanzeige im schriftlichen Vorverfahren). **Säumnis** bedeutet unentschuldigtes Nichterscheinen (§ 330f. ZPO), Nichtverhandeln (§ 333f. ZPO) oder (wichtig!) Erscheinen ohne einen Rechtsanwalt bei Anwaltszwang, § 78 ZPO. Erscheint dieser nicht, weil „im Stau steht", so gibt es zuweilen praktische Lösungen: Der Vorsitzende

„sistiert“ einen im Gerichtssaal anwesenden Rechtsanwalt, der dann – vor allem wenn jedenfalls der pünktliche Referendar mit der Akte anwesend ist – „kollegialerweise“ die „Anträge stellt“.

Wenn der **säumige Beklagte** zur mündlichen Verhandlung über eine **schlüssige Klage** trotz ordnungsgemäßer Ladung unentschuldigt nicht erschienen ist, wird er auf Antrag des Klägers durch ein Versäumnisurteil antragsgemäß verurteilt (§ 331 Abs. 1 ZPO). Die Zeiten sind vorbei, in denen es im Anwaltsprozess bei der ersten Säumnis als „unkollegial“ galt, einen Antrag auf Erlass eines Versäumnisurteils zu stellen. Ein Versäumnisurteil wird selbst dann erlassen, wenn der nicht erschienene Beklagte mit einem noch vor dem Termin bei dem Gericht eingegangenen Schriftsatz den Klägervortrag rechtserheblich bestritten hatte; das Gericht darf diese Ausführungen dann nicht zur Kenntnis nehmen, wenn nicht mündlich verhandelt wird, denn ein Schriftsatz ist nicht mehr als die Ankündigung eines entsprechenden mündlichen Vortrags in der Verhandlung, ersetzt diesen Vortrag aber nicht (Mündlichkeitsprinzip, § 128 Abs. 1 ZPO). Der Beklagte muss, wenn er sich gegen das Versäumnisurteil wehren will, – das kennen Sie vom Vollstreckungsbescheid im Mahnverfahren –Einspruch einlegen (§§ 338 ff. ZPO). Ist der Einspruch zulässig, so wird der Prozess gemäß § 342 ZPO „…,soweit der Einspruch reicht, in die Lage zurückversetzt, in der er sich vor Eintritt der Säumnis befand“. Die sog. „Säumniskosten“ trägt der Beklagte aber in jedem Fall, wie immer das Verfahren nach der Einlegung des Einspruchs auch ausgehen mag (§ 344 ZPO). War die **Klage** jedoch **unschlüssig** und erscheint der Beklagte nicht, so wird die Klage auch bei einem Antrag auf Erlass eines Versäumnisurteils wegen ihrer Unschlüssigkeit als unbegründet abgewiesen. Das ist aber kein Versäumnisurteil (sondern ein sog. „unechtes Versäumnisurteil“), denn es ist ja nicht aufgrund der Säumnis ergangen. Deshalb kann der Kläger mit der hiergegen keinen Einspruch einlegen.

Ist der **Kläger säumig** so wird die Klage – gleich ob schlüssig oder unschlüssig – abgewiesen (§ 330 ZPO).

Hat eine Partei einen zulässigen Einspruch eingelegt, so ergeht bei einer erneuten Säumnis ein sog. **„zweites Versäumnisurteil“**, gegen das man keinen Einspruch mehr einlegen kann (§ 345 ZPO). Irgendwann muss eben Schluss sein.

### j) Erledigung des Rechtsstreits

Wenn der Beklagte den mit der Klage geltend gemachten Anspruch bereits erfüllt hat, ist die **Hauptsache erledigt**. Gestritten wird dann nur noch über die Kosten des Rechtsstreits.

Wenn die **Erledigungserklärung übereinstimmend („beiderseitig“)** erfolgt, wird durch das Gericht über die Kosten des Rechtsstreits nach billigem Ermessen unter Berücksichtigung des bisherigen Sach- und Streitstandes durch **Beschluss** entscheiden **(§ 91a ZPO)**. Maßgebend ist dabei, welche Partei bei Fortgang des Prozesses unterlegen wäre. Das Gericht klärt aber bei einer solchen übereinstimmenden Erledigungserklärung auch einen an sich aufklärungsbedürftigen Sachverhalt niemals auf. Es erhebt also keinen Beweis, und stellt auch nicht fest, wann es zu dem erledigenden Ereignis gekommen ist (vor oder nach Rechtshängigkeit). Es entscheidet vielmehr ausschließlich nach der Aktenlage und lässt die Kosten diejenige Partei tragen, die den Rechtsstreit voraussichtlich verloren hätte; insbesondere wenn der Sachverhalt nicht endgültig geklärt ist, kommt es dabei häufig nicht zu einer „Alles- oder Nichts"-Entscheidung, sondern zu einer Quotelung aufgrund einer differenzierenden Prognose des Ausgangs des Rechtsstreits. Dabei kann nach richtiger Auffassung auch die Beweislast einer Partei zu dessen Lasten berücksichtigt werden. Häufig werden auch die „Kosten gegeneinander aufgehoben": Die Gerichtskosten werden geteilt, und jeder trägt seine eigenen Kosten.

Eine **einseitige Erledigungserklärung** liegt vor, wenn nur der Kläger die Hauptsache für erledigt erklärt und beantragt, dem Beklagten die Kosten des Rechtsstreits aufzuerlegen, der Beklagte aber bestreitet, dass das erledigende Ereignis eingetreten sei (z. B. erklärt: er habe gar nicht auf den mit der Klage geltend gemachten Anspruch gezahlt, sondern auf eine ganz andere Schuld; oder er habe schon vor Rechtshängigkeit, also vor Zustellung der Klage, gezahlt). Die einseitige Erledigungserklärung ist als eine Klageänderung auszulegen. Der Antrag richtet sich nunmehr darauf, die Erledigung der Hauptsache festzustellen. Dies ist eine zulässige weil sachdienliche Klageänderung § 263 ZPO, wobei das nach § 256 Abs. 1 ZPO erforderlich Feststellungsinteresse aus der Frage der Kostentragung folgt. Die so umgestellte Klage ist begründet, wenn die Klage im Zeitpunkt des erledigenden Ereignisses zulässig und begründet war und durch ein nach Rechtshängigkeit eingetretenes Ereignis unzulässig oder unbegründet geworden ist. Anders als bei der beiderseitigen Erledigungserklärung muss hier ggf. sogar Beweis über die Erledigung erhoben werden. So ein Erledigungsstreit kann ein durchaus komplizierter Prozess sein. Die Kosten des Rechtsstreits trägt – nach allgemeinen Grundsätzen – die Partei, die unterliegt **(§ 91 ZPO)**; es gilt dann also nicht § 91a ZPO.

#### k) Prozessvergleich

Sehr oft kommt es (spätestens) in der mündlichen Verhandlung zu einer Beendigung des Rechtsstreits durch einen **Prozessvergleich**. In vielen Fällen ist dies eine empfehlenswerte, verfahrensökonomische Lösung eines Konflikts. Das Gesetz drängt den Richter geradezu zum Prozessvergleich, indem es ihn dazu auffordert, in jeder Lage des Verfahrens auf eine gütliche Beilegung des Rechtsstreits bedacht zu sein (§ 278 Abs. 1 ZPO).

Sinnvoll ist ein Vergleich insbesondere bei **rechtlichen und**/oder **tatsächlichen Unsicherheiten** in folgenden Konstellationen: bei aufwändigen und besonders kostenträchtigen – denken Sie nur an teure Sachverständigengutachten – Beweisaufnahmen (es soll Richter geben, die die Vergleichsgeneigtheit mit „aufgeblähten" Beweisbeschlüssen fördern wollen) mit für beide Parteien ungewissem Ergebnis, bei schwierigen Rechtsfragen mit diversen vertretbaren Lösungsvorschlägen ohne gefestigte Rechtsprechung der Obergerichte (auch hier können und sollen nicht selten „Hinweisbeschlüsse" des Gerichts zur Komplexität der Rechtslage Furcht und Schrecken verbreiten, damit die Parteien sich vergleichen). Außerdem ist ein Vergleich opportun, wenn die Sache für die Parteien eilbedürftig ist oder bei zu erwartenden Kosten unverhältnismäßigen Verfahrenskosten, weit über dem Wert des Streitgegenstandes. Durch den Vergleich wird das Verfahren schnell und kostensparend beendet – und zwar mit einem Vollstreckungstitel (§ 794 Abs. 1 Nr. 1 ZPO).

Der Prozessvergleich hat eine prozess-materiellrechtliche **„Doppelwirkung“**: Seine **prozessuale Wirkung** besteht darin, dass er die **Rechtshängigkeit beendet**; in **materiellrechtlicher Hinsicht** ist der Prozessvergleich ein gegenseitiger Vertrag, durch den die Parteien den Streit oder die Ungewissheit über ein zwischen ihnen bestehendes Rechtsverhältnis durch gegenseitiges Nachgeben beenden (§ 779 BGB). Man sagt, dass der Prozessvergleich „auf beiden Beinen ruht“; die Konsequenz ist, dass er insgesamt in sich zusammenbricht, wenn man ihm eines der beiden Beine nimmt, so dass eine Unwirksamkeit des Prozessvergleichs nach § 779 BGB oder nach §§ 119 ff., 142 Abs. 1 BGB die Rechtshängigkeit wieder aufleben lässt und das beendete Verfahren fortzusetzen ist.

### l) Entscheidung durch Endurteil

Kommt es nicht zur gütlichen Beilegung, einer beiderseitigen Erledigungserklärung oder sonst einem außergewöhnlichen Vorkommnis, entscheidet das Gericht durch **Endurteil** (§ 300 ZPO):

Die **Klage kann** als **unzulässig abgewiesen** werden. Der Tenor lautet dann: „Die Klage wird als unzulässig abgewiesen.“

Der **zulässigen Klage** kann **ganz** oder **teilweise stattgegeben** werden. Der Tenor lautet dann z. B.: „Der Beklagte wird verurteilt, 10.000,– Euro nebst Zinsen in Höhe von 5 Prozentpunkten über dem jeweiligen Basissatz an der Kläger zu zahlen“ oder „Der Beklagte wird zur Herausgabe des Kraftfahrzeuges der Marke … Fahrgestellnummer … polizeiliches Kennzeichen … an den Kläger verurteilt“. Bei einem Teilerfolg muss der Tenor unbedingt den Zusatz enthalten: „Im Übrigen wird die Klage abgewiesen“ – andernfalls hätte das Gericht die Klage nicht vollständig beschieden.

Bei **vollständiger Unbegründetheit** lautet der Tenor: „Die Klage wird abgewiesen“.

Es folgen dann im Tenor die **Nebenentscheidungen**,u. a. die **Kostenentscheidung**, deren Kostenfolge sich aus den §§ 91 ff. ZPO (Prinzip: der Verlierer trägt die Kosten) ergibt, und i. d. R. eine **Entscheidung** zur **vorläufigen Vollstreckbarkeit** des Urteils (mit oder ohne Sicherheitsleistung) gemäß §§ 708 ff ZPO.

Das **schriftlich** in den Akten befindliche **Urteil wird** i. d. R. durch Verlesen des Tenors mündlich **verkündet**. Eine mündliche **Begründung** ist – anders als im Strafverfahren, wo sie vorgeschrieben ist – völlig unüblich. Später erhalten die Parteien begründete Ausfertigungen des Urteils.

In den Entscheidungsgründen verwendet der Richter den Ihnen als Studenten streng verbotenen „Urteilsstil“ (Ergebnis nebst Begründung anstelle einer Hypothese mit zunächst ergebnisoffener Prüfung der Voraussetzungen).

### m) Rechtsmittel

Gegen das Urteil kann das **Rechtsmittel** der Berufung eingelegt werden, wenn der Beschwerdegegenstand über € 600,– liegt oder das erstinstanzliche Gericht die Berufung zugelassen hat (§ 511 Abs. 2 ZPO). Über die Berufung gegen Urteile des Amtsgerichts entscheidet das Landgericht, in Familiensachen und internationalen

Fällen das Oberlandesgericht; über Berufungen gegen erstinstanzliche Urteile des Landgerichts entscheidet das Oberlandesgericht. Gegen alle Berufungsurteile ist die Revision zugelassen (§ 542 ZPO), über die der Bundesgerichtshof entscheidet. Die Revision muss zugelassen sein. Sie wird zugelassen wegen grundsätzlicher Bedeutung der Rechtsfragen, zur Fortbildung des Rechts oder zur Sicherung einer einheitlichen Rechtsprechung (§ 543 ZPO). Wird die Revision nicht zugelassen, kann dagegen ab einer Beschwer von € 20.000,– die Nichtzulassungsbeschwerde eingelegt werden (§ 544 ZPO). Während bei der Berufung sowohl rechtliche als auch tatsachenbezogene Rügen vorgebracht und neue Tatsachen und Beweise angeführt werden können, ist die Revision auf die Überprüfung von Rechtsfragen beschränkt.

## 2. Das Vollstreckungsverfahren

Wie eingangs erläutert: Die zwangsweise Durchsetzung eines Anspruchs ist, auch wenn er „tituliert" ist, ausschließlich **Aufgabe** des **Staates**, der in einem rechtlich geordneten Verfahren das **Recht des Gläubigers** (erst jetzt darf dieser Begriff verwendet werden!) **durchsetzt**.

Verschaffen Sie sich vorab einen Überblick von der **gesetzlichen Struktur** des Zwangsvollstreckungsrechts: Die allgemeinen Vorschriften finden Sie in den §§ 704–802 ZPO („ungefähr in den 700ern"). Der Besondere Teil ist in §§ 802a-898 ZPO geregelt („ungefähr in den 800ern") – wie Sie wissen, gehören Eilverfahren des einstweiligen Rechtsschutzes (§§ 916–945 ZPO) eigentlich zu den besonderen Formen des Erkenntnisverfahrens.

Neben der hier dargestellten Einzelzwangsvollstreckung, gibt es noch die Gesamtzwangsvollstreckung, die Ihnen als **Insolvenz** bekannt sein sollte. Das Insolvenzverfahren ist im Wesentlichen in der **InsO** geregelt. Wir werden es aus der folgenden Darstellung ausklammern. Auf zwei auch außerhalb des Insolvenzrechts wichtige Normen sei jedoch hingewiesen: § 240 ZPO regelt die Auswirkung der Eröffnung des Insolvenzverfahrens über eine Partei für den rechtshängigen Zivilprozess. Gemäß § 80 InsO geht durch die Eröffnung des Insolvenzverfahrens unter anderem das Verfügungsrecht des Betroffenen über sein Vermögen auf den Insolvenzverwalter über – mit weitreichenden prozessualen und materiellrechtlichen Folgen (z. B. ist der Insolvenzverwalter im Zivilprozess Partei kraft Amtes; materiellrechtlich ist die Verfügungsbefugnis z. B. bei §§ 929 ff. BGB relevant).

### a) Grundvoraussetzungen der Zwangsvollstreckung

Die vom Gläubiger zu betreibende Zwangsvollstreckung setzt viererlei voraus: **„Titel, Klausel, Zustellung, Antrag"** (§ 750 ZPO).

Unter einem **Vollstreckungstitel** versteht man eine öffentliche Urkunde, aus der sich ergibt, dass ein bestimmter materiellrechtlicher Anspruch durch Zwangsvollstreckung zu realisieren ist. Der Titel muss den Gläubiger, den Schuldner und den Inhalt und Umfang des zu vollstreckenden Anspruchs bezeichnen. In der Regel erfolgt die Zwangsvollstreckung aus rechtskräftigen oder vorläufig vollstreckbar erklärten Endurteilen (§ 704 ZPO). Weitere Vollstreckungstitel finden Sie in § 794

ZPO; kennen sollten Sie den Prozessvergleich (§ 794 Abs. 1 Nr. 1 ZPO) und die sog. „vollstreckbare Urkunde“ (§ 794 Abs. 1 Nr. 5 ZPO ggf. i. V. m. § 800 ZPO).

Der Gläubiger bedarf i. d. R. einer mit einer **Vollstreckungsklausel** versehenen Ausfertigung des Titels; Ausnahmen bestehen z. B. bei Arrestbefehlen oder einstweiligen Verfügungen, §§ 929, 946 ZPO. Ein mit einer Vollstreckungsklausel versehender Titel heißt „vollstreckbare Ausfertigung“.

Der vollstreckbare Titel muss dem Schuldner spätestens mit Beginn der Zwangsvollstreckung **zugestellt** werden.

### b) Einzelne Vollstreckungsmaßnahmen

Das vom Gläubiger mit der Zwangsvollstreckung zu beauftragende Vollstreckungsorgan ist der **Gerichtsvollzieher** oder das **Vollstreckungsgericht**.

Geht es um eine **Zwangsvollstreckung wegen** einer **Geldforderung**, kann der Gläubiger die Zwangsvollstreckung in das sog. **„bewegliche Vermögen“** des Schuldners durch Pfändung mit der Folge der Entstehung eines Pfändungspfandrechts betreiben (§§ 803 ff. ZPO). Bei pfändbaren (§ 811 ZPO) **körperlichen Sachen** nimmt er die Hilfe des Gerichtsvollziehers in Anspruch. Die Sachen müssen sich im Gewahrsam des Schuldners oder im Gewahrsam eines zur Herausgabe bereiten Dritten befinden (§ 809 ZPO), wobei die dingliche Rechtslage (also die Frage, ob der Schuldner Eigentümer ist) für den Gerichtsvollzieher ohne jedes Interesse ist; ihn interessiert nur der Gewahrsam des Schuldners bzw. des zur Herausgabe bereiten Dritten. Lesen sollten Sie § 739 ZPO. Ist der Schuldner nicht der Eigentümer, muss der Eigentümer sich mit der Drittwiderspruchsklage aus § 771 ZPO gegen die Zwangsvollstreckung zur Wehr setzen (dazu später mehr). Die Verwertung erfolgt bei gepfändetem Bargeld durch Ablieferung an den Gläubiger (§ 815 ZPO), sonst durch öffentliche Versteigerung (§ 814 ZPO).

Wegen Geldforderungen kann auch in **Forderungen** des **Schuldners**, die diesem gegen einen **„Drittschuldner“** zustehen, und in **andere Rechte** des Schuldners vollstreckt werden (§§ 828 ff. ZPO). Hier ist das Vollstreckungsorgan nicht der Gerichtsvollzieher, sondern das **Vollstreckungsgericht** (§§ 828, 802 ZPO). Was die Zwangsvollstreckung in Forderungen des Schuldners gegen einen Drittschuldner angeht, so wird nach § 829 ZPO eine Geldforderung durch einen **Pfändungsbeschluss** des Vollstreckungsgerichts gepfändet. Dieser enthält erstens das Verbot an den Drittschuldner, an den Schuldner zu zahlen (Eselsbrücke: „**a**rrestatorium“=„**Za**hlungsverbot“). Zweitens gebietet der Pfändungsbeschluss dem Schuldner durch das „inhibitorium“ (Eselsbrücke: „**i**nhibitorium“=„Verfigungsverbot“). Zweitens gebietet der Pfändungsbeschluss dem Schuldner durch das „inhibitorium“, jede Verfügung über die Forderung und auch deren Einziehung zu unterlassen. Die Verwertung erfolgt nach § 835 Abs. 1 ZPO durch einen „Überweisungsbeschluss“ des Vollstreckungsgerichts, durch den nach der Wahl des Gläubigers eine Überweisung der gepfändeten Forderung „zur Einziehung“ oder eine Überweisung „an Zahlungs statt zum Nennwert“ angeordnet wird. Die Überweisung zum Nennwert hat den großen Nachteil, dem Gläubiger das Risiko der tatsächlichen Befriedigung aufzubürden (§ 835 Abs. 2 ZPO) und wird deshalb praktisch nie gewählt. Wer bei § 835 Abs. 2 ZPO nicht sofort an § 364 BGB denkt, sollte die Fragen zur Erfüllung wiederholen. Ferner müssten Sie beim Lesen der Ausführung zu § 835 Abs. 1 ZPO sofort die gedankliche Brücke zur Zession und zur Einziehungsermächtigung geschlagen haben: Die „Überweisung zur Einziehung" ist nämlich nichts anderes als eine „Einziehungsermächtigung" und die „Überweisung an Zahlungs statt zum Nennwert" eine Art „cessio judicialis". Pfändung und Überweisung werden meist in einem Beschluss ausgesprochen, dem „Pfändungs- und Überweisungsbeschluss" des Vollstreckungsgerichts. Die praktisch bedeutsamste Geldforderung, in die die Zwangsvollstreckung betrieben wird, ist die Lohn- oder Gehaltsforderung. Die für den Gläubiger notwendigen Informationen darüber, wer ein „Drittschuldner" seines Schuldners (also z. B. der Arbeitgeber des Schuldners oder ein Darlehensnehmer des Schuldners) ist, erhält der Gläubiger über § 807 ZPO (eidesstattliche Vermögensauskunft, früher „Offenbarungseid"). Auch bei der Zwangsvollstreckung in Geldforderungen des Schuldners gegen einen Drittschuldner gibt es Pfändungsgrenzen (§§ 850 ff. ZPO). Gegen den Drittschuldner muss der Gläubiger wie gegen jeden anderen Schuldner auch vorgehen. Dabei muss er sich aufgrund der Schuldnerschutzvorschriften der §§ 404 ff. BGB Einwendungen aus der Rechtsbeziehung des Drittschuldners gegen den Schuldner entgegenhalten lassen. Zahlt der Drittschuldner nicht freiwillig, muss der Gläubiger Klage erheben (eine normale Leistungsklage, die als „Einziehungsklage" bezeichnet wird) und ggf. anschließend die Zwangsvollstreckung gegen den Drittschuldner betreiben. Spätestens jetzt sollten Sie erkennen, wie „hart das Brot eines Gläubigers" sein kann! Dass übrigens nicht nur gegen Drittschuldner bestehende Geldforderungen der Pfändung unterliegen, dürfte den Nachdenklichen unter Ihnen längst klar sein: Lesen Sie die §§ 846 ff. ZPO. Die Fortgeschritteneren unter Ihnen mögen ja einmal die Zwangsvollstreckung wegen einer Geldforderung des Gläubigers in einen Lieferungsanspruch des Schuldners (als Käufer) gegen den Drittschuldner (als Verkäufer) aus § 433 Abs. 1 S. 1 BGB „durchspielen". Das ist ein sehr effektives „juristisches Training". Sie werden dabei erkennen, dass sich alles aus dem Gesetz ergibt; das Zwangsvollstreckungsrecht ist ein wahres Wunderwerk an juristischer Logik! § 857 ZPO ermöglicht die Zwangsvollstreckung in „andere Rechte" des Schuldners. Wer hier wieder einmal die Parallele zu den §§ 398 ff. BGB sucht, der muss jetzt an § 413 BGB denken.

Die Zwangsvollstreckung wegen einer Geldforderung in das **unbewegliche Vermögen** richtet sich nach dem ZVG (§§ 864 ff. ZPO) und erfolgt durch Zwangsversteigerung (lesen Sie hierzu unbedingt § 90 ZVG und § 57a ZVG i. V. m. § 566 BGB), Zwangsverwaltung und Zwangshypothek. Dazu werden Sie später in Teil 6 noch so manches lernen.

Wird nicht die Zahlung von Geld, sondern die **Herausgabe** von **Sachen** geschuldet, so nimmt der Gerichtsvollzieher dem Schuldner die **beweglichen Sachen** weg und übergibt sie dem Gläubiger (§ 883 ZPO). Bei vom Schuldner an den Gläubiger herauszugebenden **unbeweglichen Sachen** setzt der Gerichtsvollzieher den Schuldner „aus dem Besitz" und weist den „Gläubiger in den Besitz" ein (§ 885 ZPO): Die dramatische Bezeichnung hierfür lautet „Zwangsräumung", wobei aber – genau genommen eine „Räumung" mehr ist als eine Herausgabe. Der Gerichtsvollzieher kann dabei den Widerstand des Schuldners durch Gewalt brechen (§ 892

ZPO). Und wie sieht es hier mit Art. 13 Abs. 1 GG aus? Lesen Sie Art. 13 Abs. 2 GG. Bei **im Gewahrsam Dritter befindlicher Sachen** wird dem Gläubiger durch das Vollstreckungsgericht der Anspruch des Schuldners gegen den Dritten überwiesen; das weitere Verfahren kennen Sie bereits (§§ 886, 835 ZPO). Hieraus erkennen Sie zugleich, dass es nicht nur aus materiellrechtlicher Sicht (§ 868 BGB), sondern auch aus vollstreckungsrechtlicher Sicht Sinn macht, den mittelbaren Besitzer als „tauglichen“ Herausgabeschuldner i. S. d. § 985 BGB anzusehen; das materielle Recht und das Vollstreckungsrecht greifen hier sehr schön ineinander; wir werden das später noch vertiefen.

Vom Schuldner zu erbringende **Handlungen**, die auch von anderen Personen als vom Schuldner erbracht werden können **(„vertretbare Handlungen“)**, werden durch Ersatzvornahme vollstreckt (§ 887 ZPO): z. B. wird ein Unternehmen beauftragt, die vom Vollstreckungsschuldner geschuldeten Renovierungsarbeiten durchzuführen und anschließend die Kosten in Rechnung gestellt. Wenn die Handlung eines Dritten nicht denselben rechtlichen oder wirtschaftlichen Erfolg herbeiführen kann, wie die vom Schuldner zu erbringende Handlung (**„unvertretbare Handlung“, z. B.** bei einer Auskunftserteilung oder einer Rechnungslegung), kommt keine Ersatzvornahme in Betracht. Hängt die Erfüllung der Handlung ausschließlich vom Willen des Schuldners ab, erfolgt die Zwangsvollstreckung durch Verhängung von Zwangsgeld oder Zwangshaft (§ 888 Abs. 1 ZPO). Wenn die Erfüllung einer unvertretbaren Handlung nicht ausschließlich vom Willen des Schuldners abhängt, (z. B. Leistung eines Künstlers, Schriftstellers, Verfassers eines Lehrbuchs im Zivilrecht), ist eine Zwangsvollstreckung unmöglich; der Gläubiger kann aber Schadensersatz verlangen (§ 893 BGB). Die Regelungen des § 888 Abs. 1 ZPO gelten nicht, wenn es um die Verurteilung zur Eingehung einer Ehe, zur Herstellung des ehelichen Lebens und zur Leistung von Diensten aus einem Dienstvertrag geht (§ 888 Abs. 3 ZPO).

Bei einer Verurteilung zur Abgabe einer **Willenserklärung** gilt die Willenserklärung als in der jeweils erforderlichen Form (z. B. § 925 BGB) abgegeben (§ 894 ZPO). Es handelt sich um eine Fiktion, deren Wirkung schon mit Erlass des Urteils eintritt. Zur Herbeiführung einem Titel zufolge geschuldeter **Übereignung beweglicher Sachen** durch Zwangsvollstreckung bedarf es daher der Zustellung des Urteils mit einer Vollstreckungsklausel (§§ 726 Abs. 2, 730 ZPO), der Wegnahme durch den Gerichtsvollzieher zum Zweck der Ablieferung an den Gläubiger (§ 883 ZPO), und der Einigungserklärung des Gläubigers. Ein gutgläubiger Erwerb wird durch §§ 898 ZPO, 932 ff. BGB möglich gemacht. Zur **Übereignung unbeweglicher Sachen** muss der Gläubiger die Form des § 925 BGB noch erfüllen und die Eintragung nach §§ 13, 20, 29, 39 GBO herbeiführen.

**Fall 257**

Der V verkauft dem K gegen Barzahlung und Quittung eine bewegliche Sache, die er angeblich von NE geerbt hat. Der K zahlt den Kaufpreis. Als der V seinerseits den Vertrag nicht erfüllt, klagt der K gegen den V und beantragt dessen Verurteilung zur Übergabe und Übereignung der Sache. Der V wird antragsgemäß rechtskräftig verurteilt. Der K stellt dem V das mit einer Vollstreckungsklausel (§§ 726 Abs. 2, 730 ZPO) versehene Urteil zu und erklärt gegenüber dem V das Angebot zur Einigung i. S. d. § 929 BGB. Als der V die Sache nicht herausgibt, beauftragt der K den Gerichtsvollzieher damit, dem V die Sache wegzunehmen und ihm zu übergeben. Das geschieht (§ 883 ZPO). Jetzt stellt sich heraus, dass die Sache dem E gehört und dass er sie dem NE lediglich geliehen hatte. Der E verlangt Herausgabe von K.

Der Anspruch könnte sich aus § 985 BGB ergeben. a) K ist Besitzer. b) E müsste Eigentümer sein. aa) E war Eigentümer. bb) NE hat das Eigentum nicht erworben. cc) V hat das Eigentum nicht erworben. dd) K könnte es erworben haben (§ 929 S. 1 BGB). aaa) Gegeben sein müsste eine Einigung. aaaa) Der K hat seine Willenserklärung dazu abgegeben; sie ist dem V zugegangen. bbbb) Die Willenserklärung des V wird durch das rechtskräftige Urteil ersetzt (§ 894 ZPO); dem V ist das Urteil zugestellt worden. bbb) Die Übergabe ist erfolgt (§ 883 ZPO). ccc) Der V war aber nicht der Eigentümer. K war jedoch gutgläubig, so dass er das Eigentum nach §§ 898 ZPO, 932 BGB erworben hat. Daher hat E keinen Herausgabeanspruch.

### c) Rechtsbehelfe gegen die Zwangsvollstreckung

Die verschiedenen Rechtsbehelfe gegen Zwangsvollstreckungsmaßnahmen oder die Zwangsvollstreckung als solche sind nach dem Inhalt der geltend gemachten Rüge zu differenzieren. Sie müssen diese Differenzierung beherrschen, denn die Rechtsbehelfe eignen sich bei Prüfungen sowohl für die prozessuale „Einbettung" materiellrechtlicher Fragen, als auch zur Abhandlung spezifischer Probleme des Verfahrensrechts.

**Einwendungen** gegen die **Art und Weise** der **Zwangsvollstreckung** werden durch die **Erinnerung** geltend gemacht **(§ 766 ZPO)**. Dies betrifft z. B. die Verletzung des § 750 ZPO oder der §§ 808, 809 ZPO im Falle einer Pfändung bei einem nicht zur Herausgabe bereiten Dritten.

**Materielle** Einwendungen **gegen** den **titulierten Anspruch** (z. B. eine vor der Zwangsvollstreckung erfolgte freiwillige Erfüllung des Anspruchs gemäß § 362 BGB) müssen durch eine **Vollstreckungsabwehrklage** (auch „Vollstreckungsgegenklage") geltend gemacht werden **(§ 767 ZPO)**. Derartige Einwendungen sind aber nur dann beachtlich, wenn sie nach der letzten mündlichen Verhandlung entstanden sind. Mit vorher entstandenen Einwendungen ist der Schuldner – das folgt aus dem Grundgedanken der „Rechtskraft" – „präkludiert" (§ 767 Abs. 2 ZPO). Helfen kann dem Schuldner im Fall einer **Präklusion** nach **§ 767 Abs. 2 ZPO** nur noch ein Wiederaufnahmeverfahren oder ein Anspruch aus § 826 BGB auf Einstellung der Zwangsvollstreckung.

**Fall 258**

Der DG hat als Kläger gegen den DN als Beklagten in einem Rechtsstreit aufgrund einer letzten mündlichen Verhandlung am 12. Juni 2002 ein rechtskräftiges Urteil erwirkt, durch das der Beklagte (DN) zur Rückzahlung eines Darlehens in Höhe von € 1000,– verurteilt worden ist. Der DN hatte im Prozess behauptet, das Darlehen längst getilgt zu haben, konnte aber für die (von ihm zu beweisende) Erfüllung mangels eines Beweismittels den Beweis nicht antreten. Jetzt findet der DN die Quittung des DG, aus der sich ergibt, dass er am 1. Juni 2002 gezahlt hatte, wieder. 1) Er will sich gegen die bevorstehende Zwangsvollstreckung wenden. 2) Könnte DN auch die Aufhebung des rechtskräftigen Urteils erwirken?

1) a) Eine Vollstreckungsabwehrklage (§ 767 ZPO) wäre erfolglos, weil der DN mit dem Erfüllungseinwand „präkludiert" ist; dieser beruht nämlich auf Tatsachen, die bereits vor Schluss der letzten mündlichen Verhandlung entstanden sind (§ 767 Abs. 2 ZPO). b) In Betracht kommt aber ein Anspruch des DN gegen den DG auf Unterlassung der Zwangsvollstreckung und Herausgabe des Titels aus §§ 826, 249 Abs. 1 BGB, weil der DG das Urteil sittenwidrig, nämlich in Kenntnis des Umstandes, dass das Darlehen bereits getilgt war, erwirkt hatte (sog. „Urteilserschleichung" durch Prozessbetrug nach §§ 263 StGB, 138 Abs. 1 ZPO). 2) Außerdem könnte der DN nach rechtskräftiger strafrechtlicher Verurteilung des DG wegen Betruges (§ 581 ZPO) die Rechtskraft des Urteils durch eine Restitutionsklage beseitigen (§§ 578, 580 Nr. 4 ZPO, 263 StGB).

**Variante**

Der Beklagte (DN) hatte noch nicht gezahlt. Er erklärt Rechtsmittelverzicht gegen das Urteil, weil er zu Recht verurteilt worden war, und erfüllt am 16. Juni 2002 die titulierte Hauptforderung aus § 488 Abs. 1 S. 2 BGB und die Kostenforderung des Klägers (DG) aus § 91 ZPO. Entgegen dem Grundsatz des § 757 ZPO hat der DG den Titel bei sich behalten und kündigt nunmehr die Zwangsvollstreckung an.

Hier kann der DN aus § 767 ZPO erfolgreich klagen: Er ist nicht nach § 767 Abs. 2 ZPO präkludiert, weil der Erfüllungseinwand nach letzter mündlicher Verhandlung entstanden ist.

Wird die **Zwangsvollstreckung in** einen **schuldnerfremden Gegenstand** betrieben (der Gerichtsvollzieher pfändet im Auftrag des Gläubigers G eine dem Eigentümer E gehörige und an den Schuldner S verliehene und in dessen Gewahrsam befindliche bewegliche Sache), so kann der Schuldner S keine Erinnerung gegen die Art und Weise der Vollstreckung geltend machen, denn der Gerichtsvollzieher hat im Einklang mit § 808 ZPO gehandelt: Maßgeblich ist allein der Gewahrsam des Schuldners. Wohl aber kann der Eigentümer eine **Drittwiderspruchsklage** erheben und mit ihr ein die „Veräußerung hinderndes Recht" geltend machen **(§ 771 ZPO)**. Ein die „Veräußerung hinderndes Recht" eines Dritten ist z. B. dessen **Eigentum**. Ein wichtiger Anwendungsfall für die Drittwiderspruchsklage ist der **Eigentumsvorbehalt** des Verkäufers bei der Zwangsvollstreckung durch Gläubiger des Käufers in die dem Verkäufer nach §§ 449, 929, 158 Abs. 1 BGB noch gehörende Kaufsache. Auch das **Anwartschaftsrecht** ist ein die Veräußerung hinderndes Recht.

Nach dem BGH ist die Drittwiderspruchsklage auch der richtige Rechtsbehelf, wenn es um **Sicherungseigentum** geht und Gläubiger des Sicherungsgebers in das Sicherungsgut vollstrecken wollen; in der Lehre wird zuweilen § 805 ZPO favorisiert, weil das Sicherungseigentum funktional mit einem Pfandrecht vergleichbar sei. Ein die Veräußerung hinderndes Recht ist auch die Forderungsberechtigung des Treunehmers bei der **Sicherungszession**.

Es lohnt sich in diesem Zusammenhang etwas näher auf Schuldverhältnisse mit Sicherungscharakter einzugehen. Gemeinsam ist ihnen allen, dass es in einem bestimmten Stadium zum Auseinanderfallen von formaler rechtlicher Inhaberschaft und effektiver wirtschaftlicher Zugehörigkeit kommt. Dies ändert sich im Sicherungsfall: dann steht der Gegenstand nur noch dem Sicherungsnehmer zu. § 771 ZPO soll den Sicherungsgeber davor schützen, dass die Gläubiger des Sicherungsnehmers auf das Sicherungsgut zugreifen, nur weil der Sicherungsnehmer rechtlich formal Inhaber ist. Dieser Schutz ist aber nicht mehr gerechtfertigt, wenn der Sicherungsfall eintritt und der Gegenstand dem Sicherungsnehmer auch wirtschaftlich endgültig zusteht. Wenn bei einer Sicherungstreuhand (Sicherungsübereignung, Sicherungszession) Gläubiger des Sicherungs-(Treu-)nehmers die Zwangsvollstreckung betreiben, so kommt es für die Frage der Berechtigung des Sicherungs-(Treu-)gebers aus § 771 ZPO auf den Status der gesicherten Forderung an: Ist sie bereits getilgt und ist die Sicherungsforderung bereits auf den Sicherungsgeber zurückübertragen worden, dann ist er zweifellos aus § 771 ZPO berechtigt; es spielt dabei keine Rolle, ob die Rückübertragung der Forderung auf den Sicherungsgeber aufgrund eines zusätzlichen Rechtsgeschäfts (bei der Sicherungsübereignung nach § 929 S. 2 BGB und bei der Sicherungszession nach § 398 BGB) oder automatisch infolge einer im Sicherungsvertrag vereinbarten auflösenden Bedingung nach § 158 Abs. 2 BGB erfolgt. Aber schon vorher kann sich der Sicherungsgeber erfolgreich auf § 771 ZPO berufen: durch die Tilgung verwandelt sich die Sicherungstreuhand nämlich in eine Verwaltungstreuhand; der Verwaltungstreugeber ist bei der Einzelzwangsvollstreckung durch Gläubiger des Verwaltungstreunehmers in das Treugut durch § 771 ZPO geschützt (dazu sogleich mehr). Wenn die gesicherte Forderung noch besteht, muss man diskutieren, ob der Sicherungsgeber ohne weiteres aus § 771 ZPO vorgehen kann oder ob er die gesicherte Forderung zuvor tilgen muss. Am interessantesten ist die Situation, in der der Sicherungsfall eingetreten ist, weil dann die Beschränkung aus dem Treuhandvertrag entfällt, so dass das Treugut nunmehr den Gläubigern des Sicherungsnehmers zusteht und der Sicherungsgeber nicht mehr gem. § 771 ZPO vorgehen kann. Auch die Rechtsstellung des **Treugebers** als wirtschaftlicher Inhaber des Rechtes bei der **Verwaltungstreuhand** oder bei der **Inkassozession** sind nach § 771 ZPO geschützt. Einen sehr interessanten Sicherungsmechanismus findet man in **§ 392 Abs. 2 HGB**: hier werden die wirtschaftlich dem Kommittenten, aber rechtlich dem Kommissionär zustehenden Ansprüche aus dem Ausführungsgeschäft im Verhältnis zu Gläubigern des Kommissionärs dem Kommittenten zugewiesen. Lesen sollten Sie auch § 1362 BGB und sich bei dieser Gelegenheit an § 739 ZPO erinnern.

**Fall 259**

Der Kommittent Komtent hat den gewerbsmäßig als Kommissionär tätigen Kär beauftragt, das Auto des Komtent zu verkaufen. Der Kär verkauft das Auto im eigenen Namen für Rechnung des Komtent an den Dritt, der nicht sogleich zahlt. Ein Gläubiger des Kär pfändet aufgrund eines rechtskräftigen Titels die Kaufpreisforderung des Kär gegen den Dritt und lässt sie sich zur Einziehung überweisen. Der Komtent erhebt Drittwiderspruchsklage.

Die Klage ist nach § 771 ZPO begründet, wenn dem Kläger (Komtent) an der Forderung ein die Veräußerung hinderndes Recht zusteht: a) Das wäre der Fall, wenn der Komtent bereits Gläubiger der Forderung gegen den Dritt wäre. Gläubiger ist vor der Abtretung an den Komtent nach § 398 BGB der Kär (§ 392 Abs. 1 HGB). b) Aber nach § 392 Abs. 2 HGB gilt die Forderung aus dem Ausführungsgeschäft des Kommissionärs mit dem Dritten im Verhältnis zu Gläubigern des Kommissionärs auch ohne Abtretung an den Kommittenten bereits als Forderung des Kommittenten. Die Klage des Komtent ist also begründet.

Bei einem **besitzlosen** (z. B. **Vermieter-)Pfandrecht** eines Dritten an dem Gegenstand, in den die Zwangsvollstreckung betrieben wird, kann dieser zwar der Pfändung nicht widersprechen, wohl aber **Klage** auf **vorzugsweise Befriedigung** erheben (§ 805 ZPO). Warum ist nicht auch der Inhaber eines Besitzpfandrechts (z. B. aus § 647 BGB) gleichermaßen geschützt? Weil ihm schon §§ 766, 808, 809 ZPO helfen!

### 3. Die Eilverfahren (Arrest und einstweilige Verfügung)

Die Erlangung eines rechtskräftigen Urteils (bis zu 3 Instanzen, mögliche Zurückverweisungen nicht eingerechnet) kann sehr viel Zeit in Anspruch nehmen. Dass ein Bedürfnis nach vorheriger Sicherung bestehen kann, leuchtet ohne weiteres ein:

- So kann die Gefahr drohen, dass ein Schuldner Vermögenswerte beiseiteschafft.
- Die Veröffentlichung einer unwahren Tatsachenbehauptung durch ein Presseorgan kann unmittelbar bevorstehen, so dass ein rechtskräftiges Unterlassungsurteil zu spät käme.
- Für den Käufer eines Grundstücks besteht die Gefahr, dass der Verkäufer eines Grundstücks, der es dem Käufer „lastenfrei" verkauft hat, an einen anderen Käufer verkauft und übereignet oder es in der Schwebezeit zur Sicherung eines nach Abschluss des Kaufvertrags bei einer Bank aufgenommenen Darlehens mit einer Hypothek belastet.
- Wenn der wahre Eigentümer eines Grundstücks gegen den zu Unrecht als Eigentümer in das Grundbuch eingetragenen Nicht-Eigentümer („Buchbesitzer") einen Rechtsstreit über die Verpflichtung des „Buchbesitzers" zur Zustimmung zur Berichtigung aus § 894 BGB führt, besteht die Gefahr, dass der Nicht-Eigentümer vor der Rechtskraft über das Grundstück verfügt (Übereignung, Belastung) und ein Dritter das Grundstücksrecht gutgläubig erwirbt (§ 892 BGB).

Diese realistischen Beispiele zeigen, dass ohne einen einstweiligen Rechtsschutz bestimmte Ansprüche praktisch nicht durchgesetzt werden können.

Das Gesetz hat daher zur Sicherung

- der **Durchsetzung** von **Geldforderungen** die Möglichkeit zur Erwirkung des **Arrestes** (§§ 916 ff. ZPO)
- und zur **Verwirklichung anderer Ansprüche** die **einstweilige Verfügung** (§§ 935 ff. ZPO) geschaffen. Die einstweilige Verfügung spielt im Rechtsleben eine wichtige Rolle: z. B. um die Unterlassung einer ehrkränkenden Behauptung zu erzwingen, oder die Bewilligung des Eigentümers zur Eintragung einer zur Sicherung eines obligatorischen Anspruchs auf dingliche Rechtsänderung erforderlichen Vormerkung (§§ 883, 888 BGB) zu erwirken (§ 885 Abs. 1 BGB), oder die Eintragung eines den gutgläubigen Erwerb vom Buchberechtigten verhindernden (§ 892 BGB) Widerspruchs (§§ 894, 899 Abs. 2 BGB) durchzusetzen.

Das Gericht erlässt die **Entscheidung** i. d. R. als „Beschluss" (also nicht als Urteil) nach einem i. d. R. schriftlichen, schnellen und „summarischen" Verfahren.

1. Die **Tatsachenbasis** der gerichtlichen Entscheidung ist der durch alle präsenten Beweismittel und zusätzlich (!) durch eine eidesstattliche Versicherung glaubhaft gemachte Sachverhalt (§§ 920 Abs. 2, 294 ZPO). Das Gericht muss von der „guten Möglichkeit" des Geschehens überzeugt sein, nicht aber – wie sonst im Erkenntnisverfahren – „voll überzeugt" sein.
2. Daraus muss sich bei der Subsumtion in rechtlicher Hinsicht ein **„Verfügungsanspruch"** (also ein materiellrechtlicher Anspruch) ergeben:
   **a)** bei einem beantragten **Arrest** muss dies eine Geldforderung sein (§ 916 ZPO),
   **b)** bei einer beantragten **einstweiligen Verfügung** muss dies sein:
   - bei der „Sicherungsverfügung" ein Anspruch auf eine Individualleistung, wie z. B. Herausgabe einer Sache, Übereignung eines Grundstücks, Grundbuchberichtigung (§ 935 ZPO);
   - bei der „Regelungsverfügung" ein Anspruch auf Herbeiführung eines rechtlichen Zustandes, z. B. durch Bestimmung einer Grundstücksgrenze (§ 940 ZPO);
   - bei der „Leistungsverfügung": ein Leistungsanspruch (Rechtsfortbildung für Fälle ausgebliebener Unterhaltsleistungen);
   - oder bei der „Unterlassungsverfügung" ein Unterlassungsanspruch (Rechtsfortbildung).
3. Es muss weiterhin ein Arrestgrund/Verfügungsgrund glaubhaft gemacht werden (§§ 920 Abs. 2, 294 ZPO), der voraussetzt,

**a)** dass ohne Verhängung des Arrestes die Vollstreckung des Urteils vereitelt werden würde

**b)** oder dass ohne Anordnung der einstweiligen Verfügung

- bei der **„Sicherungsverfügung"** die Verwirklichung des Anspruchs auf eine Individualleistung vereitelt oder wesentlich erschwert werden würde (§ 935 ZPO); hier gibt es zwei **ganz wichtige Ausnahmen**: Bei §§ 885 Abs. 1, 899 Abs. 2 BGB (= Vormerkung und Widerspruch) muss die Gefährdung nicht glaubhaft gemacht werden; die Gefährdung liegt hier „in der Natur der Sache", außerdem wäre es praktisch z. B. überhaupt nicht glaubhaft zu machen, dass der Verkäufer eines Grundstücks noch vor dem Eigentumserwerb des Käufers eine anderweitige Veräußerung oder Belastung in der Schwebezeit plant;
- bei der **„Regelungsverfügung"** ohne die Regelung wesentliche Nachteile entstehen oder Gewaltmaßnahmen drohen (§ 940 ZPO);
- bei der **„Leistungsverfügung"** irreparable Schäden drohen;
- bei der **„Unterlassungsverfügung"** die Verwirklichung des Anspruchs vereitelt oder wesentlich erschwert werden würde.

**Fall 260**

Der NE ist zu Unrecht anstelle des E als Eigentümer eines Grundstücks im Grundbuch eingetragen. Er verkauft es formwirksam (§ 311b Abs. 1 S. 1 BGB) an den K. Der K erwirkt die Eintragung einer Vormerkung durch eine einstweilige Verfügung; den Verfügungsanspruch macht er durch Vorlage des notariell beurkundeten Kaufvertrags glaubhaft (§§ 885 Abs. 1 BGB, 935, 294 ZPO). Noch vor der Eintragung des K als Eigentümer macht der E einen Grundbuchberichtigungsanspruch geltend (§ 894 BGB), den der NE durch Zustimmung zur Grundbuchberichtigung erfüllt. Jetzt verlangt der K von dem NE die Auflassung zur Eintragung im Grundbuch.

Der Anspruch gegen den NE auf Auflassung könnte sich aus einem Kaufvertrag ergeben (§ 433 Abs. 1 BGB). a) Der Anspruch ist entstanden, weil ein formwirksamer Kaufvertrag geschlossen worden ist; der Vertrag ist auch trotz des fehlenden Eigentums des NE wirksam (§ 311a Abs. 1 BGB). b) Der Anspruch könnte aa) aber deshalb ausgeschlossen sein, weil es dem NE als Nichteigentümer nicht möglich war, das Eigentum zu übertragen (§ 275 Abs. 1 BGB). bb) Dem könnte aber § 883 Abs. 2 BGB entgegenstehen; dann aber müsste dem K eine Vormerkung zustehen, und der NE müsste vormerkungswidrig verfügt haben: aaa) Die Grundbuchberichtigung zugunsten des E ist zwar keine vormerkungswidrige Verfügung; gleichwohl wird § 883 Abs. 2 BGB analog angewendet. Der NE wird also wie der Eigentümer behandelt und könnte daher dem K die Auflassung erteilen. bbb) Voraussetzung ist aber, dass dem K eine Vormerkung zustand. aaaa) Zwar besteht ein obligatorischer Anspruch K – NE; bbbb) auch ist die Vormerkung aufgrund einer einstweiligen Verfügung (§§ 885 Abs. 2 BGB, 935 ZPO) zugunsten des K im Grundbuch eingetragen worden. cccc) Allerdings war der NE nicht der Eigentümer. Insoweit ist jedoch §§ 893, 892 BGB einschlägig. Da aber die Eintragung durch einstweilige Verfügung und nicht durch rechtskräftiges Urteil nach §§ 894, 898 ZPO erwirkt wurde, liegt kein rechtsgeschäftlicher Erwerb i. S. d. §§ 892, 893 BGB vor. Mangels Vormerkung kann die Vormerkungswirkung des § 883 Abs. 2 BGB nicht eingreifen; der NE wird daher nicht wie ein Eigentümer behandelt. Der Anspruch auf Auflassung ist daher ausgeschlossen (§ 275 Abs. 1 BGB).

Der **Vollzug** des **Arrestes** soll nur zur Sicherung, aber nicht zur Befriedigung des Gläubigers führen (keine Vorwegnahme der Hauptsache im Eilverfahren). Daher wird beim dinglichen Arrest nur gepfändet (§§ 928 ff. ZPO) und nicht verwertet; der persönliche Arrest kann zur Anordnung der Haft führen (§ 933 ZPO). Bei der **einstweiligen Verfügung** kann das Gericht die erforderliche Maßnahme auch selbst bestimmen, wobei folgende Grenzen bestehen: So darf die „Sicherungsverfügung" nur zur Sicherung des Gläubigers führen; und eine Herausgabe von Sachen darf nicht an den Gläubiger, sondern muss an einen „Sequester" erfolgen. Auch bei der „Regelungsverfügung" darf nicht mehr bestimmt werden, als zur Sicherung des Gläubigers nötig ist. Bei der „Leistungs-" und „Unterlassungsverfügung" kommt es allerdings zwangsläufig zur Erfüllung – das lässt sich nicht vermeiden.

Erweist sich die Anordnung eines Arrests oder einer einstweiligen Verfügung als von Anfang an ungerechtfertigt, so ist derjenige, der den Arrest oder die einstweilige Verfügung erwirkt hat, unabhängig von einem Verschulden zum Schadensersatz verpflichtet **(§ 945 ZPO)**.

**Fall 261**

Der unerkennbar geisteskranke V hat an den K1 für € 1.000.000,– ein Grundstück verkauft. Der K1 erwirkt die Eintragung einer Vormerkung durch eine einstweilige Verfügung; den Verfügungsanspruch macht er durch Vorlage des notariell beurkundeten Kaufvertrags glaubhaft (§§ 885 Abs. 1, 935, 294 ZPO). Eine von dem V noch vor Eintragung des K1 als Eigentümer beabsichtigte Veräußerung an den K2 zum Preis von € 1.500.000,– scheitert, als der K2 die Vormerkung zugunsten des K1 im Grundbuch entdeckt. Später stellt sich die Geisteskrankheit des V heraus. Der V macht, vertreten durch seinen Vormund, einen Schadensersatzanspruch in Höhe von € 500.000,– geltend.

Der Anspruch könnte sich aus § 945 ZPO ergeben. a) Die einstweilige Verfügung, aufgrund derer die Vormerkung in das Grundbuch eingetragen war, war von Anfang an ungerechtfertigt, denn nach §§ 104 Nr. 2, 105 Abs. 1 BGB besteht kein Verfügungsanspruch aus § 433 Abs. 1 BGB. b) Dass den K kein Verschulden traf, ist unbeachtlich. c) Der V hat aber keinen Schaden erlitten, weil der gewinnbringende Kaufvertrag mit K2 ebenfalls nach §§ 104 Nr. 2, 105 Abs. 1 BGB nichtig gewesen wäre.

## II. Die „private" Durchsetzung von Rechten

Die private Durchsetzung von Rechten ist die Ausnahme: Immerhin hat der Gesetzgeber es in einigen wenigen Konstellationen ermöglicht, dass der Gläubiger ein ihm zustehendes Recht selbst, also ohne die Einschaltung des Staates, durchsetzen kann.

### 1. Selbsthilferechte

Diese Regelungen haben außer ihrer **primären Funktion**, die Durchsetzung von Rechten zu ermöglichen, die weitere (im Gesetz, z. B. in § 229 BGB, z.Tl. sogar nur als einzige Konsequenz genannt) **sekundäre Bedeutung**, dass der Gläubiger sich in einem solchen Fall „rechtmäßig" verhält (also die eines **Rechtfertigungsgrundes**), so dass der Gläubiger für die Ausübung des Selbsthilferechts weder zivilrechtlich aus §§ 823 ff. BGB in Anspruch genommen noch bestraft werden kann.

Nur zur Herbeiführung einer vorläufigen Sicherung dient das **allgemeine Selbsthilferecht der §§ 229f BGB**; es hat sehr strenge Voraussetzungen.

1. **Gerechtfertigt ist** (§ 229 BGB): Die **Wegnahme**, **die Zerstörung** oder die **Beschädigung** einer **Sache**; die **Festnahme** des Schuldners; die **Brechung** des **Widerstandes** des Schuldners durch Gewalt gegen Sachen oder Personen (arge. § 892 ZPO).
2. Dem Handelnden, dem von ihm Vertretenen oder einem den Handelnden beauftragenden Auftraggeber muss ein **eigener Anspruch gegen den Schuldner zustehen** (§ 229 BGB). Ist der Anspruch bedingt, darf die Möglichkeit des Eintritts der Bedingung nicht so „entfernt" sein, dass der Anspruch „keinen gegenwärtigen Vermögenswert" hat (arge. §§ 230 Abs. 2 BGB, 916 Abs. 2 ZPO).
3. **„Obrigkeitliche Hilfe"** (damit ist in erster Linie gerichtliche Hilfe, aber auch die der Polizei gemeint, wenn es so liegt, dass die Verletzung privater Rechte die öffentliche Sicherheit und Ordnung verletzt, also die Polizei für ihren Schutz zuständig ist) darf **nicht rechtzeitig** zu erlangen sein oder muss **zu Unrecht verweigert** werden (§ 229 BGB).
4. Ohne sofortiges Eingreifen des Gläubigers muss die **Gefahr einer Vereitelung** der **Anspruchsverwirklichung** oder die **Gefahr** einer **wesentlichen Erschwerung** der **Durchsetzung des Rechtes** (Beiseiteschaffen des Vermögens, Flucht ins Ausland) bestehen (§ 229 BGB).
5. Die Handlung muss zur Abwendung der Gefahr **erforderlich** sein (§ 230 Abs. 1 BGB).
6. Bei einer **Selbsthilfe** durch **Wegnahme** muss der Gläubiger, der keinen Titel hat, anschließend einen **dinglichen Arrest** beantragen (§§ 230 Abs. 2 BGB, 916 ZPO).
7. Bei einer **Selbsthilfe durch** eine **nicht alsbald beendete Festnahme** muss der Gläubiger anschließend einen **persönlichen Arrest** beantragen (§§ 230 Abs. 3 BGB, 918, 920 ZPO).

8. Der Gläubiger muss mit **„Selbsthilfewillen"** gehandelt haben (subjektives Rechtfertigungselement).
   **Merke:** Bei einem Irrtum über die tatsächlichen Voraussetzungen des § 229 BGB besteht ein Schadensersatzanspruch aus **§ 231 BGB** (vgl. § 945 ZPO).

Ein Sonderfall des § 229 BGB ist das **weit weniger strenge Selbsthilferecht des Vermieters** nach § 562b Abs. 1 S. 2 BGB gegen den „rückenden Mieter":

1. **Gerechtfertigt ist**: Die Verhinderung des Entfernens oder bei Auszug die Inbesitznahme von Sachen,
2. an denen ein nicht bereits nach § 562a BGB erloschenes **Vermieterpfandrecht** (§ 562 BGB) besteht,
3. im Fall einer aktuellen Entfernung der Sachen. Gerechtfertigt ist also kein präventives oder korrigierendes Verhalten. Sind die Sachen bereits entfernt worden, besteht ein Herausgabeanspruch aus § 562b Abs. 2 BGB.

Das **Recht** zur **„Besitzwehr"** oder zur **„Besitzkehr"** des **Besitzers** bzw. des **Besitzdieners** aus § 859 Abs. 1, 2 BGB ist ebenfalls ein Selbsthilferecht.

1. **Gerechtfertigt** ist: Nach § 859 Abs. 1 BGB die „Besitzwehr" (Verteidigung); bei Entzug nach § 859 Abs. 2 BGB auch die „Besitzkehr" (Wiederabnahme und bei „frischer Tat" Wiederabnahme nach Verfolgung) und bei Grundstücken nach § 859 Abs. 3 BGB die sofortige „Wiederbemächtigung".
2. Das Selbsthilferecht steht dem **unmittelbaren** oder **dem mittelbaren Besitzer** (§§ 859 Abs. 1, 869 BGB) und dem **Besitzdiener** (§§ 860, 855 BGB) oder ihren Helfern zu
3. gegen denjenigen, der **verbotene Eigenmacht** (Besitzentzug oder Besitzstörung ohne Willen des Besitzers) begeht (§ 858 Abs. 1 BGB) oder bei Entziehung gegen den fehlerhaften Besitzer oder denjenigen, der dessen Besitznachfolger ist (§ 858 Abs. 2 S. 2 BGB).

Wer sich für **weitere Selbsthilferechte** interessiert, mag den **§ 910 BGB** und vor allem den **§ 962 BGB** lesen.

## 2. Die Aufrechnung

Bereits geläufig ist Ihnen, dass man auch die Aufrechnung als einen Fall der privaten Durchsetzung von Rechten begreifen kann, weil der Aufrechnende die gegen ihn gerichtete Forderung, soweit beide Forderungen sich decken, zum Erlöschen bringt und er insoweit seine Gegenforderung durchsetzt, ohne einen Titel erlangen zu müssen und ohne die Zwangsvollstreckung betreiben zu müssen (**„Privatvollstreckung“**). Aber es ist „nicht alles Gold, was glänzt“: Denn eine prozessuale Inanspruchnahme des Aufrechnenden durch den die Gegenforderung bestreitenden oder die Wirksamkeit der Aufrechnung bezweifelnden Gläubiger der Hauptforderung ist natürlich weiterhin möglich. Aber der verbleibende Vorteil des Aufrechnenden liegt in der Umkehrung der Parteirollen: Der Aufrechnende ist nunmehr in der vergleichsweise bequemen Rolle des Beklagten. Sie entsinnen sich: Der Rollenwechsel im Prozess war auch der Vorteil bei der „Bürgschaft auf erstes Anfordern“. Der weitere Vorteil der Aufrechnungsbefugnis liegt darin, dass sich eine Aufrechnung auch in der **Insolvenz** der Aufrechnungsgläubiger i. d. R. durchsetzt (§§ 94 ff. InsO).

Wenn Sie jetzt bis zu diesem Punkt durchgehalten haben, können Sie **tief durchatmen**: Sie haben fast 500 Seiten gelesen, unglaublich viel gelernt bzw. wiederholt: Sie wissen jetzt, wie man Fälle bearbeitet. Sie beherrschen einige unerlässliche hochkomplizierte Grundbegriffe (Personen, Sachen, Rechtsgeschäfte, Trennungs- und Abstraktionsprinzip). Sie wissen, wie man Verträge schließt. Sie kennen die Inhalte von verpflichtenden Verträgen. Sie wissen, warum Rechtsgeschäfte, speziell Verträge und insbesondere verpflichtende Verträge, unwirksam sein können oder wie sie ihr Ende finden können. Sie wissen dass es Fälle gibt, in denen eine entstandene Leistungspflicht, speziell eine solche aus verpflichtenden Verträgen, trotz einer Verpflichtung dazu nicht bzw. nicht mehr besteht und dass dann (bei gegenseitigen Verträgen) bei bestimmten von der Leistungspflicht befreienden Umständen auch die Gegenleistungspflicht entfallen oder als Ausnahme dazu unter besonderen Umständen fortbestehen kann. Sie wissen auch, dass Ansprüchen hemmende Einreden entgegenstehen können. Dann sind Sie auch noch in die Geheimnisse des Vertrages zugunsten Dritter eingeweiht worden. „Angereichert“ worden ist all dies mit einer Fülle von (themenbezogenen) Exkursen, durch die Sie z. T. auch schon vorbereitet wurden auf all die schwierigen Fragen, die noch auf Sie warten. Und „zu guter Letzt“ folgte auch noch eine ausgiebige Darstellung dazu, wie (die bisher ja „nur auf dem Papier bestehenden“) Ansprüche in der Rechtswirklichkeit durchgesetzt werden.

Sie haben knapp ein Drittel des Buches gelesen. Geben Sie jetzt nicht auf, sondern arbeiten Sie zügig weiter. Folgen Sie dem hier ausgelegten „roten Faden“, der Sie aus dem Labyrinth des Zivilrechts in die Freiheit geleitet und wenden Sie sich nunmehr in Teil 4 den „Leistungsstörungen“ zu. Das ist zwar eine schwierige Aufgabe; Sie sind aber schon ein wenig darauf vorbereitet, und Sie werden langsam merken, dass nach und nach „ein Rädchen in das andere greift“ und Sie mehr als einen Überblick gewinnen, nämlich den „Durchblick“ erlangen.

# Teil 4. Sekundäransprüche bei Leistungsstörungen

## A. Überblick

### I. Leistungsstörungen von Schuldverhältnissen aus Rechtsgeschäften

Zunächst ein **Rückblick** auf **Teil 3:** Sie sind jetzt damit vertraut, dass sich aus einem Rechtsgeschäft, speziell aus einem verpflichtenden Vertrag, für den Schuldner eine **Leistungspflicht** ergeben kann, wobei zwischen Hauptleistungspflichten und leistungsbezogenen Nebenpflichten zu unterscheiden ist (§ 241 Abs. 1 BGB). Wir nennen einen darauf gerichteten Anspruch (§ 194 BGB) bekanntlich **„Primäranspruch"**. Viele von Ihnen zu bearbeitende Fälle beschränken sich in der Tat auf die Prüfung eines solchen Primäranspruchs.

Leider ist es aber weder im Leben noch in der Ausbildung immer so einfach: Aus Teil 3 ist Ihnen ja bereits bekannt, dass es bei Leistungspflichten, die sich aus Rechtsgeschäften ergeben zu **„Leistungsstörungen"** kommen kann und dass diese dem **Primäranspruch entgegenstehen** können.

- Wir hatten bereits festgestellt, dass der **Rücktritt** von einem **verpflichtenden Vertrag** diesen **beendet,** so dass **primäre vertragliche Ansprüche erlöschen**. Die Ihnen bereits bekannten **Rücktrittsgründe** sind die folgenden: **§ 313 Abs. 3 BGB** bei einer Störung der Geschäftsgrundlage; **§ 321 Abs. 2 S. 2, 3 BGB** bei der Unsicherheitseinrede; **§ 323 Abs. 1 BGB** bei nicht oder nicht vertragsgemäßer Leistung; **§ 326 Abs. 5 BGB** beim Ausschluss einer Leistungspflicht aus einem gegenseitigen Vertrag; **§ 324 BGB** im Fall der Verletzung einer Rücksichtspflicht nach § 241 Abs. 2 BGB. Als weitere Rücktrittsgründe werden Ihnen demnächst bekannt werden die aus **§ 323** Abs **1** bzw. **§ 326** Abs **5 BGB** i. V. m. **§§ 437 Nr. 2, 634 Nr. 3 BGB**, aus **§ 438** Abs **4 S. 3 BGB** und aus **§ 634a** Abs **4, S. 3 BGB**.



J. Plate, *Das gesamte examensrelevante Zivilrecht,* Springer-Lehrbuch,
DOI 10.1007/978-3-662-47320-7_4

- Sie haben weiterhin erfahren, dass ein aus einem Schuldverhältnis folgender **Primäranspruch** ausgeschlossen und damit **erloschen** sein kann durch **Unmöglichkeit** oder bei **Leistungsverweigerung** aus persönlichen Gründen (§ 275 Abs 1–3 BGB)
- und dass dieses Erlöschen des Anspruchs nach § 275 BGB im Regelfall auch **zum Erlöschen des Gegenleistungsanspruchs** führt **(§ 326** Abs **1 S. 1 BGB).** Auf die Anwendbarkeit dieser Norm hatte uns seinerzeit **§ 275** Abs **4 BGB** verwiesen.

Das gehört (mit Ausnahme der vorgenannten gewährleistungsrechtlichen Besonderheiten zum Rücktrittsrecht) zum Fundus Ihres Wissens; Sie müssen das dazu in Teil 3 Erlernte absolut sicher beherrschen. Aber bitte „lügen Sie sich nichts in die Tasche", sondern gehen Sie bei „inneren Zweifeln" alles lieber vorher noch einmal durch, bevor Sie jetzt weiter lesen.

Denn **jetzt** gehen wir einen großen **Schritt weiter:** In Teil 3 ist Ihnen ja bereits angekündigt worden, dass im Falle von **Leistungsstörungen** dem Gläubiger der gestörten Leistungsverpflichtung durch das Gesetz **Sekundäransprüche** gegen den Schuldner zuerkannt werden.

Dies wird durch den – lediglich deklaratorischen – Hinweis in **§ 275 Abs 4 BGB** deutlich gemacht: wenn der **Schuldner** aufgrund der in § 275 Abs 1–3 BGB genannten „Leistungsstörungen" von der Leistungspflicht **frei wird,** ergeben sich die Rechte des Gläubigers in Gestalt von Sekundäransprüchen aus **§§ 280, 283–285, 311a BGB**. Es handelt sich dabei – bildhaft gesprochen – um das gesetzliche „Herzstück" des allgemeinen Leistungsstörungsrechts. Aus dem Spektrum der in den § 275 Abs 4 BGB aufgezählten Sekundäransprüche haben Sie bereits **§ 285 BGB** kennengelernt, den Anspruch auf Herausgabe des „stellvertretenden commodum"; das war u. a. notwendig, um § 326 Abs 3 BGB zu verstehen.

Wir knüpfen jetzt an das dort (Teil 3 B II) bereits Erörterte an,

- indem Sie zunächst das **gesamte Spektrum** der in **§ 275** Abs **4 BGB** in Bezug genommenen Sekundäransprüche **(§§ 280, 283–285, 311a BGB)** kennenlernen werden.

Und dann gehen wir noch einen **Schritt weiter:** Außer den Ihnen bereits bekannten Fällen des § 275 Abs 1–3 BGB (Nichtleistung aufgrund von Unmöglichkeit), gibt es auch noch **andere Leistungsstörungen,** die auch zu **anderen Sekundäransprüchen** führen:

- Wenn der Schuldner gar nicht leistet, obwohl ihm die Erbringung der Leistung möglich ist **(Nichtleistung trotz Möglichkeit)** kann der Gläubiger **Schadensersatz „statt der Leistung"** verlangen **(§§ 280** Abs **1, 3, 281 BGB)** oder **zurücktreten (§ 323 BGB)**.

- Wenn der Schuldner die Leistung „nicht wie geschuldet" erbringt, die Leistung also qualitativ mangelhaft ist **(Schlechtleistung)**, kann der Gläubiger ebenfalls **Schadensersatz „statt der Leistung"** verlangen **(§§ 280** Abs **1, 3, 281 BGB)** oder **zurücktreten (§ 323 BGB)**.

Was die damit ins Spiel gebrachte **Schlechtleistung** angeht, soll hier aber nicht etwa der Eindruck aufkommen, dass mit dem Hinweis auf die Regeln des allgemeinen Leistungsstörungsrechts aus **§§ 280 Abs 1, 3, 281 BGB** bzw. **§ 323 BGB** alles gesagt wäre.

Sie sollen schon jetzt erfahren, dass wir fortan eine wichtige Differenzierung vornehmen müssen: Es ist zu unterscheiden, ob das Gesetz für den Fall einer Schlechtleistung ein **spezielles Gewährleistungsrecht** im besonderen Schuldrecht vorsieht oder es bei den **vorgenannten allgemeinen Vorschriften** bleibt.

Überraschenderweise gibt es bei den meisten typisierten Verträgen, z. B. bei den besonders bedeutsamen Dienstverträgen (z. B. Arztvertrag, Wirtschaftsprüfervertrag, Maklervertrag), ferner beim Auftrag, beim Geschäftsbesorgungsvertrag (Anwaltsvertrag, Steuerberatervertrag), beim Gesellschaftsvertrag, bei der Bürgschaft etc. **kein** derartiges **spezielles Gewährleistungsrecht**. Insoweit gilt bei Schlechtleistungen nur das **allgemeine Leistungsstörungsrecht (§§ 280 Abs 1, 3, 281 BGB** bzw. **§ 323 BGB)**

Dagegen besteht ein **spezielles Gewährleistungsrecht** beim **Kauf-, Werk-, Miet-** und beim **Reisevertrag**. Die dazu im Gesetz enthaltenen Sonderregeln gehen im Grundsatz dem allgemeinen Leistungsstörungsrecht vor. Soweit so gut. Diese Abgrenzung werden Sie mit ein wenig Übung schnell meistern können. Jetzt kommen aber **zwei raffinierte Mechanismen** des Schuldrechts, die zugleich die beiden entscheidenden Herausforderungen für Sie darstellen:

**Erstens** ist bei einer Schlechtleistung im Rahmen von **Schuldverhältnissen mit speziellem Gewährleistungsrecht** gleichwohl auch **partiell das allgemeine Leistungsstörungsrecht** anwendbar: So ist z. B. beim Kauf- oder Werkvertrag auch bei Schlechtleistungen bis zum Gefahrübergang (beim Kaufvertrag vor der Übergabe und beim Werkvertrag vor der Abnahme) das allgemeine Leistungsstörungsrecht der §§ 280 ff. BGB anzuwenden und erst nach Gefahrübergang das spezielle Gewährleistungsrecht. **Allgemeines und besonderes Leistungsstörungsrecht gelten** insofern zeitlich **konsekutiv.**

**Zweitens** greift das spezielle Gewährleistungsrecht zum großen Teil durch Verweise auf die Vorschriften des allgemeinen Leistungsstörungsrechts zurück. **Allgemeines und besonderes Leistungsstörungsrecht greifen ineinander**. Dabei werden durch das besondere Gewährleistungsrecht etwa zusätzliche Sekundäransprüche bereitgestellt (z. B. Minderung nach §§ 441, 536, 638, 651d BGB) oder auch die Voraussetzungen der Sekundäransprüche in §§ 280 ff. BGB konkretisiert und modifiziert. Das Ineinandergreifen manifestiert sich insbesondere in den **„Drehscheiben"** des **§ 437 BGB** für das Kaufrecht und **§ 634 BGB** für das Werkvertragsrecht.

Wir kommen auf dieses Thema noch oft genug zurück, und Sie müssen sich das alles an dieser Stelle noch nicht merken, aber doch schon ein erstes Mal bewusst zur Kenntnis nehmen. Denn bald kommt es auf diese Differenzierungen entscheidend an. Verzweifeln Sie dabei nicht, wenn Sie die Funktionsweise des Gewährleistungsrechts nicht sofort nachvollziehen können oder bei der Rechtsanwendung Fehler machen. Diese komplexen Mechanismen zu meistern erfordert zweierlei: Man muss sich einerseits mehrmals vertieft mit ihnen auseinanderzusetzen und sich dabei möglichst auch die dahinterstehenden Interessenkonflikte zwischen den beteiligten Personen vor Augen führen. Andererseits bedarf es schlicht der Übung: Sie werden mit der Zeit ein Gespür dafür entwickeln, in welchen Konstellationen welche Ansprüche der Parteien zu prüfen sind und welche Probleme dabei auftreten können, bzw. von Klausurerstellern typischerweise eingebaut werden.

- Wenn der Schuldner **verspätet leistet** kann der Gläubiger nach **§§ 280 Abs 1, 2, 286 BGB** den Ersatz des ihm entstandenen „Verzögerungsschadens" verlangen.

Bevor wir unsere tour d'horizon über das „weite Feld" der Leistungsstörungen fortsetzen, müssen Sie sich zunächst noch einmal bewusst machen, dass wir in dieser Übersicht bislang nur Leistungsstörungen vor Augen hatten, die **„Leistungspflichten"** aus **§ 241 Abs 1 BGB** betrafen (also „Hauptleistungspflichten" oder „leistungsbezogene Nebenpflichten" bzw. „Nebenleistungspflichten"), nämlich die Fälle einer **Nichtleistung wegen Unmöglichkeit,** einer **Nichtleistung trotz Möglichkeit,** einer **Schlechtleistung** und einer **verspäteten Leistung**. Nachdem Sie sich das noch einmal verdeutlicht haben, können wir einen **Schritt weiter gehen:** Einen Schuldner treffen nicht nur „Leistungspflichten" i. S. d. § 241 Abs 1 BGB. Vielmehr kann nach **§ 241** Abs **2 BGB** „das Schuldverhältnis … nach seinem Inhalt jeden Teil zur Rücksicht auf die Rechte, Rechtsgüter und Interessen des anderen Teils" verpflichten; das Gesetz bezeichnet diese Pflichten im Gegensatz zu Leistungspflichten als **„Rücksichtspflichten"**. Besteht zwischen zwei oder mehr Personen eine Sonderverbindung in Form eines Schuldverhältnisses, so müssen die Parteien insgesamt wechselseitig die Rechte, Rechtsgüter und Interessen wahren – auch wenn sie mit den Leistungspflichten aus dem Schuldverhältnis nichts zu tun haben.

- Die zivilrechtliche Sanktion der Verletzung einer solchen Rücksichtspflicht ist zum einen ein **Schadensersatzanspruch** des Gläubigers gegen den Schuldner aus **§ 280 Abs 1 i. V. m. § 241 Abs 2 BGB** auf Ersatz des **„negativen Interesses":** Der Gläubiger kann verlangen, so gestellt zu werden, wie wenn die Rücksichtspflichtverletzung nicht stattgefunden hätte.

Man kann sich an dieser Stelle fragen, welches **rechtspolitische Bedürfnis** eigentlich **für** die gesetzliche Schaffung eines solchen Anspruchs aus **§§ 280 Abs 1, 241 Abs 2 BGB** besteht, weil doch bei einer Verletzung von Rechten, Rechtsgütern und Interessen des anderen Teils ohnehin eine **deliktische Haftung** aus **§ 823 Abs 1 BGB** eingreift. Dieser Einwand trifft jedoch nicht zu! Das können Sie sich mit folgender anspruchsvoller aber lehrreicher Übung selbst erläutern: Vergleichen Sie hierzu nur die Voraussetzungen von § 280 Abs 1 BGB einerseits und § 823 Abs 1, 2 BGB andererseits und vergleichen Sie auch die Zurechnungsnorm § 278 BGB mit der Anspruchsgrundlage in § 831 BGB!

- Auf den ersten Blick überraschend ist vielleicht der Umstand, dass die Verletzung einer Rücksichtspflicht aus § 241 Abs 2 BGB nicht nur den soeben angesprochenen Anspruch auf Ersatz des „negativen Interesses" aus §§ 280 Abs 1, 241 Abs 2 BGB begründen kann, sondern unter bestimmten Voraussetzungen auch einen Anspruch auf **Schadensersatz „statt der Leistung" (§§ 280 Abs 1, 3, 282, 241 Abs 2 BGB)**.
- Auch kann bei einem gegenseitigen Vertrag der Gläubiger bei der Verletzung einer Rücksichtspflicht aus § 241 Abs 2 BGB unter bestimmten Voraussetzungen von einem **Vertrag zurücktreten (§ 324, 241 Abs 2 BGB)**. Im Hinblick auf diese beiden zuletzt genannten Regelungen dürfte vielleicht auch dem bislang insoweit kritischen Leser die Einordnung einer Rücksichtspflichtverletzung bei den Leistungsstörungen als legitim erscheinen.

Die den vorstehenden Ausführungen zugrunde liegende **Unterscheidung** von **„Leistungs-"** (§ 241 Abs 1 BGB) und **Rücksichtspflichten** (§ 241 Abs 2 BGB) ist theoretisch recht einfach zu treffen, kann aber im Einzelfall doch erhebliche **Abgrenzungsschwierigkeiten** bereiten. Eine saubere begriffliche Trennung ist in manchen Fallkonstellationen praktisch unmöglich.

Das können Ihnen die folgenden, der Begründung des Regierungsentwurfs zur Schuldrechtsmodernisierung entnommenen Beispiele zeigen: Bei Bewachungs- und Beratungsverträgen besteht die Leistungspflicht (§ 241 Abs 1 BGB) gerade in einem Schutz von Rechtsgütern durch Bewachung oder durch Aufklärung; eine Aufklärungspflicht durch Anleitung zum Gebrauch einer technischen Einrichtung kann sowohl dem Leistungsinteresse des Gläubigers (Ermöglichung des Betriebes als solchem) als auch dem Schutzinteresse des Gläubigers (Schutz vor Verletzungen des Betreibers beim Betrieb der technischen Einrichtung) dienen.

## II. Leistungsstörungen von gesetzlichen Schuldverhältnissen

Die Ihnen schon aus Teil 3 bekannten und soeben neu vorgestellten **Leistungsstörungen** und hieraus folgenden Sekundäransprüche haben wir bisher vor allem mit Blick auf **rechtsgeschäftliche Schuldverhältnisse,** speziell denen aus verpflichtenden Verträgen, erläutert. Insofern schlossen sich diese Ausführungen ja auch nahtlos an den Teil 3 an, wo wir uns in erster Linie auf die Primäransprüche aus Rechtsgeschäften, speziell solche aus verpflichtenden Verträgen, konzentriert hatten, wenngleich „am Rande" immer davon die Rede war, dass man nie aus dem Auge verlieren dürfe, dass das „Ausklammerungsprinzip" des BGB es im Grundsatz fordert, die Regeln des Allgemeinen Schuldrechts auf alle Ansprüche, also auch auf die aus **gesetzlichen Schuldverhältnissen** anzuwenden. Wie gesagt: Es könnte sein, dass einige der Leser vorsorglich unter dem Aspekt der eben gemachten Bemerkung noch einmal Teil 2 B II lesen sollten. Um jetzt die folgenden Ausführungen zu verstehen, sollten Sie sich bewusst machen, dass Leistungsstörungen auch bei gesetzlichen Schuldverhältnissen in Betracht kommen. Aber Vorsicht: das allgemeine Leistungsstörungsrecht als Teil des allgemeinen Schuldrechts kann auf gesetzliche Schuldverhältnisse natürlich nur nach deren Entstehung in Betracht kommen!

Aus den vorgenannten Gründen kann es daher nicht dabei bleiben, dass wir bei Leistungsstörungen immer nur an Schuldverhältnisse aus Rechtsgeschäften, namentlich aus Vertrag, gar aus Kaufvertrag, denken. Sie müssen Ihren **Horizont** wieder einmal **erweitern**. Wie immer beginnen wir mit einem ersten kurzen Überblick. Für Sie wichtige **„gesetzliche Schuldverhältnisse"** sind:

- die Ihnen ja schon aus Teil 3 geläufigen gesetzlichen Schuldverhältnisse zwischen dem **Anfechtenden und** dem **Anfechtungsgegner** (§ 122 BGB), zwischen **dem Vertreter ohne Vertretungsmacht und** dem **Dritten** (§ 179 BGB) sowie das Schuldverhältnis bei einer **Geschäftsführung ohne Auftrag** (§§ 677 ff. BGB, dazu Teil 5) und bei einer Geschäftsanmaßung (§ 687 Abs 2 BGB, dazu Teil 5),
- das Schuldverhältnis aus einem **Eigentümer-Besitzer-Verhältnis** (§§ 985 ff. BGB, dazu Teil 6),
- das Schuldverhältnis aus einer unerlaubten Handlung bzw. **„Delikt"** und Gefährdungshaftung (§§ 823 ff. BGB, dazu Teil 7)
- und das Schuldverhältnis aus einer **ungerechtfertigten Bereicherung** (§§ 812 ff. BGB, dazu Teil 8).

Wenn Ihnen diese drei zuletzt genannten Normenkomplexe noch gar nichts oder nur wenig sagen, können Sie natürlich insoweit wie (angeblich) der Vogel Strauß bei Gefahr den „Kopf in den Sand stecken" und darauf vertrauen, dass Sie in diesem Buch zur rechten Zeit und am rechten Ort Informationen über diese und auch andere „gesetzliche Schuldverhältnisse" erhalten werden. Sie sollten aber im eigenen Interesse neugierig sein und das Weiterlesen für 20 min unterbrechen und zumindest einen Blick auf diese Ihnen vielleicht noch unbekannten Gebiete des BGB werfen und die soeben genannten Normenkomplexe im Gesetz durchlesen und versuchen, sich ein Bild davon zu machen, was der Gesetzgeber hier geregelt hat. Spätestens dann werden Sie sehen, dass es **auch** bei **gesetzlichen Schuldverhältnissen** so etwas wie **Leistungspflichten** geben kann. Wenn Sie das verstanden haben, können Sie sich auch vorstellen, dass die **Erfüllung** dieser gesetzlichen **Leistungspflichten** durch Ereignisse wie **Unmöglichkeit,** durch **Nichtleistung trotz Möglichkeit,** durch **Schlechtleistung** oder durch **Verspätung** ebenso **„gestört"** werden kann, wie es bei einem Schuldverhältnis aus Rechtsgeschäft der Fall ist, so dass also auch der Gläubiger eines gesetzlichen Schuldverhältnisses aus einer „Leistungsstörung" resultierende Ansprüche haben kann. Vorstellen können Sie sich sicher auch, dass solche gesetzlichen Schuldverhältnisse ebenso wie rechtsgeschäftliche Schuldverhältnisse **Rücksichtspflichten** begründen können **(§ 241 Abs 2 BGB)** und dass durch deren Verletzung ebenfalls Ansprüche auf Schadensersatz entstehen können.

Daraus können Sie entnehmen, dass das in diesem 4. Teil darzustellende Leistungsstörungsrecht vom Grundsatz her nicht nur für durch Rechtsgeschäft begründete Schuldverhältnisse gilt, sondern auch für die gesetzlichen Schuldverhältnisse. Allerdings (und das ist jetzt sehr wichtig!) gibt es bei den gesetzlichen Schuldverhältnissen für Leistungsstörungen zuweilen **vorrangig** geltende und **abschließende Sonderregeln,** auf die dann später (z. B. bei der Darstellung der §§ 985 ff. oder der §§ 812 ff. BGB) im Einzelnen näher eingegangen wird; wer neugierig ist, kann ja schon einmal die §§ 987–1001 BGB oder §§ 818 Abs 3 ff. BGB lesen.

Diese Ausführungen zu den gesetzlichen Schuldverhältnissen mögen bei dem einen oder anderen Leser die Sorge ausgelöst haben, dass plötzlich außerordentlich viel, ja sogar allzu viel, über ihn „hereinbricht". Aber **keine Sorge:** Sie werden jetzt nicht etwa im Zusammenhang mit den Leistungsstörungen auch noch breitwandig mit dem Fragenkreis der Folgen von Leistungsstörungen bei „gesetzlichen Schuldverhältnissen" konfrontiert werden. Das würde Sie in der Tat überfordern. Damit lassen wir uns noch Zeit. Wir werden uns daher im Folgenden ganz bewusst „zurücknehmen" und uns auf die rechtsgeschäftlichen, speziell die vertraglichen Schuldverhältnisse konzentrieren. Durch die vorstehenden Ausführungen sollten Sie nur dafür sensibilisiert werden, die Anwendbarkeit der Regeln des allgemeinen Leistungsstörungsrechts auch bei gesetzlichen Ansprüchen im Auge zu behalten.

## III. Schuldverhältnisse aus vorvertraglichem „geschäftlichen Kontakt" („culpa in contrahendo")

Als wären es nicht schon genug Probleme und Besonderheiten: Sie müssen sich auch noch verdeutlichen, dass es nicht nur **rechtsgeschäftliche** und **gesetzliche Schuldverhältnisse** gibt, wie die soeben erfolgte Gegenüberstellung es noch einmal verdeutlicht hat, sondern auch beiden Arten von Schuldverhältnissen zuzuordnende **juristische „Zwitter"** existieren. Es geht dabei um Schuldverhältnisse, die man zwar strenggenommen als „gesetzliche Schuldverhältnisse" bezeichnen muss, weil sie kraft Gesetzes und nicht kraft autonomen Willens von Privatrechtssubjekten entstehen. Ihre Besonderheit liegt aber darin, dass sie den rechtsgeschäftlichen (genauer: den vertraglich begründeten) Schuldverhältnissen nahe stehen, sie also „vertragsähnlich" oder „quasivertraglich" sind. Hierunter werden bisweilen auch die oben schon erwähnten Schuldverhältnisse aus Geschäftsführung ohne Auftrag gefasst. Ob diese Einordnung angesichts der Heterogenität der Fallkonstellationen in diesem Bereich im Einzelfall sinnvoll ist, kann hier offenbleiben. Uns interessiert nämlich ein Schuldverhältnis, das schon seinem Wesen nach dem Vertrag nahesteht: das vorvertragliche Schuldverhältnis gemäß § 311 Abs 2 BGB. Es hat in dogmatischer Hinsicht eine „bewegte Vergangenheit".

Seit dem Ende des 19. Jahrhunderts ist nach einer **„juristischen Entdeckung"** des berühmten Rechtswissenschaftlers **v. Ihering** (1861) anerkannt, dass sich aus einem **vorvertraglichen „geschäftlichen Kontakt"** zwar noch keine (vertraglichen) Leistungspflichten, wohl aber **bereits Rücksichtspflichten** ergeben können. Hintergrund ist, dass sich die Parteien in diesem Stadium schon so nahe kommen, dass sie sich bereits die Möglichkeit zur Einwirkung auf ihre Rechte, Rechtsgüter und Interessen gewähren (vgl. Sie § 311 Abs. 2 Nr. 2 BGB). Die zivilrechtliche Sanktion der schuldhaften Verletzung solcher Rücksichtspflichten aus vorvertraglichem geschäftlichem Kontakt war ein Anspruch auf Schadensersatz. Diesen leitete man bis zum 31. Dezember 2001 aus dem bis dahin gewohnheitsrechtlich anerkannten Institut der **„culpa in contrahendo" („cic")** ab, was man – wörtlich übersetzt – als **„Verschulden bei Vertragsschluss"** bezeichnen kann.

Seit dem **1. Januar 2002** ist dieser Gewohnheitsrechtssatz in **§ 311 Abs. 2 BGB** gesetzlich festgeschrieben. Der Anspruch auf Schadensersatz ergibt sich nunmehr aus **§§ 280 Abs. 1, 311 Abs. 2, 241 Abs. 2 BGB**.

Eine zusätzliche, ebenfalls früher kraft Gewohnheitsrechts geltende, jetzt aber auch gesetzlich normierte „juristische Delikatesse" besteht darin, dass diese Rücksichtspflichten aus einem vorvertraglichen „geschäftlichen Kontakt" sogar „Dritte", die gar nicht Vertragspartner werden sollen, treffen können, deren Verletzung zu einem Schadensersatzanspruch gegen die Dritten führen kann **(§§ 280 Abs.1, 311 Abs. 3, 241 Abs. 2 BGB)**.

An dieser Stelle ist ein kleiner **Hinweis** zum **Aufbau** der **Gesamtdarstellung** angezeigt:

Man könnte die **Voraussetzungen** und die **Rechtsfolgen** von **Verletzungen** von **Rücksichtspflichten** aus einem **vorvertraglichen geschäftlichen Kontakt** durchaus ebenfalls **bei** den **Leistungsstörungen,** also in diesem 4. Teil abhandeln. Das werden Sie in manchen Lehrbüchern auch so dargestellt finden. Weil aber dieses Schuldverhältnis keinerlei Leistungspflichten begründet, geht es bei den Verletzungen von Rücksichtspflichten aus einem vorvertraglichen geschäftlichen Kontakt letztlich gar nicht um Leistungsstörungen. Die Ausgliederung der Darstellung der Rechtsfolgen von Verletzungen von Rücksichtspflichten aus einem vorvertraglichen geschäftlichen Kontakt entspricht, wie Sie ja wissen, auch den Aufbauregeln bei der Fallbearbeitung, die auch dem Aufbau dieses Buches zugrunde liegen. Aus allen diesen Gründen werden wir die Ansprüche aus §§ 280, 311 Abs. 2, 241 Abs. 2 BGB schwerpunktmäßig zusammen mit anderen vertragsähnlichen Schuldverhältnissen gesondert im **5. Teil** erörtern.

Schon jetzt sei aber darauf hingewiesen, dass wir aus bestimmten, noch zu erläuternden Gründen auch in diesem Teil 4 an einer Stelle nicht umhin können, auf den Schadensersatzanspruch aus §§ 280, 311 Abs. 2, 241 Abs. 2 BGB einzugehen. Systematisch Zusammenhängendes lässt sich eben nicht immer voneinander getrennt präsentieren!

### IV. Das „Programm" des 4. Teils

Dieser recht umfängliche erste Überblick hat Ihnen zugleich das **„Programm"** des **4. Teils** des **Buches** vermittelt. Allerdings müssen wir, bevor es nun „richtig losgeht", in das auf den ersten Blick doch recht undurchsichtige **Gewirr** von Möglichkeiten von **Leistungsstörungen** und daraus resultierenden **Sekundäransprüchen** Ordnung bringen.

- Wir beginnen mit dem **„allgemeine Leistungsstörungsrecht" (sub B.)**
- und widmen uns sodann in einem zweiten Schritt Sekundäransprüchen bei Schlechtleistungen im Rahmen des **speziell geregelten Gewährleistungsrechts** (Kauf, Werkvertrag, Miete, Reisevertrag) **(sub C. ff)**

## B. Sekundäransprüche aus dem allgemeinen Leistungsstörungsrecht

### I. Überblick

Eine **Leistungsstörung** setzt begrifflich das Vorliegen eines auch zur Leistung verpflichtenden Schuldverhältnisses voraus.

Unter einem **Schuldverhältnis** versteht man eine **rechtliche Sonderverbindung zwischen** (mindestens) **zwei Personen,** die man **Gläubiger** und **Schuldner** nennt („Schuldverhältnis im weiteren Sinn"; so auch die Begriffsbedeutung im achten Abschnitt des zweiten Buchs des BGB, „einzelne Schuldverhältnisse"; daneben verwendet das BGB den Begriff auch zur Umschreibung einer Forderung, z. B. in

§§ 362, 364, 397 BGB, was man als „Schuldverhältnis im engeren Sinn" bezeichnen kann). Hier geht es um das Schuldverhältnis im weiteren Sinn.

Aus einer solchen als Schuldverhältnis bezeichneten rechtlichen Sonderverbindung können folgende **Pflichten** entstehen:

- Der **Gläubiger** kann **von** dem **Schuldner** die Erbringung einer **Leistung fordern (§ 241 Abs. 1 S. 1 BGB)**, also eine „Hauptleistung" oder eine „leistungsbezogene Nebenleistung" bzw. „Nebenleistung". Die geschuldete Leistung kann in einem **Tun** und in einem **Unterlassen** bestehen (§ 241 Abs. 1 S. 2 BGB).
- Jeder Teil ist zusätzlich aufgrund einer sog. **Rücksichtspflicht** zur „Rücksicht auf die Rechte, Rechtsgüter und Interessen des anderen Teils" verpflichtet („nicht leistungsbezogene Nebenpflicht"; **§ 241 Abs. 2 BGB**).

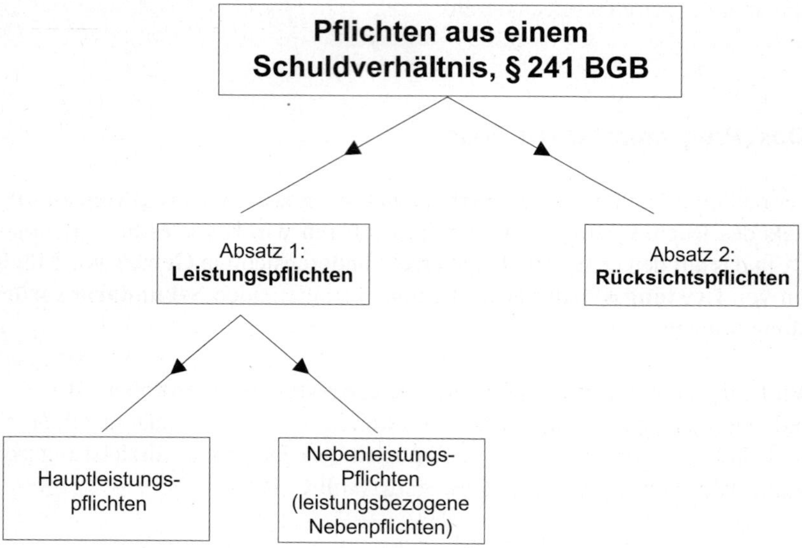


Die uns im Folgenden interessierenden **Sekundäransprüche** ergeben sich aus Leistungsstörungen, die entweder in einer **Verletzung** von **Leistungspflichten** oder in einer **Verletzung** von **Rücksichtspflichten** bestehen.

## 1. Die zu Schuldverhältnissen führenden „Sonderverbindungen" und die daraus resultierenden Pflichten

Zum wiederholten Male, aber „repetitio est mater studiorum" (wörtlich: „Die Wiederholung ist die Mutter des Erlernens"):

Zu **Schuldverhältnissen** führende Sonderverbindungen können entstehen

- durch ein **Rechtsgeschäft**, speziell durch einen verpflichtender Vertrag, (§ 311 Abs. 1 BGB),
- aufgrund einer Anordnung des **Gesetzes**

- ebenfalls aufgrund einer Anordnung des Gesetzes bei einem **vorvertraglichen „geschäftlichen Kontakt“** (§ 311 Abs. 2 BGB) und deshalb mit vertragsähnlichem Charakter (hierzu später in Teil 5).

### a) Schuldverhältnisse aus einem Rechtsgeschäft und die daraus resultierenden Pflichten

Das Gesetz hat in **§ 311 Abs. 1 BGB** hervorgehoben, dass es **Schuldverhältnisse** aus **Rechtsgeschäften,** speziell aus verpflichtenden Verträgen gibt. Diese können (es kann gar nicht oft genug wiederholt werden) einerseits nach § 241 Abs. 1 BGB **Leistungspflichten** („Hauptleistungspflichten“ oder „leistungsbezogene Nebenpflichten“) und andererseits nach § 241 Abs. 2 BGB Pflichten zur „Rücksicht auf die Rechte, Rechtsgüter und Interessen des anderen Teils“, also **Rücksichtspflichten,** begründen.

*Beispiel* Der K kauft bei dem V eine Vase. Der K verlangt Lieferung, der V Bezahlung. In diesem Beispiel geht es um die Frage der Verpflichtung zur Erfüllung von Hauptleistungspflichten aus einem durch Rechtsgeschäft (hier: einem verpflichtenden Vertrag) entstandenen Schuldverhältnis, und zwar aus einem Kaufvertrag (§ 433 Abs. 1 und 2 BGB).

*Beispiel* Der T verstirbt. In seinem formwirksamen Testament ist der E als Erbe eingesetzt. Dem V hat der T eine bestimmte Vase als Vermächtnis ausgesetzt. Der V verlangt von E die Übereignung und Übergabe der Vase. Auch in diesem Beispiel geht es um eine Hauptleistungspflicht aus einem Schuldverhältnis, das aus einem einseitigen Rechtsgeschäft (Vermächtnis) entstanden ist (§§ 1939, 2147, 2174 BGB).

*Beispiel* Der K kauft bei V eine Vase. Der K zahlt den Kaufpreis. Vereinbart ist, dass der K die Vase am 5. Dezember 2015 bei V abholt. Als der K dazu den Laden betritt, rutscht er auf einer dort liegenden Bananenschale aus und verletzt sich. Der V selbst hatte die Bananenschale kurz zuvor aus Nachlässigkeit fallen- und liegengelassen. Der K will Schadensersatz. In diesem Beispiel geht es um eine Verletzung einer Rücksichtspflicht, die den V zur Rücksicht auf die Rechte, Rechtsgüter und Interessen des K anhält und den hieraus folgenden Anspruch aus §§ 280 Abs. 1, 241 Abs. 2 BGB.

### b) Schuldverhältnisse aus Gesetz und die daraus resultierenden Pflichten

Die Existenz von Schuldverhältnissen, die sich ausschließlich aus dem Gesetz ergeben und die man deshalb als **gesetzliche Schuldverhältnisse** bezeichnet, hat der Gesetzgeber als selbstverständlich unterstellt und nicht gesondert hervorgehoben. Auch gesetzliche Schuldverhältnisse begründen **Leistungspflichten** nach § 241 Abs. 1 BGB und **Rücksichtspflichten** nach § 241 Abs. 2 BGB.

*Beispiel* Das Auto des A ist verunglückt und liegt rauchend im Straßengraben. Der B löscht das Feuer mit seinem Feuerlöscher. Er verlangt die Kosten für die neue

Füllung von dem A. Hier geht es um Leistungspflichten (Aufwendungsersatz) aus einem gesetzlichen durch Geschäftsführung ohne Auftrag entstandenen Schuldverhältnis (§§ 677 ff. BGB), und zwar aus §§ 683 S. 1, 670 BGB.

*Beispiel* Die Kühe des Bauern A grasen wegen eines seine Weide einfriedenden defekten Zaunes die angrenzende Weide des Bauern B ab. Der B verlangt Wertersatz für das Gras. Hier geht es um Leistungspflichten (Herausgabe des Erlangten) aus einem durch ungerechtfertigte Bereicherung entstandenen Schuldverhältnis (§§ 812 ff. BGB), und zwar aus § 812 Abs. 1 S. 1, Var. 2 BGB.

*Beispiel* Der J wirft beim Ballspielen aus Versehen die Fensterscheibe des E ein. Der E verlangt Schadensersatz in Form des Einbaus einer neuen Scheibe. Hier geht es um eine geschuldete Leistungspflicht (Schadensersatz durch „Naturalrestitution") aus dem durch eine unerlaubte Handlung entstandenen Schuldverhältnis (§§ 823 ff., 249 ff. BGB), und zwar aus §§ 823 Abs. 1, 249 Abs. 1 BGB.

*Beispiel* Der A hat aufgrund eines nichtigen Pachtvertrages ein Grundstück des B im Besitz. Der A kennt die Unwirksamkeit des Pachtvertrages. Dennoch erntet er auf dem Grundstück ausgesäte Kartoffeln. Der B verlangt Herausgabe des Grundstücks und der Kartoffeln. Der A begehrt im Gegenzug Ersatz für seine Saat und die investierte Arbeit. Hier geht es um Leistungspflichten aus dem durch Eigentümer-Besitzer-Verhältnis entstandenen Schuldverhältnis (§§ 985 ff. BGB), und zwar aus §§ 985, 986 BGB (Herausgabe des Grundstücks, Herausgabe der Kartoffeln), aus §§ 990 Abs. 1, 987 BGB (Herausgabe der Kartoffeln) und ggf. aus §§ 994 ff (Verwendungsersatz).

*Beispiel* Der J wirft beim Ballspielen aus Versehen die Fensterscheibe des E ein. Der E verlangt Schadensersatz durch Naturalrestitution (§§ 823 ff., 249 Abs. 1 BGB). Der J schickt dazu den von ihm beauftragten Glaser G, der aus Ungeschick die intakte Scheibe des danebenliegenden Fensters zerstört. In diesem Beispiel geht es um Rücksichtspflichten des J gegenüber dem E nach § 241 Abs. 2 BGB aus einem gesetzlichen Schuldverhältnis aus §§ 823, 249 Abs. 1 BGB. Der Anspruch folgt aus §§ 280 Abs. 1, 241 Abs. 2, 278 BGB (Unterschied zum ersten „Glaser-Fall": Bei der Schädigung durch den G entstand zwischen J und E ein gesetzliches Schuldverhältnis aus § 823 Abs. 1 BGB).

#### c) Schuldverhältnisse aus einem vorvertraglichen „geschäftlichen Kontakt" und die daraus resultierenden Pflichten

Wie **§ 311 Abs. 2 BGB** zu entnehmen ist, gibt es auch Schuldverhältnisse aus **vorvertraglichem „geschäftlichen Kontakt"**. Auch **Dritte,** die nicht selbst Vertragspartei werden sollen, können dazu verpflichtet sein, diese Rücksichtspflichten zu beachten. Dies insbesondere dann, wenn sie in besonderem Maße Vertrauen für sich in Anspruch nehmen und dadurch die Vertragsverhandlungen oder den Vertragsschluss erheblich beeinflussen (§§ 311 Abs. 3, 241 Abs. 2 BGB).

Sie sind bereits darauf hingewiesen worden, dass wir uns mit den Rechtsfolgen einer Verletzung von Rücksichtspflichten aufgrund eines **vorvertraglichen geschäftlichen Kontakts** (§ 311 Abs. 2 BGB) prinzipiell erst in Teil 5 befassen werden, dass wir aber aus aufbautechnischen Gründen nicht umhin kommen werden, an einer Stelle des Teils 4 kurz darauf einzugehen. Daher – und natürlich auch als willkommene Gelegenheit zur Vorbereitung auf Teil 5– sind diese vorgezogenen Hinweise durchaus sinnvoll.

Dieses Schuldverhältnis begründet aber – und das wissen Sie schon! – **keine Leistungspflichten,** sondern nach §§ 311 Abs. 2, 241 Abs. 2 BGB **nur Rücksichtspflichten**.

*Beispiel* Der A will den Laden des B betreten, um dort etwas einzukaufen. Bevor es dazu kommt, wird er von einer nachlässig angebauten herabstürzenden Werbetafel am Kopf getroffen und verletzt. In diesem Beispiel geht es um Rücksichtspflichten des V gegenüber dem K aus einem geschäftlichen Kontakt und daher um einen Anspruch aus §§ 280 Abs. 1, 311 Abs. 2, 241 Abs. 2 BGB.

*Beispiel* Die B-Bank verkauft als Vertreterin Anteile an einem Wohnungsbauprojekt der Hamburgischen Miethai GmbH & Co. KG („KG"). Sie wirbt dabei gegenüber Interessenten, die bisher keine Bankkunden waren, massiv mit ihrer eigenen Sachkompetenz und versichert, die KG sei „wirtschaftlich solide". Das Investmentprojekt scheitert und der Geschäftsführer der persönlich haftenden Gesellschafterin der Fonds KG wird nie wieder gesehen, die KG wird insolvent. Die enttäuschten Investoren verlangen Schadensersatz von der B-Bank, die das Geschäft lediglich vermittelt hatte. In diesem Beispiel geht es um die Frage, ob die B-Bank gegenüber den Investoren Rücksichtspflichten traf, obwohl sie nicht Vertragspartnerin werden sollte. Hier geht es um einen Anspruch aus §§ 280 Abs. 1, 311 Abs. 2, 241 Abs. 2 BGB.

#### d) Sonstige vertragsähnliche Schuldverhältnisse

Diskutieren kann man, ob es vertragsähnliche Schuldverhältnisse aus einem „nachbarrechtlichen Gemeinschaftsverhältnis" oder aus „Gefälligkeitsverhältnissen" gibt. Wir stellen das zurück, denn für die Erörterung der Frage des Vorliegens einer „Leistungsstörung" eignet sich ein solches Schuldverhältnis mangels des Bestehens einer Leistungsverpflichtung nicht.

### 2. Folgerungen für die Arbeitstechnik bei der Fallbearbeitung

Im Folgenden wird es darum gehen, die sich aus „Leistungsstörungen" ergebenden konkreten Ansprüche kennen zu lernen. Bevor wir damit beginnen, müssen Sie als Leser den dabei **gewählten Aufbau** verstehen. Dies ist eine für die Darstellung der

Fallbearbeitung bedeutsame, aber ergebnisneutrale **Weichenstellung**. Man kann hierbei theoretisch auf zweierlei Weisen vorgehen.

**Entweder** man analysiert den Sachverhalt und **typisiert die** dort erkennbaren **Verletzungen von Pflichten** wie folgt:

- als Pflichtverletzung als solche,
- als Pflichtverletzung speziell durch eine verspätete Erbringung,
- als Pflichtverletzung speziell durch eine Nichterbringung trotz einer dazu bestehenden Möglichkeit,
- als Pflichtverletzung speziell durch eine Herbeiführung der Unmöglichkeit der Leistung oder
- als Pflichtverletzung speziell durch eine Schlechtleistung

und **sucht dann** im Gesetz nach dazu **passenden Anspruchsgrundlagen** und subsumiert schließlich die Pflichtverletzungen unter dieselben. **So verfuhr** man zu Zeiten des **„alten Schuldrechts"** und so verfahren auch heute noch viele Autoren, die **anknüpfend an** die **Art** der **Leistungsstörung** z. B. „Ansprüche wegen Unmöglichkeit der Leistung" oder „Ansprüche wegen einer Schlechtleistung" etc. prüfen.

Der andere Weg ist der, dass man zunächst (1. Schritt) **Anspruchsgrundlagen nach** ihren **Rechtsfolgen,** also nach dem, was der Anspruchsteller der Fallfrage zufolge fordert, wie folgt **typisiert:**

- als Anspruchsgrundlagen auf Ersatz von Schäden, die nicht auf ein endgültiges Ausbleiben der Leistung zurückzuführen sind und, weil sie bereits eingetreten sind, nicht durch eine hypothetische Nacherfüllung beseitigt wären **(„Schadensersatz neben der Leistung")**,
- als Anspruchsgrundlagen auf Ersatz von Schäden, die auf ein endgültiges Ausbleiben der Leistung zurückzuführen sind, die also durch eine jetzt noch erbrachte hypothetische Nacherfüllung beseitigt wären, also „Nichterfüllungsschäden" **(„Schadensersatz statt der Leistung")**,
- oder anstelle dessen als Anspruchsgrundlagen auf den **„Ersatz vergeblicher Aufwendungen"**,
- als Anspruchsgrundlagen auf **„Herausgabe des Ersatzes"**, also von Surrogaten,
- als Anspruchsgrundlagen auf **„Rückgewähr von erbrachten Leistungen"**

und dass man dann (2. Schritt) aus dem Spektrum der Möglichkeiten diejenigen **Anspruchsgrundlagen auswählt,** deren **Rechtsfolge zu** dem sich **aus der Fallfrage ergebenden Anspruchsziel** des Anspruchstellers **passen**.

**Wir wählen hier diesen** zuletzt genannten **Weg**. Denn (so Lorenz-Riehm, die sich nach dem Inkrafttreten des neuen Leistungsstörungsrechts am 1. Januar 2002 als erste über diese Frage Gedanken gemacht haben:) „für die gedankliche Prüfungsreihenfolge ergibt sich aus der neuen Gesetzessystematik eine wichtige

Änderung: Während früher zunächst die Art der Leistungsstörung ermittelt werden musste, um über die Anwendung der richtigen Norm (z. B. §§ 325, 326 oder § 463 BGB a. F.) zu entscheiden, ist diese Frage nunmehr zweitrangig. Auszugehen ist nach der neuen Rechtslage vielmehr von der begehrten Rechtsfolge: Schadensersatz statt der Leistung, Ersatz von Verzugsschäden, Schadensersatz neben der Leistung (z. B. Mangelfolgeschäden) oder Rückgewähransprüche nach Rücktritt. Aufgrund dieser Rechtsfolge ist dann zu entscheiden, ob die Anspruchsgrundlage in den §§ 281–283, 280 Abs. 3 bzw. § 311a Abs. 2 (Schadensersatz statt der Leistung) zu suchen ist. Erst dann wird ggf. die Frage relevant, welche Art der Leistungsstörung vorliegt, um z. B. aus den §§ 281–283 BGB, § 311a Abs. 2 BGB die richtige Anspruchsgrundlage zu wählen".

Dieser Aufbau ist deshalb vorteilhaft, weil unterschiedliche Formen der Leistungsstörungen oft zu gleichen Rechtsfolgen führen können. Außerdem kann dieser Aufbau direkt auf die für uns im Vordergrund stehende Technik der Fallbearbeitung übertragen werden. Schließlich geht es uns primär um die Beantwortung der Frage: „wer will **was** von wem woraus" und nicht um die Beantwortung der Frage: „wer hat welche Pflichtverletzung zu verantworten und zu welchem Anspruch kann diese führen?". **Wir** werden also im Folgenden **von** der durch den Anspruchsteller begehrten **Rechtsfolge („Anspruchsziel") ausgehen** und dann die jeweils hierzu **passende Anspruchsgrundlage finden** und schließlich hierunter den Sachverhalt **subsumieren**.

Zur **Arbeitserleichterung** erhalten Sie die **nachstehende Übersicht** die Sie sich herauskopieren sollten, damit Sie sich beim Weiterlesen ständig orientieren können. Auf die Leistungsstörungen bei gesetzlichen Schuldverhältnissen ist dieses Schema natürlich nur begrenzt übertragbar, weil insoweit in großem Umfang Sonderregeln bestehen, die die allgemeinen Regeln verdrängen können (z. B. wird § 285 BGB im Bereicherungsrecht durch § 818 Abs. 2 BGB verdrängt und findet auf § 985 BGB keine Anwendung – weitere Einzelheiten folgen später).

Bevor es jetzt „richtig los geht", machen wir uns wieder und vorerst zum letzten Mal klar, dass wir uns hier **(sub B.)** noch nicht mit denjenigen Leistungsstörungen befassen, die darauf beruhen, dass der Schuldner einen sach- oder rechtsmangelhaften Kaufgegenstand liefert, ein sach- oder rechtsmangelhaftes Werk herstellt, eine mangelhafte Sache vermietet oder eine mangelhafte Reise erbringt. Darum geht es erst **sub C.–I.**

**Ansprüche nach allgemeinem Leistungsstörungsrecht**

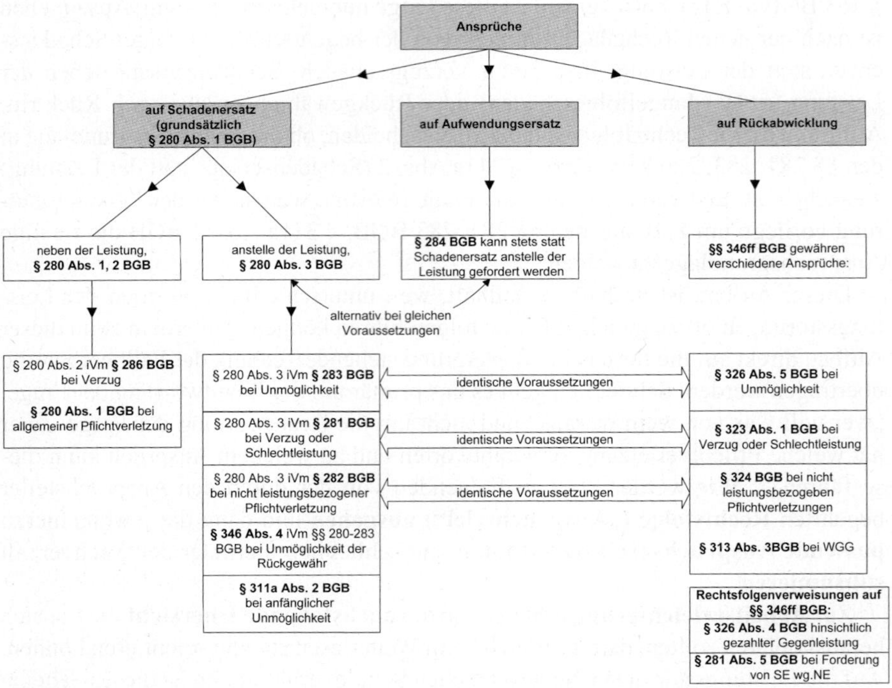


## II. Auf Schadensersatz gerichtete „Sekundäransprüche"

Gehen wir gemäß unserer soeben entwickelten, am **„Anspruchsziel" orientierten Methode** zunächst einmal davon aus, dass Sie bei der **Fallbearbeitung** aufgrund der Fallfrage und aufgrund des Sachverhalts Anlass dazu haben, zu prüfen, ob dem Anspruchsteller wegen einer Leistungsstörung als **„Sekundäranspruch"** ein **Schadensersatzanspruch** zusteht.

### 1. Vorabprüfung, ob ein Schaden vorliegt

Bei der **Prüfung** von **Schadensersatzansprüchen** unterscheidet man in der Fallbearbeitung die beiden Fragen,

- ob ein Tatbestand gegeben ist, aufgrund dessen Schadensersatz geschuldet ist **(haftungsbegründender Tatbestand)** und
- ob und in welchem Umfang ein Schaden entstanden ist und wie dieser zu ersetzen ist **(haftungsausfüllender Tatbestand)**, was sich nach den §§ 249 ff. BGB richtet.

Was den **Prüfungsaufbau** angeht, so gibt es **zwei Methoden**:

1. In aller **Regel** prüfen Sie zunächst den **haftungsbegründenden** Tatbestand und sodann den **haftungsausfüllenden Tatbestand**. Hinsichtlich des Aufbaus gibt es zwei Möglichkeiten:
   **a.** Man kann innerhalb der Prüfung einer Anspruchsgrundlage nach dem „haftungsbegründenden Tatbestand" und „haftungsausfüllenden Tatbestand" gliedern. Diese Methode empfiehlt sich aber nur, wenn Sie zur Schadensentstehung und zum Umfang des Schadens sowie zur Art und Weise des Schadensersatzes weitergehende Ausführungen machen müssen.
   **b.** Wenn Sie aber die Frage des zu ersetzenden Schadens mangels jeglicher Probleme praktisch „mit einem Satz" abhandeln können, können Sie die Unterscheidung zwischen haftungsbegründendem und haftungsausfüllendem Tatbestand weglassen und die entsprechenden Ausführungen zum kausal entstandenen Schaden einfach als letzten Prüfungspunkt anfügen.
2. In den seltenen **Ausnahmefällen**, in denen **offensichtlich (!) kein Schaden** eingetreten ist, kann man (Medicus hält dies dann offenbar sogar für ein „Muss") den Prüfungspunkt „Schaden" vorziehen und kann bei negativem Ergebnis auf eine Prüfung des „haftungsbegründenden Tatbestandes" völlig verzichten. Man kann dann z. B. schreiben, dass „es auf die Voraussetzungen des Schadensersatzanspruchs aus … nicht ankommt, da jedenfalls kein Schaden entstanden ist".
3. Wenn Sie in der Prüfungssituation unsicher sind, ist im Zweifel stets der erste Weg zu empfehlen. In vielen Konstellationen, in denen es am Schaden fehlt, muss für anknüpfende Folgefragen trotzdem geklärt sein, ob die übrigen Anspruchsvoraussetzungen vorliegen. So liegt es etwa bei der Drittschadensliquidation, die Sie unten sub C. noch näher kennenlernen werden.

Ist das Vorliegen eines Schadens jedenfalls nicht auszuschließen, dann geht es (bei einer entsprechenden Fallfrage) um die Suche nach der Anspruchsgrundlage für einen Schadensersatzanspruch und der Subsumtion des Sachverhalts hierunter.

## 2. § 280 Abs. 1 S. 1 BGB als zentrale Anspruchsgrundlage auf Schadensersatz bei Pflichtverletzungen

### a) Zentrale Stellung des § 280 Abs. 1 BGB

Die Vorschrift des **§ 280 Abs. 1 S. 1 BGB** ist (abgesehen von der später erörterten Anspruchsgrundlage des § 311a Abs. 2 BGB) die einzige und damit die „zentrale Anspruchsgrundlage", aufgrund derer der Gläubiger wegen der Verletzung einer Pflicht aus einem Schuldverhältnis Schadensersatz verlangen kann.

Für einen solchen Anspruch ist es mangels einer Differenzierung des Gesetzes völlig **gleichgültig,**

- ob das die verletzten Pflichten begründende **Schuldverhältnis** auf einem **Rechtsgeschäft** beruht oder ob es sich aus dem **Gesetz** oder aus einem **vorvertraglichen geschäftlichen Kontakt** ergibt
- und ob eine **„Leistungspflicht"** („Hauptleistungspflicht" oder „leistungsbezogene Nebenpflicht") aus **§ 241 Abs. 1 BGB** oder eine **Rücksichtspflicht** aus **§ 241 Abs. 2 BGB** verletzt wurde.

§ 280 Abs. 1 S. 1 BGB normiert gemäß seinen Abs. 2 und 3 auch die Grundvoraussetzungen aller anderen Schadensersatzansprüche aus den §§ 280 ff. BGB. Mit Blick auf die (nach hier gewählter Arbeitsweise maßgeblichen) Anspruchsziele, unterscheiden § 280 Abs. 1–3 BGB dabei zwischen

- dem **Schadensersatz „neben der Leistung"**, also den Ersatz von Ersatz von Schäden, die nicht auf ein endgültiges Ausbleiben der Leistung als solcher zurückzuführen sind und, weil sie bereits eingetreten sind, nicht durch eine hypothetische Nach-Erfüllung beseitigt wären und
- dem **Schadensersatz „statt der Leistung"**, also den Ersatz von Schäden, die auf ein endgültiges Ausbleiben der Leistung als solcher zurückzuführen sind und durch eine hypothetische Nach-Erfüllung beseitigt wären („Nichterfüllungsschäden").

Mitunter kann der Anspruchsteller auch **beides geltend machen** wollen.

### b) Die verschiedenen Anspruchsgrundlagen und ihre Abgrenzung

Je nach den sich **aus** der **Fallfrage ergebenden Zielen** des Anspruchstellers kommen für **Schadensersatzansprüche** folgende **Anspruchsgrundlagen** in Betracht:

- Begehrt der Anspruchsteller den **Ersatz von Schäden,** die nicht auf ein endgültiges Ausbleiben der Leistung als solcher zurückzuführen sind und, weil sie bereits eingetreten sind, nicht durch eine hypothetische Nach-Erfüllung beseitigt wären **(„neben der Leistung" (sub 3))**, kommen als Anspruchsgrundlagen in Betracht: **1) § 280 Abs. 1 BGB** selbst oder **2) §§ 280 Abs. 1, 2, 286 BGB** bei Verzögerung der Leistung, wobei Sonderfälle zu beachten sind **(§ 288 BGB**, **§ 352 HGB** oder **§ 291 BGB)**.
- Begehrt der Anspruchsteller den **Ersatz von Schäden**, die auf ein endgültiges Ausbleiben der Leistung als solcher zurückzuführen sind und durch eine hypothetische Nach-Erfüllung beseitigt wären **(„Nichterfüllungsschäden", „statt der Leistung"**, wie es im Gesetz heißt, **sub 4)**, kommen als Anspruchsgrundlagen in Betracht: **1) §§ 280 Abs. 1, 3, 281 BGB** (Nicht-/Schlechtleistung trotz Möglichkeit zur Leistung), **2) §§ 280 Abs. 1, 3, 282 BGB** (Unzumutbarkeit bei Rücksichtspflichtverletzung), **3) §§ 280 Abs. 1, 3, 283 BGB** (nachträgliche Unmöglichkeit i. S. d. § 275 Abs. 1–3 BGB) und **4) § 311a Abs. 2 BGB** (anfängliche Unmöglichkeit).

Noch einmal sei es gesagt: Das zentrale Kriterium zur Abgrenzung eines Schadensersatzes „neben der Leistung" von einem Schadensersatz „statt der Leistung" ist, ob der eingetretene Schaden durch eine hypothetische Nachholung der Leistung noch beseitigt werden könnte.

Ist dies der Fall, so tritt der Schadensersatz „statt der Leistung" an die Stelle des aufgrund der Leistungspflicht Geschuldeten. Dabei erlischt die Leistungspflicht unter den Voraussetzungen des § 281 Abs. 4 BGB oder § 275 BGB. Erinnern Sie sich noch? Diese Normen hatten Sie logischerweise schon in Teil 3 B II kennengelernt.

Wenn der eingetretene Schaden nicht durch die hypothetische Nachholung der Leistung beseitigt werden kann, geht es um den Ersatz eines Schadens „neben der Leistung".

- Bei der Identifizierung der Schadensart und der Suche nach der richtigen Anspruchsgrundlage ist aber Vorsicht geboten: Ein und derselbe Schaden kann, je nachdem zu welcher Zeit er geltend gemacht wird, auf verschiedene Anspruchsgrundlagen zu stützen sein.

*Beispiel (nach Lorenz)* Bei pflichtwidrig nicht gelieferten Saisonartikeln kann der Käufer den entgangenen Gewinn aus möglichen Weiterverkäufen zunächst, d. h. solange der Gewinn noch realisierbar ist, nur als Schadensersatz „statt der Leistung" geltend machen. Mit Ende der Saison ist die Leistung zwar immer noch möglich. Der Schaden ist aber mittlerweile endgültig eingetreten, weil der Saisonartikel in dieser, jetzt ja beendeten Saison nicht mehr verkauft werden kann und die Verluste insoweit unabhängig von einem Verkauf in der Folgesaison bestehen bleiben. Er ist damit als Schadensersatz „neben der Leistung" einzustufen. Dies mag kritischen Lesern merkwürdig vorkommen, da sich die Anspruchsgrundlagen in ihren Voraussetzungen ggf. deutlich unterscheiden, insbesondere der Schadensersatz „statt der Leistung" im Beispielsfall eine Nachfristsetzung voraussetzt. Die Einstufung ist aber deswegen konsequent, weil eine Nachfristsetzung nach endgültiger Realisierung des Schadens keinen Sinn mehr haben würde. Umkehren darf man den vorgenannten Grundsatz aber nicht: Ein einmal entstandener Anspruch auf Schadensersatz „neben der Leistung" darf nicht als Schadensposten in einen später entstehenden Schadensersatzanspruch „statt der Leistung" einbezogen werden.

Insgesamt ist das **Verhältnis** der **Anspruchsgrundlagen** zueinander noch in verschiedener Hinsicht **unklar**. Die Problemfelder sollen hier nur kurz vorgestellt werden, da sie den „Einsteiger" sonst überfordern. Sie werden später jeweils näher beleuchtet.

Abgrenzungsprobleme ergeben sich in folgenden Konstellationen:

- Zwischen **§ 286 BGB** und **§ 281 BGB**, wenn nach der Entstehung eines Verzögerungsschadens („neben der Leistung") ein Schadensersatzanspruch „statt der Leistung" entsteht.

- Zwischen **§ 283 BGB** und **§ 281 BGB**, wenn nach dem Fristablauf i. S. d. § 281 BGB die Leistung nach § 275 BGB nicht mehr erbracht werden muss.
- Außerdem zwischen **§ 280 Abs. 1 BGB direkt** und **§ 280 Abs. 1, 2, 286 BGB** bei den sog. **Betriebsausfallschäden**, einem Problem des Kauf- und Werkvertragsrechts.

Entscheidend ist für Sie in der Prüfung, dass Sie das Abgrenzungsproblem erkennen, wenn es sich stellt. Sodann müssen Sie vertretbare Kriterien zur Abgrenzung nennen und anwenden, wobei Sie sich selbst einmal in Ruhe überlegen sollten, welcher Ansatz Sie am ehesten überzeugt, um im Klausurfall einen Lösungsweg vor Augen zu haben und nicht „das Rad neu erfinden" zu müssen. Noch einmal zusammenfassend: Unstreitig ist Ausgangspunkt für die Abgrenzung der Zweck der neben § 280 Abs. 1 BGB zusätzlichen Erfordernisse aus §§ 281, 286 BGB (Mahnung und Fristsetzung). Streitig sind die darüber hinausgehenden Abgrenzungskriterien: Vereinzelt wird in Anlehnung an das alte Schuldrecht eine statische Abgrenzung **nach der Art des geltend gemachten Schadens** vertreten: Schadensersatz statt der Leistung betreffe das **Leistungsinteresse** (Äquivalenzinteresse) des Gläubigers daran, eine gemessen an seiner Leistung gleichwertige Gegenleistung zu erlangen und diese planmäßig verwenden oder verwerten zu können; Schadensersatz neben der Leistung betreffe das **Integritätsinteresse** und damit Beeinträchtigungen an sonstigen Rechtsgütern unabhängig vom (ggf. verspäteten) Erhalt der Leistung. Nach hier vertretener und heute überwiegender Ansicht ist ein **zeitlich dynamisches Kriterium** anzuwenden: Schäden, die zeitlich vor der Pflichtverletzung endgültig entstanden sind, sollen dem Schadensersatz neben der Leistung unterfallen. Schäden, die zeitlich nach der Pflichtverletzung entstanden sind, sollen dem Schadensersatz statt der Leistung zuzuordnen sein. Worin allerdings die Pflichtverletzung im Rahmen der §§ 281, 283 BGB zu sehen ist, ist wiederum umstritten. In Betracht kommen

- die Nichtleistung trotz Fälligkeit,
- die Nichtleistung zum Fristablauf nach § 281 Abs. 1 S. 1 BGB und
- die Nichtleistung zum letztmöglichen Zeitpunkt (Erlöschen der Leistungspflicht nach § 275 BGB oder § 281 Abs. 4 BGB), also das endgültige Ausbleiben der Leistung.

### 3. Anspruch auf Schadensersatz neben der Leistung

Beginnen wir also mit den Fällen, in denen der Anspruchsteller das **Anspruchsziel** verfolgt, wegen einer Leistungsstörung Ersatz von solchen Schäden zu erhalten, die nicht auf ein endgültiges Ausbleiben der Leistung als solcher zurückzuführen sind; oder umgekehrt formuliert: in denen der Anspruchsteller Ersatz von Schäden begehrt, die man durch die hypothetische Erbringung der Leistung als solcher nicht mehr abwenden könnte **(Schadensersatz „neben der Leistung")**.

Schadensersatz **„neben der Leistung"** kann nur in Betracht kommen

- wegen einer **verspäteten Erbringung** der **Leistung**,
- wegen einer **„nicht wie geschuldet"** erbrachten Leistung bzw. **Schlechterfüllung**
- oder wegen einer **Verletzung** von **„Rücksichtspflichten"** aus **§ 241 Abs. 2 BGB**.

Denn die aus einer Verspätung, aus einer Schlechterfüllung oder aus einer Rücksichtspflichtverletzung resultierenden Schäden könnte man nicht mehr durch eine hypothetische Erbringung der Leistung als solcher beseitigen, weil sie dadurch nicht „wieder gutmachbar" sind.

Niemals hingegen kann Schadensersatz „neben der Leistung" verlangt werden, wenn der Schuldner nach § 275 Abs. 1–3 BGB leistungsfrei ist oder wenn der Schuldner trotz einer ihm nach § 281 Abs. 1 BGB gesetzten Nachfrist nicht geleistet haben sollte und der Gläubiger nunmehr Schadensersatz verlangt, weil auch dann der Erfüllungsanspruch erlischt (§ 281 Abs. 4 BGB). In diesen Fällen kann Schadensersatz nur „statt der Leistung" verlangt werden – wie das Gesetz ja auch folgerichtig in § 280 Abs. 3 BGB bestimmt. Für den Klausurbearbeiter folgt daraus die **Aufbauregel**, stets Ansprüche wegen **Unmöglichkeit vorweg** zu prüfen.

**Also, auf geht's**! Wir gehen zunächst von Folgendem aus: Der Gläubiger verlangt nach der Fallfrage Schadensersatz „neben der Leistung", und zwar (damit beginnen wir) weil der Schuldner die Leistung verspätet erbracht hat.

### a) Schadensersatz und Zinsansprüche wegen verspäteter Leistung (§§ 280 Abs. 1 und 2, 286 , 288, 291 BGB, 352 HGB) und Ersatz von Mehraufwendungen bei Annahmeverzug (§ 304 BGB)

Wenn die **Leistungsstörung** darin besteht, dass der **Schuldner** seine **Leistung** bei **Fälligkeit nicht erbringt,** hat der Gläubiger die „Qual der Wahl":

- Wenn der **Gläubiger weiterhin an** der **Erbringung** der **Leistung interessiert** ist, kann er **1)** nach §§ 280 Abs. 1, 2, 286 BGB als **Schadensersatz neben** der **Leistung** seinen **Verzögerungsschaden** ersetzt verlangen **(sub aa))** oder **2)** nach §§ 288 BGB, 352 HGB, 291 BGB **Verzugs-**, **Fälligkeits-** und **Prozesszinsen** fordern **(sub bb))** oder **3)** nach § 304 BGB einen Anspruch auf **Ersatz** seiner **Mehraufwendungen** geltend machen **(sub cc))**. Mit **diesen Fragen befassen wir** uns **hier (sub a))**.
- Falls aber der **Gläubiger** wegen der **Leistungsverzögerung kein Interesse** mehr **an** der **Erbringung** der **Leistung** hat, wird er dagegen gem. §§ 280 Abs. 1, 3, 281 BGB **Schadensersatz „statt der Leistung"** verlangen wollen. Damit befassen wir uns – wie gesagt – erst später **(sub 4)**.

aa) Anspruch auf Ersatz des Verzögerungsschadens als Schadensersatz neben der Leistung (§§ 280 Abs. 1 und 2, 286 BGB)

Entscheidet sich der Gläubiger dazu, einen Schadensersatzanspruch auf Ersatz seines **Verzögerungsschadens** neben dem Anspruch auf die ihn weiterhin interessierende Leistung geltend zu machen, so ist die in Betracht zu ziehende **Anspruchsgrundlage §§ 280 Abs. 1, 2, 286 BGB**.

Die Voraussetzungen für einen Anspruch auf Ersatz des Verzögerungsschadens aus §§ 280 Abs. 1, 2, 286 BGB lassen sich „Schritt für Schritt" aus dem Gesetz ablesen.

(1) Auf Leistungspflicht gerichtetes Schuldverhältnis

Das für einen Schadensersatzanspruch aus §§ 280 Abs. 1, 2, 286 BGB vorausgesetzte **Schuldverhältnis** muss eine Leistungspflicht i. S. d. § 241 Abs. 1 BGB vorsehen (vgl. den Wortlaut: „Leistet der Schuldner ... nicht"). Eine Rücksichtspflicht aus § 241 Abs. 2 BGB reicht hingegen nicht aus.

Eine solche Leistungspflicht i. S. d. § 241 Abs. 1 BGB kann sich kann sich bekanntlich

- entweder aus einem **Rechtsgeschäft** (und zwar i. d. R. aus einem Vertrag) ergeben, wobei allerdings die sogenannten (selten vorkommenden!) zu keiner Leistung verpflichtenden „Naturalobligationen" bzw. „unvollkommenen Verbindlichkeiten" aus Verträgen über eine Heiratsvermittlung (§ 656 BGB) oder aus Spiel- oder Wettverträgen (§ 762 BGB) nicht ausreichen,

**Fall 262**

Das Auto des A ist verunglückt und liegt rauchend im Straßengraben. Auf Bitten des A löscht der B das Feuer mit seinem Feuerlöscher. Der B verlangt die Kosten für die neue Füllung von A. Der A zahlt trotz Mahnung seitens des B nicht. Daraufhin beauftragt der B seinen Rechtsanwalt R mit der Geltendmachung der Forderung. R berechnet nach dem RVG dem B Gebühren, deren Erstattung der B von A verlangt.

Der Anspruch ergibt sich aus §§ 662, 670, 280 Abs. 1 und 2, 286 Abs. 1 BGB.

- oder **aus** dem **Gesetz**. Bei Leistungsansprüchen aus gesetzlichen Schuldverhältnissen stellt sich immer die Frage, ob die Vorschriften über die gesetzlichen Schuldverhältnisse Sonderregelungen enthalten, die das allgemeine Schuldrecht und damit auch die §§ 280 Abs. 1, 2, 286 BGB verdrängen. Das ist grundsätzlich nicht der Fall, denn nach dem „Ausklammerungsprinzip" des BGB gelten die Regeln des Allgemeinen Schuldrechts auch für gesetzliche Schuldverhältnisse. Zuweilen sind aber die Regelungen des Allgemeinen Schuldrechts ausdrücklich für anwendbar erklärt werden, so z. B. in § 346 Abs. 4 BGB hinsichtlich der §§ 280–283 BGB oder in § 990 Abs. 2 BGB hinsichtlich des (uns ja hier interessierenden) Schuldnerverzuges. Sie haben es bemerkt: Das „feierliche Versprechen", Sie in diesem Teil 4 nicht mit Leistungsstörungen bei gesetzlichen Schuldverhältnissen zu belasten, ist soeben „gebrochen" worden. Sie werden es schon verkraften.

**Fall 263**

Das Auto des A ist verunglückt und liegt rauchend im Straßengraben. Der A liegt bewusstlos neben dem Wagen. Der B löscht das Feuer mit seinem Feuerlöscher. Er verlangt die Kosten für die neue Füllung von A. Der A zahlt trotz Mahnung seitens des B nicht. Daraufhin beauftragt der B seinen Rechtsanwalt R mit der Geltendmachung der Forderung. R berechnet dem B Gebühren, deren Erstattung der B von A verlangt.

Der Anspruch ergibt sich aus §§ 677, 683, 670, 280 Abs. 1, 2, 286 Abs. 1 BGB.

(2) Vorliegen der Pflichtverletzung und der Verzugsvoraussetzungen

Da der Anspruch sich aus **§§ 280 Abs. 1, 2, 286 BGB** ergibt, müssen die Voraussetzungen beider Normen miteinander verbunden werden.

Aus dem auf eine Leistungspflicht gerichteten Schuldverhältnis i. S. d. § 241 Abs. 1 BGB (sub (1)) muss dem Gläubiger gegen den Schuldner eine **wirksame,** des Weiteren **fällige,** dem **Schuldner nicht unmöglich gewordene** und **durchsetzbare Forderung** zustehen. Es muss weiter eine **Nichtleistung** des Schuldners vorliegen, die trotz einer **Mahnung (§ 286 Abs. 1 BGB)** oder trotz des Vorliegens eines **Mahnungsersatztatbestandes (§ 286 Abs. 2 BGB)** oder der besonderen **Verzugsvoraussetzungen bei Entgeltforderungen (§ 286 Abs. 3 BGB)** erfolgt ist.

Aus dem auf eine Leistungspflicht gerichteten Schuldverhältnis i. S. d. § 241 Abs. 1 BGB **(a)** muss dem Gläubiger gegen den Schuldner eine **wirksame Forderung** zustehen. Das ist nicht der Fall, wenn die Leistungspflicht nach erklärtem Rücktritt oder nach der Geltendmachung von Schadensersatz statt der Leistung erloschen ist (§ 346 BGB und § 281 Abs. 4 BGB). Ein Verzug kommt dann aber hinsichtlich der (Leistungs-)Pflicht zur Rückgewähr in Betracht, die aus § 346 BGB, ggf. in Verbindung mit § 281 Abs. 5 BGB folgt.

Der Anspruch des Gläubigers **(b)** muss **fällig** sein. Fällig ist eine Verbindlichkeit bekanntlich **sofort (§ 271 BGB)**; dies aber nur **„im Zweifel",** denn abweichend hiervon können die Parteien einen anderen Leistungszeitpunkt vereinbaren. Das rechtsgeschäftliche Hinausschieben der Fälligkeit aufgrund einer Vereinbarung nennt man **„Stundung"**.

Kein Verzug **(c)** kann in den Fällen des **§ 275 Abs. 1–3 BGB** gegeben sein, denn wenn eine Leistung nicht mehr geschuldet ist, kann sie auch nicht verspätet erbracht werden. Sie wissen bereits, dass sich hier problematische Abgrenzungsfragen in solchen Fällen stellen können, in denen die Leistung zu einem bestimmten Zeitpunkt erbracht werden soll. Ein bloßer Zeitablauf begründet grundsätzlich keine Unmöglichkeit, sondern führt allenfalls zu einem Verzug. Unmöglichkeit liegt aber dann vor, wenn die Einhaltung der Leistungszeit so wesentlich ist, dass die verspätete Leistung keine Erfüllung mehr ist („absolutes Fixgeschäft"), während ein bloßer Wegfall des Interesses des Gläubigers an einer später erfolgten Leistung nicht als Fall der Unmöglichkeit angesehen werden kann (arge. § 323 Abs. 2 BGB).

Des Weiteren **(d)** muss der **Anspruch durchsetzbar** sein. Dieses **ungeschriebene Merkmal** soll sicherstellen, dass der Schuldner nicht zum Schadensersatz aufgrund einer Verzögerung der Leistung verpflichtet ist, wenn er die Leistung rechtmäßig verweigern kann.

Problematisch ist das Vorliegen eines Schuldnerverzugs demnach, wenn dem Schuldner eine **Einrede** zusteht, aufgrund derer er die Leistung verweigern darf, so z. B. wegen eines Zurückbehaltungsrechts aus §§ 273, 320 BGB oder wegen einer **Verjährung (§ 214 Abs. 1 BGB)**, wegen einer **ungerechtfertigten Bereicherung** aus **§ 821 BGB**, wegen einer **unerlaubten Handlung** aus **§ 853 BGB** und wegen einer Einrede aus **§ 1000 BGB** (Einrede des unrechtmäßigen Besitzers aufgrund eines Verwendungsersatzanspruchs aus §§ 994 ff. BGB).

Allerdings müssen **Einreden**, um wirksam zu sein, **geltend gemacht** werden („über Einreden muss man reden"). Angesichts dessen stellt sich die Frage, ob für den Ausschluss des Schuldnerverzuges auch die **bloße Möglichkeit** der **Einredeerhebung ausreicht;** hier wird differenziert: Bei den Einreden der **§ 273** und **§ 1000 BGB** muss die Einrede erhoben werden, damit der Gläubiger die Möglichkeit erhält, die Einrede z. B. durch eine Sicherheitsleistung (§ 273 Abs. 3 BGB) abzuwenden. Bei der Einrede nach **§ 320 BGB** muss der Gläubiger seine Leistung anbieten und den Schuldner in Annahmeverzug setzen. Grund hierfür ist, dass bei § 320 BGB dem Schuldner die Erbringung einer Sicherheit nicht helfen würde. Bei **allen anderen Einreden** genügt bereits deren **Existenz**, um den Verzug auszuschließen.

Das schlagende Argument dafür, dass man sich auf die Einrede nicht berufen muss, lautet: Wenn der Schuldner den Anspruch durch die Erhebung der Einrede hemmen kann, darf er die Erfüllung zunächst unterlassen (Larenz) – Achtung: im Prozess muss er sich unstreitig auf die Einrede berufen!

### Fall 264

Der V verkauft dem K ein bestimmtes Auto, das der V nach dem Inhalt des Vertrages aus Süddeutschland durch den T zum Wohnsitz des K überführen muss (Schickschuld nach § 269 Abs. 3 BGB). Vereinbarter Lieferzeitpunkt ist der 1. Dezember 2015. Der Wagen wird am Morgen des 1. Dezember 2015 dem T übergeben, der das Auto nach der Überführungsfahrt dem K übergeben soll. Der T verunglückt auf der Überführungsfahrt infolge einer Massenkarambolage in den Kasseler Bergen, und der Wagen wird völlig zerstört. Der K benötigt dringend einen Wagen und mietet bis zum Erwerb eines vergleichbaren Fahrzeugs am 16. Dezember 2015 ein Auto. Er verlangt Schadensersatz in Höhe der Miete für das Ersatzfahrzeug vom 1. Dezember 2015 bis 16. Dezember 2015 (nach Kropholler).

Dem K steht kein Anspruch aus §§ 280 Abs. 1, 2, 286 Abs. 1, 2 Nr. 1, 249 BGB zu, weil der V seine Leistungshandlung (Übergabe auf die Transportperson) rechtzeitig erbracht hat und sie ihm hinsichtlich des Leistungserfolgs infolge des Unfalls unmöglich ist, so dass er leistungsfrei ist (§ 275 Abs. 1 BGB).

Freilich kommen noch Ansprüche aus §§ 280 Abs. 1, 3, 283 BGB oder 326 BGB ggf. i. V. m. § 346 BGB in Betracht, die uns an dieser Stelle aber nicht weiter interessieren sollen.

Für einen Anspruch aus §§ 280 Abs. 1, 2, 286 BGB ist des Weiteren eine Pflichtverletzung des Schuldners erforderlich.

Die weiterhin **(e)** erforderliche **Pflichtverletzung** i. S. d. § 280 Abs. 1 BGB setzt voraus, dass der **Schuldner trotz der vorgenannten Voraussetzungen – sub (1), sub (2) (a)–(d)** – entweder **vollständig** oder auch nur **teilweise nicht leistet**. In der Regel wird die **ganze Leistung** nicht erbracht worden sein. Wenn der Schuldner ganz bewusst **nur** einen **Teil** der **Leistung** rechtzeitig erbringt, liegt eine Teilleistung i. S. d. § 266 BGB vor. Diese kann der Gläubiger zurückweisen, so dass auch dann von einer Nichterbringung der **ganzen Leistung** auszugehen ist. Wenn der Schuldner aber den Teil als Erfüllung annimmt, dann besteht die Pflichtverletzung nur hinsichtlich des nicht erbrachten Teils der Leistung. Für die **Nichtleistung** des Schuldners ist nicht maßgeblich, dass der Leistungserfolg verspätet eintritt, sondern, dass die **Leistungshandlung nicht rechtzeitig** erbracht wird.

Für eine Schadensersatzverpflichtung – und darum geht es hier – reicht eine Pflichtverletzung aber nicht aus. Das Gesetz macht diese vom zusätzlichen Vorliegen eines Verzugsgrundes abhängig.

Es müssen nämlich **(f)** die **„zusätzlichen Voraussetzungen des § 286 BGB"** gegeben sein **(§ 280 Abs. 2 BGB)**. Diese Verweisung in § 280 Abs. 2 BGB auf § 286 BGB erfordert entweder eine Mahnung nach Eintritt der Fälligkeit bzw. ein Mahnsurrogat **(§ 286 Abs. 1 BGB)** oder das Vorliegen eines der Mahnungsersatztatbestände (Entbehrlichkeit der Mahnung nach **§ 286 Abs. 2 BGB)** oder der besonderen Verzugsvoraussetzungen bei Entgeltforderungen **(§ 280 Abs. 3 BGB)**. Darauf werden wir jetzt im Einzelnen eingehen.

- Nach **§ 286 Abs. 1 BGB** müssen **nach Eintritt der Fälligkeit** eine **Mahnung** oder ein **Mahnsurrogat** vorliegen (Erhebung der Leistungsklage/Zustellung eines Mahnbescheides);

1. Unter einer **Mahnung** versteht man jede Aufforderung, mit der der Gläubiger eindeutig und ernsthaft zum Ausdruck bringt, dass er eine bestimmte geschuldete Leistung verlangt. Die Aufforderung kann durchaus in höflicher Form abgefasst werden. Sie kann auch konkludent erfolgen. Eine bloße Auflistung der geschuldeten Leistung ohne Aufforderung reicht aber nicht (arge § 286 Abs. 3 BGB). Hingegen genügt eine Fristsetzung nach §§ 281 Abs. 1, 323 BGB. Der Gläubiger kann daher neben der Rückforderung aus dem Rücktritt auch bereits entstandene Verzögerungsschäden nach § 286 Abs. 1 BGB ersetzt verlangen. Dass die Geltendmachung von Schadensersatz neben dem Rücktritt zulässig ist, bestimmt § 325 BGB.

2. Eine Mahnung kann erst nach der Fälligkeit erklärt werden bzw. frühestens zugleich mit dem die Fälligkeit begründenden Ereignis.
3. Die Mahnung ist kein Rechtsgeschäft, da die an sie geknüpften Rechtsfolgen nicht aufgrund des Willens des Mahnenden eintreten, sondern aufgrund gesetzlicher Bestimmung. Die Mahnung ist aber eine sog. **„geschäftsähnliche Handlung"**, auf die die Regelungen über die Willenserklärung (Abgabe, Zugang, Vertretung usw.) entsprechend anwendbar sind.

- oder es muss ein Fall der **Entbehrlichkeit** der **Mahnung** nach **§ 286 Abs. 2 BGB** gegeben sein: **Nr. 1**: kalendermäßige Bestimmtheit („dies interpellat pro homine", d. h. das Datum mahnt anstelle des Menschen); **Nr. 2**: nach dem Kalender mögliche Berechenbarkeit des Leistungszeitpunkts aufgrund einer durch Vertrag, Gesetz oder Urteil vorgenommenen Bestimmung einer angemessenen Leistungszeit nach einem der Leistung vorauszugehenden Ereignis (z. B. „1 Monat nach Lieferung/Kündigung"); **Nr. 3:** ernsthafte und endgültige Erfüllungsverweigerung durch den Schuldner; **Nr. 4:** durch Interessenabwägung gerechtfertigte Entbehrlichkeit der Mahnung.

Beispiele für § 286 Abs. 2 Nr. 4 BGB sind etwa Situationen in denen sich die Dringlichkeit schon aus dem Vertragsinhalt ergibt (Reparatur eines Wasserrohrbruches) oder die „Selbstmahnung", bei der der Schuldner selbst vor einer Mahnung dem Gläubiger mitteilt, dass er leisten werde, um so einer Mahnung zuvorzukommen. Weitere Fälle sind die wissentliche Erbringung der falschen Leistung oder wenn der Schuldner die herauszugebende Sache durch eine unerlaubte Handlung erlangt hat.

**Fall 265**

Der B vereinbart mit dem U, dem einzigen Klempner des Ortes, die sofortige Reparatur eines Rohrbruchs einer verdeckt im Mauerwerk eines Altbaus verlaufenden Frischwasserleitung in einem dem B gehörigen, gewerbsmäßig an diverse Parteien vermieteten Mietshaus. Weil die Leitung nicht gesondert absperrbar war, musste der B das Hauptventil schließen, um einen massiven Wasserschaden zu verhindern. Der U erscheint erst 3 Tage später zur Reparatur. Auswärtige Klempnerfirmen waren – weil der Auftrag an einem Freitag gegen 15.00 Uhr unmittelbar vor Feierabend des letzten Arbeitstages vor einem Wochenende mit nachfolgendem Feiertag am Montag aufgetreten war und es in der Region einen Klempnernotdienst nicht gab – nicht erreichbar. Die Mieter haben wegen der fehlenden Wasserversorgung (zu Recht) eine geminderte Miete gezahlt. Der B verlangt von U, dem alle diese Umstände bekannt waren, Ersatz des Schadens in Höhe der € 200,– ausmachenden Differenz zu der mit den Mietern vereinbarten Miete.

Der B macht einen Verzögerungsschaden geltend. Der Anspruch auf Zahlung von € 200,– könnte sich aus §§ 280 Abs. 1, 2, 286, 249 ff. BGB ergeben. a) Voraussetzung ist ein wirksames Schuldverhältnis; hier liegt ein Werkvertrag vor (§ 631 BGB). b) Zu den daraus resultierenden Schuldnerverpflichtungen gehört die Einhaltung des sich aus dem Schuldverhältnis ergebenden Leitungszeitpunkts (hier: „sofort"=nach §§ 133, 157 BGB innerhalb der nächsten Stunde). Der Schuldner U hat diese Pflicht verletzt, weil er die Werkleistung nicht zu dem nach dem Schuldverhältnis geschuldeten Zeitpunkt erbracht hat. c) Die nach § 280 Abs. 2 BGB erforderlichen „zusätzlichen Voraussetzungen" des § 286 BGB liegen vor. Eine Mahnung ist hier nach § 286 Abs. 2 Nr. 4 BGB entbehrlich: Aus besonderen Gründen ist unter Abwägung der beiderseitigen Interessen der sofortige Eintritt des Verzuges gerechtfertigt, wenn es um Pflichten geht, deren Erfüllung offensichtlich besonders eilig ist. d) Das nach § 280 Abs. 1 S. 2 BGB vermutete Vertretenmüssen ist nicht widerlegt. Dies gilt hier unabhängig von der Einordnung des § 286 Abs. 4 BGB: dieser stellt gegenüber § 280 Abs. 1 S. 2 BGB unstreitig keine zusätzliche Voraussetzung auf, sondern stellt nach einer Auffassung in der Literatur klar, dass zeitlich nicht auf die Pflichtverletzung bei Fälligkeit, sondern auf den Zeitpunkt abzustellen sei, in dem die objektiven Voraussetzungen des Verzugs vorliegen, also i. d. R. den Zeitpunkt der Mahnung. e) Zu ersetzen ist das negative Interesse in Höhe € 200,– (§§ 249 Abs. 1, 251 Abs. 1 BGB).

- Bei **Entgeltforderungen** kommt der Schuldner nach **§ 286 Abs. 3 BGB** spätestens (d. h.: also auch früher nach § 286 Abs. 1, 2 BGB!) unter folgenden Voraussetzungen in Verzug, nämlich **a) 30 Tage nach Fälligkeit** und **nach Zugang** einer **Rechnung** oder **gleichwertiger Zahlungsaufstellung** (gegenüber einem Verbraucher nur nach vorherigem Hinweis auf diese Folgen in der Rechnung oder Zahlungsaufstellung), **b)** gegenüber einem Nichtverbraucher allerspätestens (z. B. bei unsicherem Zeitpunkt eines Zugangs oder überhaupt eines Zugangs von Rechnung und Zahlungsaufstellung) **30 Tage nach Fälligkeit und Empfang** der **Gegenleistung**.

**Fall 266**

Der U schickt nach Fertigstellung und Abnahme der Arbeiten die Rechnung über € 1000,– an B (gewerblicher Vermieter). Dieser zahlt erst 2 Monate später. Der U musste zur Überbrückung des Einnahmeausfalls einen kurzfristigen Bankkredit zu den üblichen Zinsen von 10% über dem Basiszinssatz in Anspruch nehmen. Der U macht die Zinsen, die ihm ab dem 31. Tage nach Zugang der Rechnung bei B von der Bank berechnet worden sind, geltend.

Der U macht einen Verzögerungsschaden geltend. Der Anspruch auf Zahlung der Zinsen könnte sich aus §§ 280 Abs. 1, 2, 286, 249 ff. BGB ergeben. a) Vorausgesetzt ist ein wirksames Schuldverhältnis; hier liegt ein Werkvertrag vor (§ 631 BGB). b) Zu den daraus resultierenden Schuldnerverpflichtungen gehört die Einhaltung des sich aus dem Schuldverhältnis ergebenden Leistungszeitpunkts der Werklohnzahlung (hier: gem. §§ 640, 641 BGB mit der Abnahme). Der Schuldner B hat diese Pflicht verletzt, weil er die Zahlung nicht erbracht hat. c) Die nach § 280 Abs. 2 BGB erforderlichen „zusätzlichen Voraussetzungen" des § 286 BGB liegen vor: aa) Nichtleistung trotz Möglichkeit bei Fälligkeit. bb) Zwar liegt keine Mahnung nach § 286 Abs. 1, 2 BGB vor. cc) Der Verzug ist jedoch 30 Tage nach Fälligkeit und Zugang der Rechnung eingetreten (§ 286 Abs. 3 S. 1 BGB, da der B als gewerbsmäßiger Vermieter kein Verbraucher ist, § 286 Abs. 3 S. 2, 13 BGB). d) Das vermutete Verschulden ist nicht widerlegt. e) Der U kann das negative Interesse nach § 249 BGB geltend machen: Auch wenn die gesetzlichen Verzugszinsen bei Entgeltforderungen (nicht bei anderen Forderungen!) zwischen Unternehmern nur 9 Prozentpunkte über dem Basiszinssatz betragen (§ 288 Abs. 2 BGB), kann der U einen höheren Schaden geltend machen (§ 288 Abs. 4 BGB). Dass Zinsen erst ab dem auf den Verzug folgenden Tag anfallen folgt nach h.M. aus der (ggf. analogen) Anwendung von § 187 Abs. 1 BGB.

**Variante**

Wie wäre es, wenn der U den B nach 3 Tagen gemahnt, der B gleichwohl nicht gezahlt hätte und der U die Zinsen vom Zeitpunkt nach Zugang der Mahnung verlangt hätte?

Hier wäre der Verzug nach § 286 Abs. 1, S. 1 BGB bereits durch die Mahnung eingetreten. § 286 Abs. 3 BGB ist nicht mehr – wie noch vor der Schuldrechtsreform aufgrund eines berühmt-berüchtigten gesetzgeberischen Fehlers – lex specialis zu den sonstigen verzugsauslösenden Tatbeständen. Es handelt sich vielmehr um eine Auffangnorm, die unter bestimmten Voraussetzungen den Verzug eintreten lässt, wenn eine Mahnung aus irgendeinem Grund unterblieben ist.

Der Schuldnerverzug ist aber kein Dauerzustand, sondern kann enden, was für die Frage eines Schadensersatzes zu beträchtlichen Schwierigkeiten führen kann (sub (4)).

Von einem **(g)** Wegfall des Verzuges ist auszugehen, wenn: die **Leistung erbracht** wird; der **Gläubiger nach §§ 293 ff. BGB in Annahmeverzug** gerät; der Gläubiger die **Mahnung zurücknimmt;** die Fälligkeit durch eine **Stundung** entfällt; wenn die Forderung durch **Erfüllung, Aufrechnung, Anfechtung, Rücktritt** nicht mehr besteht; ein zunächst bestehender Leistungsanspruch, hinsichtlich dessen die Verzugsvoraussetzungen gegeben sind, nach **§ 275 BGB** oder nach **§ 281 Abs. 4 BGB** untergeht.

Mit dem Ende des Verzuges **entfallen** die **Folgen** aber nur **für die Zukunft („ex nunc"),** so dass bereits entstandene Ansprüche bestehen bleiben.

**Fall 267**

Der V verkauft dem K ein bestimmtes Auto, das der V nach dem Inhalt des Vertrages aus Süddeutschland zum Wohnsitz des K überführen muss (Bringschuld). Vereinbarter Lieferzeitpunkt ist der 1. Dezember 2015. Der Wagen steht am 1.

Dezember 2015 nicht für K bereit, weil es der V versäumt hat, die Überführung zu veranlassen. Der K, der das Auto dringend benötigt, muss bis zum Eintreffen des V ein Fahrzeug mieten. Am Abend des 16. Dezember 2015 wird der Wagen auf der Überführungsfahrt infolge einer glatteisbedingten Massenkarambolage kurz vor dem Ziel in den Harburger Bergen völlig zerstört. Der K verlangt Schadensersatz in Höhe der Miete für das Ersatzfahrzeug vom 1. Dezember 2015 bis 16. Dezember 2015 (nach Kropholler).

Der Anspruch ergibt sich aus §§ 280 Abs. 1, 2, 286 Abs. 1, 2 Nr. 1, 249 BGB. Die zur Leistungsfreiheit des V führende Unmöglichkeit lässt die bereits eingetretenen Verzugsfolgen nicht entfallen sondern wirkt sich erst auf die Zeit nach der Unmöglichkeit aus. Damit wird für den Zeitraum ab dem 17. Dezember 2015 kein Schadensersatz mehr wegen Verzugs geschuldet.

(3) Vertretenmüssen

Ein Schadensersatzanspruch aus §§ 280 Abs. 1 und 2, 286 BGB setzt schließlich voraus, dass der Schuldner die Pflichtverletzung – also das Unterbleiben der Leistung – zu vertreten hat.

Das **Verschuldensprinzip gilt für alle Schadensersatzansprüche nach § 280 Abs. 1 S. 1 BGB**. Das lässt sich für den Schadensersatzanspruch aus §§ 280 Abs. 1, 2, 286 BGB, um den es hier geht, in doppelter Hinsicht aus dem Gesetz ableiten, nämlich aus **§ 280 Abs. 1 S. 2 BGB** und aus **§ 286 Abs. 4 BGB**.Es ist eine **dogmatische interessante Frage**, ob **§ 286 Abs. 4 BGB** überhaupt eine **eigenständige Bedeutung neben § 280 Abs. 1 S. 2 BGB** zukommt. Teilweise wird angenommen, § 286 Abs. 4 BGB sei rein deklaratorischer Natur und wiederhole lediglich die Voraussetzung des § 280 Abs. 1 S. 2 BGB. Nach anderer Auffassung stellt § 286 Abs. 4 BGB hingegen klar, dass nicht (immer) auf die **Pflichtverletzung bei Fälligkeit,** sondern auf den **Zeitpunkt abzustellen** sei, in dem die **objektiven Voraussetzungen des Verzugs vorliegen,** also i. d. R. den Zeitpunkt der Mahnung. Auf den Streit kommt es nur an, wenn Fälligkeit und Verzug zeitlich auseinanderfallen (vor allem wenn die Mahnung nicht entbehrlich ist und nach Fälligkeit erfolgt) und der Exkulpationsbeweis nur zu einem der beiden Zeitpunkte geführt werden kann.

Wie auch immer: Aufgrund der gesetzlichen **Verschuldensvermutung** des **§ 280 Abs. 1 S. 2 BGB** und auch des **§ 286 Abs. 4 BGB** ist davon auszugehen, dass der Schuldner grundsätzlich die Pflichtverletzung zu vertreten hat. Das bedeutet für Sie bei der Fallbearbeitung, dass Sie nur dann, wenn im **Sachverhalt tatsächliche Anhaltspunkte** für die Beurteilung der **Verschuldensfrage** gegeben sind, **§ 276 BGB subsumieren** dürfen. Wenn der **Sachverhalt keine** derartigen **tatsächlichen Umstände** enthält, müssen Sie unter Berufung auf die gesetzliche **Verschuldensvermutung** des § 280 Abs. 1 S. 2 BGB **von** einem **Verschulden ausgehen**. Es wäre in einem solchen Fall sogar verboten, durch „fantasievolle“ Spekulationen aus dem eigenen Erfahrungshorizont den Sachverhalt zu „ergänzen“, nur um sich auf diese Weise tatsächliches Material für eine Prüfung des § 276 BGB zu verschaffen. Wichtig ist, dass Sie in der **Prüfungssituation** durch Ihre **Formulierung** deutlich machen, dass der **Schuldner darlegen** und ggf. **beweisen muss**, dass er die Pflichtverletzung nicht zu vertreten habe („Das Vertretenmüssen des Schuldners X wird nach §§ 280 Abs. 1, 286 Abs. 4 BGB vermutet. Er hat die Vermutung nicht widerlegt"; bei konkreten Anhaltspunkten für eine Exkulpation: „Fraglich ist, ob der X die Vermutung des Vertretenmüssens nach §§ 280 Abs. 1, 286 Abs. 4 BGB widerlegen kann.").

Sie müssen dabei auch die **prozessualen Konsequenzen** im Blick haben (das gilt nicht nur für Referendare, sondern auch mit Blick auf die prozessuale Einkleidung von universitären Klausuren): Der den Schadensersatz begehrende Kläger muss wegen der Verschuldensvermutung in § 280 Abs. 1 S. 2 BGB bzw. § 286 Abs. 4 BGB im Prozess keinerlei tatsächliche Behauptungen zum Verschulden des Beklagten aufstellen. Dem Beklagten steht es aber frei, die Verschuldensvermutung durch einen entsprechenden Sachvortrag zu entkräften. Er muss allerdings seinen Sachvortrag dazu beweisen, wenn der Kläger ihn seinerseits bestreitet. Der **Schuldner** trägt für die Entlastung die **Darlegungs- und Beweislast**.

An den Beweis zur Widerlegung der Verschuldensvermutung dürfen allerdings keine überzogenen Anforderungen gestellt werden, da anderenfalls ein Anspruch aus § 280 Abs. 1 BGB faktisch zu einem Fall der Garantiehaftung würde.

Was der Schuldner zu vertreten hat, ergibt sich aus **§§ 276–278 BGB**. Im Regelfall bedarf es Vorsatz oder Fahrlässigkeit. Aus dem Inhalt des Schuldverhältnisses, insbesondere einer Garantieübernahme, kann sich etwas anderes ergeben. Bei Gattungs- und Beschaffungsschulden muss der Schuldner daher auch für seine mangelnde finanzielle Leistungsfähigkeit oder für Fehler in seiner geschäftlichen Organisation einstehen.

Als Gründe für eine Entlastung des Schuldners kommen beim Verzug etwa in Betracht: Außerhalb des übernommenen Risikos liegende unverschuldete tatsächliche (z. B. schwere Krankheit des Schuldners) oder rechtliche (z. B. Importbeschränkungen) Leistungshindernisse. Ein Rechtsirrtum über das Bestehen der Forderung entschuldigt nur, wenn zuvor ein Rechtsrat eingeholt worden ist, der die höchstrichterliche Rechtsprechung zugrunde legt.

Die Parteien können **Abweichendes vereinbaren**, unterliegen dabei aber den **Schranken** der **§§ 276 Abs. 3, 278 S. 2 BGB** und bei AGB den **§§ 305 ff. BGB**; so ist etwa nach der Rechtsprechung eine AGB-Klausel nach § 307 Abs. 1 BGB unwirksam, mit der das Verschuldensmerkmal des Anspruchs aus §§ 280 Abs. 1, 2, 286 BGB dadurch umgangen wird, dass die Verzugsfolgen an einen unverschuldeten Zahlungsrückstand geknüpft werden.

**Fall 268**

Der V verpflichtet sich gegenüber dem K in einem Kaufvertrag vom 1. April 2015 zur Beschaffung eines bestimmten, zurzeit dem E gehörigen Picassogemäldes bis zum 2. Mai 2015. Der K zahlt bereits bei Vertragsschluss den Kaufpreis an V. Es gelingt dem V aber erst am 10. Mai 2015, dem E das Bild abzukaufen, weil der E sich zunächst nicht zum Verkauf entscheiden konnte. Der V liefert dem K das Bild am 11. Mai 2015. Der K kann das Bild deshalb nicht – wie es beabsichtigt war und bei rechtzeitiger Lieferung möglich gewesen wäre – auf einer Ausstellung präsentieren, wofür er eine Vergütung von € 2000,– erhalten hätte.

Der K verlangt daher Schadensersatz. Der V wendet ein, dass der E sich noch im März zum Verkauf an V bis zum 1. Mai bereit erklärt hatte, ab Ende April aber aus rein persönlichen Gründen den Verkauf immer weiter hinaus gezögert habe; dafür könne er nichts (nach Kropholler).

Der Anspruch ergibt sich aus §§ 280 Abs. 1, 2, 286, 249, 252 BGB. Der V hat sich nicht exkulpiert, weil er (wie nach § 276 BGB möglich) das Beschaffungsrisiko übernommen hat und weil dieses auch Verzögerungen bei der Beschaffung umfasst (RegE).

(4) Schaden

Das Schadensersatzrecht werden wir später noch ausführlich behandeln. Was den **Umfang** des **Schadensersatzanspruchs („Verzögerungsschaden")** angeht, sei hier nur soviel gesagt: Der Gläubiger kann verlangen, so gestellt zu werden, wie wenn der Schuldner rechtzeitig erfüllt hätte (§ 249 Abs. 1 BGB, und zwar in der Praxis regelmäßig in Form einer Geldleistung nach §§ 249 Abs. 2, 251 Abs. 1 BGB oder nach § 250 BGB). Der Schaden umfasst alle Nachteile, die während des Verzuges durch die vorübergehende Nichtleistung oder durch Leistungsverzögerung entstanden und durch eine spätere Leistungserbringung nicht behoben werden könnten. Dieser Schaden kann übrigens sogar das Leistungsinteresse („positives Interesse") übersteigen.

**Fall 269**

Der V hat an den K für dessen Restaurantbetrieb Heizöl zum Preise von € 2000,– verkauft, das nach dem Vertrag wegen eines plötzlichen Kälteeinbruchs noch am Freitag, den 12. Dezember 2014, um 15.00 Uhr geliefert werden soll. Der V versäumt den Termin und liefert erst am Montag, den 15. Dezember 2014. Der K konnte an diesem Wochenende keinen anderen Heizöllieferanten auftreiben. Alle waren sie wegen der plötzlichen starken Kälte ausgebucht. Die Heizung fiel wegen Ölmangels am Sonnabendnachmittag aus. Der K musste schließen und konnte eine Hochzeitsgesellschaft, mit der er einen festen Vertrag hatte, nicht bewirten. Er verlangte von V € 3000,– entgangenen Gewinn.

Der Anspruch ergibt sich aus §§ 280 Abs. 1 und 2, 286 Abs. 1 S. 1, Abs. 2 Nr. 1, 249 Abs. 1 BGB. Eine Mahnung war nach § 286 Abs. 2 Nr. 1 BGB entbehrlich, da sich schon aus dem Vertrag die Dringlichkeit der Leistung ergab und eine Mahnung deshalb vernünftigerweise nicht zu erwarten war.

Endet der Verzug ex nunc – z. B. wegen des Wegfalls der Leistungspflicht nach § 275 BGB oder nach § 281 Abs. 4 BGB oder wegen eines erklärten Rücktritts – können keine weiteren Verzögerungsschäden mehr entstehen: Für den Schaden, der in dem Zeitraum zwischen Verzugseintritt und Wegfall des Verzuges infolge eines Wegfalls der Leistungspflicht eintritt, gilt §§ 280 Abs. 1 und 2, 286 BGB; die weiteren auf der Verzögerung beruhenden Schäden sind dann u. U. als Schadensersatz „statt der Leistung" nach §§ 280 Abs. 1 und 3, 281–283 BGB zu ersetzen.

Dies ist allerdings umstritten. Manche wollen die entstandenen Verzögerungsschäden aus §§ 280 Abs. 1, 2, 286 BGB in einen später entstehenden Schadensersatzanspruch statt der Leistung einbeziehen. Wer dieser Ansicht folgen will, müsste mit der Prüfung des jeweiligen Schadensersatzanspruches statt der Leistung beginnen und bei der Schadensberechnung den Verzögerungsschaden mit einrechnen. Aus unserer Sicht sollte man streng nach der Art des Schadens differenzieren und bereits eingetretene Schäden unter §§ 280 Abs. 1 S. 1, Abs. 2, 286 BGB subsumieren und nicht als Schadensposten des §§ 280 Abs. 1 S. 1, Abs. 3, 281 (bzw. 283) BGB subsumieren. Der Streit ist entscheidungsrelevant, wenn nur die Voraussetzungen eines der Ansprüche gegeben sind.

**Fall 270**

Der K kaufte am 1. September 2014 formgerecht eine Eigentumswohnung von V und zahlte am gleichen Tag vereinbarungsgemäß den Kaufpreis auf das Treuhandkonto des Notars. Der V hatte die Auflassung erteilt. Der Notar sollte nunmehr die Eintragung des K als Eigentümer herbeiführen. Übergeben werden sollte die Wohnung am 1. Oktober 2014. Der K hatte die Wohnung zum 1. Oktober 2014 an M für 5 Jahre gewerblich vermietet. Als der K am 1. Oktober nicht den Schlüssel erhielt, setzte er dem V eine Nachfrist bis zum 15. Oktober 2014. Als der V auch am 1. November 2014 den Schlüssel nicht übergibt, verlangt er Schadensersatz wegen des ihm nach Abzug aller ersparten Aufwendungen entgangenen Gewinns (nach Lorenz–Riehm).

1) Für die Zeit vom 1. Oktober 2014 (Verzugsbeginn nach § 286 Abs. 2 Nr. 1 BGB) bis 31. Oktober 2014 (Verzugsende wegen Erlöschen des Anspruchs nach § 281 Abs. 4 BGB) steht dem K ein Anspruch aus §§ 280 Abs. 1, 2, 286 Abs. 1, 2 Nr. 2, 249 Abs. 1, 252 BGB zu. 2) Der weitere Verzögerungsschaden ist nach §§ 280 Abs. 1, 3, 281, 249 Abs. 1, 252 BGB zu ersetzen.

Selbstverständlich ist, dass unter §§ 280 Abs. 1, 2, 286 BGB nicht solche Kosten fallen, die entstanden sind, um den Verzug überhaupt erst auszulösen. Weil dies aber immer wieder verkannt wird, sprechen wir diesen Punkt vorsorglich an.

**Fall 271**

Der S schuldet G Geld. Der G beauftragt den Rechtsanwalt R mit der Rechtsverfolgung. Der R mahnt daraufhin den S. Die deshalb entstandenen Anwaltskosten verlangt der G von dem S nach § 286 BGB ersetzt.

Dieser Anspruch folgt nicht aus §§ 280 Abs. 1, 2, 286 BGB: Die Beauftragung des Anwalts erfolgte vor Verzugseintritt und die Kosten sind daher nicht erstattungsfähig. Anders wäre es freilich, wenn S den G schon vorher in Verzug gesetzt hätte. Das sollten Sie fortan „im wirklichen Leben“ beachten: bevor Sie einen Rechtsanwalt einschalten, „setzen“ Sie Ihren Schuldner „in Verzug“, damit Sie ggf. „Ihre Anwaltskosten“ dem Schuldner überbürden können! Regelt das nicht bereits § 91 ZPO? Nein, nicht soweit vorgerichtliche Kosten entstanden sind. Außerdem sind vorgerichtliche Rechtverfolgungskosten (auch Mahn- und Inkassokosten, soweit sie die Rechtsanwaltskosten nicht übersteigen) nur erstattungsfähig, wenn der Gläubiger sie ex-ante als sachdienlich ansehen durfte. Die Grenze bildet die Schadensminderungsobliegenheit in § 254 Abs. 2 BGB.

(5) Abschlussübersicht

Die nachfolgende Übersicht fasst die **Voraussetzungen** eines Anspruchs auf Ersatz eines Verzögerungsschadens aus §§ 280 Abs. 1, 2, 286 BGB noch einmal zusammen.

I. **Haftungsbegründende Voraussetzungen**

1. Rechtsgeschäftliches oder gesetzliches **Schuldverhältnis**
2. **Wirksamer, fälliger** und **durchsetzbarer Anspruch auf Leistung** aus dem Schuldverhältnis
3. **Pflichtverletzung:** teilweise oder vollständige Nichtleistung trotz Fälligkeit, wobei es auf die Leistungshandlung ankommt
4. **Verzugsvoraussetzungen:** Mahnung bzw. Mahnsurrogat (§ 286 Abs. 1 S. 1 BGB), Mahnungsersatztatbestände (§ 286 Abs. 2 BGB), Besonderheiten bei Entgeltforderungen (§ 286 Abs. 3 BGB)
5. **Kein** ex-nunc wirkender **Wegfall des Verzuges:** z. B. wegen des Wegfalls der Leistungspflicht nach § 275 BGB oder nach § 281 Abs. 4 BGB oder wegen eines erklärten Rücktritts
6. **Fehlende Entlastung** vom vermuteten **Vertretenmüssen** (§§ 280 Abs. 1 S. 2, 286 Abs. 4 BGB

II. **Haftungsumfang**

Ersatz des **Verzögerungsschadens neben der Leistung** nach §§ 249 ff. BGB

bb) Bei Geldschulden: Anspruch auf Verzugs-, Fälligkeits- und Prozesszinsen als Mindestschadensersatz neben der Leistung (§§ 288 BGB, 353 HGB, 291 BGB)

Als auf den Ersatz eines **(Mindest-) Schadens neben** der **Leistung** gerichtete Ansprüche kann man auch die vom Gesetz in **eigenständigen Anspruchsgrundlagen** geregelten **Ansprüche** auf **Zahlung** von **Verzugs-**, **Fälligkeitszinsen** und **Prozesszinsen** bei **Geldschulden** ansehen. Es gibt zwei Normzwecke für den Zinsanspruch: Einerseits die realistische Vorstellung, dass der Gläubiger den Betrag bei rechtzeitiger Zahlung zumindest in Höhe des Verzugszinses hätte gewinnbringend anlegen können und andererseits das Bestreben, dem Schuldner den Anreiz zu nehmen, sich durch Unterlassen einer fälligen Zahlung einen zinslosen „Zwangskredit“ zu verschaffen.

(1) § 288 BGB

Es empfiehlt sich schon der Übersichtlichkeit halber § 288 Abs. 1 BGB als eigenständigen Zinsanspruch zu prüfen. Bisweilen wird die Vorschrift auch als bloße den Verzögerungsschadensersatz aus § 286 BGB erweiternde Norm und nicht als eigenständige Anspruchsgrundlage angesehen.

Nach § 288 Abs. 1 BGB hat der Schuldner einer Geldschuld während des Verzuges im Sinne des § 286 BGB diese mit 5 Prozentpunkten über dem Basiszinssatz zu verzinsen (**„Verzugszinsen"**). Bei Rechtsgeschäften, an denen ein Verbraucher nicht beteiligt ist, beträgt nach § 288 Abs. 2 BGB der Zinssatz 9 Prozentpunkte über dem Basiszinssatz, aber nur wenn es um eine Entgeltforderung geht (Anspruch auf Zahlung eines Entgelts für eine Leistung; nicht etwa bei einem Schadensersatzanspruch in Geld). Achten Sie unbedingt darauf, streng am **Wortlaut** des § 288 Abs. 1, 2BGB zu arbeiten. Es kann einen enormen betragsmäßigen Unterschied machen, ob „5 % Zinsen" (aus dem eingeforderten Betrag) oder „Zinsen in Höhe von 5 **Prozentpunkten über dem Basiszinssatz**" verlangt werden!

Der Basiszinssatz ist in § 247 BGB definiert und orientiert sich an den Zinssatz für die jüngste Hauptrefinanzierungsoperation der EZB vor dem ersten Kalendertag des betreffenden Anpassungsintervalls. Aufgrund der aktuellen Geldpolitik der EZB, gibt es seit 2013 erstmals in der Geschichte des BGB negative Basiszinssätze. Seit dem 01. Januar 2015 beträgt der Basiszinssatz – 0,83 %, sodass der Verzugszinssatz nach § 288 Abs. 2 BGB 4,17 % beträgt (vgl. www.basiszinssatz.de).

Hierbei handelt es sich um einen neben der Leistungspflicht zu erbringenden **„Mindestschadensersatz"**, dessen Ersatz der Gläubiger verlangen kann, ohne einen Schaden nachweisen zu müssen. § 288 Abs. 1 BGB ist keine abschließende Regelung, wie § 288 Abs. 3 BGB für aus einem anderen Rechtsgrund geschuldete „höhere Zinsen" (z. B. aus einer vertraglichen Vereinbarung mit einer Bank) und § 288 Abs. 4 BGB für den Fall noch **höherer Zinsschäden** (z. B. wenn der Gläubiger wegen der ausbleibenden Zahlung einen teureren Kredit aufnehmen musste) klarstellt; in diesen Fällen kann der Gläubiger diese höheren Zinsen über §§ 280 Abs. 1, 2, 286 BGB ersetzt verlangen. Die Geltendmachung der Verzugszinsen schließt die Geltendmachung eines tatsächlich entstandenen sonstigen **weiteren Verzögerungsschadens** nicht aus (§ 288 Abs. 4 BGB). Seit dem 29.07.2014 gewährt § 288 Abs. 5 BGB (lesen!) dem Gläubiger eines Nicht-Verbrauchers einen großzügigen Anspruch auf eine Schadenspauschale in Höhe von € 40,–.

**Fall 272**

Der V hatte den Erwerb der an den K verkauften Ware durch Inanspruchnahme eines Bankkredits der B-Bank finanziert. Diesen am 1. April 2014 fälligen Kredit wollte der V mit der einen Hälfte des am 31. März 2014 fälligen Kaufpreises tilgen. Die andere Hälfte des Kaufpreises wollte er ab 1. April 2014 dem S als verzinsliches Darlehen zur Verfügung stellen. Der K zahlt den Kaufpreis aber erst am 1. Mai 2014. Die B-Bank hatte inzwischen den Kredit gegen eine Erhöhung der Zinsen um einen Monat verlängert. Der S hatte sich das Geld anderswo geliehen. Der V will von K Schadensersatz.

Dem V steht a) nicht nur ein Anspruch auf die Verzugszinsen als Mindestschadensersatz aus § 288 Abs. 1 BGB (bzw. §§ 286, 288 Abs. 1 BGB) zu, b) sondern auch ein Anspruch auf Ersatz des konkret entstandenen Verzögerungsschadens aus §§ 288 Abs. 4, 286 BGB: aa) auf Ersatz der wegen der Verspätung an die B-Bank zu zahlenden höheren Zinsen, bb) und wegen der entgangenen Geldanlagemöglichkeit durch Darlehensgewährung (§ 252 BGB).

(2) § 353 HGB

**Geldschuldgläubiger,** die **Kaufleute** sind, können **von Kaufleuten** aus **beiderseitigen Handelsgeschäften** ab Fälligkeit sogar **Fälligkeitszinsen** verlangen (§ 353 HGB). Die Höhe richtet sich nach dem gesetzlichen Zinssatz des HGB (§ 352 HGB), beträgt also 5 % pro Jahr. In einer Fallbearbeitung würde man allerdings mit der Prüfung eines Anspruchs aus §§ 280 Abs. 1, 2, 286, 288 beginnen, da dieser Anspruch hinsichtlich der Höhe weitergehend ist. Erst danach sollte man § 353 HGB prüfen und auch nur sofern nicht Fälligkeit und Verzugseintritt zeitlich zusammenfallen. Die Voraussetzungen wären, dass die Beteiligten **Kaufleute** sind (§§ 1 ff. HGB), dass die Forderung ist für beide ein **Handelsgeschäft** ist (§§ 343, 344 HGB) und dass die **Forderung fällig** ist (§ 271 BGB).

(3) § 291 BGB

Sofern der Schuldner verklagt ist, kann der Gläubiger einer Geldschuld **ab Rechtshängigkeit** ohne Rücksicht darauf, ob der Schuldner im Verzug ist, neben der Leistung auch **Prozesszinsen** verlangen (§ 291 BGB). Dies ist wichtig, falls der Verzug z. B. am fehlenden Vertretenmüssen scheitert. Es besteht allerdings Anspruchskonkurrenz zwischen § 288 und § 291 BGB, so dass der Gläubiger nicht kumulativ Prozess- und Verzugszinsen verlangen kann. Für universitäre Prüfungsarbeiten ist dieser Anspruch kaum bedeutsam, in der Praxis (also auch für die Referendare unter den Lesern) ist er aber äußerst wichtig und sollte daher bekannt sein. Die Höhe der Prozesszinsen richtet sich gemäß § 291 S. 2 BGB nach § 288 Abs. 1 S. 2, Abs. 2, 3 BGB. Beachten Sie hierbei, dass der Beginn des Berechnungszeitraumes bei § 291 BGB immer einen Tag *nach* Rechtshängigkeit eintritt (§ 187 Abs. 1 BGB analog), so dass zum *Beispiel* im Falle der Zustellung einer Klageschrift am 2. März 2006 Zinsen nach § 291 BGB seit dem 3. März 2006 geschuldet werden.

cc) Umgekehrt: Anspruch des Schuldners auf Ersatz von Mehraufwendungen bei Annahmeverzug (§ 304 BGB)

Bisher ging es uns um die Ansprüche des Gläubigers aufgrund einer verspäteten Leistung des Schuldners. Umgekehrt kann aber auch dem Schuldner einer Leistungsverpflichtung wegen Verzögerungen bei der Annahme durch den Gläubiger ein Schaden entstehen.

Der Ersatz eines solchen Schadens kann zumeist nicht nach §§ 280 Abs. 1, 2, 286 BGB verlangt werden, da die Annahme einer Leistung mangels gesetzlicher oder vertraglicher Regelung keine Leistungspflicht (Ausnahme: § 433 Abs. 2 BGB!), sondern eine „Obliegenheit" ist.

Der Begriff der **„Obliegenheit"** (R. Schmidt) ist aus dem Versicherungsrecht entlehnt (werfen Sie einen Blick auf die für jeden Versicherungsnehmer – also auch für Sie! – ungeheuer wichtigen §§ 19 ff. VVG!). Hierunter versteht man Verbindlichkeiten, die eine Person nicht zur Erfüllung verpflichten und deren Verletzung daher auch keine Schadensersatzpflichten begründen, deren Nichtbeachtung aber zu Rechtsverlusten oder anderen Nachteilen führt: z. B. die Anzeigepflicht aus § 149 BGB, die Schadensminderungsobliegenheit aus § 254 BGB (nicht: „-pflicht", wie es oft fälschlich heißt!), die Annahmeobliegenheit des Gläubigers aus §§ 293 ff. BGB, die Untersuchungs- und Rügeobliegenheit aus § 377 HGB (die im Gesetz, insoweit missverständlich, Rügepflicht heißt).

Die **Voraussetzungen** eines **Anspruchs** des Schuldners **auf Ersatz von Mehraufwendungen** aus **§ 304 BGB** sind

- das Bestehen eines **Schuldverhältnisses** mit **einer Leistungspflicht,**
- der **Annahmeverzug** des Gläubigers (§§ 293 ff. BGB)

Zur Prüfung, ob ein Annahmeverzug nach §§ 293 ff. BGB vorliegt, kann dieses knappe Prüfungsschema verwendet werden. Seinen Nutzen entfaltet es einmal für den hier erörterten Anspruch aus § 304 BGB und weiterhin für die vielfältigen anderen Rechtsfolgen des Annahmeverzugs (§§ 300–303 BGB), auf die wir später eingehen.

**a)** **Erfüllbarkeit** des **Anspruches**: Der Schuldner darf im Grundsatz seine Leistung jederzeit erfüllen (§ 271 BGB), sofern nichts anderes vereinbart ist.
**b)** **Angebot** der **Leistung** nach §§ 294–296 BGB.
**c)** **Möglichkeit** der **Leistung** (§ 297 BGB).
**d)** **Keine** nur **vorübergehende** Annahmeverhinderung gemäß § 299 BGB.
**e)** **Nichtannahme der Leistung** (§ 293 BGB) oder **Annahme ohne Angebot der Gegenleistung** (§ 298 BGB).

- und das Vorliegen von **Mehraufwendungen** des Schuldners, die ihm für ein erfolgloses Angebot der Leistung und eine Aufbewahrung und Erhaltung des geschuldeten Gegenstandes entstanden sind. Personen, die bestimmte Leistungen geschäftsmäßig anbieten, sollten auch für ihren Arbeitslohn einen Ersatz verlangen dürfen, weil bei ihnen auch die aufgewendete Zeit und Arbeitskraft eine Aufwendung sind (§ 1835 Abs. 3 BGB analog; ebenso bei der GoA, §§ 677, 683 BGB, dazu mehr in Teil 5).

Wenn die Nichtannahme der Leistung **zugleich** die **Verletzung** einer **Leistungspflicht** (z. B. bei § 433 Abs. 2 BGB oder § 640 Abs. 1 BGB) darstellt, so greifen neben § 304 BGB auch §§ 280 Abs. 1, 2, 286 BGB ein, sofern der Schuldner sich nicht nach § 280 Abs. 1 S. 2 BGB und/oder § 286 Abs. 4 BGB entlasten kann.

Der Anspruch aus § 304 BGB hat für den Schuldner aber den Vorteil, dass keine Entlastung nach § 280 Abs. 1 S. 2 BGB und/oder § 286 Abs. 4 BGB möglich ist. Erfasst werden aber nur Aufwendungen (freiwillige Vermögensopfer), nicht Schäden (unfreiwillige Vermögenseinbußen), was den Anspruch andererseits entwertet.

**Fall 273**

Der Pferdebesitzer P1 bringt zwei Reitpferde zum Pferdetrainer T. Der P1 vereinbart mit dem T, dass dieser die Pferde gegen ein Entgelt zu Trabrennpferden ausbilden soll. Nach Abschluss des Trainings ruft T den P1 an und teilt ihm das Ende des Trainings mit. Weiterhin fordert er den P1 auf, die Pferde am nächsten Tag abzuholen. Der P1 erklärt dem verblüfften T, dass ihn das alles gar nichts mehr anginge, da die Pferde schon vor Monaten an den P2 verkauft worden seien, der ihm versprochen habe, die Pferde nach dem Training abzuholen. Der P2 erscheint tatsächlich 4 Monate später und holt die Pferde ab. In der Zwischenzeit hat der T die Pferde weiter gefüttert und untergestellt. Der T verlangt dafür Ersatz der ihm entstandenen Kosten in Höhe von € 1500,– von P1.

Der Anspruch kann sich aus § 304 BGB ergeben. a) Zwischen P1 und T muss zunächst ein Schuldverhältnis bestanden haben. Hier lag – je nach Auslegungsergebnis – ein Werkvertrag oder ein Vertrag eigener Art (=„sui generis“) vor (§§ 311 Abs. 1, 241 Abs. 1 BGB), sodass jedenfalls ein Schuldverhältnis bestand; zu den Pflichten des T gehörte u. a. die Rückgabe der Pferde nach der Ausbildung. b) Der P1 müsste hinsichtlich der Rückgabeverpflichtung in Annahmeverzug gekommen sein. Annahmeverzug liegt vor, wenn der Gläubiger eine ihm angebotene Leistung nicht annimmt (§ 293 BGB). aa) Grundsätzlich ist dazu ein tatsächliches Angebot erforderlich (§ 294 BGB). Die Leistung muss dabei so wie geschuldet angeboten werden. Hier lag eine Holschuld vor (§ 269 Abs. 1 BGB). Dazu hätte der T die Pferde speziell für den P1 bereithalten müssen. Der Sachverhalt enthält dazu keine Angaben. bb) Es genügt aber nach § 295 BGB ein wörtliches Angebot, wenn der Gläubiger die Annahme der Leistung verweigert oder eine Mitwirkungshandlung des Gläubigers erforderlich ist, insbesondere wenn der Gläubiger die geschuldete Sache abzuholen hat; in diesem Fall steht nach § 295 S. 2 BGB die Aufforderung an den Gläubiger, die Handlung vorzunehmen, dem Angebot der Leistung gleich. Beides war hier der Fall. P1 befand sich daher im Annahmeverzug. c) Die von T verlangten Kosten müssen Mehraufwendungen sein. aa) Es handelt sich beim Füttern der Pferde um ein freiwilliges Vermögensopfer, mithin um Aufwendungen. bb) Die Aufwendungen beruhten auf der Aufbewahrung und Erhaltung des geschuldeten Gegenstandes. Der P1 muss daher zahlen.

**Variante**

Der T verlangt für seine Pferdepflegertätigkeit ein Entgelt in Höhe der üblichen Vergütung.

Der Anspruch ergibt sich aus § 304 BGB, weil bei Personen, die bestimmte Leistungen geschäftsmäßig anbieten, auch die aufgewendete Zeit und Arbeitskraft Aufwendungen sind (§ 1835 Abs. 3 BGB analog; ebenso bei §§ 677, 683 BGB).

Sie wissen jetzt, unter welchen Voraussetzungen der Gläubiger von einem die Leistung verspätet erbringenden Schuldner **Schadensersatz „neben der Leistung"** in Gestalt eines **„Verzögerungsschadens"** verlangen kann und dass ihm weitere Ansprüche (auf Zinsen) zustehen. Dass der Schuldner seinerseits bei verzögerter Entgegennahme seiner Leistung gegen den Gläubiger einen Anspruch auf Ersatz eines Mehraufwandes hat, haben wir bei dieser Gelegenheit mit angesprochen.

### b) Anspruch auf Schadensersatz neben der Leistung wegen Schlechtleistung (§ 280 Abs. 1 BGB)

Die in § 280 Abs. 1 BGB zur Voraussetzung für einen Schadensersatzanspruch gemachte Pflichtverletzung ist jedes objektiv dem Pflichtenprogramm eines Schuldverhältnisses zuwiderlaufendes Verhalten des Schuldners.

Dass der Begriff der Pflichtverletzung nach § 280 Abs. 1 BGB auch die „Schlechtleistung" umfasst, zeigt etwa §§ 280 Abs. 1, 3, 281 Abs. 1 BGB, wonach ein Gläubiger „soweit der Schuldner die fällige Leistung … nicht wie geschuldet erbringt, …" nach §§ 280 Abs. 1, 3, 281 Abs. 1 BGB Schadensersatz statt der Leistung verlangen kann.

Um einen solchen Anspruch auf Schadensersatz statt der Leistung aus §§ 280 Abs. 1, 3, 281 BGB soll es aber an dieser Stelle gar nicht gehen. Vielmehr widmen wir uns nun den Fällen, in denen ein **Gläubiger Schadensersatz „neben der Leistung"** verlangt, weil der **Schuldner** seine **Leistung „nicht wie geschuldet" erbracht** hat oder (kurz gesagt:) **„wegen Schlechtleistung"**. Die **Anspruchsgrundlage** wäre nach den vorstehenden Ausführungen ausschließlich **§ 280 Abs. 1 BGB**.

#### aa) Leistung „nicht wie geschuldet" (Schlechtleistung) außerhalb des Gewährleistungsrechts

Bedenken Sie stets, dass das Gesetz **bei bestimmten Vertragstypen** ein **spezielles Gewährleistungsrecht** bereithält, z. B. beim Kaufvertrag in §§ 437 ff. BGB oder beim Werkvertrag in §§ 634 ff. BGB. Dieses regelt die Rechte des Gläubigers, z. B. des Käufers oder Bestellers im Falle einer Schlechtleistung z. B. des Verkäufers, der eine mangelhafte Ware an den Käufer liefert, oder Unternehmers, der für den Besteller eine brüchige Brücke baut. Mit diesen Fällen befassen wir uns später.

(1) Gewährleistungslücke

Ein Regelungsbedarf besteht aber auch in Fällen **Schlechterfüllung** solcher **Schuldverhältnisse**, die **kein** spezielles **Gewährleistungsrecht** haben. Das sind der Dienstvertrag oder der Arbeitsvertrag; der Maklervertrag, der Auftrag, wie zum *Beispiel* der zwischen A und B geschlossene Vertrag nach § 662 BGB über den unentgeltlich vorzunehmenden Verkauf von dem A gehörigen Sachen durch B. Auch gesetzliche Schuldverhältnisse haben kein Gewährleistungsrecht, wie zum *Beispiel* das zwischen von GF und GH bestehende gesetzliche Schuldverhältnis aus §§ 677 ff. BGB, weil der der GF für den GH während dessen unfallbedingten im Krankenhaus behandelten Komazustandes dessen von einem Orkan zerstörtes Hausdach hat decken lassen. Gleiches gilt auch für Verträge, in denen ein zwar existierendes besonderes **Gewährleistungsrecht nicht eingreift,** weil die zeitlichen oder sachlichen Voraussetzungen nicht erfüllt sind. Wird bei einer solchen **„Gewährleistungslücke"** eine Leistung „nicht wie geschuldet" erbracht bzw. diese „schlecht erfüllt" soll dem Gläubiger ein Schadensersatzanspruch neben der Leistung aus § 280 Abs. 1 BGB zustehen.

(2) Schuldverhältnis

Das für einen Schadensersatzanspruch aus § 280 Abs. 1 S. 1 BGB vorausgesetzte **Schuldverhältnis** ist das die Leistungspflicht begründende Schuldverhältnis, also zum *Beispiel* der og. Auftrag zwischen dem Arbeitgeber A und B, der den B u. a. nach § 666 BGB zur Ablage von Rechenschaft verpflichtet, was im weiteren *Beispiel* auch für den GF gilt (§§ 677, 681 S. 2, 666 BGB).

(3) Pflichtverletzung

Die **Pflichtverletzung** besteht in einer **Leistung „nicht wie geschuldet"** bzw. einer **„Schlechterfüllung"** oder **„Schlechtleistung"**. Das ist in den beiden o.g. *Beispielen* der Fall, wenn die Rechenschaftsberichte des B bzw. des GF fehlerhaft sind.

(4) Vertretenmüssen

Ferner muss der **Schuldner die Pflichtverletzung,** also die die „Schlechterfüllung" oder Schlechtleistung **zu vertreten haben**. Sie wissen längst, dass diese Formulierung nicht korrekt ist, sondern lauten müsste, dass kein Fall vorliegt, in dem „der Schuldner die Pflichtverletzung nicht zu vertreten" hat (§ 286 Abs. 1 S. 2 BGB). Das Vertretenmüssen des Schuldners hat nicht der Gläubiger darzulegen und zu beweisen. Vielmehr wird es vermutet. Der richtige Umgang mit dieser Vermutung ist für die Fallbearbeitung von großer Bedeutung. Es kann also nicht schaden, wenn Sie sich die dazu bereits entwickelten Grundsätze noch einmal verdeutlichen.

- Was heißt **Vertretenmüssen (oder auch Verantwortlichkeit)**? In der Regel – aber eben nicht immer – Verschulden: Nach § 276 Abs. BGB hat der Schuldner nur dann **Vorsatz** und **Fahrlässigkeit** (Verschulden) zu vertreten, wenn eine **strengere** oder **mildere Haftung** weder bestimmt noch aus dem sonstigen Inhalt des Schuldverhältnisses, insbesondere aus der Übernahme einer Garantie oder eines Beschaffungsrisikos, zu entnehmen ist. Hieraus folgt: es kann **gesetzli-**

**che (z. B.** §§ 287 S. 2, 300, 443, 538, 968, BGB) **oder vertragliche Haftungserleichterungen oder -verschärfungen** geben. Greifen diese ein, so müssen sie auf alle konkurrierenden Ansprüche (z. B. aus Delikt) ausgeweitet werden, um ihren Zweck nicht zu unterlaufen.
- Weil das für einen Schadensersatzanspruch aus § 280 Abs. 1 S. 1 BGB erforderliche Vertretenmüssen vermutet wird (§ 280 Abs. 1 S. 2 BGB), dürfen Sie § 276 BGB nur subsumieren, wenn im Sachverhalt tatsächliche Anhaltspunkte für die Beurteilung der Verschuldensfrage gegeben sind. Im Prozess muss der Schuldner hierzu etwas vorgetragen haben. Der Gläubiger braucht bis dahin nichts zum Vertretenmüssen zu sagen.
- Wenn aber der Sachverhalt keine derartigen tatsächlichen Umstände enthält, müssen Sie unter Berufung auf die gesetzliche **Verschuldensvermutung** des § 280 Abs. 1 S. 2 BGB von einem Verschulden ausgehen. Das ist in den beiden o.g. *Beispielen* der Fall.
- Aber wozu sind Regeln da? Um durch Ausnahmen gebrochen zu werden! Eine wichtige **Ausnahme von** der **Vermutung** des **§ 280 Abs. 1 S. 2 BGB** findet sich in **§ 619a BGB** für das **Arbeitsrecht:** Der Arbeitgeber, der vom Arbeitnehmer Ersatz für den aus der Verletzung einer Pflicht aus dem Arbeitsverhältnis entstehenden Schaden verlangt, hat vorzutragen und notfalls zu beweisen, dass der Arbeitnehmer die Pflichtverletzung zu vertreten hat.

Wenn Sie bei der **Fallbearbeitung** durch „verschuldensrelevante" Tatsachenangaben im Sachverhalt zur **Prüfung, ob** die **Vermutung des Vertretenmüssens widerlegt** ist veranlasst werden, so müssen Sie zumindest die Grundlagen der zivilrechtlichen Verantwortlichkeit für Verhalten beherrschen. Einige dieser Grundlagen wollen wir uns an dieser Stelle überblicksartig näher ansehen. Zum Zwecke der „Entzerrung" der sonst allzu „kopflastig" werdenden Gesamtdarstellung sind Ihnen diese Punkte im Zusammenhang mit der Verschuldensprüfung nach § 276 BGB bisher vorenthalten worden. Wir bleiben auch hier ganz bewusst an der Oberfläche, um Sie nicht zu überfordern. Erst im späteren Verlauf des Buches erhalten Sie nach und nach vertiefte Informationen (so z. B. zur äußerst wichtigen Frage der Verschuldenszurechnung nach § 278 BGB). Also: Bei der Verschuldensprüfung sind folgende Punkte bedeutsam.

- Der Schuldner muss **verschuldensfähig** sein (§ 276 Abs. 1 S. 2, 827, 828 BGB): Er muss also das 7. Lebensjahr vollendet haben. Vor Vollendung des 18. Lebensjahrs ist er nicht **verantwortlich,** wenn er bei Begehung der Handlung nicht die zur Erkenntnis der Verantwortlichkeit erforderliche Einsicht hat, was selten der Fall sein dürfte. Sie müssen also bei Minderjährigen zwischen den Altersgruppen 0–6 Jahre und 7–18 Jahre unterscheiden. Eine Einschränkung auch für volljährige Personen findet sich in § 827 BGB.
- Hinsichtlich des Maßstabs des Vertretenmüssens haben wir vorhin schon gesehen, dass der Schuldner **grundsätzlich Vorsatz** und **Fahrlässigkeit** zu vertreten hat (§ 276 Abs. 1 S. 1 BGB).

1. Unter dem (gesetzlich nicht definierten) **Vorsatz** versteht man das „Wissen und Wollen des rechts- und pflichtwidrigen Erfolges". Der Vorsatz entfällt also – anders als im Strafrecht – wenn das Bewusstsein der Rechts- und Pflichtwidrigkeit fehlt („Vorsatztheorie"). Da ein solcher Irrtum aber meistens auf Fahrlässigkeit beruht (so z. B. bei einer irrtümlich falschen Einschätzung der Rechtslage durch den Schuldner ohne Einholung von Rechtsrat), muss der Schuldner häufig gleichwohl Schadensersatz leisten.
2. Der Rechtsbegriff der **Fahrlässigkeit** wird in § 276 Abs. 2 BGB legaldefiniert als die Außerachtlassung der „im Verkehr erforderlichen Sorgfalt"; welche Sorgfalt im Verkehr erforderlich ist, bestimmt sich objektiv nach der durchschnittlich von einer Person des Verkehrskreises (einschließlich der Berufsgruppe), zu der der Schuldner gehört, zu erwartenden Sorgfalt.

- Es gibt **Ausnahmen** in Gestalt eines **milderen** (§ 300 Abs. 1 BGB: bei Annahmeverzug nur Haftung für Vorsatz und grobe Fahrlässigkeit) oder **schärferen** (§ 287 S. 2 BGB: beim Schuldnerverzug Haftung für Zufall!) **Haftungsmaßstabes**. Solche Fälle werden wir später gesondert erörtern. Speziell bei der **Arbeitnehmerhaftung**, also auch in dem *Beispiel,* in dem der bei AG angestellte Buchhalter AN sich verrechnet, gelten besonderen Grundsätze, denen zufolge eine Verteilung der Risiken mit Hilfe des § 254 BGB stufenlos zu regeln ist (BAG); heute kann man dieses Erfordernis am besten mit dem in § 276 Abs. 1 S. 1 BGB genannten „sonstigen Inhalt des Schuldverhältnisses" begründen.
- Das Verschulden muss sich immer auf den Tatbestand der jeweiligen **Pflichtverletzung** beziehen, also nicht auf den Schaden gerichtet sein.
- Bei einer Schadensersatzhaftung innerhalb bestehender Schuldverhältnisse, also bei Verträgen und anderen Sonderverbindungen, also auch bereits bestehenden gesetzlichen Schuldverhältnissen, muss man sich als Schuldner auch ein **Verschulden Dritter zurechnen lassen**: das betrifft insbesondere **Erfüllungsgehilfen** und **gesetzliche Vertreter** nach § 278 BGB und im Fall des Frachtvertrages das Verschulden der **„Leute"** des Schuldners nach § 428 HGB. Dieses wichtige Thema (insbesondere die Haftung für Erfüllungsgehilfen nach § 278 BGB) erörtern wir später gesondert.
- Wie Sie längst wissen, müssen die **juristischen Personen** und **rechtsfähigen Personengesellschaften** sich das schuldhafte Verhalten ihrer **Organe** oder ihrer **Geschäftsführer** zurechnen lassen (§ 31 BGB oder § 31 BGB analog oder §§ 26 Abs. 2 S. 1, 278 BGB).

Wissen Sie angesichts der hier angesprochenen speziellen Fragen noch, was wir gerade eigentlich erörtern?

1. Wir sind dabei Ansprüche auf Schadensersatz „neben der Leistung" kennenzulernen (sub (3)). Zunächst hatten wir uns mit dem den Anspruch auf Ersatz von Schäden aufgrund einer verspäteten Leistung, namentlich

des Verzögerungsschadens u. a. aus §§ 280 Abs. 1, 2, 286 BGB befasst (sub 3 a)). Nun geht es (sub 3 b)) um den Anspruch aus § 280 Abs. 1 BGB wegen einer vom Schuldner „nicht wie geschuldet" erbrachten Leistung bzw. um die „Schlechterfüllung" und hier (sub 3 b) aa)) in der sog. „Gewährleistungslücke", also in Konstellationen, in denen es kein gesetzliches Gewährleistungsrecht gibt, wie z. B. bei bestimmten Vertragstypen (Dienstvertrag, Arbeitsvertrag, Maklervertrag, Auftrag etc.), bei gesetzlichen Schuldverhältnissen oder auch bei Verträgen, die zwar einem besonderen Gewährleistungsrecht unterliegen, jedoch das Gewährleistungsrecht nicht eingreift, weil die zeitlichen oder sachlichen Voraussetzungen nicht erfüllt sind. Diese „Gewährleistungslücke" wird dadurch geschlossen, dass dem Gläubiger ein Anspruch neben der Leistung aus § 280 Abs. 1 BGB zuerkannt wird.

**2.** Nachdem wir bereits erkannt hatten, dass die für § 280 Abs. 1 BGB erforderliche Pflichtverletzung darin besteht, dass „nicht wie geschuldet geleistet wurde" (Schlechtleistung) und dass das erforderliche Vertretenmüssen grundsätzlich vermutet wird (§ 280 Abs. 1 S. 2 BGB mit der wichtigen Ausnahme des § 619a BGB beim Arbeitsvertrag), wenden wir uns jetzt dem letzten Tatbestandsmerkmal dieses Anspruchs zu.

Für das Vorliegen eines Schadensersatzanspruchs neben der Leistung wegen einer „nicht wie geschuldet" erbrachten Leistung oder einer „schlecht erfüllten" Leistung aus § 280 Abs. 1 S. 1 BGB muss schließlich auch ein **Schaden** gegeben sein. Dieser muss auf der Pflichtverletzung beruhen („hierdurch entstehenden Schadens"), also äquivalent und adäquat **kausal** und zum Schutzbereich der Norm gehörig sein. Der Schaden wird nach der **„Differenzhypothese"** so **berechnet,** dass die bestehende Vermögenslage („Ist-Zustand") mit derjenigen verglichen wird, die ohne den zum Schadensersatz verpflichtenden Umstand gegeben wäre (hypothetischer „Soll-Zustand"). Bei diesem Vergleich muss auch der widerleglich als Schaden vermutete entgangene Gewinn (§ 252 BGB) als Schadensposten berücksichtigt werden. Unberücksichtigt bleiben hypothetische Vorteile, gegen deren Berücksichtigung höherrangiges Recht spricht oder die auf verbotenem oder sittenwidrigem Erwerb beruhen würden.

Ob auch die **Einbuße an anderen „Lebensgütern"** (z. B. entgangene Urlaubsfreude, entgangene Nutzung eines Sportwagens) infolge des zum Schadensersatz verpflichtenden Umstandes zu ersetzen ist, ist dann eine Frage des Haftungsumfanges. Umgekehrt müssen als „Schadensabzugsposten" alle die **für das Vermögen vorteilhaften Umstände** berücksichtigt werden, die nach einer wertenden Betrachtungsweise äquivalent und adäquat kausal auf die Pflichtverletzung zurückzuführen sind und die nach Sinn und Zweck des Schadensersatzrechtes vom Schaden abgesetzt werden müssen. In bestimmten Sonderfällen, wird dabei eine wertende Korrektur des Ergebnisses der Differenzhypothese unter **„normativen Gesichtspunkten"** notwendig: Ist ein Schaden bereits auf andere Art ersetzt worden, beispielsweise aufgrund der eigenhändigen Reparatur durch den Geschädigten oder durch Schadensregulierung eines Versicherers, so erscheint es unbillig, den Schädiger hiervon profitieren zu lassen. Zu berücksichtigen ist weiterhin ein Mitverschulden des Geschädigten (§ 254 BGB).

Das **„Wie"** des Schadensersatzes ergibt sich aus den §§ 249 ff. BGB.

Wenn dem A bzw. dem GH in den vorgenannten *Beispielen* infolge der mangelhaften Rechenschaftsberichte ein Schaden entsteht, hat der B bzw. der GF diesen nach §§ 280 Abs. 1, 249 ff. BGB zu ersetzen.

Die **Voraussetzungen** eines **Anspruchs auf Schadensersatz neben** der **Leistung** aus **§ 280 Abs. 1 S. 1 BGB** wegen einer **„nicht wie geschuldet" erbrachten Leistung** sind also kurz zusammengefasst die folgenden:

I. **Haftungsbegründende Voraussetzungen**
   1. Vorüberlegung: „**Gewährleistungslücke**" (ungeschriebenes Merkmal, sofern ein spezielles Gewährleistungsrecht eingreift, prüft man zuvor die entsprechende Norm und kommt gar nicht zu § 280 Abs. 1 BGB)
   2. Bestehen eines **Schuldverhältnisses**
   3. **Pflichtverletzung:** Leistung „nicht wie geschuldet" bzw „Schlechterfüllung"
   4. **Kein Entlastungsbeweis:** vermutetes Vertretenmüssen (§ 280 Abs. 1 S. 2 BGB; Ausnahme § 619a BGB!!)

II. **Haftungsumfang**
   Ersatz des entstandenen Schadens nach §§ 249 ff. BGB

**Fall 274**

Dr. A nimmt einen aus persönlichen Gründen gewollten Schwangerschaftsabbruch bei der Patientin P vor. Wegen eines Kunstfehlers wird die Schwangerschaft nicht unterbrochen, und die P bringt ein gesundes Kind zur Welt. Die unverheiratete P verlangt Ersatz der Unterhaltskosten von Dr. A (nach Medicus).

Die P macht einen Anspruch auf Schadensersatz „neben der Leistung" geltend. Dieser Anspruch könnte sich aus §§ 280 Abs. 1, 241 Abs. 1 BGB ergeben. a) Das Schuldverhältnis ist ein Dienstvertrag (§ 611 BGB) für den kein eigenständiges Gewährleistungsrecht existiert (Gewährleistungslücke). Er ist wirksam (§ 138 Abs. 1 BGB liegt bei einem „sozial indizierten" Schwangerschaftsabbruch nicht vor, ebenso wenig § 134 BGB, da der Schwangerschaftsabbruch wegen § 218a StGB hier nicht strafbar ist!). b) Die qualitativ mangelhafte Leistung ist eine Leistung „nicht wie geschuldet" bzw. „Schlechterfüllung", also eine Pflichtverletzung. c) Die Verschuldensvermutung des § 280 Abs. 1 S. 2 BGB ist nicht widerlegt. d) Der Schaden ist nicht das Kind, sondern die „Unterhaltslast" der P aus § 1601 BGB. aa) Dieser Schaden beruht äquivalent und adäquat kausal auf der Vertragsverletzung und liegt im Schutzbereich der Norm (gerade dem Ziel der Verhinderung einer weiteren Schwangerschaft und Geburt diente der Vertrag). Seiner Anerkennung könnten aber normative Erwägungen entgegenstehen. Der 2. Senat des BVerfG lehnt die Ersatzpflicht generell ab, weil „die Verpflichtung der staatlichen Gewalt, jeden Menschen in seinem Dasein um seiner selbst willen zu achten" dies verbiete. Richtig ist es dagegen, mit dem VI. Zivilsenat des BGH und der 1. Senat des BVerfG einen Vermögensschaden in der Belastung mit der Unterhaltspflicht zu sehen. Denn wenn durch einen wirksamen Vertrag die Herbeiführung vermögenswerter Interessen vereinbart werden kann, dann muss im Fall einer Leistungsstörung die wirtschaftlich angestrebte Folge auch durch Schadensersatz herbeigeführt werden können. bb) Der Schadensersatz erfolgt durch Kompensation des Unterhaltsschadens nach § 251 Abs. 1 BGB.

## Fall 275

Der Bestand der von der Kassiererin K bedienten Kasse weist gegenüber der Abrechnung ein Manko von € 100,– auf. Der Arbeitgeber Ag verlangt Schadensersatz und erhebt, als die K die Zahlung von € 100,– verweigert, Klage vor dem Arbeitsgericht. Der Ag behauptet, die K habe einen € 100,– Schein in ihr eigenes Portemonnaie gesteckt. Die K bestreitet dies und behauptet, ein sich als Kunde ausgebender Trickdieb habe den Schein aus der Kasse gezogen, als sie ihm nach einem Kauf das Wechselgeld herausgegeben habe. Die Wahrheit lässt sich durch das Gericht nicht aufklären.

a) Der Anspruch könnte sich zunächst aus §§ 611, 675, 667, 280 Abs. 1 S. 1, Abs. 3, 283 BGB ergeben. Dies würde voraussetzen, dass K die € 100,– im Rahmen der Geschäftsbesorgung erlangt hätte und nun die Herausgabe unmöglich wäre. Das „erlangt haben" setzt zwar nicht unbedingt den Eigentumserwerb voraus, § 667 BGB greift jedoch nicht ein, weil die K wegen § 855 BGB den Kassenbestand nicht einmal im Besitz hatte, also auch nichts, was sie durch eine Geschäftsbesorgung erlangt hätte, herauszugeben hatte (BAG). b) In Betracht kommt ein Anspruch aus § 280 Abs. 1 S. 1 BGB. aa) Das Schuldverhältnis ist der Arbeitsvertrag (§ 611 BGB). bb) Es gibt kein spezielles Gewährleistungsrecht („Gewährleistungslücke"). cc) Es müsste eine Pflichtverletzung der K vorliegen. In Betracht kommt eine Leistung „nicht wie geschuldet" bzw. „Schlechterfüllung". Der Ag muss dazu grundsätzlich darlegen und beweisen, dass die K eine Pflicht aus dem Arbeitsvertrag verletzt hat. Allerdings kann die Beklagte K eine Behauptung des eigentlich darlegungspflichtigen Klägers Ag nicht einfach bestreiten, wenn das Geschehen in ihrem Verantwortungsbereich („Sphäre") liegt. Die Beklagte trifft dann eine sekundäre Darlegungslast. Sie muss die behauptete Tatsache substantiiert bestreiten indem sie die für das Gegenteil sprechenden Umstände und Tatsachen vorträgt. Hier kommt der Schaden aus der Sphäre der K, denn sie ist für den Kassenbestand verantwortlich.

Daher muss die K sich entgegen der Regel entlasten. Dazu enthält der Sachverhalt nichts. Also ist von einer Pflichtverletzung der K auszugehen. dd) Nach § 619a BGB muss – abweichend von der Regel des § 280 Abs. 1 S. 2 BGB – nicht die K ihr fehlendes Vertretenmüssen beweisen, sondern der Ag ist insofern beweispflichtig: Der klagende Arbeitgeber (Ag) hat im Prozess die Tatsachen vorzutragen, aus denen sich ein Verschulden des beklagten Arbeitnehmers (K) ergibt. Die beklagte Arbeitnehmerin (K) hat diese Behauptung bestritten und ihrerseits einen Sachverhalt vorgetragen, der ihr Verschulden ausschließt. Der klagende Arbeitgeber hätte jetzt seine Behauptung beweisen müssen. Dazu enthält der Sachverhalt nichts. Also kann nicht von einem Verschulden der K ausgegangen werden. ee) Die K ist nicht zum Ersatz des Schadens verpflichtet.

**Fall 276**

Der A stellt den Studenten S für 3 Tage zu je 8 h für € 20,– pro Stunde für die Inventur seines Ladengeschäftes ein. Am letzten Tag schätzt der S die Warenbestände nur noch, anstatt genau zu zählen. Der A stellt dies erst nach der Bezahlung des S fest, als ihn der Steuerberater auf grobe Widersprüche zwischen den Belegen und der Inventurzahlen vom letzten Tag hingewiesen hat. Der A muss die Inventur für den letzten Tag durch den I für € 160,– wiederholen lassen und verlangt Schadensersatz von S in Höhe von € 160,–.

Der A macht einen Anspruch auf Schadensersatz neben der Leistung geltend. Dieser Anspruch könnte sich aus §§ 280 Abs. 1, 241 Abs. 1 BGB ergeben. a) Das Schuldverhältnis ist ein Dienstvertrag (§ 611 BGB). Es gibt kein spezielles Gewährleistungsrecht („Gewährleistungslücke"). b) Die qualitativ mangelhafte Leistung ist eine Leistung „nicht wie geschuldet" bzw. „Schlechterfüllung", also eine Pflichtverletzung. c) Die aa) Verschuldensvermutung des § 280 Abs. 1 S. 2 BGB ist nicht widerlegt (§ 619a BGB gilt nicht, weil der S kein Arbeitnehmer ist). bb) Zu erörtern ist eine Haftungsmilderung nach arbeitsrechtlichen Grundsätzen. aaa) Ein Arbeitnehmer soll dem Arbeitgeber in vollem Umfang nur bei Vorsatz und grober Fahrlässigkeit auf Schadensersatz haften, während bei einfacher Fahrlässigkeit eine Reduktion der Haftung erfolgt und bei leichter Fahrlässigkeit gar nicht gehaftet wird. aaaa) Voraussetzung dafür war nach früherer Ansicht eine sog. „gefahrengeneigte Arbeit", bei der die Fürsorgepflicht des Arbeitgebers eine Rücksichtnahme auf den Arbeitnehmer gebot, die auch die Inanspruchnahme auf Schadensersatz einbezog. bbbb) Später hat man darauf abgestellt, dass es um eine angemessene Verteilung des Betriebsrisikos geht, und dass es auf das Vorliegen einer „gefahrengeneigten Arbeit" nicht ankommt. cccc) In Abweichung von dieser Pausschallösung wird auch propagiert, die Verteilung der Risiken mit Hilfe des § 254 BGB stufenlos zu regeln. dddd) Heute kann man das Ergebnis am besten mit dem in § 276 Abs. 1 S. 1 BGB als verschuldensmaßstabs-relevant genannten „sonstigen Inhalt des Schuldverhältnisses" begründen. bbb) Der A ist kein Arbeitnehmer (s. o.). Gleichwohl stellt sich die Frage, ob man ihn, was die Haftungsbeschränkung angeht, wie einen solchen behandeln kann. Sie kann hier offen bleiben, denn der S hat seine Pflichten vorsätzlich verletzt, indem er anstelle zu zählen die Mengen „geschätzt" hat. Daher hat er nach allen Ansichten schuldhaft gehandelt, und auch für eine Herabsetzung der Schadensersatzpflicht aus § 254 BGB besteht kein Anlass. e) Daher hat der S dem A den durch die Pflichtverletzung entstandenen Schaden zu ersetzen.

**Fall 277**

Der Examenskandidat A erkennt 1 Woche nach Ausgabe der Hausarbeit am 1. April 2015, dass er fortan ständig ein neu aufgelegtes Handbuch benötigen wird, das sich zum damaligen Zeitpunkt als einziges wissenschaftliches Werk dieser Art mit dem „neuen Schuldrecht" befasst. Weil das einzige am Fachbereich vorhandene Exemplar ständig von Professoren ausgeliehen ist, beschließt der A das Handbuch für € 50,– zu kaufen. Wegen großer Zeitnot beauftragt er den Kommilitonen B vertraglich damit, das Buch für ihn bei der Buchhandlung zu kaufen und gibt ihm das dafür nötige Geld. Der B kauft das Buch. Auf dem Wege zu A verunglückt er aufgrund leichter Fahrlässigkeit. Das Buch wird so zerstört, dass die letzten 30 Seiten unleserlich sind. Der A muss daher zur rechtswissenschaftlichen Bibliothek in Kiel fahren und die Seiten aus dem Buch kopieren und verlangt von B Schadensersatz in Höhe der Reise- und Kopierkosten.

Der A machten einen Anspruch auf Schadensersatz neben der Leistung geltend. Der Anspruch könnte sich aus §§ 280 Abs. 1, 241 Abs. 1 BGB ergeben. a) Der Auftrag ist ein Schuldverhältnis. Das Auftragsrecht enthält kein Gewährleistungsrecht (sog. „Gewährleistungslücke") b) Vorliegen müsste eine Leistung „nicht wie geschuldet". Der B hat durch die Beschädigung des herauszugebenden Buches die Herausgabepflicht aus § 667 BGB verletzt. c) Er müsste schuldhaft gehandelt haben. aa) Die Verschuldensvermutung des § 280 Abs. 1 S. 2 BGB ist nicht widerlegt. bb) Nicht anwenden kann man die Regeln über die Haftungsbeschränkung im Arbeitsrecht. cc) Zu beachten ist aber, dass es sich hier zwar um einen verbindlichen Vertrag handelt, dieser jedoch unentgeltlich und aus Gefälligkeit abgeschlossen wurde. Daher ist eine Haftungsbeschränkung in Anlehnung an den Rechtsgedanken der §§ 521, 690, 708, 1359, 2131 BGB aus dem nach § 276 Abs. 1 S. 1 BGB maßgeblichen „Inhalt des Schuldverhältnisses" anzunehmen und die Haftung auf die eigenübliche Sorgfalt (§ 277 BGB) beschränkt. d) Daher haftet B nicht.

Damit Sie bei „Leistungsstörungen" nicht immer nur an Ansprüche aus rechtsgeschäftlichen Schuldverhältnissen, speziell vertragliche Ansprüche denken, soll immer wieder einmal ein Sekundäranspruch aus einer Pflichtverletzung bei **gesetzlichen Schuldverhältnissen** „eingestreut" werden. Aber keine Sorge: Sie werden hier nicht „überfahren", sondern demnächst in Teil 5 umfassend über die „Geschäftsführung ohne Auftrag" instruiert werden.

**Fall 278**

Bei A ist die Waschmaschine ausgelaufen, so dass bereits Wasser den Flur entlang läuft. Der darunter wohnende Nachbar N, der Zugang zu der Wohnung des A hat, stellt bei A das Wasser ab, um so größere Schäden zu verhindern. In der Eile stößt der N bei der Suche nach dem Absperrhahn eine versteckt in einer dunklen Nische stehende kostbare Vase des A um.

Dem A könnte ein Anspruch a) aus §§ 677, 683, 280 Abs. 1 BGB zustehen. aa) Zwischen A und N bestand ein Schuldverhältnis aus § 677, 683 BGB: Das Abdrehen des Wassers ist ein fremdes Geschäft. Der N hat mit Fremdgeschäftsführungswillen gehandelt. Die Übernahme des Geschäfts ist interessengemäß und entspricht auch dem mutmaßlichen Willen des A. bb) Das Umwerfen der Vase ist eine gegen § 677 BGB verstoßende pflichtwidrige Ausführung, weil der N das Geschäft nicht so geführt hat, wie es das Interesse des Geschäftsherrn mit Rücksicht auf dessen wirklichen oder mutmaßlichen Willen erfordert. cc) Der N müsste die Pflichtverletzung zu vertreten haben. Hier liegen verschuldensrelevante Angaben im Sachverhalt vor, so dass Sie sich nicht auf die Verschuldensvermutung in § 280 Abs. 1 S. 2 BGB berufen dürfen. aaa) Der N hat fahrlässig gehandelt. bbb) Fraglich ist, ob hier § 680 BGB eingreift und der N nur für Vorsatz oder grobe Fahrlässigkeit haftet. Das hängt davon ab, ob man eine dem A drohende dringende Gefahr i. S. d. § 680 BGB annimmt. § 680 BGB setzt eine dringende, d. h. aktuelle, unmittelbar drohende Gefahr für Personen oder Vermögen des Geschäftsherrn oder eines Angehörigen voraus. Eine solche Notsituation lag vor. Damit haftet N nicht auf Schadensersatz aus §§ 677, 280 Abs. 1 BGB, weil hier lediglich einfache Fahrlässigkeit vorliegt (wäre näher auszuführen). b) Die Haftungsmilderung gilt auch für den konkurrierenden Anspruch des Geschäftsherrn aus § 823 Abs. 1 BGB, da sie sonst fast immer leer laufen würde.

#### bb) Leistung „nicht wie geschuldet" bzw. „Schlechterfüllung" durch Verletzung von leistungsbezogenen Nebenpflichten bei bestehendem Gewährleistungsrecht

Zuvor haben wir die Warnung ausgesprochen, dass bei gesetzlich geregelten Gewährleistungsrechten kein Raum für einen Schadensersatzanspruch aus § 280 Abs. 1 BGB wegen Schlechtleistung besteht. Allerdings dürfen wir dabei nicht „das Kind mit dem Bade ausschütten"! Sie müssen sich nämlich Folgendes vergegenwärtigen: Wenn ein Schuldner eine **leistungsbezogene Nebenpflicht verletzt, ohne dass** dies **einen gewährleistungsrechtlich relevanten Mangel zur Folge hat,** dann besteht kein Vorrang eines speziellen gesetzlichen Gewährleistungsrechts, der die Anwendung des § 280 Abs. 1 BGB sperren würde. Das folgt schlicht daraus, dass die gesetzlichen Voraussetzungen des Gewährleistungsrechts nicht erfüllt sind. Ein *Beispiel* wäre die Verletzung leistungsbezogener Nebenpflichten des Verkäufers zur Aufklärung des Käufers, zur Beratung des Käufers, zur Verpackung der Ware oder zur ordnungsgemäßen Anlieferung und Auslieferung der Ware.

**Fall 279**

Der V verkauft am 1. Februar 2015 an den einen Gartenservice betreibenden K eine gerade neu auf dem Markt erschienene elektrische Motorsäge, die er als einziger deutscher Händler aus den USA importiert hat. Der V weist den K ein, ohne K einen – wegen der unterschiedlichen elektrischen Anschlüsse – für den deutschen Markt erforderlichen zusätzlichen Bedienungshinweis zu geben. Das beruht darauf, dass der V von der Notwendigkeit eines solchen Hinweises deshalb nichts wusste, weil er selbst von dem Hersteller keine entsprechende zusätzliche Bedienungsanleitung erhalten hatte. Der Brief des Herstellers war nämlich wegen seines in deutscher Sprache abgefassten komplizierten technischen Inhalts im Rahmen der übergründlichen Antiterrorismus-Kontrollen vom FBI beschlagnahmt worden. K nahm die Säge in Betrieb. Durch einen Bedienungsfehler, der K nicht unterlaufen wäre, wenn er den zusätzlichen Bedienungshinweis erhalten hätte, wird die Motorsäge leicht beschädigt. K will von V Ersatz in Höhe der Reparaturkosten (nach RegE).

Der Schadensersatzanspruch könnte sich aus §§ 280 Abs. 1 S. 1, 249 ff. BGB ergeben. a) Der Anspruch ist nicht durch besonderes Gewährleistungsrecht nach § 437 BGB gesperrt; es liegt kein Mangel bei Gefahrübergang vor. b) Die Nichtaushändigung ist die Verletzung einer Nebenpflicht (RegE) c) es sei denn, dass der V sich entlasten kann (§ 280 Abs. 1 S. 2 BGB), wofür einiges spricht.

Aus diesem Grunde werden wir den Anspruch auf Schadensersatz „neben der Leistung" wegen der Verletzung einer leistungsbezogenen Nebenpflicht auch nur hier an dieser Stelle erörtern und nicht später beim Gewährleistungsrecht des Kaufvertrags, des Werkvertrags oder des Mietvertrags.

Bei der Darstellung der Gewährleistungsrechte werden wir uns mit zwei Fragen der Abgrenzung zu § 280 Abs. 1 BGB befassen müssen: beim Ersatz von Schäden, die auf einen Mangel zurückzuführen sind (sog. „Mangelfolgeschäden", § 437 Nr. 3, 280 Abs. 1 BGB) und von Schäden , die auf der Verletzung einer leistungsbezogenen Nebenpflicht beruhen (§ 280 Abs. 1 BGB).

Sie mögen sich in diesem Zusammenhang vielleicht gefragt haben, worin eigentlich der Unterschied zwischen einem Anspruch aus § 280 Abs. 1 BGB und (beim Kaufvertrag) aus §§ 437 Nr. 3, 280 Abs. 1 BGB besteht, und ob diese ganze Diskussion nicht ein juristisch-dogmatisches „Glasperlenspiel" ist. Schließlich ist „Schadensersatz" doch gleich „Schadensersatz". Aber weit gefehlt: Von entscheidender Bedeutung ist die Unterscheidung für die Verjährung: So verjährt z. B. ein Schadensersatzanspruch als Gewährleistungsanspruch beim Kauf nach §§ 437 Nr. 3, 280 Abs. 1 BGB regelmäßig innerhalb von 2 Jahren nach Gefahrübergang (§ 438 Abs. 1 Nr. 3, Abs. 2 BGB), während ein Anspruch aus § 280 Abs. 1 BGB innerhalb von 3 Jahren verjährt und die Verjährung erst mit dem Schluss des Jahres beginnt, in dem der Gläubiger von dem Anspruch Kenntnis erlangt hat oder hätte erlangen müssen

(§§ 195, 199 Abs. 1 BGB). Weitere Unterschiede sind die Ausschlussgründe in §§ 442 Abs. 1, 444, 445 BGB, die nur bei Ansprüchen aus §§ 437 Nr. 3, 280 Abs. 1 BGB gelten.

An dieser Stelle werfen wir schon einmal einen Blick „in die Zukunft" und befassen uns mit der **Differenzierung zwischen einem Mangelfolgeschaden** und einem **Schaden** wegen **Schlechterfüllung** einer **leistungsbezogenen Nebenpflicht**.

In der Regel sind die **Grenzen klar,** und es ist schon „auf den ersten Blick" eindeutig zu erkennen, ob der Schaden auf die Schlechterfüllung einer leistungsbezogenen Nebenpflicht oder auf einen Sachmangel zurückzuführen ist, also ein beim Kauf nach §§ 437 Nr. 3, 280 Abs. 1 BGB zu ersetzender Mangelfolgeschaden ist.

**Fall 280**

Der V verkauft an den K Hafer, den dieser zur Fütterung seiner Pferde verwenden soll. Der Hafer kostet € 100,–. Der Hafer ist durch fehlerhafte Behandlung vergiftet, was der V hätte wissen müssen. Zwei Pferde des K sterben (Wert zusammen € 4000,–). Der K verlangt Nachlieferung mangelfreien Hafers und Ersatz für die beiden Pferde in Höhe von € 4000,– (nach RG).

1) Der Nachlieferungsanspruch ergibt sich aus §§ 437 Nr. 1, 439 Abs. 1 BGB (Einzelheiten dazu unter Teil 4 C.). 2) Der Anspruch auf Schadensersatz für die Pferde kann sich aus §§ 437 Nr. 3, 280 Abs. 1 BGB ergeben. a) Zwischen dem V und dem K bestand ein wirksamer Kaufvertrag b) Der Hafer war nicht, wie vertraglich vorausgesetzt, zum Verzehr durch Tiere geeignet und daher mangelhaft (§ 434 Abs. 1 S. 2 Nr. 1 BGB). Der Mangel lag zum Zeitpunkt des Gefahrüberganges (hier nach § 446 S. 1 BGB) vor. Der V hat damit seine Pflicht zur mangelfreien Leistung (§ 433 Abs. 1 S. 2 BGB) verletzt. c) Der V handelte fahrlässig (§ 276 Abs. 1 S. 1 BGB), da er von der Vergiftung hätte wissen können. d) Als Rechtsfolge muss V dem K den erlittenen Schaden in Höhe von € 4000,– ersetzten.

**Fall 281**

Der Futtermittelhändler V verkauft und liefert das bei der Herstellung von Kartoffelchips anfallende Abfallprodukt „Kartoffelpülpe" als Futtermittel an den Bauern K, ohne den K über die zulässige „Dosierung" bei der Fütterung zu informieren. Die Tiere erreichen wegen einer Falschdosierung nicht das notwendige Schlachtgewicht. Der K verlangt Schadensersatz (nach BGH).

Der Anspruch auf Ersatz ergibt sich aus § 280 Abs. 1 S. 1 BGB. § 437 BGB greift nicht ein, denn es besteht kein Mangel bei Gefahrübergang. Die Pflichtverletzung liegt in der Unterlassung der von V als leistungsbezogene Nebenpflicht geschuldeten Aufklärung.

Mitunter sind die **Grenzen** jedoch **fließend**.

**Fall 282**

Der V verkauft dem K für dessen Wäscherei einen Wäschetrockner. Dieser benötigt einen Kamin mit mindestens 380 $cm^2$ Querschnitt zum Ablüften. Der in den Räumen des K zur Verfügung stehende Kamin ist kleiner, was der V übersehen hat. Im Winter, als die anderen Wohnungen ihre Heizungen betreiben, kommt es zu erheblichen Störungen, als deren Folge der K seinen Betrieb aufgeben muss. Deswegen verlangt er 2 ½ Jahre nach Lieferung des Trockners von V Schadensersatz. Der V beruft sich auf Verjährung (nach BGH).

Hier stellt sich die Frage, ob der Schaden nach §§ 437 Nr. 3, 280 Abs. 1 S . 1 BGB oder nach § 280 Abs. 1 BGB zu ersetzen ist. Im ersteren Fall wäre der Anspruch verjährt, im letzteren Falle nicht. Je nach Ausgestaltung des Falles könnte man hier davon ausgehen, dass ein Sachmangel vorliegt, weil die Parteien gemäß § 434 Abs. 1 Nr. 1 BGB dem Vertrag einen besonderen Verwendungszweck zugrunde gelegt haben (Eignung des Trockners hinsichtlich der konkreten baulichen Beschaffenheit der Räumlichkeiten) oder zu dem Ergebnis kommen, dass der Trockner selbst nicht mangelhaft war, sondern dass der V nur eine unter § 241 Abs. 2 BGB fallende Beratungs- oder Hinweispflicht verletzt hat. Der Ersatzanspruch wäre dann auf § 280 Abs. 1 BGB direkt zu stützen und nicht verjährt. Bei der Ausarbeitung der Falllösung hätte man mit §§ 437 Nr. 3, 280 Abs. 1 BGB begonnen und die Abgrenzung beim Prüfungspunkt „Sachmangel" vorgenommen. Sie sehen, die Abgrenzung hängt immer vom Vorliegen der Voraussetzungen des besonderen Gewährleistungsrechts ab (insbesondere §§ 437, 634 BGB).

### c) Anspruch auf Schadensersatz neben der Leistung wegen Rücksichtspflichtverletzung (§§ 280 Abs. 1 S. 1, 241 Abs. 2 BGB)

Sie haben es hoffentlich noch „im Auge": Wir befassen uns im Augenblick mit den Fällen, in denen der Anspruchsteller einen Anspruch auf **Schadensersatz „neben der Leistung"** geltend macht. Bisher ging es bei den Ansprüchen auf Schadensersatz „neben der Leistung" aus § 280 Abs. 1 BGB um Pflichtverletzungen, die die **Leistungspflicht** betrafen: Der Schuldner leistete **„verspätet" (sub a))** oder er erbrachte die Leistung **„nicht wie geschuldet"** bzw. **„schlecht" (sub b))**.

Jetzt **(sub c))** wird es darum gehen, dass der eine Teil eines Schuldverhältnisses eine gegenüber dem anderen Teil bestehende **Rücksichtspflicht** aus **§ 241 Abs. 2 BGB verletzt**, und dass der andere Teil deswegen Schadensersatz „neben der Leistung" verlangt.

Sie wissen ja längst und haben es hier schon bis zum Überdruss gelesen, dass der Schuldner nicht nur Pflichten schuldet, die zum „Leistungsprogramm" gehören, sondern nach § 241 Abs. 2 BGB auch Rücksichtspflichten (man liest auch: „Rücksichtnahmepflichten"; „Schutzpflichten"). Wenn der Gläubiger **„neben der Leistung"** einen Schadensersatzanspruch geltend macht, weil vom Schuldner **Rücksichtspflichten** i. S. d. **§ 241 Abs. 2 BGB verletzt** worden sind, ist die in Betracht zu ziehende **Anspruchsgrundlage §§ 280 Abs. 1 S. 1, 241 Abs. 2 BGB**. Dass es sich hier um einen Schadensersatzanspruch „neben der Leistung" handelt, ist unschwer zu erkennen, denn der Schaden beruht nicht darauf, dass die Leistung als solche endgültig ausbleibt, zumal eine hypothetische Erbringung der Leistung als solche den durch eine „Rücksichtspflichtverletzung" ausgelösten Schaden nicht tilgen würde. Kurz erwähnt sei aber schon hier: es gibt auch den (später noch zu erörternden) Schadensersatz „statt der Leistung" wegen Verletzung einer Rücksichtspflicht nach §§ 280 Abs. 1, 3, 282, 241 Abs. 2 BGB: dieser hat aber eine gänzlich andere Zielrichtung, denn er beruht darauf, dass die Leistung zwar möglich und einwandfrei ist, jedoch die Leistungserbringung durch den Schuldner für den Gläubiger unzumutbar geworden ist.

aa) Verletzung von „Rücksichtspflichten" durch einen Partner des Schuldverhältnisses

Die **Voraussetzungen** eines **Schadensersatzanspruchs** aus **§§ 280 Abs. 1 S. 1, 241 Abs. 2 BGB** sind die folgenden.

(1) Vorrang von Spezialtatbeständen (§§ 627 Abs 2 BGB, 628 Abs. 2 BGB)

Leider ist das Gesetz nicht systematisch. Denn für bestimmte Rücksichtspflichtverletzungen hat der Gesetzgeber im Besonderen Schuldrecht spezielle **Schadensersatzanspruchsgrundlagen** vorgesehen, nämlich in **§ 627 Abs. 2 S. 2 BGB** und in **§ 628 Abs. 2 BGB**. Diese (selten klausurrelevanten) Ansprüche sind als Spezialnormen einem Anspruch aus §§ 280 Abs. 1, 241 Abs. 2 BGB vorrangig. Der Gesetzgeber hätte diese „Unordnung" vermeiden können, wenn er diese speziellen Anspruchsgrundlagen gestrichen und stattdessen nur die Pflichten normiert hätte. Dann wäre immer § 280 Abs. 1 BGB als Anspruchsgrundlage einschlägig.

(2) Schuldverhältnis

Das für einen Schadensersatzanspruch aus § 280 Abs. 1 S. 1 BGB vorausgesetzte **Schuldverhältnis** kann sich entweder aus einem **Rechtsgeschäft** oder aus dem **Gesetz** ergeben. Der Schwerpunkt liegt auch hier ganz bewusst auf solchen rechtsgeschäftlichen oder gesetzlichen Schuldverhältnissen, aus denen sich auch Leistungsansprüche ergeben, denn unser derzeitiges Thema sind die Leistungsstörungen. Rücksichtspflichtverletzungen bei vorvertraglichen Schuldverhältnissen werden in Teil 5 behandelt.

**Fall 283**

Der J wirft beim Ballspielen aus Versehen eine Fensterscheibe des E ein. Der E erhält Schadensersatz nach §§ 823 Abs. 1, 249 Abs. 2 S. 1 BGB in Geld und beauftragt den Glaser G mit der Reparatur. Der G schickt seinen Gesellen H, der aus Ungeschick beim „Entglasen" der Reste der defekten Fensterscheibe auch die intakte Scheibe des danebenliegenden Fensters zerstört. Der E verlangt Schadensersatz von G.

Hier geht es um einen Anspruch auf Schadensersatz „neben der Leistung" wegen der Verletzung einer rechtsgeschäftlich durch einen Werkvertrag begründeten Rücksichtspflicht aus §§ 280 Abs. 1, 631, 241 Abs. 2, 278, 249 Abs. 1 BGB.

Vertraglich begründete Rücksichtspflichten aus § 241 Abs. 2 BGB können einen zur Leistung verpflichtenden Vertrag sogar überdauern und „nachwirken".

**Fall 284**

Die Rechtsanwälte XCT GbR hat bei V Kanzleiräume gemietet. Die XCT fusioniert sodann mit einer englischen Großpraxis. Der Mietvertrag XCT – V wird vertraglich aufgehoben. Die XCT räumt die Praxisräume, lässt jedoch ihr Praxisschild mit einem Hinweis auf seine neue Anschrift an der Gebäudeaußenwand zurück. Der V entfernt das Schild sofort nach dem Auszug der XCT. Ein schon früher zu XCT empfohlener ausländischer Mandant findet die XCT daher nicht. Die XCT erleidet einen Vermögensschaden (nach Kropholler).

Die XCT hat gegen V einen Schadensersatzanspruch aus § 280 Abs. 1 BGB. a) Es bestand eine aus dem Gewerbemietvertrag nachwirkende Treuepflicht des V, der XCT für einen längeren Zeitraum den Hinweis auf die örtliche Verlegung ihrer beruflichen Tätigkeit zu ermöglichen. b) Diese hat er durch die Demontage des Schildes verletzt, c) und zwar schuldhaft. d) Zu ersetzen ist der daraus entstandene Vermögensschaden der XCT.

Wie schon angedeutet, sind von geringerer Bedeutung Rücksichtspflichten aus zur Leistung verpflichtenden gesetzlichen Schuldverhältnissen.

**Fall 285**

Der J wirft beim Ballspielen aus Versehen eine Fensterscheibe des E ein. Der E verlangt Schadensersatz durch Naturalrestitution von J (§§ 823 Abs. 1, 249 Abs. 1 BGB). Der J schickt den von ihm beauftragten Glaser G, der aus Ungeschick beim „Entglasen" der Reste der defekten Fensterscheibe die intakte Scheibe des danebenliegenden Fensters zerstört. Der E verlangt Schadensersatz von J.

Hier geht es um einen Anspruch auf Schadensersatz „neben der Leistung" wegen der Verletzung einer gesetzlich begründeten Rücksichtspflicht aus §§ 280 Abs. 1, 823 Abs. 1, 241 Abs. 2, 278, 249 Abs. 1 BGB.

**Fall 286**

Der Radfahrer R hat einen Schwächeanfall erlitten und liegt bewusstlos am Rand einer einsamen Landstraße. Der Autofahrer A fährt den R ins Krankenhaus. Das wertvolle Rennrad des R stellt er ungesichert an einen Baum. Es wird gestohlen. Der R verlangt Schadensersatz von A.

Hier geht es um einen Anspruch auf Schadensersatz „neben der Leistung" wegen der Verletzung einer gesetzlich begründeten (§§ 677, 683, 241 Abs. 2 BGB) Rücksichtspflicht aus §§ 280 Abs. 1, 241 Abs. 2, 278, bzw. 823 Abs. 1, 249 Abs. 1 BGB (Hierzu folgen später bzgl. der Anwendung von § 680 BGB weitere Ausführungen).

(3) Pflichtverletzung

Als **Pflichtverletzung** bedarf es für diesen Anspruch einen Verstoß gegen eine **Rücksichtspflicht** durch einen der Partner des Schuldverhältnisses. Zur Bestimmung des Ausmaßes der Pflichten aus § 241 Abs. 2 BGB enthält das Gesetz außer der Generalklausel einer Verpflichtung des Schuldners **„zur Rücksicht auf die Rechte, Rechtsgüter und Interessen des anderen Teils"** keine weiteren Hinweise. Es geht um das Interesse an der **Integrität** der Gesamtheit von Rechten, Rechtsgütern und Interessen, also dem personen- und vermögensrechtlichen **status quo** der Person. Von der Rechtsprechung und Rechtswissenschaft ist das **„Pflichtenprogramm"** konkretisiert worden.

- **„Schutzpflichten"** gebieten es, dass bei der Abwicklung des Schuldverhältnisses Körper, Leben, Eigentum und sonstige Rechtsgüter des anderen Teils nicht verletzt werden.

**Fall 287**

Der U soll bei dem B eine Wand streichen. Dies gelingt ihm auch sehr gut, er stößt aber aus Unachtsamkeit eine wertvolle Vase um. Der B verlangt Ersatz für diese Vase in Geld.

a) Der Anspruch könnte sich aus § 280 Abs. 1 S. 1 BGB ergeben. aa) Zwischen dem U und dem B bestand ein Schuldverhältnis in der Form eines Werkvertrages (Schuldverhältnis i. S. v. § 311 Abs. 1 BGB) bb) Der U hat die sich aus § 241 Abs. 2 BGB ergebende Pflicht verletzt, Rücksicht das Rechtsgut Eigentum des B zu nehmen, weil dieses durch sein Verhalten negativ beeinträchtigt wurde. cc) Der U kann sich nicht nach § 280 Abs. 1 S. 2 BGB entlasten. Vielmehr kann hier positiv festgestellt werden, dass U fahrlässig handelte (§ 276 Abs. 1 und 2 BGB). dd) Der U muss daher dem B den entstandenen Schaden in Geld ersetzen (§ 249 Abs. 2 S. 1 BGB). b) Weiterhin besteht ein Anspruch aus §§ 823 Abs. 1, 249 Abs. 2 S. 1 BGB (dazu später mehr).

**Fall 288**

Der J wirft beim Ballspielen aus Versehen eine Fensterscheibe des E ein. Der E beauftragt den Glaser G mit der Reparatur. Der G schickt seinen Gesellen H, der aus Ungeschick beim „Entglasen" der Reste der defekten Fensterscheibe die intakte Scheibe des danebenliegenden Fensters zerstört. Der E verlangt Schadensersatz von G durch Einbau einer neuen Scheibe.

Auch hier besteht ein Anspruch auf Schadensersatz gegen G wegen der Verletzung einer „Schutzpflicht" aus §§ 280 Abs. 1, 631, 241 Abs. 2, 278, 249 Abs. 1 BGB.

- Bei **Offenbarungspflichten** (auch: **Aufklärungspflichten**) geht es um die Pflicht zur unaufgeforderten Aufklärung über erkennbar entscheidungserhebliche Tatsachen. Wenn diese Pflicht bereits bei den Vertragsverhandlungen besteht und verletzt worden ist, liegt kein Fall der §§ 280 Abs. 1, 241 Abs. 2 BGB, sondern eine Schadensersatzhaftung aus §§ 280 Abs. 1, 311 Abs. 2, 241 Abs. 2 BGB vor (dazu mehr in Teil 5).

**Fall 289**

Die E-Werk AG führt schon lang geplante Leitungsarbeiten aus, die eine eintägige Abschaltung des Stroms für den Kunden K zur Folge haben. K, der eine Eierbrüterei betreibt, erfährt davon erst am Morgen des Arbeitstages, so dass er die Brutvorgänge nicht rechtzeitig abbrechen kann. Die Eier verderben, und der K erleidet einen Schaden von € 10.000,– (nach BGH).

Der K hat gegen die E-Werk AG, mit der er durch einen privatrechtlichen Stromlieferungsvertrag verbunden ist, einen Anspruch auf Ersatz des negativen Interesses aus §§ 280 Abs. 1, 241 Abs. 2 BGB, weil diese ihrer „Rücksichtspflicht", die Kunden rechtzeitig von Stromsperren zu unterrichten, schuldhaft nicht nachgekommen ist.

**Fall 290**

Der Optiker O will mit einem Foto des bekannten Schauspielers Foxberger (F), das ihm von seinem Berufsverband zugesandt worden ist, die Schaufenster seiner Münchener Filialen dekorieren und entsprechende Anzeigen schalten. Das Bild zeigt den O auf einem Empfang neben F stehend; F trägt eine bestimmte Brille. Der O beauftragt die Werbeagentur des W mit der Herstellung der Großfotos und mit der Organisation der Werbemaßnahme. Der W hat Bedenken, ob dies ohne Zustimmung von F möglich ist, äußert diese aber nicht. F klagt später gegen den O und erhält eine Lizenzgebühr von € 20.000,– zugesprochen, die er auch erhält. Der O nimmt den W auf Schadensersatz in Anspruch.

Der Anspruch könnte sich aus §§ 280 Abs. 1, 241 Abs. 2 BGB ergeben. a) Bei der Herbeiführung des Vermögensschadens des O bestand zwischen O und W ein vertragliches Schuldverhältnis (§§ 631 ff. BGB). b) Den W traf aus dem Werkvertrag eine „Rücksichtspflicht" dahingehend, den O vor drohenden Schäden zu warnen. Diese hat er nicht erfüllt, indem er den O nicht auf das von ihm erkannte Risiko einer Inanspruchnahme durch F aus § 823 Abs. 1 BGB (materielles bzw. immaterielles Interesse wegen Verletzung des Allgemeinen Persönlichkeitsrechts und des Rechts am eigenen Bild nach § 22 KUG) bzw. § 812 BGB (Lizenzgebühr) hingewiesen hat. c) Die Vermutung des Vertretenmüssens aus § 280 Abs. 1 S. 2 BGB ist nicht widerlegt. Vielmehr hatte der W konkrete rechtliche Bedenken und hätte das Risiko als Betreiber einer Werbeagentur jedenfalls kennen müssen. d) Die Rechtsfolge ist ein neben dem Erfüllungsanspruch bestehender Schadensersatzanspruch auf das negative Interesse: dieses besteht in der Belastung mit einem Anspruch des F aus § 812 Abs. 1 BGB. Es ist nach § 251 Abs. 1 BGB in Geld in Höhe von € 20.000,– zu ersetzen.

- Aufgrund von **Mitwirkungspflichten** können die Partner eines Schuldverhältnisses dazu verpflichtet sein, bei erforderlichen Genehmigungen mitzuwirken und keine entgegenstehenden Hindernisse zu schaffen.
- Leicht übersehen werden die **Leistungstreuepflichten.** Die Pflichten, den Vertragszweck nicht zu beeinträchtigen, können z. B. verletzt werden durch eine Erfüllungsverweigerung oder durch eine unberechtigte Kündigung.

**Fall 291**

Aufgrund eines Kaufvertrages vom 1. Februar 2014 ist der V verpflichtet, dem K am 1. Februar 2015 ein bestimmtes, noch von ihm, dem V, anzukaufendes Schiff zu liefern. Im Dezember 2014 erklärt der V, dass er das Schiff nicht liefern werde, weil er kein Geld für die Beschaffung habe. Der K beauftragt den Rechtsanwalt R, der ihn darüber beraten soll, ob er, der K, sich vom Vertrag lösen kann. Der R rät dem K, von dem Kaufvertrag zurückzutreten und berechnet ihm ein vorab schriftlich vereinbartes Stundenhonorar von € 300,–. Der K will von Ihnen wissen, ob er tatsächlich zurücktreten kann und ob er von V Schadensersatz in Höhe von € 300,– verlangen kann.

1. Nach § 323 Abs. 4 BGB kann der K schon vor Fälligkeit deshalb zurücktreten, weil es offensichtlich ist, dass die Voraussetzungen eines Rücktritts nach § 323 Abs. 1, 2 BGB vorliegen werden. 2. Der Schadensersatzanspruch ergibt sich aus § 280 Abs. 1 S. 1 BGB, weil in der Erfüllungsverweigerung eine Verletzung der Leistungstreuepflicht liegt, die den Schuldner verpflichtet, alle nicht unter § 281 BGB fallenden Schäden (z. B. Rechtsberatungskosten) zu ersetzen, wobei jedoch nur Kosten in Höhe der Sätze des Rechtsanwaltsvergütungsgesetzes (RVG) anzusetzen wären.

Schwierig ist die Abgrenzung zwischen leistungsbezogenen Nebenpflichten aus § 241 Abs. 1 BGB und Rücksichtspflichten aus § 241 Abs. 2 BGB, wenn es um Schutzpflichten geht. Das maßgebliche Abgrenzungskriterium ist (Madaus), ob die Pflichtverletzung Auswirkungen auf die Hauptleistung hat (dann § 241 Abs. 1 BGB) oder nicht (dann § 241 Abs. 2 BGB). Die Abgrenzung kann aber wegen identischer Rechtsfolge dahinstehen.

(4) Vertretenmüssen

Sie wissen längst: ein Schadensersatzanspruch aus § 280 Abs. 1 S. 1 BGB setzt zunächst nur eine **Pflichtverletzung** und einen Schaden voraus, Erst im zweiten Gedankenschritt gestattet das Gesetz dem Schuldner, das **vermutete Vertretenmüssen** zu **widerlegen** (§ 280 Abs. 1 S. 2 BGB). Auch hier können die bereits erörterten Fälle der Beweislastumkehr oder der Veränderungen des Verschuldensmaßstabes eingreifen.

**Fall 292**

Der Radfahrer R hat einen Schwächeanfall erlitten und liegt bewusstlos am Rand einer einsamen Landstraße. Der Autofahrer A fährt den R ins Krankenhaus. Das wertvolle Rennrad des R stellt er in der Eile ungesichert an einen Baum. Es wird gestohlen. Der R verlangt Schadensersatz von A.

Hier geht es um einen Anspruch auf Schadensersatz „neben der Leistung" wegen der der a) Verletzung einer gesetzlich begründeten (§§ 677, 683 BGB) Rücksichtspflicht aus §§ 280 Abs. 1, 677, 683 BGB. b) Den A trifft jedoch keine nach § 680 BGB erforderliche grobe Fahrlässigkeit.

**Fall 293**

Der S stellt Kartoffelchips her. Dabei entsteht als Abfall Kartoffelpülpe. Der Landwirt G hat hierfür Bedarf, er will die Pülpe als Tierfutter verwenden. S schenkt daher die Kartoffelpülpe dem G. Die Schweine des G gehen wegen übermäßiger Fütterung mit Kartoffelpülpe ein. G verlangt von S Schadensersatz, da er über die möglichen Risiken einer Überdosierung nicht hinreichend aufgeklärt worden sei. Der S wendet ein, dass er sich mit der Tierfütterung nicht auskennt und er schon sehr genau hätte nachforschen müssen, um aufzuklären (nach BGH).

Der Anspruch kann sich aus §§ 280 Abs. 1 S. 1, 241 Abs. 2 BGB ergeben. a) Fraglich ist zunächst, ob § 280 Abs. 1 S. 1 BGB überhaupt anwendbar ist. Dem könnte der Vorrang und die Ausschließlichkeit des Schenkungsgewährleistungsrechts nach §§ 523 Abs. 1, 524 Abs. 1 BGB entgegenstehen. Um diesen Vorrang zu begründen, müsste aber ein Mangel der geschenkten Sache vorliegen. Hier ist die Pülpe an sich nicht mangelhaft; daher greifen die abschließenden Regelungen nicht ein. § 280 Abs. 1 S. 1 BGB ist daher anwendbar. b) Da zwischen S und G ein Schenkungsvertrag geschlossen ist, besteht auch ein Schuldverhältnis zwischen beiden (aus § 516 Abs. 1 BGB). c) Als Pflichtverletzung kommt hier in Betracht, dass der S den G nicht über mögliche Risiken bei der Verfütterung von Kartoffelpülpe gewarnt hat. Er hat damit gegen eine Pflicht nach § 241 Abs. 2 BGB verstoßen. d) Es kann aber an einem (vermuteten: § 280 Abs. 1 S. 2 BGB) Vertretenmüssen fehlen. Grundsätzlich hat der Schuldner Vorsatz und jede Fahrlässigkeit zu vertreten (§ 276 Abs. 1 BGB). Da hier jedoch allenfalls eine leichte Fahrlässigkeit vorliegt, ist fraglich, ob nicht ein milderer Haftungsmaßstab bestimmt ist. Dieser kann sich aus § 521 BGB ergeben, wonach der Schuldner nur für Vorsatz und grobe Fahrlässigkeit haftet, für leichte Fahrlässig hingegen gar nicht. Hierbei stellt sich aber die Frage, ob § 521 BGB auf den vorliegenden Fall anzuwenden ist. Die Norm erfasst nach ihrem Wortlaut alle Ansprüche gegen den Schenker. Hierzu müssen jedoch aus teleologischen Gründen Einschränkungen gemacht werden. So sollen jedenfalls solche Nebenpflichtverletzungen nicht unter § 521 BGB fallen, die keinen Bezug zur Schenkung haben (z. B. Sturz in eine Grube bei Abholung der geschenkten Sache). Eindeutige Fälle des § 521 BGB sind dagegen die Ansprüche im direkten Zusammenhang mit der Schenksache (z. B. bei leicht fahrlässig herbeigeführter Unmöglichkeit). Der vorliegende Fall liegt zwischen diesen beiden Fallgruppen. Zwar liegt kein Mangel der geschenkten Sache vor, doch besteht bei der verletzten Schutzpflicht eine gewisse Nähe zur Schenksache. Der BGH hat daher die mildere Haftung auch für solche Schutzpflichten bejaht, die im unmittelbaren Zusammenhang mit der Schenksache stehen, wie dies hier der Fall ist. S haftet daher nur für Vorsatz und grobe Fahrlässigkeit. Da hier nur leichte Fahrlässigkeit vorliegt, besteht der Anspruch aus § 280 Abs. 1 S. 1 BGB nicht.

Kontrollfrage: Warum ist hier kein Anspruch wegen Verletzung einer leistungsbezogenen Nebenpflicht aus § 280 Abs. 1 BGB gegeben (wie im letzten Kartoffelpülpe-Fall)? Bei der Schenkung gehört es – anders als beim Kauf! – nicht zu den auf die Leistung bezogenen Nebenpflichten des Schenkers, den beschenkten über die Verwendungsmöglichkeiten zu instruieren.

(5) Schaden

Insoweit gilt das im vorigen Abschnitt gesagte auch hier: Es muss ein **Schaden** gegeben sein, der auf dem zum Schadensersatz verpflichtenden Umstand äquivalent und adäquat **kausal** beruht und dem Schutzbereich der Norm unterfällt. Dieser wird – wie auch sonst – nach der „**Differenzhypothese**" berechnet.

(6) Übersicht

In einer **Übersicht** lassen sich die Voraussetzungen eines Anspruchs auf Schadensersatz neben der Leistung wegen einer Verletzung von „Rücksichtspflichten" aus §§ 280 Abs. 1, 241 Abs. 2 BGB so zusammenfassen:

I. **Haftungsbegründende Voraussetzungen**
   1. Kein Spezialtatbestand (§§ 627 Abs. 2 S. 2, 628 Abs. 2 BGB)
   2. Bestehen eines rechtsgeschäftlichen oder gesetzlichen **Schuldverhältnisses**
   3. Pflichtverletzung: **Verletzung einer Rücksichtspflicht** (§ 241 Abs. 2 BGB)
   4. *Kein Entlastungsbeweis:* vermutetes Vertretenmüssen (§ 280 Abs. 1 S. 2 BGB; Ausnahme § 619a BGB!)

II. **Haftungsumfang**
   Ersatz des entstandenen Schadens **neben der Leistung** nach §§ 249 ff. BGB

bb) Verletzung von „Rücksichtspflichten" durch einen Dritten („Eigenhaftung Dritter")

Sie sind ja schon „vorgewarnt" worden: Auch wenn wir uns an dieser Stelle der Ausführungen **eigentlich nicht** mit den Rechtsfolgen einer Verletzung von **Rücksichtspflichten,** die sich **aus** einem **vorvertraglichen „geschäftlichen Kontakt"** ergeben (§§ 311 Abs. 2, 241 Abs. 2 BGB), befassen wollen, müssen wir jetzt doch darauf eingehen.

(1) Exkurs: § 311 BGB

Sie werden in Teil 5 erfahren, dass aufgrund eines **vorvertraglichen „geschäftlichen Kontakts" i. S. d. § 311 Abs. 2 BGB** ein **Schuldverhältnis** begründet werden kann, welches ausschließlich Rücksichtspflichten i. S. d. § 241 Abs. 2 BGB, also keine Leistungspflichten begründet. Dieses Schuldverhältnis kann ebenfalls die Grundlage für einen Schadensersatzanspruchs aus § 280 Abs. 1 S. 1 BGB sein.

Und das ist noch nicht alles: Ein Schuldverhältnis, welches ausschließlich Rücksichtspflichten begründet, kann aufgrund „geschäftlichen Kontakts" nach § 311 Abs. 3 BGB auch **Rechtspflichten Dritter** begründen, die nicht Vertragspartei werden sollen (wie z. B. ein Stellvertreter, ein Verhandlungsgehilfe oder ein Makler). Dies setzt voraus, dass der Dritte **in besonderem Maße Vertrauen** für sich **in Anspruch** nimmt und gerade dadurch die Verhandlungen oder den Vertragsschluss erheblich beeinflusst oder dass der Dritte ein **unmittelbar eigenes wirtschaftliches Interesse** am **Vertragsschluss** hat. Es handelt sich dabei um die sog. **„Eigenhaftung Dritter"**.

**Fall 294**

Die Lehrerin F hat vor 30 Jahren, als sie schon im Beruf stand, von ihren Eltern ein in der Hamburger Innenstadt gelegenes Feinkostgeschäft geerbt. Das Geschäft wird von ihrem Mann V betrieben, der auch schon für die Eltern das Geschäft geführt hat. Der V ist Angestellter der F und bezieht zum Zwecke der Altersversorgung und Krankenversicherung ein kleines Gehalt. Die F hat mit der Führung des Geschäftes nichts zu tun. Die Familie lebt vom Geschäftseinkommen und von dem Einkommen der F. Als der Kunde K das Geschäft betritt, rutscht er auf einem Ölfleck aus, der sich gebildet hatte, weil der Lehrling L eine Olivenölflasche hatte fallen lassen und den Fleck nicht sofort vollständig beseitigt hatte. Der durch den Sturz verletzte K will von dem V Schadensersatz (nach RG und BGH).

1) In Betracht kämen Ansprüche aus geschäftlichem Kontakt. a) Der Anspruch auf Schadensersatz könnte sich aus §§ 280 Abs. 1 S. 1, 241 Abs. 2 BGB ergeben. aa) Ein Schuldverhältnis aaa) ist durch die Aufnahme von Vertragsverhandlungen (§§ 311 Abs. 2 Nr. 1 BGB) entstanden, auch wenn es noch nicht zum Vertragsschluss gekommen ist und auch hinterher nicht mehr kommt. bbb) Das Schuldverhältnis ist jedenfalls mit der Geschäftsinhaberin F zustande ge-

kommen. Fraglich ist, ob das Schuldverhältnis nach § 311 Abs. 3 auch zu V entstanden ist. § 311 Abs. 3 S. 2 BGB setzt voraus, dass V als Dritter in besonderem Maße Vertrauen für sich in Anspruch nimmt und gerade dadurch die Verhandlungen oder den Vertragsschluss erheblich beeinflusst. Hier ist der V praktisch der Inhaber des Geschäftes. Außerdem hat V ein unmittelbar eigenes wirtschaftliches Interesse am Vertragsschluss. Daher treffen den V im Verhältnis zu K Rücksichtspflichten aus § 241 Abs. 2 BGB. bb) Weil der V nicht dafür Sorge trug, dass der Ölfleck sofort vollständig beseitigt wurde, oder weil der L dabei nachlässig vorging, hat der V seine Pflicht zur Rücksicht auf die Rechtsgüter des Käufers (§ 241 Abs. 2 BGB) verletzt. cc) V kann sich nicht entlasten. Vielmehr liegen hier positive Anhaltspunkte für ein zumindest nach § 276 Abs. 1, 2 BGB fahrlässiges Handeln des V bzw. des L vor, dessen Verschulden dem V nach § 278 BGB zuzurechnen ist. dd) Daher besteht ein Anspruch auf Ersatz der Heilungskosten (§ 249 Abs. 2 S. 1 BGB). b) Der Anspruch auf Schmerzensgeld folgt aus §§ 280 Abs. 1 S. 1, 241 Abs. 2 und (ggf.) § 278 BGB i. V. m. § 253 Abs. 2 BGB. 2) Weiterhin bestehen Ansprüche aus a) §§ 823 Abs. 1, 249 ff. BGB und ggf. b) § 831 BGB.

(2) Übertragung auf den Anspruch aus § 280 Abs. 1, 241 Abs. 2 BGB

Das, was Sie soeben gelesen haben, hatte mit unserem gerade erörterten Thema zugegebenermaßen wenig zu tun und diente allein zur Erleichterung des Verständnisses der anschließenden Ausführungen.

Denn jetzt geht es zurück zum Thema eines Anspruchs auf Schadensersatz „neben der Leistung" wegen einer Verletzung einer Rücksichtspflicht aus einem Schuldverhältnis aus §§ 280 Abs. 1, 241 Abs. 2 BGB:

Sie müssen nämlich wissen, dass die Rechtsprechung den **Rechtsgedanken des § 311 Abs. 3 BGB** konsequent **weiterentwickelt** hat und eine derartige **„Eigenhaftung Dritter"**, wie sie in § 311 Abs. 3 BGB für eine ganz andere Fallkonstellation geregelt ist, auch auf die Fälle von **Verletzungen** von **Rücksichtspflichten** aus einem **bestehenden Vertrag** übertragen hat, wenn beim Abschluss des Vertrages die soeben erörterten Voraussetzungen einer Eigenhaftung Dritter gegeben waren. Um sich das vor Augen zu führen, bedarf es nur einer geringfügigen Veränderung des vorherigen Falles.

**Variante**

Die Nachlässigkeit erfolgte nach dem Einkauf des K, als dieser den Laden verließ.

Hier ändert sich nichts, denn eine Eigenhaftung Dritter besteht auch bei Schutzpflichtverletzungen nach Vertragsschluss (zwischen F und K), wenn – wie hier – bei Vertragsschluss die Voraussetzungen des § 311 Abs. 3 BGB gegeben waren.

Jetzt ist wieder einmal ein Punkt erreicht, bei dem Sie sich **den Stand** der **Erörterungen** verdeutlichen sollten, damit Sie nicht „den Wald vor lauter Bäumen" aus dem Auge verlieren:

1. Wir sind bei der Prüfung von **Sekundäransprüchen** wegen einer **Leistungsstörung**.
2. Wir haben uns eine Fallfrage vorgestellt, nach der der Anspruchsteller wegen einer Leistungsstörung **Schadensersatz** verlangt.
3. Wir haben inzwischen weiterhin gelernt, dass zu unterscheiden ist, zwischen dem Anspruch auf **Schadensersatz „neben der Leistung"** und dem auf **Schadensersatz „statt der Leistung"**.
4. Daher müssen wir im Einzelfall herausfinden, welches Ziel der Anspruchsteller verfolgt: **a)** Wenn der Anspruchsteller diejenigen Schäden geltend macht, die nicht auf das endgültige Ausbleiben der Leistung zurückzuführen sind und durch eine hypothetische Erfüllung nicht behebbar sind, geht es ihm um den **Ersatz** von **Schäden „neben der Leistung"**. **b)** Macht der Anspruchsteller den Ersatz von Schäden geltend, die auf das endgültige Ausbleiben der Leistung zurückzuführen sind und durch eine hypothetische Erfüllung beseitigt werden können, geht es ihm um den **Ersatz** von **Schäden „statt der Leistung"**.
5. **Was** liegt **hinter uns** und **womit** müssen wir uns **als nächstes befassen?**
   **a)** Wir haben **bisher** die Konstellation erörtert, dass der Anspruchsteller Schäden geltend macht, die nicht auf das endgültige Ausbleiben der Leistung zurückzuführen sind und die durch eine Nacherfüllung nicht behebbar sind, so dass es ihm also um den **Schadensersatz „neben der Leistung"** geht: **aa)** Bei einer **Verspätung** der **Leistung** ist der „Verzögerungsschaden" aus §§ 280 Abs. 1, 2, 286 BGB (sowie aus §§ 288 BGB, 353 HGB, 291 BGB) zu ersetzen, **bb)** bei Erbringung der **Leistung „nicht wie geschuldet"** (**Schlechtleistung**) ist in der **„Gewährleistungslücke"** die Anspruchsgrundlage § 280 Abs. 1 BGB und **cc)** bei einer **Verletzung von Rücksichtspflichten** i. V. m. § 241 Abs. 2 BGB.
   **b)** Jetzt kommt der **nächste Schritt**: Wir befassen uns nun mit der Konstellation, dass der Anspruchsteller Schäden geltend macht, die auf das endgültige Ausbleiben der Leistung zurückzuführen sind und durch eine hypothetische Nacherfüllung behebbar wären, er also **Schadensersatz statt der Leistung** begehrt.

## 4. Anspruch auf Schadensersatz statt der Leistung

Gehen wir also jetzt davon aus, dass der sich der aus der Fallfrage ergebende Anspruch des Anspruchstellers darauf gerichtet ist, wegen einer Leistungsstörung Ersatz solcher Schäden zu erhalten, die auf ein endgültiges Ausbleiben der Leistung als solcher zurückzuführen sind, also um Schäden, die durch die hypothetisch gedachte Herbeiführung der Leistung als solcher abgewendet werden könnten

(**„Schadensersatz statt der Leistung“** oder, wie man auch sagen kann, **„anstelle der Leistung“**).

Vorab eine **knappe Übersicht**.

**Schadensersatz „statt der Leistung“** kann der **Gläubiger** verlangen:

- Bei einer **Befreiung des Schuldners von** der **Leistungspflicht** nach **§ 275 Abs. 1–3 BGB** aufgrund von entweder nachträglich entstehenden oder bereits anfänglich vorliegenden Leistungshindernissen (§§ 280 Abs. 1, 3, 283/§ 311a Abs. 2 BGB), **sub a)** und **sub b)**,
- bei **nicht** oder **nicht wie geschuldet erbrachter Leistung** (§§ 280 Abs. 1 S. 1, Abs. 3, 281 BGB), **sub c)** und
- bei **Unzumutbarkeit** infolge der **Verletzung einer Rücksichtspflicht** (§§ 280 Abs. 1 S. 1, Abs. 3, 282, 241 Abs. 2 BGB), **sub d)**.

### a) Schadensersatz statt der Leistung wegen nachträglicher Leistungshindernisse nach § 275 Abs. 1–3 BGB (§§ 280 Abs. 1 S. 1, Abs. 3, 283 BGB)

**1.** Die **Rechtsfolgen** des § 275 Abs. 1–3 BGB bei **Schuldverhältnissen aus Verträgen** für den **primären Leistungsanspruch** des Gläubigers und speziell bei gegenseitigen Verträgen für den Gegenleistungsanspruch des Schuldners kennen Sie schon aus Teil 3:

**a)** Der **Anspruch** des Gläubigers des Leistungsanspruchs **auf die Leistung** ist **ausgeschlossen** oder die Erfüllung **kann verweigert werden** (§ 275 Abs. 1–3 BGB);

**b)** bei Schuldverhältnissen aus **gegenseitigen Verträgen entfällt grundsätzlich** auch der **Gegenleistungsanspruch** (§ 326 Abs. 1 BGB; denken Sie aber immer an die Ausnahmen: § 326 Abs. 2 S. 1, Abs. 3 BGB und die Fälle des Übergangs der Preisgefahr wie z. B. §§ 446, 447 BGB). Sie sollten **allgemein im Blick** haben, dass **bei Leistungshindernissen** neben den Folgen für den Primärleistungsanspruch stets ein **Rücktrittsrecht** (§ 326 Abs. 5) und ein **Schadensersatzanspruch statt der Leistung** (§ 280 Abs. 1, 3, 283 BGB oder § 311a Abs. 2 BGB) in Betracht kommen; vergleichen Sie hierzu den (deklaratorischen) § 275 Abs. 4 BGB. Dass im Fall des § 275 BGB überhaupt nur Schadensersatz statt der Leistung, und nicht etwa Schadensersatz neben der Leistung verlangt werden kann, versteht sich von selbst. Denn der Schaden beruht auf der endgültigen Nichterbringung; wegen der bei § 275 BGB gegebenen Unerbringbarkeit könnte der Schaden auch gar nicht durch eine hypothetische Herbeiführung der Leistung beseitigt werden.

**2.** Bekannt sind Ihnen auch die **Rechtsfolgen** des § 275 Abs. 1–3 BGB bei **einseitigen Verträgen** und bei **gesetzlichen Schuldverhältnissen.**

**a)** Der **Anspruch** des Gläubigers des Leistungsanspruchs **auf die Leistung** ist **ausgeschlossen** oder die Erfüllung **kann verweigert werden** (§ 275 Abs. 1–3 BGB);

**b)** einen im Gegenseitigkeitsverhältnis dazu stehenden **Gegenleistungsanspruch**, der erlöschen könnte, gibt es nicht.

Jetzt soll es aber allein um die Frage gehen, ob der Gläubiger des Leistungsanspruchs in den Fällen, des Untergangs des Leistungsanspruchs nach § 275 Abs. 1–3 BGB als **Sekundäranspruch** vom leistungsfrei gewordenen Schuldner **Schadensersatz statt der Leistung** verlangen kann. Ausgangspunkt ist wieder die **zentrale Anspruchsgrundlage** des **§ 280 Abs. 1 BGB**. Gemäß **§§ 280 Abs. 3, 283 BGB** kann Schadensersatz statt der Leistung aber nur unter den **„zusätzlichen Voraussetzungen des § 283 BGB"** verlangt werden. In anderen Worten: Für einen Schadensersatzanspruch statt der Leitung ist die in § 280 Abs. 1 BGB geforderte Pflichtverletzung die Herbeiführung des Leistungshindernisses nach § 275 Abs. 1–3 BGB. Diese muss – in Abgrenzung zu § 311a BGB – nach Vertragsschluss erfolgt sein.

Daraus resultiert ein ganz einfaches **Prüfungsschema** für die **§§ 280 Abs. 1, 3, 283 BGB**, das wir diesmal voranstellen:

I. **Haftungsbegründende Voraussetzungen**
   1. Rechtsgeschäftliches oder gesetzliches Schuldverhältnis mit einer **Leistungspflicht** aus **§ 241 Abs. 1 BGB**
   2. **Pflichtverletzung:** Nichterbringung einer Leistungspflicht i. S. d. § 241 Abs. 1 BGB aufgrund **nachträglicher Herbeiführung** der **Befreiung von** der **Leistungspflicht** nach § 275 Abs. 1–3 BGB
   3. **Kein Entlastungsbeweis:** Vermutetes Vertretenmüssen (§ 280 Abs. 1 S. 2 BGB; Ausnahme § 619a BGB)

II. **Haftungsumfang**
   Ersatz des entstandenen Schadens statt der Leistung nach §§ 249 ff. BGB

Zitieren Sie als **Anspruchsgrundlage** am besten nur die §§ 280 Abs. 1, 3, 283 BGB. Überflüssig, aber nicht etwa verboten, ist die Nennung des § 275 Abs. 4 BGB.

aa) Schuldverhältnis mit Leistungspflicht nach § 241 Abs. 1 BGB

Vorliegen muss ein **Schuldverhältnis,** aus dem eine **Leistungspflicht** aus **§ 241 Abs. 1** BGB resultiert. Das **Schuldverhältnis** kann sich aus **Vertrag** oder aus **Gesetz** ergeben. Von der Verletzung muss eine „**Leistungspflicht**" i. S. d. § 241 Abs. 1 BGB, also eine **Hauptleistungs-** oder eine **leistungsbezogene Nebenpflicht** und nicht etwa eine „Rücksichtspflicht" aus § 241 Abs. 2 BGB betroffen sein.

Dazu einige erläuternde **Beispiele**: Schadensersatz statt der Leistung kann nach §§ 280 Abs. 1 S. 1, Abs. 3, 283 BGB verlangt werden,

1. wenn die geschuldete Kaufsache (§ 433 Abs. 1 BGB) nicht geliefert werden kann, weil sie nach Vertragsschluss zerstört wurde und der Verkäufer dies zu vertreten hat,
2. oder wenn der durch ein Vermächtnis Beschwerte die an den Erben zu übergebende und zu übereignende Sache (§§ 2147, 2174 BGB) schuldhaft zerstört hat.
3. Gleiches gilt, wenn der Besitzer im Eigentümer-Besitzer-Verhältnis die herauszugebenden Früchte (§§ 987, 990 BGB) nicht mehr herausgeben kann, weil er sie schuldhaft zerstört hat. Auch er haftet aus §§ 280 Abs. 1 S. 1, Abs. 3, 283 BGB.
   Dies waren Beispiele der **Verletzung von Hauptleistungspflichten**. In Betracht kommt aber auch die **Verletzung** von **leistungsbezogenen Nebenpflichten**:
4. Der Verkäufer schließt nach Abschluss des Kaufvertrags mit einem Käufer mit dem Hersteller eine Vereinbarung, wonach der Verkäufer seinem Käufer nicht die Gebrauchsanweisung aushändigen darf, weil dadurch ein Betriebsgeheimnis des Herstellers verraten würde. Der Käufer kann Schadensersatz statt der ganzen Leistung aus §§ 280 Abs. 1 S. 1, Abs. 3, 283 BGB verlangen, weil dem Verkäufer die Erfüllung einer leistungsbezogenen Nebenpflicht rechtlich unmöglich geworden ist.

bb) Pflichtverletzung: Befreiung von der Leistungspflicht nach § 275 Abs. 1–3 BGB

Die **Pflichtverletzung** besteht in der **nachträglichen Herbeiführung** einer **Befreiung von** der **Leistungspflicht** nach **§ 275 BGB**. Damit sind dann auch die nach § 280 Abs. 3 BGB erforderlichen **„zusätzlichen Voraussetzungen des § 283 BGB"** gegeben. Die Pflichtverletzung kann durch **aktives Tun** oder durch **Unterlassen** erfolgen.

(1) Der Schuldner wird insgesamt von der Leistung befreit

Am einfachsten sind die Fälle zu durchschauen, in denen der Schuldner nach § 275 Abs. 1–3 BGB insgesamt von der Leistung befreit wird.

**Fall 295**

Der V verkauft dem K eine Sache im Werte von € 1000,– für einen Kaufpreis von € 900,–. Die Kaufsache wurde nach Vertragsschluss aber vor Erfüllung der jeweiligen Leistungspflichten von dem V an den D verkauft und übereignet und übergeben. Der D ist unter keinen Umständen bereit, die Sache an den V zurück zu übereignen. Der K verlangt von V Schadensersatz in Höhe von € 100,–.

Der Anspruch könnte sich aus §§ 433 Abs. 1 S. 1, 280 Abs. 1 S. 1, Abs. 3, 283 BGB ergeben. a) Der V und der K haben einen Kaufvertrag abgeschlossen. Also besteht zwischen ihnen ein Schuldverhältnis. b) Durch die Übereignung und Übergabe an den D hat der Schuldner V die Erfüllung der sich aus § 433 Abs. 1 S. 1 BGB ergebenden Leistungspflicht unmöglich gemacht (§ 275 Abs. 1 BGB) und die Leistungspflicht damit verletzt. c) Der V kann sich auch nicht nach § 280 Abs. 1 S. 2 BGB entlasten. Vielmehr handelte er vorsätzlich und hat die Pflichtverletzung daher zu vertreten, § 276 Abs. 1, 2 BGB. d) Nach § 280 Abs. 3, 283 Abs. 1 BGB kann der Gläubiger Schadensersatz „statt der Leistung" verlangen: Der Käufer kann verlangen, so gestellt zu werden, wie wenn V den Kaufvertrag erfüllt hätte. Da Naturalrestitution nach § 249 Abs. 1 BGB nicht möglich ist, kann er nur Wertersatz nach § 251 Abs. 1 BGB verlangen. Der Schaden wird nach der Differenztheorie berechnet: Hätte der V den Kaufvertrag erfüllt, wäre der K Eigentümer und Besitzer einer Sache im Werte von € 1000,– gewesen; zugleich hätte er als Kaufpreis € 900,– zahlen müssen. Der Schaden beträgt € 100,–.

### Fall 296

Die N-GmbH handelt mit Nutzfahrzeugen. Da ihre Kunden häufig nicht sofort den gesamten Kaufpreis zahlen können, arbeitet sie mit der B-Bank zusammen. Diese schließt daher einen Darlehensvertrag (§§ 488 ff. BGB) mit dem Käufer ab. Die N-GmbH übereignet dann im Einvernehmen mit dem jeweiligen Kunden das Fahrzeug zur Sicherheit an die B-Bank. Im Februar 2015 verkaufte die N-GmbH an die X-GmbH einen fabrikneuen LKW zum Preis von € 60.000,–. Die X-GmbH leistete eine Anzahlung in Höhe von € 20.000,–. Es wurde ein Eigentumsvorbehalt vereinbart. Die X-GmbH ließ am 25. Februar 2015 von der Werkstatt des W einen Ladekran auf das Fahrzeug montieren, da sie diesen für ihre Arbeit brauchte. Der Kran ist ein Universalmodell für diverse LKW-Typen, den man ohne Wertverlust wieder abbauen und auf einen anderen Lkw montieren könnte. Der W behielt sich bis zur vollständigen Bezahlung der Werkstattrechnung in Höhe von € 6000,– das Eigentum an dem Kran vor. Am 8. März 2015 bat die N-GmbH nach Absprache mit der X-GmbH die B-Bank um Finanzierungshilfe. Die B-Bank sollte der X-GmbH ein Darlehen über € 40.000,– geben und diesen Betrag an die N-GmbH auszahlen. Als Sicherheit für die Darlehensforderung sollte sie das Eigentum am Fahrzeug von der N-GmbH erhalten. Die X-GmbH war mit diesem Vorgehen einverstanden und schloss einen Darlehensvertrag über die € 40.000,– mit der B-Bank ab. In der Vereinbarung zwischen N-GmbH und B-Bank wurde als Sicherheit der näher bezeichnete LKW „samt Ladekran" vereinbart. Dazu kam es, weil die N-GmbH unachtsamerweise nicht wusste, dass der Ladekran noch nicht bezahlt war. Zug um Zug gegen die Sicherungsübereignung zahlte die B-Bank die € 40.000,– an die N-GmbH aus. In den Folgemonaten zahlte die X-GmbH nur € 20.000,– an die B-Bank. Weitere Zahlungen leistete sie nicht. Als die B-Bank das Fahrzeug vertragsgemäß verwerten wollte, widersprach der W. Um nun dennoch das Fahrzeug verwerten zu können, bezahlte die B-Bank die Werkstattrechnung in Höhe von € 6000,– an W. Die B-Bank möchte gern wissen, ob sie von der N-GmbH Schadensersatz in Höhe des an W gezahlten Betrages verlangen kann (nach Pukall).

Der geltend gemachte Anspruch ist gerichtet auf Schadensersatz „statt der Leistung". Anspruchsgrundlage kann daher §§ 280 Abs. 1 S. 1, Abs. 3, 283 BGB sein. a) Zwischen der N-GmbH und der B-Bank muss ein wirksames Schuldverhältnis bestanden haben. Dies ist der Sicherungsvertrag (§§ 311 Abs. 1, 241 Abs. 1 BGB). Die N-GmbH war nicht nur Vermittlerin eines Vertrages zwischen der B-Bank und der X-GmbH, sondern sie verpflichtete sich selbst, die Sicherheit bereitzustellen. b) Weiterhin muss die N-GmbH eine Pflichtverletzung begangen haben. Diese könnte darin liegen, dass die N-GmbH sich die von ihr geschuldete Leistung nachträglich unmöglich gemacht hat. Sie hätte der B-Bank das Eigentum an LKW und Kran verschaffen müssen. aa) Dies hätte durch eine Übereignung an die B-Bank nach § 931 BGB durch Einigung und Abtretung des Herausgabeanspruchs gegen die X-GmbH geschehen können. Dazu hätte die N-GmbH aber Eigentümerin des LKW samt Kran gewesen sein müssen. Das Eigentum am LKW bestand von Anfang an und verblieb wegen des Eigentumsvorbehaltes auch bei der N-GmbH. Zweifelhaft ist aber das Eigentum am Ladekran. Ein Eigentumserwerb der N-GmbH bezüglich des Krans hätte nach § 947 Abs. 2 BGB erfolgt sein können. Da der Kran aber universell verwendbar war und ohne Wertverlust von dem LKW zu trennen war, wurde er nicht wesentlicher Bestandteil des LKW (§ 93 BGB), so dass die N-GmbH auf diesem Wege kein Eigentum erlangt hat. Die N-GmbH ist auch nicht Eigentümerin nach § 930 BGB geworden, da die X-GmbH wegen des Eigentumsvorbehaltes des W nicht Eigentümerin des Krans war. Ein gutgläubiger Erwerb der N-GmbH nach § 933 BGB scheitert daran, dass der LKW nicht an die N-GmbH übergeben worden ist. Im Ergebnis hat somit die N-GmbH der B-Bank den Ladekran nicht wie im Sicherungsvertrag geschuldet übereignet. bb) Fraglich ist, ob der N-GmbH die Erfüllung des Sicherungsvertrages bereits anfänglich unmöglich gewesen war (dann wäre nämlich § 311a Abs. 2 BGB und nicht der hier geprüfte Anspruch aus §§ 280 Abs. 1, 3, 283 BGB gegeben!) oder ob die Pflichtverletzung nachträglich entstand. aaa) Für eine anfängliche Unmöglichkeit spricht, dass die N-GmbH von Anfang an nicht Eigentümerin war. bbb) Da die N-GmbH aber die Möglichkeit hatte, durch Zahlung an W das Eigentum für die B-Bank zu erwerben, liegt ein Fall nachträglicher Unmöglichkeit vor (Einen Unterschied würde dies im Ergebnis für die Lösung nicht machen). c) Die N-GmbH kann sich nicht entlasten, sondern hat die Pflichtverletzung zu vertreten, da sie es aus Unachtsamkeit versäumt hatte, die Eigentumsverhältnisse am Ladekran festzustellen. d) Die B-Bank kann verlangen, so gestellt zu werden, wie wenn die N-GmbH ordnungsgemäß erfüllt hätte. Naturalrestitution nach § 249 Abs. 1 BGB kann sie nicht verlangen, sondern nur Wertersatz nach § 251 Abs. 1 BGB. Hätte die N-GmbH der B-Bank das Eigentum am Kran wie vereinbart verschafft, so hätte die B den LKW ohne Zahlung von € 6000,– an die W verwerten können. Dieser

Betrag ist ihr Schaden. Sie kann daher in dieser Höhe Ersatz von der N-GmbH verlangen.

**Fall 297**

Der Erblasser T vermacht dem Vermächtnisnehmer V ein wertvolles Rennpferd. Der Erbe E behandelt das ihm verhasste Tier so schlecht, dass es vor der Übereignung an V eingeht. V verlangt Schadensersatz von E (nach Kupisch).

Der Anspruch kann sich aus §§ 280 Abs. 1, 3, 283 BGB ergeben. Dazu muss zwischen den Beteiligten a) ein Schuldverhältnis bestanden haben. Dieses folgt hier aus dem Vermächtnis, einem einseitigen Rechtsgeschäft des T (§§ 1939, 2147 ff. BGB). b) Der E hat die sich aus § 2174 BGB ergebende Pflicht, das Pferd an V zu übereignen und zu übergeben, nicht erfüllt, indem er die nachträgliche Unmöglichkeit der Leistung (§ 275 Abs. 1 BGB) herbeigeführt hat und damit seine Leistungspflicht verletzt. c) Der E kann sich hierfür nicht nach § 280 Abs. 1 S. 2 BGB entlasten. d) Der E muss daher dem V Schadensersatz in Höhe des Wertes des Pferdes leisten (§§ 249 Abs. 1, 251 Abs. 1 BGB).

Sie dürfen aber nicht aus dem Auge verlieren, dass auch bei einer vollständigen Befreiung eines Schuldners aus **gesetzlichen Schuldverhältnissen** durch Unmöglichkeit nach § 275 BGB die §§ 280 Abs. 1, 3, 283 BGB anwendbar sind. Wenn zum *Beispiel* der Besitzer im Eigentümer-Besitzer-Verhältnis (§§ 987 ff. BGB) die nach § 987 Abs. 1 BGB geschuldeten Nutzungen nicht herausgeben kann, so kommt eine Haftung auf Schadensersatz nach §§ 280 Abs. 1, 3, 283 BGB in Betracht.

Dies alles waren Konstellationen, bei denen der Schuldner von der gesamten Leistungspflicht frei geworden ist. Der Anspruch auf Schadensersatz ist dann auf den Ersatz des Schadens **„statt der ganzen Leistung"** gerichtet.

#### (2) Der Schuldner wird nur teilweise von der Leistung befreit

Manchmal liegt der Befreiungstatbestand des § 275 BGB nur hinsichtlich eines Teils der Leistung vor. Dann stellt sich (auf der Rechtsfolgenseite) die Frage, unter welchen Voraussetzungen Schadensersatz statt der gesamten Leistung verlangt werden kann. Lesen Sie hierzu schon einmal §§ 283 S. 2, 281 Abs. 1 S. 2, 3 Abs. 5 BGB. In der Fallbearbeitung empfiehlt es sich zunächst bei der **Pflichtverletzung** den Umfang der Befreiung festzustellen und bei der **Schadensberechnung** zu klären, ob Schadensersatz nur wegen dem entfallenen Teil der Leistung („kleiner Schadensersatz") oder anstelle der gesamten Leistung („großer Schadensersatz") gefordert werden kann.

Dazu zunächst eine „Reminiszenz" an Teil 3, die sich mit der Frage des Schicksals der primären Leistungs- und (bei gegenseitigen Verträgen) der Gegenleistungsansprüche befasst.

**Fall 298**

Der V verkauft dem Pferdehändler K zwei Pferde für je € 10.000,–. Eines verendet nach Vertragsschluss, aber vor der Übereignung und Übergabe an K aufgrund eines Fütterungsfehlers des V. Der K verlangt Lieferung der Pferde, der Verkäufer Bezahlung der Pferde.

1. Der Anspruch auf Übereignung und Übergabe aus § 433 Abs. 1 S. 1 BGB erlischt nach § 275 Abs. 1 BGB bezüglich des verendeten Pferdes. 2) Auch der Kaufpreisanspruch in Höhe von insgesamt € 20.000,– erlischt in Höhe von € 10.000,– nach § 326 Abs. 1 HS. 2 BGB.

Hier in Teil 4 interessiert uns aber bekanntlich nicht mehr das Schicksal der „Primäransprüche", sondern es geht um den **„Sekundäranspruch"** des Gläubigers auf **Schadensersatz „statt der Leistung"** gegen den Schuldner, sofern der Schuldner nach § 275 Abs. 1–3 BGB teilweise von der Leistung befreit ist.

Sie müssen auch hier wieder aufpassen. Denn die Frage, ob der Schadensersatzanspruch „statt der Leistung" sich bei teilweiser Befreiung von der Leistungspflicht auf den nicht zu erbringenden Teil beschränkt oder ob die Gesamtleistung von ihr erfasst wird und Schadensersatz statt der ganzen Leistung verlangt werden kann, stellt sich nur dann, wenn der Gläubiger die Teilleistung nicht bereits nach § 266 BGB zurückgewiesen hat. Wenn aber der Gläubiger die Teilleistung angenommen hat, kommt es darauf an, ob er an dem eingeschränkten Leistungsaustausch interessiert ist oder ob er kein Interesse an der Teilleistung hat (§§ 280, 283 S. 2, 281 Abs. 1 S. 2 BGB):

- Hat der Gläubiger ein Interesse an der Teilleistung, so kann er sich dafür entscheiden, die Teilleistung zu behalten. Dann „zerfällt der Vertrag in zwei selbstständige Teile": Der Schadensersatzanspruch beschränkt sich auf den nicht erbrachten Teil **(„kleiner Schadensersatz")**. Für die erbrachte Teilleistung schuldet der Gläubiger einen entsprechenden Teil der Gegenleistung. Hiergegen kann er mit seinem Schadensersatzanspruch aufrechnen.

**Variante**

Der K nimmt das überlebende Pferd entgegen und will wissen, ob und in welchem Umfang er Schadensersatz verlangen kann, wenn er jedes Pferd mit einem Gewinn von € 2000,– hätte weiterverkaufen können und ob und in welcher Höhe er zur Kaufpreiszahlung verpflichtet ist.

1. Der K kann a) Schadensersatz „statt der Leistung" aus §§ 280 Abs. 1, 3, 283 BGB verlangen. aa) Es besteht ein Schuldverhältnis in Form eines Kaufvertrages. bb) Die Pflichtverletzung liegt in der Herbeiführung einer nachträglichen Befreiung von der Leistungspflicht durch den V hinsichtlich des gestorbenen Pferdes. cc) V kann sich nicht entlasten; ein Vertretenmüssen ist sogar positiv feststellbar. b) Was den Umfang des Schadensersatzanspruches angeht, so kann

Ersatz nur für das verendete Pferd verlangt werden („kleiner Schadensersatz“), denn der K hat weiterhin ein objektiv zu bestimmendes Interesse an dem einen Pferd (§ 283 S. 2, 281 Abs. 1 S. 2, 249 ff., 252 BGB. 2) Was die Kaufpreisschuld angeht, so ist diese in Höhe von € 20.000,– entstanden. a) in Höhe von € 10.000,– ist sie nach § 326 Abs. 1 S. 1 BGB erloschen, weil die Lieferung des einen Pferdes unmöglich geworden ist. b) Gegen den restlichen Anspruch kann der Käufer mit seinem Schadensersatzanspruch in Höhe von € 2000,– aufrechnen (§§ 387 ff. BGB), so dass der verbleibende Kaufpreisanspruch € 8000,– beträgt.

**Fall 299**

Der V verkauft dem K eine ererbte aus 10 Flaschen bestehende Sammlung von Champagnerflaschen aus dem Nachlass des Fürsten von Bismarck, dessen Lieblingsgetränk bekanntlich der Champagner war. Der K beabsichtigt, die Flaschen einzeln weiterzuveräußern. Nach dem Abschluss des Kaufvertrages trinkt der V eine Flasche aus. Der K will wissen, ob er Schadensersatz für 1 oder für 10 Flaschen verlangen kann.

Dem K steht ein Anspruch aus §§ 280 Abs. 1, 3, 275 Abs. 1, 283 S. 1, 2, 281 Abs. 1 S. 2, 249 ff. BGB auf Schadensersatz „statt der Leistung“ für eine Flasche zu, denn „statt der ganzen Leistung“ könnte er nur dann Schadensersatz verlangen, wenn er an der Teilleistung zuzüglich des Schadensersatzes für die eine Flasche kein Interesse hätte. Das ist nicht der Fall, weil er die Flaschen einzeln verkaufen wollte.

- Die Frage kann auch lauten, ob der Gläubiger bei einer Teilleistung Schadensersatz „statt der ganzen Leistung“ **(„großer Schadensersatz“)** verlangen kann. Das Gesetz hat sich im Interesse des Schuldners, dafür entschieden, dass dem Gläubiger einen Schadensersatz „statt der ganzen Leistung“ nur zusteht, wenn er an dem eingeschränkten Leistungsaustausch nicht interessiert ist, denn der Schuldner hat ja immerhin einen Teil der Leistung erbracht und ist insofern schutzwürdig (§§ 280 Abs. 1, 3, 283, 281 Abs. 1 S. 2 BGB). Das Interesse des Gläubigers ist jedoch nicht sein subjektiv bestimmtes persönliches Interesse, sondern ein normativ zu ermittelndes **objektives Interesse** des Gläubigers. Ansonsten würden die Einschränkungen praktisch leer laufen. Der Gläubiger könnte die Rechtsfolge selbst bestimmen.

**Variante**

Wie wäre es, wenn der V die (nachprüfbare) Absicht hatte, die Flaschen als „Sammlung-Bismarck“ zu verkaufen.

Dann hätte er kein Interesse an der Teilleistung und könnte Schadensersatz „statt der ganzen Leistung“ verlangen.

**Fall 300**

Der K hat von V einen Besteckkasten mit Messern, Gabeln und Löffeln aus dem Biedermeier gekauft, den er nach einer Erneuerung der Versilberung durch Galvanisierung an X weiterverkaufen wollte. Dem V wird die Lieferung der Gabeln und Löffel unmöglich, weil sie bei der Galvanisierung infolge eines Versehens des V zerstört werden; der V kann daher nur die Messer liefern. Als der X erklärt, dass er am Erwerb nur der Messer nicht interessiert sei, verlangt der K von V Schadensersatz für die gesamte Leistung in Höhe des entgangenen Gewinns aus einem Weiterverkauf.

Der Anspruch des K aus §§ 280 Abs. 1, 3, 275 Abs. 1, 283 S. 1, 2, 281 Abs. 1 S. 2, 249 Abs. 1, 252, 251 Abs. 1 BGB ist gerichtet auf einen Schadensersatz „statt der ganzen Leistung" (= „großer Schadensersatz"), da der K an einer Teilleistung (nur Messer) zuzüglich eines Schadensersatzes für die nach § 275 Abs. 1 BGB ausgeschlossene Leistung kein Interesse hat und daher ein Interessenwegfall an der ganzen Leistung vorliegt.

cc) Vermutetes Vertretenmüssen

Aus § 280 Abs. 1 S. 2 BGB folgt, dass der **Anknüpfungspunkt** für den Entlastungsbeweis die in S. 1 vorausgesetzte **Pflichtverletzung**, also die **Herbeiführung** der **Befreiung von** der **Leistungspflicht nach § 275 Abs. 1–3 BGB** ist.

Dass das **Vertretenmüssen vermutet** wird (§ 280 Abs. 1 S. 2 BGB), ist inzwischen für Sie ja „ein alter Hut". Zumindest gedanklich müssen Sie zu allererst danach fragen, ob hier ein Fall der verschuldensunabhängigen Haftung vorliegen könnte. Ist dem nicht so, dann haben Sie bei verschuldensrelevanten Tatsachen im Sachverhalt **§ 276 BGB** zu prüfen, dessen Tatbestand Sie in Grundzügen bereits kennengelernt haben und den wir später noch vertiefen werden.

**Fall 301**

Der Gebrauchtwagenhändler V schließt in seinem Büro mit dem K einen Kaufvertrag über einen mit einer „roten Nummer" zugelassenen Gebrauchtwagen ab, den beide unmittelbar zuvor besichtigt und Probe gefahren hatten. Nach sofortiger Barzahlung des Kaufpreises sind V und K sich über den Eigentumsübergang auf den K einig. Als der K das Auto in Besitz nehmen und damit wegfahren will, ist es aber verschwunden. Der V hatte nämlich nach der Probefahrt den Schlüssel versehentlich stecken lassen und den Wagen auf dem unbewachten und für Kaufinteressenten zugänglichen Abstellplatz geparkt. Der Wagen wurde gestohlen und ist nicht mehr auffindbar. K hätte den Wagen gewinnbringend weiterveräußern können. Kann der K von V Schadensersatz „statt der Leistung" verlangen?

Der Anspruch könnte sich aus §§ 280 Abs. 1, 3, 283 BGB ergeben. a) Es bestand ein Schuldverhältnis in Form eines Kaufvertrags. Der V war vertraglich verpflichtet, dem K das Eigentum und den Besitz zu verschaffen (§ 433 Abs. 1 S. 1 BGB). b) Dem V könnte die Leistung nach Vertragsschluss unmöglich geworden sein. aa) Das Eigentum an dem Auto könnte der V dem K zwar nicht mehr nach § 929 S. 1 BGB, wohl aber nach § 931 BGB durch Abtretung des Herausgabeanspruchs (u. a. aus §§ 823 Abs. 1, 249 Abs. 1 BGB) gegen den Dieb übertragen; bb) der V kann es aber nicht an K – wie nach § 433 Abs. 1 BGB auch geschuldet – übergeben. c) Fraglich ist, ob V sich entlasten kann. Das für §§ 280 Abs. 1, 3, 283, 276 BGB maßgebliche Verschulden bezieht sich auf die Herbeiführung des Leistungshindernisses. Der V hatte den Schlüssel stecken lassen; der Abstellplatz war unbewacht und für jedermann zugänglich. Daher kann der V sich nicht entlasten. d) Der Schaden des K ist daher zu ersetzen.

Dass auch **abweichend** vom **Verschuldensmaßstab** des **§ 276 BGB** Schadensersatz „statt der Leistung" aus §§ 280 Abs. 1, 3, 283 BGB wegen der Nichterbringung der Leistung aufgrund einer Befreiung von der Leistungspflicht nach § 275 BGB geschuldet werden kann, soll an **zwei Beispielen** demonstriert werden.

- So kann ein **Schuldner** auch **für Zufall haften (§ 287 S. 2 BGB)**: Während des Schuldnerverzuges haftet der Schuldner für Zufall, sofern der Schaden nicht auch bei rechtzeitiger Leistung eingetreten sein würde. Zufall bedeutet, dass weder Gläubiger noch Schuldner die Leistungsstörung zu vertreten haben – was nicht immer mit Verschulden gleichzusetzen ist. Sehr leicht übersehen wird, dass es auf § 287 S. 2 BGB nicht ankommt, wenn der Schaden kausal auf den Schuldnerverzug zurückzuführen ist, also ein bereits nach §§ 280 Abs. 1, 2, 286 BGB zu ersetzender Verzögerungsschaden ist.

**Fall 302**

Der V schuldet dem K die Lieferung einer bestimmten Partie in Dosen verpackten Kaviars am 1. März 2015. Der V liefert am 1. März 2015 nicht. Am 2. März 2015 wird die Partie durch einen Blitzschlag zerstört. Der K verlangt Schadensersatz.

Der Anspruch kann sich aus §§ 280 Abs. 1, 3, 283 BGB ergeben. a) Zwischen V und K besteht ein Schuldverhältnis in Form eines Kaufvertrages. b) V hat seine Lieferpflicht verletzt. Durch die Zerstörung der geschuldeten Partie Dosen ist seine Leistung nach § 275 Abs. 1 BGB nach Vertragsschluss unmöglich geworden, weswegen auch die zusätzlichen Voraussetzungen des § 283 BGB vorliegen. c) Fraglich ist, ob sich V von der Vermutung des Vertretenmüssens entlasten kann. aa) Grundsätzlich hat der Schuldner Vorsatz und Fahrlässigkeit zu vertreten (§ 276 Abs. 1 S. 1 BGB). bb) Hier kann aber nach § 287 S. 2 BGB eine strengere Haftung bestimmt sein. Dazu muss jedoch Schuldnerverzug nach § 286 BGB vorliegen. aaa) V hat die fällige Leistung nicht erbracht. bbb) Eine Mahnung war nach § 286 Abs. 2 Nr. 1 BGB entbehrlich, da die Leistungszeit nach dem Kalender auf den 1.März 2015 bestimmt war. ccc) V kann sich nicht nach § 286 Abs. 4 BGB (hier kommt es auf ihn an, vgl. oben!) exkulpieren. ddd) Schuldnerverzug liegt daher vor, weswegen V auch für den hier vorliegenden Zufall haftet. d) Der V haftet daher auf Schadensersatz nach den §§ 249 ff. BGB.

- Wegen des passenden Zusammenhangs sei an dieser Stelle auf Folgendes hingewiesen: Der Schuldner kann sich hinsichtlich der Nichtleistung (ggf. aufgrund eines Leistungshindernisses nach § 275 BGB) nicht nach § 280 Abs. 1 S. 2 BGB entlasten, wenn er eine **Garantie** übernommen hat. Bei einer vertraglichen Garantieübernahme, haftet der Garantiegeber für den Eintritt eines bestimmten Erfolges verschuldensunabhängig. Ferner hat ein Schuldner, der das **Beschaffungsrisiko** übernommen hat, jedes Unvermögen zu vertreten, das auf der Verwirklichung eines spezifischen Beschaffungsrisikos beruht, gleich ob es um eine Stück- oder eine Gattungsschuld geht. Gattungsschulden nach § 243 BGB sind aber der Hauptanwendungsfall der Übernahme einer Beschaffungspflicht: Da der Schuldner nur irgendein Stück mittlerer Art und Güte der Gattung schuldet, ergibt sich aus dem Inhalt seiner Leistungspflicht deren unbedingtes Fortbestehen, solange die geschuldete Leistung erbracht werden kann.

**Fall 303**

Der V verpflichtet sich gegenüber K in einem Kaufvertrag zur Beschaffung eines bestimmten, dem E gehörigen Picasso-Gemäldes. Es gelingt dem V nicht, dem E das Bild abzukaufen. Der K kann das ihm nicht gelieferte Bild nunmehr nicht mit Gewinn weiterverkaufen. Der K verlangt Schadensersatz. Der V wendet ein, dass der E sich früher zum Verkauf an den V bereit erklärt hatte, jetzt aber aus rein persönlichen Gründen den Verkauf verweigert habe; dafür könne er nichts (nach Kropholler).

Der Anspruch ergibt sich aus §§ 280 Abs. 1, 3, 283, 249 ff. 252 BGB. Der V hat sich nicht exkulpieren können. Zwar liegt weder Vorsatz noch Fahrlässigkeit vor, doch hat er das Beschaffungsrisiko für diese Stückschuld übernommen (§ 276 Abs. 1 BGB).

**Variante**

Der V verspricht die Lieferung irakischen Öls. Die Lieferung wird unmöglich, weil völlig unerwartet die US-Armee in den Irak einmarschiert und alle Ölförderanlagen beschlagnahmt. Man kann zunächst davon ausgehen, dass V ein Beschaffungsrisiko übernommen hat. Die Rechtsprechung hat jedoch ausdrücklich festgestellt, dass ein Verkäufer nicht automatisch die Nichtleistung zu vertreten hat, nur weil er ein Beschaffungsrisiko übernommen hat. Es muss sich gerade um ein Leistungshindernis handeln, das mit der Eigenart der Schuld als Beschaffungsschuld zusammenhängt (beschaffungstypische Risiken). Das ist hier jedoch nicht der Fall, weswegen V nicht haftet.

#### dd) Schaden

Es muss ein **Schaden** vorliegen, der äquivalent und adäquat **kausal** auf dem zum Schadensersatz verpflichtenden Umstand beruht und dem Schutzbereich der Norm unterfällt.

Der Schaden wird – wie auch sonst – nach der **„Differenzhypothese" berechnet,** indem die bestehende Vermögenslage („Ist-Zustand") mit derjenigen hypothetischen verglichen wird, die ohne den zum Schadensersatz verpflichtenden Umstand gegeben wäre („Soll-Zustand"). Bei diesem Vergleich muss auch der widerleglich als Schaden vermutete entgangene Gewinn (§ 252 BGB) als Schadensposten berücksichtigt werden, der häufig der Höhe nach im Sachverhalt konkret beziffert ist oder der auch „abstrakt" berechnet werden kann, indem man die Differenz zwischen Marktwert und vereinbartem Preis zugrunde legt. Außerdem werden bei der Schadensberechnung alle sonstigen im Sachverhalt genannten, für das Vermögen nachteiligen Umstände als „Schadensposten" berücksichtigt, die nach einer wertenden Betrachtungsweise äquivalent und adäquat kausal auf die Pflichtverletzung zurückzuführen sind und die nach dem Schutzzweck der Norm zu ersetzen sind; dazu zählen z. B. die Mehrkosten bei einem „Deckungsgeschäft". Das alles war Ihnen bereits bekannt.

Bei den Ansprüchen auf **Schadensersatz „statt der Leistung"** bei **gegenseitigen Verträgen** gibt es bei der Ermittlung des Schadens nach der „Differenzhypothese" eine zusätzliche Besonderheit: Bei **gegenseitigen Verträgen** ist der Gläubiger des Schadensersatzanspruchs dem Schuldner zur Erbringung einer Gegenleistung verpflichtet. Daraus resultiert die Frage, welche Bedeutung diese Gegenleistungspflicht bei der Ermittlung des Schadens spielt. Es gibt dazu zwei theoretisch denkbare Alternativen: Man kann annehmen, dass der Gläubiger, der Schadensersatz „statt der Leistung" verlangen kann, weiterhin seine Gegenleistung schuldet. Wenn man dies annimmt, dann muss diese Belastung seines Vermögens als „Schadensposten" angesehen werden. Man kann aber auch annehmen, dass bei gegenseitigen Verträgen die Leistungspflichten des Schadensersatzschuldners und des Schadensersatzgläubigers zur Erbringung der Leistungen erlöschen und der Schaden in der Differenz von hypothetisch geschuldeter Leistung und hypothetisch geschuldeter Gegenleistung besteht. Hinzu kommen nach beiden Ansichten die nach der „Differenzhypothese" zu berücksichtigenden sonstigen Schadensposten bzw. Abzugsposten.

Also noch einmal: Hinsichtlich der **Ermittlung des Schadens** stellt sich bei **gegenseitigen Verträgen** die Frage, ob der Gläubiger des Anspruchs auf Schadensersatz „statt der Leistung" darauf beschränkt ist,

- die Differenz der Vermögenswerte von Leistung und Gegenleistung zu verlangen (**„Differenztheorie",** nicht zu verwechseln mit Differenzhypothese!). Man muss sich das so vorstellen, dass die gegenseitigen Pflichten auf Erbringung von Leistung und Gegenleistung erlöschen und der Anspruch sich automatisch wie bei einer erklärten Aufrechnung auf die Differenz reduziert. Diese Berechnungsmethode wird zunächst durch das Gesetz nahe gelegt. Wie Sie wissen, erlöschen der Leistungsanspruch (nach § 275 BGB) und der Gegenleistungsanspruch (nach § 326 Abs. 1 BGB), was eine Erbringung der Leistung des Gläubigers eigentlich nicht mehr zulässt.

**Fall 304**

Der V verkauft eine Sache im Wert von € 1000,– für den Preis von € 900,– an den K. Die Sache geht vor Übergabe aufgrund eines schuldhaften Verhaltens des V unter. K verlangt Schadensersatz „statt der Leistung".

Der Anspruch ergibt sich aus §§ 280 Abs. 1, 3, 283, 249 ff. BGB. a) Hinsichtlich des Schadensumfangs gilt grundsätzlich, dass man die Schadenshöhe im Wege der Differenzbildung zwischen dem Wert der untergegangenen Leistung und der Gegenleistung (hier € 100,–) ermittelt („Differenztheorie"). b) Diesen Betrag kann der K nach §§ 280 Abs. 1, 3, 283 BGB ersetzt verlangen.

- Das Gegenstück ist die **„Surrogationstheorie":** An die Stelle der ursprünglich geschuldeten Leistung tritt als „Surrogat" deren Wert, und der Gläubiger kann die Leistung des Surrogates gegen Erbringung der von ihm geschuldeten Gegenleistung verlangen. Für diese Sichtweise spricht, dass das Erlöschen der Gegenleistungspflicht nach § 326 Abs. 1 BGB nur den Gläubiger schützen soll und dass im Übrigen die nach § 326 Abs. 1 BGB ausgeschlossene Leistungspflicht als Schadensposten in der Schadensberechnung nach §§ 249 ff. BGB berücksichtigt werden kann. Der Gläubiger kann daher auf den von § 326 Abs. 1 BGB bewirkten Schutz verzichten und seine Leistung noch erbringen. Ein weiteres Argument ist, dass der Gläubiger ansonsten praktisch gezwungen wäre, die Folgen eines Rücktritts in Kauf zu nehmen.
- Man kann sich im Regelfall ohne Entscheidung des Theorienstreits dafür aussprechen, dem **Gläubiger** eines Schadensersatzanspruchs „statt der Leistung" die **Wahlfreiheit** zwischen einem **Schadensersatz** nach der **„Differenztheorie"** und der **„Surrogationstheorie"** zu gewähren.
- Selbst wer im Grundsatz der Auffassung ist, dass der Gläubiger eines Anspruchs auf Schadensersatz „statt der Leistung" lediglich einen Anspruch auf die Differenz der Vermögenswerte von Leistung und Gegenleistung hat („Differenztheorie"), muss Ausnahmen zulassen, wenn der Gläubiger des Anspruchs auf Schadensersatz „statt der Leistung" ein **berechtigtes Interesse** daran hat, seine Gegenleistung in vollem Umfang zu erbringen und als „Gegenleistung" dafür Ersatz für die gesamte Leistung zu erhalten, oder wenn er seine Leistung bereits erbracht hat **(„abgeschwächte Differenztheorie")**. Solche Probleme stellen sich eigentlich nie bei Gegenleistungsansprüchen in Geld, sondern fast nur bei Tauschverträgen.

**Fall 305**

Die T1 schließt einen Tauschvertrag mit T2, aufgrund dessen das Auto der T1 (Wert € 15.000,–) gegen das Motorrad des T2 (Wert € 20.000,–) getauscht wird. Der T2 fährt das Motorrad vor der Übereignung und Übergabe fahrlässig zu Schrott. Die T1 möchte ihr Auto aufgrund der hohen Fixkosten nicht behalten sondern es dem T2 übergeben und dafür verlangen.

Dies soll der T1 nach §§ 280 Abs. 1, 3, 283, 249 ff. BGB nach der „Surrogationstheorie" und der abgeschwächten Differenztheorie möglich sein, wenn sie ein besonderes Interesse daran hat, die von ihm zu liefernde Sache loszuwerden oder wenn die Leistung gar schon erbracht ist.

Wenn der **Schadensersatzgläubiger** die **Gegenleistung bereits erbracht** hat und der Schaden nach der **„Differenztheorie“** berechnet wird, dann kann er die Rückgabe der bereits erbrachten Leistung verlangen. Es ist nämlich zugunsten des Gläubigers davon auszugehen, dass sich seine Leistung rentiert hätte **(„Rentabilitätsvermutung“)**, so dass die Gegenleistung den Mindestschaden darstellt. Das läuft i.E. auf eine Kumulation von Schadensersatz und (faktischem) Rücktritt hinaus. Dagegen bestehen angesichts von § 325 BGB keine Bedenken.

Das **„Wie“** des Schadensersatzanspruchs bestimmt sich nach den §§ 249 ff. BGB. Der Gläubiger kann aber niemals eine „Naturalrestitution“ nach § 249 Abs. 1 BGB verlangen, weil dies bei einem Anspruch auf Schadensersatz *„statt* der Leistung“ gedanklich ausgeschlossen ist. Verlangt werden kann nur Kompensation durch Wertersatz nach § 251 Abs. 1 BGB. Tappen Sie nicht in diese Falle!

#### ee) Beiderseitiges Vertretenmüssen bei gegenseitigen Verträgen

Bereits bekannt sind Ihnen die Folgen von Leistungshindernissen nach § 275 Abs. 1–3 BGB für die **Primäransprüche:** Der **Anspruch auf die Leistung** ist **ausgeschlossen** (§ 275 Abs. 1 BGB), oder es können gegen ihn auf eine **Leistungsverweigerung gerichtete Einreden** geltend gemacht werden (§ 275 Abs. 2 und 3 BGB); der **Anspruch auf** die **Gegenleistung** erlischt nach § 326 Abs. 1 S. 1 BGB. Sie wissen neuerdings auch, dass dem Gläubiger gegen den Schuldner als **Sekundäranspruch** ein Anspruch auf Schadensersatz „statt der Leistung“ zusteht (§§ 280 Abs. 1, 3, 283 BGB), wenn der **Schuldner** das jeweilige nach § 275 Abs. 1–3 BGB zur Befreiung von der Leistungspflicht führende **Leistungshindernis zu vertreten** hat.

Sie wissen auch, dass das Erlöschen der Gegenleistungspflicht nach **§ 326 Abs. 1 S. 1 BGB** Ausnahmen unterliegt. Eine dieser **Ausnahmen** besteht, wenn der Gläubiger bei weit überwiegendem eigenem Vertretenmüssen zur Gegenleistung verpflichtet bleibt **(§ 326 Abs. 2 BGB)**.

Das Gesetz sagt uns aber nicht, wie zu entscheiden ist, wenn der **Gläubiger und** der **Schuldner** das nach § 275 Abs. 1–3 BGB zur Befreiung von der Leistungspflicht führende **Leistungshindernis zu vertreten** haben. Nur bei weit überwiegendem Vertretenmüssen des Gläubigers besteht eine gesetzliche Regelung, wonach der Schuldner den Anspruch auf die Gegenleistung behält (§ 326 Abs. 2 S. 1 BGB).

Für diesen Fall des **beiderseits zu vertretenen Leistungshindernisses** könnte man rein theoretisch den Konflikt so lösen: Leistungs- und Gegenleistungspflichten erlöschen nach § 275 Abs. 1–3 BGB und § 326 Abs. 1 S. 1 BGB und der Schadensersatzanspruch des Gläubigers aus §§ 280 Abs. 1, 3, 283 BGB wird nach § 254 BGB gekürzt.

Die Anwendung dieser logischen und auch vom Gesetz nahe gelegten Vorgehensweise führt aber dazu, dass das Gegenseitigkeitsverhältnis der Primäransprüche sich nicht angemessen in der Höhe der Sekundäransprüche wieder findet:

*Beispiele* (Vertretenmüssen jeweils 50:50):

a) Wert der Sache = 1000, Preis = 1000 (neutrales Geschäft). Ergebnis: Der Anspruch des Käufers gegen den Verkäufer beläuft sich auf 0. Der Schaden wäre, wie sonst auch, nach der Differenztheorie zu berechnen. Die Differenz beträgt aber 0.

b) Wert der Sache = 1000, Preis 900 (gutes Geschäft). Ergebnis: Der Anspruch des Käufers gegen den Verkäufer beläuft sich auf 50. Die Differenz beträgt 100 und diese wäre nach § 254 BGB um 50 % zu kürzen.

c) Wert der Sache = 1000, Preis = 1100 (schlechtes Geschäft). Ergebnis: Der Anspruch des Käufers gegen den Verkäufer beträgt 0. Die Differenz wäre im Beispiel negativ, womit sich kein Schadensersatzanspruch ergibt.

Schlussfolgerung: Die Berechnungsformel stellt nicht sicher, dass sich die Vorteile eines guten Geschäftes auch beim Sekundäranspruch fortsetzen.

Es ist daher allgemein anerkannt, dass die **Berechnungsweise** geändert werden muss. Wie dies zu erfolgen hat, ist aber umstritten. Die nötige Vertiefung können Sie bei Bedarf für eine Hausarbeit vornehmen. Hier soll ein schlanker und gut vertretbarer Lösungsweg aufgezeigt werden (nach Mattheus): **Ausgangspunkt** ist die **gesetzliche Regelung,** wonach die Ansprüche auf Leistung und Gegenleistung nach **§ 275 BGB** und **§ 326 Abs. 1 BGB** entfallen. Dem Gläubiger steht ein Anspruch aus **§§ 280 Abs. 1, 3, 283 BGB** zu. Der Anspruch ist **nach § 254 BGB anteilig** zu **kürzen**. Dem Schuldner steht ebenfalls ein Schadensersatzanspruch zu aus §§ 280 Abs. 1, 241 Abs. 2 BGB, weil der Gläubiger seine Pflicht, alles zu unterlassen, was die Leistung unmöglich machen kann (§ 241 Abs. 2 BGB) schuldhaft verletzt hat. Die Höhe bestimmt sich nach der entgangenen Gegenleistung. Auch dieser Anspruch ist **nach § 254 BGB zu kürzen**. Zu diesem Ergebnis gelangen fast alle hierzu vertretenen Ansichten. Streitig ist nur die Frage, ob der Schaden nach der **Differenztheorie oder** der **Surrogationstheorie** zu berechnen ist. Ersteres überzeugt eher. Denn mit der Surrogationstheorie würde praktisch § 326 Abs. 2 BGB angewendet, der diesen Fall aber gerade nicht regelt. Ergebnisrelevant wird der Meinungsstreit nur bei wirtschaftlich nachteiligen Geschäften. Nach der Surrogationstheorie käme man bei einem Preis von 1100 und einem Wert von 1000 zu einem Anspruch des Käufers in Höhe von 1000, gekürzt auf 500. Davon wäre die volle Gegenleistung abzuziehen, womit der Verkäufer im Ergebnis 600 bekäme und damit besser stünde als nach der Differenztheorie. Für eine Klausur sind solche besonderen Kenntnisse nicht erforderlich. Wenn Sie in der Klausur das Problem unter dem Stichwort „beiderseits zu vertretene Leistungshindernisse/Unmöglichkeit" erkennen, sie die beiden gegenseitigen Schadensersatzansprüche identifizieren und dann noch § 254 BGB anwenden, gehören Sie im Zweifel schon zu den besten Bearbeitern.

**Fall 306**

Der V verkauft an den K eine Sache (Stückschuld) im Wert von € 1000,– für € 900,–. Durch eine gemeinsame Unachtsamkeit (Quote 50: 50) von V und K wird die Sache bei der Anlieferung zerstört. Der K verlangt Lieferung oder Schadensersatz in Geld. Der V verlangt Bezahlung.

1. K gegen V: a) Der Anspruch auf Lieferung aus einem Kaufvertrag (§ 433 Abs. 1 S. 1 BGB) ist nach § 275 Abs. 1 BGB „ausgeschlossen". b) Ein Anspruch auf Schadensersatz kann sich aus § 280 Abs. 1, 3, 283 BGB ergeben. Die Voraussetzungen liegen vor (das wäre in einer Klausur natürlich näher auszuführen). Die Schadensberechnung erfolgt nach der Differenztheorie. Die Differenz zwischen tatsächlicher Vermögenslage und hypothetischer Vermögenslage ohne Pflichtverletzung entspricht der Differenz von Leistung und Gegenleistung: € 100,–. Der Anspruch ist nach § 254 BGB um 50% zu kürzen und beläuft sich daher auf € 50,–. Diesen Betrag kann K von V fordern. 2) V gegen K: a) V könnte gegen K ein Anspruch auf Kaufpreiszahlung aus Kaufvertrag zustehen (§ 433 Abs. 2 BGB). aa) Der Anspruch ist entstanden. bb) Er könnte aber nach § 326 Abs. 1 S. 1 BGB erloschen sein, wenn nicht eine Ausnahme zu dieser Norm vorliegt. Die Ausnahme findet sich nicht in § 326 Abs. 2 S. 1 Var. 1 BGB, da diese Norm nur solche Fälle erfassen soll, in denen das Vertretenmüssen des Gläubigers so gewichtig ist, dass er praktisch allein verantwortlich ist. Dies ist bei einer Quote von 50:50 jedoch nicht der Fall. Der Anspruch ist daher erloschen und V kann keine Kaufpreiszahlung mehr fordern. b) Dem V kann aber ein Schadensersatzanspruch aus § 280 Abs. 1 BGB zustehen. aa) Ein wirksames Schuldverhältnis liegt vor. K hat die aus § 241 Abs. 2 herrührende Pflicht, alles zu unterlassen, was die Leistungserbringung durch V gefährdet, verletzt. Er kann sich nicht entlasten, sondern hat diese Pflichtverletzung sogar nachweislich zu vertreten. bb) Die Schadenshöhe berechnet sich aus der entgangenen Gegenleistung (€ 900,–). Der Anspruch ist jedoch nach § 254 BGB um 50% zu kürzen und beträgt daher im Ergebnis € 450,–. 3) Nach erfolgter Aufrechnung (§ 389 BGB) bekommt V im Ergebnis € 400,– von K.

Sehen Sie in der nachfolgenden **Tabelle,** wie sich der Fall entwickelt hätte, wenn ein anderes Verhältnis von Wert und Preis der Sache vorgelegen hätte:

| Wert | Preis | Ergebnis V gegen K |
|---|---|---|
| 1000 | 900 | 400 (ein gutes Geschäft bleibt gut) |
| 1000 | 1100 | 550 (ein schlechtes Geschäft bleibt schlecht) |
| 1000 | 1000 | 500 (beim neutralen Geschäft teilen sich die Parteien den Schaden) |

Der vorherige Beispielsfall war modellhaft und daher sehr einfach konstruiert, was kaum je der (Prüfungs-) Praxis entsprechen dürfte. Häufiger liegt das beiderseitige Vertretenmüssen nicht so klar auf der Hand. Man denke sich hierzu folgenden Beispielsfall:

**Fall 307**

Der V verkauft seinen Fuhrbetrieb an den K und bietet ihm mehrfach die Übertragung an. Der K bezweifelt aber zu Unrecht den Abschluss des Kaufvertrages und verweigert Übernahme und Kaufpreiszahlung mit dem Hinweis, er müsse die Rechtslage noch prüfen. Nach einiger Zeit veräußert V den Betrieb zu einem geringeren Preis an den Dritten D (nach RG).

Das Verhalten des V wäre nur dann rechtmäßig, wenn er dem K zuvor nach § 323 Abs. 1 BGB eine Frist gesetzt hätte und dann den Rücktritt erklärt hätte oder wenn die Voraussetzungen eines Selbsthilfeverkaufs (§ 383 BGB) vorgelegen hätten. Beides lag nach dem Sachverhalt nicht vor. Der Verkauf an den D war daher objektiv pflichtwidrig. Auf der anderen Seite hat der K durch seine unberechtigte Weigerung die Leistungsstörung mit herbeigeführt. Es liegt also ein Fall beiderseitigen Vertretenmüssens vor, der entsprechend den oben genannten Grundsätzen zu lösen wäre. Quote: Im Zweifel 50:50.

### b) Anspruch auf Schadensersatz statt der Leistung bei Schuldverhältnissen aus Verträgen aufgrund anfänglicher Leistungshindernisse nach § 275 Abs. 1–3 BGB (§ 311a Abs. 2 BGB und § 122 BGB analog)

Ein Anspruch auf Schadensersatz statt der Leistung, bei denen das **Leistungshindernis aus § 275 Abs. 1–3 BGB** bereits **bei Entstehung des Schuldverhältnisses vorliegt**, kann es **nur** bei **Schuldverhältnissen aus Verträgen** und **nicht bei Schuldverhältnissen** aus **einseitigen Rechtsgeschäften** oder **gesetzlichen Schuldverhältnissen** geben. Auch bei vertragsähnlichen Schuldverhältnissen, wie z. B. die GoA, kommt eine solche Konstellation nicht vor. Der Gesetzgeber hat die Folgen eines Leistungshindernisses bei Vertragsschluss in **§ 311a BGB** geregelt.

Rufen Sie sich noch einmal in Erinnerung, dass der zuvor sub a) dargestellte Sekundäranspruch des Gläubigers gegen den Schuldner auf Schadensersatz statt der Leistung aus **§§ 280 Abs. 1, 3, 283 BGB nachträgliche Leistungshindernisse** betraf. Es ging also um Fälle, bei denen der Schuldner seine Leistungspflicht aus dem (rechtsgeschäftlichen oder gesetzlichen) Schuldverhältnis dadurch verletzt, dass er **nachträglich** ein ihn, den **Schuldner**, **nach § 275 Abs. 1–3 BGB von** der **Leistungspflicht befreiendes Leistungshindernis** herbeigeführt hat und sich hinsichtlich seines **Vertretenmüssens nicht entlasten kann**.

Man erkennt sofort, dass davon diejenigen Fälle zu unterscheiden sind, in denen die Leistungspflicht nach § 275 Abs. 1–3 BGB deshalb entfällt, weil das befreiende **Leistungshindernis schon vor Vertragsschluss** vorgelegen hatte **(„anfängliches Leistungshinderniss“)**. Diese Unterscheidung ist logisch zwingend. Denn vor Vertragsschluss traf den Schuldner im Verhältnis zum (späteren) Gläubiger noch keine

Leistungspflicht, die er durch die Herbeiführung eines Leistungshindernisses hätte verletzen können. Daher kann § 280 BGB diese Fallkonstellation gar nicht erfassen.

Jedoch entspricht es dem Willen des Gesetzgebers, bei Verträgen auch in Fällen der **anfänglichen Leistungshindernisse** (z. B. eine Zerstörung der erst später verkauften Sache) dem Gläubiger – unter bestimmten Voraussetzungen – einen Anspruch auf **Schadensersatz „statt der Leistung"** zu gewähren: deshalb schuf er für diese Konstellationen mit **§ 311a Abs. 2 BGB** eine eigenständige Anspruchsgrundlage.

Der **§ 311a Abs. 2 BGB** wird jetzt **unser Thema** sein.

Wenn schon bei Vertragsschluss ein Leistungshindernis besteht, aufgrund dessen der Schuldner nach § 275 Abs. 1–3 BGB von seiner Leistungspflicht i. S. d. § 241 Abs. 1 BGB befreit ist, stehen wir vor einer eigenartigen Konstellation:

Kann ein solcher Vertrag überhaupt existieren, wenn von Anfang an keine Leistungspflichten bestehen? Der Gesetzgeber hat seine Meinung hierzu im Laufe der Zeit geändert. Heute bejaht er diese Frage ganz ausdrücklich in § 311a Abs. 1 BGB: „Der Wirksamkeit eines Vertrags steht es nicht entgegen, dass der Schuldner nach § 275 Abs. 1 bis 3 BGB nicht zu leisten braucht und das Leistungshindernis schon bei Vertragsschluss vorliegt"; der Vertrag ist wirksam, auch wenn von Anfang an keine Leistungsverpflichtungen bestehen. Anders war dies noch in § 306 BGB a. F.: ein auf eine unmögliche Leistung gerichteter Vertrag war nichtig. Dass der Gesetzgeber heute von einer Wirksamkeit des Vertrages ausgeht, ist übrigens keineswegs unlogisch. Denn diese Anordnung widerspricht nur scheinbar dem Grundsatz „impossibilium nulla est obligatio" (d. h. „niemand ist zur Erbringung einer unmöglichen Leistung verpflichtet"). Durch die Anordnung der Wirksamkeit in § 311a Abs. 1 BGB wird ja nicht etwa das Vorliegen eines Erfüllungsanspruchs postuliert, sondern ausschließlich die dogmatischen Grundlagen dafür gelegt, dem Gläubiger nach § 311a Abs. 2 BGB einen vertragsrechtlichen Anspruch auf Schadensersatz zuzusprechen.

Wenn nunmehr dem Vertragsgläubiger in § 311a Abs. 2 BGB, dogmatisch vorbereitet durch § 311a Abs. 1 BGB, ein Anspruch auf Schadensersatz „statt der Leistung" (positives Erfüllungsinteresse) zugebilligt wird, war dies übrigens rechtspolitisch gesehen keinesfalls die „einzig denkbare" Lösung. Der Gesetzgeber hätte sich ebenso gut dafür entscheiden können, dem Gläubiger lediglich einen Schadensersatzanspruch auf das negative Vertrauensinteresse zu geben. Dann wäre der Gläubiger so zu stellen gewesen, wie er gestanden hätte, wenn er nie einen Vertrag geschlossen und auf diesen vertraut hätte, als ob er also den Verkäufer „nie gesehen hätte" (Bork). Das war die Lösung in § 307 BGB a. F. Der Gesetzgeber hat nunmehr eine rechtspolitische Entscheidung dahingehend getroffen, dass dem Gläubiger auch bei anfänglichen Leistungshindernissen ein Anspruch auf **Schadensersatz „statt der Leistung"**, also auf das „positive Interesse" zustehen soll. Das ist auch sachgerecht: denn ein Vertragsschuldner wird durch eine ihm drohende und so weit reichende Schadensersatzpflicht dazu angehalten, sich bei Abschluss eines verpflichtenden Vertrages seiner Leistungsfähigkeit zu versichern und „nichts zu versprechen, was er nicht halten kann".

Diese rechtspolitische Absicht und ihre Umsetzung sind von der Literatur auch weitgehend als gelungen gebilligt worden. Manchen war sie nicht einmal ausreichend, obwohl das Vertretenmüssen sogar vermutet wird (§ 311a Abs. 2 S. 2 BGB), da dem Schuldner ja immer noch die Exkulpation möglich ist. Die Anordnung einer verschuldensunabhängigen Garantiehaftung wäre nach diesen Ansichten angemessener gewesen.

Wenn Sie als junge Juristen im Examen mit der „Verständnisfrage" befasst werden, wieso der Gesetzgeber eigentlich den § 311a Abs. 2 BGB geschaffen hat, wo es doch als „Zentralnorm" für auf Schadensersatz gerichtete „Sekundäransprüche" den § 280 Abs. 1 BGB gibt, sind Sie dafür jetzt gewappnet: Wer bisher konzentriert mitgearbeitet hat, kennt die Antwort, die hier noch ein weiteres Mal mit anderen Worten gegeben werden soll: Ein Anspruch auf Schadensersatz „statt der Leistung" kann bei einer anfänglichen Unmöglichkeit gerade **nicht** aus **§ 280 Abs. 1, 3, 283 BGB** abgeleitet werden. Denn ein solcher Anspruch würde voraussetzen, dass der Schuldner eine ihm gegenüber dem Gläubiger bestehende Leistungspflicht i. S. d. § 241 Abs. 1 BGB verletzt hätte (und sich nicht entlasten kann). Bei der hier maßgeblichen Konstellation eines bereits vor Vertragsschluss vorliegenden Leistungshindernisses nach § 275 Abs. 1–3 BGB bestand aber vor dem Vertragsschluss keine solche Pflicht, denn der spätere Schuldner (eines Schuldverhältnisses ohne Leistungspflicht!) war zu diesem Zeitpunkt (noch) gar nicht zu dieser Leistung verpflichtet. Daher kommt ein Anspruch aus §§ 280 Abs. 1, 3, 283 BGB bei schon vor Vertragsschluss bestehenden Leistungshindernissen, die zur Befreiung des Schuldners von Leistungspflichten i. S. d. § 241 Abs. 1 BGB führen, schlechterdings nicht in Betracht. Der Gesetzgeber musste daher mit **§ 311a Abs. 2 BGB** eine eigenständige Anspruchsgrundlage schaffen, um einem Vertragsgläubiger einen Anspruch auf Schadensersatz „statt der Leistung" auch in dieser Konstellation eines anfänglichen Leistungshindernisses zuzusprechen.

Die **Pflichtverletzung** liegt aus allen diesen Gründen auch nicht etwa in der Herbeiführung des vor Vertragsschluss zur Befreiung von der Leistungspflicht nach § 275 Abs. 1–3 BGB führenden Leistungshindernisses (z. B. Zerstörung der nach § 433 Abs. 1 BGB zu leistenden Sache), sondern darin, dass der Schuldner durch den Vertragsschluss eine **Leistung verspricht,** die er aufgrund eines **anfänglichen Leistungshindernisses gar nicht erbringen kann**.

Der Vertragsschuldner darf sich **nicht entlasten können**. Entlasten kann er sich, wenn er darlegt und **beweist**, dass er das bereits vor Vertragsschluss bestehende **Leistungshindernis bei Vertragsschluss nicht kannte oder es hätte kennen müssen** (§ 311a Abs. 2 S. 2 BGB). Wieso diese umständliche Formulierung? Wieso sagen wir nicht: „der Schuldner muss die Pflichtverletzung zu vertreten haben" oder „der Schuldner muss das Leistungshindernis bei Vertragsschluss kennen oder kennen müssen"? Weil das ungenau und letztlich falsch wäre: Lesen Sie § 311 Abs. 2 S. 2 BGB: **„Dies gilt nicht,** wenn der Schuldner das Leistungshindernis bei Vertragsschluss nicht kannte und seine Unkenntnis nicht zu vertreten hat“. Also: Wie bei § 280 Abs. 1 S. 2 BGB wird auch hier das Vertretenmüssen des Vertragsschuldners vermutet. Merken sie sich neben dem **zeitlichen Bezugspunkt („bei Vertragsschluss“)** auch den **Umstand,** auf den sich das Vertretenmüssen beziehen muss: es geht einzig und allein um die **Kenntnis vom Leistungshindernis**. Hingegen kommt es nicht darauf an, ob der Schuldner das Leistungshindernis selbst in zu vertretender Weise herbeigeführt hat oder ihm die schuldhafte Herbeiführung des Leistungshindernisses durch einen Dritten zuzurechnen ist. Dies zu verkennen, wäre ein grober Fehler.

Dass der Gesetzgeber einen solchen Anspruch **nur** bei **vertraglichen Ansprüchen** geschaffen hat (daher auch der „weit von § 280 BGB entfernte Standort“ im Gesetz in „Abschn. 3. Schuldverhältnisse aus Verträgen“), hat zwei ganz einfache Gründe: **a)** Bei allen anderen Schuldverhältnissen mit aus ihnen resultierenden Leistungspflichten, also bei Schuldverhältnissen aufgrund von einseitigen Rechtsgeschäften oder bei gesetzlichen Schuldverhältnissen, ist vor deren Entstehung zugunsten des späteren Gläubigers kein Vertrauenstatbestand gesetzt worden, dem man als Schuldner Rechnung zu tragen hätte. **b)** Und nur im vertraglichen Bereich besteht das Bedürfnis, den Schuldner durch eine Verpflichtung zum Schadensersatz „statt der Leistung“ in besonders intensiver Weise dazu anzuhalten, sich bei Abschluss eines verpflichtenden Vertrages seiner Leistungsfähigkeit zu versichern und „nichts zu versprechen, was er nicht halten kann“.

Die Voraussetzungen des § 311a Abs. 2 S. 1 BGB sind:

I. **Haftungsbegründende Voraussetzungen**
   1. Bestehen eines auf eine **Verpflichtung** zur **Leistung** i. S. d. § 241 Abs. 1 BGB gerichteten Vertrages (der wegen § 311a Abs. 1 BGB wirksam ist)
   2. **Befreiung von** der **Leistungspflicht** nach § 275 Abs. 1–3 BGB aufgrund eines schon **bei Vertragsschluss** bestehenden Leistungshindernisses
   3. **Fehlende Entlastung** hinsichtlich der Kenntnis oder zu vertretenden Unkenntnis bezüglich des Vorliegens des anfänglichen Leistungshindernisses (§ 311a Abs. 2 S. 2 BGB)

II. **Haftungsumfang**
   Ersatz des hierdurch entstandenen Schadens „statt der Leistung“ nach §§ 249 ff. BGB

Als **Anspruchsgrundlage** sollten Sie nur § 311a Abs. 2 S. 1 BGB zitieren, und nicht zusätzlich § 275 Abs. 4 BGB, auch wenn dies nicht falsch wäre. Bei Teilleistungen bzw. teilweise unmöglichen Leistungen gelten wieder §§ 311a Abs. 1 S. 2, 281 Abs. 1 Satz 2 und 3 BGB, also die Ihnen bekannten soeben bei § 283 BGB erörterten Regelungen. Kommen wir jetzt zu den **Einzelheiten** dieser bedeutsamen **Anspruchsgrundlage**.

aa) Wirksamer Vertrag

Gegeben sein muss ein auf eine **Verpflichtung** zur **Leistung** i. S. d. § 241 Abs. 1 BGB **gerichteter Vertrag**.

Dieser Vertrag muss wirksam sein, darf also z. B. nicht nach §§ 119, 142 Abs. 1, 134, 138 BGB nichtig sein. Warum wir diese Selbstverständlichkeit ausgerechnet hier erwähnen, hat einen besonderen Grund: Bei der Prüfung der Wirksamkeit kann man nämlich als Fallbearbeiter durchaus auf die Idee kommen und prüfen, ob der Schuldner den Vertrag nicht vielleicht nach **§§ 142 Abs. 1, 119 Abs. 2 BGB** wegen eines Eigenschaftsirrtums bereits angefochten hat bzw. noch anfechten kann, weil zum *Beispiel* das bereits vor Vertragsschluss dem Verkäufer fehlende Eigentum an der verkauften Sache eine verkehrswesentliche Eigenschaft ist, über die der Schuldner sich i. S. d. § 119 Abs. 2 BGB geirrt habe. Der Gedanke ist nicht schlecht. Aber die Anfechtung ist ausgeschlossen, wenn sie allein dem Zweck dient, sich auf diese Weise der Haftung aus § 311a Abs. 2 BGB zu entziehen. Ein Anfechtungsrecht widerspräche also dem Sinn von § 311a Abs. 2 BGB und § 119 Abs. 2 BGB ist deshalb wegen eines Wertungswiderspruchs nicht anwendbar. Das müssen Sie in der Klausur nur erwähnen, wenn Sie den Eindruck haben, der Aufgabensteller erwartet zu dieser Problematik Ausführungen, etwa weil die Anfechtung ausdrücklich erklärt wird. Die anderen Nichtigkeitsgründe (z. B. § 125 S. 1 BGB) sind selbstverständlich anwendbar und würden den Anspruch ausschließen.

bb) Befreiung von der Leistungspflicht nach § 275 Abs. 1–3 BGB aufgrund eines schon bei Vertragsschluss bestehenden Leistungshindernisses

Bei § 311a Abs. 2 BGB kann sich das Leistungshindernis aus allen Varianten des **§ 275 BGB** ergeben. Entscheidend ist, dass es **schon bei Vertragsschluss** vorgelegen hat. Bei einem nach Vertragsschluss auftretenden Leistungshindernis kommt ausschließlich ein Schadensersatzanspruch statt der Leistung aus §§ 280 Abs. 1, 3 283 BGB in Betracht. Wie Sie bereits wissen, ist diese Unterscheidung deshalb so außerordentlich wichtig, weil die Anknüpfungspunkte für die Pflichtverletzung und für das daran orientierte Vertretenmüssen bei §§ 280 Abs. 1, 3, 283 BGB und bei § 311a Abs. 2 BGB völlig unterschiedlicher Art sind: Bei §§ 280 Abs. 1, 3, 283 BGB besteht die Pflichtverletzung im Herbeiführen eines befreienden Leistungshindernisses, während bei § 311a Abs. 2 BGB die Pflichtverletzung in der Begründung der vertraglichen Verpflichtung durch den Schuldner zu einer für ihn unerbringbaren Leistung liegt. Die **Abgrenzung** von **§ 311a Abs. 2 BGB** und **§§ 280 Abs. 1, 3, 283 BGB** ist eine wichtige Weichenstellung. Sie ist nicht schwer! Nachlässigkeit an dieser Stelle kann aber dazu führen, dass Ihre Prüfung in eine völlig falsche Richtung geht.

Eine **weitere „Klausurfalle"** lauert in der Konstellation der einem Verkäufer nicht möglichen **Eigentumsverschaffung**. Im Falle einer erfolgten Übergabe ohne wirksame Eigentumsübertragung könnte man auf den Gedanken kommen, das nicht verschaffte Eigentum als Rechtsmangel anzusehen und einen Anspruch aus Gewährleistungsrecht prüfen (§§ 437 Nr. 3, 311a Abs. 2 BGB). Das wäre aber eine Vermischung zweier unterschiedlicher Vertragspflichten des Verkäufers: Der Verkäufer ist nach § 433 Abs. 1 S. 1 BGB verpflichtet, die Sache zu übereignen und zu übergeben. Die gesondert in § 433 Abs. 1 S. 2 BGB normierte Pflicht zur Verschaffung der „Sache frei von Sach- und Rechtsmängeln" hat nichts mit der Eigentumsverschaffungspflicht des Verkäufers aus § 433 Abs. 1 S. 1 BGB zu tun. Kann er diese bereits anfänglich nicht einhalten, liegt eine **anfängliche Unmöglichkeit** zur Erfüllung der Pflichten aus § 433 Abs. 1 S. 1 BGB vor und der Schadensersatzanspruch ergibt sich aus § 311a Abs. 2 BGB.

**Fall 308**

Der V verkauft eine Sache an den K. Bei Vertragsschluss ist der V noch nicht der Eigentümer der Sache, hat diese aber bereits von dem D gekauft. Später weigert sich der D, die Sache an den V zu übereignen, so dass der V die Sache nicht an den K übereignen kann. Der K verlangt Schadensersatz von V.

1. Man sollte in der Prüfung mit §§ 280 Abs. 1, 3, 283 beginnen und a) nach Nennung des Schuldverhältnisses unter dem Prüfungspunkt b) „Pflichtverletzung" durch Herbeiführung des zu einer Unmöglichkeit führenden Leistungshindernisses fragen, ob das Leistungshindernis wegen des fehlenden Eigentums des V bereits bei Vertragsschluss bestand oder ob es erst nach Vertragsschluss aufgrund der Weigerung des D, die Sache an den V zu übereignen, entstanden ist. Mit letzterer Überlegung kann man durchaus zu einem nachträglichen Unvermögen kommen. c) Geht man so vor, ist weiter fraglich, aa) ob der V sich exkulpieren kann (§ 280 Abs. 1 S. 2 BGB) bb) oder ob der V eine Garantie für seine Leistungsfähigkeit übernommen hat. 2) Wer auf das (anfänglich) fehlende Eigentum abstellt, kommt zu einem Anspruch aus § 311a Abs. 2 BGB und muss prüfen, ob der V sich dahingehend entlasten kann, dass er bei Vertragsschluss das Leistungshindernis nicht kannte oder nicht kennen musste.

Ist beim **Kauf** einer **Forderung** die Forderung mit einer Einrede behaftet, so liegt ein Rechtsmangel vor (Folge: §§ 437 ff., 453 Abs. 1 BGB). Ist die Übertragung dagegen wegen Nichtexistenz unmöglich, so greift das allgemeine Leistungsstörungsrecht ein, also § 311a Abs. 2 BGB.

Manchmal stellt sich auch die Frage, ob man im Rahmen des § 311a Abs. 2 BGB bei der Prüfung des Vorliegens von Unmöglichkeit statt auf den **Vertragsschluss** nicht besser auf den **Zeitpunkt** der **Angebotserklärung** des Schuldners abstellen sollte. Denken Sie nur an die Fallkonstellation, bei der das Leistungshindernis nach Abgabe des Angebots, aber vor dessen Annahme eintritt. Das wäre für den Schuldner, der auch dann nach § 311a Abs. 2 BGB auf das positive Interesse haften würde, eine unangemessene Härte, hat er doch seine Willenserklärung zu einem Zeitpunkt abgegeben, zu dem ihm die Leistung noch möglich war. Aus diesem Ergebnis resultierende Unbilligkeiten kann man dadurch vermeiden, dass man dem Schuldner in diesen Fällen ein ungeschriebenes Widerrufsrecht (über § 130 Abs. 1 S. 2 BGB hinaus) zubilligt oder jedenfalls dem Angebotsempfänger die Berufung auf das Angebot verweigert.

cc) Vermutetes Verschulden: Kenntnis oder zu vertretende Unkenntnis bezüglich des Leistungshindernisses (§ 311a Abs. 2 S. 2 BGB)

Wie schon erwähnt, ist Voraussetzung für einen Anspruch aus § 311a Abs. 2 S. 1 BGB, dass der Schuldner sich nicht nach **§ 311a Abs. 2 S. 2 BGB** entlasten kann. Der Anspruch ist ausgeschlossen, wenn der Schuldner das anfängliche Leistungshindernis nicht kannte oder hätte kennen müssen (vgl. § 122 Abs. 2 BGB!). Die Feststellung, dass das **Vertretenmüssen vermutet** wird, genügt, wenn der Sachverhalt keine verschuldensrelevanten Tatsachen enthält.

Bietet der **Sachverhalt** aber konkreten Anlass zur **Prüfung** des **Vertretenmüssens**, ist zu Lasten des Schuldners ein **strenger Maßstab** anzulegen. Vergessen Sie nicht die bereits erwähnte rechtspolitische Kritik, wonach es schon unbillig sei, dass § 311a Abs. 2 BGB dem „leichtfertigen Schuldner" überhaupt eine Entlastungsmöglichkeit gewährt. Den Schuldner trifft eine umfassende Pflicht zu Vergewisserung der eigenen Leistungsfähigkeit. Das gilt insbesondere bei anfänglichen Leistungshindernissen aus der **Schuldnersphäre**. Diese wird wiederum weit verstanden, so dass der Schuldner letztlich sogar für die **„Zulänglichkeit des eigenen Geschäftskreises"** haften soll. Zudem dürfen Sie nicht vergessen, dass der Schuldner im Einzelfall auch verschuldensunabhängig haftet. Je nachdem, wie sehr sich der Schuldner seiner Leistungsfähigkeit „brüstet" und wie erkennbar wichtig dem Gläubiger die Leistung ist müssen Sie prüfen, ob der Schuldner durch sein Leistungsversprechen nicht vielleicht eine Garantie für seine Leistungsfähigkeit übernommen hat, die zu einem **Vertretenmüssen ohne Verschulden** (§ 276 Abs. 1 S. 1 BGB) führt **(Garantiehaftung)**.

**Fall 309**

Der V verkauft, übergibt und übereignet an den hinsichtlich des Eigentums des V gutgläubigen K eine Sache. Diese war ursprünglich dem E vom D gestohlen worden. Sodann hatte V die Sache von D im Glauben, dieser sei Eigentümer, erworben. Der E verweigert die Genehmigung der Übereignung an den K. Der K kann die Sache daher nicht, wie er es vorgehabt hatte, mit Gewinn weiterveräußern. Der K verlangt den entgangenen Gewinn als Schadensersatz (nach OLG Karlsruhe).

Der Anspruch könnte sich aus § 311a Abs. 2 BGB ergeben. a) Der sich aus einem wirksamen Kaufvertrag (§§ 433, 311a Abs. 1 BGB) ergebende Anspruch b) kann wegen der Unmöglichkeit der Übereignung an K (§ 935 BGB) von V nach § 275 Abs. 1 BGB nicht erfüllt werden. c) Für den V war es jedoch nicht erkennbar, dass die Sache gestohlen war, so dass der V nach § 311a Abs. 2 S. 2 BGB keinen Schadensersatz schuldet. aa) Anders wäre es nur, wenn er eine Garantie übernommen hätte (§ 276 Abs. 1 S. 1 a.E. BGB). Hierfür liegen jedoch keine Anhaltspunkte vor. cc) Der V schuldet daher keinen Schadensersatz.

Entsprechend wird man beim **Kauf** von **Forderungen** differenzieren müssen. Ist die Forderung mit einer Einrede behaftet, so liegt ein Rechtsmangel vor (Folge: §§ 437 ff., 453 Abs. 1 BGB). Ist die Übertragung dagegen wegen Nichtexistenz unmöglich, so greift das allgemeine Leistungsstörungsrecht ein.

Warum besprechen wir das hier? Weil beim Forderungsverkauf eine Garantiehaftung des Verkäufers für das Bestehen der Forderung bejaht werden könnte.

**Fall 310**

Der Zürn (Z) verkauft an den Krall (K) seine gegen den S in Höhe von € 10.000,– bestehende Kaufpreisforderung für € 8000,–, um auf diese Weise sofort Geld für die Forderung zu erhalten und nicht warten zu müssen, bis der S freiwillig zahlt. Es stellt sich jedoch heraus, dass die Forderung wegen einer weder Z noch K erkennbaren Geisteskrankheit des S nicht wirksam begründet worden ist (§§ 105 Abs. 1, 104 Nr. 2 BGB). Wie ist die Rechtslage?

1. Ein Anspruch des K gegen Z auf Übertragung der Forderung aus §§ 433 Abs. 1 S. 1, 453 Abs. 1 BGB besteht nicht wegen § 275 Abs. 1 BGB, da eine nicht existente Forderung nicht nach § 398 BGB abgetreten werden kann. 2) Der Anspruch des Z gegen den K auf den Kaufpreis aus § 433 Abs. 2 BGB besteht nicht wegen § 326 Abs. 1 S. 1 BGB. 3) Fraglich ist aber, ob dem K gegen den Z ein Schadensersatzanspruch aus § 311a Abs. 2 BGB zusteht. a) Ein wirksamer Vertrag zwischen Z und K liegt vor (§ 311a Abs. 1 BGB). b) Der Z war von Anfang an von seiner Leistungspflicht befreit (§ 275 Abs. 1 BGB). c) Das Vertretenmüssen des Z wird vermutet (§ 311a Abs. 2 S. 2 BGB). Fraglich ist aber, ob sich Z insoweit entlasten kann, indem er vorträgt, dass er nichts von der Geisteskrankheit des S wusste. aa) Zu vertreten hat der Z als Schuldner aus §§ 433 Abs. 1 S. 1, 453 BGB nach § 276 Abs. 1 S. 1 BGB grundsätzlich Vorsatz und Fahrlässigkeit, beides liegt nicht vor, da das Nichtbestehen der Forderung dem Z weder bekannt noch erkennbar war. bb) Es ist aber zu erwägen, ob er beim Verkauf einer Forderung wegen der Art dieses Geschäftes eine Garantie für das Bestehen der Forderung übernimmt. Für die Garantiehaftung spricht, dass der Käufer von Rechten, die nicht in das Grundbuch eingetragen sind, auf die Angaben des Verkäufers der Forderung zu deren Existenz vertrauen müssen. Schließlich gibt es keinen für die Berechtigung des Verkäufers sprechenden Rechtsschein gibt, wie etwa das Grundbuch bei Rechten an Immobilien (§ 891 BGB) oder der Besitz beim Kauf beweglicher Sachen (§ 1006 BGB). Andererseits ist der Käufer gerade deshalb weniger schutzwürdig, da er nur auf das Wort des Verkäufers vertraut. Schließlich bleibt es ihm unbenommen, sich beim Schuldner über die Existenz der Forderung zu informieren. Je nach vertretener Auffassung hat der V daher die Unkenntnis vom Leistungshindernis zu vertreten und schuldet Schadensersatz oder nicht.

Für die **Bonität** (Werthaltigkeit) der Forderung haftet der Verkäufer nach den gesetzlichen Vorschriften nicht. Diese Haftung kann nur durch eine vertragliche Vereinbarung begründet werden. Woraus ergibt sich das eigentlich? Aus dem Rechtsgedanken des § 438 BGB a. F.(„Übernimmt der Verkäufer einer Forderung die Haftung für die Zahlungsfähigkeit des Schuldners, so ist die Haftung im Zweifel nur auf die Zahlungsfähigkeit zur Zeit der Abtretung zu beziehen"), der auch heute noch als allgemeiner Rechtsgrundsatz gilt.

Die Kenntnis von „Hilfspersonen" ist dem Schuldner nach **§ 278 BGB** zuzurechnen. Auf den § 166 BGB, dessen Anwendung durchaus nahe läge, soll es insoweit nicht ankommen. Wenn zum *Beispiel* die zum Verkauf und zur Erfüllung der Verträge bevollmächtigten Verkäufer V1 und V2 für den Kunsthändler U tätig sind und der V1 ein Gemälde an den K verkauft, weil er nicht mitbekommen hatte, dass V2 es bereits an den X verkauft und übereignet und übergeben hatte, so schuldet U dem K nach § 311a Abs. 2 BGB Schadensersatz. Er hat die Unkenntnis von dem zur anfänglichen Unmöglichkeit führenden Leistungshindernis trotz seiner persönlichen Unkenntnis zu vertreten, da er sich die Kenntnis des V2 nach § 278 BGB zurechnen lassen muss.

#### dd) Der Schadensersatzanspruch („positives Interesse")

Die **Schadensberechnung** erfolgt in gleicher Weise wie bei §§ 280 Abs. 1, 3, 283 BGB, d. h. es ist von der **Differenzhypothese** auszugehen. Die von dort bekannten Probleme im Zusammenhang mit der Differenz- und Surrogationstheorie sind entsprechend zu behandeln. Auf eine Wiederholung soll hier verzichtet werden.

**Fall 311**

Der V verkauft eine Sache im Wert von € 1000,– für den Preis von € 900,– an den K. Die Sache ist vor Vertragsschluss untergegangen. Der V hatte dies gewusst. Der K verlangt Schadensersatz „statt der Leistung".

a. Der Anspruch ergibt sich aus § 311a Abs. 2 BGB 249 ff. BGB. b) Hinsichtlich der Schadensermittlung gilt nach der „Differenztheorie", dass man die Schadenshöhe im Wege der Differenzbildung zwischen dem Wert der untergegangenen Leistung und der Gegenleistung (hier € 100,–) ermittelt. Diesen Betrag kann der K ersetzt verlangen.

An eine **Herabsetzung** des **Schadensersatzanspruches** nach § 254 Abs. 2 S. 1 BGB ist zu denken, wenn auch der Gläubiger Kenntnis von dem Leistungshindernis hatte oder aber dieses kennen musste.

#### ee) Konkurrenz zwischen einem Anspruch aus § 311a Abs. 2 BGB mit einem Anspruch aus „culpa in contrahendo"(§§ 280 Abs. 1, 311 Abs. 2, 241 Abs. 2 BGB)

Sie erinnern sich vielleicht noch, an den Ihnen einleitend zu Teil 4 bekannt gemachten Anspruch auf Schadensersatz aus vorvertraglichem Schuldverhältnis („culpa in contrahendo"): auch bei einem lediglich vorvertraglichen „geschäftlichen Kontakt" nach § 311 Abs. 2 BGB entstehen unter zukünftigen Vertragspartnern „Rücksichtspflichten" nach § 241 Abs. 2 BGB. Werden diese verletzt und kann sich der Schuldner nicht vom vermuteten Vertretenmüssen entlasten, so steht dem Gläubiger ein Schadensersatzanspruch zu **(§§ 311 Abs. 2, 241 Abs. 2 BGB)**.

Man erkennt die Überschneidung sofort: derjenige, der vor Vertragsschluss seinen zukünftigen Vertragspartner nicht darüber aufklärt, dass er Zweifel an seiner Leistungsfähigkeit hat, weil ein Leistungshindernis nach § 275 Abs. 1–3 BGB im Raum steht, verletzt damit eine dem anderen Teil gegenüber bestehende vorvertragliche Aufklärungspflicht aus § 241 Abs. 2 BGB. Der Sache nach ist die Schadensersatzhaftung nach § 311a Abs. 2 BGB nichts anderes als eine Schadensersatzhaftung aus „culpa in contrahendo", allerdings mit der Besonderheit, dass der Anspruch nicht wie bei §§ 280 Abs. 1, 311 Abs. 1, 241 Abs. 2 BGB auf das negative Vertrauensinteresse gerichtet ist, sondern auf das Erfüllungsinteresse („statt der Leistung").

Und jetzt ahnt man das Konkurrenzproblem: Der Vertragsgläubiger bei anfänglicher Unmöglichkeit könnte ein Interesse haben, nicht nur aus § 311a Abs. 2 BGB schadensersatzberechtigt zu sein, sondern daneben auch nach §§ 280 Abs. 1, 311 Abs. 2, 241 Abs. 2 BGB. Wieso? Ein solcher auf das negative Vertrauensinteresse gerichteter Anspruch könnte im Einzelfall weiterreichender sein als ein auf Schadensersatz statt der Leistung gerichteter Anspruch aus § 311a Abs. 2 BGB.

Zur Frage, ob man im Anwendungsbereich des **§ 311a Abs. 2 BGB** diese Anspruchsgrundlage als **„lex specialis" zu § 280 Abs. 1, 311 Abs. 2, 241 Abs. 2 BGB** ansehen muss, lassen sich beide Ansichten gut vertreten.

**Fall 312**

Der V verkauft an den K eine vor Vertragsschluss untergegangene Sache für € 1000,–, die einen Wert von € 1500,– hat. Der V hätte bei Vertragsschluss erkennen müssen, dass die Sache längst untergegangen war. Wegen des abgeschlossenen Vertrages unterlässt es der K, eine andere Einkaufsgelegenheit zum Preis von € 900,– zu nutzen. Der K verlangt Schadensersatz (nach Wilmowsky).

1. Hier beträgt der dem K nach § 311a Abs. 2 S. 1 BGB zu ersetzende Schaden („statt der Leistung") € 500,– (Differenz von Wert und Preis). 2) Das nach §§ 280 Abs. 1, 311 Abs. 2, 241 Abs. 2 BGB zu ersetzenden negative Vertrauensinteresse ist darauf gerichtet ist, den K so zu stellen, als hätte der K den V „nie gesehen"; es beträgt hier € 600,–. 3. Fraglich ist, ob im Anwendungsbereich des § 311a Abs. 2 BGB nur der Ersatz des positiven Interesses „Statt der Leistung") gewährt wird oder ob darüber hinaus Ersatz des negativen Interesses durch eine Anwendung der §§ 280 Abs. 1, 311 Abs. 2, 241 Abs. 2 BGB geschuldet ist. Beide Ansichten sind vertretbar. Überlegen Sie selbst, wie schutzwürdig Ihnen die eine oder andere Partei ist und welche Anhaltspunkte das Gesetz bietet.

#### ff) Anspruch auf Schadensersatz nach § 122 BGB analog

Inzwischen ist Ihnen ja die rechtspolitische Kritik bekannt, wonach die vom Gesetzgeber angeordnete Verschuldensabhängigkeit der Schadensersatzhaftung aus § 311a Abs. 2 BGB trotz der Vermutung in § 311a Abs. 2 S. 2 BGB zu einer Begünstigung des „leichtfertigen Schuldners" führe. Diese Kritik soll Sie zum einen an die Prüfung einer möglichen Garantiehaftung des Vertragsschuldners erinnern (§ 276 Abs. 1 S. 1 a. E. BGB). Zum anderen folgt aus ihr auch die Idee, in den Fällen der anfänglichen Unmöglichkeit, in denen der Schuldner das Leistungshindernis nicht kannte oder nicht hätte kennen müssen und in denen keine Garantiehaftung gegeben ist, dem Gläubiger jedenfalls das **negative Interesse** zuzusprechen. Hierzu wird teilweise **§ 122 BGB analog** angewendet (Canaris), weil es sich bei einer Verpflichtung zur Erbringung einer objektiv unmöglichen Leistung um eine Irrtumslage handele, die der des § 119 Abs. 2 BGB vergleichbar sei, und weil die Rechtsfolge der einer erklärten Anfechtung ähnlich sei.

Eine Analogie setzt eine **planwidrige Regelungslücke** und eine **vergleichbare Interessenlage** zwischen geregeltem und ungeregeltem Fall voraus. Die erforderliche vergleichbare Interessenlage lässt sich nach dem eben Gesagten noch recht gut bejahen. Es bereitet aber Schwierigkeiten, eine „planwidrige" Lücke in der gesetzlichen Regelung festzustellen. Denn der Gesetzgeber kannte das Problem und hat es bei der Schuldrechtsreform bewusst nicht i. S. eines Anspruchs auf das negative Interesse geregelt. Die Gegenansicht lehnt daher die analoge Anwendung des § 122 BGB auf die ursprüngliche Unmöglichkeit ab.

In einer schriftlichen Arbeit müssten Sie sich mit dieser Frage auseinandersetzen und sie mit Begründung entscheiden, wenn es darauf ankommt. Sie würden beginnen mit einem Anspruch aus § 311a Abs. 2 BGB. Wenn dieser Anspruch wegen fehlenden Verschuldens (der Schuldner kann sich entlasten) nicht gegeben ist und auch kein Fall einer Garantiehaftung vorliegt, schließt sich die Prüfung eines Anspruchs aus § 122 BGB analog an. Dabei haben Sie zuerst zu erörtern, ob die Voraussetzungen einer Analogie überhaupt vorliegen, wobei Sie die soeben aufgezeigten Argumente anführen und sich entscheiden müssen.

**Fall 313**

Der V und der K schließen am Mittag des 1. Juli 2015 in Hamburg einen Kaufvertrag über das Segelboot des V, das auf einer „Marina" in Arnis an der Schlei am Steg liegt. Am Vormittag des 1. Juli 2015 war das Boot jedoch durch einen Brand zerstört worden. Der V erfuhr davon erst am Nachmittag durch einen Anruf des Hafenmeisters. Der K will wissen, ob er Schadensersatz verlangen kann, weil er das Boot unmittelbar nach Abschluss des Kaufvertrags an D mit Gewinn weiter verkauft hat; jedenfalls möchte er Ersatz der Kosten, die ihm durch den Vertragsschluss mit D entstanden sind.

1. Der Lieferungsanspruch aus § 433 Abs. 1 BGB ist nach § 275 Abs. 1 BGB ausgeschlossen.

2. Den Ersatz a) des positiven Interesses kann K nach § 311a Abs. 2 BGB nur dann verlangen, aa) wenn der V sich nicht entlasten kann. Da das Risiko eines Brandschadens für ein in einem Hafen liegenden Schiff gering ist, kann man es nicht für vorwerfbar halten, wenn der V – zumal bei einem Privatverkauf – keine Erkundigungen über seine Leistungsfähigkeit eingeholt hat. bb) Für die Annahme einer Garantiehaftung spricht nichts. Schadensersatz „statt der Leistung" kann der K daher nicht verlangen. b) Wohl aber könnte der K die Vertragskosten nach § 122 BGB analog ersetzt verlangen (hier wären die oben genannten Argumente zur Annahme einer Analogie anzuführen und abzuwägen).

#### gg) Exkurs: Streitiger Sachverhalt

Denjenigen unter Ihnen, die praktisch denken, wird schnell klar sein, dass im „wirklichen Leben" der Grund für eine Nichtleistung in der Regel selten so klar auf der Hand liegt wie in unseren, in dieser Hinsicht so „bequemen" Sachverhalten.

Es wird nämlich in der Praxis häufig so sein, dass der Schuldner einfach nicht leistet und dabei den Gläubiger völlig im Unklaren darüber lässt, warum. Häufig behauptet der Schuldner auch dass seine Nichtleistung auf einem Leistungshindernis nach § 275 Abs. 1–3 BGB beruhe (z. B. der Untergang der verkauften Sache), ohne dass der Gläubiger diese Aussage überprüfen kann. Wenn der Gläubiger den Verdacht hegt, dass der Schuldner in Wirklichkeit nicht leisten will und ein Leistungshindernis nur vorschiebt, steht er in seiner Ungewissheit dann ebenso da, wie wenn ihm gar nichts erklärt worden wäre.

In beiden Fällen einer für den Gläubiger bestehenden Unklarheit hinsichtlich der Frage der Leistungsmöglichkeit des Schuldners stellt sich die Frage, wie man als Gläubiger verfahren soll.

- Der Gläubiger sollte in jedem Fall dem Schuldner zuerst eine **Frist zur Erfüllung** setzen (§§ 280 Abs. 3, 281 Abs. 1 S. 1 BGB).
- Nach ergebnislosem Fristablauf kann er dann **Schadensersatz statt der Leistung** aus §§ 280 Abs. 1, 3, 281 Abs. 1 S. 1 BGB bzw. § 311a Abs. 2 BGB verlangen, oder er kann **zurücktreten** (§ 323 BGB). In einem **Rechtsstreit,** in dem der Gläubiger diese Schadensersatz- oder die Rückabwicklungsansprüche geltend macht, braucht der Gläubiger zum Grunde für die Nichtleistung nichts, schon gar nicht eine Unmöglichkeit vortragen oder gar zu beweisen. Im Falle einer Unsicherheit über das Unvermögen des Schuldners, kann der Gläubiger als Kläger im Prozess einen sog. „Dreierantrag" stellen auf Herausgabe, Setzung einer angemessenen Frist hierfür durch das Gericht und Schadensersatz nach fruchtlosem Ablauf der Frist, vgl. §§ 255, 259 ZPO.

### c) Anspruch auf Schadensersatz statt der Leistung wegen Nicht- oder Schlechtleistung (§§ 280 Abs. 1 S. 1, Abs. 3, 281 BGB)

Es geht bei der Anspruchsgrundlage aus **§§ 280 Abs. 1 S. 1, Abs. 3, 281 BGB** um einen **Schadensersatzanspruch statt der Leitung „wegen nicht oder nicht wie geschuldet erbrachter Leistung"**.

Das verlockt geradezu dazu, bei § 281 BGB auch an die unter § 275 BGB fallenden Tatbestände einer „Nichtleistung“ zu denken.

**Aber**: Stürzen Sie sich nicht vorschnell auf die Prüfung eines Anspruchs aus §§ 280 Abs. 1, 3, 281 BGB. Denn:

1. **Falls** nach dem Sachverhalt **Leistungshindernisse** gegeben sind, durch die der **Schuldner leistungsfrei** wird, dürfen Sie ausschließlich die Ihnen ja gerade bekannt gemachten Schadensersatzansprüche aus §§ 280 Abs. 1, 3, 283 BGB oder aus § 311a Abs. 2 BGB und niemals einen Schadensersatzanspruch aus §§ 280 Abs. 1 S. 1, Abs. 3, 281 BGB prüfen, denn dieser Anspruch setzt gedanklich die Möglichkeit zur Leistung voraus. „Tappen“ Sie also nicht „in die Falle“ des insoweit verführerischen Wortlauts des § 281 Abs. 1 BGB und behandeln Sie die Nichtleistung aufgrund einer Unmöglichkeit niemals als „Nichtleistung“ i. S. d. 281 Abs. 1 S. 1 BGB.
2. Auch dann, wenn nach dem Sachverhalt eine **Unmöglichkeit** jedenfalls **erörterungsbedürftig** ist (z. B. wenn sich der Schuldner auf ein in Wirklichkeit nicht bestehendes Leistungsverweigerungsrecht nach § 275 Abs. 2, 3 BGB beruft), müssen Sie zuerst §§ 280 Abs. 1, 3, 283 BGB bzw. § 311a Abs. 2 BGB prüfen. Im Zuge der Inzidentprüfung des § 275 BGB müssen Sie dann ggf. die Unmöglichkeit ablehnen.
3. Der Schadensersatzanspruch statt der Leistung folgt auch dann aus §§ 280 Abs. 1, 3, 283 BGB, wenn die Unmöglichkeit der **Leistung während** einer **im** Rahmen der **§§ 280 Abs. 1, 3, 281 BGB** gesetzten **Frist eintritt**. Denken Sie für diesen Fall auch an die verschärfte Haftung nach § 287 S. 2 BGB, da mit der Fristsetzung regelmäßig Verzug (§ 286 BGB) begründet wird.

**Also:** Erst dann, wenn Sie ganz sicher davon ausgehen können, dass kein Leistungshindernis nach § 275 BGB besteht, dürfen Sie prüfen, ob der Gläubiger als Sekundäranspruch Schadensersatz statt der Leistung nach §§ 280 Abs. 1, 3, 281 BGB deshalb verlangen kann.

Die **Voraussetzungen** eines Anspruchs aus §§ 280 Abs. 1 S. 1, Abs. 3, 281 BGB sind kurz gesagt die folgenden:

I. **Haftungsbegründende Voraussetzungen**
   1. **Schuldverhältnis** mit Leistungspflicht nach § 241 Abs. 1 BGB
   2. Pflichtverletzung: **Nichterbringung** („Nichtleistung“) der möglichen Leistung oder Erbringung einer Leistung **„nicht wie geschuldet“** („Schlechtleistung“) bei Fälligkeit
   3. **Fristsetzung und Fristablauf** oder **Entbehrlichkeit** der **Fristsetzung** (§ 281 Abs. 2 BGB), bei Unterlassungsansprüchen Abmahnung (§ 281 Abs. 3 BGB)

4. **Kein Entlastungsbeweis:** vermutetes Vertretenmüssen (§ 280 Abs. 1 S. 2 BGB; Ausnahme § 619a BGB)
   a. hinsichtlich mangelhafter Leistung und
   b. hinsichtlich unterlassener Leistung nach Fristsetzung
5. Bei gegenseitigem Vertrag: **„Vertragstreue" des Gläubigers**

II. **Haftungsumfang**
Ersatz des entstandenen Schadens nach §§ 249 ff. BGB

aa) Schuldverhältnis mit Leistungspflicht nach § 241 Abs. 1 BGB

Das **Schuldverhältnis,** das die Verpflichtung zur Leistung i. S. d. § 241 Abs. 1 BGB begründet, kann sich aus einem Rechtsgeschäft, natürlich meist speziell aus einem **Vertrag,** oder (daran soll wieder einmal erinnert werden!) auch aus dem **Gesetz** ergeben. Daher wählen wir jetzt einmal ein eher ungewöhnliches Fallbeispiel, das Sie wieder einmal dazu zwingt, ein wenig in die Zukunft zu schauen: nämlich hin zu den schon auf sie wartenden „dinglichen Ansprüchen".

**Fall 314**

Infolge eines Sturmes wird in der Silvesternacht 2014/2015 eine große Plane, die der Absicherung eines Dachausbaus des Bauherren BH dient, auf das Grundstück seiner Nachbarin N, einer etwas älteren Dame, geweht und versperrt deren Hauseingang. Als N spät nach Mitternacht von einer Feier zurückkehrt, kann sie die schwere Plane nicht selbst entfernen und deshalb ihr Haus nicht mehr betreten. Der BH, der zusammen mit seinen erwachsenen Söhnen in seinem Haus Silvester feiert, will sich jedoch nicht stören lassen und ist nicht bereit, die Plane jetzt zu entfernen: „Ich werde die Plane morgen zusammen mit meinen Söhnen beiseiteschaffen. Jetzt feiern wir erstmal weiter." Immerhin lädt der BH die N „zum Trost" auf die Feier ein. Die total übermüdete N lehnt ab und setzt dem BH eine Frist zur Beseitigung der Plane binnen einer halben Stunde, ohne dass der BH etwas unternimmt. Die von der N daraufhin alarmierte Feuerwehr hat wegen der üblichen Silvestereinsätze und der Behebung noch dringenderer Sturmschäden keine Kapazitäten frei, um die Plane beiseite zu räumen. Somit bestellt die N einen Dachdeckernotdienst, der die Plane für € 200,– entfernt und abtransportiert (nach BGH und Lorenz/Riehm).

1. N begehrt Schadensersatz statt der Leistung, da sie an der Leistung kein Interesse mehr hat.

2. Daher ergibt sich der Anspruch aus §§ 280 Abs. 1, 3, 281 Abs. 1 BGB. a) Das den BH zur Leistung verpflichtende Schuldverhältnis ergibt sich aus § 1004 Abs. 1 BGB. b) Der BH hat die von ihm geschuldete Leistung bei Fälligkeit (§ 271 BGB) nicht erbracht. c) Eine Fristsetzung war entbehrlich (§ 281 Abs. 2 BGB). d) Der BH kann sich nicht entlasten, sondern hat vorsätzlich gehandelt. e) Die N kann Schadensersatz in Höhe von € 200,– nach §§ 249 Abs. 1, 251 BGB verlangen. 3) Der Anspruch folgt nicht aus §§ 677, 683, 670 BGB, denn in den Fällen einer erklärten Erfüllungsverweigerung will der Geschäftsherr (BH) gerade nicht, dass das Geschäft auf seine Kosten geführt

wird. 4) Ein deliktischer Anspruch a) aus § 823 Abs. 1 BGB scheidet mangels Verschuldens des BH für die Verletzungshandlung aus, b) wohl aber besteht ein Schadensersatzanspruch aus §§ 823 Abs. 2, 1004 BGB; denn § 1004 BGB wird als Schutzgesetz i. S. d. § 823 Abs. 2 BGB angesehen. 5) Ein Anspruch aus § 812 Abs. 1 S. 1 BGB („Rückgriffskondiktion") würde allenfalls zu einem Anspruch auf Herausgabe der ersparten Aufwendungen des BH führen.

Die **Verpflichtung zur Leistung** i. S. d. **§ 241 Abs. 1 BGB** muss eine „Hauptleistungspflicht" oder eine „leistungsbezogene Nebenpflicht" sein, darf daher keine bloße „Rücksichtspflicht" i. S. d. § 241 Abs. 2 BGB sein (arge. §§ 280 Abs. 1, 3, 282 BGB).

**Fall 315**

In einem Wohnraummietvertrag zwischen V und M ist die Verpflichtung des Mieters M zur Erbringung von Schönheitsreparaturen nach dem Ablauf von 5 Jahren wirksam vereinbart. Als der M nach Ablauf der Frist aufgrund einer wirksamen ordentlichen Kündigung auszieht, hinterlässt er die Wohnung unrenoviert. Der V setzt ihm fruchtlos eine Frist von 2 Wochen. Dann beauftragt er den Maler Quast, der ihm für die Schönheitsreparaturen € 1000,– berechnet. Der V verlangt Schadensersatz von dem M. Der M erklärt, er habe die Renovierungsarbeiten wegen einer Lösungsmittelallergie nicht vornehmen könne; zur Beauftragung eines Malers fehle es ihm am Geld.

Der Anspruch ergibt sich aus §§ 280 Abs. 1, 3, 281 Abs. 1 BGB. Denn der M hat trotz einer Fristsetzung eine leistungsbezogene Nebenpflicht nicht erbracht. Weil die Pflicht zur Leistung von Schönheitsreparaturen nicht höchstpersönlich erbracht werden muss und weil man – wie der etwas sinnlose aber übliche Satz lautet – als Schuldner „Geld haben muss", ist die Verschuldensvermutung nicht widerlegt.

bb) Pflichtverletzung: Nichterbringung der Leistung bei Fälligkeit, Erbringung einer Leistung „nicht wie geschuldet"

(1) Gänzliche oder teilweise Nichterbringung der möglichen Leistung bei Fälligkeit und Durchsetzbarkeit des Anspruchs auf Leistung

Dass die Nichterbringung einer **erbringbaren Leistung** bei Fälligkeit eine „Pflichtverletzung" i. S. d. § 280 Abs. 1 BGB ist, ergibt sich aus § 281 Abs. 1 BGB und versteht sich damit von selbst. Hier gibt es keine großen Probleme; die einzige Gefahr, die hier „lauert" ist, dass man – davor wurden Sie bereits nachdrücklich gewarnt – eine „Nichterbringung" der Leistung i. S. d. § 281 Abs. 1 BGB auch dann fälschlicherweise annehmen könnte, wenn die Nichterbringung darauf beruht, dass der Schuldner nach § 275 Abs. 1–3 BGB leistungsfrei geworden ist; § 281 BGB und § 283 BGB schließen einander aus!

Es kommt dabei in keiner Weise darauf an, ob § 275 Abs. 1 oder § 275 Abs. 2–3 BGB vorliegt: Wenn der Schuldner in den Fällen des § 275 Abs. 2, 3 BGB die Einrede nicht erhoben hat, ist ihm die Leistung noch möglich; gleichwohl kann er nicht nach §§ 280 Abs. 1, 3, 281 BGB schadensersatzpflichtig sein, und zwar entweder deshalb, weil man sagt, dass die Möglichkeit der Erhebung der Einrede dem Anspruch die Durchsetzbarkeit nimmt, oder weil man annimmt, dass der Schuldner sich jedenfalls im Hinblick auf die Einrede exkulpieren kann.

Auch der Zeitpunkt des Leistungshindernisses ist für die Abgrenzung irrelevant, solange sie vor dem Schadensersatzverlangen eintritt. Vertrackt sind die Fälle, in denen die Unmöglichkeit nach Ablauf der gesetzten Frist eintritt: Da die Leistungspflicht dann noch besteht (sie erlischt erst mit dem Schadensersatzverlangen: § 281 Abs. 4 BGB), wird man wohl einen Schadensersatzanspruch „statt der Leistung" nicht aus §§ 280 Abs. 1, 3, 281 BGB, sondern aus §§ 280 Abs. 1, 3, 283 BGB herleiten müssen.

**Fällig** ist eine geschuldete Leistung im Zweifel sofort (§ 271 BGB).

Verlangt wird auch, dass der Leistungsanspruch **durchsetzbar** ist. Dies ergibt sich nicht aus dem Wortlaut des Gesetzes. Machen Sie nicht den Fehler, das Erfordernis der Durchsetzbarkeit in § 281 BGB aus § 286 BGB abzuleiten, der in der Tat die Durchsetzbarkeit des Leistungsanspruchs verlangt; denn das Gesetz verlangt für einen Anspruch aus §§ 280 Abs. 1, 3, 281 BGB gerade nicht das Vorliegen des Verzuges. Man wird jedoch aus einer Gesamtschau der gesetzlichen Einredemöglichkeiten ableiten müssen, dass immer dann, wenn einem Leistungsanspruch eine Einredemöglichkeit entgegensteht, dem Einredeberechtigten aus der Nichterfüllung keine Nachteile entstehen dürfen. Das bedeutet, dass der Anspruch aus §§ 280 Abs. 1, 3, 281 BGB dann nicht gegeben ist, wenn der Schuldner Einreden erheben kann – denken Sie insbesondere an **§ 320 BGB**. In diesem Zusammenhang gehört auch das weitere ungeschriebene Tatbestandsmerkmal der **Vertragstreue des Gläubigers:** bei gegenseitigen Verträgen muss der einen Schadensersatzanspruch aus §§ 280 Abs. 1, 3, 281 BGB geltend machende Gläubiger seinerseits „vertragstreu" sein. Diese ungeschriebene Voraussetzung hat nur dann eine eigenständige Bedeutung, wenn der Schuldner vorleistungspflichtig ist, so dass § 320 BGB nicht eingreift und der Schadensersatzanspruch daher nicht an der mangelnden Durchsetzbarkeit der Schuldnerpflicht scheitert. Verweigert der Gläubiger aber die (künftige) Erbringung seiner Gegenleistung bereits im Vorwege, dann soll die darin liegende Leistungsuntreue ebenfalls den Anspruch aus §§ 280 Abs. 1, 3, 281 BGB entfallen lassen.

Allerdings liegen die Voraussetzungen des Schadensersatzanspruchs aus §§ 280 Abs. 1, 3 281 BGB und des Verzugs nach § 286 BGB in aller Regel gleichzeitig vor: Die Fristsetzung nach § 281 Abs. 1 S. 1 BGB hat mindestens die Qualität einer Mahnung i. S. d. § 286 Abs. 1 BGB; in den Fällen der Entbehrlichkeit der Fristsetzung nach § 281 Abs. 2 BGB liegen fast immer auch die Voraussetzungen des Verzuges nach § 286 Abs. 2 Nr. 3 und 4 BGB oder auch § 323 Abs. 2 BGB vor. Es kommt fast nie vor, dass der Gläubiger Schadensersatz statt der Leistung verlangen oder nach § 323 Abs. 1 BGB zurücktreten kann, ohne dass sich der Schuldner zugleich nach § 286 BGB in Verzug befindet. Sehr wohl gibt es aber im Einzelfall erhebliche Unterschiede zwischen den Gründen der Entbehrlichkeit einer Fristsetzung nach § 281 Abs. 2 BGB und § 323 Abs. 2 BGB.

Was die **Nichterbringung der Leistung** angeht, so wird der Sachverhalt in der **Regel** so liegen, dass die **gesamte Leistung** bei Fälligkeit nicht erbracht wird. Der Gläubiger kann dann unter den sonstigen Voraussetzungen der §§ 280 Abs. 1, 3, 281 BGB Schadensersatz „statt der ganzen Leistung" verlangen.

**Fall 316**

Der V1 verkauft am 30. Januar 2015 dem K einen Beamer für € 1000,–, den der K für Vorträge benötigt. Der vereinbarte Fälligkeitstermin ist der 1. Februar 2015. Der V1 liefert nicht. Der K setzt daraufhin dem V1 eine Frist von 2 Tagen, die ergebnislos verstreicht. Dann kauft er bei dem V2 einen vergleichbaren Beamer, für den er wegen einer inzwischen eingetretenen Preissteigerung € 1010,– zahlen muss. Für die 2 Tage muss er einen vergleichbaren Beamer für € 50,– mieten. Der K verlangt von V1 Schadensersatz in Höhe von € 60,–.

1. In Höhe der € 10,– geht es um einen Anspruch auf Schadensersatz „statt der Leistung", den K aus §§ 280 Abs. 3, 281 BGB ersetzt verlangen kann. a) Der Kaufvertrag V1– K begründet ein wirksames Schuldverhältnis; aus dem Kaufvertrag ergibt sich ein fälliger Lieferungsanspruch des K gegen V1; ein Fall der Befreiung des Schuldners von der Leistungspflicht nach § 275 Abs. 1–3 BGB besteht nicht. b) Der V1 war dazu verpflichtet, die Leistung am 1. Februar 2015 zu erbringen; diese Pflicht hat er verletzt. c) Weiterhin müssen die besonderen Voraussetzungen des § 280 Abs. 3, 281 BGB vorliegen: aa) hier liegt eine Leistungsaufforderung mit Setzung einer angemessenen Frist vor (§ 281 Abs. 1 S. 1 BGB). bb) Die Frist ist erfolglos abgelaufen (§ 281 Abs. 1 S. 1 BGB). d) Die Vermutung des Vertretenmüssens des § 280 Abs. 1 S. 2 BGB ist nicht widerlegt. e) Die Rechtsfolge besteht darin, dass bei Ausbleiben der ganzen Leistung der Gläubiger Schadensersatz statt der ganzen Leistung verlangen kann (§ 281 Abs. 1 S. 1 BGB): Hier beläuft sich das positive Interesse auf € 10,– (Mehrkosten des Deckungsgeschäfts). 2) Der Anspruch auf Zahlung der € 50,– ist auf Ersatz des Verzögerungsschadens „neben der Leistung" gerichtet und ergibt sich aus §§ 280 Abs. 1, 2, 286 BGB.

Wenn aber **weniger geleistet wird als geschuldet** ist **(Zuwenigleistung)**, so wird dies als Fall der Nichtleistung behandelt, und zwar als **teilweise Nichtleistung**. Dass die Zuwenigleistung nicht als ein Fall der Erbringung der Leistung „nicht wie geschuldet" zu qualifizieren ist, leitet man aus dem Wort „soweit" in § 281 Abs. 1 S. 1 BGB her, wo es heißt: „Soweit der Schuldner die fällige Leistung nicht … erbringt". Daraus folgt dann auch, dass der Satzteil „… oder nicht wie geschuldet erbringt, …" nur die Fälle einer „Schlechtleistung" oder der Leistung eines anderen Leistungsgegenstandes („aliud") betrifft (dazu sub (2)).

- Wie wir schon bei dem Schadensersatzanspruch statt der Leistung aus §§ 280 Abs. 1, 3, 283 BGB gesehen haben, stellt sich bei Teilleistungen des Schuldners stets ist die Frage, ob der Gläubiger Schadensersatz „statt der ganzen Leistung“ oder nur „statt des ausgebliebenen Teils“ der Leistung verlangen kann. Dies ist zunächst davon abhängig, ob der Gläubiger die **Teilleistung** wegen des darin liegenden Verstoßes gegen **§ 266 BGB zurückgewiesen** hat. Bei einer Zurückweisung ist nämlich die Leistung insgesamt nicht erbracht worden; und unter den sonstigen Voraussetzungen der §§ 280 Abs. 1, 3, 281 BGB kann der Gläubiger Schadensersatz „statt der ganzen Leistung“ verlangen.

- Wenn aber der Gläubiger die **Teilleistung angenommen** hat, kommt es darauf an, ob der eingeschränkte Leistungsaustausch für den Gläubiger von Interesse ist (§§ 280, 283 S. 2, 281 Abs. 1 S. 2 BGB). Wenn dies der Fall ist, muss er die Teilleistung behalten und kann Schadensersatz „statt der Leistung“ nur hinsichtlich der noch ausstehenden Teilleistung verlangen **(„kleiner Schadensersatz“)**. Nur ausnahmsweise kann der Gläubiger Schadensersatz „statt der ganzen Leistung“ **(„großer Schadensersatz“)** verlangen, wenn er kein Interesse an der Teilleistung hat.

**Fall 317**

Der V verkauft dem Pferdehändler K zwei Pferde für je € 10.000,–. Bei Fälligkeit liefert der V nur ein Pferd, das der K annimmt. Nach ergebnisloser Fristsetzung hinsichtlich des anderen Pferdes verlangt der K Schadensersatz „statt der Leistung“. Der K ärgert sich über V, will mit ihm deshalb überhaupt keine Geschäfte mehr machen und fordert den V auf, das andere Pferd wieder abzuholen. K will wissen, ob und in welchem Umfang er Schadensersatz verlangen kann, wenn er jedes Pferd mit einem Gewinn von € 2000,– hätte weiterverkaufen können.

Der K kann Schadensersatz „statt der Leistung“ nur für das nicht gelieferte Pferd verlangen („kleiner Schadensersatz“), denn er hatte weiterhin ein objektives Interesse an einem eingeschränkten Leistungsaustausch (§§ 280 Abs. 1, 3, 281 Abs. 1 S. 2 BGB). Anders läge es etwa, wenn es sich um ein Zuchtpaar gehandelt hätte und Hengst und Stute zusammen einen höheren wirtschaftlichen Gesamtwert hätten, als die Summe der Werte der einzelnen Tiere.

**Fall 318**

Der K hat von dem V ein bestimmtes, aus je 6 Messern, Gabeln und Löffeln bestehendes Besteck aus der Biedermeierzeit gekauft, das er an den D weiterverkaufen will. Der V entscheidet sich dafür, die Gabeln und Löffel zu behalten, und liefert nur die Messer. Der K verlangt nach ergebnisloser Fristsetzung von dem V Schadensersatz für die gesamte Leistung in Höhe des entgangenen Gewinns aus einem Weiterverkauf. Der V weigert sich, verlangt aber zumindest die Herausgabe der Messer.

1. Der Anspruch des K aus §§ 280 Abs. 1, 3, 281 Abs. 1 S. 2, 249 Abs. 1, 251 Abs. 1 BGB ist gerichtet auf einen Schadensersatz „statt der ganzen Leistung“ (=„großen Schadensersatz“), da der K an der Teilleistung (nur Messer)

kein Interesse hat und daher ein Interessenwegfall an der ganzen Leistung vorliegt. 2) Die Messer kann V nach § 283 S. 2, 281 Abs. 5 BGB zurückverlangen.

- Die im Hinblick auf §§ 434 Abs. 3, 633 Abs. 2 BGB für klärungsbedürftig gehaltene Frage, ob man auch beim **Kauf-** bzw. **Werkvertrag** eine **„Zuwenigleistung"** seitens eines Verkäufers/Werkunternehmers als Teilleistung ansehen kann oder man sie im Hinblick auf §§ 434 Abs. 3, 633 Abs. 2 S. 3 BGB als Schlechtleistung anzusehen hat, stellt sich nur, wenn der Verkäufer/Werkunternehmer mit der Lieferung der Mindermenge aus Sicht eines objektiven Empfängers seine Verbindlichkeit insgesamt erfüllen wollte. Denn wenn der Verkäufer/Werkunternehmer bewusst nur eine Zuwenigleistung erbracht hat, liegt eine Teilleistung vor, und es gelten die zuvor aufgestellten Grundsätze.

Eine vernünftige Lösung dieses Problems, das übrigens eine Parallele beim Rücktritt hat (dort § 323 Abs. 5 S. 1, 2 BGB), besteht darin, § 434 Abs. 3 BGB bzw. § 633 Abs. 2 S. 3 BGB allein im besonderen Gewährleistungsrecht anzuwenden. Das bedeutet, dass man bei der Frage der Mangelhaftigkeit wegen der Gleichstellung getreu dem Gesetzestext einen Mangel annimmt, dass man aber auf der Rechtsfolgenseite, also im allgemeinen Leistungsstörungsrecht die Gleichstellung ignoriert und eine Schlechtleistung als Schlechtleistung und eine Teilleistung als Teilleistung behandelt. Hauptargument: Ansonsten hätte § 281 Abs. 1 S. 2 BGB praktisch keinen Anwendungsbereich.

**Fall 319**

Der V verkauft am 1. August 2015 an K 100 Flaschen Rotwein zum Preis von je € 10,–, liefert aber bei Fälligkeit am 15. Oktober 2015 nicht, weil er von seinem Lieferanten nicht beliefert worden ist. Der K setzt dem V eine Frist zur Lieferung der 100 Flaschen bis zum 1. November 2015. Als diese Frist fruchtlos verstrichen ist, verlangt der K Schadensersatz für 100 Flaschen in Höhe von € 1000,–, weil die Preise für Wein durch eine seit dem 1. November 2015 geltende neue 10 %ige „Weinsteuer" verteuert worden sind.

Der Anspruch ergibt sich aus §§ 280 Abs. 1, 3, 281 BGB.

**Fall 320**

Der V verkauft am 1. August 2015 an K 100 Flaschen Rotwein zum Preise von je € 10,–, liefert aber bei Fälligkeit am 15. Oktober 2015 nur 90 Flaschen an den K, weil er von seinem Lieferanten nicht ausreichend versorgt worden ist. Der K weist die Lieferung des K insgesamt zurück und setzt dem V eine Frist zur Lieferung von 100 Flaschen des gekauften Weins bis zum 1. November 2015. Als diese fruchtlos verstrichen ist, verlangt der K Schadensersatz für 100 Flaschen in Höhe von € 100,–, weil die Preise für Wein durch eine am 1. November 2015 geltende neue 10 %ige „Weinsteuer" verteuert worden sind.

Auch bei einer „Zuweniglieferung“ seitens eines Verkäufers liegt eine Teilleistung vor, wenn der Verkäufer bewusst nur eine Mindermenge geliefert hat. Wenn der Gläubiger die Teilleistung wegen des darin liegenden Verstoßes gegen § 266 BGB zurückgewiesen hat, ist die Leistung insgesamt nicht erbracht worden. Unter den sonstigen – hier vorliegenden – Voraussetzungen §§ 280 Abs. 1, 3, 281 BGB kann der Gläubiger Schadensersatz „statt der ganzen Leistung“ verlangen.

**Variante**

Der K nimmt die 90 Flaschen entgegen und setzt dem K eine Frist zur Lieferung von 10 Flaschen des gekauften Weins bis zum 1. November 2015. Als diese fruchtlos verstrichen ist, verlangt der K Schadensersatz für 10 Flaschen in Höhe von € 100,– mit der Begründung, dass die Preise für Wein durch eine am 1. November 2015 geltende neue 10%ige „Weinsteuer“ verteuert worden sind.

Wenn der Käufer die Teilleistung angenommen hat, muss er diese behalten und kann unter den sonstigen Voraussetzungen §§ 280 Abs. 1, 3, 281 BGB Schadensersatz statt der Leistung grundsätzlich nur hinsichtlich der noch ausstehenden Teilleistung verlangen („kleiner Schadensersatz“).

**Variante**

Der K benötigt den Wein für ein am 3. November 2015 stattfindendes Fest, bei dem allen Gästen der gleiche Wein serviert werden soll. Nach Ablauf der dem V gesetzten Frist bemüht sich der K um die Beschaffung des fehlenden Weins. Weil er keine 10 Flaschen des bei V gekauften Weins auftreiben kann, kauft er 100 Flaschen eines anderen vergleichbaren Weins, für den er insgesamt € 1200,– bezahlen muss. Er stellt dem V die gelieferten 90 Flaschen wieder zur Verfügung und verlangt die Zahlung von € 1200,–.

Ausnahmsweise kann der K Schadensersatz „statt der ganzen Leistung“ („großer Schadensersatz“) verlangen, weil er (objektiv) kein Interesse an der Teilleistung hat (§ 281 Abs. 1 S. 2 BGB).

(2) Erbringung einer Leistung „nicht wie geschuldet“

Wir haben oben bereits herausgearbeitet, dass der Satzteil des § 281 Abs. 1 S. 1 BGB „Soweit der Schuldner die fällige Leistung … nicht wie geschuldet erbringt, …“, auf die **„Schlechtleistung“,** also zum einen auf die Fälle einer qualitativ mangelhaften Leistung gemünzt ist.

Sie wissen es längst: Sofern es sich um mangelhafte Leistungen handelt, für die das Gesetz ein spezielles Gewährleistungsrecht bereithält (Kaufvertrag, Werkvertrag, Mietvertrag und Reisevertrag), ist dieses vorrangig! Hiermit befassen wir uns später noch eingehend (sub C. ff.).

Hier interessieren also nur qualitativ mangelhafte Leistungen bei Schuldverhältnissen ohne spezielles Gewährleistungsrecht, also in der „Gewährleistungslücke". Dass es bei einer Schlechtleistung in der Gewährleistungslücke zu Ansprüchen auf Ersatz eines Schadens neben der Leistung aus § 280 Abs. 1 BGB kommen kann, haben wir bereits gesehen. Es gibt aber auch einen Anspruch auf Ersatz eines Schadens „statt der Leistung" aus §§ 280 Abs. 1, 3, 281 BGB. Bei einem Dienstvertrag – für den es bekanntlich kein spezielles Gewährleistungsrecht gibt – ist etwa von einer Schlechtleistung auszugehen, wenn der Dienstverpflichtete keine vertragsgemäßen Leistungen erbracht hat und die Mängel nicht behebbar sind (dann aber §§ 280 Abs. 1, 3, 283 BGB) oder trotz Fristsetzung nicht nachgebessert werden.

**Fall 321**

Der A stellt den Studenten S für 3 Tage zu je 8 h für € 20,– pro Stunde für die Inventur seines Ladengeschäftes ein. Der A stellt während des 2. Tages fest, dass der S zwar am 1. Tag fehlerfrei gearbeitet hat, aber schon zu Beginn des 2. Tages damit begonnen hat, anstelle zu zählen die Warenbestände einfach nur zu schätzen. Er fordert den S auf, die bisher nur geschätzten Bestände exakt nachzuzählen und fortan korrekt zu arbeiten. Der S lehnt das ab. Daraufhin kündigt der A dem S fristlos (§ 626 BGB) und beauftragt den I für € 25,–/Stunde mit der restlichen Zählung. Billigere Arbeitskräfte sind kurzzeitig nicht aufzutreiben. Der A verlangt von S die Differenz zur Vergütung in Höhe von € 80,–.

Der Anspruch ergibt sich aus §§ 280 Abs. 1, 3, 281 Abs. 1, 3, 249 ff. BGB.

Des weiteren ist der Satzteil des § 281 Abs. 1 S. 1 BGB „Soweit der Schuldner die fällige Leistung … nicht wie geschuldet erbringt, …", auch auf die Fälle der **Leistung eines anderen Leistungsgegenstandes (=„Anderslieferung"; „aliud")** als den geschuldeten gemünzt.

**Fall 322**

Der B. I. G. Spender (S) verpflichtet sich in einem notariell beurkundeten Schenkungsversprechen gegenüber dem D.O. Natus (N) zur Übereignung und Übergabe eines bestimmten Autos am 1. Juni 2015. Der S bringt dem N ein Segelboot. Der N weist das Boot zurück und setzt dem B eine einwöchige Frist zur Erfüllung, die fruchtlos verstreicht. Nunmehr verlangt der N Schadensersatz „statt der Leistung".

Der Anspruch ergibt sich aus §§ 280 Abs. 1, 3, 281 Abs. 1 BGB.

Ein Anspruch aus §§ 280 Abs. 1, 3, 281 BGB scheidet aber aus, wenn der Gläubiger eine andere Leistung als die geschuldete Leistung an Erfüllungs statt angenommen hat (§ 364 Abs. 1 BGB).

**Variante**

Der N nimmt das Boot entgegen, segelt einen Tag damit auf dem idyllischen Schaalsee. Dann setzt er dem B eine einwöchige Frist zur Lieferung des Autos, die fruchtlos verstreicht. Nunmehr verlangt der N Schadensersatz „statt der Leistung“.

Ein Anspruch auf Schadensersatz statt der Leistung aus §§ 280 Abs. 1, 3, 281 Abs. 1 BGB setzt einen fälligen Anspruch auf Lieferung voraus. Da der Anspruch aus §§ 516, 518 BGB nach § 364 Abs. 1 BGB erloschen ist, besteht kein Anspruch aus §§ 280 Abs. 1, 3, 281 Abs. 1 BGB.

cc) Fristsetzung und Fristablauf oder Entbehrlichkeit der Fristsetzung

Erforderlich ist, dass der Schuldner trotz einer **Fristsetzung** (§ 281 Abs. 1 S. 1 BGB). oder trotz eines die **Fristsetzung entbehrlich machenden Sachverhalts** (§ 281 Abs. 2 BGB) die Leistung „nicht oder nicht wie geschuldet“ erbracht hat. Das Fristsetzungserfordernis und die Entbehrlichkeitsgründe sind äußerst praxis- und prüfungsrelevant!

(1) Fristsetzungserfordernis

Das zentrale Merkmal des § 281 Abs. 1 BGB ist, dass der Schuldner trotz **Fristsetzung** die Leistung nicht oder nicht wie geschuldet erbringt. Mit der Fristsetzung – das ist die „ratio legis“ – soll der Schuldner eine **„zweite Chance“** erhalten.

Die **(a) Fristsetzung** muss **hinreichend bestimmt** sein. Sie muss sich auf diejenige Handlung beziehen, durch deren Erbringung die Pflichtwidrigkeit (Nichtleistung oder Leistung nicht wie geschuldet) entfällt.

Hat der Schuldner gar nicht oder nur teilweise geleistet, muss die Fristsetzung dazu dienen, dem Schuldner die „zweite Chance“ zu geben, nunmehr die Leistung bzw. den Leistungsrest zu bewirken.

Hat der Schuldner nicht wie geschuldet geleistet, weil er qualitativ schlecht geleistet hat, so dient die Fristsetzung der Herbeiführung der Mangelbeseitigung; hat der Schuldner nicht wie geschuldet geleistet weil er eine Anderslieferung erbracht hat, so dient die Fristsetzung dazu, den Schuldner anzuhalten, den geschuldeten Leistungsgegenstand zu verschaffen.

Die jeweils erforderliche Handlung des Schuldners muss zumindest konkludent bezeichnet werden; ausreichend dürfte es sein, wenn die Pflichtverletzung benannt wird, so dass sich im Wege der Auslegung ermitteln lässt, welche Handlung des Schuldners erforderlich ist.

Was die **Dauer der Frist** angeht, **(b)** so muss diese **„angemessen“** sein. Das bedeutet, dass sie so lang bemessen sein muss, dass der Schuldner die Leistung noch erbringen kann. Sie muss aber nicht so lang sein, dass auch derjenige Schuldner, der mit der Leistungserbringung überhaupt noch nicht begonnen hat, die Frist einhalten kann. Wird eine zu kurze Frist gesetzt, so ist diese nicht etwa unwirksam sondern setzt eine angemessene Frist in Gang.

**Fall 323**

Der V1 vereinbart mit K am 1. Juni 2015 die Lieferung einer von V1 zuvor noch herzustellenden Theaterkulisse für € 1000,–. Für die Herstellung setzt der V1 insgesamt 14 Arbeitstage und 1 Tag für den vereinbarten Transport zu K an; dabei legt er einen 8 Stunden-Tag zugrunde. Geliefert werden soll am 1. Juli 2015. Als der V1 am 1. Juli 2015 die Kulisse nicht anliefert, setzt der K dem V1 eine Nachfrist von 10 Tagen. Als der V1 auch nach 10 Tagen nicht geliefert hat, kauft der K eine entsprechende fertige Kulisse bei einem anderen Theater (V2). An den V2 muss er € 1100,– zahlen. Der K verlangt Schadensersatz in Höhe von € 100,– von V1. Der V1 wendet ein, dass er bei Fristsetzung die Arbeiten sofort aufgenommen habe, er aber nicht innerhalb von 10 Tagen habe leisten können, weil allein die Herstellung 14 Tage in Anspruch nehme und daher die ihm gesetzte Frist zu kurz war. Der K macht gegen V1 einen Anspruch auf Schadensersatz statt der Leistung geltend.

Der Anspruch könnte sich aus §§ 651, 280 Abs. 1, 3, 281, 249 Abs. 1, 251 Abs. 1 BGB ergeben. a) Voraussetzung ist ein wirksames Schuldverhältnis; hier liegt ein Vertrag über eine herzustellende bewegliche Sache, auf den Kaufrecht Anwendung findet, vor (§ 651 BGB). Daher besteht ein Lieferungsanspruch des K gegen V1; ein Fall der Leistungsfreiheit des Schuldners aus § 275 Abs. 1–3 BGB besteht nicht. b) V1 war zur Lieferung am 1. Juli 2015 verpflichtet. Er hat diese Pflicht verletzt, weil er die Sache nicht zu dem vereinbarten Fälligkeitszeitpunkt geliefert hat (vgl. § 271 Abs. 1 BGB). c) Gemäß §§ 280 Abs. 1, 3, 281 Abs. 1 S. 1 BGB müsste dem V1 weiterhin aa) eine angemessene Frist zur Nacherfüllung gesetzt worden sein. K hat die Frist mit 10 Tagen bemessen. Angemessen wäre sie nach dem Sinn und Zweck des Fristsetzungserfordernisses, wenn der Schuldner die Leistung erbringen kann; sie muss aber nicht so lang sein, dass sie es dem Schuldner überhaupt erst ermöglicht, mit der Leistung anzufangen und sie bei Fristablauf zu erbringen. Hier hätten von V1 im Hinblick darauf, dass er der ursprünglichen Leistungspflicht nicht entsprochen hatte und mit den Arbeiten noch gar nicht begonnen hatte, größere Anstrengungen (z. B. durch Überstunden) und damit schnelleres Handeln erwartet werden dürfen. Die Frist von 10 Tagen war daher angemessen. bb) Die V gesetzte Frist ist erfolglos verstrichen. d) Das nach § 280 Abs. 1 S. 2 BGB vermutete Vertretenmüssen des V1 ist nicht widerlegt. e) Bei Ausbleiben der ganzen Leistung kann der Gläubiger Schadensersatz statt der ganzen Leistung nach §§ 249, 251 Abs. 1 BGB geltend machen: Hier beläuft sich das positive Interesse auf € 100,– (Mehrkosten des Deckungsgeschäfts).

**Variante**

Der K hat dem V1 eine Frist von 2 Tagen gesetzt. Als V1 nach 10 Tagen nicht geliefert hat, verlangt er Schadensersatz in Höhe von € 100,–, weil er die Kulisse nunmehr von V2 wegen einer inzwischen erfolgten Preiserhöhung für das Rohmaterial für € 1100,– erwirbt. V1 wendet ein, dass die ihm gesetzte Frist zu kurz war.

Das Ergebnis ändert sich nicht. Die Setzung einer zu kurzen Frist macht die Fristsetzung nicht etwa insgesamt unwirksam, sondern setzt eine angemessene Frist in Gang.

**Variante**

Der K verbindet die Setzung der 2-Tagesfrist mit der Erklärung, dass er die Kulisse in 3 Tagen unbedingt für die wegen des Terminplans des Hauptdarstellers überraschend vorzeitig angesetzte Generalprobe benötige. Der V1 liefert nicht. Der K behilft sich auf der Probe durch Anmietung eines vergleichbaren Kulissenteils von einem anderen Theater (V 2) für € 50,–. Als V1 auch nach 10 Tagen nicht geliefert hat, verlangt der K Schadensersatz in Höhe von € 150,–, weil er die Kulisse nunmehr von V2 für € 1100,– erwirbt. Der V1 wendet ein, dass die ihm gesetzte Frist zu kurz war.

1. Hinsichtlich der € 100,– steht dem K kein Anspruch auf Schadensersatz statt der Leistung nach §§ 651, 280 Abs. 1, Abs. 3, 281 BGB zu: Wenn der Gläubiger deutlich macht, dass es ihm gerade auf die Kürze der Frist ankommt, setzt eine zu kurz bemessene Frist keine angemessene Frist in Gang; die Fristsetzung ist daher unwirksam (RegE). 2) Hinsichtlich der € 50,– geht es um den Verzögerungsschaden. Der Anspruch ergibt sich aus §§ 651, 280 Abs. 1, Abs. 2, 286 Abs. 1, 2 Nr. 1, 249 BGB.

Bei **Unterlassungspflichten** ist eine Fristsetzung unsinnig. An ihre Stelle tritt eine sog. Abmahnung (§ 281 Abs. 3 BGB). Wichtig ist diese Regelung z. B., wenn ein Handelsvertreter für die Zeit nach seinem Ausscheiden einem Wettbewerbsverbot (§ 90a HGB) unterliegt und trotzdem Wettbewerb betreibt. Mit der Abmahnung wird der Unterlassungspflichtige dazu aufgefordert, das Verhalten zu unterlassen.

(2) Entbehrlichkeit der Fristsetzung

§ 281 Abs. 2 BGB nennt zwei Fallgruppen, in denen eine Fristsetzung entbehrlich ist, der Gläubiger also sofort Schadensersatz verlangen kann.

- Die erste Fallgruppe ist die **ernsthafte und endgültige Erfüllungsverweigerung** seitens des Schuldners **nach Fälligkeit der Leistung**. Eine Fristsetzung wäre hier ein unnötiger Formalismus und ist daher entbehrlich. Gleichgestellt werden kann ein Verzicht des Schuldners auf die Fristsetzung.

Sofern die **ernsthafte und endgültige Erfüllungsverweigerung bereits vor Fälligkeit** erfolgt ist, enthält das Gesetz anders als beim Rücktritt (§ 323 Abs. 4 BGB) keine ausdrückliche Regelung dazu, ob dies die Fristsetzung entbehrlich macht. Den Schadensersatzanspruch statt der Leistung sollte man in diesem Fall aus §§ 280 Abs. 1, 3, 282 BGB herleiten. Ein Argument hierfür ist, dass die Erfüllungsverweigerung als Verletzung der Leistungstreuepflicht (aus § 241 Abs. 2 BGB) angesehen werden kann. Nach anderer Ansicht soll man in diesem Fall § 281 BGB analog anwenden und auf das Erfordernis der Fälligkeit verzichten. Vom Ergebnis her bedeutet dies keinen Unterschied.

- Die zweite Fallgruppe ist eine **Generalklausel**. Die Fristsetzung ist entbehrlich, wenn unter Abwägung der beiderseitigen Interessen die sofortige Geltendmachung des Schadensersatzanspruches gerechtfertigt ist. Anerkannte Fälle hierzu sind der Kauf von Saisonware und die sog. „just-in-time-Verträge", also Verträge, bei denen der Schuldner weiß, dass die pünktliche Lieferung erforderlich ist, damit der Gläubiger seine Produktion ordnungsgemäß betreiben kann; bleibt die Leistung aus, so muss dem Gläubiger mit Hilfe des Anspruchs aus §§ 280 Abs. 1, 3, 281 BGB sofort, also ohne vorherige Fristsetzung, eine Ersatzbeschaffung möglich sein, weil sonst der Schaden noch viel größer würde.

**Fall 324**

Der Hehn (H) betreibt eine Hühnerfarm. Das Futter bezieht er von Lifa (L). Die Verträge werden stets am Freitag einer jeden Woche neu abgeschlossen. Dabei sind der jeweilige Tagespreis und der jeweilige Bedarf des H hinsichtlich der Sorten und Mengen für die kommende Woche maßgeblich. Um eine Lagerhaltung des verderblichen Futters zu vermeiden, wird in jedem dieser Verträge vereinbart, dass der L am Montag der auf den Vertragsschluss folgenden Woche das Hühnerfutter anliefert. Als am Montag, den 10. Februar 2015 die am Freitag zuvor vereinbarte Lieferung ausbleibt und bei L niemand telefonisch zu erreichen ist, kauft der Hehn sofort bei der Fa. Feed (F) das Hühnerfutter für diese eine Woche. Wegen der nötigen Sofortbelieferung muss H hierfür einen um € 1000,– höheren Preis zahlen. In dieser Höhe verlangt der H von L Schadensersatz.

Der Anspruch ergibt sich a) nicht aus §§ 280 Abs. 1, 2, 286 BGB, denn es geht nicht um die Geltendmachung eines Schadens „neben der Leistung", sondern „statt der Leistung"; die Nachholung der ausgebliebenen Lieferung würde den Schaden nicht beseitigen. b) Der Anspruch ergibt sich aus §§ 280 Abs. 1, 3, 281 BGB. Die Fristsetzung war nach 281 Abs. 2 Var. 2 BGB entbehrlich: Es handelt sich hier um einen „just-in-time-Vertrag", bei dem der eine Teil dem anderen Teil zu einem bestimmten Zeitpunkt liefern muss, weil die ordnungsgemäße Produktion des Leistungsempfängers davon abhängt; bleibt die Leistung aus, so muss dem Gläubiger mit Hilfe des Anspruchs aus §§ 280 Abs. 1, 3, 281 BGB sofort, also ohne vorherige Fristsetzung, eine Ersatzbeschaffung möglich sein, weil sonst der Schaden noch vergrößert würde.

Wir werden noch sehen, dass das Gesetz die Voraussetzungen für einen Schadensersatzanspruch aus §§ 280 Abs. 1, 3, 281 BGB und für ein Rücktrittsrecht aus § 323 BGB weitgehend parallel ausgestaltet hat. Die Gemeinsamkeiten beider Rechtsbehelfe enden aber bei den Ausschlussgründen für das Fristsetzungserfordernis: Für den Rücktritt ist nach § 323 Abs. 2 BGB eine Fristsetzung dann nicht erforderlich, wenn ein „relatives Fixgeschäft" vorliegt (§ 323 Abs. 2 Nr. 2 BGB). Hieran knüpft sich die methodisch interessante Frage an, ob in Anlehnung an diesen Rechtsgedanken § 281 Abs. 2 BGB auch bei absoluten Fixgeschäften gilt oder ob ein Umkehrschluss angezeigt ist, weil der Gesetzgeber bewusst auf eine gleichlautende Regelung verzichtet hat (wohl vorzugswürdig). Ein Prüfungsklassiker!

#### dd) Vermutetes Vertretenmüssen

Aus § 280 Abs. 1 S. 2 BGB folgt, dass die Pflichtverletzung (Nichterbringung der Leistung bei Fälligkeit oder Erbringung der Leistung „nicht wie geschuldet") vom Schuldner zu vertreten sein muss und dass das **Vertretenmüssen vermutet** wird. Zur Frage des **Anknüpfungspunktes** für den **Verschuldensvorwurf** gibt es verschiedene Denkmöglichkeiten.

- **Bei** einem **Fristsetzungserfordernis** kann man für die **Frage eines Verschuldens** 1) an den Umstand anknüpfen, dass der Schuldner die Leistung trotz Fälligkeit nicht oder nicht wie geschuldet erbracht hat. Dafür, auf den Fälligkeitszeitpunkt abzustellen, spricht der Wortlaut des § 280 Abs. 1 S. 2 BGB. 2) Man kann bei § 281 BGB aber auch auf den Zeitpunkt des Fristablaufs abstellen, weil hier die Pflichtverletzung erst bei Fristablauf abgeschlossen ist und weil der Schuldner oft erst durch die Fristsetzung erfährt, dass der Gläubiger die Leistung nicht oder nicht wie geschuldet erhalten hat. Wenn also zum *Beispiel* dem Verkäufer V zwischen Fälligkeit und Ablauf der Nachfrist trotz ausreichender die verkaufte Sache gestohlen wird, so besteht kein Anspruch aus §§ 280 Abs. 1, 3, 281 BGB; anders liegt es, wenn V bereits im Verzug, der vor Fristablauf gegeben sein kann, war (§ 287 BGB) (nach Palandt). 3) Man kann aber auch zunächst auf den Fälligkeitszeitpunkt abstellen in Betracht kommt und – falls es insoweit an einem Vertretenmüssen fehlt – dann auf die ggf. unterbliebene Nacherfüllung trotz Nachfristsetzung.
- Ist die **Fristsetzung** nach **§ 281 Abs. 2 BGB entbehrlich**, ist – wenn man auf die unterbliebene Nacherfüllung abstellt – der **Anknüpfungspunkt** für das **Vertretenmüssen** der Umstand, der an die Stelle des Fristablaufs tritt.

Was die **Prüfung des Vertretenmüssens** angeht, so kann verwiesen werden auf die einführenden Darlegungen zu § 280 Abs. 1 S. 2 BGB und zu § 276 BGB, die – wie Ihnen ja auch schon zugesagt wurde – später noch vertieft werden. Das Vertretenmüssen wird vermutet, und nur, wenn der Sachverhalt Anlass bietet, ist unter Anlegung der Maßstäbe des § 276 ff. BGB zu prüfen, ob der Schuldner sich exkulpieren kann. Zu vertreten hat der Schuldner grundsätzlich nur Verschulden.

Zur Exkulpation kann sich der Schuldner nie auf fehlende Geldmittel berufen. Denn es gilt der Rechtssatz: „Geld muss man haben“. Wissen Sie noch, warum dieser Satz i.E. Geltung hat?

Eine interessante Konstellation zur Frage der Exkulpation ist die, dass der Schuldner in den Fällen des § 275 Abs. 2, 3 BGB die Einrede nicht erhoben hat: Selbst wenn man dann einen Anspruch aus §§ 280 Abs. 1, 3, 281 BGB nicht an der fehlenden Durchsetzbarkeit des nicht erfüllten Anspruchs aufgrund der Behaftung mit einer Einrede scheitern lässt, wird der Schuldner zumindest deshalb nicht nach §§ 280 Abs. 1, 3, 281 BGB schadensersatzpflichtig sein, weil er sich entlasten kann.

Wegen des gerade passenden Zusammenhangs – Übung mach den Meister – soll noch einmal darauf hingewiesen werden,

- dass ein Schuldner, der eine **„Garantie“** übernommen hat, sich nicht entlasten kann,
- und dass ein Schuldner, der das **„Beschaffungsrisiko“** übernommen hat, für jedes Unvermögen einzustehen hat, das auf der Verwirklichung eines spezifischen Beschaffungsrisikos beruht.

**Fall 325**

Der seinen Betrieb allein führende Großhändler V hat dem Gastronomen K am 15. Mai 2014 100 Ztr. Kartoffeln der Züchtung „Hansa“ aus der Ernte 2015 verkauft; vereinbart ist, dass V sie am 1. Oktober 2014 bei dem K anliefert. Der V erleidet Mitte September 2014 unverschuldet einen schweren Unfall, aufgrund dessen er monatelang bettlägerig ist. Er lässt dem K mitteilen, dass er seine gesamte Geschäftstätigkeit längere Zeit ruhen lassen müsse und daher nicht werde liefern können. Als der V wegen seiner Erkrankung am 1. Oktober 2014 nicht liefert, setzt der K ihm eine Nachfrist bis zum 15. Oktober 2014. Als diese ergebnislos verstreicht, verlangt der K – weil er sich inzwischen teurer eindecken muss – Schadensersatz statt der Leistung in Höhe der Differenz.

Der Anspruch könnte sich aus §§ 280 Abs. 1, 3, 281 Abs. 1 BGB ergeben. Der V hat die Nichtlieferung jedoch nicht zu vertreten, denn a) ihn trifft daran kein Verschulden und b) die Nichtlieferung beruht auf einer Erkrankung und damit nicht dem übernommenen „Beschaffungsrisiko“.

#### ee) Kein Wegfall des Interesses des Gläubigers an der Rückgewähr erforderlich („Zwangskauf“)

Es gibt keine („ungeschriebene“) zusätzliche Voraussetzung für einen Anspruch des Gläubigers auf Schadensersatz „statt der Leistung“ aus §§ 280 Abs. 1, 3, 281 BGB des Inhalts, dass zusätzlich ein „Wegfall des Interesses des Gläubigers an der Rückgewähr“ zu verlangen ist. Das kann, wie das folgende Beispiel zeigt, zu eigentümlichen Ergebnissen führen **(„Zwangskauf“)**, die allerdings nach Treu und Glauben korrigierbar sind.

**Fall 326**

Der V aus Hamburg hat an den wohlhabenden M, der ebenfalls in Hamburg lebt, ein Cabriolet im Werte von € 10.000,– vom 1. Mai 2014 bis zum 1. September 2014 vermietet. Als der sich mitsamt dem Auto in Hamburg aufhaltende M das Auto am 1. September 2014 nicht zurückgibt, setzt ihm der V, obwohl er zu diesem Zeitpunkt keinen anderen Mietinteressenten hat, eine Rückgabefrist von 1 Tag. Der V sieht nämlich die Gelegenheit, auf diese Weise das Auto, das er zum Ende der „Cabrio-Saison" gerne verkauft hätte, für das er aber bisher keinen Käufer gefunden hatte, gegen den Ersatz seines Wertes loszuwerden. Als die Frist ergebnislos verstrichen ist, weil der M wegen des überraschend schönen Sommerwetters Anfang September lieber mit seiner neuen Freundin in dem Auto an die Ostsee gefahren ist, anstatt es dem V zurückzugeben, verlangt der V von M Schadensersatz in Höhe des Wertes des Autos Zug-um-Zug gegen Übereignung (nach RegE).

K macht einen Anspruch auf Schadensersatz „statt der Leistung" geltend. Der Anspruch könnte sich aus §§ 535, 546 Abs. 1, 280 Abs. 1, 3, 281 Abs. 1 S. 1, 249 BGB ergeben. a) Vorausgesetzt ist ein wirksames Schuldverhältnis; hier liegt ein Mietvertrag vor (§ 535 BGB). b) Aus dem Mietvertrag ergibt sich aa) ein am 1. September 2014 fälliger Herausgabeanspruch des V gegen M (§ 546 Abs. 1 BGB); ein Fall der Leistungsfreiheit des Schuldners aus § 275 Abs. 1–3 BGB besteht nicht. bb) Der Schuldner M hat diese Pflicht verletzt, weil er die Mietsache nicht zu dem nach dem Mietvertrag geschuldeten Zeitpunkt zurückgegeben hat. c) Gemäß §§ 280 Abs. 3, 281 BGB müsste weiterhin aa) eine Leistungsaufforderung unter Setzung einer angemessenen Frist vorliegen (§ 281 Abs. 1 S. 1 BGB). Der K hat die Frist mit 1 Tag bemessen. Angemessen wäre sie, wenn der Schuldner die Leistung erbringen kann. Die Frist von einem Tag war angemessen, weil es dem in Hamburg ansässigen und die Mietsache in Besitz habenden M ohne weiteres möglich war, das Auto innerhalb eines Tages zurückzugeben. bb) Die dem M gesetzte Frist ist erfolglos verstrichen. d) Der M kann sich nicht entlasten, sondern hat sogar schuldhaft i. S. d. § 276 BGB (Vorsatz) gehandelt. e) Bei Ausbleiben der ganzen Leistung kann der Gläubiger Schadensersatz statt der ganzen Leistung verlangen. Der V kann Schadensersatz statt der Leistung nach § 249 Abs. 1 BGB geltend machen und verlangen, so gestellt zu werden, wie wenn ordnungsgemäß erfüllt worden wäre. aa) V kann daher den Wert der Mietsache in Geld gegen Übereignung derselben verlangen. bb) Diese Lösung aaa) entspricht dem Gesetz, weil der Gesetzgeber ausdrücklich darauf verzichtet hat, in Fällen, in denen die Leistung in der Rückgewähr eines bestimmten Gegenstandes besteht, für einen Schadensersatzanspruch des Gläubigers statt der Leistung (§§ 280 Abs. 1, 3, 281 BGB) als zusätzliche Voraussetzung ein Wegfall des Interesses des Gläubigers an der Rückgewähr zu verlangen (RegE). bbb) Das Ergebnis – es läuft auf einen „Zwangskauf" hinaus – soll aber jedenfalls in Missbrauchsfällen, wie er hier gegeben ist (V hat die kurze Frist zur Rückgabe des Fahrzeugs nicht wegen einer geplanten anderweitigen Vermietung, sondern nur zur Herbeiführung des Zwangskaufs gesetzt), durch

§ 242 BGB korrigiert werden (RegE). Das Schadensersatzverlangen ist treuwidrig und deshalb unzulässig.

#### ff) Auswirkung auf die primären Ansprüche auf Leistung und Gegenleistung

Die Fragen nach der Auswirkung eines Anspruchs aus §§ 280 Abs. 1, 3, 281 BGB auf die primären Ansprüche auf Leistung und Gegenleistung betreffen zwar nicht die hier erörterten Sekundäransprüche, sondern gehören zum Fragenkomplex des Schicksals der Primäransprüche bei Leistungsstörungen und wurden deshalb auch konsequenterweise bereits in Teil 3 erörtert. Dennoch sollten wir uns aus Anlass der Anwendung der §§ 280 Abs. 1, 3, 281 BGB noch einmal vor Augen führen, was eigentlich aus den Ansprüchen auf die **Leistung** und auf die **Gegenleistung** wird, wenn der Gläubiger Schadensersatz „statt der Leistung" aus §§ 280 Abs. 1, 3, 281 BGB verlangt.

Diese Fragen beantwortet unmittelbar bzw. mittelbar **§ 281 Abs. 4 BGB**.

Hiernach **entfällt,** sobald der Gläubiger Schadensersatz statt der Leistung verlangt, der **Anspruch** des **Gläubigers auf** die **Leistung**.

Daraus kann für den **Anspruch des Schuldners** auf die **Gegenleistung** folgender Schluss gezogen werden: Wenn nach § 281 Abs. 4 BGB schon der Leistungsanspruch des vertragstreuen Gläubigers untergeht, dann muss **erst recht der Anspruch des vertragsuntreuen Schuldners** auf die Gegenleistung **erlöschen**.

Sie werden sich vielleicht noch entsinnen, dass Sie in den Ausführungen in Teil 3 davor gewarnt worden sind, in der Fallbearbeitung **vorschnell** von einem **Schadensersatzverlangen** des **Gläubigers** auszugehen. Häufig möchte der Gläubiger seinen Primäranspruch nicht sofort preisgeben; und er muss dies auch nicht: Primär- und Sekundäranspruch stehen in diesem Fall im Verhältnis der **elektiven Konkurrenz**, d. h., der Gläubiger kann frei zwischen ihnen wählen. Zu prüfen ist stets, ob die Erklärung des Gläubigers den eindeutigen Willen erkennen lässt, sich zukünftig auf das Schadensersatzbegehren beschränken zu wollen. Der Gläubiger kann somit nach Fristablauf nach seinem Belieben weiter die Leistung fordern oder Schadensersatz verlangen. Missbraucht er seine Stellung, z. B. indem er den Schuldner Bemühungen zur Erfüllung treffen lässt, um kurz vor deren Abschluss Schadensersatz zu verlangen, so ist ein Ausschluss des Schadensersatzanspruches nach § 242 BGB zu erwägen.

> Übrigens: Bei § 283 BGB stellte sich diese Frage nicht, da dort die Leistungspflicht nach § 275 Abs. 1–3 BGB und die Gegenleistungspflicht nach § 326 Abs. 1 S. 1 BGB bereits kraft Gesetzes entfallen.

#### gg) Rechtsfolge: Schadensersatz

##### (1) Allgemeines

Bereits aus den zuvor bearbeiteten Fällen haben Sie gelernt, dass der Schadensersatzgläubiger verlangen kann, dass der Schadensersatzschuldner ihn so stellt, als wenn der Schuldner ordnungsgemäß erfüllt hätte. Hinsichtlich der Schadensberechnung gilt das zu §§ 280 Abs. 1, 3, 283 BGB und § 311a Abs. 2 BGB Gesagte. Eine ergänzende Bemerkung ist aber erforderlich: die **Surrogationstheorie** kommt bei **§ 281 BGB nicht** in Betracht. Anders als bei der Unmöglichkeit erlöschen die Ansprüche auf Leistung und Gegenleistung nicht automatisch sondern erst wenn der Gläubiger nach Fristablauf Schadensersatz verlangt (§ 281 Abs. 4 BGB). Will der Gläubiger daher seine eigene Leistung noch erbringen (was nur dann sinnvoll sein kann, wenn diese nicht in Geld besteht – insbesondere beim Tausch), so kann er einfach weiterhin seinen Erfüllungsanspruch geltend machen und die entstandenen Verzögerungsschäden nach §§ 280 Abs. 1, 2, 286 BGB ersetzt verlangen. Ist er an der eigenen Leistungserbringung nicht mehr interessiert, so kann er Schadensersatz verlangen und diesen dann allein nach der Differenztheorie berechnen.

**Fall 327**

Der V verkauft ein ihm gehöriges Auto im Wert von € 10.000,– an den K für € 12.000,– und übergibt und übereignet es an den K. Der K zahlt den Kaufpreis trotz Setzung einer angemessenen Nachfrist nicht. Der V will wissen, wie er vorgehen soll.

Es gibt vier Wege: 1. Der V kann a) Schadensersatz „statt der Leistung" aa) aus §§ 280 Abs. 1, 3, 281 Abs. 1 BGB geltend machen. bb) Nach der Differenztheorie kann der V von dem K Schadensersatz in Höhe von € 2000,– verlangen. 2. Gleichzeitig (§ 325 BGB) kann der V die Herausgabe und Rückübereignung des Autos nach Erklärung des Rücktritts nach §§ 323, 346 BGB fordern. 3. Wenn man a) die „Surrogationstheorie" für anwendbar hält, so kann er sich aber auch dafür entscheiden, nach der „Surrogationstheorie" vorzugehen: aa) Danach belässt der V dem K das Auto und bb) verlangt Schadensersatz in Höhe von € 12.000,–. b) Man kann aber die Anwendbarkeit der „Surrogationstheorie" auch mit dem Argument ausschließen, dass sie gegen die Wertung des § 281 Abs. 4 BGB verstieße. 4. V verlangt a) weiter die Zahlung des Kaufpreises aus § 433 Abs. 2 BGB und macht b) seine eventuellen Verzögerungsschäden nach §§ 280 Abs. 1, 2, 286 BGB geltend.

**Variante**

der V hat das Auto noch nicht übereignet.

a) Nach der „Differenztheorie" kann er das Auto behalten und Schadensersatz in Höhe von € 2000,– geltend machen. b) Wenn man der „Surrogationstheorie" folgt oder jedenfalls Wahlfreiheit annimmt, dann kann der V Schadensersatz in Höhe von € 12.000,– Zug-um-Zug gegen Übergabe und Übereignung des Autos verlangen.

Auch hier gilt natürlich, dass hypothetische Vorteile unberücksichtigt bleiben, gegen deren Berücksichtigung höherrangiges Recht spricht oder die auf verbotenem oder sittenwidrigem Erwerb beruhen würden.

Das **„Wie“** des Schadensersatzanspruchs bestimmt sich wie auch sonst nach §§ 249 ff. BGB, Naturalrestitution ist ausgeschlossen. Warum? Die Antwort auf diese Frage können Sie sich mittlerweile bestimmt selbst geben!

(2) Abgrenzung zu §§ 280 Abs. 1, 2, 286 BGB
Wenn der Gläubiger erfolgreich Ansprüche aus §§ 280 Abs. 1, 3, 281 BGB und aus §§ 280 Abs. 1, 2, 286 BGB geltend machen kann, so ergeben sich **Überschneidungsprobleme**. Der Anspruch auf Schadensersatz statt der Leistung soll den Gläubiger so stellen, wie er bei ordnungsgemäßer und rechtzeitiger Leistung gestanden hätte. Das umfasst – im Grundsatz – auch entstandene Verzögerungsschäden.

*Beispiel* Der Eisdielenbetreiber B bestellt eine neue Kühltruhe. Sie wird zum Liefertermin nicht geliefert. Der B setzt dem Lieferanten eine Nachfrist und verlangt nach deren Ablauf Schadensersatz statt der Leistung. In der Zwischenzeit muss er eine Ersatztruhe mieten. Hinterher kauft er für einen höheren Preis eine andere Truhe. Der höhere Kaufpreis fällt eindeutig unter §§ 280 Abs. 1, 3, 281 BGB. Die Mietkosten dagegen lassen sich bei §§ 280 Abs. 1, 2, 286 BGB und bei §§ 280 Abs. 1, 3, 281 BGB einordnen.

Das Problem lässt sich mit den eingangs erwähnten Abgrenzungskriterien in den Griff bekommen. Nach hier vertretener und heute überwiegender Ansicht ist ein **zeitlich dynamisches Kriterium** anzuwenden: Schäden, die zeitlich vor der Pflichtverletzung endgültig entstanden sind, sollen dem Schadensersatz neben der Leistung unterfallen. Schäden, die zeitlich nach der Pflichtverletzung entstanden sind, sollen dem Schadensersatz statt der Leistung zuzuordnen sein. Entscheidend kommt es nun darauf an, worin die Pflichtverletzung im Rahmen der §§ 281, 283 BGB zu sehen ist. In Betracht kommen

- die Nichtleistung trotz Fälligkeit
- die Nichtleistung zum Fristablauf nach § 281 Abs. 1 S. 1 BGB
- die Nichtleistung zum letztmöglichen Zeitpunkt (Erlöschen der Leistungspflicht nach § 275 BGB oder § 281 Abs. 4 BGB), also das endgültige Ausbleiben der Leistung.

Das Abstellen auf den Fälligkeitszeitpunkt ist kaum vertretbar, da dann kein Anwendungsbereich mehr für §§ 280 Abs. 1, 2, 286 BGB verbleibt und praktisch immer nur Schadensersatz statt der Leistung in Betracht kommt. Eine Entscheidung zwischen beiden letztgenannten Zeitpunkten ist in der Fallbearbeitung nur notwendig, wenn im Sachverhalt von **Schäden** die Rede ist, die auf der **Nichtleistung beruhen** und die **zwischen dem Ablauf der Fristsetzung und dem Schadensersatzverlangen entstanden** sind; zu entscheiden ist der Streit auch nur, wenn die Voraussetzungen eines der beiden Ansprüche nicht gegeben sind – in der Regel liegt keine wirksame bzw. entbehrliche Fristsetzung nach § 281 Abs. 1, 2 BGB vor. Solche **Sachverhalte** sind **sehr auffällig** und betreffen meistens **Deckungsgeschäfte** in Gestalt einer ersatzweisen Anmietung zur Überbrückung der Zeit bis zur Lieferung einer späteren Ersatzkaufsache. Je nach Ansicht unterliegen dann die Verzögerungsschäden schon ab dem Fristablauf oder erst ab dem Schadensersatzverlangen dem Schadensersatz statt der Leistung. Lassen Sie sich von diesem Meinungsstreit nicht verrückt machen! Er wird in Prüfungen sehr selten relevant und wird daher hoffnungslos überschätzt. In den meisten Fällen erkennen Sie auf Anhieb, ob es um einen Schadensersatz neben der Leistung oder statt der Leistung geht. Sind Sie einmal unsicher, stellen Sie sich immer die **Kontrollfrage:** macht die Leistung neben dem Ersatz dieses Schadens noch Sinn, oder würde der Gläubiger dann **doppelt kompensiert,** indem er sowohl die Leistung als auch das Leistungsinteresse in Geld erlangt. Achten Sie ferner darauf, ob im Sachverhalt Anhaltspunkte für ein Leistungshindernis nach § 275 BGB oder eine Fristsetzung bzw. deren Entbehrlichkeit vorliegen. Ist dem so, dann wird es wohl um Schadensersatz statt der Leistung gehen – zumindest hinsichtlich eines der Schadensposten des Gläubigers.

#### d) Anspruch auf Schadensersatz statt der Leistung wegen einer Rücksichtspflichtverletzung (§§ 280 Abs. 1 S. 1, Abs. 3, 241 Abs. 2, 282 BGB)

Bisher hatten wir uns mit einem Schadensersatzanspruch aus §§ 280 Abs. 1, 241 Abs. 2 BGB wegen der Verletzung einer Rücksichtspflicht nur unter dem Aspekt eines Schadensersatzanspruchs neben der Leistung befasst, der also neben der fortbestehenden Leistungspflicht besteht. Jetzt geht es um die Frage, ob man auch Schadensersatz statt der Leistung verlangen kann, wenn der Schuldner gegen Rücksichtspflichten aus § 241 Abs. 2 BGB verstößt.

Der Gesetzgeber hat sich dafür entschieden, dass Schadensersatz „statt der Leistung“ nicht nur dann geschuldet sein soll, wenn „Leistungspflichten“ i. S. d. § 241 Abs. 1 BGB verletzt werden, sondern **auch** bei **Verletzungen** von **„Rücksichtspflichten“ nach § 241 Abs. 2 BGB**. Der Anspruch aus **§§ 280 Abs. 1, S. 1, Abs. 3, 282 BGB** betrifft aber nur, die – relativ seltenen – Konstellationen, in denen die Verletzung der Rücksichtspflicht aus § 241 Abs. 2 BGB so schwer wiegt, dass dem Gläubiger die **Entgegennahme** der **Leistung seitens** des **Schuldners nicht** mehr **zuzumuten** ist. Das ist die „zusätzliche Voraussetzung“ i. S. d. § 280 Abs. 2 BGB. Dass das Gesetz hier auf eine Fristsetzung verzichtet, gebietet die Logik. Denn eine „Nachholung“ der Erfüllung einer Rücksichtspflicht ist gedanklich nicht vorstellbar: „Das Kind ist bereits in den Brunnen gefallen“. Die nachstehende **Übersicht** skizziert vorab die Voraussetzungen des Anspruchs aus **§§ 280 Abs. 1, S. 1, Abs. 3, 282 BGB**.

I. **Haftungsbegründende Voraussetzungen**
   1. **Schuldverhältnis** mit Leistungspflicht nach § 241 Abs. 1 BGB
   2. Verletzung einer „**Rücksichtspflicht**" nach § 241 Abs. 2 BGB
   3. **Kein Entlastungsbeweis:** vermutetes Vertretenmüssen (§ 280 Abs. 1 S. 2 BGB; Ausnahme § 619a BGB)
   4. **Unzumutbarkeit** der Leistung des Schuldners für den Gläubiger

II. **Haftungsumfang**
   Ersatz des entstandenen Schadens „statt der Leistung" nach §§ 249 ff. BGB

aa) Schuldverhältnis mit Leistungspflicht

Gegeben sein muss ein auf eine **Verpflichtung** zur **Leistung** i. S. d. **§ 241 Abs. 1 BGB** gerichtetes **Schuldverhältnis**. In Betracht kommen hier also praktisch nur Leistungsansprüche aus vertraglichen Schuldverhältnissen, aber natürlich auch auch Leistungsansprüche aus einseitigen Rechtsgeschäften oder aus gesetzlichen Schuldverhältnissen.

bb) Rücksichtspflichtverletzung, Unzumutbarkeit und Vertretenmüssen

**Verletzt** worden sein muss eine **„Rücksichtspflicht"** aus **§ 241 Abs. 2 BGB**. In Betracht kommen **Schutzpflichten** bezüglich der Rechtsgüter der Vertragspartners (Leben, Körper, Eigentum etc.), **Aufklärungspflichten, Mitwirkungspflichten** und **Leistungstreuepflichten**.

Die **Leistung** darf dem Gläubiger **infolge** der **Pflichtverletzung** des Schuldners **„nicht mehr zuzumuten sein":** Das bedeutet, dass die Entgegennahme der Leistung für den Gläubiger gerade wegen der Pflichtverletzung unzumutbar geworden ist. Es geht um solche Fälle, in denen die Leistung einwandfrei erbracht wird, aber die Rücksichtspflichtverletzung das Verhältnis der Parteien derart zerrüttet hat, dass der Gläubiger berechtigterweise „mit dem Schuldner nichts mehr zu tun haben will". Die **Beurteilung der Frage einer Unzumutbarkeit** ist eine **Wertungsfrage** und muss durch eine **Abwägung** der **Interessen des Gläubigers** und des **Schuldners** beantwortet werden.

Bei schweren Pflichtverletzungen (ersichtlich großer Schaden; Vorsatz des Schuldners, vielleicht gar Straftat) kann ohne weiteres Schadensersatz gefordert werden. Zum *Beispiel* ist eine Unzumutbarkeit auch ohne Abmahnung gegeben, wenn eine Reinigungskraft mit der Presse über das Privatleben ihres prominenten Arbeitgebers spricht oder ein Handwerker die Ehefrau des Bestellers sexuell belästigt.

In der Fallbearbeitung ist die „Unzumutbarkeit" häufig nicht so eindeutig zu bestimmen wie in vorstehenden Beispielen. Als Bearbeiter sollte man daher große Mühe darauf verwenden, alle Aspekte des Falles umfassend zu würdigen. Von entscheidender Bedeutung kann eine erfolglose Abmahnung des Gläubigers sein, dies vor allem dann, wenn ein Pflichtverstoß aus der Sicht des Schuldners ohne besonderes Gewicht zu sein scheint.

Eine gründliche und alle Aspekte würdigende Abwägung ist das, was Prüfer besonders schätzen. Junge Juristen meinen häufig, derlei sei – weil keine Theorien darzustellen und keine Meinungsstände zu entscheiden seien– „unjuristisch“. Das ist ein Irrtum! Im Übrigen vermeidet man durch eine gründliche und gut gegliederte Abwägung auch mögliche Nachteile, wenn die vom Aufgabensteller vorgesehene Lösung zu einem anderen Ergebnis kommen sollte.

Fälle eines Schadensersatzes statt der Leistung wegen einer Rücksichtspflichtverletzung sind in der Praxis und in Prüfungen allerdings eher selten – häufiger geht es um einen Schadensersatz neben der Leistung, ggf. aus einem vorvertraglichen Schuldverhältnis.

cc) Zu ersetzender Schaden

Der Anspruch ist gerichtet auf den **Ersatz** des **Schadens „statt der Leistung“:** Die „Leistung“ i. S. d. § 282 BGB bezieht sich auf die Gesamtheit der Leistungspflichten. Auch hier wird der zu ersetzende **äquivalent** und **adäquat kausale** und **im Schutzbereich** der **Norm** liegende **Schaden** nach der **Differenzhypothese** ermittelt: die bestehende Vermögenslage ist mit derjenigen hypothetischen zu vergleichen, die ohne die Pflichtverletzung gegeben wäre. Es kommt wie bei §§ 280 Abs. 1, 3, 283 und 311a Abs. 2 BGB eine Berechnung nach der Differenz- oder Surrogationstheorie in Betracht.

**Fall 328**

Der U soll die Wohnung des B streichen (Vergütung: € 3000,–). In diesen Räumen befinden sich wertvolle Antiquitäten. Noch vor dem ersten Pinselstrich bricht ein Feuer aus, weil der U beim Anrühren von Farbe unter Verwendung von leicht entflammbaren Lösungsmitteln raucht und es beim Anreißen des Streichholzes zu einer Verpuffung kommt. Durch den Brand entsteht erheblicher Sachschaden. Der B, der seine wertvolle Einrichtung gefährdet sieht, hat das Vertrauen in den U verloren. 1. Er verlangt von U Schadensersatz wegen der Brandschäden und wegen der für einen anderen Maler M wegen einer zwischenzeitlichen Lohn- und Lohnnebenkostenerhöhung erhöhten Vergütung von € 3200,–. 2. Als der M seine Leistung wegen einer Erkrankung nicht erbringen kann, verlangt der B dann doch von U Erfüllung.

1. Ansprüche des B gegen U auf Schadensersatz: a) Für den Feuerschaden ist Schadensersatz nach § 280 Abs. 1 S. 1, 241 Abs. 2 BGB zu leisten. b) Was die Mehrkosten für den anderen Maler angeht, so kann sich ein solcher Anspruch „statt der Leistung“ aus §§ 280 Abs. 1, 3, 282 ergeben. aa) Es besteht ein wirksames Schuldverhältnis (Werkvertrag, § 631 ff. BGB). bb) Der U hat eine „Rücksichtspflicht“ aus § 241 Abs. 2 BGB verletzt. cc) Diese Pflichtverletzung hat er zu vertreten (§ 276 Abs. 1 BGB), da er grob fahrlässig gehandelt hat. dd) Weitere Leistungen des U sind dem B aufgrund der Pflichtverletzung des U auch ohne Abmahnung nicht zuzumuten: Der Schaden ist erheblich. Der U hat einfachste Grundregeln seines Handwerks missachtet. ee) Die Höhe berechnet sich nach der „Differenzhypothese“: Bei ordnungsgemäßer Erfüllung hätte B

für diese € 3000,– bezahlt. Durch die Einschaltung des anderen Malers muss er € 3200,– bezahlen, womit sich der Schadensersatzanspruch aus §§ 280 Abs. 1, 2, 282 BGB der Höhe nach auf € 200,– beläuft. 2) Der Erfüllungsanspruch aus § 631 BGB ist nach § 281 Abs. 4 BGB analog ausgeschlossen.

Der Schadensersatzanspruch tritt stets an die Stelle der **gesamten Leistung**. Eine schon erbrachte Leistung kann **analog § 281 Abs. 5 BGB** zurückverlangt werden.

**Variante**

Wie wäre es, wenn U bereits ein Fenster, für das im Vertrag ein Einzelpreis von € 200,– vereinbart gewesen war, fertig gestrichen hätte und es daraufhin zu dem Feuer gekommen wäre und der U im Hinblick darauf die Schadensersatzzahlung abgelehnt hätte.

Der a) Schadensersatzanspruch des B aus §§ 280 Abs. 1, 3, 282 BGB b) wäre durch die in der Zahlungsverweigerung liegende Aufrechnungserklärung des U mit einem Gegenanspruch aus § 281 Abs. 5, 346 Abs. 2 Nr. 1 BGB nach §§ 387 ff. BGB erloschen.

### 5. Abschlussübersicht

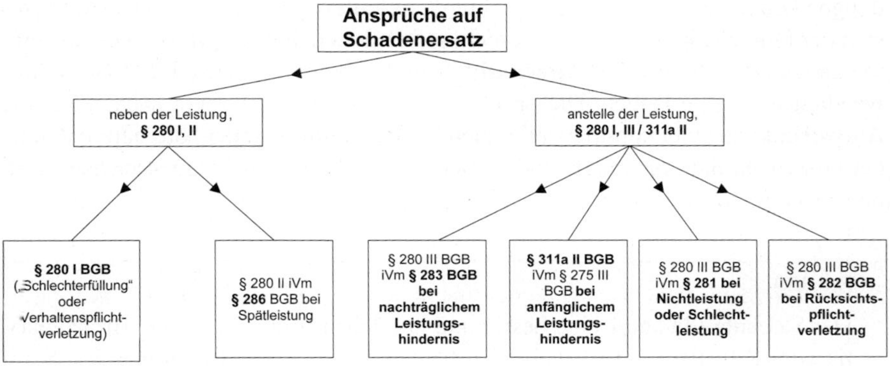


## III. Anspruch auf Ersatz vergeblicher Aufwendungen

### 1. Voraussetzungen des Anspruches

Wo immer das Gesetz einem Gläubiger einen **Anspruch** auf **Schadensersatz statt der Leistung** zuerkennt (**§§ 280 Abs. 1, 3, 281/282/283 BGB** oder **§ 311a Abs. 2 BGB)**, hat es dem Gläubiger das **Wahlrecht** eingeräumt, anstelle des Schadensersatzes statt der Leistung den **Ersatz der Aufwendungen** zu verlangen, die er **im Vertrauen auf** den **Erhalt** der **Leistung gemacht** hat und **billigerweise machen durfte,** es sei denn (Ausnahmetatbestand und damit Umkehr der Beweislast!), deren **Zweck wäre auch ohne die Pflichtverletzung** des Schuldners **nicht erreicht** worden. Auch wenn dieser Anspruch zugeschnitten ist auf Schadensersatzansprüche „statt der Leistung" bei der Verletzung von Vertragspflichten, muss man sich immer wieder verdeutlichen, dass hier auch Ansprüche aus einseitigen Rechtsgeschäften oder aus Gesetz in Betracht kommen.

Hintergrund dieser Regelung ist die von der **Rechtsprechung** entwickelte Erwägung, dass vom Gläubiger im Vertrauen auf den Leistungserhalt gemachte und durch die nicht erfolgte Leistung **„frustrierte" Aufwendungen** sich regelmäßig rentiert hätten, wenn nur der Schuldner seine Leistung erbracht hätte. Wegen der Entwertung dieser frustrierten Aufwendungen sind diese als ein **Schadensposten** anzusehen und können unter den übrigen Voraussetzungen der §§ 280 ff. BGB „statt der Leistung" geltend gemacht werden. Allerdings kann nach dieser Rechtsprechung die Vermutung, dass sich die Aufwendungen für den Gläubiger gelohnt – zumindest jedoch amortisiert – hätten („Rentabilitätsvermutung"), widerlegt werden. Die Vermutung gilt von vornherein nicht, wenn das Vorhaben des Gläubigers überhaupt keine wirtschaftlichen Ziele verfolgte, also gar nicht auf Rentabilität ausgerichtet war.

Daneben gewährt – seit der Schuldrechtsreform – **§ 284 BGB** dem Gläubiger einen von Rentabilitätserwägungen unabhängigen Aufwendungsersatzanspruch.

Der Wortlaut von § 284 BGB („anstelle") verdeutlicht aber, dass Aufwendungsersatz und Schadensersatz statt der Leistung in einem Alternativitätsverhältnis stehen. Damit ergibt sich für die **Fallbearbeitung** folgendes Bild: Frustrierte Aufwendungen können als einer von ggf. mehreren **Schadensposten** des Schadensersatzes statt der Leistung berücksichtigt werden, sofern der Gläubiger mit ihnen einen kommerziellen Zweck verfolgt. **Alternativ** kann der Gläubiger nach **§ 284 BGB** Aufwendungsersatz verlangen. Dieser letztgenannte Anspruch besteht auch, wenn die Aufwendungen nicht kommerzieller Natur waren. Aufgrund der Alternativität kann der Gläubiger aber dann nicht andere Schäden im Zuge des Schadensersatzes statt der Leistung geltend machen.

**Fall 329**

Der S. Lenta (S) kauft eine bestimmte überlebensgroße weibliche Bronzeplastik vom Künstler G. Antenbein (G). Im Vertrauen auf die Lieferung lässt S auf der Terrasse seiner Luxuswohnung am Turmweg in Hamburg-Rotherbaum einen Sockel aufmauern. Weil G sich von der ihm ans Herz gewachsenen Plastik nicht trennen kann, zerstört er sie vor der Lieferung an den S. Der S verlangt von G Ersatz für die Aufwendungen.

Der Anspruch ergibt sich aus §§ 280 Abs. 1, 3, 283, 284 BGB.

**Fall 330**

Der V möchte eine Zeltdisco veranstalten. Dazu benötigt er ein Zelt, eine Musikanlage und eine Biertheke. Diese Gegenstände mietet er bei drei verschiedenen Vermietern: Das Zelt von dem A für € 1000,–, die Musikanlage von B für

€ 400,–. Aufgrund einer Ungeschicklichkeit des C wird die Theke, die dieser an V vermietet hat, beim Transport zum Zelt zerstört. Da Ersatz nicht mehr beschafft werden kann, fällt die Disco aus. Der V möchte gern von C die Kosten für Zelt und Musikanlage ersetzt bekommen, da A und B (zu Recht) auf Bezahlung bestehen (§§ 535, 537 BGB) und der V an sie gezahlt hat.

1. Der Anspruch ist nicht auf Schadensersatz „statt der Leistung" gerichtet (§§ 280 Abs. 1, 3, 283 BGB), da die Mietansprüche der A und B gegen den V nicht aufgrund der Pflichtverletzung des C entstanden sind und fortbestehen. 2) Dem V könnte jedoch ein Anspruch aus §§ 280 Abs. 1, 3, 283, 284 BGB zustehen. a) Die Anmietung von Zelt und Musikanlage waren ein freiwilliges Vermögensopfer (Aufwendungen) des V, das er im Vertrauen auf die Leistung des C gemacht hatte und auch billigerweise hatte machen dürfen. b) Fraglich ist, ob die Voraussetzungen eines Schadensersatzanspruches dem Grunde nach gegeben sind („anstelle des Schadensersatzes"). Zu prüfen ist hier daher §§ 280 Abs. 1, 3, 283 BGB. aa) Zwischen dem V und dem C bestand ein wirksames Schuldverhältnis (Mietvertrag: §§ 535 ff. BGB). bb) Der C hat seine Pflicht zur Leistung verletzt, sodass diese unmöglich geworden ist und cc) dabei schuldhaft gehandelt. Die Voraussetzungen eines Anspruches auf Schadensersatz statt der Leistung liegen daher vor. c) Die Aufwendungen waren im Vertrauen auf die Leistung nicht unangemessen. d) Ferner ist der Anspruch auch nicht nach § 284 BGB a. E. ausgeschlossen, da keine Anhaltspunkte dafür vorliegen, dass der Zweck (Durchführung der Zeltdisco) auch ohne die Pflichtverletzung des C nicht erreicht worden wäre. e) Im Ergebnis kann der V Ersatz seiner Aufwendungen verlangen. Sie belaufen sich hier auf die an A und B gezahlten Beträge (zusammen also € 1400,–).

**Variante**

Welche Ansprüche hat V, bevor er an A und B gezahlt hat?

In diesem Fall besteht die Aufwendung in der Begründung der Verpflichtung gegenüber A und B. Der V kann über § 257 Befreiung von der Verbindlichkeit von C verlangen.

**Fall 331**

Der K hat aus rein ideellen Gründen vom Kunsthändler H, zu weit überhöhtem Preis, dem E gestohlene Bilder erworben. Der K hatte für den Erwerb der Bilder einen Bankkredit aufgenommen. Noch vor Lieferung der Bilder an K gibt der H die Bilder an den E auf dessen Verlangen hin heraus. Der K verlangt von H Befreiung von den Zinsen (nach RegE).

Der Anspruch des K gegen H könnte sich aus §§ 311a Abs. 2 S. 1, 2. Alt., 284 BGB ergeben. a) Es liegt ein Kaufvertrag vor. b) Dem H war die Übereignung an K anfänglich unmöglich nach § 275 Abs. 1 BGB (wegen § 935 BGB). c) Das vermutete Vertretenmüssen ist nicht widerlegt. d) Der K kann die Aufwendungen, die er im Vertrauen auf den Leistungserhalt gemacht hat und billigerweise machen durfte, ersetzt verlangen. Der Anspruch ist auch nicht ausgeschlossen, da keine Anhaltspunkte dafür vorliegen, dass der Zweck (Durchführung der Zeltdisco) auch ohne die Pflichtverletzung des C nicht erreicht worden wäre. Hier stellt sich aa) die „Glücksfallproblematik": Die Leistungsstörung ist für den Gläubiger angesichts des Umstandes, dass er überteuert gekauft hatte, ein „Glücksfall". Das aber soll einem Aufwendungsersatzanspruch nicht entgegenstehen. bb) Der Umstand, dass der K mit dem Erwerb ausschließlich ideelle Zwecke verfolgte, steht einer Anwendung des § 284 BGB nicht entgegen.

**Variante**

Der K hat die Bilder zum Zwecke des Weiterverkaufs erworben. Sie waren aber mangels eines Kundenkreises unverkäuflich. Der K hatte, um sie zu veräußern, ein Ladenlokal angemietet. Er verlangt von H Ersatz für die gezahlte Miete.

Hier greift §§ 311a Abs. 2, S. 1 Var. 2, 284 a.E. („es sei denn … „) BGB ein: Denn bei auf Gewinnerzielung gerichteten Geschäften ist die Rentabilitätsvermutung widerlegt, wenn feststeht, dass die Aufwendungen bei ordnungsgemäßer Durchführung des Geschäftes nicht wieder hereingeholt worden wären. Unabhängig von Rentabilitätserwägungen ist deshalb auch der Ausschlusstatbestand von § 284 BGB a. E. gegeben.

In **inhaltlicher Hinsicht** ist der Anspruch aus § 284 BGB weitreichend. Es geht um freiwillige Vermögensopfer, die der Gläubiger im Vertrauen auf den Erhalt der Leistung erbracht hat, die sich aber als für den Gläubiger wertlos erweist wegen einer Nichtleistung (§ 281 BGB: nicht rechtzeitig, § 283 BGB: gar nicht) oder einer sonstigen Pflichtwidrigkeit der Leistung (§ 281: nicht wie geschuldet, § 282: wegen einer Verletzung einer Pflicht aus § 241 Abs. 2 BGB). In der Regel wird es so sein, dass mit der Leistung **wirtschaftliche Zwecke** verfolgt wurden. Der praktisch wichtigste Anwendungsfall des § 284 BGB dürften die Vertragskosten, z. B. Beurkundungskosten, sein. Zu den zu ersetzenden Aufwendungen gehören sog. Vertragsdurchführungskosten (z. B. Einbau- und Montagekosten), wobei auch eigene Arbeitsleistungen zu berücksichtigen sind, allerdings nur, wenn die ausgeführte Tätigkeit zum Gewerbe oder Beruf des Gläubigers gehört (vgl. § 1835 Abs. 4 BGB). Mit der pflichtwidrig nicht erbrachten Leistung müssen keine wirtschaftlichen Zwecke, sondern können auch **ideelle Ziele** verfolgt worden sein. Wenn zum *Beispiel* der M von Wirt W dessen Wirtshaussaal für eine kostenlose Aufführung der von ihm geleiteten Laienbühne zugunsten der Dorfbevölkerung anmietet, der W sich aber grundlos weigert, den Saal am fraglichen Tag zu übergeben, und der M Werbemaßnahmen für die Veranstaltung durchgeführt hat, besteht nur ein Anspruch aus §§ 280 Abs. 1, 3, 281, 284 BGB. **Keine Aufwendung** i. S. d. 284 BGB ist die erbrachte Gegenleistung; will der Gläubiger diese zurückerhalten, muss er vom Vertrag zurücktreten.

Ein **Aufwendungsersatzanspruch besteht nicht** bei **Aufwendungen,** die der Gläubiger **billigerweise nicht machen durfte,** was der Fall ist, wenn sie völlig übereilt gemacht worden waren oder eine unangemessene Höhe hatten. Wenn zum

*Beispiel* (nach Palandt) der Käufer K eines Bildes im Werte von € 1000,– vor dessen Lieferung einen Rahmen im Werte von € 8000,– erwirbt, so durfte er diese Aufwendung billigerweise nicht machen. Deshalb ist sie ihm nicht nach §§ 280 Abs. 1, 3, 283, 284 BGB zu ersetzen, wenn er vom Verkäufer V deshalb nicht beliefert wird, weil das Bild in von V zu vertretender Weise untergeht. Eine weitere Grenze für einen Aufwendungsersatzanspruch sind Aufwendungen, die auch **ohne** die **Pflichtverletzung des Schuldners nicht** zum **Erfolg** geführt hätten. Ausweislich des Wortlauts von § 284 BGB ist dies aber vom Schuldner darzulegen und zu beweisen („…es sei denn….“). Machen Sie dies bei der Falllösung in ihrer Formulierung deutlich! *Beispiel:* Parteivorsitzender PV der allgemein politisch geächteten und vom Verfassungsschutz beobachteten, aber nicht verbotenen „Extrem-Partei“ (EP) mietet einen Wirtshaussaal für eine Parteiveranstaltung. Der Wirt weigert sich grundlos, den Saal am fraglichen Tag zu übergeben. Der PV hat für die EP umfangreiche Werbemaßnahmen für die Veranstaltung durchgeführt. Die Versammlung hätte aber aufgrund eines später verfügten Verbots wegen eines Verstoßes gegen das Versammlungsgesetz ohnehin nicht durchgeführt werden können. Daher besteht kein Anspruch aus § 280 Abs. 1, 3, 281, 284 BGB.

Durch die Aufwendung erlangte Vorteile mindern – ebenso wie im Schadersatzrecht (dazu später sub E. mehr) – unter dem Aspekt des **„Vorteilsausgleichs“** den Aufwendungsersatzanspruch. Anwendbar sein soll **§ 254 BGB** auch in Fällen, in denen der Gläubiger mit dem Nichterhalt bzw. einer sonst wie pflichtwidrig erbrachten Leistung rechnen musste.

### 2. Verhältnis zu Schadensersatzforderungen

Neben einem Aufwendungsersatzanspruch nach §§ 280 ff. 284 BGB kann nach dem Wortlaut zwar kein Schadensersatz statt der Leistung, wohl aber Schadensersatz neben der Leistung verlangt werden. So kann zum *Beispiel* (nach BGH) ein Autokäufer K neben den Aufwendungen für den Umbau des Fahrzeuges auch Schadensersatz für die notwendige Einschaltung eines Gutachters (aus § 280 Abs. 1 BGB) verlangen. Diese Kosten wären nach § 284 BGB nicht ersatzfähig, da sie nicht im Vertrauen auf die ordnungsgemäße Leistung gemacht wurden.

Man kann auch die Ansicht vertreten, **§ 284 BGB** dahingehend **teleologisch zu reduzieren,** dass er entgegen seinem Wortlaut immer anzuwenden ist, wenn keine doppelte Kompensation droht.

## IV. Verantwortlichkeit für Dritte, Verschiebung des Haftungsmaßstabes

Gelernt haben Sie, dass die aus der Zentralnorm des **§ 280 Abs. 1 BGB** abzuleitenden Schadensersatzansprüche stets eine **Pflichtverletzung** voraussetzen und ferner ausgeschlossen sind, wenn der Schuldner sein **vermutetes Vertretenmüssen** widerlegen kann.

Gleiches gilt für **§ 311a Abs. 2 BGB** in den Fällen bereits vorvertraglich bestehender Leistungshindernisse. Hier besteht die (als Tatbestandsmerkmal nicht aufgeführte) **Pflichtverletzung** darin, dass ein Vertragsschuldner sich zu einer unerbringbaren Leistung verpflichtet hat. Auch hier ist eine Verschuldensprüfung meist nicht nötig, weil dies nach § 311a Abs. 2 S. 2 BGB vermutet wird.

Wenn es trotz der Verschuldensvermutung wegen im Sachverhalt genannter verschuldensrelevanter Tatsachen darum geht, das Vertretenmüssen zu subsumieren, wissen Sie bereits, dass

- das zu subsumierende Vertretenmüssen sich nur **auf** den Tatbestand der jeweiligen **Pflichtverletzung** beziehen muss, nicht etwa (auch) auf den entstandenen Schaden.
- Das setzt voraus, dass Sie zuvor genau herausgearbeitet haben, welche **Pflichtverletzung** der **Anknüpfungspunkt** für das vermutete Vertretenmüssen ist. Denken Sie insbesondere daran, dass dies bei §§ 280 Abs. 1, 3, 281 BGB problematisch ist (Fälligkeitszeitpunkt/Ablauf der Nachfrist bzw. Eintreten des die Nachfristsetzung ersetzenden Umstandes/oder zunächst auf den Fälligkeitszeitpunkt und – falls es insoweit an einem Vertretenmüssen fehlt – auf die ggf. unterbliebene Nacherfüllung trotz Nachfristsetzung).

Was das Vertretenmüssen betrifft, so sind wir von Folgendem ausgegangen:

- Zu vertreten hat der Schuldner **grundsätzlich Vorsatz** und **Fahrlässigkeit,** also schuldhaftes Handeln (§ 276 Abs. 1 S. 1 BGB).
- Verschulden setzt **Schuldfähigkeit** voraus. Eine solche kommt erst ab Vollendung des 7. Lebensjahres in Betracht; bis zur Vollendung des 18. Lebensjahrs ist der Schuldner nur eingeschränkt **verantwortlich** (§ 276 Abs. 1 S. 2, 827, 828 BGB).

Das alles ist Ihnen, wie gesagt, bekannt, und Sie sind bisher mit diesem „Schmalspurwissen" sicher sehr gut „über die Runden gekommen". Auf diesem Stand können Sie jedoch nicht bleiben; sondern müssen diese Basis in zweierlei Richtungen erweitern.

- Bisher ging es in den Fällen, in denen die Verschuldensfrage zu erörtern war, immer um Konstellationen eines eigenen Verschuldens des Schuldners. Hingegen blieb die Frage des Einstehenmüssens für das **Verhalten Dritter** bisher außer Betracht. Hin und wieder ist allerdings bereits angeklungen, dass sich ein Schuldner in „Sonderverbindungen", also im Rahmen bestehender Verträge und anderer Schuldverhältnisse, ein Verschulden seiner **Erfüllungsgehilfen** zurechnen lassen muss (§ 278 BGB) **(sub 1 a))**. Das werden wir jetzt vertiefen, wobei Sie zusätzlich erfahren werden, dass der Frachtführer darüber hinaus für das Verschulden seiner **„Leute"** (ein noch viel weiterreichender Begriff als „Erfüllungsgehilfe") nach **§ 428 HGB** einstehen muss **(sub 1 b))**. Auf einem anderen rechtspolitischen Grundgedanken beruht das Einstehenmüssen des Schuldners für das schuldhafte Verhalten seiner **gesetzlicher Vertreter (§ 278 BGB)** und der Umstand, dass die **juristischen Personen** sich das schuldhafte Verhalten ihrer **Organe** zurechnen lassen müssen **(§ 31 BGB)**, worauf wir **(sub 1 c))** eingehen.

- Sie haben inzwischen auch schon davon gehört, dass es **vom Haftungsmaßstab** des **§ 276 BGB abweichende Ausnahmen** in Gestalt eines **kraft Gesetzes** milderen (§ 300 Abs. 1 BGB: bei Annahmeverzug nur Haftung für Vorsatz und grobe Fahrlässigkeit) oder auch schärferen (§ 287 S. 2 BGB: beim Schuldnerverzug Haftung für Zufall) Haftungsmaßstabes gibt und dass der Haftungsmaßstab auch kraft entsprechender **Vereinbarungen** abgemildert oder verschärft werden kann. Auch das werden wir jetzt vertieft erörtern **(sub 2)**.

## 1. Verantwortlichkeit des Schuldners für Dritte

### a) Haftung für Erfüllungsgehilfen (§ 278 BGB)

Unser Ausgangspunkt, dass es für die Frage des Verschuldens allein auf die Person des Schuldners selbst ankommt, war natürlich naiv. Die Arbeitsteiligkeit der modernen Wirtschaft bringt es mit sich, dass der Schuldner im Rahmen bestehender Schuldverhältnisse sehr häufig für ihn tätig werdende **Hilfspersonen** einsetzt. Und vom Ergebnis her gesehen, ist es selbstverständlich, dass sich ein Schuldner dadurch, dass er sich eines solchen Gehilfen bedient, nicht einer eventuellen Verschuldenshaftung z. B. aus § 280 Abs. 1 BGB oder § 311a BGB entziehen kann, weil nicht er, sondern der Gehilfe schuldhaft gehandelt hat.

Der rechtspolitisch keinesfalls naive BGB-Gesetzgeber hat daher in **§ 278 BGB** bestimmt, dass „der Schuldner … ein Verschulden … der Personen, derer er sich zur Erfüllung seiner Verbindlichkeiten bedient in gleichem Umfang zu vertreten (hat) wie eigenes Verschulden". Die Haftung für einen solchen **„Erfüllungsgehilfen"** ist das Korrektiv für die Erweiterung der eigenen Handlungsmöglichkeiten durch die Vorteile der Arbeitsteilung! Ohne die Möglichkeit einer solchen Zurechnung nach § 278 BGB stünde der Geschädigte nämlich sehr schlecht da. Er hätte keine Schadensersatzansprüche aus einer Leistungsstörung eines mit dem Schuldner bestehenden Schuldverhältnisses, sondern wäre auf deliktische Ansprüche gegen den Schuldner angewiesen, die den Ansprüchen auf Schadensersatz aus bestehenden Schuldverhältnissen meist nicht gleichwertig sind. Warum nicht? Deliktische Ansprüche z. B. aus § 823 Abs. 1 BGB setzen die Verletzung einer der dort genannten geschützten Rechtspositionen (Leben, Körper, Gesundheit, Freiheit, Eigentum und sonstige, d. h. eigentumsähnliche, Rechte) voraus, zu denen aber gerade nicht das – gerade bei Leistungsstörungen i. d. R. verletzte – Vermögen (alle Güter, die im wirtschaftlichen Verkehr gegen Entgelt erworben werden können) des Schuldners gehört. In den Fällen einer reinen Vermögensverletzung gibt es daher – von Ansprüchen aus §§ 823 Abs. 2 BGB i. V. m. §§ 263, 266, etc. StGB und § 826 BGB einmal abgesehen – keine deliktischen Schadensersatzansprüche. Dem nur in seinem Vermögen verletzte Gläubiger stünden – von den vorgenannten Ausnahmen des Deliktsrechts abgesehen – keine Schadensersatzansprüche zu. Bei einer Beschränkung des Gläubigers auf deliktische Ansprüche könnte sich der Anspruchsteller außerdem häufig nur an den (meist vermögenslosen!) Gehilfen halten, dem er mangels einer Verschuldensvermutung auch noch dessen Verschulden nachzuweisen hätte. Denn der vielleicht vermögendere Geschäftsherr, der ihm nach § 831 BGB haften würde, könnte sich sehr oft nach § 831 Abs. 1 S. 2 BGB exkulpieren und würde deshalb gar nicht haften. Das alles ist inakzeptabel. Es liefe darauf hinaus, dass der Geschäftsherr sich der Vorzüge der Arbeitsteilung bedienen könnte, ohne sich zugleich das Verschulden seiner Hilfspersonen zurechnen lassen zu müssen. Daher **musste seitens des Gesetzgebers,** die Regelung des § 278 BGB geschaffen werden. Und **Sie müssen** in der Lage sein, nachdem Sie diesen **rechtspolitischen Hintergrund** verstanden haben, erklären zu können, welchen **Inhalt § 278 BGB** hat, und was ein **„Erfüllungsgehilfe"** ist. Das alles gehört zum **Basiswissen,** ohne dass man kein Juraexamen bestehen kann!

Nachts um 03.00 Uhr aus dem Tiefschlaf geweckt, müssten Sie die folgende Definition präsentieren können: **„Erfüllungsgehilfe ist, wer mit Willen des Schuldners bei der Erfüllung einer diesem obliegenden Verbindlichkeit tätig wird"** (BGH).

Man prüft in der **Fallbearbeitung,** nachdem man unter dem Oberbegriff „Vertretenmüssen" ggf. zunächst ein eigenes Verschulden des Schuldners geprüft und verneint hat, die folgenden Prüfungspunkte:

1. Das Bestehen einer dem Schuldner obliegenden Verbindlichkeit. (sub aa))
2. Das Tätigwerden einer Person **mit Willen des Schuldners**. (sub bb))
3. und zwar bei der Erfüllung der Verbindlichkeit. (sub cc))
4. Das **Verschulden** des Erfüllungsgehilfen. (sub dd))

aa) Dem Schuldner obliegende Verbindlichkeit

Eine **dem Schuldner obliegende Verbindlichkeit**, die zu einer Verschuldenszurechnung nach § 278 BGB führen kann, **ergibt** sich aus einem **bereits bestehenden Schuldverhältnis**. Das folgt aus dem Wortlaut der Norm, in der die Rede ist von einem „Schuldner" und von der „Erfüllung seiner Verbindlichkeit".

Als Schuldverhältnisse i. S. d. § 278 BGB sind anzusehen:

- **rechtsgeschäftliche Schuldverhältnisse,** die Leistungspflichten (§ 241 Abs. 1 BGB) und Rücksichtspflichten begründen (§ 241 Abs. 2 BGB) und **rechtsgeschäftsähnliche Schuldverhältnisse** aus **vorvertraglichem „geschäftlichem Kontakt"** (§ 311 Abs. 2, 3 BGB), die lediglich Rücksichtspflichten (§ 241 Abs. 2 BGB) begründen. Hierher gehört auch das nach § 311a BGB **nicht** auf eine **Leistungserbringung** gerichtete **vertragliche Schuldverhältnis**.

**Fall 332**

Der V will dem K ein ihm gehöriges gebrauchtes Auto für € 10.000,– verkaufen. Der K ist sehr interessiert, es zu erwerben, weil er es für den Fall des Erwerbes für € 12.000,– weiterverkaufen kann. Zum Abschluss des Kaufvertrages kommt K in die Geschäftsräume des V, der von seinem Mitarbeiter M vertreten wird. Bei den Verhandlungen in den Geschäftsräumen des V bricht der Stuhl zusammen, auf dem der K sitzt. Der M, der von dessen Instabilität wusste, aber hoffte, es werde diesmal noch gut gehen, hatte den K hierauf Platz nehmen lassen. Der K bricht sich einen Finger. Trotzdem kauft er das Auto. Im Kaufvertrag ist vereinbart, dass der V ein an sich harmloses Fahrgeräusch beseitigen lässt und dass das Auto dem K in einer Woche bei V Zug-Zug gegen Kaufpreiszahlung übergeben und übereignet werden soll. Als K kommt, macht er als Beifahrer mit M am Steuer eine Probefahrt, um zu hören, ob das Motorgeräusch beseitigt ist. Der M verwechselt Bremse mit Gaspedal und überfährt eine Ampel bei „Rot", so dass zu einem schweren Unfall kommt, bei dem der K verletzt wird und das Auto in Flammen aufgeht und völlig verbrennt. Der K will von V 1. Schadensersatz wegen der Heilungskosten für den Fingerbruch, 2. Wegen der Unmöglichkeit, ihm das Auto zu liefern, Schadensersatz statt der Leistung in Höhe von € 2000,– und 3. Schadensersatz für die Heilungsosten der Unfallverletzung.

1.) Für die den Fingerbruch betreffenden Heilungskosten haftet der V a) nach § 280 Abs. 1, 311 Abs. 2 Nr. 1, 241 Abs. 2, 278, 276 BGB b) und mangels Entlastungsbeweis nach § 831 Abs. 1 S. 1 BGB. 2) Schadensersatz wegen der Zerstörung des Autos kann K a) als Schadensersatz statt der Leistung §§ 433, 280 Abs. 1, 3, 283, 278, 276 BGB verlangen, b) nicht aber aus § 831 Abs. 1 S. 1 BGB, weil mangels Eigentums oder eines sonstigen Rechts des K an dem Auto kein Delikt des M vorlag. 3) Wegen der Unfallverletzung kann K a) Schadensersatz aus §§ 433, 280 Abs. 1, 241 Abs. 2, 278, 276 BGB. b) aus §§ 18, 7 Abs. 1 StVG c) und § 831 Abs. 1 S. 1 BGB.

- Weiter können auch **Schuldverhältnisse** aus **Gesetz, zu Leistungen verpflichten** (§ 241 Abs. 1 BGB) und **Rücksichtspflichten begründen** (§ 241 Abs. 2 BGB).

**Fall 333**

Der Scheinerbe SE hält sich für den Erben des E. Er lagert den aus Möbeln bestehenden Nachlass bei dem Lagerhalter LH ein. Dann erfährt er, dass der wirkliche Erbe der WE ist. Durch ein schuldhaftes Verhalten des LH bricht ein Brand aus, der die eingelagerten Sachen zerstört. Der WE verlangt von SE Schadensersatz (nach Medicus).

Der Anspruch ergibt sich mangels einer Vertragsbeziehung zwischen SE und WE aus §§ 989, 990, 278 BGB, der SE muss sich über § 278 BGB das Verschulden des LH zurechnen lassen

**Keinesfalls** (und das ist einer der **„beliebtesten"** und „tödlichsten" **Anfängerfehler**) gilt **§ 278 BGB, wenn** noch **kein Schuldverhältnis** besteht, sondern nur **innerhalb bereits bestehender Schuldverhältnisse**. Niemals dürfen Sie daher auf die Idee kommen, mit § 278 BGB Schuldverhältnisse zu begründen!

**Fall 334**

Der B hat mit dem Dachdecker U einen Werkvertrag über das Decken des Daches seines Hauses abgeschlossen. Der von U angestellte Dachdeckergeselle D lässt aus Ungeschick beim Dachdecken einen Dachziegel auf die Straße fallen und verletzt damit den B, der gerade sein Haus verlässt. Der B will Schadensersatz von U.

Der B hat gegen den U einen Anspruch 1. aus §§ 280 Abs. 1, 241 Abs. 2, 276, 278, 249 ff. BGB wegen der Verletzung einer „Rücksichtspflicht" aus einem zwischen B und U bestehenden Werkvertrag und 2. aus § 831 BGB (dazu später mehr).

Dieser Grundfall ist übrigens, was die Unterscheidung von § 278 BGB und § 831 BGB angeht, lehrreich. Dazu gleich mehr.

**Variante**

Verletzt worden ist der Passant P, der auf dem Gehweg vorbeiging.

Der P hat gegen den U a) natürlich keinen Anspruch aus aa) §§ 280 Abs. 1, 241 Abs. 2, 276, 278, 249 ff. BGB, weil zwischen P und U keine Sonderbeziehung bestand, als dieser verletzt wurde, bb) und schon gar nicht aus „§§ 823, 278 BGB" (hier sträubt sich die Feder!), weil das gesetzliche Schuldverhältnis zwischen U und P aus Delikt (hier aus § 831 BGB) überhaupt erst durch die Verletzung des P entstanden (wichtiger Unterschied!) ist. b) Wohl aber hat der P einen Anspruch aus § 831 BGB gegen den U (dazu später mehr)

**Übrigens:** § 278 BGB hat trotz des Begriffs „Erfüllungs"gehilfe wirklich nichts, aber auch gar nichts zu tun mit der Herbeiführung einer Erfüllung i. S. d. § 362 BGB durch Zurechnung eines der „Erfüllung" dienenden Handelns eines „Gehilfen". Eine Veranlassung, hierauf hinzuweisen, gab eine vor einiger Zeit durchgesehene Arbeit eines (wirklich begabten) Studenten in einer Übung im Bürgerlichen Recht für Fortgeschrittene, in der dieser die Herbeiführung einer Erfüllung über §§ 362 Abs. 1, 278 BGB konstruierte. Das war natürlich ein schwerwiegender Fehler!

#### bb) Das Tätigwerden einer Person mit Willen des Schuldners

Das Erfordernis, **„mit Willen des Schuldners"** tätig zu sein, verlangt nicht mehr als diese Worte besagen. Es bedeutet **also nicht**, dass diese Person etwa „Vertretungsmacht" des Schuldners haben müsse, oder dass sie etwa „weisungsabhängig" oder gar „sozial abhängig" vom „Geschäftsherrn" sein müsse, oder dass für den Geschäftsherrn durch Kontrolle oder Überwachung die Möglichkeit einer Einflussnahme bestehen müsse; es muss zwischen dem Schuldner und der als Erfüllungsgehilfe in Betracht gezogenen Person nicht einmal ein Vertragsverhältnis bestehen. Der Erfüllungsgehilfe kann auch aus reiner Gefälligkeit agieren. Das alles kann so sein, aber muss nicht so sein. In der **Rechtswirklichkeit** sind viele Erfüllungsgehilfen „Vertreter", sind „weisungsabhängig", sind „sozial abhängig", stehen unter Kontrolle oder Überwachung, und sind aufgrund eines Vertrages tätig.

Dass aber auch **Amtsträger** (z. B. ein Notar) oder ein **Versorgungsbetrieb** Erfüllungsgehilfen derer sein sollen, die sich dieser Personen bzw. eines solchen Betriebes zum Zwecke der Erfüllung ihrer Verpflichtungen bedienen, wie man zuweilen liest, kann man ohne begründete Argumentation nicht einfach annehmen, weil hier u. U. **mangels** einer **Handlungsalternative** von einem willentlichen Einsatz dieser Personen nicht die Rede sein kann. Nur wenn diese gegeben ist (kaum bei Amtsträgern, oder Netzbetreibern, wohl aber neuerdings – es gibt keine Monopole mehr – bei Versorgungsbetrieben), kommt ein Einstehenmüssen nach § 278 BGB in Betracht, aber nicht mit der Folge einer über die Grenzen des von einem selbst Geschuldeten hinaus. Wer zum *Beispiel* (nach Medicus) als Vermieter eine Leistung wegen einer vom Netzbetreiber zu vertretenden Unterbrechung der Versorgung wegen eines Defekts der Versorgungszuleitung nicht rechtzeitig erbringen kann, schuldet im Falle einer Nichtanwendbarkeit des § 278 BGB Schadensersatz aus §§ 280 Abs. 2, 286 BGB nur, wenn die Auslegung des Vertrages ergibt (§ 157 BGB), dass er hierfür die Garantie (§ 276 Abs. 1 BGB) übernommen hat – was nahezu ausgeschlossen sein dürfte.

Mit Willen des Schuldners handelt auch ein **Erfüllungsgehilfe** des **Erfüllungsgehilfen,** wenn der **Schuldner** damit **einverstanden** war, dass dieser eingeschaltet wird. Wenn der **Schuldner nicht** mit dessen Einschaltung **einverstanden** war, dann haftet der Schuldner auch, jetzt aber deshalb, weil in der nicht gebilligten Einschaltung der Hilfsperson ein schuldhaftes Verhalten des Erfüllungsgehilfen liegt, für das der Schuldner nach § 278 BGB einzustehen hat.

Immer wieder werden als angeblich „verwechslungsträchtig" die Rechtsfiguren eines **„Erfüllungsgehilfen"** (§ 278 BGB) und eines **„Verrichtungsgehilfen"** (§ 831 BGB) einander gegenüber gestellt.

An sich ist die behauptete Verwechslungsgefahr nicht nachvollziehbar, weil die Funktionen beider Normen völlig unterschiedlich sind: **In § 278 BGB geht es um eine Verschuldenszurechnung innerhalb bestehender Schuldverhältnisse** und damit mittelbar um die Begründung einer Haftung des „Geschäftsherrn" für fremdes Verschulden, während **§ 831 BGB eine Anspruchsgrundlage für vermutetes eigenes Verschulden des „Geschäftsherrn" darstellt**. Auch sind die Eigenschaften der als „Erfüllungsgehilfe" und als „Verrichtungsgehilfe" in Betracht zu ziehenden Person völlig unterschiedlich: Während es für den Erfüllungsgehilfen i. S. d. § 278 BGB völlig unbeachtlich ist, ob die Person vom Geschäftsherrn sozial abhängig ist, ist eine soziale Abhängigkeit für den Verrichtungsgehilfen i. S. d. § 831 BGB konstitutiv.

Das behauptete Verwechslungsrisiko rührt wohl daher, dass eine einzige Person bei bestimmten Fallkonstellationen zugleich „Erfüllungsgehilfe" und „Verrichtungsgehilfe" sein kann. Das demonstrierte der letzte Fall in anschaulicher Weise.

cc) Tätigwerden bei der Erfüllung der Verbindlichkeit

Um dies darzustellen, **konzentrieren wir uns auf rechtsgeschäftliche Schuldverhältnisse,** namentlich aus Vertrag, und erörtern an diesen Fallkonstellationen die anstehenden Fragen.

Damit **verzichten** wir **hier** ganz bewusst darauf, die (fraglose) Anwendbarkeit des § 278 BGB auf gesetzliche Schuldverhältnisse zu demonstrieren. Und auch die (ebenfalls selbstverständliche) Geltung des § 278 BGB auf die lediglich Rücksichtspflichten (§ 241 Abs. 2 BGB) begründenden Schuldverhältnisse aus geschäftlichem Kontakt ignorieren wir hier. Das bedeutet nicht, dass davon nicht schon die Rede gewesen wäre (lesen Sie z. B. die beiden ersten Fälle sub aa), die das gesamte Spektrum des § 278 BGB deutlich machen).

(1) Tätigwerden im Pflichtenkreis des Schuldners

Zur Verschuldenszurechnung kann aber nur ein **Tätigwerden** – genauer: ein **Verhalten, weil auch ein Unterlassen ein Tätigwerden sein kann (vgl. § 428 S. 1 HGB)** – im **Pflichtenkreis** des **Schuldners** führen. Dazu ist anerkannt, dass der Erfüllungsgehilfe dann im **Pflichtenkreis des Schuldners** tätig wird, wenn sein Verhalten **im Bereich des** vom **Schuldner nach Art und Inhalt** des **jeweiligen Schuldverhältnisses geschuldeten Gesamtverhaltens** liegt. Differenziert werden muss hier nach Leistungspflichten (§ 241 Abs. 1 BGB), die in einem Tun oder einem Unterlassen bestehen können (sub (a)), und nach Rücksichtspflichten (§ 241 Abs. 2 BGB) (sub (b)) sowie Verpflichtungen aus § 311a BGB (sub c)).

Wir beginnen **(a)** mit den auf die **Erbringung** einer **Leistung gerichteten Verpflichtungen** eines Schuldners, auf die der § 278 BGB zugeschnitten ist, weil eigentlich nur insoweit eine „Arbeitsteiligkeit" bei der Pflichtenerfüllung vorstellbar ist jedenfalls bei einem geschuldeten Tun, während bei einer Unterlassungsverpflichtung ein arbeitsteiliges Zusammenwirken nicht vorstellbar sein dürfte.

Beim **Kaufvertrag** stellt sich die Frage, ob der **Hersteller** einer **verkauften Sache** Erfüllungsgehilfe des **Verkäufers** ist: Zum *Beispiel* beim Verkauf von bereits vor Vertragsschluss hergestellten Fertigprodukten ist der Hersteller allerdings schon deshalb nicht Erfüllungsgehilfe des Verkäufers, weil er schon wegen der zeitlichen Reihenfolge (zunächst abgeschlossene Produktion, dann erst Kaufvertrag) nicht mehr im Pflichtenkreis des Schuldners aus dem Kaufvertrag (Verkäufer) tätig wird. Der Käufer kann sich nur nach § 823 Abs. 1 BGB oder § 1 ProdHaftG an den Hersteller halten (dazu später mehr). Dieser Einwand gilt aber zum *Beispiel* nicht, wenn beim Beschaffungskauf der Hersteller erst nach dem Kaufvertrag mit der Herstellung beauftragt wird. Gegen die Erfüllungsgehilfenschaft des Herstellers ließe sich aber auch bei dieser Konstellation einwenden, dass der Verkäufer nur die Übereignung und Übergabe einer mangelfreien Sache (§ 433 Abs. 1 S. 1 und 2 BGB), nicht aber deren Herstellung schuldet. Dagegen spricht aber, dass der Verkäufer sich durch die Einschaltung des Herstellers die Vorteile der Arbeitsteiligkeit zunutze macht und es keinen Unterschied machen darf, ob ein (auf Lieferung herzustellender Sachen gerichteter) Werklieferungsvertrag oder ein (auf Lieferung zu beschaffender Sachen) gerichteter Kaufvertrag geschlossen wird (Medicus). Ob sich darüber hinaus der Verkäufer das Verschulden des Herstellers zurechnen lassen muss, wenn er als Hersteller auftritt (Palandt) oder wenn „der Verkäufer seine Sachkunde herausstellt und sich auch bezahlen lässt (‚Fachgeschäft')" (Medicus), bleibt umstritten. Hier gibt es also allerlei zu diskutieren, was für die Klausurrelevanz des Themas spricht. Beim von einer Hilfsperson des Verkäufers schuldhaft herbeigeführten **Untergang einer Kaufsache auf dem vom Verkäufer übernommenen Transport zum Käufer,** kommt es für die Anwendbarkeit des § 278 BGB darauf an, ob eine Bringschuld vereinbart ist (bei der § 278 BGB angewendet wird) oder um eine Schickschuld mit Versendungsabrede (bei der § 278 BGB nur bei einer Transportbesorgung durch einen Arbeitnehmer des Verkäufers, nicht aber bei im Fall eines Frachtführers anwendbar ist). Auch dies ist ein „klassisches" Klausurproblem.

**Fall 335**

V verkauft an K eine bestimmte Büromaschine. Vereinbart ist, dass die Sache bei K angeliefert und dort aufgestellt werden soll. Auf dem Transport zerstört der Fahrer des V die Sache durch Unachtsamkeit. K verlangt Schadensersatz statt der Leistung von V, weil er eine vergleichbare Maschine wegen einer zwischenzeitlichen Verteuerung nur zu einem höheren Preis erwerben kann.

Der Anspruch des K gegen V kann sich aus §§ 280 Abs. 1, 3, 276, 278, 283, 249 ff. BGB ergeben. a) Zwischen V und K besteht ein wirksames Vertragsschuldverhältnis (§ 433 BGB). b) Weiterhin muss eine Pflichtverletzung vorliegen. Dieses Merkmal ist rein objektiv zu prüfen. Durch die Herbeiführung der Unmöglichkeit ist die objektiv bestehende Pflicht des Schuldners V zu leisten, verletzt worden (§ 275 Abs. 1 BGB). c) Das Vertretenmüssen des Schuldners wird nach § 280 Abs. 1 S. 2 BGB vermutet. Die Vermutung könnte hier aber widerlegt worden sein. aa) Den Schuldner selbst trifft kein Verschulden, weshalb er die Pflichtverletzung nach § 276 Abs. 1 BGB nicht zu vertreten hat. bb) Es kommt aber ein Vertretenmüssen nach § 278 BGB in Betracht. aaa) Zwischen V und K besteht ein Schuldverhältnis. bbb) Der Fahrer des V war mit dessen Wissen und Wollen zur Erfüllung seiner Verbindlichkeit tätig. Er war daher Erfüllungsgehilfe des V. ccc) Er handelte bei der Zerstörung der Waren auch in Erfüllung der Verbindlichkeit. ddd) Der Fahrer hat fahrlässig gehandelt (§ 276 Abs. 2 BGB). d) Der V ist daher zum Schadensersatz verpflichtet.

Sie haben sicherlich gemerkt, dass die Formulierungen mitunter etwas „unrund" sind. Dies hat damit zu tun, dass die Erörterung der Pflichtverletzung durch den Schuldner bereits einen Teil der Zurechnung erfasst. Man liest zwar stets, dass § 278 BGB eine Zurechnung fremden Verschuldens regelt, doch wird genau genommen durch diese Norm auch das Verhalten und die Pflichtverletzung zugerechnet.

**Fall 336**

Antiquitätenhändler V in Hamburg-Eppendorf verkauft dem K aus Hamburg-Winterhude eine provenzalische Standuhr im Werte von € 10.000,– zum Preise von € 8000,–. Da K nur einen kleinen zweisitzigen Mercedes besitzt, kann er sie nicht transportieren. V und K vereinbaren, dass V den Gelegenheits-Frachtführer F beauftragt, die Uhr zu K zu bringen. F ist ein zuverlässiger Fahrer, mit dem V bisher nur gute Erfahrungen gemacht hat. Die Uhr wird auf den Kleinlaster des F verladen. Auf der die beiden Stadtteile verbindenden Krugkoppelbrücke, dort wo sich das Flüsschen zur Außenalster weitet, lässt der ohnehin zu schnell fahrende F sich von dem herrlichen Ausblick ablenken und gerät ins Schleudern. Der Wagen durchbricht die steinerne Brückenmauer und stürzt in die Außenalster, wo die Uhr unauffindbar im sich seit Jahrhunderten angesammelt habenden Schlamm versinkt. Der K verlangt von V Schadensersatz statt der Leistung in Höhe von € 2000,–.

Der Anspruch folgt aus §§ 280 Abs. 1, 3, 283, 278, 276 BGB, wenn sich der V nicht hinsichtlich der Unmöglichkeit der Übergabe und Übereignung entlasten kann. a) Den V trifft kein eigenes (Auswahl-) Verschulden (§ 276 BGB). b) Er könnte sich jedoch das Verschulden des F zurechnen lassen müssen (§ 278 BGB). aa) Der F ist mit Wissen und Wollen des V für ihn tätig geworden. bb) Er müsste auch in dessen Pflichtenkreis tätig geworden sein, was davon abhängt, welche Leistungshandlungspflichten der V schuldete (Hol-, Schick- oder Bringschuld?); nur bei der Bringschuld wäre der F Erfüllungsgehilfe, denn nur dann gehört der Transport zum Gläubiger zu den Pflichten des Schuldners; wegen § 269 Abs. 1, 3 BGB ist aber von einer Schickschuld auszugehen. Also muss der V sich das Verschulden des F nicht zurechnen lassen. Der K kann keinen Schadensersatz verlangen. (Im vorigen Fall war wegen der Pflicht zum Anschluss der Maschine eine Bringschuld anzunehmen, weshalb es auf § 269 Abs. 3 nicht ankam.)

**Variante**

Wie wäre es, wenn der F ein Mitarbeiter des V gewesen wäre?

Dann wird man § 278 BGB anwenden müssen, so dass der K einen Anspruch gegen V aus §§ 280 Abs. 1, 3, 283, 278, 276, 249 ff. BGB hätte. Die Begründung hierfür ist, dass anderenfalls in derartigen Fällen der Käufer keinen Schadensersatzanspruch haben würde: Dem Verkäufer stünde nämlich gegen seinen als Transportperson eingesetzten Arbeitnehmer wegen der arbeitsrechtlichen Grundsätze zur Verteilung des Betriebsrisikos i. d. R. (nur bei Vorsatz und grober Fahrlässigkeit, sonst nur gemindert) kein voller oder gelegentlich gar kein (an den Käufer) abtretbarer Anspruch zu. Das aber wäre dem Käufer nicht zuzumuten, weil dieser keinen Einfluss darauf hat, ob der Verkäufer eigene und ggf. welche Leute er zum Transport einsetzt; dem Verkäufer dagegen wäre eine Haftung aus §§ 280 Abs. 1, 3, 283, 278, 276, 249 BGB dagegen sehr wohl zuzumuten, denn er kann auf die Gestaltung des Transportes in jeder Hinsicht einwirken.

Es sei wiederholt: Diese Fälle zur Anwendbarkeit des § 278 BGB auf einen Kaufvertrag, bei dem der Verkäufer den Transport der Ware übernimmt, sind klassische Klausurprobleme, die Sie unbedingt beherrschen sollten.

Beim **Werkvertrag** ist der **Subunternehmer** und eine in die Produktion eingeschaltete **Muttergesellschaft eines Konzerns** Erfüllungsgehilfe des Unternehmers. Der **Zulieferer** ist grundsätzlich kein Erfüllungsgehilfe.

Beim **Mietvertrag** sind jeweils im Pflichtenkreis der Vermieters tätig werdende Erfüllungsgehilfen: der Hauswart; der Verwalter; ein beauftragtes Reparaturunternehmen; ein Nachbar, der im Einverständnis mit dem Vermieter Abbrucharbeiten ausführt. Dagegen ist ein Mieter nicht Erfüllungsgehilfe des Vermieters, soweit es dessen Leistungspflichten aus Mietverträgen mit anderen Mietern betrifft. Wenn also zum *Beispiel* ein Mieter (M1) in seiner Wohnung schuldhaft eine Überschwemmung verursacht, durch die eine darunter liegende Wohnung eines anderen Mieters (M2) in Mitleidenschaft gezogen wird, hat der M2 keinen Schadensersatzanspruch gegen den V aus § 536a Abs. 1, 278 BGB, sondern nur einen Anspruch aus § 823 Abs. 1 gegen den M1 (nach Medicus). Im Pflichtenkreis eines Mieters tätige Erfüllungsgehilfen sind die Mietsache mit dessen Wissen und Wollen mitbenutzende Familienangehörige; auch der Untermieter ist Erfüllungsgehilfe des Mieters im Verhältnis zum (Haupt-)Vermieter.

Bei **Unterlassungspflichten** kann man sich – wie bereits einleitend bemerkt – einen im Pflichtenkreis des Schuldners tätigen „Erfüllungsgehilfen" rein begrifflich gesehen nicht so recht vorstellen. Denn: wie wirkt man beim Unterlassen arbeitsteilig zusammen? Trotzdem kann – wie das folgende Beispiel lehrt – ein Bedarf nach der Anwendung des § 278 BGB bestehen. Dazu hat man sich eines dogmatischen Kunstgriffs bedient, demzufolge Hilfskräfte nur dann als Erfüllungsgehilfen angesehen werden können, wenn die nach § 157 BGB vorzunehmende Vertragsauslegung ergibt, dass der Schuldner für seine Hilfskräfte einzustehen hat. Stellen Sie sich folgendes *Beispiel* vor: Dem Privatforscher Professor Dr. F. Aust (F) wird zu Forschungszwecken von einem Pharmaunternehmen P die geheime Zusammensetzung eines in der Entwicklung befindlichen Medikaments, das das ewige Leben ermöglich soll, unentgeltlich überlassen. Im Vertrag wird vereinbart, dass das von P schriftlich niedergelegte Rezept geheim bleiben muss. Der F unterwirft sich insoweit einer Vertragsstrafe (§ 340 BGB). Wenn jetzt der an der Forschungsarbeit des F beteiligte Assistent Dr. F. Amulus (A) eine Kopie des Rezepts mit auf einen Kongress nimmt und auf dem Tisch liegen lässt, wo es ein gewisser Prof. L. Uzifer (L) findet und es anschließend öffentlich als seine Erfindung ausgibt, muss der F für das die Unterlassungspflicht fahrlässig verletzende Fehlverhalten des A nach § 278 BGB einstehen. Die Vertragsstrafe ist verwirkt (§§ 340 Abs. 2, 280 Abs. 1, 3, 283, 278 BGB).

Das waren wesentliche Fallkonstellationen zur Frage, wer bei der Erfüllung von Leistungspflichten Erfüllungsgehilfe sein kann. Hier gibt es in dogmatischer Hinsicht kaum Probleme.

Dass es – wie hier bislang immer als völlig selbstverständlich dargestellt wurde – auch **(b)** bei der Missachtung von **Rücksichtspflichten** aus **§ 241 Abs. 2 BGB** ein Einstehenmüssen für Erfüllungsgehilfen gibt, versteht sich keinesfalls von selbst. Denn schließlich ist nach § 278 BGB der Erfüllungsgehilfe eine Person, deren der Schuldner sich „zur Erfüllung seiner Verbindlichkeit bedient". Jedoch ist § 278 BGB auf die gesamte Verpflichtung des Schuldners, also nicht nur auf die der Leistungspflichten (§ 241 Abs. 1 BGB) sondern auch auf die der Rücksichtspflichten (§ 241 Abs. 2 BGB) anwendbar. Dies ist auch angemessen, denn der Schuldner verschafft den Hilfspersonen in aller Regel erst die Möglichkeit zur Verletzung der Rechtsstellung des Gläubigers. Zudem ist das Risiko durchaus überschaubar, denn der Schuldner kann die Leute, die er für sich tätig werden lässt, aussuchen, er kann sie anleiten, überwachen und notfalls ihren Einsatz beenden. Und er kann auch durch die Kalkulation seiner Preise bzw. durch den Abschluss von Haftpflichtversicherungen das Risiko, für Hilfspersonen haften zu müssen, kompensieren.

**Fall 337**

Der E lagert in Kästen verpacktes Geschirr bei dem Lagerhalter LH ein. Der Lagerarbeiter A wird von LH angewiesen, die Kisten umzusetzen. Infolge seines Ungeschicks rutscht eine Kiste vom Gabelstapler und zerbricht mitsamt dem Geschirr. Der E nimmt den LH auf Schadensersatz in Anspruch.

Der Anspruch ergibt sich aus §§ 467 HGB, 280 Abs. 1, 276, 278 BGB: Hier ist der A Erfüllungsgehilfe, weil er bei der Erfüllung einer „vertragsspezifischen Pflicht" eingesetzt wurde.

**Fall 338**

Der E lagert in Kästen verpacktes Geschirr bei dem Lagerhalter LH ein. Der im Auftrag des LH tätige Dachdecker D repariert das Pappdach der Lagerhalle und setzt dabei eine Gasflamme ein. Dadurch gerät die Lagerhalle in Brand. Die Sachen des E werden zerstört. Der E nimmt den LH auf Schadensersatz in Anspruch.

Der Anspruch aus §§ 467 HGB, 280 Abs. 1, 241 Abs. 2, 276, 278 BGB soll sich auch ergeben bei einer „Einschaltung in die Erfüllung einer bloßen Schutzpflicht" aus § 241 Abs. 2 BGB (Medicus).

Vom Wortsinn des Begriffs „Erfüllungsgehilfe" ebenfalls nicht unmittelbar abzuleiten, aber vom Ergebnis her gesehen überzeugend ist die Ansicht, dass Personen, die zum Gebrauch einer Sache berechtigt (z. B. Mieter oder Entleiher) sind und zugleich verpflichtet sind, die Sache vor Schäden zu bewahren, für das Verhalten anderer Personen, denen sie die Sache überlassen haben, als **„Bewahrungsgehilfen"** nach **§ 278 BGB einzustehen** haben. Eine dies regelnde Spezialvorschrift ist **§ 540 Abs. 2 BGB**. Wenn zum *Beispiel* Sie als Hauptmieter einer Wohnung einzelne Zimmer an „Mitbewohner" überlassen haben, müssen Sie dafür einstehen, wenn die Mitbewohner ihre Räume ruinieren und der Vermieter Sie als den Hauptmieter deshalb auf Schadensersatz in Anspruch nimmt (§§ 280 Abs. 1, 241 Abs. 2, 278 BGB). Warum haften Sie dem Eigentümer-Vermieter nicht auch noch deliktisch? Weil Sie selbst nicht gehandelt haben, so dass § 823 Abs. 1 BGB nicht eingreift, und weil

§ 831 BGB natürlich nicht einschlägig ist. Aber dazu später mehr. In **§ 603 BGB** hat der Gesetzgeber eigenartigerweise keine vergleichbare Regelung getroffen; hier gilt dann wieder § 278 BGB.

**Fall 339**

Der Verein „Landjugend von 1953 e.V.“ (LJ) veranstaltet ein Vereinsfest. Hierfür leiht der Verein, vertreten durch seinen Vorsitzenden V, beim B Gläser. Auf dem doch sehr stürmischen Fest werden diverse Gläser zerschlagen. Es lässt sich nicht aufklären, welche der anwesenden Vereinsmitglieder dafür verantwortlich sind. B verlangt Ersatz vom Verein.

Der Anspruch könnte aus §§ 280 Abs. 1, 3, 283 BGB folgen. a) Als Schuldverhältnis liegt hier ein Leihvertrag vor (§§ 598 ff. BGB). b) Aus § 604 Abs. 1 BGB folgt die Pflicht zur Rückgabe. Sie ist hier unmöglich geworden (§ 275 Abs. 1 BGB), sodass eine Pflichtverletzung vorliegt. c) Möglicherweise kann sich der LJ aber vom vermuteten Vertretenmüssen entlasten. aa) Hier kommt ein Verschulden der juristischen Person LJ nicht in Betracht, sondern ausschließlich bb) eine Zurechnung. aaa) Zwar kennen Sie bereits § 31 BGB, doch hat hier nicht der Vorstand die Gläser zerstört. bbb) Es kommt aber eine Zurechnung des Verschuldens von Vereinsmitgliedern nach § 278 BGB in Betracht. aaaa) Ein Schuldverhältnis liegt, wie bereits geprüft, vor. bbbb) Fraglich ist, ob die Vereinsmitglieder Erfüllungsgehilfen sind. Erfüllungsgehilfe ist jeder, der mit Wissen und Wollen des Schuldners in dessen Pflichtenkreis tätig wird. Hier bestand eine Pflicht zum Schutz der geliehenen Sachen, die den beteiligten Vereinsmitgliedern überlassen worden ist. cccc) Sie handelten hier auch in Erfüllung dieser Verbindlichkeit. (Anders wäre es z. B., wenn die Gläser im Vereinshaus gelagert gewesen wären und dort von zufällig anwesenden Mitgliedern zerstört worden wären.). dddd) Der Verein muss daher dem B Schadensersatz für die Gläser leisten.

Auch bei **Unterlassungspflichten,** die keine primären Leistungspflichten sind, sondern sich aus § 241 Abs. 2 BGB ergeben, hat der Schuldner für Verrichtungsgehilfen nach § 278 BGB einzustehen. Wenn also zum *Beispiel* zwischen Ihnen mittlerweile bekannten F und Pharmaunternehmen P keine Geheimhaltungsvereinbarung getroffen worden wäre, bestünde aus § 241 Abs. 2 BGB eine die Verschwiegenheit einschließende Pflicht zur Rücksichtnahme, die durch den Erfüllungshilfen A schuldhaft verletzt worden ist, was dem F nach § 278 BGB zurechenbar ist, so dass P gegen F einen Anspruch aus §§ 280 Abs. 1, 241 Abs. 2 BGB hätte.

Gleichermaßen mag für den einen oder anderen unter den Lesern nicht auf den ersten Blick einsichtig sein, **(c)** wieso ein **Vertragsschuldner** aus **§ 311a BGB,** der ja bekanntlich **keine Leistung** schuldet, weil er nach § 275 Abs. 1–3 BGB nicht zu leisten braucht, für das Verhalten eines „Erfüllungsgehilfen“ nach § 278 BGB einzustehen hat. Aber Sie wissen ja: Ein solcher Vertragsschuldner ist nach § 311a Abs. 2 BGB dem anderen Teil zum Schadensersatz statt der Leistung oder zum Aufwendungsersatz nach § 284 BGB verpflichtet, wenn er das Leistungshindernis kannte oder seine Unkenntnis zu vertreten hatte. Stellen Sie sich zum *Beispiel* vor, dass der Gebrauchtwagenhändler V bei der Vorbereitung seiner Kaufverträge seinen Mitarbeiter M einschaltet und dass dieser wusste bzw. hätte wissen müssen, dass das Auto, das dann später von V an den Käufer K verkauft wird, nachdem der M den Inhalt des Vertrages mit K ausgehandelt hat, bereits am Tag davor an einen anderen Kunden verkauft, bezahlt und daher auch schon übereignet, aber nur noch nicht abgeholt worden ist. In einem solchen Fall muss der V dafür einstehen und ist nach §§ 311a Abs. 2, 278, 276 BGB schadensersatz- bzw. aufwendungsersatzpflichtig.

(2) Handeln „in Erfüllung" der Verbindlichkeit und nicht nur „bei deren Gelegenheit"

Eine Verschuldenszurechnung erfolgt aber nur, wenn der Erfüllungsgehilfe **„in Erfüllung der Verbindlichkeit"** und nicht nur **bei deren Gelegenheit,** also den Anlass einer schuldrechtlichen Beziehung gewissermaßen nur „ausnutzend", gehandelt hat.

Der Erfüllungsgehilfe handelt „in Erfüllung der Verbindlichkeit", wenn zwischen den dem Erfüllungsgehilfen übertragenen Aufgaben und der schuldhaften Handlung ein **„innerer sachlicher Zusammenhang"** besteht.

Diese früher allgemein übliche Formel passt allerdings nur dann zwanglos, wenn es um die Frage einer Zurechnung schuldhafter Verletzung von **Leistungspflichten** durch dabei mitwirkende Hilfspersonen geht. Überzeugender ist daher vielleicht die neuerdings übliche Testfrage, ob der **Schuldner** der **Hilfsperson** durch die Übertragung von Aufgaben dieser die **schuldhafte Verletzung wesentlich erleichtert** hat. Diese Formel passt auch besser für die Fälle einer Verletzung von **Rücksichtspflichten nach § 241 Abs. 2 BGB**, bei denen der „innere sachliche Zusammenhang" immer nur sehr künstlich argumentierend festgestellt werden kann. In unserem *Beispiel* des an L verratenen Geheimnisses handelt der A nicht nur bei Gelegenheit, denn das Fehlverhalten des A ist durch die Übertragung von Aufgabe an A wesentlich erleichtert worden. Wenn im *Beispiel* der L für die Gunstgewährung einer gewissen Studentin G. Retchen (G), auf die er Einfluss habe, dem A abverlangt hätte, das Rezept zu „stehlen", was dem A wegen seines für die reibungslose Arbeit notwendigerweise gegebenen Wissens um den Code des Labortresors ohne weiteres möglich gewesen war, so wäre nach der „hergebrachten" Fragestellung nur ein Handeln „bei Gelegenheit" gegeben. Nach der anderen Formel, nach der entscheidend ist, dass der Schuldner (F) der Hilfsperson (A) durch die der Erfüllung dienende Übertragung von Aufgaben die schuldhafte Verletzung wesentlich erleichtert hat, wäre ein Handeln in Erfüllung der Verpflichtung gegeben. Anders wäre es im Beispiel nur, wenn der A den Code nicht gekannt hätte, sondern den Tresor aufgeschweißt hätte.

**Fall 340**

Der B schließt mit dem U einen Werkvertrag ab, aufgrund dessen der U die Wohnung des B zu streichen hat. Der U setzt den Malergesellen G ein. Der G lässt den Farbtopf fallen, so dass das Parkett beschädigt wird. Aus Frust bestiehlt der G den B. Der B verlangt Schadensersatz von U.

Ein Anspruch aus §§ 631, 280 Abs. 1, 241 Abs. 2, 278, 276 BGB steht dem B wegen der Beschädigung des Fußbodens zu: a) Der G ist auch in die Erfüllung einer Schutzpflicht aus § 241 Abs. 2 BGB eingeschaltet worden, b) und er hat bei deren Verletzung nach beiden Ansichten bei Erfüllung der ihm übertragenen Aufgaben gehandelt. 2. Hinsichtlich des Diebstahls hat er a) nach der überwiegenden Ansicht mit der Verletzung der „Rücksichtspflicht" nur „bei Gelegenheit" der ihm übertragenen Aufgaben gehandelt, weil der innere Zusammenhang zwischen übertragenen Aufgaben und Diebstahl fehlt, b) während nach der anderen Ansicht die ihm übertragene Tätigkeit den Diebstahl erleichtert hat; denn ohne Zutritt in die Wohnung hätte er den B nicht bestehlen können.

#### dd) Verschulden des Erfüllungsgehilfen

Der Schuldner hat nach § 278 BGB das Verschulden des Erfüllungsgehilfen wie eigenes Verschulden zu vertreten. Dass diese **Verschuldenszurechnung** in Wahrheit **auch** eine **Verhaltens-** und **Pflichtverletzungszurechnung** ist, haben wir bereits erwähnt.

Man muss dazu prüfen, ob das Verhalten des Erfüllungsgehilfen als ein Verhalten des Schuldners gedacht, eine schuldhafte Pflichtverletzung darstellen würde. Es kommt also auf den **Verschuldensmaßstab** des **Schuldners selbst** und nicht auf den an den Erfüllungsgehilfen anzulegenden Verschuldensmaßstab an: So mögen für einen „Lehrling" bestimmte Pflichtverletzungen nicht fahrlässig sein; entscheidend ist aber die vom „Meister" zu erwartende Sorgfalt. Anderenfalls könnte man sich durch die Arbeitsteilung der Verantwortlichkeit entziehen.

Ich hoffe, dass der bereits erfolgte klarstellende Hinweis, dass es bei § 278 BGB keinen Entlastungsbeweis nach dem Vorbild des § 831 Abs. 1 S. 2 BGB gibt, für alle von Ihnen mittlerweile eine absolute Selbstverständlichkeit ist. Aber: warum gibt es eigentlich keinen solchen Entlastungsbeweis? Weil die dogmatische Ausgangslage sich völlig unterscheidet: Es geht bei § 278 BGB um die Zurechnung fremden Verschuldens innerhalb eines bestehenden Schuldverhältnisses, während es sich bei § 831 Abs. 1 S. 1 BGB um einen Fall der deliktischen Haftung des Geschäftsherrn für vermutetes eigenes Verschulden handelt.

### b) Haftung für die „Leute" des Frachtführers (§ 428 HGB)

Ebenfalls auf dem Grundgedanken einer notwendigen Haftungserweiterung wegen einer vom Schuldner vorgenommenen Arbeitsteilung beruht **§ 428 HGB**, der allerdings noch über § 278 BGB hinausgeht.

Der **Frachtführer haftet** nämlich nach **§ 425 Abs. 1 HGB** dem **Absender** auf **Schadensersatz** für den **Verlust** des beförderten Gutes, für dessen **Beschädigung** und für eine **Versäumung** der **Lieferzeit**. Das erforderliche **Verschulden** wird **vermutet** und kann nur eingeschränkt widerlegt werden: „Der Frachtführer ist von der Haftung befreit, soweit der Verlust, die Beschädigung oder die Überschreitung der Lieferfrist auf Umständen beruht, die der Frachtführer auch bei größter Sorgfalt nicht vermeiden und deren Folgen er nicht abwenden konnte" **(§ 426 HGB)**.

Nach **§ 428 S. 1 HGB** hat der Frachtführer dabei „Handlungen und Unterlassungen seiner Leute in gleichem Umfange zu vertreten wie eigene Handlungen und Unterlassungen, wenn die Leute in Ausübung ihrer Verrichtungen handeln". Die **„Leute"** sind alle Beschäftigten des Frachtführers, unabhängig davon, ob sie für die Transportbesorgung zuständig sind oder überhaupt hieran mitwirken. Sie müssen aber in Ausübung ihrer Verrichtung handeln, so dass wieder ein innerer Zusammenhang zwischen der Verrichtung und dem Fehlverhalten gefordert ist.

Nach **§ 428 S. 2 HGB** haftet der Frachtführer auch für andere, also nicht betriebszugehörige Personen, deren er sich bei Ausführung der Beförderung bedient. Anders als bei der „Leutehaftung" nach Satz 1, kommt es bei Satz 2 auf das Handeln „in Ausführung der Beförderung" an.

Lesen Sie sich bei dieser Gelegenheit die §§ 424–439 HGB einmal durch um einen Überblick über die vielen, gegenüber den allgemeinen BGB-Vorschriften vorrangigen Sonderregelungen zu bekommen. Achten Sie insbesondere auf die Haftungsausschlussgründe (§§ 426 f. HGB), die Einschränkungen hinsichtlich der Anspruchshöhe (§§ 430–435 HGB), die Regelung zur Haftung der Leute selbst (§ 436 HGB), sowie zur Abdingbarkeit der Vorschriften (§ 449 HGB).

**Fall 341**

Der Großhändler und Absender A schließt mit dem Frachtführer F einen Frachtvertrag, aufgrund dessen der F Frachtgut (100 Computer) zum Einzelhändler, Käufer und Empfänger E am Bestimmungsort befördern und abliefern soll (Bringschuld). Das Eigentum soll nach Ankunft der Ware von K bezahlt werden; dann soll auch das Eigentum übergehen. Vor der Verladung auf den LKW lagert der F das Frachtgut in seiner Frachthalle ein. Dort entwendet der verlässliche Buchhalter Buch (B) des F, der sich an einem Sonntag mit seinem Generalschlüssel zu Diebstahlszwecken auf das Firmengelände und in die Frachthalle begeben hat, einen Computer. Der A nimmt den F auf Schadensersatz in Anspruch.

Der Anspruch des A gegen F könnte sich 1. aus § 425 Abs. 1 HGB ergeben. Der F muss sich das schuldhafte Verhalten „seiner Leute" zurechnen lassen (§ 428 HGB), also auch das des B, der in seinem Betrieb beschäftigt ist; dass dieser an der Besorgung des Transportes unbeteiligt ist, spielt keine Rolle. Allerdings müsste B in Ausübung seiner Verrichtung gehandelt haben. Das Fehlverhalten muss hierfür in einem inneren Zusammenhang mit den dem B übertragenen Aufgaben stehen. Dies setzt voraus, dass die Handlung noch zum allgemeinen Umkreis des zugewiesenen Aufgabenbereichs gehört und nicht nur bei Gelegenheit der Tätigkeit erfolgte. Ein innerer Zusammenhang mit der Aufgabe kann aber auch bei vorsätzlichem Handeln und bei Handeln gegen ausdrückliche Weisungen des Frachtführers vorliegen. Zwar kann es nicht genügen, dass die Beschäftigung dem Handelnden die rein faktische Möglichkeit der Einwirkung auf das Frachtgut gegeben hat. Vielmehr muss der Handelnde in die den Frachtführer gegenüber seinem Auftraggeber treffenden Schutzpflichten einbezogen worden sein. Das ist jedenfalls dann anzunehmen, wenn ihm im Rahmen seiner Aufgaben Zugang zu nicht allgemein zugänglichen Gütern eingeräumt wurde, unabhängig davon, ob sich der konkrete Auftrag darauf bezog. Deshalb ist auch der vorliegende Diebstahl von Gut aus dem Lager ein Verstoß gegen die vertragsspezifische Pflicht zur Schadloshaltung des Frachtguts und damit vom Frachtführer zu vertreten. 2. Ein deliktischer Anspruch aus a) § 823 Abs. 1 BGB entfällt, weil den F an dem Diebstahl kein Verschulden trifft. b) Es besteht auch kein Anspruch aus § 831 BGB, weil der B nur „bei Gelegenheit" und nicht in Erfüllung einer ihm übertragenen Verpflichtung gehandelt hat.

Beachten Sie, dass nach § 407 HGB ein Frachtführer jeder ist, der entgeltlich Transporte erledigt. Er muss nicht unbedingt Kaufmann sein und diese Tätigkeit auch nicht regelmäßig ausüben. Der Anwendungsbereich ist daher relativ weit!

### c) Haftung für gesetzliche Vertreter und für Organe (§ 278 BGB/§ 31 BGB)

#### aa) Gesetzliche Vertreter

Oft **vergessen** wird, dass einem Schuldner innerhalb bestehender Schuldverhältnisse nach § 278 BGB auch das **Verschulden** (und genau genommen: auch das Verhalten) **gesetzlicher Vertreter** zugerechnet wird. Dabei heißt es doch in § 278 BGB deutlich, dass „der Schuldner … ein Verschulden seines gesetzlichen Vertreters … in gleichem Umfang zu vertreten (hat) wie eigenes Verschulden".

Der „juristische Klassiker" ist es, wenn **Eltern** als gesetzliche Vertreter **für** die **Kinder** handeln **(§ 1629 Abs. 1 BGB)** und die Kinder sich deren Verschulden wie eigenes zurechnen lassen müssen.

Dogmatisch heikler sind die folgenden Konstellationen.

**Ehegatten** werden im Rahmen des § 278 BGB wie einander vertretende gesetzliche Vertreter behandelt, soweit sie sich nach **§ 1357 BGB** gegenseitig verpflichten können, obwohl sie sich gerade nicht gegenseitig vertreten (dazu später mehr sub Teil 11). Der **Insolvenzverwalter** ist im Rahmen seiner durch **§ 80 InsO** verliehenen Stellung Erfüllungsgehilfe des Schuldners, obwohl er gerade nicht dessen gesetzlicher Vertreter ist, sondern lediglich die Verfügungsbefugnis erlangt. Auch der **Testamentsvollstrecker** (§§ 2197, 2205 f. BGB) wird als Erfüllungsgehilfe des/der Erben behandelt.

Letztlich – und das ist die dogmatische Quintessenz aus diesem sehr weiten Verständnis des § 278 S. 1 Var. 1 BGB – versteht man also unter einem „gesetzlichen Vertreter" nicht das, was Sie im Zusammenhang mit den §§ 164 ff. BGB gelernt haben, sondern **alle Personen,** die **kraft gesetzlicher Anordnung wirksam für** andere **Personen handeln** können.

#### bb) Organe

Die **Organe juristischer Personen** sind begrifflich keine gesetzlichen Vertreter, werden ihnen aber in § 26 Abs. 2 S. 1 BGB gleichgestellt. Vom Ergebnis her unproblematisch, aber von der juristischen Konstruktion verwirrend ist die Frage, nach welchen Normen sich die Zurechnung des schuldhaften Verhaltens von Organen juristischer Personen richtet, also bei eingetragenen Vereinen, der GmbH und der AG. Fraglich ist, ob die Zurechnung über §§ 278, 26 Abs. 2 S. 1 BGB und bei der Stiftung über §§ 278, 86 S. 1 BGB erfolgt, oder ob hier § 31 BGB angewendet wird, oder ob § 31 BGB nur für die Zurechnung von Delikten heranzuziehen ist. Alles Wissenswerte dazu – und auch zu Frage der Zurechnung des Verhaltens der geschäftsführenden Gesellschafter der rechtsfähigen Gesellschaften – finden Sie sub Teil 2 A. I. 2). Sie sollten diese Gelegenheit zur Wiederholung (und zur gleichzeitigen „Erholung" vom Leistungsstörungsrecht) nutzen!

## 2. Verschiebung des Haftungsmaßstabes

Grundsätzlich haftet der **Schuldner selbst** und auch **für** seine **Erfüllungsgehilfen**, **gesetzlichen Vertreter** oder **Organe** nur bei **eigenem Verschulden** bzw. dem **Verschulden** der genannten **Drittpersonen (§ 276 Abs. 1 S. 1 BGB)**. Dies bedeutet eine Haftung für Vorsatz und für jede (auch leichteste) Fahrlässigkeit.

Unter bestimmten Voraussetzungen kann der Haftungsmaßstab verschärft oder gemildert sein: Das ergibt sich aus § 276 Abs. 1 S. 1 BGB, demzufolge die Haftung für Vorsatz und Fahrlässigkeit nur gilt, „wenn eine strengere oder mildere Haftung weder bestimmt noch aus dem sonstigen Inhalt des Schuldverhältnisses, insbesondere aus der Übernahme einer Garantie oder eines Beschaffungsrisikos zu entnehmen ist".

### a) Rechtsgeschäftliche Haftungsverschärfungen oder Haftungsmilderungen

Aus der Formulierung in § 276 Abs. 1 S. 1 BGB („wenn eine strengere oder mildere Haftung weder **bestimmt** … **ist**") wird deutlich, dass der vorgenannte Haftungsmaßstab nicht zwingendes Recht ist.

Möglich sind **abweichende vertragliche Vereinbarungen**. Durch sie kann die Haftung entweder verschärft (z. B. auf Haftung ohne Verschulden) oder gemildert (Haftung nur für grobe Fahrlässigkeit) werden. Dass solche Vereinbarungen generell möglich sind, folgt aus dem Prinzip der Vertragsfreiheit („Inhaltsfreiheit"). Eine **Haftungsverschärfung** oder –milderung kann sich auch konkludent aus dem **Inhalt** des **Schuldverhältnisses** ergeben.

#### aa) Haftungsverschärfungen

##### (1) Garantie

Eine derartige vertragliche und als solche auch konkludent mögliche **Haftungsverschärfung** ist die ausdrücklich genannte **„Übernahme der Garantie"**; durch sie sichert der Schuldner dem Gläubiger zu, für alle Folgen einer Pflichtverletzung verschuldensunabhängig einzustehen.

So können z. B. der Verkäufer, Vermieter oder Werkunternehmer **vertraglich** bestimmte Eigenschaftszusicherungen abgeben.

Wegen der weit reichenden Haftungsrisiken ist bei der Annahme einer **konkludenten** Garantie ein strenger Auslegungsmaßstab anzulegen und zu fragen, ob der Schuldner unbedingt und verschuldensunabhängig für den Erfolg einstehen wollte.

##### (2) Übernahme des Beschaffungsrisikos

Eine Haftungsverschärfung kann auch aus der **„Übernahme des Beschaffungsrisikos"** folgen.

Dies ist eine auf die **Gattungsschuld** zugeschnittene (aber nicht auf Gattungsschulden begrenzte) Regelung: Solange die Leistung aus der Gattung an sich möglich ist, hat der jeweilige Schuldner seine Unfähigkeit zur Leistung (gleich ob Unvermögen oder Verzug) zu vertreten. Natürlich muss man hier stets § 243 Abs. 2 BGB im Auge behalten: Denn wenn die Gattungsschuld konkretisiert wurde, ist nur noch das konkrete Stück geschuldet und der Schuldner haftet nur bei einem vermuteten bzw. vorliegenden Verschulden.

Auch bei **Geldschulden** trägt der Schuldner das Beschaffungsrisiko, so dass der Geldschuldner auch dann in Schuldnerverzug kommt, wenn er den Geldmangel nicht zu vertreten hat.

Selbst bei **Stückschulden** ist die Übernahme eines Beschaffungsrisikos denkbar. *Beispiel:* V verspricht dem K die Beschaffung eines bestimmten Gemäldes von Picasso. Er haftet aus §§ 280 Abs. 1, 3, 281/283 BGB auch dann auf Schadensersatz statt der Leistung, wenn er schuldlos nicht zur Lieferung imstande ist, sofern sich das Beschaffungsrisiko realisiert hat (nach Kropholler). Im Gegensatz zu einer Garantie haftet der Schuldner bei der Übernahme des Beschaffungsrisikos aber nur für beschaffungstypische Risiken, also Leistungsrisiken, die typischerweise mit Beschaffungsschulden der fraglichen Art verbunden und dem Geschäftskreis des Schuldners zuzurechnen sind (z. B. fehlende finanzielle Mittel, mangelnde Geschäftserfahrung oder Marktkenntnis, nicht rechtzeitige Eindeckung; nicht aber unvorhersehbare höhere Gewalt oder rechtswidrige Handlungen Dritter).

#### bb) Haftungsmilderungen

Die **Haftungsmilderungen** werden i. d. R. **ausdrücklich** vereinbart. An das Vorliegen einer **konkludenten** Haftungsmilderung wäre zu denken beim Auftragsrecht, das abweichend von anderen unentgeltlichen Geschäften (vgl. z. B. § 521 BGB) keine gesetzliche Milderung der Haftung enthält. **Einschränkungen** der freien Vereinbarkeit von Haftungsmilderungen finden sich

- in **§ 276 Abs. 3 BGB**: „Die Haftung **wegen Vorsatzes** kann dem Schuldner nicht **im Voraus** erlassen werden", was aber nicht für die Haftung von Erfüllungsgehilfen und gesetzliche Vertreter gilt (§ 278 S. 2 BGB),
- in den **Arglist-** und/oder **Garantiefällen** der **§§ 444, 639 BGB** (kein Gewährleistungsausschluss soweit Arglist des Verkäufers/des Werkunternehmers oder ein Garantieübernahme vorliegt), des § 536d BGB (kein Gewährleistungsausschluss bei Arglist des Vermieters),
- bei der Verwendung von **AGB** nach **§ 309 Nr. 7 BGB** (kein Haftungsausschluss bei Verletzung von Leben, Körper, Gesundheit und bei grobem Verschulden auch nicht für Erfüllungsgehilfen und gesetzliche Vertreter); vergessen Sie nicht, dass die Grundgedanken und Wertungen der Klauselverbote nach §§ 308, 309 BGB auch bei AGB gegenüber Unternehmern beachtlich sind (§ 310 Abs. 1 S. 2 BGB).

**Fall 342**

Der T schließt in seinen „Allgemeinen Nutzungsbedingungen" für die neben seiner Tankstelle von ihm betriebene Autowaschanlage die eigene Haftung für Fahrlässigkeit aus. Der B lässt sein Auto waschen, das dabei aufgrund fahrlässigen Verhaltens des T beschädigt wird.

Bei der Prüfung eines Anspruchs aus §§ 280 Abs. 1 S. 1, 241 Abs. 2 BGB müssen Sie unter dem Prüfungspunkt „Vertretenmüssen" erwägen, ob eine Haftung des T für Fahrlässigkeit ausgeschlossen ist. Es folgt dann die normale AGB-Prüfung (Vorliegen von AGB, Einbeziehung, Auslegung, Inhaltskontrolle). Dabei ergibt sich, dass die Klausel gegen § 309 Nr. 7 b) BGB verstößt und daher – in vollem Umfang! – unwirksam ist. Der T ist daher zum Schadensersatz verpflichtet.

### b) Gesetzliche Haftungsverschärfungen oder Haftungsmilderungen

Der Haftungsmaßstab kann aber nicht nur ausdrücklich bzw. konkludent vertraglich sondern auch durch **gesetzliche Sonderbestimmungen** verändert werden.

#### aa) Gesetzliche Haftungsverschärfungen

Wenn sich der **Schuldner** im **Verzug** befindet, so haftet er nach **§ 287 BGB** zum einen für **„jede Fahrlässigkeit"** (Satz 1) und „**wegen der Leistung** (haftet er) auch für **Zufall,** es sei denn, dass der Schaden auch bei rechtzeitiger Leistung eingetreten sein würde" (S. 2).

Dass in **§ 287 S. 1 BGB** ausdrücklich eine Haftung „während des Verzuges" für „jede Fahrlässigkeit" bestimmt wird, verwundert auf den ersten Blick, da wir ja soeben gelernt haben, dass schon nach § 276 Abs. 1 S. 1 BGB für jede Fahrlässigkeit gehaftet wird. Die ratio legis der Regelung des § 287 S. 1 BGB liegt darin, dass bei manchen Schuldverhältnissen gesetzliche Haftungserleichterungen eingreifen. So haftet der unentgeltliche Verwahrer nur für die eigenübliche Sorgfalt (§ 690 BGB). Nur für Vorsatz und grobe Fahrlässigkeit haften der Schenker (§ 521 BGB) und der Verleiher (§ 599 BGB).

Der **§ 287 S. 2 BGB** ist eine wichtige und klausurträchtige **Sonderregel** für während des Schuldnerverzugs eingetretene **Leistungshindernisse**. Diese umfasst Hindernisse nach § 275 BGB aber auch Leistungserschwerungen. Der Schuldner haftet während des Verzugs auch für Zufall, es sei denn der Schaden wäre auch bei rechtzeitiger Leistung eingetreten.

**Fall 343**

Der V verkauft an den K ein altes Bild (Wert € 1000,–). Er soll es am 11. Juni 2015 an K liefern. Diesen Termin kann der V jedoch wegen ungeschickter Terminplanung nicht einhalten. Am 12. Juni 2015 verbrennt das Bild, nachdem im Haus des V der Blitz eingeschlagen war. Der K verlangt Schadensersatz von V.

Der Anspruch kann sich hier aus §§ 280 Abs. 1, 3, 283 BGB ergeben. a) Zwischen dem V und dem K bestand ein Kaufvertrag. b) Der V ist von der aus § 433 Abs. 1 BGB geschuldeten Leistung frei geworden (Stückschuld; § 275 Abs. 1 BGB). c) Fraglich ist, ob das vermutete Verschulden (§ 280 Abs. 1 S. 2 BGB) des V widerlegt ist. aa) Grundsätzlich haftet der Schuldner nach § 276 Abs. 1 S. 1 BGB nur für Vorsatz und Fahrlässigkeit. Beides ist aber bei „höherer Gewalt" wie sie bei einem Blitzschlag vorliegt, nicht gegeben. bb) Hier kann sich jedoch eine Haftungsverschärfung nach § 287 S. 2 BGB ergeben haben, wenn V sich bei Eintritt der Unmöglichkeit im Schuldnerverzug (§ 286 BGB) befunden hatte. aaa) Der V hat an den K nicht geleistet, obwohl der Anspruch fällig (Leistungszeit bestimmt auf 11. Juni 2015) und durchsetzbar war. bbb) Eine Mahnung war nicht erforderlich, da die Leistungszeit kalendermäßig bestimmt war (§ 286 Abs. 2 Nr. 1 BGB). ccc) Der V müsste die Nichtleistung bei Fälligkeit zu vertreten haben (hier müssen Sie auf § 286 Abs. 4 BGB abstellen und nicht auf § 280 Abs. 1 S. 2 BGB!): Da der V bei seiner Terminplanung einen Fehler gemacht hat, hat er die Nichtleistung bei Fälligkeit auch zu vertreten. ddd) Es liegt also Schuldnerverzug vor. Als Rechtsfolge haftet V auch für Zufall, sofern nicht auch bei rechtzeitiger Leistung der Schaden eingetreten wäre. Hätte der V am 11. Juni 2015 das Bild an den K übereignet und übergeben, wäre es am 12. Juni 2015 nicht verbrannt. Der V hat die Unmöglichkeit zu vertreten. d) Daher steht dem K gegen V ein Anspruch auf Schadensersatz „statt der Leistung" aus §§ 280 Abs. 1, 3, 283, 249 ff. BGB i. H. v. € 1000,– zu.

Die **Haftungsverschärfungen** nach **§ 287 BGB** gelten aufgrund ihrer systematischen Stellung (Verzug ist nur bei Leistungspflichten möglich) **nicht** für Schadensersatzansprüche aufgrund einer **Verletzung** von **Rücksichtspflichten** aus **§§ 280 Abs. 1, 241 Abs. 2 BGB** oder aus **§§ 280 Abs. 1, 3, 282 BGB**.

Und natürlich gilt **§ 287 BGB nicht** (darauf sind Sie auch schon einmal darauf hingewiesen worden), wenn der Schaden kausal auf den Schuldnerverzug zurückzuführen ist, so dass es sich bei dem Schaden um einen **bereits nach §§ 280 Abs. 1, 2, 286 BGB** zu ersetzenden **Verzögerungsschaden** handelt.

**Variante**

Der V hat an den K unter sonst gleichen Umständen ein Haus verkauft, dessen Übergabe am 11. Juni 2015 stattfinden sollte. Das Haus verbrennt nach einem Blitzschlag.

Hier greift § 287 S. 2 BGB nicht ein, da der Schaden auch bei rechtzeitiger Leistung eingetreten wäre.

bb) Gesetzliche Haftungsmilderung

Spiegelbildlich zur soeben dargestellten Haftungsverschärfung aus § 287 S. 1 BGB gibt es auch eine **Privilegierung** des **Schuldners**, wenn der **Gläubiger** in **Annahmeverzug** (§§ 293 ff. BGB) kommt. Nach **§ 300 Abs. 1 BGB** beschränkt sich nämlich die **Haftung** des **Schuldners** in diesem Fall auf Vorsatz und grobe Fahrlässigkeit. Grobe Fahrlässigkeit liegt bekanntlich vor, **„wenn einfachste Überlegungen nicht angestellt wurden und nicht beachtet wurde, was im gegebenen Fall jedem einleuchten musste"**.

**Fall 344**

Der V verkauft an Rechtsanwalt K ein fabrikneues Auto. Der K soll das Auto am 11. Juni 2015 um 12.00 Uhr abholen. Der Wagen wird am Morgen des 11. Juni 2015 vom Werk angeliefert und um 12.00 Uhr für K bereitgestellt. Der K versäumt diesen Termin jedoch, weil er an diesem Tag einen auswärtigen Gerichtstermin hat. Der V hat keinen Stellplatz für das Fahrzeug in seinen Verkaufsräumen und stellt den Wagen daher auf seinen Hof. Dabei verschließt er das Auto, aktiviert aber versehentlich nicht die Alarmanlage und die Wegfahrsperre. In der Nacht zum 12. Juni 2015 wird das Auto von Unbekannten, die das Hoftor aufbrechen, gestohlen. Der K verlangt Lieferung eines neuen Kfz, hilfsweise Schadensersatz, der V die Zahlung des Kaufpreises von K.

1. Der in erster Linie geltend gemachte Lieferungsanspruch des K ist a) zwar nach § 433 Abs. 1 S. 1 BGB entstanden, er kann aber b) nach § 275 Abs. 1 BGB erloschen sein. Fraglich ist, ob Unmöglichkeit vorliegt. Hier wurde eine nur der Gattung nach bestimmte Sache verkauft. In solchen Fällen liegt Unmöglichkeit aa) grundsätzlich nur vor, wenn die Leistung aus der gesamten Gattung nicht mehr möglich ist. Hier könnte V aber problemlos ein neues Kfz besorgen. bb) Wenn jedoch eine Konkretisierung nach § 243 Abs. 2 BGB erfolgt ist, beschränkt sich die Schuld des V auf dieses Fahrzeug. Dazu müsste der Schuldner V das seinerseits erforderliche getan haben. Vereinbart war hier eine Holschuld. Den Schuldner trifft bei einer solchen Schuld die Pflicht die zu leistende Sache auszusondern und bereit zu stellen. Dies hat V hier getan. Es lag daher eine Konkretisierung vor. Durch die Zerstörung der konkretisierten Sache trat Unmöglichkeit ein. Der Anspruch auf Lieferung ist „ausgeschlossen“. Der V muss daher kein neues Kfz liefern. 2) Der hilfsweise geltend gemachte Schadensersatzanspruch kann sich aus §§ 280 Abs. 1, 3, 283 BGB ergeben. a) Ein wirksamer Vertrag lag vor. b) Dem V ist die Leistung unmöglich geworden, so dass der Anspruch nach § 275 Abs. 1 BGB „ausgeschlossen“ ist. c) Problematisch ist das Vertretenmüssen. aa) Grundsätzlich haftet der Schuldner für Vorsatz und jede Fahrlässigkeit. Hier liegt im Nichteinschalten der Alarmanlage mindestens eine leichte Fahrlässigkeit. bb) Es kann hier jedoch eine Haftungserleichterung nach § 300 Abs. 1 BGB eingreifen, mit der Folge, dass V nur für grobe Fahrlässigkeit haftet. Hier befand sich der K im Annahmeverzug, da V die Leistung zwar nicht tatsächlich angeboten (§ 294 BGB) hat und auch kein ausdrückliches wörtliches Angebot (§ 295 BGB) gemacht hat, jedoch war das Angebot nach § 296 S. 1 BGB wegen der kalendermäßigen Bestimmung entbehrlich. K befand sich daher im Annahmeverzug. V haftet daher nach § 300 Abs. 1 BGB nur für grobe Fahrlässigkeit. Fraglich ist, ob in dem Nichteinschalten der Alarmanlage und der Wegfahrsperre eine grobe Fahrlässigkeit zu sehen ist. Eine grobe Fahrlässigkeit ist eine besonders schwere Sorgfaltspflichtverletzung, bei der „einfachste Überlegungen nicht angestellt wurden und nicht beachtet wurde, was im gegebenen Fall jedem hätte einleuchten müssen“. Die Nichtbenutzung einer Alarmsicherung stellt eine erhebliche Unachtsamkeit dar, was zunächst für grobe Fahrlässigkeit spricht. Gegen grobe Fahrlässigkeit spricht aber, dass durch

Abschließen des Wagens und Nutzung eines verschlossenen Hofes ein hoher Sicherheitsstandard angewendet wurde, der einen Diebstahl unwahrscheinlich machte. Der V hat die Unmöglichkeit somit nicht zu vertreten. Eer haftet daher auch nicht auf Schadensersatz (a. A. vertretbar). 3) Der Zahlungsanspruch des V aus § 433 Abs. 2 BGB kann a) nach § 326 Abs. 1 S. 1 BGB erloschen sein. Dessen Voraussetzungen liegen vor. b) Der K befand sich jedoch im Annahmeverzug. Daher bleibt der Anspruch auf die Gegenleistung nach § 326 Abs. 2 S. 1 BGB bestehen. Der K muss daher zahlen.

Der **Schenker** haftet nur für **Vorsatz** und **grobe Fahrlässigkeit** (§ 521 BGB). Das bezieht sich zum einen auf das Verschulden bei der **Nichterfüllung** der **Leistungspflicht** bei einem Schenkungsversprechen. Das ist natürlich nur von recht theoretischer Bedeutung. Die wichtigere Frage, ob und in wieweit diese Haftungsmilderung auch die Haftung für Verletzungen von **Rücksichtspflichten** betrifft **(§§ 280 Abs. 1, 241 Abs. 2 BGB)**, wird wohl so zu beantworten sein, dass § 521 BGB angewendet werden kann, wenn „die verletzte Schutzpflicht im Zusammenhang mit dem Vertragsgegenstand steht".

**Fall 345**

Der S stellt Kartoffelchips her. Dabei entsteht als Abfall Kartoffelpülpe. Der Landwirt G will die Pülpe als Tierfutter verwenden. Der S schenkt daher die Kartoffelpülpe dem G. Die Schweine des G gehen wegen übermäßiger Fütterung mit der Kartoffelpülpe ein. G verlangt von S Schadensersatz, da er über die möglichen Risiken nicht hinreichend aufgeklärt worden sei (nach BGH).

Der Anspruch kann sich aus §§ 280 Abs. 1 S. 1, 241 Abs. 2 BGB ergeben. a) Fraglich ist zunächst, ob § 280 Abs. 1 S. 1 BGB überhaupt anwendbar ist. Dem könnte der Vorrang und die Ausschließlichkeit des Schenkungsgewährleistungsrechts nach §§ 523 Abs. 1, 524 Abs. 1 BGB entgegenstehen. Um diesen Vorrang zu begründen, müsste aber ein Mangel der geschenkten Sache vorliegen. Hier ist die Pülpe an sich völlig in Ordnung und nicht mangelhaft; daher greifen die für ihren Anwendungsbereich abschließenden Regelungen nicht ein. § 280 Abs. 1 S. 1 BGB ist daher anwendbar. b) Da zwischen S und G ein Schenkungsvertrag geschlossen ist, besteht auch ein Schuldverhältnis zwischen beiden (aus § 311 Abs. 1 BGB). c) Als Pflichtverletzung kommt hier in Betracht, dass der S den G nicht über mögliche Risiken bei der Verfütterung von Kartoffelpülpe gewarnt hat. Er hat damit gegen eine Pflicht nach § 241 Abs. 2 BGB verstoßen. d) Es kann aber an einem (vermuteten: § 280 Abs. 1 S. 2 BGB) Vertretenmüssen fehlen. Grundsätzlich hat der Schuldner Vorsatz und jede Fahrlässigkeit zu vertreten (§ 276 Abs. 1 BGB). Da hier jedoch allenfalls eine leichte Fahrlässigkeit vorliegt, ist fraglich, ob nicht ein milderer Haftungsmaßstab bestimmt ist. Dieser kann sich aus § 521 BGB ergeben, wonach der Schuldner nur für Vorsatz und grobe Fahrlässigkeit haftet, für leichte Fahrlässigkeit hingegen gar nicht. Hierbei stellt sich aber die Frage, ob § 521 BGB auf den vorliegenden Fall anzuwenden ist. Die Norm erfasst nach ihrem Wortlaut alle Ansprüche gegen den Schenker. Hierzu müssen jedoch aus teleologischen Gründen Einschränkungen gemacht werden. So sollen jedenfalls solche Nebenpflichtverletzungen nicht unter § 521 BGB fallen, die keinen Bezug zur Schenkung haben (z. B. Sturz in eine Grube bei Abholung der geschenkten Sache). Eindeutige Fälle des § 521 BGB sind dagegen die Ansprüche im direkten Zusammenhang mit der Schenksache (z. B. bei leicht fahrlässig herbeigeführter Zerstörung der Sache). Der vorliegende Fall liegt zwischen diesen beiden Fallgruppen. Zwar liegt kein Mangel der geschenkten Sache vor. Jedoch besteht bei der verletzten Schutzpflicht ein unmittelbarer Zusammenhang mit der Schenksache. Dies genügt nach der Rechtsprechung für die Anwendbarkeit von § 521 BGB. S haftet daher nur für Vorsatz und grobe Fahrlässigkeit. Da hier nur leichte Fahrlässigkeit vorliegt, besteht der Anspruch aus § 280 Abs. 1 S. 2 BGB nicht.

## V. Der Anspruch auf das „stellvertretende commodum"

Im Falle des § 275 BGB könnte es zu einer Art „ungerechtfertigter Bereicherung" des leistungsfrei gewordenen Schuldners kommen, wenn er dasjenige, was er für den „geschuldeten Gegenstand … als Ersatz" empfangen hat behalten dürfte. Daher hat das Gesetz in § 285 BGB bestimmt, dass der Gläubiger gegen den Schuldner einen Anspruch auf „Herausgabe des als Ersatz Empfangenen oder Abtretung des Ersatzanspruchs" (= **„stellvertretendes commodum"**; ein „commodum" ist ein Vorteil, Nutzen, Interesse) hat.

Bei der **Fallbearbeitung** empfiehlt es sich, den Anspruch aus § 285 BGB vorzuziehen. Sein Bestehen hat nämlich Auswirkungen auf andere Ansprüche, da das Surrogat nach § 285 Abs. 2 BGB bzw. analog dieser Vorschrift auf Schadensersatzansprüche bzw. Wertersatzansprüche nach § 346 Abs. 2 BGB anzurechnen ist.

I. **Voraussetzungen**
  1. Das Bestehen eines **Schuldverhältnisses**
  2. Der Schuldner wird (nachträglich) bzw. ist (anfänglich) gem. **§ 275 Abs. 1–3 BGB** von Leistungspflicht frei
  3. Der Schuldner erlangt aufgrund der Befreiung von der Leistungspflicht einen **Ersatz** oder **Ersatzanspruch**
  4. Der **Gläubiger verlangt Herausgabe** des Ersatzes oder Ersatzanspruchs

II. **Rechtsfolge**
  Schuldner muss den Ersatz an den Gläubiger herausgeben oder den Ersatzanspruch gegen einen Dritten abtreten

Bei **§ 285 BGB** handelt es sich um einen Fall der so genannten **schuldrechtlichen Surrogation**. An die Stelle des einen Anspruches tritt ein anderer. Fälle der **dinglichen Surrogation** behandeln wir später. Aber Sie können ja schon mal **§ 1247 BGB** lesen und versuchen, ihn zu verstehen.

Überlegen Sie stets, wenn Sie in einer „Anwaltsklausur“ um Rat gefragt werden, ob es wirklich sinnvoll ist, nach § 285 BGB das Surrogat zu verlangen. Häufig steht der Gläubiger besser da, wenn er nur Schadensersatz fordert! Der Anspruch aus § 285 BGB lohnt sich nur, wenn das Surrogat wertvoller ist als die Leistung.

- Bei § 285 BGB geht es vor allem um einen **Anspruch** auf **Abtretung** von **Ansprüchen** des Schuldners gegen eine **Versicherungsgesellschaft** aus Versicherungsvertrag: z. B. verbrennt die verkaufte Sache vor Übergabe/wird gestohlen und unterliegt zugleich einer Feuerversicherung/Hausratsversicherung. In Betracht kommen auch Ersatzansprüche gegen einen **deliktischen Schädiger,** wie einen Dieb oder einen Zerstörer einer einem Käufer geschuldeten Sache. Hat der Dritte bereits geleistet, geht es nur noch um den Anspruch auf **Herausgabe** des bereits als **Ersatz Empfangenen**.

**Fall 346**

Der V verkauft dem K für € 900,– eine Sache im Werte von € 1000,–, die eine Sekunde vor Vertragsschluss verbrannt ist. Die Sache ist bei der V-Versicherung gegen Feuer versichert. Der K verlangt Abtretung des Anspruchs des V gegen die V-Versicherung auf Zahlung von € 1000,–.

Der Anspruch auf Abtretung ergibt sich aus § 285 Abs. 1 BGB. a) V schuldete dem K Lieferung aus einem Kaufvertrag (§§ 433 Abs. 1, 311a Abs. 1 BGB). b) Der V braucht die Leistung jedoch nicht zu erbringen; der Anspruch des K ist ausgeschlossen, weil die Leistung jedermann unmöglich ist (§ 275 Abs. 1 BGB). c) Der V hat für den geschuldeten Gegenstand einen Ersatzanspruch (Anspruch aus § 1 Abs. 1 S. 1 VVG) erlangt.

- Auch der erzielte Erlös aus einem Rechtsgeschäft, das zur Befreiung von der Leistungspflicht führte ist als stellvertretendes commodum anerkannt (**„commodum ex negotiatione“,** „Vorteil aus einem Rechtsgeschäft“). Hier muss man allerdings **aufpassen:** Herausverlangt werden kann immer nur das rechtsgeschäftliche Surrogat, das der Leistung entspricht, von deren Erbringung der Schuldner nach § 275 BGB befreit ist. Kurz gewendet: Ein Eigentumssurrogat ist daher nur herauszugeben, wenn der Schuldner zur Eigentumsverschaffung – und nicht etwa nur zur Gebrauchsüberlassung auf Zeit – verpflichtet war. In Betracht kommen neben bzw. anstelle von § 285 BGB aber Ansprüche aus GoA (§§ 687 Abs. 2, 681 S. 2, 667 BGB) und Bereicherungsrecht (§ 816 BGB), an die sie immer denken müssen!

**Fall 347**

Der V verkauft an den K für € 900,– eine Sache im Werte von € 1000,–. Nach Vertragsschluss, aber vor Erfüllung, verkauft der V sie für € 1100,– an den D („Doppelverkauf") und übergibt und übereignet sie an den D, nachdem dieser den Kaufpreis in Höhe von € 1100,– gezahlt hat. Der D ist nicht bereit, die Sache an den V zurück zu übereignen. Der K verlangt von dem V Zahlung von € 1000,–.

Der Anspruch auf Zahlung ergibt sich aus § 285 Abs. 1 BGB. a) Der V schuldete dem K Lieferung aus einem Kaufvertrag (§ 433 Abs. 1 BGB). b) Der Anspruch des K gegen V ist jedoch ausgeschlossen, weil dem V die Leistung unmöglich ist (§ 275 Abs. 1 BGB). c) Der V hat für den geschuldeten Gegenstand einen „Ersatz" erlangt, worunter nach h.M. auch das „stellvertretende commodum ex negotiatione" (Ersatz aus einem Rechtsgeschäft) gehört; diesen muss der Schuldner V an den Gläubiger K herausgeben.

**Fall 348**

Der E verleiht eine Sache an den L im Werte von € 100,–. Der L unterschlägt die Sache und veräußert sie für € 120,– an den D, der den L für den Eigentümer hält. Der E verlangt den Erlös von dem L.

Der Anspruch ergibt sich a) nicht aus § 604, 285 BGB, weil zwischen der auf *Besitz*übertragung gerichteten Leistungsverpflichtung des L (die deshalb nicht mehr erbracht werden muss, weil der D nach §§ 929 S. 1, 932 BGB Eigentümer geworden ist) und dem Gegenstand, für den der Schuldner einen „Ersatz" erlangt hat (nämlich für das an den D verschaffte) *Eigentum* keine Identität besteht, b) sondern aus §§ 687 Abs. 2, 681 S. 2, 667 BGB, c) und aus § 816 Abs. 1 S. 1 BGB.

- Zuweilen kann zu erörtern sein, ob der Eigentümer gegen einen Herausgabeschuldner aus **§ 985 BGB**, der den Besitz (vor Rechtshängigkeit der Herausgabeklage) weitergegeben hat und daher die Herausgabe nicht mehr schuldet, gegen den ursprünglichen Besitzer einen Anspruch auf Herausgabe des erzielten Erlöses als „stellvertretendes commodum ex negotiatione" nach § 285 BGB hat. Das ist zwar jetzt nicht unser Thema, sondern wird später in Teil 6 vertieft behandelt werde. Aber davon „hören" sollen Sie hier jedenfalls schon einmal.

**Fall 349**

Dem E wird von dem D eine Sache gestohlen. Der D veräußert sie an den K weiter. Weil der K unauffindbar ist, verlangt der E von D mittels einer Klage einen Betrag in Höhe des erzielten Erlöses, der um 20 % über dem gemeinen Wert liegt.

1. Der Schadensersatzanspruch aus §§ 823 Abs. 1, 2 BGB, 242 StGB, 989, 990, BGB beläuft sich nur auf den gemeinen Wert der Sache (100 %), nicht aber auf den von E geltend gemachten Übererlös (12 %). 2. Zu prüfen ist daher ein

Anspruch auf Herausgabe des Erlangten. Die Vorfrage ist, ob die Regeln der §§ 987 ff. BGB hier vorgehen, weil der D den Anspruchsgegenstand in der Vindikationslage erlangt hat. Das ist nicht der Fall, denn die §§ 987 ff. BGB betreffen nur Schadensersatzansprüche und Nutzungsherausgabeansprüche. Das mittels einer Verfügung durch einen Nichteigentümer Erlangte gehört nicht hierzu. Also ist der Weg frei: a) §§ 985, 285 BGB: Zwischen E und D bestand ein Schuldverhältnis aus § 985 BGB. Da man im Rahmen des § 285 BGB auch das „commodum ex negotiatione“ als herauszugebendes Surrogat einschließlich eines Übererlöses erfasst, könnte der Anspruch des E gegen D gegeben sein. Es bestehen auch keine Bedenken wegen fehlender Identität zwischen geschuldetem Gegenstand (Wiederbeschaffung des Besitzes an der Sache) und Erlangtem (Gegenleistung für verschafften Besitz), denn Eigentum konnte der Käufer wegen § 935 BGB nicht erlangen. Gleichwohl wendet die h.M. § 285 BGB nicht auf § 985 BGB an, weil der Anspruch aus § 985 BGB nicht – wie § 285 BGB es voraussetzt – nach § 275 BGB erlischt, sondern sich nunmehr gegen den Besitzer K fortsetzt; außerdem sei die Anwendung von § 285 BGB in diesen Fällen unangemessen, weil der Dritte (D) übermäßig belastet würde, wenn er einerseits den Erlös nach § 285 BGB herauszugeben hätte und anderseits nach § 311a Abs. 2 BGB von dem K in Anspruch genommen werden könnte; weiter trage der Dritte das Insolvenzrisiko des Eigentümers, wenn dieser seine Sache nach Auskehrung des Erlöses doch wiedererlangt (Westermann); schließlich würde der E bei einer Veräußerungskette eine Vielzahl von Ansprüchen erhalten. Letztlich spricht die Möglichkeit, einen Anspruch aus § 816 Abs. 1 S. 1, 185 BGB geltend zu machen, entscheidend gegen die Anwendung der §§ 985, 285 BGB. b) Eine (hier nicht vorliegende!) Ausnahme soll allerdings zugunsten der Anwendung von §§ 985, 285 BGB gemacht werden, wenn die Unmöglichkeit durch Zufall eingetreten ist und dem Herausgabeschuldner daraus ein Anspruch (z. B. gegen eine Versicherung) erwächst: § 816 Abs. 1 S. 1 BGB greift dann nicht ein, und die Lücke muss „a maiore ad minus“ durch § 285 BGB geschlossen werden, denn der Eigentümer habe ein viel stärkeres Interesse an einem solchen Surrogat als ein bloß schuldrechtlich Berechtigter. 3. Ferner hat der E einen Anspruch aus §§ 687 Abs. 2, 681 S. 2, 667 BGB auf Herausgabe des aus der Geschäftsbesorgung Erlangten, schuldet aber seinerseits nach §§ 687 Abs. 2, 684 S. 1, 812 ff. BGB dem D Aufwendungsersatz. 4. Schließlich ist ein Anspruch aus § 816 Abs. 1 S. 1 BGB zu prüfen: a) Der D hat mit der Veräußerung an den K als Nichtberechtigter verfügt. b) Diese Verfügung müsste im Verhältnis zu E wirksam sein. aa) An sich ist sie unwirksam (§ 935 BGB). bb) Sie könnte aber durch eine Genehmigung des E nach §§ 185 Abs. 2, 184 Abs. 1 BGB wirksam geworden sein. Eine Genehmigung wird bereits in der Einforderung des Erlöses gesehen. Danach wäre der Erlös, und nach umstrittener Ansicht auch der „Übererlös“ herauszugeben. Diese Lösung begegnet zwar konstruktiven Bedenken (ist der D wegen der Rückwirkung der Genehmigung nicht zum berechtigten Besitzer geworden?). Diese sollen jedoch nach h. M. ausräumbar sein. c) Interessant und sehr bedeutsam für Klausuren ist die – später erörterte – (zu verneinende) Frage, ob der K den an D gezahlten Kaufpreis als Entreicherung (§ 818 Abs. 3 BGB) absetzen kann.

Während Sie soeben die Voraussetzungen des Anspruchs aus § 285 BGB kennen gelernt haben, sollten Sie sich eigentlich daran erinnert haben, dass Sie das alles längst wussten. In Teil 3 hatten wir uns im Zusammenhang mit der Erörterung des § 275 Abs. 4 BGB zu einem Vorgriff entschlossen, bei dem Sie erfahren hatten, dass anstelle des Leistungsgegenstandes ein Surrogat treten kann. Und dann hatten Sie konsequenterweise zu erörtern gehabt, welche Folge das Herausverlangen des Surrogats nach § 285 BGB beim gegenseitigen Vertrag auf den **Gegenleistungsanspruch** hat. Versuchen Sie sich jetzt also bei dieser Gelegenheit einmal zu erinnern, was Sie bereits über das Schicksal des Gegenleistungsanspruchs des Schuldners bei gegenseitigen Verträgen im Zusammenhang mit § 285 BGB wissen, bevor Sie sich an die Bearbeitung des nächsten Falles machen!

**Fall 350**

Der V verkauft dem K für € 900,– eine Sache im Werte von € 1000,–, die eine Sekunde nach Vertragsschluss verbrannt ist. Die Sache ist bei der V-Versicherung gegen Feuer versichert. Der K verlangt Abtretung des Anspruchs des V gegen die V-Versicherung auf Zahlung von € 1000,–. Der V verlangt Zahlung des Kaufpreises von dem K.

1. Der Anspruch auf Abtretung des Anspruches auf die Versicherungssumme kann aus § 285 BGB folgen a) Der V schuldete dem K Lieferung aus einem Kaufvertrag (§ 433 Abs. 1 BGB). b) Der V braucht die Leistung jedoch nicht zu erbringen weil der Anspruch des K deshalb ausgeschlossen ist, weil die Leistung jedermann unmöglich ist (§ 275 Abs. 1 BGB). c) Der V hat für den geschuldeten Gegenstand einen Ersatzanspruch erlangt (§ 1 Abs. 1 S. 1 VVG). Er schuldet daher die Abtretung der Forderung.

2. Der Anspruch auf Kaufpreiszahlung könnte sich aus einem Kaufvertrag ergeben (§ 433 Abs. 2 BGB). a) Der V und der K haben einen Kaufvertrag abgeschlossen. Der Anspruch ist also entstanden. b) Der Anspruch könnte jedoch aa) entfallen sein, weil dem V die Leistung (Lieferung der Kaufsache) unmöglich ist und der Lieferungsanspruch daher ausgeschlossen ist (§§ 326 Abs. 1, 275 Abs. 1 BGB). bb) Er würde jedoch fortbestehen, wenn dem K ein Anspruch auf das von ihm geltend gemachte stellvertretende commodum zustünde und von ihm geltend gemacht wird (§§ 326 Abs. 3, 285 Abs. 1 BGB). Dies ist hier der Fall (s. o.). cc) Der K macht diesen Anspruch auch geltend. Also besteht der Kaufpreisanspruch des V gegen den K fort.

**Abwandlung**

Die Versicherungssumme beträgt nur € 500,–.

1. An dem Anspruch auf Abtretung der Versicherungssumme aus § 285 BGB ändert sich nichts. 2) Der Anspruch auf Kaufpreiszahlung aus § 433 Abs. 2 BGB bleibt wiederum bestehen, er ist aber nach §§ 326 Abs. 3 S. 2, 441 Abs. 3 BGB zu kürzen und beträgt damit nur noch € 450,–.

Wir sollten uns zwischenzeitlich wieder einmal verdeutlichen, was Sie sich gerade erarbeiten.

1. Nachdem Sie im **Teil 3** die auf Erbringung der Leistung gerichteten **„Primäransprüche"** aus **verpflichtenden Verträgen** kennen gelernt haben, geht es jetzt in **Teil 4** darum, die sich aus den „Leistungsstörungen" ergebenden sog. **„Sekundäransprüche"** zu erörtern.
2. Aus dogmatischen Gründen haben wir entschieden, zwischen den **Sekundäransprüchen** aufgrund des **„Allgemeinen Leistungsstörungsrechts" (B)** und denjenigen **Sekundäransprüchen,** die sich wegen der Erbringung einer qualitativ minderwertigen (mangelhaften) Leistung **aus besonderem Gewährleistungsrecht** ergeben **(sub Cff.)**, zu differenzieren.
3. Bei der Erörterung der „Allgemeinen Leistungsstörungen" haben wir uns nicht auf die Leistungsstörungen bei verpflichtenden Verträgen beschränkt, sondern auch solche bei Verpflichtungen aus einseitigen Rechtsgeschäften und (gelegentlich) auch aus gesetzlichen Schuldverhältnissen einbezogen.
4. Es hat sich gezeigt, dass man bei der Fallbearbeitung nicht von den Normen, sondern **von** den **Anspruchszielen ausgehen** muss.
   a) Begonnen hatten wir mit **Schadensersatzansprüchen „neben der Leistung" (sub B. II. 3)**
   b) und hatten anschließend die **Schadensersatzansprüche „statt der Leistung"** kennengelernt (**sub B. II. 4**); inhaltlich untrennbar von den Ansprüchen auf Schadensersatz „statt der Leistung" ist der dann dargestellte Anspruch auf Ersatz **„vergeblicher Aufwendungen" (sub B. III)**. Nachdem wir uns dann noch mit der Frage der Verantwortlichkeit für Dritte und mit Modifikationen der Schadensersatzhaftung befasst hatten (**sub B. IV**), kamen wir schließlich zum Anspruch auf das **„stellvertretende commodum" (sub B. V)**.
   c) Im Anschluss daran wird es **sub B. VI** um Ansprüche aufgrund eines infolge von Leistungsstörungen erklärten **Rücktritts** gehen.

## VI. Sekundäransprüche infolge eines Rücktritts vom Vertrag

Zu den Folgen von Leistungsstörungen gehören auch die Ansprüche aus dem Rückabwicklungsschuldverhältnis, welches durch wirksame Erklärung eines **Rücktritts von** einem **Vertrag** entsteht. Voraussetzungen sind ein Rücktrittsgrund sowie eine Rücktrittserklärung und dass der Rücktritt nicht ausgeschlossen ist.

Unter einem **Rücktritt** versteht man die von Rücktrittsgründen getragene einseitige empfangsbedürftige Willenserklärung, welche zur Entstehung eines Rückabwicklungsschuldverhältnisses führt.

Während die Anspruchsprüfung bei dessen Voraussetzungen beginnt und den Rechtsfolgen endet, steht in der Fallbearbeitung zunächst das Anspruchsziel des Betroffenen im Vordergrund. Deshalb „zäumen" wir bei dieser Darstellung des Rücktritts wieder einmal „das Pferd von hinten auf":

Verlangt die **Fallfrage** die Prüfung von Ansprüchen auf **Rückgewähr, Nutzungsersatz, Wertersatz, Verwendungsersatz oder Schadensersatz** und möchte sich der **Anspruchsteller vom Vertrag lösen** gehen wir

- zunächst von den **Rechtsfolgen** eines **Rücktritts** aus **(sub 1)**.
- Sodann ist das Vorliegen der für die Ausübung des Rücktrittsrechts nötige **Rücktrittserklärung** zu prüfen **(sub 2)**
- und erst zum Schluss das Vorliegen eines **Rücktrittsgrundes (sub 3)**.

## 1. Rechtsfolgen eines Rücktritts

Sie wissen längst, dass ein erklärter Rücktritt **verschiedene Folgen** hat, die in der **Fallbearbeitung** an **unterschiedlichen Stellen** erörtert werden müssen. Sie entsinnen sich, dass in Teil 3 der Rücktritt deshalb zu prüfen war, weil durch ihn ein (zu einem primären Leistungsanspruch führender) verpflichtender Vertrag beendet wird. Hier (in Teil 4) interessieren uns eigentlich nur (noch) „die Sekundäransprüche" in Gestalt von Rückgewähransprüchen nach einem erfolgten Rücktritt. Gleichwohl wollen wir unseren Blick nicht immer nur auf das gerade erörterte Thema fixieren, sondern auch bereits früher Erlerntem unsere wiederholte Aufmerksamkeit schenken.

Wenn Sie also bei der Fallbearbeitung vor der Frage stehen, an welcher Stelle Sie einen erklärten Rücktritt prüfen, müssen Sie sich vergegenwärtigen,

- dass durch die Rücktrittserklärung der **Vertrag „beendet"** wird und sich in ein Rückgewährschuldverhältnis verwandelt. Dies führt automatisch zum Wegfall der auf Erfüllung gerichteten primären Leistungsansprüche. Das alles war den Verfassern des BGB so selbstverständlich, dass sie diese Rechtsfolge nirgendwo im Gesetz ausdrücklich erwähnt haben **(sub a))**.
- Das Gesetz beschränkt sich vielmehr auf eine **Regelung** des **Rückgewähranspruchs** in § 346 Abs. 1 BGB, in der es heißt, dass die **„empfangenen Leistungen zurückzugewähren und die gezogenen Nutzungen herauszugeben"** sind **(sub b))**.

### a) Beendigung des Vertrages: Wegfall der Primärleistungsansprüche

Wenn es bei der **Fallbearbeitung** um die Frage geht, ob durch die Rücktrittserklärung der **Vertrag „beendet"** wird und damit kein Anspruch auf Erfüllung der primär geschuldeten Leistung mehr besteht, dann prüfen Sie zunächst die Entstehung des Anspruches und (nachdem Sie diese bejaht haben) sodann das Erlöschen des Anspruches. Das Erlöschen des Anspruches leiten Sie im Falle eines in Rede stehenden Rücktritts mit der Frage ein, ob sich aufgrund eines erklärten Rücktritts das Schuldverhältnis in ein Rückgewährschuldverhältnis umwandelt mit der Folge, dass nicht erfüllte Leistungsansprüche erlöschen. Man kann hierbei § 346 Abs. 1 BGB zitieren, der zwar das Erlöschen nicht ausdrücklich erwähnt, jedoch logisch voraussetzt.

Die Voraussetzungen des Erlöschens eines Anspruches aufgrund eines Rücktritts prüfen Sie unter dem Prüfungspunkt „Anspruch erloschen“ nach folgendem Schema:

1. **Rücktrittserklärung**: Einseitig empfangsbedürftige Rücktrittserklärung (§ 349 BGB).
2. **Rücktrittsgrund**: Bestehen eines vertraglichen oder gesetzlichen Rücktrittsrechts.
3. **Kein Ausschluss**: Hier ist insbesondere an § 350 BGB (Ablauf einer gesetzten Rücktrittsfrist) und an § 218 BGB (Verjährung eines Nacherfüllungsanspruchs und Berufung des Schuldners darauf) zu denken.
4. **Rechtsfolge**: Der Vertrag wandelt sich in ein Rückgewährschuldverhältnis; der Anspruch auf Erfüllung der primär geschuldeten Leistung besteht nicht mehr.

Nach dieser „Reminiszenz“ an längst Gelerntes wenden wir uns jetzt neuen Fragen zu.

#### b) Ansprüche auf Rückgewähr, auf Wertersatz (mit: Ausschlusstatbeständen und Bereicherungsanspruch), auf Schadensersatz und Folgeansprüche

Wenn die Fallfrage aber – und das ist das **uns hier interessierende Thema** – darauf gerichtet ist, ob aufgrund des erklärten Rücktritts

- die aufgrund des Vertrages **„empfangenen Leistungen zurückzugewähren und die gezogenen Nutzungen herauszugeben“** sind (**§ 346 Abs. 1 BGB**), oder
- ob derjenige, der aus § 346 Abs. 1 BGB die Rückgewähr und die Herausgabe von Nutzungen schuldet und diese Pflicht nicht oder nicht ordnungsgemäß erfüllen kann, nach **§ 346 Abs. 2 BGB Wertersatz** zu leisten hat, oder
- ob – wenn diese **Pflicht** wiederum nach **§ 346 Abs. 3 S. 1 BGB** entfallen ist – eine „verbleibende Bereicherung“ herauszugeben ist (**§ 346 Abs. 3 S. 2, 812 ff. BGB**), oder
- ob der Rückgewährschuldner, der den Rückgewähranspruch und den Nutzungsherausgabeanspruch aus **§ 346 Abs. 1 BGB** nicht erfüllt und dies zu vertreten hat, aus **§ 346 Abs. 4 BGB** zum Schadensersatz nach §§ 280 bis 283 BGB verpflichtet ist, oder
- ob das **„stellvertretende commodum“** nach **§ 285 BGB** herauszugeben ist, oder
- ob derjenige Rückgewährpflichtige, der keine Nutzungen gezogen hat, **Wertersatz** leisten muss (**§ 347 Abs. 1 BGB**), oder
- ob Verwendungsersatz zu leisten ist (**§ 347 Abs. 2 BGB**),

dann kann Ihnen folgendes **Prüfungsschema** empfohlen werden:

I. **Voraussetzungen**
   1. **Rücktrittserklärung** (§ 349 BGB).
   2. **Rücktrittsgrund** (vertragliches/gesetzliches Rücktrittsrecht).
   3. **Kein Ausschluss** des Rücktritts. Hier ist insbesondere an § 350 BGB (Ablauf einer gesetzten Rücktrittsfrist) und an § 218 BGB (Verjährung eines Nacherfüllungsanspruchs und Berufung des Schuldners darauf) zu denken

II. **Rechtsfolge (mögliche Ansprüche eines Beteiligten)**.
   1. Pflicht zur **Rückgewähr** der **empfangenen Leistung** und zur **Herausgabe** der **Nutzungen** (§ 346 Abs. 1 BGB)
   2. Statt Rückgewähr der Leistung und Herausgabe der Nutzungen **Wertersatz** unter den Voraussetzungen des § 346 Abs. 2 BGB, sofern dieser nicht nach § 346 Abs. 3 S. 1 BGB ausgeschlossen ist
   3. mindestens: Herausgabe der **verbleibenden Bereicherung** nach § 346 Abs. 3 S. 2 BGB
   4. **Schadensersatz** neben der Leistung wegen Verzögerung (§§ 280 Abs. 1, 2, 286 BGB) und statt der Leistung nach § 346 Abs. 4 BGB i. V. m. den §§ 280 ff. BGB
   5. Herausgabe des **„stellvertretenden commodum“** aus § 285 BGB
   6. Wertersatz für **nicht gezogene Nutzungen** (§ 347 Abs. 1 BGB)
   7. **Verwendungsersatz** (§ 347 Abs. 2 BGB)

aa) Anspruch auf Rückgewähr und auf Herausgabe der gezogenen Nutzungen

(1) Grundsatz der Rückgewähr „in Natur"

Ist die **zurück zu gewährende Leistung** „rückgebbar“ (liegen also die Tatbestände des § 346 Abs. 2 BGB nicht vor), ist die Leistung, so wie sie erlangt wurde, „in Natur“ zurück zu übertragen. Hier gibt es kaum Probleme.

**Fall 351**

Der V hat an K am 1. Dezember 2015 eine bewegliche Sache verkauft, die K an die B verschenken will. Obwohl der K den Kaufpreis noch nicht bezahlt hat, übergibt und übereignet der V die Sache an den K. Im Kaufvertrag ist vereinbart, dass der K ein bis zum 31. Dezember 2015 zu erklärendes Rücktrittsrecht hat. Der K erklärt den Rücktritt am 25. Dezember 2015, weil die Sache der B nicht gefallen hat. Der V will wissen, welche Ansprüche er hat.

Der V kann a) aus dem zunächst entstandenen Anspruch aus § 433 Abs. 2 BGB keine Bezahlung mehr verlangen, weil der Kaufvertrag durch die Rücktrittserklärung „beendet“ ist: Der Kaufvertrag hat sich in ein Rückgewährschuldverhältnis umgewandelt, das den K nicht (mehr) zur Bezahlung verpflichtet. b) Der V kann aber nach § 346 Abs. 1, 349 BGB vorgehen. aa) Der Rücktritt ist erklärt worden. bb) Rücktrittsgrund ist ein vertraglich vereinbartes Rücktrittsrecht. cc) Der Rücktritt ist nicht ausgeschlossen. dd) Als Rechtsfolge kann der V aa) Rückübereignung der Sache verlangen (natürlich berührt der schuldrechtliche Rücktritt nicht die Wirksamkeit des dinglichen Geschäft – Abstraktionsprinzip!). bb) Auch kann er Rückgabe (Wiedereinräumung des Besitzes) verlangen.

**Variante**

Der V hatte sich im Kaufvertrag „das Eigentum bis zur Zahlung des Kaufpreises vorbehalten".

a) Der V kann aa) keine Rückübereignung nach §§ 346, 349 BGB verlangen, weil der K mangels Bedingungseintritts (=Vollständige Kaufpreiszahlung) nach §§ 929 S. 1, 158 Abs. 1, 449 Abs. 1 BGB (noch) kein Eigentum erlangt hat. bb) Wohl aber kann der V Rückgabe nach §§ 346 Abs. 1, 349 BGB verlangen. b) Der V kann auch nach § 985 BGB Herausgabe der Sache verlangen, denn aa) der V ist Eigentümer, bb) der K ist Besitzer, cc) und der K hat kein Recht zum Besitz an der Sache (§ 986 Abs. 1 BGB), und zwar aaa) nicht aufgrund des Kaufvertrages aus § 433 Abs. 1 S. 1 BGB, weil der Kaufvertrag durch den Rücktritt des K in ein Rückgewährschuldverhältnis umgewandelt worden ist, und bbb) nicht aufgrund des Anwartschaftsrechtes, weil dieses infolge des Rücktritts des K deshalb nicht mehr besteht, weil nunmehr mangels eines Kaufvertrages die Bedingung für den Eigentumserwerb (Erfüllung des Kaufpreiszahlungsanspruchs) nicht mehr eintreten kann.

(2) Rückgewähr von Bargeld

Eine Sonderfrage ist, nach welchen Regeln beim Rücktritt **empfangenes Bargeld** zurückzugewähren ist. Häufig ist das gezahlte Bargeld als solches nämlich nicht mehr vorhanden (z. B. durch Einzahlung auf ein Konto oder durch untrennbare Vermischung baren Geldes mit anderem Geld): Nach dem Gesetzeswortlaut könnte man hier § 346 Abs. 2 BGB anwenden, wodurch aber auch die Ausschlussgründe aus § 346 Abs. 3 BGB zur Anwendung kommen könnten. Man sollte daher bei zurück zu gewährendem **Bargeld nur § 346 Abs. 1 BGB** anwenden, womit dem Rückgewährschuldner stets auch ein eventueller Entreicherungseinwand abgeschnitten wäre.

(3) Herausgabe von Nutzungen

Herauszugeben sind – zusätzlich zur Rückgewähr der Sache – nach §§ 346 Abs. 1, 100 BGB die **gezogenen Nutzungen**. Dies umfasst nach §§ 100, 99 BGB die Früchte, also die bestimmungsgemäße Ausbeute, und sonstige Gebrauchsvorteile. Bei erlangten Gebrauchsvorteilen wird der Wert errechnet aufgrund eines Vergleichs zwischen tatsächlicher Gebrauchsdauer und voraussichtlicher Gesamtnutzungsdauer **(„Wertverzehr")**.

**Fall 352**

Der V veräußert an den K einen fabrikneuen Geländewagen für € 50.000,–. Vereinbart wird ein Rücktrittsrecht für den K innerhalb eines Jahres. Der K lässt das Auto auf sich zu. Wegen einer Erkrankung kann er das Fahrzeug nicht nutzen. Nach 6 Monaten erklärt er den Rücktritt und übereignet und übergibt Zug-um-Zug gegen Rückzahlung des Kaufpreises das Auto an den V zurück. Der V verlangt die Herausgabe der gezogenen Nutzungen, weil der Wagen zugelassen worden war und weil er wegen eines Preisverfalls auf dem Markt einen Wertverlust erlitten hatte. Der K verlangt von V gezogene Nutzungen, weil der V den Kaufpreis zu jährlich 5 % verzinslich angelegt hat (nach Kropholler).

a) Der Anspruch des V gegen K könnte sich aus §§ 346 Abs. 1, 100, 99, 349 BGB ergeben. Die Voraussetzungen des Rücktritts liegen vor (vgl. oben). Der Wert einer Nutzung errechnet sich aufgrund eines Vergleichs zwischen tatsächlicher Gebrauchsdauer und voraussichtlicher Gesamtnutzungsdauer („Wertverzehr"). aa) Voraussetzung für einen Anspruch auf Herausgabe von Nutzungen ist aber das Erlangen von Gebrauchsvorteilen durch den Rückgewährpflichtigen; bb) die bloße Wertminderung, die sich aus der Zulassung eines Autos ohne Einsatz des Wagens im Straßenverkehr ergibt (weil es sich nach den Verkehrsanschauungen nunmehr um einen „gebrauchten" Wagen handelt), reicht dafür nicht aus; auch nicht der Wertverlust durch einen Preisverfall. b) Der V kann die gezogenen Nutzungen (Zinsen) in Höhe von € 1250,– nicht herausgeben. Er muss daher Wertersatz nach § 346 Abs. 2 BGB zahlen.

#### bb) Anspruch auf Wertersatz, Ausschlusstatbestände, Herausgabe einer Bereicherung als Mindestanspruch

##### (1) Anspruchsgrundlagen für einen Wertersatzanspruch

Der Wertersatzanspruch aus § 346 Abs. 2 BGB ist davon abhängig, dass die **Rückgewähr** nach § 346 Abs. 1 BGB **nicht möglich** ist („statt der Rückgewähr"). Dabei ist zu prüfen, ob diese nach § 275 Abs. 1 BGB unmöglich ist oder nach § 275 Abs. 2 BGB (§ 275 Abs. 3 BGB passt nicht) verweigert werden darf. Will der Rückgewährgläubiger stattdessen Geldersatz haben, so muss er eine Frist setzen und dann nach §§ 346 Abs. 4, 280 Abs. 1, 3, 281 Abs. 1 S. 1 BGB vorgehen.

Illustrieren lässt sich mit diesem *Beispiel:* Ein gekauftes und übereignetes Hausgrundstück wird vom Käufer und neuen Eigentümer mit einer Hypothek belastet. Bei einer späteren Rückabwicklung des Kaufvertrages aufgrund eines Rücktritts folgt der Anspruch auf unbelastete Rückgewähr des Grundstückes aus § 346 Abs. 1 BGB, da die Beseitigung der Hypothek durch Tilgung der Forderung seitens des Käufers möglich ist. Wenn man dagegen eine solche Beseitigungspflicht mit dem Argument, dass sie den Rückgewährschuldner zu stark belaste, insbesondere das Privileg des § 346 Abs. 3 Nr. 3 BGB gefährdet, ablehnt, so kommt es allein darauf an, ob die in § 346 Abs. 1 BGB genannten Umstände vorliegen oder nicht.

Folgende in **§ 346 Abs. 2 S. 1 BGB** aufgeführten Umstände führen dazu, dass anstelle eines Anspruchs auf Rückgewähr ein **Anspruch auf Wertersatz** besteht:

**Nr. 1:** Die Rückgewähr oder Herausgabe ist nach der Natur des Erlangten ausgeschlossen. Gemeint sind damit nicht-gegenständliche Leistungen, wie zum *Beispiel:* die Rückgewähr eines erbrachten Auftritts einer Musikgruppe.

**Nr. 2:** Der empfangene Gegenstand ist verbraucht, veräußert, belastet, verarbeitet oder umgestaltet, wie zum *Beispiel* der Verbrauch von Nahrungsmitteln; die Übereignung einer Sache an einen Dritten; die Verpfändung einer Sache; die Verarbeitung von Äpfeln zu Apfelmus; der Umbau eines regulären PKW in ein Rennfahrzeug. In den Fällen eines gesetzlichen Eigentumserwerbs durch Verbindung oder Vermischung (§§ 946 ff. BGB) könnte man an eine analoge Anwendung denken. Eine Veräußerung liegt nicht vor bei einer bloßen Herausgabe an einen Dritten. So muss kein Wertersatz geleistet werden, wenn die zurückzugebende Sache nicht an den Verkäufer sondern an den wahren Eigentümer herausgegeben wird. Dieser Fall ist allerdings unter § 346 Abs. 2 S. 1 Nr. 3 BGB zu subsumieren.

**Fall 353**

K kauft bei V eine Rolex. Als sich herausstellt, dass diese gestohlen ist, gibt K die Uhr an den wahren Eigentümer E heraus, der unter keinen Umständen bereit ist, auf die Uhr zu verzichten und verlangt von V sein Geld zurück. V will vom zurückzuzahlenden Kaufpreis im Wege der Aufrechnung den Wert der Rolex abziehen. Besteht ein Anspruch des V gegen K auf Wertersatz? (nach Reischl)

Anspruchsgrundlage kann a) zunächst § 346 Abs. 2 S. 1 Nr. 2 BGB sein. Dem K steht analog § 326 Abs. 4 BGB ein Anspruch auf Rückgabe der Uhr zu (dazu später mehr). Als einschlägige Alternative kommt eine „Veräußerung" in Betracht. Veräußerung bedeutet jedoch eine rechtsgeschäftliche Eigentumsübertragung. Hier liegt aber eine bloße rein tatsächliche Herausgabe vor, die nicht rechtsgeschäftlicher Art ist, weswegen § 346 Abs. 2 S. 1 Nr. 2 BGB zu verneinen ist. b) Es greift aber § 346 Abs. 2 S. 1 Nr. 3 BGB ein. Die Herausgabe der Rolex steht dem dort erfassten Untergang wertungsmäßig gleich. Der Wertersatzanspruch ist aber nach § 346 Abs. 3 Nr. 2 BGB ausgeschlossen, da auch V die Uhr an den Eigentümer hätte herausgeben müssen.

**Nr. 3:** Der empfangene Gegenstand hat sich **verschlechtert** oder ist **untergegangen**. Insbesondere das Tatbestandsmerkmal des Untergangs des Gegenstandes ist weit zu verstehen und umfasst jede Art der Unmöglichkeit, z. B. die empfangene Sache zurückzugeben. Allein die Tatsache, dass sie nicht mehr neuwertig ist, begründet aber keinen Wertersatzanspruch, wie zum *Beispiel,* wenn ein zurück zu gewährendes Kfz durch randalierende Jugendliche beschädigt worden (verschlechtert) oder gestohlen und später angezündet worden ist, wobei der Wagen völlig ausbrannte (untergegangen). Über den Wortlaut hinaus wird man hier zum *Beispiel* auch den Diebstahl einer Sache einordnen müssen: Die Sache ist dann zwar weder verschlechtert noch untergegangen, sondern die Herausgabe ist aus sonstigen Gründen unmöglich. Es entspricht aber dem gesetzgeberischen Interesse und der Billigkeit, auch in diesem Fall eine Wertersatzpflicht anzuordnen, die freilich meist ohnehin wieder an § 346 Abs. 3 Nr. 3 BGB scheitern dürfte.

**Fall 354**

Der V hat an den K 10 t Äpfel für € 2000,– verkauft. Aus diesen Äpfeln will der K eine besondere Sorte Apfelwein machen, für die er mindestens diese 10 t benötigt. Eine geringere Menge Apfelwein wäre für den K nicht verkäuflich. Eine Vermischung mit anderen Äpfeln wäre nicht mit den für K üblichen Qualitätsstandards vereinbar. Der V liefert zunächst 8 t, die der K sofort zerkleinert und für die weitere Verarbeitung vorbereitet. Der K verlangt nun Lieferung der restlichen Äpfel und setzt dem V hierzu eine Frist. Der V liefert jedoch nicht, obwohl ihm dies möglich wäre. Er hat das Versäumnis nicht zu vertreten. Nach ergebnislosem Fristablauf tritt der K vom Vertrag zurück. Der V verlangt Rückgabe der Äpfel, hilfsweise Wertersatz. Der K weigert sich und verlangt seinerseits Ersatz für den von ihm bereits mit den Äpfeln verrührten Zucker (Preis: € 400,–).

1. Ansprüche des V: a) Anspruch auf Rückgabe der Äpfel (§ 346 Abs. 1 BGB). aa) Es muss zunächst ein wirksamer Rücktritt vorliegen. aaa) Der Rücktritt ist von K erklärt worden. bbb) Ein Rücktrittsgrund stand dem K aus § 323 Abs. 1 BGB zu, dessen Voraussetzungen hier vorliegen. Insbesondere war ein Rücktritt vom gesamten Vertrag möglich, da der K an der Teillieferung kein Interesse hatte (das wäre näher auszuführen). ccc) Der Rücktritt war auch nicht ausgeschlossen. bb) Die Rückgewähr ist aber durch die Verarbeitung unmöglich geworden; daher ist der Anspruch (nach § 275 Abs. 1 BGB) ausgeschlossen. b) Anspruch auf Wertersatz (§ 346 Abs. 2 S. 1 BGB): aa) Der K hätte eigentlich nach § 346 Abs. 1 BGB die Leistung zurückzugewähren, jedoch liegt Unmöglichkeit vor. bb) Hier kann einer der Fälle für eine Wertersatzpflicht eingreifen. In Betracht kommt § 346 Abs. 2 S. 1 Nr. 2 BGB. Der K hat die Äpfel verarbeitet. Deshalb ist er grundsätzlich zum Wertersatz verpflichtet. cc) Der Anspruch kann aber nach § 346 Abs. 3 S. 1 ausgeschlossen sein. aaa) § 346 Abs. 3 S. 1 Nr. 1 BGB greift nicht ein, da kein Mangel der Äpfel vorlag (diskutabel ist, ob aus § 434 Abs. 3 BGB etwas anderes folgt. Dies ist aber nach richtiger Ansicht nicht der Fall, vgl. dazu bereits bei § 281 Abs. 1 S. 3 BGB.) bbb) Als Ausschlussgrund greift aber § 346 Abs. 3 S. 1 Nr. 2 BGB ein. Der V hat den Untergang der Äpfel zu vertreten, da er durch die unterlassene Nacherfüllung die weitere Nutzung der verarbeiteten Äpfel vereitelt hat. dd) Der K ist daher nicht verpflichtet, an den V Wertersatz zu leisten. 2) Anspruch des K: Dem K kann ein Wertersatzanspruch für den von ihm verwendeten Zucker zustehen. Der Anspruch kann sich aus § 347 Abs. 2 S. 1 BGB ergeben. Der Anspruch entsteht allerdings erst, wenn entweder die Sache zurückgegeben wurde oder Wertersatz geleistet wurde. Beides ist hier nicht der Fall; daher besteht der Anspruch auf Verwendungsersatz noch nicht.

Bei dieser Gelegenheit kann demonstriert werden, dass die Erklärung des Rücktritts insbesondere dann sinnvoll ist, wenn Schadensersatz wegen fehlenden Vertretenmüssens nicht gefordert werden kann. das zeigt uns der Vergleich des letzten Falles mit der Variante.

**Variante**

Wie wäre es, wenn V die Nichterfüllung zu vertreten gehabt hätte?

1. Dann hätte K Schadensersatz anstelle der gesamten Leistung verlangen können (§§ 280 Abs. 1, 3, 281 BGB). Er hätte dann über § 281 Abs. 5 BGB ebenfalls nach § 346 Abs. 2 BGB Wertersatz leisten müssen. Den aufgewendeten Zucker hätte K dann nach § 280 Abs. 1 BGB ersetzt verlangen können. 2) Zusätzlich zum Schadensersatz hätte K auch zurücktreten können (§ 325). Er hätte dann alle bisher genannten Ansprüche nebeneinander geltend machen können, hätte aber freilich nur einmal Ersatz für den Zucker erhalten.

Nicht übersehen darf man diese **Ausnahme:** Für die **bestimmungsgemäße Ingebrauchnahme ist kein Wertersatz** zu leisten **(§ 346 Abs. 2 S. 1 Nr. 3 Hs. 2. BGB).** Ansonsten würde der Rückgewährverpflichtete für denselben Vorgang zweimal bezahlen müssen. Daher ist z. B. der Minderwert durch Erstzulassung eines gekauften Pkw nicht zu ersetzen. Es gibt davon aber eine überraschende **Unterausnahme:** Dieses Privileg gilt nicht für die Rückabwicklung nach einem Widerruf bezüglich eines außerhalb von Geschäftsräumen geschlossenen Vertrags oder Fernabsatzvertrags; die Wertersatzpflicht besteht sofern der Wertverlust nicht nur auf ein Verhalten beruht, welches für die Prüfung der Beschaffenheit, der Eigenschaften und der Funktionsweise der Waren notwendig war, und der Verbraucher über die Folge ordnungsgemäß belehrt wurde **(§ 357 Abs. 7 S. 1 BGB).**

Bei der **Berechnung des Wertersatzes** ist gem. § 346 Abs. 2 S. 2 BGB eine im Vertrag bestimmte Gegenleistung zugrunde zu legen. Gemeint ist damit, dass der zu leistende vollständige Wertersatz der Höhe nach einer vereinbarten Gegenleistung entsprechen soll. So soll z. B. im Fall des § 346 Abs. 2 Nr. 1 BGB die Musikgruppe nach ihrem Auftritt trotz des erfolgten Rücktritts Wertersatz in Höhe der vereinbarten Gegenleistung erhalten. Beim gesetzlichen Rücktrittsrecht ist der so berechnete Wertersatz um den Gewinnanteil zu kürzen. Problematisch sind die Fälle, in denen der Leistungsgegenstand mangelhaft war und der Rücktritt gerade deshalb erfolgte; dann muss die Wertersatzpflicht entsprechend gemindert sein.

**Fall 355**

Der V verkauft dem K ein mangelhaftes Auto für € 16.000,–, das mangelfrei einen Verkehrswert von € 15.000,– gehabt hätte, tatsächlich aber nur € 12.000,– wert ist. Der K zahlt den Kaufpreis. Der Wagen wird an den K übergeben und übereignet. Der K verursacht grob fahrlässig einen Verkehrsunfall, durch den der Wagen vollständig zerstört wird. Aus diesem Anlass wird der Mangel aufgedeckt. Der K tritt vom Kaufvertrag zurück und verlangt Rückzahlung des Kaufpreises; der V will Wertersatz für den Wagen (nach Lorenz-Riehm).

1) Der Anspruch des K gegen den V ergibt sich aus §§ 433, 434 Abs. 1, 437 Nr. 2, 326 Abs. 5, 346 Abs. 1 BGB. 2) Der V kann von dem K Wertersatz für das Auto nach § 346 Abs. 2 Nr. 3 BGB verlangen. Der Wertersatz beläuft

sich auf den Kaufpreis abzüglich des mangelbedingten Minderwerts des Autos (=€ 12.000,–), so dass i. E. der K € 4000,– zurück erhielte.

Man könnte auch auf die Idee kommen, nicht auf den objektiven Wert der mangelhaften Leistung abzustellen, sondern entsprechend §§ 441 Abs. 3, 638 Abs. 3 BGB nach Maßgabe des Äquivalenzinteresses zu kürzen. Dann aber würden Rücktritt und Minderung gleichlaufen und das Rücktrittsrecht seine Bedeutung verlieren.

(2) Ausschlusstatbestände für einen Wertersatzanspruch

Der Wertersatzanspruch aus § 346 Abs. 2 BGB kann nach § 346 Abs. 3 S. 1 BGB entfallen, wenn die folgenden **Ausschlusstatbestände** gegeben sind:

- Nach **§ 346 Abs. 3 S. 1 Nr. 1 BGB** entfällt der Wertersatzanspruch, wenn der zum Rücktritt berechtigende Mangel erst während der Verarbeitung auftritt. Man sollte diese Norm **analog** auf die Fälle eines **Verbrauchs einer Sache** anwenden. Denken Sie nur an „abgelaufene" Lebensmittel, die der Käufer aber noch zum Teil verzehrt hat. Das illustriert dieses *Beispiel:* Der K bestellt Material für die Herstellung von Computerprozessoren bei V. Nach der Verarbeitung stellt sich heraus, dass das Material minderwertig war und die Prozessoren nicht funktionieren. Nach erfolgloser Nachfristsetzung tritt K vom Vertrag zurück (§§ 437 Nr. 2, 323 BGB). V verlangt Wertersatz für das Material. Dieser Anspruch aus § 346 Abs. 2 S. 1 Nr. 2 BGB entfällt wegen § 346 Abs. 3 S. 1 Nr. 1 BGB.
- Nach **§ 346 Abs. 3 S. 1 Nr. 2** BGB entfällt der Wertersatzanspruch weiterhin, soweit der Gläubiger (des Rückgewähranspruches) die Verschlechterung oder den Untergang zu vertreten hat oder dieser Schaden auch beim Gläubiger eingetreten wäre. Letzteres dürfte kaum je zu beweisen sein. Das zeigen diese *Beispiele:* Der Käufer eines mangelhaften Hausgrundstückes kann nach erklärtem Rücktritt das Haus nicht zurückgeben, weil es nach einem Blitzschlag abgebrannt ist. Seine Wertersatzpflicht entfällt, weil der Untergang auch beim Verkäufer eingetreten wäre. Besonders bedeutsam sind die Fälle mangelhafter Lieferungen, bei denen der Mangel zum Untergang der Sache führt. Dabei trifft den Verkäufer nicht notwendigerweise ein Verschulden i. S. d. § 276 BGB; er hat aber den Untergang bzw. die Verschlechterung dennoch zu vertreten, da die mangelfreie Lieferung in seinen Pflichtenkreis fällt. Stellen Sie sich vor, dass das gekaufte Pferd bei Übergabe an einer Krankheit leidet und bald darauf stirbt, weswegen der Käufer den Rücktritt vom Vertrag erklärt.
- Nach **§ 346 Abs. 3 S. 1 Nr. 3 BGB** entfällt der Wertersatzanspruch auch, wenn im Fall des gesetzlichen (!) Rücktrittsrechts die Verschlechterung oder der Untergang beim Berechtigten (Rücktrittsberechtigten) eingetreten ist, dieser aber die eigenübliche Sorgfalt (vgl. § 277 BGB) beobachtet hat.

Die Norm des **§ 346 Abs. 3 S. 1 Nr. 3 BGB** ist anspruchsvoll. Das **Telos** (Ziel bzw. Zweck) **der Norm** beruht auf der Annahme, dass den Vertragsparteien nur ein zwischen Ihnen vereinbartes Rücktrittsrecht, nicht aber die gesetzlichen Rücktrittsrechte bekannt sind. Im Einzelfall trifft dies nicht zu und es besteht Anlass zu einer teleologischen Reduktion des Ausschlussgrunds. Denken Sie an folgendes *Beispiel:* Der K hat eine Maschine gekauft. Er bemerkt, dass diese einen Mangel hat und erkennt, dass er deswegen zurücktreten könnte, benutzt sie aber weiter, wobei er gemessen an allgemeinen Standards nachlässig handelt, jedoch die für ihn sonst übliche Sorgfalt anwendet. Durch diese Fehlbedienung wird die Maschine zerstört. Hier sollte man den Wertersatzanspruch aus § 346 Abs. 2 Nr. 3 BGB nicht an § 346 Abs. 3 Nr. 3 BGB scheitern lassen.

In solchen Situationen sollten Sie auch einen Schadensersatzanspruch wegen einer Rücksichtspflichtverletzung nach §§ 280 Abs. 1, 241 Abs. 2 BGB erwägen. Dieser kann deswegen interessant sein, weil er nicht auf die vertragliche Gegenleistung beschränkt ist (§ 346 Abs. 2 S. 2 BGB) und auch Folgeschäden umfasst.

Erwägenswert ist eine **analoge Anwendung** des **§ 346 Abs. 3 S. 1 Nr. 3 BGB** auf Fälle einer **Veräußerung** und (wie bei Nr. 1) eines **Verbrauchs**. Sie ist für den Verbrauch als eine der Verschlechterung ähnliche Situation weitgehend anerkannt. Problematischer sind Fälle der Veräußerung. Bei ihnen liegt eine andere Interessenlage vor, da ein Veräußerungserlös erzielt wird und die Wertersatzpflicht daher den Rückgewährpflichtigen nicht unbillig trifft. Es ist daher eine Analogie zwar zu diskutieren aber letztlich wegen der nicht vergleichbaren Interessenlage abzulehnen.

Sofern ein vertraglich gewährtes Rücktrittsrecht einem gesetzlichen Rücktritt nachgebildet ist, so soll **§ 346 Abs. 3 S. 1 Nr. 3 BGB analog** anwendbar sein und der Wertersatzanspruch entfallen, wenn zugleich auch die Voraussetzungen des gesetzlichen Rücktrittsrechts vorliegen. Andernfalls droht ein Wertungswiderspruch: der Schuldner stünde bei einem „doppelten" Rücktrittsrecht schlechter, als wenn er kein zusätzliches vertragliches Rücktrittsrecht vereinbart hätte.

Zur **Klarstellung**: alle diese **„Privilegien"** des **Rücktrittsberechtigten** bestehen dann **nicht,** wenn der Rücktrittsschuldner nach ausgeübtem Rücktrittsrecht eine Rückgewährpflicht aus § 346 Abs. 1 BGB verletzt und sich deshalb nach §§ 346 Abs. 4, 280–283 BGB schadensersatzpflichtig macht; dann gilt auch nicht der gemilderte Haftungsmaßstab aus § 346 Abs. 3 S. 1 Nr. 3 BGB (dazu sogleich mehr).

Aber auch wenn der **Wertersatzanspruch nach § 346 Abs. 3 S. 1 Nr. 1–3 BGB entfällt**, so bleibt doch die Pflicht zur **Herausgabe** der **verbleibenden Bereicherung** bestehen (§§ 346 Abs. 3 S. 2 BGB, 818 ff.); es handelt sich hierbei nach der Gesetzesbegründung um eine Rechtsfolgenverweisung auf das Bereicherungsrecht.

**Fall 356**

Der Rücktrittsberechtigte beschädigt die beim Rückgewährpflichtigen befindliche Sache, möchte aber gern diese beschädigte Sache zurückhaben.

In diesem Fall ist der Anspruch aus § 346 Abs. 1 BGB nach § 346 Abs. 2 Nr. 3 BGB in einen Wertersatzanspruch umgewandelt worden, der jedoch nach § 346 Abs. 3 Nr. 2 BGB ausgeschlossen ist. Nach § 346 Abs. 3 S. 2, 818 ff. BGB erhält der Rücktrittsberechtigte gleichwohl die beschädigte Sache zurück.

**Fall 357**

V verkauft an K ein Grundstück mit einem Ferienhaus, das bereits bei Übergabe aufgrund eines Konstruktionsfehlers einsturzgefährdet ist, was K aber nicht erkennen kann. K streicht das Haus in einer anderen Farbe neu und verbringt 2 Wochen Urlaub darin. Bei einem starken Sturm stürzt das Haus zusammen. K tritt nach §§ 437 Nr. 2, 326 Abs. 5 BGB berechtigt vom Kaufvertrag zurück. Für die Farbe hat er € 500 aufgewendet, den gleichen Betrag hätte er für die Anmietung eines anderen Hauses zahlen müssen. (nach Schwab)

1. Der Anspruch auf Wertersatz für das Haus aus § 346 Abs. 2 S. 1 Nr. 3 BGB entfällt nach § 346 Abs. 3 S. 1 Nr. 2 und 3 da V zum einen den Untergang wegen der mangelhaften Leistung zu vertreten hat, der Schaden ferner auch bei ihm eingetreten wäre und schließlich, weil ein gesetzliches Rücktrittsrecht vorlag. 2. Es bleibt ein Anspruch aus § 346 Abs. 3 S. 2 BGB. K hat immerhin die geldwerte Nutzung des Ferienhauses erlangt. Fraglich ist aber, ob K noch bereichert ist (§ 818 Abs. 3 BGB), da er bei Anwendung des Saldotheorie (hierzu später) wegen des neuen Anstrichs nichts erlangt hat. Im Rahmen des Bereicherungsrechts ist diese Frage zu bejahen. Unter Wertungsgesichtspunkten problematisch ist hier aber, dass es sich vorliegend um Verwendungen handelt, die nach § 347 Abs. 2 BGB nicht zu ersetzen wären, da sie zwar eine nützliche Verwendung sind, den V jedoch nach dem Einsturz nicht (mehr) bereichern. § 347 Abs. 2 BGB soll nach dem Willen des Gesetzgebers eine abschließende Regelung für Verwendungen sein. Einem Wertersatzanspruch aus § 346 Abs. 2 BGB könnten die Kosten für den Anstrich daher im Wege der Aufrechnung nicht entgegengehalten werden. Für den Anspruch aus § 346 Abs. 3 S. 2 BGB sollen diese Einschränkungen aber nicht gelten, da § 346 Abs. 3 S. 2 BGB nur solche Vermögensvorteile abschöpfen soll, die per Saldo im Vermögen noch vorhanden sind. Hier beläuft sich der Saldo aber auf Null, weswegen kein Anspruch besteht.

#### cc) Anspruch auf Ersatz des Verzögerungsschadens neben der Leistung und auf Schadensersatz statt der Leistung

Wie **§ 346 Abs. 4 BGB klarstellt,** kann der Rücktrittsgläubiger bei Verletzung einer Pflicht aus § 346 Abs. 1 BGB (also: **nach ausgeübtem Rücktrittsrecht**) vom Rücktrittschuldner **Schadensersatz statt der Leistung** nach **§§ 280 Abs. 1, 3, 281/283 BGB** verlangen. Durch diesen Anspruch wird das Haftungsprivileg aus § 346 Abs. 3 Nr. 3 BGB zugunsten des gesetzlich Rücktrittsberechtigten relativiert.

Auch wenn es in **§ 346 Abs. 4 BGB** nicht erwähnt ist, kann zweifelsfrei der Rücktrittsberechtigte vom Rücktrittsschuldner auch **Verzugsschadensersatz**

**neben der (Rückgewähr-)Leistung** nach §§ 280 Abs. 1, 2, 286 BGB geltend machen. Die Nichterwähnung des § 286 BGB in § 346 Abs. 4 BGB erlaubt keinen Umkehrschluss.

Die Prüfung eines Schadensersatzanspruches unter Anwendung des § 346 Abs. 4 BGB erfolgt so:

- Das **Schuldverhältnis** i. S. d. § 280 Abs. 1 S. 1 BGB besteht auch nach dem Rücktritt als Rückabwicklungsschuldverhältnis mit den Pflichten aus §§ 346 ff. BGB fort.
- Die nach § 280 Abs. 1 BGB erforderliche **Pflichtverletzung** liegt darin, dass der Rücktrittsschuldner nicht seiner Pflicht aus § 346 Abs. 1 BGB nachkommt, den Leistungsgegenstand in dem Zustand zurückzugewähren, in dem er sich bei ordnungsgemäßer Nutzung befindet. Das gilt mit Sicherheit dann, wenn die zum Untergang oder zur Verschlechterung führende **Handlung nach Erklärung** des **Rücktritts** liegt. Eine Pflichtverletzung ist nach richtiger Auffassung aber auch dann gegeben, wenn die zum Untergang oder zur Verschlechterung führende **Handlung vor Erklärung** des **Rücktritts** erfolgt. Die Gegenansicht führt als logisches Argument ins Feld, dass vor der Rücktrittserklärung ja noch keine verletzbare Pflicht zur Rückgewähr bestand, so dass sich die Rechtsfolgen in diesem Fall nur aus § 346 Abs. 2, 3 BGB ergeben sollen. Das ändert aber nichts daran, dass die nicht bzw. nur verschlechtert erfolgende Rückgewähr objektiv eine Pflichtverletzung darstellt.
- Das **Vertretenmüssen** der objektiven Pflichtverletzung wird vermutet (§ 280 Abs. 1 S. 2 BGB). Es gelten §§ 276, 278 BGB. Eine strengere Haftung kann sich insbesondere aus § 287 BGB, eine mildere Haftung aus § 300 Abs. 1 BGB ergeben. Bei der Prüfung des Vertretenmüssens im konkreten Fall sollten Sie danach differenzieren, ob es sich um ein vertragliches oder gesetzliches Rücktrittsrecht handelt und die Antwort beim gesetzlichen Rücktrittsrecht davon abhängig machen, ob es um die Haftung des Rücktrittsgegners oder um die des Rücktrittsberechtigten geht. **Nach Erklärung** des **Rücktritts** sind die Rückgewährpflichtigen bei beim vertraglichen Rücktritt und beim gesetzlichen Rücktritt zur sorgsamen Behandlung des Leistungsgegenstandes verpflichtet. Bei einem **vertraglichen Rücktritt** sind die Parteien **„vorgewarnt"** und müssen als „potenzielle" Rückgewährpflichtige schon vor Erklärung des Rücktritts mit dem empfangenen Leistungsgegenstand sorgfältig umgehen, dürfen ihn also nicht sorgfaltswidrig oder übermäßig intensiv gebrauchen oder in zurechenbarer Weise einer besonderen Gefahr aussetzen. Bei einem gesetzlichen Rücktrittsrecht gilt das gleiche für den Rücktrittsgegner, denn er hat den Rücktritt zu verantworten. Hingegen besteht für den Berechtigten erst ab Kenntnis oder fahrlässiger Unkenntnis der Voraussetzungen des Rücktrittsgrunds eine erhöhte Sorgfaltspflicht.
- Die für einen **Schadensersatzanspruch „statt der Leistung"** nach § 280 Abs. 3 BGB erforderlichen **zusätzlichen Voraussetzungen** sind entweder die des **§ 283 BGB** (eine Leistungsfreiheit nach § 275 BGB) oder die des **§ 281 BGB** (Nichterfüllung trotz Fristsetzung oder Entbehrlichkeit der Fristsetzung).

**Fall 358**

K kauft bei V ein Auto. Es erweist sich als unbehebbar mangelhaft, weswegen K den Rücktritt erklärt. Nach dem Rücktritt benutzt er den Wagen jedoch weiter.

a. Der V muss für mehrere Tage einen Ersatzwagen beschaffen, da ihm der Wagen des K nicht rechtzeitig zu Verfügung steht.
b. Was kann V tun, wenn K den Wagen trotzt Rücktrittserklärung nicht zurückgibt?
c. K beschädigt den Wagen schuldhaft auf der Fahrt zu V.
d. K wird auf der Fahrt zu V schuldlos in einen Unfall verwickelt.
e. K erkennt den Defekt. Er nutzt den Wagen aber weiter für wichtige Termine und will erst in der folgenden Woche zurücktreten. Bei einem unverschuldeten Unfall wird der Wagen zerstört. V entgeht ein Weiterveräußerungsgewinn.

Lösung: In allen Varianten steht dem K ein Rücktrittsrecht zu (§§ 437 Nr. 2, 326 Abs. 5, 346 ff. BGB).

a. Hier kann V nach erfolgter Mahnung den Verzugsschaden nach §§ 280 Abs. 1 S. 1, 286 Abs. 2 BGB ersetzt verlangen, weil K mit der Rückgabe nach § 346 Abs. 1 BGB im Verzug ist.
b. Hier bietet sich eine Fristsetzung nach § 281 Abs. 1 BGB an. Nach Fristablauf steht dem V nach §§ 346 Abs. 4, 280 Abs. 1 S. 1, Abs. 3, 281 Abs. 1 BGB ein Schadensersatzanspruch zu.
c. Der Schadensersatzanspruch folgt hier aus §§ 346 Abs. 4, 280 Abs. 1 S. 1, Abs. 3, 283 BGB.
d. Hier scheidet mangels Vertretenmüssen ein Anspruch aus §§ 346 Abs. 4, 280 Abs. 1 S. 1, 283 BGB aus. Manche Autoren wollen allerdings nach § 326 Abs. 1 BGB analog den Rückzahlungsanspruch des K aus § 346 Abs. 1 BGB entfallen lassen, um so eine angemessene Risikoverteilung, die mit den Wertungen der Saldotheorie (dazu siehe ausführlich im Teil 8) vereinbar ist zu erreichen. Diese Sichtweise ist jedoch mit dem Gesetzeswortlaut nicht vereinbar.
e. Hier stellt sich die Frage, ob man dem Rückgewährschuldner auch nach Kenntnis die Privilegierung des § 346 Abs. 3 S. 1 Nr. 3 BGB belässt (s. o.).

dd) Stellvertretendes commodum (§ 285 BGB)

Der Rückgewährgläubiger kann auch das stellvertretende commodum herausverlangen, wenn der Rückgewährschuldner von der Rückgewährpflicht nach § 275 Abs. 1–3 BGB befreit ist. Parallel hierzu stehen dem Rückgewährgläubiger ggf. Schadensersatzansprüche sowie ein Anspruch auf Herausgabe der verbleibenden Bereicherung aus § 346 Abs. 3 S. 2 BGB zu.

ee) Folgeansprüche

- Der **Rückgewährgläubiger** kann **vom Rückgewährschuldner** nach **§ 347 Abs. 1 BGB Wertersatz für nicht gezogene Nutzungen,** die er nach den Regeln einer ordnungsgemäßen Wirtschaft hätte ziehen müssen, verlangen.

- Umgekehrt hat der **Rückgewährschuldner** einen Anspruch gegen den **Rückgewährgläubiger** auf Ersatz seiner **notwendigen Verwendungen,** wenn er den Gegenstand zurückgewährt, Wertersatz leistet, oder seine Wertersatzpflicht nach § 346 Abs. 3 Nr. 2 und 3 BGB ausgeschlossen ist (§ 347 Abs. 2 S. 1 BGB). Notwendig sind Verwendungen, die den Untergang oder die Verschlechterung der Sache verhindern und die der Erhaltung der gewöhnlichen Nutzungsfähigkeit der Sache dienen. Alle anderen Verwendungen sind nur zu ersetzen, wenn sie den Rückgewährgläubiger bereichern (§ 347 Abs. 2 S. 2 BGB). Das demonstrieren die folgenden *Beispiele:* Die Reparatur der Bremsen eines zurück zu gewährenden Autos fallen unter § 347 Abs. 2 S. 1 BGB, der Einbau eines Sportlenkrades fällt dagegen nur unter § 347 Abs. 2 S. 2 BGB. Im letzteren Fall kann sich der Rückgewährgläubiger unter Verweis auf das Vorliegen einer „aufgedrängten Bereicherung" (dazu näher sub Teil 8) weigern, für ihn sinnlose Verwendungen zu ersetzen.

Damit sind uns die **Rechtsfolgen** des Rücktritts klar. Jetzt geht es an die **Voraussetzungen** eines Rücktritts.

## 2. Die Rücktrittserklärung (§ 349 BGB)

Es mag eigentümlich wirken, dass wir noch vor den Rücktrittsgründen auf die Rücktrittserklärung eingehen. Dieser Prüfungsreihenfolge sollten Sie aber auch in der Klausur folgen: Fehlt es nämlich an einer Rücktrittserklärung, ist eine Erörterung der Rücktrittsgründe – so spannend sie in rechtlicher Hinsicht auch sein mag – falsch!

Ein Rücktrittsrecht aus Vertrag oder aus Gesetz wird durch **einseitige, empfangsbedürftige Erklärung** ausgeübt.

Als **Gestaltungsrecht** ist die **Rücktrittserklärung** bedingungs- und befristungsfeindlich **(§ 349 BGB)**. Sie ist auch bei formbedürftigen Geschäften (z. B. § 311b Abs. 1 S. 1 BGB) formfrei möglich (arge. § 456 Abs. 1 S. 2 BGB). Es handelt sich um eine einseitige empfangsbedürftige Willenserklärung, die mit Zugang wirksam wird (§ 130 Abs. 1 BGB). Nicht immer wird der **Rücktritt ausdrücklich** erklärt. In Fällen, in denen eine Partei ihre Leistung nicht mehr erbringen will, oder sich „vom Vertrag lösen" oder mit dem Vertragspartner „nichts mehr zu tun haben möchte", verlangt die Aufgabenstellung von Ihnen, durch **Auslegung (§§ 133, 157 BGB**) zu ermitteln, **ob ein Rücktritt erklärt** worden ist. Dann kann es hilfreich sein, sich die unterschiedlichen **Motive für** die Erklärung eines **Rücktritts** bewusst zu machen: der Zurücktretende will sich von den Leistungspflichten lösen und/oder seine erbrachte Leistung zurückfordern. Dies entspricht der „Beendigungsfunktion" und der „Rückabwicklungsfunktion" eines Rücktritts und legt nahe, das ein solcher gewollt war.

### 3. Die Rücktrittsgründe

In § 346 Abs. 1 BGB, werden die beiden Kategorien der Rücktrittsrechte (= „Rücktrittsgründe“) genannt: Es gibt das **vertraglich vereinbarte** und das – praktisch wichtigere – **gesetzliche Rücktrittsrecht**.

#### a) Vertragliches Rücktrittsrecht

Vertragliche Rücktrittsrechte sind in Prüfungen eher selten. Denkbar sind sie natürlich, und daher soll hier ein kurzes Beispiel zeigen, wie man solche Fälle prüft:

**Fall 359**

Der V verkauft an den K eine Sache. Der K ist sich bei Vertragsschluss nicht ganz sicher, ob er die Sache wirklich haben möchte. V ist daher damit einverstanden, dass K eine Woche Zeit hat, die Sache zu testen. Innerhalb dieser Woche soll er ein Rücktrittsrecht ausüben können. Den Kaufpreis bezahlt der K bei Vertragsschluss, die Sache wird sofort übereignet. Nach 6 Tagen ruft der K den V an und erklärt den Rücktritt und verlangt „sein Geld“ zurück. Der V ist dazu bereit, jedoch nur gegen Rückgabe der Sache.

Der Anspruch auf Rückzahlung kann sich a) aus §§ 346 Abs. 1, 349 BGB ergeben. aa) K hat den Rücktritt erklärt. bb) Dem K stand ein vertragliches Rücktrittsrecht zu. cc) Ein Ausschluss, hier insbesondere durch Fristablauf kommt nicht in Betracht. dd) Dem K steht daher grundsätzlich ein Rückzahlungsanspruch zu. b) Der Anspruch ist aa) aber nicht durchsetzbar, weil dem V die Einrede aus §§ 348, 320 BGB zusteht. bb) Nach §§ 348, 322 BGB kann der K die Leistung nur Zug um Zug gegen Rückübereignung und Rückgabe der Sache verlangen. Dazu ist der K laut Sachverhalt auch bereit.

#### b) Gesetzliches Rücktrittsrecht

Die für Sie bedeutsamen **gesetzlichen Rücktrittsrechte** finden sich in

- **§ 313 Abs. 3 BGB** bei Störung der Geschäftsgrundlage,
- **§ 321 Abs. 2 S. 2 BGB** bei der Unsicherheitseinrede,
- **§§ 323, 326 Abs. 5, 437, 634 BGB** bei Nicht- und Schlechtleistungen,
- **§ 324 BGB** im Fall der Verletzung einer „Rücksichtspflicht“ aus § 241 Abs. 2 BGB,
- **§ 326 Abs. 5 BGB** bei Leistungsfreiheit nach § 275 BGB,
- **§ 438 Abs. 4 S. 3, 634a Abs. 4 S. 3 BGB** im Fall der Einrede des Rücktritts durch Käufer oder Besteller.

Uns interessieren aus diesem Spektrum zunächst nur die **Rücktrittsgründe** des Allgemeinen Leistungsstörungsrechts aus **§§ 326 Abs. 5, 324 BGB** und aus **§ 323 BGB** sowie das Rücktrittsrecht aus **§ 313 Abs. 3 BGB** wegen einer Störung der Geschäftsgrundlage.

In der Fallbearbeitung ist **zuerst** der **Rücktritt wegen Unmöglichkeit** (§ 326 Abs. 5 BGB) und erst **danach** der **Rücktritt wegen Nicht-/Schlechtleistung** (§ 323 Abs. 1 BGB) zu prüfen. Denn Unmöglichkeit schließt die Verletzung einer existierenden, fälligen und durchsetzbaren Leistungspflicht aus. Daran orientiert sich auch unser Aufbau.

### aa) Rücktritt wegen Befreiung von der Leistungspflicht (§ 326 Abs. 5 BGB)

I. **Voraussetzungen**
   1. **Rücktrittserklärung.**
   2. **Gegenseitiger Vertrag.**
   3. **Rücktrittsgrund:** Der Schuldner ist wegen eines anfänglichen oder nachträglichen Leistungshindernisses gem. § 275 Abs. 1–3 BGB von einer Leistungspflicht befreit.
   4. **Keine Ausschlussgründe** nach §§ 326 Abs. 5, 323 Abs. 6, 218 BGB.

II. **Rechtsfolge**
   Rückgewährschuldverhältnis aus §§ 346 ff. BGB.

Wenn der Schuldner aus einem gegenseitigen Vertrag nach § 275 Abs. 1–3 BGB leistungsfrei wird, soll der Gläubiger generell die Möglichkeit haben, vom ganzen Vertrag zurückzutreten (**§ 326 Abs. 5 BGB**); er kann dann nach § 346 BGB Herausgabe der erbrachten Gegenleistung verlangen.

Da aber der Gläubiger in diesen Fällen nach **§§ 326 Abs. 4, 346–348 BGB** schon von Gesetzes wegen einen Rückgewähranspruch nach Rücktrittsgrundsätzen hat, hat das Rücktrittsrecht aus § 326 Abs. 5 BGB nur einen kleinen Anwendungsbereich:

- Wenn eine an sich geschuldete **Nacherfüllung** einer nicht vertragsgemäßen Leistung nach § 275 Abs. 1–3 BGB nicht erbracht werden muss, bleibt die Gegenleistung weiterhin nach § 326 Abs. 1 S. 2 BGB geschuldet; wenn die Gegenleistung bereits erbracht sein sollte, kommt daher ein Rückforderungsanspruch aus § 326 Abs. 4 BGB nicht in Betracht. In einem solchen Fall kann ein Rücktrittsrecht aus § 326 Abs. 5 BGB von Bedeutung werden. Dies werden wir noch im Kontext des besonderen Gewährleistungsrechts vertiefen.
- Wenn es zwar um einen gegenseitigen Vertrag geht, die nach § 275 BGB entfallene **Leistungspflicht** aber **nicht** in einem **Gegenseitigkeitsverhältnis** zu der bereits erbrachten Gegenleistung steht, so gibt es keinen Rückforderungsanspruch aus § 326 Abs. 4, Abs. 1, 346 ff. BGB. Auch hier „schlägt die Stunde“ des § 326 Abs. 5 BGB, weil es für ein Rücktrittsrecht aus § 326 Abs. 5 BGB nicht erforderlich ist, dass die nicht zu erbringende Leistungspflicht in einem Gegenseitigkeitsverhältnis zu der bereits erbrachten Gegenleistung steht.

Manche verlangen allerdings für die Anwendung der §§ 323 und 326 Abs. 5 BGB, dass die **gestörte Leistung im Gegenseitigkeitsverhältnis** stehen muss. Das Hauptargument dafür soll sein, dass § 320 BGB dem Schuldner eine Einrede (unstreitig) nur bei Leistungen im Gegenseitigkeitsverhältnis gewährt. Wegen einer Leistungsstörung, die nicht einmal eine Einrede gewährt, soll erst recht kein Rücktritt möglich sein. Hiergegen lässt sich ins Feld führen, dass zum einen der Gesetzgeber davon ausging, dass ein Gegenseitigkeitsverhältnis nicht bestehen muss und dass der Gesetzeswortlaut hierfür nichts hergibt. Auf den Streit sollte man nur eingehen, wenn ausnahmsweise eine Leistung gestört ist, die nicht im Gegenseitigkeitsverhältnis steht, was selten ist.

- Eine weitere Fallkonstellation, bei der ein Rücktrittsrecht aus § 326 Abs. 5 BGB von Bedeutung ist, ist die der **teilweisen Unmöglichkeit:** Wie Sie ja wissen, entfällt die Leistungspflicht nach § 275 Abs. 1 BGB nur „soweit", wie die Leistung unmöglich ist; konsequenterweise bestimmt § 326 Abs. 1 S. 1 Hs. 2. BGB, dass der Anspruch auf die Gegenleistung nur insoweit entfällt, wie der Schuldner die Leistung nicht schuldet. Durch § 326 Abs. 5 BGB wird es möglich, dass der Gläubiger sich vom gesamten Vertrag lösen kann.
- Eine weitere praktische Funktion hat § 326 Abs. 5 BGB in den (häufigen) Fällen, in welchen **für** den **Gläubiger Unklarheit** darüber besteht, warum er die Leistung nicht erhält. Er kann dann gem. § 323 BGB nach Fristsetzung zurücktreten. Wenn sich dann aber herausstellen sollte, dass ein Rücktritt nach § 323 BGB wegen einer Leistungsfreiheit des Schuldners nicht in Betracht kam, bleibt der erklärte Rücktritt (nunmehr gegründet auf § 326 Abs. 5 BGB) auf jeden Fall wirksam.

**Kurz zusammengefasst**: auf § 326 Abs. 5 BGB kommt es an

1. bei der Nacherfüllung im besonderen Gewährleistungsrecht (dazu später mehr),
2. wenn kein Gegenseitigkeitsverhältnis von unmöglicher Leistungspflicht und erbrachter Gegenleistung besteht,
3. bei teilweiser Unmöglichkeit und
4. bei Unklarheiten darüber, ob ein Fall des § 275 Abs. 1–3 BGB oder nur Nichtleistung vorliegt.

Die erste Voraussetzung für das Vorliegen des gesetzlichen Rücktrittsgrundes aus **§ 326 Abs. 5 BGB** ist das Vorliegen eines **gegenseitigen Vertrages** (Sie wissen ja noch: wenn ein „do ut des" – Verhältnis zwischen beiderseitigen Pflichten besteht). Wissen Sie noch, was „do ut des" heißt? Die wörtliche Übersetzung lautet: „Ich gebe, damit Du gibst".

Desweiteren muss der Schuldner nach **§ 275 Abs. 1–3 BGB** von einer **Leistungspflicht** (die nach h. M. nicht im Gegenseitigkeitsverhältnis stehen muss!) **befreit** sein. Vergessen Sie bei § 275 Abs. 2, 3 BGB nicht das Erfordernis der Erhebung der Einrede zu prüfen – ggf. inzident, sofern dies nicht schon im Hinblick auf das Erlöschen der Primärleistungspflicht zu prüfen war.

Durch die Verweisung in §§ 326 Abs. 5 Hs. 2 BGB auf § 323 Abs. 6 BGB ist der **Rücktritt ausgeschlossen,** wenn der Rücktrittsberechtigte „für den Umstand, der ihn zum Rücktritt berechtigen würde, allein oder weit überwiegend verantwortlich ist" (ab etwa 90 % Verantwortungsquote) oder wenn der von ihm nicht zu vertretende „Umstand zu einer Zeit eintritt, zu welcher der Gläubiger" als Rücktrittsberechtigter „im Verzug der Annahme ist".

Da nur Ansprüche der Verjährung unterliegen (§ 194 BGB), kann das Rücktrittsrecht als „Gestaltungsrecht" nicht verjähren. Durch einen Kunstgriff hat es der Gesetzgeber gleichwohl möglich gemacht, den Schuldner vor einem nach Ablauf der Verjährung des Leistungsanspruchs erfolgenden Rücktritt zu schützen: Es erklärt den **Rücktritt** für **unwirksam,** wenn der Leistungsanspruch verjährt ist und (unausgesprochen) wenn sich der Schuldner hierauf beruft (§ 218 Abs. 1 BGB).

Als **Faustformel** kann man sich also merken: Die Voraussetzungen, unter denen der Gläubiger nach § 326 Abs. 5 BGB zurücktreten kann, sind identisch mit denen des Schadensersatzanspruchs aus §§ 280 Abs. 1, 3, 283, nur dass es für das Rücktrittsrecht auf ein Vertretenmüssen nicht ankommt!

#### bb) Rücktritt wegen Nichtleistung oder wegen nicht vertragsgemäßer Leistung beim gegenseitigen Vertrag (§ 323 BGB)

Wenn ein Vertragsschuldner aus einem gegenseitigen Vertrag trotz Nachfristsetzung nicht oder nicht vertragsgemäß leistet, kann der Gläubiger nach ergebnisloser Nachfristsetzung oder bei deren gesetzlich bestimmter Entbehrlichkeit vom Vertrag zurücktreten (§ 323 BGB).

I. **Voraussetzungen**
   1. **Rücktrittserklärung,** § 349 BGB
   2. **Gegenseitiger Vertrag**
   3. Rücktrittsgrund
      a. **Nichterbringung** oder **nicht vertragsgemäße Erbringung einer fälligen** (Ausnahme: § 323 Abs. 4 BGB) und durchsetzbaren **Leistung,** die nicht im Gegenseitigkeitsverhältnis stehen muss
      b. Setzung einer angemessenen **Nachfrist** (§ 323 Abs. 1 BGB) bzw. **Abmahnung** oder **Ausnahme** hiervon (§ 323 Abs. 2 BGB) und ggf. fruchtloser Fristablauf

4. Eigene **Vertragstreue** des Rücktrittsberechtigten (ungeschriebenes Merkmal)
5. **Keine Ausschlussgründe** nach **§ 323 Abs. 5, 6** und **218 BGB**

II. **Rechtsfolge**
Rückgewährschuldverhältnis aus §§ 346 ff. BGB

Bestehen muss also ein **gegenseitiger Vertrag** (= „do ut des") und ein daraus herrührender **Leistungsanspruch,** der aber nicht selbst im Gegenseitigkeitsverhältnis stehen muss.

**Fall 360**

In einem Kaufvertrag vom 2. Januar 2015 verpflichtet sich der V zur Belieferung des K am 11. Februar 2015. Als der V nicht liefert, setzt der K dem V eine Frist bis zum 20. Februar 2015. Als diese fruchtlos verstrichen ist, erklärt der K den Rücktritt und verlangt die Rückzahlung des von ihm bereits vollständig entrichteten Kaufpreises von € 500,– von V.

Der Anspruch ergibt sich aus §§ 323 Abs. 1, 346 ff. BGB.

Der Anspruch muss **fällig** sein. Weiterhin muss der Anspruch auf die Leistung **durchsetzbar** sein. Das Bestehen einer dauernden Einrede oder einer aufschiebenden Einrede soll ein Rücktrittsrecht ausschließen. Ausnahmsweise besteht aber auch ein Rücktrittsrecht vor der Fälligkeit: Nämlich wenn bereits **vor Fälligkeit** absehbar ist, dass der Schuldner im Fälligkeitszeitpunkt nicht wird leisten können oder wollen (§ 323 Abs. 4 BGB). Bei den Schadensersatzansprüchen hatten wir ein ähnliches Problem. Dort haben wir mangels einer Regelung wie § 323 Abs. 4 BGB den Anspruch statt aus § 281 Abs. 1 BGB analog aus § 282 BGB hergeleitet.

**Variante**

Der K hatte entgegen seiner vertraglichen Verpflichtung den Kaufpreis bis zum 1. Februar 2015 noch nicht entrichtet.

Dem K steht kein Anspruch aus §§ 323 Abs. 1, 346 ff. BGB zu, weil der Anspruch nicht durchsetzbar ist (§ 320 BGB).

**Variante**

Der V hatte sich durch einen Kaufvertrag zur Belieferung des K an dessen Wohnsitz am 11. Februar 2015 verpflichtet. Als V am 15. Januar 2015 ankündigte, die Kaufsache nur gegen einen Aufpreis von € 200,– an K's Wohnsitz zu liefern, erklärt der K den Rücktritt und verlangt die Rückzahlung des von ihm bereits vollständig entrichteten Kaufpreises.

Der Anspruch ergibt sich aus §§ 323 Abs. 1, 4, 346 ff. BGB.

Weiterhin ist Voraussetzung, dass der **Schuldner** die **Leistung nicht** oder **nicht vertragsgemäß erbracht** hat. Hier soll schon einmal darauf hingewiesen werden, dass die wichtigsten Anwendungsfälle des § 323 BGB (Erbringung der Leistung „nicht vertragsgemäß") die des §§ 437 Nr. 2, 323 BGB bzw. §§ 634 Nr. 3, 323 BGB sind, das werden wir beim besonderen Gewährleistungsrecht noch vertiefen.

Verlieren Sie nicht aus dem Auge, dass immer dann, wenn der Schuldner nach § 275 Abs. 1–3 BGB nicht zu leisten braucht, mangels eines fälligen und durchsetzbaren Leistungsanspruchs § 323 Abs. 1 BGB nicht angewendet wird. Ein Rücktrittsrecht ergibt sich dann allein aus dem Ihnen ja inzwischen bekannten § 326 Abs. 5 BGB.

Der Gläubiger muss für einen Rücktritt aus § 323 BGB **grundsätzlich** dem Schuldner **ergebnislos** eine angemessene **Nachfrist gesetzt** oder bei Unterlassungsansprüchen eine **Abmahnung** ausgesprochen haben (§ 323 Abs. 3 BGB). Auch wenn § 323 und §§ 280 Abs. 1, 2, 286 BGB unterschiedliche Voraussetzungen haben, müssen Sie bedenken, dass eine Fristsetzung nach § 323 Abs. 1 BGB immer zugleich eine Mahnung im Sinne des § 286 BGB darstellt; der Gläubiger kann daher neben der Rückforderung aus dem Rücktritt bereits nach Verzugseintritt entstandene Verzögerungsschäden nach §§ 280 Abs. 1, 2, 286 Abs. 1, 325 BGB ersetzt verlangen.

Sofern der Gläubiger **nach** Fristsetzung und **Fristablauf erneut Leistung verlangt,** erlischt dadurch sein Rücktrittsrecht nicht (BGH).

**Ausnahmsweise** erklärt das Gesetz in **§ 323 Abs. 2 BGB** die **Fristsetzung** aber für **entbehrlich:**

- **§ 323 Abs. 2 Nr. 1 BGB** ist eine Parallelregelung zu § 281 Abs. 2 BGB: **Verweigert der Schuldner** die **Leistung ernsthaft** und **endgültig,** so wäre eine Fristsetzung purer Formalismus. Deshalb darf der Gläubiger in diesem Fall sofort zurücktreten.

**Fall 361**

In einem Kaufvertrag vom 2. Januar 2015 verpflichtet sich der V zur Belieferung des K am 11. Februar 2015. Der V bittet den K am 15. Januar 2015 um eine Verlängerung der Lieferfrist bis zum 15. März 2015. Der K lehnt ab. Als der V am 11. Februar 2015 nicht liefert, erklärt der K den Rücktritt und verlangt die Rückzahlung des von ihm bereits vollständig entrichteten Kaufpreises von € 500,–.

Der K hat keinen Anspruch aus §§ 323 Abs. 1, 2 Nr. 1, 346 ff. BGB, a) denn die Bitte um eine Verlängerung der Lieferfrist ist keine ernsthafte und endgültige Verweigerung der Leistung; der K hätte also eine Nachfrist setzen müssen. b) Ein Fixgeschäft nach § 323 Abs. 2 Nr. 2 BGB liegt trotz der terminlichen Fixierung nicht vor, weil nicht ersichtlich ist, dass das Geschäft mit der Fristeinhaltung „steht und fällt".

**Variante**

Der V erklärt am 11. Februar 2015, dass er nun gar nicht mehr in der Lage sei zu liefern.

Hier ergibt sich der Anspruch aus §§ 323 Abs. 1, 2 Nr. 1, 346 ff. BGB, denn in der Erklärung liegt eine ernsthafte und endgültige Verweigerung der Leistung.

- Kein gesetzliches Vorbild in § 281 BGB hat die Regelung des **§ 323 Abs. 2 Nr. 2 BGB**. Hier geht es um das sog. **„relative Fixgeschäft"**, bei dem eine Verspätung zu einem Rücktrittsrecht ohne Nachfristsetzung führt. Ein „relatives Fixgeschäft" liegt vor, wenn ein **bestimmter Leistungstermin** vereinbart ist **und** wenn dieser durch eine **Parteivereinbarung** („prompt", „genau", „spätestens") eine so **hervorgehobene Bedeutung** erhalten hat, dass das Geschäft mit der Einhaltung der Frist **„steht und fällt"**. Allerdings darf die Einhaltung nicht so bedeutsam sein, dass bei seinem Verstreichen bereits Unmöglichkeit eintritt; das wäre dann ein **„absolutes Fixgeschäft"**, das Sie schon aus Teil 3 kennen.

**Fall 362**

Die Fa. „Haralds Fliesenhandel" (H) hat am 1. Februar 2015 an den K, der durch seinen Fliesenleger seine Terrasse fliesen lassen möchte, 20 qm einer „aus einer Partie" stammenden Fliese eines italienischen Herstellers mit der Bezeichnung „Siena" für € 2000,– verkauft. Die Lieferung soll am 15. Mai 2015 um 8.00 Uhr auf der Baustelle an den für diesen Zeitpunkt bestellten Fliesenleger erfolgen. Dem H sind diese Umstände bekannt. Der K hat den gesamten Kaufpreis von € 2000,– an H bereits bei Abschluss des Kaufvertrages gezahlt. Als H um 8.00 Uhr des 15. Mai 2015 den K anruft und erklärt, dass man noch dabei sei, die Fliesen zu beschaffen und dass eine Lieferung erst um 14.00 Uhr erfolgen könne, erklärt der K, dass er eine verspätete Lieferung von H nicht annehmen werde. Der K verlangt Rückzahlung der € 2000,–.

Der Anspruch könnte sich aus §§ 346 Abs. 1, 323 Abs. 1 BGB ergeben. Dann müsste K wirksam vom Vertrag zurückgetreten sein. a) K hat den Rücktritt erklärt (§ 349 BGB). b) Dem Gläubiger K aa) stand am 15. Mai 2015 um 8.00 Uhr ein fälliger Leistungsanspruch aus einem gegenseitigen Vertrag, gerichtet auf Lieferung von 20 qm Fliesen „Siena" aus „einer Partie" gegen den Schuldner H zu (§ 433 Abs. 1 S. 1 BGB). Der Schuldner H hat die Leistung bei Fälligkeit nicht erbracht (§ 323 Abs. S. 1 BGB). bb) Eine aaa) nach § 323 Abs. 1 S. 1 BGB erforderliche Leistungsaufforderung mit Setzung einer angemessenen Frist liegt nicht vor; der K hat eine weitere Leistung sofort abgelehnt. bbb) Die Leistungsaufforderung mit Fristsetzung könnte nach § 323 Abs. 2 BGB entbehrlich sein. Hier liegt nach § 323 Abs. 2 Nr. 2 BGB der Fall des „relativen Fixgeschäftes" vor. c) Es liegt auch kein Ausschlussgrund vor. Insbesondere nicht nach § 323 Abs. 6 BGB, da K weder für den Rücktrittsgrund verantwortlich ist und der Rücktrittsgrund auch nicht während eines Gläubigerverzuges von K eingetreten ist. d) Dem K steht also ein Anspruch aus § 346 Abs. 1 BGB auf Rückzahlung der € 2000,– zu.

- In **§ 323 Abs. 2 Nr. 3 BGB** findet sich eine – wiederum mit § 281 Abs. 2 BGB identische – **Generalklausel,** der zufolge eine Fristsetzung entbehrlich ist, wenn besondere Umstände vorliegen, die nach Abwägung der beiderseitigen Interessen zum sofortigen Rücktritt berechtigen. Aus der Darstellung des § 281 BGB ist Ihnen bekannt, dass man hier an „just-in-time-Verträge" und die Verpflichtung zur Lieferung von Saisonware denken muss. Besondere Umstände liegen auch dann vor, wenn der Schuldner arglistig gehandelt hat und dem Gläubiger daher nicht zumutbar ist, weiterhin am Vertrag festzuhalten.

Wie auch bei § 281 BGB ist Voraussetzung für ein Rücktrittsrecht, dass der **Rücktrittsberechtigte seinerseits vertragstreu** ist. Dieses gesetzlich nicht ausdrücklich aufgestellte Erfordernis folgt aus § 242 BGB (sog. „tu-quoque-Einwand").

**Fall 363**

In einem Kaufvertrag vom 2. Januar 2015 verpflichtet sich der V zur Belieferung des K am 11. Februar 2015. Von dem Kaufpreis in Höhe von € 1000,– soll der K am 15. Januar 2015 einen Betrag von € 500,– zahlen, der Rest soll erst am 1. Februar 2015 gezahlt werden. Der K zahlt am 15. Januar 2015 wie vereinbart € 500,– und kündigt gleichzeitig an, den restlichen Kaufpreis erst am 1. Mai 2015 zahlen zu wollen. Als der V am 11. Februar 2015 nicht liefert, setzt der K ihm eine Nachfrist bis zum 1. März 2015. Als diese fruchtlos verstreicht, erklärt der K den Rücktritt und verlangt Rückzahlung.

Dem K steht kein Anspruch aus §§ 323 Abs. 1, 2 Nr. 1, 346 ff. BGB (deren geschriebene Voraussetzungen allesamt vorliegen) zu, weil durch die eigenmächtige Hinausschiebung der Zahlungsfrist erkennen lässt, dass er seinerseits nicht vertragstreu ist.

Weiterhin darf **kein Ausschlussgrund** bestehen (§ 323 Abs. 6 BGB). Die Ausschlussgründe entsprechen denen bei § 326 Abs. 2 BGB. Der Rücktritt kann danach (ganz oder teilweise) ausgeschlossen sein, wenn

- den Gläubiger ein **weit überwiegendes Verschulden** an der Nichtleistung oder an der nicht vertragsgemäßen Leistung trifft oder der Rücktrittsgrund zur Zeit eines Annahmeverzuges des Rücktrittsberechtigten eingetreten ist

(§ 323 Abs. 6 BGB), wenn zum *Beispiel* die Leistungserbringung daran scheitert, dass der Gläubiger eine falsche oder unleserliche Lieferadresse angegeben hat.

- Nach § 323 Abs. 5 S. 2 BGB ist bei einer **nicht vertragsgemäßen Leistung** der Rücktritt dann ausgeschlossen, wenn die Pflichtverletzung unerheblich ist. Dies betrifft zum *Beispiel* folgende Fallkonstellation des Gewährleistungsrechts: Der gekaufte Neuwagen hat eine ganz unerhebliche und kaum sichtbare Schramme am Unterboden. In solchen Fällen eines „Bagatellmangels" soll der Verkäufer vor einem Rücktritt nach §§ 433 Abs. 1 S. 2, 434 Abs. 1, 437 Nr. 2, 323 BGB mit seinen u. U. gravierenden wirtschaftlichen Folgen (rapider Wertverlust durch Erstzulassung seitens des Käufers) geschützt werden. Letztlich ist diese Vorschrift deshalb notwendig geworden, weil ein zu Gewährleistungsrechten des Käufers führender Mangel auch bei unerheblichen Abweichungen der „Ist-" von der „Sollbeschaffenheit" vorliegt. Dazu später mehr bei der Darstellung des Gewährleistungsrechts.

Nach der Rechtsprechung wäre ein Mangel, der **etwa 1 % des Kaufpreises** ausmacht, unerheblich. Ob man diesen Satz verallgemeinern kann, bleibt abzuwarten. Entschieden wurde bereits, dass ein Kraftstoffmehrverbrauch eines Neuwagens von weniger als 10 % unerheblich ist. Handelt der Verkäufer **arglistig,** so liegt nach der Rechtsprechung in der Regel keine unerhebliche Pflichtverletzung vor, auch wenn der Mangel selbst eigentlich unerheblich gewesen wäre.

- In der Regel wird es in tatsächlicher Hinsicht so sein, dass der Schuldner die **gesamte Leistung nicht** oder **nicht vertragsgemäß erbringt**. Die Antwort auf die Frage, ob bei einer **Teilleistung** des Schuldners nur ein **Teilrücktritt** oder ein **Rücktritt vom gesamten Vertrag** möglich ist, hängt davon ab, ob der Gläubiger die Teilleistung nach § 266 BGB zurückgewiesen hat oder nicht. Wenn er die Leistung zurückgewiesen hat, ist die gesamte Leistung nicht erbracht worden. Wenn der Gläubiger die Teilleistung dagegen angenommen hat, so kann er im Regelfall nur einen Teilrücktritt erklären, es sei denn er hat an der Teilleistung kein Interesse (§ 323 Abs. 5 S. 1 BGB). Eine einmal getroffene Wahl des Gläubigers soll für diesen bindend sein (vergleichbar einem erklärten Rücktritt).
- Genauso wie bereits beim Schadensersatzanspruch nach § 281 BGB bereitet speziell beim Kauf- und beim Werkvertrag die Zuweniglieferung Schwierigkeiten: Abgestellt werden kann entweder auf § 323 Abs. 5 S. 1 BGB; oder man kann (wegen §§ 434 Abs. 3, 633 Abs. 3 BGB) wiederum daran denken, dass auch eine Zuweniglieferung eine „nicht vertragsgemäße" Lieferung ist, was zur Folge hätte, dass ein Rücktritt hinsichtlich der gesamten Lieferung schon bei einer **erheblichen Pflichtverletzung** ohne Rücksicht auf einen **Interessenwegfall** des Gläubigers möglich ist. Die besseren Argumente sprechen dafür, in diesen Fällen auf § 323 Abs. 5 S. 1 BGB abzustellen, da dessen Anwendungsbereich ansonsten praktisch „auf Null" schrumpfen würde.

Sie haben sicher bemerkt, dass auch hier beim Rücktrittsrecht eine unübersehbare Parallele zu einem Schadensersatzanspruch – hier zu § 281 BGB – besteht. Aber abweichend zu § 281 BGB verlangt das Gesetz für einen Rücktritt grundsätzlich **kein Vertretenmüssen** des Schuldners.

cc) Rücktritt wegen „Rücksichtspflichtverletzung" beim gegenseitigen Vertrag (§ 324 BGB)

Ein Rücktrittsrecht gibt es schließlich auch bei einer Verletzung von bei einem gegenseitigen Vertrag bestehenden „Rücksichtspflichten".

Das war wegen des Ihnen ja inzwischen immer deutlicher gewordenen Prinzips der Parallelität von Ansprüchen auf Schadensersatz „statt der Leistung" und „Rücktritt" zu erwarten. Denn schließlich gibt es bei der Verletzung einer Rücksichtspflicht im Falle der Unzumutbarkeit einen Anspruch auf Schadensersatz statt der Leistung aus §§ 280 Abs. 1, 3, 241 Abs. 2, 282 BGB. Konsequenterweise musste der Gesetzgeber Gleiches für das Recht zum Rücktritt bestimmen.

Es muss ein **gegenseitiger Vertrag** sowie die **Verletzung** einer **Rücksichtspflicht** aus § 241 Abs. 2 BGB gegeben sein, aufgrund derer dem Gläubiger das **Festhalten** am **Vertrag unzumutbar** ist.

Wir können uns dies leicht an einem Beispiel verdeutlichen, und dabei zugleich eine kleine Wiederholung der Schadensersatzansprüche vornehmen:

**Fall 364**

Die als selbstständige Reinigungsunternehmerin tätige P soll die nach einem Umbau verdreckte Wohnung des B reinigen. Der B hat den fest vereinbarten Werklohn vorab gezahlt. Am ersten Tag zerstört die P beim Transport einer Leiter schuldhaft ein großes Fenster, weswegen der B die P zu mehr Sorgfalt ermahnt. Am nächsten Tag geht auf gleiche Weise eine andere Scheibe zu Bruch. Der B verlangt Schadensersatz hinsichtlich der zerstörten Fensterscheiben. Außerdem erklärt er den Rücktritt vom Vertrag und verlangt Zurückzahlung des Werklohnes Zug-um-Zug gegen Wertersatz für die geleisteten Reinigungsarbeiten.

1. Der B kann seine Anzahlung zurückfordern, wenn er wirksam von dem geschlossenen Werkvertrag zurückgetreten ist (§§ 346 Abs. 1, 349 BGB). a) Der Rücktritt ist erklärt worden. b) Es müsste ein Rücktrittsgrund vorliegen. aa) § 326 Abs. 5 BGB greift nicht ein, denn Unmöglichkeit liegt nicht vor, da P ja noch putzen kann. bb) Auch ist die eigentliche Werkleistung der P vertragsgemäß, weswegen § 323 Abs. 1 BGB nicht eingreift. cc) Es kommt daher als Rücktrittsgrund nur § 324 BGB in Betracht. aaa) Zwischen P und B besteht ein

gegenseitiger Vertrag (§§ 631 ff. BGB). bbb) Die P hat eine ihr gegenüber dem B bestehende „Rücksichtspflicht" aus § 241 Abs. 2 BGB verletzt. ccc) Dem B ist das Festhalten am Vertrag wegen der schweren und wiederholten Pflichtverletzungen nicht länger zumutbar. Zur Begründung dessen können Sie mit der Höhe des Schadens, der Schwere des Verschuldens, der Häufigkeit der Pflichtverletzungen und mit vergeblichen „Ermahnungen" des B argumentieren. c) Ausschlussgründe liegen nicht vor. d) B kann daher seine Anzahlung zurückverlangen (§ 346 Abs. 1), dies aber nur Zug-um-Zug (§ 348 BGB) gegen Wertersatz nach § 346 Abs. 2 Nr. 1 BGB für die erfolgten Reinigungsarbeiten. 2) Ein Schadensersatzanspruch des B gegen die P ergibt sich a) aus §§ 280 Abs. 1 S. 1, 241 Abs. 2 BGB. aa) Zwischen P und B besteht ein Werkvertrag und damit ein wirksames Schuldverhältnis. bb) Die P hat eine dem B gegenüber bestehende Rücksichtspflicht nach § 241 Abs. 2 BGB verletzt. cc) Sie kann sich nicht entlasten. Vielmehr handelte sie fahrlässig i. S. v. § 276 Abs. 1, 2 BGB. dd) Als Rechtsfolge aaa) schuldet P den Ersatz des angerichteten Schadens (§ 249 Abs. 2 BGB). bbb) Die Geltendmachung von Schadensersatz ist neben dem Rücktritt möglich (§ 325 BGB). b) Ferner kann B Schadensersatz statt der Leistung nach §§ 280 Abs. 1, 3, 282, 241 Abs. 2 BGB verlangen und auch auf diesem Wege seinen Vorschuss einfordern. c) Außerdem schuldet die P Schadensersatz aus §§ 823 Abs. 1, 249 ff. BGB.

Warum hat der B hier den Rücktritt erklärt und hat nicht einfach nach § 649 BGB den Werkvertrag gekündigt? Weil die P dann das Geld hätte behalten dürfen. Nach § 649 S. 2 BGB bleibt der Vergütungsanspruch nämlich grundsätzlich bestehen, und es dürfen nur ersparte Aufwendungen abgezogen werden.

Eine (ungeschriebene) Einschränkung zu § 324 BGB muss man sich noch merken: Die Norm ist nur anwendbar, wenn die **Pflichtverletzung nach Vertragsschluss** stattfindet. Bei einer **Verletzung vorvertraglicher Rücksichtspflichten ist kein Rücktritt nach § 324 BGB** möglich. Dem Gläubiger hilft aber in solchen Fällen mitunter ein Anspruch aus §§ 280 Abs. 1, 311 Abs. 2, 241 Abs. 2 BGB auf Aufhebung des Vertrages (dazu mehr in Teil 5) oder die Ihnen schon bekannte Anfechtung des Vertrages. Dazu dieses *Beispiel:* Der Radrennfahrer R hat einen Vertrag mit dem Trainer T abgeschlossen, wonach dieser ihn trainieren soll. R hat keine Kenntnis davon, dass T bei seiner früheren Tätigkeit in einen Dopingskandal verwickelt war. Als er davon erfährt, will er vom Vertrag zurücktreten. T verlangt das vereinbarte Entgelt. Der Anspruch ist entstanden. Er ist nicht durch Rücktritt entfallen, weil § 324 BGB auf vorvertragliche Aufklärungspflichtverletzungen nicht anwendbar ist. In Betracht kommen aber eine Anfechtung nach §§ 142 Abs. 1, 119 Abs. 2 BGB bzw. ein Anspruch auf Vertragsaufhebung aus §§ 280 Abs. 1, 311 Abs. 2, 241 Abs. 2 BGB.

### dd) Rücktritt wegen einer Störung der Geschäftsgrundlage (§ 313 Abs. 3 BGB)

Ebenfalls zum Rücktritt berechtigt die bereits in Teil 3 dargestellte „Störung der Geschäftsgrundlage" (§ 313 BGB). Auch wenn genau genommen bei der Störung der Geschäftsgrundlage **nicht** eine **Leistung gestört** ist, sondern eine **„Störung des Vertrages"** (Medicus) vorliegt, rechtfertigen die Sachnähe und die mitunter schwierigen Abgrenzungen aber eine Erörterung an dieser Stelle.

Fälle zu § 313 BGB bieten fast immer Spielraum für unterschiedliche Lösungen und Meinungen. Der Klausurerfolg hängt somit davon ab, eine stimmige Argumentation zu entwickeln und dabei umfassend auf die gesetzliche und vertragliche Risikoverteilung einzugehen. Das ist eine Chance, aber auch eine Gefahr. Eine klar strukturierte, für den Leser nachvollziehbare Argumentation ist entscheidend!

Sie entsinnen sich: Als Rechtsfolge einer Störung der Geschäftsgrundlage ergibt sich in erster Linie ein **Anspruch** auf **Anpassung** des Vertrages, z. B. durch Herabsetzung der Schuld, Stundung, Teilung des Risikos.

**Fall 365**

Ein Architekt gibt sein Geschäft auf und führt nur noch einen alten Beratungsvertrag mit der Grundstücksgesellschaft G fort. Sein Entgelt aus diesem Vertrag beträgt € 5000,– pro Jahr „zuzüglich Mehrwertsteuer". Einige Zeit nach Geschäftsaufgabe weist die Gesellschaft den Architekten darauf hin, dass er wegen seines mittlerweile zu geringen Umsatzes jetzt nicht mehr umsatzsteuerpflichtig sei, weshalb die Zahlung des Umsatzsteueranteils entfallen könne. Der A meint, dass Gesamthonorar sei fest vereinbart und müsse weiterhin gezahlt werden (nach Kittner).

In diesem Fall kann die G von A ggf. die Anpassung des Vertrages nach § 313 Abs. 1 BGB verlangen. a) Zwischen G und A besteht ein Vertrag. b) Fraglich ist, ob die Umsatzsteuerpflicht des A Geschäftsgrundlage geworden ist. Hier ergibt die Vertragsauslegung, dass die Parteien durch die Vereinbarung „zuzüglich Mehrwertsteuer" erreichen wollten, dass eine tatsächlich den A treffende Steuerlast von der G getragen werden sollte. Dieser Umstand der Umsatzsteuerpflicht ist für die Willensbildung beider Parteien erheblich und damit Geschäftsgrundlage. c) Durch die Geschäftsaufgabe hat sich die Geschäftsgrundlage nachhaltig verändert. d) Die Fortführung des Vertrages in seiner ursprünglichen Form ist der G nicht zumutbar. e) G kann daher Anpassung des Vertrages verlangen.

Die Anpassung kommt allerdings dann nicht in Betracht, wenn sich nach Wertung aller Umstände ergibt, dass eine Partei das Risiko von Irrtümern und Änderungen der Umstände allein tragen soll. Zum *Beispiel* (nach BGH) muss der Vater, der einen Krankenhausvertrag für seine Tochter in dem Glauben abschließt, es bestehe ein gesetzlicher Krankenversicherungsschutz, die Behandlungskosten selbst tragen, wenn sich dies als Irrtum erweist, weil das Risiko einer Fehleinschätzung aus seiner Sphäre stammt.

Sofern eine **Vertragsanpassung nicht möglich** oder einem Teil **nicht zumutbar** ist, kann der benachteiligte Teil vom Vertrag zurücktreten (§ 313 Abs. 3 BGB), bzw. bei einem Dauerschuldverhältnis kündigen. Die Abwicklung richtet sich nach den bekannten Rücktrittsregeln.

**Fall 366**

Der V verkauft am 1. Februar 2006 an den K für einen Preis von € 1.000.000,– von V noch herzustellende Anlagenteile für einen Unkrautvernichtungsmittel produzierenden Industriebetrieb. Geliefert werden soll am 1. Februar 2007. Vereinbart ist, dass K spätestens am 1. Juni 2006 noch vor Aufnahme der Herstellung der Anlagenteile eine Anzahlung von € 250.000,– an V zahlt. Der Rest soll bei Auslieferung an K oder eine von ihm zu benennende Person bezahlt werden. Der K beabsichtigt, diese Anlagenteile an den Iran zu verkaufen. Das ist dem V bekannt. Nach Abschluss des Vertrages verhängen die Vereinten Nationen am 15. April 2006 ganz überraschend ein Handelsembargo über den Iran, aufgrund dessen wegen der Gefahr einer Nutzung für militärische Zwecke keine derartigen Lieferungen mehr dorthin erfolgen dürfen. Ein Ende des Embargos ist nicht abzusehen. Der K hat für die Teile keine andere Verwendung und verweigert die von V am 1. Juni 2006 geforderte Anzahlung.

Der Kaufpreisanspruch folgt aus §§ 651, 433 Abs. 2 BGB. a) Ein Werklieferungsvertrag ist wirksam geschlossen, der Anspruch daher entstanden. b) Der Kaufpreisanspruch ist nicht nach § 326 Abs. 1 S. 1 BGB erloschen, da die Erfüllung der Lieferverpflichtung weder nach § 275 Abs. 1 BGB unmöglich geworden noch nach § 275 Abs. 2 BGB erschwert ist. Schließlich ist die Lieferung an K nach wie vor möglich. Unmöglich ist nur die Weiterlieferung in den Iran. Die Möglichkeit des Verkaufs an den Iran ist aber nicht Gegenstand der Vertragsvereinbarungen. c) Der Anspruch kann aber durch einen Rücktritt des K erloschen sein, weil sich der Kaufvertrag in ein Rückgewährschuldverhältnis umgewandelt haben könnte, wodurch noch nicht erfüllte Leistungspflichten erlöschen (§§ 346 Abs. 1, 349 BGB). aa) Der Rücktritt wurde von K konkludent erklärt. bb) Als Rücktrittsgrund kommt § 313 Abs. 3 S. 1 BGB in Betracht. Dazu muss eine „Störung der Geschäftsgrundlage" vorliegen. aaa) Zwischen V und K besteht ein Kaufvertrag. bbb) Eine Tatsache muss Geschäftsgrundlage geworden sein. „Geschäftsgrundlage ist die beim Geschäftsabschluss zutage tretende und vom etwaigen Gegner in ihrer Bedeutsamkeit erkannte und nicht beanstandete Vorstellung eines Beteiligten oder die gemeinsame Vorstellung mehrerer Beteiligter vom Sein oder vom Eintritt gewisser Umstände, auf deren Grundlage der Geschäftswille sich aufbaut": Der Kaufvertrag „steht und fällt" mit der Lieferbarkeit in den Iran. Dies wissen sowohl V als auch K. Die Lieferbarkeit in den Iran ist daher Geschäftsgrundlage des Kaufvertrages. ccc) Die Geschäftsgrundlage ist durch das Embargo nachhaltig verändert worden und ddd) die Vertragserfüllung dem K unzumutbar, da er die Anlagenteile nicht brauchen kann. eee) Eine Anpassung des Vertrages ist nicht möglich. Daher steht dem K ein Rücktrittsrecht zu (§ 313 Abs. 3 S. 1 BGB). Ein Rücktrittsgrund ist daher gegeben. d)

Aufgrund des erklärten Rücktritts ist der Anspruch erloschen. Der V kann daher von K keine Zahlung verlangen.

Die von Ihnen zu bearbeitenden Fälle betreffen selten nur den Wegfall der Geschäftsgrundlage sondern verlangen eine Abgrenzung zu anderen Rechtsfiguren. Das zeigt der folgende „Klassiker":

**Fall 367**

Für den Krönungszug von Edward VII. im Jahre 1901 hatte der Engländer V an den Deutschen M Fensterplätze in der Straße Mall in London vermietet. Wegen eines starken Regens fiel der Krönungszug aus. Der M erklärte dem V daher, dass er die Fensterplätze nicht in Anspruch nehmen würde und erschien nicht. Der V verlangt die vereinbarte Miete von M und klagt, als dieser die Zahlung verweigert, in Deutschland. Unterstellen Sie dabei, dass die Anwendung deutschen Rechts wirksam vereinbart worden ist.

a) Die Anwendung deutschen Rechts ergäbe sich heute aus Art. 3 Abs. 1 Rom I-VO (Verordnung (EG) Nr. 593/2008 des Europäischen Parlaments und des Rates vom 17. Juni 2008 über das auf vertragliche Schuldverhältnisse anzuwendende Recht). b) Der Anspruch könnte sich aus § 535 Abs. 2 BGB ergeben. aa) Der Anspruch ist entstanden. bb) Er könnte erloschen sein aaa) nach § 326 Abs. 1 S. 1 BGB, wenn Unmöglichkeit vorläge (§ 275 Abs. 1 BGB). aaaa) Dies soll nach einer Ansicht der Fall sein, da die Mietsache (der Fensterplatz) nur durch den Zweck (Stattfinden des Krönungszugs) Verkehrswert erlangt habe. bbbb) Nach a. A. ist der Mietanspruch wegen eines Mangels der Mietsache gemindert (§ 536 Abs. 1 S. 1 BGB). Nach dieser Ansicht können auch mittelbare Umstände, die der Mietsache selbst nicht anhaften, wie hier der Ausfall des Krönungszuges, einen Mangel der Mietsache begründen. cccc) Nach einer weiteren Ansicht soll allerdings eine Auslegung des Vertrages ergeben, dass die Gegenleistung nur bei Erreichen des Zwecks des Vertrages geschuldet sei (Schlechtriem). bbb) Es kommt aber ein Erlöschen aufgrund eines (konkludent durch Nichtinanspruchnahme des Fensterplatzes erklärten) Rücktritts in Betracht, wobei als Rücktrittsgrund ein Wegfall der Geschäftsgrundlage dient. Nach h. M. kommt in einem solchen Fall der Zweckstörung nur eine „Störung der Geschäftsgrundlage" in Betracht: Ein Fall der Unmöglichkeit sei nicht gegeben, denn der Vermieter verspricht nicht die Zweckerreichung. Aus diesem Grunde führe auch eine Auslegung nicht weiter. Gegen einen Mangel spreche, dass der Mietsache die Tauglichkeit zum vertraglich vorausgesetzten Gebrauch nicht fehle. „Geschäftsgrundlage ist die beim Geschäftsabschluss zutage tretende und vom etwaigen Gegner in ihrer Bedeutsamkeit erkannte und nicht beanstandete Vorstellung eines Beteiligten oder die gemeinsame Vorstellung der mehreren Beteiligten vom Sein oder vom Eintritt gewisser Umstände, auf deren Grundlage der Geschäftswille sich aufbaut": Der geänderte tatsächliche Umstand war für den M bei Abschluss des Geschäftes in diesem Sinne von entscheidender Bedeutung. Denn nur bei einem Stattfinden des Krönungszuges würde es zu einer

Inanspruchnahme der Räumlichkeiten des V kommen. Das hatte auch der Vermieter V erkannt. Eine Vertragsanpassung war nicht möglich. Daher kann M zurücktreten (§ 313 Abs. 3 BGB). Auf § 313 Abs. 3 S. 2 BGB kommt es nicht an, da Mietverträge zwar in der Regel Dauerschuldverhältnisse sind, hier aber ein bloßer einmaliger Leistungsaustausch vorgesehen war, bei dessen Abwicklung die für Dauerschuldverhältnisse typischen Probleme nicht eintreten konnten.

Das **Verhältnis** zwischen **§ 275 Abs. 2 BGB** und **§ 313 BGB** ist relativ unklar. In vielen Fällen sind beide Normen zu erörtern. Die mittlerweile herrschende Meinung hält die beiden Normen für grundsätzlich parallel anwendbar. Da sie aber unterschiedliche Bezugspunkte haben, greifen sie nicht automatisch gleichzeitig ein: Bei § 275 Abs. 2 BGB kommt es auf das Verhältnis vom Aufwand des Schuldners zum Leistungsinteresse des Gläubigers an. Bei § 313 BGB dagegen ist das Verhältnis vom Aufwand des Schuldners zum Wert der Gegenleistung maßgeblich. Das lehrt dieses *Beispiel* (nach BGH): Der Kunde K bestellt bei der Porschehändlerin V ein demnächst erscheinendes Sondermodell für € 120.000,–. Die Porsche AG entscheidet sich aber, das Modell nicht über die Händler, sondern direkt zu vertreiben. Die limitierten Modelle sind sehr begehrt und kaum zu bekommen. Die V müsste, um ein Fahrzeug zu erwerben, € 350.000,– ausgeben und beruft sich zum einen darauf, dass die Leistung ihr unzumutbar sei und erklärt hilfsweise den Rücktritt vom Vertrag. Die Voraussetzungen von § 275 Abs. 2 BGB liegen nicht vor, weil mit dem höheren Preis auch das Interesse des K an der Lieferung steigt. In Betracht kommt aber ein Rücktritt gemäß § 349 BGB mit einem Rücktrittsgrund gemäß § 313 BGB, da das Verhältnis von Aufwand und Gegenleistung gestört ist.

## 4. Rechtsfolgenverweisungen auf das Rücktrittsrecht

Bei derartigen **Verweisungen** sind die Voraussetzungen der Norm, auf die verwie-

> Damit haben wir uns verdeutlicht, dass man aufgrund eines vereinbarten oder aufgrund eines gesetzlichen Rücktrittsgrundes von einem Vertrag zurücktreten kann. Der unerfahrene Jurist ist durchaus in der Gefahr, ein solches gesetzliches Rücktrittsrecht zu verwechseln mit Bestimmungen, in denen das Gesetz lediglich auf die Regeln der §§ 346 ff. BGB verweist, ohne aber eine Subsumtion der Voraussetzungen eines gesetzlichen Rücktrittsrechts oder eine Rücktrittserklärung zu fordern.

sen wird (also hier bei § 346 BGB: Rücktrittsgrund, Rücktrittserklärung und Fehlen von Ausschlussgründen) nicht zu subsumieren: Es interessieren nur die Rechtsfolgen, insbesondere die Pflicht zur Rückgewähr.

### a) Rechtsfolgenverweisung auf das Rücktrittsrecht wegen Unmöglichkeit (§ 326 Abs. 4 BGB)

Sofern der Gläubiger die Gegenleistung schon bewirkt hat, kann er sie nach §§ 326 Abs. 4, 346 Abs. 1 BGB zurückfordern. Eine solche Rechtsfolgenverweisung auf das Rücktrittsrecht kennen Sie bereits: Wenn der Schuldner nach § 275 BGB leistungsfrei wird, entfällt bei gegenseitigen Verträgen nach § 326 Abs. 1 S. 1 BGB auch der Anspruch auf die Gegenleistung. Anders als bei § 326 Abs. 5 ist erforderlich, dass die unmögliche Leistung im Gegenseitigkeitsverhältnis steht; dies ergibt sich aus dem Wortlaut („Anspruch auf die Gegenleistung").

**Fall 368**

Der V hat dem K eine Sache verkauft. Deren Lieferung wurde ihm dann schuldhaft unmöglich. Der K verlangt den angezahlten Kaufpreis in Höhe von € 1000,– zurück.

Der Anspruch kann sich aus §§ 326 Abs. 4, 346 Abs. 1 BGB ergeben. a) Zwischen V und K besteht ein gegenseitiger Vertrag. b) Der K hat die Gegenleistung bewirkt. c) Die Gegenleistung muss nach „dieser Vorschrift" (§ 326 BGB) „nicht geschuldet" sein. aa) Hier wurde K nach § 326 Abs. 1 S. 1 Hs. 1 BGB frei, da dem V seine Leistung nach § 275 Abs. 1 BGB unmöglich wurde. bb) Die Ausnahmetatbestände (lesen Sie dazu noch einmal in Teil 3 nach!) sind nicht gegeben. d) Als Rechtsfolge muss V den erhaltenen Kaufpreis an K zurückzahlen (§ 346 Abs. 1 BGB).

Im Gesetz nicht geregelt ist die Frage, ob und – wenn ja – nach welcher Norm eigentlich der Schuldner seine von einer Leistungsstörung betroffene Leistung (bzw. was davon noch übrig ist) zurückerlangen kann. Man wird ihm einen Rückgabeanspruch aus § 326 Abs. 4 BGB analog zubilligen müssen.

**Fall 369**

V verkauft und übergibt an K gegen Zahlung des Kaufpreises eine Rolex-Uhr, die dem X gestohlen wurde. V und K wollen jeweils ihre Leistungen zurück. V möchte die Uhr, obwohl sie ihm nicht gehört wieder in seinen Besitz bringen, um nicht Schadensersatzansprüchen des wahren Eigentümers ausgesetzt zu sein.

1. K bekommt seine Leistung nach § 326 Abs. 4, 346 Abs. 1 BGB zurück. Es liegt Unmöglichkeit einer Leistung vor. Fehlendes Eigentum führt nämlich zur Nichterfüllung (vgl. oben). K hat eine nach § 326 Abs. 1 BGB nicht geschuldete Leistung erbracht und kann diese nunmehr zurückfordern. 2) V bekommt die Uhr nach § 326 Abs. 4 BGB analog zurück. Es besteht nämlich für den vorliegenden Fall keine gesetzliche Regelung. Anders als sonst muss der Gläubiger nämlich nicht zurücktreten, um seine Leistung zurückzubekommen sondern bekommt diese kraft Gesetzes (§ 326 Abs. 4 BGB) und verschafft so dem Schuldner keinen Rückgewähranspruch. Es besteht aber kein Grund, dem K die Uhr zu belassen. Außerdem hat der V ein legitimes Interesse daran, die Uhr zur Vermeidung von Ersatzansprüchen wieder in seinen Besitz zu bekommen.

Bei **Teilunmöglichkeit** ergeben sich Unterschiede zwischen dem Anspruch aus §§ 326 Abs. 5, 346 Abs. 1 BGB und §§ 326 Abs. 4, 346 Abs. 1 BGB. Nur nach dem Rücktrittsrecht kann der Gläubiger seine vollständige Leistung zurückverlangen.

**Fall 370**

Die Firma F will ihren sämtlichen Mitarbeitern eine Flasche Wein zu Weihnachten schenken. Um das Zusammengehörigkeitsgefühl zu stärken, sollen alle 100 Mitarbeiter eine identische Flasche eines bestimmten Weines zum Preis von je € 10,– erhalten. Der Weinhändler W, der die Lieferung vornehmen sollte, kann nur 40 Flaschen liefern, da die Übrigen durch ein Versehen an einen anderen Kunden überlassen wurden. Weitere Flaschen dieser Sorte sind nicht erhältlich. Die F erklärt den Rücktritt und möchte den schon gezahlten Kaufpreis zurück.

Der Anspruch kann sich 1. zunächst aus §§ 323 Abs. 5, 346 Abs. 1 BGB ergeben. a) F hat den Rücktritt erklärt b) Ein wirksamer Kaufvertrag und damit ein gegenseitiger Vertrag liegen vor. c) Als Rücktrittsgrund kommt § 326 Abs. 5 BGB in Betracht. Die Leistung ist teilweise unmöglich, womit die Voraussetzungen vorliegen. d) Der Rücktritt ist nicht ausgeschlossen. e) Fraglich ist allein der Umfang der Pflicht zur Rückgewähr. Es liegt eine Teilunmöglichkeit vor. Ein Rücktritt vom gesamten Vertrag ist nur möglich, wenn an der Teilleistung (objektiv) kein Interesse mehr besteht (§§ 326 Abs. 5, 323 Abs. 5 S. 1 BGB). Dies ist der Fall, da F allen Mitarbeitern eine identische Flasche schenken wollte. f) F kann somit den gesamten Kaufpreis in Höhe von € 1000,– zurückverlangen. 2. Zusätzlich besteht ein Anspruch aus §§ 326 Abs. 4, 346 Abs. 1 BGB. Dieser erlaubt aber nur eine Rückforderung, soweit die Gegenleistung nicht geschuldet wurde. Dies bestimmt sich nach §§ 326 Abs. 1 S. 1 Hs. 2., 441 Abs. 3 BGB. Bei einer Teilleistung entfällt der Anspruch daher nur in Höhe von € 600,–.

### b) Rechtsfolgenverweisung auf das Rücktrittsrecht wegen Forderung von Schadensersatz statt der Leistung (§ 281 Abs. 5 BGB)

Wenn der Gläubiger nach §§ 280 Abs. 1, 3, 283, 281 BGB **„Schadensersatz statt der ganzen Leistung"** fordert, dann erlischt aufgrund dieses **Verlangens** der Anspruch auf die Leistung: Das ergibt sich aus § 281 Abs. 4 BGB bzw. aus §§ 283 S. 2, 281 Abs. 4 BGB. Der Grund hierfür leuchtet ein; wer Schadensersatz statt der ganzen Leistung geltend macht, kann nicht zugleich die Leistung geltend machen. Bevor das Schadensersatzverlangen erklärt wird, stehen der Anspruch auf die Primärleistung und der Anspruch auf Schadensersatz anstelle der Leistung nebeneinander; die Auswahl steht allein dem Gläubiger zu (sog. elektive Konkurrenz).

Wenn der auf Schadensersatz „statt der ganzen Leistung" in Anspruch genommene Schuldner seinerseits bereits etwas geleistet haben sollte, muss er dieses Geleistete natürlich zurück verlangen können. Folgerichtig hat das Gesetz in § 281 Abs. 5 BGB angeordnet, dass **„der Schuldner zur Rückforderung des Geleisteten nach den §§ 346 bis 348 berechtigt"**. Es handelt sich um eine Rechtsfolgenverweisung.

**Fall 371**

Der V verkauft an den K mehrere Sachen. Er liefert bei Fälligkeit jedoch nur eine der Sachen. Der K weist die Teilleistung zurück und verlangt (nach §§ 280 Abs. 1, 3, 281 Abs. 1 BGB zu Recht) Schadensersatz „statt der ganzen Leistung". 1. Später verlangt der K dann doch Lieferung der restlichen Sachen. 2. Der V verlangt Herausgabe der einen von ihm gelieferten Sache und 3. Bezahlung des gesamten Kaufpreises.

1) Der Anspruch des K auf Lieferung aus dem Kaufvertrag (§ 433 Abs. 1 S. 1 BGB) ist gemäß § 281 Abs. 4 BGB erloschen. 2) Der V kann das Geleistete nach § 281 Abs. 5 BGB gemäß §§ 346–348 BGB zurückfordern. 3) Der Anspruch des V auf Bezahlung des Kaufpreises aus dem Kaufvertrag (§ 433 Abs. 2 BGB) ist erloschen. Hier fehlt es an einer gesetzlichen Regelung. Trotzdem ist das Ergebnis klar: Der Schuldner verliert seinen Anspruch auf die Gegenleistung. Begründen kann man dies mit einem „a maiore ad minus"-Schluss aus § 281 Abs. 4 BGB: Wenn schon der leistungstreue Gläubiger (K) infolge seines Schadensersatzverlangens den Anspruch auf die Leistung verliert, dann muss erst recht der leistungsuntreue Schuldner (V) seinen Anspruch auf die Gegenleistung verlieren. Alternativ kann man mit der Differenztheorie argumentieren: Der Anspruch auf die Gegenleistung wäre dann ein Abzugsposten im Rahmen der Schadensberechnung.

### 5. Schadensersatz neben Rücktritt

Für den Fall, dass der Gläubiger bei einem gegenseitigen Vertrag nach § 326 Abs. 5 BGB vom ganzen Vertrag zurücktritt, stellt sich die Frage, ob er neben dem Rücktritt **auch Schadensersatz statt der Leistung** verlangen kann. Diese Kombination wird seit der Schuldrechtsreform in § 325 BGB ausdrücklich zugelassen (einen entsprechenden Fall kennen Sie auch schon).

Für den Gläubiger hat die Kombination von Rücktritt und Schadensersatz in bestimmten Situationen gute Gründe:

- Nach § 346 Abs. 1 BGB hat der Gläubiger einen **Anspruch** auf den **tatsächlich gezahlten Kaufpreis**. Als Mindestschadensersatz kann der Kaufpreis nur im Rahmen der (widerlegbaren) Rentabilitätsvermutung zurückverlangt werden.
- Nach Rücktrittsrecht erhält der Gläubiger **Sachleistungen** wie z. B. in Zahlung gegebene Gebrauchtwagen **zurück**, beim Schadensersatzanspruch könnte dies nur im Rahmen der Naturalrestitution verlangt werden.

Die Möglichkeit einer Kombination von Rücktritt und Schadensersatz erfolgt in der Weise, dass

- zunächst die **ausgetauschten Leistungen rückabgewickelt** werden und
- danach der **Restschadensersatz nach** der **Differenztheorie** berechnet wird.

Die Schadensberechnung nach der Surrogationstheorie schließt den gleichzeitigen Rücktritt aus, da die Berechnung nach der Surrogationstheorie ein widersprüchliches Verhalten des Gläubigers darstellen würde.

**Fall 372**

Die Fa. „Haralds Fliesenhandel" (H) hat am 1. Februar 2015 an den K, der durch seinen Fliesenleger seine Terrasse fliesen lassen möchte, 20 qm einer „aus einer Partie" stammenden Fliese eines italienischen Herstellers mit der Bezeichnung „Siena" für € 2000,– verkauft. Die Lieferung soll am 15. Mai 2015 um 8.00 Uhr auf der Baustelle an den für diesen Zeitpunkt bestellten Fliesenleger erfolgen. Der K hat den gesamten Kaufpreis von € 2000,– an H bereits bei Abschluss des Kaufvertrages gezahlt. Als der H am 15. Mai 2015 um 8.00 Uhr nur 18 anstelle der gekauften 20 qm liefert und erklärt, dass man den Rest schon noch beschaffen werde, erklärt der K, dass er diese und jede weitere Lieferung von H ablehne und die Rückzahlung der bereits gezahlten € 2000,– verlange. Jetzt fällt dem K ein, dass er für den wartenden Fliesenleger unbedingt Fliesen benötigt. Um Fliesen zu beschaffen, fährt der K mit einem Taxi von Fliesenhändler zu Fliesenhändler durch die Stadt. Es gelingt ihm, für € 2000,– aus „einer Partie" stammende 20 qm der Fliese „Siena" zu kaufen. Für das Taxi hat er € 200,– ausgegeben. Der K verlangt zum einen die Rückzahlung der gezahlten € 2000,– und Schadensersatz in Höhe von € 200,– von H.

1. Hinsichtlich € 2000,– steht dem K ein Anspruch aus §§ 346 Abs. 1, 323 Abs. 1 BGB zu. 2) Der K macht hinsichtlich der € 200,– weiter einen Verzögerungsschaden geltend. Der Anspruch könnte sich aus §§ 280 Abs. 1, 2, 286 Abs. 1 BGB ergeben. a) Vorausgesetzt ist ein wirksames Schuldverhältnis. aa) Hier liegt ein Kaufvertrag vor (§ 433 BGB). bb) Dieser ist zwar durch den Rücktritt in ein Rückgewährschuldverhältnis umgewandelt worden. Das ändert aber nichts an der Wirksamkeit des Schuldverhältnisses; lediglich die Leistungspflichten entfallen und dies auch nur mit Wirkung für die Zukunft (ex-nunc). Andernfalls liefe schließlich auch § 325 BGB leer. b) Zu den aus dem Schuldverhältnis resultierenden Pflichten gehört die Einhaltung des vereinbarten Leistungszeitpunkts (hier: „am 15. Mai 2015 um 8.00 Uhr"). aa) Der Schuldner H hat diese Pflicht verletzt, weil er die Leistung nicht zu dem nach dem Schuldverhältnis geschuldeten Zeitpunkt erbracht hat. bb) Die nach § 280 Abs. 2 BGB erforderlichen Voraussetzungen des § 286 BGB liegen vor. Eine Mahnung ist hier nach § 286 Abs. 2 Nr. 1 BGB entbehrlich. c) Das vermutete Vertretenmüssen ist nicht widerlegt. d) Nach § 249 S. 2 BGB ist das negative Interesse in Höhe von € 200,– zu ersetzen.

### 6. Primäranspruch beim Rücktritt

Manchmal reut den Gläubiger ein vorschnell erklärter Rücktritt.

**Fall 373**

Wie Fall 361. Nachdem der K erklärt hat, dass er diese und jede weitere Lieferung von H ablehne und die Rückzahlung der bereits gezahlten 2000,– € verlange, fällt ihm ein, dass er für den wartenden Fliesenleger unbedingt Fliesen benötigt. Keiner der Hamburger Fliesenhändler hat jedoch 20 qm „Siena"-Fliesen aus „einer Partie" vorrätig. Daraufhin verlangt er von H Lieferung der gekauften Fliesen.

Der Anspruch aus § 433 Abs. 1 BGB ist zwar entstanden, jedoch durch die Umwandlung des Kaufvertrags in ein Rückgewährschuldverhältnis gem. §§ 346 Abs. 1, 349 BGB erloschen.

Ziehen wir wieder eine **Zwischenbilanz** und werfen gleichzeitig einen **Blick nach vorn:**

1. Wir können die Voraussetzungen von sich aus Rechtsgeschäften ergebenden primären Leistungsansprüchen einschließlich der Wirksamkeitshindernisse und der Beendigung prüfen und können das Schicksal der daraus resultierenden Ansprüche verfolgen (Teil 3).
2. Wir wissen jetzt auch, welche Sekundäransprüche es bei Leistungsstörungen gibt (Teil 4 A und B), wobei wir uns in erster Linie auf Verpflichtungen aus rechtsgeschäftlichen Schuldverhältnissen, speziell verpflichtenden Verträgen, konzentriert haben. Wir haben aber im Auge behalten, dass es auch Leistungsstörungen bei Leistungspflichten aus gesetzlichen Schuldverhältnissen gibt. Dabei vergessen wir allerdings nicht, dass bei einzelnen gesetzlichen Schuldverhältnissen vorrangige besondere Regelungen für Leistungsstörungen existieren.
3. Wir dürfen uns aber nicht „auf den gewonnenen Lorbeeren ausruhen". Denn weitgehend ausgeklammert haben wir bislang die Rechtsfolgen qualitativ **mangelhafter Leistungen**.
   a) Das hatte einen ganz bestimmten dogmatischen Grund: Der Gesetzgeber hat die Voraussetzungen und Rechtsfolgen einer qualitativ minderwertigen Leistung für bestimmte einzelne Vertragstypen (Kaufvertrag, Werkvertrag, Mietvertrag und Reisevertrag) grundsätzlich im „Besonderen Schuldrecht" speziell nach den Bedürfnissen des einzelnen Schuldverhältnisses geregelt. Wir nennen dies hier das **„besondere Gewährleistungsrecht"**. Soweit es ein spezielles besonderes Gewährleistungsrecht gibt, ist dieses **innerhalb** seines **Anwendungsbereiches** als „lex specialis" vorrangig gegenüber dem Allgemeinen Leistungsstörungsrecht. Dies ist vor allem deshalb von Bedeutung, weil für die Ansprüche aus Gewährleistungsrecht und aus Allgemeinem Leistungsstörungsrecht unterschiedliche Verjährungsvorschriften und auch im Übrigen teilweise anderen Regeln gelten. Wie Sie jedoch sehen werden, wird jedenfalls beim Kaufvertrag und beim Werkvertrag weitgehend

auf das allgemeine Leistungsstörungsrecht verwiesen („Drehscheiben"-Normen der §§ 437 und 634 BGB). Es handelt sich also weniger um mehrere voneinander unabhängige „Gewährleistungssysteme", sondern das besondere Gewährleistungsrecht **ergänzt** und **modifiziert** die **Voraussetzungen** und **Rechtsfolgen** des **allgemeinen Leistungsstörungsrechts** lediglich. Das Zusammenspiel von allgemeinem und besonderem Leistungsstörungsrecht ist raffiniert aber zugleich auch eine gewisse Herausforderung. Wichtig ist, dass Sie zumindest gedanklich immer bei den vorrangigen Spezialregelungen beginnen.

Für die Anwendbarkeit des speziellen Kauf-**Gewährleistungsrechts** ist nach § 434 BGB die entscheidende **Weichenstellung**, dass der Leistungsgegenstand **zu einem bestimmten Zeitpunkt (Gefahrübergang**, z. B. § 446 BGB**)** einen **Mangel** aufweist.

Daher schließt das Vorhandensein eines **speziellen Gewährleistungsrechts** nicht aus, dass **außerhalb** des **Anwendungsbereiches** (also vor Gefahrübergang oder wenn kein Mangel vorliegt) auch das Allgemeine Leistungsstörungsrecht Anwendung finden kann.

**b)** Bei allen anderen, nicht unter a) genannten, Vertragsarten (z. B. beim Dienst- bzw. Arbeitsvertrag oder beim Auftrag) existiert bei mangelhaften Leistungen kein „Besonderes Gewährleistungsrecht" und damit auch kein Konkurrenzproblem. Für diese Schuldverhältnisse gilt – wie Sie bereits wissen – ausschließlich das Allgemeine Leistungsstörungsrecht.

## C. Gewährleistungsansprüche beim Kaufvertrag

Gemäß § 433 Abs. 1 S. 2 BGB trifft den Verkäufer die **Leistungspflicht** i. S. d. des § 241 Abs. 1 BGB, „dem Käufer die Sache **frei von Sach- und Rechtsmängeln** zu verschaffen".

Dass die mangelhafte Belieferung eines Käufers eine Pflichtverletzung i. S. d. § 280 Abs. 1 BGB ist, verführt uns natürlich schon lange mehr nicht dazu, dass wir jetzt blindlings das soeben erarbeitete Leistungsstörungsrecht (sub B.) anwenden. Denn wir wissen längst, dass es für den Kaufvertrag ein **spezielles Gewährleistungsrecht** gibt, dessen Regeln als lex specialis gelten (sub I.), wenn nicht ausnahmsweise doch das das Allgemeine Leistungsstörungsrecht eingreifen sollte (sub II.). Und wir wissen schon lange, das sich die **Voraussetzungen für einen Gewährleistungsanspruch in den §§ 434 ff. BGB** finden, und dass weiterhin die **Rechtsfolgen** der Lieferung einer sach- oder rechtsmangelhaften Lieferung in **§ 437 BGB** wie folgt übersichtlich zusammengefasst werden: Der Käufer einer mangelhaften Sache kann zunächst **„Nacherfüllung"** ansonsten **„Rückgewähr"** oder **„Minderung"** und **„Schadensersatz"** usw. verlangen.

Bei dieser Gelegenheit soll **eine thematische Beschränkung** eingeräumt werden:
Die meisten Darstellungen des Gewährleistungsrechts beim Kauf konzentrieren sich auf den **„Sachkauf"**. In der Tat: Hier liegt das Schwergewicht der Bedeutung der §§ 434 ff. BGB in der Ausbildung.

Der sog. **Kauf von Rechten und sonstigen Gegenständen** (die amtliche Überschrift des § 453 BGB greift mit „Rechtskauf" zu kurz!) tritt in den Hintergrund, und die meisten Darstellungen beschränken sich auf einen dem § 453 BGB entnommenen Hinweis, dass „die Vorschriften über den Kauf von Sachen … entsprechende Anwendung (finden)". Ganz so einfach, wie damit suggeriert wird, ist die Analogie aber nicht: Unter welchen Voraussetzungen sind z. B. eine Hypothek („Recht") oder ein Unternehmen („sonstiger Gegenstand") mangelhaft? Der sog. „Rechtskauf" ist in der Praxis von großer Bedeutung. Denken Sie nur an den eben genannten Unternehmenskauf! Große im „M&A" (=Mergers & Acquisitions)-Geschäft tätige internationale Rechtsanwaltskanzleien leben praktisch nur davon, dass sie Unternehmenskäufer/verkäufer beraten. Aber auch wir begehen erst einmal die soeben beanstandete „Sünde", das Bequeme und Gewohnte zur Regel und das Unbequeme und Ungewohnte einfach zur Ausnahme zu erklären. Aber ganz „totschweigen" werden wir den sog. „Rechtskauf" nicht – nur: zu Beginn der Darstellung werden Sie sehr wenig davon lesen; später wenden wir uns immerhin dem Gewährleistungsrecht beim Unternehmenskauf etwas gründlicher zu.

## I. Rechtsbehelfe des Käufers nach Gefahrübergang

### 1. Der Gefahrübergang

Das **maßgebliche Ereignis** dafür, dass anstelle des allgemeinen Leistungsstörungsrechts das **spezielle Gewährleistungsrecht** des Kaufes als lex specialis gilt, ist der **Gefahrübergang**. Dies folgt aus dem Wortlaut des **§ 434 Abs. 1 S. 1 BGB**: „Die Sache ist frei von Sachmängeln, wenn sie bei Gefahrübergang die vereinbarte Beschaffenheit hat."

Das Wort „Gefahrübergang" bietet eine gute Gelegenheit zur **Wiederholung:** Sie erinnern sich hoffentlich, dass wir bereits bei verschiedenen Gelegenheiten einen Anlass dazu hatten, uns über „zu tragende Gefahren" unter dem Aspekt, wer das Risiko einer Unerbringbarkeit der Leistung trägt, Gedanken zu machen.

1. Wir haben gelernt, insoweit zu unterscheiden zwischen
   a. der nach § 275 BGB vom Gläubiger zu tragenden **„Leistungsgefahr"** (Schicksal des Leistungsanspruchs) und

b. der nach § 326 Abs. 1 BGB (mit vielfältigen Ausnahmen) vom leistungsfrei gewordenen Schuldner zu tragenden **„Gegenleistungsgefahr“** (Schicksal des Gegenleistungsanspruchs)
2. Bilden Sie zur Selbstkontrolle je einen „Primitivfall“ zu den beiden Gefahren, und zwar auch zu den Ausnahmen zu § 326 Abs. 1 S. 1 BGB; gelingt Ihnen das nicht, sollten Sie die entsprechenden Passagen von Teil 3 noch einmal durcharbeiten!
3. Und was ist die **„Sachgefahr“?** Das ist das Risiko des Untergangs oder der Verschlechterung der einem gehörigen Vermögensgegenstände, das der Berechtigte selbst trägt („casum sentit dominus“). Wodurch dann man dieses Risiko auf einen anderen „abwälzen“? Durch den Abschluss einer Sachversicherung, einer Hausrats-, Reisegepäck-, Glasbruch- oder Feuerversicherung etc. Mit unserem Thema hier hat dies nichts zu tun.

Mit dem in **§ 434 Abs. 1 BGB** genannten **„Gefahrübergang“** ist der **Übergang der „Gegenleistungsgefahr“** gemeint. Dies ist beim Kauf der durch bestimmte Ereignisse fixierte Zeitpunkt, von dem an der Verkäufer den Kaufpreis vollständig verlangen kann, obwohl er selbst nicht oder nicht vollständig erfüllt hat. Man kann auch sagen: Der Zeitpunkt, von dem an der Käufer den Kaufpreis zahlen muss, ohne dass er die Gegenleistung nicht oder nicht vollständig erhalten hat bzw. erhalten wird. Es gibt drei Ihnen bereits bekannte gesetzlich normierte Momente des Gefahrübergangs:

- Eine Konstellation ist der **Gefahrübergang** durch **Übergabe** der **Kaufsache** an den **Käufer** (§ 446 S. 1 BGB). Das illustrieren wir gleich durch zwei Beispiele:

*Beispiel* Der V verkauft an den K eine Sache, die mangelhaft ist. Der K hat den Mangel vor der Übergabe bemerkt und die Sache deswegen sogleich zurückgewiesen. Der K verlangt Lieferung einer mangelfreien Sache. Der Anspruch ergibt sich aus § 433 Abs. 1 S. 1, 2 BGB. Der V und der K haben einen wirksamen Kaufvertrag geschlossen, und der V schuldet aus diesem Vertrag dem K die Lieferung und die Mangelfreiheit der verkauften Sache (§ 433 Abs. 1 S. 2 BGB). Ein Gefahrübergang, aufgrund dessen sich der Anspruch aus § 433 Abs. 1 S. 1, 2 BGB in einen Anspruch auf Nacherfüllung (§§ 437 Nr. 1, 439 BGB) umgewandelt haben könnte, ist nicht erfolgt.

*Beispiel* Der K hat den Mangel erst nach der Übergabe bemerkt. Der Anspruch aus § 433 Abs. 1 S. 1, 2 BGB hat sich durch den Gefahrübergang (§ 446 S. 1 BGB) in einen Nacherfüllungsanspruch verwandelt. Die maßgebliche Anspruchsgrundlage ist daher §§ 437 Nr. 1, 439 Abs. 1 BGB, dessen Voraussetzungen vorliegen (dazu später mehr).

- Der **Gefahrübergang** tritt auch durch **Annahmeverzug** (§ 446 S. 3 BGB) ein. Die Voraussetzungen des Annahmeverzuges haben Sie im allgemeinen Leistungsstörungsrecht im Zusammenhang mit dem Anspruch aus § 304 BGB sowie mit dem Übergang der Leistungsgefahr nach § 300 Abs. 2 BGB und der dort ebenfalls geregelten Haftungserleichterung (§ 300 Abs. 1 BGB) kennen gelernt.
- Und schließlich gibt es den (klausurträchtigen!) **Gefahrübergang** durch **Übergabe** der **Kaufsache** an eine **Versendungsperson** (§ 447 BGB).
- Bei **Gattungskäufen** muss zur Annahme eines Gefahrübergangs allerdings durch eine zusätzliche hypothetische Überlegung eine gedankliche Hürde überwunden werden: Da bei einer mangelhaften Leistung die Kaufsache wegen ihrer Mangelhaftigkeit nicht „mittlerer Art und Güte" ist, kommt es infolge des Mangels nicht zur Konkretisierung nach § 243 Abs. 2 BGB, also auch nicht zum „Gefahrübergang". So gesehen könnte es mangels Gefahrübergangs keine Gewährleistungsansprüche beim Gattungskauf geben. Weil dies natürlich vom Gesetzgeber nicht gewollt ist, muss man zur Bejahung eines Gefahrübergangs fragen, ob die Gefahr bei hypothetisch mangelfreier Leistung, also bei „hypothetischer Konkretisierung", übergegangen wäre.

**Fall 374**

Der V verkauft an den K eine mangelhafte Gattungssache und übergibt sie dem K. Der K bemerkt den Mangel nach der Übergabe und verlangt Lieferung einer mangelfreien Sache.

a) Der Anspruch auf Lieferung aus § 433 Abs. 1 S. 1, 2 BGB ist durch den Gefahrübergang (hier aufgrund einer „hypothetischen Konkretisierung" nach § 446 S. 1 BGB) in einen Nacherfüllungsanspruch umgewandelt worden und besteht nunmehr nicht mehr. b) Dem K steht aber ein Anspruch auf Lieferung einer mangelfreien Sache aus §§ 437 Nr. 1, 439 Abs. 1 BGB zu.

Und jetzt müssen Sie, um für alle Zukunft einen **schweren Verständnisfehler** zu **vermeiden,** gut aufpassen: Auf den ersten Blick scheinen diese Falllösungen, nach denen sich der Anspruch auf Lieferung einer mangelfreien Kaufsache einmal (vor Gefahrübergang) aus § 433 Abs. 1 S. 2 BGB und zum anderen (nach Gefahrübergang) aus §§ 437 Nr. 1, 439 Abs. 1 BGB ergeben, eine „reine Förmelei" zu sein. Schließlich wird in jedem Fall dasselbe (nämlich eine mangelfreie Sache) geschuldet. Aber weit gefehlt: Der Unterschied besteht vor allem – aber nicht nur – auf Ebene der Verjährung. § 433 Abs. 1 S. 2 BGB regelt den ursprünglichen Erfüllungsanspruch, während § 437 Nr. 1, 439 Abs. 1 BGB einen Gewährleistungsanspruch betrifft. Gewährleistungsansprüche unterliegen aber einer besonderen **kurzen Verjährungsfrist** von 2 Jahren nach „Ablieferung der Sache" (= „Übergabe der Sache" nach § 446 BGB), § 438 Abs. 2 BGB. Dann kann der Verkäufer als Schuldner des Nacherfüllungsanspruchs die Verjährungseinrede nach § 214 Abs. 1 BGB erheben. Hat der Schuldner dagegen noch nicht geliefert, so steht dem Gläubiger mangels Gefahrübergang der ursprüngliche Erfüllungsanspruch aus § 433 Abs. 1 S. 1, 2 BGB zu, der nach der regelmäßigen Verjährungsfrist (§ 195 BGB: 3 Jahre) und erst ab Kenntnis oder Kennenmüssen des Anspruchs (§ 199 Abs. 1 BGB) verjährt. Um schwere Fehler zu vermeiden müssen Sie stets daran denken, zuerst die speziellen Anspruchsgrundlagen des Gewährleistungsrechts zu prüfen.

Nachfolgend sehen Sie die wesentlichen **Unterschiede** zwischen ursprünglichem **Erfüllungsanspruch und Gewährleistungsanspruch** im Überblick:

| | Erfüllungsanspruch | Nacherfüllungsanspruch |
|---|---|---|
| *Verjährung* | §§ 195, 199 BGB | §§ 438 Abs. 1 Nr. 3, 438 Abs. 2 BGB |
| *Inhalt* | Übereignung und Übergabe (§ 433 Abs. 1 BGB) | Wahlrecht des Käufers: Nachbesserung oder Nachlieferung |
| *Leistungsverweigerungsrechte* | insbesondere §§ 275 Abs. 2, 3, 214, 320, 321 BGB | zusätzlich § 439 Abs. 3 BGB |
| *Ausschlussgründe* | insbesondere § 275 Abs. 1 BGB | zusätzlich §§ 442 Abs. 1 BGB |

## 2. Vorliegen eines Sach- oder Rechtsmangels

Alle in **§ 437 BGB** genannten **Rechtsbehelfe** setzen das Vorliegen eines Mangels voraus, und zwar entweder eines **Sachmangels (§ 434 BGB)** oder eines **Rechtsmangels (§ 435 BGB).**

### a) Sachmangel

#### aa) Grundlagen

**§ 434 BGB** ist insofern eigenwillig konstruiert, als er nicht regelt, unter welchen Voraussetzungen eine Kaufsache einen **Sachmangel** aufweist, sondern lediglich wann sie **„frei von Sachmängeln“** ist.

Im Umkehrschluss zu § 434 BGB ergibt sich folgende **Definition:** Ein Sachmangel liegt demnach vor, wenn **bei Gefahrübergang** die **„Ist-Beschaffenheit“** der Sache **negativ** von ihrer **„Soll-Beschaffenheit“ abweicht**.

- Unter **„Beschaffenheit“** versteht man solche Umstände, die nach der Verkehrsanschauung für die Brauchbarkeit und für den Wert der Sache von Bedeutung sind.
- Die **„Ist-Beschaffenheit“** beschreibt den tatsächlichen Zustand der Sache.
- Die **„Soll-Beschaffenheit“**, also der Zustand, den die Sache haben soll, ergibt sich **a)** vorrangig aus der **Parteivereinbarung** (§ 434 Abs. 1 S. 1 BGB). **b)** Wenn die Parteien nichts vereinbart haben, kommt es auf die nach dem **Vertrag vorausgesetzte Verwendung** an (§ 434 Abs. 1 S. 2 Nr. 1 BGB, achten Sie auf die korrekte Zitierweise!). Hier darf natürlich nur auf den von beiden Parteien vorausgesetzten Vertragszweck abgestellt werden und nicht auf einseitig gebliebene Erwartungen des Käufers, die der Verkäufer nicht erkennen konnte. **c)** Lässt sich eine durch Parteivereinbarung oder eine nach dem Vertrag vorausgesetzte Be-

schaffenheit nicht ermitteln, ist für die Soll-Beschaffenheit abzustellen auf die Eignung für die **gewöhnliche Verwendung**; maßgeblich ist dann diejenige Beschaffenheit, die bei Sachen der gleichen Art **üblich** ist und die der Käufer nach Art der Sache **erwarten kann** (§ 434 Abs. 1 S. 2 Nr. 2 BGB) oder mit deren Vorliegen man als Käufer deswegen rechnen kann, weil der Kaufsache durch bestimmte **öffentliche Äußerungen** des Verkäufers, des Herstellers oder seines Gehilfen bestimmte Eigenschaften zugesprochen wurden (§ 434 Abs. 1 S. 3 BGB). **d)** Auch – und das ist jetzt ein ganz anderer Ansatz – eine **mangelhafte Montage** durch den Verkäufer oder seinen Erfüllungsgehilfen begründet einen Mangel (§ 434 Abs. 2 S. 1 BGB). **e)** Gleiches gilt für die Lieferung einer Sache mit **mangelhafter Montageanleitung** (§ 434 Abs. 2 S. 2 BGB: sog. **„Ikea-Klausel")**.

- Auch wenn bisher nur die Rede von **„Sachmängeln"** und von **„Rechtsmängeln"** einer **Sache** war, und auch wenn dies auch im Folgenden weitgehend so bleiben wird: verlieren Sie nicht aus dem Auge, dass **Gegenstand** eines **Kaufvertrages** auch **„Rechte und sonstige Gegenstände"** sein können und dass hierauf **„die Vorschriften über den Kauf entsprechende Anwendung" finden** (§ 453 BGB).

bb) Einzelheiten

Das waren die Grundlagen. Ich kann nur in Ihrem Interesse hoffen, dass Sie beim Lesen des Textes die zitierten Vorschriften ständig im Gesetz nachgelesen haben. Denn jetzt gehen wir ins Detail, wobei Sie das Gesetz sicher kennen müssen:

**Stufe 1**

In erster Linie ist für die Mangelhaftigkeit abzustellen auf das **Abweichen von** einer **„vereinbarten Beschaffenheit" (§ 434 Abs. 1 S. 1 BGB)**.

Unter **„Beschaffenheit"** versteht man solche Umstände, die nach der Verkehrsanschauung für die Brauchbarkeit und für den Wert der Sache von Bedeutung sind. Das sind die **Eigenschaften,** die der Kaufsache **selbst anhaften,** wie z. B. Umstände wie Größe, Gewicht, Alter, Material, Motorkraft, Höchstgeschwindigkeit, Energieverbrauch. Fraglich ist, ob auch **Eigenschaften,** die **außerhalb** der **verkauften Sache selbst** liegen, ausreichen. Man wird dies grundsätzlich mit der h.M. bejahen müssen. Allerdings muss ein **Bezug zur Sache** selbst gegeben sein, wie z. B. Bebaubarkeit eines Grundstücks, Lage eines Grundstücks („am See"), früherer Schwammbefall eines Gebäudes, Echtheit eines Kunstwerks, keine über 12 Monate hinausreichende Standzeit eines PKW beim Händler. Umstände, die gar nicht mehr mit der Kaufsache zusammenhängen, zählen nicht zu ihrer Beschaffenheit, wie z. B. der Umstand, dass der Käufer aufgrund von in seiner Person liegenden Umständen einen Steuervorteil haben wird, oder dass mit der Sache bestimmte Umsätze und (Miet-)Erträge erzielt werden können.

Die Beschaffenheit ist **„vereinbart",** wenn der Inhalt des Kaufvertrages ausdrücklich oder konkludent den Verkäufer durch eine verbindliche Beschreibung der Beschaffenheit oder durch im Verkaufsgespräch in Bezug genommene Werbeaussagen (RegE) oder schließlich sogar aufgrund einer Verkehrsübung oder eines Handelsbrauchs dazu verpflichtet, die Sache in einem auf diese Weise festgelegten tatsächlichen Zustand zu liefern. Grundsätzlich kann die Beschaffenheitsvereinbarung auch konkludent erfolgen. Unterliegt jedoch der **Kaufvertrag** einer bestimmten **Form** (z. B. nach § 311b Abs. 1 BGB Grundstückskaufvertrag), so erstreckt sich das Formerfordernis auch auf die Beschaffenheitsvereinbarung. In der Praxis weniger bedeutsam als in Klausuren ist die Konstellation, in der ein eine Beschaffenheitsvereinbarung enthaltende Kaufvertrag durch eine **Genehmigung** nach **§ 182 BGB** (z. B. im Fall des § 177 BGB) wirksam wird; dann muss die Genehmigung sich auch auf die Beschaffenheitsvereinbarung beziehen.

**Stufe 2**
In der Vertragspraxis wird jedoch häufig keine Beschaffenheitsvereinbarung getroffen, vor allem nicht bei Alltagsgeschäften (Kauf eines belegten Brötchens, einer Zeitung etc.). Dann greift hilfsweise der Auffangtatbestand des **§ 434 Abs. 1 S. 2 Nr. 1 BGB** ein.

Hiernach soll es für die **Mangelhaftigkeit** auf das **Fehlen der Eignung** für die **nach dem Vertrag vorausgesetzte Verwendung** ankommen. Sicher ist, dass damit **vertragliche Vereinbarungen,** die eine bestimmte Verwendung der Kaufsache betreffen, gemeint sind. Eine solche – auch konkludent mögliche – Vereinbarung wird in der Regel dadurch getroffen, dass der Käufer bei Abschluss des Kaufvertrages erklärt, zu welchem Zweck er die Sache kaufen will und der Verkäufer dem zustimmt (*Beispiel:* Lieferung von Pralinen an einen Käufer, der diese bekanntlich nach Saudi Arabien weiterverkaufen möchte – enthalten die gelieferten Pralinen Alkohol, so eignen sie sich nicht für die vertraglich vorausgesetzte Verwendung; ein als „Bauland“ gekauftes Grundstück muss bereits bebaubar sein und dies nicht erst werden). Bewusst offen gelassen hat es der Gesetzgeber, ob auch bloß **übereinstimmende Vorstellungen** der **Parteien** im **Vorfeld** des **Vertrages,** denen zufolge die Sache für einen bestimmten Verwendungszweck geeignet sein soll, ausreichen. Dies ist dann in der Klausur ggf. zu diskutieren. Jedoch sind die Grenzen zwischen konkludenter Beschaffenheitsvereinbarung und außervertraglich vorausgesetzter Verwendung fließend – mit Ausnahme der **formbedürftigen Kaufverträge** (z. B. § 311b Abs. 1 BGB): bei diesen muss nach der „Andeutungstheorie“ mindestens eine formgerechte Andeutung des vertraglich vorausgesetzten Zweckes im Vertrag enthalten sein.

Das **Rangverhältnis** von § 434 Abs. 1 S. 1 und S. 2 Nr. 1 BGB ist bisweilen schwierig zu beurteilen. Dies betrifft insbesondere Fälle, in denen es sowohl eine Beschaffenheitsvereinbarung als auch eine Verwendungszweckabrede gibt, jedoch die Kaufsache nicht beiden entsprechen kann. Der Gesetzestext deutet zwar durch die Reihenfolge der Nennung der Tatbestände auf den Vorrang der Beschaffenheitsvereinbarung hin. Jedoch ist dies nicht zwingend. Entscheidend ist in solchen Fällen die Auslegung: Zunächst ist zu prüfen, ob es überhaupt eine Verwendungszweckabrede gibt, oder es sich um eine (ggf. konkludente) Änderung der Beschaffenheitsvereinbarung handelt. In ersterem Fall ist sodann festzustellen, ob einer der beiden Abreden nach dem Parteiwillen Vorrang zukommt oder ob die Parteien zum Ausdruck gebracht haben, wer das Risiko der Frustration des Verwendungszwecks tragen soll. Gegenüber den sogleich zu behandelnden „objektiven Fehlern“ ist die Verwendungszweckabrede aber stets vorrangig. Wenn zum *Beispiel* der Käufer die gekauften Reifen als Begrenzungseinrichtung für eine Rennstrecke verwenden möchte und dies dem Verkäufer deutlich macht, brauchen die Reifen dann auch nur als Streckenbegrenzung und müssen nicht zum gewöhnlichen Einsatz im Straßenverkehr tauglich sein. Sie können daher alt und rissig sein.

Die **Stufen 1** und **2** sind Ausdruck der Lehre vom sog. **„subjektiven Fehlerbegriff“**.

Der auf den folgenden **Stufen 3** und **4** festzustellende Sachmangel ist auf die Lehre vom sog. **„objektiven Fehlerbegriff“** zurückzuführen.

Versuchen Sie sich selbst zu erklären, warum diese Lehren diese Bezeichnungen (subjektiv/objektiv) tragen.

**Stufe 3**

Wenn keine Beschaffenheitsvereinbarung vorliegt, weil mangels bestimmter vertraglicher Vereinbarungen oder weil mangels übereinstimmender Vorstellungen im Vorfeld des Vertrages keine Defizite bei einer nach dem Vertrag vorausgesetzten Verwendung vorliegen, ist die Sache **sachmangelhaft,** wenn ihr die **Eignung zur gewöhnlichen Verwendung fehlt** (§ 434 Abs. 1 S. 2 Nr. 2 BGB).

Das Gesetz drückt das in **§ 434 Abs. 1 S. 2 Nr. 2 BGB** so aus, dass die Kaufsache fehlerhaft ist, wenn sie **„sich (nicht) für die gewöhnliche Verwendung eignet“** und sie **„(nicht) eine (solche) Beschaffenheit aufweist, die bei Sachen der gleichen Art üblich ist und die der Käufer nach Art der Sache erwarten kann“**.

Von praktischer Bedeutung ist dies vor allem beim Kauf gebrauchter Sachen, zum *Beispiel* eines Gebrauchtwagens: Beim Kauf eines „Jahreswagens“ mit einer Laufleistung von 10.000 km ist der Vergleichsmaßstab eine „Sache gleicher Art“. Es kommt dabei darauf an, welche Eigenschaften ein Durchschnittskäufer anhand der „Art der Sache“ (Alter, Laufleistung) erwarten kann. Ein gebrauchter Wagen ist daher nicht „von der gleichen Art“ wie ein Neuwagen desselben Typs. Zugleich ist aber ein Wagen einer Serie, welche generell dazu neigt, bei niedrigem Kilometerstand als andere Fahrzeugtypen Getriebedefekte aufzuweisen (Serienfehler) als mangelhaft anzusehen, da sich die Verkehrserwartung nicht auf einen bestimmten Wagentyp sondern auf den marktüblichen Standard bezieht (BGH).

**§ 434 Abs. 1 S. 3 BGB erweitert** den § 434 Abs. 1 S. 2 Nr. 2 BGB. Demnach ist die Kaufsache auch dann mangelhaft, wenn sie nicht einer in besonderen Weise geweckten Verkehrserwartung entspricht: Weist eine Sache nicht diejenigen Eigenschaften auf, mit denen man als Käufer aufgrund bestimmter **öffentlicher Äußerungen** des Verkäufers, des Herstellers oder eines Gehilfen rechnen kann, so ist die Sache aus diesem Grunde mangelhaft. Bei den im Gesetz genannten öffentlichen Äußerungen ist insbesondere an die Werbung oder an Beschreibungen in Prospekten und Katalogen zu denken. Ein solches Zusprechen von Eigenschaften darf sich aber nicht nur als bloßes Werturteil darstellen (z. B. des Inhalts, ein Produkt sei

„besser" als ein Konkurrenzprodukt). Abzuwarten bleibt hier, welche Zurechnungskriterien die Rechtsprechung entwickeln wird, insbesondere wer eigentlich „Gehilfe" ist. Gemeint ist sicher nicht ein „Erfüllungsgehilfe" nach § 278 BGB (arge. § 434 Abs. 2 BGB, wo der Gesetzgeber in anderem Zusammenhang das Wort „Erfüllungsgehilfe" verwendet). Es geht vielmehr um einen „Erklärungsgehilfen", wie ein Mitarbeiter des Verkäufers oder Herstellers, oder ein beauftragter Dritter, wie etwa eine Werbeagentur und vielleicht ein Handelsvertreter (§§ 84 ff. HGB). Wenn zum Beispiel der Hersteller PH-Print seine neuen Laserdrucker mit einer Druckleistung von 25 Seiten pro Minute anpreist, und der Kunde K vom Händler H einen solchen Drucker erwirbt, so ist dieser Drucker mangelhaft, wenn er nur 24 Seiten pro Minute ausdruckt. Ohne § 434 Abs. 1 S. 3 BGB würde man einen Mangel schwerlich begründen können, sofern nicht zwischen K und H eine Abrede zur Beschaffenheit besteht (dann § 434 Abs. 1 S. 1 BGB), was aber häufig gerade deshalb nicht der Fall sein wird, da sich der Kunde auf die Werbung des Herstellers verlässt und daher keine weiteren Vereinbarungen mit dem Händler trifft. In Grenzfällen müssen Sie mit den **zugrundeliegenden Interessen** argumentieren: Schutz der berechtigten Erwartungen des Käufers gegen Schutz des Verkäufers vor der Zurechnung unvorhersehbarer oder unkontrollierbarer Äußerungen Dritter.

Dabei müssen Sie bedenken, dass der Verkäufer sich schützen kann: Kein Mangel liegt nämlich dann vor, wenn die **Erklärung nachträglich in gleichwertiger Weise** (also ähnlich öffentlichkeitswirksam) **berichtigt** worden ist oder wenn sie **ohne Einfluss für** den **Vertragsschluss** war. Bei einer Gehilfenerklärung liegt ein Sachmangel nicht vor, wenn der Verkäufer die Äußerung nicht kannte und sie nicht hätte kennen müssen. Kleine Testfrage zwischendurch: Woran erinnert Sie das? An § 123 Abs. 2 S. 1 BGB! Können Sie „aus dem Stand" sagen, was dort geregelt ist? Das sollten Sie schon! Zurück zum Gewährleistungsrecht: Vor der Annahme einer einen Sachmangel begründenden „öffentlichen Äußerung" sollten Sie stets überlegen, ob nicht schon eine (ggf. konkludente) Beschaffenheitsvereinbarung vorliegt (§ 434 Abs. 1 S. 1 BGB).

**Fall 375**

Der Jäger J kauft beim Vertragshändler V einen VW Golf, nachdem er in der Jägerfachzeitschrift „Wild und Hund" eine Herstellerwerbung gesehen hatte, wonach der Wagen einen Verbrauch von nur 5 L haben soll. Tatsächlich verbraucht der Wagen aber 6,5 L. J verlangt mehrfach Abhilfe von V, der auch mehrmals erfolglos versucht, den Spritverbrauch zu reduzieren. Am Ende tritt der J vom Vertrag zurück und verlangt die Rückzahlung des Kaufpreises. V kannte die Zeitschrift „Wild und Hund". Eine Berichtigung der Anzeige ist zwar erfolgt, jedoch nicht in „Wild und Hund" sondern im „Spiegel" und im „Stern" (nach Reischl).

Anspruchsgrundlage können §§ 437 Nr. 2, 323 Abs. 1, 440 S. 1, 346 Abs. 1 BGB sein. a) Ein wirksamer Kaufvertrag liegt vor. b) Fraglich ist, ob der Wagen mangelhaft ist. In Betracht kommt ein Sachmangel aa) Eine ausdrückliche Vereinbarung der Beschaffenheit (§ 434 Abs. 1 S. 1 BGB) liegt nicht vor. bb) Auch ist keine bestimmte Verwendung nach dem Vertrag vorausgesetzt worden (§ 434 Abs. 1 S. 2 Nr. 1 BGB) und ein Verbrauch von 5 L ist auch keine übliche Beschaffenheit (Nr. 2). cc) Als übliche Beschaffenheit kann aber nach § 434 Abs. 1 S. 3 BGB auch eine Eigenschaft gelten, die durch eine öffentliche Äußerung des Herstellers verbreitet wurde. Die Herstellerwerbung in „Wild und Hund" ist eine solche öffentliche Äußerung. Damit gilt der Verbrauch von 5 L als übliche Beschaffenheit. 1) Die Zurechnung der Werbeaussage an V kann aber wegen rechtzeitiger Berichtigung ausgeschlossen sein. Dazu muss aber in gleicher Weise und auch an gleicher Stelle eine berichtigte Anzeige erscheinen. Eine Berichtigung in einer anderen Zeitschrift genügt nicht. 2) Zuletzt kommt ein Ausschluss wegen fehlender Kenntnis des Verkäufers in Betracht. Zwar hatte der V keine Kenntnis von der Anzeige und es kann von ihm auch nicht erwartet werden, dass er alle verfügbaren Medien zur Kenntnis nimmt, doch muss von einem Vertragshändler verlangt werden, dass er sich über Werbemaßnahmen seines Herstellers informiert. Er musste daher die Werbung kennen. Der Wagen ist daher wegen der Zurechnung der Werbeaussage mangelhaft. c) Eine Rücktrittserklärung des J liegt vor. d) Als Rücktrittsgrund kommt § 323 Abs. 1 BGB in Betracht, wobei eine Nachfristsetzung nach § 440 S. 1 und S. 2 BGB entbehrlich war. e) Da der Rücktritt auch nicht ausgeschlossen war (§ 323 Abs. 5 S. 2 BGB liegt bei einem Mehrverbrauch von 30 % nicht vor), kann J die Rückzahlung des Kaufpreises verlangen.

Ganz unproblematisch ist das Merkmal „Öffentliche Äußerung eines Herstellers" allerdings nicht. Dem Wortlaut nach haftet nämlich auch ein Verbraucher, wenn er die gekaufte Sache an einen anderen Privatmann in Kenntnis der Werbung später einmal weiterverkauft. In der Literatur (Medicus) wird diese Haftung daher bejaht, wenn der private Verkäufer sich nicht deutlich von den Herstellerangaben distanziert. Andere verweisen darauf, dass nach dem Zweck des Gesetzes nur die „professionellen" Verkäufer erfasst werden sollten. An diesem Streit zeigen sich die Nachteile der gesetzgeberischen Grundentscheidung für einen **einheitlichen Mangelbegriff,** der zwar nach Maßgabe der Verbrauchsgüterkaufrichtlinie geschaffen wurde, jedoch über den Verbrauchsgüterkauf hinaus auch für alle anderen Kaufverträge gilt.

**Stufe 4**

Eine weitere Ergänzung des Mangelbegriffes nimmt § 434 Abs. 2 BGB vor. Auch eine **mangelhafte Montage** durch den Verkäufer oder seinen Erfüllungsgehilfen (§ 278 BGB) begründet einen **Sachmangel (§ 434 Abs. 2 S. 1 BGB)**. Gleiches gilt für die Lieferung einer Sache mit **mangelhafter Montageanleitung (§ 434 Abs. 2 S. 2 BGB)**, man spricht hier von der sog. **„IKEA-Klausel"**. Ob auch **falsche oder fehlende Bedienungsanleitungen** hierher gehören, ist eine weitere Auslegungsfrage

Wird **(a)** beim Kauf einer Sache mit Montageverpflichtung durch den Verkäufer eine mangelfreie Sache an einen Käufer geliefert, diese aber bei der im Vertrag vereinbarten Montage unsachgemäß montiert, so stellt sich vorab die Frage, ob wegen der Montageverpflichtung ein reiner Kauf- oder auch ein reiner Werkvertrag oder ein gemischter Vertrag vorliegt. Hiernach richtet sich auch die weitere Frage, welches Gewährleistungsrecht im Fall eines **Montagefehlers** eingreift. § 434 Abs. 2 S. 1 BGB stellt aber klar, dass das Gewährleistungsrecht des Kaufrechts Anwendung findet und dass es nicht auf die Einordnung des Vertrages als Kauf- oder Werk- oder eines gemischten Vertrages ankommt. Die Montage muss durch den Verkäufer oder durch seinen Erfüllungsgehilfen i. S. d. § 278 BGB vorgenommen worden sein.

Die Frage nach der Anwendbarkeit des Gewährleistungsrechts des Kaufes bei unsachgemäßer Montage stellt sich bei zwei unterschiedlichen Konstellationen:

- Der **Montagefehler führt zu** einem **Mangel** der zunächst mangelfreien Sache.

Denken Sie sich dazu folgendes *Beispiel:* Der K kauft bei dem V eine Waschmaschine und vereinbart mit dem V, dass dieser den Wasseranschluss vornimmt. Die Maschine wird geliefert und aufgestellt. Durch eine unsachgemäße Montage des Mitarbeiters M des V, das sich der V zurechnen lassen muss (§ 278 BGB) dringt Wasser in die Elektronik, die daraufhin versagt. Wenn eine zunächst mangelfreie Sache geliefert wird, die nur dadurch mangelhaft wird, dass der Verkäufer diese zurechenbar unsachgemäß beim Käufer montiert oder aufstellt, liegt ein Sachmangel vor (§ 434 Abs. 2 S. 1 BGB).

- Die **Beschaffenheit** der Sache wird **durch** den **Montagefehler nicht beeinträchtigt**.

Illustriert wird diese Konstellation durch folgendes *Beispiel:* Der K kauft bei dem V eine Kücheneinrichtung und vereinbart mit dem V, dass dieser sie in die Küche des K einbaut. Der V baut die Küche selbst ein, und zwar in der Weise unsachgemäß, dass die Schränke zwar schief hängen, als solche aber einwandfrei genutzt werden können. Als Sachmangel nach § 434 Abs. 2 S. 1 BGB wird es auch angesehen, wenn allein die Montage selbst fehlerhaft ist, ohne dass dies zu einer Beeinträchtigung der Beschaffenheit der Sache führt (RegE).

Ein Sachmangel liegt auch vor, **(b)** wenn eine Kaufsache zur Montage – nicht unbedingt durch den Käufer selbst – bestimmt ist, und die **Montageanleitung mangelhaft** ist, es sei denn, der Montageanleitungsfehler hat sich nicht ausgewirkt, weil der Monteur (wer immer es auch war) die Sache aufgrund eigener Sachkenntnis fehlerfrei montiert hat (§ 434 Abs. 2 S. 2 BGB). Dazu folgendes *Beispiel:* Der K erwirbt in einem bekannten Möbelhaus ein vom Käufer selbst zusammen zu bauendes Hochbett „Sove". Dieses ist auch von bester Qualität. Nur erweist sich der Aufbau als nicht möglich, da die Aufbauanleitung aus dem Schwedischen in unverständliches Deutsch übersetzt wurde. Nach den allgemeinen Regeln würde nur ein Mangel der Anleitung vorliegen, nicht aber ein solcher des Hochbettes. Wegen § 434 Abs. 2 S. 2 BGB ist aber auch das Hochbett mangelhaft, was dem Käufer die Gewährleistungsrechte aus § 437 BGB eröffnet. Dazu gehört im Rahmen der Nacherfüllung (§ 439 Abs. 1 BGB) wohl auch, dass die falsch zusammengesetzte Ware vom Verkäufer wieder in ihren Urzustand zerlegt wird.

Diskutiert wird **(c)** eine **analoge** Anwendung des **§ 434 Abs. 2 BGB** auf **falsche Gebrauchs-** und **Bedienungsanleitungen**. Wer dies mangels planwidriger Lücke nicht annimmt, kann auch daran denken, das Vorliegen eines Sachmangels aus § 434 Abs. 1 BGB herzuleiten. *Beispiel:* Zu einem Notebook wird ein aus dem Chinesischen ins Deutsche übersetztes Handbuch mitgeliefert, welches aufgrund der schlechten Übersetzung kaum verständlich ist. Entweder begründet man analog § 434 Abs. 2 S. 2 BGB einen Mangel des Notebooks oder man argumentiert, dass zu einem Notebook üblicherweise ein ordnungsgemäßes Handbuch gehört womit nach § 434 Abs. 1 S. 2 Nr. 2 BGB ein Mangel vorläge. Bei ganz **fehlender Bedienungsanleitung** kann § 434 Abs. 2 BGB nicht analog angewendet werden. Hier sollte man dagegen eine Nebenpflichtverletzung (§ 241 Abs. 2 BGB) annehmen, so dass ein Anspruch aus § 280 Abs. 1, 241 Abs. 2 BGB nahe liegt.

**Stufe 5**
Die letzte Ergänzung erfolgt durch § 434 Abs. 3 BGB. Einem **Sachmangel** steht die Lieferung einer **anderen Sache (Falschlieferung**, auch **„aliud“** = anderes) oder einer **zu geringen Menge (Zuweniglieferung, „minus“)** gleich.

Zu dieser ausdrücklichen Gleichstellung hat sich der Gesetzgeber nicht etwa aus Gründen der begrifflichen Logik oder der gesetzlichen Systematik entschlossen. Schließlich hätte er bei Falsch- und Zuweniglieferungen auch das allgemeine Leistungsstörungsrecht für anwendbar erklären können. Ausschlaggebend waren vielmehr **rechtspolitische Erwägungen:** Für die Unterstellung der Falsch- und Zuweniglieferung unter das Gewährleistungsrecht spricht, dass die Interessenlage sich nicht wesentlich von der des Vorliegens eines Sachmangels im engeren Sinne unterscheidet. So macht es zum *Beispiel* für den Käufer keinen Unterschied, ob ihm von den gekauften 100 Flaschen Wein nur 90 Flaschen (also 10 Flaschen gar nicht bzw. 10 Flaschen einer anderen Sorte) geliefert werden oder ob er zwar 100 Flaschen erhält, von denen aber wegen undichter Korken 10 Flaschen nur Essig enthalten. In beiden Fällen erhält der Käufer nur 90 brauchbare Flaschen (RegE). Hinsichtlich der Gleichstellung von Zuweniglieferung und Schlechtlieferung kann man dies ohne weiteres nachvollziehen. Was allerdings die Gleichstellung von Falschlieferung und Schlechtlieferung angeht, leuchtet die Gleichstellung nicht sofort ein. Sie hat jedoch ganz erhebliche Vorteile. Ohne sie müsste eine Falschlieferung als Nichtleistung plus Leistung eines anderen Gegenstands betrachtet werden. Die Nichtleistung müsste nach dem allgemeinen Leistungsstörungsrecht behandelt werden. Problematisch wäre die dann erforderliche Abgrenzung von Falsch- und Schlechtleistung bei Gattungsschulden. Ohne die gesetzliche Gleichstellung müsste man, wenn zum *Beispiel* der V an K 10 t Winterweizen verkauft worden sind, der V aber 10 t Sommerweizen geliefert hat, die Frage beantworten, ob eine Schlechtleistung vorliegt, weil „Sommerweizen schlechter Winterweizen“ ist, was zu einem Gewährleistungsanspruch nach §§ 434 ff. BGB führen würde, oder ob hier eine als Nichterfüllung anzusehende und nach §§ 280 ff. BGB zu beurteilende Falschlieferung vorliegt, weil nicht 10 t Weizen, sondern 10 t Winterweizen verkauft wurden.

Bei Gattungsschulden würde die hiernach erforderliche Grenzziehung zwischen Mangel und Nichterfüllung von der Frage der Feinheiten bei der Bildung der Gattungen ab: Bei sehr weiter Definition der Gattung (z. B. Sommer- und Winterweizen gehören der Gattung „Getreide" an) kommt man eher zu einer Schlechtleistung als bei enger Definition der Gattung.

Die Abgrenzung kann man sich aufgrund der nunmehr vorgenommenen Gleichstellung sparen: Auch bei einer Falschlieferung greift nach § 434 Abs. 3 BGB nach Gefahrübergang das kaufrechtliche Gewährleistungsrecht ein. Die gesetzgeberische Entscheidung, **Falsch- und Zuweniglieferungen** als **Sachmangel** anzusehen, war also außerordentlich weise.

**Fall 376**

V verkauft an K die Ladung des Frachtschiffes Jessica. Dieses Schiff hat „Haakjöringsköd" geladen. Beide gehen davon aus, dass es sich dabei um Walfischfleisch handelt. Tatsächlich ist „Haakjöringsköd" aber die norwegische Bezeichnung für Haifischfleisch. Dieser Unterschied ist für den K erkennbar wichtig, da Fisch aller Art in Deutschland (der Fall spielte 1916, also während des Ersten Weltkriegs) der Beschlagnahme unterliegt, Walfischfleisch (der Wal ist ein Säugetier) nicht darunter fällt und daher frei gehandelt werden kann. Tatsächlich beschlagnahmen die Behörden die Ladung nach der Übereignung an K beim Eintreffen in Bremerhaven. Der K verlangt von V sein Geld zurück (nach dem „Haakjöringsköd-Fall" des RG).

Der Anspruch kann sich (nach heute geltendem Recht) aus §§ 437 Nr. 2, 326 Abs. 5, 346 Abs. 1 BGB ergeben. a) Zwischen V und K bestand ein wirksamer Kaufvertrag. Fraglich ist, mit welchem Inhalt. Hier lag eine übereinstimmende Falschbezeichnung vor: Der V und der K wollten einen Vertrag über Walfischfleisch schließen; verkauft war daher die Ladung der „Jessica" als Walfischfleisch („falsa demonstratio non nocet"). b) Ein Mangel kann darin liegen, dass der V Haifischfleisch anstelle von Walfischfleisch geliefert hatte. Problematisch ist, ob die Beschaffenheit des Haifischfleischs negativ von der Beschaffenheit des vereinbarten Walfischfleischs abweicht. Fraglich ist insofern, ob Haifischfleisch schlechtes Walfischfleisch ist. Einem Sachmangel steht es aber gleich, wenn vom Verkäufer eine andere als die geschuldete Sache geliefert wird (§ 434 Abs. 3 BGB). Ein Mangel liegt daher vor. c) Der Rücktritt wurde von K konkludent durch das Rückzahlungsverlangen erklärt. d) Als Rücktrittsgrund kommt § 326 Abs. 5 BGB in Betracht. aa) Zwischen dem V und dem K ist ein Vertrag geschlossen worden. bb) Weiterhin muss dem K ein Anspruch zugestanden haben, dessen Erfüllung unmöglich geworden ist. Dies war hier der Nacherfüllungsanspruch aus § 439 Abs. 1 BGB. cc) Die Erfüllung des Anspruches müsste dem Verkäufer unmöglich sein. § 326 Abs. 5 BGB differenziert nicht zwischen ursprünglicher und nachträglicher Unmöglichkeit. Hier lag ein Stückkauf vor, da die Ladung eines bestimmten Schiffes, der „Jessica", verkauft wurde. Wegen der falschen Beladung dieses Schiffes ist eine Erfüllung mit anderem Walfischfleisch nicht möglich; daher ist die Leistung unmöglich. Ein Rücktrittsgrund ist daher gegeben. e) Der Rücktritt ist auch nicht nach §§ 326 Abs. 5, 323 Abs. 6 BGB ausgeschlossen. f) K kann daher Rückzahlung des Kaufpreises von V verlangen.

Von der **Gleichstellung** der **Zuwenig-** und der **Falschlieferung** mit einem **Sachmangel** werden jedoch einige **Ausnahmen** gemacht:

- Die **Zuweniglieferung** gilt nach **§ 434 Abs. 3 BGB** nur dann als **Sachmangel,** wenn der **Verkäufer** die erbrachte Lieferung **zum Zwecke** der **vollständigen Erfüllung,** und nicht etwa bewusst als Teilleistung **erbracht hatte**. Maßgeblich ist der objektive Empfängerhorizont des Käufers. Hat der Verkäufer zum Ausdruck gebracht, dass er mit der teilweisen Lieferung nur einen Teil seiner Schuld begleichen wollte, so liegt eine Teilleistung nach § 266 BGB vor, die nach dem allgemeinen Leistungsstörungsrecht zu beurteilen ist.
- Beim **Stückkauf** wird diskutiert, ob von der Regel des § 434 Abs. 3 BGB dann eine **Ausnahme** gemacht werden muss, wenn der Verkäufer eine andere als die gekaufte Sache geliefert hat **(„Identitätsaliud")**. In der Tat geht die Gesetzesbegründung des RegE davon aus, dass dann ein Fall der Nichterfüllung gegeben ist und daher der Erfüllungsanspruch des Käufers aus § 433 Abs. 1 S. 1 BGB fortbesteht. Daher wird teilweise angenommen, dass bei einem „Identitätsaliud" **generell** keine Gewährleistungsansprüche bestehen; denn § 434 Abs. 3 BGB verfolge allein den Zweck, die Abgrenzungsschwierigkeiten bei verschiedenen Gattungsarten zu vermeiden, so dass der Anwendungsbereich des § 434 Abs. 3 BGB teleologisch auf die Gattungsschuld reduziert werden müsse:

**Fall 377**

Der V verkauft dem K ein von diesem zuvor besichtigtes Bild von Spitzweg. Geliefert wird das Bild eines zeitgenössischen Malers. Der K verlangt Lieferung des Bildes von Spitzweg (nach Westermann).

Der Anspruch ergibt sich aus § 433 Abs. 1 S. 1 BGB, und nicht aus §§ 433, 434 Abs. 3, 437 Nr. 1, 439 BGB (str.).

Andere wollen bei Stückschulden zwar grundsätzlich § 434 Abs. 3 BGB anwenden, nicht aber bei **„groben Abweichungen":**

**Fall 378**

Der V verkauft dem K ein Fass Rotwein. Geliefert wird ein Pferd. Der K verlangt Lieferung des Rotweines (nach Medicus).

Der Anspruch ergibt sich aus § 433 Abs. 1 S. 1 BGB, und nicht aus §§ 433, 434 Abs. 3, 437 Nr. 1, 439 BGB.

- Zur Abgrenzung zwischen Nichterfüllung und Mangelhaftigkeit wird bei den Fällen der Anderslieferung teilweise auch auf den Erfüllungswillen des Verkäufers abgestellt: dieser fehle nicht nur bei absichtlicher, sondern auch bei irrtümlicher Lieferung eines „Identitätsaliuds", so dass dann Nichterfüllung gegeben sei. Diesen **Einschränkungen,** die die Lieferung eines „Identitätsaliud" beim Stückkauf als generell oder bei groben Abweichungen als Nichterfüllung behandeln wollen, kann man den anders lautende Gesetzeswortlaut entgegen halten: Für eine Einbeziehung des Stückkaufes auch beim „Identitätsaliud" in § 434 Abs. 3 BGB spricht jedenfalls der klare Gesetzeswortlaut, der gerade keine Differenzierung vorsieht, denn der Gesetzgeber hatte offenbar alle Abgrenzungsschwierigkeiten zwischen einer „Falsch-" und einer Schlechtlieferung vermeiden wollen, und zwar auch bei der Stückschuld und sei die Abweichung noch so extrem. Für eine solche Lösung spricht auch die höhere Rechtssicherheit durch eine einheitliche Verjährung.

Wer vorhin nicht konzentriert mitgedacht hat, kommt vielleicht jetzt zur Frage nach der **Relevanz** dieser **Kontroverse**. Auf den ersten Blick scheint kein großer Unterschied zwischen den Ansprüchen des Käufers aus dem allgemeinen Leistungsstörungsrecht und den Gewährleistungsansprüchen. Aber die lückenlos aufmerksamen Leser wissen längst, dass dieser Streitpunkt von Bedeutung werden kann, wenn die kurze Verjährungsfrist des § 438 BGB abgelaufen ist, die Regelverjährung aber noch läuft. Bedeutsam könnte die Entscheidung in dieser Frage auch werden, wenn der Verkäufer irrtümlich eine wertvollere Sache geliefert hat: Wenn dies als Lieferung einer mangelhaften Kaufsache angesehen wird und der Käufer keine Gewährleistungsrechte geltend macht, würde die Sache bei ihm verbleiben. Es gibt aber noch andere Wege, dieses absurde Ergebnis zu vermeiden, als § 434 Abs. 3 BGB im Falle eines „Identitätsaliuds" beim Stückkauf für nicht anwendbar zu erklären (dazu sogleich mehr).

Wie auch immer: Sie müssen **andererseits niemals befürchten,** dass einem **Käufer,** der die Lieferung als Zuwenig- oder Falschlieferung erkennt, das (ihm wegen der kurzen Verjährung nachteilige) **Gewährleistungsrecht quasi „aufgedrängt"** werden kann: Der Käufer kann die Zuwenig- oder Falschlieferung natürlich zurückweisen, so dass es mangels Übergabe in aller Regel nicht zum Gefahrübergang kommt.

Eine weitere Frage wäre, nach welchen Normen eine **Aliud-Lieferung** vom Verkäufer **zurückgefordert** werden kann, wenn zum *Beispiel* der Verkäufer V versehentlich statt einer 200 GB-Festplatte eine mit 300 GB Speicherplatz geliefert hat. Wenn der Verkäufer die dingliche Übereignung aufgrund eines Irrtums nach § 142 Abs. 1 BGB anfechten kann, so kann er Herausgabe nach **§ 985 BGB** verlangen. Die Anfechtung soll möglich bleiben, soweit sich der Verkäufer dadurch nicht der Gewährleistungshaftung entzieht. Eine solche „Flucht aus der Gewährleistung" droht aber bei irrtümlicher Lieferung einer höherwertigen Sache gerade nicht. Falls eine Anfechtung mangels eines Anfechtungsgrundes nicht durchgreift, ist ein Anspruch aus **§ 812 Abs. 1 S. 1 Var. 1 BGB** zu prüfen. Dabei ist unter dem Prüfungspunkt „ohne rechtlichen Grund" die Frage zu erörtern, ob die irrtümliche Lieferung einer anderen Sache als Erfüllung anzusehen ist, da nur in diesem Fall der mit der Leistung verfolgte Zweck eintritt und andernfalls eine Leistung ohne rechtlichen Grund vorläge. Da die Lieferung einer anderen Sache nach § 434 Abs. 3 BGB einen Sachmangel begründet und nach § 433 Abs. 1 S. 2 BGB der Verkäufer die mangelfreie Lieferung schuldet, liegt jedenfalls insoweit keine Erfüllung vor. Die weitere Lösung ist umstritten. Manche wollen den Anspruch bejahen, wenn dadurch dem Käufer keine Rechte entzogen werden. Andere lehnen ihn grundsätzlich ab und wollen dem Käufer die höherwertige Sache belassen. Im Beispiel dürfte demnach der Käufer K die höherwertige Festplatte ohne Aufpreis behalten; das überzeugt wenig! Eine sachgerechte Lösung könnte so aussehen, dass der Verkäufer zunächst die geschuldete Sache liefern sollte und danach nach § 439 Abs. 4 BGB die „mangelhafte" höherwertige Sache zurückverlangen kann.

**Fall 379**

Der K kauft beim Gebrauchtwagenhändler V einen gebrauchten VW Golf. Der Wagen soll am nächsten Tag von V zu K's Wohnung gebracht und gegen Barzahlung übereignet werden. Ein Versehen in V's Betrieb führt dazu, dass angenommen wird, der K habe einen auch zum Verkauf stehenden gebrauchten BMW 318i gekauft. Der BMW 318i wird daher an den K ausgeliefert und gegen Barzahlung von € 7000,– übereignet. Der V verlangt Herausgabe des Fahrzeugs von K (nach Musielak).

a) Ein Anspruch aus § 985 BGB besteht nicht, aa) denn der BMW 318i ist nach § 929 S. 1 BGB übereignet worden, bb) und zwar mangels Irrtums unanfechtbar, da genau dieser Wagen übereignet werden sollte. b) Nach § 812 Abs. 1 S. 1 Var. 1 BGB kann Herausgabe verlangt werden, aa) wenn man (aus den zuvor referierten Gründen) die Ansicht vertritt, dass bei einem Stückkauf Nichterfüllung gegeben sei, wenn irrtümlich eine andere als die geschuldete Sache geliefert werde („Identitätsaliud"). bb) Wer sich bei der Interpretation des § 362 BGB der Theorie von der „finalen Leistungsbewirkung" anschließt, kann wegen fehlenden Erfüllungswillen des Verkäufers zur Nichterfüllung zu einem Anspruch aus § 812 Abs. 1 S. 1 Var. 1 BGB (Leistungskondiktion) kommen. c) Ein Rückforderungsanspruch kann ansonsten nur aus § 242 BGB abgeleitet werden.

Bezüglich der Gleichstellung der Zuwenig- und der Aliudlieferung mit der Schlechtleistung erinnern Sie sich vielleicht noch an eine ähnliche Kontroverse im allgemeinen Leistungsstörungsrecht: problematisch ist das Verhältnis der Zuwenig- und Aliudlieferung auch bei den Abgrenzungen in § 281 Abs. 1 S. 2 bzw. 3 BGB sowie in § 323 Abs. 5 S. 1 bzw. 2 BGB. Am sachgerechtesten scheint es, bei §§ 281 Abs. 1 S. 2 bzw. 3 und 323 Abs. 5 S. 1 bzw. 2 BGB keine Gleichstellung vorzunehmen sondern diese nur bei der Anwendung von § 437 BGB vorzunehmen.

#### cc) Bedeutung von Eigenschaftszusicherungen

Der Verkäufer leistet **nur Gewähr** für die **Mangelfreiheit,** also das **Vorliegen der Sollbeschaffenheit** bei **Gefahrübergang**. Er muss nicht dafür einstehen, dass die gekaufte Sache die gesamte Dauer der Gewährleistungsfrist (§ 438 BGB) intakt bleibt. Aus diesem Grund ist zum *Beispiel* ein Paar Rollerblades nicht deshalb mangelhaft, weil die Rollen nach 14-monatigem täglichem Fahren abgenutzt sind. Aus dem gleichen Grund ist ein Lebensmittel nicht schon deshalb mangelhaft, weil es nicht 2 Jahre lang haltbar ist.

In diesem Zusammenhang gewinnen **Eigenschaftszusicherungen** ihre besondere Bedeutung. Sichert der Rollerbladeverkäufer im obigen *Beispiel* zu, seine Rollerblades hielten „mindestens 2 Jahre Dauerbetrieb" aus, so sind sie mangelhaft, wenn das nicht der Fall ist.

Umgekehrt kann der Verkäufer durch eine **Eigenschaftsvereinbarung** seine Haftung beschränken, indem er im Beispiel vereinbart, dass die Rollen 1000 km halten. Sind sie danach verbraucht, so liegt kein Mangel vor.

Zwischen der haftungserweiternden Eigenschaftszusicherung und der haftungsbegrenzenden Eigenschaftsvereinbarung können sich Abgrenzungsschwierigkeiten ergeben, die der Verkäufer durch eindeutige Vertragsgestaltung vermeiden sollte.

Im Rahmen eines **Verbrauchsgüterkaufes** darf die Eigenschaftsvereinbarung nicht dazu führen, dass ein eigentlich verbotener Gewährleistungsausschluss umgangen wird (§ 475 Abs. 1 S. 2 BGB). Unzulässig und unwirksam sind daher jedenfalls solche Vereinbarungen, die im Widerspruch zu anderen Teilen des Vertrages stehen oder lediglich in AGB vereinbart werden. Das demonstrieren diese *Beispiele:* Ein Auto wird ausdrücklich als Schrottwagen zum Ausschlachten verkauft, was auch Sinn des Vertrages ist (zulässig). Ein Gebrauchtwagen wird als Schrott verkauft, obwohl klar ist, dass der Käufer ihn fahren will und soll (unzulässig). Ein Paar Schuhe soll nach Angaben des Herstellers nur 1000 Schritte halten (unzulässig, nach Schubel).

### b) Rechtsmangel

In **§ 435 BGB** ist bestimmt, dass eine Kaufsache dann **„frei von Rechtsmängeln ist, wenn Dritte in Bezug auf die Sache keine oder nur die im Kaufvertrag übernommenen Rechte gegen den Käufer geltend machen können"**. Im Umkehrschluss entnehmen wir der Vorschrift, dass **Rechtsmängel** solche **Rechte** sind, **die „Dritte in Bezug auf die Sache … gegen den Käufer geltend machen können"**, wenn es sich nicht um Rechte handelt, die vom Käufer „im Kaufvertrag übernommen" wurden. Soweit es sich bei dem Kaufvertrag um ein formbedürftiges Rechtsgeschäft handelt (insb. also bei Grundstückskäufen, § 311b BGB), muss die Übernahmevereinbarung ebenfalls formwirksam sein, d. h. in der notariellen Urkunde enthalten sein.

**Rechtsmängel** sind demnach **insbesondere:**

- Belastungen durch **dingliche Rechte Dritter,** wie z. B. Pfandrechte i. S. d. §§ 1204 ff. BGB oder Grundpfandrechte i. S. d. §§ 1113 ff. BGB. Gleichgestellt ist nach § 435 S. 2 BGB die Eintragung eines nicht existierenden Rechtes im Grundbuch; diese Gleichstellung ist ohne weiteres plausibel, weil insoweit die Gefahr eines gutgläubigen Erwerbs des nicht bestehenden Rechtes durch einen Dritten besteht (§ 892 Abs. 1 BGB), so dass die Fehleintragung genauso nachteilhaft sein kann wie ein bestehendes Recht. Im Einzelnen werden Sie darüber bei der Darstellung der dinglichen Ansprüche mehr erfahren. Es sei aber schon hier darauf hingewiesen, dass ein Rechtsmangel nicht in Betracht kommt, sofern das belastende dingliche Recht durch einen gutgläubig lastenfreien Erwerb des Eigentums an der Kaufsache erlischt (bei beweglichen Sachen nach § 936 BGB, bei Grundstücksrechten nach § 892 BGB). Denn dann erwirbt der Käufer die Sache bei Gefahrübergang frei von Rechten Dritter.

**Fall 380**

Der K kauft von dem V formgerecht ein Grundstück. Im Grundbuch ist eine Hypothek zugunsten des X eingetragen. Die gesicherte Forderung war schon vor Jahren bezahlt worden. Nachdem K als Eigentümer eingetragen ist und ihm das Grundstück übergeben worden ist, verlangt der K von dem V die Herbeiführung der Löschung dieser Hypothek. Der V weigert sich, da die Hypothek ja unstreitig nicht mehr bestehe und die Löschung ihn Gebühren kosten würde.

Der Anspruch des K kann sich aus §§ 437 Nr. 1, 439 BGB ergeben. a) Ein wirksamer Kaufvertrag liegt vor. b) Das Grundstück muss bei Gefahrübergang mangelhaft gewesen sein. In Betracht kommt ein Rechtsmangel nach § 435 BGB. aa) Ein tatsächlich bestehendes fremdes Recht (§ 435 S. 1 BGB) kommt nicht in Betracht, da anstelle der Hypothek eine Eigentümergrundschuld besteht, die dem Käufer als dem neuen Eigentümer zusteht (§§ 1163 Abs. 1 S. 2, 1177 BGB). bb) Da aber bereits die bloße Eintragung der Hypothek einem Rechtsmangel gleichsteht (§ 435 S. 2 BGB), ist die Kaufsache rechtsmangelhaft. Der Rechtsmangel bestand bei Gefahrübergang (§ 446 BGB). c) Der K kann daher die Beseitigung des Rechtsmangels verlangen (§ 439 BGB).

- Auch **schuldrechtliche Rechte Dritter** begründen Rechtsmängel, sofern sie dem Käufer entgegengehalten werden können. Wegen der Relativität der Schuldverhältnisse ist dies nur selten der Fall. *Beispiele:* wenn der Mieter nach §§ 566 BGB bzw. 986 Abs. 1 BGB Rechte gegen den Grundstückserwerber herleiten kann; im Fall des § 986 Abs. 2 BGB, wenn der Verkäufer eine langfristig vermietete und dem Mieter überlassene bewegliche Sache verkauft und nach § 929 S. 1, 931 BGB an einen Dritten übereignet; dann hat der Mieter ein Herausgabeverweigerungsrecht bis zum Ende seiner Besitzberechtigung aus dem Mietvertrag(dazu später mehr).
- Die „Rechte gegen den Käufer" müssen nicht stets Rechte aus dem BGB sein. Denkbar sind auch **dritten Personen** zustehende **Immaterialgüterrechte**.

**Fall 381**

Der V verkauft an K T-Shirts mit dem Aufdruck ADIDAS, die aber von einem anderen Hersteller ohne die Zustimmung von ADIDAS hergestellt wurden. Als K diese T-Shirts vermarkten will, wird ihm dies durch ADIDAS untersagt (§ 14 Abs. 2 Nr. 1, Abs. 3 Nr. 1 MarkenG).

Hier haben die T-Shirts einen Rechtsmangel, aufgrund dessen dem K Gewährleistungsansprüche zustehen.

- Auch **öffentlich-rechtliche Beschränkungen** können Rechtsmängel sein. Für die öffentlichen Lasten eines Grundstückes trifft **§ 436 BGB** eine **Sonderregel**. Ohne diese Sonderregel würde das Bestehen öffentlicher Lasten stets Gewährleistungsrechte zur Folge haben, was der Gesetzgeber aber wegen der damit verbundenen Zufälligkeiten für unzweckmäßig gehalten hat.

**Fall 382**

Die Straße vor dem Haus des Verkäufers V wurde 3 Monate vor dem Verkauf des Hauses saniert. Nach öffentlichem Recht haftet dafür der jeweilige Grundstückseigentümer. Als der Käufer K bereits 2 Monate im neuen Haus wohnt, verlangt die Gemeinde G wegen der nunmehr 5 Monate zurückliegenden Arbeiten aufgrund öffentlich-rechtlicher Vorschriften € 20.000,– von K. Dieser will nach erfolgter Zahlung V in Anspruch nehmen.

Der Anspruch ergibt sich aus § 436 Abs. 1 BGB, weil die Bauarbeiten vor Vertragsschluss durchgeführt wurden.

Bitte beachten Sie, dass bei **fehlendem Eigentum** des **Verkäufers** und einem daraus resultierendem **Nichterwerb** des **Eigentums durch** den **Käufer** die Rechtslage umstritten ist:

1. Man kann zunächst davon ausgehen, dass es kein Rechtsmangel ist, wenn die Sache gar nicht dem Verkäufer gehört, es dem Verkäufer also am Eigentum selbst fehlt, und der Käufer das Eigentum deshalb (z. B. wegen § 935 BGB) nicht erwirbt, sondern dass es sich in diesem Fall um **Nichterfüllung** handelt. Dies lässt sich gut damit begründen, dass der Verkäufer nicht etwa seine Pflicht aus § 433 Abs. 1 S. 2 BGB („… dem Käufer die Sache frei von … Rechtsmängeln zu verschaffen.") mit der Folge von Gewährleistungsrechten des Käufers aus § 435 BGB verletzt hat, sondern dass er seine Pflicht aus § 433 Abs. 1 S. 1 BGB („… dem Käufer … das Eigentum … zu verschaffen") nicht erfüllt hat. Demgegenüber soll nach anderer – mittlerweile sehr vereinzelter – Ansicht auf Grundlage eines Erst-Recht-Schlusses das fehlende Eigentum als **Rechtsmangel** angesehen werden: Wenn schon ein Recht, welches das Vollrecht nur beeinträchtigt einen Rechtsmangel darstellt, so muss das völlige Fehlen des Eigentums erst recht ein Rechtsmangel sein. Im Übrigen würde ein Wertungswiderspruch entstehen, da die dann einschlägigen Ansprüche aus dem allgemeinen Leistungsstörungsrecht der Regelverjährung unterliegen (§§ 195, 199 BGB) während bei einem Rechtsmangel die 30-jährige Verjährung gelten würde (§ 438 Abs. 1 Nr. 1 BGB).

2. Eine **Kompromisslösung** besteht darin, dass man mit den o. g. Argumenten das allgemeine Leistungsstörungsrecht gelten lässt, also z. B. bei Unmöglichkeit der Übereignung die §§ 280 Abs. 1, 3, 283 bzw. § 311a Abs. 2 BGB, bei Verjährung dieser Ansprüche aber § 438 Abs. 1 Nr. 1 BGB analog anwendet und so etwaige Unbilligkeiten vermeidet.

**Fall 383**

Der V verkauft dem K eine dem X gehörende Sache, welche diesem abhanden gekommen ist (§ 935 BGB). K bemerkt dies erst nach 15 Jahren. X ist keinesfalls zur Preisgabe seines Eigentums bereit. K verlangt daher Rückzahlung des Kaufpreises.

a) Der Anspruch kann sich zunächst aus §§ 437 Nr. 2, 326 Abs. 5, 346 Abs. 1 BGB ergeben. Fraglich ist jedoch, ob ein Rechtsmangel vorliegt. Dies lässt sich mit dem Argument verneinen, dass die Pflicht, die Sache zu übereignen aus § 433 Abs. 1 S. 1 BGB verletzt wurde und nicht die Pflicht, die Sache frei von Rechtsmängeln zu übereignen. Der Anspruch besteht daher nicht. b) Ein Anspruch aus § 326 Abs. 4 BGB scheitert grundsätzlich an der mittlerweile eingetretenen Verjährung (§§ 195, 199 Abs. 4 BGB: 10 Jahre ab Entstehung), sofern man nicht annimmt, dass § 438 Abs. 1 Nr. 1 BGB analog gilt, welcher zu einer 30jährigen Verjährung führt.

### c) Entbehrlichkeit der Abgrenzung von Sach- und Rechtsmängeln

Stellen Sie sich zum *Beispiel* vor, dass jemand ein neu erbautes Haus verkauft, in dem auch in den Kellerräumen Wohnräume erstellt worden sind, was aber baurechtlich unzulässig war (z. B. § 45 Abs. 5 Hamburgische Bauordnung). Wenn nun die Bauaufsichtsbehörde dem neuen Eigentümer diese Nutzung untersagt, ergibt sich die Frage, ob ein Sach- oder ein Rechtsmangel vorliegt, was praktisch schwierige Abgrenzungen erfordert. Das Gesetz stellt jedoch Sach- und Rechtsmängel gleich, denn § 437 BGB spricht allgemein von Mangelhaftigkeit und meint damit Sach- und Rechtsmängel. Daher ist es in der Regel beliebig, ob man einen Rechts- oder einen Sachmangel annimmt.

### d) Unerheblichkeit des Mangels

Man könnte meinen, dass eine **„Bagatelle"**, wie zum *Beispiel* ein kleiner Kratzer am Lack des gekauften neuen Autos, bei dem der Reparaturaufwand weniger als 1 % des Kaufpreises ausmacht, kein Mangel wäre. Die Frage der Erheblichkeit des Mangels spielt aber für die Frage des Vorliegens eines Mangels keine Rolle. Der Gesetzgeber hat bei der Schuldrechtsreform bewusst darauf verzichtet, die Regelung des § 459 Abs. 1 S. 2 BGB a. F. („… Eine unerhebliche Minderung des Wertes oder der Tauglichkeit kommt nicht in Betracht") in das neue Recht zu übernehmen. Außerdem ergibt sich aus den im Folgenden aufgeführten Normen, dass die Unerheblichkeit des Mangels nicht der Mangelhaftigkeit entgegensteht, sondern nur zu anderen Rechtsfolgen führt. Kurz gesagt: Auch „Bagatellen" **sind Mängel**.

Von Bedeutung ist die **Unerheblichkeit** des **Mangels** nur für die Rechtsfolge:

- Die **Nacherfüllung** kann in Fällen der – bei einer Unerheblichkeit häufig gegebenen – Unverhältnismäßigkeit verweigert werden (§ 439 Abs. 3 BGB);
- bei **unerheblichen Sach-** oder **Rechtsmängeln** gibt es **kein Rücktrittsrecht** (§§ 433, 437 Nr. 2, 326 Abs. 5, 323 Abs. 5 S. 2/323 Abs. 5 S. 2 BGB);
- das Gleiche gilt daher konsequenterweise auch für den letztlich wie beim Rücktritt zu einer Rückabwicklung führenden **„großen" Schadensersatzanspruch** (§§ 437 Nr. 3, 280 Abs. 1, 3, 281 Abs. 1 S. 3/283 S. 2, 281 Abs. 1 S. 3/311a Abs. 2, 281 Abs. 1 S. 3 BGB).

Das werden wir alles noch im Einzelnen vertieft erläutern.

### 3. Sach- oder Rechtsmangel bei Gefahrübergang

Der **Sachmangel** muss **bei Gefahrübergang** gegeben sein, bei Rechtsmängeln kommt es auf den Zeitpunkt des Eigentumsübergangs an. Wenn die Kaufsache erst nach Gefahrübergang mangelhaft wird, so ist dies kein Gewährleistungsfall, sondern fällt allein in den Risikobereich des Käufers, der die „Sachgefahr" trägt (Sie wissen ja schon: „casum sentit dominus" = den Schaden trägt der Eigentümer).

Manchmal wird ein Fehlverhalten des Verkäufers auch erst nach Gefahrübergang relevant. In diesem Fall greift das Kaufgewährleistungsrecht nicht ein, es kann sich aber ein Anspruch aus allgemeinem Leistungsstörungsrecht ergeben.

**Fall 384**

V liefert an den K einen Zentralrechner („Server"). Er vergisst, ihm mitzuteilen, dass dieser neue Rechner nicht direkt neben den bereits vorhandenen gestellt werden darf. Der neue Rechner erleidet deswegen einen Überhitzungsschaden.

Der Anspruch folgt nicht aus dem Kaufgewährleistungsrecht, da der Rechner bei Gefahrübergang mangelfrei war sondern allein aus §§ 280 Abs. 1, 241 Abs. 2 BGB, sofern man unterstellt, dass der V dem K zur Aufklärung über das Risiko verpflichtet war.

### 4. Beweislast (§ 363/§ 476 BGB)

Hinsichtlich der Beweislast für das Vorhandensein von Sachmängeln gilt **§ 363 BGB,** auch wenn in dieser Norm nur von der falschen und unvollständigen, nicht aber von der mangelhaften Leistung die Rede ist; seit jeher ist unbestritten, dass die Vorschrift auch gerade die Mangelhaftigkeit meint.

- **Bis** zur **Annahme** als **Erfüllung** muss der Verkäufer die Mangelfreiheit beweisen;
- vom **Augenblick** der **Annahme** als **Erfüllung** an muss der Käufer die Mangelhaftigkeit zum Zeitpunkt des Gefahrübergangs beweisen.

Beim Verbrauchsgüterkauf (§§ 433, 474 BGB) wird nach **§ 476 BGB** dann, wenn sich ein **Sachmangel innerhalb** von **6 Monaten** seit **Gefahrübergang** zeigt, **vermutet,** dass die Sache bereits **bei Gefahrübergang mangelhaft** war. Diese dem Käufer günstige Beweislastregel gilt nach § 476 BGB allerdings nicht, wenn der Verkäufer seinerseits beweisen kann, dass diese Vermutung mit der Art der Sache (z. B. verderbliche Sachen) oder des Mangels unvereinbar ist (Einzelheiten hierzu später).

Nimmt beim Verbrauchsgüterkauf der Unternehmer seinen Lieferanten in Anspruch **(„Unternehmerrückgriff")**, weil er eine neu hergestellte Sache von einem Verbraucher, dem er sie verkauft hatte, zurücknehmen musste oder weil der Verbraucher den Kaufpreis gemindert hatte, so findet § 476 BGB auf diese Beziehung (die natürlich kein Verbrauchsgüterkauf ist) Anwendung, und zwar mit der Maßgabe, dass die 6-Monatsfrist des § 476 BGB mit dem Übergang der Gefahr auf den Verbraucher beginnt (§§ 478 Abs. 3, 476 BGB). Der Grund für die Anwendbarkeit ist darin zu sehen, dass der von einem Verbraucher in Anspruch genommene Letztverkäufer (praktisch also der Einzelhändler), für den – weil er ja Unternehmer ist – die Sonderregeln des Verbrauchsgüter-Kaufvertrags nicht gelten, die Nachteile eines verbesserten Verbraucherschutzes nicht allein tragen soll. Weil auch der Lieferant des Letztverkäufers nicht schlechter gestellt werden kann als der Letztverkäufer, sollen in einer bis zum Hersteller reichenden Lieferkette die in § 478 BGB geregelten Erleichterungen der Käuferrechte (u. a. auch hinsichtlich der Beweislast) gelten.

Verdeutlichen wir uns wieder einmal, was wir **inzwischen gelernt** haben: Wir wissen jetzt, unter welchen Voraussetzungen der Käufer die Gewährleistungsrechte aus § 437 BGB hat. Welche Rechte er im Einzelnen hat, soll nunmehr erörtert werden.

## 5. Übersicht über das Kaufgewährleistungsrecht

Dazu verschaffen wir uns zunächst einmal einen grafischen Überblick, auf den Sie immer wieder zurückgreifen sollten, wenn Sie sich „im Gestrüpp" der gesetzlichen Regeln zu verirren drohen.

**Sekundäransprüche des Käufers**

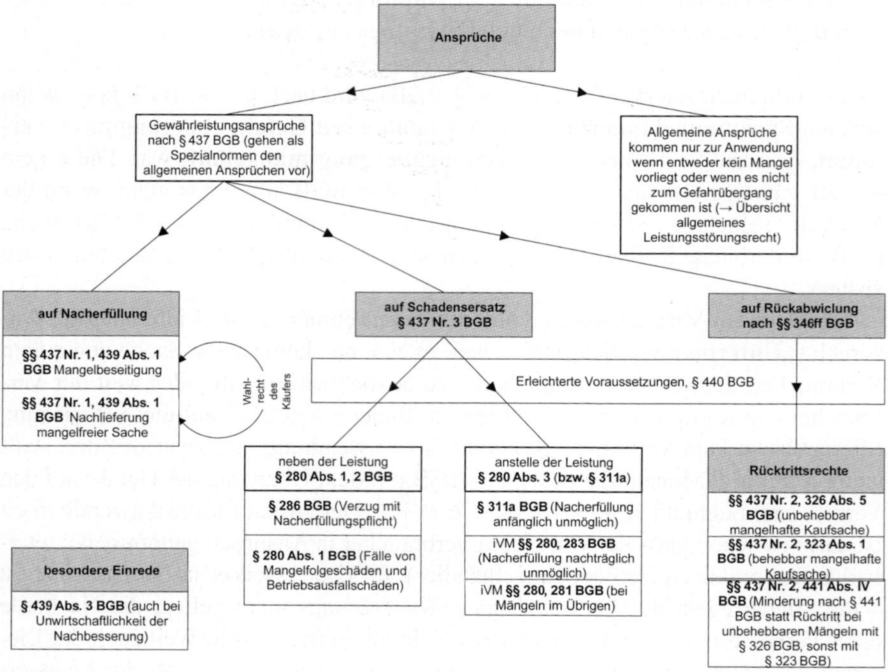


Aus den Gesetzesmaterialien und aus § 440 BGB folgt:

1. Der Nacherfüllungsanspruch (§ 437 Nr. 1 BGB) ist das **„vorrangige Gewährleistungsrecht"** des Käufers („Vorrang der Nacherfüllung"), denn alle anderen Ansprüche (nach §§ 437 Nr. 2 und 3 BGB: Rücktritt oder Minderung, Schadensersatz) setzen **grundsätzlich** (Ausnahmen!) voraus, dass dem Verkäufer zuvor erfolglos eine **Frist** gesetzt worden ist. Der Käufer kann also grundsätzlich nicht sogleich den Kaufvertrag rückgängig machen oder den Kaufpreis mindern oder Schadensersatz verlangen. Hier greifen allgemeines und besonderes, kaufrechtliches Leistungsstörungsrecht ineinander: das Fristerfordernis folgt aus den Ihnen schon bekannten §§ 281, 323 BGB, auf welche § 437 Nr. 2 und 3 BGB verweisen.
2. Umgekehrt formuliert: Der **Verkäufer** hat grundsätzlich das **Recht** zur **„zweiten Andienung"**.

## 6. Ansprüche auf Nacherfüllung (Beseitigung des Mangels, Lieferung einer mangelfreien Sache)

Das Kaufrecht gewährt dem Käufer in **§§ 437 Nr. 1, 439 BGB** zwei **Nacherfüllungsansprüche,** die er nach seiner freien Wahl alternativ geltend machen kann.

Dies ist zum einen der Anspruch auf Beseitigung des Mangels **(Nachbesserung)** und zum anderen der Anspruch auf Lieferung einer mangelfreien Sache **(„Nachlieferung“). (sub a))**. Von diesem Anspruch – bzw. einer der beiden Alternativen – kann der Verkäufer aber auch **befreit** sein **(sub b))**. Der Verkäufer kann im Falle einer Nachlieferung **Gegenrechte gegen** den **Käufer** haben **(sub c))**. Dem **Käufer** kann wiederum ein **Anspruch** auf **Ersatz** seiner **Aufwendungen**, die zum Zwecke der Nacherfüllung notwendig waren, zustehen **(sub d))**. Und wir schließen diese Ausführungen ab mit einem Ausblick auf die weiteren möglichen Sekundäransprüche des Käufers **(sub e))**.

### a) Nacherfüllung (Nachbesserung oder Lieferung einer mangelfreien Sache)

I. **Voraussetzungen**
   1. Vorliegen eines wirksamen **Kaufvertrages**
   2. Die **Kaufsache** hat
      a. einen **Sachmangel bei Gefahrübergang** (§ 434 BGB)
      b. oder einen Rechtsmangel bei Eigentumsübergang (§ 435 BGB)
   3. **Keine Befreiung** des Verkäufers **von** der **Nacherfüllungspflicht** nach §§ 275 Abs. 1–3, 439 Abs. 3 BGB.
   4. **Durchsetzbarkeit:** insbesondere **keine Verjährung** (§ 438 BGB).

II. **Rechtsfolgen:**
   1. Der Käufer kann nach seiner Wahl entweder Nachbesserung oder Lieferung einer mangelfreien Sache verlangen (§ 439 Abs. 1 BGB).
   2. Der Verkäufer hat die dazu erforderlichen Aufwendungen zu tragen (§ 439 Abs. 2 BGB).

#### aa) Grundsätzliches

Wegen der inhaltlichen Unterschiede zwischen Erfüllungsanspruch und Nacherfüllungsanspruch darf dem Verkäufer eine **„Flucht in die Nacherfüllung“** nicht gestattet werden.

Der Käufer kann daher die Annahme einer mangelhaften Sache nach § 294 BGB bzw. § 242 BGB verweigern, ohne dadurch in Annahmeverzug (mit der Folge des § 446 S. 3 BGB) zu kommen. Häufig wird aber gerade bei Großbetrieben ein Gefahrübergang praktisch nicht zu verhindern sein, da z. B. Lagermitarbeiter angelieferte Waren zumeist ungeprüft entgegennehmen. Bei **offensichtlichem Missbrauch** (z. B. Lieferung eines Computergehäuses ohne Inhalt) wird man dem Verkäufer auch nach Gefahrübergang eine Berufung auf die Beschränkungen des Nacherfüllungsanspruches nach § 242 BGB verweigern können.

#### bb) Die Herbeiführung der Nacherfüllung

Grundsätzlich hat der **Käufer** ein **Wahlrecht** zwischen den **beiden Formen** der **Nacherfüllung**. Er ist aber nicht zu einer Wahl verpflichtet und wird in vielen Fällen die Wahl dem sachkundigeren Verkäufer überlassen.

Beim **Qualitätsmangel** nach § 434 Abs. 1 und 2 BGB besteht dieses Wahlrecht

- grundsätzlich uneingeschränkt beim **„Gattungskauf“:** Der Gattungskäufer kann entweder die Lieferung eines mangelfreien („mittlerer Art und Güte“) Stücks aus der Gattung oder die Beseitigung des Mangels fordern. Wenn aber (eher unwahrscheinlich) die gesamte Gattung oder (schon eher wahrscheinlich) bei einem „beschränkten Gattungskauf“ der gesamte Vorrat den Mangel aufweist, ist das Wahlrecht beschränkt auf die Nachbesserung. Dann ist nämlich der Anspruch auf Nachlieferung nach § 275 Abs. 1 BGB ausgeschlossen.

**Fall 385**

Der K kauft in dem V-Warenhaus das letzte noch vorrätige Exemplar einer Ware, die regelmäßig nachgeliefert wird. Diese ist mangelhaft. Der K verlangt Lieferung einer mangelfreien Sache oder Beseitigung des Mangels.

Der Anspruch ist wahlweise gerichtet auf Lieferung einer mangelfreien Sache oder Beseitigung des Mangels und ergibt sich aus §§ 433, 434 Abs. 1 S. 2 Nr. 1 bzw. Nr. 2, 437 Nr. 1, 439 Abs. 1 BGB.

**Variante**

Bei der Ware handelt es sich erkennbar um einen Restposten.

Hier besteht der Anspruch auf Lieferung einer mangelfreien Sache nicht, weil es sich um eine beschränkte Vorratsschuld handelt (§ 275 Abs. 1 BGB). Wohl aber kann der K Beseitigung des Mangels verlangen.

- Beim **„Stückkauf“** scheint es so zu sein, dass der Käufer grundsätzlich keine Nachlieferung, sondern nur die Beseitigung des Mangels verlangen kann, weil der Verkäufer nach dem Kaufvertrag nur die Lieferung einer ganz bestimmten Kaufsache schuldet und bei einem Nachlieferungsanspruch zu einer weitergehenden Leistung verpflichtet wäre, als nach dem Vertrag vereinbart. Mittlerweile ist die Frage einer Nachlieferungsverpflichtung des Verkäufers beim Stückkauf zu einer der umstrittensten Fragen des reformierten Schuldrechts geworden. Nach wohl **überwiegender Ansicht,** soll eine **Pflicht zur Nachlieferung** bestehen, wenn die mangelhafte Sache durch eine andere gleichartige und gleichwertige Sache aus Sicht der Parteien wirtschaftlich ersetzbar ist (BGH). Ein gutes Argument für diese auch hier vertretene Ansicht ist, dass sich bei zahlreichen Kaufverträgen der Käufer eher zufällig ein bestimmtes Gattungsstück aussucht und dass über diesen einen Kaufvertrag abgeschlossen wird (der Kunde nimmt im Supermarkt eine bestimmte Tüte Chips mit zur Kasse). Bei diesen Kaufverträgen, die letztlich Gattungskaufverträge in der Gestalt von Spezieskaufverträgen sind, entspricht es dem wirtschaftlichen Interesse der Parteien, bei Mängeln auf ein anderes vorhandenes Gattungsstück auszuweichen, und dementsprechend sollte jedenfalls in solchen Fällen der Verkäufer zur Nachlieferung verpflichtet sein. Diese Ansicht wird sowohl von den Gesetzesmaterialien als auch dadurch gestützt, dass das Gesetz in § 439 Abs. 1 BGB keinen Unterschied zwischen Stückkauf und Gattungskauf macht. Auch die Verbrauchsgüterkaufrichtlinie, auf welcher die Neufassung von § 439 BGB beruht, geht in Erwägungsgrund 16 davon aus, dass bei einer Stückschuld eine Nachlieferung möglich sei. Sofern der Verkäufer allerdings ein Verbraucher ist, der große Probleme haben kann, einen Ersatzgegenstand zu beschaffen, ist ggf. eine andere Betrachtungsweise angezeigt. Entscheidend kommt es nach dem BGH darauf an, ob nach dem Parteiwillen (§§ 133, 157 BGB) die Kaufsache durch eine „gleichartige und gleichwertige" Sache ersetzt werden kann. In der Literatur wird teilweise ein strengerer Maßstab angelegt (nur bei vertretbaren Sachen i. S. d. § 91 BGB; nur bei „funktionaler Vergleichbarkeit" mit einem Gattungskauf).

**Fall 386**

Der V verkauft dem K seinen gebrauchten Wagen. Als K am Tage nach der Übergabe und Übereignung mit dem Wagen fahren will, stellt sich heraus, dass über Nacht wegen eines bereits bei der Übergabe an K vorhandenen Lecks des Öltanks das gesamte Motoröl ausgetreten ist. Der K verlangt Lieferung eines mangelfreien Wagens.

a) Der an sich aus §§ 433, 434 Abs. 1 S. 2 Nr. 1, 437 Nr. 1, 439 Abs. 1 BGB gegebene Anspruch auf Lieferung eines mangelfreien Wagens b) kann nach § 275 Abs. 1 BGB ausgeschlossen sein, weil der V lediglich die mangelfreie Lieferung eines einzigen Wagens schuldete dieser konkrete Wagen nicht nachgeliefert werden kann. Nach h. M. ist jedoch auch bei der Stückschuld die Nacherfüllung durch Lieferung einer anderen, wirtschaftlich vergleichbaren Sache möglich, sofern nach dem Parteiwillen die Kaufsache durch eine gleichartige und gleichwertige Sache ersetzt werden kann und wenn die Beschaffung nicht unzumutbare Anstrengungen erfordert (§ 439 Abs. 3 BGB). Gegen die Annahme eines solchen Parteiwillens spricht hier, dass der Kauf des Wagens aufgrund einer persönlichen Besichtigung zustande kam, was nach dem BGH darauf schließen lassen soll, dass keine Nacherfüllung durch Lieferung eines anderen Fahrzeuges möglich sein soll. Der K kann daher nur Nachbesserung in Form einer Reparatur verlangen.

**Fall 387**

Der Autohändler V verkauft dem K einen Neuwagen, den der K zunächst bei V bestellen wollte, dann aber auf dem Hof des V zufällig mit der von ihm gewünschten Ausstattung entdeckt hat. Am nächsten Tag stellt sich heraus, dass der Wagen irreparabel mangelhaft ist. K verlangt die Lieferung eines anderen Neuwagens.

Hier stellt sich die Frage, ob ein Anspruch auf Nachlieferung (§§ 433, 434 Abs. 1 S. 2 Nr. 1, 437 Nr. 1, 439 Abs. 1 BGB) gegeben ist. Dies kann zweifelhaft sein, weil eine Stückschuld vorliegt. Ob bei einer Stückschuld ein Nachlieferungsanspruch besteht, ist zweifelhaft (wäre auszuführen, s. o.). Fraglich ist aber, ob überhaupt eine Stückschuld vorliegt. Hätte K den Wagen nicht zufällig entdeckt, so hätte er ein entsprechendes Fahrzeug bestellt. Die Parteien wollten somit übereinstimmend eine Gattungsschuld vereinbaren. Die Auswahl des vorhandenen Fahrzeuges hatte nicht den Erklärungswert, gerade diesen Wagen erwerben zu wollen. Die Frage nach der Nachlieferung bei der Stückschuld stellt sich somit nicht. V muss ein Ersatzfahrzeug liefern. Alternativ könnte man auch argumentieren, dass zwar eine Stückschuld vereinbart wurde, jedoch nach dem Parteiwillen die Kaufsache durch eine gleichartige und gleichwertige Sache ersetzt werden kann und deshalb – nach h.M. – die Nachlieferung möglich ist.

Liefert der Verkäufer eine andere als die geschuldete Sache **(„aliud")** bzw. eine zu geringe Menge **(„minus")**, ist dies nach § 434 Abs. 3 BGB als Mangel einzustufen,

- so kann bei der **Anderslieferung** beim **„Stückkauf"** **(„Identitätsaliud")** der Käufer Nacherfüllung nur durch Lieferung der wirklich geschuldeten Sache verlangen; die Beseitigung des Mangels ist ausgeschlossen.

Behalten Sie aber die schon bekannte Kontroverse im Auge, dass es noch ungeklärt ist, ob bei einem „Identitätsaliud" überhaupt von einer Mangelhaftigkeit nach § 434 Abs. 3 BGB auszugehen ist oder ob eine Nichterfüllung gegeben ist, also ein Anspruch aus § 433 Abs. 1 S. 1 BGB besteht (Canaris, Westermann; Medicus befürwortet dies für den Fall einer „groben Abweichung").

- Bei der **Anderslieferung** beim **„Gattungskauf"** ist grundsätzlich nur an Nacherfüllung durch Lieferung einer mangelfreien Sache „mittlerer Art und Güte" aus der Gattung zu denken. Sie dürfen hier nicht den Fehler machen, von der Tatsache der Konkretisierung der Gattungsschuld (§ 243 Abs. 2 BGB) darauf zu schließen, dass nur noch die konkrete Sache geschuldet und deshalb eine Nachlieferung unmöglich wäre. Andernfalls wäre eine Nachlieferung bei Gattungsschulden nie möglich, was § 439 BGB weitgehend unterlaufen würde. Ein Nachbesserungsanspruch (auf Beseitigung des Mangels) ist aber bei Gattungsschulden denkbar, wenn es möglich ist, die gelieferte, einer anderen Gattung als der geschuldeten Sache angehörende Lieferung so umzurüsten, dass sie der geschuldeten Gattung angehört.

**Fall 388**

K kauft bei V eine Ölpumpe für Olivenöl vom Typ „Olivio" mit einer vereinbarten Leistung von 5 bar; der V übernimmt die Montage im Betrieb des K. Geliefert und installiert wird eine Ölpumpe für Mineralöl vom Typ „Mineralio" mit gleicher Leistung. Sie ist aber für Pflanzenöle wegen der abweichenden Viskosität unbrauchbar. Durch Austausch des Filtersystems lässt sich eine Pumpe vom Typ „Mineralio“ jedoch mit vertretbarem Aufwand so umrüsten, dass sie wie eine Pumpe vom Typ „Olivio“ zum Pumpen von Olivenöl tauglich ist. K verlangt von V den Umbau.

Der Anspruch ergibt sich aus §§ 437 Nr. 1, 439 Abs. 1, Var. 1 BGB.

- Bei einer **Zuweniglieferung** wird der Nacherfüllungsanspruch des Käufers i. d. R. nur auf Ausgleich der fehlenden Menge gerichtet sein; denkbar ist aber auch auf ein völlige Neulieferung gerichtete Nacherfüllungsanspruch (§§ 434 Abs. 1, 434 Abs. 3, 437 Nr. 1, 439 Abs. 1, Fall 1 BGB).

**Fall 389**

Der K kauft bei dem V 20qm farblich aufeinander abgestimmte Terrassenfliesen aus Carrara-Marmor. Geliefert werden nur 15qm. Der K verlangt von dem V eine Gesamtneulieferung von 20qm, weil bei einer bloßen Nachlieferung von 5qm die Möglichkeit farblicher Abweichungen besteht (nach RegE).

In einem solchen Fall besteht auch bei einer Zuweniglieferung ein Nachlieferungsanspruch in Gestalt einer Gesamtneulieferung (§§ 437 Nr. 1, 439 Abs. 1, Fall 1 BGB).

Die Tatsache, dass wir uns soeben ausgiebig mit einem Nacherfüllungsanspruch aus §§ 437 Nr. 1, 439 BGB in den Fällen befasst haben, in denen der Verkäufer wegen einer Anderslieferung oder einer Zuweniglieferung nach § 434 Abs. 3 BGB „mangelhaft“ geleistet hat, darf Ihnen nicht den Blick dafür verstellen, dass das **Gewährleistungsrecht** in diesen Fällen **nicht zwangsläufig** gilt:

Wenn der Käufer erkennt, dass der Verkäufer eine andere als die geschuldete Sache liefert („Anderslieferung“), dann kann er diese Leistung selbstredend zurückweisen und so verhindern, dass das erst mit Gefahrübergang geltende Gewährleistungsrecht gilt.

Das gleiche gilt bei einer „Zuweniglieferung“: Der Käufer kann dann die Leistung nach § 266 BGB zurückweisen.

Der Käufer hat ein **Wahlrecht** zwischen den beiden Rechtsbehelfen, die der Nacherfüllungsanspruch mit sich bringt, also zwischen einer **Beseitigung** des Mangels und einer **Nachlieferung**. Umstritten ist, ob es sich hierbei um eine **Wahlschuld** i. S. d. § 262 BGB handelt, mit der Konsequenz, dass der Käufer an seine einmal **getroffene Wahl gebunden** ist. Wird die gewählte Art der Nacherfüllung nach getroffener Wahl unmöglich, könnte er dann nicht auf die andere Möglichkeit ausweichen. Wenn zum *Beispiel* der V einen mangelhaften Neuwagen, den er dem K verkauft hat auf dessen Wunsch nachbessern soll, das Auto aber in der Werkstatt des

V durch Zufall zerstört wird, soll der K nun nicht mehr die Lieferung eines anderen Fahrzeuges verlangen können. Hiergegen spricht, dass dadurch die **Käuferrechte** entgegen der Absicht des Gesetzgebers **zu stark eingeschränkt** werden. Umgekehrt kann es für den **Verkäufer unangemessen** sein, wenn der Käufer einen Mangel anzeigt, ohne sich zugleich für eine Art der Nacherfüllung zu entscheiden: Der Käufer könnte nach § 320 BGB die Zahlung des Kaufpreises verweigern und dies faktisch unbegrenzt lange, weil keine Frist für die Ausübung des Wahlrechts vorgesehen ist und weil selbst der Ablauf der Verjährungsfrist des § 438 BGB dem nicht entgegensteht (§ 215 BGB). Dieses Ergebnis kann man dadurch verhindern, dass man § 264 Abs. 3 BGB analog anwendet mit der Folge, dass der Verkäufer wählen kann, oder indem man dem Käufer die Berufung auf § 320 BGB nach § 242 BGB wegen widersprüchlichen Verhaltens verweigert, wenn er ohne triftigen Grund längere Zeit keine Entscheidung für eine bestimmte Art der Nacherfüllung trifft. Im Ergebnis ist es **vorzugswürdig,** nicht von einer Wahlschuld nach § 262 BGB, sondern stattdessen von einer sog. **elektiven Konkurrenz** der beiden Wahlmöglichkeiten auszugehen. Wird eine Form der Nacherfüllung unmöglich, kann der Käufer daher noch die andere Form der Nacherfüllung verlangen. Hierdurch wird das gesetzliche Wahlrecht des Käufers am besten zur Geltung gebracht und auch das Recht zur zweiten Andienung des Verkäufers gestärkt.

#### b) Inhalt des Nacherfüllungsanspruchs

Was den **Inhalt des Nacherfüllungsanspruchs** (Nachlieferung oder Mangelbeseitigung) angeht, können wir uns nach den vorstehenden grundsätzlichen Ausführungen kurz fassen und uns insoweit i. w. auf eine Wiederholung konzentrieren.

##### aa) Nachlieferung

##### (1) Regelfälle

Der **Nachlieferungsanspruch** ist beim **Gattungskauf** völlig unproblematisch. Beim **Stückkauf** ist – entgegen dem ersten Anschein – ein Nachlieferungsanspruch nicht von vornherein ausgeschlossen. Der Anspruch besteht, wenn die Kaufsache nach dem Parteiwillen durch eine gleichartige und gleichwertige andere Sache ersetzt werden kann. Ein wichtiges Beispiel eines starken Indizes gegen einen solchen Parteiwillen ist der Kauf einer gebrauchten und zuvor besichtigten Sache. Hier ist die Sache i. d. R. nach dem Parteiwillen nicht austauschbar.

**Erfüllungsort** ist der Ort, an welchem sich die Kaufsache bestimmungsgemäß befindet.

##### (2) Sonderproblem: Nachlieferung bei eingebauter Sache

Umstritten ist, ob der Verkäufer im Zuge der **Nachlieferung** auch den **Ausbau** der zuvor durch den Käufer bestimmungsgemäß eingebauten mangelhaften Sache schuldet und ob die Nachlieferungspflicht den **Einbau** der nachgelieferten Sache umfasst.

Von dieser Frage hängt ab, ob die Kosten des Aus- und Einbaus gegebenenfalls als Kosten der Nacherfüllung nach § 439 Abs. 2 BGB dem Verkäufer zur Last fallen, oder aber vom Käufer nur über einen verschuldensabhängigen Schadensersatzanspruch geltend gemacht werden können. § 439 Abs. 1 BGB ist insofern interpretationsbedürftig.

Im Zuge der **richtlinienkonformen Auslegung** ist zu beachten, dass Art. 3 Abs. 2 der Verbrauchsgüterkaufrichtlinie den Verkäufer verpflichtet, den vertragsgemäßen Zustand „unentgeltlich" herzustellen. Auf dieser Grundlage ist der BGH nach einer Vorlage beim EuGH zum Ergebnis gelangt, dass beim **Verbrauchsgüterkauf** der Verkäufer sowohl zum Ausbau, als auch zum erneuten Einbau einer zunächst bestimmungsgemäß eingebauten Sache verpflichtet ist, und zwar auch dann, wenn der Einbau der Sache ursprünglich gerade nicht zu seinem Pflichtenkreis gehörte. Nimmt der Verkäufer den Ein- oder Ausbau nicht vor, können die hierfür anfallenden Kosten als Schadensersatz geltend gemachten werden. Nachdem dieses Ergebnis auf einer richtlinienkonformen Auslegung beruht, schließt sich die Frage an, ob dies auch außerhalb des Anwendungsbereichs der Richtlinie gilt – namentlich, wenn **kein Verbrauchsgüterkauf** vorliegt. Wie erwähnt, hat sich der deutsche Gesetzgeber für die Schaffung eines einheitlichen Mangelbegriffs für Verbrauchsgüter- und andere Kaufverträge nach Maßgabe der Richtlinie entschieden. Hieraus könnte man ableiten, dass für alle Kaufverträge dieselbe Auslegung gelten soll. Jedoch hat der BGH entschieden, dass der Verkäufer außerhalb des Verbrauchsgüterkaufs im Rahmen der Ersatzlieferung weder zum Ausbau der mangelhaften Sache noch zum Einbau der ersatzweise gelieferten mangelfreien Sache verpflichtet sei. Hier kommt eine Kostenerstattung nur im Rahmen eines verschuldensabhängigen Schadensersatzanspruchs in Betracht. Es handelt sich um ein beliebtes Prüfungsthema. Sie sollten deshalb die Entscheidungen des BGH hierzu lesen!

#### bb) Mängelbeseitigung

Beim **Mangelbeseitigungsanspruch (Nachbesserung)** ist grundsätzlich nur der bei Gefahrübergang **bestehende Mangel** zu beseitigen.

Wenn sich aber bedingt durch den Mangel ein **weiterer Mangel entwickelt,** so muss der Verkäufer auch diesen beseitigen. Die Begründung leuchtet ohne weiteres ein: Wenn der Käufer Nachlieferung erlangt hätte, hätte der Verkäufer die Sache im auch zusätzlich verschlechterten Zustand zurücknehmen müssen, ohne dass er vom Käufer dafür nach Schadensersatz verlangen könnte (§§ 346 Abs. 3 S. 1 Nr. 2, 439 Abs. 4 BGB). Der Käufer darf bei einer Nachlieferung nicht schlechter stehen.

An dieser Stelle ein kleiner **Exkurs** zum Deliktsrecht: In solchen Fällen ergibt sich bei der Erörterung deliktischer Ansprüche (§§ 823 ff. BGB) das Problem des sogenannten **„Weiterfresserschadens":** führt der bei Gefahrübergang bestehende Mangel danach zur weiteren Beschädigung oder Zerstörung der Kaufsache ist fraglich, ob eine Eigentumsverletzung vorliegt. Denn das Eigentum war ja schon beim Erwerb mangelhaft. Zu bejahen ist eine Eigentumsverletzung nach dem BGH aber trotzdem, wenn über das Äquivalenzinteresse hinaus auch das Integritätsinteresse betroffen ist. Das Äquivalenzinteresse beschreibt das Interesse, für den gezahlten Preis eine funktionstaugliche und werthaltige Gegenleistung zu erhalten. Wir kommen hierauf später bei den deliktischen Ansprüchen noch einmal zurück (sub Teil 7).

**Erfüllungsort** ist der Ort, an welchem sich die Kaufsache bestimmungsgemäß befindet.

### c) Befreiung von der Pflicht zur Nacherfüllung

Häufig wird ein Nacherfüllungsanspruch deshalb nicht bestehen, weil der Verkäufer von dieser Pflicht befreit ist:

- So kann der Anspruch **wegen Unmöglichkeit** einer Nacherfüllung **ausgeschlossen sein (§ 275 Abs. 1 BGB)**, oder die Nacherfüllung kann vom Verkäufer nach **§ 275 Abs. 2, 3 BGB** verweigert werden **(sub aa))**.
- Schließlich steht dem Verkäufer hinsichtlich des Nacherfüllungsanspruchs bei unverhältnismäßigen Kosten ein Leistungsverweigerungsrecht zu, **§ 439 Abs. 3 BGB (sub bb))**.

#### aa) Unmöglichkeit der Nacherfüllung (§ 275 Abs. 1–3 BGB)

##### (1) Erlöschen des Nacherfüllungsanspruchs nach § 275 Abs. 1 BGB

Ein Nacherfüllungsanspruch kann nach **§ 275 Abs. 1 BGB** automatisch ausgeschlossen sein, wenn beide Arten der Nacherfüllung des § 439 Abs. 1 BGB (Nachlieferung und Nachbesserung) unmöglich sind. Kommen Sie nur nicht auf den Gedanken, aus § 439 Abs. 3 BGB einen Umkehrschluss zu ziehen und § 275 Abs. 1 BGB als unanwendbar im Rahmen des § 439 Abs. 1 BGB anzusehen. Die klarstellende Nennung der § 275 Abs. 2, 3 BGB in § 439 Abs. 3 BGB hat ganz andere Gründe: Es soll hierdurch verdeutlicht werden, dass die auf einer Unverhältnismäßigkeit der Nacherfüllung beruhende Norm des § 439 Abs. 3 BGB die auf einem ähnlichen Gedanken beruhenden Normen des § 275 Abs. 2, 3 BGB nicht ausschließt.

Der Ausschluss des Nacherfüllungsanspruchs wegen Unmöglichkeit nach **§ 275 Abs. 1 BGB** kann zum einen beim **Stückkauf** gegeben sein:

- Unmöglichkeit ist immer dann gegeben, wenn die Nacherfüllung zu **keiner mangelfreien Leistung** führen würde. Das kann gerade bei der **Beseitigung des Mangels (Nachbesserung)** oft der Fall sein. Wenn zum *Beispiel* (nach BGH) ein verkaufter Hund (§ 90a S. 2 BGB) an einer Fehlstellung des Hüftgelenks leidet und diese ist nicht behebbar ist, sondern es nur möglich ist, dem Hund über eine Operation und anschließende regelmäßige Nachsorge ein relativ normales Leben zu ermöglichen, so ist diese Operation keine Nachbesserung. Der Hund ist unbehebbar mangelhaft. Dieses Ergebnis wird aus rechtspolitischen Gründen kritisiert, da es gewissermaßen auf ein „Alles-oder-Nichts-Prinzip" hinausläuft; teilweise wird aus diesem Grund ein kaufrechtlicher „Ausbesserungsanspruch" postuliert, also eine Pflicht zur Vornahme der Mangelbeseitigung, soweit diese möglich ist. Diese Auffassung ist mit dem Gesetzeswortlaut jedoch nicht vereinbar und führt hinsichtlich der Reichweite zu praktisch unlösbaren Abgrenzungsproblemen (z. B., welche Ausbesserungshandlungen ein Verkäufer schuldet, der die Lieferung eines „perpetuum mobile" versprochen hat, also eine sich selbst antreibende und damit ewig laufende Maschine).

- Weil beim Stückkauf nur die Lieferung der speziell gekauften Sache geschuldet ist, kann im Einzelfall die **Nachlieferung und** die **Nachbesserung unmöglich** sein. Das Schul-*Beispiel* ist die Lieferung eines gefälschten Bildes, das als echt verkauft war.

**Fall 390**

Der V, der eine Autowerkstatt betreibt, liefert dem K einen ihm als „unfallfrei" verkauften Gebrauchtwagen, zu dessen Kauf sich K nach zweimaliger vorheriger Besichtigung und Probefahrt entschieden hatte. Als der K herausfindet, dass der Wagen früher einmal einen Frontalzusammenstoß erlitten hat, verlangt er die Lieferung eines anderen mangelfreien Wagens oder die Beseitigung des Mangels. Der V weigert sich, weil – wie er mit einem Sachverständigengutachten nachweist – alle Unfallfolgen durch eine Reparatur technisch beseitigt seien.

Der Anspruch könnte sich aus §§ 437 Nr. 1, 439 Abs. 1 BGB ergeben. a) V und K haben einen Kaufvertrag geschlossen. b) Der Wagen ist mangelhaft, denn er weicht von der Beschaffenheitsvereinbarung („unfallfrei") ab; dass er technisch einwandfrei ist, spielt keine Rolle. Es handelt sich schon wegen des Wertverlusts um eine negative Abweichung von der Sollbeschaffenheit. Der Mangel bestand bei Gefahrübergang (§ 446 S. 1 BGB). c) Der Nacherfüllungsanspruch ist in diesem Fall ausgeschlossen (§ 275 Abs. 1 BGB), weil beide Arten der Nacherfüllung des § 439 Abs. 1 BGB (Lieferung einer anderen mangelfreien Sache/Beseitigung des Mangels) unmöglich sind: aa) die Lieferung eines anderen „unfallfreien" und damit mangelfreien Autos ist dem V unmöglich, weil nur die Lieferung des konkret gekauften Autos geschuldet ist, wenn – wie hier – der Kaufentschluss auf einer vorherigen Besichtigung und Probefahrt gefasst wurde (BGH); bb) eine Beseitigung des Mangels ist unmöglich, weil der „Makel", ein „Unfallwagen" zu sein, nicht beseitigt werden kann.

- Wenn aber nur **eine Art** der **Nacherfüllung** unmöglich ist, so ist nach § 275 Abs. 1 BGB der Nacherfüllungsanspruch nicht etwa insgesamt ausgeschlossen, sondern nur insoweit, als die Unmöglichkeit besteht.

**Variante**

Das Auto ist zwar „unfallfrei", hat aber einen Motorschaden.

a) Der Anspruch auf Lieferung eines (anderen) mangelfreien Autos ist ausgeschlossen. b) K kann aber die Beseitigung des Mangels verlangen.

Auch bei einer **Gattungsschuld** kann die Nacherfüllung in der Form der Nachlieferung nach § 275 Abs. 1 BGB unmöglich sein. Dies gilt vor allem dann, wenn dem Verkäufer auf dem gesamten Markt kein weiteres Gattungsstück zur Verfügung steht. Manchmal ist die Nacherfüllung aber auch aus anderen Überlegungen unmöglich. So soll zum *Beispiel* (nach BGH) eine Nachlieferung eines vom Züchter gelieferten unheilbar kranken Hundes (Gattungsschuld) unmöglich sein, wenn dieser 5 Monate bei der Familie des Käufers gelebt hat und dadurch eine persönliche

Bindung an das Tier entstanden ist. In diesem Fall wäre auch die Nachbesserung unmöglich, da der Hund nicht geheilt werden kann.

(2) Leistungsverweigerungsrecht nach § 275 Abs. 2, 3 BGB

Dass eine „vom Käufer gewählte Art der Nacherfüllung“ auch nach **§ 275 Abs. 2, 3 BGB** „verweigert“ werden kann, ist an sich selbstverständlich, kann aber auch dem Wortlaut des § 439 Abs. 3 S. 1 BGB entnommen werden. Dass dies nicht etwa im Umkehrschluss dazu führt, § 275 Abs. 1 BGB nicht anwenden zu dürfen, ist Ihnen soeben verdeutlicht worden.

Allerdings kann man sich Fallkonstellationen eines Leistungsverweigerungsrechts aus § 275 Abs. 3 BGB nur schwer vorstellen. Denn welcher Nacherfüllungsanspruch kann nur „persönlich“ vom Verkäufer erbracht werden? Auch dürfte das Leistungsverweigerungsrecht aus § 275 Abs. 2 BGB letztlich nur von theoretischer Bedeutung sein, da das (sogleich zu besprechende) Nacherfüllungsverweigerungsrecht des Verkäufers aus § 439 Abs. 3 BGB viel weiter reicht: Für die Möglichkeit zur Verweigerung der vom Käufer gewählten Nacherfüllung genügt nämlich nach § 439 Abs. 3 BGB eine bloße Unverhältnismäßigkeit der Kosten, während § 275 Abs. 2 BGB ein grobes Missverhältnis fordert.

Auch hier gilt, dass, wenn nur eine Art der Nacherfüllung verweigert werden kann, der Nacherfüllungsanspruch nicht etwa insgesamt, sondern nur insoweit, als das Verweigerungsrecht besteht, ausgeschlossen ist. Selbst wenn beide Formen der Nacherfüllung unmöglich sind, bleibt der Verkäufer natürlich zur Übereignung und Übergabe nach § 433 Abs. 1 S. 1 BGB verpflichtet!

bb) Nacherfüllungsverweigerungsrecht trotz Möglichkeit wegen Unverhältnismäßigkeit (§ 439 Abs. 3 BGB)

Auch wenn dem Verkäufer die Erfüllung des Nacherfüllungsanspruchs möglich ist (also § 275 BGB nicht entgegensteht), kann er nach § 439 Abs. 3 BGB die Nacherfüllung verweigern: Durch diese kaufrechtsspezifische Einrede des Verkäufers aus **§ 439 Abs. 3 S. 1, 2 BGB** wird es dem Verkäufer ermöglicht, eine **unverhältnismäßig teure Nachbesserung** zu verweigern. Der Käufer kann dann nach § 439 Abs. 3 S. 3 BGB nur noch Nachlieferung verlangen. So liegt es zum *Beispiel* im Falle eines aus unklaren Gründen schwergängigen Billigfahrrades. Auch kann der Verkäufer eine **unverhältnismäßig teure Nachlieferung** verweigern: wenn zum *Beispiel* ein Luxusfahrrad lediglich wegen einer zu fest angezogenen Schraube schwergängig ist, kann der Käufer nur Mangelbeseitigung verlangen (§ 439 Abs. 3 S. 3 BGB).

1. Typischerweise ist bei geringwertigen **Waren** des **täglichen Bedarfs** die Nachbesserung unverhältnismäßig und der Anspruch auf Lieferung einer mangelfreien Sache der angemessene Rechtsbehelf.
2. Bei **teuren** und **komplexen Waren,** ist wegen des rapiden Wertverlustes, beim Kfz z. B. bereits durch die Tatsache der Zulassung die Nachbesserung der angemessene Weg.

3. Besteht der Mangel in einem **behebbaren Montagefehler,** so ist in aller Regel allein die Nachbesserung der geeignete Rechtsbehelf.

Was die **Voraussetzungen** angeht, so muss man zwischen der „relativen Unverhältnismäßigkeit" und der „absoluten Unverhältnismäßigkeit" unterscheiden. Die **Bezugsgrößen** für die **Feststellung** der **Unverhältnismäßigkeit** sind die **Kosten** der **Nacherfüllung** und der **Wert** der **mangelfreien Sache**.

Bei der sog. **„relativen Unverhältnismäßigkeit"** ist Grundvoraussetzung, dass beide Formen der Nacherfüllung möglich sind, jedoch eine der beiden Nacherfüllungsarten unverhältnismäßig ist. Die **Rechtsfolge** ist die **Beschränkung** des Anspruchs des Käufers auf die jeweils andere Art der Nacherfüllung (§ 439 Abs. 3 S. 3 BGB).

Bei der **„absoluten Unverhältnismäßigkeit"** wäre die Nacherfüllung (gleich welcher Art) unverhältnismäßig teuer Die Frage ist, ob unter diesen Umständen die **Nacherfüllung insgesamt verweigert** werden darf. Das Gesetz sieht diese Möglichkeit in § 439 Abs. 3 S. 3 Hs. 2 BGB vor. Es ist fraglich, ob dies mit der Verbrauchsgüterkaufrichtlinie vereinbar ist. Nach Vorlage durch den BGH hat der EuGH entschieden, dass der Verkäufer sich nur auf die relative Unverhältnismäßigkeit berufen kann. Nach dem BGH ist **§ 439 Abs. 3 BGB** im Wege der richtlinienkonformen Auslegung (bzw. Rechtsfortbildung) für **Verbrauchsgüterkäufe** dahingehend **teleologisch zu reduzieren**, dass ein Verweigerungsrecht grundsätzlich nicht in Betracht kommt, wenn nur eine Art der Nacherfüllung möglich ist oder der Verkäufer eine Art der Nacherfüllung zu Recht verweigert. In diesem Fall dürfe aber der Verkäufer den Käufer auf einen Kostenerstattungsanspruch in angemessene Höhe verweisen, der nach dem „Wert der Sache in mangelfreiem Zustand und der Bedeutung des Mangels" zu bemessen sei.

**Fall 391**

Der K kauft bei dem V für € 100,– eine wertvolle neue Vase (Gattungskauf!). Erst zuhause bemerkt der K, dass an einer Seite die Emaillierung abgeschlagen ist. Er verlangt daher von V die Lieferung einer neuen Vase. Der V bietet an, die fehlende Emaillierung durch einen Farbanstrich zu beseitigen. Die Beschaffung einer neuen Vase lehnt er ab, da er diese eigens vom Großhändler bestellen müsste, was Versandkosten in Höhe von € 80,– verursachen würde. Der K ist damit nicht einverstanden.

Der Anspruch auf Lieferung einer mangelfreien Sache a) beruht auf §§ 437 Nr. 1, 439 Abs. 1 BGB. Die Voraussetzungen liegen vor. b) Fraglich ist, ob der Anspruch auch durchsetzbar ist. Dem könnte hier die erhobene Einrede des § 439 Abs. 3 S. 1, 2 BGB entgegenstehen. aa) Einerseits ist zwar die vom Käufer gewählte Art der Nachbesserung nur mit sehr hohen Versandkosten möglich, die schon fast den Kaufpreis erreichen. Danach spricht manches gegen einen Anspruch des K auf Lieferung einer mangelfreien Sache. Der K müsste sich mit einem Nachbesserungsanspruch begnügen. bb) Andererseits ist bei der Verhältnismäßigkeitsprüfung zu berücksichtigen, ob die andere Art der Nacherfüllung ohne erhebliche Nachteile für den Käufer wäre: Hier ist ein Gegenstand verkauft worden, bei dem es besonders auf das perfekte Erscheinungsbild ankommt. Es ist daher dem Käufer nicht zuzumuten, eine sichtbar reparierte Vase zu erhalten. Das Leistungsverweigerungsrecht des Verkäufers greift daher nicht durch. Der V muss eine mangelfreie neue Vase beschaffen und an K liefern.

**Fall 392**

Der Verkäufer V verkauft an den Käufer K ein sehr seltenes neues Rennrad. Der V hat nur ein Exemplar davon in seinem Lager. Nachdem der K das Fahrrad mitgenommen hat, stellt sich heraus, dass ein Teil der Gangschaltung nicht richtig funktioniert. Der K verlangt Lieferung eines neuen Fahrrades, hilfsweise die Reparatur durch V, außerdem hat er Kosten für den Transport des defekten Fahrrades zu V tragen müssen, deren Ersatz er ebenfalls verlangt. Der V hingegen möchte das Rad nicht umtauschen, da er dann sehr hohe Versandkosten zum Hersteller aufbringen muss. Er kann aber das defekte Teil problemlos austauschen.

a) Dem K könnte aa) ein Anspruch auf Lieferung eines neuen Fahrrades zustehen (§§ 437 Nr. 1, 439 Abs. 1 BGB). aaa) Zwischen dem V und dem K bestand ein wirksamer Kaufvertrag. bbb) Das Fahrrad hat aaaa) bei Gefahrübergang nach § 446 BGB durch Übergabe an den K bbbb) einen Sachmangel, da es sich in Ermangelung einer Beschaffenheitsvereinbarung zwischen V und K oder eines zugrunde gelegten Verwendungszwecks jedenfalls nicht zum gewöhnlichen Gebrauch eignete (§ 434 Abs. 1 Nr. 2 BGB). ccc) Zwar ist die Lieferung möglich (Gattungskauf!). Dem V steht aber die Einrede des § 439 Abs. 3 S. 1 BGB zu: Durch die Lieferung einer mangelfreien Sache entstehen ihm hohe Kosten, und die Nachbesserung ist für den Käufer ohne Nachteile. V hat die Einrede erhoben. ddd) Dem K steht daher kein Anspruch auf Lieferung einer mangelfreien Sache zu. bb) Was den Anspruch auf Nachbesserung aus §§ 437 Nr. 1, 439 Abs. 1 BGB angeht, aaa) so liegen die Voraussetzungen vor. bbb) Dem V steht gegen diesen Anspruch auch keine Einrede nach § 439 Abs. 3 BGB zu. Der Anspruch besteht daher. b) Dem K sind gem. § 439 Abs. 2 BGB die Kosten des Transportes zu ersetzen.

**Fall 393**

Der K kauft im Kaufhaus des V eine Eieruhr für € 5,–. Einige Tage später stellt sich heraus, dass sie aufgrund eines schon bei Übergabe bestehenden Mangels nicht funktioniert. Der K verlangt Nachbesserung. Der V lehnt ab, da sie nur mit Kosten von € 15,– möglich wäre.

Der Anspruch auf Nacherfüllung ergibt sich aus §§ 437 Nr. 1, 439 Abs. 1 BGB. a) Hinsichtlich des geltend gemachten Anspruchs auf Beseitigung des Mangels hat der V die Nacherfüllung wegen der damit verbundenen unverhältnismäßigen Kosten zu Recht verweigert (§ 439 Abs. 3 S. 1, 2 BGB). b) Der Anspruch beschränkt sich auf die andere Art der Nacherfüllung, die Nachlieferung (§ 439 Abs. 3 S. 3 BGB).

**Fall 394 (nach OLG Braunschweig)**

Autohändler V verkauft an den Käufer K einen bereits erstzugelassenen Pkw Seat Ibiza mit einer Laufleistung von 10 km für € 12.000,–. Das Fahrzeug sollte mit ABS und 4 Airbags ausgestattet sein, was jedoch nicht der Fall war. Dennoch wäre es im gegenwärtigen Zustand € 14.000,– wert. K verlangt Nachlieferung eines anderen Fahrzeugs mit den vereinbarten Ausstattungsmerkmalen. V erklärt, so ein Fahrzeug nicht verfügbar zu haben und die (am Markt mögliche) Besorgung sei unzumutbar, da der Listenpreis für so ein Fahrzeug bei etwa € 15.000,– liege.

Der Anspruch auf Nachlieferung kann aus § 439 Abs. 1 BGB folgen. a) Die Voraussetzungen liegen vor, da ein wirksamer Kaufvertrag geschlossen ist und das Fahrzeug mangelhaft ist. b) Zu erörtern ist weiter, ob auch bei einem Gebrauchtwagen als Stückkauf ein Anspruch auf Nachlieferung gegeben sein kann. Dies kann mit den oben bereits genannten Argumenten bejaht werden. c) Fraglich ist, ob der Nacherfüllungsanspruch ausgeschlossen ist. aa) Ein Ausschluss nach § 275 Abs. 1 BGB käme nur in Betracht, wenn ein entsprechendes Fahrzeug am Markt nicht zu beschaffen wäre. Dies ist jedoch vorliegend nicht der Fall, weswegen § 275 Abs. 1 BGB ausscheidet. bb) In Betracht kommt aber ein Ausschluss nach § 439 Abs. 3 S. 1 BGB wegen unverhältnismäßiger Kosten. Dazu sind der Wert der mangelfreien Sache und die Kosten der Nacherfüllung gegenüberzustellen. Der Kaufpreis bleibt außer Betracht. Die Kosten der Nacherfüllung betragen somit nur € 1000,–, da der Verkäufer den Wagen im Wert von € 14.000,– zurückerhält und dafür ein Fahrzeug im Wert von € 15.000,– liefern muss. Dies in Relation gesetzt zum Wert im mangelfreien Zustand (€ 15.000,–) ergibt ein Verhältnis von etwa 6,7 % und ist nicht unverhältnismäßig.

### d) Gegenrechte des Verkäufers (§§ 439 Abs. 4, 346 ff. BGB)

Erfüllt der Verkäufer den Anspruch auf Lieferung einer mangelfreien Sache, so kann er die von ihm gelieferte mangelhafte Sache zurückverlangen (§§ 439 Abs. 4, 346 ff. BGB).

**Variante**

Nachdem der K eingesehen hat, dass er nur einen Anspruch auf Lieferung einer mangelfreien Eieruhr hat, verlangt er von dem V eine neue Eieruhr. Der V will auch liefern, jedoch nur Zug-um-Zug gegen Rückgabe der defekten Uhr, die er nämlich seinerseits seinem Lieferanten zurückgeben möchte.

a) Der Anspruch auf Lieferung einer mangelfreien Eieruhr folgt, wie Sie ja wissen, aus §§ 437 Nr. 1, 439 Abs. 1 BGB. b) Möglicherweise steht dem V jedoch ein Zurückbehaltungsrecht aus § 273 Abs. 1 BGB zu. Dazu muss dem V gegen den K ein fälliger und einredefreier Gegenanspruch aus demselben rechtlichen Verhältnis zustehen. aa) Der Gegenanspruch gegen den K kann hier aus §§ 439 Abs. 4, 346 Abs. 1 BGB herrühren. bb) Fraglich ist jedoch, ob dieser Anspruch bereits besteht. Denn nach dem Wortlaut der Norm muss der Verkäufer zunächst eine mangelfreie Sache liefern, bevor er die mangelhafte zurückverlangen kann. Der Anspruch ist also noch nicht fällig. Daher steht dem V auch kein Zurückbehaltungsrecht zu. Der V muss daher zunächst liefern. Erst danach kann der V die defekte Eieruhr zurückverlangen.

**Variante**

Der V hat nun die neue Eieruhr geliefert. Als er von dem K die alte Eieruhr zurückverlangt, ist diese nicht mehr vorhanden. Der K hat sie nämlich wegen einer Nachlässigkeit verloren. Der V verlangt für die alte Uhr Schadensersatz von K in Höhe von € 3,–, was dem Wert der defekten Uhr entsprach.

Der Anspruch kann sich aus §§ 439 Abs. 4, 346 Abs. 1, 4, 280 Abs. 1, 3, 283 BGB ergeben. a) Dem V stand gegen K zunächst ein Anspruch aus §§ 439 Abs. 4, 346 Abs. 1 BGB (Rechtsfolgenverweisung) auf Rückgabe der alten Uhr zu. b) Die Rückgabe ist dem V unmöglich geworden (§ 275 Abs. 1 BGB). c) Für diesen Fall verweist § 346 Abs. 4 BGB auf §§ 280–283 BGB (Rechtsgrundverweisung), so dass ein Anspruch aus §§ 280 Abs. 1, 3, 283 BGB gegeben sein könnte: aa) Der K hat die Rückgewährpflicht aus § 346 BGB verletzt, indem er sie sich mit der Folge des § 275 Abs. 1 BGB unmöglich gemacht hat. bb) Der K handelte fahrlässig (§ 276 BGB). cc) Die zusätzlichen Voraussetzungen des § 283 BGB liegen vor: Ausschluss der Rückgewährpflicht nach § 275 Abs. 1 BGB. dd) Der K muss daher dem V in Höhe von € 3,– Schadensersatz statt der Leistung leisten.

#### e) Der Anspruch des Käufers auf Ersatz seiner Aufwendungen für die Nacherfüllung

In **§ 439 Abs. 2 BGB** wird klargestellt, dass der Verkäufer die Aufwendungen für die Nacherfüllung (insbesondere Transport-, Wege-, Arbeits- und Materialkosten) selbst zu tragen hat. Daraus folgt zugleich ein **Anspruch** des **Käufers** auf **Ersatz** seiner **Aufwendungen,** die – sofern sie in Geld geleistet wurden – nach Maßgabe des § 256 BGB zu verzinsen sind.

Machen Sie sich wieder einmal klar, was Sie **soeben gelernt** haben: Der mangelhaft belieferte Käufer hat gegen den Verkäufer einen vorrangigen Anspruch auf Nacherfüllung (§§ 437 Nr. 1, 439 BGB). Wir wissen auch, dass dieser Anspruch nicht besteht, wenn die Erfüllung dem Verkäufer nach § 275 BGB unmöglich ist oder wenn er sich trotz Möglichkeit auf das Nacherfüllungsverweigerungsrecht aus § 439 Abs. 3 BGB beruft.

### f) Ausblick auf mögliche weitere Sekundäransprüche des Käufers

Unsere weiteren Überlegungen zu Gewährleistungsrechten des Käufers hängen davon ab, wie der Verkäufer sich im Einzelfall angesichts des Nacherfüllungsverlangens verhält.

Der Verkäufer kann seiner Pflicht aus §§ 437 Nr. 1, 439 BGB gehorchend die Nacherfüllung herbeiführen. Dann sind weitere Überlegungen entbehrlich – abgesehen von einem etwaigen Anspruch auf Schadensersatz neben der Leistung.

Der Verkäufer kann aber auch aus den unterschiedlichsten Gründen nichts unternehmen können bzw. nichts unternehmen wollen. Das sind die uns interessierenden **„pathologischen" Konstellationen,** auf die wir schon einmal einen Blick werfen wollen:

- Wenn die Nichterfüllung darauf beruht, dass der Verkäufer von seiner **Verpflichtung** zur **Nacherfüllung befreit** ist (§ 275 Abs. 1–3 BGB), dann kommen **Sekundäransprüche** im Zuge eines **Rücktritts** des Käufers nach § 437 Nr. 2, 326 Abs. 5, 323 BGB oder einer **Minderung** des Kaufpreises nach §§ 437 Nr. 2, 441 BGB in Betracht. Der Käufer kann aber auch **Schadensersatz statt der Leistung** nach §§ 437 Nr. 3, 280 Abs. 1, 3, 283/311a Abs. 2 BGB geltend machen.
- Wenn hingegen dem Verkäufer eine Nacherfüllung möglich ist, er aber gleichwohl die **Nacherfüllung nicht vornimmt,** so kann dies darauf beruhen, dass er die Nacherfüllung berechtigt nach § 439 Abs. 3 BGB oder unberechtigt verweigert. Auch in diesen Fällen kommt ein **Rücktritt** des Käufers, diesmal aber nach §§ 437 Nr. 2, 323 BGB, oder eine **Minderung** des Kaufpreises nach §§ 437 Nr. 2, 441 BGB in Betracht. Der Käufer kann ferner **Schadensersatz statt der Leistung** nach §§ 437 Nr. 3, 280 Abs. 1, 3, 281 BGB geltend machen. Kann der Verkäufer die Nacherfüllung gemäß § 439 Abs. 3 BGB verweigern, bedarf es gemäß § 440 BGB keiner Fristsetzung. Diese Ergänzung der Ausnahmefälle in §§ 323 Abs. 2, 281 Abs. 2 BGB ist sinnvoll. Denn eine Nachfristsetzung wäre bei einer berechtigten Leistungsverweigerung sinnlos.
- Nachdem Sie sich mittlerweile im allgemeinen Leistungsstörungsrecht gut auskennen, wird das alles Sie nicht überraschen. Man muss sich den Nacherfüllungsanspruch aus §§ 437 Nr. 1, 439 BGB nur als modifizierten primären Leistungsanspruch denken und schon läuft alles in „gewohnten Bahnen". Neu sind gegenüber dem allgemeinen Leistungsstörungsrecht nur die Ergänzungen in § 439 Abs. 3 BGB (zusätzlicher Grund für die Befreiung von der Leistungspflicht) und § 440 BGB (zusätzlicher Grund für die Entbehrlichkeit der Nachfristsetzung) sowie der Rechtsbehelf der Minderung (§§ 437 Nr. 2, 441 BGB).

Damit kennen Sie also unser **weiteres „Programm"**. Wir ordnen dies nur etwas anders als in der vorstehenden Übersicht, und zwar nach den Arten der Sekundäransprüche, indem wir uns an die schon im allgemeinen Leistungsstörungsrecht verwendete Reihenfolge halten: Zunächst Schadensersatzansprüche und Aufwendungsersatz, danach Rücktritt, ergänzt um die kaufrechtsspezifische Minderung.

### 7. Schadensersatzansprüche

Wenn der Käufer den Ersatz eines Schadens begehrt, so können sich dahinter mehrere Fragen verbergen:

1. Es kann dem Käufer um den **Ersatz** eines **Schadens statt der Leistung** bzw. **Aufwendungsersatz** gehen.
   Der Käufer kann auch im Zusammenhang mit der Mangelhaftigkeit der gekauften Sache Ansprüche auf Ersatz eines mangelbedingten Schadens statt der Leistung geltend machen. Dabei geht es um den Schaden, der dadurch entstanden ist, dass die geschuldete Mangelfreiheit der Kaufsache endgültig nicht durch eine Nacherfüllung oder Beseitigung des Mangels herbeigeführt werden kann.
   a) Dieser Anspruch besteht erstens, wenn der Verkäufer die geschuldete Nacherfüllung nicht leistet, weil er hiervon wegen Unmöglichkeit befreit ist („unbehebbarer Mangel"): nach §§ 437 Nr. 3, 280 Abs. 1, 3, 283/311a Abs. 2 BGB
   b) Dieser Anspruch besteht zweitens, wenn dem Verkäufer die Nacherfüllung zwar möglich ist („behebbarer Mangel"), er aber gleichwohl – nach § 439 Abs. 3 BGB berechtigt oder unberechtigt – die Nacherfüllung nicht vornimmt: §§ 437 Nr. 3, 280 Abs. 1, 3, 281 BGB.
   c) Dass dann ggf. auch ein Anspruch auf Aufwendungsersatz besteht, versteht sich von selbst (§§ 437 Nr. 3, 284 BGB)Damit werden wir uns zunächst **sub a)** befassen.
2. Dem Käufer kann es auch darum gehen, den **Ersatz** eines **mangelbedingten Schadens neben der Leistung** geltend zu machen. Dabei geht es um den Schaden, der durch die Lieferung der mangelhaften Kaufsache eingetreten ist und der nicht mehr durch eine hypothetische Nacherfüllung beseitigt werden kann.
   Damit werden wir uns dann **sub b)** befassen.

#### a) Schadensersatz statt der Leistung/Aufwendungsersatz

Begehrt der Käufer den Ersatz von Schäden, die darauf zurückzuführen sind, dass ihm **endgültig keine mangelfreie Sache** geliefert wird, so geht es ihm um den **Ersatz** eines **Schadens statt der Leistung**. Alternativ dazu kann der Käufer auch **Aufwendungsersatz** verlangen.

Wie auch im allgemeinen Leistungsstörungsrecht kann ein solcher Anspruch deshalb bestehen,

- weil die Nacherfüllungspflicht des Verkäufers nicht mehr besteht oder ursprünglich nicht bestanden hat **(unbehebbarer Mangel)**: Dann ist die **Anspruchsgrundlage** entweder **§§ 437 Nr. 3, 280 Abs. 1, 3, 283 BGB** oder **§§ 437 Nr. 3, 311a Abs. 2 BGB, (sub aa))**;
- oder weil der Verkäufer die bestehende Nacherfüllungspflicht **(behebbarer Mangel) nicht erfüllt** hat: Dann ist die **Anspruchsgrundlage §§ 437 Nr. 3, 280 Abs. 1, 3, 281 BGB (sub bb))**.
- Der **Aufwendungsersatzanspruch** folgt aus **§ 284 BGB (sub cc))**.

aa) Nichtbestehen der Nacherfüllungspflicht wegen Unbehebbarkeit des Mangels

In den Fällen, in denen die **Nacherfüllungspflicht** des Verkäufers **nach § 275 Abs. 1–3 BGB nicht besteht**, kann der Käufer sofort (d. h. ohne dem Verkäufer eine Nachfrist setzen zu müssen) nach §§ 437 Nr. 3, 280 Abs. 1, 3, 283/311a Abs. 2 BGB Schadensersatz statt der Leistung verlangen.

Für die jeweilige **Anspruchsgrundlage** ist maßgeblich,

- ob das den Käufer von der Nacherfüllungspflicht befreiende **Leistungshindernis** (§ 275 Abs. 1–3) **nachträglich entstanden ist**: es gelten §§ 437 Nr. 3, 280 Abs. 1, 3, 283 BGB **(sub (1))**
- oder ob das den Käufer von der Nacherfüllungspflicht befreiende **Leistungshindernis** (§ 275 Abs. 1–3 BGB) **anfänglich vorlag**: es gelten die §§ 437 Nr. 3, 311a Abs. 2 BGB **(sub (2))**.
- Der **zeitliche Bezugspunkt** für die Frage der Nachträglichkeit oder Anfänglichkeit des Leistungshindernisses ist der **Vertragsschluss** (arge. § 311a Abs. 2 BGB: „bei Vertragsschluss"). Zur Klarstellung: Es kommt nicht darauf an, wann der Mangel entstanden ist sondern wann er unbehebbar geworden ist.

(1) Nichtbestehen der Nacherfüllungspflicht wegen nachträglicher Leistungshindernisse

Sind sowohl Nachlieferung als auch Nachbesserung unmöglich (§ 275 Abs. 1–3, BGB), so kann der Käufer vom Verkäufer **Schadensersatz statt der Leistung** nach **§§ 437 Nr. 3, 280 Abs. 1, 3, 283, 275 Abs. 1–3 BGB** verlangen. Die Nachbesserung muss dabei wegen **nachträglich entstandener Leistungshindernisse** unmöglich sein. Sofern die Nachlieferung von Anfang an unmöglich ist, bleibt bei nachträglicher Unmöglichkeit der Nachbesserung §§ 437 Nr. 3, 280 Abs. 1, 3, 283, 275 Abs. 1–3 BGB die richtige Anspruchsgrundlage. Denn erst nach Vertragsschluss ist die Nacherfüllung insgesamt unmöglich geworden.

1. **Haftungsbegründende Voraussetzungen**
   1. Vorliegen eines wirksamen **Kaufvertrages**
   2. **Kaufsache** ist bei Gefahrübergang **mangelhaft**
   3. **Wegfall des Nacherfüllungsanspruchs** (§ 275 Abs. 1–3 BGB) aufgrund eines Leistungshindernisses, das frühestens **nach Vertragsschluss** eingetreten ist
   4. **Fehlende doppelte Entlastung** vom vermuteten **Vertretenmüssen** (§ 280 Abs. 1 S. 2 BGB)
      a. bezüglich der Lieferung einer mangelhaften Sache und

b. bezüglich der Erhaltung der eigenen Fähigkeit zur mangelfreien Nacherfüllung
5. kein Ausschluss der Gewährleistungsrechte (insb. § 442 BGB)
7. Durchsetzbarkeit: insbesondere keine Verjährung (§§ 214 Abs. 1, 438 BGB)

II. **Haftungsumfang**
Ersatz des entstandenen Schadens nach §§ 249 ff. BGB: „großer“ oder „kleiner“ Schadensersatz

Es muss – wenig überraschend – ein **wirksamer Kaufvertrag** vorliegen.

Weiterhin muss die **Kaufsache** bei **Gefahrübergang mangelhaft** sein. Sie wissen inzwischen alles Nötige, um das feststellen zu können.

Der Mangel muss infolge von nach Vertragsschluss eingetretenen Leistungshindernissen nach § 275 Abs. 1–3 BGB zu einem **unbehebbaren Mangel** geworden sein.

- Unbehebbar ist der Mangel, wenn die Nacherfüllung unmöglich ist, weil der Verkäufer nicht dazu in der Lage ist, mangelfrei nachzuliefern oder die Kaufsache in einen mangelfreien Zustand zu versetzen (z. B. bei irreparabler Beschädigung), und deshalb nach **§ 275 Abs. 1 BGB** die Nacherfüllung nicht zu erbringen braucht, oder wenn er die Nacherfüllung nach **§ 275 Abs. 2, 3 BGB** zu Recht verweigert hat, wobei § 275 Abs. 3 BGB wohl praktisch ohne Bedeutung ist.
- Bei einem Anspruch aus **§§ 437 Nr. 3, 280 Abs. 1, 3, 283, 275 Abs. 1–3 BGB** bedeutet **Nachträglichkeit** des Leistungshindernisses dessen Eintreten nach **Vertragsschluss**. In den allermeisten Fällen wird es zur nachträglichen **Unbehebbarkeit** aber erst **nach Gefahrübergang** kommen; das ist zum *Beispiel* der Fall, wenn der V dem K ein mangelhaftes Auto verkauft und liefert, und der K bei seiner ersten Fahrt mit der Folge eines Totalschadens verunglückt.
- Aber seien Sie aufmerksam! Wenn bei einem zunächst behebbaren Mangel der Käufer dem Verkäufer eine Nacherfüllungsfrist setzt (§§ 437 Nr. 1, 280 Abs. 1, 3, 281 Abs. 1 BGB) und die Pflicht zur Nacherfüllung erst nach Fristablauf gemäß § 275 Abs. 1–3 BGB entfällt, ist dies ein Fall des §§ 437 Nr. 1, 280 Abs. 1, 3, 281 Abs. 1 BGB. Wenn allerdings während der noch laufenden Frist die Unmöglichkeit eintritt, so folgt die Haftung allein aus §§ 437 Nr. 3, 280 Abs. 1, 3, 283 BGB. Dazu sogleich mehr.

Eine erstaunlich komplizierte Frage ist die, worin die **Pflichtverletzung** i. S. d. **§ 280 Abs. 1 BGB** besteht, auf die sich auch die Vermutung des Vertretenmüssens in **§ 280 Abs. 1 S. 2 BGB** bezieht. Mit anderen Worten: Es ist fraglich, welches Verhalten der Bezugspunkt des erforderlichen Vertretenmüssens darstellt. In Betracht kommt die Tatsache der Lieferung einer mangelhaften Sache, die Herbeiführung des die Nacherfüllung betreffenden Leistungshindernisses oder beide Verhaltensweisen zugleich. Aber haben Sie auch hier im Auge, dass Sie die **Widerlegung** des **vermuteten Vertretenmüssens nur** bei **verschuldensrelevanten Angaben** im Sachverhalt **prüfen** dürfen.

- Als **Pflichtverletzung** kommt einerseits die **Herbeiführung** des **Ausschlusses des Nacherfüllungsanspruchs (§ 275 Abs. 1–3 BGB)** in Betracht (Lorenz-Riehm). Dann bestünde die **Verschuldensvermutung** darin, dass der Verkäufer die Pflicht, sich, was die Nacherfüllung angeht, leistungsfähig zu halten, schuldhaft verletzt hat. Bekanntlich dürfen Sie nur bei verschuldensrelevanten Angaben im Sachverhalt mittels der Kriterien der §§ 276 ff. BGB prüfen, ob diese Vermutung widerlegt ist. Was die Frage der Widerlegung des Vertretenmüssens einer Unmöglichkeit (§ 275 Abs. 1 BGB) angeht, ist dies für Sie „vertrautes Terrain". Aber bei § 275 Abs. 2, 3 BGB müssen Sie aufpassen: Der Grund für den Wegfall des Nacherfüllungsanspruchs kann in diesen Fällen nicht etwa in der Erhebung der Einrede selbst gesehen werden (denn dann würde man immer zum Vorsatz kommen!); der Bezugspunkt für die Verschuldensprüfung muss hier vielmehr der der Erhebung der Einrede jeweils zugrunde liegende Umstand sein.

*Beispiel* V liefert an K ein Auto mit Motorschaden, ohne dass er diesen Mangel kannte oder kennen musste. Als K es zur Nachbesserung in die Werkstatt des V bringt, wird es durch eine Unachtsamkeit beim Umgang mit der Hebebühne vollkommen zerstört. Auch hier ergibt sich eine Haftung des V aus §§ 437 Nr. 3, 280 I, 3, 283 BGB, da jedenfalls die Unmöglichkeit der Nacherfüllung von V zu vertreten ist.

- Anderseits könnte als **Pflichtverletzung** auch die **Lieferung der mangelhaften Sache** angesehen werden (Huber). Es ist nicht einzusehen, weshalb der Verkäufer bei den (häufigen) Fällen nur schuldhafter Lieferung einer mangelhaften Kaufsache besser stehen soll als bei den (seltenen) Fällen einer nur schuldhaften Herbeiführung der Unbehebbarkeit. Daher könnte man die **Pflichtverletzung** des Verkäufers allein in dem Umstand der **Lieferung der mangelhaften Sache** sehen. Die Vermutung in § 280 Abs. 1 S. 2 BGB betrifft also hiernach allein die Frage, ob der Verkäufer die Lieferung der mangelhaften Kaufsache nach §§ 276 ff. BGB zu vertreten hat. Und entscheidend dafür soll sein, ob der Verkäufer entweder **erkannt** hat oder **hätte erkennen müssen**, dass der Käufer eine mangelhafte Sache erhält. Die Frage, ob der Verkäufer die Mangelhaftigkeit **gekannt hat (Vorsatz)**, beantwortet der Sachverhalt. Bei der Prüfung der **Fahrlässigkeit** des Verkäufers kommt es auf das Bestehen einer Untersuchungspflicht hinsichtlich der Kaufsache an: Unproblematisch ist dies, wenn der **Verkäufer selbst** der **Hersteller** ist. Beim Weiterverkauf von neu hergestellten Sachen wird man **bei gewerblichen Verkäufern** von industriell hergestellten Massenwaren nicht verlangen können, dass sie die Waren auf Mängel überprüfen. Wenn es allerdings um hochwertige und fehleranfällige Produkte geht und der Verkäufer genügend Sachkunde hat, wird man bei mangelnder Untersuchung ein Verschulden annehmen können. Beim Verkauf gebrauchter Sachen kann der Käufer von einem Verkäufer, der nicht zugleich eine Werkstatt betreibt, nur eine Überprüfung auf leicht erkennbare Mängel erwarten. Bei einer zum Betrieb des Verkäufers gehörigen Werkstatt kann vom Verkäufer eine eingehende Untersuchung erwartet werden. Bei **privaten Verkäufern** ist der Maßstab generell geringer. Der Hersteller ist bekanntlich grundsätzlich nicht Erfüllungsgehilfe des Verkäufers nach § 278 BGB, denn er ist nicht mit Wissen und Wollen des Verkäufers in dem sich aus dem Kaufvertrag mit dem Käufer ergebenden Pflichtenkreis tätig geworden, sondern im Vorfeld dieses Kaufvertrags. Dass man dies aber differenzierter sehen kann und muss, haben Sie bei der Darstellung des § 278 BGB gesehen. Nutzen Sie die Gelegenheit zur Wiederholung des § 278 BGB! Eine Haftung ohne Verschulden besteht bei einer vertraglich übernommenen **Garantie**, durch die der Verkäufer verspricht, für das Fehlen einer Eigenschaft auch ohne Verschulden einstehen zu wollen (§ 276 Abs. 1 S. 1 BGB), so z. B. beim Gebrauchtwagenkauf, wenn der Verkäufer Zusicherungen gibt, wie: „Austauschmotor", „TÜV neu". Ein weiterer Fall einer Haftung ohne Verschulden ist die Übernahme eines **Beschaffungsrisikos**. Gelingt dem Verkäufer die Beschaffung nicht, so muss er dafür verschuldensunabhängig einstehen.

*Beispiel* Der Gebrauchtwagenhändler V liefert dem K einen von X erworbenes Kfz, das einen ihm unbekannten Unfallschaden hatte. Das Auto wird bei K am nächsten Tag vom Blitz getroffen und zerstört. V haftet dem K nicht nach §§ 437 Nr. 3, 280 Abs. 1, 3, 283 BGB. Zwar wird er als Gebrauchtwagenhändler einen Gebrauchtwagen auf für den Käufer nicht ohne weiteres erkennbare Mängel untersuchen müssen, nicht aber ohne Anhaltspunkte eine Untersuchung auf Unfallschäden vornehmen müssen.

*Beispiel* Ein privater Verkäufer eines Kfz, der eine bestimmte Laufleistung des Kfz angibt, übernimmt in der Regel keine Garantie für diese Laufleistung. Anderes soll nach dem BGH für professionelle Händler gelten. Letztlich hilft in solchen Fällen eine Auslegung der Parteierklärungen unter vollständiger Würdigung des Sachverhaltes.

- Auch dieser Lösungsvorschlag wird einer **Kritik** unterzogen: hierdurch werden nämlich nicht die Fälle erfasst, in denen der Verkäufer zwar nicht den Mangel an der Sache, wohl aber die Herbeiführung der Unbehebbarkeit der Nacherfüllung zu vertreten hat. Daher sollte man es für den Anspruch aus §§ 437 Nr. 3, 280 Abs. 1, 3, 283 BGB ausreichen zu lassen, wenn entweder die **Pflicht zur mangelfreien Lieferung** oder die **Pflicht,** sich für die **Nacherfüllung leistungsbereit zu halten,** verletzt worden ist und bei der Prüfung einer Widerlegung des vermuteten Verschuldens des Verkäufers hieran anzuknüpfen (Schubel). Der Verkäufer muss sich also **„doppelt entlasten"**.

Dass für das Bestehen eines Anspruches aus §§ 437 Nr. 3, 280 Abs. 1, 3, 283 BGB die **Gewährleistungsansprüche nicht ausgeschlossen** sein dürfen, versteht sich ebenfalls von selbst. Dieses Merkmal kann man auch im Fallaufbau vorziehen, wenn ein Ausschluss auf der Hand liegt. Unter welchen Voraussetzungen ein Ausschluss möglich ist, werden wir später erörtern. Gleiches gilt für die **Verjährung** (§ 438 BGB); auch sie werden wir später zusammenhängend darstellen.

Was den **Inhalt** des **Schadensersatzanspruchs** statt der Leistung aus §§ 437 Nr. 3, 280 Abs. 1, 3, 283 BGB angeht, so ist dem Käufer der Schaden zu ersetzen, der ihm dadurch entstanden ist, dass eine mangelfreie Leistung des Verkäufers an ihn endgültig ausgeblieben ist: Das ist zum einen der **eigentliche „Mangelschaden"** und zum anderen der durch das endgültige Ausbleiben der mangelfreien Sache verursachte **„Mangelfolgeschaden"**.

- Der Käufer kann sich dafür entscheiden, die mangelhafte Sache zu behalten und im Übrigen vom Verkäufer verlangen, so gestellt zu werden, als wenn mangelfrei erfüllt worden wäre (**„kleiner Schadensersatz"**): Er kann danach zunächst den Minderwert der verkauften Sache ersetzt verlangen, der sich errechnet aus der Differenz zwischen dem Wert der mangelhaften Sache und dem Wert im hypothetisch mangelfreien Zustand. Verlangt werden können auch die Mangelbeseitigungskosten, die den Minderwert u. U. übersteigen. Ferner kann der Käufer den Ersatz aller sich aus dem Ausbleiben der mangelfreien Leistung ergebenden Nachteile fordern, z. B. die Belastung mit Schadensersatzansprüchen eines Dritten, an den der Käufer die von ihm bereits weiterverkaufte Sache nicht mangelfrei liefern kann, oder einen entgangenen Gewinn, oder den sich aus dem endgültigen Ausbleiben der mangelfreien Leistung ergebenden Verzögerungsschaden. Den Anspruch auf den kleinen Schadensersatz kann der Käufer trotz der Regelung des § 325 BGB aber **nicht neben** einem gleichzeitig erklärten **Rücktritt** geltend machen, denn durch die Rücktrittserklärung ist der Erfüllungsanspruch des Käufers erloschen.
- Der Käufer kann aber auch Schadensersatz „statt der ganzen Leistung" verlangen, indem er die mangelhafte Kaufsache zurückgibt und den Ersatz der Schäden fordert, die bei ordnungsgemäßer Erfüllung nicht eingetreten wären **(„großer Schadensersatz")**. Ausgeschlossen ist dies jedoch bei einem **unerheblichen Mangel** (§§ 437 Nr. 3, 280 Abs. 1, 3, 283 S. 1, 2, 281 Abs. 1 S. 3 BGB). Der Grund dafür, dass der „große Schadensersatz" nur bei einem „nicht unerheblichen Mangel" geltend gemacht werden kann, ist Ihnen schon einmal genannt worden: Der „große Schadensersatzanspruch" führt nämlich letztlich zu einer Rückabwicklung des Kaufvertrages wie bei einem Rücktritt nach §§ 437 Nr. 2, 323 bzw. 326 Abs. 5 BGB; ein Rücktritt soll aber nach §§ 437 Nr. 2, 323 Abs. 5 S. 3 BGB bzw. §§ 437 Nr. 2, 326 Abs. 5, 323 Abs. 5 S. 3 BGB bei einer unerheblichen Pflichtverletzung ausgeschlossen sein. Die Beschränkung des Anspruchs auf Ersatz des „großen Schadensersatzes" auf die Fälle nicht unerheblicher Mangelhaftigkeit sichert also die Rücktrittssperre der §§ 437 Nr. 2, 323 Abs. 5 S. 3 BGB bzw. §§ 437 Nr. 2, 326 Abs. 5, 323 Abs. 5 S. 3 BGB ab und verhindert deren Umgehung durch Geltendmachung des „großen Schadensersatzanspruchs". Fraglich ist, ob bei einem wegen teilweisen Wegfalls des Nacherfüllungsanspruchs bestehendem Quantitätsmangel (§ 434 Abs. 3 BGB) die bloße Erheblichkeit der Minderleistung i. S. d. §§ 437 Nr. 3, 283, 281 Abs. 1 S. 3 BGB ausreicht, um Schadensersatz „statt der ganzen Leistung" nach §§ 437 Nr. 3, 283 BGB zu verlangen

oder ob ein zusätzlicher Interessenwegfall nach §§ 283, 281 Abs. 1 S. 2 BGB erforderlich ist. Dies ist aber nur problematisch, wenn der Käufer die Leistung als Erfüllung angenommen hat und nicht, wenn der Käufer die Minderleistung als Teilleistung nach § 266 BGB zurückgewiesen hat. Denn dann ist die gesamte Leistung nicht erbracht worden und kein Gefahrübergang erfolgt, so dass das „Allgemeine Leistungsstörungsrecht" anwendbar ist. Die Frage und die Antwort hierauf kennen Sie schon aus dem allgemeinen Leistungsstörungsrecht. Verlangt der Käufer den „großen Schadensersatz" hat der **Verkäufer** einen **Anspruch** auf **Rückgewähr** der von ihm erbrachten Leistung nach § 281 Abs. 5 BGB. Den „großen" Schadensersatzanspruch kann der Käufer auch **neben** einem **Rücktritt** verlangen (§ 325 BGB)

**Fall 395**

Der Privatmann V verkauft und liefert dem K einen Gebrauchtwagen. Der von K gezahlte Kaufpreis beläuft sich auf € 10.000,–. Der Wagen hat einen schon bei Übergabe an K bestehenden reparablen Motorschaden. In mangelfreiem Zustand wäre der Wagen € 12.000,– wert gewesen. Der K setzt dem V eine Frist zur Beseitigung des Mangels von einer Woche. Bevor der V sich des Wagens annehmen kann, schlägt der Blitz in den Wagen ein, so dass er in Brand gerät und völlig zerstört wird. Der K verlangt Schadensersatz „statt der Leistung" von V in Höhe von € 12.000,–.

Ein – hier zu erörternder – Anspruch aus §§ 437 Nr. 3, 280 Abs. 1, 3, 283 BGB scheitert daran, dass den V kein Verschulden hinsichtlich des die „Unbehebbarkeit" zur Folge habenden Umstandes trifft.

**Fall 396**

Der V verkauft an den K eine bei Vertragsschluss intakte gebrauchte Waschmaschine für € 180,–. Der K zahlt sofort in bar. Die Maschine soll am nächsten Tag von V geliefert werden. Gleich nach Vertragsschluss benutzt er die Maschine noch ein letztes Mal. Er übersieht dabei, dass sich in der Tasche einer gewaschenen Arbeitshose noch einige Schrauben befinden. Die Trommel wird beim Schleudern durch diese Fremdkörper durch die Bildung scharfkantiger Risse irreparabel beschädigt. Dann liefert der V die Maschine an K aus. Als sich nach der ersten Wäsche in der Trommel infolge der Risse lauter kleine Löcher in den Wäschestücken des K zeigen und der K daraufhin den Mangel entdeckt, will der K die Maschine, die im mangelfreien Zustand € 200,– wert gewesen wäre, nicht mehr haben und verlangt von V a) Schadensersatz in Höhe von € 200,– Zug-um-Zug gegen Rückübereignung und Rückgabe der Maschine und b) weitere € 300,– für die zerstörte Wäsche.

a) Der Anspruch auf € 200,– kann sich aus §§ 437 Nr. 3, 280 Abs. 1, 3, 283 BGB ergeben. aa) Zwischen V und K besteht ein wirksamer Kaufvertrag. bb) Die Sache war bei Gefahrübergang mangelhaft. cc) Dem K steht grundsätzlich ein Nacherfüllungsanspruch zu (§§ 437 Nr. 1, 439 Abs. 1 BGB). Dessen Erfüllung ist dem V nach dem Abschluss des Kaufvertrages unmöglich geworden und daher ausgeschlossen (§ 275 Abs. 1 BGB). dd) Das vermutete Vertretenmüssen (§§ 437 Nr. 3, 280 Abs. 1 S. 2 BGB) des V hinsichtlich des die Unbehebbarkeit zur Folge habenden Umstandes ist nicht widerlegt; im Gegenteil: Der Sachverhalt enthält verschuldensrelevante Tatsachen, aus denen sich ergibt, dass der V fahrlässig gehandelt hat (§ 276 BGB). ee) Der K kann daher Schadensersatz statt der Leistung verlangen. Vorzugehen ist nach der Differenztheorie. Dem Käufer steht es dabei frei, ob er die mangelhafte Leistung behalten will und nur den Minderwert ersetzt verlangt (sog. „kleiner Schadensersatz") oder ob er die mangelhafte Leistung zurückgibt und den Wert der mangelfreien Sache ersetzt verlangt (sog. „großer Schadensersatz"); der „große Schadensersatz" setzt nach §§ 437 Nr. 3, 280 Abs. 1, 3, 275, 283 S. 1, 2, 281 Abs. 1 S. 3 BGB bei einer nicht wie geschuldet bewirkten Leistung eine nicht unerhebliche Pflichtverletzung voraus, die hier gegeben ist. Bei einer hypothetischen Nacherfüllung, die zu einer mangelfreien Kaufsache geführt hätte, hätte der K eine Waschmaschine im Wert von € 200,– erlangt, also einen Vermögenszuwachs von € 200,–. Diesen Betrag kann er Zug-um-Zug gegen Rückübereignung und Rückgabe der Maschine von V ersetzt verlangen. b) Der Anspruch auf Ersatz der Schäden an der Wäsche des K in Höhe von. € 300,– ergibt sich aa) aus §§ 437 Nr. 3, 280 BGB und bb) aus § 823 Abs. 1 BGB.

(2) Ursprüngliches Nichtbestehen der Nacherfüllungspflicht wegen anfänglicher Leistungshindernisse (anfänglich unbehebbarer Mangel)

Ist der Sachmangel wegen **anfänglich bestehender Leistungshindernisse** nicht behebbar, so dass bereits **ursprünglich keine Nacherfüllungspflicht besteht** (§§ 275 Abs. 1–3, 439 Abs. 3 BGB), kann der Käufer vom Verkäufer **Schadensersatz „statt der Leistung"** nach **§§ 437 Nr. 3, 311a Abs. 2 BGB** verlangen.

I. **Haftungsbegründende Voraussetzungen**
   1. Vorliegen eines wirksamen **Kaufvertrages**
   2. **Kaufsache** ist **bei Gefahrübergang mangelhaft**
   3. Bestehen eines **unbehebbaren Mangels** bereits **bei Vertragsschluss,** der einen Nacherfüllungsanspruch von Anfang an ausschloss (§ 311a, 275 BGB)
   4. **Fehlende Entlastung** vom vermuteten **Vertretenmüssen** dahingehend, dass der Verkäufer
      a. weder den Mangel
      b. noch (also *auch nicht*) die die Unbehebbarkeit des Mangels begründenden Leistungshindernisse kannte und dass er auch seine Unkenntnis nicht zu vertreten hat
   5. **Kein Ausschluss** von Gewährleistungsrechten
   6. **Durchsetzbarkeit:** insbesondere **keine Verjährung** (§ 438)

II. **Haftungsumfang**
   Ersatz des entstandenen Schadens nach §§ 249 ff. BGB: „großer" oder „kleiner" Schadensersatz

Es bedarf natürlich wieder eines **wirksamen Kaufvertrags**.

Weiter muss die Kaufsache bei Gefahrübergang **mangelhaft** sein.

Für einen Anspruch aus §§ 437 Nr. 3, 311a Abs. 2 BGB ist Voraussetzung, dass der **Nacherfüllungsanspruch (§ 439 Abs. 1) bei Vertragsschluss** deshalb **nicht bestand,** weil die Nacherfüllung wegen einer Unmöglichkeit ausgeschlossen war (§ 275 Abs. 1 BGB) oder nach § 275 Abs. 2, 3 BGB anfänglich verweigert werden konnte.

Auch bei einem Anspruch aus §§ 437 Nr. 3, 311a Abs. 2 BGB wird das **Vertretenmüssen vermutet**. Der Verkäufer kann sich dahingehend **„doppelt" entlasten,** dass er nicht wusste und nicht hätte wissen müssen, dass erstens **bei Vertragsschluss** ein **Mangel** gegeben war **und** zweitens dass dieser Mangel **unbehebbar** war (§§ 311a Abs. 2, 276 BGB). Sie dürfen die Widerlegung des vermuteten Vertretenmüssens aber natürlich **nur** bei **verschuldensrelevanten Angaben** im **Sachverhalt** prüfen. Der Maßstab sind die §§ 276 ff. BGB, wobei Konstellationen einer verschuldensunabhängigen Haftung (Garantie; Beschaffungsrisiko; Haftung für Zufall beim Verzug) zu berücksichtigen sein können. Fakten zu einer eventuellen **Kenntnis** des Verkäufers erfahren Sie aus dem Sachverhalt. Bei der Prüfung der **Fahrlässigkeit** kommt es auf die Frage an, ob ein Vertretenmüssen deswegen zu bejahen ist, weil die verkaufte Sache selbst hergestellt worden ist oder weil beim Weiterverkauf eine Untersuchung durch den Verkäufer unterblieben ist. Über den Umfang einer Untersuchungspflicht wissen Sie schon das Nötigste. Je kompetenter und professioneller der Verkäufer und je zugänglicher die Kaufsache, desto eher trifft den Verkäufer eine Pflicht, die Beschaffenheit der Sache zu prüfen.

Dass die **Gewährleistungsansprüche nicht ausgeschlossen** sein dürfen und **nicht verjährt** sein dürfen, versteht sich von selbst.

Was den **Inhalt** des **Schadensersatzanspruchs** statt der Leistung aus §§ 437 Nr. 3, 311a Abs. 2, 275 Abs. 1–3 BGB angeht, so ist dem Käufer der Schaden zu ersetzen, der ihm dadurch entstanden ist, dass eine **mangelfreie Leistung** des **Verkäufers** an ihn **endgültig ausgeblieben ist**: Das ist der eigentliche **„Mangelschaden"** und weiterhin der durch das endgültige Ausbleiben der mangelfreien Sache verursachte **„Mangelfolgeschaden"**. Auch hier sind wiederum **zwei Optionen** des **Käufers** denkbar: Der Käufer kann den **großen** oder den kleinen **Schadensersatz** geltend machen, wobei für den großen Schadensersatz zusätzliche Voraussetzungen erfüllt sein müssen. Die Ausführungen zur nachträglichen Unmöglichkeit gelten entsprechend.

**Fall 397**

Der renommierte Kunsthändler V verkauft dem K ein mit „Burra 33" (engl. Surrealist, 1905–1976) signiertes Ölgemälde für € 10.000,–, wobei er seiner eigenen Überzeugung gemäß versichert, dass das Bild „ein Original von der Hand des Künstlers" sei. Das Bild ist indes nicht echt. Als echtes Bild wäre es € 300.000,– wert gewesen. Der K entscheidet sich dafür, das Bild zu behalten und von V € 290.000,– Schadensersatz zu verlangen (nach BGH).

Der Anspruch könnte sich aus §§ 437 Nr. 3, 311a Abs. 2 BGB ergeben. a) Es liegt ein wirksamer Kaufvertrag vor. b) Hinsichtlich der Echtheit des Bildes war eine Beschaffenheitsvereinbarung getroffen worden, so dass die bei Gefahrübergang vorliegende Unechtheit ein Mangel ist (§ 434 Abs. 1 S. 1 BGB). c) Der Mangel war schon bei Vertragsschluss unbehebbar, so dass ein Nacherfüllungsanspruch „ausgeschlossen" war (§ 275 Abs. 1 BGB). d) Das nach § 311a Abs. 2, S. 2 BGB vermutete Verschulden (Kenntnis oder fahrlässige Unkenntnis des Mangels *und* seiner Unbehebbarkeit) ist mangels verschuldensrelevanter Angaben im Sachverhalt nicht widerlegt. Der V dachte zwar, das Bild sei echt. Jedoch obliegt es ihm als professionellen Kunsthändler, die Echtheit des Bildes zu überprüfen. e) Der K kann daher Schadensersatz statt der Leistung verlangen. Er hat sich für den „kleinen Schadensersatz" entschieden. Daher kann er die Wertdifferenz zwischen der Vermögenslage infolge einer Lieferung einer mangelfreien Kaufsache und der Vermögenslage, die infolge der Sachmangelhaftigkeit gegeben ist, verlangen, also Zahlung von € 290.000,–.

**Fall 398**

Der K kauft von dem V für € 8000,– ein gebrauchtes Auto als „unfallfrei" und zahlt sofort in bar. Nach der Lieferung an K stellt sich heraus, dass der Wagen einen Unfallvorschaden hatte. Als „unfallfreies" Fahrzeug wäre es € 10.000,– wert gewesen, als „Unfallwagen" ist es nur € 8000,– wert. Der K verlangt Zahlung von € 10.000,– Zug-um-Zug gegen Rückgabe des Fahrzeugs an V.

Der K könnte von V Schadensersatz „statt der Leistung" in Höhe von € 10.000,– Zug-um-Zug gegen Rückübereignung und Rückgabe des Fahrzeugs aus §§ 437 Nr. 3, 311a Abs. 2, 275 Abs. 1 BGB verlangen. a) Es liegt ein wirksamer Kaufvertrag vor. b) Der Wagen war als „Unfallwagen" bei Gefahrübergang nach § 434 Abs. 1 S.1 BGB mangelhaft. c) Dem Käufer stand schon bei Vertragsschluss kein Nacherfüllungsanspruch zu. Denn der Mangel ein „Unfallwagen" zu sein, ist bei einem besichtigten Gebrauchtwagen ein anfänglicher unbehebbarer Mangel, so dass sowohl die Nachlieferung (Stückschuld; hier kommt nach dem Parteiwillen keine Lieferung eines vergleichbaren Ersatzfahrzeugs in Betracht, siehe oben) als auch die Nachbesserung ausgeschlossen war (§ 275 Abs. 1 BGB). d) Das nach § 311a Abs. 1 S. 2 BGB vermutete Vertretenmüssen (Kenntnis oder fahrlässige Unkenntnis des Leistungshindernisses *und* seiner Unbehebbarkeit) ist nicht widerlegt. e) Der K kann daher Schadensersatz „statt der Leistung" verlangen. Weil der Mangel nicht nur unerheblich ist, kann er nach §§ 437 Nr. 3, 311a Abs. 2, 281 Abs. 1 S. 3 BGB den „großen Schadensersatz in Höhe von € 10.000,– Zug-um-Zug gegen Rückübereignung und Rückgabe des Fahrzeugs verlangen.

#### bb) Nichterbringung der Nacherfüllung trotz Behebbarkeit des Mangels

Machen Sie sich noch einmal klar: Die vorherigen Ausführungen betrafen die Ansprüche des Käufers auf Schadensersatz statt der Leistung bei einer (nachträglich eingetretenen oder anfänglich bestehenden) Unbehebbarkeit des Mangels.

Wenn die Pflichtverletzung des Verkäufers darin besteht, dass er an den Käufer eine mit einem **behebbaren Mangel** behaftete Sache geliefert hat, aber entgegen der Verpflichtung aus §§ 437 Nr. 1, 439 Abs. 1 BGB **nicht nacherfüllt** hat, kann der Käufer den **Ersatz des** durch das endgültige Ausbleiben der Lieferung einer mangelfreien Sache entstandenen **Schadens statt der Leistung** nach **§§ 437 Nr. 3, 280 Abs. 1, 3, 281 BGB** verlangen.

I. **Haftungsbegründende Voraussetzungen**
   1. Vorliegen eines wirksamen **Kaufvertrages**.
   2. **Kaufsache** ist bei Gefahrübergang **mangelhaft**.
   3. **Nichterbringung der Nacherfüllung** trotz **Nachfristsetzung**.
      a. **Verkäufer erfüllt** bestehenden **Nacherfüllungsanspruch** (also kein Fall von §§ 275, 439 Abs. 3 BGB) **nicht** oder **nicht wie geschuldet**
      b. Wirksam gesetzte und abgelaufene **Nacherfüllungsfrist** (§ 281 Abs. 1 S. 1 BGB) oder Entbehrlichkeit der Fristsetzung (§§ 281 Abs. 2, § 440 BGB)
   4. **Fehlende doppelte Entlastung** vom vermuteten **Vertretenmüssen** (§ 280 Abs. 1 S. 2 BGB)
      a. bezüglich der Lieferung einer mangelhaften Sache oder
      b. bezüglich der nicht oder nicht ordnungsgemäß erbrachten Nacherfüllung
   5. **Kein Ausschluss** der Gewährleistungsrechte (insb. § 442 BGB)
   6. **Durchsetzbarkeit:** insbesondere **keine Verjährung** (§§ 214 Abs. 1, 438 BGB)

II. **Haftungsumfang**
   Ersatz des entstandenen Schadens nach §§ 249 ff. BGB: „Großer" oder „kleiner" Schadensersatz

Wie immer muss ein **wirksamer Kaufvertrag** geschlossen sein.

Und es muss ein **Sachmangel** bei **Gefahrübergang** vorliegen.

Der Ausgangspunkt ist, dass dem Käufer ein **Nacherfüllungsanspruch** aus **§ 439 Abs. 1 BGB** zusteht. Es dürfen also dem Anspruch keine Leistungshindernisse aus § 275 Abs. 1–3 BGB entgegenstehen; wenn dies der Fall ist, stehen dem Käufer ggf. Ansprüche aus §§ 437 Nr. 3, 280 Abs. 1, 3, 283 BGB zu. Der Ausschluss eines Nacherfüllungsanspruchs aufgrund des Nacherfüllungsverweigerungsrechts durch **§ 439 Abs. 3 BGB** führt nicht etwa dazu, dass kein Nacherfüllungsanspruch besteht.

Der **Verkäufer erfüllt** den **Nacherfüllungsanspruch** gar **nicht** oder jedenfalls **nicht wie geschuldet**.

Der wichtige Unterschied zum Schadensersatzanspruch wegen (anfänglich oder nachträglich) unbehebbarer Mängel ist das Erfordernis einer **ergebnislosen Nachfristsetzung**: Hierdurch sichert das Gesetz den Vorrang des Nacherfüllungsanspruchs vor dem Schadensersatzanspruch statt der Leistung. Die sich aus § 281 Abs. 2 BGB ergebenden Ausnahmen vom Fristsetzungserfordernis sind uns ja längst aus dem Allgemeinen Leistungsstörungsrecht bekannt: In erster Linie geht es um die Fälle, in denen der Verkäufer die Nacherfüllung „ernsthaft und ausdrücklich verweigert". Entbehrlich ist die Nachfristsetzung aber auch, wenn „besondere Umstände vorliegen, die unter Abwägung der beiderseitigen Interessen die sofortige Geltendmachung des Schadensersatzanspruchs rechtfertigen", z. B. in solchen Fällen, in denen deshalb zu einem bestimmten Zeitpunkt geleistet werden muss, weil nur so eine bestimmte Produktion möglich ist. Hinzu kommt hier – in Ergänzung zum Allgemeinen Leistungsstörungsrecht – die Ausnahme des **§ 440 BGB:** Auch wenn der Verkäufer sich berechtigt auf das Leistungsverweigerungsrecht nach § 439 Abs. 3 BGB beruft, kann der Gläubiger Schadensersatz statt der Leistung fordern – und zwar ohne Nachfristsetzung (§ 440 S. 1 Var. 1 BGB). Weiterhin kann ohne Nachfristsetzung Schadensersatz statt der Leistung verlangt werden, wenn „die dem Käufer zustehende Art der Nacherfüllung fehlgeschlagen oder ihm unzumutbar ist" (§ 440 S. 1 Var. 2 BGB). Durch eine Fiktion („eine Nachbesserung gilt als fehlgeschlagen") wird in § 440 S. 2 BGB die Anzahl der Nacherfüllungsversuche auf in der Regel zwei begrenzt. Für § 440 S. 2 BGB reicht es aus, wenn die vom Käufer gewählte Art der Nacherfüllung zweimal fehlgeschlagen ist. Es kommt nicht darauf an, ob der Verkäufer danach noch ohne weiteres die andere Art der Nacherfüllung erbringen kann.

**Fall 399**

Der V verkauft an den K ein Wohnmobil. Der K fährt damit nach Hause. Dort bemerkt er, dass die Bordelektronik nicht funktioniert. Ständig flackern die Rücklichter. Der K verlangt daraufhin von dem V Nachbesserung. Der V nimmt das Wohnmobil in seine kleine Werkstatt mit und versucht dort, den Defekt zu reparieren. Nachdem der K das Wohnmobil wieder bei sich hat, ergeben sich Probleme mit dem Gasherd. Der V repariert auch diesen Defekt. Als sich wenige Tage später herausstellt, dass ein Wandschrank sich wegen unzureichender Verankerung gelöst hat, will der K das Wohnmobil nicht mehr behalten. Er kauft daher von D ein anderes gleichartiges Wohnmobil, das jedoch € 1000,– teurer ist. Diesen Betrag verlangt der K von dem V. Der V verlangt das gelieferte Wohnmobil zurück.

a) Der Anspruch des K gegen den V kann sich aus §§ 437 Nr. 3, 280 Abs. 1, 3, 281 Abs. 1 BGB ergeben. aa) Ein wirksamer Kaufvertrag und ein Mangel liegen vor. bb) Hieraus ergibt sich ein Nacherfüllungsanspruch des K aus §§ 437 Nr. 1, 439 BGB. cc) Der Verkäufer müsste den Nacherfüllungsanspruch entweder nicht oder nicht wie geschuldet erbracht haben. Hier hat der V seine Nacherfüllungspflicht nicht wie geschuldet erbracht, weil er die Mängel nicht beseitigt hat. dd) Das Vertretenmüssen des V hinsichtlich der nicht erfüllten Pflicht zur mangelfreien Lieferung wird vermutet (§ 280 Abs. 1 S. 2 BGB). ee) Als weitere Voraussetzung aaa) muss der K dem V grundsätzlich eine angemessene Nachfrist zur Nacherfüllung gesetzt haben (§§ 437 Nr. 3, 281 Abs. 1 BGB). Eine Nachfristsetzung liegt nicht vor. bbb) Die Nachfristsetzung ist auch nicht nach § 281 Abs. 2 BGB entbehrlich. ccc) Es greift aber möglicherweise § 440 S. 1 BGB („Nachbesserung fehlgeschlagen“) ein. Nach der gesetzlichen Fiktion in § 440 S. 2 BGB gilt die Nachbesserung nach dem zweiten Versuch als fehlgeschlagen, es sei denn, es liegen besondere Umstände vor. Hier hat der V erfolglos zweimal nachgebessert, ohne dass die Mängel behoben wurden. Insoweit ist die Nachbesserung also fehlgeschlagen, auf eine Fristsetzung kommt es damit nicht mehr an. ff) Die Schadenshöhe bemisst sich nach dem Unterschied zwischen ordnungsgemäßer (Nach)erfüllung und dem durch die mangelhafte Leistung entstandenen Zustand. Hier verlangt der K Schadensersatz statt der ganzen Leistung. Diesem Verlangen steht wegen der Vielzahl der Nachbesserungen auch nicht § 281 Abs. 1 S. 3 BGB entgegen. Zu vergleichen sind also der Zustand mit und der ohne ordnungsgemäße Nacherfüllung: Hätte der V das Wohnmobil ordnungsgemäß und vollständig nachgebessert, hätte der K kein anderes Wohnmobil zu einem höheren Preis erwerben müssen. Der gezahlte Mehrpreis in Höhe von € 1000,– ist dem K somit von V zu ersetzen. b) Der Anspruch des V auf Rückgabe des Wohnmobils folgt aus §§ 437 Nr. 3, 281 Abs. 5, 346 Abs. 1 BGB.

Nach dem oben Gesagten besteht ohne wirksame Nachfristsetzung bzw. Entbehrlichkeit der Nachfristsetzung kein Anspruch aus §§ 437 Nr. 3, 280 Abs. 1, Abs. 3, 281 BGB. Eine Minderung oder ein Rücktritt sind aus gleichem Grund ebenfalls nicht möglich. Das Gesetz schützt so das **Recht** des **Verkäufers** zur **„zweiten Andienung“** bzw. den Vorrang der Nacherfüllung. Zu diesem Grundsatz gehört auch, dass der Käufer das Recht zur zweiten Andienung nicht durch eine Selbstvornahme der Nacherfüllung unterlaufen darf. Dogmatische Konstruktionen, mittels derer dem Käufer im Falle einer Selbstvornahme ein Anspruch auf Ersatz seiner Aufwendungen zugesprochen wurden, sind vom BGH mit der Begründung verworfen worden, dass sie den Vorrang der Nacherfüllung verletzen und dass das Gewährleistungsrecht insoweit abschließend sei.

**Fall 400**

Der K kauft bei V ein Auto, das einen behebbaren Defekt aufweist. Der K unterlässt die Nachfristsetzung und lässt den Defekt selbst durch eine Werkstatt beheben. Er verlangt die Kosten der Reparatur von V ersetzt (nach BGH).

a) Dem K steht mangels Nachfristsetzung kein Anspruch aus §§ 437 Nr. 3, 280 Abs. 1, 3, 281 BGB zu (wäre auszuführen). b) Auch eine Minderung des Kaufpreises greift aus gleichen Gründen nicht durch. c) Nach einer Ansicht (Lorenz) soll der Käufer in solchen Fällen über § 326 Abs. 2 S. 2 BGB analog die vom Verkäufer ersparten Aufwendungen von diesem ersetzt verlangen, da diese sonst nach § 439 Abs. 2 BGB vom Verkäufer zu tragen wären. Durch die Mängelbeseitigung wird die Nacherfüllung unmöglich. Die Unmöglichkeit hat der Käufer zu vertreten. Dem Verkäufer bliebe so nach § 326 Abs. 2 S. 1 BGB der Anspruch auf die Gegenleistung, wobei er sich nach § 326 Abs. 2 S. 2 BGB die ersparten Aufwendungen anrechnen lassen müsste. Sofern der Kaufpreis bereits bezahlt ist, sollen diese Aufwendungen zurückgefordert werden können. Diese Ansicht ist aber mit der Rechtsprechung abzulehnen, da die §§ 437 ff. BGB abschließend sind. Das Gesetz gewährt dem Käufer anders als dem Besteller (§§ 634 Nr. 2, 637 BGB) und dem Mieter (§ 536a Abs. 2 BGB) keinen Aufwendungsersatzanspruch bei Selbstbeseitigung des Mangels. Diese Lücke ist nicht planwidrig sondern gesetzlich gewollt, womit eine Analogie ausscheidet. d) Gleiches gilt für einen Anspruch aus Geschäftsführung ohne Auftrag (§§ 684 BGB i. V. m. § 818 Abs. 2 BGB und e) aus ungerechtfertigter Bereicherung (§§ 812 Abs. 1 S. 1, 818 Abs. 2 BGB).

Der Fall zeigt, dass dem Käufer **keine gesetzlichen Ansprüche** zustehen, **wenn er** eine erforderliche **Nachfristsetzung unterlässt**. Um dadurch entstehenden Unbilligkeiten zu begegnen, muss aber über die Entbehrlichkeit der Nachfristsetzung besonders kritisch nachgedacht werden.

**Fall 401**

Der Jäger J kauft beim Züchter Z einen Hundewelpen. Dieser erweist sich nach wenigen Tagen als schwer krank, so dass J ihn sofort zum Tierarzt seines Vertrauens bringt und ihn dort an diesem und den nächsten Tagen behandeln lässt. Die Kosten verlangt er von Z ersetzt, der sich aber mit Verweis auf die unterlassene Nachfristsetzung weigert, diese Kosten zu bezahlen (nach BGH).

a) Der Anspruch kann sich aus §§ 437 Nr. 3, 280 Abs. 1, 3, 281 BGB ergeben. Eine Nachfristsetzung ist nicht erfolgt. Sie könnte aber nach § 281 Abs. 2 BGB entbehrlich sein, weil besondere Umstände die sofortige Geltendmachung von Schadensersatz rechtfertigen. Hier war es für den J notwendig, seinen Hund wegen der drohenden Gefahr sofort ärztlich versorgen zu lassen, was eine Kontaktaufnahme zu Z ausschloss. Aber auch bei den weiteren Behandlungen bedurfte es keiner Nachfristsetzung, da das Wechseln des Tierarztes unzumutbar war (Argument Tierschutz; aber Achtung: Allein deshalb, weil der Hund für die private Nutzung erworben wurde, wäre eine Nachfristsetzung nach dem BGH nicht entbehrlich gewesen). Eine solche Ausnahme liegt hier somit vor, weshalb Schadensersatz ohne Nachfristsetzung gefordert werden kann. b) Andere Ansprüche (§§ 326 Abs. 2 S. 2 BGB analog, Geschäftsführung ohne Auftrag, Bereicherungsrecht) bestehen nicht (siehe oben).

Eine Prüfung der Widerlegung des **vermuteten Vertretenmüssens** (§§ 437 Nr. 3, 280 Abs. 1 S. 2, 281 BGB) stellen Sie natürlich nur an, wenn es **verschuldensrelevante Angaben im Sachverhalt** gibt. Die von Ihnen unter Berücksichtigung der Fälle einer verschuldensunabhängigen Haftung (Garantie; Beschaffungsrisiko; Haftung für Zufall beim Verzug) anhand der Kriterien der §§ 276 ff. BGB vorzunehmende Prüfung hängt bekanntlich davon ab, worin Sie die Pflichtverletzung des Verkäufers sehen. Diese – hier noch einmal referierte – Diskussion kennen Sie bereits:

- Man könnte **zum einen** der Ansicht sein, dass es für das Verschulden des Verkäufers nur darauf ankommt, dass er **schuldhaft** die **Nacherfüllung nicht in-**

**nerhalb** der ihm gesetzten **Frist herbeigeführt** hat. In den allermeisten Fällen könnte der Verkäufer demnach nur dann entlasten, wenn die Nacherfüllungspflicht eine „höchstpersönliche" Schuld ist; denn in allen anderen Fällen kann der Verkäufer sich immer eines Dritten bedienen; und auf mangelnde Geldmittel hierfür kann sich der Verkäufer nicht zum Zwecke der Entlastung berufen. Nur selten wird auch die Nacherfüllung mit Hilfe eines Dritten schuldlos unterlassen werden können.

- **Zum anderen** kann man die Pflichtverletzung aber auch in der Verletzung der **Pflicht** des **Verkäufers** zur **mangelfreien Lieferung** aus § 433 Abs. 1 S. 2 BGB sehen. Was das Verschulden des Verkäufers angeht, käme es darauf an, ob der Verkäufer **erkannt hat** oder **hätte erkennen müssen**, dass der Käufer eine mangelhafte Sache erhält. Hier gelten die gleichen Grundsätze wie bei dem Anspruch aus §§ 437 Nr. 3, 280 Abs. 1, 3, 283/§§ 437 Nr. 3, 311a Abs. 2 BGB.
- Auch für den Anspruch aus §§ 437 Nr. 3, 280 Abs. 1, 3, 281 BGB sollte man es jedoch ausreichen lassen, wenn entweder die **Pflicht** zur **mangelfreien Lieferung** oder die **Pflicht**, sich für die **Nacherfüllung leistungsbereit zu halten**, verletzt worden ist. Bei **der Prüfung** einer **Widerlegung** des **vermuteten Verschuldens** des Verkäufers wäre an beide Handlungen anzuknüpfen. Der Verkäufer muss sich also „doppelt entlasten".

Wenn man sich verdeutlicht, dass es beim Anspruch auf Schadensersatz „statt der Leistung" um den Ersatz des Schadens geht, der darauf beruht, dass der Käufer endgültig keine mangelfreie Leistung erhält, dann ist es eine stillschweigende Voraussetzung für einen Anspruch aus §§ 437 Nr. 3, 280, 281 BGB, dass der Verkäufer ein **Schadensersatzverlangen** i. S. d. **§ 281 Abs. 4 BGB** erhebt. Denn erst aufgrund eines Schadensersatzverlangens erlischt der Leistungsanspruch „endgültig". Bei den Ansprüchen aus §§ 437 Nr. 3, 280 Abs. 1, 3, 283/311a Abs. 2 BGB mussten wir hierüber kein Wort verlieren: denn dort stand bereits aufgrund der Unbehebbarkeit des Mangels das endgültige Ausbleiben einer mangelfreien Lieferung fest.

Beim **Schadensersatz statt der Leistung** aus §§ 437 Nr. 3, 280 Abs. 1, 3, 281 BGB ist dem Käufer der Schaden zu ersetzen, der ihm dadurch entstanden ist, dass eine **mangelfreie Leistung des Verkäufers** an ihn **endgültig ausgeblieben ist**: Das ist der eigentliche **„Mangelschaden"** und weiterhin der durch das endgültige Ausbleiben der mangelfreien Sache verursachte **„Mangelfolgeschaden"**. Die bekannte Differenzierung zwischen „großem" und „kleinem" Schadensersatz besteht auch hier.

**Fall 402**

Der auf den Verkauf von Computern spezialisierte V verkauft dem K ein internetfähiges Notebook. Dessen eingebautes Modem erweist sich als defekt. Der K fordert den V unter Setzung einer angemessenen Frist ergebnislos auf, ihm ein anderes mangelfreies Gerät zu liefern. Dann verlangt er die Rückzahlung des Kaufpreises und wegen einer Preissteigerung auf dem Markt den Ersatz der Kosten, die ihn der Erwerb eines vergleichbaren Notebooks mehr kosten wird,

Zug-um-Zug gegen Rückgabe des defekten Notebooks. Der V wendet ein, dass er in der Lage wäre, noch am gleichen Tag ein einwandfreies Modem in das Notebook einzubauen (nach Brox-Walker).

Der Anspruch könnte sich aus §§ 437, 281 BGB ergeben a) Ein Kaufvertrag liegt vor. b) Die Kaufsache war bei Gefahrübergang mangelhaft. c) Dem K stand ein Nacherfüllungsanspruch aus §§ 437 Nr. 1, 439 BGB zu. d) Der V hat den von K geltend gemachten Nachlieferungsanspruch nicht erfüllt. e) Den V trifft ein Verschulden; denn er kann sich hinsichtlich der Nichterfüllung seiner Pflicht zur mangelfreien Lieferung nicht entlasten: man kann von einem spezialisierten Händler einen Probebetrieb erwarten. f) Der K hat dem V ergebnislos eine Nachfrist gesetzt. g) Der K macht einen Schadensersatzanspruch „statt der ganzen Leistung" geltend. Die Voraussetzung dafür ist ein nicht unerheblicher Sachmangel (§§ 437, 281 Abs. 1 S. 3 BGB). Hier dürfte der Mangel deshalb nicht als erheblich anzusehen sein, weil das defekte Modem mit geringem Aufwand ausgetauscht werden kann. Der K kann also nur den „kleinen Schadensersatz" fordern. Eine (verspätete) Nacherfüllung kommt aber nicht mehr in Betracht, da der Nacherfüllungsanspruch durch das Schadensersatzverlangen nach § 281 Abs. 4 BGB erloschen ist.

**Fall 403**

Der V verkauft am 1. August 2015 an den K100 Flaschen Rotwein zum Preise von je € 10,– und liefert bei Fälligkeit am 15. Oktober 2015 eine vom Lieferanten des V verpackte Kiste, in der entgegen der Vorstellung des V aber nur 90 Flaschen sind. Der K bemerkt dies einige Tage nach der Ablieferung. Die dem V gesetzte angemessene Nachfrist bis zum 1. November 2015 verstreicht fruchtlos. Der K erklärt den Rücktritt und verlangt Zug-um-Zug gegen Rückübereignung und Rückgabe der 90 Flaschen Schadensersatz für 100 Flaschen in Höhe von. € 100,–, weil die Preise für Wein durch eine ab dem 1. November 2015 geltende neue 10%ige „Weinsteuer" verteuert worden sind (nach RegE und Lorenz-Riehm).

a) Folgt man der Ansicht, dass bei einer Zuwenigleistung des Verkäufers der Käufer nach §§ 437 Nr. 3, 434 Abs. 3, 437 Nr. 3, 281 Abs. 1 S. 3 BGB Schadensersatz „statt der ganzen Leistung" („großer Schadensersatz") verlangen und nach §§ 434 Abs. 3, 437 Nr. 2, 323 Abs. 5 S. 2 BGB vom Vertrag insgesamt zurücktreten kann, wenn die Pflichtverletzung „nicht unerheblich" ist, dann könnte der K wegen der 10%igen Abweichung, die nicht unerheblich ist, Schadensersatz „statt der ganzen Leistung" verlangen und zugleich (§ 325 BGB) vom Vertrag insgesamt zurücktreten. b) Verlangt man aber für einen Schadensersatzanspruch „statt der ganzen Leistung" und für ein Rücktrittsrecht vom Vertrag insgesamt nach §§ 434 Abs. 3, 437 Nr. 2, 323 Abs. 5 S. 2 BGB zusätzlich ein Interessenwegfall des Käufers an der Zuwenigleistung, also dass die erbrachte Zuwenigleistung und der geschuldete „kleine Schadensersatz" zusammengenommen das Leistungsinteresse des Gläubigers nicht abdecken, dann wären diese Voraussetzungen hier nicht gegeben, weil dem Interesse des K an der Gesamtleistung

(Versorgung mit 100 Flaschen Rotwein) durch die Teilleistung (90 Flaschen) und durch die Leistung des „kleinen Schadensersatz“ in Höhe von € 10,–, durch den der Mehrpreis für den „Deckungskauf“ ausgeglichen wird, entsprochen werden kann.

cc) Anspruch auf „Aufwendungsersatz“

Wenn dem Käufer aus §§ 437 Nr. 3, 280 Abs. 1, 3, 281/283, oder §§ 437 Nr. 3, 311a Abs. 2 BGB ein Anspruch auf Ersatz des Schadens „statt der Leistung“ zusteht, kann er alternativ hierzu und auch neben einem Rücktritt oder einer Minderung des Kaufpreises (§ 325 BGB) auch den Ersatz seiner Aufwendungen verlangen. Der Anspruch ergibt sich aus §§ 437 Nr. 3, 284 bzw. 311a Abs. 2 BGB.

**Fall 404**

Der K kauft formwirksam (§ 311b Abs. 1 S. 1 BGB) das Einfamilienhaus des V. Nach Zahlung des Kaufpreises wird der K als Eigentümer in das Grundbuch eingetragen (§§ 873 Abs. 1, 925 BGB). Der K hat im Kaufvertrag die Kosten für den Notar und den Makler vollständig übernommen und bezahlt. Jetzt stellt sich heraus, dass sich im Dachstuhl Holzbock befindet. Der V lehnt die Beseitigung des Holzbocks mit der Begründung: „das ist Schicksal“ ab. Der K erklärt den Rücktritt vom Kaufvertrag und verlangt 1. Rückzahlung des Kaufpreises sowie 2. Ersatz der Notar- und Maklerkosten.

a) Der Anspruch auf Rückzahlung des Kaufpreises ergibt sich aus §§ 437 Nr. 2, 323, 346 BGB. b) Aufwendungsersatz kann der K geltend machen nach §§ 437 Nr. 3, 280 Abs. 1, 3, 281, 284 BGB. Die Fristsetzung ist aufgrund der ernsthaften und endgültigen Leistungsverweigerung entbehrlich (§ 323 Abs. 2 Nr. 1 BGB und § 281 Abs. 2 Var. 1 BGB).

Der Anspruch aus §§ 437 Nr. 3, 284 BGB kann auch Aufwendungen erfassen, die nach den Regeln des Rücktrittsrechts als Verwendungen zu ersetzen wären (§ 347 Abs. 2 BGB). Dabei reicht § 284 BGB ggf. weiter als der Anspruch aus § 347 Abs. 2 BGB, da neben notwendigen Verwendungen auch sonstige Aufwendungen ersatzfähig sind.

### b) Schadensersatz neben der Leistung

Bisher hatten wir uns damit befasst, dass der Käufer einer mangelhaften Sache Schadensersatzansprüche statt der Leistung bzw. Aufwendungsersatz geltend macht. Als Nächstes gilt es, den Schadensersatz neben der Leistung anzusprechen: Wenn der mangelhaft belieferte Käufer Ersatz derjenigen Schäden verlangt, die durch eine gedachte („hypothetische“) Nacherfüllung nicht mehr beseitigt werden können, geht es ihm um einen **Schadensersatz neben der Leistung** nach § 280 Abs. 1 BGB oder §§ 280 Abs. 1, 2, 286 BGB. Derartige Schäden können entweder **Verzögerungsschäden** sein oder **Mangelfolgeschäden**.

Die Geltendmachung von Schadensersatz neben der Leistung ist für den Käufer jederzeit möglich. Wie im allgemeinen Leistungsstörungsrecht ist hierfür keine

Fristsetzung erforderlich. Dies steht auch nicht im Widerspruch zum Recht des Verkäufers zur zweiten Andienung bzw. dem Vorrang der Nacherfüllung. Denn schließlich wird Schadensersatz neben der Leistung bzw. neben der Nacherfüllung als modifizierter Form des Leistungsanspruchs gefordert.

aa) Verzögerungsschäden

Der Käufer kann unter zwei verschiedenen Aspekten wegen einer Verzögerung der Belieferung des Käufers mit einer mangelfreien Sache den Ersatz eines **Verzögerungsschadens** verlangen:

- Der Schaden kann darauf beruhen, dass er die mangelhafte Sache **wegen** ihrer **Mangelhaftigkeit** erst verspätet einsetzen kann **(„Nutzungs-** bzw. **Betriebsausfallschaden“) (sub (1))**.
- Es kann aber auch so liegen, dass der Käufer Schadensersatz neben der Leistung deshalb verlangt, weil der **Nacherfüllungsanspruch verspätet erfüllt** wird **(sub (2))**.

(1) „Nutzungs- bzw. Betriebsausfallschaden“

Nicht leicht zu beantworten ist die Frage, nach welcher Anspruchsgrundlage der Käufer Schadensersatz erhält, weil er die **mangelhafte Sache wegen** des **Mangels** nur **verzögert** oder **nicht planmäßig in Betrieb nehmen** kann **(„Nutzungs- bzw. Betriebsausfallschaden“)**.

*Beispiel* Der Chip-Hersteller K hat eine neue Fertigungsstraße für seine Mikrochips gekauft. Der Lieferant V liefert pünktlich. Nachdem K einige Tage lang erfolglos versucht hat, die Fertigungsstraße in Betrieb zu nehmen, merkt er, dass dies deshalb nicht gelingt, weil die gelieferte Fertigungsstraße defekt ist. Erst jetzt fordert er im Wege der Mahnung den V zur Abhilfe auf. In der Zwischenzeit ist durch den Ausfall der Produktion ein Schaden von € 100.000,– entstanden. Der V hatte bei der Lieferung aufgrund interner Hinweise einen Mangel für möglich gehalten, diese Hinweise aber nicht weiter verfolgt. K verlangt Ersatz des Betriebsausfallschadens.

Diese Frage wird zumeist im Zusammenhang mit Kaufverträgen diskutiert, ist aber analog auf das Werkvertragsrecht zu übertragen. Der Streit um die Lösung beruht darauf, dass – je nachdem, worauf man den Anspruch stützt – unterschiedliche Anforderungen erfüllt sein müssen (Mahnung oder Nachfristsetzung).

- Teilweise wird der Anspruch auf **§§ 437 Nr. 3, 280 Abs. 1, 3, 281 BGB** gestützt und damit dem **Schadensersatz statt der Leistung** zugeordnet. Dies wird vor allem damit begründet, dass **vor** der **Schuldrechtsreform** Betriebsausfallschäden als **Mangelschäden** eingestuft wurden. Die Ansicht führt dazu, dass Schäden, die vor oder während einer **Fristsetzung** eintreten, nicht ersetzt werden, wenn die Nacherfüllung letztlich ordnungsgemäß erfolgt. Dagegen spricht, dass der Betriebsausfallschaden nicht an die Stelle der ursprünglich geschuldeten Leistung tritt und es sich deswegen nicht um einen Schadensersatz statt der Leistung handelt.

- Man könnte den Anspruch aber auch auf **§§ 437 Nr. 3, 280 Abs. 1, 2, 286 BGB** stützen und als Verzögerungsschaden einordnen. Dies hätte zur Folge, dass **Schäden** erst **ab Verzugseintritt**, d. h. sobald der Verkäufer gemahnt wurde, ersetzt werden müssen. Die Ansicht lässt sich damit begründen, dass der Kernvorwurf an den Verkäufer lautet, seiner Pflicht zur mangelfreien Leistung nicht rechtzeitig nachgekommen zu sein, womit die Voraussetzung des § 280 Abs. 2 BGB erfüllt wäre, dass eine Verzögerung der Leistung vorliege.
- Richtigerweise sollte man als Anspruchsgrundlage die **§§ 437 Nr. 3, 280 Abs. 1 BGB** zugrunde legen. Demnach sind die Betriebsausfallschäden **schon** vom **Augenblick** der **Belieferung mit** einer **mangelhaften Sache** zu ersetzen. Dies hat den Vorteil, dass für den Käufer keine Schutzlücken entstehen, namentlich dann, wenn er einen Mangel zunächst nicht bemerkt und daher den Verkäufer nicht in Verzug gesetzt hat. Hiergegen lässt sich zwar einwenden, dass dadurch derjenige Verkäufer schlechter gestellt wird, der anstatt überhaupt nicht zu liefern eine mangelhafte Lieferung erbringt. Diese Kritik ist jedoch nicht berechtigt. Die mangelhafte Lieferung ist etwas anderes als eine Nichtleistung. Anders als bei einer Nichtleistung ist der Käufer bei einer mangelhaften Leistung in besonderer Weise schutzbedürftig, da er die Mangelhaftigkeit nicht immer sofort erkennen kann und diese ihn zu schädlichen Dispositionen verleiten kann: bei einer Nichtleistung „weiß der Käufer woran er ist", erkennt die Gefahr des drohenden Betriebsausfalls sofort und kann hierauf ggf. reagieren. Die mangelhafte Leistung kann daher für den Käufer gefährlicher sein als die Nichtleistung. Ein weiteres Argument ist, dass auch der Reformgesetzgeber davon ausging, dass die Betriebsausfallschäden direkt nach § 280 BGB zu ersetzen seien. Hierdurch wird das „Recht des Verkäufers zur zweiten Andienung" nicht tangiert, da der Schadensersatzanspruch „neben der Leistung" ihn nicht von der Nacherfüllung abhält.

**Fall 405**

Der V verkauft dem K eine Druckmaschine, die der K in seiner Druckerei einsetzen will. Der Notschalter ist – wie V weiß – defekt. Der K stellt dies fest, als er die Maschine angeschlossen hat und sie für den eiligen Auftrag eines Kunden, an dem er € 1000,– verdient hätte, in Betrieb nehmen will. Vorschriften der zuständigen Berufsgenossenschaft verbieten die Inbetriebnahme. Der K muss daher den Auftrag eines seiner Kunden durch einen Sub-Werkunternehmer ausführen lassen, so dass ihm der Gewinn in Höhe von € 1000,– entgeht.

Ein solcher mangelbedingter Nutzungsausfallschaden ist nach §§ 433, 434, 437 Nr. 3, 280 Abs. 1 BGB zu ersetzen (wäre auszuführen). Zwischen den Parteien besteht ein wirksamer Kaufvertrag, der V hat seine Pflicht durch die Lieferung einer mangelhaften Kaufsache verletzt und auch sein Verschulden steht fest. Die Verzugsvoraussetzungen des § 286 BGB müssen nicht zusätzlich vorliegen.

(2) Weitergehende Schäden

Die Entscheidung, Nutzungs- bzw. Betriebsausfallschäden §§ 437 Nr. 3, 280 Abs. 1 BGB zuzuordnen, bedeutet aber nicht, dass es für einen Anspruch aus §§ 437 Nr. 1, 3, 280 Abs. 1, 2, 286 BGB keinen Anwendungsbereich mehr gäbe. Er ist vielmehr dann relevant, wenn der Anspruch aus §§ 437 Nr. 3, 280 Abs. 1 BGB am fehlenden Vertretenmüssen scheitert.

**Variante**

V hatte keine Chance, den Fehler zu erkennen. K bemerkt ihn dafür sofort und mahnt den V, noch bevor der Auftrag abzuarbeiten ist. Aufgrund einer Nachlässigkeit sorgt V nicht für eine Reparatur bzw. für eine Ersatzmaschine.

a) Der Ersatz des Betriebsausfallschadens folgt grundsätzlich aus §§ 437 Nr. 3, 280 Abs. 1 BGB (wäre auszuführen). Letztlich kann die Frage aber offenbleiben, da V die mangelhafte Lieferung nicht zu vertreten hat und sich deshalb nach § 280 Abs. 1 S. 2 BGB entlasten kann. b) Der Anspruch ergibt sich jedoch aus §§ 437 Nr. 3, 280 Abs. 1, 2, 286 BGB, weil jedenfalls die unterlassene Lieferung trotz Mahnung den Schaden verursacht hat.

Von Bedeutung ist der Anspruch aus §§ 437 Nr. 3, 280 Abs. 1, 2, 286 BGB im Übrigen für die Geltendmachung von Rechtsverfolgungskosten. Nach dem Willen des Gesetzgebers (RegE) soll der Verkäufer zum Ersatz solcher „weitergehender Schäden" nur unter den **zusätzlichen Voraussetzungen** des **Verzugs** verpflichtet sein (§§ 437 Nr. 3, 280 Abs. 1, 2, 286 BGB). Das ist angesichts der vorherigen Darlegungen zum Wortlaut und zur Systematik des § 437 Nr. 3 BGB allerdings nur schwer begründbar.

Sie brauchen diese Kontroverse natürlich dann nicht zu entscheiden, wenn ohnehin Verzug vorliegt: Das dürfte meist deshalb der Fall sein, weil die regelmäßig vorliegende Aufforderung zur Nacherfüllung, jedenfalls aber die Fristsetzung nach § 281 BGB meist zugleich eine Mahnung ist.

**Variante**

Der K fordert den V zur Behebung des Defektes binnen 24 h auf. Als der V sich nicht rührt, beauftragt der K seinen Rechtsanwalt R damit, den V unter Klagandrohung zur Beseitigung des Mangels aufzufordern. Daraufhin wird der Mangel behoben. R berechnet dem K für das Aufforderungsschreiben (im Einklang mit dem RVG) € 80,–. K verlangt von V Zahlung von € 80,–.

Der „Nacherfüllungsverzögerungsschaden" ist nach §§ 433, 434, 437 Nr. 3, 280 Abs. 1, 286 BGB zu ersetzen. Es ist also ein Verzug des Verkäufers als dem Schuldner der Nacherfüllungsverpflichtung erforderlich. Die erforderliche Mahnung liegt in der Fristsetzung (RegE).

**Fall 406**

Der ländliche Spielmannszug „Wohlklang von 1854 e. V." (W-Verein) bestellte am 2. Januar 2015 durch seinen Vorstand (V) beim einzigen Schneider (S) der ganzen Gegend für seine Mitglieder 10 Uniformjacken in der dem Schneider bekannten üblichen Ausfertigung. Die Jacken sollen am 15. April 2015 fertig sein. Nachdem der V die Jacken an diesem Tag abgeholt hatte, stellte ein Mitglied beim Auspacken zu Hause entsetzt fest, dass sie aus blauem statt aus dem üblichen grünen Tuch gefertigt sind (was S nicht zu vertreten hatte). Sie sind daher für den W-Verein, der nach eigenem Verständnis ein „Traditionsverein" ist, natürlich unbrauchbar. Der V verlangt daher noch am 16. April 2015 namens des W-Vereins die unverzügliche Lieferung neuer Jacken. Diese werden auch am 1. Mai 2015 fehlerfrei von S geliefert, die blauen Jacken erhält der S zurück. Am 25. April 2015 hatte der W-Verein jedoch wegen der fehlenden Jacken einen Auftritt des Spielmannszugs absagen müssen. Ihm entging daher ein Entgelt von € 500,–, und er musste zudem € 1000,– Vertragsstrafe zahlen. Der W-Verein nimmt daraufhin den Schneider auf Schadensersatz in Höhe von € 1500,– in Anspruch.

Der Anspruch kann sich aus §§ 437 Nr. 3, 280 Abs. 1, 2, 286 BGB ergeben. Dass der W-Verein selbst anspruchsberechtigt sein kann, beruht darauf, dass er rechtsfähig ist (§ 21 BGB). a) Fraglich ist zunächst, ob überhaupt das Kaufrecht anwendbar ist. aa) Das ist deshalb zweifelhaft, weil es hier nicht um die Lieferung einer schon vorhandenen Ware gegen Geld sondern um deren individuelle Herstellung geht. Deshalb liegt ein Werkvertrag (§ 631 ff. BGB) vor bb). Da aber bewegliche Sachen herzustellen und zu liefern sind, sind gleichwohl die Regeln über den Kauf gem. § 651 S. 1 BGB anwendbar. b) Zwischen dem W-Verein und dem S ist der Vertrag wirksam geschlossen worden. c) Der S müsste mit der Erfüllung seiner Nacherfüllungspflicht in Verzug gekommen sein. aa) Dazu ist zunächst zu klären, ob eine Pflicht zur Nacherfüllung (§§ 437 Nr. 1, 439 Abs. 1 BGB) bestand. Dies ist der Fall, wenn die Uniformen einen Mangel aufwiesen. Ob ein Mangel vorliegt, regelt § 434 BGB. Hier ist zunächst an eine Abweichung der Ist-Beschaffenheit von der vereinbarten Soll-Beschaffenheit zu denken. Es ist eine Frage der Auslegung, ob hier die „übliche Beschaffenheit" stillschweigend vereinbart ist. Jedenfalls aber liegt ein Fall des § 434 Abs. 1 S. 2 Nr. 1 BGB vor, da dem S die geplante Nutzung bekannt war. Die Uniformen waren daher mangelhaft. Der Mangel lag auch zum Zeitpunkt des Gefahrüberganges (hier nach § 446 S. 1 BGB) vor. bb) Weiterhin müssen die Voraussetzungen des Verzugs (§ 286 BGB) vorliegen. Der Anspruch auf Lieferung einer mangelfreien Sache war sofort mit Lieferung der mangelhaften Uniformen am 15. April 2015 fällig (§ 271 BGB). Die ebenfalls notwendige Mahnung liegt im Verlangen des V (§§ 26 Abs. 2 S. 1, 164 ff. BGB) nach sofortiger Nachlieferung am 16. April 2015. Man könnte jedoch auch an eine Entbehrlichkeit gem. § 286 Abs. 2 Nr. 1 BGB denken. Die Verzugsvoraussetzungen liegen jedenfalls vor. d) Der S dürfte sich ferner nicht vom vermuteten Vertretenmüssen nach § 280 Abs. 1 S. 2 BGB entlasten können. Mangels weiterer Angaben, ist die Vermutung des Vertretenmüssens der nicht rechtzeitig erfolgten Nacherfüllung nicht widerlegt. e) Im Ergebnis liegen daher die Anspruchsvoraussetzungen vor.

Der Verein kann somit den Ersatz aller Verzögerungsschäden nach Maßgabe des § 249 Abs. 1 BGB verlangen. aa) Hierbei sind zunächst die entgangenen Einnahmen in Höhe von € 500,– zu nennen (vgl. auch § 252 BGB). bb) Ebenfalls zu ersetzen ist die gezahlte Vertragsstrafe in Höhe von € 1000,–. Insgesamt kann der W-Verein vom S die Zahlung von € 1500,– verlangen. Hinweis: Hätte S die ursprüngliche mangelhafte Lieferung zu vertreten gehabt, so würde sich die Frage nach den „Betriebsausfallschäden" stellen! Sofern S (was er zu beweisen hätte) eine rechtzeitige Nachlieferung nicht hätte durchführen können, so wäre das Vertretenmüssen zu verneinen.

#### bb) Ersatz des „Mangelfolgeschadens" und Abgrenzung zum Ersatz eines Schadens wegen einer Rücksichtspflichtverletzung

(1) Ersatz des „Mangelfolgeschadens" („Begleitschaden")
Zu den endgültig eingetretenen Schäden, die durch eine hypothetische Nacherfüllung nicht mehr beseitigt werden können, zählen auch die Schäden, die der Käufer aufgrund der Lieferung einer mangelhaften Sache an anderen Rechten, Rechtsgütern oder rechtlich geschützten Interessen erleidet. Verlangt der Käufer deren Ersatz, begehrt er Schadensersatz neben der Leistung. Wenn zum *Beispiel* die Kühe des Bauern an schlechtem Viehfutter eingehen, kann dieser Schaden nicht mehr durch eine Nacherfüllung in Gestalt der Lieferung mangelfreien Futters behoben werden.

**Fall 407**

Der V verkauft dem K ein Auto, dessen Bremsen nicht funktionieren, was V hätte erkennen können. Der K verunglückt deshalb. Während der Reparatur muss der K, der auf ein Auto angewiesen ist, einen Mietwagen nehmen (nach Medicus).

Der Anspruch ergibt sich aus §§ 437 Nr. 3, 280 Abs. 1 BGB.

Für solche sog. **„Mangelfolgeschäden" („Begleitschäden")** kann der Käufer Schadensersatz nach §§ 437 Nr. 3, 280 Abs. 1 BGB verlangen. Das Prüfungsschema ist ganz einfach:

I. **Haftungsbegründende Voraussetzungen**
   1. Bestehen eines wirksamen **Kaufvertrages.**
   2. Pflichtverletzung durch **Lieferung einer mangelhaften Sache** oder **Nichterbringung einer Nacherfüllungspflicht.**
   3. **Vertretenmüssen:** Fehlende Entlastung (§ 280 Abs. 1 S. 2 BGB).
   4. **Kein Ausschluss** der Gewährleistung.
   5. **Durchsetzbarkeit:** insbesondere keine **Verjährung** (§§ 214 Abs. 1, 438 BGB).

II. **Haftungsumfang**
   Ersatz des entstandenen Schadens nach §§ 249 ff. BGB.

Es bedarf wieder eines **wirksamen Kaufvertrags.**

Dass die **Gewährleistungsansprüche nicht ausgeschlossen** sein dürfen, versteht sich ebenfalls von selbst. Unter welchen Voraussetzungen dies möglich ist, werden wir später erörtern.

Zum einen kann die **Pflichtverletzung** darin bestehen, dass der Verkäufer entgegen seiner Verpflichtung aus § 433 Abs. 1 S. 2 BGB eine mangelhafte Sache an den Käufer liefert, wobei natürlich Sach- wie Rechtsmängel in Betracht kommen. Sie kann auch darin bestehen, dass eine Nacherfüllungspflicht nicht erfüllt wird. Diese Fallgruppe ist dann von Bedeutung, wenn der Verkäufer sich hinsichtlich der Belieferung des Käufers mit einer mangelhaften Sache exkulpieren kann: Dieser Umstand ändert nämlich nichts daran, dass er verschuldensunabhängig grundsätzlich zur Nacherfüllung verpflichtet bleibt (§ 439 Abs. 1 BGB); kommt er dieser Pflicht nicht nach, so ist das eine Pflichtverletzung, für die er nach §§ 437 Nr. 3, 280 Abs. 1 BGB Schadensersatz „neben der Leistung" zu leisten hat.

Bei der – bekanntlich nur bei einem dazu gegebenen Anlass durch verschuldensrelevante Tatsachen im Sachverhalt erlaubten – Prüfung des nach § 280 Abs. 1 S. 2 BGB vermuteten **Vertretenmüssens**

- kommt es **einerseits** darauf an, ob der **Verkäufer das Vorliegen eines Mangels erkannt hat oder hätte erkennen müssen**. Das kennen Sie schon.
- Wenn der Pflichtverstoß darin liegt, dass der Verkäufer eine Nacherfüllungspflicht nicht innerhalb der gesetzten Frist erfüllt hat, kommt es für das Verschulden darauf an, ob der Verkäufer sich davon entlasten kann, den **Mangel verursacht oder gekannt zu haben** oder darauf, **dass ihm die Unterlassung der Nacherfüllung nicht vorzuwerfen** ist.
- Wie Sie wissen, besteht die Möglichkeit, dass der Verkäufer bei **Gattungsschulden** das Beschaffungsrisiko übernimmt. Sofern dies der Fall ist, haftet der Verkäufer für Schadensersatzansprüche statt der Leistung (§§ 280 Abs. 1, 3, 281 oder 283 BGB) auch ohne Verschulden (§ 276 Abs. 1 S. 1 BGB). Im besonderen Gewährleistungsrecht kann diese Haftungsverschärfung aber niemals eine Rolle spielen! Die Übernahme des Beschaffungsrisikos wirkt sich natürlich nur auf die Pflicht zur Beschaffung aus (im Kaufrecht: § 433 Abs. 1 S. 1 BGB), nicht hingegen auf die Pflicht zur mangelfreien Leistungserbringung (im Kaufrecht: § 433 Abs. 1 S. 2 BGB). Besondere Gewährleistungsrechte finden aber nur bei Schlechtleistungen Anwendung (vgl. z. B. §§ 437, 634 BGB).

Auf der **Rechtsfolgenseite** ist der **Schadensersatzanspruch** gerichtet auf Ersatz der Mangelfolgeschäden, d. h. der Schäden an sonstigen Rechtsgütern des Käufers. Nicht nach §§ 437, 280 Abs. 1 BGB zu ersetzen sind die Schäden, die das Erfüllungsinteresse betreffen; insoweit sind §§ 437 Nr. 3, 281, 283, 311a Abs. 2 BGB zuständig. Zur Abgrenzung zwischen §§ 437 Nr. 3, 280 Abs. 1 BGB und §§ 437 Nr. 3, 280 Abs. 3, 281, 283, 311a Abs. 2 BGB ist wiederum auf die Ausführungen im allgemeinen Leistungsstörungsrecht hinzuweisen.

**Fall 408**

Der Hersteller H liefert an V ein Impfserum gegen die Geflügelpest. Der V verkauft dies weiter an den Hühnerzüchter K, der damit seine Tiere impfen lässt. Das Serum ist mit Geflügelpestviren verseucht. Daran verenden 2000 Tiere. Die Verunreinigung ist von H durch Unachtsamkeit bei der Herstellung verursacht worden. Der V hatte keine Kenntnis, und es war für ihn auch nicht erkennbar, dass das Serum verunreinigt war. Der K verlangt 1. von V und 2. von H Schadensersatz für die verendeten Hühner (nach BGHZ 51, 91– „Hühnerpestfall"):

a) Der Anspruch des K gegen V kann sich aus §§ 437 Nr. 3, 280 Abs. 1 BGB ergeben. aa) Zwischen V und K bestand ein wirksamer Kaufvertrag. bb) Weiterhin muss eine Pflichtverletzung vorliegen, die hier in der Lieferung einer mangelhaften Kaufsache (§ 433 Abs. 1 S. 2 BGB) liegen kann. Das verunreinigte Serum ist nicht zum vertraglich vorausgesetzten Zweck geeignet (§ 434 Abs. 1 S. 2 Nr. 1 BGB) bzw. entspricht nicht der üblichen Beschaffenheit (§ 434 Abs. 1 S. 2 Nr. 2 BGB) und ist daher mangelhaft. Durch die Lieferung hat der V daher seine Pflicht zur Lieferung einer mangelfreien Kaufsache verletzt. cc) Fraglich ist, ob V die Pflichtverletzung zu vertreten hat. aaa) Die Vermutung des Vertretenmüssens (§ 280 Abs. 1 S. 2 BGB) ist hinsichtlich eines eigenen Verschuldens (nach § 276 Abs. 1 S. 2 BGB: Vorsatz und Fahrlässigkeit) widerlegt. Denn der V wusste nichts von der Verunreinigung und hätte davon auch nichts wissen können; auch trifft ihn als Verkäufer grundsätzlich keine Pflicht zur Überprüfung der Kaufsache auf alle denkbaren Mängel. bbb) Zu erwägen ist aber eine Zurechnung des Verschuldens des fahrlässig handelnden H nach § 278 BGB. Dazu muss H Erfüllungsgehilfe sein. Erfüllungsgehilfe ist, wer mit Wissen und Wollen des Schuldners in dessen Pflichtenkreis tätig wird. Hier schuldete der Verkäufer lediglich die Übereignung und Übergabe der Sache im mangelfreien Zustand (vgl. § 433 Abs. 1 S. 2 BGB), und nicht wie ein Werkunternehmer oder ein Werklieferungsverkäufer deren Herstellung. Weil hier die Pflichtverletzung den Herstellungsprozess betrifft, der nicht zum Pflichtenkreis des Verkäufers gehört, ist der Hersteller nicht Erfüllungsgehilfe des Verkäufers. Im Ergebnis kann sich V daher entlasten. Ein Anspruch aus §§ 437 Nr. 3, 280 Abs. 1 BGB besteht nicht. b) Bestehen könnte jedoch ein Anspruch gegen den H aus § 823 Abs. 1 BGB sowie aus dem ProdHaftG (Produzentenhaftung und Produkthaftung, dazu später mehr).

**Fall 409**

Der V verkauft an den K Hafer, den dieser zur Fütterung seiner Pferde verwenden soll. Der Hafer kostet € 100,–. Der Hafer wurde im Lager des V durch den falsch dosierten Einsatz eines die Lagerfähigkeit verbessernden Konservierungsmittels vergiftet, was der V hätte wissen müssen. Zwei Pferde des K sterben (Wert zusammen € 4000,–). Der K verlangt Nachlieferung mangelfreien Hafers und Ersatz für die beiden Pferde in Höhe von € 4000,– (nach Pferdefutter-Fall des RG).

a) Der Nachlieferungsanspruch ergibt sich aus §§ 437 Nr. 1, 439 Abs. 1 BGB. b) Der Anspruch auf Schadensersatz für die Pferde kann sich aa) aus §§ 437 Nr. 3, 280 Abs. 1 BGB ergeben. aaa) Zwischen V und K bestand ein wirksamer Kaufvertrag bbb) Der Hafer war nicht, wie vertraglich vorausgesetzt, zum Verzehr durch Tiere geeignet und daher mangelhaft (§ 434 Abs. 1 S. 2 Nr. 1 BGB). Der Mangel lag zum Zeitpunkt des Gefahrüberganges (hier nach § 446 S. 1 BGB) vor. Der V hat damit seine Pflicht zur mangelfreien Leistung (§ 433 Abs. 1 S. 2 BGB) verletzt. ccc) Der V kann sich nicht entlasten, sondern handelte vielmehr fahrlässig (§ 276 Abs. 1 S. 1 BGB), da er von der Vergiftung hätte wissen können. ddd) Als Rechtsfolge muss der V dem K den erlittenen Schaden in Höhe von € 4000,– ersetzen. bb) Weiterhin ist ein Anspruch aus § 823 Abs. 1 BGB gegeben.

**Fall 410**

Der Computerspezialist C kauft beim Möbelhaus M einen Computertisch. Der Tisch ist auch einwandfrei, hat jedoch eine derartig unverständliche Aufbauanleitung, dass der C beim Zusammenbau eine Querstrebe falsch montiert. C meint zwar, der Tisch sehe nun etwas seltsam aus und ist sich nicht sicher, ob der die Anleitung verstanden hat, hofft aber darauf, dass es schon gut gehen werde. Als er dann den Tisch mit seiner nagelneuen Computeranlage aufstellt (Wert Computer und Bildschirm: € 1000,–), kippt der Tisch wegen des fehlerhaften Zusammenbaus unvermittelt um, wobei die Computeranlage zerstört wird. Der C verlangt von dem M Schadensersatz. Der M ist bereit, dem C den Tisch ordnungsgemäß aufzubauen, was auch geschieht. Im Übrigen weigert er sich, irgendwelche Zahlungen zu leisten.

Der Anspruch des C könnte sich a) aus §§ 437 Nr. 3, 280 Abs. 1 BGB ergeben. aa) Zwischen V und M besteht ein wirksamer Kaufvertrag. bb) Fraglich ist, ob hier eine Pflichtverletzung durch die Lieferung einer mangelhaften Kaufsache vorliegt. aaa) Hier war der Tisch eigentlich mangelfrei, da er sich zum vereinbarten Zweck, der Nutzung als Computertisch eignete. bbb) Es greift aber § 434 Abs. 2, S. 2 BGB ein, da die mitgelieferte Montageanleitung mangelhaft war. Dadurch wird auch die Kaufsache selbst mangelhaft. Es liegt also eine Pflichtverletzung vor. cc) Die Haftung würde nur entfallen, wenn M die Pflichtverletzung nicht zu vertreten hat. Das Verschulden des M wird vermutet. Der Sachverhalt enthält keine entlastungsrelevanten Angaben. Die Voraussetzungen der §§ 437 Nr. 3, 280 Abs. 1 BGB liegen mithin vor. M muss Schadensersatz für den zerstörten Rechner leisten. b) Der Anspruch könnte sich auch aus § 823 Abs. 1 BGB ergeben. c) Beide Ansprüche wären nach § 254 BGB zu kürzen, weil C die Gefahr einer falschen Montage erkannt hat und deshalb seine Computeranlage nicht ohne weitere Überprüfung der Stabilität des Tisches hätte aufstellen dürfen.

**Fall 411**

Der V verkauft dem K ein Auto, dessen Bremsen nicht funktionieren. Der K verunglückt und verlangt wegen seiner Verletzungen Schadensersatz (nach Medicus).

Der Anspruch ergibt sich a) aus §§ 437 Nr. 3, 280 Abs. 1 BGB und b) aus § 823 Abs. 1 BGB.

(2) Abgrenzung zur Haftung für Rücksichtspflichtverletzungen (§§ 280 Abs. 1, 241 Abs. 2 BGB)Wenn der Käufer aber einen Schaden nicht deshalb erlitten hat, weil die Kaufsache einen Mangel aufweist, sondern deshalb, weil der Verkäufer Rücksichtspflichten aus § 241 Abs. 2 BGB (z. B. Beratungs- oder Hinweispflichten) verletzt hat, steht dem Käufer ein Anspruch auf Schadensersatz zu, der sich dann nicht aus §§ 437 Nr. 3, 280 Abs. 1 BGB, sondern **aus § 280 Abs. 1, 241 Abs. 2 BGB** ergibt.

Auf den ersten Blick könnte man nach dem Motto „Schadensersatz ist Schadensersatz" sagen, dass diese feinsinnige Unterscheidung überflüssig sei. Von entscheidender Bedeutung ist der Unterschied aber für die **Verjährung:** Ansprüche nach §§ 437 Nr. 3, 280 Abs. 1 BGB verjähren regelmäßig innerhalb von 2 Jahren nach Ablieferung bzw. Übergabe **(§ 438 Abs. 1 Nr. 3, Abs. 2 BGB)** und Ansprüche aus §§ 280 Abs. 1, 241 Abs. 2 BGB innerhalb von 3 Jahren, beginnend mit dem Schluss des Jahres, in dem Gläubigers von dem Anspruch Kenntnis erlangt hat oder hätte erlangen müssen **(§§ 195, 199 Abs. 1 BGB)**.

In der Regel macht die Unterscheidung der auf einen Sachmangel zurückzuführender Schäden und solcher Schäden, die auf eine fehlerhafte Beratung etc. beruhen, keine Schwierigkeiten; mitunter sind die Grenzen aber fließend.

**Fall 412**

Der V verkauft dem K für dessen Wäscherei einen Wäschetrockner. Dieser benötigt einen Kamin mit mindestens 380 $cm^2$ Querschnitt zum Ablüften. Der in den Räumen des K zur Verfügung stehende Kamin ist kleiner, was der V übersehen hat. Im Winter, als die anderen Wohnungen ihre Heizungen betreiben, kam es zu erheblichen Störungen, in deren Folge der K seinen Betrieb aufgeben musste. Deswegen verlangt er 2 ½ Jahre nach Lieferung des Trockners von dem V Schadensersatz (nach BGH).

Hier stellt sich die Frage, ob der Schaden nach §§ 437 Nr. 3, 280 Abs. 1 S. 1 BGB oder nach §§ 280 Abs. 1, 241 Abs. 2 BGB zu ersetzen ist. Im ersteren Fall wäre der Schadensersatzanspruch verjährt, im letzteren Falle nicht. Hier wird man zu dem Ergebnis kommen, dass der Trockner selbst nicht mangelhaft war sondern dass der V nur eine unter § 241 Abs. 2 BGB fallende Beratungs- oder Hinweispflicht verletzt hat. Der Ersatzanspruch ist daher auf §§ 280 Abs. 1, 241 Abs. 2 BGB direkt zu stützen und nicht verjährt. In einer Fallbearbeitung hätte man mit §§ 437 Nr. 3, 280 Abs. 1 begonnen und die Abgrenzung beim Prüfungspunkt „Sachmangel" vorgenommen.

## 8. Rücktritt

Der Käufer, der von einem Verkäufer mit einer mangelhaften Kaufsache beliefert worden ist, muss nicht unbedingt Nacherfüllung nach §§ 437 Nr. 1, 439 BGB verlangen wollen. Auch mag es so sein, dass die Anforderungen an einen Schadensersatzanspruch nicht gegeben sind, z. B. weil es am Vertretenmüssen mangelt. Es kann daher durchaus von Interesse für ihn sein, durch einen Rücktritt vom Kaufvertrag dessen Rückabwicklung herbeizuführen: Auf diese Weise kann er sich des Kaufgegenstandes und seiner Kaufpreiszahlungsverpflichtung entledigen und bereits von ihm erbrachte Leistungen zurückerhalten. Besonders deutlich ist ein solches Interesse des Käufers dann, wenn der Verkäufer seinerseits nicht nacherfüllen muss (§§ 275, 439 Abs. 3 BGB).

Wir erkennen also, dass das verschuldensunabhängige Rücktrittsrecht aus § 437 Nr. 2 BGB häufig die ideale Konfliktlösung für den mangelhaft belieferten Käufer darstellt. Gesetzliche Grundlage des Rücktritts im Anwendungsbereich des Gewährleistungsrechts ist **§§ 437 Nr. 2, 326 Abs. 5/323 BGB**.

Wir stoßen hier auf ein kleines **Darstellungsproblem:**

- teilweise wird in der Ausbildungsliteratur als gesetzliche Grundlage des Rücktritts **ausschließlich §§ 437 Nr. 2, 323, 346 Abs. 1 BGB** genannt, nicht aber **§§ 437 Nr. 2, 326 Abs. 5, 346 Abs. 1 BGB**. Das beruht darauf, dass hiernach der von § 437 Nr. 2 BGB ebenfalls in Bezug genommenen § 326 Abs. 5 BGB nicht als besonderer Rücktrittsgrund, sondern lediglich als ein **weiterer Entbehrlichkeitsgrund für die Nachfristsetzung** angesehen wird, also den §§ 323 Abs. 2, 440 BGB gleichgesetzt wird.
- Dass wir uns hier anders entschieden haben, konnten Sie dem vorstehenden Überblick über die Gewährleistungsrechte des Käufers bereits entnehmen. Wir werden im Folgenden differenzieren: Erfolgt der Rücktritt wegen einer **Befreiung** des **Verkäufers von** der **Pflicht zur Nacherfüllung** nach **§ 275 BGB,** so ergibt sich das Rücktrittsrecht aus **§§ 437 Nr. 2, 326 Abs. 5, 346 ff. BGB;** erfolgt der Rücktritt wegen **Nichterbringung** einer dem **Verkäufer möglichen Nacherfüllung,** so ergibt sich das Rücktrittsrecht aus **§§ 437 Nr. 2, 323, 346 ff. BGB**. Schließlich differenziert auch das allgemeine Leistungsstörungsrecht – als Grundlage auch des kaufrechtlichen Gewährleistungsrechts – zwischen diesen beiden Rücktrittsgründen. Wichtig ist nur, dass Sie sich nicht verunsichern lassen, wenn sie in unterschiedlichen Darstellungen § 326 Abs. 5 BGB als Rücktrittsgrund oder als Grund für die Entbehrlichkeit der Nachfristsetzung präsentiert bekommen.

### a) Rücktritt wegen einer Befreiung des Verkäufers von der Pflicht zur Nacherfüllung nach § 275 BGB

Sind dem Verkäufer **beide Arten** der **Nacherfüllung** nach **§ 439 Abs. 1 BGB** (Lieferung einer mangelfreien Sache/Beseitigung des Mangels) nach **§ 275 Abs. 1 BGB** unmöglich oder übt er insoweit ein Leistungsverweigerungsrecht nach **§ 275 Abs. 2, 3 BGB** aus, so ergibt sich für den Käufer ein Rücktrittsgrund aus § 326 Abs. 5 BGB. § 326 Abs. 5 BGB verweist im Wesentlichen auf § 323 BGB, allerdings mit der

Maßgabe, dass eine Fristsetzung nicht erforderlich ist. Damit betrifft die Verweisung in allererster Linie die **Ausschlussgründe** der **§ 323 Abs. 5 S. 2 BGB** (Ausschluss wegen Unerheblichkeit des Mangels) und **§ 323 Abs. 6 BGB** (Ausschluss bei alleiniger oder überwiegender Verantwortlichkeit des Rücktrittsberechtigten, also des Käufers, für den zum Rücktritt berechtigenden Umstand oder bei Annahmeverzug des Rücktrittsberechtigten bei Eintreten des zum Rücktritt berechtigenden Umstandes).

**Vorsicht**: Hier droht eine tückische **Falle**!

1. Im Fall einer gänzlichen oder teilweisen Befreiung eines Schuldners von der Leistungspflicht aus einem gegenseitigen Vertrag regelt § 326 Abs. 1, S. 1, Hs. 1 BGB das „Schicksal" des Gegenleistungsanspruchs: der Gegenleistungsanspruch erlischt „automatisch" gänzlich oder teilweise. Wenn wir jetzt logisch weiter denken, scheint dies die folgende Konsequenz haben zu müssen: Zwar muss auch der Verkäufer einer mangelhaften Sache weiterhin seine Pflicht zur Übereignung und Übergabe erfüllen; er muss aber wegen der Befreiung von der Nacherfüllungspflicht nicht mangelfrei an den Käufer leisten, ist also teilweise von seiner Leistungspflicht frei. Eine solche teilweise Befreiung des Verkäufers von den Pflichten aus § 433 Abs. 1 BGB könnte daher zur Folge haben, dass auch der Käufer „automatisch" nach §§ 326 Abs. 1 S. 1, Hs. 2, 441 Abs. 3 BGB zwar nicht insgesamt, wohl aber teilweise nach Minderungsgrundsätzen von seiner Gegenleistungspflicht frei würde und im Fall einer bereits darüber hinausgehend erbrachten Zahlung des Kaufpreises nach §§ 326 Abs. 4, 346 ff. BGB Rückzahlung verlangen könnte. Eine solche Lösung liefe auf eine Art **„Zwangsminderung"** hinaus.
2. Das Gesetz will diese Konsequenz nicht. Es will dem Käufer das in § 437 Nr. 2 BGB vorgesehene Wahlrecht zwischen Rücktritt und Minderung erhalten. Deshalb hat es die o.g., auf den ersten Blick sich aufdrängenden Rechtsfolgen aus §§ 326 Abs. 1 S. 1, Hs. 2, Abs. 4, 441 Abs. 3 BGB in § 326 Abs. 1 S. 2 BGB ausgeschlossen. Für eben diesen Fall ist das Rücktrittsrecht (natürlich ohne das Erfordernis einer – bei einer Unmöglichkeit in der Tat überflüssigen – Fristsetzung) aus § 326 Abs. 5 BGB geschaffen worden, das ansonsten wegen § 326 Abs. 4 BGB überflüssig wäre. Die Verweisung in § 437 Nr. 2 BGB beschränkt sich hierauf. Im Übrigen ist das Wahlrecht zwischen Rücktritt und Minderung vorrangig und darf nicht durch eine „Zwangsminderung" unterlaufen werden.

I. **Voraussetzungen**
   1. Wirksamer **Kaufvertrag.**
   2. **Kaufsache** ist **mangelhaft** zur Zeit des Gefahrüberganges **(§§ 437, 434 BGB).**

3. **Rücktrittserklärung, § 349 BGB.**
4. **Rücktrittsgrund (§ 326 Abs. 5 BGB):**
   a. Die **Nacherfüllung** nach **§ 439 Abs. 1 BGB** (Nachlieferung und Nachbesserung) ist wegen Unmöglichkeit **ausgeschlossen** (§ 275 Abs. 1 BGB)
   b. oder **Ausübung** eines **Leistungsverweigerungsrechts** (§§ 275 Abs. 2, 3 BGB)
5. **Kein Ausschluss** des Rücktrittsrechts
   a. **Mangel** darf **nicht unerheblich** sein (§§ 437 Nr. 2, 326 Abs. 5, 323 Abs. 5 S. 2 BGB); bei **Zuweniglieferung:** zusätzlichen **Interessensfortfall** diskutieren (§§ 437 Nr. 2, 326 Abs. 5, 323 Abs. 5 S. 1 BGB)
   b. § 323 Abs. 6 BGB (weit überwiegendes Vertretenmüssen des Käufers)
   c. § 218 Abs. 1 BGB (Verjährung des Nacherfüllungsanspruchs)
6. **kein Ausschluss der Gewährleistungsrechte**

II. **Rechte des Käufers**
Rückabwicklung nach §§ 346 ff. BGB.

Eine Rückabwicklung aufgrund eines Rücktrittsrechts des Käufers aus §§ 437 Nr. 2, 326 Abs. 5 BGB setzt eine **Rücktrittserklärung (§ 349 BGB)** voraus. Sie wissen über die Rücktrittserklärung eigentlich bereits alles. Nur auf einen Punkt soll noch einmal besonders hingewiesen werden: Da es sich um eine unwiderrufliche und bedingungsfeindliche Gestaltungserklärung handelt, ist der Käufer auch an seine Erklärung gebunden und kann nach einem erklärten Rücktritt nicht mehr Minderung verlangen. Vor Übereilung ist er dadurch geschützt, dass er den Rücktritt erst nach Fristablauf erklären kann.

Vorliegen muss natürlich ein **wirksamer Kaufvertrag**.

Die **Kaufsache muss bei Gefahrübergang mangelhaft** i. S. d. §§ 434, 435 BGB sein. In erster Linie denkt man hier bei den Sachmängeln immer an die **Qualitätsmängel** (§ 434 Abs. 1, 2 BGB). Ein zum Rücktritt berechtigender Mangel kann aber auch eine **„Anderslieferung“** oder **„Zuweniglieferung“** sein (§ 434 Abs. 3 BGB).

Bei aller Liebe zur Theorie müssen Sie auch als junger Jurist praktisch denken. Sie sollten sich immer wieder darauf besinnen, dass die Anwendung des Gewährleistungsrechts bei einer **„Anderslieferung“ (§ 434 Abs. 3 BGB)** keinesfalls zwingend ist. In der Praxis wird es dem Käufer bei der Lieferung oder Abholung kaum verborgen bleiben, dass der Verkäufer eine andere als die geschuldete Sache liefert. Dann kann und wird er diese Leistung in aller Regel gar nicht erst annehmen. Hierdurch verhindert er, dass das erst mit dem Gefahrübergang (§ 446 BGB) geltende Gewährleistungsrecht überhaupt zur Anwendung kommt. Ähnlich liegt es bei der **„Zuweniglieferung" (§ 434 Abs. 3 BGB)**: Der Käufer kann die als Zuwenigleistung erkannte Minderleistung als Teilleistung nach § 266 BGB zurückweisen, so dass es nicht zum Gefahrübergang (§ 446 BGB) kommt.

In den hier interessierenden Fallkonstellationen einer Befreiung des Verkäufers von der Pflicht zur Nacherfüllung ergibt sich der **Rücktrittsgrund** aus **§§ 437 Nr. 2, 326 Abs. 5 BGB**. Voraussetzung ist, dass dem Verkäufer beide Arten der Nacherfüllung des § 439 Abs. 1 BGB (Lieferung einer mangelfreien Sache/Beseitigung des Mangels) unmöglich sind oder er insoweit sein Leistungsverweigerungsrecht nach § 275 Abs. 2, 3 BGB ausgeübt hat.

Hingegen löst die Ausübung des Rechts zur Verweigerung der Nacherfüllung nach § 439 Abs. 3 BGB kein Rücktrittsrecht nach § 326 Abs. 5 BGB aus. Der klare Wortlaut des § 326 Abs. 5 BGB steht dagegen. Außerdem wäre es ansonsten überflüssig, dass § 440 BGB die Entbehrlichkeit der Nachfristsetzung im Falle einer Nachbesserungsverweigerung nach § 439 Abs. 3 BGB anordnet. Die Frage ist aber theoretischer Natur. Denn die Nachfristsetzung wäre in jedem Fall entbehrlich: entweder nach §§ 437 Nr. 2, 326 Abs. 5 BGB oder – wenn man auf das Rücktrittsrecht aus §§ 437 Nr. 2, 323 BGB abstellt – nach § 440 BGB.

Für ein Rücktrittsrecht nach §§ 437 Nr. 2, 326 Abs. 5 BGB ist erforderlich, dass der **Mangel nicht unerheblich** ist. Bei „Bagatellen" ist zwar ein Mangel gegeben; für ein Rücktrittsrecht reichen sie jedoch nicht aus (§§ 437 Nr. 2, 326 Abs. 5, 323 Abs. 5 S. 2 BGB). Die Prüfung der Unerheblichkeit, bereitet i. d. R. keine Probleme: Ein Kratzer im Lack eines Neuwagens, dessen Reparaturkosten unter 1 % des Neuwerts liegt, ist zum *Beispiel* eine „Bagatelle" und kann kein Rücktrittsrecht aus §§ 437 Nr. 2, 326 Abs. 5 BGB begründen, sondern nur zur Minderung führen (§§ 437 Nr. 2, 326 Abs. 5, 441 BGB). Problematisch ist in diesem Kontext aber der Fall einer **Zuweniglieferung,** die nach § 434 Abs. 3 Var. 2 BGB als Mangel anzusehen ist. Die Frage stellt sich bekanntlich nur, wenn der Käufer eine Zuweniglieferung als Erfüllung entgegengenommen und nicht nach § 266 BGB vorgegangen ist, so dass wegen des Gefahrübergangs nach §§ 434 Abs. 3, 446 BGB das Gewährleistungsrecht anwendbar ist. Problematisch ist dann, ob für einen Rücktritt des Käufers vom gesamten Vertrag bereits die Nicht-Unerheblichkeit der Zuweniglieferung i. S. d. §§ 437, 326 Abs. 5, 323 Abs. 5 S. 2 BGB ausreicht, oder ob der Käufer auch zusätzlich das Interesse an der Zuweniglieferung verloren haben muss (§§ 437 Nr. 2, 326 Abs. 5, 323 Abs. 5 S. 1 BGB). Zuweilen wird bereits aus der bloßen Tatsache, dass das Gesetz eine Minderleistung einem Sachmangel gleichstellt, gefolgert, dass Sachmängel und Zuweniglieferungen auch hinsichtlich der Rechtsfolge eines Rücktritts gleich behandelt werden; demnach genügt die Erheblichkeit der Minderleistung i. S. d. § 323 Abs. 5 S. 2 BGB, während die Prüfung eines Interessenwegfalls nach nicht erforderlich sein soll. Die Konsequenz wäre, dass es bei einer Minderleistung nur die Alternative gibt zwischen entweder einem Rücktritt vom gesamten Vertrag im Fall der Erheblichkeit der Minderleistung oder überhaupt keinem Rücktritt im Falle der Unerheblichkeit der Minderleistung (§§ 433, 434 Abs. 3, 437 Nr. 2, 323 Abs. 5, S. 2 BGB). Wenn man dagegen die Zuweniglieferung im Kaufrecht wie eine Teilleistung behandelt, dann kommt auch bei einer erheblichen Zuweniglieferung grundsätzlich nur ein Teilrücktritt nach §§ 437 Nr. 2, 326 Abs. 5 BGB in Betracht, während ein Rücktritt vom gesamten Vertrag zusätzlich einen Wegfall des Interesses des Käufers an der Teilleistung erfordert (§§ 433, 434 Abs. 3, 437 Nr. 2, 326 Abs. 5, 323 Abs. 5 S. 1 BGB). Für diese Lösung soll sprechen, dass anderenfalls der § 323 Abs. 5 S. 1 BGB seines praktisch wichtigsten Anwendungsbereiches – den Kauf-, Tausch- und Werklieferungsverträgen – entzogen wäre. Außerdem käme es zu Wertungswidersprüchen im Vergleich zu allen anderen Verträgen. Schließlich wird argumentiert, dass die Gleichsetzung von Falsch- und Minderlieferungen mit einem Sachmangel in § 434 Abs. 3 BGB nur das rechtspolitische Ziel hatte, die Abgrenzungsschwierigkeiten auf der Tatbestandsseite zu beseitigen, nicht aber bestimmen sollte, unter welchen Voraussetzungen ein Rücktritt möglich sein soll. Natürlich sind insoweit beide Lösungen vertretbar. Eine herrschende Meinung hat sich bisher noch nicht herausgebildet.

Wie sie wissen können die Rückabwicklungsfolgen eines Rücktritts in fast identischer Weise auch durch die Geltendmachung eines „großen" Schadensersatzes statt der Leistung erreicht werden (§§ 437 Nr. 3, 280 Abs. 1, 3, 281 BGB). Angesichts der soeben diskutierten Rücktrittssperre des § 323 Abs. 5 S. 2 BGB wird der eine oder der andere unter Ihnen vielleicht auf den „genialen" Gedanken gekommen sein, die Rücktrittssperre auf diesem Wege zu umgehen. Das aber verhindert das Gesetz in weiser Voraussicht dadurch, dass es in § 281 Abs. 1 S. 3 BGB das Erfordernis der Erheblichkeit der Pflichtverletzung (hier: der Mangelhaftigkeit) auch zur Voraussetzung für einen Anspruch auf den Ersatz des „großen" Schadensersatzes erhoben hat.

Der **Rücktritt** darf schließlich **nicht** nach **§§ 437 Nr. 2, 326 Abs. 5, 323 Abs. 6 BGB ausgeschlossen** sein, weil der zum Rücktritt berechtigende Umstand (Mangel oder Befreiung des Verkäufers von der Nacherfüllungspflicht) vom Käufer allein oder überwiegend zu vertreten ist oder weil er während eines Annahmeverzuges hinsichtlich der ordnungsgemäß vom Verkäufer angebotenen Nacherfüllung eingetreten ist.

Die **Rechtsfolge** des Rücktritts besteht darin, dass das ursprüngliche Schuldverhältnis sich in ein **Rückgewährschuldverhältnis** umwandelt (§§ 437 Nr. 2, 326 Abs. 5, 346 ff. BGB). Ungeschriebene Konsequenz des § 346 BGB ist der Wegfall der Primärleistungsansprüche. Der Käufer kann ferner nach § 346 Abs. 1 BGB einen von ihm bereits gezahlten Kaufpreis sowie die erzielten Zinsen oder „entgegen der Regeln einer ordnungsgemäßen Wirtschaft" nicht gezogene Zinsen (§ 347 Abs. 1 BGB) verlangen. Er selbst muss Zug-um-Zug (§ 348 BGB) die Kaufsache, die erzielten Nutzungen (§ 346 Abs. 1 BGB) oder die „entgegen der Regeln einer ordnungsgemäßen Wirtschaft" nicht gezogene Nutzungen herausgeben (§ 347 Abs. 1 BGB); kann er dies nicht, schuldet er nach § 346 Abs. 2 S. 1 BGB vorbehaltlich der Ausnahmen des § 346 Abs. 3 BGB Wertersatz in Höhe der Gegenleistung (§ 346 Abs. 2 S. 2 BGB), jedenfalls aber eine verbleibende Bereicherung (§ 346 Abs. 2 BGB). Im Falle der Beschädigung oder Zerstörung der Kaufsache haftet der Käufer nach §§ 346 Abs. 4, 280 ff. BGB.

**Fall 413**

Der V verkauft an den K ein gebrauchtes Auto, das – für beide zunächst unerkennbar – einen nicht behebbaren Motorschaden hat. Der K bemerkt dies eine Woche nach der Lieferung und verlangt von V „sein Geld zurück."

Der Anspruch kann sich aus §§ 437 Nr. 2, 326 Abs. 5, 346 Abs. 1 BGB ergeben. a) Ein wirksamer Kaufvertrag lag vor. b) Der Wagen war bei Gefahrübergang fehlerhaft. Denn das Fahrzeug hätte natürlich auch als Gebrauchtwagen einen funktionstüchtigen Motor aufweisen müssen, schließlich besteht die gewöhnliche Verwendung des Fahrzeugs im Fahren (§ 434 Abs. 1 S. 2 Nr. 2 BGB). c) Der K hat den Rücktritt konkludent durch das Rückzahlungsverlangen erklärt. d) Das Rücktrittsrecht ergibt sich aus §§ 437 Nr. 2, 326 Abs. 5 BGB, weil der Sachmangel nicht behebbar war, so dass beide Arten der Nacherfüllung unmöglich waren (§ 275 Abs. 1 BGB). e) Der Rücktritt ist auch nicht nach § 323 Abs. 5 S. 2 BGB ausgeschlossen, da der Mangel nicht unerheblich i. S. d. §§ 437 Nr. 2, 326 Abs. 5, 323 Abs. 5 S. 2 BGB war. f) Der K kann daher Rückgabe des defekten Kfz verlangen (§ 348 BGB), und ist Zug-um-Zug zur Rückzahlung des Kaufpreises nach § 346 Abs. 1 BGB verpflichtet.

**Fall 414**

Der V verkauft und liefert an K im Jahre 2015 eine bestimmte Kiste in der sich laut Etikett des Weinbauern 50 Flaschen Rotwein des Jahrgangs 1953 einer bestimmten Lage („Georgenfeld") befinden, die der K – wie er dem V erklärt – seinem Freund Georg zu einem 50. Geburtstag schenken will. Als K den Wein auspackt, ist der Wein in 2 Flaschen wegen undichter Korken bereits zu Essig geworden. Der K moniert dies. Daraufhin teilt ihm der V mit, dass er auf Nachfrage von dem Weinbauern erfahren habe, dass es von diesem Wein keine Flaschen mehr gebe. Darauf erklärt der V den Rücktritt vom ganzen Vertrag und verlangt Rückzahlung des Kaufpreises Zug-um-Zug gegen Rückübereignung des gelieferten Weines.

Der Anspruch ergibt sich aus §§ 437 Nr. 2, 326 Abs. 5, 346 BGB. a) Ein den gesamten Kaufvertrag erfassender Rücktritt ist auch bei einer nur teilweise mangelhaften Kaufsache möglich. Das kann man daraus folgern, dass der Gesetzgeber den § 469 BGB a. F. bewusst nicht übernommen hat. Allerdings muss man sorgfältig prüfen, ob die Kaufsache aus diesem Grunde nur unerheblich mangelhaft i. S. d. §§ 437 Nr. 2, 326 Abs. 5, 323 Abs. 5 S. 2 BGB ist. Das wird man hier nicht sagen können. b) Ob man auch auf § 323 Abs. 5 S. 1 BGB abstellen muss, können Sie erst nach der Bearbeitung der Variante entscheiden.

## Variante

Als der K die Kiste auspackt, sind in ihr nur 48 Flaschen. Der K moniert dies. Daraufhin teilt ihm der V mit, dass er von dem Weinbauern auf Nachfrage erfahren habe, dass es von diesem Wein keine weiteren Flaschen mehr gebe. Darauf erklärt der V den Rücktritt vom ganzen Vertrag und verlangt Rückzahlung des Kaufpreises Zug-um-Zug gegen Rückübereignung des gelieferten Weines.

a) Es liegt ein Kaufvertrag vor. b) Die Kaufsache war bei Gefahrübergang (§ 446 S. 1 BGB) nach § 434 Abs. 3 BGB mangelhaft. c) Der Rücktritt ist erklärt. d) Der Rücktrittsgrund ergibt sich aus §§ 437 Nr. 2, 326 Abs. 5 BGB. e) Der Mangel ist erheblich. f) Fraglich ist, ob für einen Rücktritt zusätzlich erforderlich ist, dass der K kein Interesse an einem teilweisen Leistungsaustausch hat (§§ 437 Nr. 2, 326 Abs. 5, 323 Abs. 5 S. 1 BGB). aa) Für die Ansicht, die für einen Rücktritt vom ganzen Vertrag allein auf Erheblichkeit der Zuweniglieferung abstellt (§§ 437 Nr. 2, 326 Abs. 5, 323 Abs. 5 S. 2 BGB) und hierfür nicht zusätzlich den Wegfall des Interesses des Käufers an der Restleistung verlangt (§§ 437 Nr. 2, 326 Abs. 5, 323 Abs. 5 S. 1 BGB) spricht, dass nur so gesichert ist, dass dieser Fall und der vorherige Fall, die beide von der Interessenlage her identisch sind, gleichläufig gelöst werden können. Es macht nämlich für den Käufer keinen Unterschied, ob 2 der Flaschen verdorben sind oder ob 2 Flaschen fehlen. Wer sich allerdings nicht dieser Lösung anschließt, wird wohl kaum umhinkönnen, auch bei einer qualitativ teilweise mangelhaften Kaufsache auf §§ 437 Nr. 2, 326 Abs. 5, 323 Abs. 5 S. 1 BGB abzustellen – sonst drohen Wertungswidersprüche! bb) Sehr häufig kann man aber – wie auch dieser Fall zeigt – die Frage offen lassen, denn auch in diesem Fall wäre von einem Interessenwegfall bei K auszugehen (50 Flaschen für den 50. Geburtstag), so dass man auch bei der Anwendung des §§ 437 Nr. 2, 326 Abs. 5, 323 Abs. 5 S. 1 BGB zum Rücktritt vom ganzen Vertrag käme.

## Fall 415

Der V, der eine Autowerkstatt betreibt, verkauft dem K einen Gebrauchtwagen, der einen Motorschaden hat. Der K verlangt von V Beseitigung des Mangels. Dazu bringt er den Wagen zu V. Der V, der bisher von einem Motorschaden auch nichts gewusst hatte, erkennt den Defekt nicht und fordert den K zu einer gemeinsamen Probefahrt auf. Auf dieser verunglückt der K aufgrund seines Verschuldens, so dass der Wagen einen Totalschaden erleidet. Dann erklärt der K den Rücktritt und verlangt Rückzahlung des Kaufpreises.

Der a) an sich nach §§ 437 Nr. 2, 326 Abs. 5, 346 BGB mögliche Rücktritt b) ist nach §§ 437 Nr. 2, 326 Abs. 5, 323 Abs. 6 Var. 1 BGB ausgeschlossen, weil der K die Unmöglichkeit der Nacherfüllung allein zu vertreten hat.

Zuletzt soll noch auf den in der **Praxis** wohl **wichtigsten Ausschlussgrund** hingewiesen werden, nämlich auf die **Verjährung**. Der Rücktritt ist nämlich auch dann ausgeschlossen, wenn der Nacherfüllungsanspruch verjährt ist und sich der Schuldner auf die Verjährung beruft **(§ 218 Abs. 1 BGB)**. Kleine – im mündlichen Examen beliebte – **Verständnisfrage** „am Rande“: Warum ist eigentlich der Rücktritt ausgeschlossen und nicht das Rücktrittsrecht verjährt? Lesen Sie dazu § 194 Abs. 1 BGB: Nur Ansprüche verjähren, nicht aber Gestaltungsrechte!

**Fall 416**

K kauft bei V einen speziell für seine Bedürfnisse konfigurierten Computer. Nach 2 ½ Jahren bemerkt er, dass der Computer nur über einen Arbeitsspeicher von 8 GB verfügt und nicht wie bestellt und bezahlt über 16 GB. Eine Nachrüstung ist nicht möglich. K möchte daher den Kaufpreis zurückerhalten. V beruft sich auf die Verjährung.

Der Anspruch kann aus §§ 437 Nr. 2, 326 Abs. 5, 346 Abs. 1 BGB folgen. a) Ein wirksamer Kaufvertrag und b) ein Mangel der Kaufsache liegen (unproblematisch) vor. c) Die Rücktrittserklärung liegt konkludent im Rückzahlungsverlangen. d) Die Voraussetzungen von § 326 Abs. 5 BGB liegen ebenfalls vor, da die Nacherfüllung mangels Nachrüstbarkeit unmöglich ist und es sich um ein Sondermodell handelt, bei dem Nachlieferung nicht möglich ist. e) Der Rücktritt kann aber nach § 218 Abs. 1 BGB ausgeschlossen sein. Dazu muss der Nacherfüllungsanspruch verjährt sein und der V müsste sich darauf berufen haben (§ 218 Abs. 1 S. 1 BGB). Hier bestand wegen § 275 Abs. 1 BGB von Anfang an kein Nacherfüllungsanspruch, der verjähren konnte. Gleichgestellt sind nach § 218 Abs. 1 S. 2 BGB aber diejenigen Fälle, in denen der Nacherfüllungsanspruch verjährt wäre. Die Verjährungsfrist eines Anspruches aus § 439 Abs. 1 BGB beträgt nach § 438 Abs. 1 Nr. 3 BGB im vorliegenden Fall 2 Jahre und zwar beginnend ab Ablieferung der Sache (§ 438 Abs. 2 BGB). Nach 2 ½ Jahren ist der Anspruch somit verjährt. V hat sich auch ausdrücklich auf die Verjährung berufen. Daher ist der Rücktritt ausgeschlossen.

### b) Rücktritt wegen Nichterbringung der Nacherfüllung

Sofern der **gewährleistungspflichtige Verkäufer** die ihm **mögliche Nacherfüllung nicht erbringt**, steht dem Käufer ein **Rücktrittsrecht aus §§ 437 Nr. 2, 323 BGB** zu.

I. **Voraussetzungen**
   1. Wirksamer **Kaufvertrag.**
   2. Kaufsache ist **mangelhaft** (§ 437 BGB) zur Zeit des Gefahrüberganges i. S. d. § 434 BGB.
   3. **Rücktrittserklärung** (§ 349 BGB).
   4. **Rücktrittsgrund** (§ 323 Abs. 1 BGB).

a. Nichterfüllung des **Nacherfüllungsanspruchs** (aus § 439 Abs. 1 BGB).
b. **Nachfristsetzung** (§§ 437 Nr. 2, 323 Abs. 1 BGB) oder **Entbehrlichkeit** (§§ 437 Nr. 2, 323 Abs. 2, 440, 478 Abs. 1 BGB) und fruchtloser Fristablauf.

5. **Kein Ausschluss** des Rücktrittsrechts.
   a. Der **Mangel** darf **nicht unerheblich** sein (§§ 437 Nr. 2, 323 Abs. 5 S. 2 BGB); bei **Zuweniglieferung** ist die Frage des Erfordernisses eines zusätzlichen Interessensfortfalls zu diskutieren (§§ 437 Nr. 2, 323 Abs. 5 S. 1 BGB)
   b. §§ 437, 323 Abs. 6 BGB
   c. § 218 Abs. 1 BGB.
6. **Kein Ausschluss der Gewährleistungsrechte.**

II. **Rechte des Käufers**
Rückabwicklung nach §§ 346 ff. BGB.

Was die Notwendigkeit einer **Rücktrittserklärung (§ 349 BGB)**, des Vorliegens eines **wirksamen Kaufvertrags** und eines **bei Gefahrübergang mangelhaften Kaufgegenstandes** angeht, kann auf die vorstehenden Ausführungen zum Rücktritt nach §§ 437 Nr. 2, 326 Abs. 5 BGB verwiesen werden.

Der erste wesentliche Unterschied zu dem zuvor erörterten Rücktritt aus §§ 437 Nr. 2, 326 Abs. 5 BGB besteht darin, dass § 323 BGB einen **bestehenden Nacherfüllungsanspruch** voraussetzt. Dieser Anspruch wäre nicht gegeben, wenn die Verpflichtung des Verkäufers zur Nacherfüllung nach § 275 BGB entfallen ist. Die Ausübung des Nachbesserungsverweigerungsrechts aus § 439 Abs. 3 BGB führt nach obiger Begründung trotz der systematischen Nähe zu § 275 Abs. 2, 3 BGB nicht zu einem Wegfall des Nacherfüllungsanspruchs; in einem solchen Fall ergibt sich das Rücktrittsrecht des Käufers aus §§ 437 Nr. 2, 323 BGB.

Weiterhin verlangt §§ 437 Nr. 2, 323 BGB im Grundsatz, dass eine dem Verkäufer vom Käufer **gesetzte angemessene Frist** zur **Nacherfüllung erfolglos abgelaufen** ist (§§ 437 Nr. 2, 323 Abs. 1 BGB). Die **Fristsetzung ist** aber **entbehrlich**

- nach **§ 323 Abs. 2 Nr. 1 BGB**, wenn der Verkäufer die Nacherfüllung **„ernsthaft und endgültig verweigert" und zwar unberechtigt,**

Beachten Sie, dass an die **Verweigerung** tendenziell etwas strengere Anforderungen zu stellen sind, als im allgemeinen Leistungsstörungsrecht. Allein in der Behauptung des Verkäufers, die Sache sei mangelfrei, liegt nicht sofort und ohne weiteres eine ernsthafte und endgültige Verweigerung der Nacherfüllung. Würde man dies anders sehen, so wäre die Stellung eines Verkäufers zu sehr geschwächt.

- nach **§ 323 Abs. 2 Nr. 2 BGB,** wenn der Verkäufer nicht „zu einem vertraglich vereinbarten Termin oder innerhalb einer bestimmten Frist" **(„relatives Fixgeschäft")** eine mangelfreie Sache liefert und wenn der **Käufer** im **Kaufvertrag „den Fortbestand seines Leistungsinteresses an die Rechtzeitigkeit der Leistung gebunden hat",**

Hierbei ist vor allem an den **Kauf von Saisonware** oder **Urlaubsausrüstung** zu denken. So wäre zum Beispiel beim Kauf einer Taucherausrüstung für einen Urlaub in Kapstadt, der wenige Wochen später beginnen soll, eine Nacherfüllungsfrist von 2 Wochen, die eigentlich völlig ausreichend wäre, ausnahmsweise unangemessen. Problematisch ist allerdings, ob es insoweit einer konkreten Vereinbarung bedarf, was der Gesetzeswortlaut nahe legt. Sonderlich realitätsnah ist das Verlangen dieser Angabe nicht. Jedenfalls aber muss das besondere Leistungsinteresse des Käufers dem Verkäufer zur Kenntnis gebracht werden.

- nach **§ 323 Abs. 2 Nr. 3,** wenn **„besondere Umstände vorliegen, die unter Abwägung der beiderseitigen Interessen den sofortigen Rücktritt rechtfertigen",**

Große Bedeutung kommt diesem Auffangtatbestand nicht zu. In den praktisch relevanten Fällen dürfte bereits § 440 BGB einschlägig sein, dessen Satz 1, 3. Alt. dem Käufer bereits bei Unzumutbarkeit der Nacherfüllung die Nachfristsetzung erlässt. Der dogmatische Unterschied ist jedoch, dass bei § 323 Abs. 2 Nr. 3 BGB Käufer- und Verkäuferinteressen zu berücksichtigen sind. Ausnahmsweise kann das Verkäuferinteresse an der Nacherfüllung so gering sein, dass eine Nachfristsetzung entbehrlich ist.

- nach **§ 440 S. 1 Alt. 1 BGB,** wenn der **Verkäufer beide Arten** der **Nacherfüllung verweigert** nach § 439 Abs. 3 BGB,

Die Verweigerung nach § 440 BGB ist etwas grundsätzlich anderes als die nach § 323 Abs. 2 Nr. 1 BGB. Es handelt sich nämlich hier um eine berechtigte Verweigerung der Nacherfüllung im Gegensatz zu einer unberechtigten in § 323 Abs. 2 Nr. 1 BGB. Nach einigen Literaturstimmen soll es aber für § 440 BGB auch ausreichen, wenn sich der Verkäufer unberechtigterweise auf eine unzumutbare Leistungserschwerung beruft. Die Norm soll nämlich allein den Verkäufer schützen und ihm ein „Recht der zweiten Andienung" gewähren, auf das er allerdings auch konkludent verzichten kann.

- nach **§ 440 S. 1 Alt. 2 BGB,** wenn die **vom Käufer gewählte Art** der **Nacherfüllung fehlgeschlagen** ist bzw. nach § 440 S. 2 BGB als fehlgeschlagen fingiert wird,

Neben dem kodifizierten Fall (§ 440 S. 2 BGB) einer zweimalig fehlgeschlagenen Nachbesserung dürfte auch eine erhebliche Verzögerung ein Fehlschlagen der Nachbesserung begründen. In der Praxis wird der Käufer dem Verkäufer häufig die Sache zur Nachbesserung überlassen ohne ausdrücklich eine Nachfrist zu setzen.

- und nach **§ 440 S. 1 Alt. 3 BGB,** wenn die Nacherfüllung **dem Käufer unzumutbar** ist (gemeint sind damit Fälle, in denen eine Abhilfe mit erheblichen Unannehmlichkeiten für den Käufer verbunden ist oder in denen der Käufer vom Verkäufer arglistig getäuscht oder sonst unzumutbar behandelt worden ist).

Dass und warum § 440 BGB überhaupt angewendet wird, haben wir bei der Darstellung des Rücktrittsrechts aus §§ 437 Nr. 2, 326 Abs. 5 BGB dargelegt.

- Die Fristsetzung ist ferner entbehrlich, wenn bei einem **Verbrauchsgüterkaufvertrag** der Unternehmer seinen Lieferanten in Anspruch nimmt, weil er eine neu hergestellte Sache von einem Verbraucher zurücknehmen musste oder weil der Verbraucher den Kaufpreis gemindert hatte **(§ 478 Abs. 1 BGB)**. Dies ist ein **Spezialfall der Unzumutbarkeit i. S. d. des § 440 S. 1 BGB**. Der rechtspolitische Grund für die zuletzt genannte Ausnahme vom Erfordernis der Nachfristsetzung liegt darin, dass der von einem Verbraucher in Anspruch genommene Letztverkäufer die Nachteile eines verbesserten Verbraucherschutzes nicht allein tragen soll. Weil auch der Lieferant des Letztverkäufers nicht schlechter gestellt werden kann als der Letztverkäufer, sollen in einer bis zum Hersteller reichenden Lieferkette die in § 478 BGB geregelten Erleichterungen der Käuferrechte (hier die Fristsetzung in § 437 BGB) gelten. Der Letztverkäufer bzw. der in einer Lieferantenkette vor ihm stehende Verkäufer kann unmittelbar nach Rücknahme der mangelhaften Sache seinerseits von dem Kaufvertrag mit seinem Lieferanten zurücktreten, ohne eine meist sinnlose Nacherfüllungsgelegenheit geben zu müssen.
- In der Wissenschaft wird noch eine weitere **(ungeschriebene) Fallgruppe** der Entbehrlichkeit der Nachfristsetzung diskutiert. So soll, wenn eine Kaufsache schon verspätet geliefert wird und deswegen bereits eine Nachfrist gesetzt wurde, bei einer dann mangelhaften Lieferung sofort zurückgetreten werden dürfen. Dies lässt sich mit dem Gesetzeswortlaut gut begründen. Die Lösung kann aber leicht unbillige Konsequenzen erzeugen und sollte daher nicht pauschal angewendet werden. Besser ist es daher, die spezielleren kaufrechtlichen Normen an-

zuwenden und z. B. im Rahmen der „Unzumutbarkeit“ des § 440 S. 1 BGB eine Abwägung vorzunehmen. Dies demonstriert folgendes *Beispiel* (nach Mattheus): Eine Druckmaschine wird verspätet geliefert, nachdem bereits eine Nachfrist gesetzt worden ist. 18 Monate später stellt sich ein bedeutsamer, aber leicht zu behebender Defekt heraus. Nach der eben genannten Ansicht wäre ein Rücktritt sofort möglich. Begründet werden sollte dies aber nicht pauschal, sondern unter Zugrundelegung der Umstände des Einzelfalles im Rahmen der Unzumutbarkeitsprüfung bei § 440 S. 1 BGB

Wegen der **übrigen Voraussetzungen** und auch wegen der **Rechtsfolgen** kann wieder auf die vorstehenden Ausführungen verwiesen werden (Haben Sie die weiteren Voraussetzungen noch im Kopf? Keine **Unerheblichkeit des Mangels**; bei einer **Zuweniglieferung** ggf. das Erfordernis eines Interessenwegfalls; **kein Ausschluss** des Rücktritts nach **§§ 437 Nr. 2, 323 Abs. 6 BGB**). Sollte der Nacherfüllungsanspruch verjährt sein, was inzident zu prüfen wäre, so ist der Rücktritt nach § 218 Abs. 1 BGB ausgeschlossen, wenn sich der Verkäufer auf die Verjährung beruft. Nach der Rechtsprechung des BGH genügt es, wenn der Rücktritt rechtzeitig ausgeübt wird, auf den Zeitpunkt einer gerichtlichen Geltendmachung kommt es nicht an.

**Fall 417**

Der K kauft bei dem V für € 45.000,– eine Druckmaschine mit der Möglichkeit zum Digitaldruck. Die Maschine wirft gelegentlich fehlerhafte Drucke aus. Der K ist verärgert und verlangt die Lieferung einer neuen Maschine. Der V meint, dass sei unnötig. Man könne den Fehler auch durch ein „Firmware-Update“ bei der vorhandenen Maschine beheben. Durch den von K begehrten Austausch der Maschine könne er die gelieferte Maschine nicht mehr als neuwertig verkaufen und zum anderen müsse er dann ein Transportunternehmen mit der Abholung beauftragen. Gern sei er bereit, den Defekt in der vorgeschlagenen Weise zu beheben. Wie ist die Rechtslage?

Der Nacherfüllungsanspruch des K gegen den V auf Lieferung einer mangelfreien Sache a) ergibt sich aus §§ 437 Nr. 1, 439 Abs. 1 BGB. b) Der V kann die von dem K gewählte Nachlieferung einer mangelfreien Sache jedoch nach § 439 Abs. 3 BGB verweigern, weil sie nur mit unverhältnismäßigen Kosten möglich ist: Zu berücksichtigen sind hier die Kosten für den Transport und der Umstand, dass der Mangel ohne erhebliche Nachteile für den Käufer durch Nachbesserung beseitigt werden kann.

**Variante**

Der K sieht nun auch ein, dass er nur die Nachbesserung verlangen kann. Der V erscheint innerhalb der nächsten 3 Monate dreimal im Betrieb des K und bastelt an der Druckmaschine herum. Dennoch ist der Defekt nicht behoben. Der K hat nunmehr keine Lust mehr, länger zu warten und erklärt den Rücktritt. Der V meint, dies sei nicht möglich, da der K ihm keine Nachfrist gesetzt habe. Der K verlangt nunmehr die € 45.000,– zurück. Der V weigert sich, jedenfalls will er das Geld nur Zug-um-Zug gegen Rückgabe der Druckmaschine zurückzahlen.

Der Anspruch kann sich aus §§ 437 Nr. 2, 323 Abs. 1, 346 Abs. 1 BGB ergeben. a) Ein wirksamer Kaufvertrag besteht. b) Die Kaufsache war bei Gefahrübergang mangelhaft (§§ 434 Abs. 1 S. 2 Nr. 1, 446 S. 1 BGB). c) Der Rücktritt wurde erklärt. d) Dem K steht ein Nacherfüllungsanspruch nach §§ 437 Nr. 1, 439 Abs. 1 BGB zu. e) Der K hat aber dem V keine aa) nach §§ 437 Nr. 1, 323 BGB grundsätzlich erforderliche Nachfrist gesetzt. bb) Die Fristsetzung aaa) ist auch nicht nach § 323 Abs. 2 BGB entbehrlich. bbb) Hier greift aber § 440 S. 1, 2 BGB ein: Nach dem erfolglosen zweiten Nachbesserungsversuch gilt die Nachbesserung als fehlgeschlagen und ein Rücktritt ist ohne weitere Fristsetzung möglich. f) Der V hat hier seine Nacherfüllungspflicht aus §§ 437 Nr. 1, 439 Abs. 1 BGB nicht ordnungsgemäß erbracht. g) Der Rücktritt ist auch nicht nach § 323 Abs. 5 S. 2 BGB ausgeschlossen, da der Defekt nicht unerheblich ist. h) Dem V steht aber nach §§ 348, 320 BGB ein Zurückbehaltungsrecht zu. Er muss daher das Geld nur Zug-um-Zug gegen Rückgabe der Maschine zurückzahlen.

**Fall 418**

Der K kauft bei V ein Modellflugzeug als Bausatz. Beim Zusammenkleben der Holzteile macht der K einen Fehler. Der Grund hierfür ist die beiliegende Montageanleitung, die für K unerkennbar für eine nur in den Vereinigten Staaten vertriebene Version des Bausatzes gedacht war, so dass die Maße nicht zutreffend waren. Das Flugzeug ist, wie sich schnell herausstellt, nicht mehr flugfähig zu machen. Der K verlangt von V zunächst die Lieferung eines neuen Bausatzes mit korrekter Bauanleitung. Der V ist dazu nicht bereit, woraufhin der K „sein Geld zurück" will. Der V meint, dass er jedenfalls den Wert des nunmehr defekten Bausatzes „abziehen" wird.

1. Der Anspruch auf Rückzahlung des Kaufpreises kann aus §§ 437 Nr. 2, 323 Abs. 1, 346 Abs. 1 BGB folgen. a) Zwischen V und K bestand ein wirksamer Kaufvertrag. b) Die Kaufsache muss bei Gefahrübergang mangelhaft gewesen sein. aa) Hier war zwar der Bausatz selbst nicht mangelhaft, bb) doch führte die mangelhafte Montageanleitung zum Vorliegen eines Sachmangels (§ 434 Abs. 2 S. 2 BGB). Der Mangel lag auch bei Gefahrübergang vor (§ 446 S. 1 BGB). c) Der K hat den Rücktritt konkludent erklärt (§ 349 BGB). d) Dem K steht ein Nacherfüllungsanspruch nach §§ 437 Nr. 1, 439 Abs. 1 BGB zu. e) Der K hat dem V keine aa) grundsätzlich erforderliche Nachfrist gesetzt (§§ 437 Nr. 2, 323 Abs. 1 BGB). bb) Möglicherweise ist die Nachfristsetzung hier aber entbehrlich. aaa) Auf § 440 BGB kann insoweit nicht abgestellt werden, da V zum einen nicht beide Arten der Nacherfüllung (berechtigt!) verweigert hat (§ 440 S. 1 BGB) und zum anderen die dem Käufer zustehende Nachlieferung nicht fehlgeschlagen oder unzumutbar ist (§ 440 S. 2 BGB). bbb) Die Entbehrlichkeit der Nachfristsetzung kann aber aus § 323 Abs. 2 Nr. 1 BGB folgen. Der

V hat die Nachlieferung unberechtigt verweigert. K kann daher zurücktreten, ohne vorher eine Nachfrist zu setzen. f) Der V hat hier seine Nacherfüllungspflicht aus §§ 437 Nr. 1, 439 Abs. 1 BGB nicht erbracht. g) Der Mangel war auch nicht unerheblich i. S. d. §§ 437 Nr. 2, 323 Abs. 5 S. 2 BGB. h) Dem K steht daher grundsätzlich ein Anspruch auf Rückzahlung des Kaufpreises zu. 2. Möglicherweise ist der Anspruch nach § 389 BGB durch Aufrechnung erloschen. a) Die Aufrechnung wurde von V konkludent erklärt, indem er äußerte, er werde den von ihm geltend gemachten Betrag „abziehen". b) Gegeben sein müsste eine Aufrechnungslage (§ 387 BGB). Dazu muss dem V gegen K ein gleichartiger und fälliger Gegenanspruch zustehen. Der Anspruch kann sich hier aus § 346 Abs. 2 BGB ergeben. Grundsätzlich ist der K zur Rückgewähr des Bausatzes aus § 346 Abs. 1 BGB verpflichtet. Weil ihm dies im ursprünglichen Zustand nicht mehr möglich ist, schuldet er nach § 346 Abs. 2 S. 1 Nr. 2 BGB Wertersatz, wenn nicht eine Ausnahme nach § 346 Abs. 3 BGB eingreift. Hier greift § 346 Abs. 3 Nr. 1 BGB ein. Der Mangel hat sich erst beim Zusammenbau gezeigt. Es besteht daher kein Wertersatzanspruch, weswegen auch keine Aufrechnungslage besteht. V muss daher den vollen Kaufpreis an K zurückzahlen.

**Variante**

Der V möchte dennoch jedenfalls das defekte Modell zurückhaben, um bei seinem Lieferanten Regress nehmen zu können. Vorher möchte er dem K den Kaufpreis nicht zurückzahlen.

Der Anspruch folgt aus §§ 437 Nr. 2, 323, 346 Abs. 1, 2, 3 S. 2 BGB. Die Voraussetzungen liegen vor (siehe soeben). Über § 348 BGB steht dem V eine Einrede aus § 320 BGB zu. Er muss daher nur Zug-um-Zug gegen Rückgabe des Modells den Kaufpreis zurückerstatten.

### c) Verweis auf das Rücktrittsrecht

Erfüllt der Verkäufer die Pflicht zur Nachlieferung durch Lieferung einer mangelfreien Sache, so kann er die zunächst gelieferte mangelhafte Sache zurückverlangen (§ 439 Abs. 4 BGB). Die Abwicklung erfolgt über §§ 346 ff. BGB. Dabei sind jedoch, wie der nachfolgende Fall zeigt, Wertungsgesichtspunkte aus dem kaufrechtlichen Gewährleistungsrecht zu berücksichtigen.

**Fall 419**

K kauft einen Neuwagen bei V, der einen Defekt aufweist. Er benutzt ihn 2 Monate und erhält danach nach mehreren Anläufen einen anderen Neuwagen von V. V verlangt den bisherigen Wagen heraus und außerdem Nutzungsersatz für 2 Monate Nutzung des Wagens.

a) Der Anspruch auf Rückübereignung und Übergabe des defekten Wagens folgt aus §§ 439 Abs. 4, 346 Abs. 1 BGB. b) Der Anspruch auf die gezogenen Nutzungen folgen dem Wortlaut nach grundsätzlich auch aus §§ 439 Abs. 4, 346 Abs. 1 BGB. Hierbei ist jedoch im Hinblick auf die Lastenverteilung eine teleologische Reduktion der Norm zu erwägen. Verantwortlich für die Nutzung des Wagens war der V. Er hätte nach § 433 Abs. 1 S. 2 BGB von Anfang an einen mangelfreien Wagen liefern müssen. Es erscheint daher angemessen, ihm einen Nutzungserstattungsanspruch aus § 346 Abs. 1 BGB nicht zuzubilligen. Man kann das Gesetz aber auch wortlautgetreu anwenden und darauf verweisen, dass der Käufer ja tatsächlich eine längere Nutzungsmöglichkeit erhält. Dem lässt sich jedoch entgegenhalten, dass die Nutzung des Wagens spekulativ ist und Käufer nicht zwingend in ihren Genuss kommen muss, weswegen er keinen Nutzungsersatz nach § 346 Abs. 1 BGB schulden soll. Nutzt er die Sache tatsächlich, so darf ihm nicht auf Verkäuferveranlassung die „Zwangsmiete" einer mangelhaften Sache auferlegt werden.

Für den **Anwendungsbereich** des **Verbrauchsgüterkaufes** ist § 439 Abs. 4 BGB mit Art. 3 Abs. 3 S. 3 der Verbrauchsgüterkaufrichtlinie nicht vereinbar (EuGH). Der deutsche Gesetzgeber hat reagiert und den Nutzungsersatz nach § 474 Abs. 2 S. 1 BGB beim Verbrauchsgüterkauf für nicht anwendbar erklärt.

#### d) Folgen des Rücktritts

Ganz gleich aus welchem Grund der Rücktritt letztlich erfolgt, richtet sich die Abwicklung immer nach §§ 346 ff. BGB. Die dazu notwendigen Kenntnisse haben Sie bereits in der Darstellung des allgemeinen Leistungsstörungsrechts erlangt. Hier soll daher nur auf zwei kaufrechtsrelevante Besonderheiten bei den **Ausschlussgründen** des § 346 Abs. 3 BGB hingewiesen werden:

- **§ 346 Abs. 3 S. 1 Nr. 2 BGB** befreit den Käufer von der Wertersatzpflicht, wenn der Mangel der Kaufsache zu deren Untergang geführt hat. Der Verkäufer hat dann nämlich den Untergang zu vertreten, da er zur mangelfreien Leistung verpflichtet war (§ 433 Abs. 1 S. 2 BGB).
- **§ 346 Abs. 3 S. 1 Nr. 3 BGB** hilft dem Käufer für den Fall, dass er die Kaufsache beim Betrieb im Rahmen seiner eigenüblichen Sorgfalt beschädigt hat. Diese Privilegierung ist aber dann zweifelhaft, wenn der Käufer bereits Kenntnis von seinem Rücktrittsrecht hat, wobei die Details umstritten sind. Die Frage wäre unter dem Stichwort einer teleologischen Reduktion der Norm zu erörtern.

Der **Anspruch** aus einem erfolgten Rücktritt **verjährt nach §§ 195, 199 BGB**, § 438 BGB gilt nicht. Kleine **Verständnisfrage** „am Rande": Wieso ist plötzlich die Rede von Verjährung und von einem Ausschluss des Anspruchs infolge der Verjährung? Weil es jetzt um einen „Anspruch" aus einem erfolgten Rücktritt geht, der nach § 194 Abs. 1 BGB der Verjährung unterliegt.

### 9. Minderung

Der zu einem Rücktritt berechtigte Käufer kann sich alternativ zum Rücktritt auch dafür entscheiden, die gekaufte und gelieferte mangelhafte Sache zu behalten und nur den wegen des Mangels zu viel gezahlten Kaufpreis zurückzufordern. Dazu muss der Käufer die Minderung erklären, denn es handelt sich um ein **Gestaltungs-**

**recht** (§ 437 Nr. 2 BGB). Hinsichtlich der Voraussetzungen ist das Minderungsrecht durch § 441 BGB („Statt zurückzutreten") an die Rücktrittsvoraussetzungen „gekoppelt". Der Sache nach kommt die Minderung der Geltendmachung eines „kleinen Schadensersatzanspruchs" nahe, ohne dass für sie ein Vertretenmüssen erforderlich wäre.

I. **Voraussetzungen**
   1. Wirksamer **Kaufvertrag.**
   2. **Kaufsache** ist **mangelhaft** (§ 437 BGB) i. S. d. des § 434 BGB.
   3. **Minderungserklärung,** §§ 437 Nr. 2, 441 Abs. 1 S. 1 BGB.
   4. **Alle Voraussetzungen des Rücktritts:** Rücktrittsgründe nach §§ 437 Nr. 2, 326 Abs. 5 oder 323 Abs. 1 BGB inklusive Fristsetzung bzw. deren Entbehrlichkeit.
   5. **kein Ausschluss** der Minderung.
      a. **Ausschlussgrund** des §§ 437 Nr. 2, 326 Abs. 5, 323 Abs. 5 S. 2/323 Abs. 5 S. 2 BGB **(Unerheblichkeit des Mangels)** nach § 441 Abs. 1 S. 2 BGB gilt bei der Minderung **nicht.**
      b. § 323 Abs. 6 BGB (ggf. über § 326 Abs. 5 BGB).
      c. § 218 Abs. 1 BGB.

II. **Rechte des Käufers**
   Der Käufer kann Rückzahlung des zu viel gezahlten Kaufpreises verlangen (§§ 441 Abs. 1, 4, 346 Abs. 1, 347 Abs. 1 BGB).

Auch die **Minderung** muss **erklärt** werden. Sie ist nämlich ebenso wie der Rücktritt ein Gestaltungsrecht.

Was die Notwendigkeit des Vorliegens eines **wirksamen Kaufvertrags** und eines **bei Gefahrübergang mangelhaften Kaufgegenstandes** angeht, kann auf die vorstehenden Ausführungen zum Rücktritt nach §§ 437 Nr. 2, 326 Abs. 5/323 BGB verwiesen werden. Es müssen weiterhin die vorstehend dargestellten **Voraussetzungen des Rücktritts** gegeben sein; dabei müssen Sie wieder unterscheiden zwischen den Rücktrittsvoraussetzungen wegen einer Befreiung des Verkäufers von der Pflicht zur Nacherfüllung nach §§ 437 Nr. 2, 326 Abs. 5 BGB und wegen einer Nichterbringung der Nacherfüllung nach §§ 437 Nr. 2, 323 BGB.

Dass der **Ausschlussgrund** des §§ 437 Nr. 2, 326 Abs. 5, 323 Abs. 5 S. 2/323 Abs. 5 S. 2 BGB **(Unerheblichkeit des Mangels)** für die Minderung bedeutungslos ist (§ 441 Abs. 1 S. 2 BGB), dass also auch bei „Bagatellen" gemindert werden kann, ist Ihnen schon gesagt worden und daher hoffentlich verstanden und bekannt – anderenfalls wäre der Käufer bei „Bagatellen" rechtlos!

Die **Rechtsfolge** besteht darin, dass durch die Minderung der **Kaufvertrag dahingehend umgestaltet** wird, dass der **Kaufpreis** eine vom Vertragsinhalt abweichende Höhe erhält (§§ 433, 437 Nr. 2, 441 Abs. 1 S. 2, Abs. 3 BGB): Der Kaufpreis wird in dem Verhältnis herabgesetzt, in welchem der Wert der Sache in mangelfreiem Zustand zu dem wirklichen Wert gestanden haben würde. Das ist die „gute alte Proportionalrechnung“, an die sich sicher so mancher mit Grauen erinnert. Hintergrund ist, dass der Kaufpreis entsprechend dem mangelbedingten Minderwert herabgesetzt werden soll. Weichen Kaufpreis und tatsächlicher Wert der mangelfreien Sache ab, muss dies rechnerisch durch die Proportionalrechnung berücksichtigt werden. Der Zeitpunkt für die Ermittlung der Werte ist der des Vertragsschlusses. Wenn der Käufer den Mangel mit zu vertreten hat, soll § 254 BGB entsprechend angewendet werden (RegE). Der Käufer, der bereits mehr als den geminderten Kaufpreis gezahlt hat, hat einen **Erstattungsanspruch** nach §§ 433, 437 Nr. 2, 441 Abs. 1 S. 2, Abs. 3, 4 BGB.

**Fall 420**

Der V verkauft an den K für € 60,– eine Sache, die bei Lieferung einen unbehebbaren Mangel hat. Im mangelfreien Zustand wäre die Sache € 40,– wert gewesen, wegen des Mangels hatte sie aber nur einen Wert von € 30,–. Der K, der bereits den vollen Kaufpreis gezahlt hat, erklärt die Minderung und verlangt Erstattung des überzahlten Betrages (nach Canaris).

a) Der Anspruch ergibt sich aus §§ 437 Nr. 2, 326 Abs. 5, 441 Abs. 1, Abs. 3, 4, 346 BGB. b) Was die Höhe des überzahlten Betrages angeht, ist die Formel des § 441 Abs. 3 BGB maßgeblich: Vereinbarter Preis (€ 60,–): hypothetischer Wert der mangelfreien Sache (€ 40,–) = nunmehr geschuldeter Preis (X): realer Wert der mangelhaften Sache (€ 30,–). Der nunmehr geschuldete Preis (X) beträgt also X = (60 × 30): 40 = € 45,–. Der Anspruch des beläuft sich auf € 15,–.

**Fall 421**

Der V, der eine Autowerkstatt betreibt, verkauft dem K einen Gebrauchtwagen. Nach Lieferung und vollständiger Kaufpreiszahlung bemerkt der K einen Motorschaden. Der K verlangt Beseitigung des Mangels. Dazu bringt er den Wagen zu V. Der V, der bisher ebenfalls von einem Motorschaden nichts wusste, erkennt den Defekt nicht und fordert den K zu einer gemeinsamen Probefahrt auf. Auf dieser verunglückt der K aufgrund seines Verschuldens, so dass der Wagen einen Totalschaden erleidet. Dann erklärt der K die Minderung 1. und verlangt Erstattung des überzahlten Betrages, 2. Mindestens aber die für die Nachbesserung ersparten Aufwendungen (nach Lorenz).

1. Die a) an sich nach §§ 437 Nr. 2, 326 Abs. 5, 441 Abs. 1, 3, 4, 346 BGB mögliche Minderung b) ist nach §§ 437 Nr. 2, 326 Abs. 5, 323 Abs. 6 Var. 1 BGB ausgeschlossen, weil der K die Unmöglichkeit der Nacherfüllung allein zu vertreten hat. 2) Der V muss sich auf seinen Kaufpreisanspruch die ersparten Aufwendungen für die Nachbesserung anrechnen lassen (§ 326 Abs. 2 S. 2 BGB analog); insoweit war der Kaufpreis nicht geschuldet. Der K kann daher die „Überzahlung“ nach §§ 326 Abs. 4, 346 ff. BGB analog erstattet verlangen.

Beim Rücktrittsrecht war bereits die Rede davon: die Nachfristsetzung ist entbehrlich, wenn die Nacherfüllung fehlgeschlagen ist, was bei zwei erfolglosen Nacherfüllungsversuchen grundsätzlich anzunehmen ist (§ 440 S. 2 BGB).

**Fall 422**

Der V verkauft an den K ein neues Auto. Der K nutzt dieses Auto einige Tage und bemerkt dann einen Defekt in der Elektronik, den der V bisher weder kannte noch bemerken konnte. Der K ersucht den V, den Defekt in seiner Werkstatt zu beseitigen, was dieser auch zweimal versucht. Trotz dieser Reparaturmaßnahmen, bleibt der an sich behebbare Fehler bestehen. Dem K gefällt das neue Auto aber so sehr, dass er sich dafür entscheidet den Wagen mitsamt dem Defekt zu behalten und einen Teil des Kaufpreises zurückzuverlangen.

Der Anspruch kann sich aus §§ 437 Nr. 2, 323, 441 Abs. 3, 346 BGB ergeben. a) Zwischen V und K bestand ein wirksamer Kaufvertrag. b) Die Kaufsache war bei Gefahrübergang mangelhaft. c) Die Minderung ist erklärt. d) Eine aa) Fristsetzung nach § 323 Abs. 1 BGB lag nicht vor, bb) sie war auch nicht nach § 323 Abs. 2 BGB entbehrlich. cc) Jedoch greift § 440 S. 2 BGB ein, da bereits zwei erfolglose Nachbesserungsversuche unternommen wurden. e) Die Minderung bestimmt sich nach der Berechnungsformel des § 441 Abs. 3 BGB.

Der Konstellation des § 440 S. 2 BGB sollte der Fall einer erheblichen Verzögerung mit der Nachbesserung – wie beim Rücktrittsrecht – gleichgesetzt werden.

**Variante**

Der V, dessen Kfz-Meister den erforderlichen Elektronikkurs bisher nicht gemacht hatte, lässt den Wagen 2 Wochen lang ohne Vornahme eines Reparaturversuchs in der Werkstatt stehen.

Der Anspruch ergibt sich aus §§ 437 Nr. 2, 323, 441 Abs. 3, 346 BGB. Die Fristsetzung ist entbehrlich.

Wenn der **Käufer den Mangel** ohne vorherige ergebnislos gebliebene Nachfristsetzung **selbst beseitigt**, so sollen ihm nach dem BGH keine Ansprüche gegen den Verkäufer zustehen. Die Einzelheiten und die zu prüfenden Ansprüche haben Sie im Zusammenhang mit §§ 437 Nr. 3, 280 Abs. 1, 3, 281 BGB kennen gelernt.

Wir wollen wieder einmal **resümieren**. Soeben haben Sie gelernt:

Wenn der Verkäufer die geschuldete Nacherfüllung nicht leistet, weil er hiervon befreit ist, kann der Käufer das Rücktrittsrecht nach §§ 437 Nr. 2, 326 Abs. 5 BGB ausüben. Wenn dem Verkäufer die Nacherfüllung jedoch möglich ist, er aber gleichwohl die Nacherfüllung nicht vornimmt, so steht dem Käufer ein Rücktrittsrecht nach §§ 437 Nr. 2, 323 BGB zu. Alternativ zum Rücktritt kann der Käufer die Minderung nach §§ 437 Nr. 2, 441 BGB erklären.

## 10. Ausschluss der Gewährleistungsrechte

**Gewährleistungsrecht**e können **ausgeschlossen** sein durch **Vereinbarung** oder durch das **Gesetz**.

> Bei der **Fallbearbeitung** kann man den **Ausschluss** der **Gewährleistungsrechte** direkt im Anschluss an die Bejahung eines Mangels prüfen, oder man kann daraus einen neuen Prüfungspunkt machen. Wenn man sicher ist, dass der Ausschluss wirksam ist und ansonsten keine „punkteträchtigen" Erörterungen bei den übrigen Voraussetzungen vorliegen, sollte man den Prüfungspunkt vorziehen, um überflüssige Erörterungen zu vermeiden. Das gilt auch bei akutem Zeitmangel. Damit Sie sich aber keine „Punkte abschneiden", sollten Sie im Zweifel den Gewährleistungsausschluss am Ende prüfen.

### a) Ausschluss der Gewährleistungsrechte durch Vereinbarung

Die Gewährleistungsrechte eines Käufers können durch eine **vertragliche Vereinbarung** mit dem Verkäufer ausgeschlossen werden **(arge. § 444 BGB)**.

#### aa) Voraussetzungen

Die Vereinbarung erfolgt im **Kaufvertrag**, und zwar bei oder nach dem Abschluss. Sie muss die **Form** des Kaufvertrags haben (also ggf. die des § 311 b Abs. 1 BGB). Ausgeschlossen werden kann die Haftung für jeden Sach- oder Rechtsmangel. Dabei werden oft bestimmte **vertragliche Klauseln** verwendet: Die Klausel **„wie besehen"/„wie besichtigt"** bedeutet, dass (nur) die Haftung für solche Mängel ausgeschlossen ist, die bei einer ordnungsgemäßen Besichtigung ohne Sachverständigen erkennbar waren. Die Klausel **„wie die Sache steht und liegt"** bedeutet i.d. R einen totalen (also auch verborgene Mängel einbeziehenden) Haftungsausschluss. Ein **„Ausschluss jeder Gewährleistung"** schließt alle Ansprüche vollständig aus. Was die **Zeitpunkte der Mangelentstehung** angeht, wird i. d. R. keine Geltung für nach der Vereinbarung und Gefahrübergang entstehende Mängel vereinbart, möglich ist dies aber.

Die **Zulässigkeit** der Vereinbarung eines Gewährleistungsausschlusses ist eingeschränkt. Beim **Verbrauchsgüterkauf** ist ein vor Mitteilung des Mangels vereinbarter Gewährleistungsausschluss unwirksam (§ 475 Abs. 1 BGB). Das gilt entsprechend für den Rückgriffanspruch des Unternehmers (§ 478 Abs. 4 BGB). Die Konsequenzen für bestimmte Geschäftszweige, etwa den Gebrauchtwagenhandel, sind extrem: ein Gewährleistungsausschluss ist praktisch nicht mehr möglich!

Der Gewährleistungsausschluss erfolgt in der Praxis oft durch **AGB**. Grundsätzlich sind Einschränkungen der Verkäuferhaftung auch auf diesem Wege möglich. Dies gilt hinsichtlich der Schadensersatzansprüche auch für den Verbrauchsgüterkauf (§ 475 Abs. 3 BGB). Zu beachten sind dann aber stets die AGB-rechtlichen Grenzen (insb. **§ 309 Nr. 8 lit. b) BGB**). Für neu hergestellte Sachen können daher die Ansprüche auf Nacherfüllung, Rücktritt oder Minderung nicht ausgeschlossen oder eingeschränkt werden.

bb) § 444 BGB

Der **Haftungsausschluss** ist aber **nach § 444 BGB unwirksam,** wenn

- der **Verkäufer** den Mangel **arglistig verschwiegen** hat. Das Verschweigen eines Mangels kann durch Tun (z. B. durch ein Ablenken des Käufers von der Wahrnehmung eines Mangels oder durch irreführende Angaben über ein Mangel) oder durch das Unterlassen einer geschuldeten Aufklärung geschehen. Arglistig handelt der Verkäufer wenn er von dem Mangel weiß oder ihn für möglich hält, während fahrlässige Unkenntnis nicht genügt.
- Des weiteren ist der Ausschluss der Gewährleistungsrechte unwirksam, soweit der Verkäufer eine **Garantie** für das Vorhandensein einer Eigenschaft übernommen hat. Die Neuregelung des § 444 BGB hatte zunächst gelautet: „..., wenn er die... Garantie für die Beschaffenheit der Sache übernommen hat ..." " statt – wie es jetzt heißt – „..., soweit er die... Garantie für die Beschaffenheit der Sache übernommen hat ...". Die ursprüngliche Formulierung („wenn") hatte zu Auslegungsunsicherheiten und Kritik aus der Wirtschaft geführt, weil dadurch bei den praktisch sehr verbreiteten Garantien keinerlei Haftungsbegrenzungen mehr möglich schienen. Der Gesetzgeber ist dieser Kritik gefolgt und hat im Wortlaut der Norm das Wort „wenn" durch ein „soweit" ersetzt. Demnach sind Gewährleistungsausschlüsse möglich, solange dadurch die Garantien nicht relativiert werden. Die Bedeutung dieser Gesetzesänderung demonstriert dieses *Beispiel:* Der V liefert an K eine Aktenvernichtungsmaschine und garantiert dabei einen Aktendurchsatz von 10.000 kg/Stunde. Falls dieser nicht erreicht wird, werden eventuelle Schadensersatzansprüche auf maximal € 500.000,– beschränkt. Nach der Neufassung ist diese Beschränkung wirksam, da die Haftungsbeschränkung nicht die Garantie beeinträchtigt. Sollte aber zum *Beispiel* alle Gewährleistungsansprüche ausgeschlossen sein, wäre dieser Ausschluss unwirksam.

Bei **privaten Verkäufen** sollte man wegen der weit reichenden Rechtsfolgen mit der **Annahme** einer einen Gewährleistungsausschluss hindernden **Garantie zurückhaltend** sein. Eine konkludente Zusicherung kann nur angenommen werden, wenn ein wertbildender Faktor während der Vertragsverhandlungen besonders bekräftigt wird. Entscheidend ist dann, dass der Verkäufer bei verständiger Auslegung versprochen hat, **verschuldensunabhängig** für die Zusicherung einzustehen.

- Durch die Formulierung „...kann sich der Verkäufer nicht berufen, ..." will der Gesetzgeber sichergestellt wissen, dass ein gegen § 444 BGB verstoßender Haftungsausschluss der Kaufvertrag im Übrigen entgegen der Regelung des § 139 BGB aufrecht bleibt.

**b) Ausschluss der Gewährleistungsrechte durch Gesetz**

aa) Kenntnis des Käufers (§ 442 BGB)

Jede Art von Gewährleistungsansprüchen ist ausgeschlossen, wenn der Käufer den Mangel bei Vertragsschluss kennt (§ 442 Abs. 1 S. 1 BGB). Im Fall grob fahrlässiger Unkenntnis kann ein Mangel nur geltend gemacht werden, wenn der Verkäufer den Mangel arglistig verschwiegen hat oder eine Beschaffenheitsgarantie übernommen hat (§ 442 Abs. 1 S. 2 BGB).

**Fall 423**

Der V verkauft an den Unternehmer K einen gebrauchten Computer. Der V teilt dem K vor Vertragsschluss mit, dass das Gerät dazu neigt, bei längerem Betrieb „abzustürzen", vermutlich wegen schlechter Wärmeableitung. Der K benutzt den Rechner einige Tage. Der Defekt stört ihn so sehr bei der Arbeit, dass er nach 2 Wochen von dem V Nachbesserung verlangt. V weigert sich.

Der Anspruch kann sich aus §§ 437 Nr. 1, 439 Abs. 1 BGB ergeben. Voraussetzung ist das Vorliegen eines Mangels. a) Man könnte das Vorliegen eines Mangels mit der Erwägung bezweifeln, dass aufgrund einer Beschaffenheitsvereinbarung ein derartiger Defekt („Abstürzen" nach längerem Betrieb) nicht als Mangel anzusehen ist (§ 434 Abs. 1 S. 1 BGB). b) Wer wegen der Einseitigkeit der Mitteilung am Zustandekommen einer solchen Vereinbarung zweifelt, muss jedoch davon ausgehen, dass die Gewährleistungsansprüche des K nach § 442 Abs. 1 S. 1 BGB ausgeschlossen sind, da K den Mangel kannte. Ein Nacherfüllungsanspruch kommt daher nicht in Betracht.

**Fall 424**

Der K kauft von dem V formgerecht ein Grundstück. Im Grundbuch ist eine Hypothek zugunsten des H eingetragen. Nachdem der K als Eigentümer eingetragen ist, verlangt er von V die Herbeiführung der Löschung dieser Hypothek. Der V macht geltend, dass er die Hypothek nicht beseitigen muss, da der K diese bei Vertragsschluss gekannt hat.

Grundsätzlich würde § 442 Abs. 1 S. 1 BGB eingreifen, § 442 Abs. 2 BGB verpflichtet den Verkäufer jedoch zur Beseitigung des Rechts trotz Kenntnis des Käufers. Der V muss daher auch hier die Hypothek löschen lassen.

bb) Erwerb in öffentlicher Versteigerung

Beim **Erwerb einer Sache in öffentlicher Versteigerung** aufgrund eines Pfandrechts unter der Bezeichnung als „Pfand" hat der Käufer nach § 445 BGB Gewährleistungsrechte nur, wenn der Verkäufer

- den Mangel **arglistig** verschwiegen
- oder eine **Garantie** für das Vorhandensein einer Eigenschaft übernommen hat.

Beim **Verbrauchsgüterkauf** findet § 445 BGB keine Anwendung (§ 474 Abs. 2 BGB).

cc) Gewährleistungsausschluss nach § 377 HGB

Einen besonderen Gewährleistungsausschluss kennt das **Handelsrecht**. Für Kaufleute ist es wichtig, dass Umsatzgeschäfte wie z. B. der Kauf, zügig abgewickelt werden. Längere Unsicherheiten über das Bestehen von Gewährleistungsrechten sind daher unerwünscht. Aus diesem Grund bestimmt § 377 Abs. 1 HGB, dass der Käufer beim beiderseitigen Handelskauf (§§ 373 ff. HGB) die gelieferte Ware **unverzüglich** (Legaldefinition in § 121 Abs. 1 BGB: „ohne schuldhaftes Zögern") **untersucht.** Es dürfen hinsichtlich der Untersuchungspflicht keine überzogenen Anforderungen gestellt werden. So kann nicht verlangt werden, dass sämtliche Stücke einer Lieferung geprüft werden, es genügen Stichproben.

Sollte sich ein **Mangel** zeigen, so muss der Käufer dem Verkäufer von diesem **unverzüglich Anzeige** machen **(„rügen")**. Unterlässt der Gläubiger diese Rüge, so gilt die Ware trotz ihrer Mangelhaftigkeit als genehmigt, es sei denn, dass es sich um einen bei der Untersuchung nicht erkennbaren Mangel handelt (§ 377 Abs. 2 HGB).

Sofern sich der **Mangel später zeigt**, muss ebenfalls unverzüglich gerügt werden; falls dies nicht geschieht, gilt die Ware wiederum als genehmigt (§ 377 Abs. 3 HGB).

Dieser unerlässliche **Exkurs in das HGB** ist die beste Gelegenheit, sich über zwei handelsrechtliche Grundbegriffe (Kaufmann und Handelsgeschäft) die für viele Normen im HGB Tatbestandsvoraussetzungen sind, die nötige Klarheit zu verschaffen. Hier gibt es häufig erhebliche Unsicherheiten, obwohl bei der Fallbearbeitung meistens ein Blick in das Gesetz vollkommen ausreicht.

**1.** Ein **Kaufmann** ist nach § 1 Abs. 1 HGB jeder, der ein Handelsgewerbe betreibt. Ein Gewerbe ist jede dauernde auf Gewinnerzielung gerichtete erlaubte Tätigkeit mit Ausnahme der freiberuflichen Tätigkeit (z. B. Rechtsanwalt, Arzt, Architekt). Was ein Handelsgewerbe ist, verrät uns § 1 Abs. 2 HGB:„Jeder Gewerbetrieb, es sei denn, dass das Unternehmen nach Art und Umfang einen in kaufmännischer Weise eingerichteten Geschäftsbetrieb nicht erfordert." Selbst wenn diese Voraussetzungen nicht vorliegen sollten, ist gem. § 5 HGB jeder Kaufmann, der in das Handelsregister eingetragen ist: „Ist eine Firma im Handelsregister eingetragen, so kann gegenüber demjenigen, welcher sich auf die Eintragung beruft, nicht geltend gemacht werden, dass das unter der Firma betriebene Gewerbe kein Handelsgewerbe sei". Besonders einfach ist es bei den Handelsgesellschaften (oHG, KG, GmbH, AG): Sie sind nach § 6 Abs. 1 HGB kraft Gesetzes wegen ihrer Rechtsform Kaufleute („Formkaufmann"), und zwar ganz gleich, ob die Voraussetzungen des § 1 HGB vorliegen oder nicht. In den Gesetzen zu den einzelnen Handelsgesellschaften steht daher auch ausdrücklich, dass es sich um Handelsgesellschaften handelt (§ 3 Abs. 1 AktG, § 13 Abs. 3 GmbHG).

2. Die **Handelsgeschäfte** sind „alle Geschäfte eines Kaufmanns, die zum Betrieb seines Handelsgewerbes gehören" (§ 343 HGB). In § 344 Abs. 1 HGB wird vermutet, dass „die von einem Kaufmann vorgenommenen Rechtsgeschäfte" zum Betrieb seines Handelsgewerbes gehören. Diese Vermutung ist nach § 344 Abs. 2 HGB bei „Schuldscheinen" sogar nur durch den gegenteiligen Inhalt der Urkunde widerlegbar.
3. **Beispiel:** Verkauft die X-GmbH an den gewerbsmäßigen Händler K eine Sache, so handelt es sich um einen beiderseitigen Handelskauf, bei dem § 377 HGB eine Rolle spielen kann.

**Fall 425**

Der K bestellt für die Errichtung eines Flachdaches auf den Anbau seiner Bäckerei beim Baustoffhändler V Wellstegträger, die 40 cm hoch sein sollen. Der V liefert aber aufgrund eines Versehens nur 32 cm hohe Wellstegträger. Wegen der zu geringen Tragkraft biegt sich das Dach durch und muss neu gebaut werden. Der K verlangt von dem V Schadensersatz für die anderen dabei verschwendeten Materialien (nach BGH).

Der Anspruch kann sich aus §§ 437 Nr. 3, 280 Abs. 1 BGB ergeben. a) Zwischen V und K ist ein wirksamer Kaufvertrag geschlossen worden. b) Die Kaufsache aa) ist mangelhaft, da die Wellstegträger nicht die vereinbarte Beschaffenheit aufweisen. bb) Möglicherweise hat der K jedoch die gelieferte Ware nach § 377 HGB genehmigt mit der Folge, dass die Ware trotz ihrer Mangelhaftigkeit als genehmigt gilt. aaa) Dazu muss zunächst ein Handelskauf vorliegen. Ein Handelskauf ist jeder Kaufvertrag, bei dem ein Kaufmann eine Ware für sein Handelsgeschäft erwirbt. Hier hat der K die Wellstegträger für sein Bäckereigeschäft gekauft. Daher liegt ein Handelskauf vor (§ 343 HGB). bbb) Weiterhin muss der K eine Rügeobliegenheit verletzt haben. Hier hat K die Stahlträger entgegengenommen, ohne den Mangel zu rügen. ccc) Es darf kein unerkennbarer Mangel nach § 377 Abs. 2 HGB vorgelegen haben. Hier war die Größenabweichung von 8 cm selbst einem Laien ohne weiteres erkennbar. ddd) Die Rechtsfolge des § 377 Abs. 2 HGB ist die Fiktion einer Genehmigung der Ware. Demnach gelten die gelieferten Stahlträger als mangelfrei. Also kann der K kein Gewährleistungsrecht geltend machen, wozu auch der Anspruch auf Ersatz eines Mangelfolgeschadens zählt. 2) Ein Anspruch kann sich hier jedoch aus § 823 Abs. 1 BGB ergeben, wenn man die Rechtsprechung zu den „Weiterfresserschäden" anerkennt (dazu mehr in Teil 7).

## 11. Mängeleinrede

Bisher haben wir uns nur damit befasst, dass die Gewährleistungsrechte aus § 437 BGB Ansprüche des Käufers gegen den Verkäufer begründen. Bei einer Fallbearbeitung kann sich aber auch die Frage stellen, ob sich der Käufer einredeweise damit verteidigen kann, dass die Kaufsache mangelhaft ist und er aus diesem Grunde die Kaufpreiszahlung verweigern kann.

Wenn wir das in die Systematik der Fallbearbeitung einordnen, so handelt es sich natürlich nicht um die Geltendmachung eines Sekundäranspruchs des Käufers wegen einer Leistungsstörung, sondern um die Geltendmachung einer rechtshindernden Einrede. Aus diesem Grund war es auch erforderlich, bereits in Teil 3 auf die Mängeleinrede einzugehen. Das soll jetzt vertieft werden.

### a) Behebbarer Mangel

Wenn der Käufer wegen eines behebbaren Mangels einen Nacherfüllungsanspruch hat (§§ 437 Nr. 1, 439 BGB), so kann er dem Kaufpreisanspruch des Verkäufers aus § 433 Abs. 2 BGB die Einrede des nichterfüllten Vertrages aus **§ 320 Abs. 1 BGB** bis zur ordnungsgemäßen Nacherfüllung entgegenhalten. Denn der Verkäufer ist nach § 433 Abs. 1 S. 2 BGB dem Käufer zur Lieferung einer mangelfreien Sache verpflichtet, und diese Pflicht steht im Gegenseitigkeitsverhältnis. Beschränkt ist dieses Zurückbehaltungsrecht durch **§ 320 Abs. 2 BGB:** Grundsätzlich besteht ein Zurückbehaltungsrecht in voller Höhe, es sei denn, der Mangel ist geringfügig und die Zurückbehaltung des gesamten Kaufpreises verstößt deshalb gegen Treu und Glauben (§ 242 BGB).

### b) Unbehebbarer Mangel

#### aa) „Mängeleinrede"

Ist der Mangel unbehebbar, so steht dem Verkäufer nach § 326 Abs. 1 S. 2 BGB der Kaufpreisanspruch zu.

- Die Einrede aus **§ 320 BGB** ist nicht gegeben, weil dem Käufer kein Nacherfüllungsanspruch zusteht (nach §§ 275 Abs. 1–3, 439 Abs. 3 BGB). Die Einrede aus **§ 438 Abs. 4, 5 BGB** betrifft andere Fallkonstellationen: Der Käufer, dessen Rücktrittsrecht oder Recht zur Minderung wegen einer vom Verkäufer erhobenen Verjährungseinrede unwirksam ist, kann die Zahlung des Kaufpreises ganz (Rücktritt) oder teilweise (Minderung) verweigern, soweit er dazu aufgrund von Rücktritt oder Minderung berechtigt sein würde. Eine **„allgemeine Mängeleinrede"** durch einen Rückgriff auf **§ 242 BGB** („dolo agit qui petit … „) soll deshalb nicht möglich sein. Andernfalls müsste eine auf Zahlung des Kaufpreises gerichtete Klage des Verkäufers als unbegründet abgewiesen werden, ohne dass der beklagte Käufer sich seinerseits für ein Gewährleistungsrecht entscheiden müsste. Das dürfe aber nicht möglich sein, weil der Käufer dann bis zur Verjährung der Gewährleistungsansprüche ein „Überlegungsrecht" hätte, welches Gewährleistungsrecht er denn nun auszuüben gedenke. Eine solche Unklarheit soll vor allem deswegen für den Verkäufer inakzeptabel sein, weil ja auch Rechtsbehelfe in Betracht kämen, bei denen sein Kaufpreisanspruch nicht wie beim Rücktritt oder wie beim „großen Schadensersatz" ganz entfallen würde: z. B. sei der Käufer bei einer Minderung oder bei der Geltendmachung des „kleinen Schadensersatzes" weiterhin (z. T.) zur Kaufpreiszahlung verpflichtet. Würde die Entscheidung des Käufers auf die Geltendmachung solcher, die Kaufpreisschuld (z. T.) bestehen lassenden Rechtsbehelfe fallen, so hätte der Käufer bis zu diesem Zeitpunkt den Vorteil, die Kaufpreisschuld zinslos zurückhalten zu können (§§ 286 bzw. 288 BGB greifen wegen der verzugsausschließenden Mängeleinrede nicht ein).

- Die Konsequenz dieser Überlegungen wäre: Dem zur Geltendmachung von Gewährleistungsrechten berechtigten Käufer steht allein deshalb keine Einrede zu. Der Käufer kann sich nur durch die sofortige Rücktritts- oder Minderungserklärung verteidigen. Einige Autoren wollen ihm daher entgegen den obigen Ausführungen doch die allgemeine Mängeleinrede aus § 242 BGB zuerkennen, weil man ihn sonst „in den Rücktritt" treiben würde. Die Vertreter dieser Ansicht nehmen dafür die oben dargestellten Unsicherheiten im Abwicklungsverhältnis in Kauf.

#### bb) Geltendmachung von Gewährleistungsrechten

Der Käufer bleibt bei unbehebbaren Mängeln zur Gegenleistung verpflichtet (nicht vergessen: § 326 Abs. 1 S. 2 BGB!). Er ist jetzt allerdings in einer verzwickten Situation und muss sich für einen der Rechtsbehelfe aus § 437 Nr. 2, 3 BGB entscheiden:

- **Wählt er** den **Rücktritt** (§§ 437 Nr. 2, 323/326 Abs. 5 BGB) verwandelt sich der Kaufvertrag in ein Rückgewährschuldverhältnis (§ 346 Abs. 1 BGB), so dass die Verpflichtung aus § 433 Abs. 2 BGB nicht mehr besteht.
- **Wählt er** die **Minderung,** kommt man nach §§ 441 Abs. 4 S. 2, 346 BGB zum gleichen Ergebnis.
- **Wählt er** den **Schadensersatz**, entfällt die Kaufpreisschuld des Käufers aus einem „a maiore ad minus"- Schluss aus § 281 Abs. 4 BGB: Wenn schon der leistungstreue Käufer bei einem Schadensersatzverlangen „statt der Leistung" seinen Primäranspruch verliert (§ 281 Abs. 4 BGB), dann doch erst recht der leistungsuntreue Verkäufer.

### c) Mängeleinrede bei Verjährung der Mängelansprüche

Im Vorgriff auf die sogleich erfolgende Erörterung der Verjährung sei bereits jetzt darauf hingewiesen, dass der Käufer trotz einer Verjährung nach § 438 BGB und eines deshalb unwirksamen Rücktritts bzw. einer unwirksamen Minderung (§§ 438, 218 BGB) die Zahlung des Kaufpreises verweigern kann, als er aufgrund des Rücktrittsrechts oder der Minderung dazu berechtigt sein würde (§ 438 Abs. 4, 5 BGB).

Die Rückzahlung eines bereits entrichteten Kaufpreises nach § 813 BGB kann er jedoch nicht verlangen (§§ 813 S. 2, 214 Abs. 2 S. 1 BGB).

## 12. Verjährung

### a) Beginn, Fristen, Ablaufhemmung und Wirkung

#### aa) Beginn, Fristen

Die **Verjährung** der **Ansprüche aus § 437 BGB** weicht hinsichtlich des **Beginns** der **Verjährungsfrist** und der **Dauer** von den allgemeinen Regeln über Verjährung ab:

- Aus Gründen der Rechtssicherheit kommt es in Abweichung von § 199 BGB **nach § 438 Abs. 2 BGB** für den **Beginn** der gesetzlichen Verjährung ausschließlich auf den objektiven Zeitpunkt der Übergabe (bei Grundstücken) oder der Ablieferung (bei beweglichen Sachen) an; eine Kenntnis oder ein Kennenmüssen des Anspruch und Anspruchsgegners ist nicht erforderlich. Für Gewährleistungsrechte beim Verkauf von Rechten oder anderen Gegenständen (§ 453 BGB, hierzu später), gilt, dass bei Forderungsverkäufen der Zeitpunkt der Zession (§ 398 BGB) und für Betriebsveräußerungen die Betriebsübernahme maßgeblich ist. Die gesetzliche Verjährungsfrist beträgt **grundsätzlich 2 Jahre (§ 438 Abs. 1 Nr. 3 BGB)**, sofern nicht **ausnahmsweise Spezialfälle** vorliegen, namentlich § 438 Abs. 1 Nr. 1 BGB (30 Jahre, wenn der Mangel ein dingliches zur Herausgabe verpflichtendes Recht eines Dritten oder ein im Grundbuch eingetragenes Recht betrifft) und der für Sie in erster Linie interessante Fall des **§ 438 Abs. 1 Nr. 2 lit. b) BGB**: Hiernach verjährt der Anspruch des Werkunternehmers gegen einen Lieferanten von **Baumaterialien**, deren **Einbau zur Mangelhaftigkeit** des **Bauwerks führt**, erst in **5 Jahren**. Hierdurch soll dem Werkunternehmer der Rückgriff gegen seinen Lieferanten möglich bleiben, wenn der Unternehmer seinerseits vom Besteller wegen eines auf mangelhaftem Materials beruhenden Baumangels in Anspruch genommen wird.

---

**Fall 426**

Der V verkauft und liefert an den Bauhandwerker KU spezielle Balkonstützen aus Stahl, die dieser für den Ersatz der Träger eines Balkons an einem bereits bestehenden Haus des B verwendet. Die Balkonstützen haben aber nicht die vereinbarte Tragkraft. Dies stellt sich 3 Jahre nach der Abnahme des Balkons heraus, als die Stützen sich unter der Last der Balkone zu verformen beginnen. Der B verlangt von KU nach §§ 634 Nr. 1, 635 Abs. 1 BGB Nacherfüllung. Der KU verlangt deshalb von dem V Lieferung von Stahlstützen mit der vereinbarten Tragkraft. Der V beruft sich auf Verjährung.

a) Der Anspruch des KU gegen den V ergibt sich aus §§ 433, 434 Abs. 1 S. 1, 437 Nr. 1, 439 Abs. 1 BGB. b) Dem Anspruch könnte die Einrede der Verjährung entgegenstehen (§§ 214 Abs. 1, 438 BGB). aa) Der V hat sich auf die Verjährung berufen. bb) Die Verjährungsfrist müsste abgelaufen sein. 1) Die allgemeine Verjährungsfrist des § 438 Abs. 1 Nr. 3 BGB wäre abgelaufen. 2) Hier kommt aber die 5-Jahres-Frist des § 438 Abs. 1 Nr. 2 lit b) BGB in Betracht: Durch sie sorgt das Gesetz für einen zeitlichen Gleichlauf mit der Verjährungsfrist aus § 634a Abs. 1 Nr. 1 BGB, damit der Bauhandwerker Regress bei seinen Lieferanten nehmen kann. Voraussetzung ist, aa) dass die gekaufte Sache – wie hier bei den von KU gekauften Balkonstützen der Fall – mangelhaft ist. bb) Bei der Sache muss es sich um eine solche handeln, die ihrer üblichen Verwendungsweise nach – also nach objektiven Kriterien und unabhängig von der Sichtweise des jeweiligen Lieferanten – zur Verwendung für ein Bauwerk bestimmt ist. Erfasst ist die Neuerrichtung einer unbeweglichen durch Verwendung von Arbeit und Material in Verbindung mit dem Erdboden hergestellte Sache oder Erneuerungs- und Umbauarbeiten an einem bereits errichteten Bauwerk, wenn sie für die Konstruktion, Bestand, Erhaltung oder Benutzbarkeit von wesentlicher Bedeutung ist und wenn die eingebauten Teile fest mit dem Gebäude verbunden sind. Hier geht es um Erneuerungsarbeiten an einem Bauwerk. Die Balkonträger sind nach der üblichen Verwendungsweise hierfür bestimmt. cc) Der KU hat die Balkonträger auch im konkreten Fall so verwendet. dd) Die Mangelhaftigkeit der Träger hat die Mangelhaftigkeit des Gebäudes verursacht. Also ist der Anspruch des KU gegen V nicht verjährt.

**Variante**

Die Träger haben zwar nicht die im Kaufvertrag vereinbarte Tragkraft, entsprechen aber der Vorgabe in der Bauplanung. Nach 3 Jahren beginnen die Stützen sich zu neigen, weil das von KU gebaute Fundament nicht auf der tragenden Schicht des Bodens aufgebaut worden ist. Der B verlangt von dem KU nach §§ 634 Nr. 1, 635 Abs. 1 BGB Nacherfüllung. Der KU muss dazu neue Stützen aufstellen. Er erkennt jetzt, dass die Dimensionierung nicht der im Kaufvertrag getroffenen Vereinbarung entspricht und verlangt deshalb von V Lieferung von Stahlstützen der vereinbarten Dimension. Der V beruft sich auf Verjährung.

a) Der Anspruch des KU gegen den V ergibt sich aus §§ 433, 434 Abs. 1 S. 1, 437 Nr. 1, 439 Abs. 1 BGB. b) Dem Anspruch könnte die Einrede der Verjährung entgegenstehen (§§ 214 Abs. 1, 438 BGB). aa) V hat sich auf die Verjährung berufen. bb) Die Verjährungsfrist müsste abgelaufen sein. aaa) Hier kommt die 5-Jahres-Frist des § 438 Abs. 1 Nr. 2 b) BGB nicht in Betracht, weil zwischen dem Werkmangel und Sachmangel der Kaufsache kein Kausalzusammenhang besteht (RegE). bbb) Daher kommt die allgemeine Verjährungsfrist des § 438 Abs. 1 Nr. 3 zur Anwendung (2 Jahre nach Gefahrübergang). Diese ist abgelaufen.

Die Regelung des § 438 Abs. 1 Nr. 2 lit b) BGB betrifft aber nicht nur die Fälle, in denen der Werkunternehmer das mangelhafte Material unmittelbar erworben hat. Erfasst sind auch die **Ansprüche** von **Zwischenhändlern**, über die das Material an den Werkunternehmer geliefert wurde, **gegen andere Zwischenhändler** oder **gegen** den **Hersteller** des mangelhaften Baumaterials. Denn ein Zwischenhändler ist im Verhältnis zu anderen Zwischenhändlern oder Herstellern genauso schutzwürdig wie der Werkunternehmer. Auch wenn der Besteller das – vom Werkunternehmer dann eingebaute – Material gekauft hat und daher kein Regressproblem die Anwendung des § 438 Abs. 2 Nr. 2 lit b) BGB rechtfertigen könnte, soll die Vorschrift **zugunsten** des **Bestellers** anwendbar sein, der das mangelhafte Baumaterial eingekauft hat. Denn auch in diesen Fällen kann der Besteller die Mängel erst nach dem Einbau erkennen.

- Der **regelmäßige Verjährungsbeginn (§ 199 BGB)** und die **regelmäßige Verjährungsfrist** (§ 195 BGB) gelten dann, wenn der Verkäufer den Mangel arglistig (vorsätzlich) verschwiegen hat (§ 438 Abs. 3 BGB); die 5-Jahresfrist des § 438 Abs. 1 Nr. 2 BGB wird dadurch aber nicht unterschritten (§ 438 Abs. 3, S. 2 BGB).
- Der **Verjährungsbeginn** und die **Verjährungsfrist** können abweichend von § 438 BGB **vertraglich vereinbart** werden. Eine Verlängerung ist bis zur Höchstfrist von 30 Jahren möglich (§ 202 Abs. 2 BGB). Eine Verkürzung für eine Haftung wegen Vorsatzes ist nicht möglich (§ 202 Abs. 1 BGB).

bb) Ablaufhemmung

Zu einer **Hemmung** des **Ablaufs** der **Verjährungs-** bzw. **Unwirksamkeitsfristen** kommt es beim **Unternehmerregress** im Zusammenhang mit einem Verbrauchsgüterkauf: Nimmt beim Verbrauchsgüterkauf der Unternehmer seinen Lieferanten in Anspruch, weil er eine neu hergestellte Sache von einem Verbraucher zurücknehmen musste oder weil der Verbraucher den Kaufpreis gemindert hatte, so tritt die Verjährung der Ansprüche des Unternehmers gegen seinen Lieferanten aus § 437 BGB frühestens 2 Monate nach dem Zeitpunkt ein, in dem der Unternehmer die Ansprüche des Verbrauchers erfüllt hat. Diese Ablaufhemmung endet spätestens 5 Jahre nach dem Zeitpunkt, in dem der Lieferant die Sache an den Unternehmer abgeliefert hat. Entsprechendes gilt in der Lieferkette (§ 479 Abs. 3 BGB). Der Grund dafür ist, dass der von einem Verbraucher in Anspruch genommene Letztverkäufer die Nachteile eines verbesserten Verbraucherschutzes nicht allein tragen soll.

cc) Wirkung

- Nach **§ 438 Abs. 1 BGB** gilt die besondere Verjährung für **alle in § 437 Nr. 1, 3 BGB (nicht Nr. 2!) genannten Ansprüche**: Für den Nacherfüllungsanspruch, die Schadensersatzansprüche „statt der Leistung" und für die Ansprüche auf Ersatz des Mangelfolgeschadens. Sie führt zu einem Leistungsverweigerungsrecht aus § 214 Abs. 1 BGB. Der folgende Fall ist ein Parallelfall zum schon behandelten „Wäschetrocknerfall".

**Fall 427**

Der Kfz-Vertragshändler K betreibt eine eigene Tankstelle. Von V bezieht er laufend Treibstoff. Bei einer Lieferung verwechselt der V die Einfüllstutzen und füllte in den für Superbenzin bestimmten Tank Normalbenzin ein. Der K erlitt

Schäden an den Motoren diverser ihm gehörender Fahrzeuge und verlangt dafür Schadensersatz, dies jedoch erst 2 Jahren und einem Monat nach der Ablieferung des Treibstoffes. Der V beruft sich auf Verjährung (nach BGH).

a) Wenn sich der Schadensersatzanspruch aus §§ 437 Nr. 3, 280 Abs. 1 BGB ergibt, weil man das in den Tank für Superbenzin eingefüllte Normalbenzin als mangelhaftes Superbenzin ansieht, stünde dem Anspruch die Einrede der Verjährung entgegen (§§ 438 Abs. 1 Nr. 3, 214 BGB). b) Wenn man den Anspruch direkt aus § 280 Abs. 1 BGB ableitet, würde die erst ab Kenntnis bzw. ab grob fahrlässiger Unkenntnis zu laufen beginnende (§ 199 Abs. 1 BGB) Verjährungsfrist des § 195 BGB (3 Jahre) gelten, so dass der Anspruch nicht verjährt wäre. Die Rechtsprechung (BGH) hat hierzu entschieden, dass das Einfüllen in den falschen Tank keinen Sachmangel begründet; daher ergibt sich der Anspruch direkt aus § 280 Abs. 1 BGB.

- Nicht erwähnt werden in § 438 Abs. 1 BGB die Gestaltungsrechte aus §§ 437 Nr. 2, 323 BGB auf Rücktritt und §§ 437 Nr. 2, 441 BGB auf Minderung. Denn Gestaltungsrechte sind keine Ansprüche und unterliegen somit nicht der Verjährung (arge. § 194 Abs. 1 BGB). Daher gibt es in **§ 438 S. 1 Abs. 4, 5 BGB** eine Sonderregelung, nach der **§ 218 BGB** für anwendbar erklärt wird: Der **Rücktritt** nach **§§ 437 Nr. 2, 323 BGB** und die **Minderung** nach **§§ 437 Nr. 2, 441 BGB** sind danach **„unwirksam"**, wenn der Anspruch auf Leistung oder Nacherfüllung verjährt ist und der Verkäufer sich hierauf beruft.

### b) Korrektur von Wertungswidersprüchen und Unbilligkeiten

In den nachfolgend aufgeführten Fallkonstellationen ergeben sich regelmäßig Wertungswidersprüche und Unbilligkeiten:

- Die Verjährungsregeln des § 438 BGB können in bestimmten Fällen zu Wertungswidersprüchen führen, bei denen der **Käufer** bei einem **wirksamen Vertrag schlechter stehen kann** als bei einem **unwirksamen Vertrag**.

**Fall 428**

Der V verkauft an den K einen Schnellkochtopf für dessen Küche. Der Topf hat einen Mangel und explodiert 2 Jahre und 4 Monate nach Ablieferung, wodurch die Küche des K verwüstet wird. Der K verlangt Schadensersatz von V. Der V beruft sich auf Verjährung

a) Ein wegen des vermuteten Verschuldens des V bestehender Schadensersatzanspruch des K aus §§ 437 Nr. 3, 280 Abs. 1 BGB wäre nach §§ 438 Abs. 1 Nr. 3, 214 BGB verjährt. b) Ein Anspruch aus § 823 Abs. 1 BGB würde daran scheitern, dass dort das Verschulden positiv festgestellt werden müsste, was nach dem hier beschriebenen Sachverhalt nicht möglich wäre.

**Variante**

Der Vertrag zwischen V und K ist aus irgendeinem Grund nichtig, z. B. weil K geisteskrank ist, §§ 104 Nr. 2, 105 Abs. 1 BGB.

In diesem Fall würde sich der Anspruch aus §§ 311 Abs. 2, 280 Abs. 1 BGB ergeben. Der Anspruch wäre nicht verjährt: Es gilt die Verjährungsfrist des § 195 BGB (3 Jahre); sie beginnt erst ab dem Schluss des Jahren, in dem der Anspruchsteller Kenntnis bzw. grob fahrlässige Unkenntnis der anspruchsbegründenden Umstände und der Person des Schuldners erlangt hat (§ 199 Abs. 1 BGB).

Der Vergleich zwischen Ausgangsfall und Variante zeigt, dass der Käufer bei einem wirksamen Vertrag schlechter steht als bei einem unwirksamen Vertrag. Es liegt nahe, den darin liegenden Wertungswiderspruch dadurch aufzulösen, dass man auf den Anspruch aus §§ 311 Abs. 2, 280 Abs. 1 BGB die Verjährungsvorschrift des § **438 BGB analog** anwendet. Es besteht eine **Regelungslücke** für die Verjährung von mangelbedingten Schadensersatzansprüchen bei nichtigen Kaufverträgen, die angesichts des dargelegten Wertungswiderspruchs **planwidrig** ist. Die **Interessenlage** ist **vergleichbar**, denn hinsichtlich der Verjährung spielt die Wirksamkeit des Kaufvertrags für die Parteien keine Rolle.

- In bestimmten Fällen bedarf es einer **Abgrenzung** zwischen einem Anspruch aus einem **Gewährleistungsrecht** und aus **vorvertraglicher Pflichtverletzung** (§§ 280 Abs. 1, 311 Abs. 2, 241 Abs. 2 BGB). Die Gewährleistungsansprüche greifen nämlich in ihrem Anwendungsbereich vorrangig und ausschließlich ein, da nur so unterschiedliche Haftungsmaßstäbe und insbesondere abweichende Verjährungsfristen vermieden werden. Wir hatten hierzu bereits den „Wäschetrocknerfall" des BGH kennengelernt. An ihm konnten wir wieder einmal sehen, dass es bei Kaufverträgen ganz entscheidend darauf ankommt, § 437 BGB sauber anzuwenden: in zeitlicher Hinsicht (Gefahrübergang) und in sachlicher Hinsicht (Mangel oder andere Pflichtverletzung).
- Die relativ kurze Verjährungsfrist der Gewährleistungsansprüche veranlasst die Rechtsprechung schon seit langem zum Ausgleich grober Unbilligkeiten durch die **Anwendung** des **Deliktsrechts**.

**Fall 429**

Der K kauft bei dem V einen Swimmingpool. Der Preis beträgt € 100.000,–. Der Pool hat ein Pumpensystem, das von einem Schwimmschalter gesteuert wurde. Um die Pumpe vor Schäden durch einen Leerlauf zu bewahren, sollte der Schwimmschalter die Pumpe abschalten, wenn der Pool sich entleert haben sollte. Weil der Schwimmschalter (Wert: € 10,–) defekt war, kam es nach 2 Jahren und 6 Monaten nach der Ablieferung des Pools aufgrund eines Kurzschlusses zu einem Brand des Pumpensystems, wodurch der Pool im Wesentlichen zerstört wurde. Der V hätte aufgrund von früheren Vorfällen wissen müssen, dass der verwendete Schwimmschaltertyp zu Kurzschlüssen neigte. Der K verlangt dennoch sein Geld zurück. Der V beruft sich auf Verjährung („Schwimmschalterfall" nach BGH).

a) Dem Anspruch aus §§ 437 Nr. 3, 280 Abs. 1, 3, 281 steht die Einrede der Verjährung entgegen, (§§ 438 Abs. 1 Nr. 3, 214 BGB). b) Zu prüfen bleibt ein Anspruch des K aus § 823 Abs. 1 BGB. aa) Vorliegen könnte eine Verletzung des Eigentums des K an dem Pool. aaa) Bei Lieferung und Übereignung einer mangelhafte Sache, erlangt der Käufer allerdings nie das Eigentum an einer intakten Sache. Rein begrifflich kann daher nicht von einer Eigentumsverletzung gesprochen werden. bbb) Die Rechtsprechung hat jedoch den Kaufgegenstand in einen intakten und daher deliktisch verletzbaren Teil (Wert: € 99.990,–) und in einen mangelhaften Teil (Wert: € 10,–) „aufgeteilt". Wenn sich bei einer solchen Konstellation der Mangel in den funktionell abgrenzbaren intakten Teil der Kaufsache (bildhaft) „weitergefressen" hat („Weiterfresser-Fälle"), soll darin eine Eigentumsverletzung des intakten Teils liegen. Eine solche „Aufteilung" soll dann möglich sein, wenn der Mangelunwert der Sache (der defekte Schwimmschalter) „nicht stoffgleich" mit dem eingetretenen Schaden ist (hier: der zerstörte Pool). Dann ist nämlich über das Äquivalenzinteresse an der Leistung nach § 433 Abs. 1 S. 2 BGB auch das Integritätsinteresse am Eigentum betroffen. Die Stoffgleichheit fehlt, wenn der mangelhafte und der mangelfreie Teil der Kaufsache funktionell voneinander trennbar sind, der Mangel mit vertretbarem Aufwand zu beheben gewesen wäre und der Wert des defekten Einzelteils verglichen mit der Gesamtsache gering war. Die Voraussetzungen sind hier erfüllt. Eine Eigentumsverletzung liegt vor. bb) Diese Eigentumsverletzung beruht auf einem Verhalten des V, cc) das als rechtswidrig und dd) schuldhaft zu bewerten ist. ee) Der Anspruch aus § 823 Abs. 1 BGB ist nicht verjährt. Es gilt die allgemeine Verjährungsfrist des § 195 BGB von 3 Jahren, beginnend mit dem Schluss des Jahres, in dem der Anspruch entstanden ist und der Gläubiger von den anspruchsbegründenden Umständen und der Person des Schuldners Kenntnis erlangt hat (§ 199 BGB). Hinweis: Die (hier nicht von der Fallfrage umfassten) Ansprüche auf Ersatz von Schäden an anderen Gegenständen als dem Pool selbst würden sich nach §§ 437 Nr. 3, 280 BGB richten.

#### c) Mängeleinrede trotz Ausschluss von Rücktritt und Minderung

Wenn der Käufer einer mangelhaften Sache den Kaufpreis noch nicht bezahlt hat und erst nach Ablauf der Verjährungsfrist den Rücktritt/die Minderung erklärt, so wissen Sie schon, dass Folgendes gilt: Der Verkäufer kann sich auf Verjährung berufen und dadurch den Rücktritt bzw. die Minderung unwirksam werden lassen (§§ 438 Abs. 4 S. 1, Abs. 5, 218 BGB); zugleich kann er seinen erst in 3 Jahren verjährenden Kaufpreisanspruch (§ 195 BGB) in vollem Umfang geltend machen. Das erscheint gegenüber dem Käufer unbillig, zumal er den vollen Kaufpreis zahlen muss, obwohl die Kaufsache mangelhaft ist.

Daher hat das Gesetz dem **Käufer** ein **Leistungsverweigerungsrecht** insoweit eingeräumt, als er aufgrund eines Rücktritts oder einer Minderung dazu berechtigt gewesen wäre (§ 438 Abs. 4 S. 2, Abs. 5 BGB). Soweit für Rücktritt oder Minderung eine Nacherfüllungsfrist gesetzt werden muss, muss die Fristsetzung auch vor Erhebung der Mängeleinrede aus § 438 Abs. 4, 5 BGB erfolgen.

Dieses Leistungsverweigerungsrecht ist aber keine „dauernde Einrede" i. S. d. § 813 BGB. Daher gibt es keinen Rückzahlungsanspruch aus §§ 813, 438 Abs. 4 S. 2, Abs. 5 BGB für denjenigen, der trotz seines Leistungsverweigerungsrechtes den Kaufpreis gezahlt hat.

Heißt das, dass der Käufer die mangelhafte Sache behalten darf, ohne den Kaufpreis zu zahlen? Nein, denn kompensiert wird das Leistungsverweigerungsrecht des Käufers oder Bestellers, dessen Rücktrittsrecht unwirksam geworden ist, durch ein dem Verkäufer oder Unternehmer zustehendes Rücktrittsrecht (§ 438 Abs. 4 S. 3 BGB).

### 13. Parallelansprüche zum Gewährleistungsrecht

In bestimmten, nachstehend beschriebenen Fallkonstellationen, müssen neben Ansprüchen aus Gewährleistungsansprüchen zusätzlich Ansprüche aus unerlaubter Handlung und Bereicherungsrecht geprüft werden.

#### a) Vertragsanfechtung und Bereicherungsrecht

Bei Vorliegen eines Mangels stellt sich die Frage, ob der Käufer oder Verkäufer den Kaufvertrag aus diesem Grunde anfechten kann. Die Möglichkeiten einer Vertragsanfechtung (genauer: Anfechtung der vertragskonstituierenden Willenserklärung) wegen eines Inhalts- oder Erklärungsirrtums (§ 119 Abs. 1 BGB) aufgrund eines Irrtums über eine verkehrswesentliche Eigenschaft einer Sache oder Person (§ 119 Abs. 2 BGB) und wegen arglistiger Täuschung oder rechtswidriger Drohung (§ 123 BGB) sind Ihnen geläufig; ebenso die Folgen: Der angefochtene (z. B. Kauf-)Vertrag ist mit rückwirkender Kraft unwirksam (§ 142 Abs. 1 BGB); bei der Anfechtung eines verpflichtenden (z. B. Kauf-) Vertrags steht den Parteien ein Anspruch aus § 812 Abs. 1 S. 1 Var. 1 BGB auf Herausgabe des erlangten Vermögensvorteils („etwas") zu, wenn das Verpflichtungsgeschäft bereits erfüllt ist; die Wirkung der Anfechtung nach § 123 BGB kann sogar das dingliche Erfüllungsgeschäft erfassen (sog. „Doppelmangel"/„Fehleridentität"). Die Anfechtung bietet sich vor allem dann an, wenn Gewährleistungsrechte bereits verjährt sind.

Geht es um die Anfechtung eines Kaufvertrags, so muss immer geprüft werden, ob das Anfechtungsrecht überhaupt anwendbar ist oder aber vom speziellen Gewährleistungsrecht verdrängt ist. Entscheidend kommt es wieder auf den Anwendungsbereich des § 437 BGB sowie auf teleologische Erwägungen an. Soweit es um die Fälle einer Anfechtung nach § 119 Abs. 1 BGB (Inhalts- und Erklärungsirrtum) und § 123 BGB (arglistige Täuschung oder rechtswidrige Drohung) geht, bestehen keine Bedenken gegen die Zulässigkeit einer Anfechtung. Denn diese Anfechtungsgründe bestehen unabhängig davon, ob ein Mangel vorliegt oder nicht. Da die Anfechtung jedoch den Vertrag ex tunc unwirksam macht und damit grundsätzlich alle Gewährleistungsansprüche entfielen (sie setzen nach § 437 BGB einen wirksamen

Kaufvertrag voraus), ist jedenfalls bei Anfechtungserklärungen durch einen Laien ggf. eine Auslegung geboten, wonach in Wahrheit ein Rücktritt erklärt werden soll. Das demonstriert dieses *Beispiel:* Käufer K wurde von Verkäufer V vorsätzlich über die Unfallfreiheit eines Fahrzeuges getäuscht. Er teilt dem V mit, dass er den Vertrag „anfechte“ und sein Geld zurückwolle. Die „Anfechtung“ kann als Rücktritt zu deuten sein. Dies hat für K den Vorteil, dass ihm ggf. bestehende weitere Gewährleistungsansprüche (auf Schadensersatz) erhalten bleiben.

#### aa) Anfechtung wegen Irrtums über verkehrswesentliche Eigenschaften der Kaufsache durch den Käufer

Probleme bereitet hingegen die Zulassung einer **Anfechtung** des Kaufvertrags durch den **Käufer** nach **§ 119 Abs. 2 BGB**. Dessen Voraussetzungen sind beim Kauf einer mangelhaften Sache in der Regel deshalb gegeben, weil der Käufer stets irrig von ihrer Mangelfreiheit ausgegangen sein dürfte, und diese als verkehrswesentliche Eigenschaft der Kaufsache anzusehen sind. Wenn es dem Käufer aber möglich wäre, den Kaufvertrag nach § 119 Abs. 2 BGB anzufechten, weil er sich über verkehrswesentliche Eigenschaften der Kaufsache geirrt hat,

- so hätten die Regeln über die **Verjährung** nach **§ 438 BGB** nur noch eine **eingeschränkte Bedeutung**: Zwar muss eine Anfechtung „unverzüglich“ erklärt werden (§ 121 Abs. 1 BGB), dies muss aber erst nach (subjektiver) Erlangung der Kenntnis von dem Irrtum erfolgen. Mithin könnte der Käufer auch noch nach Ablauf der Verjährungsfrist (§ 438 Abs. 2 BGB) anfechten, da der Lauf dieser Frist rein objektiv an die Übergabe eines verkauften Grundstücks bzw. die Ablieferung einer beweglichen Sache anknüpft. Damit würde die Regelung der Verjährungsfrist von 2 Jahren in § 438 Abs. 1 Nr. 3 BGB bedeutungslos.
- Ferner würde das **Recht des Verkäufers** auf **Nacherfüllung** (§§ 437 Nr. 1, 439 BGB) **unterlaufen** werden, wenn der Käufer sich nach § 119 Abs. 2 BGB durch Anfechtung vom Kaufvertrag lösen könnte.
- Die im Interesse des Verkäufers bestehenden **Untersuchungs-** und **Rügepflichten aus § 377 HGB** wären bei der Zulassung einer Anfechtung ebenfalls **bedeutungslos**. Denn eine Lösung vom Kaufvertrag durch Anfechtung nach § 119 Abs. 2 BGB setzt derlei nicht voraus.
- Einer Anfechtung würde es schließlich nicht entgegenstehen, wenn der Käufer den Sachmangel infolge grober Fahrlässigkeit nicht erkannt hat, so dass dieser **Gewährleistungsausschluss (§ 442 Abs. 1 S. 2 BGB)** durch eine Anfechtung nach § 119 Abs. 2 BGB **ausgehebelt** werden könnte.

Um die vorgenannten Probleme zu verhindern, ist es allgemeine Ansicht, dass die **Gewährleistungsansprüche** eine gegenüber einer Anfechtung nach **§ 119 Abs. 2 BGB vorrangige** Spezialregelung sind. Also: Wann immer ein **Sach-** oder **Rechtsmangel** vorliegt, ist wegen dieses Mangels die Anfechtung durch den Käufer nach § 119 Abs. 2 BGB ausgeschlossen.

**Fall 420**

Der V verkauft an den K ein Bild, das nach ihrer beider Überzeugung von Caspar David Friedrich gemalt worden ist. Tatsächlich stammt das Bild von einem anderen unbekannten Maler. 3 Jahre nach dem Kauf bemerkt ein sachkundiger Bekannter des K den Irrtum. Der K verlangt von V sein Geld zurück.

a) Ein Anspruch aus §§ 437 Nr. 2, 326 Abs. 5, 346 ff. BGB scheitert daran, dass der Nacherfüllungsanspruch verjährt ist und ein Rücktritt nicht mehr möglich ist (§ 218 Abs. 1 BGB). b) Ein Anspruch aus § 812 Abs. 1 S. 1 1. Alt. BGB („Leistungskondiktion") würde voraussetzen, dass der K den Rechtsgrund (Kaufvertrag) durch Anfechtung beseitigen konnte (§ 142 Abs. 1 BGB). Fraglich ist, ob eine Anfechtung nach § 119 Abs. 2 BGB überhaupt möglich ist. Dem steht entgegen, dass sich der Irrtum auf einen Sachverhalt bezog, der einen Sachmangel begründete. Um nicht das vorrangige Sachmangelgewährleistungsrecht (insbesondere die kurze Verjährungsfrist, spezifische Ausschlussgründe in §§ 442, 445 BGB und das Recht des Verkäufers zur zweiten Andienung) zu umgehen, kommt eine Anfechtung nicht in Betracht. Der K kann daher nicht Rückzahlung des Kaufpreises verlangen.

#### bb) Anfechtung wegen Irrtums über verkehrswesentliche Eigenschaften der Kaufsache durch den Verkäufer

Die Frage ist, ob der **Verkäufer,** der ja ebenfalls nicht selten bei Vertragsschluss unrichtige Vorstellungen von der Beschaffenheit der verkauften Sache gehabt haben dürfte, den Kaufvertrag nach **§ 119 Abs. 2 BGB** wegen eines Irrtums über die verkehrswesentlichen Eigenschaften der Kaufsache anfechten kann. Man fragt sich natürlich, welchen Sinn dies haben könnte. Die Antwort liegt auf der Hand: Er könnte sich auf diese Weise nach §§ 119 Abs. 2, 142 Abs. 1 BGB den gegen ihn bestehenden Gewährleistungsansprüchen entziehen! Dieser listigen Idee begegnet man, indem man die Anfechtung nach § 242 BGB für unzulässig erklärt, aber nur sofern sich der Verkäufer damit Gewährleistungsansprüchen entzieht. Dabei ist ggf. inzident zu prüfen, ob überhaupt Gewährleistungsansprüche bestehen (gleich, ob verjährt oder nicht).

**Fall 430**

Der V verkauft dem K ein Bild, das beide für eine gut gelungene Kopie des im Rijksmuseum in Amsterdam hängenden Bildes „Die Feder" des berühmten auf Vogelbilder spezialisierten niederländischen Barockmalers Hondekoeter halten. Der Vertrag wird beiderseits erfüllt. In Wahrheit ist das Bild ein bisher unbekanntes Original des Malers mit einem identischen Sujet. Der V erklärt die Anfechtung wegen eines Irrtums über die verkehrswesentlichen Eigenschaften des Bildes und verlangt Herausgabe des Bildes von K Zug-um-Zug gegen Rückzahlung des Kaufpreises.

Der Anspruch ergibt sich aus § 812 Abs. 1 S. 1 Var. 1 BGB („Leistungskondiktion"). a) Der Anspruchsgegner K hat das Eigentum und den Besitz am

Bild erlangt, also ein „etwas“, b) und zwar durch Leistung des Anspruchstellers V. c) Der Rechtsgrund besteht aufgrund der erklärten Anfechtung nicht (§§ 119 Abs. 2, 142 Abs. 1 BGB). Die Anfechtung ist zulässig, da sicher ist, dass der K hier keine Gewährleistungsansprüche geltend machen wird. d) Die Rückabwicklung durch Rückübereignung und Rückgabe erfolgt nach der Saldotheorie Zug-um-Zug gegen Rückzahlung des von V herauszugebenden Kaufpreises.

#### cc) Folgen der Anfechtung

Infolge einer nach den vorstehenden Ausführungen zulässigen Anfechtung erlangt der Käufer bzw. Verkäufer einen Anspruch aus § 812 Abs. 1 S. 1 Var. 1 BGB. Der Umfang bestimmt sich nach § 818 Abs. 2 BGB. Da jedenfalls auf Verkäuferseite häufig Bösgläubigkeit vorliegt, ist an die verschärfte Haftung (§§ 818 Abs. 4, 819 Abs. 1, 292, 987 ff. BGB) zu denken.

### b) Vorvertragliche Pflichtverletzungen

Wenn der Verkäufer bereits bei Abschluss des Vertrages den Mangel kennt oder kennen muss, verletzt er bei gleichwohl abgeschlossenem Vertrag eine vorvertragliche Aufklärungspflicht. Nach dem allgemeinen Leistungsstörungsrecht würde er nach §§ 280 Abs. 1, 311 Abs. 2 BGB auf Schadensersatz haften. Da der Schaden im Abschluss des Kaufvertrages liegt, könnte der Käufer dann stets Vertragsaufhebung verlangen. Damit würde in vielen Fällen das kaufrechtliche Anspruchssystem umgangen werden (kurze Verjährung, spezifische Ausschlussgründe in §§ 442, 445 BGB, Vorrang der Nacherfüllung). Aus diesem Grund darf ein auf Aufhebung des Kaufvertrages gerichteter Anspruch aus §§ 280 Abs. 1, 311 Abs. 2 249 Abs. 1 BGB nicht gewährt werden, wenn sich die unterlassene Aufklärung auf einen Mangel der Sache bezog. Dies gilt nach neuerer Rechtsprechung **auch** bei **Täuschungen,** also vorsätzlichem Handeln. Der Schutz des Käufers wird allein über §§ 437 Nr. 3, 311a Abs. 2, 284 BGB gewährleistet. Die dort enthaltene Wertung (Ersatz des positiven Interesses, kurze Verjährung) darf nicht durch die Anwendung von §§ 280 Abs. 1, 311 Abs. 2 BGB umgangen werden. In diesen Fällen greift aber häufig die deliktische Haftung ein, der wir uns nun zuwenden.

### c) Haftung aus unerlaubter Handlung

Neben einer Haftung aus Gewährleistungsrecht stellt sich in bestimmten Fallgruppen die Frage nach einer Haftung aus unerlaubter Handlung. Dabei ist an zwei Situationen zu denken: Zum einen kann der Verkäufer bei Abschluss des Vertrages eine unerlaubte Handlung gegen den Käufer begehen indem er den Käufer über das Vorliegen bestimmter Eigenschaften oder das Nichtvorliegen von Mängeln täuscht. Zum anderen kann in bestimmten Fällen die Lieferung einer mangelhaften Sache zur Schädigung von Rechtsgütern des Käufers führen und aus diesem Grund als eine unerlaubte Handlung zu beurteilen sein.

In der ersten Konstellation geht es vor allem um **Fälle** von **arglistigen Täuschungen**. Sie geben dem Käufer einen Anspruch auf Schadensersatz aus § 823 Abs. 2 BGB i. V. m. § 263 StGB oder aus § 826 BGB. Er ist entweder auf Rückgängigmachung des Vertrages oder auf Anpassung des Vertrages hin zu den

Bedingungen, zu denen er ohne Täuschung geschlossen worden wäre gerichtet. Dieser Anspruch ist für den Käufer äußerst günstig. Da er aber den Vorsatz des Verkäufers beweisen muss (keine Vermutung!), helfen diese Ansprüche vielfach nicht weiter. In der Fallbearbeitung sind sie natürlich dennoch zu prüfen. Parallel ist dann immer auch an einen Anspruch aus §§ 812 Abs. 1 S. 1 1. Alt, 142 Abs. 1, 123 BGB zu denken (dazu sogleich unter b)).

Im zweiten Fall geht es um die ihnen schon bekannten **„Weiterfressermängel"** und **ähnliche Fälle,** in denen nach der Rechtsprechung des BGH die Lieferung einer mangelhaften Sache eine Eigentumsverletzung darstellen kann. Die dazu wichtigen Entscheidungen sind der Schwimmschalterfall und der Gaszugfall. Einzelheiten erfahren Sie sub Teil 7.

In allen Fällen verjähren die deliktischen Schadensersatzansprüche nach §§ 195 ff. BGB und damit in der Regel später als gewährleistungsrechtliche Ansprüche. Es ist somit aus der Sicht des Käufers sinnvoll, seine Ansprüche auch auf Normen des Deliktsrechts zu stützen oder – dazu sogleich – den Vertrag anzufechten.

### 14. Besonderheiten zum Verbrauchsgüterkauf

Aufgrund der europäischen Verbrauchsgüterkaufrichtlinie war der deutsche Gesetzgeber gehalten, die Rechte von Verbrauchern im Kaufrecht zu stärken. Im Rahmen der Schuldrechtsreform wurden große Teile dieser Richtlinie im Kaufrecht des BGB (§§ 433 ff. BGB) umgesetzt. Dabei hat sich der Gesetzgeber entschieden, die Regelungsvorgaben weitgehend für alle Kaufverträge einzuführen. Einige nicht in diesen allgemeinen Regelungsrahmen passende Einzelfragen hat der Gesetzgeber in einem besonderen Untertitel normiert (§§ 474 ff. BGB). Diese Regelungen gelten ergänzend zum allgemeinen Kaufrecht (§ 474 Abs. 1 S. BGB). Sofern eine Frage nicht in den §§ 474–479 BGB geregelt ist, gelten daher die §§ 433–473 BGB.

#### a) Anwendungsbereich des Verbrauchsgüterkaufs

Der Anwendungsbereich der Regeln über den Verbrauchsgüterkauf unterliegt drei Voraussetzungen:

- **Persönlicher Anwendungsbereich:** Der **Käufer** ist **Verbraucher** (§ 13 BGB) und der **Verkäufer Unternehmer** (§ 14 BGB). Es kommt für die Beurteilung auf die tatsächliche Sachlage an: Der Käufer kann sich nach dem BGH nicht auf die Vorschriften des Verbrauchsgüterkaufs berufen, wenn er einen **gewerblichen Verwendungszweck** der Kaufsache **vortäuscht**. Umgekehrt kann sich der Verkäufer nicht durch das **Vorschieben eines Verbrauchers** (z. B. eines Strohmannes) seiner Haftung aus einem Verbrauchsgüterkauf entziehen. *Beispiele:* 1) Der K kauft bei V ein Kraftfahrzeug, das er privat nutzen will, wobei er angibt, dass er es für seinen Handwerksbetrieb benötigt. Dies tut er, da ihm bekannt ist, dass V nur an Unternehmer verkauft, gegenüber denen er die Gewährleistung wirksam ausschließen kann. In diesem Fall kann der K später keine Ansprüche wegen Mängeln geltend machen, da er sich aufgrund seiner Täuschung als Unternehmer behandeln lassen muss (§ 242 BGB). 2) Um seine Unternehmerstellung zu vertuschen, lässt der Autohändler H seine Ehefrau E Fahrzeuge in Zeitungen inserieren und beteiligt sie aktiv bei dem Abschluss der Kaufverträge mit Verbrauchern, in denen diese unter Ausschluss jeglicher Gewährleistung verkauft werden. H haftet, als hätte er die Fahrzeuge als Unternehmer verkauft.

- **Vertragstyp:** Vorliegen muss ein **Kaufvertrag.** Ausgenommen von der Anwendung des Verbrauchsgüterkaufrechts ist aber der Kauf gebrauchter beweglicher Sachen in einer öffentlichen Versteigerung, an der der Verbraucher persönlich teilnehmen kann (§ 474 Abs. 1 S. 2 BGB; Hauptfall: Versteigerung von Fundsachen).
- **Gegenstand des Kaufvertrags:** Es muss sich um den Kauf einer **beweglichen Sache** handeln (dazu zählen nicht Strom und Wasser). Grundstücke scheiden daher aus. Die gekaufte Sache muss nicht zum Verbrauch bestimmt sein. Daher ist der Begriff Verbrauchsgüterkauf etwas irreführend-

### b) Sonderregeln für den Kaufvertrag

Wenn Sie die Voraussetzungen des Verbrauchsgüterkaufes bejaht haben, so hat dies zur Folge, dass folgende **Sonderregeln für den Kaufvertrag** gelten, die nach § 475 Abs. 1 BGB bis zur Mitteilung eines Mangels an den Unternehmer unabdingbar sind.

#### aa) Nichtgeltung der §§ 445 und 447 BGB (§ 474 Abs. 2 BGB)

Nach **§ 474 Abs. 2 BGB** findet **§ 447 BGB** keine Anwendung. Bei einem Verbrauchsgüterkauf kommt es also auch durch eine auf Verlangen des Käufers erfolgende Versendung der Kaufsache „nach einem anderen Ort als dem Erfüllungsort" zum Übergang der Preisgefahr auf den Käufer bei der Übergabe an den Käufer und nicht schon bei der Übergabe an die Transportperson. Der rechtspolitische Grund für diese Regelung ist darin zu sehen, dass der Käufer vor Transportrisiken geschützt werden soll, die der gewerbliche Verkäufer besser beherrschen kann als der Käufer(durch Auswahl der Transportperson oder durch Versicherung des Transportrisikos). Auch soll dem Käufer als Verbraucher nicht zugemutet werden, den Kaufpreis zahlen müssen, um sich dann auf dem umständlichen (über V führenden) Weg der „Drittschadensliquidation" zur Geltendmachung des Ersatzes seines Schadens an den die Transportperson halten zu müssen.

**Fall 431**

Der Privatmann K kauft kurz vor Weihnachten 2015 bei der auf dem Lande gelegenen Möbelfabrik des V eine für seine Wohnung gedachte Schrankwand. Weil der K keine Transportkapazität hat, vereinbaren V und K, dass der V auf seine Kosten den Transport zu K veranlassen soll (im Zweifel Schickschuld, § 269 Abs. 3 BGB). Der V beauftragt den verlässlichen Frachtführer F. Als plötzliches „Blitzeis" auftritt, hält der F auf der Autobahn an. Ein nicht zum Halten zu bringender LKW rammt den Wagen des F, so dass es zu einem Totalschaden kommt. Der V verlangt den Kaufpreis von K.

Der nach § 433 Abs. 2 BGB entstandene Kaufpreisanspruch ist nach § 326 Abs. 1 S. 1 BGB erloschen. Die in Betracht zu ziehende Ausnahme des § 447 BGB greift wegen § 474 Abs. 2 BGB nicht ein.

Auch findet nach **§ 474 Abs. 2 BGB** die für einen Verbraucher nachteilige Haftungsbegrenzung in Gewährleistungsfällen auf Arglist und Garantie beim Verkauf in einer öffentlichen Versteigerung **(§ 445 BGB)** keine Anwendung. Dies gilt allerdings wegen § 474 Abs. 1 S. 2 BGB nicht für gebrauchte Sachen.

bb) Unwirksamkeit abweichender Vereinbarungen und Umgehungen (§ 475 BGB)
Der Unternehmer kann sich als Verkäufer bei einem Verbrauchsgüterkauf nicht auf eine vor Mitteilung eines Mangels an den Unternehmer getroffene Vereinbarung mit dem Verbraucher berufen, die für den Verbraucher nachteilig von den §§ 433 bis 435 BGB, 437, 439 bis 443 BGB abweicht. Dies gilt unabhängig davon, ob es sich um neue oder gebrauchte Kaufsachen handelt. Eine Umgehung durch anderweitige Gestaltung ist unzulässig (§ 475 Abs. 1 S. 2 BGB). *Beispiel:* Verkauf einer neuen Sache als „gebraucht", bei der die Verjährungsfrist nach § 475 Abs. 2 BGB auf ein Jahr verkürzt werden könnte). Dass auch bei neuen Sachen keine Herabsetzung der Verjährungsfristen unter zwei Jahre vereinbart werden kann (§ 475 Abs. 2 BGB), wissen Sie ja bereits. Die Konsequenzen des § 475 Abs. 2 S. 1 BGB für den Gebrauchtwagenhandel sind unübersehbar: ein Gewährleistungsausschluss ist praktisch nicht mehr möglich! Nach der Rechtsprechung des BGH können auch junge Tiere als neue Sachen angesehen werden mit der Folge, dass Züchter von Hunden und Pferden ihre Gewährleistungsfrist nicht auf unter 2 Jahre verkürzen können.

Die Gebrauchtwagenhändler haben versucht, diese Konsequenz durch ein (schon früher aus steuerlichen Gründen gern genutztes) sog. **Agenturgeschäft** zu umgehen. Dabei wird vereinbart, dass der Händler einen in Zahlung gegebenen Altwagen im Namen des Kunden verkauft. Dadurch handelt es sich nicht um einen Verbrauchsgüterkauf, da Verkäufer ein Verbraucher ist. Sofern der Händler aber Garantien für einen bestimmten erzielbaren Preis gewährt und so letztlich das Risiko des Geschäfts trägt, liegt ein Umgehungsgeschäft i. S. d. § 475 Abs. 1 S. 2 BGB vor (BGH).

**Fall 432**

Der Gebrauchtwagenhändler V verkauft an den Privatmann K einen gebrauchten Wagen und bezeichnet den Tachostand mit 50.000 km. Im ausgehandelten Kaufvertrag wird vereinbart: „Gekauft wie besichtigt und unter Ausschluss jeder Gewährleistung". Der Kaufvertrag wird beiderseits erfüllt. Später erfährt der K, dass die wirkliche Laufleistung 80.000 km beträgt. Der V hatte von der Tachomanipulation des Voreigentümers nichts gewusst und hätte sie auch nicht erkennen können. Der K erklärt den Rücktritt und verlangt von V den Kaufpreis Zug-um-Zug gegen Rückübereignung und Rückgabe des Wagens. Der V beruft sich auf den Gewährleistungsausschluss.

Dem K könnte der Anspruch aus §§ 437 Nr. 2, 323 Abs. 3, 326 Abs. 5, 346 ff. BGB zustehen. a) Zwischen dem V und dem K war ein Kaufvertrag geschlossen worden. b) Der Wagen müsste mangelhaft sein. aa) Eine als gebraucht verkaufte Sache ist natürlich nicht bereits deshalb mangelhaft, weil sie nicht die Eigenschaften einer neuen Sache hat. Abnutzung und dergleichen allein begründen keinen Mangel. bb) Jedoch ist die Vereinbarung der Laufleistung eine Beschaffenheitsvereinbarung nach § 434 Abs. 1 S. 1 BGB. Der Wagen war daher mangelhaft, c) und zwar bei Gefahrübergang. d) Der K konnte nach §§ 437 Nr. 2, 323 BGB ohne Fristsetzung (§ 326 Abs. 5 BGB) den Rücktritt erklären. e) Der Ausschluss des Gewährleistungsrechts ist nach § 475 Abs. 1 BGB unwirksam. f) Der K kann daher nach § 346 ff. BGB den Kaufpreis Zug-um-Zug gegen Rückübereignung und Rückgabe des Wagens verlangen.

Eine Ausnahme von diesen sehr strengen Regeln gilt nur für Schadensersatzansprüche (§ 475 Abs. 3 BGB): Insoweit kann der Unternehmer mit dem Verbraucher Abweichendes vereinbaren. Dies gilt jedoch unbeschadet der §§ 307–309 BGB, an denen die Vereinbarungen wegen § 310 Abs. 3 Nr. 2 BGB regelmäßig zu messen sein werden. Auch gilt hier natürlich die Arglist- und Garantieschranke des § 444 BGB. Der rechtspolitische Grund für die Ausnahmeregelung des § 475 Abs. 3 BGB ist, dass der Verkäufer sonst keinen Schutz vor den oft weit reichenden Belastungen aus der Inanspruchnahme wegen entstandenen Mangelfolgeschäden hätte.

cc) Beweislastumkehr

Im **allgemeinen Kaufrecht** muss der Käufer beweisen, dass die gekaufte Sache bei Gefahrübergang mangelhaft war, um seine Rechte aus § 437 BGB durchsetzen zu können. Bei einem **Verbrauchsgüterkauf** gilt innerhalb der **ersten 6 Monate seit Gefahrübergang** eine dahin lautende **gesetzliche Vermutung,** dass die gekaufte **Sache** bereits **bei Gefahrübergang mangelhaft** war, wenn ein Sachmangel in dieser Zeit auftritt (§ 476 BGB). Der Grund hierfür ist, dass dem Unternehmer der Beweis der Mangelfreiheit bei Gefahrübergang leichter fällt, als dem Käufer der Beweis der Mangelhaftigkeit bei Gefahrübergang.

Die Bestimmung des § 476 BGB hat sich zu einem **Schwerpunkt der Rechtsprechung** zum **neuen Kaufrecht** entwickelt. Es ist daher empfehlenswert, sich hiermit auseinanderzusetzen. Die Einzelheiten sind sehr umstritten, wobei sich der Streit noch dadurch verkompliziert, dass die Norm im Hinblick auf die Verbrauchsgüterkaufrichtlinie richtlinienkonform ausgelegt werden muss.

(1) Beweis der Vermutungsbasis

Der **Käufer** muss die sog. **Vermutungsbasis nachweisen.**

Die Bestimmung setzt zunächst voraus, dass sich ein Mangel binnen 6 Monaten ab Gefahrübergang **„zeigt“**. Dies bedeutet nicht unbedingt, dass der Mangel bei

Gefahrübergang nicht schon erkennbar geworden sein darf. *Beispiel* (nach BGH): Die Karosserie eines Fahrzeuges ist leicht verbogen, was bei genauem Hinsehen erkennbar gewesen wäre. Wird dies 4 Monate später entdeckt, so zeigt sich der Mangel erst dann.

Es reicht aus, wenn sich **irgendein Mangel** zeigt. Der Mangel muss also nicht derjenige sein, der bereits bei Gefahrübergang (Grundmangel) vorgelegen hat sondern es reicht aus, wenn sich ein Folgemangel zeigt. *Beispiel:* Der Motor hat zunächst einen unerkennbaren Defekt. Später erleidet er aufgrund dieses Defekts einen Totalschaden.

Die Vermutung hilft nur weiter, wenn feststeht, dass ein Mangel vorliegt. Sie **wirkt nach dem BGH nur** in **zeitlicher Hinsicht,** d. h. es wird vermutet, dass der vom Käufer bewiesene Mangel schon bei Gefahrübergang vorgelegen hat. Der Verkäufer kann die Grundlage der Vermutung daher dadurch erschüttern, dass er eine Alternativursache für einen Mangel aufzeigt. Gelingt ihm dies, hat der Käufer die Vermutungsbasis nämlich nicht nachgewiesen. Die Literatur ist großzügiger und erstreckt die Vermutung auch darauf, dass ein Grundmangel vorgelegen hat. *Beispiel* (nach BGH): Der Gebrauchtwagen erleidet nach 4 Monaten einen Motorschaden der – dies ist wichtig – unstreitig nicht schon bei Gefahrübergang vorlag. Als Ursache kommen ein defekter Zahnriemen oder ein Schaltfehler des Fahrers in Betracht. Die Vermutung greift nach dem BGH nicht ein, da nicht bewiesen ist, dass ein Mangel vorlag. Nach der Literatur dagegen wird zusätzlich vermutet, dass der Grundmangel vorlag und zum Motorschaden geführt hat. *Beispiel* (nach BGH): Bei dem Gebrauchtwagen zeigt sich nach 4 Monaten ein Motorschaden, wobei (wichtiger Unterschied) unklar ist, ob dieser bereits bei Gefahrübergang vorlag. Die zeitlich wirkende Vermutung nach § 476 BGB greift auch nach Ansicht des BGH ein, da unstreitig ist, dass ein Sachmangel besteht und nur unklar ist, ob der Sachmangel bei Gefahrübergang vorlag oder nicht.

#### (2) Ausschluss der Vermutung

Die Regelung des **§ 476 BGB gilt nicht,** wenn die Vermutung mit der **Art** des **Mangels** nicht vereinbar ist. Dies gilt z. B. für Tierkrankheiten oder das Verderben von Lebensmitteln. Abweichend von der Gesetzesbegründung, gilt die Vermutung nach ständiger Rechtsprechung aber bei gebrauchten Sachen. Allein die Tatsache, dass ein bestimmter Mangel praktisch jederzeit auftreten kann schließt die Vermutung nach § 476 BGB nicht aus. Auch eine äußere Beschädigung einer Sache (welche auch bei der Übergabe bereits vorhanden gewesen sein könnte) schließt die Vermutung nicht grundsätzlich aus, es sei denn, die Beschädigung war so offensichtlich, dass es unwahrscheinlich ist, dass der Verbraucher diese Beschädigung bei Übergabe übersehen hätte. *Beispiel:* Der Gebrauchtwagenkäufer meldet sich eine Woche nach dem Kauf und weist auf eine deutlich sichtbare Beule in der Fahrertür hin.

#### (3) Wirkung der Vermutung

Liegen die Voraussetzungen von § 476 BGB vor, so wird vermutet, dass der Sachmangel schon bei Gefahrübergang vorhanden war.

**Fall 433**

Der V (Unternehmer) verkauft an K (Verbraucher) ein Auto. Nach 3 Monaten zeigt sich ein elektronischer Defekt, welcher bei Übergabe (unstreitig) noch nicht vorhanden war. Der V behauptet, das rühre von unsachgemäßer Handhabung durch den K her. Der K meint, es handle sich hierbei um einen Produktionsfehler. Es lässt sich im Prozess nicht klären, wessen Darstellung richtig ist. K verlangt Nachbesserung.

Den sich aus §§ 437 Nr. 1, 439 BGB ergebenden Anspruch kann der K nur dann geltend machen, wenn die Sache bei Gefahrübergang mangelhaft war. Dies kann hier nicht aufgeklärt werden. Möglicherweise greift hier aber die Vermutung nach § 476 BGB ein. Ein Verbrauchsgüterkauf liegt vor. Fraglich ist aber, ob sich ein Mangel innerhalb von 6 Monaten nach Gefahrübergang gezeigt hat. Dazu muss feststehen, dass das Fahrzeug zu irgendeinem Zeitpunkt nach Gefahrübergang mangelhaft gewesen ist. Dies steht hier nicht fest, da unklar ist, ob die Beschädigung durch einen schon vorhandenen Defekt oder durch Fehlbenutzung verursacht worden ist. Der Anspruch besteht nicht.

#### c) Der Unternehmerregress

Durch die Schuldrechtsreform wurden die Rechte der Käufer als Verbraucher gegenüber einem Unternehmer als Verkäufer verbessert. Das sollte aber nicht zur Konsequenz haben, dass der an den Endverbraucher leistende Unternehmer die Nachteile dieses verbesserten Käuferschutzes allein zu tragen hat, wenn der Mangel der Kaufsache auf einen Fehler im Herstellungsprozess, also nicht auf ihn, zurückzuführen ist. Der Gesetzgeber hat sich daher dafür entschieden, demjenigen Unternehmer, der den Verbraucher beliefert, im Verhältnis zu seinem Lieferanten (§ 478 Abs. 1 BGB) einen Rückgriffanspruch zu geben. Ferner soll ein solcher Rückgriff auch bei einer bis zum Hersteller reichenden „Lieferkette" möglich sein (§ 478 Abs. 5 BGB).

##### aa) Beweislastumkehr

Ausgangspunkt ist, dass beim Verbrauchsgüterkaufvertrag der Unternehmer im Wege des Rückgriffs seinen Lieferanten in Anspruch nimmt, weil er eine neu hergestellte Sache von einem Verbraucher zurücknehmen musste oder weil der Verbraucher den Kaufpreis gemindert hatte. Dann findet § 476 BGB auf diese Beziehung (die natürlich kein Verbrauchsgüterkauf ist) Anwendung, und zwar mit der Maßgabe, dass die 6-Monatsfrist des § 476 BGB mit dem Übergang der Gefahr auf den Verbraucher beginnt (§§ 478 Abs. 3, 476 BGB).

Im Einzelnen haben §§ 478, 479 BGB folgende Wirkungen:

##### bb) Kein Fristsetzungserfordernis

Der vom Verbraucher in Anspruch genommene Unternehmer ist davon befreit, gegen den Lieferanten eine Frist in Gang zu setzen, wenn er diesen im Wege des Rückgriffs in Anspruch nimmt, weil er eine neu hergestellte Sache von einem Verbraucher zurücknehmen musste oder weil der Verbraucher den Kaufpreis gemindert hatte (§ 478 Abs. 1 BGB); dies ist dogmatisch als Spezialfall der Unzumutbarkeit i. S. d. des § 440 S. 1 BGB einzuordnen. Der Letztverkäufer bzw. der in einer Lieferantenkette vor ihm stehende Verkäufer kann also unmittelbar nach Rücknahme der mangelhaften Sache seinerseits von dem Kaufvertrag mit seinem Lieferanten zurücktreten, ohne diesem eine meist sinnlose Nacherfüllungsgelegenheit geben zu müssen.

#### cc) Aufwendungsersatzanspruch infolge einer Nacherfüllung

Wenn beim Verbrauchsgüterkauf über eine neu hergestellte Sache der Unternehmer als Letztverkäufer einen Nacherfüllungsanspruch des Verbrauchers aus §§ 437 Nr. 1, 439 Abs. 1 BGB zu erfüllen und deshalb hierfür nach § 439 Abs. 2 BGB die Aufwendungen zu tragen hatte, kann er diese Aufwendungen von seinem Lieferanten nach **§ 478 Abs. 2 BGB** ersetzt verlangen. Dies gilt aber nur wenn der Mangel bereits bei Gefahrübergang auf den letztverkaufenden Unternehmer vorhanden war, was bekanntlich nach §§ 478 Abs. 3, 476 BGB für Mängel, die innerhalb von 6 Monaten nach Übergang der Gefahr auf den Verbraucher aufgetreten sind, zugunsten des letztverkaufenden Unternehmers vermutet wird. Notwendig ist, dass der Letztverkäufer einem entsprechenden Anspruch des Verbrauchers ausgesetzt war. Bei Rücknahme allein aus Kulanz ist ein Rückgriff selbstverständlich nicht möglich.

Dieser Rückgriffanspruch verjährt in zwei Jahren nach Ablieferung der Sache (**§ 479 Abs. 1 BGB**). Zugunsten des letztverkaufenden Unternehmers ist der Ablauf der Verjährung nach § 479 Abs. 2 BGB gehemmt, um zu verhindern, dass der Unternehmer seinen Aufwendungsersatz einbüßt, wenn er die Ware erst nach einer Lagerzeit bei sich verkauft und dann kurz vor Ablauf der 2 jährigen Verjährungsfrist aus § 438 Abs. 1 Nr. 3 BGB den Nacherfüllungsanspruch erfüllt hat. Die Verjährungsregelung findet auch Anwendung auf die Ansprüche des Lieferanten und der übrigen Käufer in einer Lieferkette gegen den jeweiligen Verkäufer, wenn die Schuldner Unternehmer sind (**§ 479 Abs. 3 BGB**).

#### dd) Rügeobliegenheit

Ein Gewährleistungsausschluss zwischen Händler und Lieferant durch die Ihnen schon bekannte unterlassene Rüge (§ 377 HGB) lässt allerdings weiterhin die Ansprüche erlöschen **(§ 478 Abs. 6 BGB).**

#### ee) Verjährung

Dass der Aufwendungsersatzanspruch aus § 478 Abs. 2 BGB in zwei Jahren nach Ablieferung der Sache (§ 479 Abs. 1 BGB) verjährt, wissen Sie ja schon. Sie wissen auch, dass der Ablauf der Verjährung zugunsten des letztverkaufenden Unternehmers gehemmt ist. Ferner haben Sie schon erfahren, dass diese Verjährungsregelung auch Anwendung findet auf die Ansprüche des Lieferanten und der übrigen Käufer in einer Lieferkette gegen den jeweiligen Verkäufer, wenn die Schuldner Unternehmer sind (§ 479 Abs. 3 BGB). Nun aber müssen Sie noch zusätzlich erfahren, dass die Ablaufhemmung auch die Ansprüche aus § 437 BGB betrifft **(§ 479 Abs. 2 BGB).**

ff) Abweichende Beschaffenheitsvereinbarungen

Keine Hilfe bringen die Regeln über den „Unternehmerregress" allerdings, wenn zwischen Lieferant und Einzelhändler und zwischen Einzelhändler und Verbraucher verschiedene Abreden hinsichtlich der Beschaffenheit der Kaufsache erfolgten: Verkauft zum *Beispiel* der Hersteller eine Waschmaschine mit einem Kratzer unter Hinweis auf diesen Mangel an den Einzelhändler und veräußert der diese Maschine ohne Hinweis auf den Mangel an einen Verbraucher weiter, so steht dem Einzelhändler nach (berechtigter) Minderung durch den Verbraucher natürlich kein Rückgriffanspruch zu!

Sie müssen die Einzelheiten nicht auswendig lernen. Merken Sie sich einfach, dass der Gesetzgeber den Einzelhändler als Verkäufer an Endverbraucher schützen wollte und dass der verbesserte Verbraucherschutz letztlich auf Kosten des Produzenten gehen soll. Wann immer also ein Verbraucher berechtigt (!) Ansprüche gegen den Händler geltend macht, können die §§ 478, 479 BGB dazu führen, dass der eigene kaufrechtliche Anspruch des Händlers gegen den Lieferanten durch Sonderregeln privilegiert wird, sei es durch abweichende Verjährungsregelungen oder in anderer Weise. An der Stelle, an der der Anspruch des Händlers nach allgemeinem Kaufrecht scheitern würde, gehen Sie auf die Sonderregelungen ein.

gg) Analoge Anwendung der §§ 478, 479 BGB

Es soll Ihnen nicht vorenthalten werden, dass im neueren Schrifttum verschiedene analoge Anwendungen der §§ 478, 479 BGB erörtert werden und zwar für die folgenden Fälle:

- Die **werkvertragliche Lieferkette:** Bei ihr steht am Ende kein Verbrauchsgüterkauf sondern ein Werkvertrag.
- Die **unterbrochene** bzw. **steckengebliebene Lieferkette:** Die Mangelhaftigkeit des Produkts wird festgestellt, bevor der Verkauf an einen Verbraucher stattfindet.
- Die **Unternehmer-Lieferkette:** Am Ende der Kette steht kein Verbraucher sondern ein Unternehmer.
- Und zuletzt auf die **Vertragsbeziehung zwischen Hersteller** und **Zulieferer**.

Insoweit bleibt die weitere Entwicklung abzuwarten. Gegen die Analogien spricht die Ausnahmefunktion der §§ 478, 479 BGB. Argumentieren Sie in diesen Fällen eng an den Voraussetzungen der Analogie. Dann sind Sie stets auf einem guten Weg.

## 15. Rechte des Käufers bei Rechtsmängeln

Bisher eindeutig „zu kurz gekommen" in dieser Darstellung sind die **Rechte** des **Käufers** bei **Rechtsmängeln**. Diese sind den Sachmängeln gleichgestellt: Das Gesetz unterscheidet in § 437 BGB unter der Überschrift „Rechte des Käufers bei

Mängeln“ nicht zwischen Sach- oder Rechtsmängeln. Daher ein kurzer Überblick über die Besonderheiten bei der Prüfung eines Rechtsmangels an der Kaufsache.

**Fall 434**

Der K kauft von dem V formgerecht ein Grundstück. Im Grundbuch ist noch eine vollständig valutierte Hypothek in Höhe von € 100.000,– zugunsten des X eingetragen. Die gesicherte Darlehensforderung, die ursprünglich € 100.000,– betrug, war jedoch schon vor Jahren in voller Höhe zurückgezahlt worden. Nachdem der K als Eigentümer eingetragen ist und ihm das Grundstück übergeben worden ist, verlangt der K von dem V die Herbeiführung der Löschung dieser Hypothek. Der V weigert sich, da die Hypothek ja unstreitig nicht mehr bestehe und die Löschung ihn Gebühren kosten würde.

Der Anspruch des K kann sich aus §§ 437 Nr. 1, 439 BGB ergeben. a) Hierzu muss das Grundstück bei Gefahrübergang mangelhaft gewesen sein. In Betracht kommt ein Rechtsmangel nach § 435 BGB. aa) Ein tatsächlich bestehendes fremdes Recht (§ 435 S. 1 BGB) kommt nicht in Betracht, da anstelle der Hypothek zugunsten des X eine Eigentümergrundschuld zugunsten des K besteht (§§ 1163 Abs. 1 S. 2, 1177 BGB). bb) Die bloße Eintragung der Hypothek steht aber einem Rechtsmangel gleich (§ 435 S. 2 BGB). Deshalb kann der K die Mängelbeseitigung verlangen. b) Der Rechtsmangel bestand bei Gefahrübergang (§ 446 BGB). c) Der K kann daher die Beseitigung des Rechtsmangels verlangen (§ 439 BGB).

**Variante**

Der K erklärt nach Setzung einer angemessenen Frist den Rücktritt vom Vertrag und verlangt Rückzahlung des Kaufpreises Zug-um-Zug gegen Rückübereignung und Rückgabe des Grundstücks.

Der Anspruch könnte sich aus §§ 437 Nr. 2, 323 Abs. 1, 2 Nr. 1, 346 ff. BGB ergeben; da der Rechtsmangel jedoch unerheblich ist, scheidet ein Rücktritt aus (§ 325 Abs. 5 S. 2 BGB).

**Variante**

Der K erklärt die Minderung und verlangt die Rückzahlung des zu viel gezahlten Kaufpreises.

Der Anspruch ergibt sich aus §§ 437 Nr. 2, 441, 346 ff. BGB. Nach § 441 Abs. 1 S. 2 BGB ist der Ausschlussgrund bei unerheblichen Mängeln aus § 323 Abs. 5 S. 2 BGB nicht anwendbar.

**Fall 435**

Der V verkauft an K eine Anzahl von T-Shirts mit dem Aufdruck ADIDAS, die aber von einem Hersteller ohne die Zustimmung von ADIDAS hergestellt worden waren. Als K diese T-Shirts vermarkten will, wird ihm dies durch ADIDAS untersagt (§ 14 Abs. 2 Nr. 1, Abs. 3 Nr. 1 MarkenG). Der K verlangt Schadensersatz.

Der K kann von V Schadensersatz statt der Leistung nach §§ 437 Nr. 3, 311a Abs. 2 BGB verlangen.

## 16. Größerer Fall

Um Ihnen die Gelegenheit zu geben, auch einmal den „Ernstfall" zu erproben, wird Ihnen ein Sachverhalt nebst Lösungsskizze vorgestellt, der im Sommersemester 2003 in einer Übung für Anfänger im Bürgerlichen Recht als Klausur zu bearbeiten war.

**Fall 436**

Der V ist Eigentümer eines seit fast dreihundert Jahren in Familienbesitz befindlichen, gerade neu mit Reet eingedeckten sog. „Haubargs" auf der Halbinsel Eiderstedt an der Nordsee. Es handelt sich dabei um eines der nur dort vorkommenden mehrere hundert Jahre alten, besonders konstruierten großen Bauernhäuser, bei denen sich die gesamte bäuerliche Wirtschaft unter einem einzigen gewaltigen Dach vereint. Getragen wird das Dachgerüst von 4 jeweils 12 Meter hohen „Ständern", die einen sog. „Vierkant" bilden.

Das Haus ist denkmalgeschützt und ist daher vom jeweiligen Eigentümer in äußerlich unverändertem Zustand zu erhalten; im Fall der Zerstörung ist ein Wiederaufbau oder eine sonstige Bebauung des Grundstücks nicht erlaubt.

Der V verkauft das Haus formwirksam (§ 311b Abs. 1 S. 1 BGB) an den K; im Kaufvertrag ist u. a. vereinbart, dass das Haus „frei von Holzbock und Schwamm" sei. Der K beabsichtigte, das Haus nach einigen (zulässigen) Umbauten im Inneren des Hauses an den Interessenten X weiterzuverkaufen, so dass ihm nach Abzug von Unkosten ein Gewinn von € 100.000,– verbleibt.

Nach Zahlung des vereinbarten Kaufpreises in Höhe von € 1.300.000,– wurde das Haus an den K übergeben und übereignet (§§ 873, 925 BGB).

*1. Variante:* Einige Tage nach der Übergabe und Übereignung stellte sich heraus, dass sich schon seit Jahrzehnten im Dachstuhl des Hauses Holzbock befindet, so dass der Einsturz des Daches bei einem schweren Sturm droht. Der V hatte das Haus bisher für holzbockfrei gehalten. Der K verlangt von dem V die Beseitigung des Holzbocks, was wegen der aufwendigen Dachkonstruktion und der anschließenden Notwendigkeit einer neuen Dachdeckung mit Reet € 350.000,– kosten würde, wovon der Staat insgesamt nur € 50.000,– tragen würde. Der V weigert sich wegen der nach seiner Meinung „zu hohen" Kosten für ihn, die an sich mögliche Beseitigung des Holzbocks und die damit verbundene Neueindeckung des Daches vorzunehmen.

*2. Variante:* V gibt nach und beauftragt zunächst zur Bekämpfung des Holzbocks die Fachfirma „Ho-Bo-Ex" des B. Um das genaue Ausmaß des Holzbockbefalls zu ermitteln, sägt der selbst tätige sehr verlässliche Inhaber B, der die tragende Funktion eines jeden der „Ständer" verkennt, einen von ihnen zu ¾ durch, so dass dieser seine Stabilität verliert und das gesamte Haus nach einer kräftigen Windbö, wie sie an der Nordsee vorkommen, „wie ein Kartenhaus“ in sich zusammenfällt. Der K verlangt, nachdem er den Kaufpreis bereits zurückerhalten hat, von dem V Schadensersatz „statt der Leistung“ in Höhe von € 100.000,–.

*3. Variante:* Der K setzte dem V sofort nach der einige Tage nach der Übergabe und Übereignung getroffenen Feststellung des Holzbockbefalls eine angemessene Nachbesserungsfrist von 6 Monaten. Die Frist verstreicht fruchtlos, weil der V sich überhaupt nicht um die Beseitigung des Holzbocks kümmert. Als der X daraufhin „abspringt“, verlangt der K von dem V Schadensersatz „statt der Leistung“ in Höhe von € 100.000,–.

*4. Variante:* Der V hatte von dem Holzbockbefall gewusst und ihn dem K verschwiegen. Als der X wegen des später entdeckten Holzbockbefalls „abspringt“, verlangt der K von dem V Schadensersatz „statt der Leistung“ in Höhe von € 1.400.000,– Zug-um-Zug gegen Rückgabe und Rückübereignung des Grundstücks.

*5. Variante:* Der V lässt innerhalb von 6 Monaten den Holzbock beseitigen und das Dach neu eindecken. Der danach zur Überprüfung des Erfolgs der Arbeiten durch den K bestellte Gutachter stellt fest, dass zwar der Holzbock beseitigt sei, entdeckt aber zufällig, dass das Mauerwerk des Hauses schon seit vielen Jahrzehnten mit „Schwamm“ (das ist ein die Bausubstanz von Gebäuden, speziell Holz und Stein, mit der Zeit zerstörender Pilz, der als solcher endgültig nicht zu beseitigen ist, sondern immer wiederkehrende Reparaturarbeiten erforderlich macht) befallen ist. Weil das Haus deshalb nicht weiterverkäuflich ist, verlangt der K von dem V Zahlung von € 1.400.000,– Zug-um-Zug gegen Rückgabe und Rückübereignung des Hauses.

*6. Variante:* Der K wollte das Haus selbst bewohnen. Er hatte im Kaufvertrag die Kosten für den Notar und den Makler vollständig übernommen und bezahlt. Als sich herausgestellt hatte, dass sich im Dachstuhl Holzbock befindet, hatte der V die Beseitigung des Holzbocks mit der Begründung „das ist Schicksal“ abgelehnt. Daraufhin erklärte der K den Rücktritt vom Kaufvertrag und verlangt 1. Rückzahlung des Kaufpreises sowie 2. Ersatz der bezahlten Notar- und Maklerkosten.

Lösungsskizze

*1. Variante:* Der Anspruch ergibt sich a) aus §§ 437 Nr. 1, 439 BGB. b) § 439 Abs. 3 BGB steht nicht entgegen: Er selbst hätte das Haus auch im Nichtverkaufsfall erhalten müssen (Denkmalschutz); ausdrückliche Beschaffenheitsvereinbarung („frei von Holzbock“); hochwertige Kaufsache; keine Nachlieferung möglich.

*2. Variante:* Der Anspruch ergibt sich aus §§ 437 Nr. 3, 280 Abs. 1, 3, 283, 278, 249 ff., 252 BGB.

*3. Variante:* Der Anspruch folgt aus §§ 437 Nr. 3, 280 Abs. 1, 3, 281, 249 ff. 252 BGB. Die Voraussetzungen (hier: Ablauf der Nacherfüllungsfrist) liegen vor. Der V hat insoweit schuldhaft gehandelt, weil er die Nacherfüllung vorsätzlich unterlassen hat. Der Anspruch auf die Zahlung von € 100.000,– ist mithin gegeben.

*4. Variante:* Der Anspruch folgt wiederum aus §§ 437 Nr. 3, 280 Abs. 1, 3, 281, 249 ff. 252 BGB. Die Voraussetzungen liegen vor. Wegen der Arglist des V ist eine Nacherfüllung dem K nicht zumutbar und eine Fristsetzung daher entbehrlich. K erhält den Kaufpreis und den entgangenen Gewinn ersetzt. Der Anspruch auf die Zahlung von € 1.400.000,– ist mithin gegeben.

*5. Variante:* Der K könnte von V Schadensersatz „statt der Leistung" in Höhe von € 1.400.000,– Zug-um-Zug gegen Rückübereignung und Rückgabe des Hauses aus §§ 437 Nr. 3, 311a Abs. 2, 275 Abs. 1 BGB verlangen. a) Es liegt ein wirksamer Kaufvertrag vor. b) Das Haus war wegen des Schwammbefalls bei Gefahrübergang mangelhaft. c) Dem Käufer stand schon bei Vertragsschluss kein Nacherfüllungsanspruch zu, weil der Mangel anfänglich unbehebbar war, so dass ein Nacherfüllungsanspruch ausgeschlossen war (§ 275 Abs. 1 BGB). d) Das nach § 311a Abs. 1 S. 2 BGB vermutete Vertretenmüssen (Kenntnis oder fahrlässige Unkenntnis des den Nacherfüllungsanspruch entfallen lassenden Leistungshindernisses und seiner Unbehebbarkeit) ist nicht widerlegt. e) Der K kann daher Schadensersatz statt der Leistung verlangen. Weil der Mangel nicht nur unerheblich ist, kann er nach §§ 437 Nr. 3, 311a Abs. 2, 281 Abs. 1 S. 3 BGB den „großen Schadensersatz" in Höhe von € 100.000,– ersetzt verlangen. Der Anspruch folgt aus §§ 437 Nr. 3, 280 Abs. 1, 3, 281, 249 ff. 252 BGB. Die Voraussetzungen (hier: Ablauf der Nacherfüllungsfrist) liegen vor. Der V hat insoweit schuldhaft gehandelt, weil er die Nacherfüllung vorsätzlich unterlassen hat. Der Anspruch auf die Zahlung von € 100.000,– ist mithin gegeben.

*6. Variante:* 1) Der Anspruch auf Rückzahlung des Kaufpreises ergibt sich aus §§ 437 Nr. 2, 323, 346 Abs. 1 BGB. 2) Aufwendungsersatz kann der K geltend machen nach §§ 437 Nr. 3, 280 Abs. 1, 3, 281, 284, 325 BGB.

## II. Rechtsbehelfe des Käufers vor Gefahrübergang

Bei einem **behebbaren Sach- oder Rechtsmangel** kann der **Käufer**

- die ihm angebotene **mangelhafte Leistung** des **Verkäufers ablehnen** und nach **§ 320 BGB** die Kaufpreiszahlung insgesamt verweigern bis der Mangel behoben ist.
- Eine nach § 434 Abs. 3 als Mangel anzusehende **Zuwenigleistung** kann der Käufer nach **§ 266 BGB zurückweisen**.
- Der Käufer kann (nicht durch § 439 BGB modifiziert) **Übergabe** und **Übereignung** einer **mangelfreien Sache** verlangen (direkt aus **§ 433 Abs. 1 S. 1, 2 BGB**).
- Erfüllt der Verkäufer den Anspruch auf Lieferung einer mangelfreien Sache nicht, kann der Käufer (i. d. R. nach Fristsetzung) vom **Kaufvertrag zurücktreten (§ 323 BGB)** oder
- (i. d. R. erst nach Fristsetzung) nach **§§ 280, Abs. 1, 3, 281 BGB Schadensersatz statt der Leistung** verlangen.

- Der Käufer kann auch die **Lieferung** der **mangelhaften Sache Zug-um-Zug gegen Zahlung** des nach **§ 441 BGB geminderten Kaufpreises** verlangen, indem er der Kaufpreisforderung die Einrede des nicht erfüllten Vertrags nach § 320 BGB entgegenhält.

Bei einem **unbehebbaren Sach- oder Rechtsmangel**

- kann der Käufer die ihm **angebotene mangelhafte Leistung** des **Verkäufers ablehnen** und nach **§ 320 BGB** die Kaufpreiszahlung insgesamt verweigern.
- Wegen § 275 Abs. 1–3 BGB besteht kein Anspruch auf Lieferung einer mangelfreien Sache; der Käufer kann auch die Lieferung der mangelhaften Sache Zug-um-Zug gegen Zahlung des nach § 441 BGB geminderten Kaufpreises verlangen, indem er der Kaufpreisforderung den Einwand der Arglist (§ 242 BGB. „dolo agit, qui petit …") entgegenhält. Neuerdings wird die Ansicht vertreten, dass jedenfalls bei einem **nur unerheblichen unbehebbaren Mangel/einer unerheblichen Zuwenigleistung** der Käufer die **Kaufsache annehmen muss** und darauf verwiesen ist, den Kaufpreis zu mindern.
- Der Käufer kann nach **§§ 323, 326 Abs. 5 BGB** bei einem nicht unerheblichen Mangel zurücktreten.
- Im Falle des vermuteten Vertretenmüssens bestehen **Schadensersatzansprüche** nach **§ 311a Abs. 2 BGB** oder nach **§§ 280 Abs. 1, 3, 283 BGB** statt der Leistung.

## III. Beschaffenheits- und Haltbarkeitsgarantie

Das soeben dargestellte gesetzliche Gewährleistungsrecht schützt das Recht des Käufers auf die Lieferung einer Kaufsache, die im Zeitpunkt des Gefahrübergangs eine bestimmte Beschaffenheit (und keine Rechtsmängel) hat. Häufig hat ein Käufer jedoch weiterreichende Interessen, und zwar insbesondere dahingehend, dass die Kaufsache nicht nur sachmangelfrei ist, sondern dass sie auch möglichst lange Zeit die Beschaffenheit behält/sachmangelfrei bleibt („haltbar ist"). Dem wird im Gesetz nicht Rechnung getragen.

Durch **Vertrag** kann jedoch vom Verkäufer und/oder vom Hersteller, von einer Herstellervertriebsgesellschaft oder von einem Importeur eine **„Beschaffenheits-** und/oder **Haltbarkeitsgarantie"** übernommen werden.

Auf eine solche Garantie lässt sich ein Verkäufer bzw. ein Hersteller häufig ein, weil dadurch die Qualität der Ware untermauert wird und sich die Marktchancen verbessern. Es handelt sich dabei um ein **„unselbstständiges" Garantieversprechen,** durch das dem Käufer/Besteller die Sachmängelfreiheit der gekauften Sache vom Verkäufer oder vom Hersteller, von Herstellervertriebsgesellschaften oder Importeuren versprochen wird. Selbständige Garantien sind durch die Vereinbarung eines eigenen Haftungsregimes außerhalb des Gewährleistungsrechts gekennzeichnet und unterliegen nicht der kaufrechtlichen Verjährung. Unselbständige Garantien dagegen erweitern die kaufrechtlichen Gewährleistungsrechte zugunsten des Käufers.

### 1. Materielles Recht

Das Gesetz regelt die Garantie in § 443 BGB (ergänzt durch § 477 BGB) in materieller Hinsicht bewusst unvollständig. Erwähnt ist die Garantie auch in § 276 Abs. 1 S. 1 BGB.

#### a) Schuldner der Garantie

Nach bisher herrschender Rechtsprechung kann eine solche Garantie entweder **Bestandteil** des **Kaufvertrages** sein, also durch eine Vereinbarung mit dem Verkäufer zustande kommen **(„Verkäufergarantie")**. Wenn der Hersteller, eine Herstellervertriebsgesellschaft oder ein Importeur der Ware eine sog. **„Garantieerklärung"** beifügen, dann kommt mit ihnen – durch den Verkäufer als Bote oder Vertreter – ein Vertrag **(„Herstellergarantie")** zustande. In der Regel wird anzunehmen sein, dass der Hersteller nach § 151 S. 1 BGB auf den Zugang der Annahmeerklärung verzichtet, bzw. dies der Verkehrssitte entspricht.

#### b) Inhalt der Garantie

Es sind i. d. R. drei Fragen, die sich stellen, die nach dem Vorliegen des **Garantiefalles,** der **Folgen** und der Auswirkungen auf die **Verjährung**.

Für die Frage, **ob** ein **Garantiefall** vorliegt, sind der Inhalt der Garantieerklärung und auch die in der einschlägigen Werbung genannten Bedingungen maßgeblich(§ 443 Abs. 1 BGB). Die Rechtsprechung unterzieht die Vereinbarung einer konkludenten Garantie einem eher strengen Maßstab. *Beispiel* (nach BGH): Die Erklärung, ein Kraftfahrzeug sei „fahrbereit", beinhaltet nicht die Erklärung, dass das Fahrzeug auch nach dem Gefahrübergang noch längere Zeit oder über eine längere Strecke gefahren werden kann. Häufig werden nur einzelne Teile oder bestimmte Eigenschaften der Sache von der Garantie erfasst. Die Geltungsdauer **(„Garantiefrist")** kann durch einen Zeitraum, durch andere Daten (z. B. Kilometerleistung) oder eine Kombination mehrerer Elemente dieser Art bestimmt werden.

Fraglich ist, welche **Rechtsfolgen** ein Garantiefall auslöst. Auch hierfür sind der Inhalt der Garantieerklärung und auch die in der einschlägigen genannten Werbung genannten Bedingungen (§ 443 Abs. 1 BGB) entscheidend.

- Bei der **Verkäufergarantie** werden häufig ausdrücklich nur Nachbesserungen oder Ersatzlieferungen versprochen, zuweilen aber auch Rücktritt und Minderung. Ein Schadensersatzanspruch soll dem Käufer nur dann zustehen, wenn in der Garantie zugleich eine Beschaffenheitsvereinbarung zu sehen ist. Wenn in einer Verkäufergarantie nichts über die Rechte des Käufers ausgesagt wird, soll dies im Zweifel besagen, dass alle gesetzlichen Gewährleistungsrechte gegeben sind (RegE).
- Bei der **Herstellergarantie** werden Rücktritt und Minderung nicht vorkommen, weil der Hersteller gegen den Endabnehmer keine Kaufpreisforderung hat.

- Bei einer inhaltlich übereinstimmenden **Verkäufer- und Herstellergarantie** besteht eine gesamtschuldnerische Haftung. Daher wirkt die Geltendmachung von Rechten nach § 425 BGB nur gegenüber dem jeweiligen Gesamtschuldner.

Es handelt sich immer nur um **zusätzliche Rechte** des Käufers, so dass gesetzliche Ansprüche (vor allem Gewährleistungsrechte) unberührt bleiben (§ 443 Abs. 1 BGB).

Die **Verjährung** von Garantieansprüchen soll sich mangels ausdrücklicher Vereinbarung nach der Rechtsprechung nach der Länge der Garantiefristen bemessen: Bei Garantiefristen, die die gesetzlichen Verjährungsfristen nicht übersteigen, bleibt es bei den gesetzlichen Verjährungsfristen und dem rein objektiven Verjährungsbeginn nach § 438 BGB. Bei Garantiefristen, die die gesetzlichen Verjährungsfristen übersteigen, soll dies zur Folge haben, dass die Verjährungsfrist erst mit der Entdeckung des Mangels innerhalb der Garantiefrist zu laufen beginnt.

### 2. Prozessuale Lösung bei der Haltbarkeitsgarantie

Anstelle einer materiellen Regelung hat das Gesetz in **§ 443 Abs. 2 BGB** eine **prozessuale Lösung** gewählt:

Der **Käufer** muss die Einräumung der Garantie beweisen; er muss ferner beweisen, dass der Mangel sachlich von der Garantie erfasst wird; und (in dem eher seltenen Fall, dass er den Mangel erst nach Ablauf der Garantiefrist geltend macht) dass der Mangel während der Garantiefrist aufgetreten ist. Beweist er dies, dann wird vermutet, dass der Garantiefall eingetreten ist (§ 443 Abs. 2 BGB). Der Käufer muss deshalb nicht auch noch beweisen, dass der in der Garantiezeit aufgetretene Mangel in sachlicher und zeitlicher Hinsicht unter die Garantie fällt.

So kann etwa nicht angenommen werden, dass die Garantie des Dritten auch diejenigen Mängel umfassen soll, die auf einer späteren Handelsstufe entstanden sind. Jedoch obliegt es dem Dritten zu beweisen, dass der innerhalb der Garantiefrist aufgetretene Mangel nicht von der Garantie erfasst ist. Wenn der **Verkäufer** oder der **Hersteller pp.** die Inanspruchnahme aus der Garantie abwehren wollen, weil der Mangel die Folge einer unsachgemäßen Behandlung oder der Beschädigung durch einen Dritten sei, dann müssen sie dies beweisen; dieser Beweis kann nicht durch den Beweis einer technisch einwandfreien Herstellung geführt werden, sondern nur durch den Beweis einer unsachgemäßen Behandlung oder eines sonstigen, von Außen kommenden, Ereignisses (RegE).

## IV. Der Kauf von Rechten und sonstigen Gegenständen

Nach § 453 Abs. 1 BGB ist das Kaufvertragsrecht auf den Verkauf von Rechten und sonstigen Gegenständen anwendbar, also im Grundsatz auch das Gewährleistungsrecht.

## 1. Kauf von „sonstigen Gegenständen"

Beim Kauf von „sonstigen Gegenständen" ist das Sach- und Rechtsmängelgewährleistungsrecht entsprechend anzuwenden (§ 453 Abs. 1 BGB).

Der interessanteste Fall eines Kaufes „sonstiger Gegenstände" ist der **Unternehmenskauf** im Wege des **„asset deal"**, bei dem das Unternehmen als Inbegriff von Sachen, Rechten und sonstigen Gegenständen verkauft wird. Die §§ 434 ff. BGB finden dann wegen einzelner mangelhafter Gegenstände keine Anwendung. Denn verkauft ist das Unternehmen als Ganzes und dieses ist wegen des Mangels einzelner Bestandteile nicht automatisch mangelhaft. Maßgeblich ist vielmehr, ob das Unternehmen insgesamt mangelhaft ist.

- Bei **Mängeln** des **sachlichen Substrats** (also z. B. defekte Maschinen oder erhebliche Fehlbestände) wird ein Mangel des Unternehmens bejaht, wenn sie **so gravierend sind**, dass die **wirtschaftliche Grundlage** des **Unternehmens erschüttert** wird (BGH).
- **Umsätze, Erträge** und **Verbindlichkeiten** haften einem Unternehmen nicht unmittelbar an, so dass Angaben hierzu keine Beschaffenheitsangaben nach § 434 Abs. 1 S. 1 BGB sind (BGH). Als Konsequenz ergibt sich ein **Schadensersatzanspruch** nicht aus §§ 434 ff. BGB sondern aufgrund vorvertraglicher Aufklärungspflichtverletzung **aus §§ 280 Abs. 1, 311 Abs. 2, 241 Abs. 2 BGB**. Dies hat für den Käufer den Vorteil der längeren Verjährung. Wenn man dagegen annimmt, dass nach der Schuldrechtsreform der Begriff der Beschaffenheitsangaben weit zu interpretieren sei, sind auch unzutreffende Angaben zu Umsätzen, zu Erträgen und Verbindlichkeiten als Mängel des gekauften Unternehmens anzusehen.
- Aus dem **Grundgedanken** der **§§ 281 Abs. 1, 323 Abs. 5 S. 1 BGB** folgt, dass Schadensersatz und (Teil-)Rücktritt nur hinsichtlich der konkret mangelhaften Sache möglich sind. Ein Rücktritt vom gesamten Unternehmenskauf bzw. ein Schadensersatz anstelle der gesamten Leistung sind nur bei Erheblichkeit bzw. Interessefortfall möglich.

**Fall 437**

Der V verkauft an K eine Autowerkstatt zusammen mit allen Werkzeugen, Forderungen gegen Kunden, Markenrechten und Kundenstamm für € 350.000,–. Dieser Preis ist angemessen. Eine Hebebühne, die im ordnungsgemäßen Zustand € 10.000,– wert ist, erweist sich nach der Betriebsübergabe als unbehebbar defekt und wertlos. Der K sieht ein, dass er nicht das gesamte Unternehmen zurückgeben kann, verlangt aber eine Herabsetzung des Kaufpreises um € 10.000,–.

Der Anspruch könnte sich aus §§ 437 Nr. 2, 441 Abs. 1, 3, 4 S. 1 BGB ergeben. a) Ein Kaufvertrag über das Unternehmen ist geschlossen (§§ 433, 453 BGB) b) Das Unternehmen könnte mangelhaft sein. Insoweit kommt ein Mangel des sachlichen Substrats in Betracht. Die Hebebühne ist für die Autowerkstatt so wichtig, dass sie die Grundlage des Unternehmens betrifft. Es liegt somit ein Mangel des sachlichen Substrats vor, der das Unternehmen mangelhaft macht. c) der Mangel bestand bei Gefahrübergang (§§ 453, 446 BGB). d) Die Voraussetzungen für einen Rücktritt liegen vor (§ 326 Abs. 5 BGB). K konnte daher die Minderung vollziehen. Sie führt unter Zugrundelegung der Formel des § 441 Abs. 3 BGB zu einem Rückzahlungsanspruch in Höhe von € 10.000,–.

Beim Kauf von Unternehmensanteilen **(„share deal")** handelt es sich um einen **Rechtskauf**.

### 2. Kauf von Rechten

Beim Kauf von Rechten ist die unmittelbare Anwendung des Sach- und Rechtsmängelgewährleistungsrechts begrifflich nur vorstellbar beim Verkauf von Rechten, die zum Besitz berechtigen (§ 453 Abs. 3 BGB). Ansonsten kann das Sach- und Rechtsmängelgewährleistungsrecht nur entsprechend (auch § 435 BGB ist unmittelbar nur auf den Sachkauf zugeschnitten) angewendet werden (§ 453 Abs. 1 BGB).

Beim **Kauf** von **Rechten (z. B. einer Forderung)** stellt sich im Rahmen von § 434 BGB analog die Frage ob mangels einer Beschaffenheitsvereinbarung oder eines besonderen Verwendungszwecks die Durchsetzbarkeit einer gekauften Forderung („Bonität") zur allgemeinen Verkehrserwartung gehört und deren Fehlen einen Mangel **§ 434 Abs. 1 S. 2 Nr. 2 BGB** begründet. Das wird allgemein verneint, so dass eine Haftung für die „Bonität" hiernach nicht in Betracht kommt. Kurz gesagt: Der Verkäufer einer Forderung haftet nur für deren „Verität" (Existenz der Forderung), nicht aber für ihre „Bonität" (Durchsetzbarkeit). Etwas anderes gilt nur bei Vorliegen einer Beschaffenheitsvereinbarung. Dies lässt sich auch historisch belegen: § 437 BGB a. F. lautete: „Der Verkäufer einer Forderung oder eines sonstigen Rechtes haftet für den rechtlichen Bestand der Forderung oder des Rechtes." Dem Umkehrschluss daraus lag ein allgemein anerkannter Rechtsgrundsatz zugrunde, den der Reformgesetzgeber nicht hatte außer Kraft setzen wollen. Dementsprechend lautete § 438 BGB a. F., dessen Rechtsgedanke wiederum auch heute gilt: „Übernimmt der Verkäufer einer Forderung die Haftung für die Zahlungsfähigkeit des Schuldners, so ist die Haftung im Zweifel nur auf die Zahlungsfähigkeit zur Zeit der Abtretung zu beziehen".

Der interessanteste Fall eines Rechtskaufes ist der des Kaufes von Unternehmensanteilen **(„share deal")**. Gekauft werden Gesellschaftsanteile (z. B. Aktien, GmbH-Geschäftsanteile). Sie wissen nun schon, dass es beim Rechtskauf nur eine Haftung für die Verität, nicht aber für die Bonität gibt. Wenn nun aber nicht die Gesellschaftsanteile einen Rechtsmangel aufweisen sondern das Unternehmen einen Mangel hat (z. B. mangelhafte Sachen, Fehlbestände) aufweist, so enthält das Gesetz keinen Gewährleistungsanspruch. Anerkannt ist insoweit, dass die §§ 434 ff. BGB analog angewandt werden sollen, wenn wirtschaftlich betrachtet das gesamte Unternehmen gekauft wird. Umstritten ist lediglich, ob dafür 51 % genügen, oder ob nahezu alle Anteile gekauft werden müssen.

**Fall 438**

Der K kauft von V 95 % dessen Anteile an der Import-Export GmbH. Deren Warenbestände weisen erhebliche, vom Inhalt des Kaufvertrages abweichende Fehlbestände auf. Der K verlangt Rückzahlung des Kaufpreises.

a) Der Anspruch ergibt sich nicht aus §§ 453 Abs. 1, 437 Nr. 2, 323 Abs. 1, 346 Abs. 1 BGB, da die verkauften Rechte keinen Rechtsmangel aufweisen. Der Verkäufer haftet nach dem auch heute anerkannten Rechtsgedanken des § 438 BGB a. F. nur für das Bestehen der Rechte (Verität), nicht für deren Werthaltigkeit (Bonität). Die Gesellschaftsanteile bestehen aber. b) Der Anspruch ergibt sich jedoch analog aus §§ 437 Nr. 2, 323 Abs. 1, 346 Abs. 1 BGB. Bei wirtschaftlicher Betrachtung ist das gesamte Unternehmen verkauft. Es ist wegen der erheblichen Fehlbestände mangelhaft. Deshalb kann der K vom Vertrag zurücktreten.

Maßgeblicher Zeitpunkt für das Eingreifen von Gewährleistungsansprüchen kann nicht die Übergabe sein, da eine solche beim Rechtskauf nicht stattfindet. Stattdessen soll es auf den **Zeitpunkt der Abtretung** (nach § 398 BGB) ankommen. Von diesem Zeitpunkt an läuft auch die Verjährung. Im gerade gezeigten Fall des Unternehmensverkaufes als „share deal" soll es dagegen (obwohl ja ein Recht verkauft ist) auf die Betriebsübergabe ankommen.

## D. Gewährleistungsansprüche beim Werklieferungsvertrag

Die in **§ 651 BGB** geregelten **(Werklieferungs-)Verträge** haben die Verpflichtung zur Lieferung noch herzustellender oder zu erzeugender beweglicher Sachen zum Gegenstand.

Auf diese Verträge findet das **Kaufrecht** Anwendung. *Beispiele:* Auf Lieferung und Einbau von Baumaterialien gerichtete Verträge unterfallen (über § 651 BGB) dem Kaufrecht, während individuell erstellte Software trotz der Lieferung eines Datenträgers dem Werkvertragsrecht unterliegen soll, da die geistige Leistung dabei ganz im Vordergrund steht.

Das gilt natürlich **auch** für **das Gewährleistungsrecht**. Die Besonderheit ist, dass der Gewährleistungsausschluss des § 442 BGB (=Ausschluss der Gewährleistung bei Kenntnis des Mangels bzw. Beschränkung der Gewährleistung bei grob fahrlässiger Unkenntnis des Mangels auf die Fälle der Verkäuferarglist) auch gelten soll, wenn der Mangel auf den vom Besteller gelieferten Stoff zurückzuführen ist.

Die gesetzliche Regelung des § 651 BGB reduziert den Anwendungsbereich des „echten" Werkvertragsrechts im Wesentlichen auf die Herstellung von Bauwerken, reine Reparaturarbeiten und die Herstellung nicht-körperlicher Werke (z. B. Bauplanung durch einen Architekten, Erstellung von Gutachten).

# E. Gewährleistungsansprüche beim Werkvertrag

## I. Einführung in das Gewährleistungsrecht

Sie wissen ja längst aus Teil 3, dass für den in den §§ 631 ff. BGB typisierten Werkvertrag kennzeichnend ist, dass der **„Unternehmer zur Herstellung des versprochenen Werkes ... verpflichtet"** und dass dieses Werk **„... sowohl die Herstellung oder Veränderung einer Sache als auch ein anderer durch Arbeit oder Dienstleistung herbeizuführender Erfolg sein"** kann (§ 631 BGB).

Ein Werkunternehmer, im Gesetz kurz **Unternehmer** genannt, ist jeder, der sich zur Herstellung eines Werkes verpflichtet. Lassen Sie sich nicht verwirren: Er ist mit dem Unternehmer i. S. d. § 14 BGB nicht (zwingend) identisch, da z. B. auch Verbraucher i. S. d. § 13 BGB sich zur Erbringung einer Werkleistung verpflichten können.

Der Vertragspartner ist der **Besteller**.

Wie beim Kaufvertrag (§ 433 Abs. 1 S. 2 BGB) gilt auch im Werkvertragsrecht die „Erfüllungstheorie": „Der Unternehmer hat dem Besteller das Werk **frei von Sach- und Rechtsmängeln** zu verschaffen" (§ 633 Abs. 1 BGB). Wenn das Werk mangelhaft ist, kann der Besteller die in struktureller Parallele zu § 437 BGB in § 634 BGB („Drehscheibe") zusammengefasst dargestellten Gewährleistungsrechte geltend machen. Die Ihnen vom Gewährleistungsrecht beim Kauf her schon bekannte Frage lautet, bis zu welchem Ereignis das allgemeine Leistungsstörungsrecht und von welchem Ereignis an das besondere Gewährleistungsrecht gilt. Es kommt hier wiederum auf eine saubere Subsumtion von §§ 633 f., 640 BGB an. Erforderlich ist, dass sich der Erfüllungsanspruch auf ein bestimmtes Werk beschränkt. Denn solange sich der Besteller noch mit der Herstellung befasst, kann es kein mangelhaftes Werk geben. Dazu muss das Stadium des Herstellungsprozesses abgeschlossen sein und das Werk gewissermaßen „konkretisiert" sein.

- **Bis** zum **Gefahrübergang** durch i. d. R. eine **Abnahme** hat der Besteller den **Anspruch auf Erfüllung**. Die Sekundäransprüche ergeben sich aus dem **Allgemeinen Leistungsstörungsrecht**. (sub III.)
- Die **§§ 634 ff. BGB** gelten **ab Gefahrübergang** entweder infolge einer **Abnahme** (§ 640 BGB) **oder** (auch ohne Abnahme) wenn sich der **Erfüllungsanspruch nach** erfolgter **Herstellung/Leistungserbringung auf** ein **konkretes Werk beschränkt**. (sub II.)

In der Praxis ebenfalls besonders wichtig sind die Regelungen der **VOB** (Verdingungsordnung für Bauleistungen), die im weiten Umfang vom BGB abweichende Regelungen enthalten. Diese Regelungen werden von den Vertragsparteien regelmäßig zur Vertragsgrundlage gemacht, da sie sich als praktisch sinnvoll erwiesen haben. Sie sind ihrer rechtlichen Natur nach nicht Gesetz, sondern **Allgemeine Geschäftsbedingungen**. Auf die VOB – das wird die Referendare enttäuschen – können wir nicht eingehen.

**Ansprüche im Werkvertragsrecht**

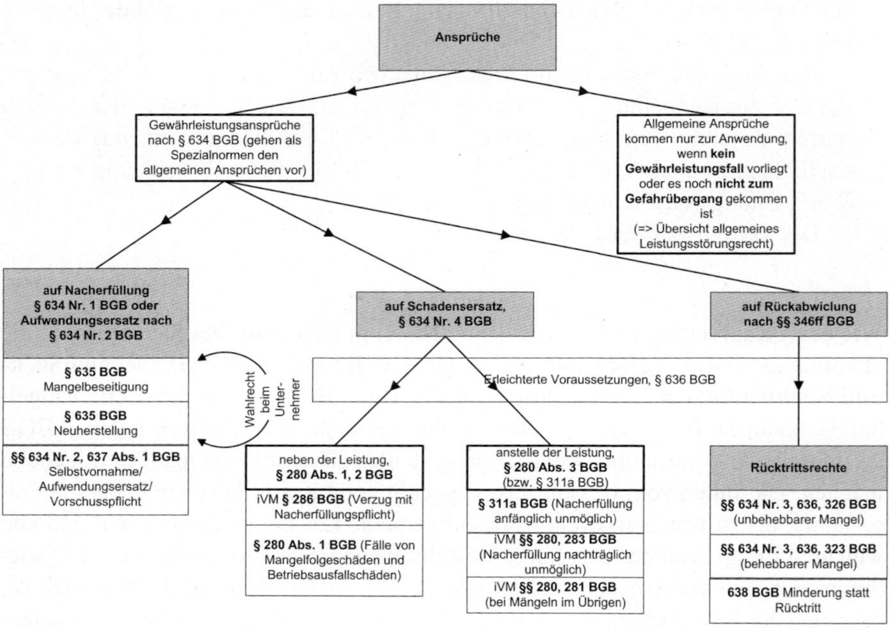


## II. Das Gewährleistungsrecht im Einzelnen

### 1. Begriff des Mangels

Der Werkunternehmer ist verpflichtet, dem Besteller ein **sach-** und **rechtsmangelfreies Werk** zu liefern (**§ 633 Abs. 1 BGB**). Der Mangelbegriff ist fast völlig identisch zum kaufrechtlichen Mangelbegriff.

#### a) Sachmängel

Ein **Sachmangel** ist die **„Abweichung der Ist-Beschaffenheit von der Soll-Beschaffenheit"**. Die Ist-Beschaffenheit ist eine Tatsache, die wir dem Sachverhalt entnehmen; die Festlegung der Soll-Beschaffenheit erfolgt durch Beantwortung einer normativen (in § 633 Abs. 2 BGB genauer formulierten) Frage. Da wir die in § 634 BGB auftauchenden Begriffe bereits alle aus dem Gewährleistungsrecht des Kaufes kennen, beschränken wir uns auf eine Übersicht:

- Es kommt auch hier zunächst auf die **vereinbarte Beschaffenheit** an (§ 633 Abs. 2 S. 1 BGB). Bei der Vertragsgestaltung muss man daher bei komplexen Werken die geschuldete Werkleistung möglichst genau beschreiben, im Baugewerbe etwa die zu erbringenden Leistungen und Materialien (Leistungsbeschreibung).

*Beispiel* Ein errichtetes Haus ist mangelhaft, wenn von der Vertragsinhalt gewordenen Bauzeichnung abgewichen wurde, auch wenn damit keinerlei Nachteile verbunden sind.

- Sofern eine Beschaffenheitsvereinbarung nicht getroffen wurde, kommt es auf die **vertraglich vorausgesetzte Verwendung** an. Das Werk ist mangelhaft, wenn es sich nicht zu dieser Verwendung eignet (§ 633 Abs. 2 S. 2 Nr. 1 BGB).

*Beispiel* Ein Haus ist auch dann mangelhaft, wenn es als sofort zu beziehendes Wohnhaus errichtet wurde, sich hierfür aber aus irgendeinem Grund nicht eignet, weil z. B. die Wände noch feucht sind.

- **Wenn keine Verwendung vertraglich bestimmt** wird, so kommt es auf die **Eignung** zur **gewöhnlichen Verwendung** an, die bei Werken der gleichen Art üblich ist, und die der Besteller erwarten kann (§ 633 Abs. 2 S. 2 Nr. 2 BGB).

*Beispiel* Ein Mangel liegt vor, wenn handwerkliche Arbeiten nicht fachgerecht („handwerksgerecht") ausgeführt wurden oder wenn das Werk von allgemein anerkannten, etwa gesetzlich vorgegebenen Standards abweicht.

- Mangelhaft ist ein Werk auch dann, wenn ein **anderes Werk als** das **bestellte** (aliud) oder das Werk in **zu geringer Menge** (minus) hergestellt wird (§ 633 Abs. 2 S. 3 BGB).

*Beispiel* Die mit der Inspektion eines Kfz beauftragte Reparaturwerkstatt führt nicht alle ihr übertragenen Arbeiten durch, oder sie wechselt den Filter der Klimaanlage anstelle des Ölfilters aus.

- **Aber:** Nicht alles, was wir aus § 434 BGB kennen, finden wir auch in § 633 BGB: So gibt es keine Haftung des Unternehmers für Werbeaussagen und für fehlerhafte Montageanleitungen. Das sind Besonderheiten der Verbrauchsgüterkaufrichtlinie, die nicht im Werkvertragsrecht umgesetzt werden mussten. Wegen der regelmäßig gegebenen Individualität eines jeden Werkes wäre eine Haftung für Werbeaussagen auch wenig nützlich. Montageanleitungen für den Besteller sind bei einem Werkvertrag ohnehin schwer vorstellbar, soll doch der Unternehmer die Montage durchführen.

Die Mangeldefinition orientiert sich an **körperlichen Werken**. Man kann und muss diese Definition (Abweichung der Ist- von der Sollbeschaffenheit) aber entsprechend auch auf **unkörperliche Werke** ausdehnen.

*Beispiel* Der Komponist K erhält den Auftrag, für ein Theaterstück die notwendigen Musikstücke zu arrangieren. Das von ihm gelieferte Arrangement erweist sich als nicht spielbar.

### b) Rechtsmängel

Der Unternehmer muss das Werk auch frei von Rechtsmängeln liefern. Das Werk ist frei von Rechtsmängeln, wenn Dritte in Bezug auf das Werk keine oder nur die im Vertrag übernommenen Rechte gegen den Besteller geltend machen können (§ 633 Abs. 3 BGB). Wichtigste Fälle von Rechtsmängeln eines Werkes sind zu Unterlassungsansprüchen führende Verletzungen von **Immaterialgüterrechten** eines Dritten.

Wissen Sie eigentlich noch, was „Immaterialgüterrechte" sind? Sie haben in Teil 2 darüber einiges gelesen. Beispiele sind die Marke, das Patent, das Geschmacks- und Gebrauchsmuster und das Urheberrecht. Es handelt sich um absolute Rechte, aufgrund derer der Rechtsinhaber bestimmte Verhaltensweisen Dritter untersagen kann. Wir kommen darauf später noch ein weiteres Mal zurück, und zwar in Teil 7, wo Sie erfahren werden, dass Immaterialgüterrechte „sonstige Rechte" i. S. d. § 823 Abs. 1 BGB sind.

**Fall 439**

Der Architekt A plant für den Bauherrn B ein Gebäude. Er verwendet dabei Konstruktionspläne des Architekten C, bei dem er früher gearbeitet hatte. Der C hatte die Pläne für ein vergleichbares Gebäude erstellt. Der A hatte kein Nutzungsrecht an dem Urheberrecht des C (§§ 2 Nr. 4, 7, 31 UrhG). Als der B davon erfährt, verlangt er von dem A die Beseitigung des Rechtsmangels binnen 1 Monats. Als diese Frist ergebnislos verstrichen ist, verlangt er die Rückzahlung des bereits gezahlten Werklohns.

Der Anspruch ergibt sich aus §§ 634 Nr. 3, 323, 346 BGB.

### c) Unerheblichkeit des Mangels

Die Frage der Erheblichkeit des Mangels spielt – ebenso wie beim Kauf – für die Frage des Vorliegens eines Mangels keine Rolle. Von Bedeutung ist die **Unerheblichkeit des Mangels** allerdings für die Rechtsfolgen:

- Die **Nacherfüllung** kann in Fällen der Unverhältnismäßigkeit verweigert werden, welche bei einem unerheblichen Mangel nahe liegt (§ 635 Abs. 3 BGB);
- bei **unerheblichen Sach-** oder **Rechtsmängeln** gibt es **kein Rücktrittsrecht** (§§ 634 Nr. 3, 326 Abs. 5, 323 Abs. 5 S. 2/323 Abs. 5 S. 2 BGB);
- das Gleiche gilt daher konsequenterweise auch für den letztlich wie beim Rücktritt zu einer Rückabwicklung führenden **„großen" Schadensersatzanspruch**

(§§ 635 Nr. 3, 280 Abs. 1, 3, 281 Abs. 1 S. 3/283 S. 2, 281 Abs. 1 S. 3/311a Abs. 2, 281 Abs. 1 S. 3 BGB).

In der **Fallbearbeitung** ist es sinnvoll, die Erheblichkeit bei Schadensersatzansprüchen auf der Rechtsfolgenseite zu erörtern. Beim Rücktrittsrecht handelt es sich um einen Rücktrittsausschlussgrund. Man sollte nach Erörterung der Rücktrittsvoraussetzungen prüfen, ob der Rücktritt ganz oder teilweise ausgeschlossen ist.

## 2. Mangelhaftigkeit bei Gefahrübergang

Folgendes haben wir bereitses eingangs angesprochen aber vielleicht schon wieder vergessen, weil es im Gesetz nicht ausdrücklich geregelt ist: Es ist logisch zwingend und seit jeher allgemeine Ansicht, dass der Mangel bei Konkretisierung auf ein bestimmtes Werk vorliegen muss. Dies ist der Fall beim **Gefahrübergang auf den Besteller**.

Das ist in **erster Linie** – und darauf konzentrieren wir uns auch – der Fall bei einer Abnahme nach **§ 640 BGB**, den man **als „körperliche Hinnahme verbunden mit der Anerkennung des Werkes als im Wesentlichen vertragsgemäß“** (Heck) definieren kann. Sie kann ausdrücklich erfolgen oder konkludent durch Ingebrauchnahme. Ist eine „körperliche“ Entgegennahme des Werks faktisch ausgeschlossen, wie z. B. bei Gartenarbeiten eines Gärtners, reicht die **Billigung als im Wesentliche vertragsgemäß** aus. Der Abnahme steht gleich die **fingiert Abnahme** nach **§ 640 Abs. 1 S. 3 BGB**.

Aber auch ohne Abnahme sind die §§ 634 ff. BGB anwendbar, wenn sich bei **erfolgter Herstellung/Leistungserbringung** der **Erfüllungsanspruch auf ein konkretes Werk beschränkt.** Das ist zum *Beispiel* (nach Palandt) der Fall, wenn der Unternehmer U dem B das Werk mit nur unwesentlichen Mängeln angeboten hat, so dass eine Abnahmepflicht des B aus § 640 BGB bestand, der B aber die Abnahme abgelehnt hat und dadurch in Annahmeverzug geriet und die Gefahr des zufälligen Untergangs nach § 644 Abs. 1 S. 2 BGB auf den B überging. Damit bestand kein Erfüllungsanspruch mehr aus § 631 BGB, sondern es bestanden „nur noch“ Gewährleistungsansprüche aus §§ 634 ff. BGB.

## 3. Ansprüche auf Nacherfüllung

Ist das Werk bei Gefahrübergang mangelhaft, so hat der Besteller einen Anspruch auf Nacherfüllung (§§ 634 Nr. 1, 635 BGB). Ähnlich wie beim Kaufrecht hat sich mit der Abnahme der **ursprüngliche Erfüllungsanspruch** in einen **Nacherfüllungsanspruch verwandelt**.

Die Nacherfüllung wird auch im Werkvertragsrecht durch **Mangelbeseitigung** oder durch **Neuherstellung** durchgeführt. Aber anders als im Kaufrecht, wo der Gläubiger des Anspruchs (der Käufer) das Wahlrecht zwischen diesen beiden Alternativen hat, steht beim **Werkvertrag** das **Wahlrecht** nicht dem Gläubiger (dem Besteller) sondern dem **Unternehmer** als **Schuldner** zu. Das Gesetz hat es für angemessen erachtet, dem fachlich meist versierteren Werkunternehmer die Wahl zu lassen, wie er die Nacherfüllung durchführt.

Dass diese „Umwandlung“ des ursprünglichen Erfüllungsanspruchs aus §§ 631, 633 Abs. 1 BGB in einen Nacherfüllungsanspruch kein „juristisches Glasperlenspiel“ ist, sondern praktische Konsequenzen hat, wissen Sie ja schon aus dem Gewährleistungsrecht des Kaufes: So wird durch § 635 Abs. 3 BGB ein über § 275 Abs. 2 BGB hinausgehendes Leistungsverweigerungsrecht anwendbar (vgl. § 439 Abs. 3 BGB) und vor allem tritt hinsichtlich der Verjährung der § 634a BGB (vgl. § 438 BGB) an die Stelle der §§ 195, 199 BGB.

**Fall 440**

Der B beauftragt den U mit der Errichtung eines Hauses nach vorgegebenen Plänen. Der U errichtet das Haus, doch verwendet er abweichend von den Plänen eine andere Art Dachziegel. Der B bemerkt die Abweichung zunächst nicht und nimmt das Haus ab (§ 640 BGB; Kurzformel: „körperliche Entgegennahme + Billigung“). Erst einige Monate später stellt sich heraus, dass der U falsche und auch qualitativ minderwertige Dachziegel verwendet hatte. Der B verlangt von U einen Austausch der Dachziegel.

Der Anspruch könnte sich a) aus §§ 631 Abs. 1, 633 Abs. 1 BGB ergeben. aa) Zwischen den Beteiligten besteht ein wirksamer Werkvertrag. Das Werk weicht von der vereinbarten Beschaffenheit ab und ist daher mangelhaft (§ 633 Abs. 2 S. 1 BGB). bb) Durch die Abnahme (§ 640 BGB) ist der Anspruch jedoch in einen Nacherfüllungsanspruch verwandelt worden, so dass der Anspruch sich nicht aus §§ 631 Abs. 1, 633 Abs. 1 BGB sondern b) aus §§ 634 Nr. 1, 635 Abs. 1 BGB ergibt.

Gehen wir aber **jetzt** nach diesen ersten einführenden Bemerkungen ins **Detail**!

### a) Mangelbeseitigung oder Neuherstellung

Wie bereits ausgeführt, hat der Besteller bei einem Werkvertrag in erster Linie einen (wie auch im Kaufrecht verschuldensunabhängigen) **Anspruch** auf **Nacherfüllung,** der **nach Wahl** des **Werkunternehmers** (also anders als beim Kaufvertrag, wo der Käufer wählen darf) auf Beseitigung des Mangels oder auf Neuherstellung des Werkes gerichtet ist (§§ 631, 633, 634 Nr. 1, 635 Abs. 1 BGB).

I. **Voraussetzungen**
   1. Wirksamer **Werkvertrag**
   2. **Werk** ist **mangelhaft** (§ 633 BGB) bei Gefahrübergang infolge einer Abnahme (§ 640 BGB) oder wenn sich nach erfolgter Herstellung/Leistungserbringung der Erfüllungsanspruch auch ohne Abnahme auf ein konkretes Werk beschränkt

3. **Kein Ausschluss** nach **§ 275 Abs. 1 BGB** und **keine Einrede** nach **§§ 275 Abs. 2, 3, 635 Abs. 3 BGB**
4. **Kein Gewährleistungsausschluss**
5. **Durchsetzbarkeit:** insbesondere keine **Verjährung** (§§ 214 Abs. 1, 634a BGB)

II. **Rechte des Bestellers**
Der Besteller kann Nacherfüllung verlangen: nach Wahl des Unternehmers in der Form der **Mangelbeseitigung** oder der **Neuherstellung**

Die Hauptfälle eines Sachmangels sind die der **Qualitätsmängel (§ 633 Abs. 1, 2 BGB)**.

*Beispiel* Der Bauunternehmer U verpflichtet sich im Werkvertrag zum Bau eines aus Holz zu errichtenden Wohnhauses; statt des vertraglich vereinbarten Holzes aus einer Bio-Plantage in Chile, wird Holz aus einem chilenischen Naturschutzgebiet verwendet.

oder als direkteres Beispiel für einen Qualitätsmangel:

*Beispiel* Der U verpflichtet sich zum Bau einer Brücke aus Hartholz. Stattdessen verwendet er für die Querstreben Weichholz. Die Brücke ist instabil.

**Fall 441**

Der Bauunternehmer U verpflichtet sich im Werkvertrag zum Bau eines aus Holz zu errichtenden Wohnhauses, welches am Hamburger Elbhang gelegen ist. Besteller ist der Großverleger B, der aufgrund der Publikationen seines Verlages der Ökologie verpflichtet ist. Das Dach und die Außenwände sollen wegen der feuchten und rauen Witterung des Nordens aus einem extrem wetterfesten Regenwaldholz, das nur in Chile in einer einzigen Holzplantage angebaut wird, hergestellt werden. Der U bezieht das Holz vom Lieferanten L. Die Plantage gelangt in große Lieferschwierigkeiten. Infolgedessen kommt es zu einer massiven Preiserhöhung, welche vom U bei der Kaufpreiskalkulation nicht berücksichtigt werden konnte. Deshalb erwirbt U täuschend ähnlich aussehendes Holz, das der Plantagenbetreiber zur Überbrückung des Lieferproblems durch einen verbotenen Holzeinschlag in nach chilenischem Recht geschützten wilden Regenwäldern Chiles, die am Westhang der Anden wachsen, gewonnen hat. Er liefert es im Wissen von dessen Herkunft dem U. Wegen einer durch Bestechung eines käuflichen Gutachters erlangten inhaltlich falschen Expertise und einer darauf basierenden Freigabeerklärung der chilenischen Behörden war für U auch bei äußerster Anspannung der einem Bauunternehmer möglichen Sorgfalt die Falschlieferung nicht als solche zu erkennen. Nachdem der U den Dachstuhl aus dem von L gelieferten Holz errichtet und der B diesen als gelungen abgenommen hat, macht der den B zufällig besuchende Holzfachwirt H den Bauherren darauf aufmerksam, dass – wie nur er als spezialisierter Fachmann erkennen könne – wild wachsendes Regenwaldholz verbaut wird. Der B verlangt von U Nacherfüllung. In Deutschland ist der Verbau wild wachsenden Regenwaldholzes aus Chile zwar ungern gesehen, aber nicht verboten.

Der Anspruch könnte sich aus §§ 631, 633, 634 Nr. 1, 635 Abs. 1 BGB ergeben. a) Zwischen dem U und dem B besteht ein Werkvertrag. b) Das Werk ist mangelhaft, weil es nicht die vereinbarte Beschaffenheit aufweist (§ 633 Abs. 2 S. 1 BGB). c) Nach §§ 634 Nr. 1, 635 Abs. 1 BGB kann der B Nacherfüllung verlangen – hier durch teilweisen Neubau mit den vereinbarten Materialien.

Auch in den Fällen der **Falsch-** oder **Zuwenigherstellung** liegt ein Sachmangel vor, so dass auch insoweit Nacherfüllungsansprüche in Betracht kommen (§§ 631, 633 Abs. 2 S. 3, 634 Nr. 1, 635 Abs. 1 BGB). Anders als beim Kaufvertrag spielen diese Fälle nur eine geringe Rolle.

Speziell im Fall einer **Falschherstellung** wird es in erster Linie nur um einen **Neuherstellungsanspruch** gehen (§§ 634 Nr. 1, 635 Abs. 1 BGB); nur selten wird ein Mangelbeseitigungsanspruch in Betracht kommen. Der Werkunternehmer kann dennoch wählen. Vom ursprünglichen primären Erfüllungsanspruch aus §§ 631, 633 Abs. 1 BGB unterscheidet sich der Nacherfüllungsanspruch in diesem Fall nur hinsichtlich des über § 275 Abs. 2 BGB hinausgehenden Leistungsverweigerungsrechts (§ 635 Abs. 3 BGB) und der von §§ 195, 199 BGB abweichenden Verjährungsregelung (§ 634a BGB). Ein Anspruch auf **Mangelbeseitigung** kommt aus §§ 631, 633 Abs. 2 S. 3, 634 Nr. 1, 635 Abs. 1 BGB in Betracht. Vorstellbar ist ein solcher Anspruch beim Vorliegen eines Werkvertrags überdies nur dann, wenn es möglich ist, das hergestellte Werk so umzurüsten, dass es das geschuldete Werk ist.

**Fall 442**

Die von B mit dem Austausch des Kühlers eines Kfz beauftragte Reparaturwerkstatt U wechselt den Ölbehälter aus. Der B nimmt den Wagen ab.

Der B kann nach §§ 634 Nr. 1, 635 Abs. 1 BGB die Auswechselung des Kühlers verlangen.

Bei der **Zuwenigherstellung** ist der Nacherfüllungsanspruch auf Neuherstellung gerichtet.

**Fall 443**

Die von B mit der Inspektion eines Kfz beauftragte Reparaturwerkstatt U führt nicht alle ihr übertragenen Arbeiten durch. Der B nimmt den Wagen ab.

Der B kann nach §§ 634 Nr. 1, 635 Abs. 1 BGB die Nachholung der fehlenden Arbeiten als Neuherstellung verlangen.

### b) Befreiung von der Pflicht zur Nacherfüllung

Häufig wird ein Nacherfüllungsanspruch deshalb nicht bestehen, weil der Verkäufer von der Pflicht zur Nacherfüllung befreit ist:

- So kann der Anspruch **wegen Unmöglichkeit** beider Arten der Nacherfüllung **„ausgeschlossen"** sein (**§ 275 Abs. 1 BGB**), oder die Nacherfüllung kann vom Verkäufer nach **§ 275 Abs. 2, 3 BGB** verweigert werden. Hier folgt nur ein Beispiel zu § 275 Abs. 1 BGB. Fälle zu den Leistungsverweigerungsrechten aus § 275 Abs. 2, 3 BGB können Sie sich „zur Abwechslung" ja einmal selbst ausdenken.

**Fall 444**

Konstrukteur K hat versprochen, ein „perpetuum mobile" (= eine sich selbst antreibende ewig laufende Maschine) zu konstruieren. Dies erweist sich als physikalisch unmöglich.

Hier besteht wegen § 275 Abs. 1 BGB kein Anspruch auf mangelfreie Leistung.

- Auch kann der Nacherfüllungsanspruch aufgrund einer Verweigerung des Verkäufers wegen unverhältnismäßiger Kosten nach **§ 635 Abs. 3 BGB** nicht gegeben sein (denken Sie bitte an die Parallelvorschrift des § 439 Abs. 3 BGB). Dieses Leistungsverweigerungsrecht ist gegenüber § 275 Abs. 2 BGB für den Unternehmer günstiger. Bei § 275 Abs. 2 BGB kam es, wie Sie wissen, auf das Verhältnis zwischen Leistungsaufwand und Leistungsinteresse an. Bei § 635 Abs. 3 BGB dagegen sind die Beseitigungskosten und der Beseitigungserfolg ins Verhältnis zu setzen.

**Fall 445**

Der U plant und baut für das Hotel des B eine Fahrstuhlanlage. Der Werklohn dafür beträgt € 100.000,–. Nach Fertigstellung des gesamten Hotels stellt sich heraus, das der Fahrstuhl die im Vertrag mit U vereinbarte Transportkapazität nicht ganz erreicht und daher mangelhaft ist. Dieser Mangel ließe sich nur durch einen vollständigen Neubau des Fahrstuhlschachtes und dem Einbau einer neuen Fahrstuhlanlage beheben. Das würde allerdings ca. € 250.000,– kosten.

Hier könnte U die aus §§ 634 Nr. 1, 635 Abs. 1 BGB geschuldete Nacherfüllung nach § 635 Abs. 3 BGB verweigern.

### c) Gegenrechte des Unternehmers

Wenn der Unternehmer ein neues Werk herstellt, so kann er vom Besteller die Rückgewähr des mangelhaften Werkes nach Rücktrittsgrundsätzen verlangen (§§ 634 Nr. 1, 635 Abs. 4, 346 ff. BGB).

**Fall 446**

Der B hat bei der Autowerkstatt des U die Reifen seines Autos für einen Werklohn von € 600,– auswechseln lassen. Auf dem Nachhauseweg platzt der Reifen. Es stellt sich heraus, dass U einen Reifen hat einbauen lassen, der für sein Auto nicht zugelassen ist. Infolgedessen drückte der Reifen an den Radkasten und zerplatzte schließlich. B demontiert den völlig zerstörten Reifen und ersetzt ihn durch den Reservereifen. Dann fährt er zu U, der einen passenden Reifen einbaut und anschließend Herausgabe des zunächst installierten Reifens und hilfsweise Wertersatz verlangt.

Der U, der als Werkunternehmer teilweise ein neues Werk hergestellt hat, kann von B die Rückgewähr des mangelhaften Werkes verlangen (§§ 634 Nr. 1, 635 Abs. 1, 4, 346 ff. BGB). Jedoch ist der Reifen zerstört. Folglich schuldet B grundsätzlich nach § 346 Abs. 2 S. 1 Nr. 3 BGB Wertersatz. Die Pflicht zum Wertersatz entfällt jedoch nach § 346 Abs. 3 S. 1 Nr. 2 BGB, weil der U den Untergang durch seine mangelhafte Werkleistung zu vertreten hat. In Betracht kommt außerdem noch ein Ausschluss der Wertersatzpflicht nach § 346 Abs. 3 S. 1 Nr. 3 BGB. Nach § 346 Abs. 2 S. 2 BGB sind die Reste des zerstörten Reifens als verbleibende Bereicherung vom B an den U herauszugeben.

### d) Aufwendungsersatzanspruch des Bestellers

Sofern dem Besteller durch die Nacherfüllung **Aufwendungen** entstehen, wie z. B. Transport-, Wege-, Arbeits- und Materialkosten, so wird im Gesetz klargestellt, dass diese **der Unternehmer zu tragen** hat (§ 635 Abs. 2 BGB).

**Fall 447**

Der U soll aufgrund eines Werkvertrags mit dem B dessen Auto reparieren. Er versucht dies auch, doch leider ist die Reparatur nicht erfolgreich. Der B muss daher das Auto noch einmal in die Werkstatt bringen. Für die Rückfahrt nach Hause und für die erneute Anreise 3 Tage später entstehen ihm Kosten für Bahn und Taxi in Höhe von € 40,–, die er von U ersetzt verlangt. Die aufwendige zweite Reparatur führt der Leiharbeiter A durch, was € 300,– kostet. Der U verlangt dieses Geld von B.

a) der Anspruch des B gegen U auf Bezahlung der Reisekosten in Höhe von € 40,– ergibt sich aus § 635 Abs. 2 BGB. aa) Ein wirksamer Werkvertrag liegt vor. bb) Dem B stand ein Nacherfüllungsanspruch nach §§ 634 Nr. 1, 635 Abs. 1 BGB zu. cc) Die geltend gemachten Kosten sind Wegekosten. b) Der Anspruch des U gegen B könnte sich aus § 631 Abs. 1 BGB ergeben. § 635 Abs. 2 BGB stellt jedoch klar, dass die Kosten vom Unternehmer zu tragen sind. U kann daher nicht die Bezahlung der € 300,– verlangen.

## 4. Recht auf Selbstvornahme

Eine dem Kaufvertragsrecht unbekannte Besonderheit des Werkvertragsrechts ist das **Recht** des Bestellers auf **Selbstvornahme** (§§ 634 Nr. 2, 637 BGB). Wenn der Unternehmer die Nacherfüllung innerhalb einer ihm gesetzten angemessenen Frist nicht erbringt, kann der Besteller die Mangelbeseitigung selbst vornehmen und Ersatz der dafür erforderlichen **Aufwendungen** und sogar einen **Vorschuss** verlangen (§ 637 Abs. 3 BGB). Anders liegt es nur dann, wenn der Unternehmer die Nacherfüllung nicht schuldet (§ 275 Abs. 1 BGB) oder verweigern kann (§§ 275 Abs. 2, 3, 635 Abs. 3 BGB). Könnte der Besteller in diesen Fällen die Aufwendungen für die Nacherfüllung verlangen, so würde er den Unternehmer auf diesem Wege zur eigentlich nicht geschuldeten Nacherfüllung zwingen. Die Fristsetzung kann nach §§ 634 Nr. 2, 637 Abs. 2, 323 Abs. 2 BGB entbehrlich sein, wenn der Unternehmer die Nacherfüllung ernsthaft und endgültig verweigert, wenn es sich bei der Nacherfüllung um ein „relatives Fixgeschäft" handelt oder wenn besondere Umstände vorliegen, die eine sofortige Selbstvornahme rechtfertigen.

**Fall 448**

Der B beauftragt den U mit der Errichtung eines Hauses nach vorgegebenen Plänen. Der U errichtet das Haus, doch verwendet er eine andere Art Dachziegel. Der B bemerkt die Abweichung zunächst nicht und nimmt das Haus ab. Erst einige Monate später stellt sich heraus, dass der U falsche und auch qualitativ minderwertige Dachziegel verwendet hatte. Der B verlangt von U einen Austausch der Dachziegel. U entfernt die Dachziegel, errichtet einen neuen Dachstuhl und beginnt mit dem Eindecken. Als nur noch wenige Pfannen fehlen, stellt der U die Arbeit ein, da er dringend eine andere Baustelle bearbeiten muss. B setzt ihm unter Hinweis auf ihm drohenden Schäden bei Regen eine Nachfrist von 3 Tagen. Als sich auch danach keine Fortschritte zeigen, beauftragt der B den Dachdecker D mit dem Abschluss der Arbeiten. Dieser erledigt die restliche Arbeit innerhalb eines Tages und erhält dafür von B einen Werklohn in Höhe von € 2000,–. Diesen Betrag verlangt der B von U ersetzt.

Der Anspruch kann sich aus §§ 634 Nr. 2, 637 Abs. 1 BGB ergeben. a) Zwischen B und U besteht ein wirksamer Werkvertrag. b) Dem B steht ein Nacherfüllungsanspruch nach §§ 634 Nr. 1, 635 Abs. 1 BGB zu, da der U ein mangelhaftes Werk erstellt hat. c) Der B hat dem U eine (wegen des drohenden Schadens) angemessene Frist gesetzt; diese ist fruchtlos abgelaufen. d) Bei dem geltend gemachten Betrag muss es sich um Aufwendungen gehandelt haben, die zur Beseitigung des Mangels erforderlich waren. Aufwendungen sind alle freiwilligen Vermögensopfer. Hier beruhte die Beauftragung und Bezahlung des D auf einem freien Entschluss des B. Außerdem war die Maßnahme notwendig, um den Mangel zu beseitigen. U muss daher dem B die an D gezahlten € 2000,– ersetzen.

**Variante**

Wie eben, nur dass bereits am Tag der Arbeitseinstellung ein schwerer Wolkenbruch droht, und der B deshalb sofort einen anderen Dachdeckermeister beauftragt.

Die Lösung ist identisch, mit der Abweichung, dass über §§ 637 Abs. 2, 323 Abs. 2 Nr. 3 BGB die Fristsetzung entbehrlich ist.

**Variante**

Dem B fehlt das Geld für die Bezahlung des D. Daher verlangt er von U einen Vorschuss in Höhe von € 2000,–. Der U verweigert die Zahlung. Daraufhin nimmt B einen Kredit bei der K-Bank auf, für den er (marktübliche) 10 % Zinsen zahlen muss. Der B verlangt nach Eindeckung des Daches von U außerdem Aufwendungsersatz in Höhe von € 2000,– auch noch 10 % Zinsen.

1) Der Anspruch auf Aufwendungsersatz in Höhe von € 2000,– steht dem B gegen U zu. 2) Der von B geltend gemachte Zinsanspruch ist gerichtet auf den Ersatz eines Verzögerungsschadens. Er könnte sich aus §§ 280 Abs. 1, 2, 286, 249 BGB ergeben. a) Vorausgesetzt ist ein wirksames Schuldverhältnis: Hier besteht eine sich aus einem Werkvertrag ergebende Verpflichtung zur Leistung eines Vorschusses für die zur Beseitigung eines Mangels erforderlichen Aufwendungen (§§ 631, 633 Abs. 2 S. 2, 634 Nr. 2, 637 Abs. 1, 3 BGB). b) Zu den daraus resultierenden Schuldnerverpflichtungen gehört die Einhaltung des sich aus dem Schuldverhältnis ergebenden Leistungszeitpunkts (hier: „sofort"; vgl. § 271 BGB). Der Schuldner U hat diese Pflicht verletzt, weil er den Vorschuss nicht zu dem nach dem Schuldverhältnis geschuldeten Zeitpunkt erbracht hat. c) Die nach § 280 Abs. 2 BGB erforderlichen Voraussetzungen des § 286 BGB liegen vor. Eine Mahnung ist hier nach § 286 Abs. 2 Nr. 3 BGB entbehrlich. d) Das vermutete Verschulden ist nicht widerlegt. e) Zu ersetzen ist das negative Interesse in Höhe von 10 % Zinsen (§ 249 Abs. 2 BGB).

Wenn der Werkunternehmer die Nacherfüllung nach § 635 Abs. 3 BGB zu Recht wegen Unverhältnismäßigkeit der Kosten verweigert hat, ist die **Ersatzvornahme** und **damit auch** der **Aufwendungsersatzanspruch ausgeschlossen** (§ 637 Abs. 1 a. E. BGB).

**Fall 449**

Der in Hamburg beruflich tätige Rechtsanwalt Dr. P. Nida (N) lebt 80 km von Hamburg entfernt in Schleswig-Holstein in einem abgeschieden liegenden Häuschen im Walde. Der N hat bei der Autowerkstatt des U in Hamburg die Reifen seines Autos für einen Werklohn von € 600,–, wovon € 50,– Arbeitslohn sind, auswechseln lassen. Zu Hause angekommen stellt N fest, dass die Radmuttern am linken Vorderreifen nicht fest angezogen worden sind. Er ruft bei U an und verlangt, dass dieser sofort einen Mitarbeiter zu ihm nach Hause schicke, um die Radmuttern anzuziehen. Der U verweigert dies unter Hinweis auf ihm entstehende Kosten von € 250,–, und unter Hinweis darauf, dass auch eine lokale Werkstatt in der Lage sei, die Radmuttern anzuziehen. Der B setzt dem U eine Nachfrist von 24 h und beauftragt nach deren ergebnislosem Ablauf den Dorfschmied D mit der Fixierung des Rades, der ihm den angemessenen Werklohn von € 10,– berechnet. Der N verlangt von U den Ersatz seiner Aufwendungen.

a) Der Anspruch auf Aufwendungsersatz könnte sich aus §§ 634 Nr. 2, 637 Abs. 1 BGB ergeben. aa) Ein Werkvertrag ist geschlossen. bb) Das Werk ist mangelhaft, weil das Fahrzeug wegen der losen Radmuttern nicht fahrbereit ist und sich damit nicht für die gewöhnliche Verwendung eignet, § 633 Abs. 2 Nr. 2 BGB. cc) Die – angemessene – Nachfrist ist ergebnislos verstrichen. dd) Dem B sind Aufwendungen in Höhe von € 10,– für die Selbstbeseitigung entstanden. ee) Der Nacherfüllungsanspruch könnte aber deshalb nicht gegeben sein, aaa) weil der U die Nacherfüllung zu Recht nach § 635 Abs. 3 BGB verweigert hatte (§ 637 Abs. 1 a.E. BGB). bbb) Hier stellt sich die Frage, ob man § 637 Abs. 1 a. E. BGB dahingehend teleologisch reduziert auslegen muss, dass ein Ausschluss des Aufwendungsersatzanspruchs dann nicht in Betracht kommt, wenn bei Zugrundelegung der geltend gemachten Kosten für den Aufwendungsersatz (€ 10,–) keine Unverhältnismäßigkeit gegeben wäre. Ein solches Ergebnis entspräche auch durchaus der ratio legis des § 637 Abs. 1a. E. BGB: Verhinderung einer nach § 635 Abs. 3 BGB ausgeschlossenen Nacherfüllung im Gewande eines Aufwendungsersatzanspruchs für eine Ersatzvornahme. b) Wer diese Korrektur nicht vornehmen will, kann den Interessen des N nur über die Minderung oder über einen Schadensersatzanspruch gerecht werden.

### 5. Schadensersatzansprüche/Aufwendungsersatzansprüche

Auch bei Werkverträgen kann der Besteller Schadensersatzansprüche geltend machen. Sie können gerichtet sein auf **„Schadensersatz statt der Leistung/Aufwendungsersatz"** und auf **Schadensersatz neben der Leistung**.

#### a) Schadensersatz statt der Leistung/Aufwendungsersatz

Wenn der Käufer den Ersatz derjenigen Schäden geltend macht, die darauf zurückzuführen sind, dass endgültig kein mangelfreies Werk hergestellt wird, so geht es ihm um den Ersatz eines **Schadens statt der Leistung**.

Wie auch im Allgemeinen Leistungsstörungsrecht kann ein solcher Anspruch deshalb bestehen,

- weil die Nacherfüllungspflicht des Unternehmers nicht mehr besteht oder ursprünglich nicht bestanden hat (**„unbehebbarer Mangel"**): dann ist die **Anspruchsgrundlage** entweder **§§ 634 Nr. 4, 280 Abs. 1, 3, 283 BGB** oder **§§ 634 Nr. 4, 311a Abs. 2 BGB,**
- oder weil der Unternehmer die bestehende Nacherfüllungspflicht **(„behebbarer Mangel") nicht erfüllt** hat: Dann ist die **Anspruchsgrundlage §§ 634 Nr. 4, 280 Abs. 1, 3, 281 BGB**.

Sie wissen bereits aus dem allgemeinen Leistungsstörungsrecht, dass die Abgrenzung zwischen Schadensersatz neben der Leistung und anstelle der Leistung nicht immer einfach ist. Der Unterschied ist wegen der ggf. erforderlichen Nachfristsetzung praktisch bedeutsam. Anhand eines kurzen Beispiels aus dem Werkvertragsrecht soll dieses Problem wiederholt werden:

**Fall 450**

U erstellt für B eine Lagerverwaltungssoftware. Diese hat verschiedene Programmierfehler, weswegen a) das Lager nicht ordnungsgemäß geführt werden kann und immer wieder Fehler auftreten, die die Inbetriebnahme des Lagers verhindern und b) ein Mitarbeiter von einem automatischen Ladekran am Kopf verletzt wird.

Die Schäden im Zusammenhang mit a) stellen Schäden anstelle der Leistung dar, da sie durch Durchführung der Nacherfüllung entfallen würden. Bis dahin besitzt der Besteller ein Werk, das nicht ordnungsgemäß ist. Der Schaden bei b) dagegen ist durch Nacherfüllung nicht zu beseitigen und daher als Schadensersatz neben der Leistung ohne weiteres ersatzfähig. Sollte im Fall a) ein Gewinn unwiederbringlich entgangen sein, so scheint es sinnvoll, diesen in Anlehnung an die Betriebsausfallschäden im Kaufrecht als Schadensersatz neben der Leistung einzuordnen.

#### aa) Unbehebbare Mängel

In den Fällen, in denen die Nacherfüllungspflicht des Unternehmers nicht besteht, kann der Käufer sofort (d. h. ohne dem Verkäufer eine Nachfrist zu setzen) nach § 634 Nr. 4, 280 Abs. 1, 3, 283/311a Abs. 2 BGB Schadensersatz statt der Leistung verlangen.

##### (1) Nachträgliche Unmöglichkeit der Nacherfüllung (§§ 634 Nr. 4, 283 BGB)

I. **Haftungsbegründende Voraussetzungen**
   1. Wirksamer **Werkvertrag**
   2. **Werk mangelhaft** (§ 633 BGB) bei Gefahrübergang infolge einer Abnahme (§ 640 BGB) oder wenn sich nach erfolgter Herstellung/Leistungserbringung der Erfüllungsanspruch auch ohne Abnahme auf ein konkretes Werk beschränkt
   3. **Wegfall des** zunächst bestehenden **Nacherfüllungsanspruchs** (§ 275 Abs. 1–3 BGB; 635 Abs. 3 BGB)
   4. Vermutetes **Vertretenmüssen:** Fehlende Entlastung bezüglich des Eintritts des unbehebbaren Mangels (§ 280 Abs. 1 S. 2 BGB)
   5. **Kein Ausschluss von Gewährleistungsrechten**
   6. **Durchsetzbarkeit:** insbesondere keine **Verjährung** (§ 634a BGB)

II. **Haftungsumfang**
   Ersatz des entstandenen Schadens nach §§ 249 ff. BGB: „Großer“ oder „kleiner“ Schadensersatz

**Fall 451**

Der aufgrund eines Vertrages mit B zur Sicherung von Daten verpflichtete EDV-Unternehmer U löscht einen Teil der zu sichernden Daten. Der B verlangt Schadensersatz (nach Lorenz-Riehm).

Der Anspruch ergibt sich in anteiliger Höhe des Werklohns aus §§ 634 Nr. 4, 280 Abs. 1, 3, 283, 249 BGB.

**Fall 452**

Der Unternehmer U baut im Hotel des B eine Fahrstuhlanlage ein. Erst nach Fertigstellung des Baues stellt sich heraus, dass diese wegen eines Berechnungsfehlers des U nicht die vereinbarte Kapazität hat. Der B verlangt Nacherfüllung. Ein Austausch der Anlage ist aber technisch nicht mehr möglich. B ist notgedrungen bereit, die Fahrstuhlanlage zu behalten. Er verlangt aber Schadensersatz von U.

Der Anspruch ergibt sich aus §§ 634 Nr. 4, 280 Abs. 1, 3, 283 BGB. a) Ein wirksamer Werkvertrag besteht. b) Das Werk hat bei Abnahme wegen der Abweichung der Ist-Beschaffenheit von der vertraglich vereinbarten Soll-Beschaffenheit einen Sachmangel (§ 633 Abs. 2 S. 1 BGB). c) Ein Nacherfüllungsanspruch aus §§ 634 Nr. 1, 635 Abs. 1 BGB besteht nicht (§ 275 Abs. 1 BGB), da der Mangel unbehebbar ist. d) Der U kann sich hinsichtlich des Eintritts des unbehebbaren Mangels nicht entlasten (§ 280 Abs. 1 S. 2 BGB): er hat einen Rechenfehler gemacht. e) Der B macht den „kleinen Schadensersatzanspruch" geltend: Er entscheidet sich dafür, das Werk zu behalten und macht aa) die Differenz zwischen dem Wert einer vertragsgemäßen Fahrstuhlanlage und der tatsächlich gelieferten Fahrstuhlanlage geltend; bb) darüber hinaus kann er auch den wegen der Kapazitätsprobleme ihm entgangenen Gewinn verlangen (§ 252 BGB)

Wenn ein Unternehmer die Nacherfüllung wegen der Unverhältnismäßigkeit der Kosten berechtigt nach § 635 Abs. 3 BGB verweigert, stellt sich wiederum eine Ihnen schon aus dem Gewährleistungsrecht des Kaufes bekannte theoretische Frage: zweifelhaft ist, ob im Falle des § 635 Abs. 3 BGB eine Unbehebbarkeit vorliegt, die zur Anwendung der §§ 634 Nr. 4, 280 Abs. 1, 3, 283 BGB führt. Angesichts der sonst überflüssigen Verweisung in § 634 Nr. 4 BGB auf § 636 BGB, sollten wir uns auch hier dafür entscheiden, diese Fälle über §§ 634 Nr. 4, 280 Abs. 1, 3, 281 BGB zu lösen. Einen inhaltlichen Unterschied bedeutet dies aber nicht.

(2) Ursprünglich unmögliche Nacherfüllung (§§ 634 Nr. 4, 311a Abs. 2 BGB)

In den Fällen, in denen bereits bei Vertragsschluss feststeht, dass das Werk nicht wie versprochen hergestellt werden kann, kann sich ein Schadensersatzanspruch aus §§ 634 Nr. 4, 311a Abs. 2 BGB ergeben.

I. **Haftungsbegründende Voraussetzungen**
   1. Wirksamer **Werkvertrag**.
   2. **Werk** bei Abnahme **mangelhaft** (§§ 633 BGB) bei Gefahrübergang infolge einer Abnahme (§ 640 BGB) oder wenn sich nach erfolgter Herstellung/Leistungserbringung der Erfüllungsanspruch auch ohne Abnahme auf ein konkretes Werk beschränkt.
   3. Ein **Nacherfüllungsanspruch** aus § 635 BGB bestand schon bei Vertragsschluss wegen einer nach §§ 275 Abs. 1–3, 635 Abs. 3 BGB gegebenen Undurchführbarkeit des Werkes nicht.

4. Vermutetes **Vertretenmüssen:** Der Unternehmer muss sich dahingehend entlasten, dass er die Unbehebbarkeit des Mangels des Werkes nicht kannte oder nicht hätte kennen müssen (§ 311a Abs. 2 S. 2 BGB).
5. **Kein Ausschluss von Gewährleistungsrechten.**
6. **Durchsetzbarkeit:** insbesondere keine **Verjährung** (§ 634a BGB).

II. **Haftungsumfang**
Ersatz des entstandenen Schadens nach §§ 249 ff. BGB: „Großer" oder „kleiner" Schadensersatz statt der Leistung.

In konsequenter Weiterführung unserer beim Gewährleistungsrecht des Kaufes angestellten Überlegungen, sollten wir uns auch hier dafür entscheiden, einen Anspruch aus §§ 634 Nr. 4, 311a Abs. 2 BGB zu bejahen, wenn bereits vor Vertragsschluss feststeht, dass ein mangelfreies Werk im Hinblick auf § 635 Abs. 3 BGB unerbringbar ist (Beim Kaufvertrag ging es um die Parallelvorschriften in §§ 437 Nr. 3, 311a Abs. 2 BGB und § 439 Abs. 3 BGB).

**Fall 453**

Die Druckerei des D verpflichtet sich gegenüber dem Bekleidungshersteller B, auf dessen T-Shirts „Harry Potter"-Figuren aufzudrucken. Ein Recht hierzu hat die D nicht. D hatte aus Leichtsinn nicht darüber nachgedacht, dass er möglicherweise fremde Schutzrechte zu beachten hat. Die Rechteinhaber verbieten die Verbreitung der ansonsten makellosen T-Shirts, woraufhin diese vernichtet werden müssen. Der B verlangt von D Schadensersatz, da er seinerseits Lieferverpflichtungen gegenüber X nicht nachkommen kann und diesem eine Vertragsstrafe bezahlen muss.

Der Anspruch kann sich aus §§ 634 Nr. 4, 311a Abs. 2 BGB ergeben. a) Zwischen D und B bestand ein wirksamer Werkvertrag. Die Tatsache, dass D niemals mangelfrei leisten konnte, lässt gemäß § 311a Abs. 1 BGB die Wirksamkeit des Vertrages unberührt. b) Die T-Shirts waren bei Abnahme rechtsmangelhaft (§ 633 Abs. 3 BGB). c) Dies stand bereits bei Vertragsschluss fest. d) Der D kann sich hinsichtlich der Kenntnis der unbehebbaren Mangelhaftigkeit des Werkes nicht entlasten. Er hätte sich hinsichtlich der Rechte erkundigen müssen. e) Der B kann von D daher Schadensersatz statt der Leistung verlangen. Er ist also so zu stellen, wie er bei ordnungsgemäßer Erfüllung gestanden hätte. In diesem Fall hätte er zum einen durch den Verkauf der T-Shirts einen Gewinn erwirtschaftet und zum anderen hätte er keine Konventionalstrafe zahlen müssen. Beide Posten sind ihm von D zu ersetzen.

### bb) Nichterbringung der Nacherfüllung trotz Behebbarkeit des Mangels (§§ 634 Nr. 4, 281 BGB)

Machen Sie sich noch einmal klar: Die vorherigen Ausführungen betrafen einen Anspruch des Bestellers auf Schadensersatz statt der Leistung wegen der (nachträglichen eingetretenen oder anfänglich bestehenden) Unbehebbarkeit des Mangels.

Wenn aber die Pflichtverletzung des Unternehmers darin besteht, dass er ein Werk herstellt, das bei der Abnahme einen behebbaren Mangel aufweist, er diesen aber entgegen der Verpflichtung aus §§ 634 Nr. 1, 635 Abs. 1 BGB nicht beseitigt, dann kann der Besteller den **Ersatz des** durch das endgültige Ausbleiben der Herstellung eines mangelfreien Werkes entstandenen **Schadens statt der Leistung** nach **§§ 634 Nr. 4, 280 Abs. 1, 3, 281 BGB** verlangen.

I. **Haftungsbegründende Voraussetzungen**
   1. **Wirksamer Werkvertrag.**
   2. **Werk** bei Gefahrübergang **mangelhaft** (§ 633 BGB bei Gefahrübergang infolge einer Abnahme (§ 640 BGB) oder wenn sich nach erfolgter Herstellung/Leistungserbringung der Erfüllungsanspruch auch ohne Abnahme auf ein konkretes Werk beschränkt.
   3. Nichterfüllung des Nacherfüllungsanspruchs trotz Fristsetzung oder Entbehrlichkeit der Fristsetzung.
      a. Der Unternehmer **erfüllt** den **Nacherfüllungsanspruch nicht** oder **nicht wie geschuldet**
      b. trotz ihm gesetzter angemessener **Nacherfüllungsfrist** (§ 281 Abs. 1 S. 1 BGB) oder Entbehrlichkeit der Fristsetzung (§§ 281 Abs. 2, 636 BGB).
   4. vermutetes **Vertretenmüssen:** Fehlende Entlastung hinsichtlich
      a. der ursprünglich mangelhaften Leistung oder
      b. der Pflicht zur Vornahme der Nacherfüllung.
   5. **Kein Ausschluss von Gewährleistungsrechten.**
   6. **Durchsetzbarkeit:** insbesondere keine **Verjährung** (§§ 214 Abs. 1, (§ 634a BGB).

II. **Haftungsumfang**
   Ersatz des entstandenen Schadens nach §§ 249 ff. BGB: „Großer“ oder „kleiner“ Schadensersatz statt der Leistung.

Zentral ist auch hier das grundsätzliche Erfordernis der Fristsetzung zur Durchführung der Nacherfüllung. Aber – ebenso wie im Kaufrecht – ist auch beim Schadensersatz aus §§ 634 Nr. 4, 280 Abs. 1, 3, 281 BGB die Fristsetzung zuweilen entbehrlich. Im Kaufrecht fanden sich die zusätzlichen Entbehrlichkeitsgründe in **§ 440 BGB**. Im Werkvertragsrecht erlaubt **§ 636 BGB** das Absehen von einer Fristsetzung, wenn

- der Unternehmer die Nacherfüllung **gem. § 635 Abs. 3 BGB berechtigt verweigert,**
- die Nacherfüllung **fehlschlägt** oder
- sie dem Besteller **unzumutbar** ist.

Erinnern Sie sich noch? Anders als im Kaufrecht gibt es **keine Fiktion,** wonach die **Nacherfüllung** nach dem zweiten Versuch als **fehlgeschlagen** gilt (§ 440 S. 2 BGB). Man sollte jedoch erwägen, auf die Werkvertragsfälle § 440 S. 2 BGB analog anzuwenden, wenn vergleichbare Situationen vorliegen. Bei komplexen Werken (wie z. B. der Erstellung einer umfangreichen Software) muss das aber nicht der Fall sein. Dann sind auch mehr als zwei Nacherfüllungsversuche zumutbar.

Der **Bezugspunkt** für das **Vertretenmüssen** ist wie im Kaufrecht umstritten. In Betracht kommt die nicht ordnungsgemäße Herstellung des Werks oder die Nichterbringung der Nacherfüllung. Wir meinen mit der h. M., dass man hier wie dort vorrangig auf die Erstellung eines mangelhaften Werkes abstellen sollte. Wenn den Unternehmer bereits insoweit ein Vorwurf trifft, so ist die Nachfristsetzung nur noch ein objektives Kriterium und ein Verschulden insoweit nicht relevant. Wenn der Unternehmer aber die Mangelhaftigkeit nicht zu vertreten hat, dann kann er sich dadurch Schadensersatzpflichtig machen, dass er die geschuldete Nacherfüllung schuldhaft nicht erbringt.

**Fall 454**

Der Maler M soll eine Wand im Hause des Gründlich (G) streichen. Dies erledigt er auch. Der G nimmt das Werk ab. Es zeigt sich aber am nächsten Tag, dass die Farbe nicht deckend ist und die vorherige Wandfarbe wieder zum Vorschein kommt. G verlangt von M, er solle „noch mal übermalen" und setzt ihm hierfür eine Frist von einer Woche. Der M erscheint jedoch nicht. Der G lässt daraufhin einen anderen Maler kommen, der die Arbeit ordnungsgemäß erledigt. Dadurch entstehen aber Mehrkosten in Höhe von € 100,– für den G, die er von dem M ersetzt verlangt.

Der Anspruch kann sich aus §§ 634 Nr. 4, 280 Abs. 1, 3, 281 BGB ergeben. a) Es bestand ein wirksamer Werkvertrag. b) Das Werk war bei Abnahme mangelhaft, c) weswegen aa) dem G ein Nacherfüllungsanspruch (§ 635 Abs. 1 BGB) zustand. Der M hat die Nacherfüllungsverpflichtung bb) trotz der ihm durch G gesetzten angemessenen Frist zur Nacherfüllung nicht erfüllt. d) Vom vermuteten Vertretenmüssen kann sich ein Unternehmer exkulpieren, aa) wenn er die

Nacherfüllung in Person zu leisten hat und sie aus in seiner Person liegenden Gründen von ihm nicht erbracht werden kann; das aber ist hier jedenfalls nicht der Fall. bb) Ansonsten wird die Nichterbringung i. d. R. nur auf einen Geldmangel des Unternehmers zurückzuführen sein, der aber bekanntlich nicht entlastet. cc) Hier gibt es gar keine verschuldensrelevanten Angaben im Sachverhalt, so dass Sie sich auf die Bemerkung beschränken sollten, dass der M sich „nicht entlastet" hat. e) Der M muss daher dem G den entstandenen Schaden ersetzen. Zu diesem Schaden gehören die Kosten für einen anderen Maler.

cc) Inhalt des Anspruches

Was den Anspruch auf **Ersatz** eines **Schadens „statt der Leistung"** wegen des endgültigen Ausbleibens eines mangelfreien Werkes angeht,

- so muss jedenfalls theoretisch auch hier zwischen den beiden Möglichkeiten des **„großen"** und des **„kleinen Schadensersatzes"** unterschieden werden. Letzterer ist bekanntlich bei „unerheblichen Mängeln" ausgeschlossen (§§ 634 Nr. 4, 280 Abs. 1, 3, 283, 281 Abs. 1 S. 3 BGB). Warum eigentlich? Entsinnen Sie sich noch an das sonst gegebene Risiko, den Anspruch auf den Ersatz des „großen Schadensersatzes" als „Trojanisches Pferd" zu missbrauchen? Der „große Schadensersatz" scheidet allerdings praktisch aus: Wir hatten schon beim Rücktrittsrecht darauf hingewiesen, dass im wichtigsten Fall des Werkvertrages – dem Vertrag über die Errichtung eines Bauwerks auf einem Grundstück des Bestellers – ein Rücktritt technisch nicht durchführbar sein dürfte. Nur bei Bauträgerverträgen (wenn man sie als Werkverträge einordnet), bei denen neben der Errichtung des Bauwerks auch die Übereignung des Grundstücks geschuldet wird, dürfte der Rücktritt vorstellbar sein und auch im Interesse des Rücktrittsgegners liegen, da dieser das Grundstück nebst dem (mangelhaften) Bauwerk dann anderweitig verwerten kann. In allen anderen Fällen liegen aber wohl doch nur Werklieferungsverträge nach § 651 BGB vor, so dass ohnehin das Kaufrecht Anwendung findet. Für den Ersatz des „großen" Schadensersatzes gilt nichts anderes, zumal dieser im Ergebnis dem Rücktritt entspricht).
- Zu **ersetzen** sind der Minderwert der Werkleistung und die Folgeschäden, die sich aus dem Ausbleiben der mangelfreien Leistung ergeben. Dazu gehört auch der Verzögerungsschaden, der darauf beruht, dass der Besteller im Fall des unbehebbaren Mangels kein mangelfreies Werk erhält, oder wenn der Besteller einen Schadensersatzanspruch nach Ablauf einer dem Unternehmer gesetzten Nacherfüllungsfrist geltend macht. Zu ersetzen ist natürlich auch der dem Besteller entgangene Gewinn (§ 252 BGB).

Nach §§ 634 Nr. 4, 284 BGB kann der Besteller **anstelle** des Schadensersatzes „statt der Leistung" auch **Aufwendungsersatz** verlangen, wenn er in Erwartung der Leistung **freiwillige Vermögensopfer** erbracht hat, die sich nunmehr als sinnlos herausstellen.

**Fall 455**

Der T-Shirt-Besteller im Harry-Potter-Fall hatte eine umfangreiche Werbeaktion gestartet und dabei ganz erhebliche Kosten gehabt, die ihn viel stärker treffen als die Konventionalstrafe.

Er kann dann über §§ 634 Nr. 4, 284 BGB Aufwendungsersatz von der Druckerei verlangen.

### b) Schadensersatz neben der Leistung

Wenn der Besteller Schadensersatzansprüche geltend macht, bei denen die hypothetische Nacherfüllung den Schaden nicht mehr beseitigt, dann handelt es sich um einen **Schadensersatz neben der Leistung**.

Derartige Schäden können entweder **Verzögerungsschäden** oder **Mangelfolgeschäden** sein.

#### aa) Verzögerungsschäden

Hier müssen wir zunächst aufpassen: nicht zu verwechseln sind einerseits der Ersatz eines Verzögerungsschadens neben der Leistung und andererseits der Ersatz desjenigen Verzögerungsschadens, der darauf beruht, dass

- der Besteller im Fall des unbehebbaren Mangels **nicht rechtzeitig** ein **mangelfreies Werk erhält**
- oder wenn der Besteller einen **Schadensersatzanspruch nach Ablauf der Nacherfüllungsfrist** geltend macht.

Ein solcher Verzögerungsschaden ist nämlich endgültig eingetreten und nicht mehr durch hypothetische Nacherfüllung zu beseitigen; es geht dann also in Wahrheit um einen Schadensersatz statt der Leistung. Sie haben deshalb ja oben bereits gelernt, dass ein solcher Verzögerungsschaden des Bestellers nach §§ 634 Nr. 4, 280 Abs. 1, 3, 283/311a Abs. 2 BGB bzw. §§ 280 Abs. 1, 3, 281 BGB zu ersetzen ist.

Der Besteller kann unter zwei verschiedenen Aspekten wegen einer Verzögerung der Herstellung eines mangelfreien Werkes Schadensersatz verlangen:

- Der Schaden beruht darauf, dass er das mangelhafte Werk **wegen** seiner **Mangelhaftigkeit** erst verspätet einsetzen kann **(„Nutzungs- bzw. Betriebsausfallschaden") (sub (1))**.
- Der Besteller verlangt deshalb Schadensersatz neben der Leistung, weil der **Nacherfüllungsanspruch verspätet erfüllt** wird **(sub (2))**.

##### (1) Nutzungs- bzw. Betriebsausfallschaden

Erörtern wir zunächst den mangelbedingten Folgeschaden, der dem Besteller infolge der Verzögerung der Erbringung eines mangelfreien Werks erwächst. Wie wir bereits beim Gewährleistungsrecht des Kaufs herausgearbeitet haben, ist dieser Schaden mangels einer Verweisung des § 634 Nr. 4 BGB auf § 286 BGB direkt aus §§ 634 Nr. 4, 280 Abs. 1 BGB zu ersetzen. Der Unternehmer „genießt" also nicht den „Schutz des § 286 BGB“. Der mitdenkende Leser muss sich hier die Frage stellen: Wieso „Schutz des § 286 BGB“? Entsinnen Sie sich, dass Sie diese Frage schon einmal hatten beantworten müssen? Für den, der es nicht mehr weiß: Sehen Sie sich nur die von § 280 Abs. 2 BGB geforderten zu § 280 Abs. 1 BGB hinzutretenden **„zusätzlichen Voraussetzungen des § 286“** an. Die damit gemeinten Verzugsvoraussetzungen des § 286 BGB sind beträchtliche Hürden, die der Gläubiger erst einmal überwinden muss, um den Ersatz des Verzögerungsschadens verlangen zu können.

Man kann an dieser Stelle die gleichen Überlegungen anstellen **wie** bei den **Betriebsausfallschäden** im **Kaufgewährleistungsrecht**. In der Literatur wird diese Problematik überwiegend anhand des Kaufgewährleistungsrechts diskutiert.

**Fall 456**

Der U errichtet aufgrund eines Vertrages mit dem B für diesen eine Werkshalle. Die Halle ist bei Abnahme wegen eines Planungsfehlers des U mangelhaft, so dass die Aufsichtsbehörden eine Aufnahme der Produktion verbieten. Der Mangel wird erst einen Monat später durch Nacherfüllung behoben. Der U macht Schadensersatz für den einmonatigen „Betriebsausfall“ geltend.

Der Anspruch ergibt sich aus §§ 634 Nr. 4, 280 Abs. 1 BGB (str.).

Auf §§ 280 Abs. 1, 2, 286 BGB muss man aber dann zurückgreifen, wenn der Unternehmer die mangelhafte Leistung zunächst nicht zu vertreten hat. Unter den zusätzlichen Voraussetzungen des § 286 BGB kann der Besteller dann die Betriebsausfallschäden liquidieren. Dabei muss man aber beachten, dass dem Unternehmer ebenso wie dem Verkäufer eine sanktionslose Nacherfüllungsphase zusteht. Die Verzugsvoraussetzungen liegen daher erst nach Ablauf der angemessenen Nachfrist vor.

**Abwandlung**

Wie eben aber diesmal beruht der Mangel auf einem nicht erkennbaren Planungsfehler. B fordert den U zur Nacherfüllung binnen 3 Wochen auf und verlangt nach diesem Zeitpunkt den Nutzungsausfallschaden ersetzt. U hatte die Nacherfüllung aufgrund einer Fehlplanung nicht erbringen können.

Anspruchsgrundlage können a) zunächst §§ 634 Nr. 4, 280 Abs. 1 BGB sein. aa) Ein wirksamer Werkvertrag liegt vor. bb) Die Pflichtverletzung liegt in der Erstellung eines mangelhaften Werkes. cc) Es fehlt aber an einem Vertretenmüssen hinsichtlich dieser Pflichtverletzung. b) In Betracht kommt aber ein Anspruch aus §§ 634 Nr. 4, 280 Abs. 2, 286 BGB. aa) Ein Werkvertrag liegt vor. bb) U hat seine Pflicht zur rechtzeitigen Nacherfüllung verletzt. cc) Eine wirksame Mahnung ist in der Aufforderung zur Nacherfüllung zu sehen. dd) U hat die Nichterbringung der Nacherfüllung zu vertreten. ee) Der Umfang des Schadensersatzes erfasst die Nutzungsausfallschäden nach Ablauf der gesetzten angemessenen Nachfrist.

(2) Weitergehende Schäden

Wenn es um einen weitergehenden Schaden geht, der durch die Verzögerung der Nacherfüllung entsteht, soll nach dem Willen des Gesetzgebers (RegE) der Unternehmer zu dessen Ersatz nur unter den zusätzlichen Voraussetzungen des Verzugs verpflichtet sein (§§ 634 Nr. 4, 280 Abs. 1, 2, 286 BGB). Das ist angesichts des Wortlauts des § 634 Nr. 4 BGB nur schwer begründbar. Sie brauchen diese Frage aber nicht zu entscheiden, wenn ohnehin Verzug vorliegt, was deshalb meistens der Fall sein wird, weil die regelmäßig vorliegende Aufforderung zur Nacherfüllung, die Fristsetzung nach §§ 634 Nr. 4, 280 Abs. 1, 3, 281 BGB zugleich eine Mahnung ist.

bb) Ersatz des „Mangelfolgeschadens" bzw. „Begleitschadens"

Zu den infolge der Herstellung eines mangelhaften Werkes bereits endgültig eingetretenen Schäden, die durch eine hypothetische Nacherfüllung nicht mehr beseitigt werden können, zählen auch die Schäden, die der Besteller an anderen Rechten, Rechtsgütern oder rechtlich geschützten Interessen erleidet.

Verlangt der Besteller deren Ersatz, handelt es sich um einen Anspruch auf Ersatz von Schäden neben der Leistung. Für solche sog. **„Mangelfolgeschäden" („Begleitschäden")** kann der Besteller Schadensersatz nach §§ 634 Nr. 4, 280 Abs. 1 BGB verlangen.

**Fall 457**

Der U soll aufgrund eines Vertrages mit dem B an dessen Auto einen Ölwechsel durchführen. Dabei wird der Verschluss aus Unachtsamkeit nicht ordnungsgemäß eingeschraubt. Deshalb läuft das Öl während der Fahrt aus, und der Motor des Fahrzeuges wird zerstört. Der B verlangt Ersatz für den Schaden an seinem Fahrzeug.

Der Anspruch kann sich aus §§ 634 Nr. 4, 280 Abs. 1 BGB ergeben. a) Zwischen dem U und dem B bestand ein wirksamer Werkvertrag. b) Der U hat beim Ölwechsel nicht sorgfaltsgemäß gearbeitet und damit ein mangelhaftes Werk (§ 633 Abs. 2 S. 2 Nr. 2 BGB) erbracht. Darin liegt eine Pflichtverletzung. c) Der U kann sich nicht entlasten, sondern handelte vielmehr fahrlässig. d) Der B kann daher Ersatz seines Schadens an seinem Fahrzeug verlangen.

**Fall 458**

Die Baufirma B soll aufgrund eines Vertrages mit H dessen Haus renovieren. Unter anderem soll sie ein neues Regenwasserableitungssystem erstellen, da das alte marode ist. Die B montiert daher neue Regenrinnen und Fallrohre. Dem H gefallen die Arbeiten und er nimmt sie ohne Beanstandungen ab. Leider geraten die Fallrohre zu klein, da B sich in seiner Planung vertan hat. Dies führt dazu, dass bei stärkerem Regen das Wasser an den Hausmauern herunter läuft. Die

Mauern durchfeuchten und es müssen aufwendige Reparaturen am Mauerwerk vorgenommen werden. Der H verlangt von B Ersatz für die Reparaturarbeiten.

Der Anspruch kann sich aus §§ 634 Nr. 4, 280 Abs. 1 BGB ergeben. a) Zwischen den Parteien ist ein wirksamer Werkvertrag abgeschlossen worden (§ 631 Abs. 2 BGB: „Veränderung einer Sache"). b) Die B muss eine Pflichtverletzung begangen haben, die in der Herstellung eines mangelhaften Werkes liegen muss (sonst allgemeines Leistungsstörungsrecht). Vorliegend bestand keine ausdrückliche Abrede, welche Beschaffenheit das Regenabflusssystem haben sollte. Es sollte aber nach dem Vertragszweck geeignet sein, das Haus vor Schäden durch Regen zu schützen. Diesen Zweck hat es nicht erfüllt; deshalb ist das Werk mangelhaft (§ 633 Abs. 2 S. 2 Nr. 1 BGB). Zumindest eignet sich das Werk nicht für die gewöhnliche Verwendung und ist deshalb mangelhaft (§ 633 Abs. 2 S. 2 Nr. 2 BGB). c) Die B hat den Mangel aufgrund eines Planungsfehlers zu vertreten. d) Die B muss demnach dem H die entstandenen Schäden nach §§ 249 ff. BGB ersetzen.

### 6. Rücktritt

Der nach §§ 634 Nr. 3, 323/326 Abs. 5 BGB mögliche Rücktritt ist ein einseitiges Gestaltungsrecht. Für dessen Ausübung wird sich der Besteller entscheiden, wenn er sich nach Gefahrübergang vom Vertrag lösen will, weil der Unternehmer von der Nacherfüllungspflicht gesetzlich befreit ist, oder weil der Unternehmer die Nacherfüllung aus anderen Gründen nicht durchführt. Die Rechtsfolge ist ein Rückgewährschuldverhältnis aus §§ 346 ff. BGB. Der Rücktritt macht für den Besteller vor allem in drei Konstellationen Sinn: wenn er von seinem Selbstvornahmerecht aus §§ 634 Nr. 2, 637 BGB keinen Gebrauch machen will, wenn ein Schadensersatzanspruch wegen fehlenden Vertretenmüssens nicht besteht oder kein Vermögensschaden vorliegt. Dabei muss man allerdings sehen, dass in dem wichtigsten Fall des Werkvertrages – dem Vertrag über die Errichtung eines Bauwerks auf einem Grundstück des Bestellers – ein Rücktritt technisch nicht durchführbar sein dürfte.

Über den Rücktritt kann der Besteller dann den bereits gezahlten Werklohn (Abschlagzahlung nach § 632a BGB!) zurückverlangen bzw. seine Pflicht zur Werklohnzahlung zum Erlöschen bringen, § 346 Abs. 1 BGB. Der Rücktritt ist notwendig, da wegen § 326 Abs. 1 S. 2 BGB der Werklohnanspruch des Unternehmers weder nach § 326 Abs. 1 S. 1 BGB erlischt noch eine Rückzahlungspflicht nach § 326 Abs. 4 BGB entsteht.

> Verwechseln Sie nicht den Rücktritt wegen einer bei Abnahme bestehenden Mangelhaftigkeit des Werkes mit dem Kündigungsrecht des Bestellers aus § 649 BGB. Bei diesem bleibt (vorbehaltlich ersparter Aufwendungen oder anderweitigen Erwerbs bzw. böswillig unterlassenen anderweitigen Erwerbs) der Vergütungsanspruch bestehen.

### a) Rücktrittsrecht wegen nachträglicher Unmöglichkeit der Nacherfüllung (§§ 634 Nr. 3, 326 Abs. 5 BGB)

Wenn der Unternehmer von der nach §§ 634 Nr. 1, 635 BGB geschuldeten Nacherfüllung nach § 275 BGB befreit ist, der Mangel also vom Unternehmer nicht zu beheben ist, kann der Besteller ohne Setzung einer Nachfrist zurücktreten (§§ 634 Nr. 3, 326 Abs. 5 BGB). Hierdurch wandelt sich der Werkvertrag in ein Rückgewährschuldverhältnis nach den §§ 346 ff. BGB. Vergessen Sie nicht, die Ausschlussgründe für den Rücktritt zu prüfen (§ 634 Nr. 3, 326 Abs. 5, § 323 Abs. 5 S. 1, 2 Abs. 6 BGB)!

Beim Rücktrittsrecht des Käufers aus §§ 437 Nr. 2, 326 Abs. 5 BGB hatten wir uns dagegen entschieden, auch das Leistungsverweigerungsrecht aus § 439 Abs. 3 BGB als einen Fall des §§ 437 Nr. 2, 326 Abs. 5 BGB anzusehen. Sie erinnern sich hoffentlich. Beim Rücktrittsrecht des Bestellers aus §§ 634 Nr. 3, 326 Abs. 5 BGB stellt sich im Hinblick auf § 635 Abs. 3 BGB (Nacherfüllungsverweigerungsrecht des Unternehmers wegen unverhältnismäßiger Kosten) die gleiche Frage. Im Hinblick auf §§ 634 Nr. 3, 636 BGB sollte die Frage auch im gleichen Sinne beantwortet werden: Im Fall des § 635 Abs. 3 BGB kann der Besteller nicht nach §§ 634 Nr. 3, 326 Abs. 5 BGB zurücktreten, sondern nur nach §§ 634 Nr. 3, 323 BGB – allerdings wegen §§ 634 Nr. 3, 636 BGB ebenfalls ohne Fristsetzungserfordernis). Wie bereits gesagt: Es handelt sich um ein reines Darstellungsproblem.

### b) Rücktrittsrecht wegen Nichterbringung der Nacherfüllung, (§§ 634 Nr. 3, 323 BGB)

Wenn der Unternehmer zwar nicht von der nach §§ 634 Nr. 1, 635 BGB geschuldeten Nacherfüllung befreit ist (behebbarer Mangel), er aber gleichwohl den Nacherfüllungsanspruch nicht erfüllt, so kann der Besteller nach §§ 634 Nr. 3, 323 Abs. 1 BGB vom Werkvertrag zurücktreten.

Im **Grundsatz** besteht wieder das **Erfordernis** der **ergebnislosen Fristsetzung** zur Durchführung der Nacherfüllung. Aber – ebenso wie im Kaufrecht – ist auch beim Rücktritt aus §§ 634 Nr. 3, 323 BGB die **Fristsetzung** zuweilen **ausnahmsweise entbehrlich**. Im Kaufrecht fand sich dazu die Regelung in § 440 BGB, im Werkvertragsrecht erlaubt **§ 636 BGB** das Absehen von einer Fristsetzung, den Sie bereits kennengelernt haben. Mitunter stellt sich auch hier wieder die bereits diskutierte Frage nach einer **analogen Anwendung** von **§ 440 S. 2 BGB**.

**Fall 459**

Prof. Ungemach (U) soll aufgrund eines Vertrages mit der B-GmbH (B) für diese ein Rechtsgutachten über die möglichen Haftungsrisiken bei sog. „Upstream-Mergern“ (eine bei private Equity Gesellschaften beliebte Transaktionsstruktur) erstellen. Der U übergab das Gutachten an die B-GmbH, die es nach einer ersten

Durchsicht durch einen ihrer Mitarbeiter billigte. Später stellte sich heraus, dass das Gutachten noch zahlreiche nach dem Vertrag zu beantwortende Fragen offen ließ, unter anderem die zentrale Entscheidung des Bundesgerichtshofs zu dieser Frage unbeachtet lies. Die B-GmbH verlangt daher von dem U Nachbesserung und Vervollständigung des Gutachtens. Der U ist sehr beschäftigt und kommt der Aufforderung nicht nach. Da die B unmittelbar vor der Entscheidung steht, eine weitere Transaktion unter Nutzung eines Upstream-Mergers durchzuführen, und das Gutachten daher dringend braucht, setzt ihr Geschäftsführer (G) dem U eine Nachfrist von 4 Wochen. Als sich auch danach nichts tut, erklärt der G den Rücktritt vom Vertrag und schickt dem U sein Gutachten zurück. Ein weiteres Gutachten bei einem anderen Rechtswissenschaftler bestellt die B nicht, da mittlerweile eine neue Entscheidung des Bundesgerichtshofs vorliegt, nach welcher keine Haftungsrisiken zu befürchten sind. Der U verlangt von der B den vereinbarten Werklohn.

Der Anspruch des U gegen die B kann sich aus § 631 Abs. 1 BGB ergeben. a) Ein wirksamer Werkvertrag ist geschlossen worden. Die Erstellung von Gutachten ist erfolgsbezogen und daher eine Werkleistung und keine Dienstleistung (§ 631 Abs. 2 BGB). b) Der Anspruch kann aber nach §§ 634 Nr. 3, 323, 346 Abs. 1 BGB erloschen sein. Durch einen wirksamen Rücktritt wandelt sich ein Vertrag in ein Rückgewährschuldverhältnis um. Das hat zur Folge, dass noch nicht erfüllte Leistungspflichten erlöschen. aa) Der Rücktritt wurde von der B über ihren vertretungsbefugten Geschäftsführer G (§ 35 GmbHG) erklärt (§ 349 BGB). bb) Als Rücktrittsgrund kommen §§ 634 Nr. 3, 323 Abs. 1 BGB in Betracht. aaa) Das Werk war mangelhaft, weil es nicht die vereinbarte Beschaffenheit aufweist (§ 633 Abs. 1 S. 1 BGB). bbb) Der U hat die von ihm nach § 635 Abs. 1 BGB geschuldete Nacherfüllung nicht erbracht. ccc)Die B hat ihm hierzu eine angemessene Frist gesetzt, die fruchtlos abgelaufen ist. Ein Rücktrittsgrund liegt daher vor. cc) Ein Ausschluss des Rücktrittsrechts liegt nicht vor, insbesondere ist die Pflichtverletzung nicht unerheblich (§ 323 Abs. 5 S. 2 BGB), da das Gutachten in einem wesentlichen Punkt unvollständig war. d) Der Anspruch ist daher durch Rücktritt erloschen. Der U kann daher keinen Werklohn von der B verlangen.

Weil der Rücktritt ein Gestaltungsrecht ist, kann er nicht verjähren. Er ist aber **unwirksam,** wenn der **Nacherfüllungsanspruch verjährt** ist. Das Werkvertragsrecht verweist insofern ausdrücklich auf § 218 BGB (vgl. § 634a Abs. 5 BGB).

## 7. Minderung

Die Minderung spielt immer dann eine Rolle, wenn der Rücktritt wegen Unerheblichkeit der Pflichtverletzung ausgeschlossen ist, oder wenn der Besteller ein Interesse daran hat, das mangelhafte Werk zu behalten, was er bei einem Rücktritt nicht könnte. Bei Vorliegen der Rücktrittsvoraussetzungen kann der Besteller **alternativ zum Rücktritt** die Minderung erklären (§§ 634 Nr. 3, 638 BGB).

Es müssen dazu also zunächst die Voraussetzungen des Rücktritts geprüft werden. Allerdings gilt der Ausschlusstatbestand des **§ 323 Abs. 5 S. 2 BGB** nach

§ 638 Abs. 1 S. 2 BGB **nicht**. Die Minderung ist daher anders als der Rücktritt auch bei einer unerheblichen Pflichtverletzung möglich. Die Minderung ist genauso wie der Rücktritt ein **Gestaltungsrecht**. Sie muss gegenüber dem Unternehmer erklärt werden. Nach einer berechtigten Minderungserklärung wird die Vergütung nach der aus § 441 Abs. 3 BGB bekannten Formel herabgesetzt (§ 638 Abs. 3 BGB). Ein darüber hinaus schon bezahlter Werklohn ist nach Rücktrittsrecht zurückzuzahlen (§ 638 Abs. 4 BGB i. V. m. §§ 346 ff. BGB). Maßgeblicher Zeitpunkt für die Berechnung ist der Vertragsschluss – bei größeren Werkleistungen eine nicht unproblematische Regelung.

**Fall 460**

Der U verpflichtet sich vertraglich gegenüber dem B, für diesen ein Haus zu errichten. Die Vergütung soll € 150.000,– betragen. Nach der Abnahme stellt sich als einziger Mangel heraus, dass die Fußbodenkacheln im gesamten Haus von geringfügig minderer Qualität sind als im Vertrag vereinbart. Dadurch ist das Haus € 1.000,– weniger wert. Dieser Mangel beruht darauf, dass der U von seinem Lieferanten falsch beliefert wurde, dies jedoch auch bei großer Sorgfalt nicht hätte erkennen können. Ein nachträgliches Austauschen der Kacheln ist nicht möglich, weil es die im Vertrag vorgesehenen Kacheln nunmehr nicht mehr gibt. Der B ist verärgert und möchte gern vom Vertrag zurücktreten. Sofern dies nicht möglich ist, möchte der U wenigstens den Werklohn um den Aufpreis für bessere Kacheln mindern. Der U verlangt den nach Abzug der Abschlagzahlungen (§ 632a BGB) geschuldeten vollen Werklohn.

Der Anspruch des U gegen den B ergibt sich aus § 631 Abs. 1 S. 1 BGB. a) Der U und der B haben einen wirksamen Werkvertrag abgeschlossen (§ 631 Abs. 2 BGB: „Veränderung einer Sache", nämlich des Grundstückes; das Haus ist nach § 94 Abs. 1 BGB wesentlicher Bestandteil des Grundstücks). Obwohl der U die dazu benötigten Baustoffe geliefert hat, liegt kein Werklieferungsvertrag nach § 651 BGB vor, weil keine bewegliche Sache hergestellt wird. b) Der Anspruch kann jedoch durch die Beendigung des Vertrages aufgrund eines Rücktritts nach § 346 Abs. 1 BGB erloschen sein. aa) Der Rücktritt wurde von B erklärt. bb) Als Rücktrittsgrund kommen §§ 634 Nr. 3, 326 Abs. 5 BGB in Betracht. Die Voraussetzungen liegen vor. Der Anspruch auf Nacherfüllung (§§ 634 Nr. 1, 635 Abs. 1 BGB) ist nach § 275 Abs. 1 BGB ausgeschlossen. Ein Rücktrittsgrund ist daher gegeben. cc) In Betracht kommt aber ein Ausschluss des Rücktrittsrechtes nach § 323 Abs. 5 S. 2 BGB, auf den in § 326 Abs. 5 Hs. 2. BGB verwiesen wird. Der Mangel ist im Hinblick auf das gesamte Werk als nicht erheblich einzustufen. Ein Rücktritt ist daher ausgeschlossen. Der Werkvertrag ist daher nicht beendet. c) Möglicherweise ist der Werklohnanspruch des U gegen den B jedoch nach §§ 634 Nr. 3, 638 Abs. 3 S. 1 BGB durch eine wirksame Minderung des B herabgesetzt worden. aa) Der B hat die Minderung gegenüber dem U erklärt (§ 638 Abs. 1 S. 1 BGB). bb) Als Minderungsgründe kommen die bekannten Rücktrittsgründe („statt zurückzutreten") in Betracht, hier also §§ 634 Nr. 3, 326 Abs. 5 BGB. Die Voraussetzungen liegen vor. cc) Der Ausschlussgrund des §§ 326 Abs. 5 Hs. 2., 323 Abs. 5 S. 2 BGB findet nach § 638 Abs. 1 S. 2 BGB keine Anwendung. dd) Der Werklohn ist daher nach dem in § 638 Abs. 3 S. 1 BGB genannten Maß herabgesetzt. Hier ist mangels näherer Angaben davon auszugehen, dass das vertragsgemäße Werk den vereinbarten Preis (€ 150.000,–) wert wäre. Durch die mangelhaften Kacheln ist es nur € 149.000,– wert. Wendet man § 638 Abs. 3 S. 1 BGB an, so ergibt sich eine Minderung von € 1000,–. B muss daher nur € 149.000,– zahlen. In Höhe von € 1000,– ist der Werklohnanspruch erloschen.

Weil auch die Minderung ein Gestaltungsrecht ist, kann sie nicht verjähren. Wie der Rücktritt ist sie aber **unwirksam**, wenn der **Nacherfüllungsanspruch verjährt** ist (§§ 634a Abs. 5, 218 Abs. 1 BGB).

## 8. Gewährleistungsausschluss

Gewährleistungsausschlüsse gibt es im Werkvertragsrecht ebenso wie im Kaufrecht. Sie führen dazu, dass die ansonsten bestehenden Gewährleistungsrechte ausgeschlossen sind.

- Nach **§ 640 Abs. 2 BGB** verliert der Besteller seine Gewährleistungsansprüche, wenn er ein Werk in Kenntnis des Mangels abnimmt und sich dabei seine Rechte nicht vorbehält.
- **Vertragliche Gewährleistungsausschlüsse** sind grundsätzlich möglich. Sie sind allerdings nach **§ 639 BGB** unwirksam bei Arglist und bei einem Verstoß gegen Garantiezusagen. Weitere Einschränkungen können aus dem AGB-Recht herrühren.

Die zu § 444 BGB bekannte Problematik bestand auch hier. Der Gesetzgeber hat daher auch hier das „wenn“ durch ein „soweit“ ersetzt.

## 9. Verjährung

Die Verjährung von Gewährleistungsansprüchen ist im Werkvertragsrecht in § 634a BGB **nach** verschiedenen **Werktypen differenziert** geregelt. Verjährungsbeginn ist abweichend von § 199 BGB normalerweise der Zeitpunkt der Abnahme des Werkes (§ 634a Abs. 2 BGB). Anderes gilt aber bei immateriellen Werken, bei denen der regelmäßige Verjährungsbeginn gilt (§ 634a Abs. 1 Nr. 3, Abs. 2 BGB). Hierdurch soll bei den immateriellen Werken eine aufgrund der Kenntnisabhängigkeit lange Verjährung sichergestellt werden.

Wie dem Käufer steht auch dem Besteller nach Ablauf der Verjährung das Recht zu, die Zahlung des Werklohnes zu verweigern, sog. Mängeleinrede (§ 634a Abs. 4 S. 2 BGB). Der Werkunternehmer kann dann aber vom Vertrag zurücktreten und das Werk zurückverlangen (§ 634a Abs. 4 S. 3 BGB).

Für arglistig verschwiegene Mängel gilt die allgemeine Verjährungsfrist (§ 634a Abs. 3 S. 1 BGB). Das bedeutet auch, dass die Verjährung erst mit Kenntnis bzw. grob fahrlässiger Unkenntnis beginnt.

### 10. Parallelansprüche zum Gewährleistungsrecht

Ebenso wie im Kaufrecht stellt sich beim Werkvertragsrecht die Frage nach parallel anzuwendenden Rechtsinstituten. Grundsätzlich kann auf die dortige Darstellung verwiesen werden. Die Klausurfälle betreffen allerdings in der Regel das Kaufrecht.

Hinzuweisen ist zunächst auf **Schadensersatzansprüche wegen nicht mangelbezogener Pflichtverletzungen**. Sie unterfallen § 280 Abs. 1 BGB direkt. Die kurze Verjährung des Werkvertragsrechts gilt für sie nicht. *Beispiel:* Unternehmer U hat bei Besteller B eine Produktionsmaschine umgerüstet. Die Umrüstung erfolgte auch mangelfrei. U weist die Mitarbeiter des B jedoch fehlerhaft auf die neue Maschine ein, weswegen es zu einem Schaden kommt. Dieser Schaden ist nach § 280 Abs. 1 BGB direkt zu ersetzen, die Pflichtverletzung besteht in der der Verletzung einer Instruktionspflicht (§ 241 Abs. 2 BGB).

Parallel bestehen auch häufig **Ansprüche** aus **unerlaubter Handlung** (§§ 823 ff. BGB), sofern in der mangelhaften Werkleistung zugleich die Verletzung absoluter Rechte liegt. Die Deliktsansprüche verjähren nach ihren eigenen Regeln und sind daher für den Besteller häufig günstiger als die Gewährleistungsansprüche.

Hinsichtlich der Ansprüche infolge einer Anfechtung ist ebenfalls auf die Darstellung beim Kaufrecht zu verweisen. Wichtig ist hier eine Auseinandersetzung mit dem Konkurrenzverhältnis der grundsätzlich vorrangigen Spezialregelungen im werkvertraglichen Gewährleistungsrecht und der Gefahr, diese durch das allgemeine Leistungsstörungsrecht und Anfechtungsrecht zum umgehen.

## III. Rechtsbehelfe des Bestellers vor Gefahrübergang

Die soeben dargestellten Gewährleistungsrechte des Bestellers betrafen dessen Rechte **nach Gefahrübergang,** also i. d. R. **nach** der **Abnahme** des **mangelhaften Werkes,** also die Situation, in der der Besteller das Werk als im Wesentlichen vertragsgemäß körperlich entgegengenommen hat oder es gebilligt hat, wenn eine körperliche Hinnahme aufgrund der Natur des Werkes faktisch ausscheidet **(§ 640 BGB),** oder bei einer **fiktiven Abnahme (§ 640 Abs. 1 S. 2 BGB)**.

Natürlich kann der Besteller die Abnahme eines als mangelhaft erkannten Werks ablehnen. Anders als der Käufer kann er aber wie sich aus § 640 Abs. 1 S. 1 BGB ergibt **nur wegen wesentlicher Mängel** die **Abnahme verweigern**. Dies liegt daran, dass die Abnahme beim Werkvertrag eine Hauptleistungspflicht ist.

Ist der Mangel behebbar, kann er vor Abnahme aus § 631 BGB **weiterhin** die **Erfüllung verlangen,** wobei es dem Unternehmer überlassen ist, dies durch Neuherstellung oder Beseitigung des Mangels vorzunehmen. Dieses Recht besteht sogar nach einer Fristsetzung gemäß §§ 281, 323 BGB. Er kann dann nach fruchtloser Fristsetzung oder deren Entbehrlichkeit vom Werkvertrag zurücktreten

(§ 323 BGB) oder Schadensersatz statt der Leistung verlangen (§§ 280 Abs. 1, 3, 281 BGB).

Ist der Mangel nicht behebbar, kann der Erfüllungsanspruch nicht geltend gemacht werden (§ 275 BGB). Der Besteller kann aber nach § 326 Abs. 5 BGB ohne Fristsetzung vom Vertrag zurücktreten. Schadensersatz statt der Leistung kann der Besteller verlangen unter den Voraussetzungen der §§ 280 Abs. 1, 3, 283 oder § 311a Abs. 2 BGB. Außerdem soll bei unverhältnismäßig hohen Kosten § 635 Abs. 3 BGB analog angewendet werden.

Der Besteller kann natürlich auch das mangelhafte Werk unter Vorbehalt der Gewährleistungsrechte abnehmen um z. B. den Werklohn zu mindern (§§ 640 Abs. 2, 634 Nr. 3, 638 BGB). Eine konkludente Billigung von Mängeln unter Verzicht auf Gewährleistung ist ohnehin allenfalls in Betracht zu ziehen, wenn der Käufer die Mängel kennt.

## F. Gewährleistungsansprüche beim Reisevertrag

### I. Grundlegendes

Das Reisevertragsrecht kommt zur Anwendung, wenn sich ein Reiseveranstalter gegenüber einem Reisenden verpflichtet, eine **„Gesamtheit von Reiseleistungen"** zu erbringen (§ 651a Abs. 1 BGB). Bei der Buchung einer Ferienunterkunft ohne jede weitere Leistung läge demnach kein Reisevertrag vor. Dennoch hat die Rechtsprechung in diesem Fall §§ 651a ff. BGB entsprechend angewandt. Die **Partner** des **Reisevertrages** sind der **Reisende** und der **Reiseveranstalter**.

- Der **Reiseveranstalter** ist derjenige, der die Gesamtheit von Reiseleistungen verspricht. Nicht Reiseveranstalter (sondern Handelsvertreter nach §§ 84 ff. HGB) ist das Reisebüro. Ebenfalls keine Reiseveranstalter sind die sog. Leistungsträger, also die Personen, die vor Ort die Reiseleistungen erbringen, wie Hotels, Clubs und Fluggesellschaften. Vielmehr schließt der Reiseveranstalter mit den Leistungsträgern Verträge zugunsten des Reisenden ab, die diesen eigene Forderungsrechte gegen die Leistungsträger nach § 328 Abs. 1 BGB verschaffen.
- Der **„Reisende"** ist derjenige, der mit dem Reiseveranstalter den Reisevertrag abschließt. Er kann nach § 651b BGB bis zum Reiseantritt verlangen, dass statt seiner ein Dritter in den Reisevertrag eintritt.

Leider hat der Gesetzgeber das Gewährleistungsrecht beim Reisevertragsrecht anders als beim Werkvertrags- und Kaufrecht bisher nicht in das System des neuen Schuldrechts eingegliedert. Daher folgen die Gewährleistungsansprüche eigenen Regeln. Eine Ankopplung an das allgemeine Leistungsstörungsrecht wie beim Kauf- und Werkvertragsrecht gibt es nicht. Dementsprechend stellt sich mitunter die Frage, wann die Ansprüche aus dem Reisevertragsrecht und wann das allgemeine Leistungsstörungsrecht eingreifen. Die grundsätzliche Antwort lautet: **nach Beginn** der **Reise ist nur** noch das **Reisevertragsrecht** anwendbar. Ein Rückgriff auf das allgemeine Schuldrecht ist dann nicht zulässig. Dennoch werden Sie die Anspruchsziele allesamt wiedererkennen.

## II. Die Gewährleistungsansprüche

Alle Gewährleistungsansprüche des „Reisenden" aus dem Reisevertrag richten sich nur gegen den „Reiseveranstalter", nicht gegen das Reisebüro oder die Leistungsträger. Die §§ 651a ff. BGB regeln umfassend und abschließend, welche **Ansprüche** dem **„Reisenden"** wegen einer **mangelhaften Reise** gegen den Reiseveranstalter zustehen.

Leistungsstörungsansprüche des Reiseveranstalters, des Reisebüros oder gar der Leistungsträger sind in §§ 651a ff. BGB nicht geregelt. Für sie gilt das allgemeine Pflichtverletzungsrecht.

### 1. Vorliegen eines Mangels

Die **Reise** ist **mangelhaft,** wenn sie nicht die zugesicherten Eigenschaften hat oder mit Fehlern behaftet ist, die den Wert oder die Tauglichkeit zum gewöhnlichen oder nach dem Vertrag vorausgesetzten Nutzen aufheben oder mindern (§ 651c Abs. 1 BGB).

Ein solcher Reisemangel ist Voraussetzung für alle Gewährleistungsansprüche. Ein Reisemangel liegt übrigens auch vor, wenn **Reiseleistungen verspätet** erbracht werden. Das ist sehr wichtig, weil der Regelungsbereich des Gewährleistungsrechtes damit anders als bei den anderen speziellen Gewährleistungsrechten auch den Bereich der Verspätung umfasst. Konkurrierende Ansprüche aus §§ 280 Abs. 1, 2, 286 und 280 Abs. 1, 3, 281 sind daher im Bereich des Reisevertragsrechts nicht anwendbar.

**Fall 461**

Der T bucht eine 3-tägige Reise zur Steubenparade in New York. Kaum in New York angekommen, muss er mitten in der Nacht 5 h am Flughafen warten, weil der Reiseveranstalter es versäumt hat, rechtzeitig einen Bustransfer zum Hotel zu organisieren. Der T zeigt den Mangel sofort per Telefon an, was die Situation aber auch nicht verbessert. Der T verlangt vom gezahlten Reisepreis Rückzahlung in Höhe von 5 %.

Der Anspruch könnte sich a) aus §§ 651d Abs. 1 S. 2, 638 Abs. 4, 346 ff. BGB ergeben, wenn der Reisepreis sich kraft Gesetzes (also „automatisch", und nicht erst durch gestaltende Erklärung!) nach §§ 651d Abs. 1, 638 Abs. 3 BGB in dieser Höhe gemindert hat. aa) Ein Reisevertrag liegt vor. bb) Weiterhin muss ein „Reisemangel" vorliegen. Eine Reise ist fehlerhaft, wenn ihre Ist-Beschaffenheit von der Soll-Beschaffenheit abweicht. Das wäre der Fall, wenn sie nicht die zugesicherten Eigenschaften hat oder mit Fehlern behaftet ist, die den Wert oder die Tauglichkeit zum gewöhnlichen oder nach dem Vertrag vorausgesetzten Nutzen aufheben oder mindern (§ 651c Abs. 1 BGB). Hier sollte der T mit dem Bus nach seiner Ankunft zum Hotel gebracht werden, wobei die nach verständiger Auslegung des Vertrags ohne größere Wartezeit zu geschehen hatte. Dies war objektiv nicht der Fall. Deshalb war die Reise mangelhaft. cc) Der Reisende darf es nicht schuldhaft unterlassen haben, den Mangel anzuzeigen (§ 651d Abs. 2 BGB). Hier hat T den Reiseveranstalter sofort informiert. Der Reisepreis ist daher gemindert. dd) Die Höhe ist Tatfrage (in der Klausur werden Ihnen i. d. R. konkrete Beträge an die Hand gegeben). Angesichts der Kürze der Reise und der „jet-lag"-Situation ist der 5-stündige „Zwangsaufenthalt" auf dem Flughafen eine beträchtliche Minderung der Qualität der Reise. b) Zu erwägen ist, ob außerdem ein Anspruch aus §§ 280 Abs. 1, 2, 286 BGB besteht. Fraglich ist aber, ob diese Normen neben dem Reisevertragsrecht anwendbar sind. Grundsätzlich geht das Reisevertragsrecht innerhalb seines Anwendungsbereiches jeder anderen Regelung vor. Da speziell auch Verspätungen unter den Fehlerbegriff des Reisevertragsrechts fallen, ist kein Raum für einen Anspruch aus §§ 280 Abs. 1, 2, 286 BGB.

## 2. Die Ansprüche im Einzelnen

Nach Reisebeginn ist das Gewährleistungsrecht des Reisevertragsrechts – wie Sie ja mittlerweile wissen – gegenüber dem Allgemeinen Leistungsstörungsrecht vorrangig anzuwenden. Man beginnt daher bei der Fallbearbeitung mit den Ansprüchen aus §§ 651c ff. BGB und stellt danach abschließend fest, dass Ansprüche aus dem Allgemeinen Leistungsstörungsrecht nicht anwendbar sind (siehe vorangegangenen Beispielsfall).

Der Reisende kann bei einem **„Reisemangel"**

- nach § 651c Abs. 2 BGB **Abhilfe** verlangen; wenn innerhalb einer vom Reisenden gesetzten Frist keine Abhilfe erfolgt, kann er selbst Abhilfe schaffen und dafür **Ersatz** der **erforderlichen Aufwendungen** verlangen (§ 651c BGB).

**Variante**

Der T hatte, statt zu warten, ein Taxi zum Hotel genommen.

Dem T stünde ein Anspruch auf Aufwendungsersatz zu (§ 651c Abs. 3 BGB).

- Für den Zeitraum, in dem die Reise mangelhaft war, **mindert** sich der **Reisepreis** von Gesetzes wegen (§ 651d Abs. 1 BGB). Einer gestaltenden Minderungserklärung wie im Kaufrecht bedarf es nicht. Zum Schutz des Reiseveranstalters mindert sich der Reisepreis nicht, wenn der Reisende es schuldhaft unterlassen hat, den Mangel anzuzeigen (§ 651d Abs. 2 BGB). Die Minderung erfolgt wie beim Werkvertrag (§ 638 Abs. 3 BGB). Der bereits gezahlte Reisepreis kann über §§ 651d Abs. 1 S. 2, 638 Abs. 4, 346 ff. BGB **nach** den Regeln des **Rücktrittsrechts zurückverlangt** werden. Die Minderung ist ebenso wie im Kauf- und Werkvertragsrecht nicht davon abhängig, dass den Reiseunternehmer ein Verschulden trifft.

- Wenn ein Mangel so gravierend ist, dass die Reise erheblich beeinträchtigt ist, kann der Reisende den Reisevertrag, der ja eine Art Dauerschuldverhältnis ist, **kündigen**, wenn er zuvor eine Frist gesetzt hat (§ 651e BGB).
- Ein **Schadensersatzanspruch wegen Nichterfüllung** steht dem Reisenden zu, es sei denn, den Reiseveranstalter trifft kein Verschulden (§ 651f BGB), wobei der Reisende auch für nutzlos aufgewandten Urlaub entschädigt wird (§ 651f Abs. 2 BGB, näher hierzu in Teil 9). Terminologisch stammt der Begriff „Schadensersatz wegen Nichterfüllung" aus „vergangenen Zeiten", denn seit 2002 heißt es bekanntlich Schadensersatz „statt der Leistung".

### 3. Die Ausschlussfrist des § 651g BGB und die Verjährung

Eine reiserechtliche Besonderheit stellt die **Ausschlussfrist** zur Geltendmachung von Ansprüchen wegen Minderung oder Schadensersatz dar. Der Reisende muss die Ansprüche gegenüber dem Reiseveranstalter nach § 651g Abs. 1 BGB binnen eines Monats nach Ende der Reise geltend gemacht haben. Mitunter machen die Reisenden ihre Ansprüche irrtümlich gegen das Reisebüro geltend. Ein permanent mit der Vermittlung von Reisen eines bestimmten Veranstalters beauftragtes Reisebüro gilt nach § 91 Abs. 2 HGB als ermächtigt, solche Erklärungen mit Wirkung gegen den Reiseveranstalter entgegen zu nehmen. Wurde die Frist versäumt, so kann der Reisende die Ansprüche später nur noch geltend machen, wenn er an der Einhaltung der Frist ohne Verschulden verhindert war. Diese Frist soll eine schnelle Abwicklung von Reisemängeln ermöglichen, da sich naturgemäß nach längerer Frist die Beweislage zusehends verschlechtert. Allerdings soll die Geltendmachung von Ersatzansprüchen schon während der Reise ausreichen.

Hinsichtlich der **Verjährung** gelten ähnliche Regeln wie im Werkvertragsrecht (§ 651g BGB): Die Verjährungsfrist beträgt 2 Jahre nach Reiseende. Wenn neben den reisevertraglichen Gewährleistungsansprüchen auch Ansprüche aus Deliktsrecht (§ 823 BGB) bestehen, so unterliegen diese nicht der Verjährung des § 651g BGB. Sie können daher ggf. auch noch später geltend gemacht werden. Das Reisevertragsrecht ist schließlich nur gegenüber sonstigen vertraglichen Ansprüchen vorrangiges Spezialgesetz. Dies gilt selbstredend genauso wenig wie im Kauf- und Werkvertragsrecht gegenüber deliktischen Ansprüchen.

## G. Gewährleistungsansprüche beim Mietvertrag

### I. Einführung und Übersicht

Das Gewährleistungsrecht des Mietrechts ist in den „allgemeinen Vorschriften für Mietverhältnisse" (§§ 535–548 BGB) geregelt. Anders als beim Kauf- bzw. Werkvertrag verweist das Mietrecht ebenso wie das Reisevertragsrecht nur punktuell (z. B. § 536a Abs. 2 Nr. 1 BGB) auf das allgemeine Leistungsstörungsrecht und enthält ansonsten **eigenständige Regelungen**. Das hängt damit zusammen, dass der Gesetzgeber das Mietrecht schon vor der Schuldrechtsreform reformiert hatte. Das Gewährleistungsrecht der §§ 536 ff. BGB greift ein, wenn die Mietsache an den Mieter übergeben wurde und die Mietsache einen Mangel aufweist. Alle daraus entstehenden Fragen sind **speziell** und **abschließend im Mietrecht** des BGB geregelt.

Wenn allerdings die **Mietsache vollständig zerstört** wird, so greift auch noch nach Übergabe das allgemeine Leistungsstörungsrecht (hier also Unmöglichkeit, §§ 275 Abs. 1, 326 Abs. 1 BGB usw.) ein.

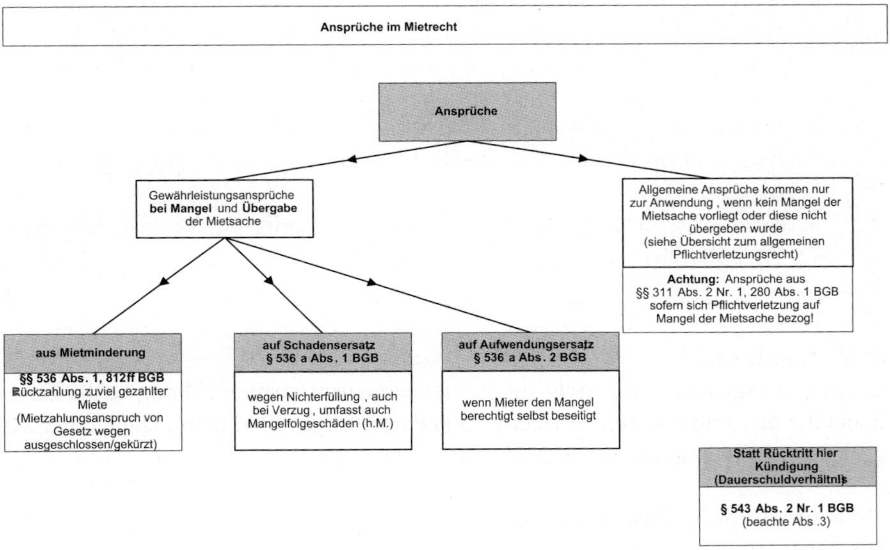


## II. Das Gewährleistungsrecht im Einzelnen

Da die **Voraussetzungen** der Gewährleistungsrechte ganz ähnlich zu den ihnen bereits bekannten sind, werden Sie in einer Übersicht dargestellt:

I. **Voraussetzungen**
   1. Wirksamer **Mietvertrag**
   2. **Mietsache ist mangelhaft**
      a. Sachmangel oder
      b. Rechtsmangel
      c. Tauglichkeit der Mietsache zum vertragsgemäßen Gebrauch ist eingeschränkt

d. Minderung der Tauglichkeit ist nicht unerheblich.
**Alternative:** Zusicherung des Vermieters (ersetzt a-d)
3. **Übergabe** der Mietsache (gilt z. T. nicht bei § 536a BGB)
4. **kein Ausschluss**
   a. vertraglich (Grenze: § 536d BGB)
   b. gesetzlich (§§ 536b S. 1–3, 536c Abs. 2 BGB)
5. **Durchsetzbarkeit:** insbesondere **keine Verjährung**
   a. grds. Regelverjährung, §§ 195, 199 BGB
   b. Ausnahme: § 548 Abs. 1 und 2 BGB

II. **Rechte des Mieters**
1. Befreiung von der Zahlungspflicht bzw. Herabsetzung **(„Mietminderung“),** § 536 Abs. 1 BGB (keine „gestaltende Mietminderungserklärung“ nötig, sondern „automatische Minderung der Miete durch das Gesetz!)
2. **Schadensersatz wegen Nichtleistung,** § 536a Abs. 1 BGB
3. **Aufwendungsersatz** für eigenständige Mangelbeseitigung, § 536a Abs. 2 BGB
4. Recht zur außerordentlichen, fristlosen **Kündigung** (§ 543 Abs. 1 Nr. 1 BGB)

## 1. Mangelbegriff

Bei den **Mängeln** der **Mietsache** unterscheidet man zwischen Fehlern, die die Tauglichkeit zum vertragsmäßigen Gebrauch beeinträchtigen, und dem Fehlen einer zugesicherten Eigenschaft (§ 536 Abs. 1 S. 1, Abs. 2 BGB).

### a) Sachmangel/Rechtsmangel

Die Mietsache ist mangelhaft, wenn sie einen **Sach-** oder **Rechtsmangel** aufweist **(§ 536 BGB)**.

Bei Sachmängeln gilt im Wesentlichen der **subjektive Fehlerbegriff**: Fehlerhaft ist die Sache, wenn sie sich nicht für den vereinbarten Zweck eignet (Vertragsauslegung!). Das demonstrieren folgende *Beispiele:* **a)** Der vermietete Wohnraum ist wegen Pilzbefalles nicht bewohnbar. **b)** Der Vermieter vermietet Räume in einem reinen Wohngebiet als gewerbliche Räume; der Mieter kann das Gewerbe aber wegen der öffentlich-rechtlichen Nutzungsbeschränkungen in diesen Räumen nicht ausüben (kein Rechtsmangel, da Beschränkung aus Beschaffenheit der Sache, hier Lage im Wohngebiet, herrührt. Ansonsten ist die Einhaltung der maßgeblichen **technischen Normen** geschuldet. *Beispiel* (nach BGH): Eine Neubauwohnung ist mangelhaft, wenn sie nicht nach den geltenden Vorschriften schallisoliert ist. Bei Altbauwohnungen gelten neue Normen dagegen nur bei Umbaumaßnahmen.

Für **Rechtsmängel** wird genauso gehaftet wie für Sachmängel (§ 536 Abs. 3 BGB). Die Rechtsmängel sind nur private Rechte Dritter, die öffentlich-rechtlichen Beschränkungen führen zu Sachmängeln. Es kann sich um obligatorische Rechte oder um absolute Rechte handeln. Auch dazu einige *Beispiele:* Mietsache ist mit dinglichem Recht belastet oder Vermieter hat Doppelvermietung vorgenommen und die Mietsache bereits an einen anderen Mieter übergeben. Dieser Mieter hat dann ein Recht zum Besitz und Abwehransprüche gegen Besitzstörungen, was für den anderen Mieter einen Rechtsmangel begründet.

Bei allen Ansprüchen wegen Mängeln wird vorausgesetzt, dass der **Mangel die Tauglichkeit tatsächlich beeinträchtigt**. Das bloße Bestehen des Mangels genügt nicht. Insoweit unterscheidet sich das Mietrecht von Kauf- und Werkvertragsrecht, bei denen schon das Bestehen des Mangels ausreicht. Wenn zum *Beispiel* der V an M eine Wohnung vermietet, an der dem X ein dingliches Wohnrecht zusteht, der X aber dieses Wohnrecht nicht geltend macht und M unbehelligt dort wohnen lässt, steht dem M in diesem Fall trotz des Rechtsmangels kein Gewährleistungsrecht zu, da der Mangel die Tauglichkeit nicht konkret beeinträchtigt.

Für **unerhebliche Minderungen** der **Tauglichkeit** haftet der Vermieter grundsätzlich nicht (§ 536 Abs. 1 S. 3 BGB), insoweit weicht das Mietrecht von Kauf- und Werkvertragsrecht ab. Die Regelung soll verhindern, dass wegen „jeder Kleinigkeit" Rechtsstreitigkeiten entstehen, die sonst die Basis des Dauerschuldverhältnisses Mietvertrag zerstören könnten. Das ändert aber nichts daran, dass der Mieter wegen solcher Mängel weiterhin ordnungsgemäße Erfüllung verlangen kann.

#### b) Fehlen oder Wegfall einer zugesicherten Eigenschaft

Die Mängelgewährleistungsrechte aus § 536 Abs. 1 S. 1, 2 BGB stehen dem Mieter nach § 536 Abs. 2 BGB auch beim **Fehlen** oder dem **späteren Wegfall** einer **zugesicherten Eigenschaft** zu. Da nach § 536a BGB für anfängliche Mängel bereits ohne Verschulden gehaftet wird und die Zusicherung in aller Regel bei Vertragsschluss erfolgt, kann oft schon ein Mangel aus der Abweichung zur Beschaffenheitsvereinbarung abgeleitet werden. Zusicherungen sind deshalb praktisch nur hinsichtlich unerheblicher Gebrauchsminderungen oder solcher Mängel, die sich überhaupt nicht auf die Gebrauchstauglichkeit auswirken, relevant. Denn bei einer fehlenden bzw. später wegfallenden zugesicherten Eigenschaft gilt nach § 536 Abs. 2 BGB der § 536 Abs. 1 S. 3 BGB nicht.

### 2. Ausschluss des Gewährleistungsrechts

Die Gewährleistungsrechte sind zum einen **vertraglich** abdingbar, sofern der Vermieter nicht arglistig handelt (§ 536d BGB).

Als gesetzliche Gewährleistungsausschlüsse kommen in Betracht:

- Die **Kenntnis** des Mieters vom Mangel bei Vertragsschluss (§ 536b S. 1 BGB),
- grundsätzlich eine **grob fahrlässige Unkenntnis** des Mangels, es sei denn, der Vermieter handelte arglistig (§ 536b S. 2 BGB),
- die **Annahme** der **Mietsache in Kenntnis** des **Mangels** führt zum Ausschluss der Rechte, wenn diese nicht ausdrücklich vorbehalten werden (§ 536b S. 3 BGB).
- Der wichtigste Ausschluss ist der, dass der **Mieter** die **Mängelanzeige unterlässt**, (§ 536c Abs. 2 S. 2 BGB). Die ratio legis ist darin zu sehen, dass es treuwidrig ist, es durch die mangelnde Anzeige dem Vermieter unmöglich zu machen, dem Mangel zu beseitigen und anderseits Gewährleistungsrechte geltend

zu machen. Notwendig ist daher eine Kausalität („infolge") zwischen unterlassener Anzeige und unterlassener Abhilfe. Diese liegt insbesondere nicht vor, wenn der Vermieter auch bei Anzeige nicht zur Mangelbeseitigung bereit oder in der Lage gewesen wäre.

- Nicht ausdrücklich geregelt ist der Fall, dass der **Mieter** den **Mangel verschuldet** hat. Man kann insoweit aber auf § 326 Abs. 2 BGB analog verweisen und damit den Anspruch des Mieters zu Fall bringen.
- Zahlt der Mieter (trotz Mängelanzeige) über längere Zeit vorbehaltlos die Miete, obwohl er einen Mangel bemerkt hat, so kann der Vermieter einem späteren Rückzahlungsbegehren die Einrede der **Verwirkung** (§ 242 BGB) entgegenhalten.

## 3. Die Rechte des Mieters

### a) Befreiung von der Entrichtung der Miete oder Mietminderung

Im **Sprachgebrauch** heißt es häufig, dass der Mieter die Miete **„mindern kann"**; das klingt nach einem Gestaltungsrecht. So ist es aber bekanntlich nicht: Sofern die Mietsache einen Mangel hat, ist der Mieter **durch** das **Gesetz** (also **„automatisch"**, und nicht erst durch eine rechtsgestaltende Minderung) **von der Mietzahlungspflicht befreit** bzw. nur **zur Zahlung in geminderter Höhe** verpflichtet (§ 536 Abs. 1 S. 1 BGB). Anders als im Kauf- und Werkvertragsrecht bedarf es keiner Fristsetzung. Auf ein Verschulden des Vermieters kommt es für die Befreiung des Mieters von der Entrichtung der Miete oder für die Mietminderung nicht an. Diese Verbesserung der Stellung des Mieters wird (wie Sie ja schon wissen) dadurch kompensiert, dass bei unterlassener Mängelanzeige das Gewährleistungsrecht ausgeschlossen ist (§ 536c Abs. 2 BGB). Der Vermieter hat also Gelegenheit, den Mangel zu beseitigen und damit auch die Herabsetzung der Miete zu verhindern. Eine schon bezahlte Miete kann nach der Rechtsprechung des BGH nach § 812 Abs. 1 S. 1 Var. 1 BGB zurückgefordert werden. Neuere Literaturstimmen befürworten dagegen einen Anspruch aus §§ 441 Abs. 4, 638, 346 ff. BGB analog, da nicht ersichtlich sei, weshalb der Mieter hinsichtlich des Entreicherungsrisikos (§ 818 Abs. 3 BGB) schlechter stehen soll als Käufer und Besteller. Dem lässt sich mit dem Einwand begegnen, dass Verkäufer und Werkunternehmer durch die ausdrückliche Erklärung der Minderung eine Sicherheit haben, die dem Vermieter fehlt.

**Fall 462**

Der M hat von V eine Wohnung für eine monatliche Nettokaltmiete von € 800,– gemietet. Der M zahlt per Dauerauftrag. Nach der Übergabe an M wird auf einem dem E gehörigen Grundstück ein Haus abgerissen und ein neues Haus errichtet. Der Dreck und Lärm ist so stark, dass der M tagsüber den Balkon nicht nutzen und die Fenster nicht öffnen kann. Der M zeigt dies dem V am 23. Mai 2015 an. Der V erklärt, darauf leider keinen Einfluss zu haben. Der M ändert seinen Dauerauftrag am 27. Mai 2015. Die Umstellung auf den angemessen geminderten Betrag von € 720,– wird von der Bank für den Monat Juni nicht umgesetzt, so dass der V einen Betrag von € 800,– erhält. Der M verlangt Rückzahlung von € 80,– von V.

Der Anspruch ergibt sich aus § 812 Abs. 1 S. 1 Var. 1 BGB („Leistungskondiktion"). a) Der V hat etwas (Gutschrift über € 800,–) erlangt, b) durch Leistung des M, der zur Zahlung seine Bank, die Vermieter-Bank und die Verrechnungsstelle der Banken eingeschaltet hat. c) Die Leistung erfolgte in Höhe von € 80,– ohne Rechtsgrund, denn insoweit ist die Miete nach § 536 Abs. 1 S. 2 BGB automatisch gemindert und damit nicht geschuldet. d) Der V hat in dieser Höhe Wertersatz nach § 818 Abs. 2 BGB zu leisten.

Die Mietminderung umfasst nach der neueren Rechtsprechung die sog. **Bruttomiete**, d. h. auch die ggf. separat an den Vermieter gezahlten Nebenkosten können gemindert werden.

**b) Schadensersatz wegen Nichterfüllung**

Schadensersatz kann der Mieter nach **§ 536a Abs. 1 BGB** verlangen,

- wenn ein **Mangel i. S. d § 536 BGB**, also ein Sach- oder Rechtsmangel oder das Fehlen einer zugesicherten Eigenschaft,
- entweder schon **bei Vertragsschluss vorhanden** war (verschuldensunabhängige „Garantiehaftung")
- oder **später wegen** eines vom **Vermieter zu vertretenden Umstandes entstanden** ist
- oder wenn der Vermieter mit der **Beseitigung** des **Mangels in Schuldnerverzug** gekommen ist (§ 286 BGB).

Besonders problematisch ist, **welche Schäden** unter § 536a Abs. 1 BGB fallen. Unzweifelhaft sind die sog. „Mangelschäden" (unmittelbares Erfüllungsinteresse = Minderwert der Mietsache, Kosten für anderweitige Unterbringung, Mängelbeseitigungskosten, Vertragskosten, entgangener Gewinn) zu ersetzen. Ob auch die „Mangelfolgeschäden" (mangelbedingte Nachteile an sonstigen Rechten und Rechtsgütern) darunter fallen oder ob diese nach § 280 Abs. 1 BGB zu ersetzen sind, ist ungeklärt. Von Bedeutung ist diese Frage für anfängliche Mängel, weil bei der Anwendung des § 280 Abs. 1 BGB stets ein (wenn auch vermutetes) Vertretenmüssen erforderlich ist, während es bei § 536a Abs. 1 BGB hierauf nicht ankäme. Es werden hier drei Lösungsansätze vertreten:

- Teilweise wird angenommen, **§ 536a Abs. 1 BGB** erfasse **nur „Mangelschäden"**, während **„Mangelfolgeschäden"** nach **§ 280 Abs. 1 S. 1 BGB** und damit nur bei (allerdings vermutetem) Vertretenmüssen ersetzt werden müssen.
- Überwiegend wird § 536a Abs. 1 BGB auf **„Mangelschäden" und auf „Mangelfolgeschäden"** angewendet, was dazu führt, dass diese auch bei unverschuldeter Mangelhaftigkeit zu ersetzen sind.
- Erwägen kann man auch eine **Einschränkung** der **Garantiehaftung** bei anfänglichen Mängeln in solchen Fällen, in denen der Mangel für den Vermieter auch

bei größter Sorgfalt nicht erkennbar war, im Übrigen aber für alle Mangel- und Mangelfolgeschäden § 536a Abs. 1 BGB anwenden. Wenn die Einschränkung eingreift, wäre der jetzt wieder anwendbare Anspruch aus § 280 Abs. 1 BGB zu prüfen. Er würde jedoch in Fällen, in denen der Mangel auch bei größter Sorgfalt nicht erkennbar ist, an der Entlastung des Vermieters scheitern.

**Fall 463**

Das Rückschlagventil im Hause des V, das die Kellerräume vor einer Überschwemmung durch einen Rückstau aus dem öffentlichen Siel bewahren soll, ist defekt. Dieser Defekt hatte in der Vergangenheit schon häufiger dazu geführt, dass die Wohnung im Souterrain des Hauses überflutet wurde. Das aber wusste der V nicht, als er die Wohnung im Frühjahr des Jahres 2015 an den M vermietete, da er das Haus selbst gerade zuvor erworben hatte. Die gesamte Einrichtung des M wurde bei heftigen Regenfällen des Sommers 2015 ein Opfer der Fluten. Der M muss bis zur Trocknung der Räume eine andere teurere Wohnung beziehen.

Der M kann von V Schadensersatz aus § 536a Abs. 1 Var. 1 BGB auch ohne ein Verschulden des V verlangen, da ein anfänglicher Mangel vorliegt. a) Zu ersetzen ist mit Sicherheit der Mangelschaden, also die Mehrkosten für die anderweitige Unterbringung. b) Was die Mangelfolgeschäden (Zerstörung der Einrichtung) angeht, so wären die beiden zuletzt genannten Ansichten zu einer Haftung aus § 536a Abs. 1 BGB gekommen. Da aber nach der ersten Ansicht § 280 Abs. 1 S. 1 BGB einschlägig wäre, käme es auf ein Vertretenmüssen des V an; man wird wohl davon ausgehen müssen, dass der V sich exkulpieren kann. Der Meinungsstreit ist daher mit oben genannten Argumenten zu diskutieren und von Ihnen zu entscheiden.

**Fall 464**

Eine Zweigstelle der „Öffentlichen Bücherhallen" der Freien und Hansestadt Hamburg (FHH) „verleiht" Bücher entgeltlich. Ein Buch ist für die Leiterin der Bücherhalle, Frau Barbara (B), trotz regelmäßiger Desinfektionen unerkennbar mit dem SARS-Krankheitserreger behaftet, so dass ein Leser (L) schwer erkrankt. Der L verlangt Schadensersatz von der FHH.

Die „entgeltliche Leihe" ist als Mietvertrag zu qualifizieren. Zu prüfen ist, ob dem L gegen die FHH a) ein Anspruch aus § 536a Abs. 1 Var. 1 BGB zusteht. Dem Wortlaut nach greift § 536a Abs. 1 Var. 1 BGB ein, sofern man nicht davon ausgeht, dass nach § 536a Abs. 1 BGB nur Mangelschäden zu ersetzen sind. aa) Wegen der bereits bei Vertragsschluss gegebenen Mangelhaftigkeit kommt es auf ein Vertretenmüssen nicht an. bb) Wer jedoch eine Haftung aus § 536a Abs. 1 Var. 1 BGB für auch bei größter Sorgfalt unerkennbare Mängel ausschließt, b) müsste eine Schadensersatzhaftung aus § 280 Abs. 1 S. 1 BGB prüfen und sie mangels Vertretenmüssens verneinen.

Entgegen dem Wortlaut soll auch in den **Fällen** der **Doppelvermietung** und Übergabe der Sache an einen anderen Mieter die Haftung aus § 536a Abs. 1 BGB und nicht aus § 311a Abs. 2 BGB folgen. Dies ist eine von der Rechtsprechung begründete Ausnahme von dem Grundsatz, dass § 536a BGB erst ab Übergabe eingreifen soll. In den Fällen der Doppelvermietung kommt es nämlich nie zur Übergabe an den zweiten Mieter und gleichzeitig ist es wertungsmäßig unbillig, den Vermieter in diesem Fall nach § 311a Abs. 2 BGB milder haften zu lassen.

Bei der Schadensberechnung nach § 536a Abs. 1 BGB ist eine Minderung nach § 536 Abs. 1 BGB anspruchsmindernd zu berücksichtigen.

#### c) Anspruch auf Aufwendungsersatz

Dem Mieter steht ein Aufwendungsersatzanspruch zu, wenn er einen Mangel der Mietsache selbst beseitigt, weil der Vermieter mit der Beseitigung im Verzug (§ 286 BGB) ist oder die umgehende Beseitigung des Mangels zur Erhaltung oder Wiederherstellung des Bestandes der Mietsache erforderlich ist (§ 536a Abs. 2 BGB).

Aufwendungen, die nicht der Beseitigung eines Mangels sondern der Vorbereitung eines Mietvertrages dienen sind anders als im Kauf- und Werkvertragsrecht, wo auf § 284 BGB verwiesen wird, als Schäden im Sinne des § 536a BGB einzustufen, da sie frustrierte Aufwendungen sind.

In § 539 BGB findet sich ein Verweis auf die Geschäftsführung ohne Auftrag (Rechtsgrundverweis), durch den der Mieter nicht mangelbezogene Aufwendungen ersetzt verlangen kann (dazu mehr sub Teil 5).

### 4. Verhältnis der Gewährleistungsansprüche des Mieters zum allgemeinen Leistungsstörungsrecht und zur Anfechtung

#### a) Verhältnis der Gewährleistungsansprüche des Mieters zum allgemeinen Leistungsstörungsrecht

Auf folgende **Probleme** ist zu achten:

- Der Vermieter hat die **Pflicht, mangelfrei** zu **leisten**. Anders als im Kaufrecht wandelt sich der Erfüllungsanspruch im Gewährleistungsfall nicht zu einem Nacherfüllungsanspruch, sondern bleibt bestehen. Daher bleibt es dem Mieter unbenommen, gegen die Forderung der Miete die Einrede nach § 320 BGB zu erheben. Die mangelfreie Leistung ist eine synallagmatische Hauptleistungspflicht.
- Für die **anfänglich mangelhafte Mietsache** ist bis zur Übergabe das allgemeine Leistungsstörungsrecht anzuwenden. Sofern also eine Mietsache von Anfang an mangelhaft ist, kann der Mieter sich weigern, sie anzunehmen und stattdessen nach §§ 280 Abs. 1, 2, 3 i. V. m. §§ 286, 281, 283, 311a BGB vorgehen. Erst nach Übergabe verdrängen die §§ 536 ff. BGB die allgemeinen Regeln. Im Einzelnen ist hier aber vieles streitig.
- Sofern eine **vorvertragliche Pflichtverletzung** sich auf das Vorhandensein von Mängeln bezieht, greifen die §§ 280 Abs. 1, 311 Abs. 2, 241 Abs. 2 BGB nicht ein. Ließe man dies zu, so würde man die §§ 536 ff. BGB aushebeln. Denn

dann könnte der Mieter ohne Rücksicht auf die Ausschlussgründe des Mietrechts Schadensersatz verlangen. In der Klausur prüfen Sie daher **zuerst** die **mietrechtlichen Ansprüche**. Sofern Sie dort feststellen, dass ein Mangel der Mietsache vorliegt und diese überlassen wurde, dürfen Sie §§ 311 Abs. 2 Nr. 1, 280 Abs. 1 S. 1 BGB nicht mehr anwenden, auch wenn die mietrechtlichen Ansprüche aus irgendeinem Grunde nicht eingreifen. Eine Ausnahme macht die Rechtsprechung wie auch im Kaufrecht bei Arglist des Vermieters, da dieser dann nicht schutzwürdig ist.

- Falls der Mieter die Miete nicht zahlt, kann der Vermieter nicht nach § 323 Abs. 1 BGB zurücktreten sondern ist darauf beschränkt, nach den insoweit speziellen §§ 543 Abs. 1, 2 Nr. 3, 569 Abs. 3 BGB zu **kündigen**.
- Wenn der **Mieter** die **Mietsache** entgegen § 546 Abs. 1 BGB **nicht zurückgibt,** so kann ihm der Vermieter eine Frist setzen und danach Schadensersatz nach §§ 280 Abs. 1, 3, 281 BGB verlangen. Aus dem allgemeinen Leistungsstörungsrecht kennen Sie bereits den Fall des sog. **Zwangskaufs,** den man mit § 242 BGB abwehren kann. Im Wohnungsmietrecht soll aus § 571 Abs. 2 BGB folgen, dass Schadensersatz wegen Nichterfüllung grundsätzlich erst nach einem Räumungsurteil und anschließendem Fristablauf gefordert werden kann. Zu dieser Ansicht kommt man bei wörtlichem Verständnis des § 571 Abs. 2 BGB nicht, da der Schadensersatzanspruch aus § 281 BGB bereits bei Fristablauf entstanden ist, wobei der Rückgabeanspruch durch das Schadensersatzbegehren erlischt (§ 281 Abs. 4 BGB) und ein Räumungsprozess gar nicht mehr möglich wäre.

### b) Verhältnis der Gewährleistungsansprüche des Mieters zur Anfechtung

Aus dem Kaufrecht wissen Sie, dass Gewährleistungsvorschriften das Anfechtungsrecht als Spezialregelungen verdrängen können. §§ 119 Abs. 1, 123 BGB dürfen jederzeit angewandt werden. Auch beim Mietvertrag stellt sich aber die Frage, ob die Anfechtung wegen eines Eigenschaftsirrtums (§ 119 Abs. 2 BGB) zulässig ist. Die herrschende Meinung bejaht diese Frage, da das Mietrecht anders als das Kaufrecht keine Möglichkeit biete, den Vertrag rückabzuwickeln. Eine mögliche Kündigung wirkt schließlich nur ex nunc.

## 5. Verjährung der Ansprüche

Im Mietrecht gibt es, anders als im Kauf- und Werkvertragsrecht, **grundsätzlich keine Sonderregeln** für die **Verjährung** von **Gewährleistungsansprüchen**. Es kommen daher die allgemeinen Regeln zur Anwendung. Die Verjährungszeit beträgt nach § 195 BGB drei Jahre und beginnt nach § 199 BGB mit dem Schluss des Jahres der Entstehung des Anspruchs und Kenntnis bzw. grobfahrlässiger Unkenntnis von den Umstände sowie der Person des Schuldners. Eine **Ausnahme ist § 548 BGB**. Wichtig ist dort vor allem Absatz 1. Der Anspruch des Vermieters wegen Verletzung der Rückgabepflicht aus § 546 Abs. BGB verjährt in 6 Monaten seit Rückerhalt der Mietsache. Parallelansprüche aus § 280 Abs. 1 BGB (direkt), aus Delikt und aus Eigentum werden von der Norm ebenfalls erfasst, da die kurze Frist sonst regelmäßig nicht angewendet werden würde.

**Fall 465**

V vermietet an M eine Wohnung. M gibt die Wohnung zurück, wobei aber der mitvermietete Herd durch M zerstört wurde. V bemerkt dies zunächst nicht, da er die Wohnung im Anschluss an den Auszug des M nicht vermietet. Nach 7 Monaten verlangt er von M Schadensersatz für den Herd. M beruft sich auf Verjährung.

Dem V kann a) ein Anspruch aus §§ 546 Abs. 1, 280 Abs. 1, 283 BGB zustehen. aa) Das Schuldverhältnis liegt im Mietvertrag zwischen V und M. Aus diesem Mietvertrag schuldete der M die Rückgabe des Herdes (§ 546 Abs. 1 BGB). bb) Der M hat seine Pflicht zur Leistung nachträglich unmöglich gemacht. cc) Er hat dies auch zu vertreten. dd) Dennoch ist der Anspruch nach § 548 Abs. 1 S. 1, 2 BGB nach 7 Monaten bereits verjährt. b) Dem V kann außerdem ein Anspruch aus § 823 Abs. 1 BGB zustehen. aa) Die Voraussetzungen liegen vor (wäre auszuführen). bb) Fraglich ist aber, ob dieser Anspruch nicht ebenfalls nach § 548 Abs. 1 BGB verjährt ist. Ob § 823 Abs. 1 BGB von § 548 Abs. 1 BGB mitumfasst ist, ist eine Frage der Auslegung. Grundsätzlich verjähren zivilrechtliche Ansprüche unabhängig voneinander. Eine Ausnahme muss aber immer dann gelten, wenn durch unabhängige Verjährungsfristen eine kürzere Verjährung praktisch immer leer laufen würde. Dies wäre bei § 548 BGB der Fall. Es ist nämlich kaum ein Fall denkbar, in dem nicht neben den mietrechtlichen Ersatzansprüchen auch ein Anspruch aus § 823 Abs. 1 BGB gegeben ist. Die Frist muss diesen Anspruch daher mitumfassen, weswegen vorliegend auch insoweit Verjährung eingetreten ist. Diese Argumentation könnte alternativ auch für eine Analogie von § 548 BGB nutzbar gemacht werden.

## H. Gewährleistungsansprüche beim Schenkungsvertrag

Von nur geringer Bedeutung für Sie ist die **Haftung** des Schenkers **für Sach- und Rechtsmängel**. Der Schenker haftet nur bei arglistigem Verschweigen von Mängeln (§§ 523 Abs. 1, 524 Abs. 1 BGB). Diese Regelung ist abschließend. Ein Rückgriff auf das allgemeine Leistungsstörungsrecht würde diese Privilegierung des Schenkers durchkreuzen und ist daher nicht zulässig.

**Fall 466**

Onkel O schenkt seinem Neffen N ein gebrauchtes Auto, von dem er annahm, es sei in einwandfreiem Zustand. Dieses bleibt auf der ersten Fahrt des N wegen eines Getriebeschadens liegen. Das Abschleppen kostet € 100,– und die Reparatur würde € 500,– kosten. N verlangt diese Beträge von O ersetzt. O weigert sich.

Anspruchsgrundlage kann a) zunächst § 524 Abs. 1 BGB sein. Voraussetzung ist aa) zunächst das Vorliegen eines wirksamen Schenkungsvertrages. N und O haben sich über einen unentgeltlichen Erwerb geeinigt. Die zunächst nach §§ 125 S. 1, 518 Abs. 1 BGB formunwirksame Schenkung ist nach

§ 518 Abs. 2 BGB durch Übergabe und Übereignung des Wagens geheilt. bb) Außerdem muss der O einen Mangel arglistig verschwiegen haben. Dies war vorliegend nicht der Fall, weswegen dem N kein Schadensersatzanspruch zusteht. b) Ein Anspruch aus §§ 280 Abs. 1, 3, 281 Abs. 1 BGB kommt nicht in Betracht, weil das Schenkgewährleistungsrecht eine abschließende Regelung darstellt. Im Ergebnis haftet O daher nicht.

Auch Verzugszinsen kann der Beschenkte nicht verlangen (§ 522 BGB in Abweichung von § 288 BGB). Im Übrigen hat der Schenker nur Vorsatz und grobe Fahrlässigkeit zu vertreten (§ 521 BGB); diese Haftungsmilderung ist jedoch grundsätzlich nur für die Haftung bzgl. der Leistung bestimmt. Sie ist Ausdruck eines allgemeinen Rechtsgedankens: der unentgeltlich Leistende, soll milder haften. Ähnliche Regelungen werden Sie auch bei den anderen unentgeltlichen Verträgen finden.

**Fall 467**

Der S stellt Kartoffelchips her. Dabei entsteht als Abfall Kartoffelpülpe. Der Landwirt G hat hierfür Bedarf, er will die Pülpe als Tierfutter verwenden. Der S schenkt daher die Kartoffelpülpe dem G. Die Schweine des G gehen wegen übermäßiger Fütterung mit der Kartoffelpülpe ein. Der G verlangt von S Schadensersatz, da er über die möglichen Risiken nicht hinreichend aufgeklärt worden sei (nach BGH).

Der Anspruch kann sich aus § 280 Abs. 1 S. 1 BGB ergeben. a) Fraglich ist zunächst, ob § 280 Abs. 1 S. 1 BGB überhaupt anwendbar ist. Dem könnte der Vorrang und die Ausschließlichkeit des Schenkungsgewährleistungsrechts nach §§ 523 Abs. 1, 524 Abs. 1 BGB entgegenstehen. Um diesen Vorrang zu begründen, müsste aber ein Mangel der geschenkten Sache vorliegen. Hier ist die Pülpe nicht mangelhaft; daher greifen die abschließenden Regelungen nicht ein. § 280 Abs. 1 S. 1 BGB ist daher anwendbar. b) Da zwischen S und G ein Schenkungsvertrag geschlossen ist, besteht auch ein Schuldverhältnis zwischen beiden. c) Als Pflichtverletzung kommt hier in Betracht, dass der S den G nicht über mögliche Risiken bei der Verfütterung von Kartoffelpülpe gewarnt hat. Er hat damit gegen eine Pflicht nach § 241 Abs. 2 BGB verstoßen. d) Es kann aber an einem (vermuteten: § 280 Abs. 1 S. 2 BGB) Vertretenmüssen fehlen. Grundsätzlich hat der Schuldner Vorsatz und jede Fahrlässigkeit zu vertreten (§ 276 Abs. 1 BGB). Da hier jedoch allenfalls eine leichte Fahrlässigkeit vorliegt, ist fraglich, ob nicht ein milderer Haftungsmaßstab bestimmt ist. Dieser kann sich aus § 521 BGB ergeben, wonach der Schuldner nur für Vorsatz und grobe Fahrlässigkeit haftet, für leichte Fahrlässig hingegen gar nicht. Hierbei stellt sich aber die Frage, ob § 521 BGB auf den vorliegenden Fall anzuwenden ist. Die Norm erfasst nach ihrem Wortlaut alle Ansprüche gegen den Schenker. Hierzu müssen jedoch aus teleologischen Gründen Einschränkungen gemacht werden. So sollen jedenfalls solche Nebenpflichtverletzungen nicht unter § 521 BGB fallen, die keinen Bezug zur Schenkung haben (z. B. „Sturz in eine Grube" bei Abholung der geschenkten Sache). Eindeutige Fälle des § 521 BGB sind dagegen die Ansprüche im direkten Zusammenhang mit der Schenksache (z. B. bei leicht fahrlässig herbeigeführter Unmöglichkeit). Der vorliegende Fall liegt zwischen diesen beiden Fallgruppen. Zwar liegt kein Mangel der geschenkten Sache vor, doch besteht bei der verletzten Schutzpflicht eine gewisse Nähe zur Schenksache. Der BGH hat daher die mildere Haftung auch für solche Schutzpflichten bejaht, die im unmittelbaren Zusammenhang mit der Schenksache stehen, wie dies hier der Fall ist. S haftet daher nur für Vorsatz und grobe Fahrlässigkeit. Da hier nur leichte Fahrlässigkeit vorliegt, besteht der Anspruch aus § 280 Abs. 1 S. 2 BGB nicht.

# I. Gewährleistungsansprüche bei anderen Verträgen

## I. Andere Vertragsarten

Bisher haben wir nun fünf Gewährleistungssysteme mit ihren jeweiligen Anspruchsgrundlagen kennen gelernt. Dies waren das **Kaufgewährleistungsrecht** (sub C.), das **Werkvertragsgewährleistungsrecht** (sub E.), das **Gewährleistungsrecht für Reisemängel** (sub F.) und das **Mietrecht** (sub G.). Das Gewährleistungsrecht bei der **Schenkung** (sub H.) und beim **Werklieferungsvertrag** (sub D.) haben wir nur am Rande behandelt. Der Tausch verweist auf den Kauf (§ 480 BGB) und erspart sich so eigene Gewährleistungsregeln. Dabei waren Kauf- und Werkvertragsrecht in ihren Strukturen sehr ähnlich. Beide verweisen in weitem Umfang auf die Ansprüche des allgemeinen Leistungsstörungsrechts. Etwas anders verhielt es sich mit Reisevertrags- und Mietrecht, die beide ein eigenständiges Gewährleistungsrecht aufweisen, das keinen Verweis auf das allgemeine Pflichtverletzungsrecht enthält.

Alle **anderen Vertragstypen** verfügen über kein eigenständiges Gewährleistungsrecht. Wir wissen ja schon lange, dass insoweit das **allgemeine Leistungsstörungsrecht** unmittelbar zur Anwendung kommt. Da bedeutet, dass der Schuldner auf Schadensersatz für mangelhafte Leistungen nach **§ 280 Abs. 1 S. 1 BGB** haftet, wenn mangelhafte Leistungen zu einer Verletzung anderer Rechtsgüter führen, und nach **§§ 280 Abs. 1, 3, 281 BGB** auf Schadensersatz statt der Leistung, wenn er trotz Fristsetzung keine ordnungsgemäße Leistung erbringt. Bei anfänglicher Unmöglichkeit kann der Gläubiger Schadensersatz statt der Leistung gemäß § 311a Abs. 2 BGB und bei nachträglicher gemäß§§ 280 Abs. 1, 3, 283 BGB verlangen. *Der Prozessanwalt, der zum Beispiel* bei der Prozessführung fahrlässig die Einrede der Verjährung nicht erhebt, haftet ebenfalls nach § 280 Abs. 1 S. 1 BGB.

## II. Anwendbare Regeln bei gemischten Verträgen

Eine weitere Frage ist die, welches **Gewährleistungsrecht** bei **gemischten Verträgen** anzuwenden ist. Das BGB enthält bekanntlich keine abschließende Aufzählung aller Verträge oder deren Ausgestaltungen, sondern nur ausgewählte Vertragstypen. Die Parteien können Kraft ihrer Privatautonomie ihre Verträge grundsätzlich frei gestalten. Aus ihr folgt auch die Vertragstypenfreiheit als allgemeiner Grundsatz des Schuldrechts – anders z. B. der numerus clausus des Sachenrechts.

Hierbei kann man **vier Fallgruppen** unterscheiden, die Ihnen in Teil 3 bereits mit Beispielen versehen vorgestellt worden sind. Es ist eine gute Gelegenheit, sich daran zu erinnern. Es gibt **den typischen Vertrag mit andersartiger Nebenleistung** Eine der Parteien schuldet neben der Hauptleistung eines typischen Vertrages eine andersartige Nebenleistung; ein *Beispiel* dafür ist, der Kauf einer Computeranlage mit dazugehöriger Schulung der Mitarbeiter. Ferner gibt es den **Kombinationsvertrag,** bei dem ein Vertragspartner Hauptleistungen aus verschiedenen Vertragstypen schuldet (z. B. bei einem Beherbergungsvertrag, der Elemente der Miete, des Dienstvertrages und des Kaufes enthält, wobei Schwerpunkt die Miete sein dürfte). Beim **gekoppelten Vertrag** tauschen die Parteien Leistungen aus, die zu verschiedenen Vertragstypen gehören, wenn zum *Beispiel* der Mieter keine Miete zu zahlen hat, sondern stattdessen Hausmeisterleistungen erbringen muss. Beim **Typenverschmelzungsvertrag** sind die von einer Partei geschuldeten Leistungen aus verschiedenen Vertragstypen untrennbar miteinander verbunden (z. B. Aufenthalt in einem Sanatorium).

Es stellt sich nun die Frage, welches **Gewährleistungsrecht** man bei diesen Verträgen anwenden muss. Grundsätzlich gilt, dass **hinsichtlich der Beendigung** des Schuldverhältnisses diejenige Leistung maßgeblich ist, die den Gesamtcharakter des Vertrages maßgeblich prägt. Bei **anderen Leistungsstörungen** gilt, dass diejenigen Regelungen angewendet werden, die zu der gestörten Leistung gehören.

## III. Atypische Verträge

Noch nicht behandelt haben wir bisher die **atypischen Verträge**. Dies sind Verträge, die weder ausschließlich einem gesetzlichen Leitbild zugeordnet werden können noch sich einer der soeben genannten „Mischungen" zurechnen lassen.

Die atypischen Verträge sind zum einen **verkehrstypische Verträge („moderne Vertragstypen")**. Bei den verkehrstypischen Verträgen haben sich im Laufe der Zeit bestimmte Regelungsmuster herausgebildet, die mit gewissen Variationen jedem neuen Vertrag zugrunde gelegt werden. *Beispiele:* Leasing, Factoring, Garantievertrag, Franchising. Die Einzelheiten zu diesen Verträgen müssen Sie nicht auswendig wissen, einige Informationen dazu haben Sie aber schon in Teil 3 bekommen. Wissen müssen Sie aber, dass für die Frage der Gewährleistung auch bei diesen Verträgen die Zuordnung zu einem gesetzlichen Leitbild wichtig sein kann. So stellt sich die Frage, ob ein Leasingvertrag nach § 307 Abs. 2 Nr. 1 BGB am gesetzlichen Leitbild des Mietvertrages gemessen werden darf, konkret, ob es zulässig ist, die Gewährleistung auszuschließen und stattdessen die Kaufgewährleistungsansprüche gegen den Verkäufer der Leasingsache abzutreten (h. M.: grundsätzlich ja).

Oder es handelt sich um **vollständig selbst ausgehandelte Verträge** für besondere Zwecke, die sich keinem Leitbild eindeutig zurechnen lassen, (z. B. neuartige Vertragsformen im Internetrecht). Dann werden die Parteien häufig „ihr eigenes Gewährleistungsrecht" vereinbart haben.

## J. Sekundäransprüche beim Vertrag zugunsten Dritter

Mit der Frage der Sekundäransprüche aus Leistungsstörungen beim echten Vertrag zugunsten Dritter sind Sie bereits einmal behelligt worden (Teil 3 C.). Zunächst ist zu hoffen, dass Sie sich noch daran erinnern, was überhaupt ein „Vertrag zugunsten eines Dritten" ist.

Hier zunächst eine kleine **„Gedächtnisauffrischung"**.

Beim Vertrag zugunsten Dritter geht es um den Richtungswechsel der Leistungspflicht im Rahmen eines (beliebigen) Vertrages. Der **Schuldner (Versprechender = VSP)** verpflichtet sich, eine sich aus dem Grundvertrag geschuldete Leistung an einen vom **Gläubiger (Versprechensempfänger = VE)** personenverschiedenen **Dritten (= D)** zu erbringen, und zwar dergestalt, dass der D einen eigenen Anspruch gegen den VSP erhält (dadurch unterscheidet sich der „echte" Vertrag zugunsten Dritter vom „unechten" Vertrag zugunsten Dritter, dem „Vertrag mit Schutzwirkung zugunsten Dritter"). Der D ist an dem Abschluss des Vertrages nicht beteiligt.

Es gibt nicht „den" Vertrag zugunsten Dritter als solchen und daher natürlich auch keinen „Anspruch aus § 328 Abs. 1 BGB". Wer also seine schriftliche Arbeit mit dem Obersatz beginnt: „Der D könnte von VSP Zahlung in Höhe von € 1000,– aus § 328 Abs. 1 BGB verlangen", arbeitet ungenau.

Vielmehr bezieht sich der Vertrag zugunsten eines Dritten immer auf einen bestimmten Grundvertrag (z. B. Kaufvertrag, Darlehensvertrag etc.) und der Obersatz könnte daher lauten: „Der D könnte von VSP Übereignung und Übergabe der PKW aus §§ 433 Abs. 1 S. 1, 328 Abs. 1 BGB verlangen".

Bei der Frage nach den Sekundäransprüchen wegen Leistungsstörungen beim Vertrag zugunsten Dritter muss unterschieden werden, wer Ansprüche geltend macht:

- Der **Versprechende** hat Sekundäransprüche aus dem Grundvertrag des Deckungsverhältnisses nur gegenüber dem Versprechensempfänger. Auch etwaige Gestaltungsrechte (z. B. Rücktrittserklärungen) müssen durch Erklärung gegenüber dem Versprechensempfänger ausgeübt werden. Bei einem Rücktritt soll grundsätzlich auch nur der Versprechensempfänger Rückgewähr schulden. Ausnahmsweise kann auch der Dritte Rückgewähr schulden, wenn im Valutaverhältnis eine Schenkung vorliegt (etwa bei einer Lebensversicherung oder anderen „Versorgungsfällen"), oder wenn der Dritte aus anderen Gründen nicht schutzwürdig ist. Auf einen Wegfall der Leistungspflicht wegen der oben genannten Rechte gegen den Versprechensempfänger kann sich der Versprechende auch dem Dritten gegenüber berufen (§ 334 BGB). Gegen den Dritten kann der Versprechende wegen Rücksichtspflichtverletzungen Schadensersatzansprüche aus § 280 Abs. 1, 241 Abs. 2 BGB haben. Möglich soll auch eine Haftung des Dritten wegen Annahmeverzugs (§ 304 BGB) sein, wenn nicht der Dritte die Leistung nach § 333 BGB ausschlägt. Eine Verzugshaftung wegen Verletzung einer Abnahmepflicht soll dagegen nur den Versprechensempfänger treffen können, der sich aber ggf. das Verschulden des Dritten nach § 278 BGB zurechnen lassen muss.

- Der **Dritte** hat alle Ansprüche, die die Gläubigerstellung des Versprechensempfängers insgesamt unberührt lassen, also Schadensersatzansprüche „neben der Leistung" gegen den Versprechenden (z. B. aus §§ 280 Abs. 2, 286 BGB), Ansprüche aus § 285 BGB oder Ansprüche auf Nacherfüllung (§§ 437 Nr. 1, 439 bzw. 634 Nr. 1, 635 BGB). Dem Dritten stehen auch Schadensersatzansprüche anstelle der Leistung zu, soweit sie sich auf den kleinen Schadensersatz beschränken.
- Der **Versprechensempfänger** behält dagegen alle Rechte, die auf die Gläubigerstellung insgesamt Einfluss nehmen, wie Rücktrittsrechte aus dem allgemeinen Leistungsstörungsrecht (§§ 323, 326 Abs. 5 BGB) oder aus Gewährleistungsrecht (§§ 437 Nr. 2, 323 bzw. 326 Abs. 5 oder 634 Nr. 3, 323, 326 Abs. 5 BGB), Ansprüche auf (großen) Schadensersatz statt der Leistung (§§ 280 Abs. 1, 3, 281–283 BGB, 311a Abs. 2) und Ansprüche auf (großen) Schadensersatz statt der Leistung aus Gewährleistungsrechten (§§ 437 Nr. 3, 281 bzw. 283 BGB bzw . 311a Abs. 2 BGB oder 634 Nr. 4, 281 bzw.283 bzw. 311a Abs. 2), muss aber zur Ausübung die Zustimmung des Dritten einholen, weil dieser sein Forderungsrecht nicht gegen seinen Willen verlieren darf.

**Fall 468**

Vater VE will seinem Sohn D zum bestandenen Examen ein Auto schenken und schließt mit dem Händler VSP einen Kaufvertrag zugunsten des D über einen von den beiden besichtigten und Probe gefahrenen Audi A3 ab. Dabei versichert der VSP, der Wagen sei unfallfrei und praktisch neuwertig. Nach der bestandenen Prüfung holt der D das Auto ab. Beim Betreten des Geländes stößt er versehentlich mit dem Fuß gegen eines der ausgestellten Fahrzeuge des VSP und verursacht Kratzer an einer der Radkappen. Zu Hause angekommen zeigt D den Wagen stolz seinen Kommilitonen. Diese stellen mit ihrem Expertenblick sofort fest, dass es sich offensichtlich um einen Unfallwagen handelt. Der D und der VE sind sauer. Sie wollen den Wagen zurückgeben und den von ihnen gezahlten Kaufpreis zurückhaben. Dies machen sie gemeinsam gegenüber VSP geltend. Der VSP verlangt im Gegenzug den durch den Fußtritt angerichteten Schaden von D ersetzt.

a) Der VE könnte gegen VSP einen Anspruch auf Rückzahlung des gezahlten Geldes aus §§ 437 Nr. 2, 326 Abs. 5, 346 Abs. 1 BGB haben. aa) Ein wirksamer Kaufvertrag zwischen VE und VSP liegt vor. bb) Der Wagen war bei Gefahrübergang wegen der Abweichung des Wagens von der vereinbarten Beschaffenheit mangelhaft (§ 434 Abs. 1 BGB). cc) Ein Rücktrittsgrund steht dem VE aus § 437 Nr. 2, 326 Abs. 5 BGB zu, denn der Mangel (Unfallwagen) ist unbehebbar. dd) Das Rücktrittsrecht aaa) muss von VE gegenüber dem D erklärt werden, da der Rücktritt eine völlige Umgestaltung des Vertrages zur Folge hat. Das ist hier der Fall. bbb) Der VE bedarf dazu der Zustimmung des D, weil er sonst gegen seinen Willen sein Forderungsrecht verlieren würde. Der D ist mit der Rückabwicklung einverstanden, was er mit der gemeinsamen Geltendmachung des Rückgewähranspruches konkludent erklärt hat. Der VE hat damit einen Anspruch auf Rückzahlung des gezahlten Kaufpreises. b) Der VSP hat gegen D einen Anspruch aa) aus §§ 280 Abs. 1, § 241 Abs. 2 BGB wegen fahrlässiger Verletzung einer Schutzpflicht aus einer vertragsähnlichen Beziehung bb) sowie aus § 823 Abs. 1 BGB wegen rechtswidriger und schuldhafter Eigentumsverletzung.

## K. Vertragsstrafe

In einem Vertrag kann vereinbart werden, dass „der Schuldner dem Gläubiger für den Fall, dass er seine Verbindlichkeit nicht oder nicht in gehöriger Weise erfüllt", also für den Fall einer Leistungsstörung, eine **Vertragsstrafe,** also „die Zahlung einer Geldsumme als Strafe" oder „eine andere Leistung", verspricht (§§ 339, 342 BGB).

Eine solche Vertragsstrafenvereinbarung, die in einem Akzessorietätsverhältnis zu einer vom Gläubiger durchsetzbaren Hauptverpflichtung zu einem Tun oder einem Unterlassen steht (§ 339 BGB), nennt man ein **„unselbstständiges Strafversprechen"**.

Die Bedeutung einer solchen Vereinbarung

- liegt in erster Linie darin, dass durch sie der **Druck auf** den **Schuldner,** seiner Hauptverpflichtung so wie geschuldet nachzukommen, verstärkt wird. Zum anderen bietet ein **gesetzlicher Schadensersatzanspruch** des **Gläubigers aufgrund** einer **Leistungsstörung** häufig **keinen angemessenen Ausgleich** für die erlittenen Nachteile, weil der Gläubiger häufig nicht beweisen kann, **a)** dass bei ihm überhaupt ein Vermögensschaden vorliegt (nach § 253 Abs. 1 BGB führt i. d. R. nur ein solcher zu einem Schadensersatzanspruch in Geld) und **b)** wie hoch dieser Vermögensschaden ist. Oftmals soll nicht offengelegt werden, in welcher Weise ein Kaufmann seine Geschäfte kalkuliert, was aber bei der Schadensdarlegung erforderlich wäre. Um die vorstehend genannten Probleme zu vermeiden, vereinbart man häufig eine Strafe, die den zu erwartenden Schaden deutlich übersteigt. Klassische Beispiele sind Vertragsstrafen im **Baugewerbe** zur Sicherung eines Fertigstellungszeitpunkts (hier ist oft nicht klar, ob die Nichterfüllung überhaupt zu einem Vermögensschaden führt) oder zur Sicherung von Unterlassungsverpflichtungen im **Wettbewerbsrecht** (hier ist oft die Höhe eines sich aus einer Zuwiderhandlung ergebenden Schadens unklar).
- Abgrenzen muss man die Vertragsstrafe von einer vertraglichen Vereinbarung, die lediglich eine sich im Bereich des zu erwartenden Schadens bewegende **Schadenspauschalierung** zum Inhalt hat, die aber nicht dazu dienen soll, einen zusätzlichen Druck auf den Schuldner zu entfalten.

Die **Vertragsstrafe** ist **verwirkt,** also geschuldet, wenn der Schuldner mit der Hauptverpflichtung in Verzug kommt (§ 339 S. 1 BGB) bzw. bei Unterlassungspflichten mit der Zuwiderhandlung (§ 339 S. 2 BGB). Hier stellt sich eine nette dogmatische Problematik, die geradezu dazu „einlädt", hieraus ein Klausurproblem zu machen: Weil nach § 286 Abs. 4 BGB ein Verzug des Schuldners ein – freilich vermutetes – Vertretenmüssen voraussetzt, gilt dies auch für die Verwirkung der Vertragsstrafe nach § 339 S. 1 BGB. Bei einer Unterlassungspflicht soll nach dem Wortlaut des Gesetzes die bloße (also auch die unverschuldete) „Zuwiderhandlung" für eine Verwirkung der Vertragsstrafe (§ 339 S. 2 BGB) ausreichen. Man wird jedoch auch insoweit ein verschuldetes Zuwiderhandeln verlangen müssen, weil der Gesetzgeber mit der Schaffung des Verwirkungstatbestands „Zuwiderhandeln" lediglich dem Umstand Rechnung tragen wollte, dass es bei Unterlassungsverpflichtungen keinen Verzug gibt, nicht aber das Verschuldenserfordernis des § 339 S. 1 BGB ausblenden wollte. Mit diesem Problem kombinieren kann man die weitere Frage, ob man bei einer Unterlassungspflicht auch für das Fehlverhalten eines Erfüllungsgehilfen einzustehen hat. Wer ein gutes Gedächtnis hat, wird sich erinnern, dass wir derlei im Rahmen der Erörterung zu § 278 BGB bei Unterlassungspflichten schon angedacht hatten. Und gleich wird ein in diesen Zusammenhang passender Fall zu lösen sein.

Eine Vertragsstrafe kann aber auch für den Fall versprochen werden, dass der Versprechende eine bestimmte Handlung vornimmt oder unterlässt, ohne dass der Gläubiger hieraus einen durchsetzbaren Anspruch hätte (§ 343 Abs. 2 BGB). Man nennt es dann ein **„selbstständiges Strafversprechen"**. Durch ein solches wird ein mittelbarer Zwang zu einem bestimmten nicht geschuldeten Verhalten geübt.

Weil eine Vertragsstrafe i. d. R. über den nach dem Gesetz geschuldeten Schadensersatz hinausgeht, muss der **Schuldner geschützt** werden: So können Vertragsstrafen in Wohnraummietverträgen **(§ 555 BGB)** und durch Allgemeine Geschäftsbedingungen überhaupt nicht wirksam vereinbart werden **(§ 309 Nr. 6 BGB)**. Vertragsstrafenvereinbarungen können nach **§ 138 BGB** nichtig sein, aber nicht allein wegen ihrer Höhe (arg e § 343 BGB). Eine verwirkte, aber noch nicht entrichtete unverhältnismäßig hohe Vertragsstrafe kann durch Gestaltungsurteil herabgesetzt werden (**§ 343 BGB;** vgl. aber § 348 HGB). Weil dieser Schutz nicht bei Schadenspauschalierungen besteht, kann die Abgrenzung zur Vertragsstrafe fallentscheidend und daher besonders wichtig sein.

**Fall 469**

Der Apotheker Quack (Q) hat ein Geheimrezept für ein von ihm entwickeltes Heilmittel gegen Haarausfall, dessen Herstellung nicht durch ein Patent geschützt ist. Der Q überlässt es dem ihm bekannten Chemiker Forml (F), der damit chemische Versuche vornehmen will. Der F hat sich vertraglich verpflichtet, das Rezept „sorgfältigst geheim zu halten" und keinen seiner Mitarbeiter Einblick nehmen zu lassen. Für den Fall, dass es durch Verlust oder sonst wie dennoch zur Kenntnis Dritter gelange, hat sich der F zur Zahlung von € 500.000,– verpflichtet. Der F verwahrt das Rezept in seinem Tresor und nimmt nur nach Feierabend Einblick in das Rezept. Es gelingt jedoch dem Mitarbeiter M des F, während der Arbeitszeit durch einen für F nicht zu durchschauenden Taschenspielertrick für kurze Zeit den Tresorschlüssel an sich zu bringen und eine Kopie von dem Rezept zu machen. Er veräußert es an eine chinesische Pharmafirma. Der F verlangt Zahlung der € 500.000,–.

Der Anspruch des Q gegen den F könnte sich aus § 339 BGB ergeben. a) Vereinbart ist eine Vertragsstrafe, b) der Anspruch kann sich vorliegend nur aus § 339 S. 2 BGB ergeben, denn die Verpflichtung zur Geheimhaltung ist darauf gerichtet, es zu unterlassen, andere von dem Rezept Kenntnis nehmen zu lassen. aa) Der Verrat des Geheimrezepts ist eine Zuwiderhandlung. bb) Sie müsste schuldhaft erfolgt sein: auch wenn nach § 339 S. 2 BGB im Fall einer Unterlassungspflicht die bloße (also auch die unverschuldete) „Zuwiderhandlung" für eine Verwirkung der Vertragsstrafe (§ 339 S. 2 BGB) auszureichen scheint, wird man ebenso wie bei § 339 S. 1 BGB ein verschuldetes Zuwiderhandeln verlangen müssen. Denn der Gesetzgeber wollte mit der Schaffung des besonderen Verwirkungstatbestands „Zuwiderhandeln" in § 339 S. 2 BGB lediglich dem Umstand Rechnung tragen, dass es bei Unterlassungsverpflichtungen keinen Verzug gibt. Nicht aber sollte hierdurch das Verschuldenserfordernis des § 339 S. 1 BGB unanwendbar werden. aaa) Den F traf kein Verschulden an der Verletzung der Pflicht, es zu unterlassen, das Geheimrezept Dritten mitzuteilen, bbb) wohl aber den M. Es fragt sich, ob der F sich das Verschulden (und das Verhalten) des M zurechnen lassen muss. aaaa) Das wäre dann der Fall, wenn § 278 BGB auf Unterlassungspflichten anwendbar ist. Dagegen spricht jedoch, dass § 278 BGB eine Norm ist, die auf dem Gedanken der Übertragung aktiv wahrzunehmender Pflichten beruht, die bei einer Geheimhaltungsverpflichtung logisch undenkbar ist. bbbb) Man wird aber wohl im Wege der ergänzenden Vertragsauslegung annehmen müssen, dass der F sich verpflichtet hat, für einen schuldhaften Geheimnisverrat seiner Mitarbeiter einzustehen. c) Die Strafe könnte unverhältnismäßig hoch sein und daher nach § 343 BGB herabzusetzen sein. Dafür spricht, dass aa) es sich um den Schutz eines Rezepts zu einem Medikament mit unbekannter Wirkung handelt und bb) dass es sich nicht um ein eigenes Verschulden des F, sondern ein Verschulden eines Dritten handelt. Die Herabsetzung müsste aber durch den Richter erfolgen und wird von Ihnen als Klausurbearbeiter nicht erwartet.

**Zwischenbetrachtung:** Diejenigen, die das Buch bisher kontinuierlich gelesen, nach eigener Einschätzung alles verstanden und zu ihrem „aktiven Basiswissen" gemacht haben, können sich hier beglückwünschen lassen.

Für viele, gerade die Anfänger, war manches sehr schwer oder vielleicht noch gar nicht zu verstehen. Sie sollten aber gleichwohl durchhalten. In diesem Buch und im Rahmen Ihrer Ausbildung erhalten Sie immer wieder Gelegenheit zur Wiederholung und Vertiefung. Manches, was Sie bisher nur zum Teil verstanden haben, wird Ihnen so schon bald noch deutlicher werden. Demnächst eröffnen sich auch völlig neue Perspektiven für Sie. Bevor Sie aber jetzt weiter lesen, sollten Sie erst einmal ein kleines „Zwischen-Fest" feiern! Sie haben es verdient!

# Teil 5. Vertragsnahe Ansprüche

Vorab ein kleiner **Rückblick**: Aus den bisherigen Ausführungen wissen Sie, dass es **Ansprüche** aus **rechtsgeschäftlichen Schuldverhältnissen (Teil 3 A)** und **Ansprüche** aus **gesetzlichen Schuldverhältnissen (Teil 3 B)** gibt. Was die Voraussetzungen rechtsgeschäftlicher Schuldverhältnisse angeht, waren wir sehr gründlich. Hinsichtlich der gesetzlichen Schuldverhältnisse haben wir uns aber zunächst auf bloße Hinweise beschränkt. Die anschließenden Ausführungen zu den aus Schuldverhältnissen resultierenden **Ansprüchen (Teil 3 C)** betrafen logischerweise die Ansprüche aus Rechtsgeschäft und Gesetz gleichermaßen.

Jetzt kommen wir an der Frage, welche gesetzlichen Schuldverhältnisse es gibt und unter welchen Voraussetzungen derartige Schuldverhältnisse entstehen, nicht länger vorbei.

Der Übergang von den Ihnen geläufigen rechtsgeschäftlichen Schuldverhältnissen zu den gesetzlichen Schuldverhältnissen ist fließend. Denn unter den gesetzlichen Schuldverhältnissen gibt es einige, die man als „vertragsnah" oder als „vertragsähnlich" bezeichnet und die man in dogmatischer Hinsicht als zwischen den rechtsgeschäftlichen und den gesetzlichen Schuldverhältnissen stehend einordnet. Mit den sich daraus ergebenden **„vertragsnahen Ansprüchen"** (Medicus) werden wir uns in diesem **Teil 5** befassen. Das ist für Sie alles kein vollkommen neues Thema.

Denn wir hatten bereits in **Teil 3 A** erkannt, dass im Fall des Scheiterns eines Rechtsgeschäfts, namentlich eines Vertrages, **gesetzliche Schuldverhältnisse** entstehen können, die wegen ihrer rechtsgeschäftlichen Wurzel eine **Sonderbeziehungen** darstellen.

- Zu denken ist hierbei an die Ansprüche aus **§ 122 Abs. 1 BGB** im Fall der Nichtigkeit eines Rechtsgeschäfts nach § 118 BGB, im Fall der Anfechtung eines Rechtsgeschäfts nach §§ 119, 120 BGB mit der Wirkung des § 142 Abs. 1 BGB sowie in einer Vielzahl von Konstellationen, bei denen § 122 Abs. 1 BGB analog angewendet wird. Dass hier der Ausdruck „vertragsnaher" Anspruch übrigens nicht immer passt, wird deutlich, wenn man bedenkt, dass § 122 BGB auch bei



J. Plate, *Das gesamte examensrelevante Zivilrecht,* Springer-Lehrbuch,
DOI 10.1007/978-3-662-47320-7_5

z. B. einer Anfechtung von nicht auf den Abschluss von Verträgen gerichteten Willenserklärungen gilt.

- Weiterhin ist zu denken an die Ansprüche aus **§ 179 BGB** im Fall des Nichtzustandekommens eines Vertrages bei der Vertretung ohne Vertretungsmacht. Die „Vertragsnähe“ ist hier besonders deutlich, weil der Dritte von dem Vertreter ohne Vertretungsmacht sogar „Erfüllung“ verlangen kann (§ 179 Abs. 1 BGB).
- Bei der Darstellung des Inhalts des Auftragsvertrages sind Sie auf die Folgen der Nichteinhaltung der Pflichten aus **§ 663 BGB** hingewiesen worden, die zu einem vertragsnahen Schadensersatzanspruch aus §§ 280 Abs. 1, 663 BGB führen.

Und auch in **Teil 4** haben Sie erfahren, dass es **gesetzliche Schuldverhältnisse** gibt, die **„vertragsähnlicher Natur“** sind, aus denen bei Pflichtverletzungen „vertragsnahe“ Schadensersatzansprüche resultieren. Auch hier passt der Ausdruck „vertragsnaher“ Anspruch sehr gut. Gemeint sind

- das **gesetzliche Schuldverhältnis** aus einem **vorvertraglichen „geschäftlichen Kontakt“** (§ 311 Abs. 2, 3 BGB), bei dem die Verletzung von Rücksichtspflichten zu einem Schadensersatzanspruch aus § 280 Abs. 1 BGB führt. Die „Vertragsähnlichkeit“ dieses gesetzlichen Schuldverhältnisses ergibt sich daraus, dass die Beteiligten im Vorfeld eines Vertrages zusammentreffen.
- Des Weiteren gehört hierher das **gesetzliche Schuldverhältnis** aus einer **Geschäftsführung ohne Auftrag,** üblicherweise auch kurz **GoA** genannt (§§ 677 ff. BGB). Die „Vertragsähnlichkeit“ dieses gesetzlichen Schuldverhältnisses beruht auf dessen Nähe zum Auftragsrecht, auf das der Gesetzgeber mehrfach verweist.

Damit haben Sie auch schon das **„Programm“** des **Teils 5** vor Augen.

## A. Enttäuschtes Vertrauen in die Gültigkeit eines Rechtsgeschäfts

### I. Schadensersatzpflicht aus § 122 Abs. 1 BGB

Nach **§ 122 Abs. 1 BGB** hat der Erklärende im Fall der Nichtigkeit einer von ihm abgegebenen Willenserklärung nach **§ 118 BGB** („Scherzgeschäft“), ferner im Fall der Beendigung eines Rechtsgeschäfts durch Anfechtung seiner Willenserklärung nach **§§ 119, 120 BGB** sowie schließlich in etlichen Fällen einer **analogen Anwendung** des **§ 122 BGB** immer dann, „… wenn die Erklärung einem anderen gegenüber abzugeben war, diesem, anderenfalls jedem Dritten den **Schaden** zu **ersetzen**, den der andere oder der Dritte dadurch erleidet, dass er auf die Gültigkeit der Erklärung vertraut, jedoch nicht über den Betrag des Interesses hinaus, welches der andere oder der Dritte an der Gültigkeit der Erklärung hat“.

Wir können das alles im Folgenden nicht in „voller Breite" darstellen, sondern wollen uns

1. kurz und knapp auf die Fallkonstellationen der **Anwendung** des **§ 122 BGB** bei den Anfechtungsfällen der **§§ 119, 120 BGB** konzentrieren, wobei die Voraussetzungen der §§ 119, 120 BGB als aus Teil 3 bekannt unterstellt werden. Die **Anwendung** des **§ 122 BGB** im Falle des **§ 118 BGB** („Scherzgeschäft") wird, wie auch schon in Teil 3, ganz bewusst völlig ausgeklammert, weil diese Fälle doch sehr selten sind.
2. Die Fälle einer **analogen Anwendung** des **§ 122 BGB**, die Ihnen auch schon aus Teil 3 und Teil 4 bekannt sind, mögen zwar sehr wichtig und auch sehr interessant sein. Wir werden Sie hier aber nicht wieder aufgreifen. Sie sind nämlich insoweit schon ausreichend orientiert! Wer sich nicht so recht erinnert, der möge sich auf die Erörterung der Haftung des Erklärenden bei fehlendem Erklärungsbewusstsein („Trierer Weinversteigerung") und bei „abhanden gekommenen" Willenserklärungen in Teil 3 besinnen und auf die in Teil 4 erörterte Konstellation derjenigen Fälle einer anfänglichen Unmöglichkeit, in denen der Schuldner das Leistungshindernis nicht kannte oder nicht hätte kennen müssen und in denen keine Garantiehaftung gegeben ist, so dass eine Schadensersatzhaftung aus § 311a Abs. 2 BGB ausscheidet, für die aber diskutiert wird, dass dem Gläubiger jedenfalls aufgrund einer analogen Anwendung des § 122 BGB das negative Interesse zuzusprechen ist.

Daher fassen wir uns jetzt auch sehr kurz.

Die **Anspruchsgrundlage des § 122 Abs. 1 BGB** gewährt im Fall der unmittelbaren oder analogen Anwendung einen vom Verschulden unabhängiger **Anspruch** des Erklärungsgegners **auf Ersatz des negativen Vertrauensinteresses** bis hin zur **Grenze des positiven Interesses**. Das bedeutet:

- Der in seinem Vertrauen auf die Gültigkeit der rechtsgeschäftlichen Erklärung Enttäuschte kann nach **§ 122 Abs. 1 BGB** verlangen, so gestellt zu werden, wie er stünde, wenn er gewusst hätte, dass die Willenserklärung nicht gültig war. Sie kennen bereits die **Faustforme**l: **wie wenn er** den **anderen Teil**, z. B. den Anfechtenden, **„nie gesehen" hätte**.
- Der Anspruch kann jedoch nach **§ 122 Abs. 2 BGB** (lex specialis zu § 254 Abs. 1 BGB) ausgeschlossen sein, wenn „der Beschädigte den Grund der Nichtigkeit oder der Anfechtbarkeit kannte oder infolge von Fahrlässigkeit nicht kannte (kennen musste)". Hier gilt also – anders als bei dem „gleitenden System" des § 254 BGB – das „Alles-oder-Nichts-Prinzip". Warum ist es hier anders als bei § 254 BGB? Weil es nicht um ein „Mitverschulden" des Anspruchstellers geht, sondern darum, dass unter den Voraussetzungen des § 122 Abs. 2 BGB auf seiner Seite kein schutzwürdiges Vertrauen besteht, so dass der Anspruch „auf Null reduziert" wird.

- Wenn der Anspruchsteller den Nichtigkeitsgrund oder den Irrtum durch schuldloses Handeln herbeigeführt hat, kann nach **§ 254 BGB analog** eine Herabsetzung des Schadensersatzanspruchs erfolgen.

Eine in diesem Zusammenhang interessante am Rande mitangesprochene Frage ist die nach der **Konkurrenz** eines **Anspruchs aus § 122 Abs. 1 BGB** mit einem **Anspruch aus §§ 280, 311 Abs. 2, 241 Abs. 2 BGB**, für den es – anders als bei einem Anspruch aus § 122 BGB – auf ein (allerdings vermutetes) Vertretenmüssen des Anfechtenden für seinen Irrtums ankäme; der Anspruch wäre auf das unbegrenzte negative Interesse gerichtet; und es würde § 254 Abs. 1 BGB anstelle des § 122 Abs. 2 BGB gelten. Die Frage ist, ob man diese Konkurrenzfrage dadurch löst, dass man § 122 Abs. 1 BGB als lex specialis ansieht.

**Fall 470**

Der im Autogeschäft unerfahrene K1 interessiert sich für ein von V zu einem „Verhandlungspreis" von € 6500,– angebotenes Auto. Nach einer Besichtigung und Probefahrt mit dem sachkundigen Bekannten S entschließt sich der K1, das Fahrzeug zu kaufen, aber – wie er mit S bespricht – nur zu einem Preis von maximal € 5500,–, weil das Auto nach Einschätzung des S definitiv nicht mehr wert ist. Als der K1, der zunächst die Zahlung der € 5500,– durch die Einholung einer Darlehenszusage seiner Eltern sicher stellen muss, dem V einige Tage später in Gegenwart des Z ein mündliches Angebot zum Abschluss eines Kaufvertrags macht, verspricht er sich in seiner Aufregung, ohne dass V dies hätte erkennen können, und erklärt, dass er den Wagen zum Preis von € 6500,– kaufen wolle, dass er aber den Kaufpreis erst in einer Woche zahlen könne. Mit beidem erklärt der V sofort sein Einverständnis. Der K1 zahlt am vereinbarten Fälligkeitstermin € 5500,–. Als der V daraufhin unter Berufung auf die (von Z wahrgenommene und daher beweisbare) Angebotserklärung des K1, die er auch sofort angenommen habe, die Zahlung von weiteren € 1000,– verlangt, erkennt der K1 seinen (durch das Zeugnis des S und das der Eltern beweisbaren) Irrtum und erklärt die Anfechtung des Kaufvertrages. Der V hatte in der Zwischenzeit (also nach Abschluss des Kaufvertrags und vor der Anfechtungserklärung) ein Kaufangebot des K2, der ein persönliches Interesse gerade an diesem Fahrzeug hat, für einen Preis von € 6600,– mit Rücksicht auf den ja bereits mit K1 abgeschlossenen Kaufvertrag abgelehnt. Das Fahrzeug hat nach einem Sachverständigengutachten einen Marktwert von € 5500,–. Der V verlangt jetzt Schadensersatz von K1.

Der Anspruch des V gegen den K1 ergibt sich 1. aus §§ 122, 119 Abs. 1 BGB. Der V kann von dem K1 verlangen, so gestellt zu werden, wie wenn er, der V, den K1 „nie gesehen hätte". Wäre es so, dann hätte der V den Wagen für € 6600,– an den K2 verkauft: a) Sein negatives Interesse beträgt daher € 1100,–. b) Nach § 122 Abs. 1 BGB geht der zu ersetzende Schaden „jedoch nicht über den Betrag des Interesses hinaus, welches der andere … an der Gültigkeit der Erklärung hat". Das Interesse des V an der Gültigkeit der Erklärung beträgt € 1000,–. Daher kann der V von dem K1 Schadensersatz in Höhe von € 1000,– verlangen.

2. Diskutieren müsste man die Möglichkeit einer a) Inanspruchnahme des Anfechtenden aus §§ 280, 311 Abs. 2, 241 Abs. 2 BGB in Höhe von € 1100,–. aa) Dass dieser Anspruch neben einem Anspruch aus § 122 BGB bestehen kann, könnte man damit begründen, dass die Voraussetzungen und die Folgen der beiden Ansprüche unterschiedlich sind: Für einen Anspruch aus §§ 280, 311 Abs. 2, 241 Abs. 2 BGB kommt es anders als bei einem Anspruch aus § 122 BGB auf ein (vermutetes) Vertretenmüssen des Anfechtenden für seinen Irrtums an; der Anspruch wäre auf das unbegrenzte negative Interesse gerichtet; und es würde § 254 Abs. 1 BGB anstelle des § 122 Abs. 2 BGB gelten. Das spräche für eine Anspruchskonkurrenz. bb) Seine Voraussetzungen wären gegeben. Gerichtet wäre er auf € 1100,–. b) Aber im Ergebnis kommt daran, dass § 122 BGB lex specialis ist, wohl nicht vorbei.

## II. Die Haftung wegen einer Vertretung ohne Vertretungsmacht beim Vertragsschluss(§ 179 BGB)

Was die Rechtsfolgen eines Handelns eines **Vertreters ohne Vertretungsmacht** beim **Vertragsschluss** angeht, so erinnern Sie aus **Teil 3** sicherlich mindestens noch das Folgende:

**1.** Zunächst einmal ist Ihnen allen hoffentlich noch klar, wann jemand ein **„Vertreter"** ist. Wem dies nicht klar ist, müsste eigentlich noch einmal „zurück auf Los" (Teil 3 A I 11)!

**a)** Die Voraussetzungen für den **Erklärungsvertreter** (§ 164 Abs. 1 BGB) sind ganz banal: Man muss „eine **eigene Willenserklärung** in **fremdem Namen**" abgeben. Ist aber nicht zusätzlich auch eine „Vertretungsmacht" erforderlich? Nein, denn gäbe es schon rein begrifflich nicht die Rechtsfigur des „Vertreters ohne Vertretungsmacht". Die Vertretungsmacht ist nur für die Zurechnung des eigenen, im fremden Namen abgegebenen Willenserklärung erforderlich.

**b)** Außerdem gibt es den **„Empfangsvertreter"** (§ 164 Abs. 3 BGB). Wer damit überhaupt nichts anfangen kann, möge bitte Teil 3 A I 11 noch einmal durchlesen.

**2.** Handelt ein

**a)** **„Erklärungsvertreter** beim Vertragsschluss oder bei einseitigen Rechtsgeschäften **ohne Vertretungsmacht**, die deshalb fehlt, weil die Vertretungsmacht diesem gar nicht oder nicht so weit reichend, wie er gehandelt hat, zusteht oder weil ein ausnahmsweise (erinnern Sie sich noch?) im Außenverhältnis relevanter Fall des **Missbrauchs** der **Vertretungsmacht** wegen des Überschreiten einer Innenverhältnisbindung oder ein Fall des **§ 181 BGB** vorliegt, so finden

**aa)** die **§§ 177 ff. BGB** Anwendung: Ein **Vertrag** ist **schwebend unwirksam (§ 177 Abs. 1 BGB)**.

**bb)** Zunächst **trägt** also **der Geschäftsgegner**, demgegenüber der Vertreter das Rechtsgeschäft vornimmt, das **Risiko**, dass der **Vertreter keine Vertretungsmacht** hatte. Daher ist es in der Rechtswirklichkeit wichtig, sich bei Rechtsgeschäften mit einer als Vertreter auftretenden Person stets dessen Vertretungsmacht nachweisen zu lassen (z. B. sich eine Vollmachtsurkunde zeigen zu lassen) oder sich des Bestehens der Vertretungsmacht sonst wie zu vergewissern (z. B. durch Erkundigungen beim Vertretenen). Der Dritte kann sich jedoch ggf. beim Vertreter ohne Vertretungsmacht schadlos halten; dazu kommen wir sogleich.

**b)** Die Rechtsfolgen des Handelns eines **„Empfangsvertreters" ohne Vertretungsmacht** ignorieren wir hier und im Folgenden, denn diese Fälle sind eher selten.

**3.** Der von einem Vertreter ohne Vertretungsmacht Vertretene oder der Geschäftsgegner können bei einem Vertragsschluss oder im Falles des § 180 S. 2, 3 BGB den Schwebezustand, wenn er ihnen denn bekannt ist, beenden, und zwar

**a)** der **Vertretene durch**: rückwirkende Genehmigung (§§ 177 Abs. 1, 184 Abs. 1 BGB), die gegenüber dem Vertreter oder dem Geschäftsgegner zu erklären ist (§§ 177 Abs. 1, 182 Abs. 1 BGB), oder durch Verweigerung der Genehmigung (§ 177 Abs. 2 S. 1 a.E. BGB);

**b)** und der **Geschäftsgegner durch**: Aufforderung zur Genehmigung (§ 177 Abs. 2 BGB), die – bei Nichterklärung – im Wege der Fiktion einer Verweigerung derselben gleichgestellt wird (§ 177 Abs. 2 S. 2 BGB).

Wird – und das ist unser Thema! – ein **Vertrag** infolge des § 177 BGB deshalb nicht wirksam, weil die Genehmigung verweigert wird oder weil die Verweigerung derselben fingiert wird, kann der **Geschäftsgegner** sich nach **§ 179 Abs. 1 BGB** an den **Vertreter ohne Vertretungsmacht** halten und **nach seiner Wahl** von ihm

- **Erfüllung (§ 179 Abs. 1 BGB)** oder
- **Schadensersatz** wegen **Nichterfüllung (§ 179 Abs. 1 BGB)** oder aber auch nur
- **Schadensersatz** wegen **enttäuschten Vertrauens (§ 179 Abs. 2 BGB)** verlangen,
- es sei denn, dass die **Ausnahmetatbestände** des **§ 179 Abs. 3 BGB** eingreifen. Woran erinnert Sie § 179 Abs. 3 S. 1 BGB? Was ist die ratio legis des § 179 Abs. 3 S. 2 BGB? Derlei Verständnisfragen sind das „Salz in der Suppe" der Juristerei!

**Fall 471**

Der K beauftragt und bevollmächtigt den V, für ihn bei dem D ein bestimmtes Auto, das € 9500,– wert ist, zum Preise von € 10.000,– zu kaufen. Der V kauft bei dem D im Namen des K ein anderes Auto, das € 9000,– wert ist, zum Preis von € 10.000,–. Der K verweigert die Genehmigung. Der D verlangt von dem V

Zahlung des Kaufpreises. Der V ist dazu nur bei einer Zug-um-Zug-Lieferung des Autos an ihn bereit. 1. Der V verlangt Lieferung, was D ablehnt. 2. Der D verlangt hingegen Bezahlung von V, was dieser ablehnt, weil D nicht liefert.

1. Der Anspruch des V gegen den D auf Lieferung könnte sich aus § 433 Abs. 1 BGB ergeben. Zwar haben die beiden keinen Kaufvertrag miteinander geschlossen; wohl aber hat der D den V nach § 179 Abs. 1 BGB auf Erfüllung in Anspruch genommen. Fraglich ist, ob der V dadurch die Stellung eines Käufers erlangt hat. Das wird (mit nicht unbedingt überzeugenden Gründen) überwiegend abgelehnt; folgt man dem, steht dem V kein Anspruch auf Lieferung gegen den D zu. 2. Der Anspruch des D gegen den V a) ergibt sich aus §§ 179 Abs. 1, 433 Abs. 2 BGB. b) Dem Anspruch könnte § 320 BGB entgegenstehen: aa) Zwischen V und D müsste ein gegenseitiger Vertrag bestehen. Der Vertreter ohne Vertretungsmacht soll aber – wie gesagt – nicht zum Vertragspartner des Geschäftsgegners werden. bb) Gleichwohl soll er die Stellung des Käufers hinsichtlich dessen eventueller Gegenrechte haben, also u. a. auch aus § 320 BGB. Der V braucht daher nur Zug-um-Zug gegen Lieferung zu zahlen.

**Variante**

Der D verlangt von V Schadensersatz wegen Nichterfüllung.

Der D kann wählen. Insbesondere ist es – anders als sonst – nicht erforderlich, dass dem Vertreter ohne Vertretungsmacht (V) vor der Forderung von Schadensersatz eine Nachfrist gesetzt wird. Ein Schadensersatzanspruch aus § 179 Abs. 1, Var. 2 BGB berechnet sich nach der Differenztheorie aus der Differenz zwischen dem Wert der Leistung (€ 9000,–) und der – wäre der Vertrag geschlossen worden – geschuldeten Gegenleistung (€ 10.000,–), beläuft sich also auf € 1000,–.

**Variante**

Der K hat dem V die Vollmacht nach § 167 Abs. 1 BGB in einer manischen Phase einer manisch-depressiven Psychose, also unwirksam, erteilt (§§ 104 Nr. 2, 105 Abs. 1 BGB). Der V hat die Erkrankung nicht erkannt; er hat den K lediglich als besonders gut gelaunt eingeschätzt. Der V hält sich im Rahmen der vermeintlich erteilten Vollmacht und kauft im Namen des K das ihm von dem K genannte Auto. Der inzwischen wieder genesene K verweigert später die Genehmigung des vollmachtlosen Handelns und die Bezahlung und die Abnahme des von D zur Lieferung an ihn bereitgehaltenen Fahrzeugs. Der D verlangt daher von dem V Schadensersatz in Höhe von € 1500,–, weil er das Auto im Vertrauen auf die Wirksamkeit des Vertrages mit K nicht an den X, der ihm ein Kaufangebot zum Preis von € 11.000,– gemacht hatte, verkaufen wollte. Das Angebot des X ist mittlerweile erloschen.

a. Der Anspruch könnte sich aus § 179 Abs. 1 BGB ergeben. aa) Der V war Vertreter ohne Vertretungsmacht beim Abschluss des Kaufvertrages; denn er war nach §§ 104 Nr. 2, 105 Abs. 1 BGB nicht wirksam nach § 167 Abs. 1 BGB bevollmächtigt worden; und die Genehmigung des Vertrages ist von dem wieder genesenen K verweigert worden. bb) Der Schadensersatzanspruch des D gegen den V ergibt sich aber nicht aus § 179 Abs. 1 BGB, denn der V hat den Mangel der Vertretungsmacht nicht gekannt (arge. § 179 Abs. 2 BGB). b. Vielmehr hat der D nur einen Anspruch aus § 179 Abs. 2 BGB auf das negative Vertrauensinteresse gegen den V: Danach kann der D verlangen, so gestellt zu werden, wie er stehen würde, wenn er den V „nie gesehen hätte", also so wie wenn er nicht auf die Gültigkeit des Vertrages vertraut hätte. Hätte er darauf nicht vertraut, hätte er das Auto mit € 1500,– Gewinn (§ 252 BGB) an den abgewiesenen Interessenten X verkauft. Der Anspruch aus § 179 Abs. 2 BGB wird jedoch durch das Erfüllungsinteresse begrenzt, so dass er nur einen Schadensersatzanspruch in Höhe von € 500,– geltend machen kann.

Bei der Untervertretung kann

- die **Untervollmacht fehlen**; dann haftet der Untervertreter nach § 179 BGB;
- **fehlt** es an einer **Hauptvollmacht**, so haftet der Untervertreter bei Offenlegung seiner Stellung als Untervertreter nicht, wohl aber wenn er diese verbirgt.

## III. Schadensersatzpflicht aus §§ 280 Abs. 1, 663 BGB

Wenn einem „öffentlich bestellten" oder sich selbst „öffentlich erboten" habenden **„Geschäftsbesorger"** ein Antrag zugeht und er diesen Antrag nicht ablehnt, so kommt hierdurch zwar kein Auftrag(svertrag) zustande (arge. § 663 BGB, arge. § 362 HGB). In **§ 663 BGB** ist aber bestimmt, dass ein solcher „Geschäftsbesorger" die **Obliegenheit** zur **unverzüglichen** (berühmte Legaldefinition in § 121 Abs. 1 BGB: „ohne schuldhaftes Zögern") **Anzeige** einer **Ablehnung** eines solchen **„Auftrags"** trifft. Eine Verletzung dieser Pflicht führt dann über §§ 280 Abs. 1, 663, 251 BGB zu einem Schadenersatzanspruch.

Übrigens (kleine Denksportaufgabe zwischendurch): Warum kommt man nicht nach §§ 280 Abs. 1, 663, 249 Abs. 1 BGB zu einem auf Naturalrestitution gerichteten Schadenersatzanspruch mit der Folge eines Vertragsschlusses?

Ich hoffe, Sie haben bemerkt, dass diese Ausführungen zu § 663 BGB offenbar völlig an der Rechtswirklichkeit vorbeigehen. Denn die Vorschrift des § 663 BGB hat für sich gesehen deshalb keinerlei praktische Bedeutung, weil ein „öffentlich bestellter" oder ein sich selbst „öffentlich erboten" habender „Geschäftsbesorger" (das sind z. B. Notare, Rechtsanwälte und Steuerberater) niemals – wie aber für einen „Auftrag“ nach § 662 BGB erforderlich – unentgeltlich tätig wird. Eine unentgeltliche Geschäftsbesorgung wäre für diesen Personenkreis sogar standeswidrig (arge. § 49b BRAO). Die **praktische Bedeutung** des § 663 BGB **Regelung** liegt daher allein bei der Verweisung des § 675 Abs. 1 BGB auf den § 663 BGB.

**Fall 472**

Der Steuerpflichtige S muss – insoweit ist ihm bereits eine 5monatige Verlängerung erteilt worden – bis zum 31. Mai 2003 seine Einkommensteuererklärung für das Steuerjahr 2001 abgeben. Als er am 27. Mai 2003 feststellt, dass er den Termin nicht halten kann, beauftragt er im Hinblick darauf, dass die Frist zur Abgabe der Steuerklärung bei einer Vorbereitung derselben durch einen Steuerberater bis zum 30. September 2003 verlängert werden kann, den Steuerberater B mit der Vorbereitung der Steuererklärung und der Beantragung der Fristverlängerung und fügt dem Auftrag die aus seiner Sicht maßgeblichen Unterlagen bei. Der beruflich voll ausgelastete B hat keine Zeit für die Annahme eines weiteren Mandats und legt das Schreiben des S unbeantwortet ab. Erst als gegen den S am 30. September 2003 vom Finanzamt ein Zwangsgeld zur Abgabe seiner Einkommensteuererklärung festgesetzt wird, stellt der S fest, dass der B das Mandat überhaupt nicht angenommen und daher auch keine Fristverlängerung beantragt hat. Der S beauftragt am 1. Oktober 2003 einen anderen Steuerberater und verlangt von B Schadensersatz in Höhe des Zwangsgeldes.

Der Anspruch ergibt sich aus §§ 675, 663, 280 Abs. 1 BGB.

## B. Vertragsähnliche Rechtsverhältnisse

### I. Ansprüche aus vorvertraglichem Schuldverhältnis

Bestimmt entsinnen Sie sich aus Teil 4 noch daran, aus welchem Grunde wir das **gesetzliche Schuldverhältnis** aus einem **vorvertraglichem „geschäftlichen Kontakt“** (§ 311 Abs. 2, 3 BGB) entgegen der Üblichkeit aus der Erörterung der Leistungsstörungen in Teil 4 ausgeklammert hatten: Das Schuldverhältnis aus § 311 Abs. 2, 3 BGB begründet nämlich keine Leistungspflichten i.S.d. § 241 Abs. 1 BGB, sondern nur „Rücksichtspflichten“ aus § 241 Abs. 2 BGB, so dass Verletzungen dieser Pflichten keine „**Leistungs**störungen“ sind.

#### 1. Die Haftung für die Verletzung von „Rücksichtspflichten“ aus vorvertraglichem geschäftlichen Kontakt

##### a) Wiederholung: Die Verletzung von Rücksichtspflichten aus bestehenden zur Leistung verpflichtenden Schuldverhältnissen (§§ 280 Abs. 1, 241 Abs. 2 BGB)

Zunächst ein **Rückblick** auf das in Teil 4 erarbeitete „allgemeine Leistungsstörungsrecht“: Sie erinnern sich bitte noch einmal daran,

- dass **aus** einem **bestehenden** zur **Leistung verpflichtenden rechtsgeschäftlich begründeten Schuldverhältnis**, also in der Regel aus einem verpflichtenden Vertrag (§ 311 Abs. 1 BGB), nicht nur Leistungspflichten (241 Abs. 1 BGB), sondern auch **Pflichten** zur „**Rücksicht** auf die Rechte, Rechtsgüter und Interessen des anderen Teils" erwachsen können (§ 241 Abs. 2 BGB), deren Verletzung Schadensersatzpflichten begründen (§§ 280 Abs. 1, 241 Abs. 2 BGB). Ein *Beispiel* dafür ist die sich aus § 241 Abs. 2 BGB ergebende Pflicht eines Verkäufers bei einer von ihm geschuldeten Warenanlieferung, nicht die Einrichtungsgegenstände des Käufers zu beschädigen. Gleiches gilt für Verträge mit anderen Leistungsinhalten, wie z. B. bei einem Werkvertrag.

**Fall 473**

Der U soll aufgrund eines Werkvertrages bei dem B eine Wand streichen. Dies gelingt ihm auch sehr gut, er stößt aber während der Arbeit eine wertvolle Vase um. Ob er dies zu vertreten hat, kann nicht festgestellt werden. Der B verlangt von dem U Ersatz für diese Vase in Geld.

Der Anspruch kann sich a) aus §§ 280 Abs. 1 S. 1, 241 Abs. 2 BGB ergeben. aa) Zwischen U und B bestand ein Schuldverhältnis in der Form eines Werkvertrages (§ 631 Abs. 1 BGB). bb) Der U hat die sich aus § 241 Abs. 2 BGB ergebende Pflicht verletzt, Rücksicht auf das Rechtsgut Eigentum des B zu nehmen. cc) Das nicht nachweisbare Vertretenmüssen des U wird vermutet (§ 280 Abs. 1 S. 2 BGB), und der U hatte hat sich nicht entlastet. dd) Der U muss daher dem B den entstandenen Schaden in Geld ersetzen (§ 249 Abs. 2 S. 1 BGB). b) Weiterhin könnte ein Anspruch aus §§ 823 Abs. 1, 249 Abs. 2 S. 1 BGB bestehen. Aber das dafür erforderliche Verschulden des U kann nicht festgestellt werden.

- Man muss angesichts des Wortlauts des § 241 Abs. 2 BGB zudem im Auge haben, dass auch solche Fallkonstellationen vorstellbar sind, in denen es um die Verletzung von **Rücksichtspflichten** geht, die auf einem zur **Leistung verpflichtenden gesetzlichen Schuldverhältnis** beruhen, und z. B. bei der Erfüllung eines Anspruchs aus §§ 677, 681 S. 2, 667 BGB auf Herausgabe des Erlangten bestehen, oder eines Anspruchs aus §§ 823 Abs. 1, 249 Abs. 1 BGB auf Naturalrestitution.

**Fall 474**

Der J wirft beim Ballspielen aus Versehen eine Fensterscheibe des E ein. Der E verlangt Schadensersatz durch Naturalrestitution (§ 249 Abs. 1 BGB). Der J schickt den Glaser G, der aus Ungeschick als erstes die vollkommen intakte Scheibe des danebenliegenden Fensters zerstört. Der E schickt den G weg und verlangt von J Schadensersatz in Geld für beide Scheiben (§ 249 Abs. 2 BGB).

Der Anspruch ergibt sich 1. § 823 Abs. 1, 249 Abs. 2 BGB (von J eingeworfene Scheibe) und 2. aus §§ 823 Abs. 1, 249 Abs. 1 BGB i.V.m. §§ 280 Abs. 1, 241 Abs. 2, 278, 249 Abs. 1 BGB (von G zerstörte Scheibe).

### b) Neu: Die Verletzung von Rücksichtspflichten aus vorvertraglichem geschäftlichen Kontakt („culpa in contrahendo")

Schon seit 150 Jahren („Entdecker": R. v. Jhering im Jahre 1861) ist anerkannt, dass aus einem vorvertraglichen geschäftlichen Kontakt kraft Gesetzes ein vertragsähnliches Vertrauensverhältnis entsteht und dass dieses Schuldverhältnis Rücksichtspflichten begründet, deren schuldhafte Verletzung zu einem Anspruch auf Schadensersatz führt **(„culpa in contrahendo" = „Verschulden bei Vertragsschluss")**. Dies gilt unabhängig davon, ob daraus ein Vertragsschluss erwächst. Diese später zu **Gewohnheitsrecht** gewordene wahrhaft geniale Idee hat der Gesetzgeber im Zuge der Schuldrechtsreform in **§ 311 Abs. 2, 3 BGB** gesetzlich geregelt und damit eine legitime Rechtsfortbildung „legalisiert".

Rücksichtspflichten nach **§ 241 Abs. 2 BGB** bestehen daher **nicht nur** bei **bereits existierenden** auf die Erbringung einer Leistung gerichteten rechtsgeschäftlichen (vertraglichen, oder gesetzlichen) **Schuldverhältnissen**. Vielmehr entstehen sie nach §§ 311 Abs. 2 BGB bereits durch **einen vorvertraglichen „geschäftlichen Kontakt"**, den der Gesetzgeber begrifflich konkretisiert und in drei Fallgruppen eingeteilt hat (zwei konkrete und eine Generalklausel):

- durch die **„Aufnahme von Vertragsverhandlungen"** (Nr. 1),
- durch die **„Anbahnung eines Vertrages"** (Nr. 2).
- und durch **„ähnliche geschäftliche Kontakte"** (Nr. 3). Wenn Sie bei der Subsumtion des § 311 Abs. 2 BGB auf die Generalklausel der Nr. 3 („ähnliche geschäftliche Kontakte") zurückgreifen wollen, müssen Sie im Auge haben, dass eine Vergleichbarkeit zu Nr. 1 und 2 gegeben sein muss. Instruktiv ist dabei § 311 Abs. 2 Nr. 2 BGB, der von einer Situation spricht, „bei welcher der eine Teil im Hinblick auf eine etwaige rechtsgeschäftliche Beziehung dem anderen Teil die Möglichkeit zur Einwirkung auf seine Rechte, Rechtsgüter und Interessen gewährt oder ihm diese anvertraut."
- Regelmäßig kommen in diesen Fällen auch Ansprüche aus § 823 Abs. 1 BGB in Betracht. Daher könnte man sich natürlich nach der Bedeutung eines solchen Anspruchs aus §§ 280 Abs. 1, 311 Abs. 2, 241 Abs. 2 BGB fragen und weshalb es der Erfindung der „cic" bedurfte. Die Antwort fällt Ihnen als gründlichen Lesern leicht. Denn die auf der Hand liegenden Vorteile eines Anspruchs aus §§ 280 Abs. 1, 311 Abs. 2, 241 Abs. 2 BGB sind Ihnen schon in Teil 4 bekannt gemacht worden: Was das pflichtwidrige Verhalten dritter Personen angeht, so

gilt die Zurechnungsnorm des § 278 BGB und nicht die Anspruchsgrundlage aus § 831 BGB mit seiner vom Anspruchsteller „gefürchteten", aber wohl doch überschätzten Möglichkeit des „Exkulpationsbeweises". Von entscheidender Bedeutung ist die Verschuldensvermutung des § 280 Abs. 1 S. 2 BGB, während bei § 823 Abs. 1 BGB die Darlegungs- und Beweislast den Anspruchsteller trifft. Diese mit der Schuldrechtsreform neu geschaffene Verschuldensvermutung, die es früher nicht gab, macht den Anspruch so besonders wertvoll.
- Der **Klarstellung** halber: Ein rein sozialer Kontakt – und mag das Verhältnis noch so eng sein – soll keine Sonderverbindung i.S.d. § 311 Abs. 2, 3 BGB begründen, so dass eine Schadenszufügung lediglich zu einem deliktischen Anspruch führt.

Man kann die verschiedenen **Arten** von **Rücksichtspflichten** aus **§§ 311 Abs. 2, 3, 241 Abs. 2 BGB** in zwei Fallgruppen einteilen: in solche, die in keinen Bezug zum projektierten Vertragsschluss haben, und in Rücksichtspflichten, die in einem Zusammenhang damit stehen.

#### aa) Die Verletzung von Rücksichtspflichten ohne Bezug zu einem projektierten Vertragsschluss

Bisweilen können Rücksichtspflichten verletzt werden, ohne dass dies im Zusammenhang mit dem beabsichtigten Vertragsschluss steht. Das ist zum *Beispiel* der Fall, wenn der Ladeninhaber den eintretenden Kunden öffentlich beleidigt. Der „Linoleumrollen-Fall" des RG oder der „Salatblatt-Fall" des BGH sind die Klassiker. Seit Generationen pflegen junge Juristen bei der Frage nach einer Haftung aus „cic" ausschließlich diese Fallgruppe zu assoziieren.

**Fall 475**

Der K möchte im Kaufhaus des V einen Bodenbelag aus Linoleum einkaufen. Er lässt sich verschiedene Muster zeigen. Der V stellt zwei große Linoleumrollen beiseite, um dem K eine weitere zu zeigen. Eine der sehr schweren Rollen kippt um und verletzt den K schwer. Der K fordert Ersatz der Behandlungskosten und Schmerzensgeld (nach RG, „Linoleumrollenfall").

a) In Betracht kommt ein Anspruch auf Schadenersatz und Schmerzensgeld aus einem vorvertraglichen „geschäftlichen Kontakt" aus §§ 280 Abs. 1 S. 1, 311 Abs. 2, 241 Abs. 2, 249 ff. BGB. aa) Ein Schuldverhältnis aus vorvertraglichem „geschäftlichen Kontakt" ist durch die Aufnahme von Vertragsverhandlungen entstanden (§§ 311 Abs. 2 Nr. 1 BGB), auch wenn später kein Vertrag geschlossen worden ist. bb) Weil der V nicht dafür Sorge trug, dass die Linoleumrollen umsturzsicher beiseite gestellt wurden, hat er seine Pflicht, Rücksicht auf die Rechtsgüter des Käufers zu nehmen (§ 241 Abs. 2 BGB), verletzt. cc) Er kann sich nicht nach § 280 Abs. 1 S. 2 BGB entlasten, sondern hat die Pflichtverletzung durch Fahrlässigkeit begangen, die er nach § 276 Abs. 1 S. 1, Abs. 2 BGB zu vertreten hat. dd) Daher besteht ein Anspruch aaa) auf Ersatz der Behandlungskosten (§ 249 Abs. 2 S. 1 BGB). bbb) Der Anspruch auf Schmerzensgeld ergibt sich im Fall einer Körperverletzung aus § 253 Abs. 2 BGB. b) Weiterhin bestehen Ansprüche aus §§ 823 Abs. 1, 249 ff. BGB auf Ersatz der Behandlungskosten (§ 249 Abs. 2 S. 1 BGB) und auf Schmerzensgeld (§ 253 Abs. 2 BGB).

**Variante**

Wie wäre es, wenn der K mit der Vorstellung, vielleicht eine Linoleumrolle zu kaufen, aber ohne feste Kaufabsicht, durch das Kaufhaus des V gegangen wäre, und eine der unbefestigt aufrecht aufgestellten Linoleumrollen auf ihn gefallen wäre, als er sie gerade betrachtete?

Die Lösung ist identisch, denn dann wäre das Schuldverhältnis durch die „Anbahnung eines Vertrages, bei welcher der eine Teil" (der K) „im Hinblick auf eine etwaige rechtsgeschäftliche Beziehung dem anderen Teil" (dem V) „die Möglichkeit zur Einwirkung auf seine Rechte … gewährt" entstanden (§ 311 Abs. 2 Nr. 2 BGB).

**Variante**

Wie wäre es, wenn der K im Kaufhaus herumgegangen wäre, um sich irgendwelche Waren anzusehen.

Nicht anders, denn hier läge nach § 311 Abs. 2 Nr. 3 BGB ein „ähnlicher geschäftlicher Kontakt" vor.

**Variante**

Wie wäre es, wenn der K sich im Kaufhaus des V nur vor einem Regenguss unterstellen wollte?

Dann läge nur ein bloßer „sozialer Kontakt" vor, der nicht ausreichen würde, weil K nicht zumindest potenzieller Kunde wäre. Daher käme nach h.M. (a. A.: Medicus) nur ein deliktischer Anspruch in Betracht (§ 823 Abs. 1 BGB).

#### bb) Verletzung von Rücksichtspflichten mit Bezug zu einem geplanten Vertragsschluss

##### (1) Scheiternlassen des Vertragsschlusses

In Betracht kommt auch die Verletzung einer Rücksichtspflicht nach § 241 Abs. 2 BGB, die im Zusammenhang mit einem ins Auge gefassten Vertragsschluss steht. Hauptfall ist der **grundlose Abbruch von Vertragsverhandlungen** in einem Stadium, in dem bei der einen Seite bereits ein **berechtigtes Vertrauen in** den **Abschluss des Vertrages geweckt** worden ist. Der in seinem Vertrauen auf den Abschluss eines Vertrages Enttäuschte kann dann das negative Interesse („Vertrauensschaden") ersetzt verlangen.

**Fall 476**

Der HSV (denken Sie ihn sich immer noch als e. V.) sucht für die nächste Saison wieder einmal einen neuen Trainer, der den bisher tätigen wieder einmal erfolglos gebliebenen Fußballlehrer Trene ablösen soll. Der Manager Machet (M) wird mit der Sondierung beauftragt. Er hält den bei einem anderen Club tätigen Q. U. Ellix (Q) für bestens geeignet, die bequeme und leistungsunwillige Mannschaft wieder zu motivieren. Die Vertragsbedingungen für einen 4-Jahresvertrag werden bis in alle Einzelheiten ausgehandelt. Der M erklärt schließlich, dass Q seinen jetzigen Vertrag beenden müsse. Dann werde die nach der neuen Satzung des HSV für den Abschluss des Vertrages mit einem Trainer ausschließlich entscheidende Zustimmung ausschließlich des neuerdings allmächtigen Präsidenten des HSV B. Rave (B), mit dem alles vorbesprochen sei, nur noch „eine Formsache" sein. Der Q hebt daher seinen bisherigen deutlich schlechter dotierten Vertrag, der noch 2 Jahre Laufzeit hatte, im Einverständnis mit seinem derzeitigen Club, der froh ist, den Q wegen dessen hohen Gehaltes loszuwerden, auf. Der B erteilt jedoch die Zustimmung zu einem Vertragsschluss mit Q „aus einer Laune heraus" nicht. Der „zwischen allen Stühlen sitzende" Q verlangt vom HSV das vereinbarte Gehalt für 4 Jahre, mindestens jedoch das ihm für 2 Jahre entgangene Gehalt seines ehemaligen Clubs.

In Betracht kommt ein Anspruch aus §§ 280 Abs. 1, 311 Abs. 2, 241 Abs. 2 BGB. a) Zwischen dem HSV und Q besteht aufgrund der Vertragsverhandlungen ein vorvertragliches Schuldverhältnis(§ 311 Abs. 2 BGB). b) Beim Scheiternlassen eines Vertrages kann eine Pflichtverletzung dann gegeben sein, wenn aa) aufgrund der vollständigen Einigung mit dem M bei dem Q der Eindruck erweckt worden ist, dass der Vertrag mit Sicherheit zustande kommen wird oder wenn Vorleistungen oder andere Dispositionen von Q im Hinblick auf den sicheren Vertragsschluss verlangt werden. bb) Ferner darf kein triftiger Grund für das Scheiternlassen des Vertrages bestanden haben; hier wird überhaupt kein Grund für die Nichterteilung der Zustimmung genannt. c) Das vermutete Verschulden des Präsidenten des HSV, das sich der HSV nach § 31 BGB zurechnen lassen muss, ist nicht widerlegt (§ 280 Abs. 1 S. 2 BGB). d) Der HSV schuldet dem Q aa) aber nicht das positive (Erfüllungs-)Interesse, also nicht das mit M ausgehandelte Gehalt für 4 Jahre, sondern bb) das negative Interesse: Der Q kann demnach verlangen, so gestellt zu werden, wie wenn er gewusst hätte, dass der Vertrag nicht zustande kommen würde; dann hätte er den bestehenden 2-Jahresvertrag nicht aufgehoben. Er kann also das ihm entgangene Gehalt seines alten Clubs verlangen.

#### (2) Enttäuschtes Vertrauen in die Wirksamkeit eines Rechtsgeschäfts

Es gibt Konstellationen, in denen der wahrheitswidrige **Anschein** eines **wirksamen Vertrages** hervorgerufen wird – etwa durch die Herbeiführung eines **Dissenses** oder durch die **Vortäuschung** der **Formfreiheit** eines in Wahrheit formbedürftigen Geschäfts. Auch in solchen Fällen kommt ein Anspruch auf Schadensersatz aus §§ 280 Abs. 1 S. 1, 311 Abs. 2, 241 Abs. 2 BGB in Betracht.

**Fall 477**

Ein Kanadier als Käufer (K) und ein US-Amerikaner als Verkäufer (V) verhandeln in London über den Abschluss eines Kaufvertrags über eine teils dort und teils in Kanada befindliche Ware. Die Ware soll an die Niederlassung des K in Deutschland geliefert und hier auch bezahlt werden. Der V bietet die Kaufsache zu einem Preis von „1 Million Dollar" an und meint, dass dies von dem K als „1 Million US-Dollar" verstanden wird. Der K will nur für „1 Million kanadische Dollar" kaufen und versteht das Angebot des V auch so. Deshalb antwortet er mit „Ja". Beide meinen sich geeinigt zu haben. Als der V von dem K Zug – um – Zug gegen Übereignung und Übergabe der Ware die Zahlung von „1 Million US-Dollar" verlangte, lehnt der K ab. Der V hat – wie bei früheren Geschäften zwischen ihnen üblich – die Ware bereits an K's Niederlassung in Deutschland versandt; dadurch sind ihm hohe Unkosten entstanden. Der V macht diese als Schadensersatz geltend. Der V und der K haben die Anwendbarkeit deutschen Rechts unter Ausschluss des UN-Kaufrechts (CISG) vereinbart.

Der Anspruch des V gegen den K auf Ersatz seiner Kosten für die Aufwendungen a) besteht dem Grunde nach (§§ 280, 311 Abs. 2, 241 Abs. 2 BGB). Denn durch die Aufnahme von Vertragsverhandlungen ist zwischen dem V und dem K ein vorvertragliches Schuldverhältnis entstanden, das zur Rücksicht verpflichtet. Diese Pflicht hat der K durch seine missverständliche Erklärung („Ja") rechtswidrig und schuldhaft verletzt, wenn man annimmt, dass dieses Missverständnis für ihn erkennbar war. b) Der Höhe nach wird das negative Interesse geschuldet: Der V kann von dem K verlangen, so gestellt zu werden, wie wenn er ihn nie gesehen hätte. Den V trifft jedoch wegen seiner eigenen missverständlichen Ausdrucksweise („1 Million Dollar") ein Mitverschulden, das nach § 254 Abs. 1 BGB zu einer angemessenen Schadensteilung führt (= jeder zur Hälfte).

**Fall 478**

Der V verkauft im Rahmen eines „Baubetreuungsvertrages" ein ihm gehörendes Baugrundstück privatschriftlich an den gerade aus Kasachstan nach Deutschland zugewanderten und hierzulande geschäftlich unerfahrenen K, der von einem Formzwang für derartige Geschäfte (§ 311b Abs. 1 S. 1 BGB) nichts weiß. Der K hat bei Freunden für den Kauf ein langfristiges und ungesichertes und deshalb hochverzinsliches Darlehen aufgenommen. Nach der Zahlung des vereinbarten Preises wird dem K das Grundstück übergeben. Der K nimmt an, dass er jetzt der Eigentümer sei. Anlässlich einer weiteren Kreditaufnahme des K bei einer Bank, die eine grundpfandrechtliche Sicherung verlangt, erfährt K erstmals von der Notwendigkeit einer Auflassung und Eintragung im Grundbuch für den Eigentumserwerb. Daraufhin verlangt der K von dem V die für die Übereignung des Grundstücks nötige Auflassung (§§ 873, 925 BGB). Als der V, den das Geschäft inzwischen reut, die Auflassung unter Hinweis auf §§ 311b Abs. 1 S. 1, 125 BGB verweigert, erklärt der K, dass der Vertrag bei entsprechender Aufklärung durch den V notariell beurkundet geschlossen worden wäre. Jedenfalls will der K die Befreiung von der eingegangenen Darlehensschuld.

1. Der Anspruch auf Übereignung a) könnte sich aus § 433 Abs. 1 S. 1 BGB ergeben. aa) Der Kaufvertrag ist jedoch nach §§ 311b Abs. 1 S. 1, 125 BGB nichtig. bb) Der K kann die Übereignung nur verlangen, wenn die Berufung des V auf die Nichtigkeit aus §§ 311b Abs. 1 S. 1, 125 BGB unbeachtlich wäre. aaa) Nach ständiger Rechtsprechung ist die Berufung auf den Formmangel wegen eines Verstoßes gegen Treu und Glauben unzulässig, wenn sie für den anderen Teil zu einem „schlechthin untragbaren" Ergebnis führt. Anerkannt ist dies, wenn der eine Vertragsteil auf das Versprechen des andern Teils seine eigene Existenz aufgegeben oder eine Existenz gegründet hat, die er bei Verneinung vertraglicher Bindungen verlieren würde, wenn ein besonderes Treueverhältnis oder eine Fürsorgepflicht vorliegt, wenn der Verkäufer, der den Kaufpreis verbraucht hat, zur Rückzahlung nicht in der Lage ist, so dass der Käufer sein Geld nicht wiedererlangen kann, wenn der Irrtum über die rechtliche Notwendigkeit der Förmlichkeit vom Geschäftsgegner schuldhaft, mindestens fahrlässig verursacht worden war, wenn derjenige, der sich auf den Formverstoß beruft, sich entgegen Treu und Glauben widersprüchlich verhält oder wenn eine Partei, sei es auch nur unabsichtlich, die andere zum Absehen vom erforderlichen Abschluss eines formgültigen Vertrags veranlasst und diese daraufhin angenommen hat, dass formlose Vereinbarungen genügten. bbb) Man kann aber auch die Ansicht vertreten, dass der Vertrag unwirksam bleibt und nur ein Anspruch aus §§ 280 Abs. 1 S. 1, 311 Abs. 2, 241 Abs. 2, 249 ff. BGB gegeben sein kann. b) Da der V die Unerfahrenheit des K bewusst ausgenutzt hat, um ihn über die Formvoraussetzungen zu täuschen, müsste sich der V nach der Rechtsprechung an den Vertrag festhalten lassen. Es kommt weiter ein Anspruch des K auf Schadensersatz aus §§ 280 Abs. 1 S. 1, 311 Abs. 2, 249 ff. BGB in Betracht. aa) Eine vorvertragliche Sonderbeziehung ist gegeben (§ 311 Abs. 2 Nr. 1 BGB). bb) Den V traf speziell als Baubetreuer gegenüber dem ersichtlich unerfahrenen K eine Offenbarungspflicht hinsichtlich der Formbedürftigkeit des Vertrages. cc) Der V hat schuldhaft gehandelt. dd) Fraglich ist, ob der K das positive Interesse (also die Übereignung und Übergabe) verlangen kann. aaa) Daran könnte man denken, weil § 311b Abs. 1 S. 1 BGB hier weniger den Baubetreuer, sondern mehr den Erwerber schützen soll; so gesehen wäre ein Anspruch auf Erfüllung denkbar. bbb) Das wird jedoch in der Lehre zu Recht abgelehnt, weil das Ergebnis einem Kontrahierungszwang sehr nahe kommt. 2. Der K hat jedoch aus §§ 280 Abs. 1 S. 1, 311 Abs. 2, 241 Abs. 2, 249 Abs. 1 BGB einen Anspruch auf das negative Interesse, also auf Ersatz des negativen Vertrauensschadens, nämlich auf die Befreiung von der Darlehensschuld (Medicus).

### (3) Herbeiführung eines nachteiligen Vertragsschlusses

In den vorgenannten Fallgruppen war infolge der Rücksichtspflichtverletzung der Vertrag nicht zustande gekommen. Es gibt aber auch Fälle, in denen die Rücksichtspflichtverletzung zum Abschluss eines nachteiligen Vertrages führt.

Das Gesetz sieht zwar in den Fällen der Herbeiführung eines nachteiligen Vertragsschlusses durch Täuschung vor, dass der Benachteiligte den Vertrag wegen arglistiger Täuschung anfechten (§ 123 BGB) und mit rückwirkender Kraft beenden kann (§ 142 Abs. 1 BGB). Weil § 123 Abs. 1 BGB aber vorsätzliche Falschangaben verlangt (Arglist), versagt der Schutz bei lediglich fahrlässigen Falschangaben. Nach einer – allerdings zweifelhaften – Rechtsprechung des BGH soll in solchen Fällen ein Vertragsaufhebungsanspruch aus §§ 280 Abs. 1, 311 Abs. 2, 241 Abs. 2, 249 Abs. 1 BGB dem Benachteiligten helfen. Unstreitig können Schadensersatzansprüche aus §§ 823 Abs. 2 BGB, 263 StGB, 249 Abs. 1 BGB und §§ 826, 249 Abs. 1 BGB zu Aufhebungsansprüchen führen. Die Vorteile sind im Vergleich zur Möglichkeit einer Anfechtung nach §§ 123 Abs. 1, 142 Abs. 1 BGB weniger bedeutsam, denn auch hier wird Vorsatz vorausgesetzt (§ 823 Abs. 2 S. 2 BGB!).

**Fall 479**

Der Zahnarzt Z macht dem Privatpatienten P, einem Beamten, ein Angebot für eine Zahnimplantation für € 8000,– und erklärt, dass die gesamte Leistung „beihilfefähig" sei. Der P nimmt das Angebot an. Der Z macht eine Röntgenaufnahme und stellt einen Behandlungsplan auf. Als der P vorsorglich den Kostenvoranschlag des Z der Beihilfestelle vorlegt, erfährt er, dass als beihilfefähig nur Leistungen in Höhe von € 500,– anerkannt werden können. Der P will sich vom Vertrag lossagen. Der Z erklärt, dass er die Beihilfebestimmungen in rechtlicher Hinsicht anders als die Beihilfestelle verstanden habe. Er erklärt sich mit einer Aufhebung des Vertrages einverstanden, verlangt aber jedenfalls die Bezahlung des Kostenvoranschlags, der Röntgenaufnahme und der Aufstellung des Behandlungsplans, für die im Vertrag ein Einzelpreis von € 100,– vorgesehen war.

a) Der Kostenvoranschlag „ist im Zweifel nicht zu vergüten" (§ 632 Abs. 3 BGB). b) Hier könnte sich der Anspruch jedoch aus der ausdrücklichen Vereinbarung in einem Werkvertrag ergeben (§ 631 Abs. 1 BGB, geschuldet ist hier der Operationserfolg; vertretbar wäre es auch, einen Dienstvertrag anzunehmen). aa) Die vertragliche Einigung liegt vor. bb) Die vereinbarte Aufhebung des Vertrages wirkt lediglich ex nunc und berührt die Vergütung für die bereits erbrachten Leistungen nach der Parteiabrede nicht. cc) Der Vertrag ist auch nicht wirksam nach § 123 Abs. 1 BGB angefochten worden. aaa) Der Z handelte nämlich nicht vorsätzlich und daher nicht arglistig. bbb) Wohl aber war seine Aussage über die Beihilfefähigkeit der Behandlung fahrlässig. Denn er hätte als juristischer Laie zuvor eine Auskunft der Behörde, der Ärztekammer oder eines Rechtsanwalts einholen müssen. dd) Der P könnte aber aufgrund eines Aufhebungsanspruchs aus §§ 280 Abs. 1, 311 Abs. 2, 249 Abs. 1 BGB verlangen, so gestellt zu werden, wie wenn der Z ihn richtig informiert hätte. Dann hätte er den Vertrag nicht geschlossen. Sie müssen hier gründlich diskutieren, ob bei lediglich fahrlässigen Täuschungen ein solcher Anspruch besteht.

**Fall 480**

Der K erwirbt von dem V dessen Eigentumswohnung zum Marktpreis von € 80.000,–. Zur Finanzierung nimmt der K bei der B-Bank ein Darlehen über € 100.000,– auf. Der K war als Käufer der Wohnung von D geworben worden, der ein Mitarbeiter der X-Gesellschaft ist. Diese sollte das Objekt für den V vermarkten. Der D hatte das Finanzierungsmodell des V vorwerfbar irrig so verstanden, dass die von V garantierten Mieteinnahmen sowie die mit dem Erwerb der Wohnung verbundenen steuerlichen Vorteile der aus dem Darlehen der B-Bank geschuldeten Tilgung und Zinsen entsprächen. Demgemäß sollte der Erwerb nach der Darstellung des D keine zusätzliche finanzielle Belastung für den K mit sich bringen. Dieser Effekt tritt jedoch nach Vertragsschluss nicht ein; vielmehr hat der K monatlich € 2000,– an die B-Bank zu zahlen. Zu einer Wertsteigerung der Wohnung wird es in Zukunft nicht kommen. Der K verlangt Rückabwicklung (nach BGH).

Eine Rückabwicklung nach a) §§ 894, 985, 812 ff. BGB wegen einer wirksamen Anfechtung nach §§ 123, 142 Abs. 1 BGB erfolgt nicht. aa) Der D ist zwar kein „Dritter" i.S.d. des § 123 Abs. 2 S. 1 BGB, denn als Erfüllungsgehilfe des V stand er „im Lager des V" (dazu sogleich). bb) Der D handelte jedoch nur fahrlässig und eine „Arglist" hätte mindestens bedingten Vorsatz vorausgesetzt. b) Der K könnte einen Anspruch auf Aufhebung des Vertrages nach §§ 280 Abs. 1, 311 Abs. 2, 241 Abs. 2, 276, 278 BGB haben. D ist Erfüllungsgehilfe der X-Gesellschaft und diese ist Erfüllungsgehilfin des V. Streitig ist, ob bei einem Vertragsschluss aufgrund von vorwerfbaren Falschangaben im Wege eines Schadensersatzes Vertragsaufhebung verlangt werden kann. Voraussetzung wäre hierfür jedenfalls ein Schaden des K. aa) Dieser läge vor, wenn die Wohnung im Zeitpunkt des Vertragsschlusses einen geringeren Wert als den Betrag des Kaufpreises gehabt hätte (also „ihr Geld nicht wert" gewesen wäre). Dies ist hier aber nicht der Fall, zumal die Wohnung einen Marktwert von € 80.000,– hatte. bb) Der Schaden des K soll aber nach Ansicht der Rechtsprechung darin bestehen, dass die Mieteinnahmen und die Steuerersparnis den Kaufpreis nicht decken und dass die verbleibende Differenz auch nicht durch eine Wertsteigerung der Wohnung ausgeglichen wird. Daher soll der K einen Anspruch auf Rückabwicklung haben.

Zu einem überraschenden Ergebnis kommt man bisweilen in Fällen von **Aufklärungspflichtverletzungen** im Zuge des **Vertragsschlusses**. Wenn hierdurch die berechtigten Erwartungen des anderen Teils enttäuscht werden, so kann dieser verlangen, so gestellt zu werden, wie er stünde, wenn die Aufklärungspflicht erfüllt worden wäre.

**Fall 481**

Der aus Anatolien stammende VN beabsichtigt, für seinen neuen PKW bei der VR-Versicherung (VR) einen Kfz-Haftpflichtversicherungsvertrag und eine Vollkaskoversicherung abzuschließen. Er plant demnächst nämlich eine Heimatreise und sorgt sich, wegen der in der Türkei nicht gegebenen Versicherungspflicht und der sonstigen Unfallrisiken. Dies alles erklärt er im Büro der VR dem zuständigen Sachbearbeiter. Ein Kfz-Haftpflicht- und ein Kasko-Versicherungsvertrag werden abgeschlossen. Auf seiner Reise stößt der VN in seinem Heimatdorf mit seinem Wagen unverschuldet mit einem Eselskarren zusammen, wodurch das Auto erheblich beschädigt wird. Einen Schadensersatz erhält er nicht. Er lässt den Unfall polizeilich aufnehmen und meldet den Schaden der VR. Diese verweigert die Leistung mit der Begründung, dass das Dorf in Anatolien und damit nicht in Europa läge und der abgeschlossene Vertrag nach den allgemeinen Versicherungsbedingungen nur für Europa gelte (nach BGH).

a) Aus dem Versicherungsvertrag hat der VN keinen Anspruch gegen die VR. b) In Betracht kommt ein Schadensersatzanspruch des VN gegen die VR aus §§ 280 Abs. 1, 311 Abs. 2, 241 Abs. 2 BGB. aa) Durch Verhandlungen über den Versicherungsvertrag in den Geschäftsräumen der VR ist eine vorvertragliche Sonderbeziehung zwischen dem VN und der VR entstanden (§ 311 Abs. 2 Nr. 1 BGB). bb) Die VR traf wegen des ihr bekannten besonderen Risikos des VN eine Aufklärungspflicht; sie hätte dem VN raten müssen, eine auch für Asien geltende Versicherung abzuschließen. cc) Die zumindest fahrlässige Pflichtverletzung des Sachbearbeiters (§ 276 BGB) muss die VR sich nach § 278 BGB zurechnen lassen. dd) Der Schadensersatz besteht darin, dass die VR den VN so stellen muss, wie er bei richtiger Beratung durch die VR gestanden hätte. Wäre er zutreffend beraten worden, hätte er durch Abschluss eines anderen Versicherungsvertrags einen Asien umfassenden Versicherungsschutz erlangt und der Schaden wäre ihm durch die VR ersetzt worden (positives Interesse); nicht jedoch soll er den Abschluss eines Kaskoversicherungsvertrages verlangen können. Andererseits hätte der VN auch eine höhere Prämie für den weiteren Versicherungsschutz zahlen müssen. Die VR muss also den Schaden abzüglich der Prämiendifferenz in Geld ersetzen.

#### (4) Vorrang der §§ 122, 179 Abs. 2 und § 311a Abs. 2 BGB

Kompliziert ist das **Verhältnis** eines **Schadensersatzanspruchs** aus **§§ 280 Abs. 1, 311 Abs. 2, 241 Abs. 2 BGB** zu einem solchen aus **§ 311a Abs. 2 BGB**: Ist der Schuldner aus einem verpflichtenden Vertrag aufgrund eines schon bei Vertragsschluss bestehenden Leistungshindernisses nach § 275 Abs. 1–3 BGB leistungsfrei, so ist der Vertrag bekanntlich wirksam (§ 311a Abs. 1 BGB). Ferner schuldet der Schuldner dem Gläubiger Schadensersatz statt der Leistung (also das „positive Interesse"), es sei denn, er kannte bei Vertragsschluss das Leistungshindernis nicht und hatte seine Unkenntnis auch nicht zu vertreten (§ 311a Abs. 2 BGB). Es liegt auf der Hand, dass der Schuldner bei dieser Konstellation zugleich auch eine vorvertragliche Aufklärungspflicht aus § 241 Abs. 2 BGB verletzt hat. Denn er hätte den Gläubiger über das bestehende Leistungshindernis aufklären müssen. Die Konsequenz daraus ist, dass der Schuldner auch nach §§ 280 Abs. 1, 311 Abs. 2, 241 Abs. 2 BGB zum Ersatz des „negativen Interesses" verpflichtet sein könnte. Machen Sie sich klar, dass das negative Interesse im Einzelfall weiter reichen kann, als das positive Interesse. Es droht folglich eine Umgehung der Wertung des § 311a Abs. 2 BGB

(Ersatz nur des positiven Interesses). Daher wird man im Anwendungsbereich des § 311a Abs. 2 BGB diese Anspruchsgrundlage als „lex specialis“ zu § 280 Abs. 1, 311 Abs. 2, 241 Abs. 2 BGB ansehen müssen. Im Konfliktfall ist damit **ausschließlich § 311a Abs. 2 BGB** anwendbar.

**Fall 482**

Der V verkauft an den K eine schon vor Vertragsschluss untergegangene Sache, die € 1500,– wert ist, für € 1000,–. Der V hätte sich bei Vertragsschluss sagen müssen, dass die Sache längst untergegangen war. Wegen des abgeschlossenen Vertrages unterlässt es der K, eine andere vergleichbare Einkaufsgelegenheit zum Preis von € 900,– zu nutzen. Der K verlangt Schadensersatz (nach Wilmowsky).

a) Hier beträgt das nach § 311a Abs. 2 S. 1 BGB zu ersetzende positive Interesse des K € 500,– (Differenz von Wert und Preis). b) Das nach §§ 280 Abs. 1, 241 Abs. 2 BGB zu ersetzende negative Interesse, das darauf gerichtet ist, den K so zu stellen, als hätte er den V nie getroffen, beträgt € 600,–. Im Anwendungsbereich des § 311a Abs. 2 BGB soll jedoch nur der Ersatz des positiven Interesse gewährt werden und kein darüber hinausgehender Anspruch auf Ersatz des negativen Interesses durch eine Anwendung des §§ 280 Abs. 1, 241 Abs. 2 BGB bestehen.

### 2. Die Haftung eines Dritten aus einer Verletzung von „Rücksichtspflichten“ aus vorvertraglichem Schuldverhältnis („Eigenhaftung Dritter“)

Nach § 311 Abs. 3 BGB können aufgrund eines **„geschäftlichen Kontakts“** i. S. d. **§ 311 Abs. 2 BGB** Rücksichtspflichten auch einen **Dritten** treffen, der selbst nicht Vertragspartner werden soll. Verletzt der Dritte diese Rücksichtspflichten, so hat der Verletzte einen **Schadensersatzanspruch gegen** den **Dritten** aus **§§ 280 Abs. 1 S. 1, 311 Abs. 2, 3, 241 Abs. 2, 249 ff. BGB**.

Der Kreis dieser „Dritten“ ist in § 311 Abs. 3 BGB einerseits eng begrenzt. Nicht jeder Stellvertreter, Verhandlungsgehilfe oder Makler soll als Dritter haften.

Es sind in erster Linie solche Personen, die in **besonderem Maße Vertrauen für sich** in **Anspruch nehmen** und die gerade **dadurch** die **Verhandlungen** oder den **Vertragsschluss erheblich beeinflussen.**

Andererseits ist die Regelung des § 311 Abs. 3 BGB auch nicht abschließend gemeint. Eine Schadensersatzhaftung wegen einer Verletzung von Rücksichtspflichten aus § 241 Abs. 2 BGB ist auch dann möglich, wenn der Inanspruchgenommene ein **unmittelbar eigenes wirtschaftliches Interesse** am **Vertragsschluss** hat. Dafür reicht allerdings ein bloßes Interesse am Erhalt einer Provision nicht aus; es muss sich um ein Geschäft handeln, bei dem der Dritte wirtschaftlich in eigener Sache tätig wird.

Eine derartige **„Eigenhaftung Dritter“** war übrigens früher im Wege der Rechtsfortbildung entwickelt worden, deren Rechtssätze mit der Schuldrechtsreform in § 311 Abs. 3 BGB Gesetz geworden sind. Auch insoweit ist eine legitime Rechtsfortbildung durch die Schuldrechtsreform „legalisiert" worden.

**Fall 483**

Die Lehrerin F hat vor 30 Jahren, als sie schon im Beruf stand, von ihren Eltern ein in der Hamburger Innenstadt gelegenes Feinkostgeschäft geerbt. Das Geschäft wird seitdem von ihrem Mann V, der auch schon für die Eltern seiner Frau das Geschäft geführt hatte, betrieben. Der V ist formal einer von mehreren Angestellten der F. Die F hat mit der Führung des Geschäftes nichts zu tun. Die aus der F, dem V und Kindern bestehende Familie lebt vom Geschäftseinkommen der F und deren Lehrerinnengehalt und dem Einkommen des V. Als eines Tages der Kunde K das Geschäft betritt, rutscht er auf einem Ölfleck aus, der sich gebildet hatte, weil der Lehrling L eine Olivenölflasche hatte fallen lassen und die Öllache, weil er gerade „Pause" hatte, nicht sofort beseitigt und auch weder V noch niemanden vom Personal informiert hatte. Der durch den Sturz verletzte K will von V Schadensersatz.

1. In Betracht kommen Ansprüche des K gegen V aus vorvertraglichem Schuldverhältnis. a) Der Anspruch auf Schadensersatz könnte sich aus §§ 280 Abs. 1 S. 1, 311 Abs. 2, 241 Abs. 2 BGB ergeben. aa) Ein Schuldverhältnis aaa) ist zwischen K und der Geschäftsinhaberin F durch die Anbahnung eines Vertrags (§§ 311 Abs. 2 Nr. 2 BGB) entstanden, auch wenn es hinterher nicht mehr zum Vertragsschluss kam. bbb) Fraglich ist, ob das Schuldverhältnis nach § 311 Abs. 3 BGB auch mit dem in Anspruch genommenen V entstanden ist. § 311 Abs. 3 S. 2 BGB schafft ein Schuldverhältnis mit Rücksichtspflichten zu einem Dritten, wenn dieser in besonderem Maße Vertrauen für sich in Anspruch nimmt und gerade dadurch die Verhandlungen oder den Vertragsschluss erheblich beeinflusst. Hier ist der V faktisch der Inhaber des Geschäftes und hat auch ein eigenes wirtschaftliches Interesse am Vertragsschluss mit den Kunden. § 311 Abs. 3 BGB kommt daher zur Anwendung. bb) Weil aaa) entweder der V nicht dafür Sorge trug, dass der Ölfleck beseitigt wurde, oder weil der L dabei nachlässig vorging, ist eine dem V obliegende Pflicht zur Rücksicht auf die Rechtsgüter des Käufers nach § 241 Abs. 2 BGB verletzt worden. bbb) Der V kann sich nicht entlasten. Vielmehr handelte er selbst schuldhaft (§ 276 BGB), oder er muss sich das Verhalten und Verschulden des L zurechnen lassen (§§ 278, 276 BGB). dd) Daher besteht ein Anspruch auf Ersatz der Heilungskosten (§ 249 Abs. 2 S. 1 BGB). b) Ein Anspruch auf Schmerzensgeld ergibt sich im Fall einer Körperverletzung aus §§ 280 Abs. 1 S. 1, 311 Abs. 2, 3, 241 Abs. 2 BGB i.V.m. § 253 Abs. 2 BGB. 2. Weiterhin bestehen Ansprüche aus §§ 823 Abs. 1, 249 ff. BGB.

**Variante**

Die Nachlässigkeit erfolgte nach dem Einkauf des K; und dieser verunglückte, als er den Laden verließ.

Hier ändert sich nichts, denn eine Eigenhaftung Dritter besteht auch bei Schutzpflichtverletzung nach Vertragsschluss, wenn bei Vertragsschluss die Voraussetzungen des § 311 Abs. 3 BGB gegeben waren.

### 3. Ansprüche aus §§ 280 Abs. 1, 311 Abs. 2, 241 Abs. 2 BGB bei nichtigen Verträgen

Wenn schon der bloße geschäftliche Kontakt zu einem Schuldverhältnis aus § 241 Abs. 2 BGB führt, muss man auch bei **nichtigen Verträgen** erst recht zu einer Haftung aus §§ 280 Abs. 1, 311 Abs. 2, 241 Abs. 2 BGB, wegen einer Verletzung von „Rücksichtspflichten" kommen. Schließlich sind sich die Parteien in diesen Fällen sogar so nahe gekommen, dass es zu einer vertraglichen Einigung gekommen ist. Etwas anderes gilt aber, wenn einer Inanspruchnahme der **Schutzzweck** der jeweiligen **Nichtigkeitsgründe entgegensteht**.

**Fall 484**

Der unerkennbar geisteskranke K rutscht nach einem Großeinkauf im Geschäft des V, der im Laden von dem Marktleiter M vertreten wird, auf einer vor der Kasse liegenden Bananenschale aus. Den V trifft kein Verschulden; ein Verschulden des M kann nicht bewiesen werden; insbesondere hat er den als zuverlässig geltenden M mit größter Sorgfalt ausgewählt und regelmäßig überwacht.

1. Deliktische Ansprüche scheiden aus: a) für § 823 Abs. 1 BGB fehlt es am Verschulden des V; b) § 831 BGB greift wegen der Exkulpation des V nicht ein (§ 831 Abs. 1 S. 2 BGB). 2. In Betracht kommt aber a) eine Schadensersatzhaftung aus §§ 280 Abs. 1, 311 Abs. 2, 241 Abs. 2, 278, 249 ff. BGB wegen einer Verletzung von Rücksichtspflichten aus einem vorvertraglichen Schuldverhältnis. Der V hat das vermutete Verschulden seines Erfüllungsgehilfen M nicht widerlegt (§§ 280 Abs. 1 S. 2, 278 BGB). Um jedem Missverständnis vorzubeugen: Der von V geführte Entlastungsbeweis bei § 831 Abs. 1 S. 2 BGB betrifft allein die den V selbst betreffende Verschuldensvermutung des § 831 BGB und widerlegt daher nicht etwa die den M betreffende Verschuldensvermutung nach §§ 280 Abs. 1 S. 1, 278 BGB. b) Entgegenstehen darf dem Anspruch aber nicht der Schutzzweck der Nichtigkeitsnorm (§ 105 BGB); das ist nicht der Fall, weil § 105 BGB den Schutz u. a. von Geisteskranken bezweckt und es hier um Ansprüche des geisteskranken K und nicht um Ansprüche gegen ihn geht.

**Übrigens**

Die Verletzung der Aufbauregeln, die Sie sicher bemerkt haben, war ein didaktisches „Mittel zum Zweck": Erst die Lückenhaftigkeit des Deliktsschutzes lässt einen die Notwendigkeit der Idee eines Anspruchs aus §§ 280 Abs. 1, 311 Abs. 2, 241 Abs. 2 BGB erkennen.

**Variante**

Der K ist gesund, unerkennbar geisteskrank ist der V.

Hier steht einer Schadensersatzhaftung des V 1. aus §§ 280 Abs. 1, 311 Abs. 2, 241 Abs. 2 BGB der Schutzzweck des § 105 BGB entgegen. 2. Bei § 823 Abs. 1 BGB wäre § 827 BGB zu erörtern.

## II. Ansprüche aus Geschäftsführung ohne Auftrag („GoA")

Im Grundsatz führt jeder seine Geschäfte selbst. Wenn von Ihnen erwünscht ein anderer Ihre Angelegenheiten besorgt, geschieht dies – von erbetenen Gefälligkeiten einmal abgesehen – aufgrund eines Vertrages. Sie schließen also mit einem Dachdecker, der entgeltlich Ihr Dach reparieren soll, einen Werkvertrag (§§ 631 ff. BGB). Für die entgeltliche Tätigkeit eines Babysitters schließen Sie einen Dienstvertrag (§§ 611 ff. BGB). Wenn Sie jemanden bitten, unentgeltlich für Sie ein Dach zu reparieren oder ein Buch zu besorgen, und dieser ist einverstanden, so ist der zwischen Ihnen als Auftraggeber mit dem Beauftragten geschlossene Vertrag ein Auftrag (§§ 662 ff. BGB). Wenn Ihre Angelegenheiten („Geschäfte") durch einen Rechtsanwalt (Prozessführung) oder Steuerberater (Vorbereitung der Steuererklärung) besorgt werden sollen, ist der durch die Annahmeerklärung geschlossenen Vertrag ein Geschäftsbesorgungsvertrag (§§ 611, 675 ff. BGB). Schließen Sie mit jemandem (z. B. einer Bank) einen Vertrag über die Erbringung von Zahlungsdiensten, ist der Vertrag ein Zahlungsdienstevertrag (§§ 675f ff. BGB). Die Rechte und Pflichten aus diesen Verträgen sind typisiert geregelt (Teil 3 A I 7) oder können – soweit kein zwingendes Recht dem entgegensteht – individualvertraglich festgelegt werden (Teil 3 A I 8).

Rechtlich geregelt sein müssen aber auch die **Rechtsfolgen** einer **„Führung von Geschäften"** durch einen **„Geschäftsführer"** für einen **„Geschäftsherrn"**, für die **es keinen Auftrag** gibt.

Der Regelungsbedarf betrifft die folgenden Fragen: Pflichten des Geschäftsführers gegenüber dem Geschäftsherrn bei oder nach Übernahme der Geschäftsführung/Regelung der Folgen einer Pflichtverletzung/Anspruch des Geschäftsherrn gegen den Geschäftsführer auf Herausgabe des Erlangten/Aufwendungsersatzanspruch des Geschäftsführers gegen den Geschäftsherrn.

Dazu war die Schaffung eines gesetzlichen Schuldverhältnisses erforderlich. Bei der Regelungen dieser Fragen hatte der Gesetzgeber zu unterscheiden. Einerseits gibt es erwünschte und dienliche Akte einer Geschäftsführung ohne Auftrag. Stellen Sie sich vor, dass ein Dachdecker das von einem Sturm beschädigte Dach des Hauses seines verreisten Nachbarn repariert, damit es nicht durchregnet, oder dass ein Student ein vergriffenes Buch antiquarisch auf einem Flohmarkt erwirbt, das der Freund dringend für seine Examensarbeit benötigt. Umgekehrt gibt es aber auch in unerwünschter Weise aufgedrängte Geschäftsführungen ohne Auftrag. Vom Gesetzgeber mussten in Gestalt eines gesetzlichen Schuldverhältnisses Regelungen geschaffen werden, die durch eine angemessene „Ausgleichs- und Lastenordnung" einen Anreiz zur altruistischen Geschäftsführung bietet und zugleich aber vor in unerwünschter Weise aufgedrängten Geschäftsführungen schützt. Die Regelungen in den §§ 677 bis 686 BGB werden wir dann im Einzelnen kennenlernen.

Die allgemein übliche Einordnung der GoA bei den vertragsähnlichen gesetzlichen Schuldverhältnissen beruht darauf, dass jedenfalls die berechtigte GoA Wirkungen hat, die denen eines Vertragsverhältnisses gleichen.

Die Vorgehensweise bei der Erarbeitung der Regelungen dieser Fragen lässt sich wie folgt strukturieren:

- Bevor wir uns voreilig diesen Detailfragen zuwenden, müssen wir zunächst zwei bestimmte Sachverhaltskonstellationen ausscheiden, die wir fortan **„unechte GoA"** nennen werden, weil es sich um Fälle einer Eigengeschäftsführung handelt: **1)** Wenn der Geschäftsführer **irrig meint**, es sei **sein eigenes Geschäft**, z. B. weil er irrig glaubte, der Eigentümer des Hauses zu sein, dessen Dach er gedeckt hat/wenn er irrig meinte, Eigentümer der Sache zu sein, die er verkauft hat. Dann ergibt § 687 Abs. 1 BGB, dass die §§ 677 bis 686 BGB keine Anwendung finden. Der Ausgleich zwischen dem Geschäftsführer und dem Eigentümer erfolgt dann nach §§ 987 ff, 823 ff und 812 ff. BGB. **2)** Ebenfalls finden die §§ 677 bis 986 BGB keine Anwendung, wenn der Geschäftsführer das fremde Geschäft **als eigenes behandelt,** obwohl er **weiß**, dass er dazu **nicht berechtigt** ist, also z. B. eine fremde Sache veräußert hat, von der er wusste, dass sie ihm nicht gehört und er auch nicht zur Veräußerung berechtigt war. Bei einem solchen Fall der **„angemaßten" GoA** finden die §§ 677 bis 686 BGB keine Anwendung. Der Ausgleich unter den Parteien erfolgt vielmehr nach §§ 987 ff, 823 ff und 812 ff. BGB. Die Regelung des § 687 Abs. 2 BGB ermöglicht es aber dem Geschäftsherrn, das Geschäft „an sich zu ziehen" und gegen den Geschäftsführer Ansprüche aus berechtigter GoA (§§ 677, 681, 682 BGB) und aus nichtberechtigter GoA (§ 678 BGB) geltend zu machen, dies allerdings „um den Preis" eines Gegenanspruchs des Geschäftsführers aus § 684 S. 1 BGB. Diese Möglichkeit, die § 687 Abs. 2 BGB eröffnet, macht es sinnvoll, in dieser Darstellung die Geschäftsanmaßung, die eigentlich der GoA nichts zu tun hat, im Anschluss an die echte GoA zu erörtern **(sub III)**.
- Nur wenn es so liegt, dass der Geschäftsführer das fremde Geschäft als fremdes Geschäft ansieht und es auch als fremdes Geschäft führt, liegt die Konstellation der uns hier interessierenden **„echten GoA"** vor, auf die die §§ 677 bis 686 BGB Anwendung finden **(sub II)**. Hierfür hat der Gesetzgeber, um einen gerechten Ausgleich zwischen dem Geschäftsführer und dem Geschäftsherrn herbeizuführen, ein subtiles **System** von **Ansprüchen** des **Geschäftsherrn gegen** den **Geschäftsführer** und umgekehrt **des Geschäftsführers gegen** den **Geschäftsherrn** geschaffen. Die Inhalte dieser Ansprüche hängen davon ab, ob die echte GoA **berechtigt (§§ 677, 683/684 S. 2 BGB)** war **(sub 1)** oder ob sie **unberechtigt (§§ 677, 684 S. 1 BGB)** war **(sub 2)**.

Wenn wir uns im Folgenden zunächst der „echten" und zugleich „berechtigten" GoA zuwenden werden, so werden Sie dabei natürlich zuerst die einzelnen Merkmale einer „echten" GoA vermittelt bekommen **(sub 1 a))**; sie bilden den „Grundtatbestand" für alle Ansprüche aus „echter" GoA und werden daher natürlich auch nur einmal (bei der „echten" und zugleich „berechtigten" GoA nämlich) behandelt werden und nicht noch ein weiteres Mal bei der echten nichtberechtigten GoA; das macht auch der Klammerzusatz der Überschrift zu 1 a) deutlich.

## 1. Ansprüche aus echter und zugleich berechtigter GoA

### a) Gemeinsame Voraussetzungen aller Ansprüche aus echter und berechtigter (und: echter nichtberechtigter) GoA: die „echte" GoA

Als erstes geht es um die Zusammenstellung der gemeinsamen **Voraussetzungen** aller Ansprüche aus **„echter und berechtigter GoA"** (§ 677 BGB i.V.m. arge. § 687 BGB), nämlich um die Merkmale einer **„echten" GoA**, und zwar um diese: Der Handelnde (der „Geschäftsführer") muss ein **„Geschäft besorgen"**, worunter man jedes rechtsgeschäftliche oder tatsächliche Handeln versteht, das hypothetisch für eine andere Person erledigt werden kann **(sub aa))**. Diese Handlung muss „für einen anderen" (den „Geschäftsherrn") erfolgt sein, was bedeutet, dass ein **„fremdes Geschäft"** vorgelegen haben muss **(sub bb))**. Dass der Geschäftsführer das Bewusstsein und den Willen haben muss, ein fremdes Geschäft zu führen, dass also ein **„Fremdgeschäftsführungswille"** erforderlich ist, ergibt sich ebenfalls aus der Formulierung „für einen anderen" in § 677 BGB und zudem aus einem Umkehrschluss aus § 687 BGB **(sub cc))**. Und schließlich muss der Geschäftsführer „ohne von" dem Geschäftsherrn „beauftragt oder ihm gegenüber sonst dazu berechtigt zu sein" – kurz: **„ohne Auftrag"** – tätig geworden sein **(sub dd))**. Ich bin sicher, Ihnen ist aufgrund der die einleitenden Ausführungen abschließenden Bemerkung und der obenstehenden Überschrift klar, dass diese Merkmale einer „echten" GoA gewissermaßen als **„Grundtatbestand"** auch für die Ansprüche aus „echter" und zugleich „nichtberechtigter" GoA Geltung haben und dass sie in dieser Darstellung, um Doppelungen in der Darstellung zu vermeiden, natürlich auch nur einmal, und zwar an dieser Stelle, dargestellt werden. Wenden wir uns jetzt also den einzelnen Merkmalen einer **„echten" GoA** im Detail zu.

#### aa) Besorgung eines Geschäfts, Geschäftsfähigkeit

Der Geschäftsführer muss nach dem **Wortlaut** des **§ 677 BGB** ein **„Geschäft besorgt"** haben. Darunter versteht man die **Erledigung** einer **jeden** für andere Personen besorgbaren, also hypothetisch fremdnützigen **Angelegenheit**, die wirtschaftliche Folgen hat. Dies kann ein **tatsächliches** oder ein **rechtsgeschäftliches Handeln** sein und darf sich nicht in bloßem Unterlassen oder Dulden erschöpfen. Nicht erforderlich ist, dass die Geschäftsbesorgung eigenhändig ausgeführt wird; der Geschäftsführer kann sich dazu auch Dritter bedienen.

**Nicht erforderlich** ist eine **Geschäftsfähigkeit** des **Geschäftsführers**, so dass auch Kinder etc. Geschäftsführer sein können. Die Gründe dafür sind einleuchtend. Zum einen folgt dies aus § 682 BGB, durch den die Schadensersatzhaftung des geschäftsunfähigen oder beschränkt geschäftsfähigen Geschäftsführers auf das Deliktsrecht und die Herausgabeverpflichtung auf das Bereicherungsrecht beschränkt werden, woraus man folgern muss, dass ein gesetzliches Schuldverhältnis aus GoA besteht, denn sonst bestünde kein Bedarf für eine Beschränkung der Haftung von Ansprüchen gegen einen Geschäftsführer aus diesem Schuldverhältnis. Und ein weiteres, dieses Überlegung bestätigendes Argument ist, dass ein „gesetzliches Schuldverhältnis" entsteht, auf das die §§ 104 ff. BGB ohnehin keine Anwendung finden. Selbstverständlich ist, dass es für die Entstehung einer echten berechtigten GoA auf die **Geschäftsfähigkeit** des **Geschäftsherrn** nicht ankommt.

bb) „Für einen anderen" (= fremdes Geschäft)

Weiterhin erfordert § 677 BGB, dass das Geschäft **„für einen anderen"** besorgt worden ist. Gemeint ist damit unzweifelhaft, dass es sich um ein **„fremdes Geschäft"** handeln muss. Dazu muss es in den Pflichten- und Interessenkreis eines anderen fallen.

Der Wissenschaft und Rechtsprechung ist es zwar gelungen, die dazu existierende komplizierte Kasuistik zu systematisieren; nicht aber hat sie es vermocht, unumstrittene Ergebnisse zu finden. Die die Diskussion vielleicht entlastende kühne Idee, auf das Merkmal der Fremdheit des Geschäftes zu verzichten und allein auf den Fremdgeschäftsführungswillen abzustellen (Gursky), hat sich bislang nicht durchgesetzt. Die Fallkonstellationen lassen sich gliedern in „objektiv-fremde Geschäfte **(sub (1))**, „objektiv-auch-fremde Geschäfte" **(sub (2))** und subjektiv fremde Geschäfte **(sub (3))**.

(1) Objektiv fremdes Geschäft

Nur wenige Probleme wirft die Frage der Fremdheit eines Geschäftes auf, wenn es sich um ein **„objektiv fremdes" Geschäft** handelt. Zu erkennen ist das Vorliegen eines objektiv fremden Geschäfts daran, dass es seinem **äußeren Erscheinungsbild nach in** den **Rechtskreis** eines **anderen** fällt und damit **„fremdnützig"** ist. Die Zuordnung des Geschäftes zu einem fremden Rechtskreis ergibt sich i. d. R. aus **„güter- und lastenzuweisenden gesetzlichen Regelungen"** (Wandt). Zum *Beispiel* ist eine Hilfeleistung ein objektiv fremdes Geschäft des Verletzten (BGH); eine Warnung vor einem unbeleuchtet abgestellten Auto ein Geschäft des Halters als des Sicherungspflichtigen (BGH); eine Verfügung über einen fremden Gegenstand ein Geschäft des Rechtsinhabers; die Bezahlung einer fremden Schuld mit Tilgungswirkung (§§ 362, 267 BGB) ist ein Geschäft des Schuldners (BGH). Aber auch aus übernommenen **vertraglichen Verpflichtungen** kann die Fremdheit eines Geschäfts resultieren. Wer zum *Beispiel* für einen Mieter, der vertraglich den „Winterdienst" übernommen hat, streut, führt dessen Geschäft.

(2) Auch-fremdes Geschäft

In der Wirklichkeit oft vorkommend und bei zu bearbeitenden Fallaufgaben sehr „beliebt" sind solche Konstellationen, in denen nach dem **äußeren Erscheinungsbild** eine Geschäftsführung **in** den **eigenen Rechtskreis** des Geschäftsführers **fällt**, aber **auch in** den **Rechtskreis eines anderen**, in den des Geschäftsherrn nämlich. Hier wird die Frage nach dem Vorliegen eines **„fremden Geschäfts" i.S.d. § 677 BGB** aufzuwerfen sein.

a. Weil die Fremdheit eines Geschäfts nicht voraussetzt, dass ausschließlich ein fremdes Geschäft geführt wird, sind derartige **„auch-fremden" Geschäfte** regelmäßig als **fremde Geschäfte** anzusehen.

Die klassischen Lehrbuch-*Beispiele* sind die „Wasserrohrbruchfälle", bei denen die Reparatur eines undichten Wasserrohres in der über einem liegenden Wohnung des gerade urlaubsabwesenden Nachbarn dazu dient, die eigene Wohnung vor einer Überschwemmung zu bewahren, aber auch dem Nachbarn zugutekommt. Die Aufwendung für die Reparatur können – sollten die weiteren Voraussetzungen erfüllt sein – nach §§ 677, 683 S. 1, 670 BGB verlangt werden. Diese Vorschriften sollten Sie schon einmal lesen.

In die Kategorie der „auch-fremden" Geschäfte gehören auch zum *Beispiel* die Fälle einer „Selbstaufopferung im Straßenverkehr". Bei ihnen vermeidet ein Verkehrsteilnehmer, den wir uns als Geschäftsführer denken müssen, einen Verkehrsunfall mit dem Geschäftsherrn dadurch, dass er eigene Rechtsgüter aufopfert, indem er z. B. einen Unfall durch ein sein eigenes Fahrzeug beschädigendes Ausweichmanöver verhindert. Die Ihnen gestellte Frage lautet dann, ob der Geschäftsführer seine Aufwendungen nach §§ 677, 683 S. 1, 670 BGB ersetzt verlangen kann. Ein ausschließlich eigenes Geschäft führt der Geschäftsführer in solchen Fällen, wenn er ohne das Ausweichmanöver dem anderen Teil schadensersatzpflichtig geworden wäre. Wäre er dagegen nicht schadensersatzpflichtig, liegt ein objektiv „auch-fremdes Geschäft" vor. Sofern der den Unfall durch Selbstaufopferung verhindernde Geschäftsführer dies als Halter eines Kraftfahrzeugs unternimmt, wird allerdings ein auch-fremdes Geschäft praktisch nie vorliegen, weil nach § 7 Abs. 2 StVG eine Schadensersatzhaftung des Halters eines Kfz nur in Fällen einer so gut wie nie vorliegenden „höheren Gewalt" ausscheidet.

**Fall 485**

Ein sich verkehrsgemäß verhaltender Radfahrer R. Adel (R) erleidet durch einen Sturz einen Defekt an seinem Rad, der darauf beruht, dass er dem 2-jährigen Kind K. Aspar (K) ausweicht, das trotz ordnungsgemäßer Beaufsichtigung plötzlich auf den Radweg läuft. R verlangt von K Schadensersatz (nach Schwarz-Wandt).

Es besteht 1. kein Anspruch des R gegen K a) aus § 823 Abs. 1 BGB, weil K nicht verantwortlich ist (§ 828 Abs. 1 BGB) b) und ohne jeden Anhalt dafür im Sachverhalt auch nicht aus §§ 823 Abs. 1, 829 BGB. 2. In Betracht kommt nur ein Aufwendungsersatzanspruch aus §§ 677, 683 S. 1, 670 BGB. a) Vorliegen muss eine „echte GoA". aa) Das zum Sturz führende Ausweichmanöver ist eine wirtschaftlich relevante Erledigung einer für andere Personen besorgbaren Angelegenheit, also eine Geschäftsführung. bb) Das Geschäft müsste „für einen anderen", hier: für K, geführt worden sein. Dazu muss es sich um ein „fremdes Geschäft" gehandelt haben, und zwar um ein solches des K. aaa) Weil der R, der sich mangels Verschuldens beim Anfahren des K nicht schadensersatzpflichtig gemacht hätte, nicht zur Vermeidung einer Schadensersatzpflicht gehandelt hat, hat er nicht lediglich ein eigenes Geschäft geführt, bbb) sondern auch ein Geschäft des K. Daher liegt ein „auch-fremdes" Geschäft vor. cc) Der nach dem

Sachverhalt nicht klar zutage getretene Fremdgeschäftsführungswille des R wird bei „auch-fremden“ Geschäften vermutet. Ob die Vermutung widerlegt ist, wird später erörtert, hier aber zunächst einmal nicht angenommen. dd) Der R hat weder aufgrund einer vertraglichen noch sonstigen Berechtigung das Geschäft geführt. b) Diese mithin „echte GoA“ ist auch berechtigt. Denn die Voraussetzungen des § 683 S. 1 BGB sind gegeben. aa) Die Geschäftsführung ist aaa) objektiv interessegemäß. bbb) Sie entspricht auch dem mutmaßlichen Willen des K. c) § 670 BGB ist gegeben. Der Schaden des R ist eine Aufwendung, weil sie aus einer mit der Geschäftsführung verbundenen typischen Gefahrenlage entstanden ist. Hier könnte man wegen der Teilnahme des R am Straßenverkehr von einem Mitverschulden ausgehen, das nach § 254 Abs. 1 BGB analog zu berücksichtigen wäre.

Die Konstellation eines „auch-fremden“ Geschäfts liegt auch vor, wenn der Geschäftsführer eine ihm vom Geschäftsherrn geschuldete Leistung selbst vornimmt. Ein moderner „Klassiker“ aus dem täglichen Leben sind die sog. „Abschleppfälle“.

**Fall 486**

Zu den von G, der einen Kundendienst für medizinische Geräte betreibt, von V angemieteten Gewerberäumen gehört ein ihm zusätzlich vermieteter Stellplatz, der als solcher durch ein Nummernschild gekennzeichnet ist. Der im gleichen Haus wohnende M pflegt sein Auto nach Geschäftsschluss des G und an den Wochenenden dort abzustellen. Als der M für sechs Wochen verreist, vergisst er sein Auto von dem Stellplatz zu entfernen. Der daraufhin von G, der den Parkplatz für sein Kundendienstfahrzeug dringend benötigt und der ohne Parkplatz direkt am Betrieb massive geschäftliche Schäden erleiden würde, beauftragte Abschleppunternehmer A entfernt das Fahrzeug gegen Zahlung des üblichen Werklohns (§§ 631, 632 Abs. 2 BGB) und stellt es auf einer öffentlichen Parkfläche ab. Der G verlangt von M die verauslagten Kosten.

In Betracht kommt 1. ein Aufwendungsersatzanspruch aus §§ 677, 683 S. 1, 670 BGB. a) Vorliegen muss eine „echte GoA“. aa) Vorausgesetzt ist eine Geschäftsführung des G. Darunter versteht man jede hypothetisch fremdnützige Tätigkeit von wirtschaftlicher Relevanz. Dazu gehört die Entfernung eines Kraftfahrzeugs, die der G hier durch Einschaltung des A vorgenommen hat. bb) Es müsste sich um ein „fremdes Geschäft“ gehandelt haben. Zum einen dient das Abschleppen dem Interesse des G, der den Parkplatz dringend benötigt. Zum anderen hat der G gegen den M einen Anspruch auf Beseitigung des Fahrzeugs aus §§ 861, 859 und §§ 823 Abs. 1, 249 Abs. 1 BGB. Durch die Entfernung des Fahrzeugs wird der M von dieser Verpflichtung frei. Daher handelt es sich objektiv „auch“ um ein „fremdes“ Geschäft des M. cc) Der Fremdgeschäftsführungswille des G wird aus dem Sachverhalt nicht deutlich. Er wird aber auch bei objektiv „auch-fremden“ Geschäften vermutet. Ob die Vermutung widerlegt ist, wird später erörtert, hier aber zunächst einmal nicht angenommen. dd) Ein Auftrag des G oder eine sonstige Berechtigung zum Abschleppen des Fahrzeugs bestehen nicht. b) Diese mithin „echte GoA" ist auch berechtigt. Denn die Voraussetzungen des § 683 S. 1 BGB sind gegeben. aa) Die Geschäftsführung ist aaa) objektiv interessegemäß bbb) und entspricht dem mutmaßlichen Willen des M, weil der M sonst nach § 823 Abs. 1 BGB (entweder wegen einer Besitzverletzung oder wegen eines Eingriffs in den eingerichteten und ausgeübten Gewerbetrieb – dazu später mehr) schadensersatzpflichtig geworden wäre. c) Die in Höhe der üblichen Vergütung (§§ 631, 632 Abs. 2 BGB) angefallene Unkosten für das Abschleppen sind eine Aufwendung i.S.d. § 670 BGB, die der G für erforderlich halten durfte. 2. Den Anspruch könnte man auch aus §§ 823 Abs. 1, 251 Abs. 1 BGB herleiten (dazu später mehr).

Damit sind einige der Fallkonstellationen des als „fremdes Geschäft" in Betracht zuziehenden „auch-fremden" Geschäfts in Gestalt von durchgelösten Fällen vorgestellt. Durch die Falllösungen sind Sie – wenn Sie alles nachvollzogen und nicht nur „konsumiert" haben – zugleich mit den weiteren Voraussetzungen eines Aufwendungsersatzanspruches aus GoA vertraut gemacht worden. Dass dies dazu noch nicht das „letzte Wort" dazu war, versteht sich.

Zum Zwecke der Vervollständigung der Kasuistik werden Sie übrigens demnächst bzw. später mit der Fragestellung befasst werden, ob in **Fällen**, in denen aufgrund **nichtiger Verträge Leistungen erbracht** wurden, ein Aufwendungsersatzanspruch aus §§ 677, 683 S. 1, 670 BGB besteht.

Später werden Sie auch mit dem in diese Fallgruppe gehörenden praktisch sehr aktuellen Fall konfrontiert werden, in dem es darum geht, ob nach Erbringung von „Schönheitsreparaturen" durch einen Mieter aufgrund einer **nichtigen „Endrenovierungsklausel"** eines Formularmietvertrages Rückforderung verlangt werden können.

Ein berühmter auch in das Recht der GoA hineinspielender und insoweit auch die Frage des „auch-fremden Geschäfts" beim pflichtengebundenen Geschäftsführer zum Gegenstand habender „Klassiker", mit dem wir uns später noch befassen werden, ist der **„Dombrandfall"**, auf den hier zunächst, weil er weitere komplizierte Regressfragen aufwirft, nicht weiter eingegangen werden kann. Sie müssen sich bis Teil 10 A III gedulden.

(b) Das, was Sie soeben sub (a) gelesen haben, war in dogmatischer Hinsicht noch gut nachvollziehbar und hatte zu relativ sicher kalkulierbaren Lösungen geführt. Die **juristische Gratwanderung** beginnt jedoch jetzt bei der Frage einer Anerkennung eines **„auch-fremden" Geschäftes** als **„fremdes Geschäft"** i.S.d. § 677 BGB, wenn der Geschäftsführer zur Führung des Geschäftes verpflichtet ist, wenn also ein **„pflichtengebundener Geschäftsführer"** gehandelt hat

(aa) Eine nicht selten auftauchende Frage ist die, ob bei sicherheits- oder ordnungspolizeilichem **Tätigwerden von dazu gesetzlich verpflichteten Hoheitsträgern**, das auch dem Störer dient, ein „auch-fremdes" Geschäft vorliegt mit der eventuellen Folge eines Aufwendungsersatzanspruchs des Hoheitsträgers gegen den Störer aus §§ 677, 683 S. 1, 670 BGB, wie zum *Beispiel* bei der Bekämpfung eines Waldbrandes, der durch den Funkenflug einer Dampflokomotive der Deutschen Bundesbahn ausgelöst worden war; oder bei der Bergung von verlorener

Schiffsladung auf Wasserstraßen. Die Rechtsprechung bejaht in diesem (im doppelten Sinne „historischen": Dampflokomotive/„Deutsche Bundesbahn") Fall das Vorliegen eines auch-fremden Geschäfts mit dem Argument, dass die Brandbekämpfung auch ein Geschäft der Deutschen Bundesbahn gewesen sei etc. etc. und kommt schließlich in den genannten Beispielen zu einem Aufwendungsersatzanspruch aus §§ 677, 683 S. 1, 670 BGB. In der Wissenschaft wird gegen das Ergebnis eingewandt, dass der Fremdgeschäftsführungswille fehle (sub cc)). Außerdem stünden übergeordnete Konkurrenz- bzw. Subsidiaritätserwägungen der Anwendung der §§ 677, 683 S. 1, 670 BGB entgegen (sub dd) (2)).

(bb) Wenn ein Geschäftsführer zwar im Interesse des Geschäftsherrn handelt, dabei aber zugleich einem anderen vertraglich zur Vornahme der Geschäftsführung verpflichtet war, er also **aus** einem **Vertrag** ein **„pflichtgebundener Geschäftsführer"** war, stellt sich ebenfalls die Frage nach dem Vorliegen eines „auch-fremden" Geschäfts. Die Rechtsprechung bejaht das Vorliegen eines auch-fremden Geschäfts und den (vermuteten) Fremdgeschäftsführungswillen etc. etc. und kommt zu einem Aufwendungsersatzanspruch aus §§ 677, 683 S. 1, 670 BGB. In der Wissenschaft wird gegen das Ergebnis eingewandt, dass der Fremdgeschäftsführungswille fehle (dazu sogleich sub cc)). Außerdem stünden übergeordnete Konkurrenz- bzw. Subsidiaritätserwägungen der Anwendung der §§ 677, 683 S. 1, 670 BGB entgegen (dazu später sub dd) (2)). Ein *Beispiel* für die Frage des Vorliegens einer echten GoA bei einer aufgrund eines Vertrages pflichtengebundenen Geschäftsführung, bei dem die vorstehenden Fragen zu erörtern sind, ist ein weiterer „Abschleppfall" (der übrigens mit dem vorherigen nicht zu verwechseln ist!): Der Abschleppunternehmer GF hatte sich gegenüber der Behörde für Inneres der Freien und Hansestadt Hamburg vertraglich verpflichtet, Verkehrshindernisse darstellende Fahrzeuge abzuschleppen. Als der GH mit seinem PKW schwer verunglückt und ins Krankenhaus eingeliefert wird, rief die Polizei ein Abschleppauto des GF, der das mitten auf dem Stephansplatz stehende Autowrack abtransportierte. Der GF verlangt von GH den Ersatz der Abschleppkosten. Mangels eines Vertrages des GF mit GH kommt nur ein Anspruch aus §§ 677, 683 S. 1, 670 BGB in Betracht. Der BGH bejaht in derartigen Fällen das Vorliegen eines auch fremden Geschäfts, weil das Abschleppen in den Rechtskreis des GH als Störer fällt, und sieht weiterhin aufgrund einer dafür sprechenden Vermutung, den Fremdgeschäftsführungswillen des GF für den GH zu handeln, als gegeben an, und kommt im Ergebnis zu einem Aufwendungsersatzanspruch des GF gegen den GH. In der Lehre wird zumindest die für einen Fremdgeschäftsführungswillen bestehende Vermutung wegen des Vertrages des GF mit der FHH als widerlegt angesehen. Es wird sogar umgekehrt eine Vermutung dafür postuliert, dass ein gegenüber einem Dritten vertraglich verpflichteter Geschäftsführer nur diese Verpflichtung erfüllen wolle. Außerdem wird dahingehend argumentiert, dass es kein schutzwürdiges Interesse des Geschäftsführers (GF) dafür gäbe, einen weiteren Schuldner (GH) zu erlangen.

**Fall 487**

Der Mieter M hat gegen seinen Vermieter V nach einem Rohrbruch mit einem Wasserschaden in seiner Wohnung als Folge einen Anspruch auf Beseitigung von massiven Putzschäden und auf einen neuen Anstrich an Decken und Wänden. Weil der V die Arbeiten hinauszögert, beauftragt der M kurzerhand den Handwerker H damit, die Arbeiten durchzuführen. Zur Vergütung wird von M und H nichts vereinbart. Als H von M Zahlung der üblichen Vergütung verlangt, stellt sich heraus, dass über das Vermögen des M das (Privat-)Insolvenzverfahren eröffnet worden ist. M verlangt daher Zahlung von V.

1. Ein Anspruch des H gegen den V ergibt sich mangels Vertrages zwischen beiden – insbesondere hat der M den V nicht wirksam vertreten (warum nicht?) – nicht aus §§ 631 Abs. 1, 632 Abs. 1, 2 BGB. 2. In Betracht kommt aber ein Anspruch aus §§ 677, 683 S. 1, 670, 1835 Abs. 2 BGB analog. a) Vorliegen muss eine „echte GoA". aa) Die Handwerkerleistung ist eine die wirtschaftlich relevante Erledigung einer für andere Personen besorgbaren Angelegenheit, also eine Geschäftsführung. bb) Das Geschäft müsste „für einen anderen", hier: für V, geführt worden sein. Dazu muss es sich um ein „fremdes Geschäft" gehandelt haben, und zwar um ein solches des V. aaa) Weil der H in Erfüllung des Vertrages mit M gehandelt hat, handelt es sich um ein eigenes Geschäft des H. bbb) Die Beseitigung könnte jedoch auch ein Geschäft des V gewesen sein, so dass in einem solchen Fall ein „auch-fremdes" Geschäft vorläge. aaaa) Dafür spricht, dass V die Handwerkerleistung hätte herbeiführen müssen (§ 535 Abs. 1 S. 2 BGB). Der V ist also durch die Geschäftsführung des H von seiner Vertragspflicht gegenüber M frei geworden. bbbb) Dagegen, ein fremdes Geschäft anzunehmen, spricht, dass der Geschäftsführer H zur Erfüllung eines Vertrages mit dem Dritten M gehandelt hat. Wer die „auch-Fremdheit" des Geschäfts bejaht, muss mit der Fallbearbeitung so fortfahren: cc) Der nach dem Sachverhalt nicht klar zutage getretene Fremdgeschäftsführungswille des H wird bei „auch-fremden" Geschäften aaa) nach dem BGH auch im Falle eines vertraglich pflichtengebundenen Geschäftsführers vermutet, so dass er hiernach gegeben wäre, bbb) während die Lehre – soweit sie überhaupt das Vorliegen eines „auch-fremden" Geschäfts bejaht, eine Vermutung gegen das Vorliegen des Fremdgeschäftsführungswillens annimmt, so dass danach kein Fremdgeschäftsführungswillen gegeben wäre. Das wäre auch der Fall, wenn man annehmen sollte, dass bei einer vertraglich gebundenen Geschäftsführung eine Vermutung gegen einen Fremdgeschäftsführungswillen bestünde. Folgt man dem BGH, geht die Prüfung so weiter: dd) Der H hat aaa) das Geschäft zwar ohne Auftrag des V und auch nicht aufgrund einer sonstigen Berechtigung geführt. bb) Entgegenstehen könnte der Annahme einer echten GoA jedoch das (evtl. hier prüfende) Prinzip der Subsidiarität. In den Fällen, in denen ein privatrechtlich pflichtengebundener Geschäftsführer aufgrund eines Vertrages tätig geworden ist, hat dieser ja bereits einen Anspruch aus einem Vertrag habe und daher auch zusätzlich keinen weiteren Anspruch aus Vertrag gegen einen anderen (den M). Es gibt also keinen Grund dafür, ihm einen weiteren Anspruch zuzusprechen, dies auch nicht im Fall der Insolvenz des Vertragspartners, denn es wäre systemwidrig, einen Gläubiger vom Insolvenzrisiko

seines Vertragspartners dadurch zu entlasten, dass er über einen Anspruch aus §§ 677, 683 S. 1, 670 BGB einen weiteren Schuldner erhält. Diese Kritik hat der BGH ernst genommen. Er wendet die Regeln der GoA neuerdings nur noch dann an, wenn der mit dem Dritten geschlossene Vertrag die Rechte und Pflichten des Geschäftsführers und die Entgeltfrage umfassend regelt, was z. B. aber bei einer nach § 632 Abs. 2 BGB (also summenmäßig nicht genau bezifferten) geschuldeten Vergütung nicht der Fall sei. Daher wäre im vorliegenden Fall doch von einer „echten GoA" auszugehen. Wer dem folgt, muss so fortfahren: b) Die mithin „echte GoA" ist auch berechtigt. Denn die Voraussetzungen des § 683 S. 1 BGB sind gegeben. aa) Die Geschäftsführung ist aaa) objektiv interessegemäß. bbb) Sie entspricht auch dem mutmaßlichen Willen des V. c) § 670 BGB ist gegeben. Nach § 1832 Abs. 3 BGB analog wird die übliche Vergütung (§ 632 Abs. 2 BGB) geschuldet.

##### (3) Subjektiv fremdes Geschäft

Es gibt schließlich noch die Fallgruppe von objektiv neutralen Geschäften eines Geschäftsführers, wie z. B. der Ankauf von Sachen. Hier ist man sich einig, dass sie durch eine Fremdbestimmung des Geschäftsführers, also „subjektiv", zu „fremden Geschäften" gemacht werden können. Dafür ist der äußerlich irgendwie erkennbare Wille des Geschäftsführers, das Geschäft für den Geschäftsherrn führen zu wollen, erforderlich. Wir nennen sie deshalb **„subjektiv fremde Geschäfte"**. Der Klassiker ist der Kauf einer Sache durch einen „Geschäftsführer", die für den „Geschäftsherrn" bestimmt ist.

Bei dieser Fallkonstellation kann man leicht in Versuchung geraten, das Vertretungsrecht anzuwenden, was zur Folge hätte, dass der „Geschäftsherr" unmittelbar verpflichtet und berechtigt wird. Das aber setzt ein – durch Auslegung zu ermittelndes – rechtsgeschäftliches Handeln des „Geschäftsführers" voraus, das „im Namen des Geschäftsherrn" und nicht nur „für den Geschäftsherrn" erklärt wird (§ 164 BGB); besteht auch eine Vertretungsmacht ist der Geschäftsherr unmittelbar berechtigt und verpflichtet, besteht sie nicht, gilt § 177 BGB, so dass der „Geschäftsherr" das Geschäft immer noch an sich ziehen kann.

**Fall 488**

Dem GF wird eine Eintrittskarte der teuersten Preiskategorie zum Heimspiel des wieder erstarkten HSV gegen Bayern München von einem Bekannten B angeboten, der eine Karte erworben hatte aber zum Spiel verhindert ist. Der GF weiß, dass sein wohlhabender Geschäftsfreund GH das Spiel unbedingt sehen möchte, aber keine Karte mehr bekommen hat. Zug-um-Zug gegen Bezahlung erwirbt der GF die Karte, wobei der dem B erklärt: „für GH". Der GH nimmt sie dann auch dankend von GF entgegen. Als er dem GF den an B gezahlten Preis zahlen soll, verweigert er die Zahlung, weil der Preis ihm viel zu hoch ist (nach Peifer).

1. Ein Anspruch des GF ist nicht deshalb ausgeschlossen, weil etwa eine Handschenkung (§ 516 BGB) vorläge (§§ 133, 157 BGB). 2. Vielmehr kommt ein Aufwendungsersatzanspruch aus §§ 677, 683 S. 1, 670 BGB in Betracht. a)

Es müssten zunächst die Voraussetzungen einer „echten GoA“ festgestellt werden. aa) Der Erwerb der Karte ist eine Geschäftsführung. bb) Sie müsste ein „fremdes Geschäft“ sein. Da der Erwerb einer Eintrittskarte ein objektiv eigenes Geschäft ist, ist für die Fremdheit des Geschäftes erforderlich und ausreichend, dass der Geschäftsführer den Willen hat, die Interessen eines anderen wahrzunehmen, und dass er diesen erkennbar zum Ausdruck gebracht hat. Davon ist hier angesichts des erklärtermaßen „für H“ erfolgten Erwerbs auszugehen. cc) Dass der GF auch einen Fremdgeschäftsführungswillen hatte, ergibt sich aus seiner nach dem Sachverhalt bekannten subjektiven Willensrichtung. dd) Der GF hatte beim Erwerb der Karte auch ohne Auftrag oder sonstige Berechtigung gehandelt. b) Diese hiernach „echte GoA“ müsste auch berechtigt gewesen sein (§ 683 S. 1 BGB). aa) Sie ist objektiv interessegemäß bb) und entspricht dem wirklichen Willen des H; die Verweigerung des Aufwendungsersatzes ist unbeachtlich für die Frage der Willensgemäßheit der Geschäftsführung; dieser Punkt ist allenfalls im Rahmen des § 670 BGB beachtlich. c) Die ihm entstandenen Unkosten (erste Preiskategorie) sind eine Aufwendungen i.S.d. § 670 BGB, die der GF den Umständen nach (dringender Wunsch des wohlhabenden H) für erforderlich halten durfte.

Angesichts der Komplexität der vorgenannten Fragen müssen Sie sich erst einmal darauf besinnen, womit Sie sich gerade befassen! Wir beschäftigen uns mit den Voraussetzungen, die das Gesetz für das Vorliegen einer „echten“ und zugleich auch „berechtigten GoA“ aufgestellt hat, um dann prüfen zu können, unter welchen weiteren Voraussetzungen Ansprüche des Geschäftsführers gegen den Geschäftsherrn (z. B. auf Aufwendungsersatz) und umgekehrt des Geschäftsherrn gegen den Geschäftsführer (z. B. auf Herausgabe des Erlangten und Schadensersatz) bestehen. Sie sind gerade dabei die Voraussetzungen für die beiden ersten Merkmale („fremdes Geschäft“) zu ermitteln.

Was ein **„Geschäft“** ist wissen Sie: „die wirtschaftlich relevante Erledigung einer jeden für andere Personen besorgbaren Angelegenheit“ (andere Definitionen sind natürlich auch erlaubt!).

Das Geschäft ist **„fremd“**, wenn es ein **„objektiv“ fremdes Geschäft** ist, wozu auch das Vorliegen eines **„auch-fremden“ Geschäfts** ausreicht. Zu letzterem gibt es eine umfangreiche und schwierige Kasuistik, mit der wir uns soeben (noch keineswegs abschließend) befasst haben. Und schließlich gibt es objektiv-eigene oder neutrale Geschäfte, die durch eine Fremdbestimmung des Geschäftsführers zu **„subjektiv-fremden Geschäften“** werden.

Die als nächstes zu prüfenden Merkmale einer „echten GoA“ sind das Erfordernis eines **„Fremdgeschäftsführungswillens“** des Geschäftsführers **(sub cc))** und anschließend das **Fehlen** eines **Auftrags** oder einer **sonstigen Berechtigung (sub dd))**.

cc) Fremdgeschäftsführungswille (§§ 677 i.V.m. arge. § 687 BGB)

Aus der Formulierung **„für einen anderen"** in **§ 677 BGB**, die in sprachlicher Hinsicht nicht nur das Erfordernis der Fremdheit des Geschäfts, sondern auch die Notwendigkeit eines Fremdgeschäftsführungswillens bestimmt, weiß man, dass für die Echtheit der GoA ein **„Fremdgeschäftsführungswille"** gegeben sein muss.

Aus dem **Umkehrschluss** aus **§ 687 Abs. 1 BGB** folgt, dass der **Geschäftsführer** einer „echten GoA" **wissen** muss, dass es sich **um** ein **„fremdes Geschäft"** handelt. Er muss also im Bewusstsein der Fremdheit bzw. der „Auch-Fremdheit" handeln („kognitives Element"). Und aus einem **Umkehrschluss** aus **§ 687 Abs. 2 BGB** folgt, dass **der Geschäftsführer** es auch **wollen** muss, die **Angelegenheit** eines **anderen zu besorgen** bzw. ein Geschäft **mitzubesorgen** („voluntatives Element").

Der „Fremdgeschäftsführungswille" muss sich nicht auf eine bestimmte Person als Geschäftsherrn beziehen (§ 686 BGB). Beim Irrtum über die Person des Geschäftsherrn wird der wirkliche Geschäftsherr berechtigt und verpflichtet.

Für die **Fallbearbeitung** stellt sich die Frage, **wie** der für eine „echte GoA" mithin als konstitutiv erkannte **„Fremdgeschäftsführungswille"** von Ihnen **festgestellt** wird.

- Wenn aus **bloßer Gefälligkeit**, also ohne den Willen, ein Rechtsverhältnis zum Geschäftsherrn begründen zu wollen, gehandelt wird, fehlt es am Fremdgeschäftsführungswillen.

Ansonsten gilt:

- Sie haben „leichtes Spiel", wenn der **Sachverhalt** entsprechende Angaben macht. Dazu reicht aus, wenn dort zu lesen ist, dass dem Geschäftsführer bewusst ist, ein fremdes Geschäft zu führen, und er einen gegenteiligen Willen nicht zum Ausdruck bringt.
- Schweigt der Sachverhalt, so besteht bei den **objektiv fremden Geschäften** allein aufgrund der Vornahme eines objektiv fremden Geschäfts eine widerlegliche **Vermutung** für das Bestehen eines **Fremdgeschäftsführungswillens**, denn – davon geht man aus – der Handelnde weiß in solchen Fällen regelmäßig, dass er ein fremdes Geschäft führt und will dies auch regelmäßig. Das ist problemlos, bereitet aber doch Schwierigkeiten in Fällen, in denen der Geschäftsführer eine vermeintliche vertragliche Verpflichtung gegenüber dem Geschäftsherrn erfüllen will.

**Fall 489**

Der GH bringt seit Jahren in jedem März sein Auto in die Werkstatt des GF zum Austausch der Winterreifen gegen die bei GF eingelagerten Sommerreifen und zur Inspektion. In diesem Jahre hatte der GH die Absicht, die Inspektion von einer anderen Werkstatt vornehmen zu lassen, weil der GF im letzten Jahr einen Schaden übersehen hatte. Deswegen beauftragte er den GF auch nur zum Reifenwechsel. Der GF, war jedoch davon ausgegangen, dass auch eine Inspektion in Auftrag gegeben war, die dann auch ausgeführt wurde. Der GF fordert die

Vergütung auch für die Inspektion. Der GH, der auch in diesem Jahr kein Vertrauen in die Inspektion durch GF hat, lässt diese seinem Plan entsprechend bei einer anderen Werkstatt vornehmen (nach Röthel).

1. Ein Anspruch aus § 631 BGB besteht nicht, weil kein Werkvertrag über die Vornahme der Inspektion geschlossen worden ist. 2. Der Anspruch kann sich aus §§ 677, 683 S. 1, 670 BGB ergeben. a) Es müsste eine echte GoA vorliegen. aa) Die Vornahme der Inspektion ist als Realakt mit wirtschaftlicher Relevanz eine Geschäftsbesorgung. bb) Es müsste sich um eine Geschäftsführung „für einen anderen", also um ein „fremdes Geschäft" gehandelt haben. Objektiv führt GF kein eigenes Geschäft, weil er ja zur Inspektion nicht verpflichtet war, sondern ausschließlich ein Geschäft des GH. cc) Es müsste ein Fremdgeschäftsführungswillen bestehen. Bei der Annahme eines objektiv fremden Geschäfts wird der Fremdgeschäftsführungswille vermutet. aaa) Man könnte ihn als widerlegt ansehen, weil der GF, der sich für verpflichtet gehalten hatte, ein eigenes Geschäft führen wollte. bbb) Der BGH hat jedoch auch in solchen Fällen einen Fremdgeschäftsführungswillen aufgrund einer dafür sprechenden Vermutung angenommen. Wer dem BGH folgt, muss so fortfahren: dd) Es besteht aaa) mangels Werkvertrags kein Auftrag des GH oder eine sonstige Berechtigung für GF zur Vornahme der Inspektion. bbb) Man könnte jedoch unter dem Aspekt der – evtl. hier anzusprechenden – Frage der Subsidiarität der Regeln der GoA annehmen, dass bei rechtsgrundlosen Vermögensverschiebungen nur die §§ 812 ff. BGB anwendbar seien. Folgt man dagegen dem BGH, geht es so weiter. b) Die somit „echte GoA" müsste auch berechtigt gewesen sein (§ 683 S. 1 BGB) aa) Nach § 683 S. 1 ist sie es nicht, weil sie nicht dem Interesse des GH und auch nicht dem wirklichen Willen des GH entspricht. bb) Die zu einem Aufwendungsersatzanspruch führenden Konstellation des § 684 S. 2 BGB oder § 683 S. 2 BGB liegen auch nicht vor. Daher besteht kein Anspruch. 3. Wer dem BGH nicht folgt, hatte einen Anspruch aus § 812 Abs. 1 S. 1 Var. 1 BGB zu prüfen. a) der BGH hat etwas, nämlich die Werkleistung einer Inspektion, erlangt, b) und dies durch Leistung des GF c) und ohne Rechtsgrund. d) Weil das „etwas" nicht herausgebbar ist, muss Wertersatz geleistet werden § 818 Abs. 2 BGB. e) Dem könnten die Grundsätze über eine „aufgedrängte Bereicherung" entgegenstehen. (dazu später mehr in Teil 8).

- Ob auch bei den objektiv **„auch-fremden Geschäften"** eine **Vermutung** für den **Fremdgeschäftsführungswillen** spricht, ist umstritten: **(a)** Nach der h.M. wird – wenn der Sachverhalt schweigt – grundsätzlich widerleglich vermutet, dass ein auch-fremdes Geschäft „mit"besorgt wird, also ein Fremdgeschäftsführungswille besteht. **(b)** Problematisch ist der Fremdgeschäftsführungswille **(aa)** beim **„pflichtengebundenen" Geschäftsführer**. **(aaa)** Beim **öffentlich-rechtlich verpflichteten Geschäftsführer** (z. B. „Funkenflugfall") hat der BGH den Fremdgeschäftsführungswillen als vermutet angesehen, während die Lehre den Fremdgeschäftsführungswillen mit dem Argument ablehnt, dass derjenige, der aufgrund einer gesetzlichen Verpflichtung handele, nicht zugleich den Willen haben könne, für einen anderen zu handeln. **(bbb) Beim privatrechtlich verpflichteten Geschäftsführer** besteht nach dem BGH ebenfalls eine Vermutung für einen Fremdgeschäftsführungswillen, während die Lehre umgekehrt eine Vermutung für einen Eigengeschäftsführungswillen postuliert. **(ccc)** Bei gegenüber dem Geschäftsherrn im Falle der Unwirksamkeit des Vertrages **vermeintlich vertraglich verpflichteten** tätig werdenden **Geschäftsführern** spricht sich der BGH ebenfalls für eine Vermutung des Fremdgeschäftsführungswillens aus, während die Lehre sich gegen eine solche Vermutung ausspricht, aber für Fälle der Kenntnis der Unwirksamkeit des Vertrages eine Vermutung des Fremdgeschäftsführungswillens befürwortet. **(bb)** Ferner ist der Fremdgeschäftsführungswille problematisiert worden bei einer Geschäftsführung aufgrund eines vermeintlich wirksamen Vertrages.

- Anders ist es bei den **objektiv neutralen Geschäften.** Sie erhalten, wie dargestellt, ihren Fremdheitscharakter erst durch den Willen des Geschäftsführers, das Geschäft zu einem fremden Geschäft zu machen **(„subjektiv fremdes Geschäft")**. Daher müssen Sie einen irgendwie nach außen zutage getretenen Fremdgeschäftsführungswillen positiv feststellen. Im Prozess muss der Fremdgeschäftsführungswille im Bestreitensfall nachgewiesen werden.

dd) Kein Auftrag oder sonstige Berechtigung, Subsidiarität der GoA

Die Besorgung fremder Angelegenheiten bringen Vor- und Nachteile für den Handelnden und für den, dessen Angelegenheiten besorgt werden, mit sich. Diese müssen gerecht verteilt werden.

In aller Regel beruht die Führung eines fremden Geschäfts auf einem besonderen rechtsgeschäftlichen oder gesetzlichen Rechtsverhältnis. Liegt eines solche „Geschäftsführung mit Auftrag" vor, wie sie einmal gänzlich untechnisch formuliert genannt werden soll. Dann bestimmt dieses jeweilige Rechtsverhältnis die Verteilung von Vor- und Nachteilen.

Die **Regeln über die GoA** können daher **nur subsidiär** gelten, also nur dann, wenn **(sub (1))** der Geschäftsführer gehandelt hat, **„ohne"** vom Geschäftsherrn **„beauftragt oder ihm gegenüber sonst dazu berechtigt zu sein"** (§ 677 BGB). Den in § 677 BGB zum Ausdruck gekommenen **(sub (2))** Gedanken der Subsidiarität könnte man sich darüber hinaus dahingehend zunutze machen, um – hier verortet – Lösungen für die Fälle der „pflichtengebundenen Geschäftsführung" zu finden (Röthel).

(1) Kein Auftrag oder sonstige Berechtigung

Für das Vorliegen einer „echten GoA" ist nach § 677 BGB erforderlich, dass der Geschäftsführer **ohne Auftrag** oder **sonstige Berechtigung** gehandelt hat.

- Das Merkmal **„ohne Auftrag"** bedeutet also, dass kein den Geschäftsführer verpflichtendes Rechtsgeschäft vorliegt, insbesondere kein wirksamer Auftrag, kein Dienst-, Werk- oder Geschäftsbesorgungsvertrag.
- Das ebenfalls notwendige Fehlen einer **„sonstigen Berechtigung"** meint das Nichtbestehen jeder gesetzlichen Legitimation, die Geschäfte eines anderen zu besorgen, wie sie z. B. den Eltern (§§ 1626, 1629 BGB), dem Vormund (§ 1793,

1795 f. BGB), dem Betreuer (§§ 1901, 1902 BGB), dem Pfleger (§§ 1909 ff., 1915 BGB), dem Nachlassverwalter (§ 1985 BGB), dem Testamentsvollstrecker (§ 2205 BGB) oder dem Insolvenzverwalter (§§ 22, 80 InsO) zusteht. Umgekehrt ergibt sich aus § 680 BGB, dass die allgemeine Hilfspflicht bei Unglücksfällen nach § 323c StGB keine die GoA ausschließende Berechtigung ist. Denn § 680 BGB ist genau auf solche Fälle zugeschnitten und wäre überflüssig, wenn die Hilfeleistung wegen der Hilfspflicht aus § 323c StGB als „sonstige Berechtigung" keine GoA wäre. Auch ein zum Handeln berechtigendes Nothilferecht ist keine „sonstige Berechtigung".

- Ein „Klassiker" ist die Frage, ob eine an sich vom Geschäftsherrn gewollte **Geschäftsführung** aufgrund eines **unerkannt nichtigen Vertrages** eine Geschäftsführung ohne „sonstige Berechtigung" ist. Wer sich an die Konstellation erinnert, in der der Geschäftsführer in der **irrigen Annahme** eines **ihn verpflichtenden Vertrages** gehandelt hat, hat gut mitgearbeitet.

**Fall 489**

Der Steuerberater S erstattet einer Mandantin M ein Rechtsgutachten in einer Mietsache, die in keinem Zusammenhang mit einer Steuerberatung steht, und verlangt dafür ein zuvor vereinbartes Honorar. Später erfahren M und S, dass der Vertrag über die Rechtsberatung nach § 134 BGB i.V.m. §§ 3, 5 Rechtsdienstleistungsgesetz (RDG) nichtig ist, weil es sich bei der Rechtsberatung durch S nicht um eine erlaubte Nebenleistung i.S.d. § 5 RDG handelt, was S aber nicht erkannt hat (nach BGH).

1. Vertragliche Ansprüche aus §§ 675, 631 BGB stehen dem S nicht zu. Denn der Vertrag ist nach § 134 BGB i.V.m. §§ 3, 5 RDG nichtig. 2. In Betracht kommt ein Aufwendungsersatzanspruch aus §§ 677, 683 S. 1, 670 BGB. a) Es müsste eine „echte GoA" vorliegen. aa) Die Rechtsberatung durch S wäre eine Geschäftsführung. bb) Es wäre ein objektiv „auch-fremdes" Geschäft des S. Der S will zwar einerseits seine vermeintliche vertragliche Verpflichtung gegenüber M erfüllen. Er handelt aber „auch" im Interessenkreis der M. cc) Der im Sachverhalt nicht ausdrücklich aufgeführte Fremdgeschäftsführungswille des S wird aaa) nach der Rechtsprechung vermutet, bbb) von der Lehre teilweise als widerlegt angesehen, bzw. wegen der bei auch-fremden Geschäften nicht bestehenden Vermutungswirkung verneint. Folgt man der Rechtsprechung, geht es so weiter: dd) Der S hat aaa) wegen der Nichtigkeit des Vertrages ohne Auftrag gehandelt. Ob er auch ohne „sonstige Berechtigung" gehandelt hat, könnte man mit dem Argument bezweifeln, dass der Geschäftsherr M die Geschäftsführung gewollt habe. Der BGH geht vom Fehlen einer „sonstigen Berechtigung" aus. bbb) Entgegenstehen könnte der u. U. hier zu verortende Gedanke der Subsidiarität der GoA. aaaa) Dazu wird teilweise gesagt, dass nach der Systematik des Gesetzes die Abwicklung nichtiger Verträge ausschließlich nach den Regeln der Leistungskondiktion erfolgen sollte (§ 812 Abs., 1 S. 1 Var. 1 BGB), die bei Annahme einer GoA nicht gelten würden, weil die echte berechtigte GoA ein Rechtsgrund wäre. Durch das Zusprechen eines Anspruchs aus GoA würden im Ergebnis auch wich-

tige Sperrvorschriften, wie § 814 BGB und insbesondere § 817 S. 2 BGB, der dem Anspruch wegen Verstoßes des S gegen ein gesetzliches Verbot entgegenstehen würden, umgangen. Auch würde § 818 Abs. 3 BGB nicht zur Anwendung gelangen können. bbbb) Der BGH will dagegen die GoA anwenden, so dass hiernach eine „echte GoA" gegeben wäre. Folgt man dem BGH, geht es so weiter: b) Die „echte GoA" müsste auch berechtigt gewesen sein (§ 683 S. 1 BGB). aa) Die Rechtsberatung entsprach, aaa) weil sie objektiv nützlich war, dem Interesse der M und bbb) dem wirklichen Willen des M. c) Der S kann daher die Aufwendungen, die er für erforderlich halten durfte, verlangen (§ 670 BGB). aa) Das könnte die vereinbarte Vergütung sein. bb) Aber bei einem nach § 134 BGB (also im Fall eines gesetzlich verbotenen Geschäfts) darf der Geschäftsführer die Aufwendung nicht für erforderlich halten (BGH). 3. Den daher a) gegebenen (dazu später mehr) Ansprüchen des S aus § 812 Abs. 1 S. 1 Var. 1 BGB („Leistungskondiktion") oder aus 817 S. 1 BGB, jeweils i.V.m. § 818 Abs. 2 BGB (Wertersatz) bb) könnte die Sperrwirkung des § 817 S. 2 BGB entgegenstehen, weil der Leistende S gegen ein gesetzliches Verbot verstoßen hat. aaa) Hier soll jedoch Ein Anspruch des M auf Wertersatz gemäß § 812 Abs. 1 Satz 1 Alt. 1, § 818 Abs. 2 BGB deshalb nicht ausgeschlossen sein, weil die Grundsätze von Treu und Glauben der Anwendung des § 817 S. 2 BGB entgegenstehen. Dafür könnte sprechen, dass bei Werkverträgen der an dem Gesetzesverstoß mitwirkende Besteller die erlangte Leistung ohne jegliche Gegenleistung würde behalten können. (so früher der BGH). bbb) In der Lehre ist hiergegen wegen des sonst leerlaufenden gesetzlichen Verbots vehement protestiert (vor allem Canaris) worden, dies aus den im Folgenden skizzierten Rechtsfolgen der Rechtsprechung argumentativ durchaus zutreffend: Denn der nichtige Vertrag wird in allem (Vergütungsanspruch und Gewährleistungsrecht) wie ein wirksamer Vertrag behandelt. Dem hat der BGH sich neuerdings (2014) für den Fall des Verstoßes gegen das Verbotsgesetz des § 1 Abs. 2 Nr. 2 SchwarzArbG angeschlossen.

#### (2) Subsidiarität

Nicht nur in den Fällen, in denen der Geschäftsführer aufgrund eines nur **vermeintlich geschlossenen** bzw. **vermeintlich wirksamen Dienst-** oder **Werkvertrages** sondern auch in den Fällen des **„pflichtengebundenen Geschäftsführer"** (beim letzten Fall traf beides zusammen) widerspricht – wie Sie mittlerweile erfahren haben – die Rechtswissenschaft auf verschiedensten argumentativen Ebenen der Rechtsprechung des BGH, diesem einen Anspruch auf Ersatz seiner Aufwendungen nach §§ 677, 683 S. 1, 670 BGB zuzusprechen. Dazu haben Sie schon einiges gelesen.

Die sich hier stellenden Frage ist, ob man auch unter dem Aspekt der – hier beim Merkmal „...ohne von ihm beauftragt oder sonst dazu berechtigt zu sein.." subsumtionstechnisch zu verortenden – **Subsidiarität** weitere gegen die Ergebnisse der Rechtsprechung gerichtete Argumente finden kann. In den Falllösungen ist – wie Sie gemerkt haben dürften – dieser Gedanke bereits berücksichtigt worden. Machen Sie sich aber bitte klar, dass der Vorschlag der Formulierung eines dem Vorliegen einer „echten GoA" entgegenstehenden Prinzips der „Subsidiarität" der GoA und dessen subsumtionstechnische Verortung bei dem Merkmal „…ohne von ihm beauftragt oder ihm gegenüber sonst berechtigt zu sein…" kein der h.M. entsprechender zwingender Gedanke ist. Man kann diesen übergeordneten systematischen Einwände der Wissenschaft auch anderswo, z. B. gesondert bei einer Konkurrenzprüfung oder nachgestellten Ergebniskontrolle Gedanken „in der Falllösung einbauen". Sie müssen den Leser nur wissen lassen, was Sie, wo und warum dort prüfen.

(a) Bei Werk- oder Dienstleistungen aufgrund nur **vermeintlich geschlossener** bzw. **unerkannt unwirksamer Verträge** wird in der **Wissenschaft** die Annahme einer „echten GoA" u. a. auch deswegen abgelehnt, weil nach der Systematik des Gesetzes die Abwicklung nicht zustande gekommener und nichtiger Verträge ausschließlich nach den Regeln der Leistungskondiktion erfolgen sollte (§ 812 Abs. 1 S. 1 Var. 1 BGB). Durch das Zusprechen eines Anspruchs aus GoA würden wichtige Sperrvorschriften, wie § 814 BGB und insbesondere § 817 S. 2 BGB, der dem Anspruch wegen Verstoßes gegen ein gesetzliches Verbot entgegenstehen würden, umgangen. Auch würde § 818 Abs. 3 BGB nicht zur Anwendung gelangen können. Die **Rechtsprechung** greift diesen Aspekt nicht auf, sondern will im Interesse des Geschäftsführers diesem einen Aufwendungsersatzanspruch erhalten, der bei einem Anspruch aus §§ 812 ff. BGB durch § 818 Abs. 3 BGB gefährdet wäre, nicht aber bei einem Anspruch aus §§ 677, 683, 670 BGB. Anders soll es der Wissenschaft zufolge liegen, bei einer Geschäftsführung in **Kenntnis** des **Nichtbestehens** einer **vertraglichen Verpflichtung**. Hier sei ein objektiv fremdes Geschäft gegeben mit vermutetem Fremdgeschäftsführungswillen ohne Auftrag, bei dem für die Ansprüche des Geschäftsführers auf Aufwendungsersatz die §§ 677, 683 S. 1, 670 BGB anwendbar seien und kein Vorrang der §§ 812 ff. BGB wegen des Prinzips der Subsidiarität angezeigt sei, weil der Geschäftsherr ausreichend über § 683 S. 1 BGB geschützt sei und es des § 818 Abs. 3 BGB nicht bedürfe (Röthel).

(b) In den Fällen eines **öffentlich-rechtlich** zur **Geschäftsführung verpflichteten Hoheitsträgers** wird von der **Wissenschaft** neben anderen Argumenten gegen das Ergebnis des BGH ins Feld geführt, dass es (jedenfalls heutzutage) spezielle Gesetze gäbe, die den Aufwendungsersatz des Hoheitsträgers regelten, und ferner, dass die Anwendung der §§ 677, 683 S. 1, 670 BGB zu Kostenerstattungsansprüchen führen könnten, die aufgrund dieser eigentlich einschlägigen öffentlich-rechtlichen Vorschriften nicht bestünden. Was speziell den „Funkenflugfall" angeht, wird darauf hingewiesen, dass die landesrechtlichen Bestimmungen bei Feuerwehreinsätzen viel strenger seien, weil nur bei Vorsatz ein Anspruch auf Kostenerstattung gegen den Brandleger bestünde. Auch, was den Umfang des Anspruchs angeht, würde sich der Geschäftsherr bei einem Anspruch aus §§ 677, 683 S. 1, 670 BGB viel schlechter stehen als bei einer Inanspruchnahme aus den Spezialgesetzen, weil der zivilrechtliche Anspruch aus §§ 677, 683 S. 1, 570 BGB ihn sogar zum Ersatz nutzloser Aufwendungen (also bei missglücktem Feuerwehreinsatz) verpflichten würde. Die **Rechtsprechung** hat diese Kritik mittlerweile ernst genommen; sie bejaht in diesen Fällen zwar weiterhin das Vorliegen eines objektiv „auch-fremden" Geschäfts und auch das Vorliegen eines Fremdgeschäftsführungswillens; sie trägt jedoch den vorgenannten Bedenken der Lehre dadurch Rechnung, dass ein solcher Anspruch aus §§ 677, 683 S. 1, 670 BGB auf solche Fälle beschränkt wird, in denen es im

…ht eine, was die Kostenerstattung angeht, planwidrige Lücke gibt. …ten infolge der ausgefeilten Gesetzgebung, bei der die zivilrecht- …ion bekannt war, in diesem Rechtsbereich keine planwidrige Lücken …en, so dass diese Fallgruppe mittlerweile ihre praktische Bedeutung für …cht Bedeutung verloren haben dürfte.

… den Fällen des **privatrechtlich pflichtengebundenen Geschäftsführers**, …n aufgrund eines Vertrages mit einem Dritten tätig geworden ist, lässt sich …alls unter dem Aspekt der Subsidiarität einwenden, dass der Geschäftsführer …n Anspruch aus dem Vertrag habe und daher keinen weiteren Anspruch aus …677, 683 S. 1, 670 BGB gegen einen anderen (den Geschäftsherrn) benötige. Das …t ein Einwand, der insbesondere für den Fall der Insolvenz seines Vertragspartners von Bedeutung ist, denn es gibt keinen Grund dafür, ihn (als „Geschäftsführer" einer GoA) vom Insolvenzrisiko seines Vertragspartners dadurch zu entlasten, dass er über einen Anspruch aus §§ 677, 683 S. 1, 670 BGB einen weiteren Schuldner (den „Geschäftsherrn") erhält. Auch diese Kritik hat der BGH ernst genommen. Er wendet die Regeln der GoA nur noch dann an, wenn der mit dem Dritten geschlossene Vertrag die Rechte und Pflichten des Geschäftsführers und die Entgeltfrage nicht umfassend regelt, was allerdings bereits z. B. dann der Fall sein soll, wenn z. B. ein Werkvertrag mit dem Dritten die Vergütung summenmäßig nicht genau beziffert, so dass nach § 632 Abs. 2 BGB anzuwenden wäre.

(d) Ein Fall der Subsidiarität ist auch bei **§ 241 a BGB** gegeben.

Nach diesen zum Teil hochkomplizierten Ausführungen müssen Sie erst einmal „Luft holen" und sich Ihren Standort verdeutlichen.

Es geht derzeit um die Voraussetzungen der Ansprüche aus einer „echten und zugleich berechtigten GoA" **(sub 1)** und insoweit bislang nur um die Voraussetzungen einer „echten GoA **(sub a))**, die ausschließlich geregelt sind in der ersten Passage des § 677 BGB: „Wer ein Geschäft für einen anderen besorgt, ohne von ihm beauftragt oder sonst dazu berechtigt zu sein,…"). Dass wir dafür ca. 10 Seiten gebraucht haben, demonstriert, wie hochkompliziert die Einzelfragen dazu sind.

Aber: Wir haben uns in Wahrheit nicht nur mit dieser Frage befasst, sondern Sie haben – „durch die Hintertür", nämlich vor allem eingekleidet in die Beispiele und Fälle – die Voraussetzungen zumindest des Aufwendungsersatzanspruchs aus echter berechtigter GoA (§§ 677, 683 S. 1, 670 BGB) kennengelernt, mit denen wir uns im Rahmen der folgenden Ausführungen befassen werden **(sub b))**.

Und zu guter Letzt wird die Frage nach dem Verhältnis der Ansprüche des Geschäftsherrn gegen den Geschäftsführer aus echter und berechtigter GoA zu den allgemeinen Ansprüchen behandelt werden **(sub c))**.

Trösten Sie sich damit, dass die folgenden Ausführungen jetzt wieder wesentlich anschaulicher sein werden

### b) Ansprüche des Geschäftsführers und des Geschäftsherrn bei echter und berechtigter GoA

Sie kennen also jetzt Voraussetzungen einer „echten GoA". Welche Bedeutung diese Erkenntnis für die Fallbearbeitung hat, ist Ihnen nicht nur aus den vorstehenden Falllösungen bekannt, sondern in erster Linie aus dem Ihnen bekanntgemachten Arbeitsplan, der diesem Teil der Darstellung zugrunde liegt:

Nachdem die Voraussetzungen einer **„echten GoA"**, die ja den **„Grundtatbestand"** aller Ansprüche aus „echten und berechtigter" (und – wie Sie ja längst wissen – auch der „echten und nichtberechtigten" GoA, um die es später gehen wird!) bilden, vorgestellt worden sind, kann es nunmehr um die weiteren Voraussetzungen der in Betracht kommenden **Ansprüche** des **Geschäftsherrn** und des **Geschäftsführers** bei einer **echten** und zugleich **berechtigten GoA** aus den §§ 677 ff. BGB gehen, nämlich um

- die des **Geschäftsführers gegen** den **Geschäftsherrn** auf **Aufwendungsersatz** und **Schadensersatz** (sub aa))
- und um die des **Geschäftsherrn gegen** den **Geschäftsführer**, nämlich um die eines Anspruchs auf **Herausgabe des** durch die Geschäftsführung **Erlangten** und um die eines Anspruchs auf **Ersatz von** bestimmten mit der Geschäftsführung in Zusammenhang stehenden **Schäden (sub bb)).**

#### aa) Anspruch des Geschäftsführers gegen den Geschäftsherrn bei einer echten berechtigten GoA auf Aufwendungsersatz und auf Schadensersatz

Der **Geschäftsführer** hat **gegen** den **Geschäftsherrn** einen **Anspruch** auf **Aufwendungsersatz** aus **§§ 677, 683, 670 BGB,** wenn die **„echte GoA"** nach **§ 683 BGB oder § 684 S. 2 BGB** eine **„berechtigte GoA"** ist **(sub (1) bis (5))** und wenn zusätzlich die **Voraussetzungen** des **§ 670 BGB** gegeben sind **(sub (6)).**

Und dann wird sich zeigen, dass der **Geschäftsführer gegen** den **Geschäftsherrn** auch einen **Schadensersatzanspruch** aus **§§ 280 Abs. 1, 241 Abs. 2 BGB** haben kann **(sub (7)).**

Beginnen wir also mit den einzelnen Voraussetzungen dafür, dass die „echte GoA" zusätzlich auch berechtigt ist.

##### (1) § 683 S. 1 BGB: Interesse des Geschäftsherrn

Das nach **§ 683 S. 1 BGB** für das Vorliegen einer berechtigten Geschäftsführung ohne Auftrag als erstes erforderliche **„Interesse"** des **Geschäftsherrn** ist gegeben, wenn die Übernahme der Geschäftsführung für ihn nach der konkreten Sachlage im Einzelfall **objektiv nützlich** ist.

**Interessegemäß** ist eine Geschäftsführung z. B., wenn durch sie **Schäden** vom **Geschäftsherrn abgewendet** werden (nach Palandt: Bezahlung einer Schuld; Abwehr eines Bankräubers; Hilfe für einen Verletzten) oder wenn der **Wert** von Sachen oder Rechten des Geschäftsherrn **erhöht** werden. Ein Vermögensinteresse des Geschäftsherrn muss aber nicht bestehen. Ein Eigeninteresse des Geschäftsführers steht der Interessegemäßheit nicht entgegen.

In **zeitlicher Hinsicht** maßgeblich ist für die Frage der Interessegemäßheit der Augenblick der Geschäftsführungsmaßnahme. Daher können auch letztlich erfolglose Geschäftsführungsmaßnahmen durchaus interessengemäß sein, es sei denn deren Nutzlosigkeit stand von vornherein fest. Daher kann zum *Beispiel* eine echte und berechtigte GoA gegeben sein, wenn es dem Geschäftsführer nicht gelingt, den Brand im Hause des verreisten Nachbarn zu löschen.

Wenden wir uns **zwei Fallkonstellationen** zu, die zeigen, dass die Frage der objektiven Nützlichkeit nicht immer so leicht zu beantworten ist wie es den Anschein hat.

Besonders schwierig zu beurteilen ist die Frage der Interessegemäßheit in Fällen einer **Abmahnung** eines **Wettbewerbsverstoßes** durch einen (nicht gegen § 8 Abs. 4 UWG verstoßenden) „Abmahn"- (im Juristenjargon zuweilen auch: „Absahn-") „Verein", der sich seiner Satzung den „Schutz des lauteren Wettbewerbs" zum Ziel gesetzt hat, mit der Konsequenz, dass der Verein seine Kosten nach §§ 677, 683 S. 1, 670 BGB vom wettbewerbswidrig handelnden Störer ersetzt verlangen kann. Die Rechtspraxis bejaht einen solchen Anspruch (BGH): In der Abmahnung liege ein „auch-fremdes" Geschäft, das mit vermutetem Fremdgeschäftsführungswillen und ohne Auftrag geführt worden sei. Die Geschäftsführung sei auch interessegemäß, weil der Abgemahnte durch die infolge der Abmahnung abgegebene vertragsstrafenbewehrte (lesen Sie § 339 BGB) Unterlassungserklärung einen sonst viel teureren Rechtsstreit vermeide. Und das Geschäft entspreche deshalb auch dem mutmaßlichen Willen des Geschäftsherrn

Kompliziert ist auch die Frage, ob die von einem Geschäftsführer vorgenommene **Tilgung** einer **Schuld** des **Geschäftsherrn** nach §§ 362, 267 BGB interessegemäß ist. Auf den ersten Blick scheint das der Fall zu sein, weil die Forderung des Dritten erlischt. Aber wenn dem Schuldner dadurch eine Aufrechnungsmöglichkeit verloren geht, wäre die Tilgung der Forderung ein Nachteil. Wieso? Ob die Forderung durch Tilgung erlischt oder durch die jetzt nicht mehr mögliche Aufrechnung, ist doch gleichgültig!? Aber Sie wissen es schon lange besser: Die Aufrechnung ist eine optimale Möglichkeit zur Durchsetzung der eigenen (Gegen-) Forderung ohne Prozess und ohne Zwangsvollstreckung; sie wird daher auch „Privatvollstreckung" genannt. Eine Forderungstilgung durch einen Geschäftsführer könnte dem Schuldner (Geschäftsherr) auch die hypothetische Möglichkeit einer Verjährungseinrede nehmen. Und außerdem kann es ja sein, dass der Schuldner (Geschäftsherr), dessen Forderung durch den Geschäftsführer getilgt wird, über §§ 677, 883 S. 1, 670 BGB einen neuen Gläubiger (den Geschäftsführer) erhält, ein Schuldner, der überdies viel unangenehmer sein könnte, als der bisherige geduldige Gläubiger. Erst recht ist natürlich die Tilgung einer verjährten Forderung nicht objektiv interessegemäß. Hier gibt es also viel zu bedenken, um eine vertretbare Lösung zu finden und zu begründen. Wir werden auf diese weiteren, einer Interessegemäßheit entgegenstehenden weiteren Bedenken im Rahmen dieses Buches eingehen. Vielleicht erinnern Sie sich dann ja an die Frage eines Aufwendungsersatzanspruchs des Dritten gegen den Schuldner.

Die weitere interessante Frage, ob ein **objektiv nicht nützliches** Geschäft **gleichwohl** als dem **Interesse des Geschäftsherrn entsprechend** angesehen werden muss, weil die Geschäftsführung trotz der Unnützlichkeit der Geschäftsführung dem **wirklichen Willen** des **Geschäftsherrn entsprach**, werden wir sogleich **(sub (4))** erörtern.

(2) § 683 S. 1 BGB: Wirklicher Wille oder mutmaßlicher Wille des Geschäftsherrn
Für eine berechtigte GoA ist nach § 683 S. 1 BGB weiterhin erforderlich, dass eine objektiv interessengemäße Geschäftsführung zusätzlich („und"!) dem **„wirklichen Willen"** oder dem **„mutmaßlichen Willen"** des Geschäftsherrn entspricht. Man prüft zuerst das Vorliegen des „wirklichen Willens" und erst, wenn dieser – weder positiv noch negativ – nicht feststellbar ist, das Vorliegen eines „mutmaßlichen Willens" des Geschäftsherrn.

- Der **wirkliche Wille** ist der **tatsächlich vorhandene Wille**. Wenn Sie bei der Fallbearbeitung nicht durch den Sachverhalt direkt über den wirklichen Willen des Geschäftsherrn informiert werden, müssen Sie ihn feststellen. Um den wirklichen Willen ermitteln zu können, muss er ausdrücklich oder konkludent geäußert geworden sein oder muss sich aus den Umständen ergeben; er muss also erkennbar sein. Das dürfen Sie nicht missverstehen. Das Erfordernis der Erkennbarkeit bedeutet nicht etwa, dass der wirkliche Wille des Geschäftsherrn für den Geschäftsführer bekannt oder erkennbar gewesen sein muss. Das wiederum bedeutet, dass der im fremden Rechtskreis tätige Geschäftsführer auf eigenes Risiko handelt, wenn es einen ihm unbekannten und ihm auch nicht erkennbaren der Geschäftsführung entgegenstehenden wirklichen Willen des Geschäftsherrn gibt.
- Hat der Geschäftsherr keinen wirklichen Willen gebildet oder lässt sich ein solcher nicht feststellen, entscheidet der **mutmaßliche Wille**. Speziell beim **bewusstlosen geschäftsfähigen Geschäftsherrn** kommt es auf den mutmaßlichen Willen an. Wo meinen Sie, könnte dies eine beträchtliche Rolle spielen? Bei Geschäftsführungen in Gestalt von ärztlichen Hilfeleistungen bei bewusstlosen Personen. Der mutmaßliche Wille ist nicht derjenige Wille des Geschäftsherrn, den der Geschäftsführer subjektiv mutmaßt, sondern derjenige, den der Geschäftsherr objektiv bei Beurteilung aller Umstände im Zeitpunkt der Übernahme geäußert haben würde, wenn man ihn rechtzeitig informiert hätte. Die Feststellung der mutmaßlichen Willensgemäßheit ist fast immer völlig unproblematisch, weil in aller Regel ein Geschäft immer dann dem mutmaßlichen Willen entspricht, wenn es – was Sie ja zuvor bejaht haben müssen – objektiv interessengemäß ist Anders liegt es nur, wenn sich ausnahmsweise aus früheren Äußerungen oder Verhaltensweisen des Geschäftsherrn anderes ergibt (BGH). Um derlei festzustellen, müssen Sie bei der Fallbearbeitung ein gewisses Maß an Klugheit und Lebenserfahrung beweisen. Die Annahme einer mutmaßlichen Willenswidrigkeit bei zuvor angenommener Interessengemäßheit ohne triftige Begründung wäre ein schwerer Fehler, weil die Ausführungen dann in sich widersprüchlich wären.

- Wenn es an der **Geschäftsfähigkeit** des **Geschäftsherrn fehlt**, kommt es bei der Beurteilung der Willensgemäßheit auf den des gesetzlichen Vertreters an.

Hervorzuheben ist noch einmal, dass es der Geschäftsführer ist, der das Risiko einer fehlerhaften Einschätzung der Willensgemäßheit trägt. Das Gesetz bewertet also den Schutz vor ungebetener Einmischung höher als den Vertrauensschutz des Geschäftsführers. Wenn also ein Geschäftsführer einen „mutmaßlichen Willen" des Geschäftsherrn irrtümlich annimmt, hat er keinen Aufwendungsersatzanspruch, sondern kann sogar einem Schadensersatzanspruch des Geschäftsherrn aus § 678 BGB ausgesetzt sein (dazu später mehr). Eine hübsche Idee ist es, den Geschäftsführer entweder **analog § 680 BGB** (eine Vorschrift, die an sich der Modifizierung des Haftungsmaßstabes von – nach darzustellenden – Ansprüchen des Geschäftsherrn bei einem Ausführungsverschulden des Geschäftsführers aus §§ 280 Abs. 1, 677 BGB dient) bei der Übernahme einer Geschäftsführung, bei der er leicht fahrlässig irrend von einer dem Geschäftsherrn drohenden dringenden Gefahr ausgeht, oder **analog § 829 BGB** aus Gründen der Billigkeit zu schützen und einen „mutmaßlichen Willen" des Geschäftsherrn anzunehmen.

(3) Verhältnis von wirklichem Wille und Interesse
Wie gesagt: Nach dem Gesetzeswortlaut des § 683 S. 1 BGB müssen für eine echte berechtigte GoA das Interesse des Geschäftsherrn und sein wirklicher/mutmaßlicher Wille kumulativ gegeben sein. Ein bei der gebotenen objektiven Betrachtungsweise nicht bestehendes Interesse des Geschäftsherrn an der Geschäftsführung kann also streng genommen nicht dadurch, dass die Geschäftsführung gleichwohl dem wirklichen Willen des Geschäftsherrn entsprach, wettgemacht werden (so einst: Larenz). Wenn also der Geschäftsführer (GF) zum *Beispiel* weiß, dass der mit ihm befreundete völlig verarmte Geschäftsherr (GH) als „Wagnerianer" trotz seiner finanziellen Probleme für eine Karte des „Ring" in Bayreuth „alles zu zahlen" bereit ist, um überhaupt einmal dort dabei sein zu können, und wenn der GF daher für den GH eine diesem auf dem Kartenschwarzmarkt überraschend und ohne Möglichkeit einer Nachfrage bei dem GH die ihm angebotene Karte für den GH zu einem Überpreis erwirbt, hätte er hiernach mangels Interessegemäßheit der Geschäftsführung keinen Anspruch auf Aufwendungsersatz aus §§ 677, 683, 670 BGB. Nach der zu dieser Problematik neuerdings vertretenen Gegenansicht (BGH) ist jedoch der wirkliche Wille des Geschäftsherrn stets vorrangig und das objektiv verstandene Interesse nicht mehr zu prüfen, wenn der wirkliche Wille feststeht, so dass man auch eine zwar interessenwidrige, wohl aber dem Willen des Geschäftsführers entsprechende Geschäftsführung als berechtigt i.S.d. 683 S. 1 BGB ansehen müsse. Die in der Wissenschaft entwickelte Begründung hierfür lautet, dass der Sinn des § 683 S. 1 BGB allein darin zu sehen sei, unerwünschte Einmischungen in den Rechtskreis des Geschäftsherrn zu verhindern, und nicht auf eine „soziale Fürsorge" hinausläuft. Und außerdem könne der Geschäftsherr eine zwar objektiv interessewidrige, aber seinem Willen entsprechende Geschäftsführung ja sowieso jederzeit genehmigen (§ 684 S. 2 BGB) und sich so aufwendungsersatzpflichtig machen. oder das unvernünftige Geschäft auch selbst vornehmen. Daher sei § 683 S. 1 BGB

„teleologisch zu reduzieren" (wissen Sie noch, was dies heißt?) und auch trotz einer Interessenwidrigkeit ggf. ausschließlich auf den entgegenstehenden Willen des Geschäftsherrn abzustellen. Bei dieser Sichtweise reduziert sich die Bedeutung des „Interesses" an der „Übernahme der Geschäftsführung" auf die eines bloßen „Indikators" für das Bestehen eines mutmaßlichen Willens des Geschäftsführers. Hiernach hätte im o.g. Beispiel der GF gegen den GH einen Anspruch auf Aufwendungsersatz aus §§ 677, 683, 670 BGB.

(4) Unbeachtlichkeit des entgegenstehenden Willens (§§ 683 S. 2, 679 BGB)

Nicht jede GoA kann durch einen entgegenstehenden wirklichen Willen des Geschäftsführers zu einer unberechtigten GoA werden. Denn nach **§ 679 BGB** ist der einer Geschäftsführung entgegenstehende wirkliche Wille des Geschäftsherrn dann unerheblich, wenn ohne die Geschäftsführung eine **im öffentlichen Interesse** zu **erfüllende Pflicht** oder eine **gesetzliche Unterhaltspflicht** nicht rechtzeitig erfüllt werden würde.

Die von **§ 679 Var. 1 BGB** vorausgesetzte, **„im öffentlichen Interesse"** zu **erfüllende Pflicht** kann privat- oder öffentlich-rechtlicher Rechtsnatur sein. Es muss sich um eine **echte Rechtspflicht** handeln, die auf dem Gesetz oder auf einem Vertrag beruhen kann, und darf **nicht nur** eine **sittliche Pflicht** sein. Das Erfüllen der Pflicht durch das Eingreifen des Geschäftsführers muss im öffentlichen Interesse liegen. Nötig ist dazu, dass ohne die Erfüllung der in Frage stehenden Verpflichtung dringende, konkrete Interessen der Allgemeinheit gefährdet oder beeinträchtigt werden. Ein klassisches Beispiel für im öffentlichen Interesse zu erfüllende Pflichten sind vor allem die Verkehrssicherungspflichten eines Geschäftsherrn.

**Fall 490**

V hat einen Teil seiner Lagerhalle an den M vermietet. M lagert dort Milchpulver. Aus ungeklärten Gründen bricht ein Brand aus, welcher von der Feuerwehr gelöscht werden muss. Durch die Löscharbeiten wird das Milchpulver unbrauchbar, eine Gesundheitsgefährdung für die Allgemeinheit ist nicht auszuschließen. Die zuständige Behörde verfügt daher gegenüber V als Grundstückseigentümer, dass das unbrauchbare Milchpulver zu entsorgen sei. Der V kommt dieser Verfügung gegen den Protest des M, den er zuvor aufgefordert hatte, das Milchpulver zu entsorgen, mit der Bemerkung: „Dann mache ich das für Sie" nach und verlangt anschließend Ersatz von M (nach BGH).

Der Anspruch kann sich aus §§ 677, 683 S. 1, 670 BGB ergeben. a) Es müsste eine echte GoA vorliegen. aa) Die Entsorgung des Milchpulvers durch V ist als Realakt mit wirtschaftlicher Relevanz eine Geschäftsbesorgung. bb) Es müsste sich um eine Geschäftsführung „für einen anderen", also um ein „fremdes Geschäft" gehandelt haben. Objektiv führt V zunächst ein eigenes Geschäft, da er die Verpflichtung aus der gegen ihn ergangenen Ordnungsverfügung erfüllt. Zugleich führt V aber auch ein Geschäft des M. Dieser wäre nämlich ihm, dem V, nach § 1004 BGB zur Beseitigung des Milchpulvers verpflichtet. Das ihm gehörende Milchpulver stellt eine Störung des Eigentums des V dar; eine Duldungspflicht aus dem Mietvertrag besteht nicht mehr, weil nach dem Mietvertrag keine

Berechtigung zur Lagerung von für die Allgemeinheit gesundheitsgefährdend gewordenem Milchpulver besteht und weil außerdem der Anspruch des M auf Überlassung der Mietsache nach § 275 Abs. 1 BGB ausgeschlossen ist. Außerdem ist er ebenso „Störer" i.S.d. Polizeirechts und hätte auch Adressat der Polizeiverfügung gewesen sin können. Es liegt damit auch ein fremdes Geschäft vor. Die Geschäftsführung des V erfolgt daher „auch" für den M. cc) Die Geschäftsführung erfolgte trotz der Pflichtengebundenheit des Geschäftsführers V auch mit Fremdgeschäftsführungswillen des V. dd) Es besteht aaa) kein Auftrag des M oder eine sonstige Berechtigung gegenüber M zur Entsorgung des Milchpulvers. bbb) Auch das Prinzip der „Subsidiarität" führt zu keinem anderen Ergebnis. b) Die somit „echte GoA" müsste auch berechtigt gewesen sein (§ 683 S. 1 BGB). aa) Sie entspricht dem Interesse des M. bb) Der entgegenstehende Wille des M ist unbeachtlich, da die Erfüllung der Pflicht des M im öffentlichen Interesse lag und ausweislich der Erklärung des M („Protest") auch nicht rechtzeitig erfüllt worden wäre (§§ 683 S. 2, 679 BGB). c) Der Anspruch auf Aufwendungsersatz besteht daher. Vorstellbar ist eine anteilige Kürzung analog § 254 BGB, weil V nicht nur im Interesse des M, sondern auch im eigenen Interesse gehandelt hat.

Eine **„gesetzliche Unterhaltspflicht"** des Geschäftsherrn, wie § 679 Var. 2 BGB sie voraussetzt, kann auf ehe- und familienrechtlichen Vorschriften, so z. B. auf §§ 1360 ff., 1570 ff., 1601 ff. BGB beruhen. Unterhaltspflichten, die auf einem Vertrag oder einer unerlaubten Handlung beruhen, werden dagegen nicht erfasst. Natürlich auch nicht die Leistung von Unterhalt, zu der man sich „sittlich dazu verpflichtet fühlt", wie bei einer Unterhaltsleistung unter (einander nicht gesetzlich unterhaltspflichtigen!) Geschwistern.

Beide Pflichten müssten ohne das Tätigwerden des Geschäftsführers nicht rechtzeitig erfüllt werden; also müssen diese im Zeitpunkt der Geschäftsführung fällig gewesen sein; ein Verzug (§ 286 BGB) ist jedoch keine notwendige Voraussetzung.

1. Probleme bereitet ein Anspruch aus §§ 677, 683, 670 BGB bei einer den Helfer schädigenden der **Rettung eines** zur **„Selbsttötung" entschlossenen** Menschen wegen dessen der Lebensrettung entgegenstehenden Willens.
   Teilweise wird angenommen, dass § 679 BGB nicht eingreifen soll, da es keine „im öffentlichen Interesse" liegende rechtliche „Pflicht" gibt, am Leben zu bleiben. Ein Großteil der Literatur weitet aber, um trotzdem § 679 BGB anwenden zu können, die Vorschrift auf diejenigen Fälle aus, in denen der entgegenstehende Wille des Geschäftsherrn gegen ein „gesetzliches Verbot" (§ 134 BGB) oder gegen die „guten Sitten" (§ 138 Abs. 1 BGB) verstößt.
   Teilweise wird der einer Rettung entgegenstehende Wille des zur Selbsttötung entschlossenen Menschen nach §§ 104 Nr. 2, 105 BGB analog beim Vorliegen eines sog. präsuizidalen Syndroms für unbeachtlich gehalten (vgl. hierzu die parallele Problematik bei § 216 StGB).
   Beim Appellsuizid wird teilweise eine Genehmigung nach § 684 S. 2 BGB angenommen.

Wie auch immer: Wer zu einem Anspruch aus §§ 677, 683, 670 BGB kommt, muss zusätzlich die Frage beantworten, ob ein Schaden eine Aufwendung ist (dazu gleich mehr).

2. Andere befürworten eine **ausschließlich deliktsrechtliche Lösung** in Gestalt eines Anspruchs aus § 823 Abs. 1 BGB. Die zweifellos rechtswidrige und schuldhaft herbeigeführte Körper-, Gesundheits-, oder Eigentums(selbst-)verletzung des Retters sei dem Verhalten des zur Selbsttötung Entschlossenen zurechenbar. Die Verletzung sei nämlich nicht nur äquivalent und adäquat kausal darauf zurückführbar, sondern läge auch im Schutzbereich der Norm des § 823 Abs. 1 BGB, weil der Retter durch den Selbsttötungsversuch zum Tätigwerden herausgefordert wurde und sich auch herausgefordert fühlen durfte (§ 323c StGB), so dass – solange die Rettungsmaßnahme nicht unverhältnismäßig ist – ein Anspruch aus § 823 Abs. 1 BGB bestünde. Im Unterschied zur Lösung über die GoA sind hier natürlich nur Schäden und keine sonstigen Aufwendungen zu ersetzen, insbesondere nicht eine eventuelle berufliche Tätigkeit z. B. eines Arztes zu vergüten.
3. Der Hinweis, dass man als **„Helfer in Unglücksfällen"** nach § 2 Abs. 1 Nr. 13a SGB VII **gesetzlich unfallversichert** ist, wenn man seinen Beistand berechtigterweise für notwendig erachten durfte, dient der Ermutigung, in Notfällen zu helfen. Denken Sie in diesem Zusammenhang an § 116 SGB X, nach dem die Ansprüche des Versicherten (hier des Retters) gegen Dritte (hier: den Geretteten) auf den Versicherungsträger übergehen („cessio legis"). Die Unfallversicherung dient aber nicht dem Schadensersatz, der hier geltend gemacht wird, sondern verfolgt ganz andere rechtspolitische Ziele. Machen Sie sich damit jedenfalls ansatzweise vertraut.

(5) § 684 S. 2 BGB: Genehmigung

Durch eine ex tunc (§ 184 BGB) wirkende Genehmigung des Geschäftsherrn wird eine **interessen-** und/oder **willenswidrige** und daher an sich **unberechtigte GoA** zu einer **berechtigten GoA**. Das steht zwar nicht ausdrücklich im Gesetz, weil dort lediglich bestimmt wird, dass die Rechtsfolge einer Genehmigung ein Anspruch aus § 683 BGB sei. Es ist aber völlig unumstritten, dass damit auch die unberechtigte GoA zu einer im Innenverhältnis berechtigen GoA wird. Die dies zur Folge habende Genehmigung kann auch konkludent, insbesondere durch ein Herausgabeverlangen seitens des Geschäftsherrn nach §§ 681 S. 2, 667 BGB erfolgen (§ 133 BGB). Was es mit dem Geltendmachen dieses Anspruchs auf sich hat, werden Sie bald erfahren. Bei einem geschäftsunfähigen oder beschränkt geschäftsfähigen Geschäftsherrn muss der gesetzliche Vertreter entscheiden. Damit der Geschäftsherr sich für eine Genehmigung der unberechtigten Geschäftsführung entscheiden kann, hat er einen Anspruch gegen den Geschäftsführer auf Rechnungslegung nach §§ 677, 681 S. 2, 666 BGB. Übrigens: Es wäre ein Irrweg zu meinen, dass die Genehmigung etwa das Zustandekommen eines Auftrags(vertrags) nach den §§ 662 ff. BGB zur Folge hätte.

(6) Umfang des Anspruches auf Aufwendungsersatz/Erweiterung auf risikotypische Begleitschäden

Sie wissen nun **(sub (2) bis (5))**, unter welchen Voraussetzungen eine berechtigte GoA nach **§§ 677, 683/684 S. 2 BGB** vorliegt. Ich hoffe, Sie haben nach so viel juristischer Feinarbeit noch vor Augen, warum wir uns eigentlich mit diesen juristisch-technischen Fragen befasst haben? Es geht uns um die Frage, unter welchen Voraussetzungen der Geschäftsführer vom Geschäftsherrn Aufwendungsersatz verlangen kann. Die Antwort ergibt sich aus **§§ 683, 670 BGB/§§ 684 S. 2, 683, 670 BGB**: Hiernach kann der Geschäftsführer bei einer echten und zugleich berechtigten oder durch Genehmigung berechtigt gewordenen GoA verlangen, dass ihm der Geschäftsherr diejenigen **Aufwendungen ersetzt**, die der Geschäftsführer im Zuge der Geschäftsführung gemacht hat, sofern er sie für erforderlich halten durfte. Wir werden hier **differenzieren** müssen zwischen **Aufwendungen im eigentlichen Sinne** (sub (a)) und Schäden, die möglicherweise den Aufwendungen gleichzusetzen sind (sub (b)).

(a) **Aufwendungen im eigentlichen Sinne** sind **freiwillige Vermögensopfer** des Geschäftsführers, die er zum Zwecke der Ausführung der Geschäftsbesorgung gemacht hat.

- Zu denken ist an durch die Geschäftsführung verursachte Geldzahlungen, an tatsächliches Handeln (Verbrauch oder Abnutzung eigener Sachen), an das Eingehen von Verbindlichkeiten etc., die zu einem Vermögensverlust des Geschäftsführers führen, die Besorgung eines Krankentransportes für den plötzlich schwer erkrankten Mitbewohner durch Bestellung eines Taxis. Zu den Aufwendungen zählen auch die Kosten zur Vorbereitung der Geschäftsführung und die Kosten eines aufgrund der Geschäftsführung zu führenden Rechtsstreits.
- Zu ersetzen sind jedoch nur die Aufwendungen, die ein verständiger Geschäftsführer nach pflichtgemäßem Ermessen **„für erforderlich halten" durfte** (§ 670 BGB). Erfolgen die Aufwendungen sowohl im Fremd- als auch im Eigeninteresse, so sind sie, sofern keine gegenständliche Abgrenzung erfolgen kann, nach dem Gewicht der Interessen und der Verantwortlichkeit aufzuteilen. Der Beurteilungsmaßstab ist in zeitlicher Hinsicht der Augenblick der Opferung des Vermögenswertes. Mit dem BGH ist davon auszugehen, dass bei der Frage, was als für erforderlich gehalten werden darf, **§ 680 BGB** analog anzuwenden ist, so dass bei einer Geschäftsführung zur Gefahrenabwehr der Rahmen weiter gesteckt werden muss und bei einer solchen „Notgeschäftsführung" auch eventuell nicht erforderliche Aufwendungen ersetzt werden können. § 680 BGB wird also erneut über seinen eigentlichen Anwendungsbereich hinaus angewendet. Erinnern Sie noch, was die eigentliche Funktion dieser Norm ist und in welchem Kontext wir die Norm bereits einmal über den eigentlichen Anwendungsbereich hinausgehend anwenden wollten? Was die Höhe des Aufwendungsersatzanspruchs angeht, kann man durchaus auf die „Üblichkeit" rekurrieren (arge. §§ 612 Abs. 2, 632 Abs. 2 BGB). Für erforderlich gehalten werden darf auch eine

Geschäftsführung in Gestalt der entgeltlichen Beauftragung eines anderen (z. B. der Abschluss eines Werkvertrags mit einem Handwerker).

- **Unerheblich** ist, ob der **mit** den **Aufwendungen** verfolgte **Zweck** erreicht wurde und ob der Vermögenseinsatz **für** den **Geschäftsherrn von Nutzen** war. Das Risiko der Nutzlosigkeit trägt damit der Geschäftsherr. Warum ist das Gesetz so großzügig gegenüber dem Geschäftsführer und erstattet auch nutzlose Aufwendungen? Weil dessen Geschäftsführung berechtigt war! Aber so heikel, wie es klingt, ist dies für den Geschäftsherrn nicht. Der Geschäftsführer ist ja schließlich aus § 681 S. 1 BGB zur Anzeige der Übernahme der Geschäftsführung und zum Abwarten, bis dieser sich entscheiden hat, verpflichtet, so, so dass ein Verstoß hiergegen den Geschäftsführer schadensersatzpflichtig macht (§§ 280 Abs. 1, 681 S. 1 BGB). Dies gilt aber nicht, wenn „mit dem Aufschub Gefahr verbunden ist", und das ist bei Notfällen, in denen die §§ 677 ff. BGB ja sehr häufig ihre Bedeutung entfalten, i. d. R. der Fall. Im „Funkenflugfall" zum *Beispiel* könnte sich die Feuerwehr – eine „echte" GoA einmal unterstellt – die gesamten Löschkosten aus §§ 677, 683 S. 1, 670 BGB ersetzen lassen, auch wenn der gesamte Wald abbrennt, obwohl die Bahn nach § 10 HaftpflG u. U. nur summenmäßig begrenzt haftet (Medicus). Wissen Sie noch, in welchem Kontext wir dies bei der Erörterung der Frage des Vorliegens einer „echten" GoA erörtert haben?
- Bei einem Anspruch eines zugleich in eigenem und zugleich in fremdem Interesse handelnden Geschäftsführers eines **„auch-fremden" Geschäfts** aus §§ 683/684 S. 2, 670 BGB muss der Geschäftsführer anteilig die in seinem eigenen Interesse vorgenommenen Aufwendungen selbst tragen.
- Wegen der Verweisung auf das durch eine Entgeltfreiheit gekennzeichnete Auftragsrecht ist grundsätzlich davon auszugehen, dass nach §§ 683, 670 BGB/§§ 684 S. 2, 683, 670 BGB keine **Vergütung für** eine eventuell **aufgeopferte Zeit** und **Arbeitskraft** geschuldet wird. Wohl aber ist nach **§ 1835 Abs. 3 BGB analog** eine berufstypische Tätigkeit des Geschäftsführers zu vergüten, weil hier wie dort wegen der Gesetzlichkeit des Schuldverhältnisses keine Vergütung vereinbart werden kann und weil der Geschäftsherr nicht davon profitieren darf, dass infolge der Geschäftsführung von ihm kein vergütungspflichtiger Dienst- oder Werkvertrag abgeschlossen werden muss, was sonst der Fall gewesen wäre. Wenn also zum *Beispiel* der Dachdeckermeister DM das Dach des Hauses seins unerreichbar verreisten Nachbarn N, das von einem Sturm in Mitleidenschaft gezogen worden ist, repariert, sind DM nach §§ 677, 683, 670 BGB nicht nur die Materialien zu ersetzen, sondern nach § 1835 Abs. 4 BGB analog auch der Werklohn nach Maßgabe des § 632 Abs. 2 BGB.
- Ein Aufwendungsersatzanspruch steht dem Geschäftsführer jedoch nicht zu, wenn er im Zeitpunkt der Geschäftsübernahme erkennbar nicht die Absicht hatte, vom Geschäftsherrn Ersatz zu verlangen **(§ 685 BGB)**. Ein Indikator für den Verzichtswillen ist die Geringfügigkeit des Vermögensopfers.
- Gerichtet ist der Anspruch i. d. R. auf Geldzahlung. Wenn die Aufwendun doch in der Eingehung einer Verbindlichkeit besteht, weil der Geschä z. B. einen Werkvertrags mit einem Handwerker abgeschlossen

Geschäftsführer Befreiung von der Verbindlichkeit verlangen (**§§ 683/684 S. 2, 670, 257 BGB**). Dies gilt auch dann, wenn die Geschäftsführung darin besteht, dass man als Geschäftsführer im Namen des Geschäftsherrn aber ohne dessen Vollmacht einen z. B. Werkvertrag mit z. B. einem Handwerker abschließt, ohne dass der Geschäftsherr diesen später genehmigen würde, so dass der Geschäftsführer aus § 179 Abs. 1 BGB verpflichtet wäre. Kann man eigentlich einen Befreiungsanspruch nach § 398 BGB abtreten? Eigentlich nicht, weil dem § 399 Var. 1 BGB entgegenstünde. Wohl aber kann der Anspruch an die Person abgetreten werden, von deren Anspruch die Befreiung verlangt werden kann. Dann verwandelt sich der Befreiungsanspruch in einen Zahlungsanspruch.

(b) Da, wie dargestellt, Aufwendungen grundsätzlich freiwillige Vermögensopfer sind, stellt sich die Frage, ob auch ein **Schaden** des **Geschäftsführers**, obwohl ja unzweifelhaft ein unfreiwilliges Vermögensopfer, als **Aufwendung i. S. d. § 670 BGB** angesehen werden kann. Man hat sich dafür entschieden, solche Schäden des Geschäftsführers als „Aufwendungen" zu behandeln und ihm nach § 670 BGB zu ersetzen, die dadurch entstanden sind, dass sich bei der Geschäftsführung ein typisches Risiko der übernommenen Tätigkeit, und nicht nur ein allgemeinen Lebensrisikos realisiert hat. Die knappe und durchaus treffende Formulierung geht dahin, dass **„risikotypische Begleitschäden"** als Aufwendungen zu ersetzen seien. Zur Begründung wird häufig auf § 110 HGB hingewiesen. Folgt man dem, sind die Vorschriften der §§ 249 ff. BGB, insbesondere § 254 BGB und §§ 844, 845 BGB entsprechend anzuwenden. Allerdings wird nur eine **angemessene** nach **Billigkeit** zu bemessende **Entschädigung**" geschuldet (BGH). Die früher stets wegen des Wortlauts des § 847 BGB a.F. verneinte Frage, ob auch Schmerzensgeld verlangt werden kann, stellt sich mit der Schaffung des § 253 Abs. 2 BGB neu: Der Wortlaut des **§ 253 BGB** lässt einen Anspruch zu. Nach der „ratio legis" des Schmerzensgeldanspruchs („Ausgleichs- und Genugtuungsfunktion") dürfte aber wegen des mangelnden Bedürfnisses nach Genugtuung aufgrund fremden Unrechts kein Schmerzensgeldanspruch bestehen.

**Fall 491**

In der dem verreisten E gehörigen Eigentumswohnung in einem Altbau ist es zu einem Wasserrohrbruch gekommen, weil der E die unter Putz laufende Bleileitung versehentlich ganz geringfügig angebohrt hatte, so dass das Wasser erst verzögert, dann aber mit Macht austrat und auch in die darunter liegende Wohnung des dort zur Miete wohnenden M einzudringen begann. Der M, ein selbstständiger Klempnermeister, der durch die Überlassung des Schlüssels „zum Blumengießen" seitens des W Zugang zur Wohnung des E hat und zufällig zu Hause ist, repariert mit seinem für Kundendienstleitungen zu Hause befindlichen Werkzeug den Rohrbruch. Weil er den Absperrhahn nicht sofort finden kann, muss er die Wand aufstemmen, um die Abdichtung vornehmen zu können. Dabei verunreinigt er seine Kleidung durch eine Wasser-Mauerstaubmischung. In der Eile hatte er nicht daran gedacht, seinen bereit liegenden „Blaumann" überzuziehen.

Nach der Abdichtung beauftragt der M im Namen des E aber ohne dessen Vollmacht den Elektriker S. Trom (S) ohne Vergütungsvereinbarung damit, einen durch die Durchfeuchtung bei E entstandenen Kurzschluss zu beheben. Als E die Genehmigung des vollmachtlosen Handelns verweigert, nimmt der S den M in Anspruch, der seinerseits seinen Anspruch gegen den E auf Aufwendungsersatz wegen der Eingehung der Verbindlichkeit gegenüber dem S an S abtritt. Der M verlangt Schadensersatz von E und Vergütung in Höhe des nach § 632 Abs. 2 BGB zu bemessenden Lohnes für eine Klempnerstunde. Und der S verlangt Bezahlung der Reparaturkosten.

1. Was die Klempnerarbeiten angeht, kommt in Betracht ein Aufwendungsersatzanspruch des M gegen den E aus §§ 677, 683 S. 1, 670 BGB. a) Vorliegen muss eine „echte GoA“. aa) Vorausgesetzt ist eine Geschäftsführung des M. Darunter versteht man jede hypothetisch fremdnützige Tätigkeit von wirtschaftlicher Relevanz. Dazu gehört die vorgenommene Reparatur. bb) Es müsste sich um ein „fremdes Geschäft“ gehandelt haben. Zum einen diente die Reparatur dem Interesse des M, der eine Überschwemmung seiner Mietwohnung verhindern wollte. Zum anderen hat der M gegen den E einen Anspruch auf Beseitigung der Störung aus § 861 BGB. Durch die Reparatur wird der E von dieser Verpflichtung frei. Daher handelt es sich objektiv „auch“ um ein „fremdes“ Geschäft des E. cc) Der Fremdgeschäftsführungswille des M wird aus dem Sachverhalt nicht deutlich. Er wird aber bei „auch-fremden“ Geschäften vermutet. dd) Ein Auftrag des E oder eine sonstige Berechtigung zur Reparatur bestanden nicht. b) Diese mithin „echte GoA“ ist auch berechtigt. Denn die Voraussetzungen des § 683 S. 1 BGB sind gegeben. aa) Die Geschäftsführung des M ist aaa) objektiv interessegemäß bbb) und entspricht dem mutmaßlichen Willen des E, weil er dem M und/oder dem Eigentümer der Mietwohnung/und/oder anderen Eigentümern und/oder der WEG sonst nach § 823 Abs. 1 BGB schadensersatzpflichtig geworden wäre. c) Die beiden geltend gemachten Posten müssten aa) Aufwendungen i.S.d. § 670 BGB sein. Was den aaa) Schaden des M angeht, sind solche Nachteile als Aufwendung zu ersetzen, die dadurch entstanden sind, dass sich durch die Geschäftsführung das typische Risiko der übernommenen Tätigkeit realisiert hat („risikotypischer Begleitschaden“), die also nicht Ausdruck des allgemeinen Lebensrisikos sind: das ist bei Beschädigung der Hose der Fall. bbb) Nach § 1835 Abs. 3 BGB analog ist eine berufstypische Tätigkeit zu vergüten. bb) Der M müsste diese Aufwendungen für erforderlich gehalten haben dürfen. aaa) Das ist hinsichtlich der Schäden an der Kleidung aaaa) an sich nicht der Fall, denn der E2 hätte diese vermeiden können. Allerdings wird hier § 680 BGB analog angewendet. bbbb) Der Anspruch auf Ersatz des Schadens ist auch nicht nach § 254 BGB analog zu kürzen, weil man auch in diesem Zusammenhang § 680 analog anwenden würde und ein Mitverschulden nur bei Vorsatz oder grober Fahrlässigkeit berücksichtigen würde. bbb) Der in Höhe der üblichen Vergütung auszugleichende Arbeitsaufwand durfte für erforderlich gehalten werden (arge. § 632 Abs. 2 BGB). 2. S könnte gegen E einen Anspruch aus §§ 398, 677, 683 S. 1, 670, 257 BGB haben. a) Aus den vorgenannten (hier nicht erneut dargestellten) Gründen besteht ein Aufwendungsersatzanspruch des

M gegen den E aus §§ 677, 683 S. 1, 670 BGB. Für erforderlich gehalten werden darf auch eine Geschäftsführung in Gestalt der entgeltlichen Beauftragung eines anderen (z. B. der Abschluss eines Werkvertrags mit einem Handwerker). Wenn – wie hier – der Geschäftsführer M im Namen des Geschäftsherrn E aber ohne dessen Vollmacht einen Vertrag mit dem S abgeschlossen hat und der Geschäftsherr dieses Handeln nicht nach § 177 BGB genehmigt, so dass der Geschäftsführer dem S aus §§ 179 Abs. 1, 631, 632 Abs. 2 BGB verpflichtet wäre, kann er, der M, Befreiung von dieser Verpflichtung verlangen (§§ 677, 683 S. 1, 670, 257 BGB. b) Fraglich ist, ob dieser Anspruch wirksam an S abgetreten worden ist und welchen Inhalt er dann hätte. aa) An sich steht der Abtretung eines Befreiungsanspruchs § 399 Var. 1 BGB entgegen, weil der Anspruch sich in einen Zahlungsanspruch umwandeln würde. bb) Anerkannt ist aber, dass ein Befreiungsanspruch an den Gläubiger der Verbindlichkeit, hier den S, deshalb abgetreten werden kann, weil der Schuldner des Befreiungsanspruchs zur Erfüllung ohnehin an den Gläubiger zahlen müsste. Also hat S gegen E einen Zahlungsanspruch in Höhe der üblichen Vergütung.

(7) Anspruch des Geschäftsführers gegen den Geschäftsherrn auf Schadensersatz

Dass wir jetzt noch einmal auf einen Schadensersatzanspruch des Geschäftsführers gegen den Geschäftsherrn zurückkommen, nachdem wir doch kurz zuvor einen solchen Anspruch aus §§ 677, 683 S. 1, 670 BGB bei „risikotypischen Begleitschäden", die der Geschäftsführer erlitten hat, bejaht haben, kann den aufmerksamen Leser nicht überraschen. Denn jener Anspruch ist (arge. § 670 BGB) beschränkt auf „angemessene Entschädigung". Da aber bei einer echten berechtigten GoA ein gesetzliches Schuldverhältnis besteht, gilt § 241 Abs. 2 BGB, so dass den Geschäftsherrn Rücksichtspflichten treffen können. Und daher kann dem Geschäftsführer gegen den Geschäftsherrn auch ein (weiter als der nur eine angemessene nach Billigkeit zu bemessende Entschädigung gewährende § 670 BGB reichender!) Schadensersatzanspruch nach **§§ 280 Abs. 1, 241 Abs. 2 BGB** zustehen, wenn der Geschäftsherr eine Pflicht gegenüber dem Geschäftsführer gegenüber bestehende Rücksichtspflicht verletzt. Stellen Sie sich zum *Beispiel* vor, dass der GF das in Brand geratene Haus des mit unbekanntem Ziel und unerreichbar verreisten Nachbarn GH löscht, ohne zu wissen, dass dieser aus Angst vor einer Energiekrise Benzin in Kanistern im Keller hortet. Während der Löscharbeiten erscheint der GH, der vorzeitig von der Reise zurückgekommen ist. Er warnt den GF nicht, sondern läuft davon, als er den Brand sieht. Das Haus explodiert. Der verletzte GF hat gegen den GH u. a. auch einen Schadensersatzanspruch aus §§ 280 Abs. 1, 241 Abs. 2 BGB.

bb) Ansprüche des Geschäftsherrn gegen den Geschäftsführer bei einer echten berechtigten GoA

Damit Sie bei dieser insgesamt doch recht komplex aufgebauten Darstellung der GoA um keinen Preis die Übersicht verlieren, soll der gegenwärtige Standort wieder einmal verdeutlicht werden: Wir befassen uns derzeit mit den **Ansprüchen,** die bei einer GoA der **Geschäftsführer gegen** den **Geschäftsherrn** und die der **Geschäftsherr gegen** den **Geschäftsführer** haben können.

**1.** Dazu haben wir uns zuerst klargemacht, dass es – die Gesetz gewordene Überschrift des § 687 BGB lehrt uns, dass es diese Unterscheidung zu machen ist – eine **„echte" GoA** und eine **„unechte" GoA** gibt. Wir befassen uns hier zunächst mit den Ansprüchen bei einer „echten" GoA; die Ansprüche bei einer „unechten" GoA sind, soweit es um § 687 Abs. 2 BGB geht, unser Thema erst sub III; und die Fälle des § 687 Abs. 1 BGB haben mit der GoA nichts zu tun, sie werden durch die §§ 987 ff., 823 ff., 812 ff. BGB gelöst und dort erörtert.

**2.** Die **Voraussetzungen** einer **„echten GoA"** sind ein **Geschäft**, das für den Geschäftsführer **fremd** ist und das mit **Fremdgeschäftsführungswillen** für den Geschäftsherrn **geführt** worden ist, und dies und **ohne Auftrag** oder **sonstige Berechtigung**.

**3.** Diese **echte GoA** ist **berechtigt** unter den Voraussetzungen entweder der §§ 683, § 684 S. 2 BGB.

**4.** Bei einer hiernach **echten** und zugleich **berechtigten** GoA hat

**a)** der **Geschäftsführer gegen** den **Geschäftsherrn** aus § 683 BGB oder § 684 S. 2 BGB jeweils i.V.m. § 670 BGB einen Anspruch auf Aufwendungsersatz und nach §§ 280 Abs. 1, 241 Abs. 2 BGB einen Schadensersatzanspruch.

**b)** Soweit sind wir gekommen. Jetzt wird es um die Frage gehen, welche Ansprüche der **Geschäftsherr gegen** den **Geschäftsführer** im Fall einer **echten** und zugleich **berechtigten** GoA hat. Dazu eine **Übersicht** vorweg:

**aa)** In Betracht kommt ein Anspruch auf **Herausgabe** des **durch** die **Geschäftsführung Erlangten** aus §§ 677, 683/684 S. 2, 681 S. 2, 667 BGB und auf Auskunft und Rechenschaft aus §§ 677, 683/684 S. 2, 681 S. 2, 666 BGB. **(sub (1))**.

**bb)** bb. Ferner wird es im Folgenden um **Schadensersatzansprüche** des Geschäftsherrn gegen den Geschäftsführer gehen wegen einer **Verletzung** der **Nebenpflicht** aus § 677 BGB nach §§ 280 Abs. 1, 677, 683/684 S. 2 BGB **(„Ausführungsverschulden")** und wegen einer **Verletzung der Nebenpflichten** aus § 681 BGB nach §§ 280 Abs. 1, 681, 683/684 S. 2 BGB **(sub (2))**.

**cc)** Ein **kritischer Geist** könnte an dieser Stelle die Frage aufwerfen, wieso hier ganz offenbar zur Voraussetzung für die Pflichten des Geschäftsführers aus § 677 BGB und aus § 681 BGB das Vorliegen einer GoA gemacht werden soll, die nicht nur „echt" ist, sondern die auch nach §§ 683, 684 S. 2 BGB „berechtigt" sein muss. Das scheint verfehlt zu sein, weil der Wortlaut der Normen (§§ 677, 681 BGB) dies gerade nicht voraussetzt und weil diese gesetzessystematisch auch vor den die Berechtigung der GoA begründenden Normen der §§ 683, 684 S. 2 BGB eingeordnet worden sind, so dass offenbar das Vorliegen einer echten GoA ausreicht, um die Pflichten des Geschäftsführers aus §§ 677 und 681 BGB zu begründen. Wenn wir gleichwohl für einen Anspruch wegen eines Ausführungsverschuldens und wegen der Verletzung einer Nebenpflicht auch eine Berechtigung der GoA fordern, beruht dies zunächst allein auf einer rein „taktischen" Überlegung. Wir können nämlich so die Entscheidung über einen komplizierten Meinungsstreit, ob diese Ansprüche auch bei einer echten nicht berechtigten GoA bestehen, hinauszuzögern. Denn völlig unumstritten ist, dass das gesetzliche Schuldverhältnis namens GoA mit den daraus resultierenden Pflichten für den Geschäftsführer aus § 677 BGB und aus § 681 S. 2 BGB bei einer echten und auch berechtigten GoA besteht.

(1) Anspruch des Geschäftsherrn gegen den Geschäftsführer auf Herausgabe des durch die Geschäftsführung Erlangten und auf Auskunft und Rechenschaft sowie Anzeige der GoA

Die in § 681 S. 2 BGB enthaltene Verweisung auf §§ 666 bis 668 BGB betrifft den Anspruch auf Herausgabe des durch die Geschäftsführung Erlangten, modifiziert durch § 682 BGB (sub (a)), ferner einen Anspruch auf Verzinsung herauszugebenden Geldes im Fall der Eigenverwendung (sub (b)) und auf Anzeige, Auskunft und Rechenschaft (sub (c)).

(a) Für die **Fallbearbeitung** ist in erster Linie von Bedeutung, dass der Geschäftsherr im Fall der echten und zugleich **berechtigten GoA gegen** den **Geschäftsführer** einen **Anspruch** auf **Herausgabe** des aus der Geschäftsführung **Erlangten** aus **§§ 677, 683 S. 1/684 S. 2, 681 S. 2, 667 BGB** hat. Dass die Pflichten aus § 681 BGB auch bei einer durch die Genehmigung des Geschäftsherrn nach § 684 S. 2 BGB berechtigt gewordenen GoA bestehen, ist anerkannt. Zwar wird dort nur der Anspruch durch die Genehmigung entstehende Anspruch des Geschäftsführers auf Aufwendungsersatz aus § 683 BGB erwähnt. Aber der Geschäftsherr soll aufgrund der von ihm erklärten Genehmigung, die ihn zum Schuldner macht, nicht schlechter stehen als der Geschäftsführer, so dass er seinerseits aus § 681 BGB berechtigt sein soll.

Dieser Anspruch ist gerichtet auf **Herausgabe** aller Sachen und Rechte, die der **Geschäftsführer aufgrund und mit der Geschäftsführung im inneren Zusammenhang stehend** erhalten hat. Sollte die Geschäftsführung in einer Veräußerung bestehen, gehören auch eventuell erzielte Gewinne dazu. Selbst erhaltene „Schmiergelder" wären herauszugeben.

Der geschäftsunfähige oder beschränkt geschäftsfähige Geschäftsführer ist zur Herausgabe lediglich nach den Vorschriften über die Herausgabe einer ungerechtfertigten Bereicherung (§§ 812 ff. BGB) verpflichtet (§ 682 BGB). Unumstritten gilt § 682 BGB bei Geschäftsführungen tatsächlicher Art. Gestritten wird aber darüber, ob § 682 BGB auch bei Geschäftsführungen rechtsgeschäftlicher Art gelten soll, wenn der gesetzliche Vertreter zugestimmt hat. Weil – wie bereits einmal ausgeführt – die §§ 104 ff. BGB auf die GoA nicht anwendbar sind, wird man konsequenterweise auch im Falle einer Zustimmung des gesetzlichen Vertreters die haftungsbeschränkende Norm des § 682 BGB anwenden müssen. Streiten kann man weiterhin darüber, ob es sich in § 682 BGB um einen Rechtsfolgen- oder um eine Rechtsgrundverweisung handelt. Aus der ratio legis, die Haftung zu beschränken, wird man folgern müssen, dass es sich um einen Rechtsgrundverweis handeln muss. Die Norm betrifft fraglos den Anspruch auf Herausgabe des durch die Geschäftsführung Erlangten.

(b) Die Pflicht, **für sich verwendetes Geld**, das an **den Geschäftsherrn herauszugeben ist, verzinslich anzulegen** (§§ 681 S. 2, 668 BGB), begründet keinen Anspruch, nach dem gefragt werden könnte.

(c) Die Pflicht des Geschäftsführers aus §§ 681 S. 2, 666 BGB auf **Anzeige, Auskunftserteilung** und **Rechenschaftsablegung**, dient der Umsetzung des Anspruchs auf Herausgabe des Erlangten dient. Hiernach dürften Sie in einer juristischen Aufgabe praktisch nie gefragt werden.

(2) Anspruch des Geschäftsherrn gegen den Geschäftsführer auf Schadensersatz wegen einer Verletzung der Pflicht aus § 677 BGB („Ausführungsverschulden") und einer Verletzung der Pflichten aus § 681 BGB

Wenn der Geschäftsführer einer **echten** und zugleich **berechtigten GoA (§§ 677, 683/684 S. 2 BGB** seine **Nebenpflichten verletzt**, ist er dem Geschäftsherrn zum Schadensersatz verpflichtet. Zum einen geht es um die Schadensersatzverpflichtung im Falle einer **schuldhaften Verletzung von mit der Ausführung verbundenen Pflichten,** die man auch begrifflich gänzlich unscharf als **„Ausführungsverschulden"** bezeichnet, wobei der Anspruch durch **§ 682 BGB** modifiziert wird (sub a)) und zum anderen um die – ebenfalls durch **§ 682 BGB** modifizierte – Schadensersatzverpflichtung im Falle einer **schuldhaften Verletzung** der **Pflicht** auf **Anzeige der Geschäftsführung** und zum **Abwarten der Entschließung des Geschäftsherrn**, sowie der Pflichten auf **Auskunftserteilung** und **Rechenschaftsablegung**, die nur wenig Relevanz für die Fallbearbeitung hat (sub (b)).

(a) Im Fall der **echten** und zugleich **berechtigten GoA (§§ 677, 683/684 S. 2 BGB)** hat der Geschäftsführer die Pflicht **„das Geschäft so zu führen, wie das Interesse des Geschäftsherrn (es) mit Rücksicht auf dessen wirklichen oder mutmaßlichen Willen ... erfordert"**. Wir, die wir auch für die Pflicht aus § 677 BGB nicht nur eine echte, sondern aus „taktischen" Gründen zunächst einmal auch das Vorliegen einer Berechtigung der GoA verlangen, werden dafür nicht nur auf § 683 BGB abstellen, sondern konsequenterweise auch den Berechtigungstatbestand des § 684 S. 2 BGB als ausreichend ansehen.

Wenn der Geschäftsführer diese Pflicht verletzt, hat der Geschäftsherr gegen den Geschäftsführer einen **Schadensersatzanspruch** aus **§§ 280 Abs. 1, 677, 683/684 S. 2 BGB** wegen eines sog. „Ausführungsverschuldens". Wenn Sie bei der Prüfung dieses Schadensersatzanspruchs vor der Frage stehen, wie man die Pflichten des Geschäftsführers aus § 677 BGB konkretisieren kann, stellt sich die Frage, ob bei einem Widerstreit von Interesse und Willen des Geschäftsherrn der Wille des

Geschäftsherrn (Medicus unter Hinweis auf § 681 S. 1 BGB) oder das Interesse vorgeht, wie der Wortlaut es nahe zu legen scheint.

Tappen Sie wegen der Ähnlichkeit der Formulierungen in § 677 BGB und § 683 S. 1 BGB nicht in die Falle, bei einem Verstoß gegen die Ausführungspflicht des § 677 BGB das Vorliegen einer Berechtigung der GoA zu verneinen.

Das nach § 280 Abs. 1 S. 2 BGB vermutete Verschulden des Geschäftsführers für einen Pflichtverstoß kann widerlegt sein, wenn die Geschäftsführung die Gefahrenabwehr „bezweckt", so dass die Norm auch im Falle der Erfolglosigkeit gilt, und der Geschäftsführer nicht vorsätzlich oder grob fahrlässig gehandelt hat **(§ 680 BGB)**.

Selbstverständlich kann neben einem Anspruch aus §§ 280 Abs. 1, 677, 683/684 S. 2 BGB ggf. auch ein Anspruch aus **§§ 823 ff. BGB** gegeben sein. Damit dann § 680 BGB nicht i.E. leer läuft, wird diese Norm analog angewendet.

**Fall 492**

Bei A, der nicht zu Hause ist, ist die Waschmaschine übergelaufen, so dass bereits Wasser den Flur entlang fließt. Der darunter wohnende Nachbar N, der Zugang zu der Wohnung des A hat, stellt bei A das Wasser ab, um so größere Schäden zu verhindern. In der Eile stößt der N bei der Suche nach dem Absperrhahn eine versteckt in einer dunklen Nische stehende kostbare Vase des A um. Der A verlangt Schadensersatz von N.

Dem A könnte ein Anspruch a) aus §§ 677, 683 S. 1, 280 Abs. 1 BGB zustehen. aa) Zwischen A und N bestand ein Schuldverhältnis einer echten berechtigten GoA aus § 677, 683 S. 1 BGB: Das Abdrehen des Wassers ist die Führung eines Geschäfts; es ist auch ein fremdes Geschäft; der N hat mit Fremdgeschäftsführungswillen gehandelt; er hatte keinen Auftrag oder sonstige Berechtigung zur Geschäftsführung; die Übernahme des Geschäfts ist interessengemäß und entspricht auch dem mutmaßlichen Willen des A. bb) Das Umwerfen der Vase ist eine gegen § 677 BGB verstoßende pflichtwidrige Ausführung, weil der N das Geschäft nicht so geführt hat, wie es das Interesse des Geschäftsherrn mit Rücksicht auf dessen wirklichen oder mutmaßlichen Willen erfordert. cc) Der N müsste schuldhaft gehandelt haben; hier liegen verschuldensrelevante Angaben im Sachverhalt vor, so dass Sie sich nicht auf die Verschuldensvermutung in § 280 Abs. 1 S. 2 BGB berufen dürfen. aaa) Der N hat hiernach leicht fahrlässig gehandelt. bbb) Fraglich ist, ob hier § 680 BGB eingreift und der N nur für Vorsatz oder grobe Fahrlässigkeit haftet. Das hängt davon ab, ob man eine dem A drohende dringende Gefahr i.S.d. § 680 BGB annimmt. § 680 BGB setzt eine dringende, d. h. aktuelle, unmittelbar drohende Gefahr für die Person oder das Vermögen des Geschäftsherrn oder eines Angehörigen voraus. Eine solche Notsituation lag vor. Damit haftet N nicht auf Schadensersatz aus §§ 677, 280

Abs. 1 BGB. b) Der an sich konkurrierende Anspruch aus § 823 Abs. 1 BGB besteht nicht, und zwar aa) entweder, weil man die Rechtswidrigkeit wegen des Vorliegens einer echten berechtigten GoA als Rechtfertigungsgrund verneint bb) weil man § 680 BGB analog anwendet, weil die Norm sonst leer liefe.

Obwohl das gesetzliche Schuldverhältnis der GoA keine Geschäftsfähigkeit voraussetzt, haftet der **nicht voll geschäftsfähige Geschäftsführer** nicht nach §§ 280 Abs. 1, 677 BGB, sondern nach **§ 682 BGB** nur nach **§§ 823 ff. BGB,** wobei natürlich die §§ 827 bis 829 BGB gelten. Sie wissen bereits aus den vorherigen Ausführungen, dass § 682 BGB unzweifelhaft bei Geschäftsführungen tatsächlicher Art gilt. Und aus der Tatsache, dass die §§ 104 ff. BGB bei der GoA nicht gelten, hatten wir entnommen, dass § 682 BGB auch angewendet wird, wenn der gesetzliche Vertreter zugestimmt hat. Auch bei der Verweisung auf die „unerlaubte Handlung" streitet man über die Frage des Vorliegens einer Rechtsgrund- oder Rechtsfolgenverweisung; und auch hier sollte man sich aus der auf eine Haftungsbeschränkung hinaus laufenden ratio legis für einen haftungsbegründenden Verweis entscheiden.

(b) **Außer** den **Ausführungspflichten** treffen den Geschäftsführer im Fall der **echten** und zugleich **berechtigten GoA (§§ 677, 683/684 S. 2 BGB)** – und auch das wissen Sie schon – die Pflichten zur **Übernahmeanzeige (§ 681 S. 1 BGB)** und zum **Abwarten** der **Entscheidung des Geschäftsherrn** und auf **Auskunftserteilung** und **Rechenschaftsablegung (§ 681 S. 2, 666–668 BGB)**. Dass die Berechtigung aufgrund einer Genehmigung (§ 684 S. 2 BGB) nicht nur dem Geschäftsführer zugutekommen soll, ist oben bereits ausgeführt worden.

Wie bereits im vorangestellten Überblick angesprochen wurde, besteht ein Anspruch des Geschäftsherrn gegen den Geschäftsführer auf **Schadensersatz** aus **§ 280 Abs. 1 BGB**, wenn der Geschäftsführer diese Nebenpflichten verletzt. Dass eine **Schadensersatzpflicht** des **Geschäftsführers** aus **§ 280 Abs. 1 BGB** bei einer **Verletzung** der **Pflicht** zur **Anzeige** der **Übernahme** der **Geschäftsführung** und des **Abwartens** der **Entscheidung** des **Geschäftsherrn (§ 681 S. 1 BGB)** keine „graue Theorie" ist, sondern durchaus bedeutsam sein kann, lehrt dieses *Beispiel* (nach BGH): Ein insolventer Stromlieferant hatte die Belieferung eines Endverbrauchers eingestellt. Daraufhin war der Netzbetreiber vorübergehend eingesprungen und hatte den Endverbraucher weiter beliefert. Der Endverbraucher, der von der Insolvenz seines Vertragspartners nichts wusste und dem auch nicht bekannt war, dass der Netzbetreiber für den Stromlieferanten eingetreten war, hatte dem Stromlieferanten die vereinbarten Abschlagszahlungen weiter entrichtet. Als der Netzbetreiber vom Endverbraucher Aufwendungsersatz nach §§ 677, 683 S. 1, 670 BGB verlangte und sich herausstellte, dass der erst jetzt von allen Vorgängen ins Bild gesetzte Endverbraucher seinen Anspruch gegen den Stromlieferanten auf Rückzahlung der Abschlagszahlungen aus § 323 BGB wegen dessen Insolvenz nicht durchsetzen kann, erklärte er wirksam gegenüber dem Netzbetreiber die Aufrechnung mit einem Schadensersatzanspruch aus §§ 280 Abs. 1, 681 S. 1 BGB.

Weniger bedeutsam ist für Sie die Schadensersatzpflicht des Geschäftsführers aus § 280 Abs. 1 BGB wegen nicht oder schlecht erfüllter Auskunftserteilung und Rechenschaftsablegung sowie zur **Verzinslichkeit der Geldanlage** (§ 681 S. 2, 666–668 BGB).

Dass auch wegen dieser Schadensersatzansprüche zugunsten eines **nicht voll geschäftsfähigen Geschäftsführers § 682 BGB** mit seiner Verweisung auf die **§§ 823 ff. BGB** eingreift, versteht sich. Die beiden Streitpunkte bei der Anwendung dieser Norm sind Ihnen inzwischen geläufig. Wiederholen Sie diese!

#### c) Verhältnis zu Ansprüchen aus anderen Schuldverhältnissen

Dass die echte und berechtigte GoA ein gesetzliches **Schuldverhältnis** zwischen dem Geschäftsführer und dem Geschäftsherrn begründet, dessen Inhalt u. a. **Ansprüche des Geschäftsführers gegen den Geschäftsherrn** auf **Aufwendungsersatz** und **Schadensersatz** sowie **Ansprüche** des **Geschäftsherrn gegen** den **Geschäftsführer** auf **Herausgabe** des **Erlangten** und auf **Schadensersatz** sind, haben Sie soeben erfahren bzw. wiederholt.

Dieses **Schuldverhältnis** ist eine gesetzliche Sonderregelung, die

- die **Ansprüche** aus **§§ 812 ff. BGB ausschließen,** weil eine **echte und berechtigte GoA** ein **Rechtsgrund** für alle **Leistungen und Eingriffe** ist.
- **Ansprüche** aus den **§ 823 Abs. 1 BGB** bestehen **nicht**, weil die echte und berechtigte GoA ein **Rechtfertigungsgrund** ist. Wenn also der Geschäftsführer zum *Beispiel* dem verunglückten Geschäftsherrn bei der lebensrettenden Herzmassage einige Rippen bricht, besteht kein Anspruch aus § 823 Abs. 1 BGB auf Schadensersatz.
- **Ansprüche** aus den **§§ 987 ff. BGB** bestehen **nicht**, wenn der **Geschäftsführer** aufgrund **echter berechtigter GoA** ein **berechtigter Besitzer** i.S.d. **§ 986 BGB geworden** ist, so dass zum *Beispiel* der Bauer GF, der ein ausgebrochenes trächtiges Pferd des GH einfängt und zunächst bei sich in den Stall sperrt, die Verwendungen nicht nach §§ 994 ff. BGB ersetzt verlangen kann, sondern nach §§ 677, 683 S. 1, 670 BGB.

### 2. Ansprüche aus echter nichtberechtigter GoA

Wie angekündigt gehen wir jetzt davon aus, dass eine **zwar „echte" GoA** vorliegt, diese **aber nichtberechtigt** ist, weil die **Voraussetzungen** der **§§ 683/684 S. 2 BGB nicht gegeben** sind. Und in diesem Zusammenhang werfen wir wiederum die zuvor gestellten Fragen auf, nämlich die Frage, welche Ansprüche der Geschäftsherr gegen den Geschäftsführer hat, sowie die Frage, ob umgekehrt auch der Geschäftsführer gegen den Geschäftsherrn Ansprüche hat.

#### a) Die dogmatische Problematik dieser Konstellation

Was die Pflichten des Geschäftsführers und die sich gegen ihn richtenden Ansprüche angeht, so liegt es nahe, dass der Geschäftsführer allein aufgrund der Tatsache der Einmischung in fremde Angelegenheiten wegen eines „Übernahmeverschuldens" schadensersatzpflichtig sein könnte; das Problem hat der Gesetzgeber in § 678 BGB gelöst; zusätzlich wird sich die Frage nach der Anwendbarkeit des § 682 BGB stellen **(sub b) aa) (1))**.

Was die sich weiterhin stellenden Fragen nach einem Anspruch des Geschäftsherrn gegen den Geschäftsführer auf Herausgabe des durch die Geschäftsführung

Erlangten **(sub b) aa) (2))** und nach einem Schadensersatzanspruchs wegen eines „Ausführungsverschuldens" sowie wegen einer Verletzung der Pflichten aus § 681 BGB **(sub b) aa) (3))** angeht, müssen wir jetzt unsere bisherige „taktische" Zurückhaltung aufgeben, mit der wir uns zuvor um die Frage herumgedrückt hatten, ob die §§ 681 und 677 BGB nur für eine echte und zugleich berechtigte GoA gelten (das ist unumstritten) oder ob sie auch für eine echte und unberechtigte GoA gelten (das ist umstritten) gelten, und müssen „Farbe bekennen". In diesem Kontext stellt sich dann auch die Frage nach der Reichweite des § 682 BGB.

Schließlich stellt sich natürlich auch die Frage nach Ansprüchen des Geschäftsführers gegen den Geschäftsherrn, vielleicht sogar Ansprüche auf „Aufwendungsersatz" **(sub b) bb))**?

Was die drei zuletzt genannten Themen angeht, besteht nach einer Ansicht bei einer mangels der Tatbestände der §§ 683, 684 S. 2 BGB fehlenden Berechtigung der GoA kein gesetzliches Schuldverhältnis zwischen Geschäftsherr und Geschäftsführer, und die Beteiligten können einander daher nur nach §§ 812 ff. und 823 ff. BGB haften. Da dies aber nicht der einzige denkbare Standpunkt hierzu ist, können Sie sich auf die Notwendigkeit zur Erörterung dogmatisch hochspannender Überlegungen einstellen!

### b) Ansprüche aus einer echten nichtberechtigten GoA

#### aa) Ansprüche des Geschäftsherrn gegen den Geschäftsführer bei einer echten nichtberechtigten GoA

##### (1) Schadensersatz wegen eines „Übernahmeverschulden"

Wie bereits angedeutet, stellt sich bei der echten und zugleich nichtberechtigten GoA die Frage, ob der Gesetzgeber diese Einmischung des Geschäftsführers in die Angelegenheiten des Geschäftsherrn schadensersatzrechtlich in besonderer Weise sanktioniert. Auf den ersten Blick hätte der Gesetzgeber keine besondere Regelung schaffen müssen, weil man meinen könnte, **§ 823 Abs. 1 BGB** würde den Geschäftsherrn ausreichend schützen.

Das aber hat der Gesetzgeber nicht so gesehen, und er hat mit **§ 678 BGB** eine Anspruchsgrundlage geschaffen, die die Interessen des Geschäftsherrn nach einer Haftung für ein „Übernahmeverschulden" weit besser schützt, als es die §§ 823 ff. BGB und namentlich § 823 Abs. 1 BGB vermögen.

Die besonderen **Vorzüge** der **Anspruchsgrundlage** des **§ 678 BGB** gegenüber einem Anspruch aus § 823 Abs. 1 BGB bestehen darin, dass der den Anspruch geltend machende Geschäftsherr **nicht** in einer **geschützten Rechtsposition** verletzt worden sein muss, sondern nur einen **„Schaden"** erlitten zu haben braucht, was bei den §§ 823 ff. BGB nicht für § 823 Abs. 1 BGB ausreicht, sondern nur für die deliktischen Tatbestände des § 823 Abs. 2 i. V. m. §§ 253, 263 bzw. 266 StGB und des § 825 BGB. Dieser Schaden, der für § 678 BGB ausreicht, muss zudem auch **nur äquivalent kausal** („conditio sine qua non") auf der unberechtigten Geschäftsführung beruhen, so dass es einer zusätzlichen Adäquanz der Kausalität nicht bedarf; auch muss der Schaden nicht im Schutzbereich der Norm des § 678 BGB liegen.

Nach **§ 678 BGB** muss bereits die **Übernahme** der **Geschäftsführung** (also nicht erst deren Ausführung!) dem **wirklichen** oder dem **mutmaßlichen Willen** des **Geschäftsherrn widersprechen.** Dieser **Widerspruch** zum **Willen** des **Geschäftsherrn** kann sich auf die Tatsache der Geschäftsführung als solcher (um diese Fälle geht es meistens) beziehen, aber auch auf deren Zeitpunkt, ihren Umfang, auf die Art und Weise der Geschäftsführung und auf die Person des Geschäftsführers.

Zusätzlich ist erforderlich, dass der **Geschäftsführer** den **entgegenstehenden Willen gekannt** hat oder ihn **infolge** von **Fahrlässigkeit nicht gekannt** hat **(„Übernahmeverschulden")**. Das Verschulden des Geschäftsführers muss nur auf die Willenswidrigkeit der Übernahme der Geschäftsführung und nicht auch auf den Eintritt des Schadens gerichtet sein. Wie aber ist es, wenn der Geschäftsführer mit der Geschäftsführung eine **drohende dringende Gefahr von** dem **Geschäftsherrn abwenden** wollte? Man ist sich einig, dass die Ihnen ja schon bekannte Vorschrift des § 680 BGB, die die Haftung eines Geschäftsführers für eine pflichtwidrige Ausführung der Geschäftsführung in den Fällen einer Gefahrenabwehr auf Vorsatz und grobe Fahrlässigkeit beschränkt, auch auf die zum Schadensersatz verpflichtende Norm des § 678 BGB entsprechende Anwendung finden soll **(§ 680 BGB analog)**, zum *Beispiel* in diesem Fall: Der GH will nach einem Besuch bei GF mit seinem Auto betrunken nach Hause fahren und lässt sich von GF, der ebenfalls getrunken hat, nicht überzeugen, dies zu lassen. Darauf drängt der GF den widerstrebenden GH auf den Beifahrersitz und fährt den GH in Richtung seiner Wohnung. Es kommt zu einem Unfall, bei dem der GH verletzt wird. Der GH verlangt Schadenersatz. Der Anspruch aus § 678 BGB scheitert am fehlenden Übernahmeverschulden, weil eine grobfahrlässige Unkenntnis (§ 680 BGB analog) des GF bezüglich seiner Nichtberechtigung zur GoA nicht festgestellt werden kann (BGH). Einen klassischen „Lehrbuchfall" wie den folgenden sollten Sie aber auch kennen.

**Fall 493**

Der GF hört laute Hilfeschreie und „Feuer, Feuer!"-Rufe aus der verschlossenen Wohnung seines Nachbarn GH. Er nimmt an, dass dort ein Brand ausgebrochen ist. Als auf sein Klingeln und Klopfen niemand öffnet, tritt er die Tür ein. Dann muss er feststellen, dass der GH sich gerade einen Fernsehfilm angesehen hat, in dem jemand in Feuersnot geraten ist. Der GF hätte bei äußerster Anspannung seiner Sorgfalt wegen der die Vorgänge begleitenden Musik, wie sie für einen Film typisch ist, erkennen können, dass Fernsehfilm entstammten. Der GH verlangt von GF Schadensersatz für die zerstörte Tür (nach Köhler).

1. Ein Anspruch des GH gegen den GF auf Schadensersatz könnte sich aus § 678 ergeben. a) Die Voraussetzungen einer echten Geschäftsführung ohne Auftrag liegen vor (Geschäftsführung für einen anderen mit Fremdgeschäftsführungswillen ohne Auftrag und sonstige Berechtigung). b) Die Geschäftsführung war nicht berechtigt, denn sie war nicht interessegemäß und widersprach dem wirklichen Willen des GH. c) Dass die Übernahme der Geschäftsführung zum wirklichen Willen des GH im Widerspruch stand, aa) hätte der GF erkennen können. bb) Wenn aber der Haftungsmaßstab des § 680 BGB gelten würde,

dann müsste mindestens grobe Fahrlässigkeit gegeben sein. Der § 680 BGB wird auch auf das Übernahmeverschulden einer nichtberechtigten Geschäftsführung ohne Auftrag angewendet, also auch auf die Frage, ob die irrtümliche Annahme einer Geschäftsführung ohne Auftrag auf einem Verschulden beruht. Da der GF nicht grob fahrlässig gehandelt hat, haftet er nicht. 2. Weiterhin könnte sich ein Schadensersatzanspruch aus § 823 Abs. 1 BGB ergeben. a) Eine Eigentumsverletzung liegt vor. b) Diese ist einem Verhalten des GF zurechenbar. c) Die Rechtswidrigkeit ist indiziert. Die Handlung ist nicht gerechtfertigt, denn die Voraussetzungen einer rechtfertigenden berechtigten Geschäftsführung ohne Auftrag liegen nicht vor. d) Der GH müsste weiter schuldhaft gehandelt haben. aa) Er hat mit Wissen und Wollen die Tür eingetreten, also vorsätzlich gehandelt. Nach der im Zivilrecht geltenden Vorsatztheorie müsste der GF auch im Bewusstsein der Pflichtwidrigkeit gehandelt haben. Dem GF fehlt es, den Vorsatz ausschließend, am Unrechtsbewusstsein, weil er irrig die Voraussetzungen einer berechtigten Geschäftsführung ohne Auftrag angenommen hat. bb) Der GF könnte aber fahrlässig gehandelt haben, wenn der Irrtum vorwerfbar war. Auch insoweit ist jedoch der Haftungsmaßstab des § 680 BGB maßgeblich. Da der GF nicht grob fahrlässig gehandelt hat, haftet er auch nicht aus § 823 Abs. 1 BGB.

Auch bei § 678 BGB gilt zugunsten eines **nicht voll geschäftsfähigen Geschäftsführers § 682 BGB** mit seiner Verweisung auf die **§§ 823 ff. BGB**.

(2) Anspruch des Geschäftsherrn auf Herausgabe des durch die Geschäftsführung Erlangten und auf Auskunft und Rechenschaft

Es stellt sich jetzt die Frage, ob auch dann, wenn die **echte GoA mangels** der **Voraussetzungen** der **§§ 683/684 S. 2 BGB nichtberechtigt** war, der Geschäftsherr vom Geschäftsführer **Herausgabe** des **durch** die **Geschäftsführung Erlangten** verlangen kann.

Dies ist eines der **„klassischen" Probleme** des Rechts **der GoA**, das Sie so oder so lösen können.

**Gegen** das Bestehen eines auf **Herausgabe** des durch die **Geschäftsführung Erlangten** gerichteten **Anspruchs** des **Geschäftsherrn gegen** den **Geschäftsführer** aus **§§ 681 S. 2, 667 BGB** im Fall der echten nichtberechtigen GoA könnte sprechen, dass es bei fehlender Berechtigung kein auftragsähnliches gesetzliches Schuldverhältnis gibt. Begründet wird dies oft damit, dass der Geschäftsführer bei echter aber nichtberechtigter GoA keine Pflichten gegenüber dem Geschäftsherrn zu erfüllen habe, sondern dass er die Geschäftsführung vielmehr gänzlich zu unterlassen habe. Außerdem – so lautet ein unterstützendes Argument – bestünde bei einer automatischen Anwendung der §§ 681, 2, 667 BGB kein Bedarf mehr für eine Genehmigung der Geschäftsführung seitens des Geschäftsherrn nach § 684 S. 2 BGB, so dass diese Vorschrift praktisch leer liefe. Und schließlich würde der Zuerkennung eines Anspruchs aus §§ 681 S. 2, 667 BGB der Einwand der unzulässigen Rechtsausübung/der „Arglist" aus § 242 BGB („dolo agit, qui petit …") entgegenstehen: Wenn der Geschäftsherr Herausgabe des aus der Geschäftsführung Erlangten aus § 681 S. 2, 667 BGB fordern könne, müsste er nach § 684 S. 1 BGB das dadurch Erlangte ja doch gleich wieder an den Geschäftsführer herausgeben. Der Geschäftsherr könne daher allenfalls einen Anspruch aus den §§ 812 ff. BGB gegen den Geschäftsführer auf Herausgabe des durch die Geschäftsführung Erlangten haben. Das ist der eine Lösungsweg (Larenz, Medicus).

Man kann sich aber auch aus allerlei guten Gründen **für** das Bestehen eines Anspruchs des Geschäftsherrn gegen den Geschäftsführer auf Herausgabe des Erlangten aus **§§ 681 S. 2, 667 BGB** aussprechen (z. B. Palandt, MüKo): Wenn der Anspruch aus §§ 681 S. 2, 667 BGB im Fall der Geschäftsanmaßung nach § 687 Abs. 2 BGB nach Wahl des Geschäftsherrn sogar bei einer unechten angemaßten Eigengeschäftsführung gegeben ist, dann muss dieser erst recht bei einer echten und unberechtigten GoA bestehen. Außerdem setze der Wortlaut des § 681 BGB gerade keine Berechtigung der GoA voraus. Schließlich würde die Unanwendbarkeit des § 681 BGB auf eine echte unberechtigte GoA zu einer Regelungslücke bezüglich der Auskunfts- und Rechnungslegungsfrage führen, die nach der anderen Ansicht nur über entsprechende Ansprüche aus § 242 BGB zu schließen wäre. Und auch das Bedenken, die Zuerkennung eines Anspruchs aus §§ 681 S. 2, 667 BGB verstieße gegen § 242 BGB, könne man dadurch entschärfen, indem man den Anspruch aus § 684 S. 1 BGB als bloßen Aufwendungsersatzanspruch des Geschäftsführers verstünde, so dass die Ansprüche des Geschäftsherrn auf Herausgabe des Erlangten aus §§ 681 S. 2, 667 BGB und des Geschäftsherrn aus § 684 S. 1 BGB sich nicht neutralisierten; das sei ja auch bei § 687 Abs. 2 BGB, wo der ebenfalls auf beide Ansprüche verwiesen werde, nicht der Fall. Wer sich dem anschließt würde konsequenterweise auch den Auskunfts- und Rechnungslegungsanspruch aus §§ 681 S. 2, 666 BGB herleiten.

Sie können bei Ihren Fallbearbeitungen, in denen es nur um die Herausgabe des aus der Geschäftsführung Erlangten geht, den **Streit** in vielen Fällen auch **offenlassen**, indem Sie nach § 133 BGB in dem Herausgabeverlangen, jedenfalls aber in der Klageerhebung auf Herausgabe des Erlangten, eine konkludente Genehmigung i.S.d. § 684 S. 2 BGB sehen. Dann gelten die Bestimmungen der echten und zugleich berechtigten GoA, allerdings einschließlich des Gegenspruchs des Geschäftsführers aus §§ 684 S. 2, 670 BGB.

Zugunsten eines **nicht voll geschäftsfähigen Geschäftsführers** gilt auch für die echte unberechtigte GoA § **682 BGB**, dessen Probleme Ihnen bekannt sind, so dass der geschäftsunfähige und beschränkt geschäftsfähige Geschäftsführer nur nach den **§§ 812 ff. BGB** zur Herausgabe verpflichtet ist.

#### (3) Anspruch des Geschäftsherrn auf Schadensersatz wegen einer Verletzung der Pflicht aus § 677 BGB („Ausführungsverschulden") und einer Verletzung der Pflichten aus § 681 BGB

Wenn sich bei einer echten aber unberechtigten GoA die Frage nach der Geltung der sich aus § 677 BGB ergebenden Nebenpflichten zur interessegemäßen Durchführung für den Geschäftsführer und die Anschlussfrage nach einer eventuellen schadensersatzrechtlichen Sanktion nach **§§ 280 Abs. 1, 677 BGB** stellt, müssen Sie wie zuvor, als es um die gleiche Frage bei § 681 BGB ging, zunächst wieder einmal die nach der **Anwendbarkeit** des **§ 677 BGB** auf die echte unberechtigten GoA beantworten.

Ähnlich wie bei der Diskussion zur Anwendung des § 681 BGB wird hier von einer Seite auf das Fehlen eines gesetzlichen Schuldverhältnisses hingewiesen und dies auch bezüglich des § 677 BGB damit begründet, dass der Geschäftsführer bei einer unberechtigter GoA die Geschäftsführung zu unterlassen habe und sie deshalb auch nicht etwa so vorzunehmen habe, wie es „das Interesse des Geschäftsherrn mit Rücksicht auf dessen wirklichen oder mutmaßlichen Willen" erfordert. Eine Pflicht zur ordnungsgemäßen Ausführung nach § 677 BGB werde mithin durch eine unberechtigte GoA nicht begründet. So gesehen bestünden nur deliktische Ansprüche.

Die Gegenansicht verlangt die Anwendbarkeit des § 677 BGB auf die „echte" und zugleich „unberechtigte" GoA, um den Wertungswiderspruch einer Besserstellung des nichtberechtigten Geschäftsführers gegenüber dem berechtigten Geschäftsführer zu vermeiden. Auch ist nach dem Wortlaut des § 677 BGB das Bestehen der dort genannten Pflichten nicht von irgendwelchen Berechtigungsvoraussetzungen abhängig. Anwendbar wäre nach dieser Ansicht auch § 680 BGB.

Hier kann man den Streit nicht aus praktischen Gründen (s. zuvor (sub (2): im Herausgabeverlangen liege nach § 133 BGB eine Genehmigung nach § 684 S. 2 BGB, so dass der Anspruch aus § 681 S. 2, 667 BGB bestehe) entschärfen, sondern muss Farbe bekennen. Die letztere Ansicht scheint auch hier überzeugender zu sein.

Erinnert wird daran, dass neben diesem Anspruch aus §§ 280 Abs. 1, 677 BGB natürlich ggf. auch ein Anspruch aus **§§ 823 ff. BGB** gegeben sein kann. Die Haftungsbeschränkung in § 680 BGB würde auch hier die Verschuldensvoraussetzungen beschränken, weil § 680 BGB sonst i.E. leer liefe.

Und natürlich gilt auch für die echte unberechtigte GoA der **§ 682 BGB**, der die Haftung eines geschäftsunfähigen und beschränkt geschäftsfähigen Geschäftsführers auf eine Haftung aus unerlaubter Handlung beschränkt, und zwar unter Berücksichtigung der §§ 827 bis 829 BGB. Wissen Sie noch, welche Streitpunkte sich bei § 682 BGB stellen?

**Variante**

Der GF hatte den GH in Hilfsabsicht gegen dessen Protest und körperlichen Widerstand aus der Wohnung gezerrt und ihn dabei körperlich verletzt. Der GH verlangt Schadensersatz in Höhe der Heilungskosten.

Der Anspruch ergibt sich 1. nicht aus § 678 BGB; denn es geht nicht um Schadensersatz für die Folgen eines Übernahmeverschuldens, 2. sondern um ein Ausführungsverschulden, so dass a) der Anspruch sich aus §§ 280 Abs. 1, 677 BGB ergeben könnte. aa) Auch bei einer echten unberechtigten GoA, wie sie hier vorliegt, können wir aus den vorgenannten Gründe § 677 BGB anwenden, so dass ein Anspruch aus §§ 280 Abs. 1, 677 BGB gegeben ist. bb) Die Ausführung entspricht nicht dem Interesse des GH. Und die Verschuldensvermutung des § 280 Abs. 1 S. 2 BGB ist auch im Hinblick auf den analog anzuwendenden § 680 BGB nicht widerlegt, weil der GF angesichts des nach dem Eindringen in die Wohnung offen zutage getretenen Mangels eines jeglicher Anhaltspunkt für ein Feuer und auch wegen des Protestes und der Gegenwehr des GH grob fahrlässig gehandelt hat. b) Außerdem besteht ein Anspruch aus § 823 Abs. 1 BGB, denn die Körperverletzung ist rechtswidrig, weil keine rechtfertigende echte und berechtigte GoA vorliegt. Auch der – analog anzuwendende – § 680 BGB privilegiert den GF nicht.

Konsequenterweise muss daher auch ein Anspruch des Geschäftsherrn gegen den Geschäftsführer aus **§ 280 Abs. 1 BGB** bejaht werden, wenn der Geschäftsführer die Nebenpflichten **aus §§ 681 S. 1, S. 2, 666–668 BGB** verletzt, dies allerdings nicht, wenn der Geschäftsführer geschäftsunfähig oder beschränkt geschäftsfähig war, weil dann §§ 823 ff. BGB einschlägig sind. Natürlich gilt auch insoweit **§ 682 BGB**.

bb) Ansprüche des Geschäftsführers gegen den Geschäftsherrn bei einer echten nichtberechtigten GoA auf Aufwendungsersatz und Schadensersatz

Damit Sie die **Übersicht** behalten: Die vorstehenden Ausführungen betrafen die Ansprüche des Geschäftsherrn gegen den Geschäftsführer bei einer echten nichtberechtigten GoA. Jetzt geht es um die umgekehrte Fragestellung, nämlich um die Ansprüche des Geschäftsführers gegen den Geschäftsherrn auf Aufwendungsersatz (sub (1)) und Schadensersatz bei einer echten nichtberechtigten GoA (sub (2)).

(1) Anspruch des Geschäftsführers gegen den Geschäftsherrn bei einer echten nichtberechtigten GoA auf Aufwendungsersatz

Ein Anspruch aus §§ 683, 684 S. 2670 BGB besteht nicht; der Anspruch könnte sich aber aus § 684 S.1, 812 ff. BGB ergeben. Bei einer **echten** und **zugleich nichtberechtigten GoA** hat der Geschäftsführer nach **§ 684 S. 1 BGB** einen **Anspruch „nach den Vorschriften über eine ungerechtfertigte Bereicherung"** gegen den Geschäftsherrn auf **Herausgabe** dessen, was der Geschäftsherr **durch** die **unberechtigte Geschäftsführung erlangt** hat.

Dieser Anspruch ist gerichtet auf Herausgabe des durch die Geschäftsführung Erlangten, und zwar nur der vermögensmehrenden Aufwendungen **(sub (a))**, nicht aber auch darüber hinausgehender Vorteile **(sub (b))**.

(a) Der Anspruch ist gerichtet auf einen Aufwendungsersatz aber nur in den Fällen, in denen der Geschäftsführer Aufwendungen oder Verwendungen vorgenommen hat, die das Vermögen des Geschäftsherrn gemehrt haben. Es handelt sich also bei § 684 S. 1 BGB um einen im Gewande eines Bereicherungsanspruchs auftretenden verkappten **„Aufwendungsersatzanspruch"** des Geschäftsführers. Andere Vorteile als entstandene Aufwendungen können nicht aus § 684 S. 1 BGB herausverlangt werden

Überwiegend (BGH) wird in § 684 S. 1 BGB ein **Rechtsfolgenverweis** gesehen. Dem sollten Sie sich mit der Maßgabe anschließen, die Sperrvorschriften §§ 814, 815, 817 S. 2 BGB, über die Sie später mehr erfahren werden, ggf. analog anzuwenden. Damit vermeiden Sie das Bedenken der Lehre, die mit der Begründung, die Sperrtatbestände liefen sonst leer, in § 684 S. 1 BGB einen **„Rechtsgrundverweis"** sieht.

Der **Inhalt und** der **Umfang** des Anspruchs aus § 684 S. 1 BGB bestimmt sich also nach den **§§ 818 ff. BGB**, die Sie jetzt schon einmal lesen müssen, auch wenn wir später darauf noch gründlich eingehen werden. Dass damit der Anspruch des

Geschäftsführers – anders als bei der echten berechtigten GoA, wie Sie hoffentlich erinnern – auf die noch vorhandene Bereicherung (§ 818 Abs. 3 BGB) beschränkt ist, der Geschäftsführer also auch das Risiko eines Wegfall des Erfolges durch Entreicherung trägt, entspricht der Billigkeit. Und schließlich darf man nicht aus dem Auge verlieren, dass es bei einer unberechtigten GoA dem Interesse und dem Willen des Geschäftsherrn widerspricht, etwas aus der Geschäftsführung zu erlangen. Die **Bereicherung** ist ihm **„aufgedrängt"**. Auch zur Bewältigung dieser Problematik erfahren Sie später mehr.

(b) Gestützt auf den Wortlaut, dass der Geschäftsherr „alles", was er durch die Geschäftsführung erlangt hat, herauszugeben habe, wird teilweise angenommen, dass der Geschäftsführer auch über die Aufwendungen hinausgehende Geschäftserlöse herausverlangen könne. Damit stünde er jedoch besser als bei einer echten berechtigten GoA.

(2) Anspruch des Geschäftsführers gegen den Geschäftsherrn bei einer echten nichtberechtigten GoA auf Schadensersatz

Bei einer echten und zugleich berechtigten GoA kann der Geschäftsführer vom Geschäftsherrn Schadensersatz nach §§ 280 Abs. 1, 241 Abs. 2 BGB verlangen. Sie erinnern vielleicht noch das reichlich gekünstelte *Beispiel,* in dem der Geschäftsherr GH den Geschäftsführer GF, der gerade das brennende Haus des GH als echter berechtigter Geschäftsführer löscht, nicht davor warnt, dass im Keller seines Hauses Benzin lagert, sondern stattdessen schnell in Deckung geht.

Dagegen besteht bei einer **echten aber nichtberechtigten GoA kein** solcher **Anspruch** des **Geschäftsführers gegen** den **Geschäftsherrn** auf **Schadensersatz** aus **§§ 280 Abs. 1, 241 Abs. 2 BGB**, denn ein für den Geschäftsherrn Rücksichtspflichten begründendes gesetzliches Schuldverhältnis gibt es bei einer echten unberechtigten GoA nicht.

### c) Verhältnis zu Ansprüchen aus anderen Schuldverhältnissen

Sie entsinnen sich sicher noch: Die echte berechtigte GoA ist ein bereicherungsrechtlich relevanter Rechtsgrund für das Erlangen von Vorteilen aus der Geschäftsführung, so dass Ansprüche auf Herausgabe aus §§ 812 ff. BGB ausscheiden. Die echte berechtigte GoA ist zudem ein Rechtfertigungsgrund, so dass Ansprüche aus §§ 823 ff. BGB entfallen. Und sie verleiht dem Geschäftsführer ein Recht zum Besitz i.S.d. § 986 BGB an einer erlangten oder genutzten Sache gegenüber dem Herausgabeverlangen des Eigentümers aus § 985 BGB, so dass auch eine Haftung aus §§ 687 ff. BGB ausscheidet.

Das alles gilt aber nicht für die echte nichtberechtigte GoA. Insbesondere könnte man daher die Ansprüche aus GoA als von den speziellen Regeln der §§ 987 ff. BGB verdrängt ansehen. Aber weil die §§ 677 ff. BGB eine Sonderordnung für Fälle altruistischer Einmischung darstellen, kann man auch annehmen, sie bei der echten unberechtigten GoA als lex specialis den §§ 987 ff. BGB vorgehen zu lassen (Gursky). Man sieht, man kann sich allenthalben „trefflich streiten"; der Umstand, dass man sich – wie auch hier – so oder auch anders entscheiden kann, ist erfreulich für Sie, entbindet Sie aber niemals von der Pflicht zur Begründung Ihrer Ansicht!

## III. Die Geschäftsanmaßung

Die Einordnung der **Geschäftsanmaßung (§ 687 Abs. 2 BGB)** in diesen Zusammenhang (Ansprüche aus „vertragsähnlichen Rechtsverhältnissen") ist – wie Sie inzwischen wissen – dogmatisch verfehlt. Das gesetzliche Schuldverhältnis aus § 687 Abs. 2 BGB ist eher „deliktsähnlicher" als „vertragsähnlicher" Natur. Seine Behandlung an dieser Stelle des Buches ist daher auch nur aus „pragmatischen" Gründen gerechtfertigt, und zwar deshalb weil die Vorschrift des § 687 Abs. 2 BGB auf die Regeln der GoA verweist. Das ist auch der Grund für die vom Gesetzgeber vorgenommene Einordnung des § 687 Abs. 2 BGB in den „Titel 13. Geschäftsführung ohne Auftrag".

### 1. Der Tatbestand einer Geschäftsanmaßung und die Rechtsfolgen (Übersicht)

Das **(1) Vorliegen** einer **Geschäftsanmaßung** i.S.d. § 687 Abs. 2 BGB setzt voraus **(a)** eine **Geschäftsführung**, **(b)** die ein **objektiv fremdes Geschäft** betrifft. **(c)** Das Geschäft muss vom Geschäftsführer **als eigenes geführt**, also im Gegensatz zum Fremdgeschäftsführungswillen zum eigenen Vorteil geführt worden sein, **(d) ohne** dass der Geschäftsführer dazu **beauftragt** worden oder **sonst berechtigt** dazu war. **(e)** In subjektiver Hinsicht **muss** der **Geschäftsführer** oder **sein Vertreter** (§ 166 Abs. 1 BGB) **wissen, (aa)** dass es sich um ein **fremdes Geschäft** handelt, wobei die Kenntnis der Anfechtbarkeit im Fall erfolgter Anfechtung ausreicht (§ 142 Abs. 2 BGB) **(bb)** und dass er **nicht zur Geschäftsführung berechtigt** war. **(2)** Wenn es so liegt, dann kann der Geschäftsherr **(a)** alle in Betracht kommenden gesetzlichen **Ansprüche** (aus §§ 812 ff. BGB, namentlich aus § 816 Abs. 1 S. 1 BGB, oder nach § 823 ff. BGB, vielleicht sogar aus den §§ 987 ff. BGB) geltend machen. **(b)** Der Geschäftsherr kann aber nach seiner Wahl das **Geschäft** auch **„an sich ziehen"**, indem er die **Rechte aus § 687 Abs. 2 S. 1 BGB** geltend macht, also **(aa)** entweder Schadenersatz nach §§ 687 Abs. 2 S. 1, 678 BGB („Übernahmeverschulden") und nach §§ 280 Abs. 1, 677 BGB („Ausführungsverschulden") verlangt; **(bb)** oder er kann Herausgabe des Erlangten (§§ 687 Abs. 2 S. 1, 681 S. 2, 667 BGB) fordern. **(3)** Wenn der Geschäftsherr das „Geschäft an sich zieht", indem er diese besonderen Ansprüche gelten macht, ergibt sich aus **§ 687 Abs. 2 S. 2 BGB**, dass nunmehr dem Geschäftsführer, der sich die Führung des Geschäfts angemaßt hat, ein Anspruch aus **§§ 684 S. 1, 812 BGB** zusteht. Diese vielleicht etwas theoretischen klingenden und sehr kondensierten Ausführungen sollen jetzt konkretisiert werden.

### 2. Die Ansprüche bei Geschäftsanmaßung

#### a) Die Ansprüche des Geschäftsherrn gegen den Geschäftsführer

Der Geschäftsherr hat ein **Wahlrecht**. Er kann **(Alternative 1)** entweder sämtliche **Ansprüche**, welche ihm aufgrund der **allgemeinen Regeln** zustehen (aus §§ 812ff. BGB, namentlich aus § 816 Abs. 1 S. 1 BGB, oder nach §§ 823ff BGB, vielleicht sogar aus den §§ 987ff. BGB) geltend machen. In diesem Fall ist er dem Geschäftsführer nicht zum Aufwendungsersatz verpflichtet.

**Fall 494**

Der U baut Baumaterial, das der D dem E gestohlen und an ihn geliefert hat, in das Haus des B ein, nachdem er von der Herkunft erfahren hatte.

Der E kann von U Schadensersatz aus §§ 989, 990 BGB verlangen, denn der U ist nach § 935 BGB nicht Eigentümer geworden (dazu mehr in Teil 6).

Der Geschäftsherr kann **(Alternative 2)** das Geschäft aber auch „an sich ziehen" und die **Ansprüche** aus **GoA** geltend machen (§ 687 Abs. 2 S. 1 BGB),

- so z. B. durch Geltendmachung eines Anspruchs auf Schadensersatz wegen eines **„Übernahmeverschuldens"** aus **§§ 687 Abs. 2 S. 1, 678 BGB,**
- bzw. aus **§§ 280 Abs. 1 S. 1, 677 BGB** wegen eines **„Ausführungsverschuldens"**
- oder durch die Geltendmachung eines Anspruchs auf **Herausgabe** des **durch** die **Geschäftsführung Erlangten**, einschließlich der Zinsen, meist nach vorheriger Auskunft und Rechnungslegung nach **§§ 687 Abs. 2 S. 1, 681 S. 2, 667 BGB**. Dieser Anspruch ist eine gern genutzte Möglichkeit, vom Geschäftsführer erlangte Gewinne herauszuverlangen, z. B. bei der **vorsätzlichen Veräußerung fremder Sachen** oder sonstiger Eingriffe in fremde absolute Rechte. Anders als bei § 816 Abs. 1 S. 1 BGB, wo dies umstritten ist (dazu später mehr), ist hier unzweifelhaft der Übererlös, den der Geschäftsanmaßer gezogen hat, herauszugeben. Worin umgekehrt der Vorteil des § 816 BGB gegenüber § 687 Abs. 2 BGB besteht, liegt auf der Hand: die subjektiven Voraussetzungen müssen nicht gegeben sei. Der „Haken" des Anspruchs aus § 687 Abs. 2 S. 1 BGB ist aber die u. U. bestehende Verpflichtung zu Aufwendungsersatz (dazu sogleich mehr).

**Variante**

Der E verlangt von dem U Herausgabe des erlangten Werklohnes.

Der Anspruch könnte sich aus §§ 687 Abs. 2, 681 S. 2, 667 BGB ergeben. a) Weil er keinen Schadensersatz geltend macht, gehen die §§ 987 ff. BGB jedenfalls aus diesem Grunde nicht vor. b) aa) Der Einbau ist ein fremdes Geschäft, da der U von D kein Eigentum erlangt hat (§ 935 BGB). bb) Eigengeschäftsführungswille des U. cc) Der U war dazu nicht berechtigt. dd) Der U kannte bei der Geschäftsführung (Einbau) die Fremdheit der Sache. Daher ist der U zur Herausgabe des Erlangten verpflichtet.

**Fall 495**

Der GF hat von dem GH eine Sache geliehen, welche er – da er dringend Geld benötigt – an den X zu einem Kaufpreis verkauft und übereignet (§ 932 BGB), welcher deutlich über dem Wert der Sache liegt. GH verlangt Herausgabe des tatsächlich erzielten Erlöses von GF.

1. Schadensersatzansprüche (z. B. aus §§ 280 Abs. 1, 3, 283 oder aus § 823 Abs. 1 BGB oder aus § 823 Abs. 2 BGB i.V.m. § 246 StGB, diese Aufzählung ist nicht vollständig!) sind nur auf den objektiven Wert der Sache gerichtet und ent-

sprechen daher nicht vollständig dem Interesse des GH. 2. Herausgabeansprüche können sich a) aus § 285 BGB ergeben. § 285 BGB setzt jedoch voraus, dass der GF anstelle des geschuldeten Gegenstandes einen Ersatz erlangt. Geschuldet wurde die Rückgabe der Sache (§ 604 BGB), der Kaufpreis wurde aber dadurch erlangt, dass X das Eigentum verschafft wurde. § 285 BGB ist daher nicht einschlägig (vgl. Teil 4). b) Der Anspruch aus §§ 687 Abs. 2, 681 S. 2, 667 BGB umfasst den vollständigen tatsächlich erlangten Kaufpreis. c) Ein Anspruch auf Erlösherausgabe kann sich auch aus § 816 Abs. 1 S. 1 BGB ergeben. Bei diesem ist aber umstritten, ob der tatsächlich erlangte Preis oder nur der objektive Wert der Sache herauszugeben ist (dazu mehr in Teil 8).

Aus § 687 Abs. 2 BGB kann sich aber auch ein eigenständiger Anspruch auf Herausgabe eines Erlöses ergeben. Und zwar in folgendem *Beispiel* (nach Röthel): Der Hausmeister GF vermietet eigenmächtig eine leerstehende Wohnung des Haueigentümers GH. GH verlangt Herausgabe der gezahlten Miete. Hier ergibt sich der Anspruch nur aus §§ 687 Abs. 2 S. 1, 681 S. 2, 667 BGB. Denn die unberechtigte Vermietung ist keine Verfügung, so dass ein Anspruch aus § 816 Abs. 1 S. 1 BGB ausscheidet.

### b) Die Ansprüche des Geschäftsführers gegen den Geschäftsherrn

Die **Ansprüche** des **Geschäftsführers gegen** den **Geschäftsherrn** richten sich danach, welche Wahl der Geschäftsherr getroffen hat. In der Fallbearbeitung sollte man daher die Ansprüche des Geschäftsherrn stets zuerst prüfen. Die Ansprüche richten sich, wenn der Geschäftsherr den **Geschäftsführer** nach § 687 Abs. 2, 681 S. 2, 667 BGB auf das durch die Geschäftsführung Erlangte in Anspruch nimmt, nach **§§ 687 Abs. 2 S. 2, 684 S. 1 BGB**. Hier besteht also die gleiche Situation wie bei der echten unberechtigten GoA; dass der Geschäftsherr hiernach das aus der Geschäftsführung Erlangte herausgeben muss, kann natürlich nicht zutreffend sein, denn sonst könnte der Geschäftsherr zwar Herausgabe des Erlangten nach §§ 687 Abs. 2 S. 1, 681 S. 2, 667 BGB verlangen, müsste das Erlangte aber sogleich wieder an den Geschäftsführer herausgeben. Daher ist man sich hier wie dort einig, dass § 687 Abs. 2 S. 2, 684 S. 1, 812 ff. BGB einen **Anspruch** des **Geschäftsführers** auf **Aufwendungsersatz** betrifft. Der Ausgleich erfolgt i. d. R. durch Aufrechnung.

**Variante**

Der E verlangt von U Herausgabe des Werklohnes. Der U rechnet mit einem Gegenanspruch auf Ersatz seiner Unkosten und des an D gezahlten Kaufpreises auf.

a) Der Anspruch des E gegen den U könnte sich aus §§ 687 Abs. 2, 681 S. 2, 667 BGB ergeben. aa) Der Einbau ist ein fremdes Geschäft, da der U von D kein Eigentum erlangt hat (§ 935 BGB). bb) Eigengeschäftsführungswille des U. cc) Der U war dazu nicht berechtigt. dd) Der U kannte bei der Geschäftsführung (Einbau) die Fremdheit der Sache. Herauszugeben ist das Erlangte. b) Der Anspruch könnte nach §§ 387, 389, 687 Abs. 2, 684 S. 1, 812 Abs. 2, 819, 994 Abs. 2 BGB durch die Aufrechnung erloschen sein. aa) Die Unkosten des U sind Aufwendungen, bb) nicht aber der an D gezahlte Kaufpreis.

# Teil 6. Dingliche (sachenrechtliche) Ansprüche

## A. Dingliche Ansprüche als solche

Ist der in der Überschrift dieses Teils zu lesende Begriff „dingliche (sachenrechtliche) Ansprüche" nicht ein Widerspruch in sich?

Schließlich sind dingliche Rechte bekanntlich solche Rechte, die einer Person die unmittelbare Herrschaft über eine Sache verleihen. So stehen dem Inhaber eines dinglichen Rechts bestimmte Befugnisse zu, z. B. dem Eigentümer nach § 903 BGB „mit der Sache nach Belieben zu verfahren und andere von jeder Einwirkung auszuschließen" oder dem Hypothekar aus § 1113 BGB, „eine bestimmte Geldsumme zur Befriedigung wegen einer ihm zustehenden Forderung aus dem Grundstück" zu verlangen.

Was hat das aber nun mit einem „Anspruch" (nach § 194 BGB „das Recht von einem anderen ein Tun oder Unterlassen zu verlangen") zu tun? Schließen die beiden Komponenten des Begriffes **„dinglicher Anspruch"** sich nicht aus, weil doch **„dinglich"** zum „Sachenrecht" gehört und **„Anspruch"** zum „Schuldrecht" und weil „Sachenrecht" und „Schuldrecht" praktisch „Feuer" und „Wasser" sind, wie uns das „Trennungs-" und das „Abstraktionsprinzip" lehren?

Nun, es handelt sich nur um einen scheinbaren Widerspruch! Sie müssen sich zunächst klar machen, dass die sich aus der unmittelbaren Herrschaft über eine Sache ergebenden Befugnisse eines dinglich Berechtigten als solche völlig bedeutungslos wären, wenn das Gesetz dem Berechtigten nicht die Möglichkeit verleihen würde, diese Rechte durch Ansprüche zu verwirklichen.

- Wenn z. B. einem dinglich Berechtigten die aus einem ihm zustehenden **dinglichen Recht** herrührenden **Befugnisse streitig gemacht** werden (also z. B. ein Dritter den Eigentümer bei der Ausübung seiner Befugnisse aus § 903 BGB stört oder ihm die Sache vorenthält), dann können je nach Sachlage dem dinglich Berechtigten Ansprüche aus einem mit dem Dritten vielleicht bestehenden vertraglichen Schuldverhältnis zustehen; dann wären Sie auf bislang vertrautem Boden.



J. Plate, *Das gesamte examensrelevante Zivilrecht,* Springer-Lehrbuch,
DOI 10.1007/978-3-662-47320-7_6

- Wenn ein **dingliches Recht** dem Berechtigten **besondere Befugnisse verleiht** (z. B. nach § 1113 BGB eine Hypothek dem Hypothekar ein Recht zur Zahlung einer Geldsumme „aus dem Grundstück"), dann muss der **dinglich Berechtigte** seine **besonderen Befugnisse** auch **realisieren** können. Auch dann mag es vielleicht einen Anspruch aus einem verpflichtenden Vertrag geben, der den dinglich Berechtigten diese Möglichkeit verschafft; auch das wäre für Sie eine gewohnte Konstellation.

Das Gesetz hat aber nicht darauf vertraut, dass ein dinglich Berechtigter zum Zwecke der Realisierung seiner Befugnisse aus einem dinglichen Recht Ansprüche aus verpflichtenden Verträgen hat, sondern hat ihm sog. **„dingliche (sachenrechtliche) Ansprüche"** zuerkannt, mittels derer er das ihm zustehende **„dingliche Recht verwirklichen"** (Heck) kann. Wir wollen dies einmal für unsere beiden vorgenannten Beispiele konkretisieren und zeigen, dass es in der Tat **primäre dingliche Ansprüche** gibt, mittels derer die dinglichen Rechte verwirklicht werden:

- Der Eigentümer, dem die Befugnisse aus § 903 BGB streitig gemacht werden, hat gegen einen Störer Ansprüche aus **§ 1004 BGB** auf Beseitigung oder Unterlassung; oder er hat gegen denjenigen, der ihm die Sache vorenthält, einen Anspruch aus **§ 985 BGB** auf Herausgabe. Der Eigentümer eines Grundstücks hat auch das Recht, als solcher im Grundbuch eingetragen zu sein; ist ein anderer statt seiner zu Unrecht im Grundbuch eingetragen worden, kann er seine (Wieder-)Eintragung durch Geltendmachung eines Grundbuchberichtigungsanspruchs nach **§ 894 BGB** erreichen.
- Der Hypothekar kann vom Eigentümer des belasteten Grundstücks nach **§ 1147 BGB** die Duldung der Zwangsvollstreckung verlangen.
- Von **anderen sachrechtlichen Ansprüchen** soll hier zunächst nicht die Rede sein, abgesehen von einem Hinweis auf §§ 861, 1007, 1065, 1227 BGB. Lesen Sie sie jedenfalls einmal durch. Diese Normen sind Ihnen schon begegnet (Teil 1 B I 3), und sie werden auch in Zukunft immer wieder einmal angesprochen werden.
- Bei dieser Gelegenheit soll vorsorglich **klargestellt** werden, was auf den ersten Blick von jungen Juristen, die sich erstmals mit dem Phänomen dinglicher Ansprüche befassen, vielleicht verkannt werden kann: **Keine dinglichen Anspruchsgrundlagen** i. S. d. § 194 BGB sind die Definitionsnormen, wie z. B. die des **§ 903 BGB**, obwohl es dort ja durchaus anspruchsgrundlagenähnlich heißt „Der Eigentümer einer Sache kann…andere von jeder Einwirkung ausschließen", oder die des **§ 1113 BGB** aufgrund der ebenfalls in diese Richtung gehenden Formulierung „…,dass an denjenigen, zu dessen Gunsten die Belastung erfolgt,…eine bestimmte Geldsumme zu zahlen ist…". Das gilt auch für die anderen Definitionsnormen, wie **§§ 1018, 1030, 1094, 1105, 1204 BGB**. Lesen Sie diese Normen alle schon einmal durch und versuchen Sie sich ein Bild von den dort definierten dinglichen Rechten zu machen.

Komplementär zu diesen **„primären" dinglichen (sachenrechtlichen) Ansprüchen** kann es auch **„Sekundäransprüche"** geben. Das sind Ihnen ja bereits längst bekannte Begriffe aus den Teilen 3 und 4, so dass Sie sich „wieder zu Hause“ fühlen dürften. Besonders wichtige Sekundäransprüche ergeben sich z. B. aus den §§ 987 ff. BGB.

Nachdem Sie nun erkannt haben, dass Sie sich eigentlich doch im „vertrauten Milieu“ bewegen, soll dies alles jetzt durch eine (zugegebenermaßen in ihrer Abstraktheit und Verkürztheit der Formulierungen nicht leicht verständlichen) **Übersicht** und anschließend durch einige ausgewählte **Beispielsfälle** (die keinesfalls abschließend gemeint sind!) **„illustriert“** werden. Gut vorstellbar ist, dass bei manchem Leser ein gelindes Entsetzen ausbricht, wenn er sich in den folgenden ein bis zwei Stunden (soviel Zeit sollten Sie sich nehmen) mit einer ungeheuren Fülle von Möglichkeiten an Ansprüchen, Fragestellungen, Antworten und vor allem Paragraphen herumschlagen muss. Weichen Sie dieser Herausforderung aber um keinen Preis aus; lesen Sie alle zitierten Vorschriften nach; versuchen Sie, sich auf diese Weise ein erstes Bild zu machen. Sie entrinnen dem Ganzen ohnehin nicht! Sehen Sie es als eine „Bewährungsprobe“ an, nicht der Versuchung zu erliegen, diese Passage nur zu „überfliegen“. Ein Jurist muss ausdauernd und beharrlich sein!

**1.** Es gibt primäre Ansprüche auf **Herausgabe** gegen einen Besitzer einer Sache und Sekundäransprüche sowie umgekehrt primäre Gegenansprüche des Besitzers und Sekundäransprüche:

**a)** Im Verhältnis des **dinglich Berechtigten** (eines Eigentümers, eines Nießbrauchberechtigten, eines Pfandgläubigers/eines Anwartschaftsberechtigten auf das Eigentum, Nießbrauchs, Pfandrecht) an einer Sache als dem Anspruchsteller **zu** einem **personenverschiedenen Besitzer** als dem Anspruchsgegner, **steht aus** einem **Recht auf den Besitz (=„petitorisch“)**

**aa)** dem **dinglich Berechtigten** gegen den **Besitzer**

**aaa) primär**

**(1)** ein **Anspruch** auf **Herausgabe** der Sache zu, weil ein Inhaber dieser dinglichen Rechte ein Recht darauf hat, die Sache zu besitzen (§§ 985, 1065, 1227 BGB),

**(2)** der aber durch ein Recht des Besitzers zum Besitz **ausgeschlossen** sein kann (§ 986 BGB),

**(3)** dem **Einwendungen** entgegenstehen können (§ 241a BGB, § 817 S. 2 BGB analog),

**(4)** der **erloschen** sein kann durch die Ihnen schon bekannten Erlöschensgründe (Erfüllung oder Erfüllungssurrogate nach §§ 362 ff. BGB),

**(5)** und gegen den aufgrund von Gegenansprüchen des Anspruchsgegners (des Besitzers) wegen gemachter Verwendungen aus §§ 985, 1065, 1227, jeweils i. V. m. §§ 994 ff. BGB, als **Einreden** ein **Herausgabeverweigerungsrecht** aus §§ 994 ff., 1000 BGB oder ein

**Zurückbehaltungsrecht** aus § 273 BGB geltend gemacht werden kann oder gegen den die Einrede der **Verjährung** aus §§ 214, 197 Abs. 1 Nr. 1 BGB erhoben werden kann.

**bbb)** Weiterhin gibt es **sekundär**

**(1)** **Ansprüche** des **dinglich berechtigten Gläubigers** des **Herausgabeanspruchs** gerichtet auf Herausgabe von **Nutzungen** und auf **Schadensersatz wegen Verschlechterung, Untergangs** oder **anderweitiger Unmöglichkeit** der **Herausgabe** (§§ 985, 1065, 1227 jeweils i. V. m. §§ 987 ff. BGB), wegen **Verzuges** des unrechtmäßigen Besitzers bei der Erfüllung des Herausgabeanspruchs nach §§ 985, 1065, 1227 jeweils i. V. m. §§ 990 Abs. 2, 280, 286 BGB, und u. U. wegen Erwerbs eines „Surrogats" aus § 285 BGB,

**(2)** die wiederum **erloschen** sein können durch die Ihnen ja schon bekannten Erlöschensgründe (Erfüllung oder Erfüllungssurrogate nach §§ 362 ff., 387 ff. BGB)

**(3)** und denen **Einreden** (aus §§ 214, 195; 273 BGB) entgegenstehen können.

**bb)** Es gibt auch jeweils **Gegenansprüche** des **Besitzers** als Herausgabeschuldner gegen den Inhaber der dinglichen Rechtsstellung

**aaa)** **primär**

**(1)** wegen gemachter **Verwendungen** aus §§ 985, 1065, 1227 jeweils i. V. m. 994 ff., 1001 BGB,

**(2)** die **erloschen** sein können durch die Ihnen aus der Erörterung der vertraglichen Verpflichtungen ja schon bekannten Erlöschensgründe (Erfüllung oder Erfüllungssurrogate nach §§ 362 ff., 387 ff. BGB)

**(3)** und denen **Einreden** (aus §§ 214, 195; 273 BGB) entgegenstehen können.

**bbb)** und **sekundär**

**(1)** ein **Schadensersatzanspruch** nach § 280 Abs. 2, 286 BGB,

**(2)** der **ausgeschlossen** sein kann durch die Ihnen ja schon bekannten Erlöschensgründe (Erfüllung oder Erfüllungssurrogate nach §§ 362 ff., 387 ff. BGB)

**(3)** und dem **Einreden** (aus §§ 214, 195; 273 BGB) entgegenstehen können.

**b)** Im **Verhältnis des Besitzers zu** einem personenverschiedenen infolge **verbotener Eigenmacht besitzenden Besitzer** als Anspruchsgegner **(§ 861 BGB)**, also aus dem Besitz **(=„possesorisch")**

**aa)** steht dem **Besitzer gegen** den **verboten besitzenden Besitzer**

**aaa) primär**

**(1)** ein Anspruch auf **Wiedereinräumung** des durch verbotene Eigenmacht entzogenen Besitzes (§ 861 BGB) zu, zugunsten des mittelbaren Besitzers aber nur bei verbotener Eigenmacht eines Dritten, nicht aber des unmittelbaren Besitzers (§ 869 S. 1 BGB),

**(2)** der nur bei eigenem fehlerhaften Besitz (§ 861 Abs. 2 BGB) und begrenzt durch ein Recht zum Besitz **ausgeschlossen** sein kann (§ 863 BGB),

**(3)** der **erloschen** sein kann durch die Ihnen ja schon bekannten Erlöschensgründe (Erfüllung oder Erfüllungssurrogate nach §§ 362 ff., Ausschluss wegen Unmöglichkeit nach § 275 Abs. 1 BGB)

**(4)** und gegen den ein **Zurückbehaltungsrecht** aus § 273 BGB geltend gemacht werden sowie die Einrede der Verjährung erhoben werden kann (§§ 214, 195 BGB).

**bbb)** Dagegen gibt es sekundär keine Ansprüche des **Besitzers gegen** den personenverschiedenen **verbotenen Besitzer**.

**bb)** Es gibt auch keine sekundären Gegenansprüche des verbotenen Besitzers als Herausgabeschuldner gegen den besseren Besitzer

**c)** Im **Verhältnis** des **früheren und besseren Besitzers** zu einem **anderen Besitzer** als Anspruchsgegner **(§ 1007 BGB)**, also aus dem Besitz **(=possesorisch)**

**aa)** steht dem **früheren und besseren Besitzer** gegen den **anderen Besitzer**

**aaa) primär**

**(1)** ein Anspruch auf **Herausgabe** zu, weil man den Besitz gutgläubig erworben hatte und einem die Sache dann abhanden gekommen ist oder weil der jetzige Besitzer den Besitz bösgläubig erworben hat (§ 1007 Abs. 1, 2 BGB),

**(2)** der nach § 1007 Abs. 3 BGB **ausgeschlossen** sein kann,

**(3)** der **erloschen** sein kann durch die Ihnen schon bekannten Erlöschensgründe (Erfüllung oder Erfüllungssurrogate nach §§ 362 ff. BGB, Ausschluss wegen Unmöglichkeit nach § 275 Abs. 1 BGB)

**(4)** und gegen den wegen vom Herausgabeschuldner gemachter Verwendungen ein **Herausgabeverweigerungsrecht** aus §§ 1007 Abs. 3 S. 2, 994 ff., 1000 BGB geltend gemacht werden kann und dem **Einreden** entgegenstehen können (aus §§ 214, 195, 275 Abs. 2, 3 BGB).

**bbb)** Weiterhin gibt es **sekundär**

**(1)** Ansprüche des Gläubigers des Herausgabeanspruchs auf Herausgabe von Nutzungen und Schadensersatz wegen Verschlechterung, Untergangs oder anderweitiger Unmöglichkeit der Herausgabe (§§ 1007 Abs. 3 S. 2, 987 ff. BGB), wegen Verzuges des unrechtmäßigen Besitzers bei der Erfüllung des Herausgabeanspruchs nach §§ 990 Abs. 2, 280, 286 BGB,

**(2)** die **erloschen** sein können durch die Ihnen schon bekannten Erlöschensgründe (Erfüllung oder Erfüllungssurrogate nach §§ 362 ff., 387 ff. BGB)

**(3)** und denen **Einreden** (aus §§ 214, 195; 273 BGB) entgegenstehen können.

**bb)** Es gibt auch jeweils Gegenansprüche des Besitzers als Herausgabeschuldner gegen den früheren Besitzer

**aaa) primär**

**(1)** wegen gemachter **Verwendungen** aus §§ 1007 Abs. 3 S. 2, 994 ff., 1001 BGB

**(2)** die **erloschen** sein können durch die Ihnen schon bekannten Erlöschensgründe (Erfüllung oder Erfüllungssurrogate nach §§ 362 ff., 387 ff. BGB)

**(3)** und denen **Einreden** (aus §§ 214, 195; 273 BGB) entgegenstehen können.

**bbb)** Und **sekundär** bestehen

**(1)** Schadensersatzansprüche nach den §§ 280 ff. BGB,

**(2)** die **erloschen** sein können durch die Ihnen schon bekannten Erlöschensgründe (Erfüllung oder Erfüllungssurrogate nach §§ 362 ff., 387 ff. BGB)

**(3)** und denen **Einreden** (aus §§ 214, 195; 273 BGB) entgegenstehen können.

Zur **Klarstellung** wird darauf hingewiesen, dass es natürlich nicht nur dingliche, sondern **auch schuldrechtliche Herausgabeansprüche** des **Eigentümers** gibt, die mit den ihm zustehenden sachenrechtlichen Herausgabeansprüchen konkurrieren können: so die Ansprüche des Eigentümers in der Rolle eines Vermieters gegen den besitzenden Mieter (§ 546 Abs. 1 BGB), in der Rolle des Verleihers gegen den besitzenden Entleiher (§ 604 Abs. 1 BGB), in der Rolle des Auftraggebers gegen den besitzenden Beauftragten (§ 667 BGB), in der Rolle des Geschäftsherrn gegen den Geschäftsführer ohne Auftrag (§§ 677, 683, 681 S. 2, 667 BGB), in der Rolle des Geschäftsherrn gegen den besitzenden angemaßten Geschäftsführer (§§ 687 Abs. 2, 681 S. 2, 667 BGB), Ansprüche gegen den ungerechtfertigt bereichert Besitzenden (§ 812 Abs. 1 S. 1 BGB) oder Ansprüche gegen den Deliktsbesitzer (§§ 823, 249 S. 1 BGB). Auch gibt es den Anspruch eines Eigentümers in der Rolle des Erben gegen den Erbschaftsbesitzer (§ 2018 BGB).

Wer meint, das sei es schon gewesen, der irrt: Dies waren nur die „primären" Herausgabeansprüche und die dazu gehörigen „Sekundäransprüche". Es geht gleich weiter. Nur sollen zunächst einmal einige Beispiele zur Illustration des soeben dargestellten „Blocks" eingeschoben werden.

**Fall 496**

Dem E ist von D eine bewegliche Sache gestohlen worden. Der D hat sie an den K verkauft, übergeben und übereignet. Der K hatte den D für den Eigentümer gehalten. Der E verlangt von dem K Herausgabe der Sache und Ersatz für eine von dem K schuldhaft herbeigeführte Beschädigung der Sache und außerdem Herausgabe der von K gezogenen Nutzungen.

1. Der E könnte gegen K einen Herausgabeanspruch aus § 985 BGB haben. a) Der K ist Besitzer. b) Der E müsste Eigentümer sein. aa) E war Eigentümer, bb) An den D hat er das Eigentum nicht verloren, cc) wohl aber möglicherweise an den K. Der K könnte das Eigentum von D erlangt haben, aaa) und zwar nach § 929 S. 1 BGB. aaaa) Der D und der K haben sich über den Eigentumsübergang geeinigt, bbbb) und der D hat dem K die Sache übergeben. cccc) Der D war aber nicht der Eigentümer und auch nicht als Nichteigentümer zur Übereignung befugt. bbb) Der K könnte das Eigentum aber nach §§ 929 S. 1, 932 Abs. 1 S. 1, Abs. 2 BGB erworben haben. aaaa) Der Grundtatbestand des § 929 S. 1 BGB ist gegeben (s. o.). bbbb) Der K dürfte weiterhin nicht bösgläubig sein (§§ 932 Abs. 1 S. 1, Abs. 2 BGB). Das ist der Fall. cccc) Die Sache ist aber dem E abhanden gekommen, so dass ein gutgläubiger Erwerb ausgeschlossen ist (§ 935 Abs. 1 S. 1 BGB). Also ist der E noch Eigentümer c) Der K dürfte kein Recht zum Besitz haben (§ 986 BGB). Dieses könnte sich aus dem zum Besitz berechtigenden Kaufvertrag ergeben (§ 433 Abs. 1 BGB). aa) Ein eigenes Recht zum Besitz gegenüber dem E (§ 986 Abs. 1 S. 1 Var. 1 BGB) hat der K nicht, weil der Kaufvertrag mit D geschlossen war. bb) Er hat auch kein abgeleitetes Recht zum Besitz (§ 986 Abs. 1 S. 1 Var. 2 BGB), weil der D kein Recht zum Besitz im Verhältnis zu E hatte. Also ist der K dem E zur Herausgabe verpflichtet. 2. Ein Anspruch des E gegen den K auf Schadensersatz kann sich a) aus den §§ 989 ff. BGB ergeben. Da der K weder bösgläubig in Bezug auf sein Besitzrecht noch verklagt war und auch nicht die Voraussetzungen des § 991 Abs. 2 BGB oder des § 992 BGB vorliegen und auch kein Fall des „Fremdbesitzerexzesses" vorliegt, besteht kein Anspruch des E gegen K auf Schadensersatz. b) Ein Anspruch aus § 823 Abs. 1 BGB ist ausgeschlossen (arge. § 993 Abs. 1 2. HS BGB). 3. Ein Anspruch des E gegen K auf Herausgabe von Nutzungen kann sich (arge § 993 Abs. 1 2. HS BGB) nur aus den §§ 987 ff. BGB ergeben. Da der K aber weder auf Herausgabe verklagt war (§ 987 BGB), noch bösgläubig in Bezug auf sein Besitzrecht war (§§ 990, 987 BGB), noch den Besitz unentgeltlich erlangt hat (§ 988 BGB) und auch nicht die Voraussetzungen des § 992 BGB oder die des § 993 Abs. 1 1. HS. BGB vorliegen, besteht kein Anspruch des E gegen K auf Herausgabe der Nutzungen.

**Variante**

Der K hat notwendige Verwendungen, die nicht nur gewöhnliche Erhaltungskosten waren, auf die Sache gemacht und weigert sich daher, die Sache herauszugeben, bevor ihm diese von E ersetzt werden. Kann er auch Zahlung verlangen?

1. Dem K steht wegen seiner Verwendungen a) gegen den Herausgabeanspruch des E aus § 985 BGB nach §§ 1000 S. 1, 994 Abs. 1 S. 1 BGB ein Herausgabeverweigerungsrecht zu. b) Zahlung kann er nicht verlangen, weil der Anspruch nicht fällig ist (§ 1001 BGB). 2. Hinsichtlich der Frage eines Schadensersatzanspruchs und 3. eines Anspruchs auf Herausgabe von Nutzungen ergeben sich keine Änderungen, denn das Herausgabeverweigerungsrecht aufgrund eines Verwendungsersatzanspruchs macht den Besitzer nicht etwa zum „berechtigten" Besitzer; es besteht weiterhin eine „Vindikationslage" (= „Eigentümer-Besitzer-Verhältnis"), so dass nur Ansprüche aus den §§ 987 ff. BGB in Betracht kommen; diese sind aber – wie gezeigt – nicht gegeben.

**Fall 497**

Der E verleiht eine bewegliche Sache für 1 Jahr an den L. Nach einem Monat verkauft und übergibt und übereignet der L die Sache durch Einigung und Übergabe an den K, der weiß, dass der L nicht der Eigentümer war. Der E verlangt von dem K Herausgabe der Sache an den L.

Der E könnte gegen K einen Herausgabeanspruch aus § 985 BGB haben. a) Der K ist Besitzer. b) Der E müsste Eigentümer sein. aa) Der E war Eigentümer, bb) An den L hat er das Eigentum nicht verloren, cc) wohl aber an den K, wenn dieser das Eigentum von L erlangt hat. aaa) Der K könnte das Eigentum von L nach § 929 S. 1 BGB erworben haben. aaaa) Der L und der K haben sich über den Eigentumsübergang geeinigt, bbbb) und der L hat dem K die Sache übergeben. cccc) Der L war aber nicht der Eigentümer und auch nicht als Nichteigentümer zur Übereignung befugt. bbb) Der K könnte das Eigentum nach §§ 929 S. 1, 932 Abs. 1 S. 1, Abs. 2 BGB erworben haben. aaaa) Der Grundtatbestand des § 929 S. 1 BGB ist gegeben (s. o.). bbbb) Der K dürfte weiterhin nicht bösgläubig gewesen sein (§§ 932 Abs. 1 S. 1, Abs. 2 BGB). Das ist jedoch der Fall, weil der K wusste, dass der L nicht der Eigentümer war. c) Der K dürfte kein Recht zum Besitz haben. Dieses könnte sich aus dem zum Besitz berechtigenden Kaufvertrag ergeben (§ 986 BGB). aa) Ein eigenes Recht zum Besitz (§ 986 Abs. 1 S. 1 Var. 1 BGB) gegenüber E hatte der K nicht, weil der Kaufvertrag mit L geschlossen wurde. bb) Er könnte aber ein abgeleitetes Recht zum Besitz haben (§ 986 Abs. 1 S. 1 Var. 2 BGB): aaa) Der L hatte ein Recht zum Besitz gegenüber dem E aus § 598 BGB. bbb) Der K hatte ein Recht zum Besitz gegenüber L aus § 433 Abs. 1 S. 1 BGB. ccc) Für ein abgeleitetes Recht zum Besitz ist aber weiterhin erforderlich, dass der mittelbare Besitzer zur Überlassung des Besitzes an den (unmittelbaren) Besitzer „befugt" war (arge. § 986 Abs. 1 S. 2 BGB). Dass der L nicht befugt war, den Besitz an den K zu überlassen, ergibt sich „a minore ad maius" aus § 603 S. 2 BGB; nach § 986 Abs. 1 S. 2 BGB hat der K daher kein

Recht zum Besitz gegenüber E. d) Der Anspruch ist auf Herausgabe an den L gerichtet (§ 986 Abs. 1 S. 2 BGB).

**Variante**

Der K hat die Sache rechtswidrig und schuldhaft beschädigt. Der E will von ihm Schadensersatz in Geld.

Der Anspruch a) ergibt sich, weil eine „Vindikationslage" (=„Eigentümer-Besitzer-Verhältnis") besteht, aus §§ 989, 990, 249 Abs. 2 S. 1 BGB. b) Ein Anspruch aus § 823 Abs. 1 BGB besteht nicht, weil in einer „Vindikationslage" die §§ 987 ff. BGB, hier speziell die §§ 989 ff. BGB, die Sekundäransprüche speziell und ausschließlich regeln (§ 993 Abs. 1, 2. HS BGB).

**Fall 498**

Der M mietet vom Eigentümer E eine bewegliche Sache und erhält den Besitz an ihr. Der D entreißt dem M die Sache. Der M verlangt die Sache von D zurück.

Ein Anspruch a) aus § 985 BGB besteht nicht, weil M nicht Eigentümer ist. b) Der M hat gegen den D einen Anspruch auf Wiedereinräumung des Besitzes aus § 861 BGB. aa) Der M war Besitzer. bb) Der D hat dem M den Besitz ohne dessen Willen entzogen, also durch „verbotene Eigenmacht" (§ 858 Abs. 1 BGB). c) Ferner hat der M gegen den D einen Anspruch aus § 1007 Abs. 1 BGB, denn aa) der M hatte früher den Besitz an der Sache bb) und der B war beim Besitzerwerb nicht in gutem Glauben. d) Schließlich gibt es einen Herausgabeanspruch aus §§ 823 Abs. 1, 249 Abs. 1 BGB.

Nach diesem Intermezzo mit einigen „auflockernden" Fällen setzen wir unseren Überblick über die in Betracht kommenden „primären" und „sekundären" dinglichen Ansprüche mit den Beseitigungs- und Unterlassungsansprüchen fort. Überspringen Sie auch diese Passage nicht, sondern halten Sie durch!

**2.** Weiterhin gibt es beim Vorliegen einer Störung der Abwehr derselben dienende **primäre Beseitigungs-** und **Unterlassungsansprüche** und auch entsprechende **Sekundäransprüche**
   **a)** bei Störungen des **Eigentums**, **Nießbrauches**, der **Hypothek**, der **Grundschuld**, des **Pfandrechts**/eines **Anwartschaftsrechts** hierauf:
      **aa) primär**
         **aaa)** auf **Beseitigung und Unterlassung** der Störung (§§ 1004, 1065, 1134, 1192 Abs. 1, 1227 BGB),
         **bbb)** die **ausgeschlossen** sein können nach dem unmittelbar Anwendung findenden bzw. in Bezug genommenen § 1004

Abs. 2 BGB, ferner aufgrund mitwirkender Verursachung, bei einer Verwirkung des Anspruchs oder bei einem Rechtsmissbrauch,

**ccc)** die **erloschen** sein können durch die Ihnen schon bekannten Erlöschensgründe (Erfüllung oder Erfüllungssurrogate nach §§ 362 ff. BGB, Ausschluss wegen Unmöglichkeit nach § 275 Abs. 1 BGB)

**ddd)** und denen **Einreden** (§§ 214, 195; 273; 275 Abs. 2, 3 BGB) entgegenstehen können,

**bb) sekundär**

**aaa) Schadensersatzansprüche** des Gläubigers des Beseitigungs-(manche sagen auch „Entstörungs"-)anspruchs **„statt der Leistung"** aus §§ 280 Abs. 1, 3, 283, 281 BGB und **„neben der Leistung"** für den Fall der Nichterfüllung und des Verzuges des Störers bei der Erfüllung des Entstörungsanspruchs nach §§ 280 Abs. 1, 2, 286 BGB,

**bbb)** die **erloschen** sein können durch die Ihnen ja schon bekannten Erlöschensgründe (Erfüllung oder Erfüllungssurrogate nach §§ 362 ff., 387 ff. BGB, Ausschluss wegen Unmöglichkeit nach § 275 Abs. 1 BGB)

**ccc)** und denen **Einreden** (aus §§ 214, 195; 273; 275 Abs. 2, 3 BGB) entgegenstehen können,

**b)** aufgrund des **gestörten Besitzes** an einer Sache als solcher, des Besitzes am mit einer Grunddienstbarkeit belasteten Grundstück, am mit einer beschränkten Dienstbarkeit belasteten Grundstück, und zwar

**aa) primär**

**aaa)** Ansprüche auf **Beseitigung** und **Unterlassung** (§§ 862, 1029, 1090 Abs. 2 BGB)

**bbb)** die **ausgeschlossen** sein können nach § 862 Abs. 2 BGB, aufgrund mitwirkender Verursachung, einer Verwirkung oder eines Rechtsmissbrauchs,

**ccc)** die **erloschen** sein können durch die Ihnen ja schon bekannten Erlöschensgründe (Erfüllung oder Erfüllungssurrogate nach §§ 362 ff. BGB, Ausschluss wegen Unmöglichkeit nach § 275 Abs. 1 BGB)

**ddd)** und denen **Einreden** (§§ 214, 195; 273; 275 Abs. 2, 3 BGB) entgegenstehen können, und weiterhin

**bb) sekundär**

**aaa) Schadensersatzansprüche** des Gläubigers des Entstörungsanspruchs **„statt der Leistung"** aus §§ 280 Abs. 1, 3, 283, 281 BGB und **„neben der Leistung"** für den Fall der Nichterfüllung und des Verzuges des Störers bei der Erfüllung des Entstörungsanspruchs nach §§ 280 Abs. 1, 2, 286 BGB,

**bbb)** die **erloschen** sein können durch die Ihnen aus der Erörterung der vertraglichen Verpflichtungen ja schon bekannten Erlöschensgründe (Erfüllung oder Erfüllungssurrogate nach §§ 362 ff., 387 ff. BGB)
**ccc)** und denen **Einreden** (aus §§ 214, 195; 273 BGB) entgegenstehen können.

**Fall 499**

Der Inhaber I des S-Supermarktes beauftragt den Zettelverteiler Z damit, Werbematerial in die Hausbriefkästen der Nachbarschaft zu werfen. Der E hat am Hausbriefkasten seines Hauses einen Aufkleber mit der Aufschrift: „Keine Werbung einwerfen" angebracht. Der Z wirft gleichwohl einen Prospekt ein. Der E fordert den I auf, den Zettel zu entfernen.

Der Anspruch könnte sich aus § 1004 Abs. 1 S. 1 BGB ergeben. a) Der Zetteleinwurf führt zu einer Beeinträchtigung i.S. einer „positiven Einwirkung" auf das Eigentum des E. b). Der I ist mittelbarer Handlungsstörer, denn die Beeinträchtigung ist durch die Veranlassung des Z zum Zetteleinwurf adäquat kausal verursacht worden. c) Die Beeinträchtigung ist rechtswidrig (§ 1004 Abs. 2 BGB).

**Variante**

Der M ist Mieter des Hauses.

Der Anspruch ergibt sich aus § 862 Abs. 1 S. 1 BGB, denn die Besitzstörung ist eine verbotene Eigenmacht (§ 859 Abs. 1 BGB)

**Fall 500**

Infolge eines Sturmes wird in der Silvesternacht 2002/2003 eine große Plane, die der Absicherung eines Dachausbaus des Bauherren BH dient, auf das Grundstück seiner Nachbarin N, einer schon etwas älteren Dame, geweht und versperrt deren Hauseingang, so dass die N, als sie spät nach Mitternacht von einer Feier zurückkehrt, ihr Haus nicht mehr betreten kann. Die Plane ist zu schwer und unhandlich, als dass sie diese selbst entfernen könnte. Der BH, der zusammen mit seinen erwachsenen Söhnen in seinem Haus Sylvester feiert, will sich jedoch nicht stören lassen und ist nicht bereit, die Plane jetzt gleich zu entfernen: „Ich werde die Plane morgen zusammen mit meinen Söhnen beiseiteschaffen. Jetzt feiern wir erstmal weiter." Immerhin lädt der BH die N „zum Trost" auf die Feier ein. Die total übermüdete N lehnt ab und setzt dem BH eine Frist zur Beseitigung der Plane binnen ½ h, ohne dass der BH etwas unternimmt. Die von der N daraufhin alarmierte Feuerwehr lehnt den Einsatz ab, weil es sich um eine zivilrechtliche Angelegenheit handelt und verweist die N auf § 1004 BGB. Somit bestellt die N einen Klempner- und Dachdeckernotdienst, der die Plane für € 200,– entfernt und abtransportiert (nach BGH und Lorenz/Riehm).

Der Anspruch ergibt sich 1. nicht aus §§ 677, 683, 670 BGB, denn in den Fällen einer erklärten Erfüllungsverweigerung will der Geschäftsherr (BH) gerade nicht, dass das Geschäft auf seine „Kosten" geführt wird. § 679 BGB greift nicht ein. 2. Ein Anspruch aus § 812 Abs. 1 S. 1 BGB („Rückgriffskondiktion") würde allenfalls zu einem Anspruch auf Herausgabe der ersparten Aufwendungen des BH führen. 3. Ein Anspruch aus §§ 1004, 280 Abs. 1, 2, 286 BGB ist gerichtet auf einen Ersatz des Verzögerungsschadens „neben der Leistung". An der Leistung hat die N aber kein Interesse mehr. 4. Daher ergibt sich der Anspruch aus §§ 1004, 280 Abs. 1, 3, 281 Abs. 1 BGB. a) Das den BH zur Leistung verpflichtende Schuldverhältnis ergibt sich aus § 1004 Abs. 1 BGB. b) Der BH hat die von ihm geschuldete Leistung bei Fälligkeit (§ 271 BGB) nicht erbracht. c) Der BH hat vorsätzlich gehandelt. d) Eine dem BH gesetzte Frist (sie wäre sogar entbehrlich gewesen: § 281 Abs. 2 BGB) ist fruchtlos verstrichen. e) Die N kann Schadensersatz in Höhe von € 200,– nach §§ 249 Abs. 1, 251 BGB verlangen.

3. Der **Grundbuchberichtigungsanspruch** aus § 894 BGB dient dazu, die formelle Grundbuchlage mit dem materiellen Recht in Einklang zu bringen; der Anspruch besteht häufig neben einem Anspruch des Eigentümers gegen den Besitzer auf Herausgabe aus § 985 BGB. Weil man das Bucheigentum dem unrechtmäßigen Besitz gleichstellt, werden die §§ 987 ff. BGB analog angewendet, so dass auf die obigen Ausführungen zu dem Herausgabeanspruch aus § 985 BGB verwiesen werden kann.

**Fall 501**

Der unerkennbar geisteskranke V verkauft ein ihm gehöriges Hausgrundstück formgerecht an den K; aufgrund einer formgerechten Auflassung des V und des K wird der K als Eigentümer in das Grundbuch eingetragen. Vertreten durch seinen gesetzlichen Vertreter verlangt der V später von dem K die Abgabe der Bewilligungserklärung zu seiner Wiedereintragung in das Grundbuch (lesen Sie §§ 13, 19, 29, 39 GBO). Der sich als Eigentümer ansehende K hatte noch vor Klageerhebung das undichte Dach reparieren lassen. Der gesetzliche Vertreter des V verweigert dem K den Ersatz seiner Verwendungen.

a) Der V hat einen Anspruch aus § 894 BGB, denn die Auflassung (§§ 873 Abs. 1, 925 BGB) ist wegen §§ 104, 105 Abs. 1 BGB nichtig. b) Dem steht jedoch § 273 Abs. 2 bzw. § 1000 S. 1 BGB i. V. m. § 994 Abs. 1 S. 1 BGB analog entgegen.

4. **Verwertungsrechte** (Grundpfandrechte bzw. Pfandrecht/Sicherungseigentum): §§ 1147/1191, 1192, 1147 bzw. 1228 ff. BGB/Sicherungsvertrag.

**Fall 502**

Der E hat dem G=H zur Sicherung eines Darlehensanspruchs des G=H gegen den S eine Hypothek an seinem Grundstück bestellt. Als der S das Darlehen bei Fälligkeit nicht tilgt, verlangt der G=H von S und von E Zahlung. Falls er von E nicht Zahlung verlangen kann, will er wissen, was er stattdessen verlangen kann.

1. Der G=H hat gegen den S einen Anspruch auf Zahlung (§ 488 Abs. 1 S. 2 BGB). 2. Gegen E a) hat er keinen Anspruch auf Zahlung (*Achtung*: missverständliche Formulierung in § 1113 BGB: „…, so dass an denjenigen, zu dessen Gunsten die Belastung erfolgt" – das ist hier der G=H – „eine bestimmte Geldsumme zur Befriedigung wegen einer ihm zustehenden Forderung aus dem Grundstück zu zahlen ist"; bei flüchtigem Lesen könnte man in der Tat meinen, dass der E dem G=H zur Zahlung verpflichtet ist. Mit der Formulierung „… *aus dem Grundstück* zu zahlen ist" soll aber gerade deutlich gemacht werden, dass nicht aus dem sonstigen Vermögen, also nicht „aus dem Portemonnaie", zu zahlen ist! Eine andere Frage ist, ob der E zahlen darf: Sie wird beantwortet in § 1142 BGB; dazu später mehr). b) Der G=H hat stattdessen einen Anspruch gegen E auf Duldung der Zwangsvollstreckung in das Grundstück (§ 1147 BGB).

5. Diese dinglichen Ansprüche sind dann **nicht selbstständig** nach **398 BGB abtretbar**, wenn sie (z.B. der Herausgabeanspruch aus § 985 BGB) durch die Abtretung von dem „Stammrecht" (z.B. Eigentumsrecht), aus dem sie sich ergeben, getrennt werden. Vielmehr entsteht der dingliche Anspruch bei dem jeweiligen Erwerber des „Stammrechts" neu.

Das soll als **erster Überblick** über die „dinglichen" (sachenrechtlichen) Ansprüche genügen. Der Umfang des Ganzen und die Notwendigkeit, jedenfalls im Kern den Überblick zu behalten, können einem jungen Juristen schon einige Sorgen bereiten. Wie soll man hier nur einen Durchblick gewinnen, wie soll man sich dies alles nur merken? **Erschrecken Sie** aber **nicht** über die Vielfalt der Möglichkeiten der Ansprüche und Verteidigungsmöglichkeiten hiergegen und das scheinbare „Wirrwarr" der Normen. Sie können getrost davon ausgehen, dass Sie nicht das ganze Spektrum der Möglichkeiten ständig „im Kopf parat" haben müssen. Ihr Arbeitsbereich wird sich wohl (sichere Prognosen kann man natürlich nicht stellen) nur auf den (allerdings auch beträchtlichen) Ausschnitt beschränken, der Ihnen hier im Folgenden vermittelt wird. Im Übrigen gilt wie auch bisher, dass Sie getrost damit rechnen können, durch Ihre (hoffentlich) ständige und regelmäßige Arbeit rasch soviel an Routine zu erwerben, dass sich die Probleme fast unbemerkt immer weiter reduzieren. Alles können Sie und werden Sie nie wissen. Es erwartet auch niemand von Ihnen, dass Sie alles präsent haben! Wer Ihnen anderes suggeriert, spielt mit Ihrer Angst und will Sie erschrecken oder (meistens!) will ein Geschäft damit machen. Und schließlich: Wer gründlich gelesen hat, hat festgestellt, dass vieles davon immer wiederkehrende Wiederholungen waren.

Im Augenblick ist es allein wichtig, dass Sie die im folgenden Kasten zusammengefassten Erkenntnisse registrieren.

Wir haben erkannt, dass die primären oder sekundären „dinglichen Ansprüche" ähnlich wie bei einem Anspruch aus verpflichtenden Verträgen die **Prüfung** folgender **(spezifisch sachenrechtlicher) Fragen** erfordern, nämlich

- ob der **Anspruchsteller** Inhaber einer „dinglichen Rechtsstellung" ist (z. B. Eigentümer bei den Ansprüchen aus § 985 BGB/§§ 989, 990 BGB/§ 1004 Abs. 1 BGB oder Besitzer bei einem Anspruch aus § 862 Abs. 1 BGB oder Hypothekar bei einem Anspruch aus § 1147 BGB etc.) oder ein Anwartschaftsrecht darauf hat,
- ob in der Person des **Inanspruchgenommenen** bestimmte teils sachenrechtliche Umstände (Besitz bei dem Anspruch aus § 985 BGB) teils gewisse subjektive Umstände (Bösgläubigkeit bei einem Anspruch aus §§ 989, 990 BGB) teils tatsächliche Umstände (Verschlechterung etc. bei einem Anspruch aus §§ 989, 990 BGB/Störung bei einem Anspruch aus § 1004 Abs. 1 BGB oder aus § 862 BGB) gegeben sind,
- ob der **Anspruch ausgeschlossen** ist (durch ein Recht zum Besitz nach § 986 bei einem Anspruch aus § 985 BGB/durch eine Pflicht zur Duldung der Störung aus § 1004 Abs. 2 BGB bzw. aus § 862 Abs. 2 BGB bei einem Anspruch aus § 1004 Abs. 1 BGB bzw. aus § 862 Abs. 1 BGB) – insoweit stellen sich auch Fragen, die nicht spezifisch sachenrechtlicher Art sind (sie werden hier nicht gesondert erwähnt, sondern es wird auf die gerade vorgestellte Übersicht über die dinglichen Ansprüche und die Teile 3 und 4 dieses Buches verwiesen) –,
- ob der Anspruch **erloschen** ist – insoweit stellen sich keine spezifisch sachenrechtlichen Fragen (es wird auf die gerade vorgestellte Übersicht über die dinglichen Ansprüche und die Ihnen ja mittlerweile vertrauten Teile 3 und 4 dieses Buches verwiesen) –,
- und ob dem Anspruch **Einreden** entgegenstehen können, z. B. das Herausgabeverweigerungsrecht aus § 1000 S. 1 BGB bei dem Anspruch aus § 985 BGB – insoweit stellen sich auch Fragen, die nicht spezifisch sachenrechtlicher Art sind (sie werden hier nicht gesondert erwähnt, sondern es wird auf die gerade vorgestellte Übersicht über die dinglichen Ansprüche und die als bekannt vorausgesetzten Teile 3 und 4 dieses Buches verwiesen).

Zunächst soll ein Blick auf unser **weiteres „Programm"** geworfen werden; es ist bei aller Beschränkung **reichhaltig** genug:

Da – wie wir eingangs erkannt haben – die „dinglichen Ansprüche" der Verwirklichung der Befugnisse dinglicher Rechte dienen, müssen wir uns vor einer weiteren Befassung mit den „dinglichen Ansprüchen" den **Inhalt** der **dinglichen Rechtsstellungen** verdeutlichen, die uns im Folgenden in erster Linie beschäftigen werden, nämlich des **Besitzes (sub B I)**, des **Eigentums (sub B II)**, des **Anwartschaftsrechts** des **künftigen Eigentümers** beim **Eigentumsvorbehalt (sub B III)** und des **Anwartschaftsrechts** des **künftigen Grundeigentümers (sub B IV)** und schließlich der **Verwertungssicherungsrechte** an Sachen **(sub B V)**, wobei die dogmatisch ebenfalls vorstellbaren Anwartschaftsrechte an den Verwertungsrechten ignoriert werden sollen, weil sie in Ihrer Ausbildung voraussichtlich keine Rolle spielen. Wer perfektionistischer ist als diese Darstellung kann sich derlei ja selbst rasch erarbeiten.

Von der **Rechtsnatur** her ist das ein bunter Strauß von Rechtsstellungen: Der **Besitz** ist kein Recht an einer Sache; das **Eigentum** ist das umfassende Herrschaftsrecht an einer Sache (§ 903); die **Eigentumsanwartschaftsrechte** sind das „wesensgleiche minus" des Vollrechts; die **Hypothek** und die **Grundschuld** sind **beschränkt dingliche Rechte** in Gestalt von Verwertungsrechten. Bei **beschränkt dinglichen Rechten** handelt es sich um vom Eigentumsrecht abgespaltene „Teilrechte", die den Berechtigten einzelne aus dem Eigentum herrührende Befugnis verleihen, während dem Eigentümer die übrigen Befugnisse weiterhin zustehen.

Der Begriff **beschränkt dingliche Rechte** ist ein Stichwort. Diese sollen – um den Rahmen nicht zu sprengen – hier an sich – ausgenommen die Hypothek und Grundschuld und das Pfandrecht – nicht gesondert dargestellt werden. Man muss eben den „Mut zur Lücke" haben. Sie spielen in den Examina auch üblicherweise keine Rolle. Aber „totschweigen" können wir sie auch nicht.

Ein **kurzer Überblick** dazu kann ja auch nicht schaden: Zu den **Verwertungsrechten**, werden Sie später genügend erfahren, mit Ausnahme der Rentenschuld (§§ 1199 ff. BGB), so dass die Hypothek und die Grundschuld im Vordergrund stehen. Die dinglichen Nutzungsrechte werden in dieser Darstellung keine Rolle mehr spielen. Und daher werden Sie auch von den drei Arten von Dienstbarkeiten (der Grunddienstbarkeit, dem Nießbrauch und der beschränkt persönlicher Dienstbarkeit) hier nichts mehr lesen. Dabei haben sie teilweise durchaus eine erhebliche praktische Bedeutung. So kann aufgrund einer Grunddienstbarkeit der jeweilige Eigentümer des „herrschenden Grundstücks" das „dienende Grundstück" in bestimmter Weise nutzen (§ 1018 BGB), zum *Beispiel* infolge der Bestellung einer Grunddienstbarkeit in Gestalt eines Wegerechts zum Zwecke der Erreichbarkeit eines „Pfeifenstielgrundstücks". Und wenn zum *Beispiel* ein vorsorgendes Elternteil E seinem Kind K das teils selbst genutzte teils vermietete Hausgrundstück schenkt und übereignet, wird E sich den Nießbrauch bestellen lassen, um dinglich berechtigt zu sein, die Nutzungen (Mieteinnahmen) zu ziehen (§ 1030 BGB). Der immer nur einer bestimmten Person zustehen könnende Nießbrauch kann übrigens auch an beweglichen Sachen bestehen, und auch an Rechten (§§ 1068 ff. BGB) oder am Vermögen (§§ 1085 ff. BGB). Außerdem wird in unserem *Beispiel* der E und ggf. der Ehepartner/sonstiger Partner dinglich berechtigt sein wollen, weiterhin in der Wohnung wohnen zu können, so dass deshalb eine beschränkt persönliche Dienstbarkeit in Gestalt eines Wohnungsrechts bestellt werden dürfte (§§ 1090, 1093 BGB), so ist es jedenfalls in der Rechtswirklichkeit üblich. Was heißt eigentlich „dinglich berechtigt"? Das Recht besteht gegenüber jedem Eigentümer des belasteten Grundstücks etc. und nicht nur „relativ" gegenüber einem Vertragspartner. Der Vollständigkeit halber seien als „beschränkt dingliche Rechte" erwähnt: Als beschränkt dingliche Nutzungsrechte gibt es außer den genannten Dienstbarkeiten noch die Reallast (§§ 1105 ff. BGB). Außerdem gibt es als Erwerbsrecht das dingliche Vorkaufsrecht (§§ 1094 ff. BGB), das sie ja bereits kennen (Teil 3 A I 7). Ob die Vormerkung (§§ 883 ff. BGB), von der Sie noch viel lesen werden, auch ein beschränkt dingliches Recht ist, ist umstritten.

Eine Zwitterstellung zwischen einem beschränkt dinglichen Recht und dem Eigentum besteht bei dem im ErbbauRG geregelten **Erbbaurecht**. Es ist das Recht, auf oder unter der Oberfläche eines Grundstücks ein Bauwerk zu errichten oder zu unterhalten (§ 1 Abs. 1 ErbbauRG). Aus der Sicht des Eigentümers des Grundstücks (Erbbaurechtsgebers) ist das Erbbaurecht ein beschränktes dingliches Recht, das auf seinem Grundstück lastet. Aus Sicht des Erbbauberechtigten handelt es sich um eine Art Eigentum auf Zeit.

Bevor wir hinsichtlich eines bestimmten Ausschnitts aus dem Bereich der **beschränkt dinglichen Rechte** konkreter werden, wollen wir uns über deren **Rechtsnatur** Klarheit verschaffen. Es sind sog. **Herrschaftsrechte**. Das umfassendste Herrschaftsrecht ist das **Eigentum** (§ 903 BGB). Die **beschränkt dinglichen Rechte** sind **Teilrechte**, die der Eigentümer von seinem umfassenden Recht abgespalten hat.

Breiten Raum nimmt dann die Erörterung der **Entstehung** bzw. des **Erwerbs** und des damit korrespondierenden **Verlustes** dieser Rechtsstellungen (Besitz, Eigentum, Eigentum-Anwartschaftsrechte und Verwertungssicherungsrechte) ein; denn wir wissen ja inzwischen längst aus den Übersichten und den ersten kleinen Fällen, dass die erste Voraussetzung für einen jeden dinglichen Anspruch ist, dass der Anspruchsteller Inhaber einer dinglichen Rechtsstellung ist. Also muss man natürlich wissen, wie eine solche Rechtsstellung entsteht und wie sie erworben wird bzw. verloren geht. Auch in diesem Zusammenhang bleiben die Fragen der Entstehung, des Erwerbes bzw. des Verlustes der übrigen beschränkt dinglichen Rechte unerörtert und werden teilweise in anderen Zusammenhängen angesprochen **(sub C)**.

Im Anschluss daran wenden wir uns den **übrigen Voraussetzungen** der **dinglichen Ansprüche** zu; einbezogen sind dann auch noch einmal die spezifisch sachenrechtlichen **Ausschlussgründe**; die zu prüfenden **Erlöschensgründe** werden nicht besonders hervorgehoben werden, weil sie (denken Sie z. B. an die Erfüllung in § 362 BGB) nicht spezifisch sachenrechtlicher Art sind; wohl aber die **entgegenstehenden Einreden**, soweit sie nicht spezifisch sachenrechtlicher Art sind **(sub D)**.

Da es sich aber schon bei der Vorab-Erörterung des Inhalts der dinglichen Rechte **(sub B)** und des Erwerbs und Verlusts dinglicher Rechte **(sub C)** und dort vor allem in den zur Vertiefung und zur Übung eingefügten Fällen gar nicht vermeiden lässt, immer wieder vorgreifend auch auf sachenrechtliche Ansprüche einzugehen, werden Sie mit den dinglichen Ansprüchen bereits vor deren eigentlicher Darstellung **(sub D)** längst weitgehend vertraut sein, so dass diese dann recht knapp gehalten werden kann, weil Sie dazu ja schon alles wissen werden.

Bei einer so umfänglichen Planung ist man versucht, aus einem berühmten Gedicht zu zitieren: „ …Ja, mach nur einen Plan!/ Sei nur ein großes Licht!/ Und mach dann noch'nen zweiten Plan/ Gehn tun sie beide nicht./ …“ Widerlegen Sie diesen pessimistischen Ausblick!

# B. Der Inhalt dinglicher Rechte

## I. Der Besitz

### 1. Besitz: ein Recht?

Der **Besitz** ist die **tatsächliche Herrschaft** über eine **Sache** (§ 854 Abs. 1 BGB). Die seit jeher umstrittene Frage, **ob** der Besitz, wie es hiernach scheint, nur eine **tatsächliche Position** ist **oder** ob er doch ein **Recht** ist, wird häufig aufgeworfen, ist aber bei Licht besehen doch nur akademischer Natur.

Als Argument dagegen, dass der Besitz ein Recht ist, wird gern § 857 BGB ins Feld geführt: Wenn nämlich Besitz ein „Recht" wäre, dann würde der Besitz bereits nach § 1922 BGB auf den Erben übergehen, und es bedürfte des § 857 BGB nicht; umgekehrt soll die Möglichkeit, den Besitz nach §§ 854 Abs. 2, 870 BGB zu erwerben, dafür sprechen, dass Besitz ein Recht sei.

Verschwenden Sie bei einer Fallbearbeitung für die Beantwortung dieser Frage keine Zeit, sondern lassen Sie die Frage offen, nennen Sie die Position des Besitzers notfalls neutral eine **„Rechtsstellung"**, und Sie machen nichts falsch!

Machen Sie sich deutlich, dass die durch den Besitz vermittelte **„Rechtsstellung** sich wie folgt im Gesetz manifestiert:

- **Übertragbar** ist der Besitz durch die **Übertragung** der **tatsächlichen Gewalt** (§ 854 Abs. 1 BGB), durch **Rechtsgeschäft** (§§ 854 Abs. 2, 870 BGB); er geht auch **kraft Gesetzes** über (§ 857 BGB);
- der Besitzer hat im Fall eines Entzuges oder einer Störung durch verbotene Eigenmacht **Selbsthilferechte** gegen den Störer (§§ 859, 858 BGB), die aber – um jedem Missverständnis vorzubeugen – keine Anspruchsgrundlagen sind, sondern **Rechtfertigungsgründe**;
- der **Besitzer** hat bei **Entzug** des **Besitzes** durch verbotene Eigenmacht (§ 858 BGB) nach § 861 BGB einen **Wiedereinräumungsanspruch**, der **mittelbare Besitzer** bei Besitzentziehungen durch Dritte i. d. R. nur einen Anspruch auf Wiedereinräumung an den bisherigen Besitzer (§ 869 BGB); der **frühere Besitzer** kann bei einem Besitzverlust nach § 1007 BGB **Herausgabe** vom jetzigen Besitzer verlangen;
- der Besitzer wird bei **Störungen** im Besitz durch verbotene Eigenmacht (§ 858 BGB) durch **Beseitigungs-** und **Unterlassungsansprüche** aus § 862 vor Störungen geschützt, der mittelbare Besitzer nur vor Störungen durch Dritte, nicht solchen des unmittelbaren Besitzers (§ 869 BGB);
- der Besitzer kann nach § 986 BGB ein **Recht zum Besitz** im Verhältnis zum Eigentümer haben;

- der Besitz begründet **Eigentumsvermutungen** (§§ 1006, 1248, 1362 BGB);
- der Besitz hat (wie Sie längst wissen, hoffe ich) eine **Legitimationswirkung** für den befreienden Empfang einer Leistung (§§ 851, 793 BGB).
- der berechtigte Besitz steht einem **sonstigen Recht i. S. d. § 823 Abs. 1 BGB** gleich.

Es versteht sich von selbst, dass diese Auflistung nicht etwa das letzte Wort zu allen diesen interessanten Fragen war: Sie werden ja zu jedem „Stichwort" noch viel zu lesen und zu lernen haben!

## 2. „Unmittelbarer" und „mittelbarer" Besitz/Besitzdiener

### a) Fallkonstellationen des unmittelbaren und mittelbaren Besitzes

Der **Besitz** ist die **tatsächliche Herrschaft** über eine **Sache**,

- **(§ 854 Abs. 1 BGB)** bei der eine natürliche Person oder eine juristische Person mittels eines Organs entweder höchstpersönlich oder durch eine für diese Personen als „verlängerter Arm" dienende Person (genannt „Besitzdiener", § 855 BGB) die **Herrschaft selbst ausübt** (= **unmittelbarer Besitzer)**, die eine erkennbare räumliche und auf gewisse Dauer angelegte Beziehung zur Sache voraussetzt, die es dem Besitzer ermöglicht, ungehindert auf sie einzuwirken, wobei eine „vorübergehende Verhinderung" bei der Ausübung der Sachherrschaft unbeachtlich ist (§ 856 Abs. 2 BGB), die getragen ist von einem rein tatsächlichen Besitzbegründungs- und Herrschaftswillen, der nicht speziell sein muss, sondern auch generell sein kann. So hat zum *Beispiel* ein Eigentümer eines Hausgrundstücks den unmittelbaren Besitz an allen im Haus befindlichen und auch an den ohne sein Wissen in das Haus gelangten oder an der Haustür abgestellten Sachen, selbst wenn er auf einer Reise ist. Auch ist zum *Beispiel* der Betreiber eines Kinos unmittelbarer Besitzer der von den Besuchern liegen gelassenen Sachen.
- Die tatsächliche Sachherrschaft kann aber auch mittelbar ausgeübt werden **(§ 868 BGB)**. Wenn **ein Besitzer (der „Besitzmittler")** die Sache **aufgrund** eines das **rechtliche Element** bildenden **Besitzmittlungsverhältnisses** (vertragliches oder gesetzliches Rechtsverhältnis, das hinsichtlich der Sache ganz konkrete Herausgabeansprüche begründet) **auf Zeit** und **für** einen **anderen** mit **Fremdbesitzerwillen besitzt** (= **„mittelbarer Besitzer")** und dabei als Besitzmittler entweder selbst unmittelbarer Besitzer (z. B. der Mieter für den Vermieter) oder mittelbarer Besitzer (z. B. der Mieter und Untervermieter für den Hauptvermieter) sein kann, wobei es **bei vertraglichen Besitzmittlungsverhältnissen auf** die **Wirksamkeit** desselben **nicht ankommt**, wenn nur ein Herausgabeanspruch z. B. aus § 812 BGB besteht und der unmittelbare Besitzer das vermeintlich bestehende Rechtsverhältnis achtet.

Die **Kriterien** des § 868 BGB sind einfach:

**1.** Es gibt

**a)** einen unmittelbaren Besitzer (=Besitzmittler), der aufgrund eines Besitzmittlungsverhältnisses, auf dessen rechtliche Wirksamkeit es nicht ankommt, mit Fremdbesitzerwillen für den mittelbaren Besitzer besitzt.

**b)** Aber auch dieser (er ist ja nach § 868 BGB auch ein „Besitzer") kann Besitzmittler sein, der aufgrund eines Besitzmittlungsverhältnisses, auf dessen rechtliche Wirksamkeit es nicht ankommt, mit Fremdbesitzerwillen für den mittelbaren Besitzer besitzt.

**c)** Dass man diese „Kette" immer weiter verlängern kann, dürfte Ihnen klar sein.

**2.** Das bedeutet zum *Beispiel*:

**a)** Der Mieter eines Autos ist unmittelbarer Besitzer und der Vermieter, für den der Mieter aufgrund des Mietvertrags als Besitzmittlungsverhältnis das Auto besitzt, ist mittelbarer Besitzer.

**b)** Und wenn der Mieter das Auto untervermietet haben sollte? Dann wäre der Untermieter ein unmittelbarer Besitzer. Und der Mieter und Untervermieter wäre ein mittelbarer Besitzer, für den der Untermieter besitzt. Zugleich wäre er aber auch der Besitzmittler, der für den Hauptvermieter, der ebenfalls mittelbarer Besitzer wäre, besitzt.

**c)** Was die Verlängerung der „Kette" betrifft, denken Sie sich nur den Fall, dass zum *Beispiel* der Untermieter die Sache an den L verleiht etc. etc.

Ausnahmsweise gibt es **Besitz** auch **ohne tatsächliche Sachherrschaft**, und zwar

- beim **durch** eine bloße **Einigung erworbenen Besitz**, die entweder **(a)** nach § 854 Abs. 2 BGB durch eine als Rechtsgeschäft zu qualifizierende Einigung möglich ist bei der Konstellation des „offenen Besitzes", so dass zum *Beispiel* der bisherige Besitzer B1 eines „im Fluss liegenden Kahns"/eines „Holzstoßes im Walde" (das sind die „Lehrbuchklassiker") sich mit B2 im Wirtshaus über den Besitzübergang einigen kann mit der Folge, dass der B2 ohne Erwerb der tatsächlichen Sachherrschaft, also noch im Wirtshaus sitzend, Besitzer des Kahns/des Holzstoßes wird, oder **(b)** bei einer Besitzübertragung durch den Besitzherrn auf den Besitzdiener (§ 855 BGB), also zum *Beispiel* zum Zwecke der Überlassung des Besitzes an einem Fahrrad durch den Inhaber I eines Fahrradgeschäfts an den bereits die tatsächliche Gewalt ausübenden Fahrradverkäufers M, der das Rad für eine Radtour in seinem Urlaub aufgrund eines Mietvertrages mit I (§ 535 BGB) benutzen darf,
- oder bei dem allein **durch** den durch **Erbfall erworbenen** sog. **„Erbenbesitz"** (§ 857 BGB), so dass zum *Beispiel* im Falle des plötzlichen Todes des B2 noch im Wirtshaus sein Erbe E, ohne je in den Kahn gestiegen zu sein/ohne je das

Holz übernommen zu haben, Besitzer des Kahns/Holzstoßes geworden ist, selbst wenn er das Boot/den Holzstoß noch nie gesehen hat, ja nicht einmal von ihm wusste, ja nicht einmal von dem Erbfall wusste (§§ 857, 1922 BGB). Der Besitz geht auf den Erben über, so wie er beim Erblasser bestanden hatte, so dass unmittelbarer Besitz als unmittelbarer Besitz erworben wird und mittelbarer Besitz als mittelbarer Besitz.

- Was diese „Spielereien" des Gesetzes soll, werden Sie noch erfahren. Gerade der § 857 BGB hat eine große praktische Relevanz, weil ein unfreiwilliger Besitzverlust des Erben ein den gutgläubigen Erwerb hinderndes Abhandenkommen wäre (§ 935 BGB).

#### b) Kein Besitzer: Der Besitzdiener (§ 855 BGB)

Umgekehrt ist nicht etwa jeder, der eine Sache tatsächlich beherrschen kann, automatisch auch der Besitzer der Sache. Die Arbeitsteiligkeit unseres Wirtschaftslebens macht es nämlich erforderlich, dass ein Besitzer (dann **„Besitzherr"** genannt) die tatsächliche Gewalt durch einen anderen, der von ihm sozial abhängig ist **(„Besitzdiener")**, für sich ausüben lässt, ohne dass er dadurch den Besitz verliert und ohne dass jener den Besitz erlangt (§ 855 BGB). Der **Besitzdiener** ist einer klassischen Formulierung zufolge nur **„der verlängerte Arm"** des **Besitzers**.

Der enge Rahmen, der durch die beiden im Gesetz genannten Beispiele („in dessen Haushalt oder Erwerbsgeschäft" und „ähnliche Verhältnisse"), aufgrund derer die Weisungsabhängigkeit beruht, gezogen wird, ist längst gesprengt: So sind **Besitzdiener** außer dem „Klassiker", nämlich den sozial abhängigen **Hausangestellten** und **Arbeitnehmern**, z. B. **auch** der **Kaufinteressent** hinsichtlich eines Autos bei einer von ihm ganz allein vorgenommenen Probefahrt; der **Hotelier** in Bezug auf die im Besitz des Gastes befindlichen Sachen; der **Minderjährige** am Hausrat der Eltern. **Nicht** hingegen sind Besitzdiener mangels „sozialer Abhängigkeit" die **Ehegatten/Lebenspartner**.

Worin liegt die **Bedeutung** der **Qualifikation** als **Besitzdiener**? Unter anderem darin, dass bei einer **Übereignung nach** den **§§ 929 ff. BGB** die dafür erforderliche Übergabe auch durch Übertragung der tatsächlichen Sachherrschaft auf den Besitzdiener des Erwerbers erfolgen kann. Außerdem ist eine dem Besitzherrn gehörige Sache im Falle der eigenmächtigen Veräußerung durch den Besitzdiener an einen Dritten als dem Besitzherrn abhandengekommen anzusehen ist, weil zwar der Besitzdiener die Sache freiwillig hergegeben hat, nicht aber der maßgebliche Besitzherr, der ja der Besitzer ist und der den Besitz in derlei Fällen unfreiwillig verloren hat, so dass ein gutgläubiger Erwerb des Dritten scheitert **(§ 935 BGB)**. Das ist eine der klausurwichtigsten Funktionen des § 855 BGB.

> Daher müssen Sie dieses *Beispiel* „verinnerlichen": Der Inhaber eines Supermarkts BH und nicht der Marktleiter BD ist Besitzer der im Laden befindlichen Waren (§ 855 BGB). Und wenn der BD für eigene Rechnung einzelne Waren des BH als angeblicher „Eigentümer" an den insoweit gutgläubigen K veräußert, gibt es keinen gutgläubigen Erwerb nach §§ 929 S. 1, 932 Abs. 1 S. 1 BGB, weil der BH den Besitz unfreiwillig verloren hat (§ 935 Abs. 1 BGB).

Ferner beurteilt sich die Frage, ob eine verbotene Eigenmacht vorliegt **(§ 858 Abs. 1 BGB)**, nach dem Willen des Besitzherrn.

#### c) Besitz bei juristischen Personen und rechtsfähigen Personengesellschaften

**Juristische Personen** und **rechtsfähige Personengesellschaften** können **Besitzer** sein, und zwar **durch** ihre **Organe** (also den Vorstand, Geschäftsführer) und durch **geschäftsführenden Gesellschafter**. Diese sind übrigens – ungeachtet der Frage ihrer sozialen Abhängigkeit – keine Besitzdiener. Bei der Gelegenheit: Sie wissen natürlich schon lange, was juristische Personen und was rechtsfähige Personengesellschaften sind. Aber erinnern Sie auch noch die Feinheiten?? Halten Sie sich selbst einen kleinen Vortrag, und lesen Sie dann zur Kontrolle noch einmal die Ausführungen dazu in Teil 2 A.

## II. Das Eigentum

### 1. Das Eigentum als Herrschaftsrecht

#### a) Die Herrschaftsmacht

Das **Eigentum** ist das **umfassendste Herrschaftsrecht** an **Sachen**, also an körperlichen Gegenständen.

Die **Herrschaftsmacht** des **Eigentümers umschreibt** das **Gesetz** in **§ 903 BGB**

**1.** einerseits **positiv**: der Eigentümer kann mit der Sache bis zur Grenze der Gesetzesverletzung und der Verletzung der Rechte anderer „nach Belieben verfahren". Diese Befugnisse können sich in tatsächlicher oder in rechtlicher Hinsicht so auswirken:
   - **a)** In **tatsächlicher** Hinsicht kann man als Eigentümer die Sache in Besitz nehmen, sie gebrauchen, sie verändern, sie verbrauchen und sie vernichten.
   - **b)** In **rechtlicher** Hinsicht kann man das Eigentum übertragen, belasten oder aufgeben.

**2.** In **negativer Hinsicht** kann der Eigentümer andere von jeder Einwirkung ausschließen: Nach § 903 BGB kann der Eigentümer einer Sache, „soweit nicht das Gesetz oder Rechte Dritter entgegenstehen, … andere von jeder Einwirkung ausschließen". Das ist keine Anspruchsgrundlage. Vielmehr stellt das Gesetz hierfür diverse Anspruchsgrundlagen gesondert zur Verfügung:
   - **a)** Wenn das Eigentum durch **Entziehung oder Vorenthaltung des Besitzes** beeinträchtigt wird, wird der Eigentümer durch **§§ 985, 986 BGB** geschützt. Er kann von einem nicht zum Besitz berechtigten Besitzer Herausgabe verlangen.

b) Der Eigentümer eines Grundstücks kann **vom zu Unrecht in das Grundbuch eingetragenen bloßen „Bucheigentümer"** Grundbuchberichtigung verlangen **(§ 894 BGB)**.

c) Bei Beeinträchtigungen des Eigentums in anderer Weise als durch Entziehung oder Vorenthaltung des Besitzes, nämlich durch **Störungen**, kann der Eigentümer nach **§ 1004 BGB** vom Störer die Beseitigung der Beeinträchtigung (§ 1004 Abs. 1 S. 1 BGB) und die Unterlassung von Beeinträchtigungen (§ 1004 Abs. 1 S. 2 BGB) verlangen, sofern er nicht zur Duldung verpflichtet ist (§ 1004 Abs. 2 BGB) oder andere (noch zu erörternde) Gründe den Anspruch ausschließen.

Man kann auch der **Eigentümer** einer **Wohnung** sein. Die das möglich machende Rechtskonstruktion ist äußerst ausgeklügelt: Obwohl Wohnungen als Gebäudeteile wesentliche Bestandteile des Grundstücks sind und daher an sich nicht Gegenstand besonderer Rechte sein können (§§ 93, 94 BGB), gibt es aufgrund einer spezialrechtlichen Regelung im § 1 Abs. 1 WEG die Möglichkeit, an einzelnen abgeschlossenen Wohnungen das Sondereigentum zu schaffen, das untrennbar verbunden ist (§ 6 WEG) mit einem Miteigentumsanteil an dem gemeinschaftlichen Eigentum (§ 1 Abs. 2 WEG). Die Wohnungseigentümer bilden eine **Wohnungseigentumsgemeinschaft (WEG)**. Von ihr war schon die Rede. Vielleicht entsinnen Sie sich an die Ausführungen zur Teil-Rechtsfähigkeit der WEG? Es gibt auch das **Erbbaurecht**, das gewissermaßen „Eigentum auf Zeit" an einem Grundstück ist, geregelt im **ErbbauRG**. Zum praktisch bedeutsamen Wohnungseigentum und zum weniger bedeutsamen Erbbaurecht werden Sie hier nicht mehr viel lesen und erfahren.

### b) Der Eigentümer

#### aa) Einzeleigentümer

Das Eigentum kann einer jeden **rechtsfähigen Person allein** zustehen. Die durch die Herrschaftsmacht verliehenen Befugnisse können dann durch den Eigentümer selbst (bei juristischen Personen durch ihre Organe) oder durch Dritte ausgeübt werden.

#### bb) Eigentümermehrheiten (Bruchteilsgemeinschaften, Gesamthandsgemeinschaften)

Das Eigentum kann auch **unter mehreren rechtsfähigen Personen aufgeteilt** sein, und zwar in Gestalt von **Bruchteilsgemeinschaften** (sub (1)) und **Gesamthandsgemeinschaften** (sub (2)).

##### (1) Bruchteilsgemeinschaften

Wenn eine **Bruchteilsgemeinschaft** vorliegt, ist das Eigentum unter den Gemeinschaftern **ideell** („ideell" heißt: „rein gedanklich", und nicht etwa „real im naturwissenschaftlichen Sinne"!) **nach Bruchteilen** aufgeteilt (§§ 741 ff., 1008 ff. BGB).

1. Der Eigentümer Engel (E) schenkt und übereignet zum *Beispiel* zur Erfüllung des Schenkungsvertrages seinen Kindern K1–K3 zu Lebzeiten aus seinem Vermögen ein ca. 40 ha großes Waldgrundstück.
K1–K3 sind dann Miteigentümer nach Bruchteilen. Eine BGB-Gesellschaft sind sie nicht, weil sich der Zusammenschluss im Halten eines Gegenstandes erschöpft und kein darüber hinaus gehender Zweck von K1–K3 verfolgt wird.
2. Wenn der Eigentümer E zum *Beispiel* zu seinen Lebzeiten zur Erfüllung eines Schenkungsvertrages seinen Kindern K1–K3 ein Grundstück übereignet hat, das mit einem von ihm langfristig an den Mieter M vermieteten Bürogebäude bebaut ist, stellt sich die Frage, ob K1-K3 nicht nur Miteigentümer nach Bruchteilen, sondern ob sie bereits eine BGB-Gesellschaft bilden, weil sich der Zusammenschluss nicht im bloßen Halten eines Gegenstandes, hier des Grundstücks, erschöpft, sondern weil mit der Vermietung ein darüber hinaus gehender Zweck verfolgt wird. Allerdings ist diese Konstellation ein Grenzfall zwischen einer Bruchteilsgemeinschaft und einer BGB-Gesellschaft. Wenn man es ausreichen lässt, dass ein nur minimal über das bloße Halten hinausgehender gemeinsamer Zweck aus der Bruchteilsgemeinschaft eine BGB-Gesellschaft in Gestalt einer BGB -Außengesellschaft machen (§ 705 BGB) würde. Sieht man das so, dann bildeten K1-K3 bereits wegen der Vermietung eine rechtsfähige BGB-Gesellschaft, die die Eigentümerin des Grundstücks wäre. Wenn K 1-K 3 zusätzlich ein Rücklagenkonto für Reparaturen gebildet und das Guthaben in einem Wertpapierdepot angelegt hätten, das nach Jahrzehnten einen Wert von € 1 Mio. hat und Zinsen und andere Erträge abwirft, dann dürften K 1-K 3 mit Sicherheit eine BGB-Gesellschaft bilden.

Auch wenn bei einer Bruchteilsgemeinschaft über die gemeinschaftliche Sache insgesamt nur gemeinschaftlich verfügt werden kann (§ 747 S. 1 BGB), kann doch jeder der Miteigentümer über seinen Anteil verfügen (§ 747 S. 1 BGB). Weil auch der bloße Bruchteil „Eigentum" i. S. d. § 903 BGB ist, erfolgt die Verfügung auch konsequenterweise nicht etwa nach § 413 BGB, sondern nach §§ 929 ff. BGB oder (hier, wo es um ein Grundstück geht) nach §§ 873, 925 BGB. Die Zustimmung der anderen Miteigentümer ist nicht erforderlich. Man kann es daher als Bruchteilsgemeinschafter ohne eigenes Zutun unversehens mit einem neuen Miteigentümer zu tun haben, wenn zum *Beispiel* im Fall der von E mit dem Waldgrundstück beschenkten drei Kinder K1-K3, die, wie zuvor ausgeführt, eine aus ihnen bestehende Bruchteilsgemeinschaft bilden, der lustig leben wollende K 1 ohne Rücksprache mit den Geschwistern seinen Anteil an den Grundstücksspekulanten S verlauft und überträgt. Ob das im Sinne des E ist, kann man bezweifeln. Versuchen Sie sich einmal als Rechtsanwalt und entwerfen Sie für den Schenkungsvertrag des E mit K1-K3 eine Konstruktion, durch die derlei im Ergebnis verhindert werden kann. Ein rechtsgeschäftliches Verfügungsverbot führt nicht weit. Lesen Sie § 137 BGB!

Aber, wenn K1-K3 keine Bruchteilsgemeinschafter wären, sondern eine BGB-Gesellschaft bildeten, wäre die Verfügung eines Gesellschafters über seinen jeweiligen Gesellschaftsanteil nicht möglich (§ 719 Abs. 1 BGB). Das wäre zum Beispiel ein gedanklicher Einstieg in einen Lösungsweg. Es gibt aber auch andere Konstruktionen. Was halten Sie z. B. von einem für den Fall einer Weiterveräußerung bestehenden (also: bedingt vereinbarten) Rückauflassungsanspruch des E, gesichert durch eine Vormerkung? Viel Spaß beim juristischen Tüfteln, mit dem viele von Ihnen später ihr Geld verdienen werden. Zurück zur Theorie, und zwar zur Dogmatik der Bruchteilsgemeinschaft: Verwaltet wird die gesamte Sache von allen Miteigentümern gemeinschaftlich (§ 744 BGB). Spannend ist das „Notgeschäftsführungsrecht" eines jeden Bruchteilseilsgemeinschafters aus § 744 Abs. 2 BGB, dessen analoge Anwendung auf die BGB-Gesellschaft schon mal ein Thema war – entsinnen Sie sich noch? Jeder Miteigentümer hat grundsätzlich das Recht auf die Aufhebung der Gemeinschaft (§§ 749 ff. BGB). Im Fall einer Eigentumsverletzung durch einen Dritten haben alle Gemeinschafter gegen diesen einen Anspruch aus § 823 Abs. 1 BGB; weil bekanntlich auch der jeweilige Anteil Eigentum ist, steht dieser Anspruch auch jedem einzelnen Gemeinschafter zu, dann allerdings gerichtet auf Leistung an alle (§ 432 BGB). Das gilt auch für den Herausgabeanspruch im Fall der Wegnahme oder der Vorenthaltung aus §§ 985, 986 BGB.

#### (2) Gesamthandsgemeinschaften

Bei den **fünf „klassischen Gesamthandsgemeinschaften"** (=nicht rechtsfähiger Verein, BGB-Gesellschaft, oHG/KG, eheliche Gütergemeinschaft, Erbengemeinschaft) ist die Frage, wer eigentlich Eigentümer einer zum Gesamthandsvermögen gehörenden Sache ist, außerordentlich kompliziert.

Bei der **Erbengemeinschaft** (§§ 2032 ff. BGB) und der **ehelichen Gütergemeinschaft** (§§ 1416 ff. BGB) liegt Gesamthandseigentum vor: Das Eigentum steht mehreren Personen (Miterben, Ehegatten) „zur gesamten Hand" zu. Das bedeutet, dass jeder der Gesamthänder Eigentümer der gesamten Sache ist, aber zugleich beschränkt durch gleiche Berechtigung des/der anderen Gesamthänder/s. Keiner von ihnen kann über seinen Anteil an der Sache verfügen (§§ 719 Abs. 1, 1419 Abs. 1, 2033 Abs. 2 BGB). Um sich dieses Phänomen vorzustellen, bedarf es einer beträchtlichen Abstraktionsfähigkeit; „physikalische Hilfskonstruktionen", wie sie beim Bruchteilseigentum vielleicht noch helfen konnten, sind hier undenkbar.

Bei der **BGB-Gesellschaft** (§§ 705 ff. BGB) muss man unterscheiden: Da die **BGB-Außengesellschaft** ja bekanntlich aufgrund einer inzwischen vom Gesetzgeber anerkannten Rechtsfortbildung als rechtsfähig angesehen wird, muss man sie konsequenterweise auch als Inhaberin des Gesellschaftsvermögens und damit auch als Eigentümerin der evtl. dazugehörigen Sachen ansehen. Die Frage ist, ob die Gesellschafter gleichwohl gesamthänderisch gebunden am Gesellschaftsvermögen dinglich beteiligt sind (Palandt: die Inhaber des Gesellschaftsvermögens sind „in Wahrheit" die Gesellschafter in ihrer gesamthänderischen Verbundenheit) oder ob allein die rechtsfähige Gesellschaft Zuordnungsobjekt des Gesellschaftsvermögens ist, während den Gesellschaftern lediglich ein Mitgliedschaftsrecht zusteht (Flume).

Auf jeden Fall besteht Gesamthandseigentum bei solchen BGB-Gesellschaften, die nach dem Gesellschaftsvertrag nicht als solche im Rechtsverkehr auftreten sollen **(BGB-Innengesellschaften)**.

Beim inzwischen als teilrechtsfähig anerkannten **nicht-rechtsfähigen Verein** liegt es wie bei der **BGB-Außengesellschaft.**

Dies gilt erst recht für die **oHG/KG**, die nach § 124 Abs. 1 HGB „... unter ihrer Firma Rechte erwerben ... Eigentum und andere dingliche Rechte an Grundstücken erwerben (kann)", die also von Gesetzes als rechtsfähig behandelte Gesellschaft ist.

## 2. Das Treuhandeigentum

Einer Person kann das Eigentum an einer Sache dergestalt zustehen, dass sie zwar Vollrechtsinhaberin **(„Volleigentümerin")** ist, aber aufgrund einer schuldrechtlich bestehenden Zweckbindung i. d. R. aufgrund eines **„Treuhandvertrages"** nur zu bestimmten Zwecken von dem Eigentum Gebrauch machen darf.

Diese **Kombination** von **Vollrecht** und **Innenverhältnisbindung** durch einen **Treuhandvertrag** gibt es nicht nur beim Eigentum, sondern auch bei anderen Rechten, insbesondere bei Forderungen.

### a) Eigennützige (Sicherungs-)Treuhand

Stellen Sie sich vor, dass eine Darlehensforderung einer Bank (B) gegen einen Kreditnehmer K, der mit dem Darlehen ein wertvolles Investitionsgut (z. B. einen Teleskopkran) angeschafft hat, gesichert werden soll. Könnte man den angeschafften Kran als Sicherungsobjekt eines Kreditsicherungsgeschäftes verwenden? Ja, natürlich: Der K könnte den Kran an die B verpfänden (§§ 1204 ff. BGB). Das aber hätte zur Konsequenz, dass die B den Besitz am Kran erhielte, so dass er nicht auf Baustellen des K eingesetzt werden könnte, und der K nicht das Geld verdienen könnte, das wiederum zur Zinszahlung und zur Tilgung des Darlehens verwendet werden könnte. Und außerdem: Wo soll die B mit dem Kran hin? Diese ganz schlichten praktischen Überlegungen haben die Rechtspraxis schon vor langer Zeit dazu veranlasst, ein Rechtsinstitut namens „Sicherungsübereignung" zu erfinden, besser gesagt: im Wege der „Rechtsfortbildung" zu entwickeln. Heute kann man wegen einer entsprechenden dauernden und von einer Rechtsüberzeugung getragenen Rechtspraxis von „Gewohnheitsrecht" sprechen. Wissen Sie noch, wo der Gesetzgeber eine solche Rechtsverschaffung zur Sicherung eines Anspruchs (Sicherungsübereignung und Sicherungszession) anerkannt hat? In § 216 Abs. 2 BGB!

Bei der **Sicherungsübereignung**, die praktisch nur mit beweglichen Sachen vorgenommen wird,

- wird vom Sicherungsgeber das **(Voll–)Eigentum** an einer Sache **auf** den **Sicherungsnehmer** i. d. R. nach §§ 929, 930 BGB übertragen. Der Sicherungsgeber bleibt infolgedessen im Besitz des Sicherungsgutes.

- In einem **Sicherungsvertrag** bzw. einer **Zweckerklärung** zwischen dem Sicherungsgeber und dem Sicherungsnehmer wird i.w. vereinbart, dass die Übereignung an den Sicherungsnehmer der Sicherung einer bestimmten i. d. R. (Geld-) Forderung dient und dass der Sicherungsnehmer als Treuhänder nur zu diesem Zweck in einer durch den Vertrag bestimmten Weise – nämlich i. d. R. durch Verwertung des Sicherungsgutes – von der Sache Gebrauch machen darf. Auf weitere Einzelheiten gehen wir später ein.
- Der **Sicherungsnehmer** erhält auf diese Weise mit der Übertragung des Volleigentums mehr, als er eigentlich zum Zwecke der Sicherung benötigt; was dieses „Mehr" angeht, ist er **Treunehmer/Treuhänder** des **Sicherungsgebers**. Diese Konstellation einer Sicherungstreuhand nennt man – weil die Vollrechtsübertragung auf den Sicherungsnehmer im eigenen Interesse des Sicherungsnehmers = Treuhänder erfolgt – auch eine „eigennützige Treuhand".

Entsprechendes gilt übrigens für die **„Sicherungszession"**, von der später die Rede sein wird. Bei einer eigennützigen Sicherungstreuhand gibt es interessante Interessenkonflikte. Denn aus der Sicht des Sicherungsnehmers müssen sich Sicherungsrechte in der Krise des Sicherungsgebers, also insbesondere in der Konkurrenzsituation des Gläubigers der gesicherten Forderung zu dessen sonstigen Gläubigern, bewähren. Umgekehrt muss der Sicherungsgeber davor bewahrt werden, dass Gläubiger des Sicherungsnehmers einen Zugriff auf das Sicherungsrecht nehmen können. Dem fortgeschrittenen jungen Juristen sei Folgendes ans Herz gelegt (nach Hirschberger): **(a)** Was den **Schutz der Interessen** des **Sicherungsnehmers**, also z. B. die des **Sicherungseigentümers**, des **Treunehmers/Treuhänders** also, angeht, so hat dieser **(aa)** in der Sicherungsgeberinsolvenz, trotz seines Eigentums am Sicherungsgut kein Aussonderungsrecht nach § 47 InsO, sondern wegen der wirtschaftlich gesehen bestehenden Pfandrechtsähnlichkeit des Sicherungseigentums „nur" ein Recht auf abgesonderte Befriedigung (§§ 50, 51 Nr. 1, 190 InsO). **(bb)** Im Fall einer Einzelzwangsvollstreckung von Gläubigern des Sicherungsgebers in das Sicherungsgut kann der Sicherungsnehmer dagegen erfolgreich nach § 771 ZPO klagen. **(b)** Was den **Schutz** der **Interessen** des **Sicherungsgebers**, also z. B. des **Sicherungsübereigners**, im Verhältnis zu Gläubigern des Sicherungsnehmers angeht, so hat **(aa)** in der Sicherungsnehmerinsolvenz der Sicherungsgeber im Fall einer bereits erfolgten Erfüllung der gesicherten Forderung ein Aussonderungsrecht (§ 47 InsO). **(aaa)** Das ist selbstverständlich der Fall bei einer durch die Tilgung der Forderung auflösend bedingt vorgenommenen Übereignung des Sicherungsgutes (§ 158 Abs. 2 BGB) und natürlich auch anzunehmen im Fall der durch Rückübereignung bereits erfolgten Erfüllung eines sich aus dem Sicherungsvertrag ergebenden durch den endgültigen Wegfall des Sicherungszwecks aufschiebend bedingten Rückübereignungsanspruchs auf den Sicherungsgeber durch bloße Einigung (§ 929 S. 2 BGB); denn dann ist der Sicherungsgeber wieder Eigentümer. Aber auch dann, wenn ein infolge der Forderungstilgung bestehender Rückübereignungsanspruch aus dem Sicherungsvertrag noch nicht erfüllt sein sollte, steht dem Sicherungsgeber bereits ein Aussonderungsrecht zu, weil nach der Forderungstilgung die Sicherungstreuhand wie eine Verwaltungstreuhand zu behandeln ist und bei der Verwaltungstreuhand der Treugeber in der Treunehmerinsolvenz stets aussondern kann (dazu sogleich mehr). **(bbb)** Weil die Rechte des Sicherungsgebers in der Sicherungsnehmerinsolvenz mithin vom Status der gesicherten Forderung abhängen, stellt sich die Frage, ob der Sicherungsgeber die gesicherte Forderung vorzeitig tilgen kann, um auf diese Weise ein Aussonderungsrecht zu erlangen. Für Sie reicht es, wenn Sie dies als dogmatisch interessante und als praktisch durchaus relevant werden könnende Frage erkannt haben. Ihre Beantwortung gehört zur „höheren Mathematik" des Insolvenzrechts, mit der wir uns im eng gesteckten Rahmen dieses Buches nicht weiter befassen können. **(bb)** Im Fall einer Einzelzwangsvollstreckung in das Sicherungsgut im Auftrag von Gläubigern des Sicherungsnehmers **(aaa)** kann der Sicherungsgeber wenn er – wie in der Regel wegen der nach §§ 929, 930 BGB erfolgten Übereignung – Gewahrsamsinhaber der zur Sicherheit übereigneten Sache geblieben ist und (was allerdings nur theoretisch vorstellbar ist) der im Auftrag eines Gläubigers des Sicherungsnehmers tätige Gerichtsvollzieher gleichwohl die Einzelzwangsvollstreckung betrieben hat, bereits aufgrund seines Gewahrsams nach §§ 766, 808, 809 ZPO erfolgreich Erinnerung gegen die Art und Weise der Zwangsvollstreckung einlegen. **(bbb)** Fraglich ist, ob der Sicherungsgeber ansonsten gegen den die Zwangsvollstreckung betreibenden Gläubiger des Sicherungsnehmers erfolgreich nach § 771 ZPO klagen kann. Das Problem kennen Sie bereits. **(aaaa)** Wenn bei einer Sicherungsübereignung Gläubiger des Sicherungseigentümers die Einzelzwangsvollstreckung betreiben, so kommt es für die Frage der Berechtigung des Sicherungsgebers aus § 771 ZPO im Fall der Einzelzwangsvollstreckung durch Gläubiger des Sicherungsnehmers, also des Sicherungseigentümers, wieder auf den Status der gesicherten Forderung an: Ist sie bereits getilgt und erfolgt ein automatischer Rückfall auf den Sicherungsgeber infolge einer im Sicherungsvertrag vereinbarten auflösenden Bedingung (§ 158 Abs. 2 BGB) oder ist ein durch den endgültigen Wegfalls des Sicherungszwecks aufschiebend bedingter schuldrechtlicher Rückübertragungsanspruch bereits erfüllt, wofür eine bloße Einigung ausreicht (§ 929 S. 2 BGB), ist der Sicherungsgeber zweifelsfrei aus § 771 ZPO berechtigt. Aber auch schon vor der Erfüllung eines Rückübertragungsanspruchs steht dem Sicherungsgeber der Schutz des § 771 ZPO zu, weil sich durch die Tilgung der gesicherten Forderung die Sicherungstreuhand in eine Verwaltungstreuhand verwandelt und der Verwaltungstreugeber bei der Einzelzwangsvollstreckung durch Gläubiger des Verwaltungstreunehmers in das Treugut durch § 771 ZPO geschützt ist (dazu sogleich mehr). **(bbbb)** Wenn aber die gesicherte Forderung noch besteht, muss man diskutieren, ob der Sicherungsgeber ohne weiteres aus § 771 ZPO vorgehen kann oder ob er die gesicherte Forderung zuvor tilgen muss und kann.

### b) Uneigennützige (Verwaltungs-)Treuhand

Bei der **Verwaltungstreuhand** überträgt der Treugeber ein Recht, hier das (Voll-) Eigentum an einer ihm gehörenden Sache, auf einen Treunehmer, der dieses für den Treugeber verwaltet. Ein Treuhandvertrag (i. d. R. ein Geschäftsbesorgungsvertrag nach § 675 BGB) regelt die Rechtsstellung des Treunehmers im Innenverhältnis zum Treugeber. Der Treugeber bleibt dann in vollem Umfang „wirtschaftlicher

Eigentümer". Diese Konstellation einer Verwaltungstreuhand nennt man – weil die Vollrechtsübertragung auf den Treuhänder nur im Interesse des Treugebers erfolgt – auch eine „uneigennützige Treuhand".

Auch bei der Verwaltungstreuhand muss man sich Gedanken darüber machen, welche Rechte der Treunehmer und der Treugeber im Fall der Insolvenz des jeweils anderen Teils bzw. im Falle der Einzelzwangsvollstreckung der Gläubiger des jeweils anderen Teils haben. Auch wenn diese Fragen weniger praxisrelevant sind als die vergleichbaren Fragestellungen bei der eigennützigen Treuhand, sollte man seinen Intellekt schärfen und auch die folgende Übersicht verinnerlichen (nach Hirschberger): **(a)** Was den **Schutz** der **Interessen** des **Treunehmers** beim Zugriff von Gläubigern des Treugebers angeht, so versteht es sich wegen der wirtschaftlichen Zuordnung des Treuguts zum Treugeber fast von selbst, **(aa)** dass der Verwaltungstreunehmer im Fall der Treugeberinsolvenz das Treugut nicht nach § 47 InsO aussondern kann oder abgesonderte Befriedigung nach §§ 50, 51 Nr. 1, 190 InsO verlangen kann. Vielmehr kann im Falle der Treugeberinsolvenz der Insolvenzverwalter das Treugut nach § 812 Abs. 1 S. 2 Var. 1 BGB herausverlangen, weil der Verwaltungstreuhandvertrag nach §§ 115, 116 InsO erloschen ist. **(bb)** In der Einzelzwangsvollstreckung von Gläubigern des Treugebers kann der Verwaltungstreuhänder nicht aus § 771 ZPO vorgehen, wohl aber ist er, wenn er Gewahrsamsinhaber des Treuguts sein sollte, durch die Möglichkeit einer Erinnerung nach §§ 766, 808, 809 ZPO geschützt. Eine interessante Frage ist, ob man auf diese Weise jedenfalls sein bewegliches Vermögen bei Verwaltungstreunehmern vor seinen Gläubigern „in Sicherheit bringen" kann. Natürlich nicht! Aber wie hilft man den Gläubigern? Hier kann der fortgeschrittene Jurist Überlegungen anstellen. **(b)** Was den **Schutz** der **Interessen** des **Treugebers** im Fall des Zugriffs von Gläubigern des Verwaltungstreunehmers angeht, **(aa) so** ist es gewohnheitsrechtlich anerkannt, dass bei einer fremdnützigen Verwaltungstreuhand in der Insolvenz des Treunehmers der Treugeber aussondern kann (§ 47 InsO) **(bb)** und dass der Treugeber im Fall einer Einzelzwangsvollstreckung von Gläubigern des Verwaltungstreuhänders erfolgreich nach § 771 ZPO klagen kann. Sie werden sich entsinnen, dass wir diese Erkenntnis bei der Frage der Sicherungsnehmerinsolvenz und der Einzelzwangsvollstreckung durch Gläubiger des Sicherungsnehmers im Zeitraum zwischen der erfolgten Tilgung der gesicherten Forderung und einem Rückerwerb des Sicherungsgutes durch den Sicherungsgeber verwendet haben, indem wir dem Sicherungsgeber die Rechte aus § 47 InsO bzw. § 771 ZPO ungeachtet eines Rückerwerbs zuerkannt haben, weil sich die Sicherungstreuhand nach Tilgung der Forderung in eine Verwaltungstreuhand verwandelt hat.

## III. Das Anwartschaftsrecht des künftigen Eigentümers beim Eigentumsvorbehalt

Das soeben erörterte Treuhandeigentum mag für manche Leser weitgehend „Neuland" und für den jungen Juristen wahrlich „höhere Mathematik" gewesen sein. Sie mögen sich damit trösten, dass wir auf dieses Thema noch mehrfach zurückkommen werden. Bereits recht gut vertraut sein sollten Sie dagegen mit dem Eigentumsvorbehalt und dem daraus resultierenden „Anwartschaftsrecht" des Vorbehaltskäufers.

Der **Eigentumsvorbehalt** ist für das **Teilzahlungsgeschäft** (lesen Sie bei dieser Gelegenheit noch einmal die Ausführungen in Teil 3 zum Bedingungsrecht, zum Kaufvertrag, zum Verbraucherdarlehensvertrag, zu den Finanzierungshilfen und zum „verbundenen Geschäft"), für den **Zwischenhandel** und für das **Fabrikationsgeschäft** von **außerordentlich großer wirtschaftlicher Bedeutung**. Vorstellen müssen Sie sich einen Kauf über eine bewegliche Sache, bei dem ein **Verkäufer** aus bestimmten wirtschaftlichen Motiven in Abweichung vom „Zug-um-Zug"-Mechanismus der §§ 320 ff. BGB an einen den Kaufpreis noch nicht oder noch nicht vollständig entrichtenden Käufer in der Weise **vorleistet**, dass er die **Kaufsache** an diesen **übergibt** und sich mit ihm **über** den **Eigentumsübergang einig** ist.

## 1. Der Eigentumsvorbehalt als Sicherungsrecht des Verkäufers

In einer solchen Vorleistung des Verkäufers einer beweglichen Sache an den Käufer liegt wirtschaftlich gesehen eine **Kreditierung** der **Kaufpreisforderung** aus § 433 Abs. 2 BGB **durch** den **Verkäufer**. Dass der **Verkäufer** hierfür eine **Sicherheit benötigt**, liegt auf der Hand.

Die Parteien können dem Sicherungsbedürfnis des Verkäufers natürlich dadurch Rechnung tragen, dass sie eine der Ihnen ja längst bekannten Varianten aus dem Spektrum der **Kreditsicherungsmöglichkeiten** wählen und dem Verkäufer entweder eine der ja bereits dargestellten **Personalsicherheiten** (Bürgschaft, Schuldbeitritt oder Garantie; die „Patronatserklärung" spielt hier keine Rolle) oder eine der in diesem Teil und in Teil 10 zu behandelnden **Realsicherheiten** (Pfandrecht an beweglichen Sachen oder Rechten, speziell Forderungen; ein Grundpfandrecht in Gestalt einer Hypothek oder einer Sicherungsgrundschuld; eine Sicherungsübereignung oder Sicherungszession) verschaffen.

Zu solchen Sicherungsgeschäften wird es aber speziell bei den Kaufverträgen des täglichen Lebens, bei deren Erfüllung der Verkäufer in der genannten Weise vorleistet, nicht kommen (oder haben Sie schon einmal von einer Bürgschaft beim Teilzahlungskauf einer Waschmaschine gehört?); vielmehr reicht es bei derartigen Geschäften dem Verkäufer in aller Regel zu seiner Sicherung völlig aus, wenn ihm das Recht zugebilligt wird, die Kaufsache für den Fall, dass der Kaufpreis nicht so wie vereinbart gezahlt wird, vom Käufer wieder herausverlangen zu können.

- Aber ist das nicht ohnehin der Fall? Schließlich wird einem auf einen Herausgabeanspruch reduzierten Sicherheitsbedürfnis des vorleistenden Verkäufers bereits dadurch Rechnung getragen, dass er im Fall der Nichtzahlung des Kaufpreises die Kaufsache mit Hilfe des ihm zustehenden **gesetzlichen Rücktrittsrechts** (§§ 323, 346 ff. BGB) zurückerlangen kann. Damit aber greift man zu kurz: Man würde nämlich übersehen, dass ein Rücktrittsrecht auch nach dessen Ausübung dem Verkäufer lediglich einen schuldrechtlichen Rückgewähranspruch auf Rückübereignung und Rückgabe verschafft. Das bedeutet, dass der Verkäufer vor einer erfolgten Rückübereignung in der Einzelzwangsvollstreckung anderer Gläubiger des Käufers durch Pfändung der Kaufsache nicht durch § 771 ZPO geschützt wäre, denn ein bloß schuldrechtlicher Rückgewähranspruch ist kein „die Veräußerung hinderndes Recht". Auch könnte der Verkäufer in der Insolvenz des Käufers aufgrund eines bloß schuldrechtlichen Rückübereignungsanspruchs die Kaufsache nicht nach § 47 InsO aus der Insolvenzmasse aussondern. Ausreichend geschützt wäre der Verkäufer daher nur, wenn er bis zur vollständigen Zahlung des Kaufpreises weiterhin der Eigentümer der Sache geblieben wäre, denn dann stünden ihm die Rechtsbehelfe aus § 771 ZPO und aus § 47 InsO zur Seite. Genauso sieht es das Gesetz: Aus eben diesem Grunde hat es in § 449 Abs. 1 BGB für den Fall, dass der Verkäufer sich im Kaufvertrag „das Eigentum bis zur Zahlung des Kaufpreises vorbehalten (hat)" angeordnet, dass „im Zweifel anzunehmen (ist), dass das Eigentum unter der aufschiebenden Bedingung vollständiger Bezahlung des Kaufpreises übertragen wird", so dass der Verkäufer bis zur vollständigen Bezahlung des Kaufpreises Eigentümer der Kaufsache bleibt **(„Eigentumsvorbehalt")**. Konstruktiv ermöglicht das Gesetz dies dadurch, dass der Eigentumsübergang auf den Käufer vom Eintritt einer aufschiebenden Bedingung in Gestalt der vollständigen Kaufpreiszahlung abhängig gemacht wird (§§ 929 ff., 158 Abs. 1 BGB). Rechtstechnisch gesehen konstruiert man das so: Nach § 449 Abs. 1 BGB wird vermutet, dass ein Verkäufer, der sich im Kaufvertrag das Eigentum bis zur vollständigen Zahlung des Kaufpreises vorbehält, dem Käufer mit der Übergabe der Sache ein Angebot zum Abschluss einer aufschiebend bedingten Einigung i. S. d. § 929 S. 1 BGB macht. Der Käufer nimmt, wenn er sich die Sache übergeben lässt, dieses Angebot durch schlüssiges Verhalten an. Das erwünschte Resultat, dass der Verkäufer bis zur vollständigen Kaufpreiszahlung Eigentümer bleibt, ist damit erreicht. Dies steht, und das ist die zweite Aussage des § 449 BGB, auch im Einklang mit dem Inhalt des Kaufvertrags. Und **wie** ist der **Verkäufer** nun **in** der **Krise** des **Käufers gesichert**? Aufgrund des „vorbehaltenen Eigentums" kann der Verkäufer vom nicht vereinbarungsgemäß zahlenden Käufer Herausgabe nach § 985 BGB verlangen, dies aber erst, wie das Gesetz in § 449 Abs. 2 BGB klarstellt, nach einem (das Recht des Käufers zum Besitz aus §§ 986 Abs. 1, 433 Abs. 1 S. 1 BGB entfallen lassenden) Rücktritt vom Kaufvertrag nach §§ 323, 346 BGB. Damit soll verhindert werden, dass der Käufer ohne die Sache weiterhin nutzen zu können, zahlen muss. Im Falle einer Einzelzwangsvollstreckung eines anderen Gläubigers des Käufers kann der Verkäufer aufgrund eines Eigentums stets erfolgreich nach § 771 ZPO klagen. In der Insolvenz des Käufers gehört zwar dessen Anwartschaftsrecht (dazu sogleich mehr) zur Insolvenzmasse; wenn aber der Insolvenzverwalter nach §§ 103 Abs. 2, 107 Abs. 2 InsO die Erfüllung des Kaufvertrages ablehnt, erlischt das Anwartschaftsrecht des Käufers, weil die Bedingung nicht mehr eintreten kann; und der Verkäufer kann dann als Eigentümer aussondern (§ 47 InsO).

- Der Eigentumsvorbehalt wird in der Regel bereits **zugleich mit dem obligatorischen Rechtsgeschäft** mit der sachenrechtlichen Wirkung der §§ 449, 929, 158 Abs. 1 BGB vereinbart **(„ursprünglicher Eigentumsvorbehalt")**. Das bereitet keine Probleme, weil der Verkäufer bei einem derartigen Kaufvertrag dem Käufer ja auch nicht mehr schuldet als eine aufschiebend bedingte Übereignung und eine Übergabe der Kaufsache. Es gibt aber auch zwei Konstellationen nachträglicher Begründungen des Eigentumsvorbehalts in Fällen, in denen der Verkäufer dem Käufer aufgrund des Kaufvertrags eine unbedingte Übereignung der Kaufsache und deren Übergabe schuldet. **(a)** So kann es vorkommen, dass „auf Rechnung liefernde" Verkäufer einen **Eigentumsvorbehalt „nachschieben"** möchten, weil die Käufer in derartigen Fällen ja nicht Zug-um-Zug mit der Lieferung zahlen. Um dies zu erreichen, pflegen Verkäufer nicht selten, sich „das Eigentum" erst auf der Rechnung oder auf dem Lieferschein „bis zur vollständigen Kaufpreiszahlung vorzubehalten". Man erkennt sofort, dass die Realisierung dieser Absicht, die ja im Gegensatz zu dem auf unbedingte Übereignung gerichteten obligatorischen Rechtsgeschäft steht und damit vertragswidrig ist, komplizierte sachenrechtliche Fragestellungen aufwirft. Damit sollen Sie hier aber noch „verschont" werden. Erst bei der Darstellung des Eigentumsvorbehalts (sub 10) werden wir uns diesem Thema widmen. **(b)** Das gilt auch für die weitere Möglichkeit eines nachträglichen Eigentumsvorbehalts durch die **Umwandlung** von durch Käufer bereits erworbenen Eigentums **in** einen **Eigentumsvorbehalt**.

- Allerdings wird der § 449 Abs. 1 BGB nicht in allen Fällen dem Sicherungsinteresse des Verkäufers gerecht. Im Fall der Lieferung von Handelsware eines Lieferanten an einen Einzelhändler haben die Beteiligten (der Lieferant als Verkäufer und der Einzelhändler als Käufer) ein virulentes Interesse an einer Weiterveräußerung der Ware an die Kunden des Einzelhändlers, denn aus dem hierdurch erzielten Kaufpreis soll der Einzelhändler den Lieferanten bezahlen. Dazu muss aber der Einzelhändler seinen Kunden das Eigentum bzw. durch die Kaufpreiszahlung des Kunden aufschiebend bedingtes Eigentum verschaffen können. Der Lieferant wird daher meist den der Erfüllung von Kaufverträgen des Einzelhändlers mit seinen Kunden dienenden Übereignungen der Handelsware durch Einwilligung oder Genehmigung zustimmen, so dass er letztlich im Fall der Übereignung an den Kunden das ihm vorbehaltene Eigentum verlieren wird, ohne zuvor den Kaufpreis seitens des Einzelhändlers erhalten zu haben (§§ 182 Abs. 1, 183, 185 Abs. 1 oder 184, 185 Abs. 2 BGB). Ähnlich ist es bei einer unter Eigentumsvorbehalt erfolgten Lieferung von Baumaterialien an einen Werkunternehmer: Der Lieferant weiß von vornherein, dass er bei einer auch von ihm gewollten zweckentsprechenden Verwendung der Baumaterialien sein vorbehaltenes Eigentum kraft Gesetzes nach §§ 946, 93 ff. BGB verlieren wird, noch bevor er den Kaufpreis erhält. Gleiches gilt für die Lieferung von Rohstoffen an einen verarbeitenden Unternehmer (§ 950 BGB). Dem fortbestehenden Kreditsicherungsbedürfnis des Lieferanten wird in allen diesen Konstellationen durch den sog. **„verlängerten Eigentumsvorbehalt"** Rechnung getragen. Für den Fall des Verlustes des Eigentums des Lieferanten durch eine Übereignung von Handelsware durch den Einzelhändler an seine Kunden mit Zustimmung des Lieferanten oder Genehmigung nach § 185 Abs. 1 oder Abs. 2 S. 1 Var. 1 BGB, oder durch Verbindung nach §§ 946 BGB oder Verarbeitung nach § 950 BGB wird im Wege einer im Voraus getroffenen Vereinbarung bestimmt, dass an die Stelle des vorbehaltenen Eigentums zugunsten des Lieferanten ein anderes Sicherungsrecht tritt: z. B. ein Sicherungsrecht an der zunächst noch zukünftigen und dann gegenwärtig werdenden Kaufpreisforderung aus der Weiterveräußerung durch eine Voraus-Sicherungsabtretung der Forderung, häufig gekoppelt mit einer Einziehungsermächtigung zugunsten des Erwerbers. Bei einem Eigentumserwerb kann man auch an ein vorab übertragenes Sicherungseigentum an der neu hergestellten neuen Sache denken (dazu später mehr). Gleiches kann man sich auch im Fall eines Eigentumsverlustes nach §§ 946 ff. BGB aufgrund einer werkvertraglichen Tätigkeit des Käufers vorstellen (dazu später mehr). Würde derlei nicht vereinbart, wäre der Lieferant auf gesetzliche Ansprüche angewiesen: Bei einer nicht gestatteten Übereignung, die nach §§ 932 ff. BGB oder § 366 HGB wirksam sein würde, auf Ansprüche aus §§ 687 Abs. 2, 681 S. 2, 667; 816 Abs. 1 S. 2 BGB/bei der Verbindung, Verarbeitung aus §§ 951, 812 Abs. 1 S. 1 Var. 2 BGB und ansonsten auf Schadensersatzansprüche aus §§ 280 ff. BGB und §§ 823 ff. BGB.

- Möglich ist auch ein **„erweiterter Eigentumsvorbehalt"** des Inhalts, dass das Eigentum erst dann auf den Erwerber übergehen soll, wenn auch weitere Forderungen (also nicht nur die Kaufpreisforderung aus der gerade erfolgten Lieferung) erfüllt sind, dies sogar in Gestalt eines **„Kontokorrentvorbehalts"**, nach dem das Eigentum erst dann auf den Käufer übergeht, wenn von diesem alle sich i. d. R. aus einem sich durch ständige Saldierung verändernden Verrechnungsverhältnis (Kontokorrent = conto corrente = laufende Rechnung) ergebenden Forderungen aus einer mit dem Verkäufer bestehenden Geschäftsverbindung getilgt sind. Wenn ein erweiterter Eigentumsvorbehalt in Allgemeinen Geschäftsbedingungen vereinbart ist, aus denen sich der Augenblick des Bedingungseintritts nur schwer erkennen lässt, so dass die Eigentumslage unklar wird, ist die Klausel nach § 307 BGB unwirksam. Die Vereinbarung eines noch weiterreichenden sog. **„Konzernvorbehalts"** ist sogar nichtig (§ 449 Abs. 3 BGB).
- Der **„weitergeleitete"** (besser: offengelegte) **Eigentumsvorbehalt** ist nicht mit dem zuvor besprochenen „erweiterten Eigentumsvorbehalt" zu verwechseln. Beim weitergeleiteten Eigentumsvorbehalt veräußert der Käufer die Sache an einen Dritten und legt dabei den Eigentumsvorbehalt und damit das Eigentum des Verkäufers offen. Damit ist ein gutgläubiger Eigentumserwerb des Dritten ausgeschlossen, weil der Dritte weiß, dass nicht der an ihn übereignende Käufer der Eigentümer ist, sondern der Verkäufer. In einem solchen Fall eines als Nichtberechtigter über das Eigentum des Verkäufers verfügenden Käufers wird der Dritte im Wege des „Durchgangserwerbs" dann zum Eigentümer, wenn der Käufer den Kaufpreis bezahlt hat und daher selbst zunächst für eine logische Sekunde zum Eigentümer geworden ist (§ 185 Abs. 2 S. 1 Var. 2 BGB; dazu später mehr). Wenn der Käufer dem Dritten aber sein Anwartschaftsrecht – was das ist, wissen Sie schon aus – an der Sache übertragen hat, wird der Dritte im Augenblick des Eintretens der Bedingung durch die Kaufpreiszahlung seitens des Käufers an den Verkäufer im Weg des „Direkterwerbes" durch ein automatisches „Erstarken" das ihm übertragenen Anwartschaftsrechts „zum Vollrecht" zum Eigentümer (dazu später mehr). Auch wenn Sie eigentlich schon wissen, was ein Anwartschaftsrecht ist, soll bei dieser Gelegenheit eine kleine Erinnerungsstütze geboten werden: Die mit fortlaufender Kaufpreiszahlung immer wertvoller werdende und im Gesetz durch § 161 BGB vor Zwischenverfügungen des

Verkäufers geschützte Stellung des Eigentumsvorhehaltskäufers hat im Wege der Rechtsfortbildung die Qualität eines sog. Anwartschaftsrechts erhalten. Dieses Recht wird als „wesensgleiches minus" des Vollrechts Eigentum angesehen und wird daher nach §§ 929 ff. BGB, und zwar vom Anwartschaftsrechtsinhaber als Berechtigten (!) übertragen; wenn dann die Bedingung eintritt, weil der Kaufpreis an den Eigentümer gezahlt wird, erstarkt das Anwartschaftsrecht bei dessen jeweiligen Inhaber automatisch zum Vollrecht, so dass dieser „direkt" Eigentümer wird. Mehr soll hier zunächst nicht gesagt werden. Später erfahren Sie mehr.

- Bei einem **„nachgeschalteten" Eigentumsvorbehalt** vereinbart der Vorbehaltskäufer mit dem Dritten, an den er die Sache weiterveräußert, ebenfalls einen Eigentumsvorbehalt, so dass zwei Eigentumsvorbehalte bestehen. Hier kommt es darauf an, wer zuerst zahlt. Zahlt der Vorbehaltskäufer als erster, erwirbt er das Eigentum; der Dritte wird Eigentümer, wenn er sodann den Kaufpreis zahlt. Zahlt der Dritte zuerst an den Käufer, kann der Dritte Eigentümer werden, wenn der Erstverkäufer mit der Veräußerung an den Dritten einverstanden war; ansonsten kann der Dritte das Eigentum vom Käufer nach § 932 ff. BGB erworben haben.
- Wenn hier – wie auch schon früher und auch in Zukunft – im Zusammenhang mit dem Eigentumsvorbehalt immer nur die Rede vom Kaufvertrag ist, so entspricht das der statistischen Realität. Man sollte jedoch nicht aus dem Auge verlieren, dass dies alles **auch für** den **Werklieferungsvertrag** gilt **(§ 651 BGB)**, auf den wir hier aber nicht weiter eingehen werden.

Der **Eigentumsvorbehalt sichert** also den **Herausgabeanspruch des Verkäufers**. Der Eigentumsvorbehalt begründet aber (natürlich, denn was hätte man davon!?) **kein Verwertungsrecht** an der eigenen Sache und ist daher keinesfalls eine Art „besitzloses Pfandrecht".

## 2. Das Anwartschaftsrecht des Vorbehaltskäufers

Wie gerade zuvor in Erinnerung gerufen und wie jetzt vertieft dargestellt werden soll, besteht beim Eigentumsvorbehalt **umgekehrt** auch ein **Bedürfnis** dafür, die **Rechtsstellung** des **Käufers** zu **sichern.** Denn der Käufer wird meist durch eine Anzahlung und dann in der Schwebezeit bis zum Vollrechtserwerb (Teil-)Zahlungen auf die Kaufpreisschuld erbringen, die in wirtschaftlicher Hinsicht der Vorleistung des Verkäufers (Besitzüberlassung) gleichkommt oder sie im Laufe der Zeit sogar wertmäßig übersteigt.

Dem daraus resultierenden rechtspolitischen Bedürfnis, dass dem Käufer diese Position nicht mehr einseitig entzogen werden darf, trägt das Gesetz im Bedingungsrecht (§§ 158 ff. BGB) in geradezu perfekter Weise Rechnung:

- Es liegt allein beim Vorbehaltskäufer, den Vollrechtserwerb durch Zahlung des vollständigen Kaufpreises, eintreten zu lassen (§§ 929, 158 Abs. 1, 449 Abs. 1 BGB).

- Der Vorbehaltsverkäufer kann den Vollrechtserwerb des Käufers nicht mehr einseitig durch Zwischenverfügungen zugunsten Dritter vereiteln (§ 161 Abs. 1 S. 1 BGB); der Käufer ist auch vor „Zwangs-Zwischenverfügungen“ gesichert (§ 161 Abs. 1 S. 2 BGB). Können Sie sich darunter etwas vorstellen? Wenn nicht, werfen Sie doch auch einmal einen Blick in einen Kommentar.
- Und außerdem sollten Sie sich an § 162 BGB erinnern.

Die dermaßen verfestigte Position der **Rechtsstellung** des **Käufers** beim Eigentumsvorbehalt wird als **„Anwartschaftsrecht“** bezeichnet. Das ist aber nicht nur ein „Taufakt“, sondern die Kreation eines im Gesetz nicht vorgesehenen Rechtes im Weg der **Rechtsfortbildung extra legem**. Dass diese Erfindung „extra legem“ erfolgt ist, wird auch daran deutlich, dass sie immerhin mit dem „Typenzwang“ im Sachenrecht des BGB kollidiert. Die Rechtsfortbildung ist übrigens nicht auf die hier im Mittelpunkt stehende Konstellation des Eigentumsvorbehaltskaufs beschränkt. Denn Anwartschaftsrechte gibt es auch bei **anderen „mehraktigen“ Erwerbsvorgängen**, speziell beim Erwerb anderer Sachenrechte. Unter einem **„Anwartschaftsrecht“** versteht man nämlich:

eine Rechtsstellung, bei der so viele Merkmale eines mehraktigen Erwerbstatbestands verwirklicht sind, dass der Vollrechtsinhaber den Rechtserwerb nicht mehr einseitig verhindern kann und bei der der Anwärter die Herbeiführung des Vollrechtserwerbs allein in der Hand hat.

Diese Definition – oder eine ähnliche „hausgemachte“ Version – müssen Sie auswendig können!

Die Zuerkennung eines „Anwartschaftsrechts“ hat weitreichende **Rechtsfolgen**:

Nach einem „geflügelten Wort“ des BGH ist ein **Anwartschaftsrecht** das **„wesensgleiche minus des Vollrechts“**. Es wird wie das Vollrecht behandelt. Im Fall eines Anwartschaftsrechts aus §§ 929 ff., 158 Abs. 1, 449 Abs. 1 BGB hat dies allerlei bedeutsame Konsequenzen:

- Das Anwartschaftsrecht kann nach den §§ 929 ff. BGB **übertragen**
- und nach §§ 1274, 1205 ff. BGB **verpfändet** werden.
- Der Anwartschaftsberechtigte kann von einem Besitzer der Sache nach **§§ 985, 986 BGB** analog Herausgabe verlangen, dies sogar vom Eigentümer, wenn dieser aus § 986 BGB analog kein Recht zum Besitz gegenüber dem Anwartschaftsberechtigten hat.
- Diskutiert wird, ob dem Anwartschaftsberechtigten kraft seines Anwartschaftsrechts ein **eigenes Recht zum Besitz** nach § 986 Abs. 1 S. 1 Var. 1 BGB gegenüber dem Eigentümer zusteht.
- Das Anwartschaftsrecht ist als **„sonstiges Recht“ i. S. d. § 823 Abs. 1 BGB** geschützt.

- Bei der **Einzelzwangsvollstreckung gegen** den **Verkäufer** kann der Anwartschaftsberechtigte, wenn er – wie regelmäßig – die Sache im „Gewahrsam" hat, als „nicht zur Herausgabe bereiter Dritter" einer Pfändung widersprechen (§§ 808, 809 ZPO) und notfalls nach § 766 ZPO vorgehen. Ansonsten kann der Käufer nach § 771 ZPO klagen; sein Anwartschaftsrecht ist nämlich ein „die Veräußerung hinderndes Recht". Die Gläubiger des Verkäufers können aber die Kaufpreisforderung und das Rücktrittsrecht aus § 323 BGB nach § 857 ZPO pfänden und es, falls die Rücktrittsvoraussetzungen gegeben sind, nach § 835 ZPO durch Erklärung des Rücktritts realisieren, so dass das Anwartschaftsrecht erlischt und der Käufer seine Rechte verliert. Ein „dorniger Weg"! Sie sollten sich immer wieder verdeutlichen, dass es nicht immer ein wahres Glück ist, Gläubiger zu sein.
- In der **Verkäuferinsolvenz** kann der Käufer nach Übergabe der Sache an ihn Erfüllung verlangen (§ 107 Abs. 1 InsO) und dann nach § 47 InsO aussondern.

Dies reicht zunächst als Überblick. Detaillierte Erörterungen und Illustrationen durch Fälle finden sich (und fanden sich bereits – erinnern Sie sich?) in „Hülle und Fülle" in den jeweiligen Sachzusammenhängen.

## IV. Das Anwartschaftsrecht des künftigen Grundeigentümers

Wie bereits mehrfach angedeutet, gibt es nicht nur das Anwartschaftsrecht des Vorbehaltskäufers, sondern auch Anwartschaftsrechte bei anderen künftigen dinglichen Rechtsstellungen, so auch das des künftigen Grundeigentümers.

Auch wenn es beim rechtsgeschäftlichen Erwerb von Grundstücken wegen der Bedingungsfeindlichkeit der Auflassung (§ 925 Abs. 2 BGB) keinen Eigentumsvorbehalt gibt, soll der **künftige Grundeigentümer** ein **Anwartschaftsberechtigter** sein können, wenn

- eine **bindende Auflassung** vorliegt (§§ 873 Abs. 2, 925 BGB)
- und der Erwerber (nicht etwa der Veräußerer, denn der könnte ihn jederzeit wieder zurücknehmen!) den **Eintragungsantrag** nach **§ 13 GBO** gestellt hat und dieser nicht vom Grundbuchamt zurückgewiesen worden ist

**oder**

- wenn eine **bindende Auflassung** vorliegt (§§ 873 Abs. 2, 925 BGB)
- und zugunsten des Erwerbers eine **Auflassungsvormerkung** in das Grundbuch **eingetragen** ist (§ 883 BGB).

Bei diesen beiden Konstellationen kann der Rechtserwerb nicht mehr einseitig vom Veräußerer verhindert werden; vielmehr liegt der Rechtserwerb einzig und allein in den Händen des Erwerbers. Warum? Bei der ersten Fallgruppe würde eine anderweitige Verfügung des Veräußerers wegen der (von den Grundbuchämtern strikt beachteten) Ordnungsvorschrift **§ 17 GBO** scheitern: Das Grundbuchamt bearbeitet hiernach zunächst den (nicht vom Veräußerer widerruflichen) Antrag des Erwerbers; dazu später mehr. Und bei der zweiten Fallgruppe scheitert die Zwischenverfügung i.E. an §§ 883 Abs. 2, 888 BGB (dazu später mehr).

Da man – wie Sie ja wissen – unter einem Anwartschaftsrecht

eine Rechtsstellung, bei der so viele Merkmale eines mehraktigen Erwerbstatbestands verwirklicht sind, dass der Vollrechtserwerb allein in den Händen des Erwerbers liegt und der Vollrechtsinhaber den Rechtserwerb nicht mehr einseitig verhindern kann (Sie sollten diese oder eine ähnliche Definition **auswendig** wissen!),

versteht, ist der künftige Grundeigentümer unter den vorgenannten Voraussetzungen (welche waren es? das müssen Sie jetzt wissen!) Anwartschaftsberechtigter.

Die Zuerkennung eines „Anwartschaftsrechts" hat – wie Sie ja wissen – weit reichende **Rechtsfolgen**:

Auch für das Anwartschaftsrecht auf das Eigentum an einem Grundstück ist anerkannt, dass es als **„wesensgleiches minus des Vollrechts"** nach §§ 873, 925 BGB übertragen wird und nach §§ 1274 ff. BGB verpfändet werden kann; es wird als „sonstiges Recht" nach § 823 Abs. 1 BGB geschützt.

Auch dies reicht zunächst als Überblick. Detaillierte Erörterungen und Fälle finden sich auch hierzu bei den jeweiligen Sachzusammenhängen.

Auf die sonst noch vorstellbaren Anwartschaftsrechte (z. B. des künftigen Hypothekars) wird – das ist Ihnen bereits angekündigt worden („Mut zur Lücke") – hier ganz bewusst nicht weiter eingegangen.

## V. Verwertungssicherungsrechte an Sachen

Die **Kreditsicherung** ist uns schon vielfach begegnet und wird auch noch an anderer Stelle behandelt werden.

Dieser **Überblick** kann nicht oft genug wiederholt werden: Die Sicherung von Forderungen (teils alle Arten von Forderungen, teils nur Geldforderungen – lesen Sie zumindest die §§ 765, 1113, 1204 BGB unter diesem Aspekt nach!), kann

1. durch **Personalsicherheiten** (Bürgschaft, Schuldbeitritt, Garantie, Patronat), bei denen die Sicherungsgeber ihr gesamtes Vermögen zur Verfügung stellen, erfolgen. Bürgschaft, Schuldbeitritt, Garantie spielen in der Ausbildung eine große Rolle. Weniger werden Sie zu tun haben mit „Patronatserklärungen", unter denen man Zusagen einer „Muttergesellschaft", eine „Tochtergesellschaft" mit finanziellen Mitteln auszustatten, versteht; das ist ein Versprechen, aus dem bei einer sog. „harten" Patronatserklärung" auch Gläubiger der „Tochtergesellschaft" Ansprüche ableiten können.
2. Ferner gibt es **als Verwertungsrechte** sog. **„Realsicherheiten"**, bei denen „nur" einzelne Vermögensgegenstände als ggf. zu verwertende Sicherungsobjekte dienen. Hier muss man unterscheiden zwischen
   - **Mobiliarsicherungsrechten** an beweglichen Sachen (Pfandrecht und Sicherungsübereignung)
   - **Immobiliarsicherungsrechten** an Grundstücken (Hypothek und Sicherungsgrundschuld)
   - und **Sicherheitsrechten** an Rechten (das sind zum einen Pfandrechte an Rechten und speziell Forderungen und zum anderen die Sicherungszession von Forderungen).

Warum ordnen wir hier **nicht** auch den **Eigentumsvorbehalt** ein? Weil es sich nicht um ein auf Verwertung gerichtetes Sicherungsrecht handelt! Die Sicherungswirkung des Eigentumsvorbehaltes besteht in einem Herausgabeanspruch und einem Schutz des Verkäufers in der Einzelzwangsvollstreckung seitens anderer Gläubiger des Käufers und in der Insolvenz des Käufers.

Erörtert werden hier nur die **Realsicherheiten** und dies auch nur beschränkt auf das **rechtsgeschäftliche Pfandrecht** an **Sachen (sub 1)** und das **Sicherungseigentum (sub 2)** als **Mobiliarsicherungsrechte** und auf die **Grundpfandrechte (Hypothek** und **Sicherungsgrundschuld)** als **Immobiliarsicherungsrechte (sub 3)**.

Dagegen finden Sie Ausführungen zu den Ihnen ja längst aus Teil 3 bekannten **Personalsicherheitsrechten** nur am Rande. Die **Sicherungsrechte an Rechten** werden im Zusammenhang mit der Sicherungszession beim Zessionsrecht vertieft dargestellt **(Teil 11)**.

## 1. Der Inhalt des rechtsgeschäftlichen Pfandrechts an beweglichen Sachen

Unter einem **rechtsgeschäftlichen Pfandrecht** an einer **beweglichen Sache** versteht man die der Sicherung einer (lesen Sie § 1204 Abs. 1 BGB: nicht zwingend, aber i. d. R. Geld-) Forderung dienende rechtsgeschäftliche Belastung einer beweglichen Sache dergestalt, dass der Gläubiger berechtigt ist, Befriedigung aus der Sache zu suchen **(§ 1204 Abs. 1 BGB)**.

Es handelt sich um ein

- akzessorisches Sicherungsrecht, bei dem der Gläubiger und der Inhaber des Pfandrechts identisch sind.
- Der Schuldner und der Verpfänder sind i. d. R. identisch; sie müssen es aber nicht sein, so dass durchaus eine Forderung durch einen Dritten (also „bürgenähnlich") gesichert werden kann.

Die **rechtsgeschäftliche Verpfändung** erfolgt durch eine **Einigung** (dinglicher Vertrag) mit dem Inhalt des § 1204 BGB und eine hinzutretende **Übergabe** bzw. ein **Übergabesurrogat** (§§ 1205, 1206 BGB); diese Übergabesurrogate entsprechen zwar denen der §§ 929 ff. BGB; es gibt aber kein dem § 930 BGB entsprechendes Übergabesurrogat, das eine Verpfändung durch Einigung und Vereinbarung eines Besitzkonstituts ermöglichen würde, so dass, anders als in anderen Rechtsordnungen im deutschen Recht kein durch Rechtsgeschäft begründbares „besitzloses Pfandrecht" existiert! Wohl aber gibt es besitzlose gesetzliche Pfandrechte, z. B. das des Vermieters an den eingebrachten Sachen des Mieters, also z. B. an seinen Möbeln (lesen Sie § 562 BGB) oder des Unternehmers an dem von ihm hergestellten oder ausgebesserten beweglichen Sachen (lesen Sie § 647 BGB).

Die **wirtschaftliche Bedeutung** des rechtsgeschäftlichen Pfandrechts an beweglichen Sachen ist relativ gering:

- In der **Kreditsicherungspraxis** ist es weitgehend durch die – sogleich zu besprechende – „Sicherungsübereignung" ersetzt worden. Durch rechtsgeschäftliche Pfandrechte an beweglichen Sachen werden daher allenfalls **Kleinkredite** des **täglichen Lebens** (unbezahlte Benzinrechnung an der Tankstelle durch Verpfändung der „Rolex"; Verpfändung des Pelzmantels im „Leihhaus" zur Sicherung eines Gelddarlehens) und Bankkredite durch Verpfändung von Wertpapieren, die sich im Besitz der Bank befinden **(„Lombardkredit")**, gesichert. Warum ist das rechtsgeschäftliche Pfandrecht an beweglichen Sachen für die Kreditpraxis so bedeutungslos? Die Antwort ergibt sich aus der Rechtstechnik einer Verpfändung, die – wie Sie ja gerade gelernt haben – kein „besitzloses Pfandrecht" nach dem Vorbild der Übereignung nach §§ 929, 930 BGB kennt: Damit ist die für die Kreditsicherungspraxis so bedeutsame „Heimlichkeit" nicht gewährleistet; außerdem kann bei einem Besitzpfandrecht das gemeinsame Interesse von Sicherungsgeber und Sicherungsnehmer daran, dass der Sicherungsgeber die Pfandsache wirtschaftlich nutzt, auf diese Weise Geld verdient und damit die gesicherte Forderung erfüllt, nicht verwirklicht werden.
- In der Rechtspraxis besteht die Hauptbedeutung des rechtsgeschäftlichen Pfandrechts an beweglichen Sachen in der **Ersetzung** von **gesetzlichen Besitzpfandrechten**, weil diese bestimmte „Schwächen" haben: **a)** So ist im Kraftfahrzeugreparaturgewerbe die **Verpfändung** von zur **Reparatur** gegebenen **Kraftfahrzeugen** durch den Besteller an den Unternehmer üblich. Das hat

folgenden auch für Sie in der Ausbildung bedeutsamen Hintergrund: Vielfach werden Kraftfahrzeuge von Personen, die nicht deren Eigentümer sind, also z. B. durch einen Mieter, Entleiher oder durch einen Eigentumsvorbehaltskäufer, zur Reparatur gegeben, wobei der Werkvertrag (§ 631 BGB) zwischen dem Betreiber der Werkstatt als dem Unternehmer und dem jeweiligen Besitzer (Mieter, Entleiher oder Eigentumsvorbehaltskäufer des Fahrzeugs) als dem Besteller geschlossen wird. Wenn der Werkunternehmer weiß, dass der Besteller nicht der Eigentümer ist, kann er nach allen in diesem Zusammenhang vertretenen Rechtsansichten kein gesetzliches Pfandrecht an dem Fahrzeug nach § 647 BGB erlangen. Hält er dagegen den Besteller gutgläubig für den Eigentümer, stellt sich die Frage, ob der Werkunternehmer ein Werkunternehmerpfandrecht nach §§ 1257, 1207 BGB (ggf. analog) gutgläubig erworben hat. Die ständige Rechtsprechung des BGH verneint dies unter Hinweis auf den Wortlaut der auf ein (bereits) „entstandenes Pfandrecht" beschränkten und die Entstehungstatbestände damit ausschließenden Verweisung in §§ 647, 1257 BGB. Da aber bei einem vertraglichen Pfandrecht ein gutgläubiger Erwerb nach §§ 1204, 1205, 1207 BGB möglich ist, wird in der Rechtspraxis eine rechtsgeschäftliche Verpfändung vereinbart. Zu denken ist insoweit an eine Verpfändung durch einen Individualvertrag. Weil man aber auf Seiten der Inhaber von Kfz-Reparaturwerkstätten generell befürchtet, dass sich ein Besteller, der nicht der Eigentümer des Kraftfahrzeugs ist, wegen einer eventuellen Schadensersatzpflicht gegenüber dem Eigentümer oder sogar wegen einer Strafbarkeit seines Verhaltens scheut, eine Verpfändung durch Individualvertrag nach § 1204 ff. BGB vorzunehmen, ist es in der Praxis allgemein üblich geworden, die rechtsgeschäftliche Verpfändung nicht durch einen Individualvertrag, sondern durch die den Werkvertrag inhaltlich bestimmenden Allgemeinen Geschäftsbedingungen des Reparaturgewerbes vorzunehmen, indem man in diese eine Klausel des Inhalts einfügt, dass dem Werkunternehmer wegen seiner Forderung aus dem Werkvertrag ein vertragliches Pfandrecht an den aufgrund des ihm erteilten Auftrages in seinen Besitz gelangten Sachen zusteht. Aber auch hier „lauern Probleme": In der Rechtswissenschaft wird nämlich diese Klausel z.Tl. als nach § 307 BGB unwirksam angesehen, weil sie den Besteller, der nicht Eigentümer ist, „in die Schadensersatzpflicht" gegenüber dem Eigentümer „hineintreibe"; der BGH hingegen billigt diese Praxis. Bei der Fallbearbeitung ist – abgesehen von diesem Streit – aber immer zu bedenken, ob nicht schon allein deshalb Zweifel an der Gutgläubigkeit des Werkunternehmers angebracht sind, wenn die AGB ausdrücklich die Verpfändung schuldnerfremder Sachen vorsehen, denn wer derartige Allgemeine Geschäftsbedingungen aus dem hier genannten Motiv verwendet, rechnet doch damit, dass der Besteller gar nicht der Eigentümer der zu reparierenden Sache (Auto) ist. **b)** Das gleiche Problem stellt sich bei **Nr. 14 AGB-Banken**, wonach die Bank und der Kunde die Entstehung eines Pfandrechts der Bank an denjenigen Sachen und Wertpapieren vereinbaren, an denen die Bank im bankmäßigen Geschäftsverkehr Besitz erlangt hat oder noch erlangen wird. Hier wird allerdings in der Lehre eine Auslegung favorisiert, nach der sich diese Klausel nur auf die Verpfändung schuldnereigener Sachen bezieht, so dass sie deshalb zwar nicht nach § 307 BGB nichtig ist, aber deshalb nicht für die Verpfändung schuldnerfremder Sachen gilt. Ein Pfandrecht an schuldnerfremden Sachen soll danach nur durch eine rechtsgeschäftliche Verpfändung im Wege eines Individualvertrags möglich sein.

Das rechtsgeschäftlich bestellte Pfandrecht an beweglichen Sachen ist ein **Verwertungsrecht**; die Verwertung erfolgt durch den Verkauf der Pfandsache, wenn die Forderung fällig geworden ist, d. h. bei „Pfandreife" (§ 1228 BGB), und zwar wenn wie i. d. R. der Pfandgläubiger keinen Titel auf Duldung der Pfandverwertung (§ 1233 Abs. 2 BGB) hat, durch öffentliche Versteigerung nach §§ 1234 ff. BGB; der Erlös steht dem Pfandgläubiger bis zur Höhe der Forderung zu, im Übrigen tritt der Erlös an die Stelle des Pfandes („Surrogation" § 1247 S. 2 BGB).

Der Hauptzweck eines Sicherungsrechtes ist außer einer sich aus dem Sicherungsrecht ergebenden Verwertungsmöglichkeit stets die Sicherung des jeweiligen Sicherungsnehmers, also hier des Pfandgläubigers, für den Fall einer durch andere Gläubiger des Sicherungsgebers, also hier: von Gläubigern des Verpfänders, betriebenen **Einzelzwangsvollstreckung** und für den Fall der **Insolvenz** des jeweiligen Sicherungsgebers, also hier: des Verpfänders. Eine solche Sicherung bietet auch das rechtsgeschäftliche Pfandrecht: Bei einer **Einzelzwangsvollstreckung** durch Gläubiger des Verpfänders aus einem Titel gegen den Verpfänder ist der Pfandgläubiger – weil er ja regelmäßig im Gewahrsam des Pfandes ist – als nicht „zur Herausgabe bereiter Dritter" sicher (vgl. §§ 808, 809, 766 ZPO); ansonsten kann er vorzugsweise Befriedigung verlangen (§ 805 ZPO). In der **Insolvenz** des Verpfänders ist der Pfandgläubiger zur abgesonderten Befriedigung berechtigt (§§ 50, 190 InsO).

Ich hoffe in Ihrem Interesse, Sie ignorieren diese ja schon seit einiger Zeit erfolgenden Bezugnahmen auf Basisfragestellungen des Einzelzwangsvollstreckungs- und des Insolvenzrechts nicht und lesen auch mutig alle zitierten Normen. Es gibt keine Ausrede dahingehend, dass Sie davon noch nichts gelesen hätten (wenn Sie das meinen, lesen Sie Teil 3 D noch einmal) oder dass Sie derlei nur als Referendare wissen müssten. Das Gegenteil ist der Fall: Das Kreditsicherungsrecht versteht man ohne die Herstellung dieser Querverbindungen nicht. Derlei wird auch im ersten Staatsexamen von Ihnen erwartet!

## 2. Der Inhalt des Sicherungseigentums

Sie wissen jetzt, warum im Wege der Rechtsfortbildung extra legem das Institut der **„Sicherungsübereignung"** entwickelt worden ist. In dogmatischer Hinsicht problemlos ist das keinesfalls, gibt es doch den „Typenzwang" im Sachenrecht des BGB, das für die Kreditsicherung das Pfandrecht vorgesehen hat. Die Sicherungsübereignung hat aber inzwischen sogar gesetzliche Anerkennung in § 216 Abs. 2 BGB gefunden.

**Bei dieser Gelegenheit** sei der obige Hinweis wiederholt: Sie sollten wirklich immer jede hier zitierte Vorschrift lesen, auch derartig „abgelegene Normen" aus dem Verjährungsrecht, wie § 216 BGB!!

Die Sicherungsübereignung hat eine beträchtliche **wirtschaftliche Bedeutung**. Anschaffungskredite der Konsumenten oder Bankkredite von den Handel oder die Verarbeitung betreibenden Unternehmen können häufig nur durch Sicherheiten an den mit dem Kredit angeschafften Sachen, also der erworbenen Handelsware, dem gelieferten Rohmaterial oder des Investitionsgutes selbst gesichert werden. Andere Sicherheiten können gerade derartige Kreditnehmer häufig nicht stellen. Vor allem verfügen sie keineswegs immer über Grundvermögen, so dass die §§ 1113 ff. BGB ausscheiden.

Die **rechtliche Konstruktion der Sicherungsübereignung** ist Ihnen ja schon geläufig, kann aber nicht oft genug wiederholt werden.

- Der **Sicherungsgeber** (es ist regelmäßig der Schuldner, kann aber auch „bürgenähnlich" ein Dritter sein) verschafft **dem Sicherungsnehmer** das **„Volleigentum"** an der Sache, und zwar i. d. R. nach **§§ 929 S. 1, 930 BGB** durch Einigung und Vereinbarung eines Besitzmittlungsverhältnisses (z. B. eines Verwahrungsvertrages). Theoretisch kann eine Sache natürlich auch nach § 929 BGB oder nach §§ 929, 931 BGB zur Sicherung übereignet werden; damit würden aber die gegenüber dem Pfandrecht bestehenden Vorteile wieder preisgegeben werden. Regelmäßig sind es bewegliche Sachen, die zur Sicherung übereignet werden. Die Sicherungsübereignung von Grundstücken ist unüblich; es besteht dafür auch kein Bedarf.
- Parallel zur **Übereignung** wird ein **Sicherungsvertrag** geschlossen, der diese überhaupt erst zur „Sicherungsübereignung" macht, ein Vertrag, der mehrere Funktionen hat: **a)** Der Sicherungsvertrag **verpflichtet** zur Sicherungsübereignung. **b)** Er ist auch der **Rechtsgrund** für die vorgenommene Sicherungsübereignung. **c)** Der Sicherungsvertrag bestimmt ferner den **Zweck** der Übereignung (man nennt ihn daher auch **„Zweckerklärung"**) und **welche Forderung gesichert** wird. **d)** Er soll sogar das **Besitzmittlungsverhältnis** i. S. d. §§ 930, 868 BGB sein können. Das würde dann im Fall einer Unwirksamkeit des Sicherungsvertrages zu einer Nichtigkeit der Sicherungsübereignung führen und damit letztlich eine Durchbrechung des Abstraktionsprinzips bedeuten! **e)** Der Sicherungsvertrag regelt auch das Bestehen eines **Verwertungsrechts**, die Voraussetzungen einer **Verwertungsreife** und die **Modalitäten** der Verwertung des Sicherungsgutes; eine **Verfallklausel** – der Sicherungsnehmer wird Eigentümer – soll nach der Wertung des § 1229 BGB gemäß § 138 Abs. 1 BGB nichtig sein. **f) Schweigt** der **Sicherungsvertrag** zum Bestehen eines **Verwertungsrechts**, ergibt sich ein solches aus dem Sicherungszweck, und es besteht bei Fälligkeit der gesicherten Forderung. **g)** Gibt es im Sicherungsvertrag zu den **Modalitäten** der Verwertung **keine Bestimmungen**, soll ein möglichst guter freihändiger Verkauf erfolgen dürfen; der Erlös wird mit der Forderung verrechnet, ein eventueller Überschuss wird an den Sicherungsgeber ausgekehrt; eine Verwertungspflicht besteht nicht. Der Sicherungsnehmer kann auch aufgrund eines Duldungstitels die Zwangsvollstreckung betreiben. **h)** Auch wird im Sicherungsvertrag die **Rückabwicklung** der **Sicherungsübereignung** bei endgültigem **Wegfall des Sicherungszwecks** (i. d. R. Erfüllung der gesicherten Forderung) geregelt, indem entweder die Sicherungsübereignung als durch die Befriedigung der gesicherten

Forderung auflösend bedingt vereinbart wird oder indem dem Sicherungsgeber aufschiebend bedingt durch den endgültigen Wegfall des Sicherungszwecks ein schuldrechtlich wirkender und dann im Fall einer Sicherungsübereignung nach § 930 BGB nach § 929 S. 2 BGB zu erfüllender Rückübereignungsanspruch zugesprochen wird. Schweigt der Vertrag, ist davon als stillschweigend vereinbart auszugehen. **i) Hilfsweise** gelten die **§§ 662 ff. BGB**.
- Ist der Sicherungsvertrag nicht geschlossen oder unwirksam, gelten die **§§ 677 ff. BGB**.
- Es ist bereits bei der Darstellung des Treuhandeigentums gezeigt worden, dass der Sicherungsnehmer mit der Übertragung des Volleigentums mehr an Rechtsmacht erhält, als er eigentlich für die Sicherung benötigt, und dass er, was dieses „Mehr" angeht, **Treuhänder** des **Sicherungsgebers** ist. Die für ein Treuhandverhältnis unerlässliche Bindung im Innenverhältnis ergibt sich aus dem **Sicherungsvertrag**, der also auch ein **Treuhandvertrag** ist.

Auch wenn wir es längst wissen, wiederholen wir es noch einmal: **(a)** Das Hauptziel eines Sicherungsrechtes ist **(aa)** neben der soeben angesprochenen Möglichkeit der der Kreditsicherung durch die Möglichkeit zur Verwertung des Sicherungsgutes **(bb)** die Sicherung des Sicherungsnehmers in der durch andere Gläubiger des Sicherungsgebers in das Sicherungsgut betriebenen **Einzelzwangsvollstreckung** und in der **Insolvenz** des Sicherungsgebers. Dieser **Schutz wird** dem **Sicherungsnehmer durch** das **Sicherungseigentum** geboten: **(aaa)** In der **Einzelzwangsvollstreckung** durch andere Gläubiger des Sicherungsgebers kann der Sicherungsnehmer erfolgreich die Drittwiderspruchsklage erheben, weil das Sicherungseigentum ein „die Veräußerung hinderndes Recht" darstellt (§ 771 ZPO); seine Rechtsstellung ist also höherwertiger als die des Pfandgläubigers, der lediglich abgesonderte Befriedigung verlangen kann (§ 805 BGB). Dass in der Lehre allerdings zuweilen vorgeschlagen wird, die Rechte des Sicherungsnehmers auf § 805 ZPO zu beschränken, indem man diese Vorschrift auf das Sicherungseigentum analog anwendet, hatten Sie hier schon einmal gelesen. Warum hilft dem Sicherungsnehmer in der Einzelzwangsvollstreckung eines Gläubigers des Sicherungsgebers eigentlich nicht die Erinnerung nach § 766 ZPO? Weil das Sicherungsgut im Gewahrsam des Sicherungsgebers und Vollstreckungsschuldners steht und der Gerichtsvollzieher sich nur dafür und für nichts anderes interessieren darf (§ 808 ZPO), also die eventuellen Hinweise des Sicherungsgebers, nicht er, sondern der Sicherungsnehmer sei Eigentümer, zu ignorieren hat. **(bbb)** In der **Insolvenz des Sicherungsgebers** hat der Sicherungsnehmer allerdings trotz seines Eigentums wegen der „Pfandrechtsähnlichkeit" des Sicherungseigentums nur ein Recht auf abgesonderte Befriedigung (§§ 50, 51 Nr. 1, 190 InsO) und nicht auf Aussonderung nach § 47 InsO. **(b)** Wie Sie ja wissen, interessiert uns in diesem Zusammenhang auch immer zugleich die Frage, ob auch der **Sicherungsgeber** in der **Krise** des **Sicherungsnehmers geschützt** ist. Schließlich kann es ja auch einmal z. B. den „klassischen" Sicherungsnehmern, den Banken nämlich, unversehens „schlecht gehen". Noch bei Erscheinen der vorletzten Auflage dieses Buches war das noch „graue Theorie"; inzwischen denken wir gewarnt durch die Bankenkrise des Jahres 2007 in dieser Hinsicht viel kritischer. **(aa)** Wenn bei einer Sicherungsübereignung andere **Gläubiger** des **Sicherungsnehmers** die **Einzelzwangsvollstreckung in** das **Sicherungsgut** betreiben, so ist der Sicherungsgeber, wenn er, wie regelmäßig der Fall, Gewahrsam an der Sache hat, nach §§ 808, 809 ZPO als „nicht zur Herausgabe bereiter Dritter" geschützt. Darüber hinaus stellt sich die Frage, ob der Sicherungsgeber auch aus § 771 ZPO vorgehen kann. Sie wissen vielleicht noch aus der Erörterung des Treuhandeigentums, dass es für die Frage der Berechtigung des Sicherungsgebers aus § 771 ZPO auf den Status der gesicherten Forderung ankommt: Ist sie bereits getilgt, und erfolgt aufgrund entsprechender Vereinbarungen zwischen Sicherungsgeber und Sicherungsnehmer ein automatischer Rückfall auf den Sicherungsgeber infolge einer im Sicherungsvertrag vereinbarten auflösenden Bedingung (§ 158 Abs. 2 BGB) oder ist ein sich aus dem Sicherungsvertrag ergebender durch den endgültigen Wegfall des Sicherungszwecks aufschiebend bedingter schuldrechtlicher Rückübertragungsanspruch des Sicherungsgebers bereits durch Rückübereignung erfüllt, wofür eine bloße Einigung ausreicht (§ 929 S. 2 BGB), ist der Sicherungsgeber als Eigentümer zweifelsfrei aus § 771 ZPO berechtigt. Aber auch schon vor einer Rückübereignung steht ihm der Schutz des § 771 ZPO zu, weil sich durch die Tilgung der Forderung die bis dahin bestehende Sicherungstreuhand in eine Verwaltungstreuhand verwandelt und der Verwaltungstreugeber bei der Einzelzwangsvollstreckung durch Gläubiger des Verwaltungstreunehmers in das Treugut durch § 771 ZPO geschützt ist. Wenn die gesicherte Forderung noch nicht getilgt ist, muss man die Frage diskutieren, ob der Sicherungsgeber, um aus § 771 ZPO vorgehen zu können, die gesicherte Forderung tilgen kann. **(bb)** Was die Frage nach den Rechten des Sicherungsgebers in der **Sicherungsnehmerinsolvenz** angeht, wissen Sie ebenfalls längst, dass der Sicherungsgeber im Fall der Erfüllung der gesicherten Forderung ein Aussonderungsrecht hat (§ 47 InsO): Das ist bei einer auflösend bedingten Übertragung des Sicherungsgutes oder im Fall der erfolgten Erfüllung eines sich aus dem Sicherungsvertrag ergebenden durch den vollständigen Wegfall des Sicherungszwecks aufschiebend bedingten Rückübertragungsanspruchs auf den Sicherungsgeber durch Übereignung im Wege der bloßen Einigung (§ 929 S. 2 BGB) selbstverständlich. Aber auch dann, wenn dem Sicherungsgeber nach dem Sicherungsvertrag nur ein Rückübertragungsanspruch zusteht und dieser noch nicht erfüllt ist, steht dem Sicherungsgeber ein Aussonderungsrecht zu, denn nach der Forderungstilgung ist die Sicherungstreuhand wie eine Verwaltungstreuhand zu behandeln. Auch hier stellt sich die Frage, ob vor Erfüllung des gesicherten Anspruchs der Sicherungsgeber die gesicherte Forderung vorzeitig tilgen kann, um auf diese Weise aussondern zu können.

### 3. Der Inhalt der „Grundpfandrechte"

Wie Sie ja wissen, werden **Grundpfandrechte** ebenfalls zur Sicherung von Forderungen eingesetzt, aber anders als das Pfandrecht an beweglichen Sachen nur zur Sicherung von Geldforderungen (lesen Sie § 1113 BGB!). Die Grundpfandrechte bieten wegen der Wertbeständigkeit des Eigentums „an Grund und Boden" für den Gläubiger und Sicherungsnehmer die qualitativ hochwertigste Sicherheit, die es überhaupt gibt; die **wirtschaftlich überragend große Bedeutung** der **Grundpfandrechte** zeigt sich daran, dass ca. 50 % aller Geldkredite so gesichert sind.

Das Gesetz hatte die **Hypothek** als Kreditsicherungsmittel auserkoren; die **Grundschuld** war ursprünglich als bloßes Verwertungsrecht gedacht. Diese unterschiedliche Zielrichtung wird bereits aus den Unterschiedlichkeiten der gesetzlichen Definitionen von Hypothek und Grundschuld deutlich:

- Unter einer **Hypothek** versteht man nämlich nach § 1113 BGB die Belastung eines Grundstücks dergestalt, „dass an denjenigen, zu dessen Gunsten die Belastung erfolgt, eine bestimmte Geldsumme zur Befriedigung wegen einer ihm zustehenden Forderung aus dem Grundstück zu zahlen ist (Hypothek)". Diese Legaldefinition sollte man auswendig kennen.
- Die **Grundschuld** hingegen ist nach § 1191 BGB eine Belastung eines Grundstücks dergestalt, „dass an denjenigen, zu dessen Gunsten die Belastung erfolgt, eine bestimmte Geldsumme aus dem Grundstück zu zahlen ist (Grundschuld)". Eine Formulierung wie in § 1113 BGB („…zur Befriedigung wegen einer ihm zustehenden Forderung…") fehlt.
- Der damit leicht erkennbare dogmatische Unterschied besteht darin, dass die **Hypothek** „existentiell" eine (durch sie gesicherte) Geldforderung voraussetzt, also „akzessorisch" ist, während die Grundschuld isoliert bestehen kann.
- Eine **„isolierte Grundschuld"** hat aber eine relativ geringe Bedeutung für die Praxis: Sie kann z. B. geschenkt und deshalb bestellt werden; oder es soll durch die Bestellung (zugunsten eines Dritten oder nach § 1196 BGB sogar zugunsten des Eigentümers selbst) eine Rangstelle reserviert werden. Die – sogleich beantwortete – viel interessantere Frage lautet, ob auch die Grundschuld zur Sicherung einer Forderung verwendet werden kann.
- In der Tat: Es gibt die schon vor langer, langer Zeit im Wege der richterlichen Rechtsfortbildung extra legem erfundene und erstmals im August 2008 im Gesetz **(§ 1192 Abs. 1a) BGB)** erwähnte sog. **„Sicherungsgrundschuld"**. Bei dieser besteht eine zu **sichernde Forderung**, und zwar meist eine solche aus einem **Gelddarlehensvertrag**. Aufgrund eines **Sicherungsvertrages** bzw. einer **„Zweckerklärung"** wird dem Gläubiger vom Schuldner-Eigentümer oder (bürgschaftsähnlich) von einem personenverschiedenen Eigentümer eine **Grundschuld als Sicherungsrecht** verschafft, und zwar auf eine der folgenden in Betracht kommenden **Modalitäten**: Entweder durch erstmalige Bestellung der Grundschuld oder durch die Übertragung einer bereits bestehenden dem Eigentümer zustehenden Eigentümergrundschuld oder durch die Übertragung einer bereits bestehenden Grundschuld durch den jeweiligen Grundschuldinhaber auf den Darlehensgeber. Wir erkennen sofort die Parallele zur Sicherungsübereignung und – das werden Sie allerdings erst später verstehen – zur Sicherungszession: Hier wie dort wird ein Vollrecht (die Grundschuld) bestellt bzw. übertragen, dies aber nur zum Zweck der Sicherung einer Forderung; es handelt sich also wieder einmal um einen klassischen Fall einer „eigennützigen Treuhand". Und wie auch im Verhältnis von Pfandrecht und Sicherungsübereignung, hat auch die **Sicherungsgrundschuld** im **Vergleich** zur **Hypothek** die bei weitem **größere praktische**

**Bedeutung**. Das hat folgende **Gründe**: Der rechtstechnische Unterschied zwischen beiden Sicherungsrechten besteht darin, dass eine Hypothek akzessorisch ist (also mit der Existenz der gesicherten Forderung steht und fällt). Dagegen ist eine Grundschuld von der Existenz einer gesicherten Forderung unabhängig. Das erhöht die Verkehrsfähigkeit. Denn der Erwerber einer Hypothek muss wegen der Akzessorietät immer die Sorge haben, dass er die Hypothek überhaupt nicht oder jedenfalls nicht in voller Höhe erworben hat, weil die Forderung überhaupt nicht oder nicht mehr in der ursprünglichen Höhe besteht; diese Fragen sind für den Erwerber einer Grundschuld dagegen völlig bedeutungslos, so dass die Verkehrsfähigkeit der Grundschuld deutlich größer ist als die der Hypothek. Wie bedeutsam die Verkehrsfähigkeit für die Wertschätzung eines Grundpfandrechts ist, zeigt § 238 Abs. 2 BGB, demzufolge „eine Forderung, für die eine Sicherungshypothek besteht, … zur Sicherheitsleistung nicht geeignet (ist)". Allerdings treffen diese die Hypothek als „verkehrsfeindlich" disqualifizierenden Argumente nur auf die „Sicherungshypothek" zu: Denn nur sie ist wirklich „streng akzessorisch" (arge. § 1185 Abs. 2 BGB), und nur bei ihr ist „übertragungserschwerend" (lesen Sie § 1154 Abs. 1 BGB) die Erteilung eines Hypothekenbriefes ausgeschlossen (§ 1185 Abs. 1 BGB). Und Sie können davon ausgehen, dass eine Hypothek regelmäßig gerade keine verkehrsfeindliche „Sicherungshypothek", sondern im Gegenteil i. d. R. eine „Verkehrshypothek" ist (§ 1184 BGB), bei der die Akzessorietät im Vergleich zur streng akzessorischen Sicherungshypothek so sehr gelockert ist, dass sie hinsichtlich der Verkehrsfähigkeit einer Grundschuld entspricht (arge. §§ 1184, 1185 Abs. 2 BGB) und bei der die Erteilung eines Hypothekenbriefes die Regel ist (§ 1116 Abs. 2 BGB). Worin bestehen denn nun die Bedenken gegen den Einsatz der Hypothek als Kreditsicherungsmittel, die zur Bevorzugung der „Sicherungsgrundschuld" geführt haben? Es sind diese: Für die Sicherung von im Wirtschaftsleben außerordentlich häufig vorkommenden Forderungen mit veränderlicher Höhe (Kontokorrentforderungen) ist die Hypothek wenig geeignet. Denn im Wege der hypothekarischen Sicherung kann eine Kontokorrentforderungen nur durch eine so genannte „Höchstbetragshypothek" gesichert werden; eine solche aber ist nicht als verkehrsfreundliche „Verkehrshypothek", sondern immer nur als „Sicherungshypothek" bestellbar (§ 1190 Abs. 3 BGB), so dass ausgerechnet den die Kontokorrentforderungen sichern sollenden Hypotheken die für das Wirtschaftsleben wichtige Verkehrsfähigkeit fehlen würde. Wie man es auch „dreht und wendet": Die Grundschuld ist bei einer Gesamtbetrachtung letztlich „gläubiger-", also „kreditgeberfreundlicher" als die Hypothek und wird daher von der Kreditwirtschaft bevorzugt. Für diejenigen unter den Lesern, die sich erstmals mit dem Sachenrecht befassen, war diese Passage zugegebenermaßen kaum nachvollziehbar, weil sie einfach zu viel Vorverständnis erfordert. Machen Sie sich aber bitte keine Sorgen: Alle diese Fragen werden in diesem Buch noch mehrfach in den verschiedensten Zusammenhängen erörtert. Sie werden, wenn Sie dem „Plan" des Buches vertrauen, demnächst alles verstehen und auch nichts wieder vergessen.

- Diese Sie trösten sollende Bemerkung bedeutet aber nicht, dass Sie sich nicht bemühen sollten, dies alles schon jetzt, so gut es eben geht zu verstehen, was wiederum voraussetzt, dass Sie jede Norm, die zuvor genannt wurde und werden wird – sollte sie noch so exotisch sein – auch wirklich durchzulesen und zu versuchen, sie zu verstehen. Alle hier genannten gesetzlichen Vorschriften sind und bleiben für Sie wichtig. Das Buch ist nicht der „Nürnberger Trichter", sondern nur eine Anleitung zum Selbststudium.

Beide **Grundpfandrechte** sind wie gesagt **Verwertungsrechte**: Der Inhaber einer **Hypothek** und der Inhaber einer entweder **isolierten Grundschuld** oder einer (hier vor allem interessierenden) **Sicherungsgrundschuld** können nach **§§ 1113, 1147 BGB (Hypothek)** bzw. nach **§§ 1191, 1192, 1113, 1147 BGB (Grundschuld)** vom Eigentümer die **Duldung der Zwangsvollstreckung** verlangen.

Der Rechtsinhaber hat aber aus dem Grundpfandrecht **keinen Anspruch** auf „**Zahlung** einer bestimmten Geldsumme" **gegen** den **Eigentümer**, für den dieser mit seinem gesamten Vermögen einstehen müsste. Die „Zahlung … aus dem Grundstück" erfolgt durch Duldung der Zwangsvollstreckung (§ 1147 BGB). Wann sind Sie also als Sicherungsgeber übler dran: In der Rolle des Bürgen, der auch Eigentümer eines Grundstücks ist, oder als ein Eigentümer eines Grundstücks, das mit einer Hypothek/Grundschuld belastet ist?

Dagegen ist **kein Verwertungsrecht** die am eigenen Grundstück selbst bestellte (§ 1196 BGB) oder die kraft Gesetzes entstandene (§ 1163 BGB) **Eigentümergrundschuld**; denn anderenfalls könnte der Eigentümer durch die Verwertung des eigenen Grundstücks nachrangige Grundstücksrechte beseitigen (§§ 91 Abs. 1, 52 Abs. 1 ZVG); der Insolvenzverwalter kann dagegen die Verwertung betreiben (§§ 165 InsO, 172 ZVG).

Es sei zum wiederholten Mal gesagt: Das weitere Hauptziel eines Real-Sicherungsrechtes neben der die Forderung sichernden Verwertungsmöglichkeit ist die Sicherung des Sicherungsnehmers in der **Einzelzwangsvollstreckung** anderer Gläubiger gegen den Sicherungsgeber und in der **Insolvenz** des Sicherungsgebers. Dieses Bedürfnis erfüllen die Hypothek und die Sicherungsgrundschuld wie folgt: In der Einzelzwangsvollstreckung anderer Gläubiger des Eigentümers in dessen Grundstück ist das Grundpfandrecht durch seinen Vorrang geschützt. Bei Einzelzwangsvollstreckungsmaßnahmen in die mithaftenden Gegenstände steht dieser die Beschlagnahme durch Anordnung der Zwangsversteigerung (§ 20 ZVG) oder der Zwangsverwaltung (§ 148 ZVG) entgegen, da sie nach § 23 Abs. 1 S. 1 ZVG die Wirkung eines relativen Veräußerungsverbotes nach §§ 135, 136 BGB hat; gegen Zwangsvollstreckungsmaßnahmen Dritter kann der Hypothekar sich nach §§ 772, 771 ZPO wehren. In der Insolvenz des Eigentümers berechtigt ein Grundpfandrecht zur abgesonderten Befriedigung nach dem ZVG (§ 49 InsO).

## C. Der Erwerb und Verlust

Bevor wir jetzt hierauf aufbauend fortfahren, sollen Sie an den **„roten Faden"** erinnert werden, der Sie durch das Labyrinth des Sachenrechts hin zu den sachenrechtlichen Ansprüchen leitet. Denn das in Teil 6 behandelte Thema ist nicht das

„Sachenrecht" – dazu müssten Sie ein Lehrbuch zur Hand nehmen – sondern behandelt werden die **„dinglichen Ansprüche"**.

Ausgehend von der Erkenntnis, dass die dinglichen Ansprüche der Verwirklichung der Befugnisse dinglicher Rechte dienen, haben wir als erstes den **Inhalt** der **dinglichen Rechtsstellungen**, die für Sie in diesem Zusammenhang in erster Linie von Bedeutung sein werden (Besitz, Eigentum, Anwartschaftsrecht und Verwertungssicherungsrechte), kennengelernt.

Im Anschluss daran soll es nun um den **Erwerb** und um den damit korrespondierenden **Verlust** dieser Rechtsstellungen (Besitz, Eigentum, Anwartschaftsrecht und Verwertungssicherungsrechte) gehen. Wenn Sie bei der Subsumtion eines sachenrechtlichen Anspruchs vor der Aufgabe stehen, untersuchen zu müssen, ob eine Person Besitzer einer Sache ist (z. B. der Inanspruchgenommene aus § 985 BGB), oder deren Eigentümer ist (z. B. der Anspruchsteller aus § 985 BGB), oder ob eine Person Inhaber eines Sicherungsrechtes (z. B. der Anspruchsteller aus § 1147 BGB) ist, müssen Sie dies durch eine **„historische Prüfung"** ermitteln; d. h. Sie müssen ausgehend von dem Ihnen im Sachverhalt vermittelten zeitlich ersten (ältesten) Rechtszustand in der zeitlichen Abfolge Schritt für Schritt die Weiterentwicklung bis hin zum Jetzt-Zeitpunkt prüfen.

Da der **Erwerb** und **Verlust** einer Rechtsstellung oder eines Rechtes immer dann, wenn der Verlust für die eine Person gleichzeitig den Erwerb für eine andere Person bedeutet, weil also beide Vorgänge die **„Kehrseite derselben Medaille"** sind, werden beide Phänomene in einem einheitlichen Zusammenhang dargestellt.

In der Reihenfolge der Nummerierung geht es im Folgenden um den Erwerb und Verlust des **Besitzes (sub I)**, des **Eigentums** und des **Anwartschaftsrechts** an **beweglichen (sub II)** und an **unbeweglichen (sub IV) Sachen** und (z.Tl. eingeschoben) um den Erwerb und Verlust der **jeweiligen Verwertungssicherungsrechte (sub III), (sub V)**.

## I. Der Erwerb und Verlust des Besitzes

### 1. Unmittelbarer Besitz

Was Sie zu den Voraussetzungen für den Erwerb und den Verlust des unmittelbaren Besitzes wissen müssen, haben Sie eigentlich bereits oben **(sub B I)** in ausreichender Weise erfahren, als Ihnen u. a. der „Inhalt" des Besitzes vorgestellt wurde. Mehr als eine etwas verfeinernde Wiederholung ist daher hier nicht vonnöten.

**Erworben** wird der **unmittelbare Besitz i. d. R.** nach **§ 854 Abs. 1 BGB** durch die Erlangung der **tatsächlichen Sachherrschaft**. Dazu muss man als Erwerber in eine solche räumliche Beziehung zur Sache gelangen, dass man jederzeit in der Lage ist, auf die Sache einzuwirken. Die tatsächliche Sachherrschaft muss nicht persönlich beim Besitzer gegeben sein; vielmehr kann sie und wird sie in unserer durch Arbeitsteiligkeit geprägten Welt vielfach durch Weisungsunterworfene ausgeübt, die man **„Besitzdiener"** nennt, was zur Folge hat, dass Besitzer der „Besitzherr" ist **(§ 855 BGB)**. Wenn zum *Beispiel* eine Supermarktfiliale mit Ware beliefert wird, ist nicht der Marktleiter, sondern der Inhaber der Supermarktkette Besitzer.

Wenn der Marktleiter davon etwas mit nach Haus nimmt, um es für sich zu verwenden, hat der Inhaber den Besitz verloren, weil der Besitzdiener nach außen erkennbar keinen „Besitzdienerwillen" mehr hat.

Getragen sein muss die Erlangung der tatsächlichen Sachherrschaft von einem erkennbaren natürlichen, speziellen oder auch nur generellen **Besitzerwerbswillen**. Der Inhaber und Besitzer eines Supermarkts wird zum *Beispiel* auch Besitzer eines dort verlorenen Regenschirms eines Kunden, und zwar bevor er ihn überhaupt entdeckt hat.

Bei **natürlichen Personen** ist deren Sachherrschaft und Besitzerwerbswillen maßgeblich, damit sie Besitzer werden. Bei **juristischen Personen** müssen die Voraussetzungen bei den Organen gegeben sein, also z. B. bei dem Vorstand (§ 26 BGB: eingetragener Verein/§ 76 AktG: Aktiengesellschaft) oder dem Geschäftsführer (§ 35 GmbHG: GmbH). Bei **rechtsfähigen Personengesellschaften** (oHG, KG, GbR) kommt es auf die vertretungsberechtigten Gesellschafter an. Wenn die Sache faktisch in der Sachherrschaft mehrerer Personen steht, entscheidet die **Verkehrsanschauung** darüber, wer Besitzer ist. Im Supermarkt zum *Beispiel* steht die Wurst im Einkaufskorb des Kunden dem Inhaber des Supermarkts zu, solange die Kassenzone nicht passiert ist. Der Ladendieb hat bereits vor der Kasse Besitz an der in die Hosentasche gesteckten Wurst.

Was den Erwerb bzw. den Verlust des Besitzes angeht, so besteht eine Besonderheit beim sog. **„offenen Besitz"**: Er kann nach Aufgabe der tatsächlichen Gewalt durch den bisherigen Besitzer durch Einigung (Vertrag) erworben werden **(§ 854 Abs. 2 BGB)**. So wird zum *Beispiel* durch Einigung des bisherigen Besitzers B1 eines für jedermann zugänglichen auf der Straße stehenden Fahrrades mit dem B2 dahingehend, dass dieser Besitzer werden soll, der B2 unmittelbarer Besitzer.

Es gibt auch den Erwerb des unmittelbaren Besitzes ohne tatsächliche Sachherrschaft, der übrigens nicht automatisch mit einem Besitzverlust korrespondiert, weil der bisherige Besitzer verstorben ist: Ein **Erbe erwirbt** mit dem Erbfall den **Besitz** an **Sachen**, die **zum Nachlass gehören**, ohne dass es darauf ankommt, ob er die tatsächliche Sachherrschaft erlangt hat oder einen Besitzerwerbswillen hat; er muss nicht einmal von dem Erbfall gewusst haben **(§ 857 BGB)**. Warum ordnet der Gesetzgeber derlei an? Der Erbe soll durch Übereignungen beweglicher Sachen durch Scheinerben sicher sein, noch bevor er den unmittelbaren Besitz ergreifen konnte. Stellen Sie sich folgendes (Schul-)*Beispiel* vor: Erblasser E verstirbt am 1. Mai 2011. Nach seinem Testament aus dem Jahre 2009 ist Neffe N der alleinige Erbe. Der N nimmt den Nachlass in Besitz und verkauft und übereignet am 2. Mai 2011 den zum Nachlass gehörigen Rolls Royce (RR) an K. Am 1. Juni 2011 findet sich ein Testament aus dem Jahre 2010, demzufolge der Butler B alleiniger Erbe ist. Nach § 2258 BGB ist B der Erbe und Eigentümer des RR geworden (§ 1922 BGB). B verlangt Herausgabe des RR von K. Der K konnte das Eigentum von E nicht nach §§ 929 S. 1, 832 Abs. 1 S. 1 BGB gutgläubig erworben haben, weil dem § 935 BGB entgegenstand: Der B hat den unmittelbaren Besitz (§ 857 BGB) unfreiwillig verloren.

**Verloren** geht der **unmittelbare Besitz** nach § 856 Abs. 1 BGB entweder durch freiwillige Aufgabe der tatsächlichen Sachherrschaft (z. B. durch Übertragung auf einen anderen nach §§ 854 Abs. 1, 2 BGB) oder durch unfreiwilligen Verlust (z. B. einen Diebstahl); auch eine (durchaus einseitig mögliche) erkennbar betätigte Aufgabe des Besitzdienerwillens des Besitzdieners führt zum Besitzerwerb des Besitzdieners und zugleich zum Besitzverlust des Besitzherrn.

### 2. Mittelbarer Besitz

Auch insoweit sind Sie eigentlich ausreichend informiert; aber eine kurze Wiederholung kann nicht schaden.

Sie sind längst darüber erhaben, immer nur an den unmittelbaren Besitz zu denken, wenn von „Besitz" die Rede ist; es gibt auch den „mittelbaren Besitz". Der **„mittelbare Besitz"** entsteht durch Vereinbarung eines Besitzmittlungsverhältnisses mit einem Besitzmittler i. S. d. § 868 BGB (Miete, Pacht, Leihe, Verwahrung, Pfandrecht, Nießbrauch, Vorbehaltskauf, Sicherungsübereignung) oder durch die Entstehung eines gesetzlichen Verhältnisses (z. B. aus einem Eltern-Kind-Verhältnis wegen § 1626 Abs. 1 BGB oder einem Ehefrau-Ehemann-Verhältnis aus § 1353 BGB; aus einer GoA); der jeweilige Besitzmittler muss den Willen haben, die Sache z. B. als Mieter, Pächter, Geschäftsführer bei der GoA etc. für den mittelbaren Besitzer, den Vermieter, Verpächter, Geschäftsherrn bei der GoA zu besitzen (§ 868 BGB). Das Besitzmittlungsverhältnis muss zeitlich begrenzt sein. Auf die Wirksamkeit des Besitzmittlungsverhältnisses kommt es nicht an, sondern ausschließlich auf den Besitzmittlungswillen des Besitzmittlers. Bestehen muss ein Herausgabeanspruch gegen den Besitzmittler, der sich aus dem (wirksamen) Besitzmittlungsverhältnis ergibt (§§ 546, 604, 695, 1055, 1223, 681 S.2 i. V. m. 677 BGB) oder (mangels eines wirksamen Besitzmittlungsverhältnisses) aus §§ 812, 985 BGB.

Der mittelbare Besitz wird **erworben** durch die **Begründung** des Besitzmittlungsverhältnisses oder durch eine **Übertragung** im Wege der Abtretung des Herausgabeanspruchs (§ 870 BGB), wodurch er dem anderen Teil auch **verloren** geht. Ansonsten geht er verloren durch eine nach außen erkennbare (auch einseitig mögliche) Aufgabe des Besitzmittlungswillens.

## II. Der Erwerb und Verlust des Eigentums an beweglichen Sachen

Der Erwerb des Eigentums kann sich zum einen im Wege des **rechtsgeschäftlichen Erwerbs** vollziehen. Wir nennen dies dann eine **„Übereignung"**. Die Übereignung ist unterschiedlich geregelt für Grundstücke – dazu später mehr **(sub Teil 6 C IV)** – und für bewegliche Sachen, mit denen wir uns hier **(sub 1–12)** befassen werden.

Ein **rechtsgeschäftlicher Erwerb/Verlust** des **Eigentums** an **beweglichen Sachen** nach §§ 929 ff. BGB vollzieht sich nach dem Grundmuster **„dinglicher Vertrag + Vollzugsmoment"** und macht eine Auseinandersetzung mit den folgenden (in der durchnummerierten Abfolge anschließend erörterten) Voraussetzungen, Fragen und Themen erforderlich:

- Der rechtsgeschäftliche Eigentumserwerb **im Allgemeinen (sub 1)**
- **Einigung** zwischen **Übereigner** und **Erwerber** oder (vielleicht auch?) ein **Vertrag zugunsten Dritter (sub 2)**.

- **Übergabe** an den Erwerber **(sub 3)**.
- oder **Entbehrlichkeit** der Übergabe **(sub 4)**.
- oder **Übergabesurrogate (sub 5)**, **(sub 6)**.
- **Berechtigung** des Übereigners **(sub 7)**
- oder **Schutz** des **guten Glaubens des Erwerbers** an das Eigentum des Nicht-Eigentümer-Übereigners **(sub 8)**, an die Verfügungsbefugnis des nicht zur Verfügung, speziell zur Übereignung, befugten Eigentümer-Übereigners **(sub 9)**, an die Verfügungsbefugnis, speziell zur Übereignung, des Nicht-Eigentümer-Übereigners **(sub 10)**.
- **„Eigentumsvorbehalt“** (**sub 11**).
- Rechtsgeschäftlicher Erwerb des Eigentums an beweglichen Sachen nach Grundstücksrecht **(„Grundstückszubehör“) (sub 12)**.

Der **gesetzliche Erwerb/Verlust des Eigentums** erfolgt i.w.

- durch **Verarbeitung** nach § 950 BGB (**sub 12**), **Verbindung** nach §§ 946, 947 BGB (**sub 12**) und **Vermischung** nach § 948 BGB **(sub 13)**,
- soweit es um das Eigentum an einem „Schuldschein“ geht, durch **Erwerb einer Forderung** nach § 952 BGB **(sub 14)**,
- durch **Ersitzung** nach §§ 937 ff. BGB **(sub 15)**,
- durch **Trennung** von der **„Muttersache“** nach §§ 953 ff. BGB **(sub 16)**
- sowie durch **Surrogation (sub 17)**.
- Der durch einseitiges Rechtsgeschäft mögliche Verlust des Eigentums nach § 959 BGB **(„Aufgabe** des **Eigentums“)** und der aufgrund einer In-Eigenbesitznahme herrenloser Sachen durch **„Aneignung“** nach § 958 BGB eintretende Eigentumserwerb wird hier nicht weiter besprochen. Das kann man sich rasch selbst anlesen.

Vielmehr geht es jetzt ausschließlich um die „Übereignung“ beweglicher Sachen und um die dazu oben aufgelisteten Voraussetzungen und Fragestellungen.

## 1. Der rechtsgeschäftliche Eigentumserwerb im Allgemeinen

Wir nutzen die Gelegenheit, die uns die Darstellung der Übereignung beweglicher Sachen bietet, zu „vor die Klammer gezogenen“ allgemeinen Erwägungen zur Übereignung beweglicher Sachen und zu Verfügungsgeschäften, die uns dann auch bei der Übereignung von Grundstücken und letztlich auch bei anderen Verfügungsgeschäften nützlich sein werden.

Bewegliche Sachen werden in der Rechtswirklichkeit i. d. R. übereignet, um **Kaufverträge** (§ 433 BGB) und **Verträge über** die **Lieferung herzustellender oder** zu **erzeugender beweglicher Sachen** (§ 651 BGB) zu erfüllen. Auch die Übertragung von **Wertpapieren** (Inhaberaktien, Inhaberschuldverschreibungen, Investmentanteile) erfolgt durch Übereignung. Außerdem spielt die Übereignung beweglicher Sachen in Gestalt der **Sicherungsübereignung** eine bedeutende Rolle bei der Kreditsicherung.

Neben dem **Vollzugsmoment** (Übergabe und Übergabesurrogate) ist eine **„Einigung“** erforderlich. Hierunter versteht man einen Vertrag, der den Inhalt hat, das

Eigentum übergehen zu lassen („... durch den das Eigentum übergehen soll.") Daher gelten auch die Vorschriften über Willenserklärungen. Die Anwendbarkeit der **§§ 104 ff. BGB** betreffend die Geschäftsfähigkeit führt zu bedeutsamen Rechtsfragen bezüglich des § 107 BGB. Anwendbar sind **§§ 116 ff. BGB** betreffend die Willensmängel; **§§ 133, 157 BGB** betreffend die Auslegung; **§§ 145 ff. BGB** betreffend das Zustandekommen von Verträgen; **§§ 158 ff. BGB** betreffend die Bedingung; **§§ 164 ff. BGB** betreffend die Stellvertretung; und **§§ 182 ff. BGB** betreffend die Zustimmung. Die Regeln über die Nichtigkeit in **§§ 125, 134, 138 BGB** gelten ebenfalls. Es gelten auch die **§§ 305 ff. BGB** über die Einbeziehungskontrolle (§§ 305 Abs. 2, Abs. 3, 305b, 305c Abs. 1 BGB), die Auslegung (§ 305c Abs. 2 BGB), die Inhaltskontrolle (§§ 309, 308, 307 BGB) und die Normen über die Rechtsfolgen bei Nichteinbeziehung oder Unwirksamkeit nach § 306 BGB. Weil dingliche Verträge „abstrakt" sind, also keinen Rechtsgrund in sich tragen, kann ihnen nicht die Geschäftsgrundlage fehlen bzw. diese später wegfallen, so dass **§ 313 BGB** keine Anwendung findet. Ob auch **§ 328 BGB** anwendbar ist, wird noch zu erörtern sein.

Der **Übereigner** muss ein dazu **Berechtigt**er sein. Das **Fehlen der Berechtigung** kann zum Teil **überbrückt** werden.

Dass bei Verfügungen, namentlich bei der Übereignung, das **„Trennungs-"** und das **„Abstraktionsprinzip"** gelten, ist – davon bin ich überzeugt – allen Lesern klar. Wenn Sie aber nicht in der Lage sein sollten, dazu aus dem Stand einen kurzen aber substantiellen Vortrag zu halten, sollten Sie – und das meine ich jetzt beinahe ernst – dieses Buch erneut ab S. 1 zu lesen und durchzuarbeiten beginnen.

Und jetzt befassen wir uns mit der **Übereignung beweglicher Sachen (sub 2–12)** und sodann mit dem **gesetzlichen Eigentumserwerb** an **beweglichen Sachen (sub 13–17)** – das ist ein „Riesenprogramm"! Es gibt vier Tatbestände, die die Übereignung beweglicher Sachen regeln. Und zu jedem Übereignungstatbestand existiert eine weitere Norm, in der es um den gutgläubigen Erwerb vom Nichteigentümer geht; hinzu kommt eine den gutgläubigen Erwerb ausschließende Regelung. Und schließlich müssen Sie auch noch lernen, dass man das Eigentum auch gutgläubig lastenfrei erwerben kann.

## 2. Einigung zwischen Übereigner und Erwerber oder (vielleicht auch?) durch Vertrag zugunsten Dritter

### a) Einigung zwischen Übereigner und Erwerber

Erneut „vor die Klammer gezogen" geht es als erstes um das für den Erwerb des Eigentums unerlässliche Erfordernis einer **Einigung**.

Die vom Gesetz für **alle Übereignungstatbestände** (also für §§ 929 S. 1, 929 S. 2, 930 und 931 BGB sowie die dazugehörigen Gutglaubenstatbestände §§ 932 Abs. 1 S. 1, 932 Abs. 1 S. 2, 933, 934 BGB) verlangte **Einigung** zwischen dem **Übereigner** und dem **Erwerber** ist ein formfreier abstrakter **dinglicher (Verfügungs-)Vertrag** mit dem Inhalt, dass das Eigentum (jetzt) übergeht; ein wenig missverständlich – weil durch das Wörtchen „soll" Verwechslungen mit dem zu einer Übereignung lediglich verpflichtenden Grundgeschäft provozierend – lautet die dies aussagende Formulierung des Gesetzes in § 929 S. 1 BGB: „... dass das Eigentum übergehen soll". Sie sind vor diesem möglichen Missverständnis des

Wortlauts natürlich gefeit, denn Sie wissen ja schon lange, dass das verpflichtende Grundgeschäft und die verfügende Übereignung voneinander getrennte Rechtsgeschäfte sind („Trennungsprinzip“).

(1) Vorliegen der Einigung („ob“?) und zwischen welchen Personen („zwischen wem“?)
Die dingliche Einigung wird in der Rechtspraxis, vor allem beim Bargeschäft des täglichen Lebens, nur selten ausdrücklich vereinbart; das hängt damit zusammen, dass das „Trennungsprinzip“ im Rechtsbewusstsein des Bürgers kaum verankert sein dürfte. Das Vorliegen einer dinglichen Einigung muss daher häufig durch eine (wohlwollende) **Auslegung** des Parteiverhaltens ermittelt werden (§§ 133, 157 BGB). Unterschieden werden muss dabei zwischen den beiden Fragen, **ob überhaupt** und ggf. **zwischen welchen Personen** eine dingliche Einigung erzielt wurde.

Zur **Frage** des **„ob“** einer Einigung kann man diese „Faustformeln“ aufstellen: Beim Aushändigen der Ware und zugleich erfolgender Zahlung des Kaufpreises oder bei einer Automatenaufstellung und Geldeinwurf ist die dingliche **Einigung** den Umständen nach regelmäßig konkludent **gegeben**. Dagegen liegt im Fall der bereits erfolgten Kaufpreiszahlung beim **Versendungskauf** in der Inbesitznahme der Ware durch den Käufer noch **keine Einigung**, weil dieser i. d. R. die Ware erst prüfen will.

**Fall 503**

Der mit dem Historiker Herge (H) bekannte Privatmann Panormita (P), der schon häufiger Bücher an H verkauft hat, weiß, dass H ganz dringend ein sehr seltenes und wertvolles wissenschaftliches Werk über Randgruppen im Mittelalter mit dem Titel „Krötenkuß und Schwarzer Kater“ sucht. Als der P das Buch zufällig durch eine Erbschaft erlangt, übersendet er es, verbunden mit einem Kaufangebot zu einem Preis von € 30,– an den H. Der H arbeitet damit und stellt es in seine Bibliothek. Einen Kaufpreis zahlt der H nicht. Der Doktorand Dalla (D) des H entwendet bei einem Besuch in H‘s Wohnung das Buch und bietet es zufällig dem P zum Kauf an. Der P verlangt Herausgabe von dem D.

Der Anspruch könnte sich aus § 985 BGB ergeben. a) Der D ist im Besitz des Buches. b) Der P müsste (noch) Eigentümer des Buches sein. aa) Er war Eigentümer. bb) Er könnte es an den H verloren haben (§ 929 S. 1 BGB). aaa) Dann müsste eine Einigung vorliegen. Der P hat dem H aaaa) durch die Übersendung des Buches ein Übereignungsangebot gemacht, bbbb) das aufschiebend bedingt ist (§ 158 Abs. 1 BGB). Vertretbar sind hier zwei Lösungen: (1) aufschiebend bedingt durch den Abschluss eines Kaufvertrages oder (2) aufschiebend bedingt durch Zahlung des Kaufpreises. cccc) Die Bedingung müsste eingetreten sein, dies wird hier alternativ (dergleichen ist in einer schulmäßigen Fallbearbeitung natürlich nicht gestattet!) gelöst: *1. Alternativlösung*: Wer den Kaufvertragsschluss als Bedingung ansieht, muss so argumentieren: aaaaa) Der P hat dem H durch die Übersendung des Buches, verbunden mit der Nennung des Preises zugleich auch ein Angebot zum Abschluss des Kaufvertrages gemacht. bbbbb) Der H hat das Angebot durch die Ingebrauchnahme des Buches angenommen. Die Annahmeerklärung ist dem P zwar nicht zugegangen; hierauf hat er aber verzichtet (§ 151 BGB). Also ist der Kaufvertrag zustande gekommen und die Bedingung eingetreten. bbb) Eine Übergabe liegt vor. Also ist H Eigentümer geworden. Der P hat keinen Herausgabeanspruch gegen den D. *2. Alternativlösung:* Wer die Kaufpreiszahlung als Bedingung ansieht, muss von einem Nichteintritt der Bedingung ausgehen, so dass der P Eigentümer geblieben wäre und einen Herausgabeanspruch gegen den D hätte.

**Variante**

Wie wäre es, wenn der P ein Buchhändler wäre.

Im Hinblick auf § 241a BGB sollen bei Lieferung unbestellter Sachen durch einen Unternehmer an einen Verbraucher auch Zueignungs- und Gebrauchshandlungen keine Annahme, auf deren Zugang nach § 151 BGB verzichtet wird, bedeuten; der Vertrag soll erst durch ausdrückliche Annahmeerklärung oder Zahlung zustande kommen. Daher ist auch keine Übereignung erfolgt.

Deutlich komplizierter ist die **Fragestellung, zwischen welchen Personen** eine Einigung besteht.

Im Zweifel wird der dingliche Einigungsvertrag **zwischen** den **Partnern** des **obligatorischen Geschäftes** geschlossen, so dass auch bei einer Lieferung eines Verkäufers an Dritte das Eigentum an den Käufer übergehen soll. Wenn also zum *Beispiel* der „Versprechende" VSP als der Verkäufer einer beweglichen Sache dem „Versprechensempfänger" VE als dem Käufer der Sache verspricht, die Ware an den „Dritten" D, an den der VE die Sache weiterverkauft hatte, zu liefern, so soll – wenn VSP und VE mit ihrer Vereinbarung keinen Kaufvertrag zugunsten des D geschlossen haben – die nach erfolgter Kaufpreiszahlung des VE an den VSP und des D an den VE erfolgte Lieferung der Sache seitens des VSP an den D im Zweifel keine Übereignung des VSP an den D sein, weil der VSP dem D nicht dazu verpflichtet war, wohl aber eine Übereignung des VSP an den VE, weil er diesem zur Übereignung verpflichtet war, und eine Übereignung des VE an den D, weil der VE dem D dazu verpflichtet war. Wie das rein rechtstechnisch vonstattengeht („doppelter Geheißerwerb"), werden Sie noch lernen. Wenn aber zum *Beispiel* von VSP und VE ein Kaufvertrag zugunsten des D geschlossen wurde, so dass der D einen Anspruch aus § 433 Abs. 1, 328 BGB gegen den VSP hatte, hat der VSP im Zweifel an den D übereignet.

Eine praktisch relevante **Ausnahme** von der vorgenannten **Auslegungsregel**, dass im Zweifel stets parallel zu den verpflichtenden Geschäften übereignet wird, ist die auf Weisung des Gläubigers einer Geldforderung erfolgte Bargeldzahlung an einen Dritten. In diesen Fällen soll stets von einer Direktübereignung an den Dritten auszugehen sein, weil der Schuldner bei Auszahlung von Bargeld schon deshalb kein Interesse daran hat, das Eigentum zu behalten, weil das Eigentum daran ohnehin praktisch immer verloren ist: Es wird nämlich vom Zahlungsempfänger so gut wie nie getrennt von seinem sontigen Bargeld aufbewahrt werden, sondern in aller Regel mit der Folge des § 948 BGB mit anderem eigenem Bargeld vermischt; oder es wird alsbald nach § 929 S. 1 BGB an dritte Personen übereignet, indem es „ausgegeben“ oder auf ein Konto eingezahlt wird.

(2) Bestimmtheitsgrundsatz

Für jedermann muss ersichtlich sein, wem das Eigentum an einer Sache zusteht. Deshalb muss die zur Übereignung führende Einigung deutlich erkennen lassen, auf welche Sache sie sich bezieht.

Der **Bestimmtheitsgrundsatz** setzt daher voraus, dass man zum **Zeitpunkt** der **Einigung** aus der Sicht eines objektiven Betrachters, der mit den Rechtsbeziehungen der Parteien vertraut ist, die übereignete Sache von anderen Sachen unterscheiden kann. Das ist i. d. R. kein Problem, wohl aber bei zu übereignenden Sachgesamtheiten, wie es ein Warenlager oder ein im Wege des „asset deal“ verkauften Unternehmen sind. Hier muss es einfache Abgrenzungskriterien geben, nach denen es für jeden, der die Einigung inhaltlich kennt, ohne weiteres ersichtlich ist, welche Sachen übereignet wurden (BGH).

In der Regel ist der Übereigner zum Zeitpunkt der Einigung bereits Eigentümer. Eine dingliche Einigung kann ausnahmsweise aber auch vorab, d. h. bevor der Veräußerer selbst Eigentümer geworden ist, vorgenommen („anti- oder: ante-zipiert“) werden. Für die **Wirksamkeit** einer auf derartige Sachen bezogenen antizipierten **Einigung** reicht aus, dass die **Sache bestimmbar** ist. Der Übergang des Eigentums erfolgt aber erst, wenn sie bei der Übergabe (dazu sogleich mehr) tatsächlich konkretisiert ist. Diese Konstruktion kommt zum Tragen, wenn eine noch nicht konkretisierte, vielleicht noch nicht einmal hergestellte, also eine im Augenblick der Einigung noch unbestimmte Sache übereignet wird. Ferner ist diese Konstruktion von Bedeutung beim Eigentumserwerb durch antizipierten Besitzkonstitut nach §§ 929, 930 BGB in den Fallkonstellationen der Ihnen bereits bekannten Einkaufskommission und der ebenfalls nicht unbekannten Sicherungsübereignung von Sachgesamtheiten mit wechselndem Bestand (dazu aber später noch mehr).

(3) Zustandekommen von Verträgen, Form

Es gelten auch die Regeln über das **Zustandekommen von Verträgen in §§ 145 ff. BGB**. Hier gibt es keine anzumerkenden Besonderheiten.

(4) Geschäftsfähigkeit

Die Anwendbarkeit der **Regeln** über die **Geschäftsfähigkeit** in **§§ 104 ff. BGB** haben zur Folge, dass zum *Beispiel* der Verkauf (§ 433 BGB) und die Übereignung (§ 929 S. 1 BGB) einer einem Minderjährigen gehörigen Sache ohne Zustimmung der Eltern dazu führt, dass sowohl der verpflichtende und damit nicht nur rechtlich vorteilhafte Kaufvertrag als auch die rechtlich nachteilige Übereignung schwebend bzw. endgültig unwirksam sind (§ 107 BGB). Wegen der „Fehleridentität“ ist das Abstraktionsprinzip“ durchbrochen. Kauft dagegen zum *Beispiel* der Minderjährige eine bewegliche Sache und lässt sich die Kaufsache gegen die Kaufpreiszahlung übereignen, dies alles ohne Zustimmung der gesetzlichen Vertreter, ist der Kaufvertrag als nicht lediglich rechtlich vorteilhaft schwebend bzw. endgültig unwirksam, selbst wenn für die Sache nur ein weit unter dem Marktwert liegender „Spottpreis" zu zahlen war, während aufgrund des „Trennungsprinzips" die lediglich rechtlich vorteilhafte Übereignung wirksam ist. Ob zum *Beispiel* bei einem von einem geschäftsunfähigen Volljährigen nach Maßgabe des § 105 a S. 1 BGB durchgeführten Geschäft der Geschäftsunfähige zum Eigentümer der erhaltenen Leistung/Gegenleistung wird, oder ob er lediglich vor Rückforderungsansprüchen aus §§ 812 ff. BGB oder aus §§ 985, 986 BGB geschützt werden soll, ist umstritten.

(5) Stellvertretung

Für die Einigung gelten auch die Regeln über die **Stellvertretung** in den **§§ 164 ff. BGB**. Bei der Einigung können sich der Übereigner und der Erwerber vertreten lassen **(§ 164 BGB)**; dabei kann auch ein **„In-sich-Geschäft"**, bei dem der Übereigner den Erwerber vertritt, unter Befreiung von den Schranken des **§ 181 BGB** in Betracht kommen; mit dieser Konstruktion werden wir uns genauer beim Eigentumserwerb durch „anti(e)zipiertes Besitzkonstitut" nach §§ 929, 930 BGB (speziell bei der Einkaufskommission) befassen. Wenn zum *Beispiel* ein Einkaufskommissionär im eigenen Namen für Rechnung des Kommittenten mit Geldmitteln des Kommittenten bei einem Dritten eine Sache eingekauft hat und sie zunächst von dem Dritten an den Einkaufskommissionär in Erfüllung des Kaufvertrages übereignet worden ist, muss so schnell wie möglich der Kommittent der Eigentümer werden. Das ermöglicht man mit einer Übereignung des Einkaufskommissionärs an den Kommittenten nach §§ 929 S. 1, 930, 164 BGB, wobei der Einkaufskommissionär von den Schranken des § 181 BGB befreit als Vertreter des V mit sich selbst die Einigung i. S. d. § 929 S. 1 BGB und die Vereinbarung des Besitzmittlungsverhältnisses nach § 930 BGB vereinbart, was man vorwegnehmen (ante/izipieren) kann, so dass der Einkaufskommissionär nur für eine juristische/logische Sekunde Eigentümer wird. Dazu eine kleine Testfrage: Kann sich der Erwerber bei der Übereignung auch hinsichtlich der Übergabe „vertreten" lassen? Nein! Die Übergabe ist kein Rechtsgeschäft. Lesen Sie § 164 Abs. 1 BGB. Wie hilft das Gesetz? Durch § 855 BGB. Und schließlich noch eine weitere Frage: Warum muss die Übereignung an den Kommittenten „so schnell wie möglich" erfolgen? Denken Sie an § 771 ZPO und § 47 InsO!

(6) Willensmängel

Auch die Regeln über Willensmängel in den §§ 116 ff. BGB werden auf die Einigung angewendet. Hier interessieren die Bestimmungen über die **Anfechtung nach §§ 119 ff. BGB**. Wenn der V zum *Beispiel* eine ihm gehörende Sache S 1 an den K verkauft, aber sich bei der Übereignung zum Zwecke der Erfüllung des Kaufvertrags vergreift und dem K die täuschend ähnliche, aber viel wertvollere Sache S 2 übereignet, kann er die Übereignung nach § 119 Abs. 1 BGB anfechten. Aus dem nicht anfechtbaren und auch nicht angefochtenen Kaufvertrag bleibt er aber zur Übereignung und Übergabe der Sache S 1 verpflichtet. Das ist leicht zu verstehen. Sehr mutig und nicht so einfach nachzuvollziehen ist die Ansicht, nach der zum *Bei-*

*spiel* bei einem Verkauf eines Bildes für € 500,– durch einen Flohmarkthändler, das dieser für die bloße Kopie des weltberühmten Bildes „Die schwimmende Feder" des niederländischen Barockmalers Hondecoeter aus dem Jahre 1680 hält, während es in Wahrheit das Original ist und im Rijksmuseum von Amsterdam nur eine (ausgezeichnete) Kopie aus dem Jahre 1700 hängt, nicht nur eine Anfechtung des Kaufvertrags nach §§ 119 Abs. 2, 142 Abs. 1 BGB wegen eines Irrtums über eine verkehrswesentliche Eigenschaft (Echtheit) möglich ist, sondern auch eine Anfechtung der zur Übereignung führenden Einigung, weil der V nicht dieses Bild als solches hatte übereignen wollen, sondern ein Bild mit der Eigenschaft, lediglich eine Kopie zu sein. In juristisch-praktischer Hinsicht bedeutsamer sind aber die Fälle, in denen sich die Frage stellt, ob durch die Anfechtung des Kaufvertrags auch die Einigung rückwirkend (§ 142 Abs. 1 BGB) vernichtet wird. Wenn zum *Beispiel* A und B ihre von ihnen für gleichwertig gehaltenen Autos getauscht haben, der A aber den B durch eine Tachomanipulation über die Fahrleistung getäuscht hat, so erfasst die von B erklärte Anfechtung wegen arglistige Täuschung (§ 123 Abs. 1 BGB) nicht nur die zum Abschluss des Tauschvertrags abgegebene Willenserklärung des B, sondern auch die Willenserklärung des B zur Übereignung seines Fahrzeugs an A. Auch dann wäre das Abstraktionsprinzip wegen einer Fehleridentität durchbrochen. Wenn aber zum *Beispiel* der Verkäufer V den K auf die vorgenannte Weise arglistig getäuscht hat und der K, nachdem er beim ersten Werkstattbesuch die Manipulation aufgedeckt hat und die Anfechtung erklärt, so ergibt eine Auslegung (§ 133 BGB) seiner Anfechtungserklärung, dass er nur den Kaufvertrag, nicht aber die Übereignung anfechten will. Warum? Weil er bei einer Anfechtung der Übereignung das Eigentum an dem ihm übereigneten Auto verlöre, bevor der V den Kaufpreis nach § 812 Abs. 1 S. 1 Var. 1 BGB zurückgezahlt hätte.

(7) Bedingung

Von besonderer Bedeutung ist die Anwendbarkeit des **Bedingungsrechts** (§ 158 ff. BGB) auf die §§ 929 ff. BGB.

Weniger bedeutsam, aber theoretisch interessant ist, dass man durch die Vereinbarung eines **Bedingungszusammenhanges** des Inhalts, dass die Wirksamkeit des Grundgeschäfts eine Bedingung (aufschiebend/auflösend) für die Wirksamkeit der Übereignung ist. So kann man zwanglos das Ziel einer **Überwindung des Abstraktionsprinzips** verwirklichen.

Bedeutsam aber ist die Ihnen ja inzwischen immer bekannter werdende Möglichkeit einer durch die Zahlung des Kaufpreises aufschiebend bedingten Übereignung einer Kaufsache zum Zwecke der Sicherung des vorleistenden Verkäufers. Sie wissen ja längst, dass bewegliche Sachen **aufschiebend bedingt übereignet** werden können **(§§ 929 ff. BGB, 158 Abs. 1 BGB)**; und Ihnen ist bekannt, wie es dazu im **Regelfall** (nämlich beim **Eigentumsvorbehalt**) kommt: Wenn zum *Beispiel* sich der Verkäufer im Kaufvertrag das Eigentum bis zur vollständigen Zahlung des Kaufpreises vorbehält, wird vermutet, dass der – auch nur hierzu und nicht etwa zur unbedingten Übereignung verpflichtete – Verkäufer dem Käufer mit der Übergabe ein Angebot zu einer durch die vollständige Zahlung des Kaufpreises aufschiebend bedingten Übereignung macht (§ 449 Abs. 1 BGB); die diesem Angebot inhaltlich entsprechende Einigung kommt durch die Entgegennahme der Sache seitens des Käufers, also durch konkludentes Verhalten, zustande. Schwierig zu beantworten ist, ob ein Eigentumsvorbehalt auch dadurch konkludent vereinbart werden kann, wenn der Verkäufer sich zur Lieferung bereit erklärt und zugleich den Kaufpreis auf einen bestimmten Zeitraum nach Lieferung stundet, also zum *Beispiel* ein TV-Gerät verkauft und für den nächsten Tag zu liefern verspricht, der K aber erst eine Woche nach Lieferung zu zahlen braucht. Ob die dann erfolgte Lieferung eine nur durch Zahlung des Kaufpreises bedingte Übereignung ist, ergibt die Auslegung (§§ 133, 157 BGB). Man wird dafür konkrete Anhaltspunkte verlangen müssen, die hier fehlen, während sie zum *Beispiel* in dem Fall gegeben wären, wenn ein Verkäufer beim Verkauf eines Autos die Zulassungsbescheinigung Teil II bei der Überlassung des Fahrzeugs nicht aushändigt (BGH).

Aber auch eine **„nachgeschobene" aufschiebend bedingte Übereignung** ist vorstellbar. Dazu kommen wir gleich.

Dass es auch **auflösend bedingte Übereignungen (§§ 929 ff., 158 Abs. 2 BGB)** gibt, z. B. bei einer Sicherungsübereignung, wenn im Sicherungsvertrag ein „automatischer Rückfall" des Sicherungseigentums an den Sicherungsgeber für den Fall der Rückzahlung des Darlehens und der Zahlung von geschuldeten Zinsen vereinbart ist, haben Sie hier schon einmal gelesen.

(8) Teilnichtigkeit

Anwendbar ist auch § 139 BGB, so dass man – namentlich im Bargeschäft des täglichen Lebens, bei dem das „Trennungsprinzip" eigentlich nur „virtuell" ist – daran denken könnte, zwischen dem zur Übereignung verpflichtenden Grundgeschäft (z. B. aus § 433 Abs. 1 BGB) und dem Erfüllungsgeschäft (z. B. § 929 S. 1 BGB) eine „Geschäftseinheit" anzunehmen, so dass die Nichtigkeit des Grundgeschäfts zur Gesamtnichtigkeit, also auch der Übereignung führen würde. Weil damit das Abstraktionsprinzip aus den Angeln gehoben werden würde, lehnt man dies ab. Wohl aber kann das Bestehen einer Geschäftseinheit ausdrücklich vereinbart werden.

(9) Sittenwidrigkeit

Bei der **Sittenwidrigkeit** ist zu differenzieren.

Die Sittenwidrigkeit eines zur Übereignung verpflichtenden schuldrechtlichen Geschäfts (§ 138 Abs. 1 BGB) lässt die Übereignung unberührt, weil diese – wie man sagt – „sittlich wertneutral" sei. Zur weiteren Begründung dieses unstreitigen Ergebnisses kann man auch einen Umkehrschluss aus § 138 Abs. 2 BGB ziehen. Dort wird für den Fall der Nichtigkeit eines Verpflichtungsgeschäfts wegen Wuchers, also wegen eines Spezialfalls der Sittenwidrigkeit, ausnahmsweise auch das dingliche Erfüllungsgeschäft, durch das der Wucherer sich Vermögensvorteile „gewähren lässt", für ebenfalls nichtig erklärt. Wenn dies auch für die bloße Sittenwidrigkeit nach § 138 Abs. 1 BGB gewollt wäre, hätte der Gesetzgeber dies in § 138 Abs. 1 BGB ebenso geregelt.

Wenn aber die bloße Sittenwidrigkeit (§ 138 Abs. 1 BGB) gerade im Vollzug der Leistung liegt, wie zum *Beispiel* bei einer Sicherungsübereignung, die zu einer

Übersicherung führt (dazu später mehr), ist auch diese nichtig. Unsere Sammlung der Durchbrechungen des Abstraktionsprinzips vervollständigt sich langsam.

(10) Einigsein

Die **Einigung** ist ein dinglicher Vertrag. Dieser hat daher **keine schuldrechtlichen Elemente** und verpflichtet also den Übereigner zu nichts; und sie bindet daher auch nicht: Die Einigung ist **bis** zur **Vollendung** des **Rechtserwerbs** frei widerruflich.

Dogmatisch ergibt sich dies bereits aus der vorgenannten Erwägung, wird aber üblicherweise zusätzlich aus dem Gesetz hergeleitet. In erster Linie wird ein **Umkehrschluss** aus **§ 873 Abs. 2 BGB** gezogen. Hiernach ist nämlich die dingliche Einigung bei den dort genannten Verfügungen über unbewegliche Sachen – u. a. die Übereignung von Grundstücken – und über Grundstücksrechte nur unter den dort genannten bestimmten Voraussetzungen bindend. Daraus wird gefolgert, dass für die zur Übertragung des Eigentums an beweglichen Sachen führen sollende dingliche Einigung nach §§ 929 ff. BGB, die derartige, eine Bindungswirkung auslösende Ausnahmetatbestände nicht kennt, erst recht („a maiore ad minus") eine Bindungswirkung verneint werden müsse. Und außerdem wird auf den Wortlaut des **§ 929 S. 1 BGB** hingewiesen, wo der Eigentumsübergang davon abhängig gemacht wird, dass der „Eigentümer" und der „Erwerber" sich beide „darüber einig sind, dass das Eigentum übergehen soll", was bedeuten soll, dass sich für einen Eigentumserwerb nach §§ 929 ff. BGB beide Teile noch im Moment der Vollendung des Rechtserwerbs einig sein müssen. Man spricht daher häufig auch anstelle von einer notwendigen „Einigung" von einem erforderlichen **„Einigsein"**.

Die Risiken sind nicht allzu groß. Denn zum einen wird das Fortbestehen der Einigung vermutet. Und zum anderen ist – wie das folgende Beispiel zeigt – der Erwerber nicht etwa recht- und schutzlos.

Wenn zum *Beispiel* (nach Helms-Zepernick) der Kfz-Händler V dem K einen Gebrauchtwagen verkauft, den der K – so war es im Kaufvertrag vereinbart – in einer Woche nach Durchführung einiger von V kostenmäßig zu tragender Reparaturen gegen Barzahlung abholen und der dann auch automatisch nach §§ 929 S. 1, 158 Abs. 1 BGB in das Eigentum des K übergehen soll, der V aber zuvor, weil die Kosten für die Reparatur so hoch geworden waren, dass sich das Geschäft zu dem vereinbarten nicht mehr für ihn lohnte, durch ein dem K zugehendes Schreiben das „Geschäft widerruft", das Auto dem K dann aber doch gegen Barzahlung in der vereinbarten Höhe von einem von dem Widerruf nichts wissenden Angestellten des V ausgehändigt wird, so ist der K wegen des hierin liegenden Widerrufs der Einigung nicht der Eigentümer, sondern nur der Besitzer des Autos geworden. Er hat aber einen Anspruch auf Übereignung aus § 433 Abs. 1 BGB, denn auch wenn der „Widerruf des Geschäfts" als eine zugleich erklärte Anfechtung des Kaufvertrags anzusehen ist, besteht wegen eines (hier unbeachtlichen) „Kalkulationsirrtums" kein Anfechtungsgrund aus § 119 Abs. 1, 2 BGB und von einem Wegfall der Geschäftsgrundlage (§ 313 BGB) kann nicht die Rede sein. Wie übrigens würde der K Eigentümer? Nach § 929 S. 2 BGB durch bloße Einigung. Wie aber, wenn der V seine Willenserklärung nicht freiwillig abgibt? Dann muss der K auf Übereignung klagen, und die Rechtskraft eines den V verurteilenden Urteils würde die von V geschuldete Willenserklärung ersetzen (§ 894 ZPO). Dies zeigt, dass die in der Widerruflichkeit liegende Abweichung vom Grundsatz „pacta sunt servanda" in ihrer Bedeutung nicht überschätzt werden darf.

**Fall 504**

Der Erblasser V hat kurz vor seinem Tod ein ihm gehörendes wertvolles Gemälde unter Wert an den K verkauft, der auch sogleich den Kaufpreis an V gezahlt hat; der K soll sich nach dem Vertrag das Bild jederzeit und auch nach dem Tod des V bei der insoweit zur Herausgabe befugten Haushälterin des V abholen können. Nach dem Tod des V erklärt der Alleinerbe E gegenüber dem K, dass er sich von den zwischen V und K getroffenen Vereinbarungen lossage. Als der K gleichwohl im Hause des V erscheint, händigt ihm die hierzu noch von V zu dessen Lebzeiten beauftragte „treue Haushälterin" das Bild aus. Der E verlangt Herausgabe des Bildes von dem K (nach Baur/Stürner).

Der E könnte einen Anspruch gegen den K auf Herausgabe aus § 985 BGB haben. a) Der K ist Besitzer des Bildes (§ 854 Abs. 1 BGB). b) Der E müsste Eigentümer sein. aa) Eigentümer war der V. bb) Der E ist als Erbe des V Eigentümer geworden, denn V war im Augenblick seines Todes noch Eigentümer (§ 1922 BGB). cc) Der K könnte das Eigentum aber noch nach dessen Tod erlangt haben (§ 929 S. 1 BGB). aaa) Das Bild ist an den K übergeben (zu den Voraussetzungen sogleich mehr) worden: Denn der Eigentümer E hat den unmittelbaren Besitz verloren; der Erwerber K hat den Besitz erlangt; und dies geschah auf Veranlassung des Eigentümers, nämlich auf die auch den E bindende Weisung (§ 672 BGB) des V hin. bbb) Es müsste auch eine Einigung gegeben sein. aaaa) Der Erblasser V und der K haben sich über den Eigentumsübergang geeinigt; das folgt aus der Kaufpreiszahlung und der Vereinbarung, dass K das Bild sich jederzeit abholen kann; diese Einigung wirkt auch über den Tod hinaus (§ 130 Abs. 2 BGB). Die Einigung wirkte für und gegen den E (§ 1922 BGB). bbbb) Der E hat sie jedoch – was mangels jeglicher Bindungswirkung der Einigung (arge. § 929 S. 1 BGB: „… einig sind …" und „a maiore ad minus" § 873 Abs. 2 BGB) rechtlich möglich ist – aaaaa) durch sein „Lossagen" widerrufen, bbbbb) und zwar noch vor Vollendung des Rechtserwerbes, so dass der K kein Eigentum erlangt hat. c) Der K dürfte kein Recht zum Besitz haben (§ 986 BGB). Der K hat gegen den E einen Anspruch auf Übereignung nach §§ 433 Abs. 1 S. 1, 1922 BGB. Dieser Anspruch begründet ein Recht zum Besitz des K aus § 986 Abs. 1 BGB („exceptio rei venditae et traditae").

Eine weitere **klassische Fallkonstellation**, bei der es auf die Frage der Widerruflichkeit einer dinglichen Einigung ankommt, ist die Vereinbarung eines **im Gegensatz** zum **obligatorischen Rechtsgeschäft** stehenden **„nachgeschobenen Eigentumsvorbehalts"**. Unkompliziert ist die **Fallkonstellation**, wenn **der Verkäufer** sich **nicht** zur **Vorleistung verpflichtet** hat. Dann kann der Verkäufer durch das Angebot eines Eigentumsvorbehalts im Zusammenhang mit der Lieferung sicherstellen, dass es zur Zug-um-Zug-Abwicklung (§§ 320 f. BGB) kommt. Wenn der

**Verkäufer** sich aber im Kaufvertrag **zur unbedingten Übereignung verpflichtet** hat, sich dann aber auf der Rechnung oder dem Lieferschein „das Eigentum bis zur vollständigen Kaufpreiszahlung vorbehält", wird es komplex. Wiederum **unproblematisch** sind die Fälle, in denen die Sache bereits an den Käufer übergeben worden war, bevor die Rechnung oder der Lieferschein ihn oder seinen Vertreter erreicht hat, denn dann ist der Käufer bereits Eigentümer geworden, so dass die dingliche Einigung nicht mehr wirksam widerrufen werden kann. **Wenn jedoch**, wie meistens in solchen Fällen, die **Übergabe** und die in vertragswidriger Weise **die Einigung widerrufende („nachgeschobene") Erklärung des Eigentumsvorbehalts** seitens des Verkäufers **zeitlich zusammentreffen**, muss für die Wirksamkeit des Widerrufs der Einigung dieser Widerruf auch zur Kenntnis des Erwerbers selbst gelangt sein, oder es muss jedenfalls die Person, die die Ware und die Widerrufserklärung für den Erwerber in Empfang nimmt, Vertretungsmacht zur Inempfangnahme des Widerrufs gehabt haben, was sehr selten der Fall sein dürfte (Medicus); außerdem muss dann noch der Erwerber bzw. ein entsprechend Bevollmächtigter mit der nachgeschobenen Vereinbarung des Eigentumsvorbehalts einverstanden gewesen sein, also dieses Angebot des Verkäufers angenommen haben, was konkludent in einer vorbehaltlosen Annahme zu sehen wäre. Damit einher ginge dann ein stillschweigendes Angebot auf Änderung des Kaufvertrags dahingehend, dass keine unbedingte Übereignung geschuldet sei, welches der Käufer im Fall einer vorbehaltlosen Annahme der bedingten Übereignung akzeptiert. Später werden Sie zum „nachgeschobenen" Eigentumsvorbehalt mehr erfahren.

### b) Einigung durch Vertrag zugunsten Dritter

Man ist sich weitgehend einig darüber, dass es über den Sonderfall des § 414 BGB (Schuldübernahme durch Vertrag zwischen Gläubiger und Neuschuldner zugunsten des Altschuldners) hinaus keine wirksamen **Verfügungen zugunsten** eines **Dritten** gibt, weil speziell die §§ 328 ff. BGB erkennbar nur für schuldrechtliche Verpflichtungsverträge gelten sollen und weil eine analoge Anwendung der §§ 328 ff. BGB deshalb nicht möglich ist, weil eine solche Verfügung nicht dem im Sachenrecht geforderten Bestimmtheitsprinzip genügen würde. Im Übrigen fehlt es wohl auch an der für eine Analogie nötigen Lücke im Gesetz, weil durch Einschaltung eines Stellvertreters die gleichen Ergebnisse erzielbar sind wie durch einen dinglichen Vertrag zugunsten Dritter.

Aber – wie fast immer – lassen sich auch andere Lösungen vertreten: So soll eine Übereignung nach § 328 BGB möglich sein, wenn jedenfalls der für einen Erwerb des Eigentums nötige Vollzugsakt vorliegt.

**Fall 505**

Der VE will eine Sache des VSP an den D, die dieser bereits aufgrund eines Fundes in Besitz hat, übereignen, ohne selbst vorher Eigentümer zu werden. Der VE und der VSP einigen sich zu diesem Zweck dahingehend, dass die Sache fortan dem D gehören soll. Der Gläubiger G des D pfändet sie aufgrund eines Titels, den er gegen den D hat. VSP erhebt Drittwiderspruchsklage.

Die Klage wäre nach § 771 ZPO begründet, wenn dem VSP „ein die Veräußerung hinderndes Recht" an der Sache zustünde. Das könnte das Eigentum an ihr sein. Der VSP war Eigentümer. Er könnte das Eigentum an D nach §§ 929 S. 1, 328 BGB verloren haben, wenn Verfügungsverträge zugunsten Dritter möglich wären. Überwiegend wird dies abgelehnt, weil nach dem Wortlaut des § 328 BGB durch einen Vertrag zugunsten Dritter nur ein Forderungsrecht zugewendet werden kann. Danach hätte der D kein Eigentum erworben und die Klage wäre begründet. Auch wer dinglich wirkende Verfügungsgeschäfte zugunsten Dritter zulassen will, muss aber beim Eigentumserwerb den – hier fehlenden (!) – Vollzugsakt zwischen Erwerber und Verfügendem fordern. Der VSP ist Eigentümer geblieben, und die Klage ist begründet.

### 3. Übergabe (§ 929 S. 1 BGB)

Damit wissen Sie zunächst einmal genug über die „Einigung". Für die **Übereignung** ist aber außer der dinglichen Einigung auch ein **Vollzugsmoment** erforderlich.

Für eine Übereignung **nach § 929 S. 1 BGB** ist dies eine **Übergabe an** den **Erwerber**. Dabei handelt es sich um einen **Realakt**, der nicht den Regeln über Willenserklärungen folgt, namentlich auch keine Geschäftsfähigkeit erfordert.

- In der Regel wird die **Sache als solche** dem Erwerber **übergeben**. Eine solche **Übergabe** setzt **zum einen** voraus, dass der **Übereigner** am Ende dieses „Übergabe" genannten Vorgangs **vollständig besitzlos** ist, und zwar entweder, weil er **allen Besitz** an der Sache **verloren** hat oder weil er **niemals Besitz** an der Sache **hatte**. Und **zum anderen** muss auf **Veranlassung** des **Übereigners**, also bezogen auf die Einigung und nicht aufgrund eigenmächtigen Handelns, der **Erwerber** oder eine von ihm benannte **„Geheißperson"** den **alleinigen** entweder **unmittelbaren** oder **mittelbaren Besitz** erhalten haben. Mit dieser Formel sind **alle** folgenden **in Betracht kommenden Konstellationen** einer **Übergabe** erfasst (z.Tl. nach Schulte-Nölke). **(1)** Dies kann in den in der Rechtswirklichkeit regelhaft vorkommenden „klassischen" Fällen, in denen der **Übereigner der Besitzer** der Sache war, geschehen durch eine **Besitzaufgabe des Übereigners** und eine **Besitzerlangung des Erwerbers**. **(a)** Die Besitzaufgabe erfolgt **(aa)** im Falle des unmittelbaren Besitzes des Übereigners, indem der Übereigner den Besitz **(aaa)** entweder nach § 854 Abs. 1, Abs. 2 BGB überträgt oder – was dem gleichgestellt wird – diesem die Besitzergreifung gestattet, wobei jeweils nicht persönlich gehandelt werden muss, sondern auf beiden Seiten Besitzdiener mitwirken können (§ 855 BGB), zum *Beispiel* dadurch, dass der Fahrer des Verkäufers die verkaufte Sache nach Einigung über den Eigentumsübergang dem Lagerverwalter des Käufers aushändigt. **(bbb)** Wenn ein Besitzdiener des Übereigners die tatsächliche Gewalt über die Sache ausübt und der Besitzdiener aufgrund einer Weisung des Übereigners und im Einverständnis des Erwerbers mit letzterem eine Besitzdienerstellung begründet, ist trotz eines fehlenden Übertragungsaktes i. S. d. § 854 Abs. 1 BGB der Übereigner ebenfalls nicht mehr der Besitzer, sondern nunmehr der Erwerber. **(ccc)** Der unmittelbar besitzende

Übereigner verliert seinen Besitz auch dann ohne Übertragungsakt i. S. d. § 854 Abs. 1 BGB, wenn er selbst zum Besitzdiener des Erwerbers wird, wenn also zum *Beispiel* der Inhaber eines Antiquitätengeschäfts dieses an einen bisherigen, das Geschäft leitenden angestellten Geschäftsführer (bisheriger Besitzdiener) veräußert und gleichzeitig selbst als Geschäftsführer dessen Stellung als Leiter des Geschäfts übernimmt (neuer Besitzdiener) und im Wege des „asset deals" den Lagerbestand nach § 929 S. 1 BGB übereignet werden soll, so reicht der Rollenwechsel des Veräußerers vom Besitzherrn zu Besitzdiener und des Erwerbers vom Besitzdiener zum Besitzherrn aus, um eine Übergabe an den Erwerber anzunehmen. Das waren die Konstellationen des Besitzverlustes des Übereigners, der unmittelbarer Besitzer der Sache ist. **(bb)** Auch im Fall des mittelbaren Besitzes des Übereigners muss er diesen vollständig verlieren, was geschehen kann **(aaa)** durch eine dann umgesetzte Anweisung an den Besitzmittler, die Sache an den Erwerber nach § 854 Abs. 1 BGB zu übergeben, wobei wiederum nicht persönlich gehandelt werden muss, sondern auf beiden Seiten Besitzdiener mitwirken können (§ 855 BGB), wenn also zum *Beispiel* vom Übereigner bei einem Lagerhalter eingelagerte Ware auf Anweisung des Übereigners an den Erwerber ausgehändigt wird. **(bbb)** Oder der Übereigner veranlasst seinen Besitzmittler mit dem Erwerber ein neues Besitzmittlungsverhältnis zum *Beispiel* in Gestalt eines neuen Lagervertrages zu begründen und fortan nur für den Erwerber zu besitzen. Auch kann der Eigentümer dem Erwerber den mittelbaren Besitz nach § 870 BGB durch Abtretung des Herausgabeanspruchs verschaffen. **(b)** In sämtlichen vorgenannten Fällen hat nicht nur der Übereigner sämtlichen Besitz verloren, sondern – wie ja weiterhin erforderlich – der Erwerber bezogen auf die Einigung auf Veranlassung des Übereigners den Besitz erlangt, so dass eine erneute Übersicht zur Besitzerlangung entbehrlich ist; eine solche liefe auf eine bloße Wiederholung des Vorstehenden hinaus. **(2)** Eine Übergabe ist aber auch dann möglich, wenn der **Übereigner niemals unmittelbarer** oder **mittelbarer Besitzer** war. Es reicht nämlich für eine Übergabe aus, wenn eine **„Geheißperson"** des Übereigners (die die tatsächliche Gewalt ausübt, und nicht Besitzdiener oder Besitzmittler des Übereigners ist, aber dem Übereigner „gehorcht"), auf Veranlassung des Übereigners dem Erwerber den unmittelbaren oder mittelbaren Besitz verschafft, wenn also zum *Beispiel* der Lieferant des Verkäufers und Übereigners auf dessen Weisung direkt an den Käufer und Erwerber liefert. **(3)** Aber auch der **Erwerber muss** für eine **Übergabe** an ihn **nicht unmittelbarer** oder **mittelbarer Besitzer werden**. Es reicht aus, wenn die Sache auf Veranlassung des **Erwerbers** an seine **„Geheißperson"** übergeben wird, die nicht Besitzdiener oder Besitzmittler des Erwerbers ist, also zum *Beispiel*, wenn die Lieferung des Lieferanten des Verkäufers und Übereigners nicht an den Käufer und Erwerber selbst, sondern auf dessen Veranlassung an dessen Abkäufer erfolgt. **(4)** Durch die **Kombination** von **(2) und (3)** kann es auch zu einem Eigentumserwerb durch **„doppelten Geheißerwerb"** kommen, von dem hier schon einmal die Rede war. Hätten Sie gedacht, dass der so simpel erscheinende Tatbestand des § 929 S. 1 BGB allein hinsichtlich der Frage des Vorliegens einer „Übergabe“ so viele – auch praktisch relevante – Möglichkeiten eröffnet? Haben Sie also fortan nicht mehr nur die Übereignung des „täglichen Lebens“ vor Augen, wenn Sie § 929 S. 1 BGB subsumieren!

**Fall 506**

Der für den Kaufmann V in dessen Antiquitätengeschäft tätige Geschäftsführer G verkauft dem K, der mit einem gemieteten Transporter und seinem bei ihm angestellten Fahrer F gekommen ist, einen dem V gehörigen antiken Schrank. Der K zahlt den Kaufpreis an den G. Dann geht der K, während G und F den Schrank in den von K angemieteten Transporter verladen und F damit zu K's Haus fährt. Unterwegs verunglückt der F aufgrund eines schuldhaften Verkehrsverstoßes des Radfahrers R. K will Schadensersatz von R.

Der Anspruch ergibt sich aus § 823 Abs. 1 BGB. a) Es liegt eine Verletzung des Eigentums des K vor. aa) Eigentümer war der V. bb) Der K hat das Eigentum nach §§ 929 S. 1, 164 Abs. 1 BGB i. V. m. § 56 HGB erlangt. aaa) In der Zahlung seitens des K und der Entgegennahme des Kaufpreises durch den den V wirksam vertretenden G (§ 164 Abs. 1 BGB i. V. m. § 56 HGB) liegt eine dingliche Einigung mit V über die Übereignung der Kaufsache. bbb) Die Übergabe liegt darin, aaaa) dass der V durch den für ihn handelnden Besitzdiener G (§ 855 BGB) den Besitz vollständig verloren hat, bbbb) dass der K den Besitz durch den für ich handelnden Besitzdiener F (§ 855 BGB) erlangt hat und cccc) dass dies alles auf Veranlassung des V geschehen ist. An den weiteren Voraussetzungen des § 823 BGB (dazu dann Teil 7) ist nicht zu zweifeln: b) Der R hat gehandelt. c) Zwischen der Handlung und der Verletzung besteht ein Zurechnungszusammenhang. d) Die Rechtswidrigkeit ist indiziert. e) R hat schuldhaft gehandelt. f) Also ist der R zum Schadensersatz verpflichtet (§ 249 ff. BGB).

**Fall 507**

Der V hat ein ihm gehöriges Buch an den L ausgeliehen. Der V verkauft es an den K. Der K zahlt den Kaufpreis an den V, der den Kaufpreis entgegennimmt. Nach Beendigung des Leihverhältnisses bringt der L auf Weisung des V das Buch zu K. Als der K gerade darin liest, wird das Buch von D schuldhaft zerstört. Der K verlangt von dem D Schadensersatz.

Der Anspruch ergibt sich aus § 823 Abs. 1 BGB. a) Die Zerstörung ist eine Verletzung des Eigentums des K vor. aa) Der Eigentümer war ursprünglich der V. bb) Der K hat das Eigentum nach § 929 S. 1 BGB erlangt. aaa) In der Zahlung und der Entgegennahme des Kaufpreises liegt eine Einigung über die Übereignung der Kaufsache. bbb) Die Übergabe liegt darin, aaaa) dass der V den Besitz vollständig verloren hat, bbbb) dass der K den Besitz erlangt hat cccc) und dies auf Veranlassung des V. b) Die Eigentumsverletzung ist einem Handeln des D c) zuzurechnen. d) Die Rechtswidrigkeit e) und ein Verschulden des D liegen vor.

**Fall 508**

Der V hat ihm gehörige Waren, die er in Besitz hat, an den K verkauft. Der K hat bei LH einen Lagerraum für die Waren angemietet. Der K zahlt den Kaufpreis an den V, und der V liefert die Waren, wie mit dem K vereinbart, direkt an den LH. Später bringt der V, indem er sich gegenüber dem Lagermeister als Einlagerer ausgibt, die Ware wieder an sich. Der K verlangt Herausgabe von dem V.

1. Der K könnte nach § 985 BGB Herausgabe verlangen, wenn er a) Eigentümer geworden wäre. aa) Der V war ursprünglich Eigentümer. bb) Hat K das Eigentum von ihm nach § 929 S. 1 BGB erworben? aaa) Eine dingliche Einigung und bbb) eine Übergabe aaaa) durch Aufgabe des unmittelbaren Besitzes bbbb) und eine Verschaffung des mittelbaren Besitzes an den K liegen vor. (Das eigenmächtige Wiederverschaffen des unmittelbaren Besitzes durch V ändert hieran natürlich nichts!) b) Der V ist Besitzer c) und hat kein Recht zum Besitz (§ 986 BGB). 2. Der K hat weiterhin einen Anspruch a) aus §§ 280, 241 Abs. 2, 249 Abs. 1 BGB b) und aus §§ 823 Abs. 1, 249 Abs. 1 BGB auf Herausgabe. 3. Warum besteht kein Anspruch mehr aus § 433 Abs. 1 BGB? Weil der V den Kaufvertrag erfüllt hatte (§ 362 BGB).

**Fall 509**

Der VSP verkauft gegen sofortige Barzahlung ihm gehörige Waren an VE, der die Waren bereits an den D weiter verkauft hat und dafür den Kaufpreis erhalten hat. Der VE weist den VSP an, die Waren dem D zu liefern, was geschieht. Wer hat an wen übereignet?

a) Der VSP hat nicht an den D übereignet. Denn eine Übereignung erfolgt nach dem Willen der Parteien im Zweifel immer „entlang" der dazu verpflichtenden Kausalverhältnisse; und aa) der VSP war nicht dem D, sondern dem VE zur Übereignung verpflichtet, bb) denn ein Kaufvertrag zugunsten Dritter (des D) lag nicht vor. b) Der VSP hat an VE nach § 929 S. 1 BGB übereignet. aa) Eine dingliche Einigung liegt in der Zahlung (Angebot) und der Entgegennahme des Kaufpreises und der Anweisung an VSP, die Sache zu D zu bringen (Annahme). bb) Zwar hat der VE durch die Lieferung der Ware an D keinen Besitz daran erlangt; in der Übergabe an den D liegt aber deshalb eine Übergabe an den VE, weil die Lieferung auf VE's „Geheiß" an dessen „Geheißperson" D vorgenommen wurde. c) Der VE hat sodann an den D nach § 929 S. 1 BGB übereignet: aa) Eine dingliche Einigung liegt in der Zahlung (Angebot) und der Entgegennahme des Kaufpreises und der Anweisung an VSP, die Sache zu D („Geheißperson") zu bringen (Annahme unter Verzicht auf den Zugang nach § 151 BGB. bb) Die durch VSP, der die „Geheißperson" des VE war, an D vorgenommene Übergabe wird dem VE zugerechnet, weil sie auf dessen Veranlassung beruht. Man nennt diese Konstellation einen Eigentumserwerb durch „doppelten Geheißerwerb".

**Fall 510**

Dem seit 6 Monaten zahlungsunfähigen V wird von seinem Gläubiger G1 eine ihm gehörige wertvolle Sache weggenommen. Der V, der dem G1 auf die Schliche gekommen ist, verkauft die Sache an seinen die Zahlungsunfähigkeit des V kennenden anderen Gläubiger G2 zu einem Schleuderpreis. Der G2 zahlt sofort. Sodann fordert der V den G1 unter Androhung einer Strafanzeige auf, die Sache zu G2 zu bringen. Der G1 folgt dem aus Angst vor der Strafverfolgung und bringt die Sache zu G2. Aufgrund dieses Geschäftes ist die Forderung des G2 bei wirtschaftlicher Betrachtungsweise getilgt. Am nächsten Tag wird über das Vermögen des V das Insolvenzverfahren eröffnet. Der Insolvenzverwalter IV erklärt die Anfechtung der Übereignung und verlangt Herausgabe von dem G2.

Der Anspruch könnte sich 1. aus §§ 985 BGB, 80 InsO ergeben. a) Der G2 ist Besitzer der Sache. b) Der V müsste Eigentümer sein. aa) V war Eigentümer. bb) Er könnte das Eigentum durch Übereignung an G2 verloren haben (§ 929 S. 1 BGB) aaa) Eine dingliche Einigung liegt in der Zahlung (Angebot) und der Entgegennahme des Kaufpreises und der Anweisung an den G1, die Sache zu G2 zu bringen (Annahme unter Verzicht auf den Zugang nach § 151 BGB). bbb) Die Übergabe aaaa) setzt keine Besitzaufgabe des V voraus, da er keinen Besitz hatte. bbbb) Der G2 hat den unmittelbaren Besitz erlangt, cccc) auf Veranlassung des V, der die Macht zur Besitzverschaffung durch die „Geheißperson“ G1 ausgeübt hat. Der G2 ist daher Eigentümer geworden; der IV hat keinen Herausgabeanspruch aus § 985 BGB. 2. Der Anspruch ergibt sich jedoch aus §§ 143 Abs. 1, 130 Abs. 1 Nr. 1, 129 Abs. 1 InsO („Insolvenzanfechtung). Bei dieser *Gelegenheit* erfahren Sie, dass der Begriff „Anfechtung“, der für bislang „besetzt“ war mit den §§ 119 ff. BGB auch noch eine andere Bedeutung hat. Es gibt übrigens auch ein AnfG, on das Sie jedenfalls mal einen Blick werfen sollten, um herauszufinden, was dieses regelt. *Übrigens*, wenn Sie noch keinen oder gerade keinen „Schönfelder“ haben: Wo kann man die Gesetze auch finden? Im Internet natürlich (hier z. B.: http://www.gesetze-im-internet.de/)

- Die **Übergabe** kann aber auch so erfolgen, dass nicht die Sache als solche übergeben wird, sondern die Übergabe der Sache durch die **Übergabe** eines **Traditionspapiers** erfolgt: Wenn Waren von einem Lagerhalter eingelagert oder zu Lande von einem Frachtführer bzw. zu See von einem Verfrachter transportiert werden, können diese Waren einerseits nach §§ 929, 931 BGB durch Einigung und Abtretung des Herausgabeanspruchs gegen den Lagerhalter oder gegen die Transportperson übereignet werden (dazu demnächst). Der Nachteil einer solchen Übereignung nach §§ 929, 931 BGB wäre aber, dass der Erwerber sich dann evtl. Einwendungen des Lagerhalters, des Frachtführers oder des Verfrachters entgegenhalten lassen müsste (§ 986 Abs. 2 BGB). Das Gesetz ermöglicht daher eine Übereignung durch **Einigung** und **Übergabe** der eingelagerten oder transportierten Sache **durch die Übergabe** von **„Traditionspapieren“** (=Orderlagerschein in § 475 g HGB, Ladeschein in § 448 HGB und Konnossement in § 643 HGB). Ein Eigentumserwerb vollzieht sich dann nach **§ 929 S. 1 BGB i. V. m. §§ 475 g/448/643 HGB** durch Einigung und Übergabe des Papiers, das an die

Stelle der zu übereignenden Sache gesetzt wird: Nach der **„absoluten Theorie“** wird das Papier bereits dann dem Gut gleichgesetzt, wenn es nur einmal vom Papieraussteller in Besitz genommen worden ist; nach der **„Repräsentationstheorie“** kann das Papier nur bei bestehendem mittelbaren Besitz des Papierausstellers dem Gut gleichgestellt werden. Die „Repräsentationstheorie“ ist wohl zutreffend: Die absolute Theorie würde sinnloserweise einen Eigentumserwerb auch bei nicht mehr vorhandenem Gut (das die Sache befördernde Schiff ist auf der Reise gesunken) ermöglichen; auch der Wortlaut spricht für eine Übernahme des Gutes und damit für das Erfordernis eines fortbestehenden Besitzes. Die sog. **„relative Theorie“** sieht dagegen in der Papierübergabe eine Abtretung des Herausgabeanspruchs nach § 870 BGB, so dass das Eigentum nach §§ 929, 931 BGB übergeht; dem kann überhaupt nicht gefolgt werden, denn hiernach wären die §§ 448, 475 g, 643 HGB überflüssige Vorschriften, und das Problem des § 986 Abs. 2 BGB bestünde weiterhin. Wer meint, die Befassung mit derlei abgelegenen Normen des HGB und – wie Sie im folgenden Fall sehen werden – auch des Wechselgesetzes (WG), der irrt und droht bei einer solchen rein taktischen Denkweise das Ziel der Ausbildung, ein wirklich vorzeigbares Examen, zu verfehlen!

**Fall 511**

Der nach der Verordnung über Orderlagerscheine dazu ermächtigte Lagerhalter LH schließt mit dem ELV einen Lagervertrag über einen dem ELV gehörenden Container ab und erteilt dem ELV einen Orderlagerschein. Der ELV verkauft den Container an den K und händigt ihm nach Zahlung des Kaufpreises den an den K indossierten Orderlagerschein aus. Danach weist der ELV den LH an, den Container an ihn, den ELV, herauszugeben. Bevor es dazu kommt, wird der Container bei dem LH von dem D gestohlen und an einen Unbekannten U veräußert. Der K verlangt den noch vorhandenen Erlös von D.

Der Anspruch könnte sich 1. aus § 816 Abs. 1 S. 1 BGB ergeben. a) Der D hat als Nichtberechtigter verfügt. b) Diese Verfügung müsste gegenüber dem K als Berechtigtem wirksam gewesen sein. aa) Der K müsste im Augenblick der Veräußerung an den U bereits Eigentümer gewesen sein. aaa) Der ELV war Eigentümer. bbb) In Betracht kommt eine Übereignung durch ELV an den K nach §§ 929 S. 1 BGB, 475 g HGB. aaaa) Eine Einigung liegt in der Übergabe des Papiers nach Entgegennahme des Kaufpreises. bbbb) Eine Übergabe des Containers wird durch die „Übergabe des (Order-) Lagerscheins an denjenigen, welcher durch den Schein zur Empfangnahme des Gutes legitimiert wird“ (§ 475 g HGB) ersetzt: aaaaa) Der LH muss das Gut übernommen haben, also unmittelbarer oder mittelbarer Besitzer geworden sein; das ist der Fall. bbbbb) Der K muss hinsichtlich des verbrieften Anspruchs materiell berechtigt gewesen sein; das ist der Fall, weil dieser durch Indossament (§ 364 Abs. 1 HGB, Art. 11 WG) auf ihn übertragen worden ist. ccccc) Der LH muss noch unmittelbarer oder mittelbarer Besitzer des Gutes sein; das ist der Fall. cccc) Der ELV und der K sind sich bei Übergabe des Orderlagerscheines noch einig. Der in der Aufforderung des ELV an den Lagerhalter LH, den Container an ihn, den ELV, herauszugeben, liegende

Widerruf der Einigung war für K unerkennbar und ist daher unbeachtlich. dddd) Der K war daher der Eigentümer geworden. bb) Die aaa) an sich nach § 935 Abs. 1 BGB gegenüber dem K unwirksame Übereignung des D an den U ist bbb) nach §§ 185 Abs. 2 S. 1 Var. 1, 184 Abs. 1 BGB durch K's im Herausverlangen des Erlöses liegende Genehmigung rückwirkend wirksam geworden. Der D hat daher den Erlös an K herauszugeben. 2. Der Anspruch ergibt sich auch aus §§ 687 Abs. 2, 681 S. 2, 667 BGB.

**Variante**

Der Orderlagerschein trifft erst bei K ein, als der Container bereits gestohlen ist.

Nach der Repräsentationstheorie fehlt es für eine wirksame Übergabe am Besitz des LH.

**Variante**

Der ELV verliert den Orderlagerschein auf der Straße. Der F findet ihn und verkauft den Container an den K und händigt ihm nach Zahlung des Kaufpreises den an ihn indossierten Orderlagerschein aus. Der bei LH befindliche Container wurde von D gestohlen und an einen Unbekannten U veräußert. Der K verlangt den noch vorhandenen Erlös von D.

Der Anspruch besteht aus § 816 Abs. 1 S. 1 BGB und aus §§ 687 Abs. 2, 681 S. 2, 667 BGB, weil der K das Eigentum nach §§ 929 S. 1 BGB, 475 g, 365 HGB, Art. 16 Abs. 2 WG erlangt hat.

Die weitere Funktion dieser Papiere (welche waren es noch?) ist es, den Auslieferungsanspruch gegen den Lagerhalter, Frachtführer, Verfrachter zu verbriefen, so dass durch Verfügung über das Papier der Auslieferungsanspruch übertragen werden kann.

## 4. Entbehrlichkeit der Übergabe (§ 929 S. 2 BGB und § 929a BGB)

### a) Der Erwerber ist (bereits) Besitzer

Ist der **Erwerber bereits unmittelbarer** oder **mittelbarer Besitzer** der Sache, ist die Übergabe entbehrlich, und es bedarf für die Übereignung nur einer dinglichen Einigung (§ 929 S. 2 BGB). Gleichgültig ist, von wem und auf welche Weise der Erwerber den Besitz erlangt hatte. Die Möglichkeit der Übereignung nach § 929 S. 2 BGB spielt in rechtspraktischer Hinsicht eine Rolle bei der **Rückabwicklung** einer **Sicherungsübereignung**. Wenn der gesicherte Kredit getilgt ist und der Sicherungsnehmer aufgrund des Sicherungsvertrages das Sicherungsgut an den Sicherungsgeber zurückzuübereignen hat, erfolgt dies, weil der Sicherungsgeber ja im Besitz der Sache geblieben ist, nach § 929 S. 2 BGB. Entsinnen Sie noch, wie man den Rückerwerb des Sicherungsgutes an den Sicherungsgeber aber auch konstruieren kann? Auflösend bedingt! Auch kann **mittels des § 929 S. 2 BGB** eine **Schenkung** mit der Wirkung des § 518 Abs. 2 BGB **vollzogen** werden.

**Fall 512**

Der E verleiht dem L eine ihm gehörige bewegliche Sache; dieser verleiht sie an UL unter. Dann verkauft der E sie an den L; der L zahlt den Kaufpreis und der E sagt ihm, er könne die Sache nun behalten. Der D stiehlt dem UL die Sache. Der L verlangt sie von D heraus.

Der Anspruch könnte sich aus § 985 BGB ergeben. a) Der D ist unmittelbarer Besitzer (§ 854 BGB). b) Der L müsste Eigentümer der Sache sein: aa) Der E war Eigentümer. bb) Der L könnte das Eigentum erlangt haben: aaa) Eine Einigung liegt vor. bbb) Die Übergabe könnte nach § 929 S. 2 BGB entbehrlich sein, wenn der L im Besitz der Sache war. Wenn im Gesetz von „Besitz" die Rede ist, ist i. d. R. auch der mittelbare Besitz gemeint (§ 868 BGB). Der UL besaß aufgrund des Leihvertrages die Sache für den L, also war L mittelbarer Besitzer. c) D hatte kein Recht zum Besitz (§ 986 BGB). Der L kann auch die Herausgabe an sich verlangen, weil § 986 Abs. 1 S. 2 BGB deshalb nicht eingreift, weil der UL dem L gegenüber kein Recht zum Besitz mehr hat (§ 604 Abs. 3 BGB).

## b) Eigentumsübertragung an Schiffen

Für die Leser, die an der Küste und an den großen schiffbaren Flüssen des Landes leben bzw. hier studieren, kann die Möglichkeit der Übertragung des Eigentums an **Seeschiffen** interessant sein, dies auch, weil es dort immer wieder Prüfer mit maritimen Interessen gibt. Aber auch am Rhein, wo es **Binnenschiffe** gibt, gibt es schließlich Universitäten. Daher ein kurzes Wort zu diesem Thema. Hier ist zu unterscheiden:

1. zwischen den jederzeit leicht erreichbaren **Binnenschiffen**, die entweder im **Binnenschiffsregister eingetragen** sind und die dann durch Einigung und Eintragung in das Binnenschiffsregister übereignet werden (§ 3 SchiffsRG), und den **nicht im Binnenschiffsregister eingetragenen Binnenschiffen**, die nach §§ 929 ff. BGB übereignet werden,
2. und den oft schwer erreichbaren (sie sind vielfach auf „hoher See" oder liegen in Häfen ferner Länder, wenn sie übereignet werden sollen) **Seeschiffen**, die – gleich ob sie im Schiffsregister **eingetragen** oder **nicht eingetragen** sind – nach §§ 929 ff. BGB übereignet werden, und zwar auch ohne Übergabe oder Übergabesurrogat, also nur durch dingliche Einigung, wenn nach deren Inhalt „das Eigentum **sofort** übergehen soll" (für eingetragene Seeschiffe nach § 2 SchiffsRG und für nicht eingetragene Seeschiffe nach § 929a BGB); die bei eingetragenen Schiffen erforderliche Eintragung ist daher nur eine Registerberichtigung.

Was den rechtspolitischen Grund für diese eigentümliche, die Übereignung beschleunigen und erleichtern sollende Regelung angeht, muss man an das Jahr 1900 denken, als es noch keine weltumspannenden Kommunikationsmöglichkeiten gab, und man auch an Kriegs- oder Krisensituationen dachte, die eine rasche Veräußerung von Schiffen, die in neutralen Häfen lagen, nötig machen könnten.

### 5. Übergabesurrogat: Besitzmittlungsverhältnis (§ 930 BGB)

Wenn der Übereigner im eigenen Interesse/im Interesse des Erwerbers die Sache nicht zum Zwecke der Übereignung übergeben will/soll, sondern sie noch/nur für einige Zeit im Besitz behalten will/soll, der Erwerber aber nach dem beiderseitigen Willen sogleich Eigentümer werden soll (i. d. R. zum Schutz des die Gegenleistung bereits erbracht habenden Erwerbers vor Gläubigern des Übereigners durch die Rechtsbehelfe aus § 771 ZPO oder aus § 47 InsO), ließe sich das konstruktiv so ermöglichen, dass die Sache zunächst nach § 929 S. 1 BGB an den Erwerber übereignet wird und dass sie dann sogleich von diesem an den Übereigner „zurück"-vermietet, verliehen oder ihm zur Verwahrung gegeben wird. Um aus Gründen der Vereinfachung das umständliche Manöver einer zunächst erfolgenden Übereignung nach § 929 S. 1 BGB und eine sogleich danach erfolgenden schuldrechtliche Rücküberlassung zu vermeiden, hat das Gesetz in **§ 930 BGB** eine Übereignung ermöglicht, bei der zwar eine **Einigung** nach **§ 929 S. 1 BGB** erforderlich ist, aber die **„Übergabe"** dadurch **ersetzt** wird, dass aufgrund einer Vereinbarung der Übereigner die Sache in Besitz, also in unmittelbarem oder mittelbarem Besitz, behält und sie nunmehr aufgrund eines Besitzmittlungsverhältnisses („Besitzkonstitut") für den neuen Eigentümer besitzt.

#### a) Einigung

Erforderlich ist zunächst wie immer – lesen Sie das Gesetz genau: es wird nur die Übergabe des § 929 S. 1 BGB „ersetzt" – eine **Einigung** (genauer: ein **„Einigsein"** im Augenblick der Vollendung des Rechtserwerbs). Dass diese Einigung vorweggenommen (anti(e)zipiert) werden kann, haben Sie bereits erfahren. Wir werden gleich sehen, wozu diese Möglichkeit zur Vorwegnahme nützlich sein kann.

#### b) Übergabesurrogat: Besitzmittlungsverhältnis kraft Vereinbarung

Die **„Übergabe" wird** bei §§ 929, 930 BGB dadurch **ersetzt**, dass aufgrund einer zeitgleich mit der Einigung erfolgenden Vereinbarung der Übereigner die Sache in unmittelbarem oder mittelbarem Besitz behält und sie nunmehr aufgrund eines Besitzmittlungsverhältnisses („Besitzkonstitut") für den Erwerber, also den neuen Eigentümer, besitzt.

##### aa) Der Übereigner ist unmittelbarer Besitzer

Die Fallkonstellationen, in denen der **Übereigner unmittelbarer Besitzer ist** und **bleibt**, sind die Regelfälle. Daher beginnen wir damit.

##### (1) Übereignung nach §§ 929 S. 1, 930 BGB

Oft wird die **Übereignung** nach **§§ 929 S. 1, 930 BGB ausdrücklich vereinbart**, so bei der **Sicherungsübereignung**, über die Sie noch anderenorts so viel erfahren werden, das wir hier darauf nicht eingehen.

Zuweilen aber läuft es auf die Frage hinaus, ob eine **Übereignung** nach **§§ 929 S. 1, 930 BGB konkludent vereinbart** ist. Dazu sind die Rechtsfragen oft schwieriger als man denkt, wie diese *Beispiele* zeigen: (a) Der Kauf und die Bezahlung von 20 noch nicht ausgesuchten Austern bei „Fischloh" durch K auf dem unter dem U-Bahn-Viadukt gelegenen Wochenmarkt entlang der Hamburger Isestraße an einem heißen Sommermorgen, die bis zum benötigten Verbrauch auf dem Eis liegen bleiben sollen, bis der kilometerlange Marktgang über den „Isemarkt" nach 2 h mit einem „Schnack hier und einem Schnack da" und einer ausgiebigen „Promi"-Besichtigung beendet sein wird und dann abgeholt werden sollen. (b) Der Kauf und die Anzahlung eines Kleidungsstücks durch K, an dem im Interesse des Käufers vom Verkäufer noch Änderungen vorgenommen werden sollen. (c) Der Kauf eines Gemälde auf einer Vernissage durch K, der bezahlt, das Bild aber auf Bitten des Künstlers bis zur Beendigung der Ausstellung mit Schild „Verkauft!" in der Ausstellung hängen lässt (nach Helms-Zepernick).

Weil in Fällen dieser Art regelmäßig keine ausdrückliche Vereinbarung getroffen wird, stellt sich die Frage, ob eine Übereignung nach §§ 929 S.1, 930 BGB konkludent vereinbart ist. Die vollständige Kaufpreiszahlung spricht in den Fällen (a) und (c) dafür, dass K Eigentümer werden sollte. Und in Fall (c) kommt hinzu, dass die Belassung der Kaufsache im Interesse des Verkäufers erfolgte. Das ist bei Fall (b) gerade nicht der Fall, und dort ist von K auch nur eine Anzahlung geleistet worden. Und in Fall (a) ist dem für die Wirksamkeit einer Übereignung einzuhaltende Bestimmtheitsgrundsatz nicht entsprochen und die Belassung der Austern im Interesse des K vereinbart worden. Danach wäre nur in Fall (c) das Eigentum erworben.

(2) Antizipierte Übereignungen nach §§ 929 S. 1, 930 BGB

Nicht selten wollen die Beteiligten, also der Übereigner und der Erwerber, erreichen, dass der Erwerber das Eigentum an Sachen, deren Eigentum der Übereigner selbst noch erwerben muss, möglichst genau in dem Augenblick erlangen soll, zu dem der Übereigner das Eigentum erwirbt.

Der hieran Interessierte kann z. B. ein Kommittent bei der Einkaufskommission sein. Hier lässt sich der frühzeitige Eigentumserwerb des Kommittenten durch eine **Übereignung** nach **§§ 929 S. 1, 930 BGB** seitens des **vom Verbot** des **Selbstkontrahierens (§ 181 BGB) befreiten** Kommissionärs mit sich selbst als Übereigner und mit sich als dazu bevollmächtigtem Vertreter des Kommittenten als Erwerber konstruieren, wobei ein solcher Übereignungswille nach außen in Erscheinung treten muss.

Noch besser ist jedoch eine **antizipierte Übereignung** nach **§§ 929 S. 1, 930 BGB**. Dies vereinbaren zum *Beispiel* außer im Kommissionsgeschäft üblicherweise die Parteien von ganzen Warenlagern betreffenden Sicherungsübereignungen nach §§ 929 S. 1, 930 BGB, bei denen die Sicherungseigentümer ihre Zustimmung dazu erklärt haben, dass der Sicherungsgeber im normalen Geschäftsgang Waren veräußert, so dass der Sicherungsnehmer das Eigentum an diesen Sachen nach §§ 929 ff., 185 Abs. 1 BGB verliert, bzw. bei solchen Sicherungsübereignungen, bei denen die zur Sicherheit übereigneten Waren im normalen Geschäftsgang verarbeitet werden, so dass der Sicherungsnehmer das Eigentum nach § 950 BGB verliert. In diesen Konstellationen wird regelmäßig zwischen dem Sicherungsgeber und dem Sicherungsnehmer (selbstredend auf Verlangen des bei Kreditgeschäften stets „am längeren Hebel sitzenden" Sicherungsnehmers) vereinbart, dass vom Sicherungsgeber nachträglich erworbene und dem Warenlager zugeführte Waren sofort

Sicherungseigentum werden sollen. Um das möglich zu machen, macht man sich die Erkenntnis zunutze, dass sowohl die für eine Übereignung nach §§ 929 S. 1, 930 BGB nötige Einigung als auch das dafür ebenfalls erforderliche Besitzmittlungsverhältnis anti(e)zipiert vereinbart werden können. Allerdings muss wegen des Bestimmtheitsprinzips ohne weiteres erkennbar sein, welche Sachen Eigentum des Sicherungsnehmers werden sollen. Ausreichend (BGH) soll dafür sein, dass Sicherungseigentum werden sollen: alle Waren einer beschriebenen Gattung; Waren, die in einem bestimmten Raum gelagert werden („Raumsicherungsvertrag"); oder Waren, die in bestimmter Weise markiert sind („Markierungsvertrag"). Nicht ausreichend (BGH) soll sein: eine bloß gesonderte Lagerung ohne vorherige Vereinbarung; oder eine Bestimmung nach rein rechtlichen und nach außen nicht erkennbaren Kriterien, wie z. B. „alle Sachen mit Ausnahme der unter Eigentumsvorbehalt gelieferten Sachen".

Früher (RG) hat man aus Gründen der Publizität bei einer Übereignung nach §§ 929 S. 1, 930 BGB neben der dem Bestimmtheitsgrundsatz Rechnung tragenden Kenntlichmachung der übereigneten Sachen auch noch eine nach außen erkennbare Ausführungshandlung verlangt. Das steht mit dem Wortlaut des Gesetzes in Widerspruch, denn § 930 BGB „ersetzt" gerade das Erfordernis einer Ausführungshandlung in Gestalt der Übergabe, so dass man im Wege des Umkehrschlusses aus § 930 BGB und auch aus den §§ 929 S. 2, 931 BGB **keine** zusätzliche **Ausführungshandlung** fordern darf.

**Fall 513**

Der Examenskandidat V verkauft dem Erstsemester K ein ihm gehöriges gebrauchtes Exemplar des Sachenrechts-Lehrbuchs von Baur-Stürner. Der K zahlt den Kaufpreis an den V, der den Kaufpreis entgegennimmt; der V und der K sind sich einig, dass der V das Buch noch bis zum 6. Juni 2002 bei sich behalten und sich damit für seine Examensklausur vorbereiten kann. Am 5. Juni 2002 zerstört die Freundin des V, die D, das Buch, als der V gerade darin liest, weil sie sich darüber ärgert, dass der V nur noch Augen für den Baur-Stürner und nicht mehr für sie hat. Der V erklärt sich aus wirtschaftlichen Gründen außerstande, dem K den Kaufpreis zurückzuzahlen. Der K verlangt daher von der D Schadensersatz.

Der Anspruch ergibt sich aus § 823 Abs. 1 BGB. a) Die Zerstörung des Buches ist eine Verletzung des Eigentums des K an dem Buch: aa) Eigentümer war ursprünglich der V. bb) Der K hat das Eigentum nach § 929 S. 1, 930 BGB erlangt: aaa) In der Zahlung und der Entgegennahme des Kaufpreises liegt eine dingliche Einigung über die Übereignung der Kaufsache. bbb) Die Übergabe wird dadurch ersetzt, dass der V die Sache für den K aufgrund eines Besitzmittlungsverhältnisses (Leihvertrag, §§ 598 ff. BGB) besitzt. b) Die Eigentumsverletzung aa) ist einem Handeln der D bb) zuzurechnen (Vorsatzdelikt). c) Rechtswidrigkeit (Vorsatzdelikt) und d) Verschulden (Vorsatz) liegen vor. d) Der dem K zu ersetzende Schaden beläuft sich mindestens auf die von V nach § 325 Abs. 3 BGB zurückzuzahlende Kaufpreissumme.

**Fall 514**

Der reiche van Gogh-Sammler K'tent aus Hamburg vereinbart mit dem hochverschuldeten und auch ihm Geld schuldenden Kunsthändler K'är aus Frankfurt, dass dieser gegen Erlass der Schulden im eigenem Namen auf der Auktion des Dritt in München für Rechnung des K'tent ein dem Dritt gehörendes bestimmtes Bild ersteigert; der K'tent will dort nicht persönlich auftreten, um die Preise nicht durch seine bloße Anwesenheit in die Höhe zu treiben. Der K'är soll bis zum Preis von € 500.000,– bieten; zur Durchführung des zu schließenden Kaufvertrages erhält der K'är von dem K'tent € 500.000,– in bar. Beide sind sich einig, dass der K'tent sogleich nach der Ersteigerung das Eigentum an dem Bild erwerben soll; für die Zeit bis zum abschließenden Transport nach Hamburg soll der K'är das Bild für den K'tent verwahren. Der K'är bietet auf der Auktion und erhält den Zuschlag bei € 480. 000,–, die er sofort bar mit dem ihm als Vorschuss überlassenen Geld bezahlt. Der Dritt erfüllt daraufhin den Kaufvertrag gegenüber dem K'är. Der K'är fährt noch am gleichen Abend zunächst nach Frankfurt, wo er vor der Weiterfahrt nach Hamburg bei sich zu Hause übernachten will; das Bild nimmt er mit in seine Wohnung. Hier wird am nächsten Morgen das Bild und auch der Restbetrag aus dem Vorschuss in Höhe von € 20. 000,– im Auftrag seines Gläubigers G, der von dem Erwerb des Bildes durch den K'är in einer Morgenzeitung gelesen hatte, aufgrund eines Zahlungstitels über € 600. 000,– durch den Eil-Gerichtsvollzieher GV gegen den Protest des K'är, der auf eine Berechtigung des K'tent an Bild und Geld hinweist, gepfändet.

Beantworten Sie sich zunächst selbst die folgenden **Zwischenfragen** aus Ihrem bisher angesammelten Fundus an aktivem „Basiswissen": **1.** Was für eine Rechtsbeziehung besteht zwischen K'tent und K'är? **2.** Welche Rechte und Pflichten bestehen zwischen ihnen? **3.** Wo und wie ist der Kommissionsvertrag gesetzlich geregelt? **4.** Was ist die Voraussetzung für eine Zwangsvollstreckung im Allgemeinen? **5.** Was sind die Gegenstände der Zwangsvollstreckung wegen einer Geldforderung? **6.** Was ist die alleinige Voraussetzung dafür, dass der Gerichtsvollzieher eine bewegliche Sache pfändet? **7.** Warum interessiert ihn der Protest des K'är überhaupt nicht? **8.** Was würde ein vernünftiger, praktisch denkender Gerichtsvollzieher in dieser Situation allerdings wohl machen?

**Fortsetzung des Falles**

Der K'tent erhebt Klage gegen den G aus § 771 ZPO („Drittwiderspruchsklage").

Die Voraussetzung des § 771 ZPO ist ein dem Kläger (K'tent) zustehendes „die Veräußerung hinderndes Recht"; damit ist gemeint, dass der Gegenstand (hier: die beiden beweglichen Sachen: das van Gogh-Gemälde und Bargeld in Höhe von € 20. 000,–), auf den sich die Zwangsvollstreckung (hier durch

Pfändung) bezieht, rechtlich nicht dem Schuldner (hier dem K'är), sondern dem Kläger zusteht, weil er (der K'tent) und nicht der K'är Eigentümer ist: Es ist daher nach der sog. „historischen Methode" zu prüfen, wer Eigentümer des Bildes und des Geldes ist. 1. *Bild*: a) Eigentümer war der Dritt. b) Weil der K'är im eigenen Namen gehandelt hat, aa) ist aufgrund der Verpflichtung des Dritt aus dem zwischen ihm und K'är nach §§ 433, 145, 156 BGB geschlossenen Kaufvertrag bb) das Eigentum an dem Bild an K'är nach § 929 S. 1 BGB übertragen worden, und nicht etwa an den K'tent. c) Ist der K'tent anschließend daran doch Eigentümer geworden? Konstruktiv vorstellbar sind zwei Wege: aa) Der K'är könnte das Bild nach dem Eigentumserwerb, aber vor der Pfändung durch GV, an den K'tent nach §§ 930, 164, 181 BGB im Wege eines In-sich-Geschäfts übereignet haben. aaa) Hier wäre u. U. nach den Grundsätzen des „Geschäftes, an den, den es angeht" auf ein Handeln in fremdem Namen zu verzichten, weil der K'tent nicht schutzwürdig wäre; dies ist jedoch deshalb zweifelhaft, weil ein Geschäft „an den, den es angeht", typischerweise nur bei einem „Bargeschäft des täglichen Lebens" angenommen werden kann, wozu dieses Geschäft kaum zählen dürfte. bbb) Nimmt man dies gleichwohl an, läge eine entsprechende Bevollmächtigung stillschweigend (§ 133, 157 BGB) in dem Kommissionsvertrag; ccc) und wegen der Verpflichtung des K'är, das Eigentum an den K'tent zu übertragen (§ 667 BGB), wäre der K'är auch von den Schranken des § 181 BGB entbunden; ddd) es fehlt aber an einem (für erforderlich zu haltenden) nach außen in Erscheinung getretenen Übertragungswillen. bb) Möglich ist ferner ein Eigentumserwerb durch eine „anti(e)zipierte" Einigung und eine „anti(e)zipierte" Vereinbarung eines Besitzkonstituts nach §§ 929 S. 1, 930 BGB: aaa) Eine aaaa) vorweggenommene Einigung und bbbb) ein vorweggenommenes konkretes (Verwahrungsvertrag) Besitzkonstitut sind im Kommissionsvertrag vereinbart worden; cccc) der Bestimmtheitsgrundsatz ist gewahrt. dddd) Auf eine Ausführungshandlung, an der es hier fehlt, kommt es nicht an, weil die §§ 929 S. 2–931 BGB im Gegensatz zu § 929 S. 1 BGB gerade auf ein solches Erfordernis verzichten. Die Klage wäre daher insoweit begründet. 2. *Geld*: Die Überlassung des Vorschusses aufgrund des § 669 BGB dürfte nach §§ 133, 157 BGB seitens des K'tent nicht als Übereignung an den K'är gewollt sein, sondern nur als Ermächtigung nach § 185 Abs. 1 BGB, über das (weiterhin im Eigentum des K'är stehende) Geld zu verfügen; denn es liegt aus der Sicht eines vernünftigen Kommissionärs auch unter Berücksichtigung von Treu und Glauben fern, dass ein Kommittent den zu leistenden Vorschuss an den K'är übereignen will: Er würde so ohne vernünftigen Grund das Risiko eines Zugriffs eines Gläubigers des Kommissionärs auf sich nehmen und dies sogar im Fall eines nicht ausgeführten Kommissionsgeschäftes bis zur Rückzahlung des Kommissionärs; dessen Interessen erfordern überdies kein Eigentum am Vorschuss, denn mit einer Ermächtigung zur Verfügung ist ihm ausreichend gedient. Daher war K'tent Eigentümer am unverbrauchten Vorschuss in Höhe von € 20. 000,– geblieben. Die Klage wäre auch insoweit begründet.

**Variante**

Der K'är hat den Kaufpreis gezahlt. Das Bild soll an ihn in einer Woche durch einen besonders gesicherten Transport geliefert werden. Am nächsten Tag wird über das Vermögen des K'är das Insolvenzverfahren eröffnet. Der K'tent will aussondern

Der Anspruch steht bereits vor der Abtretung an K'tent diesem zu (§ 392 Abs. 2 HGB), so dass dieser den Lieferungsanspruch aussondern kann (§ 47 InsO).

bb) Der Übereigner ist mittelbarer Besitzer

Möglich ist auch, dass der Übereigner **mittelbarer Besitzer ist und** es auch **bleiben** soll. Rein rechtstechnisch gesehen ermöglicht dies der Umstand, dass der mittelbare Besitzer ein „Besitzer" ist (§ 868 BGB), wie §§ 929 S. 1, 930 BGB es voraussetzt, und dass der § 871 BGB einen gestuften mittelbaren Besitz anerkennt.

Diese Fallkonstellation – reizvollerweise gekoppelt mit der vorherigen Fallkonstellation (sub (aa)) – demonstriert das folgende *Beispiel*: Der Bauunternehmer E1, dem ein noch ein Jahr lang auf einer Großbaustelle benötigter Baukran gehört, verkauft (§ 433 BGB) und übereignet diesen nach §§ 929 S. 1, 930 BGB an den Käufer E2, indem E1 und E2 sich über den Eigentumsübergang einigen und einen Mietvertrag des Inhalts schließen, dass E1 den Kran für ein Jahr auf der Baustelle gegen eine vereinbarte Miete belassen und einsetzen darf. Der E2 nimmt danach bei der E3-Bank einen Kredit auf und übereignet zur Sicherheit den Baukran nach §§ 929 S. 1, 930 BGB an die E3-Bank, indem E2 und E3 sich über den Eigentumsübergang einigen und einen gesonderten Vertrag des Inhalts schließen/oder indem sie dies im Sicherungsvertrag (mit-)vereinbaren, dass der E2 als mittelbarer Besitzer des Krans dem E3 als Oberbesitzer den Besitz mittelt (gestufter mittelbarer Besitz). Die E3-Bank ist damit (Sicherungs-)Eigentümerin geworden.

### c) Übergabesurrogat: Besitzmittlungsverhältnis kraft Gesetzes

Im Gesetz ist die Rede von der Vereinbarung eines die Übergabe ersetzenden Besitzmittlungsverhältnisses, also von vertraglichen Besitzmittlungsverhältnissen. So waren auch die bisher behandelten Beispiele beschaffen. Es ist aber unbestritten, dass eine Übereignung nach §§ 929 S. 1, 930 BGB auch erfolgen kann, wenn der Übereigner die zu übereignende Sache aufgrund eines **gesetzlichen Schuldverhältnisses** für den Erwerber besitzt, so dass in solchen Fällen rein praktisch gesehen, eine bloße Einigung für die Übereignung ausreicht. Sie werden sich vielleicht erinnern, dass bei minderjährigen Kindern das **Eltern-Kind-Verhältnis** ein gesetzliches Besitzmittlungsverhältnis besteht: Die Eltern besitzen die nach § 1626 Abs. 1 BGB („Vermögenssorge") ihrer Verwaltung unterliegenden Sachen des Kindes für die Kinder. Daher können zum *Beispiel* (BGH) Eltern ihren minderjährigen Kindern nach §§ 929 S. 1, 930, 1626 Abs. 1 BGB ihnen gehörige Sachen (z. B. 38 Orientteppiche) schenkweise übereignen, ohne dass sie die Sachen den Kindern übergeben müssten, weil sie die von ihnen weiterhin benutzten Sachen fortan aufgrund des Besitzmittlungsverhältnisses für die Kinder besitzen und dies auch wollen. Wie erfolgt aber die unerlässliche (§ 929 S. 1 BGB) Einigung? Durch eine Einigung zwischen ihnen, den Eltern, und ihren Kindern, vertreten durch die

Eltern (§§ 164, 1629 BGB). Die darin liegende Mehrfachvertretung verstößt nicht gegen § 181 BGB, weil sie in Erfüllung einer Verbindlichkeit aus einem wirksamen Schenkungsvertrag zwischen den Eltern und den Kindern erfolgt, den die Eltern mit den im eigenen Namen handelnden Kindern, für die dieses Geschäft lediglich rechtlich vorteilhaft war (§ 107 BGB), nach den §§ 104 ff. BGB wirksam abgeschlossen hatten und dessen Formfehler (§§ 518 Abs. 1, 125 BGB) durch die in der Übereignung liegende Erfüllung geheilt wird (§ 518 Abs. 2 BGB). Im Ergebnis Gleiches gilt für das *Beispiel* (BGH) einer Übereignung von Sachen **unter Ehegatten**: Wenn der Ehemann ihm gehörende Hausratsgegenstände an seine Frau übereignen will, reicht eine Einigung, weil der Mann die von ihm weiter benutzten Sachen für die Frau besitzt und dies auch will (§§ 929 S. 1, 930, 1353 BGB). Warum erfolgen eigentlich solche schenkweisen Übereignungen? Sehr oft deshalb, weil man auf „Flucht vor Gläubigern" einen Ausweg sucht, die zur „Familienhabe" gehörigen Sachen nach § 771 ZPO vor einer Einzelzwangsvollstreckung oder mittels des § 47 InsO vor dem Insolvenzverfahren „zu retten". Haben die Gläubiger bzw. der Insolvenzverwalter angesichts dieser Möglichkeiten der Vermögensverschiebung keine Chance? Doch: Die Schenkungen können u. U. angefochten werden, aber nicht nach §§ 119 ff. BGB, sondern außerhalb des Insolvenzverfahrens nach dem Anfechtungsgesetz (AnfG) und im Insolvenzverfahren nach den §§ 139 ff. InsO. Vielleicht entsinnen Sie sich, dass Sie davon gerade erst in diesem Buch gelesen hatten. Im Rahmen der Weiter-Übereignung der von einem mittelbaren Vertreter angekauften und zu Eigentum erworbenen Sachen an den mittelbar Vertretenen kann die **GoA** ein konkretes Rechtsverhältnis i. S. d. § 868 BGB sein und eine Übereignung des mittelbaren Stellvertreters an den mittelbar „Vertretenen" nach §§ 929, 930 BGB ermöglichen.

Alsbald werden Sie genauer erfahren, warum es Überschneidungen einer Übereignung nach **§§ 929, 930 BGB** und der Übereignung nach **§§ 929, 931 BGB** gibt. Hier zur Illustration schon einmal ein *Beispiel*: Wenn ein Dritter die zu übereignende Sache für den Eigentümer besitzt, kann der Eigentümer sich mit dem Erwerber einigen und die Sache als (weiterhin mittelbarer) Besitzer für den Erwerber besitzen (das wäre eine Übereignung nach §§ 929, 930 BGB); der Eigentümer kann die Sache aber auch nach §§ 929, 931 BGB übereignen. Im vorherigen Baukran-Fallbeispiel hätte der E2 das Eigentum an die E3-Bank also auch nach §§ 929 S. 1, 931 BGB übereignen können.

### 6. Übergabesurrogat: Abtretung des Herausgabeanspruchs (§ 931 BGB)

Wir **stellen** uns **vor**, dass **Besitzer** der **Sache** nicht der sie übereignende Eigentümer **ist**, sondern ein **Dritter**, gegen den der Eigentümer einen Herausgabeanspruch hat.

Das kann ein Dritter sein, der die Sache für den Eigentümer als unmittelbarer Besitzer (Mieter) oder als mittelbarer Besitzer (Mieter, der die Sache untervermietet hat – und diese „Kette" ließe sich verlängern) besitzt. Von ihm kann er Herausgabe nach § 546 BGB und aus § 985 BGB verlangen.

Es kann aber auch ein Dritter sein, der die Sache nicht für den Eigentümer besitzt, wie z. B. ein Dieb. Von diesem könnte der Eigentümer Herausgabe nach §§ 985, 986 BGB, aus § 812 Abs. 1 S. 1 Var. 2 BGB, aus § 823 Abs. 1, 2, 249 Abs. 1 BGB und aus § 1007 BGB verlangen.

Und schließlich gibt es Dritte, die dem Eigentümer nur aus § 985 BGB zur Herausgabe verpflichtet sind z. B. dann, wenn der Dieb die gestohlene Sache an einen Dritten nach § 433 BGB verkauft und nach § 929 S. 1 BGB übereignet hat, ohne ihm nach § 932 Abs. 1 BGB das Eigentum beschaffen zu können (§ 935 BGB).

Wie kann der Eigentümer eine im Besitz eines Dritten befindliche Sache übereignen?

Die **Einigung** ist kein Problem; sie richtet sich nach § 929 S. 1 BGB, und dazu wissen Sie bereits alles.

Die Frage ist aber die nach **der Übergabe** bzw. nach einem **Übergabesurrogat**.

Ist eine Übergabe und damit eine **Übereignung** nach **§ 929 S. 1 BGB** möglich? Während der Zeit des Besitzes des Dritten wäre eine Übereignung nach § 929 S. 1 BGB durch Einigung und Übergabe möglich, wenn der Dritte als mittelbarer Besitzer für den Eigentümer besäße; denn dann könnte der Übereigner das Besitzmittlungsverhältnis mit dem Dritten beenden und die Begründung eines Besitzmittlungsverhältnisses zwischen dem Dritten und dem Erwerber veranlassen. Das wäre – wie Sie wissen – eine „Übergabe" i. S. d. § 929 S. 1 BGB, ist aber eine ziemlich theoretische Konstruktion. Ansonsten müsste für eine Übereignung nach § 929 S. 1 BGB der Übereigner die Sache zunächst von dem Dritten herausverlangen, und nach erfolgter Herausgabe an ihn könnte er die Sache dann nach § 929 S. 1 BGB durch Einigung und Übergabe übereignen.

Wenn der Übereigner mittelbarer Besitzer ist, könnte er das **Eigentum** auf den Erwerber **aber auch** nach **§§ 929 S. 1, 930 BGB übertragen**: Er als Eigentümer müsste sich dazu mit dem Erwerber über den Eigentumsübergang einigen und die Sache weiterhin im mittelbaren Besitz behalten und mit dem Erwerber vereinbaren, dass er, der Übereigner, die Sache nunmehr für den Erwerber besitzt. Warum ist dies konstruktiv möglich? Weil – wie Sie gerade gelernt haben – es für §§ 929 S. 1, 930 BGB ausreicht, dass der im Besitz der Sache bleibende das Eigentum übertragende Besitzer mittelbarer Besitzer ist, weil es in § 930 BGB heißt: „Ist der Eigentümer im Besitz der Sache…", und weil „Besitz" i. S. d. BGB stets auch der „mittelbare Besitz" ist (arge. § 868 BGB). Denken Sie sich dazu folgendes klassische *Beispiel*: Der EV hat eine Sache langfristig an M vermietet und will sie an K, dem er die Sache während des Bestehens des Mietverhältnisses verkauft hat, übereignen. Dies kann geschehen nach §§ 929, 930 BGB, indem EV und K sich über den Eigentumsübergang einigen und die Übergabe dadurch ersetzen, dass E mittelbarer Besitzer bleibt und diesen Besitz dem K als „Oberbesitzer" mittelt. Zur interessanten Frage, ob der neue Eigentümer die Sache noch vor Beendigung des Mietverhältnisses von M herausverlangen kann, erfahren Sie später mehr. Hier soll nur darauf hingewiesen werden, dass § 986 Abs. 2 BGB analog angewendet wird. § 986 Abs. 2 BGB ist zwar auf §§ 929 S. 1, 931 BGB zugeschnitten, muss aber auch auf den hier besprochenen Fall analog angewendet werden, weil man sonst den § 986 Abs. 2 BGB umgehen könnte. Denn diese Übereignung könnte auch nach §§ 929 S. 1, 931 BGB vorgenommen werden.

Das ist auch der **Plan des Gesetzes**, denn diese soeben vorgestellten (Umgehungs-)Konstruktionen zur Übereignung einer sich im Besitz eines Dritten befindlichen Sache sind kompliziert. Der Gesetzgeber hat daher **aus Gründen der Vereinfachung** die **Möglichkeit einer Übereignung nach §§ 929 S. 1, 931 BGB** geschaffen: Danach ist für eine Übereignung einer Sache, die sich im Besitz eines Dritten befindet, neben der **dinglichen Einigung** nur eine **Abtretung** des **Herausgabeanspruchs gegen** den **Dritten** (§ 870 BGB) erforderlich.

Dieser **abzutretende Herausgabeanspruch** kann

- sich entweder aus einem **Besitzmittlungsverhältnis** ergeben, also bei einem wirksamen Vertrag mit dem Dritten,, z. B. beim Mietvertrag aus § 546 BGB oder beim Leihvertrag aus § 604 BGB, bzw. bei einem unwirksamen Vertrag (Sie entsinnen sich: ein Besitzmittlungsverhältnis setzt keine Wirksamkeit des Vertrages voraus!) aus Gesetz, z. B. aus § 812 BGB oder aus §§ 823, 249 BGB, die zweifelsfrei abtretbar sind,
- oder bei einem fehlendem Besitzmittlungsverhältnis mit dem Dritten (z. B. bei einem Diebstahl durch den Dritten) ergeben aus gesetzlichen Herausgabeansprüchen, wie z. B. aus **§ 812 Abs. 1 S. 1 Var. 2 BGB** oder aus **§§ 823 Abs. 1, 2, 249 Abs. 1 BGB** oder aus **§ 1007 BGB**. Auf den auch bestehenden Anspruch aus §§ 985, 986 BGB gehen wir aus den gleich genannten Gründen nicht ein.
- Besteht dagegen **nur** ein Herausgabeanspruch aus **§ 985 BGB** (also der eines Eigentümers gegen einen Erwerber, der wegen § 935 BGB nicht Eigentümer werden konnte) wird die **Abtretbarkeit bezweifelt,** weil ihr **§ 399 1. Fall BGB** entgegenstehen soll, denn der Anspruch aus § 985 BGB sei auf Herausgabe „an den Eigentümer" gerichtet und dürfe daher nicht einem anderen als dem Eigentümer zustehen. Das ist zwar generell für die isolierte Abtretung zutreffend, hier aber kein Argument, weil der Anspruch ja gerade an den abgetreten wird, der zum neuen Eigentümer wird, so dass es im Ergebnis nicht zu einer Divergenz von Eigentümerstellung und Anspruchsberechtigung aus §§ 985, 986 BGB kommt. Wie auch immer: Die Übereignung soll möglich sein, und deshalb für eine Übereignung nach § 931 BGB die bloße Einigung ausreichen (Palandt).

Bei einer Übereignung nach §§ 929, 931 BGB ist der an der Übereignung unbeteiligte die **Sache besitzende Dritte schutzbedürftig**. Er darf nicht darunter leiden, dass ohne sein Zutun ein Eigentümerwechsel herbeigeführt wird. Dazu dient der **§ 986 Abs. 2 BGB**; dieser Schutz ähnelt dem des § 404 BGB und hängt natürlich nicht etwa von einer „Gutgläubigkeit" des Besitzers ab! Hiernach muss der Eigentümer sich die **Einwendungen** des im Besitz befindlichen Dritten entgegenhalten lassen, aber auch dessen **Einreden**, z. B. aus § 273 BGB.

**Fall 515**

Der V hat am 1. Dezember 2002 sein Auto für einen Monat an den M vermietet und ihm den Wagen überlassen. Am 2. Dezember 2002 verkauft der V das Auto an den K und übereignet es ihm nach §§ 929 S.1, 931 BGB, weil der K den Kaufpreis gezahlt hat. Am 3. Dezember 2002 verlangt der K das Auto von dem M heraus.

Der Anspruch könnte sich a) aus § 985 BGB ergeben. aa) K ist Eigentümer nach §§ 929 S. 1, 931 BGB geworden. bb) Der M ist Besitzer. cc) Der M dürfte kein Recht zum Besitz haben: Hier ergibt sich dieses aus §§ 986 Abs. 2, 931, 535 BGB. b) Und wenn K Herausgabe aus §§ 546, 398 verlangt? Dann ist § 404 BGB einschlägig.

Zwei kleine „Kontrollfragen“ 1. Warum ist nicht § 566 BGB einschlägig? Wer nicht sofort darauf kommt, muss im großen Spiel um das Examen fast zurück auf „Los“ oder den nächsten Fall lösen. 2. Entsinnen Sie Sie noch, wann § 986 Abs. 2 BGB analog anzuwenden war? Hierzu brauchen Sie nur eine Seite zurückzublättern.

**Fall 516**

Der V hat an den M am 1. Dezember 2002 ein ihm gehörendes Wohnhaus vermietet und überlassen. Am 2. Dezember 2002 hat er es an den K verkauft und nach §§ 873, 925 BGB übereignet; der K wird am 1. Februar 2003 als Eigentümer im Grundbuch eingetragen. Der K verlangt von dem M Räumung.

Der Anspruch könnte sich aus 1. § 985 BGB ergeben. a) K ist Eigentümer nach §§ 873, 925 BGB geworden. b) M ist Besitzer. c) M dürfte kein Recht zum Besitz haben: hier ergibt sich das Recht zum Besitz aus §§ 986 Abs. 1, S. 1, 535, 566 BGB. 2. Ein Anspruch aus § 546 Abs. 1 BGB besteht nicht, weil zwischen M und K ein Mietvertrag besteht (§§ 566, 535 BGB), bb) der mangels wirksamer Kündigung oder eine anderen Form der Beendigung des Mietvertrages nicht beendet ist. Hier ist ein Kommentar nötig: An sich hätte bei der Prüfung mit einem Anspruch aus § 546 BGB begonnen werden müssen; aber, um diese Prüfung plausibel zu machen, hätte inzident der § 566 BGB subsumiert werden müssen. Die Aufbauregel ist hier aus didaktischen Gründen (es ging nur darum, den Unterschied des „Mieterschutzes“ durch § 986 Abs. 2 BGB und § 566 BGB deutlich zu machen) bewusst „außer Kraft gesetzt“ worden!

Zu guter Letzt eine kleine Kuriosität: **§ 931 BGB** soll eine Übereignung **auch** dann durch bloße dingliche Einigung ermöglichen, wenn es dem Eigentümer an einem Herausgabeanspruch gegen einen Besitzer deshalb fehlt, weil die dem Eigentümer gehörige Sache **in Niemandes Besitz ist**: z. B. bei der Übereignung des Wracks auf dem Meeresgrund (Medicus).

## 7. Berechtigung des Übereigners

Die folgenden Ausführungen zur Berechtigung und deren Fehlen aufgrund von Verfügungsverboten und Verfügungsbeschränkungen gelten natürlich nicht nur für die hier behandelte Übereignung beweglicher Sachen, sondern sinngemäß für andere Verfügungen.

Jetzt beherrschen Sie die Technik der Übereignung beweglicher Sachen. Jedem dürfte einleuchten, dass das Eigentum aber eigentlich nur derjenige übertragen kann, dem dieses Recht auch zusteht. Deshalb heißt es in § 929 S. 1 BGB auch „... ist erforderlich, dass der **Eigentümer** die Sache dem Erwerber übergibt und beide sich darüber einig sind...".

Der **Übereigner muss** also im Augenblick der **Vollendung des Rechtserwerbs** der **Eigentümer** der Sache sein.

Das kann aber für die Wirksamkeit einer Übereignung noch nicht ausreichen. Eine zusätzliche Voraussetzung für die Wirksamkeit der Übereignung nach den §§ 929 ff. BGB ist daher, dass der **Übereigner** im Augenblick der Vollendung des Rechtserwerbs auch **berechtigt** dazu ist, **sein Eigentum** zu **übertragen**. Denn nur der zur Übereignung berechtigte Eigentümer kann das Eigentum verschaffen. So manchem jungen Juristen mag auf den ersten Blick nicht einleuchten, wieso ein Eigentümer, der ja bekanntlich nach § 903 BGB mit der ihm gehörenden Sache nach Belieben verfahren kann, nicht zur Übereignung berechtig sein soll. Aber vergessen Sie bei § 903 BGB nicht die den Eigentümerbefugnissen entgegenstehende Schranke: „..., soweit nicht das Gesetz oder Rechte Dritter entgegenstehen,...". Dass das Eigentum des Übereigners als Voraussetzung für die Wirksamkeit der Übereignung nicht ausreicht, werden Sie gleich sehen, wenn Sie erfahren, dass es Konstellationen gibt, in denen Eigentümer aufgrund von Verfügungsverboten nicht übereignen dürfen bzw. wegen einer Verfügungsbeschränkung nicht einmal übereignen können. Umgekehrt muss ein Übereigner aber auch nicht Eigentümer sein, um wirksam übereignen zu können, wie es der Wortlaut des § 929 S. 1 BGB zu besagen scheint. Sie werden sogleich erfahren, dass auch ein **Nichteigentümer**, der zur Verfügung, namentlich **zur Übereignung**, **befugt** ist, gleichwohl **wirksam übereignen kann**.

Es darf Sie daher nicht wundern, wenn fortan für die Wirksamkeit einer Übereignung nach § 929 S. 1 BGB (begrifflich verkürzt!) eine **„Berechtigung"** des **Übereigners** verlangt wird.

Diese liegt nach den vorstehenden Ausführungen vor, wenn der **Übereigner**

- entweder der **Eigentümer** der **Sache** ist und ihm zugleich auch die **Verfügung** in Gestalt der **Übereignung nicht verboten** ist und die Übereignung auch **keiner Verfügungsbeschränkung** unterliegt **(sub a))**
- oder wenn er ohne Eigentümer zu sein eine ihn **zur Übereignung berechtigende Verfügungsbefugnis** hat **(sub b))**.

So mancher junge Jurist mag sich angesichts des anscheinend so klaren Wortlauts des § 929 S. 1 BGB, der lediglich verlangt, dass der Übereigner „der Eigentümer" sein müsse, vom BGB getäuscht fühlen. Sie dürfen aber nicht verkennen, dass die Verfügungsverbote bzw. Verfügungsbeschränkungen und die Übereignungsmöglichkeit auf einen zur Verfügung Befugten erweiternden Normen sich im Allgemeinen Teil des BGB befinden, dessen Regelungen („Ausklammerungsprinzip") auch den § 929 S. 1 BGB betreffen. Der Gesetzgeber hat Ihnen also keine scheinbare Einfachheit vorgetäuscht.

### a) Berechtigung aufgrund des Eigentums und einer zugleich bestehenden Verfügungsmacht des Übereigners

Der Übereigner nach den §§ 929 ff. BGB ist also zum einen dann **Berechtigter**, wenn er **Eigentümer** der **Sache** ist **(sub aa))** und wenn ihm zugleich auch die Verfügungsmacht zusteht, also die **Verfügung** in Gestalt der Übereignung **nicht verboten** ist und die Übereignung auch **keiner Verfügungsbeschränkung** unterliegt **(sub bb))**.

#### aa) Eigentum des Übereigners

Sie müssen also zuerst feststellen, dass der **Übereigner** der **Eigentümer** der Sache ist.

Oft erfahren Sie dies aus dem **Sachverhalt**. Schweigt der Sachverhalt hierzu, kann Ihnen **§ 1006 BGB** helfen, denn bekanntlich wird hiernach vermutet, dass, wenn der Übereigner (wie in den meisten Sachverhalten) im Besitz der Sache ist bzw. war etc. auch der Eigentümer ist bzw. war etc., so dass Sie bei der Fallbearbeitung auf ein mögliches Fehlen des Eigentums des besitzenden Übereigners nur dann eingehen dürfen, wenn der Sachverhalt Anlass dazu bietet, dass die Vermutung widerlegt sein könnte. Ansonsten ist die **dingliche** (hier: die das Eigentum betreffende) **Rechtslage** von Ihnen in der **historischen Abfolge** zu prüfen.

Ausgehend von der Person, die nach dem Sachverhalt oder nach dem unwiderlegten § 1006 BGB als zeitlich erster Eigentümer anzusehen ist, müssen Sie Schritt für Schritt und ganz sorgfältig untersuchen, welche Personen in der Einzel- (§§ 929 ff. BGB) oder Gesamtrechtsnachfolge (§ 1922 BGB) oder originär (§§ 946 ff., 953 ff. BGB) das Eigentum erlangt haben.

Diese **historische Prüfung** muss aber **nicht sklavisch** durchgeführt werden. Es geht fast immer darum, die Eigentumslage zum Übertragungszeitpunkt festzustellen. Wenn in der Übereignungskette irgendwann in der Vergangenheit ein Eigentumserwerb nach § 935 BGB blockiert wird (dazu später mehr), dann kann es immer noch sein, dass danach z. B. ein gesetzlicher Eigentumserwerb, z. B. nach § 937 BGB, stattgefunden hat. Dann können Sie sich dort „einklinken" und die „Vergangenheit ruhen lassen".

Aber ziehen Sie daraus, dass nach dem Sachverhalt oder aufgrund Ihrer rechtlichen Erörterungen der Übereigner der Eigentümer der Sache ist, noch nicht voreilig den Schluss, dass der Eigentümer auch der Berechtigte ist.

bb) Bestehen der Verfügungsmacht

Dem Eigentümer könnte die Verfügungsmacht fehlen, und dann wäre er trotz seines Eigentums ein Nichtberechtigter.

Allerdings wird **zugunsten** des **Eigentümers** das Bestehen von dessen **Verfügungsmacht vermute**t.

Nur in den Fällen von die Übereignung untersagenden Verfügungsverboten **(sub (1))** und bei die Übereignung unwirksam machenden Verfügungsbeschränkungen **(sub (2))** fehlt dem Eigentümer die Verfügungsmacht. Diese zu prüfen, muss aber angesichts der gegenläufigen Vermutung dem Sachverhalt zufolge Anlass bestehen.

(1) Verfügungsverbote

Mit den in **§§ 135, 136 BGB** geregelten **Verfügungsverboten** (im Gesetz heißen sie „Veräußerungsverbote") werden Sie allerdings nur selten zu tun haben.

Bei ihnen geht es darum, dass der Verfügende – hier der übereignende Eigentümer – keine Verfügungsmacht hat, weil er über die Sache nicht verfügen (hier: nicht übereignen) darf.

(a) Es gibt solche Verfügungsverbote, die dem Schutz der Allgemeinheit dienen und die daher eine **absolute** (also gegenüber jedermann bestehende) **Wirkung** haben z. B. in §§ 12, 29 BtMG, wonach der Handel mit Betäubungsmitteln verboten ist. Die Wirkung eines Verstoßes gegen dieses Verfügungsverbot ist aber bereits eine Nichtigkeit der Übereignung nach § 134 BGB. Das ist also nichts Neues und hat nichts mit unserem Thema zu tun.

(b) Wohl aber ist neu, dass es auch Verfügungsverbote mit **relativer** (also nur gegenüber einer Person bestehender) **Wirkung** gibt.

Ein solches **relatives Verfügungsverbot** kann entweder **gesetzlich bestimmt** sein (§ 135 BGB). Die Bedeutung dieser Norm ist allerdings marginal. Was die hier interessierende Übereignung angeht, gibt es – soweit ersichtlich – keinen Fall, in dem das Gesetz eine Übereignung mit der Folge relativer Unwirksamkeit verbietet.

Bedeutsamer ist demgegenüber das **behördliche (gemein**t ist: das **gerichtliche) Verfügungsverbot** mit **relativer Wirkung**, das dem Eigentümer die Verfügungsmacht nimmt, zum *Beispiel* bei einem durch einstweilige Verfügung ausgesprochenen Veräußerungsverbot (§§ 935, 938 ZPO), das der Erstkäufer (K1) einer Sache gegen den Eigentümer-Verkäufer (EV) in Erwartung eines dem Gericht glaubhaft gemachten Doppelverkaufs an den K2 erwirkt hat. Wenn die einstweilige Verfügung auch dem Zweitkäufer K2 zugestellt worden ist, er also i. S. d. §§ 136, 135 Abs. 2, 932 Abs. 2 BGB bösgläubig ist, ist die dennoch vorgenommene Übereignung des EV an K2 zwar allen gegenüber wirksam, aber im Verhältnis zu K1 (relativ) unwirksam, so dass K1 von V Übereignung verlangen kann und dieser sich nicht auf § 275 Abs. 1 BGB berufen kann. Wie allerdings der EV den Anspruch des K1 erfüllt, ist problematisch: Man könnte an die Möglichkeit einer Übereignung des EV an K1 nach §§ 929, 931 BGB denken. Wer Spaß an dogmatischen Fragen hat, kann in diesem Zusammenhang im Wege des Vorgriffs die §§ 883 ff. BGB (Vormerkung) durchlesen, bei dem es um den Schutz eines in Bezug auf unbewegliche Sachen oder auf an ihnen bestehende Rechte obligatorischen Berechtigten (z. B. der Grundstückskäufer/der Käufer einer Hypothek) vor Zwischenverfügungen des Schuldners (der jeweilige Verkäufer) geht – man wird auf allerlei Ähnlichkeiten stoßen! Sie ahnen schon: das ist eine schwierige, eher den Praktiker interessierende Materie. Sie dürften daher – wie bereits eingangs bemerkt – mit den §§ 135, 136 BGB in der Ausbildung nur selten bzw. gar nicht zu tun haben. Anders wird es bei der Vormerkung sein, die ein Lieblingskind der Prüfungsämter sind.

(c) Weil es in dogmatischer Hinsicht bedeutungsvoll ist, werden Sie jedoch bestimmt irgendwann einmal mit **§ 137 BGB** befasst werden.

Die **praktische Relevanz** des **§ 137 BGB** können Sie an der Fallkonstellation erproben, in der bei einer Treuhand der Treuhänder vertragswidrig über das Treugut

1. Hiernach kann dem **Inhaber eines veräußerlichen Rechts**, also **auch dem Eigentümer**, die Verfügungsmacht **nicht durch Rechtsgeschäft** genommen oder beschränkt werden. Eine solche Vereinbarung hätte nur schuldrechtliche Wirkung. Ein Verstoß hiergegen würde also eventuell zu einem Schadensersatzanspruch aus § 280 BGB führen.
2. Nie aber sollten Sie die – im hier in erster Linie interessierenden Sachenrecht allerdings allenfalls bei § 931 BGB relevant werdende – **Ausnahme** zu **§ 137 BGB** in **§ 399 Var. 2 BGB** („pactum de non cedendo") vergessen.

verfügt, indem er eine hierzu gehörende bewegliche Sache übereignet: Diese Verfügung ist gegenüber Dritten wirksam; ein dinglich wirksames Verfügungsverbot kann der Treuhandvertrag nicht enthalten (§ 137 BGB).

**Fall 517**

Der E ist Eigentümer eines berühmten Gemäldes. Er möchte aber nach außen nicht als Eigentümer in Erscheinung treten und übereignet es daher nach § 929 S. 1 BGB „zum Zwecke der Verwaltung" an das Museum des V; in dem Vertrag wird „jede Verfügung des V über das Bild ausgeschlossen". Als der V in Geldnot gerät, verkauft und übereignet er das Bild an den Sammler K. Der K weiß, dass der V Verwaltungstreuhänder für den E ist und dass dem V jede Verfügung über das Bild untersagt ist. Der E verlangt Herausgabe des Bildes an V.

Der Anspruch könnte sich aus § 985 BGB ergeben. a) K ist Besitzer. b) Der E müsste noch Eigentümer sein. aa) E war Eigentümer. bb) Der V hat das Eigentum von E erworben (§ 929 S. 1 BGB). cc) Der K könnte es von dem V erworben haben. aaa) Eine Übereignung nach § 929 S. 1 BGB scheitert nicht etwa an fehlendem Eigentum des V; dieser hatte auch Verfügungsbefugnis zur Übereignung an K, denn durch die Vereinbarung ist die Verfügungsbefugnis nicht mit Wirkung gegenüber Dritten ausgeschlossen (§ 137 BGB). bbb) Die Verfügung ist jedoch gleichwohl nach §§ 134 BGB, 266 StGB nichtig. cc) Der K darf kein Recht zum Besitz gegenüber dem E haben aaa) Ein eigenes Recht zum Besitz gegenüber E hat er nicht. bbb) Der K hat auch kein abgeleitetes Recht zum Besitz aus dem Kaufvertrag i. V. m. dem Verwaltungstreuhandvertrag, weil der Verwaltungstreuhandvertrag dem V nicht das Recht zur Veräußerung an Dritte einräumt und weil der Kaufvertrag nach §§ 134 BGB, 266 StGB nichtig ist. dd) Deshalb kann der E die Herausgabe auch an V verlangen (§ 986 Abs. 1 S. 2 BGB).

Das waren die die **Verfügungsmacht** des **Eigentümers entfallen lassen** könnenden **Verfügungsverbote**.

(2) Verfügungsbeschränkungen

Es gibt weiterhin auch **Verfügungsbeschränkungen**. Bei ihnen geht es um Einschränkung der grundsätzlich dem Inhaber des Rechts, hier dem Eigentümer, zustehenden Verfügungsmacht bis hin zu deren völligem Entzug.

(a) Zum einen gibt es Verfügungsbeschränkungen mit **absoluter** (also mit gegenüber jedermann bestehender) **Wirkung**: Es sind die für Ehegatten, die im gesetzlichen Güterstand der Zugewinngemeinschaft leben, geltenden Verfügungsbeschränkungen. Hier ist eine Verfügung des Eigentümers über sein Vermögen im Ganzen (das allerdings nur selten aus einer einzigen beweglichen Sache bestehen dürfte – bei Grundstücken kann das anders sein) ohne Zustimmung des anderen Ehegatten unwirksam **(§ 1365 BGB)** und ebenso die Verfügung über einen Hausratsgegenstand des ihn übereignenden Eigentümers **(§ 1369 BGB)**. Ferner gibt es Verfügungsbeschränkungen hinsichtlich des Vorerben **(§§ 2113 ff. BGB)** und des Erben bei einer Testamentsvollstreckung **(§ 2211 BGB)**. Von praktisch großer Bedeutung ist die Verfügungsbeschränkung im Insolvenzverfahren **(§§ 80, 81 InsO)**.

(b) Es gibt aber auch **Verfügungsbeschränkungen** mit **relativer** (also nur gegenüber einer Person bestehender) **Wirkung**. Der für Sie hier zunächst interessanteste Fall einer fehlenden Befugnis des Eigentümers, sein Eigentum zu übertragen, ist der einer **Verfügungsbeschränkung** nach **§ 161 Abs. 1 BGB**, der Ihnen ja schon lange gut bekannt ist.

**Fall 518**

Der V verkauft eine ihm gehörige bewegliche Sache unter Vorbehalt des Eigentums an den K1 und übergibt und übereignet sie an ihn. Weil die Sache einen Mangel hat, bringt der K1 sie zurück zu dem V, damit dieser den Mangel beseitigt (§§ 433, 434, 437 Nr. 1, 439 BGB). Der V, der einen plötzlichen Geldbedarf hat, nutzt die Gelegenheit und verkauft die Sache an den den Kaufpreis sofort bar zahlenden K2 und erfüllt den Kaufvertrag seinerseits durch Übereignung und Übergabe an K2. Der K2 weiß, dass V die Sache zuvor an K1 unter Eigentumsvorbehalt veräußert hatte. Der K1, der von diesen Vorgängen nichts weiß, zahlt jetzt den Restkaufpreis an den V und verlangt Herausgabe von K2, nachdem der V ihm alles gebeichtet hatte.

Ein Anspruch des K1 gegen den K2 könnte sich aus § 985 BGB ergeben. a) Der K2 ist Besitzer der Sache. b) Der K1 müsste Eigentümer sein. aa) Der V war Eigentümer. bb) Der K1 ist zunächst nicht Eigentümer geworden (§§ 929 S. 1, 158 Abs. 1, 449 BGB). cc) Der K2 könnte das Eigentum von dem V nach § 929 S. 1 BGB erworben haben. aaa) Der V und der K2 haben sich dinglich geeinigt, bbb) die Sache ist an den K2 übergeben worden. ccc) Der V ist Eigentümer. Fraglich ist, ob der V zur Verfügung befugt war. aaaa) Nach § 161 Abs. 1 BGB fehlt dem V die Verfügungsbefugnis bei sog. „Zwischenverfügungen" erst bei Eintritt der Bedingung. Die vollständige Kaufpreiszahlung war aber zur Zeit der Übereignung an den K2 noch nicht erfolgt. bbbb) Mit der Zahlung des Kaufpreisrestes aaaaa) wäre die Übereignung an den K2 ex nunc unwirksam geworden, bbbbb) wenn der K2 nicht nach §§ 161 Abs. 3, 929 S. 2, 932 BGB geschützt wäre; das ist hier nicht der Fall, weil der K2 hinsichtlich der zugunsten des K1 erfolgten aufschiebend bedingten Übereignung bösgläubig war. dd) Also ist der K1 durch Bedingungseintritt nach §§ 929, S. 1, 158 Abs. 1 BGB Eigentümer geworden. c) Der K2 hat kein Recht zum Besitz gegenüber K1 aus § 986 BGB.

#### b) Berechtigung aufgrund einer gesetzlichen oder rechtsgeschäftlich erteilten Verfügungsbefugnis

Nach dem Vorstehenden ist **Berechtigter** i. S. d. §§ 929 ff. BGB also derjenige **Eigentümer** einer Sache, dem – entgegen der Vermutung – die **Verfügung** in Gestalt der Übereignung **nicht verboten** ist und bei dem **keine Verfügungsbeschränkung** besteht.

Eine Berechtigung des Übereigners kann aber auch ausschließlich aufgrund einer **Verfügungsbefugnis** gegeben sein. Es gibt Konstellationen, bei denen die Verfügungsbefugnis **kraft Gesetzes** ausschließlich **einer nicht mit** dem **Eigentümer identischen Person zusteht**, und solche, bei denen ein **anderer als** der **Eigentümer rechtsgeschäftlich** durch den Verfügungsbefugten **zur Verfügung ermächtigt** wird.

**Kraft Gesetzes** sind anstelle des Eigentümers zur Verfügung befugt

- der Pfandgläubiger beim **Pfandverkauf**: Im Falle eines Pfandverkaufs durch **öffentliche Versteigerung** (§ 1235 Abs. 1 BGB) ist dieser durch das Pfandrecht und durch die Einhaltung der in § 1243 BGB aufgezählten Rechtmäßigkeitsbestimmungen (§§ 929 ff., 156, 164 ff., 1242 BGB) anstelle des Eigentümers zur Verfügung, hier zu Übereignung, befugt und wird dabei vertreten durch den Versteigerer. Beim **Pfandverkauf** durch **freihändigen Verkauf** (§ 1235 Abs. 2 BGB) gilt insoweit § 1221 BGB.
- Ferner die Inhaber von durch das Gesetz verliehenen **Amtsstellungen,** z.B. der Testamentsvollstrecker nach **§ 2205 BGB** oder der Insolvenzverwalter nach **§ 80 InsO**.

Wie gesagt: Es gibt weiterhin die Konstellation, bei der ein seinerseits dazu Befugter (i. d. R. ist es der Eigentümer) **rechtsgeschäftlich** dem Übereigner eine **Verfügungsbefugnis erteilt** hat, nämlich durch eine **Einwilligung** z. B. zur Übereignung (**§ 185 Abs. 1 BGB**). Wenn man zu dieser Konstellation auch das Wirksamwerden der Verfügung eines Nichtberechtigten durch Genehmigung nach **§ 185 Abs. 2 S. 1 Var. 1 BGB** rechnet, also den nicht berechtigt Verfügenden wegen der rückwirkenden Genehmigung (§ 184 Abs. 1 BGB) zum „Berechtigten" macht, ist das auf den ersten Blick begrifflich sicher verlockend. Aber **sogleich (sub 8)** und dann noch einmal **später** im Rahmen der Darstellung des **§ 816 Abs. 1 S. 1 BGB** werden Sie erfahren, dass die an sich unwirksame, aber durch eine Genehmigung gemäß § 185 Abs. 2 S. 1 Var. 1 BGB wirksam gemachte Verfügung eines Nichtberechtigten diesen entgegen der Rückwirkungsfiktion des § 184 Abs. 1 BGB nicht zum Berechtigten machen soll, weil die Rückwirkung der Genehmigung lediglich die Rechtsfolgen betreffen soll (Larenz).

### c) Konsequenzen einer fehlenden Berechtigung des Übereigners

Wir müssen jetzt einen **Blick nach vorn** werfen: Wenn bei bestimmten Konstellationen, die sich aus den vorstehenden Ausführungen **(sub a))** ergaben, eine **Berechtigung des Übereigners** die Sache zu übereignen, **nicht gegeben** ist, so stellt sich die **Frage** nach dem **Schicksal** der davon betroffenen Verfügung, hier also der **Übereignung beweglicher Sachen** nach **§§ 929 ff. BGB**.

Um das **Ergebnis vorweg** zu nehmen: Die Übereignung ist deshalb nicht notwendig fehlgeschlagen. Sie wissen längst, dass es **die Möglichkeit** eines **Eigentumserwerbs vom Nichtberechtigten** gibt, und zwar aufgrund eines **Wirksamwerdens** der **Verfügung** eines **Nichtberechtigten** sowie aufgrund eines **gutgläubigen Erwerbs** vom **Nichtberechtigten**.

Damit beschäftigen wir uns jetzt, und zwar in der nachgenannten Reihenfolge mit den Fragen, ob man durch Übereignung

- **Eigentum** erwerben kann durch eine nach § 185 Abs. 2 BGB wirksam werdende Verfügung eines Nichtberechtigten **(sub 8)**
- **Eigentum** vom übereignenden Nichteigentümer erwerben kann nach §§ 932 ff. BGB aufgrund **guten Glaubens an** dessen **Eigentum (sub 9 a))**
- **lastenfreies Eigentum** an belastetem Eigentum erwerben kann nach § 936 BGB aufgrund **guten Glaubens** an die **Lastenfreiheit (sub 9 b))**,
- **Eigentum** von einem Eigentümer erwerben kann, dem wegen eines Verfügungsverbots oder wegen einer Verfügungsbeschränkung keine Verfügungsmacht zusteht, aufgrund **guten Glaubens** an eine bestehende **Verfügungsmacht (sub 10)** oder

- **Eigentum** vom **angeblich** rechtsgeschäftlich zur **Verfügung**, speziell zur Übereignung, **befugten** oder **vom angeblich** zur **Vertretung berechtigten Nichteigentümer** erwerben kann **(sub 11 a)**
- **Eigentum**, und dies **lastenfrei** im Wege der Pfandveräußerung bei nicht bestehendem Pfandrecht oder bei Verstoß gegen die Rechtmäßigkeitsvorschriften aufgrund guten Glaubens hieran erwerben kann (§§ 1244, 932–934, 936 BGB) **(sub 11 b))**.

## 8. Das Wirksamwerden der Verfügung eines Nichtberechtigten (§ 185 Abs. 2 BGB)

Die folgenden Ausführung zum Wirksamwerden der Verfügung eines Nichtberechtigten nach § 185 Abs. 2 BGB gelten natürlich nicht nur für die hier behandelte Übereignung beweglicher Sachen, sondern sinngemäß auch für andere Verfügungen.

Eine von einem **Nichtberechtigten** vorgenommene Übereignung

- kann **ex tunc** (also: rückwirkend) **wirksam werden** durch eine **Genehmigung (§§ 185 Abs. 2 S. 1, Var. 1, 184 Abs. 1 BGB)** des **Berechtigten**. Sie erkennen aufgrund der Einordnung der Norm des § 185 Abs. 2 S. 1 Var. 1 BGB in diesem Zusammenhang, dass hier – und das klang ja kurz vorher schon an – vorgeschlagen wird, die Genehmigung der Verfügung eines Nichtberechtigten in dogmatischer Hinsicht nicht als eine Unterform der Erteilung einer Verfügungsbefugnis anzusehen, sondern als einen der Fälle der „Heilung" von mangels Verfügungsbefugnis unwirksamen Verfügungen, und dies trotz der Rückwirkungsfunktion des § 184 Abs. 1 BGB. Aufgrund dieser Rückwirkungsfunktion kommen wir auch zu einem interessanten Sonderproblem bei der Fallkonstellation mehrerer miteinander **kollidierender Verfügungen** – nämlich beim Zusammentreffen einer Verfügung eines Berechtigten und einer anschließenden durch die Genehmigung des Berechtigten rückwirkend wirksam gewordenen Verfügung eines Nichtberechtigten. In einem solchen Fall stellt sich die leicht übersehene (!) weitere Frage, welche der beiden Verfügungen wirksam ist, die in § 184 Abs. 2 BGB beantwortet wird.
- Weiterhin wird die Verfügung eines Nichtberechtigten **ex nunc** (also: von nun an) wirksam durch den **Erwerb** des **Gegenstandes seitens** den **verfügenden Nichtberechtigten (§ 185 Abs. 2, S. 1, Var. 2 BGB)**. In einem solchen Fall kommt es zu einem Durchgangserwerb des Nichtberechtigten, der zwar nur eine

„juristische/logische Sekunde" dauert, aber gleichwohl verhängnisvolle Konsequenzen haben kann, wenn beim zwischenzeitlichen Rechtserwerb durch den Nichtberechtigten das Insolvenzverfahren über dessen Vermögen eröffnet worden ist, denn dadurch wird der Gegenstand der Verfügung Massebestandteil. Sie werden bald lernen, dass die „Erfindung" des „Anwartschaftsrechts", z. B. das des Eigentumsvorbehaltskäufers, und die Behandlung des „Anwartschaftsrechts" als „wesensgleiches minus des Vollrechts" und die daraus resultierende Ermöglichung seiner Übertragung des „Anwartschaftsrechts" nach den §§ 929 ff. BGB ein solches Unglück verhindern hilft, indem man zum *Beispiel* im Fall eines Bedingungseintritts durch Zahlung der letzten Kaufpreisrate seitens des Erwerbers des Anwartschaftsrechts anstelle des nicht zahlungsfähigen Vorbehaltskäufers keinen Durchgangserwerb beim u. U. mittlerweile sogar insolventen Vorbehaltskäufer eintreten lässt, sondern das übertragene Anwartschaftsrecht beim Anwartschaftsrechtserwerber direkt zum Vollrecht „erstarken" lässt. Wer das nicht sofort versteht, muss sich nicht grämen. Binnen Kurzem wird dies „täglich Brot" für Sie sein. Eine vergleichbare Problematik gibt es übrigens auch bei der später ebenfalls behandelten Vorausabtretung einer Forderung. Aber wir schweifen ab!

**Fall 519**

Der K übereignet eine von dem Eigentümer V unter Eigentumsvorbehalt erworbene Dreschmaschine an seinen Gläubiger G nach § 930 BGB zur Sicherung einer Darlehensforderung. Hat G das Sicherungseigentum erworben? Kann er es erwerben?

a) Nach aa) §§ 929 S. 1, 930 BGB kann der G wegen des fehlenden Eigentums des K (§§ 929 S. 1, 158 Abs. 1, 449 BGB) kein Sicherungseigentum erworben haben. bb) Ein gutgläubiger Erwerb des G scheitert deshalb, weil der G keinen Besitz erlangt hat (§ 933 BGB). b) Fraglich ist, ob und wie der G ein Sicherungseigentum erlangen kann. aa) *Erster Lösungsweg*: In Betracht kommt aufgrund einer Auslegung oder Umdeutung der getroffenen Vereinbarung ein dem Sicherungseigentum gleichzustellendes Sicherungsrecht am Anwartschaftsrecht des K; wenn dann entweder der K als Käufer oder im Krisenfall der G als Dritter (§ 267 BGB) den Restkaufpreis zahlt, würde mit dem Eintritt der Bedingung das Anwartschaftsrecht zum Vollrecht erstarken, und das Sicherungseigentum entstehen. bb) *Zweiter Begründungsweg*: Der G hat infolge eines Eigentumserwerbs des K aufgrund einer eventuellen Restkaufpreiszahlung durch den K als Käufer oder den G als Dritten (§ 267 BGB) nach § 185 Abs. 2 S. 1 Var. 2 BGB das Sicherungseigentum erworben.

- Ebenfalls mit **ex-nunc**-Wirkung wird die Verfügung des Nichtberechtigten wirksam wenn **der Berechtigte** den **Verfügenden beerbt** und **als Erbe unbeschränkt haftet (§ 185 Abs. 2, S. 1, Var. 3 BGB)**. Das ist eine sehr selten vorkommende Konstellation, die der Gesetzgeber wohl auch nur aus Gründen des dogmatischen Perfektionismus geregelt hat. Wegen ihrer Rarität und weil Sie ohnehin von der Frage einer Unbeschränktheit der Haftung eines Erben erst in Teil

11 etwas lesen werden, gehen wir auf diese Norm hier nicht weiter ein. Vielleicht erinnern Sie sich, wenn Sie dieses Buch tatsächlich von Anfang bis Ende gelesen und bei Teil 11 angelangt sind, noch an § 185 Abs. 2 S. 1 Var. 3 BGB. Das sollten Sie dann als eine „Sternstunde" Ihres Studieneifers feiern, weil Sie dann sicher wissen, dass Sie den Durchblick erlangt haben.

### 9. Der Schutz des guten Glaubens des Erwerbers an das Eigentum des Übereigners und an die Lastenfreiheit der Sache

Zu **Klarstellung** eine kleine **Vorabbemerkung**:

Die vorstehenden **bisherigen** Ausführungen zur Berechtigung knüpften in der Darstellung und in den Fällen immer nur an den Grundtatbestand der Übereignung (§ 929 S. 1 BGB) an.

Ich hoffe, Sie haben durchschaut, dass alles, was dort zu lesen und zu lernen war, gleichermaßen für den Tatbestand des § 929 S. 2 BGB, bei dem die Übergabe entbehrlich ist, und für die Tatbestände mit Übergabesurrogaten (§§ 929 S.1, 930 BGB und §§ 929 S. 1 ,931 BGB) gilt.

**Jetzt** – wo es um den Schutz des guten Glaubens des Erwerbers an das Eigentum des Übereigners geht – werden wir auch wieder die übrigen Übereignungstatbestände (also die Übereignungsmöglichkeiten nach **§§ 929 S. 2 BGB; §§ 929 S.1, 930 BGB; §§ 929 S. 1, 931 BGB ausdrücklich** ins Spiel bringen müssen. Warum das so sein muss, werden Sie bald erkennen: Jeder Übereignungstatbestand folgt nämlich seinen eigenen Regeln.

#### a) Der gutgläubige Erwerb des Eigentums vom Nichteigentümer

Ist der **Übereigner nicht** der **Eigentümer** und ist er auch **nicht** zur **Verfügung befugt** (z. B. nach § 185 Abs. 1 BGB oder § 80 InsO), so könnte er streng genommen kein Eigentum übertragen bzw. keiner von ihm das Eigentum erwerben.

Der **Gesetzgeber** hat sich aber dahingehend **entschieden**, dass im **Grundsatz** ein **hinsichtlich** des **fehlenden Eigentums** des **Übereigners gutgläubiger Erwerber** das **Eigentum** an der **Sache durch Übereignung erlangen** kann.

Das war **nicht** durch die **Logik** geboten, **sondern** beruhte auf einer **rechtspolitischen Entscheidung** des **Gesetzgebers** aufgrund sorgfältiger **Abwägung** einerseits der **Interessen** der **Eigentümer** am Fortbestand ihres Eigentums und andererseits der **Interessen** der auf die **Leichtigkeit** und **Sicherheit** des **Rechtsverkehrs** angewiesenen **Teilnehmer** am **Rechtsverkehr**, die aufgrund des Besitzes des Übereigners von dessen Eigentum ausgehen können (arge. § 1006 BGB) und die – wenn sie auch an das Eigentum des Übereigners glauben – ein berechtigtes Interesse daran haben, das Eigentum zu erwerben.

Die **Lösung** des Interessenkonflikts lässt sich so **skizzieren**:

- Bei einem **rechtsgeschäftlichen Eigentumserwerb** nach **§§ 929–931 BGB**, einschließlich eines Erwerbs, bei dem die für die dingliche **Einigung** erforderlichen **Willenserklärungen** durch ein **rechtskräftiges Urteil** ersetzt werden (§§ 894, 898 ZPO), der sich als **„durchgeführten Verkehrsrechtsgeschäfts"** darstellt,

- (also umgekehrt:) **niemals** bei **gesetzlichem Erwerb**,
- wird für den Fall des Vorliegens bestimmter, sich nach dem jeweiligen Grundtatbestand richtenden **Gutglaubenstatbestände (§§ 932–934 BGB)** und einer zu einem **bestimmten Zeitpunkt vorliegen müssenden Gutgläubigkeit des Erwerbers** an des **Eigentum des Übereigners** das **Interesse** an der **Sicherheit** und **Leichtigkeit** des **Rechtsverkehrs** dem **Interesse des Eigentümers** am Erhalt seines Eigentums **vorgezogen**
- und damit **(Regel)** ein **Eigentumserwerb** vom **Nichteigentümer** ermöglicht.
- Die **Eigentümerinteressen** sollen jedoch **(Ausnahme)** dem **Verkehrsschutzinteresse vorgehen**, wenn der auf dem Besitz des Übereigners beruhende **Rechtsschein nicht zurechenbar vom Eigentümer gesetzt** worden ist (§ 935 Abs. 1 BGB),
- es sei denn **(Unterausnahme)** dass es sich um Sachen handelt, bei denen wegen des **Gegenstandes (Geld, Inhaberpapiere)** bzw. wegen der **Art und Weise** des **Eigentumserwerbs (z. B. öffentliche Versteigerung)** ein **überragend wichtiges Interesse am Verkehrsschutz** besteht, das einen gutgläubigen Erwerb auch an abhanden gekommenen Sachen verlangt (§ 935 Abs. 2 BGB).

Daraus resultiert für die Fälle, in denen der Eigentumserwerb am **Fehlen** des **Eigentums** des **Übereigners** gescheitert wäre, folgendes **Roh-Prüfungsschema** für die Frage eines **gutgläubigen Erwerbs** vom **Nichteigentümer:**

1. Vor die Klammer gezogen: Vorliegen eines durchgeführten Verkehrsrechtsgeschäfts **(sub aa));**
2. Gutgläubiger Erwerb nach §§ 929 S. 1, 932 Abs. 1 S. 1 BGB **(sub bb))**;
3. Gutgläubiger Erwerb nach §§ 929 S. 1, 2, 932 Abs. 1 S. 2 BGB **(sub cc))**;
4. Gutgläubiger Erwerb nach §§ 929 S. 1, 930, 933 BGB **(sub dd))**;
5. Gutgläubiger Erwerb nach §§ 929 S. 1, 931, 934 BGB **(sub ee))**;
6. Ausnahme: Abhandenkommen nach § 935 Abs. 1 BGB/Unterausnahme: § 935 Abs. 2 BGB **(sub ff))**;
7. Schuldrechtliche „Korrektur“ des gutgläubigen Erwerbs **(sub gg))**.

#### aa) Durchgeführtes Verkehrsrechtsgeschäft

Gegeben sein muss ein **rechtsgeschäftlicher Eigentumserwerb** nach **§§ 929–931 BGB**, dem ein Erwerb, bei dem die für die dingliche **Einigung** erforderlichen **Willenserklärungen** durch ein **rechtskräftiges Urteil** ersetzt werden (§§ 894, 898 ZPO) gleichgestellt wird (sub (1)), der sich als **„durchgeführten Verkehrsrechtsgeschäfts“** darstellt (sub (2) (3)).

##### (1) Rechtsgeschäftlicher Erwerb

Ein **gutgläubiger Erwerb** des **Eigentums vom Nichteigentümer** ist **nur** möglich bei **rechtsgeschäftlichem Erwerb**. Dem wird logischerweise gleichgestellt ein Eigentumserwerb, bei dem die Willenserklärungen, aus denen sich die **Einigung** zusammensetzt, durch ein **rechtskräftiges Urteil ersetzt** werden (§§ 894, 898 BGB). Das bereitet keine Probleme.

Keinesfalls kommt ein gutgläubiger Erwerb in Betracht bei **gesetzlichem Erwerb**, z. B. nach § 1922 BGB. Der Erbe wird also zum *Beispiel* nicht der Eigentümer der Bücher der Bibliothek des Erblassers, wenn diese nur aus geliehenen und niemals zurückgegebenen Büchern besteht, auch wenn der Erbe hinsichtlich des Eigentums des Erblassers gutgläubig war. Sie glauben gar nicht, wie oft in Hausarbeiten zum Abschluss des Hauptstudiums der letzten Jahre ein gutgläubiger Erwerb nach §§ 1922, 932 BGB geprüft und auch bejaht wurde!

Weil es einen gutgläubigen Erwerb kraft Gesetzes nicht gibt, wird in der Wissenschaft die Frage erörtert, ob bei einem rechtstechnisch gesehen rechtsgeschäftlichen Erwerb, der aber nur eine **bloße Vorwegnahme** eines **gesetzlichen Erwerbes** in **„rechtsgeschäftlichem Gewande"** ist, ein gutgläubiger Erwerb des Eigentums ausgeschlossen ist. Der **„Klassiker"** dieser Fallkonstellation ist die Erfüllung einer **Schenkung „von warmer Hand"**.

**Fall 520**

Der NE verschenkt und übereignet „auf dem Totenbett" durch Einigung und Übergabe seinem Sohn S, der ohnehin sein alleiniger Erbe werden soll, zum Zwecke der Vorwegnahme der Erbfolge ein dem E gehöriges und von diesem dem NE leihweise überlassenes Bild. Der S hält seinen Vater NE für den Eigentümer. Der E verlangt Herausgabe von S (nach Medicus).

1. Der Anspruch könnte sich aus § 985 BGB ergeben. a) Der S ist Besitzer. b) Der E müsste Eigentümer sein. aa) Der E war Eigentümer bb) Der S könnte das Eigentum von NE erworben haben. aaa) Eine Übereignung nach § 929 S. 1 BGB scheitert am fehlenden Eigentum des NE; dieser hatte auch keine Verfügungsbefugnis zur Übereignung an S. bbb) Der S könnte daher das Eigentum aaaa) nur gutgläubig nach §§ 929, 932 BGB erlangt haben. aaaaa) Der Grundtatbestand des § 929 S. 1 BGB ist erfüllt. bbbbb) Weiterhin liegt § 932 Abs. 1 S. 1 BGB vor. bbb): Aber: Ein (gutgläubiger) Eigentumserwerb würde den S aber unverdient besser stellen als im Falle eines Erwerbs durch die (hier nur vorweggenommene) Erbfolge, bei der der S nach § 1922 BGB (gesetzlicher Erwerb) kein Eigentum erworben hätte. Daher soll die vorweggenommene Erbfolge wie ein gesetzlicher Erwerb behandelt werden; der S hätte kein Eigentum erworben. 2. Wer bei der Fallbearbeitung einen Eigentumserwerb angenommen hat, was ohne weiteres vertretbar wäre, müsste einen Anspruch des E gegen S aus § 816 Abs. 1, S. 2 BGB annehmen. 3. Hätte man die Frage des Eigentumserwerbs daher offenlassen dürfen? Nein: die Ergebnisse (kein Eigentum, daher Anspruch aus § 985 BGB/Eigentum, daher Anspruch aus § 816 Abs. 1, S. 2 BGB) sind nicht identisch!

(2) Im Sinne eines Verkehrsrechtsgeschäft

Weiterhin sollen die §§ 932 ff. BGB nicht bei jedem rechtsgeschäftlichen Erwerb, sondern nur bei einem Eigentumserwerb in Gestalt eines **„Verkehrsrechtsge-**

**schäfts"** anwendbar sein. Ein solches setzt voraus, dass **zwischen** dem **Übereigner** und dem **Erwerber keine wirtschaftliche** Identität gegeben ist, sondern eine **wirtschaftliche Verschiedenheit** besteht. Durch dieses Erfordernis soll verhindert werden, dass Übereignungen von Nichteigentümern an gutgläubige Erwerber, die sich als bloße Verschiebungen innerhalb eines Vermögens darstellen, zum gutgläubigen Eigentumserwerb führen. Derlei läge nämlich außerhalb der „ratio legis" der §§ 932 ff. BGB. Wenn daher zum *Beispiel* eine **„Einmann"-GmbH** eine ihr nicht gehörige Sache an den hinsichtlich des Eigentums der GmbH gutgläubigen Allein-Gesellschafter veräußert, ist wegen der wirtschaftlichen Identität von Veräußerer (GmbH) und Erwerber (einziger Gesellschafter der GmbH) kein „Verkehrsrechtsgeschäft" gegeben und damit kein gutgläubiger Erwerb möglich. Und bei einer aus den Gesellschaftern A, B, C bestehenden **oHG** zum *Beispiel* kann die Gesellschaft zwar von dem Gesellschafter A, wenn dieser nicht der Eigentümer der von ihm übereigneten beweglichen Sache ist, unter den Voraussetzungen der §§ 929 ff., 932 ff. BGB gutgläubig das Eigentum erwerben, aber mangels eines „Verkehrsrechtsgeschäfts" nicht der gutgläubige Gesellschafter A das ihm von der oHG übertragene Eigentum an einer Sache, wenn die oHG Nichteigentümer ist. Wenn aber in letzterem Fall auf der Erwerberseite zu A weitere Personen, die nicht zu den Gesellschaftern gehören, hinzutreten, liegt doch ein Verkehrsrechtsgeschäft vor, bei dem ein gutgläubiger Erwerb nach den §§ 929 ff., 932 ff. BGB möglich wäre. Demgegenüber muss zum *Beispiel* bei einer Übereignung an einen **Treuhänder** differenziert werden: Bei einer Übertragung von Eigentum **an** einen **(uneigennützigen) Verwaltungstreuhände**r liegt kein einen gutgläubigen Erwerb nach §§ 929 ff., 932 ff. BGB ermöglichendes „Verkehrsrechtsgeschäft" vor, denn der Übereigner und der Verwaltungstreuhänder als Erwerber sind in Bezug auf das Treugut wirtschaftlich gesehen identisch. Hingegen scheitert die Übereignung einer nicht dem Sicherungsgeber gehörigen Sache zur Sicherheit (also bei einer **„eigennützigen" Treuhand) an** den **Sicherungsnehmer** jedenfalls nicht am Fehlen eines „Verkehrsrechtsgeschäfts". Wir werden allerdings darüber, ob eine Sicherungsübereignung fremden Sicherungsgutes, die ja üblicherweise nach den §§ 929 S. 1, 930 BGB erfolgt, nicht doch – wenn auch aus anderen Gründen – scheitern muss, noch gründlich nachzudenken haben. Neugierige, denen ja bekanntlich „die Welt gehört", können ja schon einmal die §§ 929 S.1, 930, 933 BGB lesen und sich ihre Gedanken zu dieser Frage machen.

**Fall 521**

Der E1 verleiht dem L „bis zur Rückforderung" (§ 604 Abs. 3 BGB) ein ihm gehöriges Gemälde des Malers M für eine in L's Privatmuseum stattfindende Dauerausstellung, die im Übrigen mit dem L gehörigen Bildern des von diesem verehrten Malers M bestückt ist. Der L gliedert das Bild in seine Sammlung ein und behandelt es fortan wie eines seiner eigenen Bilder. Der altgewordene L möchte die Sammlung zusammenhalten und übereignet sie daher „zum Zwecke der Verwaltung und Fortsetzung der Ausstellung auch nach meinem Tode" an den gleichgesonnenen S, der den L für den Eigentümer aller dieser Bilder hält, nach § 929 S. 1 BGB. Der L setzt sich daraufhin zur Ruhe. Der S führt das Privatmuseum weiter. Der E1 hat das Bild inzwischen an E2 veräußert und es nach § 931 BGB an ihn übereignet. Der E2 erfährt von allem und verlangt von S Herausgabe an den L.

Der Anspruch könnte sich aus § 985 BGB ergeben. a) S ist Besitzer. b) E2 müsste Eigentümer sein. aa) Der E1 war Eigentümer. bb) Der L ist nicht Eigentümer geworden. cc) Der S könnte das Eigentum von L erworben haben. aaa) Eine Übereignung nach § 929 S. 1 BGB scheitert am fehlenden Eigentum des L; dieser hatte auch keine Verfügungsbefugnis zur Übereignung an S. bbb) Der S könnte daher das Eigentum nach §§ 929 S. 1, 932 Abs. 1 S. 1 BGB erlangt haben. aaaa) Der Grundtatbestand des § 929 S. 1 BGB ist erfüllt. bbbb) Zwar geht es um einen rechtsgeschäftlichen Erwerb, aber nicht um ein durchgeführtes Verkehrsrechtsgeschäft, denn der S sollte nicht wirtschaftlicher Eigentümer, sondern nur Verwaltungstreuhänder des L werden. Also war E1 Eigentümer geblieben. cc) Der E2 hat das Eigentum nach § 931 BGB erworben. c) Der S dürfte kein Recht zum Besitz haben. In Betracht kommt ein Recht zum Besitz aus § 986 Abs. 2 BGB: Der Besitzer (S ) hat alle Einwendungen, die er gegenüber dem Veräußerer (E1) hatte, auch gegenüber dem neuen Eigentümer (E2). Wenn der E1 von ihm Herausgabe verlangt hätte, hätte der S kein Recht zum Besitz gehabt: aa) Kein eigenes Recht, bb) aber auch kein aus dem Besitz des L abgeleitetes Recht zum Besitz; denn das Recht des L zum Besitz endete mit dem Herausgabeverlangen (§ 604 Abs. 3 BGB).

**Variante**

Wie wäre es, wenn der L das Bild an den G zur Sicherung für eins Darlehensforderung übereignet und ihm, als das Darlehen notleidend geworden war, freiwillig zum Zwecke der Verwertung ausgehändigt hätte?

Hier hätte der G nach §§ 929 S. 1, 930, 933 BGB gutgläubig Eigentum erworben, weil eine Sicherungsübereignung als durchgeführtes Verkehrsrechtsgeschäft angesehen wird.

#### (3) Durchgeführtes Verkehrsrechtsgeschäft

Ferner wird verlangt, dass es sich bei einer zum gutgläubigen Erwerb führen sollenden Übereignung nicht nur um ein Verkehrsrechtsgeschäft, sondern um ein auch **„durchgeführtes"** Verkehrsrechtsgeschäft handeln muss. Das bedeutet, dass die Sache nicht nur an einen wirtschaftlich gesehen Personenverschiedenen übereignet werden muss, sondern dass diese Übereignung auch auf einen **endgültigen wirtschaftlichen Umsatz** gerichtet war.

Speziell unter diesem Aspekt wird die hochkomplizierte Frage der Möglichkeit eines Eigentumserwerbs aufgrund eines **Rückerwerbs** des **Nichtberechtigten** erörtert. Es geht hierbei um das Problem, ob der (frühere) Nichteigentümer von dem gutgläubigen Erwerber das Eigentum an der Sache rechtsgeschäftlich (zurück-)erlangen kann.

Das ist **unproblematisch** und zu bejahen, wenn der Rückerwerb des ehemals Nichtberechtigten aufgrund eines **echten Umsatzgeschäftes** erfolgt. Wenn also zum *Beispiel* der gutgläubige Erwerber GE einer von NE unterschlagenen Sache des E, der sie dem NB geliehen hatte, die Sache an den ehemals Nichtberechtigten NE verkauft und Zug-um-Zug gegen die Kaufpreiszahlung als nunmehriger Eigentümer nach §§ 929 ff. BGB an den ehemaligen Nichteigentümer (zurück-) NE übereignet, so erwirbt der NE Eigentum. Warum? Das Ergebnis erscheint doch geradezu grotesk zu sein! Aber: Der NE erwirbt vom Eigentümer (GE), so dass es auf die §§ 932 ff. BGB nicht ankommt. Auch bei einer (Rück-)Schenkung an den ehemals Nichtberechtigten (NE) muss man wohl in diesen „sauren Apfel" beißen und das unerfreuliche Ergebnis akzeptieren. Trösten wir uns damit, dass der neue Eigentümer NE mit seiner Rechtstellung als Eigentümer nicht lange glücklich sein wird, denn er wird aufgrund von Schadensersatzansprüchen des früheren Eigentümer E, über dessen Eigentum er ja zuvor pflichtwidrig i. S. d. § 280 BGB und deliktisch relevant verfügt hatte, diesem zur Rückübereignung verpflichtet sein (z. B. aus §§ 280 Abs. 1, 3, 283, 249 Abs. 1 BGB oder aus §§ 823 Abs. 1, 2, 249 Abs. 1 BGB i. V. m. § 246 StGB).

**Problematisch** zwei Fallkonstellationen, nämlich

- der Fall eines (eigentlich nur theoretisch vorstellbaren) **Umgehungsgeschäftes**, bei dem ein Nichteigentümer (NE) eigens zum Zweck seines späteren Eigentumserwerbs im Wege der Rückübereignung zuvor dem gutgläubigen Erwerber (GE) das Eigentum nach §§ 932 ff. BGB verschafft hatte,
- und die praktisch durchaus vorkommen könnende Konstellation, dass die **Rückübereignung durch** den **gutgläubigen Erwerber** (GE) des Eigentums **an** den **(früheren) Nichteigentümer** (NE) nur zum Zwecke der **Erfüllung** einer **gesetzlichen Pflicht** zur **Rückabwicklung** erfolgt. Die klassischen *Beispiele* hierfür sind: Die bereicherungsrechtliche Rückabwicklung einer wegen der Nichtigkeit des der Übereignung zugrunde liegenden Kaufvertrags zwischen dem Nichteigentümer (NE) als Verkäufer und dem gutgläubigen Erwerber (GE) als Käufer nach **§ 812 Abs. 1 S. 1 Var. 1 BGB**. Ferner die Rückabwicklung zwischen einem Nichteigentümer (NE) und einem gutgläubigem Erwerber (GE) aufgrund eines Gewährleistungsrechts (in erster Linie im Wege eines **Rücktritts** wegen eines Mangels der Kaufsache nach §§ 433 Abs. 1 S. 2, 434, 437 Nr. 2, 323 bzw. 326 Abs. 5, 440, 346 BGB). Ebenso die Rückabwicklung zwischen einem Nichteigentümer (NE) und einem gutgläubigem Erwerber (GE) aufgrund eines **vereinbarten Rücktritts** nach §§ 346 ff. BGB. Und schließlich die Rückübertragung von gutgläubig erworbenem **Sicherungsgut** (allerdings nur theoretisch vorstellbar, denn – wie die „Neugierigen" unter den Lesern längst wissen – beim Hauptfall einer Sicherungsübereignung nach § 930 BGB hat der Sicherungsnehmer wegen § 933 BGB gar kein Eigentum erworben!).

Man kann in diesen beiden vorstehenden und als „problematisch" bezeichneten Fallkonstellationen ebenso wie beim echten Umsatzgeschäft, bei dem niemand den Eigentumserwerb des früheren Nichteigentümers nach §§ 929 ff. BGB bestreitet, durchaus die Meinung vertreten, dass die Lösung sich auch hier direkt aus dem Gesetz ergebe: Der Nichteigentümer soll danach – selbst im Fall des Umgehungsgeschäfts (Palandt) – Eigentümer werden; und der frühere Eigentümer ist dann auf vertragliche oder deliktische Schadensersatzansprüche gegen den früheren Nichteigentümer angewiesen, durch die er über § 249 Abs. 1 BGB im Wege der Naturalrestitution vom ehemaligen Nichtberechtigten die Wiederübereignung an sich verlangen kann. Das überzeugt allerdings i.E. wenig, denn Schadensersatzansprüche sind rein schuldrechtlicher Art, so dass eventuelle Gläubiger des früheren Nichteigentümers die Zwangsvollstreckung in die hiernach jetzt ja diesem gehörende Sache betreiben könnten, ohne dass dem früheren Eigentümer § 771 ZPO zur Seite stehen würde. Und im Fall der Insolvenz des früheren Nichteigentümers würde die dem vormals Nichtberechtigten jetzt gehörende Sache in dessen Insolvenzmasse fallen, ohne dass der frühere Eigentümer nach § 47 InsO aussondern könnte. Dass die Gläubiger bzw. die Insolvenzgläubiger des früheren Nichteigentümers ein anzuerkennendes berechtigtes Interesse an der Verwertung der aus dem Vermögen des ehemaligen Eigentümers stammenden Sache haben sollen, ist nicht zu erkennen, denn es ist nicht einzusehen, dass sie von der Tatsache einer Manipulation bzw. einer bloßen Rückabwicklung profitieren und jetzt besser dastehen sollen, als in der Phase des Geschehens, in der ihr Schuldner nur Besitzer einer fremden Sache war und eine Verwertung im Wege der Einzelzwangsvollstreckung i.E. an § 771 ZPO und eine Verwertung im Wege des Insolvenzverfahrens an § 47 InsO gescheitert wäre. Daher wird erwogen, wie man jedenfalls im Fall des Umgehungsgeschäfts und im Fall der Rückabwicklung auf einem dogmatisch sauberen Weg den früheren Eigentümer wieder unmittelbar Eigentümer werden lassen kann. Im folgenden Fall werden Ihnen die einzelnen dazu ersonnenen Ideen dargestellt.

**Fall 522**

Der NE verkauft eine dem E gehörige, von diesem unbefristet entliehene bewegliche Sache an den gutgläubigen K und übereignet sie durch Einigung und Übergabe an den Käufer K. Der Kaufvertrag des NE mit K ist nichtig. Aufgrund des § 812 Abs. 1 S. 1 Var. 1 BGB übereignet der K die Sache an den vermeintlichen ehemaligen Eigentümer NE „zurück". Der E verlangt sie von dem NE heraus.

1. Der Anspruch könnte sich aus § 985 BGB ergeben. a) Der E müsste noch (oder wieder) Eigentümer (geworden) sein. Das ist „historisch" zu prüfen: aa) Der E war Eigentümer. bb) Der Entleiher NE hat es nicht erworben. cc) Der E könnte das Eigentum durch die Übereignung des NE an K an diesen verloren haben, aaa) dies aber mangels Eigentums des NE nicht nach § 929 S. 1 BGB; bbb) der Eigentumserwerb erfolgte vielmehr nach §§ 932 Abs. 1 S. 1, 929 S. 1 BGB; der Ausnahmetatbestand des § 935 Abs. 1 BGB steht dem nicht entgegen, weil die Sache dem E (der den Besitz freiwillig aufgrund des Leihvertrages mit NE aufgegeben hat) nicht abhandengekommen ist. dd) Der E könnte das Eigentum

jedoch durch die „Rück"übereignung an den NE wiedererlangt haben. aaa) Nach der wohl h.L. erwirbt jedoch der NE das Eigentum nach § 929 S. 1 BGB, ohne dass es auf seinen „bösen Glauben" ankommen könne; der dann aber unbedingt erforderliche Ausgleich zugunsten des E (anderenfalls erhielte und behielte der NE ohne jedes wirtschaftliche Opfer mehr als er je hatte) soll hiernach über die bestehenden Schadensersatzansprüche des E gegen den NE (§§ 280 Abs. 1, 241 Abs. 2, 249 Abs. 1 BGB oder §§ 823 Abs. 1, 823 Abs. 2 BGB i. V. m. § 246 StGB, 249 Abs. 1 BGB), aufgrund derer der E von NE Wiedereinräumung des Eigentums durch Naturalrestitution bzw. Herausgabe verlangen kann, oder durch einen Bereicherungsanspruch (§§ 816 Abs. 1 S. 1, 818 Abs. 1 BGB) erfolgen. Für die Akzeptanz der damit verbundenen Vernachlässigung der Interessen des Ursprungseigentümers könnte sprechen, dass diese Entwicklung in seiner Risikosphäre liegt und er es nicht verdient, vom Zufall der Rückabwicklung zu profitieren. bbb) Eine andere Ansicht trägt demgegenüber dem Gedanken Rechnung, dass der NE bei einem (auch vielleicht nur zwischenzeitlichen) Eigentumserwerb eine (vor allem auch seine Gläubiger ungerechtfertigt begünstigende) bessere Stellung als zuvor erlangen würde, ohne seinerseits dafür ein wirtschaftliches Opfer erbracht zu haben, was nicht dem Sinn der §§ 932 ff. BGB entsprechen könne. Diese Lehre verhindert bei einer gesetzlichen Rückabwicklung (und auch im Falle eines Umgehungsgeschäftes) einen Eigentumserwerb des NE teils ex – nunc teils sogar ex – tunc, so dass die vorherige Situation (E = Eigentümer/NE = Besitzer) wiederhergestellt wird. Rechtstechnisch wird das ex – nunc- Ergebnis durch das (wohl unhaltbare) Konstrukt einer Rückübereignung an den, den es angeht (das wäre der E), hergeleitet. Das (eher überzeugende) ex-tunc-Ergebnis soll durch eine „teleologische Reduktion" der §§ 932 ff. BGB erreicht werden: Das für einen gutgläubigen Erwerb nach den §§ 932 ff. BGB erforderliche „durchgeführte Verkehrsrechtsgeschäft" sei bei den Rückabwicklungsfällen mangels einer Endgültigkeit der „Durchführung" nicht gegeben, wenn im Anschluss daran eine gesetzliche Rückabwicklung aus § 812 Abs. 1 S. 1 Var. 1 BGB oder nach §§ 437 Nr. 2, 323 bzw. 326 Abs. 5 BGB erfolgt. Der Erwerber sei also in den Rückabwicklungsfällen trotz seiner Gutgläubigkeit nicht Eigentümer geworden. Die Rückübereignung an den ehemals Nichtberechtigten geht hiernach wegen dessen Bösgläubigkeit ins Leere, so dass der frühere Eigentümer das Eigentum erlange. Diese Ansicht ist gegenüber der h.L. vorzuziehen, weil der NE (und vor allem auch dessen Gläubiger) in der Tat kein berechtigtes Interesse daran haben, dass die Sache jedenfalls so lange zum Vermögen des NE gerechnet wird, bis es zu einer schuldrechtlichen Rückabwicklung zwischen dem ehemaligen Eigentümer (E) und dem nicht berechtigt Verfügenden (NE) gekommen ist. Umgekehrt ist es unangemessen, den E die Einzelzwangsvollstreckungs- und Insolvenzrisiken aus der Person des NE tragen zu lassen. Der E ist also nach der hier vertretenen Ansicht durch die Rückabwicklung quasi „automatisch" ex-tunc (wieder) Eigentümer geworden. b) NE ist Besitzer der Sache. c) Er hat kein Recht zum Besitz (§ 986 BGB). Also muss NE die Sache nach § 985 BGB herausgeben. 2. Ferner hat E einen Anspruch aus § 604 Abs. 3 BGB auf Wiedereinräumung des Besitzes.

Diese sub aa) „vor die Klammer gezogene", einen gutgläubigen Erwerb nach §§ 929 ff., 932 ff. BGB erst möglich machende bzw. ausschließende ungeschriebene Voraussetzung, („durchgeführtes Verkehrsrechtsgeschäft"), das der besseren Darstellung wegen in die vorgenannten drei Elemente zerlegt wurde, sollten in der Fallbearbeitung aber nur angesprochen werden, wenn der Sachverhalt dazu Anlass bietet. Ob man dann diese Prüfung voranstellt oder bei dem geprüften Gutglaubenstatbestand anspricht, steht Ihnen frei.

bb) Gutgläubiger Erwerb nach §§ 929 S. 1, 932 Abs. 1 S. 1 BGB

Liegen die Tatbestandsmerkmale einer Übereignung nach **§ 929 S. 1 BGB** vor und fehlt die Berechtigung **allein wegen** des **fehlenden Eigentums** des Übereigners, so ist der von Ihnen zu subsumierende einschlägige Gutglaubenstatbestand der des **§ 932 Abs. 1 S. 1 BGB**.

(1) Vorliegen des Tatbestandes des § 929 S. 1 BGB

Vorliegen muss der **Grundtatbestand des § 929 S. 1 BGB**, also die **dingliche Einigung** und eine **Übergabe**

(a) Für eine einen gutgläubigen Erwerb möglich machen sollende **Einigung i. S. d. §§ 929 S. 1, 932 Abs. 1 S. 1 BGB** reicht aus, dass die Willenserklärung des Übereigners durch ein rechtskräftiges Urteil nach §§ 894 ZPO fingiert wird (§ 898 ZPO).

Ansonsten ist dem, was bereits bei der Übereignung nach § 929 S.1 BGB zur Einigung ausgeführt wurde, nichts hinzuzufügen – mit einer klausurbedeutsamen Ausnahme. Wenn zum *Beispiel* der minderjährige V eine ihm nicht gehörige Sache aufgrund eines Kaufvertrags an den hinsichtlich des Eigentums des V gutgläubigen Käufer K durch Einigung und Übergabe (§ 929 S. 1 BGB) übereignet, ist der für einen gutgläubigen Erwerb nach §§ 929 S. 1, 932 Abs. 1 S. 1 BGB erforderliche Grundtatbestand des § 929 S. 1 BGB trotz der §§ 106 ff. BGB wirksam, weil – anders als bei einer Übereignung einer eigenen Sache eines Minderjährigen – das Rechtsgeschäft nicht rechtlich nachteilig, sondern rechtlich neutral ist; denn das Vermögen des Minderjährigen wird bei der Übereignung einer ihm nicht gehörigen Sache nicht berührt. Dieses nicht unumstrittene Ergebnis könnte man durch eine teleologische Reduktion der §§ 932 ff. BGB verhindern, wenn man den Zweck der §§ 932 ff. BGB darin sieht, „den Erwerber nur so zu stellen, wie er bei Richtigkeit seiner Vorstellungen stünde" (Medicus). Man kann demgegenüber aber auch so argumentieren, dass die §§ 106 ff. BGB den Minderjährigen vor Rechtsverlusten schützen soll, nicht aber einen (von ihm personenverschiedenen) Eigentümer vor einem Eigentumsverlust.

(b) Sodann ist eine **Übergabe** erforderlich.

Hier liegen eigenartigerweise bei der Prüfung eines gutgläubigen Erwerbs nach §§ 929 S. 1, 932 Abs. 1 S. 2 BGB in der Fallbearbeitung oft die meisten Schwierigkeiten, die letztlich darauf beruhen, dass man die vielfältigen Modalitäten einer Übereignung nach § 929 S. 1 BGB, die Ihnen ja bereits ausgiebig vorgestellt worden sind, nicht mehr vor Augen hat.

(aa) Völlig unproblematisch sind natürlich die Fälle, in denen der **Übereigner**, der nicht der Eigentümer der Sache ist, diese als unmittelbarer oder mittelbarer

Besitzer **selbst besitzt** und **den Besitz** dem **Erwerber selbst verschafft**, wobei es wegen des § 855 BGB natürlich nicht auf persönliches Handeln ankommt.

**Fall 523**

Der E leiht dem L eine ihm gehörige bewegliche Sache. Der L verkauft und übergibt und übereignet die Sache an den K Zug-um-Zug gegen Zahlung des Kaufpreises. Der E will wissen, ob er von dem K Herausgabe der Sache oder von dem L Herausgabe des erlangten Kaufpreises verlangen kann.

1. Ein Anspruch des E gegen K könnte sich aus § 985 BGB ergeben. a) Der K ist Besitzer der Sache. b) Der E müsste Eigentümer sein. aa) Der E war Eigentümer. bb) Der E hat die Sache nicht an den L übereignet, sondern nur verliehen. cc) E könnte das Eigentum durch die Übereignung des L an den K verloren haben (§ 929 S. 1 BGB). aaa) Eine Einigung des L mit K liegt vor, bbb) ebenfalls eine Übergabe des L an den K. ccc) Der L war jedoch nicht der Eigentümer der Sache, so dass K das Eigentum nicht nach § 929 S. 1 BGB erlangt hat. dd) Der K könnte das Eigentum von dem L nach §§ 929 S. 1, 932 Abs. 1 S. 1, Abs. 2 BGB erlangt haben. aaa) Der Grundtatbestand eines rechtsgeschäftlichen Erwerbs nach § 929 S. 1 BGB liegt vor. bbb) Ein durchgeführtes Verkehrsrechtsgeschäft ist gegeben. ccc) Der K glaubte an das Eigentum des ihm den Besitz verschaffenden L. ddd) Der Ausnahmetatbestand des § 935 Abs. 1 BGB liegt nicht vor, weil dem E die Sache nicht „abhandengekommen" (unfreiwilliger Besitzverlust) ist. Also ist der K Eigentümer geworden. Der E hat keinen Herausgabeanspruch. 2. Von dem L kann der E a) den erzielten Kaufpreis aa) nach § 816 Abs. 1 S. 1 BGB und bb) nach §§ 687 Abs. 2, 681 S. 2, 667 BGB herausverlangen. b) Achtung: nach Schadensersatzansprüchen war nicht gefragt!

**Variante**

Wie wäre es, wenn der L die Sache auf Wunsch des K an den Lagerhalter LH, mit dem K einen Lagervertrag abgeschlossen hat, übergeben hat?

Die Lösung wäre identisch, denn auch bei der Verschaffung des mittelbaren Besitzes liegt der Grundtatbestand des § 929 S. 1 BGB vor.

(bb) Geschützt wird weiterhin auch der **gute Glaube an** das **Eigentum** desjenigen, der dem Erwerber den Besitz an der Sache durch eine **„Geheißperson"** verschaffen kann (der also die **„Besitzverschaffungsmacht"** hat).

**Fall 524**

Der V verkauft dem K eine bewegliche Sache und einigt sich nach der Zahlung des Kaufpreises mit dem K über den Eigentumsübergang. Der V hatte die Sache zuvor von dem Eigentümer E gekauft und sich mit E über eine aufschiebend bedingte Übereignung geeinigt, also einen Eigentumsvorbehalt vereinbart. Übergeben hatte der E die Sache noch nicht an den V. Der V veranlasst jetzt den E zur Auslieferung der Sache an K, der seinerseits den V für den Eigentümer hält. Weil der V den Kaufpreis nicht an E zahlt, tritt dieser nach § 323 BGB vom Kaufvertrag mit dem V zurück und verlangt Herausgabe von K.

Ein Anspruch des E gegen den K könnte sich aus § 985 BGB ergeben. a) Der K ist Besitzer der Sache. b) Der E müsste ihr Eigentümer sein. aa) Der E war Eigentümer. bb) Der E hat nicht an den K übereignet, da eine Auslieferung an eine Person, die nicht Vertragspartner ist, keine Übereignung ist. cc) Der E könnte das Eigentum aber zuvor bereits an den V verloren haben. aaa) Eine Einigung lag vor, bbb) auch eine Übergabe auf „Geheiß des V" an den K. ccc) Da die Übereignung an den V aber aufschiebend bedingt durch die vollständige Kaufpreiszahlung war (§§ 929 S. 1, 158 Abs. 1, 449 Abs. 1 BGB) und die Bedingung nicht eingetreten ist, hatte der V kein Eigentum erlangt. dd) Der K könnte aber das Eigentum aaa) von dem V erlangt haben (§ 929 S. 1 BGB). aaaa) Eine Einigung liegt vor. bbbb) Ebenso eine Übergabe, denn der K hat auf Veranlassung des V den unmittelbaren Besitz („durch die Geheißperson" E) erlangt. cccc) Der V war aber nicht der Eigentümer und auch nicht zur Übereignung befugt. bbb) Der K könnte aber das Eigentum gutgläubig von V erworben haben (§§ 929 S. 1, 932 Abs. 1 S. 1 Abs. 2 BGB). aaaa) Der Grundtatbestand des § 929 S. 1 BGB liegt vor. bbbb) Ein durchgeführtes Verkehrsrechtsgeschäft ist gegeben. cccc) K glaubte an das Eigentum des V, der die „Besitzverschaffungsmacht" hatte. dddd) § 935 Abs. 1 BGB liegt nicht vor. Also ist K Eigentümer geworden. Der E hat keinen Herausgabeanspruch.

**Variante**

Könnte der E von dem K, wenn dieser die Sache an einen gewissen X weiterverkauft und der V auf K's Bitten die Sache an den an das Eigentum des K glaubenden X ausgeliefert hätte, Herausgabe des von X gezahlten Kaufpreises verlangen?

Der Anspruch des E gegen den K auf Herausgabe des von X an den K gezahlten Kaufpreises wäre aus § 816 Abs. 1 S. 1 BGB gegeben, wenn der K Nichtberechtigter (Nichteigentümer) gewesen wäre und an den X wirksam übereignet hätte. Der K war aber nicht Nichteigentümer, denn der K hat das Eigentum gutgläubig erworben, weil die Übergabe durch den E als „Geheißperson" des V an den X als „Geheißperson" des gutgläubigen K den Grundtatbestand des § 929 S. 1 BGB erfüllt.

Ein gutgläubiger Erwerb durch Einschaltung einer Geheißperson auf der Veräußererseite soll nach der Rechtsprechung sogar dann möglich sein, wenn der Veräußerer an das Eigentum dessen glaubt, der lediglich eine **vermeintliche „Besitzverschaffungsmacht"** hatte.

**Fall 525**

Der NE verkauft im eigenen Namen eine bei dem E befindliche und diesem gehörende bewegliche Sache an den D. Der NE und der D einigen sich auch über den Eigentumsübergang; der NE erklärt dem insoweit gutgläubigen D, er sei der

Eigentümer der im Besitz des E befindlichen Sache und der E sei lediglich ein Besitzer, den er jetzt anweisen werde, die Sache an ihn, den D, zu übergeben. Als der NE den E darauf anspricht, nimmt der E aufgrund falscher Angaben des NE zum Inhalt des Geschäfts des NE mit dem D irrig an, dass der NE die Sache in seinem, des E, Namen günstig veräußert habe und ihm den Erlös nach der Lieferung an den D auskehren werde. Deshalb übergibt der E die Sache an den D. Als der NE sein Versprechen nicht erfüllt, verlangt der E Herausgabe der Sache von D (nach BGH).

Der Anspruch könnte sich aus § 985 BGB ergeben. a) Der D ist Besitzer der Sache. b) Der E müsste (immer noch) Eigentümer sein, was „historisch" zu prüfen ist: aa) Der E war Eigentümer. bb) Der D könnte das Eigentum erworben haben. aaa) Nach § 929 S. 1 BGB – Einigung und Übergabe mittels der „Geheißperson" E – hat der D das Eigentum schon mangels Eigentums des NE nicht erlangt. bbb) In Betracht kommt ein gutgläubiger Eigentumserwerb von NE nach §§ 932 Abs. 1 S. 1, 929 S. 1 BGB: aaaa) Eine Einigung liegt vor. bbbb) Fraglich ist eine Übergabe: aaaaa) Der E hat nicht objektiv als „Geheißperson" des NE gehandelt, bbbbb) wohl aber aus der Sicht des D; streitig ist, ob das ausreicht: Überwiegend (auch vom BGH) wird insoweit auf die Sicht des Erwerbers abgestellt, so dass sich dieser Fall nicht von der vorherigen Konstellation unterscheidet; in der Lehre (z. B. Medicus) wird z.Tl. für entscheidend gehalten, dass erst die wirkliche Unterwerfung des Besitzers unter den Willen des Veräußerers diesen zum Rechtsscheinträger mache, denn in Wirklichkeit vertraue der Erwerber nur einem, keinen schutzwürdigen Rechtsschein begründenden „Gerede" des NE über die Rolle des E als seine Geheißperson. cccc) Folgt man dem BGH: Der im Sachverhalt nicht genannte „gute Glaube" des D wird vermutet. dddd) Der Ausnahmetatbestand des § 935 Abs. 1 BGB liegt nicht vor. Also hätte der D (nach der Rechtsprechung) das Eigentum erworben. Der Herausgabeanspruch besteht danach mangels Eigentums des E nicht.

In diesen soeben erörterten Fallkonstellationen lag es so, dass der Veräußerer selbst oder durch eine Geheißperson dem Erwerber selbst oder dessen Geheißperson den unmittelbaren oder mittelbaren Besitz verschafft hatte.

(cc) Davon weit entfernt ist die Fallkonstellation, in der der Erwerber nicht den Übereigner, sondern einen der **Übereignung durch** den **Nichteigentümer zustimmenden Dritten gutgläubig für** den **Eigentümer hält**: Selbst dann soll der gutgläubige Erwerb möglich sein, wenn der der Veräußerung zustimmende Dritte im unmittelbaren oder mittelbaren Besitz der Sache war. Dass es sich hierbei nicht um einen Fall des Schutzes des guten Glaubens an die Verfügungsbefugnis des Zustimmenden handelt, werden wir später noch einmal verdeutlichen.

**Fall 526**

Der E hat eine ihm gehörige bewegliche Sache dem L1 geliehen und dieser hat sie dem L2 und dieser wiederum an L3 unterverliehen. Der L3 verkauft und übereignet die Sache an den X, wobei der L3 dem insoweit gutgläubigen X erklärt, nicht er, sondern der L2, von dem er die Sache geliehen habe, sei deren Eigentümer. Der L2 stimmt der Übereignung an den X zu. Der E verlangt Herausgabe von X.

Ein Anspruch des E gegen den X auf Herausgabe könnte sich aus § 985 BGB ergeben. a) Der X ist Besitzer der Sache. b) Der E müsste noch ihr Eigentümer sein. aa) Der E war Eigentümer. bb) Der X ist durch die Übereignung seitens des L3 nach §§ 929 S. 1, 932 Abs. 1 S. 1 BGB Eigentümer der Sache geworden, denn: aaa) Der Grundtatbestand der §§ 929, 185 Abs. 1 BGB ist gegeben; der L3 war aber nicht der Eigentümer und auch nicht zur Verfügung befugt. bbb) In Betracht kommt aber ein gutgläubiger Erwerb des X. aaaa) Es liegt ein durchgeführtes Verkehrsrechtsgeschäft vor. bbbb) § 932 Abs. 1 S. 1, 2 BGB ist gegeben: aaaaa) Zwar hat der X gewusst, dass der L3 nicht der Eigentümer war. bbbbb) Es reicht aber aus, dass er annahm, dass der der Übereignung zustimmende L2 Eigentümer war, wenn dieser – wie hier – (mittelbarer) Besitzer der Sache war. cccc) Ein Fall des § 935 Abs. 1 BGB (Abhandenkommen) liegt nicht vor: Der E hat den Besitz freiwillig aufgegeben; auch die für ihn besitzenden Personen (L1, L2, L3) haben den Besitz nicht unfreiwillig verloren. Weil X Eigentümer geworden ist, hat der E keinen Anspruch auf Herausgabe der Sache.

(2) Dem § 929 S. 1 BGB zugeordneter Gutglaubenstatbestand: § 932 Abs. 1 S. 1 BGB.
Sie entsinnen sich hoffentlich an den oben geprägten Begriff der „Pärchenbildung": Zu jedem Grundtatbestand gehört ein bestimmter Gutglaubenstatbestand. Beim Grundtatbestand des § 929 S. 1 BGB ist dies **§ 932 Abs. 1 S. 1 BGB**, der lediglich die **„Gutgläubigkeit"** des **Erwerber**s voraussetzt.

Die Frage nach dem Bestehen des **„guten Glaubens"** untergliedert sich in diverse Unterfragen, die Ihnen nachfolgend in direkter Form formuliert mitsamt den Antworten vorgestellt werden:

(a) **Worauf** muss sich der **gute Glaube beziehen**? Der in § 932 Abs. 2 BGB definierte **gute Glaube** muss sich auf das **(fehlende) Eigentum** des **Übereigners** beziehen. Der gute Glaube an die Verfügungsbefugnis wird nicht geschützt. Wenn zum *Beispiel* der E dem L sein Rad geliehen hat und der L dies an K verkauft und übereignet, dann erwirbt der K das Eigentum, wenn L sich als Eigentümer ausgibt und der K daran glaubt, und zwar nach §§ 929 S. 1, 932 Abs. 1 S. 1, Abs. 2 BGB, weil § 935 BGB nicht vorliegt. Wenn aber der L im vorgenannten *Beispiel* dem K offenlegt, nicht der Eigentümer zu sein, aber behauptet, dass er von dem Eigentümer E nach § 185 Abs. 1 BGB zur Verfügung befugt worden zu sein, erwirbt der K kein Eigentum, auch wenn er daran glaubt, was der L ihm über seine Verfügungsbefugnis gesagt hat. **Geschützt** wird der **gute Glaube an** die **Verfügungsbefugnis** nur in **§ 366 Abs. 1 HGB**. Dazu finden Sie mehr sub 11 a).

(b) **Wer** muss **gutgläubig** sein? (aa) Gutgläubig sein muss der **Erwerber**, wenn er sich mit dem Veräußerer geeinigt hat. (bb) Bei einem Eigentumserwerb durch Mitwirkung anderer (aaa) und zwar eines hinsichtlich der Einigung vom Erwerber bevollmächtigten Stellvertreters ist die Rechtslage kompliziert: Hier muss entweder der **Stellvertreter** des **Erwerbers** (§ 166 Abs. 1 BGB) gutgläubig sein **oder** bei einem **bevollmächtigten Vertreter „mit gebundener Marschroute"** der **Vertretene**, also der Erwerber (§ 166 Abs. 2 BGB) *und* der **Stellvertreter des Erwerbers**

(§ 166 Abs. 1 BGB). (bbb) Wenn die Mitwirkung nur in der Entgegennahme der Sache durch einen Besitzdiener oder durch einen Besitzmittler des Erwerbers besteht und diese Personen nicht als Vertreter an der Einigung mitgewirkt haben, schadet deren böser Glaube nicht (Staudinger).

(c) Zu welchem **Zeitpunkt** muss der gute Glaube vorliegen? Der gute Glaube muss zu einem **bestimmten** und – abhängig von den einzelnen Gutglaubenstatbeständen – jeweils unterschiedlichen **Zeitpunkt** gegeben sein: Im Fall des hier interessierenden **§ 932 Abs. 1 S. 1** und **S. 2 BGB** muss dies „... zu der Zeit, zu der er nach diesen Vorschriften das Eigentum erwerben würde, ..." der Fall sein, also bei **Vollendung des Rechtserwerbs**. Eine wichtige **Ausnahme** hiervon ist der Erwerb des Eigentums einer vom Nichteigentümer unter **Eigentumsvorbehalt** erworbenen Sache (§§ 929, S. 1, 932 Abs. 1 S. 1, 2, 449, 158 Abs. 1 BGB): Hier reicht für die Gutgläubigkeit der Zeitpunkt der **Übergabe** der Sache; beim späteren Bedingungseintritt kann der Erwerber schon wieder bösgläubig sein.

(d) Welche **Anforderungen** sind an die „Gutgläubigkeit" zu stellen? (aa) Der **gute Glaube** wird **vermutet** (arge. § 932 Abs. 1 S. 1 BGB: „... es sei denn, dass ..."/ arge § 932 Abs. 2: „Der Erwerber ist nicht in gutem Glauben, wenn ..."). Dass der Gesetzgeber diesen Ausgangspunkt gewählt hat, ist nachvollziehbar, denn schließlich hat der ehemalige Eigentümer den Rechtsschein des Eigentums des Nichteigentümers zurechenbar gesetzt. **Wegen dieser Vermutung** ist – und das ist für die Fallbearbeitung extrem wichtig! – die **Problematisierung** des **guten Glaubens** der hierfür maßgeblichen Person **nur** im **Fall von** das Bestehen eines **guten Glaubens zweifelhaft erscheinen lassenden Sachverhaltsangaben** erlaubt. Das erleichtert in vielen Fällen die Fallbearbeitung sehr. Wer die Gutgläubigkeit, ohne einen Anhalt im Sachverhalt dafür zu haben, allein aufgrund von Spekulationen problematisiert, macht sich nicht nur zu viel Arbeit, sondern begeht auch einen groben Fehler! (bb) **Widerlegt** ist die **Vermutung** entweder im Fall des **Bekanntseins** des Nicht-Eigentums **oder** im Fall einer hinsichtlich des Nicht-Eigentums bestehenden **groben Fahrlässigkeit** (bei der man die erforderliche Sorgfalt in ungewöhnlich grobem Maß verletzt und unbeachtet gelassen hat, was jedermann hätte einleuchten müssen) der dafür maßgeblichen Person. (cc) Für die **Fallbearbeitung** bedeutet dies, dass es teils um eine rein tatsächliche Frage und ansonsten um Rechtsfragen geht: Was das **Bekanntsein** angeht, so ist die Rechtsanwendung einfach, weil der Sachverhalt dazu eine direkte Auskunft geben muss. Kompliziert kann dagegen die Beantwortung der Frage sein, ob **grobe Fahrlässigkeit** gegeben ist. Sofern der Fallgeber keine Ihnen die Arbeit abnehmenden ausdrückliche Angaben zum Bestehen einer groben Fahrlässigkeit macht, was leider die Regel sein dürfte, haben Sie bei folgenden **Fallkonstellationen** Anlass, die Frage der Bösgläubigkeit des Erwerbers wegen grober Fahrlässigkeit zu erörtern.

1. Beim **Kfz-Erwerb**: **a)** Bei Gebrauchtwagen: Überhaupt keine Vorlage der „Zulassungsbescheinigung Teil II" durch den Übereigner; bei einer Vorlage: fehlende Vor-Eintragung des Übereigners. **b)** Bei Neuwagen: gutgläubiger Erwerb auch ohne Vorlage möglich

2. Bei einem Erwerb **hochwertiger Investitionsgüter** vom Händler wegen eines möglichen Eigentumsvorbehalts eines Lieferanten.
3. Bei einer **Sicherungsübereignung** durch **hochverschuldeten Sicherungsgeber** wegen möglicher anderweitiger Sicherungsübereignung.
4. Bei der Veräußerung **wertvoller Sachen zu Schleuderpreisen**.

(e) Es wird **leicht übersehen**, dass es **für** eine **Bösgläubigkeit ausreicht**, wenn die für die Gutgläubigkeit maßgebliche Person bei einem **anfechtbaren Eigentumserwerb** des Übereigners **hinsichtlich** der **Anfechtbarkeit bösgläubig** war, dies natürlich aber nur (!!) wenn die **Anfechtung** auch **erfolgt** ist und der Veräußerer deshalb Nichteigentümer geworden ist **(§ 142 Abs. 2 BGB)**.

**Fall 527**

Dem E gehören zwei sich sehr ähnelnde Schmuckstücke S 1 und S 2, wobei S 2 wertvoller ist als S 1. Der E verkauft das Schmuckstück S 1 an den K. Nach Zahlung des Kaufpreises durch K will der E dem K das Schmuckstück S 1 zum Zwecke der Erfüllung des Kaufvertrags übergeben und übereignen. Er vergreift sich dabei jedoch und übereignet und übergibt dem K das Schmuckstück S 2. Der K bemerkt das Versehen, korrigiert den E aber nicht. Dann verkauft und übereignet und übergibt der K das Schmuckstück an den X, dem er lachend von der Verwechselung des E erzählt hatte. Als der E das Schmuckstück S 2 bei dem X entdeckt, verlangt er von dem X die Herausgabe.

Der Anspruch kann sich aus § 985 ergeben. a) Der X ist Besitzer. b) Der E müsste Eigentümer sein. aa) Er war Eigentümer. bb) Er hat aaa) das Eigentum an dem Schmuckstück S 2 an den K übertragen (§ 929 S. 1 BGB). bbb) Die Übereignung könnte jedoch nach §§ 119, 142 Abs. 1 BGB wegen einer Anfechtung der zur Einigung führenden Willenserklärung des E rückwirkend unwirksam geworden sein. aaaa) Zwar liegt in der Person des E ein zur Anfechtung berechtigender Irrtum i. S. d. § 119 Abs. 1 BGB vor, und zwar je nach Fallgestaltung ein Inhaltsirrtum (wenn der E zwar wusste, was er erklärte, aber nicht wusste, was er damit erklärte) oder ein Erklärungsirrtum (wenn er nicht wusste, was er erklärte). bbbb) Der E hat jedoch seine zur Einigung führende Willenserklärung nicht gegenüber dem K angefochten. Also ist der K Eigentümer geworden und der E hat das Eigentum verloren. Der E hat daher keinen Anspruch aus § 985 BGB auf Herausgabe gegen den X.

**Variante**

Der E hat die Anfechtung seiner zur Einigung führenden Willenserklärung rechtzeitig (§ 121 BGB) gegenüber dem K (§ 143 Abs. 1, 2 BGB) erklärt.

Der Anspruch kann sich aus § 985 ergeben. a) Der X ist Besitzer. b) Der E müsste Eigentümer sein. aa) Er war Eigentümer. bb) Er hat aaa) das Eigentum an dem Schmuckstück S 2 an den K übertragen (§ 929 S. 1 BGB). bbb) Die Übereignung könnte jedoch nach §§ 119, 142 Abs. 1 BGB wegen einer Anfechtung der zur Einigung führenden Willenserklärung des E rückwirkend unwirksam geworden sein. aaaa) Der E ist bei der Übereignung des Schmuckstücks S 2 ein zur Anfechtung berechtigender Irrtum i. S. d. § 119 Abs. 1 BGB unterlaufen, und zwar je nach Fallgestaltung ein Inhaltsirrtum (wenn der E zwar wusste, was er erklärte, aber nicht wusste, was er damit erklärte) oder Erklärungsirrtum (wenn er nicht wusste, was er erklärte). bbbb) Der E hat seine zur Einigung führende Willenserklärung auch wirksam angefochten. Also ist der K nicht Eigentümer geworden und der E hat das Eigentum nicht verloren. (*Kontrollfrage:* Beruht dieses Zwischenergebnis nicht auf einer Verletzung des „Abstraktionsprinzips"? Nein: Der zur Anfechtung berechtigende Irrtum des E und die Anfechtung betrafen die zur Übereignung des E an den K führende Einigung und nicht den der Übereignung zugrunde liegenden Kaufvertrag des E mit K, der übrigens „irrtumsfrei" war!) cc) Der X könnte das Eigentum von K erworben haben. aaa) Der X hat das Eigentum nicht nach § 929 S. 1 BGB erworben, weil der K Nicht-Berechtigter war, denn er war nicht der Eigentümer und auch nicht zur Übereignung befugt. bbb) Der X könnte das Eigentum gutgläubig erworben haben. aaaa) Es liegt ein rechtsgeschäftlicher Erwerb (Übereignung), bbbb) im Sinne eines durchgeführten Verkehrsrechtsgeschäfts (nicht innerhalb eines Gesamtvermögens) vor. cccc) Der zu § 929 S. 1 BGB gehörende Gutglaubenstatbestand ist § 932 Abs. 1 S. 1 BGB: Er verlangt nicht mehr als dddd) Gutgläubigkeit bei der Vollendung des am fehlenden Eigentum des Übereigners gescheiterten Rechtserwerbs. aaaaa) der an sich vermutete gute Glaube des Erwerbers („... es sei denn ...") bbbbb) ist jedoch widerlegt, weil der Erwerber X die Anfechtbarkeit des Eigentumserwerbs des K kannte und weil der E die Anfechtung auch erklärt hat (§ 142 Abs. 2 BGB). Also hat der X kein Eigentum erworben. c) Der X hat auch kein Recht zum Besitz gegenüber dem E (§ 986 BGB). Also muss er das Schmuckstück S 2 herausgeben.

**Fall 528**

Der minderjährige M verkauft eine ihm gehörende Sache ohne Zustimmung seiner Eltern als der gesetzlichen Vertreter, die dann später auch eine Genehmigung verweigern, an den ihn arglistig täuschenden K. Der M übergibt und übereignet die Sache in Erfüllung des Kaufvertrages an den K. Der K übereignet die Sache weiter an den X, der die arglistige Täuschung des K kannte, nicht aber die Minderjährigkeit des M. Der M, vertreten durch seine gesetzlichen Vertreter, verlangt von dem X Herausgabe.

Der Anspruch des M kann sich aus § 985 ergeben. a) Der X ist Besitzer. b) Der M müsste (noch) Eigentümer sein. aa) Er war Eigentümer. bb) An den K hat er das Eigentum nicht verloren (§§ 107, 108 Abs. 1 BGB). cc) Der M hat das Eigentum jedoch an X durch die Übereignung K – X verloren (§§ 929 S. 1, 932 Abs. 1 S. 1, 932 Abs. 2 BGB), denn: aaa) Der Grundtatbestand des § 929 S. 1 BGB ist gegeben. bbb) Der X war gutgläubig; die Kenntnis der Anfechtbarkeit des Eigentumserwerbs des K macht den X nicht nach § 142 Abs. 2 BGB bösgläubig: aaaa)

Zwar würde § 123 Abs. 1 BGB auch die Übereignung erfassen (anerkannter Fall der Durchbrechung des Abstraktionsprinzips!), bbbb) aber – sehr wichtig! – § 142 Abs. 2 BGB setzt die Erklärung der Anfechtung voraus; diese liegt hier nicht vor. ccc) § 935 Abs. 1 BGB ist nicht gegeben, denn aaaa) die Veräußerung durch einen beschränkt Geschäftsfähigkeit bedeutet nicht automatisch eine Unfreiwilligkeit des Besitzverlustes (anders wäre es bei einer Geschäftsunfähigkeit!); bbbb) auch führt die arglistige Täuschung seitens des K nicht zu einem Abhandenkommen (anders ein unwiderstehlicher Zwang psychischer oder physischer Natur oder nach h.L. sogar eine rechtswidrige Drohung!). Der X hat daher das Eigentum erworben.

Die hier erörterte Fragestellung wird in juristischen Aufgaben häufig verknüpft mit einer durch die **„Lehre von den Doppelwirkungen im Recht"** (Kipp) behandelten und Ihnen bereits bekannten Fall-Konstellation. Dieser Lehre geht es darum, die ungünstigen Folgen eines Nichtigkeitsgrundes für die durch die Anordnung der Nichtigkeit geschützte Person zu vermeiden.

**Variante**

Die gesetzlichen Vertreter des M haben die Anfechtung nach §§ 1629, 123 BGB erklärt.

Jetzt könnte § 142 Abs. 2 BGB eingreifen und ein gutgläubiger Erwerb des X entfallen. Das aber setzt voraus, dass eine nichtige (die endgültige Verweigerung der Genehmigung seitens der gesetzlichen Vertreter führt nämlich zur Nichtigkeit!) Willenserklärung überhaupt angefochten werden kann. Dies bejaht die „Lehre von den Doppelwirkungen im Recht", der zufolge auch nichtige Rechtsgeschäfte angefochten werden können, wenn es die Interessenlage gebietet. So liegt es hier, denn es kann nicht angehen, den arglistig getäuschten Minderjährigen unter den ihn schützen sollenden Minderjährigenschutzvorschriften leiden zu lassen, indem man ihm die den § 142 Abs. 2 BGB auslösende Anfechtung versagt. Der Volljährige würde anderenfalls besser behandelt werden.

**Fall 529**

Der V hat an den K eine ihm gehörige Sache verkauft und ihn dabei arglistig über bestimmte Eigenschaften der Sache getäuscht. Als der K feststellt, dass er sich über die Eigenschaften geirrt hat, ficht er noch vor Gefahrübergang (§ 446 S. 1 BGB) den Kaufvertrag nach § 119 Abs. 2 BGB an. Der V verlangt von dem K den Ersatz des ihm entstandenen Vertrauensschadens (§ 122 BGB). Nunmehr entdeckt der K, dass er arglistig getäuscht worden ist und ficht „schnell noch" nach § 123 Abs. 1 BGB an.

Auch diese Anfechtung soll nach der „Lehre von den Doppelwirkungen im Recht" möglich sein, um die ungünstigen Folgen des Nichtigkeitsgrundes (nach §§ 119 Abs. 2, 142 Abs. 1 BGB: § 122 BGB) zu vermeiden; bei Anfechtung wegen arglistiger Täuschung wird bekanntlich kein Vertrauensschadensersatz geschuldet.

cc) Gutgläubiger Erwerb nach §§ 929 S. 2, 932 Abs. 1 S. 2 BGB

Die Voraussetzungen einer wirksamen Übereignung eines Nichteigentümers an den schon besitzenden Erwerber (§ 929 S. 2 BGB) unterscheidet sich von den Voraussetzungen eines gutgläubigen Erwerbs nach §§ 929 S. 1, 932 Abs. 1 S. 1 BGB, den wir soeben **sub bb)** behandelt haben, nur dadurch – im Übrigen wird auf die vorstehenden Ausführungen Bezug genommen –, dass der **spezifische Gutglaubenstatbestand** des **§ 932 Abs. 1 S. 2 BGB** gegeben sein muss. Hiernach reicht es für einen gutgläubigen Eigentumserwerb nicht aus, dass der Erwerber Besitzer der Sache war. Vielmehr verlangt § 932 Abs. 1 S. 2 BGB für den gutgläubigen Erwerb, dass dem Erwerber der Besitz durch den Übereigner übertragen worden war (§ 932 Abs. 1 S. 2 BGB), und zwar so wie § 929 S. 1 BGB es für die „Übergabe" vorsieht. Nötig sind also der Verlust jeden Besitzes des Übereigners und der Erwerb des Besitzes aufgrund des Veräußerungsgeschäftes seitens des Erwerbers, und dies mit Willen des Veräußerers. Der Grund dafür, dass das Gesetz derlei verlangt, leuchtet ohne weiteres ein: Allein die Tatsache des Besitzes des Erwerbers rechtfertigt einen gutgläubigen Eigentumserwerb durch eine bloße Einigung nicht, sondern nur der Umstand, dass der Übereigner zuvor den Besitz gehabt und ihn auf den Erwerber übertragen hatte, weil nur dadurch der Rechtsschein seines Eigentums vermittelt werden kann (vergl. 1006 Abs. 2 BGB).

**Fall 530**

Der Nichteigentümer NE ist im Besitz einer ihm vom Eigentümer E verliehenen beweglichen Sache. Der NE vermietet sie an den M1 und weist diesen an, die Sache nach Beendigung der Mietzeit an den M2, an den er sie anschließend vermietet hatte, herauszugeben, was auch geschieht. Mit dem M2, dem die Sache besonders gut gefällt, schließt der NE einen Kaufvertrag; der M2 zahlt den Kaufpreis, und der NE und der M2 sind sich einig, dass der M2 Eigentümer werden soll. Jetzt verlangt E Herausgabe von dem M2.

Ein Anspruch des E könnte sich aus § 985 BGB ergeben. a) Der M2 ist Besitzer der Sache. b) Der E müsste Eigentümer sein. aa) Der E war Eigentümer. bb) Er könnte das Eigentum durch aaa) eine Übereignung des NE an den M2 verloren haben (§ 929 S. 2 BGB). aaaa) Eine Einigung liegt vor. bbbb) Der M2 war im Besitz der Sache. cccc) der NE war aber nicht Eigentümer und nicht zur Verfügung befugt. bbb) Es könnte aber ein gutgläubiger Erwerb in Betracht kommen (§§ 929 S. 2, 932 Abs. 1 S. 2 BGB). aaaa) Der Grundtatbestand des § 929 S. 2 BGB liegt vor. bbbb) Der zu § 929 S. 2 BGB gehörige Gutglaubenstatbestand ist § 932 Abs. 1 S. 2 BGB. Dem M2 müsste die Sache von NE i. S. d. § 929 S. 1 BGB übertragen worden sein. Hier ist auf Geheiß des NE der Besitz durch den M1 auf den M2 übertragen worden; das reicht für eine Besitzerlangung i. S. d. § 929 S. 1 BGB aus. cccc) Der gute Glaube des M2 wird vermutet (§ 932 Abs. 1 S.1, Abs. 2 BGB). dddd) Die Sache ist dem E nicht abhandengekommen (§ 935 Abs. 1 BGB). Also ist der M2 Eigentümer geworden. Ein Herausgabeanspruch des E besteht nicht.

dd) Gutgläubiger Erwerb nach §§ 929 S. 1, 930, 933 BGB

Sie haben das Prinzip der §§ 932 ff. BGB jetzt verstanden, so dass nur noch auf die Unterschiede zum Erwerb nach §§ 929 S.1, 932 Abs. 1 S. 1 BGB hingewiesen werden muss.

Ist im Falle einer **Übereignung** nach dem Grundtatbestand der **§§ 929 S. 1, 930 BGB** die Übereignung allein am fehlenden Eigentum des Übereigners gescheitert, so ist Voraussetzung für einen gutgläubigen Eigentumserwerb, dass der für den Grundtatbestand der §§ 929 S. 1, 930 BGB vorgesehene **spezifische Gutglaubenstatbestand** des **§ 933 BGB** gegeben ist.

Nach **§ 933 BGB** reicht es für einen Gutglaubenserwerb nicht aus, dass der Übereigner (so der Grundtatbestand des § 930 BGB) im Besitz der Sache bleibt, also der Erwerber nur den mittelbaren Besitz erlangt; der maßgebliche Gutglaubenstatbestand des § 933 BGB setzt **vielmehr** für einen gutgläubigen Erwerb voraus, dass **dem Erwerber** die **Sache vom Übereigner übergeben** worden ist, und zwar so wie § 929 S. 1 BGB es für die „Übergabe" vorsieht: Verlust jeden Besitzes des Übereigners und der Erwerb des Besitzes aufgrund des Veräußerungsgeschäftes seitens des Erwerbers, und dies mit Willen des Veräußerers.

Der **vermutete gute Glaube** muss – anders als bei §§ 929 S. 1, 932 Abs. 1 S. 1 bzw. bei §§ 929 S. 2 BGB, 932 Abs. 1 S. 2 BGB nicht im Moment der Vollendung des Rechtserwerbs nach § 929 BGB – gegeben sein, sondern im **Augenblick der Übergabe** (§ 933 BGB); ansonsten unterscheiden sich die Erfordernisse nicht von denen des § 932 Abs.1 S. 1, Abs. 2 BGB.

Eine praktisch große **Bedeutung** hat die Frage eines gutgläubigen Erwerbs nach §§ 929 S. 1, 930, 933 BGB vor allem bei der (bei juristischen Aufgaben äußerst „beliebten") Konstellation der **Konkurrenz** von **Eigentumsvorbehalt** und **Sicherungsübereignung** im Fall einer Sicherungsübereignung von dem Sicherungsgeber nicht gehörendem Vorbehaltsgut an den Sicherungsnehmer nach §§ 929, 930 BGB, ohne – das versteht sich – dass der Eigentümer damit einverstanden gewesen wäre.

Wenn der Erwerber eine ihm unter Eigentumsvorbehalt veräußerte Sache durch eine Sicherungsübereignung zu Sicherungszwecken verwendet, so sind zwei Grundmuster denkbar:

- Der Vorbehaltskäufer und Sicherungsgeber kann bei der **Sicherungsübereignung „mit offenen Karten spielen"** und dem Sicherungsnehmer offenbaren, dass er nur aufschiebend bedingter Eigentümer der Sache sei (§§ 929 S. 1, 158 Abs. 1, 449 Abs. 1 BGB), dass ihm also nur ein „Anwartschaftsrecht" an der Sache zusteht. Wenn – und das dürfte wohl nur selten der Fall sein, denn so „todesmutig" ist ein Kreditgeber/Sicherungsnehmer generell nicht – das Sicherungsgeschäft gleichwohl vorgenommen wird, erlangt der Sicherungsnehmer nach §§ 929, 930 BGB analog nur ein Sicherungsrecht an dem als „wesensgleiches minus" des Vollrechts Eigentum anzusehenden „Anwartschaftsrecht" des Erwerbers, das dem Sicherungseigentum entspricht. Wird der Restkaufpreis dann vollständig gezahlt, „erstarkt" das Anwartschaftsrecht in Händen des Sicherungsnehmers automatisch zum Vollrecht, und der Sicherungsnehmer erwirbt im Wege des **Direkterwerbs** automatisch das **Sicherungseigentum**.

- **Verheimlicht** aber der Sicherungsgeber, dass er nur Anwartschaftsberechtigter ist, und spielt er sich als Eigentümer auf, so stellt sich im Falle des guten Glaubens des Sicherungsnehmers die **Frage** nach dem **gutgläubigen Erwerb** des **Sicherungseigentums**, der den Eigentumsvorbehalt des Verkäufers untergehen lassen und damit den Eigentumsvorbehalt als Sicherungsinstrument entwerten würde. Aus dem in §§ 929 S. 1, 930, 933 BGB aufgestellten Erfordernis der Besitzerlangung des Erwerbers folgt aber, dass bei einer Konkurrenz von Eigentumsvorbehalt und Sicherungseigentum an derselben Sache i.E. der Eigentumsvorbehalt vorgeht.

**Fall 531**

Der Unternehmer K erwirbt am 1. Juni 2002 von dem EV eine diesem gehörige bewegliche Sache unter Eigentumsvorbehalt (§§ 929 S. 1, 158 Abs. 1, 449 BGB). Im Kaufvertrag ist zugunsten des EV ein Rücktrittsrecht vereinbart, wenn der K den Kaufpreis bei Fälligkeit am 1. August 2002 nicht vollständig entrichtet hat. Am 1. Juli 2002 übereignet der K nach § 930 BGB die von EV erworbene Sache an den G zur Sicherung einer Forderung aus einem mit dem G abgeschlossenen Darlehensvertrag über ein kurzfristiges Darlehen (§ 488 Abs. 1 S. 2 BGB); als Besitzmittlungsverhältnis wird ein Verwahrungsvertrag vereinbart. Der K gibt sich dabei als Eigentümer der Sache aus; der G hält den K auch für den Eigentümer. Im Sicherungsvertrag ist vereinbart worden, dass G die Sache notfalls auch eigenmächtig zum Zwecke der Verwertung in Besitz nehmen dürfe, falls der K zwei aufeinander folgende Darlehensraten nicht entrichten sollte. Als der K mit zwei aufeinander folgenden Raten in Rückstand ist, holt der G sich die Sache gegen den Protest des Schwierigkeiten mit dem EV befürchtenden K ab, um sie zu verwerten. Weil der K auch zum 1. August 2002 den Kaufpreis an den EV nicht vollständig beglichen hatte, trat der EV vom Kaufvertrag zurück und verlangt von dem G die Herausgabe der Sache.

Der Anspruch könnte sich aus § 985 BGB ergeben. a) Der G ist Besitzer. b) Der EV müsste noch Eigentümer sein. Das wird „historisch" geprüft. aa) Der EV war Eigentümer. bb) Der K hat kein Eigentum erlangt, weil die Bedingung der vollständigen Kaufpreiszahlung nicht eingetreten ist (§§ 929 S. 1, 158 Abs. 1, 449 BGB). cc) Der G könnte das Eigentum an der Sache durch die (Sicherungs-) Übereignung des K erlangt haben. aaa) Nach §§ 929 S.1, 930 BGB hat der G das Eigentum nicht erlangt, weil der K nicht Eigentümer mangels Eintritts der Bedingung geworden war und auch nicht zur Verfügung befugt war. bbb) Der G könnte das Eigentum aber nach §§ 929 S. 1, 930, 933 BGB gutgläubig von dem K erworben haben. aaaa) Eine Einigung des K mit G liegt vor. bbbb) Ein konkretes Besitzmittlungsverhältnis ist vereinbart worden (§ 688 BGB). cccc) Der K war als Nichteigentümer ohne ausnahmsweise bestehende Verfügungsbefugnis oder Genehmigung seitens des Eigentümers Nichtberechtigter. dddd) Der Gutglaubenstatbestand des § 933 BGB müsste erfüllt sein. aaaaa) Der K müsste die Sache an den G i. S. d. § 929 S. 1 BGB übergeben haben. aaaaaa) Der K hat den Besitz vollständig verloren. bbbbbb) Der G hat den Besitz erlangt. cccccc) Die Übergabe müsste auf Veranlassung des Übereigners erfolgt sein; die Rechtsprechung verlangt ein „einverständliches Geben und Nehmen"; die vorherige Einwilligung in eine eigenmächtige Inbesitznahme soll nicht ausreichen. bbbbb) Auf die Frage der Gutgläubigkeit des G hinsichtlich des Eigentums des K kommt es daher nicht mehr an. Der G hat daher kein (Sicherungs-) Eigentum erlangt. EV ist daher noch Eigentümer. c) Der G könnte aber ein Recht zum Besitz haben (§ 986 Abs. 1 BGB). aa) Ein eigenes Recht zum Besitz könnte sich aus einem Anwartschaftsrecht ergeben. aaa) In der gescheiterten Sicherungsübereignung des K an den G soll nämlich aufgrund einer Auslegung nach §§ 133, 157 BGB oder (so die andere Begründung) nach § 140 BGB (als „minus") jedenfalls eine Übertragung des dem K zustehenden Anwartschaftsrecht zur Sicherung liegen. bbb) Ob allerdings ein Anwartschaftsrecht ein Recht zum Besitz gibt, ist umstritten. Wer dies ablehnt, könnte aber zumindest an ein Recht zum Besitz aus § 242 BGB denken, weil ein Herausgabeverlangen des Eigentümers aus § 985 BGB arglistig („dolo agit, qui petit …") wäre, wenn der G durch Zahlung des Restkaufpreises als Dritter (§§ 267 BGB) die Bedingung für den Eigentumserwerb eintreten lassen kann. ccc) Diese Fragen können jedoch offen bleiben, weil im vorliegenden Fall sich der Kaufvertrag durch den Rücktritt des EV (§ 346 BGB) bereits in ein Rückgewährschuldverhältnis umgewandelt hat, so dass mangels eines Anspruchs aus § 433 Abs. 2 BGB die Bedingung gar nicht mehr eintreten kann und damit auch das Anwartschaftsrecht des G erloschen ist. bb) Wegen der Umwandlung des Kaufvertrags in ein Rückgewährschuldverhältnis besteht auch kein abgeleitetes Recht des G zum Besitz.

ee) Gutgläubiger Erwerb nach §§ 929 S. 1, 931, 934 BGB

Liegen die Tatbestandsmerkmale einer Übereignung einer Sache, die ein Dritter in Besitz hat, also die des **§§ 929 S. 1, 931 BGB**, vor und ist diese Übereignung allein am fehlenden Eigentum des Übereigners gescheitert, so muss man bei der Prüfung des **spezifischen Gutglaubenstatbestandes**, hier die des **§ 934 BGB**, sehr sorgfältig sein, weil das Gesetz hier eine Unterscheidung trifft:

- Wenn der **Dritte** die **Sache für** den **Nichteigentümer** besitzt, dieser also **mittelbarer Besitzer** war, erfolgt der gutgläubige Erwerb des Eigentums aufgrund der Abtretung als solcher **(§§ 929 S. 1, 931, 934 Var. 1 BGB)**.
- Besteht jedoch **kein Besitzmittlungsverhältnis** zwischen **Nichteigentümer** und dem **Dritten**, muss für einen gutgläubigen Erwerb der Erwerber „den Besitz der Sache von dem Dritten", und zwar entweder den unmittelbaren oder den mittelbaren Besitz, erlangen **(§§ 929 S. 1, 931, 934 Var. 2 BGB)**.

(1) Der Nichteigentümer ist mittelbarer Besitzer (§§ 929 S. 1, 931, 934 Var. 1 BGB)

Wenn der Dritte die Sache für den Nichteigentümer **aufgrund** eines **Besitzmittlungsverhältnisses** besitzt, der veräußernde **Nichteigentümer** also **mittelbarer Besitzer** ist, erwirbt der gutgläubige Erwerber das Eigentum ausschließlich aufgrund der Abtretung des Herausgabeanspruchs **(§§ 929 S. 1, 931, 934 Var. 1 BGB)**. Hiernach muss der vermutete **gute Glaube** im **Zeitpunkt** der **Abtretung** gegeben sein; ansonsten unterscheiden sich die Erfordernisse nicht von denen des § 932 Abs.1 S. 1, Abs. 2 BGB.

**Fall 532**

Der V hat eine ihm gehörende Fräsmaschine an den K verkauft und sie ihm aufschiebend bedingt übereignet (Eigentumsvorbehalt nach §§ 929 S. 1, 158 Abs. 1, 449 Abs. 1 BGB). Der K hat die Maschine daraufhin zur Sicherheit für ein Darlehen an seinen Gläubiger G, der den K für den Eigentümer hielt, nach §§ 929 S. 1, 930 BGB unter Vereinbarung eines Verwahrungsvertrages übereignet. Als später der G bei dem X seinerseits einen Kredit aufnimmt, übereignet er die Maschine an den X zur Sicherheit nach § 931 BGB; der X hielt dabei den G für den Eigentümer. Ist X Eigentümer geworden? (nach BGH).

a) Nach §§ 929 S. 1, 931 BGB ist der X mangels Eigentums des G (§ 933 BGB: die Maschine ist an den G nicht übergeben worden!) nicht Eigentümer geworden. b) Der X könnte jedoch nach §§ 929 S. 1, 931, 934 Var. 1 BGB Eigentümer geworden sein, aa) wenn der G einen ihm zustehenden Herausgabeanspruch aus einem bestehenden Besitzmittlungsverhältnis abgetreten hätte. aaa) Die Abtretung eines Herausgabeanspruchs liegt vor. bbb) Fraglich ist, ob ein Herausgabeanspruch gegeben war. aaaa) Gegen ein Besitzmittlungsverhältnis spricht, dass die Sicherungsübereignung an den G fehlgeschlagen ist und man daher annehmen könnte, dass deshalb auch kein Besitzmittlungsverhältnis zwischen K und G besteht (arge. § 139 BGB). Ein Besitzmittlungsverhältnis soll jedoch gleichwohl deshalb bestehen, weil in der fehlgeschlagenen Sicherungsübereignung (wie Sie aus dem vorherigen Fall wissen) eine zur Sicherheit erfolgte Übertragung des Anwartschaftsrechts des K liegt, also deshalb doch ein wirksames Besitzmittlungsverhältnis besteht. bbbb) Medicus meint dazu, dass der K den Besitz aber nicht nur für den G gemittelt habe, sondern die Maschine zugleich auch (immer) noch für den V besessen habe, weil er seinen Willen, jetzt nur noch für G besitzen zu wollen, dem V nicht offenbart habe, so dass im Ergebnis V und G „mittelbare Nebenbesitzer" seien und der G daher auch nur seinen Nebenbesitz auf den X übertragen habe und der X (weil ein gutgläubiger Besitzerwerb nicht möglich sei) auch nur diesen mittelbaren Nebenbesitz erworben habe, was wiederum für einen Eigentumserwerb nach §§ 929 S. 1, 934 Var. 1 BGB nicht ausreichend sei. Hiergegen wird überzeugend eingewendet, dass der K durch die Sicherungsübereignung an den G den mittelbaren Besitz des V zerstört habe, weil es für einen Besitzverlust des V nicht auf die Erkennbarkeit für diesen ankomme. bb) X war auch zur Zeit der Abtretung des Herausgabeanspruchs gutgläubig. cc) § 935 BGB liegt nicht vor.

Dieser Fall demonstriert, dass nach dem Gesetz ein der Sache ferner stehender Zweiterwerber (X) durch §§ 929 S. 1, 931, 934 Var. 1 BGB besser gestellt wird als ein Ersterwerber (G) durch §§ 929 S. 1, 930, 933 BGB. Es stellt sich daher die Frage, ob zwischen §§ 933 und 934 Var. 1 BGB zu **korrigierende Wertungswidersprüche** bestehen. Dazu zunächst zwei einfache Fälle:

**Fall 533**

Der NE lässt eine ihm nicht gehörige Sache durch V verwahren. Der NE übereignet sie an den D durch Einigung und Abtretung des Herausgabeanspruchs aus dem Verwahrungsvertrag.

Der D ist nach §§ 929 S. 1, 931, 934 Var. 1 BGB Eigentümer geworden.

**Variante**

Der NE übereignet die Sache an den D durch Einigung und Vereinbarung eines Besitzkonstituts dahingehend, dass der NE die dem V überlassene Sache durch den V verwahrt.

Der D hätte nach §§ 929 S. 1, 930, 933 BGB kein Eigentum erlangt.

Hier zeigt sich ein Wertungswiderspruch; beide Sachverhalte unterscheiden sich bei wertender Betrachtungsweise nicht; gleichwohl sind die Lösungen unterschiedlich. Dieser Wertungswiderspruch ist jedoch vom Gesetz gewollt und ist hinzunehmen, weil es für die unterschiedlichen gesetzlichen Lösungen in den §§ 933 und 934 Var. 1 BGB auch einen inneren Grund gibt: Er ist darin zu sehen, dass im Fall einer Übereignung nach §§ 929 S.1, 930 BGB der Übereigner den (unmittelbaren) Besitz behält, während bei einer Übereignung nach §§ 929 S.1, 931 BGB der Veräußerer nach der Abtretung seines Herausgabeanspruchs aus einem Besitzmittlungsverhältnis keinen Besitzrest mehr an der Sache hat; deshalb ist es einleuchtend, dass das Gesetz für einen Gutglaubenserwerb

- bei einer Übereignung nach §§ 929 S. 1, 930 BGB die Übergabe verlangt (§ 933 BGB)
- und bei einer Übereignung nach §§ 929 S. 1, 931 BGB im Falle der Abtretung seines Herausgabeanspruchs aus einem Besitzmittlungsverhältnis auf die Übergabe verzichtet (§ 934 Var. 1 BGB).

(2) Der Nichteigentümer ist nicht mittelbarer Besitzer (§§ 929 S. 1, 931, 934 Var. 2 BGB)

Ist ein Dritter im Besitz der Sache und ist der **veräußernde Nichteigentümer nicht mittelbarer Besitzer**, so wird der gutgläubige Erwerber nur dann Eigentümer, wenn der besitzende Dritte dem Erwerber mit Rücksicht auf die Veräußerung den Besitz verschafft **(§§ 929, 931, 934 Var. 2 BGB)**, wofür die Erlangung des mittelbaren Besitzes, indem der Dritte z. B. ein neues Besitzmittlungsverhältnis mit dem Erwerber begründet, ausreichen soll. Der **vermutete gute Glaube** muss im **Moment des Besitzerwerbes** gegeben sein; ansonsten unterscheiden sich die Erfordernisse nicht von denen des § 932 Abs.1 S. 1, Abs. 2 BGB.

**Fall 534**

Der E verkaufte dem K1 eine ihm gehörende und bei dem L eingelagerte Partie Zucker. Übereignet wurde der Zucker jedoch nicht, weil der K1 den Kaufpreis schuldig blieb. Gleichwohl gab sich der K1 als Eigentümer und Einlagerer des weiterhin bei dem L für den E eingelagerten Zuckers aus und verkaufte und übereignete diesen anschließend durch Einigung und „Abtretung seines Herausgabeanspruchs gegen L" an den K2, der den K1 für den Eigentümer und Einlagerer hielt. Später schloss der L mit Rücksicht auf die an den K2 erfolgte Übereignung mit dem K2 einen Lagervertrag ab, in dem vereinbart wurde, dass er den Zucker nunmehr ausschließlich für den K2 besitze. Die Lagerhalle wird von dem B in Brand gesetzt. Der K2 verlangt Schadensersatz von dem B.

Der Anspruch könnte sich aus § 823 Abs. 1 BGB ergeben. a) Dann müsste das Eigentum des K2 an dem Zucker verletzt worden sein. aa) Eigentümer war der E. bb) Der K1 hat das Eigentum nicht erlangt, weil E und K1 nur einen Kaufvertrag geschlossen haben. cc) Der K2 könnte das Eigentum von K1 erlangt haben. aaa) Ein Eigentumserwerb nach §§ 929 S.1, 931 BGB scheitert daran, dass der K1 weder Eigentümer war noch zur Verfügung befugt war. bbb) In Betracht kommt aber ein gutgläubiger Eigentumserwerb nach §§ 929, 931, 932, 934 BGB. aaaa) Eine Einigung des K1 mit K2 liegt vor. bbbb) Anstelle der Übergabe ist die Abtretung eines Herausgabeanspruchs vereinbart worden. cccc) Da K1 nicht Eigentümer und nicht ein zur Verfügung Befugter war, kommt nur ein gutgläubiger Erwerb des K2 in Betracht. aaaaa) Der Grundtatbestand des Erwerbs nach §§ 929 S. 1, 931 BGB ist gegeben. bbbbb) Ein durchgeführtes Verkehrsrechtsgeschäft liegt vor. ccccc) Weiterhin müsste der Gutglaubenstatbestand des § 934 BGB gegeben sein. aaaaaa) § 934 Fall 1 BGB liegt nicht vor, weil die Abtretung eines Herausgabeanspruchs aus einem nur vermeintlich bestehenden Besitzmittlungsverhältnis (K1–L) nicht ausreicht. bbbbbb) Bei der Abtretung eines Anspruchs aus einem nur behaupteten Besitzmittlungsverhältnis (K1–L) greift jedoch § 934 Fall 2 BGB ein. Ein gutgläubiger Erwerb von einem Nichteigentümer setzt aber eine Besitzerlangung des Erwerbers (K2) voraus, die hier darin zu sehen ist, dass der L mit K2 einen Lagervertrag abschließt und nicht mehr für den E besitzt. Der K2 ist daher Eigentümer geworden. b) Der B hat das Eigentums des K2 verletzt und dabei c) rechtswidrig und d) schuldhaft, weil vorsätzlich gehandelt. e) Er ist also dem K2 zum Schadensersatz verpflichtet.

**Variante**

Der L hatte auch nach Abschluss des Lagervertrages mit K2 weiterhin Zucker auf Weisung des E an diesen ausgeliefert.

Hier stellt sich die Frage, ob der K2 alleiniger mittelbarer Besitzer geworden ist oder ob ein mittelbarer Nebenbesitz von E und K2 gegeben ist, was einem Eigentumserwerb aus §§ 929 S. 1, 931, 934 Var. 2 BGB entgegenstehen würde. Wer die Rechtsfigur des „Nebenbesitzes" generell ablehnt, weil sie im Gesetz nicht vorgesehen sei (arge. §§ 1006, 866 BGB), der muss auch in diesem Fall zum Eigentumserwerb des K2 kommen, ansonsten muss man den Eigentumserwerb verneinen.

**Fall 535**

Der Eigentümer E verliert den von R auf den Namen des E ausgestellten Reparaturschein für eine ihm gehörige Uhr. Der NE findet ihn und übereignet aufgrund eines Kaufvertrags nach Zahlung des Kaufpreises die Uhr dem K durch Einigung und Abtretung des vermeintlich ihm zustehenden Herausgabeanspruchs gegen R. Der K ruft den R an und fragt, wann er die Uhr unter Vorlage des Reparaturscheines abholen könne; der R nennt ihm einen Termin. Ist der K Eigentümer geworden? (nach Baur/Stürner)

a) Nach §§ 929 S. 1, 931 BGB hat der K schon deshalb kein Eigentum erworben, weil der NE nicht Eigentümer und nicht ein zur Verfügung Befugter war. b) Ein gutgläubiger Erwerb aa) nach §§ 929 S. 1, 931, 934 Var. 1 BGB führt nicht zum Eigentumserwerb, weil NE nicht mittelbarer Besitzer war; der R besaß die Uhr für den E. bb) Für einen gutgläubigen Eigentumserwerb nach §§ 929 S. 1, 931, 934 Var. 2 BGB aaa) reicht die Abtretung eines Anspruchs aus einem vermeintlichen Besitzmittlungsverhältnis aus; bbb) die weiterhin nötige Besitzerlangung kann auch in der Erlangung des mittelbaren Besitzes bestehen; sie ist hier in der Anerkennung des K als neuen Oberbesitzer durch den R zu sehen. ccc) Der gute Glaube des K ist hier allerdings durch den Inhalt des Reparaturscheines (Ausstellung auf den Namen des E) widerlegt. Also ist E noch Eigentümer der Uhr.

#### ff) Ausnahmetatbestand des § 935 Abs. 1 BGB und Unterausnahme in § 935 Abs. 2 BGB

Sind Sie bei der Bearbeitung eines Falles nach den vorstehenden Regeln dazu gekommen, dass ein Erwerber das Eigentum gutgläubig erworben hätte (beachten Sie den Konjunktiv!), ist die Arbeit aber noch nicht vollständig getan.

Sie müssen vielmehr prüfen, ob ein gutgläubiger Erwerb nach **§ 935 Abs. 1 BGB** ausgeschlossen ist, und zwar ob die Sache

- entweder **dem Eigentümer** (§ 935 Abs. 1 S. 1 BGB)
- oder einer Person, die die Sache für ihn als **Besitzmittler** (§ 868 BGB) oder auch nur (problematisch!) **„sonstwie"** besitzt (§ 935 Abs. 1 S. 2 BGB),
- **gestohlen** worden, **verloren** gegangen oder **„sonst abhandengekommen"** ist, also ob der unmittelbaren Besitz unfreiwillig verloren gegangen ist.
- Die **Folge** ist, dass an abhanden gekommenen beweglichen Sachen kein gutgläubiger Erst-, Zweit-, Dritt- etc. **(„einmal abhandengekommen, ist immer abhandengekommen")** Erwerb möglich ist.

Davon gibt es eine **Unterausnahme** in **§ 935 Abs. 2 BGB**, nach der § 935 Abs. 1 BGB keine Anwendung findet auf Geld etc.

- Die ratio legis der **Unterausnahme in § 935 Abs. 2 BGB** erklärt sich daraus, dass beim Erwerb von Geld etc. das Interesse am Verkehrsschutz das Eigentümerinteresse dermaßen überragt, dass dieses auch im Fall eines Abhandenkommens zum *Beispiel* des „10-Euro-Scheins“ zurücktreten muss, also wenn der Finder, ja sogar der Dieb oder der Räuber ihn an einen bezüglich des Eigentums Gutgläubigen übereignet.

Machen wir uns an die **Detailarbeit**, die sich **sub (1)** – (**sub (3**) mit § 935 Abs. 1 und **sub (4)** mit § 935 Abs. 2 BGB befasst.

(1) Verlust des unmittelbaren Besitzes

Einfach gelagert sind die Fälle, in denen der unmittelbare Besitzer den Besitz persönlich verliert.

**Fall 536**

Der E hat eine ihm gehörige Sache bei sich und verliert sie. Der F findet sie und verkauft und übereignet sie an den K, der den F für den Eigentümer hält. Der E verlangt von dem K Herausgabe.

Der Anspruch ergibt sich aus § 985 BGB. a) Der E ist Eigentümer, denn aa) er war Eigentümer, bb) und er hat das Eigentum an der Sache nicht durch die Übereignung des F an den gutgläubigen K nach §§ 929 S. 1, 932 Abs. 1 S. 1 BGB verloren, weil er die Sache unmittelbar besaß und sie verloren hat (§ 935 Abs. 1 S. 1 BGB). b) Der K ist Besitzer der Sache, c) und der K hat kein Recht zum Besitz gegenüber E (§ 986 BGB).

**Variante**

Der K hat die Sache an den K1 verkauft und übereignet; der K1 hat sie dann an K2 weiterverkauft und übereignet, der schließlich an K3 usw. usw. Kann der E von K100 Herausgabe verlangen, auch wenn K – K100 gutgläubig waren?

Ja, denn „*einmal* abhandengekommen, ist *immer* abhandengekommen“!

Dazu zählen auch die Fälle, in denen ihm der Mitbesitz verloren geht, wenn also zum *Beispiel* ein Ehepartner V eine zum gemeinsamen Haushalt gehörige Sache des anderen Ehepartners E verkauft und übereignet und sich dabei gegenüber K, der nichts davon weiß, dass V verheiratet ist, als Eigentümer ausgibt. Der K erwirbt kein Eigentum. Ob sich dies aus § 1369 Abs. 1 BGB analog ergibt, kann offen bleiben, weil die Sache dem E abhandengekommen ist (§ 935 BGB).

Wenn aber ein sich als Eigentümer ausgebender **Besitzdiener (§ 855 BGB)** eine ihm vom Besitzherrn (vom Eigentümer oder von dessen Besitzmittler oder – wenn man diese Rechtsansicht teilt – von einem „sonstwie“ Besitzenden) überlassene Sache an einen hinsichtlich des Eigentums des Besitzdieners gutgläubigen Dritten veräußert, wird es komplizierter. Dann soll darin generell ein „unfreiwilliger Besitzverlust“, also ein Abhandenkommen liegen, so dass der Dritte kein Eigentum erwirbt. Denn die freiwillige Überlassung der Sache an den Besitzdiener hat nicht zu einem Besitzerwechsel, also auch nicht zu einem freiwilligen Besitzverlust geführt (denn nach § 855 BGB wird der Besitzdiener ja gerade nicht zum Besitzer!), so dass erst bei der Weitergabe der Sache durch den Besitzdiener an einen Dritten ein (dann aus der Sicht des Besitzherrn) unfreiwilliger Besitzverlust vorliegt. Anders soll es jedoch sein, wenn der Besitzdiener den Gewahrsam über die Sache außerhalb des räumlichen Herrschaftsbereichs des Besitzherrn ausgeübt hat und sich als Eigentümer ausgebend die Sache an einen gutgläubigen Dritten übereignet hat; allerdings wird man die Gutgläubigkeit dann besonders kritisch würdigen müssen! Aber haben Sie bitte im Auge, dass diese Ausführungen nur den sich als Eigentümer ausgebenden Besitzdiener, der seine vermeintliche Sache veräußert, betrafen. Bei einer zur Übereignung befugenden Vertretungsmacht des Besitzdieners, speziell nach §§ 54–56 HGB, liegt dagegen i. d. R. eine Veräußerung des Vertretenen vor, so dass es, wenn es sich dabei um den Eigentümer handelt, für einen Eigentumserwerb des Dritten auf §§ 932 ff. BGB nicht ankommt.

**Fall 537**

Die Jura-Studentin S.C.H. Nakk (S ) ist an drei Tagen in der Woche als Verkäuferin in einer der Filialen der Boutiquenkette „Ann-Sue" tätig, deren Inhaberin die Anna (A) ist. Eines Tages nimmt die S aus der Filiale, in der sie schon lange ganz allein und völlig selbstständig arbeitet, einen als Einzelstück gehandelten kostbaren Designer-Pullover mit nach Hause und zieht ihn am nächsten Tag zur Uni an, wo sie die Vorlesungen eigentlich nur noch zur Pflege sozialer Kontakte und zum Klönen besucht. Gegenüber der A hat sie den Pullover als gestohlen gemeldet. Weil keiner sie wegen des Pullovers bewundert, gefällt er der S schon bald nicht mehr. Sie verkauft ihn während der Sachenrechtsvorlesung an die hinsichtlich des Eigentums der S gutgläubige Kommilitonin K. Lön (K) und übereignet und übergibt ihn ihr nach der Vorlesung. Als die K tags darauf mit dem Pullover bekleidet in die Filiale der Boutique der A kommt, um ihre Bekannte S zu besuchen, trifft sie dort auf die zufällig anwesende A, die den Pullover wegen seines besonderen Designs sofort wieder erkennt und ihn von der vermeintlichen Diebin K herausverlangt. Die K hat in der Vorlesung immerhin „mit einem Ohr zugehört" und beruft sich auf einen „gutgläubigen Eigentumserwerb".

Vergeblich, denn der Herausgabeanspruch der A gegen die K ergibt sich aus § 985 BGB. a) Die A ist Eigentümer des Pullovers, denn aa) sie war Eigentümer bb) und sie hat das Eigentum an dem Pullover auch nicht durch die Übereignung der S an die gutgläubige K nach §§ 929 S. 1, 932 Abs. 1 S. 1 BGB verloren, weil der Pullover der A abhandengekommen ist: Die S war in ihrer Rolle als Verkäuferin zunächst nicht Besitzerin des Pullovers; Besitzerin war vielmehr die A (§ 855 BGB). Als die S sich dafür entschieden hatte, den Pullover wie einen eigenen zu tragen, und dies auch realisierte, endete ihre Besitzdienerstellung und sie erwarb den Besitz; gleichzeitig verlor die A den Besitz; dieser Besitzverlust war unfreiwillig. Damit ist der Pullover der A abhandengekommen (§ 935 Abs. 1 S. 1 BGB), so dass die K kein Eigentum erlangen konnte. b) Die K ist Besitzerin der Sache und c) hat kein Recht zum Besitz gegenüber A (§ 986 BGB).

Die komplizierteste Konstellation eines möglichen Abhandenkommens ist die, in der ein **„Scheinerbe"** über Nachlassgegenstände verfügt und dabei auch Sachen – was uns hier interessiert – nach §§ 929 ff. BGB übereignet. Lassen Sie sich nicht dadurch irritieren, dass wir jetzt einige erbrechtliche Fragen aufwerfen. Die nötigen Vorabinformationen erhalten Sie hier – die Vertiefung erfolgt dann in Teil 11, und dort werden die hier angesprochenen Themen und Fälle wiederholt. Haben Sie also Vertrauen in das Konzept des Buches, das Sie bestimmt nicht überfordert. Was wir hier ein wenig vorziehen, gehört ohnehin zur „Allgemeinbildung". Springen Sie also „ins kalte Wasser": Wenn z. B. ein früheres Testament durch ein späteres Testament zugunsten des dann „wahren Erben" widerrufen wird (§ 2258 BGB) und dieses Widerrufstestament erst aufgefunden wird, nachdem der **„Scheinerbe"** den **Nachlass** bereits **in Besitz** genommen hat **und** bereits über **Nachlassgegenstände** zugunsten eines **Dritten** (D) durch eine (hier zunächst allein interessierende) **Übereignung** beweglicher Sachen **verfügt** hat, stellt sich die Frage, ob der Erwerber das Eigentum an den Nachlassgegenständen gutgläubig erworben hat oder ob der wahre Erbe vom Dritten als Erwerber Herausgabe verlangen kann. Bei dem zu erörternden Anspruch des wahren Erben gegen den Dritten geht es natürlich nicht um einen sog. „Erbschaftsanspruch" nach § 2018 BGB (was ist dort geregelt?), sondern um eine Frage des § 985 BGB.

Bei Fällen dieser Art, in denen ein Nicht-Erbe über Nachlassgegenstände verfügt (hier: sie übereignet) muss zwischen folgenden **Konstellationen** unterschieden werden: Als der Scheinerbe die Verfügung vornahm, hier also **Nachlassgegenstände nach §§ 929 ff. BGB übereignete**,

- war über das vermeintliche Erbrecht ein **Erbschein** erteilt worden;
- es war **kein Erbschein** erteilt worden.

Schließlich gibt es auch die hiermit „gerne" verwechselten Fälle, in denen der Scheinerbe entweder bei vorliegendem/oder nicht vorliegendem Erbschein über Sachen verfügt hat, die nicht dem Erblasser gehört haben, die also gar **keine Nachlassgegenstände** waren.

Was den **Erbschein** angeht, so lesen Sie bitte vorab § 2353 BGB, der Ihnen sagt, dass es sich um ein vom Nachlassgericht ausgestelltes Zeugnis über ein Erbrecht handelt, aufgrund dessen u. a. vermutet wird, „dass demjenigen, welcher in dem Erbschein als Erbe bezeichnet wird, das in dem Erbschein bezeichnete Erbrecht" zusteht (2365 BGB), aber natürlich nicht – und das ist ein häufiges Missverständnis – vermutet wird, dass die im Nachlass vorgefundenen Gegenstände dem Erblasser und damit dem Erben rechtlich zustanden. Soweit die Vermutung reicht, genießt der Erbschein „öffentlichen Glauben" (§ 2366 BGB). Noch einmal: Wie jetzt klar sein dürfte, ist § 2366 BGB kein „Spezialfall" der §§ 932 ff. BGB, sondern spielt eine ganz andere Rolle im Kontext der §§ 932 ff. BGB, nämlich die der Überwindung des an sich durch § 857 BGB ausgelösten § 935 BGB! Wenn Sie dies bei gleichzeitigem Lesen der drei genannten Vorschriften verstanden haben, wissen Sie zunächst alles Nötige, um imstande zu sein, die folgenden Fälle zu bearbeiten. Außerdem wissen Sie jetzt, was Sie als Erstes benötigen, wenn Sie Erbe geworden sind und über das

Wertpapierdepot des Erblassers verfügen wollen: Wegen des § 2356 BGB einen Erbschein! Es reicht aber auch aus eine zu Lebzeiten des Erblassers intern (also gegenüber der Bank auf deren Formular) erteilten Vollmacht des Erblassers über den Tod hinaus. Übrigens: Neuerdings müssen die bislang superkritischen Banken auch andere – auch notariell beglaubigte oder notariell beurkundete – Vollmachten akzeptieren, auch wenn dies in ihren AGB ausgeschlossen sein sollte (BGH).

**Übrigens:** Um unnötige Doppelungen in der Gesamtdarstellung zu vermeiden, sollen diese Ausführung zu §§ 2365, 2366 BGB sinngemäß auch für alle anderen Konstellationen eines gutgläubigen Erwerbs von Rechten gelten.

Aber jetzt zu § 2366 BGB und seiner Bedeutung für die §§ 929 ff. BGB, hier speziell zu §§ 929 S.1, 932 Abs. 1 S. 1 BGB, die an Fällen demonstriert wird.

**Fall 538**

Der E ist am 1. Mai 2002 verstorben. In seinem formwirksamen Testament vom 1. Januar 2002 ist der SchE zum Alleinerben eingesetzt worden. Der SchE nimmt den Nachlass in Besitz und verkauft das Auto des E und übergibt und übereignet es durch Einigung und Übergabe an den D1. Nachdem ihm ein Erbschein erteilt worden ist, verkauft er die Möbel des E an den D2 und übergibt und übereignet sie durch Einigung und Übergabe an den D2. Danach wird ein formwirksames Testament des E vom 1. April 2002 aufgefunden, durch das der wE zum Erben eingesetzt wird. Der wE verlangt von D1 und D2 Herausgabe von Auto und Mobiliar.

1. Der wE könnte gegen den D1 einen Anspruch auf Herausgabe des Autos nach § 985 BGB haben: a) Dann müsste der wE Eigentümer des Autos sein; das ist „historisch" zu prüfen: aa) Der E war Eigentümer. bb) Der wE ist als Erbe des E nach §§ 1922, 1937, 2258 BGB neuer Eigentümer geworden. cc) Er könnte das Eigentum an dem Auto nach aaa) § 929 S. 1 BGB durch die Übereignung des SchE an den D1 verloren haben; das ist nicht der Fall, weil der SchE nicht Eigentümer geworden war. bbb) In Betracht kommt aber ein Erwerb des D1 aaaa) nach §§ 929 S. 1, 932 Abs. 1 S. 1 BGB, deren Voraussetzungen vorliegen, so dass ein Eigentumserwerb die Folge wäre, bbbb) wenn nicht § 935 Abs. 1 S. 1 BGB eingreift: das Auto müsste dem wE als Eigentümer abhandengekommen sein; aaaaa) dann müsste er Besitzer des Autos gewesen sein; das ist nach § 857 BGB der Fall. bbbbb) Diesen Besitz hat er durch die Veräußerung seitens des SchE unfreiwillig verloren. Also liegt § 935 Abs. 1 S. 1 BGB vor. Der D1 hat kein Eigentum erworben; der wE ist noch Eigentümer. b) Der D1 ist der Besitzer. c) Er hat kein Recht zum Besitz gegenüber dem wE (§ 986 BGB) und muss das Auto daher herausgeben. 2. Der wE könnte gegen den D2 einen Anspruch auf Herausgabe der Möbel nach § 985 BGB haben: a) Der D2 ist Besitzer der Möbel. b) Der wE müsste Eigentümer der Möbel sein; das ist „historisch" zu prüfen: aa) Der E

war Eigentümer. bb) Der wE ist als Erbe des E nach §§ 1922, 1937, 2258 BGB neuer Eigentümer geworden. cc) Er könnte das Eigentum an den Möbeln nach aaa) § 929 S. 1 BGB durch die Übereignung des SchE an den D2 verloren haben; aaaa) zwar ist der SchE nicht Eigentümer geworden; bbbb) aufgrund des ihm erteilten Erbscheins ist aber zugunsten des gutgläubigen D2 davon auszugehen, dass der SchE Erbe des E (§§ 2365, 2366 BGB) und damit auch der Eigentümer der dem Erblasser gehörenden Nachlassgegenstände geworden ist. Mit dieser (eleganten) Begründung wird von einem Teil der Lehre angenommen, dass der D2 Eigentümer geworden ist. cccc) Auf § 935 BGB ist nicht einzugehen, weil es sich nicht um einen Erwerb nach § 932 BGB handelt. bbb) Anderen geht das zu weit; sie prüfen einen Eigentumserwerb seitens des D2 aaaa) nach §§ 929 S. 1, 932 Abs. 1 S. 1 BGB, deren Voraussetzungen vorliegen, so dass ein Eigentumserwerb die Folge wäre, bbbb) wenn nicht § 935 Abs. 1 S. 1 BGB eingreift: die Möbel müssten dem wE als Eigentümer abhandengekommen sein; dann müsste er Besitzer der Möbel gewesen sein. Das ist der Fall nach § 857 BGB; da aber der SchE zugunsten des gutgläubigen D2 nach §§ 2365, 2366 BGB wie der wahre Erbe behandelt wird, hat der wE nicht den Besitz nach § 857 BGB erlangt. Daher ist die Sache auch nicht dem wE abhandengekommen. Der D2 hat somit das Eigentum an den Möbeln erworben. Ein Herausgabeanspruch besteht nicht.

**Variante**

Das Auto/die Möbel waren dem E von der Autofabrik A/der Möbelfabrik M leihweise zur Ansicht überlassen worden. A/M verlangt Herausgabe von D1/D2.

Die Ansprüche können sich aus § 985 BGB ergeben. 1. Was das nachlassfremde Auto angeht, a) so kann der D1 das Eigentum lediglich nach § 932 Abs. 1 S. 1, 929 S. 1 BGB, dessen Voraussetzungen gegeben sind, erlangt haben. Fraglich ist, ob das Auto nach § 935 Abs. 1 BGB abhandengekommen ist: A hat den Besitz freiwillig durch die Leihe an E verloren. Abhandengekommen wäre das Auto aber auch, wenn der Besitzmittler den Besitz unfreiwillig verloren hat. Besitzmittler war ursprünglich der E. Nach seinem Tod ist dies nach § 857 BGB dessen Erbe wE geworden; da dieser den Besitz unfreiwillig verloren hat, ist das Auto abhandengekommen. D1 hat daher kein Eigentum erworben. b) Der D1 ist Besitzer und hat c) kein Recht zum Besitz gegenüber dem A. Daher besteht ein Herausgabeanspruch. 2. Ein Herausgabeanspruch der M hinsichtlich der Möbel setzt voraus, dass der M Eigentümer ist. Die Möbel waren ebenfalls nachlassfremd. Da die §§ 2365, 2366 BGB lediglich die fehlende Erbenstellung „ersetzen", nicht aber die fehlende Nachlasszugehörigkeit, kann der D2 das Eigentum an den Möbeln auch lediglich nach §§ 929 S. 1, 932 Abs. 1 S. 1 BGB, dessen Voraussetzungen gegeben sind, erlangt haben. Fraglich ist, ob die Möbel nach § 935 Abs. 1 BGB abhandengekommen sind: Die M hat den Besitz durch die Leihe an E freiwillig verloren. Abhandengekommen wären sie aber auch, wenn der Besitzmittler den Besitz unfreiwillig verloren hat. Besitzmittler war ursprünglich der E. Nach seinem Tod ist nach § 857 BGB dessen Erbe wE Besitzmittler geworden; da dieser den Besitz unfreiwillig verloren hat, wäre das

Mobiliar auch abhandengekommen. Zugunsten des gutgläubigen D2 wird der SchE jedoch wie der wahre Erbe behandelt (§ 2367 BGB), also wie der Besitzer nach § 857 BGB; er ist also als Besitzmittler der M anzusehen. Da er den Besitz freiwillig aufgegeben hat, liegt kein Abhandenkommen vor. Also ist D2 Eigentümer geworden. Daher besteht kein Herausgabeanspruch der M gegen den D2.

**Fall-Variante**

Der E hatte die Sachen den Eigentümern gestohlen.

Ein Eigentumserwerb scheitert an § 935 Abs. 1 S. 1 BGB.

(2) Abhandenkommen

Das entscheidende Tatbestandsmerkmal des § 935 BGB ist das des erforderlichen **„Abhandenkommens“**; der **Diebstahl** und das **Verlieren** sind nur Beispiele dafür.

Bevor Sie jetzt weiterlesen, **beantworten Sie** sich **bitte** selbst die **Frage**, was die **ratio legis** des **Merkmals „Abhandenkommen“ in § 935 Abs. 1 BGB** ist. Die Antwort dürfte nicht schwer fallen: Die im Interesse des Schutzes des Rechtsverkehrs geschaffene und auf Kosten des Eigentümers gehende Möglichkeit des gutgläubigen Erwerbs ist rechtspolitisch gesehen nur dadurch gerechtfertigt, dass der Eigentümer den für das Eigentum des Nichtberechtigten sprechenden Rechtsschein zurechenbar veranlasst hat. In den Fällen, in denen dies nicht der Fall ist, weil der Eigentümer oder eine für ihn den Besitz mittelnde Person den Besitz oder vielleicht auch eine die Sache „sonstwie“ besitzende Person unfreiwillig verloren hat, ist dies aber nicht der Fall. In diesen Fällen gehen die Interessen des Eigentümers vor. Das gilt natürlich für den im Gesetz genannten Diebstahl, aber ausdrücklich auch – weil es im Gesetz steht – für verloren gegangene Sachen, obwohl man hier an der rechtpolitischen Berechtigung dieser gesetzgeberischen Entscheidung zweifeln könnte, denn das Liegenlassen eines Buches auf einer Parkbank ist sehr wohl ein Fall eines vom Eigentümer oder seinem Besitzmittler oder der „sonstwie“ besitzenden Person zurechenbar gesetzten Rechtsscheins. Aber ein Anlass für eine teleologische Reduktion der Norm besteht wohl nicht.

Ein **Abhandenkommen** setzt den **Verlust** des **unmittelbaren Besitzes** voraus. Dieser muss **unfreiwillig** erfolgt sein. Dazu muss Ihnen die folgende **Kasuistik** bekannt sein.

1. **Kein Abhandenkommen** nach § 935 Abs. 1 BGB liegt vor bei einem Verlust des unmittelbaren Besitzes:
   - infolge einer Unterschlagung,
   - bei Weggabe aufgrund beschränkter Geschäftsfähigkeit, wenn der Minderjährige die Bedeutung der Besitzaufgabe überschauen konnte (§ 828 Abs. 2 BGB analog)
   - oder infolge arglistiger Täuschung des Übereigners seitens des Erwerbers;

- bei Weggabe durch ein Organ einer juristischen Person und geschäftsführende Gesellschafter einer rechtsfähigen Personengesellschaft

**2.** dagegen liegt ein **Abhandenkommen** nach § 935 Abs. 1 BGB vor bei:
- Verlust des Besitzes durch Verlieren, Diebstahl, Raub, unwiderstehlicher physischer Gewalt („vis absoluta")
- Weggabe bei einem unwiderstehlichen Zwang psychischer oder physischer Natur,
- fehlendem Einverständnis eines Mitbesitzers
- rechtsgeschäftlicher Weggabe bei Geschäftsunfähigkeit wegen fehlender Urteilsfähigkeit, die die Person daran hindert, einen natürlichen Besitzaufgabewillen zu bilden; nach einer „originellen" Konstruktion deshalb, weil die Eltern „Besitzherren" und die Geschäftsunfähigen nur „Besitzdiener" ihrer eigenen Sachen seien,
- oder nach h.L. sogar bei einer rechtswidrigen Drohung, zumindest (BGH) wenn sie einer unwiderstehlichen physischen Gewalt („vis absoluta") gleichgesetzt werden kann, also wenn einem z. B. „die Pistole an den Kopf gesetzt wird."

(3) Dem unmittelbar besitzenden Eigentümer oder dem als mittelbar für ihn Besitzenden oder „sonstwie" Besitzenden abhandengekommen

In allen bisherigen Fällen, Beispielen und Erörterungen war es so, dass der Eigentümer selbst den unmittelbaren Besitz unfreiwillig verlor. Das ist in der Praxis auch der Regelfall. Aber – und das wird „gerne" übersehen: Ein „Abhandenkommen" i. S. d. § 935 Abs. 1 BGB liegt auch vor, wenn der Eigentümer die Sache nicht unmittelbar besitzt, sondern eine andere Person sie für den **Eigentümer** als dessen **Besitzmittler besitzt**, und diese den Besitz unfreiwillig verliert **(§ 935 Abs. 1 S. 2, 868 BGB)**. Und dann gibt es noch die interessante Frage, ob § 935 Abs. 1 S. 2 BGB analog angewendet werden kann, wenn die Sache einem Besitzer entzogen wird, die er nicht für den Eigentümer, sondern **„sonstwie" besitzt**.

**Fall 539**

Der E verleiht eine ihm gehörige Sache an den L. Der L trägt sie mit sich herum und verliert sie. Der F findet sie und verkauft und übereignet sie an den K, der den F für den Eigentümer hält. Der E verlangt von dem K die Herausgabe.

Der Anspruch ergibt sich aus § 985 BGB. a) Der E ist Eigentümer, denn aa) er war Eigentümer, bb) und er hat das Eigentum an der Sache nicht durch die Übereignung des F an den gutgläubigen K nach §§ 929 S. 1, 932 Abs. 1 S. 1 BGB verloren, weil der L, der die Sache für ihn besessen hat (§§ 868, 598 BGB), die Sache verloren hat (§ 935 Abs. 1 S. 2 BGB). b) Der K ist Besitzer der Sache, c) und der K hat kein Recht zum Besitz gegenüber E (§ 986 BGB); der E kann auch Herausgabe an sich selbst verlangen, denn § 986 Abs. 1 S. 2 BGB greift nicht ein (§ 604 Abs. 3 BGB).

**Fall 540**

Der E verleiht eine ihm gehörige Sache an den L. Der L verkauft und übereignet und übergibt sie an den A, der weiß, dass der L die Sache von dem E nur geliehen hatte. Der Dieb D stiehlt sie dem A. Der D verkauft und übereignet sie an den K, der den D für den Eigentümer hält. Der E verlangt von dem K Herausgabe (nach Baur-Stürner).

Der Anspruch könnte sich aus § 985 BGB ergeben. a) Der E müsste Eigentümer sein. aa) Er war Eigentümer bb) und hat das Eigentum nicht durch die Übereignung des L an den A verloren, weil der A bösgläubig war. cc) Der E hätte aaa) aber das Eigentum an der Sache durch die Übereignung des D an den gutgläubigen K nach §§ 929 S. 1, 932 Abs. 1 S. 1 BGB verloren, bbb) wenn die Sache nicht abhandengekommen wäre: aaaa) Dem E selbst ist sie nicht abhandengekommen, so dass § 935 Abs. 1 S. 1 BGB nicht vorliegt, bbbb) wohl aber durch den Diebstahl des D dem A. Obwohl der A die Sache nicht für den E besessen hat, soll hier entgegen seinem Wortlaut der § 935 Abs. 1 S. 2 BGB angewendet werden, weil es die „Tendenz des Gesetzes" sei, bei unfreiwilligem Besitzverlust einen redlichen Eigentumserwerb auszuschließen. Dem wird entgegengehalten, dass nur der unfreiwillige Verlust einer Besitzposition des Eigentümers zum Abhandenkommen und Ausschluss des redlichen Erwerbes führen könne. Schließt man einen Eigentumserwerb aus: b) Der K ist Besitzer der Sache, c) und der K hat kein Recht zum Besitz gegenüber E (§ 986 BGB); der E kann auch Herausgabe an sich selbst verlangen, denn § 986 Abs. 1 S. 2 BGB greift nicht ein (§ 604 Abs. 3 BGB).

(4) Unterausnahme: § 935 Abs. 2 BGB

Die in **§ 935 Abs. 2 BGB** geregelte **Unterausnahme** zu **§ 935 Abs. 1 BGB**, nach der beim Eigentumserwerb von Geld, Inhaberpapieren und beim Eigentumserwerb im Wege öffentlicher Versteigerung (§ 383 Abs. 3 BGB) gutgläubig Eigentum auch an abhanden gekommenen Sachen erworben werden kann, versteht sich fast von selbst:

Diese Sachen **(Geld, Inhaberpapiere)** müssen besonders „verkehrsfähig" sein. Sie müssen sich also als Erwerber nicht davor fürchten, dass an Sie gezahltes und damit z. B. nach § 929 S. 1 BGB **übereignetes Bargeld** irgendwann einmal von wem auch immer (also nicht nur vom Übereigner) durch einen Bankraub erbeutet worden war, so dass § 935 Abs. 1 BGB eingreift. Sie werden (gutgläubig müssen Sie natürlich sein!!) stets Eigentümer auch solchen „schmutzigen" Geldes. Wieso gilt das auch für die **Übereignung von Inhaberpapieren**? Das ist eine Frage aus dem „Wertpapierrecht", das an sich nicht zum Stoff des Buches gehört. Die Neugierigen unter Ihnen könnten sich aber doch einmal in die §§ 793 ff. BGB einlesen und sich im Wege des „Selbststudiums" einen kleinen Einblick verschaffen. Versuchen Sie z. B. den Satz „das Recht aus dem Papier folgt dem Recht an dem Papier" zu verstehen. ER macht Ihnen deutlich, dass es Wertpapiere gibt, die nach §§ 929 ff. BGB übereignet werden, und dass damit die in den Wertpapieren verbrieften Rechte auf den Erwerber übergehen. Damit wäre die Brücke zu § 935 BGB, speziell zu § 935 Abs. 2 BGB, gebaut.

Und beim Erwerb **öffentlich versteigerter Sachen** muss im öffentlichen Interesse „reiner Tisch" gemacht werden, und es darf keine spätere Rückabwicklung mehr geben, weil der Ersteigerer wegen einer Verwertung von Diebesbeute, die man als im Eigentum z. B. des Verpfänders stehend gewähnt hatte, wegen § 935 Abs. 1 BGB nicht Eigentümer geworden wäre.

**Zu guter Letzt noch eine Warnung vor einem „beliebten" (Denk-)Fehler: Niemals dürfen Sie annehmen**, dass **§ 935 Abs. 2 BGB** den **Mangel** des **guten Glaubens „überbrückt!** Wenn Sie also zum *Beispiel* Zeuge eines „geglückten" Bankraubes mit einer Beute von € 100.000,– werden und der über seinen Erfolg „glückliche" Bankräuber Ihnen aus der Beute € 10,– in bar in die Hand drückt, werden Sie mangels guten Glaubens nicht zum Eigentümer des Geldes. Diese Warnung ist nicht rein theoretischer Art; viele Male sind mir bei ähnlichen Fällen Konstruktionen in Klausuren angeboten worden, denen zufolge das Eigentum an den € 10,– nach §§ 929 S.1, 935 Abs. 2 BGB erworben wurde! § 935 Abs. 2 „überbrückt" nur das Abhandenkommen, das nach § 935 Abs. BGB einem gutgläubigen Erwerb entgegensteht.

gg) Schuldrechtliche „Korrektur" des gutgläubigen Erwerbs

1. Nachdem Sie nun mit einiger Mühe erlernt haben, dass es bei fehlendem Eigentum des Übereignenden einen gutgläubigen Erwerb des Eigentums vom Nichteigentümer gibt, wird dies nun alles wieder in Zweifel gestellt durch die Erörterung der Frage, ob dieses Resultat durch schuldrechtliche Ansprüche des ehemaligen Eigentümers gegen den neuen Eigentümer korrigiert werden kann.
2. Wenn Sie sich im Folgenden wieder einmal mit Themen befassen müssen, die nach dem Aufbau der Gesamtdarstellung eigentlich erst später behandelt werden, dürfte Sie das als geübten Leser dieses Buches mittlerweile nicht mehr überraschen. Derlei lässt sich nicht vermeiden. Schaden nehmen Sie als Leser nicht: Der „Fortgeschrittene" sowieso nicht, denn für diesen ist dieser der Examensrealität angepasste Aufbau geradezu maßgeschneidert. Und langweilen wird der Fortgeschrittene sich bestimmt auch nicht, weil er so immer wieder die Gelegenheit zur Wiederholung bekommt. Der „Anfänger" hat keine Nachteile, weil er alles, was hier alsbald (z. B. zu § 812 ff. BGB) vorweggenommen wird, an der für ihn richtigen Stelle erneut vorfinden wird. Profitieren wird er, wenn er den schon vielfach geäußerten Rat ernst nimmt, das Schwimmen durch einen „Sprung ins Tiefe" zu erlernen.

Die **Antwort** auf die soeben aufgeworfene Frage dürfte eigentlich klar sein: Der Möglichkeit eines gutgläubigen Erwerbs ist im Verkehrsschutzinteresse geschaffen worden; eine Korrektur der Resultate würde das Prinzip des Gutglaubensschutz völlig ad absurdum führen. Aber ohne Begründung ist diese These wertlos.

**Übrigens:** Um unnötige Doppelungen in der Gesamtdarstellung zu vermeiden, sollen diese Ausführungen sinngemäß auch für alle anderen Konstellationen eines gutgläubigen Erwerbs von Rechten gelten.

(1) Korrektur des gutgläubigen Erwerbs durch § 812 Abs. 1 S. 1 BGB?
Was die Frage bereicherungsrechtlicher Korrekturen angeht, so ist z. B. an eine **Korrektur** nach **§ 812 Abs. 1 S. 1 BGB** zu denken.

**Fall 541**

Der Eigentümer E verleiht eine ihm gehörige bewegliche Sache an den Entleiher L, der diese sodann an den gutgläubigen Käufer K verkauft und zum Zwecke der Erfüllung übergibt und nach § 929 S. 1 BGB übereignet. Der E verlangt Rückübereignung und Rückgabe der Sache von K.

1. Ein Anspruch aus § 985 BGB besteht nicht, denn E hat sein Eigentum an K verloren (§§ 929 S. 1, 932 Abs. 1 S. 1 BGB; § 935 Abs. 1 S. 1 BGB liegt nicht vor). Wem das nicht auf den ersten Blick einleuchtet, sollte die letzten 27 Seiten noch einmal lesen und durcharbeiten! 2. E könnte gegen K einen bereicherungsrechtlichen Anspruch auf Herausgabe oder Rückübereignung haben. Im Ergebnis ist man sich einig, dass ein solcher Anspruch nicht besteht; begründen kann man dies auf verschiedene Weise. a) Man kann z. B. die einzelnen Bereicherungsansprüche prüfen aa) In Betracht kommt ein Anspruch aus § 812 Abs. 1 S. 1 Var. 1 BGB. aaa) Der Anspruchsgegner K hat „etwas“, das Eigentum und den Besitz an der Sache, erlangt. bbb) Er hat beides aber nicht durch Leistung des Anspruchstellers E erlangt. bb) Zu prüfen wäre daher ein Anspruch aus § 812 Abs. 1 S. 1 Var. 2 BGB (Kondiktion „in sonstiger Weise“): aaa) Der Anspruchsgegner K hat „etwas“, das Eigentum und den Besitz an der Sache, erlangt. bbb) Nach herrschender Ansicht dürfte er das „etwas“ aber nicht von (irgendeinem) anderen durch Leistung erlangt haben, denn ein „durch Leistung“ erlangtes „etwas“ kann nicht zugleich „in sonstiger Weise“ erlangt sein; beide Wege der Vermögensmehrung schließen einander aus. aaaa) Hier wird die Ansicht vertreten, dass der K das „etwas“ durch „Leistung“ des L erlangt hat; trifft das zu, ist ein Bereicherungsanspruch des E ausgeschlossen. bbbb) Wer hingegen die Alternativität von Leistungs- und Nichtleistungskondiktion („in sonstiger Weise“) generell ablehnt oder wer jedenfalls in diesem Fall das Vorliegen einer Leistung des L mit der Begründung ablehnt, dass der L mangels Eigentums gar nicht die Verschaffung des Eigentums leisten konnte, ccc) muss

prüfen, ob der K das „etwas" ohne Rechtsgrund erlangt hat. Wer so verfährt, muss § 932 Abs. 1 S. 1 BGB als Rechtsgrund für den Eigentumserwerb ansehen. b) Man kann das gleiche Ergebnis aber auch mit einem „Geniestreich" aus einem Umkehrschluss aus § 816 Abs. 1 BGB ableiten, indem man aus der Existenz des Anspruchs aus § 816 Abs. 1 S. 2 BGB folgert, dass nur im Falle einer unentgeltlichen Verfügung eines Nichtberechtigten eine bereicherungsrechtliche Korrektur stattfinden soll, und dass ansonsten ein Bereicherungsanspruch nur aus § 816 Abs. 1 S. 1 BGB auf Herausgabe des Erlangten gegeben sein soll. Im Ergebnis besteht also nach allen dazu vertretenen Rechtsansichten kein den Eigentumserwerb „korrigierender" Bereicherungsanspruch. 3. Einen Anspruch des E gegen den K aus §§ 823 Abs. 1, 249 Abs. 1 BGB besteht nicht.

**Fall 542**

Der E hat dem V, der gewerbsmäßig eine Fahrrad-Werkstatt und eine Fahrrad-Handlung betreibt, sein Fahrrad zur Reparatur gegeben. Der Geldmittel benötigende V nutzt die „gute Gelegenheit" aus und verkauft und übergibt und übereignet das Rad an den K. Der V gibt sich dabei nicht als Eigentümer des Rades, sondern gegenüber dem insoweit gutgläubigen K als von dem Eigentümer E zum Verkauf des Rades und zur Erfüllung des Kaufvertrages bevollmächtigte Person aus. Der E verlangt von K Herausgabe.

1. Der E hat keinen Anspruch nach § 985 BGB, da der K Eigentümer geworden ist; § 366 Abs. 1 HGB (der V ist nach § 1 HGB Kaufmann; das Geschäft gehört nach § 344 HGB zum Betrieb seines Handelsgewerbes), der an sich den guten Glauben an die Verfügungsbefugnis des Kaufmanns schützt (dazu später mehr!), gilt nach h.M. (anders Medicus) auch für den guten Glauben an die Vertretungsmacht, so dass die Übereignung als eine Übereignung des von V vertretenen E nach §§ 929, 164 BGB, 366 Abs. 1 HGB, 932 BGB wirksam ist. 2. In Betracht kommt aber ein Anspruch des E gegen den K aus § 812 Abs. 1 S. 1 Var. 1 BGB: a) Der K hat das Eigentum und den Besitz, also „etwas", erlangt. b) Fraglich ist, ob er das „etwas" durch Leistung des Anspruchstellers E erlangt hat: Das ist der Fall, denn aus Sicht des K hat der Vertretene (E), und nicht der Vertreter (V) sein, des K, Vermögen bewusst und zweckgerichtet gemehrt. c) Ohne Rechtsgrund hätte der E geleistet, aa) wenn man den § 366 Abs. 1 HGB dem Wortlaut folgend nur auf das dingliche Geschäft anwendet; bb) das hätte aber zur Folge, dass der gutgläubige Erwerb des K nicht „kondiktionsfest" wäre; weil das zu einem Wertungswiderspruch zu der ansonsten gegebenen „Kondiktionsfestigkeit" des gutgläubigen Erwerbs führen würde und weil es wenig Sinn machen würde, mit „der einen Hand" dem K das Eigentum zu geben und es ihm „mit der anderen Hand" wieder zu nehmen, wird zu Recht angenommen, dass § 366 Abs. 1 HGB auch das obligatorische Geschäft (Kaufvertrag E – K) betrifft, so dass von V mit Rechtsgrund geleistet worden wäre. 3. Ein Anspruch des E gegen den K aus §§ 823 Abs. 1, 249 Abs. 1 BGB besteht nicht.

(2) Korrektur des gutgläubigen Erwerbs durch § 816 Abs. 1 S. 2 BGB und § 822 BGB?
Wie Sie gerade gelernt haben, kommt es nur im Fall des **§ 816 Abs. 1 S. 2 BGB (unentgeltlicher gutgläubiger Erwerb)** zu einer Rückabwicklung des Eigentumserwerbs, also tatsächlich zu einer **Korrektur** des **gutgläubigen Erwerbs**.

**Fall 543**

Der Eigentümer E verleiht eine ihm gehörige bewegliche Sache an den Entleiher L. Dieser verschenkt und übergibt und übereignet sie an den gutgläubigen K. Der E verlangt Herausgabe von K.

1. Ein Anspruch aus § 985 BGB scheitert am gutgläubigen Eigentumserwerb des K (§ 932 Abs. 1 S. 1 Var. 1 BGB; § 935 BGB liegt nicht vor). 2. Der E könnte gegen den K einen Anspruch aus § 816 Abs. 1 S. 2 BGB haben. a) Der L hat als Nichtberechtigter b) gegenüber dem Berechtigten (E) durch die Übereignung an K wirksam verfügt (§ 932 Abs. 1 S. 1 Var. 1 BGB) c) Die Verfügung war unentgeltlich. d) Der K hat daher den durch die Verfügung unmittelbar erlangten rechtlichen Vorteil (das Eigentum und den Besitz) an den Berechtigten (E) herauszugeben. 3. Ein Anspruch des E gegen den K aus §§ 823 Abs. 1, 249 Abs. 1 BGB besteht nicht.

**Variante**

Der K hat, nachdem der L ihm die Herkunft der Sache „gebeichtet hat", diese an den D weiterverschenkt und übereignet, weil er sich nicht „die Hände schmutzig" machen wollte. Der E verlangt von D Herausgabe.

1. Ein Anspruch aus § 985 BGB scheitert am Eigentumserwerb des D (§ 929 S. 1 BGB; warum prüfen Sie nicht § 932 Abs. 1 S. 1 Var. 1 BGB?? Weil der K Eigentümer geworden war war!). 2. Der E könnte von dem D Herausgabe der Sache nach § 822 BGB verlangen, dies aber nur, wenn durch die schenkweise erfolgte Übereignung des K an den D der Anspruch des E gegen K aus § 816 Abs. 1 S. 2, 1 BGB ausgeschlossen ist. a) Das könnte der Fall nach § 818 Abs. 3 BGB sein. b) Hier aber war der K bösgläubig, so dass er nach §§ 819, 818 Abs. 4, 292 BGB nach den „allgemeinen Vorschriften" haftet, sich also nicht nach § 818 Abs. 3 BGB auf seine Entreicherung berufen kann. Der E hat daher keinen Anspruch gegen den D, sondern muss sich an K halten. Die „Lehre" aus diesem Fall ist, dass man sich, soweit möglich, von bösgläubigen Personen beschenken lassen sollte. 3. Ein Anspruch des E gegen den D aus §§ 823 Abs. 1, 249 Abs. 1 BGB besteht natürlich nicht, denn D hat vom Eigentümer (K) erworben, also nicht rechtswidrig gehandelt.

Erweitern könnte man die Korrektur auch durch die Erweiterung des Anwendungsbereichs der (ggf. **analog** anzuwendenden) Norm des **§ 816 Abs. 1 S. 2 BGB** auf die Fälle eines zwar **entgeltlichen**, aber **rechtsgrundlosen gutgläubigen Erwerbs**, kurz gesagt durch die Gleichsetzung der Rechtsgrundlosigkeit des Erwerbs mit der Unentgeltlichkeit.

**Variante**

Kann der E, wenn der L die Sache an den K verkauft und nach Zahlung des Kaufpreises an den K übereignet hätte, der Kaufvertrag sich aber später als nichtig (z. B. Dissens über essentialia negotii) entpuppt hätte, bevor es zu einer Rückabwicklung zwischen L und K kommt, von dem K Herausgabe verlangen? Oder kann der E sich nur an den L halten?

1. Der E könnte gegen K einen Anspruch aus § 816 Abs. 1 S. 2 BGB analog haben. a) Der L hat als Nichtberechtigter b) gegenüber dem Berechtigten (E) durch die Übereignung an den K wirksam verfügt (§ 932 BGB). c) Die Verfügung war aa) zwar nicht unentgeltlich, bb) war aber rechtsgrundlos erfolgt. aaa) Für eine Gleichstellung von Rechtsgrundlosigkeit und Unentgeltlichkeit könnte sprechen, dass bei beiden Konstellationen keine Verpflichtung zur Gegenleistung für den Erwerber besteht. Man wird daher eine Analogie jedenfalls in den Fällen, in denen vom Dritten (K) noch keine Gegenleistung bewirkt worden sein sollte (Vorleistung des L), befürworten können, so dass der E den K direkt in Anspruch nehmen könnte (Lehre von der „Einheitskondiktion"). bbb) Wenn aber – wie hier von K – eine Gegenleistung bewirkt ist, würde eine direkte Inanspruchnahme des K durch den E die berechtigten Interessen des K verletzen: Er würde nämlich seine Einwendungen gegen den L aus der „Saldotheorie" (Rückabwicklung nur Zug-um-Zug gegen Rückübereignung des Kaufpreises) verlieren. Daher hat der E gegen den K keinen Herausgabeanspruch aus § 816 Abs. 1 S. 2 BGB. 2. Der E kann daher a) nur den L aus § 816 Abs. 1 S. 1 BGB in Anspruch nehmen und von diesem „Herausgabe des aus der Verfügung Erlangten", also die Abtretung von dessen Bereicherungsanspruch aus § 812 Abs. 1 S. 1 BGB gegen den K, verlangen. b) Aus abgetretenem Recht kann der E dann gegen K vorgehen (§§ 812 Abs. 1 S. 1, 398 BGB), muss sich aber nach § 404 die Einwendungen des K gegen den L aus der „Saldotheorie" entgegenhalten lassen. („Lehre von der Doppelkondiktion").

### (3) Korrektur des gutgläubigen Erwerbs durch §§ 823 Abs. 1, 249 Abs. 1 BGB?

Fraglich ist, ob der **gutgläubige Eigentumserwerb** eines das Nicht-Eigentum des „Übereigners" leicht fahrlässig Verkennenden nach **§§ 823 Abs. 1, 249 Abs. 1 BGB korrigiert werden** kann. Mehrfach war von einem solchen Anspruch als Denkmöglichkeit einer Korrektur der Resultate eines gutgläubigen Erwerbs in den Lösungen der vorherigen Fälle die Rede gewesen; der Anspruch war aber stets kurzerhand verneint worden. Jetzt wollen wir uns über die Begründung des zutreffenden Ergebnisses Rechenschaft ablegen.

**Variante**

Der K hätte bei der Übereignung bei äußerster Anspannung erkennen können, dass der L nicht der Eigentümer war. Der E verlangt von K Herausgabe

1. Ein Anspruch aus § 985 BGB besteht nicht, denn der K hat das Eigentum deshalb nach §§ 929 S. 1, 932 Abs. 1 S. 1 BGB gutgläubig erworben, weil nur

Vorsatz und grobe Fahrlässigkeit schadet (§ 932 Abs. 2 BGB) 2. Ein Herausgabeanspruch aus §§ 812 Abs. 1 S. 1 Var. 2 BGB besteht nicht. 3. Ein Herausgabeanspruch gegen K könnte sich jedoch aus §§ 823 Abs. 1, 249 Abs. 1 BGB ergeben: a) Eine Eigentumsverletzung liegt darin, dass der E sein Eigentum an den K verloren hat. b) Dieser Eigentumsverlust müsste einem Verhalten des K zurechenbar sein. Durch rechtsgeschäftliche und durch tatsächliche Handlungen des K (durch die Herbeiführung der Tatbestandsmerkmale des § 929 S. 1 BGB) hat der E das Eigentum verloren. c) Es fehlt jedoch an einer Rechtswidrigkeit des Eingriffs, denn § 932 Abs. 1 S. 1, Abs. 2 BGB „erlaubt" den leicht fahrlässigen Erwerb des Eigentums an einer fremden beweglichen Sache. Also hat E keinen Herausgabeanspruch gegen den K.

### b) Der gutgläubig lastenfreie Erwerb

Eine bewegliche Sache kann mit einem beschränkt dinglichen Recht (z. B. mit einem Nießbrauch, vertraglichem oder gesetzlichem Pfandrecht, Pfändungspfandrecht) belastet sein. Wird eine belastete Sache übereignet, erwirbt der neue Eigentümer an ihr das Eigentum mit der das „Eigentum" an der Sache und nicht etwa den „jeweiligen Eigentümer" persönlich betreffenden Belastung. Wer dies nicht mit einem Blick erkennt, muss sich noch einmal Rechenschaft ablegen über den Unterschied von dinglichen Rechten und gegen Personen richtenden Rechten und dazu am besten noch einmal Teil 6 B lesen.

Die Frage, ob ein Erwerber, der von einer der vorgenannten Belastungen nichts weiß, das **Eigentum** an der Sache auch **„gutgläubig lastenfrei" erwerben** kann, beantwortet das Gesetz in **§ 936 BGB** weitgehend so wie in §§ 932 ff. BGB, also grundsätzlich mit „Ja".

Warum hat Gesetzgeber sich im Grundsatz dafür entschieden, dass derlei möglich ist? Die Antwort ist für den, der inzwischen methodisch zu denken gelernt hat, sehr einfach: „Wenn man schon" vom Nichteigentümer gewissermaßen „auf Kosten des Eigentümers", also auf Kosten des Vollrechtsinhabers, das Eigentum gutgläubig erwerben kann, dann muss man „erst recht" das Eigentum „auf Kosten des beschränkt dinglich Berechtigten", also eines nur ausschnittweise Berechtigten, gutgläubig lastenfrei erwerben können. Hätte der Gesetzgeber diese Möglichkeit nicht geschaffen, hätte man zur Behebung eines Wertungswiderspruchs diese Lücke durch Rechtsfortbildung schließen müssen. Aber der Gesetzgeber des BGB war in den allermeisten regelungsbedürftigen Konstellationen klug und vorausschauend genug, um derartige „Lücken" nicht entstehen zu lassen.

Wegen dieses rechtspolitischen Zusammenhanges, der ja auch durch die systematische Einordnung des § 936 BGB im „Untertitel 1. Übertragung" im unmittelbaren Anschluss an die §§ 932 ff. BGB zum Ausdruck kommt, befassen wir uns hier – eingekleidet in die Erarbeitung der Regeln zum Eigentumserwerb, speziell zum gutgläubigen Erwerb – mit dem Thema des gutgläubig lastenfreien Erwerbes.

Nach diesem rechtspolitischen „Vorgeplänkel" kommen wir jetzt aber endlich „zur Sache": Nach der gesetzlichen Regelung des **§ 936 BGB** erlischt eine an einer beweglichen bestehende Belastung unter folgenden Voraussetzungen:

Erforderlich ist zunächst ein **Eigentumserwerb an der belasteten Sache**.

- Der vorausgesetzte **Eigentumserwerb** (§ 936 Abs. 1 S. 1 BGB) kann der vom Berechtigten (§§ 929 S. 1 BGB, § 929 S. 2 BGB; §§ 929 S.1, 930;BGB; §§ 929 S. 1, 931 BGB) oder gutgläubig vom Nichtberechtigten erfolgt sein, wobei man an den Erwerb vom Nichteigentümer (zählen Sie die Fälle bitte selbst und ohne Blick in das Gesetz auf) oder an den vom nicht zur Verfügung Berechtigten (das werden Sie noch lernen) denken muss.

Weiterhin müssen **besondere Gutglaubenstatbestände** erfüllt sein:

- Bei einer Übereignung nach **§ 929 S. 2 BGB** durch bloße Einigung mit dem bereits besitzenden Erwerber gibt es einen gutgläubig lastenfreien Erwerb nur, wenn der Eigentümer den Besitz zuvor vom Übereigner erlangt hatte (§ 936 Abs. 1 S. 2 BGB; ist uns dies nicht bereits aus § 932 Abs. 1 S. 2 BGB bekannt?),
- im Falle der Übereignung nach **§§ 929a, 930 BGB** nur dann, wenn der Erwerber den Besitz aufgrund der Veräußerung erlangt (§ 936 Abs. 1 S. 3 BGB; auch dies kennen wir aus § 933 BGB).
- Im Falle der Übereignung nach **§ 931 BGB** gibt es **(a) keinen gutgläubig lastenfreien Erwerb**, wenn die Belastung dem dritten Besitzer zusteht (§ 936 Abs. 3 BGB); **(b)** ansonsten muss unterscheiden werden: **(aa)** ist der Veräußerer nicht mittelbarer Besitzer, ist der Erwerb nur dann lastenfrei, wenn der Erwerber den Besitz aufgrund der Veräußerung erlangt (§ 936 Abs. 1 S. 3 BGB; auch das kennen wir aus § 934 BGB), **(bb)** bei mittelbarem Besitz des Veräußerers immer (§ 936 Abs. 1 S. 1 BGB und arge. § 936 Abs. 1 S. 3 BGB; die Parallele zu § 934 BGB ist wiederum evident).

Der gutgläubig lastenfreie Erwerb setzt weiterhin eine **Gutgläubigkeit hinsichtlich der Belastung** voraus:

- Nach §§ 936 Abs. 2, 932 Abs. 2 BGB darf die Belastung weder bekannt noch infolge grober Fahrlässigkeit unbekannt sein. Gutgläubig sein muss entweder der **Erwerber selbst** oder bei einem Eigentumserwerb durch einen seitens des Erwerbers eingeschalteten Stellvertreter entweder der **Stellvertreter** des **Erwerbers** (§ 166 Abs. 1 BGB) oder bei einem Vertreter, dem die Vertretungsmacht durch Rechtsgeschäft (Vollmacht) „mit gebundener Marschroute" erteilt worden ist, der **Stellvertreter** des **Erwerbers** (§ 166 Abs. 1 BGB) **und auch** der **vertretene Erwerber** (§ 166 Abs. 2 BGB). Der gute Glaube muss – abhängig von den einzelnen Gutglaubenstatbeständen – zu einem **bestimmten Zeitpunkt** gegeben sein, nämlich im Fall des § 936 Abs. 1 S. 1 BGB mit dem Erwerb des Eigentums nach § 929 S. 1 BGB und im Fall des Eigentumserwerbs nach § 929 S. 2 BGB dann, „... wenn der Erwerber den Besitz vom Veräußerer erlangt hat", und in den Fällen des Eigentumserwerbs nach §§ 929a, 930 BGB und nach § 931 BGB im Fall einer nicht im mittelbaren Besitz des Veräußerers befindlichen Sache,

„… erst dann, wenn der Erwerber auf Grund der Veräußerung den Besitz an der Sache erlangt". Auch das sind „gute alte Bekannte".

- Der **stets erforderliche gute Glaube** wird **vermutet** (arge. § 936 Abs. 2 BGB: „Das Recht erlischt nicht, wenn …"), so dass Sie ihn nur dann problematisieren dürfen, wenn der Sachverhalt dazu einen besonderen Anlass bietet. Auch das ist nichts Neues.

**Fall 544**

Der B gibt sein Auto in die Werkstatt des U und bestellt diesem zur Sicherung der Werklohnforderung durch Verpfändung (also rechtsgeschäftlich) ein Pfandrecht nach §§ 1204, 1205 Abs. 1 S. 1 BGB. Während der Reparaturzeit veräußert der B das Auto an den K und übereignet es ihm nach § 931 BGB durch Abtretung des Anspruchs aus dem Werkvertrag (§ 631 BGB). Der K weiß von dem Pfandrecht nichts und hätte auch von ihm nichts wissen müssen, weil er den Werklohn für bezahlt hält und keinen Anlass hatte, das zu bezweifeln. Der K verlangt von dem U Herausgabe.

Der Anspruch könnte sich aus § 985 BGB ergeben. a) Der U ist Besitzer, b) der K ist neuer Eigentümer des Autos (§ 931 BGB). c) Der U könnte ein Recht zum Besitz haben. aa) Das Recht zum Besitz könnte sich aus einem Pfandrecht ergeben. aaa) Dem U stand ein Pfandrecht zu (aus § 1204 BGB und nicht aus § 647 BGB). bbb) Dies könnte nach § 936 Abs. 1 S. 1, 3, Abs. 2 BGB erloschen sein. ccc) Das Pfandrecht stand aber dem dritten Besitzer (U) zu; daher ist es auch gegenüber dem gutgläubigen Erwerber K nicht erloschen (§ 936 Abs. 3 BGB). (Warum haben wir nicht auf § 986 Abs. 2 abgestellt? Dort geht es um obligatorische Rechte zum Besitz!).

Eine ganz delikate und klausurträchtige Frage ist, ob auch das **„Anwartschaftsrecht"**, z. B. das des **Vorbehaltskäufers**, als **dingliche „Belastung"** des **Eigentums** des Vorbehaltsverkäufers verstanden werden kann. Nimmt man das an, so wäre es mittels des § 936 BGB möglich, die sich aus „Zwischenverfügungen" des Eigentumsvorbehaltsverkäufers ergebenden Rechtsfolgen, die Sie bisher über § 161 BGB herausgefunden haben, abzuleiten. Es führen offenbar auch in der juristischen Dogmatik „viele Wege nach Rom". Diese in diesem Zusammenhang (gutgläubiger lastenfreier Erwerb) bewusst kurzgehaltenen Ausführungen sind zu diesem Thema beileibe nicht das „letzte Wort". Sie sollen im Augenblick nur im Querdenken geschult werden und dazu angeregt werden, bei der Lektüre des § 936 BGB auch die Denkmöglichkeit, dass ein „Anwartschaftsrecht" auch eine „Belastung" sein könne, zu assoziieren.

**Fall 545**

Der EV verkauft eine ihm gehörige bewegliche Sache an den K1 unter Eigentumsvorbehalt. Er übergibt und übereignet sie dem K1 unter der aufschiebenden Bedingung der vollständigen Kaufpreiszahlung (§§ 929 S. 1, 158 Abs. 1, 449 Abs. 1 BGB), weil der K1 den Kaufpreis noch nicht vollständig entrichtet hat.

Dann verkauft der EV dieselbe Sache noch einmal an den K2 und übereignet sie diesem unbedingt nach §§ 929 S. 1, 931 BGB, indem er sich mit dem K2 einigt und ihm seinen Herausgabeanspruch gegen den K1 abtritt. Der K2 weiß nichts von der zugunsten des K1 erfolgten aufschiebend bedingten Übereignung und hätte davon auch nichts wissen müssen. (Dass dies ein reiner Schulfall ist, der in der Rechtswirklichkeit kaum vorstellbar ist, ergibt sich daraus, dass der EV dem K2 ja einen ganz bestimmten Anspruch, nämlich den aus dem Besitzmittlungsverhältnis zwischen ihm und dem K1, abgetreten hat, so dass der K2 über die aufschiebend bedingte Übereignung an den K1 und über das Anwartschaftsrecht des K1 informiert war). 1. Hat der K2 das Eigentum erlangt? 2. Was wird aus dem Anwartschaftsrecht des K1? 3. Was geschieht, wenn der K1 den Kaufpreis vollständig entrichtet?

1. Der K2 ist zunächst nach § 931 BGB Eigentümer geworden, denn der an ihn Übereignende EV war bei der Übereignung Eigentümer. 2. Das Anwartschaftsrecht des K1 ist aber nicht nach § 936 Abs. 1 S. 3, Abs. 2 BGB erloschen, weil es nach § 936 Abs. 3 BGB analog fortbesteht. 3. Wenn der K1 den Kaufpreis entrichtet, erstarkt das Anwartschaftsrecht des K1 a) trotz §§ 161 Abs. 3, 934 BGB b) zum Vollrecht, und der K1 wird Eigentümer.

### c) Schuldrechtliche Ausgleichsansprüche

Dass die Möglichkeit des gutgläubigen Erwerbs bzw. des gutgläubig lastenfreien Erwerbs des Eigentums aus der Sicht des (ehemaligen) Eigentümers (bzw. ehemaligen Inhabers einer Belastung (z. B. eines Pfandrechts) ein schwerer Rechtsnachteil ist, liegt auf der Hand. Diese Personen erwarten von der Rechtsordnung einen angemessenen Ausgleich dahingehend, dass derjenige, auf dessen Verfügung ihre Nachteile beruhen, ihnen schuldrechtlich ausgleichspflichtig ist.

> Verwechseln Sie diese Frage nach Ausgleichsansprüchen bitte nicht mit der kurz zuvor erörterten Frage nach einer schuldrechtlichen „Korrektur" des gutgläubigen Erwerbs. Dabei ging es darum, ob es Ansprüche darauf gibt, die Ergebnisse des gutgläubigen Erwerbs durch Ansprüche gegen den Erwerber wieder rückgängig zu machen. Hier geht es um die Frage eines Ausgleichsanspruchs desjenigen, der aufgrund des gutgläubigen Erwerbs einen Rechtsverlust erlitten hat, gegen denjenigen, der den Rechtsverlust durch eine Verfügung herbeigeführt hat.

Die in Betracht kommenden Ansprüche lassen sich wie folgt ordnen: In **Ansprüche auf**

> 1. **Herausgabe** des **durch die Verfügung Erlangten** aus:
>    **a)** § 285 BGB,
>    **b)** § 816 Abs. 1 S. 1 BGB und
>    **c)** §§ 687 Abs. 2 S. 1, 681 S. 2, 667 BGB,

**2.** und auf **Schadensersatz** aus:
**a)** § 280 BGB,
**b)** § 823 ff. BGB und
**c)** §§ 687 Abs. 2 S. 1, 678 BGB.

Dieser Überblick soll hier genügen, um diesen Teil der Gesamtdarstellung, bei dem es darum geht, den Erwerb des Eigentums an beweglichen Sachen (hier zunächst durch das Rechtsgeschäft namens „Übereignung") kennen zu lernen, nicht zu überfrachten. Weitere **Einzelheiten dazu** finden Sie im jeweils einschlägigen Sachzusammenhang.

Auch die vorstehenden Ausführungen zu schuldrechtlichen Ausgleichsansprüchen gelten sinngemäß für alle anderen Konstellationen eines gutgläubigen Erwerbs von Rechten.

## 10. Der Schutz des guten Glaubens des Erwerbers an die Verfügungsmacht (an das Nichtbestehen eines Veräußerungsverbots oder einer Verfügungsbeschränkung)

Klarmachen müssen Sie sich, dass die folgenden **Ausführungen** zur **fehlenden Verfügungsmacht** und zum **eventuellen Schutz** des **guten Glaubens** eines **Erwerbers** an das **Bestehen** einer **Verfügungsmacht kein** spezifisch **sachenrechtliches Problem** betreffen.

Das wird schon daraus deutlich, dass sich die Regelung dazu im Allgemeinen Teil des BGB befindet, und daraus, dass – wie Sie schon lange wissen – Verfügungen nicht etwa nur über das Eigentum oder andere Sachenrechte möglich sind, sondern auch über Rechte, also z. B. über Forderungen.

Denn was versteht man unter einer „Verfügung"? „Die rechtsgeschäftliche Einwirkung auf ein bestehendes Recht, durch die das Recht übertragen, belastet, inhaltlich geändert oder aufgehoben wird". Sie wissen, dass Sie derlei auswendig wissen müssen.

Wenn wir das Thema hier – im Zusammenhang mit dem Thema Übereignung beweglicher Sachen – besprechen, so deshalb, weil dies einfach nur die erstbeste Gelegenheit dazu ist.

Nachdem Ihnen hiermit klar geworden ist, warum wir hier im Wege des „exemplarischen" Lernens und nicht zum Zwecke einer systematischen Darstellung des Zivilrechts vorab in einer Art „Allgemeiner Teil" die Frage des Schutzes des guten Glaubens an die Verfügungsmacht des Übereigners behandeln, so sollten Sie sich – um nur nicht die Übersicht zu verlieren – verdeutlichen:

Die **vorstehenden Ausführungen** zum „gutgläubigen Erwerb" **(sub 9 a))** betrafen die Konstellation, bei der es dem **Übereigner** einer **beweglichen Sache** am **Eigentum mangelte**, der **Erwerber aber an** das **Eigentum** des **Übereigners glaubte** und das **Gesetz** diesem **„guten Glauben" Rechnung** trägt.

**Jetzt** soll es darum gehen, dass der **Übereigner zwar** der **Eigentümer** ist, er **aber** gleichwohl **Nichtberechtigter** ist, und zwar deshalb weil ihm die **Verfügungsmacht fehlt**, weil entweder ein dem Eigentümer die Übereignung untersagendes **Veräußerungsverbot** besteht oder weil er in der **Verfügung beschränkt** ist. Die Frage lautet jetzt, ob der gute Glaube des **Erwerbers** an das **Nichtbestehen** des **Veräußerungsverbots** bzw. der **Verfügungsbeschränkung** geschützt ist.

Auf den ersten Blick könnte man meinen, dass der Gesetzgeber im Interesse der Leichtigkeit und Sicherheit des Rechtsverkehrs einen weit reichenden „Gutglaubensschutz" geschaffen hat.

Wie Sie aber bereits gelernt haben, muss man jedoch so differenzieren:

- Wenn die **Verfügungsmacht** des **Eigentümers fehlt** und dies dem **Interesse der Allgemeinheit** dient, muss das Verkehrsschutzinteresse zurücktreten;
- wenn das **Fehlen** der **Verfügungsmacht** des **Eigentümers** hingegen nur **Individualinteressen dient** und der durch das Fehlen der Verfügungsmacht Geschützte einen zurechenbaren Rechtsschein für das Vorhandensein der Verfügungsbefugnis gesetzt hat, muss der Rechtsverkehr in seinem guten Glauben an ihr Bestehen geschützt werden.

### a) Veräußerungsverbote

Was die für den Fall einer **Veräußerung die Verfügungsmacht entfallen** lassenden **gesetzlichen Veräußerungsverbote (§ 135 BGB)** und **behördlichen Veräußerungsverbote (§ 136 BGB)** angeht, so finden auf **relative Veräußerungsverbote** die „Vorschriften zugunsten derjenigen, welche Rechte von einem Nichtberechtigten herleiten,… entsprechende Anwendung (§ 135 Abs. 2 BGB); das gilt sowohl für gesetzliche als auch für behördliche Veräußerungsverbote (§§ 135, 136 BGB). Wenn Sie sich noch an das *Beispiel* des Doppelverkaufs einer Sache durch EV an zunächst K1 und dann an K2 erinnern, in dem aufgrund eines von K1 erwirkten gerichtlichen Veräußerungsverbots nach §§ 935, 938 ZPO die Übereignung seitens des EV an K2 im Verhältnis zu K1 (also: relativ) unwirksam wurde, so würde im Fall der Gutgläubigkeit des K2 die Zweitübereignung nach §§ 136, 135 Abs. 2, 932 BGB wirksam sein. Deshalb hatten wir in der ersten Erörterung den Fall ja auch so gebildet, dass die einstweilige Verfügung auch dem K2 zugestellt wurde, so dass er bösgläubig geworden ist. Und so – das lernen wir daraus – muss man dann in der Praxis auch verfahren! Sonst ist das Veräußerungsverbot nichts wert.

Bei den **absoluten gesetzlichen Veräußerungsverboten** greift ohnehin **§ 134 BGB** ein. Insoweit gibt es bekanntlich keinen Gutglaubensschutz: Niemand kann sich darauf berufen, dass er ein Verbotsgesetz nicht kennt oder kennen muss.

b) Verfügungsbeschränkungen

Bei **Verfügungsbeschränkungen**, die die **Verfügungsmacht entfallen lassen** bzw. sie **einschränken**, wird aus den vorgenannten allgemeinen Erwägungen ebenfalls differenziert:

- Bei den dem Interesse der Allgemeinheit dienenden **absoluten Verfügungsbeschränkungen** (die wichtigsten Beispiele sind die der §§ 80, 81 InsO, §§ 1365, 1369 BGB) gibt es grundsätzlich keinen Gutglaubensschutz für den Erwerber. Durch diese Verfügungsbeschränkung sollen zum einen die **Insolvenzmasse** zugunsten der Interessen der Insolvenzgläubiger (§§ 80, 81 InsO) und zum anderen beim **Güterstand** der **Zugewinngemeinschaft** der **Anspruch** auf **Zugewinnausgleich** (§ 1378 BGB) und die **Familienhabe** zugunsten der Interessen der Familie (am Erhalt ihrer wirtschaftlichen Existenz, am Erhalt der stofflichen Grundlage des Zusammenlebens in der Familie sowie am Erhalt des künftigen Anspruchs der Ehepartner auf Ausgleich des Zugewinns) geschützt werden. Diese Interessen sind so bedeutsam, dass aus rechtspolitischen Erwägungen das Interesse an der Leichtigkeit und Sicherheit des Rechtsverkehrs zurückgestellt worden ist, indem kein Gutglaubensschutz ermöglicht worden ist. Im Einzelnen gilt: **a)** Nach § 81 InsO ist die **Verfügung** des **Insolvenzschuldners über** einen **Massegegenstand unwirksam**, also auch über bewegliche Sachen des Insolvenzschuldners, und zwar **ohne** eine **den guten Glauben** eines **Dritten** an das **Nichtbestehen einer Verfügungsbeschränkung schützende Regelung**; damit ist die unser Thema betreffende Frage eigentlich beantwortet. Aber wir wollen wieder einmal einen **Blick „über den Tellerrand"** werfen: Und dabei erkennen wir die Berechtigung des Satzes „keine Regel ohne Ausnahme"; denn in **§ 81 Abs. 1 S. 2 InsO** gelten die hier noch nicht interessierenden, den gutgläubigen Erwerb von Grundstücksrechten betreffenden §§ 892, 893 BGB entsprechend; der Grund leuchtet ein: Er ist in § 32 InsO zu finden; lesen Sie die Vorschriften noch einmal nach! **b)** Die **Verpflichtung und** die **Verfügung** eines **Ehegatten** über **sein gesamtes**, also auch über dazu gehörende bewegliche Sachen, **Vermögen** (§ 1365 BGB), ferner über einen **eigenen Haushaltsgegenstand** (also über eine dem gemeinschaftlichen Leben im privaten Bereich dienende bewegliche Sache) bedürfen der Einwilligung des anderen Ehegatten (§ 1369 BGB). Die Zustimmung zur Verpflichtung bedeutet eine Zustimmung zur Verfügung und umgekehrt. Aber – und das darf bitte nicht übersehen werden – der **„gute Glaube"** daran, dass der **Verfügende nicht verheiratet** oder jedenfalls **nicht im gesetzlichen Güterstand verheiratet** sei oder dass der Gegenstand, über den verfügt wird, **nicht das gesamte Vermögen** darstellt oder **kein Hausratsgegenstand** ist, wird **nicht geschützt**.

**Fall 546**

Der M und die F sind im gesetzlichen Güterstand der Zugewinngemeinschaft verheiratet. Die Eltern der F hatten ihr zu einem Geburtstag ein Blumenstillleben eines flämischen Malers und später dem M eine Barockkommode geschenkt.

Beide Einrichtungsgegenstände befinden sich im Wohnzimmer der Eheleute. Als die F verreist ist und der M gerade dringend Geld benötigt, um einen seiner Gläubiger zu befriedigen, verkauft er das Bild und die Kommode an den Antiquar K, der den M und die F nicht kennt, und übereignet sie an diesen nach § 929 S. 1 BGB durch Einigung und Übergabe. Einen Ehering trägt der M bei dieser Gelegenheit nicht. Im Wohnzimmer stellt der M anstelle der Barockkommode die Ikea-Kommode „Lars" auf und hängt an die leere Stelle an der Wand einen ebenfalls bei Ikea erworbenen Druck eines Bildes des schwedischen Malers „Larsson". Als die F nach ihrer Rückkehr die Umdekoration sieht, ist sie empört. Weil der M sich weigert, die Sachen von K herauszuverlangen, fordert die F von K Herausgabe der Kommode und des Bildes an sich oder an den M.

1. Herausgabe der Kommode. a) Die F könnte aa) die Herausgabe der Kommode nach §§ 1369 Abs. 3, 1368, 985 BGB verlangen („Revokationsrecht"). aaa) K ist Besitzer der Kommode. bbb) M war der Eigentümer. Die Übereignung des M an K ist nach § 1369 Abs. 1 BGB unwirksam. Der gute Glaube des K (daran, dass M ledig ist) wird nicht geschützt, weil §§ 135 Abs. 2, 932 BGB nur für relative Verfügungsverbote gelten. ccc) Der K hat wegen seines aufgrund der Unwirksamkeit des Verpflichtungsgeschäftes bestehenden Anspruchs auf Rückzahlung des Kaufpreises aus § 812 Abs. 1 S. 1 Var. 1 BGB („Leistungskondiktion") gegen den M mangels Gegenseitigkeit kein Zurückbehaltungsrecht gegen den Rückforderungsanspruch der F aus § 273 BGB. Zwar besteht genau genommen (die F macht ein Recht des M geltend) Gegenseitigkeit. Aber man würde, wenn man ein Zurückbehaltungsrecht annähme, den Verfügungsgegenstand der Familie entziehen, was § 1369 BGB gerade verhindern soll. bb) Fraglich ist, ob die F die Herausgabe der Kommode auch an sich verlangen kann: § 1369 BGB spricht davon, dass der andere Ehegatte die sich aus der Unwirksamkeit der Verfügung ergebenden Rechte gegen den Dritten geltend machen kann. Das lässt zwei Deutungen zu: aaa) Wenn man den Schutzgedanken des § 1368 BGB ernst nimmt, muss der jeweils andere Ehegatte (F) Herausgabe an sich verlangen können. bbb) Wenn man dagegen den § 1368 BGB (nur) als einen Fall der gesetzlichen „Prozessstandschaft" ansieht, bei der ein Anspruch nur auf Leistung an den materiell Berechtigten geltend gemacht werden kann, aaaa) darf der andere Ehegatte (F) Herausgabe nur an den materiell Berechtigten verlangen, also die F nur die Herausgabe an den M. bbbb) Wenn aber – wie hier – der Berechtigte (M) die Rückabwicklung durch Übergabe an sich verweigert, muss der Anspruchsteller (die F) auch Herausgabe an sich verlangen können (§§ 986 Abs. 1 S. 2 BGB analog). Die F kann also in jedem Fall Herausgabe der Kommode an sich verlangen. 2. Die Herausgabe des Bildes könnte die F von K a) ebenfalls nach §§ 1369 Abs. 3, 1368, 985 BGB herausverlangen, wenn man § 1369 BGB auch auf das dem verfügenden Ehegatten nicht gehörende (hier auf das der F gehörende Bild) anwenden könnte. Dies wird im Hinblick auf den Schutzzweck des § 1369 BGB allgemein angenommen. b) Herausgabe könnte sie auch aus § 985 BGB verlangen. aa) Der K ist Besitzer. bb) Die F müsste Eigentümerin sein. aaa) Sie war Eigentümerin des Bildes geworden (der Güterstand der Zugewinngemeinschaft bedeutet nicht etwa, wie viele Jungjuristen meinen, das Vorliegen einer

„Gütergemeinschaft", sondern „Gütertrennung" gekoppelt mit einem Zugewinnausgleich bei Beendigung der Ehe nach §§ 1371 ff. BGB). bbb) Der K könnte das Eigentum erlangt haben (§§ 929 ff. BGB): aaaa) Der Grundtatbestand des § 929 S. 1 BGB liegt vor. bbbb) Der M war jedoch nicht Eigentümer, so dass nur ein Gutglaubenserwerb nach § 932 Abs. 1 S. 1 BGB in Betracht kommt. aaaaa) Der K war gutgläubig; denn die Vermutung des § 932 Abs. 1 S. 2 BGB ist nicht widerlegt. bbbbb) Es könnte jedoch § 935 BGB entgegenstehen: An dem Bild bestand Mitbesitz der Eheleute, so dass die F den Besitz unfreiwillig verloren hat. Der K hat daher kein Eigentum an dem Bild erlangt. cc) Ein Recht zum Besitz (§ 986 BGB) gegenüber der F hat der K nicht.

**Variante**

Der K hatte das Bild bereits an D weiterverkauft und an diesen übereignet. Kann die F von D Herausgabe verlangen?

a) Zwar besteht kein Anspruch aus §§ 1368, 1369, 985 BGB, b) wohl aber aus § 985 BGB, denn auch D hat wegen § 935 BGB kein Eigentum erlangt („einmal abhandengekommen ist immer abhandengekommen").

**Variante**

Die Eheleute leben getrennt, weil die Ehefrau F ausgezogen ist.

a) Hinsichtlich des Anspruchs aus §§ 1368, 1369, 985 BGB ändert sich nichts, denn § 1369 BGB erfüllt weiterhin seinen Zweck, zumindest hinsichtlich der Sicherung des Anspruchs auf Zugewinnausgleich. b) Weil bei einem Getrenntleben ein Alleinbesitz des M gegeben ist, greift dann § 935 BGB nicht ein. Daher besteht kein Anspruch aus § 985 BGB.

- Bei den dem Schutz von Individualinteressen dienenden **relativen Verfügungsbeschränkungen** werden im Interesse des Rechtsverkehrs die §§ 932 ff. BGB für entsprechend (unmittelbar nicht, weil der Verfügende ja Eigentümer ist!) anwendbar erklärt in § 161 Abs. 3 BGB, § 2113 Abs. 3 BGB, § 2129 Abs. 2 BGB, § 2211 Abs. 2 BGB. Lesen Sie alle diese Normen und stellen sich einen einfachen Fall dazu vor. Der wichtigste Fall für Sie dürfte der bereits bekannte § 161 Abs. 3 BGB sein. Warum hat der Gesetzgeber hier den guten Glauben an das Nichtbestehen der Verfügungsbeschränkung des § 161 Abs. 1 BGB geschützt? Weil es ein Wertungswiderspruch wäre, z. B. den gutgläubigen Eigentumserwerb in den §§ 929, 932 ff. BGB vom Nichteigentümer zuzulassen, nicht aber den gutgläubigen Erwerb des Eigentums von einem Eigentümer, der zuvor aufschiebend bedingt übereignet hatte. Hätte der Gesetzgeber den § 161 Abs. 3 BGB nicht geschaffen, hätte die Rechtsprechung die Lücke im Wege der Rechtsfortbildung schließen müssen.
- Bei dieser Gelegenheit eine kleine **Kontrollfrage**: Kann die Verfügungsmacht eigentlich auch rechtsgeschäftlich ausgeschlossen oder beschränkt werden, so

dass wir auch insoweit die Frage des Schutzes des guten Glaubens aufwerfen müssten? Können Sie zum *Beispiel* mit dem von Ihnen mit einem Bild beschenkten Eigentümer E mit der Folge der Unwirksamkeit einer Übereignung an Dritte vereinbaren, das dieser sein Bild nicht übereignet? Nein! Lesen Sie zum wiederholten Male **§ 137 BGB**! Auf welche Wirkung ist eine solche Vereinbarung beschränkt? Aber, wenn wir schon bei dieser Frage sind: Welche Ausnahme gibt es zu § 137 BGB? Richtig: das pactum de non cedendo (= Vertrag darüber, dass nicht abgetreten werden darf) nach **§ 399 Var. 2 BGB**. Und wie sieht es da mit dem Schutz des guten Glaubens daran, dass kein Abtretungsverbot vereinbart ist, aus? Die „Genies" unter Ihnen werden sagen; Weil es keinen gutgläubigen Forderungserwerb gibt, gibt es erst recht auch keinen Schutz des guten Glaubens an das Nichtbestehen eines Abtretungsverbots. Gut gedacht – aber nur halb wahr: Lesen Sie § 405 BGB und machen sich Ihre Gedanken. Genialität ohne Rechtskenntnisse ist nur die eine Seite der Medaille. Lesen sollten Sie übrigens auf jeden Fall schon einmal § 354a HGB. Diese Norm wird sogleich eine überraschende Bedeutung gewinnen.

Nach diesem anspruchsvollen Exkurs, der Ihre Fähigkeiten zum **„Querdenken"** schulen sollte, zurück zum Thema. Schulen Sie jetzt Ihr Wissen mit der Bearbeitung einiger Sie zum **„Geradeausdenken"** anhaltender Fälle!

**Fall 547**

Der Eigentümer V hat eine bewegliche Sache an den K unter Eigentumsvorbehalt verkauft und sie dem K, weil dieser den Kaufpreis noch nicht vollständig entrichtet hatte, unter der aufschiebenden Bedingung der vollständigen Kaufpreiszahlung übereignet und übergeben (§§ 929 S. 1, 158 Abs. 1, 449 Abs. 1 BGB). Auf Bitten des V leiht der K dem V die Sache. Der V, der dringend Geld benötigt, nutzt diese Gelegenheit aus und verkauft und übereignet die Sache an den D. Der K, der davon nichts weiß, zahlt die letzte Rate an den V. Als V ihm später seine Untat beichtet, verlangt der K Herausgabe von dem D.

Der Anspruch könnte sich aus § 985 BGB ergeben. a) Der D ist Besitzer. b) Fraglich ist, ob der K Eigentümer ist; das ist „historisch" zu prüfen: aa) Der V war Eigentümer. bb) Durch die Veräußerung unter Eigentumsvorbehalt ist der V Eigentümer geblieben (§§ 929 S. 1, 158 Abs. 1, 449 Abs. 1 BGB). cc) Der D hat das Eigentum vom Eigentümer V nach § 929 S. 1 BGB erlangt; ohne Bedeutung hierfür ist zunächst, dass V bereits aufschiebend bedingt zugunsten des K verfügt hatte (arge. § 161 Abs. 1 BGB: die Zwischenverfügung ist erst im Falle des Eintritts der Bedingung unwirksam!). dd) Fraglich ist, welche Bedeutung der Bedingungseintritt hat: aaa) Nach § 161 Abs. 1 BGB ist die „Zwischenverfügung" zugunsten des D ex nunc unwirksam geworden, weil ein Eigentumserwerb des D die von der Bedingung abhängige Wirkung (Eigentumserwerb des K) vereiteln würde. Danach wäre der D nicht Eigentümer geworden. bbb) Wenn man aber sogar vom Nicht-Eigentümer gutgläubig das Eigentum erwerben kann (§§ 932 ff. BGB), so muss dies erst recht möglich sein, wenn der Eigentümer, der zuvor zugunsten eines anderen (hier: des K) aufschiebend bedingt verfügt hatte, zugunsten eines anderen (hier: des D) „zwischenverfügt", weil der Erwerber aufgrund der Zwischenverfügung (hier: der D) das Eigentum immerhin vom Berechtigten (V) erworben hat; deshalb hat das Gesetz auch in § 161 Abs. 3 BGB die §§ 932 ff. BGB für entsprechend anwendbar erklärt: Der in Bezug auf eine nicht erfolgte bedingte Vorab-Verfügung Gutgläubige erwirbt entgegen dem § 161 Abs. 1 BGB das Eigentum. Weil hier der D hinsichtlich der bedingten Verfügung zugunsten des K gutgläubig war und weil § 935 Abs. 1 BGB nicht vorliegt (der K hat den Besitz freiwillig aufgegeben), ist der D der Eigentümer geworden und nicht der K. ccc) Zum gleichen Ergebnis gelangt man, wenn man das „Anwartschaftsrecht" des K als „Belastung" des Eigentums des V ansieht: aaa) Es wäre trotz der Übereignung des V an D (der Zwischenverfügung) erloschen (§ 936 Abs. 1, 2 BGB), bbb) so dass es mit der Zahlung des Kaufpreises nicht zum Vollrecht erstarken konnte. Da der K nicht Eigentümer geworden ist, steht ihm auch kein Anspruch gegen den D aus § 985 BGB zu.

**Variante**

Der V hat das Eigentum an den D nach §§ 929 S. 1, 931 BGB übertragen, indem beide sich geeinigt haben und der V den ihm gegen den K zustehenden Herausgabeanspruch abgetreten hat. Der K zahlt den Restkaufpreis. Dann verlangt der D Herausgabe von K.

Der Anspruch könnte sich aus § 985 BGB ergeben. a) Der K ist Besitzer. b) Fraglich ist, ob der D Eigentümer ist; das ist „historisch" zu prüfen: aa) Der V war Eigentümer. bb) Durch die Veräußerung unter Eigentumsvorbehalt ist der V Eigentümer geblieben (§§ 929 S. 1, 158 Abs. 1, 449 Abs. 1 BGB). cc) Der D hat das Eigentum vom Eigentümer V nach § 931 BGB erlangt; ohne Bedeutung ist zunächst, dass der V bereits aufschiebend bedingt zugunsten des K verfügt hatte (arge. § 161 Abs. 1 BGB). dd) Fraglich ist, welche Bedeutung der Bedingungseintritt hat: aaa) Nach § 161 Abs. 1 BGB ist die „Zwischenverfügung" zugunsten des D unwirksam geworden, weil ein Eigentumserwerb des D die von der Bedingung abhängige Wirkung (Eigentumserwerb des K) vereiteln würde. bbb) Wenn man aber sogar vom Nicht-Eigentümer gutgläubig das Eigentum erwerben kann (§ 932 ff. BGB), so muss dies erst recht möglich sein, wenn der Eigentümer, der zuvor zugunsten eines anderen aufschiebend bedingt verfügt hatte, übereignet hat; deshalb hat das Gesetz in § 161 Abs. 3 BGB die §§ 932 ff. BGB für entsprechend anwendbar erklärt: der in Bezug auf eine nicht erfolgte bedingte Vorab-Verfügung Gutgläubige erwirbt entgegen dem § 161 Abs. 1 BGB das Recht. Hier muss, weil nach § 931 BGB übereignet worden ist, auf § 934 BGB als der entsprechenden Gutglaubensvorschrift abgestellt werden: aaaa) Zweifelhaft ist aus tatsächlichen Gründen die Gutgläubigkeit des D; denn wenn der V den Anspruch aus dem Besitzmittlungsverhältnis offen abgetreten hätte, dann wüsste der D, dass V zuvor an den K aufschiebend bedingt verfügt hatte; er wäre also nicht gutgläubig. bbbb) Geht man allerdings aufgrund einer entsprechenden, allerdings wohl nur theoretisch vorstellbaren Sachverhaltskonstellation von einer Gutgläubigkeit des D aus, wäre die weitere Voraussetzung des § 934 Var. 1 BGB (Abtretung eines Anspruchs aus einem Besitzmittlungsverhältnis) gegeben; cccc) weil auch § 935 BGB nicht gegeben ist, wäre der D trotz des Bedingungseintritts Eigentümer geblieben. ccc) Die h.M. wendet hier jedoch § 936 Abs. 3 BGB entsprechend an: Das Anwartschaftsrecht des K wird als ihm zustehende „Belastung" des Eigentums behandelt; und weil er auch der Besitzer der Sache ist, soll die Belastung bestehen bleiben, weil insoweit ein gutgläubig lastenfreier Erwerb nicht möglich ist. Danach wäre der K Eigentümer geworden. Ein Herausgabeanspruch besteht nicht.

### 11. Der Schutz des guten Glaubens des Erwerbers an eine rechtsgeschäftlich erteilte Verfügungsbefugnis des Übereigners (auch: § 366 HGB) und § 1244 BGB

Nachdem wir die Frage beantwortet hatten, ob der gute Glaube des Erwerbers an das Eigentum des Übereigners geschützt wird, wenn ihm eine bewegliche Sache durch einen Nichteigentümer übereignet wird **(sub 9 a))**, hatten wir uns zuletzt dem Thema des Schutzes des guten Glaubens des Erwerbers an das Nichtbestehen eines den Übereigner, namentlich den Eigentümer, betreffenden Verfügungsverbots oder einer Verfügungsbeschränkung, zugewandt **(sub 10)**. Jetzt geht es um den Schutz des guten Glaubens des Erwerbers an eine rechtsgeschäftlich erteilte Verfügungsbefugnis des Übereigners sowie um § 366 HGB und um § 1244 BGB

> Auch jetzt wird es übrigens um eine Fragestellung gehen, die sich nicht nur im Kontext mit der hier im Zentrum stehenden Frage der Übereignung beweglicher Sachen stellt, sondern um die generell bedeutsame Frage einer Möglichkeit des Schutzes des guten Glaubens an eine nach § 185 Abs. 1 BGB erteilte Verfügungsmacht, also um das Wirksamwerden aller denkbarer Verfügungen.

#### a) Der Schutz des guten Glaubens an eine rechtsgeschäftlich erteilte Verfügungsbefugnis des Übereigners

Jetzt erörtern wir, ob der gute **Glauben des Erwerbers an die Verfügungsbefugnis geschützt** wird in Fällen, in denen sich der **Übereigner**, der erklärtermaßen nicht der Eigentümer ist, **wahrheitswidrig auf** eine ihm vom zur Verfügung befugten Eigentümer **nach § 185 Abs. 1 BGB erteilte Verfügungsbefugnis beruft**, die ihm u. a. auch eine Übereignung nach den §§ 929 ff. BGB möglich machen würde. Gemeint sind zum *Beispiel* Fälle wie die, in denen ein Verkaufskommissionär, der Kommissionsgut des Kommittenten im eigenen Namen für Rechnung des Kommittenten verkauft hat, dem Käufer bei der der Erfüllung des Kaufvertrages dienenden Übereignung erklärt, dass er zwar nicht der Eigentümer des Kommissionsgutes sei, dass aber der Kommittent als Eigentümer in die Übereignung eingewilligt habe, was aber nicht zutrifft, so dass sich daher die Frage stellt, ob der an das Bestehen der Einwilligung glaubende Käufer nach § 929 S. 1 BGB das Eigentum erworben hat.

In der **Regel** wird der **gute Glaube** des **Erwerbers** an die **nach § 185 Abs. 1 BGB** erteilte **Verfügungsbefugnis nicht geschützt**, also auch nicht an die Befugnis zur Übereignung. Keine Ausnahme davon ist zum *Beispiel* der Fall, in dem die Erteilung der Verfügungsbefugnis zwar tatsächlich erklärt worden ist, sie aber nicht vom Eigentümer, sondern von einem Nichteigentümer herrührt. Wenn der Erwerber hinsichtlich der Eigentümerstellung des Ermächtigenden gutgläubig ist, kann man jedoch, wenn die Übergabe/ein Übergabesurrogat von diesem vermeintlichen Eigentümer vorgenommen wurde, das Eigentum nach §§ 929 S. 1, 932 ff. BGB erwerben (BGH). Hier geht es also nicht um den Schutz des guten Glaubens des Erwerbers an die Verfügungsbefugnis, sondern an das Eigentum.

**Ausnahmsweise** wird aber auch der der **gute Glauben des Erwerbers an die behauptete** angeblich nach **§ 185 Abs. 1 BGB erteilte Verfügungsmacht geschützt**, wenn die folgenden Voraussetzungen des **§ 366 HGB** gegeben sind:

- Der **Verfügende** muss als **Kaufmann** (§§ 1 ff. HGB)
- über eine **bewegliche Sache**
- **im Betrieb** seines **Handelsgewerbes** (§§ 343, 344 HGB)
- durch (hier interessierend:) **Veräußerung** (§§ 929 ff. BGB) oder (später interessierend:) **Verpfändung** (§§ 1204 ff. BGB) **verfügen,**
- **ohne** dazu nach § 185 Abs. 1 BGB **befugt** zu sein.
- Denn wenn unter diesen Voraussetzungen der Erwerber im Hinblick auf eine gesetzliche oder rechtsgeschäftliche **Verfügungsbefugnis** des Kaufmanns
- i. S. d. § 932 Abs. 2 BGB **gutgläubig** ist,
- finden die **§§ 932 ff. BGB entsprechende** Anwendung,
- es sei denn **§ 935 BGB** liegt vor.

Von **praktischer Bedeutung** ist **§ 366 HGB** zum einen für die Fälle der **Verkaufskommission.**

**Fall 548**

Der K'tent schließt mit dem gewerbsmäßigen Kommissionär K'är (§ 383 HGB) einen Kommissionsvertrag ab und gibt ihm die Ware zum Verkauf. Der K'tent hatte diese Ware allerdings zuvor dem E nach § 930 BGB zur Sicherheit übereignet. Der K'är verkauft die Ware ausdrücklich „als Kommissionär" und übereignet und übergibt sie an Dritt, nachdem dieser den Kaufpreis gezahlt hat. Als der E nach Eintritt des Sicherungsfalles vom Verbleib des Sicherungsgutes erfährt, verlangt er von Dritt Herausgabe an sich.

Der Anspruch könnte sich aus § 985 BGB ergeben. a) Der Dritt ist Besitzer der Ware. b) Der E müsste Eigentümer sein. aa) Eigentümer war ursprünglich der K'tent. bb) E war dann aufgrund der Sicherungsübereignung Eigentümer nach §§ 929 S. 1, 930 BGB geworden. cc) Der K'är ist nicht Eigentümer geworden. dd) Der E könnte das Eigentum durch die Übereignung des K'är an Dritt verloren haben. aaa) Ein Eigentumserwerb nach den §§ 929 ff. BGB scheidet aus, denn der K'är war nicht als Eigentümer, sondern „als Kommissionär", also als vom

Eigentümer zur Verfügung, speziell zur Übereignung, Befugter aufgetreten. bbb) Der Dritt könnte das Eigentum daher nur nach den §§ 929 S. 1., 185 Abs. 1 BGB erworben haben. Dazu müsste der K'är die Verfügungsbefugnis gehabt haben. aaaa) Diese hätte ihm nur der Eigentümer der Sache, also der E, erteilen können; das ist nicht der Fall. bbbb) Eine Verfügungsbefugnis kann man auch nicht gutgläubig erwerben. cccc) Der Dritt könnte aber in seinem guten Glauben an eine (ihm gegenüber ja auch behauptete) Verfügungsbefugnis des K'är geschützt sein (§ 366 Abs. 1 HGB). aaaaa) Der Verfügende K'är ist Kaufmann (§§ 1 ff., 383 HGB). bbbbb) Er hat über eine fremde bewegliche Sache ccccc) im Betrieb seines Handelsgewerbes (§§ 343, 344 HGB) ddddd) im eigenen Namen für den K'tent eeeee) durch Veräußerung an den Dritt (§ 929 S. 1 BGB) verfügt, fffff) ohne dazu befugt (§ 185 Abs. 1 BGB) gewesen zu sein. ggggg) Der Dritt hat an seine Befugnis zur Verfügung geglaubt (§ 932 Abs. 2 BGB). hhhhh) Nach §§ 366 Abs. 1 HGB finden §§ 932 ff. BGB entsprechend Anwendung: aaaaaa) Es liegt eine Einigung, bbbbbb) und eine Übergabe vor; cccccc) der Gutglaubenstatbestand des § 932 Abs. 1 S. 1 BGB ist gegeben; dddddd) § 935 BGB schließt den Gutglaubenserwerb hier nicht aus, denn die Sache ist nicht dem E und auch nicht dem für E besitzenden K'tent abhandengekommen. Daher ist Dritt Eigentümer geworden. Der E kann keine Herausgabe verlangen.

Weiterhin ist § 366 HGB von Bedeutung, wenn sich beim **Warenhandel** der Händler wegen eines bestehenden Eigentumsvorbehalts/eines Sicherungsgeschäfts (Sicherungsübereignung) zwar als Nichteigentümer einer Sache „outet", zugleich aber behauptet, vom Eigentümer zur Verfügung befugt worden zu sein (§ 185 Abs. 1 BGB).

**Fall 549**

Der Kaufmann Hendel hat Handelsware, die er von dem E unter Eigentumsvorbehalt erworben hat, ohne Einverständnis des E an den K verkauft und in diesem Kaufvertrag mit dem K vereinbart, dass er die Kaufpreisforderung gegen den K nicht abtreten darf („pactum de non cedendo"). Dem hinsichtlich des Eigentums des Hendel nachfragenden K hatte der Hendel offenbart, dass er die Ware unter Eigentumsvorbehalt von dem E erworben habe; wahrheitswidrig hatte er allerdings behauptet, dass der E mit der Weiterveräußerung einverstanden gewesen sei. Daran glaubt der K auch. Später übereignet der Hendel die verkaufte Ware Zug-um-Zug gegen die Zahlung des Kaufpreises an den K. Der E verlangt Herausgabe der Ware von dem K.

Der Anspruch könnte sich aus § 985 BGB ergeben. a) Der K ist Besitzer der Ware. b) Der E müsste Eigentümer sein. aa) E war Eigentümer. bb) An Hendel hat er das Eigentum nicht verloren (§§ 929 S. 1, 158 Abs. 1, 449 Abs. 1 S. 1 BGB). cc) Der E könnte das Eigentum durch eine Veräußerung des Hendel an den K nach § 929 S. 1 BGB verloren haben. aaa) Der Hendel war nicht Eigentümer; er hat auch nicht gegenüber dem K behauptet, der Eigentümer zu sein, sondern ist als zur Verfügung, speziell zur Übereignung, befugter Nichteigentümer aufgetreten. Daher kommt ein Eigentumserwerb nach § 929 S.1. BGB nicht in Betracht. bbb) Auch ist nicht wirksam nach §§ 929 S.1, 185 Abs. 1 BGB übereignet worden, denn der Hendel hatte keine Verfügungsbefugnis, speziell keine Befugnis zur Übereignung. ccc) Der K könnte aber das Eigentum nach §§ 929 S.1, 185 Abs. 1 BGB erworben haben, wenn er in seinem guten Glauben an die Verfügungsbefugnis des Hendel geschützt würde (§ 366 Abs. 1 HGB). aaaa) Der Verfügende Hendel ist Kaufmann (§ 1 HGB). bbbb) Er hat über eine fremde bewegliche Sache cccc) im Betrieb seines Handelsgewerbes (§§ 343, 344 HGB) dddd) im eigenen Namen für den E eeee) durch Veräußerung an K (§§ 929 S. 1 BGB) verfügt, ffff) ohne dazu befugt (§ 185 Abs. 1 BGB) zu sein. gggg) Fraglich ist, ob der K hinsichtlich der Verfügungsbefugnis gutgläubig war. aaaaa) Bei Vereinbarung eines die Kaufpreisforderung betreffenden pactum de non cedendo (§ 399 Var. 2 BGB) soll eine Gutgläubigkeit des Käufers an die Verfügungsbefugnis des Verkäufers aus folgendem Grunde nicht bestehen: Da bei den Sicherungsgeschäften der vorgenannten Art eine Zustimmung zur Weiterveräußerung typischerweise mit einer stillen (Voraus-) Abtretung der Kaufpreisansprüche gekoppelt wird, zeige der Erwerber bei Vereinbarung eines „pactum de non cedendo" mit dem Veräußerer, dass er nicht an die Grundlagen einer (vermeintlichen) Verfügungsmacht des Veräußerers glaubt. bbbbb) Ob diese früher für maßgeblich gehaltene Überlegung angesichts des „neuen" § 354a S. 1 HGB, der bei einem beiderseitigen Handelsgeschäft ein pactum de non cedendo für die Zession von Geldforderungen für unwirksam erklärt, noch Gültigkeit haben kann, kann man allerdings bezweifeln (K. Schmidt). Wer eine Gutgläubigkeit des K annimmt, muss hhhh) nach § 366 Abs. 1 HGB i. V. m. §§ 932 ff. BGB entsprechend anwenden: aaaaa) Es liegt eine Einigung, bbbbb) und eine Übergabe vor; ccccc) der Gutglaubenstatbestand des § 932 Abs. 1 S. 1 BGB ist gegeben; ddddd) § 935 BGB schließt den Gutglaubenserwerb hier nicht aus. Daher ist K Eigentümer geworden. Der E kann keine Herausgabe verlangen.

Wenn wir schon bei § 366 HGB sind, erweitern wir die vorherige Fragestellung auf das Problem, ob bei Veräußerungen und Verpfändungen nach **§ 366 HGB analog** auch der **gute Glaube an** die **Vertretungsmacht** des Kaufmanns geschützt wird. Würde man das, wie hier vorgeschlagen wird, annehmen, dann würde sich auch die oben im Zusammenhang mit den §§ 932 ff. erörterte Frage der **bereicherungsrechtlichen Korrektur** unter einem neuen Aspekt darstellen.

**Fall 550**

Der Kfz-Händler V verkauft an den E ein gebrauchtes Auto und erfüllt den Vertrag durch Übergabe und Übereignung nach § 929 S. 1 BGB. Wegen eines Mangels verlangt der E Beseitigung des Mangels und bringt den Wagen zu V zurück, damit dieser den Mangel in seiner Werkstatt behebt. Der V, der noch im Besitz des bereits auf den E umgeschriebenen Kfz-Briefes ist, nutzt diese Gelegenheit aus und veräußert den Wagen an den K. Dabei gibt er sich nicht als Eigentümer des Wagens, sondern gegenüber dem insoweit uneingeschränkt gutgläubigen K als von dem E zum Verkauf und zur Erfüllung des Kaufvertrages Bevollmächtigter aus. Der E verlangt von dem K Herausgabe.

1. Der E könnte einen Anspruch nach § 985 BGB haben. a) Der K ist Besitzer des Wagens. b) Der E müsste noch Eigentümer sein. aa) Er ist nach § 929 S. 1 BGB durch die Übereignung des V Eigentümer geworden. bb) Er könnte das Eigentum verloren haben durch eine Übereignung an den K (§§ 929 S. 1, 164 Abs. 1 BGB, 366 Abs. 1 HGB analog). aaa) Eine Übergabe an den K ist erfolgt. bbb) Der E und der K müssten sich geeinigt haben. aaaa) Eine Einigung V – K liegt vor. bbbb) Der V könnte den E wirksam vertreten haben (§ 164 Abs. 1 BGB). aaaaa) Der V hat eine eigene Willenserklärung abgegeben. bbbbb) Er hat dabei im Namen des E gehandelt. ccccc) Er müsste Vertretungsmacht gehabt haben. aaaaaa) Eine Vollmacht ist ihm nicht durch den E erteilt worden. bbbbbb) Er könnte jedoch zugunsten des gutgläubigen K als ein Bevollmächtigter anzusehen sein (§ 366 Abs. 1 HGB analog): Weil im Handelsverkehr oft nur schwer feststellbar ist, ob ein Vertragspartner im eigenen oder fremden Namen auftritt, soll § 366 HGB, der an sich den guten Glauben an die Verfügungsbefugnis des Kaufmanns schützt, auch für den guten Glauben an die Vertretungsmacht gelten, aaaaaaa) Der V ist nach § 1 HGB Kaufmann. bbbbbbb) Das Geschäft gehört nach §§ 343, 344 HGB zum Betrieb seines Handelsgewerbes. ccccccc) Es liegt eine Veräußerung vor (§ 929 S. 1 BGB). ddddddd) Der V ist nicht zur Vertretung befugt, eeeeeee) der K war aber insoweit gutgläubig. fffffff) Die §§ 932 ff. BGB liegen vor. Das Auto ist dem E nicht abhandengekommen. Daher gilt der V als von E bevollmächtigt, so dass die Übereignung als eine solche des E nach §§ 929 S. 1, 164 BGB, 366 Abs. 1 HGB, 932 BGB wirksam ist. Der E ist nicht (mehr) Eigentümer und kann daher auch keine Herausgabe von K verlangen 2. In Betracht kommt aber ein Anspruch aus § 812 Abs. 1 S. 1 Var. 1 BGB („Leistungskondiktion“). a) Der K hat das Eigentum an dem Auto, also „etwas“ erlangt. b) Fraglich ist, ob er es durch Leistung des Anspruchstellers E erlangt hat: Das ist der Fall, denn aus Sicht des K hat der Vertretene (E) und nicht der Vertreter (V) sein Vermögen bewusst und zweckgerichtet gemehrt. c) Ohne Rechtsgrund hätte E geleistet, aa) wenn man den § 366 Abs. 1 HGB dem Wortlaut folgend nur auf das dingliche Geschäft anwendet; dann wäre der K zur Herausgabe bzw. nach § 818 Abs. 2 BGB zum Wertersatz verpflichtet, könnte aber nach § 818 Abs. 3 BGB den Kaufpreis als Entreicherung abziehen. bb) Das hätte aber zur Folge, dass der gutgläubige Erwerb des K nicht kondiktionsfest wäre; aus diesem Grunde wird angenommen, dass § 366 Abs. 1 HGB auch das obligatorische Geschäft (Kaufvertrag E – K) betrifft, so dass mit Rechtsgrund geleistet worden wäre.

### b) Pfandveräußerung bei nicht bestehendem Pfandrecht oder bei Verstoß gegen die Rechtmäßigkeitsvorschriften (§ 1244 BGB)

Wenn eine **Sache** als **Pfand verwertet** wird, ohne dass ein Pfandrecht besteht und ohne dass die Rechtmäßigkeitsvorschriften (§ 1243 BGB) beachtet werden, fehlt dem Pfandgläubiger die Verfügungsbefugnis. Es stellt sich dann die Frage nach der Möglichkeit eines gutgläubigen Erwerbes.

§ 1244 BGB erklärt die §§ 932 ff. BGB für entsprechend anwendbar, nicht aber den § 935 BGB, so dass auch an einer Sache, die abhandengekommen ist und an der deshalb kein Pfandrecht nach § 1207 BGB entstehen konnte (lesen Sie § 1207 BGB!), gutgläubig Eigentum durch Pfandverwertung erlangt werden kann.

### 12. Der Eigentumsvorbehalt: Das Vorbehaltseigentum des Vorbehaltsverkäufers, das „Anwartschaftsrecht" des Vorbehaltskäufers

Dies, was Sie jetzt noch einmal zusammengefasst lesen werden, ist Ihnen allen längst bekannt: Nicht selten lässt ein Verkäufer einer beweglichen Sache sich darauf ein, eine Kaufsache an den Käufer zu übergeben und auch schon zu übereignen, ohne zugleich (wie § 320 BGB es klugerweise vorsieht) den gesamten Kaufpreis zu erhalten. Immerhin (aber nicht immer) verlangt der Verkäufer meist eine Anzahlung. Stets aber dürfte in solchen Fällen vereinbart werden, dass der restliche Kaufpreis unter Abbedingung des § 271 BGB gestundet wird und in Form einer oder mehrerer Zahlungen oder in Gestalt von Teilzahlungen zu erbringen ist. Darin liegt wirtschaftlich gesehen eine Kreditgewährung bezüglich des Kaufpreises, die ein Sicherungsbedürfnis für den Verkäufer begründet.

Die Motive für ein solches Geschäft sind aus der Sicht des Verkäufers und des Käufers unterschiedlicher Art. Der Verkäufer geht das Risiko in erster Linie deshalb ein, um den Käufer als Kunden zu gewinnen, z.Tl. sogar „anzulocken". Was die Käufer angeht, so ist privaten Käufern häufig daran gelegen, die Sache (i. d. R. Konsumgüter) sofort nutzen zu können, sie aber erst später bezahlen zu müssen, während im Wirtschaftsleben der Käufer den Kaufpreis oft erst durch den betrieblichen Einsatz der Kaufsache oder durch Verkauf, z.Tl. erst nach vorheriger Verarbeitung der Kaufsache, erwirtschaften will.

Der vorleistende Verkäufer möchte verständlicherweise für den Fall der Nichtzahlung des Kaufpreises gesichert sein. Zu diesem Zweck möchte er zumindest (von anderen denkbaren Kreditsicherungen soll hier nicht die Rede sein) bis zur vollständigen Bezahlung des Kaufpreises Eigentümer der Kaufsache bleiben. Warum? Weil der Verkäufer auf diese Weise durch den Herausgabeanspruch aus § 985 BGB vom Käufer und von jedwedem anderen Besitzer Herausgabe verlangen kann. Außerdem wäre er für den Fall einer Einzelzwangsvollstreckung eines Gläubigers des Käufers in die Kaufsache durch den Rechtsbehelf des § 771 ZPO und in der Insolvenz des Käufers durch eine Aussonderung nach §§ 47, 107 Abs. 2 InsO gesichert. Wie erreicht er diese Sicherung? Dadurch, dass die Übereignung lediglich aufschiebend bedingt durch die vollständige Kaufpreiszahlung erfolgt (§ 158 Abs. 1 BGB).

Umgekehrt hat aber auch der Vorbehaltskäufer ein Interesse an der Sicherung seines Eigentumserwerbs und ein Interesse an der rechtlichen Anerkennung des ihm durch die Teilzahlungen zuwachsenden Eigentumsrechts. Der Schutz wird teilweise durch §§ 160, 161, 162 BGB gewährleistet, aber auch – und damit werden wir uns noch gründlich befassen – durch ein dem Anwärter zustehendes „Anwartschaftsrecht" an der Sache, das zugleich auch als „wesensgleiches minus des Vollrechts" ein dem Anwärter zustehendes subjektives Recht mit Vermögenswert darstellt und das nicht nur materiellrechtlich von Bedeutung ist, sondern auch in der Einzelzwangsvollstreckung gegen den Verkäufer nicht nur nach § 766 ZPO schützt, sondern auch nach § 771 ZPO und in der Insolvenz des Verkäufers durch § 107 Abs. 1 InsO schützt.

Wie gesagt: Das ist nur eine Vorausschau über die Themen, die uns gleich gründlich befassen, auch wenn Sie bereits hier und dort allerlei dazu erfahren haben.

Der **Eigentumsvorbehalt** hat also kurz zusammengefasst zwei **sachenrechtliche Konsequenzen**, die uns hier naturgemäß in erster Linie zuerst interessieren, nämlich

- das die Kaufpreisforderung des Verkäufers sichern sollende **Fortbestehen** des **Eigentums** des **Verkäufers**
- und umgekehrt ein dem **Vorbehaltskäufer** zustehendes **Anwartschaftsrecht**.

Die **schuldrechtliche Bedeutung** des Eigentumsvorbehalts wird anschließend ebenfalls angesprochen.

### a) Entstehung des Eigentumsvorbehalts

Begründet werden kann der Eigentumsvorbehalt auf drei Weisen (wie oft haben Sie das hier wohl schon gelesen?).

- Ein **in** einem **unbedingten Kaufvertrag vereinbarter** – einen einseitigen Vorbehalt gibt es entgegen dem Wortlaut des § 449 BGB nicht! – **Vorbehalt** des **Verkäufer-Eigentums bis** zur **Zahlung** des **Kaufpreises** bedeutet zweierlei: In **schuldrechtlicher** Hinsicht wird hierdurch § 433 Abs. 1 BGB dahingehend modifiziert, dass der Verkäufer im Zweifel lediglich dazu verpflichtet ist, das Eigentum unter der aufschiebenden Bedingung vollständiger Zahlung des Kaufpreises zu übertragen. Zum anderen hat § 449 Abs. 1 BGB eine **sachenrechtliche** Komponente, derzufolge im Falle der Vereinbarung des Eigentumsvorbehalts im Kaufvertrag der Verkäufer dem Käufer mit der Übergabe der Kaufsache im Zweifel ein Angebot zum Abschluss eines aufschiebend bedingten Einigungsvertrages unter Verzicht auf den Zugang der Annahmeerklärung (§ 151 BGB) macht. Dieses Angebot nimmt der Käufer dann mit der Entgegennahme der Kaufsache konkludent an **(„ursprünglicher Eigentumsvorbehalt")**. Die für den Eigentumsübergang erforderliche Einigung wird also erst mit Bedingungseintritt wirksam.
- Ist im **Kaufvertrag kein Eigentumsvorbehalt** vorgesehen (hat sich also der Verkäufer zur unbedingten Übereignung verpflichtet), kann bei der Fallbearbeitung zuweilen zu erörtern sein, ob gleichwohl **bei** der **Übereignung** ein Eigentumsvorbehalt vereinbart wurde **(„nachgeschobener Eigentumsvorbehalt")**. Warum kann es zu diesem „Sinneswandel" eines Verkäufers kommen? Weil im Kaufvertrag zwar eine Stundung des Kaufpreises vereinbart worden ist, aber kein Eigentumsvorbehalt, und der Verkäufer plötzlich sein Bedürfnis nach Sicherung erkennt, z. B. weil ihm bekannt geworden ist, dass der Käufer plötzlich finanzielle Schwierigkeiten hat. Dass ein Eigentumsvorbehalt grundsätzlich entgegen dem Inhalt des Kaufvertrags nachträglich vereinbart werden kann, ergibt sich aus dem Trennungsprinzip. **a)** Wenn wie meistens in solchen Fällen **noch** gar **keine Einigung** i. S. d. **§§ 929 ff. BGB** vorliegt und der Verkäufer zunächst

einseitig (also kaufvertragswidrig) vor oder bei der Übergabe erklärt, dass die Übereignung unter Eigentumsvorbehalt erfolgen soll, also z. B. ausdrücklich auf dem Lieferschein („Die Ware bleibt bis zur vollständigen Zahlung des Kaufpreises das Eigentum des Verkäufers") oder konkludent dadurch, dass er beim Autokauf bei der Lieferung die „Zulassungsbescheinigung Teil II" nicht aushändigt, **aa)** und der Käufer sich ausdrücklich oder konkludent (namentlich wenn er wegen einer Stundung damit rechnen muss) mit einem Eigentumsvorbehalt einverstanden erklärt, so ist die Einigung aufschiebend bedingt vereinbart und auch der Kaufvertrag ist dadurch entsprechend abgeändert. Das ist unproblematisch. **bb)** Muss der Käufer dagegen aufgrund des Kaufvertrags nicht mit einem solchen Angebot zur aufschiebend bedingten Übereignung rechnen (namentlich in den Fällen, in denen der Verkäufer erst nachträglich Zweifel an der Zahlungsfähigkeit des Käufers erlangt hatte und deshalb den Eigentumsvorbehalt nachschieben möchte), so sind folgende Lösungswege vorstellbar: **aaa)** Entweder **aaaa)** nimmt der Käufer das Angebot zur aufschiebend bedingten Übereignung durch Inempfangnahme an (§ 151 BGB), so dass er (lediglich) bedingtes Eigentum erwirbt. **bbbb)** Oder der Käufer lehnt das Angebot ab, so dass er zunächst nicht Eigentümer wird. Dann kann er, gestützt auf den Kaufvertrag und die Stundungsabrede aus § 433 Abs. 1 BGB die Übertragung unbedingten Eigentums verlangen, weil sich aus der Stundungsabrede eine Vorleistungspflicht des Verkäufers zur Besitz- und Eigentumsübertragung ergibt (BGH). Es sei denn man vertritt die Ansicht, dass die Stundungsabrede nur eine Vorleistungspflicht zur Besitzübertragung enthält, so dass der auf unbedingte Übereignung in Anspruch genommene Verkäufer dazu nur Zug-um-Zug gegen Kaufpreiszahlung verurteilt werden würde, mit der Folge dass der auf eine Stundung Wert legende Käufer sich i. d. R. letztlich doch auf eine nachträgliche Vereinbarung des Eigentumsvorbehalts einlassen würde. **bbb)** Man kann aber auch annehmen, dass der Käufer weder bedingtes noch unbedingtes Eigentum (also: gar kein Eigentum) erwirbt; der Käufer ist dann also nur Besitzer, allerdings mit einem Recht zum Besitz aus §§ 986 Abs. 1, 433 Abs. 1 BGB („exceptio rei venditae et traditae"), so dass der Verkäufer-Eigentümer nicht nach § 985 BGB Herausgabe verlangen kann. **b)** Wenn **bereits** eine **unbedingte Einigung** i. S. d. **§§ 929 ff. BGB** vorliegt und der Verkäufer sich „das Eigentum" erst auf der Rechnung oder auf dem Lieferschein „bis zur vollständigen Kaufpreiszahlung vorbehält" und wenn die Sache dem Käufer **bereits übergeben worden** war, als ihm die Rechnung oder der Lieferschein zuging, so ist der Käufer bereits Eigentümer geworden; und damit kann die Einigung nicht mehr wirksam widerrufen worden sein. Bei **Gleichzeitigkeit von Übergabe** und einer die **Einigung widerrufenden, vertragswidrigen („nachgeschobenen") Erklärung des Eigentumsvorbehalts** auf der Rechnung oder dem Lieferschein ist – auch wenn generell bis zur Übereignung ein Widerruf der Einigung möglich ist (so der Wortlaut des § 929 S. 1 BGB: „… einig sind …" und arge. § 873 Abs. 2 BGB) – der Widerruf nur dann wirksam, wenn er vor der Übergabe zur Kenntnis des Erwerbers selbst oder zur Kenntnis einer Person gelangt ist, die zum Empfang einer solchen Erklärung vertretungsbefugt war (§ 164 Abs. 3 BGB). Nur wenn der Widerruf wirksam ist, stellt sich die oben bereits angesprochene Frage, ob in der Inempfangnahme der Ware eine Annahme des Angebots zur aufschiebend bedingten Übereignung und zur Änderung des Kaufvertrags liegt.

- Ein **unbedingter Rechtserwerb** kann natürlich stets **durch Vereinbarung** in einen **Eigentumsvorbehalt umgewandelt** werden, wobei dies als auflösend bedingte Sicherungsübereignung an den Verkäufer konstruiert werden kann.

#### b) Die Rechtstellung des Eigentumsvorbehaltsverkäufers

Der **Verkäufer bleibt bis** zum **Bedingungseintritt** durch Zahlung des Kaufpreises durch den Käufer (§ 362 BGB) oder durch einen Dritten (§ 267 BGB) (**Vorbehalts-)eigentümer**. Das Eigentum sichert seinen Herausgabeanspruch gegen den Käufer. Der Verkäufer ist auch **mittelbarer Besitzer**, denn der Käufer besitzt die Kaufsache für ihn (§ 868 BGB).

Der Verkäufer kann rein technisch gesehen bis zum Bedingungseintritt als **Eigentümer** über die Kaufsache verfügen, sie also z. B. nach § 931 BGB an einen anderen übereignen. Dass er dies nicht darf, weil es im Gegensatz zu den Pflichten aus dem Kaufvertrag steht, ist ein anderes Thema. Dass dies alles extrem klausurrelevant ist, dürfte jedem klar sein.

**Fall 551**

Der Eigentümer V hat eine bewegliche Sache an den K unter Eigentumsvorbehalt verkauft und sie dem K, weil dieser den Kaufpreis noch nicht vollständig entrichtet hatte, unter der aufschiebenden Bedingung der vollständigen Kaufpreiszahlung übereignet und übergeben (§§ 929 S. 1, 158 Abs. 1, 449 Abs. 1 BGB). Auf Bitten des V leiht der K dem V die Sache. Der V, der dringend Geld benötigt, nutzt diese Gelegenheit aus und verkauft und übereignet die Sache an den D. Der K, der davon nichts weiß, zahlt die letzte Rate an den V. Als V ihm später seine Untat beichtet, verlangt der K Herausgabe von dem D.

Der Anspruch könnte sich aus § 985 BGB ergeben. a) Der D ist Besitzer. b) Fraglich ist, ob der K Eigentümer ist; das ist „historisch" zu prüfen: aa) Der V war Eigentümer. bb) Durch die Veräußerung unter Eigentumsvorbehalt ist der V Eigentümer geblieben (§§ 929 S. 1, 158 Abs. 1, 449 Abs. 1 BGB). cc) Der D hat das Eigentum vom Eigentümer V nach § 929 S. 1 BGB erlangt; ohne Bedeutung hierfür ist zunächst, dass V bereits aufschiebend bedingt zugunsten des K verfügt hatte (arge. § 161 Abs. 1 BGB: die Zwischenverfügung ist erst im Falle des Eintritts der Bedingung unwirksam!). dd) Fraglich ist, welche Bedeutung der Bedingungseintritt hat: aaa) Nach § 161 Abs. 1 BGB ist die „Zwischenverfügung" zugunsten des D ex nunc unwirksam geworden, weil ein Eigentumserwerb des D die von der Bedingung abhängige Wirkung (Eigentumserwerb des K) vereiteln würde. Danach wäre der D nicht Eigentümer geworden. bbb) Wenn man aber sogar vom Nicht-Eigentümer gutgläubig das Eigentum erwerben kann (§§ 932 ff. BGB), so muss dies erst recht möglich sein, wenn der Eigentümer, der zuvor zugunsten eines anderen (hier: des K) aufschiebend bedingt verfügt hatte, zugunsten eines anderen (hier: des D) „zwischenverfügt", weil der Erwerber aufgrund der Zwischenverfügung (hier: der D) das Eigentum immerhin vom Berechtigten (V) erworben hat; deshalb hat das Gesetz auch in § 161 Abs. 3 BGB die §§ 932 ff. BGB für entsprechend anwendbar erklärt: Der in Bezug auf eine nicht erfolgte, bedingte Vorab-Verfügung Gutgläubige erwirbt entgegen dem § 161 Abs. 1 BGB das Eigentum. Weil hier der D hinsichtlich der bedingten Verfügung zugunsten des K gutgläubig war und weil § 935 BGB nicht vorliegt (der K hat den Besitz freiwillig aufgegeben), ist der D der Eigentümer geworden und nicht der K. ccc) Zum gleichen Ergebnis gelangt man, wenn man das „Anwartschaftsrecht" des K als „Belastung" des Eigentums des V ansieht: aaa) Es wäre trotz der Übereignung des V an D (der Zwischenverfügung) erloschen (§ 936 Abs. 1, 2 BGB), bbb) so dass es mit der Zahlung des Kaufpreises nicht zum Vollrecht erstarken konnte. Da der K nicht Eigentümer geworden ist, steht ihm auch kein Anspruch gegen den D aus § 985 BGB zu.

**Variante**

Der V hat das Eigentum an den D nach § 931 BGB übertragen, indem beide sich geeinigt haben und der V den sich aus dem zwischen ihm und dem K bestehenden Besitzmittlungsverhältnis ergebenden Herausgabeanspruch abgetreten hat. D verlangt vor Zahlung des Restkaufpreises Herausgabe von K.

Der Anspruch könnte sich aus § 985 BGB ergeben. a) Der K ist Besitzer. b) Der D müsste Eigentümer geworden sein; das ist „historisch" zu prüfen: aa) Der V war Eigentümer. bb) Durch die Veräußerung unter Eigentumsvorbehalt ist der V Eigentümer geblieben (§§ 929 S. 1, 158 Abs. 1, 449 Abs. 1 BGB). cc) Der D hat das Eigentum vom Eigentümer V nach § 931 BGB erlangt; ohne Bedeutung ist zunächst, dass V bereits aufschiebend bedingt zugunsten des K verfügt hatte (arge. § 161 Abs. 1 BGB). c) Der K hat aber ein Recht zum Besitz (§ 986 Abs. 2 BGB).

**Variante**

Der K zahlt den Restkaufpreis. Dann verlangt der D Herausgabe von dem K.

1. Der Anspruch könnte sich aus § 985 BGB ergeben. a) K ist Besitzer. b) Fraglich ist, ob der D Eigentümer ist; das ist „historisch" zu prüfen: aa) Der V war Eigentümer. bb) Durch die Veräußerung unter Eigentumsvorbehalt ist der V Eigentümer geblieben (§§ 929 S. 1, 158 Abs. 1, 449 Abs. 1 BGB). cc) Der D hat das Eigentum vom Eigentümer V nach § 931 BGB erlangt; ohne Bedeutung ist zunächst, dass der V bereits aufschiebend bedingt zugunsten des K verfügt hatte (arge. § 161 Abs. 1 BGB). dd) Fraglich ist, welche Bedeutung der Bedingungseintritt hat: aaa) Nach § 161 Abs. 1 BGB ist die „Zwischenverfügung" zugunsten des D unwirksam geworden, weil ein Eigentumserwerb des D die von der Bedingung abhängige Wirkung (Eigentumserwerb des K) vereiteln würde. bbb) Wenn man aber sogar vom Nicht-Eigentümer gutgläubig das Eigentum erwerben kann (§§ 932 ff. BGB), so muss dies erst recht möglich sein, wenn der Eigentümer, der zuvor zugunsten eines anderen aufschiebend bedingt verfügt hatte, übereignet

hat; deshalb hat das Gesetz in § 161 Abs. 3 BGB die §§ 932 ff. BGB für entsprechend anwendbar erklärt: Der in Bezug auf die bedingte Vorab-Verfügung Gutgläubige erwirbt entgegen dem § 161 Abs. 1 BGB das Recht. Hier muss – weil nach § 931 BGB übereignet worden ist, auf § 934 BGB als die entsprechende Gutglaubensvorschrift abgestellt werden: aaaa) Zweifelhaft ist aus tatsächlichen Gründen die Gutgläubigkeit des D; denn wenn der V den Anspruch aus dem Besitzmittlungsverhältnis dessen Inhalt offenlegend abgetreten hätte, dann wüsste der D, dass V zuvor an den K aufschiebend bedingt verfügt hätte; er wäre also nicht gutgläubig. bbbb) Geht man allerdings aufgrund einer nur theoretisch vorstellbaren entsprechenden Sachverhaltskonstellation (z. B. der D erkundigt sich nach dem Grund des Besitzes und der V spiegelt ihm eine Vermietung vor) von einer Gutgläubigkeit des D aus, wäre die weitere Voraussetzung des § 934 Var. 1 BGB (Abtretung eines Anspruchs aus einem Besitzmittlungsverhältnis) gegeben cccc) und weil auch § 935 BGB nicht gegeben ist, wäre der D trotz des Bedingungseintritts Eigentümer geblieben. ccc) Die h.M. wendet hier jedoch § 936 Abs. 3 BGB entsprechend an: Das Anwartschaftsrecht des K wird als ihm zustehende „Belastung" des Eigentums behandelt; und weil er auch der Besitzer der Sache ist, soll die Belastung bestehen bleiben, weil insoweit ein gutgläubig lastenfreier Erwerb nicht möglich ist. Danach wäre der K Eigentümer geworden. Ein Herausgabeanspruch besteht nicht. 2. Dies war die „Langversion" der Bearbeitung der gestellten Fallfrage, die die auftauchenden materiellrechtlichen Fragen beantwortete. Es gibt aber auch eine „Kurzversion". Der K kann die Herausgabe „a minore ad maius" § 986 Abs. 2 BGB verweigern: Wenn der K schon vor Zahlung des Restkaufpreises die Herausgabe nach § 986 Abs. 2 BGB verweigern darf, dann erst recht nach Zahlung des Kaufpreises.

Ob der Verkäufer, der ja zunächst Eigentümer geblieben ist, einen **Herausgabeanspruch** aus **§§ 985, 986 BGB** hat, hängt davon ab, ob der Besitzer ein Recht zum Besitz hat.

- Der **im Besitz** der **Kaufsache** befindliche **Käufer** hat ein **eigenes obligatorisches Recht zum Besitz** gegenüber dem Verkäufer **aus** dem **Kaufvertrag** (§§ 986 Abs. 1 S. 1, 433 Abs. 1 S. 1 BGB), solange der Kaufvertrag besteht. Das versteht sich von selbst, ist aber vom Gesetzgeber vorsorglich in § 449 Abs. 2 BGB noch einmal bekräftigt worden. Vielleicht hat er sogar, was noch zu erörtern sein wird, ein eigenes dingliches Recht zum Besitz **aus** seinem **Anwartschaftsrecht** (§ 986 Abs. 1 S. 1 BGB), das dann, nicht nur gegenüber dem Verkäufer, sondern gegenüber jedermann Geltung hätte; dies aber auch nur – das versteht sich ebenfalls von selbst – solange es besteht. Der wichtigste Grund für den Wegfall des Kaufvertrags und zugleich auch des Anwartschaftsrechts und damit auch des **Wegfalls eines Rechts zum Besitz** ist ein **Rücktritt des Verkäufers nach §§ 323 Abs. 1, 346 BGB vom Kaufvertrag**. Denn durch den Rücktritt verwandelt sich der Kaufvertrag in ein Rückgewährschuldverhältnis aus den §§ 346 ff. BGB. Das bedeutet, dass der Eigentumsvorbehaltskäufer kein Recht mehr zum Besitz aus dem Kaufvertrag haben kann. Und außerdem erlischt mit dem Rücktritt auch das Anwartschaftsrecht durch den Rücktritt, denn dieses „lebt" nur solange, wie es durch Bedingungseintritt zum Vollrecht erstarken kann, was mangels Kaufvertrags und mangels einer erfüllbaren Kaufpreiszahlungsverpflichtung nicht mehr möglich ist, so dass auch daraus kein Recht zum Besitz mehr bestehen kann Auch wenn es schon in Teil 3 abgehandelt wurde, sollen hier einige Erinnerungen an die **Voraussetzungen** für das **Rücktrittsrecht** des Vorbehaltsverkäufers aus § 323 BGB wachgerufen werden: Voraussetzung ist eine **Nichtzahlung** (§ 323 Abs. 1 BGB). Beim **Teilzahlungskaufvertrag** zwischen einem **Unternehmer und** einem **Verbraucher** ist darüber hinaus ein – zudem qualifizierter – Verzug i. S. d. § 286 BGB erforderlich (§§ 503 Abs. 2, 498 Abs. 1 BGB). Hinzukommen muss eine **Nachfristsetzung** (§ 323 Abs. 1 BGB), die aber im Fall des § 323 Abs. 2 BGB entbehrlich ist. Bei **gänzlich fehlender Leistung** des Schuldners, kann der Gläubiger problemlos vom ganzen Vertrag zurücktreten. „Hat der Schuldner", also der Käufer, wie es meist der Fall sein dürfte, bereits „eine **Teilleistung** bewirkt, so kann der Gläubiger", also der Verkäufer, „**vom ganzen Vertrag** nur zurücktreten, wenn er an der Teilleistung kein Interesse hat" (§ 323 Abs. 5 S. 1 BGB), was der Fall ist, wenn die teilweise Kaufpreiszahlung den Wert der Kaufsache auch nicht annähernd deckt. Bei einem nur unerheblichen Rest ist der Rücktritt allerdings ausgeschlossen (§ 323 Abs. 5 S. 3 S. 2 BGB).

- Wenn ein **anderer als** der **Käufer** im **Besitz der Sache** ist, hat dieser Dritte möglicherweise nach § 986 Abs. 1 S. 1 Var. 1 BGB ein **eigenes Recht zum Besitz**, nämlich aufgrund eines an ihn eventuell übertragenen Anwartschaftsrechts, oder nach §§ 986 Abs. 1 S. Var. 2, S. 2 BGB ein **abgeleitetes Recht zum Besitz**. Hat der dritte Besitzer kein Recht zum Besitz, kann der Verkäufer i. d. R. **nur Herausgabe an** den **Käufer** verlangen (§ 986 Abs. 1 S. 2 BGB), wenn der aber kein Recht zum Besitz mehr hat (was in der Praxis die Regel sein dürfte), dann auch an sich.

Weil das **Vorbehaltseigentum** des Verkäufers ein **Sicherungsrecht** ist, könnte man daran denken, dass es im Falle der vertraglichen Zession der Kaufpreisforderung nach **§§ 398, 401 BGB**, oder zum Zwecke der Verstärkung eines Regressanspruchs eines anderen (zusätzlichen) Kreditsicheres, z. B. eines Bürgen, nach z. B. **§§ 765, 774, 412, 401 BGB** gesetzlich erworben werden könnte. Wegen der fehlenden Akzessorietät wird das jedoch allgemein abgelehnt. Allerdings kann der Verkäufer dem Zessionar zur Eigentumsübertragung verpflichtet sein, so das i.E. oft ein Eigentümerwechsel die Folge ist.

**Fall 552**

Der V hat eine ihm gehörige Sache an den K unter Eigentumsvorbehalt veräußert. Die Kaufpreisforderung ist durch eine selbstschuldnerische Bürgschaft des Bü gesichert. Als K nicht zahlt, nimmt der V den Bü in Anspruch, der auch zahlt. Der Bü und der K wollen wissen, welche Rechte sie haben.

a) Was die Rechte des Bü angeht, aa) geht nach §§ 765, 774, 412, 401 BGB die Kaufpreisforderung auf ihn über. Das Eigentum an der Kaufsache geht nicht nach § 401 BGB auf den Bü über. bb) Nach § 242 BGB ist der V jedoch verpflichtet, dem Bü das Eigentum an der Kaufsache zu verschaffen. Diese Übereignung erfolgt dann nach § 931 BGB. b) Erfüllt der K den Regressanspruch, indem er an Bü zahlt, geht das Eigentum auf ihn über.

Der **Eigentümer-Verkäufer** kann das **Vorbehaltseigentum** in der Schwebezeit **verlieren**,

- wenn der **Käufer** die **Sache mit Zustimmung des Verkäufers** an einen Dritten **übereignet (§§ 929 ff., 185 Abs. 1 BGB)** oder sie **verarbeitet (§ 950 BGB)**. Für diese Fälle werden i. d. R. Ersatzsicherungen vereinbart (dazu später mehr).
- Ferner kann ein **Dritter** vom **Käufer**, wenn dieser sich als Eigentümer ausgibt, **gutgläubig** das **Eigentum erwerben (§§ 932 ff. BGB)**; allerdings wird der Erwerber häufig nicht gutgläubig sein, z. B. dann nicht, wenn es sich um neuwertige Sachen handelt, die üblicherweise unter Eigentumsvorbehalt verkauft zu werden pflegen. Ein den gutgläubigen Eigentumserwerb ausschließendes Abhandenkommen (§ 935 Abs. 1 BGB) liegt aber bei einer Weiterveräußerung nicht vor. Warum nicht? Das begründen Sie bitte selbst!

Mit der **Zahlung** des **Kaufpreises erwirbt** der **Käufer** das **Eigentum** (§§ 929 ff., 158 Abs. 1 BGB). Verhindert der Verkäufer-Eigentümer den Bedingungseintritt treuwidrig, dann gilt die Bedingung als eingetreten (§ 162 BGB).

**Fall 553**

Der V veräußert eine ihm gehörige Sache an den K unter Eigentumsvorbehalt. Der K soll nach den getroffenen Vereinbarungen die letzte Kaufpreisrate am 1. Dezember 2002 zahlen. Der V nimmt das ihm am 1. Dezember 2002 angebotene Geld jedoch nicht an. Am 2. Dezember 2002 nimmt der V die Sache eigenmächtig an sich und verkauft und übereignet sie an D nach § 929 S. 1 BGB. Der K verlangt von dem D Herausgabe.

Der K könnte von D Herausgabe nach § 985 BGB verlangen. a) Dann müsste der K Eigentümer der Sache sein. aa) Eigentümer war der V. bb) Der K könnte dadurch Eigentümer geworden sein, aaa) dass, nachdem der V sie ihm unter der aufschiebenden Bedingung der vollständigen Kaufpreiszahlung übereignet hatte (§§ 929 S. 1, 158 Abs. 1, 449 Abs. 1 BGB), bbb) die Bedingung eingetreten ist: aaaa) Mangels Entgegennahme der letzten Rate seitens des V ist der Kaufpreis nicht von K gezahlt worden, die Bedingung daher nicht eingetreten. bbbb) Der Bedingungseintritt wird jedoch nach § 162 BGB fingiert, weil der V durch sein Verhalten den Bedingungseintritt treuwidrig vereitelt hat, und zwar gilt die Bedingung zu dem Zeitpunkt als eingetreten, zu dem ihr Eintritt verhindert wurde. Damit war der K am 1. Dezember 2002 Eigentümer geworden. cc) Der K könnte das Eigentum jedoch durch die Veräußerung des V an den D verloren haben

(§§ 929 S. 1 BGB). aaa) Der aaaa) Grundtatbestand des § 929 S. 1 BGB liegt vor; der V war jedoch am 2. Dezember 1999 nicht mehr Eigentümer. bbbb) Der D war jedoch aaaaa) gutgläubig bezüglich des Eigentums des V (§ 932 Abs. 2 BGB), bbbbb) so dass der D nach § 932 Abs. 1 S. 1 BGB das Eigentum erworben hätte, ccccc) wenn nicht § 935 BGB vorgelegen hätte, was hier der Fall ist, weil die Sache dem K abhandengekommen ist. Also ist der K Eigentümer geblieben. b) Der D ist Besitzer, c) ohne ein Recht zum Besitz zu haben.

### c) Die Rechtsstellung des Eigentumsvorbehaltskäufers

Dass umgekehrt auch ein **Bedürfnis** dafür besteht, den **Eigentumserwerb des Käufers** nicht nur **zu sichern**, sondern auch die **Rechtsstellung** des **Käufers**, die dieser vor Bedingungseintritt erlangt hat, nicht nur ökonomisch, sondern auch **rechtlich anzuerkennen**, wissen Sie längst. Schließlich hat der Käufer (i. d. R. durch eine von ihm erbrachte Anzahlung und durch eine oder mehrere in der Schwebezeit bis zum Vollrechtserwerb geleistete weitere Kaufpreiszahlung/en Leistungen erbracht, die in wirtschaftlicher Hinsicht der Vorleistung des Verkäufers (Besitzüberlassung) irgendwann einmal gleichkommen oder sie sogar wertmäßig übersteigen können.

Was die deshalb unerlässliche **Sicherung** des **Vollrechtserwerbs** angeht, so wissen Sie längst, dass dies vor allem durch die **§§ 160, 161, 162 BGB** erfolgt. Machen Sie sich bitte noch einmal durch Bildung simpler Fälle klar, was sich inhaltlich hinter diesen Normen verbirgt. Vor allem sollten Sie in der Lage sein, einen Fall zu § 161 Abs. 1 BGB zu bilden und diesen dann so zu variieren, dass § 161 Abs. 3 BGB einschlägig ist. Und wer das dazu ja bereits Dargestellte besonders gut verstanden hat, kann bestimmt auch einen Fall „erfinden", bei dem § 936 Abs. 3 BGB analog anzuwenden ist. Eine bessere Selbstkontrolle gibt es gar nicht!

Als wir das Thema der Sicherung des Rechtserwerbs, das zu wiederholen Sie eben aufgefordert wurden, erörterten, waren Sie auch schon darauf hingewiesen worden, dass der dem bedingt Berechtigten durch die §§ 160 ff. BGB zukommende Schutz dadurch ergänzt wird, dass die Rechtsstellung des aufschiebend bedingt berechtigten Eigentümers, also namentlich die des Eigentumsvorbehaltskäufers, ein **„Anwartschaftsrecht"** ist, das eine **„Doppelfunktion"** hat, nämlich zum Einen die, über die §§ 160 ff. BGB hinausreichend den **Rechtserwerb** zu **sichern**, und zum Anderen die, ihm die Rechtsstellung eines künftigen Eigentümers zuzuerkennen, indem man ihn **rechtstechnisch dem Vollrechtsinhaber gleichgestellt**.

> Unter einem „Anwartschaftsrecht" versteht man – so die Ihnen ja bereits bekannte, **alle** denkbaren **„Anwartschaftsrechte"** umfassende **Definition** – eine Rechtsstellung, bei der so viele Merkmale eines mehraktigen Erwerbstatbestands verwirklicht sind, dass der Vollrechtsinhaber den Rechtserwerb nicht mehr einseitig verhindern kann, sondern dass vielmehr ausschließlich der Erwerber es in der Hand hat, den Rechtserwerb herbeizuführen. Diese Definition ist übrigens – wie immer – nicht „zwingend" oder die einzig richtige! Sie können gerne eine eigene „erfinden".

Dieser begrifflichen Vorgabe folgend, muss – um von einem „Anwartschaftsrecht" des Vorbehaltskäufers sprechen zu können – die **Sicherheit** des **Käufers** vor **Zwischenverfügungen** des **Verkäufers** gegeben sein. Das ist beim Eigentumsvorbehaltskauf nach § 161 Abs. 1 BGB – mit der Einschränkung eines möglichen gutgläubigen Erwerbs nach §§ 161 Abs. 3, 932 ff. BGB (eine „Schwäche", die aber ausweislich der §§ 932 ff. BGB auch das Vollrecht Eigentum betrifft und daher natürlich nicht als Argument gegen die Rechtsqualität des „Anwartschaftsrechts" gelten kann!) – gewährleistet, wie bereits oben bei der Darstellung der §§ 929 ff. BGB hinlänglich bewiesen worden ist. Eine weitere **„Schwäche" des Anwartschaftsrechts** des Eigentumsvorbehaltskäufers ist seine existentielle **Abhängigkeit** vom **Bestehen** der **Kaufpreisforderung**. Das Anwartschaftsrecht ist darauf gerichtet, zum Vollrecht erstarken zu können. Daher erlischt es, wenn die Bedingung nicht eintreten kann. Das ist der Fall, wenn z. B. die Kaufpreisforderung nach einem Rücktritt des Verkäufers nach § 323 BGB, infolge einer Anfechtung des Kaufvertrags, oder wegen einer Vertragsaufhebung nicht mehr besteht. Diese konstitutive Schwäche wird aber ebenfalls nicht als ein gegen die Rechts-Qualität des Anwartschaftsrechts sprechendes Argument verwendet.

Die **Rechtsnatur** des **Anwartschaftsrechts** entspricht der **des Vollrechts**. Das Anwartschaftsrecht des Eigentumsvorbehaltskäufers ist – so die „Bildersprache" des BGH – ein **„wesensgleiches minus"** des Vollrechts **Eigentum**.

**Aus** dieser rechtlichen **Qualifizierung („wesensgleiches minus") werden** bestimmte **Rechtsfolgen hergeleitet**, von denen einige (Übertragung, Recht zum Besitz, Herausgabeanspruch, sonstiges Recht) hier erörtert werden:

- Die **Übertragbarkeit** des Anwartschaftsrechts, die sich aber nicht aus §§ 413, 398 BGB ergibt, sondern sich nach den **§§ 929 ff. BGB** analog richtet **(sub aa))**
- und seine **Verpfändbarkeit** nach **§§ 1204 ff. BGB analog** und natürlich auch **Pfändbarkeit** durch Gläubiger des Vorbehaltskäufers, entweder nach **§ 808 ZPO analog** oder nach **§ 857 ZPO**; auf diese – praktisch weniger bedeutsamen! –Besonderheiten werden wir hier nicht weiter eingehen.
- Wie Sie bereits wissen, wird kontrovers diskutiert, ob das Anwartschaftsrecht ein eigenes **dingliches Recht zum Besitz** i. S. d. § 986 Abs. 1 S. 1 BGB gewährt, wobei der tendenziell ablehnende BGH mittels einer „salomonischen Lösung" eine Entscheidung vermieden hat **(sub bb)** und bereits vorstehend **(sub b))**.
- Denkbar ist auch ein dem Inhaber des Anwartschaftsrechts zustehender **Herausgabeanspruch** aus **§§ 985, 986 BGB analog**, der sogar gegenüber dem Eigentümer besteht **(sub cc))**;
- konsequenterweise gelten auch die **§§ 987 ff. BGB analog** zwischen dem Anwartschaftsrechtsinhaber und einem unrechtmäßigen Besitzer;
- und, was den deliktischen Schutz des Anwartschaftsrechts angeht, gilt § 823 Abs. 1 BGB, weil das Anwartschaftsrecht als **„sonstiges Recht"** angesehen wird **(sub dd))**;
- der Anwärter genießt auch den Schutz des Anwartschaftsrechts vor **Störungen** nach **§ 1004 BGB analog**.

- Ein als Nichtberechtigter über das Anwartschaftsrecht Verfügender ist aus **§ 816 Abs. 1 BGB** verpflichtet.
- Im Fall einer **Zwangsvollstreckung** von **Gläubigern** des **Eigentumsvorbehaltsverkäufers** hilft dem Käufer zwar meist der Umstand, dass er die Sache in Gewahrsam hat, so dass er den Rechtsbehelf der **Erinnerung** einlegen kann (§§ 766, 808 ZPO). Wenn aber – z. B. wegen einer Mängelbeseitigung – die Kaufsache zufällig beim Verkäufer sein sollte, würde eine Pfändung nicht gegen § 808 ZPO verstoßen, so dass § 766 ZPO nicht eingreift. Da zugunsten des Anwartschaftsberechtigten **§ 771 ZPO** analog angewendet wird (BGH), ist der Anwartschaftsberechtigte aber geschützt. Und in der **Insolvenz** des **Eigentumsvorbehaltsverkäufers** ist die Stellung des Vorbehaltskäufers insolvenzfest **(§ 107 Abs. 1 S. 1 InsO)**. Auf diese – allerdings praktisch sehr bedeutsamen! – vollstreckungsrechtlichen Besonderheiten werden wir hier nicht weiter eingehen; dies würde den Rahmen des Buches sprengen.

In **methodischer Hinsicht** ist die übliche begriffsjuristische Ableitung von Rechtsfolgen aus der „Rechtsnatur" des Anwartschaftsrechts natürlich verfehlt. Sie läuft darauf hinaus, das man unter Übernahme einer vom BGH entwickelten Formulierung, die das Anwartschaftsrecht als „wesensgleiches minus" des Vollrechts beschreibt („Bildersprache", wie es bei Baur/Stürner spöttelnd heißt), aus diesem Begriff die genannten Rechtsfolgen ableitet. In Wahrheit muss man methodisch den genau umgekehrten Weg gehen: Es geht bei der Anerkennung des „Anwartschaftsrechts" um eine Rechtsfortbildung „extra legem", die dadurch legitimiert ist, dass ein unabweisbares Gerechtigkeitsbedürfnis es erforderlich macht, der Rechtsstellung des Vorbehaltskäufers die genannten Befugnisse (Übertragbarkeit, Verpfändbarkeit, Recht zum Besitz, Herausgabeanspruch, Schutz etc.) zuzuerkennen. Und als Konsequenz kann man dann die durch diese Summe von Befugnissen gekennzeichnete Rechtsstellung ein „Anwartschaftsrecht" nennen. Aber wir wollen zwar nicht „päpstlicher als der Papst", der BGH, sein, uns aber doch erlauben, den Finger auf die „methodische Wunde" zu legen.

#### aa) Die Übertragung des „Anwartschaftsrechts"

Die **Übertragung** des **„Anwartschaftsrechts"**, also hier – denn nur das ist im Augenblick unser Thema – die des Anwartschaftsrechts des Vorbehaltskäufers, vollzieht sich also nicht nach §§ 413, 398 BGB, sondern nach den §§ 929 ff. BGB analog. Eine Zustimmung des Eigentümers ist nicht erforderlich. Eine Vereinbarung mit dem Vorbehaltsverkäufer dahingehend, dass der Anwartschaftsberechtigte sein Recht nicht übertragen darf, hat nur schuldrechtliche Wirkung (§ 137 BGB). Das Anwartschaftsrecht wird – wie sie ja längst wissen und hoffentlich auch erinnern – auch erworben, wenn eine Person, die Inhaber eines Anwartschaftsrechts ist, sich als Eigentümer geriert, der gutgläubiger Eigentumserwerb aber gleichwohl scheitert, zum *Beispiel* an § 933 BGB, wie es der Fall ist, wenn bei einer Sicherungsübereignung der Sicherungsgeber, der deshalb nicht der Eigentümer der Sache ist, weil der die Sache unter Eigentumsvorbehalt erworben hat. Man nimmt in einem solchen Fall entweder im Wege der Auslegung (§§ 133, 157 BGB) bzw. im Wege der Umdeutung (§ 140 BGB analog) an, dass in diesem Fall der Sicherungsnehmer als „minus" ein dem Sicherungseigentum vergleichbares Sicherungsrecht am Anwartschaftsrecht erworben hat und dass dieses dann bei Bedingungseintritt ohne vorherigen Eigentums-(Durchgangs)erwerb des Sicherungsgebers zum Sicherungseigentum des Sicherungsnehmers erstarkt. Auf diese – extrem (klausur-)wichtige – Fallkonstellation kommen wir noch mehrfach zu sprechen. Denn – und das müssen Sie wissen – der Erwerber eines Anwartschaftsrechts erwirbt das Eigentum direkt vom bisherigen Eigentümer; es „erstarkt" bei ihm „zum Vollrecht" (diese wiederum „bildhafte" Formulierung ist so üblich, dass sie in Ihren Fallbearbeitungen etc. geradezu zwingend ist!).

**Fall 554**

Der Eigentumsvorbehaltskäufer K, der ein Auto von dem Eigentümer E unter Vereinbarung eines Eigentumsvorbehalts erworben hat, verkauft und überträgt sein „Anwartschaftsrecht" an den D1. Der D1 verkauft und überträgt nach § 929 S. 1 BGB analog sein „Anwartschaftsrecht" weiter an den D2. Dann wird über das Vermögen des D1 das Insolvenzverfahren eröffnet. Dem D2 wird das Auto von X gestohlen. Der D2 zahlt den von K geschuldeten Restkaufpreis an den E und verlangt von dem Dieb X Herausgabe.

Der Anspruch könnte sich aus § 985 BGB ergeben: a) Der X ist Besitzer des Autos b) Der D2 müsste Eigentümer sein; das ist „historisch" zu prüfen: aa) E war der Eigentümer. bb) Der K hat das Eigentum nicht erlangt (§§ 929 S. 1, 158 Abs. 1, 449 Abs. 1 BGB). cc) Der D1 hat das Eigentum nicht erlangt, sondern von K nur das „Anwartschaftsrecht" (§ 929 S. 1 BGB analog). dd) Der D2 hätte das Eigentum erlangt, wenn er ein „Anwartschaftsrecht" erlangt hätte und wenn dieses bei ihm zum Vollrecht erstarkt wäre. aaa) Der D1 hat das „Anwartschaftsrecht" nach § 929 S. 1 BGB analog an D2 übertragen. bbb) Dort müsste es zum Vollrecht erstarkt sein. Durch die Zahlung des Restkaufpreises durch D2 an E ist nach §§ 362 Abs. 1, 267 BGB die Bedingung eingetreten. ccc) Der D2 hätte das Eigentum aber nicht erlangt, wenn das Vollrecht durch das Vermögen des D1 „hindurchgegangen" wäre („Durchgangserwerb"); denn dann wäre es als nachträglicher Erwerb (§ 35 InsO) in die Insolvenzmasse des D1 gefallen und wäre dort gewissermaßen „hängen geblieben". Es ist aber allgemein anerkannt, dass das Vollrecht direkt beim Anwartschaftsberechtigten, also bei D2, entsteht („Direkterwerb"). Daher ist der D2 Eigentümer geworden. c) X hat kein Recht zum Besitz.

Dies – Sie wissen es längst – aber nur, solange der Kaufvertrag zwischen dem Vorbehaltsverkäufer und dem Vorbehaltskäufer besteht, denn das Anwartschaftsrecht existiert nur, wenn der Kaufvertrag zwischen dem Vorbehaltsverkäufer und dem Vorbehaltskäufer vorhanden ist und – mit der Wirkung des Bedingungseintritts – erfüllt werden kann. Wenn der Kaufvertrag wegen einer Anfechtung wegfällt oder wegen eines Rücktritts in ein Rückgewährschuldverhältnis umgewandelt wird, besteht auch kein Anwartschaftsrecht mehr. Es ist **gewissermaßen „akzessorisch" zum Kaufvertrag**. Wenn zum *Beispiel* der Käufer K, der eine Sache unter Eigentumsvorbehalt erworben hat, diese – sich als ihr Eigentümer ausgebend – an die B-Bank zur Sicherheit für ein Darlehen nach §§ 929 S. 1, 930 BGB übereignet, so ist die Sicherungsübereignung zwar gescheitert, weil die Sache bei K verblieben ist (§ 933 BGB), wohl aber erwirbt die B-Bank nach § 140 BGB analog oder aufgrund einer Auslegung nach §§ 133, 157 BGB als „minus" des Eigentums ein dem Sicherungseigentum vergleichbares Sicherungsrecht am Anwartschaftsrecht, das zum Vollrecht erstarken kann, wenn der Kaufpreis vollständig bezahlt wird. Diese Restkaufpreiszahlung würde u. U. die B-Bank nach § 267 BGB vornehmen, wenn sie erfährt, dass sie nicht Sicherungseigentümerin geworden ist, um so das Eigentum zu erlangen; später würde sie dann beim Schuldner und Sicherungsgeber, dem Käufer also, Regress nehmen (dazu später mehr). Diese Restkaufpreiszahlung durch die B-Bank würde aber nicht zur Erfüllung und zum Bedingungseintritt führen können, wenn z. B. der V nach §§ 119 Abs. 1, 142 Abs. 1 BGB den Kaufvertrag wegen eines Erklärungsirrtums über die Höhe des Preises angefochten hätte oder z. B. nach § 323 BGB zurückgetreten wäre, weil K in Verzug mit der Zahlung geraten ist. Die Bank als Sicherungsnehmerin muss sich also in der Krise des Schuldners und Sicherungsgebers u. U. sehr schnell entscheiden. Dieser Verlust des Anwartschaftsrechts kann zum *Beispiel* auch durch einen Aufhebungsvertrag zwischen V und K zur Folge haben. V und K können also „gemeinsame Sache" zu Lasten des Dritten D machen, dem der K das Anwartschaftsrecht verkauft und nach § 929 S. 1 BGB analog übertragen hätte. Aus diesem Grunde könnte man mit einem Teil der Wissenschaft für die Wirksamkeit eines Aufhebungsvertrags die Zustimmung des D verlangen. Glauben Sie bitte nicht, dass diese beiden Beispiele, die wir hier nur kursorisch behandelt haben, etwa bedeutungslos wären! Im Gegenteil: Sie sind oft Teil von Examensaufgaben. Das gilt auch für die folgende Fallkonstellation: Weil das „Anwartschaftsrecht" mit den Worten des BGH das „wesensgleiche minus" des Vollrechts ist, gibt es auch einen Erwerb unter einem **„Anwartschaftsrechtsvorbehalt" (§§ 929 ff., 158 Abs. 1, 449 Abs. 1 BGB analog)**: Die Veräußerung eines Anwartschaftsrechts kann also auch unter Vorbehalt der vollständigen Zahlung des Kaufpreises erfolgen, so dass der Zweiterwerber ein (eigenes) „Anwartschaftsrecht" am „Anwartschaftsrecht" (des Ersterwerbers) erlangt.

**Fall 555**

Der Unternehmer E veräußert eine ihm gehörige bewegliche Sache an den Unternehmer K unter Vorbehalt der vollständigen Bezahlung des Kaufpreises in Höhe von € 10. 000,–. Der K zahlt € 9 000,– und veräußert dann sein Anwartschaftsrecht an der Sache an den Unternehmer D1 für € 7 000,– unter Vorbehalt vollständiger Bezahlung des Kaufpreises, einigt sich mit ihm über die Übertragung des Anwartschaftsrechts und übergibt die Sache an ihn, nachdem der D1 € 3500,– angezahlt hat. Der D1 verkauft und überträgt – entgegen einer Vereinbarung mit K – sein Anwartschaftsrecht am Anwartschaftsrecht des K an den D2 und überlässt ihm die Sache. Der K zahlt dann den Restkaufpreis in Höhe von € 1 000,– an den E. Der K verlangt jetzt Herausgabe von dem D2 (nach Wolf).

Der Anspruch könnte sich aus § 985 BGB ergeben. a) D2 ist Besitzer. b) Der K müsste Eigentümer sein. aa) Der E war der Eigentümer. bb) Er hat aufschiebend bedingt an K übereignet (§§ 929 S. 1, 158 Abs. 1, 449 Abs. 1 BGB). Die Bedingung ist eingetreten. Also ist K Eigentümer geworden. c) Der D2 dürfte kein Recht zum Besitz haben (§ 986 BGB). aa) Aus dem Kaufvertrag mit D1, das den D2 gegenüber D1 zu Besitz berechtigt, steht dem D2 kein Recht zum Besitz gegenüber dem K zu, denn dem D1 war zur Überlassung an D2 nicht befugt (§ 986 Abs. 1 S. 2 BGB) bb) D2 könnte jedoch aaa) aus einem Anwartschaftsrecht ein eigenes dingliches Recht zum Besitz haben. D1 hat ein Anwartschaftsrecht am Anwartschaftsrecht des K erworben; dieses hat er wirksam (§ 137 BGB) an D2 übertragen; es hat sich durch Surrogation in ein Anwartschaftsrecht am Eigentum des K verwandelt. Damit hat der D2 ein eigenes Recht zum Besitz gegenüber dem K. bbb) Wer dem nicht folgt, müsste prüfen, ob ein Recht des D2 zum Besitz aus § 242 BGB („dolo agit, qui …") abgeleitet werden kann.

**Variante**

Der D1 zahlt die noch offenen € 3 500,– an den K, bevor dieser an den E zahlt. Wie ist die dingliche Rechtslage?

Das von D 1 an D 2 übertragene Anwartschaftsrecht am Anwartschaftsrecht des K, das am Eigentum des E besteht, „erstarkt zum Vollrecht", d. h. zum Anwartschaftsrecht am Eigentum des E. Das Eigentum erwirbt D2 aber erst mit der vollständigen Kaufpreiszahlung an E durch den dazu immer noch verpflichteten K oder durch einen Dritten (z. B. D2) nach § 267 BGB.

Was die Frage des **gutgläubigen Erwerbs des Anwartschaftsrechts** angeht, so ist zwischen dem

- **Erst-Erwerb** des Anwartschaftsrechts vom **Nicht-Eigentümer** und dem
- **Zweit-Erwerb** des Anwartschaftsrechts vom **Nicht-Anwartschaftsrechtsinhaber** zu unterscheiden.

Gegen einen gutgläubigen **Erst-Erwerb** vom **Nichteigentümer** bestehen keine Bedenken. Die §§ 929, 932 ff. BGB finden analog Anwendung. Der gute Glaube des Erwerbers muss nur zum Zeitpunkt des Anwartschaftsrechtes gegeben sein und nicht auch noch bei Eintritt der Bedingung.

**Fall 556**

Der V leiht sich eine bewegliche Sache vom Eigentümer E und veräußert sie unter Eigentumsvorbehalt an den K, der den V für den Eigentümer hält. Der K verkauft und überträgt sein „Anwartschaftsrecht" an den D1 nach § 929 S. 1 BGB analog. Der D1 verkauft und überträgt nach § 929 S. 1 BGB analog sein „Anwartschaftsrecht" weiter an den D2. Dann wird über das Vermögen des D1 das Insolvenzverfahren eröffnet. Dem D2 wird die Sache von X gestohlen. Der D2 zahlt an den V den von dem K geschuldeten Restkaufpreis und verlangt von dem Dieb X Herausgabe.

Der Anspruch könnte sich aus § 985 BGB ergeben: a) Der X ist Besitzer der Sache. b) Der D2 müsste Eigentümer sein; das ist „historisch" zu prüfen: aa) Der E war der Eigentümer. bb) Der V hat als Entleiher der Sache das Eigentum nicht erlangt. cc) Auch der K hat das Eigentum nicht erlangt, sondern nur das „Anwartschaftsrecht" (§§ 929 S. 1, 158 Abs. 1, 932 BGB analog; § 935 Abs. 1 BGB liegt nicht vor: „gutgläubiger Ersterwerb"). dd) Der D1 hat das Eigentum nicht erlangt, sondern nur das zuvor von K erworbene „Anwartschaftsrecht" (§ 929 S. 1 BGB analog). ee) Der E hätte das Eigentum an D2 verloren, wenn dieser das „Anwartschaftsrecht" erlangt hätte und wenn dieses bei dem D2 zum Vollrecht erstarkt wäre. aaa) Der D1 hat das von ihm erworbene „Anwartschaftsrecht" nach § 929 S. 1 BGB analog an D2 übertragen. bbb) Dort müsste es zum Vollrecht erstarkt sein. Durch die Zahlung des D2 an den V ist nach § 267 BGB die Bedingung eingetreten. ccc) D2 hätte das Eigentum aber nicht erlangt, wenn das Vollrecht durch das Vermögen des D1 „hindurchgegangen" wäre („Durchgangserwerb"); denn dann wäre es als nachträglicher Erwerb (§ 35 InsO) in die Insolvenzmasse des D1 gefallen und dort „hängen geblieben". Es ist aber allgemein anerkannt, dass das Vollrecht direkt beim Anwartschaftsberechtigten entsteht („Direkterwerb"), also bei D2. Daher ist der D2 Eigentümer geworden. c) X hat kein Recht zum Besitz.

Beim gutgläubigen **Zweit-Erwerb** von einer Person, die sich **fälschlich** als **Anwartschaftsberechtigter ausgibt**, gibt es zwei Fallkonstellationen:

- Denkbar ist, dass **überhaupt kein Anwartschaftsrecht** an der Sache **existiert**, der Veräußerer sich also lediglich dessen „berühmt", ein „Anwartschaftsrecht" zu haben, ohne dass überhaupt ein solches Anwartschaftsrecht an dieser Sache (bei wem auch immer) existiert.

**Variante**

Wie wäre es, wenn der Entleiher V sich dessen berühmt hätte, die Sache vom Eigentümer unter Eigentumsvorbehalt erworben zu haben und sein „Anwartschaftsrecht" an den K veräußert hätte und dieser es dann an D1 und dieser an D2 weiterveräußert hätte?

Die Frage ist, ob der K von einem vermeintlichen Anwartschaftsberechtigten ein Anwartschaftsrecht gutgläubig erwerben kann, wenn es überhaupt kein Anwartschaftsrecht gibt. Nach ganz h.M. ist ein redlicher Erwerb eines Anwartschaftsrechts nicht möglich, weil die Bedingung nicht eintreten kann und eine Erstarkung zum Vollrecht durch Bedingungseintritt begrifflich ausgeschlossen ist.

- Denkbar ist weiterhin, dass ein **Anwartschaftsrecht zwar existiert**, der **Veräußerer** aber **nicht** der **berechtigte Inhaber** des **Anwartschaftsrechts** ist.

**Fall 557**

Der K hat die vom Eigentümer E unter Eigentumsvorbehalt erworbene Sache dem L geliehen. Der L gibt sich als derjenige aus, der die Sache bei E unter Eigentumsvorbehalt erworben habe und veräußert „sein Anwartschaftsrecht" an den insoweit gutgläubigen X. Dann zahlt der K, der von allem nichts erfahren hat, die letzte Rate an den E. Ist X hierdurch Eigentümer geworden?

a) Nach h.M. hat der X nach §§ 929 S. 1, 932 Abs. 1 S. 1 BGB das „Anwartschaftsrecht" von L gutgläubig erworben, und zwar deshalb, weil – im Gegensatz zum vorigen Fall – ein „Anwartschaftsrecht", das zum Vollrecht erstarken kann, existiert (nämlich in der Person des K); dieses „Anwartschaftsrecht" ist dann durch den Bedingungseintritt bei X zum Vollrecht erstarkt. b) Nach a. A. (Flume, Medicus) soll ein gutgläubiger Erwerb auch hier ausgeschlossen sein, weil beim Wissen vom Nichteigentum des Veräußerers L der durch den Besitz vermittelte Rechtsschein vollständig zerstört ist; in Wahrheit vertraue der Erwerber X doch nur noch „dem Gerede" (Medicus) des Veräußerers L, er sei Anwartschaftsberechtigter; außerdem bestünde kein Bedarf für einen Gutglaubensschutz: der X könne sich bei dem ihm von L genannten Eigentümer E erkundigen, ob L wirklich Anwartschaftsberechtigter sei.

bb) Das „Anwartschaftsrecht" als dingliches „Recht zum Besitz"

Ob das „Anwartschaftsrecht" ein eigenes **dingliches Recht zum Besitz (§ 986 Abs. 1 S. 1 BGB)** gibt, ist ungeklärt; ergebnisrelevant ist die theoretisch komplizierte Frage zum Glück i. d. R. nicht.

**Fall 558**

Der K, der eine bewegliche Sache von dem Nicht-Eigentümer V unter Vereinbarung eines Eigentumsvorbehalts erworben hat, verkauft und überträgt sein „Anwartschaftsrecht" an den D1. Der D1 veräußert und überträgt es an D2. Der Eigentümer E verlangt vor Bedingungseintritt die Sache von D2 heraus. Der D2 hat kein Geld, um den Restkaufpreis an den K zu zahlen.

Der Anspruch des E gegen den D2 könnte sich aus § 985 BGB ergeben. a) Der D2 ist Besitzer. b) Der E war Eigentümer. Er hat das Eigentum nicht durch die Veräußerung seitens des Nicht-Eigentümers V an den K und auch nicht durch die Weiterveräußerungen an D1 und D2 verloren, weil die Bedingung nicht eingetreten ist; der E ist also noch Eigentümer. c) Fraglich ist, ob der D2 ein Recht zum Besitz hat: Weil beim gutgläubigen Erwerb des „Anwartschaftsrechts" keine schuldrechtliche Beziehung zum Eigentümer besteht, stellt sich die Frage, ob ein „Anwartschaftsrecht" ein (eigenes) dingliches Recht zum Besitz im Verhältnis zum Eigentümer begründet. aa) Nach h.L. hat er wegen seines „Anwartschaftsrechts" ein dingliches Recht zum Besitz aus § 986 Abs. 1 S. 1 BGB; der

Besitz sei ein wesentliches Element des Vorbehaltseigentums; dieser müsse dem Anwartschaftsberechtigten daher gesichert werden. Danach hätte D2 ein Recht zum Besitz gegenüber dem E. bb) Dagegen soll sprechen, dass das „Anwartschaftsrecht“ nur dazu dienen soll, den Eigentumserwerb zu sichern; diese Funktion könne es auch ohne eine Besitzerstellung des Anwartschaftsberechtigten erfüllen (Medicus). Es bestünde auch kein Bedarf für ein dingliches Recht zum Besitz; denn der Anwartschaftsberechtigte sei durch § 242 BGB ausreichend geschützt, weil es treuwidrig wäre, wenn der Eigentümer Herausgabe der Sache verlange, obwohl der Anwartschaftsberechtigte jederzeit den Restkaufpreis als Dritter zahlen könne (§ 267 BGB), wodurch die Bedingung eintreten würde und der Anwartschaftsberechtigte zum Eigentümer würde und als solcher seinerseits nach § 985 BGB wieder Herausgabe verlangen könnte („dolo agit, qui petit quod statim redditurus est“). Auch wer tendenziell gegen ein dingliches Recht zum Besitz eingestellt ist, hat die Frage mit dieser Begründung offengelassen. cc) In der Tat kann man daher meistens die Entscheidung, ob ein „Anwartschaftsrecht“ ein Recht zum Besitz gibt, dahingestellt sein lassen. Im vorliegenden Fall hat der D2 aber gar kein Geld, so dass er nicht durch § 242 BGB geschützt werden kann; Sie müssen daher bei der Fallbearbeitung Stellung nehmen.

**Fall 559**

Der E veräußert eine ihm gehörige bewegliche Sache unter Eigentumsvorbehalt an den K1; dieser veräußert sein „Anwartschaftsrecht“ an den K2. Der E verlangt vor der Kaufpreiszahlung Herausgabe von K2 an sich.

Der Anspruch könnte sich aus § 985 BGB ergeben. a) Der E ist Eigentümer. b) Der K2 ist Besitzer der Sache. c) Der K2 könnte aber ein Recht zum Besitz haben aa) was der Fall wäre, wenn man annimmt, dass das „Anwartschaftsrecht“ ein eigenes Recht zum Besitz gibt. bb) Verneint man dies, so könnte der K2 nach § 986 Abs. 1 S. 1 Var. 2 BGB ein abgeleitetes Recht zum Besitz haben. aaa) Der K1 hatte ein Recht zum Besitz. bbb) Für ein abgeleitetes Recht zum Besitz des K2 ist aber weiterhin erforderlich, dass der mittelbare Besitzer zur Überlassung des Besitzes an den (unmittelbaren) Besitzer „befugt“ war (arge. § 986 Abs. 1 S. 2 BGB). Hier könnte man annehmen, dass zwischen E und K1 stillschweigend vereinbart war, dass der K1 nicht ohne Einverständnis des E vor vollständiger Kaufpreiszahlung die Sache weiterveräußern darf. Dafür spricht z. B. der Grundgedanke des § 603 S. 2 BGB. d) Daher kann der E Herausgabe verlangen, dies aber nur an den K1 (§ 986 Abs. 1 S. 2 Var. 1 BGB).

#### cc) Herausgabeanspruch aufgrund eines „Anwartschaftsrechts“ aus §§ 985, 986 BGB analog

Der Anwartschaftsberechtigte könnte möglicherweise auch einen **Anspruch** aus **§§ 985, 986 BGB analog** auf Herausgabe **gegen** einen **Dritten**, der die Sache ohne Recht zum Besitz in Besitz hat, ja vielleicht sogar gegen den Eigentümer haben.

**Fall 560**

Der Unternehmer V hat zwei ihm gehörige Sachen (S 1 und S 2) unter Eigentumsvorbehalt an den Unternehmer K1 veräußert. Dieser hat sein „Anwartschaftsrecht" an beiden Sachen an den K2 verkauft und ihm nach §§ 929 S. 1, 930 BGB übertragen. Der V nimmt die Sache S 1, weil der K1 nicht zahlt, wieder an sich. Der K1 verleiht die Sache S 2 an den X und der gibt sie nicht heraus. Der K2 verlangt nach Beendigung des Besitzmittlungsverhältnisses zwischen ihm und dem K1 die Sachen S 1 und S 2 von dem V und dem X heraus.

1. Der Anspruch gegen den V könnte sich aus § 985 BGB ergeben. a) Der V ist Besitzer der Sache. b) Der K2 aa) ist zwar nicht Eigentümer, bb) wohl aber Inhaber des Anwartschaftsrechts an der Sache nach §§ 929 S.1, 930 BGB analog geworden. Dieses Anwartschaftsrecht ist nicht durch einen Rücktritt erloschen. Der Anwartschaftsberechtigte kann wie ein Eigentümer vom Besitzer Herausgabe verlangen (§ 985 BGB analog). c) Der V dürfte kein Recht zum Besitz haben (§ 986 Abs. 1 BGB): aa) Das Eigentum des V gibt kein Recht zum Besitz gegenüber dem Anwartschaftsrechtsinhaber. bb) Der V hat auch kein Recht zur Rücknahme der Sache ohne Erklärung des Rücktritts (§ 449 Abs. 2 BGB). Daher hat der K – solange der V nicht zurücktritt – einen Herausgabeanspruch. 2. Der Anspruch gegen den X ergibt sich aus § 985 BGB analog.

dd) Das „Anwartschaftsrecht" als „sonstiges Recht" i. S. d. § 823 Abs. 1 BGB

Dass bei einer rechtswidrigen und schuldhaften Verletzung des als „sonstiges Recht" anerkannten „Anwartschaftsrechts" ein **Anspruch** aus **§ 823 Abs. 1 BGB** besteht, ist im Ergebnis unbestritten. Aus der **Konkurrenz zum deliktsrechtlichen Anspruch des Eigentümers** ergibt sich jedoch das Problem, wem welcher Schaden zu ersetzen ist. Das alles wird im Deliktsrecht in Teil 7 noch gründlich behandelt werden.

**Fall 561**

Der V hat an den K ein Auto für € 10. 000,– unter Eigentumsvorbehalt veräußert. Der K hat bereits € 8 000,– gezahlt, als der X den Wagen rechtswidrig und schuldhaft zerstört. Der K muss bis zur Beschaffung eines anderen Fahrzeugs einen Wagen für € 500,– anmieten.

1. Der V (als Eigentümer) und K (als Anwartschaftsberechtigter) haben je einen Anspruch aus § 823 Abs. 1 BGB gegen den X. 2. Was den zu ersetzenden Schaden angeht, a) hat K einen Anspruch auf den Nutzungsausfall (€ 500,–). b) Hinsichtlich des Substanzinteresses wird aa) nach einer Sichtweise eine Sonderung der Interessen zwischen K und V dergestalt vorgenommen, dass der K einen Anspruch in Höhe des Wertes des „Anwartschaftsrechts" von € 8 000,– haben soll, während der V € 2 000,– bekommen soll; bb) nach a. A. soll der K, weil er ja trotz § 326 Abs. 1 S. 1 BGB zur weiteren Kaufpreiszahlung verpflichtet bleibt (§ 446 S. 1 BGB), den vollen Schaden (€ 10. 000,–) ersetzt bekommen, der V hingegen nichts erhalten cc); nach h.L. hat der V jedoch sehr wohl ein

eigenes ausgleichsbedürftiges Sicherungsinteresse, dem dadurch Rechnung getragen wird, dass V und K den Substanzschaden nach §§ 432, 1281 BGB analog gemeinschaftlich geltend machen müssen und über die Verteilung das Innenverhältnis entscheidet.

### d) Die Weiterveräußerung

Nicht nur Endverbraucher, sondern auch Zwischenhändler können von ihrem Lieferanten bewegliche Sachen unter Eigentumsvorbehalt erwerben. Da eine derartige Handelsware nicht bis zur Bezahlung des Kaufpreises im Lager des Zwischenhändlers „brachliegen", sondern möglichst schnell und gewinnbringend weiterveräußert werden soll, stellt sich die Frage, wie man dies bei gleichzeitig weiter bestehender Sicherung des Anspruchs des Lieferanten auf Kaufpreiszahlung ermöglichen kann. Dies scheint auf eine „Quadratur des Zirkels" hinauszulaufen. Die Rechtspraxis hat einen Ausweg gefunden, und zwar so, dass

der **Lieferant**, der wegen des Eigentumsvorbehalts immer noch **Eigentümer** der **Handelsware** ist, nach § 185 Abs. 1 BGB seine **Einwilligung** mit der **Weiterveräußerung** durch den Zwischenhändler an den Endverbraucher **erklärt**, und zwar dergestalt, dass

**a)** **entweder** der **Zwischenhändler** sich dazu **verpflichtet**, die Sache nur in der Weise an den Endverbraucher weiter zu übereignen, dass der Lieferant Eigentümer der Sache bleibt.
Die Erfüllung einer solchen Verpflichtung könnte unter Offenlegung des Eigentumsvorbehalts durch die Übertragung des Anwartschaftsrechts des Zwischenhändlers auf den Endverbraucher geschehen **(„weitergeleiteter Eigentumsvorbehalt")**. Für den späteren Vollrechtserwerb des Endverbrauchers müsste dann der Kaufpreis an den Lieferanten gezahlt werden.
Gegen diesen Weg sprechen jedoch **praktische Bedenken**: Das „Anwartschaftsrecht" ist zwar ein Vermögenswert, der übertragbar (§§ 929 ff. BGB analog) und verpfändbar (§§ 1204 ff. BGB analog) ist, möglicherweise ein Recht zum Besitz begründet und das geschützt ist nach §§ 985, 1004, 823 Abs. 1 BGB. Für den Rechtsverkehr, speziell für den Endverbraucher, ist der Erwerb eines „Anwartschaftsrechts" aber wenig interessant. Der Grund hierfür ist die darin bestehende Unsicherheit, dass das Anwartschaftsrecht von der Existenz des Kaufvertrags zwischen dem Lieferanten und dem Zwischenhändler, der ihm den Eigentumsvorbehalt „weitergeleitet" hat, abhängt. Insbesondere besteht für den Erwerber des Anwartschaftsrechts die Gefahr, dass der Zwischenhändler die Kaufpreiszahlungsverpflichtung nicht erfüllt und der Lieferant vom Kaufvertrag zurücktritt (§ 323 BGB), so dass die Bedingung des Kaufvertrages zwischen dem Lieferanten und dem Zwischenhändler (vollständige Kaufpreiszahlung) nicht mehr eintreten kann und das Anwartschaftsrecht des Endverbrauchers ohne sein Zutun „in sich zusammenbricht".

**b) Oder**: Möglich ist auch eine Kombination einer Einwilligung des Lieferanten in eine Weiterveräußerung der Sache ohne Offenlegung des Eigentumsvorbehalts in Kombination mit einer „stillen" **Vorausabtretung** der **künftigen Kaufpreisforderungen** gegen die Abnehmer des Vorbehaltskäufers **zur Sicherung**.

**aa)** Wenn die Sache dann vom Zwischenhändler an den Endverbraucher **unbedingt übereignet** wird, erlangt der Endverbraucher das Eigentum (§§ 929 ff., 185 Abs. 1 BGB).

**bb)** Wenn der Zwischenhändler freiwillig oder, weil es so mit dem Lieferanten vereinbart war, an den Endverbraucher unter Eigentumsvorbehalt weiterveräußert, so erwirbt der Endverbraucher das Eigentum erst, wenn der Kaufpreis entweder an den ersten Vorbehaltskäufer oder an den Zessionar der Kaufpreisforderung (Lieferant) gezahlt worden ist.

Der Lieferant verliert also sein Eigentum, wenn eine der beiden Kaufpreisforderungen vollständig bezahlt ist.

**Fall 562**

Großhändler Gross (G) veräußert an den Einzelhändler Hendel (H) unter Eigentumsvorbehalt zwei Notebooks. Im zugrunde liegenden Kaufvertrag vom 1. September 2002 ist vereinbart, dass H die Computer an seine Kunden verkaufen und übereignen darf und dass der H deshalb schon jetzt seine künftigen Kaufpreisforderungen hieraus an den G abtritt. Außerdem steht dem G nach dem Vertrag ein Rücktrittsrecht zu, falls der H nicht bis zum 1. Dezember 2002 den Kaufpreis zahlt. Der H veräußert die Computer am 15. November 2002 für je € 1 500,– an den K1 und den K2. Der K1 zahlt den gesamten Kaufpreis sofort in bar; der H übergibt und übereignet den Computer. Mit dem K2, der € 750,– anzahlt, vereinbart der H, dass K2 den Restkaufpreis innerhalb eines Monats entrichtet und behält sich das Eigentum bis zur vollständigen Kaufpreiszahlung vor; der H übergibt und übereignet den Computer. Weil der H nicht an den G zahlt, verlangt der G am 2. Dezember 2002 nach Rücktritt vom Vertrag von dem K1 und dem K2 a) Herausgabe der Computer und b) Zahlung von € 1 500,–.

1. Der G könnte von K1 a) Herausgabe aus § 985 BGB verlangen. aa) K1 ist Besitzer des Computers. bb) Der G müsste Eigentümer sein. aaa) Der G war Eigentümer. bbb) Er hat das Eigentum an den K1 nach §§ 929 S. 1, 185 Abs. 1 BGB verloren. b) Der G könnte Zahlung von € 1 500,– aus §§ 433 Abs. 2, 398 BGB verlangen. aa) Der Anspruch ist durch Abschluss des Kaufvertrages H – K1 entstanden (§ 433 Abs. 2 BGB). bb) Aufgrund der (wegen der ausreichenden Bestimmtheit) wirksamen Vorausabtretung des Anspruchs ist er bei seiner Entstehung automatisch entweder direkt (Theorie vom Direkterwerb) oder durch das Vermögen des H hindurch (Theorie vom Durchgangserwerb) auf G übergegangen (§ 398 S. 2 BGB). cc) Er könnte durch die Zahlung an den H erloschen

sein. aaa) Nach § 362 Abs. 1 BGB ist er nicht erloschen, bbb) wohl aber nach §§ 362 Abs. 2, 185 Abs. 1 BGB, aaaa) denn der G hatte mit seinem Einverständnis mit Veräußerungen an Kunden stillschweigend auch in eine Auszahlung an den Nichtgläubiger H eingewilligt (§§ 133, 157 BGB). bbbb) Die Einwilligung konnte auch H gegenüber erklärt werden (§ 182 Abs. 1 BGB). (Wer dies nicht annimmt, kommt über § 407 BGB zum gleichen Ergebnis). 2. Der G könnte von K2 a) Herausgabe aus § 985 BGB verlangen. aa) Der K2 ist Besitzer des Computers. bb) Der G müsste Eigentümer sein. aaa) Der G war Eigentümer. bbb) Er hat das Eigentum nicht nach §§ 929 S. 1, 185 Abs. 1 BGB an den K2 verloren, weil der H an K2 aufschiebend bedingt übereignet hat (§§ 929 S. 1, 158 Abs. 1, 449 Abs. 1 BGB). cc) Der K2 könnte ein Recht zum Besitz haben. aaa) Ein abgeleitetes Recht zum Besitz gegenüber G steht ihm nicht zu, weil der Kaufvertrag des G mit H durch den Rücktritt des G in ein Rückgewährschuldverhältnis umgewandelt worden ist (§ 346 BGB). bbb) Ihm könnte aber ein Recht zum Besitz aus einem „Anwartschaftsrecht" zustehen. Am Eigentum bestehen zwei Anwartschaftsrechte: Das des H und das des K2. Dass das Anwartschaftsrecht des H durch den Rücktritt erloschen ist, ist ohne Bedeutung. Das Anwartschaftsrecht des K2 beruht auf der Einwilligung des G zur Übereignung an die Kunden des H, denn diese Einwilligung schließt als „minus" auch die Weiterveräußerung unter Eigentumsvorbehalt ein (freiwilliger nachgeschalteter Eigentumsvorbehalt) und macht den vollen Eigentumserwerb davon abhängig, dass der Kunde den vollen Kaufpreis an H entrichtet. aaaa) Der K2 hat trotz der Abtretung der Kaufpreisforderung an G die € 750,– befreiend an H gezahlt (§§ 362 Abs. 2, 185 Abs. 1, 182 Abs. 1 BGB); bbbb) er kann bis zum 15. Dezember den noch ausstehenden Kaufpreis ggf. nach Widerruf der Einwilligung (§ 183 BGB) an den G zahlen und seinen Eigentumserwerb herbeiführen. Daher steht ihm ein Recht zum Besitz gegenüber G zu. (Wer es ablehnt, aus einem Anwartschaftsrecht ein Recht zum Besitz abzuleiten, kommt über den Arglisteinwand: „dolo agit, qui petit …") zum gleichen Ergebnis. b) Der an den G abgetretene Kaufpreisanspruch ist nur in Höhe der von K2 an H gezahlten € 750,– erloschen.

### e) Die schuldrechtliche Seite des Eigentumsvorbehalts

Allein aufgrund der Vereinbarung des Eigentumsvorbehalts steht dem Eigentumsvorbehaltsverkäufer kein Rücktrittsrecht zu. Vielmehr kann er nur aufgrund eines eventuell vereinbarten Rücktrittrechtes (§§ 346 ff. BGB) oder kraft Gesetzes nach § 323 BGB vom Kaufvertrag zurücktreten.

Interessant ist die (in §§ 218 Abs. 1, 216 Abs. 2 S. 2 BGB beantwortete) Frage, ob der Vorbehaltsverkäufer auch dann zurücktreten kann, wenn die Kaufpreisforderung verjährt ist und der Käufer sich hierauf beruft.

**Fall 563**

Der Kaufmann V veräußert an den K eine ihm gehörige Sache für € 1 000,– unter Vereinbarung eines Eigentumsvorbehalts. Der K zahlt nur € 200,–. Nach 4 Jahren beruft sich der auf Zahlung des Restkaufpreises in Anspruch genommene K auf die inzwischen eingetretene Verjährung (§§ 195, 214 Abs. 1 BGB). Der V erklärt jetzt den Rücktritt vom Vertrag nach § 323 Abs. 1 BGB und verlangt die Sache zurück.

Der Anspruch könnte sich aus § 985 BGB ergeben. a) K ist Besitzer der Sache. b) Der V müsste Eigentümer sein. Die Übereignung ist aufschiebend bedingt (§§ 929 S. 1, 158 Abs. 1, 449 Abs. 1 BGB), und die Bedingung ist nicht eingetreten. Also ist V Eigentümer. c) Zu prüfen ist, ob der K ein Recht zum Besitz hat: In Betracht kommt eines aus §§ 986 Abs. 1, 433 Abs. 1 BGB oder eines aus § 986 Abs. 1 BGB wegen eines Anwartschaftsrechts des K. aa) Solange wie der Kaufvertrag besteht und der V nicht nach § 323 Abs. 1 BGB zurückgetreten ist, kann die Herausgabe nicht verlangt werden (§ 449 Abs. 2 BGB.) bb) Zu prüfen ist daher, ob der V wirksam vom Vertrag zurückgetreten ist; denn dann wäre der Kaufvertrag in ein Rückgewährschuldverhältnis umgewandelt worden und es würde kein Recht zum Besitz aus § 433 Abs. 1 BGB mehr bestehen oder das Anwartschaftsrecht wäre erloschen, weil die Bedingung nicht mehr eintreten kann. aaa) Ist der Anspruch auf Leistung verjährt, ist auch ein Rücktritt ausgeschlossen, wenn der Schuldner sich auf die Verjährung beruft (§ 218 Abs. 1 BGB). Danach hätte der K unter jedem denkbaren Aspekt ein Recht zum Besitz. bbb) Ausnahmsweise aaaa) kann ein Rücktritt jedoch auch dann erfolgen, wenn ein Eigentumsvorbehalt besteht und der gesicherte Anspruch verjährt ist (§ 216 Abs. 2 S. 2 BGB). bbbb) Die Voraussetzungen des § 323 Abs. 1 BGB sind erfüllt.

### 13. Der rechtsgeschäftliche Erwerb des Eigentums an beweglichen Sachen nach Grundstücksrecht („Grundstückszubehör")

Zugemutet wird Ihnen jetzt ein Gedankensprung: Eben noch beschäftigt mit der Übereignung beweglicher Sachen nach den §§ 929 ff. BGB, speziell der aufschiebend bedingten Übereignung, die ungeheuer wichtig ist und die komplizierteste Überlegungen erforderlich machte, kommen wir nun zu einem etwas randständigen, aber zumindest nicht übersehen werden dürfenden Thema.

Es gibt nämlich im BGB das merkwürdige Phänomen eines rechtsgeschäftlichen Erwerbes von Eigentum an beweglichen Sachen nach den Vorschriften über den Erwerb des Eigentums an Grundstücken.

- **Grundstücke** werden (das wissen Sie zwar schon, werden es aber noch ausführlich behandeln) durch **Einigung („Auflassung")**und **Eintragung** in das **Grundbuch übereignet**(§§ 873, 925 BGB).
- Das Eigentum an bewegliche Sachen, die **„wesentliche Bestandteile eines Grundstücks"** sind (§§ 93 ff. BGB), geht, weil sie „nicht Gegenstand besonderer Rechte sein (können)", praktisch nach Grundstücksrecht über: So z. B. die in ein Gebäude eingebaute **Heizungsanlage**.
- Bewegliche Sachen, „die nur zu einem vorübergehenden Zweck mit dem Grund und Boden verbunden sind" **(„Scheinbestandteile")**, also keine Bestandteile und damit auch keine wesentlichen Bestandteile des Grundstücks sind, werden allerdings nach §§ 929 ff. BGB übereignet: So z. B. die während der Errichtung

eines Hauses auf dem Grundstück stehende und durch ein eigens gegossenes Fundament fest mit dem Grundstück verbundene **Baubude**, weil diese nach der Fertigstellung des irgendwann ja errichteten Gebäudes wieder abgerissen werden soll.

- Etwas Besonderes gilt für das **„Zubehör"**. Dazu müssen Sie wissen: „Bewegliche Sachen, die, ohne Bestandteile der Hauptsache zu sein, dem wirtschaftlichen Zweck der Hauptsache zu dienen bestimmt sind, und die zu ihr in einem dieser Bestimmung entsprechenden räumlichen Verhältnis stehen, … (sind Zubehör)", es sei denn, sie werden im Verkehr „nicht als Zubehör angesehen" (§ 97 BGB). Das Eigentum an dem einem Veräußerer eines Grundstücks gehörenden Grundstückszubehör erwirbt der Erwerber des Grundeigentums durch die Übereignung des Grundstücks, also durch Auflassung und Eintragung in das Grundbuch, wenn der Veräußerer und der Erwerber sich einig sind, dass sich die Veräußerung auf das Zubehör des Grundstücks erstrecken soll (§ 926 Abs. 1 BGB): So wird der rechtsgeschäftliche Erwerber des Eigentums z. B. an einem Bauernhof auch der Eigentümer des dem Veräußerer gehörenden, auf dem Bauernhof gehaltenen **Viehs**. Gehört das Zubehör dagegen nicht dem Veräußerer des Grundstücks, wie z. B. das auf dem Hof nur **zur Mast weidende Vieh** eines anderen Bauern, gelten für den Gutglaubenserwerb die §§ 932 ff. BGB entsprechend (§ 926 Abs. 2 BGB).

Verdeutlichen wir uns wieder einmal, was bisher erarbeitet wurde und was noch an Arbeit vor Ihnen liegt:

Sie wissen jetzt, wie das **Eigentum** an **beweglichen Sachen** rechtsgeschäftlich übertragen **(„übereignet")**, also **erworben** und **korrespondierend dazu verloren wird**.

Offen ist jetzt noch, wie **Eigentum gesetzlich erworben** und korrespondierend dazu **verloren** werden kann: Dies kann geschehen durch Verarbeitung, Verbindung und Vermischung **(sub 14)**, soweit es um das Eigentum an einem „Schuldschein" geht, durch Erwerb einer Forderung **(sub 15)**, durch Ersitzung **(sub 16)** durch Trennung von der „Muttersache" **(sub 17)** sowie durch dingliche Surrogation **(sub 18)**.

Dass – wie jeder weiß – Eigentum an beweglichen Sachen wie jedes andere Recht auch durch **Erbgang** „gesetzlich" erworben werden kann (§ 1922 BGB), soll hier noch nicht gesondert erörtert werden; diese Form des Erwerbes werden wir gesondert darstellen **(Teil 12)**.

## 14. Gesetzlicher Erwerb/Verlust des Eigentums durch Verarbeitung, Verbindung und Vermischung

In den **§§ 946–950 BGB** ist geregelt, dass man durch Verarbeitung, Verbindung und Vermischung das **Eigentum** erwerben kann. Die logische Kehrseite hiervon ist natürlich wiederum der **Verlust** des **Eigentums** an den hinzu- bzw. zusammengefügten Bestandteilen (§§ 946, 947 BGB) und an den vermischten Einzelsachen

(§ 948 BGB) und am verarbeiteten Ausgangsmaterial (§ 950 BGB). Der **Erwerb** aufgrund des **§ 950 BGB** (Verarbeitung) **geht** dem **Erwerb** nach **§§ 947–948 BGB** (Verbindung, Vermischung) **vor** und ist daher bei der Fallbearbeitung stets als erstes zu prüfen. Damit erklärt sich auch die Reihenfolge der Vorgänge in der Überschrift.

Eine bedeutsame Nebenfolge eines Eigentumserwerbs nach den §§ 946 ff. BGB ist, dass der Rechtsverlust auch **Rechte Dritter erlöschen** lässt (§§ 949, 950 Abs. 2 BGB).

Die sich daraus ergebende Frage, wie der Ausgleich zugunsten des sein Eigentum verlierenden Teils erfolgt, wird in **§§ 951, 812 BGB** beantwortet. Damit befassen wir uns ausgiebig in einem anderen Zusammenhang; nur dies sei schon „verraten": Der in den §§ 946 ff. BGB kraft Gesetzes eintretende Eigentumsverlust wird durch einen Bereicherungsanspruch gegen den Erwerber des Eigentums (ausschließlich!) in Geld ausgeglichen.

### a) Verarbeitung einer beweglichen Sache

Also: Nur wenn der Hersteller einer neuen Sache nicht der Rohstoffeigentümer ist,

> Am Anfang steht eine **Warnung**: Bevor Sie untersuchen, ob das Eigentum an einem Produkt nach § 950 BGB durch Verarbeitung einer beweglichen Sache auf den Hersteller übergeht, müssen Sie untersuchen, ob sich die Frage des Eigentumserwerbs nicht aus einem rechtsgeschäftlichen Erwerb ergibt.
>
> Denken Sie an folgendes *Beispiel*: Der Händler V liefert den Rohstoff aufgrund eines Kaufvertrags und übereignet ihn an den K. Wenn der K daraus eine neue Sache herstellt, ist er Eigentümer, ohne dass es hierfür auf § 950 BGB ankommt.
>
> **Nur** wenn der **Hersteller nicht der Rohstoffeigentümer** ist, weil kein wirksamer rechtsgeschäftlicher Eigentumserwerb vorliegt oder weil es gar keinen rechtsgeschäftlichen Erwerb gibt (Diebstahl des Rohstoffes und Herstellung einer neuen Sache durch den Dieb selbst) oder weil die Kette der Übereignungen unterbrochen ist, **kommt es auf** einen **Eigentumserwerb nach § 950 BGB an**.

kommt es zu einem Konflikt, wer Eigentümer der neuen Sache ist. Diesen löst das Gesetz so:

- Wird „durch Verarbeitung", die nach § 950 Abs. 1 S. 2 BGB auch in einer bloßen „Bearbeitung" der Oberfläche bestehen kann, „oder Umbildung eines oder mehrerer Stoffe eine **neue bewegliche Sache** hergestellt", was infolge einer wirtschaftlichen Betrachtungsweise unter Berücksichtigung der Verkehrssitte festgestellt wird und z. B. **angenommen wird** bei Verarbeitung von Geste zu Malz, von Ton zu Ziegeln, Bemalen einer Speisekarte durch einen Künstler und **abgelehnt wird** bei der Reparatur einer beschädigten Sache,

- so wird – und das ist die **Regel** – der **Hersteller** der **Eigentümer** der **neuen beweglichen Sache** (§ 950 Abs. 1 S. 1 1. HS BGB); er erwirbt das Eigentum auch **lastenfrei** (§ 950 Abs. 2 BGB).
- Der **Ausnahmetatbestand** des § 950 Abs. 1 S. 1 2. HS BGB („sofern nicht der Wert der Verarbeitung oder Umbildung erheblich geringer ist als der Wert des Stoffes"), **(a)** ist von Ihnen **nur zu prüfen**, wenn der **Sachverhalt dafür einen Anlass bietet**; versteigen Sie sich also insoweit nicht in reine Spekulationen aufgrund von (häufig nur: vermeintlichen) Kenntnissen über den Wert einer Arbeit! **(b)** Wenn es darauf ankommt, weil der Sachverhalt Ihnen Informationen Verarbeitungswert und Ausgangsstoffwert gibt, so gilt: Der **„Wert der Verarbeitung oder der Umbildung"** ist der **Verkehrswert** der hergestellten Sache **abzüglich aller** – also auch einschließlich der dem Verarbeiter gehörenden – **verarbeiteten Stoffe** (BGH). Dieser so festgestellte **„Wert der Verarbeitung oder der Umbildung"** muss in Bezug gesetzt werden zum **„Wert des Stoffes"**, womit der Wert der Ausgangsstoffe gemeint ist. Wenn der errechnete Wert der Verarbeitung oder der Umbildung (mit z. B. 60) **erheblich geringer** ist als der Wert des Stoffes (mit z. B. 100), ist der Ausnahmetatbestand erfüllt und der Hersteller erwirbt kein Eigentum an der neuen Sache – umgekehrt gewendet: bei einem Wert der Ausgangsstoffe von 100 % muss der Verkehrswert mehr als 160 % betragen, um einen Eigentumserwerb des Verarbeiters anzunehmen (BGH)

**Fall 564**

Der Dieb D, dessen Hobby Goldschmiedearbeiten sind, stiehlt dem allseits bekannten Lebenskünstler „Hans im Glück" (HiG) dessen Goldklumpen im Werte von € 100. 000,–, schmilzt diesen ein, gießt die gesamte Schmelze in eine Tonform einer Schale, so dass eine Goldschüssel entsteht. Diese Schüssel hat einen Marktwert von € 110. 000,–. Der HiG verlangt von dem D Herausgabe der Schüssel.

Der Anspruch könnte sich aus § 985 BGB ergeben. a) D ist Besitzer der Schüssel. b) Der HiG müsste auch der Eigentümer sein. aa) Er war Eigentümer des Goldklumpens. bb) Der D hat durch den Diebstahl natürlich kein Eigentum am Gold und damit auch nicht bereits deshalb das Eigentum an der später von ihm hergestellten Schüssel erlangt. cc) Der D könnte aber das Eigentum an der Schüssel durch Verarbeitung des ihm nicht gehörenden Rohstoffes (Gold) erlangt haben (§ 950 Abs. 1 S. 1 BGB). aaa) Die Schüssel ist nach wirtschaftlicher Betrachtungsweise unter Berücksichtigung der Verkehrsauffassung eine neue Sache. bbb) Der D hat den Goldklumpen verarbeitet, weil seine Arbeitsleistung auf Veränderung des Goldklumpens gerichtet war und nicht lediglich der Erhaltung oder der Reparatur diente. ccc) Die Folge ist in der Regel ein Eigentumserwerb des Verarbeiters/Herstellers D, ddd) wenn nicht der Wert der Verarbeitung (= Verkehrswert der neuen Sache./. Wert aller Ausgangsstoffe = € 10. 000,–) erheblich geringer ist, als der Wert des Stoffes (= € 100. 000,–); das ist hier bei einem Verhältnis 10: 1 der Fall, so dass der HiG Eigentümer der Schüssel ist. Der Verkehrswert der Schüssel hätte über € 160.000,– liegen müssen, um den D zum

Eigentümer zu machen. c) Da der D kein Recht zum Besitz gegenüber HiG hat (§ 986 BGB), kann der HiG Herausgabe der Schüssel von D verlangen.

Der **Eigentümer** der neuen Sache **wird** der **Hersteller**. Das ist nicht unbedingt derjenige, der unmittelbar „Hand anlegt", sondern derjenige, der die **„Organisationshoheit"** über den Herstellungsprozess hat und der das **„Absatzrisiko"** trägt.

- Bei **arbeitsteiliger Fertigung** ist der Hersteller und damit Eigentümer der entstandenen neuen Sache also nicht etwa der weisungsabhängige Arbeitnehmer, sondern der Arbeitgeber.
- Bei einem **Werkvertrag (§§ 631 ff. BGB)** ist, wenn die Verarbeitung mit von dem Besteller gelieferten Rohstoffen erfolgt, der Besteller der Hersteller i. S. d. § 950 BGB, und nicht der Unternehmer.
- Bei einem **Vertrag** über die **Lieferung herzustellender beweglicher Sachen** (§ 651 S. 1 BGB) ist der Unternehmer der Hersteller, denn sonst würde die Verweisung auf die §§ 433 ff. BGB (also auch auf die Verpflichtung zur Übereignung in § 433 Abs. 1 BGB) wenig Sinn machen. So einfach ist das aber nicht: Dieses Argument übersieht nämlich, dass es durchaus Fälle gibt, in denen der Wert der Verarbeitung erheblich geringer ist als der Wert des Stoffes, so dass es gar keinen Erwerb des Eigentums nach § 950 BGB gibt. Und außerdem kann der Sinn der Verweisung auf § 433 BGB auch darin sehen zu sehen sein, die Regeln über den Verbrauchsgüterkauf anwendbar zu machen; die Verweisung auf § 433 Abs. 1 S. 1 BGB müsste dann teleologisch dahingehend reduziert werden, dass nur der Besitz verschafft werden muss.
- Wenn auf diese Weise der Hersteller zum Eigentümer der neuen Sache und damit auch von verarbeiteten Ausgangsstoffen wird, die wegen eines vorbehaltenen Eigentums immer noch dem Lieferanten gehörten, so würden die Gläubiger des Herstellers davon unverdient profitieren: Sie könnten in die neue Sache die Einzelzwangsvollstreckung betreiben, ohne dass die Lieferanten den Rechtsbehelf aus § 771 ZPO hätte; und die neue Sache fiele auch in die Insolvenzmasse, ohne dass die Lieferanten nach § 47 InsO aussondern könnten. Das ist vom Ergebnis her gesehen untragbar, denn der Lieferant hat die Gegenleistung noch nicht erhalten, und es ist daher wenig einsichtig, dass die Gläubiger des Herstellers auch vom Materialanteilswert der durch Verarbeitung entstandenen neuen Sache profitieren sollen, zumal die §§ 946 ff. BGB gerade nicht um der materiellen Gerechtigkeit willen geschaffen wurden, sondern nur der Rechtsklarheit dienende Normen sind (arge. § 951 BGB). Es stellt sich also die Frage nach dem **Schutz** von **Lieferanten**, die ihr **Eigentum** nach **§ 950 BGB verlieren**. Eine Lösung wäre es, wenn der/die Lieferant/en Eigentümer der neuen Sache würde/n, so dass § 771 ZPO bzw. § 47 InsO einschlägig wären. Ob ein solcher Eigentumserwerb von Lieferanten zwischen ihnen und dem Hersteller vertraglich festgelegt werden kann, ist umstritten. Die h.M. hält § 950 BGB entweder insgesamt oder jedenfalls hinsichtlich der Herstellerrolle für abdingbar. Sofern man jedoch abweichend davon daran festhalten will, dass die Herstellerrolle im Gesetz objektiv und unabdingbar festgelegt ist, weil das Prinzip der

Inhaltsfreiheit von Verträgen im Sachenrecht nicht gilt, muss man erörtern, ob in einer vertraglichen Bestimmung des Lieferanten als „Hersteller" ein derartiges objektives Kriterium zu sehen ist (subjektive Korrektur des an sich objektiven Herstellerbegriffs), das nur durch erkennbares widersprüchliches Verhalten entkräftet werden kann. Wenn man aber auch diese Korrekturmöglichkeit der Herstellereigenschaft verneint und dafür ausschließlich objektive Kriterien maßgeblich sein lassen will und wenn es daher nach § 950 BGB zu einem Eigentumserwerb des Prozenten kommt, wäre weiter zu erörtern, ob nach dem Parteiwillen in der Verarbeitungsklausel eine anti(e)zipierte Sicherungsübereignung zugunsten des Lieferanten bezüglich der neuen Sache als Sicherungsgut liegen soll (Auslegungsfrage); die Folge wäre dann aber ein durch das Vermögen des Herstellers hindurchgehender Durchgangserwerb des so geschaffenen Sicherungseigentums des Lieferanten. Man kann die Entscheidung auch nicht offenlassen, denn die Unterschiedlichkeiten in der Konstruktion wirken sich bei einer eventuellen Einzelzwangsvollstreckung durch Gläubiger des Verarbeiters und in dessen Insolvenz aus: Bei einem Direkterwerb bestehen für den Lieferanten keinerlei Risiken; er kann gegen eine Einzelzwangsvollstreckung von Gläubigern des Produzenten zwar nicht aus § 766 ZPO, wohl aber aus § 771 ZPO vorgehen und in der Insolvenz des Produzenten nach § 47 InsO aussondern. Bei einem Durchgangserwerb ist es zwar nur theoretisch vorstellbar, dass Gläubiger des Verarbeiters während der „juristischen Sekunde" des Eigentums des Verarbeiters infolge eines Durchgangserwerbs die Einzelzwangsvollstreckung durch Pfändung in die neue Sache betreiben und deshalb eine Klage des Lieferanten aus § 771 ZPO erfolglos bliebe; wohl aber ist denkbar, dass infolge der Eröffnung des Insolvenzverfahrens über das Vermögen des Verarbeiters die neue Sache in die Insolvenzmasse fiele (§ 35 InsO), so dass der Lieferant nicht aussondern kann (§ 47 InsO).

**Fall 565**

Der Fabrikant F befasst sich mit der Herstellung von Tannenbaumkugeln. Er verpflichtet sich im Frühjahr 2002 gegenüber dem K zur Herstellung von 1 Million Kugeln. Dazu kauft der F für einen Kaufpreis von € 10. 000,– das nötige Rohglas bei dem L. Der F zahlt auf den Kaufpreis € 5 000,– an; der Restkaufpreis soll nach der Fertigstellung der Kugeln, spätestens aber am 1. November 2002, fällig sein. Für den Fall der Nichtzahlung des Kaufpreises bei Fälligkeit wird ein Rücktrittsrecht für den L vereinbart. Zur Sicherung des L wird ein Eigentumsvorbehalt mit einer „Herstellerklausel", derzufolge der F die Tannenbaumkugeln für den L herstellt und das Eigentum daran bei Bezahlung des Restkaufpreises auf F übergehen soll, vereinbart. Der F stellt 500. 000 Kugeln durch seine Leute und weitere 500. 000 Kugeln durch den Subunternehmer S her, der die Kugeln gegen Zahlung des Werklohnes an den F ausliefert. Als der F an den K liefern will, stellt sich heraus, dass über dessen Vermögen das Insolvenzverfahren eröffnet worden ist und dass der Insolvenzverwalter die Erfüllung des Vertrages nach § 103 InsO ablehnt. Weil der F daher den Restkaufpreis nicht fristgerecht an den L zahlen kann, tritt der L am 3. November 2002 vom Kaufvertrag mit F zurück. Obwohl der F aufgrund eines Darlehens eines Freundes dann doch die noch offenen € 5 000,– überweist, verlangt der L Herausgabe der 1 Millionen Kugeln Zug-um-Zug gegen Rückzahlung der € 10. 000,–.

Ein Anspruch des L gegen F auf Herausgabe der Kugeln könnte sich aus § 985 BGB ergeben. a) Der F ist Besitzer von 1 Millionen Tannenbaumkugeln. b) Der L müsste Eigentümer der Kugeln sein. Er könnte das Eigentum an sämtlichen Kugeln nach § 950 Abs. 1 BGB erlangt haben. Die Tannenbaumkugeln sind – weil sie sich nach wirtschaftlicher Betrachtungsweise unter Berücksichtigung der Verkehrsauffassung im Erscheinungsbild und Gebrauchszweck von den Ausgangsstoffen unterscheiden – eine „neue Sache". Auf den Ausnahmetatbestand des § 950 Abs. 1 S. 1 2. HS BGB geht man mangels jeglicher Wertangaben im Sachverhalt überhaupt nicht ein. Der L müsste der Hersteller sein. Maßgeblich ist, wer die „Organisationshoheit" über den Herstellungsprozess hat und das „Absatzrisiko" trägt. Hinsichtlich der in seinem eigenen Betrieb hergestellten 500. 000 Kugeln wäre der F der Eigentümer geworden. Bei den durch S hergestellten Kugeln wäre ebenfalls der F Eigentümer geworden, weil der Stoff von ihm gestellt wurde und er die „Organisationshoheit" über den Herstellungsprozess hat und das „Absatzrisiko" trägt. Danach wäre also nicht der L, sondern der F Hersteller und Eigentümer der Kugeln. Abweichend hiervon wäre der L direkt ohne Durchgangserwerb des Verarbeiters F zum Eigentümer geworden, wenn er durch Vereinbarung mit dem F zum „Hersteller" i. S. d. § 950 BGB gemacht worden wäre. Dies hätte zur Folge, dass der L Eigentümer wird und auch das Anwartschaftsrecht des F erlischt (§ 950 Abs. 2 BGB). Das somit entstandene Eigentum des Lieferanten L wäre aber auflösend bedingt durch die Kaufpreiszahlung, und es ist zu fragen, ob er es durch die nachträglich erfolgte Zahlung seitens des F wieder verloren hätte. Das ist nicht der Fall, denn hier konnte die Bedingung infolge des Rücktritts nicht mehr eintreten. Der F müsste die Kugeln herausgeben. Wer dagegen die Möglichkeit einer Festlegung des Herstellerbegriffs durch eine Vereinbarung ablehnt und den Herstellerbegriff nur objektiv bestimmen will, kann in einer solchen, den Lieferanten zum Hersteller machenden Klausel ein derartiges objektives Kriterium sehen (subjektive Korrektur des an sich objektiven Herstellerbegriffs, das nur durch erkennbares widersprüchliches Verhalten entkräftet werden kann) und könnte damit zum gleichen Ergebnis kommen. Aber auch derjenige, der selbst dem nicht folgt, weil er den Herstellerbegriff weder durch eine Vereinbarung noch durch eine „subjektive Korrektur" für disponibel ansieht, wird im Ergebnis dazu kommen müssen, dass der L durch eine unter auflösender Bedingung der vollständigen Bezahlung vereinbarte anti(e)zipierte Sicherungsübereignung nach §§ 929 S. 1, 930 BGB das (Durchgangs-) Eigentum erlangt hat. Das Ergebnis wäre auch hiernach ein (weil die Bedingung infolge des Rücktritts nicht mehr eintreten kann) unbedingtes Sicherungseigentum des L. c) Ein Recht zum Besitz hat der F nicht; denn das Anwartschaftsrecht ist nach § 950 Abs. 2 BGB bzw. durch den Rücktritt erloschen; der Kaufvertrag hat sich in ein Rückgewährschuldverhältnis verwandelt.

Wer bei der Regelung des § 950 BGB an der Gerechtigkeit zweifelt, sollte sich daran erinnern, dass der sein Eigentum „auf dem Altar der Rechtssicherheit“ opfernde Rohstoffeigentümer,

- wenn er Lieferant des Verarbeiters ist, immerhin noch den Kaufpreisanspruch aus § 433 Abs. 2 BGB
- und ansonsten einen Ausgleichsanspruch aus §§ 951, 812 BGB hat.

### b) Verbindung

Dass ein Rechtsverlust an einer Sache, die zu einem **„wesentlichen“ Bestandteil** einer einheitlichen Sache wird, die Folge sein muss, ist selbstverständlich; denn **„wesentliche Bestandteile (können) nicht Gegenstand besonderer“** (gemeint sind: dinglicher) **„Rechte sein“ (§ 93 BGB)**.

Die weitere Frage geht dahin, **wer** dann der neue **Eigentümer wird**. Geregelt ist dies in den §§ 946–947 BGB.

Sie wissen bereits, dass der Gesetzgeber mit diesen Regelungen keine „gerechte“ Vermögensverteilung vornehmen, sondern nur Rechtsklarheit schaffen wollte. Die „Gerechtigkeit“ wird erst in § 951 BGB wiederhergestellt.

#### aa) Verbindung einer beweglichen Sache mit einem Grundstück

Werden **bewegliche Sachen** mit einem **Grundstück verbunden**, so dass sie wesentlicher Bestandteil desselben werden, so erstreckt sich das Eigentum am Grundstück auf die bewegliche Sache (§ 946 BGB).

Bei der **Prüfung**, ob eine Sache **wesentlicher Bestandteil** einer **anderen Sache**, speziell **eines Grundstücks** mit der Rechtsfolge des § 946 BGB geworden ist, ist, wie Sie ja schon wissen, Folgendes zu prüfen:

**1.** Die **Voraussetzungen** sind, dass

**a)** die Sache

**aa)** **Bestandteil** einer **einheitlichen Sache** (nach Peters: „Pflanze“ und „Topf“ sind Bestandteile einer „Topfpflanze“) geworden ist, und nicht nur Teil einer eine wirtschaftliche Einheit bildenden Mehrheit von einzelnen Sachen (nach Peters: „Schnittblume“ in der „Vase“ sind keine Bestanteile);

**aa)** die aber **nicht nur** ein sog. **„Scheinbestandteil“** nach **§ 95 Abs. 1, 2 BGB** ist (so ist z. B. die Baubude/der Baukran, so fest sie/er auch immer mit dem Boden verbunden sein mag, nur ein „Scheinbestandteil“ des Grundstücks),

**c)** Sie muss auch ein **„wesentlicher“** Bestandteil geworden ist;

**aa)** dazu ist speziell bei **Grundstücken** der **Maßstab** des **§ 94 Abs. 1, 2 BGB** anzulegen; es gibt dazu diese **Merkbeispiele**: § 94 Abs. 1 BGB: das Straßenpflaster, das Gebäude, das Korn auf dem

Halm; § 94 Abs. 2 BGB: die Heizungsanlage); **bb) ansonsten** ist nach **§ 93 BGB** ein Bestandteil „wesentlich", wenn er oder der Rest durch die Trennung zerstört oder wirtschaftlich in seinem Wesen verändert wird.

**2.** Die **Rechtsfolge** ist,

**a)** dass sich das Eigentum an dem Grundstück auf diese Sache erstreckt (§ 946 BGB), der **Grundeigentümer** also das **Eigentum an** der **verbundenen beweglichen Sache erlangt**

**b)** und zwar **lastenfrei** (§ 949 BGB).

**c)** Wie beim Rechtsverlust durch Verarbeitung erfolgt der **Ausgleich** durch einen bereicherungsrechtlichen Anspruch (§§ 951, 812 BGB).

**Fall 566**

Der B lässt sich auf seinem Grundstück von U aufgrund eines Werkvertrages ein Haus bauen. Der U stellte dazu einen ihm gehörigen Baukran auf, der wegen des weichen Untergrundes auf einem eigens gegossenen Fundament steht. Es kommt dann zwischen dem U und dem B zu einer Auseinandersetzung über das Tempo der Bauarbeiten. Daraufhin hat der U keine Lust mehr und räumt die Baustelle. Als der U den Baukran demontieren und abholen will, widerspricht der B mit der Begründung, er könne diesen zurückbehalten, weil der U ihm zur Fertigstellung des Werkes verpflichtet sei; deshalb verweigert er dem U den Zutritt auf das Grundstück zum Zwecke der Demontage des Krans. Der U verlangt die Herausgabe des Krans.

Der Anspruch könnte sich aus § 985 BGB ergeben. a) Der U müsste Eigentümer des Krans sein. aa) Ursprünglich war er Eigentümer. bb) Er könnte das Eigentum dadurch verloren haben, dass der Kran wesentlicher Bestandteil des dem B gehörigen Grundstücks geworden ist (§§ 946, 93, 94 BGB). Das ist aber nicht der Fall, weil es sich bei dem Kran um einen sog. „Scheinbestandteil" handelt (§ 95 Abs. 1 S. 1 BGB). Also ist U Eigentümer geblieben. b) B ist Besitzer des Krans. c) B dürfte kein Recht zum Besitz an dem Kran haben (§ 986 BGB). Hier käme allenfalls ein Recht zum Besitz aus § 273 BGB in Betracht. Ob § 273 ein Recht zum Besitz begründet, ist als solches umstritten, kann hier aber offen bleiben, wenn B kein Zurückbehaltungsrecht zusteht. aa) Zwar besteht ein fälliger Gegenanspruch des B gegen U aus § 631 BGB. bb) Der Anspruch und der Gegenanspruch beruhen auch auf „demselben rechtlichen Verhältnis", weil sie (was ausreicht) einem „einheitlichen Lebensverhältnis" entstammen. cc) Es ergibt sich aber „aus der Natur des Schuldverhältnisses", dass B wegen eines Gegenanspruchs aus § 631 BGB kein Zurückbehaltungsrecht gegen den Herausgabeanspruch des U hat, denn es steht im Belieben des U, wie und mit welchen Hilfsmitteln er seine Verpflichtung, den Erfolg herbeizuführen, erfüllen will, also mit oder ohne Baukran.

bb) Verbindung mehrerer beweglicher Sachen

Wenn mehrere selbständige bewegliche Sachen so miteinander verbunden werden, dass sie wesentlicher Bestandteil (§§ 93 ff. BGB) einer beweglichen Sache werden,

- ist **zunächst** (warum? Lesen Sie die Ausführungen zu § 950 BGB nach) zu prüfen, ob ein **Eigentumserwerb** des **Herstellers** nach **§ 950 BGB** erfolgt.
- **Erst danach** geht es um die Frage eines **Eigentumserwerbes** nach **§ 947 BGB**.

Bei der **Prüfung**, ob eine Sache **wesentlicher Bestandteil einer beweglichen Sache** mit der Rechtsfolge des 947 BGB geworden ist, ist zu prüfen:

1. Die **Voraussetzungen** sind,
   **a)** dass die Sache **Bestandteil** einer **einheitlichen Sache** geworden ist, und nicht nur Teil einer eine wirtschaftliche Einheit bildenden Mehrheit von einzelnen Sachen;
   **b)** dass die Sache **wesentlicher** Bestandteil nach **§ 93 BGB** ist, was der Fall ist, wenn die Bestandteile durch eine Trennung zerstört oder wirtschaftlich in ihrem Wesen verändert werden oder wenn der Kostenaufwand für die Trennung unverhältnismäßig hoch wäre **(§ 948 Abs. 2 analog BGB)**.
2. Die **Rechtsfolge** ist:
   **a)** Wenn die Bestandteile wesentliche Bestandteile einer Hauptsache werden, dann erwirbt deren Eigentümer das **Alleineigentum (§ 947 Abs. 2 BGB)**, ansonsten **Miteigentum** (§ 947 Abs. 1 BGB)
   **b)** und zwar **lastenfrei**.(§ 949 BGB).
   **c)** Der **Ausgleich** erfolgt nach §§ 951, 812 BGB), bei Miteigentum durch Auseinandersetzung der Miteigentumsgemeinschaft (§ 749 BGB).

**Fall 567**

Der B bringt sein Fahrrad zu U zur Reparatur, weil das Hinterrad eingedrückt ist. Der U baut ein neues Hinterrad, das er bei dem V unter Eigentumsvorbehalt erworben hat, ein. Als der U den Kaufpreis nicht zahlt, tritt der V vom Kaufvertrag zurück und verlangt von B, dem bekannt war, dass U das Hinterrad unter Eigentumsvorbehalt erworben und den Kaufpreis noch nicht an V bezahlt hat, Herausgabe des Hinterrades.

Der Anspruch kann sich aus § 985 BGB ergeben. a) Der B ist Besitzer des Hinterrades. b) Der V müsste noch Eigentümer sein. aa) Er war Eigentümer. bb) An U hat er es nicht verloren (§§ 929 S. 1, 158 Abs. 1, 449 Abs. 1 BGB). cc) Der B könnte es nach aaa) §§ 929 S. 1, 932 BGB erworben haben; er war jedoch bösgläubig. bbb) Er könnte jedoch das Eigentum nach § 947 BGB erworben haben, wenn das in sein Fahrrad eingebaute Hinterrad wesentlicher Bestandteil des ihm gehörenden Fahrrades geworden wäre: Das Hinterrad ist Bestandteil einer einheitlichen Sache geworden. Wesentlich wäre der Bestandteil aber nur, wenn der Bestandteil durch eine Trennung zerstört oder wesentlich verändert würde. Das ist nicht der Fall, denn auch nach einem Ausbau bleibt das Rad als solches brauchbar. Also ist der V Eigentümer geblieben. c) Der B hat nach dem Rücktritt des V kein Recht zum Besitz an dem Rad.

### c) Vermischung

Nach **§ 948 BGB** gilt bei untrennbarer oder nur mit unverhältnismäßigen Kosten trennbarer **Vermischung** und **Vermengung beweglicher Sachen** die Regelung des § 947 BGB entsprechend. Für die Fallbearbeitung ist diese Vorschrift für die Vermischung fremden Bargeldes mit eigenem Bargeld (z. B. in der Geldbörse) von Bedeutung.

**Fall 568**

Der F findet eine € 1,– Münze und steckt sie in seine Geldbörse, in der 5 weitere € 1,– Münzen sind. Die 6 Münzen in der Geldbörse unterscheiden sich durch nichts. Der Verlierer V verlangt von F Herausgabe der verlorenen Münze oder jedenfalls Zahlung von € 1,–.

1. Ein Anspruch auf Herausgabe der verlorenen Münze könnte sich aus § 985 BGB ergeben. a) Der F ist Besitzer der verlorenen Münze. b) Der V müsste Eigentümer der verlorenen Münze sein. aa) Stellt man auf den „Geldwert" ab, wäre er Eigentümer. bb) Behandelt man mit der ganz h.M. Geld als Sache (arge § 935 Abs. 2 BGB), so hätte der V das Eigentum daran verloren (§§ 947, 948 BGB), wobei offen bleiben kann, ob der F wegen des zahlenmäßigen Übergewichts nach § 947 Abs. 2 BGB Alleineigentümer geworden ist, oder ob V und F nach § 947 Abs. 1 BGB Miteigentümer sind. In jedem Fall könnte der V nicht nach § 985 BGB Herausgabe der verlorenen Münze verlangen. 2. Zahlungsanspruch? a) Nimmt man Alleineigentum des F an, dann hätte der V gegen den F einen Anspruch aus §§ 951 Abs. 1, 812 BGB auf Zahlung von € 1,–. b) Wenn man Miteigentum annimmt, hat der V einen Anspruch auf Teilung in Natur entsprechend den Anteilen an der Miteigentumsgemeinschaft (§§ 752, 947 Abs. 1 BGB). V hätte einen Anspruch auf Zahlung von € 1,–.

**Variante**

Hätte der F € 1,– an den V ohne vorherige Teilung der Miteigentumsgemeinschaft auszahlen können?

Ein Auszahlungsrecht des F ergäbe sich aus § 469 Abs. 3 HGB analog (Aushändigungsanspruch bei der Sammellagerung).

### d) Erlöschen von Rechten Dritter

Eine bedeutsame automatische Nebenfolge eines gesetzlichen Eigentumserwerbs nach den §§ 946–948, 950 BGB ist ein **lastenfreier Eigentumserwerb** (§§ 949 S. 1, 950 Abs. 2 BGB).

## 15. Gesetzlicher Erwerb/Verlust des Eigentums an „Schuldscheinen" durch Erwerb einer Forderung

Bei **Wertpapieren**, durch die ein **Recht** so **verbrieft** wird, dass es wie eine Sache behandelt wird (z. B. wie bei der Inhaberschuldverschreibung oder dem Wechsel), „folgt das Recht aus dem Papier" (das ist das verbriefte Recht, z. B. beim Wechsel eine Geldforderung) „dem Recht am Papier" (das ist das Eigentum an der Urkunde): Das heißt, dass das Recht „aus dem Papier" durch die Übertragung des Rechtes „an dem Papier", also durch Übereignung der Urkunde (also nach §§ 929 ff. BGB, der Wechsel in der Form des Art. 11 WG durch „Indossament") übertragen wird, und **nicht** durch Zession der verbrieften Forderung **(§§ 398 ff. BGB)** und auch nicht nach den Regeln über die Übertragung „anderer Rechte" **(§§ 413, 398 BGB)**. Das alles hatten Sie in vorsi9chtigen Andeutungen schon einmal erfahren; jetzt ist eine weitere Zwiebelschale darüber gelegt worden, und ihr wertpapierrechtliches Minimalwissen ist ein wenig ausgebaut worden. Jetzt kommt etwas Neues:

Denn anders ist es nach **§ 952 BGB** bei **„Schuldscheinen"** (z. B. notariell beurkundeter Schenkungsvertrag, Bürgschaftsurkunde, Sparbuch, Rektapapiere, Kfz-Brief) und bei den gleichgestellten **Hypotheken-**, **Grundschuld-** und **Rentenschuldbriefen**: Hier „folgt das Recht am Papier" (also das Eigentum an der Urkunde) „dem Recht aus dem Papier": Das heißt, dass das Recht nach den hierfür geltenden Regeln (z. B. eine Forderung nach §§ 398 ff. BGB) übertragen wird und Eigentümer der Urkunde der jeweilige Rechtsinhaber wird (§ 952 BGB).

**Fall 569**

Der G1 hat bei der S – Sparkasse ein Sparkonto. Er tritt die Forderung daraus (§§ 700 Abs. 1 S. 2, 488 Abs. 1 S. 2 BGB) telefonisch an den G2 ab (§ 398 BGB). Als er das Sparbuch an den G2 überbringen will (§ 402 BGB), verliert er es auf dem Wege. Der G2 verlangt die Herausgabe des Sparbuchs von dem Finder F an sich. Der F ist dazu nur gegen Zahlung eines Finderlohnes bereit.

Der Anspruch des G2 gegen F könnte sich aus § 985 BGB ergeben. a) Der F ist Besitzer des Sparbuchs. b) Der G2 müsste Eigentümer sein. aa) Der G1 war der Eigentümer. bb) Durch die Übertragung der Forderung ist der G2 Eigentümer geworden (§ 952 Abs. 1 BGB), denn das Sparbuch ist ein „Schuldschein" i. S. d. § 952 Abs. 1 BGB. c) Der F hat ein Zurückbehaltungsrecht aus §§ 971 f., 1000 BGB, weil der G2 „Empfangsberechtigter" ist.

**Fall 570**

Der V verkauft sein Auto an den K und übereignet es an ihn. Als er die Zulassungsbescheinigung Teil 1 und 2 zu K bringt, verliert er die Urkunden. Der K verlangt die Herausgabe von dem Finder F an sich. Der F ist dazu nur gegen Zahlung eines Finderlohnes bereit.

Die Lösung entspricht der des vorherigen Falles, denn § 952 BGB wird auf die Zulassungsbescheinigung Teil 1 und 2 entsprechend angewendet.

**Fall 571**

Zum 7. Geburtstag ihres Enkels E hat dessen schon damals recht gebrechliche und in wirtschaftlicher Hinsicht wenig gesichert lebende Großmutter G bei der S-Sparkasse ein Sparbuch angelegt, in das der Name des E eingetragen wird; sie behält das Buch jedoch zunächst in Besitz, beabsichtigt aber, es dem E, wenn er volljährig geworden ist, auszuhändigen. Die G zahlt jährlich unter großen persönlichen Opfern DM 600,– und später € 300,– ein. Weil der E in der Pubertät eine in ihren Augen schlechte Entwicklung genommen hat, behält sie auch nach dem 18. Geburtstag des E das Sparbuch für sich. Als der inzwischen 20-jährige E sie einmal besucht und – während sie Kaffee kocht – neugierig in ihren Sachen herumstöbert, entdeckt er das Sparbuch mit seinem Namen und verlangt es von der G heraus. Diese weigert sich.

Der E könnte einen Anspruch auf Herausgabe des Sparbuchs aus § 985 BGB haben. a) Die G ist Besitzerin des Sparbuchs. b) Der E müsste Eigentümer des Sparbuchs sein. Ein Sparbuch ist ein „Schuldschein" i. S. d. § 952 BGB, d. h. „das Recht an dem Papier folgt dem Recht aus dem Papier". Entscheidend dafür, ob E Eigentümer des Sparbuchs ist, ist also, ob er Inhaber der Forderung aus dem „Sparvertrag" ist (rechtlich ein Darlehensvertrag nach § 488 BGB oder ein „unregelmäßiger Verwahrungsvertrag" nach §§ 700, 488 BGB). aa) Das hängt zunächst davon ab, wie die G beim Abschluss des Vertrages aufgetreten ist. Hat sie dabei als Vertreterin des E ohne Vertretungsmacht gehandelt, ist der Vertrag nach § 177 Abs. 1 BGB zunächst schwebend unwirksam, dann aber durch eine im Herausgabeverlangen des E zu sehende Genehmigungserklärung des E gegenüber G (§§ 177 Abs. 1, 182 Abs. 1, 184 Abs. 1) von Anfang an wirksam geworden, so dass E Gläubiger geworden wäre. Allerdings spricht das Auftreten der G bei Ausfüllen des Kontoeröffnungsantrags (irrelevant ist, dass der Name des E in das Buch eingetragen wurde) dafür, dass sie im eigenen Namen gehandelt hat. Eine Stellvertretung liegt mithin nicht vor. bb) Der E wäre jedoch dennoch Gläubiger geworden, wenn die S und die G einen Sparvertrag zugunsten des E als Drittem vereinbart hätten und verabredet hätten, dass dem E ein eigenes Forderungsrecht gegen die S zustehen soll (§§ 488 bzw. 700, 488, 328 Abs. 1 BGB: echter Vertrag zugunsten Dritter). Ob ein solcher echter Vertrag zugunsten Dritter vorliegt, ist durch Auslegung (§§ 133, 157, 328 Abs. 2 BGB) des Deckungsverhältnisses zu ermitteln. Für einen echten Sparvertrag zugunsten Dritter könnte der auf E lautende Name im Sparbuch sprechen. Allerdings hat dieser wegen § 808 BGB kaum Bedeutung für die Ausübung des Gläubigerrechts und ist daher nur ein sehr schwaches Indiz dafür, dass eine Gläubigerstellung des E gewollt war. Dafür, dass die G Gläubigerin bleiben wollte, sprechen die Umstände, wie ihre schwierige wirtschaftliche Lage und (entscheidend) die Tatsache, dass sie Besitzerin des Sparbuchs geworden und geblieben ist. Somit liegt kein echter Vertrag zugunsten Dritter vor und die G ist Gläubigerin. Sie ist damit Eigentümerin des Sparbuchs. E hat damit keinen Herausgabeanspruch gegen die G.

## 16. Gesetzlicher Erwerb/Verlust des Eigentums durch Ersitzung

Wenn ein **Eigentumserwerb** an einer beweglichen Sache z. B. deshalb **nicht eintritt**, weil

- bei **rechtsgeschäftlichem Erwerb** z. B. der Veräußerer nicht geschäftsfähig ist oder der Veräußerer nicht Eigentümer ist und der Erwerber trotz guten Glaubens das Eigentum nicht erwirbt, weil die Sache „vor Jahr und Tag" irgendeinem Eigentümer in der Veräußerungskette (Sie wissen ja: „einmal gestohlen ist immer gestohlen") gestohlen worden oder sonstwie abhandengekommen ist (§ 935 Abs. 1 BGB)
- oder weil bei einem **gesetzlichen Erwerb** z. B. aus § 1922 BGB der Nachlassgegenstand nicht im Eigentum des Erblassers stand oder weil derjenige, der den Nachlass in Besitz genommen hat, nur Scheinerbe war,

erfordert es die Rechtssicherheit, dass die Diskrepanz zwischen Rechtsschein (Besitz) und fehlendem Eigentum irgendwann einmal durch einen Erwerb des Eigentums durch den Besitzer beseitigt wird.

Nach **§ 937 BGB** wird man daher durch **„Ersitzung"** nach **10jährigem** und zugleich **gutgläubig** sein müssendem **Eigenbesitz** zum Eigentümer. Die **Formel** lautet: 10jährigen gutgläubiger Eigenbesitz".

Eine **Korrektur** eines solchen **Eigentumserwerbs** durch Ersitzung nach **§ 937 BGB** kann bei einem bestehenden **vertraglichen Rückgewähranspruch** erfolgen. Interessant ist die Frage, ob es ansonsten zumindest einen **bereicherungsrechtlichen Rückgewähranspruch** gibt.

**Fall 572**

Der unerkennbar geisteskranke E schenkt und übereignet der (als rechtsfähig zu denkenden) Kunsthalle in Hamburg (KH) ein ihm gehöriges Bild von Liebermann. Nach 12 Jahren verlangt der Vormund (§ 1902 BGB) Herausgabe des Bildes von der KH (nach RG).

Der Anspruch 1. ergibt sich nicht aus § 985 BGB, weil die KH nach § 937 BGB Eigentümer geworden ist. 2. Gegeben sein könnte a) ein Anspruch aus § 812 Abs. 1 S. 1 BGB. aa) Das erlangte Eigentum soll wegen § 937 BGB mit Rechtsgrund erlangt worden sein. bb) Der Eigenbesitz hingegen soll aaa) durch Leistung des E bbb) und ohne Rechtsgrund erlangt sein. ccc) Herauszugeben sein soll nach § 818 Abs. 1 BGB das aufgrund des Eigenbesitzes der KH von dieser erlangte Eigentum.

## 17. Eigentumserwerb durch Trennung

Sie pflücken einen Apfel von einem auf Ihrem Grundstück wachsenden Baum. Wem gehört er? Der Baum gehört Ihnen (§ 94 Abs. 1 S. 2 BGB). Und wie sieht es mit Eigentum am Apfel vor und nach der Ernte aus? Die Frage, wem die „**Erzeugnisse** und **sonstigen Bestandteile** einer Sache … **nach** der **Trennung** gehören", beantworten die **§§ 953 ff. BGB**. Unter **„Erzeugnissen"** versteht man nach alle natürlichen Tier- und Bodenprodukte (das „Kalb der Kuh“, das „Obst vom Baum“); in der **Begriffspyramide des §§ 99, 100 BGB** gehören die Erzeugnisse zu den „Früchten“ (§ 99 BGB), die wiederum zu den „Nutzungen“ zählen (§ 100 BGB). Unter **„sonstigen Bestandteilen“** einer Sache versteht man bekanntlich die **Teile** einer **einheitlichen Sache** (das „Getreide vom Feld“). Wer ist nun deren Eigentümer?

- **Vor** der **Trennung** von der **„Muttersache“** gehören „Erzeugnisse“ und „sonstige Bestandteile“ natürlich dem Eigentümer der Sache (arge. § 953 BGB: „… gehören **auch** nach der Trennung dem Eigentümer …“, also **vor** der Trennung erst recht; man kann dies auch aus §§ 94 Abs. 1 S. 2, 93 BGB, wenn man die Frucht auf dem Baum als dessen wesentlichen Bestandteil ansieht, ableiten).
- **Durch die Trennung** der **Erzeugnisse** und der **sonstigen Bestandteile** von der **Muttersache** werden diese zu **selbständigen Sachen**. Die Frage ist, wer dann deren Eigentümer ist. Geregelt ist dies in den §§ 953–957 BGB. Es gibt ein sehr einfach zu befolgendes und absolut verpflichtendes **Prüfungsschema** der §§ 953 ff. BGB **(„von hinten nach vorne“)**. Man beginnt also „hinten bei den Ausnahmen“ mit der Prüfung der §§ 957, 956 BGB und arbeitet sich Schritt für Schritt nach „vorne“ durch bis zur Regel des § 953 BGB: **(a)** Eigentumserwerb nach §§ 957, 956 BGB durch Trennung/Besitzergreifung durch den persönlich Berechtigten aufgrund einer Aneignungsgestattung seitens des Eigentümers (§ 956 Abs. 1 BGB) oder seitens der Personen, denen die Erzeugnisse oder sonstigen Bestandteile nach der Trennung gehören (§ 956 Abs. 2 BGB)/bei Gutgläubigkeit seitens eines Nichtberechtigten (§ 957 BGB)? **(b)** Eigentumserwerb nach § 955 BGB durch Trennung seitens des gutgläubigen Eigenbesitzers? **c)** Eigentumserwerb nach § 954 BGB durch Trennung seitens des dinglich zur Nutzung Berechtigten? **d)** Eigentumserwerb nach § 953 BGB durch Trennung seitens des Eigentümers? Im folgenden Fall und seinen Varianten erproben wir, beschränkt auf den Anspruch aus § 985 BGB, dieses Vorgehen.

**Fall 573**

Bauer B stirbt am 1. Februar 2002. Der SE hält sich aufgrund eines Testaments vom 1. Januar 2000 für den Erben. Er verpachtet den Hof an den P, der den SE für den Erben hält. Der P bewirtschaftet den Hof. Dann wird ein Testament des B vom 1. Januar 2001 gefunden; danach ist der Sohn E der Erbe. Der E verlangt von P Herausgabe der in einer Scheune gelagerten Ernte des Jahres 2002.

Der Anspruch aus § 985 BGB besteht nicht, weil der P nach §§ 957, 956 BGB Eigentümer geworden ist.

**Variante**

Der E, der in der Nachbarschaft einen anderen Hof bewirtschaftet, verpachtet den ererbten Hof im Jahre 2003 an den P. Im Herbst verlangt er die Ernte 2003 heraus.

Der Anspruch aus § 985 BGB besteht nicht, weil der P als schuldrechtlich zur Aneignung Berechtigter nach § 956 BGB Eigentümer geworden ist.

**Variante**

Der E wird im Jahre 2004 unerkennbar geisteskrank und verkauft und übereignet danach den Hof an den P. Der E verlangt im Herbst 2004, vertreten durch seinen Vormund als gesetzlichen Vertreter (§ 1902 BGB), Herausgabe der Ernte 2004.

Der Anspruch aus § 985 BGB besteht nicht, weil der P als gutgläubiger Eigenbesitzer nach § 955 BGB Eigentümer geworden ist.

**Variante**

Der P hatte im Frühjahr 2004 von dem Viehhändler V eine dem E gestohlene trächtige Kuh erworben. Die Kuh wirft ein Kalb. Der E verlangt im Herbst 2004, vertreten durch seinen Vormund als gesetzlichen Vertreter (§ 1902 BGB), Herausgabe des Kalbes von P.

Der Anspruch aus § 985 BGB besteht nicht, weil der P als gutgläubiger Eigenbesitzer nach § 955 BGB Eigentümer des Kalbes geworden ist. § 935 BGB wird nach h.M. nicht entsprechend angewendet.

**Variante**

Der wieder genesene E hat im Jahre 2005 dem Bruder SE einen Nießbrauch an dem Hof bestellt. Der SE bewirtschaftet den Hof. Der E verlangt im Herbst 2005 Herausgabe der Ernte 2005.

Der Anspruch aus § 985 BGB besteht nicht, weil der SE als dinglich zur Nutzung Berechtigter (§ 1030 BGB) nach § 954 BGB Eigentümer geworden ist.

**Variante**

Der SE verstirbt im Jahre 2006. Die Ehefrau F ist Alleinerbin. Sie bewirtschaftet den Hof weiter. Der E verlangt von der F Zug-um-Zug gegen Erstattung der notwendigen Verwendungen Herausgabe der Ernte 2006.

Der Anspruch besteht aus § 985 BGB. a) Die F ist Besitzerin der Ernte. b) Der E ist Eigentümer: aa) Die F ist nicht nach §§ 957, 956 bzw. nach § 956 BGB als persönlich bzw. vermeintlich persönlich Aneignungsberechtigte Eigentümerin geworden. bb) Die F ist nicht gutgläubige Eigenbesitzerin gewesen, sondern Fremdbesitzerin, so dass auch § 955 BGB nicht eingreift. cc) Der Nießbrauch ist nach § 1061 BGB mit dem Tod des SE erloschen, so dass die F nicht nach § 1922 BGB Nießbraucherin und damit nicht nach § 954 Eigentümerin geworden ist. dd) Der E ist daher nach § 953 BGB Eigentümer geworden. c) Die F hat kein Recht zum Besitz, d) und auch kein Herausgabeverweigerungsrecht aus §§ 1000 S. 1, 994 Abs. 2, 683, 679, 670 BGB, weil der E die Erstattung der notwendigen Verwendungen angeboten hat.

Ein Eigentumserwerb nach §§ 953 ff. BGB ist nicht endgültig, sondern kann **durch schuldrechtliche Ansprüche** auf Übertragung des erworbenen Eigentums **wieder korrigiert** werden; solche Ansprüche ergeben sich oft aus den §§ 987 ff. BGB.

**Fall 574**

Der D stiehlt dem E eine Kuh und verkauft und übereignet sie dem bösgläubigen K, der sie füttert. Bei K wirft die Kuh ein Kalb. Der E verlangt unmittelbar nach der Geburt des Kalbs von dem K1. Herausgabe des Kalbes und 2. Herausgabe der von K gefütterten Kuh.

1. Beim Kalb ist a) vorab der (dingliche) Anspruch aus § 985 BGB zu prüfen: aa) Der E ist nach § 953 BGB Eigentümer des Kalbes geworden: Die („im Geiste" vorab geprüften) §§ 957–956 BGB greifen nicht ein; auch § 955 BGB nicht, weil der K bösgläubig ist. bb) Der K ist der Besitzer des Kalbes. cc) Der K hat kein Recht zum Besitz (§ 986 BGB). dd) Für Verwendungen, die ein Herausgabeverweigerungsrecht ergeben könnten (§§ 994 ff., 1000 BGB), enthält der Sachverhalt keine Angaben. b) Ferner ist ein (schuldrechtlicher) Anspruch auf Herausgabe des Kalbes aus §§ 990, 987 BGB zu prüfen: aa) Bezüglich der „Muttersache" (Kuh) bestand zwischen E und K eine „Vindikationslage"; der Umstand, dass der K nach dem ersten an die „Muttersache" verfütterten Grashalm u. U. ein Herausgabeverweigerungsrecht nach § 1000 S. 1 BGB hätte, ändert natürlich nichts am Vorliegen einer „Vindikationslage", weil § 1000 S. 1 BGB einen unrechtmäßigen Besitzer nicht zu einem berechtigten Besitzer macht, also kein Recht zum Besitz i. S. d. § 986 BGB begründet (die gegenteilige Annahme wäre ein „Zirkelschluss"!!). bb) Das Kalb ist eine Frucht der Kuh und damit eine Nutzung (§§ 100, 99 BGB). cc) Der K war bösgläubiger Besitzer der Muttersache, die die Nutzung hervorgebracht hat. Also muss der K das Kalb an E herausgeben. dd) Für ein Herausgabeverweigerungsrecht aus §§ 273, 812 Abs. 1 S. 1 Var. 2 BGB („Kondiktion in sonstiger Weise") ergibt der Sachverhalt nichts. 2. Die Kuh kann der E nach § 985 BGB herausverlangen, a) wenn er – was der Fall ist – deren Eigentümer ist. b) K ist der Besitzer der Kuh. c) Zu prüfen ist, ob der K ein Herausgabeverweigerungsrecht hat; in Betracht kommt § 1000 S. 1 BGB, wenn K einen Verwendungsersatzanspruch hat: Hier kommt ein Anspruch des bösgläubigen K auf Ersatz der notwendigen Verwendungen (Tierfutter) nach §§ 994 Abs. 2, 683, 679, 670 BGB in Betracht. Also hat der K ein Herausgabeverweigerungsrecht, das im Falle einer Herausgabeklage des E gegen den K zu einer Verurteilung Zug-um-Zug gegen Ersatz der Verwendungen führen würde (§ 274 BGB).

### 18. Eigentumserwerb durch dingliche Surrogation

„Erwerben die Eltern mit Mitteln des Kindes bewegliche Sachen, so geht mit dem Erwerb das Eigentum auf das Kind über" (§ 1646 BGB: sog. **„Mittelsurrogation"**). Gleiches gilt, wenn ein „Erbschaftsbesitzer durch Rechtsgeschäft" eine bewegliche Sache „mit Mitteln der Erbschaft erwirbt" (§ 2019 BGB). Ein solcher Erwerb durch eine „Mittelsurrogation" dient dem Schutz des Kindes oder des Erben: Das Kind oder der Erbe erlangt das Eigentum unmittelbar, also ohne Zwischenerwerb der Eltern oder des Erbschaftsbesitzers, so dass Gläubiger der Eltern oder des Erbschaftsbesitzers keinen Zugriff nehmen können (§ 771 ZPO) und das Kind bzw. der Erbe in dessen Insolvenz aussondern können (§ 47 InsO).

Der beim **Pfandverkauf** erzielte Erlös steht bis zur Höhe der gesicherten Forderung dem Pfandgläubiger zu; übersteigt der Erlös die gesicherte Forderung, so „tritt der Erlös an die Stelle des Pfandes" (§ 1247 S. 2 BGB) und der Pfandgläubiger und Eigentümer der Sache werden Miteigentümer des Geldes.

Aufgrund des Gesamtzusammenhanges (und des klarstellenden Zusatzes in der Überschrift: „dingliche" Surrogation) ist Ihnen hoffentlich klar, dass Sie diese Regelungen nicht mit der schuldrechtlichen Surrogation (z. B. § 285 BGB) verwechseln dürfen.

Es ist wieder an der Zeit, dass Sie einen **Moment innehalten** und sich den **Standort vergegenwärtigen**.

Es geht in diesem **Teil 6** des Buches um das **Thema** der **„dinglichen (sachenrechtlichen) Ansprüche"**.

1. Das machte es zunächst nötig, dass man mit dem **Inhalt** von dinglichen Rechtsstellungen (wir haben uns hier wegen der Examensrelevanz auf den Besitz, das Eigentum/Anwartschaftsrecht am Eigentum und die Sicherungsrechte konzentriert) vertraut ist.
2. Sodann haben wir mit der Erarbeitung der **Erwerbs-** und **Verlusttatbestände** fortgesetzt: Wie man den **Besitz** und das **Eigentum** an **beweglichen Sachen/Anwartschaftsrecht erwirbt**, wissen Sie nun.
3. Als **nächstes Thema** wird es um den **Erwerb** und **Verlust** von **Sicherungsrechten** an **beweglichen Sachen** gehen.

Wenn Ihnen im Folgenden vieles von dem, was Sie gleich lesen werden, bekannt vorkommt, dann sind Sie auf dem richtigen Weg, weil Sie offenbar der Aufforderung gefolgt sind, alles, aber auch wirklich alles, was Sie bisher gelesen haben, auch wenn es Ihnen als Vorgriff auf Zukünftiges vielleicht „zu schwierig" erschien, ernst genommen und sich nach besten Kräften erarbeitet haben. Das zahlt sich jetzt aus. Wenn Sie bisher aber nur „konsumiert" haben und Schwieriges, Neues vielleicht ausgeblendet haben, dann wissen Sie jetzt, dass Sie „noch viel zu tun haben" und dieses Buch noch ein oder mehrere Male werden durcharbeiten müssen.

## III. Erwerb und Verlust von Sicherungsrechten an beweglichen Sachen

Durch das **Pfandrecht** und durch die **Sicherungsübereignung** werden **in der Regel** (aber nicht notwendig) **Geldforderungen gesichert**.

### 1. Das Pfandrecht an beweglichen Sachen

Eine bewegliche Sache

- kann **durch Rechtsgeschäft** „zur Sicherung einer Forderung" (§§ 1204–1256 BGB)
- oder **kraft Gesetzes** (§ 1257 BGB)

„in der Weise belastet werden, dass der Gläubiger berechtigt ist, Befriedigung aus dem Pfand zu suchen (Pfandrecht)“. Das ist die Legaldefinition des Pfandrechts in § 1204 BGB unter Einbeziehung des gesetzlichen Pfandrechts.

Die **wirtschaftliche Bedeutung** des **rechtsgeschäftlichen Pfandrechts** an beweglichen Sachen ist **gering**. Es ist weitgehend **durch** die **Sicherungsübereignung ersetzt** worden. Ein Pfandrecht an beweglichen Sachen wird allenfalls zur Sicherung von **Kleinkrediten** im **privaten Leben**, ferner solcher Kredite, die **„Leihhäuser“** gewähren, bei **Reparaturaufträgen** an **Kraftfahrzeugen** und im Fall der **Verpfändung** von **Wertpapieren**, die sich im Besitz der Bank befinden („Lombardkredit“), bestellt.

Eine **größere Bedeutung** haben die **gesetzlichen Pfandrechte** (im **BGB** die Vermieter- (§ 562 BGB), Verpächter (§§ 581 Abs.2, 562 BGB)-, Werkunternehmer- (§ 647 BGB) und Gastwirtspfandrecht (§ 704 BGB) und im **HGB** die aus Pfandrechte nach 397, 441, 464, 475b HGB – lesen Sie auch diese Normen nach!).

### a) Das rechtsgeschäftliche Pfandrecht an einer beweglichen Sache

Das rechtsgeschäftliche Pfandrecht an einer beweglichen Sache entsteht durch „Bestellung“ nach §§ 1205–1207 BGB.

Als **Faustformel** kann man sich merken: Rein technisch wird das Pfandrecht so bestellt, wie eine bewegliche Sache übereignet wird, nämlich durch „Einigung“ (mit dem Inhalt, dass ein Pfandrecht bestellt werden soll) und Herbeiführen eines Vollzugsmoments in Gestalt einer „Übergabe“ oder eines „Übergabesurrogats“. Zusätzlich erforderlich ist das Vorhandensein einer (nicht zwingend, aber die Regel: Geld-) Forderung; denn das Pfandrecht ist „akzessorisch“.

#### aa) Bestellung durch den verfügungsberechtigten Eigentümer und gutgläubiger Erwerb

Die erforderliche **Einigung** ist ein **dinglicher Vertrag** zwischen dem **Eigentümer** und dem **Gläubiger** mit dem Inhalt, „dass dem Gläubiger das Pfandrecht zustehen soll“. Vereinbart werden kann auch ein Pfandrecht mit einer Nutzungsziehungsberechtigung, was bei fruchttragenden Sachen sogar als vereinbart vermutet wird (§ 1213 BGB); der Reinertrag der Nutzungen wird mit der Forderung verrechnet (§ 1214 BGB). Was die Einigung angeht, so gelten ansonsten die Regeln, die für die Einigung i. S. d. §§ 929 ff. BGB entwickelt wurden. Erforderlich ist hier wie dort ein „Einigsein“. Es gibt auch eine anti(e)zipierte Verpfändung, so z. B. das in Nr. 14 Abs. 1 AGB der Banken – im Einklang mit §§ 305c, 307 BGB stehende – vereinbarte Pfandrecht an allen Sachen, die irgendwie in den Besitz der Bank geraten sind.

Die **Übergabe** bzw. die **Übergabesurrogationstatbestände** (§ 1205 Abs. 1, 2 BGB) entsprechen i.w. denen der §§ 929 ff. BGB:

- So wird eine bewegliche Sache nach § 1205 Abs. 1 BGB durch Einigung und **Übergabe**, also die Verschaffung des unmittelbaren oder mittelbaren Besitzes bei gleichzeitigem eigenem vollständigem Besitzverlust, durch den **Eigentümer an** den **Gläubiger**, der dadurch zum **Pfandgläubiger** wird, verpfändet. Das ist praktisch der Tatbestand des § 929 S. 1 BGB.
- Ist der **Gläubiger** schon **im Besitz** der **Sache**, ist die **Übergabe entbehrlich**; es reicht die Einigung (§ 1205 Abs. 1 S. 2 BGB). Das ist praktisch der Tatbestand des § 929 S. 2 BGB.
- Bei einer Verpfändung einer im unmittelbaren Besitz eines Dritten, der den Besitz für den Eigentümer mittelt, stehenden Sache ist die Einigung und die **Übertragung** des **mittelbaren Besitzes** durch den Eigentümer **auf** den **Gläubiger** (§ 870 BGB) erforderlich; hinzutreten muss eine **Anzeige** an den unmittelbaren Besitzer (§ 1205 Abs. 2 BGB). Das ist – abgesehen vom Anzeigeerfordernis – praktisch der Tatbestand des § 931 BGB.
- Möglich ist auch die Verpfändung durch Einigung und **Einräumung des Mitbesitzes** durch den Eigentümer **auf den Gläubiger** (§ 1206 BGB).
- **Nicht** – und das ist zentral wichtig! – gibt es jedoch die **Möglichkeit** der Bestellung eines **besitzlosen Pfandrechts** nach dem Vorbild des § 930 BGB. Die Verpfändung kann also nicht „heimlich" erfolgen. Gleiches gilt übrigens auch für die später erörterte Verpfändung von Forderungen (vgl. § 1280 BGB).

Dass hiernach ein **Pfandrecht nur „offen" bestellt** werden kann, ist die aus Sicht des modernen Kreditsicherungsrechts wesentliche „Schwäche" dieses Instituts. Das Pfandrecht spielt daher nur eine untergeordnete Rolle im Kreditsicherungsgeschäft.

bb) Forderung

Die gesicherte Forderung ist **i. d. R.** eine **Geldforderung,** muss es aber nicht sein (argec. § 1113 BGB). Ist die Forderung keine Geldforderung, setzt die Pfandverwertung aber den Übergang in eine Geldforderung voraus (§ 1228 Abs. 2 S. 2 BGB), also z. B. die „Umwandlung" einer durch ein Pfandrecht gesicherten Lieferungsverpflichtung aus § 433 Abs. 1 S. 1 BGB in einen Schadensersatzanspruch „statt der Leistung" (§§ 280 Abs. 1, 3, 283, 249 ff. BGB).

Zwischen Pfandrecht und Forderung besteht ein Verhältnis **strenger „Akzessorietät"**: Ohne Forderung existiert kein Pfandrecht. Erlischt die Forderung, erlischt auch das Pfandrecht (§ 1252 BGB); die Konstruktion eines „Eigentümerpfandrechts" existiert hier, anders als in § 1163 BGB bei den (sogleich zu erörternden) Grundpfandrechten, nicht. Die Forderung kann **gegenwärtig**, sie kann **künftig** oder **bedingt** sein (§ 1204 Abs. 2 BGB). Bei der Sicherung einer künftigen Forderung müssen ihre Grundlagen bei der Verpfändung gelegt sein; der Höhe nach muss sie jedoch noch nicht bestimmbar sein. Der Gläubiger der gesicherten Forderung und Inhaber des Pfandrechts müssen identisch sein; Schuldner und Verpfänder können („bürgenähnlich") personenverschieden sein.

cc) Berechtigung des Verpfänders

Wie wir es ja schon bei den §§ 929 ff. BGB gelernt haben, muss der **Verpfänder** ein dazu **Berechtigter** sein, was der Fall ist, wenn er ein zur Verfügung in Gestalt der Verpfändung befugter Eigentümer der verpfändeten Sache ist oder, auch wenn er nicht Eigentümer sein sollte, gleichwohl zur Verpfändung berechtigt ist, also zur Verfügung berechtigt ist. Was man dazu wissen muss, haben Sie gerade erst gelernt. Lesen Sie es nach! Und bei der Gelegenheit auch alles das, was Sie zum gutgläubigen Erwerb des Eigentums gelernt haben. denn – wie Sie sogleich lesen – den gibt es gleichermaßen auch bei der Verpfändung.

dd) Gutgläubiger Erwerb

Der **gutgläubige Erwerb des Vertragspfandrechts** verläuft nach § 1207 BGB nach den bekannten Regeln der §§ 932, 934, 935 BGB. Der Fall des § 933 BGB ist konsequenterweise nicht genannt worden. Wer diese lakonische Bemerkung nicht sofort versteht, muss noch einmal hinsichtlich des Pfandrechts „zurück auf Los". Wegen der Möglichkeit des gutgläubigen Erwerbs hat das Pfandrecht neuerdings wieder eine gewisse Bedeutung in der Rechtspraxis erlangt, nachdem die Rechtsprechung die Möglichkeit eines gutgläubigen Erwerbs von gesetzlichen Besitzpfandrechten (speziell des Werkunternehmerpfandrechts) verneint hat (dazu später mehr); daher bietet ein rechtsgeschäftlich bestelltes Pfandrecht zum *Beispiel* in den Fällen, in denen z. B. das zur Reparatur gegebene Fahrzeug nicht dem Besteller gehört, weil es unter Eigentumsvorbehalt erworben worden ist oder weil es einem Sicherungsnehmer zur Sicherung übereignet worden ist, wegen der Möglichkeit eines gutgläubigen Erwerbes eine Lösung für das Sicherungsbedürfnis des Werkunternehmers im Kraftfahrzeugreparaturgewerbe.

Zu beachten ist, dass die **Anforderungen an den guten Glauben** in § 1207 BGB nach der Rechtsprechung in tatsächlicher Hinsicht geringer sind als beim Erwerb des Eigentums nach §§ 932 ff. BGB:

Selbst ohne Vorlage der Zulassungsbescheinigung Teil II (Kfz-Brief) kann ein Pfandrecht an einem Kraftfahrzeug erworben werden, auch wenn der Verpfänder nicht der Eigentümer ist. Nach Sicherungsübereignungen muss nicht gefragt werden.

Man erkennt sofort, dass die Rechtsprechung hiermit einen Weg gebahnt hat für die Sicherung der Werklohnforderungen von Kfz-Werkstätten, die sich an dem Kfz ein Pfandrecht bestellen lassen; denn bei Erteilung eines Reparaturauftrags liegt der bekanntlich im Tresor verwahrte Kfz-Brief meist nicht vor.

ee) Gesetzliches Schuldverhältnis zwischen dem Verpfänder und dem Pfandgläubiger

Durch die **Verpfändung** entsteht ein **gesetzliches Schuldverhältnis** zwischen dem **Verpfänder** und dem **Pfandgläubiger**.

(a) Hieraus treffen den **Pfandgläubiger** diverse **Pflichten**. Er muss die Sache verwahren, pfleglich behandeln und drohenden Verderb anzeigen (§§ 1215, 1217, 1218 BGB). Für Klausuren sind diese sich aus dem gesetzlichen Schuldverhältnis zwischen dem Verpfänder und dem Pfandgläubiger bestehenden Rechte und Pflichten nicht allzu bedeutsam.

(aa) Wohl aber sollte man als mögliche Anspruchsgrundlage im Auge haben den **Anspruch** des **Verpfänders gegen** den **Pfandgläubiger** auf **Herausgabe** der verpfändeten **Sache** oder des dem Pfandgläubiger nicht gebührenden **Erlöses** (§ 1247 S. 2 BGB), wenn das Pfandrecht erloschen ist **(§ 1223 Abs. 1 BGB)**, wobei der Regelfall des Erlöschens der Pfandverkauf (§ 1242 BGB) und die Tilgung der Forderung ist (§ 1252 BGB). Dieses Erlöschen durch Tilgung der Forderung kann der Verpfänder, wenn er nicht zugleich der Schuldner ist, durch eine Befriedigung des Gläubigers herbeiführen (§ 1223 Abs. 2 BGB), die auch durch Aufrechnung und durch Hinterlegung erfolgen kann (§ 1224 BGB). Dies gilt auch, wenn der Verpfänder nicht der Eigentümer ist oder er kein Recht zum Besitz gegenüber dem Eigentümer hat. Wir nennen so etwas ein **„Ablösungsrecht"**, hier das eines Verpfänders. Wir werden noch weitere Ablösungsrechte kennenlernen (z. B. das des § 1142 BGB). Warum waren diese Vorschriften der §§ 1223 Abs. 2, 1224 BGB eigentlich nötig? Schließlich kann der Verpfänder doch die Forderung erfüllen. Das ist zu kurz gedacht. Denn der Verpfänder ist zwar häufig, aber nicht notwendigerweise identisch mit dem Schuldner, sondern hat zuweilen eine „bürgenähnliche" Stellung, indem er eine fremde Schuld sichert. Außerdem – und das betrifft § 1224 BGB – setzte die Aufrechnung eine „Gegenseitigkeit" voraus, auf die hier vom Gesetzgeber bewusst verzichtet wird. Ergänzt wird dieses Ablösungsrecht des nicht mit dem Schuldner (und zuweilen auch nicht mit dem Eigentümer) identischen Verpfänders durch die Anordnung eines **Regresses nach § 1225 BGB**: Hiernach geht im Fall der Ablösung die gesicherte Forderung auf den nicht mit dem Schuldner identischen Verpfänder im Wege der cessio legis über (§§ 1225, 412, 399 ff. BGB), und zwar nach §§ 401, 1250 BGB mitsamt dem Pfandrecht. Weitere Frage: Warum waren §§ 1223 Abs. 2, 1224, 1225 BGB trotz des offenbar identischen § 268 BGB nötig? Hier geht es nicht um eine drohende Zwangsvollstreckung durch den Gläubiger, wie es § 268 BGB voraussetzt.

Bei einer **Identität** von **Verpfänder** und **Eigentümer** konkurriert dieser Anspruch aus § 1223 Abs. 1 BGB mit dem Anspruch aus **§§ 985, 986 BGB**, denn wenn die Forderung getilgt wird, erlischt auch das Pfandrecht (§ 1252 BGB) und damit entfällt das Recht des Verpfänders zum Besitz.

(bb) Der mit dem **Verpfänder nicht identische Eigentümer** kann **Herausgabe** nur aus **§ 985 BGB** verlangen, also **nicht** aus **§ 1223 Abs. 1 BGB**.

(cc) Der **Schuldner**, der **nicht Verpfänder** ist, hat gar keinen Anspruch auf Herausgabe des Pfandes.

(b) Umgekehrt **treffen** den **Verpfänder Pflichten**; z. B. muss er dem Pfandgläubiger dessen Verwendungen ersetzen (§ 1216 BGB).

### b) Das gesetzliche Pfandrecht

Die gesetzlichen Pfandrechte (§§ 562, 647, 704 BGB, 397, 441, 464, 475b HGB) entstehen kraft Gesetzes. Man unterscheidet

- gesetzliche **besitzlose** (durch „Einbringen" entstandene) **Pfandrechte** des Vermieters und des Gastwirts nach §§ 562, 704 BGB
- und die gesetzlichen **Besitzpfandrechte** (das Werkunternehmerpfandrecht nach § 647 BGB und die HGB-Pfandrechte in §§ 397, 441, 464, 475b HGB; Sie sollten diese Vorschriften schon deshalb lesen, um sich wieder einmal daran zu erinnern, welche Arten von Handelsgeschäften außer dem Handelskauf das HGB typisiert hat).

Zur Frage, welche Vorschriften denn nun auf das gesetzliche Pfandrecht anwendbar sind, heißt es in **§ 1257 BGB**, dass die Vorschriften über das Vertragspfandrecht entsprechend angewendet werden sollen. Der **§ 1257 BGB** ist aber eine besonders „heimtückische" Norm, denn es heißt dort – und man muss sehr genau lesen! –, dass (nur) das **„entstandene" gesetzliche Pfandrecht** den Vorschriften über das Vertragspfandrecht folgt; daraus ergibt sich, dass die **Entstehung des gesetzlichen Pfandrechts eigenen Regeln** folgt. Das scheint zunächst eine „Binsenweisheit" zu sein, wissen wir doch, dass sich die Entstehung nicht nach §§ 1204–1207 BGB richtet, sondern nach den §§ 562, 647, 704 BGB, §§ 397, 441, 464, 475b HGB. Aber: lesen Sie nur den nächsten Satz, und Sie merken, wo die Falle auf Sie lauert! Im **HGB** ist der gutgläubige Erwerb gesetzlicher Pfandrechte nach § 366 Abs. 3 HGB möglich. Im BGB hingegen ist wegen der Formulierung des § 1257 BGB ein **gutgläubiger Erwerb** von **gesetzlichen Pfandrechten** ausgeschlossen. Denn – lesen Sie die Vorschrift des § 1257 BGB noch einmal – der § 1257 BGB erklärt die §§ 1204 ff. BGB **nur „auf ein kraft Gesetzes entstandenes Pfandrecht"** für entsprechend anwendbar, so dass diejenigen Vorschriften des Vertragspfandrechts, die sich mit der Entstehung des Pfandrechts befassen, also auch § 1207 BGB, nicht anwendbar sind! Diese radikale Entscheidung des Gesetzgebers wird unwidersprochen hingenommen für die **besitzlosen Pfandrechte** (§§ 562, 704 BGB). Beim **Besitzpfandrecht** des Werkunternehmers (§ 647 BGB) stellt sich allerdings wegen der Rechtsgeschäftsähnlichkeit der Entstehung die bis heute **heiß umstrittene** (und daher auch in Klausuren immer wieder „abgefragte") **Problematik** der Möglichkeit einer **analogen Anwendung des § 1207 BGB**.

**Fall 575**

Unternehmer V verkauft und übereignet dem Unternehmer K ein ihm gehöriges Auto unter Vereinbarung eines Eigentumsvorbehalts. Der K bringt es auf einer Reise wegen eines nach den Vereinbarungen im Kaufvertrag von K zur Erhaltung der Kaufsache zu behebenden Verschleißschadens zu einer Reparatur in die Werkstatt des U, der den K für den Eigentümer hält. Der U stellt den Wagen wieder her. Unversehens gerät der K in Vermögensverfall. Daher zahlt er an den U keinen Werklohn und holt den Wagen auch nicht ab. Auch den fälligen Restkaufpreis entrichtet er trotz Fälligkeit und Mahnung des V nicht, so dass der V nach § 323 BGB vom Vertrag zurücktritt. Jetzt verlangt der V den Wagen von U heraus (nach BGH).

Der Anspruch kann sich aus § 985 BGB ergeben. a) Der V ist Eigentümer des Autos. b) Der U ist Besitzer des Wagens. c) Fraglich ist, ob der U ein Recht zum

Besitz hat (§ 986 BGB). aa) Ein Recht zum Besitz aaa) aus § 986 Abs. 1 S. 1 Var. 2 BGB aufgrund eines abgeleiteten Rechts zum Besitz hat der U nicht, da das Recht zum Besitz des K gegenüber dem V aus dem Kaufvertrag, von dem der U sein Recht ableiten könnte, wegen des wirksamen Rücktritts des V (§ 323 Abs. 1 BGB) erloschen ist. bbb) In Betracht kommt aber ein eigenes Recht zum Besitz des U aus §§ 986 Abs. 1 S. 1 Var. 1, 647 BGB aufgrund eines Werkunternehmerpfandrechts an dem Auto (arge. § 1227 BGB), aaaa) und zwar an dem Anwartschaftsrecht des K. An dem Anwartschaftsrecht des K, das ja als „wesensgleiches minus des Vollrechts" wie das Eigentum behandelt wird, könnte in der Tat aufgrund eines zwischen dem K und dem U geschlossenen Werkvertrages und der Besitzerlangung des U nach § 647 BGB ein Werkunternehmerpfandrecht entstanden sein, und dies könnte auch gegenüber dem Eigentümer V ein eigenes Recht zum Besitz des U begründen. Die hiermit aufgeworfenen Fragen brauchen jedoch nicht weiter erörtert zu werden, weil das Werkunternehmerpfandrecht, selbst wenn es entstanden wäre, aufgrund des Rücktritts des V, der das Anwartschaftsrecht untergehen ließ, erloschen wäre. bbbb) Fraglich ist, ob das Pfandrecht das Eigentum des V belastet und dem U deshalb ein eigenes Recht zum Besitz gibt (arge. § 1227 BGB). aaaaa) Das wäre der Fall, wenn der Werkvertrag zwischen V und U geschlossen wäre. Das aber muss verneint werden, weil aaaaaa) der K in eigenem Namen gehandelt hat bbbbbb) und es eine u. U. in dem Kaufvertrag, durch den K zur Reparatur verpflichtet wurde, liegende „Verpflichtungsermächtigung" zum Abschluss von Werkverträgen zwischen V und Werkunternehmern zum Zwecke der vom Verkäufer geschuldeten Beseitigung von Mängeln der Kaufsache als Institut nach ganz h.M. deshalb nicht gibt, weil V sonst auch zur Zahlung des Werklohnes verpflichtet werden könnte, was mit den Grundsätzen des Vertretungsrechts nicht vereinbar ist. bbbbb) Die Verpflichtung zur Reparatur könnte aber nach §§ 183, 185 Abs. 1 BGB dem verfügungsähnlichen Tatbestand des § 647 BGB zur Wirksamkeit verhelfen (Medicus). ccccc) Lehnt man dies ab, so ist weiter zu erörtern, ob der U ein Werkunternehmerpfandrecht am Eigentum des V deshalb gutgläubig erworben hat, weil er den K für den Eigentümer hielt (§§ 647, 1207, 932 BGB). aaaaaa) Nach § 1257 BGB finden auf das gesetzliche Pfandrecht, also auch auf § 647 BGB, die Vorschriften über das Vertragspfandrecht entsprechende Anwendung, aber nur für das bereits „entstandene" Pfandrecht, und nicht für den Entstehungstatbestand, also auch nicht der § 1207 BGB. bbbbbb) Möglich bleibt aber immer noch eine analoge Anwendung des §§ 647, 1207, 932 BGB. Man ist sich einig, dass bei den gesetzlichen Pfandrechten, die lediglich durch eine „Einbringung" der Sache (§§ 562, 704 BGB) entstehen, ein gutgläubiger Erwerb nach §§ 1207, 932 BGB analog ausgeschlossen ist; diskutabel ist die aufgeworfene Frage aber bei einem gesetzlichen Pfandrecht, das eine „Übergabe" voraussetzt, also auch bei § 647 BGB. aaaaaaa) Das wird z.Tl. aus folgenden Gründen befürwortet: Es soll eine gesetzliche Lücke bestehen. Diese sei zum Ausgleich des Kreditrisikos des Unternehmers (er leistet vor!) zu schließen. Es wäre eine verfassungswidrige Ungleichbehandlung (Art. 3 GG), würde man den Werkunternehmer schlechter stellen als den Kommissionär pp. in § 366 Abs. 3 HGB. Ferner soll § 366

Abs. 3 HGB für die Analogie sprechen: § 366 HGB sei eine bloße Erweiterung des Gutglaubensschutzes des BGB auf die Fälle des guten Glaubens an die Verfügungsbefugnis, setze also die Anerkennung des Schutzes des guten Glaubens an das Eigentum durch das BGB gedanklich voraus; wenn also im HGB die Möglichkeit des gutgläubigen Erwerbs der gesetzlichen HGB-Pfandrechte für den Fall des guten Glaubens an die Verfügungsbefugnis geregelt sei, setze dies gedanklich einen bereits im BGB geregelten Schutz des guten Glaubens an das Eigentum bei gesetzlichen BGB-Besitzpfandrechten voraus. Die Analogie zu § 1207 BGB soll auch systematisch möglich sein, weil der Abschluss des Werkvertrags und die Übergabe der Sache eine innere Verwandtschaft zur Verpfändung durch Einigung und Übergabe aufweise und speziell das Werkunternehmerpfandrecht in Wahrheit ein gesetzlich typisiertes rechtsgeschäftliches Pfandrecht sei. Danach hätte der U ein eigenes Recht zum Besitz aus §§ 986 Abs. 1 S. 1 Var. 1, 647, 1207 BGB. bbbbbbb) Der BGH und die h.L. lehnen den gutgläubigen Erwerb dagegen ab. Sie entnehmen dem § 366 Abs. 3 HGB keine Erweiterung des Gutglaubensschutzes für bestimmte Pfandrechte, es handele sich insgesamt um eine handelsrechtliche Sonderregelung. § 647 BGB sei auch kein typisiertes Vertragspfandrecht. Eine Parallele zwischen Werkvertrag und Einigung i. S. d. § 1204 BGB bestehe nicht. Danach soll also ein eigenes Recht zum Besitz des U aus §§ 986 Abs. 1 S. 1, 1207 BGB ausscheiden. d) Wer ein Recht zum Besitz (§ 986 BGB) verneint, muss prüfen ob dem U ein Herausgabeverweigerungsrecht zusteht. aa) Möglich ist ein Zurückbehaltungsrecht des U aus §§ 677, 683 S. 1, 670, 273 BGB, wenn die Herbeiführung der Reparatur des Wagens die Führung eines Geschäftes auch für den V wäre; das ist aber angesichts der Vorstellung des U, mit dem ihn beauftragenden K den Eigentümer vor sich zu haben, abzulehnen. bb) In Betracht kommt aber ein dem Anspruch aus § 985 BGB entgegenstehendes Herausgabeverweigerungsrecht des U nach §§ 994 Abs. 1 S. 1, 1000 BGB: aaa) Fraglich ist jedoch, ob überhaupt ein Eigentümer-Besitzer-Verhältnis bestand. aaaa) Das wäre nicht der Fall, aaaaa) wenn man der Lehre vom Vorrang des Vertragsverhältnisses folgt, bbbbb) nach anderer Ansicht im 3-Personen-Verhältnis ausnahmsweise aber doch. bbb) Aber auch dann, wenn man mit der vorgenannten Ansicht oder mit der h.M. auch bei Vertragsverhältnissen eine Vindikationslage für denkbar hält, ist deren Relevanz hier zweifelhaft, denn aaaa) z.Zt.. der Verwendungen besaß der U die Sache aufgrund eines abgeleiteten Besitzrechts im Verhältnis zu V rechtmäßig (§§ 986 Abs. 1 S. 1 Var. 2, 433 Abs. 1, 631 BGB); bbbb) unrechtmäßig besaß der U die Sache erst aufgrund des späteren Rücktritts des V vom Kaufvertrag, also z.Zt. des Herausgabeverlangens des V, was aber nach dem BGH ausreichen soll, denn sonst würde der rechtmäßige Besitzer, der sein Besitzrecht später verliert, hinsichtlich eines Verwendungsersatzanspruchs schlechter behandelt als derjenige, der nie ein Besitzrecht besaß, dies allerdings nicht, wenn Abreden zwischen dem Verwendungsersatz geltend machenden Besitzer und dem Besitzmittler einen solchen Anspruch ausschließen, was hier nicht der Fall ist, weil der Werkvertrag geschlossen wurde, aus dem Vergütung verlangt werden kann. ccc) Demgegenüber wird eingewandt, dass der Verwendungsersatz machende Besitzer durch das zufällige Auseinanderfallen von Oberbesitzer und Eigentümer besser gestellt wird als bei einet Zweierbeziehung. ddd) Folgt man dennoch weiterhin dem BGH, so ist davon auszugehen, dass der U gutgläubig und unverklagt war, so dass ein Anspruch aus § 994 Abs. 1 S. 1 BGB vorstellbar wäre. eee) Zweifelhaft ist aber weiter, aaaa) ob es sich überhaupt um „Verwendungen" gehandelt hat. aaaaa) Nach einer Ansicht sei dies nicht der Fall, da das Vorliegen von Verwendungen bei einer vertraglich geschuldeten Leistung begrifflich ausscheiden müsste, bbbbb) dagegen soll nach h.M. eine notwendige Verwendung vorliegen, bbbb) wobei allerdings fraglich ist, wer Verwender ist: aaaaa) nach dem BGH ist es der U, bbbbb) nach a. A. dagegen der K, weil er den Verwendungsvorgang auf eigene Rechnung veranlasst habe und ihn auch steuere (Medicus). Folgt man dem BGH „bis zum bitteren Ende", hätte der U nach §§ 994 Abs. 1 S. 1, 1000 BGB ein Herausgabeverweigerungsrecht.

(Sie wissen ja bereits, dass die Werkunternehmer, speziell die des Kfz-Reparaturhandwerks, inzwischen „kein Risiko" mehr eingehen – denn ob die zweifelhafte BGH-Rechtsprechung, die zuletzt im Jahre 2014 noch einmal bestätigt wurde, Bestand haben wird, kann man bezweifeln – und sich die Sache in der Regel formularmäßig durch den Besteller verpfänden lassen, so dass ggf. § 1207 BGB unmittelbar angewendet werden kann. Derartige AGB-Klauseln werden von der h.M. für zulässig gehalten, auch wenn sie letztlich nur für bestellerfremde Sachen Anwendung finden können.)

Dieser Fall sollte Ihnen in allen „seinen Verästelungen" ganz vertraut sein. Er gehört – wie gesagt – in Variationen zum **Fundus der Prüfungsämter**!

Wie bei der Verpfändung besteht auch beim gesetzlichen Pfandrecht ein **gesetzliches Schuldverhältnis zwischen** dem **Eigentümer und** dem **Pfandgläubiger**, so dass auf vorstehenden Ausführungen **sub a) ee)** dazu verwiesen werden kann. Die Verwahrungspflicht aus § 1215 BGB besteht beim besitzlosen Pfandrecht aber natürlich erst ab Inbesitznahme.

### c) Erwerb und Verlust des Pfandrechts durch Abtretung bzw. durch cessio legis

Die **Übertragung** des **Pfandrechts** erfolgt aufgrund des „Akzessorietätsverhältnisses" **durch** die rechtsgeschäftliche (§§ 398 ff. BGB) oder gesetzliche (z. B. §§ 774, 412, 399 ff. BGB) **Übertragung** der **gesicherten Forderung**, denn „mit der Übertragung der Forderung geht das Pfandrecht auf den neuen Gläubiger über" (§ 1250 Abs. 1 S. 1 BGB). Die Pfandsache muss nicht an den Zessionar übergeben werden; der Zessionar kann aber vom Gläubiger und Zedenten die Herausgabe verlangen (§ 1251 Abs. 1 BGB).

Es gibt Fallkonstellationen, in denen eine zu sichernde Forderung besteht, aber die Pfandrechtsbestellung unwirksam ist, weil z. B. ein Nichteigentümer an einen bösgläubigen Gläubiger verpfändet hat, so dass § 1207 BGB nicht eingreift. Wird jetzt die Forderung abgetreten, so stellt sich die Frage, ob jedenfalls ein **gutgläubiger Zweit-Erwerb des Pfandrechts** möglich ist.

**Fall 576**

Der S verpfändet einen von E geliehenen Computer an seinen bösgläubigen Gläubiger G zur Sicherung einer Darlehensforderung. Der G tritt nunmehr seine Darlehensforderung an den hinsichtlich eines Pfandrechts des G gutgläubigen Z ab und übergibt dem Z auch den Computer. Als der E von dem Z Herausgabe verlangt, beruft der Z sich auf sein Pfandrecht als Recht zum Besitz (nach Kropholler).

Der E könnte nach § 985 BGB Herausgabe verlangen. a) Der E ist Eigentümer, b) der Z Besitzer. c) Fraglich ist, ob Z ein Recht zum Besitz hat (§ 986 Abs. 1 BGB). Wäre er Inhaber des Pfandrechts hätte er ein Recht zum Besitz (arge. § 1227 BGB). aa) Der Z könnte das Pfandrecht von G nach §§ 488 Abs. 1 S. 2, 398, 401, 1250 BGB erworben haben. Der G aber hatte wegen seiner Bösgläubigkeit kein Pfandrecht (im Wege des gutgläubigen „Ersterwerbs") an der Sache erworben (§§ 1207, 932 Abs. 2 BGB). bb) Fraglich ist, ob der gutgläubige Z das Pfandrecht von G erworben hat. aaa) Es gibt keine gesetzliche Regelung zur Ermöglichung eines gutgläubigen „Zweiterwerbs" eines Pfandrechts. bbb) Zu denken wäre aber an eine analoge Anwendung des § 1250 BGB. Dagegen spricht aber entscheidend, dass es bei einem Erwerb nach § 1250 BGB an einem für jeden gutgläubigen Erwerb konstitutiven Rechtsscheintatbestand fehlt: Die (hier durch die Übergabe an Z erfolgte) Besitzverschaffung begründet diesen Rechtsschein nicht, weil die Übergabe nicht zum Übertragungstatbestand des § 1250 Abs. 1 BGB gehört (arge. § 1251 Abs. 1 BGB).

Das Pfandrecht kann auch durch **cessio legis** auf eine andere Person übergehen. Die maßgebliche Fallkonstellation kennen Sie bereits: Wenn ein nicht mit dem Schuldner identischer („bürgenähnlicher) Verpfänder privilegiert durch ein ihm zustehendes Ablösungsrecht (§§ 1223 Abs. 2, 1224 BGB) die Forderung tilgt, so erlischt die Forderung nicht wie sonst nach § 1252 BGB, sondern geht mitsamt dem Pfandrecht auf den Verpfänder über (§§ 1225, 412, 401, 1250 BGB).

Eingedenk des Themas (sub III: „Erwerb und Verlust von Sicherungsrechten an beweglichen Sachen") wollen wir uns klarmachen, dass der soeben dargestellte **Erwerb** eines **Pfandrechts** durch **Abtretung** bzw. durch **„cessio legis"** immer **zugleich** auch ein **Verlust** desselben für den Zedenten darstellt.

### d) Verlust des Pfandrechts

Nachdem Sie jetzt wissen, wie man das Pfandrecht an beweglichen Sachen erwirbt, nämlich durch rechtsgeschäftliche Bestellung **(sub a))** oder kraft Gesetzes **(sub b))** und dass man es durch Abtretung erwerben kann **(sub c)),** geht es **jetzt** um die Frage des **Verlusts des Pfandrechts**.

Kurz zuvor hatten wir uns klargemacht, dass man spiegelbildlich zum Erwerb ein **Pfandrecht verlieren** kann **durch Abtretung** bzw. **durch cessio legis (sub c))**. Dazu bedarf es keines weiteren Wortes mehr.

Viel bedeutsamer ist der **Verlust des Pfandrechts** durch **Erlöschen**, nämlich durch **Erlöschen** der **Forderung (sub aa))**, durch **Übertragung ohne** die **Forderung (sub bb))**, durch **Konsolidation (sub cc))**, durch **Pfandverkauf (sub dd))** und durch **lastenfreien Erwerb (sub ee))**.

#### aa) Erlöschen des Pfandrechts durch Erlöschen der Forderung (§ 1252 BGB)

Dass das **Pfandrecht erlischt**, **wenn** die **Forderung erlischt**, ergibt sich aus **§ 1252 BGB**. Die Tilgung kann erfolgen nach § 362 BGB entweder durch den Schuldner oder durch einen Dritten (§ 267 BGB).

Wenn der **Dritte zugleich** der **Verpfänder** ist, so führt seine durch ein Ablösungsrecht privilegierte (§§ 1223 Abs. 2, 1224 BGB) Tilgung **allerdings nicht** zum **Erlöschen** des **Pfandrechts**, sondern zu einem **Forderungsübergang mitsamt** dem **Pfandrecht auf** den **Verpfänder (§§ 1225, 401, 1250 BGB)**.

Wir nutzen diese Gelegenheit der Befassung mit § 1225 BGB zu einem **Exkurs** und wiederholen eine Ihnen bereits bekannte Fallkonstellation mit einer **Konkurrenz („Wettlauf" genannt)** der **Sicherungsgeber**. Stellen Sie sich das *Beispiel* vor, bei dem eine Darlehensforderung des G gegen S aus § 488 Abs. 1 S. 2 BGB nicht nur durch das durch einen nicht mit dem Schuldner identischen Verpfänder V zugunsten des G bestellte Pfandrecht, sondern auch durch eine Bürgschaft des B gesichert wird. Bei Fälligkeit der Forderung würde der Sicherungsgeber (P/B), der zuerst an den Gläubiger leistet, im Wege der „cessio legis" die Forderung des G gegen S mitsamt dem Sicherungsrecht des jeweils anderen Sicherungsgebers erlangen. Wieso? Wenn V als erster zahlt bzw. den Gläubiger nach § 1224 BGB befriedigt, so ginge die Forderung des G gegen S mitsamt dem Anspruch gegen den B auf ihn über (§§ 1225, 412, 401, 1250 BGB). Wenn der B als erster zahlt, so ginge die Forderung des G gegen S mitsamt dem Anspruch gegen den B auf ihn über (§§ 774, 412, 401 BGB). Es würde also ein „Wettlauf" der Sicherungsgeber einsetzen, der zu Zufallsergebnissen führen würde. Die Lösung dieses „klassischen" (Klausur-) Problems ist die einer analogen Anwendung des § 426 BGB. Was bedeutet das? Sie haben darüber bereits einiges gelesen und werden später mehr dazu erfahren.

#### bb) Erlöschen des Pfandrechts durch Übertragung ohne Forderung (§ 1250 Abs. 2 BGB)

Dass ein Pfandrecht nicht „isoliert", also nicht „ohne die Forderung" übertragen werden kann, versteht sich von selbst, ist aber „sicherheitshalber" vom Gesetz ausdrücklich geregelt worden (§ 1250 Abs. 1 S. 2 BGB). Wie nennen wir dieses Phänomen eigentlich? „Akzessorietät"!

Die Überraschung ist, dass der Übergang des Pfandrechts auf den Zessionar nicht zwingenden Rechts ist: „Wird bei der Übertragung der Forderung der Übergang des Pfandrechts ausgeschlossen, so erlischt das Pfandrecht" **(§ 1250 Abs. 2 BGB)**. Dass dies nicht die einzig mögliche Lösung dieser Frage ist, zeigt sich beim Grundpfandrecht (lesen Sie doch schon einmal § 1153 Abs. 2 BGB).

#### cc) Erlöschen des Pfandrechts durch Konsolidation (§ 1256 Abs. 1 S. 1 BGB)

Wenn das Eigentum und das Pfandrecht in einer Person zusammenfällt, erlischt das Pfandrecht **(§ 1256 Abs. 1 S. 1 BGB)**. Wann ist das der Fall? Wenn zum

*Beispiel* der Eigentümer der verpfändeten Sache aufgrund seines Ablösungsrechts aus 1249 BGB den Pfandgläubiger befriedigt, so geht so geht nach §§ 1249, 268 Abs. 3 BGB die Forderung auf ihn über und damit nach § 1250 Abs. 1 S. 1 BGB das Pfandrecht. Es erlischt, weil es – anders als bei der Hypothek, wie Sie alsbald lernen werden – kein Eigentümerpfandrecht gibt. Ein anderes, aber wohl nur theoretisches *Beispiel* wäre die Beerbung des Pfandgläubigers durch den Eigentümer et vice versa (§ 1922 BGB). Nur wenn der Eigentümer ein rechtliches Interesse am Fortbestehen des Pfandrechts hat, weil er z. B. die Forderung mit dem Pfandrecht weiter übertragen will, bleibt das Pfandrecht bestehen.

dd) Erlöschen des Pfandrechts durch Pfandverkauf (§ 1242 Abs. 2 S. 1 BGB und § 1244 BGB)

Jetzt greifen wir ein wenig vor, denn mit der Verwertung der Sicherungsrechte und damit auch des Pfandrechts beschäftigen wir uns nach dem Plan dieses Buches erst später **(sub D V)**. Wegen des § 1242 Abs. 2 S. 1 BGB führt aber kein Weg daran vorbei, schon jetzt darauf kurz einzugehen.

Bei Fälligkeit der gesicherten Forderung ist auch die „Pfandreife" gegeben (§ 1228 Abs. 2 BGB). Begrenzt durch die Höhe der Geldforderung (§ 1210 BGB) verwertet der Pfandgläubiger das Pfand an der beweglichen Sache durch Verkauf, und zwar grundsätzlich im Wege der öffentlichen Versteigerung (§ 1235 Abs. 1 BGB). Der Erlös „gebührt dem Pfandgläubiger" (§ 1247 S. 1 BGB). Im Übrigen tritt er an die Stelle des Pfandes (§ 1247 S. 2 BGB: dingliche Surrogation) und kann vom Verpfänder nach § 1223 Abs. 1 BGB bzw. vom Eigentümer aus § 985 BGB herausverlangt werden.

Bei Beachtung der Rechtmäßigkeitsvorschriften für den Pfandverkauf (§ 1243 Abs. 1 BGB) wird der Erwerber Eigentümer, und das Pfandrecht erlischt **(§ 1242 Abs. 2 S. 1 BGB)**.

Das Pfandrecht erlischt aber auch bei i. S. d. § 1243 Abs. 1 BGB unrechtmäßigem Pfandverkauf, wenn der Erwerber gutgläubig war **(§ 1244 BGB)**.

ee) Erlöschen des Pfandrechts durch rechtsgeschäftlichen gutgläubig lastenfreien Erwerb (§ 936 BGB)und durch gesetzlichen lastenfreien Erwerb

Wird eine mit einem Pfandrecht belastete Sache übereignet, erlangt der Erwerber das Eigentum mit der Belastung. Sie wissen aber inzwischen, dass ein Erwerber des Eigentums, der hinsichtlich der Belastung gutgläubig ist, das Eigentum an der Sache „gutgläubig lastenfrei" erwerben kann **(§ 936 BGB)**.

**Fall 577**

Der B gibt sein Auto in die Werkstatt des U und bestellt diesem zur Sicherung der Werklohnforderung durch Verpfändung (also rechtsgeschäftlich) ein Pfandrecht nach §§ 1204, 1205 Abs. 1 S. 1 BGB. Während der Reparaturzeit veräußert der B das Auto an den K und übereignet es ihm nach §§ 929, 931 BGB durch Abtretung des Anspruchs aus dem Werkvertrag (§ 631 BGB). Der K weiß nichts von dem Pfandrecht und hätte auch von dem Pfandrecht nichts wissen müssen, weil er den Werklohn für bezahlt hält und keinen Anlass hatte, das zu bezweifeln. Der K verlangt von dem U Herausgabe.

Der Anspruch könnte sich aus § 985 BGB ergeben. a) Der U ist Besitzer, b) der K ist neuer Eigentümer des Autos (§§ 929, 931 BGB). c) Der U könnte ein Recht zum Besitz aus dem Pfandrecht haben. aa) Dem U stand ein Pfandrecht zu (§ 1204 BGB und nicht aus § 647 BGB). bb) Dies könnte nach § 936 Abs. 1 S. 1, 3, Abs. 2 BGB erloschen sein. cc) Das Pfandrecht stand aber dem dritten Besitzer (U) zu; daher ist es auch gegenüber dem gutgläubigen Erwerber K nicht erloschen (§ 936 Abs. 3 BGB). (Warum haben wir eigentlich nicht auf § 986 Abs. 2 abgestellt? Dort geht es um obligatorische Rechte zum Besitz!).

Auch **kraft Gesetzes** kann man **lastenfrei** erwerben, so dass evtl. bestehende Pfandrechte erlöschen. Lesen Sie dazu: **§ 945 BGB** (Ersitzung), **§ 949 BGB** (Verbindung, Vermischung) und **§ 950 Abs. 2 BGB** (Verarbeitung).

## 2. Die Sicherungsübereignung

Sie wissen ja schon lange, dass die **Sicherungsübereignung** ein durch **Rechtsfortbildung** entwickeltes Institut ist.
Auch der Grund für diese Rechtsfortbildung ist Ihnen bekannt: Das **Gesetz** hat sich

> Der Sicherungsgeber übereignet (in aller Regel nach §§ 929 S. 1, 930 BGB) zum Zwecke der Sicherung einer Forderung dem Gläubiger als dem Sicherungsnehmer eine bewegliche Sache. Der Sicherungsnehmer kann dann im Verwertungsfall diese Sache vom Sicherungsgeber nach Maßgabe des Sicherungsvertrages herausverlangen und verwerten.

für eine Sicherung von Forderungen durch Sicherungsrechte an beweglichen Sachen als wenig brauchbar und damit als **lückenhaft** erwiesen.
Die **Sicherungsübereignung schließt** diese **Lücke** wie folgt:

> Das vom Gesetz vorgesehene Sicherungsinstitut des Pfandrechts an beweglichen Sachen entspricht i. d. R. nicht der Interessenlage der Parteien. Bei der Verpfändung muss die Sache dem Sicherungsnehmer übergeben werden (die §§ 1204 ff. BGB kennen kein „besitzloses Pfandrecht"; das Übergabesurrogat des § 930 BGB ist nicht vorgesehen). Das ist aus der Sicht des Sicherungsnehmers nicht nur lästig, sondern auch wirtschaftlich sinnlos, weil die Sache – befindet sie sich im Besitz des Sicherungsnehmers – vom Sicherungsgeber nicht wirtschaftlich sinnvoll genutzt werden kann und daher mit ihr nicht das Geld verdient werden kann, das nach den Vorstellungen des Gläubigers und Sicherungsnehmers zur Tilgung der gesicherten Schuld und zur Zahlung der geschuldeten Zinsen eingesetzt werden soll. Auch kann bei einem Besitzpfandrecht dem Wunsch des Sicherungsgebers nach „Heimlichkeit" der Kreditsicherung nicht entsprochen werden: „Alle Welt weiß" bei einer

Verpfändung, dass der Schuldner, der ja i. d. R. mit dem Sicherungsgeber identisch ist, einen Kreditbedarf hatte, und das kann sich mittelbar negativ auf seine sonstige „Kreditwürdigkeit" auswirken. Über die „Seriosität" dieses Aspekts kann sich jeder selbst seine Gedanken machen.

- Sie erfüllt den Wunsch des **Sicherungsgebers** (der – wie gesagt i. d. R. identisch ist mit dem Schuldner) nach einer **„Heimlichkeit"** der Kreditsicherung; weiterhin bietet sie **Sicherheit in** der **Einzelzwangsvollstreckung** von **Gläubigern** des **Sicherungsnehmer** durch §§ 766 und 771 ZPO und in der **Insolvenz** des **Sicherungsnehmers** abhängig vom Status der gesicherten Forderung durch ein Aussonderungsrecht (§ 47 InsO); es ist zu hoffen, dass Sie die mehrfach gründlich erörterten Einzelheiten hierzu noch erinnern. Schließlich hat der Sicherungsgeber die **Möglichkeit** der weiteren **wirtschaftlichen Nutzung** des Sicherungsgutes, an der er ein virulentes Interesse hat.
- Es entspricht auch dem Interesse des **Sicherungsnehmers**, dass das Sicherungsgut im unmittelbaren Besitz des Sicherungsgebers verbleibt und daher durch den Sicherungsgeber wirtschaftlich optimal genutzt werden kann. Ferner genießt der Sicherungsnehmer **Sicherheit** bei einer **Einzelzwangsvollstreckung d**urch **andere Gläubiger** des **Sicherungsgebers** in das Sicherungsgut durch eine mit dem (Sicherungs-) Eigentum als ein „die Veräußerung hinderndes Recht" begründbaren Drittwiderspruchsklage (§ 771 ZPO); und er hat eine **Vorzugsstellung gegenüber** anderen **Gläubigern** des Sicherungsgebers in der **Insolvenz** des **Sicherungsgebers** durch ein **Absonderungsrecht** (§§ 50, 51 Nr. 1 InsO). Auch insoweit ist zu hoffen, dass Sie die vielfach erörterten Einzelheiten hierzu noch erinnern.
- Im Interesse des Sicherungsgebers und des Sicherungsnehmers liegt es, dass die Frage der **Verwertung** durch Parteivereinbarung abweichend von den Regeln des Pfandverkaufs frei gestaltet werden kann.

Das **Institut** der **Sicherungsübereignung** ist heute **gewohnheitsrechtlich anerkannt** (und in § 216 Abs. 2 BGB erwähnt). Es hat folgende **konstruktive Elemente**:

- Der Sicherungsnehmer hat als Gläubiger gegen einen Schuldner eine (wegen der Nichtgeltung des Akzessorietätsprinzips nicht begriffsnotwendige, aber rechtstatsächlich stets gegebene) **Forderung**, die in aller **Regel** eine **Geldforderung** ist (z. B. aus § 433 Abs. 2, 488 Abs. 1 S. 2 BGB).
- Der Sicherungsgeber (i. d. R. der Schuldner) **übereignet** – meist nach §§ 929 S. 1, 930 BGB – die Sache an den Sicherungsnehmer.
- Dem liegt ein **Sicherungsvertrag**, den man auch **„Zweckerklärung"** nennt, zugrunde, der die Rechte und Pflichten von Sicherungsgeber und Sicherungsnehmer regelt.

### a) Die Übereignung des Sicherungsgutes durch den Sicherungsgeber

#### aa) Übereignung nach §§ 929 ff. BGB

(1) Einigung, Bestimmtheitsgrundsatz
Die stets erforderliche **Einigung** i. S. d. § 929 S. 1 BGB, also der Vertrag mit dem Inhalt, dass das Eigentum jetzt übergehen soll, kann sich auf einzelne vorhandene Sachen oder auf Sachgesamtheiten beziehen, auch wenn diese vom Sicherungsgeber noch erworben werden müssen; man nennt dies dann eine anti(e)zipierte Sicherungsübereignung.

Sie muss dem **Bestimmtheitsgrundsatz** entsprechen. Hier sind verschiedene Fallkonstellationen mit unterschiedlichen Anforderungen zu bedenken

1. Bei einer oder mehreren **einzelnen Sachen** bereitet die Einhaltung des Bestimmtheitsgrundsatzes bzw. die Feststellung, ob diesem entsprochen wurde, keine Schwierigkeiten.
2. Bei **Sachgesamtheiten** ist es komplizierter.
   a) Für eine Sicherungsübereignung von **Warenlagern** mit **wechselndem Bestand** reicht aus die Übereignung „aller Waren in einem bestimmten Raum" („Raumsicherungsvertrag") oder bei sonstwie gelagerten Sachen eine genaue Beschreibung individueller Merkmale in einem Verzeichnis oder eine sonstige Markierung („Markierungsvertrag"), wobei es stets um **„alle" Sachen** gehen muss. Davon erfasst sind auch Sicherungsübereignungen von Sachen, die (z. B. bei der Ergänzung eines Warenlagers) erst **künftig erworben** werden sollen, wenn also „alle Waren in einem bestimmten Raum, die sich dort befinden oder dorthin gelangen werden" übereignet werden sollen; dies kann man dann auch eine „revolvierende Globalsicherung" nennen.
   b) Bei **„gemischten Warenlagern"**, in denen für einen Dritten undifferenzierbar Sachen lagern, die teils im Eigentum des Sicherungsgebers stehen und die teils unter Eigentumsvorbehalt erworben wurden und dem Sicherungsgeber noch nicht gehören, genügt es für die Wahrung des Bestimmtheitsprinzips nicht, „nur die Sachen" zu übereignen, „die dem Sicherungsgeber gehören". Vielmehr muss vereinbart werden, dass in erster Linie die Sachen, die dem Sicherungsgeber gehören, übereignet werden und in zweiter Linie die Anwartschaftsrechte übertragen werden sollen.

(2) Keine Sittenwidrigkeit
Eine zentrale Bedeutung hat die Feststellung, dass die **Einigung nicht** wegen einer **Sittenwidrigkeit** nach **§ 138 Abs. 1 BGB** nichtig sein darf. Sie erörtern dies natürlich nur, wenn vom Sachverhalt her Anlass dazu besteht.

Hier gibt es ein **dogmatisches Problem**, das eine der Grundlagen des deutschen Zivilrechts, nämlich das **Abstraktionsprinzip**, berührt.

Der Nichtigkeitsgrund des **§ 138 Abs. 1 BGB** betrifft nämlich im Grundsatz nur den der Sicherungsübereignung zugrundeliegenden **Sicherungsvertrag** und nicht die bekanntlich „sittlich wertneutrale" (argec. § 138 Abs. 2 BGB: können Sie das begründen?) Sicherungsübereignung. Aufgrund des Abstraktionsprinzips bliebe die Sicherungsübereignung wirksam.

Aber Sie wissen ja: Wenn die **Sittenwidrigkeit gerade im Vollzug** der **Leistung** liegt, ist auch dieses Rechtsgeschäft, also die Übereignung, nichtig. Und mit diesem **Kunstgriff** der **Dogmatik** kommt in folgenden Fallgruppen zur **Nichtigkeit der Sicherungsübereignung nach § 138 Abs. 1 BGB** nämlich

1. bei der sittenwidrigen **„Knebelung"**, unter der man eine Sicherung versteht, durch die der Sicherungsgeber in seiner wirtschaftlichen Bewegungsfreiheit gelähmt wird. Das ist z. B. der Fall, wenn sich der Gläubiger das gesamte pfändbare Vermögen des Schuldners übereignen lässt. Dann sind der Sicherungsvertrag und damit auch die Sicherungsübereignung nach § 138 Abs. 1 BGB nichtig.
2. Zur Nichtigkeit auch der Sicherungsübereignung nach § 138 Abs. 1 BGB führt ferner eine sittenwidrige **„Gläubigergefährdung"**, die gegeben ist, wenn der Sicherungsnehmer aufgrund seiner Kenntnis von der Vermögenssituation des Sicherungsgebers damit rechnet, dass dieser infolge der Sicherungsübereignung andere Kreditgeber über seine Kreditwürdigkeit täuscht oder mit ihnen eingegangene Verträge bricht. Das kann bei einer in die wirtschaftlichen Verhältnisse eines kreditnehmenden Unternehmens eingeweihten „Hausbank" durchaus schon einmal der Fall sein.
3. Eine **„Übersicherung"**
   **a)** macht die Sicherungsübereignung sittenwidrig und nach § 138 Abs. 1 BGB nichtig, wenn der **realisierbare Wert des Sicherungsgutes** den **Wert der Forderung (Hauptforderung + Zinsen)** bereits **im Augenblick** der **Sicherungsübereignung krass und auffällig übersteigt**. Das soll der Fall sein, wenn der **Wert** des **Sicherungsgutes** die **Forderung** um **mehr** als **30 % übersteigt**.
   **b)** Es kann aber auch erst **nach** der **Sicherungsübereignung** aufgrund einer teilweisen Tilgung oder einer Erhöhung des Sicherungswerts zu jenem für die **Übersicherung typischen krassen und auffälligen Missverhältnis kommen**. Sie ist gegeben, wenn der **Sicherungswert die gesicherte Forderung** (Hauptforderung + Zinsen) **zuzüglich 10 % als Rechtsverfolgungs- und Verwertungspauschale** den **geschätzten Verkaufswert** um **50 % übersteigt**. Das aber führt unter folgenden Voraussetzungen nicht zur Nichtigkeit nach § 138 Abs. 1 BGB.
      **aa)** Der Sicherungsnehmer muss zur Freigabe verpflichtet sein, was aber nur bei zur Sicherheit übereigneten **Sachgesamtheiten** (z. B. Warenlager) vorstellbar ist.
         **aaa)** Vereinbarte **Freigabeklauseln** würden eine sittenwidrige Übersicherung entfallen lassen.

**bbb)** **Ansonsten** gilt, dass jeder Sicherungsvertrag ergänzend so auszulegen ist, dass „bei formularmäßig bestellten, revolvierenden Globalsicherungen der Sicherungsgeber einen ermessensunabhängigen Freigabeanspruch auch dann hat, wenn der Sicherungsvertrag keine oder keine ermessensmäßig ausgestaltete Freigabeklausel enthält", und dies sogar dann, wenn die Parteien ein ermessensunabhängiges Freigaberecht im Sicherungsvertrag ausgeschlossen haben Denn für den Fall abweichender individueller oder in AGB geregelten Vereinbarungen soll keine Nichtigkeit der Sicherungsübereignung gegeben sein, sondern nur diese Vereinbarung und der vertragsimmanente Freigabeanspruch gelten (BGH/GS ). Auf diese Weise „zwingt" die Rechtsprechung „den Sicherungsnehmer und den Sicherungsgeber" praktisch „zu ihrem Glück" in Gestalt einer wirksamen Sicherungsübereignung gekoppelt mit einer Freigabeverpflichtung bezüglich der zur Sicherung nicht mehr benötigten Sachen. Nachteilig ist dies natürlich für mit dem Sicherungsnehmer konkurrierende andere Gläubiger.

**bb)** Bei **Einzelsachen** als Sicherungsgut (z. B. eine Druckmaschine) gibt es keine Möglichkeit, einen Freigabeanspruch zu vereinbaren oder als vereinbart anzusehen, wohl aber einen die Sittenwidrigkeit entfallen lassenden Anspruch auf Auskehrung des Übererlöses in einer Verwertung.

**4.** Die Sicherungsübereignung **unpfändbarer Sachen (§§ 811 ff. ZPO)** soll nicht automatisch die Sittenwidrigkeit zur Folge haben.

(3) Übergabe, Übergabesurrogate

Was die **Übergabe** bzw. **Übergabesurrogate** der §§ 929 ff. BGB angeht, so ist für eine Sicherungsübereignung typisch eine Übereignung des Sicherungsgutes nach **§§ 929 S. 1, 930 BGB**. Erforderlich ist dafür

- ein **konkretes Besitzmittlungsverhältnis** (dazu wissen Sie aufgrund der Darstellung der Übereignung nach §§ 929 S. 1, 930 BGB eigentlich genug): Man wählt häufig einen im Sicherungsvertrag vereinbarten **Verwahrungsvertrag**, aufgrund dessen der Sicherungsgeber die Sache für den Sicherungsnehmer verwahrt.
- Nach h.M. wird auch der den Rechtsgrund (causa) für die Sicherungsübereignung bildende **Sicherungsvertrag** als ausreichendes Besitzmittlungsverhältnis angesehen, wenn dieser die Rechte und Pflichten einschließlich eines Herausgabeanspruchs regelt; die Konsequenz ist eine Durchbrechung des Abstraktionsprinzips im Fall der Nichtigkeit des Sicherungsvertrages.

Möglich ist natürlich auch bei der Sicherungsübereignung eine Übereignung an den Sicherungsnehmer nach § 929 S. 1 BGB, nach § 929 S. 2 BGB oder nach §§ 929 S. 1, 931 BGB. Bei einer Sicherungsübereignung nach **§ 929 S. 1 BGB** fehlt es jedoch an der angestrebten „Heimlichkeit" der Sicherung, und außerdem ist wegen der für § 929 S. 1 BGB erforderlichen völligen Besitzlosigkeit des Übereignenden, also des Sicherungsgebers, der für die Sicherungsübereignung gegenüber dem Pfandrecht wesentliche Vorteil einer weiteren wirtschaftlichen Nutzbarkeit des Sicherungsgutes durch den Sicherungsgeber nicht realisierbar. Letzteres würde auch gegen eine Sicherungsübereignung nach **§ 929 S. 2 BGB** (Besitz des Erwerbers) sprechen. Auch eine Sicherungsübereignung nach **§§ 929 S. 1, 931 BGB** ist eher unwahrscheinlich, könnte jedoch immerhin einen Sinn bei eingelagertem Sicherungsgut machen. Wie Sie aber bereits wissen, ist in solchen Fällen auch eine Konstruktion der Übereignung nach §§ 929 S. 1, 930 BGB möglich. Lange Rede kurzer Sinn: Nur eine Übereignung nach §§ 929 S. 1, 930 BGB macht Sinn. Auf diese konzentrieren wir uns auch, und zwar auch bei der Frage eines gutgläubigen Erwerbs.

(4) Wegfall des Sicherungszwecke

Wenn der Sicherungszweck entfällt, weil (und nur damit befassen wir uns jetzt) der Schuldner die gesicherte Verbindlichkeit erfüllt hat, stellt sich die Frage nach der Konsequenz für das Sicherungseigentum.

Die Sicherungsübereignung kann **auflösend bedingt vereinbart** werden (§ 158 Abs. 2 BGB), wobei das Erlöschen der gesicherten Forderung die Bedingung wäre, würde der das Eigentum automatisch zurückerlangen (§ 158 Abs. 2 BGB).

Der scharfsinnig mitdenkende Leser hat sofort erkannt, dass der Sicherungsgeber bei einer auflösend bedingten Sicherungsübereignung ein „Anwartschaftsrecht" an der Sache hat, das er in der Schwebezeit bereits für weitere Sicherungszwecke einsetzen könnte. Und da diejenigen, die juristische Aufgaben entwerfen (Prüfungsämter z. B.), ebenfalls „scharfsinnig" zu sein pflegen, ist dies durchaus eine Quelle von interessanten Fallgestaltungen.

In der Praxis wird indessen im Sicherungsvertrag meist nur ein durch den vollständigen Wegfall des Sicherungszwecks aufschiebend bedingter **schuldrechtlicher Anspruch** des Sicherungsgebers **auf Rückübereignung** vereinbart, der dann vom Sicherungsnehmer durch bloße Einigung nach § 929 S. 2 BGB erfüllt wird. Falls keine ausdrückliche Vereinbarung getroffen ist und eine Auslegung nicht weiterführt, sollte man überlegen, ob nach § 449 Abs. 1 BGB analog „im Zweifel" von einer auflösenden Bedingung auszugehen ist.

Das hat für die **Fallbearbeitung** folgende Konsequenzen:

Verfügt der Sicherungsnehmer in der Schwebezeit nach §§ 929 S. 1, 931 BGB über das Sicherungsgut,

1. so steht bei einem durch den vollständigen Wegfall des Sicherungszwecks aufschiebend bedingten **bloß obligatorischen Rückforderungsanspruch** des **Sicherungsgebers** einem Herausgabeanspruch des Erwerbers der § 986 Abs. 2 BGB entgegen; einen zusätzlichen Schutz vor Zwischenverfügungen durch den Sicherungsnehmer genießt der Sicherungsgeber dadurch, dass er nach dem Sicherungsvertrag zur Tilgung der gesicherten Forderung nur Zug- um-Zug gegen Rückübereignung des Sicherungsgutes oder jedenfalls nur gegen Leistung von Schadensersatz nach §§ 280 Abs. 1, 3, 283 BGB seitens des wegen einer Zwischenverfügung zur Rückgabe unvermögenden Sicherungsnehmers verpflichtet ist. Auch wenn die „klassischen Merkmale" eines Anwartschaftsrechts (welche waren das noch?) nicht gegeben sein dürften, kann man sich fragen, ob auch eine solche Rechtsstellung des Sicherungsgebers ein zumindest als „sonstiges Recht" Deliktsschutz genießendes Anwartschaftsrecht ist. Ganz unvertretbar wäre dies nicht.
2. Bei **auflösend bedingt vereinbartem Sicherungseigentum** steht im Falle des Bedingungseintritts einer Zwischenverfügung des Sicherungsnehmers der § 161 Abs. 2 BGB entgegen und selbst im Fall der Gutgläubigkeit des Dritten würden diesem die §§ 161 Abs. 3, 929 S. 1, 931, 934 BGB nach der hier vertretenen Ansicht nicht helfen, weil § 936 Abs. 3 BGB analog angewendet würde. Dass diese Rechtsstellung ein Anwartschaftsrecht ist, ist unzweifelhaft.

Wem das alles in der Kürze dieser wenigen Worte allzu „geheimnisvoll" zu sein scheint, der hat manches von dem vergessen, was er vor etwa 30 Seiten zum Eigentumsvorbehalt gelesen hat. Die Konsequenz für diejenigen, die sich nicht mehr erinnern sollten – was verzeihlich wäre – wäre, dass Sie zurückblättern, lesen und alles wiederholen müssten. Es ist nämlich wirklich alles furchtbar wichtig!

#### bb) Fehlendes Eigentum/fehlende Verfügungsbefugnis des Sicherungsgebers

Vieles von dem, was Sie zur Sicherungsübereignung gelesen haben war für die Aufmerksamen unter Ihnen nur eine Wiederholung, so auch die folgende Passage.

Wenn der **Sicherungsgeber nicht** der **Eigentümer** ist, **scheitert** der **gutgläubige Erwerb** des **Sicherungseigentums** bei einer (üblichen!) Sicherungsübereignung nach §§ 929 S. 1, 930 BGB an der in **§ 933 BGB** zur Voraussetzung gemachten Übergabe der Sache. Nur wenn der Sicherungsgeber im Sicherungsfall die Sache dem Sicherungsnehmer herausgibt, erwirbt der Sicherungsnehmer das Eigentum. Aber im „Ernstfall" (der Krise des Schuldners) geht es i. d. R. nicht so harmonisch zu: Der Sicherungsgeber verweigert oft die Herausgabe, bleibt also im Besitz der Sache, so dass der (gutgläubige) Eigentumserwerb des Sicherungsnehmers nicht erfolgt und andere Gläubiger die Einzelzwangsvollstreckung betreiben könnten, ohne dass sich der Sicherungsnehmer mittels des § 771 ZPO dagegen zur Wehr setzen könnte. Aber, so werden manche denken: Der Sicherungsnehmer kann doch die Herausgabe aus dem Sicherungsvertrag verlangen, so dass es zur Übergabe kommen wird und der § 933 BGB letztlich doch anwendbar ist. Sie müssen aber praktisch denken. Was man verlangen kann, hat man noch lange nicht. Der Sicherungsnehmer müsste also klagen und die Zwangsvollstreckung aus § 883 ZPO betreiben. Dann aber kann alles zu spät sein!

Immerhin: Auch wenn der Sicherungsgeber deshalb nicht der Eigentümer der Sache ist, weil er die Sache unter Eigentumsvorbehalt erworben hat, so stand ihm im Augenblick der Sicherungsübereignung doch ein **Anwartschaftsrecht** zu. Aber: das hat er ja nicht übertragen, sondern eben das Eigentum. Jedoch – es gibt, wie im antiken Theater auch in der Rechtswissenschaft den „deus ex machina" (Gott aus der Theatermaschine): Wie Sie bereits gelesen haben, nimmt man im Wege der Auslegung **(§§ 133, 157 BGB)** bzw. im Wege der Umdeutung **(§ 140 BGB analog)** an, dass in diesem Fall der Sicherungsnehmer als „minus" ein dem Sicherungseigentum vergleichbares **Sicherungsrecht** am **Anwartschaftsrecht** erwirbt und dass dieses dann bei Bedingungseintritt ohne vorherigen Eigentums-(Durchgangs-)erwerb direkt beim Sicherungsgeber zum Sicherungseigentum des Sicherungsnehmers „erstarkt". Und wer führt den Bedingungseintritt herbei? Bestimmt nicht der Schuldner, der ja in der „Krise" ist. Vielmehr wird der Sicherungsnehmer, wenn es sich – wozu man „scharf rechnen" muss – als Dritter (§ 267 BGB) den Kaupreisrest zahlen, um Sicherungseigentümer zu werden. Eine interessante Anschlussfrage ist die, ob der die Restschuld tilgende Sicherungsnehmer nach §§ 677, 683 S. 1670 BGB oder nach § 812 Abs. 1 S. 1 Var. 2 BGB bei dem Schuldner Regress nehmen kann. Dazu werden Sie später mehr erfahren. Ob ein solcher Anspruch gegen einen in die Krise geratenen Schuldner viel wert ist, ist eine andere Frage.

**Fall 578**

Der K erwirbt von dem E eine Sache unter Eigentumsvorbehalt und übereignet die in seinem Besitz befindliche Sache anschließend nach §§ 929 S. 1, 930 BGB zur Sicherung einer Darlehensforderung an seinen hinsichtlich seines von ihm behaupteten Eigentums gutgläubigen Gläubiger G. Der K kommt in eine wirtschaftliche Krise und bedient weder die Kaufpreis- noch die Darlehensforderung. Der E tritt wirksam vom Kaufvertrag zurück (§ 323 Abs. 1 BGB) und verlangt Herausgabe von G.

Der Anspruch kann sich aus § 985 BGB ergeben. a) Der G müsste Besitzer sein. aa) G ist nicht unmittelbarer Besitzer, bb) wohl aber aufgrund der Sicherungsübereignung mittelbarer Besitzer; auch ein mittelbarer Besitzer ist Herausgabeschuldner aus § 985 BGB (arge. § 868 BGB, § 886 ZPO). b) Der E müsste Eigentümer sein. aa) Der E war Eigentümer. bb) Der K hat das Eigentum nicht erworben, weil an ihn aufschiebend bedingt übereignet worden ist (§§ 929 S. 1, 158 Abs. 1, 449 Abs. 1 BGB) und die Bedingung (vollständige Kaufpreiszahlung) nicht eingetreten ist. cc) Der G hat das Eigentum nicht nach §§ 929 S.1,

930, 933 BGB erworben, weil ihm die Sache nicht übergeben worden ist. Der E ist also Eigentümer geblieben. c) Der G könnte ein Recht zum Besitz haben (§ 986 Abs. 1 BGB). aa) Ein von K's Besitzrecht abgeleitetes Recht zum Besitz hat er schon deshalb nicht, weil der E vom Kaufvertrag zurückgetreten ist. bb) Der G könnte ein eigenes Recht zum Besitz aufgrund eines „Anwartschaftsrechts" haben. Hierzu wird die Ansicht vertreten, dass die an § 933 BGB gescheiterte Sicherungsübereignung eines Anwärters aus einem Eigentumsvorbehaltserwerb als „minus" die Übertragung des „Anwartschaftsrechts" enthält (§§ 157, 133/140 BGB). Diese Frage kann hier offen bleiben, denn das „Anwartschaftsrecht" ist infolge des Rücktritts des E erloschen, so dass auch der K ein solches nicht mehr innehätte. Der G ist also zur Herausgabe durch Abtretung seines Anspruchs aus dem Besitzmittlungsverhältnis verpflichtet. (Zugegeben werden soll, dass der Fall insofern ein wenig theoretisch ist, als der E in erster Linie, wohl den unmittelbaren Besitzer auf Herausgabe in Anspruch nehmen wird, denn ein Anspruch gegen den G auf Abtretung von dessen Recht auf Herausgabe gegen den K gibt ihm doch „nur Steine statt Brot" – immerhin wissen Sie jetzt, dass auch ein mittelbarer Besitzer Herausgabeschuldner aus § 985 BGB sein kann; dazu später mehr).

**Fall 579**

Der K erwirbt von E eine Sache unter Eigentumsvorbehalt und übereignet die in seinem Besitz befindliche Sache anschließend nach §§ 929 S.1, 930 BGB zur Sicherung einer Darlehensforderung an seinen Gläubiger G1, der ihn für den Eigentümer hält. Der G1 hat sodann seine Darlehensforderung gegen K an den G2 abgetreten und diesem auch sein vermeintliches Sicherungseigentum durch Einigung und Abtretung des Herausgabeanspruchs übertragen (§§ 929 S.1, 931 BGB). Zession und Übertragung des Sicherungseigentums waren im Darlehens- und im Sicherungsvertrag zwischen dem G1 und dem K ausdrücklich gestattet. Als der Sicherungsfall eintritt, verlangt der G2 Herausgabe der Sache von K zum Zwecke der Verwertung.

Der Anspruch könnte sich aus § 985 BGB ergeben. a) Der K ist unmittelbarer Besitzer. b) Der G2 müsste Eigentümer sein. aa) Der E war Eigentümer. bb) Der K hat das Eigentum nicht erworben, weil an ihn aufschiebend bedingt übereignet worden ist (§§ 929 S. 1, 158 Abs. 1, 449 Abs. 1 BGB) und die Bedingung (vollständige Kaufpreiszahlung) nicht eingetreten ist. cc) Der G1 hat das Eigentum nicht nach §§ 929 S. 1, 930, 933 BGB erworben, weil ihm die Sache nicht übergeben worden ist. dd) Der G2 könnte das Eigentum von G1 nach §§ 929 S.1, 931, 934 Var. 1 BGB erlangt haben. Das setzt voraus, dass der G1 alleiniger mittelbarer Besitzer war (BGH). Hier spricht jedoch manches dafür, dass der K außer für den G1 auch für den E besessen hat, so dass der E und der G1 mittelbare Nebenbesitzer waren, der G1 also nicht alleiniger mittelbarer Besitzer war; dann hätte der G2 kein Eigentum erworben. c) Wer dagegen die Rechtsfigur des mittelbaren Nebenbesitzes ablehnt und einen Eigentumserwerb des G2 bejaht, muss prüfen, ob der K ein Recht zum Besitz hat (§ 986 Abs. 2 BGB). Der

K hatte gegenüber dem G1 aufgrund des Sicherungsvertrages ein Recht zum Besitz; nach Eintritt des Sicherungsfalles hat er jedoch kein Recht zum Besitz mehr.

Ein **Fehlen der Verfügungsbefugnis** (z. B. nach §§ 80 f. InsO oder § 1369 BGB) macht natürlich auch die Sicherungsübereignung unwirksam.

cc) Lastenfreiheit des Sicherungsgutes

Wird zur Sicherheit übereignetes Gut vom Sicherungsgeber in einem **gemieteten Lagerraum eingelagert**, entsteht daran kein Vermieterpfandrecht (§ 562 BGB), weil es sich bei dem Sicherungsgut um „mieterfremde" Sachen handelt und es einen gutgläubigen Erwerb gesetzlicher Pfandrechte nicht gibt (arge. § 1257 BGB). Niemand ist bisher auch auf den Gedanken gekommen, § 1207 BGB analog auf gesetzliche besitzlose Pfandrechte entsprechend anzuwenden. Warum nicht? Weil die für eine Analogie nötige Rechtsähnlichkeit zu einer rechtsgeschäftlichen Verpfändung, bei der ein gutgläubiger Erwerb möglich wäre, die eine Übergabe voraussetzt, bei gesetzlichen besitzlosen Pfandrechten fehlt.

Bei einer **Sicherungsübereignung** (insbesondere im Fall eines sog. „Raumsicherungsvertrages") von bereits in einem gemieteten Lagerraum **eingelagerten Sachen** erwirbt der Sicherungsnehmer das Sicherungseigentum an den im Eigentum des Mieters/Sicherungsgebers stehenden Sachen nur **belastet mit** dem **Vermieterpfandrecht (§ 562 BGB)**; gleiches gilt für den Erwerb eines Sicherungsrechts an einem Anwartschaftsrecht an den Sachen des Mieters/Sicherungsgebers. Ein gutgläubig lastenfreier Erwerb des Sicherungsnehmers scheitert an der fehlenden Erlangung des Besitzes (§§ 929 S. 1, 930, 936 Abs. 1 S. 3 BGB); dies kann auch nicht durch eine dahingehend vereinbarte ant(e)izipierte Sicherungsübereignung, dass das Eigentum im Augenblick der Einlagerung vom Sicherungsgeber auf den Sicherungsnehmer übergehen soll, umgangen werden, weil es dann zu einem „Durchgangserwerb" des Mieters/Sicherungsgebers für eine „juristische Sekunde" kommt, während der das Pfandrecht des Vermieters entsteht.

### b) Der Sicherungsvertrag

Der Sicherungsvertrag enthält **üblicherweise** folgende Regelungen über die **Rechte** und **Pflichten** des **Sicherungsgebers** und des **Sicherungsnehmers**:

1. Der Sicherungsvertrag **bestimmt** die **gesicherte Forderung** und **legt das Sicherungsgut** fest. Weil er damit den „Zweck" der Übereignung bestimmt, heißt er auch **„Zweckerklärung"**, eine wenig glückliche Formulierung, weil sie Einseitigkeit suggeriert.
2. Der Sicherungsvertrag **verpflichtet** den Sicherungsgeber **zur Übereignung**,
   a) er ist also die **causa** der als solcher ja abstrakten **Sicherungsübereignung**. Wegen des Abstraktionsprinzips führt die Nichtigkeit der Sicherungsabrede auch nicht zur Nichtigkeit der Sicherungsübereignung.

**b)** Wenn aber ein Zusammenhang zwischen dem Sicherungsvertrag und dem Besitzmittlungsverhältnis dahingehend bestehen sollte, dass in dem **Sicherungsvertrag** das konkrete **Besitzmittlungsverhältnis** i. S. d. § 930 BGB enthalten wäre oder gar der Sicherungsvertrag selbst dieses begründen würde, hätte das zur Folge, dass das Abstraktionsprinzip durchbrochen wäre und bei Nichtigkeit des Sicherungsvertrages auch die Übereignung nichtig wäre.

**3.** Der Sicherungsgeber

**a)** kann ermächtigt werden, die **sicherungsübereigneten Waren** im üblichen Geschäftsgang **zu veräußern**, dies gekoppelt mit der Vereinbarung, dass dem Sicherungsnehmer die künftigen Kaufpreisforderungen aus der Weiterveräußerung zur Sicherung abgetreten werden (**„verlängerte Sicherungsübereignung“**).

**b)** Dem Sicherungsgeber kann die **Verarbeitung** des **Sicherungsgutes** gestattet werden, und zwar i. d. R. bei gleichzeitigem Ausschluss des § 950 BGB oder einer durch Vereinbarung vorgenommenen Bestimmung des Sicherungsnehmers zum Hersteller (**„Verarbeitungsklausel“**).

**4.** Der **Sicherungsgeber** wird **verpflichtet**: Zur **pfleglichen Behandlung** des Sicherungsgutes; zur **Versicherung** desselben; zur **Anzeige** von **Zwangsvollstreckungsmaßnahmen Dritter**; zur **Herausgabe** zum **Zwecke** der **Verwertung an** den **Sicherungsnehmer**, und zwar nach § 216 Abs. 2 BGB auch bei Verjährung des gesicherten Anspruchs. Der Sicherungseber darf **über das Sicherungsgut keine Verfügungen** treffen, die die Rechtsstellung des Sicherungsnehmers beeinträchtigen. Mit dinglicher Wirkung kann aber eine **nach** den **§§ 929 S. 1, 932 BGB wirksame Übereignung** des Sicherungsgebers bekanntlich nicht verhindert werden (§ 137 BGB). Eine **weitere Sicherungsübereignung** zugunsten eines anderen Sicherungsnehmers **nach §§ 929 S. 1, 930 BGB** würde allerdings **an § 933 BGB** scheitern.

**5.** Festgelegt werden auch die **Rechte** und **Pflichten** des **Sicherungsnehmers**. Es sind dies: Beschränkung des Eigentumsrechts auf ein **Recht** zur **Verwertung**; ferner Regelungen über die Voraussetzungen und die **Modalitäten der Verwertung** (fehlt es daran, könnte man daran denken, die Regeln des Pfandrechts analog anzuwenden); auch eine ggf. die Sittenwidrigkeit der Sicherungsübereignung entfallen lassende Regelung der Folgen des Inhalts, dass im Fall der **nachträglichen Übersicherung** bei **Sachgesamtheiten** ein **partieller Freigabeanspruch** besteht, während bei **Einzelsachen** eine **Berechtigung** am **Verwertungserlös** vorgesehen ist; schließlich auch die **Folgen** im Fall der **Erfüllung** der **gesicherten Forderung** (entweder ein automatischer Rückfall infolge einer auflösend bedingt vereinbarten Sicherungsübereignung nach §§ 929 ff., 158 Abs. 2 BGB oder Vereinbarung einer durch den vollständigen Wegfall des Sicherungszwecks aufschiebend bedingte Pflicht des Sicherungsnehmers zur Rückübertragung des Sicherungsgutes etc.). Das alles war Ihnen nicht fremd, sondern eine Wiederholung von längst erlerntem Stoff.

6. Ist ein **Dritter der Sicherungsgeber** so hat dieser ein stillschweigend vereinbartes **„Ablösungsrecht"**.
7. Damit **kein Missverständnis entsteht:** Diese oder ähnliche Vereinbarungen werden in Sicherungsverträgen sehr häufig, aber keineswegs immer getroffen. Fehl es an Regelungen, ist es oft die Kunst des Juristen, eine Lösung zu finden, z. B. durch Auslegung oder durch ergänzende Vertragsauslegung, wie etwa bei der Vermeidung der Sittenwidrigkeit der Sicherungsübereignung in den Übersicherungsfällen. Sie sollten sich daran entsinnen, was dem BGH dazu eingefallen ist.

Die **Parteien des Sicherungsvertrages** sind

- der **Sicherungsnehmer**, das ist zugleich der Gläubiger der gesicherten Forderung,
- und der **Sicherungsgeber**; das wird **i. d. R.** zugleich der **Schuldner** sein, kann aber **auch** („bürgenähnlich") ein **Dritter** sein.

Wenn ausnahmsweise ein **Dritter** der **Sicherungsgeber** ist,

- hat der Sicherungsgeber ein stillschweigend vereinbartes **„Ablösungsrecht"**. Übt er dies aus, so hat er einen Anspruch gegen den Sicherungsnehmer, ihm die gesicherte Forderung gegen den Schuldner abzutreten.
- Daneben hat er aus dem **Innenverhältnis** zum Schuldner einen Ausgleichsanspruch,
- so dass er letztlich einen **„doppelten Zessionsregress"** nehmen kann.
- Wenn der Sicherungsgeber allerdings aus dem Innenverhältnis dem Schuldner gegenüber zur Befriedigung des Gläubigers verpflichtet war, kann er die soeben genannten Rechte nicht ausüben: Die Einwendung aus dem Innenverhältnis, dem Schuldner gegenüber zur Befriedigung des Gläubigers verpflichtet zu sein, steht dann auch dem Regressanspruch entgegen **(§ 774 Abs. 1 S. 3 BGB analog)**.

### c) Mangelnde Akzessorietät

Das **Sicherungseigentum** ist **nicht akzessorisch** zu der gesicherten Forderung, sondern ist mit der Forderung lediglich durch den Sicherungsvertrag verknüpft. Daher geht **im Falle** eines **Forderungsüberganges** infolge einer Abtretung der gesicherten Forderung (§ 398 BGB) oder einer cessio legis (§ 412 BGB) das **Sicherungseigentum nicht** nach **§ 401 BGB automatisch** auf den Zessionar über.

Der **Gläubiger** und **Sicherungsnehmer** kann aber bei einem Forderungsübergang gegenüber dem **neuen Gläubiger** zusätzlich auch **zur Übertragung** des **Sicherungseigentums** schuldrechtlich **verpflichtet** sein. Das ist bei einem **Forderungskauf** entweder aufgrund einer im Vertrag ausdrücklich getroffenen Vereinbarung oder aufgrund einer ergänzenden Auslegung des Vertrages der Fall. Bei einem **gesetzlichen Forderungsübergang** im Gefolge der Geltendmachung eines anderen Sicherungsrechtes (z. B. einer Bürgschaft nach §§ 774, 412 BGB) könnte sich eine Verpflichtung zur Übertragung des Sicherungseigentums aus dem Rechtsverhältnis zwischen dem Gläubiger und Sicherungseigentümer und dem weiteren Sicherer (hier z. B. dem Bürgen) ergeben, u. U. sogar aus einer ergänzenden Auslegung einer bestehenden vertraglichen Beziehung (z. B. des Bürgschaftsvertrages); letztlich wird man eine solche Verpflichtung aus § 242 BGB oder sogar aus § 401 BGB analog herleiten können.

Allerdings ist eine Übertragung des Sicherungseigentums angesichts der **Treuhänderstellung** des Sicherungsnehmers in dogmatischer Hinsicht **nicht unproblematisch**. Meist ist jedoch in einem **Sicherungsvertrag** vereinbart, dass der Sicherungsnehmer dazu berechtigt ist, im Falle eines Übergangs der gesicherten Forderung auch das Sicherungseigentum auf den Zessionar zu übertragen; man wird vielleicht sogar nach §§ 157, 242 BGB annehmen können, dass beim Fehlen einer entgegenstehenden Vereinbarung im Sicherungsvertrag von einer Gestattung der Übertragung des Sicherungsgutes auf einen Zessionar der gesicherten Forderung auszugehen ist. Allerdings muss man sich bei all dem darüber im Klaren sein, dass die Treuhänderstellung als solche oder ein im Sicherungsvertrag enthaltenes Verbot der Übertragung des Sicherungsgutes keinerlei dingliche Wirkung hat (§ 137 BGB). Aber: überlegen Sie einmal, ob dem neuen Eigentümer das auf „verbotenem Wege" erlangte Eigentum sehr viel nützt. Wir kommen gleich darauf zurück.

Kommt es – weil aus den vorgenannten Gründen der Sicherungsnehmer im Verhältnis zum Sicherungsgeber dazu berechtigt ist und weiterhin im Verhältnis zum Zessionar dazu verpflichtet ist – dazu, dass das Sicherungseigentum auf den rechtsgeschäftlichen oder gesetzlichen Zessionar der gesicherten Forderung übertragen wird, so **überträgt** der **Sicherungsnehmer** im Fall einer an ihn nach **§§ 929 S. 1, 930 BGB erfolgten Sicherungsübereignung** das Sicherungseigentum auf den neuen Gläubiger **nach §§ 929 S. 1, 931 BGB**. Dass der neue Eigentümer vom besitzenden Sicherungsgeber Herausgabe des Sicherungsgutes nur nach Maßgabe des Sicherungsvertrages verlangen kann, folgt dann aus § 986 Abs. 2 BGB.

**Fall 580**

Die G-Bank hat eine Darlehensforderung gegen den S, die gesichert ist durch eine selbstschuldnerische Bürgschaft des Bü und durch eine nach §§ 929 S. 1, 930 BGB vorgenommene Sicherungsübereignung des S. Im Sicherungsvertrag ist vereinbart, dass der G-Bank die Übertragung des Sicherungseigentums an einen Zessionar gestattet ist. Als das Darlehen notleidend wird, zahlt der Bü an die G-Bank. Der Bü will sich an den S halten und notfalls das Sicherungsgut verwerten.

1. Die Darlehensforderung steht dem Bü zu (§§ 774 Abs. 1 S. 1, 412, 399 ff. 488 Abs. 1 S. 2 BGB). 2. Das Sicherungseigentum a) ist aber nicht nach den §§ 774, 412, 401 BGB automatisch auf den Bü übergegangen. b) Vielmehr müssen die Dinge wie folgt gestaltet werden, damit der Bü das Sicherungsgut er-

langen und verwerten kann: aa) Die G-Bank ist im Verhältnis zu Bü (aufgrund einer Auslegung oder einer ergänzenden Auslegung des Bürgschaftsvertrages, oder einer Anwendung des § 242 BGB oder aufgrund von §§ 401, 412 BGB analog) verpflichtet, das Sicherungseigentum auf den neuen Gläubiger zu übertragen. bb) Der Gläubiger und Sicherungsnehmer darf dies auch im Verhältnis zu dem Sicherungsgeber S; hier ist die im Sicherungsvertrag vereinbarte Gestattung einer Übertragung „auf einen Zessionar" im Wege der Auslegung auch als Einverständnis mit einer Übertragung auf einen Forderungsübergang nach §§ 774, 412 BGB zu verstehen; selbst beim Fehlen einer entgegenstehenden Erklärung des S im Sicherungsvertrag würde man nach §§ 157, 242 BGB von einer Gestattung ausgehen. cc) Die G-Bank würde daher das Sicherungseigentum nach § 931 BGB an den neuen Gläubiger, also nach § 774 Abs. 1 S. 1 BGB an den Bü, übertragen. dd) Der Bü kann nach §§ 929 S. 1, 931 BGB erfolgter Übereignung die Sache von dem S nach § 985 BGB herausverlangen; § 986 Abs. 2 BGB steht nicht entgegen, weil der S nach Eintritt des Verwertungsfalls (Darlehen wurde notleidend) kein Recht zum Besitz mehr hat, sondern die Verwertung dulden muss. ee) Zahlt der S an den Bü, dann wird der S Eigentümer nach Maßgabe des Sicherungsvertrages: entweder durch automatischen Rückfall oder durch eine Übereignung seitens des Bü nach § 929 S. 2 BGB.

**Jetzt zu** der **offen gelassenen Frage**: Sie wissen ja, dass die Übereignung an den neuen Gläubiger trotz des Treuhandverhältnisses und selbst dann, wenn ihm dies im Sicherungsvertrag verboten wäre, dinglich wirksam wäre, weil nach § 137 BGB rechtsgeschäftliche Verfügungsverbote nur eine schuldrechtliche Wirkung haben. Gleichwohl hätte bei einem Verstoß gegen den Sicherungsvertrag der neue Eigentümer nicht viel von seinem Sicherungseigentum, denn der Sicherungsgeber könnte die Herausgabe an ihn verweigern (§ 986 Abs. 2 BGB).

### d) Nachschaltung von Sicherungsrechten

In Fällen, in denen zu erwarten und auch gewollt ist, dass der Sicherungseigentümer sein Sicherungseigentum dadurch verliert, dass das Sicherungsgut (z. B. als Rohstoff) verarbeitet wird (§ 950 BGB) oder dass es (z. B. als Handelsware) mit seiner Zustimmung veräußert wird (§§ 929 ff., 185 Abs. 1 BGB), werden dem verlorenen Sicherungseigentum auf Verlangen des Sicherungseigentümers (der als Kreditgeber insoweit ja „am längeren Hebel" sitzt und seine Vorstellungen durchsetzen kann) von den Parteien meist **andere Sicherungsrechte „nachgeschaltet"**.

Wie gesagt: Wenn der Sicherungsgeber im Einverständnis mit dem Sicherungsnehmer aufgrund von Kaufverträgen als Rechtsgrund mit seinen Kunden das Sicherungsgut an diese übereignet **(§§ 929 ff., 185 Abs. 1 BGB)**, verliert der Sicherungsnehmer sein Sicherungseigentum. In der Regel ist deshalb in derartigen Fällen mit dem Sicherungsgeber eine **anti(e)zipierte Sicherungszession** hinsichtlich der künftigen Kaufpreisansprüche vereinbart (dazu später mehr).

Und bei einem zu erwartenden Rechtsverlust des Sicherungsnehmers nach **§ 950 BGB** wegen einer Verarbeitung der zur Sicherheit übereigneten Sache durch den Sicherungsgeber wird i. d. R. eine **Verarbeitungsklausel** vereinbart, derzufolge der Sicherungsnehmer **Sicherungseigentum an** der **neuen Sache** erlangen soll. Das bringt erhebliche **konstruktive Probleme** mit sich.

- Man kann das vorgenannte Ergebnis dadurch ermöglichen, dass man § 950 BGB entweder insgesamt oder jedenfalls hinsichtlich der **Herstellereigenschaft für abdingbar** hält, so dass der Sicherungsnehmer infolge der Verarbeitungsklausel zum Hersteller und damit zum Sicherungseigentümer der neuen Sache bestimmt wird. Das ist angesichts dessen, dass das zur Vertragsfreiheit gehörende Prinzip der Inhaltsfreiheit im Sachenrecht keine Geltung hat, keine zweifelsfreie Konstruktion. Man sollte davon ausgehen müssen, dass die Herstellereigenschaft vom Gesetz objektiv festgelegt und nicht abdingbar ist.
- Der Ausweg ist, dass man sich fragt, ob die den Sicherungsgeber zum Hersteller machende Klausel ein die Herstellerrolle festlegendes objektives Kriterium ist **(„subjektive Korrektur" des** an sich **objektiven Herstellerbegriffs)**, das nur durch ein erkennbares widersprüchliches Verhalten entkräftet werden kann. Wenn man dieser Rechtsansicht folgt, wäre auch hiernach der Sicherungsnehmer Hersteller der neuen Sache und erwürbe an ihr das Sicherungseigentum.
- Wenn man aber auch die Möglichkeit einer („subjektiven") Korrektur verneint und ausschließlich objektive Kriterien für die Herstellereigenschaft maßgebend sein lassen will und wenn es deshalb zu einem Eigentumserwerb des Produzenten und Sicherungsgebers kommt, weil dieser der Verarbeiter ist, wäre weiter zu erörtern, ob nach dem Parteiwillen in der Verarbeitungsklausel eine **ant(e)izipierte Sicherungsübereignung** der **neuen Sache an** den **Sicherungsnehmer** liegen soll (Auslegungsfrage); die Folge wäre dann aber ein durch das Vermögen des Sicherungsgebers hindurchgehender **Durchgangserwerb** des Sicherungseigentums auf den Sicherungsnehmer.

**Fall 581**

Der Lieferant L liefert unter Vereinbarung eines Eigentumsvorbehalts dem Produzenten P Leder für dessen Schuhproduktion; zusätzlich vereinbart ist eine „Herstellerklausel", derzufolge der L Sicherungseigentümer der mittels des Leders hergestellten Schuhe werden soll. Zuvor aber hatte der P ohne Wissen des L diese Produktion bereits der B-Bank zur Sicherung eines Kredits übereignet. Der P zahlt weder den Kaufpreis noch tilgt er den Kredit. Die B-Bank nimmt die von dem P durch besondere Lagerung und Kennzeichnung als Sicherungsgut der B bezeichnete Schuhproduktion gegen den Widerspruch des P, der mittlerweile den L für berechtigt hält, zum Zwecke der Verwertung an sich und lagert sie bei Lagerhalter H, mit dem sie einen Lagervertrag abgeschlossen hat, ein. Der L verlangt Herausgabe von der B-Bank (nach BGH).

Der Anspruch könnte sich aus § 985 BGB ergeben. a) Die B-Bank müsste Besitzerin sein. Sie ist mittelbarer Besitzer, was für § 985 BGB ausreicht (arge. § 868 BGB, § 886 ZPO). b) L müsste Eigentümer der Schuhe sein. Das ist „historisch" zu prüfen: aa) L war Eigentümer des Leders. bb) Wer wurde Eigentümer durch die Verarbeitung? aaa) An sich der P nach §§ 929 S.1, 950 Abs. 1 BGB, bbb) aber nach der Herstellerklausel aus verschiedenen Gründen: § 950 BGB ist ganz oder teils abdingbar und L ist Eigentümer/die Herstellerklausel macht den L zum Hersteller/in der Herstellerklausel liegt eine anti(e)zipierte Sicherungsübereignung an L) ist der L Eigentümer geworden. ccc) Fraglich ist, ob daraufhin die B-Bank das Eigentum nach §§ 929 S. 1, 930, 933 BGB aufgrund der anti(e)zipierten Sicherungsübereignung erworben hat. aaaa) Eine – mögliche – Vorab-Einigung liegt vor; bbbb) ebenso ein – rechtstechnisch möglich – vorab vereinbartes Besitzmittlungsverhältnis und cccc) die vom BGH verlangte Objektivierung. dddd) Da der P aaaaa) nach der Lösung der h.M. aber nicht Eigentümer war, sondern der L im Wege des Direkterwerbs Eigentümer geworden ist, müsste § 933 BGB gegeben sein: Die Schuhe sind aber nicht „übergeben" worden, sondern die B-Bank hat sie an sich genommen; bei einer solchen eigenmächtigen „Selbstbedienung" eines Sicherungsnehmers soll § 933 BGB nach dem BGH mangels Übergabe, der hierfür ein „einverständliches Geben und Nehmen" verlangt, nicht vorliegen; nach der h.L. soll dies aber nur dann gelten, wenn der Sicherungsgeber – wie es hier allerdings der Fall ist – einen aktuellen entgegenstehenden Besitzwillen hatte. Danach hat die B-Bank kein Eigentum erlangt und der L könnte Herausgabe verlangen, weil die B-Bank auch kein Recht zum Besitz hätte. bbbbb) Wer aber keinen Direkterwerb des L, sondern zunächst einen Eigentumserwerb des P angenommen hat, aaaaaa) der müsste einen Eigentumserwerb der B-Bank nach §§ 929 S. 1, 930 BGB (auf § 933 BGB käme es nicht an!) bejahen und bbbbbb) prüfen, ob L gutgläubig das Sicherungseigentum erworben hat (§§ 929 S. 1, 930, 933 BGB). Der gutgläubige Erwerb des L würde entweder mangels einer ja teilweise geforderten „Ausführungshandlung" schon am nicht gegebenen Grundtatbestand des § 930 BGB scheitern, jedenfalls aber am Fehlen einer für § 933 BGB notwendigen Übergabe an L. Danach hätte die B-Bank Eigentum erlangt und L könnte keine Herausgabe verlangen.

Jetzt müssen Sie sich erst einmal **zurücklehnen** und sich wieder einmal klar machen, was Sie bisher eigentlich gelernt haben und welche Lern-Arbeit noch auf Sie wartet:

Das Ziel unserer Bemühungen in diesem **Teil 6** sind die **„dinglichen Ansprüche"**.

Weil „dingliche Ansprüche" der Verwirklichung der Befugnisse dinglicher Rechte dienen, mussten wir erst einmal den **Inhalt dinglicher Rechtsstellungen/Rechte** (wir haben uns dabei beschränkt auf: den Besitz, das Eigentum, das Anwartschaftsrecht des Vorbehaltskäufers und auf die Verwertungssicherungsrechte) kennen lernen.

Erst danach konnten wir die Frage nach dem **Erwerb** und dem **Verlust** dieser Rechtsstellungen bzw. Rechte aufwerfen. Bei diesem Thema sind wir jetzt! Zunächst haben Sie die Voraussetzungen des Erwerbs (und „spiegelbildlich") des Verlustes des Besitzes, dann die des Erwerbs und Verlustes des Eigentums und des Anwartschaftsrechts des Vorbehaltskäufers auf den Erwerb des Eigentums an beweglichen Sachen und anschließend die des Erwerbes und des Verlustes von Sicherungsrechten an beweglichen Sachen (Pfandrecht und Sicherungsübereignung) kennen gelernt.

Dementsprechend geht es nun im **Grundstücksrecht** weiter: Zunächst erörtern wir die Verfügungen über Grundstücke, und zwar speziell den Erwerb des Eigentums und des auch hier vorstellbaren auf den Eigentumserwerb gerichteten Anwartschaftsrechts, einschließlich der Sicherung des schuldrechtlichen Anspruchs auf dingliche Rechtsänderung durch die Vormerkung und dann behandeln wir den Erwerb (und den Verlust) der an Grundstücken bestehen könnenden Sicherungsrechte Hypothek und (Sicherungs-) Grundschuld.

## IV. Der Eigentumserwerb an Grundstücken

Bereits die einfache Frage, was eigentlich ein **„Grundstück"** ist, ist ohne Rechtskenntnisse kaum zu beantworten:

- Ein **Grundstück** im Rechtssinne ist ein **Teil** der **Erdoberfläche**, der im **Bestandsverzeichnis** eines **Grundbuchblatts gebucht** ist.
- Welcher Teil im „geografischen" Sinne der Erdoberfläche bei einer solchen „Buchung" gemeint ist, folgt aus dem **„Liegenschaftskataster"**, auf das das Grundbuch Bezug nimmt: Durch Vermessung ist nämlich die Erdoberfläche (natürlich auf Deutschland beschränkt – „andere Länder, andere Sitten"!) in „Flurstücke" (oder auch „Katasterparzellen" genannt) aufgeteilt; hierüber wird ein amtliches Verzeichnis eingerichtet, das sich in einer entsprechend der Vermessung gefertigten Flurkarte widerspiegelt. Wer sieht hier nicht den Landvermesser K. aus Franz Kafkas „Das Schloss" vor sich? Die Grundstücke im Grundbuch werden nach diesem Verzeichnis benannt (§ 2 Abs. 2 GBO).

Das **Eigentum an einem „Grundstück"** kann erworben werden

- durch **Rechtsgeschäft** („Übereignung") **(sub 1)**,
- durch **Gesetz** („Ersitzung") **(sub 2)**
- und durch **Hoheitsakt** („Zuschlag") **(sub 3)**.

### 1. Der rechtsgeschäftliche Erwerb durch Übereignung, die Sicherung des Rechtserwerbs (Vormerkung)

Bevor wir uns jetzt mit den Verfügungen über Grundstücke, speziell mit der Übereignung von Grundstücken, befassen, müssen wir uns durch einen kurzen **Rückblick** noch einmal **auf das** einer Eigentumsübertragung regelmäßig zugrunde liegende **Verpflichtungsgeschäft** (ein Vertrag, „durch den sich der eine Teil verpflichtet, das Eigentum an einem Grundstück zu übertragen oder zu erwerben") **besinnen (sub a))**. Denn sichere Kenntnisse vom Grundgeschäft sind unerlässlich für das Verständnis bestimmter technischer Voraussetzungen des Eigentumserwerbs an Grundstücken, ferner für das Verständnis der eine obligatorische Übereignungsverpflichtung sichernden („Auflassungs"-) Vormerkung und für das Verständnis des dinglichen Vorkaufsrechts.

### a) Das zur Übereignung/zum Erwerb verpflichtende Rechtsgeschäft

Der **zur Übereignung** bzw. **zum Erwerb** eines **Grundstücks verpflichtende Vertrag** (das ist i. d. R. ein Kaufvertrag, kann aber z. B. auch ein Schenkungsvertrag oder ein Gesellschaftsvertrag sein, aufgrund dessen ein Grundstück in eine Gesellschaft eingebracht werden muss) bedarf zu seiner Wirksamkeit der **notariellen Beurkundung (§ 311b Abs. 1 S. 1 BGB)**; folgende Grundregeln müssen Ihnen geläufig sein:

1. Selbstverständlich ist, dass die **„essentialia negotii"** solcher Verträge formbedürftig sind.
2. Aber auch alle **Nebenabreden**, die nicht so unwesentlich sind, dass die Parteien den Vertrag auch ohne sie geschlossen hätten, müssen **notariell beurkundet** werden.
3. Bei einer **Verknüpfung** eines formbedürftigen Vertrages mit einem anderen, formfrei möglichen Vertrag, ist ein an sich formfreier Vertrag ebenfalls formbedürftig, wenn die Geschäfte miteinander „stehen und fallen".
4. Formbedürftig sind ferner solche **Rechtsgeschäfte**, die einem **solchen Verpflichtungsvertrag gleichgestellt** werden müssen. Die Hauptbeispiele sind
   **a)** der **Vorvertrag** auf Abschluss eines zur Übereignung oder zum Erwerb eines Grundstücks verpflichtenden Hauptvertrages, denn aus ihm ergibt sich ein einklagbarer und nach § 894 ZPO durchsetzbarer Anspruch auf Abschluss des Hauptvertrages, so dass der Verpflichtete durch den Vorvertrag wie durch den Hauptvertrag gebunden ist,
   **b)** weiterhin der Fall der Erteilung einer **unwiderruflichen** oder einer von den Schranken des **§ 181 BGB befreiten Veräußerungs-** oder **Erwerbsvollmacht**, denn durch sie ist der Bevollmächtigte praktisch wie durch einen von dem Bevollmächtigten geschlossenen Vertrag gebunden.
5. Leicht übersehen wird übrigens, dass die vorgeschriebene **Form** auch bei solchen **Verträgen** gegeben sein muss, die das **formbedürftige Geschäft nachträglich** ändern,
6. **jedoch nicht** solche, die den Vertrag und damit die Verpflichtung zur Übereignung oder zum Erwerb aufheben **(„Aufhebungsvertrag")**.

**7.** Ist die Form nicht gewahrt, ist der **Vertrag** nach **§ 125 S. 1 BGB nichtig**. Nach **§ 311b Abs. 1 S. 2 BGB** wird der **Formmangel** durch Auflassung und Eintragung in das Grundbuch mit ex-nunc-Wirkung **geheilt**, wenn die Parteien übereinstimmend die Veräußerung oder den Erwerb noch wollen mit der Folge, dass der Vertrag „seinem ganzen Inhalt nach", also einschließlich eventueller formnichtiger Nebenabreden, wirksam wird.

Das alles mag Ihnen schon mehr oder weniger bekannt gewesen sein. Wissen Sie auch noch, was unter einer **„notariellen Beurkundung"** zu verstehen ist? Das verrät Ihnen **§ 128 BGB i. V. m. §§ 8, 9, 13 BeurkG**: Die notariell zu beurkundende (n) Willenserklärung (en) des/der „Beteiligten" wird/werden in einer vor dem Notar stattfindenden „Verhandlung" abgegeben. Der Notar nimmt davon eine „Niederschrift" auf, die „vorgelesen, genehmigt und" von dem/den Beteiligten und von dem Notar „unterschrieben" wird. Wenn eine formell rechtskräftige Verurteilung zur Abgabe einer Willenserklärung die Abgabe der Willenserklärung ersetzt **(§ 894 ZPO)**, dann **ersetzt** das **rechtskräftige Urteil** auch die nach materiellem Recht erforderliche **Form**.

Wir werden übrigens demnächst noch auf **andere „notarielle" Formen** stoßen: Abgabe einer Willenserklärung „vor einer zuständigen Stelle", die u. a. „jeder Notar" sein kann (§ 925 Abs. 1 BGB) oder auf die „öffentliche Beglaubigung" (§ 129 BGB) in § 29 GBO; diese sind – bitte beachten Sie dies unbedingt – nicht dasselbe wie eine notarielle Beurkundung!

Das, was Sie eben zur notariellen Beurkundung im Rahmen des § 311 b Abs. 1 BGB erfahren haben, war Ihnen nicht neu und hoffentlich noch so einigermaßen in Erinnerung. Um das Verpflichtungsgeschäft geht es hier natürlich nur am Rande, denn Sie sind jetzt hoffentlich ganz brennend daran interessiert zu erfahren, wie man (in Erfüllung einer darauf gerichteten Verpflichtung) das Eigentum an einem Grundstück durch Übereignung erlangt.

### b) Die Möglichkeiten einer Verfügungen über ein Grundstück, speziell die Übereignung

Was eine Verfügung ist, wissen Sie sicher noch, oder…!? Die rechtsgeschäftliche Einwirkung auf ein bestehendes Recht, durch das dieses übertragen, belastet, inhaltlich geändert oder aufgehoben wird. Nirgendwo ist dies definiert.

Für die **Verfügung** durch **Übertragung** eines Rechts an einem Grundstück und durch **Belastung** des Grundstücks mit einem solchen Recht und zur Übertragung und Belastung eines solchen als Belastung des Grundstücks bestehenden Rechts an einem Grundstück verlangt das Gesetz in § 873 Abs. 1 BGB eine Einigung und eine (also: konstitutive!) Eintragung der Rechtsänderung im Grundbuch (kurz gesagt in professioneller Juristensprache: „Einigung und Eintragung"). Für die Verfügung in Gestalt der **Inhaltsänderung** ist gleiches erforderlich (§§ 877, 873 BGB).

Die **Aufhebung** hingegen fordert eine Aufhebungserklärung gegenüber dem Grundbuchamt oder dem Begünstigen und eine Löschung im Grundbuch (§ 875 BGB).

Für den Hauptfall einer Aufhebung eines Rechts, für die Aufgabe des Eigentums, gibt es Sonderregeln in § 928 BGB. Man kann die praktische Relevanz der **Dereliktion** bei Grundstücken bezweifeln, denn wer verzichtet schon auf sein Eigentum an einem Teil der Erdoberfläche, dem Kostbarsten, was es in wirtschaftlicher Hinsicht gibt? Aber: vielleicht erben Sie ja einmal ein mit einem verfallenen Haus bebautes Grundstück in einem entvölkerten Dorf in einer ganz abgelegenen öden Gegend – dann überlegen Sie sich dies schon. Wer wird Eigentümer des herrenlosen Grundstücks? Der, der es sich aneignet. Das kann der Staat (§ 928 Abs. 2 BGB). Wenn dieser es sich nicht aneignet, dann kann es jeder (§ 927 BGB). Spielen Sie die gleiche Frage doch einmal mit beweglichen Sachen durch (§§ 937 ff. BGB).

Uns beschäftigt hier zunächst die **Übertragung** des **Eigentums** an **Grundstücken**.

Zunächst einmal wissen Sie ja, dass aufgrund des **„Trennungsprinzips"** die Übereignung von dem eben **(sub a))** angesprochenen Verpflichtungsgeschäft zu trennen ist; dass auch das **„Abstraktionsprinzip"** gilt, versteht sich ebenfalls von selbst.

Die **Voraussetzungen für** den **Erwerb** des **Eigentums an** einem **Grundstück** sind – wie gesagt – **„Auflassung und Eintragung"** in das Grundbuch.

- Erforderlich sind eine dingliche **Einigung** (§ 873 Abs. 1 BGB) in der **Form** des **§ 925 Abs. 1 BGB** (dann heißt die Einigung: **„Auflassung"**) zwischen dem Erwerber und dem Veräußerer (das ist der zur Verfügung befugte Eigentümer bzw. Veräußerer, der Eigentümer des Grundstücks ist) **(sub d))** und **(sub e)),**
- und eine **Eintragung** des Erwerbers in das Grundbuch durch das Grundbuchamt (§ 873 Abs. 1 BGB) **(sub c)).**
- Daher pflegt man kurz gefasst zu sagen: Das Eigentum geht über durch **„Auflassung und Eintragung"**.
- Und was ist mit der **Übergabe**, auf die das Gesetz hier – anders als bei §§ 929 ff. BGB – nicht abstellt? Sie ist nicht Voraussetzung für den Eigentumsübergang. Die ratio legis, hierauf zu verzichten und stattdessen die Eintragung in das Grundbuch zu verlangen, ist darin zu sehen, dass eine Übergabe von Immobilien nicht rechtssicher feststellbar ist. Bei manchen Immobilien könnte man zwar an eine Übergabe des Schlüssels z. B. für die Gartenpforte und/oder für die Haustür des darauf stehenden Hauses denken. Aber wie ist es bei einem Wald? Aber selbst wenn man dies konstruieren wollte, fehlt es doch an der Sicherheit dafür, dass dies geschehen sei. Daher ist die Eintragung ins Grundbuch, also in das amtliche, beim Amtsgericht (und dort beim Grundbuchamt) geführte Register, das Auskunft über die Rechtsverhältnisse an Grundstücken gibt, konstitutiv. Aber damit Sie dies nicht missverstehen: Zur Übergabe an den neuen Eigentümer ist der Übereigner aber i.d.R. verpflichtet (lesen Sie zum wiederholten Male gerade unter diesem Aspekt des § 433 Abs. 1 BGB! Vielleicht verstehen Sie jetzt, warum der Verkäufer die Übereignung *und* die Übergabe schuldet).
- Für die anschließende Darstellung weichen wir aus bestimmten darstellungstaktischen Gründen von der vorgenannten und damit auch von der in der Realität den Ablauf bildenden Reihenfolge insoweit ab, als wir mit den Voraussetzungen für die **Grundbucheintragung** beginnen **(sub c)),** und erst **anschließend** die

**Auflassung** erörtern **(sub d)** und **sub e));** der Grund ist, dass sich so bestimmte materiell-rechtliche Fragen besser erklären und verstehen lassen.

### c) Eintragung in das Grundbuch

Die für den Rechtserwerb erforderliche Eintragung erfolgt im Grundbuch. Was das Grundbuch ist, haben Sie eben bereits in einer in den Text eigekleideten Definition gelesen. Eine Wiederholung, verbunden mit einigen Zusatzinformationen, ist aber vielleicht angebracht.

> Das Grundbuch ist ein von dem (als eine der Abteilungen des Amtsgerichts bestehenden, lesen Sie § 1 GBO) Grundbuchamt geführtes Register, das Auskunft über die privatrechtlichen Verhältnisse an Grundstücken gibt; jede Rechtsänderung muss – soll sie wirksam sein – im Grundbuch eingetragen werden. Die Eintragung ist daher „konstitutiv" für alle Rechtsänderungen an einem Grundstück, also für die Begründung, die Übertragung, die Belastung, die Inhaltsänderung oder für die Aufgabe eines Rechts an einem Grundstück. Die Folge einer Eintragung ist eine Vermutungswirkung (§ 891 BGB) und zugunsten Gutgläubiger eine Gutglaubenswirkung (§§ 892, 893 BGB) und ein Grundbuchberichtigungsanspruch im Fall der Unrichtigkeit des Grundbuchs (§ 894 BGB).

#### aa) Aufbau des Grundbuchs

Zunächst einmal: Wann immer die Rede davon ist, dass eine Eintragung in das Grundbuch erfolgt, muss man sich klar machen, dass „jedes Grundstück" – so das in Norddeutschland übliche „Realfolium" – „im Grundbuch eine besondere Stelle (Grundbuchblatt) erhält. Das Grundbuchblatt ist für das Grundstück als das Grundbuch im Sinne des Bürgerlichen Rechts anzusehen" (§ 3 Abs. 1 GBO). Es gibt auch (in Süddeutschland) das „Personalfolium", bei dem jeder Eigentümer ein Grundbuch erhält.

Das **„Grundbuch"** i. S. d. des BGB **ist** also in **Wahrheit** ein **„Blatt"**. Das darf man aber wiederum nicht so missverstehen, dass dieses „ein" ein Zahlwort und „Blatt" identisch ist mit dem Wort „Seite" ist und dass das „Grundbuch" daher nur aus einer einzigen Seite besteht. So ist es natürlich nicht!

Verschaffen Sie sich, um dieses drohende Missverständnis gar nicht erst aufkommen zu lassen, unbedingt einen optischen Eindruck vom „Grundbuch", und zwar – falls Sie nicht in der Familie einen vollständigen Grundbuchauszug über ein z. B. den Eltern gehöriges Grundstück einsehen können – am besten in den Lehrbüchern des Sachenrechts, z. B. sehr hübsch bei Baur-Stürner im Anhang 1 mit einem der Realität angepassten Mehrfarbendruck.

Rein technisch gesehen, hat das elektronische Grundbuch das in Papierform existierende Grundbuch inzwischen weitgehend ersetzt. Die Grundbuchauszüge, die man sich im Fall eines berechtigten Interesses erteilen lässt, werden aber auf Papier ausgedruckt erteilt und nicht als Datei.

Das Grundbuch – gleich ob „Real- oder Personalfolium" – ist wie folgt aufgeteilt:

- Die **Aufschrift** bezeichnet das Grundstück nach Nummer des Bandes und des Blattes.
- Das **Bestandsverzeichnis** stellt den Bezug zwischen dem Grundstück im vermessungstechnischen Sinn (Liegenschaftskataster) und dem Grundstück im Rechtssinn her, indem es das Flurstück nennt. Außerdem finden sich dort Beschreibungen des Grundstücks und Flächenangaben. Dazu eine **Warnung**: Darin erschöpft sich aber auch die Bedeutung des Bestandsverzeichnisses. Die Vermutungs- und Gutglaubenswirkung des Grundbuchs, von der Sie noch allerlei hören werden, bezieht nicht auf das Bestandsverzeichnis. Wenn also anstelle der wirklichen Grundfläche von 5 000 qm eine Grundfläche von 6 000 qm vermerkt ist, würde ein insoweit gutgläubiger Erwerber nicht etwa aufgrund des § 892 BGB Eigentümer eines Grundstücks von 6 000 qm Grundfläche werden. Oder wenn im Bestandsverzeichnis „Wiese" steht, obwohl sich auf dem Grundstück ein Wald befindet, erwirbt der gutgläubige Erwerber keine Wiese zu Eigentum. Wie sollte eine derartige wundersame Vergrößerung/Veränderung der Erdoberfläche auch möglich sein?
- In **Abteilung I** findet sich die Eintragung der **Eigentümer** (alle natürlichen und juristischen Personen; oHG/KG; bei Gesamthandsgemeinschaften müssen alle Gesamthänder eingetragen werden, während nach § 47 Abs. 2 GBO neuerdings auch ein Recht für eine Gesellschaft bürgerlichen Rechts eingetragen werden kann, wobei aber auch deren Gesellschafter im Grundbuch einzutragen sind) und der Erwerbsgründe.
- In **Abteilung III** sind die **Hypotheken, Grund- und Rentenschulden** eingetragen
- und („Subtraktionsverfahren") in **Abteilung II** die **sonstigen beschränkt dinglichen Rechte**, die das Grundeigentum belasten, wie z. B. der Nießbrauch, die Grunddienstbarkeit, eine Beschlagnahme infolge der Eröffnung eines Insolvenzverfahrens, ein Vorkaufsrecht etc.
- Und wo ist dieser Aufbau vorgeschrieben? Nicht in der GBO sondern in der **Grundbuchverfügung** (GBV).

Ergänzt wird der Inhalt des Grundbuchs durch die **„Grundakten"**, auf die das Grundbuch Bezug nehmen kann.

Da das Grundbuch ein öffentliches Register ist, kann jeder, der ein berechtigtes Interesse hat, **Einsicht** nehmen (§ 12 GBO).

#### bb) Eintragungsvoraussetzungen nach der GBO

Das **Eintragungsverfahren**, also die Frage unter welchen **Voraussetzungen** das **Grundbuchamt** eine **Eintragung vornimmt**, regelt die **Grundbuchordnung (GBO)**.

Sie wissen ja: Das **Grundbuchamt** ist eine Abteilung des Amtsgerichts (§ 1 GBO); funktionell zuständig ist aber kein Richter, sondern der Rechtspfleger (§ 3 Nr. 1h RPflG). Gegen dessen Entscheidungen über eine vorgenommene Eintragung oder gegen eine Nichteintragung kann man den Amtsrichter anrufen (Erinnerung: § 11 RPflG). Es handelt sich materiell gesehen um richterliche Verwaltungstätigkeit und nicht um Rechtsprechung. Nicht umsonst heißt diese Abteilung des Amtsgerichts auch „Amt".

Jetzt aber zu der zentralen Frage: Unter welchen Voraussetzungen wird das Grundbuchamt tätig und nimmt eine Eintragung, namentlich die eines neuen Eigentümers, an den übereignet worden ist, vor? Sie sollten sich schon mal mit dem Auswendiglernen der §§-Ketten der **§§ 13, 19, 20, 29, 39 GBO** und **§§ 17, 45 GBO** beginnen, die jeder junge Jurist ständig abrufbar parat haben muss.

Das Grundbuchamt wird

- in der Regel **(1)** nicht **von Amts wegen** (so aber z. B. § 25 GBO und § 53 GBO, dazu später mehr), **(2)** sondern (und zwar auch bei der hier interessierenden Übereignung) nur **auf** einen **Antrag (§ 13 GBO)** hin **tätig**, **(a)** den **stellen** kann **(aa)** einerseits **derjenige**, dessen **Recht betroffen ist**, oder **(bb)** der **Begünstigte** (§ 13 Abs. 1 GBO) oder **(cc)** der als ermächtigt angesehene **Notar**, der die zugrundeliegende Erklärung beglaubigt oder beurkundet hat (§ 15 Abs. 2 GBO), **(b)** der, was die Frage einer **Form** angeht, lediglich auf einem **Schriftstück**, wobei die Form des § 126 BGB nicht gewahrt sein muss, **gestellt** werden muss. **(c)** Das **Grundbuchamt** ist **an** den **Antrag gebunden**, den man aber in der **Form** des **§§ 31, 29 GBO zurücknehmen** kann.
- Aufgrund des **„formellen Konsensprinzips"** muss der in seinem **Recht Betroffene**, also der (zumindest) formell Berechtigte, die **beantragte Eintragung** gegenüber dem Grundbuchamt **bewilligen (§ 19 GBO)**. Die Bewilligung ist nicht etwa identisch mit der materiellrechtlichen Einigung i. S. d. § 873 Abs. 1 BGB bzw. der Auflassung (§§ 873 Abs. 1, 925 BGB), sondern hat eine gesonderte verfahrensrechtliche Bedeutung. Das Grundbuchamt prüft die materielle Berechtigung des Bewilligenden nicht nach.
- Damit das Grundbuchamt sich darauf verlassen kann, dass die für die Eintragung erforderlichen Erklärungen (speziell die bislang hier interessierende Bewilligung) **vom Betroffenen erteilt** sind, müssen sie der **Form** des **§ 29 GBO** entsprechen. **(a)** Das bedeutet, dass sie durch **öffentliche Urkunden** oder **öffentlich beglaubigte Urkunden** nachgewiesen werden müssen. **(aa)** Unter **öffentlichen Urkunden** versteht man solche, die durch eine öffentliche Behörde oder durch eine mit öffentlichem Glauben versehene Person (das ist z. B. ein Notar) innerhalb der Grenzen ihrer Zuständigkeit ausgestellt wurden, die eine Gedankenerklärung enthalten, die vor der öffentlichen Stelle abgegeben wurde (§ 415 ZPO), wie z. B. eine notarielle Urkunde nach dem BeurkG. Sie wissen sicher, dass diese

Definition auch im Strafrecht von Bedeutung ist, wenn es um die Subsumtion des § 271 StGB (mittelbare Falschbeurkundung) geht. **(bb)** Die **öffentlich beglaubigten Urkunden** i. S. d. § 129 BGB enthalten private Gedankenerklärungen des Ausstellers, bei denen die Echtheit der Unterschrift des Ausstellers von einem Notar beglaubigt wird. **(b)** Die Form ist auch gewahrt **(aa)** bei einem **zur Abgabe verurteilenden formell rechtskräftigen Urteil**, weil das Urteil nicht nur die Willenserklärung, sondern auch die nach materiellem Recht erforderliche Form ersetzt (§ 894 ZPO). **(bb)** In den Fällen der Eintragung einer **Vormerkung** oder eines **Widerspruchs** kann die formgerechte Bewilligung nach **§§ 885, 899 BGB durch** eine **einstweilige Verfügung ersetzt** werden.

- Aufgrund des **„materiellen Konsensprinzips"** muss speziell beim (uns hier ja interessierenden) Eigentumserwerb nach **§ 20 GBO** auch die **Auflassung vorgelegt** werden, und zwar in der – Ihnen ja gerade bekannt gemachten – **Form** des **§ 29 GBO**. Hier stellen sich einige Verständnisfragen: **(1)** Warum gilt eigentlich bei der Übereignung nicht ausschließlich das „formelle Konsensprinzip", sondern (stattdessen oder zusätzlich) das „materielle Konsensprinzip"? Nicht, weil das Grundbuchamt etwa die materielle Wirksamkeit der Auflassung gem. §§ 873, 925 BGB und/oder die Berechtigung des Auflassenden überprüfen soll, sondern weil bei der wirtschaftlich bedeutsamsten aller Rechtsänderungen ein überragend wichtiges Interesse daran besteht, dass die herbeizuführende Eintragung eines neuen Eigentümers auch der materiellrechtlichen Wirklichkeit (nicht „Wirksamkeit"!) entspricht, so dass das Grundbuchamt daher in die Lage versetzt werden muss, dies zu überprüfen. **(2)** Warum reicht dafür aber nicht die Wahrung der Form des § 925 BGB aus? Weil für § 925 BGB keine für das Grundbuchamt erkennbare Verkörperung der Auflassung vorgeschrieben ist. Es gibt nämlich (zugegebenermaßen: rein theoretisch) Auflassungen, die dem Grundbuchamt gar nicht vorgelegt werden können und deren Existenz das Grundbuchamt daher auch nicht erkennen kann, ohne zuvor in eine Art „Beweisaufnahme" über die Wahrung der §§ 873, 925 BGB einsteigen zu müssen. Lesen Sie, um sich dessen zu vergewissern, noch einmal § 925 BGB ganz genau! Mehr als eine „Einigung", die „bei gleichzeitiger Anwesenheit beider Teile vor einer zuständigen Stelle erklärt werden" muss, ist hiernach nicht erforderlich. **(3)** Was übrigens das Erfordernis einer Bewilligung nach § 19 GBO angeht, stellt sich die berechtigte Frage, ob diese angesichts des § 20 GBO überhaupt noch nötig sei. Hierzu wird in der Tat gelegentlich angenommen, dass nur die Auflassung in der Form des § 29 GBO vorgelegt werden müsse, also eine Bewilligung i. S. d. § 19 GBO entbehrlich sei, während nach überwiegender Ansicht beides verlangt wird. Diese Randfrage kann in den meisten Fällen deshalb offenbleiben, weil die Auflassung i. d. R. zugleich eine Bewilligung enthält.

- Wie gesagt: Eine **materiellrechtliche Prüfung** des Verfügungsgeschäftes **durch** das **Grundbuchamt** findet **nicht** statt, und zwar weder im Rahmen des § 19 GBO noch im Rahmen des § 20 GBO. Der Grund ist klar: Das Grundbuchamt soll nicht in einem Streit über die materielle Berechtigung entscheiden müssen. Nur offenkundige und unzweifelhafte Mängel, wie z. B. eine feststehende Geschäftsunfähigkeit, sind zu berücksichtigen, wobei aber – wenn überhaupt – wegen des Abstraktionsprinzips auch keine derartigen evtl. Mängel des Grundgeschäfts interessieren.
- Der durch die Eintragung in seinem Recht Betroffene muss i. d. R. (Ausnahme: § 40 GBO) als **Berechtigter voreingetragen** sein (§ 39 GBO). Eine Bewilligung eines zwar Berechtigten, der aber nicht als solcher im Grundbuch eingetragen ist, reicht also nicht aus. Eine bloße Voreintragung reicht aus. Die Berechtigung wird auch in diesem Zusammenhang nicht etwa vom Grundbuchamt geprüft, denn das Gesetz geht davon aus, dass bei richtiger Führung des Grundbuchs, der Voreingetragene auch Berechtigter ist Eine **Ausnahme** vom **Prinzip** der **Voreintragung des § 39 GBO besteht nach § 40 GBO**, wenn die Person, deren Recht durch eine Eintragung betroffen wird, Erbe des eingetragenen Berechtigten ist und wenn z. B. die Übertragung oder die Aufhebung des Rechts eingetragen werden soll.
- Das **Grundbuchamt bearbeitet** die dasselbe Recht betreffenden Anträge in der **Reihenfolge** ihres **Eingangs (§§ 17, 45 GBO)**.
- **Verletzungen** der **vorgenannten Regeln**, speziell auch gegen § 17 GBO **stehen dem Rechtserwerb nicht entgegen**, weil es sich um reine Ordnungsvorschriften handelt. Verstöße lösen also nur Amtshaftungsansprüche nach **§§ 839 BGB, Art. 34 GG** gegen den Staat aus, die niemals auf Naturalrestitution, sondern immer nur auf Kompensation gerichtet sind; hier gilt nicht das „Spruch-Richterprivileg" (=Verantwortlichkeit des Spruchrichters nur bei strafbarer Pflichtverletzung) des § 839 Abs. 2 S. 1 BGB, weil es sich materiell um eine Verwaltungstätigkeit handelt, die sich nach der GBO und dem FGG richtet. Wenn also zum *Beispiel* der EV sein Grundstück wirksam durch Notar N 1 beurkundet an den K 1 verkauft und dem K 1 auflässt und der Notar N 1 sofort den Eintragungsantrag stellt (§§ 13, 15 Abs. 2 GBO), der EV dann aber wirksam durch den Notar N 2 beurkundet für einen höheren Preis an den K 2 verkauft und dem K 2 auflässt und der N 2 den Eintragungsantrag stellt und das Grundbuchamt (1) unter Verstoß gegen § 17 GBO aufgrund dieses Antrags den K 2 als Eigentümer einträgt, so wird K 2 der Eigentümer. Der K 1 kann lediglich (a) den EV aus §§ 433, 283 Abs. 1, 3, 283 BGB und (b) einen Amtshaftungsanspruch aus Art. 34, 839 BGB geltend machen. (2) Wenn das Grundbuchamt unter Beachtung des § 17 GBO den Antrag des K 2 zurückweist, hat K 2 gegen den EV einen Schadensersatzanspruch aus § 311 Abs. 2 BGB, weil bereits bei Abschluss des Kaufvertrags eine Erfüllung nicht möglich war.

Fortan muss Ihnen die beiden **§§-Ketten:** hinsichtlich der Eintragungsvoraussetzungen **§§ 13, 19, 20, 29, 39 GBO** und hinsichtlich des Reihenfolgeprinzips der **§§ 17, 45 GBO** geläufig sein, wie auch die damit gemeinten Vorgänge: Antrag, Bewilligung/Auflassung/Form und Voreintragung, Reihenfolge. Sagen Sie alles solange vor sich her, bis Sie es auswendig (!) wissen.

**Noch einmal**: Es handelt sich bei diesen Verfahrensvorschriften um **reine Ordnungsvorschriften** und nicht um materielles Recht. Das materielle Recht verlangt für die Rechtsänderung (hier: die Übereignung) nur zweierlei: „Auflassung" und „Eintragung"; und deren Vorliegen beurteilt sich nur nach §§ 873, 925 BGB! Die Verletzung der Verfahrensvorschriften der GBO macht also das Grundbuch nicht unrichtig.

Es gibt allerdings einige Fälle, in denen das Grundbuch durch eine Verletzung von Verfahrensvorschriften der GBO unrichtig geworden ist. Wenn zum *Beispiel* eine dem H am Grundstück des E zustehende Hypothek versehentlich durch das Grundbuchamt gelöscht worden ist, muss das Grundbuchamt **von Amts** wegen einen Widerspruch gegen die Richtigkeit des Grundbuchs eintragen (§ 53 Abs. 1 S. 1 GBO). Dieser Widerspruch verhindert dann einen bei einer Übereignung des Grundstücks an den D nach §§ 873, 925 BGB möglichen gutgläubig lastenfreien Erwerb nach § 892 BGB. Dazu später mehr.

### d) Einigung

Das waren die Voraussetzungen für die nach § 873 Abs. 1 BGB konstitutive Eintragung in das Grundbuch. Sie haben es hoffentlich eingesehen, dass die Ihnen vorstehend vermittelten Kenntnisse im formellen Grundbuchrecht unerlässlich sind, um bei dem Thema „Verfügungen" über Grundstücksrechte, also auch bei der „Übereignung" von Grundstücken, überhaupt „mitreden zu können". Die in **§ 873 Abs. 1 BGB** genannten Verfügungsgeschäfte, zu denen auch die uns hier in erster Linie interessierende „Übertragung des Eigentums an einem Grundstück" zählt, setzen außer

- der soeben behandelten **Eintragung** in das **Grundbuch**
- eine dingliche **„Einigung"** voraus. Eine solche Einigung zur Übertragung des Eigentums an Grundstücken ist ein dinglicher Vertrag mit dem Inhalt, dass das Eigentum am Grundstück auf den Erwerber übergeht. Die Einigung i. S. d. § 873 Abs. 1 BGB ist im Grundsatz formfrei; nur bei der uns hier interessierenden Einigung über den Eigentumsübergang ist sie formbedürftig: Sie heißt **„Auflassung"** und bedarf der **Form** des **§ 925 BGB**, die sogleich näher dargestellt wird.

Wenn wir uns hier im Rahmen des § 873 Abs. 1 BGB schwerpunktmäßig auf die **Übereignung** eines Grundstücks konzentrieren, dürfen wir nie „aus dem Auge verlieren“:

1. Eine dingliche „Einigung“ i. S. d. § 873 Abs. 1 BGB ist natürlich auch für die **Belastung** eines Grundstücks mit einem beschränkt dinglichen Recht sowie bei der **Übertragung** oder **Belastung** eines **solchen Rechts** von Bedeutung.
   Eine solche Einigung zur Bestellung eines beschränkt dinglichen Rechts hat dann natürlich einen anderen Inhalt als bei der Übereignung: Sie finden diesen Inhalt ganz präzise definiert in den Vorschriften § 1018 BGB (Grunddienstbarkeit), 1030 (Nießbrauch), § 1090 BGB (beschränkt persönliche Dienstbarkeit), § 1094 BGB (Vorkaufsrecht), § 1105 BGB (Reallast); § 1113 BGB (Hypothek), § 1191 BGB (Grundschuld) und § 1199 BGB (Rentenschuld). Sie müssen alle diese Vorschriften jetzt **sofort lesen**. Sie sind alle von Bedeutung für Sie, so „abgelegen“ sie ihnen auch scheinen mögen.
2. Und außerdem gilt § 873 Abs. 1 BGB für **Inhaltsänderungen** (§ 877 BGB).

Jetzt aber wieder **zurück** zu unserem zentralen Thema, der **Übereignung von Grundstücken**, und dort zum Thema **„Einigung“** i. S. d. **§ 873 BGB**.

Die Einigung – das wissen Sie aus den Ausführungen zu §§ 929 ff. BGB – ist ein verfügend wirkender **dinglicher Vertrag** mit dem **Inhalt**, dass das Eigentum übergeht, und zwar an einem übereinstimmend gewollten Grundstück. Hier kann es Probleme geben, wie in dem folgenden Ihnen längst bekannten *Beispiel* (nach BGH): Der V ist Eigentümer der nebeneinander liegenden „Reihenvillen“ Ackerbrunnenstraße 3 und 5 in Hamburg-Rotherbaum. Der V bewohnt das viel schönere Haus Nr. 3. Der V und der K sind sich einig, dass K das Haus Nr. 5 käuflich erwerben soll. Im notariell beurkundeten Kaufvertrag und in der Auflassung wird aufgrund eines von den Parteien und vom Notar nicht bemerkten Büroversehens das verkaufte und aufgelassene Hausgrundstück mit der Grundbuchbezeichnung des Hauses Nr. 3 versehen, mit dem das Büro des Notars auch gerade befasst ist. Im Kaufvertrag verpflichtet sich der K, die die Hintergärten der beiden Häuser optisch und akustisch abschirmende hohe Hecke nicht zu beseitigen. Der K wird dann als Eigentümer des Hauses Nr. 3 eingetragen. Die erste Frage ist, ob V von K die Zustimmung zur Grundbuchberichtigung verlangen kann, wenn K, dem das Haus Nr. 3 verständlicherweise viel besser gefällt, diese verweigert, Nach § 894 BGB wäre das Grundbuch zu berichtigen, wenn der eingetragene K nicht der Eigentümer geworden wäre, wofür eine Auflassung des Hauses Nr. 3 und dessen Eintragung in das Grundbuch erforderlich wären (§§ 873, 925 BGB). Hier fehlt es an einer wirksamen Auflassung bezüglich des Hauses Nr. 3. Denn nach dem Grundsatz der „falsa demonstratio non nocet“ betrifft die Einigung das Haus Nr. 5 und nicht das Haus Nr. 3. Deswegen ist K nicht der Eigentümer des Hauses Nr. 3 geworden. Daher könnte V Grundbuchberichtigung verlangen. Anders wäre es nur, wenn dem K ein Anspruch auf Übereignung des Hauses Nr. 3 aus § 433 Abs. 1 S. 1 BGB zustünde

(§ 242: „dolo petit, qui petit,…“). Aber auch im Kaufvertrag ist keine Einigung über den Verkauf des Hauses Nr. 3 erzielt worden, denn nach dem Grundsatz „falsa demonstratio non nocet“ hat man den Verkauf des Hauses Nr. 5 vereinbart. Die weitere Frage ist, ob K zumindest die Übereignung des Hauses Nr. 5 verlangen kann, auf dessen Verkauf man sich nach dem Vorstehenden im Kaufvertrag geeinigt hatte. Zweifel bestehen deshalb, weil der Verkauf des Hauses Nr. 3 und nicht der des Hauses Nr. 5 notariell beurkundet ist (§ 311b Abs. 1 BGB), so dass der Kaufvertrag nach § 125 BGB nichtig sein könnte. Der BGH hält es aber im Fall der „falsa demonstratio“ generell für ausreichend, wenn das objektiv Erklärte (Verkauf des Hauses Nr. 3) notariell beurkundet ist. In der Tat ist die Warn- und Schutzfunktion des § 311b Abs. 1 BGB gewahrt, allerdings nicht die Beweissicherungsfunktion des § 311b Abs. 1 BGB. Das hält die Rechtsprechung bei Fällen dieser Art für unschädlich, während die Vertreter der Andeutungstheorie fordern, dass das tatsächlich Gewollte im notariell beurkundeten Vertrag angedeutet sein muss. Das wäre hier der Fall, weil die nicht beseitigt werden dürfende Hecke auf dem Grundstück des Haus Nr. 5 steht. Daher kann K die Übereignung des Hauses Nr. 5 verlangen.

Die **Vertragspartner** sind der **Berechtigte** (auch wenn er nicht im Grundbuch eingetragen ist) und der **Erwerber**.

Was die Frage der **Wirksamkeit** angeht, ist der Vertrag an den Ihnen längst bekannten Voraussetzungen zu messen. Namentlich bei der Minderjährigkeit des Erwerbers ist der Eigentumserwerb und damit auch die Einigung lediglich rechtlich vorteilhaft. Öffentliche Lasten sind kein Rechtsnachteil.

Und „last but not least“: Schon lange wissen Sie, dass die **Einigung grundsätzlich keine Bindungswirkung** hat **(§ 873 Abs. 2 BGB)**, sondern **bis zur Eintragung frei widerruflich** ist.

Aber **keine Panik**! Denn dass dies i.E. meist unschädlich ist, weil einer dinglichen Einigung ja stets ein zur Einigung verpflichtender Vertrag zugrunde liegt, haben Sie auch schon gelernt. Man kann daher auf die Einigung klagen, und die Willenserklärung des anderen Teils wird dann durch das rechtskräftige Urteil ersetzt (894 ZPO), und ist damit natürlich unwiderruflich. Das ist allerdings für einen Erwerber kein sehr starker Trost, weil dieses Vorgehen Mühe, Zeit und u. U. Geld kostet. Aber schließlich gibt es ja die Tatbestände des § 873 Abs. 2 BGB, auf deren Herbeiführung man ja schließlich auch einen Einfluss hat; und speziell bei der auf eine **Übereignung gerichteten Einigung („Auflassung“)** ist i. d. R. **keine freie Widerruflichkeit** gegeben; das werden Sie sogleich erfahren.

#### e) „Auflassung“

Die Voraussetzungen der Auflassung, also der **Einigung zur** Herbeiführung der **Übereignung** von **Grundstücken**, wird durch die insoweit den § 873 BGB ergänzenden Norm des **§ 925 BGB** geregelt. Wenn deren Voraussetzungen erfüllt sind, wird die Einigung als **„Auflassung“** bezeichnet.

> Daher sagt der geübte Jurist ja auch, dass das Eigentum an einem Grundstück durch **„Auflassung und Eintragung“** übertragen wird.

aa) Form

Unter der **„Auflassung“** versteht man eine **dingliche Einigung** i. S. d. § 873 Abs. 1 BGB mit dem **Inhalt**, dass das **Eigentum an** einem **Grundstück übergeht**, in der **Form § 925 Abs. 1 BGB**. Vom Inhalt des Formerfordernisses wissen Sie ja schon einiges; jetzt werden wir genauer:

- Für die Abgabe der beiden sich auf die Übereignung eines Grundstücks richten den und sich decken müssenden Willenserklärungen i.S. einer **Einigung nach § 873 Abs. 1 BGB**
- sind ausreichend **alle Erklärungsformen**, also rein theoretisch auch nur mündliche oder privatschriftliche Erklärungen oder Erklärungen durch Zeichen, konkludentes Handeln bis hin zum Schweigen,
- wenn sie nur **bei gleichzeitiger Anwesenheit** (nicht zwingend persönlicher Anwesenheit; man kann sich vertreten lassen, beide Seiten sogar durch einen einzigen Vertreter, z. B. den Bürovorsteher des Notars, falls die Befreiung von den Schranken des § 181 BGB erteilt worden ist!) **vor** einer **zuständigen Stelle** erfolgt sind.
- Zuständig sind **ein** (im praktischen Regelfall: der vertragsbeurkundende) **Notar**, aber auch **weitere Stellen**, z. B. Konsularbeamte; möglich ist aber auch eine Auflassung in einem Prozessvergleich oder in einem gerichtlich bestätigten Insolvenzplan (§§ 794 Abs. 1 Nr. 1 ZPO, 248 InsO, 925 Abs. 1 S. 2 BGB).
- Wie auch immer: Es geht bei der Auflassung also **nicht etwa (!!)** um die Einhaltung der **Formvorschrift** des **§ 311b Abs. 1 BGB**, sondern um die des **§ 925 BGB**; diese betrifft das dingliche Geschäft und verlangt keine „notarielle Beurkundung“, sondern nur eine gleichzeitige Anwesenheit vor einer zuständigen Stelle. Sie glauben gar nicht, wie „gerne“ dies in der Ausbildung missverstanden wird und eine erneute Beurkundung, jetzt der Einigung, für nötig gehalten wird! Behalten jedenfalls Sie, die dies gelesen haben, fortan die Übersicht!
- Das war die **Theorie**. Dass in der **Rechtspraxis** natürlich niemals – wie zwar theoretisch möglich – mündliche oder privatschriftliche Erklärungen oder Erklärungen durch Zeichen, konkludentes Handeln bis hin zum Schweigen vor dem Notar abgegeben werden, sondern dass diese sogar in aller Regel entweder **öffentlich beglaubigt** oder sogar **notariell beurkundet** werden, werden Sie jetzt gleich lernen. Letzterer Umstand ist ja vielleicht auch die Ursache für die vorgenannten Verwechslungen der Formvorschriften des § 311b Abs. 1 BGB und des § 925 BGB. Aber Ihnen passiert das jetzt bestimmt nicht mehr!

Dass es – wie gesagt – in der Praxis keine formfreie Auflassung gibt, beruht darauf, dass die Auflassung im Hinblick auf § 20 GBO der Form des § 29 GBO genügen muss.

- Falls die **Auflassung isoliert**, also zeitlich nach dem Abschluss des Kaufvertrages, **erfolgt**, werden die bei gleichzeitiger Anwesenheit beider Teile vor einer zuständigen Stelle abgegebenen Erklärungen **öffentlich beglaubigt** (§ 29 GBO

i. V. m. § 129 Abs. 1 BGB), sonst können Sie damit beim Grundbuchamt nichts anfangen (§ 29 GBO).

- Sehr häufig aber wird die **Auflassung zugleich** mit dem **Verpflichtungsgeschäft**, i. d. R. also dem Kauf- oder Schenkungs- (häufig: „Überlassungs-"vertrag genannt) nach § 311b Abs. 1 S. 1 BGB **notariell mitbeurkundet**. Damit erfüllen die Beteiligten nicht nur das **Formerfordernis** der **gleichzeitigen Anwesenheit** beider Teile **vor** einer **zuständigen Stelle (§ 925 BGB)**, sondern erzielen zusätzlich den wichtigen materiellrechtlichen Effekt einer die freie Widerruflichkeit ausschließenden **Bindungswirkung** der Einigung (§ 873 Abs. 2 BGB) und erfüllen schließlich im Hinblick auf das **Formerfordernis** der **§§ 19, 20, 29 GBO, 129 Abs. 2 BGB** die Eintragungsvoraussetzungen, „schlagen also mehrere Fliegen mit einer Klappe".

Schließlich sei daran erinnert, dass nach **§ 894 ZPO** das formell rechtskräftige Urteil zur Abgabe einer Willenserklärung die jeweils erforderliche Form ersetzt, also auch die Form des § 925 BGB.

**Fall 582**

Der E gerät in eine wirtschaftliche Krise. Einer seiner Gläubiger ist der K. Um schnell zu Geld zu kommen, verkauft der E formgerecht an den K ein ihm gehöriges wertvolles, aber wegen der Wirtschaftslage schwer verkäufliches Grundstück zu einem „Schleuderpreis" bei gleichzeitigem Erlass der Forderung des K gegen ihn und lässt es diesem auf, nachdem der K seine Gegenleistung erbracht hat. Der K führt jedoch seine Eintragung als Eigentümer nicht herbei, sondern schließt einen notariell beurkundeten Schenkungsvertrag mit seiner Frau F und lässt das Grundstück an sie auf. Die F beantragt unter Vorlage der beiden Auflassungen ihre Eintragung als Eigentümerin, die auch erfolgt. Zwei Monate nach dem Kaufvertrag zwischen E und K wird über das Vermögen des E das Insolvenzverfahren eröffnet. Der Insolvenzverwalter IV verlangt von der F 1. die Zustimmung zu einer Grundbuchberichtigung dahingehend, dass der E wieder in das Grundbuch als Eigentümer eingetragen wird, oder jedenfalls 2. die Rückübereignung an den E.

1. Eine Grundbuchberichtigung könnte vom IV nach § 894 BGB i. V. m. § 80 InsO verlangt werden, wenn der E, und nicht die im Grundbuch als Eigentümerin eingetragene F Eigentümer des Grundstücks wäre (§ 894 BGB). a) Der E war Eigentümer. b) Der K ist mangels Eintragung nicht Eigentümer geworden. c) Die F könnte Eigentümerin geworden sein. aa) Erforderlich ist eine Auflassung (§§ 873 Abs. 1, 925 BGB). aaa) Eine formgerechte Auflassung des K an die F liegt vor. bbb) Der K hat dabei jedoch aaaa) als Nichtberechtigter über das Grundstück des E verfügt. bbbb) Diese Verfügung könne jedoch nach § 185 Abs. 1 BGB aufgrund einer Einwilligung des E wirksam sein. Es ist allgemein anerkannt, dass in der Auflassung (hier der des E) regelmäßig die Einwilligung in eine Weiterveräußerung liegt, so dass es zu einem Eigentumserwerb durch

„Ketten- oder Sprungauflassungen" kommen kann. bb) Die F ist als Eigentümerin eingetragen worden. Daher ist das Grundbuch richtig. Ein Grundbuchberichtigungsanspruch des IV besteht nicht. 2. Der IV könnte aber das Rechtsgeschäft zugunsten der F unter den Voraussetzungen der §§ 129 ff.‚ 130 Abs. 1 Nr. 1, 145 Abs. 2 Nr. 3 InsO anfechten und Rückübereignung verlangen.

bb) Bedingungsfeindlichkeit

Die Auflassung ist **bedingungsfeindlich (§ 925 Abs. 2 BGB)**. Der rechtspolitische Grund für diese Regelung leuchtet ohne weiteres ein: Ob eine Person Eigentümer eines Grundstücks ist, soll sich nur aus dem Grundbuch ergeben und nicht vom Eintritt irgendwelcher „künftiger ungewisser Ereignisse", z. B. davon, dass es am 1. April 2015 regnet, abhängen. Jedermann, der ein berechtigtes Interesse hat, soll schließlich zweifelsfrei erkennen können, wer eigentlich Eigentümer eines bestimmten Grundstücks ist.

Daher ist bei der Veräußerung von Grundstücken auch **kein Eigentumsvorbehalt** i. S. d. §§ 433, 449 BGB möglich (§ 449 BGB sagt es überflüssigerweise ein weiteres Mal, indem er für einen Eigentumsvorbehalt den Verkauf einer „beweglichen Sache" verlangt). So stellt sich die **Frage**, ob es gleichwohl rechtstechnisch zu ermöglichen ist, einen **Grundstücksverkäufer, der** insoweit **vorgeleistet hat**, als dass er bereits eine (evtl. sogar nach § 873 Abs. 2 BGB bindende) Auflassung und Eintragungsbewilligung erteilt hat, dem der Kaufpreis aber noch nicht (voll) bezahlt worden ist, durch den Erhalt des Eigentums oder auf andere Weise **zu sichern**. Das Bedürfnis besteht, und man hat **folgende Auswege** gefunden:

- Der **beurkundende Notar** wird als **Treuhänder** eingesetzt: Der Notar behält die Auflassung und Eintragungsbewilligung bei sich. Er wird damit beauftragt, die Eintragung in das Grundbuch kraft seiner vermuteten Vollmacht (§§ 13, 15 GBO) zu beantragen und herbeizuführen, wenn der Kaufpreis, wie im Vertrag vereinbart, auf sein Notaranderkonto eingezahlt worden ist.
- Oder man lässt den **Käufer sogleich Eigentümer** werden, bestellt aber zugleich zugunsten des Verkäufers eine Hypothek oder Grundschuld **(„Restkaufpreishypothek/-grundschuld")** in Höhe der noch nicht entrichteten Kaufpreisschuld zu deren Sicherung (dazu später mehr).

### f) Risiken für den Rechtserwerb vor der Eintragung (Widerruf der Einigung; Verlust der Verfügungsbefugnis vor dem Eigentumserwerb; deliktische Eingriffe in das Grundstück vor dem Eigentumserwerb)

Leicht zu erkennen ist, dass die **Übertragung** des **Eigentums** an einem **Grundstück** wegen der Erfordernisse von Einigung (Auflassung) und der vom Grundbuchamt herbeizuführenden Eintragung in das Grundbuch schon rein rechtstechnisch ein **„gestrecktes Geschäft"** ist: Zwischen Auflassung und Eintragung kann ein (je nach Belastung des Grundbuchamtes) mehr oder weniger langer, früher – in Zeiten vor der Rationalisierung durch Datenverarbeitung – oft sogar monatelanger, Zeitraum liegen.

- Dies bedeutet für den Erwerber deshalb ein beträchtliches Risiko, weil es für die Wirksamkeit der Übereignung erforderlich ist, dass **bei** der **Vollendung** des **Rechtserwerbs** die **Einigung (Auflassung)** noch **vorliegt**
- und dass der **Veräußerer** zu diesem Zeitpunkt noch **zur Verfügung befugt** ist.
- Eine weitere Gefahr für den Erwerber resultiert daraus, dass in der Zeit zwischen der Auflassung und der Eintragung des Erwerbers in das Grundbuch Dritte durch tatsächliches Verhalten (Beschädigung, Zerstörung) die Sachsubstanz des **Grundstücks deliktisch** relevant **verletzen können**.
- Die **größte Gefahr** für den Erwerber besteht aber darin, dass der Veräußerer in der Schwebezeit **„Zwischenverfügungen" z. B.** eine Übereignung des Grundstücks an einen Dritten oder z. B. eine Belastung des lastenfrei verkauften Grundstücks zugunsten eines Dritten vornimmt.
- Lassen Sie sich bitte nicht von der Relevanz dieser Fragestellungen durch die (mit Verlaub: etwas **naive!**) **Idee** ablenken, dass dem Erwerber ja schließlich i. d. R. schuldrechtliche Ansprüche gegen den Übereigner auf Erfüllung/aus dem Leistungsstörungsrecht z. B. auf Schadensersatz zustehen. Das mag ja zutreffen – aber das will ein Erwerber ja gar nicht: Er will die ihm geschuldete Rechtsstellung erlangen und will von Ihnen nicht auf die Möglichkeit verwiesen werden, schuldrechtlichen Ansprüche gegen den ihm verpflichteten Übereigner durchsetzen zu müssen.

Lassen Sie sich bitte erneut daran erinnern, dass wir uns hier zunächst auf die wichtigste Verfügung über Grundstücksrechte – nämlich auf die Übereignung von Grundstücken – konzentrieren wollen. Das bedeutet aber nicht, dass es die soeben skizzierte Problematik nur hier gäbe: Auch die Bestellung einer Hypothek oder einer Grundschuld oder die Übertragung einer durch eine Buchhypothek gesicherten Forderung oder einer Grundschuld oder anderer beschränkt dinglicher Rechte sind als „gestreckte Tatbestände" mit den vorgenannten Risiken behaftet. Und die sogleich vermittelte Lösung des Konflikts ist hier wie dort einschlägig.

Zu fragen ist also, wie das **Gesetz** der **Risikolage gerecht** wird, die sich daraus ergibt, dass das **Verfügungsgeschäft** ein **„gestrecktes Geschäft"** – das ist ein üblicher Fachausdruck – ist.

Leiten wir dieses Thema mit einer kleinen **„Vorschau"** auf das folgende Programm ein:

**1.** Es wird sich zeigen **(sub aa))**, dass das Gesetz dem aus der **einseitigen Widerruflichkeit** der Einigung resultierenden Risiko dadurch Rechnung getragen hat, dass die Einigung (hier speziell: die Auflassung) von den Parteien mit einer sie unwiderruflich machenden **Bindungswirkung** ausgestattet werden kann (§ 873 Abs. 2 BGB). Das wussten Sie auch bereits.

2. Ferner wird sich zeigen **(sub bb)** und **sub h)**, dass das Gesetz Möglichkeiten verschafft, um die Risiken aus einem **Wegfall** der **Verfügungsbefugnis** vor Vollendung des Rechtserwerbs weitgehend zu minimieren (§ 878 BGB).
3. Außerdem soll dem Erwerber unter bestimmten Voraussetzungen **(sub cc))** schon vor seiner Eintragung in das Grundbuch ein **Anwartschaftsrecht** zustehen, dessen Verletzung durch **tatsächliche deliktische Eingriffe** Schadensersatzansprüche zur Folge hat (§ 823 Abs. 1 BGB).
4. Ob der Erwerber auch bei **Zwischenverfügungen** durch **§ 823 Abs. 1 BGB** wegen einer Verletzung des Anwartschaftsrechts geschützt ist, wird zu diskutieren sein **(sub cc))**. In jedem Fall aber gibt es zum Schutz des Erwerbers das Institut der **Vormerkung** (§§ 883 ff. BGB) **(sub dd))**.

aa) Bindung

Ein praktisch gesehen relativ unbedeutendes Risiko für den Eigentumserwerb aufgrund der Gestrecktheit des Rechtserwerbes besteht darin, dass die Einigung (Auflassung) vom Übereigner oder Erwerber aufgrund eines bloßen Sinneswandels einseitig und ohne Begründung widerrufen werden kann.

Sie wissen schon längst, dass eine **Einigung grundsätzlich nicht bindend** ist, und zwar weder bei § 929 BGB (arge. Wortlaut des § 929 BGB und „a maiore ad minus"-Schluss aus § 873 Abs. 2 BGB) noch bei § 873 Abs. 1 BGB (argec. aus § 873 Abs. 2 BGB), dass sie also bis zur Vollendung des Rechtserwerbs einseitig und ohne jede Begründung widerrufen werden kann; die Einigung hat also keinerlei schuldrechtliche Verpflichtungswirkung; der sonst so heilige Grundsatz „pacta sunt servanda" gilt hier nicht. Verlangt wird also ein **„Einigsein"**.

Gravierend ist diese Gefahr aber nicht, denn selbstverständlich besteht nach einem Widerruf der Einigung weiterhin die Verpflichtung des zur Übereignung Verpflichteten aus dem vom Widerruf nicht betroffenen obligatorischen Vertrag, so dass z. B. der **Erwerbe**r weiterhin einen Anspruch auf Übereignung (z. B. aus § 433 Abs. 1 BGB) hat, erfolgreich auf Übereignung klagen kann, dies mit der Folge, dass aufgrund der Fiktion des § 894 ZPO die Einigungserklärung des Veräußerers in formgerechter Weise ersetzt wird, von einer Schadensersatzpflicht des Vertragsbrüchigen ganz zu schweigen! Das gilt aber auch für den **Übereigner**, der seinen Anspruch z. B. auf Abnahme (§ 433 Abs. 2 BGB) behält.

Dass dies, was Sie soeben lasen, aber kein allzu starker Trost ist, wissen Sie auch schon. Der Erwerber will nicht klagen müssen und Zeit und u. U. Geld ´verlieren, nur weil der andere Teil seine Erklärung widerrufen hat. Er will problemlos Eigentümer werden können. Und in der Tat: Bei Verfügungen über Grundstücke und Grundstücksrechte, also auch bei der Auflassung, ist die Widerruflichkeit der

Einigung aber kein „unausweichliches Schicksal". Das Gesetz schafft Abhilfe, denn **ausnahmsweise** ist der Verfügende nach **§ 873 Abs. 2 BGB** an die Einigung **gebunden**, und zwar:

- bei **notarieller Beurkundung** der Einigung,
- bei Herbeiführung der **Einigung vor** dem Rechtspfleger des **Grundbuchamts,**
- bei **Einreichung** der **Einigung** bei dem **Grundbuchamt,**
- und bei **Aushändigung** einer **formgerechten Eintragungsbewilligung** (§§ 19, 29 GBO) an den Erwerber.

Der aufmerksame Leser hat natürlich spätestens jetzt erkannt, warum „im wirklichen Leben" die Auflassung häufig im Kaufvertrag mitbeurkundet wird (§ 311b Abs. 1 S. 1 BGB): Die notarielle Beurkundung der Auflassung macht diese unwiderruflich (§ 873 Abs. 2 BGB). Dass dies auch noch andere Vorteile hat, wissen Sie bereits; prüfen Sie sich selbst!

Aber man darf die **Bindungswirkung** des **§ 873 Abs. 2 BGB** umgekehrt auch **nicht überschätzen**: Sie **schützt nur** vor einseitigem **Widerruf** der Einigung, **nicht** aber vor **Zwischenverfügungen** des anderen Teils. Insoweit hilft dem Erwerber in einigen Fällen vielleicht § 823 Abs. 1 BGB, mit Sicherheit aber die Vormerkung (§§ 883 ff. BGB)! Mit diesen Fragen befassen wir uns noch (sub cc) und sub dd)!

#### bb) Wegfall der Verfügungsbefugnis vor Vollendung des Rechtserwerbs

Das Leben ist voller Gefahren: Es ist ein allgemeiner Grundsatz, dass der **Verfügende** auch **noch bei Vollendung des Rechtserwerbs** die **Verfügungsbefugnis haben muss**; anderenfalls ist die Verfügung (speziell hier: die Übereignung eines Grundstücks, auf die wir uns ja gerade beschränken) unwirksam. Dass wegen dieses Umstandes aufgrund der Gestrecktheit des Eigentumserwerbes an Grundstücken ein bedeutendes Risiko für den künftigen Eigentümer besteht, erkennen Sie, die Sie ja immer lebenspraktischer zu denken gewohnt sind, sicher sofort. Sie müssen sich nur verdeutlichen, dass damit der Erwerber die Gefahr zwischenzeitlicher relativer oder absoluter Verfügungsbeschränkungen trägt, insbesondere das einer zwischenzeitlichen Eröffnung des Insolvenzverfahrens über das Vermögen des Veräußerers (§ 80 InsO), ja selbst dessen Eheschließung, wenn das Grundstück das gesamte Vermögen ausmacht (§ 1365 BGB).

Aber auch diese Gefahr sollte man nicht überbewerten. Denn der Gesetzgeber hat der Risikolage in **§ 878 BGB** Rechnung getragen, wo bestimmt wird, dass zwischenzeitliche Verfügungsbeschränkungen den Rechtserwerb dann nicht mehr verhindern können, wenn die Parteien alles getan haben, damit die Rechtsänderung eintritt. Damit befassen wir uns zwar erst unter dem Aspekt der nicht mehr bestehenden Berechtigung der Übereigners **(sub h)**; Sie aber haben die Norm natürlich bereits längst einmal mit Verstand gelesen und sich gleich einen privaten Probefall dazu ausgedacht – oder?

cc) Deliktischer Schutz des Erwerbers („Anwartschaftsrecht")

Wir sind bei der Erörterung der Risiken, die der Grundstückserwerber in der Zeit bis zu seiner Eintragung in das Grundbuch zu fürchten hat. Eine Gefahr kann auch von deliktisch relevant handelnden Dritten drohen, so dass sich die Frage stellt, ob der künftige Eigentümer schon „im Vorfeld" einen Anspruch aus § 823 Abs. 1 BGB haben kann. Wenn dem Erwerber des Eigentums an einem Grundstück in der Schwebezeit bereits ein als sonstiges Recht anzusehendes Anwartschaftsrecht am Grundstück zustehen sollte, kann er **durch § 823 Abs. 1 BGB** vor in der Schwebezeit erfolgenden

- **tatsächlichen Eingriffen** in das Grundstück,
- und möglicherweise auch vor **rechtlichen Eingriffen** durch Zwischenverfügungen **geschützt** sein.

Nach der Ihnen ja längst bekannten allgemeingültigen Definition des Anwartschaftsrechts würde dem Erwerber ein **Anwartschaftsrecht** am **Grundstück des Veräußerers** zustehen, wenn der Veräußerer den Eigentumserwerb des Erwerbers nicht mehr einseitig verhindern kann und es ausschließlich in den Händen des Erwerbers liegt, den Vollrechtserwerb herbeizuführen.

Diese Rechtsposition eines **„Anwartschaftsrechts"** des künftigen Eigentümers **am Grundstück des Veräußerers** besteht dann,

**1.** wenn

**a)** die **Auflassung bindend** ist (§ 873 Abs. 2 BGB), und der **Eigentumsumschreibungsantrag durch** den **Erwerber selbst gestellt worden** ist; denn dann ist die Erwerbsposition des Erwerbers aus folgenden Gründen gesichert:Die Auflassung kann vom Veräußerer nicht widerrufen werden (§ 873 Abs. 2 BGB) durch Tod und Geschäftsunfähigkeit des Veräußerers bleibt die Auflassung unberührt (§ 130 Abs. 2 BGB); nachträgliche Verfügungsbeschränkungen sind unbeachtlich (§ 878 BGB: Sie kennen die Norm, weil Sie sie bereits mit Verstand gelesen haben!); der Antrag nach § 13 GBO kann nur vom Erwerber zurückgenommen werden (§§ 31, 29 GBO); dasselbe Recht betreffende Anträge des Veräußerers werden erst nach dem Antrag des Erwerbers bearbeitet (§§ 17, 45 GBO), so dass Zwischenverfügungen des Eigentümers oder Vollstreckungsmaßnahmen gegen den Eigentümer nicht möglich sind.

**b)** Das so hergeleitete Anwartschaftsrecht erlischt mit der Rücknahme des Eintragungsantrags, ferner mit einer Aufhebung der Auflassung oder schließlich bei einem (allerdings nur bei einer Verletzung des § 17 GBO durch das Grundbuchamt möglichen) Eigentumserwerb eines Dritten.

**2.** Eine im vorgenannten Sinne gesicherte Erwerbsposition und damit ein **Anwartschaftsrecht** besteht **auch** dann, wenn eine **bindende Auflassung vorliegt** (§§ 873 Abs. 1, 2, 925 BGB) und wenn zusätzlich zugunsten des Auflassungsempfängers eine **Auflassungsvormerkung** (§ 883 BGB) eingetragen ist.

Die **Rechtsfolgen** aus der Zuerkennung eines **Anwartschaftsrechts**, das ja nach einem „geflügelten Wort" des BGH als **„wesensgleiches minus des Vollrechts"** bezeichnet wird, sind Ihnen schon aufgelistet worden.

Jetzt gehen wir (uns etwas vom Thema entfernend, aber dorthin zurückkehrend!), was das Anwartschaftsrecht angeht, ein wenig ins Detail, wobei uns hier auch die (in diesem Zusammenhang am besten darstellbare) Übertragbarkeit des Anwartschaftsrechtes interessiert.

(1) Übertragbarkeit

Dieses **Anwartschaftsrecht** kann in konsequenter Umsetzung der Qualifikation als **„wesensgleiches minus"** des Vollrechts (hier: Eigentum) wie dieses auch **übertragen** werden,

- und zwar **nur** durch **Auflassung** nach §§ 873 Abs. 1, 925 Abs. 1 BGB; eine **Eintragung** in das **Grundbuch** ist wegen der fehlenden Eintragungsfähigkeit **nicht möglich**. Durch das Erstarken des erworbenen Anwartschaftsrechts zum Vollrecht beim Erwerber kommt es zu einem Eigentumserwerb ohne Zwischeneintragung des Erst-Erwerbers in das Grundbuch. Wie führt der Erwerber des Anwartschaftsrechts, bei dem dieses zum Vollrecht erstarkt ist, seine Eintragung in das Grundbuch herbei? Der neue Eigentümer kann die Berichtigung des Grundbuchs vom Eigentümer verlangen (§ 894 BGB). Die Frage, welche Bedeutung die **Möglichkeit** der **Übertragung des „Anwartschaftsrechts"** angesichts der i.E. zum gleichen Resultat führenden **„Kettenauflassung"** eigentlich hat, beantwortet sich so: Die in der Auflassung liegende stillschweigende Einwilligung des Eigentümers zur weiteren Auflassung („Kettenauflassung") kann bis zur Vornahme des Rechtsgeschäfts von dem Eigentümer widerrufen werden (§ 183 BGB); der Vorteil der Übertragung des „Anwartschaftsrechts" besteht darin, dass die Rechtsstellung des Anwartschaftsberechtigten und damit auch die Möglichkeit zur Übereignung unentziehbar ist.
- Wegen der fehlenden Eintragungsfähigkeit des Anwartschaftsrechts gibt es aber **keinen gutgläubigen Erwerb** des Anwartschaftsrechts nach § 892 BGB.

**Fall 583**

Der E verkauft formgerecht (§§ 433, 311b Abs. 1 S. 1 BGB) ein ihm gehöriges Grundstück an den K; die Auflassung wird im Kaufvertrag mitbeurkundet. Der K zahlt den Kaufpreis. Das Grundstück wird an den K übergeben. Der K stellt den

Eintragungsantrag unter Vorlage der Auflassung und einer Eintragungsbewilligung des E (§§ 13, 19, 20, 29 GBO). Bevor der K im Grundbuch eingetragen wird, verkauft er das Grundstück formgerecht weiter an den D; nach Zahlung des Kaufpreises erfolgt die Auflassung an D. Dann wird das Insolvenzverfahren über das Vermögen des K eröffnet. Der Insolvenzverwalter IV nimmt das Grundstück in Besitz (§ 148 InsO). Der D wird nach Antrag und unter Vorlage der beiden Auflassungen nach dem voreingetragenen K (§ 39 GBO) als Eigentümer im Grundbuch eingetragen. Der D verlangt vom Insolvenzverwalter IV Herausgabe des Grundstücks. (Haben Sie eigentlich die GBO-Vorschriften §§ 13, 19, 20, 29, 39 GBO gelesen? Wenn nicht, holen Sie es sofort nach und lesen Sie auch den § 17 GBO dazu!)

Der Anspruch könnte sich aus §§ 985 BGB, 47 InsO ergeben. a) Der Insolvenzverwalter besitzt das Grundstück. b) Der D müsste Eigentümer sein. aa) E war Eigentümer. bb) Der K ist mangels Eintragung in das Grundbuch nicht Eigentümer geworden; er hat nur ein „Anwartschaftsrecht" am Grundstück des E erworben. cc) Der D müsste Eigentümer geworden sein. aaa) Er hat von dem K das Anwartschaftsrecht am Grundstück des E nach §§ 873, 925 BGB erlangt. bbb) Nach Herbeiführung seiner Eintragung als Eigentümer ist der D unmittelbar nach dem E Eigentümer geworden („Direkterwerb"), also nicht im Wege des „Durchgangserwerbs" durch das Vermögen des K hindurch mit der dann eingetretenen Folge des § 35 InsO. c) Der Insolvenzverwalter könnte allerdings aus § 242 BGB („dolo agit, qui petit …") ein Recht zum Besitz haben, wenn er den Rechtserwerb des D anfechten kann (§§ 129, 143 InsO).

(2) Schutz

Nun wissen Sie etwas, was Sie schon eigentlich immer wussten, nämlich dass der künftige Grundeigentümer auch ein Anwartschaftsrecht an dem Grundstück erlangen kann; und wir haben die Möglichkeiten der Übertragbarkeit dieses Anwartschaftsrechts erörtert. Das ist alles sehr wichtig und ein gutes Nebenprodukt unserer Arbeit; aber es war gar nicht unser derzeitiges Thema.

Uns interessiert hier nämlich, ob die Rechtsstellung des künftigen Grundeigentümers als **Anwartschaftsberechtigter** in der Schwebezeit des gestreckten Erwerbstatbestandes der §§ 873, 925 BGB **durch § 823 Abs. 1 BGB geschützt** ist, und zwar vor **tatsächlichen Eingriffen** in das Grundstück und vielleicht sogar vor **rechtlichen Eingriffen** durch Zwischenverfügungen des Eigentümers zugunsten eines Dritten.

Daneben sprechen wir die Frage der Anwendbarkeit der **§§ 985 oder 1004 BGB** an.

Auch wenn wir in diesem Buch das Deliktsrecht noch nicht behandelt haben, wissen Sie es längst: Ein Anwartschaftsrecht genießt als „wesensgleiches minus des Vollrechts" als „**sonstiges Recht** auch **deliktischen Schutz aus § 823 Abs. 1 BGB**; das haben wir beim Anwartschaftsrecht des Eigentumsvorbehaltskäufers schon recht gründlich behandelt; es wird kein großes Geheimnis verraten, wenn Sie hier erfahren, dass es bei dem Anwartschaftsrecht des künftigen Grundeigentümers nicht wesentlich anders ist, dass nämlich

- auch dieser Anwartschaftsberechtigte bei **tatsächlichen Eingriffen** eines Dritten in die Sachsubstanz, durch § 823 Abs. 1 geschützt wird. Ähnlich wie bei dem Anwartschaftsrecht des Vorbehaltskäufers gibt es auch hier eine interessante Konkurrenzproblematik (Anspruchsberechtigung des Eigentümers, der einen Anspruch aus § 823 Abs. 1 BGB wegen einer Eigentumsverletzung hat/ Anspruchsberechtigung des Anwartschaftsberechtigten, der einen Anspruch aus § 823 Abs. 1 BGB wegen einer Anwartschaftsrechtsverletzung hat/ Anspruchsberechtigung beider?); als Lösung wird hier eine Anwendung des §§ 432, 1281 BGB favorisiert. Dazu später mehr.
- Auch **rechtliche Eingriffe** in ein „sonstiges Recht" sind deliktisch relevant. Aber: Soweit es um die Frage der Möglichkeit einer deliktischen Korrektur von vertragswidrigen **Zwischenverfügungen** des **Veräußerers** geht, gibt es einen hier maßgeblichen Streit. Zum Teil wird angenommen, dass die (ja ohnehin nur bei einem Verstoß des Grundbuchamts gegen die Ordnungsvorschriften der §§ 17, 45 GBO vorstellbare!) Wirksamkeit einer Zwischenverfügung deshalb nicht im Interesse des Anwartschaftsberechtigten und damit zum Nachteil des durch die Zwischenverfügung Begünstigten über §§ 823 Abs. 1, 249 Abs. 1 BGB wegen des Vorliegens einer deliktisch relevanten Verletzung des Anwartschaftsrechts korrigiert werden könne, weil der Erwerber sich ja durch eine Vormerkung, dem eigens für einen solchen Schutz geschaffenen Institut (dazu sogleich mehr!), hätte schützen können. Das ist ein beachtliches Argument. Die h.M. wendet aber gleichwohl §§ 823 Abs. 1, 249 BGB an. Wir als potentielle Praktiker müssen uns bei allem Spaß an dogmatischen Fragen zugleich auch klar machen, dass solche Fälle, in denen diese Fragen relevant werden, in der Rechtswirklichkeit deshalb kaum vorkommen, weil die eigentlich in jeder Hinsicht perfekt arbeitenden Grundbuchämter nur äußert selten gegen §§ 17, 45 GBO verstoßen dürften.

**Fall 584**

Der Eigentümer V verkauft sein Grundstück formgerecht an den K. Die Auflassung und die Eintragungsbewilligung des V werden im Kaufvertrag vorgenommen bzw. erklärt. Der K stellt den Eintragungsantrag (§ 13 GBO). Bevor der K als Eigentümer eingetragen wird, veräußert der V das Grundstück an den D durch einen formwirksamen Kaufvertrag, in dem auch die Auflassung erfolgt und die Eintragungsbewilligung zugunsten des D erklärt wird. Der D, der sich (aus welchem Grunde auch immer) hätte sagen müssen, dass der V das Grundstück bereits an den K veräußert und auch bindend an ihn aufgelassen hatte und dass der K auch schon einen Eintragungsantrag gestellt hatte, stellt gleichwohl seinerseits den Eintragungsantrag beim Grundbuchamt. Aufgrund eines Versehens des Grundbuchamts wird der Antrag des D entgegen der Regel der §§ 17, 45 GBO (Bearbeitung nach der zeitlichen Reihenfolge) vor dem Antrag des K bearbeitet, und der D wird als Eigentümer im Grundbuch eingetragen. 1. Der K verlangt von D die Aufgabe seines Eigentumsrechts. 2. Jedenfalls will der K sich an den Staat halten.

1. Der Anspruch gegen D könnte sich wegen einer rechtswidrigen und schuldhaften Verletzung eines „Anwartschaftsrechtes" des K am Grundstück des E aus §§ 823 Abs. 1, 249 Abs. 1 BGB ergeben. a) Nach einer Ansicht besteht wegen der Möglichkeit einer Sicherbarkeit des Eigentumserwerbes durch eine Vormerkung (§§ 883 ff. BGB) kein Bedürfnis nach einem deliktischen Schutz des Anwartschaftsrechts eines künftigen Grundeigentümers vor Zwischenverfügungen, b) während die andere Ansicht auch in diesen Fällen einen Deliktsschutz zulassen will: aa) Verletzt ist das „Anwartschaftsrecht" des K am Grundstück des E (§§ 873, Abs. 2, 925 BGB, § 13 GBO), also ein „sonstiges Recht" des Anspruchstellers; bb) durch ein in den Willenserklärungen des D (Auflassung nach §§ 873 Abs. 1, 925; Antragstellung nach § 13 GBO) liegendes Verhalten des Inanspruchgenommenen; cc) der D hat rechtswidrig gehandelt; dd) der D hat in Bezug auf die Verletzung aaa) auch fahrlässig, also schuldhaft, gehandelt; bbb) das aber reicht jedoch nicht aus, um eine deliktische Schadensersatzhaftung bei Zwischenverfügungen zu begründen; denn ein Erwerb des Eigentums von einem Nicht-Eigentümer wäre sogar bei bloßer Fahrlässigkeit möglich, nur Vorsatz würde schaden (§ 892 Abs. 1 S. 1 BGB). Würde man hier einen Anspruch aus §§ 823 Abs. 1, 249 Abs. 1 BGB des K gegen den leicht fahrlässig handelnden D mit der Folge eines Anspruchs auf Rückübereignung zulassen, hätte dies zur Folge, dass man einem Erwerber (hier: dem D), der das Eigentum von einem Eigentümer (hier: dem V) erworben hat, das erlangte Eigentum leichter streitig machen könnte, als einem, der es vom Nichteigentümer erworben hat, denn dieser würde das Eigentum nur bei Vorsatz nicht gutgläubig erwerben können (§ 892 BGB). Daher muss bei bloßer Fahrlässigkeit des Erwerbers D der in einem Erwerb des Eigentums aufgrund einer Zwischenverfügung des Immer-Noch-Eigentümers liegende Eingriff in ein Anwartschaftsrecht des K durch einen Erwerb des Vollrechts (erst recht) folgenlos bleiben. 2. Der Anspruch gegen den Staat ergibt sich aus § 839 BGB i. V. m. Art. 34 GG.

Dass man konsequenterweise auch die **§§ 985, 1004 BGB** zugunsten des künftigen Eigentümers anwendet, versteht sich von selbst. Die übrigen Rechtsfolgen der Zuerkennung eines „Anwartschaftsrechts" werden hier aus Gründen der Beschränkung des Stoffs nicht weiter besprochen.

#### dd) Die Sicherung des Rechtserwerbs des Grundstückskäufers durch eine (Auflassungs-) Vormerkung

Infolge des „Trennungsprinzips" besteht bei gestreckten Erwerbstatbeständen wie beim Erwerb von Grundstücken und Grundstücksrechten ein besonders ausgeprägtes Bedürfnis, den lediglich schuldrechtlich Berechtigten davor zu schützen, dass der Verpflichtete – wenn auch auf Kosten einer Schadensersatzpflicht – in der Schwebezeit anderweitig „zwischenverfügt" oder eine „Zwangsverfügung" stattfindet, durch die der Rechtserwerb vereitelt oder beeinträchtigt wird.

Dem hat der Gesetzgeber zum Zwecke der Sicherung schuldrechtlicher Ansprüche auf dingliche Rechtsänderungen an Grundstücken oder Grundstücksrechten in **§§ 883 ff. BGB** in sehr subtiler Weise Rechnung getragen. Die sichere Kenntnis dessen gehört zum **klassischen Examensrepertoire**.

1. Das **Problem** erkennt man mit einem Blick. Ein schuldrechtlicher Anspruch eines Gläubigers 1 auf dingliche Rechtsänderung an einem Grundstück, z. B. auf Übereignung, auf Belastung mit einer Hypothek etc. (lesen Sie die gesetzliche Beschreibung der Möglichkeiten von Rechtsänderungen in § 883 Abs. 1 S. 1 BGB) hindert den Schuldner nicht daran, die Rechtsänderung zugunsten eines anderen Gläubiger 2 vorzunehmen. Denn unsere bisherigen Ausführungen haben uns gelehrt, dass es offenbar keinen ausreichenden Schutz vor Zwischenverfügungen gibt: Ein **deliktischer Schutz** des **Erwerbers vor Zwischenverfügungen** des Veräußerers würde voraussetzen, dass dem Gläubiger bereits ein **„Anwartschaftsrecht"** zusteht und dass die Zwischenverfügung zugunsten eines vorsätzlich Handelnden erfolgt. Und wer meint, dass eine drohende Schadensersatzverpflichtung aus §§ 280 Abs. 1 3, 283 BGB einen Schuldner vom Vertragsbruch abhalten würde, der kennt das Leben nicht; drohende nachteilige Konsequenzen konditionieren die Menschen selten. Und abgesehen davon: es ist ein Irrglaube zu meinen, dass eine jede Pflichtverletzung einen zu ersetzenden „Schaden" i. S. d. §§ 249 BGB nach sich zieht; das wäre z. B. nicht der Fall, wenn der Gläubiger das gekaufte Hausgrundstück aus reinem „Affektionsinteresse", z. B. weil die Vorfahren dort schon gewohnt hatten, und deshalb vielleicht sogar „zu teuer" erworben hat; er hätte wirtschaftlich gesehen vielleicht sogar einen „Vorteil", wenn er den Vertrag nicht erfüllen müsste.
2. Der Gesetzgeber hat daher eigens zum Zwecke der Sicherung eines schuldrechtlichen Anspruchs des Gläubigers 1 z. B. auf den Erwerb eines dinglichen Rechtes an einem Grundstück das Rechtsinstitut der **Vormerkung** geschaffen. Man nennt diese eine **„Auflassungsvormerkung"**, wenn es um die Sicherung eines dem Gläubiger 1 geschuldeten Eigentumserwerbs geht, der durch Übereignung, also durch Auflassung und Eintragung in das Grundbuch erfolgen soll. Auf diese wollen wir uns im Folgenden **schwerpunktmäßig konzentrieren**. Dieses vorläufige **Sicherungsmittel verhindert** eine die geschuldete Übereignung **„vereitelnde" Übereignung** des Veräußerers an einen Zweit-Erwerber und eine die geschuldete Übereignung **„beeinträchtigende" Belastung** seitens des Veräußerers als Schuldner der Verpflichtung zur Herbeiführung einer „lastenfrei" vereinbarten dinglichen Rechtsänderung. Das rechtstechnische Mittel dafür ist aber **nicht** – wie man denken könnte – eine **„Grundbuchsperre"**; vielmehr erklärt das Gesetz in einer sehr feinsinnigen Konstruktion die zugunsten des Gläubigers 2 vorgenommenen „vormerkungswidrigen" Verfügungen

des Schuldners insoweit für relativ unwirksam, als sie den Rechtserwerb des Gläubigers 1 vereiteln oder beeinträchtigen (§ 883 Abs. 2 BGB). **Lesen Sie** schon jetzt einmal **§ 883 Abs. 2 BGB**, damit Sie die folgenden Ausführungen, z. B. zur Bestellung etc. besser verstehen!

**3.** Bevor es weitergeht: **Machen Sie sich** bitte noch einmal und anschließend immer wieder **klar**, dass Ihnen die Vormerkung **hier** nur **am Beispiel** der Sicherung eines Anspruchs auf Einräumung eines Rechts an einem Grundstück, und zwar des Eigentums, also in Gestalt der sog. **„Auflassungsvormerkung“**, vermittelt wird, dass aber die Vormerkung auch noch andere wichtige Anwendungsbereiche hat, die exakt in § 883 Abs. 1 BGB beschrieben werden. Also kann
   **a)** nicht nur der – hier im Mittelpunkt stehende – Anspruch auf Auflassung, sondern zum Beispiel auch ein Anspruch auf die Bestellung eines anderen Rechts an einem Grundstück, zum Beispiel auf Einräumung eines Grundpfandrechts nach § 873 BGB durch eine Vormerkung gesichert werden, oder ein Anspruch auf Aufhebung eines dinglichen Rechts an einem Grundstück („Löschungsvormerkung“) nach § 875 BGB,
   **b)** ferner ein Anspruch auf Einräumung oder Aufhebung eines dinglichen Rechts an einem solchen Recht
   **c)** oder ein Anspruch auf Änderung des Inhalts oder des Rangs eines solchen Rechts nach §§ 877, 880 BGB.

Was die **Rechtsnatur** der **Vormerkung** angeht, ist die Vormerkung, weil sie keine unmittelbare Beziehung des Berechtigten zur Sache begründet, **kein Grundstücksrecht**, sondern eine als **„Sicherungsmittel“** zu bezeichnende Rechtsstellung „sui generis“ (=eigener Art), die aber in vielerlei Hinsicht **wie** ein **Sachenrecht behandelt** wird: Die **Begründung der Vormerkung** erfolgt durch „Bewilligung“ und Eintragung **(§ 885 BGB)**; die Überwindung fehlender Verfügungsbefugnis geschieht nach **§ 878 BGB**; es gibt einen **gutgläubigen Erwerb** bei fehlendem Eigentum des die Vormerkung bewilligenden Schuldners **(§§ 892, 893 Var. 2 BGB)**; bei zu Unrecht erfolgter Eintragung oder nicht mehr wirksam bestehender Vormerkung gibt es einen Grundbuchberichtigungsanspruch **(§ 894 BGB)**; die Vormerkung kann nach **§ 875 BGB** aufgehoben werden. Das alles werden wir zunächst **sub (1)** vertiefen; dann geht es um die Sicherungswirkung **(sub (2))**; dann wird es um Ausführungen zu den Verteidigung gegen eine Vormerkung gehen **(sub (3))**, sodann um die Rangwirkung **sub (4))** und um die Vollwirkung **(sub (5))**. Im Kontext dazu steht eine dem Vormerkungsberechtigten zukommende Privilegierung beim gutgläubigen Erwerb **(sub (6))**.

#### (1) Die Bestellung der Vormerkung/der Erwerb der Vormerkung

Die Voraussetzung für den Schutz des nur obligatorisch berechtigten künftigen Grundeigentümers (nur darauf konzentrieren wir uns hier bekanntlich) durch eine (Auflassungs-) Vormerkung ist ein (beachten Sie: nach § 311b Abs. 1 S. 1 BGB notwendigerweise auch form) gültiger **schuldrechtlicher Anspruch** auf eine **ding-**

**liche Rechtsänderung** aus einem Rechtsgeschäft, namentlich aus einem Vertrag (§ 311 Abs. 1 BGB), z. B. aus einem Kaufvertrag, oder aus einem Vermächtnis aus §§ 2147, 2174 BGB gegen den betroffenen Rechtsinhaber (§ 883 Abs. 1 BGB).

Kleine **Testfrage**: Kann der Anspruch auf Grundbuchberichtigung (§ 894 BGB) durch eine Vormerkung gesichert werden? Nein, und zwar aus drei Gründen: Es ist ein dinglicher und kein schuldrechtlicher Anspruch; er ist auch nicht auf eine Rechtsänderung gerichtet; und außerdem gibt es den speziellen Rechtsbehelf zu dessen Sicherung in Gestalt des Widerspruchs nach § 899 BGB.

Der Anspruch muss **entweder gegenwärtig** und **endgültig existieren**. Er kann **aber auch bedingt** sein (§ 158 BGB). So kann zum *Beispiel* durch eine Vormerkung gesichert werden ein Anspruch auf Rücküberlassung für den Fall der Verarmung des Schenkers. Eine kleine „Kontrollfrage zwischendurch": Steht dem nicht § 925 Abs. 2 BGB entgegen? Nein, natürlich nicht, denn § 925 Abs. 2 BGB betrifft die Auflassung und macht nur diese „bedingungsfeindlich"; hier war im Beispiel aber die „Schenkung", also der Vertrag nach § 516 ff. BGB auflösend bedingt vereinbart! Fällt Ihnen auch ein Beispiel für einen aufschiebend bedingten Anspruch ein? Zu denken ist an Fälle, in denen die Wirksamkeit eines Kaufvertrags davon abhängig gemacht wird, dass ein Bebauungsplan verabschiedet wird, der die vom Käufer beabsichtigte Bebauung möglich macht. Aber auch nur **künftige** Ansprüche genügen für § 883 BGB, wenn „der Rechtsboden für die Entstehung" gelegt ist (BGH), was der Fall ist, wenn der Verpflichtete bereits so gebunden ist, dass er die Entstehung des Anspruchs nicht mehr willkürlich verhindern kann. Dies ist z. B. der Fall beim wirksamen (§ 311b Abs. 1 BGB!) bindenden Verkaufsangebot und beim wirksamen (§ 311b Abs. 1 BGB!) Vorvertrag.

Die Vormerkung ist **akzessorisch**. Daher **„steht und fällt"** (das ist die beste Umschreibung für die Akzessorietät) sie **mit** der **Existenz** des **Anspruchs** auf **dingliche Rechtsänderung** (hier: Übereignungsanspruch), erlischt also durch dessen Erfüllung, durch dessen Anfechtung, durch eine Konfusion (Vereinigung von Schuld und Forderung). Der Vormerkungsberechtigte ist deshalb in allen diesen Fällen zur Berichtigung des Grundbuchs verpflichtet **(§ 894 BGB)**. Die Akzessorietät führt nach **§§ 398, 401 BGB analog** auch zum **„Mitlauf"**, so dass die Vormerkung bei einer nicht in das Grundbuch einzutragenden (!) Zession dem jeweiligen Gläubiger zusteht, so dass dieser gemäß § 894 BGB analog die Berichtigung des Grundbuchs verlangen kann.

**Bestellt werden** kann die **Vormerkung** nur dem **Gläubiger** des gegenwärtigen, bedingten oder künftigen **Anspruchs**. Das ist bei einem **Zweipersonenverhältnis** problemlos festzustellen. Nicht jedoch bei zum *Beispiel* einem **Kaufvertrag zugunsten Dritter** nach §§ 433, 311b Abs. 1 S. 1, 328 BGB zwischen dem Versprechenden (Verkäufer) und dem Versprechensempfänger (Käufer) zugunsten eines Dritten. Der („sofern nicht ein anderer Wille der Vertragschließenden anzunehmen ist") Anspruch des Versprechensempfängers aus §§ 328, 335, 433, 311b Abs. 1 S. 1 BGB auf

Übereignung an den Dritten ist sicherbar. Der Anspruch des Dritten aus §§ 328, 433, 311b Abs. 1 S. 1 BGB ist ebenfalls sicherbar, wenn er bestimmt ist. Ist der Dritte aber unbekannt, so kann zu seinen Gunsten eine Vormerkung nur in das Grundbuch eingetragen werden, wenn er „bestimmbar" ist, was z. B. nicht der Fall ist bei einer „vom Versprechensempfänger noch zu benennenden" Person.

Das Gesetz verlangt in § 885 Abs. 1 BGB für die Bestellung der Vormerkung keine Einigung nach § 873 BGB, sondern eine **„Bewilligung"**, also ein einseitiges Rechtsgeschäft, die für die Eintragung in das Grundbuch der Form des § 29 GBO genügen muss. Welche war das noch? Lesen Sie es nach! Abzugeben ist sie gegenüber dem Erwerber oder gegenüber dem Grundbuchamt (§§ 875 Abs. 1 S. 2, 876 S. 2 BGB analog). Eine **Bindungswirkung**, wie § 873 Abs. 2 BGB sie ermöglicht, scheint es, weil § 873 Abs. 1 BGB nicht einschlägig ist, nicht zu geben; man wird aber **§ 873 Abs. 2 BGB analog** anwenden können, so dass man zu einer Bindung des Bewilligenden kommt, wenn die Eintragung einer Vormerkung – wie in der Praxis üblich – im notariellen Kaufvertrag bewilligt wird. Im Fall eines zur Abgabe einer Willenserklärung verurteilenden vorläufig vollstreckbaren Urteils, auf Grund dessen eine Eintragung eines dinglichen Rechts in das Grundbuch erfolgen soll (also z. B. bei einer auf einem Anspruch aus §§ 433, 311b Abs. 1 BGB fußenden vorläufig vollstreckbaren Verurteilung zur Auflassung), „**gilt** die Eintragung einer Vormerkung … **als bewilligt" (§ 895 ZPO)**. Wissen Sie noch, wie man derlei („gilt als") nennt? Eine Fiktion! Zu Deutsch: Eine „gesetzliche Lüge", wie Konrad Zweigert die Fiktion nannte. Wenn der Schuldner eines Anspruchs auf dingliche Rechtsänderung (hier auf Übereignung) eine vom Gläubiger verlangte Vormerkung **nicht bewilligt**, muss der Gläubiger aber nicht auf Abgabe einer Bewilligungserklärung klagen, sondern kann sie durch eine **einstweilige Verfügung** erwirken (§§ 885 Abs. 1 BGB, 935 ZPO, wobei nur der Verfügungsanspruch (z. B. durch Vorlage des wirksamen Kaufvertrages), nicht jedoch der Verfügungsgrund – die Gefährdung – glaubhaft gemacht werden muss (§ 885 Abs. 1 S. 2 BGB). Was ist der rechtspolitische Grund für diese die Erlangung der einstweiligen Verfügung erleichternden Voraussetzungen?

**Fall 585**

Der V hat an den K1 für € 1. 000. 000,– ein Grundstück verkauft. Der K1 erwirkt die Eintragung einer Vormerkung durch eine einstweilige Verfügung; den Verfügungsanspruch macht er durch Vorlage des notariell beurkundeten Kaufvertrags glaubhaft (§§ 885 Abs. 1, 935 BGB, 294 ZPO). Eine von V noch vor Eintragung des K1 als Eigentümer beabsichtigte Veräußerung an den K2 zum Preis von € 1. 500. 000,– scheitert, als der K2 die Vormerkung zugunsten des K1 im Grundbuch entdeckt. Später stellt sich heraus, dass der Kaufvertrag wegen eines versteckten Dissenses über den Preis nicht zustande gekommen war. Der V macht einen Schadensersatzanspruch in Höhe von € 500. 000,– geltend.

Der Anspruch könnte sich aus § 945 ZPO ergeben. a) Die einstweilige Verfügung, aufgrund derer die Vormerkung in das Grundbuch eingetragen war, war von Anfang an ungerechtfertigt, denn mangels eines Kaufvertrages bestand kein

Verfügungsanspruch aus § 433 Abs. 1 BGB. b) Ob den K hieran ein Verschulden traf, ist unbeachtlich. c) Der V hat aa) einen Schaden in Höhe von € 500. 000,– erlitten. bb) Man wendet aber § 254 BGB Abs. 1 BGB analog an, so dass man wohl zu einer Schadensteilung kommt.

Die Vormerkung muss **im Grundbuch eingetragen** werden (§ 885 Abs. 1 BGB). Es gelten die Ihnen bekannten Regeln der §§ 13, 19, 29, 39 GBO.

Die Eintragung einer Vormerkung aufgrund einer einstweiligen Verfügung kann übrigens für den obligatorisch Berechtigten riskant sein. Erweist sich nämlich ihre Anordnung als von Anfang an ungerechtfertigt, weil z. B. der Kaufvertrag unerkannt nichtig ist, so ist derjenige, der die einstweilige Verfügung erwirkt hat, unabhängig von einem Verschulden (Gefährdungshaftung!) zum Schadensersatz verpflichtet **(§ 945 ZPO)**. Aber wieso kann denn eine zu Unrecht eingetragene Vormerkung Schäden anrichten? Das Grundbuch wird doch gerade nicht „gesperrt“! Die Antwort auf diese Frage fällt dem praktisch Denkenden leicht:

Sie werden ja gleich etwas über die Vormerkungswirkung lernen (gelesen hatten Sie §§ 883 Abs. 2, 888 BGB ja schon einmal, oder?!): Sie besteht darin, dass „vormerkungswidrige“ Zwischenverfügungen unwirksam sind. Die Konsequenz daraus ist, dass jedermann, der von einer im Grundbuch eingetragenen Vormerkung Kenntnis nimmt, vorsorglich davon Abstand nehmen wird, das damit belastete Grundstück z. B. zu erwerben oder sich (hier gerade nicht interessierend) z. B. von dem Eigentümer eine Hypothek oder Grundschuld bestellen zu lassen. Rein praktisch wird das Grundbuch also doch „blockiert“ – dass dem Eigentümer daraus Schäden entstehen können, dürfte auf der Hand liegen!

Der die Vormerkung **Bewilligende** muss derjenige sein, dessen Grundstück oder Recht von der Vormerkung betroffen ist (§ 885 Abs. 1 S. 1 BGB), also derjenige, der **Berechtigter** bezüglich des **dinglichen Rechts** ist, über das zu verfügen er verpflichtet ist. Das heißt bekanntlich, dass bei der hier interessierenden Auflassungsvormerkung der Bewilligende ein zur **Verfügung befugter Eigentümer** oder ein **sonst zur Übereignung Befugter** sein muss.

Der nachträgliche **Wegfall der Verfügungsbefugnis** wird mit Hilfe des **analog** anzuwendenden **§ 878 BGB** überwunden. Das bedeutet im *Beispiel* einer in bindender Weise bewilligten Vormerkung (§ 873 Abs. 2 BGB analog) durch den Verkäufer eines ihm gehörenden Grundstücks und der Stellung des Antrags auf Eintragung der Vormerkung, dass der Käufer die Vormerkung erwirbt, auch wenn vor der Eintragung der Vormerkung das Insolvenzverfahren eröffnet wird (§ 878 BGB analog i. V. m. § 91 Abs. 2 InsO).

Ist der **Bewilligende Nichtberechtigter**, z. B. bei der Auflassungsvormerkung zu Unrecht als Eigentümer im Grundbuch eingetragen, ist ein **gutgläubiger**

**„Erst"-Erwerb** der Vormerkung nach **§ 893 Var. 2 BGB** möglich, **dies aber nur bei** einem **Erwerb** nach **§ 885 Abs. 1 S. 1 Var. 2** BGB aufgrund einer **Bewilligung** und in dem – praktisch seltenen – Fall, in dem die die Bewilligung durch rechtskräftiges Urteil erstritten worden ist und die Willenserklärung durch das Urteil nach **§§ 894, 898 ZPO** ersetzt wird. Warum ist dieser Fall eigentlich nur theoretisch vorstellbar? Denken Sie wieder praktisch! Die Vormerkung muss möglichst schnell eingetragen werden und nicht erst nach vielleicht drei Instanzen, die erforderlich sein könnten, um ein rechtskräftiges Urteil zu erstreiten, das zur Abgabe der Bewilligung einer Vormerkung verurteilt. Der für das Vorliegen **des guten Glaubens** maßgebliche **Zeitpunkt** bestimmt sich nach §§ 893 Var. 2, 892 Abs. 2 BGB: „Ist zu dem Erwerb des Rechts die Eintragung erforderlich, so ist für die Kenntnis des Erwerbers die Zeit der Stellung des Antrags auf Eintragung oder, wenn die nach § 873 erforderliche Einigung erst später zustande kommt, die Zeit der Einigung maßgebend." Das war/en die Möglichkeit/en eines gutgläubigen Erst-Erwerbs einer Vormerkung. Dagegen gibt es **keinen gutgläubigen Ersterwerb** im Fall des **§ 885 Abs. 1 S. 1 Var. 1 BGB** aufgrund einer **einstweiligen Verfügung**. Warum nicht? Weil es dabei nicht um einen Fall des „rechtsgeschäftlichen Erwerbs" geht, wie es für einen jeden Gutglaubenserwerb nötig ist. Auch bei der nach **§ 895 ZPO** fingierten Bewilligung einer Vormerkung kann man diese nicht gutgläubig erwerben (arge § 898 ZPO).

Zu unterscheiden ist hiervon die sehr beliebte Klausur-Frage, ob auch ein **gutgläubiger „Zweiterwerb"** der Vormerkung möglich ist.

Zunächst **scheint** diese **Frage sinnlos** zu sein, denn die Vormerkung kann als akzessorisches Nebenrecht – wenn sie denn überhaupt ein „Recht" ist – gar nicht übertragen werden. Aber immerhin bringt die Akzessorietät es bekanntlich mit sich, dass im Fall der **Abtretung** des gesicherten **obligatorischen Anspruchs** die Vormerkung auf den Zessionar übergeht **(§§ 398, 401 BGB analog)**, und der Zessionar nach § 894 BGB dann seine Eintragung in das Grundbuch erwirken kann, so dass die **Frage nach einem gutgläubigen Zweit-Erwerb** letztlich **doch** einen **Sinn** hat. Es geht hinsichtlich des eventuell möglichen gutgläubigen Zweit-Erwerbs um die Fälle, in denen zwar ein schuldrechtlicher Anspruch gegeben ist, die Vormerkung aber mangels wirksamer Bestellung nicht besteht und die bestehende Forderung dann abgetreten wird, und sich die Frage stellt, ob der Zessionar nach §§ 398, 401 BGB analog auch die Vormerkung erlangt hat. Dies wird teilweise aus der konstruktiven Erwägung, dass es sich bei § 401 BGB um einen gesetzlichen Erwerb handele und ein Gutglaubensschutz nur bei rechtsgeschäftlichem Erwerb in Betracht komme, verneint; teilweise wird die Möglichkeit eines gutgläubigen „Zweiterwerbs" aber auch bejaht, weil ein Schutzbedürfnis bestehe. Entscheiden Sie selbst!

Darüber, dass ein **„gutgläubiger Zweiterwerb"** überhaupt nur in dieser Konstellation diskutabel ist, und **keinesfalls** in derjenigen **Fallgestaltung** möglich ist, in der **überhaupt keine Forderung** und deswegen auch keine Vormerkung **besteht**, herrscht allseits Einigkeit, denn ein gutgläubiger Erwerb scheidet dann schon deshalb aus, weil Forderungen bekanntlich nicht gutgläubig erworben werden können **(argec. § 405 BGB)** und ohne den Erwerb einer Forderung ist eine ihre Erfüllung sichern sollende Vormerkung eine Vormerkung sinnlos ist.

Sie wissen es bereits: Bei zu Unrecht erfolgter Eintragung oder nicht mehr wirksam bestehender Vormerkung gibt es einen Grundbuchberichtigungsanspruch (**§ 894 BGB**); die Vormerkung kann nach **§ 875 BGB** aufgehoben werden.

Nachdem Sie nun wissen, wie eine Vormerkung bestellt wird (wissen Sie es wirklich? Halten Sie sich vorsorglich selbst einen kleinen Vortrag dazu!) interessiert uns nun die Wirkung der Vormerkung. Wir beginnen mit der Erörterung der **„Sicherungswirkung"**, die für Sie im Vordergrund stehen dürfte.

(2) Sicherungswirkung (§ 883 Abs. 2 BGB)

Die Vormerkung dient in erster Linie der Sicherung eines obligatorischen Anspruchs auf dingliche Rechtsänderung (§§ 883 Abs. 2, 888 BGB). Sie verwirklicht dieses Ziel durch eine **„Sicherungswirkung"**, die

- eine **„vereitelnde" Zwischenverfügung** (bei der hier in erster Linie interessierenden Auflassungsvormerkung: den zwischenzeitlichen Eigentumserwerb eines Zweiterwerbers)
- oder eine **„beeinträchtigende" Zwischenverfügung** (bei der hier in erster Linie interessierenden Auflassungsvormerkung: die im Widerspruch zum Inhalt des die Lastenfreiheit des Erwerbs zum Inhalt habenden Verpflichtungsgeschäfts stehende zwischenzeitliche Belastung durch den Veräußerer zugunsten eines Dritten)
- dadurch **verhindert**, dass derartige „vormerkungswidrige" Zwischenverfügungen des obligatorisch Verpflichteten insoweit für **relativ unwirksam** erklärt werden, als sie den Rechtserwerb vereiteln oder beeinträchtigen (§ 883 Abs. 2 BGB).

Bei der Sicherungswirkung muss unterschieden werden zwischen den Fällen
- einer vom Eigentümer bestellten Vormerkung (sub (a))
- und den Fällen einer gutgläubig vom Nicht-Eigentümer „erst"-erworbenen (sub (b)) oder
- schließlich bei einer gutgläubig „zweit"-erworbenen Vormerkung (sub (c)).

(a) Wir beginnen natürlich mit den Fällen einer **vom Eigentümer** bestellten **Vormerkung**. Folgender **Grundfall** muss – wenn Sie an die Auflassungsvormerkung denken – vor Ihrem „geistigen Auge" stehen:

**Fall 586**

Der Verkäufer EV verkauft ein ihm gehöriges Grundstück formgerecht an den K. Aufgrund einer Bewilligung des EV wird zugunsten des K eine Auflassungsvormerkung in das Grundbuch eingetragen. Dann verkauft der EV das Grundstück an den D, der aufgrund einer Auflassung als Eigentümer in das Grundbuch eingetragen wird. Nunmehr will der K Eigentümer werden und verlangt von EV 1.

die Auflassung, mittels derer er sodann 2. seine Eintragung als Eigentümer in das Grundbuch erreichen will.

1. Der K könnte von EV die Auflassung aus § 433 Abs. 1 BGB verlangen. a) Der Anspruch ist – weil ein formwirksamer Kaufvertrag (§§ 433, 311b Abs. 1 S. 1 BGB) abgeschlossen worden ist – entstanden. b) Er könnte jedoch ausgeschlossen sein (§ 275 Abs. 1 BGB): aa) Durch die Übereignung an den D könnte es dem EV nicht mehr möglich sein, an K zu übereignen, so dass der Anspruch nach § 275 Abs. 1 BGB ausgeschlossen wäre. bb) Aufgrund der wirksam bestellten Vormerkung wird nach § 883 Abs. 2 BGB der EV jedoch im Verhältnis zu K weiterhin als Eigentümer des Grundstücks behandelt; mithin ist dem EV die Auflassung möglich, und er ist zu ihr verpflichtet. aaa) Er kann sie entweder freiwillig in der Form des § 925 BGB erteilen, oder er kann dazu verurteilt werden mit der Folge, dass nach § 894 ZPO die Willenserklärung des EV durch das rechtskräftige Urteil ersetzt wird. bbb) Der K muss seine Erklärung dann unter Wahrung der Form des § 925 BGB vor dem Notar abgeben. 2. Um Eigentümer zu werden, muss der K a) einen Antrag beim Grundbuchamt stellen (§ 13 GBO); b) ferner muss dem Grundbuchamt die Bewilligung des Betroffenen (§ 19 GBO) und/oder nur (str.) die Auflassung (§ 20 GBO) in der Form des § 29 GBO vorliegen. Diese Anforderungen kann der K erfüllen (s. o. (1)) c) Der in seinem Recht Betroffene muss voreingetragen sein (§ 39 GBO): aa) Das ist hinsichtlich des EV nicht (mehr) der Fall, weil mittlerweile der D im Grundbuch eingetragen ist; bb) daher muss der D die Eintragung des K bewilligen; hierzu ist er nach § 888 BGB (ein sog. „Hilfsanspruch") verpflichtet; ist er dazu nicht bereit, muss K gegen ihn klagen, und das rechtskräftige Urteil ersetzt dann die Bewilligungserklärung des D (§ 894 ZPO).

**Variante**

Die Vormerkung zugunsten des K wird erst nach der Auflassung des EV an den D und nach der Stellung des Eintragungsantrags durch D unter Verletzung der §§ 17, 45 GBO in das Grundbuch eingetragen.

Man könnte daran denken, dass der K durch § 878 BGB geschützt würde; die Vormerkung ist aber keine Verfügungsbeschränkung.

**Fall 587**

Der EV macht dem K1 am 1. Juni 2002 ein für 6 Monate befristetes notariell beurkundetes Angebot zum Abschluss eines Kaufvertrags über sein Grundstück zum Preis von € 1. 000. 000,– und bewilligt darin dem K1 eine Vormerkung, die auf Antrag des K1 auch in das Grundbuch eingetragen wird. Dann veräußert der EV das Grundstück, lässt es an den K2 auf und bewilligt die Eintragung des K2, der anschließend auch als Eigentümer in das Grundbuch eingetragen wird. Am 15. November 2002 nimmt der K1 das Angebot des EV durch notariell beurkundete Erklärung an und verlangt von EV Zug – um – Zug gegen Zahlung des Kaufpreises die Auflassung. Der EV meint der Anspruch sei ausgeschlossen.

Der K1 könnte von EV die Auflassung aus § 433 Abs. 1 BGB verlangen. a) Der Anspruch ist – weil ein formwirksamer Kaufvertrag (§§ 433, 311b

Abs. 1 S. 1, 152 BGB) abgeschlossen worden ist – entstanden. b) Der Anspruch könnte jedoch ausgeschlossen sein (§ 275 Abs. 1 BGB): aa) Durch die Übereignung an den D könnte es dem EV nicht mehr möglich sein, an den K1 zu übereignen, so dass er nach § 275 Abs. 1 BGB ausgeschlossen wäre. bb) Nach § 883 Abs. 2 BGB wird der EV jedoch im Verhältnis zu K1 weiterhin als Eigentümer behandelt; mithin ist dem EV die Auflassung möglich, und er ist zu ihr verpflichtet: Das setzt voraus, dass eine Vormerkung bestanden hat. aaa) Der EV hat die Eintragung einer Vormerkung bewilligt (§ 885 Abs. 1 BGB), bbb) sie ist im Grundbuch eingetragen worden (§ 883 Abs. 1 S. 1 BGB). ccc) Voraussetzung ist weiterhin ein schuldrechtlicher Anspruch auf dingliche Rechtsänderung: Als die Vormerkung eingetragen wurde, bestand nur ein künftiger Anspruch des K1 aus dem bindenden Angebot des EV. Das reicht nach § 883 Abs. 1 S. 2 BGB aus. Die Übereignung an K2 war daher vormerkungswidrig. Der EV kann die Auflassung entweder freiwillig in der Form des § 925 BGB erteilen, oder er kann dazu verurteilt werden mit der Folge, dass nach § 894 ZPO die Willenserklärung des EV durch das rechtskräftige Urteil ersetzt wird.

Interessante Besonderheiten ergeben sich beim **„Schwarzgeschäft“**.

**Fall 588**

Der V verkauft in notariell beurkundeter Form sein Grundstück „lastenfrei“ für € 1. 000. 000,– an den K bei gleichzeitiger Bewilligung einer Auflassungsvormerkung zugunsten des K durch V; im Kaufvertrag werden allerdings aufgrund einer ohne Wissen des Notars getroffenen Abrede nur € 800. 000,– beurkundet, um so Kosten und Grunderwerbsteuern „zu sparen“. Sodann bestellt V der B-Bank zur Sicherung eines Darlehens eine Hypothek von € 500. 000,–. Der K, der davon nichts erfährt, zahlt wie vereinbart den gesamten Kaufpreis von € 1. 000. 000,– an den V. Die Auflassung wird formgerecht erteilt, und der K wird als Eigentümer im Grundbuch eingetragen. Der K verlangt von der B-Bank die Zustimmung zur Löschung der Hypothek.

1. Aus § 894 BGB ergibt sich der Anspruch nicht, weil auch bei einer (evtl.) vormerkungswidrigen Verfügung des V (dazu sogleich) das Grundbuch nicht unrichtig wird. 2. In Betracht kommt daher nur ein Anspruch aus § 888 BGB. a) Dann müsste eine wirksame Vormerkung bestanden haben: aa) Sie ist – wie erforderlich – im Grundbuch eingetragen. bb) Eine Bewilligung des V als Eigentümer liegt vor. cc) Erforderlich ist weiterhin ein wirksamer schuldrechtlicher Anspruch auf dingliche Rechtsänderung: In Betracht kommt hier ein Anspruch aus einem Kaufvertrag zwischen beiden (§ 433 Abs. 1 S. 1 BGB), wenn ein solcher zwischen beiden geschlossen worden wäre. aaa) Der von dem Notar beurkundete Kaufvertrag über einen Preis von € 800. 000,– könnte nach § 117 Abs. 1 nichtig sein. aaaa) Der V und der K haben zwar einander entsprechende, auf den Abschluss eines Kaufvertrags gerichtete empfangsbedürftige Willenserklärungen abgegeben. bbbb) Ihre Willenserklärungen haben sie jedoch einverständlich mit diesem Inhalt nur zum Schein abgegeben. Ihr mit dem Scheingeschäft angestrebtes Ziel (Kostenersparnis) konnten und wollten sie mit dem bloßen Schein eines

auf diesen Preis lautenden Kaufvertrages erreichen. Daher ist ein Kaufvertrag mit dem Inhalt eines Preises von € 800. 000,– nichtig. bbb) Wirksam sein könnte aber das „dissimulierte Geschäft" über € 1. 000. 000,– (§ 117 Abs. 2 BGB). Dann aber müssten dessen Wirksamkeitsvoraussetzungen gegeben sein; insbesondere müsste die Formvorschrift des § 311b Abs. 1 S. 1 BGB erfüllt sein, weil der Vertrag sonst nach § 125 S. 1 BGB nichtig wäre. aaaa) Die Preisabrede ist aaaaa) beurkundungspflichtig, weil es dabei um eines der „essentialia negotii", also um eine vertragsbestimmende Abrede geht. Da nicht der gewollte Betrag von € 1. 000. 000,– beurkundet ist, wäre der Kaufvertrag nichtig. bbbbb) Wenn allerdings die beurkundeten „€ 800. 000,–" nach der „falsa demonstratio non nocet"-Regel als beurkundete „€ 1. 000. 000,–" anzusehen wären, wäre dem Formerfordernis des § 311b Abs. 1 S. 1 BGB entsprochen. Damit würde man jedoch die Einhaltung der gesetzlichen Form des § 311b Abs. 1 S. 1 BGB der Disposition der Parteien unterwerfen, was nicht angeht. Nur beiderseitige irrtümliche Falschbezeichnungen können nach dem Grundsatz „falsa demonstratio non nocet" einen Verstoß gegen § 311b Abs. 1 S 1 BGB unbeachtlich machen. Der Kaufvertrag ist daher nicht nach § 117 Abs. 2 BGB wirksam. bbbb) Der Formmangel ist jedoch nach § 311b Abs. 1 S. 2 BGB geheilt. b) Die Verfügung (Belastung des Grundstücks) müsste vormerkungswidrig sein (§§ 888, 883 Abs. 2 BGB): aa) Verkauft worden war das Grundstück „lastenfrei". bb) Vormerkungswidrig wäre die Verfügung des V aber nur dann, wenn z.Zt. der Verfügung die Vormerkung bestanden hätte: diese war zunächst unwirksam, weil der Kaufvertrag formnichtig war (Akzessorietät!); dann ist sie – mit der Heilung der Nichtigkeit des Kaufvertrages – wirksam geworden, aber nur „ex nunc" (keine rückwirkende Kraft der Heilung!); daher bestand bei der Verfügung keine Vormerkung. K kann nicht die Zustimmung zur Löschung der Hypothek von der B-Bank verlangen. (Die „Moral von der Geschicht'": Hände weg von „Schwarzgeschäften"!).

Die Vormerkung soll den Erwerber eines dinglichen Rechts vor Zwischenverfügungen schützen; gemeint sind damit unzweifelhaft Verfügungen im technischen Sinne. Die Frage ist, ob auch die **Bestellung** einer **weiteren Vormerkung** eine Zwischenverfügung ist. Dass es sich nicht um eine (Zwischen-) Verfügung im technischen Sinne handelt, ist unbestritten. Wohl aber ist die Vormerkungsbestellung ein verfügungsähnliches Rechtsgeschäft, so dass auch die Bestellung einer weiteren Vormerkung von der Vormerkungswirkung des § 883 Abs. 2 BGB erfasst wird. Ein praktisch und in Klausuren „beliebtes" Problem ist die Fragestellung, ob eine (Zwischen) **Vermietung** von der Vormerkungswirkung betroffen ist.

**Fall 589**

Der E verkauft am 1. August 2002 sein Hausgrundstück an den K und bewilligt ihm eine Auflassungsvormerkung, die am 1. Oktober 2002 in das Grundbuch eingetragen wird. Die Übergabe des Hauses soll nach dem Kaufvertrag am 1. Mai 2003 in „geräumtem Zustand" erfolgen. Der Kaufpreis ist am 31. Dezember 2002 fällig; dann soll auch die Auflassung erfolgen. Am 1. November 2002 schließt der E mit M einen Mietvertrag auf 5 Jahre fest ab und überlässt dem M das Haus.

Hiervon erfährt der K nichts. Der K zahlt zum 31. Dezember 2002 den Kaufpreis und die Auflassung erfolgt. Der K wird am 15. April 2003 als Eigentümer im Grundbuch eingetragen. Am 1. Mai 2003 erfährt er von der Vermietung und Überlassung des Hausgrundstücks an den M. Er verlangt von dem M Herausgabe.

Der Anspruch könnte sich aus § 985 BGB ergeben. a) Der K ist Eigentümer. b) Der M ist Besitzer. c) Der M dürfte kein Recht zum Besitz haben; ein Recht zum Besitz des M könnte sich aus §§ 986 Abs. 1 S. 1, 535 BGB ergeben, wenn zwischen M und K ein Mietvertrag bestünde. aa) Das könnte nach § 566 BGB der Fall sein, denn das veräußerte Grundstück war vor dem Erwerb durch K (=Eigentumsübergang) an M vermietet und überlassen, so dass der Mietvertrag nunmehr zwischen M und K besteht. bb) Fraglich ist, ob der Mietvertrag nach § 883 Abs. 2 BGB analog mit dem Eigentumserwerb des K unwirksam geworden ist. aaa) Nach einer Ansicht soll dies der Fall sein. Es soll hiernach eine gesetzliche Lücke bestehen, deren Schließung durch die Interessenlage geboten sei, denn eine von der Wirkung des § 883 Abs. 2 BGB erfasste völlig unbedeutende Grundstücksbelastung würde den Erwerber weniger hart treffen als eine Vorenthaltung des Besitzes. Auch eine systematische Überlegung erfordere die Analogie: Denn ohne eine analoge Anwendung des § 883 Abs. 2 BGB würde man den nur obligatorisch berechtigten Mieter besser schützen als den dinglichen Erwerber. Die Rechtsähnlichkeit zwischen der von § 883 Abs. 2 BGB geforderten Verfügung und einer mietweisen Überlassung ergebe sich aus der quasidinglichen Wirkung dieses Vorgangs: Der Vindikationsanspruch sei ausgeschlossen, und zwar auch der des Nachfolgers im Eigentum (§ 566 BGB). Es wäre auch ein Wertungswiderspruch, den Mieter besser zu schützen als den Erwerber eines dinglichen Wohnungsrechts oder eines Nießbrauchs. bbb) Überwiegend. lehnt man die Analogie ab: Es bestünde angesichts der aus dem Mietvertrag erworbenen Rechte des Erwerbers (Zahlung der Miete) kein Bedarf für die Schließung einer Lücke durch eine analoge Anwendung des § 883 BGB. Der Erwerber und der Mieter hätten überdies beide nur schuldrechtliche Ansprüche, so dass nicht einzusehen sei, dass der Erwerber vorgezogen werden solle, zumal der Mieter (anders als ein dinglicher Erwerber) keinen Anlass habe, vor Abschluss eines Mietvertrages das Grundbuch wegen einer eventuellen Vormerkung einzusehen.

Dies waren die Fallkonstellationen, in denen die Vormerkung durch den Eigentümer bestellt wurde. Jetzt müssen wir uns den bereits aufgeworfenen Fragen stellen, ob die „Sicherungswirkung" der Vormerkung auch in den Fällen einer **gutgläubig** vom **Nicht-Eigentümer „ersterworbenen"** oder bei einer **gutgläubig „zweiterworbenen" Vormerkung gegeben** ist.

(b) Bei der **gutgläubig „ersterworbenen" Vormerkung** werden §§ 883 Abs. 2, 888 BGB analog angewendet. Das leuchtet sofort ein, denn anderenfalls wäre die Zuerkennung der Möglichkeit eines gutgläubigen Erwerbs völlig unnötig gewesen: „Wer A sagt, muss auch B sagen".

**Fall 590**

Der anstelle des Eigentümers E zu Unrecht im Grundbuch als Eigentümer eingetragene NE verkauft das Grundstück formgerecht an den gutgläubigen K und bewilligt ihm eine Vormerkung, die auch im Grundbuch eingetragen wird. Danach erfährt K, dass in Wahrheit der E der Eigentümer ist. Der E lässt auch noch einen Widerspruch gegen die Richtigkeit des Grundbuchs eintragen. Zug-um-Zug gegen die Kaufpreiszahlung des K an NE erfolgt die Auflassung. K stellt den Eintragungsantrag und wird als Eigentümer in das Grundbuch eingetragen. E verlangt Grundbuchberichtigung.

Ein Anspruch aus § 894 BGB Anspruch setzt voraus, dass 1. die Eintragung des K im Grundbuch als Eigentümer 2. falsch war. a) E war Eigentümer. b) K könnte das Eigentum nach §§ 873, 925 BGB erlangt haben. aa) Auflassung und Eintragung liegen vor. bb) Der NE war jedoch nicht der Eigentümer und auch nicht ausnahmsweise zur Übereignung befugt. cc) Also könnte K das Eigentum nur nach § 892 Abs. 1 S. 1 BGB erlangt haben. aaa) Ein rechtsgeschäftlicher Erwerb im Sinne eines durchgeführten Verkehrsrechtsgeschäfts liegt vor (§§ 873, 925 BGB). bbb) NE war zu Unrecht im Grundbuch eingetragen, denn Eigentümer war der E. ccc) K müsste zum richtigen Zeitpunkt gutgläubig gewesen sein. aaaa) Hier ist aaaaa) an sich § 892 Abs. 2 BGB einschlägig, so dass es auf die Antragstellung ankommt. Zu diesem Zeitpunkt wusste K bereits, dass NE nicht der Eigentümer war. bbbbb) Wenn der K jedoch vorher eine Auflassungsvormerkung erlangt hätte, käme dieser Zeitpunkt in Betracht. Zu prüfen ist, ob die Vormerkung wirksam bestellt wurde. aaaaaa) Ein Anspruch auf dingliche Rechtsänderung ergab sich für K aus dem Kaufvertrag mit NE. bbbbbb) Die Eintragung der Vormerkung wurde von NE bewilligt und cccccc) K wurde als Vormerkungsinhaber im Grundbuch eingetragen. dddddd) Der NE war aber Nichtberechtigter. Nach §§ 893 Var. 2892 BGB wird der K in seinem (zu der Zeit der Bewilligung noch vorhandenen) guten Glauben an das Eigentum des NE geschützt. Ein Widerspruch war zu diesem Zeitpunkt noch nicht eingetragen. Also hatte K die Vormerkung erlangt. Daraus folgt wiederum, dass er, was den Eigentumserwerb angeht, zum richtigen Zeitpunkt gutgläubig war. ddd) Es dürfte zum maßgeblichen Zeitpunkt aber auch kein Widerspruch gegen die Richtigkeit des Grundbuchs eingetragen sein. Der maßgebliche Zeitpunkt ist grundsätzlich die Vollendung des Rechtserwerbs. § 892 Abs. 2 BGB gilt dafür nicht. K hätte danach kein Eigentum erlangt. eeee) Wenn aber – wie hier – der Erwerb vormerkungsgesichert war, soll nach § 883 Abs. 2 BGB analog der Erwerber auch vor einem nachfolgenden Widerspruch geschützt werden. Danach hat K das Eigentum erlangt. Der Grundbuchberichtigungsanspruch greift nicht durch.

**Variante**

Der K hat die Eintragung einer Vormerkung durch eine einstweilige Verfügung erwirkt; dazu hat er den Verfügungsanspruch durch Vorlage des notariell beurkundeten Kaufvertrags glaubhaft gemacht (§§ 885 Abs. 1, 935, 294 ZPO).

Da die Eintragung durch einstweilige Verfügung und nicht durch rechtskräftiges Urteil nach §§ 894, 898 ZPO erwirkt wurde, liegt kein rechtsgeschäftlicher Erwerb i. S. d. der §§ 892, 893 BGB vor. Mangels einer Vormerkung war K zum maßgeblichen Zeitpunkt des § 892 Abs. 2 BGB (Antragstellung) bereits bösgläubig. Also hat K das Eigentum nicht erlangt. Der Grundbuchberichtigungsanspruch greift durch.

(c) Komplexer ist die Rechtslage bei der **gutgläubig „zweiterworbenen" Vormerkung.** Wir haben oben schon klargestellt, dass man unterscheiden muss zwischen

- der Konstellation, in der die **abgetretene Forderung zwar besteht**, dem **Zedenten aber keine Vormerkung zusteht**; dann ist ein gutgläubiger Erwerb diskutabel: Hier muss man erwägen, ob der sich aus der Grundbucheintragung ergebende Rechtsschein einen gutgläubigen Erwerb fordert.
- Wenn aber **keine Forderung** und **deswegen** auch **keine Vormerkung** existiert, **scheidet** ein **gutgläubiger Erwerb** schon deshalb **aus**, weil Forderungen bekanntlich nicht gutgläubig erworben werden können (argec. § 405 BGB) und mangels gesicherter Forderung kein Bedarf für eine Vormerkung besteht.

**Fall 591**

Der anstelle des Eigentümers E zu Unrecht im Grundbuch als Eigentümer eingetragene NE verkauft das Grundstück formgerecht an den bösgläubigen K und bewilligt ihm eine Vormerkung, die auch im Grundbuch eingetragen wird. Der K tritt den Anspruch an den gutgläubigen D ab. Dann wird zugunsten des E ein Widerspruch gegen die Richtigkeit der Eintragung des NE als Eigentümer in das Grundbuch eingetragen. Später wird der inzwischen auch noch bösgläubig gewordene D aufgrund einer Auflassung seitens des NE als Eigentümer in das Grundbuch eingetragen. Der E verlangt von dem D die Zustimmung zu seiner Eintragung (Grundbuchberichtigung).

Der Anspruch könnte sich aus § 894 BGB ergeben, wenn a) der im Grundbuch als Eigentümer eingetragene D b) zu Unrecht anstelle des E eingetragen wäre; dazu ist die Eigentumslage zu prüfen. aa) Der E war Eigentümer. bb) Der D könnte durch die Auflassung des NE und die Eintragung nach § 892 BGB das Eigentum gutgläubig erworben haben. aaa) Die Voraussetzungen des § 892 BGB (rechtsgeschäftlicher Erwerb, durchgeführtes Verkehrsrechtsgeschäft, NE zu Unrecht als Eigentümer im Grundbuch eingetragen) sind gegeben. bbb) Der D war jedoch bei Vollendung des Rechtserwerbes bösgläubig; und es war ein Widerspruch zugunsten des E im Grundbuch eingetragen. Beide Umstände würden jeder für sich den gutgläubigen Erwerb blockieren. Nach ganz h.M. reicht die Sicherungswirkung der Vormerkung jedoch über § 883 Abs. 2 BGB hinaus, und zwar so weit, dass der D, wenn er Vormerkungsberechtigter wäre, gegen nicht eingetragene Rechte (hier gegen das Eigentum des E) geschützt wäre und ein späterer böser Glaube des D oder auch ein späterer Widerspruch zugunsten des E nicht schaden würde. Entscheidend ist also, ob der D vor der Eintragung des

Widerspruchs und vor Eintritt der Bösgläubigkeit eine Vormerkung erworben hat: aaaa) Nach §§ 883 Abs. 1, 885 BGB hat er keine Vormerkung erworben, bbbb) möglicherweise aber nach §§ 398, 401 BGB: aaaaa) Der K hatte keine Vormerkung erworben, weil er bösgläubig war, so dass § 893 BGB nicht eingreift. bbbbb) Der D könnte jedoch von dem K (der zu Unrecht als Vormerkungsberechtigter im Grundbuch eingetragen war) eine Vormerkung gutgläubig nach §§ 398, 401 BGB erworben haben: Dies wird teilweise (h.L.) aus der rein konstruktiven Erwägung, dass es sich bei § 401 BGB um die Form eines gesetzlichen Erwerbes handele und ein Gutglaubensschutz nur bei rechtsgeschäftlichem Erwerb in Betracht käme, verneint; teilweise (BGH) wird die Möglichkeit bejaht, weil der Erwerb der Forderung durch Zession und des Erwerbs von „Nebenrechten" nach § 401 BGB insgesamt gesehen rechtsgeschäftlicher Natur sei und weil ein Schutzbedürfnis bestehe (dagegen z. B. Canaris, Medicus, Baur – Stürner: Der Sinn der Vormerkung sei es allein, den obligatorisch Berechtigten in der Wartezeit bis zur Eintragung zu schützen, nicht aber, den obligatorischen Anspruch verkehrsfähig zu machen); hier müssen Sie sich also entscheiden.

(3) Verteidigung des zwischenzeitlichen Rechtserwerbers

Fraglich ist, ob und ggf. wie der aus dem Hilfsanspruch **aus § 888 BGB in Anspruch genommene Dritte** sich gegen den Gläubiger **verteidigen** kann.

Eine der Verteidigungsmöglichkeiten erklärt sich **aus** der **Akzessorietät** der Vormerkung zur gesicherten Forderung, die eine **analoge Anwendung** der **§§ 768, 770 BGB** möglich macht.

**Fall 592**

Der K bemüht sich schon lange erfolglos ein bestimmtes, dem Lokalpolitiker EV gehöriges, prächtig auf der „richtigen" Seite der Elbchaussee gelegenes Grundstück käuflich zu erwerben. Der EV ist dazu nicht bereit, weil er das Grundstück nämlich längst seinem Parteifreund P versprochen hat. Schließlich findet der K eine „Lösung" seines Problems: Ein Privatdetektiv ermittelt beweiskräftig, dass der EV unerlaubt „in großem Stil" Industrieabwässer aus seinem Unternehmen in die Elbe leitet. Unter dem Eindruck der Ankündigung des K, diese Informationen sonst aus Anlass der gerade bevorstehenden Wahlen im „Hamburger Morgenblatt" zu veröffentlichen, verkauft der EV das Grundstück zum Marktpreis formgerecht an den K und bestellt ihm eine Auflassungsvormerkung und lässt es an den K auf. Bis zur Zahlung des Kaufpreises auf ein Anderkonto des Notars verbleibt die Auflassung bei dem Notar. Überraschend werden jetzt aufgrund neuer wissenschaftlicher Erkenntnisse die Grenzwerte für das Einleiten von Abwässern rückwirkend so geändert, dass das Verhalten des EV nicht mehr zu beanstanden ist. Weil der EV jetzt keine Veröffentlichung mehr durch K fürchtet, veräußert er das Grundstück an den P, der sofort den Kaufpreis, der weit über dem Marktpreis liegt, entrichtet; der EV lässt das Grundstück an den P auf, und der P wird als Eigentümer in das Grundbuch eingetragen. Dann zahlt der K den Kaufpreis auf das Notaranderkonto und der Notar stellt unter Vorlage der Auflassung den Eintragungsantrag. Das Grundbuchamt verlangt von dem K jedoch die Zustimmung des P zu seiner Eintragung in das Grundbuch. Der P weigert sich unter Hinweis auf die Vorgeschichte, die er von EV erfahren hatte, die Zustimmung zu erteilen.

Ein Anspruch des K gegen den P auf Erteilung der Zustimmung zur Eintragung des K als Eigentümer könnte sich aus § 888 BGB ergeben. a) Der K müsste eine wirksame Vormerkung gehabt haben. aa) Sie ist im Grundbuch eingetragen, bb) und zwar aufgrund einer Bewilligung des Eigentümers EV. cc) Es besteht auch ein wirksamer schuldrechtlicher Anspruch des K gegen den EV; die bloße Anfechtbarkeit nach § 123 BGB führt nicht zu einer Nichtigkeit nach § 138 Abs. 1 BGB; dann wäre § 123 Abs. 1 BGB eine überflüssige Norm. b) Die Übereignung an den P ist eine vereitelnde vormerkungswidrige Verfügung (§ 883 Abs. 2 BGB), so dass der P zur Zustimmung verpflichtet wäre (§ 888 BGB). c) Die Frage ist, ob der P sich hiergegen durch Einreden verteidigen kann. Weil die Vormerkung eine akzessorische Rechtsstellung mit Sicherungsfunktion ist und daher mit der Bürgschaft vergleichbar, werden die §§ 768, 770 BGB entsprechend angewendet. Hier kommt §§ 770 Abs. 1, 123 BGB (Einrede der Anfechtbarkeit) in Betracht.

#### (4) Rangwirkung (§ 883 Abs. 3 BGB)

Ein weiterer Vorzug einer Vormerkung ist der, dass der Rang des Rechtes, auf dessen Einräumung der Anspruch gerichtet ist, sich nach der Eintragung der Vormerkung bestimmt (§ 883 Abs. 3 BGB).

#### (5) Vollwirkung

Die Vormerkung hat Wirkungen des künftigen Rechts, z. B. bei der Auflassungsvormerkung, die des Eigentums. Man nennt dies recht plastisch die **„Vollwirkung"** der **Vormerkung**.

Sie entsinnen sich vielleicht an das oben besprochene *Beispiel* einer in bindender Weise bewilligten Vormerkung (§ 873 Abs. 2 BGB analog) durch den Verkäufer eines ihm gehörenden Grundstücks und der Stellung des Antrags auf Eintragung der Vormerkung, so dass der Käufer die Vormerkung erwirbt, auch wenn vor der Eintragung der Vormerkung das Insolvenzverfahren eröffnet wird (§ 878 BGB analog i. V. m. § 91 Abs. 2 InsO). Vielleicht haben Sie sich gefragt, wieso es so wichtig sein kann, dass man in der Insolvenz des Schuldners eines Anspruchs auf dingliche Rechtsänderung eine Vormerkung erlangt hat. Nach **§ 106 Abs. 1 InsO** kann der Gläubiger für seinen Anspruch Befriedigung aus der Insolvenzmasse verlangen, wenn zur Sicherung eines Anspruchs auf Einräumung oder Aufhebung eines Rechts an einem Grundstück des Schuldners oder an einem für den Schuldner eingetragenen Recht oder zur Sicherung eines Anspruchs auf Änderung des Inhalts oder des Ranges eines solchen Rechts eine Vormerkung im Grundbuch eingetragen ist. Das bedeutet, dass der Insolvenzverwalter nicht – wie sonst – nach § 103 Abs. 2 InsO bei zur Zeit der Eröffnung des Insolvenzverfahrens vom Schuldner und vom anderen Teil nicht oder nicht vollständig erfüllten gegenseitigen Verträgen die Erfüllung ablehnen kann mit der für den Gläubiger unerfreulichen Konsequenz, dass der andere Teil eine Forderung wegen der Nichterfüllung nur als Insolvenzgläubiger geltend machen kann.

Auf das Verhältnis zwischen dem durch die Vormerkung gesicherten Gläubiger und dem aus § 888 BGB verpflichteten Erwerber finden die **§§ 987 ff. BGB entsprechende Anwendung**, weil der aus § 888 BGB Verpflichtete letztlich nur „Buchbesitzer" ist und der Anspruch des Vormerkungsberechtigten auf Zustimmung zur Eintragung einem Herausgabeanspruch aus § 985 BGB vergleichbar ist. Das bedeutet aber zugleich, dass der aus § 888 BGB zustimmungsverpflichtete Erwerber einen Verwendungsersatzanspruch aus §§ 994 ff. BGB analog hat, aus dem ihm gegen den Vormerkungsberechtigten ein Zurückbehaltungsrecht zusteht **(§ 273 BGB oder § 1000 S. 1 BGB analog)**.

**Fall 593**

Der Verkäufer EV verkauft sein mit einem Mietshaus bebautes Hausgrundstück formgerecht an den K. Aufgrund einer Bewilligung des EV wird zugunsten des K eine Auflassungsvormerkung in das Grundbuch eingetragen. Dann verkauft und übereignet der EV das Grundstück an den D, der als Eigentümer in das Grundbuch eingetragen wird. Der D, dem die Vormerkung bekannt ist, lässt wegen einer Leckage das Dach für € 10. 000,– reparieren. Auf Verlangen des K erteilt der EV ihm die Auflassung. Der K verlangt nunmehr von D die Zustimmung zu seiner Grundbucheintragung. Der D ist dazu nur Zug-um-Zug gegen Zahlung von € 10. 000,– bereit.

K könnte einen Anspruch auf Zustimmung zur Grundbucheintragung aus § 888 BGB haben. a) Der Erwerb des D war gegenüber K unwirksam (§ 883 Abs. 2 BGB). b) Dem Anspruch des K steht § 273 Abs. 1 BGB oder § 1000 analog i. V. m. 994 Abs. 1, 990, 677, 683 BGB entgegen.

(6) Privilegien beim gutgläubigen Erwerb

Sie wissen schon lange, werden aber demnächst **(sub i))** noch genauer erfahren, dass ein **gutgläubiger Erwerb eines Rechts an einem Grundstück** oder **eines Rechtes an einem solchen Recht** vom **Nichteigentümer** nach **§ 892 BGB** möglich ist.

a) Der **gutgläubige Erwerb ist ausgeschlossen** im Falle der **Kenntnis** des Erwerbers vom Nichtrecht (§ 892 BGB).
Die Frage ist, bis zu welchem Zeitpunkt der Erwerber gutgläubig i. S. d. 892 BGB sein muss. In der **Regel** muss nach **§ 892 Abs. 1 S. 1 BGB** der gute Glaube beim Erwerb vom Nichteigentümer bei der Vollendung des Rechtserwerbs vorliegen. In **§ 892 Abs. 2 BGB** ist jedoch **ausnahmsweise** für die Fälle, in denen der Rechtserwerb eine Eintragung im Grundbuch vorsieht, also wie z. B. für den Eigentumserwerb nach §§ 873, 925 BGB, der Zeitpunkt, bis zu dem die Gutgläubigkeit gegeben sein muss, vorverlagert auf den Zeitpunkt der Stellung des Eintragungsantrags nach § 13 GBO oder – wenn die Einigung später zustandekommt – auf den Zeitpunkt der Einigung.

**b)** Außerdem ist nach **§ 892 Abs. 1 S. 1 BGB** der **gutgläubige Erwerb ausgeschlossen** im Fall **Eintragung eines Widerspruchs** gegen die Richtigkeit des Grundbuchs.Hierfür gilt, was den Zeitpunkt angeht, nicht § 892 Abs. 2 BGB. Vielmehr schadet ein Widerspruch auch, wenn er erst bei Vollendung des Rechtserwerbs eingetragen ist.

Wer ein Recht an einem Grundstück, z. B. das Eigentum, vom Nichteigentümer erwirbt, wird, was den Gutglaubensschutz angeht, in doppelter Hinsicht privilegiert, wenn der Erwerb durch eine Vormerkung gesichert ist.

Voraussetzung dafür ist, dass eine Vormerkung überhaupt gutgläubig erworben werden kann. Sie können es nicht vergessen haben: Wir haben uns kurz zuvor erarbeitet, dass eine Vormerkung gutgläubig erst- und zweiterworben werden kann. Wir haben das auch in zwei Fällen „durchgespielt".

(a) Und im ersten der beiden Fälle haben wir herausgefunden, dass es bei einem vormerkungsgesicherten Erwerb des Eigentums von einem Nichteigentümer, was den **guten Glauben** angeht, auf den **Zeitpunkt der Eintragung der Vormerkung** ankommt, so dass eine später erlangte Kenntnis vom Nichtrecht z. B. des Übereigners den gutgläubigen Erwerb des Eigentums nicht hindert und dass dies auch für die Konstellation des gutgläubigen Zweiterwerbs gilt.

(b) Wenn der Erwerber eine Vormerkung gutgläubig erworben hat, hindert ein danach eingetragener und zum Zeitpunkt der Vollendung des Rechtserwerbs bestehender **Widerspruch** den gutgläubigen Rechtserwerb nicht, weil sich die Sicherungswirkung des § 883 Abs. 2 BGB analog auf den Widerspruch erstreckt.

### g) Berechtigung des Übereigners

Sie entsinnen sich aus der Erörterung über die Verfügung über bewegliche Sachen, speziell der Übereignung nach den §§ 929 ff. BGB, dass die weitere Voraussetzung einer wirksamen Verfügung die **Berechtigung** des **Übereigners** ist. Weil wir uns hier auf die Besonderheiten des Grundstücksrechts beschränken, sollten Sie vorsorglich noch einmal die Ausführungen **sub C II 7–10** dieses **Teils 6** lesen.

**Berechtigter** ist **bei** einer **Übereignung** der **Eigentümer**, der auch **zur Verfügung durch Übereignung befugt** ist, und der an sich **Nichtberechtigte**, wenn er ausnahmsweise **zur Verfügung durch Übereignung befugt** ist.

Für die Frage der Berechtigung des Übereignenden ist danach zunächst maßgeblich das **Eigentum** des **Übereigners**: Dazu müssen Sie sich bewusst machen, dass das Grundbuchrecht und die besonders große Kompetenz und Sorgfalt der bei dem Grundbuchamt tätigen Beamten die Gewähr dafür bietet, dass die Eintragungen im Grundbuch fehlerfrei sind. Deshalb und weil sich die materielle Rechtslage bei

Rechten an Grundstücken oder bei Rechten an solchen Rechten nur selten durch Vorgänge „außerhalb des Grundbuchs" verändert (wenn, dann z. B. durch eine Anfechtung des rechtsgeschäftlichen Erwerbes nach §§ 119 ff., 142 Abs. 1 BGB, durch einen Erwerb im Wege des Erbgangs nach § 1922 BGB oder akzessorietätsbedingt bei der Hypothek oder der Vormerkung durch Übertragung oder Wegfall der Forderung), ist davon auszugehen, dass sich die aus dem Grundbuch ergebende formale dingliche Rechtslage regelmäßig mit der materiellen Rechtslage deckt und dass deshalb der als Inhaber eines Rechtes an einem Grundstück oder eines Rechtes an einem solchen Recht Eingetragene auch zu Recht im Grundbuch eingetragen ist Daher konnte das Gesetz auch „guten Gewissens" in **§ 891 BGB** bestimmen, dass eine gesetzliche **Vermutung zugunsten** der **Richtigkeit** der **Eintragung** eines **Rechtes** in das Grundbuchs besteht. Weiterhin ist für die Frage der Berechtigung des Eigentümers maßgeblich, dass er auch die **Befugnis** hat zu übereignen. Was die zugunsten bestimmter Personen bestehenden in das Grundbuch **einzutragenden Verfügungsbeschränkungen** (§§ 135, 136 BGB) angeht, so besteht beim Fehlen einer solchen Eintragung eine **Vermutung** dafür, dass der **Berechtigte nicht** in der **Verfügung beschränkt ist (arge. § 892 Abs. 1 S. 2 BGB)**. Bei sonstigen, **nicht in** das **Grundbuch eintragbaren Verfügungsbeschränkungen**, wie z. B. der des **§ 1365 BGB**, die Verfügungen über das ganze Vermögen – bei einem Grundstück kann das der Fall sein – unwirksam machen würde, gibt es keine Vermutungswirkung dahingehend, dass sie nicht bestehen; hier gilt die Regel, dass derjenige, der sich auf sie beruft, sie auch beweisen muss.

Wenn Sie bei der Fallbearbeitung dazu kommen sollten, dass der **Übereignende nicht** der **Eigentümer** des Grundstücks ist, so kann er gleichwohl wirksam übereignen. Das ist der Fall, wenn der dazu berechtigte Eigentümer der Übereignung durch **Einwilligung zustimmt (§ 185 Abs. 1 BGB)**. Auch kann die Übereignung **rückwirkend wirksam** werden, wenn der dazu berechtigte Eigentümer der Übereignung **durch Genehmigung zustimmt (§§ 185 Abs. 2 S. 1 Var. 1, 184 Abs. 1 BGB)**. Zum Berechtigten wird der Verfügende dadurch aber nicht, weil die Rückwirkung nur die Rechtsfolgen betrifft, nicht aber Voraussetzungen. Das ist insofern von Bedeutung, weil dadurch § 185 Abs. 1 S. 1 BGB anwendbar bleibt. Die Verfügung eines Nichtberechtigten kann auch mit **ex nunc-Wirkung wirksam** werden, und zwar in den in den seltenen Fällen der Tatbestände des **§ 185 Abs. 2 S. 1 Var. 2** und **Var. 3 BGB**.

Berechtigte sind überdies die kraft Gesetzes zur Verfügung befugten, wie der **Insolvenzverwalter (§ 80 InsO)** oder der Testamentsvollstrecker **(§ 2205 S. 2 BGB)**.

Wie gesagt: Das ist im Prinzip nichts Neues für Sie. Gleichwohl sollten Sie alle diese Tatbestände noch einmal Schritt für Schritt durchgehen.

### h) Nachträglicher Wegfall der Verfügungsbefugnis

Wir hatten uns bereits verdeutlicht, dass es zu den „klassischen" Risiken für den Erwerber gehört, dass die Verfügungsbefugnis des Übereignenden bei Vollendung des Rechtserwerbs entfallen ist, er also nicht mehr Berechtigter ist. Wir hatten auch bereits erkannt, dass aufgrund der Gestrecktheit des Eigentumserwerbes an Grundstücken ein bedeutendes Risiko für den Erwerber besteht, dass zwischenzeitlich das Insolvenzverfahren über das Vermögen des Veräußerers mit der Folge des § 80 InsO eröffnet sein könnte. Selbst eine zwischenzeitliche Heirat des Übereigners würde die Verfügungsbefugnis entfallen lassen, wenn das Grundstück sein gesamtes Vermögen darstellt (§ 1365 BGB).

Aber diese Gefahren sollte man nicht überbewerten. Denn der Gesetzgeber hat der Risikolage des Erwerbers in **§ 878 BGB** Rechnung getragen, wo bestimmt wird, dass zwischenzeitliche Verfügungsbeschränkungen den Rechtserwerb dann nicht mehr verhindern können, also die Verfügung gleichwohl wirksam ist, wenn die Parteien alles getan haben, damit die Rechtsänderung eintritt. Das ist der Fall, wenn

- die auf eine **dingliche Einigung** i. S. d. des § 873 Abs. 1 BGB gerichtete Erklärung (speziell auch eine solche, gerichtet auf die „Übertragung des Eigentums an einem Grundstück") **bindend** geworden ist (§ 873 Abs. 2 BGB)
- und wenn vom Erwerber oder vom Verfügenden, hier dem Übereigner, der **Eintragungsantrag** (§ 13 GBO) beim Grundbuchamt **gestellt** worden ist,
- **bevor** der Berechtigte in der **Verfügung beschränkt** wird.
- Dass der Erwerber in Bezug auf die Verfügungsbeschränkung **gutgläubig** war, ist **nicht** Voraussetzung des § 878 BGB.

Die **Rechtsfolgen** des § 878 BGB sind

- zum einen die **Unschädlichkeit** einer **zwischenzeitlichen Verfügungsbeschränkung**; das steht im Gesetz. In erster Linie dürfte es um eine Verfügungsbeschränkung zu Lasten des Rechtsinhabers gehen. Gemeint ist aber auch die zulasten eines zur Verfügung nach § 185 Abs. 1 BGB Ermächtigten. Der praktisch wichtigste Fall einer Verfügungsbeschränkung des Rechtsinhabers ist der Wegfall von dessen Verfügungsbefugnis durch die Eröffnung des Insolvenzverfahrens nach § 80 InsO.
- Desweiteren **entfällt** im Falle des § 878 BGB, weil beide Parteien alles zum Rechtserwerb Erforderliche getan haben, das **Wahlrecht des Insolvenzverwalters** nach **§ 103 InsO**, wonach der Insolvenzverwalter bei einem gegenseitigen Vertrag, der zur Zeit der Eröffnung des Insolvenzverfahrens weder vom Schuldner noch vom anderen Teil nicht oder nicht vollständig erfüllt ist, **entweder** anstelle des Schuldners den Vertrag erfüllen und auch die Erfüllung vom anderen Teil verlangen kann **oder** die Erfüllung ablehnen kann, mit der Folge, dass der andere Teil eine Forderung wegen der Nichterfüllung des Vertrages nur als Insolvenzgläubiger geltend machen kann. Eine Insolvenzanfechtung nach §§ 129 ff., 147 InsO bleibt jedoch möglich.

**Fall 594**

Der Eigentümer-Verkäufer EV verkauft am 2. Januar 2002 formgerecht sein bebautes Grundstück an den K. Weil der K den Kaufpreis sofort in bar zahlt (das ist natürlich praktisch irreal), „lässt der V das Grundstück noch im Kaufvertrag auf“ (d. h. einigt sich mit K formgerecht nach § 925 BGB) und übergibt das Grundstück sofort durch Schlüsselübergabe an den K. Der EV stellt noch am 2. Januar 2002 unter Vorlage der zugleich mit dem Kaufvertrag notariell beurkundeten Auflassung den Eintragungsantrag. Am 14. Januar 2002 wird über das Vermögen des EV das Insolvenzverfahren eröffnet. Der Insolvenzvermerk wird am 15. Januar 2002 in das Grundbuch eingetragen (§ 32 InsO). Davon erfährt der K. Am 2. Mai 2002 wird der K dann als Eigentümer in das Grundbuch eingetragen. Der Insolvenzverwalter IV lehnt die Erfüllung ab und verlangt Berichtigung des Grundbuchs oder Rückübereignung.

1. Ein Anspruch des IV auf Berichtigung des Grundbuchs kann sich aus § 894 BGB i. V. m. § 80 InsO ergeben, wenn das Grundbuch unrichtig war. Das ist dann der Fall, wenn a) der als Eigentümer im Grundbuch eingetragene K b) wegen der Eröffnung des Insolvenzverfahrens das Eigentum nicht hatte erwerben können. Die Voraussetzungen für einen Eigentumserwerb sind: aa) Eine Auflassung (§§ 873, 925 BGB),. aaa) die vorliegt, bbb) die aber unwirksam geworden sein könnte, aaaa) weil der EV vor der Wirkung der Verfügung am 2. Mai 2002 die Verfügungsbefugnis nach §§ 80, 81 InsO verloren hat; bbbb) das ist aber nach § 91 Abs. 2 InsO i. V. m. § 878 BGB unschädlich unter den Voraussetzungen: § 873 Abs. 2 BGB + Eintragungsantrag, weil dann die Eintragung in das Grundbuch nur noch vom Grundbuchamt abhängt, unter dessen eventueller zögerlicher Arbeit der Erwerber nicht leiden darf. aaaaa) Bindend ist die Auflassung wegen ihrer notariellen Beurkundung; bbbbb) der Eintragungsantrag ist gestellt worden, allerdings nicht vom Erwerber K, sondern von EV; das ist unschädlich, aber wegen der Möglichkeit der Rücknahme des Antrags durch EV (§§ 31, 29 GBO) für K gefährlich, so dass man K nur raten kann, den Antrag selbst zu stellen. ccccc) Die Eintragung des Insolvenzvermerks und die Kenntnis des K vor dem Rechtserwerb ist, weil es um den Erwerb vom Berechtigten geht, letzterer Umstand mindestens aber nach § 892 Abs. 2 BGB analog, unbeachtlich. bb) Die für den Eigentumserwerb weiterhin nötige Eintragung in das Grundbuch ist erfolgt. Daher besteht kein Anspruch aus § 894 BGB. 2. Der IV könnte Rückübereignung nach § 812 Abs. 1 S. 1 Var. 1 BGB („Leistungskondiktion“) verlangen, weil der IV die Erfüllung nach § 103 InsO abgelehnt hat Die Ablehnung der Erfüllung war aber nicht möglich, weil beiderseits „vollständig erfüllt ist“: Der K hat gezahlt; zum Eigentumserwerb des K ist alles Erforderliche getan worden; auch die Übergabe ist erfolgt. 3. Der IV könnte aber nach §§ 129, 143 InsO gegen K vorgehen (Insolvenzanfechtung).

**Übrigens: § 878 BGB** schützt den Erwerber **nicht vor** den **Folgen** eines **Eigentumsverlusts** des Veräußerers in der **Schwebezeit**, sondern nur vor zwischenzeitlichem Verlust der Verfügungsbefugnis. Verliert der Veräußerer zwischenzeitlich sein Eigentum durch Rechtsgeschäft: so kann der Erwerber u. U. als Anwartschaftsberechtigter durch §§ 823 Abs. 1, 249 Abs. 2 BGB (dazu sogleich mehr) oder durch §§ 883, 888 BGB geschützt werden; ansonsten kann dem Gutgläubigen § 892 BGB „helfen" (dazu sogleich mehr).

Jetzt **(sub i))** wird es nämlich um die Frage gehen, ob der Erwerber von jemandem, der über fremdes Eigentum verfügt, ohne dazu berechtigt zu sein, gutgläubig das Eigentum erwerben kann.

### i) Gutgläubiger Erwerb des Eigentums

Wenn der Erwerb eines dinglichen Rechts an einem Grundstück, speziell des Eigentums daran nach §§ 873, 925 BGB, am fehlenden materiellen Recht des Verfügenden, speziell an seinem Eigentum, oder am Bestehen einer zugunsten einer bestimmten Person bestehenden Verfügungsbeschränkung scheitert, so stellt sich bekanntlich ganz generell die Frage nach der **Möglichkeit** eines **gutgläubigen Erwerbs** des Rechts, und dies auch speziell bei einer Übereignung des **Eigentums**. Denn § 891 Abs. 1 BGB enthält die Vermutung, dass ein im Grundbuch eingetragenes Recht dem Eingetragenen zusteht („positive Publizität"). Aufbauend auf dieser Richtigkeitsvermutung war es für den Gesetzgeber nur ein kleiner Schritt, dem **Grundbuch** auch einen **„öffentlichen Glauben"** zuzuerkennen und diesen auch auf zugunsten einer bestimmten Person bestehende Verfügungsbeschränkungen zu erstrecken

und den **„gutgläubigen Erwerb"** zuzulassen, und zwar

1. nach § 892 Abs. 1 S. 1 BGB den
   **a)** **gutgläubigen Erwerb** von Grundstücksrechten und Rechten an solchen Rechten **vom Nichtinhaber**, speziell des Eigentums am **Grundstück, als solches**

und

   **b)** einen nicht durch nicht eingetragene Belastungen beschränkten (also: **gutgläubig „lastenfreien") Erwerb des Rechtes**),

ferner

2. nach **§ 892 Abs. 1 S. 2 BGB** den **gutgläubigen Erwerb** von Grundstücksrechten und Rechten an solchen Rechten **vom Inhaber** des Rechtes trotz bestehender, aber nicht eingetragener relativer **Verfügungsbeschränkungen**, zu ermöglichen,
3. wenn die folgenden, hier **punktuell** zusammengefassten **Voraussetzungen** gegeben sind:
   - **Bei Vollendung des Rechtserwerbs** (hier speziell der Übereignung) muss ein **rechtsgeschäftlicher Erwerb** im Sinne eines **durchgeführten Verkehrsrechtsgeschäfts** vorliegen **(sub aa))**;

- **bei Vollendung des Rechtserwerbs** muss **a)** eine **Unrichtigkeit des Grundbuchs** gegeben sein, und zwar **b)** hinsichtlich bestimmter **eintragungsfähiger Tatsachen**, nämlich: **aa)** der Eintragung eines Rechts an einem Grundstück (hier speziell des Eigentums) oder eines Rechts an einem solchen Recht und der Nichteintragung einer Belastung (hier speziell des Eigentums) bzw. **bb)** eine Unrichtigkeit wegen der Nichteintragung einer Verfügung (hier speziell der Übereignung) entgegenstehenden Verfügungsbeschränkung **(sub bb))**;
- bei **Vollendung des Rechtserwerbs** muss eine **Legitimation des Verfügenden** durch seine zu Unrecht bestehende Eintragung als Rechtsinhaber oder als unbelasteter Rechtsinhaber bzw. als von Verfügungsbeschränkungen freie Person, die auch auf den Erben übergeht, bestehen (sub cc));
- **Gutgläubigkeit**: Bei **a) Vollendung des Rechtserwerbs** oder **b) vorverlagert** bei einzutragenden Rechten bei Antragsstellung oder bei der Einigung, wenn diese nachfolgt **(§ 892 Abs. 2 BGB), c)** muss ein vermuteter (nur Kenntnis schadet) guter Glaube des Erwerbers an die Richtigkeit der Eintragung gegeben sein und **(sub dd))**; privilegiert bei einem Erwerb aufgrund gutgläubig erlangter Vormerkung (sub f (6) (a)),
- bei **Vollendung des Rechtserwerbs** darf gegen die Richtigkeit des Grundbuchs **kein Widerspruch** eingetragen sein **(sub ee))**; privilegiert bei einem Erwerb aufgrund gutgläubig erlangter Vormerkung (sub f (6) (b)).

**4.** Anders als beim „gutgläubigen Erwerb" des Eigentums an beweglichen Sachen gibt es natürlich keinen dem § 935 BGB vergleichbaren Ausschlusstatbestand.

**5.** Eine **Korrektur** durch **a) bereicherungsrechtliche Rückabwicklung** gibt es nur nach § 816 Abs. 1 S. 2 BGB und ggf. nach § 822 BGB. Dass es keine Korrektur nach § 812 Abs. 1 S. 1 BGB gibt, folgt aus einem Umkehrschluss aus § 816 Abs. 1 S. 2 BGB. **b)** Auch bei Fahrlässigkeit, selbst bei grober Fahrlässigkeit, des (auch dann gutgläubigen! Es schadet nur Kenntnis!) Erwerbers ist dieser nicht **deliktisch** nach §§ 823 Abs. 1, 249 Abs. 1 BGB zur Rückübereignung verpflichtet, weil nach der Wertung des § 892 BGB nur ein vorsätzlich handelnder Erwerber rechtswidrig handelt. Der gutgläubige Erwerb ist also **„kondiktions-" und „deliktsfest"**.

**6.** Einen **Ausgleich für den materiell Berechtigten**, dessen Interessen „auf dem Altar" des Verkehrsschutzes geopfert werden, bieten § 816 Abs. 1 S. 1 BGB und §§ 687 Abs. 2, 681 S. 2, 667 BGB und natürlich auch §§ 823 Abs. 1 BGB, 251 Abs. 1 BGB.

Jetzt werden wir uns nun den Einzelheiten eines gutgläubigen Erwerbes vom Nichteigentümer bzw. vom nicht zur Verfügung befugten Eigentümer zuwenden.

Bevor es damit weitergeht, noch einmal ein Hinweis, damit Sie **keinem Missverständnis** unterliegen: Wir behandeln hier **nicht** – wie es in einem Lehrbuch der Fall sein müsste – **den gutgläubigen Erwerb** nach **§ 892 BGB im Allgemeinen**, sondern es geht im Augenblick **„nur"** um den **gutgläubigen Erwerb** des **Eigentums an** einem **Grundstück** vom **Nichtberechtigen**. Es handelt sich also wieder einmal um eine Art des „exemplarischen Lernens" aus Anlass einer für Sie im Augenblick wichtigen Frage, die Ihnen im Moment auch am vertrautesten sein dürfte.

Und **keine Sorge**: Wir werden auf den gutgläubigen Erwerb anderer dinglicher Rechte (z. B. einer Hypothek/Grundschuld) vom Nichtberechtigten und damit erneut auf § 892 BGB ausgiebig eingehen.

aa) Bei Vollendung des Rechtserwerbs: ein durchgeführtes Verkehrsrechtsgeschäft

Wie bei den §§ 932 ff. BGB muss auch bei § 892 BGB bei Vollendung des Rechtserwerbs ein **rechtsgeschäftlicher Erwerb** im Sinne eines **durchgeführten Verkehrsrechtsgeschäfts** vorliegen; das ist in der **Regel** der Fall, **ausnahmsweise jedoch nicht**, und zwar

- wenn es sich zwar um einen rechtsgeschäftlichen Erwerb handelt, dieser aber nur die **Vorwegnahme eines gesetzlichen Erwerbes** (z. B. eine schenkweise Übereignung an den künftigen Erben) ist,
- wenn der zu Unrecht im Grundbuch Eingetragene und der Erwerber **wirtschaftlich identisch** (z. B. nicht im Fall einer Übereignung einer „Einmann-GmbH" an den einzigen Gesellschafter) sind,
- wenn der **Erwerber Verwaltungstreuhänder** des **Eingetragenen** ist und
- (nach der hier vorgeschlagenen Lösung) auch nicht beim **Rückerwerb** vom **Nichtberechtigten** wegen einer teleologischen Reduktion des § 892 BGB.
- Wem das alles fremd zu sein scheint, der muss leider noch einmal die Ausführungen unter **Teil 6 C II 9** lesen!

Und **welche Art** von **Erwerbsgeschäften** sind von **§ 892 BGB** erfasst? Das ist **zum einen** der Erwerb von Grundstücksrechten, namentlich – hier interessierend – der Erwerb des Eigentums, aber auch der Erwerb von beschränkt dinglichen Rechten an einem Grundstück durch deren Bestellung, wie z. B. der eines Grundpfandrechts, sowie auch deren Übertragung. Und **zum anderen** sind gemeint der Erwerb von Rechten an beschränkt dinglichen Rechten, wie ein Nießbrauch oder ein Pfandrecht. Für **alle anderen Verfügungsgeschäfte** (Vormerkungsbestellung, Inhaltsänderung, Rangänderung) gilt **§ 893 BGB**.

bb) Bei Vollendung des Rechtserwerbs: Unrichtigkeit hinsichtlich bestimmter eintragungsfähiger Tatsachen

Wenn es um den gutgläubigen Erwerb eines Rechts an einem Grundstück (hier speziell des Eigentums) vom Nichtinhaber (hier speziell vom Nicht-Eigentümer)

oder eines nicht bestehenden Rechts an einem solchen Recht (hier im Augenblick nicht interessierend) und um die Lastenfreiheit des Erwerbs geht, dann setzt dieser voraus, dass bei Vollendung des Rechtserwerbs (hier speziell des Eigentums) eine **Unrichtigkeit des Grundbuchs** gegeben ist.

Unrichtig sein muss das Grundbuch hinsichtlich der **Eintragung** eines **Rechts an** einem **Grundstück** (hier speziell des **Eigentums** des **Übereigners**) oder eines (hier momentan nicht interessierenden) **Rechts an** einem solchen **Recht** und der **Nichteintragung** einer **bestehenden Belastung** (hier speziell einer **Belastung des Eigentums**) bzw. hinsichtlich **der Nichteintragung** einer Verfügung (hier speziell der **Übereignung**) entgegenstehenden **eintragungsfähigen Verfügungsbeschränkung** (das ist z. B. der Fall bei §§ 80, 81 InsO).

**Nicht** erfasst werden vom Gutglaubensschutz bezüglich des Rechtserwerbs solche Eintragungen,

**a)** die **widersprüchlich** sind (die Miteigentümer E 1 und der E 2 sind jeweils als Alleineigentümer eingetragen),
**b)** die in **rein tatsächlichen Angaben** (z. B. die im Bestandsverzeichnis des Grundbuchs eingetragene Grundfläche des Grundstücks oder der Vermerk über die Art der Bebauung) bestehen.
**c)** und bei Eintragungen von vom BGB nicht anerkannter Rechte (Typenzwang)

**Fall 595**

Der NE ist aufgrund einer durch eine rechtswidrige Drohung gegen den Eigentümer E erwirkten Übereignung als Eigentümer im Grundbuch eingetragen worden. Der NE verkauft das Grundstück formwirksam an den K, der nach Zahlung des Kaufpreises aufgrund einer Auflassung als Eigentümer in das Grundbuch eingetragen wird. Der E ficht jetzt die den Kaufvertrag und damit auch Übereignung (Durchbrechung des Abstraktionsprinzips!) an den NE nach §§ 123 Abs. 1, 143 Abs. 1, 2, 142 Abs. 1 BGB an und verlangt von dem K die Zustimmung zur Grundbuchberichtigung des Inhalts, dass er, der E, als Eigentümer in das Grundbuch eingetragen wird.

Der Anspruch des E gegen den K könnte sich aus § 894 BGB ergeben. a) Der K ist als Eigentümer im Grundbuch eingetragen. b) Der E müsste der wahre Eigentümer sein. aa) E war Eigentümer. bb) Die Übereignung an den NE ist nach §§ 123 Abs. 1, 143 Abs. 1, 2, 142 Abs. 1 BGB als von Anfang an nichtig anzusehen, wie Ihnen netterweise schon im Sachverhalt mitgeteilt wurde. cc) Der K könnte das Eigentum durch die Übereignung des NE erlangt haben. aaa) Die Übereignung durch die vorliegende aaaa) Auflassung nach §§ 873, 925 BGB und bbbb) Eintragung cccc) scheitert am fehlenden Eigentum des NE, der auch nicht zur Verfügung befugt ist. bbb) Der K könnte das Eigentum nach §§ 873, 925, 892 Abs. 1 S. 1, Abs. 2 BGB erlangt haben. aaaa) Es geht um einen rechtsgeschäftlichen Erwerb im Sinne eines durchgeführten Verkehrsrechtsgeschäfts. bbbb)

Das Grundbuch war hinsichtlich der Eintragung des Eigentums am Grundstück unrichtig (Eintragung des NE anstelle des E). cccc) Der Veräußerer NE ist durch seine Eintragung als Rechtsinhaber legitimiert. dddd) Der K ist zum Zeitpunkt des § 892 Abs. 2 BGB gutgläubig, und eeee) es ist kein Widerspruch gegen die Richtigkeit des Grundbuchs eingetragen. Also hat der K das Eigentum erlangt. Ein Grundbuchberichtigungsanspruch besteht nicht.

**Variante**

Der E hat die Anfechtungserklärung gegenüber dem NE mit der Aufforderung zur Grundbuchberichtigung dahingehend, dass er, der E, als Eigentümer in das Grundbuch eingetragen wird, verbunden, und der NE hat nach der Auflassung an den K und nach dessen Eintragungsantrag die Zustimmung zur Grundbuchberichtigung durch Wiedereintragung des E in das Grundbuch in der Form des § 29 GBO erklärt. Das Grundbuchamt hat dann unter Verstoß gegen §§ 17, 45 GBO zunächst den E auf dessen Antrag hin als Eigentümer und danach den K als Eigentümer eingetragen. Der E verlangt von K die Zustimmung zur Grundbuchberichtigung des Inhalts, dass er als Eigentümer in das Grundbuch eingetragen wird.

Der Anspruch aus § 894 BGB ist begründet. Der K hat nämlich deshalb kein Eigentum nach §§ 873, 925, 892 Abs. 1 S. 1, Abs. 2 BGB erlangt, weil das Grundbuch bei Vollendung des Rechtserwerbs richtig war (E war als Eigentümer eingetragen).

**Fall 596**

Der E verkauft ein ihm gehöriges Grundstück formwirksam an den K. Das Grundstück ist zur Sicherung eines Darlehensanspruchs des GH gegen den S mit einer Hypothek zugunsten des GH belastet. Die Hypothek ist versehentlich vom Grundbuchamt gelöscht worden. Nach der Zahlung des Kaufpreises wird der K aufgrund einer Auflassung des E als Eigentümer in das Grundbuch eingetragen. Als der S das Darlehen nicht tilgt, verlangt der GH Duldung der Zwangsvollstreckung von K (§ 1147 BGB).

Der Anspruch besteht nicht, weil der K das Eigentum nach § 892 Abs. 1 S. 1, Abs. 2 BGB gutgläubig lastenfrei erworben hat.

**Fall 597**

Der E verkauft ein ihm gehöriges Grundstück formwirksam an den K. Danach wird über E's Vermögen das Insolvenzverfahren eröffnet. Der Insolvenzvermerk wird durch ein Versehen des Grundbuchamtes nicht in das Grundbuch eingetragen. Nach Zahlung des Kaufpreises an den E wird der K aufgrund einer Auflassung des E als Eigentümer in das Grundbuch eingetragen. Der Insolvenzverwalter verlangt von dem K die Zustimmung zur Grundbuchberichtigung des Inhalts, dass E als Eigentümer in das Grundbuch eingetragen wird, 2. hilfsweise die Rückübereignung an den E.

Der Anspruch auf 1. Grundbuchberichtigung wäre aus §§ 80 InsO, 894 BGB begründet, wenn der a) im Grundbuch als Eigentümer eingetragene K b) das Eigentum nicht erlangt hätte. aa) Der E war nicht zur Verfügung berechtigt, so dass die Übereignung an den K unwirksam wäre (§§ 873 Abs. 1, 925 BGB, 80 InsO). bb) Der K hat das Eigentum jedoch nach §§ 873, 925, 892 Abs. 1 S. 2, Abs. 2 BGB, 81 InsO erworben, weil der K hinsichtlich der Eröffnung des Insolvenzverfahrens gutgläubig war. 2. Eine Rückübereignung könnte aber nach §§ 129 ff., 137 InsO verlangt werden.

**Fall 598**

Der mit der F im Güterstand der Zugewinngemeinschaft verheiratete E verkauft ein ihm gehöriges Grundstück formwirksam an den K. Der E hatte außer dem Grundstück kein weiteres Vermögen. Nach Zahlung des Kaufpreises an den E wird der K aufgrund einer Auflassung des E als Eigentümer in das Grundbuch eingetragen. Die F verlangt von K die Zustimmung zur Grundbuchberichtigung des Inhalts, dass E als Eigentümer in das Grundbuch eingetragen wird.

Ein a) Anspruch auf Grundbuchberichtigung aus § 894 BGB kann nach § 1368 BGB von der F geltend gemacht werden. b) Der Anspruch aus § 894 BGB wäre gegeben, wenn aa) der im Grundbuch als Eigentümer eingetragene K bb) das Eigentum nicht erlangt hätte. aaa) Der E war nach § 1365 BGB nicht zur Verfügung berechtigt, so dass die Übereignung an den K unwirksam wäre (§§ 873 Abs. 1, 925, 1365 BGB). bbb) Der K hat das Eigentum auch nicht nach §§ 873, 925, 892 Abs. 1 S. 2, Abs. 2 BGB erworben, weil er hinsichtlich der Ehe des E gutgläubig war, denn bei § 1365 BGB versagt der Gutglaubensschutz des § 892 Abs. 1 S. 2 BGB, weil eine Verfügungsbeschränkung aus § 1365 BGB nicht in das Grundbuch eintragbar ist.

cc) Bei Vollendung des Rechtserwerbs: eine Legitimation des Verfügenden

Der Rechtsschein der unrichtigen Eintragung muss bei Vollendung des Rechtserwerbs

- gerade zu der von dem **unrichtig Eingetragenen** vorgenommenen Verfügung legitimieren.
- Ein solcher Rechtsschein geht auch auf den **Erben** über (§ 1922 BGB). Eine Voreintragung des Erben ist nicht erforderlich (§ 40 GBO). Auch der durch einen Erbschein als Erbe ausgewiesene **Scheinerbe** wird durch die Eintragung legitimiert, denn er wird so behandelt, wie wenn er Erbe wäre (§§ 2365, 2366 BGB).

**Fall 599**

Der NE ist zu Unrecht anstelle des E als Eigentümer eines Grundstücks im Grundbuch eingetragen. Nach seinem Tod veräußert sein vermeintlicher Erbe, der Sohn S, dem ein Erbschein erteilt worden ist, ohne dass er zuvor als Eigentümer in das Grundbuch eingetragen worden wäre, das Grundstück an den K, der daraufhin als Eigentümer in das Grundbuch eingetragen wird. Der wahre Erbe war jedoch der X. Der E verlangt von dem K die Zustimmung zur Grundbuchberichtigung.

Der Anspruch könnte sich aus § 894 BGB ergeben, wenn der K zu Unrecht anstelle des E im Grundbuch als Eigentümer eingetragen ist. a) Der K ist im Grundbuch eingetragen. b) Ob der E noch Eigentümer ist, ist historisch zu prüfen: aa) E war Eigentümer. bb) S ist es nicht geworden. cc) Der K könnte gleichwohl Eigentum erlangt haben (§§ 873 Abs. 1, 925, 892 Abs. 1 S. 1, Abs. 2 BGB). aaa) Auflassung und Eintragung in das Grundbuch liegen vor. bbb) Der veräußernde S war jedoch nicht der Eigentümer und der Eigentümer E hat der Übereignung an den K nicht nach § 185 BGB zugestimmt, so dass § 892 Abs. 1 S. 1, Abs. 2 BGB zu prüfen ist: aaaa) Es liegt ein rechtsgeschäftlicher Erwerb vor. bbbb) Es handelt sich um ein durchgeführtes Verkehrsrechtsgeschäft. cccc) Das Grundbuch war unrichtig. dddd) Der veräußernde S war aber nicht in das Grundbuch als Eigentümer eingetragen, sondern immer noch der NE. Die Legitimationswirkung der Grundbuch -Eintragung aaaaa) geht grundsätzlich auf den Erben – also den X – über (§ 1922 BGB); bbbbb) nach § 2366 BGB wird der durch einen Erbschein ausgewiesene Scheinerbe S aber zugunsten des in Bezug auf das Erbrecht gutgläubigen K als Erbe behandelt. Daher ist S durch die Eintragung des NE im Grundbuch ausreichend als Eigentümer legitimiert. eeee) Der K war auch in Bezug auf das Bestehen des Eigentums des S gutgläubig. ffff) Ein Widerspruch war nicht in das Grundbuch eingetragen. Also hat K das Eigentum erworben. Der Grundbuchberichtigungsanspruch besteht nicht.

#### dd) Bei Vollendung des Rechtserwerbs oder (vorverlagert) zum Zeitpunkt des § 892 Abs. 2 BGB: Gutgläubigkeit

Der **gute Glaube** des Erwerbers wird **vermutet**. Abweichend von §§ 932 ff. BGB ist bei § 892 BGB **nur** im Fall der **Kenntnis** der Unrichtigkeit der Grundbucheintragung der gute Glaube des Erwerbers **widerlegt**; das hängt mit dem (im Vergleich zum Besitz in den Fällen der §§ 932 ff. BGB) stärkeren Rechtsschein des Grundbuchs zusammen. Zu guter Letzt: vergessen Sie nicht, an **§ 142 Abs. 2 BGB** zu denken! Wer die Anfechtbarkeit der Übereignung kannte, wird für den Fall der erfolgten Anfechtung so behandelt, wie wenn er die Unrichtigkeit des Grundbuchs gekannt hätte. Dies ist eine böse Klausurfalle, in die man z. B. auch bei § 932 BGB oder bei § 819 BGB „tappen kann".

Der gute Glaube muss **grundsätzlich** im **Augenblick** der **Vollendung des Rechtserwerbes** gegeben sein.

In **§ 892 Abs. 2 BGB** ist für einen Rechtserwerb, der eine Eintragung im Grundbuch vorsieht, also wie z. B. für den Eigentumserwerb nach §§ 873, 925 BGB, der Zeitpunkt, zu dem die Gutgläubigkeit gegeben sein muss, vorverlagert. Wenn nämlich der Erwerber **alles Erforderliche für** die **Eintragung**, z. B. als Eigentümer, **getan** hat und zu diesem Zeitpunkt gutgläubig war, soll sein Eigentumserwerb nicht daran scheitern, dass er während der von ihm nicht vertretenden Dauer des Eintragungsverfahrens bösgläubig wird. Das bedeutet, dass **bei vorhandener Einigung die Gutgläubigkeit zum Zeitpunkt der Antragstellung** ausreicht. Wenn die **Einigung später als die Antragstellung** erfolgt, ist dies der maßgebliche Zeitpunkt. Wenn noch weitere Voraussetzungen nötig sind, zum *Beispiel* bei der (an sich hier ja nicht interessierenden) Bestellung einer Hypothek am Grundstück des Nichteigentümers, zu der eine Einigung vorliegt und für die es einen Eintragungsantrag gibt, aber die Valutierung des Darlehens und Übergabe des Hypothekenbriefes fehlt, so kommt es für den Zeitpunkt des vorliegen müssenden guten Glaubens auf die letzte (wenn man die Eintragung mitrechnet: vorletzte) Erwerbsvoraussetzung an (nach Kropholler).

Einen weiteren Fall der **Vorverlagerung** des **Gutglaubenszeitpunkts** haben Sie bereits kennengelernt. Im *Beispiel* des vormerkungsgesicherten Erwerbs des Eigentums von einem Nichteigentümer kommt es für den guten Glauben auf den Zeitpunkt der Eintragung der Vormerkung an. Spätere Kenntnis schadet nicht (sub f (6) (a)).

#### ee) Bei Vollendung des Rechtserwerbs: Kein Widerspruch gegen die Richtigkeit des Grundbuchs

Die bisherigen Ausführungen lehren uns, dass die Unrichtigkeit des Grundbuchs „höchste Gefahr" für den wirklichen Rechtsinhaber bedeutet, weil ein Rechtsverlust durch einen gutgläubigen Erwerb Dritter droht! Was tun?

Es ist natürlich in doppelter Hinsicht völlig unmöglich, dass der wirkliche Rechtsinhaber diese Gefahr dadurch abwendet, dass er jedem potenziellen Erwerber (wer ist das?) die Unrichtigkeit des Grundbuchs beweist (wie macht man das, um mehr als nur Zweifel zu säen, sondern eine Kenntnis zu vermitteln?).

Für den wahren Berechtigten (also z. B. für den Eigentümer, an dessen Stelle ein anderer im Grundbuch als „Eigentümer" eingetragen ist) gibt es daher offenbar nur eine „einzige Chance": Er muss sofort das Grundbuch berichtigen lassen. Dazu kann er versuchen, den zu Unrecht im Grundbuch Eingetragenen dazu zu bewegen, freiwillig gegenüber dem Grundbuchamt die Berichtigung des Grundbuchs zu bewilligen, so dass nach §§ 13, 19, 29, 39 GBO das Grundbuch berichtigt würde. Wenn der Nichtberechtigte dazu aber nicht bereit ist, weil er schlichtweg nicht will oder weil er vielleicht sogar der Überzeugung ist, er sei der Berechtigte, denn nicht immer ist eine Rechtslage völlig eindeutig, dann muss derjenige, der meint, dass das Grundbuch unrichtig sei und dass er anstelle des im Grundbuch Eingetragenen eingetragen werden müsse, einen Grundbuchberichtigungsanspruch gerichtlich geltend machen und in der Klage beantragen, den Eingetragenen z. B. dazu zu verurteilen, seine Zustimmung zur Berichtigung des Grundbuchs dahingehend zu erklären, dass statt seiner der Kläger im Grundbuch eingetragen wird. Aber erst im Falle einer formell rechtskräftigen Verurteilung ersetzt das Urteil die Bewilligung des zu Unrecht im Grundbuch Eingetragenen (§ 894 ZPO) mit der Folge, dass das Grundbuch nach §§ 13, 19, 29, 39 GBO berichtigt werden kann. Bis dahin kann viel Zeit vergehen, und während dieses Zeitraums kann der zu Unrecht im Grundbuch Eingetragene über das Recht des wirklich Berechtigten nach § 892 BGB wirksam gegenüber gutgläubigen Dritten verfügen.

In dieser **verzweifelten Lage** hilft das Gesetz

**1.** mit **§ 899 BGB** und **§ 895 ZPO** wie folgt: In den Fällen des § 894 BGB (also bei einer Unrichtigkeit des Grundbuchs, die einen Grundbuchberichtigungsanspruch begründet) kann der Berechtigte die **Eintragung eines Widerspruchs** gegen die Richtigkeit des Grundbuchs erwirken, und zwar entweder aufgrund einer freiwillig erklärten **Eintragungsbewilligung** des Eingetragenen oder im Fall des § 895 ZPO aufgrund einer **fingierten Bewilligung** oder schließlich – was die Regel sein dürfte, wenn der Eingetragene seinerseits meint, Berechtigter zu sein – aufgrund einer **einstweiligen Verfügung** nach § 935 ZPO, für deren Erlass der Antragsteller nach § 899 Abs. 2 S. 2 BGB gegenüber dem Gericht nur den Verfügungsanspruch, nicht aber auch den Verfügungsgrund, also nicht die Gefährdung des Rechtes, glaubhaft machen muss (wer erinnert sich hier nicht an die Vormerkung??).

**2.** Die Eintragung dieses Widerspruchs bewirkt einen **Ausschluss** des **gutgläubigen Erwerbs** (§ 892 Abs. 1 S. 1 BGB).

**a)** Seine Wirkungen greifen auch noch nach dem Zeitpunkt des § 892 Abs. 2 BGB, so dass es ausreicht, dass der Widerspruch nach der Antragstellung, aber vor der Eintragung des Erwerbers eingetragen wird.

**b)** Umgekehrt wird der Erwerber, der vom Nichteigentümer gutgläubig eine Vormerkung erworben hatte (§§ 893, 892 BGB) nach § 883 Abs. 2 BGB analog vor einem späteren Widerspruch geschützt ((sub f (6) (b)).

Niemand, der bei Sinnen ist, wird ein Grundstücksrecht erwerben, bei dem gegen die Richtigkeit der Eintragung ein Widerspruch im Grundbuch eingetragen ist. Der **Widerspruch** bedeutet daher eine **„faktische Grundbuchsperre“** mit der Möglichkeit erheblicher wirtschaftlicher Nachteile für den im Grundbuch Eingetragenen, der ja durchaus (und das darf man nie aus dem Auge verlieren) durchaus trotz der Eintragung eines Widerspruchs der zu Recht im Grundbuch eingetragene Berechtigte sein kann. Diese Nachteile selbst zu tragen, hat der Berechtigte nur dann verdient, wenn er die Eintragung des Widerspruchs bewilligt hat oder rechtskräftig zur Bewilligung verurteilt worden sein sollte. Sollte aber der **Widerspruch** – und das dürfte die praktische Regel sein – **aufgrund** einer **einstweiligen Verfügung** in das Grundbuch eingetragen worden sein und sollte sich später herausstellen, dass die einstweilige Verfügung (weil das Grundbuch nicht unrichtig war) **zu Unrecht erlassen** worden ist, dann steht dem Berechtigten ggf. ein **Schadensersatzanspruch aus § 945 ZPO** zu, und zwar auch dann, wenn den Antragsteller kein Verschulden traf (**„Gefährdungshaftung“**).

Dies alles sollte Sie an die rechtstechnisch ähnlich gestaltete Vormerkung erinnern; beide Institute stehen einander nahe. Sie unterscheiden sich aber in der Zielrichtung; und daher gilt seit jeher der Satz: **„Die Vormerkung prophezeit, der Widerspruch protestiert“**.

### j) Gutgläubig lastenfreier Erwerb des Eigentums

Untrennbar damit verbunden ist auch die Frage nach einem **gutgläubig lastenfreien Erwerb** des Rechts, hier speziell des **Eigentums**, denn in § 891 Abs. 2 BGB wird vermutet, dass ein im Grundbuch gelöschtes Recht nicht mehr besteht („negative Publizität“). Und daher ermöglicht § 892 Abs. 1 BGB konsequenterweise auch den gutgläubig lastenfreien Erwerb eines Grundstücks, wenn Belastungen zwar materiellrechtlich bestehen, aber nicht im Grundbuch eingetragen sind. Wenn zum *Beispiel* das Grundbuchamt versehentlich eine dem H am Grundstück des EV zustehende Hypothek gelöscht haben sollte, so erwirbt der Erwerber K des Grundstücks dieses gutgläubig lastenfrei es sei denn, dass er entweder bösgläubig ist oder ein Widerspruch gegen die Richtigkeit des Grundbuchs eingetragen ist. Bilden Sie selbst ein *Beispiel*, bei dem es so liegt, dass K sowohl das Eigentum an dem Grundstück gutgläubig und dieses zugleich auch gutgläubig lastenfrei erwirbt.

### k) Der gutgläubige Erwerb sonstiger Grundstücksrechte

Unser Thema ist derzeit der rechtsgeschäftliche Erwerb des Eigentums an einem Grundstück, wobei es zuletzt darum ging, unter welchen Voraussetzungen ein gutgläubiger Erwerb des Eigentums vom Nichtberechtigten sowie der gutgläubig lastenfreie Erwerb möglich sind.

Dieses Thema überschreitend soll hier – die „gute Gelegenheit“ der Beschäftigung mit § 892 BGB nutzend – zum wiederholten Male und daher vielleicht „nervend“ klarstellend verdeutlicht werden, dass auch andere Grundstücksrechte vom Nichtberechtigten erworben werden können, denn nach § 892 Abs. 1 S. 1 BGB können ganz generell „Rechte an einem Grundstück“, also nicht nur das (bislang im Vordergrund stehende) Eigentum, sondern auch beschränkt dingliche Rechte, wie z. B. eine Grunddienstbarkeit oder (Sie bald beschäftigend) Grundpfandrechte, wie Hypotheken,, Grund- und Rentenschulden, und auch „Rechte an solchen Rechten“, also z. B. ein Pfandrecht an einem Grundpfandrecht (vergl. § 1273 BGB) gutgläubig erworben werde; letzteres dient nur der Illustration; befasst werden Sie damit in diesem Buch nicht.

Der gutgläubige Erwerb eines beschränkt dinglichen Rechts, speziell eines Grundpfandrechts, könnte durchaus ein (Teil-) Thema einer Fallbearbeitung sein, der einen erbrechtlichen Bezug hat, bei dem jemand ein sogenannter „Scheinerbe“ ist.

Bevor Sie das folgende Beispiel dazu lesen, soll Ihnen der erste Schrecken vor dem erbrechtlichen Bezug genommen werden: Was ist ein „Scheinerbe“? Das ist eine Person, die sich irrig für einen Erben hält. Das ist leicht zu verstehen. Aber wieso kann jemand „Scheinerbe“ sein und wieso kann ihm gleichwohl ein Erbschein, also ein Zeugnis über ein ihm zustehendes Erbrecht mit der Wirkung des § 2366 BGB, erteilt werden? Hier eine von vielen möglichen Antworten: Nach dem Tode des Erblassers (EL) wird ein formwirksames Testament gefunden, das den (Scheinerben) SE zum Alleinerber bestimmt. Das Nachlassgericht erteilt nach letztlich nur summarischer Prüfung (§§ 2258 ff. BGB) auf Antrag des SE diesem den Erbschein (§ 2353 BGB). Dann findet sich zufällig ein später errichtetes formwirksames Testament des EL, das den (wahren Erben) WE zum Erben bestimmt. Nach § 2258 BGB ist der WE der Erbe des EL. Im Interesse des Rechtsverkehrs aber wird der auf den Rechtsschein des Erbscheins (§ 2365 BGB), der den SE als Erben ausweist, Vertrauende durch § 2366 BGB geschützt. Alles, was wir hier in erbrechtlicher Hinsicht erörtern, wird natürlich in **Teil 12** vertieft behandelt.

So kann zum *Beispiel* im Falle des Todes des Erblassers EL, zu dessen Nachlass ein Grundstück gehört, der durch ein Testament des EL zum Alleinerben bestimmte SE aufgrund eines ihm erteilten Erbscheins als Eigentümer in das Grundbuch eingetragen worden sein und kann dann das Grundstück mit einer Hypothek zur Sicherung eines ihm gewährten Darlehens der B-Bank belastet haben. Aufgrund eines später errichteten aber erst jetzt aufgefundenen Testaments war jedoch der WE der Alleinerbe des EL. Dieser kann von er B-Bank keine Grundbuchberichtigung verlangen, weil die B-Bank die Hypothek nach §§ 873, 1115, 1116 Abs. 2, 892 Abs. 1 S. 1 BGB gutgläubig erworben hat. Der geübte Jurist assoziiert hier sogleich Ausgleichsansprüche des WE gegen den SE, z. B. aus § 816 Abs. 1 S. 1 BGB, wobei sich die interessante Frage stellt, worin das durch die Verfügung Erlangte besteht, das der SE herauszugeben hat.

Dieses unser eigentliches Thema überschreitende Intermezzo sollte nur dazu dienen, Ihnen zu verdeutlichen, dass das Thema „gutgläubiger Erwerb" noch lange nicht abgeschlossen ist.

### l) Gutglaubensschutz bei sonstigen Verfügungen über Grundstücksrechte (§ 893 Var. 2 BGB) und Leistungen an einen zu Unrecht im Grundbuch Eingetragenen

Erneut nutzen wir die Gelegenheit unserer Beschäftigung mit dem gutgläubigen Erwerb des Eigentums an Grundstücken – zuletzt auch mit der Möglichkeit eines gutgläubigen Erwerbs an anderen Rechten und Rechten daran **(sub k))** – dazu, eine den Rahmen des augenblicklichen Themas überschreitende, aber in einem Sachzusammenhang damit stehende Frage zu erörtern, nämlich zunächst die, ob § 892 BGB auch bei sonstigen Verfügungen, z. B. bei Inhaltsänderungen oder Aufhebungen durch einen zu Unrecht im Grundbuch Eingetragenen, gilt. Das bestimmt § 893 Var. 2. BGB. Für Sie ist das allerdings weitgehend bedeutungslos.

Von Bedeutung für Sie ist aber die Frage, ob nach § 893 Var. 2 BGB analog der gutgläubige Erst-Erwerb einer Vormerkung möglich ist. Wer gut mitarbeitet, wird sich erinnern, dass wir diese Frage längst beantwortet haben **(sub IV 1 f) dd) (1))**. Immer wieder schließen sich also die Kreise und geben Ihnen Anlass zur Wiederholung (!) der Vormerkung, dies umso mehr, weil diese außerordentlich klausurwichtig ist.

Ebenso klausurrelevant ist die in § 893 Var. 1 BGB beantwortete Frage, ob die Leistung eines Gutgläubigen an einen zu Unrecht im Grundbuch Eingetragenen befreiend ist. Im Detail gehen wir darauf aber jetzt nicht ein, sondern verweisen z. B. auf Erörterungen zu §§ 1138, 893 BGB **(sub V 2 d) aa) (2))**. Aber eine Verständnisfrage sei gleichwohl erlaubt: Warum ist § 893 Var. 1 BGB eigentlich erforderlich? Ist das, was hier geregelt ist, nicht bereits von § 893 Var. 2 BGB erfasst? Natürlich nicht, denn die zum Erlöschen führende Entgegennahme einer Leistung ist keine Verfügung über ein Recht! Woraus ergibt sich dies noch? Aus der Existenz des auf § 185 BGB verweisenden § 362 Abs. 2 BGB und der des § 816 Abs. 2 BGB. Wer dies nicht gleich versteht, sollte sich die Zeit nehmen darüber nachzudenken!

#### m) Besonderheiten bei einer BGB-Außengesellschaft (§ 899a BGB)

Sie entsinnen sich natürlich noch daran, dass die **BGB-Außengesellschaft** Trägerin von Rechten und Pflichten, also ebenfalls eine „rechtsfähige Personengesellschaft" ist, und zwar „ohne als Gesamthandsgemeinschaft den Status einer juristischen Person zu besitzen" (BGH). Inzwischen hat diese Rechtsfortbildung Eingang in das Gesetz gefunden, nämlich in: § 14 Abs. 2 BGB und – uns hier interessierend – in § 899a BGB und in § 47 Abs. 2 GBO.

Die Rechtsfähigkeit der BGB-Außengesellschaft macht es möglich, dass sie Inhaberin von Rechten an Grundstücken, also z. B. Eigentümerin von Grundstücken, und Inhaberin von Grundstücksrechten und Rechten daran sein kann. Im Grundbuch eingetragen sein müssen alle Gesellschafter (§ 47 Abs. 2 S. 1 GBO); eine Eintragung der Gesellschaft unter ihrer Bezeichnung kann, muss aber nicht erfolgen. Wenn neue Gesellschafter hinzutreten oder ausscheiden, ändert sich am Eigentum bzw. der Inhaberschaft an einem Grundstücksrecht der Gesellschaft oder einem Recht daran nichts. Wenn aber dieser Wechsel im Gesellschafterbestand nicht mit der Grundbucheintragung korrespondiert, weil das Grundbuch nicht berichtigt wird, stellt sich die Frage, ob der gute Glaube daran, dass die im Grundbuch als Gesellschafter Eingetragenen die Eigentümer bzw. sonstigen Grundstücksrechtsinhaber sind, geschützt wird. Dies stellt § 899a BGB klar. Wenn also zum *Beispiel* " die E. L. Libys (E) und die G. Utbrod (G) die einzigen Gesellschafterinnen der rechtsfähigen BGB-Außengesellschaft mit der Bezeichnung „Paulus VMV" (GbR) sind, zu deren Vermögen ein Grundstück gehört, und namentlich im Grundbuch als Eigentümer „in Gesellschaft bürgerlichen Rechts" eingetragen sind und die E – was nach dem Gesellschaftsvertrag möglich ist – ihren Anteil auf ihre Töchter T 1 und T 2 schenkweise durch privatschriftlichen Vertrag überträgt, eine Grundbuchberichtigung aber an § 29 GBO scheitert und die G und die E dann das Grundstück an den gutgläubigen K verkaufen und es diesem durch Auflassung und Eintragung in das Grundbuch übereignen, stellt sich die Frage, ob die die Veräußerung bereuende G und die mit der Veräußerung nicht einverstandenen T 1 und T 2 gemeinsam handelnd von dem K die Grundbuchberichtigung oder jedenfalls die Rückübereignung verlangen können. (a) Der Grundbuchberichtigungsanspruch aus § 894 BGB besteht nicht. Zwar konnten die E und die G die Gesellschaft nicht wirksam nach §§ 709, 714 BGB vertreten, weil nur die G und die T 1 und die T 2 gemeinsam vertretungsberechtigt waren, so dass die Auflassung nach § 177 BGB unwirksam wäre.

Es wird aber der gute Glaube des K daran, dass nur die im Grundbuch eingetragenen E und G die (gesamtvertretungsberechtigten) Gesellschafter seien, geschützt, so dass der K das Eigentum nach §§ 892, 899a, 709, 714, 925 BGB erworben hat. (b) Wenn aber trotzdem der Kaufvertrag nichtig wäre, bestünde ein Anspruch der durch die G und die T 1 und die T 2 wirksam vertretenen GbR auf Rückübereignung nach § 812 Abs. 1 S. 1 Var. 1 BGB. Dafür, dass nur die Übereignung wirksam sein soll, nicht aber auch das Grundgeschäft, spricht immerhin, dass § 899a BGB systematisch im Sachenrecht steht. Andererseits würde das Ergebnis nicht dem Sinn und Zweck des Gesetzes entsprechen. Daher kann man auch die Ansicht vertreten, den Anwendungsbereich des § 899a BGB durch eine teleologische Erweiterung auf das Grundgeschäft zu erstrecken, so dass kein Bereicherungsanspruch bestünde. Überlegen Sie selbst, wie es wäre, wenn die „Paulus VMV" eine im Handelsregister eingetragene oHG wäre? Lesen Sie § 15 HGB!

### n) Gutgläubiger Erwerb vom Scheinerben an dem Erblasser gehörigen/nicht gehörigen Grundstücken oder nicht zustehenden Grundstücksrechten oder Rechten daran

Mit dem „Sachenrecht" hat dies zwar nur mittelbar zu tun, aber bei der Fallbearbeitung kommt es nicht selten zu einer Berührung von Sachen- und Erbrecht. Das haben Sie schon mehrfach erlebt.

Zur Einführung in die später noch einmal erörterte Problematik wählen wir ein erstes *Beispiel*: Wenn der Scheinerbe SE, dem ein Erbschein erteilt worden ist, durch den er als Alleinerbe ausgewiesen wird, ein Grundstück des Erblassers EL (Grundstück = Nachlassgegenstand) an den K übereignet, nachdem er als Eigentümer in das Grundbuch eingetragen worden ist, so erwirbt D das Eigentum nach §§ 873, 925, 892 Abs. 1 S. 1, 2 BGB. Wenn der Scheinerbe SE ohne seine vorherige Eintragung in das Grundbuch (möglich nach §§ 35, 40 GBO) übereignet, so erwirbt der K das Eigentum nach §§ 873, 925, 2366 BGB.

Ein weiteres *Beispiel* rundet diese Erörterungen ab: Wenn der Scheinerbe SE, dem ein Erbschein erteilt worden ist, ein nicht dem Erblasser EL gehöriges Grundstück (Grundstück = nachlassfremd) übereignet, so erwirbt der K das Eigentum nach §§ 873, 925, 892 BGB (überwindet den Eigentumsmangel) i. V. m. § 2366 BGB (überwindet den Mangel im Erbrecht).

**Fall 600**

Der durch einen Erbschein als Erbe ausgewiesene Scheinerbe SchE übereignet aufgrund eines Kaufvertrages mit D durch Auflassung und Eintragung in das Grundbuch (§§ 873, 925 BGB) an diesen ein Grundstück des Erblassers E, ohne sich zuvor als Eigentümer in das Grundbuch eintragen zu lassen (geht das? Ja: §§ 35, 40 GBO). Der wahre Erbe wE verlangt von D Grundbuchberichtigung (nach Kropholler).

Ein Anspruch aus § 894 BGB besteht nicht, weil der D das Eigentum nach §§ 873, 925, 2366 BGB erlangt hat: Der SchE wird nach § 2366 BGB wie der Erbe und damit wie der Eigentümer behandelt.

**Variante**

Nichts anderes kann gelten, wenn der SchE sich vor der Übereignung an den D im Wege der Grundbuchberichtigung nach §§ 22, 35 GBO als Eigentümer in das Grundbuch hätte eintragen lassen. Weil aber ein gutgläubiger Erwerb nach § 892 BGB (speziell wegen des § 892 Abs. 2 BGB) günstiger für den Erwerber ist, soll hier ein Erwerb nach § 892 BGB erfolgen (nach Kropholler).

**Variante**

Der Erblasser E war zu Unrecht anstelle des X im Grundbuch als Eigentümer eingetragen und der noch nicht in das Grundbuch eingetragene durch einen Erbschein als Erbe ausgewiesene Scheinerbe SchE verkauft und übereignet durch Auflassung und Eintragung in das Grundbuch (§§ 873, 925 BGB) das Grundstück an den hinsichtlich des Erbrechts und des Eigentums des SchE gutgläubigen D. Der X verlangt von dem D Grundbuchberichtigung (nach Kropholler).

Dem X steht kein Anspruch aus § 894 BGB zu, denn der D ist Eigentümer geworden. a) Das fehlende Eigentum wird durch § 892 BGB überwunden und b) das fehlende Erbrecht durch § 2366 BGB.

Verdeutlichen wir uns wieder einmal, was **bisher** von Ihnen **erarbeitet wurde** und welche Aufgaben noch zu bewältigen sind:
Sie wissen **jetzt**, wie das **Eigentum** an einem Grundstück **rechtsgeschäftlich übertragen**, also **übereignet**, und korrespondierend dazu **verloren** wird.

Offen ist jetzt noch, wie das **Eigentum** an einem Grundstück **gesetzlich erworben** und wie es, korrespondierend dazu, **verloren wird**: Dies kann geschehen durch die **Ersitzung (sub 2)**. Dass – wie jeder weiß – Eigentum auch an unbeweglichen Sachen wie jedes andere Recht auch durch **Erbgang** „gesetzlich“ erworben werden kann (§ 1922 BGB), soll hier nicht gesondert erörtert werden; diese Form des Erwerbes werden wir später in **Teil 12** darstellen.

Schließlich kann Eigentum an Grundstücken auch durch **Hoheitsakt** („Zuschlag“) erworben werden **(sub 3)**

## 2. Der gesetzliche Erwerb und Verlust des Eigentums an Grundstücken durch „(Buch-)Ersitzung“

Weil sie so selten ist, verwenden wir auf die **(Buch-)Ersitzung** nur einen Satz: Der Nichteigentümer erlangt nach 30jährigem „Buchbesitz“ und Eigenbesitz des Grundstücks das Eigentum durch Ersitzung (§ 900 BGB); auch ohne „Buchbesitz“ kann bei 30jährigem bloßen Eigenbesitz der Eigentümer durch Urteil von seinem Eigentum ausgeschlossen werden (§ 927 BGB). Mit diesem Eigentumserwerb des Ersitzers korrespondiert ein Eigentumsverlust des bisherigen Eigentümers.

### 3. Der Erwerb und der Verlust des Eigentums an einem Grundstück durch „Zuschlag"

Bei der Zwangsversteigerung erlangt nach **§ 90 ZVG** der Ersteigerer das Eigentum durch Hoheitsakt **(„Zuschlag")**, und zwar auch dann, wenn der Vollstreckungsschuldner nicht der Eigentümer und der Ersteigerer bösgläubig war. Dieser Eigentumserwerb wird im Fall einer zu Wohnzwecken erfolgten Vermietung einer „Veräußerung" i. S. d. § 566 BGB „Kauf bricht miete" – warum ist diese Gesetz gewordene Überschrift eigentlich dubios?) gleichgestellt. Das daraus resultierende Risiko, dass Eigentümer ihre Grundstücke durch langfristige Vermietungen zu einer festen, unterhalb des Marktzinses liegenden Miete für potenzielle Ersteigerer uninteressant und damit praktisch „versteigerungsfest" machen, wird durch das „Sonderkündigungsrecht" des jeweiligen Ersteigerers abgewendet (§ 57a ZVG). Sie entsinnen sich bestimmt auch, dass ein solcher Mieter wegen dieses Sonderkündigungsrechtes ein „Ablösungsrecht" nach § 268 BGB hat. Wie immer hat auch die „Medaille" dieses Erwerbstatbestandes eine „Kehrseite": Der bisherige Eigentümer verliert sein Eigentum.

## V. Erwerb und Verlust von Sicherungsrechten an Grundstücken

Bitte machen Sie sich noch einmal den Aufbau der Darstellung in diesem **Teil 6 sub C**, in dem es um den Erwerb und Verlust von Rechten an Sachen geht, vertraut.

Im Anschluss an die Darstellung des Besitzes **(sub I)** und des Eigentums an beweglichen Sachen **(sub II)** folgte **(sub III)** die Erörterung der Sicherungsrechte an beweglichen Sachen (Pfandrecht und Sicherungsübereignung). Und im Anschluss an die soeben abgeschlossene Erörterung des Eigentums an Grundstücken **(sub IV)** geht es jetzt logischerweise um den Erwerb und Verlust der Sicherungsrechte an Grundstücken (Hypothek und die Sicherungsgrundschuld = „Grundpfandrechte") **(sub V)**; aus Ihnen bald einleuchtenden didaktischen Gründen werden wir dort auch (ein wenig systemwidrig, denn das ist eigentlich ein Thema der dinglichen Ansprüche, die erst sub D erörtert werden!) schon die Verteidigungsmittel des Eigentümers gegen den Inhaber eines Grundpfandrechtes erörtern. Aber mit diesem Gedankensprung werden Sie schon zurechtkommen, zumal der dingliche Anspruch aus § 1147 BGB, der bei Grundpfandrechten besteht, im Folgenden ständig in den einzelnen Fällen eine Rolle spielen wird. Was die Frage des Verlustes von Sicherungsrechten angeht, wird diese im Kontext bei den Übertragungstatbeständen und in Gestalt von Erlöschensgründen stets mitbesprochen.

### 1. Übersicht über die Sicherungsrechte an Grundstücken

Bevor wir uns an die Rechtstechnik machen, müssen wir uns Klarheit über die praktische und rechtliche Bedeutung der Sicherungsrechte an Grundstücken verschaffen.

Es gibt **drei Sicherungsrechte** an Grundstücken: Die **Hypothek (sub 2)**, die **Grundschuld (sub 3)** und die **Sicherungsgrundschuld (sub 4)** sowie die **Rentenschuld**, mit der wir uns allerdings nicht befassen werden (lesen Sie trotz einmal § 1199 BGB).

Die Hypothek und die Sicherungsgrundschuld sind **Kreditsicherungsrechte**, bei denen das Sicherungsobjekt ein Vermögensgegenstand, nämlich ein Grundstück, ist. Sie werden später noch zwei weitere Sicherungsrechte kennenlernen, bei denen ein einzelner Vermögensgegenstand der Sicherung einer Forderung dient, nämlich das Pfandrecht an Rechten, namentlich an Forderungen, und die Sicherungszession. Wir nennen diese Art von Sicherungsrechten bekanntlich **„Realsicherheiten"**. Aus diesem Komplex kennen Sie ja bereits das Pfandrecht an beweglichen Sachen und die Sicherungsübereignung. Dass es außerdem der Kreditsicherung dienende Sicherungsrechte gibt, bei denen nicht (nur) ein einzelner Vermögensgegenstand, sondern aufgrund der persönlichen Verpflichtung des Sicherungsgebers dessen gesamtes Vermögen („Haus und Hof") dem Sicherungsnehmer zur Verfügung steht **(„Personalsicherheiten")**, wissen Sie auch; zu denken ist z. B. an die Bürgschaft oder an den Schuldbeitritt etc.

Wenn man sich dies klarmacht, fragt man sich natürlich, was für ein besonderes **Interesse** ein Gläubiger an **(Real-)Sicherungsrechten** hat, bei denen doch nur ein einzelner Vermögensgegenstand das Haftungsobjekt darstellt, wo es doch Sicherungsrechte gibt, die ihm den Zugriff auf das gesamte Vermögen des Sicherungsgebers ermöglichen. Sie kennen die Antwort längst: Die Sicherungsobjekte der Realsicherheiten sind für den Sicherungsnehmer gewissermaßen „reserviert". Der Sicherungsnehmer kann sich bei Zugriffen anderer Gläubiger im Wege der Einzelzwangsvollstreckung durch § 771 ZPO schützen und kann in der Insolvenz z.Tl. aussondern (§ 47 InsO) bzw. vorzugsweise Befriedigung (§§ 50 f. InsO) verlangen, während der lediglich durch Personalsicherheitsrechte gesicherte Gläubiger einer von vielen Gläubigern des jeweiligen Sicherungsgebers ist, dessen Insolvenzrisiko man als Sicherungsnehmer letztlich zusätzlich zu tragen hat. Hinzu kommt, dass der Wert von als Realsicherheiten zur Verfügung gestellten Sicherungsobjekten in der Regel viel stabiler ist als das Vermögen eines Sicherungsgebers. Und schließlich steht bei einem Realsicherungsrecht das Haftungsobjekt auch dann zur Verfügung, wenn das Grundstück an einen Dritten übereignet wird – die (nicht immer bestehende!) Möglichkeit eines gutgläubigen bzw. gutgläubig lastenfreien Erwerbs einmal hinweggedacht.

Und welche **Bedeutung** haben speziell die **Grundpfandrechte** im Vergleich zu den anderen **(Real-)Sicherungsrechten**?

Bei den Grundpfandrechten steht der Sicherungsnehmer besonders gut da. In der Krise des Sicherungsgebers ist der Sicherungsnehmer privilegiert: In der Einzelzwangsvollstreckung in Grundstücke haben Grundpfandrechtsinhaber ein Recht auf Befriedigung aus dem Grundstück im Rang vor sonstigen Gläubigern (§ 10 Abs. 1 Nr. 4, 5 ZVG); und in der Insolvenz des Eigentümers haben sie ein Recht auf vorzugsweise Befriedigung (§ 49 InsO). Und außerdem sind Grundstücke die stabilsten Wertträger, die man sich denken kann. Das Risiko des Verlustes eines Sicherungsrechtes aufgrund eines gutgläubig lastenfreien Erwerbs des Eigentums ist bei Grundpfandrechten wegen der Eintragung im Grundbuch praktisch ausgeschlossen.

Durch die **Grundpfandrechte** wird für den Sicherungsnehmer, der i. d. R. identisch mit dem Gläubiger ist, für den Fall, dass die gesicherte Schuld nicht bezahlt wird, **sichergestellt**, dass er eine **bestimmte Geldsumme aus** dem **Grundstück** erhält. Lesen Sie dazu §§ 1113, 1191 BGB. Dies bedeutet aber nicht – wie Sie im Folgenden noch ausgiebig hören werden –, dass dem Sicherungsnehmer gegen den Eigentümer des Grundstücks ein Anspruch auf Zahlung zusteht sondern nur, dass er einen auf Verwertung des Grundstücks durch Zwangsvollstreckung (Zwangsverwaltung oder Zwangsversteigerung, theoretisch auch durch Eintragung einer Zwangshypothek) gerichteten Anspruch hat. Ganz genau gesagt: Der Grundpfandgläubiger kann – und das ist die für Sie in Zukunft maßgebliche Anspruchsgrundlage und deren Inhalt – vom Eigentümer **Duldung der Zwangsvollstreckung** nach **§ 1147 BGB** bzw. **§§ 1191, 1147 BGB** verlangen. Die **Voraussetzungen** dieses Anspruchs sind relativ simpel zusammenzufassen: Dem Anspruchsteller steht ein Grundpfandrecht zu; es ist fällig bzw. gekündigt; und es gibt keine Verteidigungsmittel des Eigentümers. So in etwa gestaltet sich auch der Aufbau der folgenden Darstellung. Sie verstehen jetzt auch, warum die „Verteidigungsmittel" des Eigentümers hier bereits miterörtert werden.

Was die **Rechtsbeziehungen zwischen** dem **Gläubiger** und dem **Eigentümer des Grundstücks**, an dem ein Grundpfandrecht besteht, angeht, ist die gemeinsame Ausgangslage die, dass einem Gläubiger G eine **Geldforderung** (i. d. R. aus § 488 Abs. 1 S. 2 BGB) gegen den Schuldner S zusteht. Einen Anspruch auf eine Sicherung hat der Gläubiger nur, wenn dies in einem **Sicherungsvertrag** vereinbart ist. Ein solcher kann ausdrücklich abgeschlossen werden oder konkludent in der Bestellung einer Sicherung zu sehen sein. Fehlt es an einem Sicherungsvertrag, so ist wegen des Abstraktionsprinzips die Bestellung der Sicherung wirksam; sie kann aber nach § 812 Abs. 1 S. 1 Var. 1 BGB herausverlangt werden. Die **Sicherung durch** ein **Grundpfandrecht** kann nach dem **einen Modell** so erfolgen, dass der S dem G an seinem Grundstück eine Hypothek oder eine (Sicherungs-) Grundschuld bestellt, so dass der persönliche Schuldner (z. B. aus § 488 Abs. 1 S. 2 BGB) und der Sicherungsgeber und dingliche Schuldner (aus § 1147 BGB/ §§ 1191, 1147 BGB) identisch sind. Das ist zum *Beispiel* der Fall, wenn der S bei der B-Bank einen Kredit aufnimmt, um aus seinem Grundstück zu bauen und der B-Bank aufgrund eines Sicherungsvertrages eine Hypothek oder eine (Sicherungs-) Grundschuld bestellt. Die B-Bank kann dann Zahlung aus § 488 Abs. 1 S. 2 BGB verlangen oder, wenn S nicht vertragsgemäß zahlt, die Zwangsvollstreckung in das Grundstück des S betreiben (§ 1147 BGB/§§ 1191, 1147 BGB). Das **andere Modell** sieht so aus, dass ein nicht mit dem persönlichen Schuldner identischer Eigentümer E als Sicherungsgeber eine Hypothek oder eine (Sicherungs-) Grundschuld an seinem Grundstück bestellt, so dass der persönliche Schuldner S (aus § 488 Abs. 1 S. 2 BGB) und der Sicherungsgeber und dinglicher Schuldner E (aus § 1147 BGB/§§ 1191, 1147 BGB) personenverschieden sind. Warum der mit dem persönlichen Schuldner S nicht identische Sicherungsgeber und dingliche Schuldner E bei dem zweiten Modell die Sicherung bestellt, ergibt sich aus der Rechtsbeziehung zwischen dem persönlichen Schuldner und dem Sicherungsgeber, also aus dem „Innenverhältnis": Das kann z. B. eine Schenkung (§ 516 BGB), ein Auftrag (§§ 662 ff. BGB), aber auch ein Geschäftsbesorgungsvertrag (§ 675 BGB) sein. Zum *Beispiel* kann der Vater E seinem Sohn S den „Start ins Geschäftsleben“ dadurch erleichtern, dass er sich auf Bitten des S zur Sicherung eines Kredits des S bei der B-Bank unentgeltlich dazu bereit erklärt, zugunsten der B-Bank eine Hypothek oder eine (Sicherungs-) Grundschuld (§ 516 BGB oder § 662 BGB) an seinem Grundstück zu bestellen, was dann auch geschieht. Die B-Bank kann Zahlung von S aus § 488 Abs. 1 S. 2 BGB verlangen und für den Fall, dass S nicht vertragsgemäß zahlt, von E die Duldung der Zwangsvollstreckung in sein Grundstück verlangen (§ 1147 BGB/§§ 1191, 1147 BGB). Wofür mag es von Bedeutung sein, ob der E aufgrund einer Schenkung oder eines Auftrags die Sicherung bestellt hat? Für die Frage, ob E bei S Regress nehmen kann, wenn er von G auf Duldung der Zwangsvollstreckung in Anspruch genommen worden ist: Bei der Schenkung kann kein Regress genommen werden, beim Auftrag z. B. aus § 670 BGB.

Welches der beiden o.g. Grundpfandrechte hat denn nun die **größere praktische Bedeutung**? Da wartet eine Überraschung auf Sie: Man würde meinen, dass dies die **Hypothek** ist. Sie ist schließlich als erstes Grundpfandrecht und dazu noch ausgiebig in den §§ 1113–1190 BGB geregelt, während die Regelung der Grundschuld in den §§ 1191–1198 BGB sich i.w. in einer partiellen Verweisung auf die Regeln der Hypothek erschöpft. Dass die Hypothek das maßgebliche Sicherungsrecht sein würde, entsprach sicher auch dem Plan des Gesetzgebers. Aber in der Rechtswirklichkeit haben sich die Dinge anders entwickelt. Hypotheken gibt es heutzutage praktisch nur als Bauhandwerkerhypotheken (§ 648 BGB) und als (Zwangs-) Hypotheken, die im Wege der Zwangsvollstreckung eingetragen werden können (§§ 866, 867, 932 ZPO), während es im Kreditsicherungsrecht eigentlich nur die **(Sicherungs-)Grundschuld** gibt. **Warum** ist es dazu gekommen? Die Hypothek ist – wie Sie noch zu Genüge erfahren werden – mehr oder weniger streng akzessorisch, „steht und fällt“ also mit dem Bestehen der gesicherten Forderung, während die Grundschuld nicht vom Bestand einer Forderung abhängig ist (arge §§ 1191, 1192 BGB). Aus erst später darstellbaren Gründen war dieser Umstand das für die Praxis entscheidende Moment, sich im Zuge einer längeren Rechtsentwicklung dafür entschieden zu haben, Geldforderungen nur noch durch Grundschulden zu sichern. Dazu hat man im Wege der Rechtsfortbildung und neuerdings auch im Gesetz erwähnt (§ 1192 Abs. 1a) BGB) das Institut der Sicherungsgrundschuld entwickelt: Der Eigentümer bestellt an seinem Grundstück eine Grundschuld, und durch einen Sicherungsvertrag (Zweckerklärung) wird geregelt, dass und wie die Grundschuld der Sicherung der Forderung dienen soll.

Die praktische Irrelevanz der Hypothek für die Kreditsicherung korrespondiert aber nicht mit einer entsprechenden Bedeutungslosigkeit der §§ 1113–1190 BGB für die Ausbildung! Das „Hypothekenrecht“ ist unverändert zu lernen und beherrschen. Sie würden sonst auch das Grundschuldrecht, speziell das Recht der Sicherungsgrundschuldrecht, überhaupt nicht verstehen können (lesen Sie noch einmal die Verweisungsnorm des § 1192 BGB!).

Dass diese Entwicklung „weg von Hypothek“ und „hin zur Sicherungsgrundschuld“ in rechtspolitischer Hinsicht Parallelen zum Verhältnis von Pfandrecht an beweglichen Sachen und Sicherungseigentum aufweist, muss wirklich jedem, der hier mit Verstand mitgearbeitet hat, längst klar geworden sein. Und Sie werden dies auch noch für das Pfandrecht an Rechten, namentlich an Forderungen, und sein Verhältnis zur Sicherungszession erleben: auch das Pfandrecht an Forderungen gibt es praktisch nicht mehr!

Und welche Rolle spielt denn nun noch die Grundschuld als solche (also nicht die Sicherungsgrundschuld)? Sie ist ein reines Verwertungsrecht und führt ein „Schattendasein". Gelegentlich kommen wir darauf zurück.

## 2. Erwerb und Verlust der Hypothek

Sie wissen es schon: Unter einer **Hypothek** versteht man die Belastung eines Grundstücks dergestalt, dass eine bestimmte – auch künftige oder bedingte – Geldforderung (z. B. eine Darlehensforderung aus § 488 Abs. 1 S. 2 BGB oder eine Restkaufpreisforderung aus § 433 Abs. 2 BGB) gesichert werden soll, wobei das Grundpfandrecht vom Bestand und von der Höhe der gesicherten Forderung abhängt (vgl. die **Legaldefinition** in § 1113 BGB und die Regelung der §§ 1191, 1192 BGB). Wenn es in § 1113 Abs. 1 BGB weiter heißt, dass „eine bestimmte Geldsumme … aus dem Grundstück zu zahlen ist", bedeutet dies – wie gerade eben ausgeführt – nicht etwa, dass § 1113 Abs. 1 BGB eine Anspruchsgrundlage ist! Vielmehr wird durch die Worte „… zur Befriedigung wegen einer … Forderung" deutlich gemacht, dass es bei der Hypothek um ein der Sicherung einer Geldforderung dienendes Sicherungsrecht geht und andere (Nichtgeld-)Forderungen nicht in dieser Weise gesichert werden können. Der **Hypothekar kann** also **nicht Zahlung** einer Geldsumme vom Eigentümer **verlangen** (dieser kann aber ggf. zahlen = ablösen; vgl. § 1142 BGB), **sondern** nach **§ 1147 BGB** nur **Duldung der Zwangsvollstreckung**. Wer das falsch macht, hat verloren.

Die Hypothek ist ein zur gesicherten Forderung **akzessorisches dingliches Sicherungsrecht**, ein Umstand, der **unterschiedliche Folgen** hat:

- Zunächst hat die Akzessorietät Bedeutung für die **Technik** der **Übertragung**, denn es ist nicht die Hypothek, sondern es ist die gesicherte Forderung, die übertragen wird (§ 1153 BGB). Wenn gleichwohl allseits von der Übertragung „der Hypothek" die Rede ist, ist das allerdings hinzunehmen (Baur/Stürner), zumal auch das Gesetz in § 1153 Abs. 2 BGB diese Terminologie übernimmt. Man muss nur wissen, was man damit eigentlich sagt.
- Aus der Akzessorietät von gesicherter Forderung und Hypothek folgt weiter, dass auf der „Gläubigerebene" die **Hypothek** und die **gesicherte Forderung** immer **„in einer Hand" vereint** sein müssen, während auf der „Schuldnerebene" der die Sicherung gewährende Eigentümer und der Schuldner der gesicherten Forderung durchaus („bürgschaftsähnlich") auseinander fallen können.
- Das Akzessorietätsverhältnis von Forderung und Hypothek hat aber auch – wie sich noch zeigen wird – Bedeutung für einzelne Fragen des **gutgläubigen Erwerbs** (§§ 1138, 892 BGB) und für die als Verteidigungsmittel des Eigentümers gegen die Hypothek bedeutsamen **Einreden** (§ 1137 BGB; vgl. auch § 768 BGB, § 1211 BGB und § 1254 BGB).

- Eine **strenge Akzessorietät** gilt aber nur bei der sog. „Sicherungshypothek"; **gelockert ist** die **Akzessorietät** bei der sog. „Verkehrshypothek" (§§ 1184, 1185 BGB), und zwar bis hin zu der Tatsache, dass im Ergebnis sogar „forderungsentkleidete" (honi soit qui mal y pense) „Hypotheken" erworben werden können.
- Wegen ihrer Akzessorietät ist die Hypothek auch in den Katalog der **„Nebenrechte"** des **§ 401 BGB** aufgenommen worden. Warum eigentlich, da es doch die Regelung des § 1153 BGB gibt? Weil § 401 BGB bekanntlich abdingbar ist, musste zur Sicherung des Akzessorietätsprinzips das „Mitlaufgebot" als zwingende Regelung im Gesetz verankert werden (§ 1153 Abs. 2 BGB!!). Nur so kann ein Auseinanderfallen von Gläubiger und Hypothekar auf der Gläubigerebene und damit das Risiko einer doppelten Inanspruchnahme verhindert werden. Von Bedeutung ist § 401 BGB damit letztlich nur für die cessio-legis-Fälle (§§ 412, 401 BGB), bei denen das Risiko der Abdingbarkeit des § 401 BGB ja nicht gegeben ist.
- Andererseits führt die Akzessorietät auch dazu, dass beim **Vorliegen** der Voraussetzungen des **§ 399 BGB** (speziell beim „pactum de non cedendum") auch die Hypothek unübertragbar ist – im Verhältnis zu Dritten aber nur, wenn die Unübertragbarkeit im Grundbuch eingetragen ist.
- Aus der Akzessorietät ergibt sich auch der **Umfang der Haftung** (§ 1118 BGB; vgl. auch: § 767 Abs. 1 S. 2, 3 BGB und § 1210 BGB).

#### a) Die Bestellung der Hypothek (und Eigentümergrundschuld)/gutgläubiger „Erst-Erwerb" der Hypothek

**Bestellt wird** die **Hypothek** wie folgt:

- Nach dem natürlich (warum?) auch hier anwendbaren und Ihnen längst vertrauten **§ 873 Abs. 1 BGB** ist zunächst erforderlich eine dingliche **Einigung** (ein dinglicher Vertrag mit dem Inhalt des § 1113 BGB); die Hypothek ist regelmäßig eine **gelockert akzessorische „Verkehrshypothek"**. Sie kann aber dadurch als **streng akzessorische „Sicherungshypothek"** bestellt werden, indem in der Einigung vereinbart wird, dass sich „das Recht des Gläubigers aus der Hypothek … nur nach der Forderung bestimmt …" (§§ 1184, 1185 Abs. 2 BGB). Was das bedeutet, erfahren Sie alsbald. Was die Begründung dinglicher Rechte angeht, so entsinnen Sie sich vielleicht noch an die Fragestellung, ob man sie auch im Wege eines Vertrages zugunsten Dritter nach **§ 328 BGB** bestellen kann. Wir hatten das grundsätzlich abgelehnt, aber darauf hingewiesen, dass dies immerhin diskutiert werden kann bei der **Bestellung** eines **Grundpfandrechts**.
- Bei jeder Hypothekenbestellung muss nach **§ 873 Abs. 1 BGB** die **Eintragung** der Hypothek in das Grundbuch hinzukommen.
- Das war alles **nichts Neues** für Sie. **Neu**, weil spezifisch für das Hypothekenrecht, ist für Sie aber das **zusätzliche Erfordernis** einer **Erteilung** eines **Hypothekenbriefes** (§§ 1116 Abs. 1, 1117 BGB: **„Briefhypothek"**; wer dessen Eigentümer, also Eigentümer des Papiers, ist, richtet sich dann nach § 952 BGB) **oder** ein nach entsprechender Einigung in das Grundbuch einzutragender **Brief-**

**ausschluss** (§ 1116 Abs. 2 BGB), so dass dann eine **„Buchhypothek"** vorläge. Verkompliziert wird dieses Thema dadurch, dass eine Brieferteilung überhaupt nicht möglich ist bei der schon erwähnten „Sicherungshypothek", die automatisch eine Buchhypothek ist (§ 1185 Abs. 1 BGB). Lesen Sie alle diese Normen gründlich und bemühen Sie sich, diese auch zu verstehen!

- Selbstverständlich ist wiederum, dass der **Besteller** auch **Berechtigter** sein muss, also der **zur Verfügung befugte Eigentümer** des **Grundstücks** oder der **zur Verfügung über das Grundstück befugte Nichteigentümer**. Fehlt es an der Berechtigung, muss ein **gutgläubiger Erwerb** vom Nichtberechtigten nach § 892 BGB geprüft werden. Dazu wissen Sie eigentlich schon alles, wenn auch i.w. bezogen auf den Eigentumserwerb.
- Gleich ob „Verkehrs-" oder „Sicherungshypothek": Vorliegen muss stets eine **zu sichernde** gegenwärtige, künftige oder bedingte **Geldforderung** (§ 1113 Abs. 1, 2 BGB).

Wen diese geballte Vorab-Zusammenfassung überfordert hat, braucht nicht zu erschrecken, denn jetzt werden wir diese **Merkmale** und **Aspekte** im Einzelnen und in aller Ruhe **vertiefen**. Wir beginnen mit den sachenrechtlichen Voraussetzungen der Hypothekenbestellung **(sub aa))** und wenden uns dann der notwendigerweise vorhanden sein müssenden Geldforderung zu **(sub bb))**.

aa) Die sachenrechtlichen Voraussetzungen der Hypothekenbestellung

In sachenrechtlicher Hinsicht ist nach **§ 873 Abs. 1 BGB** eine **Einigung** erforderlich.

- **Einigung also solche:** Wie oft genug gesagt worden ist, ist die Einigung ein **dinglicher Vertrag**. Die **Einigung** ist, sofern sie nicht ausnahmsweise nach § 873 Abs. 2 BGB bindend ist, **frei widerruflich** (argec. § 873 Abs. 2 BGB). Man verlangt daher auch ein **„Einigsein"**. Wenn es zu keiner wirksamen Einigung (§ 873 BGB) über die Bestellung einer Hypothek kommt, entsteht grundsätzlich kein dingliches Recht am Grundstück, also auch keine Hypothek. Wenn die Einigung nur an Willensmängeln des Erwerbers scheitert, der Eigentümer aber auf jeden Fall eine Belastung mit einem Verwertungsrecht gewollt hat, spricht viel für eine **Umdeutung** in die Bestellung einer **Eigentümergrundschuld** nach § 1196 Abs. 2 BGB. Was man darunter versteht, wird hier zunächst einmal nicht weiter vertieft; haben Sie ein wenig Geduld. Auch wenn man sich weitgehend einig ist, dass es über den Sonderfall des § 414 BGB (Schuldübernahme durch Vertrag zwischen Gläubiger und Neuschuldner ohne Beteiligung des hierdurch befreiten Altschuldners) hinaus keine wirksamen Verfügungen zugunsten eines Dritten gibt, weil die §§ 328 ff. BGB erkennbar nur für schuldrechtliche Verpflichtungsverträge gelten sollen, gibt es doch Fälle, in denen Sie jedenfalls diskutieren müssen, ob zumindest eine **Hypothek** im Wege einer analogen Anwendung der **§§ 328 ff. BGB bestellt** werden kann. Gegen diese Möglichkeit wird wohl zu Recht ins Feld geführt, dass eine solche Verfügung zugunsten eines Dritten nicht dem im Sachenrecht geforderten Bestimmtheitsprinzip genügen würde, und dass es auch an der für eine Analogie nötigen Lücke im Gesetz fehlen würde, weil durch Einschaltung eines Stellvertreters gleiche Ergebnisse erzielbar sind wie durch einen dinglichen Vertrag zugunsten Dritter. Gleichwohl wird die Rechtsmeinung vertreten, dass § 328 BGB den Erwerb dinglicher Leistungs- bzw. Duldungs ansprüche ermöglichen soll. Man muss bei der Fallbearbeitung aber schon gute Gründe haben und sie auch dem Leser präsentieren können, will man sich dieser Ansicht anschließen.

- **Essentialia negotii**: Die Einigung muss den **Inhalt** des **§ 1113 BGB** haben. Die **„essentialia negotii"** (wieso dieser Begriff? Weil die Einigung ein „Vertrag" ist!) ergeben sich mittelbar aus §§ 1115, 1190 BGB, wo die eintragungspflichtigen Voraussetzungen bezeichnet werden: Gläubiger, Geldbetrag der Forderung (bei der „Höchstbetragshypothek" der Höchstbetrag), Zinssatz und evtl. Nebenleistungen.
- **Eventuell** erfolgt eine **Vereinbarung** einer **Bestellung** als **Buchhypothek**: Dass über die essentialia negotii hinaus **weitere Vereinbarungen** möglich sind, zeigen §§ 874, 1184 Abs. 2, 1190 BGB. Die Hypothek kann durch die Einigung über die Ausschließung der Brieferteilung abweichend von der **gesetzlichen** und daher auch nicht eigens zu vereinbarenden **Regel** einer **Briefhypothe**k als eine **Buchhypothek** bestellt werden oder nachträglich in eine solche umgewandelt werden (§ 1116 Abs. 2 BGB), was dann aber auch wieder rückgängig gemacht werden kann (§ 1116 Abs. 3 BGB).
- **Eventuell** erfolgt eine **Vereinbarung** einer **Bestellung als Sicherungshypothek/Höchstbetragshypothek**: Wenn die Hypothek abweichend von der **gesetzlichen** und daher auch nicht eigens zu vereinbarenden **Regel** keine gelockert akzessorische **„Verkehrshypothek"** sein soll, sondern eine streng akzessorische **„Sicherungshypothek"**, so muss in der Einigung vereinbart werden, dass sich „das Recht des Gläubigers aus der Hypothek … nur nach der Forderung bestimmt …" (§§ 1184, 1185 Abs. 2 BGB). Bei einer solchen Sicherungshypothek gelten nach § 1185 Abs. 2 BGB die eine Hypothek „verkehrsfähig" machenden Vorschriften §§ 1138, 1139, 1141 BGB und § 1156 BGB nicht. Schließlich kann eine Hypothek nach § 1190 BGB auch als **„Höchstbetragshypothek"** bestellt werden, so dass das Grundstück nur bis zu einem Höchstbetrag haften soll; sie ist automatisch „Sicherungshypothek". Machen Sie sich **keine Sorgen**: Wer von „Verkehrshypothek", „Sicherungshypothek" oder „Höchstbetragshypothek", noch nie etwas gehört hat (und dafür spricht sehr viel!), wird wenig später genügend Informationen erhalten!
- **Vereinbart** werden kann hinsichtlich der Forderung mit Wirkung für die Hypothek ein **Abtretungsverbot** nach § 399 Var. 2 BGB, das auch eintragungsfähig ist.

Weiterhin ist für den Erwerb einer Hypothek nach **§ 873 Abs. 1 BGB** natürlich auch die **Eintragung der Hypothek** in Abt. III des Grundbuchs erforderlich. Die Eintragung muss mindestens den **Inhal**t des **§ 1115 BGB** und ggf. auch den des **§ 1190 BGB** haben, und sie muss daher bezeichnen: den Gläubiger, den Geldbetrag der Forderung (bei der „Höchstbetragshypothek" den Höchstbetrag), den Zinssatz und evtl. Nebenleistungen. Im Falle der Bestellung als „Sicherungshypothek" muss nach **§ 1184 Abs. 2 BGB** dies auch im Grundbuch eingetragen werden Warum dies? Damit der Rechtsverkehr Bescheid weiß, dass es sich um eine wenig verkehrsfreundliche, weil streng akzessorische Hypothek handelt! Auch die Bestellung als Buchhypothek oder die Umwandlung in eine Buchhypothek nach **§ 1116 Abs. 2 S. 3 BGB** muss im Grundbuch eingetragen werden. Der übrige Inhalt der Einigung muss nicht eingetragen werden; insoweit kann nach **§ 874 BGB** auf die Eintragungsbewilligung Bezug genommen werden. Unter welchen Voraussetzungen das Grundbuchamt die Eintragungen vornimmt, wissen Sie längst: Lesen Sie noch einmal die §§ 13, 19, 29, 39 GBO und beantworten Sie selbst die Frage, warum in dieser Aufzählung § 20 GBO fehlt.

Bei der regelmäßig gegebenen **Briefhypothek** muss desweiteren zusätzlich zur Eintragung in das Grundbuch eine **Übergabe** des **Hypothekenbriefes** oder eine **Ersetzung** der **Übergabe** durch **Übergabesurrogate** i. S. d. §§ 929 S. 2–931 BGB (§ 1117 Abs. 1 BGB) oder durch eine **„Aushändigungsabrede"** (§ 1117 Abs. 2 BGB) hinzukommen. Vor der Übergabe des Briefes ist die Hypothek noch keine Hypothek, sondern eine **Eigentümergrundschuld** (§ 1163 Abs. 2 BGB). Was darunter zu verstehen ist, erfahren Sie – wie versprochen – demnächst. Es versteht sich, dass bei der durch eine Vereinbarung nach § 1116 Abs. 2 BGB bestellten **Buchhypothek** und bei der **Sicherungshypothek**, die ausschließlich als Buchhypothek denkbar ist (§ 1185 Abs.1 BGB), zur Bestellung keine Übergabe eines Hypothekenbriefes nötig ist.

Dass aufgrund der **Gestrecktheit** des **Erwerbstatbestandes** ebenso wie beim Erwerb des Eigentums an einem Grundstück (dazu haben Sie ja inzwischen solide Kenntnisse) massive **Risiken für** den **Erwerber** der Hypothek bestehen, braucht hier nicht noch einmal betont zu werden. Die gesetzlich bestehenden bzw. in Gang zu setzenden vom Gesetz vorgesehenen Schutzmechanismen sind Ihnen mit Sicherheit noch in Erinnerung. Dargestellt wird dies alles nicht noch ein weiteres Mal; das liefe auf eine bloße Doppelung der Ausführungen hinaus. Nur soviel sei gesagt: Der Erwerber ist vor einem Widerruf der Einigung nach **§ 873 Abs. 2 BGB** und vor Zwischenverfügungen dann gesichert, wenn ihm bereits ein **Anwartschaftsrecht auf Erwerb der Hypothek** zusteht oder eine zu seinen Gunsten eingetragene **Vormerkung (§ 883 BGB)** besteht. Der sich selbst gegenüber seiner Verantwortung Bewusste sollte diese Gelegenheit nutzen und die Ausführungen in **Teil 6 C IV 1 g)** erneut durcharbeiten. Das Klausurpotential ist beträchtlich!

Der Wegfall der Verfügungsbefugnis vor Vollendung des Rechtserwerbs kann nach **§ 878 BGB** unschädlich sein.

Schließlich muss der Besteller bei der Vollendung des **Rechtserwerbes Berechtigter** sein, also der **zur Verfügung befugte Eigentümer** des **Grundstücks** oder der **zur Verfügung über das Grundstück befugte Nichteigentümer**. **Fehlt es** an der **Berechtigung** des Bestellers, so stellen sich erneut die Ihnen aus der Erörterung der Übereignung von Grundstücken ja längst bekannten Fragen nach dem gutgläubigen Erwerb trotz fehlenden Eigentums oder trotz fehlender Verfügungsbefugnis BGB **(„gutgläubiger „Erst-Erwerb")**. Wir werden uns auf die Konstellation fehlenden Eigentums des Bestellers beschränken und die fehlenden Verfügungsbefugnis des

Bestellers ignorieren, weil sie keinen zusätzlichen Erkenntniswert hätte. Geraten wird Ihnen, nunmehr die Ausführungen in **Teil 6 IV 1 f) – m))** erneut durchzuarbeiten, wo Sie dann auch auf die Problematik der Überbrückung fehlender Verfügungsbefugnis stoßen werden.

bb) Die Geldforderung

Wegen des **Akzessorietätsprinzips** ist für das **Vorliegen einer Hypothek** eine **zu sichernde** gegenwärtige, künftige oder bedingte **Geldforderung** existentiell erforderlich (§ 1113 Abs. 1, 2 BGB).

Die Forderung wird oft eine Darlehensforderung (§ 488 Abs. 1 S. 2 BGB) oder eine (Rest-)Kaufpreisforderung (§ 433 Abs. 2 BGB) sein; sie kann letztlich auf jedem Rechtsgrund beruhen: z. B. kann sie auch ein Anspruch aus einem Vermächtnis sein (§§ 2147, 2174 BGB).

Die Forderung muss nach bestimmten **„Identifikationsmerkmalen"**, nämlich nach

- dem **Gläubiger** (der wegen des Akzessorietätsprinzips identisch mit dem Hypothekar sein muss!),
- dem **Schuldner** (der sehr häufig identisch mit dem Eigentümer sein wird, dies aber – „bürgschaftsähnlich" – nicht notwendig sein muss!)
- und dem **Gegenstand** (bestimmte Geldsumme, wenn nicht eine „Höchstbetragshypothek" vorliegt!)
- **bestimmt** sein.

Wenn die **Forderung** bei der Bestellung **nicht** bzw. **noch nicht entstanden** ist, ist der Bestellungsakt nicht etwa unwirksam, sondern es entsteht eine dem Eigentümer am eigenen Grundstück zustehende Hypothek (§ 1163 Abs. 1 S. 1 BGB), die mangels einer gesicherten Forderung nach § 1177 BGB als **Eigentümergrundschuld** bezeichnet wird.

Wenn die Forderung noch zur Entstehung gelangen kann (z. B. durch Valutierung eines Darlehens) ist dies nur eine **„vorläufige Eigentümergrundschuld"**, die sich bei Forderungsentstehung in eine Hypothek verwandelt. Ein Beispiel hierfür ist die Bestellung einer Hypothek für eine „künftige oder bedingte Forderung" (§ 1113 Abs. 2 BGB); diese ist bis zur Entstehung der Forderung Eigentümergrundschuld und verwandelt sich erst dann in eine Hypothek.

1. **Spätestens jetzt** muss dieser Begriff **„Eigentümergrundschuld"**, von dem schon mehrfach die Rede war, einführend **erläutert** werden.
   Es handelt sich um ein dem Eigentümer eines Grundstücks zustehendes Grundpfandrecht in Gestalt einer keine Forderung voraussetzenden Grundschuld. Sie entsteht kraft Gesetzes (z. B. in §§ 1163 Abs. 1 S. 1, 1177 BGB) oder durch Bestellung (§ 1196 Abs. 1 BGB). Die Eigentümergrundschuld verleiht mit einer Ausnahme dieselben Rechte, wie die einer anderen Person zustehende (Fremd-)Grundschuld: Der Eigentümer kann

nicht die Zwangsvollstreckung zum Zwecke seiner Befriedigung betreiben (§ 1197 BGB).). Der Grund ist, dass dies zum Erlöschen der nachrangigen Rechte führen würde (§ 52 Abs. 1 S. 2 ZVG).
Welche **wirtschaftliche Bedeutung** die Eigentümergrundschuld hat, erfahren Sie jetzt.

**2.** Die „vorläufige Eigentümergrundschuld" wird von der Kreditpraxis für **Zwischenfinanzierungen** verwendet:

**a)** Bestimmte Kreditgeber machen nämlich die Valutierung eines Kredits für einen Bauherren von der Fertigstellung des Bauwerkes/bzw. des Rohbaus abhängig. Eine zugunsten dieses künftigen Darlehensgebers bestellte Briefhypothek (§§ 873, 1113 Abs. 2, 1116f. BGB) ist ohne eine (aus dem vorgenannten Grund nicht erfolgte) Valutierung des Darlehens eine hierdurch auflösend bedingte Eigentümergrundschuld.
Der Eigentümer kann, und das ist üblich so, die auflösend bedingte Eigentümergrundschuld als Sicherungsmittel für einen Zwischenkredit einsetzen, indem er sie (im Wege der schriftlichen Abtretungserklärung unter Übergabe des Hypothekenbriefes – dazu später mehr) und auch den künftigen Auszahlungsanspruch gegen den künftigen Kreditgeber an einen Zwischenkreditgeber zur Sicherheit abtritt und so den von diesem gewährten Zwischenkredit sichert.
Wenn der Brief bereits im Besitz des künftigen Kreditgebers sein sollte, kann die Übergabe des Briefes ersetzt werden durch die Abtretung des Herausgabeanspruchs des Eigentümers (§§ 1117 Abs. 1 S. 2, 931, 985 BGB), denn der Eigentümer ist bis zur Valutierung des künftigen Kredits der Eigentümer des Hypothekenbriefes (§ 952 BGB).
Mit den so vom Zwischenkreditgeber erlangten Geldmitteln wird der Bauzustand hergestellt, den der künftige Kreditgeber zur Voraussetzung für Valutierung bestimmt hat.

**b)** Wenn dann der für die Valutierung des Darlehens maßgebliche Bauzustand erreicht ist, wird die Valuta vom (bisher künftigen) Kreditgeber an den Zwischenkreditgeber als Zessionar ausgezahlt; dadurch wird zugleich der Zwischenkredit getilgt. Durch die Auszahlung der Darlehensvaluta und die Auszahlung der Valuta wird die Eigentümergrundschuld zu einer Fremdhypothek; sie entsteht zugunsten des (bisher künftigen) Kreditgebers; der Brief (sofern der bisher künftige Kreditgeber nicht ohnehin Besitzer ist) wird an den bisher künftigen Kreditgeber herausgegeben.

Wenn das **Schuldverhältnis**, aus dem sich die zu sichernde Geldforderung ergeben soll, **nichtig** ist und sich **in** ein **Rückabwicklungsschuldverhältnis verwandelt** hat, so dass an die Stelle der Forderung ein Rückabwicklungsanspruch z. B. (im Fall der Nichtigkeit) aus § 812 Abs. 1 S. 1 Var. 1 BGB („Leistungskondiktion") oder (im Fall des Rücktritts) aus §§ 346 ff. BGB getreten ist, stellt sich die durch Auslegung zu klärende Frage, ob nach dem Willen der Parteien die Hypothek anstelle der ursprünglich gewollten Forderung diesen (Bereicherungs- oder Rücktritts-) Anspruch sichern soll; verneint man dies, liegt eine Eigentümergrundschuld vor.

**Fall 601**

Der Privatmann G schließt mit dem Privatmann S einen Darlehensvertrag mit 6 Monaten Laufzeit über € 10. 000,–. Der G hatte einen Zinssatz von „3 % für 6 Monate" anbieten wollen, hatte aber versehentlich nur „3 %" geschrieben und vergessen, den Zusatz „für 6 Monate" hinzuzufügen. Zur Sicherung wird dem G eine Buchhypothek am Grundstück des S bestellt. Der Marktzins für kurzfristige hypothekarisch gesicherte Darlehen liegt bei 10 % im Jahr. Als der G nach wenigen Tagen seinen Irrtum bemerkt, erklärt er die Anfechtung des Darlehensvertrages und verlangt Rückzahlung der Valuta von S. Der S muss jetzt für einen neuen Kredit wegen einer plötzlichen allgemeinen Zinssteigerung 12 % Zinsen für 6 Monate zahlen und verlangt von dem G Schadensersatz in Höhe der Zinsdifferenz und macht die Rückzahlung von der Leistung des Schadensersatzes abhängig, was der G ablehnt. Als der S deshalb nicht zahlt, verlangt der G Zahlung und die Duldung der Zwangsvollstreckung.

1. Der Zahlungsanspruch des G gegen den S ergibt sich a) nicht aus § 488 Abs. 1 S. 2 BGB, da der G den Darlehensvertrag wegen seines Erklärungsirrtums wirksam angefochten hat (§§ 119 Abs. 1 Var. 1, 143 Abs. 1, 2, 142 Abs. 1 BGB), b) wohl aber aus § 812 Abs. 1 S. 1 Var. 1 BGB. 2. Duldung der Zwangsvollstreckung kann G von S verlangen, wenn ihm eine (wegen der Akzessorietät zugleich mit der Forderung fällig werdende) Hypothek zusteht. a) Die Hypothek ist dinglich wirksam bestellt worden (§§ 873 Abs. 1, 1113, 1116f. BGB). b) Mangels Forderung aus § 488 Abs. 1 S. 2 BGB könnte die Hypothek aber eine Eigentümergrundschuld sein (§ 1163 Abs. 1 S. 1 BGB), wenn man nicht annähme, sie sichere anstelle des Darlehensanspruchs den Anspruch aus § 812 Abs. 1 S. 1 Var. 1 BGB und stünde daher weiterhin dem G zu. Weil der Bereicherungsanspruch wirtschaftlich gesehen dem Tilgungsanspruch aus dem Darlehen entspricht, kann man im Wege der Auslegung (§§ 133, 157 BGB) dazu kommen, dass die Parteien dies gewollt haben, so dass eine Hypothek am Grundstück des S besteht, c) die wegen der Akzessorietät zugleich mit der Forderung (also nach § 271 BGB sofort) fällig ist. 3. Der S kann aber die Einrede des Zurückbehaltungsrechts aus §§ 273, 122 BGB a) dem Zahlungsanspruch b) und nach § 1137 Abs. 1 BGB auch der Hypothek entgegenhalten.

**Fall 602**

Der Privatmann G schließt mit dem Privatmann S zur Deckung eines dringenden Geldbedarfs für eine Operation eines im Ausland befindlichen und nicht krankenversicherten Angehörigen des S einen Darlehensvertrag mit 6 Monaten Laufzeit über € 10. 000,– zu einem Zinssatz von 30 %. Die Zinsen behält der G gleich ein. Zur Sicherung des Rückzahlungsanspruchs aus dem Vertrag wird dem G eine Buchhypothek am Grundstück des S bestellt. Als S nach 6 Monaten das Darlehen nicht tilgt, verlangt der G von S Zahlung und die Duldung der Zwangsvollstreckung.

1. Der Zahlungsanspruch ergibt sich a) nicht aus § 488 Abs. 1 S. 2 BGB, da der Darlehensvertrag nach § 138 Abs. 2 BGB nichtig ist, b) wohl aber aa) aus § 812 Abs. 1 S. 1 Var. 1 BGB; der Anspruch wird nicht durch den auf § 812 Abs. 1 S. 1 Var. 1 BGB anwendbaren § 817 S. 2 BGB „gesperrt", weil hiernach nur die „Rückforderung" der „Leistung" (=„Kapitalnutzung auf Zeit") ausgeschlossen ist, dem Darlehensnehmer also die Valuta bis zum im (nichtigen) Vertrag vorgesehenen Zeitraum verbleibt. bb) Der Bereicherungsanspruch ist daher zum gleichen Zeitpunkt fällig wie der Rückzahlungsanspruch aus § 488 Abs. 1 S. 2 BGB bei Wirksamkeit des Darlehensvertrages. 2. Duldung der Zwangsvollstreckung kann G verlangen, wenn ihm eine (wegen der Akzessorietät zugleich mit der Forderung fällig werdende) Hypothek zusteht. a) Die Hypothek ist dinglich wirksam bestellt worden (§§ 873 Abs. 1, 1113, 1116f. BGB). b) Mangels Forderung aus § 488 Abs. 1 S. 2 BGB könnte die Hypothek eine Eigentümergrundschuld sein (§ 1163 Abs. 1 S. 1 BGB), wenn man nicht annähme, sie sichere stattdessen den Anspruch aus § 812 Abs. 1 S. 1 Var. 1 BGB. c) Diese (anders als im vorherigen Fall liegende) Auslegungsfrage kann hier jedoch offen bleiben, weil auch die Bestellung der Hypothek nach § 138 Abs. 2 BGB nichtig ist, denn danach ist nichtig auch ein Rechtsgeschäft, durch das der Wucherer sich Vermögensvorteile „gewähren" lässt, hier also die Bestellung der Hypothek.

Ist die Entstehung der Hypothek nicht (mehr) möglich, wird sie kraft Gesetzes zu einer **„endgültigen Eigentümergrundschuld"**. Eine solche liegt auch vor, wenn – was später behandelt wird – die Forderung zwar zur Entstehung gelangt ist, dann aber (z. B. durch Tilgung) erlischt (§§ 1163 Abs. 1 S. 2, 1177 BGB).

Der (für einen jungen Juristen zunächst schwer zu verstehende) Sinn und Zweck des gesetzlichen Konstrukts einer **„endgültigen Eigentümergrundschuld"** („Belastung des eigenen Grundstücks") besteht darin, für den Eigentümer die möglicherweise wertvolle Rangstelle für die Besicherung eines weiteren Kredits zu erhalten.

### b) Die Übertragung der Hypothek/gutgläubiger „Zweit-Erwerb" der Hypothek

#### aa) Der Grundtatbestand der Übertragung der Hypothek (genauer: „der hypothekarisch gesicherten Forderung")

Die **Übertragung** der **Hypothek** erfolgt **durch** die **Zession** der **Forderung**. Die **Hypothek** geht infolge des **„Mitlaufgebots"** (Heck) **auf** den **Zessionar** über.

Damit ist zugleich klar, dass es eine **isolierte Abtretung** der **Forderung** (also unter Ausschluss der Hypothek) oder eine **isolierte Abtretung** der **Hypothek** (also unter Ausschluss der Forderung) **nicht gibt** (§ 1153 Abs. 2 BGB).

Wenn trotzdem alle Welt davon spricht, dass die **„Hypothek" übertragen** wird, so sollte Sie dies nicht irritieren, denn Sie wissen ja nun, dass nach einem dogmatisch sauberen Sprachgebrauch die **„hypothekarisch gesicherte Forderung"** übertragen wird und dass die Hypothek aufgrund des „Mitlaufgebots" der Akzessorietät mit dem Übergang der Forderung auf den neuen Gläubiger übergeht (§§ 398, 1153, 1154 Abs. 1 S. 1, 412, 401 BGB). Es ist **gleichwohl erlaubt**, von der Übertragung „der Hypothek" zu reden und zu schreiben. Schließlich spricht auch das Gesetz in § 1153 Abs. 2 BGB davon: "… die Hypothek kann nicht ohne die Forderung übertragen werden". Harmonisieren kann man diese in der Praxis übliche Terminologie mit den Anforderungen der Dogmatik dadurch, dass man die Erklärung „ich trete die Hypothek ab" nach §§ 133, 157 BGB so auslegt, dass man sie als (damit erklärte) Abtretung der Forderung versteht, deren Rechtsfolge auch der Übergang der Hypothek ist. Auch wir werden uns erlauben, mal diese und mal jene Terminologie zu verwenden, also auch den Sprachgebrauch von der **„Übertragung der Hypothek"** zu akzeptieren, weil diese Ausdrucksweise kürzer und griffiger ist als die umständliche Formulierung von der **„Übertragung der hypothekarisch gesicherten Forderung"**.

Diese **Zession** der **hypothekarisch gesicherten Forderung** ist eine solche **nach § 398 BGB**.

Allerdings ist sie **formalisiert** durch **§§ 398, 1154 Abs. 3, 873 Abs. 1 BGB** bzw. durch **§§ 398, 1154 Abs. 1, 2 BGB**:

1. Bei der **Buchhypothek** wird verlangt, dass in der **Form** der **§§ 1154 Abs. 3, 873 Abs. 1 BGB**, also durch Einigung und Eintragung zediert wird.
2. Die **Briefhypothek** kann zediert werden:
   - ganz **außerhalb** des **Grundbuchs** in der **Form des § 1154 Abs. 1 BGB**: durch schriftliche Abtretungserklärung und Übergabe des Briefes
   - oder **teils innerhalb** und **teils außerhalb** des **Grundbuchs** in der **Form des § 1154 Abs. 2 BGB**: durch Eintragung im Grundbuch und Übergabe des Briefes.

Bei einem zwischen dem Eigentümer und Hypothekar vereinbarten **pactum de non cedendo** ist die Übertragung der Forderung unwirksam **(§ 399 Var. 2 BGB)**: Wegen der Akzessorietät erfasst das Abtretungsverbot auch die Hypothek, aber nur wenn sie – und das ist möglich – im Grundbuch eingetragen ist. Unterbleibt dies, soll die Forderung – vielleicht kann man dies mit § 405 BGB analog begründen? – und die Hypothek gutgläubig erwerben können. Andere wollen dies nur für die streng akzessorische Sicherungshypothek gelten lassen (Baur).

### bb) Gutgläubiger „Zweit-Erwerb" der Buchhypothek

Aus **diversen**, teils allgemeinen, teils „hypothekenrecht-spezifischen" **Gründen** kann es so sein, dass der **Zedent nicht** zur **Übertragung** einer **Hypothek berechtigt ist**:

1. Die Nichtberechtigung kann darauf beruhen, dass die Hypothek (die hypothekarisch gesicherte Forderung) **überhaupt nicht besteht (sub (1))**, und zwar deshalb,
2. Denkbar ist auch, dass die an sich bestehende **Hypothek** und die **Forderung** nicht dem Zedenten, sondern einem **Dritten zustehen** und der Zedent deshalb Nichtberechtigter ist **(sub (2))**.
   - weil es dem Zedenten am Sachenrecht fehlt **(„dinglicher Mangel")**, z. B. weil der dingliche Bestellungsakt unwirksam war oder weil der jetzt zedierende „Erst-Erwerber" vom Nicht-Eigentümer wegen seines bösen Glaubens die Hypothek nicht hatte („erst"-)erwerben können
   - oder weil es dem Zedenten an der Forderung fehlt **(„Forderungsmangel")**, weil sie nie entstanden oder erloschen ist,
   - oder weil es dem Zedenten an beidem mangelt **(„Doppelmangel")**.

Nach diesem Überblick werden wir uns diesen außerordentlich „klausurrelevanten" Konstellationen im Einzelnen zuwenden.

(1) Die Hypothek besteht nicht

Falls der die **Hypothek Übertragende** mangels einer Hypothek oder mangels einer Verfügungsbefugnis nicht berechtigt ist und auch nicht z. B. aufgrund einer Einwilligung oder Genehmigung nach § 185 BGB seitens des Berechtigten. diese Verfügung wirksam ist/wird, stellt sich die Frage nach dem **gutgläubigen Erwerb „der Hypothek"** vom **„Nicht-Hypothekar"**.

Diese Konstellation wird hier wegen der besseren Anschaulichkeit zunächst nur für die **Buchhypothek**, auch wenn diese bekanntlich die praktische Ausnahme ist, erörtert. Aber bei der Buchhypothek ist das Verständnis für Sie zunächst größer, weil Sie den § 892 BGB bereits kennen.

- Wenn die **Hypothek nur** wegen eines **„dinglichen Mangels"**, also wegen einer nicht wirksamen Hypothekenbestellung nicht besteht, während die durch die scheinbar existierende Hypothek gesicherte und nach § 1153 BGB zu zedierende Forderung sehr wohl vorhanden ist, dann wird der Rechtserwerber nach **§ 892 BGB** in seinem guten Glauben an die Existenz der Hypothek geschützt.
- Besteht aber eine Hypothek deshalb nicht, weil keine durch sie gesicherte Forderung existiert **(bloßer „Forderungsmangel")**, so scheint ein denkbarer gutgläubiger Erwerb an der Überlegung zu scheitern, dass eine Forderung (nur diese wird ja übertragen und die Hypothek „läuft" nur „mit"!) nicht gutgläubig erworben werden kann (argec. § 405 BGB) und damit auch keine Hypothek auf dem Wege des Mitlaufs. Gleichwohl hat der Gesetzgeber sich aus **rechtspolitischen Gründen** dafür **entschieden**, die Verkehrsfähigkeit der Hypothek dadurch zu

verbessern, dass der **gutgläubige Erwerb** auch dann **möglich** sein soll, wenn sie **mangels** einer **Forderung nicht existiert**. Um aber andererseits am Prinzip des § 1153 BGB festzuhalten, hat das Gesetz gleichzeitig den gutgläubigen Erwerb der Forderung – dies aber nur zum Zwecke des Erwerbs der Hypothek (!!) – in §§ 1138, 892 BGB angeordnet. Das bedeutet, dass der Gutgläubige im Ergebnis nur die („forderungsentkleidete") Hypothek, also nicht die Forderung erwirbt. Diese Steigerung der Verkehrsfähigkeit der Hypothek auf Kosten der „reinen Lehre" von der Akzessorietät gilt aber **nur** für den Regelfall einer **„Verkehrshypothek"**, und natürlich **nicht** für den Ausnahmefall eine streng akzessorischen **„Sicherungshypothek"** (§§ 1184, 1185 Abs. 2 BGB).

**Fall 603**

Der G1 = H1 hat sich von dem E zur Sicherung einer angeblich gegen den S, aber in Wahrheit gar nicht bestehenden Darlehensforderung eine Buchhypothek bestellen lassen. Der G1 = H1 tritt diese angeblich, aber in Wahrheit nicht existierende hypothekarisch gesicherte Forderung = Hypothek (in Wahrheit besteht nach §§ 1163, 1177 BGB nur eine Eigentümergrundschuld) nach §§ 398, 1153, 1154 Abs. 3 BGB an den G2 = H2 ab, der gutgläubig von der Existenz der hypothekarisch gesicherten Forderung = Hypothek ausgeht. Bei Fälligkeit verlangt er von dem S Zahlung und – weil dieser nicht zahlt – von E Duldung der Zwangsvollstreckung.

1. Dem G2 = H2 steht gegen S kein Anspruch aus §§ 488 Abs. 1 S. 2, 398 BGB zu, weil der G1 = H1 keine Forderung hatte und ein gutgläubiger Forderungserwerb nicht möglich ist. 2. Der G2 = H2 könnte gegen den E einen Anspruch auf Duldung der Zwangsvollstreckung haben (§ 1147 BGB). Voraussetzung dafür ist, dass der G2 = H2 eine Hypothek am Grundstück des E erworben hatte. a) Nach §§ 398, 1153, 1154 BGB hat er keine Hypothek erworben, weil G1 = H1 keine hypothekarisch gesicherte Forderung hatte. b) In Betracht kommt daher nur ein gutgläubiger Erwerb der Hypothek. Ein solcher setzt aber den gutgläubigen Erwerb der Forderung voraus (§§ 398, 1153, 1154 Abs. 1 S. 1 BGB), aa) der an sich nicht möglich ist (s. o.). bb) Zum Zwecke des Hypothekenerwerbs (und nur hierfür!!) wird aber aufgrund einer rechtspolitischen Entscheidung des Gesetzes, das den gutgläubigen Erwerb der Hypothek ermöglichen will (!), bei der (regelmäßig, und damit auch hier gegebenen) Verkehrshypothek der gutgläubige Erwerb der Forderung nach §§ 398, 1153, 1154, 1138, 892 BGB fingiert: Die Voraussetzungen der §§ 892, 1138, BGB (rechtsgeschäftlicher Erwerb im Sinne eines durchgeführten Verkehrsrechtsgeschäfts; Unrichtigkeit des Grundbuchs – G1 = H1 ist zu Unrecht im GB eingetragen –; guter Glaube des G2 = H2 an die Forderung und kein Widerspruch im Grundbuch eingetragen; Vorliegen einer „Verkehrshypothek") sind daher gegeben. Daher hat der G2 = H2 die („forderungsentkleidete") Hypothek erworben und kann aus § 1147 BGB vorgehen.

- Für Konstellationen eines **Doppelmangels** (bei der eine Hypothek deshalb nicht besteht, weil es zum einen keine wirksame Hypothekenbestellung und zum anderen auch keine durch die scheinbare Hypothek gesicherte Forderung gibt) ist ein

Beispielsfall entbehrlich. Der gutgläubige Erwerb einer „forderungsentkleideten Hypothek“ erfolgt bei dieser Konstellation sowohl nach §§ 398, 1153, 1154, 1138, 892 BGB als auch nach §§ 398, 1153, 1154, 892 BGB, meist lesen Sie abgekürzt: nach §§ 1138, 892 BGB und nach § 892 BGB.

(2) Die Hypothek und Forderung steht einem Dritten zu

Wenn die **hypothekarisch gesicherte Forderung** zwar als solche existiert, sie und die Hypothek aber nicht dem die Hypothek Übertragenden, sondern einem **Dritten zusteht**, und es dem sie Übertragenden auch an einer Berechtigung zur Verfügung, etwa nach § 185 Abs. 1 BGB, fehlt, er also deshalb Nichtberechtigter ist, und die Verfügung auch nicht wirksam wird nach § 185 Abs. 2 BGB,

- wird zugunsten des gutgläubigen Erwerbers das Bestehen einer Forderung des Nichtberechtigten nach §§ 398, 1153, 1154, 1138, 892 BGB (natürlich: nur!!) für den Hypothekenerwerb, fingiert. Da mangels eines Hypothekenrechts des Nichtberechtigten auch ein dinglicher Mangel vorliegt und damit die Rechtslage der eines „Doppelmangels“ entspricht, wird dieser dingliche Mangel durch §§ 398, 1154, 1153, 892 BGB überbrückt. Meist lesen Sie dazu, dass in einem solchen Fall der gutgläubige Erwerb der Hypothek nach §§ 1138, 892 BGB und § 892 BGB erfolgt. Das alles ist Ihnen seit der Erörterung des gutgläubigen Erst-Erwerbs seit wenigen Minuten bekannt und daher im Prinzip **nichts Besonderes**.
- **Aber**: Anders als bei dieser Ihnen bereits bekannten Konstellation **existiert** hier eine **gesicherte Forderung**, wenn auch **nicht mit** dem **Zedenten als** deren **Gläubiger**. Deshalb stellt sich jetzt die Frage, ob der Erwerber nicht lediglich eine „forderungsentkleidete“ Hypothek, sondern auch die ja als solche vorhandene Forderung erlangt. **(a)** In der Tat wird die Rechtsansicht vertreten, dass die dem wahren Gläubiger zustehende **Forderung von der gutgläubig erworbenen Hypothek gleichsam „angesogen“** wird (daher auch die etwas alberne Bezeichnung **„Sogtheorie“**) und so zusammen mit der Hypothek auf den gutgläubigen Erwerber der Hypothek übergeht. Wie und mit welcher Begründung entscheidet man sich hier? Die **theoretisch** auch **vorstellbare Lösung**, die Diskrepanz von Gläubigerstellung und Hypothekarstellung dadurch zu überwinden, dass man **die Hypothek zur Forderung zieht**, dass also die Forderung die „Sogwirkung“ hat, steht zwar mit dem Wortlaut des § 1153 BGB in Einklang, würde aber auf eine paradoxe Umkehr des vorher gerade gefundenen Resultats eines **gutgläubigen Hypothekenerwerbs** hinauslaufen und wird daher auch von niemandem vertreten. Argumentativ spricht für die „Sogtheorie“, die die Forderung zur Hypothek zieht, dass so die Akzessorietät wieder hergestellt wird. Auch ist eine theoretische Doppelinanspruchnahme (durch den Gläubiger der Forderung und zugleich durch den gutgläubigen Hypothekenerwerber) bei einer Zusammenführung von Gläubigerstellung und Hypothekar in einer Person, der des neuen Hypothekars nämlich, systematisch sauber ausgeschlossen. Es kommt für die Herbeiführung dieses Ergebnisses auch nicht mehr darauf an, dass der Schuldner seine Verteidigungsmittel (§§ 1161, 1160 BGB bzw. §§ 1167, 1144 BGB) kennt. Weiterübertragungen der Hypothek auf Dritte wären nach diesem Lösungsvorschlag immer Verfügungen eines Berechtigten. **(b)** Die **gegenteilige Auffassung**, die **Forde-**

**rung beim** bisherigen **Gläubiger** zu **belassen** und die **Hypothek „forderungsentkleidet“** auf den Erwerber übergehen zu lassen, hat demgegenüber für sich, dass nach der „Sogtheorie“ der Erwerber einer im Einzelfall ja durchaus einmal wertlos sein könnenden Hypothek (z. B. völlige Entwertung des Grundstücks durch eine Naturkatastrophe) unverdientermaßen eine ja möglicherweise wertvolle Forderung erlangen würde, und schließlich, dass das Risiko einer Doppelinanspruchnahme von Schuldner (aus z. B. § 488 Abs. 1 S. 2 BGB) und Eigentümer (aus § 1147 BGB) schon deshalb ausgeschlossen ist, weil der Schuldner erst bei gesicherter Rückgabe der Hypothek an den Eigentümer leisten muss und sich deshalb über §§ 1161, 1160 bzw. 1167, 1144 BGB verteidigen kann, während der Eigentümer über §§ 1144, 273 BGB geschützt ist. Die Argumente sind gleichwertig: Sie haben die „Qual der Wahl“.

**Fall 604**

Dem H1 = G1 steht gegen den E = S eine am Grundstück des E = S durch eine Buchhypothek gesicherte Darlehensforderung zu. Der unerkennbar geisteskrank gewordene H1 = G1 überträgt die hypothekarisch gesicherte Forderung (= Hypothek) formgerecht (wie?) an den H2 = G2. Der H2 = G2 überträgt sie formgerecht an den H3 = G3 weiter. Der H3 = G3 verlangt von dem E = S Zahlung und Duldung der Zwangsvollstreckung.

1. Duldung der Zwangsvollstreckung könnte der H3 = G3 aus § 1147 BGB verlangen, wenn ihm eine Hypothek zustünde. Er hat – wie soeben dargestellt – eine Hypothek erworben, und zwar wegen des in der Person des H2 = G2 bestehenden „Doppelmangels“ (keine Forderung, keine Hypothek) nach §§ 398, 1154 Abs. 1, 1153, 1138, 892 BGB und nach §§ 398, 1153, 1154, 892 BGB. 2. Der H3 = G3 könnte Zahlung aus § 488 Abs. 1 S. 2 BGB verlangen. a) Er selbst hat keinen Darlehensvertrag geschlossen, b) kann diesen Anspruch daher nur durch die Zession von G2 = H2 erworben haben. Fraglich ist, ob der H3 = G3 die Hypothek aa) anders als zuvor mitsamt der Forderung erworben hat, weil das Risiko einer doppelten Inanspruchnahme von Schuldner und Eigentümer besteht, das nur durch Vereinigung von Hypothek und Forderung in einer Person ausgeräumt werden kann; dann stünde dem H3 = G3 eine Forderung aus § 488 Abs. 1 S. 2 BGB zu. bb) Man kann aber auch die Ansicht vertreten, dass der Erwerber die Hypothek auch in diesem Fall „forderungsentkleidet“ erworben hat, weil durch einen Erwerb der Forderung die Fiktion der §§ 1138, 892 BGB überdehnt wird und das Risiko einer doppelten Inanspruchnahme dadurch gebannt ist, dass der persönliche Schuldner nur gegen Aushändigung einer „löschungsfähigen Quittung“ zahlen müsse (§§ 1167, 1144 BGB). Dann bestünde kein Anspruch auf Zahlung gegen E = S.

#### cc) Gutgläubiger „Zweit- Erwerb“ der Briefhypothek

Die vorherigen Ausführungen hatten aus didaktischen Gründen ganz bewusst nur die Buchhypothek, also die praktische Ausnahme, zum Gegenstand.

Beim gutgläubigen „Zweit-Erwerb" einer **Briefhypothek**, bekanntlich der praktischen Regel, taucht das zusätzliche **Problem** der für **§ 892 BGB** erforderlichen **Legitimation durch** das **Grundbuch** auf.

- Denn der eine **Briefhypothek übertragende Nicht-Hypothekar** ist **nur dann** durch eine Eintragung im **Grundbuch legitimiert**, wenn er selbst als ein **„Erst-Erwerber" nach §§ 873, 1116 BGB in** das **Grundbuch eingetragen** ist oder wenn eine **Übertragung auf ihn „im Grundbuch"** vorgenommen wird, also die schriftliche Abtretungserklärung durch eine Eintragung in das Grundbuch ersetzt wird (§§ 398, 1153, 1154 Abs. 2 BGB).
- **Nicht durch** eine **Eintragung** als **Hypothekar** im **Grundbuch legitimiert** ist der eine **Briefhypothek** übertragende **Nicht-Hypothekar**, wenn die **Übertragung auf ihn** nach §§ 398, 1153, 1154 Abs. 1 BGB **außerhalb** des **Grundbuchs erfolgt ist**, sie ihm also durch eine schriftliche Abtretungserklärung und Übergabe des Hypothekenbriefes übertragen worden ist (§ 1154 Abs. 1 BGB). Hier hat der Gesetzgeber, der aus rechtspolitischen Gründen gerade den gutgläubigen Erwerb von Briefhypotheken ermöglichen wollte, eine weitere, den Gutglaubenserwerb ermöglichende „goldene" dogmatische „Brücke" gebaut, indem er in **§ 1155 BGB** den **Besitzer** eines **Hypothekenbriefes** einem in das Grundbuch eingetragenen Gläubiger gleichgestellt hat, allerdings nicht einfach jeden Besitzer, auch nicht den Besitzer, dem die Hypothek durch eine schriftliche Abtretungserklärung übertragen wurde, sondern nur den Besitzer des Hypothekenbriefes, der durch eine **zusammenhängende auf** einen **eingetragenen Gläubiger zurückzuführende Reihe öffentlich beglaubigter Abtretungserklärungen** ausgewiesen ist. Ein solcher Besitzer ist mit dem den öffentlichen Glauben vermittelnden Grundbuch so eng verknüpft, wie wenn er selbst im Grundbuch eingetragen wäre. Wenn Ihnen also zum *Beispiel* demnächst auf einem „Flohmarkt" ein etwas zwielichtiger Händler eine durch eine Briefhypothek hypothekarisch gesicherte Forderung zu einem günstigen Preis zum Kauf nach §§ 433, 453 BGB anbietet, die er ihnen an Ort und Stelle gegen Barzahlung nach §§ 398, 1153, 1154 Abs. 1 BGB durch eine schriftliche Abtretungserklärung und Übergabe des Hypothekenbriefes zu übertragen bereit ist, bestehen Sie darauf, dass Ihnen eine auf einen in das Grundbuch eingetragenen Gläubiger zurückführende Reihe von öffentlich beglaubigten Abtretungserklärungen vorgelegt wird; nur dann können Sie die Hypothek gutgläubig – was allerdings nach den Gesamtumständen kaum anzunehmen sein dürfte – erwerben. Um dem Zedenten einer Briefhypothek die Vorlage einer solchen Legitimation, an der ein jeder Erwerber einer Briefhypothek deshalb ein größtes Interesse hat, um wiederum seinen Abkäufern eine geschlossene auf einen Eingetragenen zurückzuführende Kette von öffentlich beglaubigten Abtretungserklärungen präsentieren und eventuell einen gutgläubigen Erwerb ermöglichen zu können, hat das Gesetz dem jeweils neuen Gläubiger einer Briefhypothek konsequenterweise einen Anspruch auf eine öffentliche Beglaubigung der Abtretungserklärung gegeben (§ 1154 Abs. 1, S. 2 BGB). Auch beim gutgläubigen Erwerb nach §§ 398, 1153, 1154, 1155,

892 BGB stellt sich die Frage, ob bei bestehender Forderung der Erwerber der Hypothek nur eine „forderungsentkleidete" Hypothek erlangt oder ob er auch die dem Forderungsinhaber zustehende Forderung erwirbt: Wie Sie ja wissen, soll nach der „Sogtheorie" die dem wahren Berechtigten zustehende Forderung durch die gutgläubig erworbene Hypothek „angesogen" werden und daher mit der Hypothek auf den gutgläubigen Erwerber der Hypothek übergehen, während nach anderen im Ergebnis eine Divergenz von Forderung und „forderungsentkleideter" Hypothek auf der „Gläubigerebene" bestehen soll. Wiederholen Sie die Argumente, die Ihnen eben gerade vermittelt worden sind, und entscheiden Sie sich! Übrigens: **Überschätzen Sie § 1155 BGB nicht**. Die Vorschrift dient nur der Ermöglichung der Anwendung des § 892 BGB auf ein Briefrecht. Daher findet die Vorschrift des § 892 BGB **keine Anwendung**, wenn die **Unrichtigkeit** des **Grundbuchs** sich **aus dem Brief ergibt (§ 1140 BGB)**.

Es gibt zu § 1155 BGB einige **„klassische Klausurprobleme"**, die hier zunächst **„leitsatzartig" vorgestellt** werden sollen:

1. § 1155 BGB wird – entgegen dem Wortlaut – auch angewendet, wenn eine in der Kette liegende **privatschriftliche Abtretung** das Recht wirksam übertragen haben sollte.
2. Auch ein **Erbfall**, der das Recht übertragen hätte, unterbricht die Kette nicht.
3. Umgekehrt greift § 1155 BGB nicht ein bei einer gefälschten öffentlich beglaubigten Abtretungsurkunde. Wie z. B. auch bei § 172 BGB (erinnern Sie sich noch?) soll der Berechtigte nicht das **Fälschungsrisiko** tragen.
4. Ein gutgläubiger Erwerb von einem durch eine Kette öffentlich beglaubigter Abtretungserklärungen Legitimierten setzt (natürlich!) nicht voraus, dass auch die (letzte) **Abtretung an** den **Erwerber öffentlich beglaubigt** ist.
5. Bei einem Gutglaubenserwerb nach § 1155 BGB kann es (wie gerade zuvor dargestellt) besonders leicht zu der – bereits zuvor erwähnten – Konstellation eines **Auseinanderfallens** von **(gutgläubig erworbener) Hypothek** und weiterhin dem Berechtigten zustehender **Forderung** kommen, die nach einer Ansicht durch die „Sogtheorie" überwunden wird, während andere gegen eine Divergenz von Forderung und gutgläubig erworbener „forderungsentkleideter" Hypothek auf der Gläubigerebene nichts einzuwenden haben.

**Fall 605**

Der G1 = H1 hat eine Darlehensforderung gegen den S = E, die an dessen Grundstück durch eine Briefhypothek gesichert ist. Der G1 = H1 wird nunmehr unerkennbar geisteskrank. Er tritt durch öffentlich beglaubigte Abtretungserklärung und Übergabe des Hypothekenbriefes die hypothekarisch gesicherte

Forderung an den G2=H2 ab. Der G2=H2 tritt die hypothekarisch gesicherte Forderung sodann durch privatschriftliche Abtretungserklärung unter Übergabe des Hypothekenbriefes an den G3=H3 ab. Dieser verlangt von S=E Zahlung und Duldung der Zwangsvollstreckung.

1. Duldung der Zwangsvollstreckung könnte er nach § 1147 BGB verlangen, wenn er die Hypothek erlangt hätte. a) Der G1=H1 hatte eine hypothekarisch gesicherte Forderung am Grundstück des S=E. b) Die Abtretung an den G2=H2 nach §§ 398, 1153, 1154 Abs. 1 BGB war nach §§ 104 Nr. 2, 105 Abs. 1 BGB nichtig, so dass die hypothekarisch gesicherte Forderung nicht durch G2=H2 erworben wurde. (Es ist nur zu hoffen, dass Sie nicht in die Falle getappt sind: Hier gibt es natürlich keinen Gutglaubensschutz, denn der gute Glaube an die Geschäftsfähigkeit wird nicht geschützt!!!) c) Der G3=H3 kann die hypothekarisch gesicherte Forderung daher von dem G2=H2 nur gutgläubig erworben haben. Hier liegt ein „Doppelmangel" vor, so dass ein gutgläubiger Erwerb nach den §§ 1138, 892 BGB und § 892 BGB in Betracht kommt: aa) Zu den Voraussetzungen der §§ 1138, 892 Abs. 1 S. 1 BGB: siehe den vorherigen Fall; insbesondere war der G3=H3 hinsichtlich der Gläubigerschaft des G2=H2 gutgläubig. bb) Hinsichtlich des § 892 Abs. 1 S. 1 BGB ergibt sich nichts Abweichendes; der G3=H3 war auch in Bezug auf die Stellung des G2=H2 als Hypothekar gutgläubig. cc) Problematisch ist allein, dass für die §§ 1138, 892 Abs. 1 S. 1 BGB bzw. den § 892 Abs. 1 S. 1 BGB jeweils eine unrichtige Eintragung des G2=H2 in das Grundbuch erforderlich ist, der G2=H2 aber überhaupt nicht im Grundbuch als Hypothekar eingetragen ist, weil der (fehlgeschlagene) Erwerb sich außerhalb des Grundbuchs (nach § 1154 Abs. 1 BGB durch öffentlich beglaubigte Abtretungserklärung und Übergabe des Hypothekenbriefes) abgespielt hat; die fehlende Eintragung wird durch den § 1155 BGB „überbrückt": Der G2=H2 ist durch eine Kette (hier gibt es nur ein einziges „Kettenglied") öffentlich beglaubigter Abtretungserklärungen und durch Briefbesitz so legitimiert, wie wenn er im Grundbuch eingetragen gewesen wäre. Sie wissen ja auch, dass ein gutgläubiger Erwerb des G3=H3 es nicht erfordert, dass auch die letzte Übertragung an den G3=H3 öffentlich beglaubigt war; es kommt insoweit vielmehr allein auf die entsprechende Legitimation des Nichtberechtigten (hier: G2=H2) an. Also hat der G3=H3 die Hypothek erworben. 2. Die Forderung hat der G3=H3 a) jedoch nicht nach §§ 1138, 892 Abs. 1 S. 1, 1155 BGB erworben, denn der dort angeordnete gutgläubige Erwerb der Forderung war eine bloße Fiktion und diente nur dem Erwerb der („forderungsentkleideten") Hypothek. b) Andererseits ist hier eine Forderung des G1=H1 gegeben. Fraglich ist, ob diese bei G1=H1 verbleiben kann mit der Folge eines „Auseinanderfallens" von Gläubiger und Hypothekar. Dagegen könnte sprechen, dass es aufgrund des § 1153 BGB zu einer „Sogwirkung" kommt, derzufolge der G3=H3 auch Gläubiger der Forderung wird. Man kann aber auch annehmen, dass ein Auseinanderfallen von Hypothek und Gläubigerstellung hingenommen werden muss, weil das Risiko einer doppelten Inanspruchnahme deshalb nicht besteht, weil der Schuldner nur gegen „Rückgabe" der Hypothek zu leisten braucht (§§ 1144 bzw. 1161, 1160 BGB).

#### dd) Verfügungsbefugnis

Sie werden es bemerkt haben: Wir haben uns beim gutgläubigen „Zweit-Erwerb" auf Fälle des fehlenden Hypothekenrechts beschränkt. Die Folgen und die Fragen einer Überbrückbarkeit einer eventuell fehlenden Verfügungsbefugnis entsprechen denen, die bei der Übertragung des Eigentums am Grundstück erörtert wurden. Um Zeit und Platz zu sparen und um Sie zu einer Wiederholung durch Zurückblättern zu animieren (lesen Sie also zum wiederholten Mal **Teil 6 IV 1 e)**, gehen wir darauf nicht weiter ein. Ähnlich sind wir auch beim gutgläubigen Erst-Erwerb verfahren.

### c) Erlöschen der Hypothek

Wie jedes Grundstücksrecht kann eine Hypothek auch erlöschen.

- Das ist der Fall bei einem **gutgläubig lastenfreien Erwerb** des **Eigentums** an dem **Grundstück** durch einen Dritten **(§ 892 Abs. 1 S. 1 BGB)**. Insoweit kennen Sie sich aus, insbesondere, wenn Sie dem eben ausgesprochenen Rat gefolgt sind und **Teil 6 IV 1 e)** noch einmal gelesen haben.
- Wenn der **Gläubiger** nach § 1147 BGB durch Zwangsvollstreckung **Befriedigung erlangt**, erlischt die Hypothek nach **§ 1181 BGB**. Dazu werden Sie noch mehr erfahren.
- Gleiches geschieht, wenn ein vorrangiger Gläubiger die Zwangsversteigerung betreibt **(§ 52 Abs. 1 S. 2 ZVG)**. Auch darüber werden Sie hier noch mehr lesen.
- Schließlich kann mit Zustimmung des Eigentümers (§ 1183 BGB) die Hypothek auch **aufgehoben** werden **(§ 875 BGB)**. Kommt das vor? Ja! Um dies zu erläutern, riskieren wir erneut einen Vorgriff. Wenn zum *Beispiel* ein Sch = E eine durch eine Hypothek gesicherte Forderung tilgt, so erlischt die Forderung und die Hypothek nicht etwa (wie man aufgrund des Akzessorietätsdogmas meinen könnte), sondern verwandelt sich in eine Eigentümergrundschuld mit dem Rang der ursprünglichen Hypothek (§§ 1163 Abs. 1 S. 2, 1177 BGB) und verhindert ein „Aufrücken" der nachrangigen Grundpfandrechte. Welche Bedeutung eine solche endgültige Eigentümergrundschuld für den Eigentümer hat, wissen Sie bereits. Welche Härten diese für die nachrangigen Grundpfandrechtsinhaber hat, erkennen Sie jetzt. Hier greift § 1179a BGB zur eventuellen Korrektur dieses Ergebnisses ein. Nach **§ 1179a Abs. 1 BGB** steht dem **Hypothekar** sogar (natürlich abdingbar, § 1179a Abs. 5 BGB!) ein gesetzlicher schuldrechtlicher **Anspruch auf Löschung gegen** den **Eigentümer** zu, wenn sich eine vorrangige oder gleichrangige Hypothek in eine Eigentümergrundschuld verwandelt (§§ 1163 Abs. 1 S. 2 BGB, 1177 BGB). Das Gesetz geht nämlich der ständigen Kreditpraxis folgend davon aus, dass in einem solchen Fall ein nur durch Löschung der Eigentümergrundschuld mögliches „Ein- oder Aufrücken" des gleich- oder nachrangigen Hypothekars gewollt ist. Und über die bloße schuldrechtliche Wirkung dieses Löschungsanspruchs hinausgehend ist dieser auch noch vor abweichenden „Zwischenverfügungen" des Eigentümers über seine Eigentümergrundschuld, wie wenn zugunsten des Löschungsgläubigers eine Vormerkung bestellt worden wäre, gesetzlich gesichert (§ 1179a Abs. 1 S. 2 BGB).

**Fall 606**

Am Grundstück des E=S wird zugunsten des G1=H1 zur Sicherung einer Darlehensforderung des G1=H1 über € 100. 000,– eine Buchhypothek eingetragen. Dann belastet der E=S sein Grundstück zugunsten des G2=H2 zur Sicherung einer Forderung des G2=H2 mit einer weiteren Hypothek. Der E=S tilgt das Darlehen durch Zahlung an G1=H1. Der G2=H2 verlangt die Löschung der Eigentümergrundschuld (§§ 1163 Abs. 1 S. 2, 1177 BGB), die der E=S inzwischen nach § 1154 Abs. 3, 873 BGB an X übertragen hat, von X.

Der Anspruch ergibt sich aus §§ 888 Abs. 1, 1179a Abs. 1 S., 3 BGB.

Der Eigentümer kann sich auch **„anderen gegenüber“** (gemeint sind Inhaber von Grundstücksrechten, wie z. B. ein Nießbraucher, nicht aber Grundpfandrechtsinhaber, dafür gilt § 1179a BGB) **zur Löschung verpflichten** und diesen Anspruch durch eine in das Grundbuch einzutragende Löschungsvormerkung sichern lassen (§ 1179 BGB); diese Regelung war trotz des § 883 Abs. 1 BGB erforderlich, weil es nicht um die Sicherung eines künftigen Anspruchs geht, sondern um einen Anspruch auf Löschung eines künftigen, also eines erst entstehenden Rechts geht, was von § 883 Abs. 1 BGB nicht abgedeckt ist!

### d) Die Wirkung der Zahlung auf die Forderung und die Hypothek

Sie wissen jetzt also, wie man eine Hypothek erwirbt. Nunmehr – der eben angesprochene § 1179a BGB bildet eine gute Überleitung – geht es um die Rechtsfolgen, die sich aus erbrachten Zahlungen ergeben. Bei der Tilgungsproblematik muss man sich klar machen, **wer** zahlt, **an wen** er zahlt und **worauf** er **zahlt:** kurz gefasst lautet die Frage also: **wer**, **an wen**, **worauf**?

Die **„wer-“** und die **„an-wen“-Fragen** werden im **Sachverhalt** beantwortet. Schwierig kann die Antwort auf die Frage werden, **„worauf“** gezahlt worden ist.

Der gedankliche Ausgangspunkt dafür ist, dass es stets **der Zahlende** ist, der **bestimmt**,

- ob er **auf** die **Forderung**
- oder **auf** die **Hypothek**
- oder **auf** die **Forderung und** die **Hypothek zugleich** zahlt.

Es gibt allerdings bestimmte **Zweifelsregelungen**, die man zugrunde legen sollte, wenn der Sachverhalt zur Frage der Leistungsbestimmung schweigt.

#### aa) Zahlung des mit dem Eigentümer identischen Schuldners „auf die Schuld"/„auf die Hypothek"

Der Normalfall ist, dass der **an** den **Hypothekar/als solchen legitimierten Zessionar** zu Tilgungszwecken **zahlende Schuldner** und der **Eigentümer personenidentisch** sind. Im Zweifel wird dann seitens des Schuldners „auf die Schuld“ gezahlt **(sub (1))**. Ausnahmsweise zahlt der Schuldner aber „auf die Hypothek“, wenn die Zession nichtig war und der Schuldner an den als Hypothekar legitimierten Zessionar zahlt **(sub (2))**. Das vorangestellt, werden wir jetzt ins „Detail, in dem bekanntlich der Teufel steckt“, gehen.

(1) Zahlung des mit dem Eigentümer identischen Schuldners „auf die Schuld"
Bei einer **Identität** von **Schuldner** und **Eigentümer**, also wenn die Geldforderung des Gläubigers = Hypothekars (G = H) gegen den Schuldner (S =) am Grundstück des Schuldner-Eigentümers (= E) gesichert wird, erfolgt die Zahlung **im Zweifel „auf die Schuld"**.

Für die Frage, was aus der Hypothek wird, muss man differenzieren zwischen der Situation einer Zahlung an den Gläubiger (sei es nun der Ursprungsgläubiger oder ein Zessionar) **(sub (a))** oder einer befreienden Zahlung an einen „Scheingläubiger" **sub (b))**.

(a) Erfüllt der Schuldner die gesicherte Forderung durch „Zahlung auf die Schuld", indem er an den (Ursprungs-) Gläubiger oder an dessen Zessionar zahlt,

- so **erlischt** die **Forderung (§ 362 BGB)**.
- Die **Hypothek** wird kraft Gesetzes zur **Eigentümergrundschuld** (§§ 1163 Abs. 1 S. 2, 1177 BGB). Dies ist eine „Belohnung" für den wagemutigen Eigentümer, sein Grundstück als Sicherungsobjekt zur Verfügung zu stellen. Das gesetzliche Konstrukt einer „Eigentümergrundschuld" („Belastung des eigenen Grundstücks") verhindert das „Aufrücken" nachrangiger Hypothekare und erhält ihm die möglicherweise wertvolle Rangstelle für die Besicherung durch einen weiteren Kredit.

**Fall 607**

Der E = S hat zur Sicherung einer gegen ihn bestehenden Darlehensforderung des G = H zugunsten des G = H eine Hypothek an seinem Grundstück bestellt. Der E = S zahlt das Darlehen, also auf die Schuld, zurück. Was wird aus der Forderung und der Hypothek?

1. Die Forderung des G = H gegen den E = S erlischt (§ 362 Abs. 1 BGB). 2. Die Hypothek des G = H geht auf den E = S über (§ 1163 Abs. 1 S. 2 BGB) und steht dem E = S als Eigentümergrundschuld zu (§ 1177 Abs. 1 BGB).

- Wir müssen gleich „Wasser in den Wein" des Eigentümers gießen. Dieses **gesetzliche Modell** ist nämlich (früher schon durch die Kreditpraxis) und seit dem Jahre 1978 auch durch die **Gesetzeslage** im Ergebnis **überholt**. Man muss sich verdeutlichen, dass die nachrangig oder gleichrangig gesicherten Grundpfandgläubiger bis zur Tilgung des vorrangig oder gleichrangig gesicherten Darlehens das (allerdings durch höhere Zinsen „vergoldete") Risiko gelaufen waren, im Fall der Zwangsvollstreckung ganz oder teilweise auszufallen. Dieses Risiko wollen die Nach- oder Gleichrangigen verständlicherweise aber nur bis zur Tilgung des vorrangig oder gleichrangig gesicherten Darlehens tragen; mit der Tilgung des vorrangig oder gleichrangig gesicherten Darlehens wollen sie „auf-" bzw. „einrücken". Dass das Aufrücken verhindert wird, weil der Eigentümer diese Ränge zu ihrem Nachteil durch ihm zustehende Eigentümergrundschulden „blockiert", ist für sie nicht nachvollziehbar. Dieser Interessenlage wurde in der früheren Kreditpraxis dadurch Rechnung getragen, dass die nachrangig oder gleichrangig gesicherten Grundpfandgläubiger mit dem Eigentümer schon vorab für den Fall der Tilgung der vorrangig oder gleichrangig gesicherten Forderung die schuldrechtliche Vereinbarung dahingehend trafen, dass die entstehende Eigentümergrundschuld gelöscht wird; gesichert wurde dieser schuldrechtliche Anspruch auf Löschung der Eigentümergrundschuld durch eine Löschungsvormerkung (§ 1179 BGB). Warum eigentlich nicht nach § 883 BGB, ist § 1179 BGB nicht überflüssig? Weil es um die Sicherung eines Anspruchs auf Löschung eines erst künftig entstehenden Rechts gehen sollte! Aber: ist das nicht genau der Fall des § 883 Abs. 1 S. 2 BGB: „Die Eintragung einer Vormerkung ist auch zur Sicherung eines künftigen oder bedingten Anspruchs zulässig"? Nein: Hier geht es um die Sicherung eines gegenwärtigen Anspruchs auf Löschung eines künftig entstehenden Rechts! Man fragt sich natürlich, warum die Eigentümer sich auf derartige Vereinbarungen, die ihnen die „wohlverdiente Eigentümergrundschuld" nehmen, eingelassen haben. Weil sie „am kürzeren Hebel saßen": Die nachrangig gesicherten Kredite wären ihnen ohne Löschungsvereinbarung nicht gewährt worden! Das war – wie gesagt – früher die Bankpraxis! Aber die Geschichte geht noch weiter: Durch die ungeheure Zahl derartiger in das Grundbuch einzutragender Löschungsvormerkungen waren die Grundbuchämter bald völlig überlastet. Darauf hat der Gesetzgeber schließlich reagiert: Das Gesetz geht heute entsprechend der Kreditpraxis davon aus, dass in einem solchen Fall ein – nur durch Löschung der Eigentümergrundschuld mögliches – „Auf- oder Einrücken" des nach- oder gleichrangigen Hypothekars von den Parteien gewollt ist. Es hat daher für den Fall einer Vereinigung von Eigentum und Hypothek einen (natürlich abdingbaren) **gesetzlichen Löschungsanspruch** aus **§ 1179a Abs. 1 BGB**, der kraft Gesetzes **vormerkungsähnlich gesichert** ist **(§§ 1179a Abs. 1 S. 3, 883 Abs. 2, 888 BGB)**, geschaffen.

(b) So wie soeben dargestellt, verlaufen die Dinge regelmäßig. Der Gesetzgeber muss aber auch an Komplikationen denken. Und so hat er sich die Konstellation vorgestellt, dass eine **hypothekarisch gesicherte Forderung still abgetreten** worden ist und **der Schuldner** durch **„Zahlung auf die Schuld" an** den **Zedenten zahlt**, den er ja weiterhin für den Gläubiger hält **(„Scheingläubiger")**.

- Sie wissen längst, dass dann die **Forderung** nach §§ 362, 407–408 BGB **erlischt**, wenn der Schuldner den Schutz der §§ 407–408 BGB in Anspruch nimmt.
- Die **Hypothek** müsste sich nun bei konsequenter Durchführung des Akzessorietätsprinzips in eine Eigentümergrundschuld verwandeln. Der Gesetzgeber hat sich aber – um die Verkehrsfähigkeit der Hypothek zu erhalten – in **§ 1156 BGB** dafür entschieden, die **§§ 406–408 BGB**, also auch den **§ 407 BGB**, **nicht auf** das **Verhältnis zwischen** dem **neuen Gläubiger und** dem **Eigentümer** anzuwenden. Mit anderen Worten: die erworbene Hypothek bleibt („forderungsent-

kleidet“) bestehen, wenn der Schuldner an den Zedenten zahlt und dadurch nach den genannten Legitimationsvorschriften frei wird. Das gilt natürlich nur für die „Verkehrshypothek“, nicht aber für die „Sicherungshypothek“ (§§ 1184, 1185 Abs. 2 BGB).

**Fall 608**

Der G1=H1 hat zur Sicherung einer Darlehensforderung gegen den E=S eine Buchhypothek am Grundstück des E=S. Der G1=H1 tritt formgerecht die hypothekarisch gesicherte Darlehensforderung gegen E=S „still“ an den G2=H2 ab. Der E=S, der den G1=H1 weiterhin für den Gläubiger hält, zahlt (bekanntlich: im Zweifel) auf die Schuld an den G1=H1. Der G2=H2 verlangt von E=S Zahlung bzw. Duldung der ZV. Der E=S weigert sich zu zahlen, weil er durch die Zahlung an den G1=H1 frei geworden sei.

1. Der G2=H2 könnte von E=S Zahlung a) nach §§ 488 Abs. 1 S. 2, 398, 1153, 1154 BGB verlangen. b) Der E=S ist jedoch nach § 407 BGB frei geworden. 2. Der G2=H2 könnte jedoch von E=S nach § 1147 BGB Duldung der Zwangsvollstreckung verlangen. a) Das wäre nicht möglich, wenn die Hypothek mit dem Erlöschen der Forderung zu einer Eigentümergrundschuld geworden wäre (§§ 1163 Abs. 1 S. 2, 1177 BGB). b) Die Hypothek, die im Zweifel eine „Verkehrshypothek“ ist, bleibt jedoch entgegen der Regel (§§ 1163 Abs. 1 S. 2, 1177 BGB) „forderungsentkleidet“ bestehen (§ 1156 Abs. 1 BGB).

(2) Zahlung des mit dem Eigentümer identischen Schuldners „auf die Hypothek“

In den Fällen, in denen der mit dem Eigentümer identische Schuldner **(E=S )** die **Zahlung an** einen **aufgrund nichtiger Abtretung** zum **Scheingläubiger Gewordenen** leistet, ist – in **Ausnahme** von der gerade zuvor aufgestellten Regel – davon auszugehen, dass der E=S **„auf die Hypothek“** zahlen will.

Warum dies? Der Grund ist ein Akt „wohlwollender schuldnerfreundlicher“ Auslegung der Zahlungsbestimmung des E=S: Eine „Zahlung auf die Schuld“ würde nämlich ins Leere gehen, weil der Zessionar keine Forderung erworben hatte; auch wird der gute Glaube des Schuldners an die Gläubigerstellung eines Nicht-Gläubigers nur in bestimmten (bei Nichtigkeit der Zession aber nie gegebenen) Gutglaubenstatbeständen geschützt. Eine Zahlung des E=S kann aber eine befreiende Wirkung haben, wenn der E=S auf die Hypothek gezahlt (§§ 1138, 893 Var. 1 BGB) hat. Dass er dies bei der genannten Fallkonstellation einer nichtigen Abtretung will, wird in seinem Interesse unterstellt.

Also merken Sie sich: Auch wenn ansonsten bei Identität von Schuldner und Eigentümer im Zweifel auf die Schuld gezahlt wird, gibt es aus den vorgenannten Gründen durchaus Fälle, in denen in Ausnahme zur Regel der **Schuldner auf die Hypothek zahlt**: Nämlich dann, **wenn** die Zession nichtig war und **der Schuldner an den als Hypothekar legitimierten Zessionar zahlt**.

**Fall 609**

Der G1 = H1 gewährt dem E = S ein Darlehen, das durch eine Buchhypothek am Grundstück des E = S gesichert wird. Der G1 = H1 tritt die hypothekarisch gesicherte Forderung an den G2 = H2, der auch als Hypothekar in das Grundbuch eingetragen wird, ab. Der E = S, der durch G2 = H2 von der Abtretung unterrichtet wird, zahlt an den G2 = H2. Später stellt sich heraus, dass der G1 = H1 geisteskrank war, als er die Abtretung vorgenommen hatte. Der G1 = H1 verlangt, vertreten durch seinen Betreuer, von S Zahlung (nach BGH, Reinicke – Tiedtke und Baur – Stürner).

Der G2 = H2 hat weder Forderung noch Hypothek erlangt (§§ 104 Nr. 2, 105 BGB). Da die Zahlung an den G2 = H2, gedacht als Zahlung des S = E „auf die Forderung" ins Leere ginge, die Zahlung „auf die Hypothek" aber befreiend gewesen wäre (§§ 1138, 893 BGB), nimmt man an, dass der S = E in einem solchen Fall „auf die Hypothek" zahlen wollte. Die Frage ist, welche Folgen dies für die persönliche Schuld des E = S hat. a) Der BGH hat dazu ausgeführt, dass „bei einer Leistung auf eine solche Hypothek … der Eigentümer und Schuldner selbstverständlich auch von seiner persönlichen Verpflichtung frei (wird) (§ 1138 BGB)". b) Zum gleichen Ergebnis kommt man, wenn man ausschließlich auf § 893 BGB abstellt: Denn aufgrund des § 893 BGB muss der wahre Berechtigte (der G1 = H1) sich so behandeln lassen, wie wenn der Eigentümer an den Berechtigten gezahlt hätte. Dann wäre dieser befriedigt und deshalb zugleich auch die Forderung gegen den Eigentümer untergegangen (Reinicke – Tiedtke).

#### bb) Zahlung des mit dem Schuldner nicht identischen Eigentümers „auf die Hypothek"/„auf die Schuld"

Soeben haben wir uns damit befasst, dass der mit dem Eigentümer identische Schuldner (Normalfall) auf die Schuld (Regel) oder auf die Hypothek (Ausnahme) zahlt **(sub aa))**. Jetzt stellen wir uns vor, dass der Schuldner und der Eigentümer nicht identisch sind, dass also der Eigentümer **„bürgschaftsähnlich"** eine fremde Schuld sichert, und zahlt. Es gibt in solchen Fällen zwei theoretische Möglichkeiten: Der Eigentümer kann

- **„auf die Hypothek"** (diese „ablösen" wollend) zahlen;
- er kann aber auch, insbesondere beim Bestehen einer entsprechenden Verpflichtung gegenüber dem persönlichen Schuldner, **„auf die persönliche Schuld"** zahlen.

##### (1) Zahlung des mit dem Schuldner nicht identischen Eigentümers „auf die Hypothek"

Der **Eigentümer**, der **nicht persönlicher Schuldner** ist und der **„bürgschaftsähnlich"** sein Grundstück als Sicherungsobjekt zur Verfügung gestellt hat, **zahlt im Zweifel „auf die Hypothek"**.

Für die Frage, was aus der Hypothek wird, muss man **differenzieren** zwischen folgenden Konstellationen:

1. Wenn der mit dem Schuldner nicht identische **Eigentümer zahlt**, gibt es zwei „Unter-Konstellationen", nämlich die Situation einer Zahlung **(sub (a))**
   - an den **Hypothekar** (sei es nun der Ursprungshypothekar oder ein Erwerber) **(sub (aa))**
   - oder einer befreienden Zahlung an einen **„Scheinhypothekar" (sub (bb))**.
2. Zahlung des **Scheineigentümers** an den berechtigten Hypothekar. **(sub (b))**

(a) Der **Eigentümer** des belasteten Grundstücks, der **„bürgschaftsähnlich"** haftet, also **nicht zugleich persönlicher Schuldner** ist, ist in der Regel gegenüber dem Schuldner nicht dazu verpflichtet, an den Gläubiger zu zahlen. Er muss aber bei Fälligkeit der Forderung damit rechnen, dahingehend in Anspruch genommen zu werden, die Zwangsvollstreckung in sein Grundstück zu dulden (§ 1147 BGB). Das („wie das Kaninchen auf die Schlange starrend") hinzunehmen, kann ihm nicht zugemutet werden. Die Lösung des Gesetzes ist daher die: Wenn der Eigentümer nicht zugleich persönlicher Schuldner ist, hat er kraft Gesetzes das unabdingbare Recht, an den Hypothekar zu zahlen, nämlich ein (im Verhältnis zu §§ 267, 268 BGB spezielles) „Befriedigungsrecht" aus § 1142 BGB, durch das er die Zwangsvollstreckung in sein Grundstück (§ 1147 BGB) abwenden kann.

(aa) Wenn der Eigentümer aus diesem Grunde nach **§ 1142 BGB** zur Abwendung einer zwangsweisen Verwertung nach § 1147 BGB **freiwillig „auf die Hypothek" an** den **Hypothekar zahlt**, so entspricht (ganz konsequent zur „Bürgenähnlichkeit" der Rechtsstellung des Eigentümers) die Rechtsfolge der des § 774 BGB:

- Die **Forderung** des Gläubigers gegen den persönlichen Schuldner erlischt nicht, sondern geht kraft Gesetzes auf den Eigentümer über **(§ 1143 Abs. 1 S. 1 BGB)** und kann von diesem geltend gemacht werden **(§ 412 BGB)**;
- die **Hypothek** folgt nach **§§ 1143 Abs. 1 S. 1, 412, 401, 1153 BGB** der Forderung und steht nunmehr dem Eigentümer an seinem eigenen Grundstück zu und wird nach § 1177 Abs. 1 BGB zur „Eigentümer*hypothek*". Warum eigentlich nicht zur „Eigentümer*grundschuld*"? Ganz einfach: Weil es ja weiterhin eine Forderung (nämlich die des E gegen den S ) gibt, und es für eine (Eigentümer-)Grundschuld kennzeichnend ist, dass für sie keine Forderung besteht (§ 1192 BGB)!! Eine solche „Eigentümerhypothek", wie sie hier entsteht, kann dadurch wieder zu einer Fremdhypothek werden, dass der Eigentümer die Forderung und Hypothek an einen Dritten abtritt. Ansonsten wird die „Eigentümerhypothek" wie eine „Eigentümergrundschuld" behandelt (§ 1177 Abs. 2 BGB); vor allem kann auch aus ihr nicht etwa die Zwangsvollstreckung zum Zwecke der Befriedigung mit der Folge des Erlöschens der nachrangigen Rechte betrieben werden (§ 1197 BGB). Der Grund – das wissen Sie schon, wird aber noch vertieft wer-

den – ist, dass dies zum Erlöschen der nachrangigen Rechte führen würde (§ 52 Abs. 1 S. 2 ZVG).

**Fall 610**

Der Grundeigentümer E bestellt dem G=H zur Sicherung einer Darlehensforderung des G=H gegen den S „bürgenähnlich" eine Hypothek. Als der S nicht zahlt, löst der E die Hypothek ab, indem er „auf die Hypothek" zahlt. Dann nimmt er den S in Anspruch.

Der Anspruch des E gegen S ergibt sich aus §§ 1143 Abs. 1 S. 1, 488 Abs. 1 S. 2 BGB.

**Variante**

Der S ist der Sohn des E, der sich mit einem formwirksam vereinbarten Darlehen des G=H seine Existenz in der „Internet"-Branche aufbauen möchte. Als der S den E um die Sicherung der Forderung durch eine Hypothek gebeten hatte, erklärte der E dem S, dass er ihm die Sicherung durch die Hypothek „schenke". Der S bedankt sich. Als der S wegen seines verschwenderischen Yuppie-Lebens in Vermögensverfall gerät und das Darlehen nicht tilgt, löst der E die Hypothek ab, indem er an G=H „auf die Hypothek" zahlt; dann nimmt er den S in Anspruch.

Einem Regressanspruch steht der Einwand der Schenkung entgegen (§§ 1143 Abs. 1 S. 2, 488 Abs. 1 S. 2, 774, Abs. 1 S. 3, 516 BGB). Der Schenkungsvertrag ist wirksam, weil entweder § 516 BGB vorliegt oder weil ein Formmangel aus § 518 Abs. 1 BGB durch die Bewirkung der versprochenen Leistung geheilt ist (§ 518 Abs. 2 BGB).

(bb) Ist der im Grundbuch eingetragene Hypothekar nicht der wahre Inhaber der Hypothek, wohl aber nach § 892 BGB oder §§ 1155, 892 BGB legitimiert, und **zahlt** der **gutgläubige Eigentümer**, der **„bürgschaftsähnlich" nicht persönlicher Schuldner** ist, an ihn **„auf die Scheinhypothek"**, dann hängt die Lösung bei einer **unwirksam bestellten Hypothek** davon ab, worauf die Unwirksamkeit der Bestellung beruht.

- Ist der **dingliche Bestellungsakt unwirksam** und **besteht deshalb keine Hypothek**, wird der gutgläubige Eigentümer durch seine Zahlung an den Scheinhypothekar nach § 893 BGB frei; der gutgläubige Eigentümer erwirbt nach § 1143 BGB die Forderung und die Hypothek nach § 1153 BGB.
- Ist die **Hypothek unwirksam** bestellt, **weil** es an einer – für die Hypothek wegen ihrer Akzessorietät in der Entstehungsphase existentiell notwendigen – **Forderung fehlt**, so gilt der Nichtberechtigte (der „Scheinhypothekar") als Inhaber der Forderung (§§ 1138, 893 BGB). Der Eigentümer erwirbt die Hypothek.

Bei der **Zahlung des Eigentümers** auf eine **wirksam bestellte,** dann **aber unwirksam übertragene Hypothek** an den nach § 892 BGB oder §§ 1155, 892 BGB legitimierten Erwerber („**Scheinhypothekar**") erlangt der Eigentümer die Forderung und eine Eigentümerhypothek.

**Fall 611**

Der G1 = H1 gewährt dem S ein Darlehen, das durch eine Buchhypothek am Grundstück des E gesichert wird. Der G1 = H1 tritt die hypothekarisch gesicherte Forderung an den G2 = H2, der auch als Hypothekar in das Grundbuch eingetragen wird, ab. Der E, der durch den G2 = H2 von der Abtretung unterrichtet wird, zahlt an den G2 = H2. Später stellt sich heraus, dass G1 = H1 geisteskrank war, als er die Abtretung vornahm. 1. Der E verlangt Zahlung von dem S, und 2. will er wissen, wem eigentlich die Hypothek zusteht (nach Baur – Stürner).

1. Ein Anspruch des E gegen den S aus §§ 1142, 1143 Abs. 1 S. 1, 1138, 893 BGB besteht deshalb, weil die gesicherte Forderung zwar einerseits mangels Leistung des S nicht durch Erfüllung erloschen ist, sie aber andererseits auch nicht dem G1 = H1 verbleiben kann, denn dieser könnte sonst zweimal Befriedigung erlangen. 2. Die Hypothek steht dem E als Eigentümerhypothek zu (§§ 1142, 1143,1153, 401, 1163, 1177 BGB).

(b) Wenn ein **zu Unrecht** als **Eigentümer in** das **Grundbuch Eingetragener („Scheineigentümer")** in der Annahme, er sei Eigentümer, **an** den zu Recht als **Hypothekar** Eingetragenen **zahlt**, dann wird er nicht nach § 893 BGB geschützt, denn § 893 BGB schützt nur den wirklich dinglich Verpflichteten, der an einen falschen Gläubiger zahlt. Nicht geschützt wird dagegen der vermeintliche dingliche Schuldner, der an den wirklichen Gläubiger zahlt.

(2) Zahlung des mit dem Schuldner nicht identischen Eigentümers „auf die persönliche Schuld"

Wenn der mit dem Schuldner nicht identische Eigentümer aus seinem Innenverhältnis zum Schuldner diesem gegenüber verpflichtet ist, an den Gläubiger zu zahlen, und der Eigentümer diese Verpflichtung aus dem (Innen-) Verhältnis auch erfüllt, indem er an den Gläubiger **„auf die persönliche Schuld"** zahlt,

- so **erlischt** die **persönliche Schuld** nach §§ 362 Abs. 1, 267 BGB.
- Ein **Regressanspruch** des **Eigentümers** mit Übergang der Hypothek nach §§ 1143 Abs. 1 S. 1, 412, 401, 1153 BGB auf den Eigentümer entfällt wegen des Erlöschens der Forderung oder nach §§ 1143 Abs. 1 S. 2, 774 Abs. 1 S. 3, 242 BGB.

**Fall 612**

Der V verkauft dem K ein Grundstück, das mit einer Hypothek zugunsten der G -Bank zur Sicherung einer Darlehensforderung der G-Bank gegen den V in Höhe von € 500. 000,– belastet ist. Der K übernimmt im Kaufvertrag unter Anrechnung auf den Kaufpreis von € 1. 200. 000,– die durch die Hypothek gesicherte Schuld in Höhe von € 500. 000,–, so dass die Zahlungsverpflichtung sich auf € 700. 000,– reduziert. Der K wird nach Zahlung von € 700. 000,– als neuer Eigentümer im Grundbuch eingetragen. Der V zeigt der G-Bank die Schuldübernahme schriftlich mit dem Hinweis des § 416 Abs. 2 S. 2 BGB an. Die G-Bank erklärt eine Woche später, dass sie die Genehmigung der Schuldübernahme verweigere. Bei Fälligkeit zahlt der K an die G-Bank € 500. 000,–. 1. Dann verlangt der K € 500. 000,– von dem V. 2. Der K will wissen, was aus der Hypothek geworden ist.

1. Der Anspruch des K gegen den V könnte sich aus §§ 488 Abs. 1 S. 2, 1143 Abs. 1 S. 1 BGB ergeben. Man kann das (für jeden, der ein intaktes Rechtsempfinden hat) von vornherein eindeutige Ergebnis, dass ein Regressanspruch nicht besteht, auf zweierlei Weisen begründen: a) Der Anspruch der G-Bank ist nach §§ 362 Abs. 1, 267 BGB erloschen, so dass er daher nicht nach § 1143 Abs. 1 S. 1 BGB auf K übergehen kann. b) Wer dagegen meint, man müsse die Entscheidung, ob ein Regressanspruch besteht, normativ entscheiden, muss wie folgt argumentieren: aa) Aus dem Kaufvertrag ergibt sich, dass der K zum Zwecke der Erfüllung seiner Kaufpreisverpflichtung an die G-Bank zahlen muss, so dass es treuwidrig wäre, nach Erfüllung dieser Pflicht im Wege des Regresses den V auf Rückzahlung in Anspruch zu nehmen (§ 242 BGB). bb) Dieser Einwand steht dem V auch gegen den Regressanspruch zu (arge. §§ 1143 Abs. 1 S. 2, 774 Abs. 1 S. 3 BGB). 2. Da die Hypothek keine Eigentümerhypothek nach §§ 1143 Abs. 1 S. 1, 412, 401, 1153 BGB geworden ist, ist sie Eigentümergrundschuld nach §§ 1163 Abs. 1 S. 2, 1177 BGB.

#### cc) Zahlung des mit dem Eigentümer nicht identischen persönlichen Schuldners

Soeben haben wir uns damit befasst, dass bei einer Divergenz von Schuldner und Eigentümer der Eigentümer auf die Hypothek (Regel) oder auf die Schuld (Ausnahme) zahlt **(sub bb))**. Jetzt stellen wir uns die gleiche Konstellation vor, allerdings mit der Variante, dass bei dieser **„bürgschaftsähnlichen" Konstellation** der **persönliche Schuldner zahlt**. Auszugehen ist davon, dass er **im Zweifel „auf die Forderung"** zahlt. Zu unterscheiden sind die Möglichkeiten einer Zahlung an den Gläubiger, sei er nun der Ursprungsgläubiger oder der Zessionar **(sub (1))**, die einer Zahlung an einen legitimierten **(sub (2))** und schließlich die einer Zahlung an einen nicht legitimierten „Scheinzessionar" **(sub (3))**.

#### (1) Zahlung des mit dem Eigentümer nicht identischen persönlichen Schuldners an den (Ursprungs-) Gläubiger oder dessen Zessionar

**Zahlt** der **Schuldner** an den **(Ursprungs-) Gläubiger** oder an dessen **Zessionar auf die Forderung**, so erlischt die **Forderung** (§ 362 BGB).

Was die Hypothek angeht,

- so verwandelt sie sich regelmäßig in eine Eigentümergrundschuld (§§ 1163 Abs. 1 S. 2, 1177 Abs. 1 S. 1 BGB).

**Fall 613**

Der E hat zur Sicherung einer Darlehensforderung des G=H gegen den S zugunsten des G=H „bürgenähnlich" eine Hypothek bestellt. Der S zahlt das Darlehen zurück. Was wird aus der Forderung und der Hypothek?

1. Die Forderung erlischt (§ 362 Abs. 1 BGB). 2. Die Hypothek geht auf den E über (§ 1163 Abs. 1 S. 2 BGB) und steht dem E als Eigentümergrundschuld zu (§ 1177 Abs. 1 BGB).

- Zugunsten nachrangiger Belastungen besteht ein **vormerkungsgeschützter Löschungsanspruch** (§ 1179a BGB).

Allerdings kommt es in einem auf die Erfüllung seitens des Nur-Schuldners zugeschnittenen **Sonderfall (§ 1164 BGB)** zu einem Fortbestehen der Hypothek zur Sicherung einer anderen (nämlich einer Forderung, kraft derer der Schuldner „von dem Eigentümer … Ersatz verlangen kann"); es handelt sich also um eine „Forderungsauswechselung".

Das klassische *Beispiel* ist der Verkauf eines mit einer Hypothek belasteten Grundstücks und der Übernahme der Schuld nach § 415 BGB unter Anrechnung auf den Kaufpreis, wobei der Gläubiger die Schuldübernahme nicht genehmigt. Dann ist der Käufer und (nach Auflassung und Eintragung in das Grundbuch) zugleich neue Eigentümer K im Verhältnis zu dem Verkäufer V verpflichtet, die Schuld durch Zahlung an den Gläubiger G=H zu tilgen (§ 415 Abs. 3 BGB, gesetzliche „Erfüllungsübernahme"). Zahlt der Käufer und neue Eigentümer K nicht an den G=H und zahlt deshalb der Verkäufer und Schuldner V seiner weiterhin bestehenden Verpflichtung gemäß an den Gläubiger G=H, macht sich der Käufer und neue Eigentümer K wegen der nicht erfolgten Zahlung an den G=H gegenüber dem Verkäufer V aus § 280 Abs. 1 BGB schadensersatzpflichtig. Die Tilgung der Forderung durch den Verkäufer V führt dann (natürlich!) nicht zum Entstehen einer Eigentümergrundschuld des Käufers und neuen Eigentümers K, wie es nach § 1163 Abs. 1 S. 2 BGB eigentlich der Fall sein müsste, denn das würde den neuen Eigentümer und Käufer K ungerecht bevorzugen. Vielmehr ordnet der § 1164 BGB an, dass die Hypothek nunmehr auf den Verkäufer V übergeht und dessen Schadensersatzforderung gegen den Käufer und neuen Eigentümer K aus § 280 Abs. 1 BGB sichert.

**Fall 614**

Der V verkauft dem K ein Grundstück, das mit einer Hypothek zugunsten der G -Bank zur Sicherung einer Darlehensforderung der G-Bank gegen den V in Höhe von € 500. 000,– belastet ist. Der K übernimmt im Kaufvertrag unter Anrechnung auf den Kaufpreis von € 1. 200. 000,– die durch die Hypothek gesicherte Schuld in Höhe von € 500. 000,– (warum macht ein Käufer so etwas eigentlich?). Der K wird nach Zahlung von € 700. 000,– als neuer Eigentümer im Grundbuch eingetragen. Der V zeigt der G-Bank die Schuldübernahme schriftlich mit dem Hinweis des § 416 Abs. 2 S. 2 BGB an. Die G-Bank erklärt eine Woche später, dass sie die Genehmigung der Schuldübernahme verweigere. Bei Fälligkeit zahlt der K trotz einer Aufforderung durch den V die € 500. 000,– nicht an die G-Bank, so dass der von der G-Bank in Anspruch genommene V schließlich selbst zahlt. 1. Daraufhin verlangt der V Zahlung von K und, als dieser nicht zahlt, Duldung der Zwangsvollstreckung in das Grundstück des K. 2. Ist der G-Bank zu raten, auf die Hypothek zu verzichten, weil ihr der Schuldner V sicher genug erscheint?

1. a) Zahlung kann der V von K aus § 280 Abs. 1 BGB wegen einer Verletzung der Nebenleistungspflicht aus dem Kaufvertrag verlangen: aa) der K hätte die als Nebenpflicht aus dem Kaufvertrag bestehende Verpflichtung aus § 415 Abs. 3 BGB erfüllen müssen; das hat er unterlassen. bb) Sein Verschulden wird vermutet § 280 Abs. S. 2 BGB). cc) Dem V ist ein Schaden in Höhe von € 500. 000,– entstanden. b) Duldung der Zwangsvollstreckung könnte er aus § 1147 BGB verlangen, wenn die Hypothek auf ihn übergegangen wäre. Die Hypothek aa) könnte durch die Tilgung des Darlehens (§ 362 BGB) auf den Eigentümer übergegangen sein und sich in eine ihm zustehende Eigentümergrundschuld verwandelt haben (§§ 1163 Abs. 1 S. 2, 1177 BGB); bb) es wäre aber bei der hier gegebenen Konstellation eine jeder Gerechtigkeit widersprechende Lösung, den Eigentümer eines Grundstücks, der seinen Verpflichtungen (§ 415 Abs. 3 BGB) zuwider die gesicherte Schuld nicht getilgt hat, also den K, mit einer Eigentümergrundschuld zu „belohnen"; daher ordnet § 1164 Abs. 1 BGB als Ausnahme zu § 1163 Abs. 1 S. 2 BGB an, dass die Hypothek nunmehr auf den Schuldner zur Sicherung von dessen Schadensersatzanspruch (s. o.) übergeht. 2. Durch einen Verzicht auf die Hypothek gefährdet die G-Bank den Regressanspruch des Schuldners V; daher führt dies zur Befreiung des Schuldners (§ 1165 BGB; vgl. § 776 BGB).

(2) Zahlung des mit dem Eigentümer nicht identischen persönlichen Schuldners an einen als Gläubiger legitimierten „Scheinzessionar"

Wenn ein **Schuldner**, der nicht der Eigentümer desjenigen Grundstücks ist, an dem die die Forderung sichernde Hypothek besteht, **„auf die Forderung"** an einen durch die Schuldnerschutzvorschriften der §§ 362, 407–408 BGB als Gläubiger **legitimierten „Scheinzessionar"**, zahlt, so **erlischt** die **Forderung** nach §§ 362, 407–408 BGB, wenn der Schuldner den Schutz der §§ 407–408 BGB in Anspruch nimmt.

Die schuldnerfremde **Hypothek** bleibt jedoch nach § 1156 BGB („forderungsentkleidet") bestehen, aber natürlich nur, wenn sie – wie regelmäßig – eine „Verkehrshypothek", nicht aber eine „Sicherungshypothek" ist (§§ 1184, 1185 Abs. 2 BGB).

(3) Zahlung des mit dem Eigentümer nicht identischen persönlichen Schuldners an einen nicht als Gläubiger legitimierten Scheinzessionar

Zahlt ein **Schuldner**, der **nicht zugleich Eigentümer** des **Grundstücks** ist, an dem die Hypothek besteht, an einen **nicht** als **Gläubiger legitimierten Scheinzessio-**

**nar**, so **erlischt** die **Forderung nicht**. Fraglich ist, ob deshalb auch die **„bürgschaftsähnliche“ Hypothek** am **Grundstück des E** bestehen bleibt.

**Fall 615**

Der G1 = H1 gewährt dem S ein Darlehen, das „bürgschaftsähnlich“ durch eine Buchhypothek am Grundstück des E gesichert wird. Der G1 = H1 tritt die hypothekarisch gesicherte Forderung an G2 = H2, der auch als Hypothekar in das Grundbuch eingetragen wird, ab. Der S, der durch den G2 = H2 von der Abtretung unterrichtet wird, zahlt an den G2 = H2. Später stellt sich heraus, dass der G1 = H1 geisteskrank war, als er die Abtretung vornahm. Der G1 = H1 verlangt, vertreten durch seinen Betreuer, Zahlung von dem S und von dem E Duldung der Zwangsvollstreckung (nach Baur – Stürner).

1. Da die Forderung nicht erlischt, weil der Schuldner S an einen nicht legitimierten Dritten geleistet hat, würden die Forderung gegen S und die Hypothek am Grundstück bestehen bleiben. 2. Das wäre aber a) hinsichtlich der Hypothek ein Wertungswiderspruch zu der Lösung in dem (Ihnen ja schon bekannten) Fall, in dem ein mit dem Eigentümer identischer Schuldner an den scheinbaren Hypothekar „auf die Hypothek“ leistet: Dort würde die Forderung erlöschen und als Folge daraus die Hypothek zur Eigentümergrundschuld werden. Ebenso sollte es sein, wenn (wie hier) E und S personenverschieden sind: der E erwirbt eine Eigentümergrundschuld. b) Die Forderung gegen S bleibt aber bestehen.

#### dd) Zahlung Dritter (andere Sicherungsgeber, ablösungsberechtigte Dritte)

Das waren also die Rechtsfolgen, die sich daraus ergeben, dass der mit dem Eigentümer identische Schuldner zahlt **(sub aa))**, dass der mit dem Schuldner nicht identische Eigentümer zahlt **(sub bb))** und dass der mit dem Eigentümer nicht identische Schuldner zahlt **(sub cc))**, und zwar entweder „auf die Schuld“ oder „auf die Hypothek“. Stellen Sie sicher, dass Sie dies alles nicht nur „passiv“ wissen, sondern machen Sie sich jetzt von allen diesen drei Konstellationen Skizzen und „spielen“ Sie die Lösungen durch! Erst dann „dürfen“ Sie weiterlesen. Schließlich bleibt nämlich noch zu überlegen, welche Folgen die Zahlungen bestimmter Dritter (andere Sicherungsgeber, ablösungsberechtigte Dritte) für die gesicherte Forderung und die Hypothek haben. Darum geht es jetzt.

##### (1) Zahlung eines Dritten als weiterer Sicherungsgeber (Mehrfachsicherung)

Hier muss man unterscheiden zwischen den Fällen, in denen der weitere Sicherungsgeber an den wirklichen Hypothekar zahlt und den Fällen, in denen an einen „Scheinhypothekar“ gezahlt wird.

Wenn ein Dritter, der zusätzlich zu der Hypothek die Forderung durch ein „akzessorisches“ Sicherungsrecht (z. B. durch eine Bürgschaft) sichert,

- an einen **wirklichen Gläubiger und wirklichen Hypothekar** zahlt, steht ihm ein, durch die Hypothek gesicherter Regressanspruch zu, wobei die entscheidende Frage ist, in welchem Umfang die Hypothek übergeht.

**Fall 616**

Der B hat sich für eine Forderung des G gegen den S in Höhe von € 150. 000,– verbürgt, und der E hat zur Sicherheit eine Hypothek an seinem Grundstück über € 100. 000,– bestellt. Bei Fälligkeit zahlt der S nicht. Was wäre dem B bzw. dem E zu raten? (nach Canaris)

1. Für beide drängt es sich auf den ersten Blick auf, als erster von beiden an den Gläubiger zu zahlen, was dem Bürgen als persönlichem Schuldner des G aus § 765 BGB ohne weiteres (§ 271 BGB) und dem nicht schuldenden Eigentümer aufgrund seines Befriedigungsrechts aus § 1142 BGB möglich ist. Die Folge wäre für beide ein Regress nach § 774 BGB (Bürge) bzw. § 1143 Abs. 1 S. 1 BGB (Eigentümer) jeweils i. V. m. §§ 412, 401 BGB, so dass die Regressforderung des zuerst Zahlenden durch die vom anderen gestellte Sicherung gesichert wäre. Die Konsequenz wäre also ein Tilgungs- „Wettlauf" zwischen B und E. Allgemein anerkannt ist, dass auf eine solche „Zufallslösungen" produzierende Weise das Kollisionsproblem nicht bewältigt werden kann. Außerdem würde der Regress davon abhängen, wen der Gläubiger = Sicherungsnehmer zuerst in Anspruch nimmt. 2. Es gibt zwei Lösungsversuche: a) Die früher h.M. bevorzugte stets den Bürgen, der in voller Höhe Regress nehmen sollte; zur Begründung berief man sich auf § 776 BGB; dafür spricht auch, dass der Bürge „mehr riskiert" hat, indem er sein gesamtes Vermögen, ein Realsicherer aber nur ein einziges Vermögensobjekt als Sicherung zur Verfügung gestellt hat, so dass das größere „Opfer" des Bürgen honoriert werden muss. b) Die heute h.L. und Rechtsprechung will jedoch das Ausfallrisiko auf alle Sicherungsgeber verteilen und wendet dazu §§ 774 Abs. 2, 426 BGB analog an, so dass (wenn nichts anderes bestimmt ist!) der zuerst Leistende in voller Höhe den Regressanspruch gegen den persönlichen Schuldner und anteilig das andere Sicherungsrecht erwirbt bzw. einen anteiligen Ausgleichsanspruch gegen den anderen nicht in Anspruch genommenen Sicherungsgeber erlangt. Der Rückgriff erfolgt prinzipiell nach Kopfteilen; wenn dagegen – wie hier – die Risikotragung unterschiedlich ist, muss die Aufteilung daran gemessen werden (hier: 3:2): Danach haftet dem in Anspruch genommenen Bürgen das Grundstück in Höhe von 3 der 5 Anteile, also in Höhe von € 60. 000,–, während der in Anspruch genommene E € 100. 000,– abzüglich des Eigenanteils von € 60. 000,–, also € 40. 000,– vom Bürgen B erstattet verlangen kann. Daher macht es lediglich für den E Sinn, eine eventuell drohende Zwangsvollstreckung nach § 1142 BGB abzuwenden.

- Zahlt ein akzessorischer Sicherer (z. B. ein Bürge) an einen **„Scheingläubiger" und „Scheinhypothekar"**, so wird er nicht frei und die Forderung geht nicht auf ihn über.

**Fall 617**

Der Bürge B hat sich für ein durch den S bei dem G1 aufgenommenes Darlehen verbürgt, das zugleich durch eine an einem Grundstück des E bestellte Buchhypothek hypothekarisch gesichert ist. Eine Nichtigkeit nach § 138 Abs. 1 BGB wegen Übersicherung liegt nicht vor. Der G tritt die hypothekarisch gesicherte Forderung unwirksam an den G2 ab. Der G2 nimmt den B in Anspruch. Der B zahlt in der Annahme, der G2 sei der Gläubiger geworden. Er will wissen, ob er von dem S Zahlung und von dem E Duldung der Zwangsvollstreckung verlangen kann (nach Baur – Stürner).

Da der S an einen Nichtgläubiger geleistet hat und sein guter Glaube an die Gläubigerstellung des G2 nicht geschützt wird, greift § 774 BGB nicht ein, so dass a) weder die Forderung noch b) die Hypothek auf den B übergeht.

(2) Zahlung eines Dritten aufgrund eines „Ablösungsrechts"

Hier muss man unterscheiden zwischen den Fällen, in denen an den wirklichen Hypothekar und in denen an einen „Scheinhypothekar" zum Zwecke der Ablösung gezahlt wird.

Wenn ein Gläubiger die Zwangsvollstreckung in einen dem Schuldner gehörigen Gegenstand betreibt und ein Dritter Gefahr läuft, hierdurch ein Recht an dem Gegenstand zu verlieren, steht dem Dritten ein **Ablösungsrecht** aus **§ 268 BGB** zu: Er kann den Gläubiger befriedigen und das Recht des Gläubigers gegen den Schuldner geht auf ihn über (§§ 268 Abs. 3 S. 1 BGB), ebenso natürlich auch die akzessorischen Nebenrechte (§§ 412, 401 BGB). Wir werden dies noch vertiefend behandeln.

Bei einer bevorstehenden Zwangsvollstreckung in ein Grundstück nach § 1147 BGB käme der Zeitpunkt des Betreibens der Zwangsvollstreckung für den Dritten allerdings zu spät. Daher **verlagert § 1150 BGB** den **Zeitpunkt für die Möglichkeit einer Ablösung vor** auf den Moment des „Verlangens der Befriedigung aus dem Grundstück". Das Verständnis dieser Konstellation bereitet kaum Schwierigkeiten, wenn an den **wirklichen Hypothekar** zum Zwecke der Ablösung gezahlt wird.

**Fall 618**

Der V hat in einem ihm gehörenden Haus auf der „richtigen" Seite der Elbchaussee dem sehr wohlhabenden M eine Wohnung mit Elbblick zu einem festen Mietzins für 20 Jahre vermietet. Zur Sicherung einer gegen den V bestehenden Darlehensforderung der B-Bank hat der V der B eine Buchhypothek an dem Grundstück bestellt (§ 1113 BGB); der V hat sich wirksam der sofortigen Zwangsvollstreckung unterworfen (dazu später mehr). Schon kurz nach Abschluss des Mietvertrages wird die Forderung fällig und die B-Bank verlangt Zahlung von dem V. Der M, der die Wohnung unbedingt behalten will, befürchtet im Falle einer Zwangsvollstreckung in das Grundstück (§ 1147 BGB), dass ein eventueller Ersteigerer den nach § 566 BGB auf ihn übergehenden Mietvertrag nach §§ 57a ZVG, 573c BGB kündigen wird. Was kann M machen?

1. Der M könnte die B unter den Voraussetzungen des § 267 BGB mit der Regressfolge des § 812 Abs. 1 S. 1 Var. 2 BGB („Auslagenkondiktion“) befriedigen; das ist aber – wegen der (theoretischen) Möglichkeit eines gemeinsamen Widerspruchs von Gläubiger und Schuldner (§ 267 Abs. 2 BGB) und wegen der Schwäche des Regresses („nur“ § 812 BGB mit der möglichen Folge des nach § 818 Abs. 3 BGB zu tragenden Entreicherungsrisikos) – für den M keine optimale Lösung. 2. Der Gesetzgeber hat daher solchen Dritten, denen infolge einer Zwangsvollstreckungsmaßnahme ein Rechtsverlust droht, eine gegenüber § 267 BGB verbesserte Rechtsstellung gegeben, a) nämlich ein sog. „Ablösungsrecht“. Hier kommt aufgrund des Verlangens der B-Bank nach Befriedigung aus dem Grundstück wegen des drohenden Verlusts des Rechts aus dem Mietvertrag ein Ablösungsrecht aus §§ 1150, 268 Abs. 1 S. 2 BGB in Betracht. b) Der Regress ergibt sich dann aus §§ 268 Abs. 3, 412, 399 ff., 401, 1153 BGB, so dass die Forderung und die für sie bestehenden Sicherungsrechte (hier die Hypothek) auf den ablösungsberechtigten Dritten (M) übergehen.

Kompliziert wird es aber, wenn die Zwangsvollstreckung seitens eines zu Unrecht im Grundbuch als Hypothekar Eingetragenen droht bzw. verlangt wird, und der **Dritte** im guten Glauben **an** diesen **„Scheinhypothekar“ zahlt**. Man wird annehmen müssen, dass zugunsten des zur Ablösung zahlenden Dritten die Schutzvorschrift des § 893 BGB gilt mit der Folge, dass der Eigentümer durch dessen Leistung von seiner dinglichen Schuld befreit wird. Die Konsequenz daraus muss sein, dass die Forderung und die Hypothek auf den ablösenden Dritten übergehen, denn dieser hat im Vertrauen auf die Berechtigung des Eingetragenen geleistet, und es besteht umgekehrt keinerlei Anlass dafür, die Forderung erlöschen und die Hypothek auf den Eigentümer, der keine Leistung erbracht hat, übergehen zu lassen (§§ 1138, 893, 268 Abs. 3, 1150, 1153 BGB).

**Variante**

Die B-Bank hat die hypothekarisch gesicherte Forderung nach §§ 398, 1153, 1154 Abs. 3 BGB durch Einigung und Eintragung auf den Z'ar 1 übertragen. Dieser hat sie auf Z'ar 2 ebenfalls nach §§ 398, 1153, 1154 Abs. 3 BGB weiter übertragen. Diese Übertragung ist unwirksam, weil der Z'ar 1 zum Zeitpunkt der Abtretung unerkennbar geisteskrank war. Als Z'ar 2 ankündigt, die Zwangsvollstreckung zu betreiben, weil der V die Darlehensforderung nicht begleicht, leistet der M an Z'ar 2. Kann der M die Forderung und die Hypothek gegen V geltend machen? (nach Baur/ – Stürner und Reinicke/ – Tiedtke).

Die Forderung und die Hypothek gehen auf den M über, denn er hat im Vertrauen auf die Berechtigung des Eingetragenen geleistet, und es besteht auch kein Anlass dafür, die Forderung erlöschen und die Hypothek auf den Eigentümer, der keinerlei Leistung erbracht hat, übergehen zu lassen (§§ 1138, 893, 268 Abs. 3, 1150, 1153 BGB).

**e) Die Eigentümergrundpfandrechte**

In verschiedensten Zusammenhängen haben wir **Entstehungstatbestände** für **Eigentümergrundpfandrechte** kennen gelernt:

- Die Entstehung einer **Eigentümergrundschuld** kann das Resultat eines unvollständigen Entstehungstatbestandes einer Hypothek sein (Fehlen der Forderung nach §§ 1163 Abs. 1 S. 1, 1177 Abs. 1 BGB; keine Briefübergabe § 1163 Abs. 2 BGB), oder die Folge des Erlöschens der Forderung (§§ 1163 Abs. 1 S. 2, 1177 Abs. 1 BGB, vorbehaltlich der Korrektur durch § 1179a BGB), oder schließlich das Ergebnis einer Bestellung derselben als solcher (§ 1196 BGB).
- Die **Eigentümerhypothek** ist das Ergebnis der Ablösung durch den Eigentümer (§§ 1142, 1143, 1153, 1177 Abs. 2 BGB).

Der ursprüngliche gesetzgeberische **Sinn und Zweck** des Instituts der Eigentümergrundschuld war es, anstelle einer ja für den Gesetzgeber ebenso denkmöglichen Bestimmung einer „gleitenden Rangordnung" durch die Schaffung der Eigentümergrundpfandrechte als „Platzhalter" eine **„starre Rangordnung"** zu schaffen. Wie Sie ja schon wissen, **kollidiert** dieses Modell **mit** den **Bedürfnissen** der **Kreditwirtschaft** nach einem **„Aufrücken"** nachrangiger Grundpfandrechte bzw. einem **„Einrücken"** gleichrangiger Grundpfandrechte; die Kreditpraxis hatte dazu einen in diese Richtung gehenden Ausweg gefunden (Vereinbarung eines Löschungsanspruchs, gesichert durch eine Löschungsvormerkung), den seit 1978 auch das Gesetz durch die der Entlastung der Grundbuchämter (die durch die Eintragung der Löschungsvormerkungen überlastet waren) dienende Schaffung des § 1179a BGB (vormerkungsähnlich gesicherter Löschungsanspruch) akzeptiert.

In **rechtlicher Hinsicht** kann der Inhaber eines Eigentümergrundpfandrechtes – weil ein Eigentümergrundpfandrecht nach § 1177 BGB wie ein Fremdgrundpfandrecht zu behandeln ist – über sein Recht **frei verfügen**; er kann nur nicht selbst die Zwangsvollstreckung in das Grundstück betreiben (§ 1197 BGB), weil sonst die nachrangigen Grundpfandrechte zum Erlöschen gebracht werden könnten (§ 52 Abs. 1 S. 2 ZVG). Wenn das Eigentümergrundpfandrecht aus einem Fremdgrundpfandrecht hervorgegangen ist, behält es dessen **Rang**.

Auf der freien Verfügbarkeit und der Wahrung des Ranges beruht auch die **wirtschaftliche Bedeutung**

- der **vorläufigen Eigentümergrundschuld** (§§ 1163 Abs. 1 S. 1, 1177 Abs. 1 BGB) für die „Zwischenfinanzierung",
- und die **a)** der **endgültigen** (§§ 1163 Abs. 1 S. 2, 1177 Abs. 1 BGB) und der **als solcher bestellten Eigentümergrundschuld** (§ 1196 Abs. 1 BGB), die dazu dienen können, eine Rangstelle für ein späteres Kreditbedürfnis auszunutzen bzw. herzustellen; „klassisch" ist z. B. die Sicherung einer Forderung durch eine „Sicherungsgrundschuld" (dazu sogleich mehr) mittels einer Übertragung einer am Grundstück des Sicherungsgebers bestehenden Eigentümergrundschuld an den Gläubiger. **b)** Auch die **Eigentümerhypothek** (§§ 1163 Abs. 1, 1177 Abs. 2 BGB) kann durch Abtretung der Forderung und Hypothek der Sicherung der Kreditaufnahme dienen.

Im Falle der **Veräußerung** des **Grundstücks** „verwandelt“ sich das Eigentümergrundpfandrecht in ein „Fremdgrundpfandrecht“ zugunsten des bisherigen Eigentümers.

### f) Die Verteidigung des aus § 1147 BGB in Anspruch genommenen Eigentümers

Wird der **Eigentümer aus § 1147 BGB in Anspruch genommen**, kann er sich dagegen zum einen mit Einreden **verteidigen**, die der Schuldner gegen die Forderung hatte **(„forderungs-** oder **schuldnerbezogene Einreden“) (sub aa))**, und zum anderen mit solchen, die sich aus dem Rechtsverhältnis zwischen ihm und dem Hypothekar ergeben **(„hypotheken-** oder **eigentümerbezogene Einreden“) (sub bb))**. Es ist schon gesagt worden: Eigentlich gehören diese Ausführungen zur Darstellung der dinglichen Ansprüche aus Grundpfandrechten (sub D VII). Aber aus didaktischen Gründen werden wir bereits jetzt auf die Verteidigungsmittel des Eigentümers gegen den Inhaber eines Grundpfandrechtes eingehen.

#### aa) Forderungs- oder schuldnerbezogene Einreden gegenüber dem („Ursprungs-) Hypothekar"/dem Erwerber und die Möglichkeit des „gutgläubig einredefreien Erwerbs"

##### (1) Die forderungs- oder schuldnerbezogenen Einreden gegenüber dem („Ursprungs-) Hypothekar"

Der **Eigentümer** des **mit** einer **Hypothek belasteten Grundstücks** hat in vielerlei Hinsicht **eine „bürgenähnliche“ Stellung**. Der Gesetzgeber hat daher auch die Verteidigung des Eigentümers gegen die Inanspruchnahme durch den („Ursprungs-“) Hypothekar ebenso geregelt wie die des Bürgen gegen den Gläubiger.

Nach **§ 1137 Abs. 1 BGB** kann der Eigentümer zur Verteidigung gegen die Inanspruchnahme aus § 1147 BGB geltend machen:

**1.** die Einreden, „die dem Schuldner gegen die Forderung“ zustehen (das ist praktisch der § 768 BGB)
**2.** und -die Bürgenähnlichkeit offenlegend – „die nach § 770 einem Bürgen zustehenden Einreden“,

und zwar unabhängig davon, ob der Schuldner und der Eigentümer identisch sind oder ein „Divergenzfall“ auf der Schuldnerebene vorliegt.

**Fall 619**

Der V=aE=G=H hat im Februar 2002 an den K=S=nE sein mit einem Zinshaus bebautes Grundstück für € 1. 000. 000,– verkauft und übereignet. Die nach dem Kaufvertrag bis zum 1. Februar 2003 noch offene Restkaufpreisforderung in Höhe von € 800. 000,– wird zugunsten des V=aE=G=H durch eine Restkaufpreishypothek an dem von K=S=nE erworbenen Grundstück gesichert. Der V=aE=G=H verlangt von K=S=nE, der am 1. Februar 2003 nicht gezahlt hat, am 1. März 2003 Duldung der Zwangsvollstreckung. Der K=S=nE wendet ein, dass der V=aE=G=H ihm aufgrund einer mündlichen Absprache die Kaufpreisforderung vom 1. Dezember 2002 bis zum 1. Februar 2004 gestundet habe und dass er, der K=S=nE, den Kaufvertrag wegen einer soeben entdeckten arglistigen Täuschung seitens des V=aE=G=H über den Mietertrag des Zinshauses anfechten könne.

Dem Anspruch aus § 1147 BGB a) kann wegen der Stundung eine Einrede aus § 1137 Abs. 1 Var. 1 BGB entgegenstehen, wenn ein Hinausschieben der Fälligkeit wirksam vereinbart worden ist. Das ist nicht der Fall, weil es sich bei einer langfristigen Stundung um eine Vertragsänderung handelt, die so wesentlich in die Vertragspflichten eingreift, dass sie der Form des § 311b Abs. 1 S. 1 BGB bedurft hätte und daher formnichtig ist (§ 125 S. 1 BGB). b) Die Einrede der Anfechtbarkeit (§§ 1137 Abs. 1 S. 1, 770 Abs. 1, 123 BGB) – die Anfechtungsfrist ist noch nicht abgelaufen (§ 124 Abs. 1 BGB) – kann der S jedoch erheben, wenn deren materielle Voraussetzungen gegeben sein sollten (was hier unterstellt werden soll). Daher kann der V=aE=G=H nicht von K=S=nE die Duldung der Zwangsvollstreckung verlangen.

(2) Forderungs- oder schuldnerbezogene Einreden gegenüber dem Erwerber, „gutgläubig einredefreier Erwerb"

Wenn die **hypothekarisch gesicherte Forderung abgetreten** worden ist, stellt sich die Frage, ob die schuldnerbestimmten Einreden auch **gegen** den **Erwerber** wirken.

- Dass die Erhebung der **Einreden** des **§ 1137 BGB** auch **gegenüber einem Erwerber** möglich ist, ist von der Rechtslogik her an sich **selbstverständlich**; jede andere gesetzliche Lösung würde dem Grundgedanken des § 404 BGB zuwiderlaufen. Daher unterscheidet das Gesetz in § 1137 BGB auch nicht zwischen Einreden gegen den („Ursprungs-") Hypothekar und gegen einen Erwerber.
- Aber auch hier hat der Gesetzgeber wieder dem Gedanken der **Verkehrsfähigkeit** der Hypothek in besonderer Weise Rechnung getragen und die Möglichkeit eines **gutgläubig einredefreien Erwerbes** geschaffen: Nach **§ 1138 BGB** findet der **§ 892 BGB** auch hinsichtlich der Einreden des § 1137 BGB Anwendung. Auch dies bedeutet eine Durchbrechung der Akzessorietät, die natürlich nur für „Verkehrshypotheken", nicht aber für „Sicherungshypotheken" vorgesehen ist (§§ 1184, 1185 Abs. 2 BGB).

**Variante**

Der V=aE=G=H hat die hypothekarisch gesicherte Forderung an den Z'ar abgetreten. Der Z'ar verlangt von K=S=nE Duldung der Zwangsvollstreckung.

Gegen den Anspruch aus § 1147 BGB steht a) dem K=S=nE an sich § 1137 Abs. 1 S. 1, 770 Abs. 1, 123 BGB zu; b) aber der Z'ar hat die Hypothek gutgläubig einredefrei erworben (§§ 1138, 1137, 892 BGB): es geht um einen rechtsgeschäftlichen Erwerb aufgrund eines durchgeführten Verkehrsrechtsgeschäfts; das Grundbuch ist unrichtig, weil die (wegen der Anwendbarkeit des

§ 892 BGB natürlich eintragungsfähige!) Einrede der Anfechtbarkeit der gesicherten Kaufpreisforderung nicht im Grundbuch eingetragen war; der Veräußerer V=aE=G=H war im Grundbuch eingetragen; der Z'ar war gutgläubig in Bezug auf die Einrede; es war kein Widerspruch eingetragen.

Selbstverständlich gilt nach einer Abtretung der Forderung der **§ 404 BGB** ungeschmälert hinsichtlich der Forderung; der gutgläubig einredefreie Erwerb bezieht sich nur auf die Hypothek!

**Fall 620**

Der V=aE=G=H hat im Februar 2002 an den K=S=nE sein mit einem Zinshaus bebautes Grundstück für € 1. 000. 000,– verkauft und an den Käufer übereignet. Die nach dem Kaufvertrag bis zum 1. Februar 2003 noch offene Restkaufpreisforderung in Höhe von € 800. 000,– ist zugunsten des V=aE=G=H durch eine Restkaufpreishypothek an dem von K=S=nE erworbenen Grundstück gesichert. Der V=aE=G=H hat die hypothekarisch gesicherte Forderung an den Z'ar abgetreten. Der Z'ar verlangt von K=S=nE Zahlung. Der K=S=nE wendet ein, dass der V=G=H die Kaufpreisforderung am 1. Dezember 2002 ihm durch eine notariell beurkundete Vereinbarung bis zum 1. Februar 2004 gestundet habe.

Dem Zahlungsanspruch des Z'ar aus §§ 488 Abs. 1 S. 2, 398, 1154 BGB gegen K=S=nE steht nach § 404 BGB die Einrede der Stundung entgegen.

bb) Hypotheken- oder eigentümerbezogene Einreden gegenüber dem („Ursprungs-") Hypothekar"/dem Erwerber, und die Möglichkeit des „„gutgläubig einredefreien Erwerbs"

(1) Hypotheken- oder eigentümerbezogene Einreden gegenüber dem („Ursprungs-") Hypothekar"

Soeben haben Sie die sich aus der Forderung ergebenden Verteidigungsmittel des Eigentümers kennen gelernt **(sub aa))**. Nunmehr geht es um die eigentümerbezogenen Verteidigungsmittel. Der **Eigentümer** kann – und das ist als Selbstverständlichkeit vom Gesetz gar nicht erst geregelt – die ihm als Eigentümer **in Bezug** auf die **Hypothek gegen** den **(„Ursprungs-") Hypothekar zustehenden Einreden („eigentümerbezogene Einreden")** geltend machen; wer dies unbedingt gesetzlich begründen möchte, kann sich auf ein Argument a maiore ad minus aus § 1157 S. 1 BGB berufen.

**Fall 621**

Der V=aE=G=H hat im Februar 2002 an den K=S=nE sein mit einem Zinshaus bebautes Grundstück für € 1. 000. 000,– verkauft und übereignet. Die nach dem Kaufvertrag bis zum 1. Februar 2003 noch offene Restkaufpreisforderung in Höhe von € 800. 000,– ist durch eine Hypothek an dem von K=S=nE erworbenen Grundstück gesichert. Der V=aE=G=H verlangt von K=S=nE, der am

1. Februar 2003 nicht gezahlt hat, am 1. April 2003 Duldung der Zwangsvollstreckung. Der K=S=nE wendet ein, dass der V=aE=G=H sich wirksam verpflichtet habe, die Hypothek nicht vor dem 1. Februar 2004 geltend zu machen.

Dem Anspruch aus § 1147 BGB steht nach § 1157 S. 1 BGB diese Einrede entgegen.

(2) Hypotheken- oder eigentümerbezogene Einreden gegenüber dem Erwerber, „gutgläubig einredefreier Erwerb"

Interessant ist wiederum, ob der **Eigentümer** sich auf die ihm als Eigentümer in Bezug auf die Hypothek gegen den („Ursprungs-") Hypothekar zustehenden Einreden **(„hypotheken- oder eigentümerbezogene Einreden")** auch **nach einer Zession** der **hypothekarisch gesicherten Forderung gegenüber** einem **Erwerber** berufen kann. Das ist zunächst im Grundsatz ebenfalls selbstverständlich. Der Gesetzgeber hat sich aber, wohl um nichts dem Zufall zu überlassen, insoweit zu einer ausdrücklichen Regelung „bequemt" (§ 1157 S. 1 BGB). Aus Gründen des Verkehrsschutzes ist aber auch hier die Möglichkeit eines **gutgläubig einredefreien Erwerbs** angeordnet worden (§§ 1157 S. 2, 892 BGB). Dies gilt natürlich auch für die „Sicherungshypothek"; denn §§ 1184, 1185 Abs. 2 BGB verweisen nicht auf § 1157 S. 2 BGB (warum nicht? weil es hier um eine „eigentümerbezogene Einrede" und damit nicht um einen Fall der Durchbrechung der Akzessorietät geht!).

**Variante**

Der V=aE=G=H hat die hypothekarisch gesicherte Forderung an den Z'ar abgetreten. Dieser verlangt am 1. Februar 2003 von K=S=nE die Duldung der Zwangsvollstreckung.

Dem Anspruch aus § 1147 BGB 1. steht im Grundsatz der § 1157 S. 1 BGB entgegen; 2. der Z'ar hat die Hypothek aber gutgläubig einredefrei erworben (§§ 1157 S. 2, 892 BGB): es geht um einen rechtsgeschäftlichen Erwerb; aufgrund eines durchgeführten Verkehrsrechtsgeschäfts; das Grundbuch ist unrichtig, weil die (eintragungsfähige) Einrede, dass die Hypothek nicht vor dem 1. Februar 2004 geltend gemacht werden solle, nicht im Grundbuch eingetragen war; der Veräußerer V=aE=G=H war im Grundbuch eingetragen; der Z'ar war gutgläubig in Bezug auf die Einrede; es war kein Widerspruch eingetragen.

Es ist wieder einmal an der Zeit für Sie, tief Luft zu holen und sich einen **Zwischenüberblick** zu verschaffen, damit Sie wissen, „wo Sie eigentlich stehen":

1. Zunächst haben wir uns mit der **Bestellung** und dem **„gutgläubigen Erst-Erwerb"**,
2. dann mit der **Übertragung** und dem **„gutgläubigen Zweit-Erwerb"** und
3. sodann mit dem **Erlöschen** einer Hypothek befasst.
4. Als besonders kompliziert hat sich die Beurteilung der Auswirkungen auf die Hypothek durch **Zahlungen** des **Schuldners auf** die **Forderung** bzw.

des **Eigentümers auf** die **Hypothek** erwiesen, vor allem wenn man die Fragen der Zahlungen an legitimierte „Scheingläubiger" bzw. „Scheinhypothekare" einbezieht. Das sollten Sie jetzt noch einmal wiederholen!

**5.** Schließlich ging es um die **Verteidigung** des **Eigentümers** gegen die Inanspruchnahme aus der Hypothek und den **„gutgläubig einredefreien Erwerb"**. Das sollten Sie jetzt noch einmal wiederholen!

## 3. Erwerb und Verlust der („isolierten") Grundschuld

Nur durch ein Merkmal unterscheidet sich die Grundschuld von der soeben besprochenen Hypothek. Das zeigt deren klare **Definition** des **§ 1191 Abs. 1 BGB**, nach der „ein Grundstück … in der Weise belastet werden (kann), dass an denjenigen, zu dessen Gunsten die Belastung erfolgt, eine bestimmte Geldsumme aus dem Grundstück zu zahlen ist **(Grundschuld)**". Worin besteht der Unterschied? Lesen Sie § 1113 BGB.

Die **rechtliche Ausgestaltung** ist daher auch davon gekennzeichnet, dass auf die Grundschuld zwar die Regeln des Hypothekenrechts entsprechend angewendet werden **(§ 1192 Abs. 1 BGB)**, allerdings nur diejenigen Normen, die sich nicht aus dem für die Hypothek geltenden Akzessorietätsprinzip erklären. Das lässt sich zunächst einmal sehr verknappt so zusammenfassen:

- Die Grundschuld wird ebenfalls nach **§§ 1147, 1192 Abs. 1 BGB** durchgesetzt, so dass § 1147 BGB auch bei der Grundschuld die **Anspruchsgrundlage** für einen „Anspruch auf Duldung der Zwangsvollstreckung" ist.
- Teilweise **abweichend von** den für die **Hypothek geltenden Normen (§§ 1113 ff. BGB)** geregelt sind bei der Grundschuld die Fragen der **Bestellung**, der **Übertragung**, der **Wirkung der Zahlung** und der **Verteidigung** gegen die Inanspruchnahme.

Die **rechtspolitische Zielsetzung** war die Schaffung eines rein dinglichen „Verwertungsrechts", das das Bestehen einer Forderung nicht voraussetzt, so dass man das gesetzliche Modell auch eine „isolierte" Grundschuld nennt. Aber für ein reines Verwertungsrecht besteht allerdings in der Rechtspraxis kaum Bedarf.

Und wie Sie ja schon lange wissen, hat die Grundschuld ihre eigentliche Bedeutung dadurch erlangt, dass man sie in der **Kreditpraxis** zur Sicherung von Geldforderungen einsetzt **(„Sicherungsgrundschuld")**.

### a) Die Bestellung: Das dingliche Bestellungsgeschäft (einschließlich: gutgläubiger „Erst-Erwerb")

#### aa) Buchgrundschuld: Das dingliche Bestellungsgeschäft (einschließlich: gutgläubiger „Erst-Erwerb")

Die **Buchgrundschuld** kann als **Fremdgrundschuld** für einen anderen bestellt werden **(sub (1))** oder auch als **Eigentümergrundschuld** am eigenen Grundstück **(sub (2))**.

(1) Fremdgrundschuld
Die Regel ist die Bestellung der Grundschuld für eine andere Person (Fremdgrundschuld).

Die **Bestellung** der Buchgrundschuld richtet sich nach §§ 873 BGB, 1191, 1192 Abs. 1, 1117 Abs. 1 S. 1 BGB; sie erfolgt also durch

- eine **Einigung** gem. § 873 BGB, genauer ein „Einigsein" (warum? erklären Sie es sich selbst!) mit dem Inhalt des § 1191 Abs. 1 BGB
- und die **Eintragung** in Abt. III des Grundbuchs (Sie wissen ja: „Hypotheken-, Grund- und Rentenschulden" sind in Abt. III eingetragen. Können Sie auch ansonsten den Aufbau und Inhalt des Grundbuchs benennen?).
- Ebenso wie bei der Bestellung der Hypothek bestehen aufgrund der **Gestrecktheit** des **Erwerbstatbestandes** massive **Risiken für** den **Erwerber**. An die möglichen Schutzmechanismen erinnern Sie sich sicher noch: Vor einem Widerruf bewahrt § 873 Abs. 2 BGB; bei nachträglichen Verfügungsbeschränkungen hilft § 878 BGB; Schutz vor Zwischenverfügungen kann ein Anwartschaftsrecht des künftigen Grundschuldinhabers, vor allem aber eine zu seinen Gunsten eingetragene Vormerkung bieten (§ 883 BGB).
- Ebenso wie bei der Hypothek muss der Besteller bei Vollendung des Rechtserwerbes Berechtigter sein, also ein **zur Verfügung befugter Eigentümer** des Grundstücks sein und/oder ein jedenfalls **zur Verfügung** über das Grundstück **befugter Nichteigentümer** sein.

**Fehlt** es an der **Berechtigung** des Bestellers, so stellen sich die Ihnen von der Darstellung der Hypothek bekannten Fragen nach dem **gutgläubigen Erst-Erwerb** der Grundschuld (§ 892 BGB).

(2) Eigentümergrundschuld
Der Eigentümer kann die Grundschuld auch an seinem eigenen Grundstück bestellen, also als „Eigentümergrundschuld" **(§ 1196 Abs. 1 BGB)**.

Die Bestellung erfolgt natürlich nicht nach § 873 BGB, sondern nach **§ 1996 Abs. 2 BGB** durch ein einseitiges Rechtsgeschäft, nämlich durch eine Erklärung gegenüber dem Grundbuchamt, „dass die Grundschuld für ihn in das Gru8ndbuch eingetragen werden soll" und durch Eintragung in Abt. III des Grundbuchs. Das Risiko einer dazwischentretenden nachträglichen Verfügungsbeschränkung wird durch den für anwendbar erklärten § 878 BGB abgewendet.

Der Besteller muss Berechtigter sein. Ein gutgläubigern Erwerb durch eine Bestellung eines Bucheigentümers nach § 892 BGB scheidet aus. Warum? Weil sich mangels einer Personenverschiedenheit auf der Besteller- und Erwerberseite nicht um ein Verkehrsrechtsgeschäft handelt.

Man fragt sich natürlich, **welchen Sinn** die Bestellung einer Eigentümergrundschuld am eigenen Grundstück haben sollte. Sie kennen diese Gründe eigentlich schon aus der Erörterung der Eigentümergrundschuld bei der Hypothek. Der Eigentümer kann auf diese Weise den Rang sichern und durch die Übertragung verwandet sie sich in eine Fremdgrundschuld und kann dann mit dem gesicherten Rang als Sicherungsgrundschuld – dazu sogleich mehr – dienen.

Dass der Eigentümer nicht nach §§ 1191, 1192, 1147 BGB die Zwangsvollstreckung in das eigenen Grundstück betreiben kann bestimmt **§ 1197 Abs. 1 BGB**. Das ist nur sinnvoll, denn sonst würden die nachrangigen dinglichen Rechte erlöschen (§§ 91, 52 ZVG; dazu später mehr).

bb) Briefgrundschuld: Das dingliche Bestellungsgeschäft (einschließlich: gutgläubiger „Erst-Erwerb")

(1) Fremdgrundschuld

Die **Bestellung** der Grundschuld richtet sich nach §§ 873, 1191, 1192 Abs. 1, 1117 Abs. 1 S. 1 BGB.

Erforderlich ist also eine **Einigung** gem. § 873, genauer ein „Einigsein" (warum? erklären Sie es sich selbst!) mit dem Inhalt des § 1191 Abs. 1 BGB. Hinzutreten muss die **Eintragung** als Grundschuld in Abt. III des Grundbuchs. Bei der **Briefgrundschuld** muss eine **Übergabe des Grundschuldbriefes** oder **eine Ersetzung der Übergabe** durch **Übergabesurrogate** i. S. d. §§ 929 S. 2–931 BGB (§ 1117 Abs. 1 BGB) oder eine **„Aushändigungsabrede"** (§ 1117 Abs. 2 BGB) hinzukommen.

Aufgrund der **Gestrecktheit** des **Erwerbstatbestandes** bestehen massive **Risiken für** den **Erwerber**. An die möglichen Schutzmechanismen erinnern Sie sich sicher noch: Vor einem Widerruf bewahrt § 873 Abs. 2 BGB; bei nachträglichen Verfügungsbeschränkungen hilft § 878 BGB; Schutz vor Zwischenverfügungen kann ein Anwartschaftsrecht des künftigen Grundschuldinhabers, vor allem aber eine zu seinen Gunsten eingetragene Vormerkung bieten (§ 883 BGB).

Ebenso wie bei der Hypothek muss der Besteller bei Vollendung des Rechtserwerbes ein Berechtigter sein. Fehlt es daran, so stellen sich die Ihnen von der Darstellung der Hypothek bereits bekannten Fragen nach dem **gutgläubigen Erst-Erwerb** der Grundschuld (§ 892 BGB).

(2) Eigentümergrundschuld

Auch eine Briefgrundschuld kann **als** eine **Eigentümergrundschuld bestellt** werden **(§ 1196 BGB)**. Auch hier entsteht sie bereits mit der Grundbucheintragung, weil §§ 1117 und 1163 Abs. 2 BGB nicht gelten.

Eine Eigentümergrundschuld kann aber auch, wenn an sich eine Fremdgrundschuld bestellt werden soll, kraft Gesetzes als „vorläufige" Eigentümergrundschuld entstehen. Denn nach **§§ 1191, 1192 Abs. 1, 1163 Abs. 2 BGB** ist die Hypothek **vor** der **Übergabe des Briefes** an den Dritten, dem sie bestellt werden soll, eine **Eigentümergrundschuld**.

Natürlich sperrt wieder **§ 1197 BGB** aus vernünftigen rechtspolitischen Gründen eine Zwangsvollstreckung in das eigene Grundstück.

Auch hier fragen wir uns wieder nach dem **Sinn** einer solchen Anordnung des Gesetzes.

Der Zweck der gesetzlichen Anordnung des Bestehens einer Eigentümergrundschuld nach §§ 1191, 1192 Abs. 1, 1163 Abs. 2 BGB steht wieder im Zusammenhang mit der Verwendung der Grundschuld zum Zwecke der Kreditsicherung, die wir demnächst genauer behandeln. Zum einen kann der Eigentümer die Eigentümergrundschuld zur Sicherung eines **Zwischenkredits** verwenden. Das haben Sie bereits bei der Hypothek gelernt, so dass wir hier darauf nicht weiter eingehen werden. Und zum anderen ist **die technische Abwicklung** einer **Darlehenssicherung** durch das Bestehen einer Eigentümergrundschuld erleichtert: Der Eigentümer gibt den Brief erst an den Dritten, wenn dieser das Darlehen valutiert.

Erneut sei darauf hingewiesen, dass **§ 1197 Abs. 1 BGB** die Zwangsvollstreckung in das eigene Grundstück blockiert, weil sonst die nachrangigen dinglichen Berechtigungen erlöschen (§§ 91, 52 ZVG; dazu später mehr)

### b) Die rechtsgeschäftliche Übertragung der Fremd- und Eigentümergrundschuld (einschließlich: gutgläubiger „Zweit-Erwerb")

Hier zeigt sich die fehlende Akzessorietät von Sicherungsgrundschuld und Forderung ganz deutlich:

Nach § 1192 Abs. 1 BGB können für die Übertragung **nicht** die **§§ 398, 1153 BGB** gelten, denn diese „Vorschriften über die Hypothek" passen nicht auf die Grundschuld, weil sie darauf beruhen, dass eine Hypothek, anders als eine Grundschuld, „eine Forderung voraussetzt".

#### aa) Die rechtsgeschäftliche Übertragung der Buchgrundschuld (einschließlich: gutgläubiger „Zweit-Erwerb")

Die **Übertragung** der **Buchgrundschuld** erfolgt mangels einer Forderung, zu der die Grundschuld akzessorisch wäre, nicht wie bei der Hypothek nach §§ 398, 1153 BGB, sondern nach **§§ 1192 Abs. 1, 1154 Abs. 3, 873 BGB** durch Einigung und Eintragung in das Grundbuch.

Der **gutgläubige „Zweit-Erwerb"** vom die Grundschuld als Nichtberechtigten Übertragenden richtet sich nach **§ 892 BGB**.

Dies alles gilt auch für die **Eigentümergrundschuld**, die wie die Fremdgrundschuld übertragen wird.

#### bb) Die rechtsgeschäftliche Übertragung der Briefgrundschuld (einschließlich: gutgläubiger „Zweit-Erwerb")

Zur **Übertragung** der **Briefgrundschuld** erfolgt entweder **außerhalb** des **Grundbuchs** nach **§§ 1192 Abs. 1, 1154 Abs. 1 BGB** durch **Einigung**, **schriftliche Abtretungserklärung** und **Übergabe** des **Grundschuldbriefs**. Nach **§§ 1992 Abs. 1, 1154 Abs. 1, 2 BGB** kann sie aber auch **innerhalb** des **Grundbuchs** erfolgen, indem die schriftliche Abtretungserklärung durch Eintragung in das Grundbuch ersetzt wird.

Der **gutgläubige „Zweit-Erwerb“** von einem die Grundschuld als Nichtberechtigten Übertragenden richtet sich nach **§§ 1192 Abs. 1, 1155, 892 BGB**, so dass der als Nichtberechtigter die Grundschuld Übertragende durch den Besitz des Grundschuldbriefs und eine geschlossene Kette von öffentlich beglaubigten Abtretungserklärungen bis zu einem im Grundbuch Eingetragen legitimiert sein und der Erwerber gutgläubig sein muss und kein Widerspruch gegen die Richtigkeit des Grundbuchs eingetragen sein darf.

Dies gilt auch für die **Eigentümergrundschuld**, die wie die Fremdgrundschuld übertragen wird.

cc) Rechtsgeschäftliches Übertragungsverbot

Eine Ihnen im Augenblick in ihrer Bedeutung noch nicht erkennbare Frage lautet, ob man die Übertragung mit Wirkung gegen Dritte durch Rechtsgeschäft verbieten und damit ausschließen kann. Soviel sollen Sie aber schon wissen: Derlei wäre für die Rechtspraxis sehr hilfreich, weil man bei der – alsbald zu besprechenden –„Sicherungsgrundschuld“ durch eine solche Vereinbarung die auf der „Gläubigerebene“ rein rechtstechnisch mögliche isolierte Abtretung von gesicherter Forderung und Grundschuld verhindern könnte.

Hinsichtlich der **Forderung** wäre das kein Problem, denn dafür gibt es **§ 399 Var. 2 BGB**. Bei der **Grundschuld**, die ja nicht nach § 413 BGB übertragen wird, sondern nach § 873 BGB, verstieße dies gegen § 137 BGB. Da „hilft“ nur eine **Analogie zu §§ 413, 399 Var. 2 BGB**. Wirksam ist dieses Übertragungsverbot aber nur, wenn es – weil es sich um eine Inhaltsänderung der Grundschuld handelt – nach §§ 873, 877 BGB im Grundbuch eingetragen wird.

Wir werden sehen, ob es auch **andere Lösungen** des Problems gibt.

### c) Die Tilgung

Die Rechtsfolgen der Tilgung hängen davon ab, ob der Eigentümer **(sub aa))** oder ob ein Dritter **(sub bb))** auf die Grundschuld zahlt.

aa) Zahlung durch den Eigentümer

Wenn der **Eigentümer auf** die **Grundschuld zahlt**, so entsteht eine **Eigentümergrundschuld**. Über dieses Ergebnis wird nicht gestritten, sondern nur über die Begründung. Man kann dies mit **§§ 1163 Abs. 1 S. 2, 1177 BGB analog** oder mit **§§ 1142, 1143 BGB analog** begründen.

Sie sollten die **Frage**, welche Normenkomplexe analog anzuwenden sind, am besten **offenlassen**. Beide haben sie denselben Grundgedanken: Wenn durch Zahlung seitens des persönlichen Schuldners/Eigentümers eine durch ein Grundpfandrecht gesicherte Forderung getilgt oder das Grundpfandrecht abgelöst wird, sollen die Inhaber nachrangiger Rechte davon nicht unverdient profitieren, indem das Grundpfandrecht erlischt und die nachrangigen Belastungen im Rang aufrücken. Deshalb lässt das Gesetz zugunsten des Eigentümers eine Eigentümergrundschuld entstehen, durch die der Rang blockiert wird.

bb) Zahlung durch Dritte

Auch hier muss differenziert werden zwischen solchen **Dritten**, die **kein (sub (1))** und die **ein (sub (2)) Ablösungsrecht** haben.

(1) Dritte ohne Ablösungsrecht

Leistet ein Dritter (§ 267 BGB), dem kein Ablösungsrecht zusteht, an den Grundschuldinhaber, so gelten die vorgenannten Überlegungen: Nachrangige Gläubiger sollen davon nicht profitieren, so dass entweder nach **§§ 1163 Abs. 1 S. 2 BGB analog** oder nach **§§ 1142, 1143 BGB analog** eine **Eigentümergrundschul**d entstehen soll.

(2) Dritte mit Ablösungsrecht

Wer als Dritter nach § 268 BGB ein Ablösungsrecht hat, erlangt – und dies trotz fehlender Akzessorietät der Grundschuld – nach **§§ 1192 Abs. 1, 268 Abs. 3 S. 1, 1153 BGB analog** oder nach **§ 268 Abs. 3 S. 1 BGB analog** die Grundschuld.

**d) Die Verteidigung des aus §§ 1147, 1192 Abs. 1 BGB in Anspruch genommenen Eigentümers**

Eigentlich gehören diese Ausführungen zur Darstellung der dinglichen Ansprüche aus Grundpfandrechten (sub D VII). Aber aus didaktischen Gründen werden wir, wie auch schon bei der Hypothek, bereits jetzt auf die Verteidigungsmittel des Eigentümers gegen den Inhaber eines Grundpfandrechtes eingehen.

Hier (bei der isolierten Grundschuld) geht es nur um **Einwendungen**, die den **Bestand der Grundschuld** betreffen (z. B. die Bestellung der Grundschuld sei unwirksam) die fraglos möglich sind. Auch **Einwendungen gegen** die **Berechtigung** desjenigen, der die Duldung der Zwangsvollstreckung betreiben will (z. B. die Grundschuld sei außerhalb des Grundbuchs auf einen anderen übergegangen), sind möglich. Die Einwendungen können, allerdings durch gutgläubig einredefreien Erwerb entfallen (§ 892 BGB bzw. §§ 1192 Abs. 1, 1155, 892 BGB).

Außerdem kann der Eigentümer zur zeitweiligen (z. B. Stundung) bzw. dauernden Leistungsverweigerung (z. B. § 821 BGB, § 853 BGB) berechtigende **Einreden** aus einem eventuell bestehenden **persönlichen Rechtsverhältnis** zum **Grundschuldinhaber** geltend machen. Die Einreden können allerdings durch einen gutgläubig einredefreien Erwerb entfallen (§§ 1192 Abs. 1, 1157 BGB). Warum gilt hier nicht § 1192 Abs. 1a) BGB, der den gutgläubig einredefreien Erwerb ausdrücklich nicht zulässt? Aus zwei Gründen: Weil es hier nicht um eine Sicherungsgrundschuld geht und weil es auch nicht um Einreden aus dem Sicherungsvertrag geht.

**4. Erwerb und Verlust der Sicherungsgrundschuld**

Wie Sie ja schon lange wissen, hat die Grundschuld ihre eigentliche Bedeutung dadurch erlangt, dass man sie in der Kreditpraxis zur Sicherung von Geldforderungen einsetzt („Sicherungsgrundschuld").

Die Vorzüge eines solchen Sicherungsmittels gegenüber der Hypothek sind Ihnen ja schon lange bekannt. Wir fassen sie noch einmal zusammen:

1. Wegen der fehlenden Akzessorietät ist die Sicherungsgrundschuld rechtstechnisch unkomplizierter zu handhaben als die Hypothek; und sie ist – weil sie im Bestand sicherer ist als die stets von der Forderung abhängige Hypothek – als solche deutlich verkehrsfähiger als die Hypothek.
2. Zwar gibt es die die Akzessorietät lockernde und die Hypothek auf diese Weise verkehrsfähig machende „Verkehrshypothek". Diese ist aber für die Kreditsicherung bei der Sicherung von Forderungen aus laufender Rechnung (Kontokorrent) oder von Forderungen aus einer „Kreditlinie" weit weniger praktikabel als die „Sicherungsgrundschuld": Zwar können derartige Forderungen auch durch eine „Höchstbetragshypothek" gesichert werden. Die „Höchstbetragshypothek" hat aber Nachteile gegenüber der „Sicherungsgrundschuld". Sie ist nur als (streng akzessorische) „Sicherungshypothek" bestellbar und daher wenig „verkehrsfreundlich"; außerdem gelten für sie nicht die für die Kreditpraxis unerlässlichen §§ 794 Abs. 1 Nr. 5, 800 ZPO, deren Inhalt Ihnen hoffentlich noch in Erinnerung ist (wenn nicht, lesen Sie die Normen nach).
3. Dies waren gute Gründe dafür, dass sich die Rechtspraxis, vorbereitet durch die Rechtswissenschaft, von der Hypothek als Kreditsicherungsmittel abgewendet hat und im Wege der **richterlichen Rechtsfortbildung** die Sicherungsgrundschuld als rechtlich anerkanntes Institut entwickelt hat, das in der Rechtspraxis die Hypothek praktisch ersetzt hat. Der Gesetzgeber hat sie bekanntlich neuerdings in § 1192 Abs. 1a BGB erwänt.

Um die Grundschuld als Sicherungsmittel zu verwenden, ist nur wenig erforderlich. Dazu **verschafft** man dem Sicherungsnehmer eine **Grundschuld**. Und in einem dieser Verschaffung zugrundeliegenden **„Sicherungsvertrag"** (auch genannt: **„Zweckerklärung"**) wird vereinbart, dass diese Grundschuld der Sicherung einer Geldforderung dient und das Grundstück im Falle der Nichterfüllung der gesicherten Forderung im Wege der Zwangsvollstreckung verwertet werden darf. Die **drei Elemente** sind also: **Grundschuld**, **Sicherungsvertrag** und **Geldforderung**.

### a) Die Entstehung: Verschaffung der Grundschuld, der „Sicherungsvertrag" („Zweckerklärung"), die zu sichernde Forderung

Die Voraussetzungen der drei Elemente der **Sicherungsgrundschuld** werden nunmehr erarbeitet:

- Dem Sicherungsnehmer wird eine **Grundschuld verschafft (sub aa))**.
- Hinzutreten muss ein **„Sicherungsvertrag" („Zweckerklärung") (sub bb)**.
- Und gegeben sein muss eine **zu sichernde Geldforderung (sub (cc)**.

#### aa) Verschaffung der Grundschuld an den Sicherungsnehmer

Bei der Sicherungsgrundschuld wird dem Sicherungsnehmer eine Grundschuld verschafft. Dazu gibt es diverse Möglichkeiten.

Entweder **bestellt** ihm **der Eigentümer** eine **Grundschuld** an seinem Grundstück **(sub aa)(1))**. Oder der Eigentümer überträgt eine an seinem Grundstück bereits bestehende **Eigentümergrundschuld (sub aa)(2))**. Möglich ist auch, dass dem Sicherungsnehmer eine bereits existierende **Grundschuld** übertragen wird **(sub aa)(3))**.

Bei allem muss man – wenn der Besteller nicht der Eigentümer bzw. nicht der Inhaber der Eigentümergrundschuld oder der Grundschuld ist – natürlich auch an einen **gutgläubigen Erwerb** denken.

Jetzt zeigt sich übrigens zum ersten Mal, wie vernünftig es war, dass wir uns vorab mit der für sich gesehen praktisch ja bedeutungslosen „isolierten" Grundschuld befasst hatten. Vieles von dem, was es jetzt zu erörtern gibt, haben Sie dort bereits kennen gelernt.

(1) Bestellung einer Grundschuld durch den Eigentümer

Sie haben in diesem Zusammenhang gelernt, wie eine Grundschuld bestellt wird, nämlich nach §§ 873 BGB, 1191, 1192 Abs. 1, 1117 Abs. 1 S. 1 BGB und ggf. i. V. m. § 892 Abs. 1 BGB, also – wie hier noch einmal zusammengefasst werden soll – durch

- eine **Einigung** gem. § 873 BGB mit dem Inhalt des § 1191 Abs. 1 BGB
- und die **Eintragung** in Abt. III des Grundbuchs, allerdings nicht als „Sicherungsgrundschuld", sondern nur als „Grundschuld".
- Bei der **Briefgrundschuld** muss eine **Übergabe** des **Grundschuldbriefes** oder eine **Ersetzung** der **Übergabe** durch **Übergabesurrogate** i. S. d. §§ 929 S. 2–931 BGB (§ 1117 Abs. 1 BGB) oder eine **„Aushändigungsabrede"** (§ 1117 Abs. 2 BGB) hinzukommen.
- Beherrschbar und damit letztlich risikolos sind die wegen der **Gestrecktheit** des **Erwerbstatbestandes** bestehenden **Risiken für** den **Erwerber**, und zwar der mögliche Widerruf: durch § 873 Abs. 2 BGB, die mögliche Verfügungsbeschränkung: durch § 878 BGB und die mögliche Zwischenverfügung: durch § 883 BGB.
- Ebenso wie bei der Hypothek muss der Besteller bei Vollendung des Rechtserwerbes ein Berechtigter sein. Fehlt es daran, so stellen sich die Ihnen von der Darstellung der Hypothek bekannten Fragen nach dem **gutgläubigen Erst-Erwerb** der Grundschuld (§ 892 BGB).

(2) Übertragung einer bestehenden Eigentümergrundschuld durch den Eigentümer

Der Eigentümer kann dem Sicherungsnehmer eine nach § 1196 BGB an seinem Grundstück bestellte oder nach §§ 1192 Abs. 1, 1163 Abs. 2 BGB gesetzlich entstandene und daher **ihm als Eigentümer** an seinem Grundstück zustehende **Eigentümergrundschuld übertragen**. Übertragen wird sie wie die Fremdgrundschuld. Und dazu wissen Sie nach der Darstellung zur „isolierten" Grundschuld inzwischen alles.

Hierdurch wird die Eigentümergrundschuld zur **Fremdgrundschuld**, die dann der Verwertungssperre des § 1197 BGB nicht mehr unterliegt, also ein vollwertiges Sicherungsrecht darstellen kann.

Dies sind die beiden „klassischen“ Konstellationen, bei denen der Eigentümer des Grundstücks der Sicherungsgeber ist. Sicherungsgeber kann aber auch der Inhaber einer Fremdgrundschuld sein (sub (3)).

(3) Übertragung einer bestehenden Fremdgrundschuld.
Und schließlich kann – wie vorstehend angedeutet – dem Sicherungsnehmer auch eine **an** dem **Grundstück** eines **Dritten bestehende Fremdgrundschuld übertragen** werden, Wie die Übertragung geschieht, haben Sie ja bei der Darstellung der Rechtsverhältnisse zur „isolierten“ Grundschuld kennengelernt und soeben anlässlich der Frage, wie eine Eigentümergrundschuld übertragen wird ja noch einmal wiederholt.

bb) Sicherungsvertrag bzw. Zweckerklärung
Um mittels einer Grundschuld eine Forderung zu sichern, ist ein zwischen Sicherungsgeber und Sicherungsnehmer geschlossener **Sicherungsvertrag** bzw. eine **Zweckerklärung** nötig, durch den sie zu einer **Sicherungsgrundschuld** wird. Ohne diese Vereinbarung stünden Schuld und Grundschuld unverbunden und völlig selbstständig nebeneinander. Die **Parteien** des Sicherungsvertrages sind:

- Der **Sicherungsnehmer** als Grundschulderwerber, als der eine der beiden Vertragspartner
- und der **Sicherungsgeber** als der andere Vertragspartner: Dies ist **a)** entweder der **Eigentümer** des **belasteten Grundstücks**, wenn er zur Sicherung einer eigenen Schuld oder „bürgschaftsähnlich“ zur Sicherung einer fremden Schuld dem Sicherungsnehmer die Grundschuld an seinem Grundstück bestellt bzw. dem Sicherungsnehmer eine Eigentümergrundschuld, die dann zur Fremdgrundschuld wird, überträgt (das sind die **hier** in den **Vordergrund gestellten Konstellationen**: s. o. sub aa) (1) und (2)). **b)** Sicherungsgeber kann aber auch der **Inhaber** einer **Fremdgrundschuld** am Grundstück eines Dritten sein, die er zur Sicherung einer eigenen Schuld oder „bürgschaftsähnlich“ zur Sicherung einer fremden Schuld dem Sicherungsnehmer **überträgt** (s. o. sub aa) (3)).

Der entweder durch einen **Individualvertrag** vereinbarte, häufiger aber auch durch **Allgemeine Geschäftsbedingungen** von einem „professionellen“ Sicherungsnehmer (das sind die Banken) **vorformulierte**, zuweilen auch hinsichtlich einiger Punkte von der Vorformulierung abweichend **ausgehandelte** und schließlich durch Einbeziehung wirksam gewordene oder beim Vorliegen einer Verschaffung einer Grundschuld im Zusammenhang mit einem Darlehensvertrag sogar als konkludent abgeschlossen anzusehender **Sicherungsvertrag** hat i. d. R. folgenden **Inhalt**:

1. Bestell- bzw. Übertragungsabrede:
   Durch den Sicherungsvertrag **verpflichtet sich**
   a) der **Eigentümer** als Sicherungsgeber gegenüber dem **Sicherungsnehmer** entweder dazu, diesem am eigenen Grundstück eine **Grundschuld** zu **bestellen** bzw. eine am eigenen Grundstück bestehende **Eigentümergrundschuld** zu **übertragen** oder
   b) der **Inhaber einer Fremdgrundschuld** gegenüber dem **Sicherungsnehmer** dazu, diesem eine **Grundschuld**, die ihm an einem fremden Grundstück zusteht, zu **übertragen**.
2. **Zweckbestimmungsabrede**
   a) Weiterhin wird im Sicherungsvertrag der **Zweck** der **Bestellung/Übertragung** vereinbart, indem festgelegt wird, dass die dem Sicherungsnehmer zustehende Grundschuld der Sicherung einer oder mehrerer bestimmter Forderungen dient. Durch Auslegung des Sicherungsvertrages muss ggf. ermittelt werden, ob bei Nichtigkeit des die Forderung begründenden Rechtsverhältnisses, etwa des (z. B. nach § 138 BGB nichtigen Wucher-) Darlehensvertrages, der anstelle der Forderung aus § 488 Abs. 1 S. 2 BGB trotz des § 817 S. 2 BGB (erinnern Sie sich noch?) bestehende Bereicherungsanspruch aus § 812 Abs. 1 S. 1 Var. 1 BGB durch die Sicherungsgrundschuld gesichert werden soll.
   b) Besteht eine solche im Sicherungsvertrag vorgenommene Zweckbestimmung nicht/mehr
      aa) und bilden die Zweckbestimmung und die Bestell- und Übertragungsabrede i. d. R. eine Geschäftseinheit, so kommt § 139 BGB zum Zuge, und im Zweifel ist eine Gesamtunwirksamkeit anzunehmen. Das hat zur Folge, dass ein Anspruch auf Rückgewähr aus § 812 Abs. 1 S. 1 Var. 1 BGB/§ 812 Abs. 1 S. 2 Var. 1 BGB besteht, der so zu erfüllen ist:Wenn der Eigentümer Sicherungsgeber ist, durch Verzicht auf die Sicherungsgrundschuld (§§ 1168, 1169, 1192 Abs. 1 BGB) oder durch Aufhebung nach §§ 875, 1183, 1192 Abs. 1 BGB. Im Fall der Sicherung durch Übertragung einer Fremdgrundschuld erfolgt die Rückgewähr durch Rückübertragung (§§ 1154, 1192 Abs. 1 BGB).
      bb) Wenn keine Geschäftseinheit besteht, ist die Grundschuld eine „isolierte" Grundschuld, wenn die im Sicherungsvertrag vorgenommene Zweckbestimmung nicht/mehr besteht.
3. **Fälligkeitsabrede**
   Im Sicherungsvertrag wird i. d. R. die Fälligkeit der Sicherungsgrundschuld bestimmt, was nach **§ 1193 Abs. 2 BGB** möglich ist. Ohne Vereinbarung gilt § 1193 Abs. 1 BGB: Fälligkeit nach Kündigung mit 6-monatiger Frist.
4. **Verwendungs-** und **Verwertungsbeschränkungsabrede**
   a) Als zumindest **konkludent vereinbart** gilt, dass der Sicherungsnehmer die Grundschuld **nur** zu **Sicherungszwecken verwenden** darf, so dass weder die Grundschuld noch die Forderung „isoliert", sondern

die Grundschuld immer nur zusammen mit der Forderung und die Forderung immer nur zusammen mit der Grundschuld übertragen werden dürfen. Auch gilt als zumindest **konkludent vereinbart**, dass der Sicherungsnehmer die Grundschuld **erst verwerten** darf, wenn die Forderung nicht rechtzeitig freiwillig erfüllt worden ist, und dass er möglichst günstig verwerten muss.

b) **Gesondert vereinbart** werden müssen **andere Verwertungsbeschränkungen**, so z. B. dass die Zwangsversteigerung nur mit besonderer Ermächtigung zulässig sein soll; dass der Grundschuldinhaber versuchen muss, sich erst aus der Forderung zu befriedigen, und erst dann aus der Grundschuld vorgehen darf, und dies auch nur bei Fälligkeit und Durchsetzbarkeit der Forderung; dass andere Sicherungsrechte vorabverwertet werden müssen.

5. **Verwertungserweiterungsabrede**
Die Möglichkeit eines freihändigen Verkaufs der Grundschuld muss vereinbart werden.

6. **Verrechnungsabrede**
Vereinbart wird im Sicherungsvertrag auch, wie **Zahlungen** zu **verrechnen** sind: auf die Grundschuld/auf die Forderung. Wenn dies nicht vereinbart ist, muss ausgelegt werden. Dazu später mehr.

7. **Ratenweise Tilgung**
Für den Fall ratenweiser Tilgung wird die Grundschuld nicht zurückübertragen. Vielmehr wird eine **Deckungsgrenze**, die maximal 110 % der noch offenen Forderung beträgt, festgelegt und erst bei dauerndem Überschreiten dieser Grenze infolge der Tilgung eine Rückübertragung vorgenommen (dazu Ziff. 8)

8. **Rückübertragungs-, Verzichts- oder Löschungsabrede**

a) Für den Fall der **Tilgung** der **Forderung** wird im Sicherungsvertrag vereinbart, dass der Eigentümer einen Anspruch auf **Rückübertragung** der **Grundschuld** (§§ 1154, 1192 Abs. 1 BGB) oder auf **Verzicht** (§§ 1168, 1169, 1192 Abs. 1 BGB) oder auf **Einwilligung** in die **Löschung** (§§ 875, 1192 Abs. 1 BGB) hat.

b) Wenn es infolgedessen nach einer Tilgung zur **Rückübertragung** der **Grundschuld** auf den Eigentümer (§§ 1154, 1192 Abs. 1 BGB) oder zum **Verzicht** (§§ 1168, 1169, 1192 Abs. 1 BGB) kommt, entsteht eine Eigentümergrundschuld, so dass **§§ 1192 Abs. 1, 1179a BGB** eingreift, also nachrangige Grundpfandgläubiger einen vormerkungsähnlichen Löschungsanspruch haben. Aber: der Eigentümer muss so nicht verfahren, sondern er kann den Rückgewähranspruch abtreten oder die Grundschuld neu valutieren.

c) Hier ein **Exkurs** zum Rückübertragungsanspruch: Es handelt sich um einen durch die Tilgung aufschiebend bedingten Anspruch, den z. B. andere Gläubiger pfänden können (§ 857 ZPO). Der Eigentümer kann ihn auch an andere Gläubiger zu deren Sicherung abtreten; wenn diese anderen Gläubiger die Übertragung der Grundschuld verlangen, greift § 1179a BGB nicht ein.

Der **Sicherungsvertrag** bildet den **Rechtsgrund für** die **Grundschuldbestellung**. Es gilt das „Trennungs-" und „Abstraktionsprinzip".

Die Wirksamkeit des Sicherungsvertrages ist nicht selbstverständlich und muss – wenn es bei der Fallbearbeitung aufgrund von Anhaltspunkten im Sachverhalt ersichtlich darauf ankommt – von Ihnen kritisch überprüft werden. So kann

- der **Sicherungsvertrag teilweise unwirksam** sein, wenn z. B. im Fall der Sicherung einer Forderung durch eine Sicherungsgrundschuld am Grundstück eines (vom Schuldner personenverschiedenen) Dritten durch den Sicherungsnehmer formularmäßig, also durch **AGB**, auch die persönliche Haftung des Dritten begründet wird. Denn dann verschafft sich der Sicherungsnehmer über die dingliche Sicherung durch eine Grundschuldbestellung hinausgehend eine zusätzliche Sicherung, die eine „dem Grundgedanken der Grundschuldbestellung zuwiderlaufende unangemessene Haftungserweiterung" bedeutet. Eine solche Klausel ist nichtig (§ 307 BGB), aber eben nur diese Klausel (§ 306 BGB), so dass eine Teilnichtigkeit gegeben ist.
- Der **Sicherungsvertrag** kann aber auch **insgesamt nichtig** sein, und damit den **Rechtsgrund für** die **Bestellung** der **Sicherungsgrundschuld entfallen lassen**. Das ist z. B. der Fall, wenn Schuldner und Grundstückseigentümer „bürgenähnlich" nicht identisch sind und eine formularmäßige, also durch Verwendung von **AGB**, Zweckerklärung des Sicherungsnehmers den Sicherungszweck auf „alle künftigen und gegenwärtigen Ansprüche des Sicherungsnehmers gegen den Schuldner" erweitert; dann soll dies als eine nach § 305c Abs. 1 BGB „überraschende" und damit nicht Vertragsbestandteil gewordene Klausel anzusehen sein. Der Sicherungsgeber kann dann aus § 812 Abs. 1 S. 1 Var. 1 oder S. 2 Var. 1 BGB Verzicht auf die Sicherungsgrundschuld (§§ 1168, 1169, 1192 Abs. 1 BGB) oder Aufhebung nach §§ 875, 1183, 1192 Abs. 1 BGB und im Fall der Sicherung durch Übertragung einer Fremdgrundschuld Rückgewähr durch Rückübertragung (§§ 1154, 1192 Abs. 1 BGB) verlangen.

cc) Übersicherung

Auch bei der Sicherungsgrundschuld können Fragen nach der Sittenwidrigkeit und deren Folgen entstehen, und zwar speziell im Fall der Übersicherung, wenn also die die Grundschuld ohne Berücksichtigung eines Verwertungsrisikos die Forderung übersteigt.

Im Fall **anfänglicher Übersicherung** kann diese nicht nur zur **Nichtigkeit** des **Sicherungsvertrages** führen, sondern, wenn die Bestellung der Grundschuld auch nach Inhalt, Beweggrund, Zweck, Gesinnung des Sicherungsnehmers sittenwidrig ist, auch zur **Nichtigkeit** der **Sicherungsbestellung**.

Eine sich aus **nachträglicher Übersicherung** infolge einer Tilgung ergebende Sittenwidrigkeitsproblematik besteht nicht, wenn der Sicherungsvertrag einen Rückgewähranspruch vorsieht. Nur der – eher theoretische – Fall, dass eine dauernde Übersicherung gewollt ist, wirft die Frage des § 138 Abs. 1 BGB auf.

### dd) Die zu sichernde Geldforderung

#### (1) Geldforderung

Die nach dem Sicherungsvertrag gesicherte Forderung (es können auch mehrere Forderungen sein) besteht in einer **Geldforderung** (z. B. aus § 433 Abs. 2 BGB oder aus § 488 Abs. 1 S. 2 BGB), die keinesfalls summenmäßig feststehen muss, sondern die in der Höhe ständig variieren kann (Kontokorrentforderung) oder die noch unbestimmt ist (z. B. bei Einräumung einer „Kreditlinie").

Wie bereits erwähnt, gibt es auch bei der Sicherungsgrundschuld das Problem, ob bei einer **Nichtigkeit** des die **Forderung begründenden Rechtsverhältnisses**, etwa des (z. B. nach § 138 BGB nichtigen Wucher-) Darlehensvertrages, der anstelle der Forderung aus § 488 Abs. 1 S. 2 BGB bestehende **Bereicherungsanspruch** aus § 812 Abs. 1 S. 1 Var. 1 BGB durch die Sicherungsgrundschuld gesichert ist (übrigens: könnten Sie über die dazugehörigen Probleme – z. B. die Themen der Sperrwirkung des § 817 S. 2 BGB oder das Schicksal des Zinsanspruchs – ein kleines Referat halten?). Es geht um eine Frage der Auslegung des Sicherungsvertrages. Das Problem ist Ihnen längst geläufig: Zum ersten Mal haben Sie davon bei der Bürgschaft und später auch bei der Hypothek gehört.

#### (2) Nicht- oder Nichtmehr-Bestehen der Forderung

**Fehlt** es **trotz** eines **wirksamen Sicherungsvertrages** und einer **Bestellung** der **Grundschuld** an der **Forderung**, weil sie **von vornherein nicht bestand** (z. B. weil kein Darlehensvertrag geschlossen wurde) oder **noch nicht entstanden** ist (z. B. weil zwar ein Darlehensvertrag geschlossen wurde, aber das Darlehen **noch nicht valutiert** wurde) oder weil sie **erloschen** ist (z. B. Darlehensvertrag geschlossen, Darlehen valutiert, Rückzahlungs- und Zinsverpflichtung erfüllt),

- dann besteht/entsteht **nicht etwa automatisch** eine **Eigentümergrundschuld** nach § 1163 Abs. 1 BGB; das anzunehmen, wäre einer der **gröbsten Fehler**, die man in diesem Zusammenhang machen kann, denn § 1163 Abs. 1 BGB ist eine Vorschrift, die als Ausdruck des Akzessorietätsprinzips nur für die Hypothek gilt (§ 1192 Abs. 1 BGB).
- Vielmehr hat der Sicherungsgeber einen **Rückgewähranspruch**, der sich entweder aus § 812 Abs. 1 S. 1 Var. 1, S. 2 Var. 1, Var. 2 BGB oder aus einem stillschweigend vereinbarten Rückübertragungsanspruch aus dem Sicherungsvertrag ergibt, der gerichtet ist auf Rückübertragung nach §§ 1154, 1192 Abs. 1 BGB, auf Verzicht nach §§ 1169, 1168, 1192 Abs. 1 BGB oder auf Aufhebung nach §§ 875, 1183, 1192 Abs. 1 BGB. Diesen Rückgewähranspruch kann der Eigentümer bei Inanspruchnahme aus der Grundschuld trotz nicht bestehender Forderung dem Duldungsanspruch aus § 1147 BGB einredeweise entgegenhalten.

**Fall 622**

Die G-Bank und der E=S haben die Absicht, einen Darlehensvertrag über € 1. 000. 000,– abzuschließen. Der E=S hat der G-Bank bereits vorab zur Sicherung des Darlehens nach Abschluss eines Sicherungsvertrages eine Sicherungsgrundschuld an einem ihm gehörigen Grundstück bestellt. Die G-Bank lehnt dann aber den Abschluss des Darlehensvertrages ab, als sie davon erfährt, dass der E=S damit Waffengeschäfte finanzieren will. Der E=S verlangt Rückübertragung der Grundschuld.

Der E=S hat gegen die G-Bank einen Rückgewähranspruch, der sich entweder aus § 812 Abs. 1 S. 1 Var. 1, S. 2 Var. 1, Var. 2 BGB oder aus einem stillschweigend vereinbarten Rückgewähranspruch aus dem Sicherungsvertrag ergibt und gerichtet ist auf Rückübertragung nach §§ 1154, 1192 Abs. 1 BGB, Verzicht nach §§ 1169, 1168, 1192 Abs. 1 BGB oder Aufhebung nach §§ 875, 1183, 1192 Abs. 1 BGB.

**Variante**

Der Darlehensvertrag ist geschlossen, aber das Darlehen ist noch nicht valutiert bzw. es ist valutiert, aber die Rückzahlungs- und Zinsverpflichtung schon erfüllt. Der E=S verlangt Rückübertragung der Grundschuld.

Die Lösung ist identisch.

### b) Die rechtsgeschäftliche Übertragung (einschließlich: gutgläubiger „Zweit-Erwerb")/gesetzlicher Übergang

#### aa) Die rechtsgeschäftliche Übertragung (einschließlich: gutgläubiger „Zweit-Erwerb")

Hier zeigt sich die fehlende Akzessorietät von Sicherungsgrundschuld und Forderung ganz deutlich:

Nach § 1192 Abs. 1 BGB können für die Übertragung **nicht** die **§§ 398, 1153 BGB** gelten, denn diese „Vorschriften über die Hypothek" passen nicht auf die Grundschuld, weil sie darauf beruhen, dass eine Hypothek, anders als eine Grundschuld, „eine Forderung voraussetzt": Es wird also bei einer Sicherungsgrundschuld nicht etwa die Forderung abgetreten und die Sicherungs-Grundschuld „läuft mit". Vielmehr müssen **Forderung und Sicherungsgrundschuld** übertragen werden!

(1) Der Erwerb vom Berechtigten

Es gelten also folgende **Regeln**:

1. Die **Sicherungsgrundschuld** wird nach **§§ 873, 1154 BGB** übertragen. Die **gesicherte Forderung** wird unabhängig davon nach **§ 398 BGB** zediert.
2. Die **rechtliche Trennung bedeutet** natürlich **nicht**, dass **Forderung** und **Grundschuld „getrennte Wege" gehen dürfen**; im Gegenteil: Nach dem Sicherungsvertrag darf die Übertragung bzw. die Abtretung nicht „isoliert" erfolgen, also nicht zu dem Ergebnis einer Trennung auf der „Gläubiger-Sicherungsgrundschuldinhaber-Ebene" führen.
   **a)** Auf den ersten Blick könnte man meinen, dass – wie im Gedicht von Christian Morgenstern – jetzt der Satz gilt, „dass nicht sein kann, was nicht sein darf". Das aber ist ein Irrtum, wie sich im Grundsatz aus **§ 137 BGB** ergibt. Hier versagt also Palmstöms angeblich so „messerscharfe" Logik.
   **b)** Auch **§ 399 Var. 1 BGB** führt nicht automatisch zum gewünschten Resultat, denn:
      **aa)** Bei einem Verstoß gegen das Verbot der „isolierten" Abtretung greift hinsichtlich der Forderung § 399 Var. 1 BGB deshalb ein, weil die Zweckbindung von Forderung und Sicherungsgrundschuld nicht Inhalt der Forderung ist (BGH).
      **bb)** Und auch die Übertragung der Grundschuld ist nicht nach §§ 413, 399 Var. 1 BGB unwirksam, weil sich dies aus dem Sicherungszweck der Grundschuld ergibt (BGH; darüber kann man aber durchaus streiten)
   **c)** Dem Schuldner bzw. dem Eigentümer stehen in einem solchen „Divergenzfall" daher lediglich Einreden aus dem Sicherungsvertrag zu: Dem Schuldner gegenüber dem neuen Gläubiger aus § 404 BGB; und dem Eigentümer gegen den Erwerber der Grundschuld nach §§ 1192 Abs. 1a S. 1 1. HS, S. 2, 1157 BGB.
3. Die isolierte Übertragbarkeit von Forderung und Sicherungsgrundschuld kann aber durch ein **„pactum de non cedendo"** ausgeschlossen werden,
   **a)** und zwar hinsichtlich der **Forderung** nach **§ 399 Var. 2 BGB**
   **b)** und hinsichtlich der **Sicherungsgrundschuld** durch Vereinbarung und Eintragung in das Grundbuch nach **§§ 413, 399 Var. 2, 877 BGB**.

Im **Ideal- (und** wohl auch **Regel-)fall** bleiben die Forderung und die Sicherungsgrundschuld auf der „Gläubiger-Sicherungsgrundschuldinhaber-Ebene" in einer Person vereint. Dann ändert sich bei Übertragung für den Schuldner und den Eigentümer nichts: Der Schuldner (i. d. R. auch Eigentümer des belasteten Grundstücks) kann sich über § 404 BGB gegen die Inanspruchnahme aus der Forderung durch den neuen Gläubiger wehren. Der Eigentümer (i. d. R. auch Schuldner) kann sich nach §§ 1144, 1192 Abs. 1 BGB gegenüber dem (neuen) Inhaber der Sicherungsgrundschuld (i. d. R. Gläubiger) wehren, weil es sich um Einreden aus dem Sicherungsvertrag handelt **(§§ 1192 Abs. 1a S. 1 HS. 1, S. 2, 1157 BGB)**. Insbesondere kann er nach Tilgung der Forderung den dann bestehenden Rückgewähranspruch geltend machen, allerdings wohl nur auf Verzicht nach §§ 1169, 1168, 1192 Abs. 1 BGB gerichtet, denn vertragliche Rückgewähransprüche aus dem Sicherungsvertrag bestehen nicht gegen den neuen Grundschuldinhaber, weil der Sicherungsvertrag ja nicht gegen den neuen Inhaber der Grundschuld wirkt (dafür wäre eine „Vertragsübernahme" erforderlich). Einen gutgläubigen einredefreien Erwerb nach §§ 1157 S. 2, 892 BGB durch den Zweit-Erwerber, gibt es nicht **(§ 1192 Abs. 1a S. 1 HS. 2 BGB)**.

Wenn es aber aufgrund einer zwar sicherungsvertragswidrigen, aber mangels eines im Grundbuch einzutragenden „pactum de non cedendo" (§§ 413, 399 Var. 2, 877 BGB) gleichwohl wirksamen isolierten Übertragung der Grundschuld an einen neuen Grundschuldinhaber oder (noch schlimmer) zu einer gleichzeitigen isolierten Abtretung der Forderung und einer Übertragung der Grundschuld an jeweils verschiedene Erwerber von Forderung und Grundschuld, also zu einer **Divergenz auf** der **„Gläubigerebene"** kommt (machen Sie sich eine Skizze!), dann scheint die „Schreckensvision" der Möglichkeit einer „doppelten Inanspruchnahme" als Schuldner und als Eigentümer (denn i. d. R. besteht insoweit eine „Personalunion") durch den neuen Grundschuldinhaber aus § 1147, 1192 Abs. 1 BGB einerseits und durch den neuen Gläubiger aus z. B. §§ 488 Abs. 1 S. 2, 398 BGB andererseits Wahrheit zu werden. **Aber**: keine Sorge!

- Denn: Wird **nur** die **Grundschuld „isoliert**" übertragen, so kann der Eigentümer die Einreden aus dem Sicherungsvertrag, sich erst aus der Forderung und dann erst aus der Grundschuld befriedigen zu dürfen, natürlich auch dem neuen Grundschuldinhaber entgegenhalten (§§ 1157 S. 1, 1192 Abs. 1a S. 1 BGB). Da aber der Grundschuldinhaber bei der hier diskutierten isolierten Abtretung der Grundschuld nicht Gläubiger der Forderung geworden ist, braucht der Eigentümer vom neuen Grundschuldinhaber nichts zu befürchten. Einen gutgläubig einredefreien Erwerb nach §§ 1192 Abs. 1, 1157 S. 2 BGB gibt es nicht (§ 1192 Abs. 1a S. 1 Hs. 2).
- Wird dagegen **nur** die **Forderung „isoliert"** übertragen, kann der Schuldner die Einreden aus dem Sicherungsvertrag dem Zessionar nach § 404 BGB entgegenhalten: Er kann bei einer Inanspruchnahme auf Zahlung verlangen, dass ihm eine löschungsfähige Quittung (§ 1144 BGB analog) ausgehändigt wird. Da der im „Divergenzfall" vom Grundschuldinhaber personenverschiedene Zessionar zur Aushändigung einer löschungsfähigen Quittung nicht in der Lage ist, weil er ja nicht der Grundschuldinhaber ist, hat der Schuldner ein Zurückbehaltungsrecht. Wenn aber nur eine ratenweise Tilgung geschuldet war und eine Rückübertragung erst bei vollständiger Tilgung oder bei die Deckungsgrenze übersteigender Tilgung vorgesehen ist, wird es problematisch. Eventuell steht dem Sicherungsgeber ein Schadensersatzanspruch wegen Verletzung des Sicherungsvertrags aus § 280 Abs. 1 BGB zu, der dem neuen Gläubiger nach § 406 BGB entgegengehalten werden kann (Medicus)

- Bei einer **„Doppelabtretung"**, bei der zum **Beispiel** der Grundschuldinhaber (=Gläubiger=G1) die Forderung an den Z abtritt und die Grundschuld an den G2) überträgt, ändert sich daran nichts. Nach Erfüllung der Forderung steht der Grundschuld § 242 BGB entgegen, obwohl der Grund für die Einrede erst nach der Übertragung entstanden ist.

(2) Der gutgläubige „Zweit-Erwerb"
Der **gutgläubige „Zweit-Erwerb"** richtet sich nach § 892 BGB bei der Buchgrundschuld, bzw. nach §§ 1155, 892 BGB bei der Briefgrundschuld.

bb) Gesetzlicher Übergang
Das **„Mitlaufgebot"** des **§ 401 BGB** gilt mangels „Akzessorietät" natürlich ebenfalls nicht. Trotzdem stellt sich die Frage eines Übergangs der Sicherungsgrundschuld auf einen neuen Gläubiger.

- Auch wenn – wie gesagt – die Sicherungsgrundschuld im Fall einer Zession der gesicherten Forderung nicht nach §§ 398, 401 BGB automatisch als „Nebenrecht" auf den neuen Gläubiger übergeht, muss man sich dessen bewusst sein, dass – wie Sie wissen –es in diesen Fällen aus dem **der Abtretung (z. B.** ein Forderungskauf nach §§ 433, 453 BGB) **zugrunde liegenden Rechtsverhältnis** ein **Anspruch auf Übertragung des Sicherungsrechtes** auf z. B. den Käufer folgt, der, wenn er erfüllt wird, mittelbar zu einem Übergang der Sicherungsgrundschuld führt.
- Auch im Fall einer **cessio legis** geht die Sicherungsgrundschuld nicht automatisch wie z. B. bei der Bürgschaft nach §§ 774, 412, 401 BGB auf den neuen Gläubiger über. Bekanntlich kann aber bei nicht-akzessorischen Sicherungsrechten nach **§ 401 BGB analog** eine **Übertragung verlangt** werden, z. B. bei der Sicherungsübereignung. So ist es auch bei der Sicherungsgrundschuld. Die Rechtspraxis macht also auch hier von dem Grundsatz, dass die Nebenrechte aus § 401 BGB akzessorische Sicherungsrechte sein müssen, eine „unechte Ausnahme". Vorsorglich sei es zur **Klarstellung** wiederholt: Die analoge Anwendung des § 401 BGB bedeutet nicht etwa, dass das die Sicherungsgrundschuld „automatisch" übergeht, sondern nur, dass man einen Anspruch auf Übertragung hat!

**Fall 623**

Der S 1 und der S 2 haben als Gesamtschuldner bei dem G einen Kredit aufgenommen §§ 488, 427, 421 BGB). Der im Innenverhältnis allein zur Zahlung an den G verpflichtete S 1 hat dem G zur Sicherung eine Grundschuld an einem ihm gehörigen Grundstück bestellt. Weil der S 1 nicht zahlt, nimmt der G den S 2 in Anspruch, der den Anspruch in voller Höhe erfüllt. Der S 2 nimmt daraufhin 1. den S 1 auf Zahlung in Anspruch und will 2. wissen, ob er Duldung der Zwangsvollstreckung von S 1 verlangen kann.

1. Der Zahlungsanspruch ergibt sich aus a) einem eventuell bestehenden vertraglichen Innenverhältnis b) oder aus Gesetz, und zwar aa) aus § 426 Abs. 1 BGB

und bb) §§ 488 Abs. 1 S. 2, 426 Abs. 2 BGB. 2. Der Duldungsanspruch a) ergibt sich zwar nicht aus §§ 1147, 1191, 412, 401 BGB. bb) Wohl aber kann der S 2 von dem G Übertragung der Sicherungsgrundschuld aus § 401 BGB analog verlangen und nach erfolgter Übertragung aus § 1147 BGB gegen den S 1 vorgehen.

#### c) Tilgung

Was die Rechtsfolgen einer Tilgung angeht, so muss danach unterschieden werden, wer zahlt und worauf er zahlt.

##### aa) Zahlung des Eigentümers, der zugleich persönlicher Schuldner ist, nur auf die Forderung und/oder auf die Grundschuld

Bei einer **Zahlung** des **Eigentümer-Schuldners** auf die Forderung und/oder die Grundschuld lassen sich **zwei Konstellationen** denken.

- Wird vom **Eigentümer-Schuldner** nur **auf** die **Forderung** gezahlt, erlischt diese (§ 362 BGB). Die Grundschuld bleibt beim Gläubiger, denn § 1163 Abs. 1 S. 2 BGB ist auf die GRundschuld nicht anwendbar (BGH). Aber hinsichtlich der Grundschuld besteht – je nach der dazu im Sicherungsvertrag getroffenen Vereinbarung – ein Anspruch auf Rückübertragung nach §§ 1154, 1192 Abs. 1 BGB, oder auf Verzicht (§§ 1168, 1169, 1192 Abs. 1 BGB) oder auf Einwilligung in die Löschung (§§ 875, 1183, 1192 Abs. 1 BGB).
- Zahlt der **Eigentümer-Schuldner** nur **auf** die **Sicherungsgrundschuld**, wird diese nach §§ 1142, 1143 analog, 1192 Abs. 1 BGB zur Eigentümergrundschuld; der Sicherungsgeber kann dann Grundbuchberichtigung verlangen. Zum gleichen Ergebnis kommt man nach §§ 1163 Abs. 1 S. 2 analog, 1192 Abs. 1 BGB. Wir hatten uns oben entschieden, dass Sie die Frage der Begründung für das Entstehen der Eigentümergrundschuld offenlassen könnten. Einig ist man sich, dass auch bei Zahlungen auf die Grundschuld die Forderung erlöschen soll, wenn Eigentümer und Schuldner identisch sind.

##### bb) Zahlung durch den Eigentümer, der nicht zugleich persönlicher Schuldner ist, nur auf die Forderung und/oder die Grundschuld

Zahlt der sog. **„Nur"-Eigentümer**, also der Eigentümer, der nicht zugleich persönlicher Schuldner ist, nur **auf** die **Forderung**, so erlischt sie (§ 267 BGB), und hinsichtlich der Sicherungsgrundschuld besteht – je nach Vereinbarung im Sicherungsvertrag – ein Anspruch auf Rückübertragung der Grundschuld, oder auf Verzicht (§§ 1168, 1192 Abs. 1 BGB) oder zur Einwilligung in die Löschung (§§ 875, 1183, 1192 Abs. 1 BGB).

Zahlt dagegen der „Nur"-Eigentümer **auf** die **Sicherungsgrundschuld**, wird sie nach §§ 1142, 1143 analog, 1192 Abs. 1 BGB zur Eigentümergrundschuld; der Sicherungsgeber kann dann Grundbuchberichtigung verlangen. Was die Forderung angeht, wird teils deren Erlöschen postuliert. Das lehnt die h.M. (BGH) zu Recht ab. Sie geht allerdings auch nicht im Wege der cessio legis auf den Eigentümer über, weil § 1143 BGB auf die Grundschuld unanwendbar ist (BGH). Der Eigentümer kann vom Gläubiger aber Abtretung der Forderung verlangen, wenn der Eigentümer vom Schuldner Ersatz verlangen kann (§ 401 BGB analog). Kann der Eigentümer dagegen keinen Ersatz verlangen, erlischt der Anspruch.

cc) Zahlung des persönlichen Schuldners, der nicht Eigentümer ist, auf die Forderung

Zahlt der persönliche Schuldner, der nicht Eigentümer ist, also der **„Nur"-Schuldner, auf** die **Forderung**, erlischt diese (§ 362 BGB). Die Grundschuld bleibt eine Fremdgrundschuld des Gläubigers (BGH). Denn § 1163 Abs. 1 S. 2 BGB ist nicht auf die Grundschuld anwendbar. Begründet diese Zahlung einen Schadensersatzanspruch des Schuldners (z. B. aus §§ 280, 415 Abs. 3 BGB wegen Nichterfüllung einer Erfüllungsübernahme beim Kauf eines Grundstücks unter Übernahme der Erfüllung einer durch eine Sicherungsgrundschuld gesicherten Forderung gegen Anrechnung auf den Kaufpreis) gegen den Eigentümer, soll nicht etwa § 1164 BGB analog angewendet werden, sondern dem Schuldner kann, wenn er Partei des Sicherungsvertrages ist, die Übertragung der Grundschuld auf sich verlangen. Wenn er nicht Partei des Sicherungsvertrages ist, kann er vom Eigentümer die Abtretung von dessen Rückgewähranspruch verlangen. Das ist für den Schuldner wenig befriedigend, wenn dieser Anspruch deshalb nicht mehr besteht, weil die Grundschuld bereits auf den Eigentümer übergegangen, erloschen oder auf einen Dritten übertragen worden ist.

**Fall 624**

Der V verkauft dem K ein ihm gehöriges Grundstück, das zur Sicherung einer Darlehensforderung der G-Bank gegen den V mit einer Grundschuld zugunsten der G-Bank belastet ist. Der K übernimmt im Kaufvertrag unter Anrechnung auf den Kaufpreis von € 1. 200. 000,– die durch die Grundschuld gesicherte Darlehensschuld in Höhe von € 500. 000,–. Der K wird nach Zahlung von € 700. 000,– als neuer Eigentümer im Grundbuch eingetragen. Der V zeigt der G-Bank die Schuldübernahme schriftlich mit dem Hinweis des § 416 Abs. 2 S. 2 BGB an. Die G-Bank erklärt eine Woche später, dass sie die Genehmigung der Schuldübernahme verweigere. Bei Fälligkeit zahlt der K trotz einer Aufforderung durch den V die € 500. 000,– nicht an die G-Bank, so dass der V schließlich seiner Verpflichtung aus § 488 Abs. 1 S. 2 BGB folgend selbst zahlt. Daraufhin verlangt der V Zahlung von dem K und Duldung der Zwangsvollstreckung in das Grundstück des K.

1. Zahlung kann der V von K aus 280 Abs. 1 BGB wegen Nichterfüllung der Nebenleistungspflicht des Kaufvertrages verlangen: a) Der K hätte die als Nebenpflicht des Kaufvertrages dem V gegenüber bestehende Verpflichtung aus § 415 Abs. 3 BGB erfüllen und an die G-Bank zahlen müssen; das hat er unterlassen. b) Sein Verschulden wird vermutet (§ 280 Abs. 1 S. 2 BGB). 2. Duldung der Zwangsvollstreckung könnte der V aus §§ 1147, 1192 Abs. 1 BGB verlangen, wenn die Grundschuld am Grundstück auf ihn übergegangen wäre. Die Grundschuld a) könnte durch die Tilgung des Darlehens (§ 362 BGB) auf den Eigentümer K übergegangen sein und sich in eine ihm zustehende Eigentümer-

grundschuld verwandelt haben (§§ 1192 Abs. 1, 1164 Abs. 1 S. 2, 1177 BGB); diese Vorschriften sind jedoch auf die Grundschuld nicht anwendbar. b) Vielmehr hat der V aa) entweder einen Anspruch gegen die G-Bank auf Übertragung der Grundschuld; dazu müsste er Partner des Sicherungsvertrages sein, was hier nicht der Fall ist. bb) Oder – und das wäre hier der Fall – er hat einen Anspruch gegen den K auf Abtretung seines Rückgewähranspruchs gegen den Grundschuldinhaber G-Bank. Daher kann V erst nach Erfüllung dieses Anspruches Duldung der Zwangsvollstreckung von K verlangen.

#### dd) Befriedigung durch Zahlung eines ablösungsberechtigten Dritten auf die Grundschuld

Die Zahlung eines ablösungsberechtigten Dritten auf die Grundschuld führt zum Erwerb nach §§ 268 Abs. 3, 1150, 1192 Abs. 1 BGB.

### d) Die Verteidigung des aus §§ 1147, 1192 Abs. 1 BGB in Anspruch genommenen Eigentümers

Es ist schon gesagt worden: Eigentlich gehören diese Ausführungen zur Darstellung der dinglichen Ansprüche aus Grundpfandrechten (sub D VII). Aber aus didaktischen Gründen werden wir, wie auch schon bei der Hypothek bereits jetzt auf die Frage der Verteidigungsmittel des Eigentümers gegen den Inhaber eines Grundpfandrechtes eingehen.

**Forderungsbezogene Einreden** kann der Eigentümer nicht geltend machen; denn § 1137 BGB gilt nach § 1192 Abs. 1 BGB mangels Akzessorietät nicht. Wohl aber stehen ihm Einreden aus dem Sicherungsvertrag zu, nämlich **eigentümer-** bzw. **grundschuldbezogene Einreden**, auf die §§ 1192 Abs. 1, 1157 BGB angewendet werden; dies sind

- die **Stundung** der Grundschuld; ein **Rückgewähranspruch aus § 812 Abs. 1 S. 1 Var. 1 BGB** wegen der Rechtsgrundlosigkeit der Bestellung der Grundschuld
- und – und das ist sehr wichtig (!) – auch die **Einreden aus dem Sicherungsvertrag**, weil diese sich trotz ihrer schuldrechtlichen Natur **„gegen die Grundschuld" richten**, also letztlich „eigentümerbezogen" sind. Zu denken ist an folgende Fälle: Die der Geltendmachung einer Grundschuld trotz **mangelnder Fälligkeit**. Oder die Fälle einer Geltendmachung, obwohl die **Forderung nicht besteht**. Auch die **Einrede des Anspruchs** auf **Rückübertragung, z. B. nach Tilgung der Forderung**, gehört hierher. Ebenso die **Tilgung** der Forderung **nach Abtretung**.

**Entgegenhalten lassen** müssen sich diese **Einreden**

- natürlich der Sicherungsnehmer,
- aber nach § 1192 Abs. 1a) S. 1 BGB auch der Erwerber der Sicherungsgrundschuld, und zwar ohne dass dieser gutgläubig einredefrei erwerben könnte (§ 1192 Abs. 1a) S. 1 2. HS ), wenn der Einredetatbestand schon vor dem Erwerb der Grundschuld erfüllt war (z. B. fehlende Fälligkeit; Nicht-Valutierung; Er-

löschen der Forderung) oder auch nur im Sicherungsvertrag „wurzeln“ (Tilgung der Forderung nach erfolgter Abtretung).

**Fall 625**

Der Unternehmer E=S hat der DG-Bank an einem ihm gehörigen Grundstück eine Sicherungsgrundschuld zur Sicherung eines ihm gewährten, bis zur Höhe von € 100.000,– abrufbaren Bankkredits bestellt. Von E=S sind aber nur Kredite bis zur Höhe von € 50.000,– in Anspruch genommen worden. Nachdem die in die Krise geratene DG-Bank die Grundschuld gekündigt hat, hat sie die Forderung über € 50.000,– an die ausländische X-Bank und die Grundschuld an die ausländische Y-Bank verkauft und übertragen. Von E=S verlangen 1. die X-Bank Zahlung in Höhe von € 50.000,– 2. und die Y-Bank Duldung der Zwangsvollstreckung nach §§ 1192 Abs. 1, 1147 BGB in Höhe von € 100.000,–. Es gilt deutsches Recht. (z.Tl. nach Wolf-Wellenhofer)

1. Die X-Bank kann aus abgetretenem Recht nach §§ 488 Abs. 1 S. 2, 398 BGB a) von E=S grundsätzlich Zahlung verlangen. Denn die isolierte Abtretung bedeutet keinen Verstoß gegen § 399 Var. 1 BGB, weil die Zweckbindung von Forderung und Grundschuld nicht Inhalt der Forderung ist, sondern sich nur aus dem schuldrechtlichen Inhalt des Sicherungsvertrages ergibt. b) Dem E=S steht aber aa) nach § 273 BGB ein Zurückbehaltungsrecht zu, wenn er nicht entsprechend dem Sicherungsvertrag die Grundschuld Zug-um-Zug zurückübertragen erhält etc. bb) Der X-Bank kann er diese Einrede entgegenhalten (§ 404 BGB). 2. Was den Anspruch des Y-Bank gegen den E=S auf Duldung der Zwangsvollstreckung angeht, so a) ist die isolierte Abtretung wirksam, es sei denn es liegt ein in das Grundbuch eingetragenes Abtretungsverbot nach §§ 877, 413, 399 Var. 2 BGB vor. b) Die Grundschuld ist nur in Höhe von € 50.000,– valutiert. In Höhe von weiteren € 50.000,– kann E=S Rückübertragung verlangen. Dies hätte er der DG-Bank entgegenhalten können. Fraglich ist, ob dies auch der gutgläubigen Y-Bank als Einrede entgegenhalten kann. Dies ist nach § 1192 Abs. 1a BGB und zwar ohne dass die Y-Bank gutgläubig einredefrei erwerben konnte (§ 1192 Abs. 1a S. 1 2. HS ), wenn – wie hier – der Einredetatbestand (fehlende Valutierung) schon vor dem Erwerb der Grundschuld erfüllt war.

## VI. Erwerb dinglicher Rechte durch eine Verfügung zugunsten Dritter

Man ist sich weitgehend einig, dass das BGB über den Sonderfall des § 414 BGB hinausgehend keine wirksamen Verfügungen zugunsten eines Dritten kennt, weil die §§ 328 ff. BGB unmittelbar nur für schuldrechtliche Verpflichtungsverträge gelten sollen und weil eine analoge Anwendung der §§ 328 ff. BGB deshalb nicht möglich ist, weil eine Verfügung zugunsten eines Dritten nicht dem im Sachenrecht geforderten Bestimmtheitsprinzip genügen würde. Im Übrigen fehlt es wohl auch an der für eine Analogie nötigen Lücke im Gesetz, weil durch Einschaltung eines

Stellvertreters gleiche Ergebnisse erzielbar sind wie durch einen dinglichen Vertrag zugunsten Dritter.

**Fall 626**

Der VE will eine dem VSP gehörende Sache, die der D aufgrund eines Fundes bereits in Besitz hat, an den D übereignen, ohne selbst vorher Eigentümer zu werden. Der VE und der VSP einigen sich zu diesem Zweck dahingehend, dass die Sache fortan dem D gehören soll. Der Gläubiger G des D pfändet sie aufgrund eines Titels, den er gegen den D hat. Der VSP erhebt Drittwiderspruchsklage.

Die Klage wäre nach § 771 ZPO begründet, wenn dem VSP „ein die Veräußerung hinderndes Recht" an der Sache zustünde. Das könnte das Eigentum an ihr sein. Der VSP war Eigentümer. Er könnte das Eigentum an den D nach §§ 929 S. 1, 328 BGB verloren haben, wenn Verfügungsverträge zugunsten Dritter möglich wären. Überwiegend wird dies abgelehnt, weil nach dem Wortlaut des § 328 BGB nur ein Forderungsrecht zugewendet werden kann. Danach hätte der D kein Eigentum erworben und die Klage wäre begründet. Aber auch derjenige, der dinglich wirkende Verfügungsgeschäfte zugunsten Dritter zulassen will, muss beim Eigentumserwerb den – hier fehlenden (!) – Vollzugsakt zwischen dem Erwerber und Verfügendem fordern. Der VSP ist Eigentümer geblieben, und die Klage ist daher begründet.

Aber – wie fast immer – lassen sich auch andere Lösungen vertreten: Eine Übereignung soll dann nach § 328 BGB möglich sein, wenn jedenfalls der für einen Erwerb des Eigentums nötige Vollzugsakt vorliegt. Auch soll § 328 BGB den Erwerb von Forderungsrechten und dinglichen Leistungs- bzw. Duldungs ansprüchen ermöglichen.

Es besteht wieder einmal Anlass zu einer **Zwischenbilanz**:

Wenn Sie diesen 6. Teil des Buches bis hierher durchgearbeitet und auch verstanden haben, wenn Sie den Stoff gar beherrschen (und zwar im Idealfall nicht nur passiv verstehend, sondern sogar aktiv), dann haben Sie

- nach der ersten Einführung in die „sachenrechtlichen Ansprüche" (sub A)
- nunmehr sichere Kenntnisse zum Inhalt (sub B) und zum Erwerb und Verlust (sub C) der die als nächstes zu erörternden sachenrechtliche Ansprüche begründenden dinglichen Rechtsstellungen (Besitz, Eigentum, Eigentumsvorbehalt/Anwartschaftsrecht und Verwertungssicherungsrechte) erworben

Mit diesem Material ausgestattet, können Sie sich also jetzt getrost der Erörterung der Detailfragen der **sachenrechtlichen Ansprüche** zuwenden **(sub D)**. Das wird Ihnen deshalb umso leichter fallen, als die Fragestellungen in den bisherigen Ausführungen fast ausschließlich unter dem Aspekt der wesentlichen sachenrechtlichen Ansprüche standen, so dass alles, was jetzt folgt, eigentlich nur eine qualifizierte Wiederholung ist!

## D. Die sachenrechtlichen Ansprüche

Die Ihnen in der Ausbildung, speziell im Studium, gestellte Aufgabe besteht bekanntlich fast ausschließlich darin, im Rahmen einer Fallfrage zu prüfen, ob eine Person (Anspruchsteller) das Recht hat, von einer anderen Person (Anspruchsgegner) ein Tun oder Unterlassen zu verlangen, ob ihr also ein Anspruch zusteht (§ 194 BGB).

Dass es derartige **Ansprüche** auch im **Sachenrecht** gibt, ist Ihnen bereits **einleitend (sub A) zu** diesem **Teil 6** in einer **Übersicht** verdeutlicht worden. Sie sollten diese Übersicht, die Sie seinerzeit nicht in allen Einzelheiten verstanden haben dürften, jetzt noch einmal (jetzt „mit Verstand") **nachlesen (!!)** und durch selbst ersonnene Beispielsfälle **„mit Leben"** erfüllen, damit Sie sich ein geschlossenes Bild davon machen können, welche **„dinglichen" (sachenrechtlichen) Ansprüche** es überhaupt gibt. Diese höchstens zwei Stunden wären eine sehr gut investierte Zeit. Diese Arbeit würde Ihnen auch relativ leicht fallen. Denn mittlerweile haben Sie im Zusammenhang mit der Erörterung der Inhalte dinglicher Rechte und der jeweiligen Erwerbstatbestände, speziell bei der Bearbeitung der Fälle, bereits fast alle dinglichen Ansprüche kennen gelernt. Daher dürfte auch die folgende Darstellung eigentlich nur noch eine Wiederholung sein. Selbst, wem es auch danach noch schwer fallen sollte, sich zurecht zu finden, muss sich keine Sorgen machen: Niemand erwartet von Ihnen, dass Sie das System der dinglichen Ansprüche etwa „auswendig" beherrschen! Sie müssen sich wirklich nur **auf das** für Sie **Wesentliche konzentrieren**, nämlich auf die Ihnen ja inzwischen weitgehend bekannten Ansprüche, die erfahrungsgemäß in juristischen Aufgaben dominieren.

Das sind:

1. die **primären** und die **sekundären Ansprüche** des **Eigentümers gegen** den **Besitzer** aus dem **Eigentümer-Besitzer-Verhältnis** bzw. und (selten einmal) auch die des **Anwartschaftsberechtigten gegen** den **Besitzer** aus dem **Anwartschaftsberechtigter-Besitzer-Verhältnisses** (§§ 985, 986, 987 ff. BGB) und die vergleichbaren Ansprüche im Zusammenhang mit einem **Grundbuchberichtigungsanspruch** (§§ 894, 987 ff. BGB);
2. der primäre **Anspruch** des früheren und besseren **Besitzers** auf Herausgabe (§ 1007 BGB) und der primäre Anspruch des Besitzers auf Wiedereinräumung des **durch verbotene Eigenmacht entzogenen Besitzes** (§ 861 BGB);

3. und der **Beseitigungs-** und **Unterlassungsanspruch** zur Abwehr von Störungen des **Eigentümers** (§ 1004 BGB).
4. Das nicht unmittelbar in das Anspruchssystem einzubauende **Verwertungsrecht** am **Pfandrecht** (§§ 1228 ff. BGB) wird im Hinblick auf die relativ geringe Bedeutung des Pfandrechts nur sehr knapp dargestellt. Auch wenn die Bedeutung des Sicherungseigentums ungleich größer ist, werden Sie im Zusammenhang mit der **Verwertung** des **Sicherungseigentums** nur ganz knappe Ausführungen finden, weil es auch insoweit keine spezifischen Anspruchsgrundlagen gibt. Ausführlich dargestellt wird allerdings der Anspruch aus § 1147 BGB, der die **Verwertung** aus **Grundpfandrechten** regelt (1147/1191, 1192, 1147).

Erinnert sei daran, dass Sie auch in diesem Zusammenhang aus **„Rationalisierungsgründen"** nichts lesen werden über

1. den **primären Herausgabeanspruch** des Nießbrauchers (§ 1065 BGB) und des **Pfandgläubigers** (§ 1227 BGB) sowie die entsprechenden **sekundären** (schuldrechtlichen) **Ansprüche** des **Nießbrauchers** (§§ 1065, 987 ff. BGB) und des **Pfandgläubigers** auf **Herausgabe** von **Nutzungen und Schadensersatz** (§§ 1227, 987 ff. BGB),
2. die **sekundären** Ansprüche des früheren und besseren Besitzers aus § 1007 Abs. 2 S. 3, 987 ff. BGB
3. und über die **Ansprüche** gerichtet auf **Abwehr von Störungen** des **Nießbrauches**, der **Hypothek**, der **Grundschuld**, des **Pfandrechts** und jeweils des **Anwartschaftsrechts** hierauf (§§ 1004, 1065, 1134, 1192 Abs. 1, 1227 BGB), **Störungen** des **Besitzes als solchem**, des **Besitzes am mit einer Grunddienstbarkeit belasteten Grundstück, am mit einer beschränkten Dienstbarkeit belasteten Grundstück** (§§ 862, 1029, 1090 Abs. 2 BGB).

Auch unter Berücksichtigung dieser Einschränkungen ist das noch genug Stoff, der einem das Leben einigermaßen schwer machen kann. Aber noch einmal ein letzter Trost, bevor es weiter geht: Vieles von dem, was Sie jetzt lesen werden, kennen Sie bereits; insoweit ist der Text eine reine Wiederholung.

## I. Primär- und Sekundäransprüche des Eigentümer-Besitzerverhältnisses

In erster Linie werden hier der (Primär-) Anspruch des Eigentümers gegen den Besitzer auf Herausgabe und die Sekundäransprüche aus dem Eigentümer-Besitzer-verhältnis erörtert. Dass auch der Anwartschaftsberechtigte auf den Erwerb des Eigentums („wesensgleiches minus" des Vollrechts) entsprechende Primär- und Sekundäransprüche wie beim Eigentümer-Besitzerverhältnis hat, ist Ihnen bereits bekannt und wird am Ende noch einmal kurz verdeutlicht werden.

Zunächst aber geht es um die sich aus einem **„Eigentümer-Besitzerverhältnis"** ergebenden Primär- und Sekundäransprüche.

### 1. Der Primäranspruch des Eigentümers gegen den Besitzer auf Herausgabe (§§ 985, 986 BGB)

Nach § 903 BGB kann der Eigentümer einer Sache, „soweit nicht das Gesetz oder Rechte Dritter entgegenstehen, ... andere von jeder Einwirkung ausschließen". Das ist bekanntlich keine Anspruchsgrundlage. Vielmehr stellt das Gesetz für diesen Schutz des Eigentümers diverse rechtstechnische Behelfe zur Verfügung:

1. Wenn das Eigentum durch **Entziehung** oder **Vorenthaltung** des **Besitzes** beeinträchtigt wird, wird der Eigentümer durch den **Herausgabeanspruch** aus **§ 985 BGB** geschützt.
2. Bei **Beeinträchtigungen** des Eigentums **in „anderer Weise**" als durch Entziehung oder Vorenthaltung, kurz gesagt: durch **„Störungen"**, kann der Eigentümer nach § 1004 BGB vom Störer
   - die **Beseitigung** der Beeinträchtigung (§ 1004 Abs. 1 S. 1 BGB) und
   - die **Unterlassung** von Beeinträchtigungen (§ 1004 Abs. 1 S. 2 BGB) verlangen,
   - sofern er **nicht zur Duldung verpflichtet** ist (§ 1004 Abs. 2 BGB).
3. Ergänzt wird dieser Schutz durch **Schadensersatzansprüche**: So durch einen solchen aus § 823 Abs. 1 BGB, über den Sie in Teil 7 mehr erfahren. Keine gesonderte Darstellung erfährt der Aufopferungsanspruch des Eigentümers aus § 904 S. 2 BGB im Falle eines nach § 904 S. 1 zu duldenden und daher rechtmäßigen vorsätzlichen Eingriffs in das Eigentum. Schadensersatzansprüche kann es bei einer fremdes Eigentum betreffenden angemaßten Eigengeschäftsführung aus §§ 687 Abs. 2, S. 1, 678 bzw. 280 Abs. 1, 677 BGB geben. Dem Eigentumsschutz dienen auch die **Ansprüche** auf **Herausgabe** des **Erlangten** aus Eingriffskondiktion: So im Falle der wirksamen Verfügung eines Nichtberechtigten (§ 816 Abs. 1 S. 1 und S. 2 BGB), aus § 812 Abs. 1 S. 1 Var. 2 BGB bei Ver- und Gebrauch fremden Eigentums, und aus §§ 951, 946–950, 812 Abs. 1 S. 1 Var. 2 BGB und u. U. Ansprüche aus Leistungskondiktion aus §§ 951, 946–950, 812 Abs. 1 S. 1 Var. 1 BGB. Und schließlich kann es bei einer fremdes Eigentum betreffenden angemaßten Eigengeschäftsführung Ansprüche auf Herausgabe des Erlangten geben (§§ 687 Abs. 2, S. 1, 681 S. 2, 667 BGB).
4. Dass der Eigentümer aber nicht nur durch Ansprüche geschützt wird, sondern auch in der Weise, dass es ihm gestattet ist, durch **Notwehr** Angriffe

abwehren (§ 227 BGB). Unter engen Voraussetzungen hat er sogar ein **Selbsthilferecht** (§§ 229, 230 BGB). Wenn er zugleich Besitzer ist, hat er im Fall verbotener Eigenmacht die Selbsthilferechte aus § 859 BGB.

**5.** Zum Spektrum des Eigentumsschutzes gehören auch die Möglichkeiten, Vollstreckungsmaßnahmen abzuwehren: Bei der Einzelzwangsvollstreckung in eine schuldnerfremde Sache kann der Eigentümer aus **§ 771 ZPO** klagen und so die Zwangsvollstreckungsmaßnahme für unzulässig erklären lassen **(„Drittwiderspruchsklage")**. Und im Insolvenzverfahren kann der Eigentümer einer nicht dem Schuldner gehörende Sache nach **§ 47 InsO** vom Insolvenzverwalter Freigabe aus der Masse verlangen **(„Aussonderung")**.

**Hier** soll es, wie gesagt, nur um den **sachenrechtlichen Herausgabeanspruch** des **Eigentümers gegen** den **Besitzer** gehen (§ 985 BGB). Denn zu allem anderen, woran soeben erinnert wurde, haben Sie schon anderswo etwas gelesen oder werden noch mehr hören.

Der Eigentümer kann nach **§ 985 BGB** „von dem Besitzer die Herausgabe der Sache verlangen". Das klingt einfach. Da aber der Besitzer z. B. als Mieter das Recht haben kann, die Sache zu besitzen, kann der Eigentümer natürlich von einem solchen Besitzer keine Herausgabe verlangen. Dem trägt das Gesetz in **§ 986 BGB** Rechnung: Solange der Besitzer ein Recht zum Besitz hat, kann der Eigentümer die Herausgabe nicht fordern. Daher lautet die zu prüfende **Anspruchsgrundlage** auch **§§ 985, 986 BGB**.

Das zunächst sehr simple **Prüfungsschema** des **Anspruchs aus §§ 985, 986 BGB** – zugleich die Gliederung der folgenden Darstellung – verlangt,

- nach der Erörterung der Frage eines Vorrangs eventuell konkurrierender **vertraglicher Herausgabeansprüche (sub a))** als Voraussetzungen:
- das Bestehen des **Eigentums** des **Anspruchstellers** (§ 985 BGB) **(sub b))**,
- den **Besitz** des **Inanspruchgenommenen** (§ 985 BGB) **(sub c))**
- und, dass der Inanspruchgenommene **kein Recht zum Besitz** hat (§ 986 BGB) **(sub d))**.
- Der Besitzer kann die Herausgabe im Falle eines **Zurückbehaltungsrechts** aus **§ 273 BGB** oder eines **Herausgabeverweigerungsrechts** aus **§ 1000 S. 1 BGB** verweigern **(sub e))**.
- Zu prüfen sein kann je nach dem Sachverhalt auch, ob die **Sperrwirkung** des **§ 817 S. 2 BGB** oder ein **Ausschluss** des Herausgabeanspruchs durch § 241a Abs. 1 BGB oder 105a S. 1 BGB einem Herausgabeanspruch entgegensteht **(sub f))**.

### a) Vorrang vertraglicher und gesetzlicher Herausgabeansprüche

Es ist eine alte Streitfrage, ob nach Beendigung eines den Besitzer einer Sache gegenüber deren Eigentümer zum Besitz berechtigenden Vertragsverhältnisses (z. B. nach Beendigung eines Mietvertrages durch Kündigung) die sich daraus ergebenden **vertraglichen Herausgabeansprüche** (z. B. die des Vermieters gegen den Mieter aus § 546 Abs. 1 BGB) als **lex specialis** einem Herausgabeanspruch des Eigentümers aus **§§ 985, 986 BGB** vorgehen, **wenn** der **Gläubiger** des **vertraglichen Herausgabeanspruchs zugleich** der **Eigentümer** (z.B. ein Eigentümer-Vermieter) und der **Schuldner** der **Besitzer** der Sache ist, so dass ein dinglicher Herausgabeanspruch aus §§ 985, 986 BGB deshalb nicht mehr geprüft werden darf (so die eine Ansicht, z. B. Baur-Stürner) oder ob (so die andere Ansicht, z. B. BGH) „Anspruchskonkurrenz" zwischen einem solchen vertraglichen Herausgabeanspruch und einem Herausgabeanspruch aus §§ 985, 986 BGB besteht.

Die Gründe für die Lösung der h.M. sind:

- Man würde dem Eigentümer, wollte man ihn auf die vertraglichen Rückabwicklungsansprüche beschränken, die Vermutungswirkung der §§ 1006, 891 BGB nehmen;
- außerdem seien Herausgabeansprüche gegen Dritte, denen ein Vertragsschuldner die Sache überlassen hat, nur in Ausnahmefällen gegeben (§§ 546 Abs. 2, 604 Abs. 4 BGB).

**Fall 627**

Der Eigentümer E vermietet eine bewegliche Sache befristet an den M, der sie im Einverständnis mit dem E dem V zur Verwahrung gibt. Nach Ablauf der Mietzeit verlangt der E sie von dem M heraus.

1. Dem E steht ein Anspruch aus § 546 Abs. 1 BGB zu. 2. Ferner kommt ein Anspruch des E gegen den V aus § 985 BGB in Betracht, a) dessen Voraussetzungen vorliegen: aa) Der Anspruchsteller E ist Eigentümer. bb) Der Inanspruchgenommene M ist mittelbarer Besitzer der Sache. cc) Der M hat nach Ablauf der Mietzeit kein Recht zum Besitz mehr gegenüber dem E aus § 535 BGB. b) Fraglich ist aber, ob § 985 BGB deshalb ausgeschlossen ist, weil eine vertragliche Überlassung an den M vorliegt. Die aa) h.M. wendet neben § 546 BGB den § 985 BGB an, bb) während nach a. A. der E keinen Anspruch gegen M aus § 985 BGB hat. Vielmehr soll der E den M auf Herausgabe aus § 546 BGB in Anspruch nehmen müssen; und der M soll diesen Anspruch dadurch erfüllen, dass er seinen Anspruch gegen den V aus § 695 BGB abtritt. Begründet wird dies damit, dass der Eigentümer sein Recht schuldrechtlich beschränkt habe und sich daher an die speziellen Herausgaberegeln halten müsse.

Noch weitergehend i.S. eines Ausschlusses des Anspruchs aus §§ 985, 986 BGB sind die Ansichten, die zusätzlich einen Vorrang auch des **gesetzlichen Rücktrittsrechts** annehmen (§ 346 ff. BGB). Im *Beispiel* (nach Wolf/Wellenhofer) eines vom Eigentümer EV an K verkauften und übergebenen, aber mangels Kaufpreiszahlung noch nicht übereigneten, von K inzwischen an P langfristig verpachteten Grundstücks, könnte der V nach einem Rücktritt gemäß § 323 BGB nach der die Anspruchsgrundlage des § 346 BGB als lex specialis zu § 985 BGB ansehenden Rechtsansicht nur von K nach §§ 323, 346 BGB Herausgabe des Besitzes verlangen, nicht aber von P aus §§ 985, 986 BGB. Um von P Herausgabe zu verlangen, müsste der V von K nach §§ 323, 346, 285 BGB Abtretung von dessen Herausgabeanspruch gegen P aus §§ 581, 546 BGB verlangen und müsste dann dessen Beendigung abwarten. Würde man dagegen – wie hier vorgeschlagen – §§ 985, 986 BGB anwenden, hätte der P wegen der (nach dem Rücktritt unterbrochenen) Besitzrechtskette kein Recht zum Besitz aus § 986 Abs. 1 S. 1 Var. 2 BGB: EV könnte sofort Herausgabe von P verlangen. Und P müsste sich an K halten. Selbst Ansprüche aus dem **Bereicherungsrechts** sollen nach einigen dem §§ 985, 986 BGB vorgehen (Wieling). Die Bedeutung der hier angesprochenen Frage liegt weniger in dem akademischen Problem, ob die Herausgabe aus zwei konkurrierenden Anspruchsgrundlagen begehrt werden kann, sondern darin, ob und inwieweit die Sekundäransprüche aus §§ 987 ff. BGB, die das Vorliegen einer sich aus §§ 985, 986 BGB ergebenden „Vindikationslage" voraussetzen, eingreifen; auch soll in der Insolvenz des Besitzers nur bei Geltung des §§ 985, 986 BGB nach § 47 InsO ausgesondert werden können. Um es kurz zu machen: Empfohlen wird, auch insoweit der ganz h.M. zu folgen und eine Anspruchskonkurrenz anzunehmen.

#### b) Eigentum des Anspruchstellers

Der Anspruchsteller muss **Eigentümer** der Sache sein. Wer ist der Eigentümer? Oft enthält der **Sachverhalt** schon eine Auskunft (z. B. „sein" Auto). Oft aber werden die von Ihnen zu bearbeitenden Sachverhalte eine **historische Prüfung** erfordern. Dabei müssen Sie aber – auch wenn der Sachverhalt dies anscheinend von Ihnen verlangt – nicht immer „sklavisch" jeden Schritt nachvollziehen. Wenn z. B. in der Vergangenheit ein gutgläubiger Eigentumserwerb an der fehlenden Gutgläubigkeit oder an § 935 Abs. 1 BGB gescheitert ist, dann aber das Eigentum nach § 937 BGB durch Ersitzung erlangt ist, interessiert „die Vergangenheit" nicht mehr.

**Fall 628**

Der D hat dem E eine Sache gestohlen und sie an den K, der ihn für den Eigentümer hält, verkauft, übergeben und übereignet. Der E verlangt Herausgabe von dem K.

Der E könnte gegen den K einen Herausgabeanspruch aus §§ 985, 986 BGB haben. a) Der K ist Besitzer. b) Der E müsste Eigentümer der Sache sein. aa) Der E war Eigentümer, bb) an den D hat er das Eigentum nicht verloren. cc) Der K könnte das Eigentum von dem D erlangt haben. aaa) Der K könnte das Eigentum nach § 929 S. 1 BGB erworben haben. aaaa) Der D und der K haben sich über den Eigentumsübergang geeinigt, bbbb) und der D hat dem K die Sache übergeben. cccc) Der D war aber nicht der Eigentümer und auch nicht als Nichteigentümer ausnahmsweise zur Übereignung befugt. bbb) Der K könnte das Eigentum nach §§ 929 S. 1, 932 Abs. 1 S. 1, Abs. 2 BGB erworben haben. aaaa) Der Grundtatbestand des § 929 S. 1 BGB ist gegeben. bbbb) Der K müsste weiterhin gutgläubig hinsichtlich des Eigentums des D gewesen sein (§§ 932

Abs. 1 S. 1, Abs. 2 BGB). Um es kurz zu machen: Das ist der Fall. cccc) Die Sache ist aber dem E abhandengekommen (§ 935 Abs. 1 S. 1 BGB). Also ist der E noch Eigentümer c) Der K dürfte kein Recht zum Besitz haben (§ 986 BGB). aa) Ein eigenes Recht zum Besitz gegenüber E hatte der K nicht (§ 986 Abs. 1 S. 1 Var. 1 BGB). bb) Er hat auch kein abgeleitetes Recht zum Besitz nach § 986 Abs. 1 S. 1 Var. 2 BGB, weil der D kein Recht zum Besitz hatte. Also ist K zur Herausgabe an E verpflichtet.

**Fall 629**

Der E vermietet eine bewegliche Sache an den M für 1 Jahr befristet. Der M verkauft und übereignet sie durch Einigung und Übergabe an den K, der weiß, dass der M nicht der Eigentümer war. Der E kündigt den Mietvertrag gegenüber dem M fristlos und verlangt Herausgabe der Sache von K an sich.

Der E könnte gegen den K einen Herausgabeanspruch aus §§ 985, 986 BGB haben. a) Der K ist Besitzer. b) Der E müsste Eigentümer sein. aa) Der E war Eigentümer, bb) an den M hat er das Eigentum nicht verloren. cc) Der K könnte das Eigentum von M erlangt haben. aaa) Der K könnte das Eigentum nach § 929 S. 1 BGB erworben haben. aaaa) M und K haben sich über den Eigentumsübergang geeinigt, bbbb) und der M hat dem K die Sache übergeben. cccc) Der M war aber nicht der Eigentümer und auch nicht als Nichteigentümer zur Übereignung befugt. bbb) Der K könnte das Eigentum nach §§ 929 S. 1, 932 Abs. 1 S. 1, Abs. 2 BGB erworben haben. aaaa) Der Grundtatbestand des § 929 S. 1 BGB ist gegeben. bbbb) Der K müsste weiterhin gutgläubig gewesen sein (§§ 932 Abs. 1 S. 1, Abs. 2 BGB). Das ist nicht der Fall, weil der K wusste, dass M nicht der Eigentümer war. c) Der K dürfte kein Recht zum Besitz haben (§ 986 BGB). aa) Ein eigenes Recht zum Besitz gegenüber E hatte der K nicht (§ 986 Abs. 1 S. 1 Var. 1 BGB). bb) Er könnte aber ein abgeleitetes Recht zum Besitz haben: aaa) K hatte ein Recht zum Besitz gegenüber M aus dem Kaufvertrag (§ 433 Abs. 1 S. 1 BGB). bbb) M hatte aber kein Recht zum Besitz mehr gegenüber E aus § 535 BGB, weil dieser den Mietvertrag wirksam fristlos gekündigt hatte (§ 543 BGB) d) Der Anspruch ist auf Herausgabe an E gerichtet.

Weil der Anspruch aus §§ 985, 986 BGB sich auf Herausgabe einer bestimmten beweglichen oder unbeweglichen Sache richtet, dürfen Sie rechtlichen Schwierigkeiten nicht ausweichen, die dann entstehen wenn andere Sachen an deren Stelle getreten sind. Die Versuchung, dies einfach zu ignorieren und den Anspruch auf diese Sachen zu „erstrecken“, ist besonders groß, wenn es um die **Herausgabe** von **Geld** geht, das im Eigentum des Anspruchstellers steht und das

- entweder in die Kasse oder in die Geldbörse des auf Herausgabe in Anspruch genommenen Empfängers zu dem Empfänger gehörenden Geld gelegt worden ist, so dass es auf diese Weise mit jenem Geld **untrennbar vermischt** worden ist;
- oder das auf ein **Konto des Empfängers eingezahlt** oder von diesem gewechselt und daher nach dem Erhalt **an Dritte übereignet** worden ist.

Hier wird in der Tat teilweise (Medicus) angenommen, dass der in der ersten Fallgruppe erfolgte Eigentumserwerb des Empfängers nach §§ 948 Abs. 2, 947 Abs. 2 BGB oder der in der zweiten Fallgruppe eingetretene Verlust des Eigentums nach § 929 S. 1 BGB einfach zu ignorieren sei, weil bei Geld ohnehin ein **Anspruch** auf **Herausgabe** des **Geldwertes** nach **§§ 985, 986 BGB** gegeben sei **(„Geldwertvindikation")**.

Bleiben Sie jedoch „standfest". Man darf den Eigentümer von Geld nicht in dieser Weise durch einen Fortbestand des Anspruchs aus §§ 985, 986 BGB (und konsequenterweise auch in der Einzelzwangsvollstreckung durch § 771 ZPO und in der Insolvenz durch § 47 InsO!) gegenüber anderen Eigentümern „privilegieren": Daher hat er in den beiden genannten Fallgruppen **keinen Herausgabeanspruch** aus **§§ 985, 986 BGB**; vielmehr bestehen bei einem Eigentumsverlust durch Vermengung und Vermischung oder durch Weiterübereignung lediglich **schuldrechtliche Ansprüche aus §§ 951, 812 BGB** oder aus **§§ 741 ff. BGB** oder aus **§§ 989, 990 BGB**. Dazu werden Sie später noch mehr erfahren.

Nicht nur bei **Alleineigentum** des **Anspruchstellers**, sondern auch bei **Eigentümermehrheiten** kann ein Herausgabeanspruch aus §§ 985, 986 BGB bestehen wobei Miteigentümer entweder die Einräumung eines Mitbesitzes im Umfang ihres Anteils (§ 866 BGB) oder die ganze Sache an alle Miteigentümer gemeinschaftliche verlangen können (§§ 1011, 432 BGB).

### c) Besitz des Inanspruchgenommenen

Wie Sie hoffentlich auswendig wissen, lautet **§ 985 BGB**: „Der Eigentümer kann **von dem Besitzer** die Herausgabe der Sache verlangen".

Dem Eigentümer zur Herausgabe verpflichtet ist selbstverständlich der **unmittelbare Besitzer**.

#### Fall 630

Der Eigentümer E hat eine bewegliche Sache für 1 Jahr befristet an den M vermietet. Der M vermietet sie unerlaubt (§ 540 BGB) an den UM „unter". Der E verlangt Herausgabe von UM an den M.

Der Anspruch ergibt sich aus §§ 985, 986 BGB. Denn a) der UM ist unmittelbarer Besitzer; b) der E ist Eigentümer. c) Der UM hat kein Recht zum Besitz gegenüber dem E, aa) weil er kein eigenes Recht zum Besitz gegenüber E hat (§ 986 Abs. 1 S. 1 Var. 1 BGB) bb) und weil ihm kein abgeleitetes Recht zum Besitz zusteht (§ 986 Abs. 1 S. 1 Var. 2 BGB): Zwar besaß der UM die Sache gegenüber dem M zu Recht (§ 535 BGB); aber der M hatte nicht die Befugnis, die Sache an den UM zu überlassen, insbesondere durfte er sie nicht untervermieten (§ 540 BGB). d) Der E kann aber nicht Herausgabe an sich, sondern nach § 986 Abs. 1 S. 2 BGB nur an den M verlangen.

Aber auch der **mittelbare Besitzer** (z. B. derjenige, der die Sache einem anderen verliehen, vermietet oder zur Verwahrung gegeben hat) ist Herausgabeschuldner aus §§ 985, 986 BGB, denn nach **§ 868 BGB** ist auch der **mittelbare Besitzer** ein

**„Besitzer"**; und mehr verlangt der Wortlaut des § 985 BGB nun einmal nicht. Das hat zur Folge, dass der **Eigentümer von** einem **mittelbaren Besitzer**

- nicht etwa nur die **Übertragung** des **mittelbaren Besitzes** (nach § 870 BGB durch Abtretung des Herausgabeanspruchs und in der Zwangsvollstreckung durchsetzbar nach § 894 ZPO) verlangen kann,
- sondern eine **Herausgabe schlechthin**. Die zunächst etwas schwierige gedankliche Vorstellung, wie die Herausgabe erfolgen soll, lässt sich so beantworten: **a)** Besteht der mittelbare Besitz noch, dann tritt der in Anspruch Genommene seinen Herausgabeanspruch an den Eigentümer nach § 870 BGB ab (in der Zwangsvollstreckung durchsetzbar nach § 886 ZPO); **b)** ist das Besitzmittlungsverhältnis beendet und hat der unmittelbare Besitzer die Sache zurückgegeben, so erfolgt eine Herausgabe durch Besitzübertragung nach § 854 BGB (in der Zwangsvollstreckung durchsetzbar nach § 883 ZPO).

**Fall 631**

Der V veräußert an den K eine ihm gehörige Sache unter Eigentumsvorbehalt und übergibt und übereignet sie dem K aufschiebend bedingt durch die vollständige Zahlung des Kaufpreises. Der K vermietet sie an den M; hiermit war der V einverstanden. Dann tritt der V wirksam nach § 323 Abs. 1 BGB vom Kaufvertrag zurück und verlangt Herausgabe von dem K

1. Dem V steht ein vertraglicher Herausgabeanspruchs gegen den K aus §§ 323, 346 ff. BGB zu. 2. Ein Anspruch könnte sich auch aus §§ 985, 986 BGB ergeben. a) Das Bestehen eines Herausgabeanspruchs des V gegen den K aus §§ 323, 346 ff. BGB steht dem Anspruch aus § 985 BGB nicht entgegen. b) Der V ist Eigentümer. c) K ist mittelbarer Besitzer, also auch Besitzer (§ 868 BGB). d) K hat kein Recht zum Besitz gegenüber V, weil er sein Recht zum Besitz durch den Rücktritt des V verloren hat. e) Daher muss er, wenn das Besitzmittlungsverhältnis mit dem M noch besteht, die Sache durch Abtretung seines Herausgabeanspruchs aus § 546 Abs. 1 BGB nach § 870 BGB an den V, sonst durch Übertragung des Besitzes nach § 854 BGB herausgeben.

Wenn der vom Eigentümer aus §§ 985, 986 BGB auf Herausgabe in Anspruch genommene Besitzer den Besitz vor der Herausgabe an den Eigentümer auf einen anderen überträgt, ohne selbst mittelbarer Besitzer zu bleiben, gerät der Eigentümer in eine vertrackte Lage. Er muss den jeweiligen neuen Besitzer, also immer denjenigen, der gerade den Besitz hat, auf Herausgabe in Anspruch nehmen. Das kann dazu führen, dass der Eigentümer auf ewig „an der Nase herumgeführt werden kann", indem ständig eine andere Person zum Besitzer „gemacht wird". Der Eigentümer kann diese „Jagd" (andere sprechen auch von einem „Hase-und-Igel-Spiel") nach dem jeweiligen Besitzer nur dadurch beenden, dass er gestützt auf §§ 985, 985 BGB, gegen einen der Besitzer Klage auf Herausgabe erhebt. Eine Besitzübertragung durch den Beklagten nach Eintritt der „Rechtshängigkeit" (ich hoffe, Sie erinnern sich noch: die „Rechtshängigkeit" wird durch die Zustellung der

Klage ausgelöst) kann der Begründetheit der Klage fortan nicht mehr den Boden entziehen (§ 265 Abs. 2 S. 1 ZPO), und die Rechtskraft des Urteils erstreckt sich auf den jeweiligen Besitznachfolger, es sei denn, dieser ist beim Erwerb des Besitzes an der streitbefangenen Sache in Bezug auf die Rechtshängigkeit gutgläubig (§§ 325 Abs. 2 ZPO, 932 ff., 892 BGB). Um gegen den jeweiligen Besitzer (der ja im Urteil nicht als Beklagter bezeichnet ist) die Herausgabezwangsvollstreckung (§ 883 ZPO) durchführen zu können, bedarf es dann einer titelergänzenden Vollstreckungsklausel (§ 727 ZPO). In dieser für Vermieter in der Tat verzweifelten Lage hat der Gesetzgeber reagiert indem er in dem neuen seit Mai 2013 geltenden **§ 940 a Abs. 2 ZPO** bestimmt hat, dass die Räumung von Wohnraum durch einstweilige Verfügung auch gegen einen Dritten, der im Besitz der Mietsache ist, angeordnet werden darf, wenn gegen den Mieter ein vollstreckbarer Räumungstitel vorliegt und der Vermieter vom Besitzerwerb des Dritten erst nach dem Schluss der mündlichen Verhandlung Kenntnis erlangt hat. Besonders „scharf" ist dieses „Schwert" natürlich auch nicht. Seien Sie kreativ und überlegen Sie sich einige „Auswege" für den räumungsunwilligen Mieter. Der Schwachpunkt ist, dass der Titel nach § 940a ZPO sich nach Anhörung nur gegen den jeweils bekannten Dritten richtet und dass – rein praktisch – der Titel zwar rasch erstritten werden kann, aber die Vollstreckung aber i. d. R. auf sich warten lässt. Erinnern Sie übrigens, dass Sie vor geraumer Zeit etwas über die einstweilige Verfügung gelesen hatten? Sie sollten eine kleine Pause einlegen und Teil 2 D wieder einmal lesen.

#### d) Kein Recht des Besitzers zum Besitz der Sache

Wenn der Besitzer **„dem Eigentümer gegenüber zum Besitz berechtigt ist"**, besteht der Anspruch des Eigentümers auf Herausgabe nicht (§ 986 Abs. 1 S. 1 BGB). Genauer gesagt: Es heißt in § 986 BGB: **„Der Besitzer kann die Herausgabe der Sache verweigern, wenn …"**. Nach dieser Formulierung des Gesetzes in **§ 986 BGB** liegt es **auf** den **ersten Blick** außerordentlich nahe anzunehmen, dass einem Besitzer aufgrund seines Rechts zum Besitz lediglich eine **„Einrede"** gegen den Anspruch aus § 985 BGB zusteht und Sie daher als Fallbearbeiter penibel darauf zu achten hätten, ob der Besitzer die Herausgabe unter Berufung auf sein „Recht zum Besitz" verweigert oder ob er sich nicht auf sein „Recht zum Besitz" beruft.

Es ist aber **völlig unumstritten**, dass im Falle des Vorliegens der Voraussetzungen des § 986 BGB entgegen dem Wortlaut dieser Vorschrift eine den Anspruch des Eigentümers gegen den Besitzer aus § 985 BGB automatisch ausschließende **Einwendung** besteht, so dass ein Recht zum Besitz aus § 986 BGB „von Amts wegen" – also auch von Ihnen bei der Fallbearbeitung – selbst dann zu beachten ist, wenn sich der Inanspruchgenommene nicht auf sein Recht zum Besitz beruft! Die **Begründung dafür**, dass § 986 BGB eine **Einwendung ist** und **keine Einrede ermöglicht**, ist die, dass durch § 986 BGB die für die (später zu besprechenden Sekundäransprüche aus den §§ 987 ff. BGB maßgebliche) „Vindikationslage" (das ist ein anderes Wort für „Eigentümer-Besitzerverhältnis") „fixiert" wird (Baur) und dass deren Vorliegen oder Nichtvorliegen nicht im Belieben des Besitzers stehen kann, indem dieser sich nach „Lust und Laune" entweder auf ein „Recht zum Besitz" beruft (dann keine „Vindikationslage") oder sich nicht darauf beruft (dann „Vindikationslage").

Spätestens jetzt wissen Sie, warum viele sich bei der Prüfung des Anspruchs des Eigentümers gegen Besitzer auf Herausgabe nicht auf die Nennung des § 985 BGB beschränken, sondern als **Anspruchsgrundlage** immer **„§§ 985, 986 BGB“** zitieren.

aa) Eigenes Recht zum Besitz

Der Besitzer kann gegen den Eigentümer ein **eigenes Recht zum Besitz** (§ 986 Abs. 1 S. 1 Var. 1 BGB) haben. Dieses Recht zum Besitz kann **dinglicher** (z. B. Nießbrauch; Pfandrecht etc.) oder **obligatorischer** Art (z. B. Kaufvertrag – „exceptio rei venditae et traditae“ – Mietvertrag etc. etc.) sein.

(1) Dingliche Rechte zum Besitz

Bei der Frage, ob der Besitzer ein **eigenes dingliches Recht** zum Besitz hat, muss nicht geprüft werden, ob er dieses Recht gerade gegenüber dem Eigentümer hat, denn ein dingliches Recht zum Besitz wirkt bekanntlich „absolut“, also gegen jedermann. Ein **dingliches Recht zum Besitz** begründet daher **stets ein „eigenes Recht zum Besitz“**. Zu denken ist z. B. an den Nießbrauch (§ 1036 BGB) oder an ein Pfandrecht (§ 1227 BGB).

Ein besonders (klausur-) wichtiges Beispiel für ein dingliches Recht zum Besitz ist das **gesetzliche Besitzpfandrecht** des **Werkunternehmers (§ 647 BGB)**. Sie werden dem folgenden, Ihnen längst bekannten Fall nicht entrinnen.

**Fall 632**

Unternehmer V verkauft und übereignet dem Unternehmer K ein ihm gehöriges Auto unter Vereinbarung eines Eigentumsvorbehalts. Der K bringt es auf einer Reise wegen eines nach den Vereinbarungen im Kaufvertrag von K zur Erhaltung der Kaufsache zu behebenden Verschleißschadens zu einer Reparatur in die Werkstatt des U, der den K für den Eigentümer hält. Der U stellt den Wagen wieder her. Der K gerät in Vermögensverfall. Daher zahlt er an den U keinen Werklohn und holt den Wagen auch nicht ab. Auch den fälligen Restkaufpreis entrichtet er trotz Fälligkeit und Mahnung des V nicht, so dass der V nach § 323 BGB vom Vertrag zurücktritt. Jetzt verlangt der V den Wagen von U heraus (nach BGH).

Wo bleibt die gewohnte Lösung? So bequem wird es Ihnen diesmal nicht gemacht. Diesen „Klassiker“ kennen Sie und Sie müssen ihn jetzt allein lösen können. Denjenigen, der sich davor drückt, weil er damit nicht fertig wird, möge das schlechte Gewissen lange plagen.

Längst bekannt ist Ihnen auch die Fragestellung, ob ein **Anwartschaftsrechtberechtigter** ein **eigenes Recht zum Besitz** hat.

**Fall 633**

Der Unternehmer K erwirbt am 1. Juni 2002 von dem EV eine bewegliche Sache unter Eigentumsvorbehalt (§§ 929 S. 1, 158 Abs. 1, 449 BGB). Im Kaufvertrag ist zugunsten des EV ein Rücktrittsrecht vereinbart, wenn der K den Kaufpreis bei Fälligkeit am 1. August 2002 nicht vollständig entrichtet hat. Am 1. Juli 2002 übereignet der K nach § 930 BGB die von EV erworbene Sache an den G zur Sicherung einer Forderung aus einem mit dem G abgeschlossenen Darlehensvertrag über ein kurzfristiges Darlehen (§ 488 Abs. 1 S. 2 BGB); als Besitzmittlungsverhältnis wird ein Verwahrungsvertrag vereinbart. Der K gibt sich dabei als Eigentümer der Sache aus; der G hält den K auch für den Eigentümer. Im Sicherungsvertrag ist vereinbart, dass G die Sache notfalls auch eigenmächtig zum Zwecke der Verwertung in Besitz nehmen dürfe, falls der K zwei aufeinander folgende Darlehensraten nicht entrichten sollte. Als der K mit zwei aufeinander folgenden Raten in Rückstand ist, holt der G sich die Sache gegen den Protest des Schwierigkeiten mit dem EV befürchtenden K ab, um sie zu verwerten. Weil der K auch zum 1. August 2002 den Kaufpreis an den EV nicht vollständig beglichen hatte, trat der EV vom Kaufvertrag zurück und verlangt von dem G die Herausgabe der Sache.

Der Anspruch könnte sich aus §§ 985, 986 BGB ergeben. a) Der G ist Besitzer. b) Der EV müsste noch Eigentümer sein. Das wird „historisch" geprüft. aa) Der EV war Eigentümer. bb) Der K hat kein Eigentum erlangt, weil die Bedingung der vollständigen Kaufpreiszahlung nicht eingetreten ist (§§ 929 S. 1, 158 Abs. 1, 449 BGB). cc) Der G könnte das Eigentum an der Sache durch die (Sicherungs-)Übereignung des K erlangt haben. aaa) Nach §§ 929 S. 1, 930 BGB hat der G das Eigentum nicht erlangt, weil der K nicht Eigentümer mangels Eintritts der Bedingung geworden war und auch nicht zur Verfügung befugt war. bbb) Der G könnte das Eigentum aber nach §§ 929 S. 1, 930, 688, 933 BGB gutgläubig von dem K erworben haben. aaaa) Eine Einigung K-G liegt vor. bbbb) Ein konkretes Besitzmittlungsverhältnis ist vereinbart (§ 688 BGB). cccc) Der K war als Nichteigentümer ohne ausnahmsweise bestehende Verfügungsbefugnis oder Genehmigung seitens des Eigentümers Nichtberechtigter. dddd) Der Gutglaubenstatbestand des § 933 BGB müsste erfüllt sein. aaaaa) Der K müsste die Sache an den G i. S. d. § 929 S. 1 BGB übergeben haben. aaaaaa) Der K hat den Besitz vollständig verloren. bbbbbb) Der G hat den Besitz erlangt. cccccc) Die Übergabe müsste auf Veranlassung des Übereigners erfolgt sein; die Rechtsprechung verlangt ein „einverständliches Geben und Nehmen"; die vorherige Einwilligung in eine eigenmächtige Inbesitznahme soll nicht ausreichen. bbbbb) Auf die Frage der Gutgläubigkeit des G hinsichtlich des Eigentums des K kommt es daher nicht mehr an. Der G hat daher kein (Sicherungs-) Eigentum erlangt. EV ist daher noch Eigentümer. c) Der G könnte aber ein Recht zum Besitz haben (§ 986 Abs. 1 BGB). aa) Ein eigenes Recht zum Besitz könnte sich aus einem Anwartschaftsrecht ergeben. aaa) In der gescheiterten Sicherungsübereignung des K an den G soll nämlich aufgrund einer Auslegung nach §§ 133, 157 BGB oder (so die andere Begründung) nach § 140 BGB (als „minus") jedenfalls eine Übertragung des dem K zustehenden Anwartschaftsrecht zur Sicherung liegen. bbb) Ob allerdings ein Anwartschaftsrecht ein Recht zum Besitz gibt, ist umstritten. Wer dies ablehnt, könnte aber zumindest an ein Recht zum Besitz aus § 242 BGB denken, weil ein Herausgabeverlangen des Eigentümers aus § 985 BGB arglistig („dolo agit, qui petit …") wäre, wenn der G durch Zahlung des Restkaufpreises als Dritter (§ 267 BGB) die Bedingung eintreten lassen kann. cc) Diese Fragen können jedoch offen bleiben, weil im vorliegenden Fall sich der Kaufvertrag durch den Rücktritt des EV bereits in ein Rückgewährschuldverhältnis umgewandelt hat (§§ 323, 346 BGB), so dass die Bedingung gar nicht mehr eintreten kann und damit auch das Anwartschaftsrecht des G erloschen ist. bb) Wegen der Umwandlung des Kaufvertrags in ein Rückgewährschuldverhältnis besteht auch kein abgeleitetes Recht des G zum Besitz.

**Fall 634**

Der Kaufmann V veräußert an den K eine ihm gehörige Sache für € 1 000,– unter Vereinbarung eines Eigentumsvorbehalts. Der K zahlt nur € 200,–. Nach 4 Jahren beruft sich der auf Zahlung des Restkaufpreises in Anspruch genommene K auf die inzwischen eingetretene Verjährung (§§ 195, 214 Abs. 1 BGB). Der V erklärt jetzt den Rücktritt vom Vertrag nach § 323 Abs. 1 BGB und verlangt die Sache zurück.

Der Anspruch könnte sich aus §§ 985, 986 BGB ergeben. a) K ist Besitzer der Sache. b) Der V müsste Eigentümer sein. Die Übereignung ist aufschiebend bedingt (§§ 929 S. 1, 158 Abs. 1, 449 Abs. 1 BGB) und die Bedingung ist nicht eingetreten. Also ist V Eigentümer. c) Zu prüfen ist, ob der K ein Recht zum Besitz hat: In Betracht kommt eines aus §§ 986 Abs. 1, 433 Abs. 1 BGB oder eines aus § 986 Abs. 1 BGB wegen eines Anwartschaftsrechts des K. aa) Solange wie der Kaufvertrag besteht und der V nicht nach § 323 Abs. 1 BGB zurückgetreten ist kann die Herausgabe nicht verlangt werden (§ 449 Abs. 2 BGB.) bb) Zu prüfen ist daher, ob der V wirksam vom Vertrag zurückgetreten ist; denn dann wäre der Kaufvertrag in ein Rückgewährschuldverhältnis umgewandelt worden, und es würde kein Recht zum Besitz aus § 433 Abs. 1 BGB mehr bestehen, oder das Anwartschaftsrecht wäre erloschen, weil die Bedingung nicht mehr eintreten kann. aaa) Ist der Anspruch auf Leistung verjährt, ist auch ein Rücktritt ausgeschlossen, wenn der Schuldner sich auf die Verjährung beruft (§ 218 Abs. 1 BGB). Danach hätte der K unter jedem denkbaren Aspekt ein Recht zum Besitz. bbb) Ausnahmsweise aaaa) kann ein Rücktritt jedoch auch dann erfolgen, wenn ein Eigentumsvorbehalt besteht und der gesicherte Anspruch verjährt ist (§ 216 Abs. 2 S. 2 BGB). bbbb) Die Voraussetzungen des § 323 Abs. 1 BGB sind erfüllt.

### (2) Obligatorische Rechte zum Besitz

Auch **obligatorische Rechte** zum Besitz können ein **„eigenes Recht zum Besitz"** begründen, das den Anspruch des Eigentümers gegen den Besitzer aus §§ 985, 986 BGB ausschließt, dies aber (es sind ja nur „relative Rechte") natürlich nur dann, wenn sie gerade gegenüber dem Eigentümer bestehen; so ergibt sich aus dem Kaufvertrag ein eigenes Recht zum Besitz des Käufers („exceptio rei venditae et traditae") immer nur gegenüber dem Eigentümer-Verkäufer.

**Fall 635**

Der E verkauft dem K eine bewegliche Sache und übergibt sie an den K. Dann verlangt der E sie von K heraus.

Der Anspruch könnte sich aus § 985 BGB ergeben. a) Der E ist Eigentümer, denn er hat die Sache ja nur an K übergeben. b) Der K ist Besitzer der Sache. c) Der K könnte aber ein eigenes Recht zum Besitz haben (§ 986 Abs. 1 S. 1 Var. 1 BGB). Hier ergibt es sich aus dem Kaufvertrag (§ 433 Abs. 1 S. 1 BGB: „exceptio rei venditae et traditae").

Auch bei der Überlassung einer Sache auf Zeit (Miete, Pacht, Leihe, Verwahrung) ist der Besitz berechtigt, aber ein Recht zum Besitz besteht nur dann, wenn der Besitzer das Herausgabeverlangen abwehren kann. Das ist bei der Miete oder Pacht bis zum Ende des Rechtsverhältnisses der Fall (§§ 535, 581 Abs. 2 BGB), bei der zeitlich unbefristeten und nicht zweckgebundenen Leihe (§ 604 Abs. 3 BGB) oder bei der Verwahrung (§ 695 BGB) aber nur bis zum Herausgabeverlangen, denn es besteht ein jederzeitiger Herausgabeanspruch. Bei der Miete ist in diesem Zusammenhang an die §§ 566, 578 BGB zu denken. Erinnern Sie sich noch? „Kauf" – in Wahrheit: „Veräußerung" – „bricht nicht Miete". Der Entleiher muss bei fehlender zeitlicher Bestimmung die Sache jedoch auf Verlangen herausgeben (§ 604 Abs. 3 BGB), ebenso der des Verwahrer (§ 695 BGB).

(3) Recht zum Besitz kraft Gesetzes

Auch kraft Gesetzes kann es ein Recht zum Besitz geben. Eine **berechtigte GoA**, aufgrund der die Inbesitznahme einer Sache des Eigentümers berechtigt war, verschafft ein Recht zum Besitz **(§§ 677, 683 BGB)**, aber nur bis zum Herausgabeverlangen, denn es besteht ein jederzeitiger Herausgabeanspruch aus §§ 677, 683, 681 S. 2, 667 BGB. Ferner haben **Ehegatten** aus **§ 1353 Abs. 1 BGB** ein Recht zum Mitbesitz an der ehelichen Wohnung und an Hausratsgegenständen, die im Alleineigentum des anderen Ehegatten stehen. Die **Eltern** haben gegenüber den Kindern aufgrund des Sorgerechts ein Recht zum Besitz an den Sachen der Kinder **(§ 1626 Abs. 1 BGB)**. Der **Nachlassverwalter (§ 1985 Abs. 1 BGB)** und der **Testamentsvollstrecker** haben ein Recht zum Besitz **(§ 2205 S. 2 BGB)** an zu verwaltenden Sachen. Auch wenn (dazu später mehr) **§ 241a BGB** den Anspruch aus §§ 985, 986 BGB gegen einen Verbraucher ausschließt, begründet er kein Recht zum Besitz, weil sonst ein Dritter ein abgeleitetes Recht zum Besitz erlangen könnte.

bb) Abgeleitetes Recht zum Besitz

Das waren die „eigenen Rechte" zum Besitz i. S. d. § 986 BGB, die einem Herausgabeanspruch aus § 985 BGB entgegenstehen. Der Herausgabeanspruch des Eigentümers kann aber auch durch ein **abgeleitetes obligatorisches Recht zum Besitz** ausgeschlossen sein (§ 986 Abs. 1 S. 1 Var. 2 BGB).

Im Gesetz heißt es dazu: „Der Besitzer kann die Herausgabe der Sache verweigern, wenn … der mittelbare Besitzer, von dem er sein Recht zum Besitz ableitet, dem Eigentümer gegenüber zum Besitz berechtigt ist". Allerdings ist für ein abgeleitetes Recht zum Besitz weiterhin erforderlich, dass der mittelbare Besitzer zur Überlassung des Besitzes an den (unmittelbaren) Besitzer „befugt" war (arge. § 986 Abs. 1 S. 2 BGB).

- Gemeint ist mit § 986 Abs. 1 S. 1 Var. 2 BGB **in erster Linie** folgendes: Wenn der gegenüber dem Eigentümer zum Besitz berechtigte Besitzer die dem Eigentümer gehörende Sache „befugt" (arge. § 986 Abs. 1 S. 2 BGB) einem anderen Besitzer („hintereinander geschaltet") überlassen hat, hat dieser andere Besitzer zwar kein eigenes, wohl aber ein von dem Zwischenbesitzer „abgeleitetes" Recht zum Besitz gegenüber dem Eigentümer (§ 986 Abs. 1 S. 1 Var. 2 BGB).

**Variante**

Der E verkauft dem K eine bewegliche Sache und übergibt sie an K, übereignet sie aber noch nicht, weil der K den Kaufpreis noch nicht gezahlt hat. Der K verleiht sie im Einverständnis mit E an den L für 1 Monat. a) Dann verlangt der E sie von L heraus. b) Was wäre ggf. für einen Herausgabeanspruch erforderlich?

Der Anspruch könnte sich 1. aus §§ 985, 986 BGB ergeben. a) Der E ist Eigentümer, denn er hat die Sache ja nur an K übergeben. b) Der L ist Besitzer der Sache. c) Er könnte aber ein Recht zum Besitz haben. aa) Ein eigenes Recht hat der L nicht, bb) wohl aber ein abgeleitetes Recht zum Besitz aus § 986 Abs. 1 S. 1 Var. 2 BGB. aaa) Denn der K besitzt gegenüber dem E aufgrund des Kaufvertrags berechtigt (§ 433 Abs. 1 S. 1 BGB: „exceptio rei venditae et traditae") und der L ist dem K gegenüber zum Besitz berechtigt (§ 598 BGB). bbb) Wie weiterhin für ein abgeleitetes Recht zum Besitz erforderlich ist (arge. § 986 Abs. 1 S. 2 BGB), war der mittelbare Besitzer K zur Überlassung des Besitzes an den (unmittelbaren) Besitzer L „befugt". Also hat der E keinen Herausgabeanspruch. cc) Der E könnte Herausgabe aaa) aus §§ 346 ff., 323 BGB bbb) und aus §§ 985, 986 BGB verlangen, wenn er nach § 323 BGB wirksam vom Kaufvertrag zurückgetreten wäre. 2. Was halten Sie übrigens von einem Anspruch aus § 604 Abs. 4 BGB analog? So fern liegt die Idee gar nicht, denn Überlassung durch E an den K hat durchaus leihe-ähnliche Züge.

- Die Vorschrift des **§ 986 Abs. 1 S. 1 Var. 2 BGB** wird dann **analog** angewendet, wenn der Zwischenbesitzer nicht den Besitz für den Eigentümer mittelt und/oder der in Anspruch genommene Besitzer die Sache nicht für den Zwischenbesitzer mittelt: Es reicht jeweils aus, dass er die Sache „herausgabefest" besitzt.

**Fall 636**

Der E verkauft und übergibt eine Sache an den K1, der sie noch vor der Übereignung an ihn an den K2 weiterverkauft und auch übergibt, ohne sie jedoch zunächst an den K2 zu übereignen. Der E, der zuvor sein Einverständnis mit einer sofortigen Weiterveräußerung erklärt hatte, verlangt von dem K2 Herausgabe der Sache.

Der Anspruch könnte sich aus § 985 BGB ergeben: a) Der E ist Eigentümer der Sache. b) Der K2 ist Besitzer der Sache. c) Der K2 dürfte kein Recht zum Besitz haben (§ 986 Abs. 1 BGB). aa) Ein eigenes Recht zum Besitz (§ 986 Abs. 1 S. 1 Var. 1 BGB) besteht nicht. bb) Ein abgeleitetes Recht zum Besitz aaa) würde nach § 986 Abs. 1 S. 1 Var. 2 BGB voraussetzen, dass der K1 Besitzmittler des V und der K2 Besitzmittler des K1 ist; das ist aber nicht der Fall, denn der K1 und der K2 besaßen die Sache jeder nur für sich selbst. bbb) § 986 Abs. 1 S. 1 Var. 2 BGB wird aber auch dann jedenfalls analog angewendet, wenn bei der „Kettenveräußerung" die Sache im Verhältnis zum Eigentümer bzw. zum Zwischenbesitzer „herausgabefest" (hier aufgrund der „exceptio rei venditae et traditae") besessen wird. ccc) Ein Fall unerlaubter Weitergabe (dazu sogleich) liegt nicht vor.

#### cc) Unerlaubte Weitergabe

Bei unerlaubter Weitergabe hat der Dritte dagegen kein Recht zum Besitz (arge. § 986 Abs. 1 S. 2 BGB). Der Eigentümer kann allerdings Herausgabe in erster Linie nur an den „Zwischenbesitzer" verlangen; nur wenn dieser sie nicht übernehmen kann oder will, ist sie dem Eigentümer auf dessen Verlangen herauszugeben.

**Fall 637**

Der V vermietet eine ihm gehörige (§ 1 WEG) („Eigentums-") Wohnung an den M. Der M vermietet die Wohnung unerlaubt an den UM unter (§§ 540, 553 BGB). Der V verlangt von dem UM Herausgabe an sich, hilfsweise Herausgabe an den M.

1. Herausgabe könnte der V von UM nach § 546 Abs. 2 BGB verlangen, wenn er den Mietvertrag mit M nach §§ 543 Abs. 2 Nr. 2, 540 BGB fristlos gekündigt hätte. 2. Der Herausgabeanspruch kann sich aus §§ 1 WEG, 985, 986 BGB ergeben. a) UM ist unmittelbarer Besitzer. b) V ist Eigentümer der Wohnung (§ 1 WEG). c) Der UM dürfte kein Recht zum Besitz haben (§ 986 Abs. 1 S. 1 BGB). aa) Ein eigenes Recht zum Besitz aus § 986 Abs. 1 S. 1 Var. 1 BGB hat der UM gegenüber V nicht. bb) Ein abgeleitetes Recht zum Besitz aus § 986 Abs. 1 S. 1 Var. 2 BGB scheitert daran, dass die Besitzüberlassung an den UM unerlaubt war (§§ 986 Abs. 1 S. 2 BGB, 540, 553 BGB). d) Der V aa) kann aber nur Herausgabe an den M verlangen (§ 986 Abs. 1 S. 2 BGB). bb) Will er Herausgabe an sich, muss er das Mietverhältnis zu M fristlos kündigen (§ 543 BGB).

#### dd) Schutz des unmittelbaren Besitzers bei einer Übereignung nach § 931 BGB oder nach § 930 BGB (§ 986 Abs. 2 BGB)

Wenn der Eigentümer eine bewegliche Sache nach § 931 BGB übereignet hat, kann der neue Eigentümer die Sache nicht nach §§ 985, 986 BGB von dem unmittelbaren Besitzer herausverlangen, solange dieser dem Alteigentümer gegenüber zum Besitz berechtigt gewesen wäre **(§ 986 Abs. 2 BGB)**. Hier besteht ein gewisses Verwechslungsrisiko mit §§ 566, 578 BGB! Anders als bei § 986 Abs. 1 BGB wird man hier auch ein Zurückbehaltungsrecht des unmittelbaren Besitzers berücksichtigen müssen.

**Fall 638**

Der Eigentümer-Vermieter EV hat dem M ein Auto für 1 Jahr fest vermietet und übergeben; am nächsten Tag hat er das Auto nach § 931 an den D übereignet. Der D verlangt sofort Herausgabe von M.

Dem Herausgabeanspruch aus §§ 985, 986 BGB steht das Besitzrecht des M aus dem Mietvertrag mit EV entgegen (§§ 986 Abs. 2, 535 BGB).

**Fall 639**

Der Eigentümer-Vermieter EV hat dem M ein Wohnhaus vermietet und es dann nach §§ 873, 925 BGB an den D übereignet, der von M Herausgabe verlangt.

Hier hat der M ein eigenes Recht zum Besitz gegenüber dem D aus §§ 986 Abs. 1 S. 1 Var. 1, 535, 566, 578 BGB.

Nach **§ 986 Abs. 2 BGB analog** wird der unmittelbare Besitzer auch bei einer Übereignung nach § 930 BGB vor einem auf § 985 BGB gestützten Herausgabeverlangen des neuen Eigentümers geschützt.

**Fall 640**

Der Eigentümer-Vermieter EV hat dem M ein Auto für 1 Jahr fest vermietet und übergeben; dann hat er es am nächsten Tag nach §§ 929 S. 1, 930 BGB an den D übereignet, indem er sich mit dem D über den Eigentumsübergang geeinigt und dabei vereinbart hat, dass er die Sache für D (gestuft) besitzt. Der D verlangt sofort Herausgabe von M.

Dem Herausgabeanspruch aus §§ 985, 986 BGB steht das Besitzrecht des M aus dem Mietvertrag mit EV entgegen (§§ 986 Abs. 2 analog, 535 BGB).

### e) Zurückbehaltungs- und Herausgabeverweigerungsrecht aus § 273 BGB und aus § 1000 S. 1 BGB

Ein **Zurückbehaltungsrecht aus § 273 BGB** oder ein **Herausgabeverweigerungsrecht aus § 1000 S. 1 BGB** begründen **keine** zur Klagabweisung führenden **Rechte zum Besitz i. S. d. § 986 Abs. 1 BGB**. Vielmehr handelt es sich dabei **nur** um E**inreden**, deren Erhebung zu einer „Zug-um-Zug"-Verurteilung (§§ 273, 274 bzw. §§ 1000 S. 1, 274 analog BGB) führten. Die Ihnen (wie fast alles, was in diesem Buch steht) bekannt sein müssende **Begründung** dafür ist komplex: Würde man anders entscheiden und ein Recht zum Besitz annehmen, so wäre die Folge ein Wegfall des Herausgabeanspruchs aus §§ 985, 986 BGB, und damit ein Wegfall der Gegenseitigkeit zweier Ansprüche: Das Zurückbehaltungsrecht existierte nicht mehr – das ist begriffslogisch nicht möglich (Brox-Walker). Allerdings wird man ein Zurückbehaltungsrecht aus § 273 BGB im Rahmen des § 986 Abs. 2 BGB berücksichtigen können. Zu § 1000 S. 1 BGB erfolgt eine zusätzliche Begründung später, wenn wir uns mit den Sekundäransprüchen aus §§ 987 ff. BGB befassen. Der BGH, der zuweilen anders entschieden hat, hat den Ausweg gewählt, die §§ 987 ff. BGB, die ja im Falle eines Rechts zum Besitz nicht anwendbar wären (dazu später mehr), auch im Falle eines berechtigten Besitzes anzuwenden. So (und dies auch noch unnötig!) zu verfahren, sollte man aus systematischen Gründen unbedingt vermeiden.

### f) Sperrwirkung des § 817 S. 2 BGB, Ausschluss des Herausgabeanspruchs aus § 241a Abs. 1 BGB, 105a S. 1 BGB

Sie wissen bereits aus früheren Erörterungen, dass viel dafür spricht, den § 817 S. 2 BGB auch auf den Anspruch aus § 985 BGB entsprechend anzuwenden.

**Fall 641**

Der Finanzvorstand der Raffa-AG (F) hat seit Jahrzehnten Geld veruntreut. Als der Controller S. Eveke (C) ihm auf die Schliche kommt, gelingt es dem F, den C zunächst zum Schweigen zu veranlassen, indem er ihm auf dessen „Wunsch" ein Grundstück übereignet. Als der C später auch noch ein zusätzliches „Schweigegeld" verlangt, will der über die Unersättlichkeit des C empörte F Rückübereignung oder Herausgabe und Grundbuchberichtigung (nach Baur/Stürner).

1. Ein Rückübereignungsanspruch aus § 812 Abs. 1 S. 1 Var. 1 BGB scheitert daran, dass die Übereignung nach § 138 Abs. 1 BGB deshalb nichtig ist, weil die Sittenwidrigkeit gerade in der Eigentumsverschaffung liegt: Der in Anspruch genommene C hat also kein „etwas" in Gestalt des eventuell herauszugebenden Eigentums erlangt. 2. Der F könnte aber Herausgabe des Grundstücks a) nach § 812 Abs. 1 S. 1 Var. 1 BGB („Leistungskondiktion") verlangen. aa) Der C hat den Besitz erlangt, und zwar durch Leistung des F, bb) und dies ohne Rechtsgrund, weil der Schenkungsvertrag (§ 516 BGB) nach § 138 Abs. 1 BGB nichtig ist. cc) Dem Anspruch steht aber § 817 S. 2 BGB entgegen. b) Einem aa) an sich nach §§ 985, 986 BGB gegebenen Herausgabeanspruch bb) könnte § 817 S. 2 BGB entgegenstehen. Für die Anwendung des § 817 S. 2 auf § 985 BGB spricht ein sonst bestehender Wertungswiderspruch: Ist der Sitten- bzw. Gesetzesverstoß weniger gewichtig, so dass nur das Verpflichtungsgeschäft nichtig ist, wäre der Bereicherungsanspruch des Leistenden aus § 812 Abs. 1 S. 1 Fall1 BGB durch § 817 S. 2 gesperrt; wenn aber der Sitten- bzw. Gesetzesverstoß so schwer wiegt, dass sogar das dingliche Erfüllungsgeschäft nichtig ist, dann darf der Leistende dadurch nicht besser gestellt werden, dass er einen Herausgabeanspruch aus § 985 BGB hat. 3. Gleiches muss gegenüber dem Grundbuchberichtigungsanspruch gelten.

Wenn wir hier wieder einmal *gegen die Aufbauregeln verstoßen* haben, indem wir den Anspruch aus § 812 Abs. 1 BGB vor dem Anspruch aus § 985 BGB geprüft haben, so nur deshalb, weil es sonst schwer darstellbar gewesen wäre, ob und warum man diskutieren muss, ob § 817 S. 2 BGB einen Anspruch aus § 985 BGB sperrt.

Durch die Lieferung unbestellter Sachen seitens eines Unternehmers an einen Verbraucher wird nach **§ 241a Abs. 1 BGB** ein Anspruch des Unternehmers gegen den Verbraucher ausgeschlossen, und dazu zählen nicht nur vertragliche, sondern auch gesetzliche Ansprüche (z. B. ein Herausgabeanspruch aus §§ 985, 986 BGB, Schadensersatzansprüche aus §§ 823 ff. BGB, Rückgabe- und Nutzungsherausgabeansprüche aus §§ 812 ff. oder §§ 987 ff. BGB), allerdings vorbehaltlich der Ausnahmetatbestände des § 241a Abs. 2, 3 BGB. Dazu, dass und warum der Ausschluss des Anspruchs aus § 241a Abs. 1 BGB kein Recht zum Besitz i. S. d. § 986 Abs. 1 S. 1 BGB begründet, hatten Sie bereits alles Erforderliche gelesen.

Sie entsinnen sich vielleicht auch noch, dass der Gesetzgeber zum Zwecke der Verbesserung der sozialen Integration erwachsener geistig Behinderter in **§ 105a BGB** bestimmt hat, dass – vorbehaltlich einer „erheblichen Gefahr für die Person oder des Vermögens des Geschäftsunfähigen" – immer dann, wenn „ein volljähriger Geschäftsunfähiger ein Geschäft des täglichen Lebens, das mit geringwertigen Mitteln bewirkt werden kann, (tätigt), … der von ihm geschlossene Vertrag in Ansehung von Leistung und … Gegenleistung als wirksam (gilt), soweit Leistung und Gegenleistung bewirkt sind". Dies bedeutet, dass zwar einerseits der **Vertrag nichtig** ist, dass aber andererseits der Vertrag **partiell** (in Ansehung von Leistung und Gegenleistung) **als wirksam gilt**, soweit Leistung und Gegenleistung bewirkt sind. Damit ist ausgeschlossen, dass die bewirkten Leistungen zurückgefordert werden können, und zwar weder aus § 812 BGB noch aus dem hier interessierenden Anspruch aus §§ 985, 986 BGB.

**Fall 642**

Die an einer schweren zyklisch verlaufenden manisch-depressiven Erkrankung leidende, in einer Behindertenwohngemeinschaft lebende 30jährige K kauft im Laden des V als Weihnachtsgeschenk für ihre Nachbarin und beste Freundin, die körperbehinderte N1, die einen Kater namens „Herr Paul" hat, für € 30,– eine Dose mit Katzenfutter der Marke „Katz-Gourmet de luxe". Die K bezahlt den Kaufpreis aus ihrem monatlichen Taschengeld von € 100,–. Der V verpackt ihr die Dose in Weihnachtspapier und händigt sie an die K aus. Als der Betreuer B die Dose am Vormittag des 24. Dezember 2002 bei der K sieht, ist er verärgert über die Verschwendung. Er fordert den V, bei dem die K schon häufiger in verschwenderischer Weise eingekauft hatte, auf, den Kaufvertrag rückgängig zu machen. Der V, der Schwierigkeiten befürchtet, verlangt von der K Herausgabe der Dose Zug-um-Zug gegen Rückzahlung von € 30,–.

Der Anspruch könnte sich aus 1. § 812 Abs. 1 S. 1 Var. 1 BGB und aus §§ 985, 986 BGB ergeben. Auf die Einzelheiten dieser Anspruchsgrundlagen braucht nicht weiter eingegangen zu werden, 2. denn die Rückforderungsansprüche sind ausgeschlossen: a) Ein Anspruch aus §§ 812 Abs. 1 S. 1 Var. 1, 104 Nr. 2, 105 Abs. 1 BGB ist durch § 105a S. 1 BGB gesperrt, denn aa) der „geschlossene Vertrag", und damit ist unzweifelhaft der Kaufvertrag gemeint, gilt in Ansehung von Leistung und Gegenleistung als wirksam, b) soweit aa) – wie hier geschehen – Leistung und Gegenleistung bewirkt sind, bb) wenn – wie hier – ein volljähriger Geschäftsunfähiger cc) ein Geschäft des täglichen Lebens, wie es bei einem Anstandsgeschenk unter Freunden gegeben ist, dd) das – wie hier – mit geringwertigen Mitteln bewirkt werden kann, tätigt. ee) Der Ausnahmetatbestand des § 105a S. 2 BGB greift nicht ein. 2. Hier kann offen bleiben, ob das Gesetz die (partielle) Wirksamkeit nur des schuldrechtlichen Vertrages fingiert oder auch die des dinglichen Vertrages; denn es muss aus teleologischen Gründen davon ausgegangen werden, dass die Rückforderungssperre auch einen eventuellen Herausgabeanspruch aus §§ 985, 986 BGB erfasst, anderenfalls liefe die Norm leer.

#### g) Rechtsfolge: Herausgabeanspruch

**Geschuldet** wird aus **§§ 985, 986 BGB** die **Herausgabe** an den **Eigentümer** und im Falle des § 986 Abs. 1 S. 2 Var. 1 BGB an den **mittelbaren Besitzer**. Zu erfüllen ist der Anspruch nach **§ 269 BGB**, also i. d. R. beim Schuldner („Holschuld"). Wenn aber der Besitzer verklagt oder bösgläubig war, dann ergeben die nach § 269 BGB zu berücksichtigenden „Umstände", dass die Rückgabe dort zu erfolgen hat, wo sie sich zum Zeitpunkt der Rechtshängigkeit oder Erlangung der Bösgläubigkeit befand und bei deliktischer Erlangung dort, wo der Besitz erlangt wurde. Und wie würde ein Herausgabeanspruch-Gläubiger, der einen Titel erstritten hat, diesen durchsetzen? Werfen Sie mal wieder einen Blick in Teil 2 D.

#### h) Erlöschen des Herausgabeanspruchs aus §§ 985, 986 BGB durch Erfüllung

Der Herausgabeanspruch aus §§ 985, 986 BGB erlischt durch **Erfüllung (§ 362 BGB)**, wenn der Herausgabeschuldner die Sache an den Eigentümer am Erfüllungsort (§ 269 BGB) herausgibt.

Gibt der unmittelbare Besitzer nach Beendigung seines Besitzrechtes die Sache an den nach einer Übereignung nach §§ 929 S. 1, 931 BGB nur noch ehemaligen Eigentümer als seinem **scheinbaren Herausgabegläubiger** heraus, wird er im Falle seines guten Glaubens nach **§ 407 BGB analog** geschützt.

**Fall 643**

Der Eigentümer-Vermieter EV hat dem M ein Auto für 1 Jahr fest vermietet und es ihm übergeben; dann hat er es am nächsten Tag nach § 931 an den D übereignet. Nach Ablauf des 1 Jahres bringt der M das Auto zu dem EV zurück. Dann erscheint der D und verlangt Herausgabe des Autos von M.

Der Herausgabeanspruch aus §§ 985, 986 BGB a) ist entstanden b) aber nach § 407 BGB analog erloschen.

#### i) Abtretbarkeit des Herausgabeanspruchs aus §§ 985, 986 BGB

Der **„primäre Herausgabeanspruch"** aus **§§ 985, 986 BGB** ist **nicht** nach **§ 398 BGB abtretbar**, weil der Herausgabeanspruch als Wesensmerkmal des Eigentums nicht vom Eigentumsrecht als seinem „Stammrecht" (Medicus) getrennt werden kann. Möglich ist aber eine „Einziehungsermächtigung" nach § 185 Abs. 1 BGB analog. Wissen Sie noch, was das ist? Sagt Ihnen der Begriff „gewillkürte Prozesstandschaft" etwas? Das sollte es! Man könnte bei beweglichen Sachen auch an eine Umdeutung in eine Übereignung nach den §§ 929 ff. BGB denken (Wolf-Wellenhofer).

**Fall 644**

Der Dieb D stiehlt dem E eine Sache. Der E tritt seinen Herausgabeanspruch an Z'ar ab. Der Z'ar verlangt Herausgabe der Sache von dem D.

Ein Anspruch des Z'ar a) aus fremdem Recht aa) aus §§ 985, 986, 398 BGB besteht mangels Abtretbarkeit des Herausgabeanspruchs nicht (§ 399 Var. 1 BGB). bb) Man wird prüfen müssen, ob in der unwirksamen Abtretung eine „Einziehungsermächtigung" nach § 185 Abs. 1 BGB analog liegt. b) Denkbar ist aber auch ein Anspruch aus eigenem Recht (§§ 985, 986 BGB), wenn in der Abtretung eine Übereignung nach §§ 929 S. 1, 931 BGB liegt. Wie Sie ja vielleicht noch wissen, soll wegen der Unabtretbarkeit eines Anspruchs aus §§ 985, 986 BGB eine Übereignung einer Sache, an der der Eigentümer keinen mittelbaren Besitz hat (also einer ihm gestohlenen Sache, die der Dieb D in Besitz hat), nach §§ 929 S. 1, 931 BGB nicht durch Einigung und „Abtretung des Herausgabeanspruchs aus §§ 985, 986 BGB" erfolgen können, sondern nur durch eine bloße Einigung.

### j) Anwendbarkeit der Vorschriften des Leistungsstörungsrechts (§§ 275, 280 ff. BGB) auf den Herausgabeanspruch aus §§ 985, 986 BGB

Junge Juristen haben oft Hemmungen, diese Frage überhaupt aufzuwerfen, weil sie meinen, die **§§ 275, 280 ff. BGB** finden nur Anwendung auf Leistungsstörungen aus rechtsgeschäftlichen (namentlich) vertraglichen Schuldverhältnissen. Hervorgerufen ist dieses Vorurteil dadurch, dass man diese Normen (§§ 275, 280 ff. BGB) erstmals im Zusammenhang mit Leistungsstörungen bei vertraglichen Schuldverhältnissen anzuwenden erlernt hat. Damit würde man aber verkennen, dass es sich um Regelungen des Allgemeinen Schuldrechts handelt, die nach dem „Ausklammerungsprinzip" natürlich grundsätzlich auch auf andere Schuldverhältnisse, also auch auf sachenrechtliche Schuldverhältnisse, wie z. B. auf das aus §§ 985, 986 BGB, anwendbar sind.

**Gleichwohl** sollen im Grundsatz die **§§ 275, 280 ff. BGB** keine Anwendung finden, wenn der Besitzer die Sache nicht herausgeben kann oder damit in Verzug gerät. Denn für die daraus resultierenden Rechtsfolgen sind die sogleich zu erörternden §§ 989 ff. BGB lex specialis. Aber es gibt zwei Sonderthemen.

Zum einen wird neuerdings diskutiert, ob **§ 281 BGB** anwendbar ist. Wäre das der Fall, könnte der Eigentümer einseitig seinen Herausgabeanspruch in einen Schadensersatzanspruch umwandeln. Man kann dies mit der Begründung bejahen, dass der sachenrechtliche Gläubiger aus §§ 985, 986 BGB nicht schlechter stehen darf als andere Gläubiger. Dem berechtigten Einwand, dass hiernach die für eine Schadensersatzhaftung des Besitzers aufgestellten besonderen Voraussetzungen der §§ 989 ff. BGB: Rechtshängigkeit bzw. Bösgläubigkeit – dazu sogleich mehr) umgangen würden, tragen einige Rechnung dadurch, dass sie § 281 BGB nur unter diesen Zusatz-Voraussetzungen anwenden wollen (Palandt). Das entscheidende Bedenken gegen die Anwendbarkeit des § 281 BGB aber resultiert aus § 281 Abs. 4 BGB: Der Anspruch auf Leistung (also Herausgabe) wäre mit der Geltendmachung des Schadensersatzanspruches ausgeschlossen, so dass es Eigentum ohne Herausgabeanspruch gäbe – eine mit § 903 BGB nicht in Einklang stehende Konsequenz (Gursky).

Ferner gibt es einen seit Jahrzehnten in der Ausbildung sorgsam gepflegten (für die Rechtspraxis bedeutungslosen) Streit, ob der Eigentümer von einem ehemaligen Herausgabeschuldner aus §§ 985, 986 BGB, der die Sache (vor Rechtshängigkeit der Herausgabeklage: denken Sie an §§ 265 Abs. 2 S. 1, 325 ZPO) weiter veräußert hat und der daher mangels Besitzes die Herausgabe nicht mehr schuldet, jedenfalls die **Herausgabe** des **„stellvertretenden commodum"** nach **§ 285 BGB**, also den aus der Weiterveräußerung erzielten Erlös bzw. die Abtretung des Anspruchs auf den Veräußerungserlös gegen den Erwerber, verlangen kann.

**Fall 645**

Dem E wird von D eine Sache gestohlen. Der D veräußert sie an den K weiter. Der K ist unauffindbar. Der E verlangt von dem D im Wege der Klage die Zahlung eines Betrages in Höhe des erzielten Erlöses, der um 20 % über dem gemeinen Wert liegt.

I. Schadensersatzansprüche 1. aus §§ 823 Abs. 1, 2 BGB, 242 StGB, 249 ff. 2. und aus §§ 687 Abs. 2, 678 BGB belaufen sich nur auf den gemeinen Wert (100 %), nicht aber auf den geltend gemachten Erlös (120 %). II. Herausgabe des Erlangten: 1. Der E hat einen Anspruch aus §§ 687 Abs. 2, 681 S. 2, 667 BGB auf Herausgabe des aus der Geschäftsbesorgung Erlangten, schuldet aber seinerseits nach § 687 Abs. 2, 684 S. 1, 812 ff. BGB dem D Aufwendungsersatz. 2. Zu prüfen ist weiterhin ein Anspruch aus §§ 985, 986, 285 BGB: Zwischen dem E und D bestand ein Schuldverhältnis aus § 985 BGB. Ganz allgemein zu unterscheiden ist die (hier gegebene) Unmöglichkeit der Herausgabe infolge einer Weiterveräußerung von der (hier nicht gegebenen) Unmöglichkeit infolge zufälligen Untergangs. a) Durch die (Weiter-)Veräußerung an den K ist dem D die Herausgabe an den E unmöglich geworden. Da man im Rahmen des § 285 BGB auch das „commodum ex negotiatione" als herauszugebendes Surrogat einschließlich eines Übererlöses erfasst, könnte der Anspruch gegeben sein. Auch ist hier nicht der Ihnen ja schon hinlänglich bekannte Einwand gegen die Anwendung des § 285 BGB einschlägig, dass zwischen dem Leistungsgegenstand, dessen Herausgabe nach § 275 Abs. 1 BGB nicht mehr geschuldet wird, und dem Gegenstand, für den der Schuldner einen „Ersatz" erlangt hat, keine Identität bestehe. Denn geschuldet wird die Besitzverschaffung (§§ 985, 986 BGB); und erlangt hat der D das von dem E gegenüber dem K geltend gemachte Surrogat für eine Besitzverschaffung, weil der K kein Eigentum erworben hat (§§ 932, 935 BGB). Gleichwohl wendet die h.M. § 285 BGB nicht auf §§ 985, 986 BGB an, weil (in begrifflicher Hinsicht gesehen korrekt argumentiert) der Anspruch aus §§ 985, 986 BGB nicht – wie § 285 BGB es voraussetzt – erlischt, sondern sich gegen den Besitzer K (der wegen § 935 BGB nicht Eigentümer geworden ist) fortsetzt; außerdem soll diese Lösung aus verschiedenen (durchaus zu entkräftenden) Gründen nicht der Interessenlage entsprechen: Bei der Anwendung des § 285 BGB würde die „Opfergrenze" (Westermann) für den D überschritten werden, wenn der D nicht nur den Erlös nach § 285 BGB herauszugeben hätte, sondern zusätzlich auch noch nach §§ 280 Abs. 1, 2, 283 BGB von dem K in

Anspruch genommen werden könnte, also von zwei Seiten „in die Zange genommen“ werden kann, und er außerdem hinsichtlich des Anspruchs auf Rückzahlung des bereits an den E ausgekehrten Erlöses dessen Insolvenzrisiko tragen müsste. Weiterhin soll gegen eine Anwendung des § 285 BGB sprechen, dass der E bei einer Veräußerungskette eine Vielzahl von Ansprüchen erhalten würde. Entscheidend spricht gegen die Anwendung der §§ 985, 986, 285 BGB die bestehende Möglichkeit des E, einen Anspruch gegen den D aus § 816 Abs. 1 S. 1, 185 BGB geltend machen zu können (dazu sogleich). b) Eine (hier nicht vorliegende!) Ausnahme soll allerdings dann zugunsten der Anwendung von §§ 985, 986, 285 BGB gemacht werden, wenn die Unmöglichkeit durch Zufall eingetreten ist und dem Herausgabeschuldner daraus ein Anspruch (z. B. gegen eine Versicherung) erwächst: § 816 Abs. 1 S. 1 BGB greift dann nämlich nicht ein, und die Lücke soll a maiore ad minus durch § 285 BGB geschlossen werden, weil der Eigentümer ein viel stärkeres Interesse an einem solchen Surrogat habe als ein bloß schuldrechtlich Berechtigter. 3. Schließlich ist ein Anspruch aus § 816 Abs. 1 S. 1 BGB zu prüfen: a) Der D hat mit der Veräußerung an den K als Nichtberechtigter verfügt. b) Diese Verfügung müsste im Verhältnis zu E wirksam sein. aa) An sich ist sie unwirksam (§ 935 BGB). bb) Sie könnte aber durch eine Genehmigung des E nach §§ 185 Abs. 2 S. 1, 184 Abs. 1 BGB wirksam geworden sein. Diesem Lösungsvorschlag der ganz h.M. ist beizupflichten, denn es wäre ein Wertungswiderspruch, den E – nur weil er seinen Herausgabeanspruch aus § 985 BGB wegen des Untertauchens des K überhaupt nicht durchsetzen kann (Canaris) oder weil dieser wertlos geworden ist, weil die Sache zwischenzeitlich verschlechtert ist – schlechter zu stellen als bei Wirksamkeit der Verfügung. Eine Genehmigung wird bereits in der Klage auf den Erlös gesehen. Danach wäre der Erlös, und zwar auch der „Übererlös“ herauszugeben. Diese Lösung begegnet zwar konstruktiven Bedenken; diese sollen jedoch nach h.M. nicht entscheidend sein, weil sie ausräumbar seien: Zu einer Überschreitung der „Opfergrenze“ und einer Anspruchskumulation kommt es bei dieser Konstruktion jedenfalls nicht, weil der K und alle seine Nachfolger Eigentümer werden. Das Bedenken, dass der D wegen der Rückwirkung der Genehmigung zum „Berechtigten“ geworden sei, so dass der die Verfügung eines „Nichtberechtigten voraussetzende § 816 Abs. 1 S. 1 BGB nicht gelten könne, soll deshalb nicht schlüssig sein, weil die Rückwirkung nur die Folgen, nicht aber die Voraussetzungen des § 816 Abs. 1 S. 1 BGB betrifft (Larenz). Das für E darin liegende Risiko eines Rechtsverlustes durch die bereits in der Klageerhebung (also vor einem Urteil und vor einer erfolgreichen Durchsetzung durch Vollstreckung!) zu sehende Genehmigung ohne mindestens gleichzeitige Erlangung des Erlöses wird dadurch ausgeräumt, dass man entweder (logisch deshalb nicht unbedingt überzeugend, weil das den Anspruch zusprechende Urteil eine vorliegende Genehmigung gerade voraussetzt) eine Verurteilung des D zur Herausgabe Zug-um-Zug gegen die Genehmigung ausspricht und diese erst wirksam werden soll, wenn der Erlös (ggf. erst in der Zwangsvollstreckung) herausgegeben wird, oder (dogmatisch zweifelhaft) die Genehmigung von der Bedingung der Erlösherausgabe abhängig macht. c) Interessant und sehr bedeutsam für Klausuren ist die –

später erörterte – (zu verneinende) Frage, ob der K den an D gezahlten Kaufpreis als Entreicherung (§ 818 Abs. 3 BGB) absetzen kann.

### k) (Anspruchs-)Konkurrenzen zu anderen Herausgabeansprüchen

Sie entsinnen sich hoffentlich: Zu Herausgabeansprüchen aus **Vertragsverhältnissen** zwischen dem Eigentümer und dem Besitzer (vereinbarter Rücktritt: § 346 BGB; Mietvertrag: § 546 Abs. 1 BGB; Pachtvertrag: § 581 Abs. 2 BGB; Leihvertrag: § 604 BGB; Auftrag: § 667 BGB; Verwahrungsvertrag: § 695 BGB) besteht Anspruchskonkurrenz.

Eine Anspruchskonkurrenz besteht auch zu den gesetzlichen Ansprüchen auf Herausgabe bei gesetzlichem Rücktritt (z. B. **§§ 323, 346 ff. BGB**), aus **§§ 812 ff. BGB** und aus **§§ 823 ff., 249 Abs. 1 BGB**.

Anspruchskonkurrenz besteht auch zu **§ 861 BGB** und zu **§ 1007 BGB**. Wenn sich der Herausgabeanspruch bereits aus §§ 985, 986 BGB ergibt, dürfen Sie übrigens auf die Prüfung des § 1007 „verzichten“, nicht aber, wenn er sich nur aus § 861 BGB ergibt (Medicus).

## 2. Sekundäransprüche aus dem Eigentümer-Besitzer-Verhältnis (EBV)

Wenn der **aus §§ 985, 986 BGB** zur **Herausgabe verpflichtete** und daher **unrechtmäßige Besitzer** die Sache **nicht mehr** oder **nur verschlechtert** an den Eigentümer herausgeben kann oder wenn er in der Zeit seines unrechtmäßigen Besitzes **Nutzungen gezogen** hat oder wenn er in dieser Zeit des unrechtmäßigen Besitzes **Verwendungen** auf die herauszugebende Sache gemacht hat, können hieraus **Ansprüche des Eigentümers** gegen den unrechtmäßigen Besitzer auf **Schadensersatz** und auf **Herausgabe** der **Nutzungen** bzw. **Gegenansprüche des Besitzers gegen den Eigentümer auf Verwendungsersatz** erwachsen. Wir fassen das unter der summarischen Bezeichnung **„Sekundäransprüche“** aus dem **Eigentümer-Besitzer-Verhältnis** zusammen. Die Regelung findet sich in den §§ 987 ff. BGB.

> Das Regelungssystem der §§ 987 ff. BGB gilt als der komplizierteste Normenkomplex des BGB überhaupt. Diese Einschätzung ist überzogen! Das Verständnis bereitet nur wenig Probleme, wenn man das den Regelungen der §§ 987 ff. BGB zugrunde liegende Prinzip erkennt.

### a) Die Interessenlage und das gesetzliche System

Der Gesetzgeber hat mit den Vorschriften der §§ 987 ff. BGB zur Regelung des Eigentümer-Besitzerverhältnisses einer im Folgenden skizzierten **Interessenlage** Rechnung getragen. Wer diese verstanden hat – und deswegen lesen Sie die folgenden, ja eher rechtpolitischen Ausführungen, die die „ratio legis“ aufdecken sollen, unbedingt und sehr sorgfältig – wird kaum Probleme mit der Rechtsanwendung haben

Der Eigentümer einer Sache will von dem unrechtmäßigen Besitzer außer der Herausgabe der Sache auch die von dem unrechtmäßigen Besitzer gezogenen Nutzungen oder Wertersatz für gezogene Nutzungen haben; außerdem will er Schadensersatz, wenn der unrechtmäßige Besitzer den Zustand der Sache des Eigentümers verschlechtert hat, die Sache hat untergehen lassen, oder aus einem anderen Grunde außerstande ist, sie herauszugeben. Dass Anspruchsgrundlagen zu finden wären, mit deren Hilfe man dem Eigentümer „zu seinem Recht" verhelfen könnte, steht außer Zweifel: Was den Schadensersatz angeht, ergäbe sich ein Anspruch aus § 823 Abs. 1 BGB; und die Herausgabe von Nutzungen bzw. den Ersatz von deren Wert könnte der Eigentümer nach §§ 812 ff., 818 Abs. 1 S. 1 Var. 2 BGB ggf. i. V. m. § 818 Abs. 2 BGB verlangen.

Umgekehrt möchte der Besitzer eventuell von ihm auf die Sache gemachte Verwendungen ersetzt haben. Dafür in Betracht kommende Anspruchsgrundlagen wären die §§ 812 Abs. 1 S. 1 Var. 2, 818 Abs. 2 BGB.

Es scheint also gar keinen Regelungsbedarf zu geben.

Aber es gibt ernsthafte Zweifel an der Angemessenheit dieser Lösungsvorschläge, wenn wir uns klar machen, dass es unberechtigte Eigenbesitzer (§ 872 BGB) von Sachen gibt, die von ihrer fehlenden Berechtigung zum Besitz nichts wissen und auch nicht wissen müssen. Sollen diese Besitzer, die sich subjektiv als berechtigte Besitzer sehen, so ohne weiteres Schadensersatz leisten müssen, wenn sie „ihre eigene" Sache schlecht behandeln, oder Nutzungen herausgeben, nur weil sie mit „ihrem eigenen" Auto ein Taxigeschäft betreiben? Das klingt vielleicht noch etwas zu abstrakt. Beziehen wir also einmal Sie, den jeweiligen Leser, in diese Überlegungen ein. Denn noch überzeugender werden dieses Bedenken vielleicht dann, wenn Sie sich vorstellen, wie oft Sie vielleicht selbst schon in diese Rolle eines unrechtmäßigen Besitzers geraten sind oder wie schnell Sie in diese Situation geraten können. Denken Sie nur an das letzte „Schnäppchen" auf dem „Flohmarkt" oder an das gerade durch eine Erbschaft erworbene zum Nachlass gehörige Bild: Ist es nicht denkbar, dass Ihr „Schnäppchen" Diebesbeute gewesen ist, so dass Sie auch bei (immerhin vermutetem) gutem Glauben an das Eigentum des Veräußerers kein Eigentum erwerben konnten (§ 935 Abs. 1 BGB)? Und könnte das Bild dem Erblasser vielleicht gar nicht gehört haben, weil er es nur geliehen oder gar unterschlagen hatte, so dass Sie – weil es sich um einen gesetzlichen Erwerb handelt (§ 1922 BGB) – auch im Fall guten Glaubens nicht Eigentümer geworden wären? Wie auch immer: Würden Sie diese in Ihrem Besitz befindlichen und vermeintlich „als Eigentümer" besessenen Sachen „schlecht behandeln", indem Sie sie verschlechtern, untergehen lassen oder uns die Herausgabe aus einem anderen Grunde unmöglich machen, würden Sie es mit Sicherheit als unangemessen ansehen, wären Sie in diesen Fällen, in denen Sie sich doch nur „wie ein Eigentümer", der Sie zu sein meinten, verhalten haben, dem „wirklichen" Eigentümer aus § 823 Abs. 1 BGB schadensersatzpflichtig. Auch würden Sie es für unangemessen halten, dass Sie die Nutzungen, die Sie, z. B. durch gewerblichen Einsatz eines fremden Autos als Taxi, aus einer fremden Sache ziehen oder jedenfalls deren Wert an den Eigentümer aus §§ 812 Abs. 1, 818 Abs. 2 BGB herausgeben müssten und nur durch § 818 Abs. 3 BGB geschützt wären. Sie würden dies für eine unzumutbare Belastung halten. Und jetzt gehen wir noch einen Schritt weiter. Auch würden Sie es für unangemessen halten, im Falle von Verwendungen auf die unrechtmäßig besessene

Sache allenfalls einen Anspruch aus §§ 812 Abs. 1 S. 1 Var. 2, 818 Abs. 2 BGB zu haben.

Denken Sie sich folgendes, diese ja zunächst Überlegungen illustrieren sollendes *Beispiel* (nach Wolf-Wellenhofer): Sie kaufen von einem seriösen Gebrauchtwagenhändler, den sie für den Eigentümer halten, ein uraltes gebrauchtes Auto, das früher einmal dem E gestohlen worden ist. Der Eigentümer E, der sich nach 1 Jahr bei Ihnen meldet, kann Herausgabe verlangen (§§ 985, 986 BGB), denn er ist Eigentümer geblieben (§ 935 BGB). Das ist nicht zu beanstanden. Erst nach 10 Jahren gutgläubigen Eigenbesitzes wären Sie durch Ersitzung Eigentümer geworden (§ 937 BGB). Wenn der Eigentümer aber auch den Wert der Nutzungen (hier: den Gebrauchsvorteil) nach §§ 812 Abs. 1 S. 1 Var. 2, 818 Abs. 2 BGB von Ihnen verlangen könnte, wäre das für Sie unzumutbar. Nicht selten übersteigen nämlich nach so langer Zeit die Gebrauchsvorteile sogar den Wert der Sache. Unzumutbar wäre es auch, und wenn Sie dem Eigentümer wegen jeder kleinen Beule und wegen jedes schuldhaft verursachten technischen Defekts Schadensersatz aus § 823 Abs. 1 BGB zu leisten hätten. Zum einen, weil diese Schäden nicht selten darauf beruhen, dass man mit der Sache so umgegangen ist, wie man es als vermeintlicher Eigentümer bei einem alten Auto für angemessen gehalten hatte. Und zum anderen, weil man selber die Schäden nicht beseitigt hätte, weil es einem gleichgültig ist, dass ein altes Auto irgendwo eine Beule hat. Auch wäre es unzumutbar, wenn Sie als unrechtmäßiger Besitzer für die Reparaturen des Autos insoweit lediglich einen Anspruch aus § 812 Abs. 1 S. 1 BGB hätten, ein Anspruch, der im Fall einer „aufgedrängten Bereicherung" vielleicht ausgeschlossen wäre, der aber in jedem Fall durch § 818 Abs. 3 BGB begrenzt wäre.

Wie gesagt: Diese Ausführungen betrafen die Konstellation, in der Sie sich in der Rolle des unberechtigten Eigenbesitzers befanden oder befinden könnten. Ähnliches können Sie aber auch in der Rolle des unberechtigten Fremdbesitzers (§ 872 BGB) erleben, wenn die Rechtsbeziehung, auf Grund derer Sie eine fremde Sache besitzen, unwirksam ist oder Ihnen gar kein Besitzrecht vermittelt. Denken Sie sich das *Beispiel*, dass der Pachtvertrag, aufgrund dessen sie eine Sache besitzen, nichtig ist.

Das waren rein zivilrechtliche Argumente. Aber auch im Hinblick auf das reibungslose Funktionieren einer Volkswirtschaft sind spezielle, der besonderen Interessenlage besser angepasste Regelungen zu wünschen, als wir sie bisher ins Auge gefasst haben. Denn es wäre eine bedenkliche Vorstellung, wenn ein Besitzer einer Sache, sei es ein Eigen- oder ein Fremdbesitzer, allein wegen des bloß abstrakten Risikos einer weitreichenden Verpflichtung zum Schadensersatz beim wirtschaftlichen Einsatz der Sache nicht auch den ökonomisch oft wichtigen „Mut zum Risiko" aufbrächte, sondern stets nur mit „angezogener Handbremse" wirtschaften würde, oder es nicht wagen würde, die Sache, die ausgedient hat, „zu verschrotten" und sie durch eine Neuinvestition zu ersetzen. Es entspräche auch nicht den Bedürfnissen einer gesunden Volkswirtschaft, wenn der Besitzer einer Sache nur wegen der Eventualität einer Unrechtmäßigkeit des Besitzes und einer daraus resultierenden unbeschränkten Verpflichtung zur Herausgabe von Nutzungen bzw. auf Ersatz von deren Wert auf den Gedanken käme, keine Nutzungen zu ziehen oder es gar für sinnvoller zu halten, „die Kuh zu schlachten anstatt sie zu melken“. Und ebenso wäre es volkswirtschaftlich unerwünscht, wenn sich ein Besitzer einer Sache allein wegen der theoretisch bestehenden Möglichkeit eines eventuellen Fehlens seiner Berechtigung durch die Befürchtung, deswegen vielleicht nur einen Anspruch aus den §§ 812 ff. BGB zu haben, der durch § 818 Abs. 3 BGB weitgehend wertlos sein könnte, dazu veranlasst sehen würde, auf die Sache keine Verwendungen zu machen, sondern mit ihr „auf Verschleiß“ zu wirtschaften. Auch unter diesen Aspekten sollte eine gesetzliche Regelung des Schadensersatzes, der Verpflichtung zur Nutzungsherausgabe bzw. des Ersatzes von deren Wert und des Verwendungsersatzes so beschaffen sein, dass die Sorge, man sei in Bezug auf Sache vielleicht nicht berechtigt, vernünftigen wirtschaftlichen Entscheidungen im Umgang mit der Sache nicht im Wege steht.

Zusammengefasst können wir festhalten, dass die bisherigen Lösungsvorschläge unangemessen sind.

Stattdessen müsste es Regelungen geben, aufgrund derer wir alle uns nicht schon durch die bloße Vorstellung, vielleicht ein nichtberechtigter und deshalb einem Eigentümer zur Herausgabe verpflichteter Besitzer einer Sache zu sein, davon abhalten lassen, so mit der Sache zu verfahren, wie wir es als berechtigter Eigen- bzw. Fremdbesitzer dürften. Auch sollten die Regelungen so beschaffen sein, das wir nicht befürchten müssen, alle wirtschaftlichen Vorteile, die uns die Sache eintragen kann, ziehen und die gezogenen Vorteile eines Tages an einen Eigentümer herausgeben zu müssen und deshalb die Sache lieber gar nicht erst ordentlich bewirtschaften. Und schließlich wollen wir keine Hemmungen haben, Verwendungen auf die Sache zu machen, nur weil wir die abstrakte Sorge haben, vielleicht ein nach §§ 985, 986 BGB zur Herausgabe verpflichteter Besitzer zu sein und wegen der dann nicht uns sondern dem Eigentümer zugutekommenden Verwendungen auf lediglich bereicherungsrechtliche Ansprüche angewiesen zu sein. Wir, die (hypothetisch unrechtmäßigen) Eigen- oder Fremdbesitzer, wünschen uns also gesetzliche Regelungen des Schadensersatzes, der Verpflichtung zur Nutzungsherausgabe und des Verwendungsersatzes, durch die unserer besonderen Situation Rechnung getragen wird.

Aber die Interessen des unrechtmäßigen Besitzers einer Sache, in die wir uns soeben (reichlich egoistisch) hineinversetzt haben, und auch das allgemeine volkswirtschaftlich relevante Interesse können natürlich nicht uneingeschränkt Geltung verlangen, sondern müssen hinter den Interessen des Eigentümers zurücktreten, wenn die Privilegierung des unrechtmäßigen Besitzers unangemessen ist. Und wann ist das der Fall? Sie wissen ja selbst, dass nur „ein gutes Gewissen ein sanftes Ruhekissen“ ist: Wenn also der objektiv unrechtmäßige Besitzer weiß oder infolge grober Fahrlässigkeit nicht weiß, dass er nicht zum Besitz berechtigt ist (bösgläubig ist) bzw. später von seiner Nichtberechtigung erfährt (bösgläubig wird), oder wenn der objektiv unrechtmäßige Besitzer durch eine gegen ihn erhobene und ihm zugestellte Klage (Rechtshängigkeit) auf Herausgabe oder Grundbuchberichtigung eines Klägers, der sich seines Eigentums berühmt, gewarnt ist und sich seines vermeintlichen Rechtes daher nicht mehr sicher sein kann, oder wenn der objektiv unrechtmäßige Besitzer den Besitz auf verbotene („pönale“) Weise (Straftat oder verbotene Eigenmacht) erlangt hat, kann es ihm durchaus zugemutet werden, „ohne Schonung" wie ein Nichtberechtigter behandelt zu werden.

Ein derartiger unrechtmäßiger Besitzer wird daher vom Gesetzgeber auch zu Recht gnadenlos Ansprüchen auf Schadensersatz ausgesetzt, wenn durch sein oder ihm zuzurechnendes schuldhaftes Verhalten die Sache verschlechtert wird oder gar nicht mehr herausgegeben werden kann.

Unter diesen Voraussetzungen (Bösgläubigkeit und Verklagtheit sowie eines „pönalen Besitzes") und einigen anderen, den unrechtmäßigen Besitzer weniger schutzwürdig erscheinen lassenden Voraussetzungen (z. B. Schenkung der genutzten Sache und Ziehung von „Übermaßfrüchten" aus der Sache) sind selbstverständlich auch die von einem unrechtmäßigen Besitzer gezogenen Nutzungen herauszugeben.

Umgekehrt sollen natürlich auch die Eigentümer vor grenzenloser Inanspruchnahme durch den unrechtmäßigen Besitzer geschützt werden, der Verwendungen auf die Sache gemacht hat. Hier ist dem Gesetzgeber ein kompliziertes, fein justiertes System eingefallen: Der Anspruch auf Verwendungsersatz wird zunächst von der Art der Verwendungen abhängig gemacht, so dass bei notwendigen Verwendungen der Anspruch weiter reicht als bei nur nützlichen Verwendungen, die der unrechtmäßige Besitzer auf die Sache gemacht hat. Und selbst bei notwendigen Verwendungen ist zu bedenken, dass sie einem unrechtmäßigen Besitzer nicht zustehen können, wenn sie in „gewöhnlichen Erhaltungskosten" bestehen und der unrechtmäßige Besitzer zugleich die Nutzungen behalten darf. Auch wird der bösgläubige und verklagte unrechtmäßige Besitzer schlechter gestellt als der gutgläubige und unverklagte unrechtmäßige Besitzer, indem notwendige Verwendungen nur unter den Voraussetzungen einer Geschäftsführung ohne Auftrag ersetzt werden. Auch bei den Rechtsfolgen eines Verwendungsersatzanspruchs wird den Interessen des Eigentümers und des Verwenders in sorgfältig austarierter Weise Rechnung getragen.

Wie eingangs gesagt: Wenn Sie diese Grundgedanken verstanden haben, haben Sie „leichtes Spiel". Sie müssen dann nur noch das **System** der **gesetzlichen Regelung** und **einige dogmatische Feinheiten** kennenlernen:

- Bestehen muss ein **„Eigentümer-Besitzer-Verhältnis"** bzw. eine **„Vindikationslage"** zwischen dem **Eigentümer** und einem **unrechtmäßigen Besitzer** aus §§ 985, 986 BGB, also eine Situation, in der der Besitzer dem Eigentümer zur Herausgabe aus §§ 985, 986 BGB ausgesetzt ist.
- Der **unrechtmäßige Besitzer** soll vom Eigentümer nach §§ 989, 990, 992 BGB auf **Schadensersatz** wegen **Untergangs** oder wegen **anderweitig begründeter Unmöglichkeit** der **Herausgabe** oder wegen **Verschlechterung** der Sache oder wegen **Verspätung** der Herausgabe **oder** nach §§ 988, 987, 990, 993 Abs. 1 1. HS, 992 BGB zur **Herausgabe** von **Nutzungen** bzw. zum **Ersatz** für **nicht gezogene Nutzungen** nur beim Vorliegen eines (hier nach dem Sprachgebrauch des legendären Hamburger Repetitors Lützow einst so genannten!) **„Haftungs-**

**auslösungsmoments"** (bei Schadensersatzansprüchen: Bösgläubigkeit, Rechtshängigkeit des Herausgabeanspruchs, „Fremdbesitzerexzess" und verbotene Besitzerlangung/bei Nutzungsherausgabeansprüchen bzw. bei Ersatzansprüchen wegen nicht gezogener Nutzungen: Unentgeltlichkeit, Bösgläubigkeit, Rechtshängigkeit des Herausgabeanspruchs, Übermaß und verbotene Besitzerlangung) in Anspruch genommen werden können. Diese Sekundäransprüche beruhen auf einem unter diesen Voraussetzungen bestehenden gesetzlichen Schuldverhältnis zwischen dem Eigentümer und dem Besitzer. Im Rahmen dieses gesetzlichen Schuldverhältnisses finden die Vorschriften über das Verschulden und die Zurechnung eines Verschuldens anderer Personen („Erfüllungsgehilfen") des Allgemeinen Schuldrechts Anwendung (§§ 276, 278 BGB).

1. **Gesichert** wird die **Beachtung** des **Privilegs** des **unrechtmäßigen Besitzers** gegenüber dem Eigentümer dadurch, dass die §§ 987 ff. BGB bei einer Vindikationslage Sonderregeln sind, die auf keinen Fall durch die Anwendung anderer Anspruchsgrundlagen (insbesondere nicht auf Schadensersatz aus §§ 280, 281, 283 i. V. m. 276 Abs. 1 S. 1 BGB oder aus § 823 BGB und auf Herausgabe von Nutzungen aus §§ 812, 818 Abs. 1 BGB) umgangen werden dürfen („versteckte" Regelung: § 993 Abs. 1 2. HS. BGB). Dies wird zuweilen auch als die **„Sperrwirkung"** des **Eigentümer-Besitzer-Verhältnisses** bezeichnet.
2. Trotz der Identität des Inhalts der Ansprüche besteht die „Sperrwirkung" des Eigentümer-Besitzer-Verhältnisses
   a) **nicht** bei Ansprüchen aus **§ 687 Abs. 2 BGB** auf **Schadensersatz** (§§ 687 Abs. 2, 678 BGB) und Herausgabe des Erlangten, also auch auf **Herausgabe von Nutzungen** (§§ 687 Abs. 2, 681 S. 2, 667 BGB),
   b) und eventuell auch nicht in jedem Fall bei Ansprüchen auf **Schadensersatz** aus **§ 823 Abs. 1 BGB** beim **„Frembesitzerexzess"** und **bösgläubigen Besitzer** (dazu später mehr).
   c) und eventuell auch nicht in jedem Fall bei Ansprüchen auf **Herausgabe von Nutzungen** aus **§ 812 Abs. 1 S. 1 Var. 2** bei **rechtsgrundlosem unrechtmäßigem Besitz** (dazu später mehr).
3. Wegen des unterschiedlichen Inhalts der Ansprüche gilt die Sperrwirkung nicht gegenüber
   a) Ansprüchen aus **§ 816 Abs. 1 S. 1 BGB** auf Herausgabe des durch die Verfügung Erlangten,
   b) Ansprüchen aus **§§ 951, 812 Abs. 1 S. 1 Var. 2 BGB** auf Vergütung in Geld.

- Der **unrechtmäßige Besitzer**, der in einer „Vindikationslage" **Verwendungen** auf die Sache gemacht hat, kann diese (abgestuft nach der Art der Verwendungen und abhängig von seiner Gut- bzw. Bösgläubigkeit) von dem Eigentümer ersetzt verlangen **(§§ 994 ff. BGB)**. Einen fälligen **Anspruch** auf **Ersatz** der **Verwen-**

**dungen** hat der Besitzer nach §§ 994 ff., 1001 BGB aber erst, wenn der Eigentümer die Sache wiedererlangt hat oder wenn er die Verwendung genehmigt hat. Die Geltendmachung eines solchen Anspruchs auf Ersatz der Verwendungen dürfte „im wirklichen Leben" oder auch bei der Fallbearbeitung kaum vorkommen, weil eine hierfür erforderliche Genehmigung der Verwendungen durch den Eigentümer selten erfolgen dürfte und weil der Besitzer, der den Ersatz seiner Verwendungen verlangen kann, die Sache kaum je vor der Erfüllung des Verwendungsersatzanspruches an den Eigentümer herausgegeben haben dürfte, weil er dadurch jedes „Druckmittel" auf freiwillige Zahlung verloren hätte. Vielmehr werden die Fälle regelmäßig so beschaffen sein, dass der aus **§§ 985, 986 BGB** auf **Herausgabe der Sache** in **Anspruch genommene unrechtmäßige Besitzer** wegen seines **Verwendungsersatzanspruchs** aus den §§ 994 ff. BGB gem. **§ 1000 S. 1 BGB** ein **Herausgabeverweigerungsrecht** geltend macht, was (für den Fall, dass ihm Verwendungen zu ersetzen sind) zur Folge haben wird, dass die Herausgabe nach § 274 BGB analog nur Zug-um-Zug gegen Verwendungsersatz geschuldet ist. Warum war die Regelung des § 1000 S. 1 BGB eigentlich nötig, wo es doch § 273 BGB gibt? Lesen Sie § 273 BGB, und Sie werden sehen, dass das allgemeine Zurückbehaltungsrecht einen fälligen Gegenanspruch des (Herausgabe-) Schuldners erfordert. Und wann ist der als Gegenanspruch zudenkende Verwendungsersatzanspruch aus den §§ 994 ff. BGB fällig? Erst bei der (im Falle einer Geltendmachung eines Anspruchs aus §§ 985, 986 BGB ja gerade noch nicht erfolgten) Herausgabe der Sache – denkt man den eher theoretischen Fall der Genehmigung der Verwendungen durch den Eigentümer einmal weg (§ 1001 BGB). Bei derartigen Überlegungen merken Sie, wie meisterhaft der BGB-Gesetzgeber gearbeitet hat.

Damit ist Ihnen das System der gesetzlichen Regelung der §§ 987 ff. BGB klar. Bevor Sie sich sogleich mit den Einzelheiten vertraut machen, sollten Sie sich selbst oder noch besser irgendeinem anderen interessierten Jungjuristen auf der Stelle einen kleinen Vortrag hierzu halten, wofür Sie sicher knapp eine Stunde benötigen dürften. Aber auch das wäre gut investierte Zeit. Denn nur derjenige, der das System sicher aktiv beherrscht, kann die Details, in denen bekanntlich „der Teufel steckt", verstehen.

### b) Gemeinsame Voraussetzung: Eigentümer-Besitzer-Verhältnis („Vindikationslage")

Ausdrücklich geregelt ist das unabdingbare Erfordernis des Vorliegens einer **„Vindikationslage"** für die Ansprüche aus den §§ 987 ff. BGB eigenartigerweise nicht. Es folgt aber unzweifelhaft daraus, dass das Gesetz für die „Haftungsauslösung" u. a. zwischen Gut- und Bösgläubigkeit hinsichtlich des Rechts des Besitzers zum Besitz unterscheidet; eine solche Unterscheidung macht nur bei einem unrechtmäßigen Besitz Sinn; denn ein berechtigter

Besitzer kann weder gut- noch bösgläubig hinsichtlich seines Rechtes zum Besitz sein. Den Maßstab für die Unrechtmäßigkeit des Besitzes liefert **§ 986 BGB**; durch ihn wird die **Vindikationslage „fixiert"** (Baur). Sie wissen ja schon lange: Das ist ja auch der entscheidende Grund dafür, dass das **Gegenrecht** aus **§ 986 BGB** eine **Einwendung** und **keine Einrede** ist, denn das Vorliegen einer für das Bestehen von Ansprüchen konstitutiven „Vindikationslage" darf nicht davon abhängig sein, ob der Besitzer sich im Einzelfall nach seinem Belieben auf sein Recht zum Besitz berufen hat oder nicht. Und das war ja auch der Grund dafür, dass die – was den Herausgabeanspruch angeht – Anspruchsgrundlage nicht nur § 985 BGB lautet, sondern §§ 985, 986 BGB.

Wie gesagt: Die zentrale Voraussetzung für die Ihnen nunmehr in den Grundzügen bekannten Ansprüche des Eigentümers gegen den unrechtmäßigen Besitzer und des unrechtmäßigen Besitzers gegen den Eigentümer aus den §§ 987 ff. BGB, ist das Bestehen eines **„Eigentümer-Besitzer-Verhältnis"**, kurz: einer **„Vindikationslage"**.

Die **„klassische" Vindikationslage**, an die der Gesetzgeber bei der Schaffung des Normenkomplexes der §§ 987 ff. BGB gedacht hatte, liegt vor, wenn der **Besitzer** mangels eines Rechtes zum Besitz nach § 986 BGB ein **unrechtmäßiger Besitzer** ist (**Formel:** § 985 BGB, aber kein § 986 BGB), wobei – wie Sie schon gehört haben, bald aber noch begründet erfahren werden – ein Herausgabeverweigerungsrecht aus § 273 BGB oder aus § 1000 S. 1 BGB einen Besitzer nicht zum berechtigten Besitzer macht! Zweifelsfrei ist eine solche „Vindikationslage" gegeben, wenn der Besitzer **von Anfang an nicht** i. S. d. **§ 986 BGB zum Besitz berechtigt** war oder wenn er **ex tunc** ein **Recht zum Besitz** i. S. d. **§ 986 BGB verloren** hat. Dass das Bestehen von vertraglichen Herausgabeansprüchen nach der hier vertretenen Ansicht das konkurrierende Bestehen eines Herausgabeanspruchs aus §§ 985, 986 BGB und damit auch das Bestehen einer Vindikationslage und auch der §§ 987 ff. BGB nicht ausschließt, wissen Sie ja bereits. Von vornherein soll an dieser Stelle klar gestellt werden, dass hier die Ansicht vertreten wird, dass es für die **§§ 987 ff. BGB** gleichgültig ist, ob der unrechtmäßige Besitzer **Eigen-** oder **Fremdbesitzer** ist. Bestimmt wissen Sie noch, wie man die beiden Besitzarten unterscheidet. Nach **§ 872 BGB**, der nur den Eigenbesitz definiert, entscheidet die Willensrichtung des Besitzers: „Eigenbesitzer" ist derjenige, der die Sache „als ihm gehörend besitzt". Ein „Fremdbesitzer" ist folgerichtig der Besitzer einer Sache, der sie nicht als ihm gehörend, also sie z. B. als Vorbehaltskäufer, Mieter, Pächter, Nießbraucher, besitzt. Die Gleichsetzung von Eigen- und Fremdbesitz im Rahmen der §§ 987 ff. BGB ist nicht unumstritten. Man kann durchaus vertretbar annehmen, dass die §§ 987 ff. BGB nur auf den unrechtmäßigen Eigenbesitz anzuwenden sind. Für den von der h.M. und auch hier eingenommenen Standpunkt spricht aber zum einen der klare Wortlaut der §§ 987 ff. BGB, in dem immer nur vom „Besitzer" die Rede ist. Und zum anderen ist der Fremdbesitzer in § 991 Abs. 2 BGB und in § 988 BGB ausdrücklich zum Schuldner von Ansprüchen in einem Eigentümer-Besitzverhältnis gemacht worden.

Dass es darüber hinaus bestimmte **Fallkonstellationen** gibt, die im **„Grenzbereich“** zur „klassischen Vindikationslage“ liegen, werden wir später erörtern: Dies sind die drei Fallgruppen der **„nicht-mehr-Berechtigten“** und der **„nicht-so-Berechtigten“** und schließlich die Konstellation, bei der sich ein **Fremdbesitzer zum Eigenbesitzer „aufschwingt“**.

Dass §§ 987 ff. BGB kraft Verweisung (§ 292 BGB) und aufgrund einer analogen Anwendung der §§ 987 ff. BGB auf das **Verhältnis Eigentümer-Buchbesitzer** angewendet wird, wird uns auch noch beschäftigen.

Aber erst einmal „machen wir uns das Leben leicht“ und arbeiten mit der **„klassischen Vindikationslage“**.

#### c) Schadensersatzhaftung des Besitzers §§ 989, 990, 991 Abs. 2 BGB wegen Verschlechterung und Unmöglichkeit der Herausgabe

Wir beginnen – abweichend von der gesetzlichen Reihenfolge, nach der als erstes die Ansprüche auf Herausgabe von Nutzungen geregelt ist – mit den Schadensersatzansprüchen.

**Transparenz** ist in diesem komplizierten Rechtsbereich alles! Und daher sollen Sie wissen, was auf Sie zukommt:

1. Wir beginnen mit dem Anspruch des Eigentümers gegen den verklagten Besitzer auf Schadensersatz aus § 989 BGB. **(sub aa))**
2. Sodann geht es um den Anspruch des Eigentümers gegen den bösgläubigen Besitzer auf Schadensersatz aus §§ 989, 990 BGB. **(sub bb))**
3. Es gibt eine hinsichtlich der Rechtsfolge weiterreichende Schadensersatzhaftung des bösgläubigen Besitzers im Fall des Verzuges auch auf Ersatz des Vorenthaltungsschadens (§§ 989, 990 Abs. 2, 280 Abs. 1, 2 286 ff. BGB) und eine für Ziff. 2 relevante Zufallshaftung (§ 287 BGB). **(sub cc))**
4. Anschließend behandeln wir die auf den ersten Blick doch recht überraschende Schadensersatzhaftung eines unverklagten und gutgläubigen unrechtmäßigen Besitzers im Falle eines „Fremdbesitzerexzesses“ (gesetzlich geregelt: § 991 Abs. 2 BGB). **(sub dd))**
5. Wirklich überraschend und gegen die Regel des § 993 Abs. 1 BGB verstoßend soll es einen Schadensersatzersatzanspruch des Eigentümers aus § 823 BGB in der „Vindikationslage“ im Fall eines „Fremdbesitzerexzesses“ (gesetzlich ungeregelt) geben. **(sub ee))**
6. Und schließlich befassen wir uns mit der gesetzlich angeordneten Anwendung des Deliktsrechts durch §§ 992, 823 BGB. **(sub ff))**
7. Zu guter Letzt nehmen wir uns (das ist dann z.Tl. nur eine Wiederholung) des Themas der Konkurrenzen der §§ 989 ff. BGB zu §§ 823 ff. BGB, zu §§ 677 ff. BGB und § 687 Abs. 2 BGB an. **(sub gg))**

Ein gewaltiges Programm, auf das Sie sich einstimmen sollten, indem Sie die vorgenannten Vorschriften zunächst einmal in aller Ruhe und „mit Verstand“ durchlesen.

aa) Haftung des verklagten unrechtmäßigen Besitzers(§ 989 BGB)

(1) Vindikationslage im Augenblick des schädigenden Verhaltens
Als Erstes müssen Sie das Vorliegen einer **Vindikationslage** im **Augenblick des schädigenden Verhaltens** feststellen. Diese ist unter den Voraussetzungen der **§§ 985, 986 BGB** gegeben.

Bei der Geltendmachung des Anspruchs muss die Vindikationslage nicht mehr bestehen. Niemand darf also die Vindikationslage mit dem Argument verneinen, dass z. B. wegen des Untergangs der herauszugebenden Sache kein Anspruch mehr aus §§ 985, 986 BGB besteht.

(2) Schädigendes Verhaltens
Durch das Verhalten des unrechtmäßigen Besitzers muss herbeigeführt worden sein

- die **Verschlechterung** der Sache durch Tun (z. B. Beschädigung, Verschleiß durch normale Benutzung) oder Unterlassen (z. B. Verfallenlassen von Haus und Hof, durch Unterlassen einer Reparatur),
- oder der **Untergang** der Sache (z. B. durch deren Vernichten, Zerstören)
- oder schließlich eine Herbeiführung der **Unmöglichkeit der Herausgabe** der Sache **aus** einem **anderen Grunde** (z. B. deren Verlieren, Veräußerung, sonstige Weitergabe an Dritte, Tatbestände der §§ 946 ff. BGB).

(3) Haftungsauslösungsmoment: Rechtshängigkeit (§ 989 BGB)
Die Haftung aus § 989 BGB setzt voraus dass das verschlechternde etc. Verhalten des unrechtmäßigen Besitzers **nach Rechtshängigkeit** stattgefunden hat. Unter der Rechtshängigkeit – Sie wissen es längst – versteht man die Zustellung der Herausgabeklage (§ 261 ZPO). Lesen Sie vorsorglich erneut Teil 3 D!

(4) Verschulden
Wenn der unrechtmäßige Besitzer für den Schaden „verantwortlich (sein soll), der dadurch entsteht, dass … die Sache verschlechtert wird, untergeht oder aus einem anderen Grund von ihm nicht herausgegeben werden kann", muss ihn weiterhin ein **Verschulden** treffen (§ 276 BGB). Natürlich ist jetzt § 278 BGB anwendbar, denn mit der Inbesitznahme und dem Vorliegen des Haftungsauslösungsmoments ist das gesetzliche Schuldverhältnis entstanden, innerhalb dessen § 278 BGB – wie Sie ja längst wissen – angewendet werden kann.

Es gilt die **Verschuldensvermutung** des **§ 280 Abs. 1 S. 2 BGB**. Sie sollten daher nur bei verschuldensrelevanten Sachverhaltsangaben die Verschuldensfrage problematisieren.

Wenn dies nötig ist, dürfen Sie nicht in jeder Abnutzung der Sache ein schuldhaftes Verhalten sehen, auch nicht in der Realisierung einer im bestimmungsgemäßen Gebrauch angelegten Gefahr (Verkehrsunfall bei Kfz). Die Weggabe an Dritte, auch die an den Oberbesitzer aufgrund einer schuldrechtlichen Verpflichtung ist dagegen verschuldet.

(5) Schadensersatz

**Zu ersetzen** ist nach §§ 249 ff. BGB der **im Schutzbereich** des **§ 989 BGB liegende**, also „im inneren Zusammenhang" mit der Verschlechterung oder der Unmöglichkeit der Herausgabe stehende, **Schaden**.

Nicht im **Schutzbereich der Norm des § 989 BGB** liegen z. B. die Rechtsverfolgungskosten, ebenfalls nicht – und das wird sehr leicht verkannt – der Vorenthaltungsschaden (argec. §§ 990 Abs. 2, 286 ff. BGB) **(sub cc))**.

Die **Schadensberechnung** erfolgt nach den §§ 249 ff. BGB, so dass auch 252 BGB (entgangener Gewinn) und § 255 BGB (dazu später mehr) Anwendung finden. Bei Gattungssachen kann die Leistung einer anderen Sache verlangt werden. Bei Sicherungseigentum besteht der Schaden des Eigentümers nur in Höhe des ihm verloren gegangenen Sicherungsinteresses. Bei Abnutzungsschäden werden diese um die eventuell nach § 987 BGB herauszugebenden Gebrauchsvorteile (dazu später) gekürzt.

Ein hinterhältiges Klausurproblem ist die Frage, ob der Schadensersatzanspruch aus § 989 BGB entfällt, wenn der Eigentümer die Verfügung des nichtberechtigten unrechtmäßigen Besitzers genehmigt, um nach § 816 Abs. 1 S. 1 BGB – dazu später mehr – nach § 185 Abs. 2 S. 1 Var. 1 BGB genehmigt, um den Veräußerungserlös geltend zu machen. Der BGH verneint dies!

bb) Haftung des bösgläubigen unrechtmäßigen Besitzers (§§ 989, 990 BGB)

Das Prüfungsschema für einen Anspruch aus §§ 989, 990 BGB ist identisch mit dem des eben dargestellten § 989 BGB. Daher wird Bezug genommen auf die vorstehenden Ausführungen zum Erfordernis der Vindikationslage **(sub aa) (1)**, zum schädigenden Verhalten **(sub aa) (2)**, zum Verschulden **(sub aa) (4)** und zum Schadensersatz **(sub aa) (5)**.

Hier geht es **nur noch** um die Frage der Voraussetzungen des **Haftungsauslösungsmoments** der **Bösgläubigkeit (sub (1) – sub (5))** und um die Möglichkeit einer Haftungserweiterung für Zufall **(sub (6))**. Hier stellen sich diverse Fragen, die man wie folgt strukturieren kann.

(1) Bezugspunkt der Bösgläubigkeit

Zunächst ist selbstverständlich, dass sich die für § 990 BGB erforderliche **„Bösgläubigkeit"** auf das **Fehlen** des **Besitzrechts** bezieht.

Es wäre also falsch, hier – gewissermaßen als „bedingter Reflex" – blindlings (z. B. dem Vorbild des § 932 BGB folgend) das Fehlen des guten Glaubens an das Eigentum zu prüfen!

**Aber**, lesen Sie den letzten Satz genau, es heißt dort nur, dass Sie dies **„nicht blindlings"** tun sollten; das schließt nicht aus, dass dies nicht doch erforderlich sein könnte.

(a) Bei einer Person, die die Sache als „ihm gehörend", also als **„Eigenbesitzer"**, besitzt **(§ 872 BGB)**, geht es, weil die Annahme eines Besitzrechts bei einem Eigenbesitzer auf der Vorstellung beruht, Eigentümer zu sein, bei der Frage nach der „Bösgläubigkeit" um seinen **Kenntnisstand hinsichtlich** seines **fehlenden Eigentums**.

(b) Beim **„Fremdbesitzer"** hingegen, also einer die Sache nicht als ihm gehörend, sondern für einen anderen, also z. B. als Vorbehaltskäufer, Mieter, Pächter, Nießbraucher, besitzenden Person **(argec. § 872 BGB)** kommt es auf den **Mangel seines Besitzrechts gegenüber** dem **Eigentümer** an.

(2) Zeitpunkt der Bösgläubigkeit

Die **Bösgläubigkeit** kann bereits beim **Erwerb des Besitzes** vorliegen; bösgläubig kann man aber auch **erst nach** (zunächst gutgläubigem) **Besitzerwerb** werden.

(a) Um **beim Erwerb** des **Besitzes** bösgläubig zu sein, muss der Besitzer **vorsätzlich oder grob fahrlässig** hinsichtlich seines **fehlenden Rechtes zum Besitz** sein (§§ 990 Abs. 1 S. 1, 932 Abs. 2 BGB), also erkannt haben bzw. infolge grober Fahrlässigkeit verkannt haben, dass man (so der Eigenbesitzer) nicht der Eigentümer ist, bzw. (so der Fremdbesitzer), dass man kein Recht zum Besitz gegenüber dem Eigentümer hat. Eine spätere grobfahrlässige Unkenntnis schadet nicht (argec. § 990 Abs. 1 S. 2 BGB).

(b) Ein anfänglich gutgläubiger unrechtmäßiger Besitzer kann jedoch auch aus §§ 989, 990 BGB haften, wenn er **nach** erfolgtem **Besitzerwerb positive Kenntnis** über das **Fehlen** seines **Besitzrechts erlangt** hat (§ 990 Abs. 1 S. 2 BGB). Von einer solchen positiven Kenntnis ist bereits dann auszugehen, wenn der Besitzer über sein fehlendes Recht zum Besitz so aufgeklärt worden ist, dass sich ein redlich Denkender der Überzeugung seiner Nichtberechtigung nicht verschließen würde.

(3) Person des Bösgläubigen

Im Regelfall wird der Besitzer die tatsächliche Sachherrschaft ausüben (§ 854 BGB); es gibt aber auch Fälle des Besitzes ohne tatsächliche Sachherrschaft (§ 857 BGB).

(a) Bei Besitz aufgrund tatsächlicher Sachherrschaft muss grundsätzlich der **unrechtmäßige Besitzer selbst** bösgläubig sein. Bei **natürlichen Personen** gibt es da keine Probleme. **Juristische Personen** und **rechtsfähige Gesellschaften** besitzen selbst durch ihre **Organe** bzw. **geschäftsführenden Gesellschafter**. Deren Bösgläubigkeit wird Ihnen nach § 31 BGB zugerechnet.

(b) Eine Ihnen bereits bekannte Besonderheit ist, dass der **Erbe** nach § 857 BGB **ohne Ergreifung** der tatsächlichen **Sachherrschaft** allein infolge des Erbfalls den Besitz erlangt, und zwar so wie ihn der Erblasser innehatte; also ist der Erbe „bösgläubig", wenn bereits der Erblasser „bösgläubig" war. Die Ansprüche aus §§ 989, 990 BGB gegen den Erben sind lediglich Nachlassverbindlichkeiten (dazu später mehr). **Bei Ergreifung** der tatsächlichen **Sachherrschaft** durch den Erben nach § 854 BGB ist die über § 857 BGB „ererbte" Bösgläubigkeit unmaßgeblich, und es kommt auf den Kenntnisstand des Erben an. Eventuelle Ansprüche aus §§ 989, 990 BGB treffen dann den Erben persönlich.

(4) Bösgläubigkeit Minderjähriger

Bei der Frage, ob **Minderjährige bösgläubig** sein können, ist umstritten, ob die **§§ 107 ff. BGB** oder ob **§ 828 BGB** den Maßstab für die Bösgläubigkeit abgeben. Teilweise wird generell auf den Maßstab des § 828 BGB abgestellt, teilweise wird differenziert danach, wie der unrechtmäßige Besitz erlangt wurde: Wenn dies durch Delikt geschah, soll § 828 BGB gelten, so dass es auf die Einsichtsfähigkeit ankommt. Bei einem rechtsgeschäftlichen Erwerb sollen dagegen die §§ 107 ff. BGB Anwendung finden. Das überzeugt.

**Fall 646**

Dem E ist durch D eine Sache (S 1) gestohlen worden. Der D hat sie an den K verkauft und übergeben und übereignet. Der K hatte den D für den Eigentümer gehalten. Der K hat die Sache dann rechtswidrig und schuldhaft beschädigt. Der E will von ihm Schadensersatz in Geld.

Der Anspruch 1. ergibt sich nicht aus §§ 989, 990, 276, 249 Abs. 2 S. 1 BGB, weil der unrechtmäßige Besitzer K weder bösgläubig noch verklagt war. 2. Ein Anspruch aus § 823 Abs. 1 BGB besteht nicht, weil in einer Vindikationslage die §§ 989 ff. BGB die Sekundäransprüche des Eigentümers auf Schadensersatz gegen den unrechtmäßigen Besitzer speziell und ausschließlich regeln (§ 993 Abs. 1 2. HS BGB) und speziell § 992 BGB, der den Zugang zu § 823 BGB öffnet, nicht vorliegt.

(5) Zurechnung der Bösgläubigkeit eines Besitzdieners

Von recht großer (Klausur-)Bedeutung sind schließlich die Fälle, in denen es um die Bösgläubigkeit eines Besitzherren geht, der zum **Besitzerwerb einen Besitzdiener (§ 855 BGB) eingeschaltet** hat.

Zunächst einmal muss man sich klarmachen, dass die Gutgläubigkeit des Besitzdieners dem seinerseits bösgläubigen Besitzherrn nicht zugutekommt.

**Fall 647**

Der Eigentümer E verleiht eine Sache an den L, der sie unterschlägt und an den bösgläubigen K verkauft und übereignet. Zum Zwecke der Übereignung übergibt der L die Sache dem redlichen Angestellten A des K. Der nachlässige A zerstört sie sodann schuldhaft. Der E verlangt Schadensersatz in Geld von K.

1. Der Anspruch kann sich aus §§ 990, 989, 249 Abs. 2 S. 1 BGB ergeben. a) Dann müsste zwischen dem E und dem K eine Vindikationslage bestanden haben. aa) Der E war Eigentümer und ist es wegen der Bösgläubigkeit des K geblieben. bb) Der K war Besitzer durch den Besitzdiener A (§ 855 BGB). cc) Der K hatte kein Recht zum Besitz nach § 986 BGB: kein eigenes und auch kein abgeleitetes, weil der L ihm die Sache nicht verkaufen durfte. b) Der K müsste bösgläubig wegen seines fehlenden Rechts zum Besitz gewesen sein: Er selbst war bösgläubig; der gute Glaube des A nützt ihm nichts. c) Die Sache müsste aa) verschlechtert etc. worden sein (das ist der Fall), bb) und zwar infolge eines Verschuldens des K; aaa) dieser selbst hat nicht schuldhaft gehandelt, bbb) wohl aber der A, dessen Verhalten sich der K innerhalb des hier bestehenden gesetzlichen Schuldverhältnisses aus §§ 989, 990 BGB nach § 278 BGB zurechnen lassen muss. 2. Ein Anspruch aus § 831 BGB ist ausgeschlossen (§ 993 Abs. 1 2. HS BGB).

Die einzig interessante Frage ist die nach der Zurechnung einer Unredlichkeit des Besitzdieners bei Gutgläubigkeit des Besitzherrn. Hier wird z.Tl. generell **§ 166 Abs. 1 BGB analog** angewendet, oder jedenfalls dann, wenn der Besitzdiener selbstständig handeln durfte und er im Rahmen der ihm zur freien Entscheidung zugewiesenen Tätigkeit gehandelt hat (BGH). Oder man kann auch hier in der Weise **differenzieren**, dass immer dann, wenn sich das Recht zum Besitz aus einem Rechtsgeschäft ergeben soll, **§ 166 Abs. 1 BGB analog**, sonst aber **§ 831 BGB analog** angewendet werden soll. Schließlich kann man generell **§ 831 BGB analog** anwenden Ein buntes Spektrum an Meinungen – aber i. d. R. sind die Ergebnisse identisch.

**Fall 648**

Der anstelle eines erkrankten Kollegen auf eine Baustelle geschickte Maurer M des U nimmt eine dort herumstehende Zement-Mischmaschine des E, der vorher auf der Baustelle tätig gewesen war und die Mischmaschine noch nicht abgeholt hatte, an sich und arbeitet mit ihr, obwohl es sich ihm aufgrund von kritischen Bemerkungen anderer Handwerker aufdrängte, dass die Maschine nicht dem U gehörte. Dabei beschädigt der M sie. Der E verlangt von U Schadensersatz.

Der Anspruch kann sich 1. aus §§ 990, 989, 249 Abs. 2 S. 1 BGB ergeben. a) Dann müsste zwischen dem E und dem U zZt. Der Beschädigung eine Vindikationslage bestanden haben. aa) Der E war Eigentümer. bb) Der U war Besitzer durch den Besitzdiener M (§ 855 BGB). cc) Der U hatte kein Recht zum Besitz nach § 986 BGB. b) Der U müsste bösgläubig wegen seines fehlenden Rechts zum Besitz gewesen sein: aa) Er selbst war gutgläubig. bb) Bösgläubig i. S. d. § 932 Abs. 2 BGB aaa) war der grobfahrlässige M. bbb) Der U muss sich dies zurechnen lassen. aaaa) Natürlich greift insoweit nicht § 278 BGB ein, der eine Verschuldens- und keine Wissenszurechnung regelt und auch nicht § 278 BGB analog, weil zum maßgeblichen Zeitpunkt noch kein Schuldverhältnis existiert, sondern es um die Frage geht, ob ein solches aufgrund einer Bösgläubigkeit entsteht. bbbb) Eine Zurechnung wäre aber nach § 166 Abs. 1 BGB möglich: aaaaa) Wer pauschal § 166 Abs. 1 BGB anwendet, kommt zur Zurechnung bbbbb) ebenso wer § 166 Abs. 1 BGB auch bei einer dem Vertreterhandeln ähnlichen freien Entschließungskraft des Besitzdieners abstellt, denn Handwerker – wie der M – haben auf der Baustelle bei derlei Fragen freie Entscheidungsmacht. cccc). Aber auch wer generell oder bei nicht-rechtsgeschäftlichem Handeln § 831 Abs. 1 BGB analog anwenden will, kommt mangels einer Exculpation des U für M zu einer Zurechnung der Bösgläubigkeit des Besitzdieners M. c) Die Sache ist verschlechtert worden, bb) und zwar infolge eines Verschuldens des M, das sich der U nach § 278 BGB zurechnen lassen muss. Also muss der U Schadensersatz leisten. 2. Ein Anspruch aus § 831 Abs. 1 Abs. 1 BGB besteht nicht, weil in einer Vindikationslage die §§ 989 ff. BGB die Sekundäransprüche des Eigentümers auf Schadensersatz gegen den unrechtmäßigen Besitzer speziell und ausschließlich regeln (§ 993 Abs. 1 2. HS BGB) und speziell § 992 BGB, der den Zugang zu §§ 823 ff. BGB öffnet, nicht vorliegt.

**Fall 649**

Der Eigentümer E verleiht eine Sache an den L, der sie unterschlägt und an den gutgläubigen K für € 5000,– verkauft. Zum Zwecke der Übereignung wird die Sache dem bösgläubigen leitenden Angestellten A, der bis zu Preisen von € 10.000,– selbstständig für den Einkauf zuständig ist, übergeben. Später zerstört der A die Sache schuldhaft. Der E will Ersatz von K.

Der Anspruch kann 1. sich aus §§ 990, 989 BGB ergeben. a) Dann müsste zwischen E und K eine Vindikationslage bestanden haben. aa) Der E war Eigentümer und ist es trotz der Gutgläubigkeit des K geblieben, denn der K muss sich die Bösgläubigkeit des A zurechnen lassen (§ 166 Abs. 1 BGB). bb) Der K war Besitzer durch den Besitzdiener A (§ 855 BGB). cc) Der K hatte kein Recht zum Besitz nach § 986 BGB, und zwar selbstverständlich kein eigenes, aber auch kein abgeleitetes Recht zum Besitz (§ 986 Abs. 1 S. 1 Var. 2 BGB), weil der L zwar die Sache zu Recht besaß, er sie aber keinem Dritten nach Veräußerung überlassen durfte. b) Der K müsste bösgläubig wegen seines fehlenden Rechts zum Besitz gewesen sein: aa) Er selbst war gutgläubig. bb) Fraglich ist, ob der böse Glaube des A ihm angelastet werden muss. *Begründen Sie selbst*, dass auch hier nach allen Ansichten das „Haftungsauslösungsmoment" der Bösgläubigkeit gegeben. c) Die Sache müsste aa) verschlechtert etc. worden sein; das ist der Fall; bb) dies beruhte aaa) allerdings nicht auf einem Verschulden des K. bbb) sondern auf einem Verschulden des A. Dies muss sich der K nach § 278 BGB zurechnen lassen. Also muss der K Schadensersatz leisten. 2. Ein Anspruch aus § 831 Abs. 1 BGB besteht nicht, weil in einer Vindikationslage die §§ 989 ff. BGB die Sekundäransprüche des Eigentümers auf Schadensersatz gegen den unrechtmäßigen Besitzer speziell und ausschließlich regeln (§ 993 Abs. 1 2. HS BGB) und speziell § 992 BGB, der den Zugang zu § 823 ff. BGB öffnet, nicht vorliegt.

#### (6) Haftungserweiterung für Zufall (§§ 990 Abs. 1, 2, 287 BGB)

Mit den zuvor erörterten Fragen nichts zu tun hat die vom Gesetz für den bösgläubigen (nicht für den verklagten!) geschaffene Möglichkeit einer Schadensersatzhaftung für zufälligen Untergang der herauszugebenden Sache aus §§ 989, 990 Abs. 1, 2, 287 BGB. Dazu lesen Sie sogleich mehr **sub cc)).**

### cc) Weitergehende Haftung des bösgläubigen unrechtmäßigen Besitzers wegen Verzuges (§§ 989, 990 Abs. 2, 280 Abs. 1, 2 286 ff. BGB auf Ersatz des Vorenthaltungsschadens und Haftungserweiterung auf Zufall (§ 287 BGB)

Durch die Vorschrift des **§ 990 Abs. 2 BGB** wird die **Haftung** des bösglaubigen Besitzers im doppelten Sinne **erweitert**.

Bevor wir dies konkretisieren, müssen Sie sich klar machen, dass der nach §§ 989, 990 BGB zu ersetzende Schaden nicht den **Vorenthaltungsschaden** umfasst. Man könnte nun daran denken, die §§ 280 Abs. 1, 2, 286 BGB unmittelbar auf die §§ 985 ff. BGB anzuwenden. Dass grundsätzlich auch im Rahmen des Eigentümer-Besitzerverhältnisses das Allgemeine Schuldrecht gilt (denken Sie z. B. an die Anwendbarkeit der §§ 276, 278, 280 Abs. 1 S.2 BGB!), versteht sich von selbst, denn bei den §§ 987 ff. BGB handelt es sich schließlich um ein gesetzliches

Schuldverhältnis; und aufgrund des „Ausklammerungsprinzips“ des BGB gilt der Allgemeine Teil des Schuldrechts (also die §§ 241 ff. BGB) im Prinzip für alle Schuldverhältnisse, seien es rechtgeschäftliche Schuldverhältnisse oder gesetzliche Schuldverhältnisse, seien sie im Schuldrecht geregelt, wie z. B. in den §§ 433f, 535 ff. BGB etc./§§ 677 ff. BGB oder §§ 823 ff. BGB, im Erbrecht, Familienrecht oder im Sachenrecht wie in den §§ 987 BGB. Dies alles gilt aber nicht schrankenlos, denn es gilt auch der Satz „lex specialis derogat lex generalis“ („derogat“ = frei übersetzt: erklärt für unanwendbar). Und deshalb ist die Anwendbarkeit der Normen des Leistungsstörungsrechts im Rahmen der §§ 987 ff. BGB nicht erlaubt. Denn die §§ 987 ff. BGB sind „legi speciali“, die die Anwendbarkeit der „legi generali“ ausschließt. Was den Vorenthaltungsschaden angeht, hat der Gesetzgeber aber in § 990 Abs. 2 BGB eine (die vorstehenden Ausführungen bestätigende, wieso?) Ausnahme gemacht: Nach § 990 Abs. 2 BGB soll eine „weitergehende Haftung des Besitzers wegen Verzuges … unberührt“ bleiben. Aber beachten Sie, dass dies ausweislich der Einordnung in den § 990 BGB nur für den bösgläubigen Besitzer gilt!

Was also sind die Folgen?

Zum einen wird die **Schadensersatzpflicht** in § 990 Abs. 2 BGB dadurch erweitert,

- dass es – Sie lasen es soeben – eine **Schadensersatzhaftung** des **unrechtmäßigen** und **bösgläubigen Besitzers wegen Verzuges** auf Ersatz des **Verzugsschadens** aus §§ 280 Abs. 2, 286 BGB gibt.

**Fall 650**

Der bösgläubige B hat von dem Hehler H das Bild „Der Schrei“ von Edvard Munch erworben, das zuvor der Räuber R dem Museum E in Oslo geraubt hatte und an den H veräußert hatte. Als der E es von B herausverlangt, lehnt der B die Herausgabe ab. Als das Bild auch jetzt nicht von B herausgegeben wird, beauftragt der E den Rechtsanwalt R. Dieser entwirft eine Klageschrift und schickt dem B davon einen Entwurf und kündigt die Klagerhebung an. Jetzt resigniert der B und gibt das Bild an den E heraus. Der E verlangt Ersatz für die von ihm zu entrichtenden Rechtsanwaltsgebühren (§§ 675, 611 Abs. 1 BGB i. V. m. § 6 RVG i. V. m. dem Vergütungsverzeichnis).

Der Anspruch ergibt sich aus §§ 280, 286 Abs. 2 Nr. 4, 990 Abs. 2, 985 BGB, denn der B war als deliktischer Besitzer (er war Hehler) automatisch in Verzug: „Fur semper in mora“.

**Variante**

Der E hätte das Bild, wenn der B es herausgegeben hätte, an den Aussteller E.X. Hibit, der es in einer Gemäldeausstellung zeigen wollte, vermietet. Der E verlangt von B Ersatz in Höhe der entgangenen Miete.

Der Anspruch auf nicht gezogene und nur vom Eigentümer ziehbare Früchte ergibt sich 1. nicht aus §§ 987, 990 BGB, aber 2. aus §§ 280, 286 Abs. 2 Nr. 4,

990 Abs. 2, 985 BGB. (Dazu später noch einmal mehr bei den Nutzungsherausgabeansprüchen)

- Bei dieser Gelegenheit: Sie werden demnächst (a) von einer weitere Konstellation erfahren, bei der – gewissermaßen als „dogmatischer Kollateralschaden" – in einer Vindikationslage der Verzugsschaden zu ersetzen ist („ungeregelter Fremdbesitzerexzess". (b) Geradezu zu einem, die schadensbegrenzende Norm des § 990 Abs. 2 BGB hinwegspülenden Dammbruch käme es, wenn man die § 823 ff. BGB generell bei unrechtmäßigem bösgläubigen Besitz anwenden würde, wie von namhaften Stimmen vorgeschlagen wird; ob das haltbar ist, werden wir noch erörtern müssen **(sub ee))**.
- Aber erst einmal wieder zurück zu § 990 Abs. 2 BGB: Und zum anderen findet über **§ 990 Abs. 2 BGB** beim **unrechtmäßigen** und **bösgläubigen Besitzer** der **§ 287 S. 2 BGB** Anwendung auf den bösgläubigen unrechtmäßigen Besitzer, mit der Folge, dass auch für den zufälligen Untergang gehaftet wird. Insoweit wird auf die unmittelbar davor zu lesenden Ausführungen **sub bb) (6)** verwiesen.

**Variante**

Das Bild wird durch einen ohne Verschulden des B entstandenen Brand zerstört. Der E verlangt Schadensersatz.

Der Anspruch ergibt 1. sich aus §§ 989, 990 Abs. 2, 985, 287 S. 2 BGB und 2. aus §§ 992, 823 Abs. 2 BGB i. V. m. § 259 StGB, i. V. m. § 848 BGB

Wenn zuvor zu lesen war, dass die Regeln des Allgemeinen Schuldrechts, was das Leistungsstörungsrecht angeht, nicht ohne besondere gesetzliche Verweisung angewendet werden dürfen, namentlich auch nicht die §§ 280 Abs. 1, 2, 286 BGB, so dürfen wir aber **„das Kind nicht mit dem Bade ausschütten"**: Wenn bereits entstandene Schadensersatzansprüche aus §§ 989 ff. BGB und – dazu alsbald – aus §§ 987 BGB Ansprüche auf Herausgabe von Nutzungen verspätet erfüllt werden, besteht natürlich ein Anspruch auf Ersatz des Verzögerungsschadens aus §§ 280 Abs. 1, 2, 286 BGB.

#### dd) Haftung für den Fremdbesitzerexzess des gutgläubigen und unverklagten unrechtmäßigen Besitzers (§ 991 Abs. 2 BGB)

Das waren die Ausführungen zu den Schadensersatzansprüchen des Eigentümers gegen den verklagten unrechtmäßigen Besitzer aus § 989 BGB **(sub aa))** bzw. gegen bösgläubigen unrechtmäßigen Besitzer aus §§ 898, 990 BGB (erweitert durch eine Zufallshaftung im Falle eines Schuldnerverzuges des unrechtmäßigen Besitzers nach §§ 990 Abs. 2, 287 BGB) **(sub bb))** und die Ausführungen zum Anspruch aus §§ 990 Abs. 2, 280 Abs. 1, 2, 286 BGB) auf Ersatz des Vorenthaltungsschadens **(sub cc))**. Das passte auch alles gut zu dem rechtspolitischen Hintergrund der §§ 987 ff. BGB, denen zufolge eine Haftung des unrechtmäßigen Besitzers nur bei bestimmten Haftungsauslösungsmomenten gegeben ist.

Auf den ersten Blick völlig **überraschend** wird § 989 BGB bei einer bestimmten Fallkonstellation aber auch ohne die Haftungsauslösungsmomente (Rechtshängigkeit/Bösgläubigkeit) durch § 991 Abs. 2 BGB anwendbar gemacht **(„Fremdbesitzerexzess")**.

Hiernach ist gemäß **§§ 991 Abs. 2, 989 BGB** der gutgläubige und der (vom Gesetz nicht eigens genannte, aber durch die Bezugnahme auf § 989 BGB ebenfalls gemeinte) unverklagte unrechtmäßige Besitzer, der die Sache als Besitzmittler für einen Dritten, den mittelbaren Besitzer nämlich, besitzt und der schuldhaft die Sache verschlechtert, deren Untergang herbeiführt oder der sich sonstwie die Herausgabe verunmöglicht, trotz fehlenden Haftungsauslösungsmoments dem Eigentümer schadensersatzpflichtig, wenn er dem mittelbaren Besitzer, für den er besitzt, schadensersatzrechtlich verantwortlich wäre.

Warum das? Ein solcher unrechtmäßiger Besitzer ist nicht schutzbedürftig, weil er ja selbst davon ausgeht, jemandem, dem mittelbaren Besitzer nämlich, schadensersatzpflichtig zu sein.

Diese für eine Dreier-Beziehung angeordnete Haftung ist ein gesetzlich geregelter Fall des sog. „Fremdbesitzerexzesses".

**Fall 651**

Der V vermietet dem M, der den V für den Eigentümer hält, eine dem E gestohlene bewegliche Sache. Der M beschädigt sie schuldhaft. Der E will von M Schadensersatz.

1. Vertragliche Beziehungen bestehen nicht zwischen dem E und dem M. 2. Ansprüche aus §§ 989, 990 BGB a) setzen eine Vindikationslage voraus. Sie ist gegeben, denn M war dem E zur Herausgabe verpflichtet (§§ 985, 986 BGB). Dass M Fremdbesitzer ist, steht einer Vindikationslage nicht entgegen. b) Aber der M war bei der Beschädigung hinsichtlich seines Rechts zum Besitz gutgläubig und unverklagt, so dass es an einem Haftungsauslösungsmoment fehlt. 3. Weil der M jedoch dem Vermieter V aus §§ 280 Abs. 1, 241 Abs. 2 BGB verantwortlich wäre, ist der M nach § 991 Abs. 2 BGB einem verklagten Besitzer nach § 989 BGB gleichzusetzen. Die ratio legis des § 991 Abs. 2 BGB ist einleuchtend: Der M, der sich aus seiner Sicht dem V gegenüber schadensersatzpflichtig gemacht hat, ist dem E gegenüber nicht schutzbedürftig. 4. Einem Anspruch aus § 823 Abs. 1 BGB steht das Bestehen einer Vindikationslage zwischen dem E und dem M, der kein Recht zum Besitz gegenüber dem E hat, und der Umstand, dass die §§ 989 ff. BGB die Ansprüche des Eigentümers auf Schadensersatz gegen den unrechtmäßigen Besitzer speziell und abschließend regeln (§ 993 Abs. 1 2. HS BGB) entgegen und dass insbesondere § 992 BGB, der den Zugang zu § 823 BGB öffnet, nicht vorliegt.

**Variante**

Der M hat leicht fahrlässig gehandelt. Zwischen dem V und dem M war vereinbart, dass der M für leichte Fahrlässigkeit nicht haften soll.

Diese Haftungsbeschränkung muss der E sich entgegenhalten lassen.

§ 991 Abs. 2 BGB ist übrigens ein juristisches **„Füllhorn"** für denjenigen, der nach **„Klausurproblemen"** sucht: So kann man von Fallbearbeitern die Frage erörtern lassen, ob auch eine eventuell zwischen dem mittelbaren Besitzer und dem unmittelbaren Besitzer wirksam **vereinbarte Zufallshaftung dem Eigentümer zugutekommen** soll. Eine solche Haftungserweiterung ist aber wohl nicht von der ratio legis des § 991 Abs. 2 BGB erfasst. Ein weiteres hübsches Anschlussproblem zu § 991 Abs. 2 BGB ist die Fragestellung, ob der unmittelbare Besitzer, der wegen seiner vermeintlichen Schadensersatzpflicht an den mittelbaren Besitzer leistet, frei wird, obwohl sein Schadensersatzgläubiger aus §§ 991 Abs. 2, 989 BGB doch der Eigentümer ist. Hier werden **§ 851 BGB bzw. § 893 BGB analog** angewendet. Und kann sich dann der Eigentümer an den mittelbaren Besitzer halten? Ja, nach §§ 687 Abs. 2, 681 S. 2, 667 BGB und vor allem nach § 816 Abs. 2 BGB. Lesen Sie eigentlich wirklich immer alle Vorschriften, die hier zitiert werden?

ee) Entgegen § 993 Abs. 1 HS. 2 BGB: Schadensersatz aus § 823 BGB in der „Vindikationslage" (gesetzlich ungeregelter „Fremdbesitzerexzess"/ bösgläubiger unrechtmäßiger Fremdbesitzer)

„Liegen die in den §§ 987 bis 992 bezeichneten Voraussetzungen nicht vor", so ist der Besitzer „im Übrigen weder … noch zum Schadensersatz verpflichtet" **(§ 993 Abs. 1 Hs. 2 BGB**. Dies ist die **„eiserne Regel"**, derzufolge bei **Delikten** des **unrechtmäßigen Besitzers während** einer **Vindikationslage** keine Ansprüche aus § 823 BGB geltend gemacht werden können.

Aber **„keine Regel ohne Ausnahme"**, so „eisern" sie auch sein mag. Nach allgemeiner Rechtsansicht wird beim (gesetzlich ungeregelten) sog. **„Fremdbesitzerexzess"** in **„Zweier-Beziehungen"** die **Anwendbarkeit des § 823 Abs. 1 BGB** als echte Ausnahme von dem oben genannten Prinzip **befürwortet**.

Der Grund ist, dass es eine die Anwendung des § 823 Abs. 1 BGB notwendig machende Lücke im System der §§ 989 ff. BGB gibt, die nur dadurch geschlossen werden kann, indem man einen unrechtmäßigen Besitzer ausnahmsweise in einer Vindikationslage deliktisch haften lässt:

Es handelt sich um

- den gutgläubigen unrechtmäßigen Fremdbesitzer, der sein vermeintliches Besitzrecht überschreitet.

Dass diese Lücke besteht, ergibt eine vergleichende Bewertung der beiden folgenden Fälle (nach Baur-Stürner). Dass man mit der Eröffnung des Deliktsrechts (§ 823 Abs. 1 BGB) in Kauf nimmt, entgegen der Regel des § 990 Abs. 2 BGB einen Schaden, der nicht nur an der Sache entstanden ist, sondern z. B. auch einen

Vorenthaltungsschaden, zu ersetzen, sollte nicht verschwiegen werden; Sie waren übrigens bereits bei der Darstellung des § 990 Abs. 2 BGB auf diesen „dogmatischen Kollateralschaden" hingewiesen worden.

**Fall 652**

Der M mietet bei dem E=V ein diesem gehöriges möbliertes Zimmer und beschädigt dessen Möbel fahrlässig.

Der E=V hätte gegen M Ansprüche aus Schadensersatz aus 1. §§ 280 Abs. 1, 241 Abs. 2 BGB und 2. aus § 823 Abs. 1 BGB.

**Variante**

Der Vermieter E=V war für M unerkennbar geisteskrank.

Der E=V hat 1. mangels eines wirksamen Mietvertrages (§§ 104 Nr. 2, 105 BGB) a) keinen Anspruch aus §§ 280 Abs. 1, 241 Abs. 2 BGB; b) es soll jedoch gleichwohl ein Anspruch aus §§ 280 Abs. 1, 311 Abs. 2 BGB aus einer Vertrauenshaftung (Canaris) gegeben sein. 2. Da es um einen Schadensersatzanspruch des Eigentümers gegen den unrechtmäßigen Besitzer wegen einer Verschlechterung einer nach § 985 BGB herauszugebenden Sache in einer Vindikationslage geht, müssen von Ihnen auch die Voraussetzungen der §§ 989, 990 BGB geprüft werden: Zwar hat der unrechtmäßige Besitzer M die Sache fahrlässig beschädigt, es fehlt aber am Haftungsauslösungsmoment: Der M ist nicht verklagt oder bösgläubig. 3. Aus § 823 BGB würde der M nach dem gesetzlichen System nur dann (arge. §§ 993 Abs. 1 2. HS, 992 BGB) haften, a) wenn eine deliktische Handlung vor oder bei Besitzerwerb vorliegt, was nicht der Fall ist, b) oder wenn § 992 BGB gegeben wäre, was ebenfalls nicht der Fall ist, denn es fehlt an einer Straftat und auch an einer besitzverschaffenden verbotenen Eigenmacht des M (§ 858 Abs. 1 BGB). c) Weil der unrechtmäßige Besitzer M somit besser stünde als ein aufgrund eines Mietvertrages berechtigt besitzender Mieter, der aus § 823 Abs. 1 BGB Schadensersatz schulden würde, soll es ein Wertungswiderspruch sein, § 823 Abs. 1 BGB nicht auch auf den unberechtigten Besitzer, der sein vermeintliches Besitzrecht überschreitet, anzuwenden. Folgt man dem, kann man den Wertungswiderspruch nur dadurch vermeiden, dass man dem E=V gegen den M, der sein vermeintliches Besitzrecht schuldhaft überschritten hat, einen Schadensersatzanspruch aus § 823 Abs. 1 BGB zuerkennt.

- Muss man aber dem nicht entgegenhalten, dass durch diese Konstruktion die Vorschrift des § 991 Abs. 2 BGB überflüssig wird. Dabei würde man verkennen, dass die Norm § 991 Abs. 2 BGB für „Dreier-Beziehung" konzipiert ist und ihre Bedeutung behält für die Fälle, in denen zwischen dem unmittelbaren Besitzer und dem mittelbaren Besitzer eine Haftungsbeschränkung vereinbart worden ist oder die Haftung gesetzlich gemildert ist (vgl. z. B. 708, 1359, 1664 BGB).

Es wurde schon angedeutet: Der **dogmatischen Konstruktionslust** ist wirklich **nichts heilig**! Das Sprichwort „Wenn man dem Teufel den kleinen Finger reicht, nimmt er gleich die ganze Hand" hat auch hier Bedeutung. In der Wissenschaft wird nämlich in Weiterführung der Entwicklung des „Fremdbesitzerexzesses" aufgrund eines „a minore ad maius" (=erst recht)-„Schlusses" die Ansicht vertreten, dass ganz generell der **bösgläubige unrechtmäßige Fremdbesitzer** aus § 823 Abs. 1 BGB haften soll. Der Sinn dieser hier zur Diskussion gestellten Konstruktion ist, mittels des § 823 Abs. 1 BGB auch den Vorenthaltungsschaden als äquivalent und adäquat kausalen und im Schutzbereich des § 823 Abs. 1 BGB liegenden Verletzungsfolgeschaden ersatzfähig zu machen. Eine weitere Folge wäre eine Zufallshaftung (§ 848 BGB). Die h.M. (BGH) ist dieser Verlockung bisher nicht erlegen, sondern beharrt im Wege des Umkehrschlusses aus § 990 Abs. 2 BGB darauf, dass der bösgläubige Besitzer nur im Falle des Verzuges den Vorenthaltungsschaden nach §§ 280 Abs. 2, 286 BGB zu ersetzen und für Zufall (§ 287 BGB) zu haften hat. Und schließlich sollte man im Auge behalten, dass in der Vindikationslage allein im Falle des § 992 BGB das „Tor zum Deliktsrecht" aufgestoßen werden soll (dazu sogleich mehr).

**Variante**

Der M weiß, dass der E=V geisteskrank ist.

1. Der bösgläubige M haftet aus §§ 989, 990 BGB. 2. Wenn man aber sogar den gutgläubigen unrechtmäßigen Fremdbesitzer, der sein vermeintliches Besitzrecht überschreitet, nach § 823 BGB haften lässt („Fremdbesitzerexzess"), dann muss das erst recht für den bösgläubigen unrechtmäßigen Fremdbesitzer gelten. 3. Teilweise wird sogar angenommen, dass es als weitere Ausnahme von dem oben genannten Prinzip generell für die Anwendung des § 823 Abs. 1 BGB genügen soll, dass der unrechtmäßige Besitzer bösgläubig ist, weil er anderenfalls besser stünde als ein nicht besitzender Deliktstäter; die ganz h.M. lehnt das jedoch ab.

##### ff) Schadensersatz aus §§ 992, 823 ff. BGB

Eine gesetzlich geregelte Durchbrechung des soeben noch einmal hochgehaltenen und dann doch in der Fallkonstellation des „Fremdbesitzexzesses" durchbrochenen Grundsatzes („Keine Ansprüche aus §§ 823 ff. BGB in der Vindikationslage") ist § 992 BGB, demzufolge ein unrechtmäßiger Besitzer nur unter bestimmten Voraussetzungen dem Eigentümer nach den Vorschriften über die unerlaubte Handlung haften soll.

Bevor wir uns mit dem § 992 BGB selbst befassen, sollten wir uns verdeutlichen, dass man bei der Frage eines **Schadensersatzanspruchs** des **Eigentümers** gegen den **unrechtmäßigen Besitzer** aus **§ 823 ff. BGB** sorgfältig **differenzieren** muss:

(a) Dass § 823 BGB angewendet werden darf, wenn das **Delikt vor** der **Besitzergreifung** liegt, ist selbstverständlich.

(b) Auch dann; wenn lediglich ein Fall einer **deliktische Inbesitznahme** einer Sache vorliegt (Medicus: **„Erlangungsdelikt"**) und keine weitere Eigentumsverletzung in der Zeit des unrechtmäßigen Besitzes hinzutritt, geht es nur um

§§ 823 ff. BGB, ohne dass man auf § 992 BGB abstellen müsste. Andere machen die §§ 823 ff. BGB auch beim Erlangungsdelikt nur über § 992 BGB zugänglich und betonen, dass § 848 BGB überhaupt nur anwendbar sei, wenn die Besitzergreifung ein Delikt sei (z. B. Palandt).

(c) Vorziehen sollte man die Ansicht, die § 992 BGB nur in den Fällen, in denen ein unrechtmäßiger Besitzer in einer bereits bestehenden Vindikationslage (§§ 985, 986 BGB) eine Eigentumsverletzung begangen hat (Medicus: **„Verwaltungsdelikt"**), heranzieht, um einen deliktischen Anspruch aus den §§ 823 ff. BGB zu ermöglichen. Das Gesetz bejaht ihn, wenn die Vindikationslage dadurch begründet wurde, dass der Besitzer sich den Besitz „durch verbotene Eigenmacht oder durch eine Straftat" verschafft hat **(§ 992 BGB)** mit den Worten „so haftet er dem Eigentümer nach den Vorschriften über den Schadensersatz wegen unerlaubter Handlungen". Hierbei ist streitig, ob § 992 BGB eine eigenständige Anspruchsgrundlage mit einer **„Rechtsfolgenverweisung"** auf §§ 823 ff. BGB ist, oder ob es sich – wie überwiegend angenommen wird – bei § 992 BGB um eine **„Rechtsgrundverweisung"** auf §§ 823 ff. BGB handelt.

(aa) Als – wie auch immer man die vorherige Frage beantwortet – von §§ 992 BGB vorausgesetzte **besitzverschaffende Straftaten** kommen alle Vermögensdelikte in Betracht: §§ 242 ff., 249–253, 259, 263 StGB.

(bb) Was **die besitzverschaffende verbotene Eigenmacht** angeht, so ist vieles streitig: So wird von der ganz herrschenden Meinung wegen der durch § 992 BGB vorgenommenen Gleichstellung einer „verbotener Eigenmacht" mit einer „Straftat" zur Vermeidung eines Wertungswiderspruchs im Wege der „teleologischen Reduktion" des § 992 BGB überwiegend verlangt, dass auch die – an sich verschuldensunabhängige (lesen Sie noch einmal § 858 BGB!) – verbotene Eigenmacht **schuldhaft** begangen sein müsse, wobei innerhalb dieser Ansicht zusätzlich umstritten ist, ob nicht sogar Vorsatz notwendig sei, weil die Erfüllung der zur Besitzverschaffung führenden Straftatbestände auch nur vorsätzlich verwirklicht werden können.

Hier soll, was die Frage der **besitzverschaffenden verbotenen Eigenmacht** ein **anderer Vorschlag** gemacht werden, bei dem man sich „in guter Gesellschaft" (Medicus) befindet.

- Nach dem **Wortlaut** des Gesetzes kommt es nicht darauf an, dass – wie die h.M. (wegen der im Gesetz vorgenommenen Gleichstellung dieses Merkmals mit den Straftaten) annimmt – die verbotene Eigenmacht zusätzlich auch schuldhaft war. Der Wortlaut beruht auch nicht auf einem vom Rechtsanwender zu korrigierenden Redaktionsversehen.
- Auch **systematische Überlegungen** sprechen gegen die vorgenannte Lehre. Wenn man zum einen verlangt, dass die verbotene Eigenmacht ihrerseits schuldhaft war, also auch diese Form der Besitzbegründung regelmäßig ein Delikt darstellt, würde – wie oben klargestellt – die Sperrwirkung des Eigentümer-Besitzer-Verhältnisses gar nicht eingreifen; denn der deliktische Besitzbegründer haftet beim „Erlangungsdelikt" ohne weiteres aus §§ 823 ff., 848 BGB. Es kann aber nicht angenommen werden, dass § 992 BGB geschaffen worden ist, um diese Selbstverständlichkeit überflüssigerweise noch einmal auszusprechen.

- Und schließlich sprechen **teleologische Überlegungen** dafür, den Sinn des § 992 BGB in einer „Entprivilegierung" nicht nur des Straftäters, sondern auch des (auch schuldlos) in verbotener Weise eigenmächtig den Besitz Ergreifenden zu sehen.

Und zugleich folgen wir der h.M., die in § 992 BGB eine **„Rechtsgrundverweisung"** auf §§ 823 ff. BGB sieht, so dass das „Verwaltungsdelikt" den vollen Tatbestand eines der Deliktstatbestände verlangt.

**Fall 653**

Der E und der T sind bei regnerischem Wetter Besucher einer größeren Veranstaltung im Hinterzimmer einer Gaststätte. Nach deren Ende geht der T in die düstere Garderobe, um seinen Regenschirm mitzunehmen, der dort zusammen mit vielen anderen Schirmen in einem Schirmständer abgestellt ist. Sein Schirm war inzwischen von einem anderen Gast mitgenommen worden. Der T, der dies nicht erkannte, meinte daher in dem seinem Schirm täuschend ähnlichen Schirm des E den seinen zu erkennen. Aufgrund leichter Fahrlässigkeit verkennt er, dass ihm der Schirm nicht gehört. Als der T vor die Tür des Lokals tritt, kommt es zu einem Wolkenbruch. Der vorbei laufende Räuber R reißt ihm den Schirm aus der Hand, weil er trocken nach Hause kommen möchte. Der T ruft um Hilfe. Der E eilt herbei, und es stellt sich heraus, dass der Schirm ihm gehört hatte. Der unbekannt bleibende R entkommt in der Dunkelheit. Der E verlangt Schadensersatz von T (nach Harms).

Wegen der in der Mitnahme des Schirmes zu sehenden rechtswidrigen und leicht fahrlässigen Eigentumsverletzung liegt der Tatbestand des § 823 Abs. 1 BGB vor; Einschränkungen wegen der Vorrangigkeit von Ansprüchen aus einem Eigentümer-Besitzer-Verhältnis gibt es nicht, weil das Delikt zeitlich mit der Besitzergreifung zusammenfiel („Erlangungsdelikt"). Dass den T kein Verschulden am endgültigen Verlust des Schirmes durch den Raub treffen muss, ergibt sich aus § 848 BGB.

**Variante**

Der T nimmt den äußerlich völlig identischen Schirm des E als vermeintlich eigenen an sich und verlässt mit ihm das Lokal. Unverschuldet verkennt er, dass ihm der Schirm nicht gehört. Auf der Straße regnet es stark. Beim Öffnen des Schirms beschädigt der T ihn schuldlos. Der E kommt hinzu, weist aufgrund eines nur ihm bekannten verborgenen Merkmals sein Eigentum nach und will Schadensersatz (nach Gursky).

1. In der Mitnahme des Schirmes könnte eine unerlaubte Handlung zu sehen sein, für deren (nach § 848 BGB sogar unverschuldete) Folgen der T deliktisch einzustehen hätte („Erlangungsdelikt"); mangels Verschuldens des T bei der Besitzergreifung besteht der Anspruch aus § 823 Abs. 1 BGB jedoch nicht 2. Ein Anspruch aus §§ 989, 990 BGB scheidet aus. Zwar war bei der Beschädigung eine „Vindikationslage" gegeben; der T war aber nicht bösgläubig,

denn er hat bei Besitzergreifung schuldlos gehandelt. Außerdem trifft den T kein Verschulden an der Beschädigung des Schirms. 3. Der E könnte jedoch einen Anspruch aus §§ 992, 823 Abs. 1 BGB wegen der Beschädigung des Schirmes haben („Verwaltungsdelikt"): aa) Wenn man annehmen sollte, dass § 992 BGB eine eigenständige Haftungsnorm mit einer Rechtsfolgeverweisung auf die §§ 823 Abs. 1, 848 BGB enthielte, könnte man annehmen, dass der T auch für die schuldlose Beschädigung des Schirmes einstehen müsste. Diese Konsequenz wird aber vermieden, wenn man „im gleichen Atemzug" den § 992 BGB teleologisch reduziert, indem man (orientiert an der als anderes Beispiel genannten besitzverschaffenden „Straftat") eine schuldhafte verbotene Eigenmacht voraussetzt. bb) Nach der hier vertretenen Auffassung ist dies ein Irrweg, weil eine solche teleologische Reduktion des Anwendungsbereichs des § 992 BGB für die Anwendung dieser Vorschrift einen schuldhaften, mindestens fahrlässigen, Sachentzug verlangt, bei dem § 823 Abs. 1 BGB, ohne dass die Erfordernisse des § 992 BGB vorliegen müssten, ohnehin anwendbar ist („Erlangungsdelikt"). Die bloße Bestätigung einer solchen Selbstverständlichkeit kann nicht der Sinn des § 992 BGB sein. Aus diesen Gründen wird hier vorgeschlagen, getreu dem Wortlaut des § 992 BGB aaa) entweder eine besitzverschaffende Straftat oder eine bloße (also nicht notwendigerweise verschuldete) verbotene Eigenmacht ausreichen zu lassen und § 992 BGB zugleich als eine Rechtsgrundverweisung zu behandeln. aaa) Die verbotene Eigenmacht liegt hier vor, weil der T dem E dessen (bei einer kurzeitigen „Trennung" von seinem Schirm fortbestehenden) Besitz gegen seinen Willen durch die Mitnahme entzogen hat (§ 858 Abs. 1 BGB); bbb) weiterhin müsste der T den § 823 Abs. 1 BGB verwirklicht haben; das ist jedoch nicht der der Fall. Also kann E keinen Schadensersatz verlangen.

#### gg) Konkurrenzen zu §§ 823 ff. BGB und zu §§ 677 ff. BGB

##### (1) Konkurrenzen zu §§ 823 ff. BGB

Hierzu ist Ihnen eigentlich alles bereits bekannt. Die folgende Passage ist daher eigentlich nur eine Wiederholung.

Der **Ausgangspunkt** ist klar: Bei in der Vindikationslage erfolgenden Eingriffen in fremdes Eigentum ist der Schaden nur nach den §§ 989 ff. BGB zu ersetzen; und aus §§ 823 ff. BGB nur dann, wenn § 992 BGB einschlägig ist.

Grundsätze sind dazu da, verletzt zu werden: Wir mussten eine **Randberichtigung** zugunsten der Anwendung der §§ 823 ff. BGB zulassen für die Konstellation der Überschreitung des vermeintlichen Besitzrechts durch den redlichen unrechtmäßigen Fremdbesitzer in der Zweipersonen-Beziehung **(„Fremdbesitzerexzess")**.

Sie haben auch schon davon gelesen, dass es Tendenzen gibt, ganz **generell** den **bösgläubigen** bzw. **verklagten unrechtmäßigen Besitzer** aus **§ 823 Abs. 1 BGB** haften zu lassen. Das *Beispiel*, das man sich vorstellen sollte, ist das des K, der vom Dieb D eine Sache erworben hat, von der er wusste, dass sie gestohlen war und der die Sache anschließend beschädigt/dem Eigentümer vorenthalten hat. Die Argumente, dass durch die §§ 989 ff. BGB nur der unverklagte und redliche Besitzer geschützt werden soll und dass es Konstellationen gäbe, in denen Bedarf danach besteht, den § 848 BGB anwenden zu können, lassen sich zwar hören. Aber die h.M. (BGH) ist dieser Verlockung bisher nicht erlegen, sondern beharrt zu Recht aufgrund eines Umkehrschlusses aus § 990 Abs. 2 BGB darauf, dass der bösgläubige Besitzer nur im Falle des Verzuges den Vorenthaltungsschaden nach §§ 280 Abs. 2, 286 BGB ersetzen und für Zufall (§ 287 BGB) haften soll. Und außerdem ergibt sich die Unanwendbarkeit der §§ 823 ff. BGB aus einem Umkehrschluss aus § 992 BGB sowie aus dem unüberbietbar eindeutigen § 993 Abs. 1 2. HS BGB.

Dass **§ 826 BGB** eine unzweifelhafte ungeschriebene Ausnahme ist, versteht sich. Diese Norm ist Ausdruck eines das gesamte Zivilrecht beherrschenden Grundgedankens, der nicht durch konkurrierende Haftungsnormen außer Kraft gesetzt werden kann.

(2) Konkurrenzen zu §§ 677ff. BGB

Was die Konkurrenz zu Ansprüchen aus §§ 677 ff. BGB angeht, muss zwischen unechter **(sub (a))** und echter **(sub (b))** GoA unterschieden werden.

(a) In den Fällen der Beschädigung etc. einer fremden Sache fehlt es häufig an einem Fremdgeschäftsführungswillen, so dass nach **§ 687 Abs. 1 BGB** die §§ 677 ff. BGB keine Anwendung finden und es schon deshalb zu keiner Konkurrenzsituation kommt. Wenn also zum *Beispiel* der K von Kunsthändler H ein dem E gestohlenes Bild erworben hat und von einem Laien restaurieren lässt, schuldet er dem E Schadensersatz nicht aus §§ 677, 280 Abs. 1, 278 BGB, weil mangels Fremdgeschäftsführungswillen des K keine echte GoA vorliegt. Vielmehr kann sich der Anspruch gegen den wegen Fehlens einer echten GoA unrechtmäßig besitzenden K nur aus §§ 989, 990 BGB ergeben, scheidet aber mangels Klage oder Bösgläubigkeit aus.

Wenn der Besitzer positive Kenntnis von seinem fehlenden Recht zum Besitz hat, ist ihm i. d. R. auch bewusst, dass er ein Geschäft des Eigentümers als eigenes führt. Die sich daraus ergebenden Ansprüche aus **§§ 687 Abs. 2, 678/677, 280 BGB** auf Schadensersatz werden nicht durch die §§ 989 ff. BGB verdrängt, denn das würde dazu führen, dass die mit den §§ 989 ff. BGB verbundene Privilegierung dem Geschäftsanmaßer zugutekäme.

(b) Ist aber wegen eines gegebenen Fremdgeschäftsführungswillens und wegen des Vorliegens der weiteren Voraussetzungen der §§ 677, 683/684 BGB (aa) eine **echte berechtigte GoA** gegeben, ist der Geschäftsführer berechtigter Besitzer, wenn die Inbesitznahme mit der Übernahme der Geschäftsführung zusammenfällt, so dass es ebenfalls zu keiner Konkurrenzproblematik zu den §§ 989 ff. BGB kommen kann, wenn die Sache Schaden nimmt; es gelten dann z. B. §§ 280 Abs. 1, 677 BGB oder §§ 823 ff. BGB. Wenn also zum *Beispiel* der N den Hund seines alleinstehenden Nachbarn E, der wegen eines Unfalls plötzlich ins Krankenhaus eingeliefert wird und dort einige Zeit im Koma liegt, vorübergehend aufnimmt und versorgt, ist dem E nicht nach §§ 989, 990 BGB schadensersatzpflichtig, wenn der Hund wegen der Verwendung von Abfallfleisch als Futter erkrankt, denn der N war berechtigter Besitzer. Der Anspruch auf Schadenersatz ergibt sich aus §§ 280 Abs. 1, 677 BGB oder aus § 823 Abs. 1 BGB.

(bb) Wenn die **echte GoA unberechtigt** gewesen sein sollte, weil sie z. B. nicht interessegemäß war, wären eigentlich mangels eines zum Besitz berechtigenden

Schuldverhältnisses die §§ 989 ff. BGB einschlägig. Man kann aber auch sagen, dass selbst dann die §§ 677 ff. BGB eine Sonderordnung für Fälle altruistischer Einmischung darstellen sollen (Gursky).

Nun ist es doch komplizierter geworden als Ihnen – natürlich auch, um Ihnen Mut zu machen – mit der Bemerkung suggeriert wurde, dass Sie mit den §§ 987 ff. BGB „leichtes Spiel" hätten, wenn Sie die Grundgedanken, die den §§ 987 ff. BGB zugrundlägen, verstanden hätten. Bestimmen wir daher wieder einmal unseren Standort und wagen eine Vorausschau.

1. Wir sind bei der Erörterung dinglicher (sachenrechtlicher) Ansprüche (sub D) und lernen die Primär- und Sekundäransprüche des Eigentümer-Besitzerverhältnisses kennen (sub D I). Zunächst – und das war Ihnen bereits leidlich vertraut – ging es um den Primäranspruch des Eigentümers gegen den Besitzer auf Herausgabe einer Sache aus §§ 985, 986 BGB (sub D I.1). Und wo es Primäransprüche gibt, sind – und das war gänzlich neu – auch Sekundäransprüche in Betracht zu ziehen, und zwar die des Eigentümers gegen den zur Herausgabe verpflichteten Besitzer auf Schadensersatz, wenn die Herausgabeverpflichtung nur verschlechtert oder gar nicht erfüllt werden kann (das war bislang unser Thema: sub D I 2 c), auf Herausgabe von Nutzungen (das wird unser Thema sub D I 2 d). Und später wird es um Gegenansprüche des unrechtmäßigen Besitzers gehen, wenn dieser Verwendungen auf die herauszugebende Sache gemacht hat.
2. Das Besondere an diesen Ansprüchen ist, dass Ihnen eine sich aus der sog. „Vindikationslage" ergebende spezifische Interessenlage zugrunde liegt. Diese Interessenlage hat zur dogmatischen Konsequenz, dass die oben skizzierten Ansprüche des Eigentümers gegen den Besitzer (Schadensersatz/Nutzungen) und die Gegenansprüche des Besitzers gegen den Eigentümer (Verwendungsersatz) sich nur aus den §§ 987 ff. BGB und (später dann genauer) aus den §§ 994 ff. BGB ergeben sollen. Dieses (einfache) Prinzip aber lässt sich nicht durchhalten – Ausnahmen, die das Erlernen nicht gerade erleichtern, sind vonnöten.
3. Sie werden auch noch erleben, dass das, was wir „Vindikationslage" nennen, vielschichtiger ist, als es bislang schien, als wir diese als durch das Vorliegen der §§ 985, 986 BGB als „fixiert" ansahen.
4. Und jetzt wenden wir uns den Sekundäransprüchen des Eigentümers gegen den Besitzer zu, was die Verpflichtung zur Herausgabe von in der Vindikationslage gezogenen Nutzungen angeht etc.

### d) Nutzungen und damit in Zusammenhang stehende Herausgabe- bzw. Schadensersatzansprüche (§§ 987 ff. BGB)

Das waren – wie gesagt – die Schadensersatzansprüche des Eigentümers gegen den unrechtmäßigen Besitzer. Weiterhin können dem Eigentümer gegen den unrechtmäßigen Besitzer aus **§§ 987 ff. BGB** Ansprüche auf Herausgabe gezogener **Nutzungen** und damit im Zusammenhang stehende Schadensersatzansprüche zustehen.

aa) Nutzungen

Wir holen vorsorglich weit aus: Was **„Nutzungen"** sind, ist Ihnen hoffentlich noch geläufig! Ein knapper Überblick ist jedoch möglicherweise sinnvoll. Es gibt dazu eine Art „Begriffspyramide".

Nutzungen sind zum einen die **„Früchte"** einer Sache (§ 100 BGB). Dies sind die **unmittelbaren Sachfrüchte** (§ 99 Abs. 1 BGB), nämlich die **Erzeugnisse** einer „Muttersache", also die natürlichen Tier- und Bodenprodukte der Sache (z. B. das Kalb der Kuh), und deren **bestimmungsgemäße Ausbeute** (z. B. Sand aus der Kiesgrube). Die **mittelbaren Sachfrüchte** (§ 99 Abs. 3 BGB) sind die Erträge, die aufgrund eines Rechtsverhältnisses aus der Sache erzielt werden können (z. B. durch deren Vermietung).

Außerdem versteht man unter Nutzungen die **„sonstigen Gebrauchsvorteile"** einer Sache (§ 100 BGB), die nicht zugleich deren Früchte sind, wie z. B. Zinsen, die als Kredit zur Verfügung gestelltes Geld abwirft oder der Vorteil einer erleichterten Fortbewegung infolge des Besitzes eines Autos.

**Keine Nutzung** ist dagegen der Vorteil, der aus dem **Verbrauch einer Sache** resultiert, so dass sich im Fall des Verbrauchs einer Sache die Frage nach einem Schadensersatzanspruch stellt (§§ 989, 990 BGB).

bb) Vorabprüfung des § 985 BGB bei Herausgabe von Erzeugnissen

Und gleich noch einmal – man kann es gar nicht oft genug sagen: Unter „Nutzungen", um die es hier geht, versteht man „Früchte" und „sonstige Gebrauchsvorteile" (§ 100 BGB). Die „Früchte" wiederum sind „Erzeugnisse" und die „sonstige bestimmungsgemäße Ausbeute" einer Sache (§ 99 BGB). Unter „Erzeugnissen" versteht man die natürlichen Tier- und Bodenprodukte, wie z. B. das beliebteste „Erzeugnis" der rechtswissenschaftlichen didaktischen Literatur, nämlich das „Kalb" als Erzeugnis der nach § 985 BGB herauszugebenden „Kuh" als der „Muttersache".

Es liegt auf der Hand, dass viele **juristische Aufgabenstellungen**, in denen es um die Frage von **Ansprüchen** des **Eigentümers** gegen einen **unrechtmäßigen Besitzer** einer Sache auf **Herausgabe** von aus ihr gezogenen **Nutzungen** geht, gerade die **Herausgabe** von **Erzeugnissen** betrifft.

Bevor Sie sich nun beim Bestehen einer Vindikationslage bezüglich der „Muttersache" (Kuh) bei der Prüfung eines Herausgabeanspruchs auf das Erzeugnis (Kalb) mit großem Eifer auf die §§ 987 ff. BGB stürzen, um diese zu subsumieren und einen schuldrechtlichen Anspruch auf Herausgabe des Erzeugnisses (Kalb) aus §§ 987 ff. BGB zu ermitteln, gilt es, **Ruhe zu bewahren** und den „Durchblick" zu behalten.

Sie entsinnen sich nämlich hoffentlich daran, dass Sie vor noch gar nicht so langer Zeit gelernt haben, wer mit der Trennung eines „Erzeugnisses" von der „Muttersache" (Geburt des Kalbes) der Eigentümer des „Erzeugnisses" (Kalb) wird; geregelt ist dies („von hinten nach vorne") zu prüfen: in den §§ 957, 956, 955, 954, 953 BGB).

Wenn es also nach der Fallfrage um einen Anspruch auf Herausgabe des Kalbes als „Erzeugnis" geht, ist – auch wenn bezüglich der Kuh als Muttersache" eine

Vindikationslage besteht, von Ihnen **vor** der **Prüfung** eines **Anspruchs** auf **Herausgabe** des **„Kalbes“** als **Nutzung** aus **§§ 987 ff. BGB** zu **erörtern**, ob der Eigentümer der „Muttersache“ das Kalb als „Erzeugnis“ auch nach **§§ 985, 986 BGB** herausverlangen kann.

Wenn das nämlich der Fall sein sollte, besteht auch hinsichtlich des Erzeugnisses eine Vindikationslage, was zur Konsequenz hätte, dass auch insoweit die §§ 987 ff. BGB anzuwenden wären. Dies kann zu einem hochkomplizierten Aufbau von Falllösungen führen.

**Fall 654**

Der D stiehlt dem E eine Kuh und verkauft und übereignet sie dem bösgläubigen K, der sie füttert. Bei K wirft die Kuh ein Kalb. Der E verlangt unmittelbar nach der Geburt des Kalbs, so dass keine Verwendungen auf das Kalb gemacht worden sind, von dem K 1. das Kalb und 2. die von K gefütterte Kuh heraus.

1. Beim Kalb ist a) vorab der (dingliche) Anspruch aus § 985 BGB zu prüfen: aa) Der E ist nach § 953 BGB Eigentümer des als „Erzeugnis“ anzusehenden Kalbes geworden: Denn die („im Geiste“ vorab geprüften) §§ 957–956 BGB greifen nicht ein; auch § 955 BGB nicht, weil der K bösgläubig ist. bb) Der K ist der Besitzer des Kalbes. cc) Für ein gegenüber dem Anspruch aus § 985 BGB bestehendes Herausgabeverweigerungsrecht (§§ 994, 1000 BGB) gibt es im Sachverhalt keinen Anhalt. Denn Verwendungen sind auf das Kalb nicht gemacht worden. b) Ferner ist ein (schuldrechtlicher) Anspruch auf Herausgabe aus §§ 990, 987 BGB zu prüfen: aa) Bezüglich der Muttersache bestand zwischen E und K eine „Vindikationslage“ aus §§ 985, 986 BGB. Prüfen Sie das bitte selbst nach und erörtern Sie, ob das Füttern der Kuh als der Muttersache in Bezug auf sie die Vindikationslage entfallen lässt. Natürlich nicht, denn selbst wenn der K wegen des verfütterten Gras ein Herausgabeverweigerungsrecht nach §§ 994 ff., 1000 S. 1 BGB haben sollte, würde dies natürlich nichts am Vorliegen einer „Vindikationslage“ ändern, weil das Bestehen der Einrede des § 1000 S. 1 BGB einen unrechtmäßigen Besitzer nicht zu einem berechtigten Besitzer machen kann; die gegenteilige Annahme liefe darauf hinaus, dass die Vindikationslage nach dem ersten verfütterten Grashalm entfiele, so dass alle weiteren Fütterungsmaßnahmen von einem berechtigten Besitzer vorgenommen würden und die §§ 994 ff. BGB nicht mehr anwendbar wären. Diesen „Zirkel“ hat das Gesetz nicht gewollt. bb) Das Kalb ist als „Erzeugnis“ eine Nutzung der Muttersache Kuh (§ 100 BGB). cc) Der K war bösgläubiger Besitzer der Muttersache. Also muss der K das Kalb an E auch nach §§ 987, 990 BGB herausgeben. 2. Die Kuh könnte der E nach §§ 985, 986 BGB herausverlangen, a) wenn er – was der Fall ist – deren Eigentümer ist, b) der K der Besitzer der Kuh ist, was ebenfalls der Fall ist. c) Der K hat auch kein Recht zum Besitz gegenüber E aus § 986 Abs. 1 BGB, und zwar aa) kein eigenes Recht zum Besitz, weil der Kaufvertrag des K mit D geschlossen wurde, bb) und auch kein abgeleitetes Recht zum Besitz, weil der D die Kuh im Verhältnis zu E nicht berechtigt besaß. d) Zu prüfen ist, ob der K ein Herausgabeverweigerungsrecht hat; in Betracht

kommt § 1000 S. 1 BGB, wenn K einen Verwendungsersatzanspruch hat: Hier kommt ein Anspruch auf Ersatz der notwendigen Verwendungen (Tierfutter) nach §§ 994 Abs. 2, 683, 679, 670 BGB in Betracht.

**Variante**

Der E zahlt das Tierfutter für die Kuh und verlangt von dem K Herausgabe der Tiere. Das Kalb ist aber gleich nach der Geburt eingegangen, weil der K bei einer ohne weiteres heilbaren Erkrankung – obwohl für ihn als erforderlich erkennbar – nicht den Tierarzt gerufen hatte. Der E will daher insoweit Schadensersatz.

1. Was den Schadensersatzanspruch angeht, a) so war, weil das Kalb im Eigentum des E stand, eine Vindikationslage gegeben, so dass der K nach §§ 989, 990 BGB zum Schadensersatz verpflichtet ist. b) Ein Anspruch aus § 823 Abs. 1 BGB besteht nicht, weil in einer Vindikationslage die §§ 987 ff. BGB die Sekundäransprüche des Eigentümers gegen den unrechtmäßigen Besitzer auf Schadensersatz wegen eines Untergangs der herauszugebenden Sache speziell und ausschließlich regeln (§ 993 Abs. 1 2. HS BGB) und die Voraussetzungen des § 992 BGB nicht vorliegen. c) Weil der K auch Herausgabe des Kalbes nach § 987, 990 BGB schuldet, ist er nach §§ 280 Abs. 1, 3, 283 BGB schadensersatzpflichtig. 2. Die Kuh kann der E nach § 985 BGB herausverlangen.

Am Schluss eine kleine **Kontrollfrage**: Wie verhalten sich die Ansprüche aus §§ 987, 988, 990 i. V. m. § 987, 993 Abs. 1 1. HS, 993 i. V. m. 823 Abs. 1 BGB zu dem zuvor (sub bb)) erörterten Anspruch aus §§ 985, 986 BGB? §§ 985, 986 BGB ist ein dinglicher Herausgabeanspruch, der nur die Frage der Herausgabe von Erzeugnissen betrifft, während die §§ 987 ff. BGB schuldrechtliche Herausgabeansprüche enthalten. Und selbst wenn der Anspruch aus §§ 985, 986 BGB auf Herausgabe von Erzeugnissen nicht gegeben ist, weil, weil der unrechtmäßige Besitzer nach §§ 954 ff. BGB Eigentümer geworden ist, kann er nach §§ 987 ff. BGB schuldrechtliche zur Herausgabe verpflichtet sein. Die §§ 987 ff. BGB dienen also auch der Korrektur der Resultate der dinglichen Zuordnung durch die §§ 954 ff. BGB.

**Variante**

Sachverhalt wie der vorherige Grundfall mit folgender Variante: K war gutgläubig.

1. Ein Anspruch auf das Kalb, a) könnte sich aus § 985 BGB ergeben, wenn der E mit der Trennung von der „Muttersache" (Kuh) Eigentümer des „Erzeugnisses" (Kalb) geworden wäre; hier greift aber § 955 BGB ein (auf § 935 BGB kommt es dort nicht an). b) Daher kommen nur schuldrechtliche Ansprüche aus den §§ 987 ff. BGB in Betracht: aa) Nicht aus § 987 BGB, weil K nicht von E auf Herausgabe der Kuh verklagt war; bb) nicht aus §§ 990, 987 BGB, da K nicht bösgläubig war; cc) nicht aus §§ 988, 812 BGB, da K entgeltlich erworben hat; dd) nicht aus §§ 993, 812 BGB, da das Kalb keine Übermaßfrucht ist; ee) und nicht aus § 992, 823 BGB. c) Sonstige Ansprüche (§§ 812 ff. BGB) dürfen nicht geprüft werden, weil die §§ 987 ff. BGB Spezialregelungen sind (§ 993 Abs. 1 2. HS BGB).

Transparenz ist, wie gesagt, alles! Und daher sollen Sie wissen, was jetzt,

1. nachdem Sie wissen, dass die Eigentümer einer „Muttersache" vom unrechtmäßigen Besitzer derselben die daraus gewonnenen Erzeugnisse möglicherweise auch nach §§ 985, 986 BGB herausverlangen können,

auf Sie zukommt:

2. Wir beginnen mit dem Anspruch des Eigentümers gegen den verklagten unrechtmäßigen Besitzer auf Herausgabe gezogener Nutzungen aus § 987 BGB. **(sub cc))**
3. Sodann geht es um den Anspruch des Eigentümers gegen den bösgläubigen unrechtmäßigen Besitzer auf Herausgabe gezogener Nutzungen aus §§ 987, 990 BGB. **(sub dd))**
4. Der Eigentümer kann vom unrechtmäßigen bösgläubigen in Verzug befindlichen Besitzer im Rahmen des Vorenthaltungsschadens Wertersatz für Nutzungen verlangen, die nur der Eigentümer gezogen hätte (§§ 990 Abs. 2, 280 Abs. 1, 2, 286 BGB). **(sub ee))**
5. Der Eigentümer kann auch einen Anspruch auf Wertersatz für schuldhaft nicht gezogene Nutzungen aus § 987 Abs. 2 BGB oder §§ 987 Abs. 2, 990 BGB haben. **(sub ff))**
6. Weiterhin gibt es einen Anspruch des Eigentümers auf Herausgabe gezogener Nutzungen gegen den unentgeltlichen unrechtmäßigen Besitzer aus § 988 BGB. **(sub gg))**
7. Auch gibt es einen Anspruch auf Herausgabe des Eigentümers gegen den unrechtmäßigen Besitzer auf Herausgabe gezogener Übermaßfrüchte (§ 993 Abs. 1 1. HS BGB). **(sub hh))**
8. Dann wird uns der Anspruch des Eigentümers auf Herausgabe von Nutzungen gegen den pönalen Besitzer beschäftigen (§§ 992, 823 Abs. 1, 249 ff. BGB). **(sub ii))**
9. Sodann fragen wir, ob es entgegen der Regel des § 993 Abs. 1 2. HS BGB einen Anspruch des Eigentümers gegen den unrechtmäßigen Besitzer auf Herausgabe von Nutzungen aus § 812 BGB gibt. **(sub jj))**
10. Wir stellen schließlich fest, dass die §§ 987 ff. BGB durch § 241a BGB ausgeschlossen sein können. **(sub kk))**
11. Und abschließend geht es wieder einmal um Konkurrenzen, nämlich die der §§ 987 ff. BGB zu §§ 812 ff. BGB, §§ 677 ff. BGB. **(sub ll))**

Auch hier sollten Sie, um sich auf das Programm „einzustimmen", die vorgenannten Vorschriften zunächst einmal in aller Ruhe und „mit Verstand" durchlesen.

#### cc) Der Anspruch auf Herausgabe von gezogenen Nutzungen gegen den verklagten unrechtmäßigen Besitzer

Wenn der **unrechtmäßige** und **verklagter Besitzer** einer Sache nach Rechtshängigkeit **Nutzungen** zieht, hat er sie dem Eigentümer **herauszugeben** (§ 987 Abs. 1 BGB).

Über die Voraussetzungen der **Rechtshängigkeit** muss man eigentlich kein Wort mehr verlieren. Aber, wer mit diesem Begriff partout nichts anfangen kann, gehört zu denen, die immer mal wieder die Ausführungen zu **Teil 3 D** lesen sollten.

Die gezogenen **Früchte** der Sache, also die Erzeugnisse (z. B. das Kalb der Kuh) und die bestimmungsgemäße Ausbeute der Sache (z. B. der Sand aus der Kiesgrube), sind in Natur herauszugeben. Auf diesen Anspruch werden die §§ 275 ff. BGB angewendet. Lassen Sie sich bei der Prüfung des Anspruchs auf Herausgabe von Früchten nicht irritieren, wenn der unrechtmäßige Besitzer nach §§ 953 ff. BGB an ihnen das Eigentum erworben haben sollte. Sie wissen es ja längst aus den vorstehenden Ausführungen **sub bb)**: Die §§ 987 ff. BGB sind ja u. a. dazu da, diesen eventuellen gesetzlichen Eigentumserwerb zu „korrigieren". Bei mittelbaren Sachfrüchten (z. B. die Miete aus Vermietung der Sache) ist deren **Wert** zu ersetzen, aber z. B. bei einer Nutzung durch Vermietung nur in Höhe der vereinnahmten Miete.

Auch bei den **sonstigen Gebrauchsvorteilen** (z. B. die Nutzung eines Autos) ist deren **Wert** zu ersetzen.

**Aber**, Sie werden sich hoffentlich entsinnen: Die Vorteile, die der **Verbrauch** der **Sache** mit sich bringt, sind **keine Gebrauchsvorteile**. Wenn also zum *Beispiel* ein gutgläubiger und unverklagter und nicht pönaler Besitzer B eine dem E gehörige Flasche Wein austrinkt (nach Neuner), geht es bei einer Inanspruchnahme durch den Eigentümer E nicht um die Herausgabe von Gebrauchsvorteilen, für die die §§ 987 ff. BGB zuständig wären, sondern um eine Schädigung durch Verbrauch der fremden Sache, die nach § 989 BGB, §§ 989, 990 BGB etc. auszugleichen wäre. Ein solcher Anspruch des E gegen B wäre hier aber nicht gegeben. Hier könnte man aber daran denken, einen Anspruch des E gegen B nach §§ 812 Abs. 1 S. 1 Var. 2, 818 Abs. 2 BGB zuzulassen, weil es um die Realisierung des Wertes der Sache selbst geht (z. B. Medicus).

Nutzungen, die nicht gezogen worden sind, können natürlich nicht herausverlangt werden **(argec. § 987 Abs. 2 BGB)**.

> Schon jetzt sollen Sie darauf hingewiesen werden, dass dem verklagten Besitzer, sollte er die Sache als Besitzmittler besitzen, eigenartigerweise nicht der § 991 Abs. 1 BGB zugutekommt (der ausdrücklich nur den bösgläubigen Besitzmittler schützt), obwohl die ratio legis des § 991 Abs. 1 BGB auch hierfür passt (dazu sogleich mehr).

dd) Der Anspruch auf Herausgabe von gezogenen Nutzungen gegen den bösgläubigen unrechtmäßigen Besitzer (§§ 987, 990 BGB) und Privilegierung nach § 991 Abs. 1 BGB

Weiterhin hat der **unrechtmäßige** und hinsichtlich seiner Besitzberechtigung **bösgläubige Besitzer** die von ihm gezogenen Nutzungen herauszugeben **(§§ 990 Abs. 1, 987 Abs. 1 BGB)**.

Die Voraussetzungen (**Vindikationslage, Bösgläubigkeit**) entsprechen denen des Anspruchs aus §§ 989, 990 BGB. Wer sich unsicher ist, muss sich dort orientieren!

Was die **Rechtsfolgen** angeht, so können Sie diese den vorstehenden Ausführungen entnehmen – am besten ist es jedoch, sie ohne nachzulesen still für sich hin zu wiederholen.

Es gibt aber eine **Besonderheit**: Im Fall der Herausgabeverpflichtung gezogener Nutzungen aus §§ 990, 987 BGB wird der bösgläubige Besitzmittler (ein Besitzer, der aufgrund eines Besitzmittlungsverhältnisses für einen anderen, den mittelbaren Besitzer nämlich, besitzt) durch **§ 991 Abs. 1 BGB** privilegiert: Die §§ 990, 987 finden hiernach nur Anwendung, wenn auch der mittelbare Besitzer bösgläubig oder verklagt war. Denken Sie sich folgendes *Beispiel*: Der Dieb D verkauft und übereignet eine dem Eigentümer E gestohlene Sache an den gutgläubigen K, der sie an den n M vermietet, der im Laufe der Mietzeit erfährt, dass E der Eigentümer ist und er zu Unrecht besitzt, weil er kein abgeleitetes Recht zum Besitz hat. Der E verlangt von M nicht nur die Herausgabe der Sache, sondern auch die Herausgabe der von ihm ab dem Zeitpunkt seiner Bösgläubigkeit gezogenen Nutzungen (sonstige Gebrauchsvorteile). An sich bestünde der Anspruch gegen M aus §§ 987, 990 Abs. 1 S. 2 BGB. Aber dem steht § 991 Abs. 1 BGB entgegen, weil die Voraussetzungen einer Nutzungsherausgabeverpflichtung bei dem gutgläubigen und unverklagten K nicht vorliegen. Was ist die ratio legis? Es ist die Überlegung, dass anderenfalls der redliche und unverklagte mittelbare Besitzer (K) vom einem zur Nutzungsherausgabe verpflichteten Besitzmittler (M) in Anspruch genommen werden könnte und daher trotz eigener Gutgläubigkeit und Unverklagtheit (quasi „mittelbar") doch aus §§ 987 bzw. §§ 990, 987 BGB haften müsste. Denn der M könnte den K wegen eines Rechtsmangels aus § 536 Abs. 1, 3 BGB in Anspruch nehmen. Wenn dem aber § 536b BGB entgegenstünde, wenn z. B. der M den Mangel der Mietsache von vornherein gekannt hätte oder wenn z. B. Ansprüche des Besitzmittlers gegen den Besitzer vertraglich ausgeschlossen wäre, wäre es keine schlechte Idee, den § 991 Abs. 1 BGB wegen seiner ratio legis im Interesse des Eigentümers „teleologisch" zu „reduzieren" und ihn jedenfalls dann nicht anzuwenden, wenn Rückgriffsansprüche des Besitzmittlers gegen den mittelbaren Besitzer ausgeschlossen sind; denn dann droht dem mittelbaren Besitzer kein „Regress" seitens des Besitzmittlers.

Wem kommt der § 991 Abs. 1 BGB nicht zugute? Wie Sie bereits wissen: Nicht dem verklagten Besitzer, obwohl die ratio legis des § 991 Abs. 1 BGB auch hierfür passt.

#### ee) Erweiterung der Haftung des bösgläubigen in Verzug befindlichen unrechtmäßigen Besitzers (§§ 990 Abs. 2, 280 Abs. 1, 2, 286 BGB).

Die in einem ganz anderen Kontext (Schadenersatz!) stehende Regelung des § 990 Abs. 2 BGB hat mittelbar Einfluss auf die Haftung des bösgläubigen im Verzug befindlichen unrechtmäßigen Besitzers für Nutzungen. Wenn er für den Vorenthaltungsschaden haftet, dann haftet er auch für Nutzungen, die nur der Eigentümer gezogen hätte (§§ 990 Abs. 2, 280 Abs. 2, 286 BGB). Vielleicht erinnern Sie ja noch den im Rahmen des § 990 Abs. 2 BGB besprochenen Fall, der in seiner Variante diese (seltene) Frage betraf.

#### ff) Anspruch auf Wertersatz für schuldhaft nicht gezogene Nutzungen aus § 987 Abs. 2 BGB oder §§ 987 Abs. 2, 990 BGB

Nach den bisher dargestellten Anspruchsgrundlagen des § 987 BGB oder des §§ 987, 990 BGB sind nur die tatsächlich gezogenen Nutzungen herauszugeben.

Sind infolge eines Verschuldens (§§ 276, 278 BGB) des verklagten oder bösgläubigen unrechtmäßigen Besitzers Nutzungen nicht gezogen worden, so ist Ersatz zu leisten **(§ 987 Abs. 2 BGB)**.

Ob der Eigentümer die Nutzungen hätte ziehen können, ist unbeachtlich. Das bedeutet, dass nach Rechtshängigkeit oder Bösgläubigkeit dem Eigentümer nicht nur die gezogenen Nutzungen nach § 987 BGB bzw. §§ 990, 987 BGB herauszugeben bzw. als Wert zu ersetzen ist, sondern nach § 987 Abs. 2 BGB die Differenz zu den möglichen Nutzungen, also insgesamt der objektive Ertragswert.

#### gg) Der Anspruch des Eigentümers auf Herausgabe von Nutzungen gegen den unrechtmäßigen unentgeltlichen Besitzer (§ 988 BGB)

Der **unentgeltliche unrechtmäßige Besitzer** einer Sache haftet auf Herausgabe von Nutzungen stets (mindestens) bereicherungsrechtlich **(§ 988 BGB)**.

Stellen Sie sich dazu folgendes *Beispiel* vor: Der Dieb D verschenkt und übereignet eine dem E gestohlene Sache an den B. Der E verlangt von dem unverklagten und gutgläubigen B nicht nur Herausgabe der Sache, sondern auch die Nutzungen in Gestalt der Gebrauchsvorteile. Dieser Anspruch ergibt sich aus §§ 988, 812 ff. BGB (Rechtsfolgenverweisung auf §§ 818 f., 822 BGB).

Dahinter steht die einleuchtende Überlegung des Gesetzgebers, dass der unentgeltliche Erwerber mangels eines wirtschaftlichen Opfers nicht schutzbedürftig ist. Dieser Rechtsgedanke liegt übrigens auch dem § 816 Abs. 1 S. 2 BGB zugrunde (werfen Sie doch schon einmal einen Blick auf § 816 BGB; Sie entrinnen dem ohnehin nicht).

Ob der Besitzer **Eigen-** oder **Fremdbesitzer** ist, ist bekanntlich gleichgültig: „Hat ein Besitzer, der die Sache als ihm gehörig …" (Eigenbesitz) „… oder zum Zwecke der Ausübung eines ihm in Wirklichkeit nicht zustehenden Nutzungsrechts an der Sache besitzt, …" (Fremdbesitz) „… den Besitz unentgeltlich erlangt, so ist er … zur Herausgabe der Nutzungen … verpflichtet". Wenn zum *Beispiel* der Nichteigentümer NE eine dem E gehörige Sache dem L verleiht, ist der L nach §§ 988, 812 ff. zur Herausgabe der gezogenen Nutzungen verpflichtet.

Als ein „… ihm in Wirklichkeit nicht zustehenden Nutzungsrecht(s) an der Sache …" kommt übrigens nicht etwa nur ein **vermeintliches dingliches Nutzungsrecht** (so der Wortlaut: „**an** der Sache") in Betracht, sondern auch – und das sind die praktischen Regelfälle – ein **vermeintliches schuldrechtliches Nutzungsrecht** des unrechtmäßigen Besitzers, wie z. B. im Fall der Schenkung und Leihe einer Sache durch einen dazu nicht Berechtigten oder die gutgläubige unentgeltliche Fortsetzung eines Fremdbesitzes nach Besitzrechtsende

Der Besitz muss **unentgeltlich** (z. B. aufgrund einer Schenkung oder Leihe, aber auch durch eigenmächtigen Besitzerwerb, namentlich durch ein Delikt) erlangt sein.

Die **Rechtsfolge** eines Anspruchs aus § 988 BGB besteht darin, dass der Besitzer „zur Herausgabe der Nutzungen, die er vor dem Eintritt der Rechtshängigkeit zieht, nach den Vorschriften über die Herausgabe einer ungerechtfertigten Bereicherung verpflichtet" ist. Dabei handelt es sich um eine **Rechtsfolgenverweisung** auf das Bereicherungsrecht, also auf **§ 818 Abs. 1 BGB** (Herausgabepflicht), **§ 818 Abs. 2 BGB** (Wertersatz – bei Gebrauchsvorteilen deren Wert aus der unentgeltlich überlassenen Sache unter Außerachtlassung von Gebrauchsvorteilen, die aufgrund von Investitionen des Besitzers ermöglicht wurden), **§ 818 Abs. 3 BGB** (Entreicherung des Besitzers z. B. durch Aufwendungen auf die Sache, die nicht zugleich Verwendungen i. S. d. §§ 994 ff. BGB sein müssen, und schon gar nicht zu einem fälligen (Voraussetzungen nach § 1001 BGB: Wiedererlangung der Sache oder Genehmigung) Anspruch auf Verwendungsersatz geführt haben müssen. Anwendbar sind aber auch die den § 818 Abs. 3 BGB entfallen lassenden **§ 818 Abs. 4 BGB, §§ 819, 818 Abs. 4 BGB** und der für den Fall des § 818 Abs. 3 BGB den unentgeltlichen Erwerber haften lassende **§ 822 BGB**. Das alles werden Sie erst mit der Darstellung des Bereicherungsrechts so richtig verstehen. Aber die Normen müssen Sie sich schon einmal ansehen.

#### hh) Anspruch auf Herausgabe des Eigentümers gegen den unrechtmäßigen Besitzer auf Herausgabe gezogener Übermaßfrüchte (§ 993 Abs. 1 Hs. 1 BGB)

Auch der unrechtmäßig besitzende **Übermaßfrüchtezieher** haftet bereicherungsrechtlich (§ 993 Abs. 1 Hs. 1 BGB), aber nicht derjenige, der im Übermaß Gebrauchsvorteile erlangt hat.

Auch insoweit handelt es sich um eine **Rechtsfolgeverweisung**, also auf **§ 818 Abs. 1 BGB** (Herausgabepflicht), **§ 818 Abs. 2 BGB** (Wertersatz), **§ 818 Abs. 3 BGB** (Entreicherung des Besitzers z. B. durch Aufwendungen auf die Sache, die nicht notwendig Verwendungen i. S. d. §§ 994 ff. BGB sein müssen, und schon gar nicht zu einem fälligen (Voraussetzungen nach § 1001 BGB: Wiedererlangung der Sache oder Genehmigung) Anspruch auf Verwendungsersatz geführt haben müssen. Anwendbar sind auch die den § 818 Abs. 3 BGB entfallen lassenden **§ 818 Abs. 4 BGB, §§ 819, 818 Abs. 4 BGB** und der für den Fall des § 818 Abs. 3 BGB den unentgeltlichen Erwerber haften lassende **§ 822 BGB.**

#### ii) Der Anspruch des Eigentümers auf Herausgabe von Nutzungen gegen den pönalen Besitzer(§§ 992, 823 Abs. 1, 249 ff. BGB)

Auch wenn in **§ 992 BGB** von einer Verpflichtung zur Herausgabe von Nutzungen nicht die Rede ist, sind unter den genannten Voraussetzungen die gezogenen Nutzungen nach §§ 823 ff., 249 ff. BGB herauszugeben. Herauszugeben sind auch die Nutzungen, die der Eigentümer nicht gezogen hätte, und dies auch dann, wenn dem Eigentümer kein Schaden entstanden ist.

Begründen kann man die **Anwendbarkeit des § 992 BGB auf die Pflicht zur Herausgabe von Nutzungen** zum einen mit einem „a maiore ad minus"-Schluss aus § 988 BGB: Wenn schon der gutgläubige unentgeltliche Besitzer die Nutzungen herausgeben muss, dann doch erst recht der „pönale" Besitzer des § 992 BGB. Und zum anderen wird aus §§ 993 Abs. 1 Hs. 1 BGB („Liegen die in den §§ 987 bis *992* bezeichneten Voraussetzungen nicht vor, so hat der Besitzer die gezogenen Früchte", also Vorteile, die zu den Nutzungen gehören (§ 100 BGB), „… herauszugeben; …") deutlich, dass der Gesetzgeber den §§ 992 BGB als eine im Zusammenhang mit der Herausgabe von Nutzungen stehende Norm ansieht. Wer aufmerksam ist, wird nunmehr erkennen, dass der pönale Besitzergreifer nach § 988 BGB (s. o.) und aus §§ 992, 823 Abs. 1 BGB verpflichtet sein kann, Nutzungen herauszugeben.

jj) Entgegen § 993 Abs. 1 Hs. 2 BGB: Herausgabe von Nutzungen nach § 812 BGB in der „Vindikationslage"

Ansonsten gilt auch hier, also was die Verpflichtung zur Herausgabe von Nutzungen angeht, der **§ 993 Abs. 1 Hs. 2 BGB**: „…; im Übrigen ist er weder zur Herausgabe von Nutzungen noch … verpflichtet". Das bedeutet, dass in der Vindikationslage das Bereicherungsrecht (außer in den ausdrücklich geregelten Verweisungen in §§ 988, 993 Abs. 1 Hs. 1 BGB) ausgeschlossen ist.

Gleichwohl stellen wir die im Hinblick auf diese Erkenntnis ketzerische Frage, ob es in der Vindikationslage bereicherungsrechtliche Ansprüche des Eigentümers gegen den unrechtmäßigen Besitzer auf Herausgabe von Nutzungen gibt.

Hier muss man zunächst differenzieren, ob es um die Anwendbarkeit der Regeln über die Nichtleistungskondiktion, und zwar speziell der Eingriffskondiktion, geht **(sub (a))** oder um die Anwendbarkeit der Leistungskondiktion **(sub (b))**. Kriegen Sie bitte keinen Schreck, dass wir hier plötzlich aufbausystemwidrig mit Begriffen aus dem Bereicherungsrecht zu „jonglieren" beginnen. Das ist leider unvermeidlich, schadet aber nicht, weil Sie ja darauf vertrauen können, dass wir auf das Thema in Teil 8 zurückkommen. Sie sollten aber jetzt schon unverdrossen alle Ihnen vorgestellten Normen lesen und zu verstehen versuchen!

(a) Was die hier erörterte Frage angeht, so sind unumstritten neben §§ 989, 990 BGB die bereicherungsrechtlichen Ansprüche aus Eingriffskondiktion (§§ 816, 812 Abs. 1 S. 1 Var. 2 BGB und aus §§ 951 Abs. 1, 812 Abs. 1 S. 1 Var. 2 BGB) anwendbar, wenn es um einen Ausgleich für den Eigentumsverlust an der Sache geht. Auch im Fall des schuldlosen Verbrauchs der Sache besteht in der Vindikationslage ein Anspruch aus den §§ 812 Abs. 1 S. 1 Var. 2, 818 Abs. 2 BGB, denn – wie bereits ausgeführt – ist der Verbrauch keine Nutzung der Sache, so dass überhaupt keine den § 812 Abs. 1 S. 1 Var. 2 BGB sperrende Kollision mit den Ansprüchen aus § 987, § 988, §§ 990, 989 BGB, §§ 992, 823, 993 Abs. 1 Hs. 1 BGB bestehen kann. Und da ein Anspruch aus § 989 BGB bzw. §§ 990, 989 BGB ein Verschulden des unrechtmäßigen Besitzers voraussetzt, bestehen keine Bedenken, die Schutzlücke bei schuldlosen Eingriffen seitens des unrechtmäßigen Besitzers durch einen Anspruch aus §§ 812 Abs. 1 S. 1 Var. 2, 818 Abs. 2 BGB zu schließen (Medicus). Wohl aber sperrt § 993 Abs. 1 Hs. 2 BGB Ansprüche aus § 812 Abs. 1 Var. 2 BGB, soweit es um Nutzungen geht.

(b) Hier aber geht es darum, ob die auf Herausgabe von Nutzungen gerichteten Anspruchsgrundlagen der §§ 987 ff. BGB ein die Leistungskondiktion vollständig ausschließender Normenkomplex sind (§ 993 Abs. 1 Hs. 2 BGB).

Überwiegend werden die §§ 987 ff. BGB als Sonderregeln angesehen, die Ansprüche aus Leistungskondiktion ausschließen (BGH). Die Konsequenz dieser

Rechtsansicht ist, dass der unrechtmäßige Besitzer im Falle seiner Gutgläubigkeit und Unverklagtheit von ihm gezogene Nutzungen nicht herausgeben muss. Damit stünde er besser als derjenige unrechtmäßige Besitzer, an den rechtsgrundlos übereignet worden ist. Denn dieser, der die Herausgabe der Sache (nur) aus § 812 Abs. 1 S. 1 Var. 1 BGB schuldet, hätte – mangels des Vorliegens einer Vindikationslage „ungesperrt" durch § 993 Abs. 1 Hs. 2 BGB – die Nutzungen nach § 818 Abs. 1 BGB herauszugeben.

Auf der Hand liegt, dass ein solches Ergebnis ein Wertungswiderspruch wäre. Das soll anhand eines Vergleichs der beiden folgenden Fälle illustriert werden.

**Fall 655**

Der V verkauft, übereignet und übergibt eine ihm gehörige Sache an den K. Bei Abschluss des Kaufvertrages war der V unerkennbar geisteskrank. Bei der Wochen später erfolgenden Übereignung war der V wieder genesen. Der V verlangt 1. die Herausgabe der Sache bzw. deren Rückübereignung und 2. Herausgabe der von K gezogenen Nutzungen. Irgendwelche Verwendungen hat der K nicht gemacht.

1. Bezüglich des Herausgabeverlangens a) besteht kein Anspruch aus §§ 985, 986 BGB, da der K Eigentümer geworden ist (Abstraktionsprinzip; keine Durchbrechung wegen Fehleridentität), b) wohl aber aus § 812 Abs. 1 S. 1 Var. 1 BGB („Leistungskondiktion"), gerichtet auf Rückübereignung und Herausgabe. 2. Hinsichtlich der Nutzungen a) greifen nicht die §§ 987 ff. BGB ein, da keine Vindikationslage bestand, b) sondern §§ 812 Abs. 1 S. 1 Var. 1, 818 Abs. 1, 100 BGB.

**Variante**

Der V war auch bei der Übereignung der ihm gehörigen Sache geisteskrank.

1. Was das Herausgabeverlangen angeht, steht dem V ein Anspruch aus §§ 985, 986 BGB zu. 2. Hinsichtlich der Nutzungen a) könnte sich der Anspruch – weil eine Vindikationslage vorlag – aus den § 987 ff. BGB ergeben; es liegt jedoch keines der Haftungsauslösungsmomente vor: K ist unverklagt, gutgläubig, hat entgeltlich erworben, hat keine Übermaßfrüchte gezogen, hat den Besitz nicht pönal erworben, so dass kein Anspruch besteht. b) Ein Anspruch aus §§ 812 Abs. 1 S. 1 Var. 1 BGB, 818 Abs. 1 BGB („Leistungskondiktion") wäre nach dem o.g. Grundsatz der Spezialität der Regeln des Eigentümer-Besitzerverhältnisses ausgeschlossen (§ 993 Abs. 1 2. HS BGB). c) Das Ergebnis – kein Anspruch auf die Nutzungen – steht jedoch in einem Wertungswiderspruch zu dem Ergebnis des Grundfalls: Danach musste der K, wenn er (sogar) das Eigentum erworben hat, die Nutzungen nach §§ 812 Abs. 1 S. 1 Var. 1, 818 Abs. 1, 100 BGB herausgeben, während er in dieser Variante, bei der er (nicht einmal) das Eigentum erworben hat, die Nutzungen behalten dürfte. Die Lösung wird aa) von einer Ansicht in einer analogen Anwendung des § 988 BGB gesehen, indem man die Rechtsgrundlosigkeit und die Unentgeltlichkeit einander gleichsetzt (u. a. RG und BGH) oder bb) von einer anderen Rechtsansicht darin, dass man einen Anspruch aus § 812 Abs. 1 S. 1 Var. 1 BGB („Leistungskondiktion")

aaa) generell (Baur-Stürner) bbb) jedenfalls im Bereich fehlgeschlagener Vertragsverhältnisse (Canaris, Medicus) auch im Eigentümer-Besitzerverhältnis zulässt, niemals jedoch eine Kondiktion in sonstiger Weise aus § 812 Abs. 1 S. 1 Var. 2 BGB (in Gestalt der „Eingriffskondiktion“), denn die §§ 987 ff. BGB sind Spezialfälle der Eingriffskondiktion; außerdem folgt dies aus einem Umkehrschluss aus § 988 BGB.

Sie werden sich vielleicht erinnern, dass wir eine ähnliche an den „Grundfesten“ in Gestalt der Norm des § 993 Abs. 1 2. HS rüttelnde Fragestellung auch im Hinblick auf die Anwendbarkeit der §§ 823 ff. BGB in der Vindikationslage riskiert hatten und herausgefunden hatte, dass für die Konstellation des (gesetzlich ungeregelten) „Fremdbesitzerexzesses“ eine Notwendigkeit besteht, systemwidrig §§ 823 ff. BGB in der Vindikationslage anzuwenden, um so eine Schutzlücke zu schließen.

Wie Sie aus der Falllösung ersehen, kann man den Wertungswiderspruch dadurch aufheben, dass man systemimmanent die „eherne Regel“ des § 993 Abs. 1 Hs. 2 BGB durch eine **analoge Anwendung** des **§ 988 BGB** rettet, indem man die „Unentgeltlichkeit“ und die „Rechtsgrundlosigkeit“ einander gleich stellt (RG und BGH). Man kann aber auch systemwidrig die **Leistungskondiktion neben den Ansprüchen aus den §§ 987 ff. BGB** gelten lassen. **Nicht** jedoch kann man die **Eingriffskondiktion** gemäß § 812 Abs. 1 S. 1 Var. 2 BGB zulassen, denn die §§ 987 ff. BGB sind, was die Herausgabe von Nutzungen in der Vindikationslage angeht, faktisch ein Spezialfall der Eingriffskondiktion. Weil beide **akzeptablen Lösungsvorschläge (Leistungskondiktionanspruch/Anspruch aus § 988 BGB analog)** im hier vorliegenden Zweipersonenverhältnis (es war der Eigentümer V, der an K geleistet hat) zum gleichen Ergebnis führen, könnte man das dogmatische Problem unentschieden lassen. Wenn der V aber zum *Beispiel* eine nicht ihm gehörige sondern dem E gestohlene Sache an K veräußert und dieser die Gegenleistung erbracht hätte, muss man Farbe bekennen und sich für einen Anspruch aus §§ 812 Abs. 1 S. 1 Var. 1, 818 Abs. 1 BGB entscheiden, weil der rechtsgrundlose unrechtmäßige Besitzer sonst zur Herausgabe der gezogenen Nutzungen verpflichtet wäre, er aber seine Gegenrechte auf Rückforderung der von ihm erbrachten Gegenleistung dem Anspruch nicht entgegenhalten könnte. Die dogmatischen Skrupel kann man auch zwanglos über eine **teleologische Reduktion** des **§ 993 Abs. 1 Hs. 2 BGB** für diese Fallkonstellation überwinden, so dass dieser Vorschlag auch kein Bekenntnis zu der Lehre, bedeutet, die eine freie Anspruchskonkurrenz zwischen der Leistungskondiktion und den §§ 987 ff. BGB, namentlich zu den §§ 993 ff. BGB zulassen will.

**Variante**

Der unerkannt geisteskranke V hatte die Sache dem E gestohlen und sie an K, der den Kaufpreis bezahlt, verkauft und übereignet. Der E verlangt von K Herausgabe der Sache und der von diesem gezogenen Nutzungen. Wenn er keinen Anspruch auf Herausgabe der Nutzungen gegen K hat, will er wissen, wie er an diese gelangt.

1. Was a) das Herausgabeverlangen angeht, steht dem V ein Anspruch gegen K aus § 985 BGB zu, denn K hat das Eigentum nicht erlangt (§ 935 BGB). b) Hinsichtlich der von E herausverlangten Nutzungen aa) besteht trotz Vindikationslage mangels Vorliegens der zur Nutzungsherausgabe verpflichtenden Tatbestände (§§ 987, 988, 990, 991 Abs. 1, 993 Abs. 1 Hs. 1, 992) kein Anspruch. bb) Jedoch wäre nach der Rechtsansicht, die auf den rechtsgrundlosen Erwerb 988 BGB analog anwendet, ein Anspruch gegeben sein. Der Umstand, dass K den an D gezahlten Kaufpreis nicht nach § 818 Abs. 3 BGB als Entreicherung absetzen kann, macht jedoch deutlich, dass man die Rechtsgrundlosigkeit (hier!) nicht mit der Unentgeltlichkeit gleichsetzen kann. bb) Daher sollte man sich generell für einen Anspruch auf Herausgabe der Nutzungen aus §§ 812 Abs. 1 S. 1 Var. 1, 818 Abs. 1 BGB entscheiden. Dieser aber wäre nicht gegeben, weil K den Besitz durch Leistung des V erlangt hat. 2. Der E kann von V die Nutzungen, a) die er selbst gezogen hätte, nach §§ 992, 823, 249 BGB verlangen, b) oder, wenn er sie nicht gezogen hätte, nach §§ 687 Abs. 2, 681 S. 2, 667 BGB.

#### kk) Ausschluss der Ansprüche aus §§ 987 ff. BGB durch § 241a BGB

Durch die Lieferung unbestellter Sachen seitens eines Unternehmers an einen Verbraucher wird ein Anspruch des Unternehmers gegen den Verbraucher – und dazu zählen auch gesetzliche Ansprüche aus den §§ 987 ff. BGB – allerdings vorbehaltlich der Ausnahmetatbestände des § 241a Abs. 2, 3 BGB, ausgeschlossen

#### ll) Konkurrenzen der §§ 987 ff. BGB zu §§ 812 ff. BGB, §§ 677 ff. BGB

##### (1) Konkurrenzen zu §§ 812 ff. BGB

Zur Frage der Konkurrenz der §§ 987 ff. BGB zu den §§ 812 ff. BGB haben Sie alles Wissenswerte soeben erfahren **(sub jj))**.

Wir nutzen daher die Gelegenheit, mit einem in diesem Kontext auftauchenden und verbreiteten Irrtum „aufzuräumen".

Nicht selten wird in studentischen Arbeiten **irrigerweise** das **Vorliegen** einer **Nutzung** angenommen, wenn es in Wahrheit um die **Realisierung** des **Wertes** der **Sachsubstanz** geht. In solchen Fällen finden ausschließlich die **§§ 816 Abs. 1, §§ 951 Abs. 1, 812 Abs. 1 S. 1 Var. 2 BGB** und **§ 812 Abs. 1 S. 1 Var. 2 BGB** Anwendung: Wenn zum *Beispiel* der unrechtmäßige Besitzer die Sache des Eigentümers E wirksam übereignet (§§ 929 S. 1, 932 Abs. 1 S. 1 BGB) und der Eigentümer den Erlös herausverlangt, ist nur § 816 Abs. 1 S. 1 BGB anwendbar. §§ 987 ff. BGB sind nicht einschlägig: es geht weder um Schadensersatz noch um Nutzungen. Wenn im *Beispiel* einer Verarbeitung fremden Leders vom Eigentümer Wertersatz nach §§ 950, 951 Abs. 1 S. 1, 812 Abs. 1 S. 1 Var. 2, 818 Abs. 2 BGB verlangt wird, so sind die §§ 987 ff. BGB nicht einschlägig, weil es weder um Schadensersatz noch um Nutzungen geht.

(2) Konkurrenzen zu §§ 677 ff. BGB, § 687 Abs. 2 BGB

Was die Konkurrenz zu Ansprüchen aus §§ 677 ff. BGB angeht, muss zwischen unechter **(sub (a))** und echter **(sub (b))** GoA unterschieden werden.

(a) Wer Nutzungen aus einer fremden Sache zieht, handelt dabei häufig ohne Fremdgeschäftsführungswillen, so dass nach **§ 687 Abs. 1 BGB** die §§ 677 ff. BGB keine Anwendung finden und es schon deshalb zu keiner Konkurrenzsituation kommt.

Bei angemaßter Geschäftsführung ist **§ 687 Abs. 2 BGB** neben den §§ 987 ff. BGB anwendbar.

(b) Ist aber wegen eines Fremdgeschäftsführungswillens und des Vorliegens der weiteren Voraussetzungen der §§ 677, 683/684 BGB eine **echte berechtigte GoA** gegeben, ist der Geschäftsführer nach §§ 677, 683 BGB berechtigter Besitzer, wenn die Übernahme der Geschäftsführung mit der Inbesitznahme zusammenfällt, so dass es schon deshalb nicht zu einer Konkurrenzproblematik zu den §§ 987 ff. BGB kommen kann.

Wenn die **echte GoA unberechtigt** gewesen sein sollte, weil sie nicht interessegemäß war, sollen die §§ 989 ff. BGB eingreifen, und sollen als Sonderregelung den §§ 677 ff. BGB vorgehen (BGH). Angenommen wird aber auch, dass die §§ 677 ff. BGB die §§ 987 ff. ausschließen sollen.

Angezeigt ist wieder einmal eine **Standortbestimmung**:

**1.** Werfen wir einen **Blick zurück**: Sie wissen jetzt, dass der Gesetzgeber aus bestimmten Gründen durch die Schaffung von Sondernormen dafür gesorgt hat,
   - **a)** dass ein unrechtmäßiger Besitzer vom Eigentümer nur unter bestimmten Voraussetzungen auf Schadensersatz und auf Herausgabe von Nutzungen in Anspruch genommen werden kann, nämlich auf
     - **aa) Schadensersatz** wegen Verschlechterung, Herbeiführung des Untergangs oder anderweitig begründeter Unmöglichkeit der Herausgabe oder wegen Verspätung der Herausgabe,
     - **bb) Herausgabe** von **Nutzungen** bzw. **Wertersatz** oder auf **Ersatz** für nicht gezogene Nutzungen,
   - **b)** und dass „(er) im Übrigen weder zur Herausgabe von Nutzungen noch zum Schadensersatz verpflichtet (ist)“ (§ 993 Abs. 1 2. HS BGB),
   - **c)** wovon allerdings **Ausnahmen** gemacht werden müssen
     - **aa)** zugunsten einer Schadensersatzhaftung des unrechtmäßigen Besitzers aus § 823 BGB beim ungeregelten „Fremdbesitzerexzess“
     - **bb)** und zugunsten einer Herausgabepflicht von Nutzungen des rechtsgrundlosen unrechtmäßigen Besitzers entweder nach §§ 988, 818 Abs. 1 BGB analog bzw. §§ 812 Abs. 1 S. 1 Var. 1, 818 Abs. 1 BGB.
   - **d)** Erörtert worden sind dann hinsichtlich der Ansprüche auf Schadensersatz und auf Herausgabe von Nutzungen bestehende problematische **Konkurrenzfragen**.

**e)** Dass **§ 241a BGB** auch die Ansprüche aus §§ 987 ff. BGB ausschließen kann, war eine weitere Konsequenz dieser missglückten Norm.

**2.** Werfen wir jetzt einen **Blick nach vorn**: Wir werden nunmehr vertiefend behandeln, dass der unrechtmäßige Besitzer, der in einer „Vindikationslage" **Verwendungen** auf die Sache gemacht hat, diese (abgestuft nach Art der Verwendungen und seiner Gut- bzw. Bösgläubigkeit) **ersetzt verlangen** kann **(§§ 994 ff., 1001 BGB)**, ein Anspruch, dessen Bedeutung praktisch gesehen in erster Linie darin besteht, dass er zu einem **Herausgabeverweigerungsrecht des** aus § 985 BGB in Anspruch genommenen **Besitzers** führt **(§ 1000 S. 1 BGB)**, auf das **§§ 273 Abs. 3, 274 BGB analog** angewendet werden.

### e) Anspruch des Besitzers gegen den Eigentümer auf Verwendungsersatz

Der jetzt zu erörternde Anspruch des unrechtmäßigen Besitzers gegen den Eigentümer auf Ersatz seiner auf die von ihm herauszugebende Sache gemachten Verwendungen (§§ 994 ff. BGB) zählt ebenfalls zu den Sekundäransprüchen aus dem Eigentümer-Besitzer-Verhältnis.

Wenn wir uns vordergründig mit dem **Verwendungsersatzanspruch** befassen, hat dies, wie Sie bald merken werden, klausurtaktische Gründe. Aus dem Auge verlieren wollen wir aber nicht, dass der unrechtmäßige Besitzer **wahlweise** auch ein **Wegnahmerecht** aus **§ 997 BGB** hat, auf das wir noch eingehen werden **(sub f))**.

#### aa) Überblick über die Voraussetzungen und die Rechtsfolgen eines Verwendungsersatzanspruchs

Die Voraussetzungen und Rechtsfolgen eines Verwendungsersatzanspruchs sind im Prinzip leicht zu verstehen:

Vorausgesetzt wird,

1. wie immer: das Bestehen einer **Vindikationslage (sub b))**,
2. und dass auf die herauszugebende Sache **Verwendungen** gemacht worden sind, also Vermögensaufwendungen, die einer Sache unmittelbar zugutekommen. **(sub bb))**.
3. Die **Ersatzpflichtigkeit** der **Verwendungen** macht das Gesetz in einem komplizierten System abhängig von der **Art** der **Verwendungen** und davon, ob der **unrechtmäßige Besitzer gutgläubig/bösgläubig** oder **unverklagt/verklagt** war:

**a) Notwendige** (die Nutzungsfähigkeit erhaltende) **Verwendungen** können verlangt werden

- vom gutgläubigen oder unverklagten Besitzer der Sache stets (§ 994 Abs. 1 S. 1 BGB),
- vom bösgläubigen oder verklagten Besitzer nur unter den Voraussetzungen der Geschäftsführung ohne Auftrag (§ 994 Abs. 2 BGB),

- es sei denn, es handelt sich um die gewöhnlichen Erhaltungskosten und dem Besitzer verbleiben für diese Zeit die Nutzungen (§ 994 Abs. 1 S. 2 BGB). **(sub cc))**.

**b)** **Nützliche Verwendungen** (nicht notwendige, aber den Wert erhöhende Verwendungen) können nur vom gutgläubigen oder unverklagten Besitzer, verlangt werden, dies aber nur, wenn der Wert bei Rückgabe an den Eigentümer noch erhöht ist (§ 996 BGB). **(sub dd))**

**c)** Die gesamten Erörterungen werden bis dahin den Eigenbesitzer als Verwender vor Augen haben. Jetzt wird die Frage gestellt werden, ob die §§ 994 ff. BGB auch auf den unrechtmäßige Fremdbesitzer anwendbar sind **(sub ee))**

**d)** **Ansonsten**, wenn es um **„Luxusverwendungen"** geht, verbleibt dem Besitzer nur ein **Wegnahmerecht** (§ 997 BGB) **(sub gg)** und **sub i))**.

Was die **Rechtsfolgen** angeht, so kann es bei der Fallbearbeitung zwar darum gehen zu prüfen, ob der Besitzer einen fälligen Zahlungsanspruch auf **Ersatz für** die **Verwendungen** geltend machen kann. Dieser Anspruch ist aber nur unter den Voraussetzungen des **§ 1001 BGB fällig**, wonach der Eigentümer die Sache entweder wieder erlangt haben oder die Verwendungen genehmigt haben muss. In Ihren Fallbearbeitungen wird es i. d. R. nicht um diesen Zahlungsanspruch gehen, sondern um die Frage, ob der Besitzer aufgrund der Verwendungen ein **Recht** hat, die **Herausgabe** zu **verweigern (§ 1000 S. 1 BGB)**.

Sie erinnern sich bestimmt: Das Herausgabeverweigerungsrecht aus § 1000 S. 1 BGB ist kein Recht zum Besitz i. S. d. § 986 BGB, welches die Vindikationslage entfallen ließe; selbst wenn Sie dazu anderer Ansicht sind (immerhin in guter Gesellschaft mit dem BGH), dürfen Sie nicht den Zirkelschluss ziehen und deshalb die Ansprüche aus §§ 987 ff. BGB entfallen lassen! Das wäre ein **„tödlicher Kunstfehler"**.

#### bb) Der Verwendungsbegriff

Vieles von dem, was jetzt zum Begriff **„Verwendung"** ausgeführt wird, ist für sie eine Wiederholung, weil sie in manchen früheren Fällen diesen Begriff bereits bestimmen mussten bzw. dies dabei erlernt haben.

Unter **„Verwendungen"** versteht man solche Vermögensaufwendungen, die einer **Sache unmittelbar zugutekommen**, indem die Sache **wiederhergestellt** oder **erhalten** oder **verbessert** wird.

Verwendungen sind also z. B. **Reparaturen** oder **Farbanstriche**. Es können **Sach-, Geld-** und **Arbeitsleistungen** sein, auch solche des Besitzers selbst, wenn sie einen Marktwert hat, wie z. B. die Arbeitsleistung eines berufsmäßigen Handwerkers.

Weil sie nicht unmittelbar der Sache zugutekommen, sind **keine Verwendungen** die **für** die **Besitzerlangung** erbrachten Miet-, Pacht-, Kaufpreiszahlungen oder die Leistung solcher Geldzahlungen, durch die der **Betrieb** der **Sache ermöglicht** wird (z. B. Kfz-Steuer, Zulassungskosten Kfz-Haftpflichtprämien).

Die Verwendungen müssen **vom unrechtmäßigen Besitzer** im **eigenen Interesse** auf **seine Kosten** vorgenommen werden, wobei dieser entweder **selbst** oder **durch** einen **Dritten** handeln kann. Wenn ein unrechtmäßiger Besitzer einen Werkvertrag mit einem Unternehmer abschließt, stellt sich die Frage, ob zum *Beispiel* für den Fall, dass der (z. B. insolvente) unrechtmäßige Besitzer als Besteller die Vergütung nicht entrichtet, der Unternehmer als Verwender unter den Voraussetzungen der § 994 ff. BGB gegen den Eigentümer einen Anspruch auf Verwendungsersatz haben kann (so der BGH) oder ob der unrechtmäßige Besitzer der mittels des Unternehmers tätig gewordene Verwender ist und der Unternehmer allenfalls aus § 812 Abs. 1 S. 1 Var. 2 BGB den Eigentümer in Anspruch nehmen kann.

Ob auch solche der Sache zugutekommende **Vermögensopfer** als Verwendungen anzusehen sind, wenn durch sie die **herauszugebende Sache umgestaltet** wird, ist umstritten. In der Wissenschaft wird dazu ein sog. **„weiter" Verwendungsbegriff**, der auch sachändernde Aufwendungen einschließt, propagiert. Der BGH und ihm folgend die h.L. hat sich auf den sog. **„engen" Verwendungsbegriff** festgelegt, demzufolge eine Verwendung nicht vorliegt, wenn durch eine Vermögensaufwendung die Sache grundlegend umgestaltet wird. Um dies zu verstehen, beginnen wir mit einem relativ schwierigen Fall, der abgeleitet worden ist aus dem „Grindelhochhäuserfall".

**Fall 656**

Der unerkennbar geisteskranke V verkauft und übereignet ein ihm gehöriges unbebautes Grundstück im Bereich der Ecke Grindelberg/Hallerstraße in Hamburg-Harvestehude an den K, der darauf für € 10 Millionen ein Bürohaus, für das wegen eines Konjunkturschubes infolge der Umsetzung der „agenda 2010" ein plötzlicher Bedarf bestand, errichtet. Nunmehr verlangt der wirksam vertretene V Herausgabe des Grundstücks. Der K verlangt den Ersatz seiner Verwendungen in Höhe von € 10 Millionen (nach BGH, „Grindelhochhäuser").

Einem 1. Anspruch des V gegen K aus §§ 985, 986 BGB 2. könnte entgegenstehen a) ein Herausgabeverweigerungsrecht des K aus §§ 994 ff., 1000 BGB, wenn K einen Verwendungsersatzanspruch hätte: aa) Ein Verwendungsersatzanspruch aus § 994 BGB des K scheitert ungeachtet der Frage, ob die Errichtung des Bürogebäudes eine Verwendung des K auf die Sache ist, daran, dass sie jedenfalls nicht „notwendig" gewesen wäre. bb) Der Bau könnte jedoch eine nach § 996 BGB zu ersetzende nützliche Verwendung gewesen sein. aaa) Der K war gutgläubig und unverklagt; bbb) die Wertsteigerung war bei Besitzwiedererlangung noch vorhanden. ccc) Daher stellt sich jetzt doch die Frage, ob in dem Bau eine Verwendung zu sehen ist. Nach dem „weiten Verwendungsbegriff", der auch sachändernde Maßnahmen erfasst: ja; nach dem „engen Verwendungsbegriff", der grundlegende Umgestaltungen nicht als Verwendung ansieht: nein. b)

Folgt man dem „engen Verwendungsbegriff", so dass ein Herausgabeverweigerungsrecht aus §§ 1000 S. 1, 996 BGB ausscheidet, ist zu prüfen, ob dem K ein Zurückbehaltungsrecht aus §§ 951, 812 Abs. 1 S. 1 Var. 2, 273 BGB zusteht. aa) Nach der h.L. steht dem K gegen den Herausgabeanspruch des V aufgrund eines Anspruchs aus §§ 951, 812 Abs. 1 S. 1 Var. 2 BGB ein Zurückbehaltungsrecht aus § 273 BGB zu: aaa) Der V hat nach §§ 946, 93, 94 BGB das Eigentum an dem Gebäude erlangt, bbb) und zwar, aaaa) da er das Eigentum weder durch eine Leistung des K noch durch die Leistung eines anderen erlangt hat, bbbb) sondern aaaaa) „auf Kosten" des K durch einen im Widerspruch zum Zuweisungsgehalt des fremden Rechts stehenden Eingriff in dessen Vermögen, bbbbb) und zwar unmittelbar und ccccc) weil die Vermögensverschiebung von der Rechtsordnung nicht ohne Ausgleich gebilligt wird (arge. § 951 BGB), ohne Rechtsgrund. ddddd) Dass die Bereicherung „aufgedrängt" ist, steht einem Anspruch nicht entgegen, wenn der Vermögensvorteil – wie hier anzunehmen – objektiv sinnvoll war und der Vermögensplanung des V nicht entgegenstand. bb) Der BGH hält jedoch auch dann, wenn – wie hier bei einer grundlegenden Umgestaltung des Grundstücks (enger Verwendungsbegriff) – mangels einer Verwendung die §§ 994 BGB nicht vorliegen können, diese für Spezialregelungen im Verhältnis zu §§ 951, 812 BGB, weil man sonst das Haftungssystem der §§ 994 ff. BGB mit seinen Differenzierungen der Haftung nach Gut- und Bösgläubigkeit bzw. Unverklagtheit und Rechtshängigkeit umgehen könnte. Es bleibt danach daher grundsätzlich bei einem Wegnahmerecht des K nach § 997 BGB und u. U. – wenn der Abriss öffentlich-rechtlich verboten sein sollte oder auch (und das sollte man jedenfalls zur Korrektur unsinniger Ergebnisse annehmen) wenn der Abriss (wie hier) zu einem unzumutbaren Wertverlust führen sollte, nach § 242 BGB – einem Ausgleichsanspruch in Geld aus § 242 BGB, der dann doch ein Zurückbehaltungsrecht aus § 273 BGB ergäbe.

Was war irreal an der Fallfrage? Der V hätte auch bzw. in erster Linie Grundbuchberichtigung von K verlangt (§ 894 BGB). Aber die og. Fragen hätten sich auch dann gestellt, denn §§ 994 ff., 1000 BGB etc. würden dem K auch als „Buchbesitzer" ein Leistungsverweigerungsrecht gegen den Anspruch aus § 994 BGB geben.

#### cc) Ersatz notwendiger Verwendungen (§ 994 BGB)

Hier stellen sich mehrere Fragen, nämlich die, was eigentlich notwendige Verwendungen sind **(sub (1))**, ferner, welche besonderen Voraussetzungen für den Anspruch des gutgläubigen unverklagten Besitzers **(sub (2))** und des bösgläubigen oder verklagten Besitzers gegeben sein müssen **(sub (3))**.

#### (1) Notwendige Verwendungen

Unter **notwendigen Verwendungen** versteht man – gesetzlich nicht definiert – solche Verwendungen, die die Sache in ihrem **wirtschaftlichen Bestand**, wozu auch **Nutzungsfähigkeit** der **Sache** gehört, **erhalten**. Sie sind für deren Erhaltung, für den normalen Betrieb und für die normale Bewirtschaftung der Sache erforderlich. Zu denken ist hierbei an Reparaturen; an die Aufbewahrung der Sache; an die Fütterung von Tieren; Keine notwendige Verwendung liegt vor, wenn der Besitzer mit der Verwendung einen „besonderen Zweck" verfolgt, also z. B. ein Gebäude ausbessert, das der Eigentümer abgerissen hätte.

Aber notwendige Verwendungen sind auch „die Aufwendungen, die der Besitzer zur Bestreitung von **Lasten der Sache** macht" (§ 995 S. 1 BGB). Gemeint sind damit Gebühren- und Abgabenzahlung, Leistungen auf Grundpfandrechte, die auf der Sache lasten, und Versicherungsleistungen

(2) Verwendungsersatzanspruch des gutgläubigen und unverklagten Besitzers

Rechtspolitische Überlegungen erleichtern wie immer das Verständnis des § 994 BGB: Dass der Gesetzgeber in dieser Norm in relativ großzügiger Weise dem unrechtmäßigen Besitzer die notwendigen Verwendungen zuerkennt, versteht sich von selbst – schließlich hat der Eigentümer, der sie als notwendige Verwendungen ja wohl auch selbst vorgenommen hätte, diese allein deshalb erspart, weil der Besitzer sie gemacht hat. Allerdings hat der Gesetzgeber auch nicht den die §§ 987 ff. BGB beherrschenden rechtspolitischen Aspekt außeracht gelassen, dass der unrechtmäßige Besitzer nur insoweit privilegiert werden soll, wie er es verdient.

(a) Die vorstehenden Erwägungen bedenkend, leuchtet jedermann sofort ein, dass nach der gesetzlichen Regelung der **unverklagte** und **gutgläubige unrechtmäßige Besitzer** im Grundsatz den Ersatz für notwendige Verwendungen verlangen kann (§ 994 Abs. 1 S. 1/§ 995 S. 1 BGB).

(b) Aber ebenso versteht man die beiden folgenden Einschränkungen des Verwendungsersatzanspruchs in § 994 Abs. 1 S. 2 BGB (sub (aa)) und in § 995 S. 2 BGB (sub (bb)).

(aa) Wenn es sich bei den Verwendungen des unrechtmäßigen gutgläubigen und unverklagten Besitzers um **gewöhnliche Erhaltungskosten** handelt, die in der Zeit erbracht wurden, in der der Besitzer nach den §§ 987 ff. BGB Nutzungen behalten darf, kann er für diese Verwendungen keinen Ersatz verlangen **(§ 994 Abs. 1 S. 2 BGB)**.

Die gewöhnlichen Erhaltungskosten sind regelmäßig wiederkehrende laufend anfallende notwendige Verwendungen, wie z. B. die Kosten für die Tierfütterung; die Inspektionskosten für ein Kraftfahrzeug; oder die Kosten für Beseitigung von Schäden, die aus einer bestimmungsgemäßen Nutzung eines Kfz herrühren. Es geht also um notwendige Verwendungen, die die Sache, aus der Nutzungen gezogen werden, „am Leben erhalten".

Damit leuchtet die ratio legis des § 994 Abs. 1 S. 2 BGB sofort ein: Die vom unrechtmäßigen Besitzer selbst zu tragenden „gewöhnlichen Erhaltungskosten" sind quasi das „Entgelt" dafür, dass er Nutzungen behalten darf.

Das ist beim unverklagten gutgläubigen Besitzer, der den Besitz entgeltlich erworben hat, stets der Fall (arge. § 987 BGB bzw. §§ 990, 987 BGB), so dass die gewöhnlichen Erhaltungskosten nicht zu ersetzen sind. Anders ist es aber beim unentgeltlichen Erwerb, weil dann § 988 BGB auch den gutgläubigen und unverklagten den unrechtmäßigen zur Nutzungsherausgabe verpflichtet.

Es kommt übrigens dabei nicht darauf an, ob im Einzelfall Nutzungen (die man als unrechtmäßiger Besitzer behalten dürfte) gezogen worden sind. Denn die Norm des § 994 Abs. 1 S. 2 BGB beruht auf dem Gedanken, dass der Besitzer sich durch dieses Art von Verwendungen die Möglichkeit des Erwerbs von Nutzungen, nicht aber gezogene Nutzungen, „erkauft" hat.

(bb) Entsprechendes gilt nach **§ 995 S. 2 BGB** für die als notwendige Verwendungen anzusehenden Lasten: „Für die Zeit, für welche dem Besitzer die Nutzungen verbleiben, sind ihm nur die Aufwendungen für solche **außerordentlichen Leistungen** zu ersetzen, die als **auf den Stammwert der Sache gelegt** anzusehen sind." Gemeint sind damit einmalige Leistungen, wie z. B. ein Erschließungsbeitrag, nicht aber laufende Leistungen, wie Versicherungsbeiträge.

Für die Fallbearbeitung bedeuten die Regelungen des § 994 Abs. 1 S. 2 BGB und des § 995 S. 2 BGB, dass die Frage, ob der unrechtmäßige Besitzer Nutzungen nach den §§ 987 ff. BGB behalten darf, ggf. inzident zu prüfen ist. Das kann ein durchaus schwieriges Aufbauproblem bedeuten, bei dessen Bewältigung Sie den Leser durch exakte Obersätze und eine transparente Gliederung regelrecht „an die Hand nehmen müssen"

(3) Verwendungsersatzanspruch des bösgläubigen und verklagten Besitzers

(a) Schlechter als der gutgläubige und unverklagte unrechtmäßige Besitzer muss natürlich derjenige unrechtmäßige Besitzer behandelt werden, der die notwendigen Verwendungen **nach Rechtshängigkeit** oder als **Bösgläubiger** vornimmt. Ihm werden diese nur unter den Voraussetzungen der **Geschäftsführung ohne Auftrag** ersetzt (§ 994 Abs. 2 BGB).

Hierbei handelt es fraglos um eine **Rechtsgrundverweisung** auf die §§ 677 ff. BGB. Aber welche Normen der §§ 677 ff. BGB sind zu subsumieren? Nicht § 677 BGB, denn dass bei Verwendungen ein „fremdes Geschäft" vorliegt, ergibt sich bereits aus dem Verwendungsbegriff; und auf das Vorliegen eines Fremdgeschäftsführungswillen, der ja beim Eigenbesitzer fehlt, kann es auch nicht ankommen, denn gerade für diesen ist die Norm des § 994 BGB geschaffen. Also kann die Verweisung nur eine **partielle Rechtsgrundverweisung** auf **§§ 683, 684 BGB** sein.

Wenn die Verwendung objektiv interessegemäß ist und dem wirklichen oder mutmaßlichen Willen entspricht **(§ 683 S. 1 BGB)** bzw. der entgegenstehende Wille nach **§§ 683 S. 2, 679 BGB** unbeachtlich ist, oder wenn zwar § 683 S. 1 bzw. S. 2 BGB nicht vorliegt, aber eine Genehmigung des Eigentümers **(§ 684 S. 2 BGB)** erklärt wurde, besteht ein Anspruch des Besitzers darauf „wie ein Beauftragter Ersatz seiner Aufwendungen" zu erhalten. In diesen Fällen sind die notwendigen Verwendungen nach § 670 BGB zu ersetzen.

Wenn dagegen die Voraussetzungen des § 683 S. 1 oder der §§ 683 S. 2 BGB, 679 BGB oder der §§ 684 S. 2, 683 S. 1 BGB nicht vorliegen, bleibt es bei einem Anspruch aus **§§ 684 S. 1, 818 Abs. 2 BGB** (Rechtsfolgenverweisung). Hier stellt sich das Problem einer aufgedrängten Bereicherung, wenn zum *Beispiel* der Eigentümer eines vom/n verklagten oder bösgläubigen Besitzer/n reparierten Autos oder „instandbe/gesetzen" Hauses dieses hatte ausschlachten bzw. abreißen lassen wollen. Damit befassen wir uns im Bereicherungsrecht (Teil 8).

(b) Eine dogmatisch interessante Frage ist, ob dann, wenn dem verklagten oder bösgläubigen unrechtmäßigen Besitzer die Nutzungen verbleiben, der Anspruch aus § 994 Abs. 2 BGB nicht die gewöhnlichen Erhaltungskosten umfasst, also die Frage, ob **§ 994 Abs. 1 S. 2 BGB** und **§ 995 S. 2 BGB** auch auf § 994 Abs. 2 BGB angewendet werden müssen. Zunächst fragt man sich natürlich, ob diese Frage nicht deshalb überflüssig ist, weil die bösgläubigen und die verklagten unrechtmäßigen Besitzer die Nutzungen ohnehin stets nach §§ 987, 990 BGB herauszugeben haben. Aber es gibt bekanntlich den zugegebenermaßen selten einschlägigen Tatbestand des § 991 Abs. 1 BGB! Ich hoffe, Sie erinnern sich noch und können auch einen Fall dazu bilden! Also muss die aufgeworfene Frage beantwortet werden: Für die Anwendbarkeit des § 994 Abs. 1 S. 2 BGB und des § 995 S. 2 BGB auf den § 994 Abs. 2 BGB (BGH) spricht, dass wenn schon der gutgläubige und unverklagte Besitzer, der die Nutzungen behalten darf, in seinem Verwendungsersatzanspruch beschränkt ist, dies auch für den bösgläubigen und verklagten unrechtmäßigen Besitzer gelten muss, der dann also ausnahmsweise die Nutzungen behalten darf.

**Fall 657**

Der V verkauft, übergibt und übereignet dem gutgläubigen K eine Kuh, die dem E gestohlen worden ist. Der K füttert die Kuh. Sie wirft bei ihm ein Kalb. Dann verlangt der E, der die Kuh bei K entdeckt hat, Herausgabe der Kuh. Der K verweigert die Herausgabe bis zum Ersatz der Fütterungskosten.

Der Anspruch des E auf Herausgabe der Kuh könnte sich aus § 985 BGB ergeben: a) Der E ist Eigentümer geblieben (§ 935 BGB); b) der K ist Besitzer; c) und er hat kein Recht zum Besitz gegenüber dem E (§ 986 BGB). d) Dem K könnte aber ein Herausgabeverweigerungsrecht aus § 1000 S. 1 BGB zustehen, wenn er einen Anspruch auf Verwendungsersatz wegen der Tierfütterung hätte. Dieser könnte sich aus § 994 Abs. 1 BGB ergeben. aa) Es bestand eine Vindikationslage. bb) Die Tierfütterung ist aaa) eine Verwendung (Vermögensaufwendungen, die einer Sache zugutekommen, indem diese wiederhergestellt, erhalten oder verbessert wird). bbb) Sie ist auch notwendig, weil sie die Nutzungsfähigkeit erhält. ccc) Der K war auch nicht verklagt oder bösgläubig (§ 994 Abs. 2 BGB). ddd) Daher hätte der K einen Anspruch auf Ersatz der notwendigen Verwendungen auf die Kuh, wenn nicht § 994 Abs. 1 S. 2 BGB dem entgegensteht: aaaa) Es handelt sich um „gewöhnliche Erhaltungskosten"; bbbb) und dem K verbleiben die Nutzungen (hier: das Kalb), weil insoweit kein Anspruch aus §§ 987 ff. BGB besteht. Daher hat der K keinen Verwendungsersatzanspruch und damit auch kein Herausgabeverweigerungsrecht aus § 1000 S. 1 BGB.

Kontrollfrage: Wie wäre es, wenn die Kuh kein Kalb geworfen hätte?

**Variante**

Wie wäre es, wenn der V dem K die Kuh geschenkt hätte?

Dann müsste der K die Nutzung (Kalb) nach § 988 BGB an den E herausgeben, so dass § 994 Abs. 1 S. 2 BGB nicht eingreift. Der K hätte ein dem Herausgabeanspruch des E entgegenstehendes Herausgabeverweigerungsrecht aus § 1000 S. 1 BGB, auf das er sich auch berufen hat. Im Prozess würde er zur Herausgabe Zug-um-Zug gegen Ersatz der Verwendungen verurteilt werden (§ 274 BGB analog).

**Variante**

Der K hat gekauft. Er wusste, dass die Kuh gestohlen war.

Dem a) Herausgabeanspruch aus § 985 BGB b) steht ein Herausgabeverweigerungsrecht aus §§ 1000 S. 1, 994 Abs. 2, 683, 670 BGB entgegen: aa) Die Fütterung ist eine Geschäftsführung. bb) Es handelt sich um ein fremdes Geschäft; auf einen Fremdgeschäftsführungswillen kommt es bei § 994 Abs. 2 BGB nicht an. cc) Der K war nicht beauftragt oder berechtigt. dd) Die Fütterung war objektiv interessegemäß für den E, ee) und sie entsprach dem Willen des Eigentümers. dd) Steht § 994 Abs. 1 S. 2 BGB entgegen? Nein. Zwar ist die Norm anwendbar, aber K darf die Nutzung nicht behalten (§§ 987, 990 BGB).

dd) Ersatz nützlicher Verwendung (§ 996 BGB)

Unter **nützlichen Verwendungen** versteht man solche Verwendungen, die nicht notwendig für die Sache sind, die aber immerhin den Wert der Sache erhöhen (arge. § 996 BGB).

Dass derartige Verwendungen nur unter wesentlich strengeren Voraussetzungen zu ersetzen sind als notwendige Verwendungen, versteht sich. Die rechtpolitischen Kriterien für den Gesetzgeber waren zum einen, dass der unrechtmäßige Besitzer es verdienen muss, seine nützlichen Verwendungen ersetzt zu bekommen, und zum anderen dass der Eigentümer nicht vor die Alternative gestellt werden darf, wegen der Höhe eines gegen ihn bestehenden Verwendungsersatzanspruchs besser „gleich ganz" auf die Rückgabe der Sache zu verzichten.

Deshalb steht dem unrechtmäßigen Besitzer der Anspruch auf Ersatz seiner lediglich nützlichen Verwendungen nur zu, wenn er sie **vor** Eintritt der **Rechtshängigkeit** oder **Bösgläubigkeit** aufgebracht hat. Denn verklagte oder bösgläubige Besitzer haben den Ersatz bloß nützlicher Verwendungen nicht verdient.

Und außerdem ist der Anspruch auf die **zur Zeit** der **Besitz(wieder)erlangung** durch den Eigentümer **noch vorhandene Wertsteigerung** begrenzt, die repräsentiert wird durch den objektiven, für den Eigentümer in zumutbarer Weise realisierbarem Wert.

**Variante**

Es handelt sich bei dem Rind um einen Mastbullen, und der K hat ihn gemästet. Die normalen Futterkosten ersetzt der E und verlangt die Herausgabe des Tieres. Der K verweigert die Herausgabe, weil ihm auch die zusätzlichen Mastkosten zustünden.

Dem a) Herausgabeanspruch aus § 985 BGB b) könnte ein Herausgabeverweigerungsrecht aus §§ 1000 S. 1, 996 BGB entgegenstehen. aa) Die Mastkosten sind „andere als notwendige Verwendungen", und zwar „nützliche Verwendungen" i. S. d. § 996 BGB. bb) Sie sind dem K zu ersetzen, aaa) Weil er gutgläubig und unverklagt war bbb) und weil der Wert der Sache noch zu der Zeit erhöht ist, zu welcher der Eigentümer die Sache wiedererlangt. Also hat der K ein Herausgabeverweigerungsrecht aus §§ 1000 S. 1, 996 BGB.

### ee) Anwendbarkeit der §§ 994 ff. BGB auf den unrechtmäßigen Fremdbesitzer, „normative Korrektur"

Die bisherigen Ausführungen betrafen ausschließlich den Eigenbesitzer als Verwender. § 994 BGB ist geradezu zugeschnitten auf den Eigenbesitzer. Dennoch werden die §§ 994 ff. BGB auf den Fremdbesitzer angewendet. Das hat der Fall zuvor gelehrt.

Umstritten ist die Frage, ob die §§ 994 ff. BGB uneingeschränkt anwendbar sind. Teils wird dies bejaht, teils wird eine „normative Korrektur" dahingehend gefordert, dass man die Schranken, die sich aus dem vermeintlichen Besitzrecht ergeben, zu berücksichtigen hat, weil er nicht besser gestellt werden darf wie er bei einer Berechtigung zum Besitz stünde.

**Fall 658**

Der Eigentümer E verkauft und übereignet sein Hausgrundstück an den K, der unerkennbar geisteskrank ist. Der K vermietet es für 10 Jahren an M und gestattet an dem M, das Dachgeschoss auszubauen und dieses unterzuvermieten, ohne dafür einen Anspruch auf Ersatz seiner Verwendungen zu haben. Der E, der nach Fertigstellung des Ausbaus von K's Geisteskrankheit erfährt, verlangt von M Herausgabe des Grundstücks (nach Gursky).

Der Anspruch des E auf Herausgabe des Hauses ergibt sich a) aus §§ 985, 986 BGB. aa) E ist Eigentümer geblieben, weil die Übereignung an K nichtig ist (§§ 873, 925, 104 Nr. 2, 105 Abs. 1 BGB). bb) M ist Besitzer. cc) und er hat aaa) kein eigenes Recht zum Besitz gegenüber dem E (§ 986 Abs. 1 S. 1, BGB) bbb) und auch kein abgeleitetes Recht zum Besitz (§ 986 Abs. 1 S. 1, 2 BGB). b) Dem M könnte aber ein Herausgabeverweigerungsrecht aus § 1000 S. 1 BGB zustehen, wenn er einen Anspruch auf Verwendungsersatz wegen des Dachausbaus hat. Dieser könnte sich aus § 996 BGB ergeben. aa) Es bestand eine Vindikationslage. bb) Der Dachausbau ist aaa) eine Verwendung (Vermögensaufwendungen, die einer Sache zugutekommen, indem diese wiederhergestellt, erhalten oder verbessert wird). bbb) Sie ist zwar nicht notwendig, aber nützlich, weil wertsteigernd ccc) Der M war auch nicht verklagt oder bösgläubig. ddd) Daher hätte der K einen Anspruch auf Ersatz der nützlichen Verwendung. eee) Die Frage ist, ob dieser Anspruch deshalb nicht besteht, weil der M gegen den K nach der vertraglichen Vereinbarung keinen Anspruch auf Verwendungsersatz hätte. aaaa) Teilweise wird angenommen, dass die §§ 994 ff. BGB nicht durch eine Vereinbarung mit dem Eigentümer selbst oder (hier:) mit einem unberechtigten Besitzer verändert werden können. Hinzu kommt, dass der auf Verwendungsersatz verzichtende M, für den sich die Investitionen nur bei einer langen Mietdauer rentiert hätten, an dem Verzicht auf die Verwendungen nicht festgehalten werden darf. Danach könnte er die Verwendungen von E ersetzt verlangen. bbbb) Nach anderen muss der Anspruch auf den Wert der Gebrauchsvorteile, die M aus dem Dachausbau hätte ziehen können beschränkt werden, also auf den erzielbaren Untermietzins (Gursky). cccc) Überwiegend wird jedoch angenommen, dass der unrechtmäßige Fremdbesitzer keinen Verwendungsersatzanspruch hat, wenn er beim Bestehen eines Besitzrechts keinen gehabt hätte (BGH).

ff) Gläubiger/Schuldner des Verwendungsersatzanspruchs

Der **Gläubiger** des **Verwendungsersatzanspruchs** ist natürlich der **unrechtmäßige Besitzer**, der die **Verwendungen erbracht** hat. Wenn aber – auch in der „Kette" – eine **Rechtsnachfolge** im **Besitz (§ 999 Abs. 1 BGB)** stattgefunden hat, und zwar entweder im Wege der Gesamtrechtsnachfolge (§ 1922 BGB) oder im Wege eines Veräußerungsgeschäfts (§§ 929 ff. BGB/§§ 873, 925 BGB), gleich ob wirksam oder nicht, ist im Wege eines gesetzlichen Forderungsübergangs der neue Besitzer der Gläubiger. Eine bloße Übertragung der tatsächlichen Gewalt reicht nicht, auch nicht eine Überlassung an einen Besitzmittler (Mieter).

Der **Schuldner** des **Verwendungsersatzanspruchs** ist der **jeweilige Eigentümer** der Sache, auf die die zu ersetzenden Verwendungen gemacht worden sind, selbst wenn dies zu einem Zeitpunkt geschah, bevor er das Eigentum erlangt hat **(§ 999 Abs. 2 BGB)**. Es handelt sich um einen Fall **gesetzlicher Schuldübernahme.** Die Haftung des früheren Eigentümers erlischt. Wenn also zum *Beispiel* (nach Neuner) der unrechtmäßige Besitzer vom Eigentümer E zu ersetzende Verwendungen macht und der E die Sache an den X nach § 931 BGB übereignet, schuldet der neue Eigentümer X den Verwendungsersatz; der E wird frei (§ 999 Abs. 2 BGB). Wir werden das Beispiel gleich noch ein weiteres Mal unter einem anderen Aspekt verwenden.

gg) Rechtsfolgen

Sie wissen es längst: Die Rechtsfolge ist ein **Zahlungsanspruch** (sub (a)); aber in der Rechts- und Klausurwirklichkeit läuft es auf ein dem Anspruch aus §§ 985, 986 BGB entgegenstehendes **Herausgabeverweigerungsrech**t hinaus (sub (b)). Dies soll jetzt verfeinert dargestellt werden.

(a) Entweder kann der Gläubiger den Verwendungsersatzanspruch **als Zahlungsanspruch** geltend machen. Der **Eigentümer** ist dann in doppelter Hinsicht **schutzbedürftig**: Zum einen soll er vor einer ihn oftmals überfordernden sofortigen Möglichkeit der Geltendmachung eines Zahlungsanspruchs bewahrt werden. Deshalb ist der Anspruch nicht ohne weiteres fällig ist, nämlich nicht „sofort", wie § 261 BGB es bestimmt, sondern nur unter den Voraussetzungen des **§ 1001 BGB**. Die dort genannten Konstellationen, in denen kein Schutzbedürfnis für den Eigentümers besteht, sind entweder die Genehmigung der Verwendungen (§ 184 Abs. 1 BGB) und – ihr gleichgestellt – die Einwilligung (§ 182 Abs. 1 BGB) seitens des Eigentümers. Eine Genehmigung liegt auch vor, wenn der Besitzer ihm die Sache unter Vorbehalt von Verwendungsersatzansprüchen zur Rückgabe anbietet und der Eigentümer sie übernimmt. Wenn der Eigentümer vor einer Genehmigung oder einer Einwilligung den Besitz an der Sache durch eine seinen Anspruch aus §§ 985, 986 BGB erfüllende Herausgabe an ihn selbst oder an einen Besitzmittler (z. B. einen Mieter) wiedererlangt hat, begründet dies ebenfalls die Fälligkeit des Zahlungsanspruchs. Denn dann hat der Eigentümer bereits die Vorteile, die die Verwendungen, auf deren Ersatz ein Anspruch besteht, entweder selbst genießen oder wirtschaftlich realisieren können (z. B. durch Vermietung). Aus diesem Grunde soll nach einer Ansicht auch der Fall einer Veräußerung vor Besitzerlangung der im Gesetz genannten Besitzerlangung gleichgestellt werden, während andere (BGH) meinen, dass der Besitzer sich an den neuen Eigentümer halten soll (§ 999 Abs. 2 BGB). Dafür spricht, dass § 999 Abs. 2 BGB sonst keinen Anwendungsbereich mehr hätte. Wenn also im o.g. *Beispiel* der unrechtmäßige Besitzer vom Eigentümer E zu ersetzende Verwendungen macht und der E die Sache an den X nach § 931 BGB übereignet, kann der B sich nicht wegen einer darin liegenden Genehmigung an den E halten, sondern nur noch an den X; der E wird frei (§ 999 Abs. 2 BGB). Und desweiteren soll der Eigentümer, der ja oft nicht weiß, in welcher Höhe Verwendungsersatzansprüche zu erwarten sind, durch einen **frühzeitigen Ausschluss** der Verwendungsersatzansprüche davor bewahrt werden, unabsehbar lange mit einer Inanspruchnahme in unbekannter Höhe rechnen zu müssen (§ 1002 BGB). Aber auch der **Besitzer** kann **schutzbedürftig** sein, nämlich dann, wenn der Eigentümer den Anspruch nicht fällig werden lässt, indem er weder die Genehmigung noch die Einwilligung erklärt und die Sache beim Besitzer belässt. Der Besitzer, der deshalb „auf der Sache sitzen bleibt", hat dann ein **Befriedigungsrecht (§ 1003 BGB)**.

(b) Wie bereits ausgeführt, werden Sie bei der Fallbearbeitung die Frage des Bestehens eines Verwendungsersatzanspruchs meist jedoch im Rahmen des **Herausgabeverweigerungsrechts** aus **§ 1000 S. 1 BGB** zu erörtern haben, wenn es darum geht, ob ein nach §§ 985, 986 BGB in Anspruch genommener Besitzer die Herausgabe der Sache verweigern kann, bis er wegen der ihm zu ersetzenden Verwendungen befriedigt wird. Dieses Herausgabeverweigerungsrecht entspricht einem Zurückbehaltungsrecht aus § 273 BGB, setzt aber anders als § 273 BGB keine Fälligkeit des Verwendungsersatzanspruchs voraus. Die §§ 273 ff. BGB, speziell § 274 BGB („Zug-um-Zug"-Verurteilung) sind daneben anwendbar. Zum wiederholten Mal soll verdeutlicht werden, dass § 1000 S. 1 BGB **kein Besitzrecht** i. S. d. **§ 986 Abs. 1 S. 1 BGB** ist. Das wird zwar vertreten mit der Argumentation, dass der Wortlaut von § 1000 S. 1 BGB und § 986 Abs. 1 BGB identisch ist, wenn es jeweils heißt, dass der Besitzer „die Herausgabe verweigern kann", und weiterhin damit, dass § 986 BGB die Verteidigung des auf Herausgabe ein Anspruch genommenen Besitzers abschließend regeln soll (BGH). Aber Sie wissen ja längst, dass ein Recht zum Besitz aus § 986 BGB eine (von Amts wegen zu berücksichtigende) Einwendung ist, während das Herausgabeverweigerungsrecht aus § 1000 S. 1 BGB eine (vom Besitzer geltend zu machende) Einrede darstellt. Auch ist die Zielrichtung der beiden Normen unterschiedlich: § 986 BGB schützt das Recht zum Besitz, § 1000 S. 1 BGB soll über ein Herausgabeverweigerungsrecht das Vermögen des Besitzers, der Verwendungsersatzansprüche hat und diese durch ein Zurückbehaltungsrecht realisieren will, schützen. Wenn Sie sich trotzdem nicht entscheiden können oder wollen, können Sie die Frage für die heikelste Anschlussproblematik offenlassen: Selbst der BGH, der § 1000 S. 1 BGB als Norm ansieht, die ein Recht zum Besitz i. S. d. § 986 BGB gewährt, zieht nicht die endgültige Konsequenz, aufgrund eines Herausgabeverweigerungsrechts aus §§ 994 ff., 1000 S. 1 BGB das (Fort-)Bestehen einer Vindikationslage zu verneinen, sondern kommt i.E. zu einer Zug-um-Zug-Verurteilung des zum Verwendungsersatz berechtigten unrechtmäßigen Besitzers. Warum nicht? Weil sonst der erste an die unrechtmäßig besessene Kuh verfütterte und zu einem Verwendungsersatz führende Grashalm gemäß §§ 986 Abs. 1 S. 1, 1000 S. 1 BGB die Vindikationslage entfallen ließe und somit für abertausend weiteren Grashalme kein Verwendungsersatz mehr zu leisten wäre!

Eine – vom Ergebnis her einleuchtende, aber tückische, weil leicht übersehene – **Ausnahme** zu **§ 1000 S. 1 BGB** enthält **§ 1000 S. 2 BGB**: „Das Zurückbehaltungsrecht steht" dem Besitzer „nicht zu, wenn er die Sache durch eine vorsätzlich begangene unerlaubte Handlung erlangt hat." Wenn zum *Beispiel* ein Dieb ihm zu ersetzende notwendige Reparaturkosten an der Sache vornimmt, kann er nicht nach §§ 1000 S. 1 BGB, 994 Abs. 2, 683 S. 1, 670 BGB die Herausgabe verweigern. Entsinnen Sie eine weitere Vorschrift, bei der ein Gläubiger, der eine vorsätzlich unerlaubte Handlung begangen hat, in seiner Verteidigung eingeschränkt ist? § 393 BGB: „Der Schuft darf nicht aufrechnen", analog angewandt auch auf § 273 BGB: „Der Schuft darf nicht zurückbehalten".

#### hh) „Luxusverwendungen"

Diejenigen Verwendungen, die den Verkehrswert der Sache nicht erhöhen („Luxusverwendungen"), werden nicht nach §§ 994 ff. BGB ersetzt. Der unrechtmäßige Besitzer kann, wenn die „Luxusverwendung" wesentlicher Bestandteil der Sache geworden ist (§§ 946, 94 BGB, §§ 947 Abs. 2, 93 BGB) ein Wegnahmerecht geltend machen (§ 997 BGB); dazu bald mehr.

#### ii) Zusammenfassung zu den Konkurrenzen: Verhältnis zu vertraglichen Ansprüchen, aus Bereicherungsrecht, aus GoA und aus Delikt

Der Grundsatz lautet, dass die **§§ 985, 994 ff. BGB** beim Vorliegen einer Vindikationslage die einschlägigen **Spezialregelungen** sind, was den **Verwendungsersatz** angeht.

#### (1) Konkurrenzen zu vertraglichen Ansprüchen

Das Verhältnis zu **Ansprüchen** aus **Vertrag** ist dann unproblematisch, wenn es schon deshalb an einer Vindikationslage fehlt, weil der Besitzer gegenüber dem Eigentümer aus **Vertrag** ein **Recht zum Besitz** hat. Wenn also zum *Beispiel* der Mieter M die dem Vermieter-Eigentümer VE gehörige Mietsache repariert, kann sich ein Anspruch des M gegen VE nur aus § 536a Abs. 2 BGB ergeben.

Die Frage, ob Verwendungen, die ein **„nicht-mehr berechtigter" Besitzer** nach oder vor Ende des Besitzrechts gemacht hat nach den §§ 994 ff. BGB zu ersetzen sind, behandeln wir im Anschluss **sub 3 a)**, wenn es um die Frage der Anwendbarkeit der §§ 987 ff. BGB im Grenzbereich der Vindikationslage geht.

(2) Konkurrenzen zum Bereicherungsrecht (§ 816 Abs. 1 BGB/§§ 951, 812 BGB)
Komplizierter ist das **Verhältnis zu den §§ 812 ff. BGB**. Dass Ihnen als Erstleser oder gar Studienanfänger hier – zum wiederholten Male – ein Einstieg in das Bereicherungsrecht zugemutet wird, obwohl Sie damit erst in Teil 8 befasst werden, ist didaktisch problematisch, aber leider unvermeidbar. Trösten Sie sich bitte damit, dass dort alles noch einmal in einem vergleichbaren Kontext angesprochen wird.

(a) Das Problem des **Verhältnisses** der **§§ 994 ff. BGB** zu **§§ 951, 812 BGB** ist Ihnen bereits aus der dem „Grindelhochhäuserfall" (Errichtung eines Gebäudes auf fremdem Grundstück) nachgebildeten Fallkonstellation geläufig. Vorsorglich sollten Sie sich aber doch noch einmal einen Überblick über die dazu vertretbaren Rechtsansichten, was die Frage einer Spezialität der §§ 994 ff. BGB im Verhältnis zu §§ 951, 812 BGB angeht, verschaffen: Von Ergebnisrelevanz ist dieser Meinungsstreit nur bei Zugrundelegung des engen Verwendungsbegriffs, weil beim weiten Verwendungsbegriff der Besitzer einen Ausgleich über die §§ 994 ff. BGB erhielte. **(aa)** Die – was das Verhältnis der §§ 994 ff. BGB und §§ 951, 812 BGB angeht – weitreichendste Ansicht ist die Annahme einer Anspruchskonkurrenz. Dafür spräche, dass es unangemessen ist, wenn der Verwender, der die Sache besitzt, durch die strengen Kriterien der §§ 994 ff. BGB schlechter gestellt würde als bei einem Anspruch aus §§ 951, 812 BGB. **(bb)** Nach anderen soll jedenfalls bei Aufwendungen, die wegen des engen Verwendungsbegriffs keine Verwendungen sind, §§ 951 Abs. 1, 812 BGB anwendbar sein. **(cc)** Wie Sie bereits wissen, ist der BGH „unerbittlich", indem er bei allen Aufwendungen auf Sachen, gleich ob sie eine Verwendung sind, §§ 951, 812 BGB als ausgeschlossen ansieht.

(b) Nunmehr ist darüber nachzudenken, ob nicht jedenfalls bei einer **Leistungskondiktion** (z. B. § 812 Abs. 1 S. 1 Var. 1 BGB) im Einzelfall Verwendungen eines Besitzers zu ersetzen bzw. anderweit zu berücksichtigen sind. **(aa)** Es gibt zum einen die Konstellation, in der ein **Besitzer** einer Sache dem Eigentümer aufgrund eines Vertrages bestimmte **als Leistungen zu erbringende Verwendungen schuldet**, der ihn dazu verpflichtende **Vertrag aber unwirksam** ist. Denken Sie sich dazu folgendes *Beispiel*: Jemand setzt aufgrund einer in einem Mietvertrag mit dem Eigentümer getroffenen Vereinbarung eine völlig verwohnte Wohnung instand und ist als Entgelt dafür zeitweise von der Verpflichtung zur Mietzahlung befreit; der Mietvertrag ist aber nichtig. (1) Man könnte an einen Anspruch aus §§ 677, 683 S. 1, 670 BGB denken (a) und ihn bejahen, wenn man in der Instandsetzung die auftraglose Führung eines „auch-fremden" Geschäfts sieht, bei dem der Fremdgeschäftsführungswille vermutet wird, das auch dem Interesse und dem wirklichen/mutmaßlichen Willen des Vermieters entspricht (BGH). (b) Man kann den Anspruch aus §§ 677, 683 S. 1, 670 BGB aber auch verneinen, indem man den Fremdgeschäftsführungswillen als Fiktion abtut. (2) Wenn man mit dem letztgenannten Argument das Vorliegen einer GoA ausschließt, kommt man zur Frage einer Anspruchskonkurrenz von Ansprüchen aus §§ 985, 986, 994 ff. BGB und aus §§ 812 Abs. 1 S. 1 Var. 1, 818 Abs. 2 Fall BGB an (Canaris, Medicus). Wegen der ansonsten identischen Ergebnisse ist die Zuerkennung des Anspruchs aus

§ 812 Abs. 1 S. 1 Fall, 818 Abs. 2 BGB nur im Fall der Unredlichkeit des (z. B. die Nichtigkeit des Mietvertrages infolge grober Fahrlässigkeit verkennenden) Besitzers von praktischer Bedeutung. Denn ein unredlicher Besitzer würde nach den §§ 994 ff. BGB wegen § 994 Abs. 2 BGB nur die notwendigen Verwendungen und dies auch nur nach GoA-Regeln ersetzt verlangen können, während der Anspruch aus §§ 812 Abs. 1 S. 1 Var. 1, 818 Abs. 2 BGB ungeschmälert bestünde, also auch nicht notwendige Verwendungen umfassen würde. Umgekehrt – und das rundet die Interessenabwägung ab – ist der bereicherungsrechtlich verpflichtete Eigentümer wegen § 818 Abs. 3 BGB auch nicht etwa schutzlos. Damit hätten wir also eine erste Durchbrechung der Regel, derzufolge Verwendungsersatzansprüche in einer Vindikationslage nur nach §§ 994 ff. BGB bestünden, zugunsten des Anspruchs aus §§ 812 Abs. 1 S. 1 Var. 1, 818 Abs. 2 BGB. **(bb)** Es gibt eine weitere von uns zu durchdenkende Konstellation: Angesichts des **möglichen Nebeneinanderbestehens** von **Herausgabeansprüchen aus §§ 985, 986 BGB** und **aus § 812 Abs. 1 S. 1 Var. 1 BGB**, so zum *Beispiel* im Fall eines aufgrund eines nichtigen Kaufvertrages/Mietvertrages/Werkvertrages besitzenden Käufers/Mieters/Unternehmers. Hier ist für den Fall, dass der Käufer/Mieter/Unternehmer Verwendungen auf die Sache gemacht hat, zweifelhaft, woraus sich der Anspruch auf Verwendungsersatz ergibt. Folgt man der Regel, ergäbe er sich, weil eine Vindikationslage besteht, nur aus §§ 994 ff. BGB. Man könnte aber im Hinblick auf den ja auch aus § 812 Abs. 1 S. 1 Var. 1 BGB gegen den Besitzer bestehenden Herausgabeanspruch die Rechtsansicht vertreten, dass auch – und dann vielleicht sogar mit Vorrang vor §§ 994 ff. BGB – die Verwendungen des Besitzers wegen der durch sie eingetretenen Entreicherung über. § 818 Abs. 3 BGB zu berücksichtigen seien. Dies zwar nicht durch einen rein technisch unmöglichen „Abzug“ der Entreicherung (wie soll man einen Herausgabeanspruch um eine Entreicherung in Gestalt von Verwendungen „kürzen“), sondern durch die Konstruktion eines die Entreicherung infolge der Verwendungen ausgleichenden Zahlungsanspruchs des unrechtmäßigen Besitzers in seiner Rolle als Bereicherungsschuldner. Worin läge für den unrechtmäßigen Besitzer der Vorteil eines Bereicherungsanspruchs, bei dem die Verwendungen auf die vorgenannte Weise (Konstruktion eines Zahlungsanspruchs gegen den Eigentümer) als Entreicherung berücksichtigt werden? Er liegt auf der Hand, denn den Besitzer träfen die den Verwendungsersatzanspruch begrenzenden Schranken der §§ 994 ff. BGB nicht. Die hiermit herausgearbeitete Frage ist also von erheblicher Relevanz. Es gibt in diesem Zusammenhang allerlei Lösungsvorschläge: Um dieses für den unrechtmäßigen Besitzer so attraktive Ergebnis zu erzielen, wird nach einer vereinzelten Ansicht ein – die Anwendung der §§ 994 ff. BGB gänzlich ausschließender – Vorrang des Herausgabeanspruchs aus § 812 Abs. 1 S. 1 Var. 1 BGB vor §§ 985, 986 BGB angenommen (Reuter-Martinek). Nach einer extrem anderen, ein solches Ergebnis gerade verhindern wollenden Rechtsmeinung sollen die §§ 994 ff. BGB Vorrang haben (Palandt). Eine differenzierende Lösung gibt es auch. Hiernach soll ein Anspruch aus §§ 994 ff. BGB die Regel bleiben. Nur bei besonders schutzwürdigen Besitzern, z. B. beim geschäftsunfähigen Käufer, der während des unrechtmäßigen Besitzes Verwendungen gemacht hat, soll § 818 Abs. 3 BGB dem § 994 BGB vorgehen (Canaris).

Wie gesagt: Das alles war „höhere Mathematik", die man sich nicht unbedingt zumuten muss, solange man das Bereicherungsrecht nicht verstanden hat.

(3) Konkurrenzen zu Ansprüchen aus GoA bzw. Geschäftsanmaßung

Wenn zum *Beispiel* ein nicht berechtigter Besitzer eine fremde Sache repariert, so sind die **echte GoA (sub (a))** und die **unechte GoA (sub (b))** sowie die Geschäftsanmaßung **(sub (c))** zu unterscheiden.

(a) Wenn ein Fremdgeschäftsführungswille gegeben ist und zusätzlich zu den weiterhin gegebenen Voraussetzungen des § 677 BGB auch die der eine echte GoA zu einer berechtigten GoA machenden Normen der §§ 683/684 S. 2 BGB, so dass deshalb eine **echte berechtigte GoA** vorliegt **(§§ 677, 683/684 BGB)**, so besitzt der Geschäftsführer die reparierte Sache als berechtigter Besitzer, so dass es an einer Vindikationslage fehlt und sich das Konkurrenzproblem ebenfalls nicht stellt. Wenn aber die Voraussetzungen der §§ 683/684 S. 2 BGB nicht gegeben sind, also eine **echte unberechtigte GoA** vorliegt, besteht mangels berechtigten Besitzes ein Konkurrenzverhältnis. Wie ist dies zu lösen? Sie werden sich entsinnen, dass wir, als es um die Frage der Konkurrenz zwischen den Ansprüchen auf Schadensersatz aus den §§ 989 ff. BGB und auf Herausgabe von Nutzungen aus den §§ 987 ff. BGB ging, uns für den Vorrang der §§ 677 ff. BGB entschieden haben, weil diese Normen die Fragen der Rechtsfolgen des Handelns für andere unter besonderer Berücksichtigung der dabei bestehenden Interessenlage speziell entscheiden. Das gilt auch hier.

(b) Häufig wird es an einem **Fremdgeschäftsführungswillen fehlen**, so dass nach § 687 Abs. 1 BGB die §§ 677–686 BGB unanwendbar sind und sich das Konkurrenzproblem gar nicht stellt.

(c) Bei **angemaßter Eigengeschäftsführung** (z. B. bösgläubiger Eigenbesitzer) gelten **§ 687 Abs. 2, 5. 2 BGB** und **§ 994 ff. BGB** (Palandt).

### f) Wegnahmerecht

Der unrechtmäßige Besitzer kann – ungeachtet der Frage, ob ein Verwendungsersatzanspruch besteht oder ob überhaupt eine Verwendung vorliegt (BGH, denken Sie an den „Grindelhochhäuserfall") – **wahlweise** auch ein **Wegnahmerecht** geltend machen, wenn er mit der Sache des Eigentümers eine andere Sache als wesentlicher Bestandteil verbunden hat (§§ 946, 94 BGB, §§ 947 Abs. 2, 93 BGB): Nach § 997 BGB kann er sie **abtrennen** und hat ein **Aneignungsrecht**. Wenn die Sache einem Dritten gehört hat, ist an dessen Ausgleichsansprüche aus § 280 Abs. 1 BGB, §§ 989, 990 BGB, §§ 812 Abs. 1 S. 1 Var. 2 BGB zu denken.

Das **Wegnahmerech**t kann **ausgeschlossen** sein, wenn die Abtrennung keinen Nutzen hat (§ 997 Abs. 2 BGB) oder wenn § 242 BGB entgegen steht (BGH, denken Sie wieder an den „Grindelhochhäuserfall"). Der Eigentümer wiederum kann das Wegnahmerecht abwenden, indem er dem Besitzer den Wert des Bestandteils, den dieser nach Abtrennung hätte, ersetzt (§ 997 Abs. 2 BGB).

### 3. Die Anwendbarkeit der §§ 987 ff. BGB im Grenzbereich der Vindikationslage und außerhalb der Vindikationslage

Bekanntlich ist das Vorliegen einer **„Vindikationslage"** für die Ansprüche aus den §§ 987 ff. BGB unabdingbar. Geregelt ist dies zwar nicht, folgt aber daraus, dass das Gesetz für die „Haftungsauslösung" u. a. zwischen Gut- und Bösgläubigkeit hinsichtlich des Rechts des Besitzers zum Besitz unterscheidet, was nur Sinn bei einem unrechtmäßigen Besitz Sinn macht.

Unsere bisherigen Ausführungen zu den §§ 987 ff. BGB betrafen die von uns „für den Hausgebrauch" so genannte **„klassische" Vindikationslage**, die beim Vorliegen der Voraussetzungen der §§ 985, 986 BGB besteht. Sie ist gegeben, wenn der Besitzer dem Eigentümer gegenüber von Anfang an nicht i. S. d. § 986 BGB zum Besitz berechtigt war oder wenn er ex tunc ein Recht zum Besitz i. S. d. § 986 BGB verloren hat.

Wir werden uns jetzt noch zu befassen haben mit drei Konstellationen, bei denen wir uns im **Grenzbereich zur Vindikationslage** befinden („nicht-mehr-berechtigter Besitzer", „nicht-so-berechtigter-Besitzer" und „Umwandlung von berechtigten Fremd- in unberechtigten Eigenbesitz") und erörtern, ob auch hier die §§ 987 ff. BGB gelten. **(sub a))**

Außerdem werden Sie erfahren, dass die §§ 987 ff. BGB auch kraft Verweisung in Betracht kommen **(§ 292 BGB** bzw. **§§ 818 Abs. 4, 292 BGB** oder **§§ 819, 818 Abs., 4, 292 BGB)**. **(sub b))**

#### a) Die Anwendbarkeit der §§ 987 ff. BGB im Grenzbereich der Vindikationslage

##### aa) Der „nicht-mehr-berechtigte Besitzer"

Zum einen geht es um die Fälle des sog. **„nicht-mehr-berechtigten Besitzers"**. Diese Konstellation ist dadurch gekennzeichnet, dass ein gegenüber dem Eigentümer bestehendes vertragliches Besitzrecht des Besitzers durch Rücktritt, Kündigung, Zeitablauf oder sonstwie ex nunc beendet ist, aber der ehemalige berechtigte Besitzer weiterhin im Besitz der Sache bleibt und von ihm Herausgabe verlangt wird. Denken Sie sich das *Beispiel*, dass der E eine Sache an L verleiht und dieser nach Ablauf der Leihzeit die Sache nicht zurückgibt. Zwei Unterfallgruppen sind denkbar: Die Schadensherbeiführung, Nutzungsziehung, Verwendungen haben stattgefunden nach Besitzrechtsende **(sub (1))** oder noch während der Zeit des berechtigten Besitzes **(sub (2))**.

##### (1) Schadensherbeiführung, Nutzungsziehung, Verwendungen nach Besitzrechtsende

Wie gesagt: Zum einen geht es um die Fälle, in denen **nach Ende** des **Besitzrechts** die Voraussetzungen für einen eventuellen **Schadensersatzanspruch** (Verschlechterung, Herbeiführung des Untergangs oder eine anderweitige Verunmöglichung der Herausgabe), für einen Anspruch auf Herausgabe von **Nutzungen (**Nutzungsziehung) gesetzt wurden oder **Verwendungen** vorgenommen wurden. Die hierzu vorgeschlagenen **Lösungswege** sind kompliziert.

(a) Es gibt es zwei verschiedene Ansichten, die unterschiedlich begründet zum Ergebnis kommen, die §§ 987 ff. BGB nicht anzuwenden. (aa) Zum einen sind dies natürlich diejenigen, die abweichend von dem hier unterbreiteten Vorschlag der Lehre vom „Vorrang des Vertragsverhältnisses" folgen und konsequenterweise in den Fällen der „Nicht-mehr-Berechtigung" eines Besitzers gar nicht erst nicht zur Annahme einer „Vindikationslage" kommen können. (bb) Und nach einer anderen Ansicht sollen die §§ 987 ff. BGB trotz einer, was den Primäranspruch angeht, vertretenen Anspruchskonkurrenz zwischen §§ 985, 986 BGB und den vertraglichen Herausgabeansprüchen aus z. B. §§ 546, 604 BGB die §§ 987 ff. BGB deshalb unanwendbar sein, weil die Normen der §§ 987 ff. BGB nur die Fälle eines unberechtigten Erwerbs des Besitzes vor Augen haben (Palandt).

(b) Die davon abweichende h.M. kommt dagegen zur Anwendung der §§ 987 ff. BGB, muss aber z.Tl. schwierige Zusatzfragen beantworten: (aa) Wenn man mit der h.M. dazu kommt, (aaa) dass dem Eigentümer im Fall der **Verschlechterung**, der Herbeiführung des **Untergangs** der herauszugebenden Sache oder einer sonstigen **Verunmöglichung** der **Herausgabe** Ansprüche auf **Schadensersatz** nicht nur aus dem schuldrechtlichen Rückgewährregeln (z. B. §§ 280, 286 ff. und 346, 347, 546a, 571 BGB) und aus eventuellen Deliktsansprüchen zustehen sollen, sondern auch Ansprüche aus den §§ 989, 990 BGB, muss man sich unvermeidlich der weiteren Frage stellen, welchem Haftungsregime der Vorrang gebührt, wenn es zu unterschiedlichen Ergebnissen bei einer vertraglichen Haftung und einer solchen aus §§ 987 ff. BGB kommt. Folgendes *Beispiel* (nach BGH) kann dies illustrieren: Ein Mieter hatte befristet gemietet und nach dem – von ihm übersehenen – Ablauf der Mietzeit die Mietsache beschädigt. Wegen Verletzung einer nachvertraglichen Sorgfaltspflicht schuldet er nach § 280 Abs. 1 BGB Schadensersatz. Wenn man die §§ 987 ff. BGB auf den „nicht-mehr-berechtigten" Besitzer anwenden würde, entfiele jedoch eine Haftung aus §§ 989, 990 Abs. 1 BGB, weil der Besitzer nicht bösgläubig war (nach § 990 Abs. 1 S. 2 BGB schadet nur positive Kenntnis). Unterschiedliche Ergebnisse darf es aber nicht geben. Die Lösung soll hier sein, der Haftung aus vertraglicher Rückabwicklung den Vorrang zuzuerkennen. (bbb) Zur Frage eines Anspruchs gegen den nicht-mehr-berechtigten Besitzer auf **Herausgabe** von **Nutzungen** nach den §§ 987 ff. BGB ist an folgendes *Beispiel* (nach BGH) zu denken: Einem berechtigt untervermietendem Mieter war vom Eigentümer und Vermieter wirksam fristlos gekündigt worden. Kann der Eigentümer die erlangte Untermiete herausverlangen? Zum einen besteht ein Anspruch aus §§ 546 Abs. 1, 292 Abs. 2, 987 Abs. 1 BGB. Ob in Anspruchskonkurrenz dazu auch ein Anspruch aus §§ 987 ff. BGB besteht, ist der Streitpunkt: Hier kann man den Vorrang des schuldrechtlichen Abwicklungsverhältnisses postulieren (Medicus) oder generell auch die §§ 987 ff. Anwendung finden lassen (BGH), so dass man hier zu einem Anspruch aus §§ 990, 987 BGB käme, oder dies nur dann, wenn das vertragliche Rückabwicklungsrecht Lücken aufweist, was hier nicht der Fall wäre. **(cccc)** Bei **Verwendungen** nach Ende des Besitzrechts gelten die §§ 994 ff. BGB, soweit keine Sonderregeln bestehen, wie z. B. aus § 347 BGB oder § 570 BGB, der den § 1000 S. 1 BGB ausschließt.

(2) Schadensherbeiführung, Nutzungsziehung, Verwendungen während der Zeit des berechtigten Besitzes

Wenn jedoch während der Zeit des berechtigten Besitzes die schadensersatzbegründende Verschlechterung, die Herbeiführung des Untergangs oder eine sonstige Verunmöglichung der Herausgabe, die Nutzungsziehung oder die Verwendung erfolgten und dann das Besitzrecht entfällt, scheint auf den ersten Blick alles klar zu sein: Die Vindikationslage fehlt, so dass es keine Ansprüche aus den §§ 987 ff. BGB geben kann. Juristen denken jedoch mit unerschöpflicher dogmatischer Phantasie weiter.

So wird teilweise **pauschal** gesagt, der ursprünglich und jetzt nicht mehr berechtigte Besitzer dürfe nicht schlechter stehen, als der von Anfang unberechtigte Besitzer, so dass die §§ 987 ff. BGB anwendbar sein müssten. Das wird man jedoch nicht undifferenziert übernehmen dürfen, sondern wird die Rechtsfragen gesondert nach Schadensersatzansprüchen. Nutzungsherausgabeansprüchen und Verwendungsersatzansprüchen durchdenken müssen.

Was die **Schadensersatzansprüche** angeht, ist vielmehr von der ausschließlichen Anwendung der Regeln des allgemeinen Schuldrechts aus § 280 BGB und des Deliktsrechts auszugehen, die nicht durch die §§ 989 ff. BGB verdrängt werden dürfen.

Und die Frage, ob ein Anspruch auf Herausgabe von **Nutzungen** besteht, beantwortet der Vertrag oder das Bereicherungsrecht.

Auch bei **Verwendungen** eines **berechtigten Besitzers** entscheiden im **Grundsatz** nicht die §§ 994 ff. BGB, weil zum Zeitpunkt der Verwendung keine Vindikationslage bestand, sondern die Regeln des Rechtsverhältnisses, aus dem sich das Besitzrecht ergibt, über das Bestehen eines Anspruchs auf Verwendungsersatz: Der Mieter hat Ansprüche aus §§ 536a Abs. 2 BGB, 539 Abs. 1 BGB, der Entleiher aus § 601 BGB. Die Frage ist allerdings, wie zu verfahren ist, **wenn** es **keine** bzw. **keine abschließende Regelungen** dieser Art in dem Rechtsverhältnis zwischen dem Eigentümer und dem nicht mehr berechtigtem Besitzer gibt. Die Rechtspraxis (BGH) schlägt eine analoge Anwendung der §§ 994 ff. BGB zum Zwecke der Lückenfüllung vor. Andere aber bestehen darauf, es wegen des Fehlens einer Vindikationslage bei der Anwendbarkeit der §§ 677 ff. BGB, 812 ff. BGB zu belassen. Das befriedigt wenig, denn die Voraussetzungen der GoA (§ 677 ff. BGB) oder des Bereicherungsrechts (§§ 812 ff. BGB) sind meist nicht gegeben, so dass der Besitzer praktisch nie einen Ausgleich für seine Verwendungen erhielte. Vor allem in Dreiecksbeziehungen stellt sich die Frage, ob man ausnahmsweise die §§ 994 ff. BGB anwenden darf. In diesen Kontext passt dieses *Beispiel* (nach Wolf-Wellenhofer): Der Eigentümer eines Grundstücks E hat einen darauf befindlichen Laden an P verpachtet, der ihn an UP unterverpachtet hatte. UP hatte nützliche Verwendungen gemacht, als der E den Pachtvertrag kündigte und von UP Herausgabe verlangt. Gegenüber dem Anspruch des E gegen den UP aus § 985, 986 BGB gibt es keine zu einem Zurückbehaltungsrecht des UP führende Gegenansprüche aus §§ 677, 683 S. 1, 670 BGB oder aus §§ 812 ff. BGB, wohl aber bei Anwendung der §§ 994 ff. BGB ein Herausgabeverweigerungsrecht aus §§ 996, 1000 BGB.

Bei den in diesem Zusammenhang für Sie interessanten Fällen kann es so liegen, dass der Besitzer die Verwendungen aufgrund eines ihn zu einem Entgelt berechtigenden Vertragsverhältnisses mit einem Dritten erbracht hat. Hierbei handelt es sich um ein berühmtes Problem, das Sie unbedingt bis in die einzelnen Verästelungen kennen sollten. Da der folgende Fall Ihnen nunmehr bereits zum dritten Mal „präsentiert" wird, riskieren wir es, ihn an dieser Stelle noch ein weiteres Mal, jetzt zur Illustration der Fallgruppe des „Nicht-mehr-Berechtigten", zu behandeln.

**Fall 659**

Unternehmer V verkauft und übereignet dem Unternehmer K ein ihm gehöriges Auto unter Vereinbarung eines Eigentumsvorbehalts. Der K bringt es auf einer Reise wegen eines nach den Vereinbarungen im Kaufvertrag von K zur Erhaltung der Kaufsache zu behebenden Verschleißschadens zu einer Reparatur in die Werkstatt des U, der den K für den Eigentümer hält. Der U stellt den Wagen wieder her. Der K gerät in Vermögensverfall. Daher zahlt er an den U keinen Werklohn und holt den Wagen auch nicht ab. Auch den fälligen Restkaufpreis entrichtet er trotz Fälligkeit und Mahnung des V nicht, so dass der V nach § 323 BGB vom Vertrag zurücktritt. Jetzt verlangt der V den Wagen von U heraus (nach BGH).

Der Anspruch kann sich aus §§ 985, 986 BGB ergeben. a) Der V ist Eigentümer des Autos. b) Der U ist Besitzer des Wagens. c) Fraglich ist, ob der U ein Recht zum Besitz hat (§ 986 BGB). aa) Ein Recht zum Besitz aaa) aus § 986 Abs. 1 S. 1 Var. 2 BGB aufgrund eines abgeleiteten Rechts zum Besitz hat der U nicht, da das Recht zum Besitz des K gegenüber dem V aus dem Kaufvertrag, von dem der U sein Recht ableiten könnte, wegen des wirksamen Rücktritts des V (§ 323 Abs. 1 BGB) erloschen ist. bbb) In Betracht kommt aber ein eigenes Recht zum Besitz des U aus §§ 986 Abs. 1 S. 1 Var. 1, 647 BGB aufgrund eines Werkunternehmerpfandrechts an dem Auto (arge. § 1227 BGB), aaaa) und zwar an dem Anwartschaftsrecht des K. An dem Anwartschaftsrecht des K, das ja als „wesensgleiches minus des Vollrechts" wie das Eigentum behandelt wird, könnte in der Tat aufgrund eines zwischen dem K und dem U geschlossenen Werkvertrages und der Besitzerlangung des U nach § 647 BGB ein Werkunternehmerpfandrecht entstanden sein und dies könnte auch gegenüber dem Eigentümer V ein eigenes Recht zum Besitz des U begründen. Die hiermit aufgeworfenen Fragen brauchen jedoch nicht weiter erörtert zu werden, weil das Werkunternehmerpfandrecht, selbst wenn es entstanden wäre, aufgrund des Rücktritts des V, der das Anwartschaftsrecht untergehen ließ, erloschen wäre. bbbb) Fraglich ist, ob das Pfandrecht das Eigentum des V belastet und dem U deshalb ein eigenes Recht zum Besitz gibt (arge. § 1227 BGB). aaaaa) Das wäre der Fall, wenn der Werkvertrag zwischen V und U geschlossen wäre. Das aber muss verneint werden, weil aaaaaa) der K in eigenem Namen gehandelt hat bbbbbb) und es eine u. U. in dem Kaufvertrag, durch den K zur Reparatur verpflichtet wurde, liegende „Verpflichtungsermächtigung" zum Abschluss von Werkverträgen zwischen V und Werkunternehmern zum Zwecke der vom Verkäufer geschuldeten Beseitigung von Mängeln der Kaufsache als Institut nach ganz h.M. deshalb nicht gibt, weil V sonst auch zur Zahlung des Werklohnes verpflichtet werden könnte, was mit den Grundsätzen des Vertretungsrechts nicht vereinbar ist. bbbbb) Die Verpflichtung zur Reparatur könnte aber nach §§ 183, 185 Abs. 1 BGB dem verfügungsähnlichen Tatbestand des § 647 BGB zur Wirksamkeit verhelfen (Medicus). ccccc) Lehnt man dies ab, so ist weiter zu erörtern, ob der U ein Werkunternehmerpfandrecht am Eigentum des V deshalb gutgläubig erworben hat, weil er den K für den Eigentümer hielt (§§ 647, 1207, 932 BGB). aaaaaa) Nach § 1257 BGB finden auf das gesetzliche Pfandrecht, also auch auf § 647 BGB, die Vorschriften über das Vertragspfandrecht entsprechende Anwendung, aber nur für das bereits „entstandene" Pfandrecht, und nicht für den Entstehungstatbestand, also auch nicht der § 1207 BGB. bbbbbb) Möglich bleibt aber immer noch eine analoge Anwendung des §§ 647, 1207, 932 BGB. Man ist sich einig, dass bei den gesetzlichen Pfandrechten, die lediglich durch eine „Einbringung" der Sache (§§ 562, 704 BGB) entstehen, ein gutgläubiger Erwerb nach §§ 1207, 932 BGB analog ausgeschlossen ist; diskutabel ist die aufgeworfene Frage aber bei einem gesetzlichen Pfandrecht, das eine „Übergabe" voraussetzt, also auch bei § 647 BGB. aaaaaaa) Das wird z.Tl. aus folgenden Gründen befürwortet: Es soll eine gesetzliche Lücke bestehen. Diese sei zum Ausgleich des Kreditrisikos des Unternehmers (er leistet vor!) zu schließen. Es wäre eine verfassungswidrige Ungleichbehandlung (Art. 3 GG), würde man den Werkunternehmer schlechter stellen als den Kommissionär pp. in § 366 Abs. 3 HGB. Ferner soll § 366 Abs. 3 HGB für die Analogie sprechen: § 366 HGB sei eine bloße Erweiterung des Gutglaubensschutzes des BGB auf die Fälle des guten Glaubens an die Verfügungsbefugnis, setze also die Anerkennung des Schutzes des guten Glaubens an das Eigentum durch das BGB gedanklich voraus; wenn also im HGB die Möglichkeit des gutgläubigen Erwerbs der gesetzlichen HGB-Pfandrechte für den Fall des guten Glaubens an die Verfügungsbefugnis geregelt sei, setze dies gedanklich einen bereits im BGB geregelten Schutz des guten Glaubens an das Eigentum bei gesetzlichen BGB-Besitzpfandrechten voraus. Die Analogie zu § 1207 BGB soll auch systematisch möglich sein, weil der Abschluss des Werkvertrags und die Übergabe der Sache eine innere Verwandtschaft zur Verpfändung durch Einigung und Übergabe aufweise und speziell das Werkunternehmerpfandrecht in Wahrheit ein gesetzlich typisiertes rechtsgeschäftliches Pfandrecht sei. Danach hätte der U ein eigenes Recht zum Besitz aus §§ 986 Abs. 1 S. 1 Var. 1, 1207 BGB. bbbbbbb) Der BGH und die h.L. lehnen den gutgläubigen Erwerb dagegen ab. Sie entnehmen dem § 366 Abs. 3 HGB keine Erweiterung des Gutglaubensschutzes für bestimmte Pfandrechte, es handele sich vielmehr insgesamt um eine handelsrechtliche Sonderregelung. § 647 BGB sei auch kein typisiertes Vertragspfandrecht. Eine Parallele zwischen Werkvertrag und Einigung i. S. d. § 1204 BGB bestehe nicht. Danach soll also ein eigenes Recht zum Besitz des U aus §§ 986 Abs. 1 S. 1, 1207 BGB ausscheiden. d) Wer ein Recht zum Besitz (§ 986 BGB) verneint, muss prüfen ob dem U ein Herausgabeverweigerungsrecht zusteht. aa) Möglich ist ein Zurückbehaltungsrecht des U aus §§ 677, 683 S. 1, 670, 273 BGB, wenn die Herbeiführung der Reparatur des Wagens die Führung eines Geschäftes auch für den V wäre; das ist aber angesichts der Vorstellung des U, mit dem ihn beauftragenden K den Eigentümer vor sich zu haben, abzulehnen. bb) In Betracht kommt aber ein dem Anspruch aus § 985 BGB entgegenstehendes Herausgabeverweigerungsrecht des U nach §§ 994 Abs. 1 S. 1, 1000 BGB: aaa) Fraglich ist jedoch, ob überhaupt ein Eigentümer-Besitzer-Verhältnis bestand. aaaa) Das wäre nicht der Fall, aaaaa) wenn man der Lehre vom Vorrang des Vertragsverhältnisses folgt, bbbbb) nach anderer Ansicht im 3-Personen-Verhältnis ausnahmsweise aber doch. bbb) Aber auch dann, wenn man mit der vorgenannten Ansicht oder mit der h.M. auch bei Vertragsverhältnissen eine Vindikationslage für denkbar hält, ist deren Relevanz hier zweifelhaft, denn aaaa) z.Zt. der Verwendungen besaß der U die Sache aufgrund eines abgeleiteten Besitzrechts im Verhältnis zu V rechtmäßig (§§ 986 Abs. 1 S. 1 Var. 2, 433 Abs. 1, 631 BGB); bbbb) unrechtmäßig besaß der U die Sache erst aufgrund des späteren Rücktritts des V vom Kaufvertrag, also z.Zt.. des Herausgabeverlangens des V, was aber nach dem BGH ausreichen soll, denn sonst würde der rechtmäßige Besitzer, der sein Besitzrecht später verliert, hinsichtlich eines Verwendungsersatzanspruchs schlechter behandelt als derjenige, der nie ein Besitzrecht besaß. Es gibt auch keine gesonderte Regelung des Verwendungsersatzanspruchs in dem ehemals zu Besitz berechtigenden Rechtsverhältnis, aufgrund derer der Fremdbesitzer besser gestellt würde als bei einem Besitzrecht. ccc) Folgt man insoweit auch dem BGH, so ist davon auszugehen, dass der U gutgläubig und unverklagt war, so dass ein Anspruch aus § 994 Abs. 1 S. 1 BGB vorstellbar wäre. ddd) Zweifelhaft ist aber weiter, aaaa) ob es sich überhaupt um „Verwendungen" gehandelt hat. aaaaa) Nach einer Ansicht sei dies nicht der Fall, da das Vorliegen von Verwendungen bei einer vertraglich geschuldeten Leistung begrifflich ausscheiden müsste, bbbbb) dagegen soll nach h.M. eine notwendige Verwendung vorliegen, bbbb) wobei allerdings fraglich ist, wer Verwender ist: aaaaa) nach dem BGH ist es der U, bbbbb) nach a. A. dagegen der K, weil er den Verwendungsvorgang auf eigene Rechnung veranlasst habe und ihn auch steuere (Medicus). Folgt man dem BGH „bis zum bitteren Ende", hätte der U nach §§ 994 Abs. 1 S. 1, 1000 BGB ein Herausgabeverweigerungsrecht. (Sie wissen ja bereits, dass die Werkunternehmer, speziell die des Kfz-Reparaturhandwerks, inzwischen „kein Risiko" mehr eingehen und sich die Sache in der Regel formularmäßig durch den Besteller verpfänden lassen, so dass ggf. § 1207 BGB unmittelbar angewendet werden kann. Derartige AGB-Klauseln werden von der h.M. für zulässig gehalten, auch wenn sie letztlich nur für bestellerfremde Sachen Anwendung finden können.)

Wenn das das Besitzrecht ehemals begründende Rechtsverhältnis Ansprüche auf den Verwendungsersatz allerdings ausschließt, stellt sich die Rechtslage anders dar. Ihnen ist ja bereits bekannt, dass der unberechtigte Fremdbesitzer im Verhältnis zum Eigentümer nicht besser gestellt werden darf als er im Rahmen seines vermeintlichen Besitzrechtes stünde; dies kann nicht anders sein, wenn man die §§ 994 Abs. 1, 996 BGB auch auf die Konstellation des zunächst berechtigten, später aber nicht mehr berechtigten Fremdbesitzer anwendet (BGH).

**Fall 660**

Die Stadt EV vermietet dem Tennisverein MUV e. V. für 30 Jahre ein ihr gehöriges Grundstück. Dem MUV war es gestattet, eine Tennisanlage zu errichten. Für den Fall der Beendigung des Mietvertrages war vereinbart, dass der MUV e. V. auf Verlangen der Stadt EV die Tennisanlage zurückbaut. Sollte die Stadt EV dies nicht verlangen, sollte eine Entschädigung nicht geschuldet sein. Mit Zustimmung der Stadt EV vermietete der MUV e. V. das Grundstück unter an UM, der hier ein kommerzielles Fitnesscenter mit Tennisanlage betrieben wollte und eine Sporthalle mit integriertem Schwimmbad und Clubhaus errichtete. Der UM hatte sich im Untermietvertrag verpflichtet, bei Beendigung des Untermietverhältnisses die zusätzlichen Umbauten entschädigungslos zurückzubauen. Das Mietverhältnis MUV e. V. und UM wurde fristgemäß gekündigt. Nachdem über das Vermögen der MUV e. V. das Insolvenzverfahren eröffnet worden war, gab der UM das Grundstück an den Insolvenzverwalter heraus. Dieser beendete später das Mietverhältnis mit der Stadt EV, die die Anlage mit einem neuen Mieter X als Betreiber eines Fitnesscenters fortsetzen wollte, der sich aufgrund der von UM geschaffenen Einrichtungen und dessen Kundenstamm ein gutes Geschäft versprach und eine höhere Miete an die Stadt EV zahlte als sie der UM gezahlt hatte. Der UM verlangt von der Stadt EV Entschädigungs- oder Ausgleichsansprüche wegen des Baus der Halle und wegen des erhöhten Ertragswertes (nach BGH).

Der Anspruch kann sich aus 1. Was die Entschädigung für den Bau der Halle angeht, a) käme ein Verwendungsersatzanspruch in Betracht aa) aus §§ 994 Abs. 1, 996 BGB, der nach § 1001 BGB fällig wäre. aaa) Es müsste sich um Verwendungen handeln, was aaaa) bei Zugrundelegung des engen Verwendungsbegriffs des BGH zweifelhaft ist. bbbb) Wer mit der h.M. diesem engen Verwendungsbegriff nicht folgt und eine Verwendung annimmt, bbb) müsste eine Vindikationslage bejahen. Aufgrund der berechtigten Untervermietung bestand bei der baulichen Erweiterung wegen eines abgeleiteten Rechtes zum Besitz keine Vindikationslage. bb) §§ 994 Abs. 1, 996 BGB sollen jedoch analog angewendet werden, aaa) wenn das Besitzrecht später entfallen ist, weil der Besitzer dadurch, dass er als rechtmäßiger Besitzer Verwendungen getätigt hat und dann unrechtmäßiger Besitzer geworden ist, nicht schlechter gestellt werden darf als der Besitzer, der von vornherein nicht zum Besitz berechtigt war. bbb) Eine solche Analogie setzt allerdings voraus, dass das Besitzrecht ehemals begründende Rechtsverhältnis Ansprüche auf Verwendungsersatz nicht gesondert regelt, insbesondere sie ausschließt. Die Begründung lautet, dass ja allgemein anerkannt sei, dass speziell der unberechtigte Fremdbesitzer im Verhältnis zum Eigentümer nicht besser gestellt werden dürfe als im Rahmen seines vermeintlichen Besitzrechtes; dies könne nicht anders sein, wenn man die §§ 994 Abs. 1, 996 BGB auch auf die Konstellation des zunächst berechtigten, später aber nicht mehr berechtigten Fremdbesitzer anwendet (BGH). Hier ist im Untermietvertrag ein Entschädigungsanspruch für den Bau der Halle aber ausgeschlossen. b) Denkbar wäre ein Bereicherungsanspruch aus §§ 951 946, 812 Abs. 1 S. 1 Var. 2 BGB. aa) Die Halle ist ein wesentlicher Bestandteil des Grundstücks der Stadt EV geworden du damit deren Eigenem (§§ 946, 94 BGB). bb) In Betracht kommt daher kein Anspruch aus §§ 951 946, 812 Abs. 1 S. 1 Var. 2 BGB (Rechtsgrundverweisung). aaa) Nicht steht dem der Vorrang der Leistungskondiktion entgegen, weil der UM der Stadt EV den Vorteil geleistet hätte. Das würde voraussetzen, das der UM der Stadt EV das Eigentum bewusst und zweckgerichtet verschaffen wollte. Eine Verpflichtung dazu bestand nicht. Und außerdem diente der Bau der Halle nur dazu, auf dem Grundstück der EV ein Unternehmen gewinnbringend zu betreiben. Der Eigentumsverlust des UM und der damit korrespondierende Eigentumserwerb der EV nach §§ 946, 94 BGB war lediglich eine Nebenfolge, aber keine bewusste zweckgerichtete Vermögensmehrung. bbb) Wohl aber steht eine wertende Betrachtungsweise einem Anspruch aus §§ 951 946, 812 Abs. 1 S. 1 Var. 2 BGB entgegen: Wäre der MUV e. V. Eigentümer des Grundstücks gewesen, hätte der UM aufgrund der Abrede im Untermietvertrag keinen Anspruch auf Ersatz für den Bau der Halle gehabt. Durch das (zufällige) Auseinanderfallen von Eigentümer (EV) und Vermieter (MUV e. V.) darf der UM nicht besser gestellt werden. 2. Was die Steigerung des Ertragswertes des Grundstücks angeht, so könnte ein Anspruch aus § 812 Abs. 1 S. 1 Var 2 BGB. bestehen. Dies ist aber dann nicht der Fall, wenn der Anspruchsteller – wie hier – den Vorteil nicht auf Kosten des UM, sondern erst später nach Aufhebung des Mietvertrages, also nur „mittelbar“ erlangt hat.

#### bb) Der „nicht-so-berechtigte Besitzer"

Das war die Fallgruppe der „Nicht-mehr-Berechtigung“ des Besitzers. Weiterhin wird die Frage erörtert, ob ein berechtigter Besitzer, der sein Besitzrecht überschreitet, ob also ein sog. **„nicht-so-berechtigter Besitzer“** ebenfalls ein unberechtigter Besitzer ist, so dass die §§ 987 ff. BGB anwendbar wären. Als *Beispiel* denken Sie sich den Fall, dass E dem L eine Sache leiht und dieser sie vorsätzlich zerstört.

Was Ansprüche auf **Schadensersatz** des Eigentümers gegen den Besitzer **wegen Verschlechterung** der Sache, Herbeiführung von deren **Untergang** oder einer anderweitigen **Verunmöglichung** der **Herausgabe** angeht, wird gegen eine Anwendbarkeit der §§ 989 ff. BGB überzeugend ins Feld geführt, dass wegen der Schadensersatzansprüche aus § 280 Abs. 1 BGB und aus § 823 BGB gegen den sein Besitzrecht überschreitenden Besitzer kein Bedarf für die analoge Anwendung der §§ 989 ff. BGB besteht.

Soweit es um die Herausgabe von **Nutzungen** oder Ersatz von deren Wert geht, wird für das *Beispiel* der unberechtigten Untervermietung diskutiert, ob der (Haupt-)Vermieter vom Mieter die erzielte Untermiete aus §§ 990 Abs. 1, 987 herausverlangen kann.

Dass der „Nicht-so-berechtigte-Besitzer“ Ansprüche auf Ersatz von **Verwendungen** aus §§ 994 ff. BGB haben soll, wird nicht vertreten.

#### cc) „Umwandlung von berechtigtem Fremd- in unrechtmäßigen Eigenbesitz"

Bei der Fallgruppe der **„Umwandlung** von **berechtigtem Fremd-** in **unrechtmäßigen Eigenbesitz“** geht es um die Fallkonstellation, bei der ein berechtigter Fremdbesitzer, also ein berechtigter Besitzer, der nach seiner Willensrichtung für einen anderen besitzt, seine Willensrichtung ändert und die Sache nunmehr zu Unrecht „als ihm gehörend besitzt“ und daher unrechtmäßiger „Eigenbesitzer“ wird (§ 872 BGB).

In dieser dem Besitz eine andere Qualität verleihenden Änderung der Willensrichtung hat man gelegentlich eine unrechtmäßige Besitzerlangung gesehen, so dass zwischen dem Eigentümer, für den der Besitzer bisher berechtigt als „Fremdbesitzer" besessen hatte, der sich aber nunmehr zum Eigenbesitzer „aufgeschwungen" hatte, plötzlich eine „Vindikationslage" besteht mit der möglichen Folge einer Anwendbarkeit der §§ 987 ff. BGB.

In der Tat ist die Anwendbarkeit der auf **Schadensersatz** gerichteten Anspruchsgrundlage der §§ 989, 990 BGB wegen **Verschlechterung** der Sache, Herbeiführung von deren **Untergang** oder anderweitiger **Verunmöglichung** der **Herausgabe** zum *Beispiel* vom BGH in einem Fall (Feldlokomotivenfall) aus Gründen der Individualgerechtigkeit (nämlich um die seinerzeit geltende 30-jährige Verjährungsfrist anstelle der kurzen Verjährungsfrist bei deliktischen Ansprüchen zugrunde legen zu können!) angenommen worden, aber nicht aus darüber hinaus verallgemeinerungsfähigen Erwägungen. Es ging darum, dass die Deutsche Reichsbahn (DR) im Hinterland der Ostfront sieben Feldlokomotiven des L vor der vorrückenden Roten Armee in Sicherheit gebracht und sie in den Wirren der Kriegs- und ersten Nachkriegszeit versehentlich als vermeintlichen Teil ihres Vermögens behandelt und dann später veräußert hatte, wobei man bei der Veräußerung hätte erkennen können, dass die Lokomotiven nicht der DR gehörten. Als der L die DR in Anspruch nahm, gab es (a) zum Zeitpunkt der Sicherstellung vor der Roten Armee, die eine berechtigte GoA war, aus diesem Grunde keine Vindikationslage und mangels Rechtwidrigkeit auch keinen Anspruch aus § 823 Abs. 1 BGB, der auch zum Ersatz des Schadens infolge der Veräußerung verpflichtet hätte. (b) Zur Zeit der Veräußerung wäre (aa) an sich ein Anspruch aus § 823 Abs. 1 BGB gegeben; der aber war – damals betrug die Frist 5 Jahre – verjährt. (bb) Der BGH hat in der Umwandlung von Fremd- in Eigenbesitz die Begründung einer Vindikationslage gesehen, so dass der – damals erst in 30 Jahren verjährende – Anspruch aus §§ 990, 989 BGB gegeben war. Dieser juristische „Trick" steht aber im Gegensatz zum Sinn und Zwecke der §§ 987 ff. BGB, die den unrechtmäßigen Besitzer privilegieren aber nicht verschärft haften lassen sollen.

Eine Verpflichtung des Eigenbesitzers zur Herausgabe von **Nutzungen** aus den §§ 987 ff. BGB wird nicht diskutiert.

Auch wird nicht erörtert, ob dem nunmehrigen Eigenbesitzer ein Anspruch auf **Verwendungsersatz** nach den §§ 994 ff. BGB mit u. a. auch der Folge des § 1000 S. 1 BGB zusteht.

### b) Außerhalb einer Vindikationslage: Die Anwendbarkeit der §§ 987 ff. BGB durch Verweisung (§ 292 BGB)

Wenn bei Nichtvorliegen einer Vindikationslage ein Herausgabeanspruch rechtshängig ist, also dem **schuldrechtlichen** (nicht dinglichen!) **Schuldner eines Herausgabeanspruchs** die auf Herausgabe gerichtete Klage zugestellt worden ist, ergeben sich **Schadensersatz-** und **Nutzungsherausgabeansprüchen** des Gläubigers aus **§ 292 Abs. 1 BGB** nach den §§ 987 ff. BGB. Was den Schadensersatzanspruch angeht, haftet der Schuldner bei Verzug (wird regelmäßig durch die Klageerhebung ausgelöst, § 286 Abs. 1 S. 2 BGB) dann auch für Zufall (§ 287 BGB). Nach **§ 292 Abs. 2 BGB** sind die §§ 994 ff. BGB für den **Verwendungsersatzanspruch** einschlägig. Hat zum *Beispiel* der L eine von E geliehene Sache an LU unterverliehen und ist die Sache bei dem von L durch eine ihm zugestellte Klage auf Herausgabe in Anspruch genommenen LU untergegangen, so hat der L gegen den LU nicht nur einen Schadensersatzanspruch aus §§ 280 Abs. 1, 3, 283 BGB, sondern auch einen Anspruch aus §§ 292, 989 BGB.

Auch – davon wird in Teil 8 die Rede sein – der nach **§§ 818 Abs. 4 BGB oder** nach **§§ 819, 818 Abs. 4 BGB** verschärft („nach den allgemeinen Vorschriften") haftende Bereicherungsschuldner haftet (ohne verklagt sein zu müssen!) dem Gläubiger nach § 292 BGB.

Bevor wir jetzt das Thema ziemlich abrupt ändern, sollten Sie sich noch einmal verdeutlichen, was Sie sich auf den letzten ca. 75 Seiten erarbeitet bzw., was Sie dort wiederholt haben: Es waren die die **primären** und die **sekundären Ansprüche** des **Eigentümers gegen** den **Besitzer** aus dem **Eigentümer-Besitzer-Verhältnis** bzw. und (am Rande auch die des **Anwartschaftsberechtigten gegen** den **Besitzer** aus dem **Anwartschaftsberechtigter-Besitzer-Verhältnisses** (§§ 985, 986, 987 ff. BGB). Dass es damit vergleichbare Ansprüche im Zusammenhang mit einem **Grundbuchberichtigungsanspruch** (§§ 894, 987 ff. BGB) gibt, werden Sie demnächst mehr lesen. Auf den Grundbuchberichtigungsanspruch gehen wir jetzt ein.

Wenn hier – und im Folgenden – die Rede davon ist, dass die §§ 987 ff. BGB nicht nur über den eigentlichen Rahmen hinaus angewendet werden, so bietet sich hier eine Wiederholungsfrage an: Wo hatten wir die §§ 987 ff. BGB auch analog angewendet? Auf den Anspruch aus § 888 BGB. Sagt Ihnen die Norm überhaupt etwas? Wenn nein, dann müssen Sie sofort (!) Teil 6 C IV 1 d lesen.

## II. Ansprüche wegen Unrichtigkeit des Grundbuchs

### 1. Der primäre Grundberichtigungsanspruch

Falls anstelle einer an einem Grundstück dinglich berechtigten Person (z. B. eines Eigentümers oder eines Hypothekars) ein Nichtberechtigter zu Unrecht als Rechtsinhaber im Grundbuch eingetragen ist, kann der Berechtigte die Berichtigung des Grundbuchs verlangen.

In der Mehrzahl der von Ihnen zu bearbeitenden Fälle geht es um die Konstellation, dass der materiell berechtigte Eigentümer von einem zu Unrecht im Grundbuch eingetragenen Nichteigentümer (dem sog. „Buchbesitzer") Grundbuchberichtigung verlangt. Auch wir wollen uns auf die Erörterung dieser Fallkonstellation beschränken. Dabei sind wir uns natürlich ständig dessen bewusst, dass es eine Vielzahl anderer nach § 894 BGB zu berichtigender Diskrepanzen zwischen einer Grundbucheintragung und dem materiellen Recht gibt!

Wenn es um einen zu Unrecht als Eigentümer im Grundbuch eingetragenen besitzenden Dritten geht, wird – je nach Fallfrage – dieser Anspruch oft neben dem Anspruch aus § 985 BGB zu prüfen sein.

Es gibt diverse Anspruchsgrundlagen für einen Grundbuchberichtigungsanspruch:

- So kann es einen **vertraglichen Grundbuchberichtigungsanspruch** bei einem entsprechenden darauf gerichteten Vertrag zwischen dem Eigentümer und dem zu Unrecht als Eigentümer im Grundbuch Eingetragenen geben. Ein solcher Vertrag dürfte allerdings selten sein. Wenn aber ausnahmsweise der Eigentümer und der Buchbesitzer sich über die Grundbuchberichtigung zugunsten des Eigentümers einig sind und ein entsprechender Vertrag geschlossen wird, dann wird i. d. R. auch eine formgerechte (§ 29 GBO) Eintragungsbewilligung (§ 19 GBO) des voreingetragenen (§ 39 GBO) „Buchbesitzers" vorliegen, so dass eine Berichtigung im Grundbuchverfahren auf Antrag des Berechtigten (§ 13 GBO) erfolgen kann.
- Der dingliche Anspruch des Berechtigten gegen den zu Unrecht Eingetragenen auf Zustimmung zur Berichtigung ergibt sich aus **§ 894 BGB**. **(sub a))**
- Ein ebenfalls denkbarer Anspruch aus **§§ 992, 823, 249 Abs. 1 BGB** wird i. d. R. an den fehlenden Voraussetzungen des § 992 BGB scheitern; diese aber müssen gegeben sein, weil die §§ 987 ff. BGB auf das Verhältnis Grund-Eigentümer/Buchbesitzer entsprechend angewendet werden (dazu später mehr).
- Auch aus **§ 812 BGB** kann die Herausgabe des „Buchbesitzes" verlangt werden. **(sub b))**
- Diskutiert wird auch, ob ein Grundbuchberichtigungsanspruch aus **§ 1004 BGB** in Betracht kommt. Ein solcher Anspruch scheidet aber nach ganz h.M. deshalb aus, weil § 1004 BGB durch § 894 BGB als lex specialis verdrängt wird.

Von allen diesen Ansprüchen sind daher letztlich nur die aus **§ 894 BGB** und aus **§ 812 BGB** von Bedeutung.

#### a) Der Grundbuchberichtigungsanspruch aus § 894 BGB und der Anspruch auf Eintragung eines Widerspruchs aus § 899 BGB

Der **Anspruch** auf **Grundbuchberichtigung** aus **§ 894 BGB** steht dem wahren Berechtigten gegen den zu Unrecht als dinglich Berechtigter im Grundbuch Eingetragenen zu. Er ist gerichtet auf Zustimmung zur Berichtigung des Grundbuchs.

**Fall 661**

Der unerkennbar geisteskranke V verkauft ein ihm gehöriges Hausgrundstück formgerecht an den K; aufgrund einer formgerechten Auflassung wird der K als Eigentümer in das Grundbuch eingetragen. Vertreten durch seinen gesetzlichen Vertreter verlangt der V von dem K die Abgabe der eine Bewilligung zu seiner

Wiedereintragung in das Grundbuch enthaltenden Erklärung (§ 19 GBO). Der sich für den Eigentümer haltende K hat noch vor Klageerhebung das undichte Dach reparieren lassen. Der gesetzliche Vertreter des V verweigert dem K den Ersatz seiner Verwendungen.

a) Der V hat einen Anspruch aus § 894 BGB, denn die Auflassung (§§ 873 Abs. 1, 925 BGB) ist wegen § 105 Abs. 2 BGB nichtig. b) Dem steht jedoch § 273 Abs. 2 BGB bzw. § 1000 S. 1 BGB i. V. m. § 994 Abs. 1 S. 1 BGB analog entgegen (dazu wenig später mehr).

**Variante**

Der V war nur bei der Auflassung geisteskrank.

a) Dem Grundbuchberichtigungsanspruch aus § 894 BGB b) steht aa) der Einwand der unzulässigen Rechtsausübung („dolo agit qui petit …") bb) bzw. § 986 Abs. 1 BGB entgegen, weil dem K ein schuldrechtlicher Anspruch auf Eigentumsverschaffung zusteht (§ 433 Abs. 1 S. 1 BGB).

Sie wissen bereits aus früheren Erörterungen, dass sehr viel dafür spricht, den **§ 817 S. 2 BGB** nicht nur auf § 817 S. 1 BGB (so der ursprüngliche „Plan" des Gesetzgebers) anzuwenden, sondern auch auf § 812 Abs. 1 S. 1 Var. 1 BGB und darüber hinaus auf § 985 BGB. Jetzt steht zur Diskussion, ob § 817 S. 2 BGB auch den Anspruch aus § 894 BGB „sperrt".

**Fall 662**

Der Finanzvorstand der Raffa-AG (F) hat seit Jahrzehnten Geld veruntreut. Als der Controller S. Eveke (C) ihm auf die Schliche kommt, gelingt es dem F, den C zunächst zum Schweigen zu veranlassen, indem er ihm ein Grundstück übereignet. Als der C später auch noch „Schweigegeld" verlangt, fordert der F Rückübereignung oder Herausgabe und Grundbuchberichtigung (nach Baur/Stürner)

1. Ein Rückübereignungsanspruch aus § 812 Abs. 1 S. 1 Var. 1 BGB scheitert daran, dass die Übereignung nach § 138 Abs. 1 BGB deshalb nichtig ist, weil die Sittenwidrigkeit gerade in der Eigentumsverschaffung liegt. 2. Herausgabe könnte der F a) nach § 812 Abs. 1 S. 1 Var. 1 BGB verlangen. aa) Der C hat den Besitz erlangt, und zwar durch Leistung des F, bb) und dies ohne Rechtsgrund, weil der Schenkungsvertrag (§ 516 BGB) nach § 138 Abs. 1 BGB nichtig ist. cc) Dem Anspruch steht aber § 817 S. 2 BGB entgegen. b) Einem aa) an sich nach § 985 BGB gegebenen Herausgabeanspruch bb) könnte § 817 S. 2 BGB entgegenstehen. Für die Anwendung des § 817 S. 2 BGB auf § 985 BGB spricht ein sonst bestehender Wertungswiderspruch: Ist der Sitten- bzw. Gesetzesverstoß weniger gewichtig, so dass nur das Verpflichtungsgeschäft nichtig ist, wäre der Bereicherungsanspruch des Leistenden aus § 812 Abs. 1 S. 1 Fall1 BGB durch § 817 S. 2 BGB gesperrt; wenn aber der Sitten- bzw. Gesetzesverstoß so schwer wiegt, dass sogar das dingliche Erfüllungsgeschäft nichtig ist, dann darf der Leistende dadurch nicht besser gestellt werden, dass er einen Herausgabe-

anspruch aus § 985 BGB hat. 3. Gleiches muss gegenüber dem Grundbuchberichtigungsanspruch aus § 894 BGB gelten.

Der Eigentümer (und -sie wissen es ja und denken es „im Hinterkopf“ ständig mi t– jeder sonstige dinglich Berechtigte) ist im Fall der Unrichtigkeit des Grundbuchs in einer heiklen Lage, weil der Buchberechtigte wegen des Rechtsscheins der Grundbucheintragung (vgl. § 891 BGB) jederzeit eine zugunsten eines gutgläubigen Dritten wirksame Verfügung treffen kann (§ 892 BGB). Sie wissen ja schon lange, dass hier nur die **Eintragung** eines **Widerspruchs gegen** die **Richtigkeit** des **Grundbuchs** hilft **(§ 899 BGB)**. Die Eintragung dieses Widerspruchs bewirkt einen Ausschluss des gutgläubigen Erwerbs (§§ 892 Abs. 1 S. 1, 899 Abs. 1 BGB); seine Wirkungen greifen auch noch nach dem Zeitpunkt des § 892 Abs. 2 BGB.

Der Berechtigte kann im Falle einer formgerechten Bewilligung des Eingetragenen unschwer die Eintragung eines Widerspruchs gegen die Richtigkeit des Grundbuchs erreichen. Selten dürfte der als Berechtigter Eingetragene die Eintragung des Widerspruchs hiergegen bewilligen. Das bedeutet aber kein Risiko. Denn, wenn der Eingetragene hierzu nicht bereit ist, kann der Berechtigte die Eintragung durch einstweilige Verfügung nach § 935 ZPO (bei der nach § 899 Abs. 2 S. 2 BGB nur der Verfügungsanspruch, nicht aber der Verfügungsgrund, die Gefährdung des Rechtes, glaubhaft gemacht zu werden braucht) erwirken, dies allerdings behaftet mit dem Risiko eines Schadensersatzanspruchs aus § 945 ZPO. Wissen Sie noch, was dort geregelt ist?

Die Ansprüche auf Grundbuchberichtigung (§ 894 BGB) und auf Eintragung eines Widerspruchs (§ 899 BGB) unterliegen nicht der Verjährung (§ 898 BGB). Ihnen kann jedoch der Einwand der Verwirkung (§ 242 BGB) entgegenstehen.

Besser ist die Stellung des materiell Berechtigten, wenn er die Unrichtigkeit des Grundbuchs durch öffentlich beglaubigte Urkunden (§ 29 GBO) nachweisen kann, weil dann die Berichtigung des Grundbuchs ohne Geltendmachung des materiellrechtlichen Anspruchs aus § 894 BGB herbeigeführt werden kann (§§ 13, 22, 29, 39 GBO).

**Fall 663**

Der G=H hat am Grundstück des E=S eine Hypothek zur Sicherung einer Darlehensforderung. Bei Fälligkeit zahlt E=S die Darlehensschuld an G=H und dieser händigt ihm eine öffentlich beglaubigte („löschungsfähige“) Quittung aus. Der E=S erhebt gegen G=H Klage auf Zustimmung zur Berichtigung des Grundbuchs dahingehend, dass anstelle der Hypothek zugunsten des E=S eine Eigentümergrundschuld im Grundbuch eingetragen wird. Zum Beweise dafür legt er dem Gericht die öffentlich beglaubigte Quittung vor. Wie wird das Gericht entscheiden?

Auch wenn der E=S im Hinblick auf §§ 1163 Abs. 1 S. 2, 1177 BGB einen Anspruch aus § 894 BGB hat, weil das Grundbuch unrichtig ist (anstelle der inzwischen zugunsten des E=S entstandenen Eigentümergrundschuld ist die Hypothek zugunsten des G=H noch im Grundbuch eingetragen), wird das Gericht die Klage als unzulässig abweisen. Denn dem E=S fehlt das Rechtsschutzbedürfnis für eine Klage. Es gibt nämlich für E=S einen „einfacheren und billigeren Weg", das Grundbuch zu berichtigen. Denn er kann unter Vorlage der öffentlich beglaubigten Quittung bei dem Grundbuchamt einen Antrag auf Berichtigung des Grundbuchs stellen, und dieses wird das Grundbuch berichtigen (§§ 13, 22, 29, 39 GBO).

#### b) Der Grundbuchberichtigungsanspruch aus § 812 BGB

Der **Grundbuchberichtigungsanspruch aus § 812 Abs. 1 S. 1 Var. 1 BGB** ist deshalb von Bedeutung, weil auch der falsch oder der nicht eingetragene Berechtigte Herausgabe des „Buchbesitzes" von demjenigen verlangen kann, der ohne Rechtsgrund die unrichtige Eintragung erlangt hat.

**Fall 664**

Der anstelle des E zu Unrecht im Grundbuch als Eigentümer eingetragene unerkennbar geisteskranke V verkauft das Grundstück formgerecht an K; aufgrund einer formgerechten Auflassung wird der K als Eigentümer in das Grundbuch eingetragen. Vertreten durch seinen gesetzlichen Vertreter verlangt der V von dem K die Abgabe der Bewilligung zu seiner Wiedereintragung in das Grundbuch (nach BGH).

1. Ein Anspruch aus § 894 BGB scheidet aus, da der V nicht der wahre Eigentümer ist. 2. Zu prüfen ist ein Anspruch aus § 812 Abs. 1 S. 1 Var. 1 BGB. a) Der K hat etwas erlangt, weil sein „Buchbesitz" wegen des damit verbundenen Rechtsscheins ein vermögenswerter Vorteil ist. b) Der K hat das „etwas" durch Leistung des V c) und ohne Rechtsgrund erlangt. d) Der Anspruch ist auf Wiederherstellung der Buchberechtigung durch Abgabe der Bewilligungserklärung (§ 19 GBO) gerichtet.

### 2. Die Sekundäransprüche

Der Buchbesitz wird dem unrechtmäßigen Besitz gleichgestellt, und es werden deshalb die **§§ 987 ff. BGB analog** angewendet. Die „Haftungsauslösungsmomente" sind eine Bösgläubigkeit des „Buchbesitzers" und eine Rechtshängigkeit der Grundbuchberichtigungsklage.

- Der Eigentümer kann nach §§ 990, 989 BGB von dem Buchbesitzer die Beseitigung von zwischenzeitlichen Belastungen und Schadensersatz bei wegen gutgläubigen Erwerbes nicht zu beseitigenden Belastungen verlangen, die der Buchbesitzer herbeigeführt hat. Bei einer Belastung mit einem Verwertungsrecht (Hypothek, Grundschuld) zugunsten eines gutgläubigen Erwerbers besteht zugleich ein Anspruch aus § 816 Abs. 1 S. 1 BGB; dieser Anspruch tritt zurück, wenn man als das durch die Verfügung „Erlangte" das „Grundstück als Kreditunterlage" ansieht, bleibt aber bestehen, wenn das „Erlangte" das Darlehen ist. Dazu lesen Sie mehr in Teil 8.

- Umgekehrt schuldet der Eigentümer dem Buchbesitzer Verwendungsersatz nach den §§ 994 ff. BGB mit der Folge eines Herausgabeverweigerungsrechts aus § 1000 S. 1 BGB.

**Fall 665**

Der unerkennbar geisteskranke V verkauft ein ihm gehöriges Hausgrundstück formgerecht an K; aufgrund einer formgerechten Auflassung wird der K als Eigentümer in das Grundbuch eingetragen. Vertreten durch seinen gesetzlichen Vertreter verlangt der V von K die Abgabe der Bewilligung zu seiner Wiedereintragung in das Grundbuch. Der sich für den Eigentümer haltende K hat noch vor Klageerhebung das undichte Dach reparieren lassen. Der gesetzliche Vertreter des V verweigert dem K den Ersatz seiner Verwendungen.

a) Der V hat einen Anspruch aus § 894 BGB, denn die Auflassung (§§ 873 Abs. 1, 925 BGB) ist wegen § 105 Abs. 1 BGB nichtig. b) Dem steht jedoch § 273 Abs. 2 BGB bzw. S. 1 BGB i. V. m. § 994 Abs. 1 S. 1 BGB analog entgegen.

## III. Der Herausgabeanspruch des Besitzers

Der Anspruch aus **§ 1007 BGB** ermöglicht einem früheren rechtmäßigen oder gutgläubigen unrechtmäßigen Besitzer (arge. § 1007 Abs. 3 BGB) die Wiedererlangung des Besitzes an einer Sache von einem derzeitigen „schlechter berechtigten" Besitzer. Diese „schlechtere Berechtigung" kann darauf beruhen, dass der Besitzer dem Anspruchsteller gegenüber nicht zum Besitz berechtigt ist (§§ 1007 Abs. 3 S. 2, 986 BGB) und entweder beim Besitzerwerb bösgläubig war (§ 1007 Abs. 1 BGB) oder beim Besitzerwerb zwar gutgläubig war, die Sache dem Anspruchsteller aber abhandengekommen ist und der Besitzer nicht der Eigentümer der Sache ist oder sie ihm nicht selbst vor dem Besitz des Anspruchstellers abhandengekommen ist (§ 1007 Abs. 1, Abs. 2 BGB). Diese Anspruchsgrundlagen haben praktisch keinen Anwendungsbereich. Medicus schlägt zu Recht vor, sie in einer Klausur im Fall der Zeitnot zu ignorieren.

Weit bedeutsamer ist der **Besitzschutzanspruch** aus **§ 861 Abs. 1 BGB**:

- Bei unmittelbarem/mittelbarem **Besitz des Anspruchstellers**
- muss diesem der Besitz durch **verbotene Eigenmacht entzogen** worden sein (§ 858 Abs. 1 BGB: eine Kurzdefinition müssen Sie auswendig kennen), wobei es sich bei mittelbarem Besitz um eine verbotene Eigenmacht eines Dritten handeln muss, nicht aber um eine solche des unmittelbaren Besitzers (§ 869 S. 1 BGB);
- der Anspruchsgegner muss **fehlerhafter Besitzer** sein (das ist nach § 858 Abs. 2 BGB der Besitzentzieher selbst oder sein Erbe oder der bösgläubige Besitznachfolger);

- es darf **kein Ausschluss** nach §§ 861 Abs. 2, 864 Abs. 1, 2 BGB vorliegen.
- Die **Rechtsfolge** ist ein **Anspruch auf Wiedereinräumung** des Besitzes, bei mittelbarem Besitz i. d. R. auf Wiedereinräumung zugunsten des unmittelbaren Besitzers (§ 869 S. 2 BGB).

**Fall 666**

Der Vermieter V hat dem Mieter M wirksam fristlos wegen Zahlungsverzugs gekündigt (§§ 543 Abs. 2 S. 1 Nr. 3, 569 Abs. 3 Nr. 1 BGB). Als der innerhalb der „Schonfrist" eine Nachzahlung der Mietschuld beabsichtigende M (§ 569 Abs. 3 Nr. 2 BGB) daraufhin nicht geräumt hat, hat der V eine Abwesenheit des M, der in Bibliothek an einer zivilrechtlichen Hausarbeit sitzt, ausgenutzt und mit seinem Reserveschlüssel die Wohnung geöffnet, sie ausgeräumt, das Schloss ausgewechselt und seinem Sohn S, der von allem weiß, die Wohnung überlassen. Der M beantragt im Wege der einstweiligen Verfügung von dem S die Wiedereinräumung des Besitzes und macht den gesamten vorstehenden Sachverhalt durch eine eidesstattliche Versicherung des Nachbarn N, der alles wahrgenommen hat, glaubhaft.

Eine einstweilige Verfügung ist ein in einem summarischen Verfahren ergehender Titel (§ 928 ZPO). Der Erlass einer einstweiligen Verfügung setzt in prozessualer Hinsicht einen Verfügungsgrund und einen Verfügungsanspruch voraus, deren tatsächliche Voraussetzungen der Antragsteller glaubhaft machen muss (§§ 935 ff.· 916 ff. ZPO). a) Der Verfügungsanspruch könnte sich in materieller Hinsicht aus § 861 Abs. 1 BGB ergeben. aa) Der M war unmittelbarer Besitzer; das vorübergehende Verlassen der Wohnung bedeutet keine Besitzaufgabe, zumal der der M die Wohnung nicht geräumt hat, sondern seine Sachen dort gelassen und die Tür verschlossen hat. bb) Der V hat dem M den Besitz ohne dessen Willen entzogen. Das (petitorische) Recht des V zum Besitz aus § 546 Abs. 1 BGB ist gegenüber dem (possessorischen) Recht des M aus § 861 Abs. 1 BGB unbeachtlich (§ 863 BGB) cc) Der S ist als bösgläubiger Einzelrechtsnachfolger fehlerhafter Besitzer (§ 858 Abs. 2 BGB). dd) Die Ausschlusstatbestände (§§ 861 Abs. 2, 864 BGB) greifen nicht ein. b) Es besteht auch ein Verfügungsgrund, weil die Anordnung einer Wiedereinräumung des Besitzes zur Abwendung wesentlicher Nachteile (Verlust der Unterkunft trotz zu erwartender Unwirksamkeit der Kündigung nach § 569 Abs. 3 Nr. 2 BGB) erfolgt. c) Der M hat den Verfügungsanspruch und den Verfügungsgrund auch durch die eidesstattliche Versicherung des N glaubhaft gemacht (§§ 935, 920 Abs. 2, 294 Abs. 1 ZPO). Die einstweilige Verfügung auf Wiedereinräumung des Besitzes wird also erlassen.

## IV. Der Beseitigungs- und Unterlassungsanspruch

### 1. Der Beseitigungs- und Unterlassungsanspruch des Eigentümers (§ 1004 BGB)

Nach **§ 903 BGB** kann der Eigentümer einer Sache, „soweit nicht das Gesetz oder Rechte Dritter entgegenstehen, … andere von jeder Einwirkung ausschließen". § 903 BGB ist bekanntlich **keine Anspruchsgrundlage**. Vielmehr stellt das Gesetz dem Eigentümer **diverse Anspruchsgrundlagen** zur Verfügung, um sein Eigentum zu realisieren.

1. Wenn das Eigentum durch **Entziehung** oder **Vorenthaltung des Besitzes beeinträchtigt** wird, wird der Eigentümer durch **§§ 985, 986 BGB** geschützt: Der Eigentümer kann von dem nicht zum Besitz berechtigten Besitzer Herausgabe der Sache verlangen. Das haben wir bereits abgehandelt.
2. Ein ganz anderes Ziel hat **§ 1004 BGB**:
   **a)** Bei rechtswidrigen Beeinträchtigungen des Eigentums in „anderer Weise als durch Entziehung oder Vorenthaltung des Besitzes" (durch **„Störung"**) kann der Eigentümer nach **§ 1004 BGB**
   **b) vom Störer**
   **c)** die **Beseitigung** der Beeinträchtigung (§ 1004 Abs. 1 S. 1 BGB) und
   **d)** die **Unterlassung** von Beeinträchtigungen (§ 1004 Abs. 1 S. 2 BGB) verlangen,
   **e)** sofern der Anspruch nicht ausgeschlossen ist, weil der Eigentümer **zur Duldung** verpflichtet ist (§ 1004 Abs. 2 BGB).
3. Ergänzt wird dieser Schutz durch **§§ 823 ff., 249 BGB**: Bei widerrechtlicher und schuldhafter deliktischer Verletzung des Eigentums kann der Eigentümer im Wege des Schadensersatzes in Gestalt der Naturalrestitution die Beseitigung der Störungsfolgen verlangen.

Hier soll es um den sachenrechtlichen Anspruch auf Beseitigung und Unterlassung von Beeinträchtigungen des Eigentums gegen einen „Störer" gehen (§ 1004 BGB).

### a) Rechtswidrige Beeinträchtigung des Eigentums

Was die Beeinträchtigungen des Eigentums angeht, wird unterschieden zwischen

- **rechtsgeschäftlichen Einwirkungen** durch Verfügungen über das Eigentum, die als **Beeinträchtigungen** angesehen werden;
- **tatsächliche Einwirkungen (a)** die teils als **Beeinträchtigungen** angesehen werden **(aa)** auf den **räumlich gegenständlichen Bereich** der Sache (z. B. Bebauungen, Immissionen i. S. d. § 906 BGB und durch Grobkörper; Ablagern von Sachen auf fremdem Grundstück; Zu- und Abgangsbehinderung; Überwuchs; Betreten eines Grundstücks durch Menschen oder Haustiere; Hineinragenlassen von Sachen auf ein Grundstück; Zuparken eines Autos), **(bb) sonstige Einwirkungen** auf die natürlichen Verbindungen der Sache zur Umwelt (z. B. durch Entziehung von Lichteinfall, Beeinträchtigung der Frischluftzufuhr, „Lichtverschmutzung" durch nächtliche Lichtbestrahlung eines Wohnhauses) und **(cc) Werbemaßnahmen** (Einwurf von Werbematerial in einen Briefkasten; unaufgeforderte Email-Werbung); **(b)** und solche, die **nicht** als **Beeinträchtigungen**

angesehen werden, wie z. B. die Blendung durch grellen Farbanstrich des Nachbarhauses; das Verstellen des Blicks auf ein Grundstück;
- **ideellen Einwirkungen** auf das ästhetische und sittliche Empfinden der Sachbenutzer (z. B. durch Betrieb eines Bordells, Betrieb eines Schrottplatzes in einer Wohngegend), die **nicht** als **Beeinträchtigungen** angesehen werden.

Die dem **Eigentumsinhalt** widersprechende **Beeinträchtigung** muss **rechtswidrig** sein. Die Rechtswidrigkeit soll durch die Beeinträchtigung indiziert sein BGH). Indem man, was die Frage Rechtswidrigkeit angeht, auf den Zustand abstellt und nicht die dazu führende Handlung, vermeidet man eine Entscheidung zwischen der Lehre vom Erfolgs- und Handlungsunrecht. Das wird aber nicht von allen so gesehen. Es gibt nämlich Meinungen, die auch im Kontext des § 1004 BGB diese Streitfrage (auf die wir erst in Teil 7 eingehen werden) erörtert wissen wollen. Denn – so wird argumentiert – ein Unterlassungsanspruch aus § 1004 BGB sei zum *Beispiel* nicht gegeben, wenn ein dem Maßstab des § 276 Abs. 1 S. 2 BGB entsprechender „ordentlicher" bzw. durchschnittlicher" Eigentümer eines Grundstücks annimmt, dass der Ast eines Baume, den er abzusägen beabsichtigt, auf sein eigenes Grundstück und nicht auf das des Nachbarn N fallen wird, obwohl eine fachmännische Beurteilung zu einem anderen Ergebnis käme.

### b) „Handlungs-" oder „Zustandsstörer"

Der „Störer", der die Beseitigung oder die Unterlassung einer Beeinträchtigung schuldet, kann sein

- ein sog. **„Handlungsstörer"**: Das ist die Person, die durch eigenes positives Tun oder durch pflichtwidriges Unterlassen die Beeinträchtigung selbst **(„unmittelbarer Handlungsstörer")** oder durch Veranlassung Dritter zu einem positiven Tun oder zum Unterlassen **(„mittelbarer Handlungsstörer")** adäquat kausal verursacht hat.

**Fall 667**

Der Inhaber I des S-Supermarktes beauftragt den Zettelverteiler Z damit, Werbematerial in die Hausbriefkästen der Nachbarschaft zu werfen. Der E hat am Hausbriefkasten seines Hauses einen Aufkleber mit der Aufschrift: „Keine Werbung einwerfen" angebracht. Der Z steckt gleichwohl einen Prospekt hinein. Der E fordert den I auf, den noch aus dem Briefkasten ragenden Zettel zu entfernen.

Der Anspruch könnte sich aus § 1004 Abs. 1 S. 1 BGB ergeben. a) Der Zetteleinwurf führt zu einer Beeinträchtigung i.S. einer „positiven Einwirkung" auf das Eigentum des E. b) Der I ist mittelbarer Handlungsstörer, denn die Beeinträchtigung ist durch die Veranlassung des Z zum Zetteleinwurf seitens des I adäquat kausal verursacht worden. c) Die Beeinträchtigung ist rechtswidrig (§ 1004 Abs. 2 BGB).

- Wenn die Beeinträchtigung auf den Zustand von (anderen) Sachen oder Anlagen, nicht aber unmittelbar auf eine Handlung zurückzuführen ist, liegt keine Handlungsstörung vor. Der Eigentümer und Besitzer der Sache oder Anlage, von der die Störung ausgeht, ist aber allein deshalb nicht automatisch **„Zustandsstörer“**. Nähme man das an, so würde dies auf eine bloße vom Gesetz nicht gewollte „Zustandshaftung“ hinauslaufen. Daher ist auch für eine Zustandsstörung erforderlich, dass die Beeinträchtigung jedenfalls mittelbar auf ein menschliches Verhalten zurückführbar sein muss, welches eine für die beeinträchtigte Sache konkrete Gefahrenquelle geschaffen hat.

Folgende **Fallgruppen** sind vorstellbar:

1. **Zur** Zustandsstörung führen: Beeinträchtigungen aufgrund von Auswirkungen künstlicher Veränderungen der Erdoberfläche, wie das Setzen oder Halten von Anpflanzungen oder die Vornahme von Baumaßnahmen.
2. **Keine** Zustandsstörung besteht: bei von naturbelassener Erdoberfläche ausgehender Beeinträchtigung; oder bei Beeinträchtigung durch Natureinwirkungen, die alle gleichermaßen treffen.

**Fall 668**

Ein Unwetter löst an einem Hanggrundstück des E1 einen Erdrutsch aus, so dass Erdmassen auf das unterliegende Grundstück des E2 geschoben werden. Der E2 verlangt von dem E1 Beseitigung.

Der Anspruch könnte sich aus § 1004 Abs. 1 S. 1 BGB ergeben. a) Die Erdmassen auf E2‘s Grundstück sind eine Beeinträchtigung i.S. einer „positiven Einwirkung“ auf das Eigentum des E2. b) Der E1 aa) ist kein Handlungsstörer, weil die Beeinträchtigung auf den Zustand des Grundstücks des E1, nicht aber unmittelbar auf dessen Handlung zurückzuführen ist. bb) Der E1 könnte aber als Eigentümer des Grundstücks, von dem die Störung ausgeht, „Zustandsstörer“ sein. aaa) Als Eigentümer ist man nicht automatisch „Zustandsstörer“. Dies würde nämlich auf eine bloße vom Gesetz nicht gewollte „Zustandshaftung“ hinauslaufen. bbb) Daher ist auch für eine Zustandsstörung erforderlich, dass die Beeinträchtigung jedenfalls derart mittelbar auf ein menschliches Verhalten des (dann) Zustandsstörers zurückführbar sein muss, dass es eine für die beeinträchtigte Sache konkrete Gefahrenquelle geschaffen hat. Hier geht die Beeinträchtigung von einer naturbelassenen, also nicht durch ein Verhalten veränderten Erdoberfläche aufgrund eines Naturereignisses aus. Der E1 ist daher kein Zustandsstörer.

#### c) Keine Verpflichtung des Eigentümers zur Duldung (Rechtswidrigkeit)

Nur nicht zu duldende, d. h. rechtswidrige, Beeinträchtigungen führen zu Beseitigungs- und Unterlassungsansprüchen **(§ 1004 Abs. 2 BGB)**.

Die – so die h.M. (BGH) – durch die Beeinträchtigung indizierte Rechtswidrigkeit entfällt z. B. beim Vorliegen **allgemeiner Rechtfertigungsgründe** (z. B. §§ 227, 229, 904 BGB).

Auch bei **speziellen Duldungspflichten** entfällt die Rechtswidrigkeit. Diese können sich ergeben aus:

- **Rechtsgeschäft** (Miete, Pacht, Leihe, Grunddienstbarkeit) oder aus
- **Gesetz** (§ 228 BGB; § 242 BGB wegen eines „nachbarschaftliches Gemeinschaftsverhältnisses"; § 904 BGB; § 905 S. 2 BGB; § 906 BGB; § 912 Abs. 1 BGB; 22 BImSchG; die Landesbauordnungen, z. B. § 74 Abs. 1 Hamburgische Bauordnung: „Die Grundeigentümerinnen und Grundeigentümer sind verpflichtet, das Betreten ihrer Grundstücke und das Aufstellen der erforderlichen Gerüste sowie die Vornahme von Arbeiten zu dulden, soweit dies zur Errichtung, Änderung oder Unterhaltung von Anlagen auf den Nachbargrundstücken erforderlich ist".
- **Verwaltungsakt** (vgl. z. B. § 74 Abs. 5 Hamburgische Bauordnung): „Kommt hinsichtlich der Absätze 1 bis 4 eine Einigung zwischen den Beteiligten nicht zustande, so kann die Bauaufsichtsbehörde die entsprechenden Anordnungen erlassen.")

### d) Beseitigung, Unterlassung

Ist die Beeinträchtigung eingetreten, wird die **Beseitigung** geschuldet. Der **Störer schuldet** dann die Behebung des als noch andauernde Gefahrenquelle auf das fremde Eigentum einwirkenden Störfaktors für die Zukunft. Damit schuldet er keine „Naturalrestitution", die auch die Wiederherstellung der am sonstigen Vermögen eingetretenen Schäden zum Inhalt hat.

**Fall 669**

Ein älterer, aber völlig gesunder Baum auf dem Grundstück des E1 wird als einer von vielen vergleichbaren, aber stehengebliebenen Bäumen durch eine Orkanbö so umgeworfen, dass er mit der Krone auf das Grundstück des E2 fällt und dabei auch den Rasen auf E2's Grundstück teilweise zerstört. Der E2 verlangt von dem E1 die Entfernung der Krone und die Wiederherstellung des Rasens.

1. Der Anspruch könnte sich aus § 1004 Abs. 1 S. 1 BGB ergeben. a) Die Baumkrone auf E2' s Grundstück ist eine Beeinträchtigung i.S. einer „positiven Einwirkung" auf das Eigentum des E2. b) Der E1 aa) ist kein Handlungsstörer, weil die Beeinträchtigung auf den Zustand des Grundstücks des E1, nicht aber unmittelbar auf dessen Handlung zurückzuführen ist. bb) Der E1 ist als Eigentümer des Grundstücks, von dem die Störung ausgeht, aaa) deshalb nicht automatisch „Zustandsstörer". Dies würde auf eine bloße vom Gesetz nicht gewollte „Zustandshaftung" hinauslaufen. bbb) Daher ist auch für eine Zustandsstörung erforderlich, dass die Beeinträchtigung jedenfalls mittelbar auf ein Verhalten zurückführbar sein muss, welches eine für die beeinträchtigte Sache konkrete Gefahrenquelle geschaffen hat. Das ist hier der Fall, weil der

E1 eine Bepflanzung, zu der auch der umgestürzte Baum gehört hat, unterhalten hat. Auch handelte es sich bei der sturmbedingten Entwurzelung nicht um ein Naturereignis, dem alle Anpflanzungen generell ausgesetzt waren, so dass die Anpflanzung des E1 keine konkrete Gefahrenquelle bedeutet hätte; das hätte man nur bei einem außergewöhnlich starken Sturm, der auch widerstandsfähige Bäume zum Umstürzen gebracht hätte, sagen können. Der E1 war also Zustandsstörer. c) Die Störung war rechtswidrig. d) Der E2 kann aa) Beseitigung der Baumkrone (der noch als andauernde Gefahrenquelle auf das fremde Eigentum einwirkende Störfaktor) verlangen. bb) Der Defekt des Rasens ist eine Schadensfolge am sonstigen Vermögen des E2 und daher nicht zu beseitigen. 2. Ein Anspruch aus §§ 823 Abs. 1, 249 Abs. 1 BGB scheitert am fehlenden Verschulden des E1.

Nach dem Wortlaut des **§ 1004 Abs. 1 S. 2 BGB** erfordert ein **Unterlassungsanspruch**, dass bereits eine **Beeinträchtigung stattgefunden** hat **und** dass zusätzlich eine **Wiederholungsgefahr** besteht; denn es heißt dort, dass der Eigentümer nur dann, wenn „**weitere**", also zusätzliche „Beeinträchtigungen **zu besorgen** (sind), … auf Unterlassung klagen" kann. Übrigens: „zu besorgen" heißt – das Deutsch im BGB ist oft etwas altertümlich, jedenfalls nicht umgangssprachlich – „zu befürchten". Die **Wiederholungsgefahr** wird **vermutet**, wenn es bereits eine Störung gegeben hat. Widerlegt werden kann diese Vermutung nur unter strengen Anforderungen. Das bloße **Versprechen**, ein i. S. d. § 1004 BGB störendes Verhalten nicht zu wiederholen, reicht nicht aus; es muss vielmehr **uneingeschränkt** sein, und seine Einhaltung muss **durch** ein **Vertragsstrafeversprechen** des **Störers gewährleistet** sein, dies vor allem, wenn der Störer sein Versprechen erst zum Zwecke der Herbeiführung der „Erledigung der Hauptsache" (wissen Sie noch was das ist? Lesen Sie mal wieder Teil 3 D) im Rechtsstreit abgegeben wird. Damit wäre aber der durch § 1004 BGB zu leistende Eigentumsschutz nur lückenhaft ausgestaltet, weil eine solche Regelung darauf hinausliefe, dass der Eigentümer im Falle einer lediglich drohenden ersten Beeinträchtigung schutzlos wäre. Diese Schutzlücke ist durch eine Weiterentwicklung des § 1004 Abs. 1 S. 2 BGB dahingehend geschlossen worden, dass es auch einen **„vorbeugenden Unterlassungsanspruch"** aus § 1004 Abs. 1 S. 2 BGB gibt, für den lediglich eine **„Gefahr"** dahingehend bestehen muss, dass eine **erstmals drohende Beeinträchtigung** als **konkrete Gefahr unmittelbar und ernstlich bevorsteht**. Dafür spricht allerdings keine tatsächliche Vermutung; sondern diese Gefahr muss nachgewiesen werden. Der **Unterlassungsschuldner schuldet** nicht nur eine künftige Untätigkeit, sondern ein Verhalten, das den Nichteintritt der drohenden Beeinträchtigung bewirkt.

### 2. Der Beseitigungs- und Unterlassungsanspruch des Besitzers (§ 862 BGB)

Sofern der **Besitzer durch verbotene Eigenmacht** im **Besitz gestört** wird bzw. die **Gefahr** einer **Störung** besteht, kann er nach **§ 862 BGB** Beseitigung oder Unterlassung verlangen.

**Fall 670**

Der Inhaber I des S-Supermarktes beauftragt den Zettelverteiler Z damit, Werbematerial in die Hausbriefkästen der Nachbarschaft zu werfen. Der M hat am Hausbriefkasten des von ihm gemieteten Hauses einen Aufkleber mit der Aufschrift: „Keine Werbung einwerfen" angebracht. Der Z wirft gleichwohl einen Prospekt ein. Der M fordert den I auf, den Zettel, der noch aus dem Hausbriefkasten hervorragt, zu entfernen.

Der Anspruch könnte sich aus § 862 Abs. 1 S. 2 BGB ergeben. a) Der Zetteleinwurf führt zu einer aa) Besitzstörung, nämlich einer Beeinträchtigung i.S. einer „positiven Einwirkung" auf den Besitz des M. bb) Diese Störung erfolgt ohne den Willen des Besitzers M, ist also verbotene Eigenmacht (§ 858 Abs. 1 BGB) b) Der I ist mittelbarer Handlungsstörer, denn die Beeinträchtigung ist durch die Veranlassung des Z zum Zetteleinwurf adäquat kausal verursacht worden. c) Die Beeinträchtigung ist rechtswidrig (§ 862 Abs. 2 BGB).

Wird der mittelbare Besitz gestört, so steht der Beseitigungs- und Unterlassungsanspruch dem mittelbaren Besitzer nur bei Eingriffen Dritter, nicht bei solchen des unmittelbaren Besitzers zu (§ 869 BGB).

## 3. Allgemeiner Beseitigungs- und Unterlassungsanspruch (§§ 862 Abs. 1, 1004 Abs. 1, 1065, 1227 BGB analog)

Sie wissen jetzt, dass das Eigentum und der Besitz vor Störungen durch Beseitigungs- und Unterlassungsansprüche, sogar durch „vorbeugende Unterlassungsansprüche" geschützt werden können. Das gleiche gilt z. B. auch für das Namensrecht (§ 12 BGB), die Firma (§ 37 Abs. 2 S. 1 HGB), für den Nießbrauch (§ 1065 BGB), die Hypothek (§ 1134 BGB), das Pfandrecht (§ 1227 BGB), die Marke (§§ 14 Abs. 5, 15 Abs. 4 MarkG), das Urheberrecht (§ 97 UrhG). Sie lesen doch diese Normen alle nach, und zwar auch, wenn Sie sie zu kennen meinen?!

Die Frage ist, ob auch die übrigen **durch § 823 Abs. 1 BGB** und durch **§ 823 Abs. 2 BGB geschützten Rechtsgüter** und **Rechte** ebenso wie die vorgenannten Rechte durch Unterlassungs- und Beseitigungsansprüche geschützt sind.

- Anerkannt ist, dass § **823 Abs. 1, 2 BGB** nicht nur einen Anspruch auf Schadensersatz nach den §§ 249 ff. BGB gibt, sondern auch („a maiore ad minus": „Schadensverhütung geht vor Schadensvergütung") einen **Beseitigungs-**, **Unterlassungs-** und **vorbeugenden Unterlassungsanspruch** gewährt. Dieser Anspruch setzt zwar wie § 1004 Abs. 2 BGB stets eine Rechtswidrigkeit, zusätzlich aber auch ein Verschulden des Störers bzw. des künftigen Störers voraus und ist daher in seinen Voraussetzungen anspruchsvoller als § 1004 BGB und damit weniger attraktiv für den Anspruchsteller.
- Aus der Tatsache, dass im Gesetz die oben beispielhaft aufgezählten Rechte und Rechtsgüter vor rechtswidrigen, aber nicht notwendig schuldhaften Störungen bzw. zu besorgenden Störungen geschützt sind, folgern die Rechtswissenschaft und die Rechtspraxis, dass das Gesetz nicht nur diese Rechte, sondern alle diesen Rechten vergleichbare Rechtspositionen (also praktisch alle durch die §§ 823

Abs. 1 und 2, 824, 825, 826 BGB geschützten Rechtspositionen) durch Beseitigungs- und Unterlassungsansprüche schützen will, und wenden dazu die kein Verschulden voraussetzenden **§§ 12, 862 Abs. 1, 1004, 1065, 1227 BGB analog** an. Geschützt durch einen „quasinegatorischen" Beseitigungs- und Unterlassungsanspruch sind daher die **Schutzpositionen des § 823 Abs. 1 BGB**, wie **Leben**, **Körper**, **Gesundheit**, **Freiheit** und die **sonstigen Rechte** (wie z. B. das Allgemeine Persönlichkeitsrecht, das Recht am eigenen Bild, der eingerichtete und ausgeübte Gewerbebetrieb, der räumlich gegenständliche Bereich der ehelichen Lebensgemeinschaft etc.) und die in **§§ 823 Abs. 2 BGB, 824, 825, 826 BGB geschützten Rechtspositionen**. Wir werden dies alles in Teil 7 erweitern.

Von besonderer Bedeutung ist bekanntlich der sich aus diesem Grunde bei **unrichtigen Tatsachenbehauptungen** aus §§ 12, 862 Abs. 1, 1004, 1065, 1227 BGB (teilweise wird auch § 823 Abs. 1 BGB zitiert) analog ergebende **„quasinegatorische Anspruch"** auf **Widerruf** der Behauptung. Hier gibt es eine interessante Besonderheit: Wenn die Unwahrheit einer Behauptung feststeht, ist der Schuldner zu einem **uneingeschränkten Widerruf** verpflichtet. Da aber der Beweis der Unwahrheit einer Behauptung häufig nicht geführt werden kann, soll es für einen Widerrufsanspruch ausreichen, wenn ernsthafte Zweifel an der Richtigkeit der Tatsachenbehauptung bewiesen sind; dann aber soll der Verletzer zwar zu einem Widerruf, aber nicht zu einem uneingeschränkten, sondern nur zu einem **eingeschränkten Widerruf** des Inhalts verpflichtet sein, dass „die Behauptung … nicht aufrechterhalten (wird)". Der Grund dafür ist, dass es dem Schuldner im Hinblick auf Art. 1, 2 GG nicht zugemutet werden kann, eine möglicherweise ja wahre Tatsachenbehauptung zu widerrufen. Dass dagegen bei **Werturteilen** überhaupt kein Widerruf verlangt werden kann, ergibt sich aus Art. 5 GG. Diskutiert wird, ob neben dem unzweifelhaft gegebenen **„quasinegatorischen Anspruch"** auf Unterlassung ein im Wege der Rechtsfortbildung zu entwickelnder medienrechtlicher Sonderrechtsbehelf in Gestalt eines auf die Rückgabe von persönlichkeitsrechtsverletzenden Medienerzeugnissen gerichteten **„Rückrufanspruchs"** tritt (Paschke).

**Fall 671**

Der juristische Repetitor R wirbt mit dem Slogan „auch Professor X war unser Schüler"; die tatsächliche Behauptung trifft zu. Der X verlangt die Unterlassung der Werbung.

1. Der wegen einer Verletzung des Allgemeinen Persönlichkeitsrechts (Fallgruppe: Kommerzialisierung) einschlägige § 823 Abs. 1 BGB gibt in seiner a) unmittelbaren Anwendung nur Schadensersatz nach § 249 Abs. 1 BGB auf Naturalrestitution, also Beseitigung. b) Anerkannt ist aber, dass § 823 Abs. 1 analog unter der Voraussetzung eines Verschuldens auch („a maiore ad minus": „Schadensverhütung geht vor Schadensvergütung") einen Unterlassungsanspruch gibt. 2. Nach einhelliger Ansicht gibt es zusätzlich in entsprechender Anwendung der §§ 12, 862, 1004 Abs. 1 S. 2, 1065, 1227 BGB einen alle Rechte,

die als „sonstige Rechte“ anerkannt sind, also auch das Allgemeine Persönlichkeitsrecht, schützenden allgemeinen Beseitigungs- und Unterlassungsanspruch, dessen Vorzug darin besteht, dass er kein Verschulden voraussetzt.

**Fall 672**

Die Ehefrau Frieda (F) des Fernfahrers Karl hat einen Geliebten namens Walter Eggers (WE), der während der oft wochenlangen Abwesenheiten des K bei ihr zu Hause wohnt: Der WE hängt seine Kleidung in den Kleiderschrank, er sitzt im Sessel des K und schläft mit im Ehebett. Das Haus in Ahlden bei Celle gehört der F. Der K seinerseits hat eine Freundin Line (L) in Berlin, bei der er seine Kleidung in den Kleiderschrank hängt, in deren Sessel er sitzt und in deren Bett er schläft. Der K verlangt von dem WE und der F, es zu unterlassen, wie ein Ehepaar in seinem Haushalt zusammenzuleben. Die F ihrerseits verlangt von dem K und der L, es zu unterlassen, wie ein Ehepaar zusammenzuleben (nach Arno Schmidts Roman „Das steinerne Herz“, indem man wesentlich „toleranter“ miteinander umgeht).

1. Der Anspruch des K a) gegen den WE („Ehestörer“) ergibt sich aus §§ 1004, 862, 1227 BGB analog („Allgemeiner Beseitigungs- und Unterlassungsanspruch“) wegen einer rechtswidrigen (die Einwilligung der F aufgrund ihres Eigentums am Haus ist unbeachtlich) Verletzung des „räumlich gegenständlichen Bereichs der Ehe“. b) Auch gegen die F besteht trotz eines nicht zu verkennenden mittelbaren Verstoßes gegen den Rechtsgedanken aus § 888 Abs. 3 ZPO ein solcher Anspruch. 2. Ansprüche der F gegen die L und den K bestehen nicht, weil es keinen allgemeinen Anspruch auf Unterlassung einer ehewidrigen Beziehung gibt.

Sie haben hoffentlich noch unseren **Aufbauplan** vor Augen: Wir sind bei (als für Sie wichtig ausgewählten) „dinglichen Ansprüchen“ und haben bisher erörtert

**1.** sehr gründlich die primären und sekundären Ansprüche aus dem Eigentümer-Besitzer-Verhältnis und die eines Grundbuchberichtigungsanspruchs (§§ 985 ff./894, 987 ff. BGB);
**2.** ganz knapp den primären Anspruch des früheren und besseren Besitzers auf Herausgabe, (§ 1007 BGB) und den primären Anspruch des Besitzers auf Wiedereinräumung des durch verbotene Eigenmacht entzogenen Besitzes, zugunsten des mittelbaren Besitzers aber nur bei verbotener Einmacht eines Dritten, nicht des unmittelbaren Besitzers (§ 869 S. 1 BGB);
**3.** auch recht kurz den Beseitigungs- und Unterlassungsanspruch zur Abwehr von Störungen des Eigentums (§ 1004 BGB), wobei wir die Erweiterung dieses Anspruchs hin zu einem (aus u. a. dem sachenrechtlichen Anspruch des § 1004 BGB abgeleiteten) „quasinegatorischen Anspruch“ angesprochen haben. Darauf kommen wir noch zurück.

Jetzt geht es noch um:

4. das nicht unmittelbar in das Anspruchssystem einzubauende **Verwertungsrecht am Pfandrecht** (§§ 1228 ff. BGB) **(sub V)**
5. und die im Zusammenhang mit der **Verwertung** des **Sicherungseigentums** stehenden Ansprüche, die sich ebenfalls nicht unmittelbar in das Anspruchssystem einfügen lassen **(sub VI)**
6. und schließlich um das **Verwertungsrecht an Grundpfandrechten** aus § 1147 BGB **(sub VII)**.

## V. Das Verwertungsrecht am Pfandrecht an beweglichen Sachen

Das **Verwertungsrecht** aus einem **Vertrags-** oder aus einem **gesetzlichen Pfandrecht** (§§ 1228 ff./1257, 1228 ff. BGB) wird im Hinblick auf die relativ geringe Bedeutung des Pfandrechts hier nur in Grundzügen vorgestellt. Es passt nämlich – weil es **keine** dem **§ 1147 BGB entsprechende Norm** gibt – nicht in das Anspruchssystem und wird daher auch nie unmittelbar Gegenstand einer Klausuraufgabe sein.

Wegen der Möglichkeiten der **Verteidigung** des **Eigentümers gegen** den **Pfandgläubiger** mittels eventuell bestehender „forderungs- bzw. schuldbezogener Einreden" wird auf § 1211 BGB, der dem bereits bekannten § 1137 BGB bei der Hypothek entspricht, verwiesen; einen „gutgläubig einredefreien Erwerb" gibt es nicht. Außerdem kann der Eigentümer natürlich die „pfandrechts- oder eigentumsbezogenen Einreden" geltend machen. auch insoweit gibt es keinen gutgläubig einredefreien Erwerb.

Das die **Pfandverwertung** regelnde Recht, das uns hier – wie gesagt nur eingeschränkt, nämlich als Vorfrage anderer Themen (z. B. Eigentumserwerb an der Pfandsache, Eigentumserwerb am Erlös) – interessiert, kann so zusammengefasst werden:

Die **Pfandverwertung** erfolgt bei **„Pfandreife"**, also der Fälligkeit der gesicherten Forderung, (§ 1228 Abs. 2 BGB), und zwar

**in der Regel** durch **„Pfandverkauf"** durch **„öffentliche Versteigerung"** (§§ 1228 Abs. 1, 1233 Abs. 1, 1235 BGB), wobei der Auktionator Stellvertreter des Pfandgläubigers ist. **Ausnahmsweise** wird das Pfandrecht nach Vollstreckungsrecht (§ 1233 Abs. 2 BGB), nach Parteivereinbarung (§ 1245 BGB) oder nach Gerichtsentscheidung (§ 1245 BGB) verwertet; hier soll nur der Regelfall angesprochen werden.

Die **Verfügungsbefugnis** ergibt sich aus dem Verwertungsrecht. Die rechtmäßige Veräußerung führt zum **Eigentumserwerb** des Ersteigerers **an der verpfändeten Sache** wie ein Erwerb vom Eigentümer (§ 1242 BGB); ein **gutgläubiger Eigentumserwerb** einer unrechtmäßig verwerteten Pfandsache ist möglich (§ 1244 BGB). Ein gutgläubiger Eigentumserwerb ist auch an einem Pfand, das gestohlen worden ist und an dem deshalb kein Pfandrecht begründet werden konnte (§§ 1207, 935 BGB), möglich, wenn die Pfandverwertung durch öffentliche Versteigerung erfolgt ist (§ 935 Abs. 2 BGB).

Das **Eigentum am** durch die Versteigerung erlangten **Erlös** erwirbt der Pfandgläubiger nach § 929 S. 1 BGB, wenn und soweit ihm die Forderung und das Pfandrecht zustanden, wenn ihm also der **Erlös** deshalb **„gebührt"**. Die Pfandverwertung führt zur **Tilgung** der gesicherten Forderung wie wenn der Eigentümer auf die Forderung gezahlt hätte **(§ 1247 S. 1 BGB)**.

Soweit der **Erlös** entweder **mangels** einer durch das Pfandrecht gesicherten **Forderung** oder **mangels** eines **Pfandrechtes** oder wegen eines die **Forderung übersteigenden Erlöses** dem **Pfandgläubiger „nicht gebührt"**, tritt der Erlös durch **„Surrogation"** an die Stelle des Pfandes; Eigentümer ist der ursprüngliche Eigentümer der Pfandsache **(§ 1247 S. 2 BGB)**.

**Fall 673**

Der S verpfändet eine dem E gestohlene Uhr an den G zur Sicherung einer Darlehensforderung des G gegen S in Höhe von € 1 000,–. Bei Pfandreife verwertet der G das vermeintliche Pfandrecht an der Uhr durch öffentliche Versteigerung. Der hinsichtlich des Bestehens des Pfandrechts gutgläubige K ersteigert die Uhr für € 1 000,–. Der Erlös wird an den G ausgehändigt. Der E, der zufällig auf der Versteigerung anwesend ist, verlangt von dem K Herausgabe der Uhr; zumindest aber verlangt er von G den noch bei G unvermischt vorhandenen Erlös heraus.

1. Der Herausgabeanspruch auf die Uhr gegen K könnten sich aus §§ 985, 986 BGB ergeben. a) der K ist Besitzer der Uhr. b) Der E müsste (noch) der Eigentümer der Uhr sein. aa) Er war Eigentümer. bb) Er hat das Eigentum aber an den K verloren, der es trotz fehlenden Pfandrechts (§§ 1207, 935 BGB) nach §§ 1244, 932 BGB erworben hat (§ 935 Abs. 2 BGB). 2. Der E könnte aber einen Herausgabeanspruch auf die € 1 000,– gegen den G aus §§ 985, 986 BGB haben. a) Der G ist Besitzer der unvermischten € 1 000,–. b) Fraglich ist, wer Eigentümer des Erlöses ist: aa) Für ein Eigentum des G könnte sprechen, dass ihm das Geld nach § 929 S. 1 BGB übereignet worden ist. b) Da ihm mangels Pfandrechts an der Uhr (§§ 1207, 935 BGB) der Erlös aber „nicht gebührt", ist der Erlös an die Stelle der Sache getreten (§ 1247 S. 2 BGB, der „stärker als § 929 BGB ist"). Also ist E Eigentümer des Erlöses. c) Der G hat auch kein Recht zum Besitz an dem Geld, und zwar auch nicht aufgrund eines Pfandrechts, da dieses ja nicht entstanden ist.

## VI. Die Verwertung des Sicherungseigentums

Die **Voraussetzungen** für die **Verwertung** und für die **Durchführung** der **Verwertung** des **Sicherungseigentums** bestimmen sich nach dem **Sicherungsvertrag** oder nach dem **Gesetz**. Auch hier gibt es keine in das Anspruchssystem passende Anspruchsgrundlage nach dem Vorbild des § 1147 BGB, so dass das Verwertungsrecht in Klausuren wohl nur für Vorfragen von Bedeutung ist. Zu bedenken ist hier folgendes:

1. Die **Voraussetzung** für die Verwertung ist eine **„Verwertungsreife"**, die gegeben ist bei „nicht ordnungsgemäßer Erfüllung" der Verpflichtungen aus der Kreditvereinbarung oder des Sicherungsvertrages (also i. d. R. bei Fälligkeit der gesicherten Forderung).
2. Eine **Verwertungspflicht** besteht **nicht**; der Sicherungsnehmer kann auch aufgrund eines Titels die **Zwangsvollstreckung** betreiben.
3. **Durchführung** der Verwertung:
   a) Im Fall der **Verwertungsreife** besteht eine **Berechtigung** zur **Inbesitznahme** oder zur **Einlagerung** des Sicherungsgutes durch den Sicherungsnehmer, die der Sicherungseigentümer durch Geltendmachung eines Anspruchs aus dem Sicherungsvertrag bzw. aus §§ 985, 986 BGB, dem bei „Verwertungsreife" kein Recht zum Besitz des Sicherungsgebers aus § 986 BGB entgegensteht, erwirkt.
   b) Der Sicherungsnehmer darf das **Sicherungsgut** im eigenen Namen oder im Namen des Sicherungsgebers **„nach billigem Ermessen"**, also auch freihändig, **veräußern**. Er kann auch verlangen, dass der Sicherungsgeber daran mitwirkt oder dass dieser das Sicherungsgut bestmöglich veräußert und den Erlös dann an den Sicherungsnehmer herausgibt.
   c) Der Sicherungsnehmer muss den **Erlös** zur Abdeckung der gesicherten Forderung verwenden.
   d) Eine **Verfallklausel** soll nach der Wertung des § 1229 BGB nach § 138 Abs. 1 BGB nichtig sein.
   e) Ein eventueller **Überschuss** ist an den Sicherungsgeber herauszugeben.
4. Fehlt es an einer Vereinbarung, können die **Regeln über** den **Pfandverkauf** entsprechend angewendet werden. Es darf also ein möglichst guter freihändiger Verkauf erfolgen.

## VII. Die Verwertung der Hypothek und Sicherungsgrundschuld

Der Gläubiger der gesicherten Forderung und der Grundpfandgläubiger haben die **Wahl**, ob sie die **„persönliche Klage"** auf Zahlung, z. B. gestützt auf § 488 Abs. 1 S. 2 BGB, oder die **„dingliche Klage"**, gestützt auf § 1147 BGB, erheben wollen. Der Unterschied ist der, dass man mit der „dinglichen Klage" nur erreichen kann, in das Grundstück, an dem das Grundpfandrecht besteht, vollstrecken zu können (der Eigentümer muss dies „dulden"), während einem der Titel aufgrund der „persönlichen Klage" die Zwangsvollstreckung in das gesamte Schuldnervermögen einschließlich eventueller Grundstücke,u. a. auch das belastete Grundstück – wenn der Sicherungsgeber zugleich der Schuldner und auch der Eigentümer ist – ermöglicht, wobei man allerdings mit anderen titulierten Gläubigern „konkurrieren" muss und vor allem eventuelle dingliche Verwertungsrechte anderer, zum Beispiel deren eventuelle Grundpfandrechte, vorgehen lassen muss.

Der Inhaber des Grundpfandrechts kann die **Zwangsvollstreckung in** das **Grundstück** aber erst dann betreiben, wenn die (Ihnen hoffentlich noch in Erinnerung befindlichen – lesen Sie immer wieder einmal Teil 3 D) Voraussetzungen der Zwangsvollstreckung (§ 750 ZPO: Titel, Klausel, Zustellung) vorliegen. Der Hypothekar oder Grundschuldinhaber benötigt also einen **Duldungstitel** in Gestalt eines vollstreckbaren Urteils (§§ 704 ff. ZPO); die (vom Gericht und von Ihnen bei der Fallbearbeitung) heranzuziehende Anspruchsgrundlagen dafür sind **§ 1147 BGB (Hypothek)** bzw. **§§ 1191, 1192, 1147 BGB (Grundschuld)**. In der Kreditpraxis hat es sich durchgesetzt, dass sich der Eigentümer regelmäßig in einer **„vollstreckbaren Urkunde“** der „sofortigen Zwangsvollstreckung“ unterwirft **(§§ 794 Abs. 1 Nr. 5, 800 ZPO)**, so dass der Grundpfandgläubiger nicht in einem langwierigen vom Ergebnis her manchmal unkalkulierbaren Rechtsstreit einen Duldungstitel erstreiten muss. Dadurch ist der Eigentümer, der sich der sofortigen Zwangsvollstreckung unterworfen hat, aber nicht völlig rechtlos gestellt: Seine evtl. Einwendungen und Einreden kann er durch die Zwangsvollstreckungsgegenklage nach §§ 797 Abs. 4, 5, 767 ZPO geltend machen; damit sind aber (und das ist der große Vorteil für den Sicherungsnehmer) die Parteirollen ausgetauscht. In gewisser Hinsicht ist dies eine Parallele zur „Bürgschaft auf erstes Anfordern“. Die **Verwertung** eines **Grundpfandrechts** setzt eine **Fälligkeit** des **Grundpfandrechts** voraus; diese ergibt sich aus einer entsprechenden Vereinbarung oder bei der Hypothek aus der Fälligkeit der Forderung und bei der Grundschuld durch deren Kündigung (§ 1193 BGB).

Die Verwertung eines Grundpfandrechts erfolgt durch die **„Immobiliarvollstreckung“** in Gestalt der **Zwangsversteigerung** und **Zwangsverwaltung** (§ 866 ZPO), besonders **geregelt** im **ZVG**, dem „Gesetz über die Zwangsversteigerung und die Zwangsverwaltung“, das nach § 869 ZPO gewissermaßen eine aus der ZPO „ausgelagerte“ Ergänzung der ZPO ist. Bei der **Zwangsversteigerung** wird das Grundstück durch das **Vollstreckungsgericht** als **Vollstreckungsorgan** (also nicht etwa durch den Gerichtsvollzieher!) nach der als Beschlagnahme wirkenden Anordnung der Zwangsversteigerung (§ 20 ZVG) öffentlich versteigert. Macht dies eigentlich ein Richter, also vielleicht später einmal Sie? Nein, zuständig dafür ist der Rechtspfleger. Eine weiterhin mögliche Variante der Immobiliarvollstreckung durch die Eintragung einer **Zwangshypothek** hat für den Grundpfandgläubiger, der bereits ein Grundpfandrecht hat, natürlich keine praktische Bedeutung. Man kann aber auch die **„Mobiliarvollstreckung“** in die mithaftenden Gegenstände betreiben.

Die Frage ist, auf welche **Gegenstände** sich **die Hypotheken-** bzw. **Grundschuldhaftung** bezieht, in welche Gegenstände also die Zwangsvollstreckung aufgrund des Duldungstitels betrieben werden kann.

- In erster Linie denkt man natürlich an **das Grundstück selbst** einschließlich seiner **wesentlichen Bestandteile** (§ 93 BGB), das – wer immer auch gerade der Eigentümer ist (nach § 1136 BGB kann selbst bei entgegenstehender Vereinbarung trotz des Bestehens eines Grundpfandrechtes frei über das Grundstück verfügt werden!) – dem Grundpfandrechtsinhaber haftet;

- ferner erstreckt sich die Haftung auf die **Erzeugnisse**, **Bestandteile**, **Zubehör** und auf die **Miet- und Pachtzinsforderungen** (§§ 1120 bis 1130 BGB), vorbehaltlich ihrer „Enthaftung", z. B. durch Veräußerung und Entfernung von Erzeugnissen, Bestandteilen und Zubehör, die vor der Beschlagnahme nach §§ 1121, 1122 BGB möglich ist, nach der Beschlagnahme aber nur bei Gutgläubigkeit nach §§ 135 Abs. 2, 136 BGB, 23 Abs. 2 ZVG. Diese Gegenstände werden entweder zusammen mit dem Grundstück verwertet (also zusammen mit dem Grundstück versteigert) oder – allerdings mit Ausnahme des Zubehörs – (das macht bei geringeren Forderungen Sinn) allein verwertet (§ 865 Abs. 2 S. 1, 2 ZPO), wobei dann die §§ 808 ff. und 828 ff. ZPO gelten, Vorschriften die Ihnen ja längst bekannt sind. Die Grundpfandrechte werden als „absolute Rechte" deliktisch (§ 823 Abs. 1 BGB) und durch Abwehransprüche (§§ 1134 f., 1192 BGB) geschützt.

**Fall 674**

Der G=H hat am Gewerbegrundstück des S=E, der dort eine Fabrik betreibt, zur Sicherung einer ihm zustehenden Darlehensforderung eine Hypothek. Der D bricht in die Werkhalle ein, um zu stehlen, und zündet sie „aus Frust" an, als er nichts Stehlenswertes findet. Der G=H, der durch eine danach in das Grundstück betriebene Zwangsversteigerung wegen der Zerstörung des Gebäudes und der wertvollen Maschinen keine volle Befriedigung erlangt, fordert Schadensersatz in Höhe der Differenz zwischen dem an ihn auszukehrenden Versteigerungserlös und dem hypothetischen Versteigerungserlös von D.

Der Anspruch des G=H gegen den D ergibt sich a) aus § 823 Abs. 1 BGB. aa) Die Zerstörung der im Haftungsverband der Hypothek stehenden Gegenstände, aaa) nämlich das Gebäude als wesentlicher Bestandteil (§§ 93, 94 BGB) des Grundstücks und bbb) die Maschinen als Zubehör (§§ 1120, 97, 1134f. BGB) sind eine Verletzung der als „sonstiges Recht" anzusehenden Hypothek. bb) Die Brandstiftung ist ein Verhalten des D (positives Tun). cc) Am Bestehen eines Zurechnungszusammenhangs zwischen der Brandstiftung und der Verletzung der Hypothek bestehen bei einem „Vorsatzdelikt" keine Zweifel. dd) Die Rechtswidrigkeit ist bei einem „Vorsatzdelikt" nach allen Ansichten indiziert. ee) Der D hat schuldhaft gehandelt. b) Gleichermaßen besteht ein Anspruch aus §§ 823 Abs. 2, 1133 ff. BGB, weil die §§ 1133 ff. BGB Schutzgesetze sind (BGH).

Handelt es sich um **„grundeigentümerfremdes" Zubehör**, kann und muss der Eigentümer des Zubehörs sich gegen die Zwangsvollstreckung in das Grundstück wehren (§§ 55 Abs. 2, 37 Nr. 5 ZVG, 771 ZPO), sonst verliert er sein Eigentum durch den Zuschlag nach § 90 ZVG. Was meinen Sie: Setzt der Eigentumserwerb an „grundeigentümerfremdem" Zubehör nach § 90 ZVG einen guten Glauben des Ersteigerers wie bei § 932 BGB voraus? Nein: Es handelt sich ja nicht um einen Fall des rechtsgeschäftlichen Erwerbs, sondern um einen Eigentumserwerb durch einen „Hoheitsakt"! Beim Anwartschaftsrecht hängt dies davon ab, ob sich die Hypothekenhaftung auf das Anwartschaftsrecht erstreckt.

**Fall 675**

Der Frachtführer F hat einen LKW von V für € 100. 000,– unter Eigentumsvorbehalt erworben (§§ 929 S. 1, 158 Abs. 1, 449 BGB). Sein mit Lagerhallen und Garagen bebautes Betriebsgrundstück ist zur Sicherung eines Darlehens mit einer Hypothek zugunsten der B1-Bank belastet; der F hat sich der sofortigen Zwangsvollstreckung unterworfen (§§ 794 Abs. 1 Nr. 5, 800 ZPO). Als der F den Kaufpreis bis auf einen Rest von € 10. 000,– abgezahlt hat, nimmt der F ein Darlehen bei der B2-Bank auf und überträgt ihr zur Sicherheit das Anwartschaftsrecht an dem LKW (also nicht das Eigentum!) nach §§ 929, 930 BGB analog. Als die B1-Bank bei Fälligkeit des Darlehens die Zwangsvollstreckung aus der Hypothek betreibt und die Zwangsversteigerung angeordnet wird (§ 20 ZVG), erheben 1. der V und 2. die B2-Bank Klage auf Aufhebung des Zwangsversteigerungsverfahrens bezüglich des LKW (§ 37 Nr. 5, ZVG i. V. m. § 771 ZPO).

1. Die Klage des Eigentümers V ist begründet. Zwar ist der LKW nach § 97 BGB Zubehör des Grundstücks. Nach § 1120 BGB erstreckt sich die Hypothekenhaftung aber nur auf eigenes Zubehör des Eigentümers. 2. Da die Hypothekenhaftung aus § 1120 BGB sich auch auf das Anwartschaftsrecht am Zubehör erstreckt, a) hat die B2-Bank das Anwartschaftsrecht belastet mit der Hypothekenhaftung erworben. b) Eine Enthaftung aa) nach § 1122 BGB (Aufhebung der Zubehöreigenschaft) liegt nicht vor. bb) Eine nach § 1121 Abs. 1 BGB zur Enthaftung führende Veräußerung und Entfernung liegt ebenfalls nicht vor. Die Klage der B2-Bank wäre daher unbegründet.

**Variante**

Würde es für die B2-Bank etwas ändern, wenn sie den Restkaufpreis an den V zahlt?

Nein, denn die Belastung des Anwartschaftsrechts setzt sich am Eigentum fort.

Jedermann und auch Sie wissen zumindest „irgendwie", dass die Grundpfandrechte ihren Wert zum großen Teil aus ihrem **„Rang"** beziehen. Sie entsinnen sich, dass die Eigentümergrundschuld die Funktion hat, im Fall der §§ 1163 Abs. 1, 1177 BGB dem Eigentümer den Rang z. B. einer Hypothek zu erhalten und dass § 1179a BGB im Interesse u. a. der nachrangigen Hypothekare ein „Aufrücken" ermöglich soll. Was bedeutet der **Rang** eigentlich genau? Alle **dinglichen Grundstücksrechte** stehen in einem **Rangverhältnis** zueinander. Den Rang erhalten sie im Prinzip durch den Zeitpunkt ihrer Eintragung in das Grundbuch; die **Rangfolge** kann man nach § 879 BGB wie folgt ermitteln:

- Bei **Rechten** in **derselben Abteilung** des Grundbuchs gibt die Reihenfolge der Eintragung des Rechts oder der entsprechenden Vormerkung (§ 883 Abs. 3 BGB) Auskunft über den Rang;
- bei **Rechten** in **unterschiedlichen Abteilungen** des Grundbuchs hat das Recht den Vorrang, welches unter Angabe eines früheren Tages eingetragen ist.

- Um dies zu verstehen, soll hier ein wiederholender Hinweis auf die **Funktion** und den **Aufbau** des **Grundbuchs** erfolgen: Das Grundbuch ist ein beim Grundbuchamt, einer Abteilung des Amtsgerichts, geführtes Register, das Auskunft über die Rechtsverhältnisse an Grundstücken gibt. Verfügungen über das Grundstück und über Rechte an einem Grundstück bedürfen konstitutiv der Eintragung in das Grundbuch (lesen Sie z. B. § 873 Abs. 1 BGB). Das Grundbuch besteht aus dem Bestandsverzeichnis, der „Abteilung I" (Eigentümer und Erwerbsgrund), „Abteilung 3" (Hypotheken- Grund- und Rentenschulden) und „Abteilung II" (alle anderen Eintragungen).

Worin besteht nun der **„Wert"** des **Ranges eines Grundstücksrechts**? Infolge einer Immobiliarvollstreckung durch eine Zwangsversteigerung aufgrund eines nachrangigen Grundpfandrechts dürfen die im Rang vorgehenden Gläubiger nicht gefährdet werden, vielmehr muss bei der **Verwertung** der **„Rang gewahrt bleiben"**. Dieses Problem löst das **ZVG** in äußerst eleganter Weise:

- Bei der Zwangsversteigerung werden überhaupt nur solche Gebote zugelassen, „durch welche die dem Anspruch des Gläubigers vorgehenden Rechte" und auch die Kosten „gedeckt werden" **(§ 44 Abs. 1 ZVG: „geringstes Gebot")**.
- Um das Ziel der Rangwahrung zu erreichen, muss nun der **Meistbietende** die dem Grundpfandrecht, aus dem die Verwertung betrieben wird, **vorgehenden Rechte** nicht etwa (z. B. aufgrund einer an die Inhaber der vorrangigen Rechte weiterzugebenden Barzahlung) zum Erlöschen bringen. Vielmehr bleiben diese einfach bestehen und werden **von** dem **meistbietenden Ersteigerer übernommen** (§ 52 ZVG).
- **Vom Ersteigerer** müssen daher **nur** in **bar bezahlt** werden die **a) Kosten** und **b) der** das **geringste Gebot übersteigende Teil** des **Meistgebots**.

**Fall 676**

Der Hypothekar H2 hat eine zweitrangige Hypothek am Grundstück des E über € 200. 000,–. Ihm geht eine erstrangige Hypothek zugunsten des H1 über € 100. 000,– vor. Der H2 betreibt aufgrund eines Duldungstitels die Zwangsversteigerung (nach Arens).

Das „geringste Gebot" beträgt dann € 100. 000,–+Verfahrenskosten. Wenn das von dem Ersteigerer M abgegebene Meistgebot € 220. 000,– beträgt, muss der M bar zahlen: € 120. 000,–+Verfahrenskosten. Die Hypothek des H1 bleibt bestehen.

Der **Versteigerungserlös wird** dann **verteilt** (§ 107 ff. ZVG). Die dafür zur Verfügung stehende „Teilungsmasse" (§ 107 ZVG) ist im Prinzip das „Bargebot". Die Verteilung richtet sich nach dem Rang (§ 11 Abs. 1 ZVG).

**Fall 677**

An einem Grundstück besteht eine erstrangige Hypothek zugunsten des H1 über € 150. 000,– und eine zweitrangige Hypothek zugunsten des H2 in Höhe von € 100. 000,–. Zu verteilen sein sollen aufgrund einer von H1 betriebenen Zwangsversteigerung € 200. 000,–. (nach Wolf).

Die Verteilung richtet sich nach dem Rang (§ 11 Abs. 1 ZVG). Der H1 erhält volle Befriedigung in Höhe von € 150. 000,–, der (im Übrigen ausfallende) H2 erhält € 50. 000,–.

Es ist nunmehr sicher deutlich, warum Grundstücksrechte, speziell die Grundpfandrechte, ihren Wert aus ihrem Rang beziehen. Jetzt wissen Sie auch, warum manche Kreditinstitute die Gewährung eines Darlehens von einem „erstrangigen" Grundpfandrecht als Sicherung abhängig machen (anders – wie Sie schon wissen – übrigens die Bausparkassen!) oder sich eine nachrangige Sicherung durch einen „Risikozuschlag" in Gestalt höherer Zinsen bezahlen lassen. Rückblickend erleichtert Ihnen diese Erkenntnis das Verständnis der bereits erläuterten juristisch und praktisch spannenden § 1163 Abs. 1 S. 2 BGB bzw. § 1179a BGB. Erinnern Sie sich noch daran? Spätestens jetzt lesen Sie dazu bitte alles noch einmal nach!

Der Ersteigerer erlangt das Eigentum am Grundstück (und am mithaftenden Zubehör!) durch Hoheitsakt, nämlich durch den **„Zuschlag" (§ 90 ZVG)**. Mieter werden durch §§ 566 BGB („Kauf bricht nicht Miete") geschützt, der Ersteigerer hat aber ein Sonderkündigungsrecht nach §§ 57a ff. ZVG, das verhindern soll, dass Grundstücke durch Vermietungen praktisch unversteigerbar sind, vielleicht sogar durch schwer zu beweisende Scheingeschäfte „versteigerungsfest" gemacht werden. Der Mieter kann wegen des Sonderkündigungsrechts nach § 268 Abs. 1 BGB mit der Folge der §§ 268 Abs. 3, 412, 488 Abs. 1 (wenn z. B. eine Darlehensforderung gesichert war), 401 BGB die gesicherte Forderung ablösen.

**Fall 678**

Der V hat in einem ihm gehörenden Haus auf der „richtigen" Seite der Elbchaussee dem sehr wohlhabenden 60jährigen M eine Wohnung mit Elbblick zu einem festen Mietzins für 25 Jahre fest vermietet. Der M will hier seinen Lebensabend verbringen. Zur Sicherung einer gegen den V bestehenden Darlehensforderung der B-Bank (B) hatte der V der B eine Hypothek an dem Grundstück bestellt (§ 1113 BGB). Schon kurz nach Abschluss des Mietvertrages beabsichtigt die B, aus dieser Hypothek, gestützt auf eine sog. „vollstreckbare Urkunde" (§§ 794 Abs. 1 Nr. 5, 800 ZPO), die Zwangsvollstreckung in das Grundstück zu betreiben (§ 1147 BGB), weil das Darlehen notleidend geworden ist. Der M, der die

Wohnung unbedingt behalten will, befürchtet, dass ein eventueller Ersteigerer den Mietvertrag begründet mit einem ohne Zweifel beweisbaren Eigenbedarf kündigen wird. Dass die Sorgen des M berechtigt sind, haben Sie gerade gelesen. Was kann der M machen?

Der Gesetzgeber hat in der Tat in Fällen eines einem Dritten drohenden Rechtsverlustes diesem ein sog. „Ablösungsrecht" oder ein „Befriedigungsrecht" zuerkannt: Hier kommt das „Ablösungsrecht" aus § 268 Abs. 1 S. 2 BGB in Betracht; denn der M ist trotz des Schutzes durch § 566 BGB wegen § 57a ZVG in Gefahr, den Besitz an der Mietsache zu verlieren, wenn die Zwangsvollstreckung betrieben wird. Der Regress ergibt sich dann aus § 268 Abs. 3 BGB. Was ist daran vorteilhaft? Der „cessio legis"-Regress, bei dem nach §§ 268 Abs. 3, 412, 399 ff.· 401, 1153 BGB auch die akzessorischen Sicherungsrechte (hier die Hypothek) auf den ablösungsberechtigten Dritten übergehen.

Mehr müssen Sie zunächst über die **Immobiliarvollstreckung durch** eine **Zwangsversteigerung** nicht wissen. Bei einer für die Fallbearbeitung weitgehend bedeutungslosen **Immobiliarvollstreckung** durch **Zwangsverwaltung** (§§ 146 ff. ZVG) hat der Zwangsverwalter (§ 150 ZVG) die für die Verwaltung entbehrlichen Nutzungen in Geld umzusetzen (§ 152 Abs. 1 ZVG). Die Nutzungen werden dann auf die dinglichen Gläubiger verteilt (§ 155 ZVG).

Der Inhaber eines Grundpfandrechts hat an sich ein freies **Wahlrecht** zwischen der für den Eigentümer milderen **Zwangsverwaltung** und der harten (weil zum Eigentumsverlust führenden) **Zwangsversteigerung**; dieses Wahlrecht ist aber durch das **Verhältnismäßigkeitsprinzip** (§ 242 BGB) eingeschränkt. Der Grundpfandgläubiger darf „nicht mit Kanonen auf Spatzen schießen", also z. B. nicht etwa durch eine Zwangsversteigerung in ein Grundstück im Werte von € 1. 000. 000,– eine Forderung in einer Höhe von € 1. 000,– durchsetzen wollen.

Der Logik des Aufbaus der Darstellung folgend hätten hier, wo es um die Verwertung des Grundpfandrechts nach § 1147 BGB bzw. §§ 1147, 1192 BGB geht, eigentlich auch die **Verteidigungsmittel** des **Eigentümers gegen** den **Grundpfandrechtsinhaber** dargestellt werden müssen. Wer aber sorgfältig gelesen hat, erinnert sich bestimmt daran, dass wir diese Fragen (zugegebenermaßen: systemwidrig!) bereits bei dem Thema „Erwerb und Verlust" der beiden Grundpfandrechte (sub C V 1 und 2) jeweils am Ende abgehandelt haben. Der Grund war, dass die Darstellung der Verteidigungsmittel aus didaktischen Gründen besser in jenen Zusammenhang passte, dies insbesondere wegen der Möglichkeit des gutgläubigen einredefreien Erwerbes.

# Teil 7. Schadensersatzansprüche wegen eines Delikts

Ein durch eine andere Person Geschädigter kann von dieser Schadensersatz bekanntlich nur dann verlangen, wenn es dafür eine Anspruchsgrundlage gibt. Dass es **Schadensersatzansprüche** aus **Sonderverbindungen rechtsgeschäftlicher Art** gibt, gibt, haben Sie in Teil 4 gelernt, wo es in erster Linie um Schadensersatzansprüche aus § 280 Abs. 1 BGB wegen der Verletzung vertraglicher Pflichten ging. In Teil 5 war die Rede von auf Schadensersatz gerichteten **„vertragsnahen Ansprüchen"** z. B. aus § 122 BGB, § 179 BGB, §§ 280 Abs. 1, 241 Abs. 2 BGB, §§ 280 Abs. 1, 677 BGB. Dass es auch **gesetzliche Schadensersatzansprüche** gibt, also solche, die nicht die Verletzung von Pflichten aus einer zwischen den Beteiligten bestehenden Sonderbeziehung voraussetzen, ist ebenfalls längst bekannt: In Teil 6 spielten z. B. die gesetzlichen Schadensersatzansprüche aus **den §§ 989 ff. BGB** eine zentrale Rolle. Und dass es auch gesetzliche Schadensersatzansprüche aus **„Delikt"** gibt, wissen Sie längst. Diesen Ansprüchen (aus „Delikt") wenden wir uns jetzt zu. Als der **Gesetzgeber** vor der Aufgabe stand, ein „Deliktsrecht" zu schaffen, also ein „gesetzliches Schuldverhältnis" mit den Regeln für die Pflicht zur Wiedergutmachung solcher Schäden, die nicht auf Verletzungen besonderer Pflichten aus bereits bestehenden Sonderbeziehungen beruhen, boten sich ihm diverse **Alternativen**:

- Er hätte eine **„große Generalklausel"** etwa des Inhalts: **„Wer einen anderen schädigt, ist ihm zum Ersatz des Schadens verpflichtet"** schaffen können. Diese Lösung hätte **zwar** dem Interesse eines Geschädigten nach dem Ausgleich aller seiner Schäden entsprochen; **aber** zugleich wäre die allgemeine Handlungsfreiheit wegen eines unkalkulierbaren und damit auch unversicherbaren Risikos einer deliktischen Inanspruchnahme in nicht hinnehmbarer Weise eingeschränkt, weil hiernach z. B. auch Verhaltensweisen ohne das Erfordernis eines bestehenden Zurechnungszusammenhanges zwischen Verhalten und Schädigung, ferner auch „erlaubte" oder „schuldlose" Verhaltensweisen zu einer Schadensersatzverpflichtung führen könnten. Abgesehen davon könnte auch eine bloße Vermögensschädigung zu einer uferlosen Haftung führen. Die Konsequenz wäre, dass



J. Plate, *Das gesamte examensrelevante Zivilrecht,* Springer-Lehrbuch,
DOI 10.1007/978-3-662-47320-7_7

wegen der zwangsläufigen Rechtsunsicherheit, die eine solche Lösung mit sich brächte, eine konkretisierende obergerichtliche Rechtsprechung ein dem deutschen Rechtssystem fremdes „Fallrecht" entwickeln würde.

- Ein Kompromiss hätte daher eine **„eingeschränkte Generalklausel"** nach dem Vorbild des bis zum Inkrafttreten des BGB im Jahre 1900 weitgehend in Deutschland gelten französischen Rechts (warum? Napoleon!) in Art. 1382 Code Civil sein können: **„Wer einen anderen rechtswidrig und schuldhaft schädigt, ist ihm zum Ersatz des daraus entstandenen Schadens verpflichtet"**. Hier wird durch die Worte „daraus entstandenen Schaden" eine **Kausalität**, ferner eine **Rechtswidrigkeit** und auch ein **Verschulden** für eine deliktische Haftung vorausgesetzt. Aber auch hiergegen besteht das Bedenken, dass die unerlässliche Konkretisierung dessen, was mit den Worten „wer einen anderen schädigt" und dem Begriff „Schaden", der ja auch einen bloßen Vermögensschaden" einschließt, umschrieben wird, letztlich doch wieder – wenn auch in weniger ausgeprägtem Maße – zu „case law" führen würde.
- Daher lag es für den BGB-Gesetzgeber nahe, die deliktische Schadensersatzpflicht zusätzlich zu den Erfordernissen einer Kausalität, einer Rechtswidrigkeit und einem Verschulden auch noch von der Voraussetzung der **Verletzung** bestimmte**r Schutzpositionen** abhängig zu machen. Damit wäre auch das Risiko gebannt, eine Schadensersatzhaftung bei einer bloßen Vermögensbeeinträchtigung für gegeben zu halten. Das war aus den vorstehenden Gründen auch die „Marschrichtung" des BGB-Gesetzgebers bei der Schaffung eines Deliktsrechts.
- Im Auge behalten musste er aber, dass eine solche Lösung nicht Rechnung tragen würde dem Bedürfnis nach einer **„Aufopferungshaftung"** bei einer rechtmäßigen Einwirkung auf eine fremde Sache und – praktisch viel bedeutsamer – auch nicht dem Bedarf nach einer **Schadensersatzhaftung** bei einer erlaubten und nicht schuldhaften Verwirklichung besonderer **Gefahren**, also nach einer **„Gefährdungshaftung"**.
- Außerdem gibt es zuweilen doch ein Bedürfnis nach deliktischer Haftung bei einer **reinen Vermögensbeeinträchtigung**, z. B. bei einer Schädigung durch Betrug, Untreue oder sittenwidrigem Verhalten des Inanspruchgenommenen.
- Und zur **Beschränkung** des **Risikos** einer **Uferlosigkeit** einer deliktischen **Haftung** musste man auch im Auge haben, dass das Kausalitätsprinzip durch Zurechenbarkeitskriterien modifizierbar sein muss.

Der **Gesetzgeber** hat sich aus den vier letztgenannten Gründen für ein **Misch-System** entschieden.

Eine **deliktische Schadensersatzpflicht** setzt
1. zunächst voraus das Vorliegen der Merkmale eines die **Haftung „begründenden" Voraussetzungstatbestandes**, für den
   **a) in der Regel** die Schadensersatzverpflichtung abhängig ist
   von der **Verletzung** bestimmter **Rechtsgüter und Rechte** (§§ 823 Abs. 1, 824, 825, 831, 832, 833S. 2, 834, 836–838 BGB, § 7 ff. StVG) des **Anspruchstellers**,

von einer zurechenbaren Rückführbarkeit auf ein menschliches Verhalten des Inanspruchgenommenen
von der **Rechtswidrigkeit** der solchermaßen herbeigeführten Verletzung und von einem **Verschulden** des **Inanspruchgenommenen** (§§ 823 Abs. 1, 824–826 BGB) bzw. von einem **vermuteten Verschulden** (§§ 831, 832, 833 S. 2, 834, 836–838 BGB, § 18 StVG).

**b)** Eine **Ausnahme**

**aa)** vom **Erfordernis** der **Verletzung bestimmter Rechtsgüter** und **Rechte** sind die eine deliktische Schadensersatzhaftung u. a. auf **bloße Vermögensbeeinträchtigungen** erweiternde Generalklausel des **§ 826 BGB** oder der Tatbestand des **§ 823 Abs. 2 BGB** z. B. i. V. m. **§ 263 StGB** oder **§ 253 StGB** oder **§ 266 StGB**, die aber die allgemeine Handlungsfreiheit der Bürger nicht unangemessen beschränken, denn vorausgesetzt wird bei § 826 BGB eine „vorsätzlich(e)" Schadenszufügung in einer „gegen die guten Sitten verstoßenden Weise" bzw. bei § 823 Abs. 2 BGB ein Verstoß gegen ein die Verletzung ohnehin verbietendes „Schutzgesetz", wie z. B. ein Strafgesetz. Da weiß der Inanspruchgenommene genau, woran er ist! Versicherbar wären derlei Risiken sowieso nicht (arge. § 103 VVG).

**bb)** Eine **von** den **Erfordernissen** der **Rechtswidrigkeit** und des **Verschuldens** absehende Ausnahme sind die praktisch wenig bedeutende **„Aufopferungshaftung"** nach § 904 S. 2 BGB und die wichtige **„Gefährdungshaftung"** für **gefährliches** aber gleichwohl **erlaubtes Handeln** (u. a. § 833 S. 1 BGB, § 7 Abs. 1 StVG, § 1 Abs. 1 ProdHaftG, §§ 1, 2 HaftpflG), durch die die allgemeine Handlungsfreiheit deshalb nicht unangemessen beschränkt wird, weil es sich um besonders gefährliche Handlungsweisen handelt, deren Risiken man freiwillig übernimmt, und bei denen man sich gegen die schadensersatzrechtlichen Folgen der Risiken versichern kann bzw. sogar versichern muss (PflVersG).

**2.** Was den zu ersetzenden **Schaden** angeht, muss ein die **Haftung „ausfüllender" Rechtsfolgetatbestand** gegeben sein.

Insgesamt ist diese Lösung des Gesetzgebers ein **gelungener Kompromiss** zwischen dem **Interesse** einer jeden Person **am Erhalt** ihrer **allgemeinen Handlungsfreiheit** einerseits und dem **Interesse** einer jeden anderen Person **am Schutz** ihrer **Rechte**, **Rechtsgüter** und ihres **Vermögens**. Dass man allerdings dadurch ein „Fallrecht" vermieden hätte, ist ein Irrglaube: Der hohe Abstraktionsgrad der vom Gesetzgeber geschaffenen Deliktstatbestände hat gleichwohl zu einem „Richterrecht reinsten Wassers" geführt, wie vielleicht etwas übertrieben formuliert worden ist (Kötz). So wie das deutsche Deliktsrecht beschaffen ist, kann man das Risiko einer Haftung bzw. sogar das Risiko einer Inanspruchnahme durch den Abschluss einer **Haftpflichtversicherung** abwenden, nämlich durch den einer Privathaftpflichtversicherung, die man als vernünftiger Mensch unbedingt abgeschlossen haben sollte, und durch den einer Kfz-Haftpflichtversicherung, die man sogar abgeschlossen haben muss. Umgekehrt kann ein **deliktischer Schadensersatzgläubiger** das Risiko der Undurchsetzbarkeit seiner deliktischen Schadensersatzforderung durch den Abschluss von **Schadensversicherungen** (z. B. einer privaten Kasko-, Kranken-, Unfall-, Reisegepäckversicherung) abwenden. Leistet im letzteren Fall der Versicherer, so geht der deliktische Anspruch des Versicherungsnehmers kraft Gesetzes auf ihn über (§§ 86 VVG, 412 BGB). Teilweise ist man auch **gesetzlich versichert** (gesetzliche Kranken- oder Unfallversicherung). Im Fall einer deliktischen Haftung eines Dritten geht auch dann der Anspruch des Versicherten gegen diesen kraft Gesetzes auf den Versicherungsträger über (§§ 116 SGB X, 412 BGB). Ein solcher „Regress" in diesem und anderen Zusammenhängen kann in juristischen Aufgaben außerordentlich bedeutsam sein, so dass Ihnen diese „Überleitungsvorschriften" (dazu gehört auch § 6 EFZG) geläufig sein sollten. Sie müssen Sie jetzt schon lesen. In Teil 10 werden Sie dazu mehr erfahren.

Zum Aufbau der Darstellung von Teil 7 noch ein rascher Überblick

1. Hier werden wir uns zunächst schwerpunktmäßig mit den eine Schadensersatzhaftung begründenden Tatbeständen befassen, zunächst mit denen der **„unerlaubten Handlung" (sub A – F)** und dann **sub G** mit der **„Gefährdungshaftung"**; die **„Aufopferungshaftung"** spielt nur am Rande **(sub. A IV)** eine Rolle.
2. Was den **die Haftung „ausfüllenden" Rechtsfolgetatbestand** angeht, so wird dieser schwerpunktmäßig beim Schadensersatzrecht in Teil 9 abgehandelt.

## A. Anspruch aus § 823 Abs. 1 BGB

Im **Vordergrund** steht hier zunächst die Erörterung der (oft völlig unterschätzten!) **haftungsbegründenden** Voraussetzungen des **§ 823 Abs. 1 BGB**.

Folgendes **Roh-Prüfungsschema** für die Prüfung des § 823 Abs. 1 BGB, das hier i. w. auch die Gliederung für die folgende Darstellung ist, wird vorgeschlagen:

- **Bei Eigentumsverletzungen stets vorab** zu **prüfen**: **Kein Ausschluss** des Deliktsrechts **durch §§ 987 ff. BGB**, also durch die Sonderregeln des Eigentümer-Besitzer-Verhältnisses. **(sub I)**
- **Verletzung** einer der in § 823 Abs. 1 BGB genannten geschützten Rechtspositionen: **L**eben, **K**örper, **G**esundheit, **F**reiheit, **E**igentum, **s**onstiges **R**echt (**LKGFEsR**). **(sub II)**
- Ein **Verhalten** des Inanspruchgenommenen oder einer Person, deren Verhalten er sich zurechnen lassen muss **(sub III 1)**,
- auf das die Verletzung **zurechenbar zurückgeführt** werden kann; **(sub III 2)**.

- **Rechtswidrigkeit; (sub IV)**
- (aus argumentationstechnischen Gründen erst an dieser Stelle): keine Zurechnung bei **rechtmäßigem Alternativverhalten**;
- **Verschulden**;
- **Schaden**.

## I. „Sperrwirkung" des Eigentümer-Besitzer-Verhältnisses

Sie haben ja in Teil 6 bereits gelernt, dass das Eigentümer-Besitzerverhältnis eine „Sperrwirkung" zur Folge hat: Ein unrechtmäßiger Besitzer, der eine an den Eigentümer herauszugebende Sache verschlechtert oder zerstört, kann **nur** (§ 993 Abs. 1 2. Hs. BGB!) nach den **§§ 989 ff. BGB** auf **Schadensersatz** in Anspruch genommen werden. Ansprüche aus § 823 BGB sind daher in der **Regel** in einer **„Vindikationslage"** nicht gegeben. **Ausnahmen** sind der **ungeregelte „Fremdbesitzerexzess"** und **§ 992 BGB**.

**Fall 679**

Dem E ist von D eine Sache gestohlen worden. Der D hat sie an den K verkauft und diesem übergeben und übereignet. Der K hatte den D für den Eigentümer gehalten. Der K hat die Sache sodann rechtswidrig und schuldhaft beschädigt. Der E will von dem K Schadensersatz in Geld.

Der Anspruch a) ergibt sich nicht aus §§ 989, 990, 249 Abs. 2 BGB, weil der K weder bösgläubig hinsichtlich seiner Besitzberechtigung war noch von E auf Herausgabe der Sache verklagt war, als er die Sache beschädigte. b) Ein Anspruch aus § 823 Abs. 1 BGB besteht nicht, weil in einer Vindikationslage die §§ 987 ff. BGB die Sekundäransprüche des Eigentümers gegen den herausgabepflichtigen Besitzer speziell und ausschließlich regeln (§ 993 Abs. 1 2. HS BGB).

## II. Die Verletzung von Rechtsgütern und Rechten

### 1. Verletzung

Der Begriff einer **„Verletzung"** eines Rechtsgutes (Leben, Körper, Gesundheit, Freiheit) oder eines Rechtes (Eigentum, sonstiges Recht) setzt voraus, dass die jeweils betroffene Rechtsposition zuvor, was die konkrete Beeinträchtigung angeht, unverletzt war. **Problematisch** ist das Vorliegen einer Verletzung daher bei

- **vorgeburtlicher Setzung** der Ursache einer **Gesundheitsbeeinträchtigung**
- oder bei der **Lieferung** einer **mangelhaften Sache** bzw. bei der **Herstellung** eines **mangelhaften Werkes**.

Denn in diesen beiden Konstellationen ist die geschützt Rechtsposition auf den ersten Blick gesehen, nie „intakt" gewesen: Der Mensch war bei Vollendung der Geburt (§ 1 BGB) bereits krank; die Sache war bereits bei Übergabe/Abnahme fehlerhaft, also.

### a) Vorgeburtlich gesetzte Gesundheitsbeeinträchtigung

Die Problematik einer Gesundheitsbeschädigung durch eine **vorgeburtlich gesetzte Beeinträchtigung** der **Gesundheit** des lässt sich an folgenden Fällen aufzeigen:

**Fall 680**

Der A schlägt die von ihm schwangere Frau B so schwer zusammen, dass ihr Kreislauf kurzzeitig zusammenbricht und sie wiederbelebt werden muss. Durch die kurzfristige Minderdurchblutung der Placenta kommt das Kind K hirngeschädigt zur Welt. Das Kind K verlangt Schadensersatz von dem A.

Ein Anspruch des K gegen den A aus § 823 Abs. 1 BGB kommt in Betracht wegen a) einer Gesundheitsverletzung des Kindes K: aa) Dessen innere Körperfunktionen sind betroffen, also ist die Gesundheit beeinträchtigt. bb) Fraglich ist, ob das Kind K überhaupt als Verletzter angesehen werden kann: aaa) Wenn man nur einen Rechtsfähigen (§ 1 BGB) als verletzbar ansähe, kann das Kind K nicht Verletzter sein, weil es ja bereits hirngeschädigt zur Welt kam. bbb) Es besteht aber Einigkeit, dass auch ein „nasciturus" durch eine Gesundheitsbeeinträchtigung verletzt werden kann, wenn das Kind lebend geboren wird. Denn „von Schöpfung und Natur (ist) für den lebenden Organismus eines Menschen" dessen gesunder Zustand „vorausgegeben" ist und „die Rechtsordnung (ist) in dieser Hinsicht an das Phänomen der Natur gebunden" (BGH). b) Ein Verhalten des A liegt in den der B versetzten Schlägen (positives Tun). c) Am Bestehen eines Zurechnungszusammenhangs zwischen den Schlägen und der Gesundheitsverletzung, d) der (indizierten) Rechtswidrigkeit e) und einem Verschulden f) sowie einem Schaden bestehen keine Zweifel.

**Fall 681**

Dr. A verursacht durch eine nicht fachgerechte Röntgenuntersuchung bei dem V eine Keimschädigung. Der mit der M verheiratete V lässt sich daraufhin aufgrund eines mit Dr. B geschlossenen Vertrages von diesem sterilisieren, was wegen eines zunächst unerkannt gebliebenen ärztlichen Fehlers misslingt. Das deshalb von V mit M gezeugte Kind K kommt lebend, aber schwer missgebildet zur Welt. Dr. C, der die Mutter vorgeburtlich untersucht hat, hat die Missbildung, bei deren Kenntnis die Mutter sich zur Abtreibung entschlossen hätte, übersehen. Das Kind K verlangt, vertreten durch seinen gesetzlichen Vertreter (§ 1629 BGB), von Dr. A und Dr. C Schadensersatz. Seine Eltern V und M verlangen von Dr. B Schadensersatz wegen des von ihnen für K zu leistenden Unterhalts.

1) Die für den zu erörternden Anspruch des K a) gegen Dr. A aus § 823 Abs. 1 BGB aa) erforderliche aaa) Gesundheitsbeeinträchtigung des K liegt vor;

bbb) was die Frage der Verletzung in solchen Fällen, in denen nicht einmal der „nasciturus" unverletzt war, angeht, so muss auch diese im Hinblick auf den Schutzzweck des § 823 Abs. 1 BGB bejaht werden, weil man in Weiterführung des vorgenannten Gedankens ein „Recht auf gesundes Leben" hat, das hier verletzt wäre. bb) Ein Verhalten des Dr. A liegt in der Durchführung der Röntgenaufnahme (positives Tun). cc) Am Bestehen eines Zurechnungszusammenhangs zwischen der Röntgenaufnahme und der Gesundheitsverletzung des nasciturus bestehen keine Bedenken. dd) Ob die aaa) indizierte Rechtswidrigkeit der Verletzung bbb) überhaupt durch eine Einwilligung des B ausgeschlossen werden kann, kann hier offen bleiben, da sie sich nur auf eine fachgerechte Behandlung bezog. ee) Dr. A hat schuldhaft (fahrlässig) gehandelt. ff) Ein Schaden besteht. b) Ein Anspruch des K gegen Dr. C aus aa) §§ 611, 280 Abs. 1, 241 Abs. 2 BGB besteht nicht, denn aaa) K ist nicht Partner des Behandlungsvertrages zwischen Dr. C und der Mutter bbb) und selbst wenn man annehmen würde, es sei in den Schutzbereich des Behandlungsvertrages („Vertrag mit Schutzwirkung für Dritte", mehr dazu in Teil 9) einbezogen, bestünde keine Rücksichtspflicht des Dr. C gegenüber dem K dahingehend, es nicht zur Welt kommen zu lassen. bb) Ein Anspruch des K gegen Dr. C aus § 823 Abs. 1 BGB besteht ebenfalls deshalb nicht, weil es für Dr. C keine Pflicht gibt, die Geburt eines Menschen (des K) zu verhindern. 2) Ansprüche gegen Dr. B wegen des Unterhaltsschadens a) könnten dem V aus §§ 280 Abs. 1, 241 Abs. 2 BGB. zustehen. aa) Die fehlerhafte Sterilisierung ist eine vermutet schuldhafte Pflichtverletzung des Behandlungsvertrages. bb) Der Unterhaltsaufwand ist nach dem BGH ein Schaden (dazu später mehr). b) Der M aa) steht kein Anspruch aus §§ 280 Abs. 1, 241 Abs. 2 BGB zu, weil aaa) sie den Behandlungsvertrag nicht geschlossen hat bbb) und dieser auch kein Vertrag zugunsten der M oder mit Schutzwirkung für M war. bb) Ein Anspruch der M gegen Dr. B aus § 823 Abs. 1 BGB setzt voraus aaa) eine Körperverletzung. Diese liegt in der ungewollten Schwangerschaft der M. bbb) Dies ist dem Dr. B kausal zuzurechnen. ccc) Rechtswidrigkeit und ddd) Verschulden liegen vor. eee) der Unterhaltsschaden ist ein Schaden der M.

### b) Übereignung und Übergabe einer mangelhaften Kaufsache bzw. Herstellung eines mangelhaften Werkes

Wenn sich ein an einer **gekauften und gelieferten Sache** bestehender **Sachmangel**, der zunächst **nur** einen **Teil der Kaufsache** betrifft, **auf** deren **„intakten Rest" auswirkt**, indem er auch diesen Sachbereich beschädigt oder zerstört, stellt sich die Frage, ob der Käufer gegen einen (rechtswidrig und schuldhaft handelnden) Verkäufer neben den vertraglichen Ansprüchen (§ 437 BGB) auch einen Anspruch aus § 823 Abs. 1 BGB wegen einer **Eigentumsverletzung** hat.

Was die Frage der **Verletzung** des Eigentums angeht, so kann man allerlei „Gedankenspiele" betreiben: So könnte man sagen, dass die Sprachlogik es verbiete, eine Eigentumsverletzung anzunehmen, weil die Kaufsache ja nie intakt war. Man kann aber die Kaufsache auch in einen „defekten Teil" und in einen „intakten Teil" dergestalt „zerlegen", dass man ihren „intakten Teil" als verletzbar ansieht. Letztlich kann es aber auf derartige rein begriffliche und modellhafte Konstruktionen für die Frage des Deliktsschutzes nicht ankommen; maßgeblich ist vielmehr, ob in derartigen Fällen ein unabweisbares rechtspolitisches Bedürfnis für die erweiternde Anwendung des § 823 Abs. 1 BGB besteht. Die kurze Verjährungsfrist für Gewährleistungsansprüche, die vor der Schuldrechtsreform beim Kauf beweglicher Sachen nur 6 Monate ab Ablieferung (§ 477 BGB a. F.) betrug, hatte die frühere **Rechtsprechung** zum Zwecke des Ausgleichs grober Unbilligkeiten veranlasst, das **Deliktsrecht** mit seiner damals wesentlich großzügigeren Verjährungsregelung in § 852 BGB a. F. (3 Jahre ab Kenntnis von Schaden und Ersatzpflichtigem) in solchen Fällen, wie sie hier zur Debatte stehen, anzuwenden. Die Entscheidung darüber, ob auch nach der Schuldrechtsreform ein Bedürfnis für diese Rechtspraxis besteht, hat der Gesetzgeber der Schuldrechtsreform ausdrücklich der Rechtsprechung anvertraut. Diese hat mit ihrer bisherige Praxis nicht gebrochen. Dies wohl deshalb, weil die Problematik der unterschiedlichen Verjährung von Gewährleistungs- und deliktischen Ansprüchen nicht ganz beseitigt worden ist: Die Verjährungsfrist für das Gewährleistungsrecht beträgt im Grundsatz 2 Jahre ab Ablieferung (§ 438 BGB), während für deliktische Ansprüche die regelmäßige Verjährungsfrist von 3 Jahren ab Kenntnis des Gläubigers gilt (§§ 195, 199 Abs. 1 BGB).

- Dafür, ob ein gewöhnlicher Mangel vorliegt, bei dem mangels einer Eigentumsverletzung nur vertragliche Schadensersatzansprüche in Betracht kommen, war früher maßgeblich, ob der bei der Übergabe bestehende Mangel der Kaufsache diese von vornherein insgesamt umfasst **(keine Eigentumsverletzung)**, oder ob es sich um einen begrenzten Mangel handelt, der zunächst nur einen im Verhältnis zum Wert der gesamten Sache unbedeutenden und „funktionell begrenzten Teil" der Kaufsache betraf, der sich dann hiervon ausgehend in den „intakten Teil" der Kaufsache **„weitergefressen"** hat **(Eigentumsverletzung)**. Das klassische *Beispiel* für diese Rechtsprechung ist der „Schwimmschalterfall": Ein zu einem gekauften Schwimmbad gehöriger mangelhafter „Schwimmschalter", ein „Pfennigartikel", löste aufgrund eines Mangels einen Brand aus, der die im Übrigen mangelfreie Kaufsache zerstörte (BGH).
- Später hat die Rechtsprechung so argumentiert, dass **nur** ein **vertraglicher Anspruch** aus **§§ 434, 437 Nr. 3, 280 BGB**, aber **kein deliktischer Anspruch** aus **§ 823 Abs. 1 BGB** gegeben sei, wenn der **Mangel** der Sache **diese von vornherein für** den **Käufer wertlos macht** („Stoffgleichheit" zwischen dem Nutzungs- und Äquivalenzinteresse und Integritätsinteresse). Wenn aber bei „natürlicher" bzw. „wirtschaftlicher" Betrachtungsweise der **Mangel** der **Sache** lediglich einem mehr oder weniger **begrenzten Teil** der **Sache anhafte** (keine „Stoffgleichheit" zwischen dem Nutzungs- und Äquivalenzinteresse und Integritätsinteresse) soll **Anspruchskonkurrenz** zwischen einem **vertraglichen Anspruch** aus **§§ 434, 437 Nr. 3, 280 BGB** und einem **deliktischen Anspruch** aus **§ 823 Abs. 1 BGB** wegen einer Eigentumsverletzung gegeben sein.

In der **Lehre** bestehen Vorbehalte gegen diese Rechtsprechung, weil mittels des § 823 Abs. 1 BGB das Gewährleistungsrecht mit seinen vom Gesetz gewollten Besonderheiten umgangen werden könne. Hinzu komme, dass das neue Schuldrecht mit seinen in § 438 BGB im Vergleich zu § 477 BGB a. F. verlängerten Verjährungsfristen den Käuferinteressen entgegenkommt und dass man durch eine Anwendung des § 823 Abs. 1 BGB das Recht des Verkäufers auf Nacherfüllung aushebeln könnte.

**Fall 682**

Am 21. Mai 2002 verkaufte der V an den K ein gebrauchtes Auto und sagte dabei dem K den einwandfreien technischen Zustand der Bremsen zu. Der V hätte wissen müssen, dass die Bremsen nicht einwandfrei waren. Am 1. Februar 2004 erlitt der K einen Unfall, weil die Bremsen aufgrund des Mangels bei einer dem K aufgezwungenen Notbremsung versagten. Dass dieser Umstand die Unfallursache war, wurde für den K erst aufgrund eines Sachverständigengutachtens vom 1. Juni 2004 deutlich. Als der V einen Schadensersatzanspruch des K zurückwies, erhob der K Klage gegen den V, die am 1. Juli 2004 zugestellt wurde; mit ihr beantragte der K die Verurteilung des V zur Zahlung der Beseitigung der Unfallschäden am Fahrzeug; der V beruft sich im Prozess auf Verjährung.

1) Dem a) Anspruch aus §§ 433 Abs. 1 S. 2, 434 Abs. 1 S. 1, 437 Nr. 3, 280 Abs. 1 BGB b) steht die Einrede der Verjährung entgegen (§§ 438 Abs. 1, Abs. 2, 214 Abs. 1 BGB). 2) In Betracht kommt ein Anspruch aus § 823 Abs. 1 BGB: a) Verletzung des Eigentums des K? aa) K war Eigentümer des Wagens bb) Was die Frage der Verletzung angeht, ist fraglich, aaa) ob bereits das Beliefern mit einer mangelhaften Kaufsache eine Verletzung des Eigentums des Käufers an der gekauften Sache (hier: des Autos) darstellen kann. Dagegen spricht, dass das Auto stets mangelhaft, also nie intakt war, so dass rein begrifflich gesehen eine Verletzung des Eigentums an der gekauften Sache ausscheidet. bbb) Hiervon wurden wegen der kurzen Verjährungsfrist des § 477 BGB a. F. (6 Monate ab Ablieferung) von der Rechtsprechung seit 1976 Ausnahmen gemacht, aaaa) und zwar seit der sog. „Schwimmschalter"-Entscheidung dann, wenn es sich um einen funktionell begrenzten Mangel handelt, der sich in ansonsten fehlerfreie Bereiche „weitergefressen" hat, was hier aber gerade nicht der Fall ist. bbbb) Seit der sog. „Gaszug"-Entscheidung soll § 823 Abs. 1 BGB auch dann eingreifen, wenn bei „natürlicher" bzw. „wirtschaftlicher" Betrachtungsweise der Mangel die Kaufsache nicht von vornherein wertlos gemacht habe, was vor allem dann der Fall sei, wenn der Mangel in wirtschaftlich vertretbarer Weise behebbar war (so liegt es wohl hier). In diesen Fällen soll also § 823 Abs. 1 BGB und damit die günstigere Verjährungsregelung der §§ 195, 199 BGB (= 3 Jahre ab Kenntnis von Schaden und Ersatzpflichtigem) angewendet werden können. b) Ein Verhalten des V aa) liegt in der Übergabe und Übereignung des Autos. bb) Nicht erforderlich ist, dass die Sache zu diesem Zeitpunkt schon im Eigentum des K stand. c) Am Bestehen eines Zurechnungszusammenhangs zwischen der Lieferung und der Eigentumsverletzung bestehen keine Bedenken. d) Die Rechtswidrigkeit der Eigentumsverletzung ist indiziert. e) Der V hat schuldhaft (fahrlässig) gehandelt. f) Der Anspruch war nicht verjährt.

Beim **Werkvertrag** ist ebenfalls fraglich, ob eine von einem **begrenzten Mangel** ausgehende Beschädigung oder eine Zerstörung des **intakten „Restwerks"** auch einen Anspruch aus § 823 Abs. 1 BGB zur Folge hat. Nach der Rechtsprechung des BGH zum alten Recht sollte in den „Weiterfresser"-Fällen § 823 Abs. 1 BGB wegen der den Besteller besser stellenden Verjährungsregeln gelten.

### 2. Deliktisch geschützte Rechtsgüter („LKGF")

Als deliktisch geschützte Rechtspositionen werden in § 823 Abs. 1 BGB zunächst bestimmte **Rechtsgüter (Leben, Körper, Gesundheit, Freiheit)** genannt, die von den sodann aufgeführten **Rechten (Eigentum, sonstige Rechte)** begrifflich zu trennen sind.

#### a) Leben

Man muss hier sorgfältig differenzieren.

Wer einen Menschen **deliktisch relevant** in einer Weise **tötet**, die nicht auf der Stelle zum Tode führt, muss den/dem **Erben** wegen einer **Körper-** oder **Gesundheitsverletzung** (dazu sogleich) die **bis zum Tode entstandenen Behandlungskosten** nach **§§ 823 Abs. 1, 249 Abs. 2, 1922 BGB** ersetzen.

Wenn das Gesetz in **§ 823 Abs. 1 BGB** auch das **Leben** als deliktisch geschütztes Rechtsgut behandelt, so macht das nur im Zusammenhang mit den Vorschriften der §§ 844 bis 846 BGB einen Sinn; diese Vorschriften geben – an sich völlig systemwidrig – einem anderen als dem Verletzten (also einem „mittelbar Geschädigten") einen eigenen deliktischen Anspruch auf Ersatz der Beerdigungskosten, des Unterhaltsschadens und des Verlustes von zu leistenden Diensten.

#### b) Körper, Gesundheit

Die Abgrenzung von Körperverletzung und Gesundheitsverletzung sollten Sie in der Fallbearbeitung nicht unnötig thematisieren.

Unter der **Verletzung** des **Körpers** versteht man üblicherweise einen **Eingriff** in die **äußere körperliche Integrität**.

Die **Verletzung** der **Gesundheit** ist demgegenüber eine **Störung** der **inneren Lebensvorgänge**, zu denen auch **psychische Beeinträchtigungen** zählen können, wenn sich diese nicht nur als bloße Befindlichkeitsstörung (wie z. B. zitternde Knie, Übelkeit) auswirken, sondern Krankheitswert (wie z. B. eine ängstliche Erregtheit, Unruhe, Schlafstörung, traurige Verstimmtheit) haben. Auch die zu einem **Schock** führende psychische Erlebnisverarbeitung kommt als Verletzung der Gesundheit in Betracht. Bei leichten Unfällen, die mit keinem besonderen Unfallerlebnis verbunden sind, soll es für die Frage der Beachtlichkeit darauf ankommen, ob der Unfall nach seinem Ablauf und seinen Auswirkungen einen verständlichen Anlass für die psychische Reaktion bietet; ist dies nicht der Fall, handelt es sich bei der psychischen Folge nur um eine unangemessene Erlebnisverarbeitung, die nicht schadensersatzpflichtig macht.

Besonders kontrovers ist die Frage, ob **kunstgerechte** („lege artis" vorgenommene) **ärztliche Heileingriffe** Körper- oder Gesundheitsverletzungen sind. Hierzu wird die Ansicht vertreten, dass der **kunstgerechte ärztliche Heileingriff** und natürlich erst recht auch der **erfolgreiche**, wegen seines Ziels (Wiederherstellung der Gesundheit, Leidensminderung) **keine Körper-** oder **Gesundheitsverletzung** sein könne, so dass deliktische Schadensersatzansprüche bei einer eventuell fehlenden Einwilligung bzw. bei einer Einwilligung ohne ausreichende Aufklärung über die Risiken des Eingriffs nur aus einer Verletzung des allgemeinen Persönlichkeitsrechts des Patienten hergeleitet werden könnten (Canaris). In der Rechtspraxis herrschend (BGH) ist allerdings die Ansicht, **dass** auch der **erfolgreich** vorgenommene **kunstgerechte Heileingriff immer** eine **Körperverletzung** ist, der – und dazu später mehr – zu seiner Rechtmäßigkeit des Rechtfertigungsgrundes der Einwilligung, die nur wirksam ist, wenn der einwilligungsfähige (Maßstab: nicht §§ 104 ff BGB, sondern die Verstandesreife, um die Tragweite zu übersehen) Patient auf die besonderen Operationsrisiken hingewiesen worden ist, bedürfe, so dass bei fehlender Einwilligung bzw. einer Einwilligung auf der Grundlage einer nicht ausreichenden Aufklärung über die Risiken des Eingriffs eine rechtswidrige Körperverletzung vorliege. Der Vorteil dieser Rechtsansicht besteht für den Patienten darin, dass den Arzt die **Beweislast** für das Vorliegen der Voraussetzungen des Rechtfertigungsgrundes (Einwilligung und Aufklärung des Patienten) trifft. Das zu beweisen fällt allerdings praktisch gesehen nicht schwer, wenn man sich als Arzt nach einem Aufklärungsgespräch eine vorformulierte Einwilligungserklärung unterschreiben lässt. Gerechtfertigt ist der ärztliche Heileingriff auch bei berechtigter GoA (§§ 677, 683 BGB). Können Sie sich vorstellen, an welche Fälle man hierbei zu denken hat? Umgekehrt trifft den Patienten die Beweislast für die die Haftung begründenden Umstände, speziell für den zur Verletzung führenden Behandlungsfehler und das Verschulden.

#### c) Freiheit

Mit **Freiheitsverletzungen** sind **wie** bei **§ 239 StGB** Beeinträchtigungen der körperlichen (Fort-)Bewegungsfreiheit gemeint. Die Beeinträchtigung der allgemeinen „Handlungsfreiheit" oder der „Entscheidungsfreiheit" ist dagegen keine Freiheitsverletzung. Daher ist auch das „Zuparken" eines Autos keine Freiheitsverletzung, sondern allenfalls eine Eigentumsverletzung (dazu später mehr).

### 3. Deliktisch geschützte Rechte („EsR")

Als deliktisch geschützte **Rechte** nennt das Gesetz das an Sachen bestehende umfassende Recht (§ 903 BGB) **Eigentum** und die **sonstigen Rechte (Generalklausel)**.

> Erlaubt sei eine fast schon peinliche und daher überflüssige **Warnung**: Dazu gehört aber **nicht** das **Vermögen** (der Inbegriff aller geldwerten Rechte, die einem Rechtssubjekt, also einem Menschen oder einer Organisation, durch die Rechtsordnung zugewiesen sind) als solches; dieses wird nur durch §§ 823 Abs. 2 BGB, 263/266 StGB und durch § 826 BGB deliktisch geschützt. Wer dies nicht „aus dem Stand" versteht und erklären kann, muss „zurück auf Los"!

### a) Eigentumsverletzung

Bei den **Eigentumsverletzungen** muss man **rechtliche** und **tatsächliche** Einwirkungen unterscheiden.

#### aa) Rechtliche Einwirkungen (Eigentumsverlust oder Eigentumsbelastung durch wirksame Verfügung)

Relativ selten sind die Fälle rechtlicher Einwirkungen, durch die der Eigentümer sein **Eigentumsrecht verliert** (z. B. durch eine Übereignung nach §§ 929 ff., 932 ff. BGB bzw. nach §§ 873, 925, 892 BGB) oder infolge derer sein **Eigentumsrecht** durch eine dingliche **Belastung verschlechtert wird** (z. B. durch Verpfändung einer beweglichen Sache nach §§ 1205 ff., 1207 BGB; durch Belastung eines Grundstücks mit einer Hypothek nach §§ 873, 1113 ff., 892 BGB).

Wenn überhaupt wird sich bei der Fallbearbeitung meist die Frage stellen, ob in der Übereignung durch einen Nichtberechtigten, die zum Eigentumsverlust führt, ein **Delikt** liegt, und zwar ein solches **des Verfügenden** und/oder **des Erwerbers**. Bei dem Anspruch gegen den Verfügenden wird häufig die Sperrwirkung des § 993 Abs. 1 2. HS BGB einem Anspruch entgegenstehen.

**Fall 683**

Der E verkauft dem für ihn unerkennbar geisteskranken K eine bewegliche Sache und überlässt sie ihm. Weil K noch nicht bezahlt hat, kommt es zu keiner Übereignung. Der K verstirbt. Sein Sohn SchE hält sich gutgläubig für den Alleinerben; in Wahrheit ist der Erbe der zunächst unauffindbare wE. Der SchE ist durch einen Erbschein als alleiniger Erbe ausgewiesen. Der SchE, der bei äußerster Anspannung hätte erkennen können, dass der K nicht der Eigentümer geworden war, veräußert die Sache unter Wert an den D, einen Bekannten des K, der bei äußerster Anspannung hätte erkennen können, dass der SchE mangels Eigentums des K nicht der Eigentümer geworden war. Der E verlangt von dem D Herausgabe, jedenfalls aber Schadensersatz von SchE.

1) Ein Herausgabeanspruch gegen den D a) könnte sich aus § 985 BGB ergeben. Ein solcher Anspruch besteht nicht, weil der D gutgläubig das Eigentum erworben hat (§§ 929 S. 1, 932 Abs. 1 S. 1, Abs. 2 BGB). Die leichte Fahrlässigkeit des D schadet nicht (arge § 932 Abs. 2 BGB). Die Sache ist auch nicht nach § 935 Abs. 1 S. 2 BGB abhandengekommen. Denn selbst, wenn der K die Sache für E besessen hätte und E der mittelbare Besitzer gewesen wäre, wäre dieser Besitz nicht auf den wE nach § 857 BGB übergegangen und nicht unfreiwillig verloren gegangen, denn nach § 2366 BGB war der SchE aufgrund des Erbscheins für den hinsichtlich der Erbenstellung des SchE gutgläubigen D als Erbe anzusehen. b) Ein Anspruch aus § 812 Abs. 1 S. 1 Var. 2 BGB („Nichtleistungskondiktion" in Gestalt einer „Eingriffskondiktion") besteht nicht, weil (so die eine Begründung) aa) der L an den D geleistet habe und das Prinzip der „Alternativität" von „Leistungskondiktion" und „Nichtleistungskondiktion" einem Anspruch des E gegen den D aus § 812 Abs. 1 S. 1 Var. 2 BGB („Nichtleistungskondiktion" in Gestalt

einer „Eingriffskondiktion") entgegensteht; oder (so die andere Begründung) bb) bei Annahme einer „Eingriffskondiktion" der Eingriff des D in das Eigentum des E nicht ohne Rechtsgrund, der in § 932 BGB zu sehen sei, erfolgt wäre. cc) Am elegantesten begründet man die „Kondiktionsfestigkeit" des gutgläubigen Erwerbs (hier des D) jedoch mit einem Umkehrschluss aus § 816 Abs. 1 S. 2 BGB. c) Denkbar wäre jedoch ein Anspruch des E gegen den D aus §§ 823 Abs. 1, 249 Abs. 1 BGB: aa) Die Verletzung des Eigentums liegt darin, dass der E durch die wirksame Verfügung des L sein Eigentum an den D verloren hat. bb) Die Verletzung müsste einem Verhalten des Inanspruchgenommenen (D) zurechenbar sein. aaa) Ein Verhalten des D liegt in der Abgabe der für §§ 929 ff. BGB erforderlichen Willenserklärungen und der für eine Übereignung erforderlichen tatsächlichen Handlungen. bbb) Die Verletzung des Eigentums ist hierauf aaaa) kausal und bbbb) zurechenbar zurückzuführen. c) Die Eigentumsverletzung ist aber nicht rechtswidrig, denn § 932 BGB „erlaubt" den leicht fahrlässigen Erwerb des Eigentums an einer fremden Sache. Also hat der E keinen Herausgabeanspruch gegen den D. 2) Der E hat gegen den SchE a) keine Schadensersatzansprüche, die diesen als Erben des K treffen (§ 1922 BGB), weil der SchE nicht Erbe des K geworden ist. Der Erbschein ändert daran nichts! b) Ansonsten bestehen keine Ansprüche auf Schadensersatz aus aa) § 687 Abs. 2, 678 BGB, weil der SchE nicht wusste, dass er mit der Veräußerung ein fremdes Geschäft führte, c) auch nicht aus Delikt, weil zwischen dem E und SchE eine Vindikationslage bestand §§ 985, 986 BGB), als dieser die Sache an D veräußerte, so dass nur ein Anspruch aus den §§ 989 ff BGB bestehen könnte (§ 993 Abs. 1 2. HS BGB), der aber auch nicht gegeben ist. aa) Aus § 989 BGB oder aus §§ 989, 990 BGB gibt es keinen Schadensersatz, weil SchE weder verklagt noch bösgläubig war. bb) § 991 Abs. 2 BGB liegt nicht vor, cc) auch kein Fall des „Fremdbesitzexzesses". ee) § 992 BGB ist mangels eines pönalen Besitzerwerbs nicht gegeben.

#### bb) Tatsächliche Einwirkungen

Deliktisch relevante **tatsächliche Einwirkungen** können sein: Entweder ein **zum Rechtsverlust führendes** tatsächliches Verhalten wie **Verarbeiten**, **Verbinden**, **Vermischen (sub (1))** oder die **rechtliche Stellung** des **Eigentümers unberührt** lassende **Einwirkungen** auf die Sachsubstanz (Beschädigungen, Zerstörungen und Verunstaltungen) **(sub (2))** oder schließlich die die rechtlichen Verhältnisse ebenfalls nicht verändernde Eigentumsverletzungen durch den **Entzug** oder durch die **Vorenthaltung** des **Besitzes an** der **Sache (sub (3))** oder durch **Störungen** der Ausübung der Befugnisse als Eigentümer **(sub (4))**.

##### (1) Eigentumsverletzung durch Verarbeiten, Verbinden, Vermischen

Tatsächliche Einwirkungen auf eine fremde Sache, wie das **Verbinden**, das **Vermischen** oder das **Verarbeiten**, die zum Eigentumsverlust führen (§§ 946 ff. BGB), können – das wird leicht übersehen – durchaus deliktisch relevante Eigentumsverletzungen sein.

**Fall 684**

Der Schlachter S erwirbt von dem D ein seitens des D dem E gestohlenes und bereits durch einen Bolzenschuss getötetes Rind. Der D gibt sich dabei als der Eigentümer des Rindes aus; der S hat keinen Anlass, daran zu zweifeln. Wenig später erfährt der S dann von der Herkunft des Rindes. Gleichwohl zerlegt er es und verarbeitet es zu Wurst. Der E verlangt Schadensersatz von dem S.

a) Ein Anspruch aus § 823 Abs. 1 BGB wegen der zu einem Eigentumsverlust führenden Verarbeitung (§ 950 BGB) scheitert daran, dass zwischen S und E ein Eigentümer-Besitzerverhältnis („Vindikationslage") bestand („Sperrwirkung" der §§ 989 ff. BGB). b) Der E hat daher einen Schadensersatzanspruch aus §§ 990, 989 BGB.

**Fall 685**

Der E lagert ein bereits getötetes Rind bei dem S ein. Der S verarbeitet es zu Wurst. Der E verlangt Schadensersatz von dem S.

Der Anspruch ergibt sich aus a) §§ 688, 695, 280 Abs. 1, 3, 283, 249 ff. BGB b) und aus §§ 823 Abs. 1, 249 ff. BGB wegen der zu einem aa) Eigentumsverlust bb) kausal führenden cc) rechtswidrigen und dd) schuldhaften Verarbeitung (§ 950 BGB).

(2) Eigentumsverletzung durch Sachsubstanzverletzungen wie Beschädigungen, Zerstörungen und Verunstaltungen

Denkt man an Eigentumsverletzungen durch tatsächliche Einwirkungen auf die Sachsubstanz, so stellt man sich meist die **Beschädigung** oder gar die **Zerstörung** der Sache vor. Diese Konstellationen sind so eindeutig, dass sie keiner weiteren vertiefenden Erörterung bedürfen. Die einzige rechtlich interessante Frage, ob eine sich aus einem Mangel einer gekauften oder hergestellten Sache ergebende weitere Beeinträchtigung eine Eigentumsverletzung ist, haben wir bereits unter dem Aspekt des Vorliegens einer „Verletzung" erörtert.

(3) Eigentumsverletzung durch Entzug oder die Vorenthaltung des Besitzes

Eine Eigentumsverletzung kann auch in der Herbeiführung des **Verlusts** der **Sachherrschaft** liegen. Insoweit denkt man „assoziativ" zunächst an einen dauernden oder vorübergehenden **Sachentzug** durch Diebstahl, Raub oder auch durch eine Unterschlagung. Das bereitet in der Tat kaum Probleme, soweit es um das **„Erlangungsdelikt"** geht. In diesem Zusammenhang kann es zu einer **Überschneidung** mit einer **Substanzbeeinträchtigung** kommen, und zwar **anlässlich** der **Besitzerlangung** oder **nach Besitzerlangung („Verwaltungsdelikt")**.

**Fall 686**

Der E und der T sind bei regnerischem Wetter Besucher einer größeren Veranstaltung im Hinterzimmer einer Gaststätte. Nach deren Ende geht der T in die düstere Garderobe, um seinen Regenschirm mitzunehmen, der dort zusammen mit vielen anderen Schirmen in einem Schirmständer abgestellt ist. Sein Schirm war inzwischen von einem anderen Gast mitgenommen worden. Der T, der dies nicht erkannte, meinte daher in dem seinem Schirm täuschend ähnlichen Schirm des E den seinen zu erkennen. Aufgrund leichter Fahrlässigkeit verkennt er, dass ihm der Schirm nicht gehört. Als der T vor die Tür des Lokals tritt, kommt es zu einem Wolkenbruch. Der vorbei laufende Räuber R reißt ihm den Schirm aus der Hand, weil er trocken nach Hause kommen möchte. Der T ruft um Hilfe. Der E eilt herbei, und es stellt sich heraus, dass der Schirm ihm gehört hatte. Der unbekannt bleibende R entkommt in der Dunkelheit. Der E verlangt Schadensersatz von T (nach Harms).

Wegen der in der Mitnahme des Schirmes zu sehenden rechtswidrigen und leicht fahrlässigen Eigentumsverletzung liegt der Tatbestand des § 823 Abs. 1 BGB vor; Einschränkungen wegen der Vorrangigkeit von Ansprüchen aus einem Eigentümer-Besitzer-Verhältnis gibt es nicht, weil das Delikt zeitlich mit der Besitzergreifung zusammenfiel („Erlangungsdelikt"). Dass ihn kein Verschulden am endgültigen Verlust des Schirmes durch den Raub treffen muss, ergibt sich aus § 848 BGB.

**Variante**

Der T nimmt den äußerlich völlig identischen Schirm des E als vermeintlich eigenen an sich und verlässt mit ihm das Lokal. Unverschuldet verkennt er, dass ihm der Schirm nicht gehört. Auf der Straße regnet es stark. Der T will daher den Schirm öffnen. Ungeduldig reißt er den Schirm auf und beschädigt ihn dadurch. Der E kommt hinzu, weist aufgrund eines verborgenen Merkmals sein Eigentum nach und will Schadensersatz (nach Gursky).

1) Ein Anspruch aus §§ 989, 990 BGB scheidet aus. Zwar war bei der Beschädigung eine „Vindikationslage" gegeben; der T war aber nicht bösgläubig, denn er hat bei Besitzergreifung schuldlos gehandelt. 2) In der Mitnahme des Schirmes könnte eine unerlaubte Handlung zu sehen sein, für deren (nach § 848 BGB sogar unverschuldete) Folgen der T deliktisch einzustehen hätte („Erlangungsdelikt"); mangels Verschuldens des T bei der Besitzergreifung besteht der Anspruch aus § 823 Abs. 1 BGB jedoch nicht. 3) Der E könnte jedoch einen Anspruch aus § 823 Abs. 1 BGB wegen der Beschädigung des Schirmes haben („Verwaltungsdelikt"). Dass § 823 Abs. 1 BGB auch in der Vindikationslage anwendbar ist, könnte sich aus § 992 BGB ergeben: aa) Wenn man davon ausgehen sollte, dass § 992 BGB eine eigenständige Haftungsnorm mit einer Rechtsfolgeverweisung auf die §§ 823 Abs. 1, 848 BGB enthielte, könnte man annehmen, dass der T auch für den schuldlosen Verlust des Schirmes einstehen müsste. Diese Konsequenz wird aber vermieden, wenn man „im gleichen Atemzug" den § 992 BGB teleologisch reduziert, indem man (orientiert an der als anderes Beispiel genannten besitzverschaffenden „Straftat") eine schuldhafte verbotene Eigenmacht voraussetzt. bb) Nach der hier vertretenen Auffassung ist dies ein Irrweg, weil eine solche teleologische Reduktion des Anwendungsbe-

reichs des § 992 BGB einen fahrlässigen Sachentzug zur Voraussetzung macht, bei dem § 823 Abs. 1 BGB, ohne dass die Erfordernisse des § 992 BGB vorliegen müssten, anwendbar ist („Erlangungsdelikt"). Das kann nicht der Sinn des § 992 BGB sein. Außerdem würde die Annahme eines Rechtsfolgenverweises in § 992 BGB auf §§ 823 Abs. 1, 848 BGB schon für die Fälle einer leicht fahrlässigen besitzbegründenden verbotenen Eigenmacht zu einem Wertungswiderspruch zu §§ 989, 990 BGB führen, die als Haftungsauslösungsmoment grobe Fahrlässigkeit voraussetzen. Diesen Widerspruch kann man nur ausräumen, indem man ein Verschulden auch bei der Schädigung voraussetzt. Aus diesen Gründen wird hier vorgeschlagen, getreu dem Wortlaut des § 992 BGB aaa) lediglich eine bloße (also nicht notwendigerweise verschuldete) verbotene Eigenmacht ausreichend sein zu lassen und § 992 BGB zugleich als eine Rechtsgrundverweisung zu behandeln. aaa) Die verbotene Eigenmacht liegt vor, weil der T dem E dessen (bei einer kurzzeitigen „Trennung" von seinem Schirm fortbestehenden) Besitz gegen seinen Willen durch die Mitnahme entzogen hat (§ 858 Abs. 1 BGB); bbb) weiterhin müsste der T den § 823 Abs. 1 BGB verwirklicht haben; das ist nicht der Fall.

**Variante**

Als der T vor der Tür des Lokals den Schirm öffnen will, beschädigt er aus Ungeschick den Schirm. Der E, dem der Schirm gehört, kommt hinzu, weist aufgrund eines verborgenen Merkmals sein Eigentum nach und will Schadensersatz.

1) §§ 990, 987 BGB greifen nicht ein (s. zuvor). 2) Was eine deliktische Haftung aus § 823 Abs. 1 BGB angeht, a) so müsste nach der hier vertretenen Ansicht der T aus §§ 992, 823 Abs. 1 BGB haften. Denn er hat den Besitz durch verbotene Eigenmacht begründet und schuldhaft fremdes Eigentum verletzt. b) Nach a. A. greift § 992 BGB nicht ein, weil es an der Schuldhaftigkeit der Besitzbegründung durch verbotene Eigenmacht fehlt.

Eine Eigentumsverletzung kann auch in der **Vorenthaltung** des **Besitzes** liegen, also im Nicht-Rückgängig-Machen eines Sachentzuges. In den Fällen eines zur Rückgabe verpflichtenden deliktischen Sachentzuges gilt § 848 BGB, der eine Zufallshaftung für einen späteren Untergang etc. anordnet. Eine im Zusammenhang mit der deliktischen Relevanz eines Sachentzuges auftretende interessante Frage ist, ob ein Verlust der Sachherrschaft in Gestalt einer durch **Täuschung erwirkten Weggabe** eine Eigentumsverletzung ist oder nur ein deliktisch irrelevanter Eingriff in die Entscheidungsfreiheit des Eigentümers.

**Fall 687**

V und K schließen einen Kaufvertrag über eine dem V gehörige bewegliche Sache unter Eigentumsvorbehalt. Der V überträgt dem K das Eigentum aufschiebend bedingt (§§ 929 S. 1, 158 Abs. 1, 449 BGB) und übergibt die Sache an den K. Der K ist jedoch völlig mittellos und hat auch nicht die Absicht, den Kaufpreis zu bezahlen. Er hatte dem insoweit gutgläubigen V seine Zahlungsfähigkeit und -bereitschaft nur vorgespiegelt. Als der V von der mangelnden Zahlungsfähigkeit und -bereitschaft erfährt, verlangt er von K Zahlung; auch will er wissen, ob er für den Fall der Nichtzahlung Herausgabe der Sache verlangen kann.

1) Der Zahlungsanspruch könnte sich aus einem Kaufvertrag ergeben (§ 433 Abs. 2 BGB). a) Der Kaufvertrag ist geschlossen b) Der V ist aa) nicht nach § 323 BGB zurückgetreten und bb) er hat den Kaufvertrag nicht nach § 123 BGB angefochten. Also besteht ein Anspruch auf Kaufpreiszahlung. 2) Der Herausgabeanspruch könnte sich a) aus § 985 BGB ergeben. aa) Der V ist Eigentümer aaa) gewesen und bbb) geblieben, denn die Bedingung ist nicht eingetreten. bb) Der K ist Besitzer. cc) Der K hat aber ein Recht zum Besitz aus dem Kaufvertrag bzw. aus dem Anwartschaftsrecht (§ 986 Abs. 1 S. 1 BGB), aaa) solange der Rücktritt vom Kaufvertrag nicht erklärt ist (§ 449 Abs. 2 BGB) bbb) oder eine Anfechtung des Kaufvertrags wegen arglistiger Täuschung nicht erklärt worden ist. b) Der V könnte aber Herausgabe aus §§ 823 Abs. 1, 249 Abs. 1 BGB verlangen, aa) wenn in der durch die Täuschung veranlassten Übergabe der Kaufsache eine Eigentumsverletzung zu sehen ist. Eine betrügerische Verleitung des Eigentümers zur Weggabe der Sache ist keine Eigentumsverletzung, weil sie sich nicht gegen das Eigentum richtet, sondern nur die Entscheidungsfreiheit des Eigentümers (Canaris). bb) Auch eine Freiheitsverletzung liegt nicht vor, weil § 823 Abs. 1 BGB nur die körperliche Bewegungsfreiheit, nicht aber die allgemeine Handlungsfreiheit oder die Entscheidungsfreiheit schützt. c) Wohl aber besteht ein aa) Anspruch aus §§ 823 Abs. 2 BGB, 263 StGB, 249 S. 1 BGB. bb) § 449 Abs. 2 BGB steht dem nicht entgegen, weil die Herausgabe nicht „auf Grund des Eigentumsvorbehalts" verlangt wird.

(4) Eigentumsverletzung durch Störungen (Immissionen, Einwirkungen auf die Gebrauchsmöglichkeit)

Eigentumsverletzungen durch **Störungen** können zum einen auf **Immissionen** beruhen. Bei Immissionen i. S. d. **§ 906 BGB** (Einwirkungen durch Gase, Dämpfe etc.) bereitet die Vorstellung einer Eigentumsverletzung keinerlei Probleme, weil hier eine tatsächliche Einwirkung auf die Sachsubstanz erfolgt. Anders ist es bei **„ideellen" Immissionen**, wie zum *Beispiel* das permanente Abstellen von Schrottautos und Ablagerung von Müll gegenüber dem vornehmen Hotel „Vier Jahreszeiten" an der Hamburger Binnenalster: Hier kann man entweder mangels einer Einwirkung auf das Grundstück eine Eigentumsverletzung verneinen, oder man kann sie jedenfalls bei schwerwiegenden ideellen Immissionen bejahen; beide Ansichten werden vertreten. Wo haben wir diese Frage schon einmal zur Diskussion gestellt? Bei § 1004 BGB!

Es gibt aber auch zu Eigentumsverletzungen führende **Nutzungs-** und **Verwendungszweckstörungen**, bei denen ausschließlich der **bestimmungsgemäße Gebrauch** der Sache **beeinträchtigt** wird. Das „klassische" Beispiel ist das **„Zuparken"** eines **Autos**. Hinsichtlich der deliktischen Relevanz kann man von folgenden Regeln ausgehen:

- Für eine **Eigentumsverletzung** ist erforderlich, dass die **Benutzbarkeit** der **Sache selbst betroffen** sein muss und nicht nur in die Dispositionsfähigkeit des Eigentümers eingegriffen worden ist. Ein hübsches *Beispiel* dafür ist: Der D stiehlt dem Eigentümer eines Kfz die Zulassungsbescheinigung Teil I für ein Kfz, so dass er sein Kfz nicht benutzen kann (das wäre eine Verletzung des Eigentums am Kfz); der D stiehlt dem Eigentümer eines Kfz den Führerschein, so dass er sein Kfz nicht benutzen kann (das wäre keine Verletzung des Eigentums am Kfz).
- Es darf nicht nur eine bloß vorübergehende Beschränkung der Benutzbarkeit sein, also **nicht lediglich** eine **„Bagatelle"**.

**Fall 688**

Der A verstellt durch verbotenes Parken dem B für 10 min die Ausfahrt aus dessen Garage. Der B nimmt ein Taxi und verlangt Schadensersatz in Höhe der aufgewendeten € 20,– abzüglich der ersparten Aufwendungen für den Einsatz seines Wagens.

Ein Anspruch aus § 823 Abs. 1 BGB wegen einer a) Freiheitsberaubung liegt nicht vor, weil lediglich die allgemeine „Handlungsfreiheit" des B betroffen ist. b) Eine Eigentumsverletzung kommt nicht in Betracht, weil es sich nur um eine vorübergehende Einengung der Benutzbarkeit des Autos handelt.

Hier kann es Probleme bei der **Abgrenzung** zu den **Eingriffen** in das **„Recht am eingerichteten und ausgeübten Gewerbebetrieb"** geben.

**Fall 689**

Die Freie und Hansestadt Hamburg (FHH) ist für den Hamburger Hafen unterhaltspflichtig. Dazu gehört auch ein Hafenbecken, an dessen Ende u. a. die Entladeanlage und der Erzlagerplatz des Kupferhüttenbetriebes Iffa-AG (I) liegt. Die I wird aufgrund von einzelnen Frachtverträgen mit dem Reeder Reda (R) mit dem Kupfererz beliefert; der R hält dafür drei eigens für die Entladeanlage der I hergerichtete Massengutfrachter bereit. Bei einer Instandsetzungsmaßnahme der Kaimauern durch die zuständige Behörde Strom- und Hafenbau (SH), heute „Port Authority" heißend, stürzen aufgrund eines Fehlers bei der Berechnung der Kraft des Tidestroms die Begrenzungsmauern der Einfahrt in das Hafenbecken ein, so dass der Hafen nicht mehr mit Seeschiffen befahren werden kann. Die Reparaturarbeiten dauern 3 Monate. Für diese Zeit wird ein gerade am Kai liegendes Schiff des R eingeschlossen; die beiden anderen Schiffe kann der R in dieser Zeit nur kurzfristige Vercharterungen nutzen, so dass es zu Gewinneinbußen kommt. Die I muss sich währenddessen auf dem teureren Landweg per Bahn über Rotterdam mit dem Erz eindecken. Sowohl der R als auch die I nehmen die FHH in Anspruch: Der R verlangt Schadensersatz dafür, dass er mit den drei Schiffen den Vertrag mit der I nicht erfüllen kann oder jedenfalls dafür, dass er die ausgesperrten Schiffe nicht gleichwertig einsetzen kann. Die I verlangt Ersatz dafür, dass sie sich nunmehr teurer auf dem Landweg per Bahn eindecken muss (nach BGH und Canaris).

Ein Anspruch aus §§ 823, 31, 89 (nicht Art. 34 GG, 839 BGB, weil die bauliche Unterhaltung traditionell eine privatrechtliche Aufgabe ist!) könnte sich für 1. den R gegen die FHH a) wegen des eingeschlossenen Schiffes ergeben. aa) Das Eigentum an diesem Schiff ist aaa) zwar nicht durch eine tatsächliche Einwirkung auf die Sachsubstanz verletzt worden, bbb) könnte aber durch eine Nutzungs- und Verwendungszweckstörung verletzt worden sein. Bei vollständiger Außergebrauchsetzung einer Sache für eine längere Zeit, wie sie hier gegeben ist, liegt eine Eigentumsverletzung vor, weil das Schiff jede Bewegungsmöglichkeit verliert und nicht mehr als Transportmittel bestimmungsgemäß eingesetzt werden kann. bb) Die Verletzung müsste zurückführbar sein auf ein Verhalten der FHH (§§ 31, 89 BGB). aaa) Hier liegt ein positives Tun durch ihre Behörde SH (Baumaßnahme) vor. bbb) Die Verletzung des Eigentums ist hierauf aaaa) kausal und bbbb) zurechenbar zurückzuführen. cc) Die Rechtswidrigkeit ist indiziert dd) und ein der FHH zurechenbares Verschulden der leitenden Mitarbeiter des SH (§§ 31, 89 BGB) ist gegeben. b) Wegen der beiden ausgesperrten Schiffe: aa) kommt eine aaa) Eigentumsverletzung nicht in Betracht, weil das Eigentumsrecht nur das Recht gibt, mit der eigenen Sache nach Belieben zu verfahren (§ 903 BGB), nicht aber das Recht, andere Sachen zu nutzen, hier das Hafenbecken in der FHH anzulaufen; in seiner Eigenschaft als Transportmittel ist es damit jedenfalls nicht betroffen, wobei auf die generelle Eignung dazu und nicht auf die konkreten Einsatzabsichten abzustellen ist. bbb) Als verletztes „sonstiges Recht" kommt aaaa) auch nicht der jedem die Schifffahrt Betreibenden zustehende Gemeingebrauch, der anerkanntermaßen kein „sonstiges Recht" ist, bbbb) möglicherweise aber der „eingerichtete und ausgeübte Gewerbebetrieb" des R in Betracht, dessen Kriterien (genauer dazu später) sind: Subsidiarität; ein Eingriff in einen Gewerbebetrieb, wobei der Eingriff unmittelbar betriebsbezogen sein muss und nicht nur ohne weiteres von ihm ablösbare Rechte betreffen darf; und eine positiv festzustellende Rechtswidrigkeit. Hier fehlt es an der Betriebsbezogenheit des Eingriffs, weil es um eine bloße Einschränkung des Gemeingebrauchs geht, die den R wie jeden anderen Teilnehmer am Schiffsverkehr trifft. c) Fraglich ist, ob dem R wegen des eingesperrten Schiffes der geltend gemachte Schaden zu ersetzen ist. aa) Es geht um einen natürlichen Vermögensfolgeschaden. bb) Er müsste der Verletzung (dem Einsperren) zugerechnet werden können. aaa) Kausal ist er auf die Verletzung zurückzuführen. bbb) Der Schaden ist auch adäquat kausal auf die Verletzung zurückzuführen. ccc) Er liegt auch im Schutzbereich der Norm. cc) Gegen den Ersatz des geltend gemachten Schadens könnte folgende wertende Überlegung sprechen: Wenn das Schiff nicht eingesperrt worden wäre, wäre es – wie die beiden anderen Schiffe – ausgesperrt worden, und der R hätte – wie ausgeführt – keinen Schadensersatzanspruch wegen der Verhinderung der Belieferung der I. Der Zufall, ob eine Aus- oder eine Einsperrung vorliegt, soll zu keinem unterschiedlichen Ergebnis führen dürfen (Canaris). Folgt man dem, stünde R sich in Bezug auf die ausgesperrten und das eingesperrte Schiff im Ergebnis gleich: Er hätte keinen Schadensersatzanspruch. 2) Ein Anspruch der I gegen die FHH wegen der Notwendigkeit der teureren Inanspruchnahme eines anderer Belieferungsweges aus § 823 Abs. 1 BGB besteht nicht, weil keine der geschützten Rechte oder Rechtspositionen der I verletzt sind: a) Es besteht keine Eigentumsverletzung (s. o.). b) Auch ist kein sonstiges

Recht der I verletzt worden: aa) Denn der Anliegergebrauch der I ist als lediglich „gesteigerter" Gemeingebrauch kein sonstiges Recht; bb) ein deliktisch relevanter Eingriff der FHH in den eingerichteten und ausgeübten Gewerbebetrieb ist nicht gegeben, weil es auch hier – wie bei Energie-Versorgungs-Fällen – an der unmittelbaren Betriebsbezogenheit fehlt; anders wäre es u. U.. wenn die I einziger Anlieger des Hafenbeckens wäre (dazu später).

### b) „Sonstige Rechte"

Unter den als **sonstige Rechte** deliktisch geschützten Rechten

- versteht man aufgrund des engen grammatikalischen und auch des systematischen Zusammenhanges mit dem Tatbestandsmerkmal „Eigentum" die sog. **„eigentumsähnlichen Rechte"**; das sind diejenigen subjektiven Rechte, die wie das Eigentum (§ 903 BGB) **„Herrschaftsrechte"** sind und für die kennzeichnend ist, dass sie außer einer **Zuweisungsfunktion** auch eine gegen jedermann gerichtete („absolut") wirkende **Ausschlussfunktion** haben. Die Dogmatik ist hier allerdings meist wenig präzise, denn man stellt zur Beantwortung der Frage, ob ein „sonstiges Recht" verletzt worden ist, meist nur auf die Ausschlussfunktion ab, indem man nur auf dessen Qualität als eines **„absolutes Rechts"** abstellt. Ob auch eine **„sozialtypische Offenkundigkeit"** des Bestehens des Rechts erforderlich ist, wie teilweise verlangt wird, können Sie offenlassen.
- Ohne jede weitere Problematisierung können Sie als **„sonstige Recht"** bezeichnen: Die **beschränkt dinglichen Rechte** an Sachen (z. B. Pfandrecht, Grundpfandrechte, Nießbrauch, Dienstbarkeit, Erbbaurecht); die **Immaterialgüterrechte** (deren Schutz aber auch unabhängig von § 823 Abs. 1 BGB erfolgt: nämlich z. B. durch § 14 Abs. 6 MarkG, durch § 139 Abs. 1 PatG; durch 24 Abs. 2 GebrMG, durch 97 Abs. 2 UrhG); die **Mitgliedschaftsrechte** (Geschäftsanteile an einer GmbH, Aktien, Vereinsmitgliedschaft). Und ohne jede Problematisierung können Sie als **„sonstige Recht" ausschließen** ein bloßes **rechtlich geschütztes Interesse**, wie das **„Vermögen"**, oder die **„allgemeine Handlungsfreiheit"**.
- **Ansonsten** muss in folgenden Konstellationen bei der Fallbearbeitung das **Vorliegen** eines **„sonstigen Rechts"** von Ihnen **diskutiert** werden:

> - Kraft **Gesetzes** dazu bestimmt: Der **Besitz/obligatorisches Recht zum Besitz**; die **Persönlichkeitsrechte** (Namensrecht, Recht am eigenen Bild); **Familienrechte** (räumlich-gegenständliche Bereich der Ehe; das elterliche Sorgerecht); die **relativen Rechte**?
> - Kraft **Rechtsfortbildung** dazu bestimmt: Das **dingliche Anwartschaftsrecht**; das **Allgemeine Persönlichkeitsrecht**; das **Recht am eingerichteten und ausgeübten Gewerbebetrieb**?

Wir können hier nicht alle diese als „sonstige Rechte" anerkannten bzw. als solche zu diskutierend aufgeführten rechtlich geschützten Positionen behandeln, sondern konzentrieren uns wegen der Fallbearbeitungsrelevanz auf die nachfolgenden Positionen:

- die **Hypothek**, als **Beispiel** für die **beschränkt dinglichen Rechte**; **(sub aa))**
- der **Besitz** bzw. das **obligatorische Recht zum Besitz**; **(sub bb))**
- das **relative Recht**; **(sub cc))**
- das **dingliche Anwartschaftsrecht**; **(sub dd))**
- die **besonderen Persönlichkeitsrechte** (Namensrecht, Recht am eigenen Bild) und das **Allgemeine Persönlichkeitsrecht**; **(sub ee))**
- das **„Recht am eingerichteten und ausgeübten Gewerbebetrieb"**; **(sub ff))**
- die **Familienrechte** (elterliches Sorgerecht auf das Recht am „räumlich-gegenständlichen Bereich der Ehe"). **(sub gg))**

aa) Beschränkt dingliche Rechte (am Beispiel der Hypothek)

Die **beschränkt dinglichen Rechte** (Hypotheken, Grund- und Rentenschulden, Reallasten, Erbbaurechte, dingliche Vorkaufsrechte, Dienstbarkeiten **an Grundstücken** und Pfandrechte **an beweglichen Sachen**) haben sowohl einen Zuweisungsgehalt als auch eine gegen jedermann gerichtete (absolut wirkende) Ausschlussfunktion. Sie sind daher unzweifelhaft **„sonstige Rechte"**. Speziell bei der **Hypothek** ergibt sich dies z. B. aus §§ 1120, 1134 f. BGB.

**Fall 690**

Zur Sicherung einer Darlehensforderung besteht zugunsten des G = H am Gewerbegrundstück des S = E, der dort eine Fabrik betreibt, eine Hypothek. Der D bricht in die Werkshalle ein und zündet sie an. Der G = H, der durch eine später in das Grundstück betriebene Zwangsversteigerung wegen der Zerstörung des Gebäudes und der wertvollen Maschinen keine volle Befriedigung erlangt, fordert von dem D Schadensersatz in Höhe der Differenz zwischen dem an ihn tatsächlich ausgekehrten Versteigerungserlös und dem hypothetisch an ihn auszukehrenden Versteigerungserlös.

Der Anspruch ergibt sich 1. aus § 823 Abs. 1 BGB. a) Die Zerstörung der zum Haftungsverband der Hypothek gehörenden Gegenstände, aa) nämlich des Gebäudes als wesentlicher Bestandteil (§§ 93, 94 BGB) des Grundstücks und bb) der Maschinen als Zubehör (§§ 1120, 1134 f. BGB) sind eine Verletzung der Hypothek, die ein sonstiges Recht ist. b) Die Brandstiftung ist ein Verhalten des D (positives Tun). c) Am Bestehen eines Zurechnungszusammenhangs zwischen der Brandstiftung und der Verletzung der Hypothek bestehen keine Zweifel. d) Die Rechtswidrigkeit ist indiziert. e) Der D hat schuldhaft gehandelt. 2) Gleichermaßen besteht ein Anspruch aus §§ 823 Abs. 2, 1133 ff. BGB, weil die §§ 1133 ff. BGB Schutzgesetze sind (BGH).

bb) Besitz/obligatorisches Recht zum Besitz

Weitgehend wird befürwortet, den **Besitz** deliktisch zu schützen.

**Zwar** ist dies in dogmatischer Hinsicht aus diversen Gründen problematisch, weil der Besitz seiner Rechtsnatur nach wohl **kein Recht** ist (arge. §§ 854 Abs. 1, 857 BGB), und weil der Besitz als solcher **keine Zuweisungsfunktion** hat.

**Aber**:Die Qualität des Besitzes als Recht sollten Sie in der Fallbearbeitung bei der Frage des deliktischen Schutzes möglichst nicht diskutieren. Denn niemand lässt daran, dass der Besitz kein Recht sei, sondern eine rein tatsächliche Position, den deliktischen Schutz scheitern, sondern wendet § 823 Abs. 1 BGB jedenfalls entsprechend an.

Die **Frage ist vielmehr**, ob der Besitz als solcher nach § 823 Abs. 1 BGB geschützt ist oder ob zusätzliche Voraussetzungen erforderlich sind. Früher nahm man in der Tat an, der Besitz als solcher sei deliktisch geschützt, und zwar mit der Begründung, dass der Besitz eine gegen jedermann gerichtete Abwehrbefugnis vermittele (§§ 861 ff. BGB), also eine **Ausschlussfunktion** habe. Nach den meisten der heute zur Frage des deliktischen Schutzes des Besitzes vertretenen Ansichten wird aber zusätzlich verlangt, dass der **Besitz** auch **berechtigt** sein müsse; denn es wäre absurd, zum *Beispiel* dem Dieb (dessen Besitz wie jeder Besitz vor Störungen nach den §§ 858 ff. BGB geschützt sei) einen Deliktsschutz zuzuerkennen. Reicht aber die Berechtigung des Besitzes aus? Wenn wir uns an unsere dogmatischen Vorgaben zum „sonstigen Recht" erinnern, kann uns das bloße Abstellen auf die Berechtigung zum Besitz nicht zufrieden stellen, weil das Erfordernis der **„Eigentumsähnlichkeit"** sonstiger Rechte (Sie wissen ja: Abwehrfunktion + Zuweisungsfunktion) **zusätzlich** zu der sich unzweifelhaft aus den Besitzschutzrechten ergebenden Abwehrfunktion (§§ 858, 861/862 BGB) auch eine **Zuweisungsfunktion** verlangt. Diese kann man nur dann für gegeben ansehen, wenn dem Besitzer die Sache durch ein obligatorisches Recht in bestimmter Hinsicht auch wirtschaftlich zugewiesen wird (z. B. den Gebrauch derselben durch einen Mietvertrag in § 535 BGB oder den Gebrauch und das Fruchtziehungsrecht durch einen Pachtvertrag in § 581 BGB). Wer „hinter die Kulissen" schaut, erkennt, dass bei dieser (hier favorisierten) Sichtweise dann gar nicht mehr der „berechtigte Besitz" einer Person, sondern – kurz gesagt – die Position eines **besitzenden obligatorisch Berechtigten** deliktisch geschützt wird (Canaris). Das ist dogmatisch alles sehr interessant, sollte aber (namentlich in einer Klausur) nicht „ausgewalzt" werden. Sie können in den meisten Fällen zwanglos und ergebnisneutral mit der h. M. oder mit Canaris argumentieren.

Wenn aber ein nichtberechtigter Besitzer Ansprüche gegen den Eigentümer geltend macht, wird es noch einmal spannend: Denn vereinzelt wird angenommen, dass ein Deliktsschutz **sogar** einem **unrechtmäßigen Besitzer** zukommt, aber nur, wenn dieser den Besitz **entgeltlich erlangt** hat und hinsichtlich seines Besitzrechts **gutgläubig** war (das gilt speziell nicht für den Dieb, so dass das ungereimte Ergebnis eines Deliktsschutzes für den Dieb vermieden wird!) und wenn er auch **unverklagt** war (Medicus); hinzufügen müsste man der Konsequenz halber wohl noch, dass der Besitz **nicht pönal** i. S. d. **§ 992 BGB** erlangt wurde. Ein solcher Besitz (also der des entgeltlichen, gutgläubigen und unverklagten unrechtmäßigen und nicht pönalen Besitzers) habe außer der durch die Besitzschutzrechte vermittelten Abwehrbefugnis auch eine Zuweisungsfunktion, weil dem Besitzer ja die Nutzungen verbleiben (argec. §§ 987 ff. BGB), und sei deswegen deliktisch zu schützen. Aber: Ob das Behaltendürfen von Nutzungen eine „Zuweisungsfunktion" des Besitzes ist, wird allenthalben bezweifelt. Die vorgenannte soeben kritisch betrachtete Rechtsansicht wird sogar noch übertroffen von der Ansicht, nach der man sogar **bösgläubigen** unrechtmäßigen Besitzern einen deliktischen Schutz wegen der Verletzung eines ihnen zusehenden „sonstiges Recht" zukommen lässt in Fällen, in denen das Gesetz einem solchen Besitzer eine Gebrauchsgestattung einräumt, wie z. B. dem zur Räumung verurteilten Mieter in §§ 721, 765a ZPO.

Wie auch immer: Der dem hiernach ersatzberechtigten Besitzer im Falle einer **Besitzverletzung** infolge eines dem **Inanspruchgenommenen zurechenbaren Verhaltens**, das **rechtswidrig** und **schuldhaft** ist, zu ersetzende **Schaden** kann sein:

1. ein **Vorenthaltungsschaden**: die gemietete Maschine muss aufgrund des Delikts repariert werden;
2. oder ein **Haftungsschaden**: der Mieter muss die gemietete Maschine nach dem Inhalt des Mietvertrags reparieren (so sehr häufig bei Mietverträgen über Gewerberaum) oder ist dem Vermieter dazu verpflichtet, weil er ihm aus §§ 280 Abs. 1 BGB schadensersatzpflichtig ist.
3. **Wem steht der Anspruch zu**, wenn neben dem **Besitzer** auch der **Eigentümer** aus § 823 Abs. 1 BGB gegen einen Dritten schadensersatzberechtigt ist? Diese Frage, die sich auch bei Anspruchsberechtigung eines Eigentümers und eines Anwartschaftsberechtigten stellen kann, kann man so lösen: Wenn sich die Interessen voneinander trennen lassen (Vorenthaltungsschaden), steht der Anspruch dem zu, der den Schaden allein erlitten hat. Wenn dies nicht möglich ist, weil der Besitzer die Sache zu unterhalten hat, gibt es eine gemeinschaftliche Berechtigung am Ersatzanspruch (§§ 432, 1281 analog). Der Dritte wird bei Leistungen ggf. nach § 851 BGB geschützt.

**Fall 691**

Der Vermieter V einer ihm gehörenden Wohnung hat dem Mieter M wirksam fristlos wegen Zahlungsverzugs gekündigt (§§ 543, 549 BGB). Als der M daraufhin nicht geräumt hat, hat der V mit seinem Reserveschlüssel die Wohnung geöffnet, sie ausgeräumt und das Schloss ausgewechselt. Der M zieht ins Hotel und verlangt die Übernachtungskosten abzüglich der aus §§ 546a, 549 BGB geschuldeten Nutzungsentschädigung (Vorenthaltungsschaden).

1) Wegen der wirksamen fristlosen Kündigung besteht kein vertraglicher Schadensersatzanspruch. 2) Das für einen deliktischen Anspruch a) aus § 823 Abs. 1 BGB erforderliche aa) verletzte geschützte sonstige Recht aaa) könnte nach der hier bevorzugten Ansicht nur das durch den Besitz verfestigte obligatorische Recht eines Mieters (das wegen § 535 BGB eine Zuweisungsfunktion und

wegen §§ 861 ff. BGB und § 566 BGB eine Ausschlussfunktion hat) sein; da der M jedoch die Wohnung wegen der wirksamen Kündigung nicht mehr aufgrund eines wirksamen Mietvertrages besaß, der Besitz ihm also nicht mehr wirtschaftlich zugewiesen war, hat der V kein sonstiges Recht des M verletzt. bbb) Wer mit der h. M., nach der der berechtigte Besitz allein aufgrund der Berechtigung ein sonstiges Recht sein soll, argumentiert, kommt zum gleichen Ergebnis, denn der M war nach der wirksamen fristlosen Kündigung nicht mehr zum Besitz berechtigt. ccc) Nach wiederum a. A. (Medicus) ist aber auch bei einem nichtberechtigten Besitz ein deliktisch verletzbares Recht vorstellbar, aaaa) dies, wenn der Besitzer ihn entgeltlich erlangt hat und gutgläubig und unverklagt war. M war bösgläubig. bbbb) Aber selbst bei einer Bösgläubigkeit soll dem wirksam gekündigten Mieter ein deliktisch verletzbares „sonstiges Recht" zustehen, soweit ihm im Fall einer Verurteilung zur Räumung Vollstreckungsschutz nach §§ 721, 765a ZPO erteilt worden wäre. bb) Folgt man dem, müssten die weiteren Voraussetzungen für eine deliktische Haftung (menschliches Verhalten, Zurechenbarkeit, Rechtswidrigkeit, Verschulden), die gegeben wären, erörtert werden. cc) Der Schaden des M würde sich auf den Vorenthaltungsschaden für die Zeit einer hypothetischen Räumungsfrist (§§ 721, 765a ZPO) beschränken. b) Ein Anspruch aus §§ 823 Abs. 2, 858 BGB darf nicht weiter gehen als ein solcher aus § 823 Abs. 1 BGB, so dass nur die unter 2a cc genannte Ansicht zu einem Anspruch im dort genannten Umfang käme.

**Fall 692**

Der M hat von dem Eigentümer EV ein Auto gemietet; er verwahrt den Schlüssel so nachlässig, dass der D den Wagen unerlaubt benutzen kann; dabei wird das Auto durch D rechtswidrig und schuldhaft beschädigt. Der M wird von dem EV aus §§ 280, 241 Abs. 2 BGB auf Schadensersatz in Anspruch genommen. 1) Der M will von D in dieser Höhe Schadensersatz (Haftungsschaden). 2) Kann auch der EV den D in Anspruch nehmen? 3) Wenn ja: Wie verhalten sich die Berechtigungen von M und EV zueinander?

1) Der Anspruch des M gegen den D ergibt sich aus § 823 Abs. 1 BGB wegen a) einer Verletzung des („sonstigen") Rechts des rechtmäßigen Besitzers M bzw. des („sonstigen") Rechts des besitzenden obligatorisch berechtigten M aus dem Mietvertrag, b) durch das Verhalten des D, c) das rechtswidrig und d) schuldhaft war. e) Zu ersetzen ist (neben dem hier nicht gefragten Vorenthaltungsschaden) das Haftungsinteresse des M in Höhe des Ersatzes, den der M aus §§ 280 Abs. 1, 241 Abs. 2 BGB an EV leisten muss. 2) Der Anspruch des EV gegen D ergibt sich wegen einer Eigentumsverletzung, die rechtswidrig und schuldhaft war, aus § 823 Abs. 1 BGB. 3) Der Anspruch gegen den D steht dem M und dem EV ungeteilt zu (§§ 432, 1281 BGB analog)

Diese Ausführungen galten für den deliktischen Schutz des unmittelbaren Besitzers. Weil der **mittelbare Besitzer** nach § 868 BGB „auch … Besitzer" ist, wird der **rechtmäßige** bzw. (je nach Standpunkt) **obligatorisch berechtigte** mittelbare

Besitzer, der ja nach § 868 BGB „auch … Besitzer" ist, natürlich ebenfalls nach **§ 823 Abs. 1 BGB** geschützt, dies aber **nur gegen** einen sich deliktisch relevant verhaltenden **Dritten**, aber **nicht** bei einem **Delikt** des **unmittelbaren Besitzers gegenüber** dem **mittelbaren Besitzer**. Dies entnimmt man dem § 869 BGB, der dem mittelbaren Besitzer Besitzschutzrechte aus §§ 861, 862 BGB nur dann gibt, wenn ein Dritter verbotene Eigenmacht (§ 858 BGB) gegenüber dem Besitzmittler begeht. Daraus wird abgeleitet, dass die Stellung des mittelbaren Besitzers im Verhältnis zum unmittelbaren Besitzer keine „Ausschlussfunktion" hat, wie sie für ein „sonstiges Recht" nötig ist. Das ist eine „beliebte (Klausur-) Falle"!!

**Fall 693**

Der Bauunternehmer MU, der für B einen Tunnel graben soll, hat von dem V eine spezielle Vortriebmaschine gemietet. Diese Maschine wird aufgrund eines Vertrages zwischen dem MU und dem Frachtführer F durch diesen vom Lagerplatz des V zur Baustelle des MU gebracht; in dem Frachtvertrag sind vertragliche Schadensersatzansprüche wirksam ausgeschlossen worden. Beim Transport zur Baustelle verunglückt der F verschuldet mit der Maschine, so dass diese schwer beschädigt wird und die Bauarbeiten erst verspätet begonnen und abgeschlossen werden können. Der MU schuldet daher dem B eine Vertragsstrafe von € 500·000,– (§ 341 BGB). Der MU nimmt den F auf Schadensersatz in Anspruch (nach BGH).

Ein (wegen des Ausschlusses vertraglicher Schadensersatzansprüche als einziger in Betracht kommender) deliktischer Anspruch aus 1. § 823 Abs. 1 BGB wegen einer Verletzung des mittelbaren Besitzes des MU durch F scheitert daran, dass der mittelbare Besitzer (MU) nur bei Eingriffen Dritter, nicht aber solchen des unmittelbaren Besitzers (F) deliktisch geschützt ist (arge. § 869 S. 2 BGB). 2) Gleiches gilt für einen Anspruch aus §§ 823 Abs. 2, 858 BGB. Denn § 858 BGB ist zwar ein Schutzgesetz, gilt aber nur im Verhältnis zu Dritten als Störer (§ 869), so dass der Schaden des MU nicht im Schutzbereich der Norm liegt.

#### cc) Relative Rechte

Bei **relativen Rechten**, speziell **Forderungen**, ist – anders als beim Besitz – nicht etwa die Rechtseigenschaft zweifelhaft, wohl aber fraglich, ob die Kriterien eines **„sonstigen"** Rechts („Eigentumsähnlichkeit") gegeben sind. Von folgenden Regeln ist auszugehen:

- Die **relativen Rechte** sind grundsätzlich **keine „sonstigen Rechte"**; sie haben **zwar** eine „Zuweisungsfunktion" **aber** keine gegen jedermann gerichtete („absolut") wirkende „Ausschlussfunktion", sondern wirken nur „relativ" gegen den jeweiligen Schuldner.
- Möglicherweise sind aber bestimmte **Eingriffe** in ein relatives Recht (in die **„Zuständigkeit"** von Forderungen) deliktisch relevant.

**Fall 694**

Der V hat an den K ein Gemälde verkauft. Der K will es in seiner Galerie zum Verkauf anbieten. Den Kaufpreis hat er dem V sogleich bezahlt; der V hat ihm das Bild aber noch nicht übereignet und auch noch nicht übergeben. Der X, ein Konkurrent des K, will das Bild ebenfalls erwerben und bietet, als der V auf den bereits erfolgten Verkauf an den K hinweist, mehr als der K an ihn gezahlt hatte; außerdem sagt der X zu, den V ggf. von Schadensersatzansprüchen des K gegen ihn freistellen zu wollen. Daher ist V zum Vertragsbruch bereit. Der V verkauft und liefert an den X. Der K, der das Bild mit Gewinn an einen Interessenten weiterverkaufen kann, verlangt von X Herausgabe an sich oder Rückübereignung und Rückgabe des Bildes an V, um von dem V Lieferung des Bildes verlangen zu können.

1) Ein Herausgabeanspruch des K gegen den X an sich aus § 985 BGB besteht schon deshalb nicht, weil der K noch kein Eigentum erlangt hatte. 2) In Betracht kommt aber ein Anspruch gegen X auf Herausgabe an den V a) und zwar aus §§ 823 Abs. 1, 249 Abs. 1 BGB. aa) Eine Verletzung des Eigentums des K liegt mangels einer Übereignung des Bildes an K nicht vor; bb) in Betracht kommt die Verletzung eines sonstigen Rechts: aaa) der K hatte einen Anspruch gegen den V aus § 433 Abs. 1 S. 1 BGB; dieser ist nach § 275 Abs. 1 BGB durch die Übereignung und Übergabe an X ausgeschlossen und damit verletzt worden; bei diesem Anspruch handelt es sich jedoch um ein relatives Recht und dieses wird nicht als sonstiges Recht anerkannt; bbb) der X hat auch nicht ein dem K zustehendes Anwartschaftsrecht an dem Bild verletzt, denn der K war lediglich obligatorisch an dem Bild berechtigt. b) Ein Anspruch des K gegen den X aus §§ 826, 249 Abs. 1 BGB setzt voraus: aa) Das Vorliegen eines Sittenverstoßes (ein Verstoß gegen das „Anstandsgefühl aller billig und gerecht Denkenden") des Inanspruchgenommenen in Kenntnis der zugrunde liegenden Tatsachen. aaa) Das bloße Ausnutzen eines Vertragsbruchs (des V) oder ein Überbieten des von K zu zahlenden Preises reicht dafür nicht aus. bbb) Wohl aber wird das Verhalten als sittenwidrig angesehen, wenn entweder ein kollusives Zusammenwirken oder – wie hier gegeben – eine Verleitung eines anderen zum Vertragsbruch durch ein Freistellungsversprechen hinzutritt. bb) Der K hat durch den Sittenverstoß einen Schaden erlitten. cc) Der X müsste insoweit vorsätzlich gehandelt haben; auch das ist der Fall. dd) Der Anspruch ist auf Wiederherstellung des Zustandes gerichtet, der ohne das Delikt bestanden hätte (§ 249 Abs. 1 BGB): Der V wäre noch Eigentümer und Besitzer des Bildes. c) Nach Erfüllung des Rückübereignungsanspruchs an den V könnte der K von dem V Lieferung aus § 433 Abs. 1 S. 1 BGB verlangen; § 275 BGB stünde dem Anspruch dann nicht entgegen.

**Fall 695**

Der G1 hat eine Rückzahlungsforderung aus einem Darlehensvertrag gegen den S; er tritt sie still an G2 ab; bei Fälligkeit zahlt der in Bezug auf eine immer noch bestehende Gläubigerstellung des G1 gutgläubige S an den G1; der G1 zerstreut den guten Glauben des S auch nicht, sondern „steckt das Geld ein". Der G2 verlangt von S Zahlung. Kann sich der G2 an den G1 halten?

1) Der G2 hätte gegen den S einen Anspruch auf Zahlung nach §§ 488 Abs. 1 S. 2, 398 BGB, wenn dieser nicht frei geworden wäre. S ist zwar nicht nach § 362 BGB frei geworden, wohl aber nach § 407 BGB. 2) Der G2 hat einen Anspruch gegen den G1 a) auf Herausgabe des Erlangten aa) aus §§ 687 Abs. 2, 681 S. 2, 667 BGB, bb) 816 Abs. 2 BGB, cc) vielleicht auch nach § 285 BGB analog; b) auf Schadensersatz aus aa) § 280 Abs. 1 BGB, bb) möglicherweise auch aus § 823 Abs. 1 BGB: aaa) Dann müsste die Forderung des G2 gegen den S aus §§ 488 Abs. 1 S. 2, 398 BGB, die der G1 durch Entgegennahme der Leistung zum Erlöschen gebracht hätte (§§ 362, 407 BGB), ein „sonstiges Recht" sein. Nach einer dazu vertretenen Ansicht hat eine Forderung nicht nur eine Zuweisungsfunktion, sondern jedenfalls im Zuständigkeitsbereich auch eine Ausschlussfunktion, weil sie dem jeweiligen Gläubiger allein und alle anderen von diesem Recht ausschließend zusteht, so dass bei Eingriffen in die Zuständigkeit (Anmaßung der Gläubigerstellung; hier durch G1) ein „sonstiges Recht" verletzt sein soll (u. a. Canaris). Nach h. M. ist eine Forderung als relatives Recht ungeachtet der Art des Eingriffs kein „sonstiges Recht"; es bestünde auch kein Bedürfnis für eine Analogie, weil der Gläubiger nach dem Willen des Gesetzes nach § 816 Abs. 2 BGB ausreichend geschützt sei. Wer den Deliktsschutz bei Zuständigkeitseingriffen befürwortet, muss unter bbb)–eee) die weiteren Voraussetzungen des § 823 Abs. 1 BGB (die gegeben wären) prüfen.

#### dd) Das dingliche Anwartschaftsrecht

Die **dinglichen Anwartschaftsrechte**, speziell die des Vorbehaltskäufers und des künftigen Grundeigentümers, sind anerkannter- (und Ihnen hoffentlich bekannter-) maßen ein „sonstiges Recht".

Sie wissen es längst aus Teil 6: Ein **Anwartschaftsrecht** liegt vor, wenn von einem mehraktigen Entstehungstatbestand so viele Voraussetzungen erfüllt sind, dass der Eintritt des Vollrechts vom Erwerber allein herbeigeführt und vom Veräußerer nicht mehr einseitig verhindert werden kann. Das auf den Erwerb eines Sachenrechts gerichtete Anwartschaftsrecht nennen wir „dingliches Anwartschaftsrecht".

Das eine der beiden „klassischen" Beispiele für Anwartschaftsrechte ist das **dingliche Anwartschaftsrecht** des **aufschiebend bedingten Eigentümers** beim **Vorbehaltskauf** (§§ 929, 158 Abs. 1, 449 BGB), bei dem der künftige Eigentümer die Herbeiführung des Bedingungseintritts (vollständige Kaufpreiszahlung) in der Hand hat und bei dem er vor Zwischenverfügungen seitens des Immer-noch-Eigentümers durch § 161 BGB geschützt ist. In diesen Kontext gehört auch der **auflösend bedingte Sicherungsgeber bei** einer **Sicherungsübereignung**.

Das weitere Beispiel ist das **dingliche Anwartschaftsrecht** des **künftigen Grundeigentümers**, das dann besteht, wenn die formgültige Auflassung (§§ 873 Abs. 1, 925 BGB) bindend erteilt wurde (§ 873 Abs. 2 BGB) *und* wenn zusätzlich entweder der Erwerber einen nicht vom Grundbuchamt zurückgewiesenen Eintragungsantrag selbst gestellt hat (§ 13 GBO) oder wenn (anstelle der Antragstellung) zu Gunsten des Erwerbers eine Auflassungsvormerkung in das Grundbuch eingetragen worden ist (§ 883 BGB): Ein Eigentumserwerb des Erwerbers ist vor rechtlichen Interventionen des Immer-Noch-Eigentümers, die ihn verhindern könnten, gesichert. Denn zum einen ist die Auflassung nach § 873 Abs. 2 BGB unwiderruflich und zum anderen würden spätere Zwischenverfügungen des Eigentümers daran scheitern, dass das Grundbuchamt den Antrag des Erwerbers zeitlich vor einem späteren Antrag eines anderen Erwerbers, zu dessen Gunsten der Eigentümer zwischenverfügt haben könnte, als erstes bearbeiten wird (§§ 13, 17, 45 GBO) bzw. weil der Erwerber durch die Vormerkung vor Zwischenverfügungen des Eigentümers geschützt ist (§§ 883 Abs. 2, 888 BGB).

Die Ihnen bekannte übliche **„Scheinbegründung"** dafür, dass ein **dingliches Anwartschaftsrecht** ein **„sonstiges Recht"** ist, lautet, dass das dingliche Anwartschaftsrecht ein **„wesensgleiches minus des Vollrechts" (BGH)**, also auch wie das Eigentum deliktisch geschützt sei, nämlich als „sonstiges Recht". Das aber ist ein „Zirkelschluss", denn ein „wesensgleiches minus des Vollrechts" ist das Anwartschaftsrecht doch u. a. nur deshalb, weil es als „sonstiges Recht" Deliktsschutz genießt. In Wahrheit geht es bei der Einordnung des „Anwartschaftsrechts" in die „sonstigen Rechte" in methodischer Hinsicht um einen Akt der **richterlichen Rechtsfortbildung** des § 823 Abs. 1 BGB. Da wir dies alles bereits an anderer Stelle ausführlich erörtert haben, beschränken wir uns auf diese wenigen Bemerkungen, die ihre Erinnerung wieder aktivieren sollten. In der **Klausur** dürfte allerdings im Regelfall die Verwendung der Formel vom „wesensgleichen minus des Vollrechts" als „Begründung" dafür ausreichen, dass die Rechtsstellung des „dinglichen Anwartschaftsberechtigten" ein „sonstiges Recht" ist. Wollen Sie dem Leser mehr bieten, müssen Sie auf die das Anwartschaftsrecht als „eigentumsähnlich" kennzeichnende „Zuweisungsfunktion" (Übertragbarkeit etc.) und „Ausschlussfunktion" (Herausgabeanspruch, Schutz vor Störungen) abstellen. Das überfordert Ihre zeitlichen Möglichkeiten und verfehlt letztlich auch das Thema.

Dass es noch **andere dingliche Anwartschaftsrechte** gibt, die als sonstige Rechte anerkannt werden könnten, soll immerhin zur Diskussion gestellt werden: Man könnte auch den Sicherungsgeber selbst bei einer un-(also: nicht-auflösend)-bedingten Sicherungsübereignung als Anwartschaftsberechtigten und Inhaber eines sonstigen Rechts i. S. d. § 823 Abs. 1 BGB ansehen, so das man z. B. bei einer dem Sicherungsvertrag zuwiderlaufenden Verwertung zu einem Schadenersatzanspruch aus § 823 Abs. 1 BGB käme. Der künftige Inhaber einer sich im gleichen Übertragungszustand wie bei der Auflassungsanwartschaft befindlichen Buchhypothek könnte ebenfalls ein deliktisch geschütztes Anwartschaftsrecht haben. Auch dem Finder könnte im Hinblick auf den gesetzlichen Eigentumserwerb nach § 973 BGB ein Anwartschaftsrecht zustehen, das dann auch nach § 823 Abs. 1 BGB als sonstiges Recht zu schützen wäre.

Die **Probleme** für die **Fallbearbeitungen** liegen aber meistens anderwo.

Eine sich Ihnen stellen könnende zentrale **Frage** ist z. B. die Ihnen ja bereits vom deliktischen Besitzschutz her bekannte **Konkurrenzproblematik** zwischen einem deliktisch anspruchsberechtigten **dinglichen Anwartschaftsberechtigten** und dem ebenfalls aus § 823 Abs. 1 BGB berechtigten **Eigentümer**. Dieses können Sie dadurch entschärfen, dass Sie unterscheiden, ob der Nutzungsausfallschaden oder der Substanzschaden geltend gemacht wird. Da das Nutzungsinteresse allein dem Anwartschaftsberechtigten zusteht (beim Eigentumsvorbehalt: arge. § 446 S. 2 BGB), gibt es die angesprochene Konkurrenzsituation nur bei der Geltendmachung des Substanzinteresses, bei dem sich in der Tat die Interessen des Eigentümers und des Anwärters überschneiden.

**Fall 696**

Der V hat an den K ein Auto für € 10.000,– unter Eigentumsvorbehalt verkauft und übereignet. Der K hat bereits € 8000,– gezahlt, als der X den Wagen rechtswidrig und schuldhaft zerstörte. K muss bis zur Beschaffung eines anderen Fahrzeugs einen Wagen für € 500,– anmieten. V und K nehmen den X auf Schadensersatz in Anspruch.

1) Der V (als Eigentümer) und der K (als Anwartschaftsberechtigter) haben gegen den X je einen Anspruch aus § 823 Abs. 1 BGB. 2) Was den Schaden angeht, a) so hat K einen Anspruch auf den Nutzungsausfall (€ 500,–). b) Hinsichtlich des Substanzinteresses wird aa) nach einer Sichtweise eine Sonderung der Interessen zwischen K und V dergestalt vorgenommen, dass nach dem Stand der Kaufpreiszahlung der K einen Anspruch in Höhe des Wertes des Anwartschaftsrechtes von € 8000,– haben soll, während der V € 2000,– bekommen soll, die K liquidieren kann; bb) nach a. A. soll der K, weil er ja entgegen § 326 Abs. 1 BGB zur weiteren Kaufpreiszahlung verpflichtet bleibt (§ 446 S. 1 BGB), den vollen Schaden (€ 10.000,–) ersetzt bekommen, der V hingegen soll nichts erhalten; cc) nach h. L. hat der V jedoch sehr wohl bis zur vollständigen Kaufpreiszahlung ein eigenes ausgleichsbedürftiges Sicherungsinteresse, dem dadurch Rechnung getragen wird, dass der V und der K den Substanzschaden nach §§ 432, 1281 BGB analog gemeinschaftlich geltend machen müssen und über die Verteilung das Innenverhältnis entscheidet.

Dass das **dingliche Anwartschaftsrecht** des **künftigen Grundeigentümers** den Anwärter vor **Eingriffen in** die **Sachsubstanz** zum *Beispiel* bei einer Sachbeeinträchtigung durch eine unzulässige Vertiefung des Nachbargrundstücks schützt (BGH), versteht sich von selbst. Fraglich ist aber, ob das dingliche Anwartschaftsrecht auch den bevorstehenden **Vollrechtserwerb** durch Zuerkennung eines Anspruchs aus §§ 823 Abs. 1, 249 Abs. 1 BGB **sichern** kann.

**Fall 697**

Der Eigentümer V verkauft sein Grundstück formgerecht an den K. Die Auflassung und die Eintragungsbewilligung des V werden im Kaufvertrag vorgenommen bzw. erklärt. Der K stellt den Eintragungsantrag und dieser wurde nicht vom Grundbuchamt zurückgewiesen (§ 13 GBO). Bevor der K als Eigentümer eingetragen wird, veräußert der V das Grundstück an den D durch einen formwirksamen Kaufvertrag, in dem auch die Auflassung erfolgt und die Eintragungsbewilligung zugunsten des D erklärt wird. Der D, der sich (aus welchem Grunde auch immer) hätte sagen müssen, dass der V das Grundstück bereits an den K veräußert und auch bindend an ihn aufgelassen hatte und dass der K auch schon einen Eintragungsantrag gestellt hatte, stellt gleichwohl seinerseits den Eintragungsantrag beim Grundbuchamt. Aufgrund eines Versehens des Grundbuchamts wird der Antrag des D entgegen der Regel des § 17 GBO (Bearbeitung nach der zeitlichen Reihenfolge) vor dem Antrag des K bearbeitet, und der D wird als Eigentümer im Grundbuch eingetragen. 1) Der K verlangt von D die Aufgabe seines Eigentumsrechts. 2) Jedenfalls will der K sich an den Staat halten.

1. Ein Anspruch des K gegen D könnte sich wegen einer rechtswidrigen und schuldhaften Verletzung eines „Anwartschaftsrechtes" des K am Grundstück des E aus §§ 823 Abs. 1, 249 Abs. 1 BGB ergeben. a) Nach einer Ansicht besteht wegen der Möglichkeit einer Sicherbarkeit des Eigentumserwerbes durch eine Vormerkung (§§ 883 ff. BGB) keinerlei Bedürfnis nach einem deliktischen Schutz des Anwartschaftsrechts eines künftigen Grundeigentümers vor Zwischenverfügungen, b) während die h. M. auch in diesen Fällen einen Deliktsschutz zulässt: aa) Verletzt ist das „Anwartschaftsrecht" des K am Grundstück des E (§§ 873 Abs. 2, 925 BGB + nicht zurückgewiesener Antrag des K nach § 13 GBO), also ein „sonstiges Recht" des Anspruchstellers, bb) durch ein in der Abgabe von Willenserklärungen (Auflassung nach §§ 873 Abs. 1, 925; Antragstellung nach § 13 GBO) liegendes Verhalten des D; cc) der D hat rechtswidrig gehandelt; dd) der D hat in Bezug auf die Verletzung aaa) auch fahrlässig, also schuldhaft, gehandelt; bbb) das aber reicht nicht aus, um eine deliktische Schadensersatzhaftung bei einer Anwartschaftsrechtsverletzung durch eine Zwischenverfügungen zu begründen. Denn ein Erwerb des Eigentums von einem zu Unrecht als Eigentümer im Grundbuch Eingetragenen wäre bei bloßer Fahrlässigkeit möglich, nur positive Kenntnis des Erwerbers (Vorsatz) würde schaden (§ 892 Abs. 1 S. 2 BGB). Würde man hier einen Anspruch des K aus §§ 823 Abs. 1, 249 Abs. 1 BGB gegen den leicht fahrlässig handelnden D mit der Folge eines Anspruchs auf Rückübereignung zulassen, hätte dies zur Folge, dass man einem Erwerber (hier: dem D), der das Eigentum immerhin von einem Eigentümer (hier: dem V) erworben hat, das erlangte Eigentum leichter streitig machen könnte, als einem, der es von einem Nichteigentümer erworben hätte, denn dieser würde das Eigentum nur bei Vorsatz nicht gutgläubig erwerben können (§ 892 Abs. 1 S. 2 BGB). Um einen Wertungswiderspruch zu vermeiden, muss bei bloßer Fahrlässigkeit des Erwerbers D der in einem Erwerb des Eigentums aufgrund einer Zwischenverfügung des Immer-Noch-Eigentümers liegende Eingriff in ein Anwartschaftsrecht des K durch Erwerb des Vollrechts folgenlos bleiben. Ein Schadensersatzanspruch des K gegen D aus § 823 Abs. 1 BGB gerichtet auf Aufgabe des Eigentums besteht nicht. 2) Der Anspruch gegen den Staat ergibt sich aus § 839 BGB i. V. m. Art. 34 GG.

#### ee) Der deliktische Schutz der Persönlichkeit

Der deliktische Schutz der Persönlichkeit erfolgt auf verschiedenen Ebenen.

1. Bei **Verletzungen** der **persönlichen Ehre** durch **§ 823 Abs. 2 BGB i. V. m. §§ 185 ff. StGB**, dies aber nur bei Vorsatz;
2. bei **Verletzungen** einiger als „sonstige Rechte“ anzusehender **besonderer Persönlichkeitsrechte**, wie das Namensrecht (§§ 12 BGB, 17, 37 HGB) und das Rechts am eigenen Bild (§ 22 KunstUrhG) durch **§ 823 Abs. 1 BGB**;
3. bei **Verletzungen** des als „sonstiges Recht“ anzusehenden durch Rechtsfortbildung entwickelten **„Allgemeinen Persönlichkeitsrechts“** durch **§ 823 Abs. 1 BGB**;
4. bei **Verletzungen** des **geschäftlichen Ansehens** vor wahrheitswidrigen wirtschaftlich **kreditgefährdenden** oder **schädigenden Tatsachenbehauptungen** durch **§ 824 BGB**.
5. **Konkurrenzen** (z.Tl. nach Wandt):
   - **a)** Es gilt der allgemeine Grundsatz der **Spezialität**, nach a. A. der der **Subsidiarität**, weil das Allgemeine Persönlichkeitsrecht nur ein „Auffangtatbestand“ sei.
   - **b)** Zu unterscheiden sind folgende Fallkonstellationen:
     - **aa)** Liegt **keine Sonderregelung** vor, kann § 823 Abs. 1 BGB wegen der Verletzung des „Allgemeinen Persönlichkeitsrechts“ als sonstiges Recht eingreifen.
     - **bb)** Wenn eine **Sonderregelung** vorliegt,
       - **aaa)** die den Schutz eines Teilbereich der Persönlichkeit bezweckt (persönliche Ehre: §§ 185 ff. StGB/Name: § 12 BGB /Recht am eigenen Bild: § 22 KunstUrhG) und wenn die daraus resultierenden deliktischen Anspruchsgrundlagen (§§ 823 Abs. 1, 12 BGB, §§ 823 Abs. 1 BGB i. V. m. § 22 KunstUrhG und § 823 Abs. 2 BGB i. V. m. §§ 185 ff. StGB) den in diesem Teilbereich Verletzten umfassend schützen, besteht kein Anspruch aus § 823 Abs. 1 BGB wegen Verletzung des „Allgemeinen Persönlichkeitsrechts“ als sonstiges Recht. Wenn aber zugleich in einen fremden persönlichen Bereich („Sphäre“) eingegriffen wird, darf ergänzend auch auf einen Anspruch aus § 823 Abs. 1 BGB wegen Verletzung des „Allgemeinen Persönlichkeitsrechts“ als sonstiges Recht zurückgegriffen werden, so dass dann Anspruchskonkurrenz bestehen kann.
       - **bbb)** Wenn eine **Sonderregelung** existiert, **diese aber** den **Schutz nicht umfassend** oder **gar nicht zuspricht**, so ist zu prüfen, ob das Sondergesetz abschließend ist und einen Anspruch aus § 823 Abs. 1 BGB wegen Verletzung des Allgemeinen Persönlichkeitsrechts als sonstiges Recht verdrängt.. Wenn ja, ist kein Anspruch gegeben.
     - **cc)** **§ 824 BGB** ist **kein Spezialgesetz** zu § 823 Abs. 2 BGB i. V. m. §§ 185 ff. StGB oder zu § 823 Abs. 1 BGB, sondern es besteht stets Anspruchskonkurrenz.

### (1) Sonderregelungen des Persönlichkeitsschutzes: Der deliktische Schutz des Persönlichkeitsrechts nach § 823 Abs. 2 i. V. m. §§ 185 ff. StGB und nach § 823 Abs. 1 BGB wegen Verletzung des Namensrechts und des Rechts am eigenen Bild

Wenn wir bei der Frage nach dem deliktischen Schutz der Persönlichkeit mit den Tatbeständen des § 823 Abs. 2 i. V. m. §§ 185 ff. StGB **(sub (a))** und dem des § 823 Abs. 1 BGB wegen Verletzung des Namensrechts (§ 12 BGB) **(sub (b))** und des Rechts am eigenen Bild (§ 22 KunstUrhG) **(sub (c))** als sonstigen Rechten beginnen, so deshalb, weil die vorstehende Übersicht Ihnen deutlich gemacht hat, dass man bei der Fallbearbeitung im Falle von in Betracht kommenden Persönlichkeitsrechtsverletzungen nicht vorschnell auf § 823 Abs. 1 BGB wegen einer Verletzung des als sonstiges Recht in Betracht kommenden „Allgemeinen Persönlichkeitsrechts" abstellen darf, sondern stets den eventuellen Vorrang anderer Anspruchsgrundlagen im Augen haben muss. Dass damit auch die Besonderheit des Ersatzes auch eines immateriellen Schadens verbunden ist, wird angesprochen **(sub (d))**.

a. So kann ein Anspruch aus § 823 Abs. 1 BGB wegen der Verletzung des Allgemeinen Persönlichkeitsrechts subsidiär sein gegenüber einem Anspruch aus **§ 823 Abs. 2 BGB i. V. m. §§ 185 ff. StGB**. Dies aber wohl nur in der Theorie, denn – wie der folgende Fall zeigt – wird bei einer Ehrverletzung meist darüber hinaus zugleich in das Allgemeine Persönlichkeitsrechts eingegriffen, so dass es – den oben aufgeführten Ausführungen zu den Konkurrenzen folgend – regelmäßig zu einer Anspruchskonkurrenz mit § 823 Abs. 1 BGB wegen der Verletzung des Allgemeinen Persönlichkeitsrechts kommt.

**Fall 698**

Die Zeitschrift „Star" (S ) beschäftigt sich auf ihrer Medienseite mit der schon jahrelang im öffentlich-rechtlichen Fernsehen eine Politiktalkshow „Politshow" als selbstständige Unternehmerin erfolgreich anbietenden Journalistin P. Olis (P) und attestiert ihr das „Aussehen einer ausgemolkenen Ziege" und eine „intellektuelle Dürftigkeit, mit der sie bestenfalls eine Nachmittags-Trash-Show der Privaten moderieren" könne. Im Zusammenhang mit einem Hinweis darauf, dass sie nicht verheiratet sei, heißt es wahrheitsgemäß weiter, dass sie „eng mit einer Freundin und einen Hund" zusammenlebe, und es wird rhetorische Frage gestellt: „… – was soll sie da noch mit einem Mann?". Die Einschaltquoten der P sinken – aufgrund von Umfragen nachweisbar wegen dieses Artikels – schlagartig, so dass die Sendung alsbald abgesetzt werden muss. Die P, die keinen Vermögensschaden erlitten hat, verlangt eine angemessene Geldentschädigung (nach BGH).

1. Der P könnte a) ein Anspruch aus §§ 823 Abs. 1, 249 ff. BGB, Artt. 1, 2 GG wegen Verletzung des Allgemeinen Persönlichkeitsrechts, das ein sonstiges Recht ist, zustehen. aa) Das Bestehen eines Anspruchs auch aus §§ 823 Abs. 2 BGB i. V. m. § 185 StGB („ausgemolkene Ziege", „Intellektuelle Dürftigkeit") steht dem nicht entgegen, bb) weil der Pressebericht sich nicht auf eine Ehrverletzung beschränkt sondern zugleich aaa) das Allgemeine Persönlichkeitsrecht der P verletzt, aaaa) indem über den persönlichen Bereich berichtet wird und durch

die Passage über „Zusammenleben der P mit Freundin und Hund“) in die die „Privatsphäre“ eindringt und mit der Darstellung der sexuellen Veranlagung der P die „Intimsphäre“ verletzt bbbb) und dies auch – wie eine Güter- und Pflichtenabwägung ergibt – auch rechtswidrig, denn der Eingriff in die „Intimsphäre“ ist in aller Regel rechtswidrig und auch Eingriffe in die Privatsphäre können nur ausnahmsweise erlaubt sein. Der Eingriff wiegt auch angesichts der beruflichen Stellung der P, aufgrund der sie quasi „jedermann“ bekannt ist, schwer. Demgegenüber kann der Pressebericht schon wegen der in ihm liegenden Schmähung der P nicht durch Art. 5 I, II GG gerechtfertigt sein. cc) Der Eingriff war auch schuldhaft, dd) so dass der P ein Anspruch auf eine angemessene Geldentschädigung zustehen könnte. aaa) Nach früherer Rechtsprechung sah man die Geldentschädigung als Schmerzensgeld an, das nach § 847 BGB a. F. zu zahlen wäre. Dazu hatte man zunächst den § 847 BGB a. F. im Hinblick auf die grundgesetzlich gebotene Realisierung des Persönlichkeitsschutzes richterlich fortgebildet. bbb) Nach der Schuldrechtsreform, bei der Gesetzgeber den an die Stelle des § 847 BGB a. F. tretenden § 253 Abs. 2 BGB nicht auf Fälle der Verletzung der Persönlichkeit erweitert hatte, besteht für eine solche richterliche Rechtsfortbildung kein Raum mehr. Das bleibt aber folgenlos, denn man leitet den Anspruch auf eine angemessene Geldentschädigung nunmehr aus der objektiven Schutzgebotsfunktion Artt. 1, 2 GG her. 2) Wie bereits ausgeführt, steht der P auch ein Anspruch aus §§ 823 Abs. 2 BGB i. V. m. § 185 BGB zu. 2) Der auch denkbare Anspruch aus § 823 Abs. 1 BGB wegen eines Eingriffs in den eingerichteten und ausgeübten Gewerbetrieb (dazu später) ist – weil ein Vermögensschaden nicht geltend gemacht worden ist – nicht zu prüfen.

Ansonsten besteht ein deliktischer Sonderschutz über § 823 Abs. 1 BGB i. V. m. § 12 BGB (Namensrecht) und §§ 22, 23 KunstUrhG (Recht am eigenen Bild) als jeweils „sonstige Rechte“.

b. In selten vorkommenden Fällen steht einem Namensträger nach §§ 823 Abs. 1 BGB ein Schadensersatzanspruch zu, wenn sein als sonstiges Recht anerkanntes **Namensrecht (§ 12 BGB)** deshalb verletzt wird, weil ihm von dem Inanspruchgenommenen das Recht bestritten wird, seinen Namen zu gebrauchen, oder weil dieser seinen Namen gebraucht.
c. Ein sonstiges Recht ist auch das in **§ 22 KunstUrhG** gewährte **Recht am eigenen Bild**. Hiernach ist die **Verbreitung** und die **öffentliche Zurschaustellung** des Bildes einer Person **von** deren **Einwilligung abhängig**, dies allerdings **vorbehaltlich** der **Erlaubnistatbestände** des **§ 23 KunstUrhG**: Hiernach dürfen ohne die nach § 22 erforderliche Einwilligung Bildnisse aus dem Bereiche der Zeitgeschichte, ferner Bilder, auf denen die Personen nur als Beiwerk neben einer Landschaft oder sonstigen Örtlichkeit erscheinen, sowie Bilder von Versammlungen, Aufzügen und ähnlichen Vorgängen, an denen die dargestellten Personen teilgenommen haben und schließlich Bildnisse, die nicht auf Bestellung angefertigt sind, sofern die Verbreitung oder Schaustellung einem höheren Interesse der Kunst dient, verbreitet und zur Schau gestellt werden, es sei denn durch die Verbreitung und Schaustellung wird ein berechtigtes Interesse des

Abgebildeten oder, falls dieser verstorben ist, seiner Angehörigen verletzt. Das Problem sind die „absoluten Personen der Zeitgeschichte", also Personen, die durch ihr gesamtes Wirken dauerhaft im Blickpunkt der Öffentlichkeit stehen, wie zum Beispiel Angehörige aus Königshäusern und berühmte Wissenschaftler deren Bilder vorbehaltlich eines entgegenstehenden berechtigten Interesses des Abgebildeten bzw. seiner Angehörigen uneingeschränkt verbreitet und zur Schau gestellt werden dürfen. Eine gebotene verfassungskonforme Auslegung der als solche verfassungsgemäßen Vorschrift des § 23 KunstUrhG hat allerdings ergeben, dass auch das Privatleben einer „absoluten Person der Zeitgeschichte" vor einer Bildberichterstattung geschützt sein kann. Das gilt nach der Rechtsprechung des BVerfG allerdings nur in einem sehr engen Rahmen: Nämlich für das Privatleben innerhalb der Wohnung des Abgebildeten und weiterhin in den seltenen Fällen, in denen der Abgebildete sich außerhalb seiner Wohnung in einer örtlichen Abgeschiedenheit befindet, „in die er sich zurückgezogen hat, um dort objektiv erkennbar für sich allein zu sein und in der er sich im Vertrauen auf die Abgeschiedenheit so verhält, wie er es in breiter Öffentlichkeit nicht tun würde". Wenn diese räumlichen Besonderheiten (Wohnung/Abgeschiedenheit) nicht vorliegen, wenn der Betroffene sich also in der Öffentlichkeit bewegt, muss nach dem BVerfG zur Beurteilung der Zulässigkeit einer Bildberichterstattung eine Abwägung zwischen der Pressefreiheit (Art 5 Abs. 1 GG) und hiermit kollidierenden Persönlichkeitsrechten des Abgebildeten vorgenommen werden. Dabei hat das BVerfG angenommen, dass sich das Grundrecht der Pressefreiheit keineswegs auf den politischen Bereich beschränkt, sondern auch den Bereich der reinen Unterhaltung umfasst. Im Ergebnis läuft diese Rechtsprechung darauf hinaus, dass sich in der Öffentlichkeit bewegende „absolute Personen der Zeitgeschichte" praktisch jede Bildberichterstattung gefallen lassen müssen, denn die wenigen Fällen, in denen das Grundrecht der Pressefreiheit (Art. 5 Abs. 1 GG) gegenüber kollidierenden Persönlichkeitsrechten des Abgebildeten zurücktreten muss, sind praktisch rein theoretischer Art und fallen nicht ins Gewicht. Dagegen hat der EGMR im Juni 2004 entschieden, dass nur Berichte über Tatsachen, die einen Beitrag zur öffentlichen Debatte in einer demokratischen Gesellschaft leisten können, den Schutz der Pressefreiheit verdienen, nicht aber Fotos, die nur dazu bestimmt seien, die Neugier der Leserschaft zu befriedigen. Lediglich für Politiker, die sich „unvermeidlich und wissentlich der eingehenden Kontrolle aller ihrer Worte und Taten durch die Presse und die allgemeine Öffentlichkeit aussetzen", kann sich der EGMR einen nur auf die eigene Wohnung und die gewählte Abgeschiedenheit beschränkten Schutz des Privatlebens vorstellen. Der EGMR hat daher entschieden, dass die z. B. die Entscheidung deutscher Gerichte, nach der die Veröffentlichung von Fotos der in einer öffentlichen Badeanstalt über einen Gegenstand stolpernden Caroline von Monaco/Hannover nicht das Recht am eigenen Bild nach §§ 22, 23 KunstUrhG verletzt, ihrerseits gegen Art. 8 EMRK verstößt. Worin besteht nun die Konsequenz dieser Entscheidung für Sie bei der Fallbearbeitung? Nach Art. 46 Abs. 2 EMRK ist die Bundesrepublik Deutschland, also auch ihre Gerichtsbarkeit, verpflichtet, Urteile des EGMR zu befolgen. Für Sie als Rechtsanwender in der Fallbearbeitung bedeutet dies, dass Sie bei der Auslegung der §§ 22, 23 KunstUrhG nicht

„vertragswidrig handeln" und nicht die EMRK, hier speziell nicht Art. 8 EMRK verletzen dürfen, sondern die Entscheidung des EGMR bei der Auslegung von §§ 22, 23 KunstUrhG berücksichtigen müssen.

d. Die bei Ansprüchen aus §§ 823 Abs. 2 BGB, 185 ff. StGB oder aus § 823 Abs. 1 BGB wegen einer Verletzung des Namensrechts (§ 12 BGB) oder des Rechts am eigenen Bild (§ 22 KunstUrhG) als sonstige Rechte ausgelöste **Rechtsfolge** ist ein Anspruch auf Ersatz des dem Verletzten entstandenen **materiellen Schadens**. Auch der **immaterielle Schaden** wird dem Verletzten ersetzt: Das ist (wie noch dazustellen sein wird) bei Verletzungen des Allgemeinen Persönlichkeitsrechts anerkannt, und muss („a maiore ad minus") bei Eingriffen in die besonderen Persönlichkeitsrechte (Namensrecht, Recht am eigenen Bild) ebenso gelten (mehr dazu in Teil 9).

**Fall 699**

Die Bundestagswahl 2002 wurde frühzeitig vor dem Wahltermin am 22. September 2002 an einem sommerlichen Freitagnachmittag Anfang August 2002 (in Wahrheit natürlich nicht!) dadurch vorentschieden, dass die drei „Kanzlerkandidaten" K1–K3 an verschiedenen Orten in Deutschland ans Wasser gingen. Begleitet von einer großen Gruppe von Parteifreunden aus Sachsen und einem Tross von Journalisten begab sich der K1 an den an diesem Nachmittag viel besuchten „Kampa"-Baggersee bei Leipzig; er badete zunächst im Wasser und anschließend in der Menge. Dabei empfahl er sich gegenüber den anderen Badegästen durch eine kleine öffentliche Ansprache als „Kanzler der kleinen Leute"; schließlich ging er nur mit der Badehose bekleidet zu einer dort stehenden Wurstbude und bestellte mit lauter Stimme: „‚ne Currywurst mit Pommes, bidde'", setzte selbstbewusst breit-lachend hinzu: „Die Fritten aber nur mit ‚Rot'!" und verzehrte sie vor den Augen der um ihn versammelten Menge und posierend für die Pressephotographen. Der sich mit Wissen des K1 seit Beginn des Wahlkampfs stets in der Nähe von K1 aufhaltende Pressephotograph der Blitz-Zeitung machte ein Foto von dieser Szene. Gleichzeitig erholte sich der K2 mit seiner Familie an einer verschwiegenen Stelle des Tegernsees bei Wildbad Kreuth von den bisherigen Strapazen des Wahlkampfes. Ein von der Blitz-Zeitung im Schilf versteckter Pressephotograph fotografierte den K2, wie er nur mit einer Badehose bekleidet an einem Radi knabbernd mit grüblerisch gerunzelter Stirn und wie immer etwas angespannt blickend über den See auf die im bayerisch-weiß-blauen Himmel daliegenden Berggipfel schaute und dabei ganz für sich einen Vergleich anstellte zwischen dem Kanzleramt im fernen Berlin und dem vor ihm liegenden Berggipfel. Die Bilder von K1 und K2 wurden am Montagmorgen nebeneinander auf der Titelseite der Blitz-Zeitung, die eine Millionenauflage hat, unter der Überschrift: „Er oder Er?" veröffentlicht. Am gleichen Freitag hatte der K3 ebenfalls nur mit einer Badehose bekleidet inmitten von Reichen und Schönen am Tresen der „Sandybar" auf der Insel Sylt gestanden und mit Genuss und Spaß eine Languste verspeist. Seinen interessiert zuhörenden Nachbarn hatte er dabei erklärt, dass er als Kanzler den „nicht rastenden und ruhenden Mittelstand so fördern werde, dass sich Leistung und unternehmerische Initiative wieder lohnen wird". Als der zufällig anwesende mittelständische Bademodenhersteller Bade (B) feststellte, dass die Badehose des K3 aus seinem Sortiment stammte, entschloss er sich kurzerhand, die ihm einleuchtenden politischen Gedanken des K3 zu mehr unternehmerischer Initiative sogleich in die Tat umzusetzen. Mit Erlaubnis des geschmeichelten K3 macht der B ein Foto von der Szene. Es gelang dem B durch die Wochenendarbeit einer nicht rastenden und ruhenden mittelständischen Druckerei, noch an diesem Wochenende das Foto in einen schon in Arbeit befindlichen Bademodenprospekt einzuarbeiten und diesen durch ein ebenfalls nicht rastenden und ruhenden mittelständisches Kurierunternehmen noch am Montag in tausenden von „besserverdienenden" Haushalten zu verbreiten. Kaum ein Wähler nahm die K1–K3 fortan mehr ernst. Kanzler wurde ein gewisser F.I. Scher (F), der sich an diesem Wochenende als Teilnehmer an einem Marathonlauf alle Sympathien von mehr als 50 % der Wähler gesichert hatte. Die K1–K3 beendeten ihre politischen Karrieren. K1 und K2 verlangten deshalb von der Blitz-Zeitung und der K3 von dem Bade eine angemessene Geldentschädigung. (In einem Detail dem Reichspräsident Ebert-Noske-Fall nachgebildet und mittels einer Zeitmaschine aus einer Zeit der im wahrsten Sinne seinerzeit „todernsten" Politik in das Zeitalter der „Spaßpolitik" zu Beginn des Jahrtausends verschoben. Wer erkennt die Protagonisten K1, 2, 3, F?).

Die Ansprüche könnten sich aus § 823 Abs. 1 BGB ergeben. 1) Was den K1 angeht, a) so ist die die Aufnahme des Bildes, die nicht unter § 22 KunstUrhG fällt, eine Verletzung des als sonstiges Recht anerkannten Allgemeinen Persönlichkeitsrechts des K2. Sie war jedoch nicht rechtswidrig, weil K 1 für die Presephotographen posierte. b) Die Verbreitung des Bildes des K1 aa) ist keine Verletzung des als „sonstiges Recht" anzusehenden Rechts am eigenen Bild des K1 (§ 22 KunstUrhG), weil der K1 durch das Posieren für die Pressephotographen konkludent in die Verbreitung eigewilligt hat. Auf § 23 Abs. 1 Nr. KunstUrhG kommt es nicht an. bb) Da der Schutz vor der Verbreitung des eigenen Bildes ausschließlich über §§ 823 Abs. 1 BGB, 22 KunstUrhG erfolgt, ist auf die Frage einer deliktisch relevanten Verletzung eines Allgemeinen Persönlichkeitsrechts als „sonstiges Recht" durch die Verbreitung des Bildes nicht einzugehen 2. Was das Foto von K2 angeht, so ist ein Anspruch aus § 823 Abs. 1 BGB a) aufgrund der Aufnahme des Bildes, die nicht unter § 22 KunstUrhG fällt, wegen der Verletzung des Allgemeinen Persönlichkeitsrechts möglich. Denn: aaa) Es liegt ein Eingriff in einen fremden Privatbereich vor. bbb) Bei einer Güter- und Pflichtenabwägung kommt man schon wegen der Heimlichkeit der aus dem Schilf heraus gemachten Aufnahme zur Rechtswidrigkeit. bb) Am Vorliegen eines Verschuldens bestehen keine Zweifel. cc) Dass dem Verletzten auch der immaterielle Schaden zu ersetzen ist, ist zu Recht allgemein anerkannt. aaa) Zwar greift § 253 Abs. 2 BGB nicht ein. bbb) Aber ein immaterieller Schaden wird auch bei deliktisch relevanten Verletzungen des Allgemeinen Persönlichkeitsrechts ersetzt, und zwar entweder durch Rechtsfortbildung (was nach der Neuschaffung des § 253 BGB allerdings fern liegt) des § 253 Abs. 2 BGB oder nach Artt. 1, 2 GG, wenn aaaa) der Eingriff schwer ist, wovon hier auszugehen ist, weil die Verletzung sowohl die Individual- als auch die Privatsphäre betrifft und ein gezielt versteckter Photograph das Bild aufgenommen hat; weiterhin ist es zu schwersten Folgen für das politische Fortkommen gekommen. bbbb) Eine Genugtuung kann nur durch eine Geldzahlung erreicht werden. b) Die Verbreitung des Bildes des K2 aa) ist eine Verletzung des als „sonstiges Recht" anzusehenden Rechts am eigenen Bild (§ 22 KunstUrhG) des K2, weil keine Einwilligung vorliegt. bb) Die Frage ist, ob die Verbreitung aaa) nach § 23 Abs. 1 Nr. 1 KunstUrhG gerechtfertigt ist. aaaa) Zwar ist auch der K2 eine „absolute Person der Zeitgeschichte", so dass die Bildberichterstattung einwilligungsfrei sein könnte. bbbb) Aber eine verfassungskonforme Auslegung des § 23 KunstUrhG ergibt, dass auch bei einer „absoluten Person der Zeitgeschichte" die Privatsphäre geschützt sein kann. So ist das Privatleben des Abgebildeten zweifelsfrei innerhalb seiner Wohnung geschützt. Aber auch, wenn der Abgebildete, wie hier der K2, sich außerhalb seiner Wohnung in örtlicher Abgeschiedenheit befindet, „in die er sich zurückgezogen hat, um dort objektiv erkennbar für sich allein zu sein und in der er sich im Vertrauen auf die Abgeschiedenheit so verhält, wie er es in breiter Öffentlichkeit nicht tun würde" (BVerfG), genießt er auch als „absolute Person der Zeitgeschichte" Schutz seines Privatlebens. cc) Die Blitz-Zeitung hat schuldhaft gehandelt. dd) Dass dem Verletzten auch der immaterielle Schaden zu ersetzen ist, ist zu Recht allgemein anerkannt. Denn wenn ein immaterieller Schaden bei deliktisch relevanten Verletzungen des Allgemeinen Persönlichkeitsrechts ersetzt wird, muss dies erst recht bei Eingriffen in das besondere Persönlichkeitsrecht eines „Rechts am eigenen Bild" gelten. 3) Was schließlich den K3 angeht, könnte sich ein Anspruch aus § 823 Abs. 1 BGB ergeben. a) Die Erlangung des Bildes ist kein als Verletzung des als sonstiges Recht anerkannten Allgemeinen Persönlichkeitsrechts deliktisch relevanter Eingriff, weil die Aufnahme mit dem ausdrücklichen Einverständnis des K3 erfolgte. b) Die Verbreitung des Bildes des K3 aa) ist eine aaa) Verletzung des als „sonstiges Recht" anzusehenden Rechts am eigenen Bild (§ 22 KunstUrhG) des K3. bbb) Da der Schutz vor der Verbreitung des eigenen Bildes ausschließlich über §§ 823 Abs. 1 BGB, 22 KunstUrhG erfolgt, ist auf die Frage der deliktisch relevanten Verletzung eines Allgemeinen Persönlichkeitsrechts als „sonstiges Recht" nicht einzugehen. bb) Die Verbreitung ist nicht nach § 23 Abs. 1 Nr. 1 KunstUrhG gerechtfertigt. aaa) Zwar ist auch der K3 eine „absolute" Person der Zeitgeschichte. bbb) Aber die Verbreitung des Bildes ist nicht sachlich gerechtfertigt, weil es sich bei dem veröffentlichten Bild nicht um ein solches „aus dem Bereich der Zeitgeschichte" handelt. aaaa) Zwar nutzt der K3 seinen Aufenthalt am Tresen der „Sandybar" zu Wahlkampfzwecken. bbbb) Aber die Verbreitung der Abbildung des K3 durch den B diente nicht – wie der BGH es für § 23 Abs. 1 Nr. 1 KunstUrhG verlangt – zur Befriedigung eines schutzwürdigen Informationsinteresses der Allgemeinheit; vielmehr hat der B das Bild ausschließlich zu kommerziellen ( = Werbe-) Zwecken veröffentlicht und damit den Abgebildeten „zum Objekt" gemacht. cc) Der B hat schuldhaft gehandelt. dd) Dem Verletzten ist auch der immaterielle Schaden zu ersetzen: aaa) Der Eingriff ist schwer: Verletzung der Intimsphäre; schwerste Folgen für das politische Fortkommen. bbb) Eine Genugtuung kann nur durch eine Geldzahlung erreicht werden.

(2) Der Schutz des „Allgemeinen Persönlichkeitsrechts" als „sonstiges Recht" (§ 823 Abs. 1 BGB)

In der Zeit nach dem Inkrafttreten des BGB im Jahre 1900 hatte sich herausgestellt, dass der vom Gesetzgeber geschaffene **deliktische Schutz** der **Persönlichkeit unvollständig** war.

Wie soeben ausgeführt, beschränkte er sich praktisch auf Ansprüche aus **§ 823 Abs. 1 BGB**, nämlich auf die seltenen Fällen von Verletzungen des Namensrechts (§ 12 BGB) und des Rechts am eigenen Bild (§§ 22 ff. KunstUrhG), die als sonstige Rechte anzusehen sind, sowie auf die seltenen Fälle eines Anspruchs aus **§ 823 Abs. 2 BGB i. V. m. §§ 185 ff. StGB** bei vorsätzlichen Verletzungen der persönlichen Ehre und schließlich auf den für Sie eher randständigen Tatbestand des **§ 824 BGB**. Dass auch theoretisch ein Anspruch aus **§ 826 BGB** in Betracht kommen kann, soll nicht verschwiegen werden.

Dieser rudimentäre gesetzliche Schutz ist unter der Geltung des Grundgesetzes durch eine von der Wissenschaft vorbereitete **richterliche Rechtsfortbildung** erweitert worden. Erstmals ist im Jahre 1954 im „Schachtbriefe-Fall" das **Allgemeine Persönlichkeitsrecht** als **„sonstiges Recht"** i. S. d. des § 823 Abs. 1 BGB subsumiert worden.

Das **Allgemeine Persönlichkeitsrecht** ist das **Recht** eines jeden **Einzelnen** (natürliche Personen und andere noch darzustellende Rechtsträger) auf **Achtung der Menschenwürde und Entfaltung der individuellen Persönlichkeit**.

Für die **Fallbearbeitung** gibt es **sieben** für die Entscheidung maßgebliche und Ihnen daher bekannt sein müssende **Fragenkreise**, denen wir uns im Folgenden zuwenden: **1)** Die bis heute noch nicht endgültig geklärte Frage nach der **dogmatischen Herleitung** des deliktischen Schutzes des Allgemeinen Persönlichkeitsrechts **(sub (a))**; **2)** die Frage nach dem **Konkurrenzverhältnis** zum sonstigen deliktischen Persönlichkeitsschutz (dazu haben Sie wenige Seiten zuvor die nötigen Ausführungen gelesen); **3)** die Frage, wer der **Träger** des Allgemeinen Persönlichkeitsrechts ist **(sub (b))**; **4)** die Frage nach der **Tatbestandsmäßigkeit** und die damit zusammenhängende Frage **(sub (c))**, **5)** ob das sog. **„Indikationenmodell"** (= die Tatbestandsmäßigkeit indiziert die Rechtswidrigkeit) auch bei Verletzungen des Allgemeinen Persönlichkeitsrechts gilt **oder** ob die **Rechtswidrigkeit positiv festgestellt** werden muss **(sub (d))**; **6)** Weiterhin stellt sich die Frage, **wer deliktisch verantwortlich** ist und welche Maßstäbe für das **Verschulden** gelten **(sub (e))**, **7)** und schließlich die Frage nach den **Rechtsfolgen** einer Verletzung des Allgemeinen Persönlichkeitsrechts **(sub (f))**. Wer die vorstehenden Fälle durchgearbeitet hat, hat auf manche dieser Fragen – verpackt in die Lösungsskizzen – erste Antworten erhalten.

Wir gehen diesen Fragen jetzt Schritt für Schritt nach.

a. Was die Frage nach der **dogmatischen Herleitung** des deliktischen Schutzes des Allgemeinen Persönlichkeitsrechts angeht so wird dieser heute überwiegend als eine durch die **Schutzgebotsfunktion** des **Art. 1 Abs. 3 GG** gebotene **Rechtsfortbildung** verstanden: Danach besteht eine Verpflichtung der Rechtsprechung, dem sich aus Art. 1, 2 GG ergebenden Anspruch des Menschen auf Achtung seiner Würde und auf freie Entfaltung seiner Persönlichkeit auch im Zivilrecht durch Fortbildung des Rechts zur Geltung zu verhelfen. Mehr und mehr in den Hintergrund tritt daher die hergebrachte Begründung, nach der der deliktische Schutz ein Ergebnis einer **„Drittwirkung"** der nicht nur als Abwehrrechte gegen den Staat zu verstehenden **Grundrechte** sei, wobei das „Einfallstor" für die Geltung der Wertentscheidungen der Grundrechte im Zivilrecht die Generalklauseln (hier: die Generalklausel „sonstiges Recht") bildeten.

b. Die **Rechtsträger** des **Allgemeinen Persönlichkeitsrechts** sind in erster Linie **individuelle natürliche Personen.** Deren Allgemeines Persönlichkeitsrecht besteht auch **„postmortal"** weiter; denn die Verpflichtung zur Gewährung eines Schutzes vor Angriffen gegen die Menschenwürde endet nicht mit dem Tode (BVerfG). Zur Wahrnehmung ist derjenige bestimmt, den der Verstorbene ausgewählt hat (dazu bedarf es keiner testamentarischen Form), hilfsweise gilt § 77 StGB. Aber auch **Personenverbände** (BGH: „im Rahmen ihres Wesens und der ihnen vom Gesetz zugewiesenen Funktionen") haben einen Anspruch auf Persönlichkeitsschutz; denn stets sind auch mittelbar die dazu gehörigen natürlichen Personen betroffen. Über einen entsprechenden „postmortalen" Schutz kann man sich auch Gedanken machen.

c. und d) Die Frage nach der **Tatbestandsmäßigkeit** des **§ 823 Abs. 1 BGB** und die Frage, ob das **„Indikationenmodell"**, nach dem „die Tatbestandsmäßigkeit die Rechtswidrigkeit indiziert", hier Geltung haben kann oder ob die **Rechtswidrigkeit positiv festgestellt** werden muss, überschneiden sich. Hier gibt es zwei prinzipiell konkurrierende Lösungswege, die sich – wie sollte es auch anders sein – letztlich nur in der Methodik unterscheiden, und das auch nur graduell; in den Ergebnissen sind sie identisch.

- Von der **h. M.** (z. B. Palandt) wird das **„Indikationenmodell"** wegen der Konturenlosigkeit des **Tatbestandes** der Verletzung des Allgemeinen Persönlichkeitsrechts im Grundsatz **abgelehnt**. Sie wählt einen anderen Weg: **1)** Zunächst hat sie zur **Konkretisierung** des **Tatbestandes** einer **Verletzung** des als **sonstiges Recht** anerkannten **Allgemeinen Persönlichkeitsrechts** die theoretisch bestehenden **Möglichkeiten** einer **Verletzung** des Allgemeinen Persönlichkeitsrechts zu **Fallgruppen** „sortiert", so dass man auf dieses Weise einen **subsumtionsfähigen Tatbestand** erhalten hat. Schon bei flüchtiger Durchsicht der Literatur zeigt sich, dass es leider eine unübersehbare Zahl von Modellen einer Fallgruppenbildung gibt. Das **folgende System** erscheint besonders übersichtlich und praktikabel. Hiernach sind als das Allgemeine Persönlichkeitsrecht verletzende Handlungen anzusehen die **Verletzung** bestimmter persönlicher Bereiche eines Menschen, nämlich der **Individual-, Privat,- und Intim-„Sphäre"**, der **informationellen Selbstbestimmung** eines Menschen, seiner **Ehre** und schließlich die **Kommerzialisierung** der Persönlichkeit. **2) Aber** wegen des Nebeneinanders diverser Persönlichkeitssphären und wegen eventuell vorrangiger Interessen der Allgemeinheit ist der Tatbestand einer deliktisch relevanten Verletzung des Allgemeinen Persönlichkeitsrechtes nicht bereits dann erfüllt, wenn der Individualbereich in der vorgenannten Weise betroffen ist. Vielmehr wird für die Erfüllung des Tatbestandes zusätzlich verlangt, dass die **Rechtswidrigkeit positiv festgestellt** wird; dazu muss eine einzelfallbezogene Güter- und Pflichtenabwägung erfolgen.

Aus diesen Vorgaben resultiert folgendes ausgesprochen **komplexes Prüfungsschema**.

**1.** Eine **Verletzung**

**a)** des **Allgemeinen Persönlichkeitsrechts** kann entweder liegen in einem

**aa) Verletzungen** bestimmter **persönlicher Bereiche** des **Menschen** (**„Sphären“**)

- Dabei ist **nicht geschützt** die **„Öffentlichkeitssphäre“** (= Bereich, von dem jedermann Kenntnis nehmen kann und ggf. sogar soll, weil man sich „zur Schau stellt“), sondern geschützt sind nur
- die **„Individualsphäre“** (= das Selbstbestimmungsrecht des Menschen, die Bewahrung seiner persönlichen Eigenart in seinen Beziehungen zur Umwelt, vor allem im öffentlichen und beruflichen Wirken);
- oder die **„Privatsphäre“** (= das private Leben im häuslichen/aber auch außerhäuslichen Bereich und im Familienkreis);
- oder schließlich die **„Intimsphäre“** (= die innere Gedanken- und Gefühlswelt und ihre äußeren Erscheinungsformen in Briefen, Tagebüchern, Gesundheitszustand, Sexualität).

durch

- entweder ein **Eindringen** in diese **Sphären** (heimliche Wort- und Bildaufnahme, Öffnen fremder Post, Tonaufzeichnungen von Gesprächen);
- oder eine **Mitteilungen aus** diesen **Sphären** (Veröffentlichung von Briefen und privaten Aufzeichnungen, Mitteilung von Einzelheiten aus der Individual-, Privat- und Intimsphäre).

**bb)** Unabhängig von einer Sphärenverletzung oder sich damit überschneidend kann eine Verletzung des Allgemeinen Persönlichkeitsrechts weiterhin liegen in

- einer **Verletzung** der **informationelle Selbstbestimmung** durch Weitergabe von Informationen über eine Person, erst recht bei deren Veränderung oder gar Erfindung,
- einer (u. U.. strafrechtlich irrelevanten) **Ehrverletzung** durch eine **Herabsetzung** des **von** einer **Person bestehenden Bildes in** der **Öffentlichkeit** (herabsetzende Presseberichterstattung, entstellende Zitate)
- oder in einer **Kommerzialisierung** einer **Person** (Einsatz des Namens, von Bildern, eines Wappens, von Firmenzeichen zu Werbe- oder sonstigen wirtschaftlichen Zwecken).

**2.** Da nach diesem Modell die Rechtswidrigkeit nicht durch die Verletzung „indiziert“ ist, muss die **Rechtswidrigkeit** (nach h. M. schon im Tatbestand) durch eine Güter- und Pflichtenabwägung **positiv festgestellt** werden. Dabei ist folgender Weg einzuschlagen:

- Auf der **Seite des Verletzten**:
  1. Bei einer Verletzung durch einen **„Sphäreneingriff"** (Eindringen in/Mitteilung aus) a) kommt es vorrangig auf eine die Rechtswidrigkeit ausschließende Einwilligung an; b) sodann ist auf die Bedeutung der einzelnen Sphären abzustellen: die aa) „Intimsphäre" genießt den stärksten Schutz und ist öffentlicher Darstellung grundsätzlich (Ausnahme: der Betroffene hat seine Intimität selbst durch öffentliche Darstellung preisgegeben) völlig verschlossen; bb) die „Privatsphäre" darf nur aus zwingenden Gründen, wenn Vorgänge für die Allgemeinheit von Bedeutung sind, verletzt werden; cc) die „Individualsphäre" genießt den schwächsten Schutz.
  2. Ferner kommt es stets auf die **Schwere** des Eingriffs an.
  3. Ankommen kann es auch auf das **Verhalten** des **Verletzten vor** dem **Eingriff**, insbesondere wenn er die Persönlichkeit des Verletzers zuvor selbst angegriffen und einen „Gegenschlag" herausgefordert hat.
- Auf der **Seite des Verletzers** müssen berücksichtigt werden:
  1. Die **Motive** des Eingriffs.
  2. Die beim Eingriff **eingesetzten Mittel**.
  3. Die **Art und Weise** des Eingriffs.
  4. Allgemeine **Rechtfertigungsgründe** (insbesondere §§ 34, 193 StGB).
  5. In erster Linie wird oft zu prüfen sein, ob der Eingriff durch Grundrechte des Eingreifenden gedeckt ist. **a) Art. 5 Abs. 1 GG**: Bei **falschen Tatsachenbehauptungen** (Tatsachenbehauptungen liegen dann vor, wenn der Beweis des Gegenteils möglich ist; Auslegungsregel des BVerfG: wegen Art. 5 Abs. 1 GG liegt bei einer Verquickung von Tatsachen mit Wertungen im Zweifel keine Tatsachenbehauptung vor./Für die Frage, wann Tatsachenbehauptungen unwahr sind, gilt die Beweislastumkehr in § 186 StGB auch im Zivilrecht./Bei Presseberichten sind im Hinblick auf Art. 5 Abs. 1 S. 2 GG aber auch sich später als unwahr erweisende Berichte zulässig, wenn die publizistische Sorgfalt beachtet worden ist: z. B. sorgfältige Recherche, Zitatentreue, Zurückhaltung bei Verdachtsberichterstattung) findet Art. 5 Abs. 1 GG (Meinungs- und Pressefreiheit) keine Berücksichtigung. Bei **Werturteilen** muss eine Abwägung zwischen Meinungs-/Pressefreiheit und Ehrenschutz stattfinden (dabei gelten folgende Grundsätze: „Schmähkritik" ist nicht durch Art. 5 Abs. 1 GG gedeckt;/ansonsten darf ein Werturteil umso schärfer ausfallen, je stärker der Anlass für das Werturteil ist – wenn der Verletzte z. B. selbst Vorwürfe gegen andere im politischen und geistigen Meinungskampf erhoben hat oder sich sonst

in die Öffentlichkeit begeben hat – und je mehr die Öffentlichkeit von der Kontroverse berührt wird; dabei ist von der verletzerfreundlichsten Auslegung auszugehen). **b) Art. 5 Abs. 3 GG** (Kunst- und Wissenschaftsfreiheit): Die künstlerische Ausnutzung einer Persönlichkeit (Canaris: „Peeperkorn" = Gerhard Hauptmann in Thomas Manns „Zauberberg") geht dem Persönlichkeitsschutz vor; bei der Satire darf die Menschenwürde nicht verletzt werden.

- **Andere** von diesem Konzept der h. M. abweichende **Auffassungen** typisieren die Eingriffshandlungen und verlangen zusätzlich eine positive Feststellung der Rechtswidrigkeit durch Güter- und Pflichtenabwägung (Wandt)

**1.** Die **Eingriffe** werden so **typisiert**
**a) Entstellung** einer Person, speziell durch unwahre Behauptungen, durch die eine Person „in ein falsches Licht gerückt wird" durch z. B
- Falsche Zitate,
- Veränderungen von Leserbriefen
- Erfindung von Interviews, die die Person nicht gegeben hat.

**b) Ehrverletzung** durch herabsetzende Werturteile, die eine Person in der Öffentlichkeit verächtlich machen, oder Diskriminierungen durch z. B.
- Beschreibung des Äußeren einer Fernsehjournalistin in einer Pressereportage, dass sie „aussehe wie eine ausgemolkene Ziege"
- fahrlässig falsche Tatsachenbehauptungen

**c) Kommerzialisierung** einer Person durch Ausnutzung des Namens, des Bildes zu Werbezwecken, z. B. durch
- Verwendung eines Fotos des Schauspielers Fuchsberger für eine Brillenwerbung
- ein Plakat, das ohne ihr Wissen eine Person zeigt, die „in der Pose eines Herrenreiters" für ein sexuelles Kräftigungsmittel wirbt.

**d) Verletzung** der **informationellen Selbstbestimmung** durch Beschaffung oder Weitergabe von Informationen über eine Person, erst recht bei deren Veränderung oder gar Erfindung, durch z. B.
- Aufzeichnung persönlicher Gespräche auf einen Tonträgereiner
- Weitergabe von ärztlichen Attesten

**e) Beeinträchtigung** der Entscheidungsfreiheit, z. B. durch
- Organentnahme ohne Zustimmung der Angehörigen

**f) Eindringen** in die **Privatsphäre**, z. B. durch
- „Stalking"

**2.** Da auch nach diesem Modell die Rechtswidrigkeit nicht durch die Verletzung „indiziert" ist, muss die **Rechtswidrigkeit** (nach h. M. schon im Tatbestand) durch eine **Güter-** und **Pflichtenabwägung positiv festgestellt** werden.

- Noch weiterreichend soll nach **anderer Auffassung** (z. B. Canaris) im Wege einer **verfeinerten Typisierung der Eingriffshandlungen** sogar eine Subsumtion einer Tatbestandsmäßigkeit mit einer (allerdings nicht ganz ausnahmslos) eine Güter- und Pflichtenabwägung entbehrlich machenden **Indikationswirkung** der **Rechtswidrigkeit** als Folge ermöglicht werden; allerdings soll auch nach dieser Lehre bei bestimmten, nicht in diesem Sinne typisierbaren Eingriffen das Erfordernis bestehen, die Rechtswidrigkeit positiv festzustellen. Nach diesem Lösungsvorschlag ist wie folgt vorzugehen:

1. Bei **folgenden Eingriffshandlungen** ist **§ 823 Abs. 1 BGB tatbestandsmäßig** gegeben und die **Rechtswidrigkeit** indiziert:
- bei **Entstellungen** und **unwahren Tatsachenbehauptungen**, durch die eine Person „ins falsche Licht gerückt wird";
- bei **Ehrverletzungen**
- bei **Diskriminierungen**;
- bei **Kommerzialisierungen** einer Person;
- bei einem **Eingriff in** die **„informationelle Selbstbestimmung"** durch eine **missbilligenswerte Informationserlangung (Eingriff** in die **Intimsphäre, Täuschung,** Verstoß gegen **§ 201 StGB)**;
- bei **Verwendung** von **Informationen**, die **rechtswidrig erlangt** sind oder die **unter Verstoß gegen** eine **Verschwiegenheitspflicht weitergegeben** werden.
- **In** allen **diesen Fällen** ist – wegen der **Indikationswirkung** der Tatbestandsmäßigkeit – der Eingriff rechtswidrig, wenn nicht ein **Rechtfertigungsgrund** eingreift bzw. (dazu sogleich) **Art. 5 GG** nicht dagegen steht.

2. **Ansonsten** muss allerdings auch nach dieser Auffassung
   a. die **Rechtswidrigkeit positiv durch Abwägung** festgestellt werden, nämlich in den Fallgruppen
- der **heimlichen Informationserlangung** z. B. durch Fotoaufnahmen, Beobachten von Menschen,
- der **Informationserlangung** unter **Zwang**, unter **Drohung** und unter **Ausnutzen einer Zwangslage**,
- der **Informationserlangung** durch **Ausnutzen** eines **fremden Rechtsbruchs**,
- der **zweckentfremdenden Verwendung** von **überlassenen Informationen**,
- und der **Verbreitung schadensträchtiger Tatsachen**,

   **b.** wobei folgende **Abwägungskriterien** herangezogen werden sollen:
- auf der Seite des Verletzers sind bedeutsam: die Art der Informationserlangung, die Schadensträchtigkeit der Verbreitung und das Motiv dafür;
- auf der Seite des Betroffenen dessen Vorverhalten;
- und das Informationsinteresse.

3. Auch nach dieser Ansicht besteht das Erfordernis der **abwägenden Berücksichtigung von Art. 5 GG**; insoweit kann auf die obigen Ausführungen verwiesen werden.

- Diese methodisch unterschiedlichen **Wege** führen zum Glück weitestgehend zu **identischen Resultaten**. Daher kann auch derjenige, der bei der **Fallbearbeitung** den Weg der h. M. wählt, die sehr subtil begründeten Ergebnisse von z. B. Wandt und speziell Canaris zur Überprüfung der eigenen Güter- und Pflichtenabwägung nutzen: Wer also bei entstellenden oder unwahren Tatsachenbehauptungen, bei Ehrverletzungen, bei Diskriminierungen, bei Kommerzialisierungen, bei Verletzungen durch eine missbilligenswerte Informationserlangung (Eingriff in die Intimsphäre, Täuschung, Verstoß gegen § 201 StGB), bei Verwendung von rechtswidrig erlangter oder unter Verstoß gegen eine Verschwiegenheitspflicht weitergegebener Informationen aufgrund seiner „Güter- und Pflichtenabwägung" nicht zu einer tatbestandsmäßigen und rechtswidrigen Verletzung des Allgemeinen Persönlichkeitsrechts gekommen ist, muss dafür schon „besondere Gründe" haben, oder er sollte sein Resultat besser noch einmal überprüfen!
- Wie auch immer: Die Rechtswidrigkeit muss natürlich immer nur einmal geprüft werden.

Dieser Komplex **(sub (d)** und **sub (e)** ist gewissermaßen das **„Herzstück"** einer Prüfung des § 823 Abs. 1 BGB bei einer Verletzung des Allgemeinen Persönlichkeitsrechts.

**(f)** Was die Frage der **deliktischen Verantwortlichkeit** angeht, so sind dies der **unmittelbare Verletzer** oder derjenige, dem die Verletzung **zugerechnet** werden muss **(§§ 31, 831 BGB)**, und diejenigen, denen **Verkehrspflichten** zur **Verhinderung** der Verletzung obliegen (verantwortlicher Redakteur, Herausgeber oder Verleger). Für deren **Verschulden** (so es darauf ankommt, also bei eigenem Verschulden, bei § 31 BGB; fraglich ob und inwieweit bei § 831 BGB) gelten insbesondere bei der Medienberichterstattung hohe Anforderungen („pressegemäße Sorgfalt"), die aber angesichts des Art 5 Abs. 1 GG nicht überspannt werden dürfen.

(g) Auf der **Rechtsfolgenseite** gilt im **Vorgriff auf Teil 9** folgendes: aa) Der Verletzte hat einen Anspruch auf Naturalrestitution durch Wiederherstellung in Natur gerichteten Anspruch auf Beseitigung (§§ 823 Abs. 1, 249 Abs. 1 BGB), z. B. durch Widerruf einer Tatsachenbehauptung. Hier gibt es eine Ihnen schon bekannte Besonderheit: Wenn die Unwahrheit einer Behauptungen feststeht, ist der Schuldner zu einem uneingeschränkten Widerruf verpflichtet. Da der Beweis der Unwahrheit einer Behauptung häufig nicht geführt werden kann, soll es aber für einen Widerrufsanspruch ausreichen, ernsthafte Zweifel an der Richtigkeit der Tatsachenbehauptung zu wecken; dann aber soll der Verletzte nur einen Anspruch auf einen eingeschränkten Widerruf des Inhalts haben, dass „die Behauptung … nicht aufrechterhalten (wird)", denn es kann dem zum Widerruf verpflichten Schuldner im Hinblick auf Artt. 1, 2 GG nicht zugemutet werden, eine möglicherweise ja wahre Tatsachenbehauptung zu widerrufen. Dass bei Werturteilen kein Widerruf verlangt werden kann, ergibt sich aus Art. 5 GG. bb) Anerkannt und Ihnen bereits bekannt ist weiterhin, aaa) dass auch ein Anspruch auf Unterlassung der Verletzung des Allgemeinen Persönlichkeitsrechts (a maiore ad minus §§ 823 Abs. 1, 249 Abs. 1 BGB: „Schadensverhütung geht vor Schadensvergütung") besteht und bbb) dass zugleich auch ein Anspruch auf Beseitigung und Unterlassung aus § 1004 BGB analog gegeben ist. Nicht selten werden daher in der Praxis zur Begründung eines Beseitigungs- oder Unterlassungsanspruchs die „§§ 823, 1004 BGB" in einem Atemzug zitiert. b) Was die Frage eines Schadensersatzanspruchs in Geld angeht, aa) so kann auch Naturalrestitution nach § 249 Abs. 1, 2 S. 1 BGB, also Geld für die Naturalrestitution, verlangt werden. Bei Nichtvermögensschäden ist z. B. an die Kosten für eine selbst vorgenommene Beseitigung durch einen in einer Zeitungsanzeige veröffentlichten Widerruf zu denken. bb) Ein Anspruch auf Kompensation nach § 251 BGB ist bei Vermögensschäden vorstellbar, wobei der Schaden entweder konkret oder abstrakt auf der Basis eines fiktiven Lizenzvertrages berechnet werden kann. Bei Nichtvermögensschäden kann § 251 BGB nicht eingreifen (arge. § 253 Abs. 1 BGB). cc) Die wichtigste Frage ist daher, ob der Verletzte auch einen Anspruch auf eine „Geldentschädigung" für immaterielle Nachteile hat. Sie wird sowohl bei Verletzungen spezialgesetzlich erfasster Persönlichkeitsrechte als auch bei Verletzungen des Allgemeinen Persönlichkeitsrechts bejaht, wobei dies teils mit einer von der Verfassung gebotenen bzw. von ihr determinierten Rechtsfortbildung in Form einer analogen Anwendung des § 253 Abs. 2 BGB (heute müsste man sich allerdings fragen, ob dieser Weg nicht durch die Neuschaffung des § 253 Abs. 2 BGB versperrt ist, weil der Gesetzgeber ganz bewusst davon abgesehen hat, die Verletzung eines Allgemeinen Persönlichkeitsrechts in den Katalog des § 253 Abs. 2 BGB aufzunehmen, wohl aber die Verletzung der sexuellen Selbstbestimmung für „schmerzensgeldfähig" anerkannt hat) und vom BGH neuerdings aus **Artt. 1, 2 GG** begründet wird (das scheint jetzt die vernünftigste Lösung zu sein). Wie auch immer: Für eine Entschädigung in Geld muss

- der **Eingriff** unter Berücksichtigung von Bedeutung und Tragweite, Anlass und Beweggrund des Verletzers und Ausmaß des Verschuldens **schwer** sein, darf also keine Bagatelle sein,
- und er darf **nicht anderweitig ausgleichbar** sein (z. B. durch Widerruf oder Gegendarstellung nach den Landespressegesetzen), was nicht der Fall ist, wenn der Widerruf nicht freiwillig erklärt wird, sondern nur gerichtlich erzwingbar ist, oder wenn die Verletzung die Grundlage der Persönlichkeit betrifft.
- Nach neuester Ansicht des BGH (Caroline v. Monaco./. „Bunte") spielt bei der Bemessung auch der **Präventionsgedanke** eine Rolle (ähnlich dem „Strafschadensersatz" des anglo-amerikanischen Rechts; damit wird eine ganz neue Entwicklung eingeleitet.
- Allerdings soll es **keine „Gewinnabschöpfung"** geben.

**Fall 700**

Die Prinzessin P eines europäischen Fürstenhauses hat sich entschlossen, keine Interviews mehr zu geben, sondern die Öffentlichkeit über ihre Person nur noch über Presserklärungen zu unterrichten. Die Zeitschrift „Color" (C) veröffentlicht ein fiktives Interview mit ihr, in dem der P Heiratspläne in den Mund gelegt werden. Bereits zuvor waren von der C diverse falsche Tatsachenbehauptungen über die P entgegen einer gerichtlichen Untersagung veröffentlicht worden. Die P verlangt vom Herausgeber der C angemessene Geldentschädigung (nach BGH).

1) Weil keine Spezialregelung eingreift 2) Kann sich der Anspruch aus § 823 Abs. 1 BGB, Artt. 1, 2 GG ergeben, a) wenn eine rechtlich anerkannte Schutzposition, hier ein „sonstiges Recht" der P, verletzt worden ist, u. U. das Allgemeine Persönlichkeitsrecht. Darunter versteht man das sich aus Artt. 1, 2 GG ergebende und wegen Art. 1 Abs. 3 GG im Zivilrecht Geltung als sonstiges Recht habende Recht auf Achtung der Menschenwürde und auf Entfaltung der individuellen Persönlichkeit. Die Prüfung der Verletzung kann auf verschiedenen methodisch unterschiedlichen Wegen erfolgen. (Diese werden *nur in diesem Fall* parallel vorgestellt. Später wird in den Fällen nur der h. M. – wie z. B. bei Palandt) – folgend aufgebaut.) aa) Prüfung nach h. M. aaa) Liegt ein rechtswidriger Eingriff in den Schutzbereich des Allgemeinen Persönlichkeitsrechts vor? aaaa) Hier wurde eingegriffen in die Individualsphäre oder in das Recht auf informationelle Selbstbestimmung der P durch Weitergabe von erfundenen Informationen über ihre Person (Interview, Heiratspläne); bbbb) außerdem liegt eine Verletzung der Intimsphäre durch die Mitteilung von Heiratsplänen, die der inneren Gefühls- und Gedankenwelt eines Menschen angehören, vor. bbb) Nach einer anderen, die Eingriffe typisierenden Lehre liegt hier ein in die Fallgruppe einer „Entstellung der Persönlichkeit durch unwahre Behauptungen" einzuordnender Sachverhalt vor. bbb) Die nach beiden Lehren vorzunehmende positive Feststellung der Rechtswidrigkeit durch eine Güter- und Pflichtenabwägung führt zur Rechtswidrigkeit: aaa) Nach h. M. ist, was die Intimsphärenverletzung angeht, die Rechtswidrigkeit bereits wegen der fehlender Autorisierung durch P gegeben; was den Eingriff in die informationelle Selbstbestimmung angeht, ist dieser wegen der Unrichtigkeit der Tatsachenbehauptung auch unter dem Aspekt des Art 5 Abs. 1 GG als rechtswidrig zu bewerten. bbb) Nach der anderen Ansicht spricht für die Rechtswidrigkeit, dass hier verfassungsrechtlich geschützte ideelle Interessen verletzt werden, und zwar schwer und vorsätzlich handelnd. Grundrechte der C führen zu keiner anderen Einschätzung, denn die Darstellung der C ist unrichtig. Berechtigte Interessen i. S. d. § 193 StGB werden durch die C nicht wahrgenommen. Und es gibt keine Interessen des C, die einen Eingriff erlaubt erscheinen lassen könnten. cc) Nach der eine Indikationslösung wagenden Lehre von den Eingriffstypisierungen liegt bei einem Eingriff in Gestalt einer Entstellungen und unwahren Tatsachenbehauptung, durch die eine Person „ins falsche Licht gerückt wird", eine Verletzung des Allgemeinen Persönlichkeitsrechts vor, b) bei der die Rechtswidrigkeit aaa) indiziert ist. Rechtfertigungsgründe liegen aber nicht vor. bbb) Diejenigen Vertreter der h. M., die die Indikationslösung ablehnen und die die Rechtswidrigkeit durch eine Güter- und Pflichtenabwägung im Tatbestand prüfen, gehen auf die Rechtswidrigkeit hier nicht erneut ein. ccc) Nur wer – auch diesen Vorschlag gibt es (Röthel) – die Güter- und Pflichtenabwägung „erst" in der Prüfungsinstanz „Rechtswidrigkeit" vornimmt, nimmt die Rechtswidrigkeitsfeststellung erst hier und nicht schon beim Tatbestand vor. b) Die Verletzung dem Herausgeber zuzurechnende Verletzung erfolgte vorsätzlich, so dass es auf die Frage der Einhaltung einer im Lichte des Art. 5 Abs. 1 GG

zu sehenden „pressegemäßen Sorgfalt“ nicht ankommt. d) Rechtsfolge: aa) Weil der Eingriff schwer bb) und nicht anderweitig ausgleichbar ist, ist der P ein immaterieller Schaden zu ersetzen, cc) und zwar unter Berücksichtigung des Präventionsgedankens („Strafschadensersatz“), wenn es zu – wie hier – wiederholten Verletzungen des Allgemeinen Persönlichkeitsrechts gekommen ist (Artt. 1, 2 GG).

**Fall 701**

Der Lokomotivführer L ist an einem Zugzusammenstoß mit vielen Opfern beteiligt; er selbst bleibt unverletzt, steht aber unter schwerem Schock. Er verweigert alle Auskünfte zum Hergang des Unfalls. Der Journalist J der Zeitung Z gibt sich als Priester aus, der L Beistand leisten will. So erhält er Zugang zu L's Haus und führt ein Gespräch mit ihm. Dabei erklärt L, dass er sich „als Mensch verantwortlich am Unglück so vieler Menschen“ fühle. Dieses Zitat druckt die Z unter Weglassung von „als Mensch“ ab. Dem L wird aufgrund dieser Äußerung gekündigt. Später stellt sich seine Unschuld heraus. Der L verlangt von der Z Schadensersatz und eine angemessene Geldentschädigung.

Ein Anspruch aus §§ 823 Abs. 1, 249 ff. BGB, Artt. 1, 2 GG ist gegeben; a) ein Eingriff aa) in das Allgemeine Persönlichkeitsrecht liegt vor, und zwar aaa) wegen der Verkürzung des Zitats durch Verletzung der Individualsphäre oder durch Eingriff in die informationelle Selbstbestimmung bbb) und durch der Verletzung der Privatsphäre durch Eindringen und Mitteilungen. bb) Bei einer Güter- und Pflichtenabwägung ist die Verletzung rechtswidrig: aaa) Die unrichtige Wiedergabe des Zitats ist als falsche Tatsachenbehauptung rechtswidrig; bbb) hinsichtlich der Verletzung der Privatsphäre ist die Rechtswidrigkeit aufgrund einer Güter- und Pflichtenabwägung gegeben: Zwar hat die Öffentlichkeit ein Informationsinteresse über den Hintergrund des Unglücks; andererseits ist die Art der Informationserlangung verwerflich. b) Die Verletzung ist dem Herausgeber der Z zuzurechnen. c) Der J hat schuldhaft gehandelt. d) Die Z hat dem L aa) nach § 249 ff. BGB dessen Vermögensschaden und bb) nach Artt. 1, 2 GG den immateriellen Schaden zu ersetzen, weil der Eingriff aaa) schwer und bbb) nicht anderweit ausgleichbar ist.

#### ff) Der deliktische Schutz der gewerblichen Betätigung („eingerichteter und ausgeübter Gewerbebetrieb“)

Jedem dürfte bekannt sei, dass das Unternehmen durch die Anerkennung des **„Rechts am eingerichteten und ausgeübten Gewerbebetrieb“** als **„sonstiges Recht“** in seiner wirtschaftlichen Tätigkeit vor rechtswidrigen und schuldhaften Eingriffen Dritter durch **§ 823 Abs. 1 BGB** geschützt werden soll. Es ist aber zugleich ein unter jungen Juristen weit verbreiteter Irrtum, dass die gewerbliche Betätigung nur auf diese Weise geschützt sei.

In Wahrheit liegt es genau umgekehrt: Die unternehmerische Betätigung ist, ohne dass es auf die Rechtsfigur des „Rechts am eingerichteten und ausgeübten Gewerbebetrieb“ ankäme, durch bestehende ausdrückliche **gesetzliche Bestim-**

**mungen** ihres Schutzes weitreichend durch die Zuerkennung von Schadensersatzansprüchen deliktisch geschützt, und zwar durch: **§ 823 Abs. 1 BGB (Verletzung** des **Eigentums** oder eines **„sonstiges Rechts“**, z. B. **aus §§ 12 BGB, 17 HGB**); durch **§ 824 BGB**, durch **826 BGB**; weiterhin durch **Spezialgesetze**: In **§ 14 Abs. 6 MarkG**, demzufolge derjenige, der ein ausschließliches Markenrecht (§ 14 Abs. 1 MarkG) vorsätzlich oder fahrlässig nach § 14 Abs. 2–5 MarkG verletzt, dem Inhaber der Marke zum Ersatz des durch die Verletzungshandlung entstandenen Schadens verpflichtet ist; in **§ 139 Abs. 1 PatG**, in dem bestimmt ist, dass derjenige, der vorsätzlich oder fahrlässig entgegen den §§ 9 bis 13 PatG eine patentierte Erfindung benutzt, dem Verletzten schadensersatzpflichtig ist; i. w. gleichlautend in **24 Abs. 2 GebrMG**; in **§ 97 Abs. 2 UrhG**, wonach derjenige, der das Urheberrecht oder ein anderes nach diesem Gesetz geschütztes Recht vorsätzlich oder fahrlässig widerrechtlich verletzt, dem Verletzten zum Ersatz des daraus entstehenden Schadens verpflichtet ist; in **§ 33 Abs. 3 GWB**, wonach derjenige der vorsätzlich oder fahrlässig verbotenerweise wettbewerbsbeschränkend handelt, zum Schadensersatz verpflichtet ist; in **§ 9 S. 1 UWG**, nach dem derjenige, der vorsätzlich oder fahrlässig eine nach § 3 oder § 7 UWG unzulässige geschäftliche Handlung vorgenommen hat, den Mitbewerbern zum Ersatz des daraus entstehenden Schadens verpflichtet ist. Gleichwohl ist man sich jedoch heute immer noch weitgehend einig, dass der auf diese Weise gewährte gesetzliche deliktische Schutz trotz allem lückenhaft ist. Wieder einmal ist die Frage erlaubt, ob Sie alle diese Vorschriften jedenfalls einmal lesen. Sie sollten es – ungeachtet der geringen Examensrelevanz – tun, damit sich Ihr Kenntnishorizont langsam erweitert. Etwas davon bleibt immer hängen.

Aus diesem Grunde hat die Rechtspraxis (der historisch erster Fall in der Rechtsprechung des Reichsgerichts war der der „unberechtigten Schutzrechtsverwarnung“), abgestützt durch die Rechtswissenschaft im Wege der **Rechtsfortbildung** ein als „sonstiges Recht“ i. S. d. § 823 Abs. 1 BGB anzusehendes **„Recht am eingerichteten und ausgeübten Gewerbebetrieb“** entwickelt und daran bis heute festgehalten.

Allerdings wird von namhafter Seite die Legitimation zu einer solchen Rechtsfortbildung bestritten. Man sieht in ihr die Schöpfung einer Generalklausel, die eine unbegrenzte Ermächtigung für Rechtsprechung bedeute, außergesetzliche Verkehrspflichten zu schaffen (Canaris), die auf einen reinen Vermögensschutz hinausläuft (Kötz). Weil man deshalb nicht von Gewohnheitsrecht sprechen kann, wird Ihnen hier empfohlen, die weitere Rechtsentwicklung zwar zu beobachten, aber einstweilen mit der Rechtspraxis weiterhin das Bestehen eines „Rechts am eingerichteten und ausgeübten Gewerbebetriebs“ als durch Rechtsfortbildung extra legem legitimiertes „sonstiges Recht“ anzuerkennen.

Das ist kein „Freibrief“. Denn die dogmatischen Probleme liegen auf der Hand: Ein im Wege der Rechtsfortbildung entwickeltes Institut hat keinen Anwendungsbereich, wenn es spezielle gesetzliche Regeln gibt (Subsidiarität). Auch ist das „Recht am eingerichteten und ausgeübten Gewerbebetrieb“ inhaltlich kaum bestimmbar, so dass das „Indikationenmodell“ keine Geltung haben kann.

Bei der Rechtsanwendung muss man daher sehr sorgfältig die für das Vorliegen eines deliktisch relevanten Eingriffs in ein „Recht am eingerichteten und ausgeübten Gewerbebetrieb“ entwickelten **restriktiven Regeln** beachten:

- Bei der Fallbearbeitung müssen Sie zunächst sehr gründlich untersuchen, ob nicht ein anderweitiger deliktischer Schutz der gewerblichen Betätigung einschlägig ist (**Subsidiarität**).
- Das **Eingriffsobjekt („eingerichteter und ausgeübter Gewerbebetrieb")** ist begrifflich gesehen recht einfach erfassbar, nicht hingegen das Spektrum der möglichen Verletzungen: Dazu hat die Rechtspraxis die **möglichen Eingriffe** durch **Fallgruppenbildung typisiert**.
- Zur Vermeidung sonst unüberschaubarer und damit auch unversicherbarer Haftungsrisiken für Dritte wird für die deliktische Relevanz eines Eingriffs in einen „eingerichteten und ausgeübten Gewerbebetrieb" verlangt, dass der Eingriff **„unmittelbar und betriebsbezogen"** war;
- und nach manchen ist zusätzlich sogar das Vorliegen einer **Bedrohung** der **Grundlagen** des **Betriebes oder** die **Aufhebung** des **Funktionszusammenhanges** der **Betriebsmittel** für **längere Zeit** erforderlich.
- Trotz dieser restriktiven Konkretisierungen des Tatbestandes hat das **Indikationenmodell** des § 823 Abs. 1 BGB, nach der „die Tatbestandsmäßigkeit die Rechtswidrigkeit indiziert", wie schon beim Eingriff in das „Allgemeinen Persönlichkeitsrecht" auch hier **keine Geltung**: Vielmehr muss man durch eine im Tatbestand erfolgende einzelfallbezogene Güter- und Pflichtenabwägung die **Rechtswidrigkeit positiv feststellen**.

Die sind die zu stellenden **Fragen**; die **Antworten** kann man so zusammenfassen; anschließend werden sie **im Detail erörtert**:

Eine auch als **Prüfungsschema** taugliche **Problemübersicht** für das **erste Merkmal** des § 823 Abs. 1 BGB (**Verletzung einer geschützten Rechtsposition**) lautet daher:

1) **Subsidiarität** gegenüber dem bereits gegebenen deliktischen Schutz der gewerblichen Betätigung durch **§ 823 Abs. 1 BGB** (etwa wegen einer Verletzung des Eigentums, der als sonstige Rechte anerkannten Namens- oder Firmenrechte); durch **§§ 824, 826 BGB**; durch **§ 14 Abs. 6 MarkG**; durch **§ 139 Abs. 1 PatG**; durch **24 Abs. 2 GebrMG**; durch **§ 97 Abs. 2 UrhG**; durch **§ 33 Abs. 3 GWB**; durch **§ 9 S. 1 UWG. (sub (1))**
2) **Eingegriffen** worden sein
   a) muss **in** einen bestehenden **Gewerbebetrieb** wobei **nicht** der **handelsrechtliche Gewerbebegriff** gilt, sondern ein **wirtschaftlicher Gewerbebegriff** maßgeblich ist mit den dafür typischen Kriterien der **Selbstständigkeit**, der **Entgeltlichkeit** der Tätigkeit, der **Nachhaltigkeit** und dem eines **Auftretens nach außen**, so dass auch Freiberufler (Arzt, Rechtsanwalt, Steuerberater, Architekt) einen „eingerichteten und ausgeübten Gewerbebetrieb" betreiben können,
   b) wobei nicht nur an einen Eingriff in den **Kernbereich** der betrieblichen Betätigung, sondern auch an Verletzungen des Gewerbebetriebes **„in allen seinen Ausstrahlungen"** zu denken ist (Räumlichkeiten,

Maschinenpark, Geschäftsverbindungen, Kundenstamm, Außenstände, Betriebsgeheimnisse),

**3)** und zwar in einer Weise, die bestimmten **Fallgruppen** zugeordnet werden kann, nämlich

- durch **physische Beeinträchtigungen** (z. B. durch **Blockaden** des Zugangs zu dem Betrieb), die nicht im Zusammenhang mit Arbeitskampfmaßnahem stehen;
- durch **Arbeitskampfmaßnahmen**;
- durch intellektuell wirkende Maßnahmen (z. B. durch einen **Boykott-Aufruf**);
- durch **negative gewerbeschädigende Werturteile** (z. B. durch Warentests);
- durch eine unangemessene **Mitteilung wahrer abträglicher Tatsachen** (z. B. Beeinträchtigung der Kreditwürdigkeit);
- durch die Geltendmachung nicht bestehender gewerblicher Schutzrechte, eines Patentes, eines Gebrauchsmusters oder einer Marke (**„unberechtigte Schutzrechtsverwarnung“**);
- durch die **Verwendung** einer **berühmten Marke**.

**4)** Der Eingriff muss **„unmittelbar betriebsbezogen“** sein, darf also nicht ohne weiteres vom Betrieb ablösbare Rechte oder Rechtsgüter betreffen (Betriebsbezogenheit) und darf kein Schadensereignis sein, das mit dem Betrieb nicht unmittelbar in Beziehung steht (Unmittelbarkeit), muss aber nicht zweckbezogen die gewerbliche Tätigkeit einschränken.

**5)** Zuweilen werden noch weitere Einschränkungen des deliktischen Schutzes des „eingerichteten und ausgeübten Gewerbebetriebs“ vorgenommen, indem zusätzlich das Erfordernis einer **Bedrohung** der **Grundlagen** des **Betriebes** oder das Erfordernis einer **Aufhebung** des **Funktionszusammenhanges** der **Betriebsmittel für längere Zeit** aufgestellt werden. **(sub (2))**

**6)** Wie bei der Frage einer Verletzung des Allgemeinen Persönlichkeitsrechts muss die **Rechtswidrigkeit** schon im Tatbestand erörtert werden. **(sub (3))**

**a)** Keine Probleme bestehen bei den Fallgruppen der **physischen Beeinträchtigung**, die nicht im Zusammenhang mit Arbeitskampfmaßnahmen steht, und der **unberechtigten Schutzrechtsverwarnung**: Diese sind rechtswidrig, die unberechtigte Schutzrechtsverwarnung schon „per definitionem“.

**b)** Ansonsten muss die Rechtswidrigkeit **positiv** festgestellt werden:

**aa)** Bei **Arbeitskampfmaßnahmen** muss geprüft werden, ob z. B. ein Streik kollektiv-arbeitsrechtlich rechtmäßig und durch Art. 9 GG gedeckt ist;

**bb)** bei **Boykottmaßnahmen** muss eine Güter- und Pflichtenabwägung vorgenommen werden;

**cc)** auch bei der **Verbreitung wahrer aber abträglicher Tatsachen**;

**dd)** ebenso bei **gewerbeschädigenden herabsetzenden Werturteilen**.

(1) Subsidiarität

Zur Frage der **„Subsidiarität"** gegenüber dem bereits gegebenen deliktischen Schutz der gewerblichen Betätigung gibt es das Ihnen schon bekannte „klassische" Fallbeispiel des „Baggerfalles".

**Fall 702**

Der selbständig tätige Baggerunternehmer B hat bei Tiefbauarbeiten an einer öffentlichen Straße durch eine Unachtsamkeit kurzzeitig das (unterstellen Sie dies bitte aus Gründen der Vereinfachung) im Eigentum der E-Werke stehende, ausschließlich den Betrieb des F versorgende Stromkabel zerstört. Der F betreibt eine Hühnerei-Brüterei. Die in den Öfen liegenden Eier, die eine dauernde Erwärmung benötigen, im Werte von € 10.000,– verderben (nach BGH).

Der Schadensersatz für die verdorbenen Eier ergibt sich a) aus § 823 Abs. 1 BGB wegen einer Eigentumsverletzung, die auf einem Verhalten des B kausal und zurechenbar beruht, und die rechtswidrig und schuldhaft erfolgte, b) und wegen der „Subsidiarität" nicht aus § 823 Abs. 1 BGB wegen einer Verletzung des Rechts am eingerichteten und ausgeübten Gewerbebetrieb als sonstiges Recht.

(2) Eingriff in den eingerichteten und ausgeübten Gewerbetrieb, der unmittelbar betriebsbezogen sein muss

Vorliegen muss ein Eingriff in einen eingerichteten und ausgeübten Gewerbetrieb **(sub (a))**, der zusätzlich unmittelbar und betriebsbezogen sein muss **(sub (b))**.

(a) Das Schutzobjekt ist ein bestehender **Gewerbebetrieb.** wobei **nicht** der **handelsrechtliche Gewerbebegriff** gilt, sondern ein **wirtschaftlicher Gewerbebegriff** maßgeblich ist mit den dafür typischen Kriterien der **Selbstständigkeit**, der **Entgeltlichkeit** der Tätigkeit, der **Nachhaltigkeit** und dem eines **Auftretens nach außen**, so dass auch Freiberufler (Arzt, Rechtsanwalt, Steuerberater, Architekt) einen „eingerichteten und ausgeübten Gewerbebetrieb" betreiben können.

Geschützt ist nicht nur der **Kernbereich** der betrieblichen Betätigung, sondern der Gewerbebetrieb **„in allen seinen Ausstrahlungen"**, also einschließlich der Räumlichkeiten, des Maschinenparks, der Geschäftsverbindungen, des Kundenstamms, der Außenstände, der Betriebsgeheimnisse etc.

Subsumtionsfähig wird dieses „Rahmenrecht" aber erst, wenn man es durch **Fallgruppenbildung** konkretisiert.

(aa) Einfach zu erfassen sind **physische Beeinträchtigungen** durch die **Blockade** des Zugangs zu dem Betrieb, um zum *Beispiel* nach Ostern 1968 die Auslieferung der „Bild"-Zeitung aus politischen Gründen zu verhindern, weil man diese für im weitesten Sinne verantwortlich für den Mordanschlag auf Rudi Dutschke ansieht.

(bb) Bei **Arbeitskampfmaßnahmen** muss geprüft werden, ob z. B. ein Streik kollektiv-arbeitsrechtlich rechtmäßig und durch Art. 9 GG gedeckt ist, was zum *Beispiel* nicht der Fall wäre, wenn die die „Bild"-Zeitung herstellenden Drucker aus dem vorgenannten Grund die Zeitung bestreikt hätten.

(cc) Ein Eingriff in den eingerichteten und ausgeübten Gewerbetrieb wäre auch ein **Boykott-Aufruf** oder andere intellektuell wirkende Aktionen, wenn also zum *Beispiel* der Pressesprecher des Hamburger Senats Erich Lüth dazu aufruft, sich den Spielfilmilm über eine Episode aus dem Leben des Komponisten Beethoven mit dem Titel „Unsterbliche Geliebte" unter der Regie von Veit Harlan, der im 3. Reich die Regie für Propagandafilme (z. B. „Jud Süß") geführt hatte, nicht anzusehen.

(dd) Wenn durch einen **Warentest** zum *Beispiel* eine Schokoladensorte eines Herstellers als „mangelhaft" bewertet wird, weil in der Nuss-Schokolade ein künstlich hergestellter Aromastoff nachgewiesen worden sei, obwohl kein entsprechende Laboranalyse vorlag, greift durch das **negative gewerbeschädigende Werturteil** in den eigenrichteten und ausgeübten Gewerbetrieb ein.

(ee) Die zum *Beispiel* in einem Interview eines Bankiers einer deutschen Großbank erfolgende Äußerung, dass ein Kunde der Bank nicht mehr kreditwürdig sei, ist – auch wenn sie inhaltlich zutreffend war – als unangemessene **Mitteilung wahrer abträglicher Tatsachen** ein Eingriff in den eingerichteten und ausgeübten Gewerbetrieb des Kunden.

(ff) Dass die Geltendmachung nicht bestehender gewerblicher Schutzrechte, *zum Beispiel* eines Patentes, eines Gebrauchsmusters oder einer Marke als **„unberechtigte Schutzrechtsverwarnung"** ein Eingriff in den eingerichteten und ausgeübten Gewerbetrieb ist, hatte schon das Reichsgericht so entschieden.

(gg) Wer sich einer berühmten Marke bedient, greift in den eingerichteten und **ausgeübten Gewerbetrieb ein**, so zum *Beispiel* wenn das Publikum aufgrund der Verwendung der Zeichen „Volks-Inspektion", „Volks-Reifen" und „Volks-Werkstatt" durch die Beklagten von wirtschaftlichen oder organisatorischen Verbindungen zur Klägerin ausgeht oder wenn diese Zeichenbenutzung die Unterscheidungskraft der bekannten Marke „Volkswagen" beeinträchtigt.

(b) Um den trotz der Fallgruppenbildung erfolgten Einschränkung immer noch weiten Schutzbereich auf ein angemessenes Maß deliktischer Haftung zu beschränken, ist weiterhin ist für das Vorliegen eines **Eingriffs in den „eingerichteten und ausgeübten Gewerbebetrieb"** Voraussetzung eine **„unmittelbare Betriebsbezogenheit"**, die keine gegen die gewerbliche Tätigkeit gerichtete Zweckbezogenheit voraussetzt, sondern nur, dass nicht ohne weiteres vom Betrieb ablösbare Rechte oder Rechtsgüter verletzt worden sind und dass das Schadensereignis kein solches war, das mit dem Betrieb lediglich mittelbar in Beziehung steht. Das bedeutet, dass es an der Betriebsbezogenheit fehlt, wenn zum *Beispiel* schädigend auf Lieferanten des Gewerbetreibenden eingewirkt wird oder einzelne Maschinen oder Fahrzeuge betroffen sind. Selbst die Verletzung eines zur Fortführung des Betriebes unentbehrlichen Arbeitnehmers ist kein unmittelbar betriebsbezogener Eingriff.

**Fall 703**

Der T schlägt den Leiter der Entwicklungsabteilung E des Pharmabetriebes P aus Eifersucht so schwer zusammen, dass dieser aufgrund der schweren Kopfverletzungen einen Gedächtnisverlust erleidet und eine Vielzahl unvollständig dokumentierter Forschungsideen verloren gehen. Der P nimmt den T auf Schadensersatz in Anspruch.

Ein Anspruch aus § 823 Abs. 1 BGB wegen eines Eingriffs in das Recht am eingerichteten und ausgeübten Gewerbebetrieb als sonstiges Recht scheitert am Fehlen der unmittelbaren Betriebsbezogenheit: Die Tat des T richtet sich nicht gegen den Betrieb, sondern gegen den E, der hiervon abgelöst gedacht werden kann.

Je nach dazu vertretener Rechtsansicht kann es erforderlich sein zu prüfen, ob der in Betracht kommende unmittelbar betriebsbezogene Eingriff deshalb keinen deliktischen Schutz verdient, weil man zusätzlich das Erfordernis einer **Bedrohung** der **Grundlagen** des **Betriebes oder** die **Aufhebung** des **Funktionszusammenhanges** der **Betriebsmittel für längere Zeit** aufstellt.

**Variante**

Aufgrund der kurzen Betriebsunterbrechung infolge der erforderlichen Neubestückung mit Eiern entgeht dem F ein Gewinn Verdienst in Höhe von € 3000,– (nach BGH)

Der Verdienstausfall ist a) könnte nach § 823 Abs. 1 BGB zwar nicht unter dem Aspekt der Substanzbeeinträchtigung wohl aber dem der Gebrauchsbeeinträchtigung der Brutöfen als Eigentumsverletzung zu ersetzen sein. Dazu ist jedoch eine mehr als nur kurzzeitige Gebrauchsbeeinträchtigung erforderlich. b) In Betracht kommt aber eine Verletzung des „Rechts am eingerichteten und ausgeübten Gewerbebetrieb" als „sonstiges Recht": aa) Es gibt keinen anderweitigen deliktischen Schutz. bb) Es liegt vor ein aaa) Eingriff in einen eingerichteten und ausgeübten Gewerbebetrieb; bbb) durch eine physische Beeinträchtigung. cc) Die unmittelbare Betriebsbezogenheit des Eingriffs ist bei Stromkabelfällen problematisch: aaa) Man kann bereits an der „Unmittelbarkeit" zweifeln, weil die Verletzung nur über das verletzte Eigentum der E-Werke erfolgt ist. bbb) Wer darüber hinwegsieht, muss sich der Frage der Betriebsbezogenheit zuwenden: Für die Betriebsbezogenheit spricht, dass der Eingriff die Betriebsmittel des F insofern betriebsbezogen betrifft, weil F der einzige Stromabnehmer ist. dd) Wenn man allerdings zusätzlich dazu auch die Bedrohung der Grundlagen des Betriebes oder die Aufhebung des Funktionszusammenhanges der Betriebsmittel für längere Zeit verlangt, besteht zumindest aus diesem Grunde kein deliktisch relevanter Eingriff. (Teilt man alle diese Bedenken nicht, geht es wie folgt weiter:) dd) Die Rechtswidrigkeit wäre bei einer physischen Beeinträchtigung der hier vorliegenden Art ohne Güter- und Interessenabwägung gegeben. Eine solche Erörterung liefe hier weitgehend leer, weil nichts dafür erkennbar ist, dass die Interessen des B denen des F vorgehen. b) Die Verletzung ist dem B zuzurechnen; c) die Rechtswidrigkeit ist bereits festgestellt worden. d) Verschulden. e) Schaden.

(3) Rechtswidrigkeit

Die **Rechtswidrigkeit** ist hier Teil der Tatbestandsprüfung. Bei den Fallgruppe einer **physischen Beeinträchtigung**, die nicht im Zusammenhang mit Arbeitskampfmaßnahmen steht, und auch bei der **unberechtigten Schutzrechtsverwarnung**, ist diese ohne weiteres gegeben, während sie ansonsten durch eine Güter- und Interessenabwägung positiv festgestellt werden muss.

**Fall 704**

Das sonst sehr gut bewertete Lokal des W wird vom einflussreichen Gastrotester T aufgesucht; Der T isst dort ein einziges Mal und publiziert anschließend in der von ihm herausgegebenen Zeitschrift G einen rein wertenden Artikel, in dem es u. a. heißt: „Die Suppe war so dürftig, wie die Auskünfte des Kellners zu den Weinen. Der Fisch entsprach dem Erscheinungsbild der ältlich wirkenden Bedienung etc. etc". Der Umsatz des W geht aufgrund dieses Artikels deutlich zurück. Der W will Ersatz von T.

Ein Anspruch aus § 823 Abs. 1 BGB a) wegen eines Eingriffs in das Recht am eingerichteten und ausgeübten Gewerbebetrieb setzt voraus, dass aa) kein anderweitiger Schutz in Betracht kommt; § 824 Abs. 1 BGB greift wegen des rein wertenden Inhalts nicht ein. bb) Ein Eingriff in einen Gewerbebetrieb liegt vor, weil der Gastronomiebetrieb des W durch die Auswirkung des Artikel des T in seinen Ausstrahlungen nach außen (Kundenstamm) betroffen ist. cc) Das Verhalten des T ist der Fallgruppe der „negativen Werturteile" zuzurechnen. dd) Unmittelbar betriebsbezogen ist der Eingriff auch. ee) Die Rechtswidrigkeit ist positiv festzustellen durch eine Güter- und Interessenabwägung: Hier ist der Eingriff trotz Art. 5 Abs. 1 GG deshalb rechtswidrig, weil es sich um eine „Schmähkritik" handelt, die jeder Sachlichkeit entbehrt. b) Die Verletzung ist dem G zuzurechnen. c) Die Rechtswidrigkeit ist bereits festgestellt worden. d) Verschulden. e) Schaden.

**Fall 705**

Als der Schuldner S in Zahlungsschwierigkeiten gerät, stellt sein Gläubiger G einen Insolvenzantrag. Auf einer eigens einberufenen Pressekonferenz teilt er dies mit. Die Presseberichterstattung führt dazu, dass der S keine Kredite mehr erhält und wirtschaftliche Nachteile erleidet. Dann wird der Insolvenzantrag zurückwiesen, weil eine Begutachtung keinen Insolvenzgrund ergeben hat. Der S verlangt von G Schadensersatz wegen des Antrags und wegen der Information der Öffentlichkeit.

Schadensersatz 1) wegen der Stellung des Insolvenzantrages a) aus § 823 Abs. 1 BGB? Der darin liegende Eingriff in den eingerichteten und ausgeübten Gewerbebetrieb ist nicht rechtswidrig, weil der G staatlichen, gesetzlich eingerichteten und geregelten Verfahrens bedient hat. b) § 826 BGB liegt nicht vor. 2) Wegen der Bekanntgabe der Antragstellung a) aus § 823 Abs. 1 BGB. aa) Die Information der Öffentlichkeit aaa) ist ein Eingriff in den eingerichteten und ausgeübten Gewerbebetrieb. bbb) Er ist auch rechtswidrig, weil die Mitteilung ohne vorheriges Ergebnis der gerichtlichen Prüfung unangemessen ist. ccc) Der Eingriff ist unmittelbar betriebsbezogen. bb) Menschliches Verhalten des G und cc) ein Zurechnungszusammenhang zwischen Verhalten und Verletzung liegen vor dd) Die Rechtswidrigkeit wird nicht erneut geprüft. ee) Der G hat schuldhaft gehandelt. b) Ein Anspruch aus § 826 BGB liegt nicht vor.

gg) Familienrechte

Allgemein anerkannt ist, dass das Recht der **„elterlichen Sorge"** ein **„sonstiges Recht"** ist (arge. §§ 1626, 1632 BGB). Eine typische Verletzung ist zum Beispiel ein Eingriff in das Aufenthaltsbestimmungsrechts desjenigen, der das Sorgerecht hat. Das ist unbestritten – worin allerdings die „Eigentumsähnlichkeit" liegt, speziell worin man die „Zuweisungsfunktion" des Sorgerechts sehen kann, bleibt unerörtert.

**Fall 706**

Die von ihrem Ehemann M. Agger (M) getrennt lebende Ehefrau F. Rauchen (F) hat für das gemeinsame minderjährige Kind Kitty (K) nach § 1671 BGB das alleinige Sorgerecht übertragen bekommen. Nach einem Besuchswochenende taucht M mit K ab. Der von F beauftragte Detektiv E. Mil (E) ermittelt den Aufenthalt. Die F will Ersatz der für E aufgewendeten Kosten (nach BGH).

Der Anspruch der F gegen M ergibt sich aus § 823 Abs. 1 BGB. a) Das Aufenthaltsbestimmungsrecht gehört zum Recht der F auf elterlichen Sorge: es ist ein „sonstiges Recht" (arg. 1626, 1632 BGB) der M (§ 1671 BGB). Dieses Recht ist durch die Vorenthaltung des Kindes verletzt, b) und zwar durch das Verhalten des M. c) Bei Vorsatzdelikten gehen wir auf die Frage der Zurechnung nicht ein. d) Der M hat rechtswidrig und e) schuldhaft gehandelt. Der M ist zum Ersatz des auf der Verletzung beruhenden Schadens verpflichtet. Dazu gehören auch die Aufwendungen, die nötig waren, die Verletzung zu beheben.

Ungeachtet des auch hier einschlägigen vorgenannten Zweifels ist auch die **Ehe** als **„sonstiges Recht"** anerkannt (arge. § 1353, Art. 6 GG), allerdings nur soweit es um den **„räumlich gegenständlichen Bereich der Ehe"** geht. Darunter versteht man die „äußere sachliche Grundlage für das gemeinsame Ehe- und Familienleben", die „den einzelnen Familienmitgliedern die Entfaltung ihrer Persönlichkeit ermöglichen soll". Eine **Verletzung** liegt z. B. vor bei der Aufnahme des/der Geliebten in das eheliche Schlafzimmer. Ein **Schadensersatzanspruch** ist allerdings nicht schrankenlos gegeben,

- und zwar **nicht gegen** den **anderen Ehepartner**, soweit es um Verletzungen des sog. **„Bestandsinteresses"** an der Ehe geht, denn das Gesetz hat die wirtschaftlichen Rechtsfolgen von Eingriffen in die eheliche Gemeinschaft in den §§ 1569 ff. BGB (Unterhalt bei Scheidung der Ehe) abschließend geregelt.
- **Wohl aber** soll ein Schadensersatzanspruch **gegen** den **anderen Ehepartner** und **auch gegen** den **„Ehestörer"** auf Ersatz des **„Abwicklungsinteresses"** möglich sein (z. B. Ersatz der Prozesskosten wegen einer Vaterschaftsanfechtungsklage).

Das sind selten vorkommende Fälle. Die eigentliche Bedeutung der Anerkennung des „räumlich gegenständlichen Bereichs der Ehe" als sonstiges Recht liegt daher auch weniger bei § 823 Abs. 1 BGB, sondern bei Abwehransprüchen aus §§ 1004, 862, 1227 BGB analog („Allgemeiner Beseitigungs- und Unterlassungsanspruch").

**Fall 707**

Die Ehefrau Frieda (F) des Fernfahrers Karl (K) hat einen Geliebten namens Walter Eggers (WE), der während der oft wochenlangen Abwesenheiten ihres Ehemannes K bei ihr zu Hause wohnt: Der Geliebte WE hängt seine Kleidung in den Kleiderschrank des K, sitzt in dessen Sessel und schläft in dessen Bett. Der K seinerseits hat eine Freundin Line (L) in Berlin, bei der er seine Kleidung in den Kleiderschrank hängt, in deren Sessel er sitzt und in deren Bett er schläft. Der K verlangt von dem WE und der F, es zu unterlassen, wie ein Ehepaar in seinem Haushalt zusammenzuleben. Die F ihrerseits verlangt von dem K und der L, es zu unterlassen, wie ein Ehepaar zusammenzuleben (nach Arno Schmidt „Das steinerne Herz").

1) Der Anspruch des K a) gegen den WE („Ehestörer") ergibt sich aus §§ 1004, 862, 1227 BGB analog („Allgemeiner Beseitigungs- und Unterlassungsanspruch") wegen einer rechtswidrigen (die Einwilligung der F aufgrund ihres Eigentums am Haus ist unbeachtlich) Verletzung des „räumlich gegenständlichen Bereichs der Ehe". b) Auch gegen die F besteht trotz eines nicht zu verkennenden mittelbaren Verstoßes gegen den Rechtsgedanken aus § 888 Abs. 3 ZPO ein solcher Anspruch. 2) Ansprüche der F gegen die L und den K bestehen nicht, weil es keinen allgemeinen Anspruch auf Unterlassung einer ehewidrigen Beziehung gibt.

## III. Menschliches Verhalten (Tun/Unterlassen), kausale Zurechenbarkeit

Deliktisch relevant ist die **Verletzung** eines Rechtsgutes oder eines Rechtes des Anspruchstellers aber nur, wenn sie einem **menschlichen Verhalten** des **Inanspruchgenommenen** oder einer **Person**, für deren **Verhalten** der Inanspruchgenommene **einstehen** muss, **zugerechnet** werden kann. Ein **„Rohprüfungsschema"** soll Ihnen vorab verdeutlichen, wie man diese Frage beantworten kann.

Wir **prüfen** die **Zurechenbarkeit** so:

1. Feststellung eines als vom Willen beherrschbar gedachten **menschlichen Verhaltens** des **Inanspruchgenommenen** oder einer **Person,** deren Verhalten sich der Inanspruchgenommene **zurechnen lassen** muss, das ein **Tun** oder ein **Unterlassen** sein kann.

2. **Prüfung** der **Zurechnung** richtet sich nach
   a. der **Äquivalenztheorie**,
   b. der **Adäquanztheorie**
   c. und der Lehre vom **Schutzzweck der Norm**.

## 1. Menschliches Verhalten des Inanspruchgenommenen oder einer Person, deren Verhalten er sich zurechnen lassen muss

Mehrere Fragen sind in diesem Kontext zu behandeln: Was versteht man unter einem Verhalten? **(sub a))**? Muss das Verhalten pflichtwidrig sein? **(sub b))**? Wer ist es, der sich im vorgenannten Sinne verhalten haben muss **(sub c))**?

### a) Verhalten (Tun/Unterlassen)

Deliktisch relevant ist jedes als **vom Willen beherrschbar gedachte Verhalten** eines Menschen in den Erscheinungsformen eines **Tuns** oder eines **Unterlassens**.

Nach der h. M. ist der Begriff „**Verhalten**" eines Menschen also der **Oberbegriff** für die beiden Verhaltensformen eines **Tuns** oder eines **Unterlassens**.

Ein **Tun** ist nur dann **deliktsrechtlich relevant**, wenn es **menschlich beherrschbar** ist, so dass ein Tun im Dämmerzustand (z. B. beim „Schlafwandeln" oder in einem epileptischen Dämmerzustand) bei „Reflexen" (z. B. bei einer Reaktion auf einen plötzlichen starken Schmerz) oder beim Tun aufgrund von „vis absoluta" (wenn einem z. B. „die Hand geführt wird") deliktsrechtlich irrelevant ist.

Ein **Unterlassen** ist ein Nicht-Tun.

Wenn man im konkreten Fall feststellen muss, ob ein Tun oder ein Unterlassen vorliegt, soll sich nach einer Ansicht die **Abgrenzung** zwischen beiden Verhaltensweisen nach einer althergebrachten Formel des Reichsgerichts in Strafsachen richten: Wo liegt der **„Schwerpunkt der Vorwerfbarkeit"**? Eine andere Sichtweise hält ein **Tun** für gegeben, wenn sich der Inanspruchgenommene der **geschützten Rechtsposition in gefährdender Weise nähert** und ein **Unterlassen**, wenn der Inanspruchgenommene sich **darauf beschränkt**, die **Gefahr nicht abzuwenden**. Die Ergebnisse dürften sich nicht unterscheiden.

Notwendig ist die Unterscheidung, weil ein Unterlassen nur dann deliktisch relevant ist, wenn es pflichtwidrig ist; das ist dann der Fall, wenn eine **Pflicht** zur **Verhinderung** der **Verletzung** der **geschützten Rechtsposition** missachtet wurde **(sub b))**.

Die Frage, ob auch für die **deliktische Relevanz** eines **Tuns eine Pflichtwidrigkeit gegeben** sein muss, ist schwieriger zu beantworten **(sub c))**.

Und schließlich gibt es auch **Verhaltensweisen**, die nicht eindeutig als Tun oder als Unterlassen identifizierbar sind, sondern sich als eine Gemengelage von Tun und Unterlassen darstellt, wie z. B. das Herstellen fehlerhaft konstruierter oder fabrizierter Produkte etc., aus der eine deliktische „Produzentenhaftung" resultiert **(sub d))**.

### b) Feststellung der Pflichtwidrigkeit des Unterlassens

Wie gesagt: Ein Unterlassen ist nur dann deliktisch relevant, wenn es pflichtwidrig ist, „nichts zu tun" und die Verletzung einer geschützten Rechtsposition geschehen zu lassen. Darüber, dass für die Relevanz eines Unterlassens die Verletzung einer **„Erfolgsabwendungspflicht"** (Canaris) erforderlich ist, streitet niemand. Der Grund ist, dass es keine allgemeine Pflicht für jedermann gibt, andere Menschen vor Verletzungen i. S. d § 823 Abs. 1 BGB zu bewahren. Vielmehr muss den Inanspruchgenommenen eine Pflicht treffen, gerade diese Verletzung einer geschützten Rechtsposition des Anspruchstellers zu verhindern.

#### aa) Rechtspflicht zum Tun

Eine **Rechtspflicht** des in Anspruch genommenen Unterlassenden zur Abwendung der Verletzung einer geschützten Rechtsposition des Anspruchstellers kann sich aus einer der hergebrachten **„Garantenstellungen"** ergeben, wie sie Ihnen bereits aus dem Strafrecht bekannt sind: Es gibt „Garantenstellungen"

- aufgrund von **Schutzpflichten** aus **Gesetz** (z. B. zugunsten nahestehender Personen: §§ 1353, 1626 ff. BGB, § 2 LPartG, zugunsten von Vertragspartnern: § 242 BGB),
- aus **Vertrag** (z. B. aus einem Wartungsvertrag für einen Fahrstuhl),
- aus einer **Nähebeziehung** zu anderen Personen (z. B. Lebensgemeinschaft, Gefahrengemeinschaft z. B. von Bergsteigern, die eine „Seilschaft" bilden),
- aus einem **pflichtwidrigen vorangegangenen gefährdenden Tun** („Ingerenz").

Das alles ist weitgehend – auch aus dem Strafrecht (vergl. § 13 StGB) – bekannt, so dass konkretisierende Ausführungen nicht erforderlich sind.

- Eine zivilrechtliche Garantenstellung gibt es auch aus einer **Verkehrssicherungspflichten** (z. B. Streupflicht).

Hinsichtlich der **Verkehrssicherungspflichten** befinden wir uns auf „unsicherem Terrain", denn der Gesetzgeber hat keine die Haftung aus § 823 Abs. 1 BGB auslösenden allgemeinen Verkehrssicherungspflichten konstituiert, sondern nur Einzelfallregelungen getroffen (z. B. in § 836 BGB) und ansonsten offenbar darauf vertraut, dass die Verkehrssicherungspflichten in Nebengesetzen, Rechtsverordnungen, Gemeindesatzungen aufgestellt werden, die dann **als „Schutzgesetze" i. S. d. § 823 Abs. 2 BGB** anzusehen seien. Alles, was es im Interesse des allgemeinen Verkehrs zu sichern gibt, kann jedoch nicht auf diese Weise geregelt werden, so dass notwendigerweise Lücken bleiben. Aus dem Bedürfnis, diese Lücken zu schließen, hat man das Recht fortgebildet und einen heute als Gewohnheitsrecht anerkannten Rechtssatz entwickelt, demzufolge es auch außerhalb von solchen „Schutzgesetzen" i. S. d. § 823 Abs. 2 BGB **allgemeine Verkehrssicherungspflichten** gibt, die – was uns hier zunächst interessiert – bei **Unterlassungsdelikten** die **Bedeutung** einer **„Rechtspflicht zum Tun"** haben. Was die **Voraussetzungen** und den **Inhalt** einer **Verkehrssicherungspflicht** angeht, müssen Sie wissen,

- dass eine **Person** dann **verkehrssicherungspflichtig** ist, wenn sie entweder **a)** als Ausübender der Bestimmungsgewalt oder als Dritter, dem die Verkehrssicherungspflicht übertragen wurde, eine **von Sachen ausgehende Gefahrenquelle geschaffen** hat, **aa)** nämlich durch die **Eröffnung** eines **Verkehrs** (z. B. durch die Zugänglichmachung des eigenen Grundstücks) oder **bb)** durch die **Beherrschung gefährlicher Gegenstände** (z. B. einer Baustelle als Bauunternehmer selbst oder anstelle des nicht sachkundigen Bauunternehmers als bauaufsichtspflichtiger Architekt), **cc)** oder durch das **Inverkehrbringen** einer **Sache** (z. B. durch Herstellung eines mangelhaften oder gefährlichen Produkts) **b)** oder schließlich, wenn die Person eine **gefährliche Tätigkeit** ausübt, wie z. B. ein Architekt, der so zu planen hat, dass durch das Bauwerk Dritte nicht gefährdet werden. Diese **verkehrssicherungspflichtige Person**
- **muss** im **Rahmen** des ihr **Möglichen** und des ihr **Zumutbaren**
- gegenüber **Befugten**, aber **nicht gegenüber Unbefugten** (z. B.: ein Einbrecher rutscht auf vereister, nicht gestreuter Treppe zum Haus, in das er einbrechen will, aus), wohl **aber** gegenüber **unbefugten Kindern** bei einem gerade für Kinder von der Gefahrenquelle ausgehenden ausgelösten besonderen Anreiz, sich der Gefahr auszusetzen (z. B.: Kinder verunglücken auf nicht eingezäunter Baustelle),
- **Schutzmaßnahmen** treffen (z. B. bei der Eröffnung des Verkehrs zu einem Haus für eine Treppenhausbeleuchtung zu sorgen; bei der Herstellung ein Produkt mangelfrei herzustellen bzw. einem gefährlichen Produkt einen Warnhinweis beizugeben; Waffen nur an Käufer, die eine behördliche Erlaubnis haben, abzugeben);
- oder sie muss im Falle einer **Übertragung** der **Verkehrssicherungspflicht** auf einen **Dritten** diesen **ordnungsgemäß auswählen**, **beaufsichtigen** und **überwachen**.

**Fall 708**

Dem E gehört ein größeres Mietshaus im Zentrum Hamburgs. Für den E ist der in einem Vorort wohnende selbstständig tätige Hausmeister H tätig. An einem Wintertag des Jahres 2002 fällt am frühen Abend infolge eines Kurzschlusses die Treppenhausbeleuchtung aus. Ein Mieter benachrichtigt den E telefonisch vom Ausfall der Beleuchtung und dieser beauftragt sofort telefonisch den H mit der Wiederherstellung der Beleuchtung. Der H macht sich auf den Weg. Wegen plötzlichen heftigen Schneefalls mit Glättebildung bricht der H die Anfahrt mit dem Auto ab; weil auch der öffentliche Nahverkehr auf den Straßen völlig zusammenbricht, bleibt er zu Hause. Der E hatte davon, dass der H nicht kommen würde, nichts erfahren. Der Besucher B eines der Mieter stürzt in dem stockdunklen Treppenhaus. Er verlangt Schadensersatz von dem E, weil seine Kleidung durch den Sturz zerrissen ist. Der E kann nachweisen, dass der H sehr verlässlich ist und jahrelang das Haus zuverlässig betreut hat.

1) Ein Anspruch aus § 831 Abs. 1 S. 1 BGB besteht nicht, weil H als selbstständiger Unternehmer kein Verrichtungsgehilfe des E ist. 2) Ein Anspruch könnte sich aus § 823 Abs. 1 BGB ergeben. a) Gegeben ist eine Eigentumsverletzung. b) Bei Anlegung des Maßstabs des „Schwerpunktes der Vorwerfbarkeit" liegt aa) kein Tun des E, aaa) sondern ein Unterlassen vor. bbb) Die Rechtspflicht zum Tun ergibt sich aaaa) aus einer Verkehrssicherungspflicht: Bei der Eröffnung des Verkehrs auf Grundstücken, speziell in Mietshäusern, ist für eine jederzeit funktionierende Treppenhausbeleuchtung zu sorgen. Das liegt im Rahmen des Zumutbaren. Diese Pflicht besteht auch gegenüber Besuchern von Mietern, wie dem B, denn diese sind Befugte. Der E hat die Erfüllung derartiger Pflichten auf den H übertragen. Das ist möglich. bbbb) An die Stelle der Verkehrssicherungspflicht tritt dann eine Pflicht des Verkehrssicherungspflichtigen, die Erfüllung der Pflicht zu überwachen. Diese Pflicht hat E nicht erfüllt: Er hätte sich insbesondere im Hinblick auf die Wetterlage vergewissern müssen, dass es dem H gelungen war, zu dem Haus zu gelangen und die Beleuchtung wiederherzustellen. bb) Das Unterlassen aaa) ist ursächlich, denn bei einer Überwachung hätte der E davon erfahren, dass das Treppenhaus weiterhin unbeleuchtet war und er hätte die Erfüllung der Verkehrssicherungspflicht anderweitig herbeigeführt: z. B. durch eine Warnung der Mieter, die ihrerseits ihre Besucher, hier den B, warnen oder sie sicher durch das Treppenhaus geleiten können; daher wäre die Eigentumsverletzung mit an Sicherheit grenzender Wahrscheinlichkeit ausgeblieben. bbb) Die Nichterfüllung der Überwachungspflicht war auch typischerweise die geeignete Bedingung für die Verletzung des Eigentums. c) Die Rechtswidrigkeit ist indiziert. d) Der E hat fahrlässig gehandelt. e) Schaden.

- Anerkannt ist ferner, dass außer den vorgenannten „Garantenstellungen" **Organisationspflichten** zum Tun verpflichten. Diese spielt namentlich dann eine Rolle, wenn ein dezentralisierter Entlastungsbeweis eine Haftung aus § 831 BGB ausschließt.

**Variante**

Der E ist ein Großvermieter mit 100 in der Hausverwaltung tätigen eigenen Mitarbeitern. Der H ist einer der Mitarbeiter des E. Dem H vorgesetzt ist der A als der Leiter der Abteilung „Hausmeister". Der H ist für das Haus, in dem der Mieter M eine Wohnung gemietet hat, zuständig. Im Mietvertrag ist geregelt, dass die Mieter sich bei Beanstandungen bezüglich der Mietsache direkt mit H in Verbindung setzen sollen. Der E kann nachweisen, dass der A hochqualifiziert ist, dass er jahrelang ohne Beanstandungen seine Abteilung geleitet und die einzelnen als Hausmeister tätigen Mitarbeiter bei der Erfüllung ihrer Pflichten instruiert und beaufsichtigt hat, so dass es bisher zu keinem einzigen Unfall in den Häusern gekommen war. Die Nachricht des Mieters M vom Ausfall der Treppenhausbeleuchtung war auf einem Telefonanrufbeantworter in der Wohnung des

H aufgezeichnet worden. Der H hatte zwar Bereitschaftsdienst, hatte aber das Band nicht abhören und daher auch nicht kommen können, weil er am Vortag mit einem Herzanfall zusammengebrochen und in ein Krankenhaus eingeliefert worden war. Nach der betrieblichen Organisation ist ein krankheitsbedingter Ausfall eines Mitarbeiters durch diesen dem Personalbüro zu melden, das dann für den nächsten Tag eine Vertretungsregelung zu treffen hat.

1) Ein Anspruch aus § 831 Abs. 1 S. 1 BGB scheitert an § 831 Abs. 1 S. 2 BGB, denn der E hat sich a) zwar nicht für den H, b) wohl aber für den für die Überwachung des H zuständigen A entlastet. Das reicht aus (sog. „dezentralisierter Entlastungsbeweis"). 2) Ein Anspruch könnte aber aus § 823 Abs. 1 BGB gegeben sein. a) Es liegt eine Eigentumsverletzung vor. b) Es liegt aa) kein Tun des E, sondern aaa) ein Unterlassen vor. bbb) Die Rechtspflicht zum Tun ergibt sich aaaa) aus einer Verkehrssicherungspflicht: Bei der Eröffnung des Verkehrs auf Grundstücken, speziell in Mietshäusern, ist für eine jederzeit funktionierende Treppenhausbeleuchtung zu sorgen. Das liegt im Rahmen des Zumutbaren. Diese Pflicht besteht auch gegenüber Besuchern von Mietern, wie dem B, denn diese sind Befugte. Der E hat die Erfüllung der Pflicht auf den A und dieser auf den H übertragen. Das ist möglich. bbbb) An die Stelle der Verkehrssicherungspflicht tritt dann eine Pflicht, die Erfüllung der Pflicht sicherzustellen. Diese „Organisationspflicht" hat E nicht erfüllt, weil nach der innerbetrieblichen Organisation die Erfüllung der Verkehrssicherungspflicht nicht ausreichend gesichert war, wenn der dafür bestimmte Mitarbeiter krankheitsbedingt ausfällt; denn ein Ersatzmann sollte in einem solchen Fall erst am nächsten Tag bestellt werden. Das ist für die Erfüllung einer Verkehrssicherungspflicht in einem bewohnten Gebäude regelmäßig zu spät. bb) Das Unterlassen aaa) ist ursächlich, denn bei einer sofort für Ersatz sorgenden Organisation wäre die Erfüllung der Verkehrssicherungspflicht anderweit herbeigeführt worden; daher wäre die Eigentumsverletzung mit an Sicherheit grenzender Wahrscheinlichkeit ausgeblieben. bbb) Die Nichterfüllung der Organisationspflicht war auch typischerweise die geeignete Bedingung für die Verletzung des Eigentums. c) Die Rechtswidrigkeit ist indiziert. d) Der E hat fahrlässig gehandelt. e) Schaden.

- Beim Vorliegen von **Rechtfertigungsgründen** (dazu später mehr) entfällt die Rechtspflicht zum Tun, also die Granatenstellung (Palandt).

bb) Fallaufbau

Zur Frage der **Verortung** der **Prüfung** der **Garantenstellun**g und der **Verkehrssicherungspflicht- oder Organisationspflichtverletzung** im **Fallaufbau** gibt es unterschiedliche Vorstellungen, die allesamt ergebnisneutral und damit auch vertretbar sind. Man muss nur innerhalb der Falllösung sein Konzept konsequent durchhalten.

Mit der h. M. kann man die Pflichtwidrigkeit des Unterlassens. hier, also unmittelbar nach der Feststellung der Verhaltensform eines „Unterlassens", prüfen. Wenn man so verfährt, kann man auch schon an dieser Stelle – so wie hier in den Falllösungen – bereits feststellen, dass die Garanten- und Verkehrssicherungspflicht auch den konkreten Verletzten vor der konkreten Verletzung hatten bewahren sollen. Dann ist das „Thema“ erledigt (Röthel). Wenn man anfangs aber nur die Garanten- und Verkehrssicherungspflicht als solche geprüft und bejaht hat, nicht aber anschließend erörtert hat, ob die Verpflichtung zum Handeln auch den konkreten Verletzten vor der konkreten Verletzung bewahren sollte, dann muss man dies spätestens im Zusammenhang mit der Prüfung, ob die Verletzung im Schutzbereich der Norm liegt, aufwerfen **(sub 2)**.

Möglich ist es aber auch, die gesamte Prüfung bei der Erörterung des Zurechnungszusammenhanges zwischen der Verletzung der geschützten Rechtsposition und dem Unterlassen unter dem Aspekt des Schutzbereichs der Norm des § 823 Abs. 1 BGB vornehmen (z. B. Medicus).

Nicht ausgeschlossen ist auch eine Verortung der gesamten Prüfung der Verletzung einer Garantenstellung und von Verkehrssicherungspflichten bei der Rechtswidrigkeitsprüfung (z. B. Soergel).

### c) Feststellung der Pflichtwidrigkeit des Tuns

Eine weitere – etwas versteckte – **Frage** ist die, ob **auch** ein **Tun nur** dann **deliktisch relevant** ist, wenn es **pflichtwidrig** ist.

Hinter dieser Fragestellung steht eine der zentralen Kontroversen des Deliktsrechts.

Die **Lehre vom Verhaltensunrecht** verlangt, dass bei nicht vorsätzlich eine geschützte Rechtsposition verletzendem Tun die von § 823 Abs. 1 BGB für eine deliktische Haftung vorausgesetzte Rechtswidrigkeit positiv festzustellen ist (Nipperdey). Dazu muss man muss feststellen, dass der durch ein Tun Handelnde gegen eine von der Rechtsordnung aufgestellte spezielle Verhaltensregel, z. B. eine Verkehrssicherungspflicht, verstoßen oder ob er die zur Vermeidung des Erfolges generell erforderliche Sorgfalt verletzt hat.

Demgegenüber setzt die **herrschende Lehre** vom **Erfolgsunrecht** auch bei nicht-vorsätzlichem Tun für die Feststellung Rechtswidrigkeit lediglich voraus, dass eine geschützte Rechtsposition verletzt ist.

> Dass die Notwendigkeit der positiven Feststellung der Rechtswidrigkeit bei Rahmenrechten (Allgemeines Persönlichkeitsrecht, eingerichteter und ausgeübter Gewerbetrieb) nichts mit dieser Kontroverse zu tun hat, ist Ihnen hoffentlich klar.

Die Frage ist, welche Ergebnisrelevanz diese unterschiedlichen Sichtweisen im Ergebnis hinsichtlich der hier aufgeworfenen Frage haben. Dazu müssen wir zwischen – bezogen auf die Verletzung der geschützten Rechtsposition – vorsätzlichem Tun **(sub aa))** und nicht-vorsätzlichem Tun **(sub bb))** differenzieren.

#### aa) Vorsätzliches Tun

Da auch die Lehre vom Verhaltensunrecht bei vorsätzlich verletzendem Tun von der Indikation der Rechtswidrigkeit ausgeht, versteht es sich von selbst, dass Sie bei einem **vorsätzlich** eine **geschützte Rechtsposition verletzenden Tun** kein Wort über das Erfordernis einer Pflichtverletzung verlieren, also wenn zum *Beispiel* der Liegeradfahrer A. Gresso (A) den von einem überfüllten Gehweg auf den unmittelbar angrenzenden Radweg ausweichenden Fußgänger P. Assant (P) anfährt, um ihn zu verletzen und auf diese Weise zu verdeutlichen, dass er nicht auf „seinem" Radweg zu Fuß gehen dürfe.

bb) Nicht-vorsätzliches Tun

Die Antwort auf die Frage, ob bei **nicht vorsätzlichem Tun** und ggf. an welcher Stelle des Fallaufbaus eine Pflichtwidrigkeit eines Tuns festzustellen ist, liefert die Analyse der Möglichkeiten der Wirkung eines Tuns.

(1) Unmittelbar nicht-vorsätzlich herbeigeführte Verletzungen

Wenn **das Tun** die **Verletzung** einer **geschützten Rechtsposition** des **§ 823 Abs. 1 BGB nicht-vorsätzlich unmittelbar herbeigeführt** hat, wenn also zum *Beispiel* der A den P versehentlich mit dem Rad anfährt und ihn körperlich verletzt, kommen beide Lehren ebenfalls zum gleichen Ergebnis.

Nach der Lehre vom Erfolgsunrecht ist die Rechtswidrigkeit stets durch die Verletzung der geschützten Rechtsposition indiziert, so dass eine Feststellung der Pflichtwidrigkeit des Tuns entfällt.

Bei der Zugrundelegung der Lehre vom Verhaltensunrecht müsste bei einem ein unmittelbar nicht-vorsätzlich zur Verletzung einer Schutzposition führenden Tun eine Pflichtwidrigkeit festgestellt werden, dies allerdings erst bei der Feststellung der nicht indizierten Rechtswidrigkeit.

(2) Mittelbar nicht-vorsätzlich herbeigeführte Verletzungen

Bei lediglich **mittelbar** und **nicht-vorsätzlich** durch ein **Tun** herbeigeführten **Verletzungen** verfährt man **wie beim Unterlassungsdelikt**. Es geht zwar nicht – wie beim Unterlassungsdelikt – um eine durch Garantenstellungen bzw. um eine durch Verkehrssicherungspflichten aufgestellte „Erfolgsvermeidungspflicht", sondern um eine **„Gefahrvermeidungspflicht"** (Canaris), die von Ihnen festzustellen ist **(sub (a))**. Wo dies im Tatbestandsaufbau zu geschehen hat, ist die weitere Frage **(sub (b))**.

(a) Bei **mittelbar nicht-vorsätzlich** durch ein **Tun herbeigeführten** Verletzungen liegt es so, dass der Inanspruchgenommene bzw. ein zurechenbar für ihn Handelnder durch sein Tun nur eine Gefahr geschaffen hat, aufgrund der dann durch eine andere Person die Verletzung i. S. d § 823 Abs. 1 BGB herbeigeführt wird, wenn also zum *Beispiel* der A sein Liegerad seinem Kind K für die Teilnahme am Straßenverkehr überlässt, und K damit den P anfährt und ihn verletzt. Hier kommt es nicht nur nach der Lehre vom Verhaltensunrecht, sondern auch für die herrschende Lehre vom Erfolgsunrecht für die Frage der deliktischen Relevanz des Tuns darauf an, ob der **Inanspruchgenommene** gegen **Gefahrvermeidungsregeln verstoßen hat**, die sich aus **speziellen Schutzgesetzen** oder aus **Verkehrssicherungspflichten** oder **Organisationspflichten** ergeben. Im vorgenannten *Beispiel* wäre das Tun des A pflichtwidrig gewesen, wenn K mangels jeglicher Übung mit einem solchen

Rad im Straßenverkehr überfordert war. Der A hätte eine sich aus einer Verkehrssicherungspflicht ergebende Gefahrvermeidungspflicht verletzt.

Beim Vorliegen von **Rechtfertigungsgründen** (dazu später mehr) entfällt die Gefahrvermeidungspflicht.

(b) Was den **Fallaufbau** anbelangt, so kennen Sie dieses Thema bereits. Man kann die bei mittelbaren Verletzungen stets erforderliche Prüfung der Pflichtwidrigkeit bereits im Zusammenhang mit der Feststellung eines Tuns vornehmen. Es müsste dann geprüft werden, ob der Inanspruchgenommene bzw. derjenige, dessen Tun er sich zurechnen lassen muss, eine Pflicht zur Gefahrvermeidung verletzt hat, die sich aus speziellen Sondergesetzen oder aus einer Verkehrssicherungspflicht ergeben kann. Man kann auch bereits in diesem Zusammenhang erörtern, ob durch die verletzte Gefahrvermeidungsregel der konkret Verletzte gerade vor der konkreten Verletzung hatte bewahrt werden sollen. Man kann diese letzte Frage aber auch gesondert im Zusammenhang mit der Prüfung anstellen, ob die äquivalent und adäquat kausal verursachte Verletzung im Schutzbereich der Norm liegt. Man kann aber auch die gesamte Prüfung der Pflichtwidrigkeit bei mittelbar verletzendem Tun aber auch bei der Prüfung des Bestehens eines Zurechnungszusammenhangs zwischen dem Tun und der Verletzung **(sub 2.)** erörtern, indem man diesen von der Pflichtwidrigkeit des Tuns abhängig macht, weil der Schutzzweck des § 823 Abs. 1 BGB nicht darin besteht, Schadensersatzpflicht bei einer jeden mittelbar schädigenden Handlung zu begründen (Medicus).

Schließlich kann man die Pflichtwidrigkeitsprüfung bei der Erörterung der Rechtswidrigkeit verorten.

Auch hier gilt, dass die unterschiedlichen Vorstellungen allesamt ergebnisneutral und damit auch vertretbar sind und dass man innerhalb der Falllösung nur sein Konzept konsequent durchhalten muss.

Wie auch immer: Wir kommen auch auf dieses Thema zurück.

#### d) Produzentenhaftung, Gemengelage von Tun und Unterlassen

Wenn zum *Beispiel* ein Endabnehmer K durch eine von ihm beim Händler V erworbene Kaffeemaschine, die von Produzent P hergestellt und an Einzelhändler, wie den V verkauft wurde, einen Schaden erleidet, weil das Gerät bei der ersten Inbetriebnahme explodiert ist und er Verbrennungen erlitten hat, die er hinsichtlich der Heilungskosten zuzüglich eines Schmerzensgeldes ersetzt haben möchte, so hat er gegen den V als Verkäufer 1. zwar a) vertragliche Ansprüche auf Schadensersatz aus dem Gewährleistungsrecht wegen des Mangels und u. U. auch einen Ersatz wegen des Mangelschadens (§§ 433, 434 Abs. 1 S. 1,437 Nr. 3, 281, 280 Abs. 1, 3 BGB oder aus § 311a Abs. 2 S. 1 BGB), die ihn hier aber nicht interessieren. b) Ein durchaus interessanter Anspruch aus § 280 Abs. 1 BGB besteht deshalb nicht, weil aa) den V bei fabrikneuen Sachen keine Prüfungspflicht trifft und bb) weil er sich das ggf. bestehende Verschulden des P nicht nach § 278 BGB zurechnen lassen muss. c) Ein ebenfalls für den K interessanter deliktischer Anspruch des K gegen den V aus § 823 Abs. 1 BGB entfällt zumindest mangels Verschuldens des V. 2) Gegen den P als Produzenten hat der K a) keine vertraglichen Ansprüche aus § 280 Abs. 1 BGB, weil kein Vertrag mit P besteht und weil er auch nicht in den Schutzbereich des Vertrags des V mit P einbezogen ist. b) Dem K verbleibt also nur ein gesetzlicher Anspruch. aa) Dieser könnte sich aus § 1 Abs. 1 ProdHaftG ergeben. Darauf kommen wir später zurück (sub G III). bb) Damit konkurriert (§ 15 Abs. 2 ProdHaftG) ein deliktischer Anspruch gegen den P aus § 823 Abs. 1 BGB. aaa) Eine geschützte Rechtsposition (Körper/Gesundheit) wäre verletzt. bbb) Vorliegen müsste ein deliktisch relevantes Verhalten des P. Er hat die Kaffeemaschine hergestellt und „in den Verkehr gebracht". aaaa) Ist das nun ein Tun (unmittelbar/mittelbar verletzend?) oder bbbb) ist es ein Unterlassen, weil der P es unterlassen hat, die aus dem Produkt anderen Personen drohende Gefahren nach Möglichkeit gering zu halten? Das müssten wir deshalb wissen, um uns Gedanken über die Notwendigkeit einer eventuell erforderlichen Pflichtwidrigkeit des Verhaltens des P (Erfolgsabwendungspflicht oder Gefahrabwendungspflicht und ggf. woraus herrührend?), über die Kausalitäts- die Zurechnungsprüfung, über die Fragen der Rechtswidrigkeit etc. machen zu können. Und genau hier geraten wir in Schwierigkeiten.

Die vorstehenden Ausführungen (sub a) bis sub e)) die uns als Vorlage auch für diesen Fall bzw. für die Fallkonstellation einer Produzentenhaftung dienen könnten, betrafen die „klassische" Verhaltensformen, die wir zwanglos als entweder Tun oder als Unterlassen auseinanderhalten konnten. Das ist hier, wo es um eine Gemengelage von Tun und Unterlassen geht, nicht möglich. Das zeigen auch die unterschiedlichen und alle für sich gesehen nicht überzeugenden Versuche, das Verhalten eines Produzenten in derlei Fällen zu typisieren, und zwar entweder als ein Tun, das ohne zusätzlich festzustellende Verkehrssicherungspflicht deliktisch relevant sein soll; oder als ein Tun, dessen deliktische Relevanz von einer zusätzlich festzustellenden Verkehrssicherungspflichtverletzung abhängig sein soll; oder schließlich sogar als Unterlassen des Herstellers, so dass deshalb zusätzlich eine Verkehrssicherungspflichtverletzung zu prüfen sei.

Wir müssen uns darüber klar werden, dass Tun und Unterlassen oft nicht z. B. mit der Frage nach dem „Schwerpunkt der Vorwerfbarkeit" so trennscharf auseinander zu halten sind, wie wir es bisher gewohnt waren, speziell nicht bei einem wirtschaftlichen Vorgang, bei dem ein Produzent ein Produkt „in den Verkehr bringt".

Und daher müssen wir hier einen anderen Weg gehen und auf die Unterscheidung von Tun und Unterlassen verzichten und die deliktische Relevanz des Verhaltens des Produzenten ausschließlich daraus ableiten, dass einen jeden Produzenten bei dem „In-den-Verkehr-Bringen" eines Produkts die Pflicht trifft, die aus dem Produkt drohenden Gefahren möglichst gering zu halten (Medicus), so dass die deliktische Relevanz es – ungeachtet, ob ein Tun oder Unterlassen vorliegt – erfordert, dass von einem Produzent eine **spezifische Verkehrssicherungspflicht verletzt** wurde.

Bei der Fallbearbeitung unseres *Beispiels* wird also unter dem Gliederungspunkt 2. b) bb) bbb) geprüft, ob der P eine derartige spezifische Verkehrssicherungspflicht verletzt hat.

Das ist der Fall, wenn ein **Produzent** – das kann ein Industriebetrieb, aber auch ein Klein- und Familienbetrieb sein – ein **End-** oder auch nur **Zulieferprodukt** in fehlerhaftem Zustand in den **Verkehr** gebracht hat, bei dessen Herstellung ihm einer der folgenden in Fallgruppen typisierten Fehler unterlaufen ist.

Das kann entweder ein **Konstruktionsfehler** sein. Ein solcher liegt vor, wenn das Produkt schon von seiner Konzeption her nicht so konstruiert ist, dass von seiner Verwendung keine Gefahren ausgehen. Betroffen ist hiervon regelmäßig die gesamte Serie einer Produktion.

Bei ferner möglichen **Fabrikationsfehlern** liegt eine planwidrige Abweichung bei der Fertigung eines ordnungsgemäß konstruierten Produkts vor.

Bei **Instruktionsfehlern** hat der Hersteller nicht auf Gefahren hingewiesen, die sich aus der Verwendung des Produkts ergeben können.

Wenn in hiernach feststeht, dass ein solcher Fehler zu einer Verletzung einer in § 823 Abs. 1 BGB geschützten Rechtsposition geführt hat, muss der Produzent den Beweis führen, dass er keine Verkehrssicherungspflicht verletzt hat.

Der Hersteller hat ferner das **Produkt** nach Inverkehrgabe auf Entwicklungsfehler hin zu **beobachten**. Die Verletzung dieser Verkehrssicherungspflicht hat der Anspruchsteller zu beweisen.

Unterstellen Sie in unserem *Beispiel,* dass bei der Fabrikation ein bislang einmaliger Montagefehler vorgekommen ist, aufgrund dessen ein Thermostat nicht angeschlossen worden ist, so dass – weil der P den Gegenbeweis, dass keine Verkehrssicherungspflicht verletzt wurde, nicht geführt hat – die verletzte Verkehrssicherungspflicht in Gestalt eines Fabrikationsfehlers vorlag. Daher muss jetzt ccc) festgestellt werden, dass das mangelhaft fabrizierte Produkt für die Verletzung des Körpers/der Gesundheit aaaa) nicht nur kausal gewesen ist, sondern bbbb) auch dem P zurechnen ist, was sich aus der Verkehrssicherungspflichtverletzung ergibt (mehr dazu sub 2.). dddd) Sodann wird es um die durch die Verletzung der Verkehrssicherungspflicht indizierte und nicht durch Rechtfertigungsgründe ausgeschlossene Rechtswidrigkeit (mehr dazu sub V 2. a) dd)) und eeee) um das Verschulden (mehr dazu sub VI 1.) gehen. Hier lässt sich ein Verschulden des P nicht feststellen. Anerkannt ist aber, dass dann – wenn eine herstellerspezifische Verkehrssicherungspflicht verletzt ist – die Beweislast hinsichtlich des Verschuldens umgekehrt wird. Der P muss, um sich von dem Vorwurf, fahrlässig schuldhaft gehandelt zu haben, zu entlasten, beweisen, dass es sich um einen „Ausreißer“ – also einen einmaligen Vorgang gehandelt hat (das ist ihm gelungen) und dass er alle zumutbaren Organisationspflichten (Warenausgangskontrolle) beobachtet hat (davon ist hier nicht die Rede), also trifft den P ein Verschulden. Der K hat also einen Anspruch gegen den P aus §§ 823 Abs. 1, 249, 253 BGB.

Warum verwenden wir darauf eigentlich die ganze Mühe, wo es doch seit dem 1. Januar 1990 das ProdHaftG gibt? Lesen Sie die Ausführungen im Kasten bei sub G III!

### e) Wessen Verhalten?

Die Antwort auf Frage, auf **wessen Verhalten** es für die deliktische Haftung ankommt, beantwortet sich danach, wer in Anspruch genommen wird.

- Verhalten haben muss sich **immer** der **Inanspruchgenommene**. Ist der Inanspruchgenommene eine **natürliche Person**, ist die Voraussetzung für eine deliktische Haftung ein **menschliches Verhalten** des **Inanspruchgenommenen selbst**. Das ist ebenfalls selbstverständlich. Das gilt – um Missverständnissen vorzubeugen – auch für § 831 BGB, denn auch diese Anspruchsgrundlage begründet eine Schadensersatzpflicht für ein eignes Verhalten, nämlich das Verhalten des den Verrichtungsgehilfen einsetzenden Geschäftsherrn.
- Wird eine **juristische Person**, die sich ja als solche nicht „menschlich verhalten" kann, in Anspruch genommen, ist deliktisch relevant ein **menschliches Verhalten** einer **natürlichen Person**, das die **juristische Person** sich **zurechnen lassen muss**. Das sind bei **juristischen Personen** (z. B. eV, AktG, GmbH) nach **§ 31 BGB** oder bei Stiftungen bzw. Körperschaften des öffentlichen Rechts nach **§§ 31, 86 BGB** bzw. **§§ 31, 89 BGB** die **Organe** oder die **verfassungsmäßig berufenen Vertreter**. Denn für diese Personen wird nach diesen Vorschriften nicht nur eine Verschuldens-, sondern auch eine **Verhaltenszurechnung** für eine „… begangene, zum Schadensersatz verpflichtende *Handlung* …" angeordnet.
- Auf den **nicht-rechtsfähigen Verein** wird **§ 31 BGB analog** angewendet.
- Bei der Inanspruchnahme einer **oHG/KG** und bei der BGB-**Außengesellschaft** wird **§ 31 BGB analog** angewendet, und maßgeblich ist das Verhalten des/der **geschäftsführenden Gesellschafter/s**.
- Gibt es **mehrere Inanspruchgenommene**, weil **mehrere** an einem **Delikt „beteiligt"** sind, setzt eine Inanspruchnahme stets ein Verhalten der Inanspruchgenommenen voraus. Von diesem Erfordernis entbindet auch § 830 BGB nicht. Die Bedeutung des § 830 Abs. 1 S. 1, Abs. 2 BGB liegt nämlich nicht auf dem Gebiet der Handlung; vielmehr regelt diese Vorschrift die Ersetzung einer nur möglichen, aber nicht feststehenden Kausalität des Verhaltens durch die den Kausalitätsnachweis entbehrlich machende Tatsache einer Mittäterschaft (§ 830 Abs. 1 S. 1), einer Anstiftung oder einer Beihilfe (§ 830 Abs. 2 BGB) und schließlich auch durch die Tatsache einer bloßen „Beteiligung" (§ 830 Abs. 1 S. 2 BGB). Das werden Sie vielleicht jetzt nicht gleich verstehen; alsbald aber folgen vertiefende Ausführungen hierzu.

### f) Zusammenfassung und Vorschlag zum Fallaufbau

Wir wissen, dass das für § 823 Abs. 1 BGB erforderliche Verhalten des/der Inanspruchgenommenen bzw. der Person, deren Verhalten er/sie sich zurechnen lassen muss **(sub d))**, bestehen kann in einem Tun oder Unterlassen, wobei wir nunmehr in der Lage sind, das Vorliegen der einen oder der anderen der beiden Verhaltensformen im konkreten Fall festzustellen **(sub a))**.

Dass diese Abgrenzung erforderlich ist, weil bei einem Unterlassen einer Erfolgsabwendungspflicht verletzt worden sein muss, damit das Unterlassen überhaupt deliktisch relevant ist, war Ihnen schon immer klar – das gilt für das Strafrecht (§ 13 StGB) und auch hier: Verletzt sein muss eine Garantenstellung, speziell eine Verkehrssicherungspflicht oder eine Organisationspflicht **(sub b) (aa))**. Obwohl dies dogmatisch nicht zwingend ist, werden wir mit der h. M. die Pflichtwidrigkeit des Unterlassens unmittelbar nach der zuvor getroffenen Feststellung, dass die Verhaltensform eines „Unterlassens" gegeben ist, prüfen und werden in diesem Zusammenhang auch erörtern, ob die Garanten- und Verkehrssicherungs- oder Organisationspflicht auch den konkreten Verletzten vor der konkreten Verletzung hatten bewahren sollen. Bei der Prüfung der Zurechnung werden wir das Thema dann nicht wieder aufgreifen; das wäre dann auch falsch **(sub b) bb)**.

Nicht so selbstverständlich – weil weniger allgemein geläufig – war, dass sich die Frage der Pflichtwidrigkeit aber auch bei der Verhaltensform des Tuns stellt., allerdings nur bei nicht-vorsätzlich herbeigeführten mittelbaren Verletzungen. Hier kommt es darauf an, ob ein Verstoß gegen Gefahrvermeidungsregeln vorliegt, die sich aus speziellen Schutzgesetzen, aus Verkehrssicherungspflichten oder Organisationspflichten ergeben müssen **(sub c) bb) (2) (a))**. Obwohl dies dogmatisch nicht zwingend ist, werden wir dies erst im Rahmen der Zurechenbarkeit des Tuns prüfen **(sub c) bb) (b) und sub 2)**

Aus dem Rahmen fällt das Lösungsschema bei der Produzentenhaftung, weil hier die Differenzierung des Verhaltens in Tun oder Unterlassen nicht möglich war. Dogmatik ist eben kein Selbstzweck **(sub e))**.

## 2. Haftungsbegründende Kausalität und Zurechnungszusammenhang

Es muss weiterhin **zwischen** der **Verletzung** eines **Rechtsgutes (L, K, G, F)** oder eines **Rechtes (E, sR)** – die Abkürzungen verwenden Sie natürlich nicht in schriftlichen Arbeit! – und dem **menschlichen Verhalten**, sei es nun ein **Tun** oder ein **Unterlassen**, eine die Haftung begründende **Kausalität** und ein **Zurechnungszusammenhang** bestehen.

Zu unterscheiden ist diese der Feststellung der **„Haftungsbegründung"** dienende Prüfung von der Prüfung eines zwischen der ersten zurechenbar herbeigeführten Verletzung und einzelnen Schadensposten bestehen müssenden kausalen Zurechnungszusammenhangs im Rahmen der **„Haftungsausfüllung"**. Mit letzterer werden wir uns dann später in **Teil 9** beim Schadensersatzrecht befassen.

Wenn hier auf Teil 9 hingewiesen wird, so werfen wir – schließlich soll der **Gesamtaufbau der Darstellung** ja möglichst transparent sein – schon einmal einen Blick nach vorn.

Diese eben angedeutete Trennung von „Haftungsbegründung" aufgrund der dafür erforderlichen haftungsbegründenden äquivalenten Kausalität und der haftungsbegründenden Zurechnungskriterien (Adäquanzprüfung und Schutzzweck der Norm), die zwischen dem Verhalten (Tun/Unterlassen) und der ersten Verletzung einer geschützten Rechtsposition i. S. d. § 823 Abs. 1 BGB vorliegen müssen, und der „Haftungsausfüllung" aufgrund der dafür erforderlichen haftungsausfüllenden äquivalenten Kausalität und der haftungsausfüllenden und den dazu gehörigen Zurechnungskriterien (ebenfalls: Adäquanzprüfung und Schutzzweck der Norm), die zwischen der ersten Verletzung einer geschützten Rechtsposition i. S. d. § 823 Abs. 1 BGB und dem jeweiligen einzelnen Schadensposten bestehen muss, wird die folgende Darstellung bestimmen.

Wenn also zum *Beispiel* der bei „Rot" über die Ampel gehende Fußgänger A den bei „Grün" erlaubterweise weiterfahrenden Radfahrer B so erschreckt, dass dieser vom Rad fällt und mit einem Armbruch ins Krankenhaus eingeliefert wird, wo er sich mit einem Krankenhauskeim infiziert, so dass er eine Herzmuskelinfektion erleidet, und wo ihm die Geldbörse entwendet wird, als er während einer Behandlung nicht im Krankenzimmer war, so muss man, wenn der B Schadensersatz für die Heilungskosten für den Armbruch, für die Herzerkrankung und den Verlust der Geldbörse verlangt, folgendermaßen zwischen der Haftungsbegründung und Haftungsausfüllung unterscheiden: Ergeben könnte sich der Anspruch aus § 823 Abs. 1 BGB. 1) Der A ist körperlich verletzt worden (Armbruch), 2) Das Überqueren der Ampel a) ist ein Tun des B. b) Dieses war (haftungsbegründend) aa) äquivalent und bb) adäquat kausal für die Verletzung, cc) die auch im Schutzbereich der Norm des § 823 Abs. 1 BGB liegt. 3) Die Rechtswidrigkeit ist indiziert. 4) Der B hat die Verletzung schuldhaft fahrlässig herbeigeführt. 5) Der B hat dem A den daraus entstandenen Schaden zu ersetzen, nämlich a) zum einen den unmittelbaren Verletzungsschaden aufgrund des Armbruchs. b) Was die mittelbaren Folgeschäden angeht, nämlich den Herzfehler und den Verlust der Geldbörse angeht, so ist zu prüfen, ob zwischen der Verletzung und diesen Schadensposten eine (haftungsausfüllende) aa) äquivalente b) und adäquate (fraglich für den Verlust der Geldbörse) Kausalität besteht und c) ob diese Schadensposten im Schutzbereich der Norm des § 823 Abs. 1 BGB liegen (fraglich für den Verlust der Geldbörse).

Dies ist aber keineswegs der allein mögliche Fallaufbau, so dass Sie nicht überrascht sein dürfen, wenn anderswo die hier auch im haftungsbegründenden Bereich geprüften Zurechnungskriterien Adäquanz/Schutzzweck der Norm) vielfach nur im haftungsausfüllenden Bereich geprüft werden.

Nicht richtig wäre es, allerdings, wenn Sie im o. g. *Beispiel* nur nach dem Schadensersatzanspruch des B gegen A auf Ersatz des Schadens infolge des Herzfehlers oder des Verlusts der Geldbörse oder wegen beider Schäden gefragt würden und Sie die Prüfung des § 823 Abs. 1 BGB folgendermaßen aufbauen würden: 1) Der Herzfehler ist eine Gesundheitsbeeinträchtigung/der Verlust der Geldbörse ist eine Eigentumsverletzung. 2) Das Überqueren der Ampel a) ist ein Tun des B. b) Dieses war (haftungsbegründend) aa) äquivalent kausal für die Gesundheitsverletzung/Eigentumsverletzung und bb) müsste adäquat kausal für die Gesundheitsverletzung/Eigentumsverletzung (fraglich) gewesen sein, und cc) die Gesundheitsverletzung/Eigentumsverletzung (fraglich) müsste auch im Schutzbereich der Norm des § 823 Abs. 1 BGB gelegen haben. 4) Die Rechtswidrigkeit wäre ggf. indiziert. 5) Der B müsste die Verletzung schuldhaft fahrlässig (abzulehnen!) herbeigeführt haben. 6) Daher hätte der B hätte. dem A den Schaden aufgrund der Herzerkrankung/des Verlusts der Geldbörse nicht zu ersetzen.

### a) Haftungsbegründende Kausalität

Das **menschliche Verhalten** muss **kausal** für die **Verletzung** der geschützten Rechtsposition gewesen sein. Hier gibt es mehrere Konstellationen, die Sie unterscheiden müssen: Das Verhalten besteht in einem Tun **(sub aa))**, in einem Unterlassen **(sub bb))**; oder es liegt ein Fall eines zusammenwirkenden Verhaltens mehrerer Personen vor **(sub cc))**.

aa) Kausalität beim Tun

Die Frage nach der Kausalität des Tuns ist im Grundsatz **gänzlich wertungsfrei** zu beantworten. Man könnte aber auch an ein **zusätzliches wertendes kausalitätseinschränkendes Kriterium** denken.

Zunächst aber zur **Regel**: Seit jeher wird bei einem **Tun** die Frage nach der äquivalenten Kausalität mittels der **„conditio sine qua non"-Formel** beurteilt: Ein **Tun** ist dann **ursächlich**, wenn es **nicht hinweggedacht** werden kann, **ohne dass** der **Erfolg entfiele („Äquivalenztheorie")**. Warum heißt diese Theorie eigentlich so? „Äquivalent" bedeutet „gleichwertig", und der Begriff „Äquivalenztheorie" soll verdeutlichen, dass alle für den Erfolgseintritt nicht hinweg denkbaren Bedingungen, wie entfernt sie in zeitlicher (zur Zeit von „Adam und Eva") oder räumlicher Hinsicht (bei den „Antipoden") vom Verletzungsereignis und wie „mittelbar" sie auch immer sein mögen, gleichwertig und daher alle als ursächlich zu berücksichtigen sind. Die Herstellung zweier unfallbeteiligter Autos in Japan und in den USA durch unzählige daran beteiligte Personen und deren Verkauf vor 10 Jahren und vor einem Monat durch Händler in Deutschland und in Frankreich sind zum *Beispiel* daher gleichermaßen ursächlich für einen Zusammenstoß der beiden Kraftfahrzeuge wie die letzte Lenkbewegung der beiden Fahrer vor dem Unfall, so dass nicht nur die Fahrer, sondern auch deren Vorfahren und auch die Verkäufer und die Hersteller und deren Vorfahren äquivalente Ursachen für den Unfall gesetzt haben, genau genommen ein Großteil der vor dem Unfall lebende Menschheit äquivalente Ursachen gesetzt haben, wobei diese Verflechtung im Zeitalter der Globalisierung immer grenzenloser wird. Bei diesem Gedankenspiel wird Ihnen vielleicht noch einmal bewusst, warum wir bei mittelbar nicht-vorsätzlichem Tun für dessen deliktische Relevanz einen – wo auch immer zu prüfenden – Verstoß gegen Gefahrenabwendungspflichten gefordert haben. Und Ihnen wird klar werden, warum es mit der bloß äquivalenten Kausalität nicht sein Bewenden haben kann, sondern zusätzliche haftungsbeschränkende Kriterien erforderlich sind.

Ob **ausnahmsweise** bereits für das Vorliegen der äquivalenten Kausalität zusätzlich ein wertendes Kriterium des Inhalts gelten soll, dass von dem menschlichen Verhalten eine **„Risikoerhöhung"** für das **Eintreten** der **Verletzung** ausgehen muss, ist eine später zu beantwortende Frage.

bb) Kausalität beim Unterlassen

Bei einem **Unterlassen** ist die so formulierte **Äquivalenztheorie** bereits aus logischen Gründen nicht anwendbar: Ein Nichtereignis kann nicht die Ursache für ein Ereignis sein. Daher wird die o. g. Formel dahingehend modifiziert, dass zu fragen ist, ob das durch die Rechtspflicht zum Tun, z. B. durch die Verkehrssicherungspflicht geforderte Handeln den Erfolg **„mit an Sicherheit grenzender Wahrscheinlichkeit"** verhindert hätte; hier geht es also **nicht** um eine logisch zu beantwortende Frage, sondern um eine Ihnen abgeforderte **Bewertung**! Erfolgt zum *Beispiel* keine Schneereinigung durch den Reinigungspflichtigen auf dem Gehweg, so ist dies ursächlich für einen glättebedingten den Passanten P verletzenden Sturz, weil der P bei gereinigtem Gehweg mit an Sicherheit grenzender Wahrscheinlichkeit nicht ausgerutscht und verletzt worden wäre.

Wer in dogmatischer Hinsicht ganz besonders sensibel ist, kann gegen diese Variierung der Prüfung eines äquivalenten Kausalzusammenhangs bei Unterlassungsdelikten wiederum einwenden, dass man auf dieses Wertungsklausel („mit an Sicherheit grenzender Wahrscheinlichkeit") deshalb getrost verzichten könne, weil diese Einschränkung deshalb selbstverständlich sei, weil das menschliche Erkenntnisvermögen naturgemäß beschränkt sei und daher ohnehin nur unter diesem Vorbehalt Gültigkeit beanspruchen könne.

cc) Kausalität beim zusammenwirkenden Verhalten mehrerer

Bei einer Herbeiführung des Erfolgs durch ein **Zusammenwirken mehrerer Personen** ist das **Verhalten** einer **jeden Person ursächlich**.

Denn wenn mehrere Personen (die nicht unter § 830 BGB fallen; dazu später mehr), deren einzelne **Tatbeiträge für sich genommen nicht ursächlich** waren, die deliktisch relevante Verletzung **durch ihr Zusammenwirken ausgelöst** haben, lässt sich keine der Ursachen hinwegdenken, ohne dass die Verletzung entfiele. Daher ist auch in diesen Fällen ein äquivalenter Kausalzusammenhang gegeben.

Wenn aber das **Verhalten** einer **jeden Person für sich genommen** den **Erfolg herbeigeführt hätte**, würde die Äquivalenzformel versagen, weil das Handeln eines jeden hinweggedacht werden kann und der Erfolg dadurch nicht entfiele. Gleichwohl kommt man natürlich („a minore ad maius") auch dann zu einer Haftung beider Handelnder.

**Fall 709**

Das Unternehmen des U1 und das Unternehmen des U2 leiten unabhängig voneinander unerlaubt Abwässer in einen Bach, der durch einen von dem Angelclub „Fischkopp e. V." (F) gepachteten Fischteich fließt. Die jeweilige Abwassermenge ist für sich genommen unschädlich für die Fische, aber infolge eines Zusammenwirkens der Teilmengen geht der gesamte dem F gehörende Jungfischbestand ein. Der F verlangt von U1 Schadensersatz in Höhe von € 1000,– (nach Canaris).

Der Anspruch ergibt sich aus § 823 Abs. 1 BGB. a) Eine Eigentumsverletzung liegt vor. b) Der U1 hat durch die Einleitung des Abwassers gehandelt (Tun). c) Das Tun war aa) äquivalent kausal, denn man kann die Einleitung durch den U1 nicht hinwegdenken, ohne dass die Eigentumsverletzung entfiele. bb) Die Verletzung war auch aaa) eine adäquat kausale Folge des Tuns des U1, weil die Verletzung nicht völlig außerhalb jeder Wahrscheinlichkeit liegt; bbb)und sie lag auch im Schutzzweck der Norm. c) Die indizierte Rechtswidrigkeit und d) das fahrlässige Verschulden des U1 sind gegeben. e) Nach § 840 Abs. 1 BGB sind der U1 und der U2 (für den Gleiches wie für den U1 gilt) als Nebentäter Gesamtschuldner, so dass der F von dem U1 die ganze Leistung fordern kann (§ 421 BGB).

**Variante**

Die eingeleitete Giftmenge eines jeden hätte ausgereicht, um die Fische zu töten.
Auch dann ist der U! ein („a minore ad maius") äquivalent und adäquat kausaler Verursacher einer im Schutzbereich des § 823 Abs. 1 BGB liegenden Eigentumsverletzung und somit – weil dies auch für U2 gilt – als Nebentäter und damit als Gesamtschuldner zum Schadensersatz verpflichtet (§§ 823 Abs. 1, 840 Abs. 1, 421 ff. BGB).

Wer nun glaubt, das alles sei sehr einfach, dem muss vorsorglich schon einmal gesagt werden, dass alles noch ein wenig schwieriger ist, als man denkt: Denn, auch wenn es bei der **Kausalitätsprüfung** in erster Linie um die Prüfung der **naturwissenschaftlichen Kausalität ohne Wertungsspielraum** (Ausnahme: Unterlassungsdelikt/eventuelles eine „Risikoerhöhung" verlangendes Wertungskriterium) geht, werden wir möglicherweise doch nicht ohne **normative Zurechnungskriterien** auskommen können. Dazu werden Sie jetzt mehr **sub b)** lesen.

### b) Vermeidung einer „uferlosen Haftung" durch Zurechnungskriterien

Wir wissen jetzt, dass für die Zurechnung des Erfolges ein äquivalenter Kausalzusammenhang zwischen einem Tun/Unterlassen erforderlich ist. **Aber:** bei einem bloßen Abstellen auf die Kausalität i. S. d. der Äquivalenztheorie wären **fast jedem Menschen als Handelnden** auch dermaßen **zeitlich/räumlich** weit **entfernt liegende deliktische Verletzungen** als **äquivalent kausal verursacht zuzurechnen**, dass dadurch das Risiko der „uferlosen Haftung" unangemessen steigen könnte. Deshalb stellt sich die Frage, ob es im Sinne einer sinnvollen Haftungsbeschränkung zusätzliche **Zurechnungskriterien** geben muss.

- Eine **Rechtsansicht** hält weitere Zurechnungskriterien **nicht für erforderlich**, weil in Fällen, in denen es um die Frage der Zurechnung ganz entfernter Folgen eines Verhaltens geht, eine deliktische Haftung entweder auf der Ebene der Rechtswidrigkeit oder der der Schuld ausgeschlossen werden kann. Eine (gleich näher vorgestellte) Haftungsbegrenzung durch die Adäquanztheorie und zusätzlich durch die Lehre vom Schutzzweck der Norm wird nach dieser Ansicht nur im haftungsausfüllenden Bereich vorgenommen. Wenn Sie diesen Weg wählen wollen, müssen Sie dies deutlich zum Ausdruck bringen und diese Rechtsmeinung damit begründen, dass es bei entfernten Folgen eines Verhaltens im haftungsbegründenden Bereich ausreichend Korrekturmöglichkeiten auf der Ebene der Rechtswidrigkeit und der des Verschuldens gäbe, um eine „uferlose Haftung" zu vermeiden, und dass man auch noch im haftungsausfüllenden Bereich die Haftung sinnvoll beschränken könne.
- Hier jedenfalls wird wie auch sonst weitgehend üblich davon ausgegangen, dass nach der Prüfung eines menschlichen Verhaltens und seiner Ursächlichkeit für die Verletzung i. S. d. Äquivalenztheorie bzw. der Überbrückung einer fehlenden Ursächlichkeit die im folgenden dargestellten **Zurechnungskriterien** der **Adäquanztheorie** und der **Lehre** vom **Schutzzweck der Norm** bereits **im haftungsbegründenden Zusammenhang** zu prüfen sind, dies aber **nur im Grundsatz**.

### c) „Vorsatzdelikte"

Von diesem Grundsatz wird folgende Ausnahme gemacht: Ein **vorsätzlich**, also „mit Wissen und Wollen" **herbeigeführter Erfolg** muss **stets zugerechnet** werden. Für gewollte Folgen braucht die Zurechnung nicht eingeschränkt zu werden, und zwar auch, wenn der Erfolgseintritt noch so unwahrscheinlich war (BGH). Lassen Sie sich an dieser Stelle nicht von dem hin- und wieder zu lesenden oder zu hörenden Einwand, man zöge hiermit ein in die Prüfung der „Schuld" gehöriges Merkmal („Vorsatz") systemwidrig zur Prüfung der „Tatbestandsmäßigkeit" heran, davon abhalten, die Frage der Zurechnung bei „Vorsatzdelikten" ganz knapp zu bejahen: Denn die dogmatische Systemreinheit ist kein Selbstzweck.

**Fall 710**

Der Jäger Hagen (H) streift eines trüben Morgens durch einen nebligen norddeutschen Wald bei Barkfelt. Er ist auf der Suche nach dem Wilderer Siegfried (S), um ihn zu töten, weil der S ihm den einzigen Hirsch der ganzen Gegend weggeschossen hat und weil er sich zudem auf dem „Jägerball" an seine Freundin Senga Sybille Maria Hildegard Etalp herangemacht hatte. Als der H auf einem schnurgeraden Waldweg in einer Entfernung von 600m die typische Silhouette des ihm den Rücken zuwendenden S erblickt, legt er in der Eile ohne vorheriges Aufsetzen des mitgeführten Zielfernrohrs an, schießt und trifft den S trotz dessen – wovon keiner weiß – Kugelfestigkeit, die er durch ein Bades in Drachenblut erlangt hatte, ausgerechnet in die infolge eines sich dort abgesetzt habenden Lindenblattes verwundbar gebliebenen Stelle am Rücken, so dass der S schwer verletzt wird. Getroffen hatte der H aber nur deshalb, weil das an sich wegen der schlechten Schießbedingungen (Sicht, Entfernung, kein Zielfernrohr, sich bewegendes Ziel) fehlgegangen sein würdende Geschoss von einem Stein abgeprallt, dann gegen einen Baum geflogen und dort erneut abgeprallt war. Dass der H dazu auch noch die einzig verwundbare Stelle des S getroffen hatte, hatte daran gelegen, dass der S sich gerade leicht zur Seite gedreht hatte, weil er im Unterholz ein Reh gesehen hatte. Der nicht krankenversicherte S verlangt Schadensersatz für die Heilungskosten von H.

Der Anspruch ergibt sich aus § 823 Abs. 1 BGB. a) Der S hat eine Körperverletzung erlitten. b) Diese Verletzung müsste dem Tun (Schuss) des H zugerechnet werden können. aa) Äquivalent kausal für die Verletzung war der Schuss, bb) aber nicht adäquat kausal, denn es lag völlig außerhalb jeder Wahrscheinlichkeit (schlechte Lichtverhältnisse, große Entfernung, kein Zielfernrohr, Bewegung des Ziels doppeltes Abprallen des Geschosses, generelle Kugelfestigkeit des Oppers), dass der Schuss treffen würde. Vielmehr war die von H gesetzte Bedingungen nicht „im allgemeinen, sondern nur unter ganz besonders eigenartigen, ganz unwahrscheinlichen und nach dem regelmäßigen Verlauf der Dinge außer Betracht zu lassenden Umständen zur Herbeiführung der Rechtsgutverletzung geeignet", den Erfolg herbeizuführen. Gleichwohl wird bei „Vorsatzdelikten" die Verletzung dem Verhalten des Täters zugerechnet. c) Die Rechtswidrigkeit ist indiziert. d) Vorsatz. e) Schaden.

Der Einwand, der Verzicht auf die Prüfung von Zurechnungskriterien bei „Vorsatzdelikten" würde zu einer nicht akzeptablen deliktischen Haftung bei einem bloß zufälligen Eintritt der gewollten Verletzung führen, kann Sie nicht irritieren, wenn Sie sich darauf besinnen, dass wir bereits angeregt hatten, für das Vorliegen der Kausalität eine von dem menschlichen Verhalten ausgehende **„Risikoerhöhung" für** das **Eintreten** der **Verletzung** zu verlangen.

**Fall 711**

Wenn der Schenker S seinem Feind F am Freitag, den 13., in der sicheren – und sich im zu beurteilenden Fall dann auch zufällig realisierenden – Erwartung, der Beschenkte werde damit verunglücken und sich verletzen, ein Auto schenkt, scheitert trotz des Vorsatzes des S ein Anspruch des F gegen den S aus § 823 Abs. 1 BGB am Vorliegen der Kausalität, weil durch das Verhalten des S nicht das Risiko für F, eine Verletzung zu erleiden, erhöht wurde.

In der Begründung „systemrein" ist natürlich diese Lösung nicht: Denn es lässt sich hiergegen trefflich einwenden, diese normative Korrektur der Kausalitätsprüfung sei nichts anderes als eine verkappte Anwendung der Adäquanztheorie, so dass also durch dieses „Korrektiv" auch bei „Vorsatzdelikten" eine sinnvolle Beschränkung der Haftung durch besondere Zurechnungskriterien erfolge.

#### d) Zurechnungskorrektive bei „Nicht-Vorsatzdelikten" (Adäquanztheorie, Lehre vom Schutzzweck der Norm)

Nach dem von uns gewählten dogmatischen Ansatz ist eine **Korrektur** der Resultate der „Äquivalenztheorie" durch weitere Zurechnungskriterien zur sinnvollen Haftungsbeschränkung also **nur** bei **„Nicht-Vorsatzdelikten"** nötig. Man muss sich das bildhaft so vorstellen, dass mittels dieser – sogleich vorzustellenden – Kriterien aus der Vielzahl der Personen, die eine äquivalent kausale Ursache für die Verletzung gesetzt haben, diejenigen „herausgefiltert" werden, für die eine aus der Äquivalenztheorie resultierende Schadensersatzhaftung wegen einer sonst gegebenen Uferlosigkeit der Haftung eine unangemessene Härte bedeuten würde.

##### aa) Adäquanztheorie

Nach der **Adäquanztheorie** ist einem Inanspruchgenommenen eine Verletzung nur dann zuzurechnen, wenn dessen für die Verletzung äquivalent kausales Verhalten zusätzlich auch adäquat kausal für die Verletzung war. Hierzu muss, was die deliktisch relevanten Verhaltensweisen angeht, wieder zwischen einem Tun **(sub (1)** und einem Unterlassen **(sub (2)** unterschieden werden.

##### (1) Tun

Bei einem in einem **Tun** eines Inanspruchgenommenen bestehenden Verhalten stellt sich für Sie bei der Zurechnungsprüfung nunmehr die weitere Frage,

- entweder **(positiv gefragt)**, ob das **Tun** allein oder im Zusammenwirken mit anderen Umständen deshalb **generell geeignet** war, **die Verletzung herbeizuführen**, weil die durch das Verhalten gesetzten Bedingungen „im allgemeinen und nicht nur unter ganz besonders eigenartigen, ganz unwahrscheinlichen und nach dem regelmäßigen Verlauf der Dinge außer Betracht zu lassenden Umständen zur Herbeiführung der Rechtsgutverletzung geeignet" waren (RG),
- oder **(negativ gefragt)**, ob das **Tun als Bedingung für** die **Verletzung außer Betracht** bleiben muss, weil es nur aufgrund eines deshalb **außerhalb jeder Lebenserfahrung** liegenden Kausalverlaufs zur **Verletzung der geschützten Rechtsposition** geführt hat, weil die von ihm gesetzten Bedingungen nicht „im allgemeinen, sondern nur unter ganz besonders eigenartigen, ganz unwahrscheinlichen und nach dem regelmäßigen Verlauf der Dinge außer Betracht zu lassenden Umständen zur Herbeiführung der Rechtsgutverletzung geeignet" waren.
- Wie auch immer Sie fragen: Es handelt sich bei dieser Beurteilung **nicht** um eine **Tatfrage**, sondern um reine Bewertung, dessen Kriterium die „Billigkeit" einer Zurechnung ist, also um eine **Rechtsfrage**, die der Rechtsanwender (also Sie) ohne Zuhilfenahme von wissenschaftlichen Erkenntnissen (also im Prozess: vom Richter selbst und ohne Einholung eines Sachverständigengutachtens) entscheiden müssen.

Maßgeblich für diese Bewertung soll sein die Sicht eines **optimalen Betrachters „ex post"**. Wer ist das? Das ist der Richter mit allen seinen Erkenntnismöglichkeiten; und bei der Fallbearbeitung sind Sie das!

**Fall 712**

Der Radfahrer A nimmt dem Autofahrer B die Vorfahrt, so dass B einen Unfall nur knapp vermeiden kann. Darüber erregt der B sich so sehr, dass er infolge eines plötzlichen Blutdruckanstiegs einen Schlaganfall erleidet. Der B verlangt von dem A Schadensersatz.

Der B hat eine für § 823 Abs. 1 BGB erforderliche a) Gesundheitsverletzung erlitten. b) Das aa) in einem Tun liegende Verhalten des A bb) ist aaa) zwar äquivalent kausal für die Verletzung; bbb) es handelt sich aber aus der optimalen Sicht eines „ex post"-Betrachters um einen ganz ungewöhnlichen Verlauf, der keineswegs zu erwarten war, so dass das Tun des A, das sich in einem bloßen Verkehrsverstoß erschöpft, nicht als adäquat kausal für die Gesundheitsverletzung angesehen werden kann. ccc) Wer in vertretbarer Weise eine adäquate Kausalität bejaht, muss prüfen, ob die Verletzung im Schutzbereich der Norm liegt (dazu sogleich mehr).

(2) Unterlassen

Bei einem **Unterlassen** muss dagegen gefragt werden, ob – vielleicht etwas kompliziert formuliert – sich die „Verletzung den Umständen nach so zugetragen hat, dass die Vornahme der Handlung als adäquate, typischerweise geeignete Bedingung des

Nichteintritts der Verletzung angenommen werden kann" (Kupisch/Krüger) oder ob – etwas einfacher gefragt – das **Erbringen** der **aufgrund der Rechtspflicht zum Tun**, also z. B. aufgrund der Verkehrssicherungspflicht, **geschuldeten Handlung** die Verletzung des Rechtsguts oder des Rechts **typischerweise verhindert** hätte.

**Fall 713**

Am Wochenende gehen Kinder auf eine in einem Wohngebiet liegende nicht umzäunte Baustelle, auf der durch den Generalunternehmer Generali (G) ein mehrstöckiges Haus errichtet wird, und spielen „Versteck" in dem Rohbau. Das Kind Klaus (K) fällt in einen nicht abgedeckten Fahrstuhlschacht und verletzt sich. Die private Krankenversicherung Secura (S ) verlangt Ersatz der für K ersetzten Heilungskosten von G.

1) Die S hätte nach §§ 86 VVG, 412, 399 ff., 823 Abs. 1, 249 Abs. 2 BGB 2) einen Anspruch gegen G, wenn der Versicherungsnehmer K einen Anspruch aus § 823 Abs. 1 BGB gegen G gehabt hätte a) Eine Körperverletzung des K liegt vor. b) Sie müsste einem Handeln des G zugerechnet werden können. aa) Weil der „Schwerpunkt der Vorwerfbarkeit" darin zu sehen ist, dass der G keinen Bauzaun errichtet hat, aaa) liegt ein Unterlassen des G vor. bbb) Ihn traf eine Rechtspflicht zum Tun aus einer Verkehrssicherungspflicht: aaaa) Er hatte mit der Baustelle eine Gefahrenquelle geschaffen. bbbb) Er musste daher im Rahmen des ihm Zumutbaren cccc) gegenüber Befugten, aber wegen des besonderen Anreizes einer Baustelle gerade für Kinder auch gegenüber unbefugten Kindern Schutzmaßnahmen durch Errichtung eines Bauzaunes treffen, und dies zu dem Zweck, diese vor Gefahren für ihre körperliche Unversehrtheit zu bewahren. bb) Die Errichtung eines Bauzauns aaa) hätte mit an Sicherheit grenzender Wahrscheinlichkeit das Eindringen der Kinder und damit die Verletzung verhindert, so dass das Unterlassen äquivalent kausal war. bbb) Weil ein Nicht-Vorsatzdelikt vorlag, müsste die Körperverletzung des K dem Unterlassen des G auch zuzurechnen sein. aaaa) Adäquat kausal war das Unterlassen, weil das Eindringen des K auf die Baustelle und damit auch die Körperverletzung typischerweise verhindert worden wäre. bbbb) Die Verletzung aaaaa) liegt auch im Schutzbereich der Norm. (Wer nicht – wie hier vorstehend geschehen – Ausführungen dazu gemacht hat, dass eine Verkehrssicherungspflicht verletzt worden ist und dass die die verletzte Verkehrssicherungspflicht auch gegenüber dem verletzten Kind K bestand und Dritte, also auch K, davor bewahren sollte, eine Körperverletzung zu erleiden, müsste dies jetzt im Rahmen des Schutzbereichs der Norm darstellen) c) Die Rechtswidrigkeit ist aa) indiziert. (Wer die Verletzung der Verkehrssicherungspflicht bisher nicht geprüft hat, weil er meint, die sei eine Frage der positiv festzustellenden Rechtswidrigkeit, müsste die Verkehrssicherungspflichtverletzung und die Frage, dass diese auch gegenüber K bestand und K vor der Körperverletzung bewahren sollte, hier prüfen.) d) Den G traf ein fahrlässiges Verschulden.

bb) „Schutzzweck/Schutzbereich der Norm"

Wenn man alle äquivalent und adäquat kausalen Verletzungen dem Handelnden als deliktisch relevant zurechnen würde, wäre die Haftung wegen der für die Adäquanzprüfung maßgeblichen Sichtweise eines „optimalen Betrachters ex post" vielfach immer noch unzureichend auf ein vernünftiges Maß begrenzt.

Daher soll **bereits** im **haftungsbegründenden Zusammenhang** nach der Prüfung der „Adäquanztheorie" zusätzlich untersucht werden, **ob** die **Norm** des **§ 823 Abs. 1 BGB** einen **Schutz** des **Verletzten** vor der **konkreten Verletzungshandlung bezweckt**.

Bei der Durchsicht der rechtswissenschaftlichen Literatur hierzu erkennt man allerdings, dass es Rechtsansichten gibt, die die Berücksichtigung des „Schutzzwecks/Schutzbereichs der Norm" im haftungsbegründenden Bereich des § 823 Abs. 1 BGB für entbehrlich halten und diese Prüfung auf § 823 Abs. 2 BGB – Auslegung des Schutzgesetzes – beschränken wollen. Wieder andere berücksichtigen den „Schutzzweck der Norm" überhaupt nur bei der Schadenszurechnung im „haftungsausfüllenden Bereich". Allerdings werden von den Vertretern dieser Ansichten die (sogleich darzustellenden) Kriterien der Lehre vom „Schutzzweck/Schutzbereich der Norm" (fortan nur noch „Schutzzweck der Norm") bei § 823 Abs. 1 BGB nicht selten bereits für die Adäquanzprüfung herangezogen, so dass bei einer solchen Verfahrensweise schon deshalb für das Zurechnungskriterium des „Schutzzwecks der Norm" kein Raum und kein Erfordernis mehr besteht. Auch bei manchen BGH-Entscheidungen finden sich im haftungsbegründenden Bereich Vermengungen der Kriterien der Adäquanztheorie mit solchen der Lehre vom „Schutzzweck der Norm", ohne dass daraus allerdings etwa eine grundsätzliche Ablehnung der Beschränkung der Zurechnung im haftungsbegründenden Zusammenhang durch die Schutzzweck-Lehre abgeleitet werden könnte. Schließlich schreibt der BGH kein Lehrbuch und begründet seine Urteile nicht nach Klausurbedürfnissen, sondern entscheidet konkrete Fälle.

Sie sollten mit der überwiegenden Auffassung davon ausgehen, dass die Lehre vom „Schutzbereich der Norm" als ein weiteres Zurechnungskriterium im haftungsbegründenden Bereich dazu dient, die Haftung sinnvoll zu begrenzen. Daher fand sich bei den bisherigen Fallbearbeitungen (so auch im letzten Fall) im Rahmen der Zurechnungsprüfung oft der als „Merkposten" gedachte stereotype Hinweis darauf, dass „ccc) Die Verletzung auch im Schutzbereich der Norm (liegt)".

(1) Schutzzweck der Norm bei nicht-vorsätzlich mittelbar verletzendem Tun und beim Unterlassen

Sie entsinnen sich: Wir haben oben festgestellt, dass ein Unterlassen erst durch die Verletzung einer Erfolgsabwendungspflicht deliktisch relevant ist und dass diese Pflichten sich aus Garantenstellungen, aus einer Verkehrssicherungspflicht oder aus einer Organisationspflicht ergeben können. Wo im Fallaufbau diese Verletzung festzustellen ist, haben wir offengelassen, aber dazu empfohlen, dies unmittelbar im Anschluss an die Einordnung des Verhaltens als Unterlassen vorzunehmen. Das war – wohlgemerkt – ein Vorschlag. Es gibt aber auch die Anregung, die Prüfung, ob die Verletzung den Schutz des Anspruchstellers vor gerade diesem Schaden bewahren soll, erst bei der Erörterung, ob die Verletzung im Schutzbereich der Norm liegt vorzunehmen **(sub (a))**. Ferner haben wir herausgearbeitet, dass ein nicht-vorsätzlich mittelbare verletzendes Tun nur im Falle einer Gefahrabwendungspflicht deliktisch relevant ist und dass eine solche Pflicht sich ergeben kann aus speziellen Schutzgesetzen, aus Verkehrssicherungspflichten oder aus Organisationspflichten. Vorgeschlagen worden ist, die Prüfung dieser Pflichtverletzung bei der Erörterung der Frage, ob die Verletzung im Schutzbereich der Norm liegt, zu verorten **(sub (b))**. Dass man die Problematik auch auf der Ebene der Rechtswidrigkeitsprüfung angehen kann, ist auch schon angesprochen worden. Wer das nicht mehr erinnert, sollte die Zusammenfassung **sub 1 e)** rasch noch einmal lesen.

a. Will man bei einem **Unterlassen** – abweichend von dem hier gemachten Vorschlag – die Prüfung der Erfolgsanwendungspflicht erst jetzt vornehmen, so lässt sich das zwanglos damit begründen, dass nach der Lehre vom Schutzzweck der Norm ein Unterlassen nur dann den Tatbestand des § 823 Abs. 1 BGB verwirkliche, wenn die verletzte Erfolgsabwendungspflicht (Garantenstellung, Verkehrs- und Organisationspflicht) den Anspruchsteller vor der konkreten Verletzung der Schutzposition bewahren soll (Röthel). Ob Sie so verfahren wollen, steht Ihnen gänzlich frei! Wir gehen hierauf jetzt nicht noch ein weiteres Mal ein.
b. Bei einem **nicht-vorsätzlich mittelbar verletzenden Tun** hatten wir vorgeschlagen die Prüfung der Gefahrabwendungspflicht hier zu prüfen. Diese Verortung lässt sich damit rechtfertigen, dass es nicht dem Schutzzeck des § 823 Abs. 1 BGB entspricht, einem Verletzten nicht bei in jeglicher Weise nicht-vorsätzlich äquivalent und adäquat mittelbar herbeigeführten Verletzungen deliktischen Schutz durch Gewährung von Schadensersatz zu gewähren, sondern nur dann, wenn eine ihn vor einer solchen Verletzung schützen sollende Gefahrabwendungspflicht aus speziellen Schutzgesetzen, aus Verkehrssicherungspflichten oder aus Organisationspflichten verletzt worden ist. Bei allem dogmatischen Reiz dieser Frage, speziell zur Verortung dessen im Fallaufbau: Sie sollten sich dessen bewusst sein, dass viele der Fälle mittelbarer Verletzung weitgehend rein akademischer Natur ohne praktische Relevanz sind; das zeigt auch das folgende für diese Konstellation typische Schulbeispiel.

**Fall 714**

Der V verkauft dem K ein Touren-Fahrrad und liefert es ihm; der K verursacht alsbald nach der Übergabe wegen der ihm noch wenig vertrauten Schaltung einen Unfall, durch den der Passant P verletzt wird. Da der K völlig verarmt ist, nimmt der P den reichen V auf Schadensersatz in Anspruch.

Ein Anspruch des P könnte sich aus § 823 Abs. 1 BGB ergeben. a) Der P hat eine Verletzung einer geschützten Rechtsposition in Gestalt einer Körperverletzung erlitten. b) Das aa) Tun des in Anspruch genommenen V (Verkauf und Lieferung des Rades) hat die Verletzung des P nicht-vorsätzlich und lediglich mittelbar herbeigeführt. In einem solchen Fall könnte man bereits das Vorliegen eines deliktisch relevanten Tuns davon abhängig machen, dass der V eine den

P vor der konkret erlittenen Verletzung bewahren sollenden Gefahrenabwendungspflicht verletzt haben müsste. Ein den V zur Einweisung, vielleicht sogar zur Schulung des Käufers eines neuen Rades, speziell des K, verpflichtendes Schutzgesetz gibt es nicht. Auch eine entsprechende Verkehrssicherungspflicht gibt es beim Kauf eines Touren-Rades nicht (nicht einmal beim Neu-Kauf eines Pkw nimmt man derlei an!). bb) Wer hier keine Prüfung einer Pflichtwidrigkeit des Tuns für erforderlich hält, müsste jetzt erörtern, ob die Verletzung des P dem Tun des V kausal zugerechnet werden kann. aa) Äquivalent kausal für die Verletzung war das Tun des V zweifellos. bb) Das Verhalten war auch adäquat kausal; denn völlig außerhalb jeder Wahrscheinlichkeit liegt der Eintritt der Verletzung deshalb nicht, weil die der Belieferung nachfolgende Benutzung eines neuen technisch aufwendigen und unvertrauten Geräts Gefahren für Dritte mit sich bringt. cc) Unter dem Aspekt des Schutzzwecks soll eine äquivalent und adäquat kausale nicht-vorsätzliche mittelbare Verletzung aber nur dann einem mittelbaren Verursacher, also dem V, zurechenbar sein, wenn er eine den Verletzten schützen sollende Gefahrabwendungspflicht aus dem Gesetz oder aus einer Verkehrssicherungspflicht verletzt hat; da das – wie bereits oben ausgeführt – nicht der Fall ist, müsste hiernach mangels einer Zurechenbarkeit der Verletzung ein Anspruch entfallen. Die Prüfung wäre hier beendet. c) Wer dem nicht folgt, weil er der Auffassung ist, dass das Problem der deliktischen Verantwortung für mittelbare nicht-vorsätzliche Verletzungen erst auf der Ebene der Rechtswidrigkeit gelöst werden, indem die Rechtswidrigkeit stets nur bei positiv festzustellenden objektiven Pflichtverstößen (Nipperdey: Lehre vom Handlungsunrecht) angenommen wird, müsste dazu kommen, dass hiernach mangels Pflichtverstoßes des V die Rechtswidrigkeit entfällt.

**Fall 715**

Der V, der sein Geschäft in einer Fußgängerzone betreibt, verkauft am Vormittag des 31. Dezember Sylvesterknaller, die nach den Bestimmungen einer Rechtsverordnung nur an über 18-jährige Personen abgegeben werden dürfen, an den 10-jährigen K. Der K zündet gleich vor der Ladentür inmitten einer Gruppe von Passanten einen dieser Knaller, wirft ihn hoch und läuft lachend davon. Der Passant P wird schwer im Gesicht verletzt. Der P nimmt den V auf Schadensersatz in Anspruch.

Der P könnte einen Anspruch aus § 823 Abs. 1 BGB haben. a) Die erforderliche Verletzung in Gestalt einer Körperverletzung hat er erlitten. b) Das aa) Tun des in Anspruch genommenen V (Verkauf und Lieferung des Sylvesterknallers) hat die Verletzung des P nicht-vorsätzlich und lediglich mittelbar herbeigeführt. In einem solchen Fall könnte man bereits das Vorliegen eines deliktisch relevanten Tuns davon abhängig machen, dass der V eine den P vor der konkret erlittenen Verletzung bewahren sollenden Gefahrenabwendungspflicht verletzt haben müsste. Dies ist der Fall. aaa) Die gesetzliche Vorschrift dient nicht nur dem Schutz des Käufers, sondern auch dem Schutz der körperlichen Unversehrtheit Dritter vor jugendlich-leichtsinnigem und Dritte gefährdenden Umgang mit

Feuerwerkskörpern. bb) Wer das anders sieht, käme über eine Verkehrssicherungspflichtverletzung des V, die zweifellos auch im Hinblick auf den Schutz Dritter vor Körperverletzungen dient, zum gleichen Ergebnis. b) Die Verletzung muss dem Tun des V (Verkauf und Lieferung des Sylvesterknallers) kausal zugerechnet werden können. aa) Äquivalent kausal für die Verletzung war Tun des V. bb) Es war auch adäquat kausal; denn völlig außerhalb jeder Wahrscheinlichkeit liegt die Verletzung deshalb nicht, weil die Belieferung eines Kindes mit einem Sylvesterknaller die Gefahr des sofortigen Einsatzes und damit Gefahren für Dritte mit sich bringt. cc) Die Prüfung, ob unter dem Aspekt des Schutzzwecks die äquivalent und adäquat kausale nicht-vorsätzliche mittelbare Verletzung dem mittelbaren Verursacher V zurechenbar ist, entfällt, wenn dies bereits bei der Frage der deliktischen Relevanz des Tuns geprüft worden ist. Wer dies dort aber nicht geprüft haben sollte, stellt dies hier dar und kommt zur Zurechnung. c) Nach anderen muss das Problem der deliktischen Verantwortung für nicht-vorsätzliche mittelbare Verletzungen jedoch erst auf der Ebene der Rechtswidrigkeit gelöst werden, indem bei Nicht-Vorsatzdelikten die Rechtswidrigkeit stets nur bei positiv festzustellenden objektiven Pflichtverstößen (Nipperdey: Lehre vom Handlungsunrecht) angenommen wird, so dass hier wegen eines solchen Pflichtverstoßes des V die Rechtswidrigkeit gegeben ist. d) Da der V auch fahrlässig gehandelt hat, ist er verpflichtet, e) den Schaden des P zu ersetzen.

(2) Schutzzweck der Norm bei Schockschäden

Die **„Schockschäden-Fälle"** sind dadurch gekennzeichnet, dass der Anspruchsteller durch das Miterleben einer Körperverletzung oder Tötung eines Menschen oder durch ein Davonhörens in äquivalent und adäquat kausaler Weise einen als Gesundheitsverletzung anzusehenden **Schock** erlitten hat und hierfür Schadensersatz (Behandlungskosten, Schmerzensgeld) verlangt.

Derartige Schockschäden können dem Verhalten des Inanspruchgenommenen grundsätzlich **nicht zugerechnet** werden, weil die psychische Verarbeitung von derartigen Erlebnissen zum „allgemeinen Lebensrisiko" zählt, für das Dritte wegen der sonst „uferlosen deliktischen Haftung" nicht nach § 823 Abs. 1 BGB einzustehen haben. Eine Zurechnung soll jedoch dann dem Schutzzweck der Norm des § 823 Abs. 1 BGB entsprechen, wenn es dabei um die Verwirklichung eines **besonderen Lebensrisikos** handelt. Die Voraussetzungen dafür sind subtil. Der **Schock** muss in Anbetracht des ihn auslösenden Umstandes **„verständlich"** sein, was „bei einem ein leichten Blechschaden" nicht der Fall sei (BGH). Vielmehr müsse es um einen Schock aufgrund des **Miterlebens** einer **schweren Verletzung/Tötung** eines **nahen Angehörigen**, also nicht etwa eines Prominenten, der ein „Idol" verkörpert (Staudinger), oder des **Erhalts** der **Nachricht** hiervon handeln.

**Fall 716**

Der A und der B sind Arbeitskollegen und sitzen seit 10 Jahren in einem Dienstzimmer; auch privat sind sie gut befreundet. Eines Tages ermordet der M den A. Der B erleidet einen so schweren Schock, dass er monatelang wegen psychischer und psychosomatischer Beschwerden stationär behandelt werden muss. Die AOK, die die Kosten trägt, nimmt den M auf Ersatz der Behandlungskosten in Anspruch.

1) Die AOK wäre anspruchsberechtigt (§§ 116 SGB X, 412, 399 BGB), wenn ein Schadensersatzanspruch auf Ersatz der Behandlungskosten eines bei ihr Versicherten auf sie übergegangen wäre. 2) Zu prüfen ist, ob der B einen Anspruch gegen den M aus §§ 823 Abs. 1, 249 Abs. 2 BGB hat: a) Das psychische Leiden des B ist eine Gesundheitsverletzung, weil es „Krankheitswert" hat. b) Das Verhalten des M (Tun) war aa) äquivalent kausal für die Verletzung. bb) Es war auch adäquat kausal, denn eine solche psychische Reaktion von dem Opfer eines Tötungsdelikts nahestehenden Personen wie die des B liegt nicht völlig außerhalb jeder Wahrscheinlichkeit. cc) Da § 823 Abs. 1 BGB wegen der sonst uferlosen deliktischen Haftung aber nicht vor „allgemeinen Lebensrisiken" schützen will, erfolgt eine Zurechnung von „Schock"-Schäden nur bei der Verwirklichung besonderer Risiken. Als klassische Fallgruppe gilt ein Schock aufgrund des Miterlebens der Verletzung/Tötung naher Angehöriger oder aufgrund einer Nachricht hiervon; hierfür gibt es auch einen Anhalt im Gesetz (vgl. § 844 Abs. 2 BGB). Der „Schock" des B liegt unterhalb dieser Schwelle. Danach wäre die Gesundheitsverletzung des B dem M nicht zuzurechnen.

**Fall 717**

Der F verursacht schuldhaft einen Verkehrsunfall, durch den der V schwer verletzt wird und mehrwöchig bewusstlos ist. Seine Frau M war währenddessen im 5. Monat mit K schwanger. Durch die Nachricht erlitt sie einen Schock, der zu erheblichen Kreislaufbeschwerden und zu einer Minderdurchblutung der Placenta führte. Das Kind K kam mit einem Hirnschaden zur Welt. M und K nehmen den F auf Schmerzensgeld in Anspruch (nach BGH).

1) Die M könnte einen Anspruch aus § 823 Abs. 1 BGB haben: a) Es liegt eine Gesundheitsverletzung der M vor. b) Das Verhalten des F (Tun) war aa) äquivalent kausal für die Verletzung. bb) Was die Zurechnung angeht, aaa) so war das Tun des F adäquat kausal für die Verletzung, denn die Folge liegt bei einer „optimalen Betrachtung ex post" nicht völlig außerhalb jeder Wahrscheinlichkeit. bbb) Da § 823 Abs. 1 BGB wegen der sonst uferlosen deliktischen Haftung aber nicht vor „allgemeinen Lebensrisiken" schützen will, erfolgt eine Zurechnung von „Schock"-Schäden erst bei der Verwirklichung besonderer Risiken: als klassische Fallgruppe gilt ein Schock aufgrund des Miterlebens der Verletzung/Tötung oder Nachricht hiervon bei nahen Angehörigen; hierfür gibt es auch einen Anhalt im Gesetz (vgl. § 844 Abs. 2 BGB). Danach wäre die Gesundheitsverletzung der M dem F zuzurechnen. c) Die Rechtswidrigkeit ist indiziert. d) F hat schuldhaft gehandelt. 2) Auch K hat einen Anspruch gegen den F aus § 823 Abs. 1 BGB; dies hat nichts mit der (hier erörterten) Zurechnungsproblematik bei mittelbaren Verletzungen zu tun; s. die Erörterungen zur vorgeburtlichen Verletzung. 3) Beide haben sie einen Schmerzensgeldanspruch aus § 253 Abs. 2 BGB.

(3) Schutzzweck der Norm bei Herausforderungsfällen

Bei den sog. **„Herausforderungs-Fällen"** (Medicus) handelt es sich um die Fallgruppe der auf einer freien Entschließung des Verletzten oder eines Dritten beruhenden „Hilfeleister-Fälle" und „Verfolger-Fälle", bei denen ein **Helfer** oder **Verfolger** sich, hervorgerufen durch das Verhalten der aus § 823 Abs. 1 BGB in Anspruch genommenen Person, bei dem Bemühen **verletzt** hat, einem anderen **Hilfe** zu **leisten** oder einen **Straftäter** zu **verfolgen** und **festzunehmen**.

An einer äquivalenten und auch adäquaten Kausalität des Verhaltens des Inanspruchgenommenen besteht in diesen Fällen i.d. R kein Zweifel. Fraglich ist meist allein, ob die Verletzung im Schutzbereich der Norm liegt.

Hierzu sind folgende Kriterien entwickelt worden: Die Verletzung des Hilfeleisters oder Verfolgers wird dem Verursacher des Unglücksfalls/dem verfolgten Straftäter nur dann **zugerechnet**,

- wenn der **Inanspruchgenommene** für ihn **voraussehbar** und **vermeidbar** das **Risiko** einer Verletzung des **Helfers/Verfolgers** dadurch **gesteigert** hat, dass er den Helfer/Verfolger zu dessen **Verhalten herausgefordert** hat,
- wenn der **verletzte Helfer/Verfolger** sich auch **zu** seinem **Verhalten herausgefordert fühlen durfte**
- und sich dabei **für** den **Helfer/Verfolger nicht nur** ein **allgemeines Lebensrisiko**, sondern ein **besonderes Hilfeleister-** oder **Verfolgerrisiko** verwirklicht hat.
- Schließlich dürfen die vom Helfer/Verfolger **übernommenen Risiken nicht außer Verhältnis** zum Anlass der Hilfeleistung und Verfolgung stehen.

**Fall 718**

Der Autofahrer Klaus Kröte (K) verursachte auf der Autobahn in einer abgelegenen Region mit seinem roten Auto durch zu nahes Auffahren bei überhöhter Geschwindigkeit in der Dämmerung und bei Nebel einen schweren Unfall mit zahlreichen Verletzten. Der K, der den Unfall als schwerwiegend erkannt hat, begeht Unfallflucht. Der zufällig vorbeikommende Rennfahrer A nimmt die Verfolgung auf, rast mit 250 km/h durch eine plötzlich auftauchende dichte Nebelbank und verunglückt in ihr mit schweren Verletzungsfolgen für sich. Der inzwischen in seinem Schloss „Krötinhall" angekommene K wird aufgrund des von A mittlerweile erkannten Kennzeichens gleichwohl gestellt. Der Arzt Dr. B, der gleichzeitig mit dem Ursprungsunfall auf der nicht sehr dicht befahrenen Gegenfahrbahn fährt, meint, helfen zu müssen. Er hält an und überquert – er ist körperlich sehr gewandt und schnell – laufend die Fahrbahn. Dabei wird er von einem besonders schnell fahrenden, und deshalb in der nebligen Dämmerung überraschend auftauchenden Wagen erfasst und schwer verletzt; der Fahrer dieses Autos begeht „erfolgreich" Unfallflucht. Die private Krankenversicherung KV des Rennfahrers A und des Dr. B verlangt von dem K Schadensersatz.

1) Der KV stünde als Versicherer nach §§ 86 VVG, 412, 399 ff. BGB ein Anspruch gegen K zu, wenn 2) die Versicherungsnehmer A und Dr. B einen Anspruch aus § 823 Abs. 1 BGB gegen K hätten: a) A und Dr. B haben eine

Körperverletzung erlitten. b) Sie müssten dem K zugerechnet werden können: aa) Äquivalent kausal war das im Hinblick auf die Verletzungen risikoerhöhende Tun des K; bb) es war auch adäquat kausal, denn es liegt nicht völlig außerhalb jeder Wahrscheinlichkeit, dass bei schweren Unfällen mit Unfallflucht ein unfallflüchtiger Beteiligter verfolgt wird und dass Opfern geholfen wird und dass gerade auf Autobahnen der Verfolger und der Helfer dabei verunglücken und verletzt werden; cc) hier haben jedoch der A als Verfolger und der Dr. B als Helfer die Gefahrenlage durch den Entschluss, zu verfolgen und dazu auch durch die Nebelbank zu fahren, bzw. helfen und dazu die Autobahn bei den gegebenen Wetterverhältnissen zu überqueren, selbst geschaffen; in einem solchen Fall erfolgt eine Zurechnung nur dann, aaa) wenn der Verursacher des Unfalls bzw. Unfallflüchtige K für ihn voraussehbar und vermeidbar das Risiko einer Verletzung des Helfers/Verfolgers dadurch gesteigert hat, dass er die verletzten Dritten zu ihrem selbstverletzenden Tun herausgefordert hat. Das ist der Fall: Wer einen Unfall verursacht und flieht, also den Opfern keine Hilfe angedeihen lässt und sich der gebotenen Feststellung (§ 142 StGB) entzieht, hat voraussehbar und vermeidbar den Einsatz Dritter provoziert; wenn dies alles im hochgefährlichen Milieu einer Autobahn geschieht, impliziert dies auch Risiken für die körperliche Integrität dieser Dritten. bbb) Die als Verfolger und als Hilfeleister einen Anspruch geltend machenden Personen (A und Dr. B) mussten sich aber aaaa) nicht nur herausgefordert fühlen, zu verfolgen oder zu helfen (was der Fall ist), bbbb) sondern mussten sich auch herausgefordert fühlen dürfen, zu verfolgen oder zu helfen: aaaaa) für A gilt dies wegen §§ 142 StGB, 127 Abs. 1 StPO, 227 BGB und bbbbb) für Dr. B wegen des allgemeinen Hilfeleistungsgebots aus § 323c StGB oder jedenfalls aber wegen des speziellen standesrechtlichen Gebots zur ärztlichen Hilfeleistung. ccc) Verwirklicht haben durfte sich nicht nur ein allgemeines Lebensrisiko, sondern ein besonderes Hilfeleister- oder Verfolgerrisiko: Das ist hier der Fall. ddd) Schließlich durften der A und Dr. B keine unverhältnismäßigen Risiken auf sich genommen haben. Hier ist eine Abwägung nötig: Einerseits geht es um einen Unfall mit vielen Opfern in abgelegener Gegend mit relativ wenig Verkehr, also insgesamt um ein hohes Feststellungs- bzw. Hilfeleistungsinteresse, auch sind A und Dr. B wegen ihrer renn- und sonstigen sportlichen Fähigkeiten als Verfolger und Hilfeleister in kritischen Situationen dazu befähigt, Risiken auf sich zu nehmen. Andererseits: Der A hat mit der hohen Geschwindigkeit bei der gefährlichen Wetterlage und unter Berücksichtigung dessen, dass er das Kennzeichen bereits erkannt hatte, auch unter Berücksichtigung des Gewichts der Straftat und der vom Täter ausgehenden potenziellen Gefahren zuviel riskiert, als er die Verfolgung fortsetzte; also steht dem A kein Anspruch zu. Was den Dr. B angeht, so ist zu bedenken, dass der Verkehr auf einer Autobahn ohne Geschwindigkeitsbegrenzung stets schlecht kalkulierbar ist, dass Dämmerung herrschte und das Wetter nebelig war; gleichwohl war insgesamt der Einsatz durch ihn nicht unverhältnismäßig. eee) Die Verletzung muss sich aus einem gesteigerten Hilfeleistungsrisiko ergeben; das ist hier der Fall. c) Die Rechtswidrigkeit ist indiziert. d) Ein Verschulden des K ist gegeben, denn für den K waren die Verletzungen voraussehbar und vermeidbar. e) Dr. B hat einen Schaden erlitten.

Für das **„Sich-Herausgefordertfühlen-Dürfen“** finden sich oft **gesetzliche Wertungen**: In den Verfolgerfällen z. B. die des § 127 Abs. 1 StPO oder des § 227 BGB und in den Hilfeleisterfällen z. B. die des § 323c StGB. Verzweifeln Sie aber nicht, wenn Sie keine solche Norm finden. Denn nach der Rechtsprechung reicht auch ein **„billigenswertes Motiv“** für eine Selbstverletzung aus.

**Fall 719**

Die T verliert aufgrund einer schuldhaft fehlerhaften Operation des Arztes A ihre einzige funktionstüchtige Niere. Ihre Mutter M spendet daraufhin der T mit Rücksicht auf deren generell schlechten Gesundheitszustand eine Niere. Die M verlangt Schmerzensgeld von A (nach BGH).

1) Der Anspruch richtet sich dem Grunde nach a) nicht nach §§ 611, 280 Abs. 1, 241 Abs. 2, 253 Abs. 2 BGB, denn die M ist nicht Vertragspartnerin und auch nicht in den Schutzbereich des Vertrages einbezogen, sondern b) nach §§ § 823 Abs. 1, 253 Abs. 2 BGB. aa) Die M ist körperlich bzw. gesundheitlich verletzt. bb) Der A hat durch ein Tun gehandelt. cc) Zwischen der Verletzung der M und dem Handeln des A müsste ein Zurechnungszusammenhang bestehen. Der Zurechnungszusammenhang setzt aaa) eine hier gegebene äquivalente Kausalität voraus; bbb) völlig außerhalb jeder Wahrscheinlichkeit ist die Entscheidung der M und damit ihre Verletzung nicht. ccc) Die Verletzung müsste aber im Schutzbereich der Norm liegen. Fraglich ist dies deshalb, weil grundsätzlich jeder für die Folgen seines eigenen Verhaltens selbst verantwortlich ist. Eine Ausnahme gilt nur, wenn der Verletzte sich zu dem Verhalten herausgefordert fühlen durfte. Grund für die Nierenspende der M war die die eigene Tochter T in Lebensgefahr gebracht habende Pflichtverletzung des A. Das Schicksal einer – bis zur Transplantation einer anderen Niere – erforderlichen Dialyse musste sie ihrer Tochter angesichts ihres schlechten Zustandes nicht zumuten. Wegen ihres „billigenswerten Motivs“ durfte die M sich herausgefordert fühlen, ihrer Tochter zu helfen. Auch besteht unter Berücksichtigung von Risiko und Nutzen ein angemessenes Verhältnis zwischen Mittel und Zweck. dd) Die Rechtswidrigkeit ist indiziert. ee) Der A hat schuldhaft gehandelt. Der M steht daher ein Schadensersatzanspruch und damit auch ein angemessenes Schmerzensgeld zu.

Bei der **Rettung** vom **Freitod** oder der eines **Verunglückten** durch einen **„Hilfeleister“** ist natürlich in erster Linie an einen Anspruch gegen den Selbstmörder oder den Verunglückten aus §§ 677, 683, 670 BGB zu denken, der bekanntlich auch Schäden umfassen kann (dazu haben Sie bereits alles in Teil 5 gelesen).

#### (4) „Herausforderungs-“ Fälle: „Dazwischen -Treten“ Dritter aufgrund freier Entschließung („Grünstreifen-Fälle“)

Wenn die Verletzung einer deliktisch geschützten Rechtsposition durch ein **aufgrund freier Entschließung** erfolgendes **„Dazwischen-Treten“ Dritter** herbeigeführt wird, kann diese dem äquivalent und adäquaten handelnden Verursacher eines solchen Entschlusses nach dem „Schutzzweck der Norm" dann **nicht zugerechnet** werden, wenn der dazwischentretende Dritte **sich nicht** zu **seinem Verhalten herausgefordert fühlen durfte**, sondern das Verhalten des Verursachers lediglich zum Anlass seines eigenen rechtswidrigen Verhaltens genommen hatte; das klassische Beispiel hierfür sind die sog. „Grünstreifen-Fälle", in denen der **Dritte vorsätzlich** gehandelt hat. Aber auch bei einem nicht-vorsätzlichen Verhalten eines Dritten soll der Zurechnungszusammenhang fehlen, wenn dadurch ein **neues Risiko** geschaffen wird, das mit dem möglicherweise zur deliktischen Haftung führenden Verhalten nur noch rein „äußerlich" verbunden ist.

**Fall 720**

Infolge eines beide Fahrspuren einer Autobahn blockierenden Unfalls mit nachfolgendem Stau entscheiden sich die Autofahrer noch vor Eintreffen der Polizei dazu, über den Grünstreifen auszuweichen und weiterzufahren. Auf Schadensersatz in Anspruch genommen werden nicht die ohnehin unbekannt gebliebenen Kraftfahrer, die über den Grünstreifen gefahren sind, sondern der Unfallverantwortliche UV (nach BGH).

1) Eine für einen Anspruch aus § 823 Abs. 1 BGB erforderliche a) Verletzung (hier des Eigentums der Bundesrepublik Deutschland durch Beschädigung des Grünstreifens) liegt vor; b) sie müsste einem Verhalten des UV (Tun) zugerechnet werden können. aa) Das Verhalten des UV war äquivalent kausal bb) und, weil die Reaktion der anderen Verkehrsteilnehmer nicht völlig außerhalb jeder Wahrscheinlichkeit liegt, auch adäquat kausal für die Verletzung. cc) Vom Schutzzweck der Norm des § 823 Abs. 1 BGB ist die Verletzung jedoch nicht erfasst, weil die vorsätzlich handelnden Dritten sich durch das Tun des A nicht dazu „herausgefordert fühlen durften", über den Grünstreifen zu fahren; für sie war die von A herbeigeführte Situation nur der äußere Anlass und das Motiv für ein eigenes rechtswidriges Verhalten. 2) Der Anspruch könnte sich jedoch aus § 7 StVG ergeben. Dazu muss der a) eingetretene Schaden b) auf die Betriebsgefahr des Fahrzeugs des UV zurückgeführt werden können. aa) Dazu reicht das Bestehen einer naturwissenschaftlichen Kausalität bb) nicht aus. Denn auch insoweit kann eine wertende Betrachtung ergeben, dass eine Zurechnung zur Betriebsgefahr eines Kraftfahrzeugs trotz bestehender naturwissenschaftlicher Kausalität zu verneinen ist. aaa) Der für eine Zurechnung der Betriebsgefahr zunächst erforderliche „nahe örtliche und zeitliche Zusammenhang" besteht zwar, denn die Betriebsgefahr des für die Sperrung ursächlichen Fahrzeugs des UV wirkt so lange fort, bis die Unfallstelle geräumt, ausreichend abgesichert oder jedenfalls soweit wieder befahrbar ist, dass keine besonderen Gefahren des Unfallgeschehens mehr bestehen. bbb) Hier fehlt es aber gleichwohl an einem Zurechnungszusammenhang zwischen Betriebsgefahr und Schaden, weil sich durch das vorsätzliche Verhalten der anderen Kraftfahrer eine neue, nicht mehr in einem inneren Zusammenhang mit dem Unfall stehende Gefahr verwirklicht

hat. Daher besteht auch kein Anspruch der Bundesrepublik Deutschland gegen den UV aus § 7 StVG.

**Fall 721**

Der A stürzt bei einbrechender Dunkelheit infolge eines Fahrfehlers beim Freihändigfahren mit dem Fahrrad auf einer innerörtlichen Einbahnstraße und verletzt sich am Kopf, so dass er bewusstlos auf der Fahrbahn liegen bleibt. Bevor die Polizei und der Rettungswagen angerückt sind, hat sich der mit seinem Auto die Unfallstelle erreichende B mit seinem Fahrzeug schützend vor den verunglückten A gestellt und die Warnblinkanlage sowie seinen Rückscheinwerfer durch Einlegen des Rückwärtsganges eingeschaltet; außerdem hat der B ein Warndreieck im Abstand von 60 Metern hinter seinem Fahrzeug aufgestellt. Einige Autos passierten die Unfallstelle, indem sie vorsichtig rechts an B's Wagen vorbeifuhren. Der K. Röterich (K) jedoch fuhr in seinem roten Auto mit 50 km/h ungebremst auf den Wagen des B auf, so dass sein Fahrzeug schwer beschädigt wurde und für € 5000,– wiederhergestellt werden musste. Der K nimmt den A auf Schadensersatz in Anspruch (nach BGH).

Eine für einen Anspruch aus § 823 Abs. 1 BGB erforderliche a) Verletzung (hier des Eigentums des K durch Beschädigung) liegt vor; b) sie müsste einem Verhalten des A (hier: positives Tun) zugerechnet werden können. aa) Das im Hinblick auf die Verletzung des K risikoerhöhende und zum Unfall führende Verhalten des A war äquivalent kausal bb) und, weil ein solcher Auffahrunfall nicht völlig außerhalb jeder Wahrscheinlichkeit liegt, auch adäquat kausal für die Eigentumsverletzung. cc) Fraglich ist, ob die Verletzung des Eigentums des K vom Schutzzweck der Norm des § 823 Abs. 1 BGB erfasst ist. aaa) Man könnte im Anschluss an den vorherigen („Grünstreifen-") Fall annehmen, dass der Zurechnungszusammenhang nur bei einem vorsätzlichen Eingreifen eines Dritten in den Geschehensablauf fehlt. Das ist jedoch nicht der Fall. Dafür kann ausreichen, dass ein „eigenständiges Verhalten eines Dritten dem Geschehen eine Wendung gibt, die die Wertung erlaubt, das mit dem Erstunfall gesetzte Risiko sei für den Zweitunfall von völlig untergeordneter Bedeutung, eine Haftung des Erstunfallverursachers sei daher nicht gerechtfertigt. In diesem Sinne kann auch ein nicht vorsätzliches Verhalten des Zweitunfallverursachers zur Schaffung eines neuen Risikos führen, das mit dem durch den ersten Unfall geschaffenen Risiko nur noch ‚äußerlich' zusammenhängt". bbb) So liegt es hier: Die Erstunfallstelle war bereits seit einiger Zeit abgesichert und auch von mehreren Autofahrern unfallfrei passiert worden; und angesichts des Unfallhergangs wäre der K auf jedes gut abgesicherte Hindernis aufgefahren. Also ist mangels eines Zurechnungszusammenhangs keine deliktische Haftung des A gegeben. Wer dies anders sieht, c) müsste die Rechtswidrigkeit und ein Verschulden des A und damit d) eine Schadensersatzpflicht des A aus §§ 823 Abs. 1, 249 Abs. 2 BGB bejahen.

Bei diesen Fällen scheint die Anwendung der Lehre vom Schutzzweck der Norm am ehesten entbehrlich, weil man auch bereits mittels der Adäquanztheorie zu gleichen Ergebnissen gelangen kann.

**Fall 722**

Der A spiegelt dem ihm persönlich nicht angenehmen B vor, er habe ihm gerade eine tödliche Dosis eines bestimmten Nervengiftes in den Tee getan. Der A will den B mit dieser Behauptung nur „ein wenig erschrecken". Völlig überraschend für den A geht der B ihm so gründlich auf den Leim, dass er sich sofort mit einem Unfallwagen ins Krankenhaus bringen lässt, wo er von A's Äußerung Mitteilung macht. Der behandelnde Arzt Dr. D injiziert ohne weitere Untersuchungen, weil die damit verbundenen Verzögerung bei einer wirklichen Vergiftung dem B das Leben gekostet hätte, ein Gegenmittel. Hierauf reagiert der B – was für dieses Medikament durchaus typisch ist und von dem Arzt billigend in Kauf genommen wird – allergisch und erleidet einen schweren Kreislaufschock mit irreparablen Spätfolgen. Der B nimmt den A in Anspruch.

Der Anspruch könnte sich aus § 823 Abs. 1 BGB ergeben. a) Der B hat eine Gesundheitsverletzung erlitten. b) Die Vorspiegelung der Vergiftung seitens des A aa) ist ein Tun. bb) Die Verletzung müsste dem Verhalten des A zugerechnet werden können: aaa) Äquivalent kausal war das für die Verletzung risikoerhöhende Verhalten. bbb) Wenn es sich um ein „Vorsatzdelikt" handeln würde, wäre die Zurechenbarkeit der kausalen Verletzung ohne weiteres zu bejahen. ccc) Das ist aber nicht der Fall, denn der A wollte den B nur ein wenig ärgern. Daher ist die Zurechenbarkeit zu prüfen. aaaa) Die Handlung des A war adäquat kausal; denn die sich anschließende Entwicklung liegt nicht völlig außerhalb jeder Wahrscheinlichkeit. bbbb) Die Verletzung müsste ferner auch vom Schutzbereich der Norm gedeckt sein. Hier ist Dr. D, der die Gesundheitsverletzung bedingt vorsätzlich handelnd herbeigeführt hat, „dazwischengetreten"; aber anders als im vorherigen Fall „durfte" sich Dr. D aufgrund des Verhaltens des A zu dem verletzenden Tun herausgefordert fühlen. c) Die Rechtswidrigkeit ist indiziert. d) Der A hat mindestens fahrlässig gehandelt. e) Schaden.

(5) Schutzzweck der Norm bei Verletzung durch Verwirklichung eines anderen Gefahrenkreises

Eine Verletzung gehört dann nicht zum Schutzbereich der Norm des § 823 Abs. 1 BGB, wenn sie darauf beruht, dass sich ein anderer spezieller Gefahrenkreis verwirklicht hat.

**Fall 723**

Der Radfahrer R. Adel (R) missachtet bei einem Ausflug über Land an einer Kreuzung die Vorfahrt, so dass ein LKW so scharf bremsen muss, dass ein anderes Fahrzeug auffährt. Der Zusammenprall ist so laut, dass in einer nahe liegenden Schweinemästerei des M. Ast (M) die aufgrund der modernen Aufzuchtmethoden überempfindlichen Schweine in Panik gerieten und „sich wie wilde Tiere gebärdeten" und sich gegenseitig verletzten und auch töteten. Der M verlangt von dem R Schadensersatz (nach BGH).

Der Anspruch könnte sich aus § 823 Abs. 1 BGB ergeben. a) Der Tod der Schweine des M bedeutet eine Eigentumsverletzung. b) Diese müsste auf ein menschliches Verhalten des R zurechenbar zurückzuführen sein. aa) Die Vorfahrtsverletzung des R bb) war aaa) äquivalent und bbb) adäquat kausal für den Tod der Schweine. ccc) Allerdings soll § 823 Abs. 1 BGB vor solchen Eigentumsverletzungen nicht schützen. Der Tod der Tiere beruhte nämlich nicht in erster Linie auf dem Verhalten des R, sondern auf der durch besondere Aufzuchtbedingungen geschaffenen Überempfindlichkeit der Schweine. Daher ist die Eigentumsverletzung dem R nicht zuzurechnen.

### e) Nicht feststellbare Zurechnung

Ersatzpflichtig ist nur, wer den Schaden zurechenbar verursacht hat. Die Voraussetzungen dafür muss der Anspruchsteller beweisen. Bei **einer Person** als Verletzer gibt es keine Probleme. Wenn aber **mehreren Personen** als **Verletzer** in Betracht kommen, ist der **Anspruchsteller** oft in einer **Beweisnot**.

#### aa) Teilnahme (Mittäterschaft, Anstiftung, Beihilfe)Nicht/ganz festzustellende Kausalität

Stellen Sie sich folgendes *Beispiel* vor: Die Jungbauern A und der B aus Waldhagen kommen eines Tages auf die Idee, Ihrem öden Leben auf dem Dorf dadurch einen „thrill" zu geben, dass sie von der nahegelegenen Autobahnbrücke Steine auf die Autos werfen, um zu sehen wie die Fahrer aussteigen und sich über den Vorfall ärgern. Sie sammeln dazu gemeinsam Feldsteine von einem Acker des A. Der A wirft schlecht und trifft nichts, dem B gelingt schließlich ein Volltreffer in die Windschutzscheibe des Autos des C. Der C bleibt körperlich unverletzt, muss aber miterleben, wie seine Frau F von dem Stein erschlagen wird und erleidet einen schweren Schock mit massiven psychischen Störungen, die therapiert werden müssen. Weil er nicht krankenversichert ist, muss er die Kosten selbst tragen. Er verlangt Schadensersatz von A, der durch Erbschaft ein reicher Bauer geworden ist. Der A gibt zwar zu, dass er mit B gemeinsame Sache gemacht habe, wendet aber ein, nicht er, sondern B habe das Auto getroffen. Ergeben könnte sich der Anspruch aus § 823 Abs. 1 BGB. Dass eine Gesundheitsverletzung gegeben ist, ist Ihnen geläufig. Der A müsste die Verletzung auch durch ein Tun (Absprache, gemeinsames Steinesammeln) zurechenbar verursacht haben. Dies könnte zweifelhaft sein, weil der B den Stein geworfen hat, der die F getötet und den Schock bei C herbeigeführt hat. Hier verzichtet das Gesetz zwar nicht auf den Beweis der Kausalität, sondern nur darauf festzustellen, welcher der Beteiligten welchen einzelnen Tatbeitrag geleistet hat (§ 830 Abs. 1 S. 1 BGB). Eine mögliche Kausalität reicht aus, wenn feststeht, dass „... mehrere durch eine gemeinschaftlich begangene unerlaubte Handlung einen

Schaden verursacht (haben),…“; dann soll jeder dieser „mehreren“ Personen für den Schaden verantwortlich“ sein. Gemeint sind damit die Mittäter, die Gehilfen und die Anstifter. Hier liegt aufgrund des gemeinsamen Tatplans und des Willens des A zur Tatherrschaft (Zurverfügungstellung der Steine, gemeinsames Werfen) Mittäterschaft vor. Der Tatplan (um zu sehen, wie sie sich „ärgern“) umfasst auch die Verletzung der Fahrzeuginsassen und damit auch die Gesundheitsbeeinträchtigung der Fahrzeuginsassen aufgrund der Reaktion des Unfalls. Weil der A auch rechtswidrig und schuldhaft – mindestens fahrlässig in Bezug auf die Verletzung gehandelt hat, besteht der Anspruch gegen A aus §§ 823 Abs. 1, 830 Abs. 1 S. 1 BGB.

Damit ist Ihnen die Bedeutung des **§ 830 Abs. 1 S. 1 BGB** für die Zurechnung von Einzeltatbeiträgen bei einer **Mittäterschaft**, der nach §§ 830 Abs. 2 BGB die **Anstiftung** und die **Beihilfe** gleichgestellt werden, klar.

Man sollte allerdings **nicht vorschnell** auf **§ 830 BGB** eingehen. Denn häufig liegt in den Fällen einer Mittäterschaft und einer Beihilfe ein **kausaler Tatbeitrag** vor. Dann **verwirklicht** ein **Teilnehmer den** vollen **Tatbestand** eines Delikts, z. B. des § 823 Abs. 1 BGB, so dass es auf § 830 Abs. 1 S. 1, Abs. 2 BGB nicht ankommt.

**Fall 724**

Im August 1992 versammelt sich eine Menschenmenge vor einem Asylbewerberheim. Aus der Menge werden aufgrund einer Verabredung mehrerer Personen, darunter auch des T1, Brandsätze in das Zimmer des Bewohners B geworfen, so dass die Sachen des B in Brand gesetzt werden. Auch der T1 hat einen Brandsatz geworfen. Es lässt sich nicht feststellen, dass der Brandsatz des T1 überhaupt gewirkt hat. Der T2 hat als Teil der Menschenmenge neugierig zugesehen, aber nichts unternommen. Der B nimmt den T1 und den T2 auf Schadensersatz in Anspruch (nach Canaris).

1) Ein Anspruch des B gegen den T1 a) könnte aus § 823 Abs. 1 BGB gegeben sein. aa) Das Eigentum des B ist verletzt. bb) Eine aaa) Handlung des T1 liegt darin, dass er einen Brandsatz geworfen hat. bbb) Diese Handlung müsste kausal für die Verletzung gewesen sein. Es lässt sich nicht feststellen, dass sein Wurf nicht hinweggedacht werden kann, ohne dass der Erfolg entfällt (Äquivalenztheorie). Daher besteht kein Anspruch aus § 823 Abs. 1 BGB. b) Der Anspruch ergibt sich jedoch aus § 830 Abs. 1, S. 1 BGB. Der T1 war nämlich Mittäter: Er hatte die Tat aufgrund eines gemeinschaftlichen Entschlusses, die Sachen in dem Zimmer des B in Brand zu setzen, gefördert. c) Ein Anspruch aus § 823 Abs. 2 BGB setzt einen Verstoß des T1 gegen ein Schutzgesetz voraus. aa) Der T1 hat den Tatbestand des § 125 StGB verwirklicht. bb) Fraglich ist, ob es sich hierbei um den Verstoß gegen ein Schutzgesetz handelt. Ein solches ist eine Rechtsnorm, die sich ge- oder verbietend an den einzelnen richtet, die also, anders als eine Verwaltungsvorschrift, Außenwirkung hat und die den Schutz des Einzelnen vor Rechts- oder Rechtsgutverletzungen und ihren Folgeschäden bezweckt und zu deren Schutzbereich auch der Anspruchsteller gehört. § 125 StGB ist aber kein Gesetz, das dem Schutz des Einzelnen dient; die Vorschrift soll den Gemeinschaftsfrieden sichern; der dem Einzelnen zuteilwerdende mittelbare

Schutz ist nur eine Reflexwirkung des Gesetzes, die keine zivilrechtliche Haftung begründet. 2) Ein Anspruch gegen den T2 a) aus § 823 Abs. 1 BGB kommt mangels einer Handlung nicht in Betracht. b) Ein Anspruch aus § 830 Abs. 1 S. 1 oder Abs. 2 BGB entfällt, weil T2 keinen Teilnehmervorsatz, auch nicht den zur „psychischen" Beihilfe, hatte. c) Ein Anspruch aus § 830 Abs. 1 S. 2 BGB entfällt, weil der T2 völlig passiv war und nicht gehandelt hat.

bb) Beteiligung (§ 830 Abs. 1 S. 2 BGB)

Denken Sie sich das *Beispiel*, in dem der Ihnen bereits bekannte Jungbauer B, der den Ihnen ebenfalls bekannten Jungbauern A auf den Nachhausweg vom Nachbardorf nach Waldhagen über die Autobahnbrücke begleitet, mal wieder auf den Gedanken kommt, Steine auf Autos zu werfen, einige einsammelt und damit auch beginnt. Das A macht nicht mit, weil er zu diesem „Spiel", wie der B sagt, „keine Lust mehr" hat. sondern guckt nur gelangweilt zu. Weil B immer nicht trifft und der A endlich nach Hause will, nimmt er sich auch einen Stein vom Acker und wirft ohne Absprache mit B, aber gleichzeitig mit diesem, den Stein. Das Auto des C wird von einem der Steine mit den o. g. Folgen getroffen, ohne dass man feststellen kann, wessen Stein es gewesen war, der das Auto getroffen hat. Der C will wieder den reichen A in Anspruch nehmen. Die nach den ersten Würfen des B von Autofahrern alarmierte Polizei hatte es unterlassen, die Autobahn abzusperren, was die Verletzung des C verhindert hätte.

Dies ist einer der Fälle, in denen das Verhalten eines Inanspruchgenommenen (A) nicht beweisbar zurechenbar kausal für eine deliktisch relevante Verletzung ist, so dass ein Anspruch nicht gegeben zu sein scheint. Mittäterschaft, Beihilfe oder Anstiftung scheiden aus, so dass § 830 Abs. 1 S. 1, 2 BGB nicht gegeben sind. Weder A noch der B können in Anspruch genommen werden. Das ist vom Ergebnis her unbefriedigend. Assoziieren Sie eine strafrechtliche Parallele? Natürlich: § 231 StGB! Auch das Zivilrecht findet eine angemessene Lösung in **§ 830 Abs. 1 S. 2 BGB**.

Der A ist im obigen Beispiel aber ein **„Beteiligter"**, nämlich eine Person, die zusammen mit dem anderen Beteiligten (hier: B) eine deliktisch relevant verletzte Schutzposition durch ein Verhalten gefährdet hat, das einen sachlich, zeitlich und räumlich mit der Verletzung tatsächlich zusammenhängenden einheitlichen Vorgang bildet (Kriterium der Rspr.), bzw. bei dem eine hohe Wahrscheinlichkeit oder eine konkrete Eignung für die Schadensherbeiführung durch einen der beiden spricht (Kriterium der Lehre). Wenn sich nicht ermitteln lässt, dass ein „Beteiligter" durch sein gefährdendes Verhalten die deliktische Verletzung zurechenbar verursacht hat, bzw. sich nicht feststellen lässt, zu welchem Anteil sie diese herbeigeführt hat, so ist ein „Beteiligter" unter den folgenden Voraussetzungen (nach Palandt) für den Schaden verantwortlich. Inzidenter lösen wir das obige Fallbeispiel nach den Kriterien zu § 830 Abs. 1 S. 2 BGB (nach Palandt):

(a) Erforderlich ist eine **deliktisch relevante Verletzung** einer **geschützten Rechtsposition**. Dazu ist bereits alles gesagt. b) Ferner müssen **alle Beteiligte** (also A und B) sich **anspruchsbegründend verhalten** haben, woran nicht zu zweifeln ist. c) Hinsichtlich der **Kausalität** aa) muss feststehen, dass einer der Beteiligten die Verletzung verursacht hat, bb) ohne dass – wie der Sachverhalt es vorgibt – diese Person als Verursacher – ganz oder teilweise – festgestellt werden kann, cc) während es unschädlich ist, dass sich ein unbeteiligter Dritter – hier das Bundesland, das sich nach Art. 34 GG i. V. m. § 839 BGB schadensersatzpflichtig gemacht hätte – deliktisch relevant verhalten hat und einen für die Verletzung ursächlichen Beitrag geleistet hat. d) Jeder der Beteiligten muss **rechtswidrig** und e) jeder der Beteiligten muss **schuldhaft** gehandelt haben, was beides für A und B gilt f) Die Rechtsfolge ist, dass die Nicht-Feststellbarkeit der Kausalität überwunden wird. g) Das ist nicht der Fall, wenn das Verhalten eines Beteiligten die zurechenbare Folge des Verhaltens des anderen Beteiligten war.

Letzteres ist zum *Beispiel* der Fall, wenn ein Radfahrer R 1 in der Dunkelheit ohne Licht auf dem Gehweg fahrend das Kind K anfährt, so dass es zu Boden fällt und unmittelbar danach der ebenfalls ohne Licht auf dem Gehweg fahrende Radfahrer R 2 das Kind überfährt. K verlangt Schadensersatz wegen eines erlittenen Armbruchs von R 2. Es kann nicht festgestellt werden, wer den Armbruch verursacht hat (nach BGH). Der R 2 schuldet keinen Schadensersatz aus §§ 823 Abs. 1, 830 Abs. 1 S. 2 BGB, weil die Verletzung – wäre sie von R 2 herbeigeführt worden – dem R 1 als äquivalent und adäquat kausale Folge seines Tuns zuzurechnen wäre, und er rechtswidrig und schuldhaft gehandelt hat, also dem K zu Schadensersatz verpflichtet wäre.

**Fall 725**

Eine Menschenmenge versammelt sich vor einem Asylbewerberheim. Unabhängig voneinander werden aus der Menge Brandsätze auf das Haus, von dem sie folgenlos abprallen, und einer auch durch das Fenster in das Zimmer des Bewohners B geworfen, so dass dessen Sachen in Brand gesetzt werden. Der auch anwesende T hatte aufgrund eines spontanen Entschlusses eine der dort massenhaft herum liegenden Benzinflaschen an sich, genommen, den Docht angezündet und die Flasche in Richtung des Hauses geworfen, um es in Brand zu setzen. Dass der Brandsatz des T durch das Fenster in das Zimmer geflogen ist, lässt sich nicht feststellen. Der B nimmt den T auf Schadensersatz in Anspruch.

Der Anspruch könnte sich aus § 823 Abs. 1 BGB ergeben. a) Eine Eigentumsverletzung liegt vor. b) Diese müsste einem Verhalten des T zugerechnet werden können: aa) Der Wurf mit dem Brandsatz ist als positives Tun ein menschliches Verhalten. bb) Der Wurf mit dem Brandsatz müsste für die Verletzung kausal gewesen sein. aaa) Es steht aber nicht fest, dass der Brandsatz des T getroffen hat, so dass es an der Feststellung einer Kausalität seines Wurfes fehlt. bbb) Möglich ist jedoch, dass er sich das Verhalten desjenigen, der in das Zimmer geworfen hat, zurechnen lassen muss. aaaa) § 830 Abs. 1 S. 1 (Mittäterschaft), Abs. 2 (Anstiftung, Beihilfe) BGB, durch die die Tatbeiträge des anderen dem T zugerechnet werden könnten, liegen nicht vor. bbbb) Eingreifen könnte jedoch § 830 Abs. 1 S. 2, BGB: aaaaa) Der T müsste „Beteiligter" sein: Das Verhalten des T und das der Brandsatzwerfer steht in einem engen räumlichen und zeitlichen Zusammenhang und ist gleichartig, so dass T bei Anlegung dieser Kriterien „Beteiligter" wäre. Aber auch wenn man auf die Kriterien einer hohen Wahrscheinlichkeit oder einer konkreten Eignung des Verhaltens des T für die Schadensherbeiführung abstellt, um eine Beteiligung annehmen zu können, wäre im gegebenen Fall eine „Beteiligung" gegeben. bbbbb) Weil § 830 Abs. 1 S. 2 BGB dem Geschädigten nur hinsichtlich seiner Ungewissheit darüber, wer den Schaden verursacht hat, helfen soll, muss jeder der Beteiligten hypothetisch deliktisch in Anspruch genommen werden können; das ist hier der Fall: aaaaaa) Eine Eigentumsverletzung liegt vor. bbbbbb) Die Verletzung könnte hypothetisch auf ein menschliches Verhalten eines jeden der Beteiligten (einschließlich des T) zurückgeführt werden. Nur mangels einer Feststellbarkeit der Kausalität kann die Verletzung niemandem der Beteiligten zugerechnet werden („Urheberzweifel"). cccccc) Da keiner der Beteiligten gerechtfertigt war, steht auch die Rechtswidrigkeit fest. dddddd) Alle haben auch schuldhaft gehandelt. Mithin ist die nicht festzustellende (also fehlende Kausalität) nach § 830 Abs. 1 S. 2 BGB als „überbrückt" anzusehen. c) Der T muss daher als Gesamtschuldner für den ganzen Schaden einstehen (§§ 840 Abs. 1, 421 BGB).

## IV. Rechtswidrigkeit

Die nächste Voraussetzung des § 823 Abs. 1 BGB ist die der **Rechtswidrigkeit**. Dieses Thema ist leider mit einigem theoretischen Ballast behaftet. Sie entsinnen sich sicher noch, dass im Zusammenhang mit der Frage, ob ein Verhalten pflichtwidrig sein müsse, um als deliktisch relevant angesehen werden zu können, im Wege des Vorgriffs der grundlegende Streit zur Frage, von welchen Voraussetzungen die Rechtswidrigkeit abhängt, vorgestellt werden musste.

Die **Lehre vom Verhaltensunrecht** verlangt, dass bei nicht-vorsätzlichem eine geschützte Rechtsposition verletzenden Tun die von § 823 Abs. 1 BGB für eine deliktische Haftung vorausgesetzte Rechtswidrigkeit positiv festzustellen ist (Nipperdey). Dazu muss man feststellen, dass der durch ein Tun Handelnde gegen eine von der Rechtsordnung aufgestellte spezielle Verhaltensregel, z. B. eine Verkehrssicherungspflicht, verstoßen hat oder ob er die zur Vermeidung des Erfolges generell erforderliche Sorgfalt verletzt hat.

Demgegenüber setzt die **herrschende Lehre vom Erfolgsunrecht** auch bei nicht-vorsätzlichem Tun für die Feststellung Rechtswidrigkeit lediglich voraus, dass eine geschützte Rechtsposition verletzt ist.

Diese theoretische Kontroverse hat aber – wie wir inzwischen herausgearbeitet haben – viel von ihrer Bedeutung verloren.

### 1. Außerhalb des Streits: Eingriffe in „Rahmenrechte

Bei **Verletzungen** von **Rahmenrechten** (Eingriff in das „Allgemeinen Persönlichkeitsrechts" und in das „Recht am eingerichteten und ausgeübten Gewerbebetrieb") ist ein Eingehen auf die Rechtswidrigkeit dann entbehrlich, wenn man es für erforderlich hält, die Rechtswidrigkeit bereits bei der Prüfung der Verletzung, also im Tatbestand, positiv durch eine Güter- und Pflichtenabwägung festzustellen. Das verlangt die h. M.; sie ist aber – wie Sie bereits gelernt haben – nicht unumstritten.

Dies hat aber nichts mit der Auseinandersetzung zwischen der Lehre vom Erfolgs- und Verhaltensunrecht zu tun.

## 2. Weitgehende Entschärfung des Streits der Lehren vom Erfolgs- und Verhaltensunrecht

Der Streit zwischen der Lehre vom Erfolgs- und Verhaltensunrecht ist inzwischen weitgehend entschärft.

Die Rechtswidrigkeit wird von allen weitgehend als durch die Tatbestandsmäßigkeit indiziert angesehen **(sub a))**. Ein Streit besteht nur noch hinsichtlich einer Indikationswirkung eines nicht-vorsätzlichen unmittelbar verletzenden Tuns **(sub b))**.

Soweit von Ihnen die Rechtswidrigkeit als indiziert angesehen wird, kann sie nur durch das Vorliegen von Rechtfertigungsgründen ausgeschlossen werden **(sub c))**.

### a) Weitgehend unstreitig: Indikation der Rechtswidrigkeit durch die Tatbestandsmäßigkeit

Zur Erläuterung der Anerkennung der Indikationswirkung der Tatbestandsmäßigkeit soll differenziert werden zwischen einem **vorsätzlich verletzenden Tun (sub aa))**, einem **Unterlassen (sub bb))** und einem **mittelbar nicht-vorsätzlich verletzenden Tun (sub cc))**.

#### aa) Ein vorsätzlich eine geschützte Rechtsposition verletzendes Tun: Indikation der Rechtswidrigkeit/Rechtfertigungsgründe durch den Erfolg

Bei einem **vorsätzlich** eine geschützte Rechtsposition des § 823 Abs. 1 BGB durch **unmittelbares** oder **mittelbares** („mittelbare Täterschaft" genannt) **verletzendes Tun** ist nach allen Ansichten die Rechtswidrigkeit durch den Tatbestand indiziert.

Die Rechtswidrigkeit entfällt durch **Rechtfertigungsgründe (sub c))**.

#### bb) Unterlassen: Rechtswidrigkeit durch die Rechtspflicht zum Tun

Beim **Unterlassen** hängt die deliktische Relevanz bekanntlich von einer Verletzung einer Erfolgsabwendungspflicht ab, die sich ergeben kann aus einer Garantenstellung, aus einer Verkehrssicherungs- oder aus einer Organisationspflicht. Sie werden sich entsinnen, dass man die Prüfung ganz – das wurde favorisiert – oder auch teilweise beim Tatbestand (also im Kontext mit der Feststellung der Verhaltenspflicht), aber auch ganz/teilweise bei der Zurechnung unter dem Aspekt des Schutzzwecks der Norm vornehmen kann. Verfährt auf die eine oder andere Weise und fällt die Prüfung positiv aus, dann ist die **Rechtswidrigkeit** durch die **Pflichtwidrigkeit** des **Unterlassens gegeben**.

**Rechtfertigungsgründe** sind **nicht mehr zu prüfen**, weil bei ihrem Vorliegen bereits die Rechtspflicht zum Handeln entfällt.

cc) Ein mittelbar nicht-vorsätzlich eine geschützte Rechtsposition verletzendes Tun: Rechtswidrigkeit durch die Pflichtwidrigkeit des Tuns

Sie werden sich entsinnen, dass wir erkannt hatte, dass ein nur **mittelbar nicht-vorsätzlich verletzendes Tun** nur dann von deliktisch Relevanz ist, wenn eine Gefahrabwendungspflicht, die sich aus dem Gesetz, aus Verkehrssicherungspflichten oder aus Organisationspflichten ergeben kann, verletzt worden ist. Sie werden sich auch entsinnen, dass man diese Prüfung ganz/teilweise beim Tatbestand (also im Kontext mit der Bestellung des Tuns) oder ganz, aber auch teilweise bei der Zurechnungsprüfung unter dem Aspekt des Schutzzwecks der Norm vornehmen kann. Geschieht dies und fällt sie – wo immer man sie geprüft hat – positiv aus, ist die **Rechtswidrigkeit** durch die **Pflichtwidrigkeit** des **Tuns gegeben**.

**Rechtfertigungsgründe** sind **nicht mehr zu prüfen**, weil bei ihrem Vorliegen die Gefahrabwendungspflicht entfällt.

dd) Produzentenhaftung

Bei der wegen einer bestehenden Gemengelage von Tun und Unterlassen nicht trennscharf in das Schema der Verhaltensformen eines Tuns oder eines Unterlassens einzuordnende Produzentenhaftung ist die Rechtswidrigkeit aufgrund der festgestellten Verkehrssicherungspflichtverletzung gegeben

**Rechtfertigungsgründe** sind **nicht mehr zu prüfen**, weil bei ihrem Vorliegen die Verkehrssicherungspflicht entfällt.

**b) Verbliebene Streitpunkte**

Auch nach der **Lehre** vom **Handlungsunrecht** steht nur noch das Erfordernis einer festzustellenden Pflichtwidrigkeit bei nicht vorsätzlich unmittelbar verletzendem Tun zur Debatte **(sub aa))** und die Frage, ob die beim Unterlassen und beim nicht-vorsätzlich mittelbar verletzenden Tun diese Feststellung nicht auch in der Rechtswidrigkeitsprüfung zu treffen ist **(sub bb))**.

aa) Pflichtwidrigkeitsprüfung auch beim nicht-vorsätzlich unmittelbar verletzenden Tun

Der Streit ist weitgehend praktisch irrelevant, aber nicht vollständig, so dass man sich bei bestimmten Fallkonstellationen entscheiden muss.

(1) Grundsatz: Stellungnahme entbehrlich

Grundsätzlich ist die Stellungnahme nicht erforderlich.

Nach der **Lehre** vom **Handlungsunrecht** muss bei nicht vorsätzlich unmittelbar verletzendem Tun die Rechtswidrigkeit positiv festgestellt werden: Die Rechtswidrigkeit sei bei objektiv-sorgfaltsgemäßem Tun (§ 276 Abs. 2 BGB) nicht rechtswidrig, so dass die Haftung deshalb entfalle.

Die **Lehre vom Erfolgsunrecht**, die die Rechtswidrigkeit beim unvorsätzlichen nichtpflichtwidrig unmittelbar verletzenden Tun für indiziert hält, kommt letztlich zum gleichen Ergebnis einer nicht bestehenden deliktischen Haftung, dies aber mit der Begründung, dass das Tun nicht fahrlässig schuldhaft begangen wurde.

Man kann sich daher grundsätzlich wegen der **Identität** des **Endergebnisses** (keine deliktische Haftung) eine **Stellungnahme** ersparen.

(2) Ausnahme: Stellungnahme erforderlich

Es gibt jedoch Fallkonstellationen, denen zufolge eine **Stellungnahme** deshalb **erforderlich** ist, weil es kein das Ergebnis neutralisierendes Verschuldenskorrektiv gibt

Wenn zum *Beispiel* (nach Larenz) ein Arzt A einem Patienten P ein Medikament injiziert, das für einen „ordentlichen" bzw. „durchschnittlichen" Arzt (das ist der Maßstab des § 276 Abs. 2 BGB) heilend und ungefährlich ist, das aber – wie ein zufällig anwesender fachkundiger Bekannter B weiß – speziell bei P zu einem lebensbedrohlichen anaphylaktischen Schock führen würde, so wäre dieses Tun des A nach der Lehre vom Handlungsunrecht nicht rechtswidrig und eine gewaltsame und vielleicht körperverletzende Intervention seitens des B, der dem A die Spritze aus der Hand schlägt und ihn verletzt, nicht durch Nothilfe (§ 227 BGB) gerechtfertigt, während nach der Lehre vom Erfolgsunrecht das Tun des A rechtswidrig wäre, so dass B nach § 227 BGB gerechtfertigt gewesen wäre.

Auch die Frage, ob der lediglich Rechtswidrigkeit des Verrichtungsgehilfen erfordernde **§ 831 BGB** bei einem **„non liquet"** hinsichtlich des **Sorgfaltsverstoßes** gegen ist, verlangt nach einer Stellungnahme.

**Fall 726**

Der Passant P wird von dem bei Apotheker A als Bote fest angestellten F, der für den A mit dem Fahrrad Kunden mit Medikamenten beliefert, angefahren und erheblich verletzt. Zu dem Unfall war es gekommen, weil der F durch einen auf dunkler Straße schlechthin unerkennbaren Ölfleck ins Schleudern geraten und gegen den P gerutscht war. Der P verlangt von dem A Schadensersatz für die infolge des Unfalls zerrissene Kleidung (nach Kötz).

Ein Anspruch a) aus § 823 Abs. 1 BGB ist nicht gegeben, weil kein Verschulden des A festzustellen ist. b) Gegeben sein könnte ein Anspruch des P gegen den A aus §§ 823 Abs. 1, 831 BGB: aa) Der F war Verrichtungsgehilfe des A, weil ihm bei bestehender Weisungsabhängigkeit eine Tätigkeit durch A übertragen worden war, so dass F nicht über Tätigkeit und Zeit selbst verfügen konnte; bb) der F hat mit der Fahrt eine ihm übertragene Verrichtung erfüllt und nicht nur bei Gelegenheit gehandelt. cc) Der F müsste eine Tat i. S. d. §§ 823 ff. BGB begangen haben. Eine für den Tatbestand des § 823 Abs. 1 BGB aaa) erforderliche Eigentumsverletzung ist gegeben. bbb) Die Verletzung muss dem F objektiv zugerechnet werden können: aaaa) das Verhalten des F (ein Tun) war bbbb) äquivalent und adäquat kausal für die Verletzung, der Schutzzweck der Norm steht nicht entgegen. dd) Fraglich ist die für §§ 831, 823 Abs. 1 BGB erforderliche Rechtswidrigkeit: aaa) Es liegt keiner der unstreitigen Fälle (Verletzung von Rahmenrechten, Vorsatzdelikte) vor, bbb) so dass es auf die unterschiedlichen Theorien zur Rechtswidrigkeit ankommt. aaaa) Nach der Lehre vom Erfolgsunrecht ist bei nicht vorsätzlichem unmittelbar verletzenden Tun aaaaa) die Rechtswidrigkeit indiziert, so dass Rechtfertigungsgründe zu prüfen sind. bbbbb) Nach der früheren Rechtsprechung des BGH, die er mittlerweile aufgegeben hat, soll es den Rechtfertigungsgrund des „verkehrsrichtigen Verhaltens" geben. Hier ist die Unfallursache ein unerkennbarer Ölfleck. Danach hätte der F nicht rechtswidrig gehandelt. ccccc) Wenn man jedoch einen solchen Rechtfertigungsgrund ablehnt, wäre die Rechtswidrigkeit gegeben. ccc) Nach der Lehre vom Handlungsunrecht muss die Rechtswidrigkeit durch einen objektiven Sorgfaltspflichtverstoß (§ 276 Abs. S. 2 BGB) festgestellt werden; einen solchen Sorgfaltspflichtverstoß hat F nach dem Maßstab eines „ordentlichen" bzw. „durchschnittlichen" Fahrradboten nicht begangen, so dass er nicht rechtswidrig gehandelt hat. eee) Nach der hier vertretenen Lehre vom Erfolgsunrecht ist – wenn man, wie hier weiterhin vorgeschlagen, dem BGH nicht mit seiner Erfindung des Rechtfertigungsgrundes des „verkehrsrichtigen Verhaltens" folgt – die Rechtswidrigkeit gegeben. ee) Fraglich ist, ob den F für eine Schadensersatzverpflichtung des A aus §§ 823 Abs. 1, 831 BGB auch ein Verschulden treffen muss. Nach dem Wortlaut des § 831 BGB scheint dies gerade nicht erforderlich zu sein. Eine Korrektur des Wortlauts ist jedoch nötig; und zwar ist bei folgenden Konstellationen ein Verschulden zu verlangen: aaa) Bei (dem hier allerdings nicht einschlägigen!) Fall eines nur vorsätzlich begehbaren Delikts: z. B. bei §§ 831, 823 Abs. 2 BGB i. V. m. einem nur vorsätzlich begehbaren Schutzgesetz (z. B. § 263 StGB) oder bei §§ 826, 831 BGB wird ein vorsätzliches Handeln des Gehilfen verlangt. bbb) Bei Fahrlässigkeitsdelikten aaaa) wird von der dem Indikationenmodell folgenden Lehre neuerdings gefordert (Canaris), dass der als schuldfähig und als mit den für die Verrichtung erforderlichen Fähigkeiten ausgestattet gedachte Gehilfe schuldhaft gehandelt hat. bbbb) Beim verschuldensunfähigen oder einem nur minderen Sorgfaltsanforderungen unterliegenden Gehilfen wird auf ein derartiges fiktives Verschulden allerdings verzichtet, weil in diesen Fällen ein innerer Zusammenhang zwischen dem Einsatz des Gehilfen und dem Fehlen eines Schuldvorwurfs gegen ihn besteht. cccc) Hier ist F verschuldensfähig, aber er hätte nicht schuldhaft gehandelt, weil der Ölfleck schlechthin unerkennbar war. ff) Der BGH kommt zum gleichen Ergebnis, indem er den Schutzzweck der Norm begrenzt und solche Fälle aus dem Anwendungsbereich des § 831 BGB ausnimmt, bei denen der Verrichtungsgehilfe sich so verhalten hat, wie jede sorgfältig ausgesuchte und überwachte Person sich verhalten hätte. Anderenfalls würde man nämlich der Verletzte bei Einschaltung eines Verrichtungsgehilfen besser stehen als wenn der Geschäftsherr selbst gehandelt hätte, gegen den bei einem solchen Verhalten kein Anspruch bestünde. Daher stünde dem P gegen den A kein Anspruch aus §§ 831, 823 Abs. 1 BGB zu. Auf den fehlenden Entlastungsbeweis kommt es daher nicht an.

Abgesehen davon soll – wie Ihnen schon dargestellt wurde – nach in der Wissenschaft vertretenen Ansichten auch **im Rahmen** des **§ 1004 BGB** die Streitfrage entscheidungserheblich sein. Ein Unterlassungsanspruch aus § 1004 BGB sei zum *Beispiel* nicht geben, wenn ein dem Maßstab des § 276 Abs. 1 S. 2 BGB entsprechender „ordentlicher" bzw. durchschnittlicher" Eigentümer eines Grundstücks annimmt, dass der Ast eines Baume, den er abzusägen beabsichtigt, auf sein eigenes Grundstück und nicht auf das des Nachbarn N fallen wird, obwohl eine fachmännische Beurteilung zu einem anderen Ergebnis käme. Der h. M. entspricht dies nicht, die in derlei Fällen auf den dem Eigentumsinhalt (§ 903 BGB) widersprechenden Zustand abstellt und nicht auf das Handeln des Störers (BGH).

Folgende **Argumente** könnten den Ausschlag **für** die Lehre von der **Indikation** der **Rechtswidrigkeit durch** die **Tatbestandsmäßigkeit** geben:

1. **Für** die Lehre vom **Handlungsunrecht** könnte **zwar** sprechen, dass ein Verhalten nur dann rechtswidrig genannt werden kann, wenn es objektiv pflichtwidrig war. Die **dagegen** vorzubringenden **Einwände** lauten **aber**:
- Durch die Lehre vom Handlungsunrecht würden die **Notwehrrechte** des Verletzten gegen objektiv sorgfaltsgemäße Verhaltensweisen **verkürzt**.
- **Verkürzt** würden auch die Anwendungsbereiche der **§§ 831, 1004 BGB**.
2. Und schließlich wäre es **kein Wertungswiderspruch**, ein objektiv pflichtgemäßes Verhalten „rechtswidrig" zu nennen, denn ein „Unrechtsurteil" ist kein „Unwerturteil" (Brox-Walker)
3. Daher spricht mehr für die Lehre vom **Erfolgsunrecht**: Die Rechtswidrigkeit ist auch bei objektiv sorgfaltsgemäßem unmittelbar verletzenden Tun indiziert, und es entfällt im späteren Verlauf der Prüfung (**sub V**) die Fahrlässigkeit.

bb) Verortung der Pflichtwidrigkeitsprüfung beim Unterlassen und nicht-vorsätzlichen mittelbaren Tun

Wenn wir uns daher dazu entschließen, der Lehre vom Erfolgsunrecht zu folgen, bleibt es bei den bisherigen Vorschlägen, beim Unterlassen und beim nicht-vorsätzlichen mittelbar verletzten Tun die Pflichtwidrigkeitsprüfung bereits im Tatbestand (entweder unmittelbar bei der Verhaltensform oder erst bei Zurechnung) und nicht erst bei der Rechtswidrigkeit vorzunehmen.

### c) Rechtfertigungsgründe

Als **Rechtfertigungsgründe**, aufgrund derer die aus den vorgenannten Gründen indizierte Rechtswidrigkeit ausgeschlossen ist, sind in Betracht zu ziehen:

Vorab noch eine **Erinnerung** und ein **„Querverweis"**:

1. Bei **Unterlassendelikten,** bei **mittelbar nicht-vorsätzlich eine geschützte Rechtsposition verletzendem Tun** und bei der **Produzentenhaftung** werden keine die indizierte Rechtswidrigkeit ausschließenden Rechtfertigungsgründe geprüft.
   In diesen **Fallkonstellationen steht die Rechtswidrigkeit bereits fest** aufgrund des Vorliegens einer Rechtspflicht zum Tun bzw. aufgrund einer Gefahrabwendungspflicht bzw. aufgrund einer Verkehrssicherungspflicht.
2. Das Folgende gilt sinngemäß auch für **§ 1004 Abs. 2 BGB**.

- § 227 BGB **(Notwehr)**;
- § 228 BGB **(Verteidigungsnotstand)**;
- §§ 677, 683 BGB **(berechtigte Geschäftsführung ohne Auftrag**;

**Fall 727**

Der GF hört Hilfeschreie aus der verschlossenen Wohnung seines Nachbarn GH, der gerade von Ü überfallen wird. Weil der GF dies auch annimmt, tritt er die Tür ein und rettet dem GH durch eine energische Intervention das Leben. Der undankbare GH verlangt von GF Schadensersatz für die zerstörte Tür.

Der Anspruch des GH gegen den GF könnte sich aus § 823 Abs. 1 BGB ergeben. a) Eine Eigentumsverletzung liegt vor. b) aa) Der GF hat durch positives Tun gehandelt. bb) aaa) Die äquivalente Kausalität ist aufgrund des für die Verletzung risikoerhöhenden Verhaltens gegeben. bbb) Weil es sich um ein „Vorsatzdelikt" handelt, ist die Zurechenbarkeit ohne weiteres zu bejahen. c) Die Rechtswidrigkeit aa) ist bei einem Vorsatzdelikt indiziert. bb) Die Handlung wäre gerechtfertigt, aaa) wenn die Voraussetzungen einer rechtfertigenden berechtigten GoA nach §§ 677, 683 BGB vorlägen. aaaa) Der Türaufbruch zur Rettung ist die Besorgung eines Geschäfts; bbbb) es muss ein fremdes Geschäft gewesen sein: hier geht es um eine Hilfeleistung, also um ein objektiv fremdes Geschäft für GF. cccc) Der Fremdgeschäftsführungswille des GF wird deshalb vermutet. dddd) Einen Auftrag hatte der GF nicht; der § 323c StGB begründet auch keine sonstige Berechtigung i. S. d. § 677 BGB. eeee) Die Geschäftsbesorgung war für GH interessegemäß, weil objektiv nützlich. ffff) Sie entsprach auch dem mutmaßlichen Willen des GH. Also war das Handeln des GF gerechtfertigt. bbb) Beantworten Sie selbst die Frage, warum wir hier nicht auf § 227 BGB abgestellt haben.

- § 859 Abs. 1 BGB **(Besitzwehr)**;
- § 859 Abs. 2 und 3 BGB **(Besitzkehr)**;
- § 904 S. 1 BGB **(aggressiver Notstand)**;

**Fall 728**

Der gehbehinderte A.T. Nels (N) und seine Krankengymnastin G sind unterwegs auf der Straße. Der wertvolle Hund des Heinrich (H) fällt den N an und beißt sich an seinem Hals fest. Auf Bitten des N reißt die G vom Jägerzaun des Zaunrig (Z) eine Latte ab und erschlägt den Hund. Der H und der Z wollen von dem N und der G Schadensersatz.

1) Der H könnte von der G Schadensersatz für seinen Hund aus § 823 Abs. 1 BGB verlangen: a) Eine Eigentumsverletzung liegt vor. b) Die G aa) hat durch positives Tun gehandelt; bb) aaa) Die äquivalente Kausalität ist aufgrund des für die Verletzung risikoerhöhenden Verhaltens gegeben. bbb) Weil es sich um ein „Vorsatzdelikt" handelt, ist die Zurechenbarkeit der Verletzung ohne weiteres zu bejahen. c) Die G hat jedoch nicht rechtswidrig gehandelt. aa) Zwar ist

bei einem Vorsatzdelikt die Rechtswidrigkeit indiziert; bb) die G ist jedoch nach § 228 BGB gerechtfertigt. 2) Der Z könnte a) gegen die G einen Anspruch aus § 823 Abs. 1 BGB haben. aa) Eine Eigentumsverletzung liegt vor; bb) die G hat durch positives Tun gehandelt; cc) Die Eigentumsverletzung ist hierauf kausal und weil ein „Vorsatzdelikt" vorliegt, auch zurechenbar zurückzuführen. dd) Die G hat jedoch nicht rechtswidrig gehandelt. aaa) Bei einem „Vorsatzdelikt" ist die Rechtswidrigkeit zwar indiziert; bbb) die G ist jedoch nach § 904 Abs. 1 BGB gerechtfertigt. b) Dem Z könnte jedoch gegen die G ein Anspruch aus § 904 S. 2 BGB zustehen. aa) Die Voraussetzungen liegen vor; bb) fraglich ist jedoch, wer Schuldner ist: Nach h. M. ist dies stets der Eingreifende (hier: die G) und nicht (so aber Canaris) der Begünstigte (hier: der N). c) Fraglich ist, ob nach der h. M. in diesem Fall der Z nicht auch gegen den N aus § 904 S. 2 BGB einen Anspruch hat: Dafür spricht der Rechtsgedanke der §§ 830, 840 BGB, wenn – wie hier – der N die G aufgefordert hat, die Zaunlatte abzubrechen.

- ein **„übergesetzlicher Notstand"**;
- **„Einwilligung"** bei ärztlichen Heileingriffen, wenn der Patient auch bei hinreichender Aufklärung eingewilligt hätte, wobei diese Frage– wie Sie wissen – kontrovers ist;

**Fall 729**

Der Kieferchirurg K entfernt „lege artis" bei dem unter Kieferbeschwerden leidenden Patienten P einen im Kieferknochen querliegenden Weisheitszahn; dabei wird der untere Ast des z. T. im Kiefer verlaufenden Trigeminus-Nervs verletzt, so dass der P lebenslang unter Empfindungsstörungen im Bereich der Unterlippe leidet. Hierbei handelt es sich um ein typisches Operationsrisiko bei derartigen Eingriffen. Der K hatte nach Stellung der Diagnose dem P nur mitgeteilt, welche Art Eingriff er vornehmen wird, nicht aber auf das Risiko einer Verletzung des Trigeminus-Nervs und die möglichen Folgen hingewiesen. Der P will Schmerzensgeld.

Der Anspruch kann sich 1) aus §§ 823 Abs. 1, 253 Abs. 2 BGB ergeben. a) Die Körperverletzung liegt im operativen Eingriff, und zwar trotz des Umstandes, dass der Eingriff zu Heilzwecken und „lege artis" erfolgt. b) aa) Es liegt ein Tun des K vor. bb) Die äquivalente Kausalität ist gegeben. Weil es sich um ein „Vorsatzdelikt" handelt, ist die Zurechenbarkeit der kausalen Verletzung ohne weiteres zu bejahen. c) Die Körperverletzung muss rechtswidrig sein: aa) Bei Vorsatzdelikten ist die Rechtswidrigkeit indiziert, und zwar nach h. M. auch bei einem ärztlichen Heileingriff bb) Gerechtfertigt sein könnte er durch die Einwilligung des P in die Operation; diese Einwilligung ist jedoch nicht wirksam, weil der P nicht auf das besondere Operationsrisiko hingewiesen worden ist. d) Verschulden: Vorsatz des K. e) Schmerzensgeld kann der P aus § 253 Abs. 2 BGB verlangen. 2) Der Anspruch ergibt sich auch aus §§ 611, 280 Abs. 1, 253 Abs. 2 BGB. Dass auch hier wieder einmal der Aufbau gegen die Regeln verstößt, erklärt sich ausschließlich daraus, dass wir uns hier primär mit dem Deliktsrecht befassen.

- eine **„mutmaßliche Einwilligung"** bei **echter berechtigter GoA (§§ 677, 683, 684 BGB)**;
- der Rechtfertigungsgrund des sog. **„verkehrsrichtiges Verhaltens"** (BGH) ist eine sehr fragwürdige „Erfindung" zur Korrektur der Haftung aus § 831 BGB in Fällen eines objektiv pflichtgemäß handelnden Verrichtungsgehilfen; inzwischen löst die Rechtsprechung dies Problem aber dadurch, dass sie in solchen Fällen die Haftung als außerhalb des Schutzbereichs des § 831 BGB liegend ansieht (dazu später mehr), so dass damit dieser Rechtfertigungsgrund „ausgedient" haben dürfte;
- § 193 StGB **(Wahrnehmung berechtigter Interessen)**;
- § 127 StPO **(Festnahmerecht)**;
- §§ 906 ff. BGB **(nachbarliche Duldungspflichten)**.
- **Kein Rechtfertigungsgrund** ist das **„Handeln auf eigene Gefahr"**; da darin, dass sich jemand ohne triftigen Grund in eine Situation drohender Eigengefährdung begibt, weder ein vereinbarter Haftungsausschluss noch eine Einwilligung in die Verletzung zu sehen ist. Das Handeln auf eigene Gefahr ist daher nur im Rahmen der Schadensberechnung nach § 254 BGB zu berücksichtigen.

## V. Verschulden, Exkurs: Billigkeitshaftung

Das Gesetz nennt in § 823 Abs. 1 BGB nur die beiden Schuldformen „Vorsatz" und „Fahrlässigkeit", wenn es dort heißt, dass zum Ersatz des entstandenen Schadens verpflichtet ist, „wer vorsätzlich oder fahrlässig…" eine geschützte Rechtsposition „verletzt" hat. Gemeint ist damit, dass eine **schuldhaft fahrlässige/vorsätzliche** Verletzung seitens des Inanspruchgenommenen oder einer Person, deren Verhalten er sich zurechnen lassen muss, vorliegen muss. Damit befassen wir uns zentral **(sub 1.)**. Aufgrund des Sachzusammenhangens ist ein Exkurs, der sich mit der „Billigkeitshaftung" des § 829 BGB befasst, sinnvoll **(sub 2.)**.

### 1. Verschulden

Ein Verschulden

- muss sich **nur** auf die Verwirklichung des **Verletzungserfolgs**, des **verletzenden Verhaltens** und der tatsächlichen Voraussetzungen des **haftungsbegründenden Zurechnungszusammenhangs**, beziehen,
- also **nicht** auf den **Schaden** (damit sind in diesem Zusammenhang die auf die Verletzung zurückzuführenden Folgeschadensposten gemeint) und nicht auf die **tatsächlichen Voraussetzungen** des zur **Zurechnung führenden haftungsausfüllenden Zusammenhanges**. Wenn also zum *Beispiel* der A den B zusammenschlägt und ihm den Arm bricht und dieser sich im Krankenhaus mit der Folge eines Herzmuskelschadens an einem „Krankenhauskeim" infiziert und A von B Schadensersatz für die Herzerkrankung verlangt, so muss das Verschulden des A sich nur auf die Voraussetzungen des Tatbestandes des § 823 Abs. 1 BGB, also a) auf die Körperverletzung des B (Armbruch), b) auf das das Tun des A (Zusam-

menschlagen) und c) auf die tatsächlichen Voraussetzungen der Kausalität und des Zurechnungszusammenhanges beziehen, und nicht auf den Schaden (Herzerkrankung) und nicht auf die Tatsachen, die zur Bejahung der Kausalität und der Zurechnung der Herzerkrankung als zu ersetzender Folgeschaden führen, so dass eine Schadensersatzverpflichtung des B auch für die Herzerkrankung nicht daran scheitert, dass der A diese Infektion nicht hatte vorhersehen können.

- Der Inanspruchgenommene oder eine Person, deren Verhalten er sich zurechnen lassen muss, muss als **Deliktsfähiger (§§ 827, 828 BGB)**
- entweder **„vorsätzlich“**, d. h. „mit Wissen und Wollen“ einer rechtswidrigen Verletzung (das Unrechtsbewusstsein gehört also zum Vorsatz, so dass die „Vorsatztheorie“ gilt)

**Fall 730**

Der A zerstört absichtlich eine (nicht in seinem Besitz befindliche) Sache des B, die er irrig für eine eigene Sache hält. Der B verlangt Schadensersatz.

Der Anspruch kann sich aus § 823 Abs. 1 BGB ergeben. a) Eine Vindikationslage besteht nicht. b) Das Eigentum des B ist verletzt, c) durch eine Handlung des A (Tun). d) An der Kausalität und Zurechenbarkeit (Vorsatzdelikt) bestehen keine Zweifel. e) Der A hat auch rechtswidrig gehandelt. f) Was das Verschulden angeht, aa) so entfällt wegen seines Irrtums sein Vorsatz (Vorsatztheorie: das hier fehlende Unrechtsbewusstsein ist eine Voraussetzung für den Vorsatz). bb) Wenn sein Irrtum vorwerfbar ist, hat der A jedoch fahrlässig gehandelt.

- oder **„fahrlässig“** gehandelt haben, d. h. als „ordentlicher“ bzw. „durchschnittlicher“ Angehöriger des Verkehrskreises gegen diejenige Sorgfaltspflicht, die ihm aufgrund objektivierter, nach Verkehrskreisen (z. B. die der Kieferchirurgen, die der Autofahrers, die sich aus der StVO ergeben) typisierter Verkehrspflichten obliegen, verstoßen haben. Generell kann man sagen, dass bei einem Verstoß gegen Verkehrssicherungspflichten fahrlässig gehandelt wird. Für die Produzentenhaftung wird differenziert: Wenn der Hersteller beweisen kann, dass ein Fabrikationsfehler vorliegt und trotz getroffener Sicherungsmaßnahmen ein „Ausreißer“ vorliegt, liegt kein Verschulden vor.
- Dabei kommt es im **Grundsatz** für die Voraussetzungen und Folgen des Deliktstatbestandes nicht darauf an, ob (so das eine Extrem) ein Fall leichtester Fahrlässigkeit oder (so das andere Extrem) ein Fall des dolus directus 1. Grades vorliegt. Daher muss unbedingt jeder von Ihnen privathaftpflichtversichert sein! Malen Sie sich einmal aus wie schnell Sie z. B. selbst als Fußgänger/Radfahrer im Straßenverkehr „leichtestfahrlässig“ für einen Millionenschaden verantwortlich sein können, für den man dann – wenn der Anspruch z. B. von einem Sachversicherer als Regressgläubiger (§ 86 VVG) tituliert wird – lebenslang einstehen muss.
- Von dem Grundsatz des „Alles-oder-Nichts-Prinzips“ gibt es jedoch einige **gesetzliche Ausnahmen**: **a)** Die **Beschränkung** des **Verschuldensmaßstabes auf** die **eigenübliche Sorgfalt** i. S. d. **§ 277 BGB** in z. B. **§ 708 BGB** (unter Gesellschaftern), in **§ 1359 BGB** (unter Ehegatten) und in **§ 1664 BGB** (Eltern/Kinder;

übrigens: § 1664 BGB ist übrigens auch eine Anspruchsgrundlage!), wobei dies alles aber nicht im Straßenverkehr gilt, weil es dort keine individuelle Sorglosigkeit gibt: niemand „spielt mit seinem Leben". **b)** Ferner gibt es eine Beschränkung auf die Schuldformen des **Vorsatzes** und der **groben Fahrlässigkeit** in **§ 521 BGB** (Schenker), **§ 599 BGB** (Verleiher), **§ 680 BGB** (Geschäftsführung ohne Auftrag zur Gefahrenabwehr), die auch im Deliktsrecht gilt, wenn zugleich eine GoA vorliegt. **c) Vertragliche Änderungen** des **Verschuldensmaßstabes** gelten auch im Deliktsrecht, wenn (Auslegung nach §§ 133, 157 BGB!) anderenfalls der Sinn und Zweck der Abänderung leer liefe.

**Fall 731**

Der GF hört laute Hilfeschreie aus der verschlossenen Wohnung seines Nachbarn GH. Er nimmt an, dass dieser gerade überfallen wird und tritt die Tür ein. Dann muss er feststellen, dass der GH sich einen Fernsehkrimi angesehen hat und deswegen auch von den Bemühungen des GF (Klingel, Klopfen), in die Wohnung zu gelangen, nichts bemerkt hatte. Der GF hätte bei äußerster Anspannung seiner Sorgfalt wegen der neben den Hilfeschreien erklingenden Musik, wie sie für einen Film typisch ist, erkennen können, dass die Überfallgeräusche einem Fernsehfilm entstammten. Der GH verlangt von GF Schadensersatz für die zerstörte Tür (nach Köhler).

a) Ein Anspruch des GH gegen den GF auf Schadensersatz könnte sich aus §§ 677, 678 BGB ergeben. aa) Es handelt sich mangels der Voraussetzungen des §§ 683, 684 S. 2 BGB um eine echte nichtberechtigte GoA i. S. d. § 677 BGB. bb) Die Übernahme der Geschäftsführung stand zum wirklichen Willen des GH im Widerspruch. aaa) Das hätte der GF erkennen können. bbb) Wenn aber der Haftungsmaßstab des § 680 BGB gelten würde, dann müsste grobe Fahrlässigkeit gegeben sein. § 680 BGB, der an sich für das Ausführungsverschulden geschaffen ist, wird analog auch auf das Übernahmeverschulden einer nichtberechtigten Geschäftsführung ohne Auftrag angewendet, also auch auf die Frage, ob die irrtümliche Annahme einer Geschäftsführung ohne Auftrag auf einem Verschulden beruht. Da der GF nicht grob fahrlässig geirrt hat, haftet er nicht. b) Weiterhin könnte sich ein Schadensersatzanspruch aus § 823 Abs. 1 BGB ergeben. aa) Eine Eigentumsverletzung liegt vor. bb) Diese ist aaa) einem Tun des GF bbb) kausal zurechenbar. cc) Die Rechtswidrigkeit ist indiziert. Die Handlung ist nicht gerechtfertigt, denn die Voraussetzungen einer rechtfertigenden berechtigten Geschäftsführung ohne Auftrag liegen nicht vor. dd) Der GH müsste weiter schuldhaft gehandelt haben. aaa) Er hat mit Wissen und Wollen die Tür eingetreten, also vorsätzlich gehandelt. Nach der im Zivilrecht geltenden Vorsatztheorie müsste der GF auch im Bewusstsein der Pflichtwidrigkeit gehandelt haben. Dem GF fehlt es, den Vorsatz ausschließend, am Unrechtsbewusstsein, weil er irrig die Voraussetzungen einer berechtigten Geschäftsführung ohne Auftrag angenommen hat. bbb) Der GF könnte aber fahrlässig gehandelt haben, wenn der Irrtum vorwerfbar war. Auch insoweit ist jedoch der Haftungsmaßstab des § 680 BGB analog maßgeblich. Da der GF nicht grob fahrlässig gehandelt hat, haftet er auch nicht aus § 823 Abs. 1 BGB.

Die Frage, **wer schuldhaft gehandelt** haben muss, beantwortet sich danach, wer in Anspruch genommen wird.

Ist der **Inanspruchgenommene** eine **natürliche Person**, geht es um deren Verschulden.

Ist der **Inanspruchgenommene** eine **juristische Person**, so kann diese als solche kein Verschulden treffen. Vielmehr kommt eine deliktische Haftung dann nur in Betracht, wenn die juristische Person sich das schuldhafte Verhalten bestimmter natürlicher Personen, nämlich das eines Organs oder eines verfassungsmäßig berufenen Vertreters, nach **§ 31 BGB** oder **§§ 31, 86 BGB** bzw. **§§ 31, 89 BGB** zurechnen lassen muss.

Bei der Inanspruchnahme einer **oHG/KG** und bei der **BGB-Außengesellschaft** wird **§ 31 BGB analog** angewendet, so dass für eine deliktische Haftung das schuldhafte Verhalten des/der **geschäftsführenden Gesellschafter/s** maßgeblich ist. Die Anwendung des **§ 31 BGB analog** gilt auch für den **nicht-rechtsfähigen Verein**.

### 2. Exkurs: Billigkeitshaftung

Dem Aufbau der Darstellung widersprechend, aber aus Gründen der Praktikabilität wird in diesem Zusammenhang die **„Billigkeitshaftung"** des § 829 BGB angesprochen, durch den als **Anspruchsgrundlage** bestimmt wird, dass derjenige, **a)** der im Fall des **§ 823 Abs. 1 BGB**, aber auch in den Fällen der **§§ 823 Abs. 2 BGB** bis **§ 826 BGB** einen **Deliktstatbestand** zwar **b) rechtswidrig verwirklicht**, **c)** der aber **mangels Deliktsfähigkeit** (§§ 827, 828 BGB) nicht verantwortlich ist oder bei dem **(§ 829 BGB analog)** aus physiologischen Gründen (Bewusstlosigkeit des Inanspruchgenommenen) **keine Handlung** vorliegt **d)** und bei dem der Schadensersatz auch nicht von einem aufsichtspflichtigen Dritten (§ 832 BGB) erlangt werden kann, **e)** gleichwohl den Schaden insoweit zu ersetzen hat, als es der **Billigkeit** entspricht. Die Feststellung der Billigkeitsgründe erfolgt durch eine **Würdigung** aller **Umstände**, die sich aus der **Tat** (Anlass, Hergang, Folgen), aus der Person des **Täters** (Ausmaß der „natürlichen" Schuld), aus der Person des **Geschädigten** (Mitverschulden) und unter Berücksichtigung der **Vermögensverhältnisse** von **Geschädigtem** und **Schädiger**, die deutlich besser sein müssen als die des Geschädigten, wobei die dem Opferschutz dienen sollende gesetzliche Kfz-Haftpflichtversicherung zu berücksichtigen ist. **f)** De **§ 254 BGB** wird **analog** angewendet.

## VI. Schaden

Der Anspruch aus § 823 Abs. 1 BGB setzt voraus, **1)** dass dem Anspruchsberechtigten ein **Schaden** entstanden ist, er also eine Einbuße an „Lebensgütern" erlitten hat. Dieser (das **„Ob"** des Schadensersatzes) wird nach der **„Differenzhypothese"** so ermittelt, **a)** dass zunächst der Bestand an „Lebensgütern", der ohne den zum Schadensersatz verpflichtenden Umstand gegeben wäre **(„Soll-Zustand")** ermittelt wird. **b)** Durch Differenzbildung wird dieser verglichen wird mit dem **„Ist-Zustand“**, der Ihnen durch den Sachverhalt mitgeteilt wird. **aa)** Das ist zum einen die Schutzposition (L, K, G, F, sR) als solche, aber natürlich nicht im intakten Zustand (das wäre die Soll-Beschaffenheit), sondern im verletzten Zustande: Der Eigentumsverlust, die Entziehung der Sachsubstanz, deren Beschädigung, eine Gesundheits-/Körperverletzung, die Verletzung des Allgemeine Persönlichkeitsrecht etc. Die Ermittlung des „Ist-Zustandes“ bereitet also keinerlei Probleme, soweit es dem Anspruchsteller nur um den Ersatz sog. „unmittelbaren Verletzungsschaden“ geht. **bb)** Oft wird jedoch zusätzlich oder gar nur Schadensersatz für die Einbuße an anderen „Lebensgütern“ gefordert („mittelbarer Vermögensfolgeschaden“). Dann stellt sich für Sie die Frage, ob auch diese zusätzlichen Schadensposten als „Ist-Zustandes“ berücksichtigt werden können. Dazu wird durch eine Prüfung der „haftungsausfüllenden Kausalität“ wertend ermittelt, ob der Schadensposten äquivalent und adäquat kausal auf die Verletzung zurückführbar sein und zum Schutzbereich der Norm (hier des § 823 Abs. 1 BGB) gehören. Folgendes *Beispiel* soll dies illustrieren (BGH): Ein Polizist wird rechtswidrig und schuldhaft körperlich verletzt. Bei seiner ärztlichen Untersuchung wird zufällig eine Arteriosklerose diagnostiziert, aufgrund derer er beamtenrechtlich wirksam vorzeitig pensioniert wird. Kann er (den insoweit erfolgten beamtenrechtlichen „Übergang“ des Anspruchs auf den Dienstherren in z.B. **§ 110 LBG/BaWü** einmal hinweggedacht) die Heilungskosten und darüber hinaus auch den Ersatz der Differenz zwischen Dienst- und Ruhegehaltsbezügen verlangen? § 823 Abs. 1 BGB ist gegeben. Was die Frage des zu ersetzenden Schadens abgeht, so sind dem Beamten als „unmittelbarer Verletzungsschaden“ die Heilungskosten zu ersetzen. Der weitere Schaden ist zwar äquivalent und adäquat kausal auf die Körperverletzung zurückzuführen, aber nach dem „Schutzzweck der Norm“ des § 823 BGB nicht zu ersetzen. **2)** Das **„Wie“ des Schadensersatzes** (Naturalrestitution, Geldersatz, Schmerzensgeld, Mitverschulden) ergibt sich aus den §§ 249 ff. BGB. Diese doch recht abstrakten und noch sehr oberflächlichen Ausführungen sollen nur eine Vorabinformation sein. Einzelheiten finden Sie zu allem in **Teil 9**.

## B. Anspruch aus § 823 Abs. 2 BGB

„Die gleiche Verpflichtung“, nämlich die „zum Ersatz … des daraus entstandenen Schadens … trifft denjenigen, welcher gegen ein den Schutz eines anderen bezweckenden Gesetzes verstößt.“ **(§ 823 Abs. 2 BGB)**. Eine besondere eigenständige Bedeutung hat die Norm nicht; vielfach konkurriert der Anspruch mit dem aus § 823 Abs. 1 BGB. Aber auf eine Besonderheit soll gleich zu Beginn hingewiesen werden: Über § 823 Abs. 2 BGB i. V. m. §§ 253, StGB, 263 StGB, 266 StGB ist auch das Vermögen geschützt, was bekanntlich bei § 823 Abs. 1 BGB nicht der Fall ist. In **klausurtaktischer Hinsicht** sollte man daher – wenn § 823 Abs. 1 BGB bejaht worden ist – nicht mehr viel Sorgfalt und Zeit auf § 823 Abs. 2 BGB verwenden. Wir befassen uns auch hier nur mit haftungsbegründenden Bereich. Der haftungsausfüllende Bereich wird in Teil 9 behandelt, so dass wir hierauf jetzt nicht eingehen werden.

## I. Tatbestandsmäßigkeit

### 1. Verhalten

Auch der Schutzgesetzverstoß setzt ein **menschliches Verhalten** voraus. Die Frage, auf **wessen Verhalten** es für die deliktische Haftung ankommt, beantwortet sich wie bei § 823 Abs. 1 BGB. Versuchen Sie sich zu erinnern: Meist wird es das Verhalten des **Inanspruchgenommenen selbst** sein. Aber – und das stellen Sie bitte einmal selbst nach Fallkonstellationen und dazu gehörigen Vorschriften im Geiste zusammen – es kann auch so sein, dass z. B. eine juristische Person etc. sich das **Verhalten anderer Personen zurechnen** lassen muss etc. etc.

### 2. Schutzgesetz

Diese hiernach maßgebliche Person muss gegen ein **Schutzgesetz verstoßen** haben. Ein Schutzgesetz ist **jede Rechtsnorm (Art. 2 EGBGB)**, die sich ge- oder verbietend an den Einzelnen richtet, die also, anders als bloße Verwaltungsvorschriften, **Außenwirkung** hat und die den **Schutz Einzelner** vor **Rechts- oder Rechtsgutverletzungen** und **rechtlich geschützten Interessen** bezweckt. Nicht gemeint sind daher Normen, die ausschließlich die Allgemeinheit schützen sollen. Dass auch allgemeinschützende Normen als bloßer Reflex auch den Individualschutz zur Folge haben können, macht sie nicht zu „Schutzgesetzen".

**Schutzgesetze** finden sich in erster Linie im **StGB** (§§ 185 ff., 223 ff., 242 ff., 249 ff., 263, 266, 319, 323c etc. StGB), weiterhin in Gesetzen, die Sicherheitsstandards schaffen sollen (z. B. **StVZO**) aber auch im **BGB** (§§ 859 ff., 906 ff. BGB) oder im **Grundgesetz** (Artt. 5 Abs. 2, 9 Abs. 3 GG). **Kein Schutzgesetz** ist z. B. § 267 StGB, weil hierdurch nur die Sicherheit und Zuverlässigkeit des Rechtsverkehrs geschützt wird.

### 3. Sachlicher und persönlicher Schutzbereich der Norm

Das betroffene Rechtsgut oder das geltend gemachte Interesse des Anspruchstellers muss in den **sachlichen Schutzbereich** des Schutzgesetzes fallen. Die „klassischen Lernbeispiele" dafür sind **§§ 319, 323c StGB**: diese Vorschriften sollen nur vor Gefahren für Leib oder Leben schützen, nicht aber vor Sachschäden. Ferner muss der Verletzte zu dem durch die Norm, die man als Schutzgesetz ins Auge gefasst hat, **geschützten Personenkreis** gehören.

**Fall 732**

Der A und der B wohnen in einer WG zusammen. Der A ist Eigentümer eines Autos; den Schlüssel dazu hängt er an das gemeinsame Schlüsselbord. Als der A auf einer Amerikareise ist, benutzt der B unerlaubt das Auto des A. Dabei fährt er schuldlos den Fußgänger F an und verletzt ihn. Der F nimmt den B auf Schadenersatz in Anspruch.

1) Ein Anspruch aus § 823 Abs. 1 BGB besteht wegen des fehlenden Verschuldens des B nicht. 2) Ein Anspruch aus §§ 823 Abs. 2, 229 StGB kommt nicht in Betracht, weil der B nicht schuldhaft (Fahrlässigkeit ist gefordert) gehandelt hat.

3) Zu prüfen ist ein Anspruch aus § 823 Abs. 2, 248b StGB: a) § 248b StGB ist ein Schutzgesetz; der B hat rechtswidrig und schuldhaft (Vorsatz) dagegen verstoßen. b) Der F aa) hat einen Schaden erlitten. bb) Der F gehört aber nicht zu dem von § 248b StGB geschützten Personenkreis; diese Vorschrift will nur den Gebrauchsberechtigten schützen. 4) Ein Anspruch aus Gefährdungshaftung (§ 7 Abs. 1 StVG) scheidet aus, weil der B nicht der Halter des Kfz war.

## II. Rechtswidrigkeit und Verschulden

### 1. Regel: Prüfung der Rechtswidrigkeit bei der Schutzgesetzverletzung (Strafgesetze)

Die **Rechtswidrigkeit** ist bei einem Strafgesetz als Schutzgesetz bereits bei der Schutzgesetzverletzung zu prüfen, weil dessen Verletzung die Rechtswidrigkeit voraussetzt. Die Rechtswidrigkeit ist nach der hier vertretenen Ansicht bei einem Strafgesetzverstoß indiziert und nur durch Rechtfertigungsgründe ausgeschlossen. Ist damit eine Prüfung der Rechtswidrigkeit bereits bei der Tatbestandsmäßigkeit erfolgt, geht man natürlich nicht ein weiteres Mal hierauf ein!

Das **Verschulden** des deliktisch relevant Handelnden ist bei einem Strafgesetz als Schutzgesetz bereits bei der Schutzgesetzverletzung zu prüfen, weil im Strafrecht deren Vorliegen Schuld voraussetzt; den Verschuldensmaßstab bestimmt dann das Schutzgesetz (z. B. bei § 223 StGB: Vorsatz; bei § 229 StGB: Fahrlässigkeit). Ist eine Prüfung des Verschuldens bereits bei der Tatbestandsmäßigkeit erfolgt, geht man natürlich nicht ein weiteres Mal hierauf ein!

### 2. Ausnahme: „isolierte Prüfung" (andere Gesetze)

Wenn für den Verstoß gegen ein Schutzgesetz keine Rechtswidrigkeit erforderlich sein sollte und deshalb die **Rechtswidrigkeit** als allgemeine deliktische Haftungsvoraussetzung zu erörtern ist, so ist sie als durch die Tatbestandsmäßigkeit indiziert anzusehen.

Wenn, weil das Schutzgesetz kein Verschulden voraussetzen sollte, das **Verschulden** also als allgemeine deliktische Haftungsvoraussetzung zu prüfen ist, geht es um das Verschulden des Inanspruchgenommenen oder einer Person, deren Verhalten er sich zurechnen lassen muss. Das Verschulden muss sich auf den **Verstoß gegen** das **Schutzgesetz** beziehen, nicht auf den Schaden. Die **Verschuldensfähigkeit** bestimmt das Zivilrecht. Es ist mindestens (eine durch den Schutzgesetzverstoß allerdings vermutete) Fahrlässigkeit erforderlich (§ 823 Abs. 2 S. 2, 276 BGB).

# C. Anspruch aus § 826 BGB

„Wer in einer gegen die guten Sitten verstoßenden Weise einem anderen vorsätzlich Schaden zufügt, ist dem anderen zum Ersatz des Schadens verpflichtet" **(§ 826 BGB)**. Wir befassen uns auch hier nur mit dem haftungsbegründenden Bereich. Der haftungsausfüllende Bereich wird auch hier erst in Teil 9 behandelt.

Der Gesetzgeber hat mit § 826 BGB als **„Auffangtatbestand“** die Schutzlücke geschlossen, die sich daraus ergibt, dass deshalb ein Bedarf für eine deliktische Haftung besteht, weil einerseits ein Schaden angerichtet wurde, andererseits aber mangels einer verletzbaren Rechtsposition kein Anspruch aus § 823 Abs. 1 BGB oder mangels eines Schutzgesetzes kein Anspruch aus § 823 Abs. 2 BGB gegeben ist, nämlich z. B. in den Fällen, in denen auf strafrechtlich irrelevante Weise reine Vermögensverletzungen vorliegen oder in Fällen der Beeinträchtigung der allgemeinen Handlungsfreiheit, also in Fällen, die weder von § 823 Abs. 1 BGB noch von § 823 Abs. 2 BGB erfasst werden.

Um bei der Lückenschließung nicht in das Extrem eines die allgemeine Handlungsfreiheit unangemessen einschränkenden Tatbestandes zu verfallen, das der Gesetzgeber durch die Schaffung der tatbestandsmäßig eng umrissenen Regelung des § 823 Abs. 1, 2 BGB und anderer (demnächst noch zu erörternder) deliktischer Spezialtatbestände ja gerade vermeiden wollte, sind in § 826 BGB zwei recht hohe Hürden für die Schadensersatzhaftung aufgestellt worden: Die **Schadenszufügung** muss zum einen in einer **„gegen die guten Sitten verstoßenden Weise“** und zum anderen **„vorsätzlich“** erfolgen. Liegt es so, braucht man sich um die Gefahr einer die Handlungsfreiheit ungemessen einschränkenden, unkalkulierbaren und unversicherbaren Deliktshaftung keine Gedanken zu machen: Die Handlungsfreiheit gilt nicht für den vorsätzlich sittenwidrig Handelnden, das Bedürfnis einer Kalkulierbarkeit der Folgen seiner Untaten hat ein solcher Mensch auch nicht, und keine Versicherung dieser Welt schützt bei Vorsatz des Versicherungsnehmers!

## I. Schaden

Für § 826 BGB ist **ausreichend**, dass der Anspruchsteller einen **Schaden** erlitten hat. Das wäre z. B. der Fall, wenn der Inanspruchgenommene den Anspruchsteller aufgrund einer arglistigen Täuschung/rechtswidrigen Drohung oder eines sittenwidrigen Verhaltens einem Anspruch ausgesetzt hat oder ihn zu einer Verfügung veranlasst hat. Wenn aber die Verpflichtung/die Verfügung, die der Anspruchsteller eingegangen ist/vorgenommen hat, nichtig nach § 138 BGB sein sollte oder wirksam nach §§ 123, 142 Abs. 1 BGB angefochten sein sollte, dann ist das Vorliegen eines Schadens zweifelhaft.

## II. Sittenwidriges Verhalten

### 1. Verhalten

Auch ein Sittenverstoß setzt ein **menschliches Verhalten** voraus. Die Frage, auf **wessen Verhalten** es für die deliktische Haftung ankommt, beantwortet sich wie bisher. In erster Linie muss es der Inanspruchgenommene sein, aber es kommen auch andere Personen in Betracht – Sie sollten Sie das Ihnen ja längst bekannte Spektrum der Möglichkeiten einmal innerlich aufzählen.

## 2. „Sittenwidrigkeit" des Verhaltens

Vorliegen muss ein **Verhalten**, das **objektiv sittenwidrig** ist, und dies entweder wegen des **missbilligenswerten Zwecks** (z. B. Existenzvernichtung), oder wegen **missbilligenswerter Mittel** (z. B. Täuschung), oder wegen der **missbilligenswerten Folgen** oder schließlich wegen der **missbilligenswerten Gesinnung** „gegen das Anstandsgefühl aller billig und gerecht Denkenden" verstoßen.

Das Verhalten muss weiterhin wegen der Kenntnis der Tatumstände auch **subjektiv sittenwidrig** sein.

Zur Ermöglichung der Feststellung des objektiv und subjektiv sittenwidrigen Verhaltens hat man die **Generalklausel** durch **Fallgruppenbildung** konkretisiert. Hier sollen nur die für die juristische Ausbildung interessierenden Fallgruppen angesprochen werden.

Von besonderer Bedeutung sind für Sie in der Fallbearbeitung, speziell auch der Anfänger, – und das ist die **erste Fallgruppe** – die Fälle einer **Verleitung Dritter zum Vertragsbruch**; die in diesem Zusammenhang „beliebteste" und Ihnen ja auch schon bekannte Fragestellung ist die nach dem Ausgleich der Konsequenzen eines „Doppelverkaufs", dessen Möglichkeit junge Juristen immer wieder irritiert und am Glauben an das Recht zweifeln lässt.

**Fall 733**

Der V hat an den K ein Gemälde verkauft. Der K will es in seiner Galerie zum Verkauf anbieten. Den Kaufpreis hat er dem V sogleich bezahlt; der V hat das Bild aber noch nicht übereignet und noch nicht übergeben. Der X, ein Konkurrent des K, will das Bild ebenfalls erwerben und bietet, als der V auf den bereits erfolgten Verkauf an den K hinweist, mehr als der K an ihn gezahlt hatte; außerdem sagt der X zu, den V ggf. von Schadensersatzansprüchen des K gegen ihn freistellen zu wollen. Daher ist V zum Vertragsbruch bereit. Der V verkauft und liefert an den X. Der K verlangt von X Herausgabe an sich oder Rückübereignung und Rückgabe des Bildes an V, um von dem V Lieferung des Bildes verlangen zu können.

1) Ein Herausgabeanspruch des K gegen den X an sich aus § 985 BGB besteht schon deshalb nicht, weil der K kein Eigentum erlangt hat. 2) In Betracht kommt aber ein Anspruch gegen X auf Herausgabe an den V a) und zwar aus §§ 823 Abs. 1, 249 Abs. 1 BGB. aa) Eine Verletzung des Eigentums des K liegt mangels einer Übereignung an K nicht vor; bb) in Betracht kommt die Verletzung eines sonstigen Rechts: aaa) der K hatte einen Anspruch gegen den V aus § 433 Abs. 1 S. 1 BGB; dieser ist nach § 275 Abs. 1 BGB durch die Übereignung und Übergabe an X ausgeschlossen und damit verletzt worden; hierbei handelt es sich jedoch nur um ein relatives Recht und dieses wird nicht als sonstiges Recht anerkannt; bbb) der X hat auch nicht ein dem K zustehendes Anwartschaftsrecht an dem Bild verletzt, denn der K war lediglich obligatorisch an dem Bild berechtigt. b) Ein Anspruch des K gegen den X aus §§ 826, 249 Abs. 1 BGB setzt voraus: aa) Das Vorliegen eines Schadens. Der K kann nicht mehr Eigentümer

und Besitzer des von ihm bereits bezahlten Bildes werden. Das ist ein Vermögensschaden. bb) Ferner muss ein sittenwidriges Verhalten des X vorliegen, also ein Sittenverstoß (ein Verstoß gegen das „Anstandsgefühl aller billig und gerecht Denkenden", aber nicht der besonders strenge Maßstäbe anlegenden Personen) des Inanspruchgenommenen in Kenntnis der zugrunde liegenden Tatsachen. aaa) Das bloße Ausnutzen eines Vertragsbruchs (des V) oder ein Überbieten des von K zu zahlenden Preises reicht dafür nicht aus. bbb) Wohl aber wird das Verhalten als sittenwidrig angesehen, wenn hinzutritt entweder ein kollusives Zusammenwirken oder – wie hier gegeben – eine Verleitung eines anderen zum Vertragsbruch durch ein Freistellungsversprechen. cc) Zwischen der Verletzungshandlung und dem Schaden besteht ein kausaler Zusammenhang. dd) Der X müsste insoweit vorsätzlich gehandelt haben; auch das ist der Fall. ee) Der Anspruch ist auf Wiederherstellung des Zustandes gerichtet, der ohne das Delikt bestanden hätte (§ 249 Abs. 1 BGB): Der V wäre noch Eigentümer und Besitzer des Bildes. c) Nach Erfüllung des Rückübereignungsanspruchs an den V könnte der K von dem V Lieferung aus § 433 Abs. 1 S. 1 BGB verlangen; § 275 BGB stünde dem Anspruch dann nicht entgegen.

Die **zweite Fallgruppe** ist die Sittenwidrigkeit aufgrund der **Ausnutzung einer formal rechtmäßigen Stellung**; der klassische Fall hierzu ist der Missbrauch eines Vollstreckungstitels.

**Fall 734**

Der DG hat gegen DN in einem Rechtsstreit mit der letzten mündlichen Verhandlung vom 12. Juni 2002 ein rechtskräftiges Urteil erwirkt, durch das der DN zur Rückzahlung eines Darlehens in Höhe von € 1000,– verurteilt worden ist. Der DN hatte im Prozess behauptet, das Darlehen längst getilgt zu haben, konnte die – wie es erforderlich gewesen wäre – erfolgte Erfüllung aber nicht beweisen. Jetzt findet der DN die Quittung des DG wieder. 1) Er will sich gegen die bevorstehende Zwangsvollstreckung wenden. 2) Könnte DN auch die Aufhebung des rechtskräftigen Urteils erwirken?

1) a) Eine Vollstreckungsabwehrklage (§ 767 ZPO) wäre erfolglos, weil der DN mit dem Erfüllungseinwand „präkludiert" ist; der Erfüllungseinwand beruht nämlich auf Tatsachen, die bereits vor Schluss der letzten mündlichen Verhandlung entstanden sind (§ 767 Abs. 2 ZPO). b) In Betracht kommt aber ein Anspruch des DN gegen den DG auf Unterlassung der Zwangsvollstreckung und Herausgabe des Titels aus §§ 826, 249 Abs. 1 BGB, weil der DG das Urteil sittenwidrig, nämlich in Kenntnis des Umstandes, dass das Darlehen bereits getilgt war, erwirkt hatte (sog. „Urteilserschleichung" durch Prozessbetrug nach §§ 263 StGB, 138 Abs. 1 ZPO). 2) Außerdem könnte der DN nach rechtskräftiger strafrechtlicher Verurteilung des DG wegen Betruges (§ 581 ZPO) die Rechtskraft des Urteils durch eine Restitutionsklage beseitigen (§§ 578, 580 Nr. 5, 263 StGB ZPO).

Die **dritte Fallgruppe** sind die als sittenwidrig angesehen Fälle der **Erwirkung eines Vertragsschlusses** durch **arglistige Täuschung** oder durch **rechtswidrige Drohung**. Man erkennt sofort, dass der daraus resultierende Schadensersatzanspruch aus §§ 826, 249 Abs. 1 BGB bei der arglistigen Täuschung häufig mit einem Anspruch aus §§ 823 Abs. 2, 249 Abs. 1 BGB i. V. m. § 263 StGB konkurriert und wie diese auf Aufhebung des Vertrages gerichtet sind, was zu einer Kollision mit § 123 BGB führt. Von dieser Fallkonstellation war schon die Rede in Teil 3. Können Sie in einem kleinen Vortrag, den Sie sich selbst halten, aufzeigen, worin die Unterschiede zwischen § 123 BGB und Ansprüchen aus §§ 826, 249 Abs. 1 BGB bzw. §§ 823 Abs. 2, 249 Abs. 1 BGB i. V. m. § 263 StGB bestehen? In diesen Fällen ist aber nicht selten der Schaden durch eine wirksame Anfechtung entfallen. Interessant ist § 826 BGB vor allem in Fällen, in den nach § 124 BGB nicht mehr angefochten werden kann.

Wenn – und das wäre die **vierte Fallgruppe** – die Ablehnung eines Vertragsschlusses durch Nichtannahme des Antrags eine vorsätzliche sittenwidrige Schädigung ist (§ 826 BGB), z. B. beim **Angebot** von **Gütern** oder **Dienstleistungen** von **lebenswichtiger** (einschließlich kultureller) **Bedeutung**, und es keine zumutbare Ausweichmöglichkeit gibt, kann ein Anspruch aus §§ 826, 249 Abs. 1 BGB auf **Abschluss eines Vertrages** gerichtet sein.

**Fall 735**

Der „Verein der Theaterfreunde (VTF) e.V." in der Kleinstadt K hat sich zum Ziel gesetzt, in K auf der einzigen Bühne der Stadt in der Stadthalle zuvor einstudierte Theaterstücke aufzuführen. Dazu ist ihm für die Aufführung des Jahres 2002 die Stadthalle an 6 Wochenenden mietweise zur Verfügung gestellt worden. Der Altstar A des deutschen Theaters, der sich in K zur Ruhe gesetzt hat, gründet hier den „Verein der deutschen Theaterkunst (VTK) e. V."; er möchte auf diese Weise Gelegenheit haben, zusammen mit einigen einzuladenden älteren Kollegen „auf seine alten Tage" noch ein wenig Theater zu spielen, weil er die „Droge Publikum" benötigt. Der VTK bietet der Stadt K den Abschluss eines Mietvertrages für die Stadthalle zu den gleichen Vertragsbedingungen wie für den VTF an, um seine Einstudierungen an 6 anderen Wochenenden zu zeigen. Der hierfür zuständige Bürgermeister der Stadt K lehnt den Antrag des VTK ab, weil in K nur ein begrenzter kultureller Bedarf im Umfang von 6 Aufführungen im Jahr bestehe und weil das schauspielerische Können des A und seiner Kollegen die Niveauunterschiede zu der anderen nur mit Laienschauspielern besetzten Truppe zu deutlich machen würde. Hat der VTK einen Anspruch auf Überlassung der Stadthalle?

Der Anspruch könnte sich a) aus einem Mietvertrag ergeben (§ 535 Abs. 1 S. 1 BGB). Dann müsste ein Mietvertrag geschlossen worden sein. aa) Ein Antrag des VTK liegt vor. bb) Die K hat ihn jedoch nicht angenommen. b) Der VTK hat jedoch einen Anspruch auf Abschluss eines Mietvertrages aus §§ 826, 89, 31, 249 Abs. 1 BGB: aa) Der VTK hatte einen Vermögensschaden erlitten.

Er besteht in dem Nichtabschluss des Vertrages bb) Die K hat sittenwidrig (arge Art 5 Abs. 3 GG) gehandelt. Die Monopolstellung der Stadt K verpflichtet sie, den Antrag anzunehmen, wenn dem keine triftigen Gründe entgegenstehen. Cc) der Schaden beruht auf dem sittenwidrigen Verhalten. dd) Der Bürgermeister hat vorsätzlich gehandelt; dies ist der K nach §§ 89, 31 BGB zuzurechnen. ee) Der Schaden ist nach § 249 Abs. 1 BGB durch Naturalrestitution (Abschluss eines Mietvertrages) zu ersetzen.

### III. Kausalität und Zurechnung

Die sittenwidrige Handlung muss für den Schaden **kausal** gewesen sein. Eine Prüfung der **Zurechnung** unter den Aspekten der Adäquanz und des Schutzzwecks der Norm ist entbehrlich, weil § 826 BGB ein „Vorsatzdelikt" ist.

### IV. Rechtswidrigkeit

Letztlich nur „pro forma" soll auch die Rechtswidrigkeit erwähnt werden. Denn zur gesonderten Prüfung der Rechtswidrigkeit kommt es in der Fallbearbeitung deshalb nicht, weil die Sittenwidrigkeitsprüfung stillschweigend eine Rechtwidrigkeitsprüfung enthält: Ein rechtmäßiges Verhalten kann nie gleichzeitig „sittenwidrig" sein.

### V. Verschulden

Hinsichtlich der **Schuld** ist zu verlangen, dass der Handelnde **vorsätzlich** bezüglich der **Handlung**, des **Schadens** und des **Kausalzusammenhanges** in seinem wesentlichen Ablauf gehandelt hat. **Nicht** ist zu verlangen das **Bewusstsein der Sittenwidrigkeit**; das würde nämlich den § 826 BGB ad absurdum führen, weil Sittenverstöße gerade bei Schädigern ohne ausgeprägtes Sittenwidrigkeitsbewusstsein vorkommen.

## D. Anspruch aus § 824 BGB

Der Schutz der wirtschaftlichen Wertschätzung von Personen und Unternehmen vor Gefährdungen oder unmittelbaren Beeinträchtigungen, die durch die Verbreitung unwahrer kreditgefährdender Behauptungen über sie herbeigeführt werden, wird durch **§ 824 BGB** unter folgenden Voraussetzungen gewährt.

Wie bei den anderen Deliktstatbeständen sollen auch hier die Voraussetzungen des § 824 BGB vorab zusammengefasst werden:

**1.** Der Inanspruchgenommene muss **tatbestandsmäßig**, nämlich
   **a)** durch eine Mitteilung (Aufstellung und Verbreitung) **unwahrer Tatsachenbehauptungen**, also **nicht** durch die Äußerung von bloßen **Wertungen**
   **b)** im Wege einer **„Kreditgefährdung"**, also das wirtschaftliche Interesse eines anderen gefährdend oder unmittelbar beeinträchtigend,

**2.** rechtswidrig, nämlich
   **a)** indiziert
   **b)** oder im Falle der fahrlässigen Unkenntnis der Unrichtigkeit ohne berechtigtes Interesse an der Mitteilung (§ 824 Abs. 2 BGB),

**3.** und auch **schuldhaft**, nämlich
   **a)** in vorsätzlicher Kenntnis
   **b)** oder fahrlässiger Unkenntnis der Unwahrheit

**4.** einen **Schaden** herbeigeführt haben (mehr dazu finden Sie in A VI und Teil 9)

**Fall 736**

Das als Gourmet-Restaurant bekannte Fisch-Restaurant des W wird von dem einflussreichen Gastrotester T in der von ihm herausgegebenen Zeitschrift „Gastro" besprochen. In dem von T unterzeichneten Artikel heißt es u. a.: „Bei unserem Besuch am 1. Juli 2002 wurde uns leider eine Fischsuppe aus der Dose serviert. Der Fisch war nicht frisch, sondern roch wie ein solcher. Der Weinkellner war ein aushilfsweise tätiger Student der Rechtswissenschaften, der nichts von Wein verstand". Der Umsatz des W geht aufgrund dieses Artikels deutlich zurück. Die Tatsachenbehauptungen sind unzutreffend: Die Suppe war in der Küche des W hergestellt; als Weinkellner war ein ausgebildeter Sommelier tätig; der Fisch war frisch eingekauft. Der W will Ersatz von T, der selbst nie in dem Lokal gegessen hatte, sondern den Artikel auf der Grundlage eines Berichts eines ansonsten sehr verlässlichen Informanten geschrieben hatte.

Die für einen Anspruch 1) aus § 824 BGB a) erforderlichen aa) falschen Tatsachenbehauptungen sind von T aufgestellt worden. bb) Sie beeinträchtigen unmittelbar die wirtschaftlichen Interessen des W. b) Die Verbreitung ist rechtswidrig, denn ein Rechtfertigungsgrund ist nicht ersichtlich. aa) Art. 5 GG rechtfertigt die Verletzung nicht, weil es um unwahre Tatsachenbehauptungen geht. bb) Auch der Rechtfertigungsgrund des § 824 Abs. 2 BGB greift nicht ein: aaa) Zwar hat der T nur fahrlässig gehandelt; bbb) aber der T hat kein berechtigtes Interesse an der Verbreitung. c) Der T hat schuldhaft gehandelt. d) Dem W ist ein Schaden entstanden. 2) Ein Anspruch aus § 823 Abs. 1 BGB wegen eines Eingriffs in das Recht am eingerichteten und ausgeübten Gewerbebetrieb als „sonstiges Recht" setzt voraus, dass kein anderweitiger Schutz in Betracht kommt; hier ist ein Anspruch aus § 824 Abs. 1 BGB gegeben.

## E. Anspruch aus § 831 BGB

Als **Konsequenz der Arbeitsteiligkeit** der modernen Wirtschaft hat der Gesetzgeber in **§ 831 BGB** bestimmt,

- dass zum Nachteil desjenigen, der als **„Geschäftsherr"** einen anderen zu einer „Verrichtung" als ihm weisungsunterworfene Person (**„Verrichtungsgehilfe"**) bestellt hat, vermutet wird, dass ihn als Geschäftsherrn ein Verschulden daran trifft, wenn der Verrichtungsgehilfe einen anderen i. S. d. des § 823 Abs. 1 BGB tatbestandsmäßig und rechtswidrig und (wenn man ihr folgt, nach neuerer Ansicht notwendigerweise:) auch schuldhaft verletzt. Unter diesen Voraussetzungen ist der „Geschäftsherr" vorbehaltlich eines „Entlastungsbeweises" (§ 831 Abs. 1 S. 2 BGB) nach § 831 Abs. 1 S. 1 BGB zum Schadensersatz verpflichtet.
- Gleiches gilt für denjenigen, der durch Vertrag mit dem Geschäftsherrn „dazwischen geschaltet" ist (§ 831 Abs. 2 BGB).

Die auch hier in einer Zusammenfassung vorangestellten **Voraussetzungen** für eine Schadensersatzhaftung eines **„Geschäftsherrn"** oder **einer durch Vertrag „dazwischen geschalteten" Person** sind,

1. dass ein zu einer Verrichtung Bestellter (kurz ein: **„Verrichtungsgehilfe"**; das ist ein **aufgrund „sozialer Abhängigkeit"** dem „Geschäftsherrn" oder einer durch Vertrag „dazwischen geschalteten" Person **Weisungsunterworfener**)
2. einen **Deliktstatbestand**
   a) der §§ **823 ff. BGB**
   b) „**in Ausführung der Verrichtung**", und **nicht nur „bei Gelegenheit"**,
   c) **widerrechtlich** verwirklicht hat; an dieser Stelle hatte die Rechtsprechung mittels des von ihr „erfundenen" Rechtfertigungsgrundes des „verkehrsrichtigen Verhaltens" die Problematik der Haftung des Geschäftsherrn bei einem Verrichtungsgehilfen, der sich so verhalten hat, wie jede sorgfältig ausgesuchte und überwachte Person sich verhalten hätte, zu beherrschen versucht.
   d) Zu diskutieren ist, ob der **Verrichtungsgehilfe** auch **schuldhaft** gehandelt haben muss: Bei **Vorsatzdelikten** ist dies zweifelsfrei nötig; aber auch bei **Fahrlässigkeitsdelikten** verlangt ein Teil der Lehre, um das vorgenannte Problem zu lösen, eine Verschuldensprüfung, ausgenommen die Fälle, in denen verschuldensunfähige/nur minderen Sorgfaltspflichten unterliegende Verrichtungsgehilfen eingesetzt werden.
3. Ein **Kausal-** und **Zurechnungszusammenhang** zwischen der sorgfaltswidrigen Einstellung des Verrichtungsgehilfen durch den Geschäftsherrn/der durch Vertrag dazwischen geschalteten Person wird vermutet. Wenn der Verrichtungsgehilfe sich so verhalten hat, wie jede sorgfältig ausgesuchte und überwachte Person sich verhalten hätte, soll nach der Rechtsprechung **der Schutzzweck des § 831 BGB** die Haftung ausschließen.

4. Ein **Verschulden** des Geschäftsherrn/der durch Vertrag dazwischen geschalteten Person wird nicht geprüft, sondern wird durch 831 BGB gesetzlich vermutet.
5. **Kein Entlastungsbeweis** des „Geschäftsherrn" oder der durch Vertrag „dazwischen geschalteten" Person (§ 831 Abs. 1 S. 2 BGB).
6. Entstanden sein muss ein **Schaden**.

## I. Verrichtungsgehilfe

Ein **Verrichtungsgehilfe** ist eine mit Wissen und Wollen des Geschäftsherrn oder mit Wissen und Wollen einer durch Vertrag mit dem Geschäftsherrn „dazwischen geschaltete" Person, die in deren (des „Geschäftsherrn"/der „dazwischen geschalteten" Person) Interesse tätig ist und die **aufgrund** einer **„sozialen Abhängigkeit"** dem „Geschäftsherrn"/der „dazwischen geschalteten" Person **weisungsunterworfen** ist, wobei die Weisungsmacht (wie z. B. beim Krankenhausarzt) im Einzelfall durchaus nur gering ausgeprägt sein mag. Die zu verrichtenden Tätigkeiten können tatsächlicher oder rechtlicher Art sein. Ganz wichtig ist, dass ein **selbstständiger Unternehmer** (also z. B. ein Subunternehmer) mangels einer Weisungsunterworfenheit **kein Verrichtungsgehilfe** ist.

**Fall 737**

Der B beauftragt den Fuhrunternehmer A mit einem Transport von Waren von Hamburg-Harvestehude nach Hamburg-Winterhude. Der A besorgt den Transport selbst und fährt dazu mit dem Fahrrad. Der Fußgänger F wird aufgrund eines Fahrfehlers des A auf der Rothenbaumchaussee angefahren und erheblich verletzt. Der F verlangt Schmerzensgeld von dem B.

Der Anspruch könnte sich aus §§ 823 Abs. 1, 831, 253 Abs. 2 BGB ergeben. Dazu müsste der A Verrichtungsgehilfe des B sein. Da der A selbstständiger Unternehmer ist und dem B keine Weisungsbefugnis zustand, der A vielmehr über Tätigkeit und Zeit selbst verfügen konnte, ist der A nicht der Verrichtungsgehilfe des B.

## II. Deliktstatbestand „in Ausführung der Verrichtung"

Der Verrichtungsgehilfe muss **„in Ausführung der Verrichtung"** und nicht nur „bei Gelegenheit" gehandelt haben. Dafür wird ein „unmittelbarer innerer Zusammenhang" zwischen der dem Verrichtungsgehilfen aufgetragenen Verrichtung und der schädigenden Handlung verlangt: Der Geschäftsherr soll nur für solche Handlungen einstehen müssen, für die die Einschaltung des Verrichtungsgehilfen typischerweise risikoerhöhend ist (Canaris). Der Schulfall dazu ist das *Beispiel* des bei U angestellten Malergesellen G, der auf der Baustelle des B mit Farbe kleckert und die Möbel des Mieters M verunreinigt und außerdem eine Flasche Wein des M stiehlt. M kann von U Schadensersatz wegen a) verunzierten Möbel nach § 831 Abs. 1 BGB verlangen, b) nicht aber wegen der gestohlenen Weinflasche.

**Fall 738**

Der Pharmagroßhändler B beauftragt den Fuhrunternehmer A mit einem Transport von Medikamenten von Hamburg-Harvestehude nach Hamburg-Winterhude. Der A schickt den bei ihm angestellten D, der den Transport per Fahrrad besorgen soll, zu B. Der D verpackt die Medikamente. Im Lager des B nimmt er heimlich Opiate an sich, die er für sich behalten will und verpackt sie zusammen mit den zu transportierenden Medikamenten. Auf der Rückfahrt vom Empfänger macht er deshalb einen kleinen Umweg zu sich nach Hause. Nachdem er die Opiate in seiner Wohnung versteckt hat, will er „zur Firma" zurückfahren. Aus Ungeschick fährt der D den Fußgänger F an und verletzt ihn erheblich. Der A wird von dem B auf Schadensersatz und von F auf Schmerzensgeld in Anspruch genommen (nach Canaris und BGH).

1) Ein Anspruch des B gegen den A könnte sich a) aus §§ 823 Abs. 1, 831 BGB ergeben. aa) Dazu müsste der D Verrichtungsgehilfe des A sein. Der D ist ein aufgrund „sozialer Abhängigkeit" dem „Geschäftsherrn" A Weisungsunterworfener, ist also ein Verrichtungsgehilfe des A. bb) Er müsste mit der Tathandlung eine ihm übertragene Verrichtung erfüllt und dürfte nicht nur bei Gelegenheit gehandelt haben. aaa) Der D hat mit der Straftat zum Nachteil des B seinen Aufgabenbereich überschritten. Das spricht für sich gesehen noch nicht dagegen, dass der D „in Ausführung der Verrichtung" und nicht nur „bei Gelegenheit" gehandelt hat. bbb) Vielmehr kommt es darauf an, ob es bei der Tat um eine Handlung geht, für deren Begehung die Einschaltung des Verrichtungsgehilfen typischerweise risikoerhöhend ist. aaaa) Dies wird teilweise mit der Begründung verneint, dass die Tat auch von dem A hätte begangen werden können, wenn er den Transport selbst besorgt hätte, so dass die Einschaltung des D nicht risikoerhöhend sei. bbbb) Nach anderer Ansicht soll es darum gehen, ob sich hier ein spezifisches Risiko des Einsatzes von Gehilfen verwirklicht hat. cc) Wer letzterer Ansicht folgt und die Tat als Verwirklichung eines typischen Gehilfenrisikos ansieht, muss weiter prüfen, aaa) ob der D den Tatbestand des § 823 Abs. 1 BGB verwirklicht hat. aaaa) Eine Eigentumsverletzung ist gegeben. bbbb) Die Verletzung muss dem D objektiv zugerechnet werden können: aaaaa) das Verhalten des D (ein Tun) war bbbbb) äquivalent kausal; bei einem „Vorsatzdelikt" müssen weitere Zurechnungsfragen nicht erörtert werden. bbb) Auch die Rechtswidrigkeit ist bei einem „Vorsatzdelikt" unzweifelhaft gegeben. ccc) Auf die Frage, ob den Verrichtungsgehilfen ein Verschulden treffen muss, ist nur bei nichtvorsätzlichem verletzenden Tun einzugehen. ddd) Der Entlastungsbeweis ist nicht geführt worden. Daher steht dem B gegen A ein Anspruch aus §§ 831, 823 Abs. 1 BGB zu. b) Weiterhin hat der B – wenn man der vorgenannten „weiten" Interpretation des Handelns „in Erfüllung" und nicht nur „bei Gelegenheit" folgt – einen Schadensersatzanspruch aus §§ 280 Abs. 1, 278, 241 Abs. 2 BGB. (Der

Aufbaufehler ist Ihnen hoffentlich aufgefallen: Eigentlich hätte der Anspruch aus §§ 280 Abs. 1, 278, 241 Abs. 2 BGB vor dem Anspruch aus Delikt erörtert werden müssen; nur hätte dann das Merkmal „in Ausführung der Verrichtung" praktisch bereits bei § 278 BGB erläutert werden müssen). 2) Der F hat jedoch keinen Anspruch gegen den A aus §§ 823 Abs. 1, 253 Abs. 2 BGB, denn ein Handeln „im privaten Bereich" ist unzweifelhaft ein Handeln „bei Gelegenheit".

Der Verrichtungsgehilfe muss durch sein „in Ausführung der Verrichtung" begangenes Verhalten einen der **Deliktstatbestände** der **§§ 823 ff. BGB** verwirklicht haben.

Er muss insoweit auch **rechtswidrig** gehandelt haben. Hier gibt es das Problem derjenigen Fälle, in denen eine Pflichtwidrigkeit des Verrichtungsgehilfen nicht festzustellen ist. Folgt man der von uns angenommenen Lehre vom Erfolgsunrecht käme es hierauf nicht an, weil die Rechtswidrigkeit indiziert ist und eine Pflichtgemäßheit daran nichts ändert, weil der vom BGH erfundenen Rechtfertigungsgrund des „pflichtgemäßen Verhaltens", mit dem früher das Dilemma bewältigt worden ist, von niemandem mehr akzeptiert wird. Wie löst man die Frage? Man könnte sich der Lehre vom Handlungsunrecht anschließen, nach der die Rechtswidrigkeit eine festzustellende Pflichtwidrigkeit voraussetzt. Aber das will man (und das wollen wir) ja (ebenfalls) nicht!

Der BGH will heute in diesen Fällen, in denen die Pflichtwidrigkeit des unmittelbar verletzende Tun des Verrichtungsgehilfen nicht feststeht, eine Haftung des Geschäftsherrn deshalb ausschließen, weil es dem Schutzzweck des § 831 widerspräche, den Geschäftsherrn auch haften zu lassen, wenn er selbst für ein entsprechendes eigenes Handeln nicht einstehen müsste. Das Verhalten eines Verrichtungsgehilfen entsprich hiernach dann nicht dem **„Schutzzweck der Norm"** des **§ 831 BGB** wenn der Verrichtungsgehilfe sich so verhalten hat, wie jede sorgfältig ausgesuchte und überwachte Person sich verhalten hätte, denn bei einem diesem Maßstab entsprechendem eigenem objektiv fehlerfreiem Handeln würde gegen den (hypothetisch gedacht) selbst handelnden Geschäftsherrn kein Anspruch z. B. aus § 823 Abs. 1 BGB mangels eines fahrlässigen Verschuldens bestehen; es wäre widersprüchlich, wenn der Dritte bei einer Einschaltung eines Verrichtungsgehilfen besser stünde als wenn der Geschäftsherr selbst tätig gewesen wäre.

Teile der Lehre wiederum lösen diese Fälle anders – man stellt ein Verschuldenserfordernis für das Gehilfenhandeln auf. Was die jetzt unausweichlich zu erörternde Frage eines **Verschuldens** des **Verrichtungsgehilfen** angeht, das ein Teil der Lehre fordert, muss man sehen, dass der **Wortlaut** des § 831 Abs. 1 S. 1 BGB anscheinend kein Verschulden des Verrichtungsgehilfen voraussetzt. Daher wird auch in der Juristenausbildung sein Generationen gelehrt, dass bei § 831 BGB gerade keine Verschuldensprüfung bezüglich des Gehilfenhandelns stattfinden dürfe. Vor einer unkritischen Übernahme dieses „bewährten Lehrsatzes" kann nur gewarnt werden. Denn es spricht vieles dafür, dass der Wortlaut des § 831 Abs. 1 S. 1 BGB in der Tat „teleologisch reduziert" werden muss: Unzweifelhaft ist dies nötig, soweit nur ein **vorsätzliches Handeln** des Verrichtungsgehilfen deliktisch relevant ist (z. B. bei §§ 823 Abs. 2, 263 StGB oder § 826 BGB), denn dann muss der Verrichtungsgehilfe vorsätzlich gehandelt haben. Dieser Auffassung war auch schon früher herrschend; nur hat niemand sie als Ausnahme zu jenem oben kolportierten „Lehrsatz“ anerkannt. Aber auch bei **Fahrlässigkeitsdelikten** muss diese Frage problematisiert werden. So könnte man nämlich auch die Fälle des objektiv pflichtgemäß handelnden Verrichtungsgehilfen beherrschen. Nach maßgeblichen Stimmen in der **Lehre** wird eine Fahrlässigkeitsprüfung hinsichtlich des Gehilfenhandelns gefordert, wobei es allerdings Divergenzen hinsichtlich der Frage der Beweislast gibt. Einige (z. B. Kötz, Canaris) verlangen, dass der Anspruchsteller beweisen muss, dass der als schuldfähig mit den für die Verrichtung erforderlichen Fähigkeiten ausgestattet gedachte Gehilfe schuldhaft gehandelt hätte, während nach a. A. (Medicus) das „Fehlverhalten als Bestandteil der Kausalität vermutet“ werde. Beim verschuldensunfähigen (§§ 827 f. BGB) oder einem nur minderen Sorgfaltsanforderungen unterliegenden Verrichtungsgehilfen wird allerdings auf die Prüfung eines Verschuldens des Verrichtungsgehilfen verzichtet, weil in diesen Fällen ein innerer Zusammenhang zwischen dem Fehlen eines Schuldvorwurfs und dem Einsatz eines solchen Gehilfen bestehe (Canaris, Medicus).

Das sind **wirklich schwierige Fragen**, und deshalb sollten Sie noch einmal diesen Ihnen schon bekannten Fall durcharbeiten.

**Fall 739**

Der Passant P wird von dem bei Apotheker A als Bote fest angestellten F, der für den A mit dem Fahrrad Kunden mit Medikamenten beliefert, angefahren und erheblich verletzt. Zu dem Unfall war es gekommen, weil der F durch einen auf dunkler Straße schlechthin unerkennbaren Ölfleck ins Schleudern geraten und gegen den P gerutscht war. Der P verlangt von dem A Schadensersatz für die infolge des Unfalls zerrissene Kleidung (nach Kötz).

Ein Anspruch a) aus § 823 Abs. 1 BGB ist nicht gegeben, weil kein Verschulden des A festzustellen ist. b) Gegeben sein könnte ein Anspruch des P gegen den A aus §§ 823 Abs. 1, 831 BGB: aa) Der F war Verrichtungsgehilfe des A, weil ihm bei bestehender Weisungsabhängigkeit eine Tätigkeit durch A übertragen worden war, so dass F nicht über Tätigkeit und Zeit selbst verfügen konnte; bb) der F hat mit der Fahrt eine ihm übertragene Verrichtung erfüllt und nicht nur bei Gelegenheit gehandelt. cc) Der F müsste eine Tat i. S. d. §§ 823 ff. BGB begangen haben. Eine für den Tatbestand des § 823 Abs. 1 BGBaaa) erforderliche Eigentumsverletzung ist gegeben. bbb) Die Verletzung muss dem F objektiv zugerechnet werden können: aaaa) das Verhalten des F (ein Tun) war bbbb) äquivalent und adäquat kausal für die Verletzung, der Schutzzweck der Norm steht nicht entgegen. dd) Fraglich ist die für §§ 831, 823 Abs. 1 BGB erforderliche Rechtswidrigkeit: aaa) Es liegt keiner der unstreitigen Fälle (Verletzung von Rahmenrechten, Vorsatzdelikte) vor, bbb) so dass es auf die unterschiedlichen Theorien zur Rechtswidrigkeit ankommt. aaaa) Nach der Lehre vom Erfolgsunrecht ist bei nicht vorsätzlichem unmittelbar verletzenden Tun aaaaa) die Rechtswidrigkeit indiziert, so dass Rechtfertigungsgründe zu prüfen sind. bbbbb) Nach der früheren Rechtsprechung des BGH, die er mittlerweile aufgegeben hat, soll es den Rechtfertigungsgrund des „verkehrsrichtigen Verhaltens“ geben. Hier ist die Unfallursache ein unerkennbarer Ölfleck. Danach hätte der F nicht rechtswidrig gehandelt. ccccc) Wenn man jedoch einen solchen Rechtfertigungsgrund ablehnt, wäre die Rechtswidrigkeit gegeben. ccc) Nach der Lehre vom Handlungsunrecht muss die Rechtswidrigkeit durch einen objektiven Sorgfaltspflichtverstoß (§ 276 Abs. S. 2 BGB) festgestellt werden; einen solchen Sorgfaltspflichtverstoß hat F nach dem Maßstab eines „ordentlichen" bzw. „durchschnittlichen" Fahrradboten nicht begangen, so dass er nicht rechtswidrig gehandelt hat. eee) Nach der hier vertretenen Lehre vom Erfolgsunrecht ist – wenn man, wie hier weiterhin vorgeschlagen, dem BGH nicht mit seiner Erfindung des Rechtfertigungsgrundes des „verkehrsrichtigen Verhaltens" folgt – die Rechtswidrigkeit gegeben. ee) Fraglich ist, ob den F für eine Schadensersatzverpflichtung des A aus §§ 823 Abs. 1, 831 BGB auch ein Verschulden treffen muss. Nach dem Wortlaut des § 831 BGB scheint dies gerade nicht erforderlich zu sein. Eine Korrektur des Wortlauts ist jedoch nötig; und zwar ist bei folgenden Konstellationen ein Verschulden zu verlangen: aaa) Bei (dem hier allerdings nicht einschlägigen!) Fall eines nur vorsätzlich begehbaren Delikts: z. B. bei §§ 831, 823 Abs. 2 BGB i. V. m. einem nur vorsätzlich begehbaren Schutzgesetz (z. B. § 263 StGB) oder bei §§ 826, 831 BGB wird ein vorsätzliches Handeln des Gehilfen verlangt. bbb) Bei Fahrlässigkeitsdelikten aaaa) wird von der dem Indikationenmodell folgenden Lehre neuerdings gefordert (Canaris), dass der als schuldfähig und als mit den für die Verrichtung erforderlichen Fähigkeiten ausgestattet gedachte Gehilfe schuldhaft gehandelt hat. bbbb) Beim verschuldensunfähigen oder einem nur minderen Sorgfaltsanforderungen unterliegenden Gehilfen wird auf ein derartiges fiktives Verschulden allerdings verzichtet, weil in diesen Fällen ein innerer Zusammenhang zwischen dem Einsatz des Gehilfen und dem Fehlen eines Schuldvorwurfs gegen ihn besteht. cccc) Hier ist F verschuldensfähig, aber er hätte nicht schuldhaft gehandelt, weil der Ölfleck schlechthin unerkennbar war. ff) Der BGH kommt zum gleichen Ergebnis, indem er den Schutzzweck der Norm begrenzt und solche Fälle aus dem Anwendungsbereich des § 831 BGB ausnimmt, bei denen der Verrichtungsgehilfe sich so verhalten hat, wie jede sorgfältig ausgesuchte und überwachte Person sich verhalten hätte. Anderenfalls würde man nämlich der Verletzte bei Einschaltung eines Verrichtungsgehilfen besser stehen als wenn der Geschäftsherr selbst gehandelt hätte, gegen den bei einem solchen Verhalten kein Anspruch bestünde. Daher stünde dem P gegen den A kein Anspruch aus §§ 831, 823 Abs. 1 BGB zu. Auf den fehlenden Entlastungsbeweis kommt es daher nicht an.

## III. Kausal- und Zurechnungszusammenhang, Verschulden des Geschäftsherrn

Bei § 831 BGB muss anders als bei den sonstigen Deliktstatbeständen kein **Kausal-** und **Zurechnungszusammenhang** zwischen dem Pflichtverstoß (die sorgfaltswidrige Anstellung des Verrichtungsgehilfen) und der rechtswidrigen Schädigung geprüft werden, weil dieser Zusammenhang vermutet wird, dies selbst dann, wenn

– wie bei einem nicht schuldhaften Verhalten des Gehilfen – auch ein sorgfältig ausgesuchter und überwachter Verrichtungsgehilfe den Deliktstatbestand verwirklicht hätte (arge § 831 Abs. 1 S. 2 BGB). Ein **Verschulden** des Geschäftsherrn oder einer durch Vertrag „dazwischen geschalteten" Person wird vermutet (arge. § 831 Abs. 1 S. 2 BGB).

## IV. Entlastungsbeweis des Geschäftsherrn

### 1. Widerlegung der Kausalitätsvermutung

Auch wenn bei § 831 BGB kein Kausal- und Zurechnungszusammenhang zwischen dem Pflichtverstoß (die sorgfaltswidrige Anstellung des Verrichtungsgehilfen) und der rechtswidrigen Schädigung geprüft werden muss, weil dieser Zusammenhang vermutet wird, kann der Geschäftsherr sich dadurch entlasten, indem er beweist, dass der Schaden auch bei Einhaltung der erforderlichen Sorgfalt bei der Auswahl und Überwachung eingetreten wäre (§ 831 Abs. 1 S. 2 Var. 2 BGB).

### 2. Widerlegung der Verschuldensvermutung („Exkulpationsbeweis" = „Entlastungsbeweis")

Wir wissen ja nun, dass es sich bei § 831 BGB um eine Haftung für „vermutetes Verschulden" des „Geschäftsherrn" oder der durch Vertrag mit ihm „dazwischen geschalteten" Person handelt; diese Verschuldensvermutung kann durch einen **„Exkulpationsbeweis" (= „Entlastungsbeweis")** nach § 831 Abs. 1 S. 2 Var. 1 BGB widerlegt werden, indem nachgewiesen wird,

- dass der **Verrichtungsgehilfe sorgfältig ausgewählt** worden ist,
- dass (Rechtsfortbildung) der **Verrichtungsgehilfe sorgfältig überwacht** und **instruiert** worden ist,
- dass ggf. (bei einer Beschaffungspflicht) **Vorrichtungen** und **Geräte sorgfältig beschafft** worden sind,
- dass ggf. (bei einer Leitungspflicht) die **Verrichtung sorgfältig geleitet** worden ist,
- wobei es in **Großunternehmen ausreicht**, dass der **Geschäftsherr** sich hinsichtlich der von ihm für die Auswahl, ggf. der Leitung, der Überwachung und der Instruktion eingesetzten Personen, also **„dezentralisiert" entlasten** kann. Zu beachten ist aber, dass in solchen Fällen entweder diese Person als „verfassungsgemäßer Vertreter" angesehen wird, so dass für sie aus §§ 823 ff., 31 BGB gehaftet wird, oder dass wegen eines nicht bestellten Organs bzw. verfassungsmäßigen Vertreters ein Organisationsmangel angenommen werden kann, der wegen einer bestehenden „Organisationspflicht" zu einer Schadensersatzpflicht aus § 823 Abs. 1 BGB führen kann. Also: Die Führung eines „dezentralisierten Entlastungsbeweises" ist häufig nicht letzte Wort zur Frage der deliktischen Haftung!
- Bei allem hängt das **Ausmaß** der **Anforderungen** vom Ausmaß der mit der Verrichtung verbundenen Gefahren ab.

**Fall 740**

Die Iffa AG (I) betreibt ein Hüttenwerk, das u. a. auch Computerschrott verarbeitet. Der seit vielen Jahren für die Feuersicherheit des Unternehmens zuständige beanstandungsfrei arbeitende, sich ständig weiterbildende und von dem für den „Werkschutz" zuständigen Vorstand überwachte leitende Angestellte D.O. Natus (N) stellt als Leiter der Werksfeuerwehr den F.W. Mann (M), der früher Leiter einer großen Feuerwache der Berufsfeuerwehr war und der sehr gute dienstliche Beurteilungen vorzuweisen hat, ein. Der M hält mit seinen Leuten tägliche Übungen ab, wovon sich N durch Stichproben überzeugt. Als 2 Wochen nach Aufnahme der Tätigkeit des M in einem der Computerschrott verarbeitenden Hüttenöfen ein Feuer bei der Materialzufuhr ausbricht, ist die Werksfeuerwehr sofort im Einsatz. Allerdings kommt es durch die Anordnung des M zur Verwendung eines Löschmittels, das für den in dem betroffenen Hüttenofen verarbeiteten Computerschrott ungeeignet ist und das zu einer starken Überhitzung und einer daraus resultierenden Explosion des Hüttenofens führte, durch die ein auf der Straße stehender LKW des E beschädigt wird. Der M hatte nicht gewusst, dass bei brennendem Computerschrott das Feuer mit einem eigens dafür von N auf Anraten des Vorgängers des M angeschafften und auch ausreichend vorrätigen speziellen Löschmittel hätte bekämpft werden müssen. Der E verlangt Schadensersatz von dem M, dem N und von der I.

1) Gegen den M hat der E einen Anspruch a) aus § 823 Abs. 1 BGB. aa) Eine Eigentumsverletzung liegt vor. bb) Die Anordnung des M zur Verwendung des Löschmittels ist aaa) ein positives Tun, bbb) das äquivalent kausal ccc) und zurechenbar (adäquat kausal, Schutzweck der Norm) die Verletzung herbeigeführt hat. cc) Nach allen Lehren hat der M rechtswidrig gehandelt; der für die Lehre vom Handlungsunrecht erforderliche Sorgfaltspflichtverstoß liegt in der sorgfaltswidrigen (§ 276 Abs. 1 S. 2 BGB) Anordnung der Verwendung des ungeeigneten Löschmittels. dd) Der M hat fahrlässig schuldhaft gehandelt. b) Der M hat allerdings einen (hier nicht gefragten!) arbeitsrechtlichen Freistellungsanspruch gegen die I. 2) Der N könnte a) nach §§ 831 Abs. 2, 823 Abs. 1 BGB haften. aa) Dem N war aufgrund seines Arbeitsvertrages die Einstellung des Personals übertragen worden (§ 831 Abs. 2 BGB). bb) Der M war ein von N bestellter Verrichtungsgehilfe, denn er war ihm aufgrund seiner sozialen Abhängigkeit weisungsunterworfen; daran ändert nichts der Umstand, dass der M in einzelnen fachlichen Angelegenheiten selbstständig zu entscheiden hatte. cc) Der M hat den Tatbestand des § 823 Abs. 1 BGB aaa) tatbestandsmäßig und bbb) rechtswidrig verwirklicht. ccc) Der als schuldfähig und als mit den für die Verrichtung erforderlichen Fähigkeiten ausgestattet gedachte M hätte schuldhaft gehandelt. dd) Der N kann sich nicht für den M nach § 831 Abs. 1 S. 2 BGB entlasten: Zwar ist M sorgfältig ausgewählt und überwacht worden. Der N hätte aber den M auf die Besonderheiten eines Feuers bei brennendem Computerschrott hinweisen müssen. Der N muss Schadensersatz leisten. b) Der E könnte gegen den N auch einen Anspruch aus § 823 Abs. 1 BGB haben. aa) Eine Eigentumsverletzung liegt vor. bb) Die Nichtinstruktion des M zur Verwendung eines besonderen Löschmittels bei Bränden von Computerschrott ist aaa) ein Unterlassen; die

Rechtspflicht zum Tun ergibt sich für N aus einer Verkehrssicherungspflicht. cc) Das Unterlassen war, aaa) weil die Instruktion die Verletzung mit an Sicherheit grenzender Wahrscheinlichkeit verhindert hätte, äquivalent kausal für die Verletzung; bbb) sie war auch aaaa) adäquat kausal, denn es handelte sich um eine für die Nichtinstruktion typische Verletzung. bbbb) Sie soll auch nach dem Schutzzweck des § 823 Abs. 1 BGB dem N zugerechnet werden; denn bei einer Verletzung von Verkehrssicherungspflichten werden „mittelbare Verletzungen" stets zugerechnet. dd) Nach allen Lehren hat der N rechtswidrig gehandelt; der für die Lehre vom Handlungsunrecht erforderliche Sorgfaltspflichtverstoß liegt in der Verletzung der Verkehrssicherungspflicht. ee) Der N hat fahrlässig gehandelt. c) Der N hat allerdings einen (hier nicht gefragten!) Freistellungsanspruch gegen die I. 3) Ansprüche des E gegen die I a) aus § 831 Abs. 1 S. 1 BGB scheitern am „dezentralisierten Entlastungsbeweis": Bei Großbetrieben muss die Auswahl und Überwachung und Instruktion sowie ggf. die Beschaffung von Vorrichtungen und Geräten oder der Leitung einer Verrichtung nicht vom Inhaber oder bei Aktiengesellschaften nicht vom Vorstand oder bei einer GmbH nicht vom Geschäftsführer oder bei Personalgesellschaften nicht vom geschäftsführenden Gesellschafter geleistet werden. Es reicht vielmehr aus, wenn sie dies anderen sorgfältig ausgewählten, angeleiteten und überwachten Angestellten übertragen. b) In Betracht kommt aber ein Anspruch aus §§ 823 Abs. 1, 31 BGB: aa) Der N wird als „verfassungsmäßiger Vertreter" i. S. d. § 31 BGB der I angesehen, so dass bb) ein Delikt der I zugerechnet wird. c) Man kann aber auch einen Anspruch aus § 823 Abs. 1 BGB wegen der Nichtbestellung eines für die Feuersicherheit zuständigen Vorstandsmitglieds (also eines Organs oder „verfassungsmäßigen Vertreters") einen Organisationsmangel annehmen, der wegen einer bestehenden „Organisationspflicht" zu einer Schadensersatzpflicht aus § 823 Abs. 1 BGB führt.

## V. Schaden

Insoweit wird auf A VI und auf Teil 9 verwiesen.

## VI. Vergleich von § 278 BGB und § 831 BGB

Es gehört zur „Tradition" der didaktischen Literatur, im Rahmen der Darstellung des § 831 BGB oder der des § 278 BGB die „Erfüllungsgehilfenhaftung" aus § 278 BGB und die „Verrichtungsgehilfenhaftung" aus § 831 BGB mit einander zu vergleichen. Wenn dieser Vergleich (der deswegen „hinkt", weil es um „Äpfel und Birnen" geht, die hier verglichen werden) auch hier vorgenommen wird, ist dies eine Konzession an die ebenfalls „traditionelle" Verwechslung dieser beiden Normen durch so manchen Studierenden bzw. die Angst vor einer solchen Verwechslung. Es ist zu bezweifeln, dass man dieses Risiko durch eine Gegenüberstellung minimiert. Im Gegenteil: Es spricht manches dafür, dass man es dadurch erhöht, indem man beide Normen überhaupt „in einem Atemzuge" nennt und sie miteinander „vergleicht". Man kann die Verwirrung nur noch steigern, indem man auch noch den § 31 BGB in die Gegenüberstellung einbezieht. Auch hier soll mit der Tradition nicht gebrochen werden:

**1. § 278 BGB**
- **a)** ist keine Anspruchsgrundlage,
- **b)** sondern eine Zurechnungsnorm
  - **aa)** durch die das Verhalten und das Verschulden eines anderen,
  - **bb)** der im Rahmen eines bestehenden Schuldverhältnisses (vertraglich/gesetzlich)
  - **cc)** für den Schuldner tätig wird, und zwar
  - **dd)** als dessen gesetzlicher Vertreter
  - **ee)** oder als dessen Erfüllungsgehilfe (= mit dessen Wissen und Wollen) für den Schuldner,
  - **ff)** dem Schuldner zugerechnet wird, ohne dass dieser sich für den anderen „entlasten" kann.

**2. § 831 BGB**
- **a)** ist keine Zurechnungsnorm,
- **b)** sondern eine selbstständige Anspruchsgrundlage
  - **aa)** mit einer Haftung für eigenes vermutetes Verschulden,
  - **bb)** ohne dass ein Schuldverhältnis bestehen muss,
  - **cc)** beim Handeln einer weisungsabhängigen Person,
  - **dd)** die rechtswidrig und (str.) schuldhaft einen Deliktstatbestand verwirklicht,
  - **dd)** mit Entlastungsmöglichkeit.

**3. § 31 BGB**
- **a)** ist keine Anspruchsgrundlage,
- **b)** sondern eine Zurechnungsnorm, durch die juristischen Personen und rechtsfähigen Gesellschaften zum Schadensersatz verpflichtende Handlungen ihrer Organe und verfassungsmäßig berufener Vertreter/geschäftsführender Gesellschafter zugerechnet werden, ohne dass ein Schuldverhältnis zu bestehen braucht.

## F. Sonstige Haftung für „vermutetes Verschulden"

Die Schadensersatzpflicht aus § 831 BGB war ein, und zwar der für Sie bedeutsamste, Fall einer Haftung für vermutetes Verschulden des Geschäftsherrn. Im Deliktsrecht des BGB gibt es noch weitere Fälle einer solchen Haftung, die hier nur am Rande erwähnt werden sollen: Es haften sowohl der **Aufsichtspflichtige** über **andere Personen** (§ 832 BGB); und der **Halter** eines **Nutztieres** nach § 833 S. 2 BGB und der **Tieraufseher** nach § 834 BGB; der **Grundstücksbesitzer** nach § 836 BGB und der **Gebäudebesitzer** nach § 837 BGB und der **Gebäudeunterhaltspflichtige** nach § 838 BGB für vermutetes eigenes Verschulden.

Wenn überhaupt, ist für Sie bedeutsam die **Tierhalterhaftung** aus **§ 833 BGB**: Der Halter eines Nutztieres schuldet Schadensersatz nur bei der Verwirklichung einer „spezifischen Tiergefahr" (arge. „Wird durch ein Tier ein Mensch ..."). Ob dies auch bei **„freiwilliger Selbstgefährdung"** gilt (ein Hund wird zu Bewachungszwecken ausgeliehen und beißt den Entleiher) ist fraglich.

## G. Gefährdungshaftung

Die bisher erörterte deliktische Haftung betraf ausschließlich die Frage, inwieweit man für rechtswidriges und schuldhaftes Verhalten einzustehen hat. Das Gesetz kennt aber auch die Schadensersatzhaftung für rechtmäßiges, aber mit besonderen Gefahren verbundenes Verhalten **(„Gefährdungshaftung")**.

Eine solche **„Gefährdungshaftung"** beruht auf dem **Grundgedanken**, dass die Betreiber gefährlicher Anlagen oder sich erlaubt gefährlich betätigende Personen (z. B. Halter von Kraftfahrzeugen, die mit dem Auto herumfahren) hieraus nicht nur die jeweiligen Vorteile ziehen dürfen, sondern auch die sich daraus ergebenden Risiken tragen müssen. Kompensiert werden kann die Gefährdungshaftung durch den Abschluss einer Versicherung, zuweilen muss eine solche Versicherung sogar abgeschlossen werden.

Zu eventuellen Ansprüchen aus **unerlaubter Handlung** aufgrund desselben Dachverhalts besteht **Anspruchskonkurrenz**.

### I. Gefährdungshaftung im BGB

Im Deliktsrecht des BGB gibt es die Anordnung einer Gefährdungshaftung, die allerdings für Sie weniger bedeutsam ist, so dass er nur am Rande erwähnt werden soll: Der **Halter** eines **„Luxustieres"** (Reitpferd eines Städters, Schoßhund) haftet aus Gefährdungshaftung **(§ 833 S. 1 BGB)**, aber – wie gesagt – nur bei der Realisierung einer spezifischen Tiergefahr! Auch den bereits besprochenen **§ 829 BGB** kann man hier einordnen (Canaris).

### II. Gefährdungshaftung nach dem StVG

Der für Sie bedeutsamste Fall einer Gefährdungshaftung ist die in **§ 7 StVG** angeordnete Haftung.

#### 1. Halterhaftung

In erster Linie geht es um die Haftung des **Halters** eines **Kfz** oder **Anhängers**, es sei denn das Kraftfahrzeug oder der Anhänger können auf ebener Bahn mit keiner höheren Geschwindigkeit als 20 Kilometer in der Stunde fahren (§ 8 Ziff. 1 StVG).

Die Haftung besteht gegenüber einem **„Verletzten"**, der einen Personenschaden (Tötung, Körperverletzung, Gesundheitsbeschädigung) oder Sachschaden erlitten hat. Dieser kann ein Dritter, aber auch ein Insasse sein (§ 8a StVG), nicht aber eine bei dem Betrieb tätig gewesene (§ 8 Ziff. 2 StVG) Person.

Der ersatzpflichtige „**Halter**" eines Kraftfahrzeuges oder Anhängers ist ungeachtet der Eigentümerstellung oder der Zulassung des Kraftfahrzeugs auf eine bestimmte Person derjenige, der die **tatsächliche Herrschaftsgewalt** über das Fahrzeug besitzt (unmittelbarer/mittelbarer Besitz) und der es nicht nur vorübergehend **für eigene Rechnung gebraucht**. Beim Leasing z. B. ist Halter daher Leasingnehmer und nicht der Leasinggeber. Die Haltereigenschaft endet erst, wenn die tatsächliche Verfügungsgewalt dauernd endet. Der Schaden, den der Verletzte erlitten hat, muss **bei** dem **Betrieb** entstanden sein. In Betrieb ist es, wenn es sich im öffentlichen Verkehrsbereich bewegt oder in einer den Verkehr beeinflussenden Weise ruht. Der Betrieb endet erst mit der „Betriebsruhe", die bei verkehrssicherem Abstellen eintritt. Die Verletzung muss bei dem Betrieb eintreten, was besagt, dass zwischen dem Betrieb des Kraftfahrzeugs und der Verletzung ein zeitlicher und örtlicher Zurechnungszusammenhang bestehen muss. Dieser setzt eine äquivalente und adäquat kausale Herbeiführung des Schadens voraus, die Ausdruck von betriebsspezifischen Gefahren eines Kraftfahrzeugs ist.

Ausgeschlossen ist die Haftung bei **„höherer Gewalt"** (§ 7 Abs. 2 StVG). Hierbei muss es sich handeln um ein „betriebsfremdes, von außen durch elementare Naturkräfte oder durch Handlungen dritter Personen herbeigeführtes Ereignis, das nach menschlicher Einsicht und Erfahrung unvorhersehbar ist, das mit wirtschaftlich erträglichen Mitteln auch durch äußerste, nach Sachlage vernünftigerweise zu erwartende Sorgfalt nicht verhütet oder unschädlich gemacht werden kann und das auch nicht wegen seiner Häufigkeit vom Betriebsunternehmer in Kauf zu nehmen ist" (BGH). Wenn zum *Beispiel* Steine von einer Autobahnbrücke geworfen werden und ein Ausweichmanöver zu einem Unfall führt, liegt höhere Gewalt vor, während zum *Beispiel* ein Ausweichmanöver, weil ein Kind plötzlich zwischen abgestellten Autos auf die Straße läuft keine höhere Gewalt ist. Bei **Gefälligkeitsfahrten** ist eine konkludente Haftungsbeschränkung auf Vorsatz und grobe Fahrlässigkeit denkbar. **Vertraglich ausgeschlossen** werden kann die Haftung nur in den Grenzen des § 276 Abs. 3 BGB und § 8a StVG (kein Haftungsausschluss bei entgeltlicher, geschäftsmäßiger Personenbeförderung). Der Anspruch ergibt sich aus den §§ 249 ff BGB.

Bei einem **Mitverschulden** wird §§ 9 StVG i. V. m. § 254 BGB entsprechend angewendet (§ 9 StVG), wenn der Geschädigte ein nicht motorisierter Verkehrsteilnehmer ist, oder § 17 Abs. 1, 2 StVG, wenn der Geschädigte Kfz-Halter ist, und §§ 18 Abs. 3, 17 StVG, wenn der Geschädigte Fahrzeugführer ist. Wenn **mehrere Kfz-Halter** einen Dritten, der nicht motorisierter Verkehrsteilnehmer ist, schädigen, sind sie nach § 17 Abs. 1 StVG Gesamtschuldner, die im Innverhältnis nach § 426 Abs. 1 BGB nach dem Verursacheranteil haften und bei mehreren einander verpflichteten Kfz-Haltern gilt für den internen Ausgleich § 17 Abs. 1 StVG entsprechend. Die Mitverursachungsbeiträge sind die Betriebsgefahr ihrer jeweiligen Fahrzeuge und das mitwirkende Verschulden, das nach § 17 Abs. 3 StVG nur dann unberücksichtigt bleibt, wenn der Unfall im Verhältnis zu anderen Kfz-Haltern und zu Fahrern deshalb ein **„unabwendbares Ereignis"** war, weil der Unfall weder auf einem Fehler in der Beschaffenheit des Fahrzeugs noch auf einem Versagen seiner Vorrichtungen beruht und durch äußerste Sorgfalt nicht abgewendet werden kann

(„Idealfahrer", den es praktisch nicht gibt; schon die Überschreitung der Richtgeschwindigkeit auf Autobahnen reicht aus, um eine „Abwendbarkeit" des Unfalls anzunehmen).

Der **Umfang des Schadensersatzes** ist begrenzt (§ 11 ff. StVG). **Schadensersatzgläubiger** können außer dem **Verletzten** und auch **Dritte** sein (§ 10 StVG). Ein **Schmerzensgeld** gibt es aus § 11 S. 2 StVG, § 253 BGB.

Kompensiert wird die Haftung durch eine **(Pflicht) Haftpflichtversicherung** des Halters, die systemwidrig nach § 115 VVG vom Geschädigten unmittelbar in Anspruch genommen werden kann („action directe"). Selbstverständlich ist, dass zwischen dem Anspruch aus § 7 StVG und den Ansprüchen aus §§ 280 und 823 ff. BGB **Anspruchskonkurrenz** besteht. Dieser „kondensierte" Überblick sollte ausreichen, damit Sie sich jedenfalls ein Bild von dieser für Praxis hochwichtigen Materie machen können.

### 2. Führer- und Schwarzfahrerhaftung

In den Fällen des § 7 Abs. 1 StVG ist auch der **Führer** des **Kraftfahrzeugs** oder des Anhängers zum Ersatz des Schadens nach den Vorschriften der §§ 8 bis 15 StVG verpflichtet, wobei die Ersatzpflicht ausgeschlossen ist, wenn der Schaden nicht durch ein Verschulden des Führers verursacht ist (§ 18 Abs. 1 StVG).

Im Fall der **„Schwarzfahrt"** haftet der Schwarzfahrer anstelle des Halters. Der Halter haftet daneben, dies aber nur, wenn er die „Schwarzfahrt" **schuldhaft** ermöglicht hat (§ 7 Abs. 3 S. 1 StVG), wozu ausreicht, das er das Fahrzeug nicht gegen Entwendung gesichert hat (§ 14 Abs. 2 S. 2 StVO).

## III. Haftung nach dem Produkthaftungsgesetz (ProdHaftG)

Auch schon in der Ausbildung werden häufig Grundkenntnisse über die Haftung nach dem **Produkthaftungsgesetz** (ProdHaftG) verlangt. Hiernach **haftet** der **Hersteller** von **Produkten** nach **§ 15 Abs. 2 ProdHaftG** für **Verletzungen bestimmter Rechtsgüter** und **Rechte** und **daraus entstehende Schäden** bei **Verwendern des Produkts**, ohne dass es auf ein Verschulden ankommt. Diese Haftung besteht neben einer Haftung aus **§ 823 BGB**, also neben der bereits dargestellten deliktischen sog. „Produzentenhaftung"

- Nach § 1 Abs. 1 ProdHaftG müssen bestimmte **Rechtsgüter** und **Rechte verletzt** worden sein, nämlich entweder Leben, Körper, Gesundheit oder das Eigentum an einer anderen Sache als dem Produkt selbst, wenn diese andere Sache für den privaten Ge- oder Verbrauch bestimmt war und hierzu von dem Geschädigten hauptsächlich verwendet worden ist. Kleine Testfrage: Werden „Weiterfresserschäden" auch ersetzt? Natürlich nicht, denn verletzt worden sein muss eine andere Sache als das Produkt selbst!
- Vorliegen muss ein **Produktfehler**. Dazu muss ein Produkt hergestellt worden sein (nach § 2 ProdHaftG eine industriell oder handwerklich hergestellte bewegliche Sache, gleich welchen Aggregatzustandes, und Elektrizität), das deswegen fehlerhaft ist, weil es aufgrund seiner Konstruktion oder Herstellung nicht die zu erwartende Sicherheit für die geschützten Rechtspositionen bietet (§ 3 Abs. 1 ProdHaftG).

- Der **Hersteller** ist derjenige, der als Unternehmer das **Endprodukt**, ein **Teilprodukt** oder einen **Grundstoff** hierzu **hergestellt** hat (§ 4 Abs. 1 ProdHaftG); gleichgestellt und in **die Haftung einbezogen** werden auch **„Quasi"-Hersteller**, die ihren Namen oder ihre Marke auf dem Produkt anbringen (§ 4 Abs. 1 S. 2 ProdHaftG), Importeure (§ 4 Abs. 2 ProdHaftG) und sogar die Lieferanten, wenn weder Hersteller, „Quasi"-Hersteller noch Importeure auffindbar sind (§ 4 Abs. 3 ProdHaftG).
- Der Produktfehler muss (nur!!) **äquivalent kausal** für die Verletzung gewesen sein, also nicht auch „adäquat kausal" gewesen sein.
- Die **Haftung** ist **ausgeschlossen**, wenn der Hersteller beweisen kann, dass das **Produkt nicht (willentlich) in** den **Verkehr gebracht** wurde (z. B. Diebstahl eines Prototypen), wenn die Fehlerhaftigkeit nach dem Inverkehrbringen entstand, wenn die Herstellung oder der Vertrieb nicht gewerblich erfolgte, wenn das Produkt zwingenden Rechtsvorschriften entsprach und der Fehler darauf beruht und – anders als bei § 823 Abs. 1 BGB – wenn der Fehler zum Zeitpunkt des Inverkehrbringens nach dem Stand von Wissenschaft und Technik unerkennbar war (§§ 1 Abs. 2, Nr. 5 ProdHaftG).

Die **Folge** ist ein Schadensersatzanspruch nach den §§ 249 ff. BGB, 842 ff. BGB (§§ 6 ff. ProdHaftG).

## IV. Schaden

Die Gefährdungshaftungsansprüche setzen voraus, dass dem Anspruchsberechtigten ein ersatzfähiger Schaden entstanden ist. Auch insoweit wird auf die Ausführungen zu § 823 Abs. 1 BGB und auf Teil 9 verwiesen. Aber: anders als bei § 823 Abs. 1 BGB gibt es bei Sachschäden es einen Selbstbehalt (§ 11 ProdHaftG) und bei Personenschäden aus demselben Fehler eine summenmäßige Beschränkung (§ 10 ProdHaftG)

Die Frage ist, welche Bedeutung demgegenüber ein Anspruch **aus § 823 Abs. 1 BGB** wegen einer **Produzentenhaftung** hat, die wir oben unter Überwindung von allerlei dogmatischen Skrupeln befürwortet haben. Sind hier nicht durch einen „durch einen Federstrich des Gesetzgebers" – das ProdHaftG gilt seit dem 1. Januar 1990– „ganze Bibliotheken zu Makulatur geworden"? (Hierbei handelt es sich um eine Anspielung auf das jedem Juristen bekannt sein müssenden Zitat „Drei berichtigende Worte des Gesetzgebers und ganze Bibliotheken werden zu Makulatur" aus der Schrift: „Die Werthlosigkeit der Jurisprudenz als Wissenschaft" von Julius von Kirchmann, 1847). Medicus verneint dies ausdrücklich – übrigens unter Bezugnahme auf Kirchmanns Formulierung – mit dem Hinweis auf die oben hervorgehobenen verschlechternden Abweichungen des ProdHaftG gegenüber einer Haftung aus § 823 Abs. 1 BGB, bei dem weiterhin das „Schwergewicht" liegen wird.

## H. Haftungsausschlüsse

Neben den

- sich – das ist eine Auslegungsfrage – auch auf das Deliktsrecht erstreckenden **vereinbarten Haftungsausschlüssen** bzw. **-begrenzungen** (Schranke § 276 Abs. 3 BGB!) oder sonstigen Ihnen bekanntgemachten und hier nicht aufgelisteten **gesetzlichen Haftungsgrenzen** (als einziges Beispiel sei genannt: § 680 BGB)
- ist als besonders wichtig die durch **§ 104 SGB VII** (bis zum 1.1.1997: in § 636 RVO) geregelte eingeschränkte Unternehmerhaftung zu beachten: Deliktische (und auch vertragliche aus § 280 BGB) Ansprüche der gesetzlich Unfallversicherten gegen den Unternehmer und unter Arbeitnehmern bestehen bei durch Unfällen herbeigeführten Personenschäden nur bei Vorsatz und bei „Teilnahme am allgemeinen Verkehr" sowie auf bestimmten Betriebswegen. Kompensiert wird diese Freistellung des Unternehmers durch die Leistungen aus der gesetzlichen Unfallversicherung; der Versicherungsträger kann nach § 110 SGB VII Regress nehmen. Was ist der Sinn dessen? Im Vordergrund steht die Erhaltung des Betriebsfriedens.

## I. Gesamtschuldnerische Haftung (§ 840 BGB)

Gedacht hatte der Gesetzgeber bei der Schaffung des § 840 BGB ursprünglich an die nach § 830 BGB deliktisch Verantwortlichen, also an die **Mittäter**, die **Gehilfen**, die **Anstifter** und die **„Beteiligten"** sowie an die Fälle, in denen mehrere nebeneinander, also als **Nebentäter**, für den aus einer unerlaubten Handlung entstehenden Schaden verantwortlich sind. Sie alle haften nach **§ 840 Abs. 1 BGB** als Gesamtschuldner (§§ 421 ff. BGB).

Weil aber mit der Regelung des § 840 Abs. 1 BGB eigentlich nur Selbstverständliches gesagt wird, kann sich die Regelung nicht hierauf beschränken. Deshalb wendet man sie auch (über den Wortlaut des § 840 Abs. 1 BGB hinausgehend) an, wenn die **Haftung des/der anderen Schadensersatzpflichtigen** sich nicht aus Delikt, sondern z. B. aus einer Pflichtverletzung nach den **§§ 280 ff. BGB** oder aus **Gefährdungshaftung** ergibt.

## J. Schmerzensgeldanspruch (§ 253 BGB)

Bereits im Leistungsstörungsrecht haben Sie gelernt, dass als Rechtsfolge von Pflichtverletzungen aus §§ 280 ff. BGB neben dem stets zu ersetzenden **Vermögensschaden** unter bestimmten Voraussetzungen – bei Verletzungen der Rechtsgüter Körper, Gesundheit, Freiheit und der sexuellen Selbstbestimmung – nach **§ 253 Abs. 2 BGB** ein auf Ausgleich eines immateriellen Schadens und zum Zwecke der Genugtuung eine billige Entschädigung in Geld **(„Schmerzensgeld")** verlangt werden kann. Gleiches gilt auch (und gerade) für den Anspruchsberechtigten aus den **§§ 823 ff., 249 ff. BGB** und aus den **Gefährdungshaftungstatbeständen** außerhalb des BGB. Wer **„rechtshistorisch"** interessiert ist: Bis zum 31. Juli 2002 gab es nach § 847 BGB a. F. i. V. m. § 253 BGB a. F. Schmerzensgeld nur bei deliktischen Verletzungen, und zwar auch nur für bestimmte Verletzungen, nämlich denen „des Körpers oder der Gesundheit sowie im Falle der Freiheitsentziehung" und außerdem, wenn gegen eine „Frauensperson" ein „Verbrechen oder Vergehen wider die Sittlichkeit begangen oder sie die durch Hinterlist, durch Drohung oder unter Mißbrauch eines Abhängigkeitsverhältnisses zur Gestattung der außerehelichen Beiwohnung bestimmt" wurde. Wenn Sie also mit älterer Literatur (die äußerst lesenswert und lehrreich sein kann) und Rechtsprechung arbeiten, dürfen Sie sich nicht wundern, warum es seinerzeit wichtig war festzustellen, ob es neben einem Schadensersatzanspruch aus einem Rechtsgeschäft auch einen deliktischen Schadensersatzanspruch gibt. Außerdem gab es bis zum Jahre 1998 aus § 1300 BGB a. F. einen schmerzensgeldähnlichen Anspruch auf „Kranzgeld". Was es damit auf sich hatte, erforschen bitte selbst.

# Teil 8. Ungerechtfertigte Bereicherung („Bereicherungsrecht")

## A. Allgemeine Grundsätze

### I. Funktionen des Bereicherungsrechts

Den ganz jungen Juristen dürfte die Terminologie in der Überschrift verwirren. Daher beginnen wir mit einer Klarstellung: Der Titel 26 des Buches 2 des BGB ist korrekterweise mit „Ungerechtfertigte Bereicherung" überschrieben. Der Juristenjargon hat diesen Begriff durch die übliche Kurzformel „Bereicherungsrecht" für einen Sprachpuristen inhaltlich geradezu in ihr Gegenteil verwandelt. Damit müssen Sie fortan leben.

Die **„Zentralnorm"** des Bereicherungsrechts **§ 812 Abs. 1S. 1 BGB**, in der es heißt: „Wer **(etwas)** durch die **Leistung** eines anderen **oder** in **sonstiger Weise** auf **dessen Kosten** (...) **ohne rechtlichen Grund** erlangt, ist ihm zur **Herausgabe** verpflichtet", zeigt die beiden **Funktionen** des **Bereicherungsrechts** für das Zivilrecht.

Die **eine Funktion** dieser Norm ist Ihnen schon seit dem ersten Semester bekannt. Erinnern Sie sich noch? Kaum hatten Sie die Geheimnisse des „Trennungsprinzips" und des darauf aufbauenden „Abstraktionsprinzips" durchschaut, war Ihnen deutlich geworden, dass das „Abstraktionsprinzip" offenbar eine grobe Unbilligkeit zur Folge hat: Der Käufer K, dem in Erfüllung eines zum *Beispiel* wegen eines versteckten Dissenses über den Kaufpreis nur vermeintlich wirksamen Kaufvertrages vom Verkäufer V ein Auto übereignet und übergeben worden ist, wird trotz mangelnden Kaufvertrags dessen Eigentümer und Besitzer und bleibt es zunächst auch. Das gleiche gilt für einen eventuell in bar gezahlten Kaufpreis: Der Verkäufer V wird Eigentümer des Geldes. Erfahren haben Sie damals, dass dieses unverdiente Glück nicht von Dauer ist, denn der Verkäufer V kann nach § 812 Abs. 1S. 1 Var. 1 BGB („Leistungskondiktion") die Rückübereignung und die Rückgabe des Autos an sich verlangen und der Käufer K auch Rückzahlung des Kaufpreises. Die **eine Aufgabe** des **Bereicherungsrechts** besteht also offen-



J. Plate, *Das gesamte examensrelevante Zivilrecht,* Springer-Lehrbuch,
DOI 10.1007/978-3-662-47320-7_8

bar darin, bei **Vermögensverschiebungen**, die **„durch Leistung ... ohne rechtlichen Grund"** erfolgt sind, einen „billigen Ausgleich" herbeizuführen, wobei das wichtigste Beispiel hierfür die bereicherungsrechtliche Korrektur der Folgen des „Abstraktionsprinzips" durch die „Leistungskondiktion" ist (§ 812 Abs. 1S. 1 Var. 1 BGB). Dass auch andere Fallkonstellationen, in denen der Zweck einer Leistung nicht eingetreten ist, zu Ansprüchen wegen „Leistungskondiktion" führt, werden Sie in binnen Kurzem erfahren.

Weniger gut bekannt dürfte den Anfängern unter Ihnen die **weitere Funktion** des Bereicherungsrechts sein: Korrigiert werden sollen durch die §§ 812 ff. BGB auch solche **Vermögensverschiebungen**, die **„in sonstiger Weise ... ohne rechtlichen Grund"** erfolgt sind („Nichtleistungskondiktion", § 812 Abs. 1S. 1 Var. 2 BGB). Denken Sie sich zum *Beispiel* den Fall, dass ein Komponist K1 die Musik eines anderen Komponisten K2 „stiehlt" und dem gutgläubigen Musiker M als seine, des K1, Komposition zur Aufführung überlässt. Die Aufführung der Musik durch M ist ein auf Kosten des K2 erfolgender rechtsgrundloser (ein das Behaltendürfen des Vorteils regelnder „Verwertungsvertrag" zwischen M und K 2 ist nicht geschlossen) „Eingriff" des M in das dem K2 zustehende „absolute Recht" namens Urheberrecht, das diesem, weil er es zuvor keinem anderen zur Nutzung überlassen hatte, wirtschaftlich zugewiesen ist. Deshalb besteht ein Anspruch des K2 gegen M aus § 812 Abs. 1S. 1 Var. 2 BGB auf Herausgabe des Erlangten, und weil dies nicht möglich ist, auf Wertersatz (§ 818 Abs. 2 BGB). Ein Anspruch aus § 97 Abs. 2 UrhG, an den man auch hätte denken können, aufgrund dessen bei einer Urheberrechtsverletzung Schadensersatz verlangt werden kann, wobei (und das ist etwas besonderes!) dessen Höhe auch auf der Grundlage des Betrages berechnet werden kann, den der Verletzer, also der M, als angemessene Vergütung hätte entrichten müssen, wenn er die Erlaubnis zur Nutzung des verletzten Rechts eingeholt hätte, ist nicht einschlägig, weil diese Norm Vorsatz oder Fahrlässigkeit des M voraussetzt. Und ein auf Herausgabe des Erlangten gerichteter Anspruch des K 2 gegen M aus §§ 687 Abs. 2, 681S. 2, 667 BGB würde ebenfalls aus subjektiven Gründen nicht gegeben sein. Dass es außer der Ihnen soeben beispielhaft vorgeführten Eingriffskondiktion auch noch andere Fallgruppen der „Kondiktion in sonstiger Weise" bzw. der „Nichtleistungskondiktion" gibt, werden Sie sogleich erstmals erfahren.

Dieser erste Blick auf das Bereicherungsrecht und seine Funktionen hat Ihnen zugleich auch deutlich gemacht, dass es, was die **Rechtsfolge** angeht, im Bereicherungsrecht nicht um den Ausgleich von Vermögensnachteilen geht (das wäre „Schadensersatz"), sondern **nur** um den **Ausgleich** von **Vermögensvorteilen**. Auch wenn der Gläubiger eines Bereicherungsanspruchs häufig zugleich einen Vermögensnachteil erlitten haben dürfte – nötig ist dies nicht. Wenn also der Komponist K2 „seine Musik" nie zur Aufführung gebracht hätte, hat er gleichwohl den Anspruch aus § 812 Abs. 1S. 2 Var. 2, 818 Abs. 2 BGB gegen den K1.

Wir fassen zusammen und werden zugleich – dabei schon einmal einen Blick nach vorn riskierend – etwas konkreter:

1. Das **Bereicherungsrecht** dient dazu, beim Inanspruchgenommenen eingetretene **ungerechtfertigte Vorteile auszugleichen**, ohne dass es auf erlittene Nachteile des Anspruchstellers ankäme.
   Die Tatbestände der sog. **Leistungskondiktion** dienen dem Ausgleich bei ihren Zweck verfehlt habenden durch eine Leistung des Anspruchstellers an den Inanspruchgenommenen herbeigeführten Güterbewegungen (Anspruchsgrundlagen: §§ 812 Abs. 1S. 1 Var. 1, S. 2, 813, 817S. 1 BGB).
   Die Tatbestände der **„Nichtleistungskondiktion"** dienen zum einen dem **Güterschutz** („Eingriffskondiktion"; Anspruchsgrundlagen: § 812 Abs. 1S. 1 Var. 2 BGB und § 816 BGB) sowie § 822 BGB („Kettendurchgriffskondiktion") und zum anderen dem **Ausgleich nach freiwilligen Vermögensopfern** („Aufwendungen"), und zwar dem **Regress**, wenn diese Aufwendungen einer Person zugutekommen („Auslagen-" bzw. „Rückgriffskondiktion"; Anspruchsgrundlage: § 812 Abs. 1S. 1 Var. 2 BGB), dem **Ersatz von Verwendungen**, wenn die Aufwendungen einer Sache zugutekommen („Verwendungskondiktion"; Anspruchsgrundlage: § 812 Abs. 1S. 1 Var. 2 BGB).
2. Im Gegensatz dazu hat das **Schadensersatzrecht** die Aufgabe, bei dem Anspruchsteller entstandene **Nachteile auszugleichen**, ohne dass es auf dazu bei dem Inanspruchgenommenen entstandene korrespondierende Vorteile ankäme.

Das war in der Tat sehr komprimiert, und es wurden Normen (die Sie hoffentlich alle gelesen haben!!) zitiert, von denen viele von Ihnen noch nie im Leben auch nur gehört haben. Aber keine Sorge: Sie haben es als Leser dieses Buches ja schon mehrfach erlebt, dass Sie erst einmal „ins kalte Wasser geworfen werden". Sie wissen aber auch, dass Sie dann nicht im Stich gelassen werden, sondern dass Sie alles, was zunächst neu und schwer verständlich schien, im Folgenden Schritt für Schritt begreifen und erlernen werden. Um Ihnen einen ersten konkreten Einblick zu verschaffen, soll diese sehr gedrängt formulierte Einführung in das Bereicherungsrecht durch einige **Beispielsfälle**, in denen sämtliche Anspruchsgrundlagen der §§ 812 ff. BGB auftauchen, „illustriert" werden. Wenn Sie diese Fälle intensiv (lassen Sie sich notfalls stundenlang Zeit, lesen Sie jeden Paragraphen durch – alles ist wichtig! – und machen Sie sich zu jedem Fall eine sinnvolle Skizze) durcharbeiten, sind Sie bestens vorbereitet auf das, was an Schwierigem auf Sie zukommt.

**Fall 741**

Der V verkauft dem K eine Sache. Der K zahlt den Kaufpreis in bar noch bevor der V die Sache an den K übereignet und übergeben hat: Er „leistet" also „vor". Der Kaufvertrag ist jedoch wegen eines weder dem V noch dem K aufgefallenen Dissenses nicht zustande gekommen. Der K verlangt das Geld zurück. Der V hat das Geld inzwischen zur Hälfte für eine erforderliche Anschaffung ausgegeben und zur anderen Hälfte für einen Luxusurlaub, den er sich sonst nie geleistet hätte.

Der Anspruch ergibt sich aus § 812 Abs. 1S. 1 Var. 1 BGB. a) Der Inanspruchgenommene (V) hat an dem Geld – Bargeld ist eine Sache – nicht nur den Besitz, sondern trotz des nicht bestehenden Kaufvertrages („Abstraktionsprinzip") nach § 929S. 1 BGB auch das Eigentum daran erworben und damit „etwas" erlangt, b) und zwar durch „bewusste und zweckgerichtete", nämlich zur Erfüllung des anscheinend bestehenden Kaufvertrages, „Mehrung fremden Vermögens", also durch eine „Leistung" des Anspruchstellers (K) an den Inanspruchgenommenen (V), c) und dies wegen der Unwirksamkeit des Kaufvertrages auch „ohne Rechtsgrund". d) Als Rechtsfolge ist der V aa) zur Rückübereignung und zur Rückübertragung des Besitzes am Geld („Herausgabe") verpflichtet. bb) Da der V „zur Herausgabe außerstande ist", muss er „den Wert ersetzen" (§ 818 Abs. 2 BGB). cc) Entreichert i. S. d. § 818 Abs. 3 BGB ist der V nicht, aaa) soweit mit dem Geld erforderliche Anschaffung tätigt wurde, die ja zu einem korrespondierenden einen Vermögensvorteil geführt hat, bbb) wohl aber) in Höhe der Ausgaben für den Luxusurlaub (u. U. abzüglich inbegriffener (z. B. beim „all inclusive"- Urlaub) Lebensunterhaltungskosten). dd) Soweit eine Entreicherung gegeben ist, wäre diese allerdings unbeachtlich in den Konstellationen der §§ 818 Abs. 4 BGB und § 819 BGB, die allerdings nicht gegeben sind.

**Fall 742**

Der V verkauft dem K eine bewegliche Sache unter einer auflösenden Bedingung. Der K zahlt den Kaufpreis. Die auflösende Bedingung tritt ein. Der K verlangt Rückzahlung des Kaufpreises.

Der Anspruch ergibt sich a) aus § 812 Abs. 1S. 2 Var. 1 BGB. b) Es gibt aber auch die Ansicht, die hier einen konkludent geschlossenen Rückgewährvertrag annimmt, der den V zur Rückzahlung verpflichten würde, was den Vorteil hätte, dass der für K gefährliche § 818 Abs. 3 BGB keine Anwendung findet,.

**Fall 743**

Der S will bei dem G ein Darlehen über € 10.000,– aufnehmen. Der G macht den Abschluss des Vertrages davon abhängig, dass der S ihm vorab einen „Schuldschein", mit dem er den Empfang von € 10.000,– bestätigt und in dem er sich zur Rückzahlung verpflichtet, aushändigt. Der S kommt dem Wunsch des G nach. Der Vertrag wird gleichwohl nicht geschlossen. Der S verlangt nunmehr den Schuldschein zurück.

Der Anspruch ergibt sich a) aus § 812 Abs. 1S. 2 Var. 2 („Leistungskondiktion") BGB. b) Auch hier könnte man an einen konkludent geschlossenen Rückgewährvertrag denken.

**Fall 744**

Der S schuldet dem G Zahlung von € 10.000,– aus einem Darlehensvertrag. Obwohl die Verjährungsfrist abgelaufen ist, zahlt der S, dem der Ablauf der Verjährungsfrist nicht bekannt war, die Darlehensvaluta an den G zurück. Als der S feststellt, dass er die Einrede der Verjährung hätte erheben können, verlangt er Rückzahlung von dem G.

Der Anspruch könnte sich aus § 813 BGB ergeben. a) Der S hat zum Zwecke der Erfüllung einer Verbindlichkeit aus § 488 Abs. 1S. 2 BGB geleistet. b) Dem Anspruch des G gegen S stand die dauernde Einrede der Verjährung entgegen (§ 214 Abs. 1 BGB). c) Gleichwohl steht dem S kein Anspruch aus § 813 BGB zu, weil nach § 813 Abs. 1S. 2 BGB die Vorschrift des § 214 Abs. 2 BGB unberührt bleibt.

**Fall 745**

Der G. Raff (G) zahlt dem Entführer P. Urgo (P) seines Dackels „Poldi" das von diesem verlangte Lösegeld in Höhe von € 1000,–. Als der P gefasst wird, verlangt der G das bar gezahlte Geld zurück. Der P hat das Geld bereits für eine Luxusreise, die er sonst nicht angetreten hätte, ausgegeben.

Der Anspruch des G gegen den P ergibt sich a) aus § 817S. 1 BGB: aa) Der Inanspruchgenommene P hat „etwas" (das Eigentum und den Besitz am Geld) erlangt, bb) und zwar durch Leistung des Anspruchstellers G an den Inanspruchgenommenen P. cc) Wegen des Zwecks der Leistung (Freikauf eines entführten Dackels) hat der Empfänger P gegen die guten Sitten verstoßen. dd) Dem Anspruch steht nicht § 817S. 2 BGB entgegen, weil der G nicht sittenwidrig gehandelt hat. ee) Der Anspruch ist auf Wertersatz gerichtet (§ 818 Abs. 2 BGB). ff) Der P aaa) ist zwar (u. U. abzüglich inbegriffener (z. B. beim „all inclusive"-Urlaub) Lebensunterhaltungskosten) entreichert, bbb) aber er kann sich darauf nicht berufen (§§ 819, 818 Abs. 4 BGB) b) Ferner hat der G einen Schadensersatzanspruch aus § 823 Abs. 2 BGB i. V. m. § 253 StGB, 249 ff. BGB.

**Fall 746**

Der E verleiht eine bewegliche Sache an den L. Dieser unterschlägt sie, indem er sie an den K, der den L für den Eigentümer hält, verkauft und nach Erhalt des Kaufpreises übereignet und übergibt. E verlangt von L Herausgabe des Kaufpreises.

Der Anspruch 1. könnte sich aus §§ 598, 604, 275 Abs. 4, 285 BGB ergeben, was man mit guten Gründen verneinen kann, weil wegen des Trennungsprinzips die Unmöglichkeit der Herausgabe auf § 932 BGB beruht und der von L erzielte Erlös aus dem Kaufvertrag mit K herrührt, so dass das Surrogat nicht auf dem Umstand beruht, der die Unmöglichkeit herbeigeführt hat. Überwiegend (u. a. BGH) wird dies jedoch bejaht, indem man die wirtschaftliche Einheit von Übereignung und Kaufvertrag als ursächlich für das Surrogat ansieht. 2. Ferner ergibt sich der Anspruch aus §§ 687 Abs. 2, 681S. 2, 667 BGB und 3. schließlich aus § 816 Abs. 1S. 1 BGB: a) Der Nichteigentümer L hat bei der Übereignung an den K als Nichtberechtigter verfügt, b) die Verfügung war gegenüber dem Eigentümer E wirksam (§§ 929S. 1, 932 Abs. 1S. 1, Abs. 2 BGB; § 935 BGB liegt nicht vor). Also muss der L das hierdurch Erlangte, den Kaufpreis, an den Berechtigten, den E, herausgeben.

**Variante**

Der L hat die Sache an den K, der den L für den Eigentümer gehalten hat, verschenkt und übereignet und übergeben. Der E verlangt von dem K die Übereignung und die Herausgabe der Sache an sich.

1. Ein Herausgabeanspruch aus § 985 BGB scheitert daran, dass der K Eigentum erlangt hat (§§ 929S. 1, 932 Abs. 1S. 1, Abs. 2 BGB; § 935 BGB liegt nicht vor). 2. Der E hat jedoch einen Anspruch auf Herausgabe des Erlangten aus § 816 Abs. 1S. 2 BGB gegen den K. Das bedeutet, dass der K die Sache an den E übereignen und herausgeben muss.

**Variante**

Der im Hinblick auf das Eigentum des L gutgläubige und auch später nicht bösgläubig gewordene K verschenkt und übergibt und übereignet die Sache weiter an den D. Der E verlangt Herausgabe von D.

Der Anspruch ergibt sich aus § 822 BGB. a) Der K ist Bereicherungsschuldner aus § 816 Abs. 1S. 2 BGB. b) Durch die unentgeltliche Zuwendung an den D c) ist der gegen ihn bestehende Bereicherungsanspruch ausgeschlossen (§ 818 Abs. 3 BGB; §§ 819, 818 Abs. 4 BGB liegen nicht vor). Also ist D zur Herausgabe verpflichtet, wie wenn er die Zuwendung von E ohne rechtlichen Grund erhalten hätte.

**Fall 747**

Der G1 = V hat eine Forderung auf Kaufpreiszahlung gegen den K. Er tritt sie „still“, also ohne Wissen des K, an den G2 ab (§ 398 BGB). Bei Fälligkeit zahlt der K an G1 = V, den er weiterhin für seinen Gläubiger hält. Weil der K die Leistung an den G2 verweigert, verlangt der G2 Herausgabe des gezahlten Betrages von dem G1 = V.

Der Anspruch ergibt sich aus 1. §§ 687 Abs. 2, 681S. 2, 667 BGB und 2. aus § 816 Abs. 2 BGB. a) Der G1 = V war nach der Abtretung der Forderung an den G2 (§§ 433 Abs. 2, 398 BGB) Nichtberechtigter. b) Die Leistung des Schuldners K an G1 = V war dem Berechtigten G2 gegenüber wirksam (§ 407 BGB). Also muss der G1 = V das Erlangte herausgeben.

**Fall 748**

Die Kühe des Bauern B aus Eiderstedt durchbrechen den Zaun zu der dem Bauern A gehörigen Koppel (für die Leser in Süddeutschland: umzäunte „Weide“ oder „Wiese“) und weiden dort. Der A verlangt von dem B einen finanziellen Ausgleich.

Der Anspruch ergibt sich aus §§ 812 Abs. 1S. 1, Var. 2, 818 Abs. 2 BGB. a) Der B hat Futter für seine Kühe erspart, also einen vermögenswerten Vorteil (= „etwas“) erlangt, b) dies aa) aber nicht durch eine Leistung des A oder eines anderen, denn niemand hat das Vermögen des B bewusst und zweckgerichtet gemehrt, bb) sondern „in sonstiger Weise" und „auf Kosten" des A durch einen als „Eingriff" zu bezeichnenden Vorgang in das dem A zugewiesene Eigentum durch dessen Verbrauch und dies unmittelbar und d) „ohne Rechtsgrund". Denn die Rechtsgrundlosigkeit der Vermögensverschiebung ist durch den Eingriff indiziert, und ein besonderer Rechtsgrund für das Behaltendürfen besteht nicht. d) Zu leisten ist nach § 818 Abs. 2 BGB Wertersatz, weil das Erlangte nicht herausgegeben werden kann. E) Entreichert ist der B nicht, weil er das Futter für seine Kühe erspart hat.

**Fall 749**

Der Eigentümer E einer beweglichen Sache verkauft diese an den K1 unter Eigentumsvorbehalt für € 10.000,– und übergibt und übereignet die Sache aufschiebend bedingt durch die vollständige Bezahlung des Kaufpreises (§§ 929S. 1, 158 Abs. 1 BGB). Der K1 verkauft und überträgt durch Einigung und Übergabe sein Anwartschaftsrecht an den K2. Als der K1 in Vermögensverfall gerät und den Restkaufpreis von € 100,– nicht mehr aufbringen kann, zahlt der K2 diesen Betrag als Dritter i. S. d. § 267 BGB an den E, weil er fürchtet, dass der E nach § 323 BGB vom Vertrag zurücktritt und sein Anwartschaftsrecht dadurch erlischt. Danach verlangt der K2 von dem wieder zu Geld gekommenen K1 Zahlung von € 100,–.

Ansprüche des K2 gegen den K1 a) aus einem Innenverhältnis, b) aufgrund einer cessio legis, c) aufgrund einer erfolgten Zession bestehen nicht. d) Mangels eines Fremdgeschäftsführungswillens hat der K2, der lediglich eigene Interessen verfolgt, keinen Anspruch aus §§ 683, 677, 670 BGB. e) Aus dem gleichen Grund hat der K2 gegen den K1 keinen Anspruch aus §§ 684S. 1, 812 Abs. 1 BGB. f) Einen Anspruch aus § 812 Abs. 1S. 1 Var. 1 BGB („Leistungskondiktion") hat der K2 mangels eines gegenüber dem K1 verfolgten Leistungszweckes nicht. g) Der Anspruch ergibt sich jedoch aus § 812 Abs. 1S. Var. 2 BGB aa) Der K1 hat als „etwas" die Schuldbefreiung erlangt (§§ 362, 267 BGB), bb) dies aaa) nicht durch Leistung bbb) sondern „in sonstiger Weise" und „auf Kosten" des K2 durch eine „Aufwendung" seitens des K2, und dies unmittelbar und dd) auch ohne rechtlichen Grund. ee) Herauszugeben aaa) wäre an sich das Erlangte, bbb) was aber bei einer Schuldbefreiung nicht möglich ist, so dass aaa) Wertersatz zu leisten ist (§ 818 Abs. 2 BGB). bbb) Hiergegen wird (verortbar unter § 818 Abs. 3 BGB) eingewandt, dass es sich bei der Schuldentilgung durch K2 nach § 267 BGB um eine „aufgedrängte Bereicherung" handelt, die den Schuldner (K1) aus den verschiedensten Gründen unzuträglich belasten könnte: z. B. deshalb, weil er gegen den ursprünglichen Gläubiger (E) bestehende Einwendungen verlieren könnte, wenn er nunmehr von dem Bereicherungsgläubiger (K2) in Anspruch genommen werden kann. Das wäre z. B. der Fall, wenn der Ablauf einer kurzen Verjährungsfrist unmittelbar bevorstand und er nun einem nach § 195 BGB regelmäßig verjährenden Bereicherungsanspruch des Dritten (K2) gegenüber steht; oder weil er eine gegen den ursprünglichen Gläubiger (E) bestehende Aufrechnungsmöglichkeit verloren hat; oder weil mit dem ursprünglichen

Gläubiger (E) ein „pactum de non cedendo" (§ 399 Var. 2 BGB) vereinbart war. Das ist zwar ein beachtliches Argument, dem man jedoch entgegenhalten kann, dass man in diesen Fällen analog § 268 Abs. 3 BGB die §§ 404, 406 ff. BGB und auch § 399 Var. 2 BGB entsprechend anwenden kann. Weil im vorliegenden Fall dem K1 derartige Verteidigungsmittel nicht entgangen sind, muss der K1 dem K2 den Wert der Befreiung von der Verbindlichkeit (€ 100,–) ersetzen.

## II. „Subsidiaritätsprinzip"

Sie wissen ja: Das Hauptanliegen dieses Buches ist es, Ihnen das nötige zivilrechtliche Basiswissen möglichst pragmatisch, also ohne allzu viel „Theorieballast" zu vermitteln. Das schließt aber nicht aus, dass Sie sich gelegentlich auf einem „Basisniveau", auf dem wir uns hier gerade befinden, auch mit dogmatischen Grundlagen befassen müssen. Hier ist dies sogar unumgänglich, wollen Sie die „Fallen", die Ihnen das Bereicherungsrecht stellt, vermeiden.

Wenn Sie § 812 Abs. 1S. 1 BGB lesen, so finden Sie dort in einem Satz vereint einen auf Herausgabe eines „etwas", das „ohne rechtlichen Grund" erlangt worden ist, gerichteten Anspruch, wobei zwei in Betracht zu ziehende Wege des Erlangens des „etwas" genannt werden: „durch Leistung *oder* in sonstiger Weise". Das „oder" im Wortlaut des § 812 Abs. 1S. 1 BGB lässt rein sprachlich zwei Möglichkeiten des Verständnisses der Norm zu.

Man kann entweder sagen, dass es nur eine einzige Art der Kondiktion gibt, bei der das „etwas" auf die eine oder auf die andere Weise ohne rechtlichen Grund erlangt werden kann **(„Einheitstheorie")**. Das würde bedeuten, dass einem Anspruch aus § 812 Abs. 1S. 1 Var. 2 BGB („Nichtleistungskondiktion") nicht entgegenstehen würde, wenn der Inanspruchgenommene das „etwas" von einem anderen durch Leistung erhalten hätte.

Man kann aber auch annehmen, dass es sich bei den Tatbeständen des § 812 Abs. 1S. 1 BGB um zwei völlig verschiedene Arten der Kondiktion („Leistungskondiktion" einerseits und „Nichtleistungskondiktion" andererseits) handelt **(„Trennungstheorie")**, die jeweils ganz unterschiedliche Funktionen haben, so dass die zu einem Bereicherungsanspruch führende Mehrung des Vermögens (das Erlangen des „etwas") *entweder* nur auf die eine *oder* nur auf die andere Weise vorliegen kann, mit der Folge dass ein Anspruch aus § 812 Abs. 1S. 1 Var. 2 BGB („Nichtleistungskondiktion") schon aus logischen Gründen ausscheidet, wenn der Inanspruchgenommene den Vermögensvorteil von einem anderen, wer auch immer auf der Welt dies sein mag, durch dessen Leistung erhalten hatte.

Bei **Zweipersonenverhältnissen** fällt die Antwort darauf leicht: Es versteht sich von selbst, dass ein Vermögensvorteil („etwas") entweder nur auf die eine oder auf die andere Weise erlangt werden kann, also *entweder* durch „Leistung" *oder* „in sonstiger Weise". Beides zugleich geht nicht!

Ob ein solches „Alternativitätsverhältnis" zwischen einem Erlangen des „etwas" durch „Leistung" oder „in sonstiger Weise" aber auch bei **Mehrpersonenverhältnissen** gilt, ist eine schwierige und für manche Rechtswissenschaftler die zentrale Frage des Bereicherungsrechts überhaupt. Im Anschluss an die berühmten Rechtswissenschaftler Wilburg, v. Caemmerer und schließlich Esser nehmen seit Jahrzehnten der BGH (seit BGHZ 40, 272, 279) und auch das überwiegende Schrifttum an, dass **ganz generell**, also im Zwei- oder Mehrpersonenverhältnis, beim **Vorliegen einer Leistung** eine **andere Erwerbsart (z. B.** durch **„Eingriff"**) grundsätzlich begrifflich **ausgeschlossen** ist (**„Alternativitätsprinzip"**, **„Subsidiaritätsprinzip"** oder Prinzip vom **„Vorrang der Leistungskondiktion"** genannt).

Dafür sollen folgende kaum zu entkräftende Argumente sprechen, nämlich

- dass sich die **Funktionen** der beiden Kondiktionsarten voneinander **unterscheiden**: Die „Leistungskondiktion" dient der Rückabwicklung fehlgeschlagener Güterbewegungen, während die „Nichtleistungskondiktion" entweder dem Güterschutz („Eingriffskondiktion") oder dem Regress („Rückgriffskondiktion") oder dem Ausgleich für freiwillige Vermögensopfer („Verwendungskondiktion") oder schließlich der Korrektur sonstwie unbilliger Ergebnisse („Kettendurchgriffskondiktion") dient,
- dass das Gesetz in § 812 BGB durch das Wörtchen **„oder"** eine Überschneidung der Anwendungsbereiche der beiden Kondiktionsarten untersagt,
- dass sich die Frage nach dem **Rechtsgrund** bei den beiden Kondiktionsarten ganz unterschiedlich stellt: Bei der Rückabwicklung einer Vermögensverschiebung durch „Leistung" geht es um das Bestehen eines Schuldverhältnisses als Rechtsgrund, während es bei der Rückabwicklung einer Vermögensverschiebung z. B. durch einen „Eingriff" in eine fremde Sache durch Verbrauch die Frage des Rechtsgrundes davon abhängt, ob es eine Regelung gibt, die das Behaltendürfen des Vermögensvorteils anordnet.
- Außerdem gibt es **spezielle Vorschriften für** die **Leistungskondiktion** in §§ 814, 815, 817S. 2 BGB (Kondiktionssperren) und in §§ 819 Abs. 2, 820 Abs. 1 BGB (Haftungsverschärfungen), die nicht für die Kondiktion „in sonstiger Weise" gelten.
- Man kann auch einen **Umkehrschluss** aus **§ 816 Abs. 1S. 2 BGB** und **§ 822 BGB** ziehen, wo in für einen Ausnahmesachverhalt (unentgeltlicher Erwerb) eine Nichtleistungskondiktion zugelassen wird, obwohl dem Inanspruchgenommenen der Vermögensvorteil geleistet wurde.
- Außerdem gebieten ganz konkrete **Gerechtigkeitspostulate**, dass im Fall einer Leistung bei fehlendem Rechtsgrund nur unter den Leistenden kondiziert wird. Denn nur so ist gewährleistet, dass jede Partei ihre **Einwendungen nicht verliert**. Und nur so ist sichergestellt, dass man auch nur das durch Begründung der Leistungsbeziehung übernommene **Insolvenzrisiko** desjenigen, an den man geleistet hat, **trägt**.

Es gilt also die **Faustformel**: Ein (von wem auch immer) geleistetes „etwas" kann nicht in sonstiger Weise erlangt sein. Von Bedeutung sein wird dies aber nur bei einer bereicherungsrechtlichen Rückabwicklung im sog. **Mehrpersonenverhältnissen**, also zum *Beispiel* dann, wenn der VSP dem VE eine Sache verkauft und der VE sie an den D weiterkauft hat und beide Kaufverträge Zug-um-Zug gegen die von den Käufern geschuldeten Kaufpreiszahlungen erfüllt werden („Leistungskette"), sich dann aber herausstellt, dass der Kaufvertrag des VSP mit VE wegen Dissenses nicht zustande gekommen ist und der VSP sich deshalb an den D hält. Ein Anspruch aus § 812 Abs. 1S. 1 Var. 1 BGB ist nicht gegeben. Zwar hat der D etwas – nämlich das Eigentum an der Kaufsache – erlangt, dies aber nicht durch Leistung des VSP an den D. Ein Anspruch aus § 812 Abs. 1S. 1 Var. 2 BGB wegen einer Nichtleistungskondiktion scheitert daran, dass der Inanspruchgenommene (D) das Eigentum durch die Leistung eines anderen (des VE nämlich) erlangt hat.

## B. Die Leistungskondiktion

Sie wissen nach unseren einführenden Bemerkungen längst, dass die sog. **Leistungskondiktion**, mit deren Erörterung wir jetzt beginnen wollen, dem Ausgleich fehlgeschlagener Güterbewegungen dient. Aber zu Beginn haben wir unter zwei unterschiedlichen Aspekten die Anwendbarkeit der Tatbestände der Leistungskondiktion zu problematisieren: Zum einen geht es um die Fallkonstellationen vorrangiger Rückabwicklungsregelungen (Rücktritt und Rückabwicklung in Vollzug gesetzter Dauerschuldverhältnisse) und zum anderen um einen möglichen Ausschluss der Leistungskondiktion durch die eventuell speziellen Regeln der §§ 985 ff. BGB **(sub I)**. Erst dann werden wir die einzelnen Tatbestandsmerkmale erarbeiten, nach denen der Inanspruchgenommene „etwas" erlangt haben muss **(sub II)**, und zwar durch Leistung des Anspruchstellers **(sub III, IV, V)**, wobei die Bereicherung ungerechtfertigt sein muss **(sub VI)** bzw. der Leistungsempfang sittenwidrig oder verboten gewesen sein muss **(sub VII)**. Sodann werden Ausschlussgründe besprochen **(sub VIII)**.

### I. Ausschluss der §§ 812ff. BGB durch spezielle Rückabwicklungsregelungen

#### 1. Rücktritt, Widerruf und Rückabwicklung in Vollzug gesetzter Dauerschuldverhältnisse

Dass im Fall eines **vertraglich vereinbarten** oder eines **gesetzlichen Rücktrittsrechts** die **Rückabwicklung von Verträgen** sich ausschließlich nach den §§ 346 ff. BGB richtet und nicht (auch) nach den §§ 812 ff. BGB, dürfte jedem bekannt sein. Warum ist dies so? Beim Rücktritt fällt der den Rechtsgrund ergebende Vertrag nicht weg, sondern an seine Stelle tritt ein Rückgewährschuldverhältnis, das zudem besondere Rückgewährregeln aufstellt.

Beim **Widerruf** nach **§§ 355 BGB** richten sich die Folgen nach den §§ 357 ff. BGB und nicht mehr – wie früher – nach Rücktrittsrecht. Auf jeden Fall gelten nicht die §§ 812 ff. BGB.

Selbstverständlich ist auch, dass beim Bestehen **vertraglicher Rückgewähransprüche** (§§ 546, 604 BGB) diese die Rückabwicklung ausschließlich regeln, so dass die §§ 812 ff. BGB unanwendbar sind.

Auch haben Sie bereits gelernt, dass im Fall der **Nichtigkeit** von bereits **in Vollzug gesetzten Dauerschuldverhältnissen, z. B.** bei **Dienst-** oder **Arbeitsverhältnissen**, wenn der Dienstverpflichtete bzw. der Arbeitnehmer bereits tätig geworden ist, oder bei **Gesellschaftsverträgen**, wenn die Gesellschaft bereits geschäftlich tätig geworden ist und Gewinne und Verluste entstanden sind, eine bereicherungsrechtliche Rückabwicklung durch Rückgewähr der bereits erbrachten Leistungen (Zurverfügungstellung der Arbeitskraft/Herbeiführung des Gesellschaftszwecks) schon rein technisch und damit auch rechtlich nicht möglich ist. Man behilft sich in solchen Fällen damit, dass man für die **Vergangenheit** das **Bestehen** eines **Vertrages** mit daraus resultierenden Ansprüchen **fingiert**, der für die **bereits erbrachten Leistungen/Gegenleistungen** einen **Rechtsgrund** bildet, so dass es nicht zu einer Rückabwicklung nach **§ 812 Abs. 1S. 1 Var. 1 BGB** kommt. Für die **Zukunft** bestehen – wie nach einer wirksamen Beendigung des Vertrags z. B. durch Kündigung eines Dienstvertrages – keine Ansprüche mehr. Man kann diese Resultate, wie Sie erinnern werden, am besten durch die Konstruktion einer **„Beschränkung der Nichtigkeitsfolgen“** auf die **Zukunft** ableiten.

## 2. Vorrang des Eigentümer-Besitzverhältnisses (§§ 985 ff. BGB)

Eine Reminiszenz an bereits Gelerntes ist auch die Frage, inwieweit bei der Prüfung eines **primären Anspruchs** auf **Herausgabe** einer **Sache** und der **Sekundäransprüche** die **Regeln** über das **Eigentümer-Besitzer-Verhältnisses (EBV)** der §§ 985 ff. BGB Vorrang gegenüber den Ansprüchen aus Leistungskondiktion haben. Für den Fall, dass ein solcher Vorrang bestehen sollte, können Sie bei der Fallbearbeitung – da Sie ja hoffentlich dem Aufbau dieses Buches folgend die Ansprüche aus den §§ 985 ff. BGB vor denen aus den §§ 812 ff. BGB geprüft haben – die Anwendbarkeit der Leistungskondiktionsansprüche verneinen und müssen nicht – wie es bei einem verfehlten Aufbau nötig wäre – im Rahmen einer Anwendbarkeitsprüfung die §§ 985 ff. BGB „inzidenter“ erörtern. Konkurrenzen bestehen hinsichtlich des primären Herausgabeanspruchs **(sub a))** und, was die Sekundäransprüche angeht, hinsichtlich des Anspruchs auf Herausgabe von Nutzungen **(sub b) aa))** und des Verwendungsersatzanspruchs **(sub b) bb))**.

### a) Primärer Herausgabeanspruch

Was den **primären Herausgabeanspruch** angeht, so besteht bei **bloßer Nichtigkeit** des einer Übereignung zugrundeliegenden **Verpflichtungsgeschäfts** wegen des Abstraktionsprinzips **nur** ein **Anspruch** aus **Leistungskondiktion** (§ 812 Abs. 1S. 1 Var. 1 BGB) und kein Anspruch aus § 985 BGB.

Bei einer **Nichtigkeit auch** der **Übereignung** (Doppelnichtigkeit) in den Fällen der Durchbrechung des Abstraktionsprinzips **konkurrieren** die Herausgabeansprüche aus der **Leistungskondiktion** und aus **§ 985 BGB**.

### b) Sekundäransprüche

#### aa) Herausgabe von Nutzungen

Wenn die Herausgabe von **Nutzungen** verlangt wird, ist bei **bloßer Nichtigkeit** des einer Übereignung zugrundeliegenden **Verpflichtungsgeschäfts** keine

Vindikationslage gegeben, so dass ein Anspruch auf Herausgabe der Sache aus § 812 Abs. 1S. 1 Var. 1 BGB gegeben ist und die Nutzungen aus § 812 Abs. 1S. 1 Var. 1, 818 Abs. 1 BGB heraus verlangt werden können.

Bei einer **Nichtigkeit auch der Übereignung** in den Fällen der Durchbrechung des Abstraktionsprinzips („Doppelnichtigkeit") besteht – wie ja soeben noch einmal klargestellt – zusätzlich ein Herausgabeanspruch aus § 985 BGB, der mit dem Anspruch aus § 812 Abs. 1S. 1 Var. 1 BGB in Anspruchskonkurrenz besteht. Zugleich besteht, was die Sekundäransprüche (hier: auf Herausgabe von Nutzungen) angeht, ein Eigentümer-Besitzer-Verhältnis, so dass die Normen der §§ 987, 988, 990 i. V. m. § 987, 991 Abs. 1, 993 Abs. 1 Hs. 1, 992 BGB einschlägig sind.

Ginge man jetzt von einem Vorrang des Regelungssystems des Eigentümer-Besitzerverhältnisses (§ 993 Abs. 1 Hs. 1 BGB) aus, käme es in einem Fall zu einem Wertungswiderspruch: Der bei bloßer Nichtigkeit des Grundgeschäfts durch rechtsgrundlose Leistung des Eigentümers wegen des Abstraktionsprinzips zum Eigentümer Gewordene müsste die Nutzungen – weil keine Vindikationslage besteht – stets herausgeben (§§ 812 Abs. 1S. 1 Var. 1, 818 Abs. 1 BGB). Der bei einem Doppelmangel durch die rechtsgrundlose Leistung des Eigentümers nicht einmal zum Eigentümer gewordene Besitzer müsste dagegen die Nutzungen nur beim Vorliegen der §§ 897ff. BGB herausgeben. Um diese wertungswidersprüchliche Besserstellung des rechtsgrundlosen bloßen Besitzers zu vermeiden, gibt es allerlei Lösungsvorschläge, die hier nicht alle vorgestellt werden sollen: Man könnte „das Kind mit dem Bade ausschütten" und die Normen über die **Leistungskondiktion** auch, was die Sekundäransprüche (hier: 818 Abs. 1 BGB) angeht, **mit** den **§§ 987 ff. BGB frei konkurrieren** lassen. Oder man kann sich auf die „Reparatur" des o. g. Wertungswiderspruch beschränken und in diesen Fällen entweder durch eine Gleichstellung der Rechtsgrundlosigkeit mit der Unentgeltlichkeit **§ 988 BGB analog** anwenden (BGH) oder den Weg einer **teleologischen Reduktion** des **§ 993 Abs. 1, Hs. 2 BGB** vertreten mit der Folge, dass auch in einer Vindikationslage ein auf Herausgabe der Nutzungen gerichteter Anspruch aus Leistungskondiktion (§§ 812 Abs. 1S. 1 Var. 1, 818 Abs. 1 BGB) bestehen müsse (Canaris). Letzterem Vorschlag zu folgen, ist – vielleicht entsinnen Sie sich – bei der Darstellung der §§ 985 ff. BGB vorgeschlagen worden, weil der unrechtmäßige rechtsgrundlose Besitzer bei der analogen Anwendung des § 988 BGB in den Fällen, in denen er den Besitz nicht durch eine Leistung des Eigentümers erhalten hat, sondern durch Veräußerung eines Dritten, dem er auch den Kaufpreis gezahlt hat, unangemessen behandelt werden würde. Erinnern Sie sich bitte dazu an das Ihnen seither nicht ganz unbekannt sein sollende *Beispiel*, bei dem der Dieb D eine dem Eigentümer E gestohlene Sache rechtsgrundlos an den K verkauft und Zug-um-Zug gegen Kaufpreiszahlung übereignet hat: Bei einer Anwendung des § 988 BGB analog, wie sie nach der Rechtsprechung erfolgen würde, müsste der K dem Eigentümer E die gezogenen Nutzungen nach Bereicherungsrecht herausgeben und könnte die von ihm an den D erbrachte Gegenleistung nicht in Abzug bringen. Das ist nicht interessengerecht. Bei dem – wie auch immer begründeten – anderen Lösungsvorschlag einer Zugrundlegung einer bereicherungsrechtlichen Haftung des unrechtmäßigen Besitzers K auch in einer Vindikationslage hätte der Eigentümer E mangels Leistung an den Besitzer K gegen diesen keinen

Anspruch aus §§ 812 Abs. 1S. 1 Var. 1, 818 Abs. 1 BGB und – entweder weil eine Kondiktion in sonstiger Weise wegen der Leistung des Dritten an ihn ausgeschlossen ist (so das eine Argument) oder weil dem § 993 Abs. 1S. Hs. 2 entgegensteht (Canaris) – auch keinen Anspruch aus § 812 Abs. 1S. 1 Var. 2, 818 Abs. 1 BGB. Nur der D kann den unrechtmäßigen rechtsgrundlosen Besitzer K aus §§ 812 Abs. 1S. 1 Var. 1, 818 Abs. 1 BGB in Anspruch nehmen, wobei – und das ist interessengerecht – der K seinen Anspruch auf Rückzahlung des Kaufpreises aus § 812 Abs. 1S. 1 Var. 1 BGB dem D entgegenhalten könnte. Und der Eigentümer E muss sich wegen der Nutzungen an den Dritten halten, und zwar entweder aus §§ 992, 823, 249 BGB oder aus §§ 687 Abs. 2, 681S. 2, 667 BGB. Im einfacher gelagerten *Beispiel*, bei dem der Besitz aufgrund nichtiger Veräußerung des Eigentümers erlangt wird, kann die erbrachte Gegenleistung nach § 818 Abs. 3 BGB durch Saldierung (Abzug) mit dem Nutzungsherausgabeanspruch berücksichtigt werden. Das alles ist in der Tat „höhere Mathematik", die Ihnen nur deshalb zugemutet werden kann, weil Sie dies alles schon einmal in diesem Buch gelesen haben.

bb) Verwendungen

Der dritte Fragenkreis betrifft einen auf **Verwendungsersatz** gerichteten Anspruch des Bereicherungsschuldners. Denken Sie sich folgendes *Beispiel*: Jemand setzt aufgrund einer in einem Mietvertrag mit dem Eigentümer getroffenen Vereinbarung eine völlig verwohnte Wohnung instand und ist daher vereinbarungsgemäß zeitweise von der Verpflichtung zur Mietzahlung befreit; der Mietvertrag ist aber nichtig. Wenn – wie hier – dem Eigentümer seitens des Besitzers das Leisten von Verwendungen geschuldet ist, die ihn dazu verpflichtende Vereinbarung aber unwirksam ist, kann man bereits das Vorliegen von „Verwendungen" bestreiten, weil Leistung nicht durch den Besitz veranlasst wurde (Palandt). Wenn man jedoch vom Vorliegen einer „Verwendung" ausgeht und, was die Frage des Verwendungsersatzes angeht, eine Anspruchskonkurrenz von Ansprüchen aus §§ 994 ff. BGB und § 812 Abs. 1S. 1 Var. 1, 818 Abs. 2 BGB (Canaris, Medicus) annimmt, stellt sich die Frage nach dem Konkurrenzverhältnis. Von Bedeutung ist die Zuerkennung des Anspruchs aus § 812 Abs. 1S. 1 Var. 1, 818 Abs. 2 BGB aber nur im Fall der Unredlichkeit des (z. B. die Nichtigkeit des Mietvertrages infolge grober Fahrlässigkeit verkennenden) Besitzers. Dieser würde nach den §§ 994 ff. BGB wegen § 994 Abs. 2 BGB dann nämlich nur die notwendigen Verwendungen ersetzt verlangen können, während der Anspruch aus §§ 812 Abs. 1S. 1 Var. 1, 818 Abs. 2 BGB ungeschmälert bestünde. Umgekehrt – und das rundet die Interessenabwägung ab – ist der bereicherungsrechtlich verpflichtete Eigentümer wegen § 818 Abs. 3 BGB auch nicht schutzlos.

## II. Das „etwas" als der zu kondizierende Vermögensvorteil

Nachdem alle diese zu einem Ausschluss von Ansprüchen der Leistungskondiktion bestehenden Hürden (Vorrang besonderer Rückabwicklungsregeln und der Regeln des EBV), genommen worden sind, ist der Weg jetzt frei für die Prüfung der Leistungskondiktionstatbestände.

Und wir beginnen mit der Prüfung der nicht nur bei der hier im Vordergrund stehenden **Leistungskondiktion**, sondern **bei allen Ansprüchen aus §§ 812 ff. BGB** zu prüfenden Voraussetzung: Der **Inanspruchgenommene** muss **einen Vermögensvorteil erlangt** haben. Es muss sich um einen bestimmten Vermögensvorteil handeln, denn – und das wissen Sie schon längst – bei Ansprüchen aus §§ 812 ff. BGB geht es stets um die Frage, ob der Anspruchsteller vom Inanspruchgenommenen einen bestimmten Vermögensvorteil, zu dem auch die Nutzungen etc. (§ 818 Abs. 1 BGB) gehören, herausverlangen kann.

Bei einem Vergleich aller Bereicherungstatbestände erkennt man, dass der herauszugebende Vermögensvorteil in den §§ 812 ff. BGB vom Gesetz terminologisch unterschiedlich beschrieben wird.

Bei den **Leistungskondiktionstatbeständen**, um die es uns hier ja zunächst geht, wird der herauszugebende Vermögensvorteil in den **drei Tatbeständen des § 812 BGB** (§ 812 Abs. 1S. 1 Var. 1, S. 2 BGB) stets als **„etwas"** bezeichnet. In § 813 BGB beschreibt das Gesetz den herauszugebenden Vorteil als das **„Geleistete"**, und in § 817S. 1 BGB heißt der herauszugebende Vermögensvorteil **„Leistung"**. Die unterschiedlichen Begriffe in § 813 BGB und in § 817S. 1 BGB (das „Geleistete"/„Leistung") sind allerdings nur stilistische Varianten des Begriffs „etwas", so dass bei der „Leistungskondiktion" begriffliche Einheitlichkeit besteht.

Bei den **Nichtleistungskondiktionen**, die uns im Augenblick ja noch nicht interessieren, ist im Fall des **§ 812 Abs. 1S. 1 Var. 2 BGB** der herauszugebende Vermögensvorteil ebenfalls ein **„etwas"**, so dass wir später insoweit auf die jetzt gleich folgenden Ausführungen zurückgreifen können. In **§ 816 Abs. 1S. 1. und S. 2 BGB** ist dagegen herauszugeben das **„durch die Verfügung Erlangte"** und in **§ 816 Abs. 2 BGB** das **„Geleistete"**. In **§ 822 BGB** geht es um das **„Erlangte"**. Was das alles im Einzelnen bedeutet, werden Sie dann erfahren.

Jetzt zu unserem Thema, zur Leistungskondiktion: Unter einem **„etwas"** versteht man – so lautet jedenfalls die allgemein übliche Definition – **„jeden vermögenswerten Vorteil"**. Da aber auch nicht marktgängige Vorteile (z. B. nicht vermögenswerte Liebesbriefe eines „Normalmenschen" im Gegensatz zu denen Otto v. Bismarcks an Johanna v. Puttkammer) Gegenstand eines Bereicherungsanspruchs sein können, könnte man auch einen bloßen **„Vorteil"** ausreichend sein lassen.

Dieser „vermögenswerte Vorteil" bzw. bloße „Vorteil" muss von Ihnen bei der **Fallbearbeitung** stets so genau wie möglich bezeichnet werden. Sie dürfen daher **nicht** schreiben: „Der K hat *das Auto* erlangt", **sondern** Sie müssen schreiben: „Der K hat den *Besitz* ... (und/oder das *Anwartschaftsrecht* ... und/oder das *Eigentum*) ... *am Auto* erlangt". Eine derartige präzise Bezeichnung des „etwas" ist vor allem für den Inhalt des Bereicherungsanspruchs und damit für die Formulierung des Obersatzes von Bedeutung. Da der Inanspruchgenommene (z. B. der K) nicht verpflichtet sein kann, dem Anspruchsteller (z. B. dem V) „das Auto" herauszugeben (wie sollte das auch gehen?), muss der Obersatz lauten: „Der K könnte verpflichtet sein, den *Besitz* am Auto ... und/oder das *Anwartschaftsrecht* am Auto ... und/oder das *Eigentum* am Auto auf den V zurückzuübertragen". Am Rande gefragt: Warum ist eigentlich die Genauigkeit der Bezeichnung einer geschuldeten Leistung (z. B. Herausgabe einer Sache) unabhängig von den Bedürfnissen des materiellen Bereicherungsrechts generell erforderlich, also auch bei einem Anspruch z. B. aus § 346 BGB? Denken Sie praktisch! Wenn der Anspruchsteller seinen Anspruch durchsetzen will, muss er bekanntlich klagen und in der Klage, damit sie überhaupt zulässig ist, einen bestimmten Antrag stellen (§ 253 Abs. 2 Ziff. 2 ZPO). Warum dies? Zum einen, damit der Umfang der Rechtskraft der gerichtlichen Entscheidung auch in dieser Hinsicht feststeht, und zum anderen, damit bei einem z. B. zur Herausgabe eines Autos verurteilenden Titel der Gerichtsvollzieher weiß, welche Sache genau – also nicht irgendein Auto, sondern ein bestimmtes Auto – er dem Schuldner wegnehmen und dem Gläubiger übergeben soll (§ 883 ZPO). Denken Sie daran, dass auch diese scheinbar fernliegenden Vorschriften nachzulesen! Sie sind auch für Sie wichtig.

1. Als in Betracht kommende **Vermögensvorteile** (auf diese wollen wir uns konzentrieren) sollen die wichtigsten **Beispiele** genannt werden:
   - In erster Linie ist an **Rechte** zu denken: **Rechte an Sachen** (Eigentum und beschränkt dingliche Rechte daran, wie Pfandrecht, Hypothek, Nießbrauch); **Immaterialgüterrechte** (Patentrecht, Gebrauchsmusterrecht, Geschmacksmusterrecht, Warenzeichenrecht, Markenrecht; Urheberrecht); **Forderungen**; **Mitgliedschaftsrechte**; **Anwartschaftsrechte**.
   - Weiterhin kommen vorteilhafte Rechtsstellungen in Betracht: Rangvorteile; Besitz; Grundbuchposition.
   - Schuldbefreiung.
   - Rein wirtschaftlich vorteilhafte Positionen: Bei Nutzungen fremder Sachen und Rechte (Gegenstände) entweder die ersparten Aufwendungen oder bei Gebrauch fremder Sachen/Rechte die Gebrauchs- und Nutzungsmöglichkeit; Dienstleistungen; Werkleistungen; Geschäftsbesorgungen.
   - Sicherung eines Kredits.
   - Auch ein abstraktes Schuldanerkenntnis kann ein „etwas“ sein und Gegenstand einer Leistung sein (arge. § 812 Abs. 2 BGB).
2. Aber wie gesagt: Zu denken ist auch an **nicht vermögenswerte Vorteile**, wie das Eigentum an einer für die Öffentlichkeit uninteressanten und daher nicht „vermarktbaren“ Sammlung der Briefe eines „Normalmenschen“.

Im Vordergrund stehen natürlich die als „etwas“ anzusehenden **Vermögensvorteile**. Dazu einige **Fallbeispiele**, die Ihren Horizont erweitern sollen, damit Sie nicht immer nur an das Eigentum“ und/oder den „Besitz“ als in Betracht zu ziehendes „etwas“ denken:

**Fall 750**

Der V verkauft an den K eine Sache für € 10.000,–; auf der Rechnung gibt er sein Giro-Konto bei der V-Bank an. Der V erfüllt den Kaufvertrag. Daraufhin erteilt der K seiner K-Bank, mit der ihn ein Zahlungsdiensterahmenvertrag verbindet

(§ 675 f. Abs. 2 BGB) einen entsprechenden Zahlungsauftrag (§ 675n BGB) über € 10.000,–, den die Bank auch ausführt. Der Betrag wird dem Konto des V bei der V-Bank, mit der ihn ein Zahlungsdiensterahmenvertrag verbindet (§ 675 f. Abs. 2 BGB), in Erfüllung der Verpflichtung aus § 675t BGB „stornierungsfest" gutgeschrieben. Der Kaufvertrag ist nichtig. Der K verlangt von dem V Rückzahlung Zug-um-Zug gegen Rückübereignung und Rückgabe der Kaufsache.

Der Anspruch des K gegen den V ergibt sich aus § 812 Abs. 1S. 1 Var. 1 BGB. a) Der V hat „etwas" (einen Anspruch auf Zahlung von € 10.000,– aus § 780 BGB gegen die V-Bank) erlangt. b) Er hat diesen Anspruch durch Leistung des K erlangt: Der K hat – unter Einschaltung seiner K-Bank, der V-Bank und der von den beiden Banken eingeschalteten Verrechnungsstelle der Banken für den Giroverkehr als „Leistungsgehilfen" – das Vermögen des V gemehrt. c) Ein Rechtsgrund dafür hat nicht bestanden. d) Der V ist zum Wertersatz verpflichtet (§ 818 Abs. 2 BGB).

**Fall 751**

Der anstelle des E zu Unrecht im Grundbuch als Eigentümer eingetragene wegen einer unerkennbaren Geisteskrankheit geschäftsunfähige V verkauft das Grundstück formgerecht an den K; aufgrund einer formgerechten Auflassung wird der K als Eigentümer in das Grundbuch eingetragen. Vertreten durch seinen gesetzlichen Vertreter verlangt der V von dem K die Abgabe der Bewilligung zu seiner Wiedereintragung in das Grundbuch (nach BGH).

1. Ein Anspruch aus § 894 BGB scheidet aus, da der V nicht der wahre Eigentümer ist. 2. Zu prüfen ist ein Anspruch aus § 812 Abs. 1S. 1 Var. 1 BGB. a) Der K hat „etwas" erlangt, weil der „Buchbesitz" wegen des damit verbundenen Rechtsscheins und der Möglichkeit der wirksamen Verfügung nach § 892 BGB durch K und wegen der Ersitzungsmöglichkeit für K (§ 900 BGB) ein vermögenswerter Vorteil ist. b) Der K hat das „etwas" durch die Leistung des V c) und ohne Rechtsgrund erlangt. d) Der Anspruch ist auf Wiederherstellung der Buchberechtigung durch Abgabe der Bewilligung gerichtet.

**Fall 752**

Der Minderjährige M, der an sich keinen Flug geplant hatte, hat sich in ein nicht ausgebuchtes Flugzeug der F – Gesellschaft (F) unter Verwendung eines Bordkartenrestes eingeschlichen und ist nach New York geflogen und nach Verweigerung der Einreise zurückgeflogen. Die F verlangt eine Vergütung für die Hin- und Rückbeförderung von M. Die Eltern sind mit allem nicht einverstanden und verweigern die Genehmigung (nach BGH).

Der Anspruch 1. Für den Hinflug a) gibt es keinen vertraglichen Anspruch. Begründen Sie dies selbst unter den Aspekten eines Beförderungsvertrages durch Vertragsschluss nach §§ 145 ff. BGB bzw. eines Vertrages durch sozialtypischen Verhaltens. b) Ein Anspruch aus §§ 677, 683S. 1, 670 BGB scheitert am Fremdgeschäftsführungswillen der F bzw. an der fehlenden Interessegemäßheit der Geschäftsführung. c) Bestehen könnte ein Anspruch aus §§ 812 Abs. 1S. 1 Var. 1, 818 Abs. 2 BGB. Dann müsste aa) der M „etwas" erlangt haben. aa) „Ersparte Aufwendungen" aaaa) können es nicht sein, weil M die „Luxus"-Reise sonst nie unternommen hätte. bbbb) Der BGH hat in diesem Fall eine Ersparnis von Aufwendungen und damit das Vorliegen eines „etwas" mit der Begründung angenommen, dass aus dem Umstand, dass der M sich wegen §§ 818 Abs. 4, 819, 828 Abs. 2 BGB (ob der Maßstab der §§ 827 ff. BGB zu Recht gewählt worden ist, soll hier – s. dazu später – nicht weiter problematisiert werden; das erörterte Problem stellt sich ja auch beim voll Geschäftsfähigen, der einen Flug erschleicht) nicht auf eine Entreicherung nach § 818 Abs. 3 BGB berufen könne, zu folgern sei, dass er „bereichert" sei. Damit wird ganz bewusst die an sich für die Frage eines eventuellen späteren Wegfalls der Bereicherung geschaffene Vorschrift des § 818 Abs. 3 BGB an ihrem Wortlaut vorbei zur Begründung der Erlangung eines vermögenswerten Vorteils herangezogen. Der tiefere Grund für diese Konstruktion dürfte sein, dass man sonst überhaupt keine Gelegenheit gehabt hätte, dem § 818 Abs. 3 BGB Rechnung zu tragen, weil dieser ja an sich auf eine nachträgliche Entreicherung abstellt und eine solche bei der hier vorliegenden Inanspruchnahme einer fremden Werkleistung wie es ein Transport mit dem Flugzeug ist, begrifflich schwer vorstellbar ist. bbb) Vorzuziehen ist der Standpunkt der Wissenschaft, derzufolge das „etwas" der Gebrauchsvorteil, den die Flugreise bietet, ist. bb) Der M müsste das „etwas" durch Leistung der F-Gesellschaft erlangt haben aaa) Das Personal ging bei den Kontrollen davon aus, einen Flugpassagier aufgrund eines abgeschlossenen Beförderungsvertrages zu befördern, hat also, als es den M einsteigen („boarden") ließ, bewusst und zweckgerichtet das Vermögen des M gemehrt. bbb) Vertretbar wäre es aber auch abzunehmen, dass aufgrund der Heimlichkeit des Verhaltens des M die Vermögensmehrung in sonstiger Weise, nämlich durch einen Eingriff in das der F-Gesellschaft absolut zustehende und wirtschaftlich zugewiesene Eigentum am Flugzeug erfolgt ist, so dass man dann einen Anspruch aus § 812 Abs. 1S. 1 Var. 1 BGB abzulehnen und einen solchen aus § 812 Abs. 1S. 1 Var. 2 BGB zu prüfen hätte. Dagegen spricht jedoch, dass in ein Fall wie dieser, in dem ein von der F beabsichtigter Vertragsschluss gescheitert ist, zum Funktionsbereich der Rückabwicklung der Folgen gescheiterter Verträge und damit zur Leistungskondiktion gehört. Der Lösungsweg über § 812 Abs. 1S. 1 Var. 2 BGB wird daher hier nicht weiter verfolgt. cc) Ein Rechtsgrund bestand mangels eines Vertrages nicht. dd) Mangels eines herausgebbaren verkörperten „etwas" aaa) wäre nach § 818 Abs. 2 BGB Wertersatz geschuldet, bbb) es sei denn der M ist nach § 818 Abs. 3 BGB entreichert: aaaa) Eine nachträgliche Entreicherung liegt nicht vor. bbbb) Wer auf einen Gebrauchsvorteil als „etwas" abstellen will, müsste wohl – unter Missachtung des Wortlautes des § 818 Abs. 3 BGB und damit auf anderer Ebene wie der BGH ebenso systemwidrig – überlegen, ob die „Entreicherung" auch darin liegen kann, dass der M sich einen solchen Flug gar nicht hatte leisten wollen, er also keine Aufwendungen erspart hat. Eine solchermaßen begründete Entreicherung würde aber nicht zu berücksichtigen sein, wenn man mit dem BGH (freilich in anderem Zusammenhang!) §§ 818 Abs. 4, 819, 828 Abs. 2 BGB anwenden würde (dazu später mehr). Die Ergebnisse wären daher gleich. Der M schuldet einen Wertersatz als Bereicherungsausgleich. d) Nach einer neueren Lehre (Canaris) soll das gleiche Ergebnis einem Wertersatzanspruch aus § 818 Abs. 2 BGB als eigenständiger Anspruchsgrundlage zu entnehmen sein (dazu später). Damit würden die vorstehenden Probleme vermieden, dies allerdings um den Preis einer Rechtsfortbildung des § 818 Abs. 2 BGB „extra legem". e) Ein Schadensersatzanspruch aus §§ 823 Abs. 2 BGB i. V. m. § 265 StGB scheitert am Schaden, das die Maschine offenbar nicht ausgebucht war. 2. Was den Rückflug angeht, könnte ein Anspruch aus §§ 677, 683S. 1, 670 BGB gegeben sein. a) § 677 BGB ist gegeben; die F handelte auch mit Fremdgeschäftsführungswillen. b) Nach § 683S. 1 BGB müsste die Geschäftsführung aa) interessegemäß gewesen sein. Das ist der Fall, weil es dem objektiv zu bestimmenden Interesse des M entsprach, zurück nach Hause gebracht zu werden und nicht in Haft genommen und zwangsweise durch US-Behörden zurücktransportiert zu werden. bb) Sie war auch willensgemäß, weil es insoweit auf den wirklichen bzw. (den hier einschlägigen) mutmaßlichen Willen der Eltern ankommt (argec. § 682 BGB), in deren wohlverstandenem Interesse der Rücktransport erfolgte. cc) Die Rechtsfolge besteht im Ersatz der Aufwendungen in Höhe der tariflichen Kosten (§§ 670, 1835 Abs. 3 BGB analog)

Gegenstand einer Leistungskondiktion kann auch die Abgabe eines **abstrakten Schuldanerkenntnisses** sein (arge. § 812 Abs. 2 BGB). Daher kann ein Unfallbeteiligter, der irrtümlich von seiner Schadensersatzpflicht ausgegangen war, ein von ihm abgegebenes deklaratorisches Schuldanerkenntnis herausverlangen, wenn es ohne Rechtsgrund (also bei Nichtbestehen der Schadensersatzpflicht) erklärt worden ist.

Nachdem Sie das erste Tatbestandsmerkmal eines jeden Anspruchs aus Leistungskondiktion kennengelernt haben **(„etwas ... erlangt")** und sich als Nächstes mit der Frage der **„Leistung"** befassen werden, soll, bevor wir jetzt fortfahren, ein eventuell aufkeimendes Missverständnis ausgeräumt werden.

Der **Aufbau** dieses **Buches** ist **nicht das Prüfungsschema** bei der Fallbearbeitung.

1. Bei der **Fallbearbeitung** der Leistungskondiktionsansprüche **gehen Sie** also bitte **nicht so vor**: **1.** Etwas erlangt **2.** Durch Leistung des Anspruchstellers. **3.** Ungerechtfertigtheit der Bereicherung nach: **a)** § 812 Abs. 1 Var. 1 BGB, **b)** § 812 Abs. 1S. 2 Var. 2 BGB **c)** § 812 Abs. 1S. 2 Var. 2 BGB **d)** § 813 BGB **e)** § 817S. 1 BGB **4.** Ausschlusstatbestand. **5.** Rechtsfolge.
2. **Sondern** Sie müssen **so verfahren**, wie Sie es bei den bisherigen Lösungsskizzen schon gesehen haben, indem Sie zu Beginn die *Anspruchsgrundlage genau bezeichnen* und die einzelnen *Merkmale dann in dieser Reihenfolge subsumieren*, also Ihre Lösungen wie folgt strukturieren: **1.** Anspruch aus § 812 Abs. 1S. 1 Var. 1 BGB **a)** Der Inanspruchgenom-

mene muss etwas erlangt haben. **b)** Durch Leistung des Anspruchstellers. **c)** Der Rechtsgrund muss anfänglich gefehlt haben. **d)** Kein Ausschlusstatbestand **e)** Rechtsfolge. *Oder*: **2.** Anspruch aus § 812 Abs. 1S. 2 Var. 1 BGB **a)** Der Inanspruchgenommene muss etwas erlangt haben, **b)** durch Leistung des Anspruchstellers. **c)** Der Rechtsgrund muss nachträglich entfallen sein. **d)** Kein Ausschlusstatbestand. **e)** Rechtsfolge. *Oder*: **3.** Anspruch aus § 812 Abs. 1S. 2 Var. 2 BGB **a)** Der Inanspruchgenommene muss etwas erlangt haben, **b)** durch Leistung des Anspruchstellers. **b)** etc. etc. **4.** *Oder*: Anspruch aus § 813 BGB etc. etc. *Oder:* **5.** Anspruch aus § 817S. 1 BGB etc. etc.

## III. Durch Leistung des Anspruchstellers (Übersicht)

Jede Leistungskondiktion (§§ 812 Abs. 1S. 1 Var. 1, S. 2, 813, 817S. 1 BGB) setzt voraus, dass der Inanspruchgenommene das **„etwas"** – dazu wissen Sie erst einmal genug – durch eine **„Leistung" des Anspruchstellers** erlangt hat.

Was man unter **„Leistung"** versteht und wie man feststellt, ob der Anspruchsteller geleistet hat, ist das erste Thema **(sub IV)**.

Sodann werden wir herausarbeiten, wie man ermittelt, ob der Inanspruchgenommene das „etwas" **durch** die **Leistung des Anspruchstellers** erlangt hat **(sub V)**. In **„Zweipersonenverhältnissen"** beantwortet sich dies aus dem Leistungsbegriff selbst. In **„Mehrpersonen-** speziell **Dreipersonenverhältnissen"** wird sich allerdings zeigen, dass die aufgrund des Leistungsbegriffs gefundenen Ergebnisse nicht selten durch wertende Überlegungen überprüft und ggf. sogar korrigiert werden müssen. Mit diesen, wohl spannendsten Fragestellungen des Bereicherungsrechts, befassen sich die weiteren Ausführungen **(sub V 1–11)**.

Dann wird klargestellt, dass das Merkmal **„auf dessen Kosten"** für die Festlegung der „Parteirollen" (Gläubiger/Schuldner) bei einer Leistungskondiktion ohne jede Bedeutung ist **(sub V 12)**.

Wenn Sie das alles verstanden und auch aktiv wissend präsent haben, können Sie das bei der Leistungskondiktion aus **§ 812 Abs. 1 BGB**, auf die wir uns jetzt zunächst konzentrieren, zu prüfende zweite Merkmal **(„durch Leistung des Anspruchstellers?")** ohne Probleme subsumieren.

Alles, was Sie sich dazu hier erarbeiten, gilt sinngemäß auch für die anderen Fälle der Leistungskondiktion **(§§ 813, 817S. 1 BGB)**. Denn auch dort muss der jeweilige Vorteil dem Inanspruchgenommenen „geleistet" worden sein.

**Zuguterletzt**: Wieso – und das mag sich mancher schon gefragt haben – muss es sich um eine **„Leistung"** des **„Anspruchstellers"** handeln? Im Gesetz heißt es doch nur, dass es die „Leistung eines anderen" sein muss. Wer ist denn dieser „andere"? Lesen Sie bitte genau weiter: Dieser „andere" ist die vom Gesetz „ihm" genannte Person, der man zur Herausgabe verpflichtet ist, und der wiederum ist der „Anspruchsteller". Und damit schließt sich der Kreis: Es muss sich also um die Leistung des „Anspruchstellers" handeln. Anstelle dieses in der Tat sprachlich wenig zufriedenstellenden Ausdrucks („Anspruchsteller") lesen Sie in der Literatur übrigens gewöhnlich, dass es sich um die „Leistung des Bereicherungsgläubigers" handeln müsse. Mir gefällt dieser Ausdruck aber deshalb nicht, weil ein „Bereicherungs*gläubiger*" jemand ist, dem der Anspruch festgestelltermaßen zusteht (lesen Sie § 241 BGB). Sie aber, die mit der gutachtenmäßige Subsumtion der §§ 812 ff. BGB befasst sind und das Tatbestandsmerkmal „Leistung eines anderen" zu subsumieren haben, wissen ja noch gar nicht, ob dem Anspruchsteller der Anspruch überhaupt zusteht, so dass Sie ihn noch gar nicht „Gläubiger" nennen können.

## IV. Leistung: Eine „bewusste" und „zweckgerichtete" Mehrung fremden Vermögens/Funktion des Leistungsbegriffs

Unter einer **„Leistung"** verstehen wir bekanntlich seit dem Jahre 1972 (BGHZ 58, 188) die **„bewusste zweckgerichtete Mehrung fremden Vermögens"**.

Für das Vorliegen einer **„bewussten"**, also einer **vom Willen getragenen** Mehrung fremden Vermögens, die wir **„Zuwendung"** nennen, reicht bereits ein genereller Wille des Zuwendenden aus, das Vermögen eines anderen zu mehren. Es sind keine konkreten Vorstellungen über Inhalt, Umfang und Empfänger erforderlich. Eine unbewusste Vermögensmehrung, die keine Leistung im Rechtssinne wäre, läge hingegen zum *Beispiel* vor, wenn der von B mit der Reparatur einer Lampe beauftragte Elektriker U in diese Lampe eine ihm selbst gehörige Glühbirne in der irrigen Meinung, diese gehöre dem B, einsetzt. Dann stünde dem U mangels einer „bewussten" Mehrung des Vermögens des B gegen den B kein Anspruch aus § 812 Abs. 1S. 1 Var. 1 BGB zu. Ebenfalls liegt mangels eines Bewusstseins der Mehrung fremden Vermögens keine Leistung vor, wenn der Zuwendende in Verkennung der Eigentumslage irrig meint, eigenes Vermögen zu mehren, in Wahrheit aber fremdes Vermögen mehrt, zum *Beispiel* in dem Fall, in dem der Zaun, den er repariert, nicht ihm, sondern dem Nachbarn gehört. In Betracht kommt aber in beiden Fällen eine Nichtleistungskondiktion nach §§ 812 Abs. 1S. 1 Var. 2, 818 Abs. 2 BGB („Verwendungskondiktion"). Kleine Testfrage: Und warum kein Anspruch aus §§ 677, 683S. 1, 670 BGB? Lesen Sie § 687 Abs. 1 BGB!

Erst dadurch, dass eine solche Zuwendung zusätzlich **„zweckgerichtet"** ist, wird aus ihr eine **„Leistung"**. Speziell kann der Zuwendende fremdes Vermögen zum Zwecke der Erfüllung einer eigenen Verpflichtung (§ 362 BGB) oder einer fremden (§§ 362, 267 BGB) Schuld mehren wollen **(„solvendi causa")**. Wird dieser Zweck verfehlt, kommt ein Anspruch aus § 812 Abs. 1S. 1 Var. 1 BGB oder aus § 812 Abs. 1S. 2 Var. 1 BGB oder aus § 813 BGB oder aus § 817S. 1 BGB in Betracht. Wenn der Zuwendende schenken will, leistet er **„donandi causa"**. Bei einer Verfehlung dieses Zwecks sind Ansprüche aus § 812 Abs. 1S. 1 Var. 1 BGB oder aus § 812 Abs. 1S. 2 Var. 1 BGB, aus § 813 BGB oder aus § 817S. 1 BGB möglich, denn auch eine Leistung, die schenkungshalber erfolgt, dient der Tilgung einer Verbindlichkeit. Das versteht sich, wenn ein wirksames Schenkungsversprechens vorliegt (§ 518 Abs. 1 BGB). Aber auch bei einer Handschenkung ist dies anzunehmen, obwohl hier die Begründung der Schuld und deren Erfüllung zeitlich zusammenfallen (§ 518 Abs. 2 BGB); dann aber ist ein Anspruch aus § 813 BGB nicht vorstellbar. Wenn mit der Leistung ein **anderer** von der Rechtsordnung **erlaubte Zweck erreicht werden** soll, etwa den Empfänger zu einer von diesem nicht geschuldeten Gegenleistung zu bewegen oder ihn zu einem Verhalten zu veranlassen, geschieht dies also **„ob rem"**, kann dies zu einem Anspruch aus § 812 Abs. 1S. 2 Var. 2 BGB führen, wenn der Zweck nicht erreicht wird.

Die den (welchen auch immer) Leistungszweck festlegende **„Zweckbestimmung"** erfolgt **durch** den **Zuwendenden** anlässlich des vermögensmehrenden Vorgangs (z. B. durch die Angaben auf dem Überweisungsträger bei bargeldloser Zahlung in der Spalte „Verwendungszweck") oder auch nachträglich (z. B. durch eine nachträgliche Fremdbestimmung i. S. d. § 267 BGB). Die Zweckbestimmung legt auch fest, auf welche Forderung der Schuldner bei mehreren Forderungen des Gläubigers gegen ihn geleistet hat (§ 366 Abs. 1 BGB). Die Zweckbestimmung soll dogmatisch **rechtsgeschäftsähnlicher Natur** sein, so dass auf sie die Regeln über Rechtsgeschäfte analog angewendet werden können. Ob man das generell sagen kann, ist zweifelhaft. Bejahen sollte man dies bei Zweifeln darüber, ob und welchen Zweck die Zuwendung verfolgt hat; dann sollte dies aus der Sicht des Zuwendungsempfängers mittels Auslegung bestimmt werden (§§ 133, 157 BGB analog). Auch sollte man die §§ 119 ff., 142 Abs. 1 BGB analog anwenden, so dass eine Zweckbestimmung z. B. wegen Irrtums angefochten werden kann. Wenn pauschal gesagt wird, dass auch die §§ 104 ff. BGB analog anzuwenden sind, wäre die Konsequenz, dass – weil Minderjährige keinen Leistungszweck setzen können – von ihnen erbrachte „Leistungen" nur „Zuwendungen" wären und sich ein Bereicherungsanspruch nicht aus § 812 Abs. 1S. 1 Var. 1 BGB ergäbe, sondern aus § 812 Abs. 1S. 1 Var. 2 BGB. Mir scheint letzteres doch zweifelhaft und überkonstruiert zu sein, so dass man sich besser auf das Erfordernis eines zurechenbaren natürlichen Willen beschränken sollte.

## V. Leistung des Anspruchstellers

Nachdem Sie jetzt wissen, unter welchen Voraussetzungen von einer Leistung zu sprechen ist, wenden wir uns der bei der Leistungskondiktion oft zentralen Frage zu, ob der **Inanspruchgenommene** das „etwas" durch **Leistung des Anspruchstellers** erlangt hat.

Zunächst stellt sich erneut eine terminlogische Frage: Schon wieder wird hier ein Begriff („Inanspruchgenommener") verwendet, der nicht nur hässlich ist sondern auch nicht im Gesetz steht! Dort wird die Person, die das „etwas" durch „Leistung des Anspruchstellers" erlangt hat, nämlich ganz neutral als „wer" bezeichnet. Dieser Ausdruck ist für den das Recht Erlernenden zu farblos; er will wissen, welcher Person aus dem Sachverhalt man das „wer" zuordnen kann. Gegen den in der Literatur hierzu meistens verwendeten Ausdruck „Bereicherungs*schuldner*" sträube ich mich aus Ihnen bereits bekannten Gründen. Denn ein Schuldner ist eine Person, von der man bereits weiß, dass sie zu leisten hat (lesen Sie erneut § 241 BGB). Wir aber wollen dies doch erst herausfinden, wenn wir §§ 812 ff. BGB subsumieren. Und daher empfehle ich den Begriff „Inanspruchgenommener" – und wenn sich Ihre Feder sträubt, dies zu schreiben, so denken Sie sich jedenfalls diesen Ausdruck.

Nach diesem terminologischen Intermezzo, wollen wir uns – längst Bekanntes wiederholend – zunächst noch einmal klarmachen, **warum** es denn eigentlich so **bedeutungsvoll** ist zu wissen, **ob** (das hatten wir **sub IV** erörtert) und **von wem** (das erörtern wir jetzt **sub V**) der **Inanspruchgenommene** das **etwas durch Leistung erlangt** hat.

Bekanntlich kann ein „etwas" nur auf die eine Weise („durch Leistung") *oder* nur auf die andere Weise („in sonstiger Weise") erlangt werden. Bei einer Vorteilserlangung durch Leistung kommt nur die Leistungskondiktion in Betracht; ist der Vorteil in sonstiger Weise erlangt, kommt nur die Nichtleistungskondiktion in Betracht. Die Besonderheit ist nun, dass immer dann, wenn der Inanspruchgenommene den Vorteil durch Leistung erlangt hat, der Inanspruchgenommene auch nur durch einen Leistungskondiktionstatbestand verpflichtet sein kann, nicht aber aus Tatbestand der Nichtleistungskondiktion. Warum? Wer etwas durch Leistung ohne rechtlichen Grund erlangt hat, soll sicher sein, seine Verteidigungsmittel gegen einen Anspruch zu behalten.

### 1. „Zweipersonenverhältnis"/„Mehrpersonenverhältnis"

Wenn es nur **Zweipersonenverhältnisse**, mit denen Sie in der Ausbildung zunächst „groß geworden sind" bzw. „gerade groß werden", gäbe, wäre das Leben bequem. Hier gibt es nämlich keine Probleme bei der Frage, wer an wen geleistet hat. Stellen Sie sich zur Verdeutlichung bitte das *Beispiel* vor, dass Sie selbst (hier genannt: K) einem gewissen V aufgrund eines zwischen Ihnen beiden geschlossenen und vermeintlich wirksamen Kaufvertrags, der aber z. B. wegen eines versteckten Dissenses nicht zustande gekommen ist, Zug-um-Zug gegen Übereignung und Übergabe der Kaufsache den Kaufpreis in Höhe von € 100,– gezahlt haben und jetzt, nachdem sich herausgestellt hat, dass es Kaufvertrag nicht gibt, nach § 812 Abs. 1S. 1 Var. 1 BGB Rückzahlung fordern. Da dann auch der V gegen Sie einen Gegenanspruch aus § 812 Abs. 1S. 1 Var. 1 BGB auf Rückübereignung (Sie sind Eigentümer geblieben! Warum? „Abstraktionsprinzip"!) und Rückgabe der Kaufsache hat, kann er seine Leistung nach der sogenannten „Zweikondiktionentheorie" gemäß § 273 BGB oder nach den Grundsätzen der „Saldotheorie" nach § 320 BGB analog (dazu später) verweigern. Unzweifelhaft liegt ein Zweipersonenverhältnis auch dann vor, wenn man sich bei seinen Leistungen eines unselbstständigen Gehilfen bedient. Dieser verfolgt gegenüber dem Empfänger keinen eigenen Leistungszweck. Stellen Sie sich zum Verständnis dessen zum *Beispiel* weiter vor, auf Ihren (K's) Wunsch hin hätte der X das Geld zu V gebracht. Wenn Sie (K) jetzt wegen der Nichtigkeit des Kaufvertrages von V Rückzahlung nach § 812 Abs. 1S. 1 Var. 1 BGB verlangen, so liegt bereits auf den ersten Blick klar erkennbar kein „Dreipersonenverhältnis" vor, bei dem etwa mit Hilfe des „Leistungsbegriffs" ermittelt werden müsste, wer an wen geleistet hat. Es besteht vielmehr auch bei dieser Fallgestaltung unzweifelhaft ein „Zweipersonenverhältnis" zwischen Ihnen (K) und dem V: Sie (K) sind Leistender und damit auch der Gläubiger des Bereicherungsanspruchs aus § 812 Abs. 1S. 1 Var. 1 BGB, und unzweifelhaft ist der V der Schuldner dieses Anspruchs. Und der

V wiederum könnte Ihrem Anspruch seinen Gegenanspruch aus § 812 Abs. 1S. 1 Var. 1 BGB nach § 273 BGB bzw. § 320 BGB analog entgegenhalten. Niemals aber darf man ernsthaft in Erwägung ziehen, dass X, der ja lediglich Ihr Leistungsgehilfe war, Rückzahlung von V verlangen könnte.

Erst wenn an einem Erwerbsvorgang mehr als zwei Personen beteiligt sind, also ein **„Mehrpersonen-"** speziell ein **„Dreipersonenverhältnis"** vorliegt, ergeben sich Probleme bei der Ermittlung der Leistungsbeziehung. Hier ist es der **Leistungsbegriff,** der darüber Auskunft gibt, ob der Inanspruchgenommene das etwas durch eine Leistung des Anspruchstellers erlangt hat. Die Zweckrichtung bestimmt, welcher Beteiligte an wen geleistet hat. Wenn divergierende Vorstellungen zwischen dem Zuwendenden und Zuwendungsempfänger darüber bestehen, wer Leistender ist, entscheidet grundsätzlich die Person des Zuwendungsempfängers (BGH: §§ 133, 157 BGB analog; dazu später mehr).

**Fall 753**

Der K schuldet dem V aus einem Kaufvertrag € 1000,– (§ 433 Abs. 2 BGB). Er selbst hat gerade kein Geld zur Verfügung, aber eine fällige Darlehensforderung gegen den S in Höhe von € 1000,–. Er fordert daher den S auf, die € 1000,– an V zu zahlen, um so zugleich die Schuld aus § 488 Abs. 1S. 2 BGB zu erfüllen. S kommt dem nach und zahlt € 1000,– in bar an V, der das Geld gesondert in dem von S zum Geldtransport verwendeten Briefumschlag aufbewahrt. Kann S gegen V einen Bereicherungsanspruch geltend machen, wenn sich herausstellen sollte, dass die Kaufpreisforderung des V gegen K nicht bestand?

Der S könnte gegen V einen Anspruch 1. aus § 812 Abs. 1S. 1 Var. 1 BGB haben. a) V hat „etwas" erlangt, nämlich durch die Barzahlung des S das Eigentum und den Besitz an den € 1000,-. b) Durch Leistung des S an V? aa) S hat geleistet, denn er hat aaa) bewusst das Vermögen des V gemehrt, bbb) und dies zweckgerichtet, weil er damit seine Verpflichtung gegenüber K aus § 488 Abs. 1S. 2 BGB durch Leistung an einen Dritten erfüllen wollte (§§ 362 Abs. 2, 185 BGB). bb) Dass er diese Leistung aber nicht dem V erbracht hat, ergibt sich aus der Zweckrichtung: Der S wollte gegenüber dem V keinen Leistungszweck erfüllen, sondern nur gegenüber dem K. Das entspricht auch der Sichtweise des V. Der S hat daher keinen Anspruch gegen den V aus § 812 Abs. 1S. 1 Var. 1 BGB. 2. Hat der S gegen den V einen Anspruch aus § 812 Abs. 1S. 1 Var. 2 BGB? a) V hat „etwas" erlangt, nämlich durch die Barzahlung des S das Eigentum und den Besitz an den € 1000,–. b) Wenn er dieses „etwas" durch Leistung eines anderen erlangt hätte, könnte er dem S nicht aus Kondiktion „in sonstiger Weise" aus § 812 Abs. 1S. 1 Var. 2 BGB verpflichtet sein, denn dem Inanspruchgenommenen von irgendjemand „Geleistetes" kann nicht zugleich „in sonstiger Weise" erlangt worden sein. Hier hat der K an V geleistet. aa) Denn er hat durch die Einschaltung des S als eines seiner Anweisung gehorchenden Leistungsgehilfen bewusst das Vermögen des V gemehrt, bb) und dies auch zweckgerichtet, weil er damit seine Verpflichtung gegenüber V aus § 433 Abs. 2 BGB erfüllen wollte. Also besteht kein Bereicherungsanspruch des S gegen den V.

Es hat sich gezeigt, dass dieser Fall mittels des Leistungsbegriffs ohne weiteres beherrschbar war. Aber das war ja ein völlig unsystematisch in den Raum gestelltes die Problemlage illustrieren sollendes Beispiel. Jetzt müssen wir Strukturen legen, die es Ihnen möglich machen, auch kompliziertere Fragen einigermaßen sicher beantworten zu können. Denn so einfach wie im vorstehenden Fall liegt es nicht immer. Sie sollten Sie sich innerlich schon einmal darauf einstellen, dass Sie vielfach die ausschließlich mithilfe des Leistungsbegriffs gefundenen Antworten **durch wertende Überlegungen** werden **überprüfen** und ggf. auch werden **korrigieren** müssen. Solchen kritischen Fällen wollen wir uns jetzt Schritt für Schritt nähern.

Übrigens: Spätestens nach dem letzten Fall müssen Sie zur Vorbereitung einer jeden Fallbearbeitung eine **Skizze fertigen**, sonst verlieren Sie die Übersicht. Diese Skizze sollten Sie genau so strukturieren, wie diejenigen Skizzen, die Sie beim Vertrag zugunsten Dritter zu zeichnen pflegen. Im letzten Fall also „oben" auf der Gläubigerebene die durch den Kaufvertrag verbundenen K und V und „unten" auf der Schuldnerebene den S. Wir werden im Folgenden entsprechend der allgemeinen Üblichkeit auch die im Dreipersonenverhältnis bestehenden drei Rechtsbeziehungen genauso wie beim Vertrag zugunsten Dritter als **„Deckungs-** (*im letzten Fall: K-S*), **Valuta-** (*im letzten Fall: K-V*) **und Zuwendungsverhältnis"** (*im letzten Fall: S-V*) benennen

## 2. Die „Leistungskette"

Die **einfachste Konstellation** eines „Dreipersonenverhältnisses" ist die sog. **„Leistungskette"**, **z. B.** die **Handelskette** zwischen Großhändler (V), Zwischenhändler (K) und Endabnehmer (D). Wer gründlich mitgearbeitet hat, wird sich erinnern, dass die „Leistungskette" hier schon einmal als eines der skizzenhaft „angelöster" Beispielsfälle gedient hatte.

**Fall 754**

Der V verkauft eine ihm gehörige bewegliche Sache dem K (wir nennen die Beziehung V – K in „Analogie" zur Terminologie beim Vertrag zugunsten Dritter fortan das „Deckungsverhältnis", obwohl – wie ausdrücklich betont wird – bei der „Leistungskette" gerade kein Vertrag zugunsten Dritter vorliegt! Die bereicherungsrechtliche Rückabwicklung beim Vertrag zugunsten Dritter wird später erörtert. Es geht bei der Begriffswahl allein um eine allgemein übliche Vereinfachung der Terminologie!) und liefert durch Übereignung nach § 929S. 1 BGB und Übergabe die Sache dem K. Der K verkauft sie weiter an den D („Valutaverhältnis") und liefert sie durch Übereignung und Übergabe (§ 929S. 1 BGB) dem D.

Wir werden jetzt die denkbaren Möglichkeiten der Nichtigkeit der die drei Personen miteinander verbindenden beiden Kaufverträge „durchspielen", wobei uns der Nichtigkeitsgrund letztlich gleichgültig ist; es darf nur kein Fall einer zur Durchbrechung des Abstraktionsprinzips führenden „Fehleridentität" sein (wenn Sie einen Konkretisierungsbedarf haben: denken Sie sich einen Fall des nur das Verpflichtungsgeschäft betreffenden Dissenses). Geprüft werden nur bereicherungsrechtliche Ansprüche bei Kaufverträgen.

### a) Nichtigkeit des „Deckungsverhältnisses"

**Variante**

Der Kaufvertrag V – K („Deckungsverhältnis") ist nichtig. Der V will die Sache von dem D zurück oder sich insoweit an den K halten.

1. Der V könnte gegen den D a) einen Anspruch aus § 812 Abs. 1S. 1 Var. 1 BGB haben. aa) Der D hat „etwas", nämlich durch eine Übergabe des K den Besitz und durch eine Übereignung des K („Valutaverhältnis") nach § 929S. 1 BGB das Eigentum an der Sache erlangt. Der K war auch der Eigentümer, denn der V hatte die Sache zuvor an ihn übereignet (§ 929S. 1 BGB). bb) Fraglich ist, ob der D das „etwas" aaa) durch Leistung des Anspruchstellers V erlangt hat. Dazu müsste der V das Vermögen des D bewusst und zweckgerichtet gemehrt haben. Das ist nicht der Fall: Der V hat seinen Kaufvertrag mit dem K erfüllen wollen und hat daher durch eine Übereignung an den K dessen Vermögen bewusst und zweckgerichtet gemehrt, also an den K geleistet. b) Der Anspruch könnte sich aus § 812 Abs. 1S. 1 Var. 2 BGB („Nichtleistungskondiktion") ergeben. aa) Der D hat „etwas", nämlich durch eine Übereignung des K an den D nach § 929S. 1 BGB, das Eigentum und den Besitz an der Sache erlangt. bb) Zu prüfen ist, ob der D den Vermögensvorteil „in sonstiger Weise" erlangt hat. aaa) Die Vorfrage ist, ob ein anderer an den D geleistet hat. Denn beim Vorliegen einer Leistung an den Inanspruchgenommenen ist eine andere Erwerbsart („in sonstiger Weise") grundsätzlich begrifflich ausgeschlossen („Alternativitätsprinzip", „Subsidiaritätsprinzip" oder Prinzip vom „Vorrang der Leistungskondiktion" genannt). Geleistet hat an den Inanspruchgenommenen D aaa) zwar nicht der Anspruchsteller V, bbb) wohl aber der K: Dieser hat das Vermögen des D bewusst und zweckgerichtet (er wollte den Kaufvertrag K – D = Valutaverhältnis erfüllen) gemehrt. bbb) Daher kommt eine Kondiktion „in sonstiger Weise" im Verhältnis V – D nicht in Betracht. Der V hat daher keinen Anspruch aus § 812 Abs. 1S. 1 BGB gegen den D. 2. Der V könnte aber einen Anspruch gegen den K auf Rückübereignung und Rückgabe oder Wertersatz aus § 812 Abs. 1S. 1 Var. 1 haben. a) Der K hat das Eigentum und den Besitz an der Sache durch eine Übereignung V – K nach § 929S. 1 BGB erlangt, also ein „etwas" i. S. d. § 812 BGB. b) Der Anspruchsteller V hat bewusst und zweckgerichtet (er wollte den Kaufvertrag V – K (= „Deckungsverhältnis") erfüllen; hier darf man nicht den groben

Fehler machen und etwa aus der Nichtigkeit des Kaufvertrages ableiten, dass V diesen Zweck nicht erfüllen wollte! Denn der V ging vom Bestehen der Verbindlichkeit aus.) das Vermögen des Inanspruchgenommenen K gemehrt. c) Dies geschah ohne Rechtsgrund. d) Der Anspruch aa) ist aber nicht auf Herausgabe des „etwas" = Rückübereignung und Rückgabe) gerichtet, weil dem K eine solche „Herausgabe" wegen der Weiterübereignung an D nicht möglich ist, bb) sondern auf Wertersatz (§ 818 Abs. 2 BGB). cc) Entreichert (§ 818 Abs. 3 BGB) ist der K nicht, weil er den Kaufpreis von D erhalten hat. e) Welchen Einfluss der Bereicherungsanspruch des K gegen den V auf Rückzahlung des Kaufpreises hat, werden wir später erörtern.

### b) Nichtigkeit des „Valutaverhältnisses"

**Variante**

Der Kaufvertrag K – D („Valutaverhältnis") ist nichtig. V will sich an D oder K und der K an D halten.

1. Ansprüche des V gegen D bestehen aus den vorgenannten Gründen (erste Fall-Variante) nicht. 2. Ansprüche des V gegen K bestehen nicht, weil K zwar „etwas" durch Leistung des V erlangt hat (s. o. erste Fall-Variante), dies aber mit rechtlichem Grund. 3. Der K könnte einen Anspruch auf Herausgabe gegen D aus § 812 Abs. 1S. 1 Var. 1 BGB haben. a) Der D hat das Eigentum und den Besitz an der Sache, also „etwas", erlangt (s. o. erste Fall-Variante), b) und zwar durch Leistung des Anspruchstellers K an den Inanspruchgenommenen D (s. o. erste Fall-Variante) c) und dies ohne Rechtsgrund. d) Der D ist zur Rückübereignung und Rückgabe an den K verpflichtet. e) Welchen Einfluss der Bereicherungsanspruch des D gegen den K auf Rückzahlung des Kaufpreises hat, werden wir später erörtern.

### c) „Doppelmangel": Nichtigkeit von „Deckungs- und Valutaverhältnis"

Hier stellt sich die komplizierteste Frage, ob nämlich ein **Durchgriffsanspruch** des V gegen D besteht in „neuem Gewande"; das ist nämlich früher einmal von der h.M. angenommen worden, zuweilen mittels eines juristischen „Tricks", indem man die rechtsgrundlose Leistung des K an D einer unentgeltlichen Leistung gleichsetzte und § 822 BGB analog anwandte. Dies wird aber heute zu Recht abgelehnt, so dass beim „Doppelmangel" nur ein Anspruch des V gegen K gegeben ist. Hier stellt sich die Frage, ob der Anspruch des V gegen K gerichtet ist auf eine **Kondiktion der Kondiktion** oder auf einen **Wertersatz**. Dazu besteht weitgehend Einigkeit, dass bei einer über § 818 Abs. 1 BGB konstruierbaren „Kondiktion der Kondiktion" zwar die Interessen des D (kein Verlust von Einwendungen) berücksichtigt würden, dass es aber andererseits dadurch zu einer für den V unangemessenen Kumulierung von Risiken käme (doppeltes Entreicherungsrisiko, doppeltes Einwendungs- und doppeltes Insolvenz-Risiko aus der Person des K und des D). Daher kommt man im Ergebnis dazu, dem V einen Anspruch gegen den K nach § 818 Abs. 2 BGB auf Wertersatz zuzuerkennen. Bei dieser Lösung trägt der V lediglich das Insolvenz- und

Entreicherungsrisiko aus der Person des K. Konstruierbar ist dies in der Weise, dass der K das in der Übereignung und Übergabe liegende „etwas" nicht herausgeben kann und daher Wertersatz nach § 818 Abs. 2 BGB schuldet. Diesem Lösungsvorschlag ist zu folgen, vielleicht mit der hier angeregten Einschränkung, dass man dem V die Wahl lassen sollte, sich für den Weg der „Kondiktion der Kondiktion" mit allen ihren Risiken (doppeltes Entreicherungsrisiko, doppeltes Einwendungs- und doppeltes Insolvenz-Risiko aus der Person des K und des D) zu entscheiden, wenn ihm daran gelegen ist das „etwas" selbst herauszuverlangen. Vorstellbar wäre dies bei bestimmten gegenständlichen Vorteilen, bei denen ein bloßer Wertersatz einen nicht zufrieden stellt. Letzte Frage: Wann ignoriert man alle diese Überlegungen? Wenn es zwischen K und D bereits zur Rückabwicklung gekommen ist!

**Variante**

Beide Kaufverträge (also „Deckungs- und Valutaverhältnis") sind nichtig. Wer kann sich an wen halten?

1. Es besteht kein Anspruch des V gegen den D aus § 812 Abs. 1S. 1 Var. 1 BGB im Wege des „Durchgriffs". a) Vor Jahrzehnten war dies beim „Doppelmangel" die herrschende Auffassung. Dogmatisch hatte man das mit einer analogen Anwendung des § 822 BGB begründet: Der Bereicherungsschuldner K sei zwar nicht durch eine unentgeltliche Zuwendung wohl aber durch eine ihr gleichzustellende rechtsgrundlose Zuwendung enthaftet worden. Dazu, dass dies heute grundsätzlich abgelehnt wird, lesen Sie später mehr. bb) Die moderne Dogmatik folgt dem aus den vorstehend genannten Argumenten nicht, namentlich aus den die begrifflichen Argumente ergänzende Bewertungen: Der D würde – ließe man einen Durchgriff zu – seine Einwendungen im Verhältnis zum K verlieren, und V müsste das sich aus der Person des K ergebende Insolvenzrisiko nicht tragen, ohne dass es dafür rechtfertigende Gründe gäbe. 2. Vielmehr hat der K gegen D einen Anspruch aus § 812 Abs. 1S. 1 Var. 1 BGB auf Rückübereignung und Rückgabe (s. o. zweite Fall-Variante). 3. Auch der V hat gegen K einen Anspruch aus § 812 Abs. 1S. 1 Var. 1 BGB (s. o. erste Fall-Variante). Fraglich ist, worauf dieser Anspruch gerichtet ist: Der K hatte das Eigentum und den Besitz an der Sache erlangt. Hier muss man alternativ denken: a) Wenn es bereits zu einer Rückabwicklung nach § 812 Abs. 1S. 1 Var. 1 BGB im Verhältnis K – D gekommen ist, kann der K die Sache auch an den V zurückgeben und zurückübereignen. b) Wenn es aber noch nicht zu einer bereicherungsrechtlichen Rückabwicklung zwischen dem K und dem D gekommen ist, stellt sich die Frage, worauf der Anspruch gerichtet ist. aa) Mit unterschiedlicher Begründung könnte man sagen, dass V von D Herausgabe des Bereicherungsanspruchs verlangen könnte („Kondiktion der Kondiktion"). Zur Begründung dessen wird u. a. gesagt, dass durch „Surrogation" an die Stelle des erlangten „etwas" der Bereicherungsanspruch des K gegen den D getreten ist (§ 818 Abs. 1 BGB) ist. bb) Diese Lösung aaa) widerspricht jedoch der Interessenlage. Denn sie würde zu einer für den V unangemessenen Kumulierung von Risiken führen: Er müsste danach das doppelte (aus der Person des K *und* zugleich aus der Person des D herrührende)

Entreicherungsrisiko (§ 818 Abs. 3 BGB) und das doppelte Einwendungs- (das aus der Person des K *und* zugleich nach § 404 BGB das aus der Person des D) und das doppelte Insolvenz-Risiko (das aus der Person des K *und* zugleich das aus der Person des D) tragen. Zumutbar sind ihm aber nur die sich aus der Beziehung zu K ergebenden Entreicherungs-, Einwendungs- und Insolvenzrisiken, denn nur den K hatte er als Vertragspartner ausgesucht, nicht aber die zusätzlichen Risiken aus der Beziehung des K zu D. bbb) Daher soll der V von K Wertersatz verlangen können (§ 818 Abs. 2 BGB). dd) Dem ist mit der Einschränkung zu folgen, dass man dem V die Wahl lassen sollte, den Weg der „Kondiktion der Kondiktion" zu wählen. e) Welchen Einfluss der Bereicherungsanspruch des K gegen den V auf Rückzahlung des Kaufpreises hat, werden wir später erörtern.

### 3. Lieferung des V an D auf Anweisung des K

Ein weiteres „Dreipersonenverhältnis" ist die Konstellation, bei der zum Zwecke der „Abkürzung des Leistungsweges" auf **Anweisung** des K die Ware von V direkt an den Dritten (D) geliefert wird.

Der Grund dafür, dass eine Vermögensbewegung (bei der bisher behandelten Konstellation der „abgekürzten Leistung" bei Veräußerungsgeschäften: die Übereignung und Übergabe) zwischen dem Angewiesenen (V) und dem Dritten (D) erfolgt, kann eine von V befolgte Anweisung des K sein. Bei einer solchen Anweisung handelt es sich nicht um eine Anweisung i. S. d. § 783 BGB, sondern um eine im Rahmen des Deckungsverhältnisses erteilte bloße Weisung des K, an wen zu leisten sei, die dann von dem Angewiesenen befolgt wurde. Und Sie wissen ja auch noch, dass in den vorgenannten Fallkonstellationen die zu Bereicherungsansprüchen führenden pathologischen Situationen in einer Unwirksamkeit des Deckungs- oder/und des Valutaverhältnisses bestand.

Hier stellt sich ebenfalls die Frage nach einer bereicherungsrechtlichen Rückabwicklung in den Fällen der des Nichtbestehens des Deckungsverhältnisses, des Nichtbestehens des Valutaverhältnisses und in den Fällen des Doppelmangels.

Bei der jetzt behandelten Fragestellung, bei der es wieder um die Abkürzung des Leistungsweges geht, stellt sich die die Vorfrage, ob die Lieferung des V an D eine Übereignung des V an D ist **(„Direktlieferung")** oder ob sie lediglich der Verschaffung des Besitzes an D dient und das Eigentum zunächst an K und erst im Wege einer weiteren Übereignung auf D übergeht **(„Durchlieferung")**. Denn davon hängt ab, worin das von K erlangte „etwas" besteht.

Wie angekündigt, werden jetzt wie zuvor bei der „Leistungskette" die denkbaren Konstellationen der Nichtigkeit durchgespielt.

**Fall 755**

Der V hat an den K eine ihm gehörige Sache verkauft und dieser hat sie an D weiterverkauft. K und D haben die von ihnen geschuldeten Kaufpreise gezahlt. Der V liefert die Sache auf Weisung des K direkt an den D, indem er sie ihm aushändigt.

### a) Durchgangserwerb

Wenn **nichts** dazu **vereinbart** ist **oder** wenn **Zweifel** bleiben, dann kann aufgrund einer Auslegung bei einer von V aufgrund eines Kaufvertrags dem K geschuldeten und auf Weisung des K direkt an dessen (Ab-)Käufer D vorgenommenen Lieferung der Ware nicht davon ausgegangen werden, dass V an D hat übereignen wollen. Denn eine Auslegung (§§ 133, 157 BGB) würde ergeben, dass für den Angewiesenen (V) die Rechtsbeziehungen zwischen dem K und dem D so undurchsichtig sind, dass der V gar nicht sicher sein kann, ob der der D überhaupt zum Eigentumserwerb oder – weil der D vielleicht nur Entleiher, Mieter oder Eigentumsvorbehaltskäufer ist – nur zum Besitzerwerb berechtigt sein soll. Aus diesem Grunde gilt die Regel, dass man als Schuldner im Zweifel immer an denjenigen übereignet, dem man die Übereignung schuldet.

Daraus folgt, dass im Fall der Entgegennahme der Kaufpreiszahlung des K seitens des V – die wir ja zugrunde legen wollen – eine konkludente Einigung i. S. des § 929S. 1 BGB zur Herbeiführung der Übereignung der Kaufsache an K gegeben ist. Die Übergabe an K erfolgt durch die durch V vorgenommene Verschaffung des unmittelbaren Besitzes an D als der Geheißperson des K. Damit wäre der K Eigentümer geworden. Wenn – wovon wir ja ebenfalls ausgehen wollen – auch der D den Kaufpreis an K gezahlt hat, so liegt in dessen Entgegennahme durch K die konkludente Einigung i. S. d. § 929S. 1 BGB zur Herbeiführung der Übereignung der Kaufsache an D. Die Übergabe erfolgt durch die Verschaffung des unmittelbaren Besitzes an D durch den V als der Geheißperson des K.

Damit wäre im Ergebnis der D aufgrund eines „doppelten Geheißerwerbes" im Wege des **Durchgangserwerbs** Eigentümer geworden.

#### aa) Nichtigkeit des Deckungsverhältnisses

**Variante**

Der Kaufvertrag V – K („Deckungsverhältnis") ist nichtig. Der V will sich an den D oder den K halten.

1. Der V könnte von D nach a) § 812 Abs. 1S. 1 Var. 1 BGB Rückübereignung der Sache verlangen, wenn aa) der D das Eigentum und den Besitz als „etwas" erlangt hätte. Den Besitz hat der D durch die Übergabe seitens des V erlangt. Was das Eigentum angeht, so aaa) könnte der D das Eigentum von V nach § 929S. 1 BGB erlangt haben. Dafür wäre außer der vorliegenden Übergabe auch eine Einigung V – D erforderlich, d. h. ein Vertrag, aufgrund dessen das Eigentum von V auf D übertragen werden soll. Die im Sachverhalt genannte Tatsache der „Lieferung" des V an D ergibt dies nicht etwa automatisch. Wenn nichts vereinbart ist oder Zweifel bleiben, dann kann bei einer von V aufgrund eines Kaufvertrags dem K geschuldeten und auf Weisung des K direkt an dessen (Ab-) Käufer D vorgenommenen Lieferung aufgrund einer Auslegung nicht davon ausgegangen werden, dass V an D hat übereignen wollen (§§ 133, 157 BGB). Der Grund dafür ist, dass für den Angewiesenen (V) die Rechtsbeziehungen zwischen dem K und dem D undurchsichtig sind, so dass der V gar nicht sicher sein kann, ob der D zum Eigentumserwerb oder – weil der D vielleicht nur Entleiher oder

Eigentumsvorbehaltskäufer ist – nur zum Besitzerwerb berechtigt ist. Aus diesem Grunde will man als Schuldner im Zweifel immer nur an denjenigen übereignen, dem man die Übereignung auch schuldet. Auszugehen ist daher davon, dass bei einer Lieferung auf Weisung ein Direkterwerb ausscheidet. Daher hat der D das Eigentum nicht durch eine Übereignung des V an den D erlangt. bbb) Möglich ist aber, dass der D das Eigentum von dem K erlangt hat: aaaa) Davon dass der D und der K sich über den Eigentumsübergang bezüglich der Kaufsache geeinigt haben, ist bei Zahlung und Entgegennahme des Kaufpreises auszugehen (§§ 133, 157 BGB). bbbb) Die Übergabe hat nicht der K persönlich vorgenommen, aber auf dessen „Geheiß" der V (also durch V in der Rolle einer „Geheißperson" des K), was ausreicht. cccc) Voraussetzung ist aber weiterhin für eine Übereignung K – D nach § 929S. 1 BGB, dass der K Eigentümer der Sache war: aaaaa) Zunächst war der V Eigentümer; bbbbb) der K könnte durch eine Übereignung des V an ihn Eigentümer der Sache nach § 929S. 1 BGB geworden sein. aaaaaa) Eine Einigung V – K liegt vor. Denn davon dass der V und der K sich über den Eigentumsübergang bezüglich der Kaufsache geeinigt haben, ist bei Zahlung und Entgegennahme des Kaufpreises auszugehen (§§ 133, 157 BGB). bbbbbb) Die Sache müsste an den K übergeben worden sein: aaaaaaa) an ihn persönlich ist sie nicht übergeben worden, bbbbbbb) wohl aber auf K' s „Geheiß" an den D (also an D in der Rolle einer „Geheißperson" des K), was ausreicht. Der K war also Eigentümer, als er an D übereignete. Es handelt sich mithin um einen Eigentumserwerb des D durch sog. „doppelten Geheißerwerb", der bei beweglichen Sachen nach § 929S. 1 BGB möglich ist. bb) Fraglich ist, ob der Inanspruchgenommene D das „etwas" durch Leistung des Anspruchstellers V erlangt hat. Dazu müsste der V das Vermögen des D bewusst und zweckgerichtet gemehrt haben. Das ist nicht der Fall: Der V hat an den K geleistet, weil er den vermeintlichen Kaufvertrag mit K erfüllen wollte. Also hat der V gegen den D keinen Anspruch aus § 812 Abs. 1S. 1 Var. 1 BGB. b) Der Anspruch könnte sich aber aus § 812 Abs. 1S. 1 Var. 2 BGB ergeben. aa) Der D hat – wie soeben aufgezeigt – „etwas", nämlich den Besitz und durch eine Übereignung im Wege des „doppelten Geheißerwerbs" V – K – D nach § 929S. 1 BGB das Eigentum an der Sache erlangt. bb) Zu prüfen ist, ob der D den Vermögensvorteil „in sonstiger Weise" erlangt hat. aaa) Die Vorfrage ist, ob ein anderer an den Inanspruchgenommenen D geleistet hat. Denn beim Vorliegen einer Leistung ist eine andere Erwerbsart („in sonstiger Weise") grundsätzlich begrifflich ausgeschlossen („Alternativitätsprinzip", „Subsidiaritätsprinzip" oder Prinzip vom „Vorrang der Leistungskondiktion" genannt). Leistender war aaaa) zwar nicht der Anspruchsteller V, bbbb) wohl aber der K: Dieser hat das Vermögen des D bewusst und zweckgerichtet (er wollte den Kaufvertrag K – D = „Valutaverhältnis" erfüllen) gemehrt. bbb) Daher kommt eine Kondiktion „in sonstiger Weise" des V gegen den D nicht in Betracht. Der V hat keinen Anspruch aus § 812 Abs. 1 BGB gegen den D. 2. Der V könnte einen Anspruch gegen den K auf Rückübereignung oder Wertersatz aus § 812 Abs. 1S. 1 Var. 1 haben. a) Der K hat das Eigentum an der Sache durch eine Übereignung V – K nach § 929S. 1 BGB erlangt, also ein „etwas" i. S. d. § 812 BGB. b) Der Anspruchsteller V hat bewusst und zweckgerichtet (er wollte den Kaufvertrag V – K = Deckungsverhältnis erfüllen) das Vermögen des Inanspruchgenommenen K gemehrt. c) Dies geschah ohne Rechtsgrund. d) Der Anspruch aa) ist nicht auf Herausgabe des „etwas“ (= Rückübereignung) gerichtet, weil dem K die Herausgabe durch Rückübereignung wegen der Weiterübereignung an den D nicht möglich ist, bb) sondern auf Wertersatz (§ 818 Abs. 2 BGB). cc) Entreichert (§ 818 Abs. 3 BGB) ist der K nicht, weil er den Kaufpreis von D erhalten hat. d) Die Frage, welche Bedeutung der Gegenanspruch des K gegen den V aus § 812 Abs. 1S. 1 Var. 1 BGB auf Rückzahlung des Kaufpreises hat, werden wir später erörtern.

bb) Nichtigkeit des Valutaverhältnisses

In den Fällen der **Nichtigkeit des Valutaverhältnisses** gilt (aus den gleichen Gründen wie bei der „Leistungskette“), dass der K gegenüber D kondizieren kann. Hier gibt es keine hervorzuhebenden Besonderheiten.

cc) „Doppelmangel“: Nichtigkeit von „Deckungs- und Valutaverhältnis“

Wenn ein **„Doppelmangel“** vorliegt, stellen sich die bereits bei der Leistungskette angesprochenen Fragen, so dass Ausführungen dazu eine reine Wiederholung wären. Halten Sie sich selbst dazu einen kurzen „Vortrag“ oder lesen Sie alles noch einmal durch!

### b) Direkterwerb

Bei den bisherigen Konstellationen der Veräußerung einer Sache (V an K) und deren Weiterveräußerung (K an D) lag es stets so, dass die dinglichen Erfüllungsgeschäfte parallel zu den die Kausalverhältnisse bildenden Kaufverträgen vorgenommen wurden, also der V an K und der K an D übereignete. Möglich ist aber auch ein sachenrechtlicher Direkterwerb des Eigentums bei D.

Es gibt aber auch die Möglichkeit, dass ein Schuldner (V) aufgrund einer zum Zwecke der **„Abkürzung des Leistungsweges“** erteilten **Anweisung** des K **direkt an D übereignet**.

Die praktische Relevanz dieser Konstruktion liegt nicht bei der Veräußerung beweglicher Sachen, denn hier kommt man mittels der Leistungskette in der Ausgestaltung der „Durchlieferung“ im Wegen des „doppelten Geheißerwerbs“ zum gleichen Resultat – mit einer für den D nachteiligen Ausnahme: Er muss das Insolvenzrisiko aus der Person des Zwischenerwerbers (K) tragen. Wirklich bedeutsam ist die Konstruktion des Direkterwerbs aufgrund einer Anweisung für die Veräußerung eines Grundstücks, weil man so die durch einen Zwischenerwerb des K entstehenden Kosten (z. B. die Grunderwerbssteuer) sparen kann.

Für diese Fall erörtern wir erneut die bereicherungsrechtlichen Fragen im Fall der **Nichtigkeit** des **Deckungsverhältnisses (sub aa)),** des **Valutaverhältnisses (sub bb))** und schließlich für den Fall der **„Doppelnichtigkeit“** von Deckungs- und Valutaverhältnis **(sub cc))**.

**Fall 756**

Der V hat an den K formgerecht ein Grundstück verkauft (§§ 433, 311b Abs. 1S. 1 BGB), und dieser hat es formgerecht an den D weiterverkauft (§§ 433,

311b Abs. 1S. 1 BGB). Der K erteilt dem V die Anweisung, das Grundstück an den D zu übereignen und zu übergeben, was dieser auch tut (§§ 873 Abs. 1, 925 BGB).

cc) Nichtigkeit des Deckungsverhältnisses

**Variante**

Der Kaufvertrag V – K („Deckungsverhältnis") ist nichtig. Der V will sich an den D oder an den K halten. K will wissen, ob er Rückübereignung von D verlangen kann.

1. Ein Anspruch des V gegen D a) aus § 812 Abs. 1S. 1 Fall BGB aa) setzt voraus, dass D etwas erlangt hat. Das ist das Eigentum an dem Grundstück. bb) Geleistet hat aber nicht der Anspruchsteller V. aaa) Zwar hat er an D übereignet, bbb) aber er wollte aaaa) damit den Anspruch aus dem Kaufvertrag mit K erfüllen, dem er zu Übereignung an den D verpflichtet war. bbbb) Auch kann man nicht sagen, dass die den D zur Geltendmachung der Forderung ermächtigende Anweisung (§ 185 Abs. 1 BGB analog) eine Verpflichtung des V auch dem D gegenüber begründet. Vielmehr kann der D aufgrund dieser Ermächtigung lediglich die Rechte des K geltend machen. b) Da an den D ein anderer, nämlich der K, geleistet hat, kommt auch ein Anspruch des V gegen D aus § 812 Abs. 1S. 1 Var. 2 BGB nicht in Betracht. 2. Ein Anspruch des V gegen K aus § 812 Abs. 1S. 1 BGB setzt voraus, dass a) der K „etwas" erlangt hat. aa) Hier kann man entweder annehmen, dass K die Befreiung von seiner Verbindlichkeit im Verhältnis zu D aus § 433 Abs. 1 BGB erlangt hat; denn diese ist durch die Übergabe und Übereignung des angewiesenen V nach § 362 Abs. 1 BGB erloschen (§ 267 BGB darf nicht zitiert werden, weil der V „Leistungsgehilfe" des K war, also der K praktisch selbst erfüllt hat). Das war lange unumstritten (Esser-Weyers). bb) Neuerdings aber wird aufgrund des Umstandes, dass die Übereignung V – D lediglich eine die Leistungskette rechtstechnisch erleichternde Konstruktion ist, gefordert, den Fall wie bei der „Leistungskette" zu behandeln, also so, „als ob" an K zwischenübereignet worden wäre (Canaris). b) Der V hat diesen Vermögensvorteil, welchen immer Sie zugrunde legen, dem K bewusst und zweckgerichtet zugewendet, denn er war aus dem vermeintlich bestehenden Kaufvertrag verpflichtet, an den D zu übereignen, c) und dies ohne Rechtsgrund. d) Weil aa) die Befreiung von einer Verbindlichkeit bb) bzw. das als erlangt angesehene („als ob") Eigentum nicht herausgegeben werden kann, kommt nur ein Anspruch auf Wertersatz (§ 818 Abs. 2 BGB) in Betracht. d) Die Frage, welche Bedeutung der Gegenanspruch des K gegen den V aus § 812 Abs. 1S. 1 Var. 1 BGB auf Rückzahlung des Kaufpreises hat, werden wir später erörtern.

3. Ein Anspruch des K gegen D a) aus § 812 Abs. 1S. 1 Var. 1 BGB kommt nicht in Betracht, weil K mit Rechtsgrund an den D geleistet hat. b) Und weil das bestehende Leistungsverhältnis eine Kondiktion aus § 812 Abs. 1S. 1 Var. 2 BGB ausschließt, scheidet dieser Anspruch ebenfalls aus.

bb) Nichtigkeit des Valutaverhältnisses

**Variante**

Wenn der Kaufvertrag K – D („Valutaverhältnis") nichtig ist,

1. kommt ein Anspruch des V gegen D aus § 812 Abs. 1S. 1 BGB aus den vorgenannten Gründen weder als „Leistungs-" noch als „Nichtleistungskondiktion" in Betracht. 2. Ein Anspruch des V gegen K a) aus § 812 Abs. 1S. 1 Var. 1 BGB kommt nicht in Betracht, weil V mit Rechtsgrund an den K geleistet hat. b) Und weil das bestehende Leistungsverhältnis eine Kondiktion aus § 812 Abs. 1S. 1 Var. 2 BGB ausschließt, scheidet dieser Anspruch ebenfalls aus. 3. Der K könnte sich an den D halten. a) Der D hat das Eigentum und den Besitz als „etwas" durch die Übereignung und Übergabe des V an D erlangt. b) Es war der K, der das Vermögen des D durch Einschaltung des „Leistungsgehilfen" V bewusst und zweckgerichtet – er wollte den vermeintlichen Kaufvertrag durch die von ihm veranlasste Übereignung des V erfüllen – gemehrt hat, c) und zwar ohne Rechtsgrund. d) Geschuldet ist eine Herausgabe der Sache durch Übereignung und Übergabe an den K. e) Die Frage, welche Bedeutung der Gegenanspruch des K gegen den V aus § 812 Abs. 1S. 1 Var. 1 BGB auf Rückzahlung des Kaufpreises hat, werden wir später erörtern.

cc) „Doppelmangel": Nichtigkeit von „Deckungs- und Valutaverhältnis"

**Variante**

Doppelmangel. Wer kann sich an wen halten?

1. Es gibt a) keinen Anspruch des V gegen den D aus § 812 Abs. 1S. 1 Var. 1 oder Var. 2 BGB; das ergeben die Ausführungen zur ersten Fall-Variante. b) Auch ein Anspruch aus § 822 BGB analog scheidet aus, weil bei dieser Fallkonstellation die in § 822 BGB geforderte Unentgeltlichkeit nicht der Rechtsgrundlosigkeit des Valutaverhältnisses gleichgesetzt werden kann (dazu später mehr). 2. Der K hat – wie zuvor ausgeführt – einen Anspruch aus § 812 Abs. 1S. 1 Var. 1 BGB gegen den D. 3. Der V hat gegen K einen Anspruch aus §§ 812 Abs. 1S. 1 Var. 1, 818 Abs. 2 BGB. a) Der K müsste „etwas" erlangt haben. aa) Mangels einer Verbindlichkeit des V (das „Valutaverhältnis" ist bei dieser Fallkonstellation nichtig!) hätte der K keine Befreiung von einer Verbindlichkeit erlangt, sondern könnte stattdessen einen Bereicherungsanspruch gegen den D (s. zuvor). bb) Das entspricht aber nicht der Interessenlage. aaa) Denn das würde zur Konsequenz haben, dass der V von dem K die Abtretung von dessen Kondiktionsanspruch gegen den D verlangen kann („Kondiktion der Kondiktion"). Sie wissen bereits, dass dies zwar den Interessen des D (nach §§ 404, 406 BGB kein Verlust der Einwendungen aus dem Verhältnis zu K) gerecht würde, aber zu einer für den V unangemessenen Kumulierung von Risiken führen, denn er müsste danach das doppelte Entreicherungsrisiko (§ 818 Abs. 3 BGB) und vor allem das doppelte Einwendungs- und Insolvenzrisiko tragen, während nur die

Risiken aus seiner Beziehung zu K zu tragen verdient hätte. Daher soll der V gegen den K einen Anspruch auf den Wertersatz haben (§ 818 Abs. 2 BGB), bbb) wobei der dahin führende Weg entweder darin besteht, dass man sagt, der K sei so zu stellen, „als ob" der V dem K die Sache zwischenübereignet hätte (so bei der „Durchlieferung") oder indem man zugunsten des V davon ausgeht, dass der K so zu stellen sei, wie wenn er seinen Bereicherungsanspruch gegen den D realisiert hätte. b) Erlangt hat der K dieses (aus welchem Grunde auch immer: fiktive) „etwas" durch die Leistung des V c) und ohne Rechtsgrund. d) Der Inhalt des Anspruch besteht darin, aa) dass V von K nach § 818 Abs. 2 BGB Wertersatz verlangen kann, weil K die Sache nicht herausgeben kann, bb) oder dass V von K nach seiner Wahl die Abtretung von dessen Kondiktionsanspruch gegen den D verlangen kann („Kondiktion der Kondiktion"). (Zuweilen wird das Ergebnis eines Wertersatzanspruchs des V gegen K aus § 818 Abs. 1 BGB auch so konstruiert, dass V so zu stellen sei, wie wenn K seinen Bereicherungsanspruch gegen den D realisiert hätte, diesem die Rückübereignung aber nicht möglich ist). e) Die Frage, welche Bedeutung der Gegenanspruch des K gegen den V aus § 812 Abs. 1S. 1 Var. 1 BGB auf Rückzahlung des Kaufpreises hat, werden wir später erörtern.

## 4. „Direktkondiktion" bei Leistungskette und Lieferung auf Anweisung

Unsere bisherigen Erkenntnisse bei der bereicherungsrechtlichen Rückabwicklung von „Dreipersonenverhältnissen" im Fall der „Leistungskette" und der „Lieferung auf Anweisung" gehen dahin, dass die Kondiktion immer dort erfolgt, wo der Rechtsgrund fehlt, und dass beim „Doppelmangel" eine Direktkondiktion im „Zuwendungsverhältnis" nicht möglich ist, sondern stets „über Eck" kondiziert werden muss. Der tiefere Grund dafür war, dass anderenfalls die schutzwürdigen Interessen des Dritten verletzt würden. Das leuchtet ein!

Aber: **„keine Regel ohne Ausnahme"!**

### a) Durchgriff nach § 822 BGB

Die bisherigen Fälle betrafen Konstellationen, in denen das wirksame Valutaverhältnis (K – D) entgeltlicher Art war (z. B. ein Kaufvertrag). Es lassen sich aber auch Fälle der „Leistungskette" denken, in denen das Valutaverhältnis (K – D) unentgeltlicher Art (z. B. eine Schenkung) ist. Dann kann es einen „Durchgriff" geben: Der Versprechende (V) kann nämlich nach **§ 822 BGB** dann auf den Dritten (D) „durchgreifen", wenn die Verpflichtung des Versprechensempfängers (K) infolge der einer im Valutaverhältnis erfolgten unentgeltlichen Zuwendung an den Dritten (D) ausgeschlossen ist (§ 818 Abs. 3 BGB). Der § 822 BGB ist ein Fall der „Nichtleistungskondiktion" und wird dort gründlich besprochen werden.

**Fall 757**

Der V verkauft dem K eine Sache und übergibt und übereignet sie ihm. Dem K gefällt die Sache nicht und er macht sie dem D zum Geschenk und übergibt und übereignet sie an den D. Der Kaufvertrag V – K ist nichtig. Der V nimmt den K, hilfsweise auch den D in Anspruch.

1. Ein Anspruch des V gegen den K aus § 812 Abs. 1S. 1 Var. 1 BGB auf Herausgabe (Rückübereignung und Rückgabe) besteht nicht, weil der K entreichert ist (§ 818 Abs. 3 BGB). 2. Der V hat jedoch einen Anspruch gegen den D aus § 822 BGB, denn a) der „Empfänger" (= Bereicherungsschuldner) K b) hat das Erlangte (Eigentum und Besitz an der Sache) c) unentgeltlich (§ 516 BGB) dem D zugewendet; d) dadurch ist die Verpflichtung des Empfängers zur Herausgabe der Bereicherung ausgeschlossen (§ 818 Abs. 3 BGB).

Auch bei § 822 BGB werden Sie – bei § 988 BGB haben Sie dies schon erlebt und bei § 816 Abs. 1S. 2 BGB wird sich dies wiederholen – der Versuchung ausgesetzt sein, **§ 822 BGB analog** anzuwenden, wenn die Zuwendung an den Dritten zwar entgeltlich aber rechtsgrundlos ist. Diese Gleichstellung ist bei § 988 BGB als vertretbar angesehen worden (immerhin hat der BGH so entschieden!) und wird (bald werden Sie dies lesen) bei § 816 Abs. 1S. 2 BGB unter den Stichworten „Einheits- oder Doppelkondiktion" diskutiert und dann verworfen werden. Auch dass bei § 822 BGB eine solche Gleichsetzung grundsätzlich abgelehnt wird, haben Sie hier ja schon gelesen (eine wenig überzeichnende Disqualifikation dieser Idee als „juristischer „Trick"). Riskieren können wir die Anwendung des § 822 BGB analog aber dann, wenn das nichtige Valutaverhältnis eine Schenkung sein sollte. Denken Sie sich das *Beispiel*, bei dem der V sein Grundstück an den K verkauft und dieser es, ohne zuvor Eigentümer zu werden, an den D verschenkt und V es auf Anweisung des K an den D übereignet (§§ 873, 925 BGB) und übergibt. Wenn der Kaufvertrag V-K nichtig, dann kann V nach § 822 BGB Rückübereignung verlangen. Wenn auch der Schenkungsvertrag K-D nichtig ist, hätten wir die Konstellation einer den K enthaftenden rechtsgrundlosen Zuwendung an den D, auf die wir eigentlich § 822 BGB nicht analog anwenden wollen, Wenn aber ein Schenkungsvertrag gewollt war, dann dürfte – wie bereits oben angedeutet – die Analogie möglich sein, denn sonst würde der D bei einem wirksamen Schenkungsvertrag besser gestellt als bei einem unwirksamen.

### b) Direktkondiktion bei Mängeln (auch oder nur) auf der dinglichen Ebene

„Wenn sich der Mangel nicht auf das (oder die) Kausalverhältnis(se) beschränkt, sondern (auch oder nur) auf der dinglichen Ebene liegt", dann soll trotz einer Leistung im Valutaverhältnis (in unseren Fallbeispielen: des K an D) eine Direktkondiktion möglich sein (Canaris), **(a)** und zwar dann, wenn der Übertragungsakt im Valutaverhältnis an den Dritten (in unseren Fallbeispielen: an D) gescheitert ist, bei Übereignungen z. B. an dessen Bösgläubigkeit oder wegen § 935 BGB selbst bei dessen Gutgläubigkeit. Der primäre bereicherungsrechtliche Anspruch des V gegen den D aus § 812 Abs. 1S. 1 Var. 2 BGB wäre dann auf Herausgabe des Besitzes gerichtet. Der Grund dafür, dass man trotz einer Leistung des K an D eine Nichtleistungskondiktion zulässt, soll sein, dass der ja ohnehin einem Anspruch des V aus § 985 BGB ausgesetzte D in einem solchen Fall nicht schutzwürdig ist: Wer schon aus § 985 BGB herausgeben muss, muss dies auch aus § 812 Abs. 1S. 1 Var. 1 BGB. Die Bedeutung dieses bereicherungsrechtlichen Anspruchs liegt natürlich nicht in der Schaffung eines weiteren Primäranspruchs auf Herausgabe, denn der ja ohnehin gegebene § 985 BGB ist wegen § 818 Abs. 3 BGB weiterreichend. Wenn man aber § 818 Abs. 2 BGB neben den §§ 987 ff. BGB für anwendbar hält, wäre der sich daraus ergebende Wertersatzanspruch z. B. im Falle des Verbrauchs der damit nicht mehr herausgebbaren Sache durch einen gutgläubigen D von Interesse. **(b)** Wenn jedoch lediglich die Übereignung an den Ersterwerber (in unseren Fällen: K) gescheitert ist, wie zum *Beispiel* im Fall einer Anfechtung (auch) der Übereignung des V an K nach § 123 Abs. 1 BGB wegen arglistiger Täuschung seitens des K, während der hinsichtlich der arglistigen Täuschung gutgläubige (§ 142 Abs. 2 BGB) D das Eigentum nach § 932 BGB erworben hat, soll eine Nichtleistungskondiktion des V gegen D ausgeschlossen sein (argec. § 816 Abs. 1S. 2 BGB).

**Fall 758**

Der geschäftsunfähige V verkauft und übereignet und übergibt eine ihm gehörende bewegliche Sache an K, der die Sache an den D, der den K für den Eigentümer hält, weiter verkauft und übergibt und übereignet. Der D verbraucht die Sache. V will von D Ersatz. (nach Canaris).

Der Anspruch ergibt sich 1. nicht als Schadensersatzanspruch aus §§ 985, 989 ff. BGB, denn es bestand zwar eine Vindikationslage, aber keiner der Tatbestände der §§ 989, 990, 991 Abs. 2, 992 BGB ist gegeben. 2. Wohl aber könnte ein Anspruch auf Wertersatz aus §§ 812 Abs. 1S. 1 Var. 2, 818 Abs. 2 BGB gegeben sein. a) Der D hat aa) zwar nicht das Eigentum (§ 935 BGB), bb) wohl aber den Besitz an der Sache, und damit ein „etwas", erlangt. b) Er hat den Besitz zwar nicht durch Leistung des Anspruchstellers V, wohl aber durch Leistung des K erlangt, so dass ein Anspruch aus § 812 Abs. 1S. 1 Var. 2 BGB ausgeschlossen sein könnte. Man kann jedoch die Rechtsansicht vertreten, dass dann, wenn der Übertragungsakt im Valutaverhältnis an den D gescheitert ist (§ 935 BGB) eine Nichtleistungskondiktion zuzulassen ist, weil er ja ohnehin einem Anspruch des V aus § 985 BGB ausgesetzt ist, also nicht schutzwürdig ist Canaris). c) Das Eigentum, in das der D eingegriffen hat, ist eine absolut geschützte Rechtsposition, die dem V zugewiesen war, weil der Kaufvertrag und die Übereignung an K nach §§ 123 Abs. 1, 142 Abs. 1 BGB nichtig war. Einen besonderen Rechtsgrund für D zum Behaltendürfen gibt es nicht. d) Wenn man aber § 818 Abs. 2 BGB neben den §§ 987 ff. BGB für anwendbar hält, bestünde ein Wertersatzanspruch.

## 5. Mängelbehaftete Anweisung

Damit sind die in Betracht kommenden Fälle zur „Anweisung" – Sie wissen ja: eine bloße Leistungsanweisung – aber noch nicht vollständig erfasst.

Da die Leistungsanweisung und das Deckungsverhältnis zwar parallel nebeneinander bestehen, rechtlich aber nicht identisch sind, müssen wir jetzt die weitere

Frage aufwerfen, ob und welche bereicherungsrechtlichen Ansprüche bestehen, wenn – trotz wirksamen Deckungs- und Valutaverhältnisses – die zur Vermögensbewegung führende Anweisung mängelbehaftet ist, der Angewiesene (bisher: V) mit Rücksicht auf die scheinbar bestehende Anweisung diese befolgt hat.

Möglicherweise besteht ja in derlei Fällen ein Anspruch des scheinbar Angewiesenen (bisher: V) gegen den begünstigten Dritten (bisher: D) aus § 812 Abs. 1S. 1 Var. 2 BGB.

Denn, wenn eine Anweisung (bisher: des K) von vornherein nicht besteht oder jedenfalls vor ihrer Umsetzung nicht mehr existiert, hat auf den ersten Blick gesehen der Dritte (bisher: D) den Vermögensvorteil mangels Anweisung nicht durch eine bewusste zweckgerichtete Mehrung seines Vermögens, also nicht durch eine Leistung, seitens eines Anweisenden (bisher: K) erlangt. Und damit stünde einem Direkt-Kondiktionsanspruch des scheinbar Angewiesenen (bisher: V) gegen den Begünstigten Dritten (bisher: D) aus § 812 Abs. 1S. 1 Var. 2 BGB („Nichtleistungskondiktion") nicht mehr der aus dem Subsidiaritätsgrundsatz herrührende Umstand entgegen, dass ihm ein anderer geleistet hatte. Wie gesagt – so liegt es „auf den ersten Blick". Dass dies aber noch nicht das letzte Wort ist, zeigt die Überlegung, dass möglicherweise ein Bedürfnis dafür besteht, den vom scheinbar Angewiesenen (bisher: V) in Anspruch genommenen begünstigten Dritten (bisher: D) in seinem Vertrauen darauf, dass der vermeintliche Anweisende (bisher: K) an ihn geleistet hat, zu schützen. Wenn dies so wäre, bestünde trotz fehlender Leistung des vermeintlich Anweisenden (bisher: K) kein Bereicherungsanspruch des vermeintlich Angewiesenen (bisher: V) gegen den begünstigten Dritten (bisher: D). Sie ahnen schon: der „Leistungsbegriff", der uns bisher half, lässt uns hier möglicherweise „im Stich"!

Wir werden dieser Frage nun aber nicht mehr im Kontext einer abgekürzten Lieferung nachgehen, sondern am Lebenssachverhalt der Anweisung im **bargeldlosen Zahlungsverkehr** erörtern.

Gehen Sie zunächst von folgendem *Beispiel* aus: Der Gläubiger G hat gegen den Schuldner S eine Geldforderung, die der S bargeldlos durch „Überweisung" erfüllen will. Darf der S eigentlich so zahlen? Normalerweise wird Barzahlung geschuldet, aber wenn der G einverstanden ist (arge. § 364 Abs. 1 BGB), z. B. durch Angabe seiner Kontonummer bei seiner Bank (G-Bank) auf einer Rechnung, kann bargeldlos durch Überweisung gezahlt werden.

Bevor wir jetzt fortfahren, müssen Sie wissen, wo und wie die bargeldlose Zahlung durch eine „Überweisung" gesetzlich geregelt ist. Sie wissen bereits aus **Teil 3**, dass die Durchführung einer bargeldlose Zahlung durch Überweisung die Erbringung eines Zahlungsdienstes seitens eines Zahlungsdienstleisters ist (§ 675c BGB). Das Rechtsverhältnis zwischen einem **Zahlungsdienstleister** (i. d. R eine Bank) und **Zahlungsdienstnutzer** (i. d. R Bankkunde) ist geregelt in den Bestimmungen zum **Zahlungsdienstevertrag** (§§ 675cff. BGB). Der Zahlungsdienstevertrag kann ein ad hoc geschlossener, einen einzigen Zahlungsvorgang betreffender **Einzelzahlungsvertrag** sein (§ 675f Abs. 1 BGB), der zustande kommt durch ein Angebot des Zahlungsdienstnutzers, das mit einem konkreten Zahlungsauftrag zusammenfallen wird, und einer Annahmeerklärung des Zahlungsdienstleisters, die sich nach § 151 BGB oder sogar nach § 362 HGB richten wird. Zu denken ist insoweit an eine

**Bareinzahlung** bei einem Zahlungsdienstleister **zum Zwecke** der **Überweisung** des Geldbetrages auf ein Konto eines anderen Zahlungsdienstnutzers bei demselben Zahlungsdienstleister oder bei einem anderen Zahlungsdienstleister. Bei einem nicht nur einem einzigen Zahlungsvorgang dienenden Zahlungsdienstevertrag besteht ein **Zahlungsdiensterahmenvertrag** (§ 675 f. Abs. 2 BGB), aufgrund dessen der Zahlungsdienstleister zusätzlich verpflichtet wird, für den Zahlungsdienstnutzer ein Konto zu führen. Das Musterbeispiel für einen Zahlungsdiensterahmenvertrag ist der **Girovertrag**. Wie auch immer: Durch einen solchen **Zahlungsdienstevertrag** wird ein Zahlungsdienstleister verpflichtet, für den Zahlungsdienstnutzer Zahlungsvorgänge,u. a. auch die Übermittlung eines Geldbetrages durch Überweisung (§§ 675f Abs. 2, 3, 675t BGB), auszuführen und ein Zahlungskonto zu führen. Das Girokonto ist ein solches Zahlungskonto. Gegenüber dem Zahler wirksam ist der Zahlungsvorgang jedoch nur, wenn der Zahler zugestimmt hat, die **„Autorisierung"** erteilt hat (§ 675j Abs. 1S. 1 BGB). Nur bei einer autorisierten Zahlung hat der Zahlungsdienstleister einen Anspruch auf Erstattung seiner Aufwendungen nach §§ 675c Abs. 1, 670 BGB. Die Autorisierung erfolgt u. a. **durch** den **Zahlungsauftrag**. Darunter versteht man jeden Auftrag, den ein Zahler seinem Zahlungsdienstleister zur Ausführung eines Zahlungsvorgangs entweder unmittelbar oder mittelbar über den Zahlungsempfänger erteilt (§ 675f Abs. 3S. 2 BGB). Der den Zahlungsvorgang anstoßende **Zahlungsauftrag** (§ 675f Abs. 3S. 1 BGB) ist eine **Weisung** i. S. d. **§ 665 BGB**, die mit Zugang beim Zahlungsdienstleister wirksam wird (§ 675n BGB). Der Zahlungsauftrag kann danach – anders als sonst eine Weisung i. S. d. § 665 BGB, die bis zur Ausführung widerruflich ist – **nach Zugang** beim Zahlungsdienstleister **grundsätzlich nicht** mehr **widerrufen** werden (§ 675p Abs. 1 BGB). Ausnahmen von dem neuen Grundsatz gelten jedoch für vom oder über den Zahlungsempfänger ausgelöste Zahlungsvorgänge, Lastschriften, Terminüberweisungen oder bei abweichend vereinbarten Widerrufsfristen (§ 675p Abs. 2 bis 5 BGB). Der Zahlungsdienstleister des Zahlers sowie sämtliche an dem Zahlungsvorgang beteiligte zwischengeschaltete Stellen sind verpflichtet, den Zahlungsbetrag, ungekürzt an den Zahlungsdienstleister des Zahlungsempfängers zu übermitteln (§ 675q Abs. 1 BGB). Der **Zahlungsdienstleister** des **Zahlungsempfängers** ist verpflichtet, dem Zahlungsempfänger den Zahlungsbetrag **unverzüglich verfügbar** zu **machen**, nachdem er auf dem Konto des Zahlungsdienstleisters eingegangen ist (§ 675t Abs. 1 BGB). Nach § 675c Abs. 1 BGB sind auf diesen Geschäftsbesorgungsvertrag die §§ 663, 665 bis 670 und 672 bis 674 BGB entsprechend anwendbar, soweit sich aus den §§ 675cff BGB nichts anderes ergibt. Eine in diesem Zusammenhang erfolgende **Gutschrift** auf einem Konto ist ein Schuldversprechen i. S. d. **§ 780 BGB**.

Jetzt wissen Sie genug zum Ablauf und rechtlichen Hintergrund einer bargeldlosen Zahlung durch Überweisung und wir können mit der Bearbeitung des *Beispiels* fortfahren: Der Zahlungsdienstnutzer S hat mit dem Zahlungsdienstleister S-Bank einen Zahlungsdiensterahmenvertrag geschlossen, aufgrund dessen der Zahlungsdienstleister S-Bank für den Zahlungsdienstnutzer S ein Konto führt. Mit einem Zahlungsauftrag weist er den Zahlungsdienstleister S-Bank an, einen Geldbetrag auf ein Konto eines anderen Zahlungsdienstnutzers, nämlich des G, bei dessen Zahlungsdienstleister G-Bank durch Überweisung zu übermitteln. Die G-Bank als Zahlungsdienstleister des Zahlungsempfängers G macht ihm den Zahlungsbetrag durch Gutschrift unverzüglich verfügbar, nachdem er auf dem Konto der G-Bank eingegangen ist. Dass Sie diese – aus didaktischen Gründen – wortwörtlich am Gesetz und seinen (völlig neuen und dem BGB fremden Rechtsbegriffen – „Europa" lässt grüßen – orientierte steife Sprache nicht übernehmen sollen) versteht sich hoffentlich.

Nachdem Sie sich diese Abläufe (ohne eine **Skizze** geht dies nicht!) verdeutlicht haben, erkennen Sie unschwer die Ihnen vertraute Struktur der **Fallkonstellation** einer **Anweisung** wieder, wie Sie diese bei einer zur „Leistungsabkürzung" vorgenommenen Vermögensmehrung durch Anweisung kennengelernt haben. Bei der bargeldlosen Zahlung durch Überweisung ist der Dritte, der bisherige „D", nunmehr der Gläubiger „G". Der früher „K" genannten Anweisende ist nunmehr der Schuldner „S" des Gläubigers „G". Und der früher „V" heißende Angewiesene ist nunmehr die „S-Bank". Im „Valutaverhältnis" (zwischen G und S ) besteht eine Forderung des G gegen S auf Geldzahlung, woraus immer sich diese auch ergeben mag. Und im „Deckungsverhältnis" (zwischen dem S und der S-Bank) besteht ein „Zahlungsdiensterahmenvertrag".

Aber bisher war der als *Beispiel* vorgestellte Fall noch gar kein „Fall" im Sinne einer juristischen Aufgabenstellung, weil er sich ja in der Darstellung der Abläufe erschöpfte. Wir brauchen noch einen Konflikt, der uns die Prüfung von Anspruchsgrundlagen abverlangt. Wir müssen den Sachverhalt daher „pathologisch" machen. Gehen Sie deshalb davon aus, dass seitens des S ein **Zahlungsauftrag fehlt** oder ein – aus welchem Grunde auch immer – **Zahlungsauftrag** zwar **erteilt** worden dann aber **widerrufen** worden ist, aber gleichwohl von dem Zahlungsdienstleister (S-Bank) ein Zahlungsvorgang in Gestalt einer Überweisung vorgenommen worden ist, aufgrund dessen auf dem Konto des G bei der G-Bank der Geldbetrag gutgeschrieben wird. Die „klassische" Fallfrage lautet in solchen Fällen: Kann der Zahlungsdienstleister (S-Bank) von G die Rückzahlung des Geldbetrages verlangen?

Bei der Findung der *Lösung* ist Folgendes zu diskutieren: **(1)** Sie beginnen natürlich mit der Prüfung eines Anspruchs aus **§§ 812 Abs. 1S. 1 Var. 1, 818 Abs. 2 BGB** und stellen fest, **(a)** dass der G zwar die Gutschrift über einen Geldbetrag auf seinem Girokonto bei der G-Bank als **„etwas" erlangt** hat (§ 780 BGB), **(b)** dies aber nicht durch eine Leistung der S-Bank. Zwar hat die S-Bank das Vermögen des G durch Einschaltung der G-Bank bewusst gemehrt. Dies erfolgte aber nicht zweckgerichtet, weil der Zahlungsdienstleister (S-Bank) im Verhältnis zum Begünstigten (G) keinen Leistungszweck erfüllen wollte. **(2)** In Betracht kommt daher nur ein Anspruch aus **§ 812 Abs. 1S. 1 Var. 2, 818 Abs. 2 BGB**. Die Frage, welcher Fallgruppe der „Nichtleistungskondiktionen" hier in Betracht kommt, wird eigenartigerweise kaum gestellt – zuweilen liest man ohne jede Begründung, dass es sich um eine „Eingriffskondiktion" handele (Schwarz-Wandt). **(a)** Der G hat, wie wir ja bereits festgestellt haben, **etwas erlangt**, und zwar die Gutschrift eines Geldbetrages auf seinem Girokonto bei der G-Bank (§ 780 BGB). **(b)** Die Voraussetzung für einen solchen Anspruch des Zahlungsdienstleisters (S-Bank) ist, dass der G das erlangte „etwas" **nicht durch** eine **Leistung** erlangt hat. **(aa)** Als **Leistender** kommt nicht in Betracht die S-Bank; das haben Sie gerade eben herausgefunden. **(bb)** Dass (die G-

Bank) als **Zahlungsdienstleister des Begünstigten** (G) nicht als – eine Direktkondiktion des Angewiesenen (S-Bank) ausschließend – Leistender in Betracht kommt, beruht darauf, dass sie (G-Bank) nur bloßer Leistungsgehilfe des Zahlungsdienstnutzers (S ) ist. **(cc)** Daher kann nur noch der **überweisende Zahlungsdienstnutzer** (S ), der sich des Zahlungsdienstleisters (S-Bank und ggf. auch G-Bank) als Leistungsgehilfen bedient hat, **als Leistender** in Betracht gezogen werden. **(aaa)** Aber der S hat ja – das war die Vorgabe! – dem Zahlungsdienstleister (S-Bank) keinen Zahlungsauftrag erteilt oder ihn jedenfalls rechtzeitig widerrufen. So gesehen würde es in beiden Konstellationen (Fehlen/rechtzeitig widerrufen) an einer Leistung des S fehlen, so dass der Weg für eine „Direktkondiktion" im Wege der Nichtleistungskondiktion (§ 812 Abs. 1S. 1 Var. 1 BGB) frei wäre. **(bbb)** Ob aber in einem solchen Fall keine Leistung (des S) vorliegt, so dass ein Direktkondiktionsanspruch der S-Bank gegen G möglich wäre, der Inanspruchgenommene (G) jedoch von einer Leistung des S ausgeht, soll zum Schutze des Inanspruchgenommenen (G) nicht begrifflich durch formelhafte Anwendung der Kriterien des Leistungsbegriffs entschieden werden. Dazu sind folgende beiden **Fallgruppen** zu unterscheiden: **(aaaa)** Beim **Fehlen der Anweisung** kommt unabhängig von einer Kenntnis des Empfängers vom Fehlen der Anweisung eine Direktkondiktion gegen den Dritten in Betracht. Das sind die Konstellationen einer in keiner Weise ganz oder teilweise (Überzahlung) veranlassten Anweisung; die einer ge- bzw. verfälschten verkörperten Anweisung; die einer Anweisung eines Geschäftsunfähigen oder beschränkt Geschäftsfähigen; außerdem die Fälle des Verwendens einer dem scheinbar Anweisenden abhanden gekommenen verkörperten Anweisung; weiterhin die Konstellation einer Vermögensverschiebung an eine nicht in der Anweisung genannte Person; und schließlich die Anweisung eines Vertreters ohne Vertretungsmacht (vorbehaltlich der §§ 170 ff. BGB). Das ist sachgerecht, denn kennt der Empfänger das Fehlen der Anweisung, ist er nicht schutzbedürftig, weil er ja weiß, dass keine Leistung des vermeintlich Anwesenden vorliegt. Kennt er das Fehlen der Anweisung nicht, dann nimmt er zwar an, dass der vermeintlich Anweisende geleistet hat; sein guter Glaube wäre aber nur schutzwürdig, wenn ein zurechenbarer Rechtsschein einer Anweisung gesetzt worden ist, was in den genannten Beispielen gerade nicht der Fall ist. **(bbbb)** Ist hingegen die **Anweisung zunächst erteilt** worden, dann aber **rechtzeitig widerrufen**, aber versehentlich doch ausgeführt worden, kann der Angewiesene grundsätzlich nur den vermeintlich Anweisenden in Anspruch nehmen. Eine Direktkondiktion beim Empfängers kommt nur in Betracht, wenn dieser vom Widerruf Kenntnis hatte.

In unserem zur Illustration der Darstellung mit dem Text verwobenen *Beispiel* war der Sachverhalt hinsichtlich der maßgeblichen Fragen bewusst lückenhaft gehalten, so dass Sie keine Entscheidung treffen können.

Jetzt haben Sie aber Gelegenheit, das Gelernte an zwei Fällen zu erproben.

### Fall 759

Der arme G hat gegen den reichen und hartherzigen S eine schon seit langem fällige aber von S nicht bezahlte Kaufpreisforderung. Schließlich füllt der Mitarbeiter M des S, der das Leid des ständig an die Zahlung erinnernden S nicht mehr mit ansehen kann, ein Überweisungsauftragsformular der S-Bank, bei der S ein Girokonto unterhält, zugunsten des G, der ausweislich dessen Rechnung ein Konto bei der G-Bank unterhält, aus und fälscht in unerkennbarer Weise die Unterschrift des S. Die S-Bank führt diesen Auftrag aus. Der Betrag wird unter Vermittlung der dazwischen geschalteten Verrechnungsstelle der Banken dem Girokonto des G bei der G-Bank „stornierungsfest" gutgeschrieben. Die S – Bank und der S verlangen von dem G Rückzahlung; die S-Bank will sich für den Fall, dass sie keinen Anspruch gegen den G hat, bei S erholen.

Die S – Bank könnte gegen den G a) einen Anspruch aus § 812 Abs. 1S. 1 Var. 1 BGB haben. aa) Der G hat „etwas" erlangt, nämlich eine stornierungsfeste Gutschrift des Betrages auf seinem Konto, die sich rechtlich als Forderung des G gegen seine kontoführende G-Bank aus § 780 BGB darstellt. Dass dies eine Leistung i. S. d. § 812 sein kann, stellt § 812 Abs. 2 BGB klar. bb) Die S – Bank müsste an den G geleistet haben. Das ist nicht der Fall; denn sie hat zwar mittels der G-Bank das Vermögen des G bewusst gemehrt, hatte aber dem G gegenüber keinen Leistungszweck erbringen wollen, sondern nur eine ihr im Rahmen des mit S geschlossenen Zahlungsdiensterahmenvertrages (§ 675 f. Abs. 2 BGB) erteilte Weisung des S erfüllen wollen (§§ 675c, 665 BGB). b) Zu prüfen ist daher ein Anspruch aus § 812 Abs. 1S. 1 Var. 2 BGB („Nichtleistungskondiktion") aa) Der G hat „etwas" erlangt, nämlich eine stornierungsfeste Gutschrift des Betrages auf seinem Konto, die sich rechtlich als Forderung des G gegen die G-Bank aus § 780 BGB darstellt. bb) Eine Kondiktion „in sonstiger Weise" kommt nur dann in Betracht, aaa) wenn sonst niemand an G geleistet hat; denn beim Vorliegen einer Leistung ist eine andere Erwerbsart („in sonstiger Weise") grundsätzlich begrifflich ausgeschlossen („Alternativitätsprinzip", „Subsidiaritätsprinzip" oder Prinzip vom „Vorrang der Leistungskondiktion" genannt). aaaa) Als Leistender in Betracht kommt hier in erster Linie der S, der unter Einschaltung der S-Bank, der Verrechnungsstelle der Banken und der G-Bank als „Leistungsgehilfen" das Vermögen des G bewusst und zweckgerichtet gemehrt haben könnte. aaaaa) Dagegen spricht aber, dass der S, der in Wahrheit ja keine Weisung i. S. d. § 665 BGB erteilt hatte, das Vermögen des G nicht bewusst und zweckgerichtet gemehrt hat. bbbbb) Aus der Sicht des G hat der S geleistet. bbbb) Bei einer solchen Konstellation der Überweisung durch den Zahlungsdienstleister entgegen dem Willen des Zahlungsdienstnutzers, die aus Sicht des scheinbar Anweisenden keine Leistung ist, so dass der Weg für einen Anspruch der S-Bank aus § 812 Abs. 1S. 1 Var. 2 BGB frei wäre, während sie aus der Sicht des Zuwendungsempfängers (G) die Leistung des scheinbar Anweisenden (S ) ist mit der Folge, dass ein Anspruch der S-Bank aus § 812 Abs. 1S. 1 Var. 2 BGB ausscheidet, kommt es auf das Schutzbedürfnis des Inanspruchgenommenen an, so dass eine wertende Betrachtungsweise entscheidet, ob seitens des S geleistet worden ist. Das ist bei einem Fehlen der Anweisung nicht der Fall, und zwar unabhängig von der Unkenntnis des Empfängers G, weil der S bei einer – hier vorliegenden – Fälschung keinen ihm zurechenbaren Rechtsschein eines Zahlungsauftrages gesetzt hat. Also hat der G das „etwas" auch nach der hier gebotenen Interessenabwägung nicht durch die Leistung des S erlangt. bbbb) Zu prüfen bleibt, ob nicht eine Leistung der G-Bank an den G vorliegt, die einen

Bereicherungsanspruch der S-Bank ausschließen würde. Man wird davon ausgehen müssen, dass die G-Bank nicht nur bewusst, sondern auch zweckgerichtet (sie wollte ihrer Pflicht aus § 675s BGB nachkommen) das Vermögen des G gemehrt hat. Andererseits wird man, was die Frage eines möglichen Ausschlusses eines Bereicherungsanspruchs der S-Bank angeht, darauf abstellen müssen, dass auch aus der Sicht des G die ihm zur Gutschrift verpflichtete G-Bank letztlich doch nur ein Leistungsgehilfe des S war, so dass es nur darauf ankommen kann, ob aus seiner Sicht der S hat leisten wollen. Das ist aus den o. g. Gründen nicht der Fall. Ein Kondiktionsanspruch der S-Bank aus § 812 Abs. 1S. 1 Var. 2 BGB („Nichtleistungskondiktion") scheidet daher nicht aus, weil ein anderer geleistet hätte. bbb) Der S hat den Vorteil – die Kontogutschrift (§ 780 BGB) – „in sonstiger Weise" erlangt. Was die Einordnung dieses Falls der Direktkondiktion in die Fallgruppen der Allgemeinen Nichtleistungskondiktion angeht, wird hier die Rubrik der „Aufwendungskondiktionen" vorgeschlagen (sub C I 2 b) cc), Canaris). ccc) Dafür, dass G diesen Vorteil erlangt hat und auch behalten darf, gibt es keinen Rechtsgrund im Verhältnis zur S-Bank. ddd) Daher ist er herauszugeben, was aber bei einem Schuldversprechen (§ 780 BGB) nicht möglich ist, so dass stattdessen Wertersatz zu leisten ist (§ 818 Abs. 2 BGB).

**Fall 760**

Der K kauft bei V für € 1000,– eine Sache. Der der am Freitag erfolgten Lieferung ist eine Rechnung mit dem Konto des V bei der V-Bank beigelegt. Der K füllt ein Überweisungsformular der K-Bank, bei der er ein Girokonto unterhält, über € 1000,– aus und wirft es am Freitagabend in den für Überweisungsaufträge vorgesehenen Briefkasten der kontoführenden Filiale der K-Bank, bei der er ein Girokonto hat. Als der K am Wochenende festgestellt zu haben meint, dass die Kaufsache einen Fehler hat, schreibt er der Bank einen Brief, mit dem er den (von ihm genau bezeichneten) „Überweisungsauftrag zugunsten des V" widerruft. Auf den Umschlag schreibt er: „Bitte sofort öffnen! Widerruf eines Überweisungsauftrags". Den Brief wirft er noch am Sonntag in den gleichen Briefkasten wie den Überweisungsauftrag. Der Sachbearbeiter bei der Bank nimmt den Überweisungsauftrag aus. Dem Konto des V bei der V-Bank werden € 1000,– gutgeschrieben. Gleichzeitig wird das Konto des K mit € 1000,– belastet. Der K widerspricht der Belastung. Daher will die K-Bank wissen, ob sie gegen V oder jedenfalls gegen K einen Anspruch auf Zahlung von € 1000,– hat. Entgegen der ursprünglichen Annahme des K entpuppt sich die Kaufsache fehlerfrei.

1. Ein Anspruch der K-Bank gegen V a) aus § 812 Abs. 1S. 1 Var. 1 BGB besteht mangels einer Leistung der K-Bank an den V nicht. b) Ein möglicher Anspruch der K-Bank gegen den V aus § 812 Abs. 1S. 1 Var. 2 BGB („Nichtleistungskondiktion") aa) setzt zunächst voraus, dass keine Leistung des K an V vorliegt. aa) Auch im Fall des Bestehens einer Forderung des V gegen K aus § 433 Abs. 2 BGB würde eine Leistung des K an V dann nicht vorliegen, wenn kein wirksamer Überweisungsauftrag, der sich rechtlich als Weisung des K an

die K-Bank darstellt, vorliegt. Denn dann läge mangels Ermächtigung der K-Bank keine Leistung des K an V vor. Die Frage ist, ob er wirksam widerrufen worden ist. Der Zahlungsauftrag des K gilt als am Montag zugegangen (§ 675n Abs. 1S. 2 BGB). Zum gleichen Zeitpunkt ist der Widerruf eingegangen (§ 675n Abs. 1S. 2 BGB), so dass nach § 675p Abs. 1 BGB (kein Widerruf eines Zahlungsauftrages durch den Zahlungdienstenutzer „*nach* dessen Zugang beim Zahlungsdienstleister …") der Widerruf wirksam ist. Das spräche gegen eine Leistung des K an V. bbb) Aus der Sicht des V liegt eine Leistung des K vor. ccc) Bei einer solchen Konstellation der Überweisung durch den Zahlungsdienstleister entgegen dem Willen des Zahlungsdienstnutzers, die aus Sicht des scheinbar Anweisenden K keine Leistung ist, so dass der Weg für einen Anspruch der K-Bank aus § 812 Abs. 1S. 1 Var. 2 BGB frei wäre, während sie aus der Sicht des Zuwendungsempfängers (V) die Leistung des scheinbar Anweisenden (K) ist mit der Folge, dass ein Anspruch der (K-Bank) aus § 812 Abs. 1S. 1 Var. 2 BGB ausscheidet, kommt es auf das Schutzbedürfnis des Inanspruchgenommenen an, so dass eine wertende Betrachtungsweise entscheidet, ob seitens des K an V geleistet worden ist. Durch die Anweisung an die S-Bank hatte der K zurechenbar den Rechtsschein eines Überweisungsauftrags gesetzt, der durch den Widerruf nicht beseitigt wurde. Der V hatte von dem Widerruf keine Kenntnis. Aus seiner maßgeblichen Sicht hat ihm also der K geleistet. Damit scheidet ein Anspruch der K-Bank aus § 812 Abs. 1S. 1 Var. 2 BGB aus. 2. Ein Anspruch der K-Bank gegen den K a) aus §§ 675c Abs. 1, 675f Abs. 2, 670 BGB auf Aufwendungsersatz kommt nicht in Betracht, da die K-Bank bei nicht autorisierten Zahlungsvorgängen keinen Aufwendungsersatzanspruch hat (§ 675u S. 1 BGB). b) Ein Anspruch der K-Bank gegen K aus § 812 Abs. 1S. 1 Var. 1 BGB aa) setzt voraus, aaa) dass K etwas erlangt hat. aaaa) Wer bei Anweisungsfällen das „etwas" als die Befreiung des Anweisenden von seiner Verbindlichkeit ansieht, muss den Vorteil des K in der Befreiung von seiner bestehenden Schuld aus § 433 Abs. 2 BGB sehen. bbbb) Man kann aber mit der neueren Lehre unterstellen, das der K sich so stellen lassen muss, „als ob" er den Geldbetrag von der K-Bank erhalten hätte. bbb) Diesen Vorteil hätte er durch die insoweit bewusst und zweckgerichtet – nämlich zum Zwecke der Erfüllung der Pflichten aus dem Girovertrag – handelnden K-Bank erhalten, ccc) und zwar ohne rechtlichen Grund, weil eine Pflicht der K-Bank zur Ausführung des Überweisungsauftrages nur bei Bestehen eines Zahlungsauftrages bestanden hätte. bb) Zu leisten ist Wertersatz nach § 818 Abs. 2 BGB. Da die Kaufpreiszahlungsverpflichtung in vollem Umfang bestand, ist K nicht entreichert.

### 6. Vertrag zugunsten Dritter

Beim **Vertrag zugunsten Dritter** findet bei einer **Nichtigkeit** des **„Valutaverhältnisses"** (Sie wissen ja: das Verhältnis zwischen dem Versprechensempfänger = VE und dem Drittem = D) unbestritten nur in dieser Beziehung eine „Leistungskondiktion" statt. Das bereitet keine weiteren erörterungsbedürftigen Probleme.

Außerordentlich interessant ist aber die Fallkonstellation einer **Nichtigkeit** des **„Deckungsverhältnisses"** (zwischen dem Versprechensempfänger = VE und dem

Versprechenden = VSP); hier ist – anders als bei den zuvor erörterten Anweisungsfällen – in **rein begrifflicher Hinsicht**

- eine **Leistungskondiktion** im **Verhältnis zwischen** dem **VSP und** dem **D** deshalb vorstellbar, weil der VSP dem D zur Leistung nach § 328 Abs. 1 BGB i. V. m. dem Anspruch aus dem jeweiligen Grundvertrag verpflichtet ist, so dass man daher durchaus zwanglos sagen kann, dass der **VSP an D geleistet** hat, weil er das Vermögen des D bewusst und auch zweckgerichtet (nämlich zum Zwecke der Erfüllung seiner Verpflichtung dem D gegenüber) gemehrt hat. Dafür spricht auch, dass selbst der dem VE verbliebene Anspruch aus dem Deckungsverhältnis gerichtet ist auf Leistung an den D (§ 335 BGB),
- Allerdings hat der VSP aber auch mit Rücksicht auf seine Verpflichtung aus dem Deckungsverhältnis gegenüber dem VE gehandelt (vgl. § 335 BGB), so dass auch eine **Leistung des VSP an** den **VE**, und damit eine Leistungskondiktion **im Deckungsverhältnis** denkbar ist.
- Schließlich ist sogar eine **Leistung des VSP in beiden Verhältnissen,** nämlich eine **Leistung an** den **D** *und* **an** den **VE**, vorstellbar und damit eine Leistungskondiktion beiden gegenüber.

Diese rein begrifflich gesehen unterschiedlichen Möglichkeiten sind der beste Beweis dafür, dass das **Vorliegen** eines **Leistungsverhältnisses** eben **nicht** ausschließlich **begrifflich aus** dem **„Leistungsbegriff" abgeleitet** werden kann. Vielmehr muss ergänzend dazu eine **wertende Beurteilung** darüber entscheiden, wer Leistender ist, also in welcher der Rechtsbeziehungen kondiziert werden kann, wenn das Deckungsverhältnis unwirksam ist.

- Man wird **grundsätzlich** („a maiore ad minus") davon ausgehen müssen, dass bei einem Vertrag zugunsten Dritter der „Dritte" im Hinblick auf eine bereicherungsrechtliche Inanspruchnahme durch den Versprechenden weitaus schutzbedürftiger ist als der (Ihnen ja schon bekannte) „Dritte" bei den Konstellationen einer „Leistungskette", einer „Durchlieferung" und einer „Direktlieferung" aufgrund einer „Anweisung", denn anders als in jenen Verhältnissen sollte dem „Dritten" beim Vertrag zugunsten Dritter nach dem Willen der Parteien des Deckungsverhältnisses (VSP und VE) nach § 328 Abs. 1 BGB sogar ein eigener Anspruch auf die Leistung (hier: Lieferung) zustehen. Derjenige, dem ein vermeintlicher Anspruch zustehen sollte, soll sich vor einer bereicherungsrechtlichen Inanspruchnahme weitaus sicherer fühlen dürfen als derjenige, an den lediglich befreiend geleistet werden darf. Daher wird („a maiore ad minus") immer dann, wenn die Konstruktion eines Vertrages zugunsten Dritter wie bei Durchlieferungs- und Anweisungsfällen **ausschließlich** zum **Zwecke der „Abkürzung des Leistungsweges"** gewählt worden ist, die **bereicherungsrechtliche Rückabwicklung** wie bei diesen Fallgruppen vorzunehmen sein. Das bedeutet, dass die Rückabwicklung in den **Rechtsbeziehungen** erfolgt, **in denen** der **Rechtsgrund fehlt**, also bei einer Nichtigkeit des Deckungsverhältnisses **keine Kondiktion** des **VSP gegen** den **D** zulassen.

- In **Ausnahme** dazu sollte **(1)** man eine **Kondiktion des VSP gegen** den **D**, also einen „Durchgriff", bei einer Nichtigkeit des Deckungsverhältnisses **zulassen** in den Fällen, in denen **(a)** nach dem Willen der Parteien der für den Bestand der Forderung des Dritten maßgebliche Grund **allein im Deckungsverhältnis** liegt und vom Valutaverhältnis gänzlich unabhängig ist, nämlich bei den Konstellationen, **(aa)** in denen **§ 335 BGB abbedungen** ist (also der VE nicht vom VSP eine Leistung an den D verlangen kann); **(b)** ferner bei solchen, in denen **der Dritte** meist keinen Anspruch auf die Zuwendung gegen den Versprechensempfänger hat und daher der Vertrag zugunsten Dritter nicht der Abkürzung des Leistungsweges dient, wie zum *Beispiel* bei der „Überbürdung" einer Courtageforderung eines vom Verkäufer eines Grundstücks VE beauftragten Maklers D auf den Käufer VSP im Grundstückskaufvertrag nach §§ 433, 311b Abs. 1S. 1, 328 BGB, **(c) oder z. B.** in Versorgungsverträgen (namentlich einem Lebensversicherungsvertrag nach § 328 BGB i. V. m. § 159 VVG), eine Fallgruppe, die wiederum häufig identisch ist mit letzten Fallgruppe, bei der **(d)** D den Vermögensvorteil von VSP aufgrund eines **unentgeltlichen Valutaverhältnisses** erworben hat **(e)** Ob man einen „Durchgriff" in Gestalt eines Anspruchs des VSP gegen D nach **§ 822 BGB analog** zusätzlich davon abhängig machen sollte, dass der VE nicht bereichert ist bzw. nicht haftet, ist fraglich. Denn dann blieben keine Fälle mehr, weil der VE um die Befreiung von der Verbindlichkeit gegenüber D oder um einen Bereicherungsanspruch gegen den D bereichert bliebe. **(2)** Und es sind schließlich die Fälle, in denen das **Fehlen** des **Rechtsgrundes** dem aus eben diesem Grund nicht schutzwürdigen **D zuzurechnen** ist, in denen eine Kondiktion des VSP gegen D zugelassen wird.

**Fall 761**

Der für seine geschäftlichen Verbindlichkeiten persönlich haftende Exportkaufmann B hat sein mit einem alten Haus bebautes Grundstück formwirksam an seinen Rechtsanwalt D verkauft. Im Kaufvertrag ist vereinbart, dass der B nach Übereignung und Übergabe des Grundstücks an D das Haus auf seine Kosten modernisieren lässt. Dazu schloss B mit U einen Werkvertrag, in dem vereinbart wurde, dass der D einen eigenen Anspruch gegen U auf die Herstellung haben soll. Der D war beim Abschluss des Werkvertrags zugegen gewesen und hatte nicht nur seine Vorstellungen zum Umfang der Modernisierung eingebracht, sondern hatte auch den B kaufmännisch und rechtlich beraten und – als der B den Verhandlungsraum einmal kurzzeitig verlassen hatte – die ihm von U im Hinblick auf die Wirtschaftskrise gestellte Frage nach der Zahlungsfähigkeit des B dahingehend beantwortet, dass diesem doch der von ihm Zug- um-Zug gegen die Übereignung und Übergabe des Grundstücks gezahlt sein würdende Kaufpreis zur Verfügung stünde. Der U hatte daraufhin, ohne diese Frage dem B gegenüber anzusprechen, den Werkvertrag abgeschlossen. Nachdem der U das mittlerweile dem D gehörende Haus modernisiert hatte, blieb der B die dem U geschuldete Vergütung schuldig. Der U erfuhr jetzt, dass der Veräußerung des Hauses ein von B und D geplanter „Notverkauf" des aufgrund der Wirtschaftskrise in einer verzweifelten wirtschaftlichen

Lage befindlichen B gewesen war, bei dem – wie vorher von B und D geplant – der D den Kaufpreis zur Insolvenzabwendung unmittelbar an den Hauptgläubiger an den Hauptgläubiger des B gezahlt hatte und dass die Hoffnung des B und des D, der B könne den U durch die Realisierung einer Forderung des B gegen einen seiner Schuldner bezahlen, sich nicht erfüllt hatte, weil auch dieser Schuldner zahlungsunfähig geworden war. Daraufhin focht der U gegenüber B den mit diesem geschlossenen Werkvertrag an und verlangte von D Wertersatz.

Der Anspruch könnte sich aus §§ 812 Abs. 1S. 1 Var. 1, 818 Abs. 2 BGB ergeben. a) Der D hat die Werkleistung des U, also ein „etwas", erlangt. b) Fraglich ist, ob aa) der D das „etwas" durch Leistung des Anspruchstellers U erlangt hat. aaa) Rein begrifflich kommen drei Lösungen in Betracht: aaaa) Wegen des bestehenden Werkvertrages mit B und wegen des § 335 BGB eine Leistung des U an B (Parallele zur Anweisung); bbbb) denkbar ist auch eine Leistung des U an D (weil der V bewusst und zweckgerichtet – er wollte seiner Verpflichtung aus §§ 631Abs. 1, 328 Abs. 1 BGB gegenüber D nachkommen – das Vermögen des D gemehrt hat); cccc) auch denkbar ist eine Leistung an beide (wegen einer Summierung der vorgenannten sich einander nicht ausschließenden Argumente). bbb) Eine wertende Betrachtung aaaa) spricht grundsätzlich für eine Leistung des U an den B und nicht an den ansonsten einem Bereicherungsanspruch des U ausgesetzten D; denn wenn – wie sich oben gezeigt hat – der Dritte als Zuwendungsempfänger (hier D) bei der Leistungskette, der Durchlieferung und bei der bloßen Anweisung vor Bereicherungsansprüchen des Zuwendenden (hier des U) U sicher ist, dann soll dies doch erst recht bei einem durch einen Anspruch auf die Zuwendung die Stellung des Zuwendungsempfängers verstärken sollenden Vertrag zugunsten Dritter der Fall sein, zumal die Konstruktion eines Vertrages zugunsten Dritter i. d. R nur zur Abkürzung des Leistungswegs gewählt worden ist und daher den vorgenannten Konstellationen vergleichbar ist. bbbb) Davon soll es jedoch Ausnahmen geben, in denen bei einer Nichtigkeit des Deckungsverhältnisses ein Anspruch aus § 812 Abs. 1S. 1 1 Fall BGB des Versprechenden (hier: U) gegen den Dritten (hier: D) besteht, kann man folgende Fälle annehmen: Die Fälle, in denen § 335 BGB abbedungen ist (also der VE – das wäre B – nicht vom VSP – das wäre U – die Erbringung der Leistung an den Dritten – das wäre D – verlangen kann); ferner, wenn das Recht des Dritten seinen maßgebenden Rechtsgrund nur im Deckungsverhältnis findet; auch, wenn das Valutaverhältnis sich lediglich in der Zuwendung des Forderungsrechts erschöpft (z. B. bei Versorgungsverträgen); darüber hinaus in Analogie zu § 822 BGB, wenn D im Valutaverhältnis unentgeltlich von K erworben hat; alle diese Konstellationen sind hier nicht gegeben. Eine weitere Ausnahme vom Verbot der Direktkondiktion könnte man machen, wenn der Umstand des fehlenden Rechtsgrundes im Deckungsverhältnis dem D zuzurechnen ist, weil dieser dann nicht schutzwürdig ist (Canaris). Im vorliegenden Fall wäre der (noch zu prüfende!) Mangel des Rechtsgrundes (Nichtigkeit des Deckungsverhältnisses) nicht dem B, sondern dem D, der den U arglistig getäuscht hatte, zuzurechnen, so dass der D im Verhältnis zu V nicht schutzwürdig ist. Daher ist es hier vertretbar, in Ausnahme zu den Regeln der bereicherungsrechtlichen Rückabwicklung im Dreiecksverhältnis eine Leistungsbeziehung zwischen dem V und dem D anzunehmen. c) Das

Deckungsverhältnis (der Werkvertrag B-U) könnte wirksam angefochten worden sein (§ 123 Abs. 1 BGB). aa) Die Tatsachenerklärung des D, dem B stünde der von ihm gezahlte Kaufpreis zum Zwecke der Zahlung der Vergütung aus dem Werkvertrag zur Verfügung, ist wahrheitswidrig, weil das Geld an den Gläubiger des B gezahlt werden würde. Also liegt eine Täuschung vor. bb) Die Täuschung hat kausal zu einem Irrtum des B geführt und dieser kausal zur Willenserklärung des B. cc) Die Täuschung war widerrechtlich. dd) Auch war die Täuschung arglistig, weil der B dadurch zum Vertragsschluss veranlasst werden sollte. ee) § 123 Abs. 2S. 1 BGB steht nicht entgegen, weil D als „Verhandlungsgehilfe" des B nicht Dritter war. ff) U hat die Anfechtung erklärt. gg) Damit ist der Rechtsgrund ex tunc entfallen (§ 142 Abs. 1 BGB). d) D muss anstelle des nicht herausgebbaren „etwas" (Werkleistung) den Wert ersetzen (§ 818 Abs. 2 BGB).

**Fall 762**

Der VN schließt mit dem Lebensversicherer LVR-Versicherung (LVR) einen Lebensversicherungsvertrag mit einer Versicherungssumme von € 5.000.000,– zugunsten seiner Ehefrau Donata (D) ab. Bei Vertragsschluss verschweigt er in dem von ihm auszufüllenden Fragebogen, auf dem er seinen aktuellen Gesundheitszustand mitzuteilen hatte, ein akutes Herzleiden, an dem er dann auch alsbald nach Vertragsschluss und Zahlung der 1. Prämie von € 1000,-verstirbt. Seine Alleinerbin ist seine Tochter T. Als ein Versicherungsdetektiv die Todesursache herausgefunden hat, erklärt die LVR die Anfechtung wegen arglistiger Täuschung gegenüber der T und nimmt die D auf Rückzahlung der inzwischen durch Überweisung auf das Girokonto der D bei der D-Bank ausgezahlten € 5.000.000,– in Anspruch.

Der Anspruch des LVR gegen die D kann sich aus § 812 Abs. 1S. 1 Var. 1 BGB ergeben. a) Die D hat „etwas", nämlich einen Anspruch aus § 780 BGB gegen die D-Bank, erlangt. b) Fraglich ist, ob sie das „etwas" durch die Leistung des LVR erlangt hat. Der Lebensversicherungsvertrag ist ein Vertrag zugunsten der D (§ 328 BGB i. V. m. § 159VVG). Bei einem unentgeltlichen Valutaverhältnis (hier eine der Versorgung der D dienenden Schenkung des VN) ist die Zuwendung des LVR als Versprechendem als eine Leistung an den Dritten (hier die D) anzusehen. Zur Begründung kann man auf den Rechtsgedanken des § 822 BGB hinweisen. c) Durch die – auch nach dem Tode des Vertragspartners VN nach § 143 Abs. 2 BGB gegenüber dessen Erben (T) mögliche – Anfechtung nach §§ 123 Abs. 1 BGB, 22 VVG ist der Rechtsgrund (der Versicherungsvertrag als Grundvertrag des Deckungsverhältnisses) rückwirkend (§ 142 Abs. 1 BGB) entfallen. d) Die D muss nach § 818 Abs. 2 BGB Wertersatz leisten.

### 7. „Ungewolltes Dreipersonenverhältnis"

Das waren Leistungsbeziehungen bei „gewollten Dreipersonenverhältnissen": Leistungskette, Anweisung, Vertrag zugunsten Dritter. Problematisch ist, zwischen welchen Personen eine **Leistungsbeziehung** besteht, wenn bei einem **„ungewollten Dreipersonenverhältnis"** der Empfänger und der Zuwendende **unterschiedliche Vorstellungen** davon haben, **wer** eigentlich **Leistender** ist.

**Fall 763**

Der B beauftragt den Gärtner U1 mit der Gartenpflege für sein Grundstück. Der U1 ist – weil ihm Personal fehlt – nicht dazu in der Lage, den Vertrag zu erfüllen. Weil er dies nicht offenkundig lassen werden will, wendet er sich an den Gärtner U2 und spiegelt dem insoweit gutgläubigen U2 vor, von B bevollmächtigt worden zu sein, einen Vertrag zwischen ihm, dem U2, und dem B über die Gartenpflege abzuschließen. Ein solcher Vertrag wird abgeschlossen. Der U2 führt die Arbeiten durch seine Leute, die der B für die Leute des U1 hält, aus. Als der B eine Rechnung von U2 erhält, erkennt er erstmals, wer für ihn gearbeitet hat und erfährt, wie es dazu gekommen ist. Der B verweigert die Genehmigung des vollmachtlosen Rechtsgeschäfts des U1 und auch die Zahlung an den U2. Daraufhin verlangt der U2 von dem U1 Zahlung. Über das Vermögen des U1 ist jedoch inzwischen das Insolvenzverfahren eröffnet worden. Daher nimmt der U2 den B in Anspruch. Der hat inzwischen den Werklohn an den Insolvenzverwalter des U1 geleistet.

1. Einen vertraglichen Anspruch aus §§ 631 Abs. 1, 641, 164 BGB hat der U2 nicht gegen B (§ 177 BGB). 2. Ein Anspruch aus §§ 677, 683, 670 BGB scheitert am Fremdgeschäftsführungswillen des U2, der in Erfüllung eines vermeintlich mit B bestehenden Vertrages tätig geworden ist. 3. In Betracht kommt ein Anspruch a) aus § 812 Abs. 1S. 1 Var. 1 BGB. (*Wenn jedoch* – und insoweit muss man beim Sachverhalt genau hinsehen – keine Gartenpflege, sondern – u. U. auch – Anpflanzungen vorgenommen worden wären, müsste man – u. U. auch – über §§ 946, 951 Abs. 1S. 1 BGB zum Bereicherungsrecht – Rechtsgrundverweisung – kommen. Die Lösung wäre identisch, wenn man der Meinung ist, § 951 BGB verweise auf die Leistungs- und die Nichtleistungskondiktion. Wer dies anders sieht und nur einen Verweis auf die Nichtleistungskondiktion für gegeben hält, müsste einen Anspruch des U2 gegen E aus §§ 951 Abs. 1S. 1 812 Abs. 1S. Var. 2 BGB prüfen und – u. U. – wegen einer Leistung des U1 an B den Anspruch wegen des Vorrangs des Leistungsverhältnisses verneinen). Aber so liegt es hier ja nicht. aa) Vielmehr hat der U2 nur Gartenpflege erbracht. Dieses Werk ist das „etwas". bb) Der U2 als Anspruchsteller aaa) müsste das „etwas" an den B geleistet haben. aaaa) Aus der Sicht des U2 hat er, der U2, bewusst und auch zweckgerichtet (er wollte die vermeintliche vertragliche Verpflichtung aus §§ 631, 164 BGB dem B gegenüber erfüllen) das Vermögen des B gemehrt. Aus der Sicht des B war es der ihm vertraglich verpflichtete U1, der die Leistung erbracht hat. Da eine begriffliche Bestimmung des Leistungsverhältnisses mithin ausscheidet, muss durch eine Bewertung entschieden werden, wer Leistender ist. bbbb) Zu entscheiden ist, auf wessen Sichtweise es ankommt: aaaaa) Man kann die Frage so beantworten, dass zum Schutze des Zuwendungsempfängers auf die Sicht eines vernünftigen Empfängers abgestellt werden muss (§§ 133, 157 BGB analog), hier also auf die des B, so dass keine Leistungsbeziehung U2– B bestünde (BGH). bbbbb) Man kann aber auch annehmen, dass stets der Wille des Zuwendenden (hier des U2) maßgeblich dafür sein soll, wer Leistender ist, so dass deshalb eine Leistungsbeziehung zwischen dem U2 und dem B gegeben wäre. cccc) Die Frage ist entscheidungserheblich, denn nach der erstgenannten Ansicht würde dem Zuwendenden (U2) kein Bereicherungsanspruch gegen den

Empfänger (B) zustehen, und zwar mangels einer Leistungsbeziehung zwischen Anspruchsteller U2 und Anspruchsgegner B nicht wegen einer „Leistungskondiktion" und – weil aus der dafür maßgeblichen Sicht des B ein anderer, nämlich der U1, geleistet hat – auch nicht wegen Kondiktion in „sonstiger Weise". Nach der zweitgenannten Ansicht hat der Zuwendende (U2) dagegen einen Anspruch aus „Leistungskondiktion" gegen den Empfänger (B), weil er aus seiner (nach dieser Ansicht) maßgeblichen Sicht an den B geleistet hat. aaaaaa) Für die eine Leistung des U2 und damit einen Bereicherungsanspruch des U2 verneinende Ansicht könnte die Wertung des § 179 BGB sprechen, derzufolge der Zuwendende (U2) deshalb nicht schutzwürdig sei, weil er sich an den Vertreter ohne Vertretungsmacht halten kann und er – falls dieser nicht leisten könne – auch das Insolvenzrisiko zu tragen habe. Eine solche Wertung ist dem § 179 BGB jedoch nicht zu entnehmen, denn diese Norm will Ansprüche begründen, nicht aber andere Ansprüche ausschließen. bbbbbb) Entscheidend ist vielmehr, ob bei Zugrundelegung der zweitgenannten Ansicht (Leistung des U2 an B) der B bei einer bei dieser Lösung bestehenden Verpflichtung aus § 812 Abs. 1S. 1 Fall BGB gegenüber dem U2 ausreichend vor einer (Doppel-)Inanspruchnahme geschützt ist: aaaaaaa) Bei einer aaaaaaa) nach der Zuwendung erbrachten Bezahlung an den Vertragspartner (U1) soll der Zuwendungsempfänger nach der „Willenstheorie" vor einer weiteren (Doppel-)Inanspruchnahme seitens des U2 deshalb sicher sein, weil er seine bereits erbrachte Leistung an den Vertragspartner (hier den U1) als Entreicherung absetzen könne (§ 818 Abs. 3 BGB); dagegen wird wohl zu Recht eingewandt, dass Leistungen an Dritte (hier an den U1), die dem Erwerb des Bereicherungsgegenstandes dienen, nicht als Entreicherung abgesetzt werden dürfen (dazu später mehr). Außerdem würde der Schutz des § 818 Abs. 3 BGB wegen §§ 819, 818 Abs. 4 BGB versagen, wenn der Zuwendungsempfänger (wie hier der B) die gesamten Zusammenhänge vor seiner Zahlung an den Vertragspartner durchschaut hätte. bbbbbbb) Wenn der Zuwendungsempfänger (B) bereits vor Erhalt der Zuwendung an den Vertragspartner (U1) gezahlt haben sollte, also vorgeleistet haben sollte, soll er mangels enttäuschten Vertrauens nicht schutzwürdig sein, ihm also eine weitere (Doppel-) Inanspruchnahme zuzumuten sein. Dagegen lässt sich einwenden, dass der Zuwendungsempfänger (B) diese Vorabzahlung deshalb erbracht hat, weil er auf den Vertrag vertraut hat. Warum der Zuwendende (U2), der das Vermögen des Zuwendungsempfängers (B) gemehrt hat, weil er auf die Vertretungsmacht des Vertragspartners vertraut hatte, bevorzugt werden soll, ist nicht einzusehen. bbbbbbb) Das Argument, dass der Zuwendungsempfänger, der bereits an den Zuwendenden (U2) geleistet habe, einer weiteren Inanspruchnahme durch den Vertragspartner (U1) dadurch entgegentreten könne, dass er nach § 326 Abs. 5 BGB vom Vertrag zurücktreten könne, weil es dem Vertragspartner (U1) nicht mehr möglich ist, den Vertrag zu erfüllen (§ 275 Abs. 1 BGB), kann letztlich auch nicht entscheidend sein, denn man kann es dem Zuwendungsempfänger (B) nicht zumuten, die Leistung an den Vertragspartner zu unterlassen, z. B. dann, wenn dieser durch die Leistung in die Lage versetzt werden soll, eine möglicherweise erforderliche Nacherfüllung zu realisieren (Canaris). ccccccc) Die besseren Argumente sprechen daher für die h. M., die ausschließlich auf den Empfängerhorizont abstellt. Danach hat der U1 an B geleistet, so dass eine Leistungskondiktion U2 gegen B ausscheidet. b) Eine Kondiktion aus § 812 Abs. 1S. 1 Var. 2 BGB („Nichtleistungskondiktion") scheidet aus, weil aus der maßgeblichen Sicht des B ein anderer, nämlich der U1, geleistet hat und daher eine Nichtleistungskondiktion entfällt (Vorrang der Leistungskondiktion).

### 8. Leistung (hier: Zahlung) auf vermeintlich bestehende fremde Schulden als „Dreiecksverhältnis"

Bei **Leistungen auf fremde Schulden** (hier **beschränken wir uns** auf die „klassische Konstellation der **Zahlung fremder Schulden**) muss sorgfältig differenziert werden: Es gibt die uns hier zunächst interessierende Konstellation,

- dass eine fremde Schuld nur vermeintlich besteht und **auf** diese **vermeintlich bestehende fremde Schuld geleistet** (hier: gezahlt) wird, und zwar
- entweder von einer **dritten Person** auf **Veranlassung** des **vermeintlichen Schuldners (sub a))**
- oder von einem als **„Dritter" (§ 267 BGB)** Handelnden. **(sub b))**

Hieraus resultiert jeweils die **Frage**, **gegen wen** der **Leistende** (hier: der Zahlende) einen **Kondiktionsanspruch** hat.

Nicht verwechseln darf man dies

- mit der Konstellation, dass die Schuld besteht und eine Person, die sich selbst irrig für den Schuldner hält, als „Schuldner" an den Gläubiger auf die bestehende Schuld zahlt und nunmehr kondizieren will (dazu sogleich mehr **sub 9**)
- und der Konstellation, dass eine Person an den Gläubiger als „Dritter" (§ 267 BGB) auf eine bestehende Schuld zahlt: Dann erlischt die Schuld nach §§ 362, 267 BGB, und es stellt sich die Frage, ob der Dritte bei dem Schuldner Regress nehmen kann. Mangels einer Leistung an den Schuldner kann es sich insoweit nicht um einen Fall der Leistungskondiktion handeln; wir werden uns daher mit dieser Frage unter dem Aspekt der **„Auslagenkondiktion"** bei der Erörterung der **Kondiktion „in sonstiger Weise"** befassen.

#### a) Leistung (hier: Zahlung) einer dritten Person an einen vermeintlichen Gläubiger auf Veranlassung des vermeintlichen Schuldners

Wenn die **Schuld nicht besteht** und eine **dritte Person** auf **Veranlassung** des **vermeintlichen Schuldners** dessen vermeintliche Schuld tilgt, so wäre, wenn man **begrifflich** auf den Leistungsbegriff („bewusste und zweckgerichtete Mehrung") abstellt, die zahlende **dritte Person** Leistender. Einig ist man sich jedoch darüber, dass man aufgrund einer **wertenden Betrachtungsweise** diese Konstellation als ein **Dreiecksverhältnis** wie bei der Ihnen ja schon bekannten **„Anweisung"** begreifen muss.

Daher ist als **Leistender** anzusehen der **vermeintliche Schuldner** (als der „Versprechensempfänger“), **weil er** derjenige ist, der **die Zahlung der dritten Person** (als des „Versprechenden“) an den vermeintlichen Gläubiger (den „Dritten“) **veranlasst** hat; ihm steht der Bereicherungsanspruch zu. Daher kann die dritte Person, die die Zahlung vornimmt (der „Versprechende“), sich nicht an den vermeintlichen Gläubiger (den „Dritten“) halten.

**Fall 764**

Der Ehemann VSP zahlt auf Bitten seiner Frau VE deren vermeintliche Schuld bei D in bar. Der Ehemann VSP oder die Frau VE wollen den Betrag zurück.

1. Ein Anspruch des VSP gegen den D könnte sich a) aus § 812 Abs. 1S. 1 Var. 1 BGB ergeben. aa) Der D hat das Eigentum und den Besitz am Geld, also „etwas“ erlangt; bb) zu prüfen ist, ob durch Leistung des VSP an D: aaa) Stellt man begrifflich auf den Leistungsbegriff („bewusste und zweckgerichtete Mehrung“) ab, wäre der VSP Leistender. Dagegen spricht, dass man die Parallele zur „Anweisung“ (mit der Frau VE als Anweisender und dem Ehemann VSP als Angewiesenem) ziehen muss, so dass Leistender nicht der Ehemann VSP wäre (Canaris), sondern die ihn anweisende Frau VE. b) Eine Kondiktion des VSP gegen den D aus § 812 Abs. 1S. 1 Var. 2 („Nichtleistungskondiktion“) entfällt, weil die Frau VE Leistende ist. 2. Die Frau VE hätte daher einen Anspruch gegen den D aus § 812 Abs. 1S. 1 Var. 1 BGB: a) Der D hat „etwas“ erlangt, b) und zwar durch Leistung der Frau VE c) und dies ohne Rechtsgrund, da kein wirksames „Valutaverhältnis“ (VE – D) besteht.

**Fall 765**

Der HVN hat mit dem Haftpflichtversicherer HVR einen Privathaftpflichtversicherungsvertrag abgeschlossen. Als er bei seinen Freunden, den als Lebensgefährten zusammenlebenden F und M, zum Essen eingeladen ist und beim Tischdecken hilft, fällt ihm aus Ungeschick eine silberne Sauciere zu Boden. Die Soße verunreinigt einen kostbaren Teppich. Die Reinigungskosten betragen € 200,–. Der HVN zeigt den Schaden dem HVR an und fordert ihn auf, dem M den Betrag zu überweisen. Dem kommt der HVR nach. Später verlangt die F, die sich inzwischen von M getrennt hat, die Zahlung von € 200,–. Es sei nämlich ihr Teppich und sie, und nicht der geizige M, habe die Reinigung bezahlt. Der HVN zahlt und will wissen, ob er oder ob der HVR Rückzahlung der € 200,– von M verlangen kann.

Rückzahlung kann der HVN aus § 812 Abs. 1S. 1 Var. 1 BGB verlangen, denn er ist als Leistender anzusehen, weil er derjenige ist, der die Zahlung des HVR an den vermeintlichen Gläubiger (M) veranlasst hat

#### b) Leistung (hier: Zahlung) als „Dritter" i. S. d. § 267 BGB an einen vermeintlichen Gläubiger

Auch wenn jemand **als „Dritter“ i. S. d. § 267 BGB** durch niemanden veranlasst, also „eigenmächtig“, eine **vermeintlich bestehende** (hier auf Geldzahlung gerichtete) **fremde Schuld erfüllt**, lautet die Frage: „Wer leistet an wen?“

- Man nimmt überwiegend an, der **unveranlasst** („eigenmächtig") **zahlende „Dritte" i. S. d. § 267 BGB** habe **an** den **vermeintlichen Gläubiger** geleistet und könne daher von ihm Herausgabe des Erlangten aus § 812 Abs. 1S. 1 Var. 1 BGB verlangen. Das soll sogar dann gelten, wenn für den vermeintlichen Gläubiger nicht zu erkennen ist, ob der Dritte mit oder ohne Einverständnis des vermeintlichen Schuldners handelt, also in dem berühmten *Beispiel* des „generösen Onkels", der die vermeintlichen Schulden des Neffen tilgt: Der Onkel soll beim vermeintlichen Gläubiger kondizieren dürfen (Canaris, Medicus). Die Folge dieser Lösung ist, dass der vermeintliche Gläubiger, was diesen Anspruch angeht, keine Verteidigungsmittel aus seiner Rechtsbeziehung zum vermeintlichen Schuldner hätte, was aber hinzunehmen sei, da der vermeintliche Gläubiger ohnehin nicht darauf vertrauen konnte, dass der Dritte leistet.
- Man könnte aber auch die Ansicht vertreten, der **unveranlasst** („eigenmächtig") **zahlende „Dritte" i. S. d. § 267 BGB** habe **an** den **vermeintlichen Schuldner** geleistet und könne daher von ihm Herausgabe des Erlangten aus § 812 Abs. 1S. 1 Var. 1 BGB verlangen, wobei der Anspruch gerichtet sein soll auf Abtretung des Bereicherungsanspruchs gegen den vermeintlichen Gläubiger aus § 812 Abs. 1S. 1 Var. 1 BGB. Das hätte zur Konsequenz, dass der Dritte sich eventuell bestehende Einwendungen des vermeintlichen Gläubigers gegen den vermeintlichen Schuldner entgegenhalten lassen müsste (§ 404 BGB). Dieser Lösungsvorschlag ist deshalb aber zweifelhaft, weil der vermeintliche Schuldner die Zuwendung des Dritten an den vermeintlichen Gläubiger nicht veranlasst hat, so dass es einen solchen Anspruch des vermeintlichen Schuldners gegen den vermeintlichen Gläubiger aus § 812 Abs. 1S. 1 Var. 1 BGB nicht gibt.
- Unbestritten ist aber, dass ein **Dritter** in den Fällen, in denen er zum Zwecke der **„Ablösung"** an den vermeintlichen Gläubiger zahlt (z. B. § 268 BGB), gegenüber dem Scheingläubiger einen eigenen Leistungszweck erbringt und ihm gegenüber aus § 812 Abs. 1S. 1 Var. 1 BGB kondizieren kann.

**Fall 766**

Der E veräußert dem K1 eine ihm gehörende Sache unter Eigentumsvorbehalt (§§ 433, 449, 929S. 1, 158 Abs. 1 BGB); der Kaufvertrag ist nichtig. Der K1 verkauft das vermeintliche „Anwartschaftsrecht" (warum das „vermeintliche"? Weil ein „Anwartschaftsrecht" ohne Kaufvertrag, also ohne Möglichkeit eines Bedingungseintritts durch Erfüllung der Kaufpreisschuld, begrifflich nicht vorstellbar ist!) an der Sache weiter an den K2 und überträgt es ihm. Um das Eigentum zu erwerben, zahlt der K2 den Restkaufpreis, den der K1 vermeintlich dem E noch schuldete, in bar an den E. Als er von der Nichtigkeit des Kaufvertrages E – K1 erfährt, will der K2 den Kaufpreis entweder von dem K1 oder von dem E zurück.

1. Der K2 könnte den K1 in Anspruch nehmen. a) Mangels einer bestehenden Forderung des E gegen den K1 fehlt es an einem objektiv fremden Geschäft, so dass ein Anspruch aus §§ 677, 683S. 1, 670 BGB nicht in Betracht kommt. b) Nach einer Ansicht wird ein Anspruch aus § 812 Abs. 1S. 1 Var. 1 BGB an-

genommen, der gerichtet ist auf die Abtretung des Bereicherungsanspruchs des Scheinschuldners (K1) gegen den Scheingläubiger (E). Einen solchen Anspruch gibt es aber nicht, weil der vermeintliche Schuldner K1 die Zuwendung des Dritten K2 an den vermeintlichen Gläubiger E nicht veranlasst hat, so dass es einen solchen Anspruch des vermeintlichen Schuldners K1 gegen den vermeintlichen Gläubiger E aus § 812 Abs. 1S. 1 Var. 1 BGB nicht gibt. 2. Vielmehr soll der Dritte K2 nur einen Anspruch gegen den E aus § 812 Abs. 1S. 1 Var. 1 BGB haben. a) Der E hat das Eigentum und den Besitz am Geld, also „etwas" erlangt. b) Nach den Kriterien des Leistungsbegriffs liegt eine Leistung des K2 an den E vor; denn der K2 hat nicht durch den K1 veranlasst, sondern eigenständig auf die vermeintliche Schuld des K1 gezahlt, da die Leistung des K2 „dem Putativschuldner nicht als die seinige zuzurechnen ist" (Canaris); daher hat der K2 an den E geleistet, c) und zwar ohne Rechtsgrund. d) Der E muss das Geld an K2 zurückübereignen.

**Fall 767**

Ein Bauherr (B) zahlt auf die vermeintlich bestehende Forderung eines Subunternehmers (SU) gegen den Hauptunternehmer (HU), um den Subunternehmer zur Fortsetzung seiner Arbeit am Bauwerk zu veranlassen. Als sich herausstellt, dass die Forderung nicht besteht, verlangt der B Rückzahlung von SU (nach Canaris).

Auch hier besteht ein Leistungskondiktionsanspruch (§ 812 Abs. 1S. 1 Var. 1 BGB) direkt gegen den SU.

### 9. Leistung (hier: Zahlung) eines vermeintlichen Schuldners an den Gläubiger einer als solche bestehenden Schuld

Wenn bei einer als solche bestehenden Schuld eine Person, die sich irrig für den Schuldner hält, an den Gläubiger leistet (hier: zahlt), stellt sich die Frage, ob dieser vermeintliche Schuldner nunmehr Bereicherungsansprüche gegen den Gläubiger oder gegen den wirklichen Schuldner hat. Sie, als inzwischen an diversen „Dreiecksverhältnissen" geschulte Bereicherungsrechtsspezialisten haben längst erkannt, dass hier in Wahrheit ein ganz gewöhnliches **„Zweipersonenverhältnis"** besteht, bei dem der vermeintliche Schuldner von seinem vermeintlichen Gläubiger die von ihm erbrachte Leistung nach § 812 Abs. 1S. 1 Var. 1 BGB herausverlangen kann. Das gilt auch dann, wenn der Schuldner sich deshalb über den Gläubiger irrt, weil er meint, die bestehende Forderung sei an einen Zessionar abgetreten worden oder kraft Gesetzes („cessio legis") auf einen anderen Gläubiger übergegangen und er an diesen leistet.

**Fall 768**

Der jungreiche Aktienspekulant G geht an der Alster spazieren. In Höhe der Hundewiese beim „Cliff" wird er von einigen der dort herumtollenden Hunde umringt und von einem der Tiere gebissen, so dass sein wertvoller Ledermantel Schaden nimmt. Der anwesende D zahlt sofort in bar € 1000,– Schadensersatz an den G, weil er glaubt, dass es sein Hund, den er sich ausschließlich zum Vergnügen hält, war, der zugeschnappt hatte, während es – wie sich erst später herausstellt – in Wahrheit der Hund des S war. Der D will Rückzahlung von G (nach Brox-Walker).

Der Anspruch ergibt sich zu beiden Fragen aus § 812 Abs. 1S. 1 Var. 1 BGB. a) Der G hat das Eigentum an dem Geld erlangt, b) und zwar durch Leistung des D an G, denn: Die Zahlung ist eine bewusste und zweckgerichtete Mehrung des Vermögens des G/der KV, denn der D wollte seine vermeintliche Verpflichtung aus § 833S. 1, 2 BGB (keine Exkulpation bei „Luxustieren") erfüllen. c) Er hat ohne Rechtsgrund geleistet, weil die Schadensersatzverpflichtung nicht bestand.

Das ist also völlig unproblematisch. Wenn jedoch zum *Beispiel* der vermeintliche Gläubiger (G) des vermeintlichen Schuldners (D), an den dieser sich nach den vorstehenden Ausführungen halten soll, insolvent sein, stellt sich die Frage, ob der vermeintliche Schuldner (D) sich nicht (auch) an den wirklichen Schuldner (S ) als Bereicherungsschuldner halten kann. **Zwar** nicht aus § 812 Abs. 1S. 1 Var. 1 BGB wegen einer Leistungskondiktion, denn geleistet hat der vermeintliche Schuldner (D) ihm (S ) ja nicht. **Aber** vielleicht aus § 812 Abs. 1S. 1 Var. 2 BGB wegen einer Nichtleistungskondiktion. Dazu aber müsste der solchermaßen in Anspruch genommene Schuldner (S ) „etwas" erlangt haben. Als ein erlangter Vermögensvorteil kommt in Betracht die Befreiung von der Verbindlichkeit, die der Schuldner (S) dem Gläubiger (G) gegenüber hatte; diese wäre aber nur eingetreten, wenn der vermeintliche Schuldner (D) als „Dritter" i. S. d. § 267 BGB gehandelt hätte. Dazu bedarf es nach § 366 BGB einer entsprechenden (Fremd-)Tilgungsbestimmung. Eine Auslegung führt jedoch in Fällen, in denen durch D eine (vermeintliche) eigene Schuld getilgt werden sollte, i. d. R nicht zum Ergebnis, dass er eine fremde (die des wirklichen Schuldners) Schuld hatte erfüllen wollen. Die Frage ist, ob eine **nachträgliche Fremdbestimmung** durch den Dritten (D) in Betracht kommt, so dass der (wahre) Schuldner (S ) nach §§ 362, 267 BGB frei wird und damit ein „etwas" erlangt hätte. Dies wird intensiv diskutiert. Bejaht man mit der überwiegenden Ansicht eine solche Möglichkeit, wäre der Weg frei, einen Anspruch des scheinbaren Schuldners (D) gegen den wirklichen Schuldner (S ) aus § 812 Abs. 1S. 1 Var. 2 BGB zu prüfen. Dadurch wird diese Fallkonstellation aus einem „Zweipersonenverhältnis" zu einem **„Mehrpersonenverhältnis"** mit den entsprechenden Rückabwicklungsproblemen machen. Dazu später mehr bei den Nichtleistungskondiktionen.

**Variante**

Der G ist inzwischen wegen eines Kursverfalls seiner Aktien vermögenslos. Kann der D sich notfalls auch an den S halten?

Es wird vorgeschlagen, dass der vermeintliche Schuldner D seine Leistung an den G nachträglich „fremdbestimmen" kann, so dass sie als Leistung eines „Dritten" (§ 267 BGB) anzusehen ist. Dann erlischt die Schuld des S nach §§ 362, 267 BGB, und der „Dritte" (D) kann bei dem Schuldner S Regress nehmen. In Betracht kommt ein Anspruch aus § 812 Abs. 1S. 1 Var. 2 BGB. (dazu später mehr).

## 10. Leistung (hier: Zahlung) auf eine abgetretene angebliche Forderung als „Dreiecksverhältnis"

Wenn von einem Schein-Gläubiger eine vermeintlich gegen einen Schein-Schuldner bestehende Forderung abgetreten wird, so erwirbt der Zessionar mangels der Möglichkeit eines gutgläubigen Erwerbs keine Forderung (argec. § 405 BGB und argec. §§ 1138, 892 BGB: verstehen Sie diesen Hinweis auf §§ 1138, 892 BGB? Wenn nicht, sollten Sie einige Stunden für eine Wiederholung des Hypothekenrechts einschieben!). Wenn nun der Schein-Schuldner, weil er irrig davon ausgeht, dass die Schuld besteht, an den Zessionar leistet (hier: zahlt), stellt sich die Frage, ob sich der Schein-Schuldner, wenn dieser später vom Nichtbestehen der Schuld erfährt, wegen seines Bereicherungsanspruchs an den Zedenten halten kann oder an den Zessionar.

Zum Teil wird eine **Leistung** des vermeintlichen Schuldners **an** den **Zessionar** angenommen, weil dieser durch die Zession in die Stellung des Zedenten eingerückt sei (Medicus), dies jedenfalls dann, wenn der Zessionar die Auszahlung „besonders intensiv verlangt" habe (BGH). So gesehen läge gar kein „Dreiecksverhältnis" vor, sondern eine Zweierbeziehung.

Man kann aber umgekehrt auch sagen, dass der vermeintliche Schuldner **an** den **Zedenten geleistet** habe, weil eine **wertende Betrachtungsweise** zu einer Gleichsetzung mit der **Konstellation** einer **„Anweisung"** führe: Wirtschaftlich sei es so, wie wenn der Schein-Schuldner rechtsgrundlos an den Zedenten geleistet habe und dieser das Erlangte an den Zessionar weiter gegeben habe. Man müsse sich den Schein-Schuldner als den „Angewiesenen" denken, den Zedenten als den „Anweisenden" und den Zessionar als den „Dritten" (Canaris), so dass eine Direktkondiktion ausscheide und der „Angewiesene" sich an den „Anweisenden", den Zedenten, halten müsse. Die Begründung ist die, dass, wenn schon der Begünstigte bei der Anweisung vor Ansprüchen des Angewiesenen geschützt sei, dies umso mehr für den Zessionar gelten müsse, der doch eine viel stärkere Stellung als der aus einer Anweisung Begünstigte habe. Erst recht soll dies gelten, wenn der **Zedent** den **Schein-Schuldner** zusätzlich **zur Leistung** an den **Zessionar aufgefordert** habe.

**Fall 769**

Das Auto des E ist bei der V-Versicherung vollkaskoversichert und erleidet bei einem Unfall einen Totalschaden. Der E kauft bei Händler H ein neues Auto und tritt zum Zwecke der Bezahlung seinen Anspruch gegen die V ab. Die V zahlt auf Aufforderung des E durch Überweisung an H. Später stellt sich heraus, dass der E den Unfall vorsätzlich herbeigeführt hatte, so dass sie nicht zur Leistung verpflichtet gewesen war (§ 81 Abs. 1 VVG). Der E ist insolvent, so dass die V wissen will, ob sie nach § 812 Abs. 1S. 1 Var. 1 BGB von H Rückzahlung verlangen kann.

Der V könnte ein Anspruch auf Rückzahlung gegen den H 1. aus § 812 Abs. 1S. 1 Var. 1 BGB zustehen. a) Der H hat gegen seine Bank eine Forderung erhalten (§ 780 BGB), also „etwas" erlangt. b) Der Anspruchsteller V müsste an den H geleistet haben: aa) Zum Teil wird eine Leistung des vermeintlichen Schuldners (der V) an den Zessionar (H) angenommen, aaa) weil dieser in die Stellung des Zedenten eingerückt sei (Medicus, Mankowski). bb) Überzeugender scheint mir, dass die V nicht an H, sondern mit Rücksicht auf ihre vermeintliche vertragliche Verpflichtung gegenüber E, also an den Zedenten (E), geleistet hat. Das ergibt sich nicht aus begrifflichen Konstruktionen, sondern aufgrund der Interessenlage, die mit der der Ihnen ja schon bekannten „Anweisungsfällen" vergleichbar ist: Man denkt sich den V als den „Angewiesenen", den Zedenten E als den „Anweisenden" und den Zessionar (H) als den „Dritten". Damit scheidet bei einer fehlenden Forderung (also bei einem „Mangel" des „Deckungsverhältnisses") ein Bereicherungsanspruch im „Zuwendungsverhältnis" (V – H) aus; vielmehr muss der V beim Zedenten E kondizieren. Dafür werden zwei Gründe genannt: a) Wenn schon der Begünstigte bei der Anweisung vor Ansprüchen des Angewiesenen geschützt ist, dann muss dies umso mehr für den Zessionar gelten, der doch eine viel stärkere Stellung als der aus einer Anweisung Begünstigte hat. b) Jedenfalls soll dann von einer Leistung an den E auszugehen sein, wenn, wie hier, die Zahlung an den H zusätzlich auf Verlangen des E erfolgte. cc) Zu einem anderen Ergebnis käme man auch nicht, wenn man dem BGH folgt und eine Leistung an den Zessionar (H) jedenfalls dann annimmt, wenn der Zessionar (H) die Auszahlung „besonders intensiv verlangt" habe (BGH); denn davon kann hier nicht ausgegangen werden. Daher scheidet ein Anspruch der V gegen H aus § 812 Abs. 1S. 1 Var. 1 BGB aus. b) Ein Anspruch der V gegen den H aus § 812 Abs. 1S. 1 Var. 2 scheidet aus, weil nach dieser Konstellation der E an H geleistet hat.

Diese Fallkonstellation **darf** natürlich **nicht verwechselt werden** mit der zuvor abgehandelten Fallgestaltung, bei der die Forderung bestand, der Schuldner sich aber in der Person des Gläubigers irrte, weil er irrig meinte, die Forderung sei durch Zession (§ 398 BGB) oder durch „cessio legis" auf einen anderen, an den er dann leistet, übergegangen. Dann liegt eine Zweierbeziehung vor, und der Schuldner kann vom vermeintlichen Zessionar kondizieren.

## 11. Gutgläubiger Erwerb als „Dreipersonenverhältnis"

Auch beim gutgläubigen Erwerb des Eigentums besteht „rein optisch" gesehen (Sie haben sich bestimmt – wie hoffentlich immer – schon eine Skizze gemacht, oder?!) ein „Dreipersonenverhältnis", an dem beteiligt sind: Der alte Eigentümer, der sich als Eigentümer ausgebende Nicht-Eigentümer und der (kraft gutgläubigen Erwerbs dazu gewordene) neue Eigentümer. Dass hier z. B. kein Anspruch des ehemaligen Eigentümers gegen den neuen Eigentümer aus § 985 BGB und/ oder auf Grundbuchberichtigung aus § 894 BGB besteht, ist Ihnen klar. Wie aber steht es mit einem Anspruch aus § 812 BGB oder (und das wissen Sie ja bereits) aus § 823 BGB? Hier stellt sich also die Frage nach einer **bereicherungsrechtlichen Rückabwicklung** des gesetzlich angeordneten **Eigentümerwechsels** nach **§§ 929, 932 ff./§ 892 BGB**.

### a) „Kondiktionsfestigkeit" des gutgläubigen Erwerbs z. B. nach §§ 929 ff., 932 ff./§ 892 BGB

Bei einem gutgläubigen Eigentumserwerb nach **§§ 929, 932 ff. BGB** oder nach **§ 892 BGB** ist das Ergebnis unstreitig: Es gibt keine Korrektur nach § 812 Abs. 1S. 1 BGB. Das wäre ja auch ein groteskes Ergebnis!

Aber wie begründet man diese vom Ergebnis her gesehen unzweifelhafte **„Kondiktionsfestigkeit"** des **gutgläubigen Erwerbs**, und dies möglichst knapp, denn kein Korrektor ist an ausführlichen Darlegungen dieser Selbstverständlichkeit interessiert?! Es gibt einen umständlichen Weg zur Begründung oder einen knappen eleganten Weg, die Ihnen beide der folgende Fall aufzeigt. Bei dieser Gelegenheit haben Sie zudem Gelegenheit, sich im Wege der Wiederholung Gedanken über die **„Deliktsfestigkeit"** des gutgläubigen Erwerbs zu machen.

**Fall 770**

Der E hat dem V, der gewerbsmäßig eine Fahrrad-Werkstatt und einen Fahrrad-Handel mit gebrauchten Fahrrädern betreibt, sein Fahrrad zur Reparatur gegeben. Der Geldmittel benötigende V nutzt die „gute Gelegenheit" aus und verkauft und übergibt und übereignet das Rad an den K, wobei er sich dem insoweit gutgläubigen K gegenüber als Eigentümer des Fahrrades ausgibt. Der E verlangt Herausgabe des Rades von K bzw. Rückübereignung und Rückgabe. Der K hätte bei äußerster Anspannung erkennen können, dass V nicht der Eigentümer war.

1. Der E hat keinen Anspruch aus § 985 BGB, da K nach §§ 929S. 1, 932 Abs. 1S. 1, Abs. 2 BGB das Eigentum erlangt hat; die leichte Fahrlässigkeit des K schadet nicht (§ 932 Abs. 2 BGB); § 935 Abs. 1 BGB liegt nicht vor, weil der E den Besitz freiwillig an V verloren hat. 2. Ein Anspruch aus §§ 823 Abs. 1, 249 Abs. 1 BGB auf Rückübereignung und Rückgabe wegen einer Eigentumsverletzung seitens des K entfällt wegen der fehlenden Rechtswidrigkeit: Das Gesetz „erlaubt" den leicht fahrlässigen Eigentumserwerb in § 932 BGB. 3. Möglich ist jedoch ein Anspruch des E gegen den K auf Rückübereignung und Rückgabe a) aus § 812 Abs. 1S. 1 Var. 1 BGB: aa) Der K hat das Eigentum und den Besitz am Fahrrad, also „etwas" erlangt. bb) Fraglich ist, ob er es durch Leistung des E erlangt hat: Das ist nicht der Fall; der E hat dem K das Eigentum und den Besitz nicht bewusst und zweckgerichtet übertragen. b) Zu prüfen ist daher ein Anspruch aus § 812 Abs. 1S. 1 Var. 2 BGB. aa) Der K hat das Eigentum und den Besitz am Fahrrad, also „etwas" erlangt. bb) Ein Anspruch aus § 812 Abs. 1S. 1 Var. 2 BGB setzt voraus, aaa) dass das „etwas" nicht geleistet worden ist. aaaa) Nach einer Ansicht war der V Leistender, so dass der Anspruch wegen Vorrangs der Leistungskondiktion entfällt. bbbb) Nach anderer Meinung hat der V aber mangels verschaffbaren Eigentums (denn er war nicht der Eigentümer!) nicht an den K geleistet, so dass hiernach „die Bahn frei ist" für eine Prüfung des § 812 Abs. 1S. 1 Var. 2 BGB bbb) Mit dem Erwerb des Eigentums hat der K „auf Kosten" des E aaa) in das Eigentum des E eingegriffen, bbb) wobei dieser Eingriff im Widerspruch zum wirtschaftlichen Zuweisungsgehalt des Eigentums stand. cc) Der Vorteil ist unmittelbar erlangt. dd) Die Rechtsgrundlosigkeit der Vermögensverschiebung ist damit indiziert. Aber es besteht ein besonderer Rechtsgrund für das „Behaltendürfen" des Fahrrades (§ 932 BGB). c) Bestätigt wird dieses allseits anerkannte Ergebnis auch durch einen Umkehrschluss aus § 816 Abs. 1S. 2 BGB, demzufolge der gutgläubige Erwerb nur bei Unentgeltlichkeit des Erwerbes nicht kondiktionsfest ist.

In einer schriftlichen Arbeit sollten Sie die **„Kondiktionsfestigkeit"** des gutgläubigen Erwerbs kurz und knapp mit einem **„Umkehrschluss aus § 816 Abs. 1S. 2 BGB"** begründen.

### b) Sonderproblem: § 366 HGB analog

Besonderheiten mit sich bringt ein gutgläubiger Erwerb z. B. des Eigentums an einer beweglichen Sache im Fall des guten Glaubens an das Bestehen einer behaupteten Vertretungsmacht eines zur Übereignung in Wahrheit nicht Bevollmächtigten nach **§ 366 HGB analog**. Erinnern Sie noch daran? Wenn nicht, sollten Sie wieder einmal ein, zwei Stunden für die Wiederholung des gutgläubigen Erwerbs an beweglichen Sachen einschieben. Schon damals hatten Sie erfahren, dass bei der Bejahung eines gutgläubigen Erwerbs das Risiko besteht, dass ein solches Ergebnis durch einen korrigierenden Anspruch aus § 812 BGB wieder zunichte gemacht wird. Nur mit Mühe gelingt es die „gerufenen Geister" wieder zu „bannen".

**Fall-Variante**

Der V gibt sich nicht als Eigentümer des Rades, sondern gegenüber dem insoweit gutgläubigen K als von dem Eigentümer E zum Verkauf des Rades und zur Erfüllung des Kaufvertrages bevollmächtigte Person aus. Der E verlangt von K Herausgabe oder Rückübereignung und Rückgabe.

1. Der E hat keinen Herausgabeanspruch nach § 985 BGB, da der K Eigentümer geworden ist; § 366 Abs. 1 HGB (der V ist nach § 1 HGB Kaufmann; das Geschäft gehört nach §§ 343, 344 HGB zum Betrieb seines Handelsgewerbes), der an sich nur den guten Glauben an die Verfügungsbefugnis des Kaufmanns schützt, gilt nach h. M. (anders Medicus) analog auch für den guten Glauben an die Vertretungsmacht, so dass die Übereignung als eine solche des von V vertretenen E nach §§ 929, 164 BGB, 366 Abs. 1 HGB, 932 BGB wirksam ist. 2. Ein Anspruch des E gegen den K auf Rückübereignung und Rückgabe aus §§ 823 Abs. 1, 249 Abs. 1 BGB ist hier (K ist gutgläubig) überhaupt nicht anzusprechen. 3. In Betracht kommt aber ein Anspruch des E gegen den K auf Rückübereignung und Rückgabe aus § 812 Abs. 1S. 1 Var. 1 BGB. a) Der K hat das Eigentum und den Besitz, also ein „etwas", erlangt. b) Fraglich ist, ob er es durch Leistung des Anspruchstellers E erlangt hat: Das ist der Fall, denn aus Sicht des K hat der Vertretene (E), und nicht der Vertreter (V) sein, des K, Vermögen bewusst und zweckgerichtet gemehrt. c) Ohne Rechtsgrund hätte der E geleistet, aa) wenn man den § 366 Abs. 1 HGB dem Wortlaut folgend nur auf das dingliche Geschäft anwendet; bb) das hätte aber zur Folge, dass der gutgläubige Erwerb des K nicht „kondiktionsfest" wäre; weil das zu einem Wertungswiderspruch zu der ansonsten gegebenen „Kondiktionsfestigkeit" des gutgläubigen Erwerbs führen würde, und weil es wenig Sinn machen würde, mit „der einen Hand" dem K das Eigentum zu geben und es ihm „mit der anderen Hand" wieder zu nehmen, wird zu Recht angenommen, dass § 366 Abs. 1 HGB auch das

obligatorische Geschäft (Kaufvertrag E – K) betrifft, so dass von E mit Rechtsgrund geleistet worden ist.

Auf diese Weise hat man in „letzter Sekunde" den Rechtssatz von der „Kondiktionsfestigkeit" des gutgläubigen Eigentumserwerbs gerettet!

### 12. „Auf dessen Kosten"

Machen Sie sich zunächst klar, dass Sie sich bisher **(sub 1 bis 11)** erarbeitet haben, wie man das Leistungsverhältnis bestimmt, so dass Sie jetzt wissen, wer Gläubiger und wer Schuldner eines möglichen Anspruchs aus einer Leistungskondiktion ist. Nun könnte man beim Lesen des Textes des § 812 Abs. 1S. 1 BGB auf den Gedanken kommen, dass für die **Bestimmung** dessen, **wer** der **Gläubiger** eines **Anspruchs aus** einer **„Leistungskondiktion"** ist, **auch** die Subsumtion des Merkmals **„auf dessen Kosten"** erforderlich sei. Wer sich aber auf unsere theoretischen Vorarbeiten besinnt, der wird sich erinnern, dass das Tatbestandsmerkmal **„auf dessen Kosten"** – wenn überhaupt – **nur** für die **„Nichtleistungskondiktion"** von **Bedeutung** sein kann. Die vom Gesetzgeber diesem Tatbestandsmerkmal zuerkannte Funktion, den jeweiligen Bereicherungsgläubiger/–schuldner zu bestimmen, wird jedenfalls bei der Leistungskondiktion ausschließlich vom Leistungsbegriff übernommen. Daher ist man sich auch einig, dass dieses Merkmal (wie gesagt: wenn überhaupt) nur für die Kondiktion „in sonstiger Weise", und zwar speziell für die „Eingriffskondiktion", gelten kann. Wir kommen darauf später dort zurück.

## VI. Ungerechtfertigtheit der Bereicherung bei der Leistungskondiktion

Damit Sie den **Faden nicht verlieren**, machen Sie sich bitte, bevor wir jetzt fortfahren, unbedingt klar, womit wir uns bisher befasst haben und sogleich befassen werden.

Wir sind bei der Erörterung der Ansprüche aus einer **„Leistungskondiktion"**. Sie können sicher die einzelnen Tatbestände aufzählen – oder?

Nachdem wir einige **Konkurrenzprobleme** erörtert haben (sub I.),

haben Sie erfahren, dass bei einer Leistungskondiktion der Inanspruchgenommene **„etwas … erlangt"** haben muss (sub II.).

Und dann (sub III bis V) ging es um das zweite Merkmal eines jeden Leistungskondiktionsanspruchs, dass nämlich der Inanspruchgenommene das „etwas" in einer bestimmten Weise, nämlich **„durch Leistung eines anderen"**, gemeint ist damit durch Leistung des Anspruchstellers, **„erlangt"** haben muss. Diese Darstellung hat mit deutlich über 30 Seiten großen Raum eingenommen, weil hier i. d. R der Schwerpunkt für die Fallbearbeitung liegt.

Und jetzt fahren wir fort: Weiterhin muss die **„Bereicherung"** – und das ist jetzt unser Thema – **„ungerechtfertigt"** sein.

Die **Bereicherung** muss nach der **Überschrift des 24. Titels „ungerechtfertigt"** sein. Das wiederholt sich im Text des § 812 BGB, wenn es dort heißt: „... ohne rechtlichen Grund erlangt ...". Damit ist gemeint, dass es keinen rechtlichen Grund dafür gibt, dem Inanspruchgenommene den Vermögensvorteil zu belassen **1)** Wenn man – was am meisten einleuchtet – den Begriff **Rechtsgrund** rein **objektiv** versteht (Canaris), so versteht man darunter das Schuldverhältnis, auf das sich die Leistung bezieht. Dieses das Behaltendürfen der Leistung anordnende Schuldverhältnis, muss nicht unbedingt ein zur Leistung verpflichtendes Schuldverhältnis sein. Ausreichend ist eine bloße Rechtsgrundvereinbarung, wie bei der Handschenkung, oder bei einer Naturalobligation, wie der zu nichts verpflichtende Ehemäklervertrag, oder wie die Vereinbarung über die Herbeiführung eines bestimmten nicht geschuldeten Erfolges. Die „Zweckbestimmung" soll nach dieser Lehre lediglich die Bedeutung haben, Auskunft darüber zu geben, auf welche Kausalbeziehung sich die Leistung, um deren Herausgabe es geht, bezieht. Die in Betracht kommenden Leistungszwecke sind Ihnen ja vielleicht noch bekannt, es sind – nicht abschließend aufgezählt – **a)** als wichtigster Fall die Zuwendung **„solvendi causa"** (um zu erfüllen), durch die ein zur Leistung verpflichtendes Schuldverhältnis erfüllt werden soll. Aus der Tatsache, dass dieser Leistungszweck so sehr im Vordergrund steht, rührt wohl auch das verbreitete Missverständnis her, dass man unter „Rechtsgrund" ausschließlich ein zur Leistung verpflichtendes Schuldverhältnis verstanden wird, z. B. der Kaufvertrag (manche junge Juristen sind schon so „gepolt", dass sie sich überhaupt nur noch diesen Vertrag als Rechtsgrund vorstellen können) oder der Mietvertrag oder ein Schenkungsversprechen etc. etc. Die Tatsache, dass „Rechtsgrund" und „Leistungszweck" oft identisch sind, besagt aber nicht, dass dies auch stets so sein muss! Und dass der Rechtsgrund keinesfalls ein verpflichtender Vertrag sein muss, erkennen Sie sogleich beim Weiterlesen sogleich. **b)** Wenn ein Vermögensvorteil **„donandi causa"** (um zu schenken) zugewendet wird, liegt der Fall einer Handschenkung vor, bei der ohne Bestehen einer Verpflichtung zur unentgeltlichen Überlassung (die bestünde nur im Falle des § 518 Abs. 2 BGB) eine Abrede des Inhalts vorgenommen wird, dass der Empfänger den Gegenstand der Zuwendung unentgeltlich behalten darf. **c)** Bei der **„ob rem"** erfolgten Zuwendung, ist diese deshalb erfolgt, um den Empfänger zu einer nicht geschuldeten Gegenleistung oder zu einem sonstigen Verhalten zu veranlassen. **2)** Man kann den Rechtsgrund aber auch **„subjektiv"** in der Erreichung eines der vom Leistenden angestrebten Leistungszwecke sehen. Wird dieser Leistungszweck verfehlt, ist die Leistung rechtsgrundlos erbracht. Voraussetzung dafür ist aber das Bestehen eines gültigen Kausalverhältnisses, ohne den der subjektive Zweck nicht erreichbar ist. **3)** Wenn – wie man unschwer erkennt – die „objektive Theorie" nicht ohne die Zweckbestimmung auskommt, um den Bezug zu dem Schuldverhältnis herzustellen, aus dem sich der Rechtsgrund ergeben soll, und wenn die subjektive Theorie nicht ohne ein wirksames Kausalverhältnisses auskommt, ist die dogmatische Divergenz dieser Lehren im Ergebnis irrelevant. Es sind zwei Kehrseiten derselben Medaille.

Auch wenn Ihnen das, worauf Sie gleich noch einmal hingewiesen werden, wahrscheinlich aufgrund der vielen inzwischen gelesenen Lösungsskizzen längst „in Fleisch und Blut übergegangen" ist, sei vorsorglich klargestellt: Der in diesem Buch gewählte Aufbau der bisherigen Darstellung der Leistungskondiktion (sub II: „etwas erlangt"/sub III-V: „durch Leistung des Anspruchstellers") und die Tatsache, dass wir jetzt im Folgenden sub VI 1 bis 3 und sub VII die einzelnen Tatbestände der „Ungerechtfertigtheit der Bereicherung" und dann sub VIII die „Ausschlusstatbestände" darstellen werden, dieser Aufbau also, bedeutet

1. **nicht etwa**, dass Sie **bei der Fallbearbeitung** die einzelnen Leistungskondiktionsansprüche dem Aufbau dieses Buches folgend in folgender Weise zu prüfen hätten: **1.** „Etwas erlangt". **2.** „Durch Leistung des Anspruchstellers". **3.** Ungerechtfertigtheit der Bereicherung nach: **a)** § 812 Abs. 1 Var. 1 BGB, **b)** § 812 Abs. 1S. 2 Var. 2 BGB **c)** § 812 Abs. 1S. 2 Var. 2 BGB **d)** § 813 BGB **e)** § 817S. 1 BGB **4.** Ausschlusstatbestand **5.** Rechtsfolge. Das wäre verfehlt. Denn der Aufbau dieses Buches ist kein „Prüfungsschema".
2. Sie **müssen vielmehr so verfahren**, dass Sie – wie immer – im Obersatz die Anspruchsgrundlage genau bezeichnen und die einzelnen Merkmale dann in dieser Reihenfolge subsumieren: **1.** Anspruch aus § 812 Abs. 1S. 1 Var. 1 BGB **a)** Der Inanspruchgenommene muss etwas erlangt haben. **b)** Durch Leistung des Anspruchstellers. **c)** Der Rechtsgrund muss anfänglich gefehlt haben. **d)** Rechtsfolge. *Oder*: **2.** Anspruch aus § 812 Abs. 1S. 2 Var. 1 BGB **a)** Der Inanspruchgenommene muss etwas erlangt haben, **b)** durch Leistung des Anspruchstellers. **c)** Der Rechtsgrund muss nachträglich entfallen sein. **d)** Ausschlusstatbestand. **e)** Rechtsfolge. *Oder:* **3.** Anspruch aus § 812 Abs. 1S. 2 Var. 2 BGB **a)** Der Inanspruchgenommene muss etwas erlangt haben, **b)** durch Leistung des Anspruchstellers. **b)** etc. etc. **4.** *Oder:* Anspruch aus § 813 BGB etc. etc. *Oder:* **5.** Anspruch aus § 817S. 1 BGB etc. etc.

Um zu sehen, dass Sie diesen Hinweis wirklich verstanden haben, sollten Sie **zur Selbstprüfung** dort, wo „etc. etc." steht, die vorgenannten Prüfungsschemata für die einzelnen Anspruchsgrundlagen selbst ergänzen bzw. selbst zusammenstellen.

Dies im Bewusstsein habend, machen wir uns jetzt an die Darstellung der einzelnen Tatbestände, aus denen sich zum einen die **Voraussetzungen** einer **Ungerechtfertigtheit der Bereicherung** ergeben und die **zugleich** die bei der **Prüfung der Leistungskondiktion in** den **Obersatz aufzunehmenden Anspruchsgrundlagen** sind.

### 1. Rückforderung einer nicht geschuldeten Leistung („condictio indebiti") nach § 812 Abs. 1S. 1 Var. 1 BGB und §§ 812 Abs. 1S. 1 Var. 1, 813 BGB

#### a) „condictio indebiti" (§ 812 Abs. 1S. 1 Var. 1 BGB)

Eine **Leistung** ist **„ohne rechtlichen Grund"** erlangt, wenn der mit der Leistung bezweckte Erfolg der Erfüllung („solvendi causa", § 362 BGB) nicht eintritt **(§ 812 Abs. 1S. 1 Var. 1 BGB)**.

##### aa) Nichtbestehen der Verbindlichkeit

Der wichtigste Fall der Rechtsgrundlosigkeit wegen Nichteintritts der Erfüllung ist natürlich der, in dem die bezweckte Befreiung von einer Verbindlichkeit deshalb nicht stattfindet, weil die zu erfüllende **Verbindlichkeit nicht bestanden** hatte.

Das sind die Fälle des **Nichtzustandekommens** des der Leistung zugrunde liegenden **Vertrages z. B.** wegen Dissenses oder die Fälle der **Nichtigkeit des Vertrages** wegen fehlender Geschäftsfähigkeit (§§ 104 ff. BGB), wegen eine Formmangels (§ 125 BGB); wegen einer Gesetzeswidrigkeit (§ 134 BGB) oder einer Sittenwidrigkeit oder wegen Wuchers (§ 138 BGB). Ein Nichtbestehen der Verpflichtung ist auch gegeben, wenn eine Leistung aufgrund einer vertraglich vereinbarten Pflicht erbracht wird, die aus anderen Gründen nicht wirksam vereinbart ist, wie zum *Beispiel* „Schönheitsreparaturen" aufgrund einer nichtigen „Endrenovierungsklausel" eines Formularmietvertrages. Der Mieter hat also im Fall (der ihm nicht bekannten: sonst § 814 BGB – dazu später mehr) Nichtigkeit der Vertragsklausel einen Anspruch aus § 812 Abs. 1S. 1 Var. 1, 818 Abs. 2 BGB. Der Fall ist übrigens eine nette Gelegenheit, sich zum Zwecke der Wiederholung einmal zu fragen, ob ein Mieter, der trotz Nichtigkeit der Endrenovierungsklausel beim Auszug die Wohnung renoviert hinterlässt, Ersatz seiner Aufwendungen nach §§ 677, 683S. 1, 670 BGB verlangen kann, was vor einer Prüfung des § 812 Abs. 1S. 1 Var. 1 BGB zu erfolgen hätte. Warum? Weil eine echte berechtigte GoA der Rechtsgrund wäre. Der BGH verneint zu Recht eine echte berechtigte GoA und lässt diese an der Fremdheit des Geschäfts scheitern. Der Mieter führe nämlich nur ein eigenes Geschäft, und nicht deshalb „auch" ein Geschäft des Vermieters, weil die Mietsache verbessert würde und damit dem Vermieter zugutekomme. Denn (so der BGH) die Renovierungsverpflichtung sei – weil eine solche Vereinbarung die Höhe der Miete gesenkt habe (ohne eine solche Vereinbarung wäre die Miete höher gewesen) – Teil der Entgeltleistung für die Überlassung der Wohnung. Und deshalb erbringe der Mieter mit der Renovierung wirtschaftlich und rechtlich einen Teil seiner Entgeltzahlung eine Leistung, was kein Geschäft des Vermieters sein könne. Ohne rechtlichen Grund ist schließlich auch geleistet worden bei **schwebender Unwirksamkeit** des der Leistung zugrunde liegenden Vertrags (§§ 106 ff. BGB oder § 177 BGB).

Auch wenn einer Verpflichtung **zwar bestanden** hatte, aber **inzwischen durch Erfüllung erloschen**, ist die gleichwohl erbrachte Leistung rechtsgrundlos erbracht worden und kann nach § 812 Abs. 1S. 1 Var. 1 BGB kondiziert werden. Wer meint, dass derlei nicht vorkommt, irrt, wie dieses *Beispiel* zeigt: Der S hat zum Zwecke der Eröffnung eines Geschäfts bei G ein Darlehen aufgenommen. Der Vater D des

S tilgt „hinter dessen Rücken“ die Schuld. Dann zahlt der S das Darlehen in bar zurück. Als er dies seinem Vater erzählt, kommt alles heraus. Der S kann von G Rückzahlung verlangen (§§ 812 Abs. 1S. 1 Var. 1, 818 Abs. 2 BGB). Denn der G hat etwas (das Eigentum an dem von S gezahlten Bargeld) erlangt, und zwar durch Leistung des S. Es bestand aber kein Rechtsgrund, weil der Anspruch des G gegen S aus § 488 Abs. 1S. 2 BGB nach §§ 362 Abs. 1, 267 BGB erloschen ist.

Dogmatisch interessant ist die Frage, ob man wegen der Rückwirkungsfiktion des § 142 Abs. 1 BGB auch den Fall des zwar nachträglich **aufgrund** einer **Anfechtung herbeigeführten**, aber **rückwirkenden Wegfalls** des **Rechtsgrundes**, namentlich also des der Leistung zugrunde liegenden Vertrages, hier bei § 812 Abs. 1S. 1 Var. 1 BGB und nicht erst bei § 812 Abs. 1S. 2 Var. 1 BGB („condictio ob causam finitam“) einordnen soll. Worin der Unterschied dieser beiden Lösungen besteht, zeigt Ihnen der folgende Fall.

**Fall 771**

Der V verkauft dem K eine Sache. Der K zahlt den Kaufpreis an den V in bar. Der Kaufvertrag wird sodann von dem V noch vor Lieferung der Sache wirksam nach §§ 119, 142 Abs. 1, 143 Abs. 1, 2 BGB angefochten. Der K, der bei seiner Leistung den Anfechtungsgrund kannte, aber gleichwohl meinte, zur Zahlung verpflichtet zu sein, verlangt von dem V das Geld zurück. Der V hat das Geld inzwischen für eine Anschaffung ausgegeben.

Der Anspruch könnte sich aus § 812 Abs. 1S. 1 Var. 1 BGB ergeben. a) Der V hat das Eigentum und den Besitz am Geld erlangt, b) und zwar durch Leistung des Anspruchstellers K an den Inanspruchgenommenen V und c) nach §§ 119, 142 Abs. 1, 143 Abs. 1, 2 BGB ohne Rechtsgrund. d) Der V kann das Geld nicht mehr zurückgeben, aa) daher muss er Wertersatz leisten (§ 818 Abs. 2 BGB). bb) Entreichert ist V nicht, weil er einen Vermögensvorteil aus der Geldausgabe gehabt hat. e) Der Anspruch könnte jedoch ausgeschlossen sein, weil der K den Anfechtungsgrund gekannt hatte (§§ 814, 142 Abs. 2 BGB). Dagegen spricht jedoch, dass § 814 BGB eine Ausprägung von Treu und Glauben ist („venire contra factum proprium“ = Verbot widersprüchlichen Verhaltens). Ein solches widersprüchliches Verhalten liegt dann nicht vor, wenn der Leistende (K) aufgrund eines Irrtums, und sei dieser noch so leichtfertig, an seine Leistungspflicht geglaubt hatte.

bb) Trotz Bestehens der Verbindlichkeit: keine Erfüllung

Ohne rechtlichen Grund erbracht ist eine Leistung auch dann, wenn – anders als in der zuvor erörterten Konstellation – **zwar** eine V**erbindlichkeit** bestand, der Schuldner die Leistung auch erbringt, dadurch **aber** die **bezweckte Erfüllung** gleichwohl **nicht eintritt**. Das sind zum einen die Fälle der **Lieferung/Herstellung** eines **höherwertigen „aliud“** anstelle der geschuldeten Kaufsache/Werkes. Zwar ist es grundsätzlich so, dass wegen der Gleichstellung von „aliud“ und Sachmangel“ in § 434 Abs. 3 bzw. § 633 Abs. 2S. 3 BGB Erfüllung eintritt und der Käufer bzw. der Besteller sich entscheiden kann, Gewährleistungsansprüche geltend zu machen.

Das gilt aber nur bei einem minderwertigen „aliud“. Denn bei der Lieferung/Herstellung eines höherwertigen aliud liegt deshalb kein Mangel vor, weil aus der Sicht des Käufers/Bestellers der Verkäufer/Unternehmer den Vertrag gar nicht erfüllen wollte. Der Verkäufer/Unternehmer kann somit ein höherwertiges „aliud“ dann nach §§ 812 Abs. 1S. 1 Var. 1 BGB Zug-um-Zug gegen Lieferung der geschuldeten Sache/Herstellung des geschuldeten Werks vom Käufer/Besteller herausverlangen. Nur bei der Lieferung/Herstellung eines minderwertigen „aliud“ ist das Gewährleistungsrecht das speziellere Recht. Ferner ist trotz Bestehens einer Verpflichtung zur Leistung dann ohne Rechtsgrund geleistet worden, wenn ein **Minderjähriger ohne Zustimmung** des **gesetzlichen Vertreters** eine ihm **geschuldete Leistung entgegennimmt**, denn dem Minderjährigen fehlt bekanntlich die „Empfangszuständigkeit“, so dass keine Erfüllung nach § 362 Abs. 1 BGB eintritt.

cc) Rechtsgrund trotz fehlender Verpflichtung zur Leistung

Sie wissen mittlerweile, dass auch **ohne** das **Vorliegen eines zur Leistung verpflichtendes Schuldverhältnis** ein Rechtsgrund gegeben sein kann.

So reicht die **bloße Rechtsgrundabrede** i. S. d. § 516 BGB aus, um bei der Handschenkung einen Rechtsgrund für das Behaltendürfen der erbrachten Leistung zu schaffen.

Ebenso ist es bei **„Naturalobligationen“** aufgrund von Heiratsvermittlungsverträgen (§ 656 BGB), Spiel- oder Wettverträgen (§ 762 BGB), die eine Verbindlichkeit nicht begründen. Hier scheint allerdings aufgrund der Formulierung, „... (kann) das aufgrund des Versprechens Geleistete (...) nicht deshalb zurückgefordert werden, weil eine Verbindlichkeit nicht bestanden hat“ sogar ein Behaltendürfen unabhängig von der Wirksamkeit des Kausalverhältnisses angeordnet zu werden. Aber das ist nur eine gesetzliche „Falle“, in die Sie nicht hineintappen werden, weil man sofort erkennt, dass das Gesetz damit lediglich klarstellend ausspricht, dass die Heiratsvermittler etc. die Leistung behalten dürfen, obwohl eine Verbindlichkeit wegen der Eigenschaft als Naturalobligation nicht besteht. Das bedeutet, dass bei Unwirksamkeit der Verträge z. B. nach §§ 104 ff. BGB natürlich „ohne rechtlichen Grund“ geleistet worden ist.

**Fall 772**

Der Minderjährige M nimmt bei der B-Bank (B) einen Kredit über € 10.000,– auf, wobei er die B über sein Alter täuscht, indem er den Bundespersonalausweis seines ihm äußerlich sehr ähnlich sehenden volljährigen Bruders vorlegt. Einen Betrag von € 5000,– zahlt er an den Ehemäkler E aufgrund eines mit diesem abgeschlossenen Ehemäklervertrages. Die weiteren € 5000,– verjubelt er mit den ihm als zukünftige Ehepartnerinnen angebotenen Frauen. Die Eltern des M verweigern die Genehmigung. Die B verlangt von M Zahlung in Höhe von € 10.000,– (nach OLG Nürnberg).

1. Die B hat keinen Anspruch aus § 488 Abs. 1S. 2 BGB, weil der Vertrag mangels Einwilligung und nach Verweigerung der Genehmigung nichtig ist. 2. In Betracht kommt ein Anspruch aus § 812 Abs. 1S. 1 BGB. a) Der M hat das Eigen-

tum an den € 10.000,–, also ein „etwas" erlangt; die Minderjährigkeit steht dem nicht entgegen (§ 107 BGB). b) Erlangt hat der M das „etwas" durch Leistung der B c) und auch ohne Rechtsgrund, da der Darlehensvertrag nichtig ist. d) Was den Inhalt des Anspruchs der B gegen M angeht, aa) so kann der M – da das Geld ausgegeben ist – aa) das Erlangte nicht herausgeben. Daher kann nur Wertersatz nach § 818 Abs. 2 BGB verlangt werden. bb) Die Kernfrage ist, ob M entreichert ist: aaa) Soweit der M das Geld „verjubelt" hat, er es also ohne ausgleichsfähigen Vorteil ausgegeben hat, aaaa) greift § 818 Abs. 3 BGB ein, bbbb) wenn nicht §§ 819, 818 Abs. 4 BGB gelten; grundsätzlich ist ein Darlehensnehmer, was das erhaltene Kapital angeht, stets „bösgläubig" i. S. d. § 819 BGB, weil er ja weiß, dass er zur Rückzahlung verpflichtet ist (§§ 488 Abs. 1S. 2 BGB; dass der Darlehensvertrag nichtig ist, steht einem solchen Wissen, das keine rechtsgeschäftliche Qualität hat, nicht entgegen). Bei Geschäftsunfähigen oder Minderjährigen soll jedoch nach h. M. der Minderjährigenschutz vorgehen, und es soll für die Bösgläubigkeit – und das gilt nicht nur für Darlehensverträge! – (jedenfalls bei der „Leistungskondiktion") auf die §§ 104 ff. BGB ankommen (bei der „Eingriffskondiktion" wird z.Tl. auf die §§ 827 ff. BGB abgestellt), so dass mangels Kenntnis der Eltern §§ 819, 818 Abs. 4 BGB nicht eingreifen und M entreichert ist. bbb) Soweit der M an den Ehemäkler gezahlt hat, ist er nicht entreichert, weil er gegen diesen einen Bereicherungsanspruch aus § 812 Abs. 1S. 1 Var. 1 BGB erlangt hat; dem steht der § 656 Abs. 1S. 2 BGB nicht entgegen, weil dieser Ausschluss nur den wirksamen Vertrag mit dem Ehemäkler betrifft (Falle!). Also kann B von M den Bereicherungsanspruch kondizieren („Kondiktion der Kondiktion"). Hier gibt es ein Darstellungsproblem: Ob man diese Frage (wie in dieser Darstellung und wie z. B. auch das OLG Nürnberg) bei der Erörterung der Entreicherung um die Primärschuld, also im Rahmen des § 818 Abs. 3 BGB, erörtert, oder ob man sie nicht besser im Rahmen eines Sekundäranspruchs aus § 818 Abs. 1 BGB (der Kondiktionsanspruch gegen den Ehemäkler ist als teilweiser „Ersatz" für den Verlust des Kapitals anzusehen) anspricht, ist nicht recht klar; beide Wege scheinen vertretbar. c) In Betracht kommt jedoch ein Anspruch aus §§ 823 Abs. 2 BGB, 263 StGB mit dem Verschuldensmaßstab des § 828 Abs. 3 BGB, weil der M seine Volljährigkeit vorgetäuscht hat etc.

In **§ 105a BGB** ist aus sozialpolitischen Gründen bestimmt worden, dass – vorbehaltlich einer „erheblichen Gefahr für die Person oder das Vermögen des Geschäftsunfähigen" – dann, wenn „ein volljähriger Geschäftsunfähiger ein Geschäft des täglichen Lebens, das mit geringwertigen Mitteln bewirkt werden kann, (tätigt), (…) der von ihm geschlossene Vertrag in Ansehung von Leistung und (…) Gegenleistung als wirksam (gilt), soweit Leistung und Gegenleistung bewirkt sind". Dies bedeutet, dass zwar einerseits der **Vertrag nichtig** ist, dass aber andererseits der Vertrag **partiell** (in Ansehung von Leistung und Gegenleistung) **als wirksam gilt**, soweit Leistung und Gegenleistung bewirkt sind. Damit ist ausgeschlossen, dass die bewirkte Leistung zurückgefordert werden kann, und zwar weder aus § 812 BGB noch, wie Sie ja schon wissen, aus § 985 BGB.

**b) „condictio indebiti" (§§ 812 Abs. 1S. 1 Var. 1, 813 BGB)**

Auch der Anspruch aus **§§ 812 Abs. 1S. 1 Var. 1, 813 BGB** ist ein Fall der „condictio indebiti". Denn nach § 813 BGB ist der Leistung „ohne rechtlichen Grund" gleichgestellt der Fall einer **Leistung trotz** Bestehens einer der Durchsetzbarkeit des Anspruchs entgegenstehenden **dauernden Einrede**. Weil dies so ist, erörtern wir den § 813 BGB an dieser Stelle zusammen mit § 812 Abs. 1S. 1 Var. 1 BGB und gewöhnen uns daran, fortan im Falle des § 813 BGB als **Anspruchsgrundlage** zu zitieren: **§§ 812 Abs. 1S. 1 Var. 1, 813 BGB**.

Die „ratio legis" des § 813 BGB ist, dass „schon das Bestehen der Einrede und nicht erst ihre Geltendmachung die Forderung wirtschaftlich entwertet" (Canaris). Die Zweckverfehlung der Leistung besteht hier in der Fehlvorstellung, eine durchsetzbare Verpflichtung erfüllt zu haben.

aa) In Betracht kommende Einreden

Die für Sie interessanten **in Betracht** kommenden dauernden Einreden sind: Die sich aus **§ 821 BGB** ergebende **Einrede der ungerechtfertigten Bereicherung** (Leistung auf eine Forderung, der kein rechtlicher Grund zugrunde lag), und die **Einrede** der **unerlaubten Handlung § 853 BGB** (Leistung auf eine Forderung, die durch unerlaubte Handlung, also z. B. „betrügerisch", erlangt wurde).

**Fall 773**

Der Zeichner K. Ritzel (K) schloss mit der Lübecker Tageszeitung LZ einen Vertrag über eine „Buddenbrooks-" und „Tonio-Kröger"-Comicserie ab, die über Jahre hinweg Wochenende für Wochenende im Feuilleton der LZ unter dem Titel „Lübeck im Zeitalter des Fin de siècle" veröffentlicht werden sollen. Dabei hatte die LZ, um sicher planen zu können, es zur Voraussetzung für den Vertragsschluss gemacht, dass der K beide Werke bereits fertig gestellt hatte. Das traf für „Buddenbrooks" zu. Von „Tonio Kröger" hatte der K, der keine Vorstellung davon hatte, wie er die Existenz Tonio Krögers als eines in die Welt der Künstler „verirrten Bürgers" zeichnerisch umsetzen sollte, nur eine Seite gezeichnet, die der LZ aber als Nachweis für die vollständige Fertigstellung ausreichte. Der K erhielt daher auch die gesamte Vergütung. Als die LZ bald darauf erfuhr, dass K von „Tonio Kröger" praktisch gar nichts gezeichnet hatte, unternahm sie nichts, weil die „Buddenbrooks"-Serie bei den Lesern außerordentlich positiv aufgenommen worden war. Als nach mehr als einem Jahr die Veröffentlichung der Buddenbrooks-Serie beendet war, hatte K mit „Tonio Kröger" immer noch nicht angefangen. Dann aber, nach Ablauf eines weiteren Jahres, verlangte der K die Abnahme der inzwischen fertig gestellten Serie „Tonio Kröger". Die LZ lehnte dies ab, weil sie getäuscht worden war und forderte Rückzahlung des auf „Tonio Kröger" entfallenden Teils der gezahlten Vergütung (nach Schwarz-Wandt).

1. Aus § 812 Abs. 1S. 1 Var. 1 BGB ergibt sich der Anspruch nicht, weil der geschlossene Vertrag wegen Versäumung der Anfechtungsfrist des § 124 Abs. 1 BGB nicht nach § 123 BGB wirksam angefochten worden ist. 2. Der Anspruch ergibt sich jedoch aus §§ 812 Abs. 1S. 1 Var. 1, 813 Abs. 1S. 1 BGB.

Die LZ hatte auf eine Forderung geleistet, die der K durch Betrug, also durch eine unerlaubte Handlung, erlangt hatte. Damit stand der LZ die Einrede des § 853 BGB zu. Zwar verlangt § 853 BGB, dass der Anspruch auf Aufhebung der Forderung „verjährt" ist, was hier nicht der Fall ist (§ 195 BGB); § 853 BGB findet aber auch Anwendung, wenn die Möglichkeit der Aufhebung durch Anfechtung nach § 123 BGB nach § 124 BGB ausgeschlossen ist. Der Anspruch reduziert sich auf den auf „Tonio Kröger"-Serie entfallenden Teil der gezahlten Vergütung (§ 242 BGB). 3. Außerdem besteht natürlich ein Anspruch aus §§ 823 Abs. 2, 249 BGB, 263 StGB.

Weiterhin sind dauernde **Einreden i. S. d. §§ 812 Abs. 1S. 1 Var. 1, 813 BGB** z. B. die **Einreden** eines **Erben**, der die Erfüllung von Nachlassverbindlichkeiten verweigern kann, oder die **Einrede der beschränkten** (nicht: der nur beschränkbaren) **Erbenhaftung**, nämlich die des § 1973 BGB (Einrede des Ausschlusses eines Nachlassgläubigers), § 1975 BGB (Einrede der auf den Nachlass beschränkten Erbenhaftung), § 1990 BGB („Dürftigkeitseinerede"). Zahlt der Erbe gleichwohl, hat er einen Anspruch aus §§ 812 Abs. 1S. 1 Var. 1, 813 BGB. Eine Leistung trotz dauernder **sog. „Einrede der Arglist"** aus **§ 242 BGB**, die übrigens in Wahrheit eine „Einwendung" ist, berechtigt ebenfalls zur Rückforderung nach §§ 812 Abs. 1S. 1 Var. 1, 813 BGB. Eine **analoge Anwendung** der **§§ 812 Abs. 1S. 1 Var. 1, 813 BGB** auf die **„Einrede der Aufrechenbarkeit"** ist diskutabel, so dass man – wenn man diese Analogie bejaht – eine trotz Bestehens der Aufrechnungslage erbrachte Leistung kondizieren könnte.

bb) Nicht in Betracht kommende Einreden

Demgegenüber berechtigt nicht die Leistung trotz möglicher Einrede der Mangelhaftigkeit bei verjährtem Gewährleistungsanspruch aus **§ 438 Abs. 4, S. 2, Abs. 5 BGB** bzw. aus **§ 634a Abs. 4, S. 2, Abs. 5 BGB** zur Kondiktion des gezahlten Kaufpreises bzw. einer gezahlten Vergütung nach §§ 812 Abs. 1S. 1 Var. 1, 813 BGB, denn anderenfalls könnte man die Verjährungsfristen praktisch „aushebeln". Wer also zum *Beispiel* eine Sache kauft und Zug-um-Zug gegen Kaufpreiszahlung geliefert erhält, deren Sachmangelhaftigkeit erst nach Ablauf der Verjährungsfrist des § 438 Abs. 1 Nr. 3, Abs. 2 BGB zutage tritt, kann den gezahlten Kaufpreis – obwohl er die Zahlung nach § 438 Abs. 4S. 1 BGB hätte verweigern können – die Rückzahlung nicht nach § 813 BGB verlangen. Die Einrede des nicht erfüllten Vertrages aus **§ 320 BGB** ist keine „dauernde", sondern eine „vorübergehende Einrede". Die **„Einrede der Anfechtbarkeit"** soll keine Analogie rechtfertigen. Und last but not least: **Gesetzlich** ausdrücklich **geregelt** ist (§§ 813 Abs. 1S. 2, 214 Abs. 2 BGB), dass die Einrede der Verjährung keine **dauernden Einrede** i. S. d. **§§ 812 Abs. 1S. 1 Var. 1, 813 BGB** ist; handelt es sich dagegen um die Zahlung eines Bürgen aufgrund einer „Bürgschaft auf erstes Anfordern", kann auch bei einer verjährten Forderung aus §§ 812 Abs. 1S. 1 Var. 1 BGB, 813 BGB kondiziert werden. Und schließlich ist in **§ 813 Abs. 2 BGB** ausdrücklich gesetzlich ausgeschlossen die Leistung auf eine betagte (also entstandene, aber noch nicht fällige) Schuld.

### 2. „condictio ob causam finitam" (§ 812 Abs. 1S. 2 Var. 1 BGB)

Was die Voraussetzungen angeht, ist der einzige Unterschied zwischen dem Tatbestand des § 812 Abs. 1S. 1 Var. 1 BGB und dem des § 812 Abs. 1S. 2 Var. 1 BGB („... wenn der rechtliche Grund später wegfällt ...") der, dass bei der Leistung der mit ihr bezweckte Erfolg zwar eintritt, also zunächst mit Rechtsgrund geleistet worden ist, dann aber der bezweckte Erfolg, z. B. die Tilgung einer Forderung, später wegfällt. Dass die bereicherungsrechtliche Rückabwicklung nach einer **erklärten Anfechtung** begrifflich gesehen durchaus ein Fall des § 812 Abs. 1S. 2 Var. 1 BGB sein kann, aber wegen der Rückwirkungsfunktion des § 142 Abs. 1 BGB auch in § 812 Abs. 1S. 1 Var. 1 BGB eingeordnet werden kann, haben Sie bereits erfahren.

Ein **späterer Wegfall** des Rechtsgrundes **(§ 812 Abs. 1S. 2 Var. 1 BGB)** liegt z. B. vor bei **Beendigung von Dauerschuldverhältnissen** durch **Kündigung**, auf das bereits Vorleistungen erbracht worden sind (z. B. Vorauszahlung von Miete).

Beim Eintritt einer **auflösenden Bedingung** oder eines Endtermins bei einer **Befristung** wird dies ebenfalls angenommen; man könnte in diesen Fällen jedoch auch an eine vereinbarte Rückgewährpflicht denken, so dass man keinen Anspruch aus § 812 Abs. 1S. 1 Var. 2 BGB zu prüfen hätte.

Auch bei einer **Vertragsaufhebung** könnte man einen Anspruch auf Rückgewähr bereits erbrachter Leistungen auf diese beiden Weisen konstruieren.

Wenn der Insolvenzverwalter nach **§ 103 InsO** die Erfüllung ablehnt, kann der Insolvenzgläubiger, der bereits die Gegenleistung erbracht hat, diese nach § 812 Abs. 1S. 1 Var. 2 BGB zurückverlangen.

**Fall 774**

SG übereignet im Sicherungsvertrag auflösend bedingt durch die Tilgung eines auf diese Weise gesicherten Darlehens eine ihm gehörige Sache an den SN. Nach Tilgung des Kredits verlangt SG Rückübereignung von SN.

1. Der Anspruch könnte sich bei einer auflösenden Bedingung aus einer – wie eine ergänzenden Vertragsauslegung ergeben könnte – vereinbarten Rückgewährpflicht ergeben, was manche mit der Begründung befürworten, dass die Parteien dies angesichts der vorhergesehen Möglichkeit des Bedingungseintritts gewollt hätten (Medicus). 2. Folgt man dem nicht, ergibt sich der Anspruch aus § 812 Abs. 1S. 2 Var. 1 BGB.

Warum hatte der SG nicht Herausgabe nach § 985 BGB verlangt? Weil die Übereignung unbedingt vereinbart wurde.

### 3. „condictio ob rem datorum" (§ 812 Abs. 1S. 2 Var. 2 BGB)

Für eine „condictio ob rem datorum"/„causa data non secuta" nach **§ 812 Abs. 1S. 2 Var. 2 BGB** ist erforderlich, dass der **Zweck der Leistung** darin bestand, einen **besonderen** (also nicht die Erfüllung einer Schuld!) **zukünftigen Erfolg** zu erreichen, dieser dann aber **nicht erreicht** wird. Also noch einmal: Es muss ein besonderer Erfolg sein, der mit der Leistung erreicht werden soll, und nicht ein aufgrund einer bestehenden Verbindlichkeit geschuldeter Erfolg. Dies setzt aber gleichwohl eine entsprechende (nicht verpflichtende!) **„Zweckvereinbarung"** in Gestalt einer mindestens **still-**

**schweigenden Willensübereinstimmung** voraus des Inhalts, dass der Erfolg erreicht werden soll. Ausreichend ist daher **nicht** ein bloß **einseitiges Motiv** des Leistenden.

- Der Anspruch aus **§ 812 Abs. 1S. 2 Var. 2 BGB** besteht unzweifelhaft, wenn ein Vermögensvorteil ohne Bestehen einer Leistungsverpflichtung **nur** deshalb **geleistet** worden ist, um einen **zukünftigen Erfolg** zu **erreichen** und dieser dann nicht eintritt. **a)** So kann eine Leistung erbracht werden, um dadurch **ein Rechtsverhältnis** zu **begründen** (Anzahlung eines Kaufpreises, um den Abschluss eines Kaufvertrages über eine ihm „zu reservierende" Kaufsache zu erreichen oder auf einen nichtigen Grundstückskaufvertrag in der Erwartung, die Heilung nach § 311b Abs. 1S. 2 BGB herbeiführen zu können; Leistung einer Kaution, um den unentschlossenen Vermieter zum Abschluss eines Mietvertrages zu bewegen; Hingabe einer Quittung/Sicherung, um jemanden zum Abschluss eines Darlehensvertrages zu veranlassen) **b)** oder um durch die Leistung den **Empfänger** zu einem **bestimmten Verhalten zu veranlassen** (z. B. die Unterstützung eines anderen, um Erbe/Ehepartner zu werden; Unterlassung einer Strafanzeige).
- Diese klare Linie würde verlassen werden, wenn man § 812 Abs. 1S. 2 Var. 2 BGB auch dann anwendet, wenn auf eine bestehende Verbindlichkeit geleistet wird, aber zusätzlich eine Zweckvereinbarung vorliegt, aufgrund derer ein über die regelmäßig mit einer Leistung verfolgten Zwecke (Schuldtilgung und bei gegenseitigen Verträgen: Erlangung der Gegenleistung) hinausgehender besonderer tatsächlicher oder rechtlicher in der Zukunft liegender aber nicht geschuldeter Erfolg zu erreichen vereinbart worden ist **(„Anstaffelung")**, dieser Erfolg dann aber nicht eintritt. Hier sind zwei Lösungen vertretbar, nämlich **a)** entweder eine Lösung über § 812 Abs. 1S. 2 Var. 2 BGB (Palandt) **b)** oder eine Beschränkung auf die Rechtsbehelfe des Vertragsrechts, **aa)** und zwar des **§ 313 BGB** (Canaris, Medicus), weil man sonst über § 812 Abs. 1S. 1 Var. 2 BGB zu Ergebnissen käme, die über § 313 BGB nicht erreichbar wären, weil § 313 BGB in erster Linie eine Anpassung und keine Rückgewähr nach Rücktrittsrecht vorsieht (arge. § 313 Abs. 3 BGB). **bb)** Dass in den Fällen der Anstaffelung **kein Anspruch aus §§ 326 Abs. 5, 1S. 1, 323, 346 Abs. 1S. 1 Var. 2 BGB** besteht, beruht darauf, dass bei diesen Konstellationen, was den nicht eingetretenen Erfolg angeht, ja gerade keine Leistungspflicht besteht.

**Fall 775**

Der A unterschlägt bei seinem Arbeitgeber B € 100.000,–. Auf Verlangen des B, der ankündigt, anderenfalls Strafanzeige zu erstatten, gibt der A ein notariell beurkundetes Schuldanerkenntnis ab und unterwirft sich darin der sofortigen Zwangsvollstreckung (§ 794 Abs. 1 Nr. 5 ZPO). Als der B dann doch Strafanzeige erstattet, verlangt der A Herausgabe der Urkunde (nach BGH).

Der Anspruch ergibt sich aus § 812 Abs. 1S. 2 Var. 2 BGB: a) Der B hat „etwas": die Forderung aus § 780 BGB und die jederzeitige Vollstreckungsmöglichkeit erworben, b) und zwar durch Leistung des A. c) Die Leistung erfolgte aa) zwar mit Rechtsgrund, bb) aber der nach dem Inhalt des Rechtsgeschäfts bezweckte Erfolg ist nicht eingetreten.

**Fall 776**

Der Fernsehsender G gibt dem professionellen Weltumsegler S, über dessen Reise eine Sendung geplant ist, zur Finanzierung der Reise ein zinsloses und später mit dem Honorar zu verrechnendes Darlehen, das – weil die Reise mit einer Durchfahrt durch die Nord-Ost-Passage beginnen soll – u. a. auch dazu dienen soll, das Schiff „eisfest" zu machen. Der S ändert später mit Rücksicht auf eine negative Wetterprognose seinen Plan und segelt, ohne das Schiff „eisfest" gemacht zu haben, auf tropischem Kurs um die Welt. Der Plan, eine Reportage zu senden, bleibt unverändert bestehen. Der G verlangt jedoch die Darlehensvaluta sofort zurück (nach Kropholler).

Der Anspruch ergibt sich a) nicht aus §§ 326 Abs. 5, 1S. 1, 323, 346 Abs. 1S. 1 Var. 2 BGB weil, was den nicht eingetretenen Erfolg angeht, keine Leistungspflicht für S bestand. b) Der Anspruch ergibt sich auch nicht aus § 812 Abs. 1S. 1 Var. 1 BGB, denn der S aa) hat das „etwas" (die Darlehensvaluta), bb) das er durch Leistung des G erlangt hat, cc) mit Rechtsgrund – aufgrund eines Darlehensvertrages (§ 488 BGB) – erlangt. c) Der G könnte jedoch das Darlehen nach § 812 Abs. 1S. 2 Var. 2 BGB zurückfordern: aa) Der S hat das „etwas" (die Darlehensvaluta), bb) durch Leistung des G erlangt. cc) Es müsste weiterhin der nach dem Inhalt des Rechtsgeschäfts bezweckte Erfolg nicht eingetreten sein. aaa) Wenn – wie hier – ein Rechtsgrund für die Leistung gegeben ist, soll nach einer Ansicht dann, wenn aufgrund einer Vereinbarung mit der Leistung ein über die Erfüllung hinausgehender Zweck („Anstaffelung") nicht erreicht worden ist, § 812 Abs. 1S. 2 Var. 2 BGB gegeben sein. bbb) Wer dies verneint und stattdessen die § 313 BGB für anwendbar hält, d) könnte zu einem Anspruch aus §§ 346 Abs. 1S. 1 Var. 2, 313 Abs. 3S. 1 BGB kommen: aa) Der Darlehensvertrag weist, was die Folgen einer Umstellung der Reiseroute angeht, Regelungslücke auf. Beide Parteien sind i. S. d. § 313 Abs. 2 übereinstimmend davon ausgegangen, dass die Nord-Ost-Passage Teil der Reiseroute ist. Bei unterstellter Kenntnis des Umstandes einer Änderung der Reiseroute, wäre der Darlehensvertrag nicht in der vereinbarten Höhe abgeschlossen worden. Der S hätte sich nach Treu und Glauben auf eine Vereinbarung einlassen müssen, die den Umstand einer möglichen Routenänderung berücksichtigt, denn dieser Umstand lag nicht im Risikobereich des G. Die Umstände haben sich schwerwiegend geändert. Und G ist das Festhalten an dem Vertrag unzumutbar. bb) Die Rechtsfolge aaa) wäre aber kein Anspruch auf Rückgewähr der ganzen Summe nach §§ 346 Abs. 1S. 1 Var. 2, 313 Abs. 3S. 1 BGB, bbb) sondern ergäbe sich aus einer Anpassung an den wirklichen Finanzierungsbedarf des S (§ 313 Abs. 1 BGB). Danach muss nur der die Bedürfnisse des S überschießende Teil zurückgewährt werden.

## VII. Sittenwidriger oder verbotener Leistungsempfang

Ein Leistungskondiktionsanspruch kommt auch in Betracht, wenn **zwar ein Rechtsgrund** für die Leistung bestand, **aber** die **Annahme** der **Leistung** deshalb „ungerechtfertigt" ist, weil der Empfänger damit **gegen** die **guten Sitten** oder

**gegen** ein **gesetzliches Verbot verstößt („condictio ob turpem vel iniustam", § 817S. 1 BGB)**. Bei diesem Anspruch geht es also nicht um einen weiteren Fall der Zweckverfehlung, worin ansonsten die „ratio legis" der Leistungskondiktionsansprüche zu sehen war.

Der Empfänger der Leistung muss die Tatsachen, die die Sitten- oder Gesetzeswidrigkeit ausmachen, kennen und muss das Bewusstsein der Gesetzeswidrigkeit bzw. Sittenwidrigkeit haben (wofür aber die Unkenntnis aufgrund von Leichtfertigkeit ausreicht) und muss deliktsfähig sein.

Für die Rechtspraxis hat die Anspruchsgrundlage nur einen sehr kleinen Anwendungsbereich: Es geht um die Fälle **einseitiger Gesetzes-** oder **Sittenverstöße** des Empfängers der Leistung, die das Grundgeschäft wegen der Einseitigkeit nicht bereits nach §§ 134, 138 BGB, die i. d. R einen beiderseitigen Verstoß voraussetzen, nichtig machen, so dass deshalb nicht § 812 Abs. 1 BGB angewendet werden kann.

Anerkannt ist die Anwendung des § 817S. 1 BGB bei der Erfüllung einer Verpflichtung zur „Lehrgeldzahlung".

**Fall 777**

Der Vater V hat an den Ausbilder A seines Sohnes S aufgrund einer Vereinbarung „Lehrgeld" in Höhe von € 2000,– gezahlt, obwohl er weiß, dass er dazu nach § 12 Abs. 2 BBiG nicht verpflichtet ist. Als S die Prüfung nicht besteht, verlangt der V die € 2000,– zurück (nach BAG).

Der Anspruch des V gegen den A ergibt sich a) nicht aus § 812 Abs. 1S. 1 Var. 1, obwohl die Vereinbarung über die Zahlung des „Lehrgeldes" nach § 134 BGB i. V. m. § 12 Abs. 2 BBiG nichtig ist, weil dem Anspruch § 814 BGB entgegen steht, b) wohl aber aus § 817S. 1 BGB aa) Der Inanspruchgenommene A hat „etwas" (das Eigentum und den Besitz am Geld) erlangt, bb) und zwar durch Leistung des Anspruchstellers V an den Inanspruchgenommenen. cc) Der Empfänger hat gegen ein gesetzliches Verbot verstoßen (§ 12 Abs. 2 BBiG). dd) § 814 BGB steht nicht entgegen. ee) Dem Anspruch steht nicht § 817S. 2 BGB entgegen. Zwar hat auch der V gesetzeswidrig gehandelt. Aber wegen des Zwecks des Gesetzes ist die Vorschrift teleologisch zu reduzieren. ff) Der Anspruch ist auf Wertersatz gerichtet (§ 818 Abs. 2 BGB).

Auch das als Schulfall bekannte *Beispiel* der Rückforderung einer Zahlung an einen (Schutzgeld-)Erpresser gehört hierher. Dass § 817S. 1 BGB in diesem Fall nicht die einzige Anspruchsgrundlage ist, dürfte Ihnen klar sein, denn schließlich bestehen auch Ansprüche auf Schadensersatz aus §§ 823 Abs. 2 BGB, 253 StGB und aus § 826 BGB. Auch diese Erkenntnis macht die geringe praktische Bedeutung der Anspruchsgrundlage deutlich.

Dass der Anwendungsbereich des § 817S. 1 BGB so schmal ist, besagt aber **nicht**, dass die Norm völlig **bedeutungslos** wäre: Zu beachten ist nämlich, dass bei ihr die Kondiktionssperre des § 814 BGB (dazu gleich mehr) keine Anwendung findet: Wenn also ein Darlehensnehmer trotz der ihm bekannten Nichtigkeit des Darlehensvertrages nach § 138 Abs. 1 BGB an den Darlehensgeber die vereinbarten

Wucherzinsen gezahlt haben sollte, kann er diese nach überwiegender Ansicht (dazu alsbald mehr) zwar nicht nach § 812 Abs. 1S. 1 Var. 1 BGB zurückfordern, weil dem § 814 BGB entgegenstehen würde, wohl aber nach § 817S. 1 BGB herausverlangen, denn dieser Anspruch ist nicht durch § 814 BGB gesperrt; und der für § 817S. 1 BGB einschlägige Sperrtatbestand des § 817S. 2 BGB schließt den Rückforderungsanspruch nicht aus, weil es nicht sittenwidrig ist, sich bewuchern zu lassen.

## VIII. Ausschlusstatbestände

Wenn Sie festgestellt haben, dass eine **Leistungskondiktion** nach Maßgabe der vorgenannten Tatbestände in Betracht kommt, müssen Sie anschließend prüfen, ob der Anspruch nicht von Gesetzes wegen **ausgeschlossen** ist. Als Ausschlusstatbestände kommen in Betracht der schon ein wenig bekannte **§ 814 BGB (sub 1)**, der **§ 815 BGB (sub 2)** und der **817S. 2 BGB (sub 3).** Neuerdings kann ein Bereicherungsanspruch auch durch **§ 241a Abs. 1 BGB (sub 4)** ausgeschlossen sein, so dass wir auch auf diese nicht dem Bereicherungsrecht angehörende Regelung eingehen werden.

Bei jedem Bereicherungsanspruch müssen Sie also fortan sorgsam prüfen, welche Sperrtatbestände einschlägig sind; die Kombinationen seien Ihnen vorab genannt: **a) § 812 Abs. 1S. 1 Var. 1 BGB** und **§§ 812 Abs. 1S. 1 Var. 1, 813 BGB** werden gesperrt durch § 814 BGB und § 817S. 2 BGB, sowie durch § 241a Abs. **b) § 812 Abs. 1S. 2 Var. 1 BGB** durch § 817S. 2 BGB, **c) § 812 Abs. 1S. 2 Var. 2 BGB** durch § 815 BGB und § 817S. 2 BGB, **d) § 817S. 1 BGB** durch § 817S. 2 BGB.

### 1. Leistung trotz Kenntnis vom fehlenden Rechtsgrund und bei „Anstandsleistung" (§ 814 BGB)

„Das zum Zwecke der Erfüllung Geleistete kann nicht zurückgefordert werden, wenn der Leistende gewusst hat, dass er zur Leistung nicht verpflichtet war,..." **(§ 814 BGB).**

Kommt das überhaupt vor? Wer leistet denn schon im Wissen, dazu nicht verpflichtet zu sein? Überschätzen Sie die Menschen nicht. Es gibt viele, die – ohne unter besonderem Zwang und Druck zu stehen – allein um soziale und vermeintliche rechtliche Nachteile oder auch nur um die Zeit kostende Lästigkeit einer Diskussion mit dem scheinbaren Gläubiger zu vermeiden, auf nicht bestehende Schulden leisten. Kann es nicht sein, dass auch Sie als Jurist, die es ganz genau wissen, einmal aus derlei Motiven die Miete für Ihre Wohnung ungemindert nach § 536 BGB und dann auch die noch Nebenkosten „anstandslos" vollen Umfangs gezahlt haben, obwohl der Fahrstuhl ein halbes Jahr defekt war und daher auch die auf die Mieter umgelegten Wartungskosten gar nicht in vollem Umfang angefallen waren?

#### a) Anwendungsbereich: § 812 Abs. 1S. 1 Var. 1 BGB und § 813 BGB

Der Sperrtatbestand des **§ 814S. 1 BGB** bezieht sich auf das Fehlen der Verpflichtung und daher in erster Linie auf den Bereicherungstatbestand des **§ 812 Abs. 1S. 1**

**Var. 1 BGB**. Dass der **§ 814 BGB analog** auch auf **§§ 812 Abs. 1S. 1 Var. 1, 813 BGB** (Leistung trotz Kenntnis der dauernden Einrede) angewendet wird, versteht sich nach unseren Ausführungen zu § 813 BGB von selbst. Hier kommt es auf das Wissen um das Bestehen einer dauernden Einrede an.

aa) Voraussetzungen

Erforderlich ist die Kenntnis von der Nichtschuld, Zweifel oder grobe Fahrlässigkeit genügen nicht. Die bloße Kenntnis der die Nichtschuld ausmachenden Tatsachen reicht nicht. Der Anspruchsteller muss auch in rechtlicher Hinsicht – wobei es lediglich auf eine „Parallelwertung in der Laiensphäre" ankommt – den zutreffenden Schluss gezogen haben, dass man zur Leistung nicht zur Leistung verpflichtet gewesen zu sein. Bei Leistungen seitens eines Vertreters kommt es auf dessen Sicht an (§ 166 Abs. 1 BGB), wenn es sich nicht um einen „Vertreter mit gebundener Marschroute" handelt (§ 166 Abs. 2 BGB).

Wenn man (wie hier vorgeschlagen) auch den Fall der ex tunc wirkenden Anfechtung hier bei § 812 Abs. 1S. 1 Var. 1 BGB, und nicht bei § 812 Abs. 1S. 2 Var. 1 BGB einordnet, könnte der Rückforderungsanspruch auch dann ausgeschlossen, wenn der Leistende den ihn zur Anfechtung berechtigenden Anfechtungsgrund (also die „Anfechtbarkeit") kannte und er die Anfechtung auch erklärt (!!) worden ist, weil dann die Kenntnis der Anfechtbarkeit der Kenntnis von der Nichtigkeit, also vom Fehlen des Rechtsgrundes gleichgestellt wird **(§ 142 Abs. 2 BGB)**. Allerdings wird **regelmäßig** ein Fall der die Anfechtung ausschließenden **Bestätigung** des anfechtbaren Geschäfts vorliegen (§ 144 BGB), wenn trotz Kenntnis einer dem Leistenden möglichen Anfechtbarkeit geleistet wird. Wenn zum *Beispiel* der K dem V ein schriftliches Angebot zum Abschluss eines ihn zur Vorleistung verpflichtenden Kaufvertrags macht, in dem er als Preis aufgrund eines Schreibfehlers versehentlich „€ 110,– "anstelle von „€ 100",– geschrieben hat, woraufhin der V „einverstanden" erklärt hatte, und der K diesen Betrag dann an V zahlt, als V ihn dazu auffordert, weil er von einem ihm zustehenden Anfechtungsrecht nichts weiß, sondern glaubt „geschrieben ist geschrieben", könnte dieser Umstand einem Bereicherungsanspruch, aus § 812 Abs. 1S. 1 Var. 1 BGB entgegenstehen, den der K geltend macht, nachdem er – inzwischen rechtlich beraten – die Anfechtung wegen eines Erklärungsirrtums erklärt hat. Die Zahlung hat jedoch weder zu einer die Anfechtung ausschließenden Bestätigung (§ 144 BGB) geführt, weil eine solche voraussetzt, dass er die Anfechtbarkeit kannte oder mit ihr rechnete, was hier nicht der Fall ist. Auch §§ 814, 142 Abs. 2 BGB stehen dem Bereicherungsanspruch nicht entgegen, weil bei einer „Parallelwertung in der Laiensphäre" von einer positiven Kenntnis einer Anfechtungsmöglichkeit nicht auszugehen ist. Bilden Sie den Fall so um, dass entweder § 144 BGB oder § 814 BGB eingreifen.

Der den Ausschluss eines Bereicherungsanspruchs aus § 812 Abs. 1S. 1 Var. 1 BGB ausschließende § 814 BGB darf in Fällen, in denen trotz Kenntnis der Anfechtbarkeit geleistet wird, nicht undifferenziert wegen des § 142 Abs. 2 BGB bejaht werden. Denn einem Bereicherungsanspruch aus § 812 Abs. 1S. 1 Var. 1 BGB steht § 814 BGB dann nicht entgegen, wenn der Leistende weiß, dass der Empfänger anfechten kann, weil zum *Beispiel* der V das Angebot abgegeben und sich dabei geirrt hatte, indem er statt der gewollten € 110,– die Zahl € 100,– geschrieben hätte und der dies erkennende K trotzdem leistet und dann der V die Anfechtung erklärt, steht diese Kenntnis des K dem Anspruch aus § 812 Abs. 1S. 1 Var. 1 BGB nicht entgegen, denn der Leistende K musste nicht damit rechnen, dass der Empfänger V die Anfechtung erklärt, sondern konnte vom (Fort-)Bestehen seiner Verpflichtung ausgehen, so dass seine Rückforderung kein „venire contra factum proprium" war.

Wenn es um die Frage eines Ausschlusses eines Bereicherungsanspruchs aus § 813 BGB geht, auf den § 814 BGB analog angewendet wird, kommt es auf das Wissen um das Bestehen einer dauernden Einrede an.

bb) Ausnahmen

Eine Leistung kann nicht zurückgefordert werden, „wenn die Leistung einer sittlichen Pflicht oder einer auf den Anstand zu nehmenden Rücksicht entsprach" **(§ 814S. 2 BGB)**.

**Fall 778**

Die Brüder A und B sind alt und völlig verarmt. Als der A € 5.000.000,– im Lotto gewinnt, verlangt der B von ihm einen monatlichen Unterhalt. Der A hält sich als „Verwandter" für dazu rechtlich verpflichtet und zahlt monatlich € 1000,– Unterhalt an den B. Als der B nach einem Jahr einen „Inflationsausgleich" fordert, ist A verärgert und sucht einen Rechtsanwalt auf. Von ihm erfährt er, dass er wegen § 1601 BGB keinen Unterhalt schuldet, weil er nicht „in gerader Linie" (Abstammung voneinander, § 1589S. 1 BGB; dazu mehr in Teil 11) mit A verwandt sei. Daraufhin verlangt der A von B Rückzahlung von € 12.000,–.

Der Anspruch aus a) § 812 Abs. 1S. 1 Var. 1 BGB b) ist nach (§ 814S. 2 BGB ausgeschlossen, denn die Zahlung an B entsprach einer sittlichen Pflicht oder einer auf den Anstand zu nehmenden Rücksicht.

Unanwendbar ist § 814 BGB auch, wenn die Rückforderung nicht als ein Fall des „venire contra factum proprium" angesehen werden kann. Das ist – praktisch sehr wichtig! – der Fall, wenn der Leistende **„unter Vorbehalt"** leistet.

**Fall 779**

Der EV verkauft an den K ein ihm gehöriges Grundstück für € 1.000.000,–. Der EV und der K lassen jedoch vom Notar N, der dieses „Manöver" nicht durchschaut, als Kaufpreis nur € 800.000,– beurkunden (§§ 433, 311b Abs. 1S. 1 BGB), um so Kosten zu sparen. Der K zahlt die € 1.000.000,–. Als ihm zu Bewusstsein kommt, dass er sich mit dem Geschäft strafbar gemacht hat, verlangt er noch vor der Auflassung von EV Rückzahlung.

Dem Anspruch des K gegen den EV aus § 812 Abs. 1S. 1 Var. 1 BGB könnte § 814 BGB entgegenstehen. Wenn jedoch eine Leistung in Erwartung der Heilung einer Formnichtigkeit (§ 311b Abs. 1S. 2 BGB) erbracht wird, ist § 814 BGB nicht anwendbar. Denn in solchen Fällen liegt in der Geltendmachung kein treuwidriges Verhalten.

Auch wenn der Leistende die Leistung nur deshalb erbringt, weil er sich in einer **Zwangslage** befindet, wie sie gegeben ist, wenn er nur deshalb leistet, um einer ihm angedrohten Zwangsvollstreckung zu entgehen, ist § 814 BGB nicht gegeben

Die Kondiktionssperre des § 814 BGB ist auch dann nicht gegeben, wenn **in Kenntnis einer Nichtigkeit in Erwartung einer Heilung** geleistet wird, also z. B. auf einen formnichtigen Kaufvertrag über ein Grundstück, die für eine Heilung nach § 311 b Abs. 2 BGB erforderliche Eintragung in das Grundbuch nach Auflassung jedoch nicht erfolgt, oder in **Erwartung des Wirksamwerdens eines schwebend unwirksamen Vertrages** nach § 108 BGB oder § 177 BGB, die Genehmigung dann jedoch verweigert wird. In diesen Fällen kann die Leistung nach § 812 Abs. 1S. 1 Var. 1 BGB zurückgefordert werden.

### b) Unanwendbar auf § 812 Abs. 1S. 2 Var. 1 BGB

Nicht dagegen gilt die Vorschrift des § 814 BGB für § 812 Abs. 1S. 2 Var. 1 BGB. Denn bei diesem Tatbestand (späterer Wegfall des Rechtsgrundes) bestand zum Zeitpunkt der Leistung noch eine noch eine Verpflichtung, so dass eine Kenntnis der Nichtschuld gedanklich ausgeschlossen ist. Fraglich ist jedoch, ob man die Norm des § 814 BGB analog auf § 812 Abs. 1S. 2 Var. 1 anwenden kann, wenn der Verpflichtete, weiß, dass die Verpflichtung entfallen kann. Der Grund dafür wurde schon einmal angesprochen: Die Regelung des § 814 BGB ist eine Ausprägung von Treu und Glauben („venire contra factum proprium" = Verbot widersprüchlichen Verhaltens). Ein solches widersprüchliches Verhalten liegt nicht vor, wenn es eine Verbindlichkeit gibt, und der Leistende lediglich die Umstände kennt, die ihn zur Leistungsverweigerung berechtigen; sondern er muss, um die Rückforderung als treuwidrig bezeichnen zu können, auch wissen, dass er beim Vorliegen dieser Umstände nicht schuldet. Es reicht also nicht, dass der Leistende an seiner Plicht, leisten zu müssen, nur gezweifelt hat.

## 2. Unmöglichkeit des Erfolgseintritts (§ 815 BGB)

Der Ausschlussgrund des **§ 815 BGB** ist auf den Fall einer Leistungskondiktion aus **§ 812 Abs. 1S. 2 Var. 2 BGB** zugeschnitten. Der **erste Fall** setzt eine von Anfang an bestehende dauernde Unmöglichkeit des Erfolgseintritts voraus und die positive Kenntnis des Leistenden hiervon. Und im **zweiten Fall** müsste der Leistende den Erfolgseintritt treuwidrig vereitelt haben. Hier erkennt man die Idee des § 162 BGB wieder.

**Fall 780**

Der G gibt S ein langfristiges Darlehen, damit dieser – so ist es vereinbart – eine Weltumsegelung unter Einschluss der Nord-Ost-Passage unternimmt. Der G hat das Boot gebaut; der Rumpf ist jedoch – wie S bei Antritt der Reise bemerkt – von G nicht ausreichend „eisverstärkt" worden. Der S segelt daher auf tropischem Kurs um die Welt. Der G verlangt die Darlehensvaluta vor Fälligkeit zurück (nach Kropholler).

a) Aus § 488 Abs. 1S. 2 BGB ergibt sich der Anspruch mangels Fälligkeit nicht. b) Auch wenn man der Ansicht ist, dass in den Fällen, in denen aufgrund einer Zweckvereinbarung mit der Leistung ein über die Erfüllung hinausgehender Zweck („Anstaffelung") erreicht werden soll, § 812 Abs. 1S. 2 Var. 2 BGB gegeben ist, würde dem Anspruch hier § 815 BGB entgegenstehen: Der G hat den Eintritt des Erfolges wider Treu und Glauben verhindert.

### 3. Sitten- oder Gesetzesverstoß des Leistenden (mit Besonderheiten der Kondiktion beim „Wucherdarlehen")

Sie entsinnen sich: Wenn der Empfang einer Leistung gesetzes- oder sittenwidrig ist, muss nach **§ 817S. 1 BGB** vom Empfänger das Erlangte herausgegeben werden. Die **Sperrnorm** des **§ 817S. 2 BGB** bestimmt nun, dass der Rückforderungsanspruch ausgeschlossen ist, **„wenn dem Leistenden gleichfalls ein solcher Verstoß zur Last fällt."**

§ 817S. 2 BGB ist der wichtigste Sperrtatbestand. Er ist außerordentlich klausurrelevant, weil er eine Reihe komplizierter Fragen aufwirft.

Auf den **ersten Blick** scheint die Norm gänzlich unproblematisch zu sein, denn festzustellen ist ja nur, dass der **Leistende gegen § 134 BGB** oder **gegen § 138 BGB verstoßen** hat. In der Tat: Das beherrschen Sie, seitdem Sie die Ausführungen **sub Teil 3 A II 4** gelesen und durchgearbeitet haben. Die Norm ist willkommener Anlass zur Wiederholung dieser Passage.

**Fall 881**

Der in Not gefallene N verkauft seine Briefmarkensammlung im Werte von € 100.000,– an den Sammler W, der von der wirtschaftlichen Bedrängnis des N wusste, auf dessen Angebot hin für € 10.000,– und übergibt und übereignet sie an den W. Später reut den N das Geschäft, und er verlangt die Sammlung zurück; der W weigert sich, weil er Eigentümer der Sammlung geworden sei, sie aber jedenfalls nur Zug-um-Zug gegen die Rückzahlung der von ihm gezahlten € 10.000,– herausgeben müsse (nach Peters).

Der Anspruch des N gegen den W ergibt sich aus §§ 985, 986 BGB, weil a) W Besitzer ist und b) der N das Eigentum nicht verloren hat. Denn auch die Übereignung der Sammlung an den W nach § 929S. 1 BGB war wegen des auffälligen Missverhältnisses von Leistung und Gegenleistung und wegen der Ausnutzung der Zwangslage des N durch den W nach § 138 Abs. 2 BGB nichtig. c) Der W hat kein Recht zum Besitz, aa) weil der Kaufvertrag nach § 138 Abs. 2 BGB nichtig war und daher kein Recht zum Besitz gewährt. bb) Ein Zurückbehaltungsrecht des W aus § 273 BGB wegen eines Anspruchs auf Rückzahlung des Kaufpreises in Höhe von € 10.000,– besteht ebenfalls nicht: aaa) Zwar sind die Voraussetzungen des § 812 Abs. 1S. 1 Var. 1 BGB gegeben. bbb) Dem Anspruch des W gegen den N steht jedoch § 817S. 2 BGB entgegen.

**Fall 882**

Der nicht mehr praktizierende Kleinstadtarzt Dr. D1 verkauft auf die Anfrage des Dr. D2, seines einzigen Kollegen am Ort, diesem seine Patientenkartei mit allen Krankendaten und übergibt und übereignet sie. Dann verlangt Dr. D1 auf Aufforderung seiner früheren Patienten die Herausgabe der Kartei von Dr. D2 zurück.

Der Anspruch a) könnte sich aus § 812 Abs. 1S. 1 Var. 1 BGB ergeben. aa) Dr. D2 hat aaa) den Besitz an der Kartei erlangt. bbb) Eigentümer ist Dr. D2 nicht geworden, weil die Übereignung nach § 134 BGB i. V. m. § 203 Abs. 1 Nr. 1 StGB nichtig ist. Denn, auch wenn bei einem Verstoß gegen ein gesetzliches Verbot i. d. R nur das Verpflichtungsgeschäft nichtig ist, soll dann, wenn die Umstände, die den Gesetzesverstoß begründen, zugleich und unmittelbar auch das Erfüllungsgeschäft betreffen, dieses nichtig sein. So liegt es hier: Der gesetzlich verbotene Verrat der Privatgeheimnisse liegt gerade in der Erfüllung des Verpflichtungsgeschäfts. bb) Der Dr. D2 hat den Besitz durch Leistung des Anspruchstellers Dr. D1 erlangt, cc) und zwar ohne Rechtsgrund, da der Kaufvertrag nach § 134 BGB i. V. m. § 203 Abs. 1 Nr. 1 StGB nichtig ist. dd) Der Anspruch könnte jedoch gesperrt sein, aaa) da der Leistende Dr. D1 mit der Leistung gegen ein gesetzliches Verbot verstoßen hat. Dagegen spricht allerdings, dass dann der den Verrat perpetuierende Zustand bestehen bliebe. Das kann nicht Sinn und Zweck des § 817S. 2 BGB sein. Dr. D1 muss daher Herausgabe verlangen können. bbb) Der Anspruch könnte weiterhin ausgeschlossen sein, weil Dr. D1 die Nichtigkeit gekannt hatte (§ 814 BGB). Dagegen spricht jedoch, dass § 814 BGB eine Ausprägung von Treu und Glauben ist („venire contra factum proprium" = Verbot widersprüchlichen Verhaltens). Ein solches widersprüchliches Verhalten liegt dann nicht vor, wenn der Leistende aufgrund eines Irrtums, und sei dieser noch so leichtfertig, an seine Leistungspflicht geglaubt hatte. Erforderlich ist eine positive Kenntnis der Rechtslage, bloße Zweifel genügen nicht. b) Der Anspruch ergibt sich weiterhin aus § 985 BGB. aa) Der Dr. D2 ist Besitzer. bb) Der Dr. D1 ist Eigentümer geblieben. cc) Ein Recht zum Besitz ist nicht gegeben, weil der Kaufvertrag nach § 134 BGB i. V. m. § 203 Abs. 1 Nr. 1 StGB nichtig ist. dd) Die umstrittene Frage, ob § 817S. 2 BGB auch einen Anspruch aus § 985 BGB sperrt, kann hier offen bleiben.

Wenn wir hier wieder einmal *gegen die Aufbauregeln* verstoßen haben, indem wir den Anspruch aus § 812 Abs. 1 BGB vor dem Anspruch aus § 985 BGB geprüft haben, so nur deshalb, weil es sonst schwer darstellbar gewesen wäre, ob und warum man diskutieren muss, ob § 817S. 2 BGB einen Anspruch aus § 985 BGB sperrt.

Die Norm ist aber vertrackter als gedacht. Der **Tatbestand** wirft allerlei in sieben Komplexe aufgliederbare **komplizierte Fragestellungen** auf, die wir jetzt der Reihe nach „abarbeiten" wollen:

Die **erste** sich bei § 817 S. 2 BGB stellende geradezu „klassische" **Frage** ist die nach dem **Anwendungsbereich** des **§ 817S. 2 BGB**, zu der Ihnen Folgendes bekannt sein muss:

Mit einem Blick erkennt man, dass nach dem **Wortlaut („gleichfalls")** und auch nach dem **Aufbau** der **Norm** des § 817 BGB der Ausschlusstatbestand des § 817S. 2 BGB **nur** einen Bereicherungsanspruch aus **§ 817S. 1 BGB** sperren soll.

Eine **Beschränkung** der **Anwendung** des **§ 817S. 2 BGB auf § 817S. 1 BGB**, von der Gesetzgeber aber offenbar ausgegangen ist, ist aber aus **systematischen Gründen verfehlt**: Wäre dies richtig, wäre § 817S. 2 BGB praktisch unanwendbar.

Denn dann hätte man die Konstellation eines beiderseitigen Gesetzes- oder Sittenverstoßes (nämlich des „Empfängers" und des „Leistenden"), so dass stets die Voraussetzungen des § 134 BGB oder des § 138 Abs. 1 BGB gegeben wären mit der Folge, dass stets das Grundgeschäft nichtig wäre und daher neben einem nach § 817S. 2 BGB gesperrten Anspruch aus § 817S. 1 BGB immer ein ungesperrter Anspruch aus § 812 Abs. 1S. 1 Var. 1 BGB bestünde.

Wenn man dem Sperrtatbestand des § 817S. 2 BGB überhaupt einen Anwendungsbereich erhalten will, muss man ihn auch **auf § 812 Abs. 1S. 1 BGB ausweiten**. Im Ergebnis streitet auch niemand hierüber.

Im Gegenteil: Man ist sich sogar einig darüber, dass § 817S. 2 BGB nicht nur auf § 812 Abs. 1S 1 Var. 1 BGB, sondern sogar darüber hinaus **auf jedweden Leistungskondiktionsanspruch** anwendbar ist. Das folgt aus der ratio legis, die darin zu sehen ist, dass eigenes sittenwidriges oder verbotenes Verhalten keine Ansprüche begründen darf ist. Die Norm hat also einen (zivilrechtlichen) Strafcharakter und versagt den Rechtsschutz wegen eines in sich widersprüchlichen Verhaltens. Dies sind übergeordnete und daher auf jeden Leistungskondiktionstatbestand übertragbare Rechtsgedanken. Ob die Norm des § 817S. 2 BGB einen noch weiteren Anwendungsbereich hat, z. B. um Wertungswidersprüche zu vermeiden auch einem Anspruch aus §§ 985, 986 BGB entgegensteht, haben wir bereits erörtert und werden wir am Schluss noch einmal ansprechen.

Wir **merken uns** also als erstes, **(1)** dass die Sperrwirkung des § 817S. 2 BGB über den Wortlaut und Systematik der Norm hinausgeht: Betroffen sind nicht nur Ansprüche aus § 817S. 1 BGB, sondern – weil anderenfalls § 817S. 2 BGB praktisch unanwendbar wäre – auf alle Leistungskondiktionsansprüche und vielleicht auch in anderen Rechtsbereichen Geltung haben kann.

Zur **zweiten Frage**: Nach dem Wortlaut des § 817S. 2 BGB („gleichfalls") scheint § 817S. 2 BGB einen Bereicherungsanspruch nur dann zu sperren, wenn nicht nur der Leistende, sondern auch der Empfänger gesetzes- oder sittenwidrig gehandelt hat. Das kann nicht richtig sein. Es wäre vielmehr ein Wertungswiderspruch, würde man den gesetzes- oder sittenwidrig Leistenden durch die Nichtanwendung des § 817S. 2 BGB besser stellen, nur weil nicht auch der Empfänger gesetzes- oder sittengemäß gehandelt hat. Vielmehr muss **§ 817S. 2 BGB erst recht** dann angewendet werden, wenn **nur der Leistende gesetzes-** oder **sittenwidrig** gehandelt hat (BGH).

**(2)** Weiterhin merken wir uns also, dass § 817S. 2 BGB auch dann einen Bereicherungsanspruch sperrt, wenn nur der Leistende gesetzes- oder sittenwidrig gehandelt hat.

Auch die **dritte Frage** ist kompliziert: Zu den einen Anspruch aus § 812 Abs. 1S. 1 Var. 1 BGB nach § 817S. 2 BGB ausschließenden Fallkonstellationen der Sittenwidrigkeit eines Leistenden gehört auch diejenige, in der der ein aus einer Leistungskondiktion auf Herausgabe in Anspruch genommener Empfänger der Leistung den Rechtsgrund durch eine Anfechtung wegen arglistiger Täuschung oder rechtswidriger Drohung nach **§ 123 Abs. 1 BGB** beseitigt hat. Denn in diesen Fällen liegt regelmäßig auch ein Fall der Sittenwidrigkeit des geleistet habenden Anspruchstellers nach § 138 Abs. 1 BGB vor. Zwar ist diese Norm bei der Prüfung der Nichtigkeit des der Leistung zugrundeliegenden Grundgeschäftes wegen der Spezialität des § 123 Abs. 1 BGB zurückgetreten, „erwacht" aber in diesem Zusammenhang „wieder zum Leben". Warum gilt dies nicht auch im Fall einer Anfechtung nach § 123 Abs. 2 BGB (arglistige Täuschung eines Dritten bei Kenntnis oder Kennenmüssen des Anfechtungsgegners)? Weil dort nicht der Leistende, sondern nur der Dritte im vorgenannten Sinne „sittenwidrig" gehandelt hat.

**(3)** Zu bedenken ist auch, dass § 817S. 2 BGB einen Anspruch aus § 812 Abs. 1S. 1 Var. 1 BGB auch dann sperrt, wenn der Anspruchsgegner den Rechtsgrund nach §§ 123 Abs. 1, 142 Abs. 1 BGB durch die Erklärung einer Anfechtung wegen arglistiger Täuschung/rechtswidriger Drohung seitens des Leistenden hat entfallen lassen.

Der Anspruchsausschluss durch § 817S. 2 BGB bedeutet für den seine Leistung nicht zurückfordern könnenden Leistenden eine außerordentliche **Härte**, namentlich wenn er bei beiderseitiger Gesetzes- oder Sittenwidrigkeit vorgeleistet haben sollte. Die **vierte Frage** geht dahin, ob es eine Korrekturmöglichkeit gibt. Die sich aus § 817S. 2 BGB ergebende Härte für den Leistenden macht es erforderlich, für die Anwendung der Norm zu fordern, dass der **Leistende** den **Gesetzesverstoß kannte** oder dass ihm die **Sittenverstoß bewusst** war, wobei ausreicht, dass man leichtfertig die Gesetzeswidrigkeit verkennt oder die Augen vor der Sittenwidrigkeit verschließt (BGH).

**(4)** Ferner muss man daher wissen, dass § 817S. 2 BGB voraussetzt, dass der Leistende den Gesetzesverstoß kannte bzw. dass der Sittenverstoß ihm bewusst war, wobei Leichtfertigkeit und das „Verschließen der Augen vor der Sittenwidrigkeit" ausreicht.

Ein weiteres – und das ist die **fünfte Frage** – „berühmtes" Problem des § 817S. 2 BGB ist der Begriff der nicht rückforderbaren **„Leistung"**.

Am besten verstehen lässt sich dieses Problem am *Beispiel* des nach § 138 Abs. 2 oder nach § 138 Abs. 1 BGB wegen Wuchers nichtigen Darlehensvertrages (kurz: **„Wucherdarlehen"** genannt). Der Anspruch des Darlehensgebers auf Rückzahlung des auf Zeit zur Verfügung gestellten Geldbetrags kann sich wegen der Nichtigkeit des Vertrages nicht aus § 488 Abs. 1S. 2 BGB sondern nur aus § 812 Abs. 1S. 1 Var. 1 BGB ergeben. Diesem Anspruch könnte § 817S. 2 BGB entgegenstehen, weil der Leistende (der „Wucherer") gegen die guten Sitten verstoßen hat. Dass und warum § 817S. 2 BGB auch den Anspruch aus § 812 Abs. 1S. 1 Var. 1 BGB zu sperren vermag, haben Sie oben gelernt 1), ebenso, dass diesem Anspruch nicht entgegensteht, dass „nur" der der Leistende (der „Wucherer") und nicht „gleichfalls" der Empfänger (der „Bewucherte") sittenwidrig gehandelt hat 3). Daran dass einem „Wucherer" der Sittenverstoß bewusst war 4), besteht bei § 138 Abs. 2 BGB aber auch im Fall des § 138 Abs. 1 BGB im Regelfall kein Zweifel. Hiernach wäre für den Wucherer „die Rückforderung (der Leistung)" ausgeschlossen. Aber: Worin bestand seine „Leistung"? Nicht in der Übereignung oder anderweitigen (bargeldlosen) Zurverfügungstellung des Geldbetrags, denn dieser sollte dem Darlehensnehmer nicht endgültig, sondern ja nur zeitweise verbleiben. Daher besteht die „Leistung" in der Zurverfügungstellung der „Kapitalnutzung". Das ist es, was dem Empfänger verbleiben soll. Also die Kaitalnutzung, dies aber natürlich nicht für immer, sondern nur auf Zeit, also bis zu dem Zeitpunkt, den der (nichtige!) Vertrag für die Rückzahlung vorsah. Dies ist seit RGZ 161, 52 allgemein anerkannt. Ist der Gegenstand, auf unbestimmte Zeit überlassen, muss die gesetzliche Kündigung (z. B. beim Darlehen: §§ 489 ff. BGB/beim Mietvertrag: §§ 542 ff. BGB) erklärt werden.

**Fall 783**

Der B ist wegen einer im Ausland erforderlichen Operation eines Angehörigen in einer akuten Geldverlegenheit, die eine Sofortzahlung von € 10.000,– erforderlich macht. Weil er so schnell keinen Bankkredit bekommt, bittet er unter Nennung der Gesamtumstände den gewerbsmäßigen Geldverleiher W um ein auf 1 Jahr befristetes Darlehen über € 10.000,–; der W ist einverstanden, ein auf 1 Jahr befristetes Darlehen über € 10.000,– mit einem Zinssatz der das 3-fache des Marktzinses beträgt. Die Zinsen hat der B nach dem Vertrag zusammen mit dem Kapital nach Beendigung der Laufzeit des Darlehens zu entrichten. Das Darlehen wird in bar ausgezahlt. Nach Ablauf des Jahres verweigert der B jede Zahlung an W.

1. Rückzahlung des Kapitals: a) Der Anspruch des W gegen B auf Tilgung des Darlehens durch Rückzahlung der € 10.000,– könnte sich aus § 488 Abs. 1S. 2 BGB ergeben. Der Vertrag ist jedoch als „wucherähnliches Geschäft" nach § 138 Abs. 1 BGB nichtig. b) In Betracht kommt ein Anspruch aus § 812 Abs. 1S. 1 Var. 1 BGB. aa) Dessen Voraussetzungen sind gegeben: aaa) Der B hat „etwas" erlangt, und zwar das Eigentum und den Besitz an € 10.000,–; bbb) durch Leistung des W an B: Hier hat W das Vermögen des B bewusst und zweckgerichtet gemehrt. ccc) Und schließlich müsste dies ohne Rechtsgrund erfolgt sein: Hier ist der Darlehensvertrag nichtig (§ 138 Abs. 1 BGB). bb) Der Anspruch könnte jedoch ausgeschlossen sein. aaaa) § 814 BGB setzt Kenntnis von der Nichtigkeit voraus; davon können wir nicht ausgehen. bbbb) In Betracht kommt § 817S. 2 BGB ausgeschlossen sein. aaaaa) Dass § 817S. 2 BGB sich auch auf einen Anspruch aus § 812 Abs. 1 BGB bezieht, ist unumstritten. Würde man sich auf § 817S. 1 BGB als gesperrte Anspruchsgrundlage beschränken, wäre § 817S. 2 BGB praktisch unanwendbar. Denn dann hätte man die

Konstellation eines beiderseitigen Gesetzes- oder Sittenverstoßes (nämlich des „Empfängers" und des „Leistenden"), bei denen stets die Voraussetzungen der §§ 134, 138 Abs. 1 BGB gegeben wären, bei denen also stets das Grundgeschäft nichtig wäre und daher neben einem nach § 817S. 2 BGB gesperrten Anspruch aus § 817S. 1 BGB immer ein ungesperrter Anspruch aus § 812 Abs. 1S. 1 Var. 1 BGB bestünde. Wenn man dem Sperrtatbestand des § 817S. 2 BGB überhaupt einen Anwendungsbereich erhalten will, muss man ihn daher auch auf § 812 Abs. 1S. 1 BGB ausweiten. bbbbb) Der W hat gegen die guten Sitten verstoßen. ccccc) Der W hat auch den Verstoß erkannt. ddddd) Danach wäre die Rückforderung der „Leistung" des W an den B ausgeschlossen. Auf den ersten Blick würde das bedeuten, dass der B das Kapital von € 10.000,– behalten kann, so dass es „das beste Geschäft" wäre, „sich bewuchern zu lassen". Das ist vom Ergebnis her gesehen untragbar. Als „Leistung" i. S. von § 817S. 2 BGB sind aber grundsätzlich nur solche Zuwendungen anzusehen, die endgültig in das Vermögen des anderen Teils übergehen sollen, so dass bei nur zeitweisen Überlassung (z. B. Darlehenskapital, Sicherungsrechte, Gegenstand bei Miete oder Pacht) nur die vorübergehende Nutzungsmöglichkeit (beim Darlehen spricht man von „Kapitalnutzung auf Zeit") als nicht rückforderbare Leistung angesehen werden kann; die Rückforderung des Gegenstandes als solchen (hier: das Darlehenskapital) ist daher nicht endgültig ausgeschlossen, sondern nur die vorzeitige Rückforderung. Wenn also der W, gestützt auf § 812 Abs. 1S. 1 Var. 1 BGB das Kapital bereits nach 1 Monat zurückverlangen wollte, müsste er nach § 817S. 2 BGB damit bis zum Ablauf des „vereinbarten" Jahres warten. Anders soll es bei einem – hier nicht vorliegenden – beiderseitigen Sitten- oder Gesetzesverstoß sein, weil es dann keinen Grund dafür gibt, den sitten- oder gesetzeswidrigen Zustand aufrechtzuerhalten: Dann soll eine sofortige Rückforderung möglich sein. Hier muss der B also die € 10.000,– nach Ablauf des (mittlerweile verstrichenen) Jahres zurückzahlen. 2. Fraglich ist, ob der W gegen den B einen Anspruch auf Zahlung der vereinbarten Zinsen hat. a) Die Verpflichtung zur Zahlung von Zinsen wird teilweise angenommen: aa) So soll sich dieser Anspruch aus dem Darlehensvertrag ergeben, weil dieser hinsichtlich der Zinsabrede nur teilunwirksam sei und in Höhe des „angemessenen Zinssatzes" wirksam geblieben sei (richterliche Vertragskorrektur durch Reduktion der Nichtigkeit). bb) Nach anderer Ansicht soll sich eine Pflicht zur Zahlung des marktgerechten Zinses aus § 812 Abs. 1S. 1 Var. 1 BGB ergeben; § 817S. 2 BGB sperre den Anspruch nicht, weil der Darlehensnehmer sonst über die Maßen begünstigt werde (Medicus). cc) Wieder andere leiten aus §§ 812 Abs. 1S. 1 Var. 1, 818 Abs. 4, 246 BGB einen Anspruch in Höhe des gesetzlichen Zinsen ab mit der Begründung, dass dies auch die Rechtsfolge bei einem weil formwidrigen nichtigen Verbraucherdarlehensvertrag sei (§§ 494 Abs. 2, 2). b) Die h. M. lehnt dies jedoch alles ab, weil der Wucherer sonst risikolos arbeiten könnte und § 817S. 2 BGB damit praktisch außer Kraft gesetzt würde (Canaris).

Dieser Gedanke lässt sich dahingehend erweitern und verallgemeinern, dass ein **sittenwidrig** in **Empfang genommener Leistungsgegenstand**, der **nicht endgültig** im **Vermögen** des **Empfängers verbleiben** soll, von diesem trotz § 817S. 2 BGB herauszugeben ist. Zu denken ist an Leistungen zum **Zwecke der Sicherung** nichtig vereinbarter Forderungen (Kautionszahlung, Sicherungsübereignung, Sicherungsgrundschuld), an Fälle einer **Verwaltungstreuhand**, bei der zu nichtigen Zwecken Geld übertragen wird.

Aber **„Vorsicht Falle"**: Nicht immer ist bei einem sittenwidrig gewährten Darlehen der sich ja nur aus § 812 Abs. 1S. 1 Var. 1 BGB ergebende Rückzahlungsanspruch aus den vorgenannten Gründen ungesperrt, z. B. dann nicht, wenn die Sittenwidrigkeit in der Kapitalüberlassung als solcher liegt (Beispiel: Darlehensgewährung als Anreiz für das Eingehen einer „Scheinehe" oder zur Förderung eines Glücksspiels).

Bei einem beiderseitigen Gesetzes- oder Sittenverstoß (z. B. Vermietung von Räumen für ein Bordell) soll der gesetzes- oder sittenwidrige Zustand aber nicht perpetuiert werden, so dass eine vorzeitige Rückgabe geschuldet wird; im Ergebnis läuft dies auf einen Ausschluss des § 817S. 2 BGB hinaus.

**(5)** Der nächste Merksatz lautet: „Als ‚Leistung' i. S. von § 817S. 2 BGB sind grundsätzlich nur solche Zuwendungen anzusehen, die endgültig in das Vermögen des anderen Teils übergehen sollen" (Canaris). Das bedeutet, dass Zuwendungen, die nur vorübergehend in das Vermögen des Empfängers übergehen sollen, bei einseitigem Gesetzes- oder Sittenverstoß des Leistenden erst zu dem im nichtigen Vertrag vorgesehenen Zeitpunkt, bei beiderseitiger Gesetzes- oder Sittenwidrigkeit schon vorher.

Angesichts der **Härte** der Rechtsfolge **des § 817S. 2 BGB** stellt sich erneut die **Frage** nach **Korrekturen**.

In einem inneren Zusammenhang mit dem zuvor erörterten Thema stellt sich die jetzt **sechste Frage** nach einem **Gegenanspruch** des entgeltlich einen Gegenstand vorübergehend zur Verfügung stellenden Leistenden (z. B. des Wucherers auf Zinsen/auf Miete). Die Folgen müssen einem gleich klar vor Augen stehen: Wenn man nämlich einen solchen Anspruch (in welcher Höhe auch immer) bejaht, würde – weil ja zugleich der geleistete Gegenstand zurückzugeben wäre (s. o. sub 5) – der § 817S. 2 BGB weitgehend seines Sinnes entkleidet werden. Gehen wir also der Frage auf den Grund: Man könnte einen solchen Anspruch mit der Begründung aus dem jeweiligen Darlehens-/Mietvertrag ableiten (§ 488 Abs. 1S. 2 BGB/§ 535 Abs. 2 BGB), dass dieser aufgrund einer richterlichen Vertragskorrektur durch Reduktion der Nichtigkeitsfolgen in Höhe des/der **„sittlich noch angemessenen" Zinssatzes/Miete** wirksam geblieben sei. Oder man gewährt einen Anspruch auf Zahlung des **marktgerechten Zinses/Miete** aus §§ 812 Abs. 1S. 1 Var. 1, 818 Abs. 2 BGB, der deshalb nicht aus § 817S. 2 BGB gesperrt sei, weil der Darlehensnehmer sonst über die Maßen begünstigt würde (Medicus). Beim **Darlehen** könnte man aus §§ 812 Abs. 1S. 1 Var. 1, 818 Abs. 4, 246 BGB einen Anspruch in Höhe des **gesetzlichen Zinsen** herleiten (Peifer) mit der Begründung, dass dies auch die

Rechtsfolge bei einem formwidrigen und deshalb nichtigen Verbraucherdarlehensvertrag sei (§§ 494 Abs. 2, 246 BGB). Bei einem **wucherischen Wohnraummietvertrag** soll es einen Anspruch aus §§ 812 Abs. 1S. 1 Var. 1, 818 Abs. 4, 987, 989 auf die sich nach § 588 Abs. 2 BGB bemessende **ortsübliche Vergleichsmiete** geben (BGH). Man kann aber auch konsequent bleiben und alle diese dem gesetzes-/sittenwidrig Handelnden helfen sollenden Konstruktionen mit dem Argument verwerfen, dass der gegen Gesetz oder Sitte Verstoßende (z. B. der Wucherer) sonst risikolos arbeiten könnte und § 817S. 2 damit praktisch außer Kraft gesetzt würde (Canaris).

Wenn aber der zum *Beispiel* der Bewucherte bereits Wucherzinsen gezahlt hat, stellt sich die Frage, ob er diese zurückverlangen kann. Dem Anspruch aus § 812 Abs. 1S. 1 Var. 1 BGB könnte – wenn der Bewucherte gewusst hat, dass er zur Zinszahlung nicht verpflichtet war – § 814 BGB entgegenstehen. Hier hilft der Anspruch aus § 817S. 1 BGB, der nicht durch § 814 BGB gesperrt ist. Sie entsinnen sich, dass diese Fallkonstellation zum ansonsten schmalen Anwendungsbereich des § 817S. 2 BGB gehört.

Darüber hinaus ist an **Korrekturen** des **§ 817S. 2 BGB** durch **§ 242 BGB** zu denken, wenn es zu unbilligen Härten kommt. Der wichtigste Fall in diesem Kontext war der eines Handwerksarbeiten erbringenden **„Schwarzarbeiters".** Hier hatte man früher dem „Schwarzarbeiter" einen nicht durch § 817S. 2 BGB gesperrten Wertersatzanspruch aus §§ 812 Abs. 1S. 1 Var. 1, 818 Abs. 2 BGB zugesprochen. Bei der Bemessung des „Wertes" hatte man diskutiert, ob ein etwaiges Fehlen von Gewährleistungsansprüchen gegen einen „Schwarzarbeiter" zu berücksichtigen ist, eine Idee, die allerdings ihren Hintergrund verloren hatte, als der BGH s das Bestehen eines Gewährleistungsanspruchs aus § 242 BGB herleitete. Das alles ist schon fast „Rechtsgeschichte", nachdem der BGH im Jahre 2014 einen völligen Standpunktwechsel vollzogen hat. Das ist Ihnen auch schon lange bekannt **(sub Teil 5 B II 1. A) dd) (1))**. Dazu lassen sich Fälle denken, die ausgesprochen klausurgeeignet sind. Konsequenterweise dürfte der BGH nunmehr auch die Rechtsprechung, aus der sich ein Gewährleistungsanspruch gegen den „Schwarzarbeiter" aus § 242 BGB ergeben sollte, aufgeben. Es wäre doch zu viel an Härte, dem Schwarzarbeiter die Vergütung abzusprechen und ihn gleichwohl zur Gewährleistung zu verpflichten.

**Fall 784**

Der EV verkauft sein mit einer Villa aus dem Jahre 1890 bebautes, in der Bismarckallee eines vornehmen Ortes am Sachsenwald bei Hamburg gelegenes Grundstück für € 10 Mio. an den K. Anlässlich der notariellen Beurkundung des Kaufvertrages spöttelt der K, dass er für das viele Geld „..zwar einen Reitstall, aber leider keine Garage.." erhalte, was zutrifft, weil bauraltersgemäß auf dem Grundstück nur ein von EV zweckentfremdet als Garage genutzter Reitstall steht. Der EV will das aber nicht auf sich sitzen lassen und erklärt mündlich: „Die Garage schenke ich Ihnen, nachdem Sie vertragsgemäß Zug-um-Zug gegen Überlassung des Grundstücks den Kaufpreis gezahlt haben." Der K ist einverstanden. Nachdem der EV und der K ihre beiderseitigen Pflichten in dieser Weise erfüllt haben, fordert der EV den örtlichen Maurermeister M auf, ihm den Bau einer Garage nach den Wünschen des K anzubieten. Nachdem M mit K Kontakt aufgenommen hat und dieser seine Vorstellungen mitgeteilt hatte, hat der M dem EV mündlich den Bau einer diesen Vorstellungen entsprechenden Garage zum – „...selbstverständlich ohne Rechnung zu zahlenden..." – Preis von € 40.000,– angeboten, wobei er zutreffend als Kosten für die zur Herstellung erforderlichen Materialien € 20.000,– und als Arbeitskosten weitere € 10.000,– zu Grunde legt und dies dem EV auch mitteilt. Weitere € 10.000,– sollen ihm, dem M, als Gewinn verbleiben. Der EV erklärt sein Einverständnis mit allem und vereinbart mit dem M weiter, dass die Rechte aus diesem Vertrag dem K zustehen sollen; er selber verzichte auch auf die Möglichkeit, irgendwelche Ansprüche aus dem Vertrag gegen den M gelten zu machen; das sei allein K's Sache, dem er den Bau der Garage ja schließlich geschenkt habe. Nachdem der M die Garage mangelfrei mit der Folge einer Wertsteigerung des Grundstücks um € 50.000,– fertiggestellt hat, verlangt der M von EV Zahlung der vereinbarten € 40.000,–. Der EV zahlt jedoch nicht. Denn inzwischen ist er mit M zerstritten, weil der K die Beseitigung von Mängeln an der Bausubstanz der Villa verlangt, von deren Existenz der K nach EVs Überzeugung nur von M, der schon früher an dem Haus gearbeitet hatte, erfahren haben konnte. Der M will wissen ob und von wem und ggf. in welcher Höhe er Zahlung verlangen kann.

A. Ansprüche des M gegen den EV. I. Ein Anspruch aus § 631 BGB auf Zahlung von € 40.000,– kommt nicht in Betracht, weil der Werkvertrag nach § 134 BGB nichtig ist. Der M hat gegen § 1 Abs. 2 Nr. 2 SchwarzArbG verstoßen, indem er für den vereinbarten Werklohn keine Rechnung stellen und keine Umsatzsteuer verlangen und abführen wollte. Diese Norm ist ein Verbotsgesetz i. S. d. § 134 BGB. II. Ein Anspruch auf Zahlung von € 30.000,– aus §§ 812 Abs. 1S. 1, 818 Abs. 2 BGB setzt voraus, dass der EV etwas erlangt hat. Da er dem K aufgrund des ja nur mündlichen Schenkungsversprechens nichts schuldete (§ 518 Abs. 1, 125 BGB), ist er durch den Bau der Garage auch nicht von einer Verbindlichkeit frei geworden. Ob der M überhaupt an EV geleistet hat, kann offenbleiben (vergl. dazu B III 2 a). B. Ansprüche des M gegen den K. I. Ein Anspruch aus § 631 BGB auf Zahlung von € 40.000,– kommt nicht in Betracht, weil M und K keinen Werkvertrag geschlossen haben. II. Ein Anspruch auf Zahlung von € 30.000,– könnte sich aus §§ 677, 683, 670 BGB ergeben. 1. Das Bauen einer Garage ist eine hypothetisch fremdnützige Tätigkeit, also eine Geschäftsführung. 2. Das Geschäft war fremd, weil der Bau einer Garage auf dem Grundstück des K ausschließlich in dessen Rechts- und Interessenkreis gehört. 3. Der Fremdgeschäftsführungswille wird auch bei einer Tätigkeit aufgrund nichtiger Verträge vermutet. Wenn ein Teil der Lehre dagegen annimmt, dass der Geschäftsführer auch bei nichtigen Verträgen ein eigenes Geschäft führe, so gibt es dafür keinen Anhaltspunkt. 4. Die Geschäftsführung ist für K interesse- und willensgemäß. 5. Wegen der Unwirksamkeit des Werkvertrages müsste M ohne Auftrag oder sonstige Berechtigung gehandelt haben. Der BGH bejaht dies auch im Falle eines nichtigen Vertrages. Die Lehre sieht darin eine Umgehung der

§§ 812 ff. BGB mit den dazugehörigen Sperrtatbestände aus §§ 814, 817S. 2 BGB und der Beschränkung der Haftung auf die Bereicherung.. 6. Aber auch, wer dem BGH folgt, kommt im Ergebnis zu keinem Anspruch des M auf Aufwendungsersatz, weil dieser die Aufwendungen nicht für erforderlich halten durfte (BGH). III. M könnte gegen den K einen Anspruch auf Zahlung von € 30.000,– aus § 817S. 1 BGB haben. 1. Der K hat die Werkleistung als „etwas" erlangt. 2. Er müsste sie durch Leistung des M erlangt haben. Dann müsste der Bau der Garage eine bewusste zweckgerichtete Mehrung des Vermögens des K seitens des M gewesen sein. Der mit EV geschlossene Werkvertrag war ein echter Vertrag zugunsten des K (§§ 631, 328 Abs. 1 BGB). Der M hat also zum Zwecke der Erfüllung des Anspruchs des K gegen ihn die Garage erbaut. Er schuldete aber auch dem EV den Bau der Garage (arge § 335 BGB). Er könnte also dem K, dem EV oder beiden geleistet haben. a) Teilweise wird angenommen, dass der Versprechende, also M, eine Leistung nur im Deckungsverhältnis, also an den Versprechensempfänger EV, erbracht hat. b) Nach einer dieser Lehre im Grundsatz folgenden Variante wird eine Leistungsbeziehung des Versprechenden , also des M, zum Dritten, also zu K, angenommen, wenn – wie hier – § 335 BGB abbedungen ist, also der Dritte, hier der K, alleinberechtigt sei und/oder – dem Rechtsgedanken des § 822 BGB folgend – die Leistung des Versprechensempfängers im Valutaverhältnis unentgeltlich erfolgt. c) Nach a. A. besteht im Gegensatz dazu eine Leistungsbeziehung nur zwischen Versprechendem, also M, und dem Drittem, also zu K. d) Man kann auch differenzieren, und zwar danach, ob die Konstruktion eines Vertrages zugunsten Dritter nur der Abkürzung des Leistungsweges dienen soll mit der Folge, dass der Versprechende wie bei der Leistungskette bzw. den Durchlieferungsfällen und den Anweisungsfällen an den Versprechensempfänger geleistet hätte, oder ob – wie im vorliegenden Fall – ein eigenständiger Zweck zugunsten des Dritten, also des K, verfolgt werden soll, mit der dann anzunehmenden Folge einer Leistungsbeziehung des Versprechenden, also des M, und des Dritten, also des K. e) Man kann auch stattdessen/ergänzend den wie schon bei der Leistungskette/Durchlieferung und Anweisung grundsätzlich ausgeschlossenen Durchgriff in bestimmten Fallgruppen zulassen: z. B. in den Fällen fehlender Schutzwürdigkeit des Dritten vor einer Inanspruchnahme durch den Versprechenden, wenn er, der Dritte, für die Nichtigkeit des Deckungsverhältnisses verantwortlich ist, Überbürdung einer Maklercourtage im Kaufvertrag etc.) und – das wäre hier einschlägig – Unentgeltlichkeit des Valutaverhältnisses (analog § 822 BGB) sowie bei der Abbedingung des § 335 BGB. 3. Wer hiernach (gemäß 2 b) – e)) zu einer Leistungsbeziehung zwischen M und K kommt, müsste im Rahmen des § 817S. 1 BGB weiter prüfen, ob der Zweck einer Leistung in der Art bestimmt war, dass der Empfänger durch die Annahme gegen ein gesetzliches Verbot verstoßen hat. Das ist hier nicht der Fall. Der K hat dadurch, dass der M bei ihm tätig wurde, nicht gegen das Gesetz und die guten Sitten verstoßen. IV. Der M könnte gegen K einen Anspruch aus §§ 812 Abs. 1S. 1 Var. 1, 818 Abs. 2 BGB auf Zahlung von € 30.000,– haben. 1. Der K hat als „etwas" die Werkleistung erlangt. 2. Er müsste sie durch Leistung des M erlangt haben (dazu: s. o. B III 2). 3. Wer dazu kommt, dass M an K geleistet hat, müsste die Rechtsgrundlosigkeit aufgrund des fehlenden Deckungsverhältnisses bejahen. 4. Der Anspruch könnte nach § 817S. 2 BGB ausgeschlossen sein. a) Die Vorschrift sperrt auch den Anspruch aus § 812 Abs. 1S, Var. 1 BGB. b) Voraussetzung für § 817S. 2 BGB ist, dass dem Leistenden, also M, „gleichfalls" ein solcher Verstoß, also ein Verstoß gegen die guten Sitten oder gegen ein gesetzliches Verbot zur Last fällt. Der Ausschluss des Rückforderungsanspruchs setzt aber entgegen dem Wortlaut einen beiderseitigen Gesetzesverstoß nicht voraus, sondern greift auch, wenn lediglich der Leistende verwerflich gehandelt hat. c) Der Leistende müsste gegen ein gesetzliches Verbot oder gegen die guten Sitten verstoßen haben. Auch wenn die Erbringung der Leistungen des M als solche wertneutral ist, so ergibt sich ein Verstoß gegen das Verbotsgesetz des § 1 Abs. 2 Nr. 2 SchwarzArbG daraus, dass er die bereits bei Abschluss der vertraglichen Vereinbarung mit dem EV zutage getretene Absicht hatte, die sich aufgrund ihrer Werkleistung ergebenden steuerlichen Pflichten nicht zu erfüllen. Durch das Schwarzarbeitsbekämpfungsgesetz soll nicht allein der Steuerhinterziehung begegnet und damit ein fiskalischer Zweck verfolgt werden; mit der gesetzlichen Regelung soll vielmehr auch die mit der Schwarzarbeit einhergehende Wettbewerbsverzerrung verhindert oder zumindest eingeschränkt werden. Sie dient damit auch dem Schutz gesetzestreuer Unternehmer und Arbeitnehmer. Entsprechend dieser Zielsetzung des Schwarzarbeitsbekämpfungsgesetzes verstößt nicht nur die § 1 Abs. 2 Nr. 2 SchwarzArbG widersprechende vertragliche Vereinbarung der Parteien gegen ein gesetzliches Verbot, sondern auch die in Ausführung dieser Vereinbarung erfolgende Leistungserbringung. d) Ein Anspruch des M auf Wertersatz gemäß § 812 Abs. 1 S. 1 Alt. 1, § 818 Abs. 2 BGB wäre aber nicht ausgeschlossen, wenn die Grundsätze von Treu und Glauben der Anwendung des § 817S. 2 BGB entgegenstehen. Dafür könnte sprechen, dass bei Werkverträgen der selbst gegen das Gesetz verstoßende oder an dem Gesetzesverstoß mitwirkende Besteller die erlangte Leistung ohne jegliche Gegenleistung würde behalten können. Speziell in der hier vorliegenden Konstellation kommt es aber nicht zu einem solchen Missverhältnis, weil der K nicht verbotswidrig gehandelt hat. Aber auch abgesehen davon gilt generell, dass derjenige, der bewusst gegen das Schwarzarbeitsbekämpfungsgesetz verstößt, nach der Intention des Gesetzgebers schutzlos bleiben soll, weil er dadurch veranlasst werden soll, das verbotene Geschäft nicht abzuschließen. Der Ausschluss nicht nur eines vertraglichen Anspruchs, sondern mittels des § 817 S. 2 BGB auch eines bereicherungsrechtlichen Anspruchs ist ein geeignetes und zulässiges Mittel, die Zielsetzung des Gesetzgebers, die Schwarzarbeit zu unterbinden, zu fördern. V. Denkbar wäre jedoch ein Anspruch auf Vergütung in Geld in Höhe der Verkehrswertsteigerung von € 50.000,–. I. Dieser Anspruch besteht nicht nach §§ 946, 951 Abs. 1, § 812 Abs. 1S. Var. 1 BGB. Denn § 951 Abs. 1S. 1 BGB enthält eine Rechtsgrundverweisung auf das Bereicherungsrecht. Selbst wenn die sonstigen Voraussetzungen für den dort genannten Anspruch vorliegen sollten, würde dieser, wie auch der Anspruch aus § 812 Abs. 1S. 1 Var. 1, § 818 Abs. 2 BGB, an § 817S. 2 BGB scheitern. II. Wer jedoch eine Leistung des M an K mit der Begründung abgelehnt hat, der M habe an EV geleistet, müsste einen Anspruch aus § 951

Abs. 1S. 1, § 812 Abs. 1S. 1 Var. 2 BGB prüfen. § 951 BGB greift aber nicht ein, wenn die zum Rechtsübergang führende Sachverbindung als Leistung des bisherigen Materialeigentümers an einen Dritten zu qualifizieren ist. Das wäre hier der Fall, denn der M hätte aufgrund des mit EV abgeschlossenen Vertrags den Bau der Garage nur diesem geleistet.

Weniger dogmatisch als rechtspolitisch argumentiert man zum Schutze von an einem **„Schenkkreis"** Beteiligten. Können Sie sich unter einem „Schenkkreis" etwas vorstellen? Es handelt sich um ein „Pyramidensystem", bei dem auf der ersten „Stufe" ein Mitspieler steht, der sich von acht Teilnehmern der vierten Stufe Geld „schenken" lässt. Auf den dazwischen stehenden weiteren Stufen befinden sich zwei und dann vier Personen. Der Spieler der ersten Stufe scheidet nach Erhalt der Schenkung aus. Der erste Kreis teilt sich. Die beiden Spieler der ursprünglich zweiten Stufe stehen auf der nun ersten Stufe ihres Kreises und lassen sich von den neu angeworbenen (das ist Sache der ursprünglich „letzten" acht Spielern, bevor sie aufrücken) acht Teilnehmern auf der vierten Stufe wiederum Geld „schenken". Um den Kreis am Laufen zu halten, müssen immer mehr Teilnehmer angeworben werden. Nach 10 Runden müssten 4096 neue Teilnehmer vorhanden sein, damit alle bis dahin gegründeten Kreise neue Teilnehmer auf der vierten Stufe erhalten. Wollen diese 4096 neuen Teilnehmer irgendwann einmal auf der ersten Stufe stehen, müssten danach schon weitere 32.768 neue Teilnehmer angeworben werden. Schon rein theoretisch kann daher nicht jeder Mitspieler an die Spitze der Pyramide gelangen, selbst wenn die gesamte Bevölkerung der Erde sich beteiligen würde. Und so werden stets nur diejenigen Gewinne machen, die das „Spiel" begonnen haben. Die große Masse der Mitspieler verliert zwangsläufig. Daher sind die „Schenkungen" nach § 138 Abs. 1 BGB nichtig. Das Rückforderungsverbot des § 817S. 2 BGB würde jedoch einen jeden „Schenker" zum Weitermachen veranlassen, denn nur so kann er hoffen, einen Gewinn zu machen oder jedenfalls ohne Schaden davon zu kommen. § 817S. 2 BGB würde also das sittenwidrige Spiel „am Laufen" halten. Daher soll der „Schenker" ungesperrt durch § 817S. 2 BGB von den „Beschenkten" Herausgabe verlangen können (BGH). Gleiches gilt in Fällen, in denen der Ausschluss eines Bereicherungsanspruchs durch den Ausschluss von Bereicherungsansprüchen durch § 817S. 2 BGB das missbilligte Geschäft praktisch legalisiert würde, z. B. Bordellpacht-Verträge, die jedenfalls bei übermäßig hohem Pachtzins nach § 138 Abs. 1 BGB auch heute noch als sittenwidrig angesehen werden (Medicus).

**(6)** Zur Korrektur der „Härte": Ob der Ausschluss nach § 817S. 2 BGB einem Anspruch aus §§ 812 Abs. 1S. 1 Var. 1, 818 Abs. 2 BGB des Leistenden entgegen steht, muss gründlich diskutiert werden. Folgende „Faustregeln" gelten: **(a)** Beim „Wucherdarlehen" wird ein Zinsanspruch verneint (BGH), **(b)** beim wucherischen Wohnraummietvertrag soll jedoch die Miete in Höhe der ortsüblichen Vergleichsmiete geschuldet werden (BGH). **(c)** Dem vorgeleistet habenden „Schwarzarbeiter" sollte nach früherer Auffassung des BGH ein Wertersatzanspruch aus §§ 812 Abs. 1S. 1 Var. 1, 818 Abs. 2 BGB zustehen. Im Jahre 2014 hat der BGH diese Rechtsprechung jedoch aufgegeben. **(d)** Beim „Schenkkreis" soll § 817S. 2 BGB die Rückforderung der „Schenkung" nicht sperren, ebenso bei einer faktischen Legalisierung von gesetzes-/sittenwidrigen Geschäften.

Und jetzt zum letzten **und siebten** Problemkreis des § 817S. 2 BGB: Bekanntlich – das hatten wir bereits erörtert – wird die Bereicherungssperre des **§ 817S. 2 BGB** unumstritten **analog** auch auf die weiteren Leistungskondiktionstatbestände angewendet, also auf **§ 812 Abs. 1S. 2 Var. 1 BGB** und auf **§ 812 Abs. 1S. 2 Var. 2 BGB** und auf **§ 813 BGB**. Diskutiert wird, ob darüber hinaus eine analoge Anwendung des § 817S. 2 BGB auf die **Eingriffskondiktion** und sogar **außerhalb** des **Bereicherungsrechts** (z. B. auf die **GoA,** auf **§ 826 BGB** und auf **§ 985 BGB**) erfolgen soll. Dies wird wegen des Ausnahmecharakters der Norm verneint (BGH). Dass bei **§ 985 BGB** eine **analoge Anwendung** des **§ 817S. 2 BGB** jedoch sehr naheliegt, ist Ihnen bereits anderswo demonstriert worden.

**Fall 785**

Der Finanzvorstand der Raffa AG (F) hat seit Jahrzehnten Geld veruntreut. Als der Controller S. Eveke (C) ihm auf die Schliche kommt, gelingt es dem F, den C zunächst zum Schweigen zu veranlassen, indem er ihm ein Grundstück übereignet. Als der C später auch noch „Schweigegeld" verlangt, will der F Rückübereignung oder Herausgabe und Grundbuchberichtigung (nach Baur/Stürner).

1. Ein Rückübereignungsanspruch aus § 812 Abs. 1S. 1 Var. 1 BGB scheitert daran, dass die Übereignung nach § 138 Abs. 1 BGB deshalb nichtig ist, weil die Sittenwidrigkeit gerade in der Eigentumsverschaffung liegt: Der in Anspruch genommene C hat also kein „etwas" in Gestalt des eventuell herauszugebenden Eigentums erlangt. 2. Der F könnte aber Herausgabe des Grundstücks a) nach § 812 Abs. 1S. 1 Var. 1 BGB verlangen. aa) Der C hat den Besitz erlangt, und zwar durch Leistung des F, bb) und dies ohne Rechtsgrund, weil der Schenkungsvertrag (§ 516 BGB) nach § 138 Abs. 1 BGB nichtig ist. cc) Dem Anspruch steht aber § 817S. 2 BGB entgegen. b) Einem aa) an sich nach § 985 BGB gegebenen Herausgabeanspruch bb) könnte § 817S. 2 BGB entgegenstehen. Für die Anwendung des § 817S. 2 auf § 985 BGB spricht ein sonst bestehender Wertungswiderspruch: Ist der Sitten- bzw. Gesetzesverstoß weniger gewichtig, so dass nur das Verpflichtungsgeschäft nichtig ist, wäre der Bereicherungsanspruch des Leistenden aus § 812 Abs. 1S. 1 Fall 1 BGB durch § 817S. 2 gesperrt; wenn aber der Sitten- bzw. Gesetzesverstoß so schwer wiegt, dass sogar das dingliche Erfüllungsgeschäft nichtig ist, dann darf der Leistende dadurch nicht besser gestellt werden, dass er einen Herausgabeanspruch aus § 985 BGB hat. 3. Gleiches muss gegenüber dem Grundbuchberichtigungsanspruch (§ 894 BGB) gelten.

Auch hier zwangen didaktische Gründe zu einem *Verstoß gegen die Aufbauregeln*; Sie würden bei einer Fallbearbeitung natürlich § 985 BGB vor § 812 BGB geprüft haben.

**(7)** Zu diskutieren ist also die umstrittene analoge Anwendung des § 817S. 2 BGB auf die Eingriffskondiktion, GoA, § 826 BGB und auf §§ 985, 986 BGB.

## 4. Ausschluss durch § 241a Abs. 1 BGB

Durch die Lieferung unbestellter Sachen seitens eines Unternehmers (§ 14 BGB) an einen Verbraucher (§ 13 BGB) „wird ein Anspruch" des Unternehmers gegen den Verbraucher, und dazu zählen auch gesetzliche Ansprüche (z. B. ein Herausgabeanspruch aus § 985 BGB, Schadensersatzansprüche aus §§ 823 ff. BGB, Rückgabe- und Nutzungsherausgabeansprüche aus §§ 812 ff. oder §§ 987 ff. BGB) allerdings vorbehaltlich der Ausnahmetatbestände des § 241a Abs. 2, 3 BGB, „nicht begründet".

**Fall 786**

Dem 17-jährigen Bücherfreund K wurde von dem Buchhändler V, der den K für volljährig hält, ein bereits vergriffenes Buch, das der K schon seit einiger Zeit sucht, in der Weise schriftlich zum Kauf für einen bestimmten Preis angeboten, dass er ihm das Buch, verbunden mit einem auf 1 Woche befristeten Kaufangebot und einem Angebot, sogleich Eigentümer zu werden, unbestellt zuschickte. Noch am Tage des Empfangs der Sendung widerrief der V, weil er das Buch an einen anderen Kunden verkaufen möchte, sein Angebot. Der K erklärte die Annahme und bat den V, ihm eine Rechnung zuzusenden. K's Eltern, denen er von dem Kauf erzählt hatte, verweigern ihre Genehmigung. Dem K fehlt das Geld zum Erwerb des teuren Buches, so dass er nicht zahlt. Er behält das Buch gleichwohl. Der V verlangt von ihm Bezahlung, zumindest aber Rückgabe bzw. Rückübereignung und Rückgabe des Buches.

1. Der Zahlungsanspruch könnte sich aus einem Kaufvertrag ergeben (§ 433 Abs. 2 BGB). Dann müssten V und K einen Kaufvertrag über das Buch zu dem von V genannten Preis abgeschlossen haben. Dieser ist mangels Einwilligung und wegen der Verweigerung der Genehmigung der Eltern unheilbar unwirksam (§§ 107, 108 BGB). 2. Ein Herausgabeanspruch des V gegen den K könnte sich aus a) § 985 BGB ergeben. aa) Der K ist Besitzer des Buches. bb) Der V müsste Eigentümer sein. aaa) Der V war Eigentümer. bbb) Der K könnte Eigentümer nach § 929S. 1 BGB geworden sein. aaaa) Beide müssten sich über den Eigentumserwerb des K geeinigt (Einigung = Vertrag) haben: aaaaa) Der V hat gegenüber dem K ein entsprechendes Angebot erklärt. Dies ist dem K auch zugegangen, denn das Angebot zur Übereignung ist lediglich rechtlich vorteilhaft für den Erwerber K (§ 131 Abs. 2S. 1 BGB). Der Widerruf ist verspätet (§ 130 Abs. 1S. 2 BGB). bbbbb) Der K hat das Angebot angenommen. Also ist der K Eigentümer geworden. bbbb) Die Unwirksamkeit des Kaufvertrages steht dem nicht entgegen („Abstraktionsprinzip"). Der K hat also das Eigentum erworben, so dass ein Anspruch aus § 985 BGB deshalb ausscheidet. b) Der V könnte je-

doch einen Anspruch auf Rückübereignung und Rückgabe des Buches aus § 812 Abs. 1S. 1, Var. 1 BGB haben. aa) Der K hat als „etwas" das Eigentum und den Besitz an dem Buch erlangt, bb) und zwar durch Leistung des V an K und cc) ohne Rechtsgrund, weil der Kaufvertrag unwirksam ist. dd) Dem Anspruch steht jedoch § 241a Abs. 1 BGB, der auch gesetzliche Ansprüche des Unternehmers V (§ 14 BGB) gegen den Verbraucher K (§ 13 BGB) aus § 812 BGB ausschließt, entgegen.

## C. Nichtleistungskondiktion

Sie wissen aus den **Ausführungen sub A I** und **II** und den Lösungsskizzen der Fälle, dass nur dann, wenn der Inanspruchgenommene das **„etwas"** *nicht* **„durch Leistung"**, Ansprüche aus einer „**Nichtleistungskondiktion**" vorstellbar sind. Dieser Schwur wird **sub I** noch einmal wiederholt und dann sogleich gebrochen werden.

Ansprüche aus einer „**Nichtleistungskondiktion**" dienen dem **Güterschutz** („Eingriffskondiktion"; Anspruchsgrundlagen: § 812 Abs. 1S. 1 Var. 2 BGB und § 816 BGB) sowie § 822 BGB („Kettendurchgriffskondiktion") und zum Anderen dem **Ausgleich** nach **freiwilligen Vermögensopfern** („Aufwendungen"), und zwar dem **Regress** wenn diese Aufwendungen einer Person zugutekommen („Auslagen-" bzw. „Rückgriffskondiktion"; Anspruchsgrundlage: § 812 Abs. 1S. 1 Var. 2 BGB), dem **Ersatz** von **Verwendungen**, wenn die Aufwendungen einer Sache zugutekommen („Verwendungskondiktion"; Anspruchsgrundlage: § 812 Abs. 1S. 1 Var. 2 BGB) und in speziellen Fallkonstellationen einen **Durchgriff** ermöglichen („Direktdurchgriffskondiktion").

Damit befassen wir uns jetzt.

### I. Das Verhältnis zur Leistungskondiktion

Wie bereits vielfach ausgeführt, gilt im Bereicherungsrecht das **Prinzip** der **Alternativität** von **Leistungskondiktion** und **Nichtleistungskondiktion** bzw. der **Subsidiarität der Nichtleistungskondiktion**, das besagt, dass (von wem auch immer) „Geleistetes" nicht im Wege der Kondiktion „in sonstiger Weise" herausverlangt werden kann. Wer ein „etwas" durch eine Leistung mit rechtlichem Grund erlangt hat, soll das „etwas" in aller Regel behalten dürfen. Wer das „etwas" ohne Rechtsgrund erhalten hat, soll es zwar herausgeben, aber nur dem Leistenden; nur bei einer Beschränkung der Rückabwicklung auf das Leistungsverhältnis bleiben dem auf Herausgabe Inanspruchgenommenen seine eventuellen aus der Leistungsbeziehung herrührenden Verteidigungsmittel erhalten. Das soll auch gelten, wenn der Empfänger das „etwas" auf Kosten eines Dritten erlangt hat. Das ist das **Prinzip**, und wir werden es auch hochhalten.

**Fall 787**

Der Kommittent A schließt mit dem Kommissionär B einen Kommissionsvertrag, aufgrund dessen der B eine dem A gehörige Sache im eigenen Namen, aber für Rechnung des A verkaufen soll. Der A ermächtigt zu diesem Zweck den B zur Übereignung der Sache an den von B gefundenen Käufer. Im eigenen Namen handelnd verkauft der B die Sache an den C. Und er übereignet und übergibt die Sache dem C in Erfüllung des Kaufvertrages Zug-um-Zug gegen Erhalt des Kaufpreises. Dieser Kaufvertrag ist – wie sich dann herausstellt – nichtig. A verlangt Herausgabe der Sache von C.

1. Der Anspruch könnte sich aus § 812 Abs. 1S. 1 Fall BGB ergeben. a) C hat das Eigentum an der Sache erlangt (§ 929S. 1, 185 Abs. 1 BGB); auch ist C Besitzer geworden. b) Durch Leistung des A? Weil der B beim Abschluss des Kaufvertrags im eigenen Namen gehandelt hat, war es B, der an C geleistet hat. Daher scheidet ein Anspruch des A gegen C aus § 812 Abs. 1S. 1 Var. 1 BGB aus. 2. Zu prüfen ist ein Anspruch aus § 812 Abs. 1S. 1 Var. 2 BGB. a) Dass C etwas erlangt hat, ist soeben gezeigt worden. b) Der C hat aa) das etwas zwar „auf Kosten" des A erlangt, weil zur Zeit der Übereignung nicht der B, sondern der A Eigentümer war, bb) und dies auch ohne Rechtsgrund. bb) Das aber ist unbeachtlich, denn der C hat das etwas durch Leistung eines anderen (hier des B) erlangt. Und daher scheidet ein Anspruch aus § 812 Abs. 1S. 1 Var. 2 BGB. Denn anderenfalls würde der C die Sache an A übereignen und übergeben müssen, ohne sich darauf berufen zu können, dass der A, gegen den er ja keinen Anspruch aus § 812 Abs. 1S. 1 Var. 1 BGB hätte, ihm Zug-um-Zug gegen die Herausgabe den Kaufpreis zurückzahlen müsse.

Aber: Das **feierliche Versprechen** wird jetzt **gebrochen**. Denn Prinzipien müssen zuweilen auch aufgegeben werden. Schließlich hat selbst der Gesetzgeber in § 816 Abs. 1 BGB und in § 822 BGB angeordnet, dass Geleistetes nach Normen über die Nichtleistungskondiktion herauszugeben ist. Und wir werden alsbald sehen, dass es Fälle des Zusammentreffens eines Erwerbs durch Leistung und Nichtleistung gibt, bei denen wir eine Nichtleistungskondiktion zulassen müssen. Nicht weil das Gesetz es erlaubt, sondern weil eine Interessenabwägung und systematische Überlegungen dies verlangen.

Lassen Sie sich beim Weiterlesen nicht dadurch verschrecken, dass Sie Tatbestände der Nichtleistungskondiktion, namentlich den § 812 Abs. 1S. 1 Var. 2 BGB subsumieren müssen, obwohl Sie diese hier ja noch gar nicht in allen seinen Besonderheiten vorgestellt bekommen haben. Das aber lässt sich in einer am Fallaufbau orientierten Darstellung nicht immer vermeiden. Und so unvertraut sind Sie mit der „Nichtleistungskondiktion" auch gar nicht, denn schon mehrfach war es in den vorherigen Fallbearbeitungen unvermeidlich, diese Tatbestände zu subsumieren

Das *Beispiel*, mit dessen Hilfe dieses Thema erörtert werden wird, sind die klassischen **„Einbaufälle“**, in denen ein später insolventer Bauunternehmer (U) dem Eigentümer (E) gehörige Baumaterialien aufgrund eines Werkvertrags in Gestalt eines Hauses in das Grundstück des Bauherrn (B) einbaut, so dass die Baumaterialien wesentliche Bestandteile des Grundstücks werden und der B Eigentum nach §§ 946, 94 BGB daran erlangt. Wenn der E sich an B halten will, so besteht mangels vertraglicher Beziehung kein vertraglicher Anspruch, wohl aber möglicherweise ein Anspruch aus § 951 BGB, der im Wege der Rechtsgrundverweisung auf § 812 BGB. verweist. Der B hat das Eigentum an den Baumaterialien nach §§ 946, 94 BGB und auch den Besitz an ihnen erlangt. Er hat diese Vorteile aber nicht durch Leistung des Anspruchstellers E erlangt, so dass kein Anspruch aus einer Leistungskondiktion in Betracht kommt, sondern nur ein Anspruch aus § 812 Abs. 1S. 1 Var. 2 BGB. Dies aber nur, wenn nicht ein anderer, hier der U, geleistet hat. Hier könnte man nun die Ansicht vertreten, dass der U dem B nur den Besitz, nicht aber das Eigentum geleistet habe, weil der B das Eigentum kraft Gesetzes erworben habe. Eine Aufspaltung des als „einheitliches Ganzes“ (BGH) anzusehenden Vermögensmehrungsvorganges in Besitz- und Eigentumsverschaffung ist jedoch nicht angemessen, zumal der B dem B den Besitz und das Eigentum aufgrund des Werkvertrages verschaffen sollte und wollte. Damit stellt sich in der Tat die Frage, ob der Umstand eines Erwerbes des Besitzes und Eigentums durch Leistung des U einen Anspruch des E gegen B aus §§ 951, 812 Abs. 1S. 1 Var. 1 BGB aufgrund des Subsidiaritätsprinzips ausschließt.

Insoweit besteht Einigkeit dahingehend, dass bei einem über §§ 951, 812 Abs. 1S. 1 Var. 2 BGB auszugleichenden Eigentumserwerb nach §§ 946 ff. BGB auch dann, wenn das Subsidiaritätsprinzip die Prüfung einer Nichtleistungskondiktion, speziell einer „Eingriffskondiktion“, zu verbieten scheint, in jedem Einzelfall geprüft werden muss, ob nicht wertende Überlegungen es gebieten, das grundsätzlich geltende Subsidiaritätsprinzip im Einzelfall zurücktreten zu lassen und einen Anspruch aus einer Nichtleistungskondiktion, meist in Gestalt der Eingriffskondiktion, trotz einer Leistung eines Dritten zuzulassen.

Es besteht im Ergebnis weiterhin Einigkeit darüber, dass die Frage, ob ein Bereicherungsanspruch aus §§ 951, 812 Abs. 1S. 1 Var. 2 BGB gegeben ist, davon abhängt, ob der Bauherr B dann, wenn die Baumaterialien ihm vorher von U übereignet worden wären, Eigentum erlangt hätte. Wäre das nach §§ 932 ff. BGB der Fall, bestünde kein Bereicherungsanspruch des E gegen den B aus §§ 951, 812 Abs. 1S. 1 Var. 2 BGB. Hätte der B kein Eigentum erworben, weil er vor dem Einbau bösgläubig gewesen wäre oder weil er zwar gutgläubig gewesen wäre, die Baumateriealien aber gestohlen gewesen wären, soll ein Anspruch des E gegen B aus §§ 951, 812 Abs. 1S. 1 Var. 2 BGB gegeben sein.

Begründen lässt sich dies so: Im Falle eines rechtsgeschäftlichen Erwerbs des Eigentums durch eine Übereignung der Baumaterialien seitens des U an B wäre der B nur dann zur Herausgabe aus §§ 985, 986 BGB verpflichtet, wenn er kein Eigentum nach den §§ 932 ff. erworben hätte oder wenn ihm das gutgläubig erworbene Eigentum unentgeltlich übertragen worden wäre (§ 816 Abs. 1S. 2 BGB). Hätte er aber entgeltlich Eigentum erworben, wäre er nicht aus §§ 985, 986 BGB bzw. aus § 816 Abs. 1S. 2 BGB zur Herausgabe verpflichtet, und der Eigentümer hätte nur einen Anspruch gegen den verfügenden U aus § 816 Abs. 1S. 1 BGB. Weil es nicht vom Zufall abhängen darf, ob der U die Baumaterialien zunächst auf den B übereignet und erst dann einbaut oder ob er sie gleich einbaut, und weil § 951 BGB ein Rechtsfortsetzungsanspruch des wegen eines Eigentumsverlusts nach den §§ 946 ff. BGB nicht mehr bestehenden Anspruchs aus §§ 985, 986 BGB ist, müssen diese Wertungen auf einen Rechtsverlust, der sich nach den §§ 946 ff. BGB vollzieht, übertragen werden. Die Ergebnisse müssen für den Fall eines rechtsgeschäftlichen Erwerbs nach den §§ 929 ff. BGB und für den Fall eines gesetzlichen Erwerbs nach den §§ 946 ff. BGB identisch sein. Sonst läge ein Wertungswiderspruch vor.

Wenn der U also die Baumaterialien unter Eigentumsvorbehalt von E erworben und er den Kaufpreis beim Einbau noch nicht bezahlt hätte, hätte der E gegen den B im Fall von dessen (vermuteter!) Gutgläubigkeit wegen des hypothetischen Eigentumsverlustes nach §§ 932 ff. BGB und des deshalb nicht bestehenden Anspruchs aus §§ 985, 986 BGB auch keinen Anspruch aus §§ 951, 812 Abs. 1S. 1 Var. 2 BGB, wohl aber im Falle der Bösgläubigkeit des B, weil dieser dann hypothetisch kein Eigentümer nach den §§ 932 ff. BGB geworden wäre. Aus dem gleichen Grund bestünde ein Anspruch des E gegen den B aus §§ 951, 812 Abs. 1S. 1 Var. 1 BGB, wenn die Baumaterialien dem E gestohlen gewesen wären, so dass B nach § 935 BGB hypothetisch kein Eigentum hätte erlangen können.

**Fall 788**

Der B lässt sich von U aufgrund eines Werkvertrages auf seinem, B's, Grundstück ein Einfamilienhaus bauen. Die Steine erwirbt der U unter Eigentumsvorbehalt von V und baut sie ein; ein Einverständnis des V liegt dafür nicht vor. Die Dachbalken stiehlt der U dem E und baut sie ebenfalls ein. Der V und der E machen gestützt auf § 433 Abs. 2 BGB und § 823 Abs. 1 BGB Ansprüche gegen U geltend. Weil jedoch über das Vermögen des U mittlerweile das Insolvenzverfahren eröffnet worden ist, wollen sie sich an B halten. Der B hat den Werklohn an U gezahlt.

I. Herausgabeansprüche von V und E gegen B? 1. Herausgabeansprüche des V bezüglich der Steine bestehen a) wegen eines Eigentumserwerbs des B nach §§ 946, 94 BGB nicht aus § 985 BGB (§§ 946, 94 BGB) b) mangels verbotener Eigenmacht des U nicht aus § 861 BGB b) und bereits mangels eines Abhandenkommens nicht aus § 1007 Abs. 2 BGB. 2. Auch der E kann keine Herausgabe der Balken verlangen, a) wegen des Eigentumserwerbs nach §§ 946, 94 BGB nicht aus § 985 BGB, b) nicht aus § 861 BGB, weil B keine verbotene Eigenmacht begangen hat und B auch kein bösgläubiger Besitznachfolger des U ist (§ 858 Abs. 2 BGB), c) und schließlich aa) nicht aus § 1007 Abs. 1, weil B gutgläubig war. bb) Ein Anspruch aus § 1007 Abs. 2 BGB scheitert am Eigentumserwerb des B (§ 1007 Abs. 2S. 1 a. E. BGB). II. Wertersatzansprüche von V und E gegen B? 1. Der V könnte wegen der unter Eigentumsvorbehalt gekauften Steine gegen B einen Anspruch aus §§ 951, 812 Abs. 1S. 1 Var. 2 BGB haben. § 951 BGB ist eine Rechtsgrundverweisung auf das Bereicherungsrecht ist, weil anderenfalls bei jedem Einbau oder jeder Verarbeitung aufgrund wirksamen Werkvertrages neben dem Vergütungsanspruch aus § 631 BGB auch ein bereicherungsrechtlicher Anspruch bestünde, was der Gesetzgeber wegen der Sinnlosigkeit einer solchen Doppelung der Ansprüche nicht gewollt haben kann. a) Der B hat das Eigentum, also „etwas", an den Steinen nach §§ 946, 94 BGB erlangt. b) Ein Anspruch aus einem Tatbestand der Nichtleistungskondiktion aa) käme nur in Betracht, wenn kein anderer geleistet hätte. aaa) Der B hat das „etwas" nicht durch Leistung des V erlangt. bbb) Hier hat der U das Vermögen des B durch den Einbau bewusst und zweckgerichtet gemehrt, also an den B geleistet. Beim Eigentumserwerb durch Einbau seitens eines Dritten nach §§ 946, 94 BGB könnte man die Ansicht vertreten, dass der U dem B nur den Besitz, nicht aber das Eigentum geleistet habe, weil der B das Eigentum kraft Gesetzes erworben habe. Eine Aufspaltung des als „einheitliches Ganzes" (BGH) anzusehenden Vermögensmehrungsvorganges in Besitz- und Eigentumsverschaffung ist jedoch nicht angemessen, zumal der B dem B den Besitz und das Eigentum aufgrund des Werkvertrages verschaffen sollte und wollte. aaaa) Wegen der Leistung des U an den B wäre danach ein Kondiktionsanspruch des V wegen einer Nichtleistungskondiktion aus §§ 951, 812 Abs. 1S. 1 Var. 2 BGB ausgeschlossen. bbbb) Dieses Ergebnis wertend überprüft werden muss: Es müsse die „Parallele zum rechtsgeschäftlichen Erwerb" gezogen werden und gefragt werden, ob der V – wenn der U (hypothetisch) die Steine vor dem Einbau an B übereignet hätte – das Eigentum verloren hätte. Wenn der B dann das Eigentum erlangt hätte, soll er im Falle eines Einbaus keinem Bereicherungsanspruch des Lieferanten aus §§ 951, 812 BGB ausgesetzt sein. Ein bereicherungsrechtlicher Ausgleich soll also nur in Betracht kommen bei einem Scheitern des (hypothetischen) Eigentumserwerbs aufgrund einer Bösgläubigkeit (§ 932 Abs. 2 BGB) und/oder bei einem Abhandenkommen (§ 935 BGB) oder für den Fall der Schenkung (arge § 816 Abs. 1S. 2 BGB). Hier hätte der B bei einer Übereignung vor dem Einbau nach §§ 929, 932 BGB das Eigentum erworben; § 935 BGB liegt nicht vor; geschenkt worden wäre das Baumaterial auch nicht. Mithin bleibt es bei dem Grundsatz des Alternativitätsprinzips, und ein Anspruch aus §§ 951, 812 Abs. 1S. 1 Var. 2 BGB kommt nicht in Betracht. 2. Der E könnte jedoch wegen der gestohlenen Balken einen Anspruch aus §§ 951, 812 Abs. 1S. 1 BGB gegen den B haben. a) Der B hat das Eigentum, also „etwas", an den Balken nach §§ 946, 94 BGB erlangt. b) Ein Anspruch aus einer Nichtleistungskondiktion aa) käme nur in Betracht, wenn kein anderer geleistet hätte. aaa) Der B hat das „etwas" nicht durch Leistung des E erlangt. bbb) Hier hat der U das Vermögen des B bewusst und zweckgerichtet gemehrt, also an B geleistet. aaaa) Das würde nach dem Alternativitätsprinzip die Prüfung einer Nichtleistungskondiktion verbieten. bbbb) Bildet man aber wieder die „Parallele zum rechtsgeschäftlichen Erwerb", stellt sich heraus, dass der B wegen des § 935 BGB nach §§ 929 ff. BGB kein Eigentum erworben hätte, also vor einem Einbau nach § 985 BGB zur Herausgabe der Dachbalken verpflichtet gewesen wäre; daher ist der Weg frei für einen Anspruch aus §§ 951, 812 Abs. 1S. 1 Var. 2 BGB. bb) Der Eigentumserwerb des B erfolgte durch einen Eingriff in den wirtschaftlichen Zuweisungsgehalt des Eigentums des E., cc) und zwar unmittelbar. dd) Die Rechtsgrundlosigkeit der Vermögensverschiebung ist indiziert. Ein besonderer Rechtsgrund für ein Behaltendürfen des Vorteils besteht nicht. Denn die Rechtsordnung billigt zwar die Vermögensverschiebung als solche, nicht aber ohne Ausgleich (arge. § 951 BGB). ee) Der B schuldet – abweichend von der Regel des § 812 BGB – nicht Herausgabe stets nur eine Vergütung in Geld (arge. § 951 BGB). ee) Hat die Werklohnzahlung an U zur Entreicherung geführt (§ 818 Abs. 3 BGB)? Als adäquat mit dem Erlangendes „etwas" in Zusammenhang stehender und im Vertrauen auf die Rechtsbeständigkeit des Erwerbs erlangte Nachteil wäre die Werklohzahlung eigentlich als Entreicherung i. S. d. § 818 Abs. 3 BGB anzusehen. Anderseits ist der Bereicherungsanspruch des E gegen den B ein an die Stelle des wegen der §§ 946, 94 BGB nicht realisierbaren Anspruchs aus § 985 BGB getreten, dem der B seine Zahlung an U nicht hätte entgegenhalten können. Daher kann der B jetzt – wo es um den an die Stelle des Anspruchs aus § 985 BGB getretenen „Rechtsfortsetzungsanspruch" aus § 951, 812 BGB geht – nicht besser gestellt werden als er bei § 985 BGB stünde. III. Schadensersatzansprüche? Sie könnten sich 1. aus §§ 989, 990 BGB ergeben, nur dass B vor dem Einbau nicht Besitzer der Steine und Balken war, so dass keine Vindikationslage bestand. Oder es fehlt – wenn man dem B kraft eines generellen Berherrschungswillens an allem, was auf die Baustelle gelangt, als Besitzer ansieht – am erforderlichen bösen Glauben. 2. Ansprüche aus §§ 823 ff. BGB scheitern an § 993 Abs. 1 Hs. 2 BGB. IV. Wegnahmerecht? Ein Wegnahmerecht aus § 951 Abs. 2S. 2 BGB 1. soll nur eingreifen, wenn der Besitzer der Hauptsache einen Rechtsverlust durch die §§ 946 ff. erleidet, so dass V und E kein Wegnahmerecht haben (BGH). 2. Nach anderen a) soll immer dann, wenn §§ 951, 812 BGB eingreift (hier zugunsten des E), auch §§ 951 Abs. 2S. 2, 997, 258 BGB eingreifen, so dass der E theoretisch ein Wegnahmerecht hätte, er aber zugleich die Sache auf seine Kosten instand zu setzen hätte b) dies aber nicht, wenn die Wegnahme nutzlos für ihn wäre (§ 997 Abs. 2 BGB), was hier der Fall wäre, weil das Wiedererlangen der Steine unter Berücksichtigung der Kosten aus § 258 BGB unwirtschaftlich wäre.

Es gibt, was die Frage der Durchbrechung von der Regel (Geleistetes kann nicht im Wege der Nichtleistungskondiktion herausverlangt werden) eine weitere Fallkonstellationen **(„Jungbullenfall")**, die üblicherweise als Beispiel für eine solche Ausnahme genannt wird, bei der man sich aber – also entgegen der Üblichkeit – die Diskussion um die Durchbrechung des Alternativitätsprinzips ersparen kann, weil es in Wahrheit gar nicht zu einem Zusammentreffen von Leistungskondiktion und Nichtleistungskondiktion kommt, so dass man diese Fallkonstellation nur als eine „Scheinausnahme" von jenem Prinzip (Verbot der Prüfung einer Nichtleistungskondiktion bei Vorliegen einer Leistung) ansehen muss.

**Fall 789**

Der D hat dem Bauern B zwei Jungbullen von der Koppel gestohlen und sie an den Schlachter S veräußert, der den D gutgläubig für den Eigentümer hielt. Der S hat die Jungbullen dann zu einkonservierten Fleischwaren verarbeitet. Der B will von S Ersatz des Wertes (nach BGH, „Jungbullenfall").

1. Mangels Verschuldens des S kommt ein Anspruch des B aus §§ 989, 990 BGB nicht in Betracht, 2. sondern nur ein Bereicherungsanspruch aus §§ 951, 950, 812 Abs. 1S. 1 Var. 2 BGB. Sie wissen ja bereits, dass § 951 BGB deshalb eine Rechtsgrundverweisung auf das Bereicherungsrecht ist. a) Vor der Prüfung eines Anspruchs aus §§ 951, 812 Abs. 1S. 1 Var. 2 BGB aa) muss festgestellt werden, dass kein anderer – hier kommt der D in Betracht – geleistet hat (Alternativitätsprinzip); das ist jedoch nicht der Fall, weil der D dem S nur den Besitz, nicht aber das Eigentum an den Bullen, verschafft hat; hinsichtlich des Eigentums hat der D dem S nur die faktische Möglichkeit der Verarbeitung und damit eines Eigentumserwerbs verschafft; das Eigentum selbst hat der S durch eigene Tätigkeit erlangt. bb) Daher kommt ein Anspruch aus §§ 951, 950, 812 Abs. 1S. 1 Var. 2 BGB in Betracht. aaa) Der S hat das Eigentum am Fleisch nach § 950 BGB, und damit ein „etwas", erlangt. bbb) Der S hat den Vermögensvorteil „auf Kosten" des B dadurch erlangt, das er durch die ihm Eigentum verschaffende Verarbeitung in den wirtschaftlichen Zuweisungsgehalt des Eigentums des B eingegriffen hat. c) Der unmittelbar erlangte Vermögensvorteil d) müsste „rechtsgrundlos" sein. Die Rechtsgrundlosigkeit der Vermögensverschiebung ist bei der Eingriffskondiktion indiziert. Es müsste daher einen besonderen Rechtsgrund zum Behaltendürfen geben. aa) Man könnte meinen, dass sich ein solcher Rechtsgrund aus § 950 BGB ergibt. bb) Das ist unzutreffend, denn das Gesetz billigt in § 950 BGB zwar den Eigentumserwerb als solchen, dies aber ausweislich des auf § 812 BGB verweisenden § 951 BGB nicht ohne Ausgleich. Der Vermögensvorteil ist also ohne Rechtsgrund erlangt. d) Aus § 951 BGB folgt, dass der Anspruch aus §§ 951, 812 BGB nur auf eine Geldzahlung gerichtet ist. e) Ist der S durch den an D gezahlten Kaufpreis entreichert (§ 818 Abs. 3 BGB)? Nein, weil er diesen Umstand auch nicht vor einer Verarbeitung der Jungbullen dem Herausgabeanspruch des B aus § 985. 986 BGB hätte entgegenhalten können.

Hervorgehoben werden soll bei dieser Gelegenheit, dass diese Fälle zugleich folgendes lehrten/wiederholten:

1. **§ 951 BGB** ist eine **Rechtsgrundverweisung** (mit Sicherheit und auch meistens auf eine **Eingriffs-** oder **Verwendungskondiktion**; ob auch auf eine **Leistungskondiktion**, ist umstritten), weil anderenfalls z. B. bei einem Einbau aufgrund eines wirksamen Werkvertrages neben dem Vergütungsanspruch aus § 631 BGB auch noch ein Anspruch aus §§ 951, 812 BGB bestünde, was der Gesetzgeber wegen der Sinnlosigkeit und Praxisirrelevanz einer solchen Anspruchskonkurrenz nicht gewollt haben kann.
2. Die doppelte bereicherungsrechtliche Bedeutung des § 951 BGB liegt darin,
   a. dass verdeutlicht wird, dass die **§§ 946 ff. BGB kein Rechtsgrund** im Rahmen des **§ 951 BGB** sind,
   b. und dass der **Anspruch** aus **§§ 951, 812 BGB** von der **Rechtsfolge** her **nicht** wie § 812 Abs. 1 BGB es als Regel formuliert auf **Herausgabe**

des **Erlangten** (also nicht auf die Korrektur des Eigentumserwerbs in Natur) gerichtet ist, sondern, ohne dass man dafür auf § 818 Abs. 2 BGB einzugehen hätte, von vornherein **nur** auf eine **„Vergütung in Geld"**.

3. Es kann aber doch – dies aber auf Kosten des Bereicherungsschuldners (§ 258 BGB) – zur Wiederherstellung des ursprünglichen Zustandes kommen, wenn der Bereicherungsschuldner ein Wegnahmerecht nach **§§ 951 Abs. 2S. 1, 2, 997 BGB** geltend macht.

Damit ist der Weg frei für eine Prüfung der Voraussetzungen der Tatbestände einer „Nichtleistungskondiktion". Von diesen Tatbeständen sind alle Fälle erfasst, in denen der Inanspruchgenommene das „etwas" nicht **durch Leistung** sondern **„in sonstiger Weise"** erlangt hat (Ausnahmen bestätigen die Regel, wie wir soeben gelernt haben) und in denen sich der Vorgang der Vorteilserlangung **„auf Kosten"** des Anspruchstellers vollzogen hat (Ausnahmen bestätigen die Regeln: § 822 BGB) und in denen es **keinen Rechtsgrund** dafür gibt, den Vorteil zu behalten. Üblich ist die **Einteilung** der Tatbestände der **Nichtleistungskondiktionen** nach der Art der auf Kosten des Anspruchstellers eintretenden Vorteilserlangung, nämlich in solche Tatbestände, in denen der Vorteil durch „Eingriff" **(„Eingriffskondiktion")** und in solche, in den der Vorteil durch „Aufwendungen" des Anspruchstellers erlangt wird **(„Aufwendungskondiktionen")**. Wie sieht unser Aufbau aus? Wir beginnen mit den Tatbeständen **„Eingriffskondiktion" (sub 1)**, und zwar mit den Spezialtatbeständen der §§ 816, 822 BGB **(sub 1 a)–e))** und setzen die Ausführungen fort mit denen zur allgemeinen Eingriffskondiktion nach § 812 Abs. 1S. 1 Var. 2 BGB **(sub 1 f))**. Die Darstellung der weniger bedeutsamen **„Aufwendungskondiktion"**, die wir aufgliedern in **„Auslagen-"** bzw. **„Rückgriffskondiktion" (sub 2 a))** und die **„Verwendungskondiktion" (sub 2 b))** ordnen, schließt sich dann an. Dass diese **Typisierung nicht abschließend** ist, weil sie nicht alle Konstellationen einer Nichtleistungskondiktion erfasst, haben wir bereits erkannt, z. B. als es um die Rückabwicklung in den Fällen einer mängelbehafteten Anweisung ging und der Angewiesene den (nicht schutzbedürftigen) Empfänger aus § 812 Abs. 1S. 1 Var. 2 BGB in Anspruch nehmen konnte **(sub 3)**.

### 1. „Eingriffskondiktion"

Sie wissen es längst: **Geregelt** ist die **Eingriffskondiktion**

- in den Spezialnormen der §§ 816, 822 BGB und
- in § 812 Abs. 1S. 1 Var. 2 BGB (allgemeine Eingriffskondiktion).

#### a) §§ 816, 822 BGB als Sonderfälle der Eingriffskondiktion (Übersicht)

Da **Spezialregelungen** bekanntlich stets **vor den allgemeinen Regeln** anzuwenden sind, wird auch hier mit der Erörterung der **drei Spezialfälle** einer **„Eingriffskondiktion" § 816 BGB** begonnen und mit der Darstellung des – allerdings weniger wichtigen – weiteren **Spezialfalls** einer **„Eingriffskondiktion"** des **§ 822 BGB („Kettendurchgriffskondiktion")**.

**Zum Verständnis der Vorschrift des § 816 BGB** muss man sich deren rechtspolitischen **Sinn** verdeutlichen: Er besteht darin, demjenigen Rechtsinhaber, der unter den **Folgen** der **Berücksichtigung** eines von ihm zurechenbar gesetzten **Rechtsscheins** einer in Wahrheit nicht gegebenen Berechtigung eines anderen zu „leiden" hat (z. B. ein Eigentümer, der aufgrund einer scheinbaren Eigentümerstellung eines anderen nach §§ 929 ff., 932 ff./873, 925, 892 BGB sein Eigentum verliert oder ein Gläubiger, der infolge der Leistung an einen Scheingläubiger z. B. nach §§ 407, 851 BGB seine Forderung verliert), einen **Ausgleich** für den erlittenen **Rechtsnachteil** zukommen zu lassen, wobei grundsätzlich derjenige, der den Rechtsschein ausgenutzt hat (z. B. der sich als Eigentümer ausgebende Nichteigentümer oder der sich als Gläubiger ausgebende Schein-Gläubiger) der Anspruchsgegner ist; ausnahmsweise kann der Anspruchsgegner aber auch der durch den Rechtsschein Geschützte sein (z. B. der gutgläubige Erwerber des Eigentums bei §§ 932 ff., 892 BGB im Falle des unentgeltlichen Erwerbes: § 816 Abs. 1S. 2 BGB, bei dem die Interessen des unentgeltlichen Erwerbers hinter denen des Benachteiligten zurückzutreten haben).

Die Norm des **§ 816 BGB** enthält **drei Anspruchsgrundlagen,** die man stets (also auch nachts um 03.00 Uhr aus dem Bett geschreckt) und ohne ins Gesetz sehen zu müssen trennscharf beschreiben können muss:

- die des **§ 816 Abs. 1S. 1 BGB** (Voraussetzungen: entgeltliche Verfügung eines Nichtberechtigten, die zugunsten eines dritten Erwerbers dem Berechtigten gegenüber wirksam ist/Folge: Anspruch des Berechtigten gegen den Nichtberechtigten auf Herausgabe des Erlangten), **(sub b))**
- die des **§ 816 Abs. 1S. 2 BGB** (Voraussetzungen: unentgeltliche Verfügung … wie vor/Folge: der dritte Erwerber muss das Erlangte herausgeben) **(sub c))**
- und die des **§ 816 Abs. 2 BGB** (Voraussetzungen: Leistung an einen Nichtberechtigten, die dem Berechtigten gegenüber wirksam ist/Folge: der Nichtberechtigte muss das Erlangte herausgeben). **(sub d))**
- Die **Kettendurchgriffskondiktion (§ 822 BGB)** setzt voraus eine ihn entreichernde unentgeltliche Verfügung eines Bereicherungsschuldners und verpflichtet den unentgeltlichen Erwerber zur Herausgabe so wie wenn er die Zuwendung ohne rechtlichen Grund erlangt hätte. **(sub e))**

**Zum Verständnis**

1. **des § 816 Abs. 1S. 1 BGB und des § 816 Abs. 1S. 2 BGB:** Die Normen sind „Rechtsfortsetzungsansprüche" des nicht mehr bestehenden Anspruchs aus §§ 985, 986 BGB bzw. zu § 894 BGB (kleine Testfrage zwischendurch: haben Sie bereits einen anderen „Rechtsfortsetzungsanspruch" dieser Art kennengelernt? Ja: § 951 BGB!)

2. **des § 816 Abs. 1S. 2 BGB und des § 822 BGB**: Diese Normen sind Ausdruck der Schwäche des unentgeltlichen Erwerbs. Die Interessen eines unentgeltlichen Erwerbers, der ja kein wirtschaftliches Opfer erbracht hat, müssen hinter denen des Benachteiligten zurücktreten.

### b) Der Anspruch aus § 816 Abs. 1S. 1 BGB

§ 816 Abs. 1 S. 1 BGB ist in diesem Zusammenhang die praktisch wichtigste Vorschrift. Sie haben in diesem Buch – wenn Sie dem Rat gefolgt sind, sich auch bei thematischen Vorgriffen den Problemen mutig zu stellen – in einer Reihe von Fällen bereits mit ihr gearbeitet. Vieles wird daher für die meisten der Leser eine bloße Wiederholung sein. Aber wir werden manches von dem, was Sie bisher einfach so hingenommen haben, nunmehr vertiefen. Die „ratio legis" ist Ihnen gerade vermittelt worden. Die Norm dient – wie alle Ansprüche aus „Eingriffskondiktion" – dem **Güterschutz**, und zwar dadurch, dass sie dem ursprünglich hinsichtlich eines Rechtes Berechtigten (z. B. einem Eigentümer) einen Ausgleich für den Rechtsverlust, den er durch eine Verfügung eines Nichtberechtigten aufgrund der Normen des gutgläubigen Erwerbstatbestandes erlitten hat (§§ 929 ff., 932 ff. BGB/§§ 873, 925, 892 BGB), verschafft, indem dem ursprünglichen Berechtigten ein Anspruch auf Herausgabe des durch die Verfügung Erlangten zusteht. Wenn der ursprünglich Berechtigte Eigentümer war, hat er durch den gutgläubigen Erwerb eines Dritten seinen Anspruch aus § 985 BGB verloren. Man nennt daher § 816 Abs. 1S. 1 BGB zuweilen auch einen **„Rechtsfortsetzungsanspruch" z. B.** des § 985 BGB.

#### aa) Vorrang spezieller dem Güterschutz dienender Tatbestände

Wie schon bei der Leistungskondiktion (sub B I) muss auch hier eine eventuelle Subsidiarität des § 816 Abs. 1S. 1 BGB angesprochen werden.

Dass, wenn es um den Fall einer wirksamen Verfügung über fremdes Eigentum geht, die §§ 987 ff. BGB die Anwendung des § 816 Abs. 1S. 1 BGB nicht ausschließen – m. a. W.: dass § 816 Abs. 1S. 1 BGB ungesperrt durch § 993 Abs. 1 Hs. 2 BGB **auch in einer Vindikationslage** angewendet werden kann – ist Ihnen längst bekannt. Dies beruht darauf, dass es in § 816 Abs. 1S. 1 BGB nicht um Schadensersatz und nicht um die Herausgabe von Nutzungen geht, sondern um den Ersatz des Wertes des entzogenen Rechts (i. d. R des Eigentums).

Eine Anspruchskonkurrenz besteht auch zu **§ 823 Abs. 1 BGB**.

Ebenso konkurriert § 816 Abs. 1S. 1 BGB mit dem Anspruch aus **§§ 687 Abs. 2, 681S. 2, 667 BGB**.

#### bb) Grundkonstellation des § 816 Abs. 1S. 1 BGB: Von Anfang an wirksam Verfügung eines Nichtberechtigten

Wir beginnen mit der **Grundkonstellation** des **§ 816 Abs. 1S. 1 BGB** einer von Anfang wirksamen Verfügung eines Nichtberechtigten.

(1) Entgeltliche Verfügung

Vorliegen muss eine **Verfügung**, also eine rechtsgeschäftliche unmittelbar wirkende Übertragung, Belastung, inhaltlichen Änderung oder Aufhebung eines Rechts.

In erster Linie denken wir an die Fälle der **Übereignung und Belastung fremder Sachen**. Demgegenüber sind **keine Verfügung** i. S. d. § 816 Abs. 1S. 1 BGB solche **Hoheitsakte**, die privatrechtliche Folgen haben (vgl. § 817 ZPO, § 90 ZVG), so dass die Verwertung einer schuldnerfremden Sache und Auskehrung des Erlöses an den Gläubiger nicht zu einem Anspruch aus § 816 Abs. 1S. 1 BGB, sondern zu einem solchen nach § 812 Abs. 1S. 1 Var. 2 BGB führen. Natürlich ist auch ein bloßer **Realakt** wie ein Verbrauch einer Sache keine Verfügung.

Die nach § 936 BGB bzw. § 892 BGB zu einem **gutgläubig lastenfreien Erwerb** führende **Veräußerung** einer **belasteten Sache**, wird dagegen wie eine Verfügung eines Nichtberechtigten über das **Recht des Inhabers der Belastung**, also z. B. eines Pfandrechts, behandelt. Zwar tritt die Lastenfreiheit nicht unmittelbar aufgrund einer Veräußerung ein, sondern kraft Gesetzes. Sie beruht aber letztlich auf einer Verfügung eines nur eingeschränkt (also teilweise Nicht-)Berechtigten, so dass deshalb § 816 Abs. 1S. 1 BGB analog anzuwenden ist.

Ob auch andere **„verfügungsähnliche" Tatbestände**, die zum Eigentumsverlust führen – z. B. ein Einbau, eine Verbindung, Vermischung und Verarbeitung nach den §§ 946 ff. BGB – wie eine Verfügung behandelt werden können und ob dies sogar bei einer Vermietung oder Verpachtung möglich ist, ist so umstritten, dass dies später gesondert erörtern **(sub dd))**.

Gerne zu prüfen vergessen wird, dass die **Verfügung** auch **entgeltlich sein muss** (argec. § 816 Abs. 1S. 2 BGB). Das ist dann der Fall, wenn sie mit eine schuldrechtlich zu erbringenden Gegenleistung korrespondiert.

(2) Nichtberechtigter

Verfügt haben muss ein Nichtberechtigter. Es geht dabei nicht um die Rechtsinhaberschaft, sondern um die Befugnis über das Recht zu verfügen.

Nichtberechtigter ist also eine Person, die weder als Inhaber des Rechtes zur Verfügung befugt ist noch als Ermächtigter zur Verfügung befugt ist.

Das bedeutet, dass ein Rechtsinhaber nicht automatisch Berechtigter i. S. d. § 816 Abs. 1S. 1 BGB ist. Fehlt ihm nämlich die Verfügungsbefugnis (z. B. nach § 80 InsO oder nach § 1365 BGB) ist er Nichtberechtigter.

Umgekehrt ist ein Nichtrechtsinhaber nicht automatisch ein Nichtberechtigter i. S. d. § 816 Abs. 1S. 1 BGB. Denn wer als Nichtrechtsinhaber aufgrund einer gesetzlichen Ermächtigung dazu (z. B. nach § 80 InsO) oder aufgrund einer rechtsgeschäftlichen Einwilligung (§ 185 Abs. 1 BGB) wirksam verfügt hat, ist er kein Nichtberechtigter. Die Frage, ob die Genehmigung einer Verfügung eines Nichtberechtigten, die die Verfügung rückwirkend wirksam macht (§§ 185 Abs. 1S. 1 Var. 1, 184 Abs. 1 BGB) den Verfügenden zum Berechtigten macht, so dass § 816 Abs. 1S. 1 BGB nicht anwendbar wäre, erörtern wir demnächst (sub cc)).

(3) Wirksamkeit der Verfügung

Trotz der Nichtberechtigung des Verfügenden zur Verfügung muss die Verfügung **wirksam sein**. Das ist dann der Fall, wenn sie beim Berechtigten zu einem Rechtsverlust führt.

Hier können wir uns auf eine Zusammenfassung längst gesammelter Erkenntnisse beschränken. Wer beim Lesen der sogleich genannten Normen nicht sofort orientiert ist und wer auch nur das Gefühl einer Unsicherheit verspürt, muss das Weiterlesen zugunsten einer soliden Wiederholung unterbrechen.

Die Tatbestände, die die Verfügung eines Nichtberechtigten trotz Nichtberechtigung wirksam machen, sind **beim Rechtserwerb** die der §§ 929 ff., 932 ff. BGB; §§ 873, 925, 892 BGB; § 1207 BGB; §§ 1138, 892 BGB, §§ 1155, 892 BGB; §§ 1157S. 2, 892 BGB; § 2366 ff. BGB und § 366 HGB sowie § 81 InsO und beim **Erwerb der Lastenfreiheit** die der § 936 BGB und § 892 BGB.

Dass sich die Frage stellen wird, ob eine Genehmigung einer unwirksamen Verfügung eines Nichtberechtigten, die die Wirksamkeit zur Folge hat (§ 185 Abs. 1S. 1 Var. 1 BGB), wissen Sie bereits. Wir werden sie gesondert erörtern **(sub cc))**.

(4) Rechtsfolge: Herausgabe des durch die Verfügung Erlangten

Die **Rechtsfolge** ist die **Verpflichtung des Nichtberechtigten** (also nicht etwa des Empfängers der Verfügung, argec. § 816 Abs. 1S. 2 BGB!!) zur **Herausgabe des durch die Verfügung Erlangten**.

Beim Regelfall der Verfügung über Rechte ist dies der Erlös, der durch die entgeltliche Verfügung erzielt ist.

Ist dieser geringer als der Verkehrswert, beschränkt sich der Anspruch auf diesen **„Mindererlös"**. Der Grund leuchtet ein: Das Bereicherungsrecht beschränkt sich bei der Nichtleistungskondiktion auf die Abschöpfung von Vorteilen, will aber keinen Nachteil ausgleichen; das ist die Aufgabe des Schadensersatzrechts. Und Schadensersatzansprüche werden im Fall des § 816 Abs. 1S. 1 BGB regelmäßig konkurrierend gegeben sein, so dass der Berechtigte schon „nicht zu kurz kommt", denken Sie z. B. nur an §§ 687 Abs. 2, 678 BGB; oder an § 823 Abs. 1 bzw. Abs. 2 BGB i. V. m. § 246 StGB.

Komplizierter ist die Fragestellung wie es beim **„Übererlös"** aussieht, wenn also der Verfügende eine den Verkehrswert übersteigenden Veräußerungserlös erzielt hat. Man kann diesen Anspruch gegen den Nichtberechtigten auf einen zu leistenden **Wertersatz** begrenzen, so dass ein durch die Verfügung erzielter Gewinn nicht herauszugeben wäre. Begründen kann man das mit der Argumentation, dass der nichtberechtigt Verfügende durch die Wirksamkeit der Verfügung in Wahrheit die Befreiung aus dem zur Rechtsverschaffung verpflichtenden Kausalgeschäft erlangt habe. Weil dies ein nicht herausgebbares „Erlangtes" sei, habe der Nichtberechtigte nach § 818 Abs. 2 BGB Wertersatz zu leisten, der sich nach dem Wert des Leistungsgegenstandes bemesse. Zusätzlich kann man dieses Ergebnis damit begründen, dass es nicht angehen könne, den Berechtigten von der Geschäftstüchtigkeit des Nichtberechtigten profitieren zu lassen (Medicus). Bei schuldlos handelnden Nichtberechtigten stützt sich diese Ansicht auch noch auf einen Umkehrschluss aus

§§ 687 Abs. 2, 681S. 2, 667 BGB, wo nur bei wissentlicher Eigengeschäftsführung die Gewinnherausgabe geschuldet sei

Überzeugender ist es jedoch, den Nichtberechtigten den **ganzen Gewinn** herausgeben zu lassen. Denn zum einen lässt sich das letztere Argument auch umkehren, indem man vor dem Hintergrund der Funktion des auf Abschöpfung von Vorteilen gerichteten Bereicherungsrechts darauf hinweist, dass es nicht angehen könne, einem Nichtberechtigten den von ihm erzielten Gewinn zu belassen. Außerdem – und das unterstützt diese Sichtweise – trägt der Berechtigte ja auch das Risiko einer unterwertigen Verfügung: „Wer den guten Tropfen genießt, soll auch den bösen genießen". Schließlich ist es vor allem der Wortlaut des § 816 Abs. 1S. 1 BGB, der gerade auf das Erlangte" und nicht auf den „Wertersatz" abstellt, wie in § 818 Abs. 2 BGB.

**Fall 790**

Der 17jährige E leiht gegen den Willen seiner Eltern dem L für die Sommerferien sein altes Mofa im Werte von € 150,–. Der L gibt sich als Eigentümer aus und verkauft das Mofa an den K für € 200,– und übergibt und übereignet es ihm K Zug-um-Zug gegen Zahlung des Kaufpreises. Um den angesichts des Alters des Fahrzeugs zögernden K zu überzeugen, hatte er das Mofa einer Inspektion für € 50,– unterziehen lassen. Der durch seine rechtlich beratene Eltern vertretene E will wissen, ob er von dem K Herausgabe des Mofa oder von dem L Zahlung von € 200,– verlangen kann (nach Gursky).

1. Ein Anspruch des E gegen den K auf Herausgabe des Mofas könnte sich aus § 985 BGB ergeben. a) Der K ist Besitzer der Sache. b) Der E müsste Eigentümer sein. aa) Der E war Eigentümer. bb) Der E hat die Sache nicht an den L übereignet, sondern nur verliehen. cc) Der E könnte das Eigentum durch die Übereignung des L an den K verloren haben (§ 929S. 1 BGB). aaa) Eine Einigung L – K liegt vor, bbb) ebenfalls eine Übergabe des L an den K. ccc) Der L war jedoch nicht der Eigentümer der Sache und auch nicht ausnahmsweise zur Übereignung befugt (§ 185 BGB), so dass K das Eigentum nicht nach § 929S. 1 BGB erlangt hat. ddd) Der K könnte das Eigentum von dem L nach §§ 929S. 1, 932 Abs. 1S. 1, Abs. 2 BGB erlangt haben. aaaa) Der Grundtatbestand des § 929S. 1 BGB liegt vor. bbbb) Ein Verkehrsrechtsgeschäft ist gegeben. cccc) Der K glaubte an das Eigentum des ihm den Besitz verschaffenden L. dddd) Der Ausnahmetatbestand des § 935 Abs. 1 BGB liegt nicht vor, weil dem E die Sache nicht „abhandengekommen" (= unfreiwilliger Besitzverlust) ist. Nur bei Geschäftsunfähigen kann von einer Unfreiwilligkeit ausgegangen werden. Also ist der K Eigentümer geworden. Der E hat keinen Herausgabeanspruch. 2. Der E könnte die Zahlung von € 200,– a) unter dem Aspekt eines Anspruchs auf Herausgabe des Erlangten zustehen, aa) und zwar aus §§ 687 Abs. 2, 681S. 2, 667 BGB auf Herausgabe des aus der Geschäftsbesorgung Erlangten in Höhe von € 200,–. Wenn er diesen Anspruch geltend macht, würde der E jedoch seinerseits des L nach §§ 687 Abs. 2, 684S. 1, 812 BGB Aufwendungsersatz in Höhe von € 50,– schulden. Daher wird der E, der ja die Herausgabe der erlangten

€ 200,– fordert, den Anspruch aus §§ 687 Abs. 2S. 1, 681S. 2, 667 BGB nicht geltend machen. bb) Ferner ist an einen Anspruch aus § 285 BGB, der auf das rechtsgeschäftlich erlangte Surrogat entsprechenden anwendbar ist, zu denken, aaa) allerdings nicht aus §§ 598, 604, 275 Abs. 1, 4, 285 BGB denn der Leihvertrag war nach § 107 BGB nichtig. bbb) Und auf den konkurrierenden Herausgabeanspruch aus § 985 BGB findet § 285 BGB keine entsprechende Anwendung, wenn – wie hier – das Eigentum durch gutgläubigen Erwerb untergeht. Dann ist § 816 Abs. 1S. 1 BGB anwendbar, so dass kein Bedürfnis für eine analoge Anwendung des § 285 BGB besteht. cc) Ferner hat der E einen Anspruch aus § 816 Abs. 1S. 1 BGB, denn aaa) L war als nicht ausnahmsweise zur Übereignung befugter Nichteigentümer ein Nichtberechtigter i. S. d. § 816 Abs. 1S. 1 BGB; bbb) er hat durch die Übereignung an K über die Sache verfügt; ccc) die Verfügung war wirksam (s. o.). ddd) Der L ist zur aaaa) Herausgabe des Erlangten verpflichtet. Man kann diesen Anspruch auf einen Wertersatz (€ 150,–) begrenzen, und zwar mit der Argumentation, dass der nichtberechtigt Verfügende durch die Wirksamkeit der Verfügung die Befreiung aus dem zur Rechtsverschaffung verpflichtenden Kausalgeschäft mit dem Erwerber erlangt habe, ein nicht herausgebbarer Anspruch, der daher nach § 818 Abs. 2 BGB auf Wertersatz in Höhe des Wertes des zu verschaffenden Rechtes gerichtet sei. Zusätzlich kann man dieses Ergebnis damit begründen, dass es nicht angehen könne, den Berechtigten von der Geschäftstüchtigkeit des Nichtberechtigten profitieren zu lassen (Medicus). Überzeugender ist es jedoch, den Nichtberechtigten den ganzen Gewinn herausgeben zu lassen. Denn zum einen lässt sich das letztere Argument auch umkehren, indem man vor dem Hintergrund der Funktion des auf Abschöpfung von Vorteilen gerichteten Bereicherungsrechts darauf hinweist, dass es nicht angehen könne, einem Nichtberechtigten den von ihm erzielten Gewinn zu belassen. Außerdem – und das unterstützt diese Sichtweise – trägt der Berechtigte ja auch das Risiko einer unterwertigen Verfügung: „Wer den guten Tropfen genießt, soll auch den bösen genießen". Schließlich ist es vor allem der Wortlaut des § 816 Abs. 1S. 1 BGB, der gerade auf das Erlangte" und nicht auf den „Wertersatz" abstellt, wie in § 818 Abs. 2 BGB. Hiernach wären € 200,– zu zahlen. bbbb) Die Inspektionskosten in Höhe von € 50,– führen nicht zur Entreicherung, da K bösgläubig war (§ 818 Abs. 4, 819 BGB). b) Schadensersatzansprüche des E gegen L wegen der Veräußerung kommen ebenfalls in Betracht. Sie wären allerdings nur in Höhe des gemeinen Wertes von € 150,– gegeben (§ 251 Abs. 1 BGB). aa) Den Anspruch aus §§ 687 Abs. 2S. 1, 678 BGB wird der E zudem wegen § 687 Abs. 2S. 2, 684S. 1 BGB nicht geltend machen. bb) Ebenso besteht ein Anspruch aus §§ 989, 990 BGB und cc) wegen eines Fremdbesitzerexzesses aus §§ 823 Abs. 1 BGB, § 823 Abs. 2 BGB i. V. m. § 246 StGB.

Was den Inhalt des Anspruchs aus § 816 Abs. 1S. 1 BGB angeht, stellen sich besondere Fragen bei einer wirksamen **dinglichen Belastung** durch eine **Verpfändung** oder durch die **Bestellung** einer **Hypothek** bzw. **Grundschuld** seitens eines Nichtberechtigten. Auf diese Frage sind Sie schon in Teil 6 „eingestimmt" worden.

**Fall 791**

Der SNE ist zu Unrecht anstelle des E als Eigentümer im Grundbuch eingetragen. Der GH, der den SNE für den Eigentümer hält, gewährt ihm ein Darlehen über € 100.000,– gegen Bestellung einer Buchhypothek als Sicherheit. Der E verlangt von dem GH und von dem SNE die Beseitigung der Hypothek oder die Herausgabe der Darlehensvaluta oder jedenfalls der wertmäßigen Differenz der Zinsbelastung zwischen einem gesicherten und ungesicherten Darlehen.

1. Beseitigung der Hypothek könnte der E a) von GH nach § 894 BGB verlangen, wenn das Grundbuch unrichtig wäre. aa) Der GH ist als Hypothekar im Grundbuch eingetragen. bb) Die Eintragung besteht zu Recht, weil der GH die Hypothek nach §§ 873, 1113, 1116 Abs. 2, 892, 488 BGB erworben hat. b) In Betracht kommt ein Beseitigungsanspruch gegen den SNE aus § 816 Abs. 1S. 1 BGB. aaa) Der SNE hat als Nichtberechtigter wirksam verfügt. bbb) Das durch die Verfügung Erlangte könnte „das Grundstück als Kreditunterlage" sein. Nähme man das an, so müsste dieses, und zwar in Form der „Beseitigung der Belastung" herausgegeben werden. Richtig ist aber wohl, dass der SNE das Grundstück als Kreditunterlage bereits mit dem Erwerb der Buchposition erworben hat. Durch die Bestellung der Hypothek hat er dagegen die Darlehensvaluta erlangt. 2. Der E könnte daher aus § 816 Abs. 1S. 1 BGB gegen den SNE einen Anspruch auf die Darlehensvaluta haben. a) Der SNE hat als Nichtberechtigter wirksam verfügt. b) Herauszugeben wäre die Darlehensvaluta. Dadurch darf der E aber nicht seinerseits auf Kosten des SNE bereichert werden. Das kann dadurch verhindert werden, dass der Eigentümer im Verhältnis zu SNE verpflichtet wird, den SNE von seiner Darlehensschuld bei GH durch Tilgung des Darlehens zu befreien und dazu die an ihn herauszugebende Valuta zu verwenden (§ 415 Abs. 3 BGB analog). Diese Lösung ist zweifelhaft, weil der Vorteil (Darlehensvaluta) nicht an die Stelle der Belastung getreten ist 3. Nach anderer Ansicht ist der durch die Verfügung erlangte Vorteil daher nur der Zinsvorteil des SNE, der sich aus einem Vergleich der Zinsen für ein gesichertes und ein ungesichertes Darlehen ergibt (Canaris).

Das waren die Rechtsfolgen des § 816 Abs. 1S. 1 BGB bei Verfügungen über ein Recht.

Wozu aber ist der Verfügende dem früheren Rechtsinhaber bei einem **gutgläubig lastenfreien Erwerb** aus **§ 936 BGB oder aus § 892 BGB** verpflichtet? Er muss dem früheren Rechtsinhaber die Summe herausgeben, die er weniger erhalten hätte, wenn der Erwerber die Belastung gekannt hätte. Beim Pfandrecht ist dies ein Betrag in Höhe der gesicherten Forderung. Nicht dagegen kann er die Wiederbestellung des Rechts verlangen (argec. § 816 Abs. 1S. 2 BGB). (Wieling)

#### cc) Abweichung von der Grundkonstellation des § 816 Abs. 1S. 1 BGB: Wirksamwerden der Verfügung eines Nichtberechtigten

Wie gesagt: Das war die Grundkonstellation des **§ 816 Abs. 1S. 1 BGB**. Die Vorschrift soll **darüber hinausgehend** aber auch **angewendet** werden, wenn die Verfügung zunächst unwirksam war, dann aber wirksam wurde.

Dass sind die Fälle, in denen ein **gutgläubiger Erwerb** zunächst **gescheitert** war **(z. B.** an der Bösgläubigkeit des Erwerbers oder an § 935 Abs. 1 BGB), der **Berechtigte** die **Verfügung** dann aber nach **§§ 185 Abs. 1, 184 Abs. 1 BGB genehmigt** und sie damit rückwirkend **wirksam gemacht** hat. Damit kann – das Ergebnis soll vorweggenommen werden – ein **Anspruch aus § 816 Abs. 1S. 1 BGB ausgelöst** werden.

Diese **Genehmigung** kann eigens **erklärt** werden, soll aber auch in der **uneingeschränkten Klage** des die Unwirksamkeit der Verfügung kennenden oder mit ihr rechnenden Berechtigten gegen den unwirksam verfügt habenden Nichtberechtigten **auf Herausgabe des Erlangten** liegen.

Dass es möglich sein muss, die Anwendung des § 816 Abs. 1S. 1 BGB durch eine Genehmigung herbeizuführen, versteht sich von selbst. Denn sonst stünde derjenige, der durch die Verfügung des Nichtberechtigten wegen der gesetzlich angeordneten Wirksamkeit der Verfügung sein Recht verliert, besser da als der, der wegen der Unwirksamkeit der Verfügung sein Recht nicht verliert. Weil diese Überlegung, nach der es ein **Wertungswiderspruch** wäre, § 816 Abs. 1S. 1 Var. 1 nicht im Fall der Genehmigung anzuwenden, im Ergebnis zwingend ist (Canaris), müssen **Bedenken** gegen die Anwendbarkeit des § 816 Abs. 1S. 1 BGB im Falle einer Genehmigung **ausgeräumt** werden, was auch mehr oder minder gelingt. Dem Einwand, der Verfügende würde durch die Rückwirkung der Genehmigung zum Berechtigten, begegnet man mit dem ziemlich „ergebnisorientierten" und nicht weiter begründeten Argument, dass § 184 Abs. 2 BGB ausschließlich die Rechtsfolgen nicht aber den Voraussetzungstatbestand regele (Larenz). Unbegründet sein soll auch das praktische Bedenken, die Konstruktion, in der Klageerhebung auf Herausgabe des Erlangten liege eine zu einem Anspruch aus § 816 Abs. 1S. 1 BGB führende Genehmigung nach §§ 185 Abs. 1S. 1 Var. 1, 184 Abs. 1 BGB, begründe das Risiko für den Berechtigten, im Fall der Undurchsetzbarkeit des Urteils in der Zwangsvollstreckung wegen der Wirksamkeit der Verfügung nicht einmal mehr Herausgabe nach § 985 BGB verlangen zu können, also praktisch „alles zu verlieren". Man meint diese Sorge dadurch ausräumen zu können, dass man entweder (logisch deshalb nicht überzeugend, weil das den Anspruch zusprechende Urteil eine vorliegende Genehmigung gerade voraussetzt, und prozessual bedenklich, weil eine Klage auf künftige Leistung nur unter den strengen Voraussetzungen des § 257 ZPO möglich ist) eine Verurteilung des Nichtberechtigten zur Herausgabe Zug-um-Zug gegen die Genehmigung ausspricht und dass diese Genehmigung erst wirksam werden soll, wenn der Erlös (ggf. erst in der Zwangsvollstreckung) vom Nichtberechtigten herausgegeben wird, oder (dogmatisch zweifelhaft) indem man die Genehmigung von der aufschiebenden Bedingung der Erlösherausgabe abhängig macht. Besser scheint die Idee einer durch Abweisung der Klage (z. B. wegen § 818 Abs. 3 BGB) und die Undurchsetzbarkeit des Anspruchs auflösend bedingten Genehmigung (Palandt). Und wenn man schließlich befürchtet, das Konstrukt einer durch eine Genehmigung nach §§ 185 Abs. 1S. 1 Var. 1, 184 Abs. 1 BGB möglich gemachten Anwendung des § 816 Abs. 1S. 1 BGB könne dazu führen, dass ein Berechtigter, der – weil der gegenwärtige Besitzer bekannt ist – ohne weiteres eine Herausgabe nach §§ 985, 986 BGB verlangen könnte, den Weg der Genehmigung beschreitet, nur um über § 816 Abs. 1S. 1 BGB den hiernach geschuldeten Übererlös „abzukassieren", so könnte man dem mit einem **Einwand** aus **§ 242 BGB** entgegentreten (Canaris).

**Fall 792**

Dem E wird von D eine Sache gestohlen. Der D veräußert sie an den gutgläubigen K1 weiter, der den D für den Eigentümer hielt und die Sache an den ebenfalls gutgläubigen K2 weiter veräußert. Der D und der K2 sind unauffindbar. Der E verlangt von dem K1 im Wege der Klage die Zahlung eines Betrages in Höhe des erzielten Erlöses, der um 20 % über dem gemeinen Wert liegt.

1. Ansprüche auf Herausgabe des Erlangten bestehen a) nicht aus §§ 687 Abs. 2, 681S. 2, 667 BGB, weil K1 nicht wusste, dass er ein fremdes Geschäft führt. b) Auch aus §§ 985, 285 BGB, besteht kein Anspruch. aa) Allerdings scheitert eine analoge Anwendung nicht bereits deshalb, weil es mit § 816 Abs. 1S. 1 BGB eine gesetzliche Regelung des Problems gibt. Zwar ist der an den K2 übereignende K1 Nichtberechtigter, denn er hat von D wegen § 935 Abs. 1 BGB kein Eigentum erworben. Die Übereignung an den K2 war jedoch ebenfalls nach § 935 Abs. 1 BGB unwirksam. Daher müssen wir uns mit den weiteren gegen eine analoge Anwendung des § 285 BGB auf § 985 BGB sprechenden Argumenten befassen. bb) Dies sind u. a. folgende Argumente: § 285 BGB setzt den Untergang des Primäranspruchs voraus (arge. § 275 Abs. 4 BGB), was hier nicht der Fall ist, denn der Anspruch aus § 985 BGB besteht weiterhin und richtet sich jetzt gegen den K2 (Canaris). Außerdem würde die Anwendung des § 285 BGB die „Opfergrenze" für den K1 verschieben, denn der K1 müsste einerseits den Erlös an E herausgeben und wäre andererseits zusätzlich den Rechtsmängelansprüchen des K2 ausgesetzt, wenn der E von K2 Herausgabe verlangt (Westermann). Bei einer Veräußerungskette käme es zu einer Rechtsunsicherheit schaffenden Vervielfachung der Ansprüche (Wolff-Raiser). c) Schließlich ist ein Anspruch aus § 816 Abs. 1S. 1 BGB zu prüfen: aa) Dem Anspruch steht nicht entgegen, dass eine Vindikationslage bestand, als der die Sache unrechtmäßig besitzende K1 sie an K2 veräußerte. Denn ein Anspruch aus § 816 Abs. 1S. 1 BGB ist – weil es sich um einen Ausgleichsanspruch wegen der Entziehung eines Rechts, nicht aber um einen Schadensersatzanspruch und auch nicht um einen Anspruch auf Herausgabe von Nutzungen handelt – bei einer Verfügung über fremdes Eigentum nicht nach § 993 Abs. 1 Hs. 2 BGB wegen eines Vorrangs der§§ 989 ff. BGB oder der §§ 987 ff. BGB gesperrt. bb) Der K1 hat mit der Veräußerung an den K als Nichtberechtigter verfügt. cc) Diese Verfügung müsste im Verhältnis zum E wirksam sein. aaa) An sich ist sie unwirksam (§ 935 Abs. 1 BGB). bbb) Sie könnte aber durch eine Genehmigung des E nach §§ 185 Abs. 2S. 1, 184 Abs. 1 BGB wirksam geworden sein. Eine Genehmigung wird bereits in der Klage auf den Erlös gesehen, weil der Kläger damit deutlich macht, dass ihm nur noch an der Herausgabe des Erlangten liegt, nichts aber an der Rückerlangung des Gegenstandes. aaa) Diesem Lösungsvorschlag der ganz h. M. ist beizupflichten, denn es wäre ein Wertungswiderspruch, den E – nur weil er seinen Herausgabeanspruch aus § 985 BGB wegen des Untertauchens des K überhaupt nicht durchsetzen kann

(Canaris) oder weil dieser wertlos geworden ist, weil die Sache zwischenzeitlich verschlechtert ist – schlechter zu stellen als bei Wirksamkeit der Verfügung. Und zu einer Überschreitung der „Opfergrenze“ und zu einer Anspruchskumulation kommt es bei dieser Konstruktion jedenfalls nicht, weil der K und alle seine Nachfolger Eigentümer werden. bbb) Diese Wertungsaspekte verlangen es, dieser Lösung unter Hintanstellung aller dogmatischer und konstruktiver Bedenken „zum Erfolg“ zu verhelfen. aaaa) Das Bedenken, dass der D wegen der Rückwirkung der Genehmigung zum „Berechtigten“ geworden sei, so dass der die Verfügung eines „Nichtberechtigten voraussetzende § 816 Abs. 1S. 1 BGB nicht gelten könne, soll deshalb nicht schlüssig sein, weil die Rückwirkung nur die Folgen, nicht aber die Voraussetzungen betrifft (Larenz). bbbb) Das für E darin liegende Risiko eines Rechtsverlustes durch die bereits in der Klageerhebung (also vor einem Urteil und vor einer erfolgreichen Durchsetzung durch Vollstreckung!) zu sehende Genehmigung ohne mindestens gleichzeitige Erlangung des Erlöses wird dadurch ausgeräumt, dass man entweder (logisch deshalb nicht unbedingt überzeugend, weil das den Anspruch zusprechende Urteil eine vorliegende Genehmigung gerade voraussetzt, und prozessual bedenklich, weil eine Klage auf künftige Leistung nur unter den strengen Voraussetzungen des § 257 ZPO möglich ist) eine Verurteilung des K zur Herausgabe Zug – um – Zug gegen die Genehmigung ausspricht und diese erst wirksam werden soll, wenn der Erlös (ggf. erst in der Zwangsvollstreckung) herausgegeben wird, oder (dogmatisch zweifelhaft) die Genehmigung von aufschiebenden Bedingung der Erlösherausgabe abhängig macht. Besser gefällt die Idee einer durch Abweisung der Klage auflösend bedingten Genehmigung. dd) Danach wäre der Erlös, aaa) und zwar nach überwiegender Meinung auch der „Übererlös“ herauszugeben (BGH). bbb) Allerdings wird gegen die Verpflichtung zur Herausgabe auch des Übererlöses zu bedenken gegeben, jedenfalls eine Korrektur nach § 242 BGB vorzunehmen und einen Übererlös nur dann dem Berechtigten zuzusprechen, wenn der Anspruch aus § 985 BGB nicht oder nur schwer durchsetzbar ist und die Genehmigung nicht lediglich zum „Abkassieren“ (Canaris) des Gewinns erfolgte. ccc) Nach der „Sachwerttheorie“ ist der Anspruch auf den objektiven Wert der Sache beschränkt Medicus). Nur bei Bösgläubigkeit des Verfügenden wolle das Gesetz die Herausgabe des Erlangten nach §§ 687 Abs. 2, 681S. 2, 667 BGB. d) Der von K1 den an D gezahlten Kaufpreis kann nicht als Entreicherung (§ 818 Abs. 3 BGB) abgesetzt werden.

Regelmäßig wird es so liegen, dass der Berechtigte im Zeitpunkt der Genehmigung zur Genehmigung befugt ist. Es gibt aber Fälle, in denen das Eigentum zwischenzeitlich kraft Gesetzes auf den Erwerber (z. B. nach §§ 946 ff. BGB) übergegangen ist, so dass ihm die Befugnis zur Genehmigung fehlt. Richtigerweise lässt man daher eine **Genehmigungsbefugnis im Zeitpunkt** der **Verfügung** ausreichen. Besonders vertrackt ist die Fallkonstellation, in der der Genehmigende im Augenblick der Genehmigung sein Recht kraft Gesetzes (z. B. nach § 950 BGB) bereits verloren hat. Man sollte diesen Umstand mit dem BGH der einen wunderbaren Klausurfall geschaffen hat, ignorieren, wenn der Genehmigende zur Zeit der Verfügung noch Berechtigter gewesen ist.

**Fall 793**

Dem E wird von D eine Sache gestohlen. Der D veräußert sie an den gutgläubigen K weiter. Der K veräußert die Sache an den gutgläubigen V. R. Abeida (A), der aus der Sache eine neue Sache herstellt. Der E erhebt Klage gegen K Ersatz und Herausgabe des von A Erlangten. Auch will er wissen, ob er den A in Anspruch nehmen kann (nach BGH)

1. Ansprüche gegen K: a) Schadensersatzansprüche aus §§ 990, 989 BGB bestehen wegen der Gutgläubigkeit des K nicht. b) Dass Herausgabe des von A an K gezahlten Kaufpreises aa) nicht nach §§ 687 Abs. 2, 681S. 2, 667 BGB bb) und nicht aus §§ 985, 285 BGB verlangt werden kann, haben Sie soeben gelernt. Versuchen Sie sich an die Argumente zu erinnern. cc) Schließlich ist ein Anspruch aus § 816 Abs. 1S. 1 BGB zu prüfen: aaa) Der K hat mit der Veräußerung an den A als Nichtberechtigter verfügt. bbb) Diese Verfügung müsste im Verhältnis zum E wirksam sein. aaaa) An sich ist sie unwirksam (§ 935 Abs. 1 BGB). bbbb) Sie könnte aber durch eine Genehmigung des E nach §§ 185 Abs. 2S. 1, 184 Abs. 1 BGB wirksam geworden sein. aaaaa) Diesem Lösungsvorschlag der ganz h. M. ist im Grundsatz beizupflichten. Auch jetzt haben Sie, was die Gründe angeht, Anlass zu einer Wiederholung. bbbbb) Die Besonderheit ist, dass der E, als er die Verfügung zugunsten des V genehmigte, das Eigentum nach § 950 BGB an den A verloren. Der BGH erlaubt die Genehmigung auch jetzt noch, wenn der Genehmigende jedenfalls zur Zeit der Verfügung (der des K durch Übereignung an den A) noch Berechtigter war. Unmaßgeblich ist, dass zur Zeit der Genehmigung keine Berechtigung mehr bestand. Anderenfalls würde man die Funktion des § 816 Abs. 1S. 1 BGB als Rechtsfortsetzungsanspruch in den Fällen, in denen § 985 BGB nicht mehr realisierbar ist (hier wegen des späteren gesetzlichen Eigentumserwerbs des A) verkennen. Dass der E gegen den A einen Anspruch aus §§ 951, 812 Abs. 1S. 1 Var. 2 BGB hat, steht dem nicht entgegen. ccc) Danach wäre der Erlös herauszugeben. Auch jetzt sollten Sie wieder ein „inneres" Referat über die Frage der Höhe des herauszugebenden Erlöses halten, ee) ebenso zu der interessanten Frage, ob der K den an D gezahlten Kaufpreis als Entreicherung (§ 818 Abs. 3 BGB) abgesetzt werden kann. 2. Der E hat gegen den A einen Anspruch aus §§ 951, 812 Abs. 1S. 1 Var. 2 BGB.

Wer Spaß am Kombinieren hat, kann dies alles ja auch für die Verfügung eines Nichtberechtigten in Gestalt der Herbeiführung eines **gutgläubig lastenfreien Erwerbs** durchspielen.

Die Frage ist, **warum** man **eigentlich** so **erpicht darauf** ist, den **Anspruch aus § 816 Abs. 1S. 1 Var. 1 BGB** durch eine Herbeiführung der Wirksamkeit durch eine Genehmigung einer an sich unwirksamen Verfügung **zu aktivieren**.

**1.** Schließlich hat man doch in den Fällen der Verfügung eines Nichtberechtigten, auch wenn sie unwirksam ist, allerlei Alternativen: z. B. den

Anspruch aus §§ 687 Abs. 2, 681S. 2, 667 BGB, der unbestritten auch den Gewinn umfasst. Der aber setzt voraus, dass der Verfügende gewusst hat, dass er ein fremdes Geschäft geführt hat, was bei keinesfalls immer der Fall ist (denken Sie nur an die Veräußerung einer abhandengekommenen Sache durch einen insoweit Gutgläubigen – es muss ja nicht immer ein Dieb oder Hehler sein, der über abhandengekommen Sachen verfügt!); außerdem hat ein Anspruch aus § 687 Abs. S. 1 BGB den Nachteil des Gegenanspruchs aus § 687 Abs. 2 BGB. Der auch für möglich gehaltene Anspruch aus §§ 985, 986, 285 BGB ist wohl zu verneinen. Und Schadensersatzansprüche – wenn sie denn nicht wegen fehlenden Verschuldens ausscheiden – greifen beim erzielten Übererlös kürzer als ein Anspruch aus § 816 Abs. 1S. 1 BGB.

**2.** Der Eigentümer einer gestohlenen Sache, die an einen Dritten veräußert worden ist, hat natürlich auch die Wahl, die Sache vom gegenwärtigen Besitzer herauszuverlangen, aber oft hat sie inzwischen an Wert verloren oder ist sogar untergegangen. Gerade in diesen Fällen macht es Sinn aus § 816 Abs. 1S. 1 BGB vorzugehen.

#### dd) Abweichung von der Grundkonstellation des § 816 Abs. 1S. 1 BGB: Erweiterung auf verfügungsähnliche Tatbestände

Die Erweiterung des Tatbestandes des § 816 Abs. 1S. 1 BGB auf die Fälle der durch eine Genehmigung wirksam gewordenen Verfügungen Nichtberechtigter macht einem Mut, der Überlegung näher zu treten, die Vorschrift des **§ 816 Abs. 1S. 1 BGB analog** auch auf andere **„verfügungsähnliche“ Tatbestände** als es die bereits als Verfügung i. S. d. § 816 Abs. 1S. 1 BGB akzeptierte Herbeiführung des gutgläubig lastenfreien Erwerbs ist, anzuwenden.

Dass auch der **Einbau**, die **Verbindung** die **Vermischung** oder die **Verarbeitung fremder Sachen** (§§ 946 ff. BGB) die Anwendung von § 816 Abs. 1S. 1 BGB analog rechtfertigt, wird zwar bezweifelt, weil der Eigentumserwerb kraft Gesetzes erfolgt, ohne dass es – insoweit war es bei der Herbeiführung des gutgläubig lastenfreien Erwerbs anders – eine rechtsgeschäftliche Grundlage geben müsste. Wertende Überlegungen sprechen, wie der folgende Fall zeigt, jedoch eher für eine Analogie. Dieser Fall ist Ihnen übrigens – allerdings mit einer anderen Fallfrage (Welche Ansprüche haben V und E gegen den B?) – längst bekannt. Wer sich nicht erinnert, muss „zurück auf Los“!

**Fall 794**

Der B lässt sich von U aufgrund eines Werkvertrages auf dem eigenen Grundstück ein Einfamilienhaus bauen. Die Steine erwirbt der U unter Eigentumsvorbehalt von V und baut sie ein; ein Einverständnis des V liegt dafür nicht vor. Die Dachbalken stiehlt der U dem E und baut sie ebenfalls ein. Der B zahlt den vereinbarten Werklohn an U. Der V und der E verlangen von U Herausgabe des auf das Material entfallenden Anteils davon.

1. Der Anspruch des V gegen den U ergibt sich a) aus § 687 Abs. 2, 681S. 2, 667 BGB, wobei er aber seinerseits nach § 687 Abs. 2, 684S. 1, 812 ff. BGB dem U Aufwendungsersatz schuldet. b) Außerdem aa) könnte man § 816 Abs. 1S. 1 BGB analog mit der Begründung anwenden, dass der V nicht schlechter stehen darf, als in einem Fall, in dem der U die Steine zuvor an den B verkauft und übereignet hätte. Damit korrespondiert, dass der V gegen den B keinen Anspruch aus §§ 946, 951 Abs. 1S. 1, 812 Abs. 1S. 1 Var. 2 BGB hat. bb) Demgegenüber muss das Bedenken zurücktreten, dass der Eigentumserwerb kraft Gesetzes nach den §§ 946 ff. BGB erfolgt, ohne dass es dazu eine rechtsgeschäftliche Grundlage geben müsste. 2. Der Anspruch des E gegen den U ergibt sich a) aus § 687 Abs. 2, 681S. 2, 667 BGB, wobei er aber seinerseits nach § 687 Abs. 2, 684S. 1, 812 ff. BGB dem U Aufwendungsersatz schuldet. b) Außerdem werden §§ 816 Abs. 1S. 1, 185 BGB analog angewendet, denn der E darf nicht schlechter stehen, wie wenn der U die Steine zuvor an den B verkauft und übereignet hätte. Korrespondierend damit muss ein (sonst gegebener) Bereicherungsanspruch des E gegen den B aus §§ 946, 951 Abs. 1S. 1, 812 Abs. 1S. 1 Var. 2 BGB nach § 242 BGB entfallen.

War dies noch gut nachvollziehbar, ist die Frage, ob § 816 Abs. 1S. 1 BGB auch auf **„verfügungsähnliche" obligatorische** Rechtsgeschäfte angewendet werden kann, deutlich problematischer.

**Fall 795**

Der Jurastudent M hat für € 2000,– im Monat eine riesige Altbauwohnung direkt neben dem Rechtshaus der Universität Hamburg in der Schlüterstraße von dem Hauseigentümer V gemietet. Um einen zweijährigen Auslandsaufenthalt zu finanzieren, kommt der M auf einen guten Gedanken: Er teilt die großen Zimmer durch Leichtbauwände so auf, dass 11 separate Zimmer entstehen, von denen er eines für seine Sachen behält, und die er ansonsten mit dem Recht zur Benutzung einer gemeinsamen Küche und eines Bades an 10 Jungjuristen zu einer Miete von je € 500,– untervermietet. Der V weiß davon nichts. Als er dann nach einem Jahr doch davon erfährt, verlangt er von M Herausgabe der von U1–U10 erlangten Miete von € 60.000,–.

Hinsichtlich der Frage nach der „Abschöpfung" der von den Untermietern gezahlten Miete 1. geht es nicht um Schadensersatzansprüche des V gegen M, aus § 280 Abs. 1 BGB oder aus § 823 Abs. 1 BGB, weil dieser allenfalls auf den Ausgleich eines Mehrbenutzungsschadens gerichtet wäre, von dem im Sachverhalt und in der Fallfrage nicht die Rede ist. 2. In Betracht kommt a) ein Anspruch aus § 816 Abs. 1S. 1 BGB analog wird aa) teils bejaht, weil § 566 BGB zeige, dass die Vermietung quasidingliche Wirkung habe und weil hier über den Gebrauchswert verfügt worden sei, wobei dann aber streitig ist, ob der gesamte Erlös oder ob nur der nach § 553 Abs. 2 BGB zu entrichtende Mehrbetrag geschuldet sei; bb) überwiegend wird die analoge Anwendung des § 816 Abs. 1S. 1 BGB jedoch verneint, weil es keinen „gutgläubigen Erwerb" durch bloß obligatorisch Berechtigte gibt, so dass § 816 Abs. 1S. 1 BGB nicht analogiefähig sei (Canaris); außerdem könne der Eigentümer von den Untermietern jederzeit Herausgabe verlangen (§ 985 BGB, ohne dass diesen wegen § 986 Abs. 1S. 2 BGB ein Recht aus den Untermietverträgen als Recht zum Besitz zustände; auch fehle es an einer Reglungslücke, weil V von U 1– U 10 die Nutzungen nach §§ 812 Abs. 1S. 1 Var. 2, 818 Abs. 1 BGB herausverlangen könne (BGH), was aber hier kein einschlägiges Argument ist, weil eine Inanspruchnahme der Untermieter daran scheitert, dass der der M an U1– U 10 geleistet hat. b) Wenn man § 816 Abs. 1S. 1 BGB ablehnt, ist Raum für die – sonst hinter § 816 BGB zurücktretende – allgemeine Eingriffskondiktion: Eingegriffen worden sein könnte in das Eigentum des V. aa) Nach einer wenig überzeugenden Ansicht (Canaris) soll sich aus dem gesetzlichen Erfordernis einer Gestattung der Untervermietung (§ 540, 553 BGB) ergeben, dass ein Eingriff in den wirtschaftlichen Zuweisungsgehalt Eigentums des V vorliegt; hier stellt sich ebenfalls die Frage, ob der gesamte Erlös oder nur der nach § 553 Abs. 2 BGB geschuldete Betrag herauszugeben ist. bb) Nach h. M. soll kein Eingriff vorliegen, weil sich der V durch den Mietvertrag mit M der Möglichkeit zur weiteren Untervermietung begeben hat, so dass die von M vorgenommene Untervermietung nicht zum Zuweisungsgehalt des Eigentums des V in Widerspruch steht. 3. Zu erörtern wäre weiterhin ein Anspruch des V gegen den M auf Nutzungsherausgabe (§§ 990, 987 Abs. 1, 99 Abs. 3 BGB), der jedoch an einer fehlenden Vindikationslage scheitert. 4. Gegen einen Anspruch aus §§ 687 Abs. 2, 681S. 2, 667 BGB, allerdings mit einem Gegenanspruch des M aus § 687 Abs. 2, 684S. 1, 812 ff. BGB auf Aufwendungsersatz, spricht, dass die Untervermietung kein „fremdes Geschäft" (nämlich das des V) war, weil V kein Recht zum Besitz hatte, als der M die Wohnung untervermietete.

### c) Der Anspruch aus § 816 Abs. 1S. 2 BGB

Wir wissen jetzt, dass nach § 816 Abs. 1S. 1 BGB der Nichtberechtigte, der über einen Gegenstand eine entgeltliche Verfügung trifft, die dem Berechtigten gegenüber wirksam ist, „dem Berechtigten zur Herausgabe des durch die Verfügung Erlangten", also zur Herausgabe des „Surrogats" verpflichtet ist. Wenn aber die Verfügung des Nichtberechtigten unentgeltlich ist, soll nach **§ 816 Abs. 1S. 2 BGB** „die gleiche Verpflichtung denjenigen (treffen), welcher auf Grund der Verfügung unmittelbar einen rechtlichen Vorteil erlangt".

Bei der Schaffung des § 816 Abs. 1S. 2 BGB haben zwei Gedanken „Pate gestanden": **Zum einen** wird durch § 816 Abs. 1S. 2 BGB der Erwägung Rechnung getragen, dass der unentgeltlich als Nichtberechtigter Verfügende nichts erlangt hat, was er dem ehemals Berechtigten nach § 816 Abs. 1S. 1 BGB herausgeben könnte; darunter soll der Berechtigte nicht leiden müssen, sondern soll sich an den Erwerber halten dürfen. Das ist deswegen gerechtfertigt, weil **zum anderen** der unentgeltliche Erwerber mangels eines eigenen wirtschaftlichen Opfers nicht schutzwürdig ist. Erinnern Sie, wo anderswo dieser letzte Gedanke im Gesetz seinen Ausdruck gefunden hat? In den §§ 521 ff. BGB, § 822 BGB und § 988 BGB.

Es war daher nur konsequent, dass das Gesetz bei dieser Konstellation bestimmt hat, dass bei unentgeltlichen wirksamen Verfügungen eines Nichtberechtigten der unentgeltliche Erwerber das Erlangte herausgeben muss; so dass ein **gutgläubiger Erwerb** – anders als sonst, wie Sie wissen – **nicht „kondiktionsfest"** ist. Nun könnte man sich fragen, was ein gutgläubiger Erwerb wert ist, wenn das Erlangte wieder herauszugeben ist. Die Antwort ist leicht: Zum einen haftet der Erwerber nur bereicherungsrechtlich (§ 818 Abs. 3 BGB); und zum anderen können Dritte, z. B. Gläubiger des Erwerbers ein virulentes Interesse daran haben, dass dieser zunächst einmal Rechtsinhaber geworden ist. Die „ratio legis" des § 816 Abs. 1S. 2 BGB ist also leicht zu verstehen.

aa) Grundkonstellation des § 816 Abs. 1S. 2 BGB: Unentgeltlichkeit der wirksamen Verfügung eines Nichtberechtigten

Vorliegen muss wie bei § 816 Abs. 1S. 1 BGB die **Verfügung** eines **Nichtberechtigten**, die z. B. aufgrund von **Gutglaubenstatbeständen** oder aufgrund einer **Genehmigung wirksam ist/geworden ist**. Hier kann auf die vorstehenden Ausführungen zu § 816 Abs. 1S. 1 verwiesen werden.

Anders als bei § 816 Abs. 1S. 1 BGB muss sie aber **unentgeltlich** erfolgt sein. Dafür ist entscheidend, ob der Erwerber eine Gegenleistung erbracht hat, die bei verständiger Würdigung aller Umstände als Ausgleich für den Gegenstand, über den verfügt worden ist, angesehen werden kann. Schwierigkeiten bereitet vor allem die Fallgestaltung einer **„gemischten Schenkung"**, bei der es nach einer Sichtweise für eine Unentgeltlichkeit auf das „Überwiegen" des unentgeltlichen Charakters ankommen soll („Schwerpunkttheorie" des BGH), während andere dem Berechtigten, über dessen Recht wirksam verfügt worden ist, einen Anspruch gegen den Verfügenden aus § 816 Abs. 1S. 1 BGB auf Herausgabe des durch die Verfügung Erlangten und gegen den Erwerber einen Anspruch auf den geschenkten Wert aus § 816 Abs. 1S. 2 BGB geben wollen (Canaris).

Erlangt haben muss der Empfänger den Vorteil auf **unmittelbare** Weise, indem der Rechtsverlust und der Rechtserwerb durch dasselbe Rechtsgeschäft erfolgt. Es darf kein Rechtsgeschäft oder Realakt dazwischenliegen, wie es zum *Beispiel* der Fall ist, wenn der Dieb D dem E eine Sache stiehlt, sie dann an den K für einen Übererlös veräußert und das Geld unvermischt in einem Schatzkästchen verwahrt und dieses dann mitsamt dem Geld seiner Freundin F zum Geburtstag schenkt. Der E, der die Übereignung des D an K genehmigt, a) verlangt von D Herausgabe des Erlöses. Der Anspruch ergibt sich u. a. aus § 816 Abs. 1S 1 BGB, weil die Verfügung des Nichtberechtigten D zugunsten des K aufgrund der Genehmigung wirksam geworden ist (§ 185 Abs. 2S. 1 Var. 1 BGB); der D ist auch nicht nach § 818 Abs. 3 BGB entreichert (§§ 819, 918 Abs. 4 BGB). b) Weil der D aber kein Geld mehr hat wohl aber die F, will K sich an die F halten. Ein Anspruch aus § 816 Abs. 1S. 2 BGB scheitert daran, dass das aufgrund der wirksame Verfügung des D über die Sache des E Erlangte der F zwar unentgeltlich, aber nicht unmittelbar zugeflossen ist. Ein Anspruch gegen die F aus § 822 BGB scheitert daran, dass der D nicht entreichert ist.

Gerichtet ist der Anspruch auf **Herausgabe des Erlangten**. Besteht das Erlangte im lastenfreien Erwerb, ist der unentgeltliche Erwerber zur **Wiederbestellung der**

**Belastung** verpflichtet. Zwar hat hier kein Nichtberechtigter über die Belastung verfügt, sondern ein Berechtigter über den belasteten Gegenstand. Aber die „ratio legis" – Kompensation von Rechtsverschiebungen aufgrund des Erwerbs vom Nichtberechtigten – macht die Einbeziehung auch dieser Fallkonstellation erforderlich.

**Fall 796**

Der NE, der zu Unrecht anstelle des Eigentümers E als Eigentümer eines Grundstücks im Grundbuch eingetragen ist, verschenkt und übereignet es an seine gutgläubige Frau F. Der E verlangt die Berichtigung des Grundbuchs und die Herausgabe oder Rückübereignung von der F.

1. Der Anspruch ergibt sich nicht aus § 894 BGB und aus § 985 BGB, weil die F nach §§ 873, 925, 892 BGB Eigentümer geworden ist. 2. Der Anspruch auf Rückübereignung und Rückgabe ergibt sich aber aus § 816 Abs. 1S. 2 BGB.

**Fall 797**

Der E verschenkt und übereignet sein Grundstück an seine gutgläubige Frau F. Das Grundstück ist mit einer Buchhypothek zugunsten des H belastet, die aber nicht im Grundbuch eingetragen ist. Der H verlangt die Berichtigung des Grundbuchs oder die Bestellung der Hypothek von der F.

1. Der Anspruch ergibt sich nicht aus § 894 BGB, weil die F das Grundstück nach § 892 BGB gutgläubig lastenfrei erworben hat. 2. Der Anspruch auf Bestellung der Hypothek ergibt sich aus § 816 Abs. 1S. 2 BGB: Zwar hat der E nicht als Nichtberechtigter über die dem H zustehende Hypothek verfügt, sondern als Berechtigter über den belasteten Gegenstand. Aber die „ratio legis" – Kompensation von Rechtsverschiebungen aufgrund des Erwerbs vom Nichtberechtigten – macht die Anwendung des § 816 Abs. 1S. 2 BGB möglich.

Fraglich ist, ob durch § 816 Abs. 1S. 2 BGB ein gutgläubig erworbenes Sicherungsrecht herausgegeben, also beseitigt werden muss.

**Fall 798**

Der SNE ist zu Unrecht anstelle des E als Eigentümer im Grundbuch eingetragen. Der GH, der den SNE für den Eigentümer hält, gewährt ihm ein Darlehen über € 100.000,– gegen Bestellung einer Buchhypothek. Der E verlangt von dem GH die Beseitigung der Hypothek.

Die Beseitigung der Hypothek könnte der E von dem GH 1. nach § 894 BGB verlangen, wenn das Grundbuch unrichtig wäre. a) Der GH ist als Hypothekar im Grundbuch eingetragen. b) Die Eintragung besteht zu Recht, weil der GH die Hypothek nach §§ 873, 1113, 1116 Abs. 2, 892, 488 Abs. 1S. 2 BGB erworben hat. 2. In Betracht kommt ein Beseitigungsanspruch gegen den GH aus § 816 Abs. 1S. 2 BGB. a) Der SNE hat als Nichtberechtigter wirksam zugunsten des

GH verfügt. b) Dieser müsste das durch die Verfügung Erlangte (die Hypothek) herausgeben, wenn die zu seinen Gunsten erfolgte Verfügung unentgeltlich gewesen wäre. Anerkannt ist jedoch, dass eine zu Sicherungszwecken erfolgte Belastung entgeltlich erfolgt.

#### bb) Abweichungen von der Grundkonstellation des § 816 Abs. 1S. 2 BGB: Rechtsgrundlosigkeit der wirksamen Verfügung eines Nichtberechtigten

Wie gesagt – das war die Grundkonstellation des § 816 Abs. 1S. 2 BGB, die einer anfänglich wirksamen Verfügung eines Nichtberechtigten

Sehr beliebt ist die Fragestellung, ob auch eine **wirksame** und entgeltliche, aber **rechtsgrundlose Verfügung** eines Nichtberechtigten nach **§ 816 Abs. 1S. 2 BGB analog** einen Anspruch auf Herausgabe des Erlangten gegen den Erwerber gibt.

Man kann dies mit der Begründung vertreten, dass der rechtsgrundlose Erwerber ebenso wenig wie der unentgeltliche Erwerber zur Erbringung einer Gegenleistung verpflichtet ist **(„Einheitskondiktion")**. Man würde dabei jedoch übersehen, dass eine solche Gegenleistung schon vom (die Rechtsgrundlosigkeit vielleicht erst später erkennenden) Erwerber durchaus erbracht sein kann, so dass bei Zulassung einer Direktkondiktion der Erwerber seine – namentlich die aufgrund des Anspruchs auf Rückzahlung („Saldotheorie"/„Zweikondiktionentheorie" i. V. m. § 273 BGB) bestehenden – Einwendungen (Herausgabe nur Zug-um-Zug gegen die Rückgewähr der Gegenleistung) verlieren würde.

Zu favorisieren ist daher die Lehre von der **„Doppelkondiktion"**, nach der der ursprünglich Berechtigte nach § 816 Abs. 1S. 1 BGB vom verfügenden Nichtberechtigten Herausgabe des Erlangten in Gestalt einer Abtretung von dessen Bereicherungsanspruch gegen den Erwerber aus § 812 Abs. 1S. 1 Var. 1 BGB verlangen kann („Kondiktion der Kondiktion"). Der Erwerber würde seine Einwendungen nach § 404 BGB gegen den ehemals Berechtigten behalten.

Nur wenn der Erwerber **noch keine Gegenleistung erbracht** haben sollte und feststeht, dass es **keine Einwendungen des Erwerbers** gibt, ließe sich über eine „Direktkondiktion" reden.

**Fall 799**

Der Eigentümer E leiht dem A ein Buch. Dieser unterschlägt es, indem er es, sich dabei als Eigentümer ausgebend, an den gutgläubigen B verkauft und übergibt und übereignet; der B zahlt den Kaufpreis. Später ficht der B (aus einem hier nicht interessierenden Grund) den Kaufvertrag wirksam an. Bevor es zu einer bereicherungsrechtlichen Rückabwicklung zwischen A und B kommt, meldet sich der E bei dem B und verlangt Herausgabe des Buches.

1. Ein Anspruch aus § 985 BGB besteht nicht, weil der B nach §§ 929, 932 BGB Eigentümer geworden ist; § 935 BGB liegt nicht vor. 2. In Betracht kommt weiterhin ein Anspruch aus § 816 Abs. 1S. 2 BGB: a) Unmittelbar kann die Vorschrift nicht angewendet werden, weil die Verfügung des A nicht unentgeltlich war; b) diskutiert wird aber eine analoge Anwendung des § 816 Abs. 1S. 2 BGB aa) und wird teilweise mit der Begründung bejaht, die Rechtsgrundlosigkeit der

Übereignung des A an den B stehe einer Unentgeltlichkeit gleich, weil auch im Fall der Rechtsgrundlosigkeit keine Gegenleistung geschuldet würde; die Folge dieser Sichtweise wäre ein „Durchgriff" des E gegen B (sog. Lehre von der „Einheitskondiktion"). bb) Dem kann man jedoch nicht folgen, weil zwischen A und B eine Leistungsbeziehung besteht, so dass dort die bereicherungsrechtliche Rückabwicklung vorzunehmen ist; außerdem würde man bei einem „Durchgriff" des E gegen den B diesem Einwendungen, die er gegen den A haben mag (insbesondere auf Rückzahlung des Kaufpreises aufgrund der „Saldotheorie"), nehmen. c) Daher muss die Rückabwicklung so vonstattengehen, dass der E gegen A aus § 816 Abs. 1S. 1 BGB vorgehen muss und der A das Erlangte (= seinen Bereicherungsanspruch gegen den B aus § 812 Abs. 1S. 1 BGB) dem E herausgeben muss (= abtreten nach § 398 BGB). Nach erfolgter Abtretung muss der E dann gegen den B vorgehen und Herausgabe aus §§ 812 Abs. 1S. 1, 398 BGB verlangen; der B behält dann nach § 404 BGB seine Einwendungen aus der Beziehung zu A auch gegenüber dem E (Lehre von der „Doppelkondiktion"). cc) Der BGH folgt der Lehre von der „Doppelkondiktion" im Grundsatz, lässt jedoch ausnahmsweise einen Durchgriff zu, wenn der B keine Einwendungen gegen den A hat („Spielbanken-Fall"). Da der B hier eine Gegenleistung erbracht hat, steht ihm nach den Grundsätzen der „Saldotheorie" (dazu später) eine Einwendung gegen den A zu, so dass hier § 816 Abs. 1S. 2 BGB nicht analog angewendet werden kann. 3. Ein Anspruch des E gegen den B aus § 812 Abs. 1S. 1 BGB besteht nicht, denn der gutgläubige Erwerb ist „kondiktionsfest" (beste Begründung: argec. § 816 Abs. 1S. 2 BGB).

### d) Der Anspruch aus § 816 Abs. 2 BGB

Längst geläufig ist Ihnen, dass ein Schuldner aufgrund von **Rechtsscheintatbeständen** mit **befreiender Wirkung** an einen **Nichtberechtigten** leisten kann. Erwähnt seien zunächst nur § 851 BGB und § 407 BGB. Die für den Gläubiger nachteilige Folge (nämlich die des Forderungsverlustes) wird durch **§ 816 Abs. 2 BGB** ausgeglichen. Der Berechtigte kann vom Nichtberechtigten Herausgabe des Geleisteten verlangen.

Der § 816 Abs. 2 BGB ist das Spiegelbild zu § 816 Abs. 1S. 1 BGB. Aber: Warum war die Norm eigentlich nötig? Hätte man nicht mit § 816 Abs. 1S. 1 BGB auskommen können? Diese Frage ist geradezu eine Kränkung aller derjenigen, die bisher sorgfältig mitgearbeitet haben. Aber man weiß ja nie; und daher erhalten Sie die „Auflösung des Rätsels" frei Haus: § 816 Abs. 1S. 1 BGB setzt die „Verfügung" eines Nichtberechtigten voraus. Und „Verfügungen sind" bekanntlich „rechtsgeschäftliche Einwirkungen auf bestehende Rechte, durch die diese unmittelbar übertragen, belastet, inhaltlich geändert oder aufgehoben werden". Diese oder eine ähnliche Definition müssen Sie nicht nur auswendig können sondern auch verstehen! Das „Zum -Erlöschenbringen" einer Forderung seitens des Schuldners durch Erbringen der Leistung ist schon nach dieser Definition keine Verfügung. Aber durchaus vorstellbar ist ja, dass es den einen oder anderen tiefsinnigen Dogmatiker unter den Lesern gibt, der meint, es läge doch eine Verfügung des Schuldners vor, weil durch die Leistung an den Gläubiger die Forderung „aufgehoben" würde, und dies auch im

Wege eines Rechtsgeschäfts geschähe, weil es zu § 362 BGB doch die „Vertragstheorie" gäbe (wissen Sie noch, was diese – übrigens: nicht herrschende – Lehre im Gegensatz zu den anderen Theorien besagt?). Letztlich ist dies immerhin ein hübscher Gedanke. Daher soll vorsorglich ein normativer Beweis nachgeliefert werden, aus dem sich schlagend ergibt, dass die Tilgung einer Forderung keine Verfügung ist: Lesen Sie § 362 Abs. 2 BGB, der bei Leistungen an Dritte (also an andere Personen als den Gläubiger) ein Freiwerden des Schuldners ermöglicht, und zwar unter den Voraussetzungen des § 185 BGB („…, so findet die Vorschrift des § 185 BGB Anwendung"), also der Vorschrift, die es ermöglicht, die Verfügungen eines Nichtberechtigten wirksam zu machen, nämlich durch eine Einwilligung (§ 185 Abs. 1 BGB) oder u. a. durch eine Genehmigung des Gläubigers (§ 185 Abs. 2S. 1 Var. 1 BGB). Wenn aber das um „Zum-Erlöschenbringen" einer Forderung führende Leisten des Schuldners eine Verfügung wäre, so wäre die Verweisung auf § 185 BGB überflüssig, weil dessen Anwendung dann ohnehin selbstverständlich wäre.

Dies vorstehenden Gedankenspielereien waren das, was man in einer nicht übermäßig anspruchsvollen mündlichen Prüfung als „Verständnisprüfung" zu erwarten hat, bei der Sie nachweisen sollen, dass Sie in dogmatischer Hinsicht über solides Wissen und zugleich über einen „Durchblick" verfügen.

#### aa) Grundkonstellation des § 816 Abs. 2: Befreiende Leistung an einen Nichtberechtigten

Was die **Voraussetzungen** der Grundkonstellation des **§ 816 Abs. 2 BGB** angeht, muss man sehr genau subsumieren.

##### (1) Anspruchsteller muss Berechtigter (Gläubiger) der an den Inanspruchgenommenen erbrachten Leistung sein

Die erste Voraussetzung ist, dass der **Anspruchsteller** der **Berechtigte**, also der **Gläubiger** der Forderung ist, die der Inanspruchgenommene eingezogen hat. Sie müssen also sorgfältig das Entstehen der Forderung und ggf. (historisch!) den Erwerb der Forderung durch Zession bzw. durch cessio legis prüfen.

Ferner muss aufgrund einer Auslegung der Leistungsbestimmung (§ 366 Abs. 1 BGB) festgestellt werden, dass der Schuldner selbst oder statt seiner ein Dritter (§ 267 BGB) die **Leistung an** den **Inanspruchgenommenen** erbracht hat.

Der **Inanspruchgenommene** muss hinsichtlich der Forderung **Nichtberechtigter** sein. Er darf also nicht der Gläubiger der Forderung sein. Und er darf trotz fehlender Gläubigerschaft auch nicht als Einziehungsermächtigter zur Geltendmachung der Forderung berechtigt gewesen sein (§ 185 Abs. 1 BGB analog), wie dies häufig beim verlängerten Eigentumsvorbehalt oder bei der stillen Sicherungszession der Fall ist. Auch darf der die Forderung Einziehende dazu z. B. nicht kraft Amtes ermächtigt sein (§ 80 InsO).

##### (2) Dem Berechtigten gegenüber wirksam

Die zentrale Voraussetzung ist, dass die **Leistung an** den **Nichtberechtigten** gegenüber dem berechtigten Anspruchsteller **wirksam** ist. Dazu müssen Ihnen die folgenden Konstellationen geläufig sein.

Was den **„Klassiker"** angeht, nämlich den **Schuldnerschutz** bei der **„stillen Zession"** durch **§ 407 BGB**, so ist diese Fallkonstellation Ihnen längst bekannt und Sie erinnern sich hoffentlich. Eigentlich ist es ganz einfach, wie dieses *Beispiel* lehrt: Der G1 hat eine Forderung gegen den S und tritt sie „still", also ohne den Schuldner zu informieren, an den G2 ab. Dass diese Zession wirksam ist, dürfte allen klar sein; § 398 BGB setzt keine Mitwirkung oder auch nur Information des Schuldners voraus. Kommt derlei denn überhaupt vor? Sehr oft sogar, denn einer der wichtigsten Fälle einer Zession ist die „Sicherungsabtretung", die Sie noch gründlich kennenlernen werden. Durch eine Sicherungszession sichert ein Kreditnehmer (S ) gegenüber einem Kreditgeber (G), der i. d. R eine Bank sein wird, eine Darlehensforderung dadurch, dass er eine ihm (dem S ) zustehende Geldforderung gegen seinen (Dritt-) Schuldner (DS ) „zum Zwecke der Sicherung" an die Bank (G) abtritt. Der (Dritt-) Schuldner (DS ) wird i. d. R nicht informiert, um einen eventuellen finanziellen Engpass seines Gläubigers und des Zedenten (S ) und die für ihn bestehende Notwendigkeit, deshalb einen Kredit aufzunehmen, nicht offenzulegen. Wenn der (Dritt-) Schuldner DS bei Fälligkeit an den S, den er weiterhin für seinen Gläubiger hält, zahlt und dieser die Leistung unwidersprochen entgegennimmt, wird der (Dritt-) Schuldner (DS ) frei (§ 407 BGB). Der G kann sich jetzt u. a. nach **§ 816 Abs. 2 BGB** an den S halten. Das Herauszugebende tritt an die Stelle der bisherigen Sicherung.

Weil wir gerade dabei sind, gehen wir noch einen Schritt weiter: Bei der **„Kollision"** mehrerer dieselbe Forderung betreffender Abtretungen **(i. d. R** sind dies **„Sicherungsabtretungen"**, mit denen wir uns ja gerade befasst haben; das ist geradezu ein „Klassiker" bei verzweifelten/betrügerischen Kreditnehmern) gilt grundsätzlich – vorbehaltlich einer (in den Fallbearbeitungen meistens von Ihnen zu diskutierenden!) Nichtigkeit der ersten Zession nach § 138 Abs. 1 BGB – das Prioritätsprinzip. Wenn der (Dritt-)Schuldner nur von der zweiten (wegen des Prioritätsprinzips und wegen der fehlenden Möglichkeit, Forderungen gutgläubig zu erwerben, unwirksamen!) Abtretung erfährt und an den Zweitzessionar zahlt, kann er sich gegenüber dem Erstzessionar und Gläubiger der Forderung auf eine ihn befreiende Leistung berufen **(§§ 408 Abs. 1, 407 Abs. 1 BGB)**. Auch hier kann der Erstzessionar vom Zweizessionar Herausgabe des Erlangten fordern **(u. a. nach § 816 Abs. 2 BGB)**.

Auf dinglicher Ebene gibt es die Möglichkeit der befreienden Leistung an einen Nichtberechtigten, aber gleichwohl als Berechtigtem in das Grundbuch Eingetragenen dinglich Legitimierten **(§ 893 BGB)**. Der Berechtigte hat gegen den Nichtberechtigten einen Ausgleichsanspruch u. a. aus **§ 816 Abs. 2 BGB**.

Wir steigen jetzt noch tiefer „in den Brunnen" der Dogmatik: Wenn zum *Beispiel* der Gläubiger der abgetretenen Forderung und der Schuldner einer Geldforderung Kaufleute sind und sie ein „pactum de non cedendo" vereinbart haben (§ 399 Var. 2 BGB), dann ist eine gleichwohl vorgenommene Abtretung der Forderung dennoch wirksam (§ 354a S. 1 HGB). Wissen Sie noch, warum der Gesetzgeber hier eine Sonderregelung getroffen hat? Der Schuldner kann jedoch mit befreiender Wirkung an den Zedenten zahlen **(§ 354a S. 2 HGB)**. Der Zessionar kann dann vom Zedenten Herausgabe des Erlangten fordern **(u. a. aus § 816 Abs. 2 BGB)**.

Das war ein „hartes Brot", aber wegen der Bedeutung für die Rechtswirklichkeit und zugleich leider auch für die Ausbildung und für die Leistungskontrollen sollten

Sie alles gleich noch einmal lesen und sich die komplexen Konstellationen durch Zeichnungen verdeutlichen. Das ist gut anlegte Arbeitszeit!

Weniger bedeutsam für § 816 Abs. 2 BGB dürften für Sie die Regelungen der **§§ 566c**, **566e**, **567b**, **§ 578 BGB** sein. Sie betreffen die Konstellation des **§ 566 BGB** (können Sie „aus dem Stand sagen, was dort geregelt ist? Wenn nicht, müssen Sie zurück ins Mietrecht in Teil 3) und die Befreiungswirkung einer Mietzahlung des Mieters an den zum Empfang nicht mehr berechtigten früheren Vermieter. Auch hier kompensiert u. a. **§ 816 Abs. 2 BGB** durch einen Anspruch des neuen Vermieters gegen den ehemaligen Vermieter.

In den **§§ 370, 793** und **808 BGB** wird ein Schuldner durch Leistung an einen besonders legitimierten (Quittung, Inhaberschuldverschreibung, Sparbuch) Nichtberechtigten frei. Auch hier „stellt" u. a. § 816 Abs. 2 BGB die „Gerechtigkeit wieder her", indem er dem Berechtigten einen Anspruch gibt, vom Empfänger Herausgabe des Erlangten zu verlangen. Gerade § 808 BGB – auch wenn die Norm dem „Wertpapierrecht" zuzuordnen ist – wird gerne durch die „Hintertür" des § 816 Abs. 2 BGB „abgefragt". Gehen Sie davon aus, dass das Sparbuch ein Legitimationspapier i. S. d. § 808 BGB ist und bilden Sie einen Fall.

Versuchen Sie jetzt einmal – interaktiv mitarbeitend – unter Zuhilfenahme des § 1006 BGB die ratio legis des **§ 851 BGB** zu begründen. Auch hier gewährt u. a. **§ 816 Abs. 2 BGB** einen Ausgleich.

**Fall 800**

Der E hat dem L sein Rad verliehen. Der D beschädigt es. Weil er den L wegen seines Besitzes für den Eigentümer und damit für den Schadensersatzgläubiger hält, zahlt er ihm € 50,– Schadensersatz. Der L behält das Geld für sich und benennt dem E den D als Schädiger. Der E nimmt daraufhin den D auf Schadensersatz in Anspruch; dieser meint, durch die Zahlung an den L frei geworden zu sein. Kann sich der E ggf. an L halten?

1. Der a) Anspruch des E gegen D aus § 823 Abs. 1 BGB b) ist aa) zwar nicht nach § 362 BGB, bb) aber nach § 851 BGB erloschen. 2. Der E hat gegen L einen Anspruch aus a) § 280 Abs. 1 BGB, b) § 816 Abs. 2 BGB und nach c) §§ 687 Abs. 2, 681S. 2, 667 BGB.

Bis ins Erbrecht wagen wir uns jetzt vor. Der gutgläubige Schuldner wird durch Leistung an den durch einen Erbschein als Erben ausgewiesenen Scheinerben befreit **(§ 2367 BGB).** Der Scheinerbe ist deshalb dem wahren Erben zur Herausgabe des Erlangten verpflichtet **(u. a. aus § 816 Abs. 2 BGB)**. Darauf kommen wir in Teil 12 zurück.

**Fall 801**

Der G hat gegen den S einen Anspruch aus einem Darlehensvertrag in Höhe von € 10.000,–. Nach dem Tod des G ist sein alleiniger gesetzlicher Erbe sein Sohn A. Auf Antrag des A wird diesem ein Erbschein, der ihn als den Alleinerben ausweist, erteilt. Der A legt dem S den Erbschein vor und erhält eine Barzahlung in Höhe von € 10.000,–. Später findet sich ein Testament, durch das der Sohn B zum Alleinerben eingesetzt wird. Der B verlangt von S Zahlung, jedenfalls aber von A Herausgabe oder Zahlung von € 10.000,– (nach Harder).

1. Der Anspruch des B gegen den S a) aus § 488 Abs. 1S. 2, 1922 BGB b) ist nach §§ 2365, 2367 BGB erloschen. 2. Der B könnte von A a) aus §§ 2018, 2019 Abs. 1, 2029, 985 BGB Herausgabe des noch vorhandenen Geldes verlangen b) oder (bei Vermischung mit eigenem Geld) Zahlung aus §§ 951, 812, 948 Abs. 1, 947 Abs. 2 BGB von € 10.000,–. c) In jedem Fall steht ihm ein Anspruch aus § 816 Abs. 2 BGB auf Herausgabe des Erlangten zu.

bb) Abweichungen von der Grundkonstellation des § 816 Abs. 2 BGB: Genehmigung der nicht befreienden Leistung

Das war die Grundkonstellation des § 816 Abs. 2 BGB. Und als wäre es nicht kompliziert genug, müssen Sie auch hier zusätzlich im Augen haben, dass es – wie bei § 816 Abs. 1S. 1, 2 BGB – auch in § 816 Abs. 2 BGB möglich ist, eine den **Schuldner** mangels eines Rechtsscheintatbestandes bzw. mangels der nötigen Gutgläubigkeit des Schuldners an sich **nicht befreiende Leistung** an einen **Nicht-Gläubiger** dadurch **wirksam** zu **machen**, dass der **Gläubiger** die **Leistung** an den Nichtgläubiger **genehmigt (§§ 362 Abs. 2, 185 Abs. 1S. 1 BGB)**, so dass auf diese Weise **§ 816 Abs. 2 BGB** anwendbar wird. Unumstritten ist das nicht, denn **man wendet ein**, dass der Gläubiger plötzlich **zwei Optionen** hat: Er kann weiterhin vom Schuldner Erfüllung verlangen oder er kann die Leistung des Schuldners an den Nicht-Gläubiger genehmigen und diesen u. a. aus § 816 Abs. 2 BGB in Anspruch nehmen, was unangemessen sei, weil er sich auf dieses Weise nicht mehr dem **Insolvenzrisiko** aus der Person des Schuldners ausgesetzt sei, und das zum Nachteil anderer Gläubiger des Schuldners, weil durch die Genehmigung der Leistung des Schuldners an den Nicht-Gläubiger zum Zwecke der Inanspruchnahme des Nicht-Gläubigers aus u. a. § 816 Abs. 2 BGB der Rückforderungsanspruch des S gegen den Nicht-Gläubiger entfalle und die Insolvenzmasse geschmälert würde.

**Fall 802**

Der F hat seinen künftigen Anspruch gegen den Abnehmer A aus Warenverkauf zum Zwecke der Sicherung eines Darlehens zunächst an die B-Bank (B) und sodann aufgrund eines „verlängerten Eigentumsvorbehalts" an den Lieferanten L abgetreten. Die Sicherungszession zugunsten der B war nach § 138 Abs. 1 BGB nichtig, weil sie den F in den „Vertragsbruch" gegenüber dem Lieferanten L „trieb". Daher war die „konkurrierende" Sicherungszession zugunsten des L wirksam. Der von F aufgrund eines Kaufvertrags belieferte Schuldner A hat den Kaufpreis im Vertrauen auf die Wirksamkeit der ihm von der B angezeigten Sicherungszession an die B gezahlt. Kann der L sich an den A oder auch an die B halten?

Der L kann von dem A Zahlung 1. nach § 433 Abs. 2, 398 BGB verlangen, wenn dieser Anspruch nicht untergegangen ist: a) Nach § 362 Abs. 1 BGB ist er nicht erloschen, weil die B nicht Gläubiger geworden ist (so der Sachverhalt); b) es gibt auch keinen den A schützenden Rechtsscheintatbestand: § 409 BGB setzt eine Abtretungsanzeige des Zedenten (F) voraus; hier aber hat der Zessionar eine an ihn selbst erfolge Abtretung angezeigt; hierauf durfte der A nicht vertrauen. Der L kann also von dem A Zahlung verlangen. 2. Der L kann sich aber auch dafür entscheiden, sich an die B zu halten (§ 816 Abs. 2 BGB): a) Zwar ist die Leistung des A an die B nicht dem L gegenüber wirksam (s. o.); b) der L kann jedoch die Leistung des A an B durch eine Genehmigung (§§ 362 Abs. 2, 185 BGB), die u. U. in der Inanspruchnahme (z. B. Klageerhebung) der B liegt, mit Wirkung gegen sich wirksam werden lassen. In diesem Zusammenhang müssen Sie sich dann mit der sich gegen diese Ansicht aussprechenden Rechtsansicht auseinandersetzen müssen (Sie hoffentlich noch formulieren können). Wie Sie sich insoweit entscheiden, ist Ihre Sache.

#### e) Der Anspruch aus § 822 BGB

Der Ihnen ja schon vielfach bekannt gemachte **§ 822 BGB („Kettendurchgriffskondiktion")**. ist ein weiterer **Sonderfall** der **„Eingriffskondiktion"**. Der „Eingriff" liegt bei dogmatisch feinsinniger Betrachtungsweise darin, dass der Schenker aufgrund des § 818 Abs. 3 BGB einen gegen ihn bestehenden „primären Bereicherungsanspruch zu Fall (bringt), wofür der Erwerber als Begünstigter" in der Weise „einzustehen hat" (Canaris), dass bei ihm das unentgeltlich Erlangte abgeschöpft wird. Die Vorschrift ermöglicht einen (subsidiären) Durchgriff, wenn ein primärer Bereicherungsschuldner durch unentgeltliche Weitergabe des Bereicherungsgegenstandes entreichert ist (§ 818 Abs. 3 BGB). Die Norm ist – wie schon § 816 Abs. 1S. 2 BGB – eine weitere Ausnahme vom Prinzip, das Geleistetes im Wege der Nichtleistungskondiktion kondiziert werden kann.

Die Voraussetzungen des § 822 BGB sind hochkompliziert und eigentlich nur bei gleichzeitiger **Zeichnung** einer **Skizze** zu verstehen.

Der **Anspruchsteller** muss ein **Bereicherungsgläubiger** sein, sei es aus einem Tatbestand der Leistungskondiktion (zählen Sie diese zur Selbstkontrolle alle auf!) oder aus einem Tatbestand der Nichtleistungskondiktion (auch diese sollten Sie kennen).

Unter dem **„Empfänger"**, von dem im Gesetz als demjenigen, der das Erlangte unentgeltlich einem Dritten zuwendet, die Rede ist, versteht man den korrespondierenden **Bereicherungsschuldner** des Anspruchstellers. Stellen Sie sich zum *Beispiel* folgende Konstellation vor: Der Eigentümer EV verkauft und übereignet eine bewegliche Sache an. Der Kaufvertrag EV – K ist nichtig. Der K ist Bereicherungsschuldner nach § 812 Abs. 1S. 1 Var. 1 BGB

Der „Empfänger" muss – wie gesagt – **„das Erlangte"**, also den herauszugebenden Vorteil (das kann sein: die *primäre* Bereicherungsschuld in Gestalt des herauszugebenden Erlangten und/oder die nach § 818 Abs. 1 BGB herauszugebenden Nutzungen und Surrogate *oder* der nach § 818 Abs. 2 BGB *sekundär* herauszugebende Vermögenswert) dem Inanspruchgenommenen **zugewendet haben**, d. h. ihm durch ein Rechtsgeschäft übertragen haben. Denken Sie das *vorgenannte Beispiel* weiter: Der K übereignet die Sache dem B.

Und diese Zuwendung muss **unentgeltlich** erfolgt sein. Wegen des Wörtchens „soweit“ ist man sich einig, dass bei „gemischten Schenkungen“ eine Aufteilung in einen entgeltlichen und unentgeltlichen Teil erfolgt. Das *vorgenannte Beispiel* wird fortgeschrieben: Die Übereignung zugunsten des B war unentgeltlich erfolgt.

Auch hier wird wie bei § 816 Abs. 1S. 2 BGB die Rechtsgrundlosigkeit der Unentgeltlichkeit nicht gleichgestellt.

Der **Bereicherungsanspruch** des **Anspruchstellers gegen** den **„Empfänger“** muss durch die unentgeltliche Zuwendung **nach § 818 Abs. 3 BGB ausgeschlossen** sein. In der *vorgenannten Beispiel* ist der K durch die unentgeltliche Übereignung an B entreichert (§ 818 Abs. 3).

Das ist **nicht der Fall** bei trotz der unentgeltlichen Zuwendung **fortbestehender Bereicherung** des „Empfängers“ sowie in den Fällen der den § 818 Abs. 3 BGB ausschließenden Tatbestände der §§ 818 Abs. 4, 819 BGB, also der Rechtshängigkeit des Bereicherungsanspruchs des Anspruchstellers gegen den „Empfänger“ oder der Bösgläubigkeit des „Empfängers“. Das ist ein (vom Gesetzgeber allerdings gewollter!!) Wertungswiderspruch, weil dadurch der Dritte besser steht, wenn der ihn beschenkende „Empfänger“ verklagt bzw. bösgläubig war und infolgedessen §§ 819, 818 Abs. 4 BGB eingreifen.

Die **Rechtsfolge** ist, dass der **Inanspruchgenommene** das **„Erlangte“ herauszugeben** hat, bei der **„gemischten Schenkung“** allerdings nur **in Höhe des unentgeltlichen Anteils** Ausgleich zu leisten hat. Im der *vorgenannten Beispiel* kann der EV Herausgabe von B nach § 822 BGB verlangen.

**Fall 803**

Der E verleiht dem L eine Sache; der L unterschlägt sie und verschenkt und übergibt und übereignet sie an den gutgläubigen D1. Der E verlangt die Rückübereignung und Rückgabe der Sache von dem D1.

1. Ein Anspruch aus § 985 BGB besteht nicht, weil der D1 nach §§ 929, 932 BGB Eigentümer geworden ist; § 935 BGB greift nicht ein. 2. Der Anspruch ergibt sich aber aus § 816 Abs. 1S. 2 BGB.

**Variante**

Der L beichtet dem D1 sein Verhalten. Dieser mag die Sache nun nicht mehr behalten, so dass er sie an den D2 weiterverschenkt und übergibt und übereignet. Der E verlangt die Übereignung der Sache und deren Herausgabe von dem D2.

1. Einen Anspruch aus § 985 BGB hat der E nicht, weil der D2 nach § 929 BGB das Eigentum erlangt hat (auf § 932 BGB ist nicht abzustellen, da D1 Eigentümer geworden war!). 2. Der E hat auch keinen Anspruch aus § 816 Abs. 1S. 2 BGB gegen den D2, weil der D1 als Berechtigter verfügt hat. 3. In Betracht kommt aber ein Anspruch aus § 822 BGB: a) Der D1 ist ein „Empfänger“ (=Bereicherungsschuldner), weil er nach § 816 Abs. 1S. 2 BGB zur Herausgabe des Erlangten (Sache) verpflichtet war; b) er hat unentgeltlich über den Bereicherungsgegenstand verfügt. c) Weiterhin müsste seine bereicherungs-

rechtliche Haftung dadurch nach § 818 Abs. 3 BGB erloschen sein (der D2 soll in § 822 BGB nämlich nur „ersatzweise" haften!); das ist nicht der Fall, weil der D1 nachträglich bösgläubig geworden ist (§§ 819, 818 Abs. 4 BGB).

Die **bloße Undurchsetzbarkeit** des Bereicherungsanspruchs steht einer Entreicherung nicht gleich. Eine diskutierte Frage ist, ob **§ 822 BGB analog** angewendet werden kann, wenn der **Empfänger** zwar nicht entreichert ist, aber **insolvent** geworden ist. Dagegen lässt sich ins Feld führen, dass der Bereicherungsgläubiger durch die Möglichkeiten der vollstreckungsrechtlichen Anfechtung ausreichend geschützt ist (entsinnen Sie sich noch??). Dieser interessante Streit kann durchaus Gegenstand einer juristischen Aufgabe werden.

#### f) Die „allgemeine Eingriffskondiktion" (§ 812 Abs. 1S. 1 Var. 2 BGB)

Nachdem vorab die in §§ 816, 822 BGB gesetzlich geregelten Spezialfälle einer Eingriffskondiktion behandelt worden sind, kann nun als „lex generalis" die **„allgemeine Eingriffskondiktion" nach § 812 Abs. 1S. 1 Var. 2 BGB** erörtert und in der Fallbearbeitung geprüft werden.

- Zunächst wird in Erinnerung gerufen, **(1)** dass – wie Sie soeben gelernt haben – die „allgemeine Eingriffskondiktion" aus § 812 Abs. 1S. 1 Var. 2 BGB als durch die **speziellen Tatbestände** der **§§ 816 Abs. 1S. 1, § 816 Abs. 1S. 2, § 816 Abs. 2 und § 822 BGB** verdrängt anzusehen sind. **(2)** Weiterhin ist klarzustellen, dass immer dann, wenn die Herausgabe von Verwendungen (z. B. irrtümlich in ein fremdes Haus eingebaute Sachen) aus **§ 812 Abs. 1S. 1 Var. 2 BGB** verlangt wird, dies kein Fall der „allgemeinen Eingriffskondiktion" ist, sondern der (alsbald zu besprechenden) „Verwendungskondiktion". **(3)** Das ist schnell verstanden. Jetzt aber wird es schwierig: Sie erinnern sich bestimmt daran, dass es ein kompliziertes **Konkurrenzverhältnis** eines Anspruchs aus **„allgemeiner Eingriffskondiktion" gemäß § 812 Abs. 1S. 1 Var. 2 BGB** zu den **§§ 985 ff. BGB** gibt: **(a)** Soweit es um die **Herausgabe** einer Sache geht, besteht **Anspruchskonkurrenz** zwischen den Ansprüchen aus **§§ 985, 986 BGB** und aus **§ 812 Abs. 1S. 1 Var. 2 BGB. (b)** Hinsichtlich des Anspruchs auf die Herausgabe von Nutzungen sind die **§§ 987 ff. BGB** den Anspruch aus **§ 812 Abs. 1S. 1 Var. 2 BGB** verdrängende Sonderregelungen (arge. §§ 993 Abs. 1 Hs. 2. BGB). Das gilt aber nicht für den Verbrauch einer fremden Sache, weil diese keine Nutzungen sind: Wer ein Tier schlachtet und sein Fleisch verzehrt, nutzt es nicht.

**Fall 804**

Der E verkauft auf einem Wochenmarkt ihm gehörige Weihnachtsgänse. Als er seinen Markstand einmal kurz verlassen hat und der K sich als Kaufinteressent davor aufstellt, kommt ein Marktbesucher M, der die Situation schnell erfasst hat, hinzu und gibt sich als der für den Inhaber des Marktstandes V tätige Verkäufer aus, und verkauft und übereignet und übergibt gegen Barzahlung eine von K ausgesuchte Gans an diesen. Dann verschwindet er und behält das Geld für sich. Eine Woche später, nachdem die Gans in der Familie des K verzehrt worden ist, bedankt sich der K bei E für den „besonders köstlichen Vogel". E verlangt von ihm Bezahlung der Gans.

1. Ein Anspruch des V gegen K aus § 433 Abs. 2 BGB entfällt mangels Kaufvertrags. 2. In Betracht kommt ein Schadensersatzanspruch. a) Wegen der Besitzbegründung scheidet ein Anspruch aus, weil K schuldlos gehandelt hat. b) Wegen des Verbrauchs der Gans besteht aa) wegen der Vindikationslage (K ist trotz seiner Gutgläubigkeit gemäß § 935 Abs. 1 BGB nicht nach §§ 929, S. 1, 932 Abs. 1 Eigentümer geworden, sondern unrechtmäßiger Besitzer) wegen § 993 Abs. 1 Hs. 2 BGB kein Anspruch aus § 823 Abs. 1 BGB. bb) Ein Schadensersatzanspruch aaa) aus den §§ 989, 990 BGB scheitert an der Gutgläubigkeit des K. 3. Ein Anspruch auf Herausgabe von Nutzungen aus §§ 987 ff. BGB entfällt schon deshalb, weil der Verbrauch einer Sache keine Nutzung ist. 4. Daher kommt ein Anspruch auf Wertersatz nach §§ 812 Abs. 1S. 1 Var. 2, 818 Abs. 2 BGB in Betracht. a) Der K hat den Besitz an der Gans erlangt, und damit ein „etwas" b) und zwar aa) nicht durch Leistung des V bb) sondern „auf Kosten" des V aaa) durch einen im Verbrauch zu sehenden Eingriff in das Eigentum des V, bbb) der im Widerspruch zum wirtschaftlichen Zuweisungsgehalt steht. c) Der Erwerb erfolgte unmittelbar. d) Die Rechtsgrundlosigkeit der Vermögensverschiebung ist indiziert. Ein besonderer Rechtsgrund für das Behaltendürfen besteht nicht. e) Zu leisten ist Wertersatz (§ 818 Abs. 2 BGB). f) Der K ist nicht entreichert, namentlich nicht durch die Kaufpreiszahlung an den M. Denn wenn der rechtzeitig zurückgekehrte V die Gans nach § 985 BGB herausverlangt hätte, hätte der K diesem Herausgabeverlangen nicht die Zahlung an M entgegen halten können.

Nachdem wir uns an diese Konkurrenzprobleme erinnert haben, wollen wir uns jetzt im Wege eines vorangestellten Überblicks den einzelnen Voraussetzungen eines Anspruchs aus „allgemeiner Eingriffskondiktion" nach § 812 Abs. 1S. 1 Var. 2 BGB zuwenden und diese dann Schritt für Schritt konkret abhandeln. Arbeitstechnisch gesehen stehen Sie hier vor einem Problem. In der Ausbildung sehnt man sich verständlicherweise nach einem verbindlichen **Prüfungsschema**, nach gewissermaßen einem „Kochrezept", bei dessen Zugrundelegung man nichts falsch machen kann. Bei den Ansprüchen aus einer Nichtleistungskondiktion aus § 812 Abs. 1S. 1 Var. 2 BGB (hier: der Allgemeinen Eingriffskondiktion) gibt es dazu ein „buntes Bild" an Vorschlägen. Hier eine **zufällige Auswahl** von Möglichkeiten der Prüfung aus der **Ausbildungsliteratur**. So prüfen **einige** (z. B. Repetitorium Alpmann-Schmidt) den Tatbestand so: **(1)** Der Inanspruchgenommene muss „etwas" erlangt haben **(2)** und zwar in „sonstiger Weise auf Kosten" des Anspruchstellers, nämlich: **(a)** das Erlangte darf nicht durch Leistung, **(b)** sondern muss „auf Kosten" des Anspruchstellers erlangt sein, was der Fall ist, wenn der Inanspruchgenommene in den Zuweisungsgehalt eines fremden Rechts eingegriffen hat. **(3)** Der Rechtsgrund fehlt, wenn das „etwas" nicht dem Inanspruchgenommenen sondern dem Anspruchsteller gebührt. **Andere** (z. B. das Beck'sche Examinatorium) wählen diesen Aufbau: **(1)** Der Inanspruchgenommene muss „etwas" **(2)** in „sonstiger Weise" erlangt haben, was der Fall ist, wenn der Vorteil nicht durch Leistung erlangt ist. **(3)** Erlangt sein muss dieser durch einen „Eingriff", der „auf Kosten" des Anspruchstellers erfolgt, was der Fall ist, wenn er im Widerspruch zum wirtschaftlichen Zuweisungsgehalt eigentumsähnlicher Rechtspositionen steht. **(4)** Die durch den Eingriff in eine fremde Rechtsposition indizierte „Rechtsgrundlosigkeit" kann nur entfallen, wenn das „Behaltendürfen" durch eine schuldrechtliche Sonderverbindung oder durch das Gesetz angeordnet wird. **Wieder andere** (Fezer) subsumieren so: **(1)** Der Inanspruchgenommene muss „etwas" **(2)** „in sonstiger Weise" und „auf Kosten" des Anspruchstellers erlangt haben. **a)** Dazu muss ein Erwerb „in sonstiger Weise", also kein Erwerb durch Leistung, sondern durch einen Eingriff in einen fremden Rechtskreis gegeben sein, **(b)** der „auf Kosten" des Anspruchstellers gehen muss, was der Fall ist, wenn er **(aa)** unter Inanspruchnahme fremder Rechtsgüter oder rechtlicher Befugnisse erfolgt ist, **(bb)** und dies durch den Eingriff in den Zuweisungsgehalt eines Rechtsguts, das dem Anspruchsteller ausschließlich zugewiesen ist, erfolgt. **(3)** Ohne Rechtsgrund ist die Vorteilserlangung, wenn es keinen besonderen Rechtsgrund zum Behaltendürfen gibt. Man kann den Tatbestand einer allgemeinen Eingriffskondiktion des § 812 Abs. 1S. 1 Var. 2 BGB **auch so** prüfen (Schwarz-Wandt): **(1)** Der Inanspruchgenommene muss „etwas" erlangt haben, **(2)** und zwar „in sonstiger Weise", d. h. nicht durch Leistung. **(3)** Der Erwerb muss „auf Kosten" des Anspruchstellers gehen, nämlich **(a)** durch Eingriff in eine Rechtsposition, die dem Anspruchsteller zur ausschließlichen Verfügung zugewiesen ist, **(b)** wobei der Vermögensvorteil „unmittelbar" in das Vermögen des Anspruchstellers übergegangen sein muss. **(4)** Ohne Rechtsgrund ist der Erwerb, wenn es keinen vertraglichen oder gesetzlichen „Behaltensgrund" gibt. Unser **Bearbeitungsschema** entnehmen Sie der folgenden Vorstellung unseres Programms, wobei einige Punkte nicht erneut bzw. erst später angesprochen werden:

- Der Inanspruchgenommene muss **„etwas" erlangt** haben. Weil sie längst wissen, was darunter zu verstehen ist **(sub B III)**, werden wir hier kein Wort mehr darüber verlieren. Sie allerdings sollten, bevor Sie weiterlesen, unbedingt einen Blick zurück werfen und diese Passage lesen.
- Der **Erwerb** des **„etwas"** darf grundsätzlich **nicht durch** die **Leistung** irgendeiner Person, sondern muss **„in sonstiger Weise"** erfolgt sein. Auch das haben Sie hier schon zu Genüge gelesen **(oben sub A II)**. „Grundsätzlich" bedeutet (unter Juristen): Es gibt Ausnahmen. Mit diesen die Regel bestätigenden Ausnahmen sind Sie bereits vertraut gemacht worden **(oben sub C I)**. Und schließlich sind Sie noch einmal an den Grundsatz erinnert worden **(oben sub C II)**. Also: Kein Wort mehr zu diesem Thema! Wenn Sie sich allerding nicht ganz sicher fühlen, lesen Sie diese Passagen vorsorglich nach. Das wäre eine gut investierte Zeit.
- Das „etwas" muss **„auf Kosten"** des **Anspruchstellers** erlangt sein **(sub aa))**
- und zwar u. a. durch einen **Eingriff (sub bb) (1)**)
- in bestimmte **Eingriffsobjekte (sub bb) (2)**),
- der **im Widerspruch** stehen muss zum **wirtschaftlichen Zuweisungsgehalt** dieser **Eingriffsobjekte (sub bb) (3))**.
- Das „etwas" muss **unmittelbar** erlangt sein **(sub cc))**.
- Für die Vermögensverschiebung darf **kein Rechtsgrund** gegeben sein **(sub dd))**.
- Mit der Rechtsfolge (**Herausgabe des Erlangten**, **Wertersatz** und u. U. auch **Gewinnherausgabe)** befassen wir uns später **(sub D)**.

aa) „In sonstiger Weise auf Kosten" des Anspruchstellers

Das „etwas" **(sub B III)** muss **„in sonstiger Weise auf … Kosten"** des Anspruchstellers erlangt sein.

(1) In sonstiger Weise

Über das Merkmal **„in sonstiger Weise"** besteht Einigkeit dahingehend, dass das „etwas" nicht durch Leistung erlangt sein darf. Darüber wird hier kein Wort mehr verloren, weil dazu alles **sub A II**, **sub C I** und **sub C II** gesagt wurde.

(2) Auf des Anspruchstellers Kosten

> Sie erinnern sich bestimmt: Bei der ja inzwischen abgehandelten **„Leistungskondiktion"** hatte sich gezeigt, dass aufgrund des modernen Leistungsbegriffs das Tatbestandsmerkmal „auf dessen Kosten" seine Bedeutung insgesamt verloren hat, so dass dort seine Subsumtion entbehrlich ist **(oben B V 12)**.

Das Tatbestandsmerkmal **„auf dessen Kosten"** sollte nach den Vorstellungen des Gesetzgebers zwei Funktionen haben: Es sollte zum einen den **Gegenstand** und den **Umfang** des **Anspruchs bestimmen** und **sinnvoll begrenzen**. Und es sollten zum anderen durch dieses Merkmal auch die **„Parteirollen"** – also: wer Gläubiger und wer Schuldner des Anspruchs ist – **festgelegt** werden.

Für die in **§ 812 Abs. 1S. 1 Var. 2 BGB** geregelte allgemeine Eingriffskondiktion ist man sich einig, dass der Gegenstand und der Umfang des Anspruchs durch die Erfordernisse des Merkmals „auf dessen Kosten" bestimmt und sinnvoll begrenzt werden soll, dass man dem Merkmal **„auf dessen Kosten"** entnimmt, dass der Eingriff bereicherungsrechtlich nur relevant sein soll, wenn in **bestimmte Rechte und Rechtspositionen des Anspruchstellers** unter **Verletzung des wirtschaftlichen Zuweisungsgehalts** eingegriffen wurde **(sub bb) (2))**.

Zur Frage, ob das Merkmal auch für die **Bestimmung der Parteirollen** bei der allgemeinen Eingriffskondiktion zuständig ist, ist zu differenzieren.

Hinsichtlich des Erfordernisses der Bestimmung der **Gläubigerstellung** ist diese bereits durch das vorgenannte Erfordernis eines Eingriffs in bestimmte Rechte und Rechtspositionen des Anspruchstellers unter Verletzung des wirtschaftlichen Zuweisungsgehalts festgelegt.

Aber wie sieht es mit der **Schuldnerstellung** aus? Manche meinen, dass hierfür das Merkmal „auf dessen Kosten" nicht zuständig sei. Denn die Schuldnerstellung ergebe sich bereits aus der bereicherungsrechtlichen Abschöpfungsfunktion: Schuldner ist der „allein durch den Eingriff Begünstigte" (Grigoleit/Auer). Von andere Seite (Canaris) wird angenommen, dass für die Schuldnerbestimmung in den Fällen, in denen der Eingreifende nicht diejenige Person ist, die den Vorteil hat („Dritteingriffskondiktion"), das im Merkmal „auf dessen Kosten" enthalten sein sollende Unmittelbarkeitserfordernis herangezogen werden müsse: „Schuldner ist derjenige, dem der Vorteil unmittelbar zugeflossen ist", so dass jemand, der den Vorteil aus dem Vermögen eines Dritten erlangt hat, schon deshalb nicht als Bereicherungsschuldner in Betracht kommt (Canaris). Die hiernach zu prüfende Unmittelbarkeit ist gegeben, wenn „ein und derselbe Vorgang auf der einen Seite (dem Bereicherten) den Gewinn und auf der anderen Seite (dem Entreicherten) den Verlust herbeigeführt haben muss" (Palandt). Auch die Rechtspraxis (BGH), die natürlich nicht mit Lösungsschemata arbeitet, so dass man das Merkmal nicht gliederungstechnisch „verorten" kann, verlangt, dass die Vermögensverschiebung nicht über den Umweg eines fremden Vermögens erlangt sein darf, sondern dass ein und derselbe Vorgang auf der einen Seite (des Inanspruchgenommenen) den Vorteil und auf der anderen Seite (des Anspruchstellers) den Vermögensnachteil unmittelbar herbeigeführt haben muss. Wir schließen uns dem an **(sub cc)**.

Deutlich sollte geworden sein, dass das Tatbestandsmerkmal „auf dessen Kosten" nicht als solches subsumiert wird, sondern nur der „Lieferant" der beiden vorgenannten Erfordernisse **(Eingriff in bestimmte Rechte und Rechtspositionen** des **Anspruchstellers** unter **Verletzung des wirtschaftlichen Zuweisungsgehalts/ Unmittelbarkeit bei der „Dritteingriffskondiktion")** ist.

Das **Bearbeitungsschema** für § 812 Abs. 1S. 1 Var. 2 BGB lautet also:

1. Der Inanspruchgenommene muss **etwas erlangt** haben **(sub B III)**, und zwar:
2. grundsätzlich **nicht durch** die **Leistung** (Ausnahme: Einbaufall) **(sub A II, C I, C II)**,
3. durch einen **Eingriff (sub bb))**,
4. in bestimmte **Eingriffsobjekte (sub bb))**,
5. **im Widerspruch** stehend zum **wirtschaftlichen Zuweisungsgehalt** dieser **Eingriffsobjekte (sub bb))**,
6. (zur Bestimmung des Schuldners bei der „Dritteingriffskondiktion":) **unmittelbar (sub cc))**,
7. **ohne** dass für die Vermögensverschiebung ein **Rechtsgrund** bestand **(sub dd))**.
8. **Rechtsfolge (sub D)**

bb) Durch einen „Eingriff" in bestimmte „Schutzpositionen und Schutzbereiche" des Anspruchstellers, der im „Widerspruch zum wirtschaftlichen Zuweisungsgehalt steht".

(1) Eingriff

Zunächst wollen wir uns fragen, was man unter einem „Eingriff" versteht. Es geht dabei um eine einseitige Inanspruchnahme einer fremden Rechtsposition.

Meistens geschieht dies durch ein menschliches Verhalten (Handlung oder Unterlassen) tatsächlicher Art oder rechtsgeschäftlicher Art, wobei eine Rechtswidrigkeit oder ein Verschulden nicht erforderlich sind. Und meistens werden es Verhaltensweisen des Inanspruchgenommenen sein (z. B. Besitzentzug; Verwertung, Nutzung, Verbrauch, Gebrauch von Gegenständen; Verbindung, Vermischung, Verarbeitung fremder Sachen nach §§ 946 ff. BGB; wirtschaftliche Verwertungen von Urheber-, Patent-, Marken-, Gebrauchsmusterrechten; oder des Allgemeinen Persönlichkeitsrechts; Inanspruchnahmen fremder Dienste, Werkleistungen), zuweilen solche des Anspruchstellers (z. B. versehentliche Verwendung eigener Sachen für andere) oder gar das Verhalten Dritter (z. B. der in der Zwangsvollstreckung den Erlös einer versteigerten Sache verteilende Gerichtsvollzieher oder der Erwerb durch eine von einem Dritten herbeigeführte Verbindung, Vermischung, Verarbeitung). Zu dem, was wir zuweilen „höhere Mathematik" nennen, gehören die ebenfalls unter § 812 Abs. 1S. 1 Var. 1 BGB zu subsumierenden Fälle der Verwertung einer schuldnerfremden Sache in der Zwangsvollstreckung.

**Fall 805**

Der G betreibt aufgrund eines vollstreckbaren Zahlungstitels gegen S die Zwangsvollstreckung in das bewegliche Vermögen des S. Der Gerichtsvollzieher GV pfändet bei S eine dem E1 gehörige bewegliche Sache, die der S von E1 ausgeliehen hatte. Die Sache wird durch eine Versteigerung verwertet. Der Ersteigerer ist der E2. Der E1 verlangt von E2 Herausgabe der Sache und von G den an diesen ausgekehrten Versteigerungserlös.

1. Der E1 hat keinen Herausgabeanspruch gegen den E2 a) aus § 985 BGB. Denn der E2 ist aufgrund eines staatlichen Hoheitsaktes Eigentümer geworden. b) Aber der E1 könnte von E2 Herausgabe aus § 812 Abs. 1S. 1 Var. 2 BGB von E2 verlangen. aa) Der E2 ist Eigentümer geworden, hat also „etwas" erlangt, bb) und zwar aaa) nicht durch Leistung, sondern durch einen privatrechtsgestaltenden Hoheitsakt, bbb) sondern „auf Kosten" des E1 aaaa) durch einen in der Ablieferung des Gerichtsvollziehers Eingriff in das Eigentum des E1, bbbb) der im Widerspruch steht zum wirtschaftlichen Zuweisungsgehalt. cc) Der Erwerb erfolgte unmittelbar. dd) Aber die Ablieferung erfolgte mit Rechtsgrund (§ 817 ZPO). 2. Den Versteigerungserlös kann der E1 von G aus § 812 Abs. 1S. 1 Var. 2 verlangen. a) Der G hat das Eigentum an dem Geld durch einen privatrechtsgestaltenden Hoheitsakt in Gestalt der Auskehrung des Erlöses durch den Gerichtsvollzieher erlangt, also ein „etwas", b) und zwar aa) nicht durch Leistung, bb) sondern durch einen Eingriff in das Eigentum an dem Erlös, denn der Eigentümer der gepfändeten Sache, der E1, ist im Wege der dinglichen Surrogation Eigentümer des Geldes geworden (§ 804 ZPO i. V. m. 1247S. 2 BGB). c) Der Erwerb geschah unmittelbar d) Die Rechtsgrundlosigkeit der Vermögensverschiebung ist indiziert. Ein besonderer Rechtsgrund für das Behaltendürfen besteht nicht. Dies wäre nur der Fall bei einem wirksam bestehenden Pfändungspfandrecht. E) Zu leisten ist Wertersatz (§ 818 Abs. 2 BGB)

Ein Eingriff kann auch in einem **natürlichen Vorgang**, der **ohne menschliche Steuerung** (z. B. Landanschwemmung, Vermischung durch Naturkräfte) erfolgt, bestehen. Aber allein wegen dieser doch seltenen Vorkommnisse den Begriff „allgemeine Eingriffskondiktion" zu ersetzen durch „allgemeine Nichtleistungskondiktion" (Röthel), schießt über das Ziel hinaus.

**Fall 806**

Die Kühe des Bauern B1 durchbrechen den Weidenzaun und grasen auf der Wiese des Bauern B2. Der B2 will von B1 einen Ausgleich.

Der Anspruch ergibt sich aus § 812 Abs. 1S. 1 Var. 2 BGB, denn a) B1 hat „etwas" (Ersparnis an Futter) erlangt, b) und zwar aa) nicht durch Leistung, bb) sondern auf Kosten B2, nämlich durch einen in Aufnahme des Futters zu sehenden Eingriff in das Eigentum des B2. In Betracht kommt ein Erwerb durch „Eingriff". aa) Niemand hat geleistet. bb) Dieser Erwerb ist aufgrund eines aaa) „Eingriffs", hier aufgrund eines Naturereignisses, bbb) der im Widerspruch zum wirtschaftlichen Zuweisungsgehalt des Eigentums des B2 liegt. c) Der Erwerb erfolgte unmittelbar d) und ohne Rechtsgrund. e) Die Folge ist, dass der Inhaber gegen den daraus Begünstigten einen Anspruch auf Wertersatz hat (§ 818 Abs. 2 BGB).

(2) Eingriffsobjekt

Es dient der sinnvollen Haftungsbegrenzung, wenn angenommen wird, dass aufgrund des Merkmals „auf dessen Kosten" die in Betracht kommenden **Eingriffsobjekte** bestimmte dem Anspruchsteller zustehenden Schutzpositionen und Schutzbereiche sein müssen.

Anderenfalls würde im Wirtschaftsleben jeder, der von einer guten Idee eines anderen, die dieser in einem Buch veröffentlicht hat, profitiert, dem Autor bereicherungsrechtlich aus §§ 812 Abs. 1S. 1 Var. 2, 818 Abs. 2 BGB verpflichtet sein. Daher besteht zum *Beispiel* auch kein Anspruch eines Wissenschaftlers W gegen ein Unternehmen U aus § 812 Abs. 1S. 1 Var. 2 BGB auf Übernahme eines Teils von Forschungskosten, wenn der U, ohne dadurch eine Rechtsverletzung begangen zu haben, von veröffentlichten Forschungsergebnissen des F profitiert hat (BGH). Ein Anspruch aus § 812 Abs. 1S 1 Var. 2 BGB wäre nur gegeben, wenn U unberechtigt in ein Recht des F unter Verletzung des wirtschaftlichen Zuweisungsgehalts eingegriffen hätte.

Dazu ist man sich einig, dass darunter nur solche Rechtspositionen zu verstehen sind die einen wirtschaftlichen Zuweisungsgehalt haben. Das sind Rechtsstellungen, deren Verwertung und Nutzung einer Person ausschließlich zugewiesen ist. Keinen wirtschaftlichen Zuweisungsgehalt haben dagegen Rechtsstellungen, die lediglich andere Personen verpflichtende bestimmte Verhaltensregeln aufstellen.

Die vorzuschlagende **Faustformel** für die Bestimmung der in Betracht kommenden Eingriffsobjekte lautet also „Eigentum + sonstige Rechte – eingerichtete und ausgeübter Gewerbetrieb".

Aber: Zu beachten ist, dass diese Rechte nicht in jeder Hinsicht dem Rechtsinhaber wirtschaftlich zugewiesen sein müssen, wie sich sogleich zeigen wird.

Einen wirtschaftlichen Zuweisungsgehalt hat das **Eigentum** in den Grenzen, die in § 903 und den §§ 905 ff. BGB gezogen werden. Beim **Eigentum** findet sich die Zuweisungsregelung in **§ 903 BGB**; danach gebühren dem Eigentümer über den Substanzwert hinaus auch die Gebrauchsvorteile und sonstigen Nutzungen an der Sache.

**Fall 807**

Dem E. Igen gehört ein mehrstöckiges Gebäude mit einer weiß angestrichenen Außenwand. Der ein Kino betreibende Nachbar Dr. K. I. No (K) projiziert zu Werbezwecken auf diese Wand mit einem lichtstarken Beamer Filmsequenzen der demnächst in seinem Kino gezeigten Filme. Der E will einen Ausgleich von K.

In Betracht kommt ein Anspruch des M gegen den K aus § 812 Abs. 1S. 1 Var. 2 BGB a) Der K hat „etwas", nämlich den Gebrauchsvorteil einer Nutzung der Wand als Projektionsfläche, erlangt, b) und zwar aa) nicht durch Leistung, bb) sondern „auf Kosten" des E aaa) durch einen „Eingriff" in das Eigentum des E, bbb) der im Widerspruch zum wirtschaftlichen Zuweisungsgehalt steht, denn durch die Benutzung der Wand als Projektionsfläche hat der Inanspruchgenommen Gebrauchsvorteile, die ausschließlich dem Eigentümer einer Sache zustehen (arge. § 903 BGB), für sich in Anspruch genommen. c) Der Erwerb geschah unmittelbar. d) Die Rechtsgrundlosigkeit der Vermögensverschiebung ist indiziert. Ein besonderer Rechtsgrund für das Behaltendürfen besteht nicht. e) Da das „etwas" nicht herausgegeben werden kann, hat der M gegen den K einen Anspruch auf Wertersatz (§ 818 Abs. 2 BGB), also die übliche Vergütung für die Zurverfügungstellung einer Werbefläche.

Aber man darf sich durch Weite der Zuweisung in § 903 BGB nicht blenden lassen. Nicht alle Vorteile, die das Eigentum mit sich bringt, sind dem Eigentümer auch wirtschaftlich zugewiesen: Es gibt z. B. kein Recht, eine ihm gehörende Sache als einziger fotografieren zu dürfen, wenn es vom öffentlichen Straßenraum einsehbar ist (BGH), so dass zum *Beispiel* kein Anspruch aus §§ 812 Abs. 1S. 1 Var. 2, 818 Abs. 2 BGB besteht, wenn ein kommerzieller Photograph ein architektonisch reizvolles Haus, etwa das stilreinste Jugendstilhaus in Hamburg in der dortigen Ackerbrunnenstraße 3 auf einer Postkarte abbildet und diese kommerziell vertreibt. Auch wenn zum *Beispiel* ein Zeppelin-Luftschiff des Z mit einer Reklameaufschrift vor einem Fußballspiel des HSV ohne Vereinbarung mit dem HSV über dessen Stadion kreist, besteht kein Anspruch des HSV gegen den Z auf einen Wertersatz in Höhe einer Lizenzgebühr aus §§ 812 Abs. 1S. 1 Var. 2, 818 Abs. 2 BGB, weil das Eigentum am Luftraum über dem Grundstück des HSV diesem nicht wirtschaftlich zugewiesen ist (§ 905 BGB) und daher kein Eingriff des Z in den wirtschaftlichen Zuweisungsgehalt des Eigentums vorliegt. Auch das Sicherungseigentum hat für den Sicherungseigentümer keinen Zuweisungsgehalt, es sei denn er hat ein Nutzungsrecht. Einen wirtschaftlichen Zuweisungsgehalt haben auch die meisten der als **sonstige Rechte** i. S. d. **§ 823 Abs. 1 BGB** anerkannten Rechte, also die beschränkt **dinglichen Nutzungsrechte**, ferner der **berechtigte Besitz** (z. B. der eines

Mieters), das **dingliche Anwartschaftsrecht** und die **Immaterialgüterrechte** (Urheberrecht, Warenzeichenrecht, Gebrauchsmusterrecht, Patent). Zu denken ist weiter an die **Persönlichkeitsrechte**, also an die speziellen Persönlichkeitsrechte wie das Namensrecht (§ 12 BGB) oder das Recht am eigenen Bild (§ 20 KunstUrhG). Auch das „Allgemeine Persönlichkeitsrecht" (Art. 1, 2 GG) kommt in Betracht, sofern dieses entgeltfähig ist, was bei Prominenten angenommen wird. Dies sogar bei solchen Eingriffen, die der Rechtsträger selbst nicht zur kommerziellen Verwertung vorgenommen hätte; zu denken ist dabei an Eingriffe in die Intimsphäre z. B. durch die Publikation eines Tagebuches eines Prominenten, das dieser selbst geheim gehalten hatte und keinesfalls selbst „vermarktet" hätte.

**Fall 808**

Der Dr. D verkauft die Krankengeschichte seines prominenten Patienten P an die Zeitschrift „Star" (eine Aktiengesellschaft), die sie veröffentlicht. P fordert von „Star" Herausgabe des Erlangten

1. Es geht nicht um einen Schadensersatzanspruch aus §§ 823 Abs. 1, 249 ff., 31 BGB wegen einer Verletzung des Allgemeinen Persönlichkeitsrechts, sondern um Herausgabe des Erlangten. 2. Ein solcher Anspruch ergibt sich aus a) §§ 687 Abs. 2, 681S. 1, 667 BGB, allerdings mit der Folge des § 687 Abs. 2, 684S. 1 BGB. b) Ferner könnte ein Anspruch aus §§ 812 Abs. 1S. 1 Var. 2 BGB gegeben sein. a) „Star" hat „etwas", nämlich das journalistisch nutzbare Wissen über den Gesundheitszustand des P erlangt, b) und zwar nicht durch Leistung" sondern „auf Kosten" des P, aaa) indem „Star" (§ 31 BGB) in das Allgemeine Persönlichkeitsrecht (Art. 1, 2 GG) eingegriffen hat, bbb) Bei Eingriffen durch „kommerzialisierende" Verwertung soll jedenfalls bei Prominenten ein solcher Eingriff im Widerspruch zu dem Inhaber des Allgemeinen Persönlichkeitsrechts zustehenden wirtschaftlichen Zuweisungsgehalt stehen, auch wenn der Rechtsträger selbst eine kommerzielle Verwertung nicht vorgenommen hätte. c) Der Vorteil ist unmittelbar erlangt. d) Die Rechtsgrundlosigkeit der Vermögensverschiebung ist indiziert. Ein besonderer Rechtsgrund für das Behaltendürfen besteht nicht. e) Da das „etwas" nicht herausgegeben werden kann, hat P einen Anspruch auf Wertersatz (§ 818 Abs. 2 BGB), also die übliche Vergütung für die Zurverfügungstellung von Wissen aus der Intimsphäre eines Prominenten.

Wenn man auch **Forderungen**, die ja „relative Rechte" sind, hinsichtlich der sich aus der Forderungszuständigkeit ergebenden Einziehungsbefugnis nicht nur als bei Zuständigkeitseingriffen verletzbare „sonstige Rechte" i. S. d. § 823 Abs. 1 BGB ansieht (Canaris), sondern ihnen konsequenterweise auch einen Zuweisungsgehalt zuerkennt, kämen natürlich auch sie als Eingriffsobjekt i. S. d. § 812 Abs. 1S. 1 Var. 2 BGB in Betracht, was allerdings nicht überzeugt, weil bei Eingriffen in die Forderungszuständigkeit in aller Regel § 816 Abs. 2 BGB lex specialis sein dürfte. Dagegen soll das Recht am **„eingerichteten und ausgeübten Gewerbetrieb"**, obwohl es als „sonstiges Recht" in § 823 Abs. 1 BGB geschützt wird, dem Inhaber keine festen Erwerbsmöglichkeiten mit ausschließlicher Wirkung zuweisen, sondern nur Verwertungschancen und daher als Eingriffsobjekt i. S. d. § 812 Abs. 1S. 1 Var. 2 BGB nicht in Betracht kommen.

Wenn wirtschaftliche Vorteile zum *Beispiel* entgegen § 4 Ziff. 7 UWG in der Weise erzielt werden, dass „die Kennzeichen, Waren, Dienstleistungen, Tätigkeiten oder persönlichen oder geschäftlichen Verhältnisse eines Mitbewerbers herabsetzt oder verunglimpft" werden, so kann der dadurch benachteiligte Mitbewerber den vom Verletzer erzielten Vorteil nicht nach §§ 812 Abs. 1S. 1 Var. 2, 818 Abs. 2 BGB abschöpfen, weil das UWG dem Mitbewerber keine Rechtsposition mit wirtschaftlichem Zuweisungsgehalt verleihen, die von ihm ausschließlich genutzt werden kann, sondern **nur Verhaltensregeln** aufstellen will.

In Erinnerung soll bei dieser Gelegenheit gerufen werden, dass die **tatsächliche Inanspruchnahme** von **Vermögensvorteilen** im **modernen Massenverkehr** (öffentliche Verkehrsmittel, Parkplatzbenutzung) und im Bereich der **Daseinsvorsorge** ohne Vorliegen eines ausdrücklich geschlossenen Vertrages (z. B. beim „Schwarzfahren" oder beim Einschalten des Lichts in einer neuen Wohnung ohne vorherige Anmeldung beim Energieversorger)

1. nicht zu einem Bereicherungsanspruch des Leistungsanbieters aus **§ 812 Abs. 1S. 1 Var. 2 BGB** wegen einer Eingriffskondiktion mit allen seinen „Schwächen" (§ 818 Abs. 3 BGB!) gegen denjenigen führt, der die Leistung in Anspruch nimmt,
2. sondern zu einem **Anspruch** aus einem **Vertrag**, und dies sogar im Falle einer ausdrücklich hiergegen erklärten „Verwahrung". Wie Sie wissen, gibt es für dieses unstreitige Ergebnis zwei rechtliche Konstruktionen: Nach einer Ansicht kommt der **Vertrag** durch die tatsächliche Inanspruchnahme der Leistung infolge eines **„sozialtypischen Verhaltens"** zustande. Nach dem anderen Lösungsvorschlag, der auch hier favorisiert wird, kommt der **Vertrag** trotz des Fehlens ausdrücklicher vertraglicher Willenserklärungen nach **§§ 145 ff. BGB** zustande, weil man in der Zurverfügungstellung der Leistung ein schlüssiges Angebot und in der Inanspruchnahme derselben eine schlüssige Annahmeerklärung sieht und im Fall einer Verwahrung gegen den Vertragsschluss § 162 BGB analog anwendet.

(3) Im Widerspruch zum Zuweisungsgehalt stehend

Aber mit der Qualifizierung als taugliches Eingriffsobjekt ist noch gar nichts gewonnen. Denn nur diejenigen Eingriffe in das wirtschaftliche zugewiesene Eigentum, Anwartschaftsrecht etc. etc. sind rechtlich relevant, bei denen die Eingriffsobjekte auch **ganz konkret** dem **Anspruchsteller wirtschaftlich zugewiesen** sind. Das ist keineswegs immer der Fall.

Denn Sie werden sehen, dass nach der konkreten Fallgestaltung z. B. einem Eigentümer sein Recht nicht in jeder Hinsicht wirtschaftlich zugewiesen sein kann. Man muss vielmehr im Einzelfall prüfen, ob der Eingriff im **Widerspruch** steht **zum wirtschaftlichen Zuweisungsgehalt** der **Schutzposition**. Wenn z. B. der

Eigentümer seine Sache an einen Mieter vermietet hat, ist ihm die Sache wirtschaftlich insoweit nicht zugewiesen, als es um die Benutzung der Sache angeht, so dass er von einem Mieter, der die Sache unerlaubt untervermietet, nicht nach § 812 Abs. 1S. 1 Var. 2 BGB die von diesem erwirtschaftete Untermiete herausverlangen kann.

**Fall 809**

Der M hat für € 2000,– im Monat eine riesige Altbauwohnung direkt neben dem Rechtshaus der Universität Hamburg in der Schlüterstraße von dem Hauseigentümer V gemietet. Als der M für 2 Jahre ins Ausland geht, vermietet er sie an den cleveren Jurastudenten UM für € 2000,– im Monat weiter. Der Vermieter V des M war mit der Untervermietung an den UM einverstanden. Der M zahlt die Miete weiterhin an V; der UM entrichtet den Untermietzins an den M. Nach Übernahme der Wohnung teilt der UM die großen Zimmer durch Leichtbauwände so auf, dass 11 separate Zimmer entstehen, von denen er eines selbst bewohnt und die er ansonsten mit dem Recht zur Benutzung einer gemeinsamen Küche und eines Bades an 10 Jungjuristen (UUM1–10) zu einer Miete von je € 500,– weiter untervermietet. Der M weiß davon nichts. Als er bei einem Heimaturlaub nach einem Jahr davon erfährt, verlangt er Herausgabe des von U1–U10 erlangten Miete von € 60.000,– von UM.

Sie kennen bereits einen diesem sehr ähnlichen Fall und wissen, dass 1. nicht um Schadensersatzansprüche des M gegen UM aus § 280 Abs. 1 BGB oder § 823 Abs. 1 BGB geht. Warum nicht? Weil ein solcher Anspruch nur auf den von V nicht geltend gemachten Schadensersatz wegen einer erhöhten Abnutzung der Mietsache gerichtet wäre (§ 249 Abs. 2 BGB), nicht aber auf den Ersatz eines entgangenen Gewinns (§ 252 BGB), weil der V die Wohnung während des Bestehens des Mietvertrages mit M nicht in dieser Weise gewinnbringend hätte vermieten können. 2. Gegen einen Anspruch aus §§ 687 Abs. 2, 681S. 2, 667 BGB, allerdings mit einem Gegenanspruch des UM aus § 687 Abs. 2, 684S. 1, 812 ff. BGB auf Aufwendungsersatz, spricht, dass die Unter-Untervermietung durch den UM an UUM1–10 kein „fremdes Geschäft" (nämlich das des M) war, weil M kein Recht zum Besitz hatte, als der UM die Wohnung unter – untervermietete (s. o.). 3. Warum ein Anspruch des M gegen den UM auf Nutzungsherausgabe (§§ 990, 987 Abs. 1, 99 Abs. 3 BGB), nicht gegeben ist, liegt auf der Hand: Es fehlt an einer Vindikationslage. 4. In Betracht kommt ein Anspruch aus Eingriffskondiktion. a) Zu denken wäre an einen Anspruch aus § 816 Abs. 1S. 1 BGB analog. Referieren Sie den Streitstand? Weil die ganz h. M. § 816 Abs. 1S. 1 BGB ablehnt, wenn ein Mieter, der vom Eigentümer gemietet hat, unerlaubt untervermietet, ist im vorliegenden Fall, in dem ein Mieter vom unerlaubt unter-untervermietenden Untermieter Herausgabe des Erlangten fordert, erst recht kein Raum für einen Anspruch aus § 816 Abs. 1S. 1 BGB, wohl aber b) für einen Anspruch aus § 812 Abs. 1S. 1 Var. 2 BGB. aa) Der UM hat die Nutzung der Wohnung durch Untervermietung erlangt, bb) dies aaa) nicht durch Leistung, bbb) sondern „auf Kosten" des M aaaa) durch einen Eingriff in den aufgrund des Mietvertrages mit V bestehenden berechtigten mittelbaren Besitz des M. bbbb) Dieser müsste im Widerspruch zum wirtschaftlichen Zuweisungsgehalt stehen. aaaaa) Nach einer wenig überzeugenden Ansicht (Canaris) soll sich aus dem gesetzlichen Erfordernis einer Gestattung der Untervermietung (§ 540, 553 BGB) ergeben, dass ein Eingriff in den wirtschaftlichen Zuweisungsgehalt des berechtigten Besitzes des M vorliegt. bbbbb) Nach h. M. soll kein Eingriff vorliegen, weil sich der M durch den Untermietvertrag der Möglichkeit einer weiteren Untervermietung begeben hat, so dass die Unter-Untervermietung nicht im Widerspruch zum Zuweisungsgehalt des Mietrechts des M steht. cc) Folgt man Canaris, wäre der Vorteil unmittelbar und dd) rechtsgrundlos erlangt. dd) Herauszugeben wäre der Erlös, wobei sich die Frage stellt, ob der gesamte Erlös oder nur der nach § 553 Abs. 2 BGB geschuldete Betrag (sog. „Untermietzuschlag") herauszugeben ist.

Und aus der gleichen Erwägung hätte z. B. ein Urheber, der das Verwertungsrecht an seinem **Urheberrecht** vertraglich an einen Verlag übertragen hat, gegen einen Plagiator keinen Anspruch aus §§ 812 Abs. 1S. 1 Var. 2, 818 Abs. 2 BGB.

cc) Zur Bestimmung des Schuldners bei der Dritteingriffskondiktion: Unmittelbarkeit

Wir haben uns oben dafür entschieden, dass aus dem Tatbestandsmerkmal „auf dessen Kosten" die Notwendigkeit folgt, jedenfalls in Fällen, in denen der Eingreifende nicht der Vorteilszieher ist („Dritteingriffskondiktion"), zur Bestimmung des Schuldners des Anspruchs aus einer allgemeinen Eingriffskondiktion festzustellen, dass das „etwas" vom Inanspruchgenommenen **unmittelbar** und nicht über den Umweg eines fremden Vermögens erlangt worden ist.

Das lehrt das (Schul-)*Beispiel* (Canaris): Der Hausmeister verfeuert dem E gehöriges fremdes Holz im Kamin des Arbeitgebers. Nicht der (eingreifende) Hausmeister, sondern der Arbeitgeber als Begünstigter haftet dem aus § 812 Abs. 1S. Var. 2 BGB, dies aber nur, wenn ihm der Eingriff unmittelbar zugutekommt, was hier fraglos der Fall ist.

**Fall 810**

Der E hatte beim Bau seines Mietshauses eine Tiefgarage errichtet, hatte sich aber den Bau einer Zufahrt erspart, weil zwischen seinem Haus mit der Garage das unbebaute und öde daliegende Grundstück des B lag, über das man leicht fahren kann. Die Wohnungs- und Tiefgaragenmieter (M) fahren über dieses Grundstück Der B verlangt einen Ausgleich dafür von den M oder von E (nach BGH).

1. Ein Anspruch des B gegen die M aus § 812 Abs. 1S. 1 Var. 2 BGB setzt voraus, dass die M „etwas" erlangt haben Hier kommt der Gebrauchsvorteil, das fremde Grundstück zu nutzen, in Betracht. Es sind aber nicht die Inanspruchgenommenen M, die einen Vorteil gehabt hat, sondern der E, der eine Zufahrt für die M hätte schaffen müssen und sich dies erspart hat. Daher hat der B keinen Anspruch gegen die M. 2. In Betracht kommt ein Anspruch des B gegen den E aus § 812 Abs. 1S. 1 Var. 2 BGB. a) Der E hat „etwas", nämlich die Nutzung der

Garagenzufahrt durch die M und damit die Ersparnis des Baus einer Zufahrt erlangt, b) und zwar aa) nicht durch Leistung, bb) sondern „auf Kosten" des B. aaa) Hier liegt ein Eingriff in das Eigentum des B vor, aaaa) zwar nicht seitens des E, bbbb) wohl aber ein solcher der Mieter M, bbb) der im Widerspruch zum wirtschaftlichen Zuweisungsgehalt des Eigentums des B steht. c) Der E ist durch die Nutzung des Grundstücks des B unmittelbar begünstigt. Denn er hatte die Tiefgaragenplätze vermietet und schuldete den Bau einer Zufahrt. d) Ein besonderer Rechtsgrund zum Behaltendürfen ist nicht ersichtlich. e) Da der Vermögensvorteil nicht herausgegeben werden kann, hat der B gegen den E einen Anspruch auf Wertersatz (§ 818 Abs. 2 BGB), also die übliche Vergütung für ein Wegerecht.

dd) „Ohne Rechtsgrund"

Bei einem Eingriff, der dem wirtschaftlichen Zuweisungsgehalt eines der anerkannten dem Anspruchsteller zustehenden Eingriffsobjekte zuwiderläuft ist die **Rechtsgrundlosigkeit indiziert**. Sie kann widerlegt sein durch Gestattung oder durch gesetzliche Regelungen.

(1) Gestattung

Ein **Rechtsgrund** zum **Behaltendürfen** des erlangten „etwas" kann bei einer **schuldrechtlichen Sonderverbindung**, i. d. R einem Vertrag zwischen Anspruchsteller und dem Inanspruchgenommenen, bestehen. Bei zum *Beispiel* der Nutzung fremden „geistigen Eigentums" wäre ein Lizenzvertrag ein Rechtsgrund. Auch dann, wenn dagegen zum *Beispiel* ein Käufer eine ihm verkaufte Sache eigenmächtig an sich nimmt, kann der Verkäufer keine Herausgabe aus § 812 Abs. 1S. 1 Var. 2 BGB verlangen, weil der Käufer die Kaufsache aus § 433 Abs. 1S. 1 BGB „besitzen", also behalten darf. Ob auch dies Recht aus dem Kaufvertrag als ein den Anspruch ausschließender Rechtsgrund anzusehen ist, ist allerdings zweifelhaft; man wird vielleicht besser auf § 242 BGB als Behaltensgrund abstellen müssen („dolo petit qui agit qod statim redditurus est")

(2) Gesetz

Desweiteren kann das Gesetz das Behaltendürfen aufgrund einer materiellen Güterzuweisung bestimmen.

Behaltensgründe sind z. B. der Rechtserwerb aufgrund des Hoheitsaktes einer Ablieferung nach einer **Zwangsversteigerung** (§ 817 ZPO). Bei einer **Ersitzung** (§§ 937 ff. BGB) ist umstritten, ob sie ein Rechtsgrund zum Behaltendürfen ist. Man wird differenzieren müssen: Klar ist, dass kein Bereicherungsanspruch aus § 812 Abs. 1S. 1 Var. 2 BGB auf Herausgabe der Sache besteht; was einen Wertersatzanspruch aus §§ 812 Abs. 1S. 1 Var. 2, 818 Abs. 2 BGB angeht, wird man auch diesen ablehnen müssen, weil dazu eine besondere Anordnung erforderlich gewesen wäre wie es bei den §§ 946 ff. BGB in § 951 BGB der Fall ist. Bei diesem für Sie besonders wichtigen gesetzlichen Eigentumserwerbstatbeständen der **§§ 946 ff. BGB** ist, was die hier maßgebliche Frage angeht, ebenfalls zu differenzieren: Die Vermögensverschiebung als solche ist endgültig („kondiktionsfest"); deshalb besteht kein diese Vermögensverschiebung rückgängig machender Anspruch aus § 812 Abs. 1S. 1 Var. 2 BGB (arge. § 951 Abs. 1S. 1 BGB: „Vergütung in Geld“), während trotz der Kondiktionsfestigkeit der Vermögensverschiebung jedenfalls ein bereicherungsrechtlicher Ausgleich gewährt wird (aus §§ 951, 812 Abs. 1S. 1 Var. 2 BGB); daraus folgt, dass die §§ 946 ff. BGB kein Rechtsgrund bei der Prüfung des Anspruchs aus § 951 Abs. 1 BGB sind. Beim Eigentumserwerb durch Fund nach **§ 973 BGB** ist es ähnlich, denn der Erwerb des Eigentums ist kondiktionsfest; ansonsten kann nach § 977 BGB kann noch 3 Jahre lang ein bereicherungsrechtlicher Ausgleich erfolgen. Bei der Prüfung eines bereicherungsrechtlichen Anspruchs des Eigentümers gegen einen gutgläubigen Erwerber **(§§ 932 ff. BGB, 892 BGB, 1207 BGB, 2366 ff. BGB, 366 Abs. 1 HGB)** auf Herausgabe der Sache, die unumstritten zum Ergebnis einer „Kondiktionsfestigkeit“ des gutgläubigen Erwerbs führt (einzige Ausnahme: § 816 Abs. 1S. 2 BGB), kommt man bei Zugrundelegung des hier gewählten Konzepts aufgrund des Vorrangs der Leistungskondiktion vor der Nichtleistungskondiktion gar nicht erst nicht zur Prüfung eines Anspruchs aus § 812 Abs. 1S. 1 Var. 1 BGB und damit auch nicht zur Frage, ob die Gutglaubenstatbestände ein Rechtsgrund zum Behaltendürfen darstellen. Wer jedoch in durchaus vertretbarer Weise das Vorliegen einer Leistung des Nichtberechtigten an den gutgläubigen Erwerber verneint, der käme zur Erörterung des § 812 Abs. 1S. 1 Var. 2 BGB und müsste dann in den Gutglaubenstatbeständen eine materielle Güterzuweisung, also einen Rechtsgrund, sehen.

## 2. Aufwendungskondiktionen i. w. S.

Für die „Nichtleistungskondiktion“ in Gestalt der soeben abgehandelten „Eingriffskondiktion“ waren Eingriffe in eine fremde Rechtssphäre kennzeichnend. Aber auch bewusst oder unbewusst erbrachte freiwillige Vermögensopfer können einen Ausgleich nach § 812 Abs. 1S. 1 Var. 2 BGB nach sich ziehen, wenn sie nicht Gegenstand einer Leistung sind. Wir bezeichnen dies als **„Aufwendungskondiktion i. w. S.“** und untergliedern dieselben in die Konstellationen der. **„Rückgriffskondiktion“** und die der **„Aufwendungskondiktion i. e. S.“** und **„Verwendungskondiktion“** und in die der **„Direktdurchgriffskondiktion“**. Vorab sei gesagt, dass bei den Aufwendungskondiktionen i. w. S. – und das ist unbestritten – das Erfordernis der Unmittelbarkeit bei der Bestimmung des Bereicherungsschuldners eine maßgebliche Rolle spielt.

### a) „Rückgriffskondiktion“

Im Vordergrund stehen die Fälle einer **Fremderfüllung** durch einen Dritten. Die klassische Fallkonstellation ist die Erfüllung (i. d. R: Zahlung) eines Dritten auf die bestehende Schuld eines anderen, durch die dessen Schuld getilgt wird (§§ 362 Abs. 1, 267 BGB). Wenn in diesen Fällen der Dritte beim Schuldner „Regress“ (= Rückgriff) nehmen will, könnte ein Fall der auch **„Auslagenkondiktion“** genannten **„Rückgriffskondiktion“** aus § 812 Abs. 1S. 1 Var. 2 BGB in Betracht kommen.

#### aa) Vorrang anderer Regresskonstruktionen

Es zeigt sich aber, dass die Auslagen- bzw. Rückgriffskondiktion in Wahrheit **ohne allzu große praktische Bedeutung** ist, weil das Problem des Regresses weitgehend anders bewältigt wird. Aber die praktische Irrelevanz bedeutet nicht, dass die Auslagenkondiktion für Klausuren bedeutungslos wäre. Im Gegenteil, denn sie bietet allerlei Möglichkeiten zu Aufgabenstellungen, bei denen Sie zu zeigen haben, dass Sie ich im Regressrecht auskennen. Die folgende Zusammenstellung der vorrangigen Regresskonstruktionen zeigt Ihnen die (teilweise ja schon abgehandelten, teilweise noch vertieft zu behandelnden) Möglichkeiten des Ausgleichs nach einer Tilgung fremder Schulden.

- Denn zum einen findet Auslagen- bzw. Rückgriffskondiktion keine Anwendung in den Konstellationen, in denen sich der an den Gläubiger leistende Dritte nur aufgrund einer **cessio legis** an den Schuldner halten kann, so bei §§ 268 Abs. 3, 426 Abs. 2, 774, 1143 BGB, 86 VVG, 116 SGB X, § 6 EFZG. Denn in diesen Fällen hat der Schuldner gar keine Schuldbefreiung erlangt, weil es zu einem Gläubigerwechsel kommt: Der Leistende wird neuer Gläubiger. Der Schuldner hat also gar keine Befreiung von der Verbindlichkeit erlangt. § 812 Abs. 1S. 1 Var. 2 BGB ist daher bereits nicht tatbestandsmäßig
- Weiterhin tritt die Auslagenkondiktion zurück gegenüber vorrangigen Ansprüchen aus einem bestehenden **Innenverhältnis** entweder aus dem Vertrag (§ 670 BGB, §§ 675, 670 BGB) oder aus einer speziellen Regressvereinbarung; oder wenn es **gesetzliche Regressregelungen** für das Innenverhältnis **(z. B.** bei der Gesamtschuld aus §§ 426 Abs. 1 BGB) gibt.
- Oder es ist vorrangig ein Ausgleich zwischen dem an den Gläubiger leistenden Dritten und dem Schuldner durch einen **Zessionsregress**, bei dem der Gläubiger dem Dritten seinen Anspruch gegen den Schuldner abzutreten hatte (z. B. §§ 255, 285 BGB) und auch abgetreten hat, so dass der Dritte dann aus dem ihm abgetretenen Anspruch gegen den Schuldner vorgehen kann.
- Vorrangig sind auch Ansprüche des Dritten gegen den Schuldner auf **Aufwendungsersatz** aus echter berechtigter **Geschäftsführung ohne Auftrag** (§§ 677, 683, 670 BGB).
- Ist die **Geschäftsführung ohne Auftrag** mangels der Voraussetzungen des § 683 BGB unberechtigt, so steht dem Dritten ein Anspruch gegen den Schuldner ein Aufwendungsersatzanspruch aus **§§ 677, 684S. 1, 812, 818 ff.** zu. Um den Streit, ob es um eine Rechtsgrund- oder nur um eine Rechtsfolgeverweisung handelt, brauchen Sie sich nicht zu kümmern, weil inzwischen beide Lehren insoweit harmonisiert worden sind, als auch die einen bloßen Rechtsfolgenverweis propagierende Lehre die Sperrtatbestände der §§ 814, 815 und § 817S. 2 BGB auf §§ 677, 684S. 1, 812 BGB anwendet. Daher sollten Sie sich der Lehre vom Rechtsfolgenverweis anschließen.
- Im Fall der Zahlung fremder Schulden ist theoretisch vorstellbar auch ein Anspruch aus **§ 812 Abs. 1S. 1 Var. 1 BGB**, der jedoch nicht bestünde, wenn ein Anspruch aus §§ 677, 683, 670 BGB bejaht wird, weil dann die echte berechtigte Geschäftsführung ohne Auftrag ein Rechtsgrund wäre.

#### bb) Regress nach § 812 Abs. 1S. 1 Var. 2 BGB

##### (1) Voraussetzungen im Allgemeinen

Erst wenn alle diese Wege ausscheiden, stellt sich speziell in den Fällen der **Leistung** eines **„Dritten“** i. S. d. **§ 267 BGB** an den Gläubiger die Frage eines Ausgleiches nach **§ 812 Abs. 1, S. 1 Var. 2 BGB**, dessen **Voraussetzungen** wie folgt zusammengestellt werden können.

Der Inanspruchgenommene, also der Schuldner der erfüllten Forderung, hat als **„etwas"** die durch einen Dritten herbeigeführte Schuldbefreiung erlangt (§§ 362 Abs. 1, 267 BGB), wobei es auch die Möglichkeit einer Schuldbefreiung durch nachträglichen Fremdbestimmung gibt (dazu haben Sie schon etwas gelesen, erfahren aber gleich noch mehr).

Diesen Vorteil darf der in Anspruch genommene Schuldner **nicht durch Leistung** des Dritten oder irgendeiner anderen Person erlangt haben, sondern muss ihn **„in sonstiger Weise"** erlangt haben. Das wäre z. B. der Fall, wenn die Befreiung des Schuldners durch den Dritten zum Zwecke der Schenkung erfolgen sollte. Das klassische (Schul-)*Beispiel* ist, dass der Patenonkel aus Anlass des Examens seines Patenkindes dessen Schulden tilgt. Auch, wenn die Schuldtilgung zur Begründung eines Schuldverhältnisses aus GoA erfolgt, kommt nicht § 812 Abs. 1S. 1 Var. 2 BGB, sondern ein Anspruch aus §§ 677, 683S. 1 oder S. 2, 670/684S. 1 BGB in Betracht.

Wenn es heißt, dass der Inanspruchgenommene den Vorteil **„auf Kosten"** des Anspruchstellers erlangt haben muss, so bedeutet dies für die Auslagenkondiktion, dass die Vermögensmehrung des Inanspruchgenommenen **unmittelbar** erfolgt sein muss, wobei natürlich die Einschaltung von Hilfspersonen (z. B. einer Bank) der Unmittelbarkeit nicht entgegensteht. Hier hat das bei der allgemeinen Eingriffskondiktion als Voraussetzung umstrittene Merkmal der „Unmittelbarkeit" unbestritten Geltung.

Die weiterhin erforderliche **Rechtsgrundlosigkeit** ist indiziert und wäre nur dann nicht gegeben, wenn es einen besonderen Grund dafür gäbe, dass die Schuldbefreiung endgültig sein soll.

Herauszugeben ist das Erlangte, aber – weil die Befreiung von einer Verbindlichkeit nicht „in Natur" herausgegeben werden kann – aber nur **Wertersatz** (§ 818 Abs. 2 BGB).

Gegen diese Konstruktion eines Rückgriffskondiktionsanspruchs kann nicht vorgebracht werden, dass es sich vielfach um eine **„aufgedrängte Bereicherung"** handelt, die den Schuldner aus den verschiedensten Gründen unzuträglich belasten könnte, z. B. deshalb, weil er **Einwendungen** gegen den Gläubiger dem Regress nehmenden Dritten nicht entgegenhalten und damit **verlieren** könnte **(Einwendungsverlust)**; weil hinsichtlich der getilgten Forderung der Ablauf einer kurzen Verjährungsfrist unmittelbar bevorstand, auf die er sich hätte berufen können, während er nunmehr einem nach § 195 BGB regelmäßig verjährenden Bereicherungsanspruch des Dritten ausgesetzt sei **(Einredeverlust)**; weil er eine Aufrechnungsmöglichkeit gegenüber dem Gläubiger verloren hat **(Aufrechnungsbefugnisverlust)**; oder weil mit dem Gläubiger ein „pactum de non cedendo" vereinbart war **(Verlust des Schutzes aus einem Abtretungsverbot)**.

Dieses Problem löst man anders, indem man bei solchen Konstellationen nach **§ 818 Abs. 3 BGB analog** zugunsten des Schuldners den § 268 Abs. 3 BGB analog, und damit die §§ 404, 406 ff. BGB analog anwendet und auch § 399 Var. 2 BGB analog berücksichtigt.

(2) Kasuistik

Der praktisch bedeutsamste Fall einer „Rückgriffskondiktion" ist der, in dem ein **Anwartschaftsrecht veräußert** worden ist und der **Erwerber** an den **Eigentümer-**

**Erstverkäufer** zahlt, um den **Bedingungseintritt** zu seinen Gunsten herbeizuführen, und er sich dann **beim Erstkäufer erholen** will.

**Fall 811**

Der Eigentümer E einer beweglichen Sache verkauft diese an den K1 unter Eigentumsvorbehalt für € 10.000,– und übergibt und übereignet die Sache aufschiebend bedingt durch die vollständige Bezahlung des Kaufpreises (§§ 929S. 1, 158 Abs. 1 BGB). Der K1 verkauft und überträgt durch Einigung und Übergabe sein Anwartschaftsrecht an den K2. Als der K1 in Vermögensverfall gerät und den Restkaufpreis von € 100,– nicht mehr aufbringen kann, zahlt der K2 diesen Betrag an den E, weil er fürchtet, dass der E nach § 323 BGB vom Vertrag zurücktritt und sein Anwartschaftsrecht dadurch erlischt. Danach verlangt der K2 von dem wieder zu Geld gekommenen K1 Zahlung von € 100,–.

Ansprüche des K2 gegen den K1 a) aus einem Innenverhältnis, b) aufgrund einer cessio legis, c) aufgrund einer erfolgten Zession bestehen nicht. e) Mangels eines Fremdgeschäftsführungswillens hat der K2, der lediglich eigene Interessen verfolgt (Eigentumserwerb, um § 771 ZPO geltend machen zu können), keinen Anspruch aus §§ 677, 683, 670 BGB. f) Aus dem gleichen Grund (kein Fremdgeschäftsführungswille) hat der K2 gegen den K1 auch keinen Anspruch aus §§ 677, 684S. 1, 812 Abs. 1 BGB. g) Einen Anspruch aus § 812 Abs. 1S. 1 Var. 1 BGB hat der K2 mangels eines gegenüber dem K1 verfolgten Leistungszweckes nicht. h) Der Anspruch ergibt sich jedoch aus § 812 Abs. 1S. Var. 2 BGB aa) Der K1 hat als „etwas" die Schuldbefreiung erlangt (§§ 362, 267 BGB), bb) dies nicht durch aaa) Leistung, namentlich nicht die des K2 an den K1, bbb) sondern „auf Kosten" des K2 durch Tilgung der Forderung als Dritter (§§ 362 Abs. 1, 267 BGB) cc) Der Vorteil ist unmittelbar erlangt dd) und auch ohne rechtlichen Grund. ee) Danach muss der K1 dem K2 den Wert der Befreiung von der Verbindlichkeit (€ 100,–) ersetzen (§ 818 Abs. 2 BGB). ff) Der K1 könnte aaa) entreichert sein (§ 818 Abs. 3 BGB). Das ist nicht der Fall. bbb) § 818 Abs. 3 BGB könnte jedoch analog anzuwenden sein. aaaa) Weil die Zuerkennung eines Anspruchs des Dritten (K2) gegen den Schuldner (K1) i. E. einer Ablösung nach § 268 BGB mit der Konsequenz einer cessio legis sehr nahe kommt (§ 268 Abs. 3 BGB), ist man sich einig, dass die im Falle des § 268 Abs. 3 BGB nach § 412 BGB anwendbaren Schuldnerschutzvorschriften der §§ 404, 406 ff. BGB Berücksichtigung finden müssen, denn sonst würde man den Dritten aus § 267 BGB besser stellen als den Ablösungsberechtigten. Gleiches soll den Fall eines pactum de non cedendo (§ 399 Var. 2 BGB) gelten. bbb) In solchen Fällen soll der Schuldner nach § 818 Abs. 3 BGB analog zur Leistungsverweigerung berechtigt sein. bbbb) Weil im vorliegenden Fall dem K1 derartige Verteidigungsmittel nicht entgangen sind, muss der K1 dem K2 den Wert der Befreiung von der Verbindlichkeit (€ 100,–) ersetzen (§ 818 Abs. 2 BGB).

In juristischen Aufgabenstellungen ist die bereits oben genannte und hier vertieft anzusprechende Konstellation sehr beliebt: Ein sich irrig für den Schuldner haltender

**Nicht-Schuldner** erbringt eine **vermeintlich** von ihm selbst **geschuldete Leistung** an den Gläubiger.

Er könnte diese Leistung von dem Gläubiger nach § 812 Abs. 1S. 1 BGB zurück verlangen. Wenn aber der Gläubiger nicht leistungsfähig ist, kann dem Nicht-Schuldner der Gedanke kommen, seine Leistung durch eine **nachträgliche Fremdbestimmung** in eine **für den wahren** (und leistungsfähigen) **Schuldner erbrachte Drittleistung** i. S. d. **§ 267 BGB rückwirkend „umzuwandeln"**, um sich auf diese Weise nach § 812 Abs. 1S. 1 Var. 2 BGB bei dem wahren und leistungsfähigen Schuldner zu erholen.

Diese Fremdbestimmung soll nach § 144 BGB analog, § 182 ff. BGB analog möglich sein, weil der Gläubiger vom Dritten das erlangt habe, was er vom Schuldner hätte verlangen können. Wenn man den Dritten darauf beschränken würde, nur vom Gläubiger Rückzahlung verlangen zu können, könne er möglicherweise gar nichts bekommen: Der Gläubiger könne unauffindbar sein, entreichert sein (§ 818 Abs. 3 BGB) und sogar insolvent. Außerdem könne der Gläubiger mangels Tilgungswirkung der Leistung des D die Forderung weiterhin gegen den Schuldner geltend machen.

Die **Bedenken** gegen diese Konstruktion sind **unberechtigt**:

So brauche man sich keine Sorgen um den „aufgedrängt" bereicherten Schuldner zu machen: Er soll nach **§ 818 Abs. 3 BGB analog** seine Einwendungen und Einreden gegen den Gläubiger dem Dritten entgegenhalten können; auch Aufrechnungsmöglichkeiten müssten ihm erhalten bleiben. Und ein ihn schützendes Abtretungsverbot geht vor. Dazu wissen Sie ja bereits alles. Oder haben Sie es schon vergessen?

Und **zwei** in der Tat **kritische Konstellationen** kann man durch § 242 BGB bzw. § 91 InsO analog beherrschen:

Wenn der Schuldner bereits an den Gläubiger geleistet hat, soll eine nachträgliche Fremdbestimmung nicht möglich sein. Denn sonst wäre der Schuldner auf einen Kondiktionsanspruch gegen den Gläubiger angewiesen und müsste das Entreicherungs- und Insolvenzrisiko aus dessen Person tragen.

Im Fall der Insolvenz des Gläubigers wäre die Möglichkeit einer Umwidmung mit der Konsequenz eines Anspruchs gegen den Schuldner aus § 812 Abs. 1S. 1 Var. 2 BGB eine unangemessene Bevorzugung des Dritten, der so zum Nachteil anderer Gläubiger dem von ihm zu tragenden Insolvenzrisiko entgehen könnte. Dem könnte man durch eine analoge Anwendung des § 91 InsO („Rechte an den Gegenständen der Insolvenzmasse können nach der Eröffnung des Insolvenzverfahrens nicht wirksam erworben werden, auch wenn keine Verfügung des Schuldners und keine Zwangsvollstreckung für einen Insolvenzgläubiger zugrunde liegt") entgegentreten oder eine Umbestimmung als Verstoß gegen § 242 BGB ansehen.

In dieser Weise differenziert gesehen könnte man die rückwirkende „Umwidmung" wohl zulassen.

**Fall 812**

Der G hat gegen den S eine Forderung. Der D hält sich irrig für den Schuldner und leistet an den G. Dann wird über das Vermögen des G das Insolvenzverfahren eröffnet. Weil der D hinsichtlich seines Kondiktionsanspruchs gegen den

G aus § 812 Abs. 1S. 1 Var. 1 BGB nur die Insolvenzquote zu erwarten hätte, erklärt er gegenüber dem Insolvenzverwalter des G, dass er die Leistung anstelle des S „als Dritter" erbracht hätte, und nimmt jetzt den leistungsfähigen S in Anspruch.

Ansprüche des D gegen den S a) aus einem Innenverhältnis, b) aufgrund einer cessio legis, c) aufgrund einer erfolgten Zession bestehen nicht. d) Mangels eines Fremdgeschäftsführungswillens hat der D, der lediglich eigene Interessen verfolgt, keinen Anspruch aus §§ 683, 677, 670 BGB. e) Aus dem gleichen Grund hat der D gegen den S keinen Anspruch aus §§ 677, 684S. 1, 812 Abs. 1 BGB. f) Einen Anspruch aus § 812 Abs. 1S. 1 Var. 1 BGB hat der D mangels eines gegenüber dem S verfolgten Leistungszweckes nicht. g) Der D könnte aber gegen den S einen Anspruch aus § 812 Abs. 1S. 1 Var. 2 BGB haben. aa) Dann müsste dieser „etwas" erlangt haben. Eine Schuldbefreiung könnte S nach § 267 BGB erlangt haben, wenn eine nachträgliche Fremdbestimmung möglich wäre. Das ist grundsätzlich möglich, weil es sonst zu einer umständlichen Doppelabwicklung käme: Der von D aus § 812 Abs. 1S. 1 Var. 1 BGB in Anspruch genommene G würde sich nämlich anschließend an den S halten. Nach Eröffnung des Insolvenzverfahrens über das Vermögen des G würde jedoch aus Gründen der insolvenzrechtlichen Gleichbehandlung keine Wahlmöglichkeit mehr bestehen (arge § 91 InsO analog). Daher scheidet hier eine Fremdbestimmung aus. Der D kann sich nur an G halten. Wer dies anders sieht, müsste eine Schuldbefreiung als erlangtes „etwas" annehmen. bb) Dieser Vorteil wäre aaa) nicht durch Leistung, bbb) sondern „auf Kosten" des D erlangt worden durch Tilgung der Forderung im Wege der nachträglichen Fremdbestimmung. cc) S hat den Vorteil unmittelbar dd) und ohne Rechtsgrund erlangt. ee) § 818 Abs. 3 BGB steht dem Anspruch nicht entgegen.

Das waren die in erster Linie vorkommenden Fälle der Fremderfüllung durch einen Dritten. Wie aber sieht es aus, wenn ein Gläubiger einen ihm zustehenden Anspruch selbst erfüllt?

Zu denken ist an die eigenmächtige Beseitigung eines Mangels durch einen „ungeduldigen" Käufer, Mieter oder Besteller: Kann dieser sich nach § 812 Abs. 1S. 1 Var. 2 BGB beim Schuldner, dem Verkäufer oder Unternehmer erholen?

Die Bedenken liegen auf der Hand. Wenn dies möglich wäre, wären die im Interesse des Schuldners geschaffenen Normen der § 437 BGB; § 536a Abs. 1, 2 BGB; §§ 634, 637 BGB umgangen. Daher soll (so der BGH) über die Fälle der § 634 Nr. 2 BGB; § 536 Abs. 2 BGB, 539 BGB; 651c Abs. 3 BGB hinaus keinerlei Ersatz von Beseitigungskosten nach § 812 Abs. 1S. 1 Var. 2 BGB verlangt werden können. Dann allerdings wäre der Schuldner unverdient freigestellt.

Ein vernünftiger Kompromiss wäre der Vorschlag, dem Gläubiger jedenfalls einen Wertersatzanspruch aus §§ 812 Abs. 1S. 1 Var. 2, 818 Abs. 2 BGB in Höhe des ersparten Aufwandes zuzuerkennen. Andere Anspruchsgrundlagen, die in diesem Zusammenhang diskutiert werden, wären ein Anspruch aus §§ 677, 684S. 1, 812 BGB, der aber mangels Fremdgeschäftsführungswillens i. d. R ausscheiden dürfte. Diskutabel wäre jedoch ein Anspruch aus § 326 Abs. 2S. 2 BGB analog.

### b) Aufwendungskondiktion i. e.S. und Verwendungskondiktion

Freiwillige Vermögensopfer, die nicht der Tilgung fremder Schulden dienen, können Aufwendungen im allgemeinen Sinne des Rechtsbegriffs sein oder – wenn sie einer Sache zugutekommen – im speziellen Sinne eine Verwendungen sein. Die in Betracht zu ziehenden Ausgleichsansprüche aus §§ 812 Abs. 1S. 1 Var. 2 BGB kann man als Auf- und Verwendungskondiktionen bezeichnen.

#### aa) Ausgleich für Aufwendungen (Aufwendungskondiktion i. e.S.)

Stellen Sie sich folgendes *Beispiel* (nach Canaris) vor: Die Bundesrepublik Deutschland (BD) hat in der Deutschen Bucht einen zusätzlichen Leuchtturm erbaut, um der Schifffahrt einen sicheren Weg durch das durch off-shore Windparks zusätzlich gefährlich gewordene Fahrwasser zu ermöglichen, falls auf einem Schiff die GPS-gestützte Navigation ausfallen sollte. Für solche Fälle wird außerdem ein optionaler Lotsendienst angeboten Als die Satelliten wegen einer militärischen Krisensituation abgeschaltet werden, kann das Schiff des Reeders R wegen des ihn ausreichend orientierenden Leuchtturms seine Fahrt vom Ärmelkanal nach Oslo fortsetzen, ohne den sonst erforderlich gewesenen Lotsen in Anspruch nehmen zu müssen. Kann die BD die hierfür ersparten Kosten von R verlangen? Ergeben könnte sich der Anspruch aus §§ 812 Abs. 1S. 1 Var. 1 BGB, 818 Abs. 2 BGB, denn R hat einen Gebrauchsvorteil aus der Orientierung erlangt, denn er hätte sonst die Fahrt unter- oder abbrechen bzw. einen Lotsen zur Hilfe nehmen müssen. Diesen hat der R nicht durch Leistung, sondern in sonstiger Weise durch den freiwilligen Bau des Orientierungsmittels Leuchtturms, also eine Aufwendung der BD, erlangt. Er müsste ihn aber auch unmittelbar – speziell bei den Aufwendungskondiktionen i. w. S. und damit auch bei Aufwendungskondiktion i. e. S. ist die Unmittelbarkeit von Belang (Canaris, Grigogleit/Auer) – erlangt haben, was nicht der Fall ist, weil der Leuchtturm längst gebaut war, als die Kosten für die Lotsen gespart wurden.

#### bb) Ausgleich für Verwendungen (Verwendungskondiktion)

Wenn Aufwendungen auf eine Sache gemacht werden, nennt man dies eine „Verwendung". Die Frage ist, ob jemand, der ohne vertragliche oder gesetzliche Verpflichtung eigene Mittel für eine Sache eines anderen aufwendet, den Wert der Verwendungen nach §§ 812 Abs. 1S. 1 Var. 2, 818 Abs. 2 BGB verlangen kann.

##### (1) Vorrang anderer Verwendungsersatzregelungen

Ausgeschlossen ist ein solcher Anspruch, wenn spezielle Regelungen bestehen, nämlich

- in **Verträgen** (z. B. **§ 539 BGB**);
  oder im **Gesetz**
- durch **§§ 677, 683S. 1, 670 BGB** oder durch **§§ 677, 684S. 1, 812 BGB**;
- im Falle nichtiger Verträge durch **§ 812 Abs. 1S. 1 Var. 1 BGB** bei Verwendungen zur Erfüllung einer vermeintlich bestehenden Rechtspflicht
- und durch **§§ 951, 812 Abs. 1S. 1 BGB** bei Verwendungen auf fremde Sachen; dem kann bei Verwendungen eines unberechtigten Besitzers auf fremde Sachen

allerdings ein Verwendungsersatzanspruch aus **§§ 994 ff. BGB** vorgehen und dies möglicherweise selbst dann, wenn die Verwendungen nicht einmal unter den („engen") Verwendungsbegriff der §§ 994 ff. BGB fallen.

**Fall 813**

Der unerkennbar geisteskranke V verkauft und übereignet ein ihm gehöriges unbebautes Grundstück im Bereich Grindelallee/Hallerstraße in Hamburg an den K, der darauf für € 10 Mio. ein Bürohaus, für das wegen eines unvermuteten Konjunkturschubes infolge der Umsetzung der „Agenda 2010" ein plötzlicher Bedarf bestand, errichtet. Nunmehr verlangt der wirksam vertretene V Herausgabe des Grundstücks. Der K verlangt den Ersatz seiner Verwendungen in Höhe von € 10 Mio. (nach BGH, „Grindelhochhäuser").

Dem 1. Anspruch V gegen K aus § 985 BGB 2. könnte entgegenstehen a) ein Herausgabeverweigerungsrecht aus § 1000S. 1 BGB, wenn K einen Verwendungsersatzanspruch hätte: aa) Ein solcher Anspruch aus § 994 BGB scheitert ungeachtet der Frage, ob die Errichtung des Bürogebäudes eine Verwendung des K auf die Sache ist, daran dass sie jedenfalls nicht „notwendig" gewesen wäre. bb) Der Bau könnte jedoch eine nach § 996 BGB zu ersetzende nützliche Verwendung gewesen sein. aaa) Der K war gutgläubig und unverklagt; bbb) die Wertsteigerung war noch vorhanden. ccc) Daher stellt sich jetzt doch die Frage, ob in dem Bau eine Verwendung zu sehen ist. Nach dem weiten Verwendungsbegriff, der auch sachändernde Maßnahmen erfasst: ja; nach dem engen Verwendungsbegriff, der grundlegende Umgestaltungen nicht als Verwendung ansieht: nein. b) Folgt man dem engen Verwendungsbegriff, so dass ein Herausgabeverweigerungsrecht aus §§ 1000S. 1, 996 BGB ausscheidet, ist zu prüfen, ob dem K ein Zurückbehaltungsrecht aus §§ 951, 812 Abs. 1S. 1 Var. 2 (Rechtsgrundverweisung), 273 BGB zusteht. aa) Nach der h. L. steht dem K gegen den Herausgabeanspruch des V aufgrund eines Anspruchs aus §§ 951, 812 Abs. 1S. 1 Var. 2 BGB ein Zurückbehaltungsrecht aus § 273 BGB zu: aaa) Der V hat nach §§ 946, 93, 94 BGB das Eigentum an dem Gebäude erlangt, bbb) und zwar, aaaa) da er das Eigentum weder durch eine Leistung des K noch durch die Leistung eines anderen erlangt hat, bbbb) „in sonstiger Weise" durch Eingriff in das Eigentum des K; ccc) weil der Erwerb im Widerspruch zum Zuweisungsgehalt des fremden Rechts steht und die Vermögensverschiebung von der Rechtsordnung nicht ohne Ausgleich gebilligt wird (arge. § 951 BGB), bestand kein Rechtsgrund. ddd) Dass die Bereicherung „aufgedrängt" ist, steht einem Anspruch nicht entgegen, wenn der Vermögensvorteil – wie hier anzunehmen – objektiv sinnvoll war und der Vermögensplanung des V nicht entgegenstand. bb) Der BGH hält jedoch auch dann, wenn – wie hier bei einer grundlegenden Umgestaltung des Grundstücks (enger Verwendungsbegriff) – mangels einer Verwendung die §§ 994 BGB nicht vorliegen können, diese für Spezialregelungen im Verhältnis zu §§ 951, 812 BGB, weil man sonst das Haftungssystem der §§ 994 ff. BGB mit seinen Differenzierungen der Haftung nach Gut- und Bösgläubigkeit bzw. Unverklagtheit und Rechtshängigkeit umgehen könnte.

Es bleibt danach daher grundsätzlich bei einem Wegnahmerecht des K gem. § 997 BGB und u. U. – wenn der Abriss öffentlich-rechtlich verboten sein sollte oder auch (und das sollte man jedenfalls zur Korrektur unsinniger Ergebnisse annehmen) wenn der Abriss (wie hier) zu einem unzumutbaren Wertverlust führen sollte – einem Ausgleichsanspruch in Geld aus § 242 BGB, der dann ein Zurückbehaltungsrecht aus § 273 BGB ergäbe.

(2) Voraussetzungen eines Anspruchs auf Verwendungskondiktion

Wie gesagt: Erst dann, wenn alle diese speziellen Anspruchsgrundlagen nicht einschlägig sind, kommt ein Anspruch aus **§ 812 Abs. 1S. 1 Var. 2 BGB** in Betracht; er spielt also wirklich nur eine Nebenrolle.

Soweit ein solcher Anspruch vorstellbar ist, könnte, was das erlangte **„etwas"** angeht, zu denken sein an das Eigentum oder an den Besitz an Sachen oder an eine Verbesserung.

Dieser Vorteil dürfte nicht durch Leistung sondern müsste „in sonstiger Weise" erlangt sein, nämlich durch die Vornahme von **Verwendungen** auf eine **fremde**, aber **vermeintlich eigene Sache**, die man **nicht** im **Besitz hat** (z. B. Reparatur eines Zaunes, der entgegen den Vorstellungen des Verwenders dem Nachbarn gehört und der auch auf dessen Grundstück steht) erfolgt sein, oder durch **Verwendungen auf** eine **fremde Sache**, von der man **erwartet**, sie **durch Erbgang zu erwerben**, während sie **dem Erblasser schon nicht mehr gehört** (so der folgende Fall).

Dies muss **unmittelbar** geschehen, wobei natürlich die Einschaltung von Hilfspersonen (z. B. eines Handwerkers) der Unmittelbarkeit nicht entgegensteht. Auch hier hat das Merkmal der „Unmittelbarkeit" unbestritten Geltung.

Die weiterhin erforderliche **Rechtsgrundlosigkeit** ist indiziert und nur ausgeschlossen, wenn dem Inanspruchgenommenen ein Behaltensgrund für die Ersparnis eigener Verwendungen zuerkannt wird.

Herauszugeben ist das Erlangte, i. d. R aber nur Wertersatz **(§ 818 Abs. 2 BGB)**.

**Fall 614**

Die Stadt EV vermietet dem Tennisverein MUV e. V. für 30 Jahre ein ihr gehöriges Grundstück Dem MUV war es gestattet, eine Tennisanlage zu errichten. Für den Fall der Beendigung des Mietvertrages war vereinbart, dass der MUV e. V. auf Verlangen der Stadt EV die Tennisanlage zurückbaut. Sollte die Stadt EV dies nicht verlangen, sollte eine Entschädigung nicht geschuldet sein. Mit Zustimmung der Stadt EV vermietete der MUV e. V. das Grundstück unter an UM, der hier ein kommerzielles Fitnesscenter mit Tennisanlage betrieben wollte und eine Sporthalle mit integriertem Schwimmbad und Clubhaus errichtete. Der UM hatte sich im Untermietvertrag verpflichtet, bei Beendigung des Untermietverhältnisses die zusätzlichen Umbauten entschädigungslos zurückzubauen. Das Mietverhältnis MUV e. V. und UM wurde fristgemäß gekündigt. Nachdem über das Vermögen der MUV e. V. das Insolvenzverfahren eröffnet worden war, gab der UM das Grundstück an dem Insolvenzverwalter heraus. Dieser beendete später das Mietverhältnis mit der Stadt EV, die die Anlage mit einem neuen Mieter

X als Betreiber eines Fitnesscenters fortsetzen wollte, der sich aufgrund der von UM geschaffenen Einrichtungen und dessen Kundenstamm ein gutes Geschäft versprach und eine höhere Miete an die Stadt EV zahlte als sie der UM gezahlt hatte. Der UM verlangt von der Stadt EV Entschädigungs- oder Ausgleichsansprüche wegen des Baus der Halle und wegen des erhöhten Ertragswertes (nach BGH).

1. Was die Entschädigung für den Bau der Halle angeht, a) käme ein Verwendungsersatzanspruch in Betracht aa) aus §§ 994 Abs. 1, 996 BGB, der nach § 1001 BGB fällig wäre. aaa) Es müsste sich um Verwendungen handeln, was aaaa) bei Zugrundelegung des engen Verwendungsbegriffs des BGH zweifelhaft ist. bbbb) Wer mit der h. M. diesem engen Verwendungsbegriff nicht folgt und eine Verwendung annimmt, bbb) müsste eine Vindikationslage bejahen. Aufgrund der berechtigten Untervermietung bestand bei der baulichen Erweiterung wegen eines abgeleiteten Rechtes zum Besitz keine Vindikationslage. bb) §§ 994 Abs. 1, 996 BGB sollen jedoch analog angewendet werden, aaa) wenn das Besitzrecht später entfallen ist, weil der Besitzer dadurch, dass er als rechtmäßiger Besitzer Verwendungen getätigt hat und dann unrechtmäßiger Besitzer geworden ist, nicht schlechter gestellt werden darf als der Besitzer, der von vornherein nicht zum Besitz berechtigt war. bbb) Eine solche Analogie setzt allerdings voraus, dass das Besitzrecht ehemals begründende Rechtsverhältnis Ansprüche auf Verwendungsersatz nicht gesondert regelt, insbesondere sie ausschließt. Die Begründung lautet, dass ja allgemein anerkannt sei, dass speziell der unberechtigte Fremdbesitzer im Verhältnis zum Eigentümer nicht besser gestellt werden dürfe als im Rahmen seines vermeintlichen Besitzrechtes; dies könne nicht anders sein, wenn man die §§ 994 Abs. 1, 996 BGB auch auf die Konstellation des zunächst berechtigten, später aber nicht mehr berechtigten Fremdbesitzer anwendet (BGH). Hier ist im Untermietvertrag ein Entschädigungsanspruch für den Bau der Halle aber ausgeschlossen. b) Denkbar wäre ein Bereicherungsanspruch aus §§ 951, 946, 812 Abs. 1S. 1 Var. 2 BGB. aa) Die Halle ist ein wesentlicher Bestandteil des Grundstücks der Stadt EV geworden du damit deren Eigenem (§§ 946, 94 BGB). bb) In Betracht kommt daher kein Anspruch aus §§ 951, 946, 812 Abs. 1S. 1 Var. 2 BGB (Rechtsgrundverweisung). aaa) Nicht steht dem der Vorrang der Leistungskondiktion entgegen, dass der UM der Stadt EV den Vorteil geleistet hätte. Das würde voraussetzen, das der UM der Stadt EV das Eigentum bewusst und zweckgerichtet verschaffen wollte. Eine Verpflichtung dazu bestand nicht. Und außerdem diente der Bau der Halle nur dazu, auf dem Grundstück der EV ein Unternehmen gewinnbringend zu betreiben. Der Eigentumsverlust des UM und der damit korrespondierende Eigentumserwerb der EV nach §§ 946, 94 BGB war lediglich eine Nebenfolge, aber keine bewusste zweckgerichtete Vermögensmehrung. bbb) Wohl aber steht eine wertende Betrachtungsweise einem Anspruch aus §§ 951 946, 812 Abs. 1S. 1 Var. 2 BGB entgegen: Wäre der MUV e. V. Eigentümer des Grundstücks gewesen, hätte der UM aufgrund der Abrede im Untermietvertrag keinen Anspruch auf Ersatz für den Bau der Halle gehabt. Durch das (zufällige) Auseinanderfallen von Eigentümer (EV) und Vermieter (MUV e. V.) darf der UM nicht besser gestellt werden.

2. Was die Steigerung des Ertragswertes des Grundstücks angeht, so könnte ein Anspruch aus § 812 Abs. 1S. 1 Var, 2 BGB. bestehen. Dies ist aber dann nicht der Fall, wenn EV – wie hier – den Vorteil nicht auf Kosten des UM, sondern erst später nach Aufhebung des Mietvertrages, also nur „mittelbar" erlangt hat.

Auch bei der Verwendungskondiktion stellt sich das am besten bei § 818 Abs. 3 BGB analog zu berücksichtigende Problem der **„aufgedrängten Bereicherung"**. Wir werden dies später vertiefen, aber schon einmal eine Lösung dazu anbieten, die man sehr gut vertreten kann. Wenn die Wertsteigerung durch den Inanspruchgenommenen realisiert worden ist, steht dem Anspruch nichts entgegen. Ansonsten soll es nach wohl überzeugender Ansicht (Canaris) so sein, dass der Gutgläubige (so hier der S ) stets soll kondizieren können, der Bösgläubige dagegen überhaupt nicht kondizieren (Kondiktionssperre) können, es sei denn, dass dem Inanspruchgenommenen eine Realisierung zuzumuten ist.

**Fall 815**

Die Eigen (E) übertrug im Januar 2002 im Alter von 60 Jahren ohne Wissen ihres Sohnes S das Eigentum an ihrem Haus schenkweise an ihren Neffen Norbert (N) und behielt sich dabei einen Nießbrauch vor. Der N verpflichtete sich zur lebenslangen und standesgemäßen Pflege. In der Zeit zwischen Februar und Oktober 2002 hatte der S in Erwartung, er würde das Haus erben, mit Hilfe von Handwerkern Arbeiten im Werte von € 20.000,– ausgeführt. Als er erfuhr, dass längst der N Eigentümer geworden war, verlangte der S von dem N einen Ausgleich für die Verkehrswerterhöhung in Höhe von € 10.000,– (nach OLG Koblenz).

Ein Anspruch des S gegen den N ergibt sich 1. nicht aus einem Vertrag, 2. nicht aus §§ 677, 683S. 1, 670 BGB, 3. nicht aus §§ 994, 1001 BGB, 4. nicht aus § 812 Abs. 1S. 1 Var. 1 BGB, denn der S hat nicht bewusst und zweckgerichtet das Vermögen des N gemehrt, 5. nicht aus §§ 951, 812 Abs. 1S. 1 Var. 2 BGB; 6. wohl aber aus § 812 Abs. 1S. 1 Var. 2 BGB: a) Der N hat durch die Verkehrswerterhöhung einen Vermögensvorteil, also ein „etwas", erlangt. b) Der N aa) darf den Vorteil aa) nicht durch Leistung erlangt hat. Weder der S noch eine andere Person haben an den N geleistet. bb) Vielmehr muss der N den Vorteil „auf Kosten" des Anspruchstellers S erlangt haben. Es liegt ein Fall des Erwerbs durch „Verwendungen" vor. cc) Der Vorteil ist unmittelbar erlangt worden. cc) Die Rechtsgrundlosigkeit ist indiziert. Ein Rechtsgrund besteht nicht, denn der Vermögensvorteil ist dem N „versehentlich" zugutegekommen, weil der S bei Ausführung der Arbeiten nicht wusste, dass die E das Grundstück an den N übereignet und der erwarteten Vererbung an ihn entzogen hatte. Und einen gesetzlichen Behaltensgrund gibt es nicht. dd) Herauszugeben ist der Wert (§ 818 Abs. 2 BGB) ee) Dass die Verkehrswerterhöhung eine „aufgedrängte Bereicherung" darstellt, ist auch nach § 818 Abs. 3 BGB analog unbeachtlich. Zwar ist nicht die Rede davon, dass die Werterhöhung realisiert wurde. Aber nach überzeugender Ansicht (Canaris) soll der Gutgläubige (so hier der S ) stets, der Bösgläubige dagegen überhaupt nicht kondizieren (Kondiktionssperre) können, es sei denn, dass dem Inanspruchgenommenen eine Realisierung zuzumuten ist.

cc) Direktdurchgriffskondiktionen

Dass dies beiden vorgenannten Fallgruppen (Eingriffskondiktion, Kondiktion bei freiwilligen Vermögensopfern durch speziell eine Tilgung fremder Schulden, durch Auf- und Verwendungen) die Möglichkeiten einer Vermögensmehrung „in sonstiger Weise", die „auf Kosten" des Anspruchstellers erfolgt ist, nicht abschließend beschreiben, haben Sie bei der Rückabwicklung von „Dreiecksverhältnissen", namentlich im bargeldlosen Zahlungsverkehr und beim Vertrag zugunsten Dritte, gesehen, die sich dann nach § 812 Abs. 1S. 1 Var. 2 BGB im Zuwendungsverhältnis richtet, wenn z. B. im Giroverkehr die Bank als Zahlungsdienstleister eine nicht vorliegende/nicht wirksame Weisung ausführt und zugleich im Valutaverhältnis der Zahlungsempfänger diesen Vorteil nicht durch eine Leistung eines anderen, erlangt hat **(sub B V 5)**. Diese Fallgruppe einer Direktdurchgriffskondiktion lässt sich als Aufwendungskondiktion i. w.S. einordnen (Canaris).

## D. Der Inhalt des Bereicherungsanspruchs

### I. Herausgabe des Erlangten, Nutzungen, Surrogate und Wertersatz

#### 1. Herausgabe des Erlangten

Sie wissen es längst: In erster Linie, also **primär**, ist das **„etwas"**, so wie es erlangt worden ist („in Natur"), zurück zu übertragen: Eigentum ist zurück zu übereignen; Besitz wieder zu verschaffen; eine Grundbuchposition ist durch Wiedereintragung des Voreingetragenen zurückzuverschaffen; eine Forderung zurück abzutreten, etc. Das gilt nicht ohne Einschränkungen, wie der folgende Fall zeigt.

**Fall 816**

Der K'tent vereinbart mit dem K'är, dass dieser im eigenen Namen und für Rechnung des K'tent eine dem K'tent gehörige Sache an den D verkauft und sie diesem – wozu er ihn ermächtigt – übereignet und übergibt („Verkaufskommission"). So verfährt der K'är. Der Kaufvertrag ist – wie sich später herausstellt – nichtig. Der K'är verlangt Rückübereignung von D.

Der Anspruch kann sich aus § 812 Abs. 1S. 1 Var. 1 BGB ergeben. a) Der D hat „etwas" (das Eigentum) erlangt (§§ 929S. 1, 185 Abs. 1 BGB), b) durch Leistung des K'är (dazu gleich mehr) c) und ohne Rechtsgrund. d) Der Anspruch ist auf „Herausgabe" des Erlangten gerichtet. aa) Das würde einen Eigentums-„Zwischenerwerb" des K'är bedeuten: Der D müsste die Sache an den K'är übereignen; und dieser wäre aus §§ 675, 667 BGB verpflichtet, die Sache an den K'tent weiterzuübereignen. bb) Das Ergebnis (K'är erhält zwischenzeitlich mehr als er je hatte und der K'tent muss eine Insolvenz des K'är bzw. Einzelzwangsvollstreckung in das Vermögen des K'är fürchten; auch § 392 Abs. 2 HGB würden dem K'tent nicht helfen) ist nicht akzeptabel; helfen kann allein ein Direkterwerb des K'tent nach §§ 929, 164 BGB, der wie folgt konstruierbar ist: Bei einem Vertretungswillen des K'är, für K'tent zu handeln, liegt ein Geschäft an den, den es angeht vor; der K'är hätte stillschweigend Vollmacht erteilt bekommen; hinzutreten muss allerdings eine Übergabe D – K'tent.

Dass der Anspruch aber auch **primär** einen ganz **anderen Inhalt** haben kann als Herausgabe „in Natur", wissen Sie ebenfalls längst. Nach **§§ 951 Abs. 1 BGB, 812 Abs. 1S. 1 Var. 1 BGB** wird nur „Vergütung in Geld" geschuldet. Das bedeutet, dass er bereits primär auf Wertersatz nach § 818 Abs. 2 BGB gerichtet ist. Und zuweilen – aber das sind juristische „Orchideen" – kann man einen Bereicherungsanspruch **durch Zahlung** des **Wertes abwenden**; lesen Sie dazu §§ 528 Abs. 1S. 2, 1973 Abs. 2, 2329 Abs. 2 BGB.

## 2. Nutzungen, Surrogate

### a) Nutzungen

Der Herausgabeanspruch ist weiterhin **primär** auch gerichtet auf die **Nutzungen**, die der Bereicherungsschuldner aus dem Bereicherungsgegenstand tatsächlich gezogen hat **(§§ 818 Abs. 1 Var. 1, 100, 99 BGB)**. Nutzungen (§ 100 BGB) sind Früchte einer Sache oder eines Rechts (§ 99 BGB) und die bestimmungsgemäße Ausbeute (§ 100 BGB).

#### aa) Rechtsgrundloser Erwerb anderer Vorteile als Sachen (z. B. Recht oder Unternehmen)

Bei einem rechtsgrundlosen Erwerb von Vorteilen, die keine Sachen sind, sondern z. B. Rechte oder Rechts- und Sachgesamtheiten wie ein Unternehmen, gibt es keine Probleme.

Herauszugeben sind die Früchte nach § 99 BGB, wie z. B. **Zinserträge**, die aufgrund zinsträchtig angelegten Geldes, das man durch rechtsgrundlos erlangte Forderung erworben hat, z. B. durch Überweisung auf das Bankkonto oder – die Rechtsprechung unterscheidet insoweit nicht – **Zinsersparnisse** als Resultat einer Tilgung mittels des rechtsgrundlos erlangtem Kapitals; kommerzielle Nutzung eines rechtsgrundlos erlangten Nutzungsrechts an einem Patent durch **Vergabe** einer **Lizenz. Unbeachtlich** ist, **ob** der **Gläubiger** des Bereicherungsanspruchs die **Nutzungen gezogen** hätte, denn es geht um Abschöpfung und nicht um Schadensersatz

Auch die **Erträge eines Unternehmens** sofern sie nicht ausschließlich auf persönlichen Leistungen und Fähigkeiten des Bereicherungsschuldners beruhen (BGH), was speziell bei Freiberufler-Unternehmen, wie Steuerberater- und/oder Wirtschaftsprüferkanzlei, Rechtsanwaltskanzlei, Arztpraxis der Fall sein dürfte. Ob es sich dabei um Gebrauchsvorteile der Sach- und Rechtsgemeinschaft handelt, so dass § 100 BGB analog anzuwenden wäre (BGH) oder um Früchte aus, so das §§ 99 Abs. 1 und Abs. 2 BGB analog zu wenden ist, kann offen bleiben. handeln soll

Nicht gezogene Nutzungen, die nach den Regeln einer ordnungsgemäßen Wirtschaft zu ziehen gewesen wären, sind nicht zu ersetzen – allenfalls nach §§ 818 Abs. 4, 292, 987 Abs. 2 BGB (dazu später mehr).

bb) Rechtsgrundloser Erwerb einer Sache
Hier ist aus dogmatischen Gründen zu unterscheiden.

(1) Konkurrierendes Eigentümer-Besitzer-Verhältnis
Hat der Erwerber einer Sache das Eigentum nicht erlangt, sondern nur den Besitz, würde ein **bereicherungsrechtlicher Anspruch** auf **Herausgabe** einer **Sache** mit einem **Herausgabeanspruch** aus **§§ 985, 986 BGB konkurrieren**. Aus diesem Grunde stellt sich die Ihnen längst bekannte Frage, ob $818 Abs. 1 BGB überhaupt anwendbar ist.

Sie erinnern sicher, dass die h. M. dies verneint, um den durch § 993 Abs. 1 Hs. 2 BGB gewährleisteten Schutz des gutgläubigen und unverklagten entgeltlichen und nicht pönalen Besitzers, der zudem keine Übermaßfrüchte gezogen hat, vor einer Inanspruchnahme durch den Eigentümer auf die Herausgabe von Nutzungen nicht zu durchbrechen.

Sie wissen auch, dass die h. M. in dem folgenden klassischen *Beispiel* eine Konzession machen muss: Der unerkennbare geisteskranke E verkauft und übereignet sein mit einem Zinshaus bebautes Grundstück an K, der das Haus vermietet. Der E kann von K Herausgabe nach §§ 985, 986 BGB und Grundbuchberichtigung nach § 894 BGB fordern. Die Nutzungen könnte er nicht verlangen, wenn K entgeltlich erworben hat, gutgläubig und unverklagt war, so dass die §§ 987, 990 BGB und § 988 BGB keine Anwendung finden, und wenn §§ 992, 823 BGB und auch § 993 Abs. 1 Hs. 1 BGB nicht vorliegen. Wenn man jedoch § 812 Abs. 1S. 1 Hs. 1 BGB anwenden würde, bestünde der Anspruch auf die Nutzungen aus § 818 Abs. 1 BGB. Dem stünde die Sperrwirkung des § 993 Abs. 1 Hs. 2 BGB entgegen. Der drohende Wertungswiderspruch ist offenkundig: Derjenige, der rechtsgrundlos das Eigentum erlangt hätte (weil z. B. nur der Kaufvertrag nichtig wäre), müsste die Nutzungen herausgeben (§§ 812 Abs. 1S.1 Var. 1 BGB, 818 Abs. 1 BGB); während derjenige, der (wie hier) nicht einmal Eigentum erworben hätte, dazu nicht verpflichtet wäre. Das kann nicht richtig sein. Die Lösung der h. M. ist die analoge Anwendung des § 988 BGB (BGH), die auf die Rechtsfolgetatbestände der §§ 812 ff. BGB verweist, also auf §§ 818 ff. BGB.

Die Gegenmeinung, die neben den Ansprüchen aus §§ 985, 986 ff. BGB jedenfalls die Ansprüche aus einer Leistungskondiktion zulassen will, käme zwanglos zu einem Anspruch §§ 812 Abs. 1S. 1 Var. 1, 818 Abs. 1 BGB auf die Herausgabe von Nutzungen.

(2) Eigentums- und Besitzkondiktion
Die h. M., der wir uns angeschlossen hatten, kommt dagegen nur in den Fällen, in denen keine Vindikationslage besteht, weil der Kondiktionsschuldner das Eigentum erlangt hat, zu einem Anspruch auf Herausgabe von Nutzungen aus § 818 Abs. 1 BGB.

Das sind also nach § 99 Abs. 1 BGB **Sachfrüchte**, nämlich die natürlichen Tier- und Bodenprodukte (z. B. das Kalb der durch Leistung rechtsgrundlos erlangten Kuh) und die bestimmungsgemäße Ausbeute.

**Fall 817**

Der V verkauft dem K eine Kuh und übereignet und übergibt sie dem K. Bei K wirft sie ein Kalb. Der Kaufvertrag wird wirksam angefochten. Der V verlangt Kuh und Kalb heraus.

Der Anspruch ergibt sich a) nicht aus § 985 BGB, denn der K ist Eigentümer der Kuh (§ 929S. 1 BGB) und des Kalbes (§ 953 BGB) geworden, b) wohl aber aus §§ 812 Abs. 1S. 1 Var. 1, 818 Abs. 1, 100 BGB.

Hinzukommen die Erzielung von **Erträgen** eines **Rechts an der Sache** z. B. durch **Vermietung/Verpachtung** (§ 99 Abs. 3 BGB).

Zu den herauszugebenden Nutzungen gehören auch die **sonstigen Gebrauchsvorteile** (§ 100 BGB). Das klassische Beispiel dafür ist die Eigennutzung einer rechtsgrundlos erlangten Sache. Wenn zum *Beispiel* der K das Auto des EV aufgrund eines Kaufvertrags rechtsgrundlos erlangt und dann privat genutzt hat, ist er nach § 812 Abs. 1S. 1 Var. 1, 818 Abs. 1 BGB Zug-um-Zug gegen Rückzahlung des Kaufpreises (Saldotheorie, dazu alsbald mehr) nicht nur zur Herausgabe des Auto, sondern auch der der Nutzungen verpflichtet. Hier kommen nur die Gebrauchsvorteile (§ 100 BGB) in Betracht. Diese kann er nicht herausgeben, so dass Wertersatz zu leisten ist (§ 818 Abs. 2 BGB). Wir greifen jetzt vor, denn mit § 818 Abs. 2 BGB befassen wir uns noch (sub 3.). Sie werden dazu lernen, dass dies der objektive Verkehrswert ist. Zu denken wäre an den üblichen Mietzins. Aber der K hat den PKW ja als Eigentümer genutzt. Als Eigentümer hätte er den Wertverlust tragen müssen. Dieser Wertverlust (BGH: „Wertverzehr"), der sich als Differenz zwischen den Zeitwerten bei Beginn und bei Ende des Gebrauchs errechnet, ist der Wert des Gebrauchsvorteils (BGH).

### b) Surrogate

Der Bereicherungsschuldner muss als **primäre** Verpflichtung herausgeben, was er **auf Grund** eines **herauszugebenden Rechts** oder als **Ersatz für** die **Zerstörung, Beschädigung** oder **Entziehung** eines herauszugebenden Gegenstands erlangt hat, also die **Surrogate (§ 818 Abs. 1 Var. 2 BGB)**.

#### aa) „commodum ex re"

Surrogate i. S. d. § 818 Abs. 1 BGB sind durch die bestimmungsgemäße Ausübung eines Rechts erlangten Gegenstände „commodum ex re").

Der Bereicherungsschuldner hat „auf Grund eines erlangten Rechts" das erlangt, worauf das zu kondizierende Recht unmittelbar gerichtet war.

Das sind in der ersten Alternative: die bei einer rechtsgrundlos abgetretenen Forderung vom Schuldner zur Erfüllung der Erfüllung erbrachte Leistung; der Verwertungserlös bei einer rechtsgrundlos bestellten Sicherung; und der Gewinn aus einem rechtsgrundlos erlangten Los.

Zur zweiten Alternative der Ersatzleistungen für die Zerstörung, Beschädigung oder Entziehung ist an Versicherungsleistungen oder Ansprüche gegen einen Sachversicherung oder Schadensersatzansprüche gegen einen Dritten zu denken.

Wenn der Bereicherungsschuldner ein Surrogat erlangt hat, ist der Bereicherungsanspruch primär nur noch darauf gerichtet, also z. B. auf Herausgabe der vom Schuldner auf die Forderung geleisteten Zahlung, auf Abtretung des Anspruchs gegen eine Versicherung gegen einen Schadensersatzschuldner bzw. Herausgabe der erbrachten Versicherungs- bzw. Schadenersatzleistungen.

Das hat zur Konsequenz, dass im Falle der Wertlosigkeit des Surrogats, z. B. weil die Ansprüche gegen einen Versicherer oder einen Schadensersatzschuldner wegen deren Insolvenz ganz oder teilweise undurchsetzbar sind, der Bereicherungsschuldner ganz/teilweise entreichert (§ 818 Abs. 3 BGB); der Bereicherungsgläubiger kann in derartigen Fällen vom Bereicherungsschuldner keinen Wertersatz nach § 818 Abs. 2 BGB verlangen.

bb) „commodum ex negotiatione"

Allseits wird abgelehnt, dass das „commodum ex negotiatione" als Surrogat anzusehen ist. Die Begründung ist u. a. ein Umkehrschluss aus den Surrogationstatbeständen § 1418 Abs. 2 Nr. 3 BGB, § 1473 Abs. 1 BGB, § 1638 Abs. 2 und § 2374 BGB. Das hat zur Konsequenz, dass insoweit § 818 Abs. 2 BGB anwendbar ist und – wie Sie sogleich erfahren werden – nur der Verkehrswert herauszugeben ist und ein eventueller Übererlös dem Bereicherungsschuldner verbleibt. Eine andere Frage wird sein, ob man im Fall der §§ 818 Abs. 4 ff. BGB zur Anwendung der §§ 275 ff BGB und damit zu § 285 BGB kommt, was zu einer Haftung für das „commodum ex negotiatione" führen würde (dazu später mehr).

### 3. Wertersatz

Ist die **Herausgabe** des **Erlangten**, der **Nutzungen** oder der **Surrogate** dem Bereicherungsschuldner **nicht möglich**, weil es sich **der Natur nach** um nicht herausgebbare **nicht-gegenständliche Vorteile** dreht (wie die Befreiung von einer Verbindlichkeit, Werkleistungen, Ausnutzung eines Allgemeinen Persönlichkeitsrechts, eines Patentrechts) oder weil die **Herausgabe aus einem anderen Grunde** (vgl. § 275 BGB) **nicht möglich** ist, tritt **sekundär** ein Wertersatzanspruch an die Stelle des Herausgabeanspruchs.

Der Wert ist der objektive Verkehrswert, also der **„Marktpreis"**, und zwar zur Zeit der Entstehung des Kondiktionsanspruchs **(§ 818 Abs. 2 BGB)**. Das ist bei rechtsgrundlos erlangten Dienst- und Werkleistungen die üblicherweise zu entrichtende Vergütung. Bei rechtsgrundlos erlangten Nutzungsrechten an Immaterialgüterrechten ist dies ebenfalls die übliche Vergütung („Lizenzgebühr"). Ein Gebrauchsvorteil aus einem nichtigen Mietvertrag soll sich nach der ortsüblichen Vergleichsmiete bemessen. Aber: Bei der rechtsgrundlos zu Eigentum erlangten und eigengenutzten Sache ist der Wertverlust („Wertverzehr") während der Zeit des rechtsgrundlosen Besitzes anzusehen **(sub 2 a) bb))**

Schwierig zu beantworten ist die Frage, ob bei der **Eingriffskondiktion** auch ein **etwaiger Gewinn** oder **nur** der dem **Anspruchsteller wirtschaftlich zugewiesene**

**Wert** des Eingriffsobjekts in Höhe der gewöhnlichen Vergütung für dessen Nutzung (Miete, Lizenz„gebühr") besteht. Der Rechtsansicht, dass der entgangene Gewinn abgeschöpft werden soll, steht entgegen, dass nur unter den engen Voraussetzungen der §§ 687 Abs. 2, 681S. 2, 667 BGB alles, was der Geschäftsanmaßer erlangt hat, also auch der gezogene Gewinn, dem Geschäftsherren herauszugeben ist. Abgesichert wird dieses Ergebnis durch die Überlegung, dass dem Anspruchsteller lediglich die Befugnis zur wirtschaftlichen Nutzung, aber damit noch lange keine Gewinnerzielungsmöglichkeit zugewiesen wird. Auch ein Umkehrschluss aus § 816 Abs. 1S. 1 BGB, bei dem bekanntlich der Übererlös herauszugeben ist, bestätigt das vorgeschlagene Resultat.

**Fall 818**

Für eine Erfindung des P. Atent (P) ist für ihn ein Patent eingetragen. Der P hat bereits an diverse Lizenznehmer mehrere Lizenzen für € 10.000,– vergeben. Der einen Fertigungsbetrieb betreibende E. R. Finnda (E) hat später die gleiche Erfindung gemacht. Der von ihm beauftragte sehr erfahrene Patenanwalt hat aufgrund eines Versehens das Patent des P übersehen, so dass der E mit der gewerblichen Verwertung seiner Erfindung beginnt und aufgrund seines großen technischen und geschäftlichen Geschicks schnell € 500.000,– verdient hat. Der P verlangt Herausgabe der € 500.000,– (nach Fezer).

1. Ein Anspruch auf Herausgabe des Erlangten in Höhe von € 500.000,– aus §§ 687 Abs. 2S. 1, 681S. 2, 667 BGB besteht nicht, weil der E meinte, ein eigenes Geschäft zu führen. 2. Auch ein Schadensersatzanspruch aus § 139 Abs. 2 PatG oder § 823 Abs. 1 BGB i. V. m. § 251 Abs. 1, 252 BGB besteht mangels Verschuldens des E nicht. Wer hier § 278 BGB prüfen und gar bejahen würde, beginge einen unverzeihlichen Fehler! 3. Der Anspruch könnte sich jedoch aus § 812 Abs. 1S. 1 Var. 2 BGB ergeben. a) Der E hat die Inanspruchnahme der durch ein Patent geschützten Erfindung erlangt, b) und zwar aa) nicht durch eine Leistung, bb) sondern „in sonstiger Weise" und „auf Kosten" des P aaa) durch einen Eingriff in das Patentrecht des P bbb) im Widerspruch zum wirtschaftlichen Zuweisungsgehalt des Patents. Denn dessen wirtschaftliche Nutzung steht ausschließlich dem P zu. Allein ihm steht die Befugnis zu, sein Patent selbst oder durch Vergabe von Lizenzen zu nutzen c) Der Vorteil wurde unmittelbar erzielt und d) ohne Rechtsgrund, denn die Rechtsgrundlosigkeit ist indiziert und ein besonderer Grund zum Behaltendürfen besteht nicht. e) Da das aa) etwas nicht herausgegeben werden kann, bb) muss E den Wert ersetzen, den der erlangte Vorteil zur Zeit der Entstehung des Kondiktionsanspruchs hatte (§ 818 Abs. 2 BGB). aaa) Dass bei der Eingriffskondiktion kein Anspruch auf den gezogenen Gewinn besteht, sondern nur der nur der Wert der Befugnis in Höhe der gewöhnlichen Vergütung (Miete, Lizenz„gebühr") zu ersetzen ist, wird daran deutlich, dass der gezogene Gewinn nur unter den engen Voraussetzungen der §§ 687 Abs. 2, 681S. 2, 667 BGB (hiernach ist *alles*, was der Geschäftsführer erlangt hat, also auch ein Gewinn, dem Geschäftsherren herauszugeben) geschuldet wird, dies allerdings mit dem „Pferdefuß" des § 687 Abs. 2S. 1 BGB. Abgesichert wird

dieses – übrigens nicht allgemein anerkannte – Ergebnis durch die Überlegung, dass dem Anspruchsteller lediglich die Befugnis zur wirtschaftlichen Nutzung, aber keine Gewinnerzielungsmöglichkeit zugewiesen wird. Auch ein Umkehrschluss aus § 816 Abs. 1S. 1 BGB, bei dem auch der Übererlös herauszugeben ist, bestätigt dieses Ergebnis. bbb) Herauszugeben ist daher nur der Marktwert in Höhe der üblichen Lizenz„gebühr" (hier: € 10.000,–).

### 4. Korrektur des Anspruchs aus § 818 Abs. 2 BGB bei aufgedrängter Bereicherung durch § 818 Abs. 3 BGB

Wenn ein Bereicherungsschuldner aus § 818 Abs. 2 BGB Wertersatz zu leisten hat, stellt sich die Ihn längst bekannte Frage, ob dies auch für eine ihm **„aufgedrängte Bereicherung"** gilt.

#### a) Auslagen- bzw. Rückgriffskondiktion

Bei der **„Auslagen"**- bzw. **„Rückgriffskondiktion"** (haben Sie die Fallkonstellation noch vor Augen?) besteht das Risiko, dass der Schuldner **Verteidigungsmittel** gegen den Gläubiger dem Regress nehmenden Dritten nicht entgegenhalten und damit **verlieren** könnte; weil hinsichtlich der getilgten Forderung der Ablauf einer kurzen Verjährungsfrist unmittelbar bevorstand, auf die er sich hätte berufen können, oder weil er eine Aufrechnungsmöglichkeit gegenüber dem Gläubiger verloren hat; oder weil mit dem Gläubiger ein „pactum de non cedendo" vereinbart war. **Dieses Problem löst man dadurch, dass** man nach **§ 818 Abs. 3 BGB analog** zugunsten des Schuldners den § 268 Abs. 3 BGB analog, die §§ 404, 406 ff. BGB analog und auch § 399 Var. 2 BGB analog anwendet.

#### b) Verwendungskondiktion

Denken Sie an das *Beispiel* der Reparatur eines Zaunes durch den Verwender V, der entgegen seinen Vorstellungen dem Nachbarn N gehört und der auch auf dessen Grundstück steht. Die Frage ist, ob der V nach §§ 812 Abs. 1S. 1 Var. 2, 818 Abs. 2 BGB von N Ausgleich verlangen kann. Bejaht man den Anspruch, so müsste der Inanspruchgenommene (N), solange er den erlangten Vorteil nicht realisiert, den Anspruch mit Mitteln seines sonstigen Vermögens erfüllen. (Kleine *Testfrage*: Warum sind hier nicht die §§ 994 BGB anwendbar? Weil keine Vindikationslage besteht, denn der Zaun steht in „Nachbars Garten"!) Verneint man deshalb den Anspruch, so wäre der Inanspruchgenommene deshalb bereichert, weil der den Vorteil jederzeit realisieren könnte.

Es gibt dazu keine gesetzliche Regelung, sondern nur **allgemeine Rechtsgrundsätze**.

- **Verorten** kann man die Frage **bei § 818 Abs. 2 BGB**, indem man dort auf den subjektiven Nutzwert für den Inanspruchgenommenen abstellt. Besser ist es jedoch, dabei zu bleiben, dass es in § 818 Abs. 2 BGB um den objektiven Marktwert geht. Man kann auch daran denken, dem Anspruch aus (z. B.) §§ 812 Abs. 1S. 1 Var. 2, 818 Abs. 2 BGB bei deliktischer oder störender Aufdrängung einen Gegenanspruch aus **§ 823 Abs. 1 BGB** oder aus **§ 1004 BGB** entgegenzustellen, der dann nach **§ 273 BGB** einredeweise entgegengehalten werden kann. Man kann aber auch – und das wird hier vorgeschlagen – im Fall der aufgedrängten Bereicherung **§ 818 Abs. 3 BGB analog** anwenden, indem man die Bereicherung auf einen subjektiv bestimmten Vorteil beschränkt.

- Man ist sich einig, dass **Wertersatz** dann **geschuldet** wird, wenn der „aufgedrängte" **Vermögensvorteil realisiert** worden ist: Im Falle der Reparatur eines Zaunes, durch den Verwender V, der entgegen den Vorstellungen des V dem Nachbarn N gehört und der auf dessen Grundstück steht, braucht der N, der schon einen Kostenvoranschlag für die Reparatur eingeholt, keinen Handwerker mehr zu beauftragen. Damit hat sich die Werterhöhung für N realisiert. Also muss der N Wertersatz leisten.
- Wird der „aufgedrängte" **Vermögensvorteil nicht realisiert** (reißt also der N den Zaun ab und lässt seiner ursprünglichen Absicht folgend einen neuen bauen), wird mit unterschiedlichen Argumenten ein **Anspruch** aus **§ 818 Abs. 2 BGB** pauschal **verneint**: Einen „Wert", der nach § 818 Abs. 2 BGB zu ersetzen ist, habe die Vermögensmehrung nur, wenn der Bereicherte sich die Sache zunutze mache. Oder: Der Bereicherungsschuldner sei i. S. d. § 818 Abs. 3 BGB „entreichert", wenn die Vermögensmehrung von vornherein keinen Nutzen für ihn habe. Oder: Es bestehe ein dem Bereicherungsanspruch entgegenstehender Anspruch auf Beseitigung aus § 1004 BGB bzw. auf Schadensersatzanspruch aus §§ 823 Abs. 1 BGB oder §§ 898, 990 BGB, der zur Entreicherung i. S. d. § 818 Abs. 3 BGB führe (BGH). Es gibt aber auch einen **differenzierenden Lösungsvorschlag**: Der Gutgläubige soll stets Wertersatz nach § 818 Abs. 2 BGB verlangen können, der Bösgläubige dagegen überhaupt nicht, es sei denn dass dem Inanspruchgenommenen eine Realisierung nach Treu und Glauben zuzumuten ist (Canaris): War der V gutgläubig, hat er einen Anspruch; bei Bösgläubigkeit kommt es auf die Zumutbarkeit an (Tatfrage). Viel Vergnügen bei der Meinungsbildung und Argumentation!

### 5. Entreicherung (§ 818 Abs. 3 BGB), „verschärfte Haftung" des Bereicherungsschuldners (§ 818 Abs. 4 BGB)

Als Sie im ersten Semester mit der Darstellung des geheimnisvollen „Trennungs- und Abstraktionsprinzips" in eines der großen Geheimnisse der Rechtswissenschaft eingeführt worden sind, hat man Ihnen, die Sie Ungerechtigkeiten befürchteten, wenn eine Übereignung einer Kaufsache/des Kaufpreises trotz unwirksamen Kaufvertrags wirksam bliebe, gesagt, so schlimm sei das ja alles gar nicht, weil die Rechtsfolgen des Abstraktionsprinzips durch einen Anspruch aus § 812 Abs. 1S. 1 Var. 1 BGB „korrigiert" würden. Die Aufmerksamen und Neugierigen unter Ihnen hatten schon damals erkannt, dass dies ein schwacher Trost war. Denn diese „Korrektur" führt nämlich zuweilen gar nicht zur Bereinigung der Folgen des Abstraktionsprinzips, weil ein Bereicherungsanspruch stets unter dem Vorbehalt der „Entreicherung" des Bereicherungsschuldners (§ 818 Abs. 3 BGB) steht, also ein „schwacher Anspruch" ist, wie man Ihnen sicher auch gesagt hat. Wer damals eine „Gerechtigkeitslücke" monierte, wurde auf „später" vertröstet. Spätestens jetzt ist dieser ominöse Zeitpunkt namens „später" gekommen! Zur rechtspolitischen

Rechtfertigung des § 818 Abs. 3 BGB müssen wir uns darauf besinnen, dass das Bereicherungsrecht der Abschöpfung einer rechtsgrundlos erlangten Vermögensmehrung dient. Daraus folgt, dass sich die Vermögenslage des Bereicherungsschuldners infolge eines Bereicherungsanspruchs nicht verschlechtern darf: Er soll nur das herausgeben müssen, was er noch hat.

Daher leuchtet es ohne weiteres ein, wenn die **Bereicherungshaftung des unverklagten** und **gutgläubigen** (arge. §§ 818 Abs. 4, 819 BGB) **Bereicherungsschuldners** auf die noch **vorhandene Bereicherung beschränkt** ist (§ 818 Abs. 3 BGB). Hiernach ist der Anspruch gänzlich oder teilweise ausgeschlossen, wenn der herauszugebende Gegenstand, die eventuell gezogenen und zusätzlich herauszugebenden Nutzungen oder wenn die an die Stelle des Gegenstandes getretenen Surrogate selbst oder dem Werte nach nicht mehr oder nicht mehr vollständig im Vermögen des Bereicherungsschuldners vorhanden sind. Der Bereicherungsschuldner schuldet dann weder die Herausgabe des Erlangten (§ 818 Abs. 1 BGB) noch Wertersatz (§ 818 Abs. 2 BGB).

Das **Privileg** des **§ 818 Abs. 3 BGB** reicht aber **weniger weit als** man gemeinhin **denkt**: So wird die Vorschrift sehr **eng interpretiert**. Und vor allem wird § 818 Abs. 3 BGB bei der wichtigsten Fallgruppe der Leistungskondiktion, der Rückabwicklung von fehlgeschlagenen gegenseitigen Verträgen durch die **„Saldotheorie"** entschärft.

Und hinzukommt, dass nicht alle Bereicherungsschuldner in den Genuss dieses Privilegs kommen: Die **verklagten** und die **bösgläubigen Bereicherungsschuldner** verdienen es, wie jeder Herausgabeschuldner in Anspruch genommen werden zu können **(§§ 818 Abs. 4, 819 BGB)**. Wer fühlt sich nicht an die Grundgedanken zu den §§ 987 ff. BGB erinnert? Auch für die **Bereicherungsschuldner aus §§ 812 Abs. 2S. 2 Var. 1 und Var. 2 BGB** gibt es eine Haftungsverschärfung **(§ 820 BGB)**.

### a) Die „Entreicherung" (§ 818 Abs. 3 BGB)

Die Entreicherung ist eine **„Einwendung"**, muss also von Ihnen „von Amts wegen" berücksichtigt werden ist. Wir wenden uns zuerst der Rechtsfolge **(sub aa))** und dann den Voraussetzungen zu **(sub bb))**.

#### aa) Rechtsfolge

Die **Rechtsfolge** des § 818 Abs. 3 BGB ist – wie gesagt – entweder ein völliger oder teilweiser Ausschluss des Bereicherungsanspruchs. Das klingt einfach, ist es aber nicht. Man muss nämlich genau hinsehen.

Der Entreicherungseinwand führt bei einer Gleichartigkeit von Bereicherung und Entreicherung zu einer rechnerischen Kürzung des Bereicherungsanspruchs bis hin zu seinem Wegfall. Und bei einer Ungleichartigkeit von Bereicherungsgegenstand und Entreicherung erwirbt der Inanspruchgenommene einen Gegenanspruch und kann bis zu dessen Erfüllung ein Zurückbehaltungsrecht gegen den Bereicherungsanspruch geltend machen (§ 273 BGB). Das bedeutet: Wenn zum *Beispiel* der Anspruch auf Zahlung von € 100,– gerichtet ist und der Bereicherungsschuldner, der das Geld teilweise oder ganz z. B. in Höhe von € 70,–/€ 100,– zu reinen Luxuszwecken ausgegeben hat, um z. B. € 70,–/€ 100,– entreichert ist (dazu gleich mehr), reduziert sich der Anspruch automatisch auf € 30,–/€ 0,–. Wenn die bereicherungsrechtliche Herausgabe zum *Beispiel* einer Sache geschuldet ist und die Entreicherung in Reparaturkosten von z. B. € 70,– bestehen (dazu gleich mehr), so ist die Sache zwar herauszugeben, aber nur Zug-um-Zug gegen Erstattung der Reparaturkosten in Höhe von € 70,–.

#### bb) Voraussetzungen

Die Voraussetzungen des § 818 Abs. 3 BGB sind nicht systematisch ableitbar sondern nur kasuistisch zu erfassen.

Um eine gewisse Übersicht hinsichtlich der komplizierten Kasuistik zu gewinnen, sortieren wir die in Betracht kommenden bzw. (je nach Standpunkt: einschlägigen/nicht einschlägigen) Entreicherungstatbestände in **vier Fallgruppen**.

Die **1. Fallgruppe** der Entreicherungstatbestände sind die Fälle, in denen der **erlangte Vermögensgegenstand weggefallen** ist. Umgekehrt darf man nicht voreilig daraus, dass der Bereicherungsgegenstand noch beim Schuldner vorhanden ist, den Schluss ziehen, dass deshalb kein Fall der Entreicherung vorliegt. Denn – und das ist die **2. Fallgruppe** – eine solche kann z. B. auch in das sonstige Vermögen betreffenden Vermögensnachteilen bestehen, die der rechtsgrundlose Erwerb mit sich gebracht hat. Die weiterhin in der **3. Fallgruppe** aufgeworfene Frage geht dahin, ob der für den **Erwerb** des **Bereicherungsgegenstandes gezahlte Preis** zur Entreicherung führt. Und zu guter Letzt fragen wir uns, ob sich der Bereicherungsschuldner bei einer allgemeinen Eingriffskondiktion aus § 812 Abs. 1S. 1 Var. 2 BGB mit dem auf § 818 Abs. 3 BGB fußenden Argument entziehen kann, er hätte sich bei Kenntnis der Sachlage ohne den Eingriff beholfen **(4. Fallgruppe)**.

Verschaffen wir uns jetzt einen dementsprechend geordneten **Überblick** zur **Kasuistik des § 818 Abs. 3 BGB**.

##### (1) Entreicherung durch Wegfall des erlangten Vermögensgegenstandes

Was die **1. Fallgruppe** (die Fälle einer möglichen Entreicherung durch Wegfall des erlangten Vermögensgegenstandes) angeht, so kann zu einer Entreicherung führen die die Konstellation, in der der Bereicherungsgegenstand (das Erlangte + § 818 Abs. 1 BGB bzw. das Surrogat/der nach § 818 Abs. 2 BGB zu ersetzende Wert) ganz oder teilweise nicht mehr vorhanden ist.

Aber Sie müssen **Vorsicht (!)** walten lassen bei der Anwendung des § 818 Abs. 3 BGB wegen Wegfalls des Bereicherungsgegenstandes: Die Prüfung, ob eine Entreicherung vorliegt, erfordert eine wirtschaftliche Betrachtungsweise, und man darf nicht (vorschnell) daraus, dass sich der Bereicherungsgegenstand nicht mehr im Schuldnervermögen befindet, folgern, dass der Schuldner deshalb „entreichert" sei. Entscheidend für das Vorliegen einer Entreicherung ist vielmehr zusätzlich, dass der **Vermögensgegenstand** auch **wertmäßig weggefallen** ist. Das ist nur dann der Fall, wenn sich bei der angezeigten wirtschaftlichen Betrachtungsweise ergibt, dass **kein anderer wirtschaftlicher Vorteil** in das Vermögen des Bereicherungsschuldners gelangt ist.

Folgende Fallgruppen könnten für Sie interessant sein:

Wenn bei einem Wegfall des Bereicherungsgenstandes infolge eines Vernichtens, Beschädigens, eines Diebstahls **Ansprüche gegen** den **Dritten** oder gegen eine **Versicherung** bestehen, wären dies nach § 818 Abs. 1 BGB anstelle des Bereicherungsgegenstandes herauszugebende Surrogate, um die der Inanspruchgenommene nicht entreichert ist. Der Bereicherungsgläubiger hat dann das Risiko der Wertlosigkeit dieser Ansprüche (namentlich gegen den Dieb) zu tragen. Dass in einem solchen Fall der Anspruch nicht einfach auf § 818 Abs. 2 BGB „umgestellt" werden kann, haben Sie bereits gelernt **(sub 2 b))**, so dass Sie nicht in diese „Falle" tappen werden.

Ein anderer wirtschaftlicher Vorteil, der den § 818 Abs. 3 BGB ganz oder teilweise ausschließt, wären **ersparte Aufwendungen**. Bei erlangten Dienstleistungen oder Gebrauchsvorteilen scheidet z. B. eine Entreicherung nach § 818 Abs. 3 BGB i. d. R deshalb aus, weil diese meist ersparte Aufwendungen als anrechenbaren Vorteil zur Folge haben. Selbst im Verschenken des Bereicherungsgegenstandes liegt dann keine Entreicherung, wenn man sich dadurch den Ankauf eines (z. B. Geburtstags-)Geschenkes erspart hat. Entreichert ist man dagegen infolge einer Ausgabe des Bereicherungsgegenstandes für Luxuszwecke, die man sich sonst nicht geleistet hätte, wie z. B. die Ausgabe rechtsgrundlos erlangten Geldes für eine „Luxusreise" oder eine Verbesserung des Lebensstandards.

Ganz genau gesehen müsste man den **Anteil ersparter Lebenshaltungskosten** (denken Sie nur an eine „all-inclusive"-Luxusreise) aus der Entreicherung herausrechnen. Denn der Einsatz des rechtsgrundlos erlangten Vorteils für den Lebensunterhalt führt ebenfalls zu keiner Entreicherung. Hiervon muss man jedoch wieder eine (Unter-)Ausnahme machen in den Fällen überzahlten und daher nach § 812 Abs. 1S. 1 Var. 1 BGB herauszugebenden gewöhnlichen Unterhalts, wenn der Bereicherungsschuldner diesen restlos verbraucht haben und keine Rücklagen etc. gebildet haben sollte, weil man in solchen Fällen davon ausgeht, dass der Bereicherungsschuldner ohne die Unterhaltsleistung seine Lebensverhältnisse eingeschränkt hätte.

Wenn wegen einer Veräußerung eines Bereicherungsgegenstandes dessen Wert zu ersetzen ist (§ 818 Abs. 2 BGB – warum nicht aus § 818 Abs. 1? Weil das „commodum ex negotiatione" nicht unter § 818 Abs. 1 BGB fällt), ist der **erlangte Veräußerungserlös** ein die Entreicherung ganz oder teilweise ausschließendes wirtschaftliches Äquivalent: Bei Erzielung eines Untererlöses beschränkt sich der Anspruch auf diesen; bei einem Erlös in Höhe des gemeinen Wertes ist dieser herauszugeben; einen Übererlös darf der Bereicherungsschuldner dagegen behalten, es sei denn es handelt sich um einen bei einer Auktion erzielten unerwartet hohen Erlös, denn dann ist dieser der Verkehrswert (Canaris). Wenn ein als Nichtberechtigter wirksam Verfügender als Bereicherungsschuldner nach § 816 Abs. 1S. 1 BGB das Erlangte herauszugeben hat, ist damit bekanntlich auch der erzielte Gewinn gemeint.

Eine **Weitergabe** an **Dritte** führt dann nicht zur Entreicherung, wenn sich (wie z. B. bei einem Darlehen an den Dritten) daraus ein Anspruch gegen einen Dritten ergibt. Der Anspruch ist auf Wertersatz gerichtet (§ 818 Abs. 2 BGB) und nicht auf Abtretung des Anspruchs. Ist die Durchsetzbarkeit des Anspruchs zweifelhaft, ergibt § 818 Abs. 3 BGB, dass der Bereicherungsgläubiger nur die Abtretung des

Anspruchs verlangen kann und „sein Glück" selbst versuchen muss. Und wenn der Anspruch gegen den Dritten undurchsetzbar ist, ist der Empfänger entreichert nach § 818 Abs. 3 BGB. Für den Fall der der „Leistungskette" und der „Anweisungsfälle" haben wir gelernt, dass es beim „Doppelmangel" keine „Kondiktion der Kondiktion" gibt, sondern der V sich an den K halten kann, wie wenn es zu einer Rückabwicklung zwischen K und D gekommen wäre.

Eine **Schuldentilgung** mit dem Bereicherungsgegenstand (z. B. rechtsgrundlos erlangter Kaufpreis) entreichert, wenn der Bereicherungsschuldner die Schuld mangels Leistungsfähigkeit sonst nicht getilgt hätte, wohl aber, wenn der Bereicherungsschuldner die Schuld unter Einschränkung des Lebensstandards auch ohne Erlangung des Bereicherungsgenstandes getilgt hätte.

Keine Entreicherung besteht ferner bei **rechtsgrundlosen Verfügungen zugunsten Dritter**, weil der Bereicherungsanspruch gegen den Dritten ein anrechenbarer herauszugebender Vorteil ist (Zweikondiktionentheorie: „Kondiktion der Kondiktion").

#### (2) Entreicherung durch das sonstige Vermögen betreffende Vermögensnachteile, die der rechtsgrundlose Erwerb mit sich gebracht hat

Bei der **2. Fallgruppe** (bei den Fällen einer möglichen Entreicherung durch das sonstige Vermögen betreffende Vermögensnachteile, die der rechtsgrundlose Erwerb mit sich gebracht hat) lassen sich **a)** viele Fälle mit folgender, dem Sinn und Zweck des § 818 Abs. 3 BGB entsprechenden **Regel** angemessen lösen: Zur **Entreicherung** führen auf den Bereicherungsvorgang zurückzuführende **Vermögensnachteile**, wenn diese Vermögensminderungen im **begründetem Vertrauen auf** das **Behaltendürfen** des Bereicherungsgegenstandes entstanden sind.

Entreichernd sind daher **Aufwendungen auf** den **Bereicherungsgegenstand**, speziell auch **Verwendungen** auf eine bereicherungsrechtlich herauszugebende Sache gemacht werden.

Nach einer Ansicht sollen alle Aufwendungen und speziell bei Verwendungen nicht nur notwendige und nützliche Verwendungen, und dies auch, wenn der Wert zur Zeit der Rückgabe nicht mehr erhöht ist, ja sogar Luxusverwendungen entreichernd wirken (Canaris). Wenn also zum *Beispiel* (Canaris) der Bereicherungsschuldner auf dem rechtsgrundlos erlangten Grundstück ein auf seine Bedürfnisse zugeschnittenes Haus baut, so werden diese Kosten unabhängig davon, ob die Verwendung zu einer Wertsteigerung geführt haben, nach § 818 Abs. 3 BGB entreichernd berücksichtigt; denn er hätte diese Verwendung nicht gemacht, wenn er gewusst hätte, dass er das Grundstück zurückgeben muss. Wenn aber zum Beispiel (Canaris) das Haus während der Besitzzeit infolge eines Blitzeinschlags abgebrannt wäre, dann führt die Verwendung nicht zur Entreicherung, denn dann hat sich die Rechtsgrundlosigkeit nicht entreichernd ausgewirkt.

Diese Lösung ist der vorzuziehen, die einzelfallbezogene Wertungen verlangt, bei denen zu berücksichtigen sei, wer nach den gesetzlichen Vorschriften oder Vereinbarungen zum fehlgeschlagenen Geschäft die Kosten zu tragen hat und in wessen wirtschaftlichen Interesse die Aufwendungen bzw. Verwendungen vorgenommen wurden (BGH).

Es gibt auch entreichernde Vermögensfolgeschäden, die infolge **begründeten Vertrauens auf** das **Behaltendürfen** entstanden sind, wenn man zum *Beispiel* den rechtsgrundlos erlangten Hund deshalb unerzogen lässt, weil man so seine lebenslange Zuneigung gewinnen möchte, so dass er schließlich auch einen wertvollen Teppich zerbeißt.

Entreichernd sind ebenfalls im Vertrauen auf die Wirksamkeit des Geschäfts entstandene **Erwerbskosten** (wie Vertragskosten, Notar- und Grundbuchkosten). Das gilt auch für **Aufwendungen** (wie z. B. Frachtkosten, Provisionen, Zölle, Steuern). Entreichernd sind **unbewusst herbeigeführte Vermögensnachteile** im **Vertrauen auf die Endgültigkeit des Erwerbs** (der Gläubiger lässt im Vertrauen auf die Erfüllung durch einen rechtsgrundlos leistenden Nichtschuldner die Forderung gegen den wahren Schuldner verjähren).

Die **in diesem Kontext** für Sie **wichtigste Frage** dürfte sein, **b)** ob auch die **für** den **Erwerb** des **Bereicherungsgegenstandes** erbrachte **Leistung** als **Entreicherung** abgesetzt werden kann, die anders als die vorgenannten Fälle beantwortet werden muss, denn mit dem Schutz des Vertrauens auf ein Behaltendürfen hat dies nichts zu tun.

Daher soll es hier zunächst **nur** um die Frage der Bereicherungsminderung durch Abzug des an einen Dritten gezahlten Erwerbspreises bei der **Nichtleistungskondiktion** gehen. Das Ergebnis ist unzweifelhaft dies: **Gegenüber** einem **Anspruch** aus **§ 812 Abs. 1S. 1 Var. 2 BGB** mindert der für die Erlangung des Bereicherungsgegenstandes gezahlte Preis die Bereicherung nicht nach § 818 Abs. 3 BGB. Der Bereicherungsschuldner, der in diesen Fällen regelmäßig einen Anspruch aus Leistungsstörungen gegen seinen Vertragspartner auf Rückzahlung des für den Erwerb gezahlten Preises hat (§§ 280 ff. BGB), soll nämlich das mit diesem Anspruch verbundene Insolvenzrisiko selbst tragen und es nicht durch eine Bereicherungsminderung abwälzen dürfen, indem der gegen ihn gerichtete Bereicherungsanspruch durch § 818 Abs. 3 BGB gemindert wird.

Eine argumentative Besonderheit gibt es auch hier bei dem Anspruch aus **§ 816 Abs. 1S. 1 BGB**: Der an einen Dritten gezahlte Erwerbspreis kann deshalb nicht als Entreicherung nach § 818 Abs. 3 BGB abgesetzt werden, weil der Anspruch aus § 816 Abs. 1S. 1 BGB als Rechtsfortsetzungsanspruch an die Stelle des Anspruchs aus § 985 BGB tritt, dem der vor der wirksamen Verfügung auf Herausgabe in Anspruch genommene Nichtberechtigte unter keinem denkbaren rechtlichen Gesichtspunkt die Kaufpreiszahlung an einen Dritten dem Eigentümer hätte entgegenhalten können. Bei einer Inanspruchnahme aus § 816 Abs. 1S. 1 BGB darf er im Verhältnis zum Eigentümer nicht besser stehen. Der Nichtberechtigte muss sich vielmehr an den halten, an den er, ohne dass ihm übertragene Eigentum erhalten zu haben, gezahlt hat.

**Fall 819**

Dem E wird von D eine Sache gestohlen. Der D verkauft, übergibt und übereignet die Sache an den K1, der sie an den K2 weiterverkauft, sie an ihn übergibt und sie ihm übereignet. Da der K2 unauffindbar ist, genehmigt der E die Verfügung K1–K2 und verlangt von dem K1 den erzielten Erlös. Der K1 will den an D gezahlten Kaufpreis absetzen.

a) Der Anspruch ergibt sich aus §§ 816 Abs. 1S. 1, 185 Abs. 2S. 1 BGB. b) Fraglich ist, ob K1 durch die Kaufpreiszahlung an den D entreichert ist (§ 818 Abs. 3 BGB). Dies wird allgemein mit der Begründung verneint, dass die „Eingriffskondiktion" (§ 816 Abs. 1S. 1 BGB ist bekanntlich ein Spezialfall der „Eingriffskondiktion") ein „Rechtsfortsetzungsanspruch" ist: Der Anspruch tritt an die Stelle des Anspruchs aus § 985 BGB, der mangels Besitzes des K1 nicht durchsetzbar ist; hätte der E den K1 – als er noch Besitzer war – auf Herausgabe nach § 985 BGB in Anspruch genommen, hätte der K1 dem E die für den Erwerb aufgewandte Kaufpreiszahlung nicht entgegenhalten können; dadurch, dass er die Sache weiterveräußert habe, könne sich seine Position nicht verbessern.

Wer ein gutes Gedächtnis hat, wird erinnern, dass wir mit dieser Begründung bei Ansprüchen aus **§§ 951 Abs. 1, 812 Abs. 1S. 1 Var. 2 BGB** eine Entreicherung durch die Entrichtung einer Gegenleistung verneint hatten; lesen Sie und bearbeiten Sie noch einmal die Fälle **zu sub C I**.

Bei der **Leistungskondiktion** im Fall **nichtiger gegenseitiger Verträge** gelten, was die Berücksichtigung der erbrachten Gegenleistung angeht, besondere Regeln („Saldotheorie"), die alsbald gesondert erörtert werden.

### 6. Der bösgläubige Bereicherungsschuldner

Schon lange war Ihnen klar, dass **§ 818 Abs. 3 BGB keine Anwendung** findet auf den **verklagten** und (über den Wortlaut hinaus) auch den **klagenden** oder auf den **bösgläubigen Bereicherungsschuldner**; für diesen gelten nämlich die „allgemeinen Vorschriften" **(§§ 818 Abs. 4, 819, 820, 292 BGB)**, und damit nicht die besonderen Vorschriften, namentlich nicht der § 818 Abs. 3 BGB. Wie dann gehaftet wird, erörtern wir **sub III**.

## II. Rückabwicklung bei gegenseitigen Verträgen

Bei der Rückabwicklung **gegenseitiger Verträge** im Wege der **Leistungskondiktion** stellt sich die Frage, wie dem Umstand Rechnung zu tragen ist, dass der in Anspruch genommene Bereicherungsschuldner – wenn er seine Gegenleistung erbracht haben sollte – seinerseits einen Bereicherungsanspruch gegen den anderen Vertragspartner hat.

### 1. Die „strenge" und die „eingeschränkte Zweikondiktionentheorie"

Die **gesetzliche Ausgangslage** ist die, dass sich bei der Unwirksamkeit eines gegenseitigen Vertrages zwei Bereicherungsansprüche, die in ihrem Schicksal völlig unabhängig voneinander sind, gegenüberstehen. Eine solche Rückabwicklung streng nach dem Gesetz, nennt man **„strenge Zweikondiktionentheorie"**.

Die **Konsequenzen** hieraus sind,

- dass die **bei** einem der beiden **Bereicherungsgläubiger** eingetretene und **nach § 818 Abs. 3 BGB zu berücksichtigende Entreicherung** ohne Einfluss für dessen Bereicherungsanspruch ist: der Anspruch gegen den anderen Teil besteht „ungekürzt" fort;

- dass bei **Gleichartigkeit** (Geld gegen Geld) der einander gegenüber stehenden Bereicherungsansprüche eine **Aufrechnung** nötig ist, um den Gegenanspruch zum Erlöschen zu bringen;
- und schließlich, dass bei i. d. R gegebenen Ungleichartigkeit (Geld gegen Ware) **ein Zurückbehaltungsrecht** nach § 273 BGB die Zug-um-Zug-Abwicklung ermöglicht.

Die in den beiden **letzten Punkten aufgeführten Konsequenzen** der Zweikondiktionentheorie (Notwendigkeit einer Aufrechnung/eines Zurückbehaltungsrechts) sind zwar **wenig praxisgerecht**, aber nicht wirklich störend. Die im **ersten Punkt verdeutlichte Rechtsfolge**, dass die bei einem der beiden Bereicherungsgläubiger eingetretene Entreicherung nach § 818 Abs. 3 BGB ohne Einfluss für dessen Bereicherungsanspruch bleibt und dass der Anspruch gegen den anderen Teil „ungekürzt" fortbesteht, **ist** – wie man mit einem Blick erkennt – **absurd**, denn der Entreicherte, in dessen Sphäre sich der ihn selbst entreichernde Umstand zugetragen hat, behält hiernach seinen ungekürzten Bereicherungsanspruch, während der andere Teil, der keinen Einfluss auf den zur Entreicherung führenden Umstand ausüben konnte, ganz oder teilweise leer ausgeht. Dies demonstriert der folgende Fall.

**Fall 820**

Der V hat an den K eine Sache für € 1000,– verkauft. Der Vertrag wird beiderseits erfüllt. Bei dem K geht die Sache unverschuldet unter. Dann stellt sich die Nichtigkeit des Vertrages heraus. Der K und der V machen ihre Bereicherungsansprüche geltend.

1. Der V hat gegen den K a) aus § 812 Abs. 1S. 1 Var. 1 BGB einen Anspruch auf Herausgabe des Erlangten (Rückübereignung und Rückgabe der Kaufsache). b) Dieser ist jedoch nach § 818 Abs. 3 BGB erloschen. 2. Der K hat gegen den V a) aus § 812 Abs. 1S. 1 Var. 1 BGB einen Anspruch auf Herausgabe des Erlangten (Rückübereignung von € 1000,–); b) dieser Anspruch ist durch die bei dem K eingetretene Entreicherung nicht betroffen. Das Gesamtergebnis ist, dass der K von V € 1000,– und der V von dem K überhaupt nichts verlangen kann.

## 2. Die Saldotheorie

Die nicht akzeptablen Konsequenzen der **strengen Zweikondiktionentheorie**, nach der der **Bereicherungsgläubiger** bei einer einseitigen Entreicherung **stets** die **Gefahr** einer **Entreicherung** der anderen Seite trägt, waren es, die zur **Entwicklung der „Saldotheorie"** geführt haben.

Diese – seit dem Jahre 1903 (RGZ 54, 137) – in der Rechtsprechung (richterliche Rechtsfortbildung!) und auch sonst **im Grundsatz** herrschende **„Saldotheorie"** geht, weil natürlich auch bei einem unwirksamen gegenseitigen Vertrag die eine Leistung um der anderen willen erbracht worden ist, also ein „do-ut-des"-Verhältnis bzw. ein Gegenseitigkeitsverhältnis besteht, vom Fortbestehen eines die Rechtsgrundlosigkeit praktisch ignorierenden „faktischen Synallagmas“ aus und verlangt die Berücksichtigung eines solchen Austauschverhältnisses auch bei der Rückabwicklung, so dass, wenn – wie im **vorherigen Fall** – zum *Beispiel* der V an K eine Sache verkauft hat und beide den Vertrag erfüllt haben, im Fall des Nichtbestehens des Kaufvertrages der V den Kaufpreis nur dann zurückzahlen muss, wenn auch K die Kaufsache herausgeben kann. Dass es noch **andere Lösungsversuche** gibt soll nicht verschwiegen werden (beispielhaft: Gursky, der vier Theorien, die Modifikationen nicht eingerechnet, zählt).

Die **Saldotheorie** erreicht das **Ziel** so:

- Der jeweilige Bereicherungsanspruch (z. B. im vorigen *Beispiel* der des K gegen den V) vermindert sich um die bei dem Gläubiger selbst (also bei K) eingetretene Entreicherung; der „Wert der (eigenen) Entreicherung wird damit zum Abzugsposten vom eigenen Bereicherungsanspruch des Entreicherten“ (BGH). Ist dieser Anspruch auf Geld gerichtet, ist eine summenmäßige Kürzung die Folge; ist der Anspruch auf Herausgabe in Natur gerichtet, wird er dadurch abgeschwächt, dass er nunmehr auf Herausgabe Zug-um-Zug gegen Wertersatz gerichtet ist. **Also**:
- Soweit sich **gleichartige Bereicherungsansprüche** (praktisch kommt allein **Geld gegen Geld** in Betracht) gegenüberstehen, werden diese mit der Folge, dass nur noch ein Anspruch auf den „Überschuss“ besteht, **automatisch „saldiert“**, so dass es nicht mehr der Aufrechnung bedarf (daher kommt auch der Name **„Saldotheorie“**);
- bei **ungleichartigen Bereicherungsansprüchen** (praktisch kommt allein **Geld gegen Ware** oder **Ware gegen Ware** in Betracht) ist das **Erlangte nur Zug-um-Zug** herauszugeben, und zwar auch dann, wenn beide Leistungen unversehrt vorhanden sind; das würde sich dann aus **§ 320 BGB analog** ergeben.
- Wie auch immer: Es besteht **nur** noch **ein Anspruch** desjenigen, **zu dessen Gunsten ein positiver Saldo** verbleibt. Bei gleichartigen Verpflichtungen wird der Saldo uneingeschränkt geschuldet, bei ungleichartigen Verpflichtungen Zug-um-Zug.

### a) Zur Einführung: Beschränkung auf die Fallkonstellation einer Entreicherung hinsichtlich des primär geschuldeten Bereicherungsgegenstandes (§ 818 Abs. 3 BGB)

Meistens wird Ihnen die vorgenannte Problematik der Rückabwicklung gegenseitiger Verträge in der Gestalt begegnen, dass der Leistungsgegenstand (i. d. R eine Kaufsache) nicht mehr oder nur beschädigt zurückgewährt werden kann. Aus Vereinfachungsgründen reduzieren wir das Problem in den folgenden Fällen auf den Untergang des Bereicherungsgegenstandes. Für Sie dürfte es kein Problem sein, die Fälle in der Weise so zu variieren (was Sie aus Trainingsgründen machen sollten), dass der Bereicherungsgegenstand nur beschädigt wird und daher eine Wertminderung und keine völlige Entwertung die Folge ist.

**Fall 821**

Der V hat an den K eine Sache für € 1000,– verkauft. Der Vertrag wird beiderseits erfüllt. Bei dem K geht die Sache unter. Dann stellt sich die Nichtigkeit des Vertrages heraus. Der K und der V machen ihre Bereicherungsansprüche geltend.

1. Die Kaufsache war € 1000,– wert („neutraler Kauf"),
2. sie war € 900,– wert („ungünstiger Kauf" für K);
3. sie war € 1100,– wert; der V hat zu diesem Preis verkauft, weil in akuter Geldnot war und € 1000,– benötigte („günstiger Kauf" für K).

**1. Variante („neutraler Kauf")**

1. a) Der K nimmt den V in Anspruch: aa) Der Anspruch ergibt sich aus § 812 Abs. 1S. 1 Var. 1 BGB; bb) er beläuft sich auf € 1000,–. Gekürzt werden muss er um die bei K selbst eingetretene Entrei88cherung (€ 1000,–), so dass der K keinen Anspruch hat. b) Der V nimmt den K in Anspruch: aa) Der Anspruch ergibt sich aus § 812 Abs. 1S. 1 Var. 1 BGB; bb) er ist gerichtet auf die Rückübereignung der Sache; nach § 818 Abs. 3 BGB ist er erloschen, so dass V keinen Anspruch hat. 2. Weder V noch K haben einen Anspruch gegeneinander.

**2. Variante („ungünstiger Kauf")**

1. a) Der K nimmt den V in Anspruch: aa) Der Anspruch ergibt sich aus § 812 Abs. 1S. 1 Var. 1 BGB; bb) er beläuft sich auf € 1000,–; gekürzt werden muss er um die bei K selbst eingetretene Entreicherung (€ 900,–), so dass K einen Anspruch in Höhe von € 100,– hat. b) Der V nimmt den K in Anspruch: aa) Der Anspruch ergibt sich aus § 812 Abs. 1S. 1 Var. 1 BGB; bb) er ist gerichtet auf die Rückübereignung der Sache; nach § 818 Abs. 3 BGB ist er erloschen, so dass der V keinen Anspruch hat. 2. Die Saldierung ergibt einen Überschuss von € 100,– zugunsten des K, so dass es nur einen Anspruch des K gegen den V in Höhe von € 100,– gibt.

**3. Variante („günstiger Kauf")**

1. a) Der K nimmt den V in Anspruch: aa) Der Anspruch ergibt sich aus § 812 Abs. 1S. 1 Var. 1 BGB; bb) er beläuft sich € 1000,–; gekürzt werden muss er um die bei K selbst eingetretene Entreicherung (€ 1100,–), so dass der K gegen V einen Anspruch in Höhe von minus € 100,– hat. b) Der V nimmt den K in Anspruch: aa) Der Anspruch ergibt sich aus § 812 Abs. 1S. 1 Var. 1 BGB; bb) er ist gerichtet auf die Rückübereignung der Sache; nach § 818 Abs. 3 BGB ist er erloschen, so dass der V keinen Anspruch hat. c) Eine Saldierung führt zu einem

negativen Saldo zu Lasten des K. Da die Saldotheorie jedoch nur anspruchsbegrenzende Bedeutung hat, löst dieser Umstand keinen Anspruch aus. 2. Weder V noch K haben einen Anspruch gegen den jeweils anderen.

#### b) Vervollständigung: Ausgleich aller Vor- und Nachteile

Dies war die Saldotheorie „light“. In der Praxis ist es oft so, dass in die Saldierung auch andere herauszugebende Vorteile (§ 818 Abs. 1 BGB: **sub D I 2 a**) und andere entreichernde Nachteile (§ 818 Abs. 3 BGB: **sub D I 5 a bb) 2)**) einbezogen werden müssen.

**Fall 822**

Der V hat an den K einen Gebrauchtwagen im Werte von € 1000,– für € 1000,– verkauft. Der Vertrag wird beiderseits erfüllt. Der K hat das Auto genutzt. Der Zeitwert ist bis zur Rückgabe an V um € 100,– gesunken. Der V hat den Kaufpreis verliehen und € 10,– als Zinsen erhalten. Dann hat die € 1000,– für eine Luxusanschaffung, die er sich sonst nie geleistet hätte, ausgegeben. Dann stellt sich die Nichtigkeit des Vertrages heraus. Der K und der V machen ihre Bereicherungsansprüche geltend.

1. a) Der V hat gegen den K aa) aus § 812 Abs. 1S. 1 Var. 1 BGB aaa) einen Anspruch auf Herausgabe des Erlangten aaaa) Das Auto im Werte von € 900,– und bbbb) nach § 818 Abs. 1 BGB auf Zahlung von € 100,– „Wertverzehr“, ccc) kann also wertmäßig € 1000,– b) Abzuziehen ist die bei V selbst eingetretene Entreicherung in Höhe von € 1000,–. Die Differenz ist € 0,–. b) Der K hat gegen den V aa) aus § 812 Abs. 1S. 1 Var. 1 BGB einen Anspruch auf Herausgabe des Erlangten (Übereignung von € 1000,–); bb) zuzüglich der Nutzung in Höhe von € 10,–., also in Höhe von € 1010,–. bb) Eine bei K eingetretene Entreicherung ist nicht abzusetzen. 2. Also seht dem K gegen V ein Anspruch auf Zahlung von € 1010,–, und zwar Zug-um-Zug gegen Herausgabe des Autos.

### 3. Ausnahmen von der „Saldotheorie“

Von diesen inzwischen allseits anerkannten Grundsätzen der „Saldotheorie“ werden bei bestimmten Fallgruppen die „Saldotheorie“ korrigierende **Ausnahmen** gemacht und insoweit die **„Zweikondiktionentheorie“** angewendet.

1. Die **„Saldotheorie“** gilt **nicht zum Nachteil**
   - **Geschäftsunfähiger** und **beschränkt Geschäftsfähiger,**
   - **arglistig Getäuschter bzw. rechtswidrig Bedrohter,**
   - **sittenwidrig Benachteiligter**
   - **mangelhaft belieferter Käufer**
2. und **nicht zugunsten**
   - **des Empfängers** einer **Vorleistung,**
   - **Verklagter** und **Bösgläubiger**.

#### a) Keine Wirkung zulasten Geschäftsunfähiger und beschränkt Geschäftsfähiger, arglistig Getäuschter bzw. rechtswidrig Bedrohter, sittenwidrig Benachteiligter, mangelhaft belieferter Käufer

Ist ein **Vertrag aufgrund fehlender** oder **beschränkter Geschäftsfähigkeit unwirksam**, kann die Saldotheorie zum Schutz dieses Personenkreises nicht gelten. Der voll geschäftsfähige Verkäufer muss also den Kaufpreis zurückzahlen, auch wenn der geschäftsunfähige bzw. beschränkt geschäftsfähige Käufer entreichert ist.

**Fall 823**

Der V verkauft dem Minderjährigen M eine Sache im Werte von € 1000,– für einen Kaufpreis von € 1000,–. Der Vertrag wird beiderseits erfüllt. § 110 BGB soll keine Anwendung finden; die Eltern als gesetzliche Vertreter sind mit dem Vertrag nicht einverstanden. Die Sache geht bei M unter. Der M verlangt – vertreten durch die Eltern – den Kaufpreis zurück. Der V beruft sich auf einen Gegenanspruch.

1. Der M könnte gegen den V einen Anspruch auf Rückzahlung der € 1000,– a) aus § 812 Abs. 1S. 1 Var. 1 BGB haben. Die Voraussetzungen sind gegeben. b) Der Anspruch wäre aa) auf Rückübereignung von € 1000,– gerichtet, bb) wenn dem nicht die Grundsätze der Saldotheorie entgegenstünden: aaa) Wendet man diese an, müsste der Wert der bei M eingetretenen Entreicherung (€ 1000,–) von seinem Bereicherungsanspruch abgesetzt werden, so dass der M keinen Anspruch hätte. bbb) Dann aber würde der M entgegen der Wertung der §§ 104 ff. BGB wie ein Volljähriger am „faktischen Synallagma" beteiligt werden; das geht nicht an. Daher gilt ausnahmsweise die „Zweikondiktionentheorie". Der M kann von V Zahlung der € 1000,- verlangen. 2. Fraglich ist, ob der V einen Gegenanspruch gegen den M und damit ein Zurückbehaltungsrecht hat (§ 273 BGB). a) Der V könnte gegen M einen Anspruch aus § 812 Abs. 1S. 1 Var. 1 BGB haben. aa) Die Voraussetzungen sind gegeben, bb) der Anspruch ist aaa) jedoch nach § 818 Abs. 3 BGB erloschen, bbb) §§ 819, 818 Abs. 4 BGB stünden auch dann nicht entgegen, wenn der M die Rechtsgrundlosigkeit wegen seiner Minderjährigkeit gekannt hätte, weil es insoweit auf die §§ 104 ff. BGB ankäme, also die Eltern die Kenntnis gehabt haben müssen. b) Vorstellbar wäre ein Anspruch aus §§ 823 Abs. 2, 263 StGB, wenn der M dem V die Volljährigkeit vorgetäuscht hätte etc.

Aus § 242 BGB folgt, dass der **arglistig Getäuschte** das Risiko des Untergangs des Bereicherungsgegenstandes nicht uneingeschränkt tragen darf. Man wird bei der hiernach erforderlichen Abwägung berücksichtigen müssen, ob der **zur Entreicherung führende** (z. B.) **Untergang** des Bereicherungsgegenstandes **vom Bereicherungsschuldner zu vertreten war** oder ob der **Untergang unverschuldet** war und ob **zwischen arglistiger Täuschung** und **Entreicherung** ein **Kausalzusammenhang besteht**.

**Fall 824**

Der V verkaufte dem K einen Gebrauchtwagen im Werte von € 10.000,– für einen Kaufpreis von € 10.000,–, nachdem er vor Vertragsschluss auf Frage des K die „völlige Unfallfreiheit" versichert hatte, obwohl – wie er wusste – der Wagen einen geringfügigen Unfall hatte. Der K erleidet einen selbstverschuldeten Unfall, aufgrund dessen der Wagen völlig zerstört wurde. Bei den Unfallermittlungen wurde der Vorschaden aufgedeckt. Der K erklärt die Anfechtung wegen arglistiger Täuschung und verlangt den Kaufpreis zurück.

Der Anspruch kann sich a) aus § 812 Abs. 1S. 1 Var. 1 BGB, dessen Voraussetzungen vorliegen, ergeben. b) Der sich auf € 10.000,– belaufende Anspruch könnte aa) nach den Grundsätzen der „Saldotheorie" ausgeschlossen sein. Denn danach müsste der Wert der bei K eingetretenen Entreicherung (€ 10.000,–) von seinem Anspruch abgezogen werden, so dass der Anspruch erloschen wäre. bb) Fraglich ist, ob diese Grundsätze hier deshalb nicht gelten, weil der K von V arglistig getäuscht worden war. aaa) Der BGH hat mit unterschiedlichen Argumenten die „Saldotheorie" zum Nachteil des arglistig Getäuschten nicht anwenden wollen: Er verweist auf die den § 818 Abs. 3 BGB ausschließenden §§ 819 Abs. 1, 142 Abs. 2 BGB. Andererseits will auch der BGH die Zweikondiktionentheorie dann nur nach § 242 BGB gemildert anwenden. bbb) Das überzeugt; man sollte unter Heranziehung des § 242 BGB den arglistig Getäuschten allenfalls bei zufälligem Untergang oder jedenfalls nur dann vor den Folgen der Saldotheorie schützen, wenn die Täuschung für den Untergang ursächlich war (z. B. bei Täuschungen über die Einsatzmöglichkeiten, die dann zur Zerstörung wegen eines entsprechenden Einsatzes führten); weil im vorliegenden Fall der Unfall aber nicht auf die arglistige Täuschung zurückzuführen war und auch nicht unverschuldet war, muss die Saldotheorie angewendet werden, so dass der Anspruch des K erloschen ist.

Ebenso wie bei der arglistigen Täuschung soll die Saldotheorie nicht zum Nachteil eines **sittenwidrig** oder durch **Wucher Benachteiligten** (§ 138 BGB) gelten. Auch dann soll nach der „Zweikondiktionentheorie" rückabgewickelt werden, so dass der Benachteiligte sich ggf. auf § 818 Abs. 3 BGB berufen und seinen Bereicherungsanspruch „ungekürzt" geltend machen kann. Gleiches gilt sinngemäß für den rechtswi9drig Bedrohten

**Fall 825**

Der zuckerkranke Kurier K benötigt dringend ein Stück Brot, weil sich eine Unterzuckerung ankündigt. Er fragt den Arbeitskollegen V, der gerade ein Brötchen auspackt und es verspeisen will. Als der V dafür € 1000,– verlangt, ist der K einverstanden. Der V weiß, dass K das Brot benötigt, um einen lebensgefährlichen Schockzustand zu vermeiden. Der K zahlt mit ihm anvertrautem Geld und isst von dem Brötchen. Dann verlangt er den Kaufpreis zurück.

Der Anspruch ergibt sich a) nicht aus § 985 BGB, da der K nicht der Eigentümer des Geldes war, b) wohl aber aus § 812 Abs. 1S. 1 Var. 1 BGB. aa) Der V hat den Besitz am Geld, also ein „etwas", erlangt, bb) dies durch Leistung des K, cc) und zwar ohne Rechtsgrund, weil der Kaufvertrag nach § 138 Abs. 2 BGB nichtig war. dd) Die Frage ist, ob die bei K eingetretene Entreicherung nach den Grundsätzen der Saldotheorie abgesetzt werden muss. Die Saldotheorie soll aber nicht zum Nachteil eines sittenwidrig Benachteiligten gelten. Denn § 138 Abs. 2 BGB dient dem Schutz des Übervorteilten. Seine Stellung darf nicht im Wege der Saldotheorie durch eine Einschränkung des Schutzes durch § 818 Abs. 3 BGB geschmälert werden.

Wenn ein Leistender die Entwertung des Bereicherungsgegenstandes zu vertreten hat, wie der **Verkäufer** einer **mangelhaften Sache**, der **dem Käufer** bei Wirksamkeit des Kaufvertrages **zur Gewährleistung verpflichtet wäre**, bleibt es bei der Rückabwicklung bei der Zweikondiktionentheorie.

#### b) Keine Wirkung zugunsten Verklagter/Klagender und Bösgläubiger oder Empfänger einer Vorleistung

Den Schutz der Saldotheorie verdienen auch nicht die **bösgläubigen** und die **verklagten/klagenden** Bereicherungsschuldner; das ergibt sich aus der Wertung der §§ 819, 818 Abs. 4 BGB. Wenn der vom **Empfänger einer Vorleistung** zurückzugewährende Gegenstand durch ein Verhalten des Empfängers nicht zurückgewährt werden kann, widerspräche es der Wertung des § 346 Abs. 3S. 1 Nr. 3 BGB (Wertersatzanspruch gegen den aus einem Rücktritt Verpflichteten, wenn „der empfangene Gegenstand sich verschlechtert hat oder untergegangen ist"), wenn er sich auf § 818 Abs. 3 BGB berufen kann.

## III. Die Haftung des Bereicherungsschuldners nach § 818 Abs. 4 BGB

Dass der Bereicherungsschuldner in den Fällen der §§ 818 Abs. 4, 819 und 820 BGB sich nicht auf § 818 Abs. 3 BGB berufen kann hatten wir bereits festgestellt. Wie aber haftet der Empfänger? „Nach den allgemeinen Vorschriften". Diesem Thema müssen wir uns jetzt abschließend zuwenden, wobei wir uns schwerpunktmäßig auf den verklagten und klagenden **(sub 1)** und den bösgläubigen Bereicherungsschuldner **(sub 2)** beschränken wollen. Wenn es heißt, dass dieser Bereicherungsschuldner „verschärft" haftet, so ist das in Bezug auf die Schonung, die er sonst durch § 818 Abs. 3 BGB erfahren würde, richtig; in Wahrheit aber entfällt nur ein Privileg, und er haftet nach den „allgemeinen Vorschriften", also „normal", d. h. wie jeder verklagte Schuldner, der zu Herausgabe verurteilt worden ist.

### 1. Der verklagte und klagende Bereicherungsschuldner

Der erste, die Haftung in diesem Sinne „verschärfende" Tatbestand ist der Eintritt der **Rechtshängigkeit** (§ 818 Abs. 4 BGB). Er setzt die Zustellung der Klagschrift voraus, mit der der Anspruchsteller (jetzt: Kläger) die Verurteilung des Inanspruchgenommenen (jetzt: Beklagter) zur Herausgabe des Erlangten beantragt (§ 261

Abs. 1 ZPO). Die in der Klagezustellung liegende Warnung rechtfertigt es, das Privileg des § 818 Abs. 3 BGB entfallen zu lassen.

Dies gilt auch für den klagenden Bereicherungsgläubiger, falls der Beklagte gegen ihn wegen des z. B. fehlenden Rechtsgrundes einen Bereicherungsanspruch auf Herausgabe einer Gegenleistung gegen den Kläger hat; durch seine Klage ist auch der Kläger nunmehr gewarnt, dass er die Gegenleistung bereicherungsrechtlich herauszugeben hat. Wenn also zum *Beispiel* der V und K einen Kaufvertrag über eine Sache geschlossen und die Leistungen erbracht haben, sich dann aber herausstellt, dass der Kaufvertrag nichtig ist. Wenn der K nach § 812 Abs. 1S. 1 Var. 1 BGB Rückzahlung des Kaufpreises verlangt und, als V nicht zahlt, Klage erhebt, haftet er nach der Zustellung der Klage wegen eines gegen ihn bestehenden Anspruchs auf Herausgabe der Kaufsache (Rückübereignung und Rückgabe) ebenfalls nach § 814 Abs. 4 BGB.

## 2. Der bösgläubige Bereicherungsschuldner

Für Sie ist bei der Fallbearbeitung bedeutender der Fall der haftungsverschärfenden **Bösgläubigkeit (§§ 819 Abs. 1, 818 Abs. 4 BGB)**, für die eine **positive Kenntnis** (also nicht bereits eine grobe Fahrlässigkeit!) oder eine **spätere Kenntniserlangung** vom Fehlen des Rechtsgrundes erforderlich ist.

> Man könnte sich fragen, welche Bedeutung der § 819 Abs. 1 BGB überhaupt hat, wo doch nach § 814 BGB bei Kenntnis vom fehlenden Rechtsgrund gar kein Bereicherungsanspruch besteht. Dazu ist zu sagen, dass § 814 BGB nur die Bereicherungsansprüche aus § 812 Abs. 1S. 1 Var. 1 BGB und aus § 813 BGB ausschließt und dass § 819 BGB alle Bereicherungstatbestände betrifft und es dort um haftungsverschärfende Kenntnis des Empfängers geht.

Für eine **Kenntnis** muss der Inanspruchgenommene die für den Mangel des rechtlichen Grundes maßgeblichen Tatsachen kennen und den rechtlichen Schluss gezogen haben, zur Herausgabe verpflichtet zu sein. Dafür reicht aber aus, dass diese Verpflichtung „nahe liegt", und er sich der daraus folgenden Einsicht bewusst verschließt (BGH).

Bei **minderjährigen Bereicherungsschuldnern** wird der Maßstab für die „Bösgläubigkeitsfähigkeit" wird bei der **Leistungskondiktion** den **§§ 104 ff. BGB** entnommen, so dass es beim nicht/voll Geschäftsfähigen auf die Kenntnis des gesetzlichen Vertreters ankommt (§ 166 Abs. 1 BGB); während bei der **Eingriffskondiktion** sollen die **§§ 827, 828 Abs. 3 BGB** angewendet werden.

**Fall 826**

Der Minderjährige M nimmt bei der B-Bank (B) einen Kredit über € 10.000,– auf, wobei er die B über sein Alter täuscht, indem er den Bundespersonalausweis seines ihm äußerlich sehr ähnlich sehenden volljährigen Bruders vorlegt. Einen Betrag von € 5000,– zahlt er an den Ehemäkler E aufgrund eines mit diesem abgeschlossenen Ehemäklervertrages. Die weiteren € 5000,– verjubelt er mit den ihm als zukünftige Ehepartnerinnen angebotenen Frauen. Die Eltern des M verweigern die Genehmigung. Die B verlangt von M Zahlung in Höhe von € 10.000,– (nach OLG Nürnberg).

1. Die B hat keinen Anspruch aus § 488 Abs. 1S. 2 BGB, weil der Vertrag mangels Einwilligung und nach Verweigerung der Genehmigung nichtig ist. 2. In Betracht kommt ein Anspruch aus § 812 Abs. 1S. 1 BGB. a) Der M hat das Eigentum an den € 10.000,–, also ein „etwas" erlangt; die Minderjährigkeit steht dem nicht entgegen (§ 107 BGB). b) Erlangt hat der M das „etwas" durch Leistung der B c) und auch ohne Rechtsgrund, da der Darlehensvertrag nichtig ist. d) Was den Inhalt des Anspruchs der B gegen M angeht, aa) so kann der M – da das Geld ausgegeben ist – aa) das Erlangte nicht herausgeben. Daher kann nur Wertersatz nach § 818 Abs. 2 BGB verlangt werden. bb) Die Kernfrage ist, ob M entreichert ist: aaa) Soweit der M das Geld „verjubelt" hat, er es also ohne ausgleichsfähigen Vorteil ausgegeben hat, aaaa) greift § 818 Abs. 3 BGB ein, bbbb) wenn nicht §§ 819, 818 Abs. 4 BGB gelten; grundsätzlich ist ein Darlehensnehmer, was das erhaltene Kapital angeht, stets „bösgläubig" i. S. d. § 819 BGB, weil er ja weiß, dass er zur Rückzahlung verpflichtet ist (§§ 488 Abs. 1S. 2 BGB; dass der Darlehensvertrag nichtig ist, steht einem solchen Wissen, das keine rechtsgeschäftliche Qualität hat, nicht entgegen). Bei Geschäftsunfähigen oder Minderjährigen soll jedoch nach h. M. der Minderjährigenschutz vorgehen, und es soll für die Bösgläubigkeit – und das gilt nicht nur für Darlehensverträge! – (jedenfalls bei der „Leistungskondiktion") auf die §§ 104 ff. BGB ankommen (bei der „Eingriffskondiktion" wird z.Tl. auf die §§ 827 ff. BGB abgestellt), so dass mangels Kenntnis der Eltern §§ 819, 818 Abs. 4 BGB nicht eingreifen und M entreichert ist. bbb) Soweit der M an den Ehemäkler gezahlt hat, ist er nicht entreichert, weil er gegen diesen einen Bereicherungsanspruch aus § 812 Abs. 1S. 1 Var. 1 BGB erlangt hat; dem steht der § 656 Abs. 1S. 2 BGB nicht entgegen, weil dieser Ausschluss nur den wirksamen Vertrag mit dem Ehemäkler betrifft (Falle!). Also kann B von M den Bereicherungsanspruch kondizieren („Kondiktion der Kondiktion"). Hier gibt es ein Darstellungsproblem: Ob man diese Frage (wie in dieser Darstellung und wie z. B. auch das OLG Nürnberg) bei der Erörterung der Entreicherung um die Primärschuld, also im Rahmen des § 818 Abs. 3 BGB, erörtert, oder ob man sie nicht besser im Rahmen eines Sekundäranspruchs aus § 818 Abs. 1 BGB (der Kondiktionsanspruch gegen den Ehemäkler ist als teilweiser „Ersatz" für den Verlust des Kapitals anzusehen) anspricht, ist nicht recht klar; beide Wege scheinen vertretbar. c) In Betracht kommt jedoch ein Anspruch aus §§ 823 Abs. 2 BGB, 263 StGB mit dem Verschuldensmaßstab des § 828 Abs. 3 BGB, weil der M seine Volljährigkeit vorgetäuscht hat etc.

Ein juristischer „Leckerbissen" ist in diesem Zusammenhang der schon früher **(sub B II)** einmal – und seinerzeit so manchen vielleicht überfordernd – besprochene **„Flugreisefall"** des BGH, den Sie aber nunmehr – wie so manchen anderen hier dargestellten Fall – wie jeder junge Jurist kennen und beherrschen müssen.

Der Sachverhalt lässt sich dahingehend zusammenfassen, dass ein Minderjähriger „schwarz“ mit einer Lufthansamaschine nach New York fliegt und von dort zurückgeschickt wird und die Lufthansa die Kosten für den Hin- und Rückflugflug verlangt, nicht aus einem Beförderungs-(Werk-)vertrag, sondern aus § 812 BGB. Jedermann erkennt es sofort: Der Fall stammt aus „grauen Vorzeiten“, weil spätestens nach dem 11. September 2001 niemandem mehr ein „Schwarzflug“, namentlich in die USA, gelingen dürfte und weil es seit langem leider keine Flüge der Lufthansa von Hamburg nach New York mehr gibt. In diesem Fall geht es um drei ineinander verzahnte dogmatische Fragen, die alle im Zusammenhang mit § 818 Abs. 3, 4 BGB und § 819 BGB stehen: **1)** Worin besteht das erlangte „etwas“? **2)** Ist der Inanspruchgenommene entreichert nach § 818 Abs. 3 BGB **3)** oder greifen §§ 819, 818 Abs. 4 BGB ein? 4) Hinzu kommen einige Frage aus dem Bereich der §§ 677 ff. BGB.

**Fall 727**

Dem fast 18jährigen M, der an sich keinen Flug geplant hatte, gelang es, sich mittels eines Bordkartenabschnitts eines Lufthansafluges München-Hamburg in Hamburg-Fuhlsbüttel an Bord derselben nicht vollständig ausgebuchten und nach New York fliegenden Maschine der Lufthansa (LH) zu schmuggeln. In New York wurde ihm die Einreise verweigert, so dass er von der LH sofort nach Deutschland zurückgeflogen wurde. Die LH verlangt eine Vergütung für die Hin- und Rückbeförderung von M. Die Eltern sind mit allem nicht einverstanden und verweigern die Genehmigung (nach BGH).

Der Anspruch 1. Für den Hinflug a) gibt es keinen vertraglichen Anspruch. Begründen Sie dies selbst unter den Aspekten eines Beförderungsvertrages durch Vertragsschluss nach §§ 145 ff. BGB bzw. eines Vertrages durch sozialtypischen Verhaltens. b) Ein Anspruch aus §§ 677, 683S. 1, 670 BGB scheitert am Fremdgeschäftsführungswillen der LH bzw. an der fehlenden Interessegemäßheit der Geschäftsführung. c) Bestehen könnte ein Anspruch aus §§ 812 Abs. 1S. 1 Var. 1, 818 Abs. 2 BGB. Dann müsste aa) der M „etwas“ erlangt haben. aa) „Ersparte Aufwendungen“ aaaa) können es nicht sein, weil M die „Luxus“-Reise sonst nie unternommen hätte. bbbb) Der BGH hat in diesem Fall eine Ersparnis von Aufwendungen und damit das Vorliegen eines „etwas“ mit der Begründung angenommen, dass aus dem Umstand, dass der M sich wegen §§ 818 Abs. 4, 819, 828 Abs. 2 BGB (ob der Maßstab der §§ 827 ff. BGB zu Recht gewählt worden ist, soll hier – s. dazu später – nicht weiter problematisiert werden; das erörterte Problem stellt sich ja auch beim voll Geschäftsfähigen, der einen Flug erschleicht) nicht auf eine Entreicherung nach § 818 Abs. 3 BGB berufen könne, zu folgern sei, dass er „bereichert“ sei. Damit wird ganz bewusst die an sich für die Frage eines eventuellen späteren Wegfalls der Bereicherung geschaffene Vorschrift des § 818 Abs. 3 BGB an ihrem Wortlaut vorbei zur Begründung der Erlangung eines vermögenswerten Vorteils herangezogen. Der tiefere Grund für diese Konstruktion dürfte sein, dass man sonst überhaupt keine Gelegenheit gehabt hätte, dem § 818 Abs. 3 BGB Rechnung zu tragen, weil dieser ja an sich auf eine nachträgliche Entreicherung abstellt und eine solche bei der hier vorliegenden Inanspruchnahme einer fremden Werkleistung wie es ein Transport mit dem Flugzeug ist, begrifflich schwer vorstellbar ist. bbb) Vorzuziehen ist der Standpunkt der Wissenschaft, derzufolge das „etwas" der Gebrauchsvorteil, den die Flugreise bietet, ist. bb) Der M müsste das „etwas" durch Leistung der LH erlangt haben aaa) Das Personal ging bei den Kontrollen davon aus, einen Flugpassagier aufgrund eines abgeschlossenen Beförderungsvertrages zu befördern, hat also, als es den M einsteigen („boarden") ließ, bewusst und zweckgerichtet das Vermögen des M gemehrt. bbb) Vertretbar wäre es aber auch abzunehmen, dass aufgrund der Heimlichkeit des Verhaltens des M die Vermögensmehrung in sonstiger Weise, nämlich durch einen Eingriff in das der LH absolut zustehende und wirtschaftlich zugewiesene Eigentum am Flugzeug erfolgt ist, so dass man dann einen Anspruch aus § 812 Abs. 1S. 1 Var. 1 BGB abzulehnen und einen solchen aus § 812 Abs. 1S. 1 Var. 2 BGB zu prüfen hätte. Dagegen spricht jedoch, dass in ein Fall wie dieser, in dem ein von der LH beabsichtigter Vertragsschluss gescheitert ist, zum Funktionsbereich der Rückabwicklung der Folgen gescheiterter Verträge und damit zur Leistungskondiktion gehört. Der Lösungsweg über § 812 Abs. 1S. 1 Var. 2 BGB wird daher hier nicht weiter verfolgt. cc) Ein Rechtsgrund bestand mangels eines Vertrages nicht. dd) Mangels eines herausgebbaren verkörperten „etwas" aaa) wäre nach § 818 Abs. 2 BGB Wertersatz geschuldet, bbb) es sei denn der M ist nach § 818 Abs. 3 BGB entreichert: aaaa) Eine nachträgliche Entreicherung liegt nicht vor. bbbb) Wer auf einen Gebrauchsvorteil als „etwas" abstellen will, müsste wohl – unter Missachtung des Wortlautes des § 818 Abs. 3 BGB und damit auf anderer Ebene wie der BGH ebenso systemwidrig – überlegen, ob die „Entreicherung" auch darin liegen kann, dass der M sich einen solchen Flug gar nicht hatte leisten wollen, er also keine Aufwendungen erspart hat. Eine solchermaßen begründete Entreicherung würde aber nicht zu berücksichtigen sein, wenn man mit dem BGH (freilich in anderem Zusammenhang!) §§ 818 Abs. 4, 819, 828 Abs. 2 BGB anwenden würde (dazu später mehr). Die Ergebnisse wären daher gleich. Der M schuldet einen Wertersatz als Bereicherungsausgleich. d) Nach einer neueren Lehre (Canaris) soll das gleiche Ergebnis einem Wertersatzanspruch aus § 818 Abs. 2 BGB als eigenständiger Anspruchsgrundlage zu entnehmen sein (dazu später). Damit würden die vorstehenden Probleme vermieden, dies allerdings um den Preis einer Rechtsfortbildung des § 818 Abs. 2 BGB „extra legem". e) Ein Schadensersatzanspruch aus §§ 823 Abs. 2 BGB i. V. m. § 265 StGB scheitert am Schaden, das die Maschine offenbar nicht ausgebucht war. 2. Was den Rückflug angeht, könnte ein Anspruch aus §§ 677, 683S. 1, 670 BGB gegeben sein. a) § 677BGB ist gegeben; die LH handelte auch mit Fremdgeschäftsführungswillen. b) Nach § 683S. 1 BGB müsste die Geschäftsführung aa) interessegemäß gewesen sein. Das ist der Fall, weil es dem objektiv zu bestimmenden Interesse des M entsprach, zurück nach Hause gebracht zu werden und nicht in Haft genommen und zwangsweise durch US-Behörden zurücktransportiert zu werden. bb) Sie war auch willensgemäß, weil es insoweit auf den wirklichen bzw. (den hier einschlägigen) mutmaßlichen Willen der Eltern ankommt (argec. § 682 BGB), in deren wohlverstandenem Interesse der Rücktransport erfolgte. cc) Die Rechtsfolge besteht im Ersatz der Aufwendungen in Höhe der tariflichen Kosten (§§ 670, 1835 Abs. 3 BGB analog)

Ansonsten kann man die Frage nach der **Zurechnung fremder Kenntnis** entweder mittels des **§ 166 Abs. 1 BGB** oder des **§ 831 BGB** (mit Exculpationsmöglichkeit) beantworten.

Besonders **klausurwichtig** ist der – leicht übersehene, aber Ihnen ja schon längst bekannte – Umstand, dass die **Kenntnis** der **Anfechtbarkeit** bei erfolgter Anfechtung (!) für die Bösgläubigkeit ausreicht **(§ 142 Abs. 2 BGB)**.

**Fall 828**

Der V verkauft im Januar 2002 dem K eine Sache. Bei Abschluss des Kaufvertrags bietet er sie für „€ 10.000,–" an; er hatte sich jedoch versprochen, weil er wegen des (damals) für ihn besseren Dollarkurses eigentlich „$ 10.000,–" hatte sagen wollen. Der K sagt „Einverstanden". Sie vereinbaren, dass der Kaufpreis erst in einem Monat gezahlt werden soll und sind sich einig, dass die Sache schon jetzt an den K übereignet und übergeben wird. Nach 2 Wochen erfährt der K durch einen Mitarbeiter M des V, an den er einen Teil des Kaufpreises zahlen wollte, dass der V sich bei Abschluss des Kaufvertrages offenbar versprochen haben musste. Danach zerstört der K durch ein Versehen die Sache. Als jetzt der V, der inzwischen durch den M auf seinen Irrtum aufmerksam gemacht worden war, die Anfechtung erklärt und Herausgabe der Sache verlangt, beruft sich der K auf Entreicherung. Der V verlangt Schadensersatz.

1. Der Anspruch ergibt sich nicht aus §§ 989, 990 BGB, weil kein Eigentümer-Besitzer-Verhältnis bestand. Denn der K war bereits Eigentümer und eine Anfechtung nach §§ 119 Abs. 1 („Erklärungsirrtum"), 142 Abs. 1 BGB betraf allein den Kaufvertrag („Abstraktionsprinzip"). 2. Der Anspruch könnte sich aber aus §§ 812 Abs. 1S. 1 Var. 1, 818 Abs. 4, 819, 142 Abs. 1, 2, 119 Abs. 1, 292, 989 BGB ergeben. a) Nach der erklärten Anfechtung hat der V gegen den K einen Anspruch aus §§ 812 Abs. 1S. 1 Var. 1, 119 Abs. 1, („Erklärungsirrtum"), 142 Abs. 1 BGB. b) Da der K von der Anfechtbarkeit nachträglich erfahren hatte, wird er nach § 142 Abs. 2 BGB im (hier gegebenen) Fall der Anfechtung so behandelt, wie wenn er die Nichtigkeit, also den „Mangel des rechtlichen Grundes" gekannt hätte. Von diesem Zeitpunkt an haftet er nach §§ 819 Abs. 1, 818 Abs. 4, 292 BGB nach den „allgemeinen Vorschriften", also auf Schadensersatz nach §§ 292, 989 BGB; § 990 BGB wird nicht zitiert, weil der bösgläubige Bereicherungsschuldner nach §§ 819, 818 Abs. 4 BGB einem Verklagten gleichgesetzt wird.

### 3. Die übrigen Haftungsverschärfungstatbestände

Die folgenden Verschärfungstatbestände sind weniger bedeutungsvoll:
Ein Bereicherungsschuldner

1. aus **§ 812 Abs. 1S. 2 Var. 1 BGB** haftet nach **§ 820 Abs. 1S. 2 BGB** wie ein Verklagter Bereicherungsschuldner, wenn der Wegfall des Rechtsgrunds nach dem Inhalt des Rechtsgeschäfts als möglich angesehen wurde und auch der Empfänger von der Unsicherheit ausgegangen ist (BGH).
2. Im Fall des **§ 812 Abs. 1S. 2 Var. 2 BGB** haftet der Bereicherungsschuldner nach **§ 820 Abs. 1S. 1 BGB**, wenn mit der Leistung ein Erfolg bezweckt wurde, dessen Eintritt von Leistendem und Empfänger als ungewiss angesehen wurde
3. und im Fall des **§ 817S. 1 BGB** nach **§ 819 Abs. 2 BGB**, wobei die positive Kenntnis vom Gesetzeswidrigkeit von der Erlangung des Bewusstseins der Sittenwidrigkeit beim Empfang gegeben sein muss; eine spätere Kenntnis/Sittenwidrigkeitsbewusstseinserlangung schadet nicht.

### 4. Haftungsfolgen (§§ 818 Abs. 4, 291, 292 BGB)

Wer gemäß § 818 Abs. 4 BGB nach den „allgemeinen Vorschriften" haftet, haftet nicht nach der(vorstehenden) besonderen Vorschrift des § 818 Abs. 3 BGB. Das ist die wichtigste Aussage des § 818 Abs. 4 BGB. Das ist schon längst bekannt. Wie aber haftet er ansonsten? Hier ist zwischen einer Pflicht zur Herausgabe bestimmter Gegenstände, namentlich von Sachen, (sub a)) und Geldschulden (sub b)) zu differenzieren; und es ist eine Haftungserweiterung nach § 285 BGB zu erörtern (sub c)).

#### a) Verpflichtung zur Herausgabe bestimmter Gegenstände, speziell von Sachen

Bei der Verpflichtung des Bereicherungsschuldners zur Herausgabe bestimmter Sachen, worauf wir uns jetzt konzentrieren wollen, besteht bei einem Verschulden des Bereicherungsschuldners eine **Schadensersatzverpflichtung** aus **§§ 292, 989 BGB**. **Gehaftet wird** bei Verzug auch für Zufall (§§ 990 Abs. 2, 287S. 2 BGB), was sich allein daraus ergibt, dass es in § 292 Abs. 1 Hs. 2 BGB heißt „…, soweit (sich) „…nicht aus dem Verzug des Schuldners …zugunsten des Gläubigers ein anderes ergibt", was nur Sinn bei einer durch Verzug verschärften Haftung macht. Was den Schadensersatz angeht, so muss man im Auge haben, dass der „verschärft haftende" Bereicherungsschuldner stets den bei dieser Konstellation ja nicht durch § 818 Abs. 3 BGB geschmälerten Wert des herauszugebenden Erlangten schuldet, so dass ein Schadenersatzanspruch überhaupt nur von Interesse ist, wenn der Schaden darüber hinausgehen sollte.

Für **Nutzungen gilt** über den ohnehin gegebenen und auch nicht durch Entreicherung geschmälerten Anspruch aus § 818 Abs. 1 BGB hinaus der **§ 987 BGB**, so dass über § 987 Abs. 2 BGB auch eine Haftung auch für schuldhaft nicht gezogene Nutzungen besteht.

Für **Verwendungen** gilt der § 994 Abs. 2 BGB (also Ersatz nur für notwendige Verwendungen).

### b) Verpflichtung bei einer Geldschuld

Da man von der Verpflichtung zur Leistung von Geld (als Summe, nicht als Gegenstand, denn dann gelten die vorstehenden Ausführungen (sub (2))!) ohnehin nicht frei wird, ist der § 292 BGB ohne Bedeutung, wenn der Schuldner „kein Geld hat". Zweifelhaft ist daher die Ansicht, die eine Einstandspflicht nur unter den Voraussetzungen des § 292 BGB bejahen will, weil sonst der Bereicherungsschuldner bei einer Geldschuld schlechter stünde als der Schuldner, der einen Gegenstand herauszugeben habe.

Abgesehen davon sind Geldschulden vom Beginn der verschärften Haftung aus §§ 818 Abs. 4 ff. BGB zu verzinsen (§ 291 BGB).

### c) Haftungserweiterung nach § 285 BGB

Wenn die Verweisung auf die „allgemeinen Vorschriften" die §§ 275 ff. BGB einbezieht, dann wäre auch § 285 BGB anwendbar mit der Folge, dass der Bereicherungsschuldner auch das „commodum ex negotiatione" herausgeben muss, wozu er nach § 818 Abs. 1 BGB nicht verpflichtet ist **(sub I 2 b) bb))**.

# Teil 9. Schadensersatzrecht

Bei der Fallbearbeitung werden Sie in den verschiedensten Zusammenhängen Schadensersatzansprüche zu prüfen haben. Beim Durcharbeiten dieses Buches haben Sie bereits eine Fülle von auf Schadensersatz gerichteten Anspruchsgrundlagen kennen gelernt.

Zur **Erinnerung** sollen Sie noch einmal auf wichtige Schadensersatzanspruchsgrundlagen hingewiesen werden – wobei diese Übersicht keinesfalls abschließend ist und zudem in der gesetzlichen Reihenfolge, und nicht etwa in einer Prüfungsreihenfolge der Fallbearbeitung, erfolgt!

Verlangt werden kann der

- Ersatz des **Erfüllungsinteresses** bei Ansprüchen auf **Schadensersatz neben der Leistung** oder **statt der Leistung** (z. B. §§ 280 ff. BGB; § 311a Abs. 2 BGB; § 437 Nr. 3 i. V. m. §§ 280 ff. BGB, 311a Abs. 2 BGB; § 634 Nr. 4 BGB i. V. m. §§ 280 ff., 311a Abs. 2 BGB; 536a Abs. 1 etc. BGB) oder aufgrund einer **Garantiehaftung** des **falsus procurator** nach § 179 Abs. 1 BGB,
- Ersatz des **Vertrauensinteresses** wegen **enttäuschten Vertrauens** (z. B. § 122 BGB; § 179 Abs. 2 BGB; § 280 Abs. 1 BGB i. V. m. § 311 Abs. 2 BGB),
- Ersatz des **Integritätsinteresses** wegen einer Pflichtverletzung in **quasivertraglichen Verhältnissen (z. B.** §§ 280, 241 Abs. 2 BGB; § 311 Abs. 2, 3 BGB etc.) oder wegen eines **Delikts** (§§ 823 ff. BGB) wegen ungerechtfertigter **Bereicherung** (§§ 812 ff., 818 Abs. 4, 819, 292 BGB) aus einem **Eigentümer-Besitzer-Verhältnis** (§§ 989, 990; 992, 823 BGB).



J. Plate, *Das gesamte examensrelevante Zivilrecht,* Springer-Lehrbuch,
DOI 10.1007/978-3-662-47320-7_9

Wenn von Ihnen bei der **Fallbearbeitung** ein Schadensersatzanspruch geprüft wird, so wissen Sie bereits, dass

- der eine Schadensersatzpflicht begründende sog. **haftungsbegründende Tatbestand** es voraussetzt, dass **überhaupt** ein **Schaden entstanden ist**. Lesen Sie nur noch einmal § 280 Abs. 1 BGB oder § 823 Abs. 1 BGB: „… kann der Gläubiger Ersatz des hierdurch entstehenden Schadens verlangen" bzw. „… ist dem anderen zum Ersatz des hierdurch entstehenden Schadens verpflichtet." Konsequenterweise haben Sie anlässlich der Erörterung der haftungsbegründenden Tatbestände bereits erfahren, wie man das Vorliegen eines Schadens ermittelt. Wir sind bisher aber ganz bewusst nur an der Oberfläche geblieben. Jetzt vertiefen wir dieses Thema.
- Sie wissen ferner, dass sich die Rechtsfolgen bei allen Schadensersatzansprüchen grundsätzlich aus den allgemeinen Vorschriften der §§ 249 ff. BGB ergeben.

Es bietet sich folgendes **grobes Prüfungsschema** für den haftungsausfüllenden Tatbestand eines jeden Schadensersatzanspruchs an, dem auch die Gliederung unserer Darstellung folgt: zu prüfen ist,

- **wer** der Gläubiger des Schadensersatzanspruchs ist,
- **ob** ein Schaden entstanden ist und **was** als Schaden anzusehen ist,
- **wie** er zu ersetzen ist,
- und inwieweit ein **Mitverschulden** zu berücksichtigen ist.

Also **kurz gesagt: Wer, ob/was, wie, Mitverschulden**.

## A. Der Schadensersatzgläubiger (Wer?)

Das Schadensersatzrecht basiert auf dem **Grundsatz**, dass **nur** der **Schaden** des **Verletzten**, und **nicht** der **Schaden** eines **Dritten** zu ersetzen ist.

Daher ist der **Verletzte** in der **Regel** auch der **Gläubiger** des **Schadensersatzanspruchs**.

Das ist aber nur die Regel. Und wo es Regeln gibt, sind bekanntlich die **Ausnahmen** nicht fern!

Bei Schadensersatzansprüchen aus vertraglichen oder vertragsähnlichen Schuldverhältnissen, können auch Dritte zum Schadensersatz berechtigt sein, die selbst nicht Partei des Schuldverhältnisses sind (**„Vertrag mit Schutzwirkung für Dritte", sub I**). Dabei handelt es sich aber, wie Sie gleich erfahren werden, nur um eine scheinbare Ausnahme vom Prinzip der Identität von Verletztem und Schadensersatzgläubiger. Denn der Dritte hat hier dem Grunde nach einen eigenen Anspruch, weil bestimmte Wirkungen des Schuldverhältnisses auf ihn erstreckt werden.

Eine **echte Ausnahme** vom Schadensersatzrecht beherrschenden Prinzip, dass Schadensersatzgläubiger und Verletzter ein und dieselbe Person sein müssen, sind hingegen die **„Drittschadensliquidation" (sub II)** und die Ihnen schon aus Teil 7 bekannten Regelungen der **§§ 844, 845 BGB**, die hier nicht noch ein weiteres Mal behandelt werden sollen, so dass Sie diese Normen jetzt bitte sofort noch einmal nachlesen sollten.

Wie schon so oft, wird also auch im Folgenden nicht die Regel, sondern die Ausnahme im Mittelpunkt der Darstellung stehen. Das ist für den Lernenden problematisch, weil er in der Gefahr schwebt, vor „lauter Ausnahmen nicht mehr die Regeln zu erkennen".

Sie aber wissen nun, dass es in aller Regel um den Ersatz des Schadens des Anspruchstellers selbst geht und nur ausnahmsweise der Schaden eines Dritten liquidiert wird bzw. der Dritte in ein Schuldverhältnis mit einbezogen wird und einen eigenen Anspruch erhält.

## I. Der Vertrag mit Schutzwirkung für Dritte

Bekanntlich gibt es **Schadensersatzansprüche** aus **§§ 280 Abs. 1, 241 Abs. 2 BGB** wegen einer **Verletzung von auf Rücksichtnahme gerichteten Verhaltenspflichten (Rücksichtspflichten)**. Wie Sie weiterhin wissen, setzen diese Ansprüche ein (vertragliches, quasivertragliches oder gesetzliches) **Schuldverhältnis zwischen** dem **Anspruchsteller und** dem **Anspruchsgegner** voraus. **Inhaber dieser Ansprüche** sind – und das ist Ihr bisheriger Wissensstand – die jeweiligen **Gläubiger/Schuldner**, man sagt auch **„Partei"** oder **„Partner"**, jener schuldrechtlichen Beziehungen.

Nun erfahren Sie eine **unerhörte Neuigkeit**: Man ist sich nämlich im Ergebnis einig, dass darüber hinausgehend ganz bestimmte Personen, die aufgrund einer im Rahmen eines Vertrages oder eines vertragsähnlichen Verhältnisses (also nicht bei gesetzlichen Schuldverhältnisse) begangenen Rücksichtspflichtverletzung einen Schaden erlitten haben, Gläubiger von Schadensersatzansprüchen aus §§ 280 Abs. 1, 241 Abs. 2 BGB sein können, obwohl sie nicht Partner des Vertrages oder der vertragsähnlichen Beziehung sind. Wir nennen diese außenstehenden infolge von Rücksichtspflichtverletzungen geschädigten Personen, denen die „Schutzwirkung" eines Vertrages oder einer vertragsähnlichen Beziehung zugutekommen soll, fortan **„Dritte"** und das Institut, das diese Rechtsfolge möglich machen soll, einen **„Vertrag mit Schutzwirkung für Dritte"**. Diese Terminologie ist, wie Sie sofort erkannt haben dürften, nicht exakt, denn schließlich soll dieses Institut ja auch bei einer vertragsähnlichen Beziehung bestehen.

Der „Vertrag mit Schutzwirkung für Dritte" führt also zu einer **Erweiterung** des **Kreises** der **Anspruchsberechtigten** (man sagt: „Die Anspruchsgrundlage wird zum Schaden gezogen"). Damit unterscheidet sich dieses Institut deutlich von der (sogleich zu erörternden) „Drittschadensliquidation", bei der ein Anspruchsberechtigter den Schaden eines Dritten geltend machen kann, dem selbst keine Anspruchsgrundlage zur Verfügung steht (man sagt: „Der Schaden wird zur Anspruchsgrundlage gezogen").

Wir werden uns gleich mit der Frage auseinandersetzen müssen, ob und ggf. wie man einen solchen **„Vertrag mit Schutzwirkung für Dritte"** dogmatisch rechtfertigen kann und welche Personen es denn sind, die in den Genuss eines Schadensersatzanspruchs nach §§ 280 Abs. 1, 241 Abs. 2 BGB wegen einer Verletzung einer Rücksichtspflicht aus einem Vertrag oder aus einer vertragsähnlichen Beziehungen kommen sollen, obwohl sie nicht deren Partei sind. Davor müssen wir uns aber fragen, welchen Sinn ein solches Institut hat und welchen besonderen Vorteil ein derartiger Schadensersatzanspruch einem Dritten überhaupt vermittelt.

Die Antwort auf diese Vorfrage ist rasch gegeben: es geht darum, dem Betroffenen einen eigenen vertraglichen bzw. quasivertraglichen Schadensersatzanspruch zu geben. Damit soll der Dritte einen besonderen Schutz erfahren, also privilegiert werden. Denn ein solcher (quasi)vertraglicher Schadensersatzanspruch hat gewichtige Vorteile gegenüber den ansonsten – allenfalls – bestehenden deliktischen Schadensersatzansprüchen nach §§ 823 ff. BGB:

- §§ 823 ff. BGB setzen für einen Anspruch im Grundsatz die Verletzung absoluter Rechtsgüter oder Rechte voraus; eine Vermögensverletzung reicht nicht aus. Wenn es heißt „im Grundsatz", gibt es offenbar Ausnahmen! Kennen Sie diese? Denken Sie z. B. an § 823 Abs. 2 BGB i. V. m. §§ 263 oder 266 StGB, oder an § 826 BGB. Der eben formulierte „Grundsatz" betrifft in erster Linie § 823 Abs. 1 BGB. Aber lassen wir uns nicht ablenken von diesen der Wiederholung dienenden Assoziationen an früher Gelerntes! Zurück zum Thema: Dagegen kommt ein (quasi)vertraglicher Schadensersatzanspruch schon bei der Verletzung irgendeiner Pflicht aus dem Schuldverhältnis in Betracht. Und das Pflichtenprogramm eines Schuldverhältnisses ist weit: denken Sie nur an die vielfältigen Rücksichtspflichten nach § 241 Abs. 2 BGB – ganz zu schweigen von den privatautonomen Gestaltungsmöglichkeiten bei der Entwicklung von Pflichtenkatalogen durch die Vertragsparteien.
- Im Vergleich zu §§ 823 ff. BGB begünstigt § 280 Abs. 1 S. 2 BGB den Anspruchsteller ferner bei der **Beweislastverteilung**: Bei deliktischen Schadensersatzansprüchen muss nämlich der Anspruchsteller das Verschulden des Inanspruchgenommenen beweisen, während bei § 280 Abs. 1 S. 2 BGB ein Vertretenmüssen des in Anspruch genommenen Schuldners vermutet wird.
- Und bei einer Einschaltung von **Hilfspersonen** durch den Inanspruchgenommenen steht man als Anspruchsteller bei **Ansprüchen** aus **Vertrag** oder **einer vertragsähnlichen Beziehung** wesentlich besser: Der Anspruchsgegner muss für das Verhalten seiner Erfüllungsgehilfen nach **§ 278 BGB** einstehen. Das können auch weisungsunabhängige Personen sein. Und der Geschäftsherr muss für seinen Gehilfen einstehen, ohne sich selbst hinsichtlich eigenen Verschuldens entlasten zu können. Im **Deliktsrecht** dagegen stünde dem Anspruchsteller im Fall einer Einschaltung von Hilfspersonen seitens des Inanspruchgenommenen nur einen Anspruch auf Schadensersatz nur aus § 831 BGB zu. Dieser setzt ein Fehlverhalten des „Verrichtungsgehilfen" voraus, der – im Gegensatz zum Erfüllungsgehilfen nach § 278 BGB – weisungsabhängig sein muss. Außerdem muss der Anspruchsteller befürchten, dass der in Anspruch genommene Geschäftsherr den Entlastungsbeweis nach § 831 Abs. 1 S. 2 BGB führen kann, der, wie gesagt, in § 278 BGB nicht vorgesehen ist. Es ist in der Praxis für den Geschäftsherrn

oft recht einfach zu beweisen, dass er den Verrichtungsgehilfen sorgfältig ausgewählt und ordnungsgemäß überwacht hat.

Das war alles sehr theoretisch und abstrakt und daher für die „Jüngstjuristen" unter Ihnen kaum nachvollziehbar. Deshalb soll **zur Illustration** dieser Ausführungen der folgende „klassische" **Grundfall** erörtert werden.

**Fall 829**

Der M mietet von dem V eine Wohnung. Dann heiratet er die F, die mit in die Mietwohnung einzieht. Alsbald verunglückt die F im Treppenhaus, weil die Treppenhausbeleuchtung an einem dunklen Wintertag plötzlich ausfällt und die F beim Verlassen der Wohnung deshalb eine Stufe verfehlt. Der Stromausfall beruht darauf, dass nach tagsüber erfolgten Arbeiten des Elektrikermeisters E an einer Leitung ein Kurzschluss entstanden ist. Die F verlangt von dem V Ersatz dafür, dass ihre Kleidung durch den Sturz zerrissen ist. Der zur Unfallzeit im Treppenhaus des Hauses arbeitende, sorgsam ausgewählte, fachkundige und ständig überwachte Hausmeister HM hätte den Strom durch ein Hineindrücken des Sicherungsknopfes sofort wieder einschalten können; anstatt dazu in den Keller zu gehen, hat er jedoch erst einmal „Pause" gemacht und ist einen Kaffee trinken gegangen.

1. Die F hat a) keinen Anspruch gegen den V aus § 823 Abs. 1 BGB, weil die F dem V aa) kein Auswahlverschulden hinsichtlich der für ihn tätig gewordenen Personen E und HM bb) und auch kein sonstiges eigenes Verschulden nachweisen kann. b) Ein Anspruch aus § 831 Abs. 1 S. 1 BGB gegen den V besteht nicht, weil aa) der E als selbstständiger und nicht weisungsabhängiger Handwerker nicht der „Verrichtungsgehilfe" des V ist, so dass es auf einen (von diesem nicht geführten) Entlastungsbeweis nicht ankommt, bb) und weil der V für den Verrichtungsgehilfen HM den Entlastungsbeweis geführt hat (§ 831 Abs. 1 S. 2 BGB). 2. Die F könnte gegen den V aber einen vertraglichen Schadensersatzanspruch a) aus §§ 549, 536a Abs. 1, 278 BGB oder aus §§ 549, 535, 280 Abs. 1, 241 Abs. 2, 278 BGB haben (Sie entsinnen sich vielleicht noch, dass umstritten ist, ob ein Mangelfolgeschaden nach § 536a oder nach § 280 Abs. 1 BGB zu ersetzen ist). Der HM hat vorliegend schuldhaft eine Pflichtverletzung begangen, die der V sich zurechnen lassen muss (§ 278 BGB). Allerdings ist die F nicht Mieterin und Vertragspartnerin des V. Dies ist nur ihr Ehemann M. b) Dieses Ergebnis erscheint eher zufällig und letztlich unbillig. Es leuchtet nicht ein, dass die F, die die Mietwohnung erlaubt bewohnt, nur deswegen schlechter stehen soll als ihr Ehemann M, weil sie nicht Partnerin des Mietvertrages ist. Aufgrund dieses evidenten Wertungswiderspruchs ist man sich seit langem einig, dass unter besonderen Voraussetzungen auch eine Person, die nicht Vertragspartner ist oder die nicht in einer vertragsähnlichen Beziehung steht, unter bestimmten Voraussetzungen einen Schadensersatzanspruch wie ein Vertragspartner bzw. ein in einer vertragsähnlichen Beziehung Stehender haben muss (zu den Einzelheiten sogleich).

Wer die üblichen und auch in diesem Buch vermittelten Aufbauregeln verinnerlicht hat, dem dürfte aufgefallen sein, dass soeben wieder einmal völlig „regelwidrig“ deliktische Ansprüche vor vertraglichen Ansprüchen geprüft wurden. Der fehlerhafte Fallaufbau hat didaktische Gründe und ist nur deshalb gerechtfertigt; denn mittels der Unvollkommenheit des deliktischen Schutzes sollte Ihnen demonstriert werden, warum das Institut des „Vertrages mit Schutzwirkung für Dritte“ im Wege der Rechtsfortbildung entwickelt werden musste. Bei der Fallbearbeitung müssen Sie natürlich den „richtigen“ Aufbau wählen!

Zur Vereinfachung dieser bei nahezu jedem Wohnraummietverhältnis auftauchenden Problematik könnten die Parteien natürlich durch eine vertragliche Ergänzung des Mietvertrages **die F** zur **Partnerin** des **Mietvertrages** machen. Eine solche Vereinbarung ist aber in der Praxis wohl die Ausnahme, denn welcher Mieter/Vermieter kennt schon die subtilen Unterschiede zwischen § 831 BGB und § 278 BGB und die Beweislastvorteile des § 280 Abs. 1 S. 2 BGB?! Und was ist mit den Kindern des Mieters? Außerdem könnte der davon nachteilig betroffene Vertragspartner, hier der Vermieter V, vielleicht gar nicht dazu bereit sein, den Mietvertrag zu ändern. Daher besteht trotz dieser rechtspraktischen Gestaltungsmöglichkeiten der Parteien eine **gesetzliche Lücke**.

Der **methodische Weg**, auf dem man diese **gesetzliche Lücke schließen** kann, ist noch nicht vollständig geklärt:

Die früher einmal vertretene **analoge** Anwendung des **§ 328 BGB** ist nicht akzeptabel. Der Vertrag zugunsten Dritter dient der Abspaltung eines vertraglichen Forderungsrechts aus dem Grundvertrag, nicht aber der Erweiterung des Kreises der durch „Rücksichtspflichten“ i. S. d. § 241 Abs. 2 BGB zu schützenden Personen.

Im Zusammenhang mit der Neufassung des § 311 BGB im Zuge der Schuldrechtsreform ist die Ansicht geäußert worden, dass die Rechtsquelle für das Institut des „Vertrags mit Schutzwirkung zugunsten Dritter“ der neu geschaffene **§ 311 Abs. 3 BGB** sei und dass als Anspruchsgrundlage für einen Schadensersatzanspruch §§ 311 Abs. 3, 280 Abs. 1 S. 1 BGB zu zitieren seien. Denn nach § 311 Abs. 3 BGB sollen bei einer schuldhaften Verletzung einer Rücksichtspflicht aus § 241 Abs. 2 BGB aus einem vorvertraglichen „geschäftlichen Kontakt“ auch solche Personen auf Schadensersatz in Anspruch genommen werden können, die gar nicht Vertragspartner werden sollen. Daraus wird gefolgert, dass quasi „a minore ad maius“ das, was nach dem Gesetz für eine Schadensersatzverpflichtung gelte, auch für eine Schadensersatzberechtigung gelten müsse. Das erscheint allerdings doch ein recht gewagtes Argument zu sein. Unverkennbar soll durch § 311 Abs. 3 BGB zu Dritten deshalb ein Schuldverhältnis begründet werden, um sie daraus auf Schadensersatz in Anspruch nehmen zu können, während es beim „Vertrag mit Schutzwirkung zugunsten Dritter“ darum geht, dass Dritte in ein schon vorhandenes Schuldverhältnis einbezogen werden sollen, so dass diese einen Anspruch geltend machen können. Der Vergleich mit § 311 Abs. 3 BGB „hinkt" auch insoweit, als es in § 311 Abs. 3 BGB nur um eine vorvertragliche Haftung geht, während es beim „Vertrag mit Schutzwirkung für Dritte" auch (und sogar in erster Linie) um eine vertragliche Haftung geht. **b)** Aber man soll „das Kind nicht mit dem Bade ausschütten". Bei bestimmten Konstellationen kann man so verfahren, dass man an den Vertrag zwischen z. B. dem Auftraggeber eines Gutachters und dem durch ein fehlerhaftes Gutachten geschädigten Dritten anknüpft und den Sachverständigen als Verhandlungsgehilfen des Auftraggebers mit Sachwalterqualität nach §§ 280 Abs. 1, 311 Abs. 3 BGB haften lässt.

Angenommen wird auch, dass die vertragliche Schadensersatzberechtigung eines Dritten sich aus einer **ergänzenden Auslegung** des **Vertrages** ergeben soll, in dessen Schutzbereich die Einbeziehung des Dritten erfolgen soll. Das ist allerdings bei einer Einbeziehung in den Schutzbereich **eines vertragsähnlichen**, **speziell** eines **vorvertraglichen Schuldverhältnisses**, konstruktiv nicht ableitbar und würde daher das Problem nur teilweise lösen.

Weiterhin wird die Ansicht vertreten, die Schadensersatzberechtigung resultiere aus der **Verletzung** eines aus **§ 242 BGB** herrührenden **Begleitschuldverhältnisses**.

Letztlich dürfte es sich bei dem „Vertrag mit Schutzwirkung für Dritte" um richterliche **Rechtsfortbildung** handeln. Ob die entwickelten Regeln bereits **Gewohnheitsrecht** sind, kann offen bleiben. Für die konkrete Rechtsanwendung nützt uns eine exakte dogmatische Verortung ohnehin nichts. In der Klausur können Sie darauf verweisen, dass das Rechtsinstitut mit teils unterschiedlicher dogmatischer Begründung anerkannt ist und sodann gleich die Voraussetzungen prüfen.

Bei der Schließung der Lücke muss die Gesetzessystematik beachtet werden. Insbesondere dürfen nicht die **Unterschiede** von Schadensersatzansprüchen aus rechtsgeschäftlichen bzw. rechtsgeschäftsähnlichen **Sonderbeziehungen** einerseits und **Ansprüchen aus Delikt** andererseits verwischt werden. Denn nach dem Willen des Gesetzgebers rechtfertigt nur der freiwillige privatautonome Abschluss eines Vertrages bzw. die ebenfalls vom Willen getragene vertragsähnliche Nähebeziehung die Anwendung der besonders strengen Haftungsmodalitäten einer Sonderbeziehung: namentlich die Beweislastumkehr in § 280 Abs. 1 S. 2 BGB und die Haftung für Erfüllungsgehilfen ohne Exkulpationsmöglichkeit. Diese Besonderheiten dürfen vor Entstehung einer Sonderbeziehung nicht jeder dritten Person zugute kommen, nur weil Sie ein Interesse an einem Schadensersatzanspruch hat. Mit anderen Worten: auch das Interesse des Schadensersatzschuldners an der Vorhersehbarkeit seiner (quasi-) vertraglichen Haftungsrisiken ist zu berücksichtigen, denn diese gehen weit über das gegenüber jedermann geltende Deliktsrecht hinaus. Es bedarf eines

**Ausgleichs** zwischen dem legitimen Interesse des potentiellen Schadensersatzgläubigers an der **Einbeziehung in** den **Schutzbereich** eines Vertrages oder einer vertragsähnlichen Beziehung und dem Interesse des Schadensersatzschuldners an einer **sinnvollen Haftungsbegrenzung**.

Dazu hat man in der Rechtswissenschaft und der Rechtspraxis folgende **Kriterien** entwickelt:

I. Anspruchsgrundlage §§ 280 Abs. 1, 241 Abs. 2 ggf. 311 Abs. 2, 3, 241 Abs. 2 BGB

II. Besondere Voraussetzungen für die Berechtigung des Dritten

1. Zwischen **Schuldner** und **Gläubiger** besteht eine Rücksichtspflichten nach § 241 Abs. 2 BGB begründende **Sonderbeziehung** gemäß § 311 BGB, also ein **Vertrag** oder ein **vorvertraglicher geschäftlicher Kontakt**.
2. „**Leistungsnähe des Dritten**": Der Dritte (Anspruchssteller) muss bestimmungsgemäß in den Schutzbereich der Sonderbeziehung treten, so dass ihn eine Pflichtverletzung des Schuldners ebenso trifft wie den Gläubiger.
3. **„Gläubigernähe des Dritten"**: Der Gläubiger muss ein schutzwürdiges Interesse an der Einbeziehung des Dritten in den Schutzbereich der Sonderbeziehung haben.
4. **Erkennbarkeit**: Der Schuldner muss erkennen können, dass der Dritte in den Schutzbereich der Sonderbeziehung einbezogen werden soll.
5. **Schutzbedürftigkeit**: Dem Dritten dürfen keine anderen gleichwertigen vertraglichen oder vertragsähnlichen Ersatzansprüche zustehen.

III. Rechtsfolgen

1. Der Dritte wird in den Schutzbereich des Vertrages bzw. den der vertragsähnlichen Beziehung einbezogen und erhält einen **eigenen Schadensersatzanspruch gegen den Schuldner**, so, als ob er selbst Partner des Vertrages oder der vertragsähnlichen Beziehung wäre.
2. Eine etwaige **Haftungsbeschränkung** oder ein Haftungsausschluss aus der Gläubiger-Schuldner-Beziehung wirkt auch zum Nachteil des Dritten.
3. Der Dritte muss sich ein **Mitverschulden** des Gläubigers zurechnen lassen.

Das muss jetzt im **Detail** vertieft werden, wobei auch der vorhergehende Fall ins Blickfeld gerückt werden soll:

### a) Sonderbeziehung

Die für einen „Vertrag mit Schutzwirkung für Dritte" vorausgesetzte **Sonderbeziehung** ist i. d. R ein **Vertrag**. Sie kann aber auch eine vertragsähnliche Beziehung sein, speziell auch ein vertragsähnliches, lediglich Rücksichtspflichten aus § 241 Abs. 2 BGB begründendes Verhältnis aus einem **vorvertraglichen „geschäftlichen Kontakt"** (§§ 311 Abs. 2, 3, 241 Abs. 2 BGB).

Bei der Fallbearbeitung müssen Sie inzident prüfen, ob die eine Anspruchsgrundlage aus der Sonderverbindung unter den gegebenen Umständen den jeweiligen Gläubiger dem Grunde zum Schadensersatz berechtigen würde, falls dieser selbst geschädigt worden wäre. Dabei sind die Anspruchsvoraussetzungen inzident zu prüfen (z. B. Vertragsschluss, Pflichtverletzung, Vertretenmüssen etc.).

Im letzten **Fall** müsste also danach gefragt werden, ob dem M als Vertragspartner des V gegen diesen ein Anspruch zustünde, wenn er den Schaden der F selbst erlitten hätte.

### b) Leistungsnähe des Schuldners

Die weiterhin erforderliche **„Leistungsnähe des Dritten"** ist gegeben, wenn der Dritte bestimmungsgemäß derart in den Bereich der Ausführung des Vertrages oder der vertragsähnlichen Beziehung tritt, dass ihn Pflichtverletzungen des Schuldners ebenso treffen können wie den Gläubiger selbst. Hintergrund ist die Überlegung, dass strengere Haftungsregeln bei Sonderbeziehungen auch deshalb gerechtfertigt sind, weil die Parteien sich näher kommen als beliebige Dritte. Deshalb ist das Risiko der wechselseitigen Einwirkung auf die Rechte, Rechtsgüter und Interessen höher (vgl. § 311 Abs. 2 Nr. 2 BGB). Im zuvor bearbeiteten **Fall** kommt die die Mietwohnung erlaubterweise mitbewohnende F ebenso in Kontakt zur Leistung des Vermieters V wie der M als Vertragspartner des V.

### c) Gläubigernähe des Dritten

Weiter muss für einen Anspruch des Dritten ein **schutzwürdiges Interesse** des **Gläubigers an** einer **Einbeziehung** des **Dritten** in den Schutzbereich des Vertrages oder der vertragsähnlichen Beziehung bestehen **(„Gläubigernähe des Dritten")**. Diese Voraussetzung hat eine „bewegte Vergangenheit". Sie wurde **früher** von der Rechtsprechung sehr eng ausgelegt: verlangt wurde ein besonderes Treue- oder Fürsorgeverhältnis zwischen Gläubiger und Dritten, genannt ein **„Wohl-und-Wehe-Verhältnis"**, weil vorausgesetzt wurde, dass der Gläubiger für das „Wohl und Wehe" des Dritten verantwortlich sein müsse. Mittlerweile verzichtet man auf das Erfordernis eines derartigen besonderen Näheverhältnisses. Heute genügt „**jedes berechtigte Einbeziehungsinteresse**". Zur Veranschaulichung sollen hier dennoch drei Fallgruppen dargestellt werden, die zugleich die Entwicklung des zunehmend großzügigen Maßstabs der Gläubigernähe nachzeichnen und in denen jeweils ein solches berechtigtes Einbeziehungsinteresse zu bejahen ist:

- Ausgangspunkt der Rechtsprechung waren Fälle, in denen die Gläubigernähe auf einer **Fürsorgepflicht** des **Gläubigers für** den **Dritten** beruhte, z. B. im Verhältnis Dienstherr zum Dienstverpflichteten und Arbeitgeber zum Arbeitnehmer (arge § 618 BGB).
- Dies wurde später verallgemeinert: ein schutzwürdiges Interesse des Gläubigers sollte dann bestehen, wenn der Gläubiger für das **„Wohl und Wehe"** des den Anspruch geltend machenden Dritten verantwortlich ist. Zu denken ist dabei an familienrechtliche Fürsorgepflichten aus § 1353 Abs. 1 BGB (Eheleute untereinander; nachdem Sie dies jetzt wissen, können Sie jetzt den vorherigen **Fall** auch allein zu Ende lösen), § 1626 BGB (Eltern gegenüber dem Kind; auch das die Treppe hinunterfallende Kind K hätte einen Anspruch), oder an gesellschaftsrechtliche Treuepflichten aus § 705 BGB (Gesellschafter gegenüber Gesellschafter).

**Fall 830**

Der Inhaber eines Malerbetriebes M. Ala (M) mietet bei dem V. Amita (V) ein Gerüst, von dem aus sein Unternehmen die Fassade eines Hauses streichen soll. Das Gerüst wird an einem Freitag von V durch die bei ihm tätigen Gerüstbauer aufgestellt. Eines der tragenden Teile wird von dem Gerüstbauergesellen R.U. Est (R) des V, der wie alle anderen Gerüstbauer auch sehr gut ausgebildet ist und ständig unterwiesen und überwacht wird, für den Gesellen G des M unerkennbar nicht fest verschraubt. Infolgedessen stürzt bei Beginn der Malerarbeiten am folgenden Montag das Gerüst mitsamt dem G ein und dieser wird erheblich verletzt. Dem M war bei der Gerüstmontage aufgefallen, dass die Gerüstbauer und auch der R wegen des bevorstehenden Wochenendes sehr hektisch gearbeitet hatten. Der G will von dem V Schmerzensgeld.

1. In Betracht kommt ein vertraglicher Anspruch des G gegen V aus §§ 536a Abs. 1, 253 Abs. 2, 276, 278 BGB (wir wollen uns hier mit der h. M. dafür entscheiden, dass der Anspruch auf Ersatz eines Mangelfolgeschadens sich aus § 536a Abs. 1 BGB ergibt). a) Fraglich ist, ob zwischen G und V ein Mietvertrag als Schuldverhältnis besteht. Die beiden haben jedenfalls nicht unmittelbar einen Vertrag geschlossen. Dieser ist vielmehr nur zwischen M und V entstanden. Möglicherweise wird aber der G in den Schutzbereich dieses Vertrags einbezogen. Hierfür müssten die von der Rechtsprechung entwickelten Voraussetzungen eines Vertrags mit Schutzwirkung zugunsten Dritter vorliegen. aa) Der Dritte G müsste in Leistungsnähe sein, also bestimmungsgemäß derart mit der von V geschuldeten Leistung in Berührung kommen, dass Schlechtleistungen ihn ebenso treffen können wie den Gläubiger. Hier ist die Leistung des V deshalb im vorgenannten Sinne „drittbezogen", weil typischerweise auch und gerade die Mitarbeiter des M, also auch der G, das Gerüst besteigen werden. bb) Der Dritte müsste sich ferner in Gläubigernähe befinden. Dies ist der Fall, wenn der Gläubiger ein schutzwürdiges Interesse an der Einbeziehung des Dritten in den Schutzbereich hat. Ursprünglich verlangte die Rechtsprechung hierfür, dass

der Gläubiger für das „Wohl und Wehe" des Dritten verantwortlich ist (z. B. die Eltern für das Kind aufgrund der elterlichen Pflicht zur Personensorge gem. § 1626 BGB bzw. Ehegatten untereinander gem. § 1353 BGB oder der Arbeitgeber aufgrund der Fürsorgepflicht für die Arbeitnehmer gem. § 618 BGB bzw. Gesellschafter untereinander aufgrund entsprechender Treue- und Fürsorgepflichten), während nunmehr jedes vertragliche Einbeziehungsinteresse genügt. Hier ergibt sich aus der Fürsorgepflicht des M als Arbeitgeber gegenüber seinem Arbeitnehmer G (arge § 618 BGB) sogar ein „Wohl-und-Wehe-Verhältnis" nach dem Maßstab der früheren Rechtsprechung. cc) Weiterhin ist erforderlich, dass die Tatsachen, die eine Einbeziehung aufgrund der vorgenannten Kriterien ermöglichen, für den Schuldner erkennbar sind. Das ist bei einem Mietvertrag über ein Gerüst hinsichtlich der Mitarbeiter des Mieters, die bestimmungsgemäß vom Gerüst aus arbeiten, der Fall. dd) Weiterhin muss der G als Dritter schutzbedürftig sein: Ihm dürfen keine anderweitigen und gleichwertigen Ersatzmöglichkeiten zustehen. Diese Voraussetzung ist hier erfüllt, denn aaa) dem G stehen vertragliche Ansprüche weder gegen den V noch gegen den M (der nicht schuldhaft gehandelt hat) zu. bbb) Der Anspruch gegen den Gerüstbauer R aus §§ 823 Abs. 1, 253 Abs. 2 BGB ist als bloßer deliktischer Anspruch keine anderweitige einem vertraglichen Anspruch gleichwertige Ersatzmöglichkeit im vorgenannten Sinne. Die Voraussetzungen des Vertrags mit Schutzwirkung zugunsten Dritter liegen vor. Also kann der G Gläubiger eines Schadensersatzanspruchs aus § 536a Abs. 1 BGB sein. b) Die übrigen Voraussetzungen von liegen vor: aa) Die Mietsache ist nach Vertragsschluss mangelhaft geworden. bb) Der V hat den Mangel zu vertreten (§§ 276, 278 BGB). c) Zu ersetzen ist aa) nicht nur das (hier nicht geltend gemachte) negative Interesse, sondern nach § 253 Abs. 2 BGB auch ein immaterieller Schaden (Schmerzensgeld). bb) Zu prüfen bleibt, ob der Anspruch aufgrund eines Mitverschuldens zu mindern ist (§ 254 Abs. 1 BGB): aaa) Den G selbst traf zwar kein Mitverschulden, bbb) wohl aber den M. Fraglich ist, ob der G sich das Mitverschulden des M zurechnen lassen muss. aaaa) Hier geht es nicht um ein Mitverschulden im haftungsausfüllenden Bereich hinsichtlich einer Schadensminderungsobliegenheit nach §§ 254 Abs. 2 BGB, sondern im haftungsbegründenden Bereich (§ 254 Abs. 1 BGB). Nach ganz h. M. wird § 254 Abs. 2 S. 2 BGB als „Abs. 3" behandelt, so dass jedenfalls innerhalb bestehender Schuldverhältnisse eine Zurechnung des Mitverschuldens eines Erfüllungsgehilfen oder gesetzlichen Vertreters auch im haftungsbegründenden Bereich möglich ist. Hier wird man aber nicht annehmen können, dass der M ein Erfüllungsgehilfe des G ist. Aus diesem Grund ist das Mitverschulden daher nicht zuzurechnen bbbb) Aus dem Rechtsgedanken der §§ 334, 846 BGB ergibt sich jedoch, dass der G keine weitergehenden Rechte als der M haben kann, so dass man jedenfalls unter diesem Aspekt den Anspruch des G um das Mitverschulden des M kürzen muss. Vertretbar wäre es auch, hier keinen Mangel des Gerüsts anzunehmen, sondern stattdessen in der fehlerhaften Montage eine leistungsbezogene Nebenpflichtverletzung zu sehen. Dann würde der Ersatzanspruch aus §§ 280 Abs. 1, 241 Abs. 2 BGB folgen. 2. Deliktische Ansprüche könnten sich a) aus §§ 823 Abs. 1, 253 Abs. 2 BGB ergeben: Für ein deliktisch relevantes Verhalten des V spricht jedoch nichts. b) Einem Anspruch aus § 831 BGB steht der Entlastungsbeweis (§ 831 Abs. 1 S. 2 BGB) entgegen.

- Eine „Gläubigernähe“ soll auch dann gegeben sein, wenn der Gläubiger die **Obhut über** die **Sachen eines Dritten** übernimmt. Vielfach werden diese Fälle auch von der „Drittschadensliquidation“ (dazu sogleich mehr) erfasst. Bei der Gastwirtshaftung gibt es in § 701 Abs. 1 BGB sogar eine spezifische Regelung dieser Frage.

**Fall 831**

Der M ist Mieter einer dem V gehörenden Wohnung mit Keller. Aus Anlass eines längeren Auslandsaufenthalts stellt sein bis dahin anderswo wohnender Sohn D seine Möbel in den Keller des M. Wegen eines schon vor Abschluss des Mietvertrages defekten Rückschlagventils im Kanalsystem des Hauses strömt eines Tages infolge eines starken Wolkenbruchs aus dem öffentlichen Sielsystem Wasser in den Keller. Die Möbel des D werden vernichtet.

Der D soll aufgrund eines Vertrages mit Schutzwirkung für Dritte einen vertraglichen Anspruch gegen den V aus § 536a Abs. 1 Var. 1 BGB (wenn man – wie wir hier – einen Anspruch auf Ersatz von Mangelfolgeschäden aus § 536a BGB und nicht aus § 280 Abs. 1 BGB ableitet) haben, weil den Vermieter eine Obhutspflicht auch für eingebrachte Sachen Dritter trifft. Denn das für den Vermieter erkennbare Gläubigerinteresse des Mieters folgt aus seiner Obhutspflicht aus der Verwahrung und der familienrechtlichen Vermögensfürsorgepflicht gegenüber seinem Sohn als Dritten, sodass den Vermieter insoweit eine Obhutspflicht auch für eingebrachte Sachen Dritter trifft.

- Die dritte Fallgruppe ist diejenige, bei der aufgrund einer **Vertragsauslegung** von einer Erstreckung der Schutzwirkung auf den Dritten auszugehen ist. Diese Fallgruppe hat mit den beiden vorgenannten Konstellationen wenig zu tun. Denn hier verfolgen der Gläubiger und der Dritte – anders als in den anderen Fallgruppen – verschiedene, oft sogar gegenläufige Interessen. Daher ist diese Fallgruppe auch nicht unbedingt überzeugend in den Gesamtzusammenhang einzuordnen. Typisch für diese Fälle ist, dass die Einbeziehung des Dritten in den Schutzbereich des Vertrages darauf beruht, dass der Schaden nur bei dem Dritten eintreten kann. Genau genommen liegt hier eine Schadensverlagerung vor, die eher kennzeichnend für eine „Drittschadensliquidation“ ist.

**Fall 832**

Der V will sein Haus verkaufen. Er beauftragt daher den G, ein Gutachten über den Zustand des Hauses zu erstellen. Der V weiß, dass ein Dachbalken des Hauses mit Hausschwamm befallen ist. Damit dieser Befund nicht im Gutachten erwähnt wird, hält der V den G bei der Besichtigung des Hauses durch ein geschicktes Ablenkungsmanöver davon ab, den befallenen Bereich zu besichtigen. Der G bemerkt daher den Hausschwamm nicht und bewertet das Haus mit € 250.000,–, was einem Wert des Hauses ohne Befall mit Hausschwamm entspricht. Das Haus ist wegen des Hausschwammes in Wahrheit nur € 200.000,–

wert. Der V verkauft das Haus formgerecht unter Vorlage des Gutachtens an den Käufer K. Dieser bemerkt nach wenigen Wochen den Hausschwamm. Trotz Fristsetzung zur Mängelbeseitigung behebt der inzwischen insolvente V den Mangel nicht. Wegen der Insolvenz des V tritt der K auch nicht vom Kaufvertrag zurück und ficht ihn nicht an. Der K hält sich vielmehr an den G und verlangt von ihm Schadensersatz in Höhe von € 50.000,– (nach BGH).

Da zwischen dem G und dem K kein Gutachtervertrag (Werkvertrag) besteht, 1. kommt ein Anspruch des K aus §§ 634 Nr. 4,280 Abs. 1 S. 1 BGB nur in Betracht, wenn der Werkvertrag zwischen V und G Schutzwirkung zugunsten des K entfaltet. a) Allgemein anerkannt ist, dass innerhalb bestehender Schuldverhältnisse (aus Vertrag oder auch aus vorvertraglicher Sonderbeziehung) Dritte in den jeweiligen Schutzbereich eines Vertrages einbezogen sein können, so dass auch sie einen vertraglichen Schadensersatzanspruch haben (=Vertrag mit Schutzwirkung für Dritte). b) Hierfür müssen die von der Rechtsprechung entwickelten Voraussetzungen erfüllt sein. aaa) Der K muss mit der Leistung genauso in Berührung kommen wie der V als eigentlicher Vertragspartner des G. Das Gutachten war hier gleichermaßen für den Käufer und den Verkäufer bestimmt. Beide sollten ihren Geschäftsentschluss auf die darin enthaltenen Feststellungen und Bewertungen stützen. Eine Leistungsnähe des K liegt daher vor. bbb) Der Dritte (K) muss sich in „Gläubigernähe" befinden. Hiervon ist auszugehen, wenn der Gläubiger (V) ein schutzwürdiges Interesse an der Einbeziehung des Dritten in den Schutzbereich hat: Ein „Wohl- und Wehe-Fall" oder ein Fall der „Obhutsübernahme" ist nicht gegeben. Es ist aber darüber hinaus auch anerkannt, dass immer dann, wenn eine Leistung nach dem hypothetischen Parteiwillen bestimmungsgemäß einem Dritten (K) zugutekommen soll, auch eine Schutzpflicht gegenüber dem Dritten (K) bestehen soll: Das soll z. B. bei Auskunfts-, Gutachten- und Geschäftsbesorgungsverträgen der Fall sein, so dass Dritte auch den Ersatz von Vermögensschäden verlangen können. Anerkannt ist ferner jedes vertragliche Einbeziehungsinteresse. Hier hatte der V nach dem Kaufvertrag gemäß § 241 Abs. 2 BGB die Pflicht zur Rücksicht auf die Rechte, Rechtsgüter und Interessen des K, was insofern ausreichen würde. Problematisch ist jedoch, ob der V tatsächlich ein Interesse daran hatte, dass der Dritte (K) in den Schutzbereich des Werkvertrages einbezogen wird. Der wirkliche Wille des V war hier keineswegs darauf gerichtet, seinen Vertragspartner K zu schützen, im Gegenteil: Er wollte den K betrügen. Es kommt jedoch nicht auf den wirklichen Willen, sondern auf einen verobjektivierten Willen an. Demnach hat ein Verkäufer grundsätzlich ein Interesse daran, dass sein Käufer sich ebenso wie er auf ein Gutachten verlassen kann und sich darauf auch verlassen soll, dies schon deshalb, um nicht Sachmängelgewährleistungsansprüchen ausgesetzt zu sein. Es besteht daher ein Interesse des Verkäufers an der Einbeziehung des K in den Vertrag. ccc) Weiterhin ist erforderlich, dass die Tatsachen, die eine Einbeziehung aufgrund der vorgenannten Kriterien ermöglichen, für den Schuldner erkennbar sind. Dem G war bekannt, dass das Gutachten dem Verkauf des Hauses dienen sollte und dass es dazu den Interessenten vorgelegt werden musste. Unerheblich ist, dass dem G nicht konkret bekannt war, wer der Käufer sein würde.

ddd) Weiterhin muss der Dritte schutzbedürftig sein: Es darf keine anderweitige gleichwertige Ersatzmöglichkeit für den Dritten geben. Diese Voraussetzung ist hier erfüllt, denn aaaa) dem K stehen gegen den V wegen der Fehlbegutachtung keine vertraglichen Ansprüche zu. Auch gegen den G hat er mangels einer vertraglichen Beziehung keinen vertraglichen Anspruch; und eine Haftung des G aus §§ 280 Abs. 1, 311 Abs. 3 S. 2, 241 Abs. 2 BGB scheidet deshalb aus, weil der G als Dritter nicht im Verhältnis zu K „in besonderem Maße Vertrauen für sich in Anspruch nimmt" (andere Ansicht vertretbar, siehe sogleich unter 2.). bbbb) Ob deliktische Ansprüche ausreichen, kann offen bleiben, denn gegen den G bestehen solche Ansprüche nicht. Der Werkvertrag zwischen V und G entfaltet somit Schutzwirkung zugunsten des K. Insoweit liegt mit Blick auf einen möglichen Schadensersatzanspruch des K gegen G ein Schuldverhältnis vor. c) Die übrigen Anspruchsvoraussetzungen liegen ebenfalls vor. aa) Das Werk (Gutachten) war mangelhaft. bb) Der G kann sich vom vermuteten Vertretenmüssen nicht entlasten (§ 276 BGB). d) Zu ersetzen ist aa) das negative Interesse. Die Höhe des Anspruchs bestimmt sich danach, wie der K stehen würde, wenn das Gutachten richtig gewesen wäre. Dann hätte K das Haus nicht oder zu einem geringeren Preis erworben. So hat er ein Haus im Wert von € 200.000,– für einen gezahlten Kaufpreis von € 250.000,– erworben und daher einen Schaden in Höhe von € 50.000,– erlitten, den er von G ersetzt verlangen kann. bb) Die Rechte des Käufers können jedoch nicht weiter reichen als die des eigentlichen Vertragspartners V. Sofern daher dem V dem Grunde nach kein Schadensersatzanspruch gegen den G zusteht, kann auch der K keine Rechte geltend machen. Hier stellt sich die Frage, ob sich der K nach § 334 BGB analog zurechnen lassen muss, dass der V wegen seiner Kenntnis vom Mangel des Gutachtens (§ 640 Abs. 2 BGB) selbst keinen Gewährleistungsanspruch hat. Hiergegen spricht jedoch, dass der G als Gutachter eine besondere unabhängige Stellung innehat. Die Auslegung seines Vertrages mit V führt daher dazu, dass der Käufer sich die Einwendungen aus § 334 BGB nicht entgegenhalten lassen muss. Der Anspruch besteht damit. 2. Man kann aber auch an den Vertrag zwischen dem Auftraggeber (V) des Gutachters (G) und dem durch ein fehlerhaftes Gutachten geschädigten Dritten (K) anknüpfen und vertreten, dass der Sachverständige (G) als Verhandlungsgehilfe des Auftraggebers (V) mit Sachwalterqualität nach §§ 280 Abs. 1, 311 Abs. 3 BGB haftet.

In der Praxis vermeiden Anwaltskanzleien, Wirtschaftsprüfungsgesellschaften und sonstige Personen, die regelmäßig gutachterliche Stellungnahmen erstellen, ihre Haftung dadurch, dass sie in dem Gutachten erklären, wer sich jeweils auf das Gutachten verlassen darf. Der benannte Kreis wird – sofern erforderlich – durch einen sog. reliance letter erweitert, also einer Mitteilung, dass sich auch eine weitere Person auf das Gutachten verlassen darf.

### d) Erkennbarkeit

Der Schuldner muss schließlich erkennen können, dass ein hinreichend bestimmter Personenkreis von Dritten in den Schutzbereich des Vertrages oder der vertragsähnlichen Beziehung einbezogen werden soll. Letztlich dient dieses Merkmal dazu, der Verwischung der Grenzen zu einer lediglich deliktischen Haftung vorzubeugen. Der Schuldner muss zwar nicht die genaue Identität der Dritten kennen. Der Personenkreis muss aber sachlich und quantitativ überschaubar sein.

### e) Schutzbedürftigkeit des Dritten

Eine Rechtsfortbildung ist nur legitim, wenn durch sie eine gesetzliche Lücke geschlossen wird. Das bedeutet, dass ein im Wege der Rechtsfortbildung entwickeltes Institut dann nicht anwendbar ist, wenn es eine anderweitige gesetzeskonforme und gleichwertige Regelung gibt. Dies ist der Sinn des Merkmals einer **Schutzbedürftigkeit des Dritten**: Dem Dritten dürfen keine anderweitigen den vertraglichen Schadensersatzansprüchen **gleichwertigen** Ersatzansprüche zustehen. Mittlerweile wissen Sie: Deliktische Ansprüche sind strukturell schwächer als Schadensersatzansprüche aus Vertrag oder vertragsähnlicher Beziehung und sind deshalb nicht gleichwertig.

### f) Rechtsfolge

Die **Rechtsfolge** ist die Einbeziehung des Dritten in den Schutzbereich des Vertrages bzw. in die vertragsähnliche Beziehung zwischen Gläubiger und Schuldner. Der Dritte kann daher **eigene Ansprüche** gegen den Schuldner geltend machen, wie wenn der Dritte selbst Vertragspartner oder Partei der vertragsähnlichen Beziehung wäre.

Allerdings leiten sich die Rechte des Dritten von den Rechten des Gläubigers ab. Deshalb dürfen sie nicht weiterreichend sein als die des Gläubigers, wäre er der Verletzte. Eine eventuelle **Haftungsbeschränkung** in der **Gläubiger-Schuldner-Beziehung** wirkt sich daher auch den Anspruch aus Vertrag mit Schutzwirkung zugunsten Dritter aus.

> Eine heikle Frage ist, ob eine solche Haftungsbeschränkung auch für Ansprüche des Dritten gegen den Schuldner aus unerlaubter Handlung gilt. Auf diesen Gedanken könnte man kommen, weil vertragliche Haftungsbeschränkungen nach verständiger Auslegung in aller Regel auch parallele deliktische Ansprüche umfassen sollen. Tappen Sie aber nicht in diese gedankliche Falle. Denn dies liefe auf einen – absolut unzulässigen! – **Vertrag zulasten Dritter** hinaus.

Und da der Dritte nicht besser stehen darf als der Gläubiger, muss er sich ein **Mitverschulden** des **Gläubigers** zurechnen lassen. Das kann man begründen mit dem vorgenannten Gedanken des **abgeleiteten Rechts**, mit einer **Analogie** zu **§ 334 BGB** oder gar dem **Rechtsgedanken** des **§ 846 BGB**. Oftmals kommt es aber schon nach

§§ 254 Abs. 2 S. 2, 278 BGB selbst zu einer Zurechnung des Mitverschuldens. Dies gilt etwa im bei einem Vertrag der Eltern mit einem Schuldner, in dessen Schutzbereich das Kind miteinbezogen ist, weil die Eltern als Gläubiger für dessen „Wohl und Wehe" verantwortlich sind (§ 1626 BGB).

## II. „Drittschadensliquidation"

Wie bereits gesagt: Genau genommen ist der soeben behandelte Vertrag mit Schutzwirkung für Dritte gar keine echte Ausnahme vom Prinzip der Notwendigkeit einer an sich notwendigen Identität von Verletztem und Schadensersatzgläubiger. Denn der Verletzte wird bei dieser Konstruktion teilweise in das Schuldverhältnis miteinbezogen und ist hierdurch selbst Gläubiger des Schadensersatzanspruchs: „Der Anspruch wird zum Schaden gezogen".

Dagegen ist eine echte Ausnahme von dem Grundsatz, dass Schadensersatzansprüche immer nur dem Verletzten zustehen können, die sog. **„Drittschadensliquidation"**. Schon aus dieser Bezeichnung wird ersichtlich, dass hier jemand den Schaden eines Dritten geltend machen (liquidieren) kann: „Der Schaden wird zum Anspruch gezogen". Ausgangspunkt ist, dass ein Geschädigter mangels einer ihn berechtigenden Anspruchsgrundlage keinen Schadensersatzanspruch hat, während der Anspruchsinhaber keinen Schaden hat (weil der Geschädigte ihn erlitten hat). Kurz gesagt: **„Anspruch und Schaden fallen auseinander"**. Wie löst man dieses Problem?

Bei einer rein konstruktiven Betrachtungsweise wäre die logische Konsequenz, dass der Anspruchsgegner trotz einer als solcher bestehenden Schadensersatzverpflichtung mangels Schaden keinen Schadensersatz leisten müsste und gleichzeitig der Geschädigte mangels Anspruchsgrundlage keinen Schadensersatz erhielte.

Ein solches Ergebnis „schreit" geradezu nach einer Korrektur: ansonsten würde der Anspruchsgegner unangemessen bevorteilt und den Anspruchsinhaber unangemessen benachteiligt. Die Ihnen ja schon längst bekannte **Lösung** lautet: „Der Schaden wird zur Anspruchsgrundlage gezogen".

### 1. Gesetzliche Regelung der Drittschadensliquidation

In der Tat: Das **Gesetz** selbst hat dieses Problem erkannt und in zwei (für Sie vielleicht etwas „abgelegenen") Rechtsbereichen eine angemessene Lösung gefunden.

- Bringt der Gast eines gewerbsmäßig tätigen Gastwirts eine Sache in den Betrieb des Gastwirtes ein, so hat der Gastwirt den Schaden zu ersetzen, der durch den Verlust, durch die Zerstörung etc. entsteht (**§ 701 Abs. 1 BGB**). Die Ersatzpflicht erstreckt sich dabei nicht nur auf den Schaden, der dem Gast selbst entsteht, weil er eigene Sachen eingebracht hat, sondern auch auf den Schaden, der einem Dritten entsteht, weil der Gast dessen Sachen in den Betrieb eines Gastwirtes eingebracht hat. Hierbei handelt es sich um einen gesetzlich geregelten Fall der **Drittschadensliquidation**: Der Gast als Vertragspartner des Gastwirts und damit als Anspruchsinhaber kann den „Schaden des dritten Eigentümers liquidieren" (d. h. geltend machen), obwohl dieser Dritte nicht der Vertragspartner des Gastwirtes ist (**„Obhutsfall“**). Bei der Gastwirtshaftung besteht daher kein Anlass mehr für die Anwendung des (sogleich darzustellenden) Instituts der „Drittschadensliquidation“ und natürlich auch nicht des „Vertrages mit Schutzwirkung für Dritte“.

- Nach **§ 425 Abs. 1 HGB** haftet der Frachtführer für den Schaden, der durch Verlust oder Beschädigung des Gutes in der Zeit von der Übernahme zur Beförderung bis zur Ablieferung oder durch Überschreitung der Lieferfrist entsteht. In **§ 421 Abs. 1 S. 2 HGB** ist geregelt, dass der **Empfänger** die **Ansprüche aus** dem **Frachtvertrag in eigenem Namen** geltend machen kann. Hierdurch wird zunächst klargestellt, dass die Ersatzpflicht auch dann besteht, wenn zwar der Absender (als Vertragspartner des Frachtführers) keinen Schaden hat, der Empfänger (als vertraglich Unbeteiligter) hingegen schon. Auch das ist ein gesetzlich geregelter Fall der **Drittschadensliquidation**: Der Schaden des Empfängers wird liquidiert, obwohl er selber nicht Vertragspartner des Frachtvertrages ist. Allerdings wird hier der Schaden des Dritten (Empfänger) nicht durch den Gläubiger des Vertrags (Absender) liquidiert, sondern durch den Dritten selbst (§ 421 Abs. 1 S. 2 HGB). Wie wir gleich sehen werden, bedeutet jedoch dieser Umstand praktisch gesehen nur einen minimalen Unterschied zu den (noch darzustellenden) gesetzlich ungeregelten Fällen der Drittschadensliquidation. Denn bei diesen ist der Anspruchsteller, der den Schaden des Dritten liquidiert, dem Dritten gegenüber zur Abtretung des Ersatzanspruchs nach § 285 BGB analog verpflichtet. Letztlich ist es also auch hier der Dritte, der nach erfolgter (oft konkludenter) Abtretung den Anspruch geltend machen wird. Es handelt sich bei §§ 425, 421 Abs. 1 S. 2 HGB um einen Fall der **„Schadensverlagerung durch obligatorische Entlastung“**. Bei Frachtverträgen nach dem HGB besteht damit ebenfalls kein Anlass mehr für die Anwendung des Instituts der Drittschadensliquidation und natürlich auch nicht des Vertrages mit Schutzwirkung für Dritte.

**Fall 833**

Der Großhändler, Verkäufer und Absender Abs (A) hatte mit dem Käufer, dem Einzelhändler Empf (E) einen Kaufvertrag über 100 individuell hergestellte Computer abgeschlossen. Auf Verlangen des E sollen die Computer zu seinem Geschäftslokal transportiert werden. Der Kaufpreis soll nach Ankunft der Ware von E bezahlt werden; dann soll auch das Eigentum auf den E übergehen. Zur Besorgung des Transportes schloss der A mit dem Frachtführer F.R. Eight (F) einen Frachtvertrag, aufgrund dessen der F die Computer zu E befördern und diesem abliefern soll. Vor der für einen Montag vorgesehenen Verladung der Computer auf einen LKW lagert der F über das Wochenende das Frachtgut in seiner Frachthalle ein. Dort entwendet der Buchhalter Buch (B) des F, der sich an einem Sonntag mit seinem Generalschlüssel zu Diebstahlszwecken auf das Firmengelände und in die Halle begeben hatte, einen der Computer. Auf dem Nachhausewege wird er in einen Unfall verwickelt und der gestohlene Computer wird völlig zerstört. Der E will wissen, ob er Ansprüche gegen den F hat.

Der E hat 1. obwohl er nicht Vertragspartner des F ist, gegen diesen einen Schadensersatzanspruch aus §§ 425 Abs. 1, 428, 421 Abs. 1 S. 2 HGB. Sein

Schaden besteht darin, dass der E entgegen der Regel des § 326 Abs. 1 S. 1 BGB trotz der Unmöglichkeit der Vertragserfüllung zur Kaufpreiszahlung verpflichtet bleibt, weil die Preisgefahr bereits auf ihn übergegangen war (§ 447 BGB). 2. Ansprüche aus Delikt (§§ 823 Abs. 1, 831 BGB) entfallen schon deshalb, weil der E noch nicht Eigentümer der Ware war.

Kleine *Wiederholungsfrage:* Warum muss der F eigentlich für den B einstehen? Schließlich handelt dieser doch „bei Gelegenheit" und nicht „in Erfüllung" der ihm übertragenen Aufgaben! Weil hier nicht § 278 BGB sondern § 428 HGB einschlägig ist! Hier genügt es für das Merkmal „in Ausübung seiner Verrichtung", wenn das schadensbegründende Verhalten noch im allgemeinen Kontext des zugewiesenen Aufgabenbereichs liegt.

Ausnahmen ergeben sich, wenn der Transport **unentgeltlich** erfolgt (vgl. § 407 Abs. 2 HGB) oder der Anwendungsbereich der §§ 407 ff. HGB aus einem anderen Grund nicht eröffnet ist.

## 2. Drittschadensliquidation aufgrund einer Rechtsfortbildung

Dies waren die beiden gesetzlich geregelten Fälle der Drittschadensliquidation. Soweit der Gesetzgeber das Problem eines Auseinanderfallens von Anspruch und Schaden nicht geregelt hat, besteht eine **gesetzliche Lücke**. Geschlossen werden kann sie nicht durch eine Rechtsfortbildung intra legem (also „innerhalb des Gesetzes" durch eine Analogie zu einer anderen Norm oder durch eine teleologische Extension oder Reduktion einer Norm), sondern nur extra legem („außerhalb des Gesetzes). Hier bietet sich ein kurzer **Exkurs** zur Zulässigkeit der Rechtsfortbildung extra legem an: Den Anstoß dazu gibt ein „Rechtsbedürfnis" i. S. einer „faktisch schutzbedürftigen Situation" (Larenz), die hier im Ausgleichsinteresse des Geschädigten zu sehen ist, und eine „Unzulänglichlichkeit" des Gesetzes (Esser), die hier darin zu sehen ist, dass es – abgesehen von zwei geregelten Fällen – dem Auseinanderfallen von Anspruch und Schaden keine Rechnung trägt. Das rechtspolitische Bedürfnis muss auf einem „allgemeinen Rechtsgedanken" beruhen (Larenz, Canaris); dieser wäre der dem Schadensersatz zugrundeliegende Ausgleichsgedanke. Zuweilen wird ein „Rechtsnotstand", bei dem der allgemeine Rechtsgedanke Schaden leidet, gefordert (Larenz). Dies müsste man zweifellos bejahen, wenn das Ergebnis eine Freistellung des Schädigers zum Nachteil des Geschädigten wäre, nur weil aufgrund besonderer Umstände ein anderer als der Geschädigte Anspruchsberechtigter ist. Das Schweigen des Gesetzes darf auch nicht als bewusste Entscheidung des Gesetzgebers anzusehen sein (Art. 20 Abs. 3 GG). Der Gesetzgeber hat das Problem übersehen; und ein Umkehrschluss aus den § 701 BGB oder § 421 HGB kann nicht gezogen werden, so dass das Schweigen des Gesetzes nicht als bewusste Entscheidung gegen eine Rechtsfortbildung angesehen werden kann. Kennen Sie noch andere Rechtsfortbildungen „extra legem"? Zum Beispiel das Allgemeine Persönlichkeitsrecht, das Anwartschaftsrecht, die Anerkennung der Rechtsfähigkeit der Außen-GbR (die übrigens daraufhin weitgehend vom Gesetzgeber anerkannt worden ist).

Die Lücke ist daher in methodisch legitimierter Weise durch eine **Rechtsfortbildung** extra legem (die Sie übrigens auf keinen Fall in dieser Breite in einer Klausur darstellen dürfen!) mit folgendem Inhalt geschlossen worden:

- Wenn wegen **besonderer Umstände** ein **Schaden typischerweise** nicht bei demjenigen, bei dem die Voraussetzungen des Schadensersatzanspruchs gegeben sind („Anspruchsinhaber"), sondern **bei** einem **Dritten entsteht**, der seinerseits mit dem Anspruchsinhaber in einer vertraglichen Beziehung steht, soll der schadenlose Anspruchsinhaber berechtigt sein, den Schaden des geschädigten Dritten bei dem Anspruchsgegner zu liquidieren (Drittschadensliquidation). Der Dritte muss sich ein Mitverschulden des Anspruchsinhabers entgegenhalten lassen. Der Anspruchsinhaber kann natürlich nicht Leistung an sich, sondern nur an den Dritten verlangen. Aufgrund der vertraglichen Beziehung zum Anspruchsinhaber kann der geschädigte Dritte nach § 285 BGB analog oder nach § 242 BGB vom Anspruchsinhaber die Abtretung dieses Anspruchs verlangen und dann, wenn die Abtretung erfolgt ist, selbst aus abgetretenem Recht gegen den Anspruchsgegner vorgehen.

Das alles klingt natürlich sehr geheimnisvoll: Welche „besonderen Umstände" sind es denn nun eigentlich, die zu einer solchen Divergenz von „Anspruchsberechtigtem" und einem „geschädigten Dritten", dem seinerseits kein Anspruch zusteht, führen? Und wann wäre der Schaden ohne die besonderen Umstände „typischerweise" dem Anspruchsteller entstanden?

Die gesetzlich geregelten Fälle der Drittschadensliquidation in §§ 421, 425 HGB und § 701 BGB zeigen immerhin zwei Fallgruppen auf, nämlich die einer **„Schadensverlagerung durch obligatorische Entlastung"** und die einer **„Übernahme von Obhut"**; hinzu kommt als weitere Fallgruppe die der **„mittelbaren Stellvertretung"**.

- Der „klassische Fall" der **„Schadensverlagerung durch obligatorische Entlastung"** ist der eines **Versendungskaufs**. Diese Fallkonstellation ist das „Lehr"- *Beispiel* für jeden jungen Juristen und ein beliebter Klausurfall. Sie entsinnen sich sicher noch, dass beim Versendungskauf der Käufer die Preisgefahr zu tragen hat, „sobald der Verkäufer die Sache dem Spediteur, dem Frachtführer … ausgeliefert hat" **(§ 447 Abs. 1 BGB)**. Wissen Sie noch, was „Preisgefahr" i. S. d. § 447 BGB bedeutet? Der Käufer muss zahlen, ohne seinerseits Erfüllung zu erhalten. Die Leistungspflicht des Verkäufers entfällt beim Untergang der Sache nach § 275 Abs. 1 BGB. Der Kaufpreiszahlungsanspruch entfällt aber nicht, denn § 447 BGB greift als Ausnahme zu § 326 Abs. 1 S. 1 BGB ein. Der Verkäufer muss also nicht mehr leisten, der Käufer hingegen muss zahlen. Um die in ein Beispiel gekleidete kurze Wiederholung abzurunden: Vergessen Sie nicht, dass die für den Käufer ja sehr riskante Vorschrift des § 447 BGB beim Verbrauchsgüterkauf nicht gilt (§ 474 Abs. 2 BGB). Im Übrigen ist aber die

Regelung des § 447 BGB rechtspolitisch sinnvoll: Schließlich übernimmt beim Versendungskauf (§ 447 BGB) der Verkäufer mit der Versendung an den Käufer Aufgaben, die nach der Wertung des § 269 BGB eigentlich dem Käufer selbst obliegen. Daher soll der Käufer auch die Gefahr der Versendung tragen. Will er dies nicht, kann er ja eine Bringschuld vereinbaren und sich den Umstand, dass der Verkäufer auf seine Gefahr die Sache zum Käufer bringen muss, durch einen u. U. höheren Preis „erkaufen". Das alles wussten Sie schon. Uns interessiert hier primär aber eine ganz andere Frage, die aus der Gefahrtragungsregelung des § 447 BGB resultiert: Kann der **Käufer**, der den Kaufpreis trotz des Untergangs der (ihn daher nicht erreichenden) Kaufsache infolge eines von der Transportperson zu vertretenden Untergangs zu entrichten hat, die **Transportperson** auf **Schadensersatz** in **Anspruch** nehmen? Dazu wissen wir nun ja schon einiges: Wenn diese Transportperson ein Kaufmann (also ein Frachtführer) ist, dann hat der Käufer als Empfänger der Ware nach §§ 421 Abs. 1 S. 2 HGB, 425 HGB einen eigenen Anspruch. Anders liegt es, wenn es sich bei der Transportperson aber nur um einen Gelegenheitsfrachtführer handelt, der also nicht gewerblich handelt, so dass kein „Frachtvertrag" i. S. d. HGB vorliegt und damit auch die §§ 421 Abs. 1 S. 2 HGB, 425 HGB keine Anwendung finden. Dann steht als erstes zur Diskussion, ob der dann bestehende Werkvertrag zwischen dem Verkäufer und dem Gelegenheitsfrachtführer (es wird ein Erfolg geschuldet!) ein „Vertrag mit Schutzwirkung" für den Käufer ist. Wenn Sie dies alles nach sorgfältiger Prüfung verneint haben (z. B. mit dem Argument, dass kein schutzwürdiges Interesse an einer Einbeziehung besteht), so gelangen Sie zur Prüfung der Drittschadensliquidation. Der Obersatz muss – wie immer – an der Rechtsfolge ausgerichtet sein. Daher bietet es sich an, danach zu fragen, ob der Käufer vom Verkäufer die Abtretung von dessen Ansprüchen gegen den Gelegenheitsfrachtführer verlangen kann (aus § 285 BGB) oder ob der Verkäufer seinen Anspruch gegen die Transportperson bereits an den Käufer abgetreten hat (§ 398 BGB). Aber: Welchen Anspruch denn? Denn man fragt sich doch, ob der Verkäufer, der ja seinen Kaufpreisanspruch behält (§ 447 BGB), also gar nicht schlechter gestellt wird, überhaupt einen Schaden erlitten und damit einen an den Käufer abtretbaren Schadensersatzanspruch hat. Der Anspruch folgt aus der Konstruktion der Drittschadensliquidation, deren Voraussetzungen Sie nun zu prüfen hätten. Vereinzelt wird dogmatisch ein anderer Weg beschritten, indem ein eigener Schaden des Anspruchstellers konstruiert wird. So wird angenommen, der Verkäufer habe trotz des § 447 BGB einen für Regresszwecke gedachten „normativen" Schaden (dazu später mehr), so dass dem Verkäufer ein Anspruch aus §§ 634 Nr. 4, 280 Abs. 1 S. 1 BGB gegen den Gelegenheitsfrachtführer zusteht, wobei der Schaden sich allerdings aus der Person des Anspruchsinhabers (Verkäufer) berechnen würde. Diesen Anspruch müsste der Verkäufer dann an den Käufer abtreten, so dass dieser aus abgetretenem Recht gegen die Transportperson vorgehen könnte. Das ist eine durchaus vertretbare Lösung, der man bei einer vertieften Auseinandersetzung auch nachgehen müsste – etwa in einer Hausarbeit. Für die Klausur genügt es indes, wenn Sie hierauf nicht eingehen und stattdessen der h. M. folgen. In diesem Fall würden Sie also von der Annahme ausgehen, dass der Verkäufer, weil der Schaden aufgrund einer obligatorischen Entlastung durch § 447 BGB nicht bei ihm, sondern beim Käufer entstanden ist, aufgrund einer „Drittschadensliquidation" berechtigt ist, den „Schaden des Dritten" (des Käufers) zu „liquidieren". Das hätte dann auch den Vorteil, dass sich der Schaden nach den Verhältnissen des Käufers berechnet, was sachgemäß ist.

**Fall 834**

Der Antiquitätenhändler V aus dem links der Alster gelegenen Hamburg-Eppendorf verkauft dem Antiquitätenhändler K aus dem rechts der Alster gelegenen Hamburg-Winterhude eine provenzalische Standuhr. Da K's Lieferwagen defekt ist, kann er die Uhr nicht transportieren. Der V und der K vereinbaren, dass der V den Gelegenheits-Frachtführer F damit beauftragt, die Uhr zu K zu bringen. V erklärt sich sogar dazu bereit, die Transportkosten zu übernehmen. Der F ist ein zuverlässiger Fahrer, mit dem V bisher nur gute Erfahrungen gemacht hat. Die Uhr wird auf den Kleinlaster des F verladen. Auf der den Alsterlauf überbrückenden Krugkoppelbrücke lässt sich der zu schnell fahrende F von dem herrlichen Blick über die sommerliche Alster ablenken, muss daher plötzlich bremsen, als eine Joggerin die Straße quert, und gerät ins Schleudern. Der Wagen durchbricht die südliche Brückenmauer und stürzt in die Außenalster, wo die Uhr unauffindbar im jahrhundertealten Schlamm versinkt. 1. Der V verlangt von dem K die noch nicht erfolgte Bezahlung. 2. Der K will wissen, ob er für den Fall, dass er zur Zahlung des Kaufpreises verpflichtet ist, von F Schadensersatz verlangen kann.

1. Der Anspruch des V gegen K auf den Kaufpreis a) ist aus einem Kaufvertrag entstanden (§ 433 Abs. 2 BGB). b) Er könnte aa) nach § 326 Abs. 1 S. 1 BGB entfallen sein): aaa) Der Kaufvertrag ist ein gegenseitiger Vertrag. bbb) Dem Schuldner V ist die Erfüllung der Leistungsverpflichtung aus § 433 Abs. 1 BGB unmöglich geworden; er kann die untergegangene Stückschuld nicht übereignen und übergeben; der Anspruch ist daher ausgeschlossen (§ 275 Abs. 1 BGB). Danach wäre auch der Anspruch des V auf die Gegenleistung, die Kaufpreisforderung gegen den K, entfallen, bb) wenn nicht eine der Ausnahmen eingriffe. Als derartige Ausnahmen kommen zunächst § 326 Abs. 2, 3 BGB in Betracht: aaa) Der K hat aber die Unmöglichkeit nicht zu vertreten, weil der F nicht sein Erfüllungsgehilfe nach § 278 BGB war, der lediglich eine Schickschuld vereinbart und der Transport als solcher daher nicht geschuldet war (vgl. § 269 Abs. 3 BGB). bbb) Auch die anderen Ausnahmetatbestände des § 326 BGB liegen nicht vor (wissen Sie noch, welche es da gibt?). Danach wäre der Kaufpreisanspruch entfallen, bb) wenn nicht die Gegenleistungs(=Preis)gefahr auf den K übergegangen wäre. Hier kommt ein solcher Gefahrübergang aus § 447 Abs. 1 BGB in Betracht, dessen Voraussetzungen vorliegen: Versendung vom Leistungsort an einen anderen Ort (§ 269 Abs. 3 BGB!)/dies auf Verlangen des Käufers/Übergabe an die Transportperson/zufälliger Untergang/durch Verwirklichung des typischen Transportrisikos: Die Subsumtion im einzelnen bleibt hier einmal Ihnen überlassen. Hingewiesen sei aber auf das Problem der Zufälligkeit

der Schadensverlagerung: muss nicht das Verschulden des F dem V zugerechnet werden (§ 278 BGB)? Nein, denn der F ist nicht der Erfüllungsgehilfe des V, weil er nicht mit Wissen und Wollen des V in dessen Pflichtenkreis tätig war, als er den Transport durchführte; die Pflichten des V endeten angesichts der vereinbarten Schickschuld (nochmal: § 269 Abs. 3 BGB!) nämlich mit der Übergabe der Uhr an den F. Also muss der K den Kaufpreis an den V zahlen. 2. Der K könnte gegen den F a) einen Anspruch aus eigenem Recht haben. aa) Keinen Anspruch hat er aus §§ 421 Abs. 1 S. 2, 425 HGB, weil der F die Beförderung nicht im Rahmen eines gewerblichen Unternehmens vornimmt (§ 407 Abs. 3 Nr. 2 HGB – beachte: Kaufmannseigenschaft wird *nicht* vorausgesetzt), sondern ein Gelegenheitsfrachtführer ist, so dass der Vertrag zwischen V und F ein Werkvertrag i. S. d. § 631 BGB ist. bb) Da zwischen K und F kein Vertrag besteht, kommt ein Anspruch des K gegen den F aus §§ 634 Nr. 4, 280 Abs. 1 S. 1 BGB in Betracht, weil der Werkvertrag zwischen V und F ein Vertrag mit Schutzwirkung zugunsten des K war. (Wir wollen dies hier nicht ausdiskutieren; Sie werden sich selbst eine Meinung dazu bilden müssen, ob die von der BGH-Rechtsprechung hierzu entwickelten Kriterien aus dem „Gutachter-Fall" auf diesen Fall übertragbar sind; mit der ganz h. M. dürfte dies abzulehnen sein). b) Er könnte den F daher nur aus einem ihm von V abgetretenen Schadensersatzanspruch in Anspruch nehmen. aa) Dann müsste dem V ein Schadensersatzanspruch gegen den F zustehen. aaa) Der Anspruch könnte sich aus §§ 634 Nr. 4, 280 Abs. 1 S. 1 BGB ergeben. aaaa) Die Voraussetzungen liegen vor. bbbb) Dem V müsste ein Schaden entstanden sein. aaaaa) Gegen das Vorliegen eines Schaden des V spricht, dass er trotz des Untergangs der Kaufsache seinen Kaufpreisanspruch behält (§ 447 BGB). bbbbb) Es gibt jedoch die Ansicht, dass der Verkäufer zwar keinen „natürlichen" oder „realen" Schaden erlitten habe, dass aber gleichwohl für Regresszwecke (Inanspruchnahme des Gelegenheitsfrachtführers durch den geschädigten Käufer) ein „normativer" Schaden gegeben sei. bbb) Wer diese Ansicht ablehnt, der muss prüfen, ob dem V deshalb ein Schadensersatzanspruch aus §§ 634 Nr. 4, 280 Abs. 1 S. 1 BGB zusteht, weil der V den „Schaden eines Dritten" (des K) liquidieren kann. Voraussetzung ist zunächst das Auseinanderfallen von Anspruch und Schaden. Dies ist hier gegeben. Weiter müsste dieser Zustand auf einer zufälligen oder atypischen Schadensverlagerung beruhen. Das wäre hier der Fall, weil aufgrund einer „obligatorischen (schuldrechtlichen) Entlastung" des Verkäufers V infolge der Regelung des § 447 BGB der Schaden atypischerweise nicht bei dem Verkäufer V, sondern bei dem Käufer K eintritt, also eine „zufällige Schadensverlagerung durch obligatorische Entlastung" gegeben ist. bb) Zur Abtretung des Anspruchs aus §§ 634 Nr. 4,280 Abs. 1 S. 1 BGB ist der V nach § 285 BGB (nach h. M. analog)verpflichtet.

- Bei den **„Obhutsfällen"** liegt es folgendermaßen: aufgrund eines Vertrages wird eine nicht dem Vertragspartner gehörende Sache in die Obhut eines anderen gegeben, und dieser verliert, zerstört oder beschädigt sie (vgl. auch § 701 BGB!). Dann soll der Vertragspartner die Obhutsperson in Anspruch nehmen und den Schaden des Dritten (Eigentümer, der nicht Vertragspartner ist) liquidieren können. Sie werden in diesen Fällen diskutieren müssen, ob nicht ein Anspruch aus einem Vertrag mit Schutzwirkung für Dritte gegeben ist.

**Fall 835**

Der L bringt den vom Eigentümer V für einen Monat geliehenen Wagen alsbald in die Waschanlage des U, weil der Wagen nach der ersten Fahrt völlig verdreckt ist. Der sorgfältig ausgewählte und überwachte Mitarbeiter M des U wäscht den Wagen und beschädigt ihn dabei, so dass eine zwei Tage dauernde Reparatur durch die Werkstatt des R nötig ist. Der L macht den Nutzungsausfall für die beiden Tage geltend. Der V will den Ersatz der Reparaturkosten.

1. Den Nutzungsausfall kann der L von U aus a) §§ 634 Nr. 4, 280 Abs. 1 S. 2, 278 BGB verlangen. b) Aus aa) § 823 Abs. 1 BGB (Verletzung des berechtigten Besitzes) hat der L keinen Anspruch, weil den U kein Verschulden trifft. bb) Aus § 831 Abs. 1 S. 1 BGB hat er keinen Anspruch, weil der U sich für M entlasten kann (§ 831 Abs. 1 S. 2 BGB). 2. Der V kann den Sachschaden a) von U aa) mangels eines Vertrages mit U nicht nach §§ 634 Nr. 4, 280 Abs. 1 S. 2, 278 BGB ersetzt verlangen, bb) es sei denn Sie gehen von einem „Vertrag mit Schutzwirkung für Dritte“ aus, was zweifelhaft sein dürfte. b) Aus aa) § 823 Abs. 1 BGB (Verletzung des Eigentums) hat der V keinen Anspruch, weil den U kein Verschulden trifft. bb) Aus § 831 Abs. 1 S. 1 BGB hat er keinen Anspruch, weil der U sich für M entlasten kann (§ 831 Abs. 1 S. 2 BGB). c) Der V kann daher wegen des Sachschadens gegen U nur aus einem ihm von L abgetretenen Schadensersatzanspruch vorgehen. aa) Dann müsste der L einen Schadensersatzanspruch auf Ersatz des Sachschadens gegen den U haben. aaa) Der Anspruch aus §§ 634 Nr. 4, 280 Abs. 1 S. 1, 278 BGB aaaa) betrifft nur das Nutzungsinteresse, nicht aber das Substanzinteresse. bbbb) Ob dem L ein Haftungsschaden entstanden ist, weil er dem V deshalb aus §§ 598, 604, 280 Abs. 1 S. 2, 278 BGB schadensersatzpflichtig ist, weil der U sein Erfüllungsgehilfe hinsichtlich der Erhaltungs- und Obhutspflichten aus dem Leihvertrag ist, kann dahin stehen, weil dieser Schaden nicht zum Schutzbereich eines Anspruchs aus §§ 634 Nr. 4, 280 Abs. 1 S. 2, 278 BGB gehört. bbb) Zu diskutieren ist auch hier, ob der L, der zwar keinen ihm zu ersetzenden Vermögensschaden erlitten hat, gleichwohl für Regresszwecke (Inanspruchnahme der Werkstatt durch den Eigentümer) einen „normativen“ Schaden hat (dazu erfahren Sie später mehr). ccc) Wer dies ablehnt, müsste nach den Grundsätzen der Drittschadensliquidation einen Anspruch des L gegen den U auf Ersatz des dem V entstandenen Schadens annehmen („Obhutsfälle“). bb) Der V hat einen Anspruch gegen den L auf Abtretung seines Schadensersatzanspruchs gegen den U aus § 285 BGB.

- Schließlich gibt es noch die Fallgruppe der **„mittelbaren Stellvertretung“**: Wer als „mittelbarer Stellvertreter“ im eigenen Namen für fremde Rechnung einen Vertrag abschließt, soll berechtigt sein, den Schaden des „mittelbar Vertretenen“ gegen den Vertragspartner des „mittelbaren Stellvertreters“ geltend zu machen. Dies gilt entsprechend für fremdnützige Treuhandverhältnisse.

**Fall 836**

Der Einkaufskommissionär K'är kauft im eigenen Namen und für Rechnung seines Auftraggebers K'tent bei V Ware ein, die der K'tent weiterverarbeiten will. Der V gerät in Verzug mit der Lieferung, so dass K'tent einen Schaden erleidet. Der K'tent verlangt von V den Ersatz seines Verzögerungsschadens (nach Köhler).

In Betracht kommt ein Schadensersatzanspruch aus §§ 280 Abs. 1, 2, 286 Abs. 1 BGB. a) Der K'tent hat aa) zwar einen Verzögerungsschaden erlitten, bb) aber mangels einer vertraglichen Beziehung zu V keinen Anspruch gegen den V. b) Daher kann er einen Schadensersatzanspruch nur aus ihm von K'är abgetretenem Recht geltend machen. aa) Der K'är hat zwar aaa) als Vertragspartner des V einen Anspruch aus §§ 280 Abs. 1, 2, 286 Abs. 1 BGB, aber – anders als der K'tent – keinen Verzugsschaden erlitten. bbb) Weil dieses Ergebnis, demzufolge der V niemandem ersatzpflichtig wäre, untragbar wäre, ist die gesetzliche Lücke durch Rechtsfortbildung dahingehend geschlossen worden, dass der mittelbare Stellvertreter (K'är) den Schaden des Dritten (K'tent) geltend machen (liquidieren) darf (Drittschadensliquidation). bb) Der K'tent hat gegen den K'är einen Anspruch auf Abtretung dieses Anspruchs gegen den V aus §§ 675, 667 BGB und kann nach erfolgter Abtretung gegen den V vorgehen.

## B. Der zu ersetzende Schaden (Ob?/Was?)

Unter einem **Schaden** oder, wie man auch sagt, einem **„verletzten Interesse"**, versteht man eine **Einbuße an Lebensgütern**, gleich ob diese materieller oder immaterieller Art ist.

Die Frage, **ob** im **Einzelfall** ein **Schaden** besteht und **was** der Schaden ist (man kann das „Ob" und das „Was" kaum voneinander trennen), beantwortet die sog. **„Differenzhypothese"** mit Hilfe eines **Vergleichs** zwischen dem aufgrund der Verletzung bestehenden **„Ist-Zustand"** der Lebensgüter mit deren (hypothetisch) ohne die Verletzung gegeben gewesenen **„Soll-Zustand"**. Sehr plastisch zeigt Ihnen **§ 249 Abs. 1 BGB** die **Notwendigkeit dieser Differenzbildung** auf („… Zustand… der bestehen würde, wenn der zum Ersatz verpflichtende Umstand nicht eingetreten wäre").

Wenn sich bei dieser Differenzbildung zeigt, dass der **„Soll-Zustand"** der Lebensgüter im Vergleich zu deren **„Ist-Zustand"** besser ist, besteht ein **„natürlicher"** oder **„realer Schaden"** in Höhe der Differenz. Wenn zum *Beispiel* der A, in dessen Tresor € 100.000,– in bar waren, von R um € 20.000,– beraubt wird, hat der A einen Schadensersatzanspruch aus §§ 823 Abs. 1, 249 BGB wegen einer Eigentumsverletzung und nach § 823 Abs. 2, 249 BGB i. V. m. § 249 StGB. Der Schaden ist wie folgt zu berechnen: da der A ohne den Raub € 100.000,– in seinen Tresor gehabt und infolge des Raubes nur noch € 80.000,– hat, beträgt der (natürliche) Schaden € 20.000,–.

Aber Sie dürfen sich leider nicht auf dieser einfachen Einsicht ausruhen. Denn selbst, wenn kein natürlicher bzw. realer Schaden besteht, kann es gleichwohl unter Wertungsgesichtspunkten notwendig sein, einen sog. **„normativen Schaden"** als gegeben anzusehen – insbesondere für Regresszwecke. Auf dieses geheimnisvolle, leider nicht dem natürlichen Rechtsverständnis entsprechende dogmatische Phänomen sind sie bereits bei der Erörterung der „Drittschadensliquidation" hingewiesen worden; wir werden uns damit noch befassen.

Bei der Prüfung des „Ob" und des „Was" des Schadensersatzes, können Sie wie folgt vorgehen:

**1. Umsetzung der Differenzhypothese**

**a)** Sie stellen zunächst den **„Soll-Zustand"**, also den hypothetisch unverletzten Zustand der Lebensgüter dadurch fest, dass Sie nach dem Zustand fragen, „der bestehen würde, wenn der zum Ersatz verpflichtende Umstand nicht eingetreten wäre" (§ 249 Abs. 1 BGB). Dies ist keine tatsächliche sondern normativ – also durch nur von einem Juristen durch Rechtsanwendung – zu beantwortende Frage. **(sub I)**

**b)** Dann stellen Sie den durch die Verwirklichung des Schadensersatztatbestandes hervorgerufenen **„Ist-Zustand"** (Verschlechterungen aber auch Verbesserungen!) der Lebensgüter des Schadensersatzgläubigers fest. Die den „Ist-Zustand" kennzeichnenden Einbußen werden Ihnen im Sachverhalt beschrieben.

**aa)** Dies ist im Grundsatz eine **tatsächliche Frage**, deren Antwort im Sachverhalt mitgeteilt wird bzw. in der Rechtswirklichkeit im Prozess u. U. durch eine Beweisaufnahme gefunden wird.

**bb)** Aber **Vorsicht:** nicht jeder der dort genannten Schadensposten ist für die Schadensberechnung rechtlich relevant. Und es ist wiederum normativ (also durch Rechtsanwendung, also vom Juristen) zu entscheiden, welche Schadensposten zum „Ist"-Zustand zählen:

**aaa)** Zwar haben Sie „leichtes Spiel", wenn es sich um solche Schadensposten handelt, deren Vorliegen zur Verwirklichung des Tatbestandes der Schadensersatzanspruchsgrundlage gehören, denn diese Einbußen sind stets rechtlich erheblich („unmittelbarer Verletzungsschaden"). So stellt zum *Beispiel* die Zerstörung einer Sache zum einen die Eigentumsverletzung i. S. d. § 823 Abs. 1 BGB dar und ist zugleich die den Schaden verkörpernde Einbuße.

**bbb)** Wenn aber die Schadensposten in einer Einbuße sonstiger Lebensgüter bestehen („mittelbarer Verletzungsfolgeschaden"), **aaaa)** dann kommt es darauf an, ob sie dem zum Schadensersatz verpflichtenden Umstand (wir nennen diesen auch: „Verletzung") zuzurechnen sind **(„haftungs-**

**ausfüllende Kausalität"** zwischen Rechtsgutsverletzung und Schaden). **bbbb)** Schließlich muss erwogen werden, ob bestimmte mittelbare Einbußen aus **„normative Gründen"** unberücksichtigt bleiben müssen. **(sub II)**

**c)** Wenn Sie dann zwischen den beiden auf diese Weise festgestellten Zuständen die **Differenz bilden**, ergibt sich der **„natürliche"** oder **„reale" Schaden"**. **(sub III)**

**d)** Wenn der Zustand der Lebensgüter des Verletzten nicht nur eine Verschlechterung, sondern auch eine Verbesserung erfahren hat, stellt sich schließlich die Frage, ob und inwieweit diese **Vorteile** den sich aus der Differenz ergebenden natürlichen oder realen Schaden **ausgleichen**. **(sub IV)**

**e)** Trotz Fehlens eines natürlichen oder realen Schadens kann jedoch immer ein **„normativer Schaden"** bestehen. **(sub IV)**

**2.** Der maßgebliche Zeitpunkt ist der **„Jetzt-Zeitpunkt"** (im Prozess: der Zeitpunkt der letzten mündlichen Verhandlung!).

## I. Der „Soll-Zustand"

Also noch einmal: Um festzustellen, ob der **Zustand der Lebensgüter ohne Verwirklichung des Schadensersatztatbestandes hypothetisch besser wäre**, muss man den insoweit bestehenden „Ist-Zustand" vergleichen mit dem hypothetischen „Soll-Zustand". Letzterer bezeichnet den Zustand, der bestehen würde, wenn der „zum Ersatz verpflichtende Umstand" nicht eingetreten wäre **(§ 249 Abs. 1 BGB)**. Der maßgebliche Zeitpunkt ist der **„Jetzt-Zeitpunkt"** (im Prozess: der Zeitpunkt der letzte mündlichen Verhandlung!).

Wir hatten uns dazu entschlossen, zunächst den „Soll-Zustand" als Ausgangspunkt für die Differenzbildung festzulegen.

Der **„Soll-Zustand"** ergibt sich i. d. R nicht aus dem Sachverhalt, sondern ist bei der Fallbearbeitung von Ihnen aufgrund normativer Erwägungen zu ermitteln. Die **zentrale** dafür **maßgebliche Fragestellung** hängt davon ab, worin nach der einschlägigen Anspruchsgrundlage der zum Ersatz verpflichtende Umstand besteht.

Sie wissen ja: Schadensersatz kann verlangt werden als:

- Ersatz des **Erfüllungsinteresses** aufgrund eines **Anspruchs auf Schadensersatz neben der Leistung** und **statt der Leistung (z. B.** §§ 280 ff. BGB; § 311a Abs. 2 BGB, §§ 437 Nr. 3, 280 ff., 311a Abs. 2; §§ 634 Nr. 4,. §§ 280 ff., 311a Abs. 2, 536a Abs. 1 etc. BGB) oder aufgrund einer **Garantiehaftung** z. B. des „falsus procurator" (§ 179 Abs. 1 BGB),

- Ersatz des **Vertrauensinteresses** wegen **enttäuschten Vertrauens** (z. B. § 122, § 179 Abs. 2, § 280 Abs. 1 i. V. m. § 311 Abs. 2 BGB),
- Ersatz des **Integritätsinteresses** wegen einer Pflichtverletzung in **(quasi-) vertraglichen Verhältnissen (z. B.** § 280 i. V. m. § 241 Abs. 2, 311 Abs. 2, 3 BGB etc.) oder wegen eines **Delikts** (§§ 823 ff. BGB), wegen ungerechtfertigter **Bereicherung** (§§ 818 Abs. 4, 292, 987 ff. BGB), aus einem **Eigentümer-Besitzer-Verhältnis** (§§ 989, 990; 992, 823 BGB).

## 1. Schadensersatz wegen Verletzung des Erfüllungsinteresses

Bei dem Ersatz des Erfüllungsinteresses stehen im Vordergrund Ansprüche auf Schadensersatz statt der Leistung wegen einer nicht oder nicht richtig erfolgten Leistung. Der „Soll-Zustand" ergibt sich aus der Antwort auf die **Frage**, wie der Anspruchsberechtigte stünde, wenn **pflichtgemäß** bzw. **„ordnungsgemäß" geleistet worden wäre**.

Bei Ansprüchen auf **Schadensersatz neben** der **Leistung** kann der Gläubiger verlangen, so gestellt zu werden, wie wenn die Pflichtverletzung nicht stattgefunden hätte.

Im Prinzip gilt bei Ansprüchen auf **Schadensersatz statt** der **Leistung** nichts anderes. Nur muss man hier beachten, dass je nach dem Inhalt der Anspruchsgrundlage der Schadensersatzgläubiger Schadensersatz **statt der ganzen Leistung** oder nur **statt eines Teils der Leistung** verlangen kann (vgl. dazu bereits Teil 4).

**Bei gegenseitigen Verträgen** (um diese geht es in den meisten von Ihnen zu bearbeitenden Fällen!) kommt bei der Ermittlung des „Soll-Zustands" im Rahmen des Schadensersatzes statt der Leistung eine wichtige Besonderheit hinzu. Diese ist Ihnen längst bekannt, soll hier aber in Erinnerung gerufenen werden: Bei gegenseitigen Verträgen stehen sich bekanntlich Leistung und Gegenleistung in einer besonderen synallagmatischen Verknüpfung gegenüber („do ut des"). Daraus resultiert nun die Frage, welche Bedeutung die Gegenleistungsverpflichtung des Schadensersatzgläubigers bei der Ermittlung des Schadens spielt. Es gibt dazu zwei denkbare Alternativen: entweder man lässt die Gegenleistungspflicht bestehen, oder man geht von ihrem Erlöschen aus. Im ersteren Fall stellt die Gegenleistungspflicht einen negativen Schadensposten dar. Im letzteren Fall besteht der Schaden in der Differenz von (nicht erbrachter) Leistung und Gegenleistung (von der ja nun der Gläubiger seinerseits befreit ist). Im Einzelnen:

Man kann also einerseits annehmen, dass der Gläubiger des Schadensersatzanspruchs statt der Leistung weiterhin seine Gegenleistung schuldet. Ein Käufer, dem ein Anspruch aus §§ 280 Abs. 1, 3, 283 BGB zusteht, „erkauft" sich quasi seinen Schadensersatzanspruch. Weil der Käufer aber im

Gegenzug keine intakte Leistung bekommt, ist die Gegenleistungspflicht als „Schadensposten“ anzusehen (**„Surrogationstheorie“**). Man kann aber andererseits auch annehmen, dass bei gegenseitigen Verträgen die Leistungspflichten des Schadensersatzschuldners und des Schadensersatzgläubigers zur Erbringung der Leistungen erlöschen. Der Schaden besteht dann in der Differenz von jeweils hypothetisch geschuldeter Leistung und Gegenleistung (**„Differenztheorie“**).

Hinzu kommen nach beiden Ansichten die nach der „Differenzhypothese“ zu berücksichtigenden sonstigen Schadensposten bzw. Abzugsposten.

Das alles führt nur dann zu unterschiedlichen Ergebnissen, wenn sich mit dem Schadensersatzanspruch und dem Gegenleistungsanspruch nicht zwei Geldschulden gegenüberstehen und deshalb der Gläubiger ein Interesse an der Erbringung seiner Gegenleistung hat (praktisch einziger klausurrelevanter Fall ist der Tausch). Ansonsten ist der Streit nicht zu erörtern, da er keine Konsequenz hat. *Beispiel:* Der Käufer verlangt Schadensersatz statt der Leistung. Der Kaufpreis beträgt € 50,–. Lösung nach der Surrogationstheorie: Der Käufer muss weiterhin € 50,– zahlen. Die € 50,– stellen zugleich einen Schadensersatzposten dar; insoweit könnte der Käufer aufrechnen. Lösung nach der Differenztheorie: Der Käufer muss die € 50,– nicht mehr zahlen. Dafür werden sie auch nicht als Schadensposten berücksichtigt. Dies kommt einer automatischen Saldierung gleich. Wir werden das alles hier nicht erneut vertiefend erörtern, sondern verweisen auf die jeweiligen Ausführungen dazu bei den Leistungsstörungen in Teil 4.

Zum **„Soll-Zustand“** gehört nach § 252 S. 1 BGB stets der **entgangene Gewinn** des Schadensersatzgläubigers. Das ist so selbstverständlich, dass es dazu der Bestimmung des § 252 S. 1 BGB eigentlich nicht bedurft hätte. Wenn sich aus dem Sachverhalt ergibt, in welchem Umfang dem Schadensersatzgläubiger infolge des zum Ersatz verpflichtenden Umstandes ein Gewinn entgangen ist, dann ist dies der „Soll-Zustand“. Häufig dürfte der entgangene Gewinn jedoch nicht konkret feststehen. Daher hat das Gesetz in § 252 S. 2 BGB bestimmt, dass „als entgangen … der Gewinn (gilt), welcher nach dem gewöhnlichen Verlauf der Dinge … erwartet werden konnte“. Hierbei handelt es sich trotz der auf eine Fiktion hindeutenden Formulierung („gilt“) um eine widerlegbare Vermutung! In der Bestimmung des § 252 S. 2 BGB liegt die eigentliche Bedeutung des § 252 BGB.

## 2. Schadensersatz wegen Verletzung des „Vertrauensinteresses“

Das **Vertrauensinteresse** ist zu ersetzen in den Fällen der §§ 122, 179 Abs. 2 (begrenzt durch das Erfüllungsinteresse) und in bestimmten Fällen nach §§ 280 Abs. 1, 311 Abs. 2, 241 Abs. 2 BGB.

Die hier maßgebliche Differenz zwischen dem bestehenden verletzten Zustand und dem hypothetisch unverletzten Zustand der Lebensgüter, der Persönlichkeit und des Vermögens ergibt sich aus der Beantwortung der **Fragestellung**, wie der

Verletzte stünde, wenn er **den anderen Teil „nie gesehen hätte"** (Bork). Wenn der Schadensersatzgläubiger „den anderen Teil nie gesehen hätte", dann hätte z. B. der Schadensersatzgläubiger, der in seinem Vertrauen auf die Wirksamkeit des Rechtsgeschäfts enttäuscht wurde, keine Aufwendungen hierfür gemacht (z. B. keinen Kredit zur Finanzierung eines Kaufpreises aufgenommen).

Anders als beim zu ersetzenden Leistungsinteresse gehört der entgangene Gewinn des Schadensersatzgläubigers nicht zum „Soll-Zustand", denn wenn der Schadensersatzgläubiger den Schadensersatzschuldner „nie gesehen hätte", hätte er das gewinnbringende Geschäft auch nie machen können.

Eine **Besonderheit** stellen Ansprüche aus § 280 Abs. 1 BGB i. V. m. § 311 Abs. 2 BGB dar, wenn die schadensersatzbegründende Pflichtverletzung dazu führt, dass kein wirksamer Vertrag zustande kommt. Erinnern Sie sich an das Ihnen schon aus Teil 3 bekannte *Beispiel:* Ein Bauträger (B) klärt einen Interessenten (I) nicht darüber auf, dass der Kaufvertrag über ein zu errichtendes Haus nach § 311b Abs. 1 BGB formbedürftig ist. Der Vertrag ist nach § 125 BGB nichtig, weil keine der (seltenen!) Ausnahmen vorliegt, in denen der Formmangel nach § 242 BGB unbeachtlich ist. Der I verlangt von B die Mehrkosten von 20%, welche er für den Erwerb eines vergleichbaren Hauses aufwenden musste. Ohne die Pflichtverletzung wäre ein wirksamer Vertrag (unter Beachtung von § 311b Abs. 1 BGB) geschlossen worden und die Mehrkosten für den anderen Vertrag nicht angefallen. Daher stellen diese den Schaden dar. Natürlich umfasst der Schadensersatzanspruch nicht die Übereignung des Hauses, denn sonst würde man §§ 311b Abs. 1 S. 1, 125 S. 1 BGB umgehen. Ergibt die Prüfung, dass bei Aufklärung über die Beurkundungspflicht trotzdem kein notariell beurkundeter Vertrag abgeschlossen worden wäre, so wäre der Anspruch nur auf das sog. negative Interesse gerichtet (z. B. die vom Käufer im Hinblick auf die Bebauung des zu erwerbenden Grundstücks getätigten Aufwendungen).

### 3. Schadensersatz wegen Verletzung des „Integritätsinteresses"

Das **Integritätsinteresse** (Interesse an der Unversehrtheit von Lebensgütern) kann z. B. nach §§ 280 Abs. 1, § 241 Abs. 2 BGB oder nach §§ 280 Abs. 2, 311 Abs. 2, 3, 241 Abs. 2 BGB oder nach den §§ 823 ff. BGB zu ersetzen sein. Die **Fragestellung** lautet, wie der Verletzte stünde, wenn die den Anspruch begründende Verletzung nicht erfolgt wäre. Auch hier gehört zum „Soll-Zustand" der entgangene Gewinn des Schadensersatzgläubigers; insoweit wird auf die Ausführungen zum „Soll-Zustand" beim zu ersetzenden Leistungsinteresse verwiesen.

## II. Der „Ist-Zustand"

Damit wissen Sie also, wie man den für die Differenzbildung erforderlichen „Soll-Zustand" ermittelt.

Der andere Eckpunkt für die Differenzbildung ist der Ihnen durch den Sachverhalt übermittelte **„Ist-Zustand"**.

Auf den ersten Blick scheint es also hinsichtlich des „Ist-Zustandes“ um eine rein tatsächliche Frage zu gehen. Aber weit gefehlt! Sie werden leider auch bei der Feststellung des „Ist-Zustandes“ bisweilen mit recht komplizierten Rechtsfragen konfrontiert. Diese stellen sich immer dann, wenn von der natürlichen und logischen Betrachtungsweise abgewichen wird. Sie lassen sich in folgende Einzelfragestellungen einordnen: Zum einen sind die den „Ist-Zustand“ ausmachenden **Schadensposten** diejenigen Einbußen, die unmittelbar aus der Verwirklichung des Tatbestands der Schadensersatzanspruchsgrundlage folgen **(„unmittelbarer Verletzungsschaden“)** – soweit noch die recht einfache natürliche Betrachtung **(sub 1 a))**. Zum anderen sind es diejenigen Einbußen an sonstigen Lebensgütern, die kausal und zurechenbar auf die Verletzung zurückzuführen sind **(„mittelbarer Verletzungsfolgeschaden“)** – bei Kausalität und Zurechenbarkeit gibt es schon allerhand Korrekturen der natürlichen Betrachtungsweise **(sub 1 b))**. Zu beachten ist schließlich, dass der rechtlichen Anerkennung einzelner Schadensposten **normative Schranken** entgegenstehen können – diese stellen immer eine Korrektur der natürlichen Betrachtungsweise dar **(sub 2)**.

## 1. Schadensposten

### a) Unmittelbarer Verletzungsschaden

Wenn die den „Ist-Zustand“ ausmachende Einbuße identisch ist mit einer für die Haftungsbegründung erforderlichen Verletzung, stellen sich keine weiteren Zurechnungsfragen. Insoweit hat die Prüfung der Zurechnung bereits bei der Subsumtion des „haftungsbegründenden Tatbestandes“ stattgefunden. *Beispiele:* die Beule im Auto nach einer zu einer Schadensersatzverpflichtung aus § 7 StVG und/oder § 823 Abs. 1 BGB führenden Herbeiführung eines Unfalls oder die „Zahnlücke“ nach einem zum Schadensersatz aus § 823 Abs. 1 BGB verpflichtenden körperlichen Angriff.

**Fall 838**

Der A zerstört vorsätzlich die Fensterscheibe des B. Der B verlangt den Ersatz der Kosten für den Einbau einer neuen Scheibe.

Der Anspruch ergibt sich aus § 823 Abs. 1 BGB. a) Es liegt eine Eigentumsverletzung bei B vor. b) Das Handeln des A war aa) kausal für die Verletzung. bb) Weil ein Vorsatzdelikt vorliegt, bedarf es keiner weiteren Zurechnungsprüfung (Adäquanztheorie, Lehre vom Schutzzweck der Norm). c) Die Rechtswidrigkeit ist indiziert. d) Der A hat schuldhaft (vorsätzlich) gehandelt. e) Der B hat nach der Differenzthypothese einen Schaden erlitten. aa) Zu ersetzen ist der unmittelbare Verletzungsschaden: die Differenz zwischen der zerstörten und der hypothetisch unzerstörten Scheibe, bb) und zwar entweder nach § 249 Abs. 1 BGB durch Wiederherstellung in Natur oder nach Wahl des Gläubigers nach § 249 Abs. 2 S. 1 BGB auch in Geld.

### b) „Mittelbarer Verletzungsfolgeschaden“

aa) Entgangener Gewinn
Der für die Ermittlung des entgangenen Gewinns maßgebliche „Ist-Zustand“ wird gewöhnlich **konkret** aufgrund eines Deckungsgeschäftes festgestellt. Das heißt, man orientiert sich an einer vom Geschädigten dargelegten konkreten Geschäftschance, die er aufgrund des schädigenden Ereignisses nicht mehr wahrnehmen kann. Grundsätzlich ist aber auch eine **abstrakte Berechnung** des entgangenen Gewinns möglich. Hierbei wird ein hypothetisches Geschäft zu den Marktkonditionen im Zeitpunkt der schädigenden Handlung zugrunde gelegt. Auf diese Weise können Unternehmer es vermeiden, die Grundlagen ihrer internen Kalkulation offen legen zu müssen. Nicht möglich ist eine abstrakte Berechnung bei Grundstücksgeschäften, da Grundstücke unvertretbare Sachen sind (§ 91 BGB), bei denen der Markt stets durch örtliche Besonderheiten geprägt ist.

bb) Einbuße an sonstigen Lebensgütern
Eventuelle **Einbußen** an **sonstigen Lebensgütern** sind nur dann ersatzfähig, wenn ein Zurechnungszusammenhang zwischen dem zum Ersatz verpflichtenden Umstand („Verletzung“) und dem jeweiligen Schadensposten besteht. Es bedarf einer **haftungsausfüllenden Kausalität** zwischen Verletzung und Schadensposten – der Begriff ist ebenso wie der der „haftungsbegründenden Kausalität“ nicht sehr glücklich gewählt, weil es letztlich um einen komplexen Prozess geht, bei dem auch Zurechnungsfragen eine Rolle spielen. Diesen Zusammenhang zwischen Verletzung und Schaden prüfen wir grundsätzlich in drei Schritten.

Ausgangspunkt ist die natürliche Kausalität, welche anhand der conditio-sine-qua-non-Formel recht einfach festgestellt werden kann. Kausal herbeigeführt sind die Verletzungsfolgen, bei denen, denkt man die Verletzung hinweg, die Verletzungsfolge entfiele **(Äquivalenztheorie) (sub (1))**.

Diese auch sehr entfernt liegende Schadensposten in den für die Differenzbildung relevanten „Ist-Zustand“ einbeziehende Betrachtung muss nun durch eine **Zurechnungsprüfung (sub (2))** korrigiert werden. Zunächst findet auch hier, also bei der Prüfung der haftungsausfüllenden Kausalität die sogenannte **Adäquanztheorie** Anwendung, nach der eine Verletzungsfolge nur dann zugerechnet werden kann, wenn ihr Eintritt nicht völlig außerhalb jeder Wahrscheinlichkeit liegt. Schließlich erfolgt eine weitere Korrektur anhand des **Schutzzwecks der Norm**. Es handelt sich dabei letztlich um eine teleologische Auslegung der zum Schadensersatz verpflichtenden Norm (ggf. auch der verletzten Sorgfaltsnorm), bei der danach gefragt wird, ob die Norm den Ersatz derartiger Schadensposten bezweckt oder nicht.

**Fall 839**

Der A zerwirft vorsätzlich die Fensterscheibe des B. Weil die Scheibe an einem kalten Wintertag zerstört wurde, sind bis zur Reparatur der Fensterscheibe die Heizkosten des B gestiegen. Der B verlangt Ersatz der Kosten für den Einbau einer neuen Scheibe (€ 500,–) und Ersatz für die vermehrten Heizkosten (€ 100,–).

Der Anspruch ergibt sich aus § 823 Abs. 1 BGB. (… wie zuvor …) e) Der B aa) hat nach der Differenzthypothese einen Schaden erlitten, da sein Vermögen ohne die Verletzung seines Eigentums um € 600,– größer wäre. bb) Zu ersetzen ist aaa) der unmittelbare Verletzungsschaden: die Differenz zwischen der zerstörten und der hypothetisch unzerstörten Scheibe bbb) durch Naturalrestitution nach § 249 Abs. 1 BGB oder, nach Wahl des Gläubigers, gemäß § 249 Abs. 2 S. 1 BGB auch in Geld. bbb) Der mittelbare Verletzungsfolgeschaden ist zu ersetzen, wenn aaaa) zwischen dem zum Ersatz verpflichtenden Umstand (der Verletzung des Eigentums) und dem mittelbaren Verletzungsfolgeschaden (Belastung mit vermehrten Heizkosten) ein Kausalzusammenhang besteht (Äquivalenztheorie): Ohne die Verletzung wäre der Schaden nicht entstanden. bbbb) Ferner muss ein Zurechnungszusammenhang bestehen: aaaaa) Der mittelbare Folgeschaden muss adäquat kausal auf der Verletzung beruhen: Es liegt nicht völlig außerhalb jeder Wahrscheinlichkeit, dass die Heizkosten steigen, wenn im Winter eine Fensterscheibe zerstört wird. bbbbb) Der Vermögensschaden muss im Schutzbereich der Norm liegen, also ein Schaden sein, der von der haftungsbegründenden Norm (hier § 823 Abs. 1 BGB) ersetzt werden soll: Da das Eigentum auch der Sicherung des sonstigen Vermögens des Eigentümers dienen kann und damit ein innerer Zusammenhang zwischen Eigentumsverletzung und Schaden besteht (die Scheibe sollte u. a. vor Kälte bewahren), liegt der Schaden im Schutzbereich der Norm des § 823 Abs. 1 BGB. bbb) Zu ersetzen ist der Schaden wegen der Heizkostenerhöhung als Vermögensschaden nach § 251 Abs. 1 BGB durch Entschädigung des B in Geld.

Es kann vorkommen, dass die Einbuße an sonstigen Lebensgütern zugleich den Tatbestand einer weiteren zum Schadensersatz verpflichtenden Norm erfüllt, wenn also zum *Beispiel* ein Kfz manipuliert und dabei beschädigt wird und es bei der Benutzung des Kfz zu einer weiteren Eigentums- und Körperverletzung kommt. Hier gibt es **verschiedene Möglichkeiten** der **Fallbearbeitung**.

**Variante**

Die Scheibe ist in Abwesenheit des B, der über das Wochenende verreist ist, eingeworfen worden. Der auf der Fensterbank stehende Kaktus des B ist daher eingegangen. Der B verlangt Ersatz für den Kaktus in Geld.

*Vorgehensweisen:* Hier kann man prüfen, a) ob die Schadensersatzverpflichtung aus § 823 Abs. 1 BGB wegen einer Verletzung des Eigentums an der Scheibe besteht, so dass der Schadensersatz für den Verlust des Kaktus unter dem Aspekt eines Folgeschadens zu erörtern wäre (*1. Weg*). b) Oder man knüpft bei der Prüfung der Schadensersatzpflicht an die Verletzung des Eigentums am Kaktus an, prüft das Verschulden hieran und sieht ggf. die Verletzung des Eigentums am Kaktus als zu ersetzenden Verletzungsschaden an (*2. Weg*). Kausalitäts- und Zurechnungsprobleme hinsichtlich des Kaktus wären beim 1. Weg bei der haftungsausfüllenden Kausalität zwischen Rechtsgutsverletzung und Schaden zu diskutieren. Beim 2. Weg wären sie schon bei der haftungsbegründenden Kausalität zwischen Verletzungshandlung und Rechtsgutsverletzung zu prüfen.

*1. Weg:* Der Anspruch ergibt sich aus § 823 Abs. 1 BGB (…) f) Dem B ist ein Schaden entstanden. Die Kausalität und die Zurechenbarkeit des Eigentums am Kaktus Kaktus muss geprüft werden, weil diese eine mittelbare Folge ist; der Schaden ist daher nur dann zu ersetzen, wenn aa) zwischen der Rechtsgutsverletzung (Eigentumsverletzung an der Scheibe) und dem Schadensposten (Zerstörung des Kaktus) ein Kausalzusammenhang besteht: Ohne die Verletzung der Scheibe wäre der Kaktus noch intakt. bb) Ferner muss ein Zurechnungszusammenhang bestehen: aaa) Der Schadensposten muss adäquat kausal auf dem schadensersatzbegründenden Umstand beruhen: Es liegt nicht völlig außerhalb jeder Wahrscheinlichkeit, dass eine auf einem Fensterbrett stehende Pflanze eingeht, wenn die Scheibe im Winter zerstört wird. bbb) Der konkrete Schaden muss vom Schutzbereich der haftungsbegründenden Norm (hier § 823 Abs. 1 BGB) erfasst sein: Da das Eigentum an der Scheibe auch der Sicherung anderer Sachen des Eigentümers dienen kann, ist dies der Fall. Zu ersetzen ist der Schaden nach § 249 Abs. 2 S. 1 BGB in Geld.

*2. Weg:* Der Anspruch ergibt sich aus § 823 Abs. 1 BGB. 1. Die Zerstörung des Kaktus des B ist eine Eigentumsverletzung. 2. Das Handeln des A war a) im Sinne der Äquivalenztheorie kausal für die Verletzung. b) Zurechnung: aa) Es liegt nicht völlig außerhalb jeder Wahrscheinlichkeit, dass eine auf einem Fensterbrett stehende Pflanze eingeht, wenn die Scheibe im Winter zerstört wird. bb) Zum Schutzzweck der Norm des § 823 Abs. 1 BGB gehört die Verletzung. 3. Die Rechtswidrigkeit ist indiziert. 4. Der A hat bezüglich der Zerstörung des Kaktus schuldhaft (fahrlässig) gehandelt. 5. a) Ein Schaden ist entstanden. b) Zur Kausalität und zur Zurechenbarkeit des Schadenspostens sind keine Ausführungen nötig, weil es sich um den Verletzungsschaden handelt. c) Der Schaden ist nach § 249 Abs. 2 S. 1 BGB zu ersetzen.

*Bearbeitungsvorschlag:* Sie sollten den *1. Weg* beschreiten und im Rahmen der Haftungsbegründung an den ersten relevanten Verletzungserfolg anknüpfen und die Frage der Zurechnung weiterer Verletzungen im haftungsausfüllenden Bereich erörtern (Schwarz-Wandt). Es handelt sich allerdings nur um einen konstruktiven Unterschied. Die unterschiedlichen Prüfungswege dürfen nicht zu einer unterschiedlichen Lösung desselben Problems führen.

(1) Äquivalente Kausalität
Hier gibt es eine Regel und eine (nicht sogleich durchschaubare) Ausnahme.

Zwischen dem (nach den vorstehenden Ausführungen) ersten in Betracht kommenden Verletzungserfolg als dem maßgeblichen schadensersatzbegründenden Umstand und den sonstigen Einbußen an Lebensgütern **a)** muss – um sie als einen Schadensposten bei der Differenzbildung berücksichtigen zu können – **grundsätzlich** ein **äquivalent kausaler Zusammenhang** bestehen (**1. Schritt** bei der Prüfung der „haftungsausfüllenden Kausalität").

Das gilt „grundsätzlich", so dass es offenbar **Ausnahmen** vom Erfordernis eines äquivalenten Kausalzusammenhanges zwischen der Erstverletzung und den an sonstigen Lebensgütern eingetretenen Schadensposten gibt. **b)** In der Tat gebieten dies ergebnisorientierte normative Erwägungen (also Wertungen). Diskussionswürdig sind insoweit vor allem schadensmindernde **Vorsorgeaufwendungen**, die nicht kausal auf der Verletzung beruhen. In der Tat wird hier überwiegend angenommen, dass die fehlende haftungsausfüllende Kausalität zwischen Verletzung und einem solchen Schadensposten durch **normative Erwägungen** überwunden werden kann.

Zu denken wäre an eine anteilige Überbürdung von **Vorbeugekosten** zum *Beispiel* für Überwachungskameras und/oder die Einstellung von Ladendetektiven in Kaufhäusern auf ertappte Ladendiebe. Es besteht zwar keine haftungsausfüllende Kausalität; weil die Kosten auch ohne den Diebstahl angefallen sind. Vertretbar wäre es, die Zurechnung unter normativen Gesichtspunkten gleichwohl zu bejahen: Dem Kaufhaus sind wegen der immanenten Diebstahlgefahr Vorbeugekosten entstanden und diese Gefahr hat sich hier nun gerade verwirklicht.

Anders liegt es bei – ebenfalls nicht kausal auf die Verletzung zurückführende – **Vorsorgekosten**, weil es unangemessen ist, diese über das Maß der Schadensminderungspflicht aus § 254 BGB hinausgehenden Maßnahmen dem Schadensersatzschuldner zugutekommen zu lassen.

**Fall 840**

Der A beschädigt einen Bus des Nahverkehrsunternehmens Hamburger Hochbahn AG (HHA) durch Vandalismus. Die HHA setzt für die Zeit der Reparatur einen eigens für derartige Ausfälle bereitgehaltenen Bus ein. Der A zahlt die Reparaturkosten. Die HHA verlangt darüber hinaus auch den Ersatz der anteiligen Kosten für Anschaffung und laufende Kosten des in Reserve gehaltenen Ersatzfahrzeugs.

1. Dem Grunde nach ergibt sich der Anspruch aus § 823 Abs. 1 BGB. 2. Fraglich ist auf Rechtsfolgenseite, in welcher Höhe der Schaden zu ersetzen ist (Sie merken: Hier gliedern wir die Frage des Schadensersatzes anders als in den vorherigen Fälle aus der Prüfung des § 823 Abs. 1 BGB aus. Das ist eine Frage des persönlichen Geschmacks und der Praktikabilität; es gibt keine zwingenden Regeln für die Gliederung der Fallbearbeitung). a) Der HHA ist ein Schaden entstanden: Beschaffung und Unterhaltung des Ersatzfahrzeugs mit daraus resultierenden anteiligen Anschaffungskosten pp. b) Die anteiligen Anschaffungskosten müssten aa) kausal auf den schadensersatzbegründenden Umstand (Beschädigung des Busses) zurückzuführen sein. Das ist nicht der Fall, weil der Nachteil bereits vor der Beschädigung des Busses eingetreten war. Daher wäre der Schaden nicht zu ersetzen. Das Kausalitätsbedenken soll jedoch aus normativen Erwägungen überwunden werden können, wenn die Reservehaltung in erster Linie wegen fremdverschuldeter Ausfälle erfolgt. Die Anschaffung und Vorhaltung des Busses ist dann quasi in Erwartung der Tat des A getätigt und in diesem Sinne auch durch sie „verursacht“ worden. bb) Der Schaden aaa) ist adäquat kausal und bbb) er liegt auch nach hier vertretener Ansicht im Schutzbereich der Norm. Denn aaaa) die Reservehaltung dient zwar nicht der Abwendung des Schadens aufgrund des konkreten Delikts des A, so dass es so gesehen an einem inneren Zusammenhang fehlen würde, bbbb) aber andererseits würden sonst über die das Erfordernis des § 254 Abs. 2 BGB hinausgehende schadensmindernde Vorsorgemaßnahmen eines Verletzten unverdientermaßen dem Verletzer zugutekom-

men. Demgegenüber muss wohl das Argument zurücktreten, dass dies deshalb nicht unangemessen wäre, weil der Verletzer ja auch das Risiko besonders hoher Schäden trage und daher auch die sich aus der Vorsorgemaßnahme ergebenden Vorteile genießen solle. c) Der Schaden ist nach § 251 Abs. 1 BGB zu ersetzen.

(2) Zurechnungszusammenhang

Ihnen wird deutlich geworden sein, dass die „nackte" Kausalitätsprüfung nach der conditio-sine-qua-non-Formel sehr weit geht. Beschränkt man sich darauf, so würde zum *Beispiel* die zu einem Anspruch aus § 823 Abs. 1 BGB führende Eigentumsverletzung, die den Verletzten veranlasst, sich auf den Weg zu machen, um eine neue Sache zu kaufen, als kausal für die Nachteile ansehen müssen, die der Sturz in eine Grube am Wegesrand mit sich bringt. Bliebe es dabei, so käme man zu einer für den Schadensersatzschuldner nicht mehr kalkulierbaren und auch nicht mehr haftpflicht-versicherbaren Schadensersatzhaftung. Es bedarf also Korrekturen.

Vielleicht entsinnen Sie sich noch daran, dass wir schon einmal vor dieser Frage standen, als es darum ging, ob es im haftungsbegründenden Zusammenhang bei § 823 Abs. 1 BGB erforderlich sei, die Äquivalenzprüfung und ihre Konsequenzen einschränkende Zurechnungserfordernisse, die sich aus der Adäquanztheorie und der Lehre vom Schutzzweck der Norm ergeben, aufzustellen. Wir hatten uns i. E. zwar für die Heranziehung dieser Kriterien entschieden, weil man so in angemessener Weise einer ausufernden Schadensersatzhaftung begegnen kann, hatten aber auch erkannt, dass man hierauf verzichten könnte, weil man zu einer sinnvollen Haftungsbeschränkung auch aufgrund der Korrektive der Rechtswidrigkeit und vor allem des Verschuldenserfordernisses gelangen kann. Auf derartige Korrekturen können wir im haftungsausfüllenden Bereich aber nicht bauen, weil es hier auf eine Rechtswidrigkeit und auf ein Verschulden deshalb nicht mehr ankommt, weil beides nur (!) im haftungsbegründenden Zusammenhang maßgeblich ist.

Mit dem Ziel einer sinnvollen Haftungsbeschränkung wird daher zu Recht und völlig unbestritten das Bestehen eines **Zurechnungszusammenhanges** zwischen dem **zum Schadensersatz verpflichtenden Umstand (Verletzung)** und dem **jeweiligen Schadensposten** verlangt:

- Der Schadensposten muss also nicht nur äquivalent kausal, sondern auch **adäquat kausal** auf den zum Schadensersatz verpflichtenden Umstand (Verletzungstatbestand) zurückzuführen sein (**2. Schritt** bei der Prüfung der haftungsausfüllenden Kausalität),
- und muss schließlich auch mit Rücksicht auf den **Schutzzweck der** zum Schadensersatz verpflichtenden **Norm** zu ersetzen sein (**3. Schritt** bei der Prüfung der haftungsausfüllenden Kausalität).

- Ist dies nicht der Fall, zählt der jeweilige Schadensposten nicht zu dem bei der Differenzbildung zu berücksichtigenden „Ist-Zustand".

Nach dieser Einführung geht es weiter mit dem **2. Schritt** bei der Prüfung der haftungsausfüllenden Kausalität: Wenn ein Schadensposten, der in einer Einbuße an sonstigen Lebensgütern besteht, als „Ist-Zustand" bei der Differenzbildung berücksichtigt werden soll, ist außer der äquivalenten Kausalität auch ein **adäquater Kausalzusammenhang** zwischen dem zum Schadensersatz verpflichtenden Umstand (Rechtsgutsverletzung bzw. Pflichtverletzung) und dem Schadensposten erforderlich. Ein solcher Schadensposten wird danach dem Verletzungstatbestand **nicht zugerechnet,** wenn sein **Eintritt völlig außerhalb jeder Lebenswahrscheinlichkeit** liegt.

**Fall 841**

Der A bringt dem B rechtswidrig und leicht fahrlässig eine offene Wunde am Bein bei, so dass der A sich im Krankenhaus operativ behandeln lassen muss. Wegen seines hierdurch geschwächten Zustandes infiziert er sich im Krankenhaus mit einer Virusgrippe mit der Folge eines Herzmuskelschadens, der mit weiteren Kosten ärztlich behandelt werden muss. Der unversicherte B verlangt die Heilungskosten für die Behandlung der Wunde und des Herzmuskelschadens.

I) Der Anspruch 1. ergibt sich dem Grunde nach aus § 823 Abs. 1 BGB. a) Die offene Wunde ist eine Verletzung des Körpers. b) Sie ist aa) auf ein Tun des A, und zwar bb) adäquat kausal zurückzuführen, und liegt auch im Schutzbereich der Norm. c) A hat rechtswidrig gehandelt; denn Rechtfertigungsgründe liegen nicht vor. d) Schuldhaft hat A gehandelt, weil sich das Verschulden nur auf die haftungsbegründende Verletzung (offene Wunde) und nicht auf den Vermögensfolgeschaden beziehen muss. 2. Was die Rechtsfolge (Schadensersatz) angeht, a) so sind die Behandlungskosten für die Wunde am Bein ein zu ersetzender unmittelbarer Verletzungsschaden. b) Die zusätzlichen Behandlungskosten für den Herzmuskelschaden sind ein mittelbarer Verletzungsfolgeschaden. Der schadensersatzbegründende Umstand (Verletzung am Bein) aa) war äquivalent kausal für den Schaden. bb) Der Schadensposten ist auch zurechenbar, denn aaa) es ist nach allgemeiner Lebenserfahrung nicht völlig unwahrscheinlich, dass es bei der Behandlung einer Körperverletzung im Krankrenhaus zu Infektionen kommt. Das gilt auch für den daraus resultierenden Herzmuskelschaden. bbb) Der Schaden liegt auch im Bereich des Schutzzwecks der Norm. cc) Der Schaden ist nach § 249 Abs. 2 S. 1 BGB in Geld zu ersetzen. II) Überlegen Sie einmal selbst, ob man den Schadensersatzanspruch für den Herzmuskelschaden auch so herleiten kann, dass man ihn als Gesundheitsverletzung i. S. d. § 823 Abs. 1 BGB ansieht!

**Variante**

Der B erhält im Krankenhaus eine verunreinigte Betäubungsspritze – der Arzt Dr. Medikus (M) hatte sie unmittelbar vor der Injektion versehentlich auf den Boden fallen lassen. Die daraus resultierende Infektion führt zur Amputation des Beines und den o. g. Folgen.

Ein medizinisches Versehen, das sich innerhalb der erfahrungsgemäß vorkommenden Fehler hält, ist adäquat kausal, nicht aber ein elementarer Verstoß gegen die Grundregeln der ärztlichen Kunst, wie er hier vorliegt.

Und schließlich kommt es zum schwierigsten Punkt, dem **3. Schritt** bei der Prüfung der haftungsausfüllenden Kausalität: Die Adäquanzprüfung erfolgt aus der objektivierten ex-post-Perspektive. Diese Sichtweise ist gegenüber der Perspektive der Beteiligten im konkreten Geschehen natürlich privilegiert, denn „nachher ist man immer schlauer". Es bedarf im Einzelfall daher weiterer Korrekturen der haftungsausfüllenden Zurechnung. Zumindest gedanklich immer zu prüfen und im Einzelfall zu erörtern ist deshalb die Frage, ob die jeweilige Einbuße an einem der sonstigen Lebensgüter im **Schutzbereich** der **Schadensersatznorm** liegt. Nur solche Schadensposten sind zurechenbar, vor denen die verletzte Norm bewahren will. Als Normen kommen insoweit gesetzliche wie vertragliche Regelungen in Betracht. Ihr Schutzzweck muss durch Auslegung ermittelt und konkretisiert werden. Dazu gelten folgende Grundsätze:

- Bei **a) vertraglichen** und **quasivertraglichen Schadensersatzansprüchen** stellt sich die Frage, ob die verletzte Pflicht den Verletzten vor dem konkreten Schadensposten bewahren sollte. Das ist der Fall, wenn der äquivalent und adäquat auf die Pflichtverletzung i. S. d. § 280 BGB zurückzuführende Schaden auch innerhalb des geschützten Interessenbereichs liegt. Beim **b) gesetzlich** zu **ersetzenden Integritätsinteresse aa) aus § 823 Abs. 1 BGB** sollen nur solche Schadensposten berücksichtigt werden, die aufgrund eines **inneren Zusammenhanges mit** dem **Delikt** in den **Gefahrenbereich der Verletzung** fallen. **bb)** Bei **Schutzgesetzverletzungen (§ 823 Abs. 2 BGB)** fallen nur solche Schadensposten in den Schutzbereich der Norm, deren Eintritt gerade nach **Sinn und Zweck** des **Schutzgesetzes** verhindert werden sollte, was der Fall ist, wenn zum einen der Geschädigte zu dem durch das Schutzgesetz **geschützten Personenkreis** gehört und wenn zum anderen das **verletzte Lebensgut** zum **Schutzzweck der Norm** gehört. Bei Ansprüchen aus **Gefährdungshaftung** wird nur der Schaden ersetzt, der aus einer Realisierung des „**gefahrtypischen Risikos**" herrührt.

**Fall 842**

Der B lässt sich von dem U mit dessen Taxi zum Flughafen fahren, wobei er erklärt, es eilig zu haben. Der U verfährt sich, so dass der B seinen Flug verpasst. Der B kommt daher verspätet zu einem geschäftlichen Termin und erleidet einen Millionenschaden (nach Schlechtriem).

Ein Anspruch aus §§ 634 Nr. 4, 280 Abs. 1 BGB kommt nicht in Betracht, weil der zwar äquivalent und adäquat auf die Pflichtverletzung zurückzuführende Schaden außerhalb des geschützten Interessenbereichs liegt. Denn der U hat nach dem Inhalt des Vertrages ein solches Risiko nicht übernommen.

**Fall 843**

Dr. A nimmt einen „sozial indizierten" Schwangerschaftsabbruch bei der Patientin P vor. Wegen eines Kunstfehlers wird die Schwangerschaft nicht unterbrochen. Als es nach 8 Monaten für die abgelegen auf dem Lande wohnende sehr korpulente und sich daher nicht für schwanger haltende P völlig überraschend zu Wehen kommt und sie eilig ins Kreiskrankenhaus fährt, verunglückt sie infolge der Aufregung und der Schmerzen mit ihrem Auto. Sie verlangt von Dr. A Schadensersatz für den Sachschaden am Auto (nach Medicus).

Ein Anspruch aus §§ 611, 280 Abs. 1 S. 1 BGB auf Schadensersatz besteht nicht, weil der zwar äquivalent und adäquat auf die Pflichtverletzung zurückzuführende Schaden außerhalb des geschützten Interessenbereichs liegt; denn der Behandlungsvertrag soll nicht vor Schäden aus Verkehrsunfällen schützen.

**Fall 844**

Der D stiehlt im K-Kaufhaus (K) Bonbons im Werte von € 0,10. Die Tat wird vom Verkäufer V mittels einer Überwachungskamera entdeckt und der D gestellt. Dem V werden aufgrund einer Auslobung des Arbeitgebers € 25,– als „Fangprämie" ausgezahlt. Für die elektronische Überwachungsanlage hatte K € 2000,– aufgewendet. K verlangt von dem D Schadensersatz, und zwar in Höhe von € 2,– als anteiligem Betrag für die Anschaffung der Überwachungskamera (mittels der während einer auf 2 Jahre geschätzten Funktionsfähigkeit erfahrungsgemäß 1000 Ladendiebe überführt werden), € 5,– Bearbeitungskosten für die Fertigung der Strafanzeige und € 25,– für die Auszahlung der Fangprämie (nach BGH).

1. Dem Grunde nach besteht ein Anspruch des K aus § 823 Abs. 1 BGB (Eigentumsverletzung). 2. a) K hat einen Schaden erlitten. b) Es geht um den Ersatz von Einbußen an sonstigen Lebensgütern des K. aa) Ein Ersatz der anteiligen Vorbeugekosten von € 2,– für die Anschaffung der elektronischen Überwachungsanlage kann nicht verlangt werden. Hier kann die fehlende Kausalität zwischen Anschaffung der Überwachungsanlage und dem Delikt des D nicht wie bei der Reservehaltung von beschädigten Fahrzeugen eines Nahverkehrsunternehmens überbrückt werden. bb) Die Bearbeitungskosten aaa) waren äquivalent und adäquat kausal. bbb) Sie liegen aber außerhalb des Schutzbereichs der Norm des § 823 Abs. 1 BGB, weil dieser nicht der Verwirklichung des staatlichen Strafanspruchs dient. cc) Fraglich ist, ob der aufgrund der von K durch Auszahlung an den V erfüllten Auslobung entstandene Vermögensnachteil von D zu ersetzen ist. aaa) Er ist, stellt man nicht auf die Auslobung, sondern (zu Recht) auf die Tatsache der Auszahlung ab, äquivalent kausal auf den Diebstahl zurückzuführen. bbb) Was

die Zurechnung anbelangt, aaaa) so wäre der Nachteil auch adäquat kausal. bbbb) Er müsste auch vom Schutzzweck der Norm gedeckt sein. aaaaa) Das ist der Fall, denn die Auslobung und die Auszahlung der Fangprämie steht in einem inneren Zusammenhang mit dem Eigentumsschutz und mit dem Delikt des D, weil so Diebstahlstaten verhindert werden sollten und weil gerade der von V aufgedeckte Diebstahl zur Zahlung der Fangprämie an den V geführt hat; bbbbb) allerdings darf die Prämie nicht unverhältnismäßig sein, was einmal die absolute Höhe der Fangprämie angeht – die hier mit € 25,– nicht überhöht ist – und was die Relation zur „Beute" betrifft – die hier allerdings mit 1: 250 unangemessen erscheint. Folglich ist sie der Höhe nach nur zu einem angemessenen Teil zu ersetzen.

**Fall 845**

Der P parkt unerlaubt auf einem dem V gehörigen und für die Mieter des V bestimmten und durch ein Schild auch so ausgewiesenen Parkplatz. Der Mieter M kann dort deshalb nicht parken. Der V lässt den Wagen des P, dessen Aufenthaltsort ihm bekannt ist, abschleppen und verlangt von ihm die dafür aufgewendeten Kosten in Höhe von € 177,– (nach AG Berlin-Wedding).

**Zwischenfrage**

Durfte der V eigentlich den Wagen abschleppen lassen? Ja: nach § 859 Abs. 1 BGB.

1. Der Anspruch des V gegen den P ergibt sich dem Grunde nach a) aus §§ 823 Abs. 1, Abs. 2, 858 BGB, b) nicht aber aa) aus § 859 Abs. 3 BGB (keine Anspruchsgrundlage für Aufwendungsersatz) bb) und nicht aus §§ 677, 683, 670 BGB (das Abschleppen entsprach nicht dem wirklichen oder mutmaßlichen Willen des P; § 678 BGB greift nicht ein). 2. Zum Schaden: a) Es handelt sich um einen mittelbaren Verletzungsfolgeschaden des V. b) Dieser aa) beruht äquivalent kausal auf der Verletzung; bb) ferner müsste ein Zurechnungszusammenhang bestehen: aaa) Adäquat kausal ist der Schaden; bbb) er müsste auch im Schutzbereich der verletzten Norm liegen; dies muss in doppelter Hinsicht problematisiert werden: aaaa) Fraglich ist, ob der Schaden nach Sinn und Zweck des Schutzgesetzes (§ 858 BGB) verhindert werden sollte. Wohl ja: wenn nämlich der zur Selbsthilfe Berechtigte die Kosten nicht vom Störer ersetzt verlangen könnte, bliebe das Selbsthilferecht ein „stumpfes Schwert" (a. A.: AG Berlin-Wedding). bbbb) Weiterhin liegt hier ein Fall der „Selbstschädigung" vor: Der V durfte sich aber zu der Abschleppaktion i. S. d. Rechtsprechung des BGH „herausgefordert" fühlen. Zweifelhaft ist aber, ob die Maßnahme im Vergleich zur Verletzung verhältnismäßig ist, zumal der Anspruchsteller auch den Störer hätte benachrichtigen können und die Störung hierdurch womöglich schneller beseitigt worden wäre. Dies wäre von Ihnen zu erörtern und zu entscheiden.

- Auch sollen nach dem Schutzzweck des § 823 Abs. 1 BGB solche Schadensposten nicht ersatzfähig sein, die aufgrund **allgemeiner Lebensrisiken** eingetreten sind oder die **mit** der **Rechtsordnung in Einklang stehende Nachteile** darstellen. In diesen Zusammenhang gehört die Frage nach der Zurechenbarkeit **„psychischer Schäden"** des Verletzten als Folgeschäden. Wenn zum *Beispiel* der Rüpel R den Garten der empfindlichen alten Dame O verwüstet und die seitdem an behandlungsbedürftigen Angstzuständen leidende O sich psychologisch behandeln lassen muss, könnte sich der Anspruch aus § 823 Abs. 1 BGB ergeben. Die psychischen Folgen des Überfalls könnten entweder als Rechtsgutsverletzung oder als mittelbarer Verletzungsschaden eingeordnet werden. Wir wählen bekanntlich den letzteren Weg. Dennoch eine Zwischenfrage: Handelt es sich bei gefühlsmäßigen Beeinträchtigungen überhaupt um eine Gesundheitsverletzung? Ja, wenn und soweit es sich um einen pathologischen, also medizinisch behandlungsbedürftigen Zustand handelt – was hier der Fall ist. Ist dieser Schaden denn hier mit Blick auf die Eigentumsverletzung zurechenbar? Daran könnte man allenfalls wegen der besonderen Empfindlichkeit von O zweifeln. Insofern geht aber der Opferschutz vor: Im Grundsatz hat der Verletzte einen Anspruch darauf, so gestellt zu werden, wie wenn er gesund gewesen wäre, und zwar auch dann, wenn eine latente Disposition zu psychischen Beschwerden dieser Art besteht. Die Grenzen bilden völlig unverhältnismäßige und äußerlich nicht mehr nachvollziehbare Reaktionen, welche man z. T. mit der „Herausforderungsformel" des BGH gut bewältigen kann (hierzu sogleich). Nicht zurechenbar sind ferner solche psychische Schäden,, die darauf beruhen, dass der in seiner körperlichen Integrität Verletzte aufgrund einer bestimmten psychischen Konstitution irrationale Bedürfnisse entwickelt (z. B. neurotischer Wunsch nach Sicherheit und Versorgung und hieraus folgende irrationale Überzeugung des Geschädigten, dass sein weiteres Leben durch eine lebenslange Rente gesichert werden muss = „Renten- bzw. Begehrensneurose"). Nicht zurechenbar sind schließlich alltagstypische psychische Folgen als Reaktion auf eine „Bagatellverletzung". Auch die **Entdeckung** einer **bereits vorhandenen schweren Erkrankung** im Rahmen der medizinischen Behandlung derjenigen Verletzung, deren Herbeiführung zum Schadensersatz berechtigt, ist ein „allgemeines Lebensrisiko" und bleibt daher bei der Schadensermittlung unberücksichtigt.

**Fall 846**

Der von T fahrlässig leicht am Kopf verletzte Polizeibeamte B wird im Krankenhaus gründlich untersucht; dabei wird eine fortgeschrittene Arteriosklerose, die sonst unbemerkt geblieben wäre, entdeckt; aufgrund dessen wird der B beamtenrechtlich zu Recht vorzeitig pensioniert. Der B bezieht deshalb anstelle seiner Besoldung nur noch eine Pension, die im Vergleich zur früheren Besoldung zu deutlich geminderten Einkünften führt; diese Differenz verlangt er von T.

1. Dem Grunde nach besteht der Anspruch aus § 823 Abs. 1 BGB. 2. a) Der B hat einen Schaden erlitten. b) Es geht um den Ersatz von Einbußen an sonstigen Lebensgütern (Vermögen wegen geminderter Pension). aa) Dieser beruht äquivalent kausal bb) und auch adäquat kausal auf der Verletzung, denn ein solcher Ablauf liegt nicht völlig außerhalb jeder Wahrscheinlichkeit. cc) Der Schadens-

posten liegt aber außerhalb des Schutzzwecks der Norm des § 823 Abs. 1 BGB, denn die Entdeckung einer schweren Erkrankung im Rahmen der medizinischen Behandlung der zugefügten Verletzung ist ein „allgemeines Lebensrisiko" (so die eine Begründung) bzw. § 823 Abs. 1 BGB kann nicht dazu dienen, das Opfer vor rechtmäßig erlittenen Folgen – hier der nach dem Beamtenrecht rechtmäßigen Pensionierung des B – zu bewahren (so die andere Begründung).

- Eine durch eine **Willensentscheidung** des **Schadensersatzgläubigers selbst** oder durch die Willensentscheidung eines **Dritten** herbeigeführte Einbuße an Lebensgütern ist nur dann vom **Schutzzweck** der **Norm** gedeckt und damit ein für die Schadensermittlung relevanter Schadensposten, wenn sich der Schadensersatzgläubiger oder der Dritte dazu **herausgefordert fühlte** und **fühlen durfte,** den Nachteil herbeizuführen. Wenn zum *Beispiel* der A den B mit einem Messer angreift und leicht verletzt und der B vor Schreck zur Seite springt und sich den Knöchel bricht, ist der hieraus entstandene Nachteil ein bei der Differenzbildung zu berüclsichtigender Schadensposten. Denn der B durfte sich zu dem Sprung auf die Straße herausgefordert fühlen.
- Der Zurechnungszusammenhang fehlt, wenn der Schaden **auch bei rechtmäßigem** bzw. **pflichtgemäßem Verhalten** des Schädigers eingetreten wäre.

**Fall 847**

Der einzige Zahnarzt einer völlig abgeschiedenen Gemeinde Dr. Zuck (Z) extrahiert dem Plak (P) nach unvollständiger Aufklärung über das Risiko, dass ein benachbarter gesunder Zahn abbrechen könnte, einen vollständig vereiterten Zahn. Ohne diesen sofortigen Eingriff hätte der P eine Sepsis mit lebensgefährlichen Folgen erlitten. Der gesunde Zahn bricht ab. Der P will deshalb Schadensersatz und Schmerzensgeld von Z.

Der Anspruch kann sich 1. dem Grunde nach aus §§ 611, 280 Abs. 1, 253 Abs. 2 BGB und aus §§ 823 Abs. 1, 253 Abs. 2 BGB i. V. m. § 249 Abs. 2 BGB ergeben. 2. Da aber der P auch bei gehöriger Aufklärung angesichts der großen Gefahr, in der er sich befand, die Einwilligung erteilt hätte, ist der Schaden dem Z nicht zuzurechnen.

Ein weiteres *Beispiel* für ein pflichtgemäßes Alternativverhalten wäre folgender Fall: Der Notar (N) versäumt es, in einem Grundstückskaufvertrag ein die vertragliche Erfüllungsverpflichtung des Verkäufers (V) bewehrendes Vertragsstrafeversprechen zu beurkunden, weil er meint, nur die „essentialia negotii" seien beurkundungsbedürftig (Sie wissen bestimmt, weshalb der Notar irrt, und warum das Vertragsstrafeversprechen des V wegen Formmangels nichtig ist!). Als der V nicht erfüllt und der Käufer K die Vertragsstrafe nicht geltend machen kann und sich deshalb an den N hält (§ 19 BNotO!) wendet dieser zutreffend ein, dass der Anspruch gegen den V wegen der Eröffnung des Insolvenzverfahrens über das Vermögen des V ohnehin keinen wirtschaftlichen Wert hätte. N ist daher nicht bzw. nur in Höhe der Insolvenzquote zum Schadensersatz verpflichtet.

## 2. „Normative Schranken“ bei der Schadensermittlung

In Einzelfällen kann aufgrund normativer Erwägungen die Ersatzpflichtigkeit einzelner Schadensposten entfallen, so dass sie bei der Differenzbildung nicht berücksichtigt werden dürfen.

### a) Unterhaltspflicht

Im Zusammenhang mit der Geburt eines Kindes infolge einer fehlerhaften ärztlichen Sterilisation stellt sich die Frage, ob die finanziellen Belastungen für den Unterhalt des Kindes ein bei der Differenzbildung relevanter Schadensposten sind. Dies betrifft vertragliche Ansprüche wegen **Schlechterfüllung** des **Vertrages** mit dem **Arzt** über eine Sterilisation oder einen Schwangerschaftsabbruch und den deliktischen Schadensersatzanspruch.

Verfehlt ist die in diesem Zusammenhang die oft aufgeworfene Frage, ob „ein **Kind** überhaupt ein **Schaden**“ sein könne. Natürlich kann die Existenz eines Menschen als solcher nicht als Schaden angesehen werden. Das gilt aber nicht zwingend für die mit dem **Unterhalt verbundenen Kosten**. Während die Zivilgerichte wegen der Geburtskosten und der Unterhaltsverpflichtung einen Schaden annehmen (BGH), lehnt der 2. Senat des BVerfG dies hinsichtlich der Unterhaltspflicht ab und verweist auf die Menschenwürde. Denn „die Verpflichtung der staatlichen Gewalt, jeden Menschen in seinem Dasein um seiner selbst willen zu achten“, verbiete es „die Unterhaltspflicht als Schaden zu begreifen“.

Im Fall einer Schlechterfüllung eines zum Zwecke der Familienplanung dienenden Arztvertrages über eine Sterilisierung wird man die Erstattungsfähigkeit der Unterhaltskosten damit begründen können, dass eine vertragliche Verpflichtung zur Sterilisierung zum Zwecke der Familienplanung zivilrechtlich wirksam ist, insbesondere nicht gegen § 138 Abs. 1 BGB verstößt. Dann muss der aufgrund einer Pflichtverletzung entstandene „Ist-Zustand“ in Gestalt der Schadensposten Geburtskosten und Unterhaltsverpflichtung bei der Differenzbildung auch berücksichtigt werden. Dieses Ergebnis wird man „a minore ad maius“ auf die Folgen einer Vergewaltigung übertragen müssen.

**Fall 848**

Der V vergewaltigt die nicht krankenversicherte F. Diese wird schwanger. Eine Abtreibung lehnt sie aus ethischen Gründen ab. Sie nimmt den V auf Schadensersatz in Höhe der von ihr selbst bezahlten Geburtskosten und Freistellung von der auf € 1 Mio. errechneten Unterhaltspflicht in Anspruch.

1. Der Anspruch resultiert a) aus § 823 Abs. 1 BGB: aa) In der durch die Vergewaltigung herbeigeführten Schwangerschaft liegt eine Gesundheitsbeeinträchtigung und ein rechtswidriger Eingriff in das Allgemeine Persönlichkeitsrecht, zu dem auch die sexuelle Selbstbestimmung gehört (arge. § 253 Abs. 2 BGB). bb) Der V hat rechtswidrig cc) und schuldhaft gehandelt. b) Ferner sind Ansprüche aus § 823 Abs. 2 BGB i. V. m. § 177 StGB und c) § 825 BGB gegeben. 2. Die Geburtskosten und die Belastung mit der Unterhaltspflicht für das Kind a) wären nach der Differenzhypothese ein Schaden, wenn aa) der „Soll-Zustand“:

Keine Geburtskosten, keine Unterhaltspflicht bb) vom „Ist-Zustand" abweicht: aaa) Der „Ist-Zustand" besteht in einer Belastung mit den von der V veranlassten Geburtskosten und einer sie treffenden Unterhaltsbelastung (§ 1601 BGB). bbb) Diese Schadensposten sind eine Einbuße an sonstigen Lebensgütern, die dem Delikt zuzurechnen sind, weil sie äquivalent und adäquat kausal sind und im Schutzbereich der Norm liegen: soweit die körperliche Integrität durch § 823 Abs. 1 BGB vor Vergewaltigungen geschützt wird, dient dies auch der Verhinderung einer Schwangerschaft und einer Geburt und der daraus resultierenden hier interessierenden Folgen. ccc) Die Frage ist, ob normative Erwägungen der Berücksichtigung einer Ersatzpflichtigkeit dieser Schadensposten entgegenstehen. aaaa) Hinsichtlich der Geburtskosten bestehen keine Bedenken. bbbb) Was die Belastung mit der Unterhaltspflicht angeht, so lehnt der 2. Senat des BVerfG gestützt auf die Menschenwürde die Ersatzpflicht generell ab (s. o.). Die Rechtspraxis (BGH) sieht hierin einen erstattungsfähigen Schaden. Anders als bei schlecht erfüllten Arztverträgen über eine Sterilisierung lässt sich hier (bei einer Schwangerschaft aufgrund einer Vergewaltigung) die Bewertung allerdings nicht mit dem wirksamen Inhalt der vertraglichen Vereinbarung begründen. Man wird aber sagen können, dass „a minore ad maius" eine Unterhaltsverpflichtung gegenüber einem durch eine Vergewaltigung gezeugten Kind ein Vermögensschaden ist. b) Eine interessante Frage ist, ob ein Vorteilsausgleich wegen des Unterhaltsanspruchs aus § 1601 BGB gegen den V zu gewähren ist. Der Vorteil ist adäquat kausal. Die Frage ist allein, ob die Anrechnung Sinn und Zweck des Schadensersatzrechtes widersprechen würde. So wie man bei der Tötung eines Unterhaltsverpflichteten bei der Berechnung des Schadensersatzanspruchs des Unterhaltsberechtigten aus § 844 Abs. 2 BGB jedenfalls die Erträge aus einer eventuellen Erbschaft als Vorteilsausgleich berücksichtigt, müsste auch der Unterhaltsvorteil berücksichtigt werden. c) Die Kompensation des durch die Belastung mit den Kosten für die Geburt und durch die Belastung mit der Unterhaltsverpflichtung entstandenen Vermögensschadens erfolgt nach § 251 Abs. 1 BGB. d) Ein Mitverschulden wegen der Nicht-Abtreibung (§ 254 Abs. 2 BGB) liegt nicht vor, weil die F sich hierzu aus ethischen Gründen entschlossen hat und diese Entscheidung höchstpersönlich ist.

Wird hingegen **wegen** einer **fehlerhaften Diagnose** durch einen Arzt ein **behindertes Kind** geboren (unterstellt, die zutreffenden Diagnose hätte nach § 218a Abs. 2 Nr. 1 StGB einen straflosen Schwangerschaftsabbruch ermöglicht, der auch vorgenommen worden wäre), so kann zwar nicht Ersatz sämtlicher Unterhaltskosten, wohl aber der behinderungsbedingte Mehraufwand verlangt werden. Sofern feststeht, dass die betroffene Frau die Schwangerschaft abgebrochen hätte, so ließe sich allerdings auch argumentieren, dass der volle Unterhalt zu ersetzen wäre.

### b) Verbotener oder sittenwidriger entgangener Gewinn

Ein entgangener Gewinn des Anspruchstellers, den dieser nur auf verbotene oder sittenwidrige Weise erzielt hätte, bleibt ebenfalls aus normativen Gründen unberücksichtigt.

**Fall 849**

Der als arbeitslos gemeldete und Arbeitslosenunterstützung beziehende A brauchte aufgrund einer Vereinbarung mit seinem Vermieter V die in Höhe von € 300,– geschuldete Miete nicht zu entrichten, weil er sich verpflichtet hatte, die Reitpferde des V zu versorgen. Diese Tätigkeit wurde nicht versteuert. Infolge eines tätlichen Angriffs des B wurde der A einen Monat lang stationär im Krankenhaus behandelt und konnte deshalb die Pferde nicht versorgen. Er war daher zur Zahlung der Miete an den V verpflichtet. Der A verlangt daher Schadensersatz in Höhe von € 300,– von B (nach LG Oldenburg).

Der a) dem Grunde nach aus § 823 Abs. 1 BGB gegebene Anspruch b) gewährt keinen Ersatz des geltend gemachten Schadens: Der im Vergleich zum „Ist-Zustand" hypothetisch bessere „Soll-Zustand" (entgangener Gewinn) wäre durch eine rechtswidrige Tätigkeit (§ 1 Abs. 1 des Gesetzes zur Bekämpfung der Schwarzarbeit) erzielt worden und bleibt daher bei der Differenzbildung aus normativen Gründen unberücksichtigt.

## III. Differenzbildung

Die Schadensberechnung erfolgt nach der **Differenzhypothese**, wobei eine Differenz zwischen der hypothetischen Vermögenslage ohne Schädigung („Soll-Zustand") und der tatsächlichen Vermögenslage („Ist-Zustand"), dessen Bestimmung wir soeben erlernt haben, zu bilden ist. Dazu wissen Sie bereits:

Wenn sich bei dieser Differenzbildung zeigt, dass der **„Soll-Zustand"** der Lebensgüter im Vergleich zu deren **„Ist-Zustand"** besser ist, besteht ein **„natürlicher"** oder **„realer Schaden"**.

Aber selbst, wenn kein „natürlicher" Schaden besteht, kann es gleichwohl für Regresszwecke notwendig sein, einen sog. **„normativen Schaden"** als gegeben anzusehen. Vor kurzem haben Sie von diesem dogmatischen Konstrukt bei der Erörterung der „Drittschadensliquidation" erfahren. Hier hatten Sie gelesen, dass es die Idee gibt, bei einem Auseinanderfallen von Anspruchsberechtigung und Schaden dem Anspruchsberechtigten einen „normativen Schaden" zuzuerkennen. Damit könnte man das in der Tat reichlich obskure Institut der „Drittschadensliquidation" überflüssig machen. Durchgesetzt hat sich das jedoch noch nicht.

Eine allgemein anerkannte Bedeutung hat das Institut des „normativen Schadens" allerdings – das werden wir gleich sehen **(sub IV)** – bei der Lösung von Regressproblemen.

## IV. Vorteilsausgleichung/normativer Schaden

Bei der Ermittlung des zu ersetzenden Schadens dürfen wir nicht bei der Differenzbildung Halt machen, sondern müssen im Auge haben, dass eventuelle **Vorteile,** die der Schadensersatzgläubiger aufgrund des zum Schadensersatz verpflichtenden

Umstandes erlangt hat, **auszugleichen** sind. Wenn der Schadensersatzgläubiger **Vorteile** aufgrund des **schadensersatzbegründenden Umstandes** erlangt hat, dann kann dies unter bestimmten Umständen dem **Schadensersatzpflichtigen zugutekommen**.

Zu denken ist hier vor allem an Leistungen Dritter **(sub 1)**; an Eigenleistungen des Verletzten **(sub 2)**; an zwischenzeitliche Wertsteigerungen **(sub 3)**; an den Vorteil, etwas Neues anstelle von Altem zu erhalten **(sub 4)**; an eine durch das schadensersatzbegründende Ereignis (Tötung eines Menschen) bedingte Erbschaft **(sub 5 a))**; an einen infolge des schadensersatzbegründenden Umstandes entstandenen Unterhaltsanspruch **(sub 5 b))**; oder an eine Ersparnis von Aufwendungen (z. B. während eines Krankenhausaufenthaltes) **(sub 6)**.

Die **„Faustformel"**, mit deren Hilfe man versuchen kann, die vorstehenden Fragen zu beantworten lautet: Eine Anrechnung der Vorteile soll dann erfolgen, wenn die Vorteile **äquivalent** und **adäquat kausal** auf den schadensersatzbegründenden Umstand zurückzuführen sind und wenn die Anrechnung nicht dem **Sinn und Zweck** des **Schadensersatzrechts** widerspricht. Aber ohne Kenntnis der zu Fallgruppen geordneten **Kasuistik**, die jetzt vorgestellt wird, kommt man nicht weit.

> Mit ein wenig Phantasie erkennt man hier übrigens die (Zurechnungs-)Kriterien wieder, die maßgeblich dafür waren, ob die Einbußen an sonstigen Lebensgütern in den für die Differenzbildung maßgeblichen „Ist-Zustand" einzubeziehen sind. Es handelt sich in der Tat um das „Gegenstück" dazu.

### 1. Leistungen Dritter

Als **auszugleichende Vorteile** kommen in erster Linie **Leistungen Dritter** an den Schadensersatzgläubiger in Betracht.

#### a) Leistungen von ausgleichspflichtigen Dritten

Denkbar ist, dass Dritte verpflichtet sind, einen sich aus der Anwendung der „Differenzhypothese" ergebenden „natürlichen/realen Schaden" zu ersetzen oder zu beseitigen (z. B. ein Schadensversicherer oder ein Unterhaltspflichtiger).

Die daraus resultierende Frage, ob dies dem Schadensersatzschuldner zum Vorteil gereichen kann, beantwortet das Gesetz,

- teilweise dadurch, dass es dem **Dritten** die Möglichkeit gibt, aufgrund einer **„cessio legis"** (gesetzlicher Forderungsübergang) bei dem **Schadensersatzschuldner Regress** zu nehmen (z. B. die Versicherer nach §§ 86 VVG, 116 SGB X oder der Arbeitgeber nach § 6 EGFZG (wobei § 6 EGFZG das Bruttoentgelt betrifft, da Lohnsteuer und Sozialversicherungsabgaben zum normativen Erwerbsschaden zählen). Die Leistung eines solchen Dritten kommt daher aus diesem Grunde dem Schadensersatzschuldner nicht zugute. Die Frage eines Vorteilsausgleichs stellt sich bei einem cessio-legis-Regress gar nicht.

- Bei geschuldeten Unterhaltsleistungen gibt es eine Reihe von Vorschriften, denen zufolge eine Unterhaltsleistung den Anspruch des Unterhaltsberechtigten nicht ausschließt, also einen Schaden bestehen lässt: §§ 843 Abs. 4, 844 Abs. 2, 618 Abs. 3 BGB, 9 Abs. 2 ProdHaftG, 13 Abs. 2 StVG. Wenn das Gesetz in diesen Fällen keine „cessio legis“-Regressregelung trifft, dient die Feststellung eines normativen Schadens der Ermöglichung eines Zessionsregresses des leistenden Dritten: Der Schadensersatzanspruch bleibt ungeachtet der Unterhaltsleistung bestehen und kann an den unterhaltsverpflichteten Dritten abgetreten werden.

**Fall 850**

Der Dieb (D) bricht bei dem Vn ein, der bei der Vr-Versicherung gegen Einbruchsdiebstahl versichert ist. Die Vr-Versicherung ersetzt den Schaden ihres Versicherungsnehmers Vn. Sodann verlangt die Vr-Versicherung Ausgleich von D.

Der Anspruch der Vr-Versicherung gegen den D ergibt sich aus §§ 823 Abs. 1, 2 BGB i. V. m. 242 ff. StGB, 86 VVG.

**Fall 851**

Der T verletzt die im Verhältnis zu ihren Eltern (E) unterhaltsberechtigte voll geschäftsfähige O. Die O muss ärztlich behandelt werden, und sie schließt mit Dr. A einen entsprechenden Behandlungsvertrag. Der Vater V zahlt die Arztrechnung. Dann nimmt die O den T auf Schadensersatz in Anspruch.

1. Der Anspruch ergibt sich dem Grunde nach aus § 823 Abs. 1 BGB. 2. Trotz des Wegfalls des natürlichen Schadens durch die Begleichung der Arztrechnung seitens des V verbleibt der O aus normativen Gründen (arge. § 843 Abs. 4 BGB) ein Anspruch auf Schadensersatz, damit dieser zu Regresszwecken a) entweder von der O (gerichtet auf Zahlung an den V) b) oder nach Abtretung der O an den V nach § 398 BGB durch den V gegenüber dem T geltend gemacht werden kann („Zessionsregress“).

**Fall 852**

Die Gemeinde G ist kraft eines Vertrages mit der katholischen Kirche (K) für die bauliche Erhaltung eines Kirchenbaus verantwortlich. Als das Bauwerk durch den Brandstifter B beschädigt worden ist, nimmt nach Wiederherstellung der Kirche die G den B in Anspruch („Dombrandfall“ des RG).

Diese Konstellation wird zuweilen „unechte Gesamtschuld“ genannt; das Regressproblem ist immer noch ungeklärt 1. Die Prüfung und Verneinung eines Anspruchs aus §§ 677, 683 S. 1, 670 BGB war die Lösung des RG. Er soll nicht gegeben sein, weil die G kein fremdes – nicht einmal ein „auch fremdes“ – Geschäft des B führen wollte. In der Tat ist es fernliegend, dass die G sich dem Willen des Geschäftsherren unterordnet. 2. Aus § 812 Abs. 1 S. 1 Var. 2. BGB hat die G keinen Regressanspruch, weil die G nicht als Dritte gem. § 267 BGB die Schuld des B getilgt hat, sondern mit der Wiederherstellung des Kirchenbaus ihre eigene Verpflichtung aus dem Vertrag erfüllen wollte. Anders wäre es nur, wenn man zu Regresszwecken die Leistung nachträglich als eine fremde bestimmt hätte. 3. Ein Regressanspruch aus § 426 BGB scheidet aus, a) wenn man mangels „Gleichstufigkeit" kein Gesamtschuldverhältnis annimmt; die „Gleichstufigkeit" als ungeschriebene Voraussetzung einer Gesamtschuld (dazu später mehr in Teil 10) fehlt, weil die G, ähnlich wie ein Versicherer, ein bloßer „Versorger" ist, so dass von vornherein nur ein Regress der G gegen B in Betracht kommt, niemals aber umgekehrt ein Regress des an K leistenden B gegen G. b) Neuere Ansichten nehmen dagegen an, dass auch bei fehlender „Gleichstufigkeit" jedenfalls dann ein Gesamtschuldverhältnis aus § 421 BGB vorliegt, wenn keine spezielle Regressregelung besteht, wie z. B. bei § 86 VVG. Dem Einwand, dass diese Konstruktion auch einen Regressanspruch des den Schadensersatz an K leistenden B gegen G möglich machen würde, begegnet man mit folgendem Argument: In Anlehnung an den Rechtsgedanken des § 254 Abs. 1 BGB ist i. S. d. § 426 Abs. 1 BGB insofern „ein anderes bestimmt", als der B im Innenverhältnis zu G zu 100 % schulde und damit ein Regress des B gegen G ausscheide. 4. Überzeugender ist eine analoge Anwendung des § 255 BGB, so dass G von K die Abtretung der Ansprüche gegen den B verlangen kann und aus abgetretenem Recht gegen B vorgehen kann („Zessionsregress" nach Selb).

#### b) Leistung durch sonstige Dritte

Bei **Leistungen sonstiger Dritter** kann im Einzelfall gleichwohl ein Schaden bestehen bleiben.

**Fall 853**

Der Mieter M erledigt die von ihm wirksam übernommenen Schönheitsreparaturen beim Auszug trotz Fristsetzung nicht. Der Vermieter V einigt sich mit dem Neumieter NM, dass dieser die Schönheitsreparaturen vornimmt, was auch geschieht.

Dem V steht dem Grunde nach ein Schadensersatzanspruch nach § 280 Abs. 3, 281 Abs. 1, 251 Abs. 1 BGB zu. Trotz der Renovierung durch NM ist der M zum Schadensersatz verpflichtet, sofern V sich die Übernahme der Schönheitsreparaturen durch einen Nachlass bei der Anfangsmiete des NM erkauft hat.

Auch sonst soll bei adäquat kausal auf die Verletzung zurückzuführenden **freiwilligen Leistungen Dritter** im Einzelfall gleichwohl ein Schaden bestehen bleiben können, wenn eine Bewertung ergibt, dass es dem Sinn und Zweck des Schadensersatzrechts nicht entspricht, den durch die Leistung des Dritten entstandenen Vorteil dem Schadensersatzschuldner zugutekommen zu lassen (§ 242 BGB).

**Fall 854**

Räuber Rabe (R) entreißt dem Rentner Opper (O) gewaltsam die Aktentasche, in der sich in barem Geld seine gesamte Monatsrente befindet, die er soeben von der Bank geholt hat. Die Morgenzeitung „Moin" (M) sammelt im Rahmen ihrer Aktion „Die gute Tat der Woche" Geld unter ihren Lesern für den O, der auf diese Weise eine Summe Geldes in Höhe des ihm entwendeten Betrages erhält. Am nächsten Tag wird der R gefasst. Der O verlangt von ihm Schadensersatz in Höhe des Rentenbetrages. Tasche und Geld sind nicht mehr auffindbar.

a) Der dem Grunde nach sich aus §§ 823 Abs. 1, 2 BGB i. V. m. 249 Abs. 1 StGB ergebende Anspruch b) ist aa) auf den Ersatz des Schadens in Geld in Höhe des Geldbetrages und der entwendeten Aktentasche gerichtet (§ 251 Abs. 1 BGB). bb) Fraglich ist, aaa) ob durch die Zahlung seitens der M als Treuhänderin der Spender der Schadensersatzanspruch gem. § 267 BGB erloschen ist; das ist nicht der Fall, weil die M als Treuhänderin der Spender nicht auf die Schuld des R zahlen wollten, sondern eine eigene Leistung (Schenkung) erbringen wollte. bbb) Zu prüfen ist weiterhin, ob der zu ersetzende natürliche bzw. reale Schaden im Wege der Vorteilsausgleichung entfallen ist. aaaa) Die hierfür äquivalent kausale Zahlung an O bbbb) war deshalb auch adäquat kausal durch den zum Schadensersatz verpflichtenden Umstand bedingt, weil derartige Spendenaktionen nicht völlig außerhalb jeder Lebenswahrscheinlichkeit liegen. cccc) Eine Freistellung des R würde zwar für den Geschädigten O zumutbar sein, aber nicht Sinn und Zweck des Schadensersatzrechts entsprechen, sondern würde zu einer unbilligen Entlastung des R führen (§ 242 BGB). Ein eventuell unbilliger Vorteil des O ist – für den Fall einer Schadensersatzleistung des R an O – zwischen ihm und den Spendern auszugleichen (u. U. Wegfall der Geschäftsgrundlage hinsichtlich der Schenkung).

## 2. Eigenleistungen des Verletzten

Bei **Eigenleistungen** des **Verletzten**, die der Schadensbehebung dienen, kommt es darauf an, ob diese über das Maß des nach § 254 Abs. 2 BGB Gebotenen hinausgehen.

**Fall 855**

Der T beschädigt rechtswidrig und schuldhaft das Fahrrad des F. Dieser ist Zweirad-Mechaniker und behebt den Schaden in zwei Stunden seiner Freizeit selbst. Er verlangt dafür einen Geldbetrag in Höhe der üblichen Werkstattkosten + Mehrwertsteuer.

a) Der sich aus § 823 Abs. 1 BGB ergebende Schadensersatzanspruch b) aa) ist nach § 249 Abs. 2 BGB zu ersetzen, bb) wenn nicht die Beseitigung durch F selbst dem T zugutekommt. aaa) Der Vorteil ist zwar adäquat kausal, bbb) aber Sinn und Zweck des Schadensersatzrechts verbieten eine Anrechnung zugunsten des T. Denn die Selbstreparatur, was Material und Zeit angeht, geht über das Maß dessen hinaus, was dem F nach § 254 Abs. 2 BGB obliegt. cc) Fraglich ist, ob der F Schadensersatz in der geltend gemachten Höhe (übliche Werkstattkosten + Mehrwertsteuer) verlangen kann; dazu später mehr.

### 3. Zwischenzeitliche Wertsteigerungen

Bei Ansprüchen auf Schadensersatz statt der Leistung aus §§ 280 Abs. 1, 3, 281 BGB stellt sich die Frage, ob z. B. eine **Verkehrswertsteigerung** oder ein **durch persönliche Interessen** eines **Erwerbers bedingter besonders günstiger Erlös** bei einem **Deckungsverkauf** im Wege der Vorteilsausgleichung schadensmindernd zu berücksichtigen wäre.

**Fall 856**

Der V verkauft am 1. Juni 2002 formwirksam von Notar N beurkundet an den K1 eine Eigentumswohnung zu einem – dem Verkehrswert entsprechenden – Preis von € 150.000,–. Der Kaufpreis ist am 1. Juli 2002 fällig. Der § 286 Abs. 3 BGB (Verzug bei Entgeltforderungen) ist im Vertrag abbedungen. Nach Zahlung des Kaufpreises auf ein Notaranderkonto des N soll die Auflassung erfolgen. Der K1 zahlt bis zum 10. Juli 2002 nicht. Der V setzt ihm an diesem Tag eine Frist bis zum 1. August 2002. Als der K1 bis zum 5. August 2002 nicht gezahlt hat, beauftragt der V den Makler M, der binnen Kurzem den Abschluss eines im Anschluss daran erfüllten Kaufvertrages über die Wohnung zwischen V und K2 vermittelt. Der Kaufpreis beträgt € 250.000,–. Die Courtage von 5 % hat der V zu tragen; sie ist nicht auf den K2 überbürdet worden. Der V verlangt von dem K1 Ersatz der Maklercourtage. Die Höhe des Kaufpreises erklärt sich a) aus einer plötzlichen Verkehrswertsteigerung aufgrund einer werterhöhenden städtebaulichen Planungsmaßnahme oder b) daraus, dass der – wohlhabende – K2 deshalb bereit war, den erhöhten Preis zu zahlen, weil er so in die Nähe von ihm besonders nahe stehenden Familienangehörigen ziehen konnte (nach Lange).

1. Der Anspruch ergibt a) sich dem Grunde nach aus §§ 280 Abs. 1, 3, 281 BGB. b) Die nicht auf den Käufer überbürdeten Maklerkosten sind aa) der nach Bildung der Differenz zwischen dem „Soll-Zustand“ (Erfüllung) und dem „Ist-Zustand“ (Nichterfüllung) zu ersetzende Schaden. bb) Fraglich ist, ob die Wertsteigerung im Wege der Vorteilsausgleichung zu berücksichtigen ist, so dass der Schaden entfällt. aaa) Zwischen dem Vorteil und dem Nachteil besteht ein adäquater Kausalzusammenhang. bbb) Es widerspricht auch nicht Sinn und Zweck des Schadensersatzrechtes, diesen Vorteil auszugleichen; a) denn zwischen Schaden und Vorteil besteht bei wertender Betrachtung ein innerer Zusammenhang, wenn der Vorteil aus einer Verkehrswertsteigerung resultiert (BGH). Es würde in der Tat den Verkäufer unbillig begünstigen, wenn eine Realisierung eines der Kaufsache selbst innewohnenden Vorteils unberücksichtigt bliebe. Danach stünde dem V kein Schadensersatzanspruch in Höhe der Maklerkosten zu. b) Wenn ein Deckungsgeschäft einen über dem Verkehrswert liegenden Erlös zur Folge hat, der auf einem gesteigerten Interesse des Deckungskäufers oder (nicht in diesem Fall) auf besonderen Bemühungen des Deckungsverkäufers beruht, dann wird bei der Schadensberechnung eines aus §§ 280 Abs. 1, 3, 281 BGB gegebenen Anspruchs auf Schadensersatz statt der Leistung der Vorteil nicht ausgeglichen. Es wäre nämlich eine unbillige Begünstigung des Käufers, ihm einen solchen Vorteil zukommen zu lassen. Daher steht dem V ein Schadensersatzanspruch in Höhe der Courtage zu.

Wird eine **Sache**, die **verkauft werden soll**, **verspätet zurückgegeben**, so muss auf den Anspruch auf Ersatz des dadurch entstandenen Schadens eine **zwischenzeitliche Wertsteigerung** angerechnet werden.

### 4. Abzug neu für alt

Erhält der Ersatzberechtigte im Rahmen einer Schadensersatzleistung durch Naturalrestitution **anstelle** einer **gebrauchten** oder **durch Zeitablauf** im **Wert geminderten Sache** eine **neue Sache** oder führt die **Naturalrestitution zu** einer **Wertsteigerung** der Sache, so hat er sich den erlangten Vorteil grundsätzlich anrechnen zu lassen. Streng genommen handelt es sich nicht um einen Fall der Vorteilsausgleichung, da der Vorteil nicht infolge des schädigenden Ereignisses eintritt, sondern erst im Rahmen der Schadensersatzleistung.

**Fall 857**

Der B hat vorsätzlich das Haus des E angezündet. Die Reparaturen führen dazu, dass das Haus nun € 30.000,– mehr wert ist, als zuvor. B möchte diesen Mehrwert von dem von ihm zu leistenden Schadensersatz abziehen.

a) Der Schadensersatzanspruch besteht dem Grunde nach aus § 823 Abs. 1 BGB. b) Der Schadensersatzanspruch umfasst nach § 249 Abs. 2 S. 1 BGB die Kosten der Reparaturen. Fraglich ist, ob ein Abzug neu für alt vorzunehmen ist, weil der E aufgrund der Reparaturen einen Vermögensvorteil von € 30.000,– erlangt hat. Dies hängt davon ab, ob sich der Geschädigte den Wertzuwachs zunutze machen kann, z. B. durch eine verlängerte Lebensdauer und die Anrechnung daher für ihn zumutbar ist. Vorliegend ergeben sich keine Anhaltspunkte dafür, die Anrechnung nicht vorzunehmen. E muss sich daher eine Kürzung seines Schadensersatzanspruches um € 30.000,– gefallen lassen.

### 5. Sonderproblem: § 844 Abs. 2 BGB und Erbschafts- und Unterhaltsvorteil

Wenn ein wegen einer Tötung **nach § 844 Abs. 2 BGB** zum Schadensersatz **berechtigter Dritter**, also ein gesetzlich Unterhaltsberechtigter, den **Getöteten beerbt**, stellt sich die prima facie etwas makaber klingende Frage, ob die Erbschaft als auszugleichender Vorteil anzurechnen ist. Hierzu ist anerkannt, dass der Sinn und Zweck des Schadensersatzes es nur gebieten kann, die Erträge des Nachlasses, die der Getötete bis zu seinem natürlichen Ableben verbraucht hätte, nicht aber den Stammwert des Nachlasses vorteilsausgleichend anzurechnen.

Eine interessante Frage ist, ob bei einem Anspruch auf Ersatz von Unterhaltsansprüchen bei einer einen **Schadensersatzanspruch begründenden Herbeiführung** einer **Schwangerschaft** ein Vorteilsausgleich wegen des **Unterhaltsanspruchs aus § 1601 BGB** zu gewähren ist. Der Vorteil ist adäquat kausal. Die Frage ist allein, ob die Anrechnung Sinn und Zweck des Schadensersatzrechtes widersprechen würde. So wie man bei der Tötung eines Unterhaltsverpflichteten bei der Berechnung des Schadensersatzanspruchs des Unterhaltsberechtigten aus § 844

Abs. 2 BGB jedenfalls die Erträge aus einer eventuellen Erbschaft als Vorteilsausgleich berücksichtigt, müsste auch der Unterhaltsvorteil berücksichtigt werden. Die Beantwortung der praktischen Frage, wie ein solcher Vorteil angesichts der Bedürfnis- und Leistungsfähigkeitsabhängigkeit des Anspruchs (§§ 1602 f. BGB) berechnet würde, kann hier nicht weiter vertieft werden.

### 6. Ersparnis von Aufwendungen

Wenn der Geschädigte aufgrund des schädigenden Ereignisses **Aufwendungen erspart** hat, dann muss er sich diese anrechnen lassen:

- Bei **Anmietung eines Ersatzfahrzeugs** für das vom Schadensersatzschuldner beschädigte Auto während der Reparatur: eine durch die Rechtspraxis pauschalierte Ersparnis von Eigenaufwendungen zwischen 3 und 10 % der Miete.
- Anzurechnen sind ferner während eines **Krankenhausaufenthaltes** ersparte Kosten für Fahrten zur Arbeitsstelle, für die häusliche Verpflegung und Heizung, etc.

## C. Der Inhalt des Schadensersatzanspruches (Wie?)

Nachdem nun feststeht,

- **wer** der **Gläubiger** eines Schadensersatzanspruch ist **(sub A)** und
- **ob** ein Schaden entstanden ist und **was** der zu ersetzende **Schaden** ist **(sub B)**,
- geht es nun darum, **wie** der **Schaden** zu **ersetzen** ist.

Geregelt ist das **„Wie“** der Leistung des **Schadensersatzes** in den **§§ 249–253 BGB**. Zu ersetzen ist grundsätzlich der volle Schaden (Prinzip der **„Totalreparation“**). Hierzu gibt es **zwei Methoden des Ausgleichs**:

- grundsätzlich die der **„Naturalrestitution“**, und zwar als gedachte Regel durch **Wiederherstellung** in **Natur (§ 249 Abs. 1 BGB)** oder ausnahmsweise bei bestimmten Verletzungen durch Leistung des zur Herstellung in Natur **erforderlichen Geldbetrags** nach **§§ 249 Abs. 2, 250 BGB (sub I)**
- als **Wertausgleich („Kompensation“)** nach **§ 251 BGB** oder als **Entschädigung für immaterielle Schäden** nach § 253 BGB. **(sub II)**

### I. Die Naturalrestitution und der Geldersatz für die Naturalrestitution

Weil der Geldersatzanspruch nach § 249 Abs. 2 BGB an die Stelle der Naturalrestitution tritt, unterliegen diese beiden Ausgleichsformen im Wesentlichen denselben Voraussetzungen und vor allem Schranken. Wir erörtern daher die Naturalrestitution und den Geldersetz nach § 249 Abs. 2 BGB gemeinsam.

Der Schadensersatzgläubiger kann sowohl bei Vermögensschäden als auch bei Nichtvermögensschäden im Grundsatz Naturalrestitution verlangen. Daher kommt es auf die oft schwierige Unterscheidung der beiden Schadensarten insoweit nicht an. Wir differenzieren aus praktischen und aus didaktischen Gründen dennoch. Die Abgrenzung von Vermögens- und Nichtvermögensschäden ist grundsätzlich problemlos zu treffen: Unter **Vermögensschäden** versteht man solche **Einbußen** an Lebensgütern, die sich **in Geld ausdrücken lassen**, alle anderen Schäden sind **Nichtvermögensschäden**. Das ist aber nicht das letzte Wort; die Feinheiten finden sich sub II 1 a).

### 1. Vermögensschäden

Bei **Vermögensschäden** kann der Schadensersatzgläubiger **grundsätzlich Naturalrestitution** verlangen.

Beachten Sie aber, dass es dazu Ihnen bereits bekannte wichtige **Ausnahmen** gibt: Bei einem Anspruch aus **§§ 280 Abs. 1, 3, 283 BGB** kann der Schadensersatzgläubiger Naturalrestitution deshalb nicht verlangen, weil er ja gerade Schadensersatz **statt** der Leistung verlangt. Auch gewährt der Schadensersatzanspruch des Dritten gegen den Vertreter ohne Vertretungsmacht aus **§ 179 Abs. 1 Var. 2 BGB** keine Naturalrestitution, weil der Dritte gerade nicht, wie es ihm ja auch möglich gewesen wäre, den Anspruch auf Erfüllung gewählt hat. Bei einem Anspruch auf den Ersatz des „Vertrauensschadens" z. B. aus **§§ 122, 179 Abs. 2 BGB** kann Naturalrestitution deshalb nicht verlangt werden, weil der Schadensersatzgläubiger lediglich verlangen kann, so gestellt zu werden, „wie wenn er den anderen Teil nie gesehen hätte".

Wenn aber **Naturalrestitution** verlangt werden kann, kann der Schadensersatzgläubiger grundsätzlich (Sie wissen schon: es gibt Ausnahmen!) nach seiner Wahl

- entweder die **Wiederherstellung in Natur** (§ 249 Abs. 1 BGB)
- oder **bei bestimmten Verletzungen** die **Leistung** des **zur Herstellung erforderlichen Geldbetrags** (§ 249 Abs. 2 S. 1 BGB) verlangen,

#### a) Naturalrestitution durch Wiederherstellung in Natur (§ 249 Abs. 1 BGB)

Die als erstes genannte Möglichkeit der **Naturalrestitution** durch **Wiederherstellung in Natur** (§ 249 Abs. 1 BGB) ist nach dem Gesetz die Regel.

Gerichtet ist der Anspruch nicht auf die Herstellung eines identischen Zustandes, sondern auf Herstellung eines **wirtschaftlich gleichwertigen Zustandes** (BGH), zum *Beispiel* bei schadensersatzpflichtiger Herbeiführung eines Vertragsschlusses (z. B. Eingehungsbetrug): durch Aufhebung des Vertrages. Bei zu Schadensersatz führendem Entzug einer Sache: durch die Herausgabe. Bei einer Sachbeschädigung: durch die Reparatur oder Lieferung einer gleichwertigen Ersatzsache, letzteres natürlich erst recht bei Zerstörung einer Sache. Ein Patient, dem durch ein ärztliches Versehen die einzige gesunde Niere entfernt worden ist, kann die Wiederbeschaffung und Implantation einer gesunden Niere verlangen.

Der Schadensersatzschuldner kann bei der Durchführung der Naturalrestitution **selbst handeln** oder sich der **Hilfe Dritter**, zum *Beispiel* einer Kfz-Werkstatt des

W zur Einbau einer neuen Radaufhängung, bedienen. Der Schuldner trägt dann das „Werkstattrisiko“ und muss ggf. nach § 278 BGB für den Dritten einstehen (§ 278 BGB), also zum *Beispiel* dem Verletzten den bei der Reparatur entstandenen zusätzlichen Schaden ersetzen, der durch einen Unfall beim Einparken nach der Probefahrt durch W entstanden ist (§ 280 Abs. 1, 241 Abs. 2, 278 BGB).

### b) Leistung eines Geldbetrags anstelle der Naturalrestitution (§ 249 Abs. 2 S. 1 BGB)

Bei bestimmten Verletzungen ist es dem Gläubiger nicht zuzumuten, eine Naturalrestitution durch Wiederherstellung in Natur seitens des Schuldners zu dulden. Das ist der Fall bei **Körperverletzungen**. Wenn zum *Beispiel* der Zahnarzt Z seinem Nebenbuhler N die Zähne ausschlägt, kann es nicht sein, dass der N es hinnehmen muss, sich von Z die Zähne reimplantieren zu lassen. Ferner kann der Verletzte bei **Sachbeschädigungen** nicht verpflichtet sein, den Sachbeschädiger die Naturalrestitution vorzunehmen zu lassen. Denken Sie sich zum *Beispiel* den berühmten Restaurateur R, der aus Hass auf das Museum M im Allgemeinen und auf den Maler Rembrandt im Besonderen in den Museumsräumen ein Bild von Rembrandt mit Säure bespritzt und es erheblich beschädigt, aber gestört und festgehalten wird, bevor er sein „Werk der Rache“ vollenden kann. Dem M kann es nicht zugemutet werden, den R die Restauration vornehmen zu lassen. Der R würde diese Gelegenheit fraglos nutzen, seinen „Rachefeldzug“ abzuschließen. Aus diesen naheliegenden rechtspolitischen Überlegungen musste der Gesetzgeber dem Schadensersatzgläubiger ein **Wahlrecht** einräumen: er kann **anstelle einer Naturalrestitution durch Wiederherstellung in Natur** auch **Leistung des zur Herstellung erforderlichen Geldbetrags** verlangen (§ 249 Abs. 2 S. 1 BGB). In der schadensrechtlichen Praxis ist § 249 Abs. 2 S. 1 BGB die Regel.

> Nicht verwechseln darf man einen Geldersatzanspruch aus § 249 Abs. 2 S. 1 BGB mit den sogleich erörterten Kompensationsfällen (§ 251 BGB). Ich hoffe, Sie sind längst neugierig geworden und haben § 251 BGB gelesen.

Darüber, was der **„erforderliche Geldbetrag“** ist, entscheidet die Wirtschaftlichkeit: bei mehreren Möglichkeiten, den Schaden auszugleichen, ist die den geringsten Aufwand erfordernde Möglichkeit geschuldet.

**Fall 858**

Der T beschädigt das Fahrrad des F, das € 1000,– wert ist (Wiederbeschaffungswert). Der F ist Zweiradmechaniker und behebt den Schaden in 5 h seiner Freizeit selbst. Er verlangt dafür einen Geldbetrag in Höhe der üblichen Werkstattkosten + Mehrwertsteuer (= € 200,–) ersetzt.

1. Der sich aus § 823 Abs. 1 BGB ergebende Schadensersatzanspruch 2. betrifft a) den Verletzungsschaden b) Fraglich ist, ob dessen Beseitigung durch F

selbst dem T zugutekommt. aa) Der Vorteil ist zwar adäquat kausal, bb) aber Sinn und Zweck des Schadensersatzrechts verbieten eine Anrechnung zugunsten des T, weil die Selbstreparatur, was Material und Zeit angeht, über das Maß dessen hinausgeht, was dem F nach § 254 Abs. 2 BGB obliegt. c) Fraglich ist, ob der F den geltend gemachten Schaden verlangen kann. aa) Der F kann nach § 249 Abs. 2 S. 1 BGB Naturalrestitution durch Geldersatz verlangen. bb) Der Höhe nach geht es dabei um die Aufwendungen, die ein „verständiger und wirtschaftlich denkender Mensch in der besonderen Lage des Geschädigten machen würde" (BGH) einschließlich des sog „Werkstattrisikos" (überhöhte Kosten, Verteuerung durch mangelhafte Reparatur). Das kann von mehreren Herstellungsweisen der Aufwand für die billigere Variante sein. Selbst reparieren muss er nicht, auch wenn dies die für den Schuldner günstigste Variante ist. cc) Entscheidet der Geschädigte sich für § 249 Abs. 2 S. 1 BGB, so kann er die marktüblichen Kosten verlangen, aaa) also den üblichen Lohn dafür (sog. „fiktive Werkstattkosten"). Das ergibt sich daraus, dass der Verletzte in der Disposition über den nach § 249 Abs. 2 S. 1 BGB geschuldeten Ersatz frei ist und er den Ersatz nicht einmal für eine Reparatur verwenden muss. bbb) Man kann aber auch die Ansicht vertreten, dass in den Grenzen der Erforderlichkeit nur die tatsächlichen Kosten (Material + Tariflohn) verlangt werden können. ccc) Die Mehrwertsteuer kann nicht verlangt werden, weil sie hier nicht „tatsächlich angefallen ist" (§ 249 Abs. 2 S. 2 BGB).

**Variante**

Das Fahrrad war tags zuvor für € 1200,– gekauft worden. Der F verlangt von dem T die Zahlung von € 1200,– Zug-um-Zug gegen Übergabe und Übereignung des Rades.

Der F könnte nach § 249 Abs. 2 S. 1 BGB a) an sich nur die Reparaturkosten geltend machen. b) In der Rechtsprechung zum Kfz-Haftpflichtrecht ist anerkannt, dass bei einer erheblichen Beschädigung eines fabrikneuen (maximal bis zu 3000 km Laufleistung, Alter unter 1 Monat) Kraftfahrzeugs nach § 249 Abs. 2 S. 1 BGB der Schaden „auf Neuwagenbasis" berechnet werden kann: Geldersatz für einen neuen Wagen Zug-um-Zug gegen den beschädigten Wagen abzüglich gezogener Nutzungen. Dies wird man auf die Beschädigung vergleichbarer Sachen – z. B. die eines neuen Fahrrades – übertragen können.

Bei **Beschädigungen** von **Sachen** ist der Schadensersatzgläubiger nicht darauf beschränkt, die Kosten für die Reparatur zu verlangen; er kann auch die Kosten für die Beschaffung einer gleichwertigen Ersatzsache verlangen.

### c) Wahlrecht des Gläubigers, Grenzen des Wahlrechts

Der Schadensersatzgläubiger hat **grundsätzlich** die **Wahl** zwischen **Herstellung in Natur** und **Naturalrestitution im Wege des Geldersatzes**, aber eben **nicht grenzenlos**.

aa) Wirtschaftlichkeitspostulat

Trotz der Wahlfreiheit hat der Gläubiger den Weg zu wählen, der geringere Kosten verursacht (**„Wirtschaftlichkeitspostulat“**). Als Ausnahme davon erkennt die Rechtsprechung ein sog. **„Integritätsinteresse“** des Schadensersatzgläubigers bei der Beschädigung eines Kraftfahrzeugs an: Es bestehe ein legitimes Interesse daran, das bekannte und vertraute Fahrzeug weiterhin nutzen zu können. Der Gläubiger darf sich daher für eine Reparatur mit Reparaturkosten bis zu einer Höhe von 130 % des Wiederbeschaffungswertes entscheiden. Dies gilt aber eben nur, wenn das Fahrzeug tatsächlich repariert werden soll (BGH). Nach anderer Ansicht ist der Grenzwert für die dem Schadensersatzgläubiger maximal zustehenden Reparaturkosten so zu bestimmen, dass sie den Wiederbeschaffungsaufwand (Wiederbeschaffungswert abzüglich Restwert) nicht mehr als um 30 % übersteigen dürfen. Diese Ansicht ist problematisch: erstens wird hierdurch eine praktisch schwierige Bestimmung des Restwertes erforderlich; zweitens ist der Restwert in den Reparaturkosten ohnehin schon mittelbar enthalten, denn der Restwert ist abhängig davon, wie hoch die Reparaturkosten sind.

**Fall 859**

Der T beschädigt fahrlässig das Auto des E, das einen Wiederbeschaffungswert von € 20.000,– hat. Die Reparaturkosten würden € 26.500,– betragen. Einen Restwert hat das Fahrzeug nicht. Der E verlangt von T € 26.500,–, hilfsweise € 20.000,–.

Der sich aus § 823 Abs. 1 BGB ergebende Anspruch 1. auf Ersatz der Reparaturkosten in Höhe von € 26.500,– (§ 249 Abs. 2 S. 1 BGB) scheitert an der 130 %-Grenze; wegen des fehlenden Restwertes kommt es auf die Frage, ob auf den Wiederbeschaffungswert oder den Wiederbeschaffungsaufwand abzustellen ist, nicht an. 2. Zu ersetzen sind nach § 249 Abs. 2 S. 1 die Wiederbeschaffungskosten in Höhe von € 20.000,–.

Weil der Schadensersatzschuldner das Werkstattrisiko und damit auch das Prognoserisiko trägt, kann er zuweilen sogar verpflichtet sein, Reparaturkosten von über 130 % des Wiederbeschaffungswertes zu tragen, wenn sich erst im Verlauf der Reparatur herausstellt, dass die Wiederherstellung über der 130 %-Grenze liegende Geldmittel erfordert. Wer diese Beschränkung des Geldersatzanspruchs nicht im Rahmen des § 249 Abs. 2 S. 1 BGB berücksichtigen will, muss jedenfalls § 251 Abs. 2 BGB anwenden und dem Schadensersatzschuldner eine Ersetzungsbefugnis durch eine Entschädigung in Geld gewähren.

Muss der Geschädigte zur Behebung des Schadens einen **Kredit aufnehmen** und dafür Zinsen zahlen (z. B., weil der Schädiger zunächst unbekannt ist), so sind auch die Kreditzinsen grundsätzlich ersatzfähig, vorausgesetzt, ein vernünftig Handelnder hätte in der konkreten Situation einen Kredit aufgenommen.

#### bb) Fiktiver Geldersatz

Aus dem von Ihnen zu bearbeitenden Sachverhalt kann sich ergeben, dass der Geschädigte zwar Schadensersatz in Geld will, jedoch nicht beabsichtigt das Geld auch tatsächlich zur Wiederherstellung in Natur einzusetzen. Bei der Frage, ob das nach § 249 Abs. 2 S. 1 BGB zu zahlende Geld zum Zwecke der Wiederherstellung in Natur eingesetzt werden muss, ist zu differenzieren.

Bei einer **Sachbeeinträchtigung** ist der Schadensersatzgläubiger grundsätzlich frei in seiner Entscheidung, ob er den Betrag nach § 249 Abs. 2 S. 1 BGB für die Herbeiführung einer Wiederherstellung in Natur verwendet oder ob er sich „einen feinen Tag" mit dem Geld macht und weiterhin mit einem verbeulten Auto herumfährt (fiktive Reparaturkosten). Die nicht anfallende Umsatzsteuer kann er natürlich niemals „fiktiv" fordern, wie das Gesetz klarstellt (§ 249 Abs. 2 S. 2 BGB).

Das war aber nicht die ganze Wahrheit. Wie Sie aus den vorstehenden Ausführungen zum Wirtschaftlichkeitspostulat bereits wissen, gibt es eine wichtige Ausnahme von der Regel, die fiktiven Reparaturkosten verlangen zu dürfen: Der Geschädigte, der das „Integritätsinteresse" ersetzt haben möchte, also Geld in Höhe von mehr als 100 % und bis zu 130 % des Wiederbeschaffungswerts, kann dies nur im Falle einer tatsächlichen Reparatur des Fahrzeugs verlangen.

Bei einem Schadensersatzanspruch wegen **Verletzung einer Person** liefe die Zubilligung eines Anspruchs auf fiktive Heilungskosten jedoch auf eine Entschädigung in Geld hinaus, die nur nach § 253 Abs. 2 BGB gewährt werden darf. Es ist also zum *Beispiel* nicht möglich, dass Frankenstein, wenn er bei einem Unfall eine Narbe erlitten hat, deren Beseitigung € 5000,– kosten würde, sich diesen Betrag auszahlen lassen und auf die Beseitigung der Narbe verzichten kann.

### d) Kein Anspruch auf Naturalrestitution bei Vermögensschäden

Die vorstehenden Ausführungen (sub a)–c)) betrafen den Anspruch des Schadensersatzgläubigers auf Naturalrestitution, die beiden Ausgestaltungen durch Wiederherstellung in Natur (§ 249 Abs. 1 BGB) oder durch Geldersatz (§ 249 Abs. 2 BGB) und die Wahlfreiheit sowie deren Grenzen.

Jetzt (sub d) geht es darum, dass aus besonderen Gründen kein Anspruch auf Naturalrestitution aus § 249 Abs. 1 oder Abs. 2 BGB besteht.

Alle diese Ausführungen betrafen und betreffen – Sie erinnern sich – zunächst nur die Vermögensschäden. Zu den Nichtvermögensschäden kommen wir anschließend (sub 2)). Die Abgrenzung von Vermögens- und Nichtvermögensschäden erfolgt erst später (sub II 1 a)).

Der Anspruch auf **Naturalrestitution** aus § 249 BGB – und damit auch für den Anspruch auf Geldersatz anstelle der Naturalrestitution nach **§ 249 Abs. 2 S. 1 BGB** – kann in zweierlei Hinsicht an seine Grenzen stoßen: erstens im Falle der **Unmöglichkeit** der Naturalrestitution durch Wiederherstellung in Natur oder deren **Unverhältnismäßigkeit** (arge. § 251 BGB).

> § 251 BGB hat also eine Doppelnatur: Er sperrt zum Einen den Anspruch auf Naturalrestitution bzw. macht es dem Schuldner möglich, die Naturalrestitution zu verweigern, und verschafft zum Anderen dem Schadensersatzgläubiger statt einer Naturalrestitution einen Anspruch auf Entschädigung in Geld im Wege der Kompensation (dazu sogleich mehr sub II).

Ist also die **Naturalrestitution** (wie bei § 275 BGB: anfänglich, nachträglich, aus tatsächlichen oder rechtlichen Gründen) **nicht möglich**, hat der Ersatzpflichtige den Schadensersatzberechtigten in Geld zu entschädigen (§ 251 Abs. 1 BGB). Zum *Beispiel* bei der Zerstörung einer einzigartigen Sache. Wenn aber die Unmöglichkeit der Wiederherstellung in Natur darauf beruht, dass der Schadensersatzberechtigte die beschädigte Sache unrepariert veräußert hat, soll dies einem Anspruch auf Leistung von „fiktiven" Reparaturkosten aus § 249 Abs. 2 S. 1 BGB nicht entgegenstehen; hierdurch wird die Dispositionsfreiheit des geschädigten Eigentümers gestärkt.

Im Fall einer **Unverhältnismäßigkeit** der Naturalrestitution kann der Ersatzpflichtige die Naturalrestitution verweigern und den Schadensersatzberechtigten stattdessen in Geld entschädigen (§ 251 Abs. 2 S. 1 BGB). Die Frage der Unverhältnismäßigkeit beurteilt man durch einem Wertvergleich zwischen dem Wert des geschädigten Gegenstandes und den Herstellungskosten. *Beispiel* Eine extrem kostspielige und kosmetische Operation nach einer Bagatellverletzung; hier schließt § 251 Abs. 2 BGB den Anspruch auf Naturalrestitution aus.

## 2. Nichtvermögensschäden

Auch bei **Nichtvermögensschäden** kann der Schadensersatzgläubiger **stets Naturalrestitution** durch **Wiederherstellung in Natur (§ 249 Abs. 1 BGB)** verlangen; § 253 BGB, der nur für den Anspruch auf Entschädigung durch Kompensation (§ 251 BGB) gilt, steht dem nicht entgegen. Auch stehen bekanntlich dem Opfer **falscher Tatsachenbehauptungen** Ansprüche auf Widerruf aus §§ 823 Abs. 1, 249 Abs. 1 BGB bzw. nach § 1004 BGB analog zu. Sie entsinnen sich hoffentlich: Hier gibt es eine kleine aber feine Besonderheit: Wenn die Unwahrheit einer Behauptungen feststeht, ist der Schuldner natürlich zu einem **uneingeschränkten Widerruf** verpflichtet. Wenn aber – wie sehr häufig der Fall – der Beweis der Unwahrheit einer Behauptung nicht geführt werden kann, es dem Anspruchsteller aber gelingt, ernsthafte Zweifel an der Richtigkeit der Tatsachenbehauptung zu wecken, soll der Verletzte jedenfalls einen Anspruch auf einen **eingeschränkten Widerruf** des Inhalts haben, dass „die Behauptung … nicht aufrechterhalten" wird. Das ist eine salomonische Lösung. Denn einerseits wäre der Anspruchsteller ohne einen solchen Anspruch gänzlich rechtlos; umgekehrt kann es aber dem Schuldner im Hinblick auf Art. 1, 2 und 5 Abs. 1 GG auch nicht zugemutet werden, eine möglicherweise ja wahre Tatsachenbehauptung zu widerrufen.

Auch **§ 249 Abs. 2 S. 1 BGB** kann Anwendung auf den Ersatz von Nichtvermögensschäden finden. § 253 BGB steht dem nicht entgegen, denn auch § 249 Abs. 2 S. 1 BGB ist bekanntlich ein Ersatz für die Naturalrestitution und tritt nicht etwa an die Stelle eines Anspruchs auf Entschädigung in Geld (Kompensation), auf den § 253 BGB zugeschnitten ist. Es stellt sich zum *Beispiel* die Frage, ob deshalb auch der durch eine falsche Tatsachenbehauptung Verletzte den Geldbetrag verlangen kann, der für eine selbst vorgenommene Berichtigung erforderlich ist. Die Antwort hängt davon ab, ob man eine solche Verletzung als die „Verletzung einer Person" ansieht; hält man den Wortlaut insoweit für zu eng, kommt eine Analogie in Betracht.

Auch bei Nichtvermögensschäden stellt sich die Frage, ob das nach § 249 Abs. 2 S. 1 BGB zu zahlende Geld zum Zwecke der Wiederherstellung in Natur eingesetzt werden muss oder ob der Geschädigte einen Anspruch auf einen „fiktiven" Geldersatz haben kann. Man wird wohl sagen müssen, dass nach § 249 Abs. 2 S. 1 BGB nur die konkret angefallenen Kosten für ein Widerrufsinserat verlangt werden können. Sonst käme es zu einem Wertungswiderspruch zu § 253 Abs. 2 BGB, aus dem sich abschließend ergibt, dass und unter welchen Voraussetzungen eine angemessene Entschädigung in Geld zu zahlen ist. Dieses Argument gilt auch bei Persönlichkeitsrechtsverletzungen. Denn Sie wissen ja: § 253 Abs. 2 BGB ist mit Blick auf Art. 1, 2 GG auf Fälle der Verletzung des Allgemeinen Persönlichkeitsrechts auszudehnen.

Auch bei Nichtvermögensschäden bildet die **Unmöglichkeit** oder die **Unverhältnismäßigkeit** der Wiederherstellung in Natur die Grenze eines Anspruchs auf **Naturalrestitution** und auf Geldersatz nach § 249 Abs. 2 S. 1 BGB. Bei der Beurteilung der Frage der Unverhältnismäßigkeit ist § 242 BGB heranzuziehen, weil es anders als bei Vermögensschäden, keinen Vermögenswert gibt, mit dem man die Herstellungskosten vergleichen kann. **Sehr wichtig** ist, dass Sie erkennen, dass im Fall der Unmöglichkeit oder Unverhältnismäßigkeit Naturalrestitution von Gegenständen, die keinen Vermögenswert haben, also z. B. bei der Unverhältnismäßigkeit eines Widerrufs einer falschen Tatsachenbehauptung, der an sich gegebene **Geldentschädigungsanspruch aus § 251 Abs. 1** bzw. **Abs. 2, S. 1 BGB** durch **§ 253 Abs. 1 BGB ausgeschlossen** ist. § 253 BGB ist in Verbindung mit den Spezialgesetzen abschließend – insofern ist der Wortlaut von § 253 Abs. 1 BGB eindeutig!

## II. Entschädigung in Geld (Kompensation)

Wie gesagt: Es gibt zwei Wege der Schadensersatzgewährung, die soeben (sub I) abgehandelte Naturalrestitution (sowie des Geldersatzes anstelle der Naturalrestitution nach § 249 Abs. 2 BGB) und die Entschädigung in Geld (Kompensation), mit der wir uns jetzt befassen.

Diese kann der Schadensersatzgläubiger verlangen bei **Vermögensschäden** unter den Voraussetzungen des **§ 251 Abs. 1, 2 BGB** und bei **Nichtvermögensschäden** dann, wenn das Gesetz es ausdrücklich anordnet **(§ 253 Abs. 1 BGB)**.

### 1. Entschädigung in Geld (Kompensation) bei Vermögensschäden

Eine **Kompensation** nach **§ 251 Abs. 1, 2 BGB** (Unmöglichkeit/Unverhältnismäßigkeit der Naturalrestitution) gibt es nur bei **Vermögensschäden**. Im Fall der

Unmöglichkeit oder Unverhältnismäßigkeit z. B. eines Widerrufs einer falschen Tatsachenbehauptung, ist der an sich gegebene Geldentschädigungsanspruch aus § 251 Abs. 2 BGB ausgeschlossen. Warum, wissen Sie bereits aus dem insoweit klaren Wortlaut von § 253 BGB: Weil „wegen eines Schadens der nicht Vermögensschaden ist, … Entschädigung nur in den durch das Gesetz bestimmten Fällen gefordert werden (kann)" **(§ 253 Abs. 1 BGB!)**. Daher kann die **Abgrenzung von Vermögens- und Nichtvermögensschäden** von **größter** praktischer **Bedeutung** werden.

### a) Die Abgrenzung von Vermögens- und Nichtvermögensschäden

Auf den ersten Blick scheint diese Differenzierung überhaupt keine Schwierigkeiten zu bereiten; denn – Sie wissen es bereits – unter **Vermögensschäden** versteht man solche **Einbußen** an Lebensgütern, die sich **in Geld ausdrücken lassen**.

Es gibt aber auch Fallkonstellationen, bei denen die natürliche Betrachtungsweise nicht gilt, sondern aus „normativen" Gründen das Vorliegen eines Vermögensschadens angenommen wird.

#### aa) Zeitweiliger Gebrauchsentzug von Sachen

Der dem Grunde nach zu einem Schadensersatzanspruch führende **zeitweilige Entzug** des **Gebrauchs** von **Sachen** (i. d. R durch Beschädigung derselben) hat regelmäßig einen Vermögensschaden zur Folge, der sich in der Vermögensbilanz negativ niederschlägt.

**Fall 860**

Dem E gehört ein Reisebus, mit dem er Nordlandreisen veranstalten will. Eine Fahrt soll am 1. Juli 2002 nach Finnland gehen. Der E hat bereits im Mai alle Plätze verkauft und die Fährenplätze gebucht. Das Fahrzeug wird am 25. Juni 2002 von einem Fahrzeug des Busunternehmers D schuldhaft so schwer beschädigt, dass eine Reparatur erst am 15. Juli 2002 beendet sein wird. Der D bietet dem K ein Ersatzfahrzeug aus seinem Bestand an. Der K entscheidet sich aber für die Anmietung eines Ersatzfahrzeugs zu dem marktüblichen Mietzins. Die Kosten dafür macht er bei D geltend.

a) Der Anspruch ergibt sich aus § 823 Abs. 1 BGB und § 7 StVG. b) Der Schadensersatz schließt nach Anwendung der aa) Differenzhypothese den Nutzungsausfall ein. bb) Es handelt sich um einen Vermögensschaden, den der K nach § 249 Abs. 2 S. 1 BGB in Höhe der Kosten des Mietzinses für ein Mietfahrzeug, abzüglich der ersparten Eigenaufwendungen ersetzt verlangen kann.

Problematisch wird die Situation erst, wenn es um eine **Nutzungsausfallentschädigung** für die **Beeinträchtigung** der **rein abstrakten Gebrauchsmöglichkeit** einer Sache geht, die überhaupt nicht genutzt wird. Dies war bis vor ca. 30 Jahren eine der spannendsten Fragen der zivilrechtlichen Dogmatik. Diskutiert wurde sie für folgendes klassische *Beispiel:* der Eigentümer eines bei einem Verkehrsunfall beschädigten Kraftfahrzeugs hat einen Schadensersatzanspruch aus §§ 823, 249 BGB bzw. § 7 StVG i. V. m. § 249 Abs. 1 BGB, macht jedoch nicht von der Möglichkeit

Gebrauch, während der Reparaturzeit einen Ersatzwagen anzumieten, sondern geht stattdessen „zu Fuß"; trotzdem macht er nun eine abstrakte „Nutzungsentschädigung" geltend. Die Versicherungswirtschaft hatte im Gefolge der Rechtsprechung bereits vor ca. 40 Jahren „das Handtuch geworfen" und leistet seither unter Verwendung von speziellen Tabellen (z. B. der von Sanden/Danner) eine Nutzungsentschädigung, wenn der Verletzte den Nutzungswillen und die hypothetische Nutzungsmöglichkeit hatte. Sie beläuft sich auf ca. 40 % der Mietwagenkosten. Dagegen wurde in der zivilrechtlichen Wissenschaft noch lange die „reine Lehre" verfochten, es handele sich insoweit um einen Nichtvermögensschaden; für dessen Ersatz bedürfe es wegen § 253 BGB a. F. (= § 253 Abs. 1 BGB) einer besonderen gesetzlichen Grundlage, die für solche Fälle jedoch nicht existiere. Die Rechtspraxis zur Nutzungsausfallentschädigung blieb lange auf den Entzug von Gebrauchsvorteilen bei Kraftfahrzeugen beschränkt; sie gewährte also keinen Schadensersatz wegen eines Gebrauchsentzugs für beschädigte Pelzmäntel, Motorboote o. ä. Luxusgüter. Es blieb also bei einer mehr oder minder willkürlichen Kasuistik, bis der Große Senat in Zivilsachen (BGHZ 98, 212) die Regeln verallgemeinerungsfähig konkretisierte.

**Fall 861**

Der E ist Eigentümer eines von ihm bewohnten Einfamilienhauses, das im oberen Bereich des Elbhanges in Hamburg-Blankenese liegt. Der B bebaut das darunter liegende Grundstück und hebt eine Baugrube aus. Weil die von ihm errichtete Stützmauer nicht tragfähig genug ist, gerät der Hang ins Rutschen; das Haus des E bekommt Risse und wird – bis zur Verstärkung der Mauer – durch eine ordnungsbehördliche Verfügung zeitweise für unbewohnbar erklärt. In dieser Zeit bezieht der E einen auf dem Grundstück stehenden ihm gehörenden Wohnwagen. Für den Sachschaden verlangt der E von B die dafür erforderlichen Reparaturkosten in Höhe von € 10.000,–. Auch will er eine Entschädigung dafür, dass er auf den Genuss, in seinem Haus wohnen zu können, verzichten musste (nach BGH).

1. Der Anspruch ergibt sich dem Grunde nach aus § 823 Abs. 1 BGB. 2. Zu ersetzen ist a) der Substanzschaden am Haus. E kann von B nach § 249 Abs. 2 S. 1 BGB Schadensersatz in Geld in Höhe von € 10.000,– ersetzt verlangen. b) Fraglich ist, ob der entgangene Vorteil, im eigenen Haus wohnen zu können, ersatzfähig ist. aa) Der Gebrauchsentzug ist als Teil der Herstellungskosten anzusehen und nach § 249 Abs. 2 S. 1 BGB in Höhe der Kosten des tatsächlich aufgewendeten Mietzinses für eine andere Unterkunft abzüglich der ersparten Eigenaufwendungen zu ersetzen. bb) Wenn es aber um die Geltendmachung eines Schadensersatzes für die Beeinträchtigung der bloßen abstrakten Möglichkeit des Gebrauchs geht, aaa) so liegt nach der Differenzhypothese zwar ein Schaden vor. bbb) Dieser wäre aber nicht nach § 249 Abs. 2 S. 1 BGB ersetzbar, weil es bei dem geltend gemachten Schadensersatz gerade nicht um einen Geldbetrag geht, der statt der Herstellung der verletzten Sache entrichtet werden soll; denn die Herstellung (Bewohnen eines Hauses) ist ja gerade nicht das Ziel

des Schadensersatzgläubigers, wenn dieser auf eine Ersatzsache verzichtet. ccc) Es stellt sich daher die Frage, ob die Beeinträchtigung der bloßen Möglichkeit des Gebrauchs zu einem Vermögensschaden anderer Art führt und ob, weil bei einem solchen eine Naturalrestitution nicht möglich ist, – angesichts der Unmöglichkeit der Naturalrestitution – nach § 251 Abs. 1 BGB Schadensersatz durch Kompensation zu leisten ist. Das wird heute überwiegend aaaa) mit folgender Begründung angenommen: aaaaa) Die Rechtsprechung (bereits seit 1963) und schließlich auch die Lehre erkennen bei folgender besonderer Fallkonstellation einen ersatzfähigen Schaden an: Wird ein Kfz beschädigt, so hat der Verletzte neben dem Anspruch auf den Ersatz des Verletzungsschadens grundsätzlich auch einen Anspruch auf Ersatz für die entgangene Nutzung in Höhe von 35 bis 40 % der Mietwagenkosten, auch wenn der Verletzte kein Ersatzfahrzeug mietet. Nach Auffassung des BGH, liege ein Vermögensschaden vor, weil der Verletzte sich mit dem Erwerb des Fahrzeugs die ständige Verfügbarkeit und die daraus resultierende Mobilität „erkauft" habe. Ein Teil der Lehre sah dagegen hierin den Ersatz eines immateriellen Schadens, der nach § 253 Abs. 1 BGB nicht hätte zuerkannt werden dürfen. Bedenken erweckt auch die schwer mögliche Grenzziehung bei Gebrauchsbeeinträchtigung anderer Anschaffungen, wie Motorboote, Pelzmäntel, Schwimmbäder etc. Ungeachtet dieser dogmatisch gewagten Konstruktion trifft es wohl mittlerweile zu, dass die Rechtsprechung im Wege einer (zulässigen) Rechtsfortbildung den abstrakten Nutzungsausfall als Vermögensschaden einordnet; es bleibt zu klären, für welche Gegenstände diese Rechtsprechung gilt. bbbbb) Nach der maßgeblichen Leitentscheidung des großen Zivilsenats des BGH (BGHZ 98, 212) ist der abstrakte Nutzungsausfall nur für solche Gegenstände ersatzfähig, auf deren ständige Verfügbarkeit der Eigentümer zur „eigenwirtschaftlichen Gestaltung" seines Lebens angewiesen ist (z. B. „ja" bei: Kücheneinrichtung, Fernseher, Fahrrad, Rollstuhl, Blindenhund, wohl auch andere nach § 811 Abs. 1 ZPO unpfändbare Sachen/z. B. „nein" bei Privatflugzeug, Hobbyraum, Gästezimmer, Wohnwagen, Oldtimer-Motorrad). bbbb) Eine Entschädigung für die Beeinträchtigung der Gebrauchsmöglichkeit wird aber nur dann gewährt, wenn die Beeinträchtigung der Gebrauchsmöglichkeit fühlbar war: Das setzt voraus, dass der Verletzte den Nutzungswillen und die hypothetische Nutzungsmöglichkeit hatte. Hieran fehlt es z. B. nach im Einzelnen umstrittener Rechtsprechung, wenn der Geschädigte über einen Zweitwagen verfügt oder wenn er (unfallbedingt oder nicht) fahruntüchtig ist.

#### bb) Die Beeinträchtigung der Haushaltsführung

In diesen Zusammenhang gehört auch die Frage, ob einem deliktisch **verletzten Ehegatten** wegen der **Beeinträchtigung der Haushaltsführung** (Pflicht aus § 1360 BGB, dazu mehr in Teil 11) ein Schadensersatzanspruch zusteht. Dies ist anerkannt, wenn eine Ersatzkraft eingestellt wurde und hierdurch Kosten entstanden sind. Darüber hinaus gewährt die Rechtsprechung auch dann Schadensersatz wenn **keine Ersatzkraft** eingestellt wird. Konsequent ist dies nicht: so hat nach der Rechtsprechung ein deliktisch verletzter Selbstständiger (z. B. ein Rechtsanwalt) für den Ausfall seiner Arbeitskraft nur dann einen ersatzfähigen Schaden, wenn er diesen z. B. in Form von verminderten Einnahmen oder der Einstellung einer Ersatzkraft konkret nachweisen kann.

cc) Freizeit und Urlaub

Der **Pauschalreisende** kann im Falle eines Mangels der Reise Schadensersatz wegen Nichterfüllung verlangen, es sei denn, der Mangel der Reise beruht auf einem Umstand, den der Reiseveranstalter nicht zu vertreten hat (§ 651 f Abs. 1 BGB). Wird die Reise vereitelt oder erheblich beeinträchtigt, kann der Reisende auch wegen nutzlos aufgewendeter Urlaubszeit eine angemessene Entschädigung in Geld verlangen (§ 651 f. Abs. 2 BGB). Erörtert wird, ob **auch sonst** die **Freizeit** und der **Urlaub** vermögenswert sind, so dass nicht nur bei Pauschalreisen, sondern auch bei Pflichtverletzungen von Individualreiseverträgen oder bei deliktischen Eingriffen Dritter die Beeinträchtigung der Freizeit und des Urlaubs als Vermögensschäden angesehen werden können. Hier sind zwei Konstellationen zu unterscheiden: So kann die Beeinträchtigung **durch** einen **Vertragspartner** oder rein **deliktisch durch** einen **Dritten** erfolgen.

**Fall 862**

Der R hat bei der Fa. U mit Sitz in Hamburg eine „Abenteuerreise" auf einem kleinen Schiff durch die Insel- und Gletscherwelt bei Feuerland gebucht. Es handelt sich um eine Individualreise. Das Mitbringen von Wetterkleidung ist nach dem Vertrag Sache des Reisenden und Voraussetzung für die Teilnahme an Ausflügen mit Motorbooten zu Inseln und an Gletscherwanderungen. Die Abfahrt ist am 1. Februar 2003 in Punta Arenas. Wie vereinbart gibt R sein Gepäck am Tag zuvor in den lokalen Geschäftsräumen des U ab, von wo aus es in die Kabinen an Bord der „Terra Australis" transportiert werden soll. Durch ein Versehen des Mitarbeiters M des U bleibt der Koffer mit der Wetterkleidung des R jedoch an Land in Punta Arenas. Der R, der das Auslaufen des Schiffes wegen des überraschend schönen und warmen Wetters an Deck erlebt hatte und dann an die Bar gegangen war, stellt das Fehlen des Koffers erst Stunden nach der Abfahrt fest. Weil keine passende Wetterkleidung an Bord zu haben ist, muss der R ständig an Bord bleiben und kann an keinem der Ausflüge oder an Aktivitäten auf den Gletschern teilnehmen. Er verlangt Schadensersatz für die Beeinträchtigung des Urlaubsgenusses von U.

1. Der Anspruch des R gegen den U ergibt sich dem Grunde nach a) nicht aus § 651 f Abs. 1 BGB, weil es sich um eine Individual- und nicht um eine Pauschalreise handelt. b) In Betracht kommt aber ein Anspruch aus §§ 280 Abs. 1, 278 BGB, dessen Voraussetzungen vorliegen (Nichterfüllung einer leistungsbezogenen Nebenpflicht bei vermutetem Verschulden eines Erfüllungsgehilfen). 2. Der R hat a) einen Schaden erlitten, weil die Reise insoweit wertlos ist, als der eine Zweck der Reise („Abenteuerreise") nicht erreicht werden kann. b) Ein Ersatz aa) nach § 249 Abs. 1 BGB scheidet aber aus, da diese Leistung nicht nachgeholt werden kann. bb) Der Schaden wäre nach § 251 Abs. 1 BGB durch Geldersatz zu kompensieren, wenn es sich dabei um einen Vermögensschaden

handeln würde. Wenn es dagegen ein immaterieller Schaden wäre, würde dem § 253 Abs. 1 BGB entgegenstehen. Früher wurde so argumentiert, dass vom Reisenden ein Urlaubsgenuss „erkauft" wird, dieser also geldwert ist, und daher seine Beeinträchtigung zu einem Vermögensschaden führt. Das kann aber heute angesichts der neuen Rechtsprechung zum Vermögenswert einer bloßen Nutzungsmöglichkeit nicht mehr ohne weiteres gesagt werden; außerdem weist § 651 f Abs. 2 BGB den vertanen Urlaub bei Pauschalreisen als immateriellen Schaden aus. Vielmehr ist eine Beeinträchtigung von Urlaub nur dann ein Vermögensschaden, wenn der Schutzzweck der verletzten Pflicht eine vermögenswerte Erwartung des Reisenden festschreibt. So liegt es hier: Es geht um eine Abenteuerreise, zu der nicht nur die schöne Aussicht von Bord aus gehört, sondern die ihr Gepräge gerade durch expeditionsartige Ausflüge erhält. Die pflichtwidrige Vereitelung der Ausflüge führt deshalb zu einem Vermögensschaden. Dieser ist nach § 251 Abs. 1 BGB zu kompensieren.

**Variante**

Der ebenso wie der R in Deutschland lebende alkoholisierte Mitreisende MR schlägt den R bei einem Streit darüber, wer von ihnen den ersten Pinguin gesehen hat, schon am ersten Tag ohne Gegenwehr des R so schwer zusammen, dass der (in dieser Variante ausreichend mit Kleidung ausgestattete) R den Rest der Reise unter Deck bleiben muss. R will von MR Ersatz für den entgangenen Urlaub.

1. Deutsches Recht ist nach Art. 4 Abs. 2 Rom II-VO anwendbar. 2. Dem Grunde nach steht dem R gegen MR ein Schadensersatz nach §§ 823 Abs. 1, 827 BGB zu. 3. Ein Ersatz a) nach § 249 BGB Abs. 1 BGB scheidet aus, da die Reise nicht wiederholbar ist. b) Daher kommt § 251 Abs. 1 BGB in Betracht. Es ist umstritten, ob auch eine deliktisch herbeigeführte Beeinträchtigung des Urlaubsgenusses einen nach § 251 Abs. 1 BGB zu kompensierenden Vermögensschaden nach sich zieht. Dafür wird mit Verweis auf den Schutzzweckgedanken argumentiert: Danach würde man bei einem Diebstahl der Wetterkleidung einen Anspruch bejahen können, während man bei einer Körperverletzung den hierauf beruhenden Entgang des Urlaubsgenusses bei der Bemessung der Höhe des Schmerzensgeldes nach § 253 Abs. 2 BGB berücksichtigen könnte. c) Ein Mitverschulden des R (z. B. Teilnahme am sinnlosen Streit) ist zu berücksichtigen bei dem zu ersetzenden Vermögensschaden nach § 254 Abs. 1 BGB bzw. bei dem Schmerzensgeldanspruch durch Herabsetzung der Schmerzensgeldhöhe im Rahmen der anzustellenden Gesamtabwägung.

#### dd) Die „allgemeine Handlungsmöglichkeit"

Dagegen ist grundsätzlich **kein Vermögensschaden** die Entwertung einer Aufwendung, die einer Person bestimmte Handlungsmöglichkeiten bei der Lebensgestaltung verschaffen soll. Die Ausnahmen sind Ihnen bekannt: erstens § 284 BGB für Aufwendungen jedweder Art, allerdings anstelle des Schadensersatzes statt der Leistung und zweitens frustrierte kommerzielle Aufwendungen als ersatzfähiger Schaden im Rahmen der Rentabilitätsvermutung.

**Fall 863**

Der Wilderer W. Ilda (W) schießt den Jagdpächter R. Ikma (R) nieder. Der R muss für ein Jahr ärztlich im Krankenhaus behandelt werden und kann nicht jagen. Der R verlangt von W die Kosten für die Jagdpacht (nach BGH).

1. Der Anspruch ergibt sich dem Grunde nach aus § 823 Abs. 1 und Abs. 2 BGB i. V. m. § 223 StGB. 2. Ein Anspruch auf Schadensersatz in Geld könnte sich nur aus § 251 Abs. 1 BGB ergeben. Hier wird – anders als bei den Fällen des zeitweiligen Gebrauchsentzuges – nicht eine Sache unbrauchbar gemacht (Zerstörung oder Entwendung einer Eintrittskarte zu den Bayreuther Festspielen), sondern es werden die „allgemeinen Handlungsmöglichkeiten" einer Person (hier: von dem Recht zur Jagd Gebrauch zu machen) beschränkt. Das ist deshalb kein Vermögensschaden, weil es anderenfalls – abhängig von den jeweiligen Lebensplanungen eines späteren Anspruchsberechtigten – zu einer „unübersehbaren Ausdehnung der Ersatzpflicht" käme.

### b) Unmöglichkeit der Naturalrestitution oder nicht ausreichende Entschädigung durch eine Naturalrestitution

Ist bei einem Vermögensschaden die **Naturalrestitution nicht möglich** oder **nicht ausreichend**, um den Gläubiger zu entschädigen, wird **stets Geld** geschuldet **(§ 251 Abs. 1 BGB)**. Zu ersetzen ist der Wert, den der Gegenstand für den Verletzten hatte (der „subjektive Wert"), mindestens aber der „objektive Wert" („gemeine Wert") als Mindestschadensersatz.

**Unmöglichkeit der Naturalrestitution** liegt insbesondere vor bei einer **faktischen** bzw. **technischen Unmöglichkeit** der **Naturalrestitution**, wie z. B. die Zerstörung einer unvertretbaren Sache. Eine **rechtliche Unmöglichkeit** besteht etwa beim **Schadensersatz statt der Leistung**, bei dem denknotwendig keine Naturalrestitution möglich ist. Keine Naturalrestitution ist möglich bei einem Amtshaftungsanspruch aus **§ 839 BGB i. V. m. Art. 34 GG** gegen einen Beamten (im haftungsrechtlichen Sinne), da dieser persönlich, anders als die juristische Person des öffentlichen Rechts, für die er tätig ist, nicht zur Vornahme eines hoheitlichen Verwaltungshandelns in der Lage ist.

**Fall 864**

Der T beschädigt ein dem M-Museum gehöriges Bild von Rembrandt mittels Säure. Das Bild kann nicht wiederhergestellt werden.

1. Der sich aus § 823 Abs. 1 BGB ergebende Anspruch 2. auf a) Ersatz des Substanzschadens b) ist in Geld zu leisten (§ 251 Abs. 1 BGB): Ersatz des Wertinteresses.

Es gibt aber auch eine auf **wertenden Überlegungen** beruhende Unmöglichkeit der Naturalrestitution.

**Fall 865**

Der T beschädigt das Fahrrad des F, das € 1000,– wert ist (Wiederbeschaffungswert). Dieser ist Zweiradmechaniker und beabsichtigt, den Schaden selbst zu reparieren. Das Fahrrad wird dann jedoch noch vor der beabsichtigten Selbstreparatur durch einen Blitzschlag zerstört. Der F verlangt gleichwohl die Werkstattkosten.

1. Der sich aus § 823 Abs. 1 BGB ergebende Anspruch 2. auf Ersatz des Substanzschadens a) ist nicht wegen einer Reserveursache (dazu sogleich) entfallen, denn – abgesehen davon, dass es im Sachverhalt an Angaben dafür fehlt, dass der Blitzschaden sich in jedem Fall realisiert hätte – geht es hier um den Verletzungsschaden, dessen Kausalität und Zurechenbarkeit nicht durch die Annahme eine Reserveursache beseitigt werden kann. b) Der geltend gemachte Schadensersatzanspruch kann sich nicht aus § 249 Abs. 2 S. 1 BGB ergeben, weil insoweit die gleichen Einschränkungen wie für die Wiederherstellung in Natur nach § 249 Abs. 1 BGB gelten und diese unmöglich ist. c) Daher hat der F gegen T einen Anspruch auf Entschädigung in Höhe der Wertminderung nach § 251 Abs. 1 BGB.

In Geld zu entschädigen ist der Schadensersatzgläubiger nach § 251 Abs. 1 BGB auch dann, wenn eine **Naturalrestitution „zur Entschädigung des Gläubigers nicht genügend ist"**. So ist etwa die Hinnahme der **Reparatur** einer Sache **unzumutbar**, wenn die Sache (fast) neu war oder ein **„technischer"** oder **„merkantiler Minderwert"** verbleibt.

**Variante 1**

Das Rad war gerade 10 km gefahren, als der T die 27-Gang Ketten/Nabenschaltung demolierte. Die Reparatur wäre möglich, würde aber € 200,– kosten.

Auch bei einer technisch möglichen und wirtschaftlich sinnvollen Reparatur ist die Herstellung zur Entschädigung nicht genügend, wenn dem Geschädigten die Weiterbenutzung der reparierten Sache nicht zuzumuten ist. Das ist bei der erheblichen Beschädigung eines neuen Kraftfahrzeugs mit einer Fahrleistung bis zu 1000 km der Fall und gilt im Grundsatz auch für Fahrräder. Dieser Fall wird einer Zerstörung gleichgesetzt. Der F kann Wertersatz auf der Basis des Wiederbeschaffungswerts verlangen (§ 251 Abs. 1 BGB) Zug-um-Zug gegen Überlassung des beschädigten Rades.

**Variante 2**

Das Rad war schon 5000 km gefahren, als der T am 1. April 2015 die 27-Gang Ketten/Nabenschaltung demolierte. Die Reparatur wäre möglich, würde aber € 200,– kosten und wegen der Beschaffung eines Ersatzteiles aus Japan 6 Monate dauern. Gleichwertige gebrauchte Fahrräder kosten € 500,–.

Bei dieser unzumutbar langen Reparaturzeit (bis Oktober, also während der Jahreszeit, in der man ein Fahrrad vorzugsweise benutzt) kann der F Kompensation nach § 251 Abs. 1 BGB in Höhe eines gleichwertigen gebrauchten Fahrrades, also die Zahlung von € 500,–, verlangen (§ 251 Abs. 1 BGB), wiederum Zug-um-Zug gegen Überlassung des beschädigten Rades.

**Fall 866**

Der T beschädigt ein Bild des Museums M von Rembrandt mittels Säure. Das Bild lässt sich mit einem Aufwand, der deutlich unter dem Wiederbeschaffungswert liegt, restaurieren. Die von M beauftragte Restaurateurin R muss jedoch einen Teil des Bildes durch eigene Malerei nach einem Foto ergänzen. Das gelingt ihr so gut, dass man nicht erkennt, dass dieser Teil nicht von Rembrandt stammt; der Marktwert des Bildes ist jedoch gemindert. Der M will Schadensersatz in Höhe der Reparaturkosten und des verbliebenen Minderwerts, denn das Bild sei kein vollständig „echter" Rembrandt mehr. Der T wendet ein, dass M keinerlei Verkaufsabsichten bezüglich des Bildes habe.

1. Der Anspruch ergibt sich dem Grunde nach aus § 823 Abs. 1 BGB. 2. Der Höhe nach sind ersatzfähig a) der Substanzschaden b) die Kosten für den Einsatz der Restaurateurin nach § 249 Abs. 2 S. 1 BGB und c) der verbleibende Minderwert (auch „merkantiler Minderwert") nach § 251 Abs. 1 BGB. Hier kommt es allein auf den objektiven Minderwert an und nicht auf den subjektiven Minderwert, der sich erst bei konkreten Verkaufsabsichten zeigen würde.

### c) Unverhältnismäßigkeit der Naturalrestitution

Ist bei Vermögensschäden die **Naturalrestitution** zwar **möglich**, aber **unverhältnismäßig aufwändig**, hat der **Schuldner** das Recht, anstelle einer von ihm verlangten Naturalrestitution den **Gläubiger in Geld zu entschädigen („Ersetzungsbefugnis"** nach **§ 251 Abs. 2 S. 1 BGB)**. Bei der Beurteilung der Verhältnismäßigkeit können neben wirtschaftlichen Überlegungen auch der Grad des Verschuldens und evtl. immaterielle Interessen des Verletzten eine Rolle spielen.

**Fall 867**

Der Autofahrer A beschädigt ein Taxi des Unternehmers T so stark, dass dieses für eine Woche aufgrund der notwendigen Reparatur ausfällt. T mietet für diese Zeit zur Erhaltung seiner Stammkundschaft ein Ersatztaxi an, welches jedoch € 5000,– kostet. Mit dem Ersatztaxi nimmt T € 4000,– ein, wovon ihm € 3000,– als Reingewinn verbleiben. Er verlangt von A Ersatz der € 5000,– (nach Armbrüster).

Der Anspruch ergibt sich 1. dem Grunde nach aus § 7 StVG. 2. Die Kosten der Anmietung des Ersatztaxis sind grundsätzlich nach § 249 Abs. 2 S. 1 BGB zu ersetzen. Möglicherweise sind diese Kosten aber unverhältnismäßig i. S. d. § 251 Abs. 2 S. 1 BGB mit der Folge, dass A lediglich lediglich die Kosten bis zu Höhe des entgangenen Reingewinns von € 3000,– zu ersetzen hätte. Für diese Beurteilung sind der Reingewinn und die Kosten für die Anmietung eines Ersatztaxis zu vergleichen. Da die Kosten für das Ersatztaxi den Reingewinn um 2/3 übersteigen, wären diese Kosten grundsätzlich aus kaufmännischer Sicht als unverhältnismäßig anzusehen. Etwas anderes kann aber gelten, weil die Anmietung des Ersatztaxis zugleich der Erhaltung der Stammkundschaft des T diente. Ohne diese Anmietung würde der T Gefahr laufen, seine Stammkunden dauerhaft zu verlieren und seine Marktstellung zu gefährden. Aus diesem Grund ist die Anmietung des Ersatztaxis vorliegend nicht unverhältnismäßig.

### 2. Kompensation in Geld bei Nichtvermögensschäden

Eine **„Entschädigung"** in **Geld** gibt es bei Nichtvermögensschäden nur dann, wenn der Gesetzgeber es ausdrücklich anordnet **(§ 253 Abs. 1 BGB)**. Hierdurch sollen erlittene **immaterielle Schäden** ausgeglichen werden. Im Fall einer Verschuldenshaftung kommt eine **Genugtuungs-** und **Sühnefunktion** hinzu. Neuerdings wird bei Persönlichkeitsrechtsverletzungen der Verpflichtung zur Zahlung einer Entschädigung in Geld auch eine **generalpräventive Funktion** zuerkannt (vergleichbar dem „Strafschadensersatz" in common-law-Rechtsordnungen?). Wie Sie bereits gelernt haben, muss **im Rechtsstreit** abweichend von § 253 Abs. 2 ZPO kein bezifferter Klagantrag gestellt werden, sondern, nur die Verurteilung „zu einem in das Ermessen des Gerichts gestellten Betrag" beantragt werden. Wozu ist das wichtig? Lesen Sie mal wieder § 91 ZPO und bedenken Sie, dass jedes Minus zum Antrag im Urteil ein (teilweises) kostenträchtiges Unterliegen bedeuten würde!

Die **gesetzlich anerkannten Fälle**, in denen wegen eines Schadens, der nicht Vermögensschaden ist, Entschädigung in Geld verlangt werden kann, sind die

- **„Schmerzensgeldfälle"**: Ausdrückliche Regelungen finden sich in den **§§ 253 Abs. 2 BGB, 97 Abs. 2 UrhG, 53 Abs. 3 LuftVG**. Besonders wichtig ist für Sie der **§ 253 Abs. 2 BGB**: „Ist" aus welcher Anspruchsgrundlage auch immer (es muss also kein deliktischer Anspruch sein wie noch nach dem bis zum 1. August. 2002 geltenden § 847 BGB!) „wegen der Verletzung des Körpers, der Gesundheit, der Freiheit oder der sexuellen Selbstbestimmung Schadensersatz zu leisten, kann auch wegen des Schadens, der nicht Vermögensschaden ist, eine billige Entschädigung in Geld gefordert werden". Hierdurch sollen erlittene **immaterielle Schäden ausgeglichen** werden. Die **Höhe** des Schmerzensgeldes hängt ab von der **Schwere** der **Verletzung** und der **Leiden**, von ihrer **Dauer** und von dem **Verschuldensgrad** unter Berücksichtigung eines eventuellen **Mitverschuldens**. Im Fall einer Verschuldenshaftung kommt eine **Genugtuungs-** und **Sühnefunktion** hinzu. Dies ist wichtig, um in Fällen **völliger Wesenszerstörung** aufgrund schwerster Verletzungen (z. B. Gehirnschäden), bei denen das Opfer keine Schmerzen im eigentlichen Sinne mehr empfinden kann, dennoch eine Entschädigung in Geld zu rechtfertigen, die dann noch der Genugtuungs- und Sühnefunktion dient.

**Fall 868**

Die Senga (S ) lässt sich von dem Zahnarzt Dr. Zuck einen Weisheitszahn im rechten Unterkiefer ziehen. Durch den Eingriff wird ein Nerv im Kiefer traumatisiert, so dass die halbe Unterlippe der S für einige Monate gelähmt ist. Die Lippe kann nicht willkürlich bewegt werden; die Sprache ist deshalb verlangsamt und die Aufnahme flüssiger Nahrung sehr erschwert. Es lässt sich nicht feststellen, ob Dr. Zuck bei seinem Eingriff die Regeln der zahnärztlichen Kunst verletzt hat; der Zuck kann sich insoweit auch nicht entlasten. Die Senga verlangt Schmerzensgeld.

Der Anspruch ergibt sich 1. dem Grunde nach a) aus §§ 611, 280 Abs. 1 BGB, weil Dr. Zuck die Verschuldensvermutung des § 280 Abs. 1 S. 2 BGB nicht widerlegen kann, b) jedoch nicht aus §§ 823 Abs. 1 BGB, weil die S kein Verschulden des Dr. Zuck beweisen kann. 2. Gemäß § 253 Abs. 2 BGB schuldet Dr. Zuck auch Schmerzensgeld (Verletzung von Körper und Gesundheit). Die Höhe des Schmerzensgeldes ist Tatfrage, bei der Bewertung sind die Schwere der Verletzung, das Verschulden des Dr. Zuck und die monatelangen Beschwerden der S angemessen zu berücksichtigen.

- Bei **Verletzungen** des **Allgemeinen Persönlichkeitsrechts** wird – wie oben bereits ausgeführt – die Ersatzfähigkeit des **immateriellen Schadens** entweder mit einer **Rechtsfortbildung** des **§ 253 Abs. 2 BGB** begründet oder unmittelbar aus dem **Schutzgebot** der **Art. 1, 2 Abs. 1 GG** abgeleitet. Ersteres Argument ist heute wenig überzeugend, weil sich der Gesetzgeber mit dem ab dem 1. August 2002 geltenden § 253 BGB bewusst nicht für eine gesetzliche Regelung eines Schmerzensgeldanspruches bei der Verletzung des „Allgemeinen Persönlichkeitsrechts" in § 253 Abs. 2 BGB entschieden hat, sondern lediglich ein Schmerzensgeld für eine Verletzung der sexuellen Selbstbestimmung, eines Ausschnitts aus dem Bereich der Verletzungen des Allgemeinen Persönlichkeitsrechts angeordnet hat. Die Lösung, sich auf das Schutzgebot der Art. 1, 2 Abs. 1 GG zu berufen, ist also zwingend. Es geht dabei stets um eine **billige** Entschädigung in Geld, durch die ein Ausgleich für den immateriellen Schaden und eine Genugtuung für das erlittene Leid erzielt werden sollen. Die für die **Höhe** maßgeblichen **Faktoren** sind die **Schwere** der **Verletzung** und der **Leiden**, ihre **Dauer** und der **Verschuldensgrad** unter Berücksichtigung eines eventuellen **Mitverschuldens**. Bei **Verletzungen des „Allgemeinen Persönlichkeitsrechts"** soll (seit Caroline v. Monaco/ „Bunte" kennen Sie die Entscheidung? Wenn nein, suchen Sie sie selbst und lesen Sie diese!) auch ein **Präventionsinteresse ersatzerhöhend** von Bedeutung sein; nicht aber soll auf diesem Wege eine **Gewinnabschöpfung** vorgenommen werden, die dem Bereicherungsrecht vorbehalten bleibt.
- Ein **Arbeitnehmer** hat **gegen** einen **Arbeitgeber**, der gegen das in **§ 6 AGG** geregelte **arbeitsrechtliche Benachteiligungsverbot** verstößt, einen Anspruch auf „angemessene Entschädigung" in Geld (§§ 6, 7 AGG).

- Über das Arbeitsrecht hinaus, kann nach **§ 21 Abs. 2 AGG** bei Verstößen gegen das **zivilrechtliche Benachteiligungsverbot** des **§ 19 AGG** eine „angemessene Entschädigung" in Geld verlangt werden.
- Im Reisevertragsrecht gibt es bei **Vereitelung** oder **erheblicher Beeinträchtigung** nach **§ 651 f Abs. 2 BGB auch** eine **Geldentschädigung** wegen **„nutzlos aufgewendeter Urlaubszeit"** (nicht zu verwechseln mit dem Schadensersatzanspruch wegen „Nichterfüllung" aus § 651 f Abs. 1 BGB).
- Genau genommen ist auch **§ 284 BGB** ein Fall der Kompensation von Nichtvermögensschäden, nämlich der Frustration von Aufwendungen.

## D. Reserveursachen

Unter einer **Reserveursache** versteht man einen Umstand, der zwar für die Verletzung oder den Schaden nicht ursächlich war, jedoch für sich genommen die gleiche Verletzung und/oder den gleichen Schaden herbeigeführt hätte, wenn die schadensersatzpflichtig machende Ursache nicht gewirkt hätte. Es geht hier nicht um eine Einschränkung der haftungsbegründenden oder der haftungsausfüllenden Kausalität, so dass die Bezeichnung der Reserveursache als ein Fall der „hypothetischen Kausalität" missverständlich ist. Es geht vielmehr ausschließlich um eine Frage der **Schadenszurechnung**.

### I. „Schadensanlagefälle"

Berücksichtigt wird die Reserveursache bei den sog. **„Schadensanlagefällen"**, bei welchen in der Sphäre des Geschädigten der Schaden bereits aufgrund einer anderen Ursache „veranlagt" war. Lehrbuch-*Beispiel:* das Erschlagen eines todkranken Hundes, der ohnehin binnen Kurzem verstorben wäre). Dass eine solche Schadensanlage bei der Schadensberechnung zu berücksichtigen ist, versteht sich von selbst. Das Erfordernis der Berücksichtigung ergibt sich daraus, dass in den „Anlagefällen" die verletzte Schutzposition in ihrem Wert bereits so sehr gemindert war, dass infolge der Verletzung kein oder ein nur sehr geringer natürlicher Schaden entstanden ist.

**Fall 869**

Der Abbruchunternehmer A, der das Haus Rothenbaumchaussee 13 in Hamburg abreißen soll, verliest sich und reißt das Haus Nr. 133 („Rechtshaus" der Universität Hamburg) ab. Die Universität Hamburg, der das Gebäude gehört, verlangt Schadensersatz. Es stellt sich heraus, dass das Rechtshaus wegen eines grundlegenden Konstruktionsfehlers ohnehin binnen 1 Woche von sich aus eingestürzt wäre.

Die Reserveursache ist beachtlich. Ersatzfähig ist nur die Nutzungsmöglichkeit von 1 Woche.

## II. Differenzierung nach der Schadensart

Ansonsten ist zwischen dem **unmittelbaren Verletzungsschaden** und dem **Verletzungsfolgeschaden** zu unterscheiden, weil es zu unterschiedlichen Rechtsfolgen kommt.

Grundsätzlich ist die Reserveursache **unbeachtlich**, wenn der **Schaden einmal entstanden** ist und die **Schadensentwicklung** mit seiner Entstehung **abgeschlossen** ist **(Verletzungsschaden)**. Denn der Verletzungsschaden kann durch ein lediglich hypothetisches Ereignis, wie es eine Reserveursache ist, nicht mehr herbeigeführt und damit auch nicht mehr beseitigt oder gemindert werden. Außerdem würde man bei einer Berücksichtigung der Reserveursache in unzumutbarer Weise dem Anspruchsinhaber, der ohnehin das Insolvenzrisiko des Schadensersatzschuldners zu tragen hat, auch noch das hypothetische Sachrisiko aufbürden. Die Grundregel der Unbeachtlichkeit hypothetischer Ersatzursachen soll sogar dann gelten, wenn die Reserveursache auf einem fahrlässigen Verhalten des Schadensersatzgläubigers beruht.

**Fall 870**

Der T zerstört das Taxi des A. Eine Woche später wäre es mit Sicherheit bei einem durch Blitzeinschlag verursachten Brand in der Garage des A zerstört worden. A will Schadensersatz für den Wagen.

1. Der Anspruch folgt dem Grunde nach aus § 823 Abs. 1 BGB. 2. Es geht um den Verletzungsschaden. Hier wird die Reserveursache nicht berücksichtigt. Der Schaden ist entstanden und kann durch ein hypothetisches Ereignis, wie die hypothetische Zerstörung des Taxis durch ein Feuer, nicht mehr herbeigeführt und damit auch nicht beseitigt werden; anderenfalls würde man dem Verletzten, der ohnehin das Insolvenzrisiko des T für den Schadensersatzanspruch trägt, auch noch das Sachrisiko für eine nicht mehr existente Sache aufbürden.

**Variante**

Der Garagenbrand ist auf einen Kurzschluss, der auf unfachmännischen „Basteleien" des A beruht, zurückzuführen.

Die Reserveursache in Gestalt des Brandes soll selbst dann unbeachtlich sein, wenn sie auf einem fahrlässigen Verhalten des Schadensersatzgläubigers beruht.

Unbeachtlich ist eine Reserveursache auch dann, wenn sie einen **Anspruch gegen einen Dritten ausgelöst** hätte, da dieser Anspruch gegen den Dritten gerade im Hinblick auf die Erstschädigung nicht zur Entstehung gelangt, so dass der Verletzte unverdient leer ausginge: Vom Erstschädiger erhielte er nichts wegen der Beachtlichkeit der Reserveursache und vom hypothetischen Zweitschädiger auch nichts, weil dieser ihn ja nicht geschädigt hat. Das Ergebnis ist untragbar.

Wenn aber, wie bei den **Verletzungsfolgeschäden** oft der Fall, die **Schadensentwicklung** noch **nicht** mit der Entstehung des Schadens **abgeschlossen** ist, soll die Reserveursache **grundsätzlich** zu berücksichtigen sein.

**Variante**

A verlangt von T Ersatz für den Ausfall seiner Einkünfte bis zur erst in 2 Monaten möglichen Wiederbeschaffung eines Taxis.

Die Reserveursache in Gestalt des Brandes ist zu berücksichtigen. Der Schaden ist zum Zeitpunkt des verletzenden Schadensereignisses noch nicht abgeschlossen, er kann sich vielmehr vergrößern und verkleinern; dem muss Rechnung getragen werden. Auch aus § 252 BGB soll sich ergeben, dass hypothetische Ereignisse zu berücksichtigen sind. Im Übrigen wäre bei Nichtberücksichtigung der Reserveursache bei mittelbaren Folgen das Bestehen eines Schadensersatzanspruchs die beste „Versicherung" des Verletzten gegen alle bis zur Schadensbeseitigung eintretenden Lebensrisiken. Der A kann daher von dem T nur für 1 Woche Ersatz seiner ausgefallenen Einnahmen verlangen.

## E. Mitverschulden

Das **Mitverschulden** des Schadensersatzgläubigers berücksichtigt der Gesetzgeber in **§ 254 BGB**. Die Regelung ist Ausdruck des Grundsatzes des von § 242 BGB erfassten Verbots des „venire contra factum proprium" (=ein Handeln, das im Gegensatz zu vorangegangenem eigenem Handeln steht=widersprüchliches Verhalten).

Zu unterscheiden sind

1. ein Mitverschulden im **haftungsbegründenden Tatbestand,**
   a) das nach **§ 254 Abs. 1 BGB** vorliegt im Fall einer Mitverantwortlichkeit „bei der Entstehung des Schadens"
   b) und nach **§ 254 Abs. 2 S. 1 Var. 1 BGB** beim Unterlassen einer gebotenen Warnung des Schadensersatzschuldners vor einem ungewöhnlich hohen Schaden,
2. und ein Mitverschulden im **haftungsausfüllenden Tatbestand** bei einer Verletzung der Schadensminderungsobliegenheit **(§ 254 Abs. 2 S. 1 Var. 2 BGB).**

**Fall 871**

Der Kurierfahrer R1 fährt sehr schnell mit seinem Rad auf der „falschen Seite" der Hoheluftchaussee in Hamburg-Hoheluft, wobei er den sehr schmalen und unmittelbar neben dem von vielen Passanten frequentierten Gehweg verlaufenden

Radweg benutzt. Der auf der „richtigen Seite“ ebenfalls den Radweg benutzende langsam fahrende R2 hat den daherrasenden R1 zwar gesehen, meint aber, dass er, noch bevor der R1 ihn erreicht haben wird, die einen Kinderwagen mit dem kleinen Caspar halb auf dem Radweg schiebende Frau S. Enga überholen kann und schwenkt daher leicht nach links aus. Weil der R2 die aufgrund der „Addition der Geschwindigkeiten“ erhöhte Geschwindigkeit der Annäherung des R1 unterschätzt hatte, kommt es in Höhe des Kinderwagens zu einer Begegnung und zu einer leichten Berührung der Fahrräder. Der R1 stürzt infolge seiner hohen Geschwindigkeit mit dem Kopf gegen das Schaufenster des Geschäfts „Schuh-Kay“, der R2 hingegen kann das Gleichgewicht halten. Trotz Schwindels und erheblicher Kopfschmerzen setzte der R1 nach beiderseitiger Feststellung der Personalien zunächst seinen Weg fort; erst als er sich am Abend erbrach und es zu Sehstörungen kam, suchte er einen Arzt auf. Der R1 hatte sich – wie sich jetzt herausstellt – einen Schädelbruch zugezogen. Die Kosten für die Heilungs- und Rehabilitationsmaßnahmen belaufen sich auf € 200.000,–; hätte der R1 sich sofort untersuchen lassen, wäre eine frühere Therapie eingeleitet worden, und es wären weit geringere Kosten entstanden. Der private Krankenversicherer KV des R1 verlangt Schadensersatz von R2.

Der Anspruch des KV gegen R2 ergibt sich 1. dem Grunde nach aus §§ 823 Abs. 1 BGB, 86 VVG, weil dem R1 gegen den R2 ein Anspruch aus § 823 Abs. 1 BGB zusteht. Denn der R2 hat den Unfall sorgfaltswidrig herbeigeführt; er hätte den Unfall vermeiden können, wenn er das Überholen der Frau mit dem Kinderwagen zurückgestellt (§§ 1, 5 Abs. 2 StVO). 2. Der Höhe nach a) geht es um den nach § 249 Abs. 1 S. 1 BGB zu ersetzenden Verletzungsschaden. b) Der Anspruch könnte jedoch gemindert sein nach § 254 BGB. aa) Den R1 trifft durch die Benutzung des Radwegs in falscher Richtung und seine der unübersichtlichen Verkehrslage nicht angepasste schnelle Fahrweise ein Mitverschulden bei der Entstehung des Schadens (§ 254 Abs. 1 BGB). bb) Ferner trifft ihn ein Mitverschulden, weil er durch die verspätete Inanspruchnahme ärztlicher Hilfe die Schadensminderungspflicht verletzt hat. (§ 254 Abs. 2 S. 1 Var. 2 BGB).

Eine **systematische Prüfung** des **§ 254 BGB** sollte folgende Reihenfolge wählen: Erforderlich ist **a)** ein **Verhalten** des **Schadensersatzgläubigers, b)** das **für** die **Entstehung (§ 254 Abs. 1, 2 S. 1 Var. 1 BGB)** oder **für** die **Entwicklung** des **Schadens (§ 254 Abs. 1 S. 1 Var. 2 BGB) äquivalent** und **adäquat kausal** ist. **c)** Ein nach § 254 BGB zu berücksichtigendes „Mitverschulden“ des Geschädigten setzt kein Verschulden i. S. d. § 276 BGB voraus. Warum nicht? Lesen Sie § 276 BGB! Dort geht es um ein „Schuldner-Verschulden“, während bei § 254 BGB nach einem **„Gläubiger-Verschulden“** gefragt wird („Verschulden gegen sich selbst“ oder: Verletzung einer „Obliegenheit“. Woher stammt dieser Begriff? Aus dem Versicherungsrecht!). Gemeint ist damit ein Verstoß gegen die Sorgfalt, die jedem ordentlichen und verständigen Menschen obliegt, wenn er sich vor Schaden bewahren will (BGH). **d)** Auch wenn es dabei nicht um ein „Verschulden“ geht, wird für ein Mitverschulden des Schadensersatzgläubigers eine **Verantwortlichkeit** nach

**§§ 827 ff. BGB** vorausgesetzt. **e)** Eine in Klausuren sehr „beliebte" **Fragestellung** ist es, ob der Schadensersatzgläubiger sich ein **Verschulden** dritter **Personen** als eigenes **Mitverschulden anrechnen** lassen muss:

Das Gesetz ordnet dies an,

- indem in **§ 254 Abs. 2 S. 2 BGB** der **§ 278 BGB** für **entsprechend** anwendbar erklärt wird. Warum nur „entsprechend"? Gegenfrage: besteht denn (außerhalb der vertraglichen Haftung) im Rahmen der Anwendung von § 254 BGB schon das von § 278 BGB vorausgesetzte Schuldverhältnis? Soweit es um die Schadenshöhe im haftungsausfüllenden Tatbestand geht, besteht tatsächlich eines, nämlich zumindest das **gesetzliche Schadensersatzschuldverhältnis** aus **§§ 249 ff BGB** zwischen Schadensersatzgläubiger und dem Schadensersatzschuldner. Soweit der Verweis auf § 278 BGB die Rechtsfolgenseite betrifft, ist er also dogmatisch schlüssig – das betrifft aber nur § 254 Abs. 2 S. 1 Var. 2 BGB. Systematisch gesehen will das Gesetz den § 278 BGB jedoch auch auf § 254 Abs. 2 S. 1 Var. 1 BGB anwenden, obwohl dieser den haftungsbegründenden Bereich betrifft, in dem es bei einer deliktischen Haftung kein bestehendes Schuldverhältnis gibt. Schon nach Systematik und Wortlaut des § 254 BGB problematisch ist eine Anwendung des § 278 BGB auf § 254 Abs. 1 Var. 1 BGB.
- Sie wissen aber schon: trotz der systematisch unglücklichen Anordnung des § 254 Abs. 2 S. 2 BGB besteht heute Einigkeit darüber, dass sich diese Vorschrift nicht nur auf Abs. 2 S. 1, sondern auch auf Abs. 1 bezieht (sozusagen als eigener **„Abs. 3"**). Durch diese recht gewagte aber anerkannte Auslegung wird das Problem um die systematische Stellung von § 245 Abs. 2 S. 2 BGB überwunden. Allerdings bleibt es bei der tatbestandlichen Voraussetzung eines Schuldverhältnisses. Im haftungsbegründenden Bereich ist daher bei der Fallbearbeitung Vorsicht geboten: Soweit **vor Schadensentstehung** zwischen den Parteien **kein Schuldverhältnis** (z. B. ein Vertrag) besteht, braucht sich der Verletzte ein Mitverschulden seines gesetzlichen Vertreters überhaupt nicht und das von Hilfspersonen **nur** nach **§ 831 BGB analog** zurechnen lassen. Besteht **vor Schadensentstehung** ein **Schuldverhältnis**, so findet § 254 Abs. 1 S. 2 BGB ohne weiteres im haftungsbegründenden Tatbestand Anwendung. Zu beachten ist dabei aber, dass die Zurechnung des Drittverhaltens genauso bei etwaigen konkurrierenden deliktischen Ansprüchen erfolgen muss, um Wertungswidersprüche zu vermeiden. Das klingt kompliziert, ist aber bei näherer Betrachtung leicht nachvollziehbar. Sie sollten diese sehr verdichteten Ausführungen noch einmal lesen, bevor Sie sich an die Lösung der folgenden Fälle machen.

Bei juristischen Personen und dem nicht-rechtsfähigen Verein und bei rechtsfähigen Personengesellschaften ist allerdings das Mitverschulden ihrer Organe gemäß **§ 31 BGB** anspruchsmindernd zu berücksichtigen. Warum hat das nichts mit der vorgenannten Problematik zu tun? Weil das Handeln von Organen bzw. Geschäftsführern nicht das Handeln dritter Personen, sondern ein Handeln der Körperschaft bzw. der Gesellschaft selbst ist.

**Fall 872**

Der B lässt durch den Malermeister U seine Wohnung streichen. Während der Arbeiten ist die Haushälterin H des B anwesend, die gleichzeitig die Wohnung putzt. Durch einen plötzlichen unmotivierten Zuruf der H erschreckt, fällt dem U ein Farbtopf, den er unvorsichtig und ohne Deckel auf der Hand balancierend trug, zu Boden. Der B nimmt den U auf Schadensersatz wegen des verunreinigten Parketts in Anspruch.

1. Der Anspruch ergibt sich dem Grunde nach aus §§ 631, 280 Abs. 1, 241 Abs. 2 BGB und aus § 823 Abs. 1 BGB. 2. Der B könnte sich das Mitverschulden der H bei der Schadensbegründung zurechnen lassen müssen. a) Anerkannt ist, dass innerhalb bestehender Schuldverhältnisse (Werkvertrag B – U) auch im haftungsbegründenden Bereich ein Mitverschulden eines Dritten dem Verletzten nach §§ 254 Abs. 1, 278 BGB zugerechnet werden kann. Erfüllungsgehilfin war die H zwar nicht, denn sie war nicht durch den B mit Sorgfaltspflichten gegenüber dem U betraut. Sie war aber eine mit dem einschlägigen Pflichtenkreis betraute sog. „Bewahrungsgehilfin" des B; auf eine solche Person wird § 278 BGB auch im Rahmen des § 254 Abs. 1 BGB angewendet. b) Im Interesse einheitlicher Ergebnisse sind die vorstehenden Erwägungen zur Zurechnung des Mitverschuldens der H auf den konkurrierenden deliktischen Anspruch aus § 823 Abs. 1 BGB zu übertragen.

**Fall 873**

Das vom gesetzlichen Vertreter des verwaisten 3-jährigen Millionärserben K angestellte Kindermädchen M passt bei einem Besuch des Spielplatzes an der St. Johannis-Kirche nicht auf das ihr anvertraute Kind auf, so dass K auf den angrenzenden Gehweg läuft und von einem dort unaufmerksam und schnell fahrenden finanziell mittellosen Fahrrad-Kurierfahrer KF angefahren und verletzt wird. Verlangt werden die ärztlichen Heilungskosten.

1. Der sich aus § 823 Abs. 1 BGB ergebende Anspruch des K gegen den KF 2. auf a) Ersatz des Verletzungsschadens durch Geldersatz (§ 249 Abs. 2 S. 1 BGB) b) kann nach § 254 Abs. 1 BGB gemindert sein: aa) Ein eigenes Mitverschulden des K kann nach § 254 Abs. 1, 829 BGB analog in Betracht kommen; angesichts der gebotenen „vorsichtigen" (BGH) Analogie und der gesetzlichen Wertung des § 828 Abs. 2 BGB (die unmittelbar allerdings nur für Unfälle mit Kraftfahrzeugen gilt) muss man jedoch ein großes Gewicht auf die Frage der Billigkeit legen; hier ist das Kind noch sehr jung; der KF hat besonders sorgfaltswidrig gehandelt, indem er mit dem Rad auf einem Gehweg am Rande eines Spielplatzes mit hoher Geschwindigkeit gefahren ist; daher liegt kein eigenes Mitverschulden des K vor. bb) Möglicherweise muss K sich aber das Mitverschulden der M anrechnen lassen. aaa) §§ 254 Abs. 2 S. 2 (=„Abs. 3"), 278 BGB kommt nicht in Betracht, weil zwischen K und KF kein Schuldverhältnis bestand; daher ist eine Zurechnung nur nach § 831 BGB in entsprechender Anwendung möglich. Der Entlastungsbeweis ist nicht geführt, daher trifft das Mitverschulden der M den K wie eigenes Mitverschulden.

# Teil 10. Mehrheiten und Veränderungen auf der Gläubiger- und Schuldnerebene

Bisher war es fast immer so, dass Sie es nur mit einem einzigen Anspruchsteller und auch nur einem einzigen Anspruchsgegner zu tun hatten. Das galt auch für die rechtsfähigen Personenmehrheiten (die juristischen Personen oder die rechtsfähigen Gesellschaften), denn diese werden wie „eine" Person behandelt. Stellen Sie sich nun aber zum *Beispiel* vor, dass der V1 und der V2 ein ihnen beiden gemeinsam nicht als Gesellschafter einer BGB-Gesellschaft (§§ 705 ff. BGB), sondern als Miteigentümer (§§ 741 ff., 1008 ff. BGB) gehöriges Bürohaus an den M vermieten. Was den Anspruch auf Zahlung der Miete aus § 535 Abs. 2 BGB angeht, so steht dieser Anspruch natürlich dem V1 und dem V2, also mehreren Gläubigern zu: Der V1 und der V2 bilden eine „Gläubigermehrheit". Umgekehrt kann auch eine „Schuldnermehrheit" bestehen, wenn der V zum *Beispiel* sein Bürohaus an die Mieter M1 und M2 vermietet. Der Anspruch auf die Miete steht dem V gegen den M1 und den M2 als Gesamtschuldner zu (§§ 535 Abs. 2, 427, 421 ff. BGB). Und schließlich kann man beide Konstellationen miteinander kombinieren. Wer nun glaubt, derartige Mehrheiten von Gläubigern und Schuldnern gäbe es nur bei vertraglichen Schuldverhältnissen, der möge sich zum *Beispiel* daran erinnern, dass wir bei einer deliktischen Verletzung einer unter Eigentumsvorbehalt veräußerten Sache durch einen Dritten hinsichtlich des auf den Ersatz des Substanzschadens gerichteten Schadensersatzanspruchs eine Gläubigermehrheit bestehend aus dem Eigentümer und dem Anwartschaftsberechtigten konstatieren mussten; wir haben uns dazu entschlossen, die §§ 432, 1281 BGB analog anzuwenden. Auch gab es zum *Beispiel* bei einem von mehreren begangenen Delikt eine Mehrheit von Schadensersatzschuldnern; sie sind Gesamtschuldner (§§ 823, 830, 840 BGB). Dies alles war Ihnen natürlich längst bekannt. Bisher haben wir uns hinsichtlich dieser Fragen ganz bewusst immer nur an der Oberfläche bewegt und uns nur punktuell einzelnen Problemen der Gläubiger- und Schuldnermehrheit gewidmet. Daher ist es jetzt an der Zeit, dass wir uns den **Gläubiger-** und **Schuldnermehrheiten** in einem größeren Zusammenhang zuwenden. Das ist unser erstes Thema dieses Teils **(sub A)**. Ganz gut dazu passt unser zweites Thema: Schon mehrfach sind Sie in diesem Buch darauf hingewiesen worden, dass



J. Plate, *Das gesamte examensrelevante Zivilrecht,* Springer-Lehrbuch,
DOI 10.1007/978-3-662-47320-7_10

die Ermittlung einer Gläubiger- bzw. einer Schuldnerstellung im Rahmen einer Fallbearbeitung häufig nur eine „Momentaufnahme" ist. Dass es auch zu Veränderungen in Gestalt eines „Gläubiger- oder Schuldnerwechsels" kommen kann, wissen Sie aus vielen Fällen, in denen es aufgrund einer Zession (§ 398 BGB) oder einer „cessio legis" zu einem Gläubigerwechsel kam (z. B. in den Konstellationen der §§ 268 Abs. 3, 426 Abs. 2, 774, 1143 BGB: können Sie zu jeder dieser vier Vorschriften einen Fall bilden? Dazu müssten Sie in der Lage sein!). An die Stelle eines „alten" Gläubigers kann also unzweifelhaft ein „neuer" Gläubiger treten; man spricht dann auch von „Altgläubiger" und „Neugläubiger", eleganter natürlich von „Zedent" und „Zessionar". Ebenso kann es zu einem Schuldnerwechsel kommen, so dass an die Stelle eines „alten" Schuldners ein „neuer" Schuldner tritt (§§ 414 ff. BGB); und hier heißen die Personen „Altschuldner" und „Neuschuldner". Rein rechtstheoretisch kann man sogar beides, also Zession und Schuldübernahme, miteinander kombinieren. Einen noch weiter reichenden Effekt hat bei vertraglich begründeten Berechtigungen und Verpflichtungen eine ebenfalls mögliche, von den beteiligten Parteien herbeigeführte („gewillkürte") oder gesetzlich angeordnete Vertragsübernahme. Für die Fallbearbeitung sind die Veränderungen hinsichtlich der Gläubiger- und der Schuldnerstellung durch einen **„Gläubiger-** und **Schuldnerwechsel"** von größter Bedeutung. Das also ist unser zweites Thema in diesem Teil **(sub B)**.

## A. Mehrheiten auf der Gläubiger- und auf der Schuldnerebene

### I. Die gesetzliche Regelung und ihre Bedeutung

Das Gesetz regelt die **Gläubiger-** und **Schuldnermehrheiten** in den **§§ 420 ff. BGB**. Es handelt sich dabei um einen recht unübersichtlichen hoch-abstrakten Normenkomplex mit folgenden Regelungszielen:

Einerseits regeln diese Bestimmungen (dies aber keinesfalls abschließend!) das **Verhältnis mehrerer Gläubiger zum Schuldner** und das Verhältnis dieser **mehreren Gläubiger untereinander**.

Und andererseits regeln sie (wiederum keinesfalls abschließend) das **Verhältnis des Gläubigers zu mehreren Schuldnern** und das Verhältnis **mehrerer Schuldner untereinander**.

Schließlich wird in den §§ 420 ff. BGB auch (dies aber keinesfalls abschließend!) angeordnet, **ob** eine bestimmte Form der **Gläubigermehrheit** oder **Schuldnermehrheit gegeben** ist.

Zur Verbesserung des Verständnisses und zur Arbeitserleichterung wollen wir zunächst einmal versuchen, die **Struktur** dieses **Normenkomplexes** zu **durchschauen**. Leider ist bereits der **Aufbau** der **§§ 420 ff. BGB** recht unübersichtlich, weil die Vorschriften sich – wie bereits erwähnt – **zugleich** mit zwei Themen befassen: Mit der **Mehrheit** von **Gläubigern** und der **Mehrheit** von **Schuldnern**, und zwar in einer in sich verschränkten (und von Ihnen am besten durch kleine Trennstriche im Gesetzestext deutlich zu machenden – nehmen Sie also einen Bleistift zur Hand) Weise:

- der **§ 420 BGB** betrifft die **Schuldner-** und die **Gläubigermehrheit,**
- die **§§ 421–427 BGB** betreffen nur die **Mehrheit von Schuldnern,**
- die **§§ 428–430 BGB** betreffen nur die **Mehrheit von Gläubigern,**
- der **§ 431 BGB** betrifft wieder nur die **Mehrheit von Schuldnern**
- und **§ 432 BGB** wieder nur die **Mehrheit von Gläubigern.**

Die **Bedeutung** der §§ 420 ff. BGB besteht **in erster Linie** darin, das **„Wie" zu regeln**, nämlich einerseits das „Wie" des **Außenverhältnisses** zwischen der Mehrheit von Gläubigern und dem jeweiligen Schuldner bzw. zwischen der Mehrheit von Schuldnern und dem jeweiligen Gläubiger und andererseits das „Wie" des **Innenverhältnisses** zwischen dem/n jeweiligen mehrheitlichen Schuldner/n bzw. Gläubiger/n. Beachten Sie jedoch, dass die §§ 420 ff. BGB keine abschließende Regelung aller dieser Fragen enthalten, sondern dass es offenbar **Sonderregeln** gibt, etwa zum Innenverhältnis: z. B. bei der Gesamtgläubigerschaft (das folgt aus der Formulierung in § 430 BGB: „soweit nicht ein anderes bestimmt ist"); z. B. bei der Mitgläubigerschaft (etwa in § 21 Abs. 1 WEG und in den Verwaltungsregeln bei den sog. Gesamthandsgemeinschaften); und bei der Gesamtschuldnerschaft (wie sich aus den Formulierungen in § 425 Abs. 1 BGB: „soweit sich nicht aus dem Schuldverhältnis ein anderes ergibt" oder in § 426 Abs. 1 BGB: „soweit nicht ein anderes bestimmt ist" ergibt).

Erst **in zweiter Linie** enthalten die §§ 420 ff. BGB auch Bestimmungen über das **„Ob"**, also dazu, ob eine der genannten **Formen** einer **der Gläubiger-** oder **Schuldnermehrheiten** besteht, so in den §§ 420 (Teilgläubiger- bzw. -schuldnerschaft), 421, 427, 431 (Gesamtschuldnerschaft), 432 (Mitgläubigerschaft) BGB. Abschließend sind jedoch auch diese Regelungen nicht; denn es gibt eine Fülle von **Sonderregeln** dazu, ob eine bestimmte Form der Mehrheit gegeben ist. Sie finden sich z. B. in § 840 BGB, § 1437 Abs. 2 S. 1 BGB, § 2058 BGB, § 128 S. 1 HGB (Gesamtschuldnerschaft); in 1357 Abs. 1 S. 2 BGB (str.) und § 2151 Abs. 3 S. 1 BGB (Gesamtgläubigerschaft).

Auch wenn Ihnen das im Augenblick noch alles recht verwirrend erscheint, drücken Sie sich bitte nicht davor, alle diese Normen zu lesen und sich notfalls ein eigenes, das Verständnis erleichterndes System zurecht zu basteln! Vor allem: lesen Sie die Normen! Jede einzelne ist wichtig und kann später „klausurentscheidend" sein. Und keine Sorge: Es wird alles noch konkreter und damit auch verständlicher für Sie – wir sind jetzt ja erst am Anfang! Wir beginnen mit der **Mehrheit von Gläubigern (sub II)** und setzen dann fort mit der **Mehrheit** von **Schuldnern (sub III)**.

## II. Mehrheit von Gläubigern

### 1. Die Teilgläubigerschaft

Bei einer **Mehrheit von Gläubigern**, die **„eine teilbare Leistung zu fordern (haben)“**, liegt nach dem Gesetz **„im Zweifel“** eine **Teilgläubigerschaft** vor (§ 420 BGB).

Die Teilgläubigerschaft setzt voraus, dass die **Forderung** ohne Wertminderung und Beeinträchtigung des Leistungszwecks **teilbar** ist und dass die **Forderung** nach dem **Innenverhältnis** der Gläubiger zueinander auch **geteilt werden soll**.

Auf den ersten Blick scheint die Vorschrift des **§ 420 BGB** eine gewichtige Bedeutung zu haben, ist sie doch nach den Vorstellungen des Gesetzgebers der **Regelfall**. Aber diese gesetzliche Regel ist **in Wahrheit** in der Praxis die **Ausnahme**: Bei den wichtigsten denkbaren Fällen, in denen mehrere Gläubiger eine teilbare Leistung (Geld!) zu fordern haben, steht das Innenverhältnis einer Teilung entgegen. So ist bei der Bruchteils- und der Gesamthandsgemeinschaft die Regel zugunsten einer gemeinschaftlichen Forderungsberechtigung als durchbrochen anzusehen, da in diesen Fällen der faktisch gegebenen Teilbarkeit, d. h. Zerlegbarkeit ohne Wertminderung und Beeinträchtigung des Leistungszwecks, rechtlichen Gründen entgegenstehen. Die Miteigentümer eines Hauses sind als Vermieter nicht Teilgläubiger sondern Mitgläubiger (§ 432 BGB, im Innenverhältnis: §§ 741 ff., 1008 ff. BGB), ebenso die Inhaber eines Gemeinschaftskontos (BGH)

Liegen dennoch einmal ausnahmsweise die **Voraussetzungen des § 420 BGB** wegen einer teilbaren Forderung vor, so sind die mehreren Teilgläubiger im Zweifel **zu gleichen Anteilen berechtigt**, können also nur ihren realen Anteil fordern. Für den Schuldner ist das sehr lästig; denn zum einen muss er so viele Male die in Bruchteile zerlegte Leistung erbringen, wie es Gläubiger gibt, und zum anderen trägt er das Verteilungsrisiko, weil er jedem Gläubiger den auf ihn entfallenden Teil (der nur im Zweifel, also keinesfalls immer gleich groß ist!) leisten muss. Der Schuldner kann aber umgekehrt beim gegenseitigen Vertrag die **gesamtwirkende Einrede** des **nichterfüllten Vertrages (§ 320 BGB)** jedem der Gläubiger entgegenhalten, soweit nicht alle Gläubiger ihre Gegenleistung erbracht haben. Beim **Rücktritt** kann das Rücktrittsrecht nur gemeinschaftlich ausgeübt werden (§ 351 BGB).

### 2. Gesamtgläubigerschaft

Für die **Gesamtgläubigerschaft** ist kennzeichnend, dass „mehrere eine Leistung in der Weise zu fordern berechtigt sind, dass jeder die ganze Leistung fordern kann, der Schuldner die Leistung aber nur einmal zu bewirken verpflichtet ist“ **(§ 428 BGB).** Sie ist ebenfalls praktisch weitgehend bedeutungslos. Sie kommt kraft vertraglicher Vereinbarung vor beim sog. **„Gemeinschaftskonto“** und kraft Gesetzes in **§ 2151 Abs. 3 BGB**. Zu erwägen ist sie auch bei den Geschäften des **§ 1357 BGB** (dazu mehr in Teil 11).

Was das **Außenverhältnis** angeht, so ist die Gesamtgläubigerschaft, bei der jeder Gesamtgläubiger berechtigt ist, die ganze Leistung an sich selbst zu verlangen, der Schuldner jedoch nur einmal zu leisten braucht (§ 428 BGB), vorteilhaft für den Schuldner, denn er kann nach seinem Belieben an jeden der Gläubiger leisten. Was die Auswirkung bestimmter Veränderungen der Forderung angeht, gibt es **gesamtwirkende Ereignisse** und **einzelwirkende Ereignisse** (§ 429 BGB). Im **Innenverhältnis** ist jeder Gläubiger im Zweifel zu gleichen Anteilen berechtigt (§ 430 BGB).

**Fall 874**

Die Ehefrau F kauft und bezahlt am 13. Dezember 2002 auf dem Wochenmarkt am Hamburger Turmweg eine Weihnachtsgans bei Händler Hendel (H), die am 23. Dezember 2002 abgeholt werden soll. Die F schickt ihren Ehemann E am 23. Dezember 2002 zum Markt, und dieser nimmt den Vogel von H in Empfang. Auf dem Nachhauseweg macht der M einen Besuch in der Bar des Elysee-Hotels und vergisst dort die Gans. Ein Unbekannter nimmt sie mit. Die äußerst verärgerte F geht mit E zum Markt, um erneut Lieferung der gekauften Gans von H zu fordern. Der H lehnt die Forderung der F und des E ab.

Der sich aus dem Kaufvertrag ergebende Anspruch der F und des E auf Lieferung der Gans (§§ 433 Abs. 1, 1357 Abs. 1 S. 1 BGB) könnte nach § 362 Abs. 1 BGB durch Erfüllung erloschen sein. Dazu müsste der Schuldner H zum Zwecke der Erfüllung beim empfangszuständigen Gläubiger den Leistungserfolg herbeigeführt haben. Entscheidend ist, ob der E Gläubiger war: Nach § 1357 Abs. 1 S. 2 BGB sind beide Ehegatten aus einem „Geschäft zur angemessenen Deckung des Lebensbedarfs der Familie" berechtigt, also auch E. Wenn dadurch eine Gesamtgläubigerschaft der F und des E entstanden ist, wäre der E Gläubiger gewesen (§ 428), und der H hätte an ihn befreiend geleistet. Wäre dagegen eine Mitgläubigerschaft nach § 432 gegeben, hätte der H an beide Ehegatten leisten müssen. Hier kann man die Frage zum Glück offen lassen, weil davon auszugehen ist, dass die F dem E Vollmacht erteilt hat, die Leistung für sie als Erfüllung entgegenzunehmen (§§ 164, 167 BGB) und der E den Umständen nach in ihrem Namen gehandelt hat (§ 164 Abs. 1 S. 2 BGB), so dass die Meinungen zu keinen unterschiedlichen Ergebnissen kommen. Zum gleichen Ergebnis kommt man über die ebenfalls naheliegende Anwendung der §§ 362 Abs. 2, 185 BGB.

### 3. Die Mitgläubigerschaft

Sind die Gläubiger nur gemeinschaftlich berechtigt und kann jeder von ihnen die Leistung nur an alle gemeinsam fordern, liegt eine **Mitgläubigerschaft** vor. Der Schuldner kann nur durch eine Leistung an alle gemeinsam befreiend leisten. Die Mitgläubigerschaft ist praktisch gesehen die wichtigste Form der Gläubigermehrheit; sie kommt in verschiedenen Unterformen vor.

#### a) Die einfachen Forderungsgemeinschaften

Eine **einfache Forderungsgemeinschaft** besteht zum *Beispiel* bei der Vermietung eines Hauses durch **Bruchteilseigentümer (§§ 741 ff., 1008 ff. BGB)**; hier gelten –

wenn nicht (nur ganz ausnahmsweise vorstellbar) eine anteilige Zahlung vereinbart ist (dann liegt ein Fall des § 420 BGB vor) – im Außenverhältnis § 432 BGB und im Innenverhältnis §§ 741 ff. BGB.

**Fall 875**

Dem S, dem R und dem J gehört ein Gewerbegrundstück, das an den Mieter A für € 6 000,– vermietet ist, zu je einem Drittel. Die durch Mehrheitsbeschluss alleinige Verwalterin (§ 745 Abs. 1 BGB) S verlangt die Zahlung der Miete an sich.

Der Anspruch ergibt sich aus § 535 Abs. 2 BGB. Die S kann jedoch nur Zahlung von € 6000,– an S, R und J gemeinsam verlangen (§ 432 BGB).

**Fall 876**

Die Eheleute F und M haben von dem V formgerecht ein Grundstück gekauft. Die F zahlt den Kaufpreis aus ihrem Vermögen und verlangt von dem V die Auflassung.

Der Anspruch ergibt sich aus dem Kaufvertrag (§ 433 Abs. 1 S. 1 BGB). Die F kann aber nur die Auflassung an die F *und* den M gemeinsam verlangen (§ 432 BGB).

**Fall 878**

Der A und B sind Miteigentümer eines Fahrrades. Der D nimmt es dem A weg. Der B verlangt Herausgabe an sich.

Der Anspruch könnte sich aus § 985 BGB ergeben. a) Der B ist als Miteigentümer „Eigentümer" der Sache. b) Der D ist Besitzer. c) Der D hat kein Recht zum Besitz (§ 986 BGB). d) Der B kann aber nur Herausgabe an A *und* B gemeinsam verlangen (§§ 1011, 432 BGB).

### b) Einfache gemeinschaftliche Berechtigung

Nach **§ 432 Abs. 1 S. 1 BGB** besteht eine **gemeinschaftliche Forderungsberechtigung** bei einer **unteilbaren Leistung**; das ist zum *Beispiel* der Fall, wenn mehrere Personen eine einzige Pizza bestellen oder sich durch ein Taxi befördern lassen. Weiterhin gibt es einfache Forderungsgemeinschaften infolge **gemeinschaftlicher Berechtigungen**, wie z. B. bei der deliktischen Verletzung einer unter Eigentumsvorbehalt veräußerten Sache, die einerseits zu einem Anspruch des Verkäufers wegen einer Verletzung seines Eigentums (§§ 929 S. 1, 158 Abs. 1, 449 BGB) aus § 823 Abs. 1 BGB und andererseits zu einem Anspruch des Käufers als des Anwartschaftsberechtigten aus § 823 Abs. 1 BGB wegen einer Verletzung seines Anwartschaftsrechts („sonstiges Recht") führt; die Folge ist, dass dem Eigentümer und dem Anwartschaftsberechtigten gemeinschaftlich ein deliktischer Anspruch gegen den Dritten zusteht (§§ 432, 1281 BGB analog). Sie können auch einen vergleichbaren Fall zu § 816 Abs. 1 S. 1 BGB bilden.

**Fall 879**

Der V hat an den K ein Auto für € 10.000,– unter Eigentumsvorbehalt verkauft und übereignet. Der K hat bereits € 8000,– gezahlt, als der Radfahrer X den Wagen rechtswidrig und schuldhaft zerstört. Der K muss bis zur Beschaffung eines anderen Fahrzeugs einen Wagen für € 500,– anmieten.

1) Der V (als Eigentümer) und der K (als Anwartschaftsberechtigter) haben je einen Anspruch aus § 823 Abs. 1 BGB gegen den X. 2) Was den Schaden angeht, a) so hat der K einen Anspruch auf den Nutzungsausfall (€ 500,–). b) Hinsichtlich des Substanzinteresses wird aa) nach einer Sichtweise eine Sonderung der Interessen zwischen K und V dergestalt vorgenommen, dass nach dem hierfür maßgeblich sein sollenden jeweiligen Stand der Kaufpreiszahlung aaa) der K einen Anspruch in Höhe des Wertes des Anwartschaftsrechts von € 8000,– haben soll, bbb) während der V € 2000,– bekommen soll, die K liquidieren kann; bb) nach a. A. soll der K, weil er ja zur weiteren Kaufpreiszahlung verpflichtet bleibt (§ 446 S. 1 BGB), den vollen Schaden (€ 10.000,–) ersetzt bekommen, der V hingegen nichts erhalten; cc) nach überwiegender Ansicht hat der V jedoch bis zur vollständigen Kaufpreiszahlung sehr wohl ein eigenes ausgleichsbedürftiges Sicherungsinteresse, dem dadurch Rechnung getragen werden soll, dass der V und der K den Substanzschaden nach §§ 432, 1281 BGB analog gemeinschaftlich geltend machen müssen und über dessen Verteilung dann das Innenverhältnis entscheidet.

### c) Gesamthandsgläubigerschaft

Man könnte meinen, dass auch bei **Forderungen,** die einer **Gesamthandsgemeinschaft zuzuordnen** sind, eine gemeinsame Forderungsberechtigung der einzelnen Gesamthänder i. S. d. § 432 BGB besteht

Die sechs Gesamthandsgemeinschaften sollten sie auswendig kennen:
- **nichtrechtsfähiger Verein**
- **BGB-Gesellschaft**
- **Eheliche Gütergemeinschaft**
- **Erbengemeinschaft**
- **oHG/KG**
- **Gemeinsame Urheber eines Werkes**

Allerdings ist § 432 BGB hier praktisch nicht anwendbar. Denn,

- wie Sie ja längst aus Teil 2 wissen, werden die **oHG/KG** nach § 124 HGB als rechtsfähig behandelt, so dass die Forderungen „der Gesellschaft" zustehen. Gleiches gilt neuerdings für die **BGB-Außengesellschaft**.

**Fall 880**

Die Rechtsanwälte A und B betreiben als Sozietät in Form einer BGB-Gesellschaft eine Rechtsanwaltskanzlei. Der A berät den Mandanten M. Dieser bleibt das Honorar von € 50.000,– schuldig. Der A, der nach dem Sozietätsvertrag alleiniger Geschäftsführer ist, macht den Anspruch nicht geltend, weil er mit M gemeinsam im Vorstand einer Partei sitzt und in dieser Eigenschaft auf M's Wohlwollen angewiesen ist, das ihm nach M's Worten nur sicher sein würde, wenn die Forderung niedergeschlagen wird. Der B will wissen, welche Rechte er hat.

1) Er könnte die Forderung aus §§ 675, 611 BGB geltend machen, wenn er – was nicht der Fall ist – Geschäftsführer wäre (§§ 709 ff., 714 BGB). 2) Erwägen könnte man, ob er die Forderung nach § 432 BGB auf Leistung an A und B gemeinschaftlich geltend machen könnte. a) Das wäre dann vorstellbar, wenn er zusammen mit dem A Gläubiger der Forderung wäre. Die Forderung ist Gesellschaftsvermögen (§ 718 Abs. 1 BGB). aa) Wenn man die neueste Rechtsentwicklung ignoriert und annimmt, dass nicht „die Sozietät", sondern die Gesellschafter A und B in ihrer gesamthänderischen Verbundenheit Träger von Rechten und Pflichten sind (§§ 714, 718 BGB), würde wegen der Spezialität der §§ 709 ff. BGB der § 432 BGB gleichwohl weder unmittelbar oder analog anwendbar sein. bb) Erst recht kann der B keine Leistung verlangen, wenn man aufgrund der Annahme einer wiederum in sich abgestuften Weise (bloße Teilrechtsfähigkeit/volle Rechtsfähigkeit bei unternehmenstragenden BGB-Gesellschaften) dazu kommt, dass „die Sozietät" die Trägerin von Rechten und Pflichten ist. b) Danach aa) bliebe dem B nur das Recht, den A aus dem Gesellschaftsvertrag auf Erfüllung seiner Pflicht zur Geschäftsführung in Anspruch zu nehmen. bb) Das birgt Risiken (z. B. Verjährung) in sich und ist unzumutbar, wenn Geschäftsführer und Schuldner kollusiv zusammenwirken. c) In diesen Fällen soll nach einer durchaus vertretbaren Ansicht dem nicht-geschäftsführenden Gesellschafter ein „Notgeschäftsführungsrecht" nach § 744 BGB analog zustehen.

- Aus Teil 2 wissen Sie auch, dass beim **nicht rechtsfähigen Verein** nicht § 432 BGB gilt, sondern die §§ 21 ff. BGB als lex specialis analog anzuwenden sind.
- Die **gemeinsamen Urheber** eines **Werkes** (§ 8 Abs. 2 UrhG) sind als solche nicht forderungsberechtigt.
- Es bleiben also die **eheliche Gütergemeinschaft** und die **Erbengemeinschaft**; insoweit gibt es aber Sonderregeln in den §§ 1422, 1428–1431, 1434 BGB bzw. § 2039 BGB (dazu mehr in Teil 11 und Teil 12).

## III. Die Mehrheit von Schuldnern

Das Gegenstück zur Gläubigermehrheit, nämlich die Schuldnermehrheit, ist für die Fallbearbeitung weit bedeutender. Eine **Schuldnermehrheit** kann in drei Formen auftreten:

- als **Teilschuld**, geregelt von § 420 BGB,
- als **Schuldnergemeinschaft** (gesetzlich nicht geregelt) und
- als **Gesamtschuld**, geregelt von §§ 421–427, 431 BGB.

### 1. Die Teilschuld

„Schulden mehrere eine teilbare Leistung, so ist im Zweifel jeder Schuldner nur zu einem gleichen Anteil verpflichtet" **(§ 420 BGB)**. Die Teilschuld scheint bei der wichtigsten aller Verpflichtungen, der Geldschuld, deren Erfüllung von mehreren geschuldet wird, stets vorzuliegen, ist aber, wie auch die Teilgläubigerschaft, in der Rechtswirklichkeit nur eine Ausnahme. Sie ist für den Gläubiger außerordentlich lästig. Zum Schutze des Gläubigers wird daher die von § 420 BGB aufgestellte Regel, nach der jeder Schuldner einer teilbaren Leistung „im Zweifel … nur zu einem gleichen Anteil verpflichtet (ist)" und nach der damit mehrere voneinander unabhängige Schuldverhältnisse entstehen, vielfach dadurch durchbrochen, dass das Bestehen einer Gesamtschuld angeordnet wird: So in § 427 BGB (Gesamtschuld bei einer gemeinschaftlichen vertraglichen Verpflichtung) oder in § 840 BGB (Gesamtschuld bei der Verantwortlichkeit mehrerer für eine unerlaubte Handlung). Zu den wenigen praktisch bedeutsamen Beispielen des Bestehens einer Teilschuld gehört der Kauf eines Grundstücks durch mehrere Personen, die daran Miteigentum zu ideellen Anteilen erlangen sollen. Auch ist vorstellbar, dass eine Teilschuld durch ausdrückliche Vereinbarung entsteht.

### 2. Schuldnergemeinschaft

Kennzeichnend für die gesetzlich nicht geregelte **Schuldnergemeinschaft** ist, dass die einzelnen Schuldner aus rechtlichen oder aus tatsächlichen Gründen die Leistung nur gemeinschaftlich erbringen können. Bei ihr sind alle Schuldner in ihrer Gesamtheit gemeinschaftlich verpflichtet und schulden die Mitwirkung an der Erbringung der von allen einheitlich zu bewirkenden Leistungshandlung. Der Gläubiger kann seine Forderung nur gegen alle Schuldner gemeinsam geltend machen. Auch diese Form der Schuldnermehrheit ist recht selten. Die **Hauptfälle** sind zum einen die Konstellation einer aus rechtlichen Gründen nur gemeinschaftlich erfüllbaren Verpflichtung von an einer **Gemeinschaft** beteiligten Personen **(§ 747 S. 2 BGB)** und von Gesamthändern bei einer **Gesamthandsschuld (§§ 736, 740 Abs. 2, 747 ZPO)**, weil dann die Leistung aus einem Sondervermögen zu erbringen ist, das allen Beteiligten gemeinschaftlich zusteht. Bei einer auf ein **„Gemeinschaftswerk"** gerichteten Schuld liegt eine Schuldnergemeinschaft deshalb vor, weil es den Schuldnern aus tatsächlichen Gründen nur gemeinschaftlich möglich ist, die Leistung zu erbringen (Konzert eines Orchesters).

**Fall 881**

Die Eheleute F und M sind je zur Hälfte Miteigentümer eines Grundstücks. Sie verkaufen es aufgrund eines formwirksamen Kaufvertrags an den K. Nach der Kaufpreiszahlung verlangt der K die Auflassung von M.

Der Anspruch aus § 433 Abs. 1 S. 1 BGB richtet sich gegen F und M gemeinschaftlich (§ 747 S. 2 BGB).

### 3. Gesamtschuld

Die häufigste Form der Schuldnermehrheit ist die Gesamtschuld. Eine Gesamtschuld liegt nach **§ 421 BGB** vor, wenn **„mehrere eine Leistung in der Weise (schulden), dass jeder die ganze Leistung zu bewirken verpflichtet, der Gläubiger aber die Leistung nur einmal zu fordern berechtigt ist“**. Diese Definition müssen Sie auswendig kennen.

Die Gesamtschuld ist die für den Gläubiger angenehmste Form der Schuldnermehrheiten. Da er sich aussuchen kann, welchen der Gesamtschuldner er in Anspruch nimmt, „schulden“ ihm alle Schuldner und „haftet“ ihm das Vermögen aller Schuldner für die Erfüllung seine Forderung.

> Wer sich also bisher gefragt hat, warum die oHG die kreditwürdigste aller (Personal-)Gesellschaftsformen ist, der lese zum wiederholten Male zunächst § 124 HGB und sodann den § 128 HGB und dazu den § 421 BGB und stelle sich vor, man sei der Gläubiger der oHG. Dann versuchen Sie sich an die Fragen von „Schuld“ und „Haftung“ der Gesellschafter für die Gesellschaftsschuld zu erinnern. Sodann vergleiche man diese Rechtslage mit der einer GmbH und einer AG als Schuldner.
>
> Warum ist die oHG für den Gläubiger noch attraktiver als die (rechtsfähige) BGB-Außengesellschaft? Weil die gesamtschuldnerische Haftung der Gesellschafter unbeschränkbar ist. Lesen Sie § 128 S. 2 HGB!

#### a) Das Entstehen einer Gesamtschuld

Sie wissen ja bereits, dass es leider keinen (z. B. in den §§ 420 ff. BGB verorteten) gesetzlichen Katalog aller derjenigen Konstellationen gibt, in denen ein Gesamtschuldverhältnis besteht. Es ist vielmehr so, dass der Gesetzgeber die Anordnungstatbestände **„quer über das BGB“** verteilt hat.

##### aa) Ausdrückliche gesetzliche Anordnungstatbestände

Eine Gesamtschuld kann zum einen kraft ausdrücklicher gesetzlicher Anordnung entstehen. Solche Anordnungen finden sich überall im Gesetz; folgende dazu getroffene Regelungen müssen Sie unbedingt kennen:

- Gesamtschuldverhältnisse aufgrund gemeinschaftlich begründeter vertraglicher Verpflichtungen: **§ 427 BGB**, z. B. bei einem gemeinsamen Abschluss eines Mietvertrages (klassisches Beispiel: Anmietung einer Wohnung durch mehrere Mieter);
- Gesamtschuldverhältnisse bei mehreren Schuldnern einer unteilbaren Leistung: **§ 431 BGB;**
- Gesamtschuldverhältnisse aufgrund unabhängig voneinander begründeter vertraglicher Verpflichtungen: **§ 769 BGB** für die Mitbürgschaft;
- Gesamtschuldverhältnisse wegen einer gemeinschaftlichen Verantwortung für ein Delikt oder für einen auf sonstige Weise gemeinschaftlich herbeigeführten Schaden: **§ 840 BGB;**

- Gesamtschuldverhältnisse bei sonstigen Pflichtverletzungen mehrerer Personen: z. B. **§ 1664 Abs. 2 BGB** (Eltern);
- Gesamtschuldverhältnisse bei der Verwaltung von Gesamthandsgemeinschaften: wie bei einer ehelichen Gütergemeinschaft **(§ 1437 Abs. 2 BGB)** oder bei einer Erbengemeinschaft **(§ 2058 BGB)**;
- Gesamtschuldverhältnisse bei gesetzlich angeordneter ergänzender gesamtschuldnerischer Haftung der Gesamthänder; bei der BGB-Gesellschaft: **§§ 709 ff., 427, 431 BGB** bzw. **§ 128 HGB analog** bei der BGB-Außengesellschaft; bei der oHG und KG: **§ 128 HGB**.

bb) Gesamtschuldverhältnis nach § 421 BGB

Dass ein Gesamtschuldverhältnis auch ohne einen ausdrücklichen gesetzlichen Anordnungstatbestand gegeben sein kann, hat der BGH „entdeckt": Ausreichend soll sein, dass die Merkmale des **§ 421 BGB** gegeben sind. Damit erhält diese Norm einen über die bloße („Klammer"-) Definition der Begriffsmerkmale einer Gesamtschuld hinausgehenden Bedeutungsgehalt und ordnet das Vorliegen eines Gesamtschuldverhältnisses an, wenn folgende Merkmale vorliegen.

- Es müssen **„mehrere eine Leistung"** gegenüber demselben Gläubiger schulden.
- **„Jeder"** der Schuldner muss **„die ganze Leistung"** schulden. Hier ist der Gegensatz zur Schuldnergemeinschaft, bei der die Schuldner gemeinschaftlich das Ganze schulden, deutlich erkennbar.
- Der **„Gläubiger (ist) nur einmal zu fordern berechtigt"**.
- Für die erforderliche **„Gleichartigkeit des Geschuldeten"** wird keine Leistungsidentität verlangt, sondern ein beim Gläubiger bestehendes **„identisches Leistungsinteresse"** für ausreichend gehalten.
- Das von der Rechtsprechung ursprünglich für das Vorliegen einer Gesamtschuld nach § 421 BGB entwickelte weitere Kriterium einer **„Zweckgemeinschaft"** der Schuldner untereinander hat sich als untauglich erwiesen, weil hierfür als ausreichend angesehen wurde, dass die Verbindlichkeiten demselben Zweck dienen, was aber letztlich nichts anderes besagt als das bereits aufgestellte Merkmal der Identität des Leistungsinteresses.
- Neuerdings wird stattdessen für das Vorliegen einer Gesamtschuld nach § 421 BGB das Erfordernis einer Notwendigkeit der **„Gleichstufigkeit"** der Schuldner aufgestellt. Dieses **Merkmal** ist dann **erfüllt,** wenn jedenfalls theoretisch jeder der mehreren Schuldner im Falle seiner die Verpflichtung aus einem etwaigen Innenverhältnis übersteigenden Leistung an den Gläubiger gegen die/den jeweils anderen Schuldner Regressansprüche geltend machen kann. Umgekehrt soll für das **Fehlen einer Gleichstufigkeit** kennzeichnend sein, dass einer der Schuldner typischerweise die Leistung insgesamt und allein zu erbringen hat und für den Fall seiner Leistung an den Gläubiger keinen Regress bei dem/den anderen Schuldner/n nehmen kann, weil der oder die andere/n Schuldner dessen Verpflichtung „typischerweise nur absichern" soll/en und bei einer Leistung an den Gläubiger stets in vollem Umfang Regress nehmen kann/können. Bei einer solchen Ungleichstufigkeit der Schuldner soll die Annahme eines Gesamtschuldverhältnisses deshalb unangemessen sein, weil die Annahme eines

Gesamtschuldverhältnisses die nicht akzeptable Konsequenz hätte, dass derjenige, der typischerweise die Leistung insgesamt erbringen soll, gegen denjenigen, der typischerweise die Erfüllung nur absichern soll, jedenfalls im Grundsatz Ausgleichsansprüche nach den Regeln des Gesamtschuldnerausgleichs hätte (§ 426 BGB). Ein sicheres Indiz dafür, dass es an einer Gleichstufigkeit von Verbindlichkeiten fehlt, soll hiernach sein, dass einer der Schuldner einem Gläubiger als Schadensverursacher verantwortlich ist, während der andere ihm lediglich als „Versorger" (Privatversicherer, Sozialversicherungsträger, Arbeitgeber bei Lohnfortzahlung) „zur Seite steht" und als solcher im Falle seiner Leistung aufgrund einer „cessio legis" Regress nehmen kann (§ 86 VVG, § 116 SGB X, § 6 EGFZG, jeweils in Verbindung mit § 412 BGB). Ein Bedarf für die Anwendung der Gesamtschuldregeln besteht wegen des „cessio legis"-Regresses dann nicht, wenn ein solcher „Versorger" geleistet hat: Er kann dann im Wege der „cessio legis" gegen denjenigen vorgehen, der typischerweise die gesamte Leistung erbringen soll und dessen Verpflichtung der Versorger lediglich absichert. Zur Frage, ob eine Gesamtschuld besteht, braucht man daher in solchen Fällen, in denen ein „Versorger", dem eine „cessio legis"-Regressnorm zur Seite steht, nach von ihm erbrachter Leistung den Schadensverursacher in Anspruch nimmt, überhaupt nicht Stellung zu nehmen. Wenn also zum *Beispiel* der Einbruchsdiebstahlsversicherer VR an den von einem Einbruch des Diebes D betroffenen Versicherungsnehmer VN zahlt und bei D Regress nimmt, verlieren Sie bitte kein Wort über die Frage, ob zwischen VR (der dem VN aus dem Versicherungsvertrag Leistung schuldet) und dem D (der dem VN aus § 823 Abs. 1, 2 BGB i. V. m. § 242 StGB Schadensersatz schuldet) ein Gesamtschuldverhältnis besteht und zitieren Sie für die Frage eines Regressanspruches um keinen Preis § 426 BGB. Aber Sie kommen auch bei einer solchen Konstellation um die Stellungnahme dazu, ob ein Gesamtschuldverhältnis besteht, nicht herum, denn Sie müssen ja zum *Beispiel* auch imstande sein, auf die vielleicht etwas verblüffende und auch recht theoretisch anmutende Frage eine juristisch begründete Antwort finden, ob der Schadensverursacher D seinerseits bei dem Versorger VR Regress nach § 426 BGB nehmen kann, wenn er an den VN den geschuldeten Schadensersatz leistet. Die Antwort lautet: Nein, denn zwischen VR und D besteht mangels einer Gleichstufigkeit kein Gesamtschuldverhältnis. Das ist aber leider nicht das letzte Wort zu diesem komplizierten Thema. Sie müssen nämlich wissen, dass es neuerdings Rechtsmeinungen gibt, die bei der Frage des Vorliegens eines Gesamtschuldverhältnisses auf das **Merkmal** der **Gleichstufigkeit verzichten** wollen. Nach dieser Ansicht würde im letzten *Beispiel* die Annahme eines Gesamtschuldverhältnisses auch bei ungleichstufigen Schuldnern (Dieb D und Einbruchsdiebstahlsversicherer VR) unschädlich sein, weil im Fall einer Leistung des Schadensverursachers (D) an den Gläubiger (VN) ein Regress gegen den „Versorger" (VR) aus § 426 BGB deshalb ausgeschlossen sei, weil (lesen Sie bitte § 426 Abs. 1 BGB) „ein anderes bestimmt ist": Anerkannt ist nämlich, dass im Rahmen des § 426 BGB der § 254 BGB analog angewendet wird und dieser einen Regress eines allein verantwortlichen Gesamtschuldners (D) gegen den anderen überhaupt nicht verantwortlichen Gesamtschuldner (VR) völlig sperren kann.

**Fall 882**

Der Versicherungsnehmer VN hat bezüglich seiner Wohnung bei der VR-Versicherung (VR) eine Einbruchsdiebstahlversicherung abgeschlossen. Der D bricht bei dem VN ein und stiehlt ihm ein Bild im Wert von € 100.000,–. Die VR zahlt € 100.000,– an den VN. Der D wird gefasst. Die VR nimmt den D in Anspruch.

Der Anspruch ergibt sich a) nicht aus § 426 Abs. 1 BGB oder § 426 Abs. 2 i. V. m. § 823 Abs. 1, Abs. 2 BGB i. V. m. §§ 242, 243 StGB, sondern aus b) §§ 86 VVG i. V. m. § 823 Abs. 1, Abs. 2 BGB i. V. m. §§ 242, 243 StGB.

**Fall 883**

Der Versicherungsnehmer VN hat bezüglich seiner Wohnung bei der VR-Versicherung (VR) eine Einbruchsdiebstahlversicherung abgeschlossen. Der D bricht bei dem VN ein und stiehlt ihm ein Bild im Wert von € 100.000,–. Der D wird gefasst. Er zahlt Schadensersatz in Höhe von € 100.000,– für das inzwischen durch viele Hände gegangene und nicht mehr auffindbare Bild. Dann nimmt der D die VR, die noch nicht an VN gezahlt hat, auf Zahlung von € 50.000,– in Anspruch.

Der Anspruch könnte sich aus § 426 Abs. 1 BGB ergeben. a) Der Anspruch bestünde nicht, wenn man ein Gesamtschuldverhältnis zwischen dem D und der VR mangels „Gleichstufigkeit" verneint. b) Wer hingegen auf dieses Merkmal verzichtet und deshalb ein Gesamtschuldverhältnis zwischen VR und D annimmt, würde i. E. ebenfalls einen Regressanspruch des D gegen VR verneinen, und zwar mit der Begründung, dass angesichts des alleinigen Verschuldens des primär für die Leistung von Schadensersatz verantwortlichen Schadensersatzschuldners (des Diebes D) nach §§ 426 Abs. 1, 254 BGB analog ein Regressanspruch gegen den lediglich sekundär Verpflichteten (den Einbruchsdiebstahlversicherer VR) nicht besteht.

Wie bedeutsam es für die **Fallbearbeitung** sein kann, trotz Fehlens eines ausdrücklichen Anordnungstatbestandes das Vorliegen eines Gesamtschuldverhältnisses in Erwägung zu ziehen, zeigt Ihnen der folgende, sich an einer Entscheidung des BGH orientierende Fall. Wer hier nicht den Durchblick hat und daher überhaupt nicht an die Erörterung eines Gesamtschuldregresses denkt, steht von vornherein „auf verlorenem Posten".

**Fall 884**

Der B lässt sich von dem Bauunternehmer U, mit dem er einen Werkvertrag (der dem BGB und nicht der VOB unterliegt) geschlossen hat, ein Haus errichten. Mit dem Architekten A besteht ein auf die Bauaufsicht beschränkter Architektenvertrag. Der A kümmert sich nur sehr nachlässig um die Baustelle, so dass er übersieht, dass der U aufgrund eines leichten Versehens abweichend von der insoweit komplizierten Bauzeichnung Deckenbalken mit zu schwacher Stärke verwendet. Der B nimmt den A aus §§ 634 Nr. 4, 280 Abs. 1, 3, 283 BGB auf Schadensersatz in Geld in Anspruch. Der A zahlt Schadensersatz in Höhe der für die Beseitigung des Mangels erforderlichen Kosten und nimmt anschließend den U in Anspruch (nach BGH).

a) Der Anspruch kann sich aus § 426 Abs. 1 BGB ergeben, aa) wenn der A und der U Gesamtschuldner wären. aaa) Einen besonderen Anordnungstatbestand für ein Gesamtschuldverhältnis gibt es nicht. bbb) Gleichwohl kann nach § 421 BGB ein Gesamtschuldverhältnis bestehen, wenn die folgenden, o. g. Kriterien erfüllt sind: aaaa) Der B kann wegen des Mangels des Werkes aaaaa) von U Nacherfüllung nach §§ 634 Nr. 1, 635 BGB durch Beseitigung des Mangels und bbbbb) von A Schadensersatz statt der Leistung aus §§ 634 Nr. 4, 280 Abs. 1, 3, 283 BGB verlangen; bbbb) beide Ansprüche sind auf das Ganze gerichtet, cccc) und der B kann nur einmal Leistung verlangen. dddd) Die Ansprüche sind zwar nicht identisch; sie sind aber auf dasselbe Leistungsinteresse (Herstellung eines mangelfreien Werkes) gerichtet. eeee) Da keiner der beiden Schuldner typischerweise die ganze Leistung erbringen soll, besteht auch eine Gleichstufigkeit der Verpflichtungen. Der Anspruch ist also gegeben. bb) Was die Höhe angeht, kann der A aaa) im Grundsatz zur Hälfte Regress bei U nehmen, bbb) wenn nichts anderes bestimmt ist; hier kommt § 254 Abs. 1 BGB analog als andere Bestimmung in Betracht: Angesichts des deutlich überwiegenden Verschuldens des A wird man davon ausgehen können, dass er nur zu 1/3 Regress nehmen kann. Der Anspruch geht auf Geldausgleich, auch wenn der U Nachbesserung geschuldet hatte. b) Weiterhin könnte der Anspruch des B gegen den U nach § 426 Abs. 2 BGB auf den A in der vorgenannten Höhe übergegangen sein. Nach § 412 BGB findet jedoch § 399 Var. 1 BGB Anwendung: Da eine Nacherfüllungsleistung des U an den A nicht möglich ist, entfällt ein cessio legis-Regress.

Übrigens: was versteht man eigentlich unter der nicht anwendbar sein sollenden **„VOB"?** Es handelt sich dabei um die im Baugewerbe üblichen Allgemeinen Geschäftsbedingungen mit der Bezeichnung „**V**erdingungs**o**rdnung für **B**auleistungen").

### b) Rechtsfolgen der Gesamtschuld

Bei den Wirkungen der Gesamtschuld ist zwischen dem „Außen-" und dem „Innenverhältnis" zu unterscheiden. Das **Außenverhältnis** bezeichnet dabei die Beziehung des Gläubigers zu den Schuldnern. Das **Innenverhältnis** ist die Beziehung der Gesamtschuldner untereinander.

#### aa) Das Außenverhältnis

Das **Außenverhältnis** regeln die **§§ 421** bis **425 BGB**. Im Außenverhältnis wird zwischen solchen Ereignissen unterschieden,

- die, obwohl sie nur in der Person eines der Verpflichteten vorliegen, auch für und gegen die übrigen Schuldner wirken **(gesamtwirkende Ereignisse) (sub (1))**
- und solchen Ereignissen, die nur den Schuldner betreffen, in dessen Person sie eintreten **(einzelwirkende Ereignisse)**. **(sub (2))**

#### (1) Gesamtwirkung

Eine Gesamtwirkung von Ereignissen

- wird von **§ 422 Abs. 1 BGB** angeordnet bei der **Erfüllung** und bei **Erfüllungssurrogaten** (Leistung an Erfüllung statt, Aufrechnung oder Hinterlegung). Da der Gläubiger, wie § 421 BGB bestimmt, die Leistung nur einmal erhalten soll, kommen Tatsachen mit Tilgungswirkung allen Gesamtschuldnern zugute. Übrigens: Wie sich aus § 426 Abs. 2 BGB ergibt, erlischt der Anspruch mit der Erfüllung oder infolge von Erfüllungssurrogaten nur insoweit, als kein Ausgleichsanspruch zwischen den Gesamtschuldnern besteht, denn wenn die Forderung gem. § 426 Abs. 2 BGB auf den jeweils erfüllenden Gesamtschuldner übergeht, soweit ihm Ausgleichsansprüche gegen die übrigen Gesamtschuldner zustehen, kann sie logischerweise insoweit nicht erloschen sein.

**Fall 885**

Die Studenten S1 und S2 haben zusammen bei der Vermieterin P eine Wohnung für monatlich € 1000,– brutto gemietet. Der S1 geht für 1 Jahr studienbedingt ins Ausland. Als die P daraufhin als Miete nur eine Überweisung von S2 in Höhe von € 500,– erhält, verlangt sie von dem S1 die Zahlung weiterer € 500,–. Der S1 erklärt, dass er mit dem S2 vereinbart habe, dass dieser für die Zeit der Abwesenheit des S1 die gesamte Miete entrichte; sie möge sich daher doch an den S2 halten.

Die P hat a) gegen den S1 aa) einen Anspruch aus §§ 535 Abs. 2, 427, 421 BGB auf Zahlung der gesamten Miete in Höhe von € 1000,–. bb) Die zwischen S1 und S2 getroffene Vereinbarung betrifft nur das Innenverhältnis der beiden. b) Erloschen ist dieser Anspruch nur in Höhe der von S2 gezahlten € 500,– (§ 422 Abs. 1 BGB).

**Variante**

Als der S2 von dem Zahlungsbegehren der P hört, erklärt er mit einer Forderung, die ihm unstreitig gegen die P zusteht, weil er aufgrund eines Vertrages mit ihr in der Wohnung von der P durch Erstattung der Kosten zu bezahlende Fußbodenschleifarbeiten in „seinem" Zimmer für € 600,– ausgeführt hat, die Aufrechnung. Muss der S1 zahlen?

Nein, denn die Aufrechnung mit einer Gegenforderung aus § 631 Abs. 1 BGB durch den Gesamtschuldner S2 bewirkt auch das Erlöschen der Forderung gegen den Gesamtschuldner S1 (§ 422 Abs. 1 S. 2 BGB), auch wenn der aufrechnende Gesamtschuldner nicht in Anspruch genommen wird.

- Weiter sieht das Gesetz in **§ 423 BGB** beim **Erlassvertrag** eine Gesamtwirkung vor, wenn die Auslegung des Erlassvertrages ergibt, dass das gesamte Schuldverhältnis aufgehoben werden sollte. Wenn die Auslegung jedoch ergibt, dass nur ein einzelner Gesamtschuldner durch den Erlassvertrag befreit werden sollte, besteht nur eine Einzelwirkung. Bei einer dermaßen gewollten Einzelwirkung ist dann weiterhin zu klären, ob die Befreiung eine endgültige Freistellung zur Folge haben soll, also sich auch auf das Innenverhältnis der Schuldner dahingehend

auswirkt, dass dem nicht befreiten Gesamtschuldner kein Regressanspruch gegen den befreiten Gesamtschuldner zusteht, oder ob trotz des Erlasses die Ausgleichspflicht des durch den Erlassvertrag im Außenverhältnis befreiten Schuldners bestehen bleiben soll. Es lässt sich unschwer erkennen, dass eine endgültige Freistellung eines der Gesamtschuldner mit der Folge auch des Verlustes eines Regressanspruchs des nicht befreiten Gesamtschuldners auf einen Vertrag zwischen dem Gläubiger und dem befreiten Gesamtschuldner „zulasten Dritter" (des nicht befreiten Gesamtschuldners) hinausliefe – und das ist bekanntlich eine absolut „verbotene Konstruktion". Soll daher nach dem Willen des Gläubigers und eines Gesamtschuldners der Erlassvertrag zu einer vollständigen Befreiung auch im Innenverhältnis führen, so muss der Gläubiger im Außenverhältnis seine Forderung um den potentiellen Anteil des befreiten Schuldners ermäßigen.
- Der **Annahmeverzug** des **Gläubigers** wirkt folgerichtig nach **§ 424 BGB** auch für die übrigen Schuldner, denn eine Erfüllung hätte auch sie gem. § 422 BGB befreit.

(2) Einzelwirkung von Ereignissen

In **§ 425 Abs. 1 BGB** ist bestimmt, dass hinsichtlich anderer als der in §§ 422–424 BGB genannten Tatsachen eine **Einzelwirkung** besteht. In **§ 425 Abs. 2 BGB** werden die insoweit wichtigsten einzelwirkenden Ereignisse beispielhaft aufgeführt: Kündigung; Verzug; Verschulden; Unmöglichkeit; Verjährung; Neubeginn; Hemmung und Ablaufhemmung der Verjährung; „Konfusion"; Rechtskraft.

Von besonderer Bedeutung für die Fallbearbeitung ist die Aufnahme des **„Verschuldens"** in den Beispielskatalog der einzelwirkenden Ereignissen.

- Dieser Umstand bereitet dann Schwierigkeiten, wenn ein schuldhaft handelnder Gesamtschuldner zugleich der Erfüllungsgehilfe des anderen Gesamtschuldners ist.
- Unschwer zu erkennen ist, dass ein Ausschluss der Verschuldenszurechnung im Falle des Verschuldens eines Gesamtschuldners die Kreditwürdigkeit der Gesamtschuldner insgesamt schmälern kann. Von Bedeutung ist dies insbesondere dann, wenn die Gesamtschuldner zugleich Gesellschafter einer Personalgesellschaft sind.

In diesem Zusammenhang muss man sich wieder verdeutlichen, dass die Bestimmung des **§ 425 Abs. 1, Abs. 2 BGB nicht** automatisch **ausnahmslos** gilt, sondern (lesen Sie das Gesetz!) nur „… soweit sich nicht aus dem Schuldverhältnis ein anderes ergibt …". Daher ist stets durch Auslegung zu ermitteln, ob sich aus dem Zweck des Schuldverhältnisses „ein anderes", also eine Gesamtwirkung, „ergibt". Entsinnen Sie sich noch, diesen Fall ganz zu Beginn dieses Buches bearbeitet zu haben? Dort wurden Sie auf Teil 10 „vertröstet". Jetzt, wo Sie dies damals ferne Ziel erreicht haben, verstehen Sie diesen Hinweis besser.

**Fall 886**

Die Rechtsanwälte R1 bis R50 betreiben als Sozietät in Form einer BGB-Gesellschaft eine Rechtsanwaltskanzlei. Der R50 führt für den Mandanten M als dem

Beklagten einen Prozess. Der Anspruch gegen den M in Höhe von € 100 Mio. ist begründet, aber verjährt. Der R50 übersieht dies. M wird daher rechtskräftig verurteilt. Die Haftpflichtversicherung deckt nur ein Risiko von € 10 Mio., eine Haftungsbeschränkungsvereinbarung wurde nicht abgeschlossen. 1) Der M verlangt in Höhe der Differenz Schadensersatz von der Sozietät und von R1. 2) Hätte das Haftungsrisiko auf den R50 beschränkt werden können? 3) Erst nach dem Urteil gegen M wird der angestellte Jung-Anwalt Dr. LLM. R51 „mit auf den Briefkopf" gesetzt; Sozius wird er aber nicht. Der M nimmt den stolzen R51, der gerade eine Familie gegründet hat, in Anspruch. Ist es aus mit dem Glück?

1) a) Der Anspruch gegen die Sozietät ergibt sich aus §§ 280 Abs. 1, 675, 611, 241 Abs. 2, 31/278 BGB. Vertragspartner des Mandanten ist die „Sozietät" und nicht der einzelne Rechtsanwalt, also nicht der R50. Dies auch, wenn die Betreuung durch einen bestimmten Rechtsanwalt vereinbart wird. Die „Sozietät" trifft die Schadensersatzpflicht, weil sie sich die als schuldhaft vermutete Pflichtverletzung des R50 zurechnen lassen muss (§ 31/§ 278 BGB) b) Der R1 muss nach § 128 HGB analog dafür einstehen. aa) Der stillschweigend abgedungene § 425 Abs. 2 BGB kommt ihm nicht zugute, denn die Auslegung des Vertrages ergibt „ein anderes", nämlich eine Gesamtwirkung. bb) Zu erörtern ist, ob § 8 Abs. 2 PartGG zugunsten des R1 analog angewendet werden kann. Hiernach hat neben der Partnerschaftsgesellschaft nur derjenige Partner persönlich einzustehen, der den Schadensersatzanspruch hat entstehen lassen. Die anderen sind kraft Gesetzes von der Haftung befreit. Die Vorschrift ist aber nicht analogiefähig, sondern mit der Rechtsform der PartG untrennbar verbunden. 2) Eine Haftungsbeschränkung durch vorformulierte Vertragsbedingungen auf einzelne Mitglieder einer Sozietät (hier R50) wäre nach § 51a BRAO möglich gewesen. 3) Zu erörtern ist eine Haftung des R51 nach § 130 HGB analog. a) Auch wenn der R51 nicht Gesellschafter geworden ist, muss man diskutieren, ob § 130 HGB wegen des Rechtsscheins einer Gesellschafterstellung eingreift. b) Bejaht man dies, ist weiter fraglich, ob § 130 HGB auch auf Verpflichtungen der Sozietät aus beruflichen Haftungsfällen Anwendung findet, weil diese ausweislich des § 8 Abs. 2 PartGG eine Sonderrolle spielen.

#### bb) Der Ausgleich bzw. Regress

In rechtlicher Hinsicht besonders „spannend" sind die Fragen, bei denen es um die Verpflichtung zum **Ausgleich** bzw. **Regress** unter Gesamtschuldnern geht.

Sie haben die Bedeutung des **Ausgleiches** bzw. **Regresses bei Gesamtschuldverhältnissen** für die Fallbearbeitung soeben kennen gelernt; wir werden das Thema Regress jetzt vertiefend darstellen. **(sub (1))**

Und im Anschluss daran werden wir auch auf die wichtige Konstellation des **Regresses bei „gestörten Gesamtschuldverhältnissen"** eingehen. **(sub (2))**

Schließlich wird in diesem Zusammenhang auch die Problematik des **Ausgleiches** bzw. des **Regresses** bei den sog. **„unechten Gesamtschulden"**, die oben schon kurz erwähnt wurden, erörtert werden. **(sub (3))**

Das ist ein anspruchsvolles Programm! Wer sich bisher im Recht der Gesamtschuldverhältnisse nicht ganz sicher fühlt, dem wird empfohlen, vorab noch einmal die bisherigen Ausführungen dazu zu lesen. Dann sind Sie für das nächste Thema gewappnet.

(1) Ausgleich unter Gesamtschuldnern

Der Ausgleich unter den Gesamtschuldnern vollzieht sich auf dreierlei Weise:

- Zunächst ist an einen Ausgleich aus einem eventuell unter den Gesamtschuldnern bestehenden **vertraglichen Innenverhältnis** zu denken. In Betracht kommt z. B. ein Auftrag (§§ 662 ff. BGB) mit einem Aufwendungsersatzanspruch aus **§ 670 BGB** des an den Gläubiger leistenden Gesamtschuldners gegen den/die anderen Gesamtschuldner. Das gleiche gilt, wenn die Regeln über den Auftrag anwendbar sind, wie z. B. beim Geschäftsbesorgungsvertrag zwischen den Gesamtschuldnern (§ 675 BGB).
- Wie Sie schon wissen, besteht weiterhin ein Ausgleichsanspruch aus dem **gesetzlich** geregelten **Innenverhältnis** aus **§ 426 Abs. 1 S. 1 BGB**: „Die Gesamtschuldner sind … verpflichtet". Diese Vorschrift ist damit **einerseits** eine **eigenständige Ausgleichsanspruchsgrundlage** mit wiederum **zwei verschiedenen Inhalten**: **Vom Augenblick** der **Entstehung** des Gesamtschuldverhältnisses an kann jeder Gesamtschuldner von jedem anderen Gesamtschuldner in der Weise Befreiung von der Forderung des Gläubigers verlangen, dass dieser, „soweit nicht ein anderes bestimmt ist", „zu gleichen Anteilen" an der Befriedigung des Gläubigers mitwirkt. Der Inhalt des Anspruchs verändert sich, **„soweit ein Gesamtschuldner den Gläubiger befriedigt"** hat, indem er eine über den nach § 426 Abs. 1 BGB aus dem Innenverhältnis geschuldeten Anteil hinausgehende Leistung erbracht hat: Dann besteht ein Anspruch auf Ausgleich gegen den anderen/die übrigen Gesamtschuldner. Besteht ein Ausgleichsanspruch gegen mehrere Gesamtschuldner, weil es zum *Beispiel* vier Mieter (A, B, C, D) gibt, die nach §§ 535, 427 BGB dem Vermieter V als Gesamtschuldner verpflichtet sind und einer von ihnen (der A) alles zahlt, so sind ihm B, C, D nicht als Gesamtschuldner sondern als Teilschuldner verpflichtet (§ 420 BGB), weil der Regress zu einer einmaligen und endgültigen Beendigung führen soll. Die Vorschrift des § 426 Abs. 1 BGB ist **andererseits** auch die Norm, die Auskunft darüber gibt, in welchem **Verhältnis zueinander** die **Gesamtschuldner gegenüber** dem **Gläubiger verpflichtet** sind und **in welchem Umfang sie** daher **gegeneinander Regress** nehmen können, wenn sie darüber hinausgehend an den Gläubiger geleistet haben. Im **Grundsatz** „(sind) die Gesamtschuldner im Verhältnis zueinander zu gleichen Anteilen verpflichtet", also **nach Kopfteilen**. Das ist aber eben nur die Regel, von der es viele **Ausnahmen** gibt: Von dem Aufteilungsmaßstab des § 426 Abs. 1 BGB („zu gleichen Anteilen") **abweichende gesetzliche Bestimmungen** finden sich in **§§ 840 Abs. 2, 3, 841 BGB** und – wie Sie ja längst wissen – in dem hier anzuwendenden und in bestimmten Konstellationen sogar zur völligen Entlastung eines Schuldners führen könnenden **§ 254 BGB analog**. Zudem sind vom Regelmaßstab des § 426 Abs. 1 S. 1 BGB **abweichende Vereinbarungen zwischen** den **Gesamtschuldnern** möglich; der Gläubiger muss an derartigen Regressvereinbarungen unter den Gesamtschuldnern natürlich nicht (etwa durch seine Zustimmung) mitwirken, denn er ist davon nicht betroffen.

Lesen Sie diese sehr kompakte und für manche zu abstrakte Passage sofort noch einmal, und legen Sie sich selbst Rechenschaft darüber ab, alles verstanden zu haben, denn der Inhalt ist außerordentlich wichtig!

- Zum Zwecke der **Verstärkung** des **Regressanspruchs** aus **§ 426 Abs. 1 S. 1 BGB** hat der Gesetzgeber mittels des **§ 426 Abs. 2 BGB** eine **„cessio legis"** in Höhe der Ausgleichsforderung nach § 426 Abs. 1 S. 1 BGB (nach Kopfteilen, „soweit nicht ein anderes bestimmt ist") angeordnet. Die rechtliche und wirtschaftliche Bedeutung einer „cessio legis" für einen Regressgläubiger ist Ihnen ja längst bekannt; sie ergibt sich vor allem aus dem nach §§ 412, 401 BGB erfolgenden Übergang der die Forderung sichernden akzessorischen Nebenrechte (Bürgschaft, Pfandrecht, Hypothek) nach §§ 412, 401 BGB analog (Vormerkung) auf den Regressgläubiger. Umgekehrt wirkt sich die zusätzliche Anordnung einer „cessio legis" nicht zum Nachteil des (anderen) Gesamtschuldners als Regressschuldner aus, denn die übergegangene Forderung behält ihre „Schwächen" (§§ 412, 404, 406 BGB).
- Prüfen Sie bei der **Fallbearbeitung** erst den **Regressanspruch** aus **eigenem Recht,** der sich aus dem **Innenverhältnis** ergibt (aus einem evtl. besonderen Innenverhältnis: z. B. aus § 670 BGB; und aus dem allgemeinen gesamtschuldspezifischen Innenverhältnis aus § 426 Abs. 1 S. 1 BGB) und erst dann einen **Regressanspruch** aus **abgeleitetem Recht** (§ 426 Abs. 2, 412, 399 ff. BGB). Dies empfiehlt sich deshalb, weil die cessio legis in § 426 Abs. 2 BGB den Anspruch aus § 426 Abs. 1 S. 1 BGB verstärken soll, also einen bereits bestehenden Ausgleichsanspruch voraussetzt, wie sich aus der Formulierung des Gesetzes: „soweit ein Gesamtschuldner … Ausgleichung verlangen kann" ergibt. Prüft man also den Ausgleichsanspruch aus eigenem Recht, dem Innenverhältnis nämlich, zuerst, vermeidet man bei § 426 Abs. 2 BGB eine unglückliche Inzidentprüfung.

**Fall 887**

Der Dieb D stiehlt dem Eigentümer E eine Sache im Werte von € 20.000,– und veräußert sie an den gutgläubigen Käufer K1; dieser veräußert sie für € 25.000,– an den K2 weiter. Der E genehmigt die Verfügung des K1 zugunsten des K2. Dann zahlt der D auf das Verlangen des E € 20.000,– Schadensersatz aufgrund des § 823 Abs. 1, Abs. 2 i. V. m. § 242 StGB an den E. Später zahlt der K1 an den E auf dessen Verlangen im Hinblick auf die Genehmigung der Verfügung zugunsten des K2 den dadurch erlangten Betrag von € 25.000,– aufgrund §§ 816 Abs. 1 S. 1, 185 Abs. 2 BGB. Als der K1 von der bereits erfolgten Zahlung des D erfährt, verlangt der K1 € 20.000,– von E zurück (nach BGH).

Ein Anspruch des K1 gegen den E könnte sich 1) aus § 812 Abs. 1 S. 1 Var. 1 BGB ergeben: a) Der E hat als „etwas" das Eigentum an den € 25.000,– erlangt, b) und zwar durch Leistung des Anspruchstellers K1. c) Fraglich ist, ob der K1 ohne Rechtsgrund geleistet hat. Rechtsgrund war aa) die Verpflichtung des K1 aus §§ 816 Abs. 1 S. 1, 185 Abs. 2 S. 1 1 Var. 1, Fall BGB, bb) wenn diese nicht bereits in Höhe von € 20.000,– durch die Zahlung des D an E getilgt war: aaa) Nicht erloschen ist sie nach §§ 362, 267 BGB, denn der D wollte ausschließlich seine eigene Verpflichtung aus §§ 823 Abs. 1, Abs. 2 BGB i. V. m. § 242 StGB und nicht die Verpflichtung des K1 aus §§ 816 Abs. 1 S. 1, 185 Abs. 2 S. 1 Var. 1 BGB erfüllen; bbb) möglicherweise ist die Verbindlichkeit des K1 aber nach § 422 BGB getilgt worden, wenn der D und der K1 Gesamtschuldner waren: Hier kommt nur ein Fall einer Gesamtschuldnerschaft nach § 421 BGB in Betracht, die im einzelnen voraussetzt, aaaa) dass (wie es hier er Fall ist) demselben Gläubiger mehrere Schuldner verpflichtet sind; bbbb) dass (wie es hier der Fall ist) jeder die ganze Leistung schuldet; cccc) dass (wie es hier der Fall ist) der Gläubiger nur einmal die Leistung verlangen kann; dddd) dass die geschuldeten Leistungen zwar nicht unbedingt identisch sind, wohl aber demselben Leistungsinteresse des Gläubigers dienen (wie es bei Schadensersatz und Herausgabe des Surrogats der Fall ist), reicht aus. eeee) Ferner wird überwiegend verlangt, dass zwischen den Schuldnern eine „Gleichstufigkeit" besteht, die dann gegeben ist, wenn ein Regress im Innenverhältnis jedenfalls prinzipiell in beide Richtungen vorstellbar ist, und nicht von vornherein einer der Schuldner typischerweise im Ergebnis die ganze Leistung schuldet und der andere dessen Verbindlichkeit lediglich absichert oder ein „Versorger" ist, wie es z. B. beim Bürgen oder Schadensversicherer der Fall ist, bei denen der Regress stets nur in eine Richtung läuft (§ 774 BGB: Bürge gegen Hauptschuldner; § 86 VVG: Versicherer gegen Schädiger). Eine neuere Lehre will jedoch völlig auf das Merkmal der Gleichstufigkeit verzichten; sie wendet – falls keine Sonderregeln (z. B. § 774 BGB) eingreifen – stets § 426 BGB als Regressnorm an und vermeidet unsinnige Regress-Ergebnisse durch die analoge Anwendung des § 254 BGB im Rahmen des § 426 Abs. 1 BGB. Ob zwischen einem deliktischen Schädiger und dem Schuldner aus § 816 Abs. 1 S. 1 BGB eine von der h. M. verlangte Gleichstufigkeit besteht, kann man so oder so entscheiden: Gegen eine Gleichstufigkeit spricht, dass letztlich nur der D haften soll; dann entfiele aus diesem Grunde ein Bereicherungsanspruch des K1 gegen E. Folgt man dagegen dem BGH und bejaht ein Gesamtschuldverhältnis, dann bestand wegen der Tilgungswirkung der Zahlung des D in Höhe von € 20.000,– kein Rechtsgrund für die Leistung des K1, d) so dass er von E in dieser Höhe das „Erlangte" herausverlangen kann. 2) Zu denken ist auch an einen Schadensersatzanspruch des K1 gegen den E aus §§ 823 Abs. 2 BGB i. V. m. § 263 StGB, weil dieser ihn aus §§ 816 Abs. 1 S. 1, 185 BGB in Höhe von € 25.000,– in Anspruch genommen hat, obwohl er bereits von D Zahlung von € 20.000,– erhalten hatte und wusste, dass der Anspruch gegen den K1 sich nur noch auf € 5000,– belief.

(2) Der gestörte Gesamtschuldnerausgleich

Ein besonders schwieriges Regressproblem stellt sich dann, wenn der Ausgleich unter den Gesamtschuldnern – oft sind es Schadensersatzschuldner – dadurch „gestört" ist, dass zugunsten von Gesamtschuldnern ein **Haftungsprivileg** aufgrund einer **vereinbarten Beschränkung** oder **kraft Gesetzes** (§§ 708, 1359, 1664 BGB, Haftungsbefreiung des Arbeitgebers oder eines Arbeitskollegen gem. §§ 104, 105 SGB III bei „Arbeitsunfällen") besteht, zugunsten des anderen aber nicht.

Bei einer **(a) vertraglichen Haftungsbeschränkung** gibt es theoretisch drei von Ihnen zu8 diskutierende **Lösungsmöglichkeiten** bzw. **Lösungswege**.

**Fall 888**

Der B lässt sich von dem Bauunternehmer U ein einstöckiges Gewerbegebäude errichten; wegen der Bauaufsicht hat B einen Architektenvertrag mit dem

Architekten A geschlossen. Der A kümmert sich zwar an sich gründlich um die Baustelle, übersieht aber gleichwohl aufgrund eines leichten Versehens, dass der U abweichend von der insoweit leicht verständlichen Bauzeichnung Zwischendeckenbalken mit zu schwacher Stärke verwendet. Der U verweigert zu Recht nach § 635 Abs. 3 BGB die Nacherfüllung. Die behördliche Abnahme erfolgt unter Anordnung von die Belastbarkeit des oberen über der Zwischendecke liegenden Stockwerks einschränkenden und damit den Wert des Hauses insgesamt mindernden Auflagen. Da die Haftung des A im Architektenvertrag für leichte Fahrlässigkeit ausgeschlossen ist, verlangt der B in voller Höhe von U „statt der Leistung" den „kleinen Schadensersatz" nach §§ 634, 280 Abs. 1, 3, 281, 636 BGB.

Es stellt sich die Frage, ob der B von U Schadensersatz in voller Höhe verlangen kann oder ob der Haftungsbeschränkung zugunsten des A durch Kürzung des Anspruchs um dessen Verantwortungsanteil Rechnung getragen werden muss. Wenn man annehmen sollte, dass der U in voller Höhe in Anspruch genommen werden kann, stellt sich die weitere Frage, ob die Privilegierung des A im Außenverhältnis auch bedeutet, dass U gegen A keinen Regress nehmen kann. Wir wollen den Fall hier nicht „zu Ende" lösen, sondern auf die im Folgenden dargestellten verschiedenen Lösungsvorschläge verweisen, in die die Beteiligten des vorliegenden Falles (B, U, A) „eingearbeitet" sind.

- Recht fern liegt die Annahme einer **Alleinhaftung** des **Nichtprivilegierten (U) gegenüber** dem **Gläubiger** und des gleichzeitigen **Ausschlusses** eines **Regressanspruchs** des **Nichtprivilegierten (U) gegen** den **Privilegierten (A)** mit dem Argument, es bestünde keine Gesamtschuld, weil „nicht mehrere" i. S. d. § 421 BGB „schulden". Gegen diese Lösung spricht nämlich, dass sie den nichtprivilegierten Schädiger (U) unbillig belastet und dass eine zwischen dem Gläubiger und dem Privilegierten vereinbarte vertragliche Haftungserleichterung ein Vertrag zu Lasten Dritter wäre.
- Die zu einer **alleinigen Haftung** des **Nichtprivilegierten (U)** im **Außenverhältnis** kommende Rechtsansicht kompensiert dies daher durch einen **Regressanspruch gegen** den **Privilegierten (A)** im **Innenverhältnis,** obwohl im Außenverhältnis eben wegen der Privilegierung keine Gesamtschuld vorliegt. Für diese Lösung spricht, dass die Haftungserleichterung im Außenverhältnis nicht auf das Rechtsverhältnis zwischen den Schädigern einwirken darf. Man darf den Gedankengang hier aber noch nicht abbrechen. Wenn man nämlich dem Nichtprivilegierten (U) den vollen Regressanspruch zuspricht, stünde der Privilegierte (A) schlechter, als wenn er allein verantwortlich gewesen wäre; diese Ansicht gibt daher dem Privilegierten (A) auch konsequenterweise einen Ausgleichsanspruch gegen den Gläubiger (B), wenn es Sinn der Privilegierung war, den privilegierten Schuldner (A) endgültig freizustellen; das Ganze wird dann sehr anschaulich **„Regresskreisel"** genannt.
- Nach der überwiegenden Auffassung kann der (Ihnen ja nunmehr vertraute) Interessenwiderstreit nur angemessen gelöst werden durch eine **Kürzung** des **Anspruchs** des **Gläubigers (B) gegen** den **nichtprivilegierten Schädiger (U)** in **Höhe** des **Regressanspruchs**, den der Nichtprivilegierte ohne den Haftverzicht

des Gläubigers gegen den Privilegierten **gehabt hätte**. Im Fall einer Inanspruchnahme durch den Gläubiger hätte der Nichtprivilegierte keinen Anspruch gegen den Privilegierten. Damit wäre das Ziel, die Haftungsbeschränkung dazu führen zu lassen, dass der Privilegierte weder im Außenverhältnis (dem Gläubiger) noch im Innenverhältnis (dem Privilegierten) verpflichtet wäre.

Dass der Gläubiger den Nachteil eines nur teilweisen Ersatzes zu tragen hat, ist angemessen, weil er dies durch den Verzicht letztlich gewollt herbeigeführt hat (BGH).

Dagegen **(b)** muss bei **gesetzlichen Haftungsbeschränkungen** zwischen einem Arbeitsunfall mit der Haftungsbeschränkung aus §§ 104 ff. SGB VII und Konstellationen mit sonstigen gesetzlichen Haftungsbeschränkungen differenziert werden.

Bei **Arbeitsunfällen** werden die Arbeitgeber, wenn diese einen Arbeitsunfall herbeigeführt haben, nach **§ 104 ff. SGB VII** dahingehend privilegiert, dass sie „… den Versicherten, die für ihre Unternehmen tätig sind oder zu ihren Unternehmen in einer sonstigen die Versicherung begründenden Beziehung stehen, sowie deren Angehörigen und Hinterbliebenen nach anderen gesetzlichen Vorschriften zum Ersatz des Personenschadens, den ein Versicherungsfall verursacht hat, nur verpflichtet (sind), wenn sie den Versicherungsfall vorsätzlich … herbeigeführt haben. …". Über den Sinn dieser Privilegierung des Arbeitgebers muss man sich Gedanken machen. Die ratio legis ist darin zu sehen, dass der Arbeitgeber, der schließlich die Beiträge zur Unfallversicherung entrichtet, nicht doppelt belastet werden soll. Außerdem sollen die §§ 194 ff. SGB VII den Betriebsfrieden erhalten, indem sie verhindern, dass Arbeitnehmer den Arbeitgeber in Anspruch nehmen. Daraus resultiert logisch zwingend, dass nach § 105 SGB VII bei Arbeitsunfällen auch zwischen Arbeitskollegen die Haftung ausgeschlossen ist, denn sonst würde der Arbeitgeber über den Umweg eines aufgrund der beschränkten Arbeitnehmerhaftung gegen ihn bestehenden Freistellungsanspruchs aus § 670 BGB analog in Anspruch genommen werden können. Wenn zum *Beispiel* ein solcher Arbeitsunfall durch den nicht vorsätzlich handelnden Arbeitgeber AG und durch einem Dritten D mit der Folge eines Anspruchs des Arbeitnehmers AN aus §§ 823 Abs. 1, 830, 840 BGB herbeigeführt worden ist, so stellt sich die Frage, ob der AN den D als Gesamtschuldner in Anspruch nehmen kann. Das kann er schon, aber nur beschränkt auf den Verursacherbeitrag. Denn anderenfalls könnte im Wege des Regresses der Privilegierte in Anspruch genommen werden. Den Gläubiger trifft das nicht hart, denn er ist ja schließlich unfallversichert.

Bei anderen **gesetzlichen Haftungsbeschränkungen**, wie denen aus **§§ 708, 1359, 1664 BGB** soll es kraft Gesetzes an einer Mitbeteiligung (z. B. an einem Delikt aus §§ 823, 830, 840 BGB) des Privilegierten fehlen. Der Gläubiger kann seinen (z. B. Schadensersatz-) Anspruch in voller Höhe von dem/den Nicht-Privilegierten verlangen. Diese/r kann/können keinen Regress beim Privilegierten nehmen. Vor allem bei § 1359 BGB und 1664 BGB innerhalb der Familie entspreche das dem gesetzgeberisch gewollten Schutz der Familie.

(3) Ausgleich bei „unechten Gesamtschulden"

Schulden die Schuldner nicht „gleichstufig" und gibt es keinen Regressanspruch (wie z. B. aus § 86 VVG), dann kann sich eine (Ihnen ja schon bekannte) ziemlich „vertrackte" Frage nach dem Regress ergeben, wenn der Schuldner an den Gläubiger geleistet hat und nun den Schadensverursacher in Anspruch nehmen möchte. Wenn man trotz der fehlenden Gleichstufigkeit ein **Gesamtschuldverhältnis** annimmt, kommt man zu § 426 BGB.

Verneint man jedoch ein Gesamtschuldverhältnis und bezeichnet man die Konstellation daher als **„unechtes Gesamtschuldverhältnis"**, kann die Lösung nur ein Zessionsregress bieten: Der leistende Schuldner verlangt vom Gläubiger die Abtretung von dessen Anspruch gegen den anderen Schuldner und geht nach erfolgter Abtretung gegen diesen vor.

So einfach, wie dies klingt, ist die Lösung freilich nicht, denn einerseits stellt sich die Frage, ob und aus welchem Grunde der Gläubiger zur Abtretung an den leistenden Schuldner verpflichtet sein sollte. Und andererseits muss man sehen, dass durch die Leistung des Schuldners der „natürliche" bzw. der „reale" Schaden entfallen ist, so dass sich die Frage stellt, ob überhaupt noch ein abtretbarer Schadensersatzanspruch existiert.

**Fall 889**

Die Stadt Fulda (F) ist kraft eines Konkordats mit der Kirche K zur baulichen Erhaltung des Domes verpflichtet. Als das Bauwerk durch den Brandstifter B beschädigt worden ist, stellt F mit Rücksicht auf das Konkordat den Kirchenbau wieder her und nimmt den B in Anspruch (nach RG).

a) Ein Regressanspruch von F gegen B aus § 426 BGB scheidet aus, aa) wenn man mangels Gleichstufigkeit das Vorliegen eines Gesamtschuldverhältnisses ablehnt. bb) Wer dagegen auch bei „Ungleichstufigkeit" ein Gesamtschuldverhältnis annimmt und damit einen Regress nach § 426 BGB ermöglicht, muss dann den Regress über § 254 BGB analog so „steuern", dass F in voller Höhe bei B Regress nehmen kann. b) Ein Anspruch von F gegen B aus §§ 677, 683, 670 BGB entfällt, da F nach richtiger Meinung nicht einmal „auch" die Geschäfte des B führen wollte, sondern ausschließlich die Pflichten aus dem Konkordat erfüllen wollte. c) Aus § 812 Abs. 1 S. 1 Var. 2 BGB („Auslagenkondiktion") hat F keinen Anspruch, weil sie nicht als Dritte gem. § 267 BGB die Schuld des B getilgt hat, sondern ihre eigene Verpflichtung aus dem Vertrag erfüllen wollte; anders wäre es, wenn man zu Regresszwecken die Leistung nachträglich „fremdbestimmen" kann und dies auch geschehen ist. d) Wer ein Gesamtschuldverhältnis wegen fehlender Gleichstufigkeit verneint und das Vorliegen eines „unechten Gesamtschuldverhältnisses" annimmt, kann den Fall aa) durch eine analoge Anwendung des § 255 BGB lösen: Danach kann F von K die Abtretung ihrer Ansprüche gegen den B (z. B. aus § 823 Abs. 1 BGB) verlangen bb) und dann aus abgetretenem Recht gegen den B vorgehen. Hier stellt sich das Problem, ob der K nach Beseitigung des „natürlichen" bzw. des „realen" Schadens überhaupt noch ein Anspruch aus § 823 Abs. 1 BGB zusteht: Helfen kann man hier mit einem „normativen Schaden" der K (arge. § 843 Abs. 4 BGB). Das alles haben wir bereits beim Schadensersatzrecht in Teil 9 ausführlich erörtert.

Hilfe bietet der analog anzuwendende § 255 BGB auch in dem (mit anderer Fragestellung schon bekannten) Fall, in dem zum *Beispiel* der von D bestohlene Eigentümer nach einer Genehmigung gemäß § 185 Abs. 2 S. 1 Var. 1 BGB den nichtberechtigt aber wegen der Genehmigung wirksam an K2 verfügt habenden Käufer K1 aus §§ 816 Abs. 1 S. 1 BGB auf Herausgabe eines Veräußerungserlöses in Anspruch nimmt und man der vertretbaren Ansicht ist, dass kein Gesamtschuldverhältnis mit dem D als weiteren Schuldner des E aus § 823 BGB besteht. Wenn der D noch keinen Schadensersatz an E gezahlt haben sollte, kann K1 von E nach § 255 BGB analog die Abtretung von dessen Anspruch aus § 823 Abs. 1, Abs. 2 i. V. m. § 242 StGB verlangen und aus abgetretenem Recht gegen den D vorgehen. Wenn der K1 die Sache von E erworben haben sollte, hätte er auch einen Schadensersatzanspruch aus §§ 433, 280 Abs. 1 BGB und § 823 Abs. 2 BGB i. V. m. 263 StGB, aufgrund dessen er als Schadensersatz Freistellung von dem Anspruch des E verlangen kann.

## B. Veränderungen auf Gläubiger- und Schuldnerebene

Die gesamte bisherige Darstellung diente dem Ziel herauszufinden, ob jemandem (wir nennen diese Person/en dann, wenn wir dies bejaht haben, „Gläubiger") rechtsgeschäftliche oder sich aus dem Gesetz ergebende Primär- oder Sekundäransprüche gegen jemand anderen (wir nennen diese Person/en dann „Schuldner)" zustehen.

Wenn Sie bei der Fallbearbeitung herausgefunden haben, dass eine bestimmte Person Ihres Sachverhalts „Gläubiger" oder „Schuldner" eines Anspruchs ist, müssen Sie gedanklich darauf vorbereitet sein, dass dies vielleicht nur eine „Momentaufnahme" ist. Denn der von Ihnen zu bearbeitende Sachverhalt kann tatsächliche Umstände enthalten, aufgrund derer sich die rechtliche Beurteilung hinsichtlich der Gläubigerstellung bzw. der Schuldnerstellung einer Person dahingehend verändert hat, dass an die Stelle des bisherigen Gläubigers/Schuldners ein neuer Gläubiger/Schuldner getreten ist. Ein solcher Gläubiger- oder Schuldnerwechsel kann auf verschiedensten Wegen geschehen:

- **Gläubigerwechsel** durch **Forderungsübertragung**: Die Übertragung einer **nicht** durch ein **Wertpapier verbrieften Forderung** kann durch **Vertrag (durch „Abtretung"** bzw. **„Zession"** nach **§ 398 BGB** oder bei in **Wertpapieren verbrieften Forderungen** durch **Übereignung des Papiers** nach **§§ 929 ff. BGB)** erfolgen, durch das **Gesetz** angeordnet werden **(„cessio legis")** oder durch einen **Hoheitsakt** herbeigeführt werden (entsinnen Sie sich noch an die „Überweisung" einer Forderung gegen einen Drittschuldner „an Zahlungs Statt zum Nennwert"??). Wie auch immer: An die Stelle des alten Gläubigers G1 („Altgläubiger") tritt der neue Gläubiger G2 („Neugläubiger"). Dazu finden Sie Ausführungen **sub I**.
- **Schuldnerwechsel** durch **Schuldübernahme**: Durch eine **„Schuldübernahme"**, die nur durch Vertrag erfolgen kann, tritt an die Stelle des Schuldners S1

(„Altschuldner“) der S2 („Neuschuldner“). Dazu finden Sie Ausführungen **sub II**.

- **Gläubiger und/oder Schuldnerwechsel** durch **Vertragsübernahme**: Weiterhin gibt es die Möglichkeiten, dass durch Vertrag oder durch Gesetz die Partner eines Vertrages (die Gläubiger und Schuldner sein können) wechseln, so dass an die Stelle des alten Vertragspartners V1 der neue Vertragspartner V2 tritt (**„Vertragsübernahme“**), die auch **sub II** angesprochen wird.

Wir wollen aber schon jetzt im Auge haben, dass nach **§ 1922 BGB** das Vermögen einer Person (Erblasser) als Ganzes **von Todes wegen** auf eine andere Person (Erbe) übergehen kann. Da eine Forderung ein Vermögensgegenstand ist, gehen auch die Forderungsrechte des Erblassers auf den Erben über. Auch gehen die Verbindlichkeiten des Erblassers auf den Erben über (**§§ 1922, 1967 BGB**). Diese Themen werden eingehend bei der Gesamtrechtsnachfolge in Teil 12 behandelt.

## I. Gläubigerwechsel durch Forderungsübergang

Wir unterscheiden zwischen dem **Übergang** von **Forderungen**, die **nicht** durch ein **Wertpapier verbrieft** sind, durch einen **Vertrag** nach §§ 398 ff. BGB **(sub 1)** und durch eine **„cessio legis“ (sub 2)**; zentrale Probleme beim Forderungsübergang sind der anschließend erörterte **Schuldnerschutz (sub 3)** und daraus resultierende **Ausgleichsansprüche (sub 4)**. Schließlich werden **besondere Formen der Zession** dargestellt **(sub 5)**. Den Forderungsübergang durch Übertragung von durch ein Wertpapier verbrieften Forderungen durch die **Übereignung** des **Wertpapiers** stellen wir zunächst zurück **(sub 6)**, weil diese rechtliche Möglichkeit für Sie als junge Juristen, vor allem, wenn Sie Anfänger sind, doch eher im Hintergrund des Interesses steht, zumal das Wertpapierrecht jedenfalls im ersten Staatsexamen vielfach nicht zu den Prüfungsgegenständen gehört.

### 1. Vertraglicher Forderungsübergang („Abtretung“) nach §§ 398 ff. BGB

Zur Wiederholung: Ein Gläubigerwechsel kann auf unterschiedliche Weise erfolgen.

- Der Forderungsübergang kann **durch Vertrag („Abtretung“** bzw. **„Zession“)** herbeigeführt werden (§§ 398–411 BGB). Durch den Vertrag geht eine Forderung von dem bisherigen Gläubiger (=„Alt-Gläubiger“=„Zedent“) auf den neuen Gläubiger (=„Neu-Gläubiger“=„Zessionar“) über.
- Der Forderungsübergang wird auch vom Gesetz (verstreut über das BGB: z. B. in §§ 426 Abs. 2, 774, 1143, 1225 BGB etc. oder in Sondergesetzen: z. B. in § 86 VVG, § 116 SGB X) als Rechtsfolge angeordnet. Für diesen gesetzlichen Forderungsübergang, die **„cessio legis“** also, erklärt das Gesetz in § 412 BGB den Großteil der für die vertragliche Übertragung von Forderungen geltenden Vorschriften für entsprechend anwendbar: §§ 399–404 BGB und §§ 406–410 BGB. Die „ausgesparten“ Normen sind unter anderem § 398 BGB (der Grund ist mit einem Blick jedermann klar) und § 405 BGB (warum? Es geht dort um einen Fall

des gutgläubigen Erwerbs, der bekanntlich nur bei rechtsgeschäftlichem Erwerb denkbar ist).

- Die dritte Möglichkeit eines Gläubigerwechsels finden Sie im Zwangsvollstreckungsrecht: Es ist die (im Vergleich zur üblichen „Überweisung" der gepfändeten Forderung „zur Einziehung") äußerst seltene **„Überweisung"** der gepfändeten Forderung **„an Zahlungs Statt zum Nennwert"** nach §§ 828 ff., 835 Abs. 1 ZPO; einiges hierzu haben Sie in Teil 3 dieses Buches schon erfahren.

Wir befassen uns **im Folgenden** zunächst **(sub 1)** nur mit der **Forderungsabtretung** durch **Vertrag („Abtretung"** bzw. **„Zession")**, und zwar zunächst mit ihren Voraussetzungen **(sub a)** und dann mit den Folgen **(sub b)**. Was die **Terminologie** angeht, so werden wir sowohl den Begriff „Abtretung" als auch den Begriff „Zession" verwenden. so dass Sie sich an diese stilistischen Varianten gewöhnen.

Verschaffen Sie sich zunächst einen **Normüberblick** über die §§ 398 ff. BGB:

- in **§ 398 BGB** finden sich die Voraussetzungen für den Forderungsübergang durch Vertrag („Abtretung" bzw. „Zession");
- in **§§ 399, 400 BGB** dem Schutz des Schuldners dienende, eine Zession ausschließende Regelungen;
- in **§ 401 BGB** wird das Schicksal akzessorischer Nebenrechte in einer den Interessen des Zessionars dienenden Weise geregelt;
- in **§§ 402, 403 BGB** regelt das Gesetz Nebenpflichten des Zedenten;
- in den **§§ 404, 406–411 BGB** finden Sie Vorschriften, die den Schuldner vor den Folgen einer wirksamen Zession schützen sollen;
- und in **§ 405 BGB** werden Einschränkungen des Schuldnerschutzes zugunsten eines Schutzes des Zessionars angeordnet und dadurch u. a. die Möglichkeit eines gutgläubigen Forderungserwerbs geschaffen.
- **§ 412 BGB** ist eine Verweisungsnorm, die bei einer „cessio legis" die §§ 399–404 BGB und die §§ 406–410 BGB anwendbar macht.
- Der **§ 413 BGB** hat mit dem Zessionsrecht eigentlich nichts zu tun. Diese Regelung ermöglicht für die seltenen Fälle, in denen das Gesetz die Übertragung von Rechten (anders als z. B. in §§ 929 ff. BGB für bewegliche Sachen oder §§ 873, 925 BGB für das Eigentum an Grundstücken) nicht geregelt hat, eine Übertragung, indem es die Vorschriften der §§ 398 ff. BGB für entsprechend anwendbar erklärt. Bedeutung hat diese Regelung z. B. für die Übertragung eines Nutzungsrechts an einem Urheberrecht oder an einem gewerblichen Schutzrecht.

### a) Die rechtsgeschäftliche Übertragung von Forderungen („Abtretung", „Zession")

Die Abtretung erfolgt durch einen **Vertrag** zwischen Zedent und Zessionar (§ 398 S. 1 BGB). Mit dem Abschluss des Vertrages tritt der neue Gläubiger an die Stelle des alten Gläubigers (§ 398 S. 2 BGB). Um jedem Missverständnis vorzubeugen: Es geht nur die Forderung über! Handelt es sich also bei der abgetretenen Forderung um eine Forderung des Zedenten als Käufer gegen den Schuldner als Verkäufer aus einem Kaufvertrag, also um die Abtretung des Anspruchs aus § 433 Abs. 1 S. 1 BGB, kommt es nicht etwa zu einer Auswechselung der Kaufvertragspartner dahingehend, dass der Zessionar der Käufer wird.

Lassen Sie sich auf keinen Fall durch die Einordnung der gesetzlichen Regelung der Zession in das 2, Buch des BGB und dort in das Allgemeine Schuldrecht verwirren: Es handelt sich bei der Zession nicht etwa um ein schuldrechtlich verpflichtendes Geschäft, sondern um ein **Verfügungsgeschäft**, dem ein schuldrechtlich verpflichtendes Geschäft (z. B. ein Forderungskaufvertrag nach §§ 433, 453 BGB, ein Factoringvertrag, ein Sicherungsvertrag) i. d. R. zugrunde liegen wird, aber keinesfalls zugrunde liegen muss. Es gilt das „Trennungsprinzip" und auch das „Abstraktionsprinzip".

Warum ist die Zession eine Verfügung? Die Antwort kennt jeder, der definieren kann, was eine Verfügung ist: Eine rechtsgeschäftliche Einwirkung auf ein bestehendes Recht, durch das dieses (unmittelbar, sagen manche zur Sicherheit) übertragen, belastet, inhaltlich geändert oder aufgehoben wird. Jetzt ist die Antwort klar?!

Bevor wir uns jetzt „en detail" mit der Zession befassen, erhalten Sie vorab ein „Rohprüfungsschema" des Forderungsübergangs infolge einer Zession:

1. **Vertrag** über den Forderungsübergang (§ 398 S. 1 BGB):
   - wirksame **Einigung** nach den §§ 145 ff. BGB zwischen Zessionar und Zedenten;
   - **kein Formzwang**, ganz wichtige Ausnahme: bei Hypothekenforderungen (§ 1154 BGB);
   - **Bestimmtheit der Forderung** nach Inhalt, Schuldner und Schuldgrund;
2. **Berechtigung** des Zedenten;
3. **Kein Abtretungsausschluss** nach §§ 399, 400 BGB.

#### aa) Abtretungsvertrag

##### (1) Regelfall: Abtretung einer entstandenen Forderung

Der Zedent und der Zessionar müssen nach §§ 145 ff. BGB einen wirksamen **Vertrag** des Inhalts schließen, dass das Forderungsrecht des Zedenten auf den Zessionar übergehen soll (§ 398 S. 1 BGB: „Eine Forderung kann von dem Gläubiger durch Vertrag mit einem anderen auf diesen übertragen werden").

Der Vertrag ist **grundsätzlich nicht formbedürftig**, und zwar auch dann nicht, wenn die abgetretene Forderung aus einem formbedürftigen Geschäft herrührt (z. B. die Kaufpreisforderung aus einem Grundstückskaufvertrag, §§ 433 Abs. 2, 311b Abs. 1 BGB) oder wenn das der Zession zugrunde liegende Rechtsgeschäft selbst formbedürftig ist. Eine wichtige Ausnahme von der Formfreiheit besteht jedoch bekanntlich bei einer hypothekarisch gesicherten Forderung (§ 1154 BGB).

Wie bei jeder **Verfügung** muss auch bei der Zession für deren Wirksamkeit das **Bestimmtheitsprinzip** gewahrt sein, denn die Veränderung einer Zuordnung muss sich auf ein bestimmtes Recht beziehen. Es muss klar sein, auf welche Forderung sich der Abtretungsvertrag bezieht, also welchen Inhalt (z. B. bei Geldforderungen: Höhe), welchen Schuldner und welchen Schuldgrund die Forderung hat. Wenn eine Forderung bereits entstanden ist, sie aber bedingt oder betagt ist (§§ 158, 163 BGB), ist sie ausreichend bestimmt. Auch bei einer „Globalzession" („globale" Abtretung einer bestimmten Gruppe von Forderungen) ist das Bestimmtheitsprinzip gewahrt, wenn diese Forderungen bestehen und durch eine Auslegung der Beschreibung des Umfangs der Zession bestimmt werden können.

An der Zession ist der **Schuldner** in rechtsgeschäftlicher Hinsicht **nicht beteiligt**. Er muss nicht einmal informiert werden **(„stille Zession")**; die Tatsache einer inzwischen erfolgten Zession kann dem Schuldner sogar bei der Geltendmachung der Forderung verborgen bleiben, wenn der Zedent vom Zessionar dazu (rück-) „ermächtigt" worden war, die Forderung im eigenen Namen für Rechnung des Zessionars einzuziehen (dazu später mehr); dann nämlich tritt gegenüber dem Schuldner der ihm als Gläubiger bekannte Zedent wie ein Gläubiger auf. Dem sich hieraus ergebenden Bedürfnis nach einem Schutz des Schuldners bei Veränderungen auf der Gläubigerebene trägt das Gesetz durch spezielle Schuldnerschutzvorschriften Rechnung (§§ 404 ff. BGB), auf die wir noch gründlich eingehen werden.

Die **verfügende Wirkung** des Vertrages folgt aus § 398 S. 2 BGB: „Mit dem Abschluss des Vertrages tritt der neue Gläubiger an die Stelle des bisherigen Gläubigers".

(2) Besonderheiten einer „Vorauszession"

Auch künftige Forderungen können abgetreten werden **(„Vorauszession")**. Hier geht es nicht etwa um die unproblematischen Fälle der Abtretung bedingter oder betagter Forderungen, die immerhin bereits entstanden sind (§§ 158, 163 BGB), sondern um die Abtretung von Forderungen aus Rechtsverhältnissen, die ihrerseits erst noch entstehen müssen. Den zuvor aufgeführten Erfordernissen für die „Bestimmtheit" kann eine solche Abtretung daher nicht genügen. Die Frage lautet, ob eine Vorauszession deshalb an der Unerfüllbarkeit des Bestimmtheitserfordernisses scheitern soll.

Bei ihrer Beantwortung muss man sich zunächst verdeutlichen, dass die Abtretbarkeit künftiger Forderungen nicht im Gesetz vorgesehen ist. Wenn die Abtretung künftiger Forderungen gleichwohl von der Rechtspraxis und Rechtswissenschaft zugelassen wird, ist dies letztlich eine dogmatische „Wollensentscheidung", die darauf zurückzuführen ist, dass die professionellen Kreditgeber, also in erster Linie die Banken, ein Bedürfnis nach einer Kreditsicherung durch eine „Sicherungszession" haben, bei der die zur Sicherheit einer Darlehensforderung abgetretene Forderung eine lediglich künftige Forderung ist. Unverblümt gesagt: Die Rechtsdogmatik hat sich den **Bedürfnissen der Kreditwirtschaft** angepasst und

- sogar einen recht eleganten Weg zur Begründung der **Zulässigkeit** einer Vorauszession **„a maiore ad minus"** dem **§ 185 Abs. 2 S. 1 Var. 2 BGB** entnommen:

Hiernach wird die Verfügung eines Nichtberechtigten wirksam, wenn der Nichtberechtigte den Gegenstand, über den er verfügt hat, später erwirbt. Daraus kann man schließen, dass es erst recht möglich sein muss, über eine noch nicht existente, erst zukünftig in der Person des Verfügenden entstehende Forderung zu verfügen.

- Die weitere Frage ist, **wie** man bei der Abtretung **künftiger Forderungen** dem **Bestimmtheitserfordernis** Genüge tun kann. Man hat sich inzwischen darauf geeinigt, für die Wirksamkeit einer Vorauszession zunächst ausreichend sein zu lassen, dass sie nach Rechtsgrund, Schuldner und Höhe hinreichend genau bestimmt („bestimmbar") ist: Die Bestimmbarkeit ist z. B. gegeben bei einer „Abtretung aller aus der Veräußerung der gelieferten Ware (… Art und Menge …) entstehenden Forderungen". Nicht hingegen reicht z. B. aus eine Abtretung „aller Ansprüche auf Geldzahlung bis zu einer Höhe von € 1.000.000,–". Wenn eine Globalzession einen ständig wechselnden Bestand gegenwärtiger und künftiger Forderungen bis zu einer bestimmten Höhe betrifft, hängt die Bestimmbarkeit davon ab, ob bestimmbar ist, welche künftigen Forderungen übergehen sollen. Was das Erfordernis der **Bestimmtheit** bei einer Vorausabtretung angeht, wird allgemein angenommen, dass es genügt, wenn die Forderung spätestens bei ihrer Entstehung für einen objektiven Dritten zu individualisieren ist.

Was die **verfügende Wirkung** einer Vorauszession (Gläubigerwechsel) angeht (§ 398 S. 2 BGB), so tritt diese natürlich noch nicht – wie es dort heißt – „mit dem Abschluss des Vertrages" ein. Vielmehr „tritt der „neue Gläubiger" erst **mit** der **Entstehung** der **vorausabgetretenen Forderung** „an die Stelle des bisherigen Gläubigers". Hier stellt sich nun die Frage nach dem Erwerbsweg, auf die es theoretisch zwei Antworten gibt: **Direkterwerb** des Zessionars oder Erwerb erst nach einem **Durchgangserwerb** beim Zedenten für eine **„logische Sekunde"**? Für einen Durchgangserwerb könnten die Interessen der Gläubiger des Zedenten und der Wortlaut des § 398 S. 2 BGB sprechen: „tritt der „neue Gläubiger an die Stelle des bisherigen Gläubigers". Dagegen sind die Interessen des Zessionars auf einen Direkterwerb gerichtet, denn bei einer zwischenzeitlichen Insolvenz des Zedenten würde die Forderung bei einem Durchgangserwerb in die Masse fallen (§ 35 InsO). Aus der Sicht des Schuldners ist es dagegen gleichgültig, ob man einen Durchgangserwerb oder einen Direkterwerb annimmt; das zeigt sich vor allem bei der – später zu erörternden – Frage des Schuldnerschutzes bei einer Leistung des Schuldners an den (Voraus-) Zedenten: Der Schuldnerschutz ist nach beiden Lehren gewährleistet.

(3) Vorwirkung (§ 392 Abs. 2 HGB)

Längst bekannt ist Ihnen die beim Kommissionsgeschäft bestehende Problematik einer Einzelzwangsvollstreckung eines Gläubigers des Kommissionärs in das vom Kommissionär mit Mitteln des Kommittenten (bei der Einkaufskommission) erworbene Kommissionsgut bzw. (bei der Verkaufskommission) in die dem Kommissionär zustehende Forderung gegen den Dritten oder die sich im Fall einer Eröffnung des Insolvenzverfahrens über das Vermögen des Kommissionärs ergebende entsprechende Problematik: Der Kommissionär ist Eigentümer des erworbenen

Kommissionsgutes bzw. Gläubiger der Forderung aus dem Ausführungsgeschäft; und der Kommittent kann daher nicht erfolgreich aus § 771 ZPO klagen oder nach § 47 InsO aussondern, obwohl das Kommissionsgut und die Forderung mit Mitteln des Kommittenten erlangt worden sind. Der mithin weitgehend schutzlose Kommittent ist auf einen möglichst raschen Rechtserwerb angewiesen. Insoweit hat man einen praktischen Ausweg aus dem Dilemma gefunden: Eine ante- bzw. antizipierte Übereignung des Kommissionsgutes bzw. eine Vorausabtretung von Forderungen des Kommissionärs können ihm dabei helfen. Bei einem gewerbsmäßigen Kommissionär hat das Gesetz darüber hinausgehend mit § 392 Abs. 2 HGB eine Art „Vorwirkung" zum Schutze des Kommittenten geschaffen: Eine Forderung des Kommissionärs gegen den Dritten aus dem Ausführungsgeschäft steht auch ohne vorherige Zession im Verhältnis zwischen dem Kommittenten und dem Kommissionär und dessen Gläubigern dem Kommittenten zu, so dass dieser in der Einzelzwangsvollstreckung eines Gläubigers des Kommissionärs durch § 771 ZPO bzw. in der Insolvenz des Kommissionärs durch § 47 InsO geschützt ist (**§ 392 Abs. 2 HGB**).

**Fall 890**

Der von dem Kommittenten K'tent beauftragte gewerbsmäßig handelnde Verkaufskommissionär K'är hat Ware im eigenen Namen und für Rechnung des K'tent an den D verkauft. Ihm steht eine Kaufpreisforderung gegen den D zu. Der K'tent verlangt Zahlung von dem D.

Der Anspruch aus § 433 Abs. 2 BGB steht dem K'tent erst nach einer Abtretung seitens des K'är zu (§ 392 Abs. 1 HGB).

**Variante**

Am nächsten Tag wird über das Vermögen des K'är das Insolvenzverfahren eröffnet. Der K'tent will die Kaufpreisforderung aussondern.

Der Anspruch des K'är gegen den D auf Zahlung des Kaufpreises steht bereits vor der Abtretung an den K'tent diesem zu (§ 392 Abs. 2 HGB), so dass dieser aussondern kann (§ 47 InsO).

#### bb) Berechtigung des Zedenten, Möglichkeiten des gutgläubigen Erwerbs

Die für eine wirksame Zession grundsätzlich vorauszusetzende **Berechtigung** des **Zedenten** setzt zweierlei voraus, nämlich dass die Forderung überhaupt besteht und ferner, dass sie dem Zedenten zusteht; im Falle einer Vorausabtretung einer künftigen Forderungen muss der Zedent, um Berechtigter zu sein, Inhaber der Forderung werden. Es gibt **grundsätzlich keinen gutgläubigen Erwerb** von **Forderungen**. Der rechtspolitische Grund dafür ist, dass es bei Forderungen regelmäßig an einem den Zedenten als Gläubiger legitimierenden Rechtsschein, d. h. an einem nach außen sichtbaren Anhalt für das Bestehen der Forderung und der Gläubigerstellung des Zedenten fehlt. Und Sie wissen ja: Das BGB gewährt keinen Gutglaubensschutz ohne zugrunde liegenden Rechtsscheintatbestand. Aber: „Grundsätzlich" heißt, dass es offenbar auch **Ausnahmen** gibt. Eine kleine Beobachtung „am Rande": Sie erkennen Nichtjuristen/schlechte Juristen sehr leicht an ihrem Fehlverständnis für das Wort „grundsätzlich", das vom „Laien" i. d. R. als Verstärkung, nicht aber als Kennzeichnung eines „Regel-Ausnahme-Verhältnisses" verwendet wird.

- In der Tat enthält **§ 405 BGB** eine (allerdings praktisch unbedeutende) Ausnahme: Wenn jemand eine Urkunde über eine Schuld aus einem von ihm nur zum Schein eingegangenen Schuldverhältnis ausgestellt hat und wenn diese Forderung unter Vorlegung der Urkunde abgetreten wird, so wird der gutgläubige Zessionar in seinem Vertrauen auf den hierdurch gesetzten Rechtsschein geschützt, und er erwirbt die nicht bestehende Forderung gegen den „Scheinschuldner".
- Wenn ein durch einen Erbschein als Erbe ausgewiesener „Scheinerbe" eine zum Nachlass gehörende als solche existierende Forderung abtritt, so erwirbt der gutgläubige Erwerber die dem wirklichen Erben, nicht aber dem Zedenten zustehende Forderung **(§ 2366 BGB)**.

**Fall 891**

Der durch einen Erbschein als Erbe ausgewiesene Scheinerbe SchE tritt eine dem Erblasser E gegen den S zustehende Darlehensforderung an den hinsichtlich des Erbrechts des SchE gutgläubigen Z'ar ab. Der wahre Erbe wE verlangt von S Zahlung (nach Kropholler).

Der Anspruch könnte sich aus § 488 Abs. 1 S. 2 BGB ergeben. Der wE ist zwar mit dem Tode des E Gläubiger der zum Nachlass gehörigen Forderung geworden (§ 1922 BGB). Durch die Zession des SchE an den Z'ar hat jedoch der hinsichtlich des Erbrechts des SchE gutgläubige Z'ar die zum Nachlass gehörige Forderung nach §§ 398, 2366 BGB erworben.

**Variante**

Der durch einen Erbschein als Erbe des E ausgewiesene SchE tritt eine Darlehensforderung des E gegen den S an den gutgläubigen Z'ar ab. Der S hatte jedoch bereits an den E gezahlt. Der gutgläubige Z'ar verlangt nunmehr Zahlung von S (nach Kropholler).

Da der Z'ar die Forderung auch nicht von dem wE hätte erwerben können, kann er sie (erst recht) nicht von SchE erworben haben. Ein Erwerb nach §§ 2366., 398 BGB setzt wie jeder gutgläubige Erwerb nach § 2366 BGB voraus, dass der Gegenstand zum Nachlass gehört. Der gute Glaube „an die Richtigkeit des Erbscheins „überwindet" nur das fehlende Erbrecht.

- Bei einer durch ein **Wertpapier** verbrieften Forderung ist es möglich, eine nicht bestehende oder eine zwar bestehende, aber nicht dem Veräußerer zustehende Forderung gutgläubig zu erwerben (dazu später mehr).
- Die Regelung der **§§ 1138, 892 BGB** bedeutet dagegen bekanntlich **keine Ausnahme** vom Grundsatz, dass ein gutgläubiger Forderungserwerb ausgeschlossen ist. Zwar scheint der Wortlaut der §§ 1138, 892 BGB auf einen gutgläu-

bigen Forderungserwerb hinzudeuten. Sie wissen es aber inzwischen längst besser: §§ 1138, 892 BGB führen nicht zum gutgläubigen Erwerb der Forderung, sondern fingieren einen gutgläubigen Erwerb der Forderung nur zum Zwecke der Ermöglichung des gutgläubigen Erwerbes einer (dann im Ergebnis „forderungsentkleideten") Hypothek. Genau genommen ist die Regelung der **§§ 1138, 892 BGB** ein **Beleg dafür**, dass es **keinen gutgläubigen Forderungserwerb** gibt; denn gäbe es ihn, wäre die Regelung überflüssig.

In der Eile der Klausur können Sie beim Vorliegen des Regelfalles ganz einfach mit einem Hinweis auf das „Fehlen einer den §§ 932 ff. BGB oder § 892 BGB entsprechenden Regelung eines gutgläubigen Erwerbes von Forderungen" oder noch besser mit einem „Umkehrschluss aus § 405 BGB" oder gar mit einem Hinweis auf die „sonst überflüssigen §§ 1138, 892 BGB" begründen, dass und warum es keinen gutgläubigen Erwerb von Forderungen gibt.

cc) Übertragbarkeit der Forderung

Im **Grundsatz** sind alle **Forderungen uneingeschränkt übertragbar**. Der Schuldner hat die mit dem Gläubigerwechsel einhergehenden Erschwernisse hinzunehmen.

Eine Zession kann jedoch **ausnahmsweise unwirksam** sein wegen des **Inhalts** der abgetretenen Forderung, aus Gründen des **sozialen Schutzes** des Zedenten, mit Rücksicht auf eine die Abtretung ausschließende **Vereinbarung** des Zedenten mit dem Schuldner oder wegen der **Rechtsnatur** der abgetretenen Forderung.

- Nach **§ 399 Var. 1 BGB** sind Forderungen, deren Inhalt sich bei einer Leistung an einen anderen als den ursprünglichen Gläubiger ändern würde, nicht übertragbar. Die Forderung geht also nicht auf den Zessionar über. Die Regelung des § 399 Var. 1 BGB entspricht einem allgemeinen Grundsatz, der auch von der ratio legis her gesehen hinter den spezielleren Regelungen der §§ 613 S. 2, 664 Abs. 2 und 717 BGB steht. Unter § 399 Var. 1 BGB fallen zum einen höchstpersönliche Ansprüche, bei denen eine so enge Bindung der Forderung an die Person des Schuldners vorliegt, dass eine Leistung an einen anderen Gläubiger eine Inhaltsänderung bedeuten würde. Dies gilt für familienrechtliche Ansprüche, aber auch für Ansprüche eines Arbeitnehmers auf Urlaub, für Ansprüche eines Darlehensnehmers auf Auszahlung eines Darlehens sowie für Ansprüche aus einem Vorvertrag auf Abschluss eines Hauptvertrages. Auch der Anspruch aus § 985 BGB ist nicht abtretbar, weil der Anspruch auf Leistung an den Eigentümer gerichtet ist und nicht an einen nicht mit dem Eigentümer identischen Zessionar. Sie entsinnen sich vielleicht, dass man das bei §§ 929, 931 BGB anders sehen kann, weil die Abtretung eines Herausgabeanspruchs ja an den neuen Eigentümer erfolgen würde. Die h.M. sieht das anders und lässt für die Übereignung nach §§ 929, 931 BGB eine bloße Einigung genügen. Ansonsten ist zu überlegen, ob man die unwirksame Abtretung eines Herausgabeanspruchs aus § 985 BGB nicht in eine Ermächtigung zur Geltendmachung des Anspruchs aus § 985 BGB umdeuten kann. Zum anderen sind nach § 399 Var. 1 BGB auch unselbständige Ansprüche nicht gesondert übertragbar, also Ansprüche aus akzessorischen Nebenrechten (z. B. aus einer Bürgschaft, aus einem Pfandrecht und einer Hypothek) sowie unselbständige Hilfsansprüche (z. B. auf Quittungserteilung). Diese akzessorischen Rechte gehen vielmehr nach § 401 BGB mit der Forderung über. Eine interessante Ausnahme vom Ausschluss einer Abtretung nach § 399 Var. 1 BGB gibt es bei der Abtretung eines an sich nach dieser Norm nicht abtretbaren Anspruchs auf Befreiung von einer Schuld (z. B. aus § 257 BGB) an den Gläubiger derjenigen Forderung, von der Freistellung verlangt werden kann. Eine solche Abtretung ist wirksam, auch wenn sich der Befreiungsanspruch dann in einen Zahlungsanspruch des Gläubigers verwandelt, weil diese Inhaltsänderung zu keinem Nachteil des Schuldners führt, da der Leistungsinhalt unverändert bleibt.

**Fall 892**

Der Auftraggeber AG schließt mit dem Auftragnehmer AN einen Vertrag des Inhalts, dass der AN für ihn bei V ein Buch kauft, ohne dafür ein Entgelt zu erhalten. Der AN kauft das Buch. Er tritt seinen Anspruch gegen den AG auf Befreiung von seiner gegenüber dem V eingegangenen Verbindlichkeit an den V ab. Der V verlangt nunmehr aus abgetretenem Recht von AG Zahlung des Kaufpreises.

a) Ein Anspruch des V gegen den AG könnte sich aus § 433 Abs. 2 BGB ergeben. Weil der AN jedoch in eigenem Namen gehandelt hat und damit kein Vertrag zwischen dem V und dem AG zustande gekommen ist, hat der V gegen den AG keinen Anspruch aus § 433 Abs. 2 BGB. b) Der Anspruch könnte sich jedoch aus abgetretenem Recht ergeben (§§ 662, 670, 257, 398 BGB). aa) Der AN hat gegen den AG einen Anspruch aus §§ 662, 670, 257 BGB auf Befreiung von seiner gegenüber dem V bestehenden Verbindlichkeit aus § 433 Abs. 2 BGB. bb) Diesen Anspruch hat der AN nach § 398 BGB an den V abgetreten. Die Abtretung könnte nach § 399 Var. 1 BGB unwirksam sein, weil ein Befreiungsanspruch durch die Abtretung an den V als Gläubiger der Forderung, von dem der Zedent AN Befreiung verlangen kann, in einen Zahlungsanspruch des Zessionars V gegen den AG umgewandelt wird. Der AG als Schuldner des Befreiungsanspruchs erleidet dadurch jedoch keinen Nachteil, da er auch dem AN gegenüber verpflichtet war, zum Zwecke der Befreiung an V zu zahlen. Somit liegt kein Abtretungsausschluss nach § 399 Var. 1 BGB vor, und der V kann von dem AG Zahlung des Kaufpreises verlangen.

- Nach **§ 400 BGB** kann eine Forderung nicht abgetreten werden, soweit sie der Pfändung nicht unterworfen ist. Auch in diesem Fall geht die Forderung nicht auf den Zessionar über. Um den Sinn und Zweck dieser Vorschrift zu verstehen, muss man sich klar machen, dass das Gesetz durch die Beschränkung der Pfändung von Arbeitseinkommen in § 850 ZPO dem Vollstreckungsschuldner das

Existenzminimum sichern will und ihm zugleich (insoweit auch im Interesse des Gläubigers) einen Anreiz zum Gelderwerb durch Arbeit bieten will. Dieser Schutzmechanismus funktioniert aber nur dann, wenn der zu Schützende auch „vor sich selbst" und vor dem Drängen seiner Gläubiger, ihnen den unpfändbaren Anteil seines Arbeitseinkommens abzutreten, in Schutz genommen wird. Dies wird mittels des § 400 BGB erreicht. Nach Sinn und Zweck der Regelung besteht allerdings dann kein Abtretungsverbot, wenn der Zedent für die abgetretene Forderung eine wirtschaftlich gleichwertige Gegenleistung erhält.

- Nach **§ 399 Var. 2 BGB** kann auch ein vertraglicher Ausschluss der Abtretbarkeit zwischen Gläubiger und Schuldner **(„pactum de non cedendo")** vereinbart werden. Diese Vorschrift hat den **Sinn und Zweck,** es dem Schuldner zu ermöglichen, einen ihm möglicherweise nachteiligen Gläubigerwechsel (an die Stelle des persönlich ausgesuchten rücksichtsvollen Gläubigers tritt ein den Schuldner bedrängendes „Ekel"/an die Stelle des persönlich neutralen Gläubigers tritt sein persönlicher Rivale um die Gunst einer Frau/an die Stelle eines wirtschaftlich neutralen Gläubigers tritt ein Gläubiger, der ein wirtschaftlicher Konkurrent des Schuldners ist) von vornherein durch ein „pactum de non cedendo" zu verhindern. Aber zu einem Vertragsschluss („pactum") gehören bekanntlich immer zwei Personen, und in der Regel wird der Gläubiger sich nicht auf eine die Verkehrsfähigkeit der Forderung beschränkende Vereinbarung einlassen wollen. Was die **Wirkung** angeht, so ist auch hier (also wie bei §§ 399 Var. 1, 400 BGB) eine entgegen einem „pactum de non cedendo" vorgenommene Zession nichtig. Das ist nicht selbstverständlich. Denn § 399 Var. 2 BGB ist damit eine Ausnahme zu der Vorschrift des § 137 BGB, nach der nämlich ein rechtsgeschäftliches Verfügungsverbot lediglich eine schuldrechtliche Wirkung entfaltet. Die Unwirksamkeit einer gegen ein „pactum de non cedendo" verstoßenden Zession ist nicht endgültig; der geschützte Schuldner kann der Abtretung zustimmen, wodurch sie wirksam wird, wobei Streit darüber besteht, ob dies mit ex-nunc-Wirkung oder mit ex-tunc-Wirkung erfolgt. Ein solches **Abtretungsverbot** kann auch **unwirksam** sein. Es ist allerdings nicht bereits deshalb sittenwidrig und nach **§ 138 Abs. 1 BGB** nichtig, weil es dem Gläubiger die Möglichkeit nimmt, die Forderung als Sicherungsgrundlage zu verwenden, denn wie Sie aus den vorherigen Ausführungen wissen, kann der Schuldner durchaus ein berechtigtes Interesse daran haben, sich nur mit dem Ursprungsgläubiger auseinanderzusetzen. Eine in diesem Zusammenhang zu sehende **Unterausnahme** zu § 399 Var. 2 BGB ist **§ 354a S. 1 HGB**, wonach bei einer Zession einer Geldforderung, die aus einem beiderseitigen Handelsgeschäft herrührt, die Abtretung trotz eines „pactum de non cedendo" wirksam ist, der Schuldner aber befreiend an den bisherigen Gläubiger leisten kann **(§ 354a S. 2 HGB)**. Wenn der Schuldner eine Urkunde über eine Schuld ausgestellt hat und sich aus dieser Schuldurkunde ein etwa vereinbartes „pactum de non cedendo" nicht ergibt, und wenn diese Forderung unter Vorlegung der Urkunde abgetreten wird, so wird der gutgläubige Zessionar in seinem Vertrauen auf das Nichtbestehen eines „pactum de non cedendo" geschützt, und er erwirbt entgegen § 399 Var. 2 BGB die Forderung **(§ 405 BGB)**.

### b) Rechtsfolgen der Abtretung

aa) Übergang der Forderung

Die „verfügende Wirkung" der Zession kennen Sie bereits: Die primäre Folge der Abtretung ist der **Übergang** der **Forderung** auf den neuen Gläubiger gem. § 398 S. 2 BGB in der Gestalt, in der sie beim Zedenten bestand, d. h. mit allen akzessorischen Nebenrechten (§ 401 BGB) und mit allen gegen die Forderung bestehenden Einwendungen und Einreden (§ 404 BGB). Bei einer **Vorauszession** tritt dieser Effekt erst mit der Entstehung der Forderung ein, wobei fraglich ist, ob ein **Direkterwerb** des Zessionars oder ein durch das Vermögen des Vorauszedenten hindurchgehender **Durchgangserwerb** stattfindet. Bei Forderungen aus Verträgen ändert sich natürlich nichts an der Stellung des Zedenten als Vertragspartner: Er bleibt Vertragspartner des Schuldners und daher z. B. empfangszuständig für eventuelle Gestaltungserklärungen (vgl. § 143 BGB).

bb) Übergang von „Nebenrechten"

Nach **§ 401 Abs. 1 BGB** gehen mit der abgetretenen Forderung auch die **„Nebenrechte"** auf den Zessionar über. Neben den im Gesetz genannten akzessorischen Sicherungsrechten wie **Hypothek**, **Schiffshypothek**, **Pfandrecht** und **Bürgschaft** wird die Vorschrift analog auf andere akzessorische Sicherheiten angewendet wie z. B. auf die **Vormerkung**. Wegen der Bürgschaftsähnlichkeit des Schuldbeitritts wird auch die Berechtigung des Zedenten aus einem **Schuldbeitritt** von § 401 BGB erfasst. Beim **Eigentumsvorbehalt** riskiert man die Analogie nicht, weil es kein Verwertungssicherungsrecht ist, und bei den fiduziarischen Sicherungsrechten **(Sicherungsübereignung, Sicherungsgrundschuld** und der noch kennen zu lernenden **Sicherungszession)** deshalb nicht, weil ein automatischer Übergang auf den Zessionar der bestehenden fiduziarischen Bindung des Sicherungsnehmers widersprechen würde.

Allerdings ist **§ 401 BGB kein zwingendes Recht,** sondern eine abdingbare Vorschrift, so dass es durchaus auch einmal eine isolierte Abtretung einer Forderung geben kann. Sie wissen längst, dass es von der Abdingbarkeit des § 401 BGB eine wichtige Ausnahme gibt: Bei der Abtretung einer hypothekarisch gesicherten Forderung ist das „Mitlaufgebot" zwingend vorgeschrieben (§ 1153 Abs. 2 BGB!).

Auf unterschiedliche Weise kann es zuweilen zu einer **isolierten Abtretung der Hauptforderung** kommen: Entweder können, da – wie Sie eben lasen – § 401 BGB kein zwingendes Recht ist, zum *Beispiel* der Gläubiger und der Bürge durch ein zwischen ihnen getroffenes „pactum de non cedendo" vereinbaren (§ 399 Var. 2 BGB), dass im Fall der Zession der gesicherten Hauptforderung des Gläubigers (Zedent) gegen den Schuldner die gegen den Bürgen bestehende Forderung nicht infolge der Abtretung auf den neuen Gläubiger (Zessionar) übergehen soll, sondern beim Gläubiger (Zedenten) verbleibt. Oder es können zum *Beispiel* der Gläubiger der Hauptforderung (Zedent) und der Zessionar in Abweichung von § 401 BGB vereinbaren, dass nur die gesicherte Hauptforderung („isoliert"), nicht aber die Rechte aus der Bürgschaft auf den Zessionar übergehen soll. Wie auch immer: Der Zessionar würde nur die Hauptforderung erwerben. Es stellt sich dann aber die Frage, was aus den Rechten aus der Bürgschaft wird.

**Fall 893**

Der G1 hat eine Darlehensforderung gegen den S, die durch eine selbstschuldnerische Bürgschaft des Bü gesichert ist. Der G1 verkauft die Forderung an den G2 und vereinbart im Kaufvertrag, dass er für die Bonität der Forderung einsteht. Zum Zwecke der Erfüllung des Kaufvertrages tritt er sie dann an den G2 ab. Der Übergang der Rechte aus der Bürgschaft war durch Vertrag zwischen G1 und dem Bü ausgeschlossen. Als der S bei Fälligkeit nicht zahlt, verlangt der G1 von dem Bü Zahlung an den G2. Der Bü zahlt an den G2 und nimmt seinerseits den S in Anspruch.

Der Anspruch des Bü gegen den S könnte sich aus §§ 774 Abs. 1, 488 Abs. 1 S. 2 BGB ergeben. Dann müsste der Bü Bürge geblieben sein und als solcher den Gläubiger befriedigt haben. Voraussetzung dafür ist, dass die Verpflichtung aus dem Bürgschaftsvertrag trotz der Unabtretbarkeit der Bürgschaftsverpflichtung noch bestand. a) Wenn man annimmt, dass die Bürgschaftsforderung nach § 1250 Abs. 2 BGB analog erloschen ist (BGH), dann bestünde der Anspruch nicht. b) Man kann aber auch annehmen, dass es ein praktisches Bedürfnis für das Fortbestehen der Bürgschaftsverpflichtung gibt und dass aus dem Akzessorietätsprinzip kein automatisches „Identitätserfordernis" abzuleiten sei (argec. § 1153 BGB); so gesehen muss man von einem Fortbestehen der Bürgschaftsverpflichtung des Bü ausgehen. Der Bü hätte daher einen Regressanspruch gegen den S, wenn er auf Verlangen des G1 an den G2 leistet.

Umgekehrt stellt sich die Frage, ob der Gläubiger seine **Forderung gegen** einen **Bürgen „isoliert" abtreten** kann, oder ob das im Widerspruch zum Akzessorietätsprinzip steht.

**Fall 894**

Der Bü hat sich gegenüber dem G1 für einen Darlehensanspruch gegen die A, B – oHG verbürgt. Die A, B – oHG wird wegen Gesellschaftsinsolvenz liquidiert. Der G1 tritt seinen Anspruch gegen den Bü an den G2 ab. Der G2 nimmt den Bü in Anspruch.

a) Man könnte wegen des Wegfalls des Hauptschuldners und dem damit verbundenen Untergang der Hauptschuld einen Untergang der Bürgschaftsverpflichtung annehmen. b) Weil aber die Bürgschaftsverpflichtung gerade für den Fall der Insolvenz des Hauptschuldners begründet wurde, kann sie nicht aus diesem Grunde untergehen, sondern muss ungeachtet der dogmatischen Bedenken gegen eine isolierte Abtretbarkeit der Rechte des Gläubigers gegen einen Bürgen als selbstständiger Anspruch bestehen bleiben.

#### cc) Übergang von Hilfsansprüchen (§§ 402, 403 BGB)

Bei der Geltendmachung der abgetretenen Forderung muss der Zedent dem Zessionar durch die Erteilung von dafür erforderlichen Auskünften und durch die Auslieferung von Beweisurkunden (§ 402 BGB), sowie durch die Zurverfügungstellung einer öffentlich beglaubigten Abtretungsurkunde (§ 403 BGB) behilflich sein. Der Sinn einer solchen Abtretungsurkunde ergibt sich aus § 410 BGB: Ein Schuldner ist nämlich zur Leistung an einen neuen Gläubiger nur dann verpflichtet, wenn ihm von dem Zessionar eine Abtretungsurkunde vorgelegt werden kann.

## 2. Gesetzlicher Forderungsübergang („cessio legis")

Die vorstehenden Ausführungen haben Sie darüber ins Bild gesetzt, dass und wie man eine nicht durch ein Wertpapier verbriefte Forderung überträgt, nämlich durch einen Vertrag nach § 398 BGB namens „Abtretung" oder „Zession". Das alles war nichts Neues für Sie. Denn, weil wir uns ja praktisch von der ersten Seite dieses Buches an darum bemüht hatten, das Zivilrecht in seiner Ganzheit zu erfassen, also auch Vorgriffe riskiert haben, waren Ihnen die §§ 398 ff. BGB schon länger bekannt. Denken Sie nur daran, dass Sie bereits in Teil 3 erste gründliche Kenntnisse zur Zession sammeln mussten, weil Sie zu lernen hatten, dass infolge eines Gläubigerwechsels durch Abtretung ein Anspruch erlöschen kann. Sie wissen natürlich auch schon längst, dass eine Forderung auch durch gesetzliche Anordnung übergehen kann; denken Sie nur an die Regressregelung des § 774 BGB, über die Sie ebenfalls schon in Teil 3 informiert wurden oder an § 426 Abs. 2 BGB, mit dem gerade erst zu tun hatten. Daher können wir uns hier auf eine knappe Wiederholung beschränken. Eine „cessio legis" liegt vor, wenn eine Forderung beim Vorliegen bestimmter gesetzlicher Anordnungstatbestände „automatisch" auf einen Zessionar übergeht, also ohne dass zwischen dem bisherigen Gläubiger und dem neuen Gläubiger ein Abtretungsvertrag zu schließen wäre.

Der gesetzliche Forderungsübergang dient meist dazu, demjenigen, der als ein nur in zweiter Linie dazu Verpflichteter einen Gläubiger befriedigt hat, einen Rückgriffsanspruch gegen den primär zur Leistung an den Gläubiger verpflichteten Schuldner zu verschaffen (hingewiesen sei wieder z. B. auf § 774 BGB: Der Bürge hat anstelle des in erster Linie dazu verpflichteten Schuldners geleistet). Die besondere Attraktion eines solchen „cessio legis" – Rückgriffs/Regresses besteht darin, dass nach § 412 BGB u. a. auch der § 401 BGB anwendbar ist, so dass der Regressgläubiger auch in den Genuss der die auf ihn übergehende Forderung verstärkenden Neben- und Vorzugsrechte kommt. Sie sollten sich bei dieser Gelegenheit wieder einmal Rechenschaft darüber ablegen, ob Ihnen der Inhalt der im Folgenden referierten Vorschriften bekannt ist; wir haben sie alle bereits mehrfach angewendet, und sie sind alle von größter Wichtigkeit für die Fallbearbeitung, vom „wirklichen Leben", für das Sie ja auch lernen, ganz zu schweigen! Die wichtigsten Fälle einer „cessio legis", die Sie alle bereits kennen, sind:

- Leistung (i. d. R. Zahlung) eines **Ablösungsberechtigten** an den Gläubiger (§ 268 Abs. 3 S. 1 BGB);
- Leistung (i. d. R. Zahlung) eines **Gesamtschuldners** an den Gläubiger: Forderungsübergang soweit ein anderer Gesamtschuldner im Innenverhältnis ausgleichspflichtig ist (§ 426 Abs. 2 S. 1 BGB);
- Zahlung durch Sicherer fremder Verbindlichkeiten an den Gläubiger, also durch einen **Bürgen**, einen **Verpfänder** oder durch einen **Eigentümer** eines mit einer **Hypothek belasteten Grundstücks** (§§ 774 Abs. 1, 1225, 1143 Abs. 1 BGB);

- Zahlung eines **Schadensversicherers** an den Geschädigten (§ 86 VVG).
- Und schließlich: Ist ein **Sozialversicherungsträger** wegen einer Schädigung durch einen Dritten zur Leistung an einen Versicherten verpflichtet, geht dessen Forderung nach § 116 SGB X mit der Entstehung des Anspruchs auf den Sozialversicherungsträger über.

Die Rechtsfolge einer „cessio legis" ist nach § 412 BGB eine entsprechende Anwendung der §§ 399–404, 406–410 BGB. Die Rechtsfolgen einer „cessio legis" sind also weitgehend mit denen einer vertraglichen Abtretung identisch.

Der **„Wert"** eines **„cessio legis"-Regresses** liegt u. a. in §§ 412, 401 BGB, durch die die akzessorischen Nebenrechte auf den Regressgläubiger übergehen. Wie Sie ja längst wissen, ist das daraus resultierende **„klassische Problem"** des **§ 401 BGB** die **Regresskonkurrenz** bei akzessorischen Sicherungsrechten **(„Wettlauf der Sicherungsgeber")**. Das alles ist Ihnen bereits bekannt, soll aber gleichwohl noch einmal in Erinnerung gerufen werden.

**Fall 895**

Der G hat eine Forderung gegen den S, die durch eine Bürgschaft des B und durch eine Hypothek am Grundstück des E gesichert ist. Das Darlehen wird notleidend.

*1. Variante:* Der Bürge zahlt. Rechtsfolge?

Nach dem Gesetzeswortlaut geht gem. §§ 774 Abs. 1, 412, 401 BGB die Forderung des G gegen S und die diese sichernde Hypothek auf den Bürgen B über.

*2. Variante:* Der Eigentümer E befriedigt nach § 1142 BGB den Gläubiger G. Rechtsfolge?

Nach dem Gesetzeswortlaut geht gem. §§ 1143, 412, 401 BGB die Forderung des G gegen S und die diese sichernde Bürgschaftsforderung auf den E über.

Die Konsequenz dieser Lösungen wäre ein „Wettlauf der Sicherungsgeber" mit dem Ziel der Befriedigung des G, um so als „Gewinner des Rennens" nicht nur die Forderung des G gegen den S, sondern auch das jeweils andere Sicherungsrecht, das diesen Regressanspruch sichert, in vollem Umfang zu erlangen. Dies führt zu nicht akzeptablen Zufallsergebnissen. Es gilt daher, eine angemessene Lösung zu entwickeln:

Man kann sich dafür entscheiden, stets den Bürgen zu bevorzugen, so dass er bei einer Zahlung an den Gläubiger außer der Forderung gegen den S auch die Hypothek in voller Höhe erlangen würde. Schließlich hat er sein ganzes Vermögen als Sicherungsobjekt aufs Spiel gesetzt und nicht nur einen einzigen Vermögensgegenstand wie der E. Hierfür könnte auch die Wertung des § 776 BGB sprechen, der bei der Aufgabe von anderen akzessorischen Sicherungsrechten den Bürgen durch eine Befreiung privilegiert. Nach heute gültiger Ansicht wird jedoch eine Privilegierung des persönlichen Sicherungsgebers als unbillig verworfen, weil sie allein den dinglichen Sicherungsgeber das Insolvenzrisiko des Hauptschuldners tragen lässt. Daher wird analog § 426 Abs. 1 BGB ein Regress im Innenverhältnis befürwortet, wobei die Aufteilung (nach Köpfen oder nach Risikotragung) umstritten ist. Dazu wissen Sie bereits alles.

Bei dieser Gelegenheit soll noch einmal ein kleiner Rückblick auf die nicht-akzessorischen Sicherungsrechte **(Sicherungsübereignung, Sicherungsgrundschuld** und der noch kennen zu lernenden **Sicherungszession)** erfolgen: Sie wissen ja, dass und warum § 401 BGB auf sie weder unmittelbar noch analog Anwendung findet. Der Rechtszustand ist für den Zessionar gleichwohl unbefriedigend. Welche Lösung wird angeboten? Es soll sich aus § 401 BGB analog ein Anspruch des Zessionars gegen den Zedenten auf Übertragung des Sicherungsrechts ergeben. Bei der Sicherungsgrundschuld, die wir in diesem Zusammenhang als Beispiel wählen, wirkt sich das so aus, wie der folgende Fall zeigt.

**Fall 896**

Der S1 und der S2 haben als Gesamtschuldner bei dem G einen Kredit aufgenommen. Der im Innenverhältnis allein zur Zahlung an den G verpflichtete S1 hat dem G zur Sicherung eine Grundschuld an einem ihm gehörigen Grundstück bestellt. Weil der S1 nicht zahlt, nimmt der G den S2 in Anspruch mit der Folge, dass dieser die Forderung auch in voller Höhe erfüllt. Der S2 nimmt 1) daraufhin den S1 auf Zahlung in Anspruch und 2) will wissen, ob er Duldung der Zwangsvollstreckung von S1 verlangen kann.

1) Der Zahlungsanspruch ergibt sich aus a) einem u. U. bestehenden vertraglichen Innenverhältnis b) oder aus Gesetz, und zwar aa) aus § 426 Abs. 1 BGB und bb) §§ 488 Abs. 1 S. 2, 426 Abs. 2 BGB. 2) Der Duldungsanspruch a) ergibt sich zwar nicht aus §§ 1147, 1191, 412, 401 BGB. b) Wohl aber kann der S2 von dem G Übertragung der Sicherungsgrundschuld aus § 401 BGB analog verlangen und nach erfolgter Übertragung aus § 1147 BGB gegen den S1 vorgehen.

## 3. Schuldnerschutzvorschriften

Ein in Fallbearbeitungen oft zentrales Thema des Forderungsübergangs ist der Schuldnerschutz, dessen Darstellung mit der Formulierung eines sehr einfachen Gedankens beginnt: Aus der Tatsache, dass der Schuldner nicht an dem Forderungsübergang beteiligt ist, ja nicht einmal davon erfahren muss, folgt,

- dass sich zum einen seine Rechtsstellung nicht durch den Forderungsübergang verschlechtern darf; er muss also alle seine Einwendungen und Einreden (kurz: alle seine „Gegenrechte") auch gegenüber dem neuen Gläubiger behalten.
- Auch darf der Schuldner durch die Zession keine Aufrechnungsmöglichkeit verlieren, denn diese ist – wie Sie ja wissen – besonders „kostbar" (Tilgungserleichterung, Sicherungswirkung, Privatvollstreckung).
- Schließlich muss man sich darüber im Klaren sein, dass der Schuldner häufig von dem Gläubigerwechsel keine Kenntnis erlangt oder dass er in einer dem Gläubiger zurechenbaren Weise irrig von einem in Wahrheit nicht erfolgten Gläubigerwechsel ausgeht. Wenn der Schuldner deshalb Leistungen an einen Nichtgläubiger erbracht hat oder Rechtsgeschäfte mit einem Nichtgläubiger vorgenommen hat, darf ihm dies nicht zum Nachteil gereichen.

Der Gesetzgeber trägt all dem durch Schaffung der **Schuldnerschutzvorschriften** Rechnung (§§ 404 ff. BGB).

### a) Erhalt der Einreden und Einwendungen („Gegenrechte") nach § 404 BGB

#### aa) Zur Zeit der Abtretung „begründete" Einreden und Einwendungen („Gegenrechte")

Den Erhalt von Einwendungen und Einreden regelt **§ 404 BGB:** „Der Schuldner kann dem neuen Gläubiger die Einwendungen entgegensetzen, die zur Zeit der Abtretung der Forderung gegen den bisherigen Gläubiger begründet waren".

Beginnen wir gleich mit einer Einschränkung: Man darf den Anwendungsbereich des § 404 BGB nicht überschätzen. Was nämlich diejenigen **„Gegenrechte"** angeht, deren **Tatbestand** bereits **vor** der **Abtretung** voll **erfüllt** ist, so ergibt sich deren „Erhalt" für den Schuldner bereits unmittelbar aus § 398 S. 2 BGB. Denn danach tritt der neue Gläubiger an die Stelle des bisherigen Gläubigers. Somit gelten die **„Einwendungen"**, denen zufolge die abgetretene Forderung z. B. nach §§ 134, 138 BGB gar nicht entstanden oder denen zufolge die Vertragsgrundlage der Forderung wegen einer erklärten Anfechtung vernichtet worden ist (§§ 119–123, 142 Abs. 1 BGB) oder durch einen erklärten Rücktritt beseitigt worden ist (§ 346 BGB) oder denen zufolge die abgetretene Forderung bereits durch Erfüllung oder Erfüllungssurrogate (§ 362 ff., 387 ff. BGB) erloschen war, „automatisch" auch dem Zessionar gegenüber, ohne dass es zur Begründung dessen auf den § 404 BGB ankäme. Gleiches gilt für bereits vor der Zession erhobene und damit ihre Wirkung bereits entfaltet habende **„Einreden"**, wie z. B. die Einrede der Verjährung (§ 214 BGB) oder des Zurückbehaltungsrechts (§ 273 BGB). Der § 404 BGB, dessen Erwähnung in diesen beiden Zusammenhängen aber keineswegs verboten ist, enthält daher insoweit genau genommen nur eine Klarstellung von Selbstverständlichkeiten.

Nur für Konstellationen, in denen die **„Gegenrechte"** erst **nach** der **Abtretung entstanden** sind, ist § 404 BGB von „konstitutiver" Bedeutung: Die Vorschrift „erhält" dem Schuldner nämlich gerade und in erster Linie solche „Gegenrechte", die zur Zeit der Abtretung noch nicht bestanden haben, sondern die lediglich dem Rechtsgrund nach bereits angelegt („begründet") waren (die, wie man sagt, in der Zedent-Schuldner-Beziehung „wurzeln" = **„Wurzeltheorie"**) und die erst später entstanden sind. Um einem „klassischen", zuweilen durch § 407 BGB genährten Missverständnis gleich vorzubeugen: Für die Möglichkeit einer Berufung auf § 404 BGB kommt es (natürlich!) nicht auf eine Gutgläubigkeit des Schuldners bezüglich der Zession an.

**1.** Von § 404 BGB **erfasst** sind daher i.w. **folgende Fälle: a)** Die **Ausübung eines vertraglichen Rücktrittsrechtes** nach der Abtretung, und zwar selbst dann, wenn der Rücktrittsgrund erst nach der Abtretung entstanden ist (§ 346 BGB); **b)** oder der Eintritt einer **auflösenden Bedingung** erst nach der Zession (§ 158 Abs. 2 BGB); **c)** weiterhin die Erklärung einer **Anfechtung** nach der Zession (§§ 119 ff. BGB); **d)** eine nach der Abtretung erfolgende Berufung auf die erst jetzt vollendete **Verjährung** (§ 214 BGB); **e)** ein erst nach der Zession entstandenes **Zurückbehaltungsrecht** (§ 273 BGB), oder eine erst nach der Zession entstandene **Einrede** des **nichterfüllten Vertra-**

**ges** (§ 320 BGB); **f)** oder ein Leistungsverweigerungsrecht z. B. aus **§§ 821, 853 BGB**.

**2. Nicht** dagegen fallen unter § 404 BGB **a)** solche „Gegenrechte", die eine Mitwirkung des Gläubigers verlangen, wie z. B. eine **Stundung** oder ein **Erlassvertrag** (dann aber würde § 407 BGB helfen) **b)** und die **Aufrechnung** (hierfür sind die §§ 406, 407 BGB lex specialis).

Weil **§ 404 BGB kein zwingendes Recht** ist, kann der Schuldner auf den Schutz des § 404 BGB verzichten. Das wird nicht selten missbraucht, wenn sich der Zessionar, eingekleidet in eine „Abtretungsanzeige" an den Schuldner, von diesem eine (i. d. R. formularmäßig vorformulierte) Bestätigung des einredefreien Bestandes der Forderung zusagen lässt. Die Unterschrift des Schuldners hat aber jedenfalls nicht zur Folge, dass er auf ihm unbekannte Einwendungen verzichtet. Es gibt selbstverständlich auch **keinen „gutgläubig gegenrechtsfreien Erwerb"** des Zessionars; die einzige Ausnahme ist § 405 BGB.

**Fall 897**

Der V verkauft am 1. Juli 2002 an den K30 handbemalte Service mit dem Qualitätsmerkmal „2. Wahl". Nach den getroffenen Vereinbarungen soll die Lieferungsverpflichtung erlöschen, wenn der V seinerseits nicht bis zum 1. August 2002 von der Manufaktur M entsprechend beliefert worden ist. Am 15. Juli 2002 tritt der K seinen Anspruch gegen V an D ab. Am 3. August 2002 verlangt der D Lieferung von dem V. Der V ist jedoch bis zum 1. August 2002 nicht von M beliefert worden, weil diesem die Leistung wegen eines Streiks unmöglich geworden ist.

Der D hatte einen Lieferungsanspruch gem. §§ 433 Abs. 1 S. 1, 398 BGB erworben; die zusätzliche Bestimmung ist keine aufschiebende, sondern eine auflösende Bedingung nach § 158 Abs. 2 BGB, so dass die Wirkung erst mit dem Ablauf des 1. August 2002, also nach der Abtretung eintrat. Da sie ihrem Rechtsgrund nach bereits vor der Zession angelegt war, kann der V die Einwendung des § 158 Abs. 2 Hs. 2 BGB – es tritt der frühere Rechtszustand wieder ein – dem D nach § 404 BGB entgegenhalten.

Muss zur Entstehung einer Einwendung nach erfolgter Abtretung zunächst ein **Gestaltungsrecht** ausgeübt werden, so bleibt der ursprüngliche Gläubiger Erklärungsempfänger. Eine vom Schuldner nach der Zession gegenüber dem Zedenten erklärte **Anfechtung** wirkt, weil das zur Zeit der Abtretung mangels Anfechtungserklärung noch nicht existierende „Gegenrecht" bereits dem Rechtsgrund nach angelegt („begründet") war und sich erst später vollendet hat, gegen den Zessionar.

**Fall 898**

Der K kauft von Händler H ein gebrauchtes Auto. Der H sichert dem K zu, dass der Wagen einen Austauschmotor hat; in Wahrheit ist der Motor nur generalüberholt. Der H hatte insoweit der Zusicherung des Voreigentümers, von dem er das Fahrzeug übernommen hatte, geglaubt und selbst keine weiteren Nachforschungen angestellt. Der Kaufpreis ist erst in einem Monat fällig. Der H tritt die Kaufpreisforderung gleich nach Abschluss des Kaufvertrages an seinen Gläubiger G zur Sicherheit für ein ihm gewährtes Darlehen ab. Der G zeigt dem K die Abtretung an. Als der K nach Übergabe des Wagens bei einer ersten Reparatur feststellt, dass kein Austauschmotor eingebaut ist, erklärt er gegenüber dem H, dass er deshalb bei einer Inanspruchnahme durch G nicht an diesen zahlen werde, und er stellt dem H den Wagen wieder zur Verfügung. Als das Darlehen notleidend wird, verlangt der G Zahlung von dem K.

Fraglich ist, ob der G überhaupt eine Forderung gem. §§ 433 Abs. 2, 398 BGB erworben hat. Das wäre nicht der Fall, wenn diese Forderung wegen einer wirksamen rückwirkenden Anfechtung des Kaufvertrages nie entstanden ist. In Betracht kommt eine Anfechtung wegen arglistiger Täuschung nach §§ 123 Abs. 1, 142 Abs. 1 BGB: a) Die Voraussetzungen einer Anfechtung wegen arglistiger Täuschung sind gegeben: Wegen der „ins Blaue hinein" abgegebenen Erklärung hat der H den K arglistig getäuscht. b) Die Anfechtung muss erklärt worden sein: aa) Die Erklärung dem H gegenüber und die Zurverfügungstellung des Wagens ist eine Anfechtungserklärung. bb) Ist der H der richtige Anfechtungsgegner? Gem. § 143 Abs. 2 BGB ist dem Vertragspartner gegenüber anzufechten; die Zession an den G hat an dieser Rolle des H nichts geändert. c) Die Rechtsfolge besteht darin, dass nach § 142 Abs. 1 BGB die Forderung des H gegen K aus § 433 Abs. 2 BGB rückwirkend erloschen ist. d) Das kann dem G entgegengehalten werden, weil das zur Zeit der Abtretung mangels Anfechtungserklärung noch nicht existierende „Gegenrecht" bereits dem Rechtsgrund nach angelegt („begründet") war (in der Zedent-Schuldner-Beziehung „gewurzelt" hatte = „Wurzeltheorie") und sich erst später vollendet hat (§ 404 BGB).

**Variante**

Der H ist „abgetaucht", so dass K ihm gegenüber keine Erklärung abgeben konnte. Kann der K gleichwohl die Leistung an den G verweigern?

Folgende Lösungsmöglichkeiten sind denkbar und werden auch vertreten: a) § 404 BGB ermöglicht die Anfechtung gegenüber dem Zessionar (G); b) oder: der K hat analog § 770 Abs. 1 BGB den Einwand der Anfechtbarkeit und kann diesen, weil der Grund dafür bereits vor der Zession gelegt war, nach § 404 BGB dem G entgegenhalten; c) oder: man verweist den K auf den Weg der Erklärung der Anfechtung nach §§ 123 Abs. 1, 143 Abs. 2, 132 Abs. 2 BGB i. V. m. §§ 185 ff. ZPO durch öffentliche Zustellung der Anfechtungserklärung.

#### bb) Besonderheiten bei der Inkassozession

Eine interessante **Ausnahme von** der **Regel** des **§ 404 BGB**, der zufolge die „Gegenrechte" zur Zeit der Abtretung „begründet" gewesen sein müssen, ist die Fallkonstellation, bei der der Zessionar der Treuhänder des Zedenten ist (z. B. bei der „Inkassozession").

Um diese pfiffige Konstellation zu verstehen, sind einige Vorgriffe vonnöten, die Ihnen aber zumutbar sind, denn als Leser dieses Buches, der so mitarbeitet, wie Ihnen angeraten wurde, sind Sie flexibel.

Sie entsinnen sich vielleicht noch:
Unter einer **Treuhand** versteht man das Resultat einer Vollrechtsübertragung seitens eines Treugebers an einen Treuhänder zu einem durch das Innenverhältnis zwischen Treugeber und Treuhänder festgelegten wirtschaftlichen Zweck.
Dieser Zweck kann aus der Sicht des Treuhänders entweder **„eigennützig"** sein: Bei der **Sicherungstreuhand** in Gestalt der Sicherungsübereignung oder Sicherungszession wird dem Treuhänder zur Sicherung einer Forderung des Treuhänders (=Treunehmer) gegen einen Schuldner durch den Treugeber (meist identisch mit dem Schuldner) eine bewegliche Sache übereignet („Sicherungsübereignung") oder eine Forderung gegen einen „Dritt"-Schuldner abgetreten („Sicherungszession"). Die Innenverhältnisbindung des Treuhänders (=Treunehmers) erfolgt durch einen Sicherungsvertrag.
Eine zu treuen Händen erfolgende Vollrechtsübertragung kann aus der Sicht des Treuhänders aber auch **„fremdnützig"** erfolgen: Bei der **Verwaltungstreuhand** soll der Gegenstand vom Treuhänder nur verwaltet werden; das Innenverhältnis ergibt sich aus einem Geschäftsbesorgungsvertrag (§ 675 BGB) oder einem Auftrag (§ 662 BGB); als Beispiel hierfür kann man die „Inkassozession" nennen.

Bei der uns hier interessierenden **„Inkassozession"** handelt es sich also um eine **fremdnützige treuhänderische Übertragung** von **Forderungen** durch einen Inkassozedenten an einen Inkassozessionar zum Zwecke der Geltendmachung der Forderung im Interesse und für Rechnung des Inkassozedenten. Das **Grundgeschäft** ist ein **Geschäftsbesorgungsvertrag (§ 675 BGB)**. Der Inkassozessionar wird zwar im Außenverhältnis unbeschränkter Forderungsinhaber, ist jedoch im Innenverhältnis bei der Rechtsausübung beschränkt und dem Inkassozedenten zu einem dem Inhalt des Treuhandvertrages entsprechenden Verhalten verpflichtet. Losgelöst von den Voraussetzungen des § 404 BGB kann der **Schuldner dem Inkassozessionar** auch solche **Einwendungen** und **Einreden („Gegenrechte")** aus der **Beziehung** zum **Zedenten**, die **erst nach** der **Zession entstanden sind**, die also noch nicht zur Zeit der Abtretung i. S. d. „Wurzeltheorie" begründet waren, entgegenhalten, denn wirtschaftlich gesehen ist der Inkassozedent weiterhin der Gläubiger der abgetretenen Forderung, und der Inkassozessionar kann nicht besser stehen als der Inkassozedent, würde dieser die Forderung geltend machen.

**Fall 899**

Der G1 und der S machen laufend Geschäfte miteinander. Der G1 hat aus der Geschäftsbeziehung eine fällige Darlehensforderung gegen den S und tritt diese am 17. Juli 2003 zum Zwecke des Einzugs („Inkassozession") an den G2 ab. Am 18. Juli 2003 wird ein aus der Geschäftsbeziehung zwischen S und G1 herrührender Lieferungsanspruch des S gegen den G1 aus einem Kaufvertrag fällig. Am 19. Juli 2003 verlangt der Inkassozessionar G2 Zahlung von S. Der S beruft sich auf ein Zurückbehaltungsrecht.

Der Anspruch ergibt sich aus §§ 488 Abs. 1 S. 2, 398 BGB. Fraglich ist, ob der S dem G2 die Einrede des § 273 BGB entgegenhalten kann. a) § 404 BGB greift hier nicht ein, aa) weil der Gegenanspruch erst nach der Zession fällig wurde und bb) der analog anwendbare § 406 BGB verlangen würde, dass der Gegenanspruch spätestens mit der abgetretenen Forderung fällig wird (BGH). b) Gleichwohl kann der Schuldner S dem Inkassozessionar G2 auch die erst nach der Zession entstandenen Einwendungen aus der Beziehung zum Zedenten, die noch nicht zur Zeit der Abtretung begründet waren, entgegenhalten, denn wirtschaftlich gesehen ist der Inkassozedent weiterhin der Gläubiger und darf durch die Tatsache einer Inkassozession nicht besser stehen als wenn er selbst den Anspruch geltend machte.

## b) Erhalt der Aufrechnungsmöglichkeit (§§ 406, 407 BGB)

**1.** Zunächst sei in Erinnerung gerufen: Wenn der Schuldner aufgrund einer bereits vor der Abtretung bestehenden Aufrechnungslage aufgerechnet hat, so geht es nicht mehr um die (sogleich zu erörternde) Frage des Erhalts der Aufrechnungslage, sondern darum, dass die Forderung bereits vor der Abtretung erloschen war und dass der Schuldner dies demjenigen, an den die Forderung abgetreten worden ist, nach § 398 S. 2 BGB (auf den dies nur klarstellenden § 404 BGB kommt es dann eigentlich gar nicht an) entgegenhalten kann.
**2.** Selbstverständlich kann der Schuldner mit einer gegen den Neugläubiger bestehenden Gegenforderung aufrechnen. Auch das betrifft nicht die Frage des Erhalts der Aufrechnungslage.

Für uns ist hier lediglich die Frage von Belang, ob der Schuldner **nach erfolgter Abtretung** der **(Haupt-)Forderung** mit einer **gegen** den **Altgläubiger (Zedenten) bestehenden (Gegen-)Forderung aufrechnen** kann. Ich hoffe, Sie entsinnen sich noch daran, weshalb es für den Schuldner so ungeheuer wichtig ist, ihm die Möglichkeit der Aufrechnung zu erhalten!? Wissen Sie noch, was man unter einer „Privatvollstreckung" versteht, und erinnern Sie sich noch an die Privilegierung des Aufrechnungsgläubigers in der Insolvenz des anderen Teils? Sagt Ihnen der Begriff „Tilgungserleichterung" etwas? Und wissen Sie noch, weshalb die Aufrechnungsmöglichkeit trotz des Verbots des § 266 BGB eine Teilleistung ermöglicht? Wer etwa alles vergessen haben sollte, muss dies unbedingt sofort in **Teil 3** nachlesen!

Nach den allgemeinen Aufrechnungsvorschriften der §§ 387 ff. BGB wäre eine Aufrechnung des Schuldners mit einer gegen den Altgläubiger bestehenden Forderung nach erfolgter Zession nicht möglich, da es nunmehr an der von § 387 BGB verlangten Gegenseitigkeit bzw. Wechselseitigkeit von abgetretener (Haupt-)Forderung und (Gegen-) Forderung fehlt.

Da aber der allgemeine Grundsatz gilt, dass ein Schuldner durch eine Zession nicht benachteiligt werden darf, muss es insoweit einen „Schuldnerschutz" geben, durch den die Aufrechnungsmöglichkeit „konserviert" wird.

In der Tat hat der Gesetzgeber den Schuldner hier auch nicht „im Stich gelassen", und er hat für **zwei unterschiedliche Konstellationen** dem zur Aufrechnung befugten Schuldner die Aufrechnungsmöglichkeit erhalten.

aa) Aufrechnungslage zur Zeit der Abtretung (§ 407 und § 406 BGB 1. Fallgruppe)
War bereits im Zeitpunkt der Abtretung eine Aufrechnungslage zwischen dem Schuldner und dem Zedenten gegeben, und hatte der Schuldner die Aufrechnung noch nicht erklärt (oder umgekehrt gewendet formuliert: hatte der Zessionar eine „aufrechenbare Forderung" erworben),

- dann kann der **Schuldner**, solange er **von** der **Abtretung** noch **keine Kenntnis** hatte („stille Zession"), nach **§ 407 Abs. 1 BGB** mit seiner Gegenforderung **gegenüber** dem **Altgläubiger aufrechnen**, denn „der neue Gläubiger muss … jedes Rechtsgeschäft, das nach der Abtretung zwischen dem Schuldner und dem bisherigen Gläubiger in Ansehung der Forderung vorgenommen wird, gegen sich gelten lassen, es sei denn, dass der Schuldner die Abtretung bei der Vornahme des Rechtsgeschäfts kennt". Zu derartigen Rechtsgeschäften gehört auch die Aufrechnung.

**Fall 900**

Der Verkäufer einer Sache G1 hat gegen den K als Käufer dieser Sache eine fällige Forderung aus § 433 Abs. 2 BGB in Höhe von € 10.000,–. Der G1 tritt die Kaufpreisforderung „still" an den G2 ab. Der K hatte schon immer eine fällige und gleichartige Gegenforderung gegen den G1 in Höhe von € 10.000,– und erklärt jetzt die Aufrechnung gegenüber dem G1. Der G2 verlangt bei Fälligkeit Zahlung von K. Der K weigert sich, weil er gegenüber dem G1 aufgerechnet habe.

Der Anspruch des G2 gegen den K aus §§ 433 Abs. 2, 398 S. 2 BGB ist nach §§ 407 Abs. 1, 387 ff. BGB erloschen.

- Der Schuldner kann aber auch dann, wenn er von der Abtretung Kenntnis erlangt hat, aufrechnen, dann zwar nicht gegenüber dem Zedenten, weil § 407 BGB ja die Gutgläubigkeit des Schuldners voraussetzt, wohl aber gegenüber dem Zessionar: Denn nach **§ 406 BGB 1. Fallgruppe** kann der Schuldner **in der Regel** mit einer zur Zeit der Abtretung gegen den Zedenten bestehenden Gegenforderung **gegenüber** dem **Zessionar aufrechnen**: „Der Schuldner kann eine ihm gegen den bisherigen Gläubiger zustehende Forderung auch dem neuen Gläubiger gegenüber aufrechnen, …". Insoweit ist § 406 BGB **lex specialis** zu **§ 404 BGB**. Denn durch diese Regelung wird klargestellt, dass die zwischen dem Zedenten und dem Schuldner bestehende Aufrechnungslage eine Einwendung ist, die dem Zessionar entgegengehalten werden kann. Allerdings ist § 406 BGB 1. Fallgruppe nicht etwa eine angesichts des § 404 BGB überflüssige Vorschrift. Denn Sie müssen sich dessen bewusst sein, dass genau genommen nicht die bloße Aufrechnungslage, sondern erst die durch § 406 BGB 1. Fallgruppe möglich gemachte und auch erfolgte Aufrechnungs*erklärung* das Bestehen der Einwendung gegen der zedierten Forderung zur Folge hat. Daher war – es sei wiederholt – die Schaffung des § 406 BGB 1. Fallgruppe durch den Gesetzgeber keinesfalls überflüssig, wie zuweilen in der wissenschaftlichen Literatur zu lesen ist, sondern unbedingt erforderlich. Die Möglichkeit einer Aufrechnung seitens des Schuldners mit einer im Augenblick der Abtretung gegen den Zedenten bestehenden Gegenforderung gegenüber dem Zessionar gilt aber **nicht ausnahmslos,** weil es im Gesetz weiter heißt: „... es sei denn, dass ... die Forderung später als die abgetretene Forderung fällig geworden ist", was bedeutet, dass die Gegenforderung des Schuldners nicht später als die abgetretene Forderung fällig geworden sein darf. Das leuchtet auch ein: Denn im Fall einer nicht fälligen Gegenforderung konnte der Schuldner nicht damit rechnen, dass er gegenüber dem Zedenten hätte aufrechnen können; durch das aus seiner Sicht zufällige Ereignis einer Abtretung darf er nicht besser gestellt werden.

**Fall 901**

Der Verkäufer G1 hat gegen den K als Käufer eine am 1. April 2004 fällige Forderung aus § 433 Abs. 2 BGB in Höhe von € 10.000,–. Der G1 tritt die Kaufpreisforderung an den G2 ab. Der K weiß von der Abtretung. Der K hatte schon immer eine längst fällige Forderung in Höhe von € 5000,– (GF 1) und eine am 1. Mai 2004 fällige Forderung in Höhe von € 5000,– (GF 2) gegen den G1. Als der G2 ihn am 19. April 2004 auf Zahlung von € 10.000,– in Anspruch nimmt, erklärt der K gegenüber dem G2 die Aufrechnung mit den beiden gegen den G1 bestehenden Forderungen. Der G2 verlangt Zahlung.

Der Anspruch des G2 gegen den K aus §§ 433 Abs. 2, 398 S. 2 BGB auf Zahlung von € 10.000,– a) ist durch die Aufrechnung mit der GF 1 nach §§ 406, 387 ff. BGB in Höhe von € 5000,– erloschen. b) Die Aufrechnung mit der Gegenforderung GF 2 ist nicht möglich, weil sie später als die abgetretene Forderung fällig geworden ist. Der K muss sich insoweit an den Zedenten G1 halten. Der Zahlungsanspruch des G2 gegen den K besteht also in Höhe von € 5000,–.

bb) Keine Aufrechnungslage zur Zeit der Abtretung (§ 406 BGB 2. Fallgruppe)

Die eigentliche Bedeutung des **§ 406 BGB** besteht aber darin, dem Schuldner **in der Regel** die Möglichkeit einer Aufrechnung gegenüber dem Zessionar mit einer ihm gegen den Zedenten zustehenden Forderung zu verschaffen, obwohl im Augenblick der Zession mangels Gegenseitigkeit keine Aufrechnungslage bestand **(2. Fallgruppe)**. Verdeutlichen Sie sich dazu noch einmal den Wortlaut der Vorschrift: „Der Schuldner kann eine ihm gegen den bisherigen Gläubiger zustehende Forderung auch dem neuen Gläubiger gegenüber aufrechnen, ...". Von einem im Augenblick der Zession bestehenden Gegenseitigkeitsverhältnis zwischen der Forderung des Zedenten gegen den Schuldner und der Forderung des Schuldners gegen den Zedenten ist hier ganz bewusst nicht die Rede. Das bedeutet, dass auch aufgerechnet werden kann, wenn der Schuldner eine Forderung gegen den Zedenten erst nach der Abtretung durch Erwerb der Gegenforderung erlangt. Mit Sicherheit unterfällt dem § 406 BGB der **rechtsgeschäftliche Erwerb** (Zession nach § 398 BGB) **einer** einem Dritten gegen den Zedenten zustehenden **Forderung**. Wer auch **kraft Gesetzes erworbene Forderungen** des Schuldners gegen den Zedenten einbeziehen will, muss sich darüber im Klaren sein, dass eine solche Einbeziehung mit dem Gedanken des Vertrauensschutzes, der § 406 BGB zugrunde liegt, nichts mehr zu tun hätte und dass sich die Berücksichtigung eines derartigen Forderungserwerbs auch nicht mit dem (sogleich behandelten) Ausnahmetatbestand des § 406 BGB harmonisieren lässt. Nicht nur abgeleitet, sondern auch **aus eigenem Recht** kann eine zur Aufrechnung nach § 406 BGB taugliche Forderung gegen den Zedenten „erworben" werden, wenn sie ihrem Rechtsgrund nach bereits besteht (z. B. in Gestalt eines Vertrages), mag sich eine Forderung gegen den Zedenten, wie z. B. ein Schadensersatzanspruch aus §§ 280 Abs. 1, 3, 283 BGB, erst später daraus entwickeln. Ein „Erwerb" einer Forderung setzt begrifflich nicht voraus, dass die Forderung unbedingt oder gleichartig mit der Hauptforderung ist.

Das Gesetz schränkt diese Großzügigkeit aber sogleich ein, indem es einen komplizierten **Ausnahmetatbestand** („es sei denn,…") formuliert. Wie wir bereits wissen, ist es der Grundgedanke dieses Ausnahmetatbestandes, den Schuldner nur dann durch die Gewährung der Aufrechnungsmöglichkeit zu schützen, wenn er bei dem Erwerb der Gegenforderung hoffen und darauf vertrauen durfte, die gegen ihn gerichtete Forderung durch Aufrechnung zu tilgen. Ein solches schutzwürdiges Vertrauen in die Aufrechnungsmöglichkeit liegt nach § 406 BGB („es sei denn, …") dann nicht vor,

- wenn der Schuldner seine **Gegenforderung in Kenntnis der Abtretung erlangt** hat
- *oder*
- wenn die **Gegenforderung** des Schuldners „erst **nach der Erlangung der Kenntnis** …" (von der Abtretung) „… *und* **später als die abgetretene Forderung fällig** geworden ist".

Diese Ausnahmen beruhen auf folgender Überlegung des Gesetzgebers: Wenn der Schuldner die **Gegenforderung in Kenntnis** der **Abtretung erworben** hat, hatte er kein schutzwürdiges Vertrauen in die Aufrechnungsmöglichkeit, da ihm die mangelnde Gegenseitigkeit bekannt war. Das bedeutet, dass beim abgeleiteten Erwerb einer Forderung (also im Wege der Zession) der Schuldner vor Erlangung der Kenntnis von der Abtretung deren Inhaber geworden sein muss. Wenn die Gegenforderung aus eigenem Recht herrührt, also aus einem Vertrag mit dem Zedenten, so muss dieser vor Erlangung der Kenntnis von der Abtretung geschlossen worden sein. Wie auch immer der Erwerb erfolgt ist, aus abgeleitetem oder eigenem Recht: Der Ausnahmetatbestand des § 406 BGB sperrt nicht, wenn die Forderung des Schuldners gegen den Zedenten erst nach der Kenntnis von der Abtretung unbedingt oder gleichartig wird. Auch der zweite Ausnahmetatbestand des § 406 BGB, bei dem die Aufrechnungsmöglichkeit entfällt, wenn die **Gegenforderung** des **Schuldners erst nach Kenntniserlangung und später als** die **abgetretene Forderung fällig wird**, beruht auf dem Gedanken des fehlenden Vertrauensschutzes: Wenn es nämlich so liegt, konnte sich der Schuldner nicht auf die Möglichkeit einer Tilgung der gegen ihn gerichteten Hauptforderung durch eine von ihm zu erklärende Aufrechnung verlassen, sondern musste mit einem in der Zwischenzeit erfolgenden Erfüllungsverlangen des Gläubigers rechnen.

**Fall 902**

Der Zedent G1 tritt am 28. April 2002 eine am 30. April 2002 fällige Darlehensforderung gegen den S an den Zessionar G2 ab. Der S erfährt davon nichts. Am 29. April 2002 erwirbt der S aufgrund eines Kaufvertrages mit X durch Abtretung eine gleich hohe und bereits seit Monaten fällige Forderung des X gegen den G1. Am 2. Mai 2002 meldet sich der G2 und verlangt Zahlung. Der S erklärt ihm gegenüber die Aufrechnung mit der von X erworbenen Forderung. Der G2 will wissen, ob er sich an den S, jedenfalls an den G1 halten kann.

1) Der G2 könnte einen Anspruch gegen den S haben. a) Der G2 hat einen Anspruch gegen S gem. §§ 488 Abs. 1 S. 2, 398 BGB erworben. b) Dieser könnte gem. §§ 387 ff. durch die dem G2 gegenüber erklärte Aufrechnung erloschen sein. aa) Der S ist Gläubiger einer gleichartigen, fälligen und durchsetzbaren Gegenforderung, auch ist die gegen ihn gerichtete Hauptforderung erfüllbar. bb) Problematisch ist jedoch die fehlende Wechselseitigkeit der beiden Forderungen: Die Hauptforderung steht dem G2 gegen den S, die Gegenforderung steht dem S gegen den G 1 zu. Möglicherweise liegen jedoch die Voraussetzungen einer rechtlich anerkannten Durchbrechung des Prinzips der Gegenseitigkeit bzw. Wechselseitigkeit vor. aaa) Auf § 404 BGB kann nicht abgestellt werden, da die §§ 406, 407 BGB für die Aufrechnung die spezielleren Normen sind. bbb) Der § 407 BGB ist nicht einschlägig, da dieser die hier nicht gegebene Konstellation einer Aufrechnung eines in Bezug auf die erfolgte Abtretung gutgläubigen Schuldners gegenüber dem Zedenten regelt, während im vorliegenden Fall der S in Kenntnis der erfolgten Abtretung gegenüber dem G2 aufgerechnet hat. ccc) In Betracht kommt weiterhin der § 406 BGB 1. Fallgruppe. Danach kann der Schuldner ungeachtet der Kenntnis von der Abtretung im Grundsatz mit einer ihm gegenüber dem bisherigen Gläubiger zustehenden Forderung auch dem neuen Gläubiger gegenüber aufrechnen, wenn die Aufrechnungslage zur Zeit der Abtretung bestand. Das ist hier nicht der Fall, denn der S hat die Gegenforderung erst nach der Abtretung der Hauptforderung erworben. ddd) In Betracht kommt aber eine Aufrechnungsmöglichkeit nach § 406 BGB 2. Fallgruppe: aaaa) Diese erlaubt eine Aufrechnung mit einer Forderung gegen den Zedenten auch dann, wenn der Schuldner die Forderung gegen den Zedenten erst nach der Abtretung erworben hat, bbbb) „... es sei denn, dass ..." der S aaaaa) entweder die Gegenforderung in Kenntnis der Abtretung erworben hat; das ist nicht der Fall, denn

der S hat erst am 2. Mai 2002 von der Abtretung erfahren, also nach Erwerb der Forderung am 29. April 2002. bbbbb) Der weitere Ausnahmetatbestand setzt voraus, dass die Gegenforderung erst nach Kenntnis von der Zession *und* nach der abgetretenen Hauptforderung fällig geworden ist. Auch dieser Ausnahmetatbestand trifft nicht zu. Damit besteht kein Ausschluss der Aufrechnung. c) Da auch eine Aufrechnungserklärung des S vorliegt, ist der Anspruch des G2 gegen S durch Aufrechnung erloschen. Der G2 kann keine Zahlung von S verlangen. 2) Der G2 kann sich aus § 816 Abs. 2 BGB an den G1 halten.

cc) Besonderheiten bei der Inkassozession

Bei einer – Ihnen ja bereits bekannt gemachten – **„Inkassozession"**, bei der der Zedent wirtschaftlich gesehen der Gläubiger der Forderung bleibt, kann der Schuldner unter den Voraussetzungen (lediglich) der §§ 387 ff. BGB mit einer Gegenforderung gegen den Zedenten gegenüber dem Zessionar aufrechnen; auf die Ausnahmetatbestände des § 406 BGB („es sei denn …") kommt es nicht an. Bei dieser Gelegenheit: Kann der Schuldner eigentlich auch mit einer Gegenforderung gegenüber dem Inkassozessionar aufrechnen, obwohl dieser in wirtschaftlicher Hinsicht nicht der Gläubiger ist? Hier „macht man" zum Schutze des Schuldners „Schluss" mit der wirtschaftlichen Betrachtungsweise und lässt die Aufrechnung bei einer verdeckten Treuhand zu, nicht aber bei einer offenen Treuhand.

### c) Gutglaubensschutz bei Leistungen/bei Rechtsgeschäften des Schuldners an den/mit dem Zedenten nach der Zession (§ 407 BGB)

aa) Schutz des Schuldners bei Leistungen an den Zedenten und bei Rechtsgeschäften des Schuldners mit dem Zedenten nach der Zession

Der Schuldner darf bis zur Erlangung positiver Kenntnis von der Abtretung den Zedenten als seinen wirklichen Gläubiger ansehen (§ 407 Abs. 1 BGB). Der Zessionar muss daher jede **Leistung** des **gutgläubigen Schuldners an** den **Zedenten vor Kenntniserlangung** gegen sich gelten lassen, d. h. die Leistung des Schuldners an den Zedenten als den vermeintlichen Gläubiger hat im Verhältnis zum Zessionar eine den Schuldner befreiende Wirkung.

**Fall 903**

Der Verkäufer G1 hat gegen den K als Käufer eine fällige Forderung aus § 433 Abs. 2 BGB in Höhe von € 10.000,–. Der G1 tritt die Kaufpreisforderung „still" an den G2 ab. Der K zahlt an den G1, den er für den Gläubiger der Forderung hält. Der G2 verlangt bei Fälligkeit Zahlung. Der K weigert sich, weil er schon an den G1 gezahlt habe.

Der Anspruch des G2 gegen den K aus §§ 433 Abs. 2, 398 S. 2 BGB ist nach § 407 Abs. 1 BGB erloschen.

**Variante**

Der K gibt dem G1 „erfüllungshalber" einen auf die B-Bank gezogenen Scheck (§ 364 Abs. 2 BGB). Dann erfährt der K von der bislang „stillen" Abtretung der

Kaufpreisforderung an den G2. Der von G1 vorgelegte Scheck wird von der B-Bank bezahlt. Der G2 verlangt Zahlung.

Der Anspruch des G2 gegen den K aus §§ 433 Abs. 2, 398 S. 2 BGB ist nach § 407 Abs. 1 BGB erloschen, denn der Zessionar muss auch die durch die Einlösung des Schecks eingetretene Erfüllung gegen sich gelten lassen. Die zwischenzeitlich erlangte Kenntnis des K von der Abtretung soll nicht zur Bösgläubigkeit führen.

Zudem wirkt jedes **nach** der **Zession vorgenommene Rechtsgeschäft** des **gutgläubigen Schuldners mit** dem **Zedenten** gegen den Zessionar, also z. B. der Abschluss eines Erlassvertrages, eines Vergleiches, eine Stundung und, wie schon dargestellt, eine Aufrechnung.

**Variante**

Der G1 hatte die Kaufpreisforderung gegen den K „still" an den G2 abgetreten, so dass der K hiervon keine Kenntnis hatte. Der K, der schon immer eine Gegenforderung gegen den G1 hatte, erklärt jetzt die Aufrechnung gegenüber dem G1. Der G2 verlangt bei Fälligkeit Zahlung. Der K weigert sich, weil er gegenüber dem G1 aufgerechnet habe.

Der Anspruch des G2 gegen den K aus §§ 433 Abs. 2, 398 S. 2 BGB ist nach §§ 407 Abs. 1, 387 ff. BGB erloschen.

**Variante**

Der K gibt dem G1 „erfüllungshalber" einen in 2 Wochen fälligen Scheck (§ 364 Abs. 2 BGB). Der Zessionar G2, an den der G1 zuvor die Forderung „still" abgetreten hatte, verlangt Zahlung. Der K beruft sich auf eine Stundung.

Der G2 muss nach § 407 Abs. 1 BGB die in der „erfüllungshalber" erfolgten Entgegennahme eines Schecks liegende Stundung der Kaufpreisforderung gegen sich gelten lassen.

Nach § 407 Abs. 2 BGB muss der Neugläubiger übrigens auch ein **klagabweisendes Urteil,** das in einem vor Kenntnisnahme des Schuldners von der Abtretung begonnenen Prozess des Zedenten gegen den Schuldner ergeht, gegen sich gelten lassen. Ein stattgebendes Urteil wirkt nicht zugunsten des Zessionars.

Da es sich bei § 407 BGB um eine ausschließlich im Interesse des Schuldners geschaffene Schuldnerschutzvorschrift handelt, wird der Schuldner durch § 407 BGB „nicht zu seinem Glück gezwungen". Er muss sich also nicht auf den Schutz der Vorschrift berufen, umgekehrt gewendet: Der **Schuldner kann „auf den Schutz des § 407 BGB verzichten"** und sich z. B. im Fall der ihn an sich befreienden Leistung an den Zedenten dafür entscheiden, das an den Zedenten Geleistete nach § 812 Abs. 1 S. 1 Var. 1 BGB zurückzufordern.

Man fragt sich natürlich, wieso ein Schuldner „so dumm sein kann", freiwillig auf den Schutz des § 407 BGB zu verzichten. Das werden Sie gleich verstehen. Es gibt dafür zwei „klassische" Gründe: Zum einen kann es dem Schuldner darauf ankommen, durch die Leistung an den Zessionar seine Zahlungsfähigkeit und Zahlungswilligkeit und damit letztlich seine Kreditwürdigkeit zu demonstrieren; oder er will in der Insolvenz des Zessionars gegenüber dem Zessionar die Aufrechnung erklären (§ 94 InsO).

**Fall 904**

Der Verkäufer G1 hat gegen den K als Käufer eine fällige Forderung aus § 433 Abs. 2 BGB in Höhe von € 10.000,–. Der G1 tritt die Kaufpreisforderung „still" an den G2 ab. Dann zahlt der K an den G1, den er für den Gläubiger der Kaufpreisforderung hält, € 10.000,– zur Erfüllung seiner Kaufpreisschuld. Seinerseits hatte der K gegen den G2 eine fällige Rückzahlungsforderung aus einem Darlehensvertrag in Höhe von € 10.000,–. Als er jetzt von dem G2 Rückzahlung des Darlehens verlangt, erhält er keine Zahlung, da inzwischen über das Vermögen des G2 das Insolvenzverfahren eröffnet worden ist. Vielmehr wird der K vom Insolvenzverwalter auf die Möglichkeit der Anmeldung der Forderung verwiesen und seinerseits auf Zahlung von € 10.000,– aus §§ 433 Abs. 2, 398 S. 2 BGB in Anspruch genommen. Daraufhin verlangt der K von dem G1 die Rückzahlung der € 10.000,– aus § 812 Abs. 1 S. 1 Var. 1 BGB und erklärt gegenüber dem Insolvenzverwalter die Aufrechnung mit der Forderung aus § 488 Abs. 1 S. 2 BGB.

Zu untersuchen ist, ob die nach § 433 Abs. 2 BGB entstandene und nach § 398 S. 2 BGB auf den G2 übergegangene (Haupt-)Forderung durch die Aufrechnung mit der Gegenforderung aus § 488 Abs. 1 S. 2 BGB erloschen ist. a) Das wäre nicht der Fall, wenn die Hauptforderung des G2 gegen den K (§§ 433 Abs. 2, 398 S. 2 BGB) durch die Zahlung des K an G1 gem. § 407 Abs. 1 BGB erloschen wäre. An sich liegt hier der Tatbestand des § 407 Abs. 1 BGB vor. Weil aber der K durch die Rückforderung der an den G1 gezahlten € 10.000,– auf den Schutz des § 407 Abs. 1 BGB verzichtet hat, lebt diese Forderung wieder auf, und der G2 ist weiterhin der Gläubiger des K. b) Die Eröffnung des Insolvenzverfahrens steht einer Aufrechnung des K gegen den G2 nicht entgegen (§ 94 InsO). c) Hinsichtlich der weiteren Voraussetzungen der Aufrechnung bestehen keine Zweifel.

**Fall 905**

Der G1 unterhält ein Sparkonto bei der S-Sparkasse mit einem Guthaben über € 1000,–. Er tritt seine Forderung an den G2 ab und übergibt ihm das Sparbuch. Am nächsten Tag geht der G1 zum Schalter der S-Sparkasse und bittet um Auszahlung von € 100,–. Es gelingt ihm, den ihm gut bekannten Kassierer K davon zu überzeugen, dass er „sein Sparbuch leider vergessen" habe. Der K zahlt die € 100,– gegen Quittung aus. Als der G2 wenig später unter Vorlage des Sparbuchs € 1000,– verlangt, zahlt ihm die S-Sparkasse nur € 900,– aus. Der G2 verlangt weitere € 100,– von der S-Sparkasse.

Der Anspruch könnte sich aus §§ 488 Abs. 1 S. 1, 700, 398 S. 2 BGB ergeben. a) Der Anspruch ist auch entstanden und nach § 398 S. 2 BGB auf den G2 übergegangen. b) Er könnte nach § 407 Abs. 1 BGB erloschen sein. aa) Dessen Voraussetzungen liegen vor. bb) Gleichwohl greift er nicht ein; denn im Interesse des Verkehrsschutzes ist bei Wertpapieren der § 407 Abs. 1 BGB unanwendbar. Zwar ist das Sparbuch kein Wertpapier im engeren Sinne (d. h.: zur Übertragung der Forderung gegen die Sparkasse wird nicht „das Papier", also das Sparbuch, übereignet; sondern es wird die Forderung nach § 398 BGB übertragen, und nach § 952 BGB „(folgt) das Recht am Papier … dem Recht aus dem Papier"; dazu später mehr), sondern nur ein qualifiziertes Legitimationspapier, dessen Bedeutung einerseits darin liegt, dass der Schuldner die Leistung bis zur Grenze der Bösgläubigkeit aufgrund grober Fahrlässigkeit oder Vorsatzes an jeden Inhaber erbringen kann (§ 808 Abs. 1 BGB: „Legitimationswirkung" des Sparbuchs). Andererseits ist das Papier in seiner Wirkung gegenüber den bloßen Legitimationspapieren dadurch gesteigert (daher: „qualifiziert"), dass der Schuldner die Leistung nur gegen Vorlage der Urkunde erbringen muss (§ 808 Abs. 2 S. 1 BGB). Dieser Umstand spricht dafür, dass der Schuldner hierdurch ausreichend geschützt ist und dass umgekehrt der Erwerber einer Forderung, über die ein qualifiziertes Legitimationspapier ausgestellt ist, einen dem Schuldnerschutz des § 407 Abs. 1 BGB vorgehenden Verkehrsschutz wie bei einem Wertpapier i. e. S. verdient.

§ 407 BGB gilt **nicht zu Gunsten des Zessionars** (arge. „*gegen* sich gelten lassen"), so dass z. B. eine Mahnung seitens des Zedenten „ins Leere" ginge.

#### bb) Besonderheiten bei der Inkassozession

Bei einer **„Inkassozession"**, bei der der Zedent in wirtschaftlicher Hinsicht Gläubiger bleibt, gelten die Schranken des § 407 BGB nicht. Wenn der Inkassozedent nach der Abtretung an den Inkassozessionar aufgrund einer Vereinbarung mit dem inzwischen über die Inkassozession informierten und damit hinsichtlich der nicht mehr bestehenden Gläubigerstellung des Inkassozedenten „bösgläubigen" Schuldner die Forderung stundet oder wenn der „bösgläubige" Schuldner an ihn zahlt, muss der Inkassozessionar diese Stundung oder Zahlung gegen sich gelten lassen.

#### cc) Schutz des Schuldners bei Mehrfachabtretung (§ 408 BGB)

Für den Fall, dass ein Schuldner bei einer mehrfachen Abtretung nur von der späteren und deshalb unwirksamen (Prioritätsprinzip) Abtretung Kenntnis erhält, verweist § 408 BGB auf § 407 BGB. Der gutgläubige Schuldner darf dann den Scheinzessionar wie den wirklichen Gläubiger der Forderung behandeln.

#### dd) Schutz des Schuldners bei Abtretungsanzeige (§ 409 BGB)

Wenn ein **Gläubiger** (*ganz wichtig:* der wirkliche Gläubiger, also nicht ein „Scheingläubiger"!) dem **Schuldner** eine **Abtretung** durch eine ausdrückliche (formlose) Abtretungsanzeige **mitteilt** oder wenn ein **Dritter** dem **Schuldner** eine **vom Gläubiger ausgestellte Abtretungsurkunde über** eine **Abtretung vorlegt,** so muss der

Gläubiger die Abtretung auch dann gegen sich gelten lassen, wenn die auf diese Weise angezeigte Abtretung unwirksam ist oder wenn sie gar nicht erfolgt ist (§ 409 Abs. 1 BGB).

Der Schuldner kann daher befreiend an denjenigen leisten, der ihm von Seiten des Gläubigers auf die eine oder andere Weise als der neue Gläubiger genannt wurde. Hier geht es also nicht wie bei §§ 407, 408 BGB um einen Schutz des Schuldners im Fall einer erfolgten, ihm aber unbekannten, Abtretung, sondern um den Schutz des Schuldners bei einer ihn irreführenden Mitteilung über eine tatsächlich nicht erfolgte Abtretung oder eine zwar erfolgte, aber unwirksame Abtretung. Nach dem Wortlaut der Vorschrift besteht der Schutz sogar unabhängig von der Gutgläubigkeit des Schuldners hinsichtlich der Vornahme der Abtretung oder deren Wirksamkeit. Das muss man so korrigieren: Kein Schutz besteht, wenn die fehlende Legitimation offen zutage liegt, so bei einem klaren Verstoß der Abtretung gegen § 134 BGB, nicht aber im Fall einer Nichtigkeit nach § 138 BGB (dann wird i. d. R. aber ohnehin nur das der Abtretung zugrunde liegende Kausalverhältnis betroffen sein, die Abtretung also wirksam bleiben). Selbstverständlich ist, dass der Scheinberechtigte kein Forderungsrecht hat: Der Schuldner kann, muss aber nicht, an den Scheinberechtigten leisten; er kann auch „auf eigene Gefahr" an den Gläubiger erfüllen.

### 4. Ausgleichsansprüche des Zessionars gegen den Zedenten bei unberechtigter Forderungseinziehung bzw. des Gläubigers gegen den Scheinzessionar

Dem durch die Schuldnerschutzvorschriften der §§ 406–409 BGB benachteiligten Gläubiger kann ein Ausgleichsanspruch und/oder ein Schadensersatzanspruch zustehen.

#### a) Ansprüche des Zessionars gegen den Zedenten im Fall der Leistungsbefreiung nach §§ 406, 407 Abs. 1 BGB

Dem **Zessionar** stehen **gegen den Zedenten** als Scheingläubiger **Ansprüche auf Herausgabe des Erlangten** zu:

- Der Zessionar hat gegen den Zedenten einen Anspruch auf Herausgabe des durch die Leistung an ihn Erlangten nach **§§ 687 Abs. 2, 681 S. 2, 667 BGB**, wenn der Zedent wissentlich die an den Zessionar abgetretene Forderung eingezogen hat, und der Schuldner nach § 407 Abs. 1 BGB frei geworden ist. Er hat dann ein objektiv fremdes Geschäft als eigenes behandelt, sich also eine Geschäftsführung angemaßt. Daneben kommt ein Anspruch aus **§ 285 Abs. 1 BGB analog** in Betracht; die Vorschrift kann aber (wenn überhaupt) nur analog angewendet werden, weil durch die unberechtigte Annahme der Zahlung keine Unmöglichkeit nach § 275 Abs. 1–3 BGB eintritt. Der Zedent hatte nämlich gegenüber dem Zessionar bereits durch die Abtretung den der Abtretung zugrunde liegenden Vertrag, meist ein Forderungskaufvertrag nach §§ 433, 453 BGB, erfüllt.
- Der nichtberechtigte Zedent ist dem Zessionar nach **§ 816 Abs. 2 BGB** zur Herausgabe des Erlangten verpflichtet, wenn der Schuldner an ihn als Nichtberechtigten geleistet hat und diese Leistung dem Zessionar gegenüber nach

§ 407 Abs. 1 BGB wirksam war oder wenn der Schuldner nach § 406 BGB befreiend gegenüber dem Zessionar aufgerechnet hat.

Weiterhin können dem **Zessionar gegen den Zedenten** auch **Ansprüche auf Schadensersatz** zustehen.

- Hat der **Zedent nach Abtretung** der **Forderung** diese **dennoch eingezogen** und ist der Schuldner dadurch gegenüber dem Zessionar nach § 407 BGB frei geworden, so hat der Zedent damit eine Verhaltenspflicht aus dem der Abtretung zugrunde liegenden Rechtsgeschäft, meist ein Forderungskaufvertrag nach §§ 433, 453 BGB, verletzt. Er haftet also nach **§§ 280 Abs. 1, 241 Abs. 2 BGB** auf Schadensersatz. Wegen der in der Forderungseinziehung liegenden unerlaubten Eigengeschäftsführung haftet er auch nach **§§ 687 Abs. 2, 678 BGB** auf Schadensersatz. Weiterhin kommt ein Schadensersatzanspruch aus **§ 826 BGB** in Betracht. Schließlich wird teilweise (Canaris) die Rechtsansicht vertreten, der Zessionar habe gegen den Zedenten einen Anspruch auf Schadensersatz wegen eines schuldhaften Eingriffs in die Forderungszuständigkeit als sonstiges Recht i. S. d. **§ 823 Abs. 1 BGB**. Die h. M. sieht allerdings in dem Forderungsrecht ganz generell kein sonstiges Recht i. S. d. § 823 Abs. 1 BGB, weil der außerdeliktische Forderungsschutz eine abschließende und auch ausreichende Regelung enthalte, so dass keine Notwendigkeit bestehe, die Grenze zwischen relativen und absoluten Rechten zu verwischen. Das alles wussten Sie schon aus Teil 7.
- Im Fall einer den **Schuldner nach § 406 BGB befreienden Aufrechnung** gegenüber dem Zessionar könnte sich ein Schadensersatzanspruch aus dem der Abtretung zugrunde liegenden Rechtsverhältnis (z. B. Forderungskaufvertrag nach §§ 433, 453 BGB) ergeben (§§ 437, 435 oder §§ 280 Abs. 1, 241 Abs. 2 BGB).

#### b) Ansprüche des Gläubigers gegen den Scheinzessionar im Falle des § 408 BGB

Der Erstzessionar und wirkliche Gläubiger, der durch den befreienden Einzug der Forderung seitens des Scheingläubigers seine Forderung verliert, kann vom Scheingläubiger nach § 816 Abs. 2 BGB **Herausgabe des Erlangten** verlangen. Ansprüche aus §§ 687 Abs. 2, 681 S. 2, 667 BGB bestehen nicht, weil der Scheinzessionar i. d. R. von der Wirksamkeit der Abtretung zu seinen Gunsten ausgeht, also glaubt, er führe ein eigenes Geschäft. Auch Ansprüche aus § 285 BGB analog entfallen, weil es zwischen dem Neugläubiger und dem Scheingläubiger keine schuldrechtlichen Beziehungen gibt. Diese bestehen lediglich zwischen dem Zedenten und dem Erstzessionar.

Aus diesen Gründen entfallen auch **Schadensersatzansprüche** des Erstzessionars und wirklichen Gläubigers gegen den Scheingläubiger, es sei denn, dass man § 823 Abs. 1 BGB bei einem Eingriff in die Empfangszuständigkeit bejaht, und der Inanspruchgenommene mindestens fahrlässig handelt.

#### c) Ansprüche des Gläubigers gegen den Empfänger bei einer Abtretungsanzeige (§ 409 BGB)

Der ursprüngliche und wirkliche Gläubiger kann im Falle des § 409 BGB vom Leistungsempfänger **Ausgleich** nach § 816 Abs. 2 BGB verlangen.

Einen **Schadensersatzanspruch** hat der ursprüngliche und wirkliche Gläubiger gegen den Leistungsempfänger nur unter den Voraussetzungen des § 823 Abs. 1 BGB, die man – vorausgesetzt man folgt dem entsprechenden deliktsrechtlichen dogmatischen Ansatz – bei einem Eingriff in die Forderungszuständigkeit bejahen kann, wenn der Inanspruchgenommene mindestens fahrlässig handelt.

### 5. Besondere Formen der Zession und verwandte Institute

#### a) Die Sicherungsabtretung

Die **Sicherungsabtretung** ist ein Fall der eigennützigen treuhänderischen (ein Begriff, den Sie jetzt wirklich kennen sollten!) Abtretung. Sie dient der Sicherung eines Geldkredits oder eines Lieferantenkredits (insbesondere in Form des verlängerten Eigentumsvorbehalts). Der Sicherungsgeber, der häufig, aber nicht immer identisch mit dem Kreditnehmer ist, zediert eine gegenwärtige oder eine künftige Forderung gegen einen „Drittschuldner" (dieser aus dem Zwangsvollstreckungsrecht entlehnte Ausdruck – lesen Sie ruhig wieder einmal die §§ 828 ff. ZPO – passt sehr gut für die vorliegende Konstellation) an den Sicherungsnehmer, der identisch mit dem Kreditgeber ist. Der Kreditgeber erhält so einen weiteren Schuldner.

Die Sicherungsabtretung ist insbesondere deshalb von so enormer Bedeutung, weil sie, anders als das an sich gesetzlich vorgesehene Sicherungsrecht der Forderungsverpfändung (§§ 1273 ff., 1279 ff. BGB), für ihre Wirksamkeit keine kredit- und geschäftsschädigende Anzeige an den (Dritt-)Schuldner (vgl. § 1280 BGB) voraussetzt, und damit, anders als die Verpfändung, „heimlich" erfolgen kann. Das Pfandrecht an Forderungen hat daher heute praktisch keine Bedeutung mehr.

Besonders bedeutsam ist die Wirkung des Sicherungsrechts in der Insolvenz und der Einzelzwangsvollstreckung: Der Sicherungszessionar hat als Sicherungsnehmer in der **Sicherungsgeberinsolvenz** trotz seines Forderungsrechts kein Aussonderungsrecht, sondern nur ein Recht auf abgesonderte Befriedigung (§§ 51 Nr. 1, 50 InsO). Im Fall einer **Einzelzwangsvollstreckung** durch **Gläubiger des Sicherungsgebers in** das **Sicherungsgut**, also in die zur Sicherung abgetretene Forderung gegen den Drittschuldner, kann der Sicherungsnehmer erfolgreich nach § 771 ZPO klagen.

Im untrennbaren Zusammenhang damit steht die Frage nach dem Schutz des Sicherungsgebers im Fall der Einzelzwangsvollstreckung von Gläubigern des Sicherungsnehmers in die zur Sicherheit abgetretene Forderung und im Fall der Sicherungsnehmerinsolvenz: Ob im Fall einer **Einzelzwangsvollstreckung** durch **Gläubiger des Sicherungsnehmers** in das Treugut, also in die abgetretene Forderung, der Sicherungsgeber gegen den die Zwangsvollstreckung betreibenden Gläubiger des Sicherungsnehmers erfolgreich nach § 771 ZPO klagen kann, hängt vom Status der gesicherten Forderung ab: Ist sie bereits getilgt, und kommt es zu einem automatischen Rückfall auf den Sicherungsgeber infolge einer im Sicherungsvertrag vereinbarten auflösenden Bedingung (§ 158 Abs. 2 BGB) oder ist ein sich aus dem Sicherungsvertrag ergebender durch die Erfüllung aufschiebend bedingter schuldrechtlicher Rückübertragungsanspruch des Sicherungsgebers vom Sicherungsnehmer bereits erfüllt worden, wofür ein Vertrag ausreicht (§ 398 BGB), ist der Sicherungsgeber zweifelsfrei aus § 771 ZPO berechtigt; aber auch schon vorher steht ihm das Recht aus § 771 ZPO zu, weil sich durch die Tilgung der gesicherten

Forderung die Sicherungstreuhand in eine Verwaltungstreuhand verwandelt und der Verwaltungstreugeber bei der Einzelzwangsvollstreckung durch Gläubiger des Verwaltungstreunehmers in das Treugut durch § 771 ZPO geschützt ist. Wenn die gesicherte Forderung noch besteht, muss man diskutieren, ob der Sicherungsgeber ohne weiteres aus § 771 ZPO vorgehen kann oder ob er die gesicherte Forderung zuvor tilgen muss. Am interessantesten ist die Situation, in der der Sicherungsfall eingetreten ist, weil dann die Beschränkung aus dem Treuhandvertrag entfällt, so dass das Treugut nunmehr den Gläubigern des Sicherungsnehmers zusteht und der Sicherungsgeber nicht mehr aus § 771 ZPO vorgehen kann. Nicht anders liegt es in der **Sicherungsnehmerinsolvenz**: Der Sicherungsgeber, also der Zedent, hat, wenn die gesicherte Forderung erfüllt ist, ein Aussonderungsrecht: Das ist bei einer auflösend bedingten Übertragung der Forderung oder im Fall der erfolgten Erfüllung des Rückübertragungsanspruchs auf den Sicherungsgeber durch Vertrag (§ 398 BGB) selbstverständlich. Aber auch dann, wenn dem Sicherungsgeber nach dem Sicherungsvertrag nur ein durch die Erfüllung aufschiebend bedingter Rückübertragungsanspruch zusteht, steht dem Sicherungsgeber ein Aussonderungsrecht zu, denn nach der Forderungstilgung ist die Sicherungstreuhand wie eine Verwaltungstreuhand zu behandeln. Daher stellt sich die Frage, ob vor Erfüllung des gesicherten Anspruchs der Sicherungsgeber die gesicherte Forderung vorzeitig tilgen kann, um auf diese Weise aussondern zu können. Derart schwierige Fragen können im Rahmen dieses Buches nicht zu Ende diskutiert werden. Das nähert sich bereits der „höheren juristischen Mathematik".

Begeben wir uns zurück „auf den Boden der Tatsachen", das heißt der Examensrelevanz: Die Rechte und Pflichten des Zessionars als Sicherungsnehmer.

- Die **Rechte** und die **Pflichten** des **Sicherungsnehmers** hinsichtlich der abgetretenen Forderung,
- insbesondere die **Verwertungsvoraussetzungen,** also die Voraussetzungen dafür, die abgetretene Forderung gegen den „Drittschuldner" geltend machen zu dürfen,
- und die **Voraussetzungen für** den **Rückerwerb** der als Sicherungsobjekt dienenden Forderung beim Erlöschen der gesicherten Forderung

ergeben sich aus dem der Sicherungsabtretung zugrunde liegenden **Sicherungsvertrag**. Dieser Sicherungsvertrag entfaltet jedoch keine Wirkungen im Außenverhältnis, d. h. der Sicherungsnehmer erwirbt nach außen die volle Rechtsstellung des Gläubigers, und der „Drittschuldner" kann sich nicht auf den Sicherungsvertrag berufen.

Die Voraussetzungen einer wirksamen **Sicherungsabtretung** richten sich nach den §§ 398 ff. BGB und unterscheiden sich nicht von denen einer Abtretung von Forderungen ohne fiduziarische Bindung. In konsequenter Weiterführung der aufgrund eines „a maiore ad minus"-Schlusses aus § 185 Abs. 2 S. 1 BGB für zulässig gehaltenen „Vorausabtretung" künftiger Forderungen hat die Kreditwirtschaft auch eine Sicherungsabtretung künftiger Forderungen möglich gemacht. Ganz unproblematisch ist das nicht, denn Sie werden sich noch entsinnen: Bei einer „Vorausabtretung“ bereitet das Erfordernis der Bestimmtheit Probleme. Bei einer Abtretung, die ein Verfügungsgeschäft ist, muss die Forderung bekanntlich nach Inhalt, Schuldner und Schuldgrund bestimmt sein. Diese Erfordernisse sind bei einer künftigen Forderung an sich nicht einhaltbar. Man hält es aber für ausreichend, wenn die Forderung im Augenblick der Abtretung hinreichend bestimmt („bestimmbar“) ist und erst im Zeitpunkt ihrer Entstehung bestimmt ist. Die zur Ermöglichung der Bestimmbarkeit entwickelten Strategien richten sich häufig nach Schuldnern oder Zeiträumen. Häufig lässt man sich aber alle Forderungen gegen seine Schuldner abtreten (Globalzession).

Daraus resultiert ein weiteres typisches Problem bei der Sicherungszession, nämlich deren mögliche **Nichtigkeit** nach **§ 138 BGB**. Nach der Rechtsprechung des BGH kann sich eine Nichtigkeit aus folgenden Gesichtspunkten ergeben:

- **„Verleitung zum Vertragsbruch“:** Vor dem Hintergrund des „klassischen“ Konflikts zwischen einer Globalzession (als dem typischen Sicherungsmittel des Geldkreditgebers) und einem verlängerten Eigentumsvorbehalt (als dem typischen Sicherungsmittel des Warenkreditgebers) nimmt die Rechtsprechung die Nichtigkeit einer Globalzession wegen Verleitung des Sicherungsnehmers zum Vertragsbruch, ja sogar zum Betrug, an, **a)** wenn die Globalzession sich auf solche Forderungen erstreckt, die der Sicherungsgeber üblicherweise seinem Warenlieferanten aufgrund verlängerten Eigentumsvorbehalts abtreten muss, **b)** und wenn der Sicherungsgeber bereits durch die Tatsache einer Globalzession zugunsten des Geldkreditgebers dazu veranlasst wurde, dem Warenlieferanten die bereits an die Bank erfolgte Globalzession zu verschweigen, nur um die für ihn ja überlebensnotwendige Warenlieferung zu erhalten. Infolge der Nichtigkeit der Globalzession wegen „Verleitung zum Vertragsbruch“ nach § 138 Abs. 1 BGB wird so im Ergebnis praktisch das Prioritätsprinzip aufgehoben. Bei zwei Konstellationen soll jedoch die Sittenwidrigkeit entfallen, und zwar zum einen bei einer dinglich (d. h. nicht lediglich schuldrechtlich) wirkenden Teilverzichtsklausel des Geldkreditgebers und Sicherungsnehmers und zum anderen, wenn es am subjektiven Element der Sittenwidrigkeit deshalb fehlt, weil der Globalsicherungsnehmer einen Konflikt mit einem verlängerten Eigentumsvorbehalt deshalb für ausgeschlossen halten durfte, weil er beispielsweise in der betreffenden Branche unüblich ist.
- **„Kredittäuschung“:** Die Rechtsprechung nimmt weiterhin eine Nichtigkeit der Sicherungsabtretung nach § 138 Abs. 1 BGB an, wenn der Sicherungsnehmer in Kauf nimmt, dass der Schuldner seine künftigen Gläubiger über seine Kreditwürdigkeit täuscht, indem der Schuldner jenen gegenüber vorgibt, noch frei über die ausstehenden Forderungen verfügen zu können, obwohl sie bereits mittels einer Globalzession abgetreten wurden.
- **„Übersicherung“:** Eine zur Nichtigkeit der Abtretung nach § 138 Abs. 1 BGB führende Übersicherung nimmt der BGH dann an, wenn der im Verwertungsfall realisierbare Wert der Sicherungsgegenstände die gesicherte Forderung um mehr als 10 % oder bei einem Vergleich der Nennwerte um mehr als 50 % überschreitet. Die Sittenwidrigkeit infolge einer Übersicherung kann allerdings

durch eine ermessensunabhängige schuldrechtliche Freigabeklausel vermieden werden.

- **„Knebelung“:** Die sehr selten gegebene zur Sittenwidrigkeit und Nichtigkeit der Sicherungszession nach § 138 Abs. 1 BGB führende „Knebelung“ des Sicherungsgebers liegt dann vor, wenn die Zession zur Folge hat, dass der Sicherungsgeber in seiner wirtschaftlichen Bewegungsfreiheit derart beschränkt wird, dass er praktisch zum Werkzeug des Sicherungsnehmers wird. Vermeiden lässt sich dies durch die Gewährung einer Einziehungsermächtigung zu Gunsten des Sicherungsgebers.

Da die Kreditpraxis von den genannten, von der Rechtsprechung akzeptierten Möglichkeiten, die Sittenwidrigkeit zu vermeiden, in hohem Maße Gebrauch macht, ist der folgende Fall von weitgehend theoretischer Bedeutung.

**Fall 906**

Der Fabrikant F befasst sich mit der Herstellung von Tannenbaumkugeln. Im Februar 2002 benötigte er einen in das dem F gehörige Fabrikgebäude fest einzubauenden neuen Schmelzofen für das Glas, aus dem die Kugeln geblasen werden sollen, weil der alte Ofen irreparabel beschädigt ist. Das nötige Kapital in Höhe von € 100.000,– will er durch einen Kredit beschaffen. Außerdem braucht er einen Kredit in Höhe von € 50.000,– für das Rohglas. Seine Hausbank B, mit der er seit Jahren zusammenarbeitet, ist bereit, einen Kredit in Höhe von € 100.000,– für den Schmelzofen zu geben, und verlangt als Sicherheit die Abtretung aller künftigen Forderungen aus dem Verkauf der Kugeln für das Weihnachtsfest 2002 an den Großabnehmer A. Ein entsprechender Darlehens- und Sicherungsvertrag wird geschlossen und das Darlehen ausgezahlt. Das Betriebsgrundstück ist bereits bis zur Wertgrenze hypothekarisch belastet. Die B-Bank ist daher mangels einer Sicherbarkeit eines weiteren Kredits nicht bereit, dem F das Darlehen für den Erwerb des Rohglases zu gewähren. Der F kauft das nötige Rohglas bei L; der Kaufpreis soll nach der Veräußerung der Tannenbaumkugeln an A fällig sein. Als Sicherung des L wird ein Eigentumsvorbehalt mit einer Herstellerklausel, derzufolge der L zur Sicherheit das Eigentum an der Fertigware erlangen soll, vereinbart; mit der Weiterveräußerung der Fertigware an den A erklärt sich L schon jetzt einverstanden, lässt sich aber vorab die künftigen Ansprüche des F gegen A zur Sicherheit abtreten. Der F beschafft den Ofen und lässt ihn einbauen. Mit dem von L gelieferten Rohglas stellt der F die Kugeln her; die gesamte Produktion verkauft er sodann für € 100.000,– an den A. Das Bankdarlehen wird notleidend; der Kaufpreis an den L wird nicht gezahlt. Der L verlangt Zahlung von dem A, der mit Rücksicht auf das ihm mittlerweile durch eine Anzeige der B bekannt gewordene Sicherungsgeschäft des F mit der B die Zahlung an den L verweigert.

Ein Anspruch des L auf Zahlung gegen A könnte sich aus §§ 433 Abs. 2, 398 BGB ergeben. Dazu müsste der L die Forderung gegen den A erlangt haben. Dies wäre dann nicht der Fall, wenn nach dem Prioritätsgrundsatz zuvor die B die Forderung erlangt hätte und die Abtretung an den L deshalb ins Leere gegangen wäre. Die grundsätzlich zulässige Vorausabtretung an die B könnte aber nach § 138 Abs. 1 BGB nichtig sein. Hier kommt insbesondere die Fallgruppe des „Verleitens zum Vertragsbruch“ in Betracht, da es sich bei der an B vorausabgetretenen Forderung gegen den A um eine solche handelte, die üblicherweise von F aufgrund eines verlängerten Eigentumsvorbehalts an einen Lieferanten abgetreten wird, so dass der F im Falle einer Vorausabtretung zugunsten der B praktisch dazu gezwungen wird, den Lieferanten L über seine Berechtigung hinsichtlich der abgetretenen Forderung zu täuschen, so wie es dann ja auch geschehen ist. Da auch keine dinglich wirkende Freigabeklausel vorliegt und der B nicht das Bewusstsein der Sittenwidrigkeit fehlt, sondern ihr klar war, dass der F seinen Lieferanten betrügen würde, ist die Vorausabtretung zugunsten der B nichtig. Die Sittenwidrigkeit erstreckt sich auch nicht etwa lediglich auf den zugrunde liegenden Sicherungsvertrag, sondern zeigt sich gerade im Vollzug des Geschäfts. Damit ist die Zession an die B unwirksam und die Zession an den L wirksam. Der L kann damit von A Zahlung verlangen.

**Variante**

Der A hat im Vertrauen auf die Wirksamkeit der Sicherungszession an die B auch an die B gezahlt. 1) Kann der L sich an den A oder 2) auch an die B halten? 3) Warum ist es sinnvoll, nicht den A, sondern die B in Anspruch zu nehmen?

1) Wie gezeigt, ist ein wirksamer Anspruch des L gegen A entstanden. Dieser könnte jedoch durch die Zahlung des A an die B erloschen sein. Nach § 362 Abs. 1 BGB ist er nicht erloschen, weil die B nicht Gläubiger der Forderung geworden ist. Auch eine Schuldnerschutzvorschrift ist nicht einschlägig: § 409 setzt eine Abtretungsanzeige des Zedenten, der zugleich Gläubiger ist, voraus, hier hat aber die B, der scheinbare Zessionar also, auf den der Schuldner insoweit nicht vertrauen darf, die Abtretung angezeigt. Der L kann also von A Zahlung verlangen. 2) Der L könnte aber auch einen Anspruch auf Herausgabe des Erlangten gegen die B aus § 816 Abs. 2 BGB haben. a) Die B war Nichtberechtigte, b) und an sie wurde eine Leistung bewirkt. Der A hat auch nicht etwa an die Bank als bloße Zahlstelle des F gezahlt, so dass deshalb eine Leistung an den F vorläge. c) Diese Leistung ist aa) jedoch dem L gegenüber nicht wirksam. bb) Die Wirksamkeit kann der L jedoch durch eine Genehmigung herbeiführen; eine solche liegt wohl konkludent in dem Herausgabeverlangen gegenüber B (§§ 362 Abs. 2, 185 BGB). 3) Dass eine Bank per se ein besserer Schuldner ist als ein Privater, weil es hier praktisch kein Insolvenzrisiko gibt, leuchtet sicher jedermann ein. Hier kommt hinzu, dass der A an die B gezahlt hatte, sich also in einer finanziell geschwächten Lage befindet. Dass wegen der „ins Leere“ gegangenen Zahlung an die B zu seinem Vermögen ein Bereicherungsanspruch gegen die B aus § 812 Abs. 1 S. 1 Var. 1 BGB gehört, ändert daran nicht viel, weil dieser Anspruch erst einmal realisiert werden muss.

**Variante**

Wie wäre es, wenn A, der von den Sicherungszessionen zugunsten des L und der B nichts gewusst hatte, bereits an den F gezahlt hätte?

Der A könnte nach § 407 Abs. 1 BGB frei geworden sein. Nach dem Wortlaut des § 407 Abs. 1 BGB wird A aber nur dann frei, wenn er die Leistung „an den bisherigen Gläubiger" bewirkt hat. Da hier eine Vorauszession vorlag, ist fraglich, ob F bisheriger Gläubiger war. Dies wäre nur dann der Fall, wenn bei der Vorauszession ein Durchgangserwerb stattgefunden hätte. Dagegen wäre § 407 Abs. 1 BGB bei einem Direkterwerb seinem Wortlaut nach nicht anwendbar, weil F nie Gläubiger geworden wäre. Dieser Streit muss an dieser Stelle allerdings nicht entschieden werden, weil auch nach der Lehre vom „Direkterwerb" § 407 Abs. 1 BGB analog angewendet wird.

#### b) Inkassozession

Eigentlich ist Ihnen ja längst alles bekannt, was man über die Inkassozession wissen muss; aber sicherheitshalber wird alles noch einmal wiederholt: Die **Inkassozession** ist eine weitere Form der fiduziarischen Abtretung. Es handelt sich hierbei um eine fremdnützige treuhänderische Übertragung von Forderungen durch einen Inkassozedenten an einen Inkassozessionar zum Zwecke der Geltendmachung der Forderung im Interesse und für Rechnung des Inkassozedenten. Als **Grundgeschäft** liegt ihr ein Geschäftsbesorgungsvertrag (§ 675 BGB) zugrunde. Der Inkassozedent will auf diese Weise der Last der Einziehung der Forderung enthoben sein und will zudem auch das „Know-how" des Inkassozessionars beim Eintreiben von Forderungen nutzen.

Wirtschaftlich gesehen steht die Forderung allerdings trotz der Abtretung an den Inkassozessionar dem Inkassozedenten zu.

- Bei der fremdnützigen Verwaltungstreuhand ist es gewohnheitsrechtlich anerkannt, dass in der Insolvenz des Treunehmers der Treugeber aussondern kann (§ 47 InsO) und dass der Treugeber im Fall einer Einzelzwangsvollstreckung von Gläubigern des Treunehmers erfolgreich nach § 771 ZPO klagen kann. In der Insolvenz des Treugebers kann der Insolvenzverwalter die Rückabtretung der Forderung nach § 812 Abs. 1 S. 2 Var. 1 BGB verlangen, weil der der Inkassozession zugrunde liegende Geschäftsbesorgungsvertrag nach §§ 115, 116 InsO erloschen ist.
- Wie bereits oben erwähnt, können über den Wortlaut des § 404 BGB hinaus dem Inkassozessionar auch nach der Zession entstandene Einwendungen des Schuldners gegen den Inkassozedenten (also alle Einwendungen) entgegengehalten werden.
- Die Inkassozession ist kein Verkehrsrechtsgeschäft i. S. d. §§ 1138, 892 BGB.

#### c) Einziehungsermächtigung

Im Gegensatz zur Inkassozession ist die **Einziehungsermächtigung** gerade **keine Zession** und dürfte deshalb hier eigentlich nicht erörtert werden. Aber Sie haben es ja längst bemerkt. Uns ist ein Sachzusammenhang häufig wichtiger als die dogmatische Einordnung eines Rechtsinstituts.

Bei der Einziehungsermächtigung überträgt der **Gläubiger** die Forderung zum Zwecke der Geltendmachung nicht auf einen anderen, sondern **ermächtigt** einen

**Dritten** dazu – was „a maiore ad minus" aus §§ 362 Abs. 2, 185 Abs. 2 S. 1 BGB rechtlich möglich sein soll (das war bis vor einiger Zeit in der Wissenschaft noch heftig umstritten!) – die **Forderung „im eigenen Namen für Rechnung des Gläubigers" geltend** zu **machen**. Der ermächtigende Gläubiger bleibt also Forderungsinhaber. Zugrunde liegt dem ebenfalls ein **Geschäftsbesorgungsvertrag** (§ 675 BGB).

Die Einziehungsermächtigung hat einen ähnlichen Zweck wie die Inkassozession und kann z. B. bei der Sicherungsabtretung eine interessante Rolle spielen: Durch die Einziehungsermächtigung kann nämlich der Sicherungsnehmer dem Sicherungsgeber die Möglichkeit belassen, die zur Sicherheit abgetretene Forderung einzuziehen, so dass der Sicherungsgeber keinen Ansehensverlust und damit insbesondere keine Beeinträchtigung seiner Kreditwürdigkeit erleidet. In Sicherungsverträgen wird der Sicherungsnehmer daher den Sicherungsgeber nicht selten („zurück") ermächtigen, die an den Sicherungsnehmer abgetretene Forderung im eigenen Namen für Rechnung des Sicherungsnehmers einzuziehen, um so die Sicherungszession und den Sicherungsfall vor dem Schuldner geheim zu halten.

Im Prozess wird die auf eine Einziehungsermächtigung gestützte Klage als Fall der **„gewillkürten Prozessstandschaft"** angesehen, weil bei der prozessualen Geltendmachung durch den Einziehungsermächtigten ein fremder Anspruch im eigenen Namen eingeklagt wird. In einem solchen Fall wird für die Zulässigkeit der Klage ein **besonderes Rechtsschutzbedürfnis** des **Klägers** an der Verfolgung des fremden Rechts verlangt, das man bei der vorgenannten Konstellation der Geltendmachung einer zur Sicherung abgetretenen Forderung aufgrund einer „Rückermächtigung" bejahen kann. Übrigens: Gibt es eigentlich auch Fälle einer „gesetzlichen Prozessstandschaft"? Natürlich: denken Sie z. B. nur an die Ihnen ja bekannten § 335 BGB oder an § 432 BGB.

### d) Factoring

Auch das Factoring ist Ihnen aus Teil 3, als es um die Darstellung der Inhalte von Verträgen ging, bekannt: es handelt sich dabei um einen sog. „modernen Vertragstyp". Beim Factoring zediert der Gläubiger („Factorer") die Forderung an den Zessionar („Factor"), der i. d. R. die Hausbank des „Factorers" ist, zum Zwecke des Einzugs. Dem Zedenten („Factorer") wird vom Zessionar („Factor") ein Geldbetrag, der sich aus dem Nennwert abzüglich eines Abschlags errechnet, gutgeschrieben. Hier lassen sich zwei Konstellationen unterscheiden.

Übernimmt der „Factor" in dem Vertrag nicht das Risiko der Leistungsfähigkeit (sog. „Bonität") des Schuldners und soll die Gutschrift daher nur unter dem Vorbehalt der Erfüllung durch den Schuldner erfolgt sein, handelt es sich um ein Kreditgeschäft (sog. **„unechtes Factoring"**); im Falle der Nichterfüllung erfolgt eine Rückbelastung des Factorers mit der Gutschrift und eine Rückübertragung der Forderung auf ihn.

Beim sog. **„echten Factoring"** übernimmt dagegen der „Factor" das Risiko der Nichterfüllung der Forderung; es handelt sich dann um einen Forderungskauf (§§ 453, 433 BGB).

## 6. Das Wertpapierrecht in Grundzügen (speziell: Legitimationsfunktion und Übertragungsfunktion)

Sie wissen, dass **Rechte** (speziell die uns hier besonders interessierenden **Forderungen**) in **Wertpapieren verbrieft** sein können. Diese das Wertpapierrecht immer nur punktuell berührenden Ausführungen sollen jetzt vervollständigt werden, ohne dass sie im Ergebnis dann etwa „vollständig" wären. Hier geht es nur um (auch für das Verständnis von allgemeinen zivilrechtlichen Fragen bekannt sein müssenden) **Grundstrukturen** – schließlich ist das Wertpapierrecht weitgehend nicht mehr Gegenstand juristischer Prüfungen.

> Die Eingliederung der Erörterung dieses Themas unmittelbar im Anschluss an die Passage zum Gläubigerwechsel durch Zession bietet sich deshalb an, weil Wertpapiere u. a. eine „Übertragungsfunktion" haben können, aufgrund derer die Übertragung verbriefter Rechte besonderen, von der Zession abweichenden Regeln folgt. Zwingend ist dieser Aufbau nicht, weil – wie Sie sehen werden – Wertpapiere i. e. S. wie Sachen behandelt werden, so dass die verbrieften Rechte praktisch wie Sachen, also nach den §§ 929 ff. BGB, übertragen werden, so dass man das Wertpapierrecht auch dort verorten kann. Und außerdem haben Wertpapiere auch eine „Legitimationsfunktion", so dass man die Erörterung der Wertpapiere auch z. B. sehr gut bei der Erörterung der Erfüllung hätte „unterbringen" können, also bei den §§ 362 ff. BGB.

Zunächst einmal kann Wertpapieren eigen sein, dass sie eine je nach ihrer Art unterschiedlich ausgeprägte **Legitimationsfunktion** haben, die eine **befreiende Leistung** des Schuldners **auch an** einen **Nichtgläubiger** ermöglicht.

- Bei den sog. **„Orderpapieren"**, die kraft Gesetzes oder aufgrund einer Bestimmung dazu „an Order" lauten, wird zugunsten des im Papier namentlich benannten **erstberechtigten Gläubigers** oder zugunsten einer **durch** die **Orderklausel benannten Person** oder zugunsten der Person, auf die, von jenen Personen ausgehend, eine ununterbrochene **Kette von** formalisierten Übertragungsakten **(„Indossamenten") hinführt**, die **Berechtigung** und damit die Gläubigerschaft der verbrieften Forderung **vermutet;** der Schuldner kann an einen so legitimierten Nichtgläubiger befreiend leisten **(Legitimationsfunktion)**.
- Bei den **„Inhaberpapieren"** ist es der Besitz (das „Innehaben") der Urkunde, der die Vermutung einer Berechtigung hinsichtlich des verbrieften Rechts und damit der Gläubigerstellung begründet. Auch die Inhaberpapiere haben eine **Legitimationsfunktion:** Der Schuldner kann befreiend an einen Nichtgläubiger leisten, der durch den Besitz des Inhaberpapiers legitimiert ist.
- Bei den **„Namens-"** oder **„Rektapapieren"** ist **nur** derjenige, der **namentlich in der Urkunde genannt** ist, **als Gläubiger legitimiert:** Der Schuldner muss „recta" (direkt) an den namentlich als Gläubiger Genannten leisten, wenn er frei werden will. Diese Papiere haben **keine Legitimationsfunktion;** an einen Nichtgläubiger kann nicht befreiend geleistet werden.

- Schließlich gibt es (als Unterart der Namens- oder Rektapapiere) solche Papiere, die zwar als Namenspapiere ausgestellt sind, bei denen der Schuldner aber auch dann frei wird, wenn er nicht an den namentlich genannten Gläubiger, sondern an den jeweiligen Inhaber leistet, und wenn er nur gegen Vorlage der Urkunde leisten muss (**„qualifizierte Legitimationspapiere"**). Diese Papiere haben also eine **Legitimationsfunktion,** aufgrund derer der Schuldner auch an einen Nichtgläubiger befreiend leisten kann. Das „klassische Beispiel" ist das Ihnen schon hinlänglich bekannte **Sparbuch,** und Sie haben den einschlägigen § 808 BGB in diesem Zusammenhang bereits kennen gelernt. Ferner gehören hierher: Der Pfandschein und die Inhaberversicherungspolice.

Des Weiteren können Wertpapiere eine **Übertragungsfunktion** haben. Dies ist allerdings nur bei **Wertpapieren** im **engeren Sinn** der Fall: Bei ihnen ist durch die Verbriefung ein eigentlich nur in der gedanklichen Vorstellung existierendes („vergeistigtes") Recht (wie z. B. eine „Forderung") praktisch „zu Materie verwandelt"; die Forderung wird also zu einer Sache. Dadurch wird es möglich, ein Recht, speziell auch eine Forderung, durch die Übereignung des Papiers zu übertragen. Eine verbriefte Forderung wird also nicht durch Zession nach §§ 398 ff. BGB und auch nicht nach § 413 BGB, sondern nach §§ 929 ff. BGB übertragen. Es gilt dann der schöne *Merksatz:* „das Recht aus dem Papier folgt dem Recht am Papier".

- Wertpapiere mit Übertragungsfunktion sind einmal die **Orderpapiere**. Es gibt eine Gruppe, die kraft Gesetzes Orderpapiere sind, nämlich die **„geborenen" Orderpapiere:** Der Wechsel, der Namensscheck, die Namensaktie, der Namensinvestmentanteilsschein. Und es gibt eine Gruppe, die erst durch das Hinzufügen einer „Orderklausel" zu Orderpapieren werden, nämlich die **„gekorenen" Orderpapiere:** die kaufmännischen Orderpapiere nach § 363 Abs. 2 HGB („Tralalakaukauko"). In ihnen ist der Erstberechtigte namentlich genannt, und die Übertragung des Rechts (hier speziell: der Forderung) erfolgt durch eine durch ein Indossament formalisierte Übereignung des Papiers nach § 929 BGB.
- Zum anderen sind es die **Inhaberpapiere,** die eine Übertragungsfunktion haben: Der Inhaberscheck, die Inhaberschuldverschreibung, die Inhaberaktie, der Inhaberinvestmentanteilsschein, der Inhabergrundschuldbrief, die in § 807 BGB genannten Papiere. In ihnen ist der Berechtigte nicht namentlich genannt, und die Übertragung des Rechts (hier speziell: der Forderung) erfolgt durch eine formlose Übereignung nach § 929 BGB.

Bei Wertpapieren, bei denen die Verbriefung keine „verkörpernde" Wirkung hat, also das „vergeistigte Recht" (z. B. die Forderung) nicht „in Materie verwandelt" wird, wird über das verbriefte Recht nach den allgemeinen Regeln verfügt: Die verbriefte Forderung wird durch Zession übertragen, und der Erwerber des Rechts erlangt das Eigentum am Papier kraft Gesetzes. Es gilt also der andere, in § 952 BGB verankerte *Merksatz:* „das Recht am Papier folgt dem Recht aus dem Papier".

- Dies sind einmal die **Namens-** oder **Rektapapiere:** Die BGB-Anweisung, die kaufmännischen Papiere des § 363 Abs. 2 HGB ohne Orderklausel, der Rektawechsel, der Rektascheck, der Hypotheken- und Grundschuldbrief. Hier gibt es weder eine Übertragungs- noch eine Legitimationsfunktion.

- Zum anderen sind es die **qualifizierten Legitimationspapiere:** Das Sparbuch, der Pfandschein, die Inhaberversicherungspolice.

Nach diesem knappen Exkurs in das Wertpapierrecht sollten wir uns zunächst wieder einmal den **Standort verdeutlichen**:
**1.** Wir hatten erkannt, dass unsere auf vielen hundert Seiten darauf verwendeten Mühen herauszufinden, ob einer Person (genannt: „Gläubiger") rechtsgeschäftliche oder gesetzlich begründete Primär- oder Sekundäransprüche gegen eine andere Person (genannt: „Schuldner") zustehen, oft nur zu einer **„Momentaufnahme"** führen, weil inzwischen an die Stelle eines Gläubigers/Schuldners durch **Übertragung** des **Anspruchs** oder der **Schuld** ein neuer Gläubiger/Schuldner getreten sein kann.
**2.** Die **Übertragung** des **Anspruchs** erfolgt bei einer nicht durch ein Wertpapier verbrieften Forderung durch eine **vertragliche** oder **gesetzliche „Zession"** und bei einer durch ein Wertpapier verbrieften Forderung durch **Übereignung des Wertpapiers**.
**3.** Jetzt geht es darum, das „Gegenstück" zur Übertragung des Anspruchs, nämlich die „Übertragung der Schuld" von einem Schuldner auf einen neuen Schuldner bei gleichzeitiger Befreiung des alten Schuldners kennen zu lernen: Durch eine nur durch Vertrag mögliche **„Schuldübernahme"** kann an die Stelle des Schuldners S1 („Altschuldner") der Schuldner S2 („Neuschuldner") treten.

## II. Der Schuldnerwechsel durch Schuldübernahme

Die in §§ 414 ff. BGB geregelte Schuldübernahme – oft auch tautologisch „private" (=befreiende) „Schuldübernahme" genannt – ist das logische Gegenstück zur Zession: der Neuschuldner tritt an die Stelle des Altschuldners, der Altschuldner wird befreit.

Man fragt sich natürlich, welche Gründe es dafür geben kann, den Schuldner eines bestehenden Schuldverhältnisses auszuwechseln. Außer privaten Gründen (Entlastung eines verschuldeten Familienangehörigen), den Fällen gütlicher Auseinandersetzungen von Vermögen gibt es auch Fälle vertraglicher Verpflichtungen zur Schuldübernahme: So übernimmt ein Rechtsschutzversicherer aufgrund des Rechtsschutzversicherungsvertrages z. B. die gegenüber einem Rechtsanwalt bestehende Schuld des Versicherungsnehmers. Besonders häufig ist die Schuldübernahme bei der Veräußerung von solchen Gegenständen (vor allem bei Grundstücken, Unternehmen), die der Anlass für die Begründung einer Verpflichtung waren: So kommt es sehr häufig dazu, dass der Käufer eines Grundstücks im Kaufvertrag eine bestehende grundpfandrechtliche Belastung des Grundstücks und die durch sie gesicherte Schuld unter Anrechnung auf den Kaufpreis übernimmt, dies insbesondere dann, wenn es sich um eine zinsgünstige Verpflichtung und Belastung handelt, wie man sie im Augenblick des Erwerbs auf dem Kapitalmarkt nicht mehr erzielen kann. So kann die Übernahme von Belastungen der Finanzierung des Erwerbs dienen.

### 1. Rechtstechnik und dogmatische Konstruktion der Schuldübernahme

Die Schuldübernahme ist (wie ihr „Gegenstück“, die Zession) ein **verfügender Vertrag**.

Es gelten daher auch hier das **„Trennungs-“** und das **„Abstraktionsprinzip“**. Eine isolierte Schuldübernahme ist zwar denkbar, aber selten; i. d. R. liegt ihr eine „causa“ zugrunde. Wie bereits ausgeführt, handelt es sich dabei meistens um einen Vertrag zwischen dem Alt- und Neuschuldner: z. B. die im Kaufvertrag über den Kauf eines Grundstücks getroffene Vereinbarung, in Abweichung von der Regel des § 435 BGB eine bestehende grundpfandrechtliche Belastung und die durch diese gesicherte Schuld unter Anrechnung auf den Kaufpreis zu übernehmen.

Da es aber dem Gläubiger natürlich nicht gleichgültig ist, wer sein Schuldner ist (der Gläubiger hat ihn sich nämlich i. d. R. speziell unter dem Aspekt seiner Solvenz ausgesucht), kann sich die Rechtsnachfolge auf der Schuldnerebene selbstverständlich nicht ohne **Mitwirkung des Gläubigers** allein durch einen Vertrag zwischen Alt- und Neuschuldner vollziehen.

Das Gesetz sieht daher, diese Interessenlage berücksichtigend, zwei rechtstechnisch unterschiedliche Wege zur Herbeiführung einer Schuldübernahme vor, an denen jeweils der Gläubiger entscheidend beteiligt ist: Entweder einen **Vertrag zwischen Neuschuldner** und **Gläubiger (§ 414 BGB)** oder einen **Vertrag zwischen Altschuldner** und **Neuschuldner** mit **konstitutivem Genehmigungserfordernis seitens** des **Gläubigers (§ 415 BGB)**.

#### a) Schuldübernahme durch Vertrag zwischen Gläubiger und Übernehmer (§ 414 BGB)

„Eine Schuld kann von einem Dritten durch Vertrag mit dem Gläubiger in der Weise übernommen werden, dass der Dritte an die Stelle des bisherigen Schuldners tritt“ **(§ 414 BGB).**

Diese Konstruktion der Schuldübernahme schließt die Mitwirkung des Altschuldners aus. Sie erinnert im weitesten Sinne an einen „Vertrag zugunsten Dritter“. Wenn teils angenommen wird, dass der Altschuldner die Schuldbefreiung durch Zurückweisung verhindern kann (§ 333 BGB analog), lässt sich dagegen anführen, dass der Altschuldner die Befreiung ebenso hinnehmen muss wie eine durch ihn nicht einseitig verhinderbare schuldbefreiende Leistung eines Dritten (§§ 362, 267 BGB).

Der Schuldübernahmevertrag ist in der Regel formfrei; wenn aber die Eingehung der übernommenen Schuld formbedürftig ist (z. B. Verpflichtung zur Zahlung eines Kaufpreises durch einen Grundstückskaufvertrag nach §§ 433 Abs. 2, 311b Abs. 1 BGB), ist auch die Übernahme der Schuld formbedürftig.

### b) Schuldübernahme durch Vertrag zwischen Übernehmer und Altschuldner (§ 415 BGB)

Bei der Schuldübernahme nach § 415 BGB schließen der Alt- und Neuschuldner einen Vertrag. Die erforderliche Mitwirkung des Gläubigers besteht in einer nach einer an ihn erfolgten Mitteilung (§ 415 Abs. 1 S. 2 BGB) zu erklärenden Genehmigung (§ 415 Abs. 1, 2, 416 BGB). Ungeachtet der sogleich darzustellenden dogmatischen Konstruktion ist auch die Schuldübernahme nach § 415 BGB in der Regel nur formbedürftig, wenn die Eingehung der übernommenen Schuld formbedürftig ist (z. B. Verpflichtung zur Zahlung eines Kaufpreises durch einen Grundstückskaufvertrag nach §§ 433 Abs. 2, 311b Abs. 1 BGB).

In **dogmatischer Hinsicht** kann man diese Art der Schuldübernahme nach § 415 BGB unterschiedlich deuten:

- Die **„Vertragstheorie"** (zuweilen auch „Angebotstheorie" genannt) konstruiert die Schuldübernahme nach § 415 BGB als einen Vertrag zwischen dem Gläubiger und dem Neuschuldner: In der Mitteilung der Schuldübernahme (§ 415 Abs. 1 S. 2 BGB) liege das Angebot und in der Genehmigung des Gläubigers die Annahmeerklärung. Der in § 415 BGB genannte Vertrag („Wird die Schuldübernahme … vereinbart …") zwischen Alt- und Neuschuldner hat also nach dieser Lehre keine verfügende Wirkung, sondern ist der Rechtsgrund für die Schuldübernahme. Danach wäre § 415 BGB keine eigene Art der Schuldübernahme, sondern lediglich eine technische Variante der Schuldübernahme nach § 414 BGB. Der Vorteil dieser Lehre besteht darin, dass unterschiedliche Rechtsfolgen zwischen den beiden Abschlussarten vermieden werden.
- Die **„Verfügungstheorie"** versteht den Schuldübernahmevertrag zwischen Alt- und Neuschuldner nach § 415 BGB dagegen als einen Unterfall der Verfügung Nichtberechtigter über die Forderung des allein zur Verfügung über die Forderung berechtigten Gläubigers, die entweder durch eine Einwilligung (§ 185 Abs. 1 BGB) oder durch die Genehmigung des Gläubigers wirksam werden kann (§ 185 Abs. 2 S. 1 BGB).
- Die – welcher Theorie man auch immer folgt – erforderliche **Genehmigung** des Gläubigers kann sowohl dem einen als auch dem anderen Teil gegenüber erklärt werden (§ 182 Abs. 1 BGB). Die Genehmigung setzt eine vorherige Mitteilung der Schuldübernahme durch den Alt- oder den Neuschuldner voraus (§ 415 Abs. 1 S. 2 BGB); das gilt auch für den Fall einer grundpfandrechtlich (Hypothek, Grundschuld) gesicherten Forderung, obwohl der Wortlaut des § 416 Abs. 1 S. 1 BGB eine Mitteilung des Veräußerers zu verlangen scheint. Wenn der Erwerber anzeigt, entfällt die Anwendbarkeit der die Schuldübernahme erleichternden Norm des § 416 BGB. Die Genehmigung kann ausdrücklich, aber auch konkludent erklärt werden; in der Klage auf Leistung gegen den Neuschuldner liegt eine Genehmigung. Bleibt die Genehmigung aus, so kann der Gläubiger hierzu verbunden mit einer Fristsetzung aufgefordert werden; ein Schweigen des Gläubigers hierauf bedeutet eine Verweigerung der Genehmigung (§ 415 Abs. 2 S. 2 BGB).
- Wenn eine **grundpfandrechtlich** (Hypothek, Grundschuld) **gesicherte Schuld** übernommen wird, so erleichtert § 416 BGB die Schuldübernahme in der Weise,

dass nach einer Anzeige der Schuldübernahme durch den Veräußerer nach Eintragung des Erwerbers in das Grundbuch (§ 416 Abs. 2 BGB) die Genehmigungsfiktion des § 416 Abs. 1 S. 2 BGB eingreift: Die Genehmigung des Gläubigers gilt nach 6 Monaten als erteilt. Der Grund für diese „schuldübernahmefreundliche“ Regelung ist, dass dem grundpfandrechtlich gesicherten Gläubiger in der Regel die Person des Schuldners völlig gleichgültig ist, weil ihm ja das Sicherungsrecht am Grundstück zusteht. Machen Sie sich aber bitte noch einmal klar: Diese Erleichterung der Schuldübernahme gilt nicht bei einer Anzeige seitens des Erwerbers, wie sie ja auch möglich ist; bei dieser wäre die Erklärung der Genehmigung seitens des Gläubigers erforderlich und bei einer mit einer Fristsetzung verbundenen Aufforderung zur Genehmigung würde der „schuldübernahmefeindliche“ § 415 Abs. 2 S. 2 BGB gelten, der eine Verweigerung fingiert.

- Wenn die **Genehmigung verweigert wird** oder wenn sie wegen eines Fristablaufs als **verweigert gilt** (§ 415 Abs. 2 S. 2 BGB) und auch in der **Zeitphase bis zu** einer **noch möglichen Genehmigung** ist – unabhängig von den beiden soeben vorgestellten Theorien – der Altschuldner weiterhin der Schuldner und daher im Außenverhältnis zum Gläubiger diesem gegenüber verpflichtet; allerdings ist bei diesen drei Konstellationen der Neuschuldner nach **§ 415 Abs. 3 BGB** im Innenverhältnis zum Altschuldner diesem gegenüber verpflichtet, an den Gläubiger zu leisten **(„Erfüllungsübernahme“)**.

Das klassische *Beispiel* ist bekanntlich der Verkauf und die Übereignung eines dem Verkäufer V gehörigen Grundstücks an den Käufer K, das wegen einer Schuld des Verkäufers V zugunsten des Gläubigers G hypothekarisch belastet ist, unter Vereinbarung einer Übernahme der Schuld nach § 415 BGB (und aus der Sicht des Übernehmers vorzugsweise auch nach § 416 BGB) durch den Käufer K bei gleichzeitiger Anrechnung der Forderung und der Belastung auf den Kaufpreis. Genehmigt der Gläubiger G die ihm angezeigte Schuldübernahme nicht bzw. verweigert er sie im Falles des § 416 BGB, so ist der Käufer und (nach Auflassung und Eintragung in das Grundbuch) der neue Eigentümer K gleichwohl im Verhältnis zu dem Verkäufer V verpflichtet, die Schuld durch Zahlung an den Gläubiger G zu tilgen (§ 415 Abs. 3 BGB). Unterlässt der Käufer und neue Eigentümer K dies, und zahlt deshalb der Verkäufer und Schuldner V seiner Verpflichtung gemäß an den Gläubiger G, macht sich der Käufer und neue Eigentümer K gegenüber dem Verkäufer V aus § 280 Abs. 1 BGB schadensersatzpflichtig, weil er eine Nebenleistungspflicht aus dem Kaufvertrag verletzt hat. Die Tilgung der Forderung durch den Verkäufer V führt dann aber nicht etwa zum Entstehen einer Eigentümergrundschuld des Käufers und neuen Eigentümers K, wie es nach § 1163 Abs. 1 S. 2 BGB eigentlich der Fall sein müsste, denn das würde den neuen Eigentümer und Käufer K ungerecht bevorteilen: Er würde trotz seiner Pflichtverletzung mit einer Eigentümergrundschuld „belohnt“. Vielmehr ordnet der § 1164 BGB an, dass die Hypothek nunmehr auf den Verkäufer V übergeht und dessen Schadensersatzforderung gegen den Käufer und neuen Eigentümer K aus § 280 Abs. 1 BGB sichert. Falls der Gläubiger G auf die Hypothek verzichtet, weil ihm sein Schuldner V sicher genug erscheint, gefährdet er den Regressanspruch des Schuldners V; daher führt dies zur Befreiung des Schuldners (§ 1165 BGB).

**Fall 907**

Der V verkauft dem K ein Grundstück, das zur Sicherung einer Darlehensforderung der G-Bank gegen den V in Höhe von € 500.000,– mit einer Hypothek zugunsten der G-Bank belastet ist. Der K übernimmt im Kaufvertrag unter Anrechnung auf den Kaufpreis, der € 1.200.000,– beträgt, die durch die Hypothek gesicherte Schuld in Höhe von € 500.000,–. Der K wird nach Zahlung von € 700.000,– als neuer Eigentümer im Grundbuch eingetragen. Der V zeigt der G-Bank die Schuldübernahme schriftlich mit dem Hinweis des § 416 Abs. 2 S. 2 BGB an. Die G-Bank erklärt eine Woche später, dass sie die Übernahme verweigere. Bei Fälligkeit zahlt der K trotz einer Aufforderung durch V die € 500.000,– nicht an die G-Bank, so dass der von der G-Bank in Anspruch genommene V schließlich selbst zahlt. Daraufhin verlangt der V Zahlung von K und, als dieser nicht zahlt, Duldung der Zwangsvollstreckung in das Grundstück des K.

1) Zahlung kann der V von K aus § 280 Abs. 1 BGB wegen einer Verletzung der Nebenleistungspflicht des Kaufvertrages verlangen: a) der K hätte die als Nebenpflicht des Kaufvertrages bestehende Verpflichtung aus § 415 Abs. 3 BGB erfüllen müssen; das hat er unterlassen b) Sein Verschulden wird vermutet. c) Dem V ist ein Schaden in Höhe von € 500.000,– entstanden. 2) Duldung der Zwangsvollstreckung könnte er aus § 1147 BGB verlangen, wenn die Hypothek am Grundstück auf ihn übergegangen wäre. Die Hypothek a) könnte durch die Tilgung des Darlehens (§ 362 BGB) auf den Eigentümer übergegangen sein und sich in eine ihm zustehende Eigentümergrundschuld verwandelt haben (§§ 1163 Abs. 1 S. 2, 1177 BGB); b) es wäre aber bei der hier gegebenen Konstellation eine jeder Gerechtigkeit widersprechende Lösung, den Eigentümer eines Grundstücks, der seinen Verpflichtungen (§ 415 Abs. 3 BGB) zuwider die gesicherte Schuld nicht getilgt hat, also den K, mit einer Eigentümergrundschuld zu „belohnen"; daher ordnet § 1164 Abs. 1 BGB als Ausnahme zu § 1163 Abs. 1 S. 2 BGB an, dass die Hypothek nunmehr auf den Schuldner (V) zur Sicherung von dessen Schadensersatzanspruch gegen den K aus § 280 Abs. 1 BGB übergeht.

## 2. Rechtsfolgen der Schuldübernahme

### a) Schuldnerauswechselung

Die **Hauptfolge** der §§ 414, 415 BGB besteht darin, dass der Übernehmer an die Stelle des Altschuldners tritt, so dass dieser frei wird.

Eine zwingend damit verbundene **Nebenfolge** ist, dass die im Vertrauen auf die Leistungsfähigkeit des bisherigen Schuldners von dritten Sicherungsgebern **„bestellten"** (also nicht gesetzliche Sicherheiten!) **Sicherungsrechte erlöschen**:

- Das betrifft Bürgschaften und Pfandrechte (§ 418 Abs. 1 S. 1 BGB); Hypotheken werden zu Eigentümergrundschulden (§§ 418 Abs. 1 S. 2, 1168 Abs. 1 BGB).
- Nicht akzessorische Sicherungsrechte (Sicherungszession, Sicherungseigentum, Sicherungsgrundschuld) können nicht „automatisch" erlöschen; vielmehr hat der jeweilige Sicherungsgeber einen schuldrechtlichen Rückübertragungsanspruch.

Wenn aber der Bürge oder derjenige, dem der verhaftete Gegenstand zur Zeit der Schuldübernahme gehört, nach § 183 S. 1 BGB „in die Schuldübernahme einwilligt", erlöschen Bürgschaft und Pfandrecht nicht und werden auch Hypotheken nicht zu Eigentümergrundschulden; auch entstehen keine Rückübertragungsansprüche hinsichtlich nicht akzessorischer Sicherungsrechte (§ 418 Abs. 1 S. 3 BGB); vielmehr führt diese Einwilligung zu einer einvernehmlichen Änderung des Sicherungszwecks dahingehend, dass das Sicherungsrecht jetzt die Verbindlichkeit des Neuschuldners sichern soll.

### b) „Verteidigung" des Übernehmers

Selbstverständlich ist, dass der **Neuschuldner** die ihm aus dem Verhältnis zum Gläubiger zustehenden **eigenen Gegenrechte gegen** den **Gläubiger** geltend machen kann. Zu denken ist an eine Aufrechnung bei einer bestehenden Gegenforderung oder an eine Stundung durch den Gläubiger.

Der Neuschuldner kann ferner solche **Einwendungen** gegenüber dem Gläubiger geltend machen, die das **übernommene Schuldverhältnis betreffen**, die diesem Schuldverhältnis schon vor der Schuldübernahme anhafteten und die auch der Altschuldner hätte geltend machen können. Denn der Übernehmer tritt in die unveränderte Schuldnerstellung des Altschuldners ein und darf daher nicht schlechter stehen als dieser. Er kann also die Wirksamkeitshindernisse und die Beendigungsgründe hinsichtlich der übernommenen Schuld geltend machen. Die Anfechtung hingegen erfolgt durch den Altschuldner; der Neuschuldner kann sich auch nicht nach § 770 Abs. 1 BGB analog verteidigen. § 417 Abs. 1 S. 2 BGB stellt klar, dass der Übernehmer nicht mit (Gegen-)Forderungen des Altschuldners gegenüber dem Gläubiger aufrechnen kann. Der Grund für diese Regelung ist die mangelnde Gegenseitigkeit und der Umstand, dass es kein berechtigtes Interesse dafür gibt, dass der Altschuldner durch eine Aufrechnungserklärung des Neuschuldners seine Forderung gegenüber dem Gläubiger verlieren soll.

Dagegen schließt § 417 Abs. 2 BGB die Geltendmachung von solchen **Einwendungen,** die **„aus dem der Übernahme zugrunde liegenden Rechtsverhältnis"** zwischen Übernehmer und Altschuldner herrühren, gegenüber dem Gläubiger aus. Wie auch beim „Gegenstück" der Schuldübernahme, der Zession, gilt hier das „Abstraktionsprinzip". Zuweilen muss man aber sehr sorgfältig prüfen, ob das **„Abstraktionsprinzip"** nicht **durchbrochen** ist, so dass Einwendungen aus dem Grundverhältnis sich auch gegen die Wirksamkeit der Schuldübernahme richten, und zwar weil ein **„Bedingungszusammenhang"** von Schuldübernahme und dem ihr zugrunde liegenden Rechtsverhältnis besteht oder eine **„Fehleridentität"** gegeben ist oder das Grundverhältnis nach **§ 123 BGB** angefochten worden ist und diese Anfechtung das Verfügungsgeschäft mit „erfasst" oder weil man – das ist aber bekanntlich sehr zweifelhaft – annimmt, dass eine **„Geschäftseinheit"** von Schuldübernahme und dem ihr zugrunde liegenden Rechtsverhältnis besteht (§ 139 BGB analog).

Wenn aus den zuletzt genannten oder aus anderen Gründen Einwendungen gegen die **Wirksamkeit** der **Schuldübernahme selbst** bestehen, kann der Neuschuldner diese selbstverständlich dem Gläubiger entgegenhalten (argec. § 417 Abs. 2 BGB).

Der interessanteste Fall ist der einer Anfechtung des der Schuldübernahme zugrunde liegenden Rechtsverhältnisses wegen arglistiger Täuschung durch den Neuschuldner (§ 123 BGB). Dies führt zwar infolge einer Durchbrechung des „Abstraktionsprinzips" zur rückwirkenden Nichtigkeit der Schuldübernahme selbst. Ob sich aber der Gläubiger diese Nichtigkeit entgegenhalten lassen muss, ist nicht leicht zu beurteilen.

**Fall 908**

Der Arzt Dr. S1 hat seine kardiologische Facharztpraxis durch ein Darlehen der Ä-Bank finanziert. Aus Altersgründen verkauft er sie samt allen schriftlichen Unterlagen über die Patienten, also einschließlich der Krankenblätter an den Dr. S2 für € 500.000,–; im Kaufvertrag übernimmt Dr. S2 die noch über € 200.000,– valutierende Schuld bei der Ä-Bank unter Anrechnung auf den Kaufpreis. Dr. S1 teilt dies der Ä-Bank mit, und diese genehmigt die Übernahme der Schuld. Dr. S2 zahlt daher nur € 300.000,– an Dr. S1. Als das Darlehen fällig ist, verlangt die Ä-Bank Zahlung von € 200.000,– von Dr. S2. Dieser wendet ein, dass der Kaufvertrag mit Dr. S1 nichtig sei.

a) Der Anspruch könnte sich aus §§ 488 Abs. 1 S. 2, 415 BGB ergeben. b) Fraglich ist zunächst, ob eine eventuelle Nichtigkeit des Kaufvertrages aa) überhaupt die Nichtigkeit der Schuldübernahme zur Folge haben kann: Grundsätzlich ist wegen des Abstraktionsprinzips davon auszugehen, dass die Nichtigkeit des Grundgeschäftes keinen Einfluss auf die Schuldübernahme hat. Hier aber muss man wegen der Untrennbarkeit des Kaufvertrags mit seiner Anrechnungsvereinbarung und der diese einschließende Schuldübernahme von einem Fall der Durchbrechung des Abstraktionsprinzips ausgehen. bb) Wegen der Verletzung von Privatgeheimnissen durch die Weitergabe der Krankenblätter ist der Vertrag nach §§ 134 BGB, 203 Abs. 1 Nr. 1 StGB nichtig. Die für das ähnlich gelagerte Problem beim Verkauf einer Rechtsanwaltspraxis einmal geäußerte Rechtsansicht, beim Verkauf einer Praxis aus Altersgründen müsse im Hinblick auf Art. 12. GG das Geheimhaltungsinteresse des Mandanten zurückzutreten, überzeugt nicht. Der Kaufvertrag und damit auch die Schuldübernahme sind nichtig.

**Variante**

Die Patienten des Dr. S1 haben vor dem Verkauf der Praxis auf dessen vorsorgliche Bitte ihr Einverständnis damit erklärt, dass die sie betreffenden Unterlagen an Dr. S2 weitergegeben werden. Dr. S2 hat vor der Inanspruchnahme durch die Ä-Bank gegenüber dem Dr. S1 die Anfechtung mit der Begründung erklärt, dieser habe wahrheitswidrig die Behandlung von 150 Privatpatienten im letzten Jahr behauptet; in Wahrheit waren es nur 15 Privatpatienten gewesen; der Rest seien im wahrsten Sinne des Wortes „Karteileichen", nämlich bereits verstorbene Patienten. Im Hinblick hierauf verweigert er die Tilgung des Darlehens. Die Ä-Bank erklärt, dass eine solche Täuschung des Dr. S1 sie nichts anginge.

a) Der Anspruch könnte sich aus §§ 488 Abs. 1 S. 2, 415 BGB ergeben. b) Die Schuldübernahme könnte jedoch nach §§ 123, 142 Abs. 1 BGB rückwirkend nichtig sein. aa) Bei wirksamer Anfechtung des Praxiskaufvertrages als Grundgeschäftes der Schuldübernahme wegen arglistiger Täuschung kommt eine Durchbrechung des Abstraktionsprinzips in Betracht, weil dann die arglistige Täuschung des Neuschuldners auch seine Mitwirkung an der Schuldübernahme kausal bewirkt hat, so dass die Schuldübernahme nach §§ 488 Abs. 1 S. 2, 415, 123, 142 Abs. 1 BGB nichtig wäre. bb) Fraglich ist allerdings, ob die Anfechtung wirksam ist, weil die Ä-Bank hinsichtlich der Täuschung gutgläubig war: aaa) Gegen eine Wirksamkeit der Anfechtung der Schuldübernahme würde § 123 Abs. 2 S. 1 BGB sprechen, wenn der Altschuldner „Dritter" gewesen wäre. aaaa) Nach der (nicht herrschenden) „Angebotstheorie" ist die Ä-Bank durch die Annahme des in der Übernahmeanzeige liegenden Angebots Vertragpartner geworden; der Dr. S1 wäre mithin „Dritter", so dass die Ä-Bank in Bezug auf die arglistige Täuschung bösgläubig gewesen sein müsste. bbbb) Nach der (herrschenden) „Verfügungstheorie" ist der Übernahmevertrag zwischen Dr. S1 (Alt-) und Dr. S2 (Neuschuldner) geschlossen worden, so dass die Täuschung von einem Vertragspartner und mithin nicht von einem „Dritten" verübt worden ist; danach stünde der Zurechnung der arglistigen Täuschung nicht die Gutgläubigkeit der Ä-Bank entgegen. bbb) Das rein konstruktiv begründete Ergebnis der „Verfügungstheorie" wird aaaa) jedoch überwiegend nicht akzeptiert. Als gegen die Wirksamkeit der Anfechtung sprechende Argumente werden genannt: aaaaa) Es spreche gegen die Wertung des § 417 Abs. 2 BGB, den Gläubiger mit Problemen des Kausalverhältnisses zu belasten. bbbbb) Bei einer Schuldübernahme nach § 414 BGB oder der Zugrundelegung der „Angebotstheorie" wäre der Altschuldner „Dritter" i. S. d. § 123 Abs. 2 BGB und der Gläubiger im Fall seiner Gutgläubigkeit geschützt; das Ergebnis dürfe nicht von dem Zufall abhängen, ob bei der Schuldübernahme von den Beteiligten der Weg des § 414 BGB oder des § 415 BGB gewählt worden ist oder welcher der Theorien zur Erklärung des Phänomens der Schuldübernahme man anhänge. ccccc) Als weiteres Argument wird genannt, dass der in der Anzeige der Schuldübernahme liegende Rechtsschein zum Nachteil eines Gutgläubigen (hier: der Bank) durch die Anfechtung nicht beseitigt werden könne (Canaris). Danach hätte Dr. S2 die Schuldübernahme nicht wirksam angefochten. Er bleibt der Ä-Bank zur Zahlung verpflichtet bbbb) Nach a. A. wird genau umgekehrt argumentiert: Die Interessen des arglistig getäuschten Schuldübernehmers hätten Vorrang vor denen des Gläubigers (Larenz). Danach wäre Dr. S1 weiterhin der Schuldner der Ä-Bank.

## 3. Verwechslungsrisiken

Hören Sie sich diesen „Begriffswirrwarr" nur einmal bewusst an: „Schuldübernahme", „privative Schuldübernahme", „Schuldbeitritt", „kumulative Schuldübernahme", „Erfüllungsübernahme", „Vertragsübernahme"! Und zudem ist in hohem Maße verwechslungsträchtig ständig von einer „Übernahme" die Rede! Welcher junge Jurist, dem diese Begriffe in einem Atemzuge vorgehalten werden, ist schon auf Anhieb in der Lage, über jeden einzelnen davon ein kleines Referat zu halten und ihre Unterschiede zu verdeutlichen? Prüfen Sie sich selbst. Zu allen Begriffen haben Sie in der bisherigen Darstellung ausführliche Informationen erhalten.

- Die Begriffe **„Schuldübernahme"** und **„privative Schuldübernahme"** sind nichts anderes als zwei unterschiedliche Bezeichnungen für dasselbe Ihnen ja gerade bekannt gemachte Institut, den „privativ" bedeutet – abgeleitet vom lateinischen Verb „privare" = befreien) nichts anderes als „befreiend": Es geht um eine Schuldnerauswechselung. Geregelt ist sie in den §§ 414 ff. BGB. Darüber sind Sie soeben orientiert worden.
- Die **„kumulative Schuldübernahme"** ist, obwohl sie so genannt wird, *keine* Schuld*übernahme* im Sinne einer Schuldnerauswechslung, sondern praktisch das Gegenteil davon: Der Schuldner bleibt der Schuldner, ihm tritt/treten aber ein anderer/mehrere andere Schuldner „kumulativ" – abgeleitet vom lateinischen Verb „cumulare" = auftürmen – in der Weise zur Seite, dass sie dann beide (oder alle) Gesamtschuldner des Gläubigers sind. Es geht also in Wahrheit (und das ist ein viel besserer Begriff) um einen **„Schuldbeitritt"**. Ein für Sie wichtiger Anordnungstatbestand findet sich in § 25 HGB. Zum Schuldbeitritt haben Sie alles nötige im Zusammenhang mit der Bürgschaft, von der der Schuldbeitritt fein säuberlich abzugrenzen war, erfahren.
- Bei der **„Erfüllungsübernahme"** übernimmt jemand, ohne im Außenverhältnis (also im Verhältnis zum Gläubiger) Schuldner zu werden, im Innenverhältnis (also im Verhältnis zum Schuldner) die „Erfüllung" von dessen Schuld. Für Sie wichtige Anordnungstatbestände sind §§ 329, 415 Abs. 3 BGB. Darüber haben im Zusammenhang mit § 1164 BGB, also in Teil 6, alles Erforderliche gelesen.
- Bei der **„Vertragsübernahme"** wird einer/werden mehrere Vertragspartner ausgewechselt. Bei der gewillkürten Vertragsübernahme ist ein mehrseitiger Vertrag zwischen den Ein- und den Austretenden erforderlich. Das Gesetz ordnet eine Vertragsübernahme z. B. in §§ 566, 613a BGB an. Dazu lesen Sie gleich mehr.

## III. Gläubiger und/oder Schuldnerwechsel durch Vertragsübernahme

Bei der Vertragsübernahme wird der/werden die Vertragspartner ausgewechselt. Es gehen damit (und das interessiert uns hier im Augenblick in erster Linie) auch die jeweils bestehenden Ansprüche und Verbindlichkeiten aus dem Vertrag auf einen anderen über; es gehen aber auch alle Hilfs-, Gestaltungs- und Gegenrechte – kurz gesagt: alle Rechte und Pflichten aus dem Vertrag-auf den Übernehmer über.

Möglich ist eine **„gewillkürte Vertragsübernahme"**. Gesetzlich geregelt ist sie nicht. Aber das ist auch nicht nötig, denn die Privatautonomie „macht es möglich", und man kann sich die Konstruktionen selber ersinnen: Herbeigeführt werden kann die Vertragsübernahme z. B. durch einen mindestens dreiseitigen Vertrag „sui generis" (= eigener Art) oder nach § 415 Abs. 1 BGB analog durch einen mindestens zweiseitigen Vertrag und eine Genehmigung des/der dritten Beteiligten. Dieser

Übernahmevertrag bedarf der Form des übernommenen Vertrages. Grundsätzlich bleiben Sicherheiten (Bürgschaften, Pfandrechte und Hypotheken) für aus dem Vertrag herrührende Verbindlichkeiten bestehen; wenn es sich aber um Verbindlichkeiten des ausscheidenden Vertragspartners handelt, muss man § 418 BGB analog anwenden, denn die Bürgen etc. haben ja möglicherweise die Sicherheit allein mit Rücksicht auf die Bonität des ausgeschiedenen Vertragspartners gegeben.

Das **Gesetz** bestimmt in einigen nach der Interessenlage gleich gelagerten Fällen **„vertragsübernahmeähnliche" Rechtsfolgen**. In **§ 566 Abs. 1 BGB** (traditionell, aber – warum? – unzutreffend „Kauf bricht nicht Miete" genannt) heißt es: „Wird der vermietete Wohnraum nach der Überlassung an den Mieter von dem Vermieter an einen Dritten veräußert, tritt der Erwerber anstelle des Vermieters in die sich während der Dauer seines Eigentums aus dem Mietverhältnis ergebenden Rechte und Pflichten ein". Damit scheidet der bisherige Vermieter (Veräußerer) aus dem Mietvertrag aus, und der Erwerber tritt in alle Rechte und Pflichten des Veräußerers aus dem Mietvertrag ein. Durch eine Mithaftung des Veräußerers wird der Mieter, der an dem die Vertragsübernahme auslösenden Tatbestand nicht beteiligt war, geschützt (§§ 566 Abs. 2 und §§ 566a–566e BGB) BGB). Wissen Sie eigentlich noch, ob im Falle einer Übereignung einer langfristig vermieteten beweglichen Sache nach §§ 929, 931 BGB der neue Eigentümer Herausgabe der Sache von dem Mieter verlangen kann? Gilt da zum Schutze des Mieters nicht auch § 566 BGB? Nein! Und warum nicht? Und dann lesen Sie doch mal wieder § 986 Abs. 2 BGB! Solche sich selbst testenden geistigen Selbstgespräche muss der junge Jurist ständig führen. Ähnliches wie in § 566 BGB lesen Sie in **§ 613a BGB** („Rechte und Pflichten bei Betriebsübergang"): „Geht ein Betrieb oder Betriebsteil auf einen anderen Inhaber über, so tritt dieser in die Rechte und Pflichten aus den im Zeitpunkt des Übergangs bestehenden Arbeitsverhältnissen ein".

# Teil 11. Besonderheiten des Familienrechts

Sie wissen ja, dass der Aufbau dieses Buches streng orientiert ist an der Prüfungsreihenfolge, die Sie einzuhalten haben, wenn sich bei der Bearbeitung von Fällen herausstellt, dass es mehrere auf das gleiche Anspruchsziel gerichtete und daher miteinander „konkurrierende“ Anspruchsgrundlagen gibt. Und dazu lautete der eherne Grundsatz „Man beginnt mit den (…) **familienrechtlichen** und **erbrechtlichen Spezialansprüchen**“.

Wenn wir jedoch diese speziellen Ansprüche anfangs völlig ignoriert haben, geschah dies aus gutem Grund: Es wäre nämlich sinnlos gewesen, die Aufmerksamkeit eines Lesers gleich zu Beginn auf zwei, was die Prüfungsrelevanz angeht, eher „randständige“ Themenfelder zu lenken. Schließlich gehören das Familienrecht und Erbrecht nur in ihren Grundzügen zum Pflichtfachbereich.

Außerdem gibt es diese „Spezialansprüche“, von denen in jener Aufbauregel die Rede ist, praktisch gar nicht, jedenfalls nicht im examenstypischen Bereich. Beispielhaft seien, was das Familienrecht angeht, hier in der Reihenfolge des Gesetzes die §§ 1298, 1299, 1301, 1361a, 1601, 1632, 1648, 1664 BGB genannt. Sind Ihnen diese Anspruchsgrundlagen jemals im Studium in einer Übungsklausur begegnet? Wohl kaum! Unbeachtlich sind sie aber keineswegs im Examen. Sie sollten die Normen daher lesen und darüber staunen, dass § 1664 BGB tatsächlich eine Anspruchsgrundlage ist.

Zugleich wollen wir festhalten, dass das Familienrecht in den vorstehenden Teilen dieses Buches bislang keinesfalls zu kurz gekommen ist. Denn immer dann, wenn bestimmte Vorfragen nur mit Hilfe den Regeln des Familienrechts zu beantworten waren, haben wir uns mit den einschlägigen Vorschriften des 4. Buches des BGB befasst. Denken Sie nur an das Minderjährigenrecht und an die in diesem Zusammenhang erörterte gesetzliche Vertretung durch die Eltern (§§ 1626 ff. BGB), denken Sie bitte auch an § 1357 BGB, der im Rahmen des Vertretungsrechts angesprochen wurde, oder an die Verfügungsbeschränkungsnormen der §§ 1365 und 1369 BGB. Erinnern Sie sich auch daran, dass wir im Deliktsrecht die Eingriffe in das Recht der elterlichen Sorge und in den „räumlich gegenständlichen Bereich der Ehe“ als „sonstige Rechte“ diskutiert haben. etc. etc.



J. Plate, *Das gesamte examensrelevante Zivilrecht,* Springer-Lehrbuch,
DOI 10.1007/978-3-662-47320-7_11

Hier in Teil 11 wird es „nur“ eine Art „phänomenologischer“ Darstellung geben, bei der allgemeine zivilrechtliche Fragestellungen erörtert werden, die typisch sind für Ansprüche in der Familie: Verlöbnis und Ehe **(sub A)**, nicht-eheliche Lebensgemeinschaft **(sub B)** und Verwandtschaft**.** Hinzu kommen Ausführungen zu den Besonderheiten im Zusammenhang mit der verwaltenden Fürsorge für Minderjährige durch Vormundschaft **(sub C)** und für körperlich, geistig und seelisch behinderte Volljährige durch Betreuung **(sub D)**.

## A. Ansprüche im Zusammenhang mit einem Verlöbnis und einer Ehe

Der Ehe geht voraus ein Eheversprechen, genannt **Verlöbnis**, das ein Geschäftsfähigkeit voraussetzender Vertrag ist. Ein Verlöbnis setzt nach §§ 107 ff. BGB Geschäftsfähigkeit voraus. Es ist ein höchstpersönlicher, also nicht durch einen Vertreter abschließbarer Vertrag. Die §§ 116–118, 134, 138 BGB sind anwendbar. Die Konsequenz ist daher z. B., dass immer dann, wenn sich ein noch Verheirateter verlobt, dieses Verlöbnis nach § 138 Abs. 1 BGB nichtig ist; so entgeht man auch der absurden Prüfung, ob § 311a BGB eingreift. Die Rücktrittsmöglichkeit der §§ 1298 ff. BGB verdrängt die Anwendbarkeit der §§ 119 ff. BGB. Schadensersatzansprüche wegen grundlosen Rücktritts und schuldhafter Veranlassung des Rücktritts sind in den §§ 1298 und 1299 BGB geregelt. Die Rückabwicklungsvorschrift des § 1301 BGB, bei der es um die Rückgabe eventueller Geschenke geht, ist eine Spezialregelung zu den §§ 812 ff. BGB. Eine auf ein Verlöbnis gestützte Klage auf Eingehung der Ehe ist nach § 1297 Abs. 1 BGB unzulässig, ein gleichwohl ergangenes Urteil wäre nicht vollstreckbar (§ 120 Abs. 3 FamFG). Die pfiffige Idee einer Umgehung der Unklagbarkeit und Unvollstreckbarkeit durch die Vereinbarung einer Vertragsstrafe für den Fall, dass die Eingehung der Ehe unterbleibt (§ 339 BGB), ist nicht realisierbar, weil ein solches Vertragsstrafeversprechen nichtig ist (§ 1297 Abs. 2 BGB).

Die **Ehe** wird **geschlossen** durch zwei übereinstimmende persönlich – man kann sich also im Standesamt nicht vertreten lassen – abzugebende (§ 1311 BGB) Erklärungen verschiedengeschlechtlicher Personen vor einem zur Mitwirkung bereiten Standesbeamten (§ 1310 BGB), wobei die Ehegatten ehefähig (ehemündig und geschäftsfähig) sein müssen (§§ 1303, 1304 BGB) und bei ihnen keine Eheverbote vorliegen dürfen (§§ 1306–1308 BGB); Ausländer müssen zusätzlich ein Ehefähigkeitszeugnis beibringen (§ 1309 BGB). Die **Ehegatten** sind einander zur **ehelichen Lebensgemeinschaft** verpflichtet (§ 1353 Abs. 1 S. 2 BGB), also zur Treue, Achtung, Rücksichtnahme, Beistand und Fürsorge, Geschlechtsgemeinschaft und zur häuslichen Gemeinschaft. Die Klage auf Herstellung der ehelichen Lebensgemeinschaft ist zulässig (§ 120 Abs. 3 FamFG), ein stattgebendes Urteil ist jedoch nicht vollstreckbar (§ 120 Abs. 3 FamFG). Was den Schutz durch deliktische Schadensersatzansprüche und Beseitigungs- und Unterlassungsansprüche angeht, so muss man differenzieren zwischen den Ansprüchen gegen den anderen Ehepartner und gegen den dritten Ehestörer.

Eine **Nichtehe** liegt nur vor, wenn die Willenserklärung eines der Partner fehlt oder es an der Mitwirkung eines dazu bereiten Standesbeamten mangelt sowie (ungeschrieben!) bei Gleichgeschlechtlichkeit der Partner. Bei bestimmten selten vorkommenden anfänglichen Ehemängeln, genannt „Aufhebungsgründe", kann nach § 1314 Abs. 1 i. V. m. §§ 1303, 1304, 1306, 1307, 1311 BGB (Eheschließungsfehler) und nach § 1314 Abs. 2 BGB (Willensfehler) eine gleichwohl bestehende Ehe durch ein **Aufhebungsurteil** beseitigt werden.

Verwechseln Sie das bitte nicht mit der Scheidung: Nur im Falle des Scheiterns der Ehe, also beim Vorliegen eines Grundes, der erst nach der Ehe entstanden ist, kann die Ehe durch **Scheidungsurteil** aufgelöst werden (§§ 1564 ff. BGB). Was die Gründe für eine Scheidung angeht, so setzt diese ein solches **Scheitern** der Ehe voraus, dass eine Lebensgemeinschaft der Ehegatten nicht mehr besteht und dass auch nicht mehr erwartet werden kann, dass sie diese wiederherstellen (§ 1565 Abs. 1 BGB). Die schwierig zu stellende Prognose wird erleichtert durch die **Vermutung** des **§ 1566 Abs. 1 BGB** (einjähriges Getrenntleben und Scheidung auf beiderseitigen Antrag bzw. Zustimmung zur Scheidung durch den Antragsgegner) oder die **Vermutung** des **§ 1566 Abs. 2 BGB** (dreijähriges Getrenntleben), wobei **nicht vorliegen dürfen** die Fälle des § 1565 Abs. 2 BGB (vor Ablauf eines Jahres des Getrenntlebens Scheidung nur bei „unzumutbarer Härte") oder die des § 1568 BGB (Härte bei vorhandenen Kindern, persönliche Härte). Die wesentlichen **Folgen** einer **Scheidung** betreffen **a)** die **elterliche Sorge** bei vorhandenen Kindern: Es bleibt ungeachtet der Möglichkeit gerichtlicher Maßnahmen bei Gefährdung des Kindeswohls (§ 1666 BGB) bei der gemeinsamen elterlichen Sorge (§ 1671 BGB), modifiziert durch die Alleinentscheidungsbefugnis des Elternteils, in dessen Obhut das Kind ist, in allen Angelegenheit des täglichen Lebens (arge. § 1687 BGB). **b)** Das Kind und jeder Elternteil haben ein **Umgangsrecht** (§ 1684 BGB). **c)** Nach der Scheidung gilt, was das **Unterhaltsrecht** angeht, nach § 1569 BGB der **Grundsatz** der **Eigenverantwortung**. Das bedeutet, dass „es … es jedem Ehegatten (obliegt), selbst für seinen Unterhalt zu sorgen. Ist er dazu außerstande, hat er gegen den anderen Ehegatten einen Anspruch auf Unterhalt nur nach den folgenden Vorschriften" (§§ 1570 BGB) **d)** Anwartschaften oder Aussichten auf eine Versorgung sind nach den §§ 1587 ff. BGB ausgleichspflichtig **(„Versorgungsausgleich")**.

Der vom **Gesetz** vorgesehene **Güterstand** ist der der **Zugewinngemeinschaft**. Danach bleiben die **Vermögen** von **Mann** und **Frau getrennt**, und zwar auch bezüglich des erst nach der Eheschließung erworbenen Vermögens (§ 1363 Abs. 2 S. 1). Jeder **Ehegatte verwaltet sein Vermögen** selbständig. Dabei ist er allerdings in seiner **Verpflichtungs-** und **Verfügungsbefugnis** nicht in jeder Hinsicht frei (§§ 1365, 1369 BGB). Der Umstand, dass auch bezüglich des nach der Eheschließung erworbenen Vermögens Gütertrennung besteht, wird dadurch kompensiert, dass der während der Ehe erworbene **Zugewinn** bei **Beendigung** der **Zugewinngemeinschaft** unter den Ehegatten **ausgeglichen** wird (§§ 1363 Abs. 2 S. 2, 1372 ff. BGB). Welcher Gedanke steht dahinter? Selbst wenn ein Ehegatte (nach „klassischer" Rollenverteilung: der Ehemann) das Geld verdient hat, hat der andere Ehegatte es mit erwirtschaftet (nach klassischer Rollenverteilung: die „Nur-Hausfrau", die ihrem Mann „den Rücken freihält", so dass er ungestört von häuslichen Aufgaben Geld verdienen kann).

Durch notariell zu beurkundenden **Ehevertrag** (§§ 1408 ff. BGB) kann anstelle der Zugewinngemeinschaft der Güterstand der **Gütertrennung** (§ 1414 BGB) oder der Güterstand der **Gütergemeinschaft** (§§ 1415 ff. BGB) gewählt werden.

Ob die **Ehe** ihrer **Rechtsnatur** nach ein **Vertrag** oder eine **Institution** ist, kann offen bleiben. Die Ehe bildet auf jeden Fall eine **Lebens-** und **Wirtschaftsgemeinschaft**. Zuweilen kann sich die Frage stellen, ob unter Eheleuten, die über den typischen Rahmen einer Ehe hinausgehende Zwecke verfolgen (z. B. in Unternehmen aufbauen, freiberuflich zusammenarbeiten), nicht nur eine Ehe besteht, sondern auch eine **BGB-Innengesellschaft**, so dass bei Beendigung der Ehe hinsichtlich des Betriebsvermögens eine Liquidation erfolgen muss (vgl. 730 ff. BGB).

Dass **zwei Personen gleichen Geschlechts** zwar keine Ehe, aber eine **Lebenspartnerschaft** eingehen können, ergibt sich aus **§ 1 ff. LPartG** vom 16. Februar 2001. Da die Rechtsbeziehungen i. w. denen der Ehe entsprechen, wird es hier keine zusätzliche/parallele Darstellung geben.

## I. Ansprüche im Zusammenhang mit Rechtsgeschäften für die Familie (§ 1357 BGB)

In der **Lebens-** und **Wirtschaftsgemeinschaft „Ehe“** regeln, was das Innenverhältnis angeht, die Ehegatten die Frage der **Haushaltsführung** in gegenseitigem Einvernehmen; wenn die Haushaltsführung einem der beiden allein überlassen ist, so leitet dieser den Haushalt in eigener Verantwortung (§ 1356 Abs. 1 BGB).

Zu **Rechtsgeschäften**, die der Deckung des Lebensbedarfs der Familie dienen, ist jeder Ehegatte, also nicht nur die Person, die nach der internen Aufgabenverteilung die Haushaltsführung übernommen hat, also nicht nur die jeweilige „Hausfrau“ oder der jeweilige „Hausmann“, berechtigt. Um den jeweils rechtsgeschäftlich handelnden Ehegatten, namentlich den Haushalt führenden einkommenslosen Ehepartner, auch im Außenverhältnis handlungsfähig zu machen, hat das Gesetz die Ihnen ja schon lange bekannte Regelung des § 1357 BGB geschaffen. Dort heißt es: „Jeder Ehegatte ist berechtigt, Geschäfte zur angemessenen Deckung des Lebensbedarfs der Familie mit Wirkung auch für den anderen Ehegatten zu besorgen“ und hat als Folge daran angeknüpft, dass „durch solche Geschäfte … **beide Ehegatten berechtigt** und **verpflichtet** (werden), es sei denn …“. Sie haben diese Norm bereits in Teil 3 im Zusammenhang mit der Erörterung des Vertretungsrechts kennen gelernt und dort gelernt, dass sie zwar wie bei der Vertretung eine Drittwirkung ausspricht, aber gleichwohl nichts mit gesetzlicher Vertretung zu tun hat. Denn die Rechtsfolge des § 1357 BGB tritt unabhängig davon ein, ob der Handelnde sich als verheiratete Person zu erkennen gibt oder als solche zu erkennen ist (Ehering) – im Gegenteil: Um die Wirkung des § 1357 BGB auszulösen, muss der jeweils handelnde Ehepartner im eigenen Namen auftreten.

Der § 1357 BGB schließt nicht aus, dass Ehegatten aufgrund einer Vollmacht einander wirksam vertreten können (§§ 164 ff. BGB). Das dem Vertreterhandeln zugrunde liegen Geschäft (Sie wissen ja: nötig ist es nicht!) wäre dann meist ein Auftrag nach §§ 662 ff. BGB.

### 1. Voraussetzungen des § 1357 BGB

Wie gesagt: Erforderlich für die Herbeiführung der Folgen des § 1357 BGB ist, dass ein **Ehegatte** ein **Rechtsgeschäft** vorgenommen hat.

Die **Ehe** muss also **bestehen**, und die Eheleute dürfen **nicht getrennt leben** (§§ 1357 Abs. 3, 1567 BGB). In welchem **Güterstand** die Eheleute leben, ist **gleichgültig**. Warum? § 1357 BGB steht in Titel 5 („Wirkungen der Ehe im Allgemeinen") und damit vor dem mit § 1363 BGB beginnenden Titel 6 („Eheliches Güterrecht").

Einzelne **„Geschäfte"** i. S. d. § 1357 BGB **„besorgen"** kann **jeder Ehegatte**, also nicht nur die Person, die als „Hausfrau" oder als „Hausmann" die Haushaltsführung übernommen hat. Der handelnde Ehegatte muss nicht voll geschäftsfähig sein. Ist das überhaupt möglich? Ja, lesen Sie § 1303 BGB. Zu Begründung beruft man sich auf **§ 165 BGB analog**, obwohl § 1357 BGB nichts mit den §§ 164 ff. BGB zu tun hat. Ausreichend wäre es m. E., darauf hinzuweisen, dass die Verpflichtungsfähigkeit des minderjährigen Ehegatten sich aus § 1303 BGB ergibt. Denn wer die Ehe eingehen kann, muss auch in die Lage versetzt sein, den ehelichen Haushalt zu führen.

Dienen muss das Rechtsgeschäft der **Deckung** des **Lebensbedarfs** der **Familie**. Das ist zum einen der der **gemeinschaftlichen Haushaltsführung**, aber zum anderen auch ein eventueller **persönlicher Bedarf** eines einzelnen **Ehegatten** und der **Kinder**. Das Spektrum der Möglichkeiten reicht von der Beschaffung des natürlichen Lebensbedarfs wie beim Lebensmitteleinkauf, über den Abschluss eines Arztvertrages für sich selbst oder das Kind bis hin zur Anmietung einer Wohnung für die Familie, einschließlich aller dazu gehörigen Kreditgeschäfte. Nicht dagegen gehört z. B. der Abschluss eines Vertrages über den Bau eines Hauses zur angemessenen Deckung des Lebensbedarfs.

Das Rechtsgeschäft muss allerdings auch der **angemessenen** Deckung des Lebensbedarfs entsprechen. Den Maßstab setzen die wirtschaftlichen Verhältnisse und die tatsächlichen Lebensgewohnheiten, nicht die wirtschaftliche Leistungsfähigkeit der Familie. Der Grund dafür ist, dass die Vorschrift ja auch dem Schutz des Rechtsverkehrs dienen soll; und deshalb sind maßgeblich für die Beurteilung der sehr unterschiedlich beantwortbaren Frage die konkreten Lebensverhältnisse der Ehegatten aus der Sicht eines objektiven Dritten.

Fälle von der Drittwirkung **„entgegenstehenden Umständen"** (§ 1357 Abs. 1 S. 2 BGB) sind solche, in denen der Ehegatte sich erkennbar nur selbst binden will, oder solche, in denen die Verpflichtung die wirtschaftliche Leistungsfähigkeit der Familie bei Weitem übersteigt (arge § 1360a BGB).

Möglich ist auch eine **Beschränkung** oder **Ausschließung der Berechtigung** (z. B. durch ein peinliches Inserat im Lokalblättchen), aber nur, wenn sie bekannt geworden ist oder wenn sie im Güterrechtsregister eingetragen ist (§ 1357 Abs. 2 BGB).

### 2. Schuldrechtliche Rechtsfolgen

In **schuldrechtlicher Hinsicht** werden **beide Ehegatten berechtigt** und **verpflichtet**. Was die **Berechtigung** aus Geschäften nach § 1357 BGB angeht, so wird teilweise eine Mitgläubigerschaft nach § 432 BGB angenommen, meist aber Gesamtgläubigerschaft (§ 428 BGB). Ergebnisrelevant ist diese Frage aber meist nicht. Dass die Eheleute **Gesamtschuldner** sind, ist unzweifelhaft (§ 427 BGB), und zwar wegen der gemeinsamen Berechtigung ohne die Schranken des § 425 BGB: Alle Rechtstatsachen wirken für und gegen jeden der Gesamtschuldner. Die Gesamtschuldnerschaft gilt nicht nur für die Primärschulden, sondern auch für Sekundäransprüche, z. B. aus § 280 BGB. Der **minderjährige Ehegatte** wird nicht durch den volljährigen handelnden Ehegatten verpflichtet. Anderenfalls würde er die Stellung eines gesetzlichen Vertreters erlangen, die natürlich nicht hat; dies bleiben die Eltern (§§ 1626,1629 BGB).

**Fall 909**

Die Ehefrau F kauft am 13. Dezember 2002 auf dem Wochenmarkt am Hamburger Turmweg eine Weihnachtsgans bei Händler Hendel (H), die am 23. Dezember 2002 abgeholt werden soll. Sie zahlt den überwiegenden Teil (2/3) des Kaufpreises an. Die F schickt ihren Ehemann E am 23. Dezember 2002 zum Markt, und dieser nimmt den Vogel von H in Empfang. Sowohl H als auch der E vergessen im allgemeinen Trubel, dass noch 1/3 des Kaufpreises offen ist. Auf dem Nachhauseweg macht der M einen Besuch in der Bar des Elysee – Hotels und vergisst dort die Gans. Ein Unbekannter nimmt sie mit. Die äußerst verärgerte F geht mit E zum Markt, um erneut Lieferung der gekauften Gans von H zu fordern. Der H lehnt die Forderung der F und des E ab und verlangt stattdessen von E den restlichen Kaufpreis. Als die beiden nicht zahlen, mahnt der H am nächsten Markttag gegenüber der F und fordert später von E auch noch Verzögerungsschaden.

1. Ein sich aus dem Kaufvertrag ergebender Anspruch der F und des E auf Lieferung der Gans (§ 433 Abs. 1 BGB) könnte nach § 362 Abs. 1 BGB durch Erfüllung erloschen sein. Dazu müsste der Schuldner H zum Zwecke der Erfüllung beim empfangszuständigen Gläubiger den Leistungserfolg herbeigeführt haben. Entscheidend ist, ob auch der E Gläubiger war: Nach § 1357 Abs. 1 S. 2 BGB sind beide Ehegatten aus einem „Geschäft zur angemessenen Deckung des Lebensbedarfs der Familie" berechtigt, also auch E. Wenn dadurch eine Gesamtgläubigerschaft der F und des E entstanden ist, wäre der E Gläubiger gewesen (§ 428), und der H hätte an ihn befreiend geleistet. Wäre dagegen eine Mitgläubigerschaft nach § 432 gegeben, hätte der H an beide Ehegatten leisten müssen. Hier kann man die Frage zum Glück offen lassen, weil davon auszugehen ist, dass die F dem E Vollmacht erteilt hat, die Leistung für sie als Erfüllung entgegenzunehmen (§§ 164, 167 BGB) und der E den Umständen nach in ihrem Namen gehandelt hat (§ 164 Abs. 1 S. 2 BGB), so dass die Meinungen zu keinen unterschiedlichen Ergebnissen kommen. Zum gleichen Ergebnis kommt man über die ebenfalls nahe liegende Anwendung der §§ 362 Abs. 2, 185 BGB.
2. Der E schuldet den Kaufpreis als Gesamtschuldner (§§ 433 Abs. 2, 421 BGB).
3. Den Verzögerungsschaden kann der H nach §§ 280 Abs. 1, 2, 286 verlangen, weil die Mahnung gegenüber der F ausreicht; § 425 gilt nicht.

### 3. Sachenrechtliche Rechtsfolgen

#### a) Allgemein: Sachenrechtliche Spezialregelungen des Familienrechts (Eigentums- und Gewahrsamsvermutung, Eigentumserwerb durch Surrogation)

Bevor wir uns der Frage, ob § 1357 BGB auch dingliche Wirkungen hat, zuwenden werden, sollen im Wege eines kurzen Überblicks einige wichtige **sachenrechtliche Sonderreglungen** des **Familienrechts** aufgezeigt werden.

**Güterstandsneutral** (also für alle Güterstände) wird **abweichend** von **§ 1006 BGB** in **§ 1362 Abs. 1 BGB** zugunsten des Gläubigers nicht getrennt lebender Ehegatten eine Eigentumsvermutung des Inhalts aufgestellt, dass „die im Besitz eines oder beider Ehegatten befindlichen beweglichen Sachen dem Schuldner gehören".

Noch weitergehend wird unabhängig davon, wer die Sachen besitzt, ob die Eheleute getrennt leben und unabhängig davon, ob die Ehe noch besteht, hinsichtlich der „ausschließlich zum persönlichen Gebrauch eines Ehegatten bestimmten Sachen und im Verhältnis der Ehegatten zueinander" (das erweitert die Vermutungswirkung zusätzlich!) „und zu den Gläubigern vermutet, dass sie dem Ehegatten gehören, für dessen Gebrauch sie bestimmt sind" **(§ 1362 Abs. 2 BGB)**.

Diese Vorschriften sind von großer praktischer Bedeutung, denn nur wegen dieser zugunsten von Gläubigern von Ehegatten aufgestellten Vermutungen wird eine Zwangsvollstreckung wegen einer Geldforderung von Gläubigern eines Ehepartners in bewegliche Sachen seines Schuldners, die sich in der ehelichen Wohnung befinden, praktisch erst möglich: Der für eine Zwangsvollstreckung nötige Alleingewahrsam des Schuldners **(§ 808 ZPO)** ergibt sich aus der Gewahrsamsvermutung der **§§ 739 ZPO, 1362 BGB**. Und gegen eine Drittwiderspruchsklage nach **§ 771 ZPO** des jeweils anderen Ehegatten (Nichtschuldner) mit der Begründung, der über dem Sofa im Wohnzimmer hängende Rembrandt stehe in seinem Eigentum und gehöre nicht dem schuldenden Ehepartner, spricht die Eigentumsvermutung des § 1362 Abs. 1 BGB. Das gleiche können Sie ja einmal „durchspielen" für den Fall einer Zwangsvollstreckung gegen die Ehefrau als Schuldnerin einer Geldforderung in eine Diamantbrosche, die sie auf Partys in Kampen zu tragen pflegt, die sich aber ansonsten und im Augenblick der beabsichtigten Pfändung in der Schatulle des Mannes zwischen dessen Manschettenknöpfen und Goldkettchen befindet. Oder denken Sie schließlich auch einmal an den tragischen Fall, dass Mann und Frau sich trennen wollen, und der Mann sich wegen des von der Frau geltend gemachten Eigentums an der Brosche auf § 1006 BGB beruft.

#### b) Speziell: Dingliche Wirkung des § 1357 BGB?

Jetzt aber soll es um die Frage gehen, ob **§ 1357 BGB** unmittelbare **sachenrechtliche Folgen** hat, die von denen der §§ 929 ff. BGB abweichen. Hier gibt es eine **Kontroverse**, die entscheidungserheblich sein kann.

Wenn (so der eine Lösungsvorschlag) gesagt wird, aus § 1357 BGB folge, dass derjenige, der die **Mittel für** die **Anschaffung** aufbringe, **alleiniger Eigentümer** werde, weil der Gläubiger an diesen übereignen wolle, lässt sich dies jedenfalls nicht aus § 1357 BGB ableiten und auch der zweite Teil der Begründung überzeugt nicht: Denn der Wille des Gläubigers allein kann nicht dafür maßgeblich sein, wer das Eigentum erwirbt.

Die weitere Ansicht, nach der durch § 1357 BGB **automatisch Miteigentum** der Ehegatten begründet werde, wenn nicht bei der Übereignung etwas anderes vereinbart wird, ist wegen des Wortlauts („werden beide berechtigt") schon besser vertretbar. Aber gegen eine unmittelbare sachenrechtliche Wirkung des § 1357 BGB spricht, dass die Vorschrift (sie steht im „güterstandsneutralen" Titel 5: „Wirkungen der Ehe im Allgemeinen") dann, wenn durch sie automatisch Miteigentum angeordnet würde, nicht mehr „güterstandsneutral" wäre, weil sie z. B. eine gesetzlich angeordnete („Zugewinngemeinschaft")/vereinbarte Gütertrennung („Gütertrennung") im Einzelfall unterlaufen würde.

Richtigerweise wird man daher den **Parteiwillen** (aber nicht nur den des **übereignenden Verkäufers** sondern **auch** den des **handelnden Ehegatten**) darüber entscheiden lassen, an wen übereignet wird: Regelmäßig soll dies der kaufende Ehegatte sein; wenn dieser den Willen hat, auch für den anderen zu erwerben, kommt man nach den Grundsätzen über das „Geschäft an den es angeht" häufig doch zu Miteigentum, dann aber gewollt! Und gegen den Parteiwillen ist „kein Kraut", also kein Güterstand, „gewachsen".

**Fall 910**

Weil der H den Eheleuten Frau F und Herrn E keine Gans mehr liefern wollte, kaufte die Ehefrau F in der Lebensmittelabteilung des Kaufhauses „Alsterhaus" (A) eine andere Gans und zahlte mit Geld, das ihr der E „großzügig" dafür gegeben hatte. Als die F nach ihrer Rückkehr feststellte, dass ihr Mann sich schon wieder in der Bar des Elysee – Hotels aufhielt, brachte dies das Fass zum Überlaufen. Die F trennte sich sofort von ihrem Mann und zog unter Mitnahme der Weihnachtsgans und der neuen Geflügelschere zur ihrer Freundin, die keine Geflügelschere besitzt. Der E, der mit seinen Freunden von der Bar angemessen Weihnachten feiern will, verlangt von der F Herausgabe der Gans, diese zumindest auch an sich.

Der Anspruch auf Herausgabe der Gans a) könnte sich aus § 1361a Abs. 1 S. 1 BGB ergeben. Zum alsbaldigen Verbrauch bestimmte Lebensmittel sind aber keine „Haushaltsgegenstände" i. S. d. § 1361a BGB; dies wäre allenfalls bei Vorräten der Fall. b) Daher kommt nur ein Anspruch aus § 985 BGB in Betracht. aa) Die F ist Besitzerin. bb) Der E müsste Eigentümer sein. aaa) Nicht gefolgt werden kann der Ansicht, aus § 1357 BGB folge, dass derjenige, der die Mittel für die Anschaffung aufgebracht habe (der E), alleiniger Eigentümer werde, weil der Gläubiger stets an diesen übereignen wolle. Dies lässt sich nicht aus dem § 1357 BGB ableiten; auch kann der Wille des Gläubigers allein nicht dafür maßgeblich sein, wer das Eigentum erwirbt. bbb) Zwar hat die weitere Ansicht, nach der durch § 1357 BGB automatisch Miteigentum der Ehegatten begründet werden soll, wenn nicht bei der Übereignung etwas anderes vereinbart wird, den Wortlaut („werden beide berechtigt") für sich. Aber gegen eine unmittelbare sachenrechtliche Wirkung des § 1357 BGB spricht, dass die Vorschrift (sie steht im „güterstandsneutralen“ Titel 5: „Wirkungen der Ehe im Allgemeinen“) dann, wenn automatisch Miteigentum angeordnet wird, nicht mehr „güterstandsneutral“ wirken würde, weil sie dann, wenn Miteigentum erlangt wird, eine gesetzliche oder vereinbarte angeordnete Gütertrennung im Einzelfall unterlaufen würde. ccc) Richtigerweise wird man den Parteiwillen (des Verkäufers und des handelnden Ehegatten) darüber entscheiden lassen, an wen übereignet wird: Regelmäßig soll dies der kaufende Ehegatte sein, also die F. Nur wenn dieser Ehegatte den Willen hat, auch für den anderen das Eigentum zu erwerben, kommt man nach den Grundsätzen über das „Geschäft an den es angeht“ doch zu Miteigentum. Davon ist hier aber angesichts der Vorgeschichte nicht die Rede. Also ist die E alleinige Eigentümerin der Gans. Ein Anspruch des E aus § 985 BGB besteht also nicht. c) Der Anspruch könnte sich jedoch aus § 861 BGB ergeben. aa) Ob § 1361a BGB dem Recht aus § 861 BGB vorgeht, um ein Hin- und Herschaffen zu verhindern, kann offen bleiben, weil es hier nicht um einen Hausratsgegenstand geht. bb) § 861 BGB liegt vor, denn die Eheleute hatten an der in den Haushalt eingebrachten Gans Mitbesitz. Die F hat durch ihre Mitnahme verbotene Eigenmacht begangen, weil sie dem E den Besitz ohne seinen Willen entzogen hat (§ 858 BGB). § 866 BGB steht dem nicht entgegen, denn es geht nicht um die Grenzen des Gebrauchsrechts. Also kann die Wiedereinräumung des Mitbesitzes verlangt werden.

## II. Ansprüche im Zusammenhang mit Verfügungen in der Ehe

Nicht selten wird in Sachverhalten der Fälle, die Sie zu bearbeiten haben, betont, dass eine Person, die eine Verfügung (Sie wissen ja: eine rechtsgeschäftliche Einwirkung auf ein bestehendes Recht, durch die dieses Recht übertragen, belastet, inhaltlich geändert oder aufgehoben wird) vorgenommen hat, „verheiratet“ ist. Das ist meist kein bloßes „Kolorit“, das dem Sachverhalt „Lebensnähe“ verleihen soll! Vielmehr müssen Sie jetzt sehr aufmerksam sein. Es kann nämlich sein, dass der Aufgabensteller von Ihnen verlangt, aus eben diesem Grunde die Wirksamkeit der Verfügung zu problematisieren.

Dafür kommt es auf den **„Güterstand“**, in dem die Eheleute leben, an. Und Sie entsinnen sich hoffentlich: Der gesetzliche Güterstand ist der der Zugewinngemeinschaft, über den Sie gleich mehr erfahren werden. Weiterhin gibt es als Wahlgüterstände die Gütertrennung (§ 1414 BGB) oder die Gütergemeinschaft (§§ 1415 ff. BGB). Weil diese beiden zuletzt genannten wählbaren Güterstände so selten sind, werden wir uns mit ihnen nicht weiter befassen. Aber gleichwohl einige wenige Worte dazu: Bei der **Gütertrennung** sind (wie auch bei der Zugewinngemeinschaft) die Vermögen der Eheleute getrennt, aber es gibt keinen Zugewinnausgleich unter den Eheleuten bei Beendigung des Güterstandes und daher auch keine Verfügungsbeschränkungen nach den §§ 1365 ff. BGB. Bei der **Gütergemeinschaft**, bekanntlich einer der „Gesamthandsgemeinschaften“, wird das Gesamtgut gemeinschaftlich verwaltet (§ 1421 BGB), es sei denn einer der Eheleute ist im

Ehevertrag zum Verwalter bestimmt (§§ 1422 ff. BGB), wobei dieser allerdings hinsichtlich einzelner Verfügungsmöglichkeiten beschränkt ist (§ 1424 ff. BGB). Im Mittelpunkt unserer Erörterungen aber steht der **gesetzliche Güterstand** der **Zugewinngemeinschaft**: Bei diesem Güterstand ist, wie bereits gesagt, das **Vermögen der Eheleute getrennt**, und zwar nicht nur das „eingebrachte" Vermögen, sondern auch das nach der Eheschließung erworbene Vermögen (§ 1363 Abs. 2 S. 1). Aber damit kein Missverständnis aufkommt: Auch bei der Zugewinngemeinschaft ist das Vermögen der Ehegatten nicht stets getrennt, sondern oft gemeinschaftliches Vermögen. Was speziell Anschaffungen während der Ehe angeht, ist dies – wie Sie schon gelernt haben – geradezu die Regel: So entsteht bei gemeinschaftlichem Erwerb eines Gegenstandes im Zweifel eine Berechtigung nach Bruchteilen nach §§ 741 ff. BGB, beim Eigentumserwerb also Bruchteilseigentum nach §§ 1008 ff. BGB. Eine Bruchteilsgemeinschaft der Ehegatten kann auch die Folge sein, wenn ein Ehegatte allein handelt und dabei eine Vollmacht des anderen Ehegatten hat; denn dann wird nach den Grundsätzen über das Geschäft, den es angeht, meist auch der andere Ehegatte mitberechtigt werden. Und selbst wenn es sich um Eigengeschäfte eines Ehegatten handelt, so wird, wenn die Mittel zum Erwerb aus gemeinsamer Ersparnis herrühren, sehr oft (einem Anspruch des anderen Ehegatten aus § 1353 BGB gehorchend) diesem stillschweigend eine Mitberechtigung mit dem Ergebnis der §§ 741 ff. BGB, eventuell auch §§ 1008 ff. BGB, eingeräumt worden sein. Wenn aber das Vermögen getrennt ist, so **verwaltet jeder Ehegatte sein Vermögen selbständig**, wobei er allerdings in seinen Möglichkeiten zur Verfügung nicht in jeder Hinsicht frei ist (§§ 1365, 1369 BGB). Der Grund dafür ist, dass der während der Ehe entstandene Zugewinn der getrennten Vermögensmassen bei Beendigung der Zugewinngemeinschaft durch Tod oder in anderer Weise ausgeglichen werden soll (§§ 1363 Abs. 2 S. 2, 1371/1372 ff. BGB).

Zum Zweck der **Sicherung** dieses **Ausgleichsanspruchs** hat der Gesetzgeber durch die **§§ 1369** und **1365 BGB** das Verfügungsrecht der Ehegatten über ihr Vermögen durch ein Zustimmungserfordernis des anderen Ehegatten beschränkt. Aus rechtstechnischen Gründen ist zugleich das Verpflichtungsgeschäft für einwilligungsbedürftig erklärt worden. Die ratio legis der §§ 1365 und 1369 BGB beschränkt sich aber nicht auf diesen Grund (also Sicherung des Zugewinnausgleichs). Vielmehr dienen die §§ 1365, 1369 BGB auch dazu, der **Familie** die **wirtschaftliche Grundlage** zu **erhalten**. Wie werden diese beiden Ziele nun **rechtstechnisch** verwirklicht?

Sie wissen es längst: Geschlossene **verfügende** bzw. **verpflichtende Verträge über** das **eigene gesamte Vermögen** und über **eigene Hausratsgegenstände** sind **bis** zur **Genehmigung** des **anderen Ehegatten schwebend unwirksam, einseitige Geschäfte** sind **endgültig unwirksam (§§ 1367, 1369 Abs. 3 BGB)**.

Was **speziell** die **Verfügungen** angeht, handelt es sich um **absolute Verfügungsverbote**, so dass auch § 135 Abs. 2 BGB mit einer Möglichkeit des gutgläubigen Erwerbes nicht angewendet werden kann.

Dem anderen Ehegatten, der ja kein eigenes Rückforderungsrecht geltend machen kann (warum nicht? weil §§ 1365, 1369 BGB Verfügungen über eigene Sachen des Verfügenden für unwirksam erklärt!) steht ein **„Revokationsrecht"** zu

(§ 1368, 1369 Abs. 3 BGB), das übrigens auch das unwirksame Verpflichtungsgeschäft betrifft: Der Ehegatte kann auf Feststellung der Unwirksamkeit klagen. Im Rechtsstreit handelt es sich um einen Fall der gesetzlichen Prozessstandschaft.

Bevor wir uns den beiden Beschränkungen der Verfügungsmacht und Verpflichtungsmacht in den §§ 1365, 1369 BGB, die ja auch den Sinn und Zweck haben, den Anspruch auf den **Zugewinnausgleich** zu schützen, im Detail zuwenden, müssen Sie wissen, wie dieser Zugewinnausgleich erfolgt. Bei einer **Beendigung** des **Güterstandes** der Zugewinngemeinschaft **unter Lebenden** (z. B. durch Scheidung der Ehe) gelten die §§ 1372 ff. BGB. In einem solchen Fall hat ein Ehegatte einen schuldrechtlichen Anspruch auf einen Zugewinnausgleich, wenn der Zugewinn des in Anspruch genommenen Ehegatten den Zugewinn des den Anspruch geltend machenden Ehegatten übersteigt, und zwar in Höhe der Hälfte des Überschusses (§ 1378 BGB). Dazu muss der Zugewinn eines jeden Ehegatten berechnet werden. Er besteht aus der Differenz zwischen Anfangs- und Endvermögen (§ 1373 BGB). Das Anfangsvermögen ist das Vermögen abzüglich der Schulden (§ 1374 BGB); es gibt aber kein „negatives Anfangsvermögen", sondern jeder Ehegatte „startet" zumindest mit einem Vermögen im Werte von „0" ins Eheleben. Ein durchaus ratsames aber nie erfolgendes („Liebe macht" eben doch „blind": Wer denkt schon vor der Tür des Standesamtes an eine Beendigung des Güterstandes z. B. durch Scheidung?) Vermögensverzeichnis über das Anfangsvermögen würde eine Vermutung für dessen Richtigkeit begründen (§ 1377 BGB). Das Endvermögen ist das Vermögen, das einem Ehegatten nach Abzug der Verbindlichkeiten bei der Beendigung des Güterstandes gehört (§ 1375 BGB). Bei einer **Beendigung des Güterstandes** der Zugewinngemeinschaft **durch** den **Tod** erfolgt der Zugewinnausgleich, wenn der überlebende Ehegatte **Erbe** oder **Vermächtnisnehmer** wird, ohne Rücksicht auf einen Zugewinn durch die Erhöhung des gesetzlichen Erbteils des überlebenden Ehegatten um ein Viertel der Erbschaft. Wird der überlebende Ehegatte **nicht Erbe** oder **Vermächtnisnehmer**, weil er enterbt wird oder ausschlägt, so kann der überlebende Ehegatte den Zugewinnausgleich nach den §§ 1373 bis 1383, 1390 BGB verlangen. Zusätzlich steht ihm der „kleine Pflichtteil" in Höhe der Hälfte des gesetzlichen Erbteils zu; berechnet wird der Pflichtteil auf der Basis des um den Zugewinnausgleich gekürzten Nachlasses. In Teil 12 werden wir darauf noch einmal eingehen. Jetzt verstehen Sie den Sinn und Zweck der §§ 1365 und 1369 BGB wahrscheinlich besser. Und jetzt können wir hier die Feinarbeit leisten, die in einer Fallbearbeitung möglicherweise erbracht werden muss.

### 1. Über: Haushaltsgegenstände (§ 1369 BGB)

Also, wie gesagt: Die **Verfügung** eines Ehegatten **über** einen **ihm gehörenden**, also über einen **eigenen Haushaltsgegenstand**, und die **Verpflichtung zu** einer **solchen Verfügung** bedürfen beide (!) zu ihrer Wirksamkeit der Einwilligung des anderen Ehegatten (§ 1369 BGB). Die **Zustimmung** zur **Verpflichtung** bedeutet zugleich eine **Zustimmung** zur **Verfügung** und umgekehrt die **Zustimmung** zur **Verfügung** zugleich die **Zustimmung** zur **Verpflichtung**. Die erforderliche **Einwilligung** wird nicht durch das Recht zur Haushaltsführung ersetzt (§ 1356 Abs. 1 S. 2 BGB). Denn damit würde man den Sinn des § 1369 BGB, den Haushalt vor einseitigen Maßnahmen gerade auch des den Haushalt führenden Ehegatten (der andere scheidet sowieso meistens aus) verkennen.

Unter **Haushaltsgegenständen** versteht man alle dem gemeinsamen Leben der Eheleute, wozu auch die Freizeit gehört, dienende Gegenstände, die nicht dem persönlichen oder beruflichen Bereich eines der beiden Eheleute zugeordnet werden können.

Dass dem anderen Ehegatten ein **Revokationsrecht** zusteht (§ 1369 Abs. 3, 1368 BGB), ist Ihnen ja bereits bekannt.

Dass § 1369 BGB nur für eigene („ihm gehörende") Haushaltsgegenstände des Ehegatten gilt, ergibt der Gesetzeswortlaut. Wenn der Ehegatte über **Hausratsgegenstände verfügt**, die dem **anderen Ehegatten gehören**, gelten die **§§ 929 ff., 932 ff. BGB**, und man kommt über § 935 BGB letztlich zu den gleichen Ergebnissen.

Es ist aber auch gut vertretbar, **§ 1369 BGB analog** auf Sachen anwenden, die **im gemeinschaftlichen** oder **alleinigen Eigentum** des **anderen Ehegatten** stehen. Die ratio legis, die ja auch die Erhaltung der wirtschaftlichen Grundlage der Familie vor Augen hat, deckt dies ab.

**Fall 911**

Der M. Agger (M) und die F. Rauchen sind im gesetzlichen Güterstand der Zugewinngemeinschaft verheiratet. Die Eltern der F hatten ihr zu einem Geburtstag ein Blumenstillleben eines flämischen Malers und eine Barockkommode geschenkt. Die F schenkte die Kommode ihrem Mann, der derartige Möbel sammelt, später zum Geburtstag für dessen Sammlung. Beide Einrichtungsgegenstände befinden sich im Wohnzimmer der Eheleute. Als die erkrankte F auf einem monatelangen Reha-Aufenthalt ist und der den Haushalt führende M gerade dringend Geld für die Haushaltsführung benötigt, verkauft er das Bild und die Kommode an den Antiquar K, der den M und die F nicht kennt, und übereignet sie an diesen durch Einigung und Übergabe. Einen Ehering trägt der M bei dieser Gelegenheit nicht. Im Wohnzimmer stellt der M anstelle der Barockkommode die Ikea-Kommode „Lars" auf und hängt an die leere Stelle an der Wand einen ebenfalls bei Ikea erworbenen Druck eines Bildes des schwedischen Malers „Larsson". Als die F nach ihrer Rückkehr die „Umdekoration" sieht, ist sie empört. Weil der M sich weigert, die Sachen von K herauszuverlangen, fordert die F von K Herausgabe der Kommode und des Bildes an sich oder an den M.

1. Herausgabe der Kommode. a) Die F könnte nach § 985 BGB Herausgabe der Kommode von K verlangen. aa) der K ist Besitzer derselben. bb) Die F müsste Eigentümerin sein. aaa) Sie war Eigentümerin. bbb) Sie könnte das Eigentum aber an M verloren haben. aaaa) Mangels Übergabe an den M (die Kommode blieb im Besitz beider Ehegatten) scheidet ein Eigentumserwerb nach § 929 S. 1 BGB aus. bbbb) Der M könnte nach §§ 929 S. 1, 930 BGB Eigentümer geworden sein. Geeinigt haben sich F und M. Die Übergabe ist durch § 930 BGB ersetzt worden. Zwischen den Eheleuten besteht kraft § 1353 BGB ein gesetzliches Besitzmittlungsverhältnis, das für § 930 BGB ausreicht, und das durch die Entgegennahme als Geschenk konkretisiert worden ist. Da mithin der

M Eigentümer geworden ist, steht der F schon deshalb kein Anspruch gegen den K aus § 985 BGB zu. b) Die F könnte aa) die Herausgabe der Kommode nach §§ 1369 Abs. 3, 1368, 985 BGB verlangen. aaa) Die Übereignung des M an K könnte aaaa) nach § 1369 Abs. 1 BGB unwirksam sein. Es handelt sich bei der Kommode, auch wenn sie Teil einer Sammlung des M ist, um einen Haushaltsgegenstand, weil sie im Haushalt Verwendung gefunden hat. Allerdings könnte die Verfügung wirksam sein, weil dem M das Haushaltsführungsrecht übertragen worden ist und dadurch nach § 1356 Abs. 1 S. 2 BGB die Einwilligung des anderen Ehegatten entbehrlich ist. Damit aber würde man den Sinn des § 1369 BGB, den Haushalt vor einseitigen Maßnahmen gerade auch des den Haushalt führenden Ehegatten (der andere scheidet sowieso meistens aus) zu schützen, verkennen. Also ist die Verfügung unwirksam. bbbb) Der gute Glaube des K (daran, dass M ledig ist) wird nicht geschützt. Denn ein Erwerb nach §§ 135 Abs. 2, 929, 932 BGB ist nur bei relativen Verfügungsverboten möglich; § 1369 BGB ist aber ein absolutes Verfügungsverbot. bbb) Der K hat wegen seines wegen der Unwirksamkeit des Verpflichtungsgeschäftes bestehenden Anspruchs auf Rückzahlung des Kaufpreises aus § 812 Abs. 1 S. 1 Var. 1 BGB gegen den M mangels Gegenseitigkeit auch kein Zurückbehaltungsrecht gegen den Rückforderungsanspruch der F aus § 273 BGB. Zwar besteht genau genommen (die F macht ein Recht des M geltend) Gegenseitigkeit. Aber man würde, wenn man ein Zurückbehaltungsrecht bejahen würde, den Verfügungsgegenstand der Familie entziehen, was § 1369 BGB gerade verhindern soll. bb) Fraglich ist, ob die F die Herausgabe der Kommode auch an sich verlangen kann: § 1369 BGB spricht davon, dass der andere Ehegatte die sich aus der Unwirksamkeit der Verfügung ergebenden Rechte gegen den Dritten geltend machen kann. Das lässt zwei Deutungen zu: aaa) Wenn man den Schutzgedanken des § 1368 BGB ernst nimmt, muss der jeweils andere Ehegatte (F) Herausgabe an sich verlangen können. bbb) Wenn man dagegen den § 1368 BGB (nur) als einen Fall der gesetzlichen „Prozessstandschaft" ansieht, bei der ein Anspruch nur auf Leistung an den materiell Berechtigten geltend gemacht werden kann, aaaa) darf der andere Ehegatte (F) Herausgabe nur an den materiell Berechtigten verlangen, also die F nur die Herausgabe an den M. bbbb) Wenn aber – wie hier – der Berechtigte (M) die Rückabwicklung durch Übergabe an sich verweigert, muss der Anspruchsteller (die F) auch Herausgabe an sich verlangen können (§§ 986 Abs. 1 S. 2 BGB analog). Die F kann also in jedem Fall Herausgabe der Kommode an sich verlangen 2. Die Herausgabe des Bildes könnte die F von K a) ebenfalls nach § 1369 Abs. 3, 1368, 985 BGB verlangen, wenn man § 1369 BGB auch auf das dem verfügenden Ehegatten nicht gehörende (hier auf das der F und nicht dem M gehörende Bild) anwenden könnte. Dies wird im Hinblick auf den Schutzzweck des § 1369 BGB allgemein angenommen. b) Herausgabe könnte sie auch aus § 985 BGB verlangen. aa) Der K ist Besitzer. bb) Die F müsste Eigentümerin sein. aaa) Sie war Eigentümerin des Bildes geworden (der Güterstand der Zugewinngemeinschaft bedeutet nicht etwa, wie viele Jungjuristen meinen, das Vorliegen einer „Gütergemeinschaft", sondern „Gütertrennung" gekoppelt mit einem Zugewinnausgleich bei Beendigung der Ehe nach §§ 1371 ff. BGB). bbb) Der K könnte das Eigentum erlangt haben (§§ 929 ff. 932 ff. BGB): aaaa) Der

Grundtatbestand des § 929 S. 1 BGB liegt vor. bbbb) Der M war jedoch nicht Eigentümer, so dass nur ein Gutglaubenserwerb nach § 932 Abs. 1 S. 1 BGB in Betracht kommt. aaaaa) Der K war gutgläubig; denn die Vermutung des § 932 Abs. 1 S. 2 BGB ist nicht widerlegt. bbbbb) Es könnte jedoch § 935 BGB vorliegen: An dem Bild bestand Mitbesitz der Eheleute, so dass die F den Besitz unfreiwillig verloren hat. Der K hat daher kein Eigentum an dem Bild erlangt. cc) Ein Recht zum Besitz (§ 986 BGB) gegenüber der F hat der K nicht.

## 2. Über: Das eigene Vermögen im Ganzen (§ 1365 BGB)

Die **Wirksamkeit** einer **Verfügung** eines Ehegatten **über** sein **Vermögen im Ganzen** und die Eingehung einer **Verpflichtung zu** einer **solchen Verfügung** setzen (beide!) die Einwilligung des anderen Ehegatten voraus (§ 1365 BGB).

Wer meint, es komme selten vor, dass jemand Rechtsgeschäfte dieser Art über sein Vermögen im Ganzen vornimmt, der irrt. Denn das ganze Vermögen kann häufig in einem einzigen Gegenstand bestehen, z. B. in einem Grundstück. Und das „Vermögen im Ganzen" ist bereits dann betroffen, wenn der Gegenstand „nahezu das ganze" Vermögen ausmacht. Was das Restvermögen angeht, so wären zwar 30 % Restvermögen zuviel für die Anwendbarkeit von § 1365 BGB, ausreichend sind aber 10 % bei kleineren und 15 % Restvermögen bei größeren Vermögen, um § 1365 BGB auslösen zu können. Eine eventuell erbrachte Gegenleistung bleibt bei dieser Betrachtung unberücksichtigt. Voraussetzung ist in diesen Fällen allerdings, dass der Vertragspartner positiv weiß, dass der Einzelgegenstand das „ganze Vermögen" ausmacht („subjektive Theorie"). Jetzt werden Sie auch verstehen, warum ein Notar, der nach § 311b Abs. 1 BGB eine notarielle Beurkundung vornimmt, stets nach dem Familienstand des Verkäufers fragt.

Die in Betracht kommenden Verpflichtungen und Verfügungen sind in erster Linie die bei einer **Veräußerung** vorgenommenen Rechtsgeschäfte. Aber auch **dingliche Belastungen** kommen in Betracht, dies allerdings nur, wenn sie den Wert des ganzen Vermögens bzw. des einzelnen das Vermögen im Ganzen ausmachenden Gegenstandes fast ausschöpfen. Die Eingehung von **Geldschulden** (Kaufverträge, Darlehensaufnahmen, Sicherungsgeschäfte wie eine Bürgschaft) gehört ungeachtet ihres Umfangs (denken Sie immer daran, dass ein Bürge sein gesamtes Vermögen einsetzt) im Einzelfall nicht zu den Geschäften i. S. d. § 1365 BGB.

Es handelt sich – wie Sie schon zuvor lasen – auch bei § 1365 BGB um ein absolutes Verfügungsverbot, so dass § 135 Abs. 2 BGB mit der Möglichkeit eines Gutglaubenserwerbs nicht angewendet werden kann.

Auch hier steht dem anderen Ehegatten bekanntlich ein **Revokationsrecht** zu **(§ 1368 BGB)**.

Die Frage ist häufig, ob während der Schwebezeit die **unwirksame Verfügung** dadurch **geheilt** werden kann, dass der die Zustimmung erteilen müssende Ehegatte stirbt und von dem verfügenden Ehegatten beerbt wird. Die „ratio legis" des § 1365 BGB (Sicherung des Zugewinnausgleichs und Erhaltung der Lebensgrundlagen der Familie) entfällt schließlich mit dem Tod des Ehepartners. Deswegen soll der Vertrag wirksam werden (BGH). Wenn umgekehrt der verfügende Ehegatte stirbt und der zustimmungspflichtige Ehegatte der Alleinerbe wird, könnte man an

§ 185 Abs. 1 S. 2 Var. 3 BGB denken. Haben Sie die einzelnen Tatbestände des § 185 Abs. 2 BGB noch vor Augen? Lesen Sie die Norm in Ruhe durch und bilden Sie zu jeder der drei Konstellationen einen Beispielsfall.

## III. Ansprüche wegen Verletzung der ehelichen Lebensgemeinschaft („Ehestörung")

Sie haben schon in Teil 7 erfahren, dass ein „klassisches" Klausurproblem die möglichen Ansprüche bei Verletzung einer ehelichen Lebensgemeinschaft bei einer sog. „Ehestörung" darstellen: Zum einen geht es um Ansprüche des Ehegatten **gegen den anderen** (an der Störung beteiligten) **Ehegatten** auf Herstellung der ehelichen Lebensgemeinschaft, Unterlassungs- und Beseitigungsansprüche und Schadensersatzansprüche **(sub 1)** sowie um Ansprüche **gegen** den **„Ehestörer"** auf Unterlassung, Beseitigung und Schadensersatz **(sub 2)**.

In Teil 7 haben Sie zwar gelernt, dass der „räumlich gegenständliche Bereich der Ehe" ein „sonstiges Recht" i. S. d. § 823 Abs. 1 BGB ist, weil durch ihn die unter dem besonderen Schutz des Staates stehende Entfaltung des Ehelebens ermöglicht wird (Art. 6 GG: „Drittwirkung" der Grundrechte). Sie haben auch erfahren, welche Schäden zu ersetzen sind. Das Thema des Schutzes der ehelichen Lebensgemeinschaft bei „Ehestörungen" ist jedoch weit komplexer. Wenn Ihnen jetzt das ziemlich komplizierte System möglicher Ansprüche vorgestellt wird, so lernen Sie es bitte nicht auswendig, sondern versuchen Sie nur, es zu verstehen. Dazu soll auch der anschließende Fall dienen. Im „Ernstfall" können Sie dann leicht zu vertretbaren Lösungen kommen.

### 1. Gegen den anderen Ehegatten

Was die **Ansprüche** des **treuen Ehegatten gegen** den **untreuen Ehegatten** angeht, so gibt es einen Anspruch auf **Herstellung** der **ehelichen Lebensgemeinschaft** (Treue, Achtung, Rücksichtnahme, Beistand und Fürsorge, Geschlechtsgemeinschaft, häusliche Gemeinschaft) aus **§ 1353 Abs. 1 S. 2 BGB**. Die **Klage** ist **zulässig**. Ein **Titel aber** nach **§ 120 Abs. 3 FamFG nicht vollstreckbar**.

Ansprüche des treuen Ehegatten aus **§§ 1004, 823 BGB** gegen den untreuen Ehegatten auf **Unterlassung** und **Beseitigung** eines die eheliche Lebensgemeinschaft störenden ehewidrigen Verhaltens bestehen zwar. Die **Klage** ist auch **zulässig**. Aber ein **Titel** ist **nicht nach § 120 Abs. 1 i.V.m. § 890 ZPO vollstreckbar**, weil sonst auf diesem Umweg das Vollstreckungsverbot des § 120 Abs. 3 FamFG umgangen werden könnte. Wohl aber können Titel auf Unterlassung und Beseitigung eines die eheliche Lebensgemeinschaft störenden ehewidrigen Verhaltens vollstreckt werden, wenn durch die Ehestörung zugleich andere als sonstiges Recht i. S. d. § 823 Abs. 1 BGB anerkannte und damit auch nach § 1004 BGB analog geschützte Rechte des treuen Ehegatten verletzt worden sind, z. B. dessen Allgemeines Persönlichkeitsrecht oder der „räumlich-gegenständliche Bereich" der Ehe.

Wenn ein treuer Ehegatte gegen den **anderen** untreuen Ehegatten **wegen Verletzung** der **ehelichen Lebensgemeinschaft Schadensersatz** aus **§ 823 Abs. 1 BGB** geltend macht, gibt es, wenn zugleich andere als sonstige Rechte i. S. d. § 823 Abs. 1 anerkannte absolut geschützte Rechte des treuen Ehegatten, z. B. das Allgemeine Persönlichkeitsrecht, oder der als sonstiges Recht i. S. d. § 823 Abs. 1 BGB geschützte „räumlich-gegenständliche Bereich" der Ehe verletzt ist, Schadensersatzansprüche. Sonst aber soll es keine Schadensersatzansprüche gegen den untreuen Ehegatten geben, weil das Familienrecht die vermögensrechtlichen Folgen von ehewidrigem Verhalten in den §§ 1569 ff. BGB abschließend regele (BGH). Bedenkenswert erscheint die differenzierende Lösung nach manchen Wissenschaftlern zu sein, jedenfalls in den Fällen, in denen es um Schäden geht, die man als „Abwicklungsinteresse" bezeichnen kann (Abwehrkosten, Prozesskosten), Schadensersatz zuzusprechen weil insoweit keine speziellen Regelungen existieren.

## 2. Gegen den Ehestörer

Ansprüche **des treuen Ehegatten gegen** den **Ehestörer** aus §§ 1004, 823 BGB auf **Unterlassung** und **Beseitigung** störenden ehewidrigen Verhaltens bestehen zwar. Eine Klage wäre zulässig. Ein Titel wäre aber im Grundsatz unvollstreckbar, weil sonst auf diesem Umweg mittelbar das Vollstreckungsverbot von Titeln gegen den untreuen Ehegatten aus 120 Abs. 3 FamFG umgangen werden könnte. Wohl aber kann ein solcher Titel vollstreckt werden, wenn durch die Ehestörung zugleich andere als sonstige Rechte i. S. d. § 823 Abs. 1 anerkannte absolut geschützte Rechte des treuen Ehegatten, z. B. das Allgemeine Persönlichkeitsrecht, oder der „räumlich-gegenständliche Bereich" der Ehe verletzt werden.

**Schadensersatzansprüche** aus § 823 Abs. 1 BGB gibt es, wenn zugleich andere als sonstige Rechte i. S. d. § 823 Abs. 1 anerkannte absolut geschützte Rechte des treuen Ehegatten, z. B. das Allgemeine Persönlichkeitsrecht, oder der als sonstiges Recht i. S. d. § 823 Abs. 1 BGB anerkannte „räumlich-gegenständliche Bereich" der Ehe verletzt ist. Sonst gibt es keine Schadensersatzansprüche gegen den Ehestörer, weil dieser andernfalls Rückgriff z. B. aus einer Gesamtschuldnerschaft (§ 426 BGB) bei dem untreuen Ehegatten nehmen könnte mit der Folge, dass der untreue Ehegatte dann nicht nur nach den im Familienrecht getroffenen speziellen Regeln der §§ 1569 ff. BGB für ehewidriges Verhalten einstehen muss (BGH). Eine Ausnahme könnte man auch hier für Schäden machen, die man als „Abwicklungsinteresse" bezeichnen kann (Abwehrkosten, Prozesskosten) und bei körperlichen Verletzungen und Gesundheitsbeeinträchtigungen als Folgeschäden ehewidrigen Verhaltens.

**Fall 912**

Der M. Agger (M) und die F. Rauchen (F) sind schon lange verheiratet. Sie haben ein 15jähriges Kind K, das zu Hause wohnt und noch zur Schule geht. Als die F monatelang in einer Reha-Maßnahme ist, beginnt der M ein Verhältnis mit seiner Sekretärin G. Luest (G), die ihm schon immer gefallen hatte. Die G wohnt alsbald mit M in der Ehewohnung. Sie trägt auf Wunsch des M die gesamte Kleidung der F, die ihr der M zugänglich gemacht hat. Die F erfährt von allem erst durch ihre Putzfrau, als diese sie einmal in der Klinik besucht. Die F erleidet hierdurch eine schwere und behandlungsbedürftige reaktive Depression. Die F verlangt von dem M die Herstellung der ehelichen Lebensgemeinschaft und von M und der G, dass sie die Beziehung beenden, insbesondere dass die G nicht weiter in der Wohnung lebt und ihre Kleidung nicht mehr trägt. Die private Krankenversicherung der F (KV) fordert von M und G Ersatz der Heilungskosten für die Behandlung der Depression.

1. Die F hat gegen a) den M aa) einen Anspruch auf Herstellung der ehelichen Lebensgemeinschaft (§ 1353 Abs. 1 S. 2 BGB). Die Klage wäre auch zulässig. Die Vollstreckung ist allerdings nicht möglich (§ 120 Abs.- 3 FamFG). bb) Die F hat weiterhin gegen den M einen Anspruch aus §§ 1004, 823 BGB auf Unterlassung und Beseitigung des ehestörenden Verhaltens. Die Klage wäre auch zulässig: Die Vollstreckung ist zwar grundsätzlich ausgeschlossen, weil sonst auf diesem Umweg mittelbar das Vollstreckungsverbot des § 120 Abs. 3 FamFG umgangen werden könnte. Hier aber besteht der Anspruch auch deshalb, weil der M zugleich andere absolut geschützte sonstige Rechte der F verletzt hat, indem er der G die Kleidung der F zugänglich gemacht und sie aufgefordert hat, diese auch zu tragen (rechtswidrige und schuldhafte Beeinträchtigung des Allgemeinen Persönlichkeitsrechts; Fallgruppe: Privat- und Intimsphäre) und weil er weiterhin durch Aufnahme der G in die eheliche Wohnung den „räumlich-gegenständlichen Bereich" der Ehe verletzt hat. In einem solchen Fall kann ein Titel nach § 890 ZPO vollstreckt werden. b) Die F hat gegen die G aus §§ 1004, 823 BGB einen Anspruch auf Unterlassung und Beseitigung des ehestörenden Verhaltens. Die Klage wäre auch zulässig. Ein Titel wäre jedoch an sich unvollstreckbar, weil sonst auf diesem Umweg mittelbar das Vollstreckungsverbot des § 120 Abs. 3 FamFG umgangen werden könnte. Hier ist die Zwangsvollstreckung aber doch möglich, weil die G zugleich andere absolut geschützte sonstige Rechte der F verletzt, indem sie deren Kleidung trägt (rechtswidrige und schuldhafte Beeinträchtigung des Allgemeinen Persönlichkeitsrechts; Fallgruppe: Privat- und Intimsphäre) und weil sie durch ihren Einzug in die eheliche Wohnung den „räumlich-gegenständliche Bereich" der Ehe verletzt hat. 2. Ob die KV aus §§ 823 Abs. 1, 86 VVG gegen den M und die G einen Schadensersatzanspruch hat, wird unterschiedlich beantwortet. a) Nach einer Ansicht (BGH) hat sie keinen auf sie „übergeleiteten" Anspruch auf Schadensersatz, weil das Familienrecht die vermögensrechtlichen Folgen von ehewidrigem Verhalten in den §§ 1568aff. BGB abschließend regelt. b) Nach anderen sollen bei Verletzungen des „Abwicklungsinteresses" (Abwehrkosten, Prozesskosten), um die es hier allerdings nicht geht, und bei körperlichen Verletzungen und Gesundheitsbeeinträchtigungen als Folgeschäden ehewidrigen Verhaltens (um die es hier geht) ein Anspruch bestehen, weil insoweit das Familienrecht keine Spezialregelungen vorhält.

## B. Ansprüche im Zusammenhang mit einer nichtehelichen Lebensgemeinschaft

Eine nichteheliche Lebensgemeinschaft kann in bestimmten Konstellationen eine BGB-Innengesellschaft sein. Selbst wenn ein Gesellschaftsvertrag nicht geschlossen worden ist, wendet man als „Güterstandssurrogat" (K. Schmidt) die Regeln über die BGB-Gesellschaft an, wenn die Partner der Lebensgemeinschaft die Absicht verfolgt hatten, „einen gemeinschaftlichen Wert zu schaffen, der von ihnen während der Partnerschaft nicht nur gemeinsam benutzt wird, sondern ihnen nach ihrer Vorstellung auch gemeinsam gehören soll" (BGH), so zum *Beispiel* beim Ausbau und der Renovation eines mit gemeinsamen Mitteln erworbenen und ihnen gehörigen Hauses, bei der der eine Partner die Kosten übernimmt und der andere die Arbeit leistet. Scheitert die Lebensbeziehung und verlangt der die Arbeit leistende Partner einen Ausgleich, so ist vorstellbar eine Lösung in Gestalt der „Liquidation" mit einem Anspruch aus §§ 733 Abs. 2, 730 Abs. 1 BGB als Rechtsfolge. Dagegen gibt es keine Ansprüche aus §§ 677, 683, 670 BGB, weil es am Fremdgeschäftsführungswillen fehlt. Ein Anspruch aus § 812 Abs. 1 S. 1 Var. 1 BGB besteht nicht, weil mit Rechtsgrund, nämlich aufgrund eines Vertrages sui generis, den man als „unbenannte Zuwendung" bezeichnen kann, geleistet worden ist, oder weil § 814 BGB einem solchen Anspruch entgegensteht. Ob ein Anspruch aus § 812 Abs. 1 S. 2 Var. 2 BGB gegeben ist, wird meist eine Tatfrage sein. Unter Umständen kann ein Ausgleichsanspruch wegen Störung der Geschäftsgrundlage jenes Vertrags sui generis mit der Bezeichnung einer „unbenannten Zuwendung" helfen (§§ 313, 346 BGB). Sie sehen, hier gibt es im Randbereich des Familienrechts Fragen zu erörtern, die in jede BGB-Klausur passen.

**Fall 913**

Der H. I. Männ (M) und die P. Üppchen (P) haben als Verlobte auf dem Grundstück des M in teilweiser Eigenarbeit und unter Einsatz von Ersparnissen ein Einfamilienhaus gebaut, das sie zunächst als Verlobte und später als Eheleute bewohnen wollen. Die P hat dazu € 50.000,– für Baumaterialien und Handwerkerrechnungen aufgebracht. Die Vorstellung der P ging dahin, dass man längere Zeit in dem Haus als Verlobte leben, dann heiraten würde, gemeinsam in dem Haus als Eheleute wohnen würden, und dass sie nach der Eheschließung und Fertigstellung Miteigentümerin werden würde. Nach Fertigstellung des Hauses lebt man auch jahrelang im Haus. Zur Eheschließung und zur Übertragung eines Miteigentumsanteils an die P kam es jedoch nicht. Als M und P sich dann trennen, verlangt die P Zahlung von € 50.000,– (nach BGH).

1. Ein Anspruch aus §§ 733 Abs. 2, 730 Abs. 1 BGB setzt das Vorliegen einer BGB-Gesellschaft voraus. Sie wäre gegeben, wenn M und P die Absicht verfolgt hatten, „einen gemeinschaftlichen Wert zu schaffen, der von ihnen während der Partnerschaft nicht nur gemeinsam benutzt wird, sondern ihnen nach ihrer Vorstellung auch gemeinsam gehören soll". Das ist eine Tatfrage. 2. Wer sie verneint, kommt zur Prüfung eines Anspruchs der P gegen den M aus §§ 677,

683, 670 BGB, der zu verneinen ist, weil es am Fremdgeschäftsführungswillen der P fehlt. 3. Ein Anspruch der P gegen den M könnte sich ergeben aus a) § 812 Abs. 1 S. 1 Var. 1 (Leistungskondiktion). aa) Der M hat etwas bb) durch Leistung der P erlangt. cc) Fraglich ist, ob ein Rechtsgrund fehlt. aaa) Eine Schenkung liegt nicht vor, weil mit der Zuwendung ein ganz konkreter Zweck verfolgt wurde (Verwirklichung der Lebensgemeinschaft als Verlobte und später als Eheleute) und daher keine Unentgeltlichkeit vorliegt, sondern eine „unbenannte Zuwendung". bbb) Diese Zweckvereinbarung ist auch der Rechtsgrund. dd) Wer dies verneint, muss den Anspruch an § 814 Var. 1 BGB scheitern lassen, weil die P wusste, dass sie zur Leistung nicht verpflichtet war. b) In Betracht kommt ein Anspruch der P aus § 812 Abs. 1 S. 2 Var. 2 BGB aa) Der M hat etwas erlangt. bb) Der aufgrund einer Vereinbarung der beiden Verlobten bezweckte Leistungserfolg aaa) eines Beitrags der P zum gemeinsamen Leben in dem Haus ist eingetreten. bbb) Eine Vereinbarung über den weiteren von der P angestrebten Zweck, Miteigentümerin zu werden, hat es nicht gegeben. Insoweit liegen lediglich einseitige Vorstellungen der P vor. Dass der M sich hätte sagen müssen, dass die P ihre Leistung auch im Hinblick auf eine spätere Eheschließung und Miteigentum an dem Haus erbracht hat, reicht dafür nicht aus. 4. Es könnte sich ein Anspruch der P gegen M aus §§ 346, 313 Abs. 3 BGB ergeben. a) Zwischen M und P besteht ein Vertrag sui generis, nämlich eine „unbenannte Zuwendung", die der Verwirklichung der Lebensgemeinschaft als Verlobte und später als Eheleute, dient. b) Wenn man annimmt, dass das Eingehen der Ehe nach dem Zusammenleben als Verlobte Geschäftsgrundlage war, wäre das Scheitern der Beziehung ein Wegfall der Geschäftsgrundlage für die Zuwendung der P. aaa) Man kann entweder annehmen, dass das ein Scheitern einer Beziehung von Verlobten ein von beiden Partnern bewusst eingegangenes Risiko ist. Dann wäre keine Geschäftsgrundlage weggefallen (BGH). bbb) Wenn man dagegen für maßgeblich hält, dass ein Partner (hier die P) auf den Fortbestand der Lebensgemeinschaft vertraut hat und der M dies hatte erkennen können, dann wäre die Geschäftsgrundlage entfallen c) im letzteren Fall wäre von M herauszugeben, was ihm unter Berücksichtigung des gemeinsam „Abgewohnten" von der Leistung der P nach der Trennung wertsteigernd verblieben ist.

## C. Ansprüche im Zusammenhang mit einer Verwandtschaft, insbesondere Kindschaft

### I. Verwandtschaft

Eine **Verwandtschaft** beruht auf Abstammung (§§ 1589, 1591 ff. BGB), während eine **Schwägerschaft** die **Folge einer Ehe** ist und **zwischen den Verwandten zweier Ehegatten** besteht (§ 1590 BGB). Deshalb heißt auch die „Schwiegermutter" so, denn der die Schwiegertochter/der Schwiegersohn stammt von ihrer/seiner Mutter ab. Hinsichtlich der für die **Feststellung** einer **Verwandtschaft** erforderlichen **Abstammung** bestimmt das Gesetz, dass die **Mutter** eines Kindes stets diejenige Frau ist, die das Kind geboren hat (§ 1591 BGB): „Mater semper certa“. Was den **Vater** angeht, bei dem es keinen für einen außenstehenden Dritten leicht erkennbaren biologischen Vorgang gibt, der andere Personen als Väter ausschließt („pater semper incertus“), hat das Gesetz sich für rechtliche Kriterien entschieden: Vater ist der zur Zeit der Geburt mit der Mutter verheiratete Mann (Vaterschaft **kraft Ehe**: § 1592 Nr. 1 BGB und § 1593 BGB, wenn sie durch Tod aufgelöst ist), oder im Fall einer nicht bestehenden Ehe der Mann, der die Vaterschaft anerkannt hat (Vaterschaft **kraft Anerkennung**: § 1592 Nr. 2 BGB), oder in den Fällen in denen nicht auf vorgenannte Weise von der Vaterschaft auszugehen ist, der Mann, dessen Vaterschaft auf der Basis der Vermutung des § 1600d BGB (Vater ist vermutlich derjenige, der der Mutter während der Empfängniszeit beigewohnt hat) gerichtlich festgestellt worden ist (Vaterschaft **kraft Urteil**: § 1592 Nr. 3 BGB). In den Fällen einer Vaterschaft kraft Ehe (§ 1592 Nr. 1 und §§ 1591 Nr. 1, 1593 BGB) oder einer Vaterschaft kraft Anerkennung (§ 1592 Nr. 2 BGB) kann nach §§ 1599, 1600 BGB die **Vaterschaft klagweise angefochten** werden, und zwar entweder durch den Mann, der nach §§ 1592 Nr. 1 und 1593 BGB Vater ist (§ 1600 Abs. 1 Nr. 1 BGB), oder durch einen Mann, der eine Beiwohnung während der Empfängniszeit an Eides Statt versichert hat (§ 1600 Abs. 1 Nr. 2 BGB), oder durch die Mutter (§ 1600 Abs. 1 Nr. 3 BGB) oder schließlich durch das Kind (§ 1600 Abs. 1 Nr. 4 BGB). Die **Klage ist begründet**, wenn eine durch § 1592 Nr. 1, §§ 1592 Nr. 1, 1593 und § 1592 Nr. 2 BGB begründete Vermutung widerlegt wird, wobei heimliche DNA-Proben gegen den Willen des Kindes nicht verwertbar sind.

## II. Verwandtenunterhalt

Das Bestehen einer Verwandtschaft ist im Zivilrecht vor allem für das Vorliegen eines Anspruchs auf **Verwandtenunterhalt** von Bedeutung (§§ 1601 ff. BGB). Der Anspruch setzt voraus: Eine **Verwandtschaft** in **gerader Linie** (§ 1589S. 1 BGB), die **Bedürftigkeit** des Anspruchstellers (§ 1602 BGB) und **Leistungsfähigkeit** des Verpflichteten (§ 1603 BGB). Zwischen mehreren Unterhaltsverpflichteten besteht ein **Rangverhältnis** (§ 1606 BGB); dabei haften Eltern ihren Kindern als gleich nah Verwandte als Teilschuldner (§ 1606 Abs. 3 S. 1 BGB). Ist ein Vorrangiger mangels Leistungsunfähigkeit (§ 1603 BGB) frei, hat ein Nachrangiger zu leisten (§ 1607 Abs. 1 BGB); das gleiche gilt, wenn die Rechtsverfolgung gegen einen Vorrangigen im Inland ausgeschlossen oder erheblich erschwert ist (§ 1607 Abs. 2 S. 1 BGB). Das **Maß** des zu gewährenden Unterhalts ist ein „angemessener Unterhalt“, der sich nach der Lebensstellung des Bedürftigen bestimmt (§ 1610 Abs. 1 BGB). **Inhaltlich** wird eine monatlich im Voraus zu entrichtende Geldrente geschuldet (§ 1612 Abs. 1 BGB), während Eltern bei unverheirateten minder- oder volljährigen Kindern die Art der Unterhaltsgewährung bestimmen können (§ 1612 Abs. 2 S. 1 BGB). Bei minderjährigen Kindern, die nicht mit dem Unterhaltspflichtigen in einem Haushalt leben, gilt § 1612a BGB. Unterhalt kann **für die Vergangenheit** nur nach Maßgabe des § 1613 BGB verlangt werden. **Regress** kann genommen werden, wenn im Fall der Ersatzhaftung ein Nachrangiger nach § 1606 Abs. 1, Abs. 1 S. 2 BGB geleistet hat: Dann geht die Forderung auf ihn über (§ 1607 Abs. 1 BGB). Ferner geht im Fall, dass ein Nicht-Unterhaltsverpflichteter geleistet hat, der Anspruch auf ihn über (§ 1607 Abs. 3 BGB). Als **Sperrvorschriften** sind zu diskutieren: § 1360b BGB und § 1613 BGB, die auf den Regress analog angewendet werden. Wie immer sind die Regressfälle im Examen besonders „beliebt".

**Fall 914**

Setzen wir die „Szenen einer Ehe" fort: Nachdem die miteinander verheirateten F. Rauchen (F) und M. Agger (M) sich getrennt hatten, war der M mit seiner Geliebten G untergetaucht. Das gemeinsame Kind K von M und F war bei der inzwischen wieder genesenen F geblieben, die auch den Unterhalt allein trug. Nach einem Jahr meldete sich der M, der währenddessen im Ausland gelebt und gut verdient hatte, und verlangte, K zu sehen. Die F verlangt Zahlung des von ihm im letzten Jahr zu entrichtenden Unterhaltsanteils (nach Roth).

Die F könnte gegen den M einen Anspruch a) aus § 426 Abs. 1 BGB bzw. aus §§ 426 Abs. 2, 1601 BGB haben. Dann müssten M und F Gesamtschuldner eines Unterhaltsanspruchs des K sein (§ 421 BGB). K hat gegen die F und gegen den M einen Unterhaltsanspruch aus § 1601, 1602, 1603 BGB. Beide sind sie aber nach § 1606 Abs. 3 S. 1 BGB Teilschuldner (§ 420 BGB). b) Der Anspruch könnte sich aber aus § 1607 Abs. 2 BGB ergeben. aa) Die Vorschrift wird auf gleichrangig Haftende (Eltern) analog angewendet. bb) Aber dem Regressanspruch könnte § 1360b BGB entgegenstehen, wo bestimmt ist, dass ein Ehegatte, der zum Unterhalt der Familie einen höheren Betrag leistet als ihm obliegt, im Zweifel nicht beabsichtigt, von dem anderen Ehegatten Ersatz zu verlangen. Die Vorschrift sperrt im Grundsatz den Regressanspruch aus § 1607 Abs. 2 S. 2 BGB. Hier bestehen aber Bedenken, ob die Zweifelsregelung eingreift: Die Eheleute leben getrennt. Außerdem handelte die F nicht freiwillig, sondern war nach § 1607 Abs. 1, 2 S. 1 BGB zur Mehrleistung verpflichtet. cc) Schließlich könnte § 1613 BGB den Regress sperren, der auf den Regressanspruch analog angewendet wird, weil Sinn und Zweck der Norm (Schutz vor unerwarteten Forderungen, auf die die Lebensplanung nicht eingerichtet ist) auch hier einschlägig ist. Hier aber sperrt § 1613 BGB nicht, weil der Unterhaltsgläubiger K wegen des Untertauchens des M an der Geltendmachung des Anspruchs gehindert war (§ 1613 Abs. 2 Nr. 2a BGB). c) Denkbar ist schließlich auch ein Anspruch aus §§ 677, 683, 670 BGB.

## III. Elterliche Sorge, Vormundschaft

Ein minderjähriges Kind (§ 2 BGB) steht unter **elterlicher Sorge** (§ 1626 Abs. 1 BGB). Grundsätzlich üben die Eltern sie gemeinsam aus (§§ 1626, 1626a Abs. 1, 1627, 1629 Abs. 1 S. 2 BGB). Nach § 1626a Abs. 2 BGB steht der Mutter das alleinige Sorgerecht zu, wenn die Eltern unverheiratet sind und § 1626a Abs. 1 Nr. 1, 2 BGB (gemeinsames Sorgerecht) nicht vorliegen. Stirbt ein Elternteil, so steht die elterliche Sorge dem anderen Teil zu (§ 1680 BGB). Ausgeübt werden muss die elterliche Sorge unter Berücksichtigung der wachsenden Fähigkeiten des Kindes und seines wachsenden Bedürfnisses zu selbstständigem verantwortungsbewusstem Handeln (§ 1626 Abs. 2 BGB). Beschränkt ist die Ausübung der elterlichen Sorge durch ihren Missbrauch, durch Vernachlässigung oder durch Gefährdung (§ 1666 BGB). Die eine Komponente der elterlichen Sorge ist die **Personensorge** (§§ 1631 ff. BGB): Erteilung des Vornamens, Beaufsichtigung, Erziehung, Aufenthaltsbestimmung (vor allem: § 1632 BGB), Berufswahl, Abschluss von Ausbildungsverträgen, Ermächtigung nach §§ 112, 113 BGB. Die andere Komponente der elterlichen Sorge ist die **Vermögenssorge** (§§ 1638–1649 BGB), deren Ziel es ist, das Kindesvermögen zu erhalten, zu verwerten und zu vermehren durch Maßnahmen der Inbesitznahme, der Veräußerung der Geldanlage, der Vertretung, der Prozessführung. Denn Sie wissen ja: Nach **§ 104 BGB** sind **geschäftsunfähig** mit der **Folge der Nichtigkeit** ihrer Willenserklärungen **(§ 105 Abs. 1 BGB)** die **unter 7 Jahre** alten Menschen (§ 104 Nr. 1 BGB). Ein **Geschäftsunfähiger** benötigt für wirksame Willenserklärungen **stets** einen **gesetzlichen Vertreter**. Was die **Vertretung** angeht, **a)** so vertreten beide Elternteile das Kind **gemeinsam** als Gesamtvertreter (§ 1629 Abs. 1 S. 2 BGB) oder **allein**, wenn der für das Kind handelnde Elternteil die elterliche Sorge allein ausübt oder das Familiengericht im Falle einer Nichteinigung ihm die Entscheidung im Einzelfall übertragen hat (§§ 1628 Abs. 1, 1629 Abs. 1 S. 3 BGB). **aa)** Nach § 1629 Abs. 2 BGB ist in bestimmten Konstellationen die **Vertretungsmacht** der **Eltern ausgeschlossen**, so dass ein Ergänzungspfleger bestellt werden muss (§ 1909 BGB), und zwar **aaa)** beim Selbstkontrahieren (§§ 1629 Abs. 2 S. 1, 1795 Abs. 2, 181 BGB, dies allerdings nicht bei lediglich rechtlich vorteilhaften Geschäften, wie Schenkungen der Eltern an die Kinder, **bbb)** bei Verwandtengeschäften (§§ 1629 Abs. 2 S. 1, 1795 Abs. 1 BGB), dies allerdings nicht bei lediglich rechtlich vorteilhaften Geschäften und **ccc)** bei Entziehung der elterlichen Sorge durch das Familiengericht (§§ 1629 Abs. 2 S. 3, 1796 BGB. **bb)** Beschränkt ist die Vertretungsmacht der Eltern durch einen (familiengerichtlichen) Genehmigungsvorbehalt bei bestimmten Risikogeschäften, wie z. B. bei Grundstücksgeschäften oder sonstigen „gefährlichen Geschäften" (§§ 1643, 1821, 1822 BGB). Machen Eltern bei der Ausübung der Personensorge oder Vermögenssorge Aufwendungen, so können sie dafür **Aufwendungsersatz** verlangen (§ 1648 BGB). Die Eltern haften „bei der Ausübung der elterlichen Sorge" nach § 1664 BGB, eine Norm, die leicht verkannt wird: Sie dient zum einen der **Haftungserleichterung** für die Eltern, weil sie nur für die eigenübliche Sorgfalt einzustehen haben (§ 277 BGB). Aber: zum anderen ist § 1664 BGB auch eine **Anspruchsgrundlage** zugunsten des Kindes, wenn die Eltern die eigenübliche Sorgfalt bei der Ausübung der elterlichen Sorge verletzen. Vor leichtsinnigen Eltern schützt § 1629a BGB das Kind: Die Norm erlaubt dem **später Volljährigen** die **Beschränkung** der **Haftung** auf sein bei Eintritt der Volljährigkeit vorhandenes Vermögen. **b)** Steht der Minderjährige nicht unter elterlicher Sorge, ist der gesetzliche Vertreter des nunmehr **„Mündel"** heißenden Minderjährigen der **Vormund** (§ 1793 BGB); auch für den Vormund gilt das Genehmigungserfordernis für riskante Geschäfte (§§ 1821, 1822 BGB – Sie wissen ja: die „Dr. Bartolo-Paragraphen").

Bei der Vormundschaft geht es letztlich nicht um Fragen des „Familienrechts“, sondern um die Regelung staatlicher Maßnahmen zur Fürsorge für minderjährige Personen, die ihre Angelegenheiten nicht selbst und nicht durch die Eltern erfüllen können. Ebenso ist das Institut der „Betreuung“, das sogleich vertieft angesprochen wird, ein Akt staatlicher Fürsorge, und zwar für volljährige Personen, die geistig, körperlich oder seelisch behindert sind. Wie Sie den vorstehenden Ausführungen entnommen haben, sind diese Fragen für Sie bei der Fallbearbeitung in erster Linie beim **Zustandekommen** von **Verträgen** zwischen geschäftsunfähigen bzw. beschränkt geschäftsfähigen Minderjährigen von Belang. Wenn Sie bei diesem Hinweis nicht das Thema der „Wirksamkeitshindernisse“ assoziiert hatten, kann Ihnen nur dazu geraten werden, auf der Stelle Teil 3 A III noch einmal zu lesen. Erinnert werden soll auch noch einmal daran, dass allgemein anerkannt ist, dass das Recht der **„elterlichen Sorge“** ein **„sonstiges Recht“** ist (arge. §§ 1626, 1632 BGB), das deliktisch relevant verletzt werden kann.

**Fall 915**

Die von ihrem Ehemann M. Agger (M) getrennt lebende Ehefrau F. Rauchen (F) hat für das gemeinsame minderjährige Kind Kitty (K) nach § 1671 BGB das alleinige Sorgerecht übertragen bekommen. Nach einem Besuchswochenende taucht M mit K ab. Der von F beauftragte Detektiv E. Mil (E) ermittelt den Aufenthalt. Die F will Ersatz der für E aufgewendeten Kosten (nach BGH).

Der Anspruch der F gegen M ergibt sich aus § 823 Abs. 1 BGB. a) Das Aufenthaltsbestimmungsrecht gehört zum Recht der F auf elterlichen Sorge: es ist ein „sonstiges Recht“ (arg. 1626, 1632 BGB) der M (§ 1671 BGB). Dieses Recht ist durch die Vorenthaltung des Kindes verletzt, b) und zwar durch das Verhalten des M. c) Bei Vorsatzdelikten gehen wir auf die Frage der Zurechnung nicht ein. d) Der M hat rechtswidrig und e) schuldhaft gehandelt. Der M ist zum Ersatz des auf der Verletzung beruhenden Schadens verpflichtet. Dazu gehören auch die Aufwendungen, die nötig waren, die Verletzung zu beheben.

## D. Betreuung, § 105a BGB

Kann ein Volljähriger auf Grund einer **psychischen Krankheit**, einer **körperlichen**, einer **geistigen** oder einer **seelischen Behinderung** seine **Angelegenheiten** ganz oder teilweise **nicht besorgen**, wird ihm **auf Antrag** oder **von Amts wegen** vom Vormundschaftsgericht ein **Betreuer** bestellt (§ 1896 Abs. 1 BGB). Der Betreuer darf nur für bestimmte **„Aufgabenkreise“** bestellt werden (§ 1896 Abs. 2 BGB). Auf den ersten Blick scheint sich das Institut der Betreuung in rein sozialer Fürsorge zu erschöpfen. Auch der Begriff „Betreuer“ geht in diese Richtung. Aber der Betreuer muss, wenn die Tätigkeit effektiv sein soll, auch rechtlich in den Stand versetzt werden, Geschäfte für den Betreuten vornehmen zu können. Daher bestimmt das Gesetz, dass der **Betreuer** innerhalb seines Aufgabenkreises **den Betreuten** gerichtlich und außergerichtlich **vertritt** (§ 1902 BGB). Damit **verdoppeln**

**sich** mit einem Schlag die **Handlungsmöglichkeiten** des **Betreuten**: Der Betreute kann weiterhin **selbst** rechtlich erheblich handeln, und er wird zugleich **durch** den **Betreuer** vertreten. Kollisionen sind programmiert. Von besonderer **Bedeutung** ist die Vertretungsbefugnis des Betreuers namentlich dann, wenn der Betreute sich **aufgrund** einer **psychischen Krankheit** in einem die **freie Willensbildung ausschließenden Zustand befindet (§ 104 Nr. 2 BGB)** und von ihm abgegebene Willenserklärungen deshalb nichtig wären (§ 105 Abs. 1 BGB). In derartigen Fällen ist die gesetzliche Vertretung durch den Betreuer unerlässlich, soll der Betreute nicht in rechtlicher Hinsicht vollkommen handlungsunfähig sein. Das darf aber wiederum nicht dahingehend missverstanden werden, dass bei geistig Kranken die Bestellung eines Betreuers zur Geschäftsunfähigkeit des Betreuten führt! Die Betreuung ist also auch dann **keine „Entmündigung"** des Betreuten. Denn ob Geschäftsunfähigkeit besteht, beurteilt sich auch bei einer bestehenden Betreuung eines geistig Kranken weiterhin allein nach § 104 Nr. 2 BGB, so dass sich speziell bei „lucida intervalla" („lichten Momenten") des Geisteskranken, auch insoweit die **Handlungsmöglichkeiten** des sich ansonsten in einem die freie Willensbildung ausschließenden Zustand befindenden Betreuten **verdoppeln** können: Der Betreute ist bei einem solchen „lucidum intervallum" geschäftsfähig und kann **selbst** wirksam handeln; und er kann zugleich **vom Betreuer vertreten** werden. Das ist allerdings anders, wenn das Vormundschaftsgericht zur Abwendung einer erheblichen Gefahr für die Person oder das Vermögen des Betreuten angeordnet hat, dass der Betreute zu einer Willenserklärung, die den Aufgabenkreis des Betreuers betrifft, stets dessen Einwilligung bedarf (§ 1903 BGB). Dieser **„Einwilligungsvorbehalt"** führt faktisch zu einer auf den Aufgabenkreis begrenzten Entmündigung des Betreuten. In diesem Zusammenhang soll in Erinnerung gerufen werden, dass der Gesetzgeber bei den Geschäften des täglichen Lebens zur Verbesserung der sozialen Integration erwachsener geistig Behinderter durch **§ 105a BGB** bestimmt hat, dass – vorbehaltlich einer „erheblichen Gefahr für die Person oder das Vermögen des Geschäftsunfähigen" – immer dann, wenn „ein volljähriger Geschäftsunfähiger ein Geschäft des täglichen Lebens, das mit geringwertigen Mitteln bewirkt werden kann, (tätigt), … der von ihm geschlossene Vertrag in Ansehung von Leistung und … Gegenleistung als wirksam (gilt), soweit Leistung und Gegenleistung bewirkt sind". Dies bedeutet, dass **zwar** einerseits der von dem Geschäftsunfähigen geschlossene **Vertrag nichtig** ist, dass **aber** andererseits der Vertrag **partiell** (in Ansehung von Leistung und Gegenleistung) als **wirksam gilt** (Fiktion = „gesetzliche Lüge"), soweit Leistung und Gegenleistung bewirkt sind. Damit ist ausgeschlossen, dass die bewirkten Leistungen zurückgefordert werden können, und zwar weder aus § 812 BGB noch aus § 985 BGB.

# Teil 12. Der Übergang des Vermögens als Ganzes von Todes wegen

Es gibt, sieht man einmal z. B. von den **§§ 2018, 2130, 2174, 2287 BGB** ab, nur wenige prüfungsrelevante **„erbrechtliche Spezialansprüche"**, die nach der eingangs dieses Buches aufgestellten Aufbauregel bei Konkurrenzen vorab zu prüfen wären, eine Regel, die wir zunächst aus darstellungstaktischen Gründen bewusst ignoriert hatten. Aber unterschätzen Sie das Erbrecht um keinen Preis: Das Erbrecht kann nämlich in den verschiedensten Zusammenhängen bei der **Bearbeitung** von **Fällen**, also nicht nur bei der Prüfung „erbrechtlicher Ansprüche", **von Bedeutung** sein. Das gilt zum Beispiel für die Frage, **wer Erbe** einer Person geworden ist oder **wer nicht** deren **Erbe** geworden ist. Sie wissen ja: Infolge einer **„Gesamtrechtsnachfolge"** tritt/treten eine/mehrere Person/en (Erbe/n) hinsichtlich aller Rechte und Pflichten in die gesamte Rechtsstellung einer anderen Person (Erblasser) ein (§ 1922 BGB),

- und bezogen auf die Fallbearbeitung kann dies zur Folge haben, dass ein Anspruch nicht mehr dem ursprünglichen Gläubiger (dem Erblasser), sondern nunmehr anderen Personen (dem Erben/den Erben) zusteht oder dass er sich nunmehr nicht mehr gegen den eigentlichen Schuldner (den Erblasser), sondern gegen den/die Erben richtet; die Frage, **wem** ein **Anspruch zusteht**, und **gegen wen** er sich **richtet**, kann also davon abhängen, wer Erbe geworden ist.
- Das Erbrecht kann auch für die Beantwortung von Vorfragen bei der **Anspruchsprüfung** von Bedeutung sein, so z. B. für die Frage, durch Erklärung wem gegenüber das Angebot eines Verstorbenen angenommen worden sein muss, damit ein **Vertrag zustande gekommen** sein kann.
- Auch kann die **Erfüllungswirkung** einer Leistung davon abhängen, wer Erbe und damit Gläubiger geworden ist, oder die Erfüllungswirkung von **Leistungen an** einen **„Scheinerben"** (lesen Sie doch schnell noch einmal die §§ 2365 ff. BGB, von denen früher schon die Rede war).

Aber nicht nur die Frage, wer als Erbe der „Gesamtrechtsnachfolger" des Erblassers geworden ist, kann für die Fallbearbeitung von Bedeutung sein; vielmehr gibt es auch bedeutsame **„Fernwirkungen"** des **Erbrechts**,


J. Plate, *Das gesamte examensrelevante Zivilrecht*, Springer-Lehrbuch,
DOI 10.1007/978-3-662-47320-7_12

- z. B. auf das **Schuldrecht**: Vielleicht erinnern Sie sich noch an die Problematik der „Schenkung von Todes wegen" und des „Vertrages zugunsten eines Dritten auf den Todesfall";
- und z. B. auf die **„dinglichen Geschäfte"**: Dass es für die **Wirksamkeit** von **Verfügungen** maßgeblich sein kann, wer Gläubiger einer durch Abtretung übertragenen Forderung ist oder wer Eigentümer einer übereigneten Sache ist, ist selbstverständlich. Umgekehrt gibt es im Erbrecht auch Regelungen zur Beurteilung der Wirksamkeit von **Verfügungen** von **„Scheinerben"** (lesen Sie noch einmal die §§ 2365 ff. BGB: eine wahre „Wundertüte" für Klausuren!). Es gibt auch sachenrechtlich relevante **Verfügungsbeschränkungen** (§§ 2112 ff. BGB).

Ähnlich wie beim Familienrecht (Teil 11) folgt eine **verkürzte Zusammenfassung** derjenigen erbrechtlichen Fragen, die im Rahmen einer Bearbeitung von Fallaufgaben von Bedeutung werden können. Gerechtfertigt durch das begrenzte Ziel des Buches, Ihnen, orientiert an den Regeln der Fallbearbeitung, das nötige Wissen zu vermitteln, ist der Aufbau der Darstellung des Erbrechts in diesem Buch daher durchaus „unorthodox": Unter der Überschrift „Der Erbe als Gesamtrechtsnachfolger" **(sub A)** erfahren Sie zunächst, wer Erbe wird und auf welche Weise es dazu kommt, dass man Erbe wird. Eine weit verbreitete laienhafte Vorstellung geht dahin, dass bestimmte, dem Erblasser besonders nahestehende Personen (Ehegatte, Abkömmlinge) von Gesetzes wegen automatisch „Erben" würden; das ist jedoch unzutreffend: diese Personen werden nicht „automatisch" Gesamtrechtsnachfolger, sondern der Gesetzgeber hat ihnen aus moralischen und sozialen Gründen einen „Pflichtteilsanspruch" gegen den/die Erben zuerkannt **(sub B)**. Von besonderem „dogmatischen „Reiz" und zugleich eine „Fundgrube" für Aufgabenstellungen in der juristischen Ausbildung sind die Ihnen ja schon ein wenig bekannten Konstellationen der Schenkung von Todes wegen **(sub C)** und des Vertrags zugunsten Dritter auf den Todesfall **(sub D)**.

## A. Der Erbe als Gesamtrechtsnachfolger

Der **Ausgangspunkt** einer jeden erbrechtlichen Darstellung ist **§ 1922 BGB**, aus dem sich das Prinzip der Gesamtrechtsnachfolge ergibt: „Mit dem Tode einer Person (Erbfall) geht deren Vermögen (Erbschaft) als Ganzes auf eine oder mehrere andere Personen (Erben) über". Klären wir erst einmal die Begriffe:

Der **„Erbfall"** setzt den Tod einer Person **(Erblasser)** voraus. Erblasser kann hiernach nur eine **natürliche Person** sein.

Haben Sie sich eigentlich schon einmal Gedanken darüber gemacht, ob auch eine **juristische Person** oder eine **Gesellschaft** „sterben" kann, und dies vielleicht sogar mit der Folge einer solchen „Gesamtrechtsnachfolge", wie sie in den §§ 1922 BGB geregelt ist?

In Teil 2 haben Sie dazu alles Wissenswerte gelesen. Erneut vertiefen können wir diese für die Rechtspraxis bedeutsame Frage aus dem Gesellschaftsrecht hier nicht. Soviel sei jedenfalls in Erinnerung gerufen: Einen biologischen Tod gibt es natürlich nicht, wohl aber eine Art „juristischen Tod", der auf den unterschiedlichsten „Todesursachen" (z. B. einer Insolvenz der juristischen Person oder der Gesellschaft!) beruhen kann. Weil juristische Personen oder Personalgesellschaften nicht „sterben" können, werden sie „aufgelöst" (z. B. §§ 41 ff. BGB, §§ 726 ff. BGB). Weil sie daher auch keine „Erben" haben, soll ihr Vermögen bestimmten Personen „anfallen" (z. B. § 45 BGB) bzw. unter mehreren Personen „auseinandergesetzt" werden (z. B. § 730 ff. BGB).

Zurück zum Erbrecht der §§ 1922 ff. BGB:

Die **„Erbschaft"** bzw. der **„Nachlass"** besteht aus dem **Aktiv-** und **Passivvermögen** des Erblassers.

Zum **Aktivvermögen** zählen das **Eigentum**, **Rechte** (z. B. eine Forderung, ein Patentrecht), der **Besitz** (§ 857 BGB), eine bloße **Grundbuchposition** (der zu Unrecht im Grundbuch Eingetragene), die **Bindung an** ein **Vertragsangebot** (§§ 130 Abs. 2, 153 BGB). **Nicht** dazu gehört der Nießbrauch (§ 1061 S. 1 BGB: er „erlischt mit dem Tode des Nießbrauchers"), eine Vereinsmitgliedschaft (§ 38 S. 1 BGB), das Allgemeine Persönlichkeitsrecht (zugunsten von Verwandten und nahen Angehörigen bestehen jedoch Ansprüche aus § 1004 BGB analog auf Unterlassung und Beseitigung von rechtswidrigen Eingriffen in das Allgemeine Persönlichkeitsrecht über den Tod hinaus). Eine solche begriffliche Zergliederung des Aktivvermögens in einzelne vererbliche bzw. einzelne nicht vererbliche Bestandteile darf Sie aber nicht irre machen: Einzelne Vermögensgegenstände können nicht vererbt werden, sondern immer nur das Vermögen insgesamt oder nur Bruchteile des Vermögens!

Das **Passivvermögen** besteht in den Verbindlichkeiten des Erblassers.

Als **„Erbe"** kommt in Betracht, wer **erbfähig** ist. Erbfähig ist, wer rechtsfähig ist. Die Erbfähigkeit einer natürlichen Person setzt voraus, dass sie zur Zeit des Erbfalls lebt (§ 1923 Abs. 1 BGB). Die Erbfähigkeit der Leibesfrucht („nasciturus") wird fingiert (§ 1923 Abs. 2 BGB); für die Stiftung gilt ähnliches (§ 84 BGB). Hinsichtlich der – ja ebenfalls erbfähigen – juristischen Personen (Verein, AG, GmbH etc.) gibt es diese Besonderheit nicht. Erbfähig sind auch die rechtsfähigen Personengesellschaften (oHG, KG, GbR) und der nicht rechtsfähige Verein. Bei einer Mehrheit von Erben besteht eine Erbengemeinschaft (§§ 2032 ff. BGB).

Erbe kann man werden aufgrund **letztwilliger Verfügungen** oder aufgrund **gesetzlicher Erbfolge**.

Im Zentrum unserer Überlegungen steht – wie gesagt – die Stellung des Erben als Gesamtrechtsnachfolger des Erblassers. Wir verraten mittlerweile kein Geheimnis mehr: Erbe wird man durch letztwillige Verfügung **(sub I)** oder als gesetzlicher Erbe **(sub II)**. Damit befassen wir uns zuerst. Dann geht es um die Mehrheit von Erben („Erbengemeinschaft") **(sub III)**, den Anfall der Erbschaft **(sub IV)**. Zur praktischen Verwirklichung der Erbschaft benötigt man einen Erbschein **(sub V)**. Danach können wir die Frage nach der rechtlichen Bedeutung der Gesamtrechtsnachfolge stellen **(sub VI)**. Die Erörterung der Haftung für Nachlassverbindlichkeiten **(sub VII)** schließt sich an.

## I. Erbeinsetzung und andere Anordnungen durch letztwillige Verfügung (Testament und Erbvertrag)

Der Erblasser kann **durch Testament** (§§ 1937, 1938, 1939, 1940 BGB) den oder die **Erben bestimmen**, aber nicht nur das: er kann auch **enterben,** ein **Vermächtnis** zuwenden oder eine **Auflage** und **viele andere Anordnungen** mehr treffen.

Der Erblasser kann **auch durch** einen **Erbvertrag** den oder die **Erben einsetzen** sowie **Vermächtnisse** und **Auflagen** anordnen (§ 1941 BGB). Darüber hinaus können in einem Erbvertrag einseitig **alle Verfügungen** getroffen werden, die auch **durch Testament** angeordnet werden können **(§ 2299 Abs. 1 BGB).**

Es ist selbstverständlich, dass Sie nicht nur über die Erbeinsetzung, sondern auch über die anderen in Testamenten und Erbverträgen möglichen Anordnungen unterrichtet sein müssen. Aus Gründen der Sachnähe und auch aus praktischen Erwägungen der Verdichtung der Darstellung werden wir daher die Gelegenheit nutzen, auch diese anderen durch letztwillige Verfügungen möglichen Anordnungen hier, wo es eigentlich um die Erbeinsetzung geht, zu erörtern: Daher lautet auch die folgende Überschrift: „Erbeinsetzung **und** andere Anordnungen durch Testament"; und so wird es dann entsprechend auch beim Erbvertrag heißen.

### 1. Erbeinsetzung und andere Anordnungen durch Testament

Soeben haben Sie es gelesen: Der Erblasser kann **durch Testament** (§§ 1937, 1938, 1939, 1940 BGB) den/die **Erben bestimmen**, er kann **enterben**, ein **Vermächtnis** zuwenden oder eine **Auflage** anordnen und **viele** andere **Anordnungen** mehr treffen.

#### a) Testament: Wirksamkeitsvoraussetzungen

Dass das Testament ein **einseitiges Rechtsgeschäft** ist, folgt aus § 1937 BGB; aus der Tatsache, dass es erst mit dem Tod des Erblassers wirksam wird, folgt weiter, dass es **nicht empfangsbedürftig** i. S. d. § 130 BGB ist.

Der Erblasser muss **testierfähig** sein. Dazu muss er das 16. Lebensjahr vollendet haben (§ 2229 Abs. 1 BGB), und es darf keiner der Ausschlusstatbestände des § 2229 Abs. 4 BGB vorliegen, was der Fall wäre, wenn der Erblasser wegen Geisteskrankheit, Geistesschwäche oder Bewusstseinsstörung die Bedeutung der Willenserklärung nicht einsehen und nicht danach handeln kann. Ein hiernach testierfähiger und das 16. Lebensjahr vollendet habender Minderjähriger bedarf keiner Zustimmung des gesetzlichen Vertreters (§ 2229 Abs. 2 BGB). Er kann aber nur ein Testament in solchen Formgestaltungen errichten, bei denen eine Beratung durch einen Notar gewährleistet ist, also durch Erklärung gegenüber dem Notar oder durch Übergabe einer offenen Schrift an diesen (§§ 2233 Abs. 1, 2232 BGB). Die Übergabe einer geschlossenen Schrift an den Notar bzw. ein eigenhändiges Testament sind daher nicht möglich (§§ 2233 Abs. 1, 2247 Abs. 4 BGB).

Um eine Abgrenzung zu bloßen Testamentsentwürfen und zu Scherzerklärungen möglich zu machen, ist anerkannt, dass Voraussetzung für ein Testament ist, dass der Erblasser den Willen hat, durch rechtsgeschäftliche Willenserklärung eine Regelung zu treffen, die mit dem Tode wirksam werden soll. Bei einer formgerechten Erklärung ist in der Regel vom Vorliegen eines solchen **Testierwillens** auszugehen (§ 133 BGB).

Das Testament muss **persönlich errichtet** werden (§ 2064 BGB); daher ist eine Stellvertretung nicht möglich. Unwirksam ist das Testament auch, wenn der Erblasser im (persönlich errichteten) Testament bestimmt hat, dass ein Dritter über dessen Geltung entscheiden solle (§ 2065 Abs. 1 BGB). Auch darf die Person des Erben nicht durch einen Dritten bestimmt werden (§ 2065 Abs. 2 BGB), wohl aber den Erben aus einem im Testament eng begrenzen Personenkreis nach im Testament sachlich festgelegten Kriterien „bezeichnen".

Ein Testament muss, um wirksam zu sein, einer bestimmten **Form** genügen. Es ist nichtig, wenn es formwidrig ist (§ 125 S. 1 BGB). Das strenge Korsett der Formvorschriften der §§ 2232, 2233 BGB bei testierfähigen Personen, die weder schreiben noch sprechen können (z. B. bei einer Behinderung infolge eines Schlaganfalls) wurde, um einen Verstoß gegen Art. 3 Abs. 1, 3 S. 2 und Art. 14 Abs. 1 GG zu vermeiden um eine Sonderbestimmung in § 2233 Abs. 2 BGB ergänzt, so dass eine Testamentserrichtung in diesen Fällen auch durch formlose Willensäußerungen möglich ist.

Von dieser Ausnahme abgesehen muss die Errichtung eines Testaments

- in **ordentlicher Form** erfolgen (§ 2231 BGB), also entweder durch **eigenhändiges Testament** (dazu muss es nach § 2247 Abs. 1 BGB eigenhändig geschrieben und unterschrieben worden sein, während es nach §§ 2247, 2267 BGB bei einem gemeinschaftlichen Testament ausreicht, wenn ein Ehegatte das Testament errichtet und der andere Ehegatte es nur mit unterzeichnet), und es soll Angaben über Ort und Zeit enthalten (§ 2247 Abs. 2, 5 BGB) **oder** durch ein **öffentliches Testament** im Wege einer mündlichen Erklärung oder durch Übergabe einer Schrift zur Niederschrift eines Notars (§ 2232 BGB, §§ 27 ff. BeurkG), wobei beim öffentlichen gemeinschaftlichen Testament die Form insoweit erleichtert ist, als es ausreicht, wenn der eine Ehegatte mündlich und der andere Ehegatte durch Übergabe einer offenen Schrift testiert oder wenn nur ein Ehegatte zur Niederschrift des Notars verfügt, während der andere vor einem anderen Notar erklärt, das Testament solle auch sein eigenes sein (§ 2232 BGB). Was ist der Vorzug eines öffentlichen Testaments, das ja Kosten macht? Die Risiken der Verfälschung, Unterdrückung oder Unauffindbarkeit bestehen nicht und bei mündlicher Erklärung oder Übergabe einer offenen Schrift zur Niederschrift an den Notar gibt es eine Beratung so dass die Gültigkeit und eindeutige Formulierung des Testaments gewährleistet ist (§ 17 BeurkG). Wie bereits gesagt: Der testierfähige Minderjährige kann überhaupt nur durch mündliche Erklärung oder durch Übergabe einer offenen (!) Schrift, also öffentlich, letztwillig verfügen (§ 2233 Abs. 1 BGB).

- Ferner gibt es noch die sog. **Nottestamente** (§ 2249 BGB: Nottestament vor dem Bürgermeister; § 2250 BGB: Nottestament vor drei Zeugen in besonderen Fällen; § 2251 BGB: Seetestament).

**b) Widerruflichkeit des Testaments**

Aus der **„Testierfreiheit"** folgt auch, dass der testierfähige (§ 2229 BGB) Erblasser ein Testament oder einzelne Verfügungen jederzeit in bestimmter Weise widerrufen kann (§ 2253 BGB), und zwar „durch Testament" (§ 2254 BGB) oder durch tatsächliche Handlungen (§§ 2255 f., 2258 ff. BGB), nämlich im Einzelnen:

- durch **Errichtung** eines **Widerrufstestaments**, unabhängig davon, ob das alte Testament eigenhändig oder notariell errichtet worden war (§ 2254 BGB), ohne dass das Widerrufstestament sonstige Verfügungen enthalten muss („reines Widerrufstestament");
- durch Errichtung eines **neuen Testaments** mit **widersprechenden Anordnungen**, für das kein „Widerrufswille" erforderlich ist (§ 2258 BGB), so dass auch ein längst vergessenes älteres Testament widerrufen ist. Soweit die Testamente sich nicht widersprechen, sind sie beide wirksam; wenn zum *Beispiel* der Erblasser T. Estator (T) im Jahre 1980 die E1 als Alleinerbin eingesetzt hat; im Jahre 2010 den E2 als Erben zu 2/3 bestimmt, so kann das Ergebnis sein, dass beide Miterben werden, die E1 aufgrund des teilweise widerrufenen Testaments aus dem Jahre 1980 zu 1/3, und der E2 aufgrund des Testaments von 2010 zu 2/3; wenn aber die Auslegung ergibt, dass nur noch das letzte Testament die Erbfolge regeln soll, dann ist der E2 Erbe zu 2/3, und ansonsten gilt die gesetzliche Erbfolge (§ 2088 Abs. 1 BGB);
- oder durch **Vernichtung** oder **Veränderungen** eines **bisherigen Testaments**, wofür ein „Widerrufswille" erforderlich ist, der allerdings im Falle einer Vernichtung oder Veränderung vermutet wird (§ 2255 BGB); ein Widerruf einer solchen Widerrufshandlung ist nicht möglich, wohl aber eine Anfechtung nach § 2078 BGB analog;
- und schließlich ist ein Widerruf möglich durch **Rücknahme aus der amtlichen Verwahrung** bei Testamenten, die gem. § 2232 BGB vor dem Notar oder gem. § 2249 BGB vor dem Bürgermeister errichtet wurden und sich in besonderer amtlicher Verwahrung gem. § 2258a BGB befinden (§ 2256 BGB); dagegen hat die Rückgabe eines eigenhändigen Testaments aus der Verwahrung (§ 2248 BGB) gem. § 2256 Abs. 3 BGB keine Aufhebungswirkung.
- Der **Widerruf des Widerrufs** hat im Zweifel die Folge, dass die widerrufene Verfügung wirksam ist, wie wenn sie nicht widerrufen worden wäre (§ 2257 BGB). Wenn also zum *Beispiel* der T das Testament aus dem Jahre 2010 zerrissen hätte (§ 2255 BGB), wäre die E1 Alleinerbe.

Niemand kann sich also seiner Stellung als Erbe sicher sein. Dass daher ein bevorstehender und angekündigter Widerruf eines Testaments ein Motiv für ein Verbrechen sein kann, ist nicht nur Stoff für Kriminalromane, sondern gilt wohl auch für die Wirklichkeit, wie die „Dunkelfeldforschung" der Kriminologie und Erkenntnisse der Gerichtsmedizin im Zusammenhang mit Todesfällen alter Menschen, bei denen „nachgeholfen“ wurde, es nahelegen. Gesichert ist ein zukünftiges Erbrecht nur beim Bestehen eines Erbvertrages (§§ 2274 ff. BGB) und bei wechselbezüglichen Verfügungen in einem gemeinschaftlichen Testament nach § 2271 Abs. 1 S. 2 BGB.

Also: Das Testament ist ein einseitiges, nicht empfangsbedürftiges, eine Testierfähigkeit voraussetzendes, von einem Testierwillen getragenes, höchstpersönliches und formbedürftiges Rechtsgeschäft (sub a)), das jederzeit frei widerruflich ist (sub b)).

**Fall 916**

Dem jungen armen S. L. Leicher (S) ist es gelungen, die ältere reiche E. R. B Leicher (E) zu ehelichen. Wie erhofft setzt sie ihn in einem formwirksamen eigenhändigen Testament zum alleinigen Erben ein (T 1). Als die E erfährt, dass ihr Ehemann S ein Verhältnis mit dem Dienstmädchen D. Ora (D) begonnen hat, errichtet sie ein formwirksames eigenhändiges Testament und setzt ihren Sohn F. I. Lius (F) zum alleinigen Erben ein (T 2). Als der S davon erfährt, überzeugt er die E davon, das Verhältnis mit D abgebrochen zu haben. Es gelingt ihm auch, die E davon zu überzeugen, der D zu verzeihen und ihr nicht zu kündigen. Daraufhin wirft die E das zweite Testament (T 2) in die Mülltonne. Als sie dann aber feststellt, dass S sein Verhältnis mit D fortsetzt, rettet sie das zweite Testament (T 2) aus dem Mülleimer. Weil es vom Küchenmüll verunziert ist, schreibt sie es noch einmal eigenhändig ab und unterschreibt es auch (T 3). Die beiden Urkunden T2 und T3 verwahrt sie in einem Umschlag. Nach dem Tod der E nimmt der S unter Berufung auf das erste Testament (T1) den Nachlass in Besitz. Der F, der inzwischen mit der D verlobt ist und von ihr, die Augen und Ohren offen gehalten hat und die, wie man sieht, die Klügste von allen ist, alles erfahren hat, verlangt von S Herausgabe des gesamten Nachlasses (nach Roth).

Der Anspruch des F gegen S könnte sich aus § 2018 BGB ergeben. a) F müsste Erbe sein. aa) Zwar hatte die E durch das erste Testament (T 1) den S zum Erben eingesetzt. bb) Durch T2 und T3 könnnte jedoch der F zum Erben bestimmt worden sein. aaa) Durch T2 hat die E den F zum Erben eingesetzt. Darin liegt zugleich der Widerruf von T1 (§§ 2253, 2254, 2258 BGB). Somit wäre der F Erbe geworden. bbb) Das Testament T2 dürfte aber seinerseits nicht widerrufen worden sein. Denn das hätte zur Folge, dass das Testament T1 wirksam geblieben wäre (§ 2257 BGB). Der Widerruf von T2 könnte nach § 2255 BGB erfolgt sein, wenn im Wegwerfen ein Vernichten oder die Vornahme von Veränderungen zu sehen wäre, durch die der Wille, eine schriftliche Willenserklärung aufzuheben, ausgedrückt zu werden pflegt. Das Werfen in die Mülltonne ist dergleichen. Danach wäre das Testament T2 widerrufen worden und T1 hätte Gültigkeit. So dass nicht der F, sondern der S Erbe wäre. ccc) Die Frage ist aber, ob dieser Widerruf wiederum dadurch widerrufen worden ist, dass die E das

Testament T2 aus der Mülltonne hervorgeholt hat. Aber: Bei einem Widerruf nach § 2255 BGB handelt es sich um eine rein tatsächliche Handlung, die nicht ihrerseits widerrufen werden kann. Das Hervorholen des Testaments T2 aus der Mülltonne ändert also nichts an einer möglichen Erbenstellung des S. ddd) Der im Wegwerfen des Testaments T2 liegende Widerruf dieses Testaments könnte aber nach § 2078 Abs. 2 BGB analog wegen eines zur Anfechtung berechtigenden Motivirrtums der E (sie hatte irrig angenommen, das Verhältnis des S mit D sei beendet) entfallen sein. Eine Anfechtungserklärung gegenüber dem Nachlassgericht (§ 2081 BGB) liegt jedoch nicht vor. Damit wäre der S alleiniger Erbe der E. ccc) Der F ist jedoch durch das Testament T3 Erbe geworden. Der (als einziges fragliche) Testierwille der E ist gegeben. Denn die E wollte ihren letzten Willen zur Geltung bringen und nicht nur eine „Leseabschrift" fertigen. Damit ist T1 widerrufen und F alleiniger Erbe der E. b) Der S ist Erbschaftsbesitzer. Er hat sich ein Erbrecht angemaßt und etwas, hier den gesamten Nachlass, in Besitz genommen.

### c) Inhalt des Testaments

Bekannt ist mittlerweile allen, dass durch Testamente Erbeinsetzungen erfolgen können. Das ist ja auch unser Zentralthema. Dass aber auch andere letztwillige Verfügungen möglich sind, war bislang bestimmt nicht allen bekannt. Aus dem vom Gesetzgeber aufgestellten Katalog von Möglichkeiten werden die hier in Betracht kommenden übrigen Anordnungen vorgestellt.

#### aa) Einsetzung als Erbe/Enterbung

##### (1) Erbeinsetzung, Ersatzerbeneinsetzung

Für Sie am **wichtigsten** ist die durch Testament mögliche **Erbeinsetzung**. Nach § 1937 BGB kann der Erblasser eine oder mehrere Personen als Erben einsetzen, die dann Gesamtrechtsnachfolger des Erblassers werden (§ 1922 BGB). Mehrere Erben bilden eine Erbengemeinschaft (§ 1932 BGB). Wenn bei der Einsetzung mehrerer Erben keine Bruchteile angegeben werden, so erfolgt die Erbeinsetzung im Zweifel zu gleichen Anteilen (§ 2091 BGB).

Um es noch einmal ganz klar zu sagen: Die Erbeinsetzung bedeutet die Anordnung der Gesamtrechtsnachfolge. Einzelne Vermögensgegenstände können nicht vererbt werden, sondern immer nur das Vermögen insgesamt oder Bruchteile des Vermögens. Wenn dem Bedachten durch eine letztwillige Verfügung einzelne Gegenstände zugewandt worden sind („Mein Butler B soll meinen Rolls Royce erben"), so ist (auch bei seiner Bezeichnung als „Erbe") im Zweifel gem. § 2087 Abs. 2 BGB nicht anzunehmen, dass er Erbe sein soll; vielmehr wird es sich dann um ein Vermächtnis (dazu gleich mehr) handeln.

Für den Fall, dass ein Erbe z. B. durch Vorversterben vor oder (rückwirkend) nach dem Erbfall z. B. durch Erbverzicht (§ 2346 BGB), Ausschlagung (§ 1953 Abs. 1 BGB) oder Anfechtung (§§ 2078 ff. BGB) wegfällt, kann der Erblasser einen **Ersatzerben** bestimmen. Dieser tritt dann an die Stelle des Weggefallenen (§ 2096 BGB). Dass im Fall des Nachversterbens des Erben nicht der Ersatzerbe zum Erben wird, versteht man leicht; nach § 1922 BGB rücken die Erben des (nachverstorbenen) Erben in dessen Rechtsstellung ein. Wenn ein Erbe als Nacherbe eingesetzt wird (dazu sogleich mehr), ist er im Zweifel Ersatzerbe (§ 2102 Abs. 1 BGB).

(2) Vor- und Nacherbschaft

Ein Erbe kann auch nur als **Vorerbe** eingesetzt werden Dann wird er nur für einen bestimmten Zeitraum (bis zum Eintritt des Nacherbfalles) Erbe; danach fällt die Erbschaft dem Nacherben an (§ 2139 BGB), und der Vorerbe hat dann die Erbschaft an den Nacherben herauszugeben (§ 2130 Abs. 1 BGB), und zwar einschließlich der Surrogate (§ 2111 Abs. 1 BGB). Dadurch kann man erreichen, dass die Erbschaft im Wesentlichen im Nacherbfall dem Nacherben erhalten bleibt. In zeitlicher Hinsicht ist die Einsetzung eines Nacherben auf 30 Jahre (=eine Generation) beschränkt (§ 2109 BGB).

Der **Nacherbfall** kann z. B. mit dem Tod oder mit der Wiederverheiratung des Vorerben (i. d. R des überlebenden Ehegatten) eintreten. Man kann als Nacherbfall auch einen bestimmten Zeitpunkt festlegen.

Zwar wird der **Vorerbe** Inhaber des Nachlasses. Aber zum Schutze des Nacherben vor lebzeitigen Verfügungen des Vorerben über die Erbschaft

- hat das Gesetz ein **Surrogationsprinzip** aufgestellt (§ 2111 BGB): Was mit Mitteln der Erbschaft gekauft wurde, fällt in die Erbschaft.
- Ferner werden mit dem Nacherbfall **Verfügungen** des **Vorerben** über z.B. **Grundstücke** relativ unwirksam (§ 2113 BGB), so dass bei einer Übereignung eines zum Nachlass gehörenden Grundstücks an einen Dritten dieser zwar Eigentümer gegenüber jedermann wird, für den Nacherben aber der Vorerbe der Eigentümer bleibt; beim Nacherbfall wird der Nacherbe daher automatisch Eigentümer (§ 2113 Abs. 1 BGB), es sei denn der Dritte war in Bezug auf die Verfügungsbeschränkung gutgläubig (§§ 2113 Abs. 3, 892 BGB). Diese Möglichkeit wird in der Praxis jedoch dadurch vereitelt, dass im Grundbuch der Vor- und Nacherbschaftsvermerk eingetragen wird. Von dieser Verfügungsbeschränkung kann der Vorerbe jedoch befreit werden („befreiter Vorerbe“, § 2136 BGB)
- Das gleiche gilt für **unentgeltliche Verfügungen** des Vorerben (§ 2113 Abs. 2 BGB) über alle Erbschaftsgegenstände – nur dass insofern eine Befreiung nicht möglich ist (vgl. § 2136 BGB).

Der Nacherbe wird aber nicht nur durch Verfügungsbeschränkungen geschützt. Der Vorerbe hat nämlich beim Eintritt des Nacherbfalls die Erbschaft an den Nacherben nicht nur herauszugeben, sondern schuldet eine Herausgabe in dem Zustand, der sich bei **ordnungsgemäßer Verwaltung** ergibt (§ 2130 Abs. 1 S. 1 BGB). Verletzt der Vorerbe diese Pflicht, ist er dem Nacherben schadensersatzpflichtig. Letztlich stehen dem Vorerben also nur die Nutzungen zu. Die Substanz muss unversehrt bleiben. Zum *Beispiel* darf der Vorerbe ein zum Nachlass gehöriges Zinshaus vermieten und die Mieteinnahmen für sich behalten – mehr aber auch nicht.

Das ist für den Vorerben sehr hart. Und daher kann der Erblasser – und wird es i. d. R tun – den Vorerben als **„befreiten Vorerben"** einsetzen (§ 2136 BGB). Nicht befreit werden kann er allerdings von der Verfügungsbeschränkung bei unentgeltlichen Verfügungen (§ 2113 Abs. 2 BGB, den Sie bitte gründlich lesen mögen!).

Mit dem **Nacherbfall** hört der Vorerbe auf, Erbe zu sein, und die Erbschaft fällt dem Nacherben an (§ 2139 BGB). Der **Nacherbe** ist daher **Rechtsnachfolger des Erblassers** und nicht etwa des Vorerben – und zwar auch dann, wenn der Nacherbfall der Tod des Vorerben ist.

Die **Stellung des Nacherben** vor Eintritt des Erbfalles ist ungesichert. Nach Eintritt des Erbfalles, aber vor Eintritt des Nacherbfalles hat der Nacherbe allerdings eine gesicherte rechtliche Position, die ihm nicht mehr entzogen werden kann, so dass man hier von einem Anwartschaftsrecht sprechen kann. Dieses ist übertragbar und vererblich (§ 2108 Abs. 2 S. 1 BGB), wenn der Erblasser dies nicht ausgeschlossen hat.

#### (3) Enterbung

**Bisher** war die Rede von der **Erbeinsetzung** als ein Fall möglicher testamentarischer Anordnung. Die **Kehrseite der Medaille** ist die **Enterbung**. Auch sie kann durch Testament erfolgen, und zwar entweder durch ein reines Negativtestament (§ 1938 BGB), das sich auf den bloßen Ausschluss von der Erbfolge beschränkt, oder dadurch, dass der Erblasser hinsichtlich des gesamten Nachlasses andere Erben einsetzt. Der Enterbte wird nicht Erbe, hat aber einen Pflichtteilsanspruch (§ 2303 Abs. 1 BGB); dazu später mehr.

### bb) Vermächtnis Teilungsanordnung und Auflage

Weitere in einem Testament mögliche Anordnungen sind das Vermächtnis, die Teilungsanordnung und die Auflage.

#### (1) Vermächtnis

Der Erblasser kann durch ein **Vermächtnis** dem Vermächtnisnehmer einen Vermögensvorteil zuwenden, ohne ihn als (Mit-)Erben einzusetzen (§§ 1939, 2147 BGB). Aufgrund des Vermächtnisses erlangt der Vermächtnisnehmer einen **schuldrechtlichen Anspruch gegen** den **Beschwerten**, der i. d. R der Erbe (möglicherweise auch ein Vermächtnisnehmer, so dass es auch ein „Untervermächtnis" gibt) ist, auf

Leistung des Gegenstandes (§ 2174 BGB). Wenn allerdings der Vermächtnisnehmer alleiniger Vorerbe ist, fällt ihm der Vermächtnisgegenstand mit dem Erbfall direkt zu, so dass das Vermächtnis ausnahmsweise eine dingliche Wirkung haben kann.

Gelegentlich ist die **Abgrenzung** zur **Erbeinsetzung** schwierig, insbesondere wenn das Testament von einem rechtlichen Laien, die „vermachen" und „vererben" begrifflich nicht immer unterscheiden können (können Sie es jetzt?) formuliert wurde. Denken Sie an vorgenannte *Beispiel,* in dem der Butler B den Rolls-Royce erben soll.

Für die **Auslegung** ist maßgeblich, ob der Bedachte als (Mit-)Erbe an der Nachlassabwicklung beteiligt werden sollte, oder ob ihm nur ein schuldrechtlicher Anspruch gegen den/die Erben zustehen sollte. Kommt man so nicht weiter, gibt es eine wichtige **Auslegungsregel**: Im Zweifel stellt die Zuwendung einzelner Gegenstände ein **(Stück-)Vermächtnis** dar, diejenige des Vermögens oder eines Bruchteils des Vermögens eine Erbeinsetzung dar **(§ 2087 BGB)**.

Es gibt aber auch **(Quoten-)Vermächtnisse**, bei denen der Vermächtnisnehmer auf den Bruchteil des Nachlasswertes eingesetzt wird. Das **Universalvermächtnis** ist gerichtet auf Herausgabe des nach Begleichung der Nachlassverbindlichkeiten verbleibenden Restes.

Ist ein (Mit-)Erbe zugleich Vermächtnisnehmer, so liegt ein **Vorausvermächtnis** vor (§ 2150 BGB). Dies ist – wie alle Vermächtnisse – vorab aus dem ungeteilten Nachlass zu erfüllen.

(2) Teilungsanordnung

Die **Abgrenzung** des **Vorausvermächtnisses** zur **Teilungsanordnung**, die ebenfalls testamentarisch getroffen werden kann **(§ 2048 BGB)**, ist nicht ganz einfach. Wenn zum *Beispiel* mehrere Personen (A, B, C) als (Mit-)Erben berufen sind (§§ 2032 ff. BGB), und der Erblasser durch letztwillige Verfügung eine Anordnung für die Auseinandersetzung der Erben dahingehend getroffen hat, dass er z. B. bestimmt hat, dass der B das Haus des Erblassers zu alleinigem Eigentum erhalten soll, stellt sich die Frage, ob ein Vorausvermächtnis (§ 2150 BGB) oder eine Teilungsanordnung (§ 2048 BGB) vorliegt. Bei einem Vorausvermächtnis hätte der Erbe nach § 2174 BGB einen Anspruch auf Herausgabe des konkreten Gegenstandes. Bei einer Teilungsanordnung müsste die Herausgabe des Hauses im Rahmen der Auseinandersetzung der Miterben erfolgen. Das scheint auf den ersten Blick eine müßige rechtstechnische Frage zu sein. Das ist aber nicht der Fall, denn die Bedeutung der Unterscheidung liegt vor allem darin, dass der Erbe sich bei einem Vorausvermächtnis den Wert des ihm zuzuwendende Gegenstandes (Haus) nicht anrechnen lassen muss, wie es bei einer Teilungsanordnung der Fall wäre, bei der der zugedachte Gegenstand dagegen wertmäßig auf den Erbanteil angerechnet wird. Als Faustformel für die Auslegung gilt, dass ein Vorausvermächtnis vorliegt, wenn der Empfänger gegenüber den anderen Erben begünstigt werden sollte.

(3) Auflage

Der Erblasser kann einen Erben oder einen Vermächtnisnehmer mit einer **Auflage** zu einer **Leistung verpflichten**, ohne dass ein anderer einen Anspruch auf die Leistung erhält (§ 1940 BGB), z. B. zur Grabpflege, Nichtveräußerung eines Waldgrundstücks, an dem der Erblasser sehr gehangen hat.

Durchsetzen kann diesen Anspruch nur ein **Vollziehungsberechtigter**. Das kann bei z. B. einer Beschwerung eines Vermächtnisnehmers der Erbe sein.

cc) Widerruf eines Testaments

- Dass der Inhalt eines Testaments auch der Widerruf eines Testaments sein kann, haben Sie bereits gelernt (§§ 2254, 2258 BGB).

dd) Testamentsvollstreckung

Es gibt viele **Motive**, die einen Erblasser zur Anordnung einer Testamentsvollstreckung veranlassen können. So kann ein Erblasser, der befürchtet, dass die Erben nicht wie gewünscht mit dem Nachlass verfahren werden, wie er es sich vorgestellt hat, z. B. Nachlassverbindlichkeiten, Auflagen, Vermächtnisse (§§ 2147, 2174 BGB) nicht zuverlässig erfüllen, Teilungsanordnungen (§ 2048 BGB) missachten oder ein Unternehmen nicht weiterführen, seine Ziele über eine Testamentsvollstreckung zu erreichen versuchen.

Bei der **Abwicklungs-** bzw. **Auseinandersetzungsvollstreckung** ist es die Aufgabe des Testamentsvollstreckers, die letztwilligen Verfügungen des Erblassers zur Ausführung bringen (§§ 2203 ff. BGB), also i. d. R nach Erfüllung der Nachlassverbindlichkeiten den Nachlass unter den Miterben auseinandersetzen (§ 2204 BGB). Zur Durchführung der Abwicklung darf der Testamentsvollstrecker den Nachlass auch verwalten, (§ 2205 S. 1 BGB)

Bei der grundsätzlich auf dreißig Jahre begrenzten (§ 2210 S. 2 BGB) **Verwaltungsvollstreckung** soll der Testamentsvollstrecker den Nachlass insgesamt oder Teile davon i. d. R längerfristig verwalten (§ § 2209 BGB).

Der Testamentsvollstrecker kann **aufgrund** seines **Amtes** den **Nachlass** in **Besitz** nehmen, im Rahmen der ordnungsgemäßen Verwaltung und, soweit er Verfügungsbefugnis hat, **Verpflichtungsgeschäfte** eingehen (§ 2206 Abs. 1 BGB); und er kann über die **Nachlassgegenstände verfügen**, allerdings nicht unentgeltlich (§ 2205 BGB). Ausgewiesen ist er durch ein **Testamentsvollstreckerzeugnis** (§ 2368 BGB). Er ist **aktiv** und **passiv prozessführungsbefugt** (§ 2212 f. BGB). Der **Erbe**, der natürlich Rechtsträger bleibt, hat **keine Verfügungsbefugnis**, solange eine Testamentsvollstreckung besteht.

ee) Errichtung einer Stiftung von Todes wegen nach § 83 BGB

Nicht selten wird in einem Testament die Errichtung einer Stiftung von Todes wegen nach § 83 BGB angeordnet. Wissen Sie noch, was eine Stiftung ist und was das Motiv eines Erblassers sein könnte? In Teil 2 haben Sie dazu einiges erfahren.

ff) Entziehung und Beschränkung des Pflichtteils

Durch ein Testament kann auch die **Entziehung** und **Beschränkung** des **Pflichtteils** bestimmt werden (§§ 2336, 2338 BGB).

Nicht erbrechtliche Anordnungen

Eine Fülle sonstiger (nicht erbrechtlicher) Anordnungen können ebenfalls Bestandteile eines Testaments sein: Familienrechtliche Anordnungen, Schiedsgerichtsklauseln etc. etc.; lesen Sie den Katalog bei Palandt in der Kommentierung zu § 1937 BGB.

#### d) Testamente von Ehegatten (Gemeinschaftliches Testament, „Berliner Testament")

aa) Gemeinschaftliches Testament

Ehegatten können auch ein **gemeinschaftliches Testament** errichten (§ 2265 BGB). Sie wissen ja schon, dass es für die Wahrung der Testamentsform eines eigenhändigen gemeinschaftlichen Testaments ausreicht, wenn ein Ehegatte das Testament errichtet und der andere Ehegatte es mit unterzeichnet (§§ 2247, 2267 BGB), und dass auch beim öffentlichen gemeinschaftlichen Testament die Form insoweit erleichtert ist, als es ausreicht, dass ein Ehegatte mündlich und der andere Ehegatte durch die Übergabe einer offenen Schrift testiert oder wenn nur ein Ehegatte zur Niederschrift des Notars verfügt, während der andere Ehegatte auch vor einem anderen Notar erklärt, das Testament solle auch sein eigenes sein (§ 2232 BGB).

Wenn es bei in einem gemeinschaftlichen Testament getroffenen Verfügungen betreffend die Erbeinsetzung, Anordnung von Vermächtnissen und Auflagen so liegt, dass die Verfügung des einen Ehegatten nicht ohne die Verfügung des anderen Ehegatten getroffen worden wäre, sind dies **„wechselbezügliche Verfügungen"**. Ob solche „wechselbezüglichen Verfügungen" vorliegen, ist nicht immer leicht herauszufinden. Nach der **Auslegungsregel** des **§ 2270 Abs. 2 Var. 1 BGB** ist das im Zweifel dann der Fall, wenn die Ehegatten sich wechselseitig als Erben einsetzen.

Rechtlich und auf der tatsächlichen Ebene interessanter ist die nach der **Auslegungsregel** des **§ 2270 Abs. 2 Var. 2 BGB** vorzunehmende Ermittlung einer Wechselbezüglichkeit: Hiernach ist im Zweifel von einer Wechselbezüglichkeit auszugehen, „wenn dem einen Ehegatten von dem anderen eine Zuwendung gemacht und für den Fall des Überlebens des Bedachten eine Verfügung zugunsten einer Person getroffen wird, die mit dem anderen Ehegatten verwandt ist oder ihm sonst nahe steht". Die ja nur summarisch prüfenden Nachlassgerichte und ggf. auch die das Erbrecht im Strengbeweis aufklärenden Gerichte haben hiermit erfahrungsgemäß viel zu tun.

Die wesentliche **Rechtsfolge** von **„wechselbezüglichen Verfügungen"** ist die **Bindungswirkung** nach § 2271 Abs. 1 S. 2 BGB. Ein Widerruf kann bei „wechselbezüglichen Verfügungen" nur bis zum Tode des anderen Ehegatten erfolgen und muss den Regeln über den Rücktritt vom Erbvertrag entsprechend (§ 2296 BGB: gegenüber dem anderen Ehegatten und notariell beurkundet) erfolgen; darin liegt der wesentliche Unterschied zum Erbvertrag, bei dem die erbrechtliche Bindungswirkung schon mit Vertragsschluss eintritt. Der erstversterbende Ehegatte kann also sicher sein, dass der überlebende Ehegatte nicht anders verfügt, so dass der ausersehene „Schlusserbe" Erbe des längstlebenden Ehegatten wird. Gegen die Bindungswirkung verstoßende Testamente sind nach **§§ 2271 Abs. 1 S. 2, 134 BGB** nichtig. Was halten Sie davon, dass ein Notar in einem widerrufenden Testament des überlebenden Ehegatten dessen Erklärung aufnimmt, dass die Verfügung im gemeinschaftlichen Testament nicht als wechselbezüglich gewollt gewesen sei?

Verzwickt ist die Rechtslage, wenn zum *Beispiel* der erstversterbende Ehegatte den notariell beurkundeten Widerruf noch zu Lebzeiten erklärt, dieser aber erst nach seinem Tode zugeht: Hier ist der Widerruf nach § 130 Abs. 2 BGB wirksam. Ist der Widerruf jedoch aufgrund einer besonderen Weisung des erstversterbenden Ehegatten erst nach seinem Tode dem längerlebenden Ehegatten zugegangen, so wird § 130 Abs. 2 BGB aus dem Normzweck der §§ 2271 Abs. 1, 2296 BGB „teleologisch" reduziert, denn ein Widerruf darf aufgrund einer Verheimlichung dem erstversterbenden Ehegatten keinen Vorteil bringen. Das ist ein beliebtes Klausurproblem.

Wegen der nach dem Tode des erstversterbenden Ehegatten dem Erbvertrag ähnlichen erbrechtlichen Bindungswirkung müssen die **§§ 2286–2288 BGB analog** angewendet werden. Das bedeutet, dass der überlebende Ehegatte im **Grundsatz** unter **Lebenden frei** über sein und über das ererbte Vermögen verfügen und sich entsprechend verpflichten kann (§ 2286 BGB). Aber bei **Schenkungen** in **Beeinträchtigungsabsicht gelten** die **§§ 2287, 818 ff. BGB analog**: Und nur wenn über die Beeinträchtigungsabsicht hinausgehende Umstände vorliegen, die ein Rechtsgeschäft als sittlich verwerflich erscheinen lassen, ist ein Rechtsgeschäft unter Lebenden nichtig **(§ 138 Abs. 1 BGB)**. Daher hat vor allem ein durch ein gemeinschaftliches Testament Bedachter ein virulentes Interesse an einem **Schutz** noch zu **Lebzeiten des Erblassers** davor, dass dieser den Nachlass „verschleudert". Hier kann ihm aber kaum geholfen werden: Eine Sicherung des Anspruchs aus §§ 2287, 818 ff. BGB durch eine einstweilige Verfügung scheidet aus, weil noch kein sicherungsfähiger Anspruch besteht. Nur wenn der Schlusserbe mit dem zukünftigen Erblasser eine nach § 137 S. 2 BGB schuldrechtlich wirkende Verfügungsbeschränkung vereinbart hat, wäre der Ausspruch eines Veräußerungs- oder Belastungsverbots möglich.

Die **Bindungswirkung** besteht **nicht uneingeschränkt**: Sie entfällt, wenn der überlebende Ehegatte das Zugewendete ausschlägt (§ 2271 Abs. 2 S. 1 Hs. 2 BGB). Bei schweren Verfehlungen des Bedachten ist der Überlebende zur Aufhebung seiner wechselbezüglichen Verfügung berechtigt (§ 2271 Abs. 2 S. 2 BGB). Eine „Freistellungsklausel" berechtigt ihn zur Aufhebung einer wechselbezüglichen letztwilligen Verfügung. Auch kann eine wechselbezügliche Verfügung nach §§ 2281 BGB analog angefochten werden. Und schließlich entfällt die Bindungswirkung, wenn der zuletzt Bedachte vor dem überlebenden Ehegatten wegfällt, weil dann die wechselbezügliche letztwillige Verfügung gegenstandslos ist.

#### bb) „Berliner Testament"

Wenn die Ehegatten sich wechselseitig als Erben einsetzen und bestimmen, dass nach dem Tode des Überlebenden der beiderseitige Nachlass an einen Dritten (i. d. R an die Kinder) als **Schlusserben** fallen soll (sog. **„Berliner Testament")**, gibt es zwei Möglichkeiten der Auslegung.

- **Trennungsprinzip**: Der überlebende Ehegatte ist Vorerbe, der Dritte ist Nacherbe des Erstverstorbenen und Erbe des überlebenden Gatten (zur Vor- und Nacherbschaft später mehr).
- Nach der Auslegungsregel des § 2269 Abs. 1 BGB gilt im Zweifel das **Einheitsprinzip**: Der überlebende Ehegatte wird (Voll-) Erbe des vorversterbenden Ehegatten und der Dritte Schlusserbe des überlebenden Ehegatten. Die dadurch ausgeschlossenen gesetzlichen Erben (insbesondere die Kinder) können ggf. den Pflichtteil verlangen. Um dies zu verhindern, ist häufig in Testamenten angeordnet, dass ein pflichtteilsberechtigter Schlusserbe, der den Pflichtteil nach dem Tod des erstversterbenden Ehegatten verlangt, beim Tod des zweitversterbenden Ehegatten ebenfalls nur den Pflichtteil erhalten soll (sog. Verwirkungsklausel).
- Die Stellung des überlebenden Ehegatten als Vorerbe (Trennungsprinzip) oder Vollerbe (Einheitsprinzip) wird beendet, wenn die Ehegatten **für den Fall der Wiederheirat des überlebenden Ehegatten** vereinbart haben, dass der Nachlass des vorverstorbenen Ehegatten „an die Kinder herauszugeben" sei oder dass dann „die gesetzliche Erbfolge" zu gelten habe **(„Wiederverheiratungsklausel")** und wenn der **Längerlebende dann erneut heiratet**. Eine solche „Wiederverheiratungsklausel" kann man so verstehen, dass dann, wenn der überlebende Ehegatte ohnehin nur Vor- und die Kinder Nacherben sein sollten (Trennungsprinzip), der Nacherbfall bereits mit der Wiederheirat eintritt, dass also die Auslegungsregel des § 2269 BGB nicht mehr gelten soll. Wenn aber der überlebende Ehegatte Vollerbe sein sollte (Einheitsprinzip), dann liegt in der Wiederverheiratungsklausel die Anordnung einer durch die Wiederheirat „auflösend bedingten Vollerbschaft" bei gleichzeitiger Anordnung einer aufschiebend bedingten Vor- und Nacherbschaft. (§§ 2075, 158 Abs. 2 BGB), so dass der längerlebende Ehegatte bei einer Wiederheirat zum Vorerben wird.

**Fall 917**

Zum Vermögen der Eheleute M. Agger (M) und F. Rauchen (F) gehört auch ein ihnen als Miteigentümer gehörendes Mietshaus im Werte von € 2 Mio. In einem formwirksamen gemeinsamen Testament (T 1) setzen sie sich gegenseitig zu Erben ein und bestimmen darin zum Erben des Letztversterbenden die gemeinsame Tochter K. Itty (K). Nach dem Tode der F lebte M mit der G. Lück (G) zusammen. Mit Rücksicht auf eine von G erbrachte Pflegeleistung verschenkte und übereignete der inzwischen schwer erkrankte M noch zu Lebzeiten der G das Haus. Später setzt er sie durch ein formwirksames Testament (T 2) zur Erbin ein. Nach dem Tod des M verlangt die K, die sich nie um den Vater gekümmert hatte, Herausgabe der Erbschaft und des Grundstücks von G.

1) Der Anspruch der K gegen die G auf Herausgabe der Erbschaft könnte sich aus § 2018 BGB ergeben. a) Die K müsste Erbin sein. aa) Durch das erste Testament (T 1) war K zur Erbin eingesetzt worden. bb) Es könnte durch T2 wirksam widerrufen worden sein. aa) Durch T2 hat der M die G zur Erbin bestimmt. Darin liegt zugleich der Widerruf von T1 (§§ 2253, 2254, 2258 BGB). Somit wäre die K nicht Erbin geworden. bb) Wenn aber die Erbeinsetzung der K in

dem gemeinschaftlichen Testament T1 eine wechselbezügliche Verfügung wäre, dann wäre das Widerrufsrecht mit dem Tode der F erloschen (§ 2271 Abs. 2 S. 1 Hs. 1 BGB). Davon ist nach § 2270 Abs. 1, 2 BGB auszugehen. Also ist das Widerrufstestament nach §§ 2271 Abs. 2 S. 1, 134 BGB nichtig und das Testament T1 wirksam. Die K ist Erbin. b) Die G hat den Nachlass als vermeintliche Erbin in Besitz genommen. Sie muss ihn als Erbschaftsbesitzerin herausgeben. 2) Herausgabe des Grundstücks a) kann die K nicht nach § 2018 BGB verlangen, weil die G es zu Lebzeiten und nicht aufgrund eines ihr nicht zustehenden Erbrechts in Besitz genommen hat. b) Der Anspruch könnte sich aus § 985 BGB ergeben. aa) Die G ist Besitzerin. bb) Die K müsste Eigentümerin sein. aaa) M und F waren Miteigentümer. Durch den Tod der F ist der M nach § 1922 BGB Alleineigentümer geworden. ccc) Die G könnte das Eigentum erlangt haben. aaaa) §§ 873, 925 BGB sind gegeben. bbbb) Die Übereignung könnte aber unwirksam sein. aaaaa) Wenn der M nur Vorerbe gewesen wäre, wäre die Verfügung zugunsten der G nach § 2113 BGB unwirksam. Nach der Auslegungsregel des § 2269 Abs. 1 BGB gilt im Zweifel das Einheitsprinzip: Der überlebende Ehegatte wird (Voll-) Erbe des Vorversterbenden Ehegatten und der Dritte Schlusserbe des überlebenden Ehegatten. Also sperrt § 2113 BGB den Eigentumserwerb nicht. bbbbb) Auch § 138 Abs. 1 BGB steht der Übereignung nicht entgegen. Denn nach § 2286 BGB ist der M grundsätzlich frei zu verfügen, auch zu verschenken. Nur wenn über die Beeinträchtigungsabsicht hinausgehend Umstände vorliegen, die ein unter Lebenden vorgenommenes Rechtsgeschäft als sittlich verwerflich erscheinen lassen, ist ein Rechtsgeschäft unter Lebenden nichtig (§ 138 Abs. 1 BGB). Das ist nicht schon deshalb der Fall, weil die G lediglich Lebenspartnerin des M war. Hier kommt schließlich auch die Pflegeleistung der G als Motiv für die Schenkung ins Spiel. c) Der Anspruch könnte sich aber aus §§ 2287 analog, 818 ff. BGB ergeben. aa) Eine Schenkung liegt vor. bb) Trotz des Interesses an einer Pflege liegt wegen des Missverhältnisses zwischen dem Wert der Pflegeleistung und dem des Hauses vor. Der M hat gehandelt, um der K das Haus zu entziehen. Die G hat das Grundstück herauszugeben.

## 2. Erbeinsetzung und andere Anordnungen durch Erbvertrag

Der Erblasser kann nicht nur einseitig durch Testament letztwillig verfügen, sondern auch zweiseitig durch einen **Erbvertrag** (§ 1941 Abs. 1 BGB). Und zwar können **vertragsmäßig** dadurch **Erben eingesetzt** werden sowie **Vermächtnisse** und **Auflagen** angeordnet werden; darüber hinaus können **einseitig** dadurch **alle Anordnungen** getroffen werden, die **auch durch Testament** getroffen werden können (§ 2299 Abs. 1 BGB). Begünstigte sein können der Vertragspartner selbst oder auch ein am Vertragsschluss nicht beteiligter Dritter (§ 1941 Abs. 2 BGB). Die **Besonderheit gegenüber** dem **Testament** liegt darin, dass die vertragsmäßig getroffenen Anordnungen (§ 2278 Abs. 2 BGB) i. d. R nicht einseitig widerrufen werden können (§§ 2290 ff. BGB). Machen Sie sich bitte klar, dass eine solche Bindungswirkung über die Bindungswirkung des § 2271 BGB eines gemeinschaftlichen Testaments weit hinausgeht.

#### a) Wirksamkeitsvoraussetzungen

Anders als die Errichtung eines Testaments verlangt der Abschluss eines Erbvertrags **Geschäftsfähigkeit,** wobei der **Erblasser** nach § 2275 Abs. 1 BGB **unbeschränkt geschäftsfähig** sein muss, während der **Vertragspartner**, der nicht Erblasser ist, auch **beschränkt geschäftsfähig** (§§ 107 ff. BGB) sein kann. Auch hinsichtlich der Möglichkeit einer **Vertretung** ist zu differenzieren: Der Erblasser kann den Erbvertrag nur persönlich schließen (§ 2274 BGB); der Vertragspartner kann sich hingegen vertreten lassen. Der Erbvertrag muss in der **Form** der **notariellen Beurkundung** bei **gleichzeitiger Anwesenheit** der **Vertragsschließenden** geschlossen werden (§ 2276 BGB). Die für das öffentliche Testament geltenden Vorschriften sind gem. § 2276 Abs. 1 S. 2 BGB anzuwenden. Das heißt, dass der Vertragsinhalt gegenüber dem Notar mündlich erklärt werden muss oder dass dem Notar ein schriftlicher Vertrag übergeben wird.

#### b) Bindungswirkung des Erbvertrages

Nach § 2278 Abs. 2 BGB können **„vertragsmäßig"** (also mit **Bindungswirkung**) – Sie wissen es bereits – nur Erbeinsetzungen, Vermächtnisse und auch Vorausvermächtnisse (dazu später mehr) und Auflagen angeordnet werden. Sehr interessant ist die Möglichkeit, in einem Erbvertrag eine Verfügungsbeschränkung i. S. d. § 137 S. 2 BGB zu vereinbaren; das eröffnet dann eine Möglichkeit zur lebzeitigen Sicherung des Vertragserben davor, dass der Erblasser Nachlassgegenstände „verschleudert" (dazu sogleich mehr). Jede Partei eines Erbvertrages kann nach § 2299 Abs. 1 BGB im Erbvertrag zusätzlich einseitig **ohne Bindungswirkung** jede Anordnung treffen, die durch Testament getroffen werden kann (Enterbung, Teilungsanordnung, Testamentsvollstreckung, Errichtung einer Stiftung von Todes wegen nach § 83 BGB).

#### c) Aufhebung oder Rücktritt bindender vertragsmäßiger Verfügungen

Bindende vertragsmäßige Verfügungen können **rückgängig gemacht** werden durch Aufhebung (§§ 2290 ff. BGB) oder durch einen Rücktritt (§§ 2293 ff. BGB).

##### aa) Aufhebung

Eine **Aufhebung** vertragsmäßiger Verfügungen kann nur einverständlich erfolgen: Sie ist möglich durch einen entsprechenden Vertrag in Erbvertragsform zwischen den Personen, die den Vertrag geschlossen haben (§ 2290 BGB). Ein Erbvertrag zwischen Ehegatten kann durch gemeinschaftliches Testament der Ehegatten aufgehoben werden (§ 2292 BGB). Ein vertragsmäßig angeordnetes Vermächtnis oder eine Auflage kann auch durch Testament widerrufen werden, wenn der bedachte Vertragspartner zustimmt (§ 2291 BGB).

##### bb) Rücktritt

Der **Rücktritt** von einer vertragsmäßigen Verfügung setzt einen Rücktrittsgrund und eine Rücktrittserklärung voraus.

Der Rücktrittsgrund kann sein

- ein **Rücktrittsvorbehalt** des Erblassers im Erbvertrag (§ 2293 BGB),
- die **Verfehlung des Bedachten**, die den Erblasser zur Entziehung des Pflichtteils berechtigen würde (§§ 2294, 2333–2335 BGB)
- oder die **Aufhebung der Gegenverpflichtung** (§ 2295 BGB, wenn z. B. eine vertragsmäßige Erbeinsetzung gegen die Gewährung von Unterhalt erfolgt ist und die Unterhaltsverpflichtung nicht mehr besteht).

Die **Rücktrittserklärung** muss nach § 2296 BGB höchstpersönlich durch den Erblasser gegenüber dem Vertragspartner in notariell beurkundeter Form erfolgen.

#### d) Aufhebung nicht vertragsmäßiger („einseitiger") Verfügungen

In einem Erbvertrag getroffene **einseitige Verfügungen ohne Bindungswirkung** können unter folgenden Voraussetzungen aufgehoben werden:

- Die Verfügung kann jederzeit einseitig nach §§ 2255 ff. BGB **durch Testament** aufgehoben werden (§ 2299 Abs. 2 S. 1 BGB).
- Die Aufhebung ist auch **durch einen Vertrag**, durch den eine vertragsmäßige Verfügung aufgehoben wird (§ 2299 Abs. 2, S. 2 BGB), möglich.
- Wird der **gesamte Erbvertrag aufgehoben**, so treten im Zweifel auch die nicht bindenden Verfügungen außer Kraft, sofern kein anderer Wille des Erblassers anzunehmen ist (§ 2299 Abs. 3 BGB).

#### e) Rechtsfolgen des Erbvertrages

Was die Rechtsfolgen des Erbvertrages angeht, so ist zu unterscheiden zwischen der **erbrechtlichen Wirkung** und der **sonstigen zivilrechtlichen Wirkung**.

##### aa) Erbrechtliche Wirkung des Erbvertrages

Die Bindungswirkung des Erbvertrages ist ausschließlich erbrechtlicher Art: Durch einen Erbvertrag werden frühere oder spätere testamentarische letztwillige Verfügungen unwirksam, soweit sie das Recht des vertragsmäßig Bedachten beeinträchtigen würden (§ 2289 Abs. 1 S. 1 BGB). Spätere Verfügungen von Todes wegen sind insoweit unwirksam, als sie Rechte von Drittbedachten beeinträchtigen (§ 2289 Abs. 1 S. 2 BGB).

##### bb) Sonstige zivilrechtliche Wirkung des Erbvertrages

Auch wenn die Bindungswirkung des Erbvertrages an sich ausschließlich erbrechtlicher Art ist, ist zu erörtern, ob sie darüber hinaus auch sonstige zivilrechtliche Wirkungen hat. Der Erblasser kann **zwar unter Lebenden frei** über sein Vermögen verfügen und sich entsprechend verpflichten (§ 2286 BGB), **aber der Vertragserbe (sub (1))** und **Vermächtnisnehmer (sub (2))** sind **nicht** gänzlich **schutzlos**.

###### (1) Schutz des Vertragserben

Auch wenn Schenkungen unter Lebenden, die in der Absicht erfolgen, den vertragsmäßig Bedachten (also hier: den künftigen Erben) zu beeinträchtigen, nicht bereits deshalb automatisch nach § 138 Abs. 1 BGB sittenwidrig und nichtig sind (argec.

§§ 2287, 2288 BGB), muss man jedoch in solchen **Fällen** eine Sittenwidrigkeit und Nichtigkeit nach **§ 138 Abs. 1 BGB** annehmen, in denen der **Schenker und der Beschenkte in anstößiger Weise zusammenwirken**. Zumindest kann der Vertragserbe nach Bereicherungsrecht lebzeitige Schenkungen des Erblassers, die in Beeinträchtigungsabsicht gemacht worden sind, vom Beschenkten zurückfordern **(§ 2287 BGB)**. Man erkennt aber sofort, dass dieser Anspruch nur „wenig wert" sein kann (§ 818 Abs. 3 BGB; allgemeines Gläubigerrisiko bzw. spezielles Insolvenzrisiko in Bezug auf die Person des Beschenkten). Daher hat ein zukünftiger Vertragserbe ein Interesse an einem Schutz noch zu Lebzeiten des Erblassers davor, dass dieser den Nachlass „verschleudert". Eine in diesem Zusammenhang in Erwägung gezogene Sicherung des Anspruchs aus §§ 2287, 818 ff. BGB durch eine einstweilige Verfügung scheidet im Allgemeinen aus, weil noch kein sicherungsfähiger Anspruch besteht; wenn aber in einem Erbvertrag eine nach § 137 S. 2 BGB schuldrechtlich wirkende Verfügungsbeschränkung vereinbart ist, wäre der Ausspruch eines Veräußerungs- oder Belastungsverbots möglich.

(2) Schutz des vertragsmäßigen Vermächtnisnehmers
Wird ein **Vermächtnis in** einem **Erbvertrag** angeordnet (§ 1941 BGB), so hat der Vermächtnisnehmer wegen der Freiheit des Erblassers, über sein Vermögen unter Lebenden zu verfügen (§ 2286 BGB), ebenfalls nur eine tatsächliche Aussicht auf den Rechtserwerb an dem vermachten Gegenstand. Gleichwohl ist der Bedachte nicht völlig ungeschützt. Zwar steht dem Bedachten bei einem Vermächtnis auf Übereignung eines Grundstücks kein z. B. durch eine Vormerkung (§ 883 BGB) sicherbarer „künftiger Anspruch" zu, weil die endgültige Entstehung des Anspruchs zu vage ist. Wenn aber der Erblasser den „Gegenstand" eines vertragsmäßig angeordneten Vermächtnisses „in der Absicht, den Bedachten zu beeinträchtigen" entweder „zerstört, beiseite geschafft oder beschädigt (hat)" oder den Gegenstand „veräußert oder belastet (hat)", dann hat der Bedachte Ansprüche gegen den Erben auf Herausgabe des Wertes bzw. ist „der Erbe verpflichtet, dem Bedachten den Gegenstand zu verschaffen oder die Belastung zu beseitigen" **(§ 2288 Abs. 1, Abs. 2 S. 1 BGB)**. Ist in letzterem Fall die Verfügung eine Schenkung, so steht dem Bedachten der Anspruch sogar gegen den Beschenkten zu, wobei es dann nicht darauf ankommen soll, dass die dafür vorausgesetzte Benachteiligungsabsicht der den Erblasser leitende Beweggrund war **(§ 2287 BGB)**.

## 3. Auslegung und Anfechtung von Verfügungen von Todes wegen

### a) Auslegung von Verfügungen von Todes wegen

aa) Erläuternde und ergänzende Auslegung nach §§ 133 BGB
Bei der gebotenen „individuellen Testamentsauslegung" ist von **§ 133 BGB** auszugehen, nicht aber § 157 BGB anzuwenden. Denn man darf (mangels eines Schutzbedürfnisses) nicht auf den objektiven Empfängerhorizont abstellen, sondern muss, ohne am Wortlaut zu haften, den **wirklichen Willen** des **Erblassers** erforschen.

(1) Erläuternde Auslegung

Bei der **erläuternden Auslegung** ist zu erforschen, **was** der **Erblasser** mit seinen Worten **sagen wollte**. Notfalls sind auch außerhalb des Testaments liegende Umstände zu berücksichtigen. Die stark am Erblasserwillen orientierte Auslegung kann so weit gehen, dass der ermittelte Wille dem **reinen Wortlaut widerspricht**. So im altehrwürdigen (Schul-)*Beispiel,* in dem der Erblasser T. Estator (T) seinen Weinkeller stets scherzhaft „seine Bibliothek" genannt hatte und in seinem Testament geschrieben hat: „Der E ist mein Erbe und dem V vermache ich meine Bibliothek", so ist das Testament so auszulegen, dass dem V der Weinkeller vermacht worden ist und V von E Übergabe und Übereignung der Flaschen verlangen kann (§§ 2147, 2174 BGB).

Zu einem anderen Ergebnis käme man, wenn man fordert, der Erblasserwille müsse im Testament im Sinne einer **„Andeutung"** seinen Niederschlag gefunden haben muss („Andeutungstheorie"). Die Rechtspraxis (BGH) verzichtet hierauf im Rahmen der Auslegung. Auch in Fällen klaren und eindeutigen Wortlauts könne man auf den Erblasserwillen abstellen. Erst im Rahmen der Prüfung der Formwirksamkeit wendet der BGH die Andeutungstheorie an und verlangt, dass der ermittelte Wille im Testament wenigstens vage oder versteckt angedeutet ist.

Bei Erbverträgen und wechselbezüglichen Verfügungen in einem gemeinschaftlichen Testament verlangt die Rechtspraxis eine Andeutung des durch Auslegung gefundenen Erblasserwillens im Erbvertrag bzw. gemeinschaftlichen Testament bzw. Erbvertrag.

(2) Ergänzende Auslegung

Es kann auch eine **ergänzende Auslegung** erforderlich sein, wenn sich zwischen Testamentserrichtung und Erbfall Änderungen ergeben haben; dazu ist der **hypothetische Erblasserwille** zu ermitteln. Der hypothetische Wille muss aber nach der „Andeutungstheorie" im Ansatz formwirksam im Testament geäußert sein; anderenfalls würde man das Prinzip des Formzwangs verletzen. Wenn zum *Beispiel* ein Ehepaar in einem gemeinschaftlichen Testament erklärt hat, dass die Kinder Erben sein sollen, sie aber vergessen haben sollten, sich gegenseitig zum Erben einzusetzen, so kann – mangels einer „Andeutung" dieses Willens im Testament – nicht angenommen werden, dass zunächst der überlebende Ehegatte Erbe werden soll.

bb) Einige gesetzliche Auslegungsregeln

Zu beachten sind bei der Auslegung nachrangig schließlich die gesetzlichen Auslegungsregeln, von denen hier einige genannt werden.

Bei einem wirksamen Testament, bei dem der Erblasserwille im Wege der Auslegung nicht eindeutig feststellbar ist, ist nach **§ 2084 BGB** diejenige Auslegung vorzuziehen, bei der die Verfügung Erfolg haben kann (sog. „wohlwollende Auslegung"). Aus § 2084 BGB leitet man darüber hinaus den allgemeinen Grundsatz her, dass dem Willen des Erblassers so weit wie möglich zur Geltung zu verhelfen ist.

Nach **§ 2085 BGB** ist das Regel-Ausnahmeverhältnis des § 139 BGB umgekehrt, so dass bei einer Teilnichtigkeit im Zweifel keine Gesamtnichtigkeit gegeben ist.

Die Auslegungsregel des **§ 2087 BGB** ist Ihnen bereits bekannt: Es geht um die Abgrenzung von Vermächtnis und Erbeinsetzung. Versuchen Sie sich zu erinnern! Gelingt es nicht – wiederholen Sie bitte alles, was Sie zum Erbrecht bisher gelesen haben.

**b) Anfechtung von Verfügungen von Todes wegen**

Wenn eine Auslegung der letztwilligen Verfügung nicht zum Erfolg verhilft, kann sie von Dritten angefochten werden. Die Anfechtung ist also „subsidiär", es gilt der Satz: „Auslegung geht vor Anfechtung". Die letztwillige Verfügung gilt dann als von Anfang an nichtig. Vorliegen muss ein Anfechtungsgrund; der Anfechtungsberechtigte muss die Anfechtung erklären, und zwar form- und fristgerecht.

aa) Anfechtung von letztwilligen Verfügungen

Die maßgeblichen **Anfechtungsgründe** sind in den §§ 2078 ff. BGB abschließend geregelt.

Eine Berechtigung zur Anfechtung wegen **Irrtums** besteht

- nach **§ 2078 Abs. 1 BGB**, wenn der Erblasser eine Erklärung dieses Inhalts gar nicht abgeben wollte **(„Erklärungsirrtum")** z. B. bei einem Verschreiben oder
- nach **§ 2078 Abs. 1 BGB**, wenn der Erblasser über den Inhalt seiner Erklärung im Irrtum war **(„Inhaltsirrtum")**,
- oder nach **§ 2078 Abs. 2 BGB**, wenn der Erblasser durch eine irrige Annahme oder Erwartung des Eintritts oder Nichteintritts eines Umstandes zur letztwilligen Verfügung bestimmt worden ist **(„Motivirrtum")**, z. B. die irrtümliche Vorstellung des Erblassers, dass seine zur Alleinerbin berufene Ehefrau nach seinem Tod nicht mehr heiraten würde;
- wobei jeweils **§ 2078 Abs. 1 BGB** als **gemeinsames Merkmal aller vorgenannter Fälle** verwirklicht sein muss: Der Erblasser hätte die Verfügung bei Kenntnis der Sachlage nicht abgegeben.
- Damit geht § 2078 BGB weit über § 119 BGB hinaus: Dem Vertrauens- und Verkehrsschutz muss anders als bei § 119 BGB keine Rechnung getragen werden. Daher verzichtet das Gesetz auch auf die das Anfechtungsrecht nach § 119 Abs. 1 BGB einschränkende Formulierung: „... bei verständiger Würdigung des Falles ..." und bezieht in § 2078 Abs. 2 BGB jeden Motivirrtum ein.

Ein Anfechtungsgrund ist es auch, wenn der Erblasser **widerrechtlich durch Drohung** zur Verfügung bestimmt worden ist (§ 2078 Abs. 2 BGB).

Angefochten werden kann auch, wenn ein **unbekannter Pflichtteilsberechtigter übergangen** worden ist und der Erblasser bei Kenntnis der Sachlage die Verfügung nicht getroffen hätte (§ 2079 BGB).

Nach § 2080 BGB ist derjenige **anfechtungsberechtigt**, dem die Anfechtung der letztwilligen Verfügung unmittelbar zustatten kommt; das sind gesetzliche Erben, wenn ein Dritter statt ihrer zum Erben berufen wurde oder der durch die Nacherbschaft beschwerte Vorerbe oder der zum Erben Berufene bei der Anordnung eines Vermächtnisses.

Die Anfechtung ist **gegenüber** dem **Nachlassgericht** zu erklären, wenn ein Erbe eingesetzt, wenn ein gesetzlicher Erbe ausgeschlossen, ein Testamentsvollstrecker ernannt wird oder wenn eine Verfügung solcher Art aufgehoben wird (§ 2081 Abs. 1 BGB). Wenn eine Person durch ein Vermächtnis begünstigt wird, so muss die Anfechtung gem. § 143 Abs. 4 S. 1 BGB **gegenüber** dem **Vermächtnisnehmer** erklärt werden. Die Anfechtung muss binnen **Jahresfrist** erfolgen, beginnend mit dem Zeitpunkt, in welchem der Berechtigte von dem Anfechtungsgrund Kenntnis erlangt (§ 2082 BGB).

bb) Anfechtung von Erbverträgen

Die **Anfechtungsgründe** entsprechen den vorgenannten: Eine Anfechtung ist nach § 2281 Abs. 1 BGB möglich bei einem Irrtum oder einer Bedrohung des Erblassers (§ 2078 BGB) oder bei einer Übergehung eines Pflichtteilsberechtigten (§ 2079 BGB). **Zur Anfechtung berechtigt** sind der Erblasser selbst (§ 2281 Abs. 1 BGB) und diejenigen, denen die Anfechtung unmittelbar zustatten kommen würde, wenn das Anfechtungsrecht des Erblassers zur Zeit des Erbfalls noch nicht erloschen ist (§ 2285 BGB). Die Anfechtung bedarf **notarieller Beurkundung** (§ 2282 BGB). Die Anfechtung kann nur binnen **Jahresfrist** ab dem jeweiligen in § 2283 Abs. 2 BGB genannten Zeitpunkt erfolgen (§ 2283 BGB).

cc) Rechtsfolgen der Anfechtung von Verfügungen von Todes wegen

Weil die Verfügung **mit ex-tunc-Wirkung nichtig** ist (**§ 142 Abs. 1 BGB**), tritt diejenige Rechtsfolge mit Rückwirkung auf den Erbfall ein, die ohne die angefochtene letztwillige Verfügung eingetreten wäre; es gilt dann also die gesetzliche Erbfolge oder die Erbfolge nach früheren letztwilligen Verfügungen. Die Nichtigkeit erfasst nur die angefochtenen Teile der letztwilligen Verfügung, so dass sie im Übrigen gültig bleibt (2078 Abs. 1 BGB: „… soweit …“; § 2085 BGB). **§ 122 BGB** findet nach § 2078 Abs. 3 BGB keine Anwendung, so dass der Anfechtende keinem Schadensersatzanspruch des testamentarischen Erben ausgesetzt ist.

## II. Berufung zum Erben durch gesetzliche Erbfolge

Wenn, was die **Einsetzung zum Erben** angeht, der Erblasser **kein Testament** errichtet oder **keinen Erbvertrag** geschlossen hat, kommt es zu einer **gesetzlichen Erbfolge**. Gesetzlich vererbt wird an die Verwandten und an den Ehegatten/Lebenspartner. Jetzt wissen Sie wie gut es war, dass Sie in Teil 11 erfahren haben, wer alles miteinander verwandt ist und was die Voraussetzungen einer Ehe/eingetragenen Lebenspartnerschaft sind.

### 1. Gesetzliches Erbrecht der Verwandten

Gesetzlich vererbt wird an die Verwandten (vgl. § 1589 BGB, Abstammungsprinzip), und zwar nach „Ordnungen“ und innerhalb der Ordnungen nach „Stämmen“, wobei sich das Repräsentationsprinzip und das Eintrittsprinzip ergänzen: z. B. repräsentieren in der 1. Ordnung die Abkömmlinge den gesamten Stamm und schließen die Enkel und Urenkel des Erblassers etc. aus (§ 1924 Abs. 2 BGB, „Repräsentationsprinzip"), und an die Stelle nicht mehr lebender Abkömmlinge treten die durch sie mit dem Erblasser verwandten Abkömmlinge (§ 1924 Abs. 3 BGB, „Eintrittsprinzip"); gleiches finden Sie in §§ 1925 und 1926 BGB jeweils in Abs. 2 bzw. Abs. 3.

- Die **Erben erster Ordnung** sind die Abkömmlinge des Erblassers, wobei ein Abkömmling (z. B. Kind) die weiteren Abkömmlinge (z. B. Enkel) ausschließt (§ 1924 Abs. 1, 2 BGB).

*Beispiel:* Der alleinstehende M hat zwei Söhne (S 1 und S 2). S 1 hat seinerseits eine Tochter T, S 2 ist kinderlos. Es lebt außerdem noch der Vater V des M. Nach dem Tod des M, der kein Testament gemacht hat, erben S 1 und S 2 jeweils zu ½ während T und V nicht Erben sind.

*Beispiel:* M hat einen Sohn S, dieser hat wiederum einen Sohn E. Es lebt auch noch der Vater V des M. S ist vor einigen Jahren bei einem Autounfall gestorben. Beim Tod des M, der wiederum kein Testament gemacht hat, erbt E allein.

- Die **Erben zweiter Ordnung** (§ 1925 BGB) sind dann die gesetzlichen Erben, wenn Erben erster Ordnung nicht vorhanden oder weggefallen sind (z. B. durch Ausschlagung); es handelt sich dabei um die Eltern des Erblassers und deren Abkömmlinge, also die Geschwister des Erblassers, deren Kinder und Enkel (=Neffen, Nichten.)

*Beispiel:* M stirbt im Alter von 21 Jahren bei einem Autounfall. Kinder hat er nicht. Es erben daher seine Eltern allein.

- Die **Erben dritter Ordnung** (§ 1926 BGB) sind Großeltern des Erblassers und deren Abkömmlinge (Onkel, Tanten). Sie sind zu Erben berufen, wenn weder Erben erster noch zweiter Ordnung vorhanden sind.

Nichteheliche Kinder sind seit dem 1. Juli 1998 den ehelichen Kindern gleichgestellt, so dass die Konstruktion eines „Erbersatzanspruchs" nach §§ 1934a – 1934e BGB aF. nicht mehr gilt.

## 2. Gesetzliches Erbrecht des Ehegatten

Da **Ehegatten** einerseits ein gesetzliches Erbrecht haben sollten, sie aber andererseits nicht miteinander verwandt sind, musste das Gesetz ein besonderes gesetzliches Ehegatten-Erbrecht schaffen (§ 1931 Abs. 1, 2 BGB), das die Vorschrift des § 1371 BGB über den Zugewinnausgleich „unberührt" lässt (§§ 1931 Abs. 3, 1371 BGB) und das für den Güterstand der Gütertrennung (wegen der Bedeutungslosigkeit dieses Güterstandes hier nicht weiter interessierende) Sonderregeln vorsieht (§ 1931 Abs. 4 BGB). Entsprechendes gilt für den **eingetragenen Lebenspartner** (§ 10 LPartG), auf dessen Rechtsstellung wir aus Vereinfachungsgründen wiederum verzichten werden. Wenn der Erblasser bis zum Tod in gültiger Ehe gelebt hat,

- erhält der **längerlebende Ehegatte neben** den **Erben erster Ordnung ein Viertel** der Erbschaft; **neben** den **Eltern** oder **Großeltern erhält** der **längerlebende Ehegatte die Hälfte**. Für den gesetzlichen **Güterstand** der **Zugewinngemeinschaft** zwischen Erblasser und Erbe gilt ergänzend Folgendes: Der Zugewinnausgleich wird, wenn der überlebenden **Ehegatte Erbe** oder **Vermächtnisnehmer** ist, ohne Rücksicht auf einen erzielten Zugewinn durch die Erhöhung des gesetzlichen Erbteils des überlebenden Ehegatten nach § 1931 Abs. 1 BGB pauschal um ein Viertel der Erbschaft herbeigeführt (§ 1371 BGB). Wird der überlebende **Ehegatte nicht Erbe** oder **Vermächtnisnehmer**, weil er enterbt worden ist oder ausgeschlagen hat, so kann der überlebende Ehegatte den Zugewinnausgleich nach den §§ 1373 bis 1383, 1390 BGB verlangen. Zusätzlich steht ihm dann der „kleine Pflichtteil" in Höhe der Hälfte des gesetzlichen Erbteils zu; berechnet wird der Pflichtteil auf der Basis des um den Zugewinnausgleich gekürzten Nachlasses (daher: „kleiner" Pflichtteil). Beim **Güterstand** der **Gütertrennung** gibt es keinen Zugewinnausgleich, so dass es dann bei § 1931 Abs. 1 BGB bleibt, allerdings variiert durch § 1931 Abs. 4 BGB.

> *Beispiel:* M ist mit F verheiratet und lebt im Güterstand der Zugewinngemeinschaft. Aus der Ehe stammt der Sohn S. Beim Tod des M erbt die F neben dem S als Erbe erster Ordnung nach § 1931 Abs. 1 BGB zu ¼ und nach § 1371 BGB zu weiteren ¼, womit ihr insgesamt die Hälfte des Erbes zusteht. Die andere Hälfte steht dementsprechend dem S zu.

- Sind Verwandte der 1. und 2. Ordnung und auch Großeltern nicht vorhanden, dann bekommt der Ehegatte nach § 1931 Abs. 2 BGB die **gesamte Erbschaft**.

Das **Ehegattenerbrecht** ist **ausgeschlossen**, wenn die Scheidung beantragt oder die Aufhebung der Ehe hätte beantragt werden können (§ 1933 BGB). Einen ergänzenden Anspruch hat der erbberechtigte Ehegatte auf bestimmte zum Hausrat gehörende Gegenstände und Hochzeitsgeschenke, sog. **„Voraus"** (§ 1932 BGB).

## III. Erbengemeinschaft

Gibt es mehrere Erben, „so wird der Nachlass gemeinschaftliches Vermögen der Erben“ (§§ 1922, 2032 Abs. 1 BGB). Sie bilden eine „Erbengemeinschaft“, an der sie je nach der verfügten oder der gesetzlich bestimmten Quote beteiligt sind.

### 1. Die Erbengemeinschaft als „Gesamthandsgemeinschaft“

In Bezug auf den **Nachlass** bilden die Erben eine Gesamthandsgemeinschaft: Jeder Gegenstand steht jedem Miterben, beschränkt durch die gleiche Berechtigung eines jeden anderen Miterben, zu. Daher ist es auch ausgeschlossen, dass ein Miterbe über seinen Anteil an den einzelnen Nachlassgegenständen verfügt (§ 2033 Abs. 2 BGB); vielmehr können die Miterben über einen Nachlassgegenstand nur gemeinschaftlich verfügen (§ 2040 Abs. 1 BGB). Nachlassforderungen können nur durch Leistung an alle befreiend erfüllt werden (§ 2039 BGB).

Über den **Anteil** am **Nachlass** kann jeder Miterbe durch einen notariell beurkundeten Vertrag verfügen (§ 2033 Abs. 1 BGB).

Die **Verwaltung** des **Nachlasses** steht den Erben gemeinschaftlich zu (§ 2038 BGB), wobei für die ordnungsgemäße Verwaltung Mehrheitsentscheidungen ausreichen (§§ 2038 Abs. 2 S. 1, 745 BGB) und notwendige Erhaltungsmaßnahmen jeder treffen kann (§ 2038 Abs. 1 S. 2 BGB). Nachlassforderungen kann jeder Miterbe geltend machen, aber nur auf Leistung an alle Erben (§ 2039 BGB); im Prozess wäre dies ein weiterer Fall der (gesetzlichen) „Prozessstandschaft“ (entsinnen Sie sich noch an § 335 BGB?).

Wissen sollte man, dass eine Erbengemeinschaft nach bisheriger Auffassung zwar nicht rechtsfähig ist, dass es aber in der Literatur erste Tendenzen hin zur Anerkennung der Rechtsfähigkeit einer Erbengemeinschaft jedenfalls für solche Fälle, in den sie „unternehmenstragend“ ist, so dass man derlei guten Gewissens zumindest diskutieren kann.

### 2. Die Auseinandersetzung der Erbengemeinschaft

Jeder Miterbe kann jederzeit Auseinandersetzung der Erbengemeinschaft verlangen (§ 2042 Abs. 1 BGB). Der durch letztwillige Verfügung mögliche und zum Zusammenhalt von wirtschaftlichen Einheiten wie z. B. bei einem aus Grundeigentum bestehenden Familienvermögen oder einem Unternehmen sehr sinnvolle Ausschluss der Auseinandersetzung ist auf 30 Jahre (das ist eine Generation) beschränkt (§ 2044 BGB).

- Die Auseinandersetzung kann seitens des Erblassers durch auf den Erbteil anrechenbare **Teilungsanordnungen** (§ 2048 BGB) oder durch nicht auf den Erbteil anrechenbare **Vorausvermächtnisse** (§ 2150 BGB) gesteuert werden. Bindend sind sie nicht, weil die Miterben eine andere Verteilung vereinbaren können. Will der Erblasser insoweit den Miterben über das Grab hinaus seinen „Willen aufzwingen“, muss er zusätzlich eine Testamentsvollstreckung anordnen.
- Die Auseinandersetzung kann bei entsprechender Anordnung durch den Erblasser ein **Testamentsvollstrecker** vornehmen müssen (§ 2204 BGB). Ansonsten

setzen die **Miterben** sich **durch** einen **Vertrag** auseinander. Notfalls kann das **Nachlassgericht** die Auseinandersetzung vermitteln (§§ 86 ff. FGG). Kommt es zu keiner Einigung, kann jeder Miterbe auf **Zustimmung** zu einem **Auseinandersetzungsplan klagen**; dann wird es – weil eine Teilung in Natur meist praktisch ausscheidet – auf einen Verkauf und eine Teilung des Erlöses nach den Erbquoten hinauslaufen (§§ 2042 Abs. 2, 753 BGB). Wer ein wenig praktisch denkt, erkennt sofort, dass dies eine schlechte, weil meistens wertvernichtende, Lösung ist.

## IV. Anfall der Erbschaft

Die Erbschaft geht **mit** dem **Erbfall** nach § 1922 Abs. 1 BGB im Wege der „Gesamtrechtsnachfolge" als Ganzes auf den/die zum Erben Berufenen über. Der/die zum Erben Berufene kann/können die Erbschaft annehmen oder ausschlagen, sobald der Erbfall eingetreten ist (§ 1942 Abs. 1 BGB). Der/die zum Erben Berufene/n ist/sind erst dann **endgültig Erbe**, wenn er die angefallene Erbschaft angenommen hat oder wenn er die Ausschlagungsfrist hat verstreichen lassen (§ 1943 BGB). Die Annahme oder Ausschlagung der Erbschaft richtet sich nach §§ 1942–1966 BGB. (Die Doppelung der Begriffe durch Schrägstriche sollte Sie noch einmal daran erinnern, dass Erben auch mehrere Person sein können, die dann eine Erbengemeinschaft bilden; fortan werden Sie damit aber nicht weiter „genervt").

Die **Annahme** der Erbschaft ist nach § 1943 BGB erfolgt, wenn die sechswöchige Ausschlagungsfrist des § 1944 BGB abgelaufen ist, ohne dass der Erbe die Erbschaft durch Erklärung gegenüber dem Nachlassgericht nach § 1945 BGB ausgeschlagen hat. Sie kann aber auch ausdrücklich (durch Erklärung gegenüber Nachlassgläubigern) oder konkludent (Antrag auf Erbscheinerteilung, Verfügung über Nachlassgegenstände) erfolgen. Die Annahme der Erbschaft ist die Regel und bedeutet wegen der Haftungsbeschränkungsmöglichkeit kein Risiko für den zum Erben Berufenen.

Jeder zum Erben Berufene (nach §§ 1936, 1942 Abs. 2 BGB mit Ausnahme des Fiskus) kann durch Erklärung gegenüber dem Nachlassgericht (§ 1945 BGB) die Erbschaft mit rückwirkender Kraft ausschlagen (§ 1942 Abs. 1 BGB). Die regelmäßige Ausschlagungsfrist beträgt 6 Wochen ab Kenntnis von Anfall und Grund (§ 1944 BGB). Die Folge einer **Ausschlagung** ist, dass der Anfall der Erbschaft als nicht erfolgt gilt (§ 1953 Abs. 1 BGB) und der Nachlass an den, der als nächster zum Erben berufen wäre, übergeht. Für eine Ausschlagung kann es unterschiedliche **Motive** geben: So wird ein überlebender Ehegatte ausschlagen, wenn die Ehegatten im gesetzlichen Güterstand der Zugewinngemeinschaft lebten und der Überlebende selbst keinen Zugewinn gemacht hat. Dann stehen ihm nämlich der Zugewinnausgleich und der kleine Pflichtteil zu (§§ 1371 Abs. 2, 1378 BGB). Ausschlagen wird man sicher auch bei einer Überschuldung des Nachlasses.

Die **Annahme** und die **Ausschlagung** können innerhalb von 6 Wochen **nach §§ 119 ff. BGB angefochten** werden (§ 1954 BGB).

## V. Erbschein

Damit der Erbe sein Erbrecht realisieren kann, benötigt er einen Nachweis über sein Erbrecht, und zwar insbesondere gegenüber Banken und – wenn ein Grundstücksrecht, namentlich das Eigentum an einem Grundstück, zum Nachlass gehört – gegenüber dem Grundbuchamt. So kann der Erbe ohne einen solchen Nachweis nicht über die Bankkonten oder über das Wertpapierdepot des Erblassers verfügen oder sich als Eigentümer eines ererbten Grundstücks in das Grundbuch durch eine Grundbuchberichtigung eintragen lassen oder das Grundstück veräußern; auch kann er von den Mietern eines ererbten Zinshauses (=Mehrfamilienhaus) nicht die Zahlung der Miete verlangen u. v. a. m.

Vor dem **Grundbuchamt**, kann der Nachweis der Erbfolge nach **§ 35 GBO** grundsätzlich nur durch einen Erbschein geführt werden. Beruht jedoch die Erbfolge auf einer Verfügung von Todes wegen, die in einer öffentlichen Urkunde enthalten ist, so genügt es, wenn an Stelle des Erbscheins die Verfügung und die Niederschrift über die Eröffnung der Verfügung vorgelegt werden; erachtet das Grundbuchamt die Erbfolge durch diese Urkunden nicht für nachgewiesen, so kann es die Vorlegung eines Erbscheins verlangen.: Der **Erbschein** ist also das klassische und zTl. unerlässliche Mittel für die Legitimation als Erbe. Wegen dieser überragend wichtigen praktischen Bedeutung des Erbscheins ist es als großer Fortschritt anzusehen, dass nach Inkrafttreten der

EuErbVO am 17.08.2015 die Ausstellung eines europäischen Nachlasszeugnisses (=Erbschein) möglich ist. Dieses wird in allen EU-Mitgliedsstaaten als Nachweis der Stellung als Erbe oder Vermächtnisnehmer sowie der Befugnisse als Testamentsvollstrecker anerkannt (Artt. 62 ff.). Damit entfallen bei grenzüberschreitenden Erbfällen aufwendige parallele Erbscheinsverfahren zur Nachlassabwicklung in den jeweiligen Mitgliedstaaten.

Damit **kein Missverständnis** aufkommt: Das Erbrecht des Erben hängt nicht von der Möglichkeit des Nachweises seines Erbrechts auf eine der vorgenannten Weisen ab. Kurz gesagt: Erbe ist man auch ohne Erteilung eines Erbscheins!

Der **Erbschein** ist das **amtliche Zeugnis** des **Nachlassgerichts über** ein **Erbrecht** und ggf. über den **Umfang** des **Erbteils** sowie eventueller vom Erblasser angeordneter **Beschränkungen** der **Erbenstellung**; er enthält dagegen keine Angaben über Vermächtnisse, Auflagen, Teilungsanordnungen etc. (§ 2353 BGB).

Der **Antrag** auf Erteilung eines Erbscheins setzt die in §§ 2354 ff. BGB genannten Angaben voraus, deren Richtigkeit der Antragsteller nach § 2356 BGB u. U. durch öffentliche Urkunden nachweisen muss. Antragsberechtigt sind der Erbe (§ 2353 BGB), aber auch Nachlassverwalter, der Testamentsvollstrecker und auch ein Gläubiger, nicht aber ein Schuldner (wenn dieser nicht weiß, ob er an eine sich als Erbe berühmende Person befreiend leisten kann, bleibt ihm nur die Hinterlegung nach §§ 372 ff. BGB). Der Erbschein wird nur erteilt, wenn das Nachlassgericht die zur Begründung des Antrags erforderlichen Tatsachen für festgestellt erachtet. Nach § 2358 BGB stellt das Nachlassgericht eigene Ermittlungen zur Überprüfung der Angaben im Antrag an; das Verfahren ist im FGG geregelt.

Beachten Sie aber bitte, dass mit der Erteilung des Erbscheins das Erbrecht keinesfalls rechtskräftig festgestellt ist. Vielmehr kann darüber vor den ordentlichen Gerichten gestritten werden. Im „Idealfall" kann es beim Streit um den Nachlass zwischen zwei Prätendenten sechs Instanzen geben: **1)** Erbscheinerteilungsverfahren nach FGG: Amtsgericht als Nachlassgericht, Landgericht als Beschwerdegericht, Rechtsbeschwerde an das OLG. **2)** Klage z. B. gestützt auf § 2018 BGB bei behaupteter Alleinerbschaft oder nach § 256 ZPO auf Feststellung des Bestehens des Erbrechts oder nach § 254 ZPO zur Vorbereitung einer Auseinandersetzungsklage bei behaupteter Miterbschaft: Erste Instanz Urteil des Landgerichts, Berufungsurteil des OLG, Revision zum BGH; oder erste Instanz: Urteil des Amtsgerichts, Berufungsurteil des Landgerichts bzw. Revisionsurteil des BGH. Bei einer Mehrzahl von Prätendenten kommt es zu einer entsprechenden Vervielfachung. Daher ist das oberste Ziel bei der Rechtsgestaltung höchste Klarheit bei letztwilligen Verfügungen, die am ehesten bei öffentlichen Testamenten oder bei einem Erbvertrag gewährleistet ist. Oder man entscheidet sich dafür, die gesetzliche Erbfolge gelten zu lassen.

Die **materiellrechtliche Bedeutung** des **Erbscheins** liegt in **der „Vermutung der Richtigkeit des Erbscheins"** (§ 2365 BGB: „Es wird vermutet, dass demjenigen, welcher in dem Erbschein als Erbe bezeichnet ist, das in dem Erbschein angegebene Erbrecht zustehe und dass er nicht durch andere als die angegebenen Anordnungen beschränkt sei") verbunden mit der Gutglaubenswirkung (§ 2366 BGB: „Erwirbt jemand vom demjenigen, welcher in einem Erbschein als Erbe bezeichnet ist, durch Rechtsgeschäft einen Erbschaftsgegenstand, ein Recht an einem solchen …, so gilt zu seinen Gunsten der Inhalt des Erbscheins, soweit die Vermutung des § 2365 reicht, als richtig, es sei denn, dass er die Unrichtigkeit kennt oder weiß, dass das Nachlassgericht die Rückgabe des Erbscheins wegen Unrichtigkeit verlangt hat"). **Der** durch einen **Erbschein Ausgewiesene** wird also, auch wenn er materiellrechtlich nicht wahrer Erbe ist oder ein durch Anordnungen (Nacherbfolge, Testamentsvollstreckung) beschränkter Erbe ist, bei einem rechtsgeschäftlichen Erwerb aufgrund einer **Verfügung** über einen **Erbschaftsgegenstand** (Sachen und Rechte, die dem Erblasser zustanden)

- bei vermuteter **Gutgläubigkeit** (es schadet nur Vorsatz)
- so behandelt, wie wenn er ein **Erbe** wäre, der **nicht durch Anordnungen** (Nacherbfolge, Testamentsvollstreckung) **beschränkt** ist.

**Fall 918**

Der E ist am 1. Mai 2002 verstorben. In seinem Testament vom 1. Januar 2002 ist der SchE zum Alleinerben eingesetzt worden. Der SchE nimmt den Nachlass in Besitz und verkauft das Auto des E und übergibt und übereignet es durch Einigung und Übergabe an D1. Nachdem ihm ein Erbschein erteilt worden ist, verkauft er die Möbel des E an D2 und übergibt und übereignet sie durch Einigung und Übergabe an den D2. Danach wird ein Testament des E vom 1. April 2002 aufgefunden, durch das der wE zum Erben eingesetzt wird. Der wE verlangt von D1 und D2 Herausgabe von Auto und Mobiliar.

1) Der wahre Erbe wE könnte gegen den D1 einen Anspruch auf Herausgabe des Autos nach § 985 BGB haben. a) Dann müsste der wE Eigentümer des Autos sein; das ist „historisch" zu prüfen aa) Der E war Eigentümer. bb) Der wE ist als Erbe des E nach §§ 1922, 1937, 2258 BGB neuer Eigentümer geworden. cc) Er könnte das Eigentum an dem Auto nach aaa) § 929 S. 1 BGB durch die Übereignung des Scheinerben SchE an den D1 verloren haben; das ist nicht der Fall, weil der SchE nicht Eigentümer geworden war. bbb) In Betracht kommt aber ein Erwerb des D1 aaaa) nach §§ 929 S. 1, 932 Abs. 1 S. 1 BGB, deren Voraussetzungen vorliegen, so dass ein Eigentumserwerb die Folge wäre, bbbb) wenn nicht § 935 Abs. 1 S. 1 BGB eingreift: das Auto müsste dem wE als Eigentümer abhanden gekommen sein; aaaaa) dann müsste er Besitzer des Autos gewesen sein; das ist nach § 857 BGB der Fall. bbbbb) Diesen Besitz hat er durch die Veräußerung seitens des SchE unfreiwillig verloren. Also liegt § 935 Abs. 1 S. 1 BGB vor. D1 hat kein Eigentum erworben; der wE ist noch Eigentümer. b) D1 ist der Besitzer. c) Er hat kein Recht zum Besitz gegenüber dem wE (§ 986 BGB) und muss das Auto daher herausgeben. 2) Der wE könnte gegen den D2 einen Anspruch auf Herausgabe der Möbel nach § 985 BGB haben. a) Der D2 ist Besitzer der Möbel. b) Der wE müsste Eigentümer der Möbel sein; das ist „historisch" zu prüfen: aa) E war Eigentümer. bb) Der wE ist als Erbe des E nach §§ 1922, 1937, 2258 BGB neuer Eigentümer geworden. cc) Er könnte das Eigentum an den Möbeln nach aaa) § 929 S. 1 BGB durch die Übereignung des SchE an den D2 verloren haben; aaaa) zwar ist der SchE nicht Eigentümer geworden; bbbb) aufgrund des ihm erteilten Erbscheins ist aber zugunsten des gutgläubigen D2 davon auszugehen, dass der SchE Erbe nach dem E geworden ist (§§ 2365, 2366 BGB) und damit nach § 1922 BGB auch der Eigentümer der dem Erblasser gehörenden Nachlassgegenstände geworden ist. Mit dieser (eleganten) Begründung wird von einem Teil der Lehre angenommen, dass der D2 Eigentümer geworden ist. cccc) Auf § 935 BGB ist nicht einzugehen, weil es sich nicht um einen Erwerb nach § 932 BGB handelt. bbb) Anderen geht das zu weit; sie prüfen einen Eigentumserwerb seitens des D2 aaaa) nach §§ 929 S. 1, 932 Abs. 1 S. 1 BGB, deren Voraussetzungen vorliegen, so dass ein Eigentums-

erwerb die Folge wäre, bbbb) wenn nicht § 935 Abs. 1 S. 1 BGB eingreift: das Auto müsste dem wE als Eigentümer abhanden gekommen sein; dann müsste er Besitzer des Autos gewesen sein. Das ist der Fall nach § 857 BGB; da aber der SchE zugunsten des gutgläubigen D2 nach §§ 2365, 2366 BGB wie der wahre Erbe behandelt wird, hat der wE nicht den Besitz nach § 857 BGB erlangt. Daher ist die Sache auch nicht dem wE abhanden gekommen. Der D2 hat somit das Eigentum an den Möbeln erworben. Ein Herausgabeanspruch besteht nicht.

**Variante**

Das Auto/die Möbel waren dem E von der Autofabrik A/der Möbelfabrik M leihweise zur Ansicht überlassen worden. A/M verlangt Herausgabe von D1/D2.

Die Ansprüche können sich aus § 985 BGB ergeben. 1) Was das nachlassfremde Auto angeht, a) so kann der D1 das Eigentum lediglich nach §§ 929 S. 1, 932 Abs. 1 S. 1, BGB, deren Voraussetzungen gegeben sind, erlangt haben. Fraglich ist, ob das Auto nach § 935 Abs. 1 BGB abhanden gekommen ist: A hat den Besitz freiwillig durch die Leihe an E verloren. Abhanden gekommen wäre das Auto aber auch, wenn der Besitzmittler den Besitz unfreiwillig verloren hat. Besitzmittler war ursprünglich der E. Nach seinem Tod ist es nach § 857 BGB dessen Erbe wE geworden; da dieser den Besitz unfreiwillig verloren hat, ist das Auto abhanden gekommen. D1 hat daher kein Eigentum erworben. b) Der D1 ist Besitzer und hat c) kein Recht zum Besitz gegenüber dem A. Daher besteht ein Herausgabeanspruch. 2) Ein Herausgabeanspruch der M hinsichtlich der Möbel setzt voraus, dass die M Eigentümer ist. Die Möbel waren ebenfalls nachlassfremd. Da die §§ 2365, 2366 BGB lediglich die fehlende Erbenstellung „ersetzen“, nicht aber die fehlende Nachlasszugehörigkeit, kann der D2 das Eigentum an den Möbeln auch lediglich nach §§ 929 S. 1, 932 Abs. 1 S. 1, BGB, deren Voraussetzungen gegeben sind, erlangt haben. Fraglich ist, ob die Möbel nach § 935 Abs. 1 BGB abhanden gekommen sind: Die M hat den Besitz durch die Leihe an E freiwillig verloren. Abhanden gekommen wären sie aber auch, wenn der Besitzmittler den Besitz unfreiwillig verloren hat. Besitzmittler war ursprünglich der E. Nach seinem Tod ist es nach § 857 BGB dessen Erbe wE geworden; da dieser den Besitz unfreiwillig verloren hat, wäre das Mobiliar auch abhanden gekommen. Zugunsten des gutgläubigen D2 wird der SchE jedoch wie der wahre Erbe behandelt, also wie der Besitzer nach § 857 BGB; er ist also als Besitzmittler der M anzusehen. Da er den Besitz freiwillig aufgegeben hat, liegt kein Abhandenkommen vor. Also ist D2 ist Eigentümer geworden. Daher besteht kein Herausgabeanspruch der M gegen den D2.

**Fall-Variante**

Der E hatte die Sachen den Eigentümern gestohlen.

Ein Eigentumserwerb scheitert an § 935 Abs. 1 S. 1 BGB.

**Variante**

Der durch einen Erbschein als Erbe ausgewiesene SchE übereignet aufgrund eines Kaufvertrages mit D3 an diesen ein Grundstück des E, ohne sich zuvor als Eigentümer in das Grundbuch eintragen zu lassen (geht das? Ja: §§ 35, 40 GBO). Der wE verlangt von D3 Grundbuchberichtigung (nach Kropholler).

Ein Anspruch aus § 894 BGB besteht nicht, weil der D2 das Eigentum nach §§ 873, 925, 2366 BGB erlangt hat: Der SchE wird nach § 2366 BGB wie der Erbe und damit wie der Eigentümer behandelt.

**Variante**

Nichts anderes kann gelten, wenn der durch einen Erbschein als Erbe ausgewiesene SchE sich vor der Übereignung an den D3 im Wege der Grundbuchberichtigung nach §§ 22, 35 GBO als Eigentümer in das Grundbuch hätte eintragen lassen. Weil aber ein gutgläubiger Erwerb nach § 892 BGB (speziell wegen des § 892 Abs. 2 BGB) günstiger für den Erwerber ist, soll hier ein Erwerb nach § 892 BGB erfolgen (nach Kropholler).

**Variante**

Der E war zu Unrecht anstelle des X im Grundbuch als Eigentümer eingetragen und der noch nicht in das Grundbuch eingetragene durch einen Erbschein als Erbe ausgewiesene SchE verkauft und übereignet das Grundstück an den gutgläubigen D3. Der X verlangt von dem D3 Grundbuchberichtigung (nach Kropholler).

Dem X steht kein Anspruch aus § 894 BGB zu, denn der D3 ist Eigentümer geworden. a) Das fehlende Eigentum wird durch § 892 BGB überwunden und b) das fehlende Erbrecht durch § 2366 BGB.

**Variante**

Der durch einen Erbschein als Erbe ausgewiesene SchE tritt eine Darlehensforderung des E gegen den S an den gutgläubigen Z'ar ab. Der wE verlangt von S Zahlung (nach Kropholler).

Der Anspruch könnte sich aus § 488 Abs. 1 S. 2 BGB ergeben, wenn der wE und nicht der Z'ar Gläubiger der Forderung geworden wäre. Der Z'ar hat die Forderung nach §§ 398, 2366 BGB erworben.

**Variante**

Der durch einen Erbschein als Erbe ausgewiesene SchE tritt eine Darlehensforderung des E gegen den S an den gutgläubigen Z'ar ab. Der S hatte bereits an den E gezahlt. Der gutgläubige Z'ar verlangt nunmehr Zahlung von S (nach Kropholler).

Da der Z'ar die Forderung auch nicht von dem wE hätte erwerben können, kann er sie (erst recht) nicht von SchE erworben haben.

Weil die Entgegennahme einer Leistung keine Verfügung ist, musste der Gesetzgeber für die **Leistungen an einen Erbscheinserben** eigens den **§ 2367 BGB** schaffen. Hiernach ist der gutgläubige Schuldner durch die Leistung an den durch einen Erbschein als Erben ausgewiesenen Scheinerben befreit. Der Scheinerbe ist dem wahren Erben zur Herausgabe des Erlangten verpflichtet (§ 816 Abs. 2 BGB). Auch sind Verfügungsgeschäfte wie eine Aufrechnung gegenüber dem wahren Erben wirksam.

**Fall 919**

Der G hat gegen den S einen Anspruch aus einem Darlehensvertrag in Höhe von € 10.000,–. Nach dem Tod des G ist sein alleiniger gesetzlicher Erbe sein Sohn A. Auf Antrag des A wird diesem ein Erbschein, der ihn als den Alleinerben ausweist, erteilt. Der A legt dem S den Erbschein vor und erhält eine Barzahlung in Höhe von € 10.000,–. Nun findet sich ein später errichtetes Testament, durch das der B zum Alleinerben eingesetzt wird. Der B verlangt von S Zahlung, jedenfalls aber von A Herausgabe oder Zahlung von € 10.000,– (nach Harder).

1) Der Anspruch des B gegen den S a) aus § 488 Abs. 1 S. 2, 1922 BGB b) ist nach §§ 2365, 2367 BGB erloschen. 2) Der B könnte gegen A a) aus §§ 2018, 2019 Abs. 1, 2029, 985, 986 BGB Herausgabe des noch vorhandenen Geldes verlangen b) oder (bei Vermischung mit eigenem Geld) aus §§ 951, 812, 948 Abs. 1, 947 Abs. 2 BGB Zahlung von € 10.000,– verlangen oder nach §§ 948 Abs. 1, 947 Abs. 1, 749 BGB Auseinandersetzung der Miteigentumsgemeinschaft oder nach Einzahlung auf ein Konto Schadensersatz nach §§ 989 ff. BGB. c) In jedem Fall steht ihm ein Anspruch aus § 816 Abs. 2 BGB auf Herausgabe des Erlangten zu.

## VI. Rechtliche Bedeutung der „Gesamtrechtsnachfolge"

Infolge der „Gesamtrechtsnachfolge" geht mit dem Erbfall das Vermögen des Erblassers auf den Erben über (§§ 1922, 1942 BGB). Die Gesamtrechtsnachfolge umfasst den Erwerb des Vermögens; dieses umfasst die Aktiva und die Passiva.

### 1. Aktivvermögen

Gegenstände des auf den Erben übergehenden **Aktivvermögens** können sein:

- alle **dinglichen Rechte** mit Ausnahme des Nießbrauchs (§ 1061 BGB); der **Besitz** (§ 857 BGB);
- **Ansprüche** aus rechtsgeschäftlichen Schuldverhältnissen mit Ausnahme solcher höchstpersönlicher Art und Ansprüche aus gesetzlichen Schuldverhältnissen;
- **Unternehmen** und **Firma**; **Mitgliedschaften** in Kapitalgesellschaften.
- Hochkompliziert ist die Frage der Vererblichkeit von **Gesellschafterstellungen** bei **Personalgesellschaften**: Der Kommanditanteil ist vererblich. Ansonsten ist wegen der die Vertragsgrundlage bildenden persönlichen Beziehung der Gesellschafter untereinander der Tod eines Gesellschafters ein Auflösungsgrund (§ 727 BGB; § 131 III Nr. 1 HGB) mit der Folge der Liquidation der Gesellschaft; wenn jedoch (so natürlich i. d. R die Praxis!) der Gesellschaftsvertrag

eine Vererblichkeit vorsieht, dann kann die Gesellschaft fortgesetzt werden (§ 727 Abs. 1 BGB, § 139 HGB). Die Einzelheiten sind allerdings sehr umstritten.

### 2. Passivvermögen

Dass der Übergang der Schulden des Erblassers auf den zum Erben Berufenen sich aus §§ 1922, 1942 BGB ergibt und nicht aus § 1967 BGB, nach dem „der Erbe … für die Nachlassverbindlichkeiten (haftet)“, ergibt sich aus §§ 1967, 1958 BGB, denn hiernach trifft diese „Haftung“ erst den „Erben“, also den zum Erben Berufenen nach der Annahme bzw. nach Ablauf der Ausschlagungsfrist.

Das auf den zum Erben Berufenen übergehende Passivvermögen, für das dann nach Annahme der Erbschaft bzw. nach Ablauf der Ausschlagungsfrist der Erbe haftet (§ 1967 BGB), sind die „vom Erblasser herrührenden Schulden“ (§ 1967 Abs. 2 BGB; **„Erblasserschulden“**). Das sind z. B. Verpflichtungen aus Rechtsgeschäft (§§ 433 Abs. 2; 535 Abs. 2; 516, 518 Abs. 1, 280 Abs. 1, 3, 283 BGB etc.) oder Gesetz (§§ 823 Abs. 1, 985, 1147 BGB etc.).

## VII. Haftung für „Nachlassverbindlichkeiten“

Von dem Augenblick an, da der zum Erben Berufene die Erbschaft angenommen hat bzw. die Ausschlagungsfrist abgelaufen ist, ist er **„Erbe“** und haftet als solcher **für die „Nachlassverbindlichkeiten“ (§ 1967 Abs. 1 BGB)**. Was **„Nachlassverbindlichkeiten“** sind, sagt uns **§ 1967 Abs. 2 BGB**:

- Dazu zählen außer den soeben dargestellten **„Erblasserschulden“** (sub VI),
- auch die den „Erben als solchen treffenden Verbindlichkeiten“, wie Pflichtteilsrechte, Vermächtnisse und Auflagen, Schenkungen von Todes wegen, Beerdigungskosten, Erbschaftsteuerschulden (§ 1967 Abs. 2 BGB; **„Erbfallschulden“)**
- sowie die **„Nachlasserbenschulden“,** die der Erbe zum Zwecke der Verwaltung des Nachlasses begründet hat.

### 1. Haftung des Erben

#### a) Grundsatz: Unbeschränkte Haftung des Erben für „Nachlassverbindlichkeiten“

Weil mit dem Erbfall das bisherige Eigenvermögen des Erben und der Nachlass auch dann miteinander „verschmelzen“, wenn die einzelnen Nachlassgegenstände getrennt verwaltet werden, steht den Gläubigern der Nachlassverbindlichkeiten das gesamte Vermögen des Erben zur Verfügung: **„Der Erbe haftet unbeschränkt …“**

**b) Herbeiführung der Haftungsbeschränkung auf den Nachlass**

Die „Pünktchen" deuten daraufhin: Man muss den letzten Satz aber sogleich fortsetzen: „... **aber beschränkbar**".

Denn die aus einer Unbeschränktheit der Haftung herrührenden letztlich inakzeptablen Risiken, denen der Gesetzgeber entgegentreten musste und auch entgegengetreten ist, erkennen wir sofort:

1. Im Nachlass kann eine „Zeitbombe" in Gestalt bisher unbekannter Erblasserschulden „ticken", wenn der Nachlass wider allen Erwartens des Erben überschuldet ist. Dem hatte man als Gesetzgeber Rechnung zu tragen. Aber vielleicht haben Sie ja anders als der Gesetzgeber mit dem Erben nicht allzu viel Mitleid, weil der Erbe dieses Risiko am ehesten hatte abschätzen und die Erbschaft ja hatte ausschlagen können. Als Juristen aber sind Sie (oder werden Sie) darin geschult, eine Interessenlage vollständig und aus der Sicht eines jeden Beteiligten abzuwägen, also das „große Ganze" im Auge zu behalten.
2. Sie sollten auch einmal an die Interessen der (Alt-) Gläubiger des Erben denken: Diese konnten sich vor dem Erbfall an das – für sie vielleicht völlig ausreichende – bisherige Eigenvermögen des Erben halten; durch den Erbfall erhalten sie jetzt unvorhersehbar „Konkurrenz" aus dem Lager der Gläubiger des Erblassers. Dass sich hierdurch ihre Stellung verschlechtert, ist kaum akzeptabel.
3. Aber denken sie auch einmal an die Interessen der Nachlassgläubiger: Stellen Sie sich vor, dass diese sich vollständig aus dem Nachlass hätten befriedigen können, dass sie aber, weil der Erbe gegenüber „eigenen" Gläubigern verschuldet war und weil diese jetzt wegen der Verschmelzung der Vermögensmassen (Nachlass und Eigenvermögen des Erben) auf das Gesamtvermögen zugreifen, keine volle Befriedigung mehr erhalten. Dass sich die Stellung der Nachlassgläubiger in dieser Weise verschlechtert, ist nicht akzeptabel.

Hier muss also aus den verschiedensten Gründen geholfen werden! Und in der Tat: Das Gesetz hat die Möglichkeit zur **Haftungsbeschränkung auf** den **Nachlass** geschaffen:

- Der von Nachlassgläubigern in Anspruch genommene Erbe kann innerhalb der ersten drei Monate nach der Annahme die **Einrede** des **§ 2014 BGB** und während des Verfahrens eines Aufgebots der Nachlassgläubiger nach § 1970 BGB **die Einrede** des **§ 2015 BGB** erheben, sofern der Erbe nicht bereits die Haftungsbeschränkung verloren hat (§ 2016 BGB): Das führt aber im Prozess nicht etwa zur Klagabweisung, sondern im Falle einer Verurteilung des Erben zu einem Urteil des Inhalts, dass der Erbe nur unter dem Vorbehalt der beschränkten Haftung verurteilt wird (§ 305 ZPO) und ermöglicht ihm für den Fall der Zwangsvollstreckung eine Zwangsvollstreckungsgegenklage (§§ 767, 782, 780 Abs. 1, 785 ZPO).

- Eine das Eigenvermögen schützende Haftungsbeschränkung kann **gegenüber bestimmten Gläubigern** durch das **Gläubigeraufgebotsverfahren** (§§ 946 ff. ZPO) erzielt werden: Nachlassgläubiger, die sich nicht innerhalb der Aufgebotsfrist melden, können durch **Ausschlussurteil** ausgeschlossen werden (§ 957 ZPO); ihnen gegenüber hat der Erbe ein **Leistungsverweigerungsrecht (§§ 1973f. BGB)**.
- Das Aufgebotsverfahren kann den Erben dazu veranlassen, **allen Nachlassgläubigern gegenüber** die Haftung auf den Nachlass zu beschränken: Und zwar durch eine **Nachlassverwaltung** oder durch ein **Nachlassinsolvenzverfahren (§ 1975 BGB)**. Ist der Nachlass allerdings so „dürftig", dass „mangels Masse" eine Nachlassverwaltung nicht angeordnet oder sie wieder aufgehoben wird oder ein Nachlassinsolvenzverfahren nicht eröffnet oder es wieder eingestellt wird, kann der Erbe gegenüber Nachlassgläubigern die **„Dürftigkeitseinrede"** erheben (§ 1990 BGB).
- Allerdings darf der Erbe **nicht** die **Haftungsbeschränkungsmöglichkeiten verloren** haben, was geschehen kann durch Verzicht, durch Versäumung der Frist zu der ihm durch das Nachlassgericht aufgegebenen Errichtung eines Nachlassinventars (§ 1994 Abs. 1 S. 2 BGB), durch „Inventaruntreue" (§ 2005 Abs. 1 BGB), durch Verweigerung der eidesstattlichen Versicherung des Inventars (§ 2006 Abs. 3 BGB).
- Die **Haftungsbeschränkung wird durchgesetzt** durch die Beantragung eines Vorbehalts im Prozess (§ 780 Abs. 1 ZPO), der die Verurteilung nicht hindert, sondern lediglich die erforderliche Zwangsvollstreckungsgegenklage nach §§ 781, 785, 767 ZPO ermöglicht. Das stattgebende Urteil erklärt dann die Zwangsvollstreckung für unzulässig.

## 2. Haftung der Miterben

### a) Die Haftung vor der Erbauseinandersetzung

Bis zur Teilung des Nachlasses kann der Nachlassgläubiger von sämtlichen Erben aus dem ungeteilten Nachlass Befriedigung verlangen (§ 2059 Abs. 2 BGB). Die Erben, die für die gemeinschaftlichen Nachlassverbindlichkeiten als Gesamtschuldner haften (§ 2058 BGB), können die Haftung jedoch auf ihren Erbteil beschränken und damit die Zwangsvollstreckung in das Eigenvermögen verhindern (§ 2059 Abs. 1 S. 1 BGB). Dazu muss man den Vorbehalt der Beschränkung in den Titel aufnehmen lassen (§ 780 ZPO), und man kann dann gegen die Zwangsvollstreckung nach §§ 767, 785, 781 ZPO vorgehen. Dem Gläubiger steht aber der Anteil des Erben an der Erbengemeinschaft als Vollstreckungsobjekt zur Verfügung; diesen kann er nach § 859 Abs. 2 ZPO pfänden. Wenn alle Erben nach § 2059 BGB aus § 2058 BGB in Anspruch genommen werden, so kann die Zwangsvollstreckung in den ungeteilten Nachlass erfolgen (§ 747 ZPO).

#### b) Nach der Erbauseinandersetzung

Nach der Teilung gibt es keine Erbengemeinschaft und damit auch keine Gesamthandsgemeinschaft mehr, so dass die Nachlassgläubiger nun nicht mehr von sämtlichen Erben aus dem ungeteilten Nachlass Befriedigung verlangen können. Nunmehr können nur noch die einzelnen Erben als Gesamtschuldner (§ 2058 BGB) in Anspruch genommen werden. Diese haften jetzt für Nachlassverbindlichkeiten mit ihrem eigenen Vermögen.

- Diese Härte können sie dadurch (vorbeugend) abwenden, dass sie dafür sorgen dass vor der Teilung die Nachlassverbindlichkeiten berichtigt werden (§ 2046, 2042 Abs. 2, 755 BGB).
- Sollte dies nicht geschehen sein, haftet der Miterbe nur in den in den §§ 2060, 2061 BGB geregelten Fällen für den seiner Erbquote entsprechenden Bruchteil der Schuld.

## B. Pflichtteil

Werden ein **Abkömmling**, die **Eltern** oder ein **Ehegatte** des Erblassers durch eine Verfügung von Todes wegen **von** der **Erbfolge** durch ein „negatives Testament" oder durch Einsetzung anderer Personen als Erben (§ 1938 BGB) **ausgeschlossen** (also: „enterbt"), so steht den Abkömmlingen, Eltern und Ehegatten ein **Pflichtteilsanspruch** in der Höhe der Hälfte des gesetzlichen Erbteils zu (§ 2303 BGB), wobei hinsichtlich des Ehegatten die Vorschrift des § 1371 BGB unberührt bleibt (§ 2303 Abs. 2 S. 2 BGB). Keine Pflichtteilsberechtigung entsteht dagegen durch eine Ausschlagung der Erbschaft (Ausnahmen: §§ 2306 Abs. 1 S. 2, 1371 Abs. 2 BGB), durch Erbverzicht (§ 2346 BGB) oder durch Erbunwürdigkeit (§ 2345 Abs. 2 BGB). Zum *Beispiel:* Der M hat zwei Söhne S 1 und S 2. Durch ein Testament vererbt er alles dem S 1, da er mit S 2 seit Jahren keinen Kontakt hat. Nach dem Tod des M verlangt S 2 von S 1 den Pflichtteil. Grundsätzlich würde S 2 bei gesetzlicher Erbfolge neben seinem Bruder zu ½ erben. Sein Pflichtteil ist daher ¼.

## C. Schenkung von Todes wegen

Eine der mysteriösesten Vorschriften des Zivilrechts ist der redaktionell in die Bestimmungen über den Erbvertrag eingefügte § 2301 BGB, der lautet: „Auf ein Schenkungsversprechen, welches unter der Bedingung erteilt wird, dass der Beschenkte den Schenker überlebt, finden die Vorschriften über Verfügungen von Todes wegen Anwendung" (§ 2301 Abs. 1 S. 1 BGB) und „Vollzieht der Schenker die Schenkung durch Leistung des zugewendeten Gegenstandes, so finden die Vorschriften über Schenkungen unter Lebenden Anwendung" (§ 2301 Abs. 2 BGB).

## I. Die nicht vollzogene Schenkung

Die Vorschrift des § 2301 Abs. 1 BGB **verwandelt** durch einen **juristischen „Zaubertrick“**

- ein **zu Lebzeiten gemachtes** Schenkungsversprechen,
- das **durch** den **Tod** des **Zuwendenden befristet** ist (nicht etwa „bedingt“ ist! denn der Tod eines Menschen als solcher ist natürlich kein „künftiges ungewisses Ereignis“ – so lautet die Definition für eine Bedingung –, sondern selbstverständlich ein „künftig gewisses Ereignis“, dessen Zeitpunkt ungewiss ist)
- und das durch das **Überleben** des **Beschenkten** (das ist ein „künftiges ungewisses Ereignis“) **aufschiebend** oder **auflösend bedingt** ist,
- **in** eine **Verfügung von Todes** wegen: „… finden die Vorschriften über Verfügungen von Todes wegen Anwendung“ (§ 2301 Abs. 1 S. 1 BGB). Diese Verfügung von Todes wegen kann entweder (relativ selten) eine **Erbeinsetzung** oder (regelmäßig) ein **Vermächtnis** sein; zur Abgrenzung bedient man sich der Ihnen ja schon bekannten Auslegungsregel des § 2087 BGB.

Auf den **Sinn und Zweck** dieser Regelung kommt es für die Fallbearbeitung nicht an, aber Sie können sehr wohl z. B. im mündlichen Examen nach ihm gefragt werden; daher sollten Sie sich auf eine Antwort einstellen:

1. Wenn man dazu allenthalben liest, die Anwendung der Vorschriften über Verfügungen von Todes wegen sei nötig, um so zu verhindern, dass die erbrechtlichen Formen durch Schenkungen von Todes wegen „umgangen“ oder „unterlaufen“ würden, so überzeugt dieses Argument wenig, denn ein Schenkungsversprechen unter Lebenden setzt bekanntlich eine notarielle Beurkundung des Schenkungsversprechens voraus (§ 518 Abs. 1 BGB), was von der Form her bekanntlich „strenger“ ist als die Form eines eigenhändigen Testaments (§ 2247 BGB).
2. Der wahrscheinliche Grund für die Schaffung der Norm ist, dass das Gesetz nicht möchte, dass der durch eine „Schenkung von Todes wegen“ Berechtigte besser gestellt wird, als der durch eine Verfügung von Todes wegen zum Erben oder zum Vermächtnisnehmer Eingesetzte: Ersterer hätte nämlich als schuldrechtlich „aufschiebend/auflösend bedingt“ Berechtigter eine durch den Schenkungsvertrag (mit nur beschränkten Widerrufsmöglichkeiten: §§ 519, 530 BGB) und durch §§ 160, 162 BGB geschützte Position, während durch eine Verfügung von Todes wegen der beschränkten erbrechtlichen Bindung nur eine tatsächliche Aussicht entsteht.

Die Frage, ob **im Schenkungsvertrag** eine **Überlebensbedingung vereinbart** wurde, muss sorgfältig durch Auslegung ermittelt werden. Fehlt diese Bedingung, liegt nämlich eine durch den Tod des Schenkers befristete Schenkung unter Lebenden nach §§ 516 ff. BGB vor, auf die § 2301 BGB nicht angewendet wird; und der verschenkte Gegenstand kann beim Vorversterben des Beschenkten von dessen Erben geltend gemacht werden. Auch wenn die Überlebensbedingung stillschweigend vereinbart sein kann, sollte man im Auge haben, dass § 2084 BGB analog dazu führen kann, dass eine Schenkung unter Lebenden anzunehmen ist.

Was das sich bei Annahme einer Überlebensbedingung aus § 2301 BGB ergebende **Formerfordernis** angeht, so wird wegen der systematischen Stellung des § 2301 BGB im Recht des Erbvertrags teilweise die Einhaltung der Erbvertragsform (§ 2276 BGB: notarielle Beurkundung bei gleichzeitiger Anwesenheit beider Teile) verlangt; man sollte aber mit der Begründung, dass in § 2301 BGB von einem Schenkungsversprechen (einseitig!) die Rede ist und dass nach § 2301 BGB die Vorschriften über die „Verfügung*en* von Todes wegen Anwendung (find*en*)" auch die Testamentsform für ausreichend halten. Richtig ist daher, dass beide Formen (Testament/Erbvertrag) wählbar sind.

Aus der **jeweils gewählten Form** ergibt sich dann das **Ausmaß der** nach § 2301 Abs. 1 BGB geltenden **erbrechtlichen Bindung**: Bei der Testamentsform kann der Schenker jederzeit grundlos (und nicht beschränkt auf §§ 519, 530 BGB) widerrufen (§ 2253 BGB). Bei der Erbvertragsform ist der Schenker hingegen beschränkt auf die Möglichkeiten der §§ 2281 ff. und §§ 2293 ff. BGB.

Bei der **Fallbearbeitung** kann die Prüfung des § 2301 Abs. 1 BGB

- im Zusammenhang mit einem zu prüfenden **Anspruch des Beschenkten gegen den Erben** auf Erfüllung
- oder im Zusammenhang mit einem zu prüfenden **bereicherungsrechtlichen Rückforderungsanspruch** des **Erben gegen** den **Beschenkten**

erforderlich werden.

**Fall 920**

Der Slenta verspricht am 1. April 2003 in notariell beurkundeter Form seinem alten Studienfreund Sulz, diesem seinen, von Sulz immer sehr bewunderten Bauernschrank zur Einrichtung von Sulzens neuem Ferienhaus auf dem Lande zu schenken und ihm zum 5. Juli 2003 zur Einweihungsfeier anliefern zu lassen. Der Sulz bedankt sich noch am 2. April 2003 in einem Telefonanruf. Als die von Slenta heimlich erhoffte Einladung zur Einweihungsfeier ausbleibt, lässt er den Schrank nicht anliefern. Am 6. Juli 2003 verlangt Sulz Lieferung. Slenta weigert sich (nach Harder).

Der Anspruch des Sulz gegen den Slenta ergibt sich aus einem Schenkungsvertrag (§§ 516, 518 Abs. 1 BGB). a) Ein Schenkungsvertrag ist geschlossen aa) Der Slenta hat dem Sulz ein formwirksames Angebot zur Schenkung gemacht (§§ 516, 518 Abs. 1 BGB). bb) Der Sulz hat es angenommen; einer Form bedarf die Annahmeerklärung nicht. b) Bis zum 5. Juli 2003 hätte der Slenta sich auf die Stundung berufen können. c) §§ 519, 530 BGB liegen nicht vor. d) Die von Slenta erwartete Einladung ist nicht Geschäftsgrundlage des Schenkungsvertrages geworden, so dass Slenta nicht wirksam nach § 313 Abs. 3 BGB vom Schenkungsvertrag zurückgetreten ist.

**Variante**

Sulz ist am 3. April 2003 plötzlich verstorben. Kann seine Alleinerbin Frau Sulz, am 6. Juli 2003 Lieferung verlangen?

Ja, der Anspruch ergibt sich aus einem Schenkungsvertrag (§§ 516, 518, 1922 BGB).

**Variante**

Der Slenta hat in seinem notariell beurkundeten Schenkungsversprechen erklärt, dass der Sulz den Bauernschrank erst nach seinem, Slenta's, Tode erhalten solle. Nachdem Slenta 15 Jahre später verstorben ist, verlangt der Sulz von dessen Erben Lieferung des Bauernschranks.

Der Anspruch ergibt sich entweder a) aus einem Schenkungsvertrag unter Lebenden (§§ 516, 518 Abs. 1 BGB) mit einer Befristung des Erfüllungsanspruchs bis zum Todes Slentas b) oder aus §§ 2301 Abs. 1, 2147, 2174 BGB, wenn man eine stillschweigende Bedingung des Inhalts, „dass der Beschenkte" (Sulz) „den Schenker" (Slenta) „überlebt" annehmen sollte. c) Die Frage kann offen bleiben, weil das Schenkungsversprechen der Erbvertragsform entspricht (§ 2276 BGB).

**Variante**

Sulz ist am 3. April 2003 plötzlich verstorben. Kann seine Alleinerbin, Frau Sulz nach dem Tode von Slenta Lieferung verlangen?

Hier muss man sich entscheiden: a) Wenn man annimmt, dass der Anspruch sich aus einem Schenkungsvertrag unter Lebenden mit einer Befristung des Erfüllungsanspruchs bis zum Tode Slentas ergibt, dann hätte Frau Sulz den Anspruch (§§ 516, 518, 1922 BGB). b) Wenn man aber eine Schenkung von Todes wegen deshalb annimmt, weil eine stillschweigende Bedingung des Inhalts, „dass der Beschenkte" (Sulz) „den Schenker" (Slenta) „überlebt" vorliegt, dann wäre die aufschiebende Bedingung (Überleben des Sulz) nicht eingetreten bzw. die auflösende Bedingung (Vorversterben des Sulz) eingetreten.

**Variante**

Der Slenta möchte verhindern, dass für den Fall des Vorversterbens von Sulz dessen Ehefrau und Alleinerbin, Frau Sulz, den Schrank erhält. Deshalb erklärt er, dass Sulz den Schrank erst nach seinem Tod und nur dann erhalten soll, wenn er den Slenta überlebt. Nachdem Slenta 15 Jahre später verstorben ist, verlangt der Sulz von dessen Erben die Lieferung des Bauernschranks.

Da hier ein durch das Überleben des Beschenkten bedingter (dieser Umstand ist „künftig und ungewiss") Schenkungsvertrag abgeschlossen wurde, liegt nach §§ 2301 Abs. 1, 2147 BGB ein Vermächtnis vor. Ein Schenkungsversprechen in Erbvertragsform (§ 2276 BGB) reicht für die Wahrung der Form aus. Der Sulz hat daher einen Anspruch aus §§ 2301 Abs. 1, 2174 BGB.

**Variante**

Sulz ist am 3. April 2003 plötzlich verstorben. Kann seine Alleinerbin, Frau Sulz nach dem Tode von Slenta Lieferung verlangen?

Nein, denn die aufschiebende Bedingung (Überleben des Sulz) ist nicht eingetreten bzw. die auflösende Bedingung (Vorversterben des Sulz) ist eingetreten.

**Variante**

Der Slenta verspricht am 1. April 2003 in Gegenwart der anwesenden E. L. Libys und des E. Talp mündlich seinem Freund Sulz, diesem seinen, von Sulz immer sehr bewunderten Bauernschrank zu schenken. Da der Slenta verhindern möchte, dass für den Fall des Vorversterbens von Sulz dessen Alleinerbin, Frau Sulz, den Schrank erhält, erklärt er, dass Sulz den Schrank erst nach seinem Tod und nur dann erhalten soll, wenn er den Slenta überlebt. Nachdem Slenta 15 Jahre später verstorben ist, verlangt der Sulz unter Berufung auf das Zeugnis des E. Talp von dessen Erben Lieferung des Bauernschranks. Der nicht rechtskundige Erbe, der sich zur Leistung verpflichtet glaubt, liefert den Schrank an Sulz. Später erfährt er von E. Talp, dass durch das damalige Versprechen weder die Testaments- noch die Erbvertragsform gewahrt waren und er deshalb zur Leistung nicht verpflichtet war. Der Erbe verlangt Rückgabe und Rückübereignung.

Der Anspruch ergibt sich aus § 812 Abs. 1 S. 1 Var. 1 BGB. a) Der Sulz hat das Eigentum und den Besitz an dem Bauernschrank erlangt, b) durch Leistung des Erben c) und ohne rechtlichen Grund, denn dem Sulz stand kein Anspruch aus §§ 2301 Abs. 1, 2147, 2174 BGB zu, da weder die Testaments- noch die Erbvertragsform gewahrt war (§ 125 BGB). d) § 814 BGB steht dem Anspruch nicht entgegen.

## II. Die vollzogene Schenkung

„Vollzieht der Schenker die Schenkung durch Leistung des zugewendeten Gegenstandes, so finden die Vorschriften über Schenkungen unter Lebenden Anwendung" (§ 2301 Abs. 2 BGB). Das bedeutet im Ergebnis, dass kein Formmangel besteht: Weil die Regeln über die Schenkung unter Lebenden Anwendung finden, gilt nicht § 2301 Abs. 1 BGB mit seinem Erfordernis der Einhaltung von Testaments- oder Erbvertragsform; und ein Formmangel hinsichtlich der erforderlichen notariellen Beurkundung aus § 518 Abs. 1 BGB ist durch die „im Vollzug der Schenkung durch Leistung des zugewendeten Gegenstandes" liegende „Bewirkung der versprochenen Leistung" geheilt (§ 518 Abs. 2 BGB).

Für den „Vollzug" der Schenkung ist entscheidend, dass der Schenker sein Vermögen noch zu Lebzeiten sofort und unmittelbar mindert.

- Das kann dadurch geschehen, dass der Schenker noch **zu Lebzeiten** das zur Erfüllung erforderliche **Erfüllungsgeschäft vornimmt** und **wirksam werden**

**lässt** (also: die verschenkte Sache übergibt und übereignet; die verschenkte Forderung abtritt).

- Erforderlich ist dies aber nicht, denn es **reicht** auch **aus**, dass der **Schenker** alles dafür **Erforderliche** tut, dass der **Beschenkte spätestens mit** dem **Tod** des **Schenkers** den verschenkten **Gegenstand von selbst** und **ohne weiteres Zutun des Erben erlangt** und dass **der Erbe den Erwerb nicht mehr einseitig verhindern** kann. Das ist z. B. dann der Fall, wenn das Verfügungsgeschäft unter einer Überlebensbedingung vorgenommen wird. Ausreichend ist auch, wenn der Schenker noch zu Lebzeiten die von seiner Seite zur Erfüllung des Schenkungsvertrages erforderliche Leistungshandlung vorgenommen hat, so dass der Leistungserfolg weder von der Tätigkeit eines Vertreters, eines Boten oder gar des Erben abhängt, sondern nur noch vom Tod des Schenkers und dem Überleben des Beschenkten. Eine sich zu Lebzeiten vorbehaltene, aber nicht ausgeübte Widerrufsmöglichkeit des Schenkers steht dem nicht entgegen. Einem Vollzug entgegen steht auch nicht eine nach §§ 130 Abs. 2 BGB gegebene, aber nicht ausgeübte Widerrufsmöglichkeit eines Erben nach § 130 Abs. 1 S. 2 BGB in den Fällen, in denen der Schenker das Angebot zum Abschluss des dem Vollzug dienenden Geschäftes abgegeben hat, dann verstorben ist, und der Beschenkte das nach § 130 Abs. 2 BGB wirksam gewordene Angebot nach § 153 BGB angenommen hat.

**Fall 921**

Der erkrankte Slenta bietet am 1. April 2003 seinem Freund Sulz anlässlich eines Krankenbesuches an, ihm seinen, von Sulz immer sehr bewunderten Bauernschrank für den Fall seines Todes und für den Fall des Überlebens des Sulz zu schenken und bietet ihm auch die Übereignung, die mit seinem Tode und dem Überleben des Sulz wirksam werden soll, an; zu Lebzeiten wolle er den Schrank noch nutzen. Der Sulz nimmt nach Rücksprache mit seiner Familie das Angebot noch am 2. April 2003 in einem Telefonanruf an. Nachdem Slenta 15 Jahre später verstorben ist, verlangt der Sulz von dessen Erben Herausgabe.

Der Anspruch könnte sich aus § 985 BGB ergeben. a) Der Erbe ist Besitzer (§ 857 BGB). b) Der Sulz ist Eigentümer geworden, denn die nach § 930 BGB erfolgte Übereignung ist befristet durch den Tod des Slenta und entweder aufschiebend bedingt (§ 158 Abs. 1 BGB) durch das Überleben des Sulz oder auflösend bedingt (§ 158 Abs. 2 BGB) durch das Vorversterben des Sulz. Der Termin (Tod des Slenta) hat stattgefunden. Auch ist die aufschiebende Bedingung (Überleben des Sulz) eingetreten bzw. die auflösende Bedingung (Vorversterben des Sulz) nicht eingetreten. Also ist Sulz Eigentümer geworden. c) Der Erbe könnte ein Recht zum Besitz haben, aa) zwar nicht aus § 986 BGB, bb) wohl aber aus § 242 BGB („dolo agit, qui petit …"), wenn er von Sulz sogleich wieder Herausgabe und Rückübereignung verlangen könnte. Ein solcher Anspruch könnte sich aus § 812 Abs. 1 S. 1 Var. 1 BGB ergeben: aaa) Der Sulz hat das Eigentum und hätte durch die Herausgabe den Besitz erlangt, bbb) dies durch Leistung des Slenta (Eigentum), die als Leistung des Erben anzusehen wäre (§ 1922 BGB) und durch Leistung des Erben (Besitz). ccc) Ein Rechtsgrund könnte ein Schenkungsvertrag sein. aaaa) Dieser ist geschlossen. bbbb) Er könnte formnichtig sein (§ 125 BGB). aaaaa) Hier ist die Schenkung zu Lebzeiten vollzogen: aaaaaa) Zwar hat der Schenker das Eigentum noch nicht zu Lebzeiten wirksam übertragen, denn die Übereignung ist erst mit dem Tod des vorversterbenden Slenta wirksam geworden. bbbbbb) Es reicht jedoch aus, dass der Schenker alles dafür Erforderliche tut, dass der Beschenkte spätestens mit dem Tode des Schenkers den verschenkten Gegenstand von selbst und ohne weiteres Zutun des Erben erlangt und dass der Erbe den Erwerb nicht mehr einseitig verhindern kann. Das ist z. B. dann der Fall, wenn das Verfügungsgeschäft unter einer Überlebensbedingung vorgenommen wird. bbbbb) Wegen des Vollzuges der Schenkung besteht kein Formmangel: aaaaaa) Weil die Regeln über die Schenkung unter Lebenden Anwendung finden, gilt nicht § 2301 Abs. 1 BGB mit seinem Erfordernis der Einhaltung von Testaments- oder Erbvertragsform; bbbbbb) und ein Formmangel hinsichtlich der erforderlichen notariellen Beurkundung aus § 518 Abs. 1 BGB ist durch die „im Vollzug der Schenkung durch Leistung des zugewendeten Gegenstandes" liegende „Bewirkung der versprochenen Leistung" geheilt (§ 518 Abs. 2 BGB). Also hat der Erbe keinen Rückforderungsanspruch aus § 812 Abs. 1 S. 1 Var. 1 BGB, und es besteht kein dem Anspruch des Sulz entgegenstehender Einwand aus § 242 BGB („dolo agit, qui petit …").

## D. Der Vertrag zugunsten Dritter auf den Todesfall

Vielfach werden zu Lebzeiten bestimmte Vermögenswerte (Sparguthaben, Ansprüche gegen Lebensversicherer) zu Versorgungszwecken „am Nachlass vorbei" einzelnen Personen, die nicht Erbe werden sollen, auf den Todesfall zugewendet. Das rechtstechnische „Mittel der Wahl" ist der Sparvertrag oder Lebensversicherungsvertrag „zugunsten Dritter". Hier stellen sich zwei Fragen: Erwirbt der Dritte den Anspruch gegen den Versprechenden (Sparkasse, Lebensversicherer) und – wenn ja – hat der Erbe des Versprechensempfängers (Sparer, Versicherungsnehmer) einen Bereicherungsanspruch gegen den Dritten (beim Lebensversicherungsvertrag heißt er „Bezugsberechtigter")?

Die erste Frage (hat der **Dritte einen Anspruch erlangt**?) betrifft das Deckungsverhältnis, die zweite (hat er ihn **mit Rechtsgrund** erlangt?) betrifft das Valutaverhältnis. In der Rechtspraxis ist anerkannt, dass „die Rechtsbeziehungen im Deckungsverhältnis nicht dem Erbrecht (unterliegen), sondern dem Schuldrecht", so dass § 2301 Abs. 1 BGB „für sie auch dann nicht (gilt), wenn es sich im Valutaverhältnis um eine unentgeltliche Verfügung handelt." Auch gelten die besonderen erbrechtlichen Auslegungsregeln für letztwillige Verfügungen nicht einmal entsprechend. Die Frage, ob der Begünstigte den auf diese Weise erlangten Anspruch behalten darf oder ihn an die Erben nach § 812 BGB herausgeben muss, ist eine Frage nach dem rechtlichen Grund. Über dessen Bestehen entscheidet das Valutaverhältnis, dessen Wirksamkeit nach dem Schuldrecht und nicht nach dem Erbrecht zu beurteilen sei. Die Frage ist, ob das Erbrecht nicht in anderen Beziehungen, als es die Wirksamkeitsfrage ist, auf das Valutaverhältnis angewendet werden kann. Insoweit ist speziell für die Fallbearbeitung interessant, ob für das Valutaverhältnis nicht jedenfalls die weiter als § 119 BGB reichenden erbrechtlichen Anfechtungsregeln des § 2078 BGB gelten sollen. Dafür spricht, dass die verfügende Partei durch den Vertrag wirtschaftlich nicht belastet wurde. Dagegen spricht, dass der durch die §§ 119 ff. BGB gewährte Schutz, der im Deckungs- und Valutaverhältnis mit den Vertragspartnern unter Lebenden geschlossenen Verträge vorgehen muss; auch wäre es unangemessen, den Anfechtungsgegnern den Schutz des § 122 BGB zu nehmen, der bei einer Anfechtung nach § 2078 BGB entfällt (§ 2078 Abs. 3 BGB). Auch finden die Normen über erbvertragliche Bindungen keine Anwendung; die gleichgestellten Bindungen eines Erblassers durch ein wechselbezügliches gemeinschaftliches Testament werden ebenfalls nicht auf das Valutaverhältnis bei einem Vertrag zugunsten Dritter auf den Todesfall übertragen. Nachdem Sie das nun alles gelesen und auch verstanden haben, sollten Sie zum Abschluss noch einmal einen richtig **schwierigen Fall**, der Sie **„quer** (Allgemeiner Teil, Allgemeines Schuldrecht, Besonderes Schuldrecht, Sachenrecht, Erbrecht) **durch das BGB“** führt, bearbeiten. Es handelt sich um einen was die Fallfrage angeht: konstruierten, was den Sachverhalt und die Rechtsfragen angeht: lebensnahen und was die Examensrelevanz angeht: realistischen Fall.

**Fall 922**

Der alternde VE hat eine Ehefrau F und eine Geliebte D, von der die F nichts weiß und auch nach dem Tod des VE nichts erfahren soll. Der fürsorgliche VE will beide versorgt sehen. Deshalb setzt er seine Frau F als alleinige Erbin ein und legt bei der VSP – Sparkasse ein Sparkonto auf den Namen der D an. Mit dem Sachbearbeiter der Sparkasse wird vereinbart, dass die VSP – Sparkasse nach dem Tod des VE die D von dem Sparkonto unterrichten soll. So geschieht es: Der VE verstirbt und die VSP – Sparkasse benachrichtigt die bei dem ihr genannten Kontostand von € 150.000,– hocherfreut reagierende D. Derweil findet die F das Sparbuch im Nachlass des VE. Die F ruft bei der D an und widerruft alle Erklärungen ihres Mannes im Zusammenhang mit der Errichtung des Sparbuchs. Die D verlangt von der F Herausgabe des Sparbuchs (nach BGH).

Der Anspruch der D gegen die F auf Herausgabe des Sparbuchs könnte sich aus § 985 ergeben. a) Die F ist im Besitz des Sparbuchs. b) Die D müsste Eigentümerin des Sparbuchs sein. Wie Sie ja wissen, „folgt“ nach § 952 BGB bei einem Sparbuch „das Recht an dem Papier dem Recht aus dem Papier“. Eigentümer ist also derjenige, der Inhaber der Forderung aus § 488 Abs. 1 S. 2 BGB bzw. §§ 700, 488 Abs. 1 S. 2 BGB ist. aa) Zu seinen Lebzeiten war der VE Forderungsinhaber und damit Eigentümer des Sparbuchs. bb) Mit dem Tode wird aaa) die D Gläubigerin nach §§ 488 Abs. 1 S. 2, 328 Abs. 1 BGB bzw. §§ 700, 488 Abs. 1 S. 2, 328 Abs. 1 BGB. bbb) Vereinzelt wird allerdings angenommen, das Deckungsverhältnis sei nach § 125 BGB nichtig wegen Nichteinhaltung der Form des § 2301 BGB. Nach ganz überwiegender Ansicht betrifft die Formvorschrift des § 2301 BGB nicht das Deckungsverhältnis, sondern nur das Valutaverhältnis. Danach ist ohne Rücksicht auf die Voraussetzungen des § 2301 BGB die D Gläubigerin und Eigentümerin des Sparbuchs geworden. c) Fraglich ist jedoch, ob die F ein Recht zum Besitz hat. Ein solches könnte sich aus § 242 BGB („dolo agit, qui petit quod statim redditurus est") ergeben, wenn die an sich zur Herausgabe verpflichtete F das Sparbuch sogleich wieder zurückverlangen könnte. Einen solchen Anspruch könnte die F gegen die D aus § 812 Abs. 1 S. 1 Var. 1 BGB haben. aa) Die D hat „etwas" – das Eigentum am Sparbuch – erlangt. bb) Geleistet hat zwar nicht die F, wohl aber der VE, dessen Leistung der F zugerechnet wird (§ 1922 BGB). cc) Die Leistung müsste ohne Rechtsgrund erfolgt sein; der Rechtsgrund muss im „Valutaverhältnis" gegeben sein. In Betracht kommt ein Schenkungsvertrag zwischen VE und der D (§ 516 BGB). aaa) Das Angebot des VE ist mittels der VSP – Sparkasse als Botin erklärt worden und der D zugegangen, was nach § 130 Abs. 2 BGB auch nach dem Tod des VE möglich ist. Der danach erfolgte Widerruf der F war daher verspätet (arge § 130 Abs. 1 S. 2 BGB). Die D hat das Angebot konkludent angenommen, denn sie reagierte „hocherfreut". Dies konnte sie auch noch, denn das Angebot war nicht durch den zwischenzeitlichen Tod erloschen (§ 153 BGB). Auf den Zugang der Annahmeerklärung bei der F hat der VE verzichtet, so dass der Vertrag nach § 151 BGB ohne Zugang der Annahmeerklärung zustande kommen konnte. bbb) Möglicherweise ist der Vertrag aber wegen Formunwirksamkeit nichtig. aaaa) Der in Betracht zu ziehende Formmangel des § 518 Abs. 1 BGB ist gem. § 518 Abs. 2 BGB geheilt durch den mit dem Todesfall noch vor dem Zustandekommen des Schenkungsvertrages erfolgten Erwerb der Forderung durch die D. Damit liegt ein wirksames Valutaverhältnis vor, die Leistung erfolgte mithin mit Rechtsgrund. Damit steht der F gegen die D kein Recht zum Besitz aus § 242 BGB zu. Sie muss das Sparbuch an die D herausgeben. bbbb) Eine weitere Frage ist, ob das Valutaverhältnis eine Verfügung von Todes wegen ist und daher wegen der Nichteinhaltung der Form letztwilliger Verfügungen nach §§ 2301 Abs. 1, 125 BGB nichtig ist. aaaaa) Man kann dem § 2301 BGB die Funktion zuerkennen, die Umgehung des Erbrechts und seiner Formvorschriften durch ein Ausweichen in die Konstruktion eines Vertrages zugunsten Dritter zu vermeiden. Daher wird in der Lehre in solchen Fällen die Nichtigkeit des Schenkungsvertrages wegen fehlender Testamentsform oder Erbvertragsform (§§ 2231 ff., 2276 ff. BGB) angenommen. Eine Anwendung des § 2301 Abs. 2 BGB wird verneint, weil nicht der Erblasser zu Lebzeiten, sondern der Erbe das Vermögensopfer erbracht habe. bbbbb) Die Rechtspraxis argumentiert dagegen, dass bei einem Vertrag zugunsten Dritter, der die Versorgung des Dritten sicherstellen soll (so hier) nach dem Willen des Gesetzes gem. § 331 BGB die Forderung mit dem Tode des VE entstehen soll. Damit sei § 331 BGB alslex specialis zu § 2301 BGB anzusehen, so dass er keine Anwendung findet. Damit ist auch unter diesem Aspekt das Valutaverhältnis wirksam, die Leistung erfolgte mithin mit Rechtsgrund. Damit steht der F gegen die D kein Recht zum Besitz aus § 242 BGB zu. Sie muss das Sparbuch an die D herausgeben.

Printing: Ten Brink, Meppel, The Netherlands
Binding: Ten Brink, Meppel, The Netherlands